2011

Guía Repsol

spaña y Portugal

ienvenido a la **GUÍA REPSOL** 2011, la herramienta imprescindible para los viajeros ue quieren garantizar el éxito en sus desplazamientos. En **REPSOL** queremos ser par- cipes de la experiencia vital que supone viajar: la emoción de los preparativos iniciar n trayecto, conocer nuevos y sorprendentes lugares y saborear el recorrido. Ese es el gnificado del viaje para **GUÍA REPSOL**: disfrutar con todos los sentidos.

sta Guía es fruto de la experiencia y el compromiso de Repsol con el mundo del viaje. on una trayectoria de más de 30 años como GUÍA CAMPSA y gracias al apoyo de mi- es de usuarios, la **GUÍA REPSOL**, en su tercera edición, es ya una obra de referencia undamental para quien desee planificar sus escapadas de forma sencilla, práctica y ctualizada.

postando por ofrecer información de calidad y contenidos repletos de itinerarios y ropuestas, la **GUÍA REPSOL 2011** ofrece **tres guías con todo para el viaje**, donde en- ontrará las sugerencias turísticas y gastronómicas más interesantes.

a **Guía de Mapas** incluye **cartografía** actualizada, **planos de las principales ciudades** eferencias de más de 2.000 **hoteles** e información de cerca de 1.000 **localidades**. Este ño, además la **información turística** se enriquece visualmente con un sencillo lenguaje le iconos y añade multitud de sugerencias tanto culturales como de ocio en la natura- eza. **GUÍA REPSOL** es sinónimo desde siempre de **la mejor gastronomía. La Real Aca- lemia de Gastronomía** y la **Cofradía de la Buena Mesa** elaboran la cuidada selección le restaurantes y reconocen, en exclusiva para esta Guía, las mejores mesas del país otorgando cada año los prestigiosos **SOLES REPSOL**, símbolo de la excelencia culinaria en España.

Por tercer año consecutivo presentamos la **Guía de Rutas con Denominación de Origen**, una original propuesta turística y el complemento ideal de la **GUÍA REPSOL**. Esta guía nos invita a recorrer nuestra geografía a través de productos españoles con garantía de calidad reconocida. El patrimonio cultural, paisajístico y gastronómico español nos brinda en esta ocasión 34 itinerarios inéditos que nos servirán de excusa para hacer deliciosas escapadas y descubrir lugares llenos de sabor.

En la **Guía de los Mejores Vinos de España**, una vez más, los expertos mejor cualifica- dos valoran más de 1.500 referencias y 700 bodegas. Además, este año sorprende con nuevos contenidos digitales y nos ofrece su versión más innovadora: contamos con un nuevo buscador de vinos y su aplicación gratuita disponible para el *iPhone*.

Y es que en **www.guiarepsol.com** la experiencia del viaje se renueva permanentemente. Cada mes, más de tres millones de personas confían en la versión ***on line*** de la Guía Repsol a la hora de preparar sus viajes y escapadas, por eso es el portal líder en materia de ocio y turismo. Los viajeros, además de la información actualizada en tiempo real como la previsión meteorológica o el estado de las carreteras, tienen a su disposición multitud de propuestas turísticas y gastronómicas para hacer el viaje a su medida. Y por supuesto, un servicio continuo de cálculo de rutas con la cartografía más completa y actualizada.

Y para que el viajero sea el absoluto protagonista estamos presentes en el universo de los **medios sociales**. Por ello es un placer invitarle a participar en nuestra gran comunidad que ya forman más de 60.000 seguidores en Facebook, con los que podrá compartir experiencias, destinos y opiniones.

Un año más hemos puesto toda nuestra ilusión en esta Guía y en los medios digitales que la completan para ser el mejor compañero de viaje y compartir miles de kilómetros de experiencias.

ESTACIONES DE SERVICIO REPSOL

ENCUENTRA TODO LO QUE NECESITAS EN TU VIAJE

1

Índice alfabético de poblaciones

Mapa de carreteras de España, Andorra, sur de Francia y Portugal

Callejero de 72 poblaciones

Índice do localidades - index of place names

Segovia ① **30** ② **F4** ③ **(SG)** ④

	①	②	③	④
(E)	Población	N° de página	Coordenadas en el mapa	Provincia
(P)	Localidade	N° de página	Indicação do quadrado de localização	Provincia
(GB)	Place name	Page number	Grid search reference	Province

(E) **Localidad con información** (P) **Localidade com informâçao** (GB) **Place name with information**

Nota: si la localidad se marca en negrita indica localidad con información turística y/o gastronómica.

Abreviaturas

ESPAÑA

Provincia	Abreviatura
A Coruña	C
Álava	VI
Albacete	AB
Alicante	A
Almería	AL
Asturias	O
Ávila	AV
Badajoz	BA
Baleares	PM
Barcelona	B
Burgos	BU
Cáceres	CC
Cádiz	CA
Cantabria	S
Castellón	CS
Ceuta	CE
Ciudad Real	CR
Córdoba	CO
Cuenca	CU
Girona	GI
Granada	GR
Guadalajara	GU
Guipúzcoa	SS
Huelva	H
Huesca	HU
Jaén	J
La Rioja	LO
Las Palmas	GC
León	LE
Lleida	L
Lugo	LU
Madrid	M
Málaga	MA
Melilla	ML
Murcia	MU
Navarra	NA
Ourense	OU
Palencia	P
Pontevedra	PO
Salamanca	SA
Santa Cruz de Tenerife	TF
Segovia	SG
Sevilla	SE
Soria	SO
Tarragona	T
Teruel	TE
Toledo	TO
Valencia	V
Valladolid	VA
Vizcaya	BI
Zamora	ZA
Zaragoza	Z

FRANCIA

Provincia	Abreviatura
Ariège	Ari
Aude	Aud
Haute-Garonne	H-Gar
Hautes-Pyrénées	H-Pyr
Landes	Lan
Pyrénées-Atlantiques	Pir-A
Pyrénées-Orientales	Pir-O

PORTUGAL

Provincia	Abreviatura
Aveiro	Av
Beja	Be
Braga	Br
Bragança	Ba
Castelo Branco	CB
Coimbra	Co
Evora	Év
Faro	Fa
Guarda	Gu
Leira	Le
Lisboa	Li
Portalegre	Pg
Porto	Por
Santarém	Sa
Setúbal	Se
Viana do Castelo	VC
Vila Real	Vr
Viseu	Vi

dice de Poblaciones

A

…edo	8	E4	(OU)
…eira	18	D1	(OU)
…eiro	2	B3	(C)
…eiros	2	D1	(LU)
…es	3	D3	(O)
	13	C4	(Z)
…le	13	E1	(Pir-A)
…lsa	**14**	**B3**	**(HU)**
…va	4	E3	(S)
…nservida	66	B1	(AB)
…nvenida	57	B4	(CR)
…nvenida	63	C2	(BA)
…ces	4	A3	(O)
…rge	23	F1	(HU)
…rt	14	F1	(Ari)
…scabozada	3	F4	(O)
…scas	3	B4	(O)
…scas	13	E3	(HU)
…astro	67	E3	(A)
…orne	28	A3	(Vi)
…ues	25	E3	(B)
…üézal	13	B3	(NA)
…esca	32	D1	(Z)
…lbao	**5**	**F4**	**(BI)**
…nères	13	E1	(Pir-A)
…nó	28	A1	(Vr)
…ière	14	C2	(H-Gar)
…odas	11	F2	(Vi)
…neda	3	B4	(O)
…naced	24	B3	(HU)
…nacua	13	D3	(HU)
…néfar	24	B3	(HU)
…niaixa des Fasser	35	F4	(PM)
…niali	52	C2	(PM)
…nialmeina	35	E4	(PM)
…niancolla	35	F4	(PM)
…nibèquer	35	F4	(PM)
…nibona	52	D2	(PM)
…nicalssitx	35	E4	(PM)
…nidonaire	35	E3	(PM)
…niés	13	C3	(HU)
…nigemor	35	E4	(PM)
…nimaimó	35	F4	(PM)
…nimaimut	35	F4	(PM)
…nimar	52	C2	(PM)
…nimel-la	35	E3	(PM)
…nissafúller	35	F4	(PM)
…nissaida de Damunt	35	F4	(PM)
…nissalem	52	C2	(PM)
…nissarraia	35	E3	(PM)
…nissarret	35	E3	(PM)
…nixabonet Vell	35	E4	(PM)
…nixiquer	35	E4	(PM)
…inos	14	C1	(H-Gar)
…intos (Los)	81	C3	(TF)
…inueste	13	F4	(HU)
…iobra	8	F4	(OU)
…iomorto	8	A4	(OU)
…iosca	25	A3	(L)
…iota	23	B1	(Z)
…iriatou	6	E3	(Pir-A)
…irrueza	4	E3	(S)
…isaurri	14	C3	(HU)
…isbal de Falset (La)	34	D2	(T)
…isbal del Penedès (La)	35	B2	(T)
…isbal d'Empordà (La)	26	C2	(Gl)
Biscainho	53	F2	(Sa)
Biscarri	24	F2	(L)
Biscarrués	23	C1	(HU)
Bisimbre	22	F3	(Z)
Bisjueces	11	C2	(BU)
Bismula	37	E2	(Gu)
Bispo	8	B2	(LU)
Bitarães	27	E2	(Por)
Bitem	34	C4	(T)
Biure	16	B4	(Gl)
Biurrana	6	E4	(NA)
Biurrun	12	E3	(NA)
Bixquert	60	B2	(V)
Bize	14	C1	(H-Pyr)
Bizkarreta-Gerendiain	12	F1	(NA)
Bizmay (El)	74	E1	(AL)
Biznaga (La)	77	F2	(MA)
Blacha	39	B2	(AV)
Blacos	21	F4	(SO)
Blanca	67	B3	(MU)
Blancafort	34	F1	(T)
Blancares Nuevos	59	A2	(AB)
Blancares Viejos	59	A2	(AB)
Blancas	41	F1	(TE)
Blanco (El)	58	D1	(AB)
Blanes	**26**	**B3**	**(Gl)**
Blanes Vistamar	26	B3	(Gl)
Blanquitos	**81**	**C3**	**(TF)**
Blascoeles	39	D1	(AV)
Blascojimeno	39	B1	(AV)
Blascomillán	39	B1	(AV)
Blasconuño de Matacabras	30	B3	(AV)
Blascosancho	30	D4	(AV)
Blava (La)	25	D2	(B)
Blázquez (Los)	64	A1	(CO)
Blecua	23	F2	(HU)
Bleda (La)	35	C1	(B)
Blesa	33	C3	(TE)
Bliecos	32	C1	(SO)
Blimea	3	F3	(O)
Boa	7	C2	(C)
Boa Aldeia	36	F1	(Vi)
Boa Vista	44	F1	(Le)
Boada	29	B4	(SA)
Boada de Campos	20	C2	(P)
Boada de Roa	21	A4	(BU)
Boadella i les Escaules	16	B4	(Gl)
Boadilla	38	C1	(SA)
Boadilla de Rioseco	20	C1	(P)
Boadilla del Camino	20	E1	(P)
Boadilla del Monte	**40**	**A3**	**(M)**
Boado	18	B2	(OU)
Boal	3	A3	(O)
Boal	7	C1	(C)
Boalo (El)	40	A1	(M)
Boaña de Abaixo	1	D4	(C)
Boaño	1	C3	(C)
Boavista dos Pinheiros	69	C1	(Be)
Boazo	8	C4	(OU)
Bobadela	18	B1	(OU)
Bobadela	18	B3	(Vr)
Bobadela	18	D3	(Vr)
Bobadela	37	A3	(Co)
Bobadela	53	D2	(Li)
Bobadilla	21	F1	(LO)
Bobadilla	73	C4	(GR)
Bobadilla	73	A1	(J)
Bobadilla	77	D1	(MA)
Bobadilla (La)	72	F4	(GR)
Bobadilla del Campo	30	B3	(VA)
Bobar (El)	79	C2	(AL)
Bobia	4	C3	(O)
Bobia D'Arriba	4	C3	(O)
Boborás	7	F3	(OU)
Boca de Huérgano	10	C1	(LE)
Boca de los Frailes (La)	79	E2	(AL)
Boca de Oria (La)	74	D2	(AL)
Bocacara	38	B1	(SA)
Bocairent	**60**	**B3**	**(V)**
Bocaleones	77	A2	(CA)
Bocamaos	2	C4	(LU)
Boceguillas	31	B2	(SG)
Boche	66	D2	(AB)
Bocigas	30	D2	(VA)
Bocigas de Perales	21	D4	(SO)
Bocos	11	C1	(BU)
Bocos de Duero	20	F4	(VA)
Bocos de Riguelo	72	D3	(CO)
Bodaño	7	F2	(PO)
Bodas (Las)	10	A2	(LE)
Bode	4	B3	(O)
Bodega	19	D2	(ZA)
Bodega de Serrano	49	E4	(CU)
Bodegas	12	A4	(LO)
Bodegas	12	B4	(LO)
Bodegas	20	A2	(LE)
Bodegas (Las)	75	D1	(MU)
Bodegas Caravacas	20	F1	(BU)
Bodegas del Campo	51	B2	(V)
Bodegas del Francés	58	C1	(CR)
Bodegón	38	C1	(SA)
Bodenaya	3	C3	(O)
Bodera (La)	31	F3	(GU)
Bodes	4	B3	(O)
Bodiosa	36	F1	(Vi)
Bodón (El)	38	A2	(SA)
Bodonal de la Sierra	63	B3	(BA)
Boecillo	30	D1	(VA)
Boedes	8	A3	(OU)
Boedo	1	E4	(C)
Boeigos	7	F4	(OU)
Boeiros	8	B4	(OU)
Boelhe	27	E2	(Por)
Boente	8	A1	(C)
Boeza	9	C3	(LE)
Boga (La)	24	D4	(L)
Bogajo	29	A4	(SA)
Bogalhal	28	D4	(Gu)
Bogarra	66	D1	(AB)
Bogarre	73	E3	(GR)
Bogas de Baixo	37	A4	(CB)
Bogas de Cima	37	B4	(CB)
Bohadilla	40	A4	(TO)
Bohodón (El)	30	C4	(AV)
Bohonal de Ibor	47	C2	(CC)
Bohoyo	38	F3	(AV)
Boi	14	D3	(L)
Boicornello	2	A3	(C)
Boidobra	37	C3	(CB)
Boim	27	E2	(Por)
Boimazán	7	C2	(C)
Boimente	1	D4	(C)
Boimente	2	C1	(LU)
Boinás	3	C3	(O)
Boire	8	F1	(O)
Boiro	1	D4	(C)
Boiro de Arriba	7	C2	(C)
Boisan	9	C4	(LE)
Bóixols	24	F1	(L)
Bojal (El)	67	D4	(MU)
Bojes	4	D3	(O)
Bojons	25	F2	(B)
Bola (A)	18	A1	(OU)
Bolaño	2	D4	(LU)
Bolaños de Calatrava	57	F3	(CR)
Bolaños de Campos	20	A2	(VA)
Bolbaite	60	B2	(V)
Boldú	24	E4	(L)
Bolea	23	D1	(HU)
Bolera (La)	74	A1	(J)
Bolgues	3	D3	(O)
Bolho	36	D2	(Co)
Bolibar	6	A4	(BI)
Bolibar	12	A1	(SS)
Bolinaga	12	B1	(SS)
Boliqueime	69	F4	(Fa)
Bollacín	11	A1	(S)
Bolliga	41	B4	(CU)
Bollullos de la Mitación	71	C3	(SE)
Bollullos Par del Condado	71	B3	(H)
Bolnuevo	75	C2	(MU)
Bolo (O)	8	E4	(OU)
Bolondo (El)	75	E1	(MU)
Bolquère	15	D3	(Pir-O)
Bolsicos (Los)	63	A2	(BA)
Boltaña	14	A4	(HU)
Bolturina	24	B1	(HU)
Bolulla	60	D4	(A)
Bolvir	**15**	**C4**	**(Gl)**
Bom Sucesso	36	B3	(Co)
Bombardas (Las)	74	F4	(AL)
Bombarral	44	D4	(Le)
Bompas	15	B1	(Ari)
Bompas	16	B2	(Pir-O)
Bón	7	C4	(PO)
Bonache	66	B2	(J)
Bonac-Irazein	14	E1	(Ari)
Bonal (El)	57	C1	(CR)
Bonalba Alta	68	A1	(A)
Bonansa	14	D4	(HU)
Bonanza	51	C3	(V)
Bonanza	76	B2	(CA)
Bonares	71	A3	(H)
Bonastre	35	B2	(T)
Bonavista	34	F3	(T)
Bondegas	20	D1	(P)
Bonestarne	14	F3	(L)
Bonetas (Las)	62	E1	(BA)
Bonete	59	D3	(AB)
Bonfim	27	D2	(Por)
Boniches	50	C1	(CU)
Bonico (El)	55	B4	(BA)
Bonielles	3	E3	(O)
Bonilla	41	A4	(CU)
Bonilla de la Sierra	39	A2	(AV)
Bonillo (El)	58	E3	(AB)
Bonmati	26	A2	(Gl)
Bonrepòs i Mirambell	51	C3	(V)
Bon-sol	51	C3	(V)
Boñar	10	A2	(LE)
Boo	3	E4	(O)
Boo de Guarnizo	5	B3	(S)
Bóo de Pielagos	5	A3	(S)
Boós	31	F1	(SO)
Boô-Silhen	13	F1	(H-Pyr)
Boqueijon	7	E1	(C)
Boqueres	67	F1	(A)
Boquerizo	4	D3	(O)
Boquerón (El)	67	C2	(MU)
Boquiñeni	23	A3	(Z)
Bor	15	C4	(L)
Borau	13	D3	(HU)
Borba	54	F3	(Év)
Borba de Godim	27	F1	(Por)
Borba de Montanha	27	F1	(Br)
Borbela	28	B1	(Vr)
Borbolla	3	D3	(O)
Borbollón (El)	38	B4	(CC)
Borce	13	D2	(Pir-A)
Borcos	11	A4	(BU)
Borda de Beta	14	F4	(L)
Borda do Campo	36	C4	(Co)
Bordalarrea	6	E4	(NA)
Bordalba	32	D2	(Z)
Bordeira	69	B3	(Fa)
Bordères-Louron	14	B2	(H-Pyr)
Bordes-sur-Lez (Les)	14	E1	(Ari)
Bordeta (La)	24	D4	(L)
Bordillo (El)	11	C1	(BU)
Bordils	26	B1	(Gl)
Bordón	42	F1	(TE)
Bordonhos	27	F4	(Vi)
Bordóns	7	C3	(PO)
Borela	7	E3	(PO)
Bores	4	D3	(O)
Borge (El)	78	A2	(MA)
Borges Blanques (Les)	34	E1	(L)
Borges del Camp (Les)	34	F2	(T)
Borgonyà	25	E1	(B)
Borias (Las)	3	E3	(O)
Borias (Las)	3	F4	(O)
Borines	4	A3	(O)
Borja	**22**	**F3**	**(Z)**
Borjabad	32	B1	(SO)
Borleña	5	A4	(S)
Bormate	59	C1	(AB)
Bormujos	71	D3	(SE)
Bornalle	7	C1	(C)
Bornazal	3	B4	(O)
Borneiro	1	C3	(C)
Bornes	28	E1	(Ba)
Bornes de Aguiar	18	C4	(Vr)
Bornos	76	E2	(CA)
Borobia	22	D4	(SO)
Boroñes	3	F4	(O)
Borox	48	E1	(TO)
Borralha	36	D1	(Av)
Borrán	18	C1	(OU)
Borràs (El)	25	C4	(B)
Borrassà	16	B4	(Gl)
Borraxeiros	8	A2	(PO)
Borredà	25	D1	(B)
Borrega (La)	46	A4	(CC)
Borrego	63	B2	(BA)
Borreiros	1	C4	(C)
Borrenes	9	A3	(LE)
Borres	3	B3	(O)
Borriol	51	D1	(CS)
Borrissola	25	E2	(B)
Borrondo	7	F4	(OU)
Borruga	8	D4	(OU)
Bortedo	5	D4	(BU)
Borulfe	8	A3	(OU)
Bos	1	F3	(C)
Bosc (Les)	15	A1	(Ari)
Bosc d'Aliga (El)	25	C4	(B)
Bosc de Can Terrer	26	A2	(Gl)
Bosc de la Batllòria (El)	25	F3	(Gl)
Bosque (El)	5	B3	(S)
Bosque (El)	40	A3	(M)
Bosque (El)	76	F2	(CA)
Bossòst	**14**	**D2**	**(L)**
Bostelo	2	C1	(C)
Bostronizo	5	A4	(S)
Bot	34	C3	(T)
Botão	36	D3	(Co)
Botarell	34	E3	(T)
Botas	59	E3	(AB)
Boticario (El)	79	D2	(AL)
Boticas	18	B4	(Vr)
Botigues (Les)	35	D2	(B)
Botigues del Mar (Les)	35	A3	(T)
Botija	46	F4	(CC)
Botiola	5	F3	(BI)
Botjosa (La)	25	C3	(B)
Botoa	55	B2	(BA)
Botoa	55	B2	(BA)
Botorrita	33	B1	(Z)
Botos	7	F2	(PO)
Bouan	15	B2	(Ari)
Bouça	18	D4	(Ba)
Bouça Cova	37	D1	(Gu)
Boucau	6	F2	(Pir-A)
Boucina	7	C3	(PO)
Boudaneira	1	B4	(C)
Boudaneiro	1	C4	(C)
Bougado (Santiago)	27	D1	(Por)
Bouisse	15	E1	(Aud)
Boule-d'Amont	15	F3	(Pir-O)
Bouleternère	15	F2	(Pir-O)
Boulou (Les)	16	A3	(Pir-O)
Bouñou	7	E2	(C)
Bourg-d'Oueil	14	C2	(H-Gar)
Bourg-Madame	15	C4	(Pir-O)
Bourège	15	D1	(Aud)
Bourigeole	15	D1	(Aud)
Bourio	2	F2	(O)
Bourisp	14	B2	(H-Pyr)
Bousés	18	C3	(OU)
Bousquet (Les)	15	D2	(Aud)
Boussenac	15	A1	(Ari)
Boutx	14	D1	(H-Gar)
Bouza	1	B4	(C)
Bouza	7	F3	(OU)
Bouza	8	A4	(OU)
Bouza	18	E2	(OU)
Bouza (La)	28	F4	(SA)
Bouzas	7	C1	(C)
Bouzas	8	A4	(OU)
Bouzas	8	A4	(OU)
Bouzo	18	B2	(OU)
Bouzoa	8	B2	(LU)
Bóveda	2	B4	(LU)
Bóveda	8	C3	(LU)
Bóveda	8	A4	(OU)
Bóveda	11	D2	(Vl)
Bóveda de Toro (La)	29	F2	(ZA)
Bóveda del Río Almar	30	A4	(SA)
Bovera	34	D2	(L)
Box	3	E3	(O)
Boya	19	B3	(ZA)
Bozanes	4	A3	(O)
Bozate	6	F4	(NA)
Bozoó	11	E3	(BU)
Bozqueimado	18	D1	(OU)
Brabos	39	B1	(AV)
Brácana	73	B3	(CO)
Brácana	73	B4	(GR)
Bráfim	35	A2	(T)
Braga	**17**	**E4**	**(Br)**
Braga (Sé)	17	E4	(Br)
Bragado	18	B4	(Vr)
Bragança	**18**	**F3**	**(Ba)**
Bragaña	7	D2	(PO)
Brahojos de Medina	30	B2	(VA)
Bralo	7	D1	(C)
Bramevaque	14	C1	(H-Pyr)
Branalonga	3	C3	(O)
Branas d'Abaxu	9	B1	(O)
Branas la Llinde	3	B4	(O)
Branca	27	D4	(Av)
Branca	53	F2	(Sa)
Brandela	18	B1	(OU)
Brandián	2	B2	(C)
Brandilanes	19	C4	(ZA)
Brandín	18	B1	(OU)
Brandomás	7	F1	(PO)
Brandomil	1	C4	(C)
Brandoñas	1	D4	(C)
Brantega	8	A2	(PO)
Braña	3	F4	(O)
Braña (A)	1	C4	(C)
Braña (La)	2	F2	(O)
Braña (La)	3	D2	(O)
Braña (La)	8	F2	(LE)
Braña de Santa Comba (La)	3	A3	(O)
Braña del Rio	3	F3	(O)
Brañas Valmuertu	3	C4	(O)
Brañas Verdes	1	B3	(C)
Brañavieja	10	E1	(S)
Brañe Enriba (A)	1	D3	(C)
Brañes	3	D3	(O)
Braño	2	A1	(C)
Brañosera	10	E1	(P)
Brañuelas	9	C3	(LE)
Braojos	31	B3	(M)
Brasfemes	36	D3	(Co)
Brassac	15	A1	(Ari)
Brataramundi	2	E3	(O)
Brauñas	3	A2	(O)
Bravo	63	E2	(BA)
Brazacorta	21	D4	(BU)
Brazatortas	57	C4	(CR)
Brazuelas	30	D2	(VA)
Brazuelo	9	C4	(LE)
Brea	1	F3	(C)
Brea	2	A2	(C)
Brea (A)	1	F4	(C)
Brea de Aragón	32	F1	(Z)
Brea de Tajo	40	E4	(M)
Breamo	2	A2	(C)
Brecedilla	38	B1	(SA)
Breda	25	F3	(Gl)
Breixa	7	F2	(PO)
Brenac	15	D1	(Aud)
Brenes	71	E2	(SE)
Brenha	36	B3	(Co)
Brenia (La)	5	C4	(S)
Brenlla	1	D4	(C)
Brens	7	B1	(C)
Breña (La)	82	E3	(GC)
Breña Baja	**82**	**B2**	**(TF)**
Breñas (Las)	46	E4	(CC)
Breñas (Las)	83	A3	(GC)
Bres	2	E3	(O)
Bresmaus	18	C1	(OU)
Bretal	7	B2	(C)
Bretelo	18	D1	(OU)
Bretó	19	E3	(ZA)
Bretocino	19	E3	(ZA)
Bretoña	7	D3	(PO)
Brez	4	D4	(S)
Bribes	1	C4	(C)
Bricias	4	C3	(O)
Brics	25	B2	(L)
Brieba de Juarros	21	C1	(BU)
Brieva	31	A3	(SG)
Brieva	39	D1	(AV)
Brieva de Cameros	21	F2	(LO)
Brieves	3	B2	(O)
Brieves	3	B2	(O)
Brihuega	**40**	**F1**	**(GU)**
Brijaria	2	A4	(C)
Brillante (El)	64	D4	(CO)
Brime de Sog	19	D2	(ZA)
Brime de Urz	19	D2	(ZA)
Brimeda	9	D2	(LE)
Brinches	62	C3	(Be)
Brincones	29	B3	(SA)
Brinkola	12	B1	(SS)
Briñas	11	F3	(LO)
Brión	1	D3	(C)
Briór	1	F2	(C)
Brión	7	C2	(C)
Briones	**11**	**F4**	**(LO)**
Briongos de Cervera	21	C3	(BU)
Brisas (Las)	75	C2	(MU)
Brisas (Las)	75	E1	(MU)
Briteiros (Salvador)	17	E4	(Br)
Britelo	28	A1	(Br)
Britiande	28	A3	(Vi)
Brito	27	E1	(Br)
Briviesca	11	D3	(BU)
Brocos	8	A1	(PO)
Broguera	45	A3	(Sa)
Bron	13	F3	(HU)
Bronchales	41	F2	(TE)
Bronco (El)	38	B4	(CC)
Bronquina (La)	67	D1	(MU)
Brosquil (El)	60	D2	(V)
Broto	13	F3	(HU)
Brouilla	16	B3	(Pir-O)
Broullón	7	D4	(PO)
Brovales	63	A1	(BA)
Broza (A)	8	C2	(LU)
Brozas	46	C3	(CC)
Bruc (El)	25	C4	(B)
Bruc Residencial (El)	25	C4	(B)
Brucar	51	B3	(V)
Brucardes (Les)	25	C3	(B)
Bruçó	29	A2	(Ba)
Brucs	25	E1	(Gl)
Brueiro	2	A4	(C)
Bruelles	3	B4	(O)
Brues	7	F3	(OU)
Brufe	27	D1	(Br)
Brugos de Fenar	9	F2	(LE)
Bruguera	15	E4	(Gl)
Brugueres (Les)	25	F3	(B)
Bruguers	35	D2	(B)
Bruguers (Els)	25	F3	(B)
Bruixes (Les)	24	C4	(L)
Brul	2	F2	(O)
Brull (El)	**25**	**E3**	**(B)**
Brunete	40	A3	(M)
Brunhós	36	C4	(Co)
Brunhoso	28	F1	(Ba)
Brunhozinho	29	A2	(Ba)
Brunyola	26	A2	(Gl)
Buarcos	36	B3	(Co)
Bubal	13	E3	(HU)
Buberos	22	C4	(SO)
Bubierca	32	D2	(Z)
Bubión	**78**	**E1**	**(GR)**
Buçaco	36	D2	(Av)
Bucelas	53	D2	(Li)
Buchain	7	D1	(C)
Bucida	3	D4	(O)
Buciegas	41	B3	(CU)
Bucos	18	A4	(Br)
Budens	69	B4	(Fa)
Budia	40	F2	(GU)
Budián	1	C4	(C)
Budián	2	C2	(LU)
Buelles	4	E3	(O)
Buelna	4	D3	(O)
Buen Paso	31	B2	(TF)
Buen Paso	83	D3	(GC)
Buen Suceso	11	F4	(LO)
Buena Vista	73	B4	(GR)
Buena Vista	73	C4	(GR)
Buena Vista	77	E3	(MA)
Buenache de Alarcón	50	A3	(CU)
Buenache de la Sierra	41	D4	(CU)
Buenafuente del Sistal (La)	41	C1	(GU)
Buenamadre	29	B4	(SA)
Buenas Noches	77	B4	(MA)
Buenasbodas	47	F3	(TO)
Buenaventura	39	C4	(TO)
Buenavista	38	E1	(SA)
Buenavista	77	E3	(MA)
Buenavista	82	D2	(GC)
Buenavista de Abajo	82	B2	(TF)
Buenavista de Arriba	82	B2	(TF)
Buenavista de Valdavia	10	D3	(P)
Buenavista del Campillo	55	B4	(BA)
Buenavista del Norte	81	A2	(TF)
Buendía	40	F3	(CU)
Bueno	3	E3	(O)
Bueno	81	C3	(TF)
Buente	7	E4	(PO)
Bueña	42	A1	(TE)
Buera	**24**	**A1**	**(HU)**
Bueras	5	C3	(S)
Bueres	4	A4	(O)
Buesa	13	F3	(HU)
Bueu	**7**	**C4**	**(PO)**
Bueyo (El)	12	B4	(LO)
Bufadero	81	E2	(TF)
Bufali	60	B3	(V)
Bugalhos	44	F3	(Sa)
Bugalleira	1	D3	(C)
Bugalleira	7	F1	(C)
Bugarach	15	E1	(Aud)
Bugarín	7	E3	(PO)
Bugariña	7	E4	(PO)
Bugarra	51	A3	(V)
Bugedo	11	E3	(BU)
Bugéjar	66	D4	(GR)
Búger	52	D2	(PM)
Buida-sacs	25	C2	(B)
Buimanco	22	C2	(SO)
Buitrago	22	B3	(SO)
Buitrago del Lozoya	31	B4	(M)
Buitrón (El)	71	A1	(H)
Buiza	9	E2	(LE)
Bujalance	64	F4	(CO)
Bujalaro	31	F4	(GU)
Bujan	8	A2	(PO)
Buján	1	B4	(C)
Bujaraiza	66	B3	(J)
Bujaraloz	33	F1	(Z)
Bujarrabal	32	B3	(GU)
Bujeo (El)	80	D2	(CA)
Bulan	14	B1	(H-Pyr)
Bularros	39	C1	(AV)

F

H

Izarra 11 F1 (VI)
Izaut-de-l'Hôtel 14 D1 (H-Gar)
Izaux 14 B1 (H-Pyr)
Izbor 78 D1 (GR)
Izco 12 F3 (NA)
Izcue 12 E2 (NA)
Izeda 18 F4 (Ba)
Iznájar 72 F3 (CO)
Iznalloz 73 D3 (GR)
Iznate 78 A2 (MA)
Iznatoraf 65 F3 (J)
Izoria 11 E1 (VI)
Izotzaldea 6 E4 (NA)
Izurdiaga 12 D2 (NA)
Izurtza 6 A4 (BI)

J

Jábaga 49 F1 (CU)
Jabaloyas 42 A4 (TE)
Jabalquinto 65 C3 (J)
Jabarillo 23 D1 (HU)
Jabarrella 13 E4 (HU)
Jabonera 71 E3 (SE)
Jabugo 63 A4 (H)
Jabuguillo 63 B4 (H)
Jaca 13 D3 (HU)
Jaca 81 C3 (TF)
Jacarilla 67 E3 (A)
Jacomar 83 E3 (GC)
Jadraque 31 F4 (GU)
Jaén 73 C1 (J)
Jafre 26 B1 (GI)
Jaganta 42 F1 (TE)
Jainko-Oleaga 5 F3 (BI)
Jaizubia 6 E3 (SS)
Jalance 59 F1 (V)
Jalí (El) 74 D2 (AL)
Jalón 9 A1 (O)
Jalón de Cameros 22 B1 (LO)
Jama 81 B3 (TF)
Jambrina 29 E1 (ZA)
Jamilena 73 B1 (J)
Jámula 74 C2 (GR)
Jana (La) 43 B2 (CS)
Janarde 27 F3 (Av)
Jandilla 80 B1 (CA)
Jandiola 5 E4 (VI)
Janeiro de Baixo 37 A4 (Co)
Janeiro de Cima 37 A4 (CB)
Jaque (El) 38 A3 (SA)
Jara (La) 63 C1 (BA)
Jara (La) 76 B2 (CA)
Jaraba 32 D3 (Z)
Jarafuel 59 F2 (V)
Jaraguas 50 D3 (V)
Jaraicejo 47 B3 (CC)
Jaraices 30 C4 (AV)
Jaraíz de la Vera 38 E4 (CC)
Jaral (El) 74 D3 (AL)
Jaral (El) 81 B3 (TF)
Jarales 82 B4 (TF)
Jarales (Los) 40 A2 (M)
Jarallana 37 F4 (CC)
Jarama 77 D3 (MA)
Jaramillo (El) 72 F3 (CO)
Jaramillo de la Fuente 21 D2 (BU)
Jaramillo Quemado 21 D2 (BU)
Jarandilla de la Vera 38 E4 (CC)
Jaras (Las) 64 D4 (CO)
Jaray 22 C4 (SO)
Jardín (El) 58 F3 (AB)
Jardín de la Almadraba 76 B2 (CA)
Jardín de Serracines 40 C2 (M)
Jardín del Mar 75 E1 (MU)
Jardines del Caballo Blanco 73 C4 (GR)
jardins de Cunit (Els) 35 B2 (B)
Jarilla 38 C4 (CC)
Jarilla (La) 71 E2 (SE)
Jarilla del Sur 46 E1 (CC)
Jarmelo (São Miguel) 37 D1 (Gu)
Jarmelo (São Pedro) 37 D2 (Gu)
Jarque 32 E1 (Z)
Jarque de la Val 42 C1 (TE)
Jarralta 5 E4 (BI)
Jarrio 3 A2 (O)
Jartos 66 D2 (AB)
Jasa 13 D3 (HU)
Játar 78 B1 (GR)
Jatiel 33 E2 (TE)
Jatxou 6 F3 (Pir-A)
Jau (El) 73 C4 (GR)
Jauca Alta 74 C3 (AL)
Jauca Baja 74 C3 (AL)
Jauja 72 E3 (CO)
Jaúl Bajo (El) 79 C2 (AL)
Jaulín 33 B1 (Z)
Jauntsarats 12 E1 (NA)
Jauro 74 E3 (AL)
Jaurrieta 13 B2 (NA)
Jautor (El) 76 F4 (CA)
Javalí Nuevo 67 C4 (MU)
Jávea 60 F3 (A)
Javier 13 A3 (NA)
Javierre 14 B3 (HU)
Javierregay 13 C3 (HU)
Javierrelatre 13 D4 (HU)
Jayena 78 C1 (GR)
Jazente 27 F2 (Por)
Jédula 76 D2 (CA)
Jemeruño 30 D4 (SG)
Jerez de la Frontera 76 C2 (CA)
Jerez de los Caballeros 63 A2 (BA)
Jerez del Marquesado 73 F4 (GR)
Jérica 51 B1 (CS)
Jerte 38 E4 (CC)
Jesufrei 27 D1 (Br)
Jesús (El) 82 A2 (TF)
Jesus i Maria 43 D1 (T)
Jesús Pobre 60 E3 (A)
Jete 78 C2 (GR)
Jézeau 14 B1 (H-Pyr)
Jijona 67 F1 (A)
Jimena 65 D4 (J)
Jimena de la Frontera 77 A4 (CA)
Jimenado 75 D1 (MU)
Jiménez de Jamuz 19 D1 (LE)
Jimera de Líbar 77 B3 (MA)
Jinamar 82 F2 (GC)
Jineta (La) 63 B2 (BA)
Jinetes (Los) 71 E2 (SE)
Jiniebro 46 A4 (CC)
Jirueque 31 F4 (GU)
Joane 27 E1 (Br)
Joanet 25 F3 (GI)
Joanetes 25 F1 (GI)
João Antão 37 D2 (Gu)
Joara 10 C4 (LE)
Joarilla de las Matas 20 B1 (LE)
Joch 15 F2 (Pir-O)
Jódar 65 E4 (J)
Jola 46 A4 (CC)
Jomezana 9 E1 (O)
Jonquera (La) 16 B3 (GI)
Jonte 3 A2 (O)
Jorairátar 78 F1 (GR)
Jorba 25 B4 (B)
Jorcas 42 D2 (TE)
Jordana (La) 25 D2 (B)
Joros 83 C4 (GC)
Jorquera 59 D1 (AB)
Jorqueros (Los) 75 D2 (MU)
Josa 25 B1 (L)
Josa 33 D4 (TE)
José Antonio 76 D2 (CA)
José Martós 74 D2 (AL)
Jou 28 C1 (Vr)
Joucou 15 D1 (Aud)
Jovim 27 D2 (Por)
Joya (La) 62 E4 (H)
Joya (La) 77 E1 (MA)
Joyosa (La) 23 B4 (Z)
Juaida (La) 79 C2 (AL)
Juan Adalid 82 A1 (TF)
Juan Antón 71 B1 (SE)
Juan Fernandez 81 D1 (TF)
Juan Gopar 83 E3 (GC)
Juan Grande 82 E3 (GC)
Juan Mayor 82 B2 (TF)
Juan Quilez 66 D2 (AB)
Juan XXIII 82 E2 (GC)
Juarros de Riomoros 30 E4 (SG)
Juarros de Voltoya 30 D3 (SG)
Jubalcoi 67 F2 (A)
Júbar 78 F1 (GR)
Jubera 22 C1 (LO)
Jubrique 77 B3 (MA)
Jucent 74 F3 (AL)
Judarra 59 B4 (AB)
Judío (El) 70 F3 (H)
Jugo 11 F1 (VI)
Jugueiros 27 F1 (Por)
Juià 26 B2 (GI)
Jujols 15 E3 (Pir-O)
Juliana (La) 80 E1 (CA)
Jumilla 67 C1 (MU)
Jun 73 D4 (GR)
Junça 37 E1 (Gu)
Juncais 37 C1 (Gu)
Juncal 44 E2 (Le)
Juncal (El) 82 D3 (GC)
Juncal do Campo 45 E1 (CB)
Juncalas 14 A1 (H-Pyr)
Juncalillo 82 D2 (GC)
Juncares (Los) 72 F3 (CO)
Juncaricos (Los) 74 E4 (AL)
Juncedo Campo 3 D2 (O)
Junceira 45 B2 (Sa)
Juncia (La) 81 B2 (TF)
Junciana 38 E3 (AV)
Juncosa 34 D1 (L)
Juncosa (La) 75 A1 (MU)
Juncosa de Montmell (La) 35 B2 (T)
Juneda 24 E4 (L)
Júnez 23 C1 (Z)
Junguitu 12 A2 (VI)
Junqueira 27 E4 (Av)
Junqueira 27 D1 (Por)
Junquera de Tera 19 C2 (ZA)
Junqueral (El) 20 D2 (P)
Junquillo (El) 46 E4 (CC)
Junta de los Ríos 76 E2 (CA)
Juntas (Las) 74 A3 (GR)
Junzano 23 F2 (HU)
Jurados (Los) 75 A3 (AL)
Juromenha (Nossa Senhora do Loreto) 55 A3 (Év)
Jurvielle 14 C2 (H-Gar)
Juseu 24 C2 (HU)
Juslibol 23 C4 (Z)
Justel 19 C1 (ZA)
Justes 28 B1 (Vr)
Jutia 66 C3 (AB)
Juviles 78 E1 (GR)
Juzbado 29 D3 (SA)
Júzcar 77 B3 (MA)
Juzet-de-Luchon 14 C2 (H-Gar)
Juzet-d'Izaut 14 D1 (H-Gar)

K

Kanala 6 A3 (BI)
Kanpantxua 6 A3 (BI)
Katazpegi 6 E4 (NA)
Kaule 6 E3 (NA)
King park 26 A3 (GI)
Kintana 12 B3 (VI)
Koate 12 C1 (SS)
Kontrasta 12 B2 (VI)
Kosta 6 E3 (SS)
Kripan 12 B3 (VI)
Kukuarri 6 C4 (SS)
Kukuerri 6 B4 (SS)
Kukullaga 5 F4 (BI)

L

l Hospitalet de l'Infant 34 E3 (T)
La Pola (Lena) 3 E4 (O)
Labacencos 2 B2 (C)
Labajos 30 D4 (SG)
Labalera 40 F3 (CU)
Labandeira de Baixo 1 E4 (C)
Labarces 4 E3 (S)
Labassère 14 A1 (H-Pyr)
Labastida 11 F3 (VI)
Labastide 14 B1 (H-Pyr)
Labata 23 F1 (HU)
Labeaga 12 C3 (NA)
l'Abella 25 E3 (B)
l'Abeller 51 D1 (CS)
Labenne 6 F2 (Lan)
Labiano 12 F2 (NA)
l'Abolleria 26 C1 (GI)
Labor de Acequión 59 A2 (AB)
Laborcillas 73 E2 (GR)
Laborde 14 B1 (H-Pyr)
Labores (Las) 57 F1 (CR)
Labra 4 B3 (O)
Labrada 2 B3 (LU)
Labradillo y Pradillo 47 B3 (CC)
Labraza 12 B3 (VI)
Labroquère 14 C1 (H-Gar)
Labruge 27 C2 (Por)
Labuerda 14 A4 (HU)
Lácara 55 D2 (BA)
Lacarry-Arhan-Charritte-de-Haut 13 C1 (Pir-A)
Lacasta 23 C1 (Z)
Lacebal 3 C3 (O)
Lacebal 3 F3 (O)
Laceiras 7 D2 (PO)
Láchar 73 C4 (GR)
Lacourt 14 F1 (Ari)
Lada 3 E3 (O)
Ladeira 18 E1 (OU)
Ladeira (A) 2 C1 (C)
Laderas (Las) 83 C2 (GC)
Ladoeiro 46 A2 (CB)
Ladredo 3 B4 (O)
Ladrido 2 B1 (C)
Ladrillar 38 B2 (CC)
Ladruñán 42 E1 (TE)
Lafortunada 14 B3 (HU)
Lagarejos de la Carballeda 19 B2 (ZA)
Lagares 27 E2 (Por)
Lagares 27 F1 (Por)
Lagares 37 A2 (Co)
Lagarinhos 37 B2 (Gu)
Lagarteira 45 B1 (Le)
Lagartera 47 D1 (TO)
Lagartera (La) 46 E4 (CC)
Lagartos 10 C4 (P)
Lagata 33 C2 (Z)
Lago 1 C4 (C)
Lago 2 A1 (C)
Lago 4 B3 (O)
Lago 7 F1 (C)
Lago 17 E4 (Br)
Lago de Carucedo 8 F3 (LE)
Lagoa 7 C1 (C)
Lagoa 28 F1 (Ba)
Lagoa 69 D3 (Fa)
Lagoa (A) 7 E3 (PO)
Lagoa (A) 8 A2 (PO)
Lagoaça 28 F2 (Ba)
Lagoas 1 B4 (C)
Lagoas 7 E3 (PO)
Lagoas 8 A3 (OU)
Lagos 69 C4 (Fa)
Lagos 78 B2 (MA)
Lagos da Beira 37 A3 (Co)
Lagrán 12 A3 (VI)
Laguardia 12 A3 (VI)
Laguarres 24 C1 (HU)
Lagüela 7 B2 (C)
Lagueruela 33 B3 (TE)
Laguinge-Restoue 13 C1 (Pir-A)
Laguna 59 E2 (AB)
Laguna 81 E4 (TF)
Laguna 82 A2 (TF)
Laguna (La) 3 D2 (O)
Laguna (La) 8 E2 (LE)
Laguna (La) 42 E4 (CS)
Laguna (La) 65 D4 (J)
Laguna (La) 73 A4 (GR)
Laguna (La) 76 F1 (CA)
Laguna Dalga 9 E4 (LE)
Laguna de Cameros 22 A2 (LO)
Laguna de Contreras 31 A1 (SG)
Laguna de Duero 30 D1 (VA)
Laguna de Negrillos 19 E1 (LE)
Laguna de Somoza 9 C4 (LE)
Laguna del Marquesado 41 E4 (CU)
Laguna del Portil 70 E3 (H)
Laguna Rodrigo 30 E4 (SG)
Lagunarrota 24 A3 (HU)
Lagunas (Las) 77 E3 (MA)
Lagunaseca 41 D2 (CU)
Lagunazo 70 E1 (H)
Laguneta (La) 83 B2 (GC)
Lagunetas (Las) 81 A2 (TF)
Lagunetas (Las) 82 E2 (GC)
Lagunilla 38 D3 (SA)
Lagunilla de la Vega 10 C4 (P)
Lagunilla del Jubera 22 B1 (LO)
Lagunillas 77 D1 (MA)
Lahiguera 65 B4 (J)
Lahonce 6 F3 (Pir-A)
Laias 8 A4 (OU)
Laiño 7 C2 (C)
Laiz de las Arrimadas 10 A2 (LE)
Laja (La) 81 E4 (TF)
Laja (La) 82 D2 (GC)
Lajares 83 E1 (GC)
Laje 17 E4 (Br)
Lajeosa 36 F2 (Vi)
Lajeosa 37 F3 (Gu)
Lajeosa do Mondego 37 C1 (Gu)
Lajes 37 B2 (Gu)
Lajita 83 D4 (GC)
Lakain-Apezborro 6 E4 (NA)
Lakuntza 12 D2 (NA)
l'Albagés 34 D1 (L)
l'Albi 34 E1 (L)
l'Albiol 34 F2 (T)
l'Albir 60 E4 (A)
l'Alcora 42 F4 (CS)
l'Alcora 67 F2 (A)
l'Alcúdia 60 B1 (V)
l'Alcúdia de Crespins 60 B2 (V)
l'Aldea 43 D1 (T)
l'Aleixar 34 F2 (T)
l'Alfàs del Pi 60 D4 (A)
Lalim 28 A3 (Vi)
Lalín 8 A2 (PO)
l'Alou 25 D1 (B)
l'Alqueria d'Asnar 60 C3 (A)
Laluenga 24 A2 (HU)
Lalueza 23 F3 (HU)
L'Alzina 24 F3 (L)
L'Alzina 25 A1 (L)
Lama 8 D2 (LU)
Lama 17 D4 (Br)
Lama 27 D1 (Por)
l'Ama 60 E4 (A)
Lama (A) 8 A3 (PO)
Lama de Arcos 18 D3 (Vr)
Lamaçães 17 E4 (Br)
Lamadrid 4 E3 (S)
Lamagrande 18 A1 (OU)
Lamalonga 18 E4 (Ba)
Lamalonga 18 E1 (OU)
Lamanère 15 F4 (Pir-O)
Lamardeite 18 D2 (OU)
Lamares 28 B1 (Vr)
Lamarosa 36 D3 (Co)
Lamas 1 C4 (C)
Lamas 2 B4 (LU)
Lamas 7 C2 (C)
Lamas 7 D1 (C)
Lamas 7 E1 (C)
Lamas 7 E1 (C)
Lamas 8 E2 (LU)
Lamas 8 B4 (OU)
Lamas 18 C2 (OU)
Lamas 36 D4 (Co)
Lamas 44 D4 (Li)
Lamas de Moreira 2 E4 (LU)
Lamas de Olo 28 B1 (Vr)
Lamas de Orelhão 28 D1 (Ba)
Lamas de Palacios 8 D1 (LU)
Lamas de Podence 18 E4 (Ba)
Lamas do Vouga 36 D1 (Av)
Lamasapín 7 C1 (C)
Lamedo 4 E4 (S)
Lamegal 37 E1 (Gu)
Lamego 28 A3 (Vi)
Lamego (Sé) 28 B3 (Vi)
Lamego E Souto 7 F2 (PO)
Lameiras 37 D1 (Gu)
Lameiro 7 F1 (C)
Lamelas 7 F2 (PO)
Lamelas 8 C1 (LU)
Lamelas 27 D1 (Por)
l'Ametlla de Casserres 25 C2 (B)
l'Ametlla de Mar 34 E4 (T)
L'Ametlla de Merola 25 C2 (B)
L'Ametlla de Montsec 24 E2 (L)
L'Ametlla de Segarra 25 A4 (L)
l'Ametlla del Vallès 25 E4 (B)
Lamisquera 2 E2 (O)
Lamosa 28 B4 (Vi)
Lamoso 27 E1 (Por)
l'Ampolla 34 D4 (T)
Lampón 7 C2 (C)
L'Amunt 35 D1 (B)
L'Amunt Vell 35 D1 (B)
Lamuño 3 C2 (O)
Lamuño 3 F3 (O)
Lanaja 23 E3 (HU)
Lance (El) 82 E2 (GC)
Lancha (La) 65 B2 (J)
Lancha de Cenes 73 D4 (GR)
Lancha del Genil 73 D4 (GR)
Lancharejo 38 E3 (AV)
Lanchares 11 A1 (S)
Lanchuelas (Las) 46 A4 (CC)
Lanciego 12 B3 (VI)
Lançon 14 B2 (H-Pyr)
Landa 12 A1 (VI)
Landal 44 D4 (Le)
Landeira 7 D1 (C)
Landeira 53 F4 (Év)
Landete 50 D1 (CU)
Landibar 6 F4 (NA)
Landim 27 D1 (Br)
Landoi 2 B1 (C)
Laneros (Los) 74 B1 (GR)
Lanestosa 5 C4 (BI)
Lanet 15 F1 (Aud)
Langa 30 C4 (AV)
Langa del Castillo 33 A3 (Z)
Langarika 12 B2 (VI)
Langayo 30 F1 (VA)
Langre 9 B2 (LE)
Langueiron 1 C4 (C)
Langueirón 1 D3 (C)
Languilla 31 C1 (SG)
Langullo 8 D4 (OU)
Lanhelas 17 C2 (VC)
Lanheses 17 D3 (
Lanjarón 78 D1 (C
Lansac 15 F2 (Pi
Lanseros 19 B2 (
Lantadilla 20 F1
Lanteira 73 F4 (
Lantejuela (La) 72 B3 (
Lanteno 11 E1
Lantoira 2 F2
Lantueno 11 A1
Lantz 12 E1 (
Lanuza 13 E2 (
Lanzada (A) 7 C3 (
Lanzahíta 39 B4 (
Lanzarote 82 E2 (C
Lanzas Agudas 5 D4 (
Lanzuela 33 B3 (T
Lañas 7 D1
Laoso 18 A1 (C
Laoso 18 B1 (C
Lapa 53 E1 (S
Lapa (La) 63 B1 (B
Lapa do Lobo 37 A2 (
Lapa dos Dinheiros 37 B3 (G
Lapas 45 A3 (S
Lapas (Las) 63 C3 (B
Lapas (Las) 82 B4 (T
Lapège 15 B2 (A
Lapenilla 5 A3 (
Laperdiguera 24 A2 (H
Lapido 7 D1 (
Lapido (O) 2 A3 (
Lapío 8 C1 (L
Lapoblación 12 B3 (N
Lara de los Infantes 21 C2 (B
Laracha (A) 1 E3 (
Laranga 7 C2 (
Laranjeiro 53 D3 (Se
l'Arboç 35 B2 (
L'Arbocet 34 E3 (T
Larbont 15 A1 (Ar
Larcat 15 B2 (A
Larcovilla 23 C1 (
Lardeira 8 F4 (OU
Lardero 12 B4 (L
Lardosa 45 F1 (C
Laredo 5 D3 (S
l'Argentera 34 E3 (T
L'Argilaga 35 A2 (T
Largo (El) 74 F3 (AL
Larín 1 E3 (C
Larinho 28 E2 (Ba
Lariño 7 B1 (C
Lario 10 B1 (LE
Lariz 6 A3 (BI)
l'Armentera 26 C1 (GI)
Larna 3 A4 (O
Larnat 15 B2 (Ari)
Laroá 7 F2 (PO)
Laroá 18 B2 (OU)
Laroles 78 F1 (GR)
Laroque-de-Fa 15 F1 (Aud)
Laroque-des-Albères 16 B3 (Pir-O)
Laroque-d'Olmes 15 C1 (Ari)
Larouco 8 E4 (OU)
Laroya 74 D3 (AL)
Larrabetzu 5 F4 (BI)
Larraga 12 D3 (NA)
Larragueta 12 E2 (NA)
Larraintzar 12 E1 (NA)
Larraitz 12 C1 (SS)
Larraona 12 C2 (NA)
Larrapil-Sarriku 6 E4 (NA)
Larrasoaña 12 F2 (NA)
Larrau 13 B1 (Pir-A)
Larraul 6 C4 (SS)
Larrea 5 E4 (BI)
Larrea 12 B2 (VI)
Larrekoetxe 6 D4 (SS)
Larrés 13 E3 (HU)
Larressore 6 F3 (Pir-A)
Larrinbe 11 E1 (VI)
Larrión 12 C3 (NA)
Larrodrigo 38 F1 (SA)
Larruzka 6 B4 (BI)
Larúes 13 C4 (HU)
Larumbe 12 E2 (NA)
Laruns 13 E1 (Pir-A)
Larva 73 F1 (J)
Lasao 6 C4 (SS)
Lasarte 12 A2 (VI)
Lasarte-Oria 6 D4 (SS)
Lascambras 14 B4 (HU)
Lascuarre 24 C1 (HU)
Lasierra 3 F4 (O)
Laspaúles 14 C4 (HU)
Laspuña 14 A4 (HU)
Lasrosas 81 D2 (TF)
Lassur 15 B2 (Ari)
Lastanosa 23 F3 (HU)
l'Astor 25 A4 (B)
Lastra (La) 4 E4 (S)
Lastra (La) 5 C3 (S)
Lastra (La) 38 F3 (AV)
Lastra del Cano (La) 38 F3 (AV)
Lastras 5 C4 (S)
Lastras de Cuéllar 30 F2 (SG)
Lastras de la Torre 11 D1 (BU)
Lastras de las Eras 11 C1 (BU)
Lastras del Pozo 30 E4 (SG)
Lastres 4 A2 (O)
Lastrilla (La) 30 F4 (SG)
Lastur 6 B4 (SS)
Latas 2 B2 (C)
Latas 13 E3 (HU)
Latasa 12 E1 (NA)
Latasa 12 E1 (NA)
Latedo 19 A4 (ZA)
Latores 3 E3 (O)
Latour-Bas-Elne 16 B2 (Pir-O)
Latour-de-Carol 15 C3 (Pir-O)
Latour-de-France 15 F2 (Pir-O)
Latre 13 E4 (HU)
Latsaga 6 E4 (NA)
Lau-Balagnas 13 F1 (H-Pyr)
Láujar de Andarax 79 A1 (AL)
Laundos 27 C1 (Por)
Laurgain 6 C4 (SS)
Lauroeta 5 F3 (BI)
Lauztierreka 12 C1 (SS)
Lavacolhos 37 B4 (CB)
Lavadores 7 D4 (PO)
Lavandeira 2 A2 (C)
Lavandeira 28 D2 (Ba)
Lavandera 2 F2 (O)
Lavandera 3 F2 (O)
Lavandera 3 F3 (O)
Lavarejos 3 D3 (O)
Lavares 3 D3 (O)
Lavegadas 36 E3 (Co)
Lavelanet 15 C1 (Ari)
Lavelilla 14 A4 (HU)
Lavelilla 31 B3 (SG)
L'Avellà 35 B1 (B)
l'Avellanosa 25 B2 (L)
Lavern 35 C1 (B)
Laviana de Gozon 3 E2 (O)
Lavilla 14 B4 (HU)
Lavín 5 C4 (S)
Lavio 3 C2 (O)
Lavit 35 C1 (B)
Lavos 36 B4 (Co)
Lavra 27 C2 (Por)
Lavradio 53 D3 (Se)
Lavre 54 A3 (Év)
Laxa 7 F4 (OU)
Laxas 2 B1 (C)
Laxas 7 F4 (OU)

M

Q

U

2

Mapa y listado de restaurantes con Soles

Municipios con información turística, hoteles y restaurantes

Desde hace más de 30 años, **Guía Repsol** es el referente de la gastronomía española gracias a la colaboración inestimable y en exclusiva de dos instituciones de enorme prestigio y autoridad gastronómica en España, la **Real Academia de Gastronomía** y la **Cofradía de la Buena Mesa**.

Fundadas en 1972 la Cofradía y en 1980 la Academia, se definen como dos asociaciones culturales sin ánimo de lucro que investigan y divulgan los diferentes aspectos de la gastronomía española, tanto dentro como fuera de España, siempre desde una perspectiva eminentemente cultural.

Selección de restaurantes

Cada año, estas dos instituciones, apoyadas por la existencia de Academias Autonómicas en las diferentes Comunidades, establecen los restaurantes que entran a formar parte de la prestigiosa lista de establecimientos seleccionados en cada edición de la **Guía Repsol**.

La inclusión en la guía de un restaurante debe pasar por un proceso de selección riguroso, nunca supeditado al criterio exclusivo de una sola persona. La selección y clasificación de los restaurantes pasa por un primer tamiz: las sugerencias de las distintas Academias Autonómicas y en paralelo los inspectores de la Academia y la Cofradía de la Buena Mesa llevan a cabo sus propuestas.

La excelencia culinaria, la calidad de la materia prima y su ejecución, el respeto por la cocina de la región y la incorporación de productos frescos de la zona, la sencillez en la elaboración de los platos, la carta de los vinos, el servicio de mesa y de sala así como la presentación, son alguno de los criterios a los que obedece este estricto proceso de selección. Sin olvidar la importancia que desde el punto de vista turístico pueda tener el municipio y el nivel gastronómico de la zona.

Soles Repsol

Los mejores restaurantes del año son calificados con Soles Repsol, sinónimos de la mayor calidad gastronómica en España que distinguen al establecimiento como una apuesta segura por la buena mesa y acreditan la alta calidad de su cocina.

Cada año se otorgan tres categorías dentro de los Soles y también una cuarta, que distingue a los Restaurantes R por ser especialmente recomendados.

☼☼☼ **Tres Soles:** distinguen a los mejores restaurantes del año.
☼☼ **Dos Soles:** garantizan una calidad excelente en cocina.
☼ **Un Sol:** lo obtienen los locales con una excelente calidad y variedad de platos.

En cuanto a los restaurantes R, son lugares interesantes por su estilo de cocina tradicional o vanguardista, emplazamiento, servicio y/o bodega, historia, trayectoria, o por estar de moda.

A los restaurantes calificados con Soles se les entrega cada año un diploma acreditativo. Además de este diploma, todos los establecimientos que figuran en la prestigiosa lista de la **Guía Repsol** y que por tanto han superado el riguroso examen de la Real Academia y la Cofradía de la Buena Mesa, lucen un distintivo que les acredita como restaurante seleccionado cuya oferta gastronómica aparece avalada por los mejores expertos.

A continuación, detallamos los Miembros que componen ambas instituciones así como el listado de los mejores restaurantes de España, Andorra, Portugal y sur de Francia calificados con uno dos o tres Soles Repsol, en esta edición de **Guía Repsol 2011.**

Real Academia de Gastronomía y Cofradía de la Buena Mesa

La Real Academia de Gastronomía y la Cofradía de la Buena Mesa están integradas por profesionales de diferentes sectores, a los que une un especial interés por la gastronomía, miembros de las Academias de cada una de las Comunidades Autónomas y colaboradores independientes que, entre otras funciones, revisan, evalúan y seleccionan los restaurantes que aparecerán en cada edición de la Guía.

Real Academia de Gastronomía

Junta Rectora

Presidente: Sr. D. Rafael **Ansón** (www.academiagastronomia.com)
Vicepresidente: Sr. Marqués de **Griñón**
Secretario General: Sr. D. Alfonso **Cortina**
Tesorero: Sr. D. Santiago **Foncillas**
Vocales: Sr. D. Ignacio **Bayón**; Sr. D. Luis Miguel **Beneyto**; Sr. D. José Carlos **Capel**; Sra. Dª Teresa de la **Cierva**; Sr. D. Ismael **Díaz Yubero**; Sr. D. Gabriel **Ferrán**; Sr. D. Manuel **Garaizábal**; Sra. Dª Clara María **González-Amezua**; Sr. D. Luis **Infante**; Sr. D. Ramón de **Miguel**; Sra. Dª María Isabel **Mijares**; D. Federico **Palacios**; Sra. Dª Lourdes **Plana**; Sra. Marquesa Vda. de **Poza (Presidenta Cofradía de la Buena Mesa)**; Sr. D. José Antonio **Quiroga**; Sr. D. Alfonso **Rodes**; Sr. Marqués de **San Adrián**; Sr. D. Víctor de la **Serna**; Sra. Dª Carmen **Simón Palmer**; Sr. D. Gonzalo **Sol**; Sra. Dª Paloma **Soria**.

Académicos de Número

Sr. D. Ferrán **Adriá**; Sr. Duque de **Ahumada**; Sr. D. Alberto **Alcocer**; Sr. D. Cristino **Álvarez**; Sr. D. David **Álvarez**; Sr. D. Pablo **Amate**; Sr. D. Gonzalo **Anes**; Sr. D. Plácido **Arango García Urtiaga**; Sr. D. Gustavo de **Arístegui**; Sr. D. Juan Manuel **Bellver**; Srta. Dª Patricia **Capel**; Sr. D. Ramón **Contreras**; Sr. D. Alberto **Corazón**; Sr. D. José del **Corral**; Sr. D. José Ángel **Cortés**; Sr. D. Alberto **Cortina**; Sr. D. Lorenzo **Díaz**; Sra. Dª Xandra **Falcó**; Sr. D. Fernando **Fernández-Tapias**; Sra. Dª María Jesús **Gil de Antuñano**; Sr. D. Pedro **Gómez de Baeza**; Sr. D. Marcial **Gómez Sequeira**; Sr. D. Manuel **Guerrero**; Sr. D. Manuel **Iglesias**; Sr. D. Guillermo **Jiménez Sánchez**; Sra. Dª Ana Alonso de **Letamendia**; Sr. D. Abel **Linares**; Sr. D. Cristino **Lobillo**; Sr. D. Alberto **López García-Asenjo**; Sra. Dª Gabriela **Llamas**; Sr. D. Enrique **Mapelli**; Sr. D. Carlos **Maribona**; Sr. D. Manuel Martín **Ferrand**; Sr. D. Eduardo **Montes**; Sr. D. José Luis **Muguiro**; Sra. Dª Teresa **Muguruza**; Sr. D. Juan Antonio **Pérez Ramírez**; Sr. D. Adrián **Piera**; Sr. D. Joaquín **Rivero**; Sr. D. Jordi **Robinat**; Sr. D. Juan **Rodríguez-Inciarte**; Sr. D. Enrique **Rojas**; Sr. D. Juan Antonio **Sagardoy**; Sra. Dª Sesé **San Martín**; Sr. D. Gregorio **Varela Moreiras**; Sra. Dª Almudena **Villegas**; Sr. D. Eloy **Ybáñez**; Sr. D. Santiago **Ybarra**; Sr. D. Gabriel **Yravedra**; Sr. D. Juan Carlos **Zurita**.

Académicos de Honor

Sr. D. José Mª **Amusategui**; Sr. D. Plácido **Arango**; Sr. D. Luis **García-Berlanga**; Sr. D. Alberto **Oliart**; Sr. D. Marcelino **Oreja**; Sr. D. Rodrigo **Rato**; Sr. D. Leopoldo **Rodes**; Sr. D. Manuel **Serrano Ríos**; Sr. D. Gustavo **Villapalos**; Sr. D. Joaquín **Zabala**.

Academias de las Comunidades Autómonas

ANDALUZA: Sr. D. Ramón **Contreras**; **ARAGONESA:** Sr. D. Ángel de **Uña** (www.academiaaragonesadegastronomia.com); **ASTURIANA:** Sr. D. Eduardo **Méndez Riestra**; **CÁNTABRA:** Sr. D. Javier **Hernández de Sande**; **CASTELLANO LEONESA**: Sr. D. Julio **Valles**; **CASTELLANO MANCHEGA:** Sr. Marqués de **Griñón**; **CATALANA:** Sr. D. Miguel **Espinet** (www.acg.cat); **EXTREMEÑA:** Sr. D. Antonio **Martínez Buzo**; **GALLEGA:** Sr. D. José Antonio **Quiroga**; **de LA RIOJA:** Sr. D. Luis Javier **Rodríguez Moroy** (www.gastronomiariojana.com); **de LAS PALMAS:** Sr. D. Miguel **Escudero**; **MADRILEÑA:** Sr. D. Miguel **Garrido** (www.academiamadrilenadegastronomia.com); **MALLORQUINA:** Sr. D. Joan **Gual**; **NAVARRA:** Sr. D. Fernando **Galbete**; **de TENERIFE:** Sr. D. José Luis **Zubieta**; **VALENCIANA:** Sra. Dª Cuchita **Lluch** (www.academiavalencianadegastronomia.com); **VASCA:** Sr. D. Josu **Lapacha** (www.gastrovasca.com)

Cofradía de la Buena Mesa

Miembros de Número

Sr. Duque de **Ahumada**; Sr. Conde de **Almaraz**; Sra. Dª María Elena Covarrubias de **Andreu**; Sr. D. Rafael **Ansón (Presidente Real Academia de Gastronomía)**; Sra. Dª Carmen **Argumosa**; Sr. Marqués de **Avella**; Sr. D. Alberto **Aza**; Sr. Conde de **Ballobar**; Sr. Conde de **Bañares**; Sr. D. Daniel **Busturia**; Sra. Dª Rosemary Ward de **Cañedo**; Sr. Duque de **Castro Enríquez**; Sra. Dª Sofía de la **Cierva**; Sr. Barón de **Claret (Vicepresidente)**; Sr. D. Alfonso **Cortina**; Sr. Marqués de **Cubas**; Sra. Dª Pilar **Díaz de Bustamante**; Sr. D. Antonio **Díez de Rivera**; Sr. D. Marco **Fernández-Araoz**; Sr. D. Diego **Fernández de Henestrosa**; Sr. D. Carlos **Fernández Lerga**; Sr. D. Juan Carlos **Fierro**; Sr. D. Santiago **Gil de Biedma**; Sra. Dª Isabel Carvajal de **Gómez Acebo**; Sr. D. Juan Luis **González**; Sr. D. Martín **González del Valle**; Sr. Marqués de **Griñón**; Sr. D. Javier **Jiménez Latorre (Tesorero)**; Sra. Dª Helena **Kirby**; Sr. Marqués de **Laserna**; Sra. Dª Ana Alonso de **Letamendía**; Sr. Marqués de **Llanzol**; Sr. Duque de **Maura**; Sr. D. Manuel **Melgar**; Sra. Dª Beatriz **Moreno de Borbón**; Sr. Marqués de **Nervión**; Sr. Marqués de **Orellana**; Sr. Conde de **Orgaz**; Sr. D. Federico **Palacios (Secretario General)**; Sr. D. Ramón **Pérez-Maura**; Sra. Marquesa Vda. de **Poza (Presidenta)**; Sr. D. Estanislao de la **Quadra-Salcedo**; Sr. D. Juan **Quijano**; Sr. D. Íñigo de la **Riva**; Sr. D. Jaime **Urquijo**; Sr. Conde de **Valdellano (Vicepresidente)**; Sr. Marqués de **Vargas**; Sr. Duque de la **Victoria de Las Amezcoas**; Sra. Dª Sonia Arróspide de **Ybarra**; Sr. D. Emilio **Zurita**.

Miembros Correspondientes

Sr. D. Pablo **Amate** (Andalucía Oriental); Sr. D. Sergio **Ferrer-Salat** (Barcelona); Sra. Dª Beatriz Parra de **Fraser-Luckie** (Andalucía); Sr. D. Miguel **Muñagorri** (Guipúzcoa); Sra. Dª Carolina **Porcel** (La Rioja); Sra. Duquesa de **Sueca** (Bélgica); Sr. Conde de **Vallesa de Mandor** (Valencia).

Miembros de Honor

Sr. Conde de los **Andes**; Sra. Dª Giuliana Arioli de **Calvo Sotelo**; Sr. D. José del **Castaño**; Sra. Dª Trinidad Jiménez Lopera; Vda. de **Fierro**; Sra. Dª Clara María **González-Amezua**; Sra. Baronesa de **Grado**; Sr. Conde de **Güel**; Sr. D. Luis **Infante**; Sr. D. Íñigo de **Oriol**; Sr. D. Alberto **Schommer**.

Miembro Ausente

Sra. Dª Beatriz **Llamas**.

Listado de los mejores restaurantes con Soles 2011 por categoría

Restaurantes con tres Soles

Akelarre San Sebastián (Guipúzcoa)
Arzak San Sebastián (Guipúzcoa)
Atrio Cáceres
Calima Marbella (Málaga)
Can Fabes Sant Celoni (Barcelona)
Carme Ruscalleda - Sant Pau Sant Pol de Mar (Barcelona)
Casa Gerardo Prendes (Asturias). Ver Candás
Diverxo Madrid
Drolma Barcelona
El Bulli Roses (Girona)
El Celler de Can Roca Girona
Etxebarri Atxondo (Vizcaya). Ver Durango
Hispania Arenys de Mar (Barcelona)
Horcher Madrid
La Terraza del Casino Madrid
Las Rejas Las Pedroñeras (Cuenca)
Martín Berasategui Lasarte (Guipúzcoa). Ver San Sebastián
Mugaritz Rentería (Guipúzcoa). Ver Oiartzun
Quique Dacosta Restaurante Dénia (Alicante)
Santceloni Madrid
Sergi Arola Gastro Madrid
Via Veneto Barcelona
Zuberoa Oiartzun (Guipúzcoa)

Restaurantes con dos Soles

Abac Barcelona
Adolfo Toledo
Aizian Bilbao (Vizcaya)
Alhambra Pamplona (Navarra)
Alkimia Barcelona
Amparito Roca Guadalajara
Aponiente El Puerto de Santa María (Cádiz)
Arrop – Ricard Camarena Valencia
Astrid & Gastón Madrid. Ver Especialidades Internacionales: Peruana
Azurmendi Larrabetzu (Vizcaya). Ver Bilbao
Ca L'Enric La Vall de Vianya (Girona)
Ca L'Isidre Barcelona
Ca Sento Valencia
Caelis Barcelona
Café de París Málaga
Can Bosch Cambrils (Tarragona)
Can Jubany Calldetenes (Barcelona). Ver Vic
Cañadío Santander (Cantabria)
Carballeira Lleida
Casa Fermín Oviedo (Asturias)
Casa José Aranjuez (Madrid)
Casa Marcelo Santiago de Compostela (A Coruña)
Casa Marcial Arriondas (Asturias)
Cenador de Amós Villaverde de Pontones (Cantabria). Ver Solares
Coque Humanes (Madrid). Ver alrededores de Madrid
Dos Cielos Barcelona
Egaña Oriza Sevilla
El Almacén Ávila
El Bodegón Daimiel (Ciudad Real)
El Bodegón Madrid
El Bohío Illescas (Toledo)
El Campero Barbate (Cádiz)
El Club Allard Madrid
El Duende Puerto de la Cruz (Tenerife)
El Faro del Puerto El Puerto de Santa María (Cádiz)
El Molino de Urdaniz Urdaniz (Navarra) Ver Pamplona
El Oso Madrid
El Portal de Echaurren - Echaurren Ezcaray (La Rioja)
Elkano Getaria (Guipúzcoa)
Els Casals Sagás (Barcelona). Ver Berga
Els Tinars Llagostera (Girona)
Enekorri Pamplona (Navarra)
Es Molí d'en Bou Sa Coma (Mallorca). Ver Sant Llorenç de Cardassar
Estrella del Bajo Carrión Villoldo (Palencia). Ver Carrión de los Condes
Etxanobe Bilbao (Vizcaya)
Europa Pamplona (Navarra)
Fagollaga Hernani (Guipúzcoa)
Gaig Barcelona
Galileo Santa Baia (Ourense). Ver Ourense
Gaminiz Zamudio (Vizcaya). Ver Bilbao
Goizeko Wellington Madrid
Guggenheim Bilbao Bilbao (Vizcaya)
Iñigo Lavado Irún (Guipúzcoa)
Joan Gatell Cambrils (Tarragona)
Jolastoki Getxo (Vizcaya)
Kabuki Wellington Madrid
L'Escaleta Cocentaina (Alicante). Ver Alcoi
La Alquería Sanlúcar la Mayor (Sevilla)
La Finca Elx (Alicante)
La Mesa Redonda Jerez de la Frontera (Cádiz)
La Taberna de Rotilio Sanxenxo (Pontevedra)
La Tasquita de Enfrente Madrid
La Terraza Las Palmas de Gran Canaria
Lasarte Barcelona
Les Cols Olot (Girona)
Les Pyrénées Saint Jean Pied de Port (Francia)
M.B. Guía de Isora (Tenerife)
Maher Cintruénigo (Navarra)
Massana Girona
Michel Guérard - Les Prés d'Eugénie Eugénie Les Bains (Francia)
Mirador de Ulia San Sebastián (Guipúzcoa)
Moo Barcelona
Neichel Barcelona
O'Pazo Madrid
Pepe Vieira - Camiño da Serpe Raxó-Poio (Pontevedra). Ver Sanxenxo
Príncipe de Viana Madrid
R. de la Calle Aranjuez (Madrid)
Ramiro's Valladolid
Ramón Freixa Madrid
Real Balneario Salinas (Asturias). Ver Avilés
Rodero Pamplona (Navarra)
Sacha (Botillería y Fogón) Madrid
Schilo Casares (Málaga)
Solla San Salvador de Poio (Pontevedra). Ver Pontevedra
Tàpies La Seu d'Urgell (Lleida)
Tavares (Rico) Lisboa (Portugal)
Tierra Torrico (Toledo). Ver Oropesa
Torre del Remei Bolvir (Girona)
Tristán Puerto Portals (Mallorca). Ver Palma de Mallorca
Túbal Tafalla (Navarra)
Vila Joya Praia da Galé (Portugal). Ver Albufeira
Viridiana Madrid
Vivaldi León
Zalacaín Madrid
Zaldiarán Vitoria (Álava)
Zortziko Bilbao (Vizcaya)

Restaurantes con un Sol

A Rexidora Bentraces (Ourense). Ver Ourense
Abantal Sevilla
Alameda Hondarribia (Guipúzcoa)
Aldaba Madrid
Aldebarán Badajoz
Alejandro Roquetas de Mar (Almería)
Alhucemas Sanlúcar la Mayor (Sevilla)
Aligué Manresa (Barcelona)
Ama Lur Santa Gertrudis (Eivissa). Ver Eivissa
Amura Yaiza (Lanzarote)
Ana Santiago de Compostela (A Coruña)
Andra Mari Galdakao (Vizcaya). Ver Bilbao
Aq Tarragona
Aqua Castellón de la Plana
Arbequina Castellón de la Plana
Arcadas Coimbra (Portugal)
Arce Madrid
Aretxondo Galdakao (Vizcaya). Ver Bilbao
Ars Vivendi Majadahonda (Madrid). Ver Especialidades Internacionales: Italiana
Asador Epeleta Lekumberri (Navarra)
Asiana Madrid
Bajo de Guía Sanlúcar de Barrameda (Cádiz)
Bamira Playa de San Agustín (Las Palmas)
Barbacana Zafra (Badajoz)
Baserri Maitea Forua (Vizcaya). Ver Gernika
Bens d'Avall Sóller (Mallorca)
Boccatti Vic (Barcelona)
Boroa Amorebieta (Vizcaya). Ver Durango
Ca l'Arpa Banyoles (Girona). Ver Girona
Ca n'Alfredo Eivissa
Ca'n Calent Campos del Port (Mallorca)
Can Toni Moreno Port des Canonge (Mallorca). Ver Esporles
Casa Alfonso Dehesa de Campoamor (Alicante)
Casa Alfredo Mos (Pontevedra). Ver Vigo
Casa Bóveda Carril (Pontevedra). Ver Vilagarcía de Arousa
Casa Cartó Benissa (Alicante)
Casa Conrado Oviedo (Asturias)
Casa d'a Troya Madrid
Casa Irene Artiés (Lleida)
Casa Lucio Madrid
Casa Ojeda Burgos
Casa Pardo A Coruña
Casa Patilla Las Ventas con Peña Aguilera (Toledo). Ver Toledo
Casa Pepa Ondara (Alicante). Ver Dénia
Casa Toni San Vicente de la Sonsierra (La Rioja)
Casa Vallecas Berlanga de Duero (Soria). Ver El Burgo de Osma
Casa Velha Amancil (Portugal)
Chirón Valdemoro (Madrid). Ver alrededores de Madrid
Choco Córdoba
Cinc Sentits Barcelona
Comerç 24 Barcelona
Coure Barcelona
Culler de Pau Grove, O (Pontevedra)

Mapa Gastronómico

2011 ● Localidades con restaurantes calificados con Soles y ● Rutas con Denominación de Origen

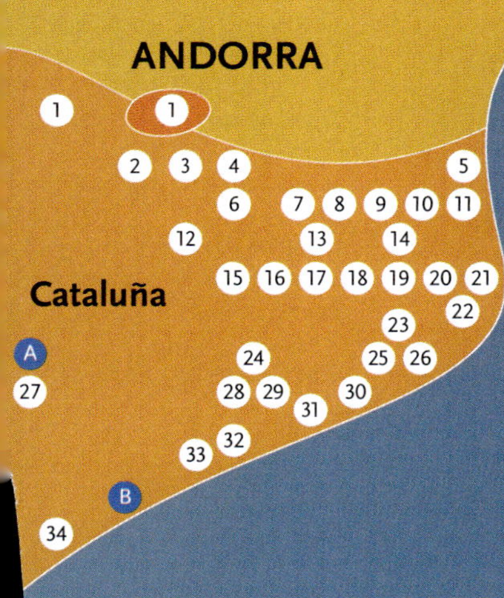

● Rutas con Denominación de Origen 2011

○ Localidades con restaurantes calificados con uno, dos o tres Soles Repsol

☼☼☼ **Tres Soles:** Distinguen a los mejores restaurantes del año

☼☼ **Dos Soles:** Garantizan una calidad excelente en cocina

☼ **Un Sol:** Lo obtienen los locales con una excelente calidad y variedad de platos

ANDORRA

1 La Massana ☼

FRANCIA

1 Magescq ☼
2 Eugénie les Bains ☼☼
3 Ainhoa ☼
4 Saint Jean Pied de Port ☼☼

Cataluña

1 Artiés ☼☼
2 Sort ☼
3 La Seu d'Urgell ☼☼
4 Bolvir ☼☼
5 Llançá ☼
6 Gombrén ☼
7 La Vall de Vianya ☼☼
8 Olot ☼☼
9 Avinyonet de Puigventós ☼
10 Figueres ☼
11 Roses ☼☼☼ · ☼
12 Cambrils ☼☼ · ☼
13 Sagás ☼☼
14 Banyoles ☼
15 Olost ☼
16 Vic ☼
17 Calldetenes ☼☼
18 Anglés ☼
19 Girona ☼☼☼ · ☼☼
20 Torrent ☼
21 Pals ☼
22 Llafranc ☼
23 Llagostera ☼☼
24 Manresa ☼
25 Sant Celoni ☼☼☼
26 Tossa de Mar ☼
27 Lleida ☼☼
28 Vacarisses ☼
29 Matadepera ☼
30 Sant Pol de Mar ☼☼☼
31 Arenys de Mar ☼☼☼
32 Barcelona ☼☼☼ · ☼☼ · ☼
33 Hospitalet de Llobregat ☼
34 Tarragona ☼
35 Ulldecona ☼

A Pera de Lleica
B Arroz del Delta del Ebro

Aragón

1 Esquedas ☼
2 Zaragoza ☼

A Somontano
B Aceite del Bajo Aragón

Castilla-La Mancha

1 Sigüenza ☼
2 Marchamalo ☼
3 Guadalajara ☼☼
4 Illescas ☼☼
5 Cuenca ☼
6 Torrico ☼☼
7 Toledo ☼☼ · ☼
8 Las Ventas con Peña Aguilera ☼
9 Las Pedroñeras ☼☼☼
10 Daimiel ☼☼
11 Almagro ☼
12 Almansa ☼
13 Valdepeñas ☼

A Mazapán de Toledo
B Queso Manchego

Islas Baleares

1 Sóller ☼
2 Deiá ☼
3 Port des Canonge ☼
4 Sa Coma ☼☼
5 Puerto Portals ☼☼ · ☼
6 Llucmajor ☼
7 Campos del Port ☼
8 Santa Gertrudis ☼
9 Sant Rafel de Sa Creu ☼
10 Sant Josep de Sa Talaia ☼
11 Eivissa ☼
12 Porroig ☼
13 Ses Illetes ☼

A Vino de Binissalem
B Hierbas Ibicencas

Valencia

1 Castellón de la Plana ☼
2 Valencia ☼☼ · ☼
3 Bocairent ☼
4 Cocentaina ☼☼
5 Ondara ☼
6 Dénia ☼☼☼ · ☼
7 Benissa ☼
8 Moraira ☼
9 L'Albir ☼
10 Petrer ☼
11 Pinoso ☼
12 Alicante ☼
13 Elx ☼☼
14 Dehesa de Campoamor ☼

A Cítricos Valencianos
B Embutido de Recuena

Andalucía

1 Córdoba ☼
2 Baeza ☼
3 Sanlúcar la Mayor ☼☼ · ☼
4 Sevilla ☼☼ · ☼
5 Granada ☼
6 Cenes de la Vega ☼
7 Vera ☼
8 Sanlúcar de Barrameda ☼
9 Villamartín ☼
10 Ronda ☼
11 Málaga ☼☼
12 El Ejido ☼
13 Roquetas de Mar ☼
14 Jerez de la Frontera ☼☼
15 El Puerto de Santa María ☼☼
16 Cádiz ☼
17 Casares ☼☼
18 Marbella ☼☼☼ · ☼
19 Barbate ☼☼
20 Palmones - Los Earrios ☼

A Jamón de los Pecroches
B Jeréz

Listado de los mejores restaurantes con Soles 2010 por Comunidad Autónoma

Andalucía

Almería

☼

Alejandro Roquetas de Mar (Almería)
La Costa El Ejido (Almeria)
Terraza Carmona Vera (Almería)

Cádiz

☼☼

Aponiente El Puerto de Santa María (Cádiz)
El Campero Barbate (Cádiz)
El Faro del Puerto El Puerto de Santa María (Cádiz)
La Mesa Redonda Jerez de la Frontera (Cádiz)

☼

Bajo de Guía Sanlúcar de Barrameda (Cádiz)
Hacienda el Rosalejo Villamartín (Cádiz)
Mesón el Copo Palmones-Los Barrios (Cádiz). Ver Algeciras
Ventorrillo del Chato Cádiz

Córdoba

☼

Choco Córdoba
El Churrasco Córdoba
El Envero Córdoba

Granada

☼

Parador de Granada Granada
Ruta del Veleta Cenes de la Vega (Granada). Ver Granada

Jaén

☼

Juanito Baeza (Jaén)

Málaga

☼☼☼

Calima Marbella (Málaga)

☼☼

Café de París Málaga
Schilo Casares (Málaga)

☼

El Lago Marbella (Málaga)
La Hacienda Marbella (Málaga)
Roberto Marbella (Málaga)
Tragabuches Ronda (Málaga)

Sevilla

☼☼

Egaña Oriza Sevilla
La Alquería Sanlúcar la Mayor (Sevilla)

☼

Abantal Sevilla
Alhucemas Sanlúcar la Mayor (Sevilla)
Gastromium Sevilla
Santo-Martín Berasategui Sevilla

Aragón

Huesca

☼

Venta del Sotón Esquedas (Huesca). Ver Huesca

Zaragoza

☼

El Cachirulo Zaragoza
La Granada Zaragoza
La Ontina Zaragoza

Principado de Asturias

Asturias

☼☼☼

Casa Gerardo Prendes (Asturias). Ver Candás

☼☼

Casa Fermín Oviedo (Asturias)
Casa Marcial Arriondas (Asturias)
Real Balneario Salinas (Asturias). Ver Avilés

☼

Casa Conrado Oviedo (Asturias)
Deloya Oviedo (Asturias)
El Asador de Abel Pola de Siero (Asturias)
El Corral de Indianu Arriondas (Asturias)
El Patio de Balbona Pravia (Asturias)
Koldo Miranda Castrillón (Asturias). Ver Avilés
La Huertona Ribadesella (Asturias)
La Salgar Gijón (Asturias)
La Solana Mareo (Asturias). Ver Gijón

Islas Baleares

Mallorca

☼☼

Es Molí d'en Bou Sa Coma (Mallorca). Ver Sant Llorenç de Cardassar
Tristán Puerto Portals (Mallorca). Ver Palma de Mallorca

☼

Bens d'Avall Sóller (Mallorca)
Ca'n Calent Campos del Port (Mallorca)
Can Toni Moreno Port des Canonge (Mallorca). Ver Esporles
Es Racó d'es Teix Deiá (Mallorca)
Flanigan Puerto Portals (Mallorca). Ver Palma de Mallorca
Zaranda Sa Torre Llucmajor (Mallorca)

Eivissa

☼

Ama Lur Santa Gertrudis (Eivissa). Ver Eivissa
Ca n' Alfredo Eivissa
Es Xarcu Porroig (Eivissa). Ver Eivissa
Las dos Lunas Sant Rafel de Sa Creu (Eivissa). Ver Sant Antoni de Portmany
Trattoria del Sole Sant Josep de Sa Talaia (Eivissa). Ver Eivissa

Formentera

☼

Es Molí de Sal Ses Illetes (Formentera). Ver Sant Francesç de Formentera

Islas Canarias

Las Palmas

☼☼

La Terraza Las Palmas de Gran Canaria

☼

Amura Yaiza (Lanzarote)
Bamira Playa de San Agustín (Las Palmas)
Deliciosa Marta Las Palmas de Gran Canaria
El Senador Maspalomas (Las Palmas)
Nelson Playa de Arinaga (Las Palmas). Ver Agüimes

Santa Cruz de Tenerife

☼☼

El Duende Puerto de la Cruz (Tenerife)
M.B. Guía de Isora (Tenerife)

☼

El Coto de Antonio Santa Cruz de Tenerife
El Gusto por el Vino Santa Cruz de Tenerife
El Rincón de Juan Carlos Acantilado de los Gigantes (Tenerife). Ver Santiago del Teide
El Templete El Médano (Tenerife) Ver Granadilla de Abona
Kabuki Abama Guía de Isora (Tenerife)
La Gañanía Puerto de la Cruz (Tenerife)
Las Aguas Adeje (Tenerife)
Lucas Maes La Orotava (Tenerife)
Pancho Santiago del Teide (Tenerife)
Silbo Gomero San Cristóbal de La Laguna (Tenerife)

Cantabria

Cantabria

☼☼

Cañadío Santander (Cantabria)
Cenador de Amós Villaverde de Pontones (Cantabria). Ver Solares

☼

Del Puerto Santander (Cantabria)
El Nuevo Molino Puente Arce (Cantabria). Ver Santander
El Serbal Santander (Cantabria)
Los Avellanos–Jesús de Diego Tanos (Cantabria). Ver Torrelavega

Castilla–La Manch

Albacete

☼

Mesón de Pincelín Almansa (Albacete)

Ciudad Real

☼☼

El Bodegón Daimiel (Ciudad Real)

☼

Mesón el Corregidor Almagro (Ciudad Real)
Venta La Quintería Valdepeñas (Ciudad Real)

Cuenca

☼☼☼

Las Rejas Las Pedroñeras (Cuenca)

☼

Figón del Huécar Cuenca
Raff Cuenca

Guadalajara

☼☼

Amparito Roca Guadalajara

☼

El Doncel Sigüenza (Guadalajara)
Las Llaves Marchamalo (Guadalajara). Ver Guadalajara

Toledo

☼☼

Adolfo Toledo
El Bohío Illescas (Toledo)
Tierra Torrico (Toledo). Ver Oropesa

☼

Casa Parrilla Las Ventas con Peña Aguilera (Toledo). Ver Toledo
Locum Toledo
Parador de Toledo Toledo

Castilla y León

Ávila

☼☼

El Almacén Ávila

Burgos

☼

Casa Ojeda Burgos
El Rincón de La Merced Burgos
Fábula Burgos
Mesón de La Villa Aranda de Duero (Burgos)

León

☼☼

Vivaldi León

☼

Rey Don Sancho León

Palencia

☼☼

Estrella del Bajo Carrión Villoldo (Palencia). Ver Carrión de los Condes

☼

Hostería Los Palmeros Frómista (Palencia)

Segovia

☼

Duque Segovia
José María Segovia
La Concepción Segovia
Maracaibo "Casa Silvano" Segovia
Mesón de Cándido Segovia
Puerta de la Reina La Granja de San Ildefonso (Segovia)
Villena Segovia

Soria

☼

Casa Vallecas Berlanga de Duero (Soria). Ver El Burgo de Osma
Virrey Palafox El Burgo de Osma (Soria)

Valladolid

☼☼

Ramiro's Valladolid

☼

Fátima–Posada Real La Casona de Montealegre Montealegre de Campos (Valladolid). Ver Medina de Ríoseco
Fuente de La Aceña Quintanilla de Onésimo (Valladolid)
La Botica Matapozuelos (Valladolid). Ver Medina del Campo
Llantén Pinar de Antequera (Valladolid). Ver Valladolid
Trigo Valladolid

Zamora

☼

El Ermitaño Benavente (Zamora)
El Rincón de Antonio Zamora
La Oronja Zamora
Los Caprichos de Meneses Zamora

Cataluña

Barcelona

☼☼☼

Can Fabes Sant Celoni (Barcelona)
Carme Ruscalleda Sant Pol de Mar (Barcelona)
Drolma Barcelona
Hispania Arenys de Mar (Barcelona)
Vía Veneto Barcelona

☼☼

Abac Barcelona
Alkimia Barcelona
Ca l'Isidre Barcelona
Caelis Barcelona
Can Jubany Calldetenes (Barcelona). Ver Vic
Dos Cielos Barcelona
Els Casals Sagás (Barcelona). Ver Berga
Gaig Barcelona
Lasarte Barcelona
Moo Barcelona
Neichel Barcelona

☼

Aligué Manresa (Barcelona)
Boccatti Vic (Barcelona)
Cinc Sentits Barcelona
Comerç 24 Barcelona
Coure Barcelona
El Celler Matadepera (Barcelona). Ver Terrassa
El Cingle Vacarisses (Barcelona). Ver Terrassa
Evo Hospitalet del Llobregat (Barcelona). Ver Barcelona
Fabián Barcelona
Fonda Sala Olost (Barcelona)
Freixa Tradició Barcelona
Gresca Barcelona
Hisop Barcelona
Hofmann Barcelona
La Dama Barcelona
Les Moles Ulldecona (Barcelona)
Lluçanès Barcelona
Monvinic Barcelona
Roig Robi Barcelona
Saüc Barcelona
Shanghai Barcelona
Toc Barcelona
Tram Tram Barcelona
Windsor Barcelona

Girona

☼☼☼

El Bulli Roses (Girona)
El Celler de Can Roca Girona

☼☼

Ca l'Enric La Vall de Vianya (Girona)
Els Tinars Llagostera (Girona)
Les Cols Olot (Girona)
Massana Girona
Torre del Remei Bolvir (Girona)

☼

Ca l'Arpa Banyoles (Girona). Ver Girona
Empordá Figueres (Girona)
L'Aliança d'Anglès Anglès (Girona). Ver Girona
La Cuina de Can Simón Tossa de Mar (Girona)
La Fonda Xesc Gombrén (Girona). Ver Ripoll
La Llar Roses (Girona)
Mas de Torrent Torrent (Girona). Ver Palafrugell
Mas Pau Avinyonet de Puigventós (Girona). Ver Figueres
Miramar Llançá (Girona)
Sa Punta Pals (Girona)
Simpson Llafranc (Girona)

Lleida

☼☼

Carballeira Lleida
Tàpies La Seu d'Urgell (Lleida)

☼

Casa Irene Artiés (Lleida)
Fogony Sort (Lleida)

Tarragona

☼☼

Can Bosch Cambrils (Tarragona)
Joan Gatell Cambrils (Tarragona)

☼

Aq Tarragona
Rincón de Diego Cambrils (Tarragona)

Extremadura

Badajoz

☼

Aldebarán Badajoz
Barbacana Zafra (Badajoz)

Cáceres

☼☼☼

Atrio Cáceres

Galicia

A Coruña

☼☼

Casa Marcelo Santiago de Compostela (A Coruña)

☼

Ana Santiago de Compostela (A Coruña)
Casa Pardo A Coruña
Dos Reis Santiago de Compostela (A Coruña)
El Refugio Oleiros (A Coruña). Ver A Coruña
Fogón Retiro a Cosiña Santa Comba (A Coruña). Ver Santiago de Compostela
Playa Club A Coruña

Lugo

☼

Nito Viveiro (Lugo)

Ourense

☼☼

Galileo Santa Baia (Ourense). Ver Ourense

☼

A Rexidora Bentraces (Ourense). Ver Ourense

Pontevedra

☼☼

La Taberna de Rotilio Sanxenxo (Pontevedra)
Pepe Vieira-Camiño da Serpe Raxó-Poio (Pontevedra). Ver Sanxenxo
Solla San Salvador de Poio (Pontevedra). Ver Pontevedra

☼

Casa Alfredo Mos (Pontevedra). Ver Vigo
Casa Bóveda Carril (Pontevedra) Ver Vilagarcía de Arousa
Culler de Pau Grove, O (Pontevedra)
La Oca Vigo (Pontevedra)
Maruja Limón Vigo (Pontevedra)
Yayo Daporta Cambados (Pontevedra)

La Rioja

La Rioja

☼☼

El Portal de Echaurren Ezcaray (La Rioja)

☼

Casa Toni San Vicente de la Sonsierra (La Rioja)
La Vieja Bodega Casalarreina (La Rioja). Ver Haro
Las Duelas Haro (La Rioja)
Venta Moncalvillo Daroca de Rioja (La Rioja). Ver Logroño

Comunidad de Madrid

Madrid

☼☼☼

Diverxo Madrid
Horcher Madrid
La Terraza del Casino Madrid
Santceloni Madrid
Sergi Arola Gastro Madrid

morebieta
xondo
umárraga
toria
ciego
miento de Guernika
uevos de Caserío Vasco
La Rioja
1 Casalareina
2 Haro
3 San Vicente de la Sonsierra
4 Ezcaray
5 Daroca de Rioja
A Queso Camerano
B Champiñón y Setas de La Rioja
Navarra
1 Lekunberri
2 Pamplona
3 Urdaniz
4 Puente la Reina
5 Tafalla
6 Cintruénigo
7 Tudela
A Vinos de Navarra
B Espárrago de Navarra
País Vasco
Cantabria
FRANCIA
Navarra
La Rioja
Castilla y León
Aragón
Madrid
Castilla-La Mancha
Valencia
Murcia
Andalucía
Islas Canarias
1 Yaiza
2 San Cristóbal de la Laguna
3 Santa Cruz de Tenerife
4 Puerto de la Cruz
5 La Orotava
6 Santiago del Teide
7 Acantilado de los Gigantes
8 Guía de Isora
9 Adeje
10 Médano
11 Las Palmas de Gran Canaria
12 Playa de Arinaga
13 Maspalomas
14 Playa de San Agustín
A Papas Antiguas de Canarias
B El Hierro
Murcia
1 Moratalla
A Chato Murciano
B Agua Mineral Natural

Galicia

1 Viveiro
2 A Coruña
3 Oleiros
4 Santa Comba
5 Santiago de Compostela
6 Carril
7 Cambados
8 O Grove
9 San Salvador de Poio
10 Raxó-Poio
11 Sanxenxo
12 Santa Baia
13 Bentraces
14 Vigo
15 Mos

A Ternera Gallega
B Tarta de Santiago

Asturias

1 Salinas
2 Prendes
3 Castrillón
4 Gijón
5 Mareo
6 Pravia
7 Ribadesella
8 Oviedo
9 Pola de Siero
10 Arriondas

A Chosco de Tineo
B Carbayones de Oviedo

Cantabria

1 Santander
2 Tanos
3 Puente Arce
4 Villaverde de Pontones

A Queso Nata de Cantabria
B Tomate de Cantabria

País Vasco

1 Getxo
2 Forua
3 Getaria
4 Zarautz
5 San Sebastián
6 Rentería
7 Hondarribia
8 Lasarte
9 Hernani
10 Oiartzun
11 Irún
12 Bilbao
13 Zamudio
14 Larrabetzu
15 Galdakao
16
17
18
19
20
A
B

Castilla y León

1 León
2 Villoldo
3 Frómista
4 Burgos
5 Benavente
6 Montealegre de Campos
7 Valladolid
8 Aranda del Duero
9 Pinar de Antequera
10 Quintanilla de Onésimo
11 El Burgo de Osma
12 Zamora
13 Matapozuelos
14 Berlanga de Duero
15 Segovia
16 La Granja de San Ildefonso
17 Ávila

A Mantequilla de Soria
B Chorizo de Cantimpalos

Madrid

1 Moralzarzal
2 La Moraleja
3 Colmenar del Arroyo
4 Majadahonda
5 Madrid
6 Alcalá de Henares
7 Humanes
8 Valdemoro
9 Aranjuez

A Judiones de la Sierra Norte
B Vinos de Madrid

Extremadura

1 Cáceres
2 Badajoz
3 Zafra

A Torta del Casar
B Cordero de Extremadura

PORTUGAL

1 Bragança
2 Moreiras de Cónegos
3 Amarante
4 Matosinhos
5 Porto
6 Coimbra
7 Guincho
8 Lisboa
9 Cascais
10 Évora
11 Praia da Galé
12 Almancil

☼☼

Astrid & Gastón Madrid. Ver Especialidades Internacionales: Peruana.
Casa José Aranjuez (Madrid)
Coque Humanes (Madrid). Ver alrededores de Madrid
El Bodegón Madrid
El Club Allard Madrid
El Oso Madrid
Goizeko Wellington Madrid
Kabuki Wellington Madrid
La Tasquita de Enfrente Madrid
O'Pazo Madrid
Príncipe de Viana Madrid
R. de La Calle Aranjuez (Madrid)
Ramón Freixa Madrid
Sacha Botillería y Fogón Madrid
Viridiana Madrid
Zalacaín Madrid

☼

Aldaba Madrid
Arce Madrid
Ars Vivendi Majadahonda (Madrid). Ver Especialidades Internacionales: Italiana
Asiana Madrid
Casa d'a Troya Madrid
Casa Lucio Madrid
Chirón Valdemoro (Madrid). Ver alrededores de Madrid
Dantxari Madrid
Don Giovanni Madrid. Ver Especialidades Internacionales: Italiana.
El Cenador de Salvador Moralzarzal (Madrid). Ver alrededores de Madrid
El Chaflán Madrid
El Mesón de Doña Filo Colmenar del Arroyo (Madrid). Ver alrededores de Madrid
El Paraguas Madrid
El Pescador Madrid
Enrich La Moraleja (Madrid). Ver alrededores de Madrid
Europa Decó Madrid
Goizeko Kabi Madrid
Goya Madrid
Jockey Madrid
La Biblioteca de Santo Mauro Madrid
La Broche Madrid
La Dorada Madrid
La Manduca de Azagra Madrid
La Máquina de la Moraleja La Moraleja (Madrid). Ver alrededores de Madrid
La Paloma Madrid
La Trainera Madrid
Lavinia Madrid
Nodo Madrid
99 Sushi Bar Madrid. Ver Especialidades Internacionales: Japonesa
Pedro Larumbe Madrid
Piñera Madrid
Rafa Madrid
Rubaiyat Baby Beef Madrid
Santo Tomás Alcalá de Henares (Madrid)
Sanxenxo Madrid
Sudestada Madrid. Ver Especialidades Internacionales: Asiática
Taberna Gaztelupe Madrid
Támara (Lorenzo) Madrid
Teatro Real Madrid
Viavélez Madrid

Murcia

☼

El Olivar Moratalla (Murcia)

Navarra

Navarra

☼☼

Alhambra Pamplona (Navarra)
El Molino de Urdaniz Urdaniz (Navarra). Ver Pamplona
Enekorri Pamplona (Navarra)
Europa Pamplona (Navarra)
Maher Cintruénigo (Navarra)
Rodero Pamplona (Navarra)
Túbal Tafalla (Navarra)

☼

Asador Epeleta Lekumberri (Navarra)
El Peregrino Puente la Reina (Navarra). Ver Pamplona
La Cocina de Álex Múgica Pamplona (Navarra)
Treintaitrés Tudela (Navarra)

País Vasco

Álava

☼☼

Zaldiarán Vitoria (Álava)

☼

Ikea Vitoria (Álava)
Marqués de Riscal Elciego (Álava)

Guipúzcoa

☼☼☼

Akelarre San Sebastián (Guipúzcoa)
Arzak San Sebastián (Guipúzcoa)
Martín Berasategui Lasarte (Guipúzcoa). Ver San Sebastián
Mugaritz Rentería (Guipúzcoa). Ver Oiartzun
Zuberoa Oiartzun (Guipúzcoa)

☼☼

Elkano Getaria (Guipúzcoa)
Fagollaga Hernani (Guipúzcoa)
Íñigo Lavado Irún (Guipúzcoa)
Mirador de Ulia San Sebastián (Guipúzcoa)

☼

Alameda Hondarribia (Guipúzcoa)
Kabia Zumárraga (Guipúzcoa)
Kaia–Kaipe Getaria (Guipúzcoa)
Karlos Arguiñano Zarautz (Guipúzcoa)
Kokotxa San Sebastián (Guipúzcoa)
Miramón Arbelaitz San Sebastián (Guipúzcoa)
Urepel San Sebastián (Guipúzcoa)
Xarma San Sebastián (Guipúzcoa)

Vizcaya

☼☼☼

Etxebarri Atxondo (Vizcaya). Ver Durango

☼☼

Aizian Bilbao (Vizcaya)
Azurmendi Larrabetzu (Vizcaya). Ver Bilbao
Etxanobe Bilbao (Vizcaya)
Gaminiz Zamudio (Vizcaya). Ver Bilbao
Guggenheim Bilbao Bilbao (Vizcaya)
Jolastoki Getxo (Vizcaya)
Zortziko Bilbao (Vizcaya)

☼

Andra Mari Galdakao (Vizcaya). Ver Bilbao
Aretxondo Galdakao (Vizcaya). Ver Bilbao
Baserri Maitea Forua (Vizcaya). Ver Gernika
Boroa Amorebieta (Vizcaya). Ver Durango
Gure Kide Bilbao (Vizcaya)
Guría Bilbao (Vizcaya)

Comunidad Valenciana

Alicante

☼☼☼

Quique Dacosta Restaurante Dénia (Alicante)

☼☼

L'Escaleta Cocentaina (Alicante). Ver Alcoi
La Finca Elx (Alicante)

☼

Casa Alfonso Dehesa de Campoamor (Alicante)
Casa Cantó Benissa (Alicante)
Casa Pepa Ondara (Alicante). Ver Dénia
La Sirena Petrer (Alicante)
La Sort Moraira (Alicante). Ver Teulada
Monastrell Alicante
Nou Manolín Alicante
Paco Gandía Pinoso (Alicante). Ver Petrer
Peix & Brases Dénia (Alicante)
Piripi Alicante
Shamadi L'Albir (Alicante). Ver Altea

Castellón

☼

Aqua Castellón de la Plana
Arbequina Castellón de la Plana

Valencia

☼☼

Arrop Ricard Camarena Valencia
Ca Sento Valencia

☼

El Alto de Colón Valencia
Ferrero-Francisco Morales Bocairent (Valencia). Ver Ontinyent
La Sucursal Valencia
Rías Gallegas Valencia
Riff Valencia

ANDORRA

☼

El Rusc La Massana (Andorra)

FRANCIA

☼☼

Les Pyrénées Saint Jean Pied de Port (Francia)
Michel Guérard–Les Prés d'Eugénie Eugénie Les Bains (Francia)

☼

Ithurria Ainhoa (Francia)
Relais de La Poste Magescq (Francia)

PORTUGAL

☼☼

Tavares Lisboa (Portugal)
Vila Joya Praia da Galé (Portugal). Ver Albufeira

☼

Arcadas Coimbra (Portugal)
Casa Velha Almancil (Portugal)
Eleven Lisboa (Portugal)
Fialho Évora (Portugal)
Fortaleza do Guincho Cascais (Portugal)
Largo do Paço Amarante (Portugal)
O Chanquinhas Matosinhos (Portugal). Ver Porto
Porto de Santa María Guincho (Portugal). Ver Cascais
Portucale Porto (Portugal)
S. Gião Moreiras de Cónegos (Portugal). Ver Braga
Sâo Gabriel Almancil (Portugal)
Solar Bragançano Brangança (Portugal)
Varanda Lisboa (Portugal)

El Criterio...

Las localidades referenciadas se ordenan alfabéticamente; excepto Islas Baleares, Islas Canarias, Portugal, Andorra y sur de Francia, que figuran al final en la Guía.

Oficina de Turismo

Teléfono de la Oficina de Turismo de la localidad.

Referencia a los Mapas

Cartografía actualizada y ordenada de la forma más cómoda: en primer lugar aparece el número de página y a continuación su coordenada en el plano.

Distancia, Altitud y Población:

Distancia por carretera a la capital de provincia correspondiente y a Madrid. Altitud sobre el nivel del mar y población censada de la localidad.

Iconos Turísticos

Lo más destacado de la oferta turística resumida de forma visual mediante un sencillo lenguaje de iconos.

Municipio

Más de 1.000 destinos referenciados.

Localizador GPS

Facilitamos la localización de su destino adaptando nuestra información a las nuevas tecnologías.

Información turística

Información enriquecida con propuestas turísticas y destinos Para todo tipo de viajeros: fiestas, museos, monumentos, ocio en la naturaleza y todos los lugares de interés en la localidad y sus alrededores.

Hoteles

Más de 2.000 hoteles ordenados de mayor a menor número de estrellas, con propuestas para los viajeros más exigentes. Descripción ampliada de los hoteles seleccionados: información sobre las instalaciones y servicios, precios, página web...

Restaurantes

Más de 2.000 establecimientos valorados y clasificados. La mejor oferta gastronómica seleccionada por la Real Academia de Gastronomía y la Cofradía de la Buena Mesa. Todos los datos de interés: teléfono, días de cierre, página web, precio y todos los servicios del establecimiento.

Soles Repsol

Reconocimiento a la excelencia gastronómica. Distinguen al establecimiento como una apuesta segura por la buena mesa y la alta calidad de su cocina.

Nota: El acopio de datos turísticos, de hoteles y restaurantes concluyó en septiembre de 2010, por lo que la información y los precios que figuran en el texto deben interpretarse como orientativos. Recomendamos ponerse en contacto previamente con la localidad, el hotel o el establecimiento que se vaya a visitar con el fin de confirmar la información que en esta edición se ofrece.

Explicacâo das classificacôes e simbolos do Guía Repsol
Explanation of the Repsol Guide retings and symbols

☼☼☼	Los mejores Restaurantes del año.	Os melhores Restaurantes do ano.	The best Restaurants of the year.
☼☼	Excelente calidad en la cocina y el servicio. Buena bodega.	Excelente qualidade na cozinha e no serviço. Boa adega.	Excellent quality cooking and service. Good wine-cellar.
☼	Cocina de gran calidad y variedad suficiente.	Cozinha de grande qualidade e suficiente variedade.	High quality cooking and variety extensive menu.
®	Recomendado.	Recomendado.	Recommended.
€	Restaurantes con precio medio inferior a 25 €	Restaurantes com preço médio inferior a 25 €	Restaurants with an average price off less than 25 €
	Ciudad Patrimonio de la Humanidad.	Cidade Património da Humanidade.	World Cultural Heritage Site.
	Monumento Nacional, Bien de Interés Cultural.	Monumento Nacional, Bem de Interesse Cultural.	National monument. Place of cultural interest.
	Parque Natural/Nacional, Reserva de la Biosfera.	Parque Natural/Nacional, Reserva da Biosfera.	National / Natural Park, Biosphere Reserve.
	Balneario.	Balneário.	Spa.
	Esquí.	Esqui.	Ski.
	Golf.	Golfe.	Golf.
*****	Hotel gran lujo.	Hotel de grande luxo.	Grand luxury hotel.
****	Hotel de lujo.	Hotel de luxo.	Luxury hotel.
***	Hotel muy confortable.	Hotel muito confortável.	Highly comfortable hotel.
**	Hotel confortable.	Hotel confortável.	Comfortable hotel.
*	Hotel correcto.	Hotel correcto.	Orderly hotel.
	Agroturismo.	Turismo verde.	Rural tourism.
	Lugar pintoresco, histórico y artístico.	Lugar pitoresco, histórico e artístico.	Picturesque site, historical and artistic.
❄	Aire acondicionado.	Ar condicionado.	Air conditioning.
P	Aparcamiento.	Parking.	Parking.
	Permitido perros.	Autorizado cães.	Dogs allowed.
	Con restaurante.	Com restaurante.	With restaurant.
	Piscina.	Piscina.	Pool.
	Golf.	Golfe.	Golf.
	Tenis.	Ténis.	Tennis.
	Discoteca.	Salão de baile/boîte.	Nightclub.
	Jardín.	Jardim.	Garden.
C	Sala convenciones.	Sala para conferências.	Conference room.
SPA	Sauna.	Sauna.	Sauna.
	Acceso minusválidos.	Accesso minusvalidos.	Access handicapped.
	Bodega destacable.	Adega destacavel.	Outstanding wine cellar
	No se aceptan tarjetas.	Não se aceitam-cartões de crédito.	Credit cards not accepted.
	Aparca el portero.	O porteiro estaciona.	Car parking service.
	Terraza.	Terraço.	Terrace.
	Buena relación calidad-precio.	Boa relação qualidade-preço	Good value for money.
Q	Certificado de Calidad Turística otorgado por el I.C.T.E.	Certificado da Qualidade Turística emitido pelo I.C.T.E.	Quality Tourism Certificate granted by the I.C.T.E.
	Prohibido fumar.	Proibição de fumar.	No smoking.
	Aceite de oliva excelente.	Azeite excelente.	Excellent olive oil.
	Restaurante apto para celiacos.	Restaurante preparado para celíacos.	Restaurant suitable for celiacs.

Ablitas (Navarra) Ver Tudela. 22 • E-3

Adra (Almería) 78 • F-2

A ALMERÍA, 59 KM; MADRID, 541 KM. ALT. NIVEL DEL MAR. POB. 24.373. ☐ 950 560 826.
GPS (36° 44' 52''N- 3° 1' 25"O).

Fiestas: 25 de abril: S. Marcos. Mayo: Romería. 16 de julio: Virgen del Carmen.
Visitar: Iglesia de la Inmaculada, s.s XVII-XVIII. Iglesia de Ntra. Sra. de las Angustias (s. XVIII). Ermita de S. Sebastián. Casas Señoriales. Más de 13 km de costa, playas urbanas. Itinerarios históricos y medioambientales.
Alrededores: La Alpujarra, Parque Natural.

Restaurantes

Garum. Avda. Mediterráneo, 68. ☎ 950 401 239. www.restaurantegarum.es
Cierra noches de lunes a miércoles en otoño-invierno, miércoles en primavera-verano, y domingo noche. Fideuá de rape y gambas, solomillo Garum, semitemplado de chocolate. Precio medio 35 €.

Hoteles

**** **Barceló Mirador de Adra.** Fábricas, 84. ☎ 950 604 000. www.barcelo.com P
Hab. 88: 57/138 €. Suites: 2. En primera línea de playa. Restaurante ADSERA.

Aguadulce (Almería) Ver Almería. 79 • C-2

Aguilar de Campóo (Palencia) 10 • F-2

A PALENCIA, 100 KM; MADRID, 320 KM. ALT. 892 M. POB. 7.242. ☐ 979 123 641.
GPS (42° 47' 32''N-4° 15' 41"O).

Fiestas: Del 12 al 16 de febrero: Carnaval de la Galleta. Del 23 al 29 de junio: S. Juan y S. Pedro y Mercado Medieval. 10-11 de julio: VII Concentración de caballos. Del 5 al 8 de agosto: XVI encuentro Internacional Artistas Callejeros. Del 3 al 6 de diciembre: XII Festival de Cortometrajes.
Visitar: Monasterio Sta. María la Real, s. XII. Museo Románico y Territorio. Ermita de Sta. Cecilia. Colegiata de S. Miguel. Museo de tallas de madera Ursi. Monasterio de Sta. Clara. Castillo y puertas de muralla. Embalse de Aguilar, deportes acuáticos. Rutas/senderismo.
Alrededores: STA. MARÍA DE MAVE, a 10 km: Iglesia Sta. María La Real. MATALBANIEGA, 8 km: Iglesia de S. Martín. BARRIO DE STA. MARÍA, a 11 km: Iglesia de Sta. Eulalia. Embalse de Aguilar. Necrópolis y puentes romanos. Tuerces y Cañón de La Horadada.

Restaurantes

Cortés. El Puente, 39. ☎ 979 125 055.
Con 11 habitaciones. Los hermanos Cortés pendiente de todo. Menestra de verduras, lechazo asado, pudín de queso. Menú del día 15 €. Precio medio 35 €.
El Convento. (En SANTA MARÍA DE MAVE, a 12 km). Monasterio, s/n. ☎ 979 123 611.
www.elconventodemave.com P
Con 25 habitaciones. Sala capitular del antiguo monasterio benedictino con reforma de vanguardia. Menestra, carrillera benedictina, tarta de queso. Precio medio 35 €.
Posada Santa María la Real. (H. POSADA SANTA MARÍA LA REAL). Avda. Cervera, s/n. ☎ 979 122 000.
www.alojamientosconhistoria.com
Cierra domingo noche. Con 22 habitaciones. Enclavado en el monasterio de Santa María La Real. Ensalada de trucha del Pisuerga ahumada en casa con boletus confitados, pierna de lechazo churro confitada y deshuesada con cous-cous de pasas y piñones. Jornadas gastronómicas micologícas. Precio medio 35 €.

Hoteles

*** **Valentín.** Avda. Ronda, 23. www.hotelvalentin.com ☎ 979 122 125. P
Hab. 50: 39/68 €. En el centro del románico palentino. Restaurante con buen lechazo asado.
Posada Santa María La Real. Avda. Cervera s/n. ☎ 979 122 000. www.alojamientosconhistoria.com
Hab.22: 68/90 €. Consultar cierre

Ahigal de Los Aceiteros (Salamanca) Ver Hinojosa del Duero. 28 • F-4

Aínsa (Huesca) 14 • A-4

A HUESCA, 104 KM; MADRID, 515 KM. ALT. 584 M. POB. 1.650. ☐ 974 500 767.
GPS (42° 24' 55''N-0° 8' 45"E).

Fiestas: Junio: Romería a la Virgen de Los Palacios. Julio: Festival Internacional de Música. Agosto-septiembre: La Morisma. Del 11 al 14 de septiembre: Fiestas Mayores en honor de la Sta. Cruz.
Visitar: Plaza Mayor. Casco Antiguo, Monumento Nacional. Iglesia, s. XII, torre. Murallas y Castillo. Cruz Cubierta. Museo de Oficios y Artes Tradicionales. Torre del Homenaje, del s. XI: Centro de Interpretación de la Fauna Pirenaica. Deportes de aventura.
Alrededores: STA. MARÍA DE BUIL: Iglesia de S. Martín, s. XI. OLSON: Iglesia, s. XVI. LOS MOLINOS: Monasterio de S. Victorián. BARRIO USANA, de Banastón: Túnel Abovedado. MORILLO DE TOU: Pueblo de vacaciones. GUASO: Exconjuradero. MEDIANO: Lago. LAS BELLOSTAS y PAÚLES: Barrancos de Mascún. A 20 km, ORDESA y MONTE PERDIDO, Parque Nacional y Parque Natural de POSETS MADALETA.

Restaurantes

Bodegas del Sobrarbe. Pza. Mayor, 2. ☎ 974 500 237. www.bodegasdelsobrarbe.com
Cierra enero y febrero. Bodega de piedra medieval. Berenjenas rellenas de ternera con queso azul, paletilla de cordero asado, helado de ciruela al armagnac. Precio medio 34 €.
Bodegón de Mallacán. (H. POSADA REAL). Pza. Mayor, 6. ☎ 974 500 977. www.posadareal.com
Con 6 habitaciones. Casa medieval. Ensalada templada de ceps y foie-gras, entrecot de ternasco de la comarca, helado de moras. Menú 18 €. Precio medio 26 €.
® **Callizo.** Pza. Mayor, s/n. ☎ 974 500 385.
Cierra domingos noche, lunes y del 9 de diciembre al 15 de marzo. Casona del siglo XI en la Pza. Mayor. **Ensalada templada de queso de Radiquero y verduras escalibadas; espalda de cordero con patatas y tosta de asadillo. recuerdos de la infancia (pan con aceite y chocolate).** Precio medio 25 €.

Hoteles

***** **Barceló Monasterio de Boltaña.** (En BOLTAÑA, a 7 km). Afueras, s/n. www.barcelomonasteriodeboltaña.com ☎ 974 508 000.
Hab. 94: 80/220 €. Suites: 2. Ubicado en un antiguo Monasterio del s. XVIII. A orillas del río Ara. Restaurante MARBORE.
** **Mesón de l'Ainsa.** Avda. Sobrarbe, 12. ☎ 974 500 028. www.mesonainsa.com
Hab. 50: 40/60 €. Cierra del 15 de diciembre al 15 de marzo. Junto al Parque Nacional de Ordesa y Monte Perdido.

Ajo (Cantabria) Ver Arnuero. 5 • C-3

Alalpardo (Madrid) Ver Madrid: Alrededores. 40 • C-2

Alaquás (Valencia) Ver Valencia. 51 • C-4

Alarcón (Cuenca) 50 • A-3

A CUENCA, 83 KM; MADRID, 191 KM. ALT. 831 M. POB. 191. 969 330 301.
GPS (39° 32' 45''N-2° 5' 5"O).

Fiestas: Del 19 al 21 de enero: S. Sebastián. Del 13 al 15 de septiembre: Cristo de la Fe.
Visitar: Conjunto Histórico-Artístico, formado por un castillo y cuatro iglesias: Sta. María, s. XVI monumento cultural; Sto. Domingo de Silos, s. XIII y de La Trinidad, s. XIII, ambas de Interés Nacional. S. Juan Bautista, con pinturas murales de Jesús Mateo. Pantano de Alarcón.
Alrededores: VILLANUEVA DE LA JARA, de Interés Turístico. Castillo Garcimuñoz, a 36 km. Castillo Belmonte.

Restaurantes

La Cabaña de Alarcón. Álvaro de Lara, 21. ☎ 969 330 373. www.restaurantelacabanadealarcon.es
Cocina tradicional manchega. Ajo cocido, ciervo guisado con salsa de oporto, canutillos rellenos de requesón. Menú 14 €. Precio medio 22 €.

Hoteles

**** **Parador de Turismo.** Avda. Amigos de los Castillos, 3. ☎ 969 330 315. www.parador.es
Hab. 14: 118/224 € Suite: 1. Consultar ofertas. El río Júcar sirve de foso natural al castillo del s. VIII, inexpugnable fortaleza de los árabes. Totalmente reformado. Restaurante DON JUAN MANUEL, cocina castellano-manchega.

Alba de Tormes (Salamanca) 29 • F-4

A SALAMANCA, 19 KM; MADRID, 193 KM. ALT. 826 M. POB. 5.331. 923 300 898.
GPS (40° 49' 27''N-5° 31' 2"O).

Fiestas: 25-26 de junio: San Antonio. 16 de junio: Día del Pescador. Del 22 al 27 de agosto: Transverberación Sta. Teresa. 6-8 septiembre: Romería Virgen de Otero. Del 13 al 22 de octubre: Patronales, Sta. Teresa.
Visitar: Castillo Duques de Alba, s. XV (Bien de Interés Cultural). Museo arqueológico Padre Belda. Convento S. Jerónimo (Bien de Interés Cultural). Iglesia Anunciación, sepulcro de Sta. Teresa de Jesús (Bien de Interés Cultural). Iglesia S. Juan, románico-mudéjar, s. XII (Bien de Interés Cultural). Basílica Sta. Teresa. Iglesias: Santiago, S. Juan de la Cruz, Sta. Isabel y S. Pedro. Puente Medieval. Sendas del Agua (Naturaleza e Historia). Ruta Románico-Mudéjar. Ruta Teresiana.
Alrededores: Ermita de la Virgen de Otero, s. XVII.

Restaurantes

Don Fadrique. (H. HOSTERÍA DON FADRIQUE). Ctra. Salamanca-Alba de Tormes, km 17. www.donfabrique.com ☎ 923 370 076.
Con 21 habitaciones. Los hermanos Sánchez Monje dirigen con acierto su casa. Trigueros con huevo trufado, chuleta de ibérico con manzana, fluido de chocolate. Menú 15 €. Precio medio 40 €.

Albacete 59 • B-2

A MADRID, 251 KM. ALT. 688 M. POB. 169.716. 967 596 100.
GPS (38° 59' 50''N-1° 51' 40"O).

Fiestas: 24 de junio: S. Juan, patrono. 8 de septiembre: Virgen de los Llanos, patronal. Del 7 al 17 de septiembre: Feria de Albacete, patronales.
Visitar: Catedral de S. Juan Bautista, s. XVI. Centro Cultural de La Asunción. Parroquia de la Purísima Concepción. Convento de la Encarnación. Palacio de la Diputación. Museo Arqueológico Provincial. Viejo Ayuntamiento. Museo Benjamín Palencia. Museo municipal de la Cuchillería. Museo del Niño. Parque Abelardo Sánchez. Circuito de Albacete. Pesca. Golf.
Alrededores: ALCARAZ: Plaza Mayor. Castillo Lonja de la Regatería. Ayuntamiento. Iglesia de la Trinidad. CHINCHILLA, a 14 km: La villa. Castillo. Ayuntamiento. ALCALÁ DE JÚCAR: La villa, castillo, iglesia de S. Andrés. Puente Romano. Cuevas de Masagó y del Diablo. Plaza de Toros. Parque Natural de las HOCES DEL RÍO CABRIEL

Restaurantes

Álvarez. Salamanca, 12. ☎ 967 218 269. www.restaurantealvarez.com
Cierra festivos noche, lunes, Semana Santa y agosto. Emblemático restaurante de cocina manchega de la familia Álvarez. Berenjenas del Toboso, paletilla de lechal, pasión de chocolate caliente. Menú degustación 19 €. Precio medio 30 €.
Casa Paco. La Roda, 26. ☎ 967 220 041.
Cierra domingo noche, lunes y agosto. Cocina manchega. Croquetas de morcilla, judías con perdiz. Menú 25 €. Precio medio 30 €.
Don Gil. Baños, 2. ☎ 967 239 785. www.restaurantedongil.com
Cierra domingo noche, lunes y 15 días en agosto. La familia Gil pendiente de todo. Ajoarriero ahumado, arroz con pollo de corral, setas y caracoles, torrija de brioche con helado de galleta. Menú 25 €. Precio medio 40 €.
El Callejón. Guzmán el Bueno, s/n. ☎ 967 211 138. www.restaurantelcallejon.com
Cierra domingo noche, lunes y agosto. Vinos, productos y guisos manchegos. Costillar de cabrito al horno, tarta de manzana. Precio medio 40 €.
El Secreto de Jávega. Pza. Maestro Chueca, 13. ☎ 967 219 219. www.elsecretodejavega.com
Cierra lunes y agosto. La familia Herreros Heras auna la tradición manchega (gazpachos) con arroces, pescados y carnes de pasto. De postre, fluido de chocolate con suprema de turrón. Menú 25 €. Precio medio 30 €.
®**Nuestro Bar.** Alcalde Conangla, 102. ☎ 967 243 373. www.nuestrobar.es
Cierra domingo noche y julio. Productos, cocina y vinos manchegos de calidad. **Pisto manchego, judías con perdiz, hojuelas con miel**. Precio medio 28 €.

Rincón Gallego de Albacete. Pza. San José, 8. ☎ 967 211 494.
Ambiente marinero y cocina gallega. Mariscos, pescados y carnes gallegos. De postre, filloas. Menús 27 y 29 €. Precio medio 35 €.
Zafarán. Octavio Cuartero, 80. ☎ 967 669 933. www.zafaranrestaurant.com
Cierra domingo noche, lunes y del 1 al 15 de agosto. Decoración minimalista para una cocina a tono. Esparderñas con setas, carrillera de cerdo ibérico con hígado de pato caramelizado, espuma manchega de azafrán. Precio medio 30 €.

Hoteles

**** **Gran Hotel.** Marqués de Molíns, 1. ☎ 967 193 333. www.abgranhotel.com P
Hab. 46: 90/120 €. Suites: 3. Céntrico. Cocina mediterránea y regional.
**** **San Antonio.** San Antonio, 8. ☎ 967 523 535. www.hoteleuropaalbacete.com P
Hab. 32: 73/145 €. Suites: 8. Consultar ofertas. Céntrico.
**** **Santa Isabel.** Avda. Gregorio Arcos, s/n. ☎ 967 264 680. www.hotelsantaisabelalbacete.com P
Hab. 40: 70/120 €. Suites: 3. De reciente inauguración. Cocina Regional.
**** **Sercotel Los Llanos.** Avda. de España, 9. ☎ 967 223 750. www.hotellosllanos.es P
Hab. 74: 70/220 €. Suites: 5. Céntrico. Frente al parque Abelardo Sánchez. Restaurante LA TABERNA.
*** **Europa.** San Antonio, 39. ☎ 967 241 512. www.hoteleuropaalbacete.es P
Hab. 117: 70/120 €. Apartamentos: 70. Suites: 2. Céntrico.
*** **Florida.** Hernán Cortés, 14. ☎ 967 550 088. www.hotelfloridaalbacete.com P
Hab. 57: 74/115 €. Suites: 2. Consultar ofertas. Céntrico. Junto al recinto ferial y Plaza de toros.
**** **Parador de Turismo.** Ctra. C.N. 301, km 251. ☎ 967 010 500. www.parador.es
P
Hab. 68: 84/148 €. Hondo de la Morena. Quinta manchega que, por estratégica situación, ofrece descanso y manjares al viajero.

Albarellos de Monterrei (Ourense) Ver Verín. **18 • C-2**

Albarracín (Teruel) **41 • F-3**

A TERUEL, 37 KM; MADRID, 305 KM. ALT. 1.171 M. POB. 1.100. ☐ 978 710 262.
GPS (40° 24' 22''N-1° 26' 44"O).

Fiestas: 30 de abril: Los Mayos, manifestación folclórica. Del 13 al 17 de septiembre: Fiestas Patronales.
Visitar: Conjunto Histórico-Artístico, declarado Monumento Nacional. Ciudad medieval amurallada íntegramente conservada. Destacan la Catedral del s. XVI y su museo. Palacio Episcopal, fachada barroca. Iglesia de Santiago s.s XVI-XVII. Iglesia de Sta. María de origen visigodo y reconstruida en el s. XVII en estilo mudéjar. El Ayuntamiento situado en la porticada Plaza Mayor del s. XVII. Convento de S. Esteban y S. Bruno en la vega, barroco del s. XVII. Casonas y palacetes con fachadas de sillería y blasonados en su entrada. Museo Municipal edificio del s. XVIII con, entre otras, colecciones de Paleontología y Juguetes Antiguos dignos de admiración.
Alrededores: Parque Cultural del Arte Rupestre, Patrimonio de la Humanidad, la mayor manifestación del arte rupestre levantino (6.000 a.C), a 4 km. SERRANÍA DE ALBARRACÍN, destacando el Castillo de PERACENSE, a 60 km. Entorno de ORIHUELA DEL TREMEDAL y BRONCHALES, parajes naturales. Cascadas de Calomarde: Nacimientos de ríos: Tajo, Turia, Guadalaviar, Cabriel y Júcar y El Molino de San Pedro.

Restaurantes

®**El Batán.** (En TRAMACASTILLA, a 15 km). (H. HOSPEDERÍA EL BATÁN). Ctra. C-1512, Albarracín-Orihuela del Tremedal, km 43. ☎ 978 706 070. www.elbatan.es P
Cierra martes y del 1 al 15 de enero. Con 7 habitaciones. Doble oasis, gastronómico y paisajístico, en un antiguo batán reconvertido. **Croqueta de cabritillo lechal con espuma de ajoaceite y azafrán, presa ibérica braseada sobre risotto de boletus, sorbete de manzana con virutas de Gran Smith**. Precio medio 40 €.
®**Tiempo de Ensueño.** Palacios, 1- B. www.tiempodeensuenyo.com ☎ 978 706 070.
Cierra martes, enero y del 14 al 19 de septiembre. Los Roselló atienden con profesionalidad y buen hacer su Tiempo de Ensueño. **Colmenillas de la sierra de Albarracín rellenas de foie-gras, lomo de merluza con cachelo y alcachofa salteada, sorbete de arándanos con espuma de melocotón de Calanda**. Precio medio 40 €.

Hoteles

*****Albarracín.** Azagra, s/n. ☎ 978 710 011. www.gargallohotels.es
Hab. 41: 65/137 €. Consultar ofertas.
** **Casa de Santiago.** Subida a las Torres, 11. ☎ 978 700 316. www.casadesantiago.net
Hab. 8: 64/70 €. Suite:1. Consultar cierre. En el casco antiguo.
** **Caserón de la Fuente.** Carrera Huertos, s/n. ☎ 978 710 330. www.caserondelafuente.es
Hab. 14: 55/75 €. Molino restaurado de estilo rústico.

Alberca, La (Salamanca) **38 • C-2**

A SALAMANCA, 75 KM; MADRID, 290 KM. ALT. 1.050 M. POB. 1.140.
GPS (40° 29' 19''N-6° 6' 45"O).

Fiestas: Semana Santa: Lunes del Pendón. Jueves Santo: Representación de la Pasión Viviente. Octava de pascua: Día del Trago. Corpus Christhi. 15 de agosto: El «Ofertorio Diagosto», Fiesta principal de la Patrona, la Virgen de la Asunción, La Loa. Romería de Moralviejas.
Visitar: Conjunto del pueblo Medieval, declarado Monumento Histórico Artístico Nacional en 1940. La Plaza Mayor. Iglesia del s. XVIII. Casa Museo Satur Juanela. Museo de trajes tradicionales. Aula arqueológica de la Batuecas. Centro de Interpretación de la Naturaleza. Parque natural "La Batuecas- Sierra de Francia". Ruta de la Ermita de Majadas. Ruta a la laguna de S. Marco
Alrededores: Monasterio de La Peña de Francia: Panorámicas. A 15 km: Valle de las Batuecas: Pinturas rupestres. A 10 km: SAN MARTÍN DEL CASTAÑAR.

Restaurantes

El Mesón de Mari Luz. Tablao, 13. ☎ 923 415 648.
Cierra lunes. Casa albercana en el casco antiguo. Carpaccio de sardinas, lomo de ciervo relleno, flan de castañas. Precio medio 40 €.

Hoteles

**** **Doña Teresa.** Ctra. Mogarraz, s/n. ☎ 923 415 308. www.hoteldeteresa.com P
Hab. 41: 60/110 €. Consultar ofertas. Organiza actividades de multiaventura. Restaurante LA ABUELA CARMEN.
**** **SPA Villa de Mogarraz.** (En MOGARRAZ, a 7 km). Miguel Ángel Maillo, 54. ☎ 923 418 180. www.hotelspamorragaz.com
Hab. 60: 70/125 €. Suites: 3. Consultar ofertas. Restaurante DON MAURO.
**** **Villas Abadía de los Templarios.** Ctra. Salamanca, km 76. ☎ 923 423 107. www.abadíadelostemplarios.com P
Hab 61: 110/160 €. Suites: 3 Consultar ofertas. Restaurante LAS BÓVEDAS.

*** **Antiguas Eras La Alberca.** Avda. Batuecas, 27. ☎ 923 415 113. www.antiguaseras.com
Hab. 34: 35/75 €. Consultar ofertas. En un impresionante enclave natural rodeado por las Batuecas y la Peña de Francia. La Alberca mantiene un conjunto arquitectónico del medievo declarado Monumento Histórico Nacional.

Albuñán (Granada) Ver Guadix. 73 • F-4

Alcalá de Guadaira (Sevilla) Ver Sevilla. 71 • E-3

Alcalá de Henares (Madrid) 40 • D-2

A MADRID, 30 KM. ALT. 588 M. POB. 203.645. 918 892 694.
GPS (40° 28' 53''N-3° 21' 55"O).

Fiestas: Febrero: Jornadas Gastronómicas. Semana Santa de Interés Turístico Regional. 23 de abril: Entrega del Premio Cervantes de Literatura. Junio: Festival de Teatro Clásico. 6 de agosto: Fiestas patronales de Los Stos. Niños. Del 24 al 31 de agosto: Feria de Alcalá. 9 de octubre: Semana Cervantina. 31 de octubre, 1 de noviembre: Don Juan Tenorio en Festival de Cine de Alcalá. 2 de diciembre: Alcalá, Patrimonio de la Humanidad.
Visitar: Ciudad Patrimonio de la Humanidad. Universidad, s. XVI. Paraninfo, s. XVI. Capilla de S. Ildefonso, s. XVI. Sepulcro de Cisneros. Iglesia Catedral-Magistral, s. XV, gótico. Palacio Arzobispal y Murallas, s. XIII al XVII. Palacio Laredo. Capilla Oidor. Museo Casa Natal de Cervantes, colección de Quijotes. Hospital de Antezana, s. XV. Monasterio de S. Bernardo y Museo de Clausura, s. XVII. Corral de Comedias, s. XVII. Complutum y Casa de Hippolytus, Área arqueológica de la ciudad romana. Museo Arquelógico Regional (antiguo convento de dominicos, s. XVII). Colegios universitarios, s.s XVI-XVII.
Alrededores: TORREJÓN DE ARDOZ, a 12 km: Casa Grande. Museo de Iconos. NUEVO BAZTÁN, a 21 km: Iglesia. Palacio y Plaza de Armas del s. XVII. LOECHES, a 15 km: Convento Dominicas, s. XVII, Panteón Casa de Alba.

Restaurantes

Casa Bayton. Pza. Cervantes, 21. ☎ 918 823 994. www.rutadelosmesones.com
Cierra domingo noche, martes y segunda quincena de julio. Los pescados y carnes a la brasa son los protagonistas de este comedor de estilo castellano con balcones a la pza. cervantina. Menú 25 €. Precio medio 36 €.
® **Hostería del Estudiante.** Colegios, 3. ☎ 918 880 330. www.parador.es
Cierra domingo noche y agosto. En un edificio del siglo XVI junto a la Universidad. **Migas alcalaínas** (también para merendar), **asados**, **costrada de Alcalá**. Precio medio 40 €.
Santo Tomás. (PARADOR DE TURISMO) Colegios, 8. ☎ 918 880 330. www.parador.es
Las modernas instalaciones armonizan con el antiguo claustro (s. XVII). Cocina regional puesta al día como el **cremoso de sopa boba**, el **gallo de corral en pepitoria** y **trilogía de golosa costrada de Alcalá**. Buen servicio de sala y mesa. Precio medio 40 €.

Hoteles

**** **AC Hotel Alcalá.** Octavio Paz, 25. ☎ 918 023 970. www.ac-hotels.com
Hab. 90: 56/130 €. Suites: 6. Coffee shop, minibar y prensa gratuitos.
**** **Parador de Turismo.** Colegios, 8. ☎ 918 880 330. www.parador.es
Hab. 128: 120/227 €. Consultar ofertas. En el antiguo convento de Santo Tomás de Aquino del s. XVII. Restaurantes SANTO TOMÁS y HOSTERÍA.

Alcalà de Xivert-Alcossèbre (Castellón de la Plana) 43 • B-3

A CASTELLÓN, 49 KM; MADRID, 463 KM. ALT. 16 A 155 M. POB. 7.000. 964 412 205.
GPS (40° 18' 15''N-0° 13' 30"E).

Fiestas: 17 de enero: S. Antonio. Abril: S. Pedro de Verona. 21-30 de agosto: Fiestas patronales S. Juan Bautista. Del 9 al 12 de septiembre: Fiestas patronales S. Juan Bautista en Alcossèbre.
Visitar: Iglesia S. Juan Bautista s. XVIII. Torre-Campanario. Castillo de XIVERT. Islas Columbretes. Puerto Deportivo. Parque Natural Sierra d'Irta. Senderismo/Rutas. Playas y Calas.
Alrededores: Desembocadura del río Cuevas. Torre de Capicorb. Torre Ebrí.

Restaurantes

Can Roig. (En ALCOSSÈBRE, a 11 km). Playa Tropicana, s/n. ☎ 964 412 515. www.canroig.es
Cierra lunes excepto verano, y de mediados de diciembre a primeros de marzo. Casa típica frente al mar. Escalibada con anchoas y queso fresco de Cati, taco de atún braseado con soja y miel, postre de cítricos. Menú 25 €. Precio medio 40 €.
Sancho Panza. (En ALCOSSÈBRE, a 11 km). (Urb. Las Fuentes). Jai-Alai, 3- C. ☎ 964 412 265. www.restsancho.com
Cierra del 10 de enero al 10 de febrero. Colas de gambas al cava y arroz con pasas, suquet de rape, bavarois de queso fresco con frambuesas. Precio medio 30 €.

Hoteles

**** **Gran Hotel Las Fuentes.** Avda. Las Fuentes 26. ☎ 964 414 400. www.fantasia-hoteles.com
Hab. 201: 83/324 €. Suites: 5. Suplemento de 13 € habitaciones con vistas al mar. Consultar cierre. En primera línea de playa.
*** **Jeremías.** Playas Cargador, s/n. ☎ 964 414 437. P
Hab. 41: 83/124 €. Cierra del 15 de septiembre al 31 de mayo.

Alcanar (Tarragona) Ver Sant Carles de la Ràpita. 43 • C-2

Alcántara (Cáceres) 46 • C-2

A CÁCERES, 63 KM; MADRID, 360 KM. ALT. 232 M. POB. 1.653 927 390 863.
GPS (39° 43' 8"N-6° 53' 16"O).

Fiestas: Semana Santa Alcantarina. 25 de marzo: Romería Patrona, Virgen de los Hitos. Del 15 al 17 de abril: Ferias y fiestas de Abril. Del 4 al 9 de agosto: Festival de Teatro Clásico. 18-19 de octubre: Fiestas de S. Pedro de Alcántara.
Visitar: Conjunto romano: Puente, Templo y Arco, s. II. Conventual de S. Benito, s. XVI. Iglesias de Sta. María de Almocóvar, portada románica y S. Pedro de Alcántara. Arco de la Concepción. Palacio de los Roco-Campofrío. Palacios y casas Solariegas. Barrio Judío. Sinagoga. Parque Natural Taso Internacional. Pantano de Alcántara.
Alrededores: CECLAVÍN, a 37 km: Iglesia gótica. GARROVILLAS DE ALCONÉTAR, a 29 km: Iglesia de S. Pedro Apóstol y Puente romano.

Restaurantes

Kantara Al-Saif. (H. PUENTE ROMANO). Avda. de Mérida, 11. ☎ 927 390 246. www.hotelpuenteromanosl.com
Cierra domingo noche excepto verano; y primera quincena de septiembre. Con habitaciones. Revuelto de criadillas de tierra, perdiz al modo de Alcántara, pudin de almendras. Precio medio 25 €.

Hoteles

****** Hospedería Conventual de Alcántara.** Ctra. del Poblado de Iberdrola, s/n. ☎ 927 390 638. www.hospederiasdeextramadura.es
Hab. 30: 64/108 €. Suites: 2. Antiguo convento del s. XV, rehabilitado. Restaurante KÁNTARA.
****** Río Convento de la Luz.** (En BROZAS, a 1,5 km). Ctra. Herreruela, s/n. ☎ 927 395 439. www.gruporiodehoteles.com
Hab. 25: 61/117 €. Consultar ofertas. Antiguo convento franciscano del s. XVI, rehabilitado. Restaurante RÍO TORO DE SAN MARCOS.

Alcañiz (Teruel) — 33 • F-3

A TERUEL, 157 KM; MADRID, 418 KM. ALT. 381 M. POB. 16.392. ℹ 978 831 213.
GPS (41° 2' 55"N-0° 7' 54"O).

Fiestas: Semana Santa. Del 23 al 28 de abril: S. Jorge (vencimiento del Dragón). Julio: Festival de los Castillos. Del 8 al 13 de septiembre: Fiestas patronales.
Visitar: Iglesia de Sta. María, s. XVIII. Ayuntamiento, s. XVI. Lonja, s. XV. Castillo Calatravo, s.s. XII-XVIII. Iglesia Sta. Lucía Atrium. Pasadizos, nevera y bodega subterránea. Embalse de la Estanca. Las saladas. Pinturas rupestres de Val del Charco Parque fluvial del Guadalope.
Alrededores: AZAILA, a 50 km: Acrópolis, s. V a.C. «Cabezo Alcalá». MOLINOS: Iglesia Ntra. Sra. de Las Nieves y Cuevas de Cristal. HÍJAR, a 34 km. CALANDA, a 20 km: Rutas del tambor y el bombo. VALDERROBRES: Iglesia y castillo. LA FRESNEDA: Conjunto Histórico-Artístico. CALACEITE: Conjunto Histórico-Artístico. MORELLA, a 70 km. OLIETE: Sima de S. Pedro y poblado íbero. Las Saladas, a 5 km: Lagunas de origen endorreico.

Restaurantes

Meseguer. Avda. del Maestrazgo, 9. ☎ 978 831 002.
Cierra noches, domingo y del 1 al 19 de julio. Nido de setas con trufa, pierna de cordero rellena, helado de queso de cabra. Menú 15 €. Precio medio 35 €.

Hoteles

****** La Torre del Visco.** (En FUENTESPALDA, a 26 km). Ctra. Valderrobres a Fuentespalda, km 6,2. ☎ 978 769 015. www.torredelvisco.com
Hab. 13: 161/305 €. Suites: 4. Desayuno incluido. Consultar ofertas y cierre. Edificio medieval dentro de una extensa finca en el valle del río Tastavins. Miembro de "Relais & Châteaux". Patios con fuentes. Reserva imprescindible.
***** Calpe.** Avda. Zaragoza, s/n. ☎ 978 830 732. www.gargallohotels.es
Hab. 100: 60/175 €. Próximo al centro histórico y al circuito de velocidad Motorland.
***** Parador de Turismo.** Castillo Calatravos, s/n. ☎ 978 830 400. www.parador.es
Hab. 37: 120/163 €. Ubicado en un antiguo castillo-convento de la Orden de Calatrava, de bella arquitectura, donde se alojó un día el Emperador Carlos I. Restaurante LA CONCORDIA.

Alcázar de San Juan (Ciudad Real) — 49 • B-4

A CIUDAD REAL, 92 KM; MADRID, 149 KM. ALT. 643 M. POB. 30.675. ℹ 926 552 968.
GPS (39° 23' 52''N-3° 13' 11"O).

Fiestas: Del 28 de abril al 1 de mayo: Feria de los Sabores. Del 24 al 26 de julio: Moros y Cristianos. Del 3 de julio al 29 de agosto: Escenarios de Verano. Del 2 al 9 de septiembre: Feria patronal. Del 25 al 29 de diciembre: Carnaval.
Visitar: Iglesias de Sta. María, s. XIII, S. Francisco, s. XVI. Convento Sta. Clara declarado Monumento Histórico-Artístico. Torreón Gran Prior, s. XIII. Museos: Municipal, restos romanos. Molinos de Viento, Centro de Interpretación. Casa del Hidalgo, s. XVI. Ruta Cervantina. Complejo Lagunar. Reserva Natural.
Alrededores: Ruta del Vino: CAMPO DE CRIPTANA, SOCUÉLLAMOS, TOMELLOSO

Restaurantes

Asador Javi. Poetisa Isabel Prieto, 6. ☎ 926 545 335.
Cierra noches de domingo y lunes en invierno; y 20 días en agosto. Cocina de mercado con la impronta de Javier Marcos. Migas con cocochas de merluza, paletilla de cordero asada y deshuesada, torrija de vainilla y helado de mazapán. Precio medio 36 €.
Cueva la Martina. (En CAMPO DE CRIPTANA, a 5 km). Rocinante, 15. ☎ 926 561 476. www.cuevalamartina.com
Cierra lunes noche y segunda quincena de octubre. Ubicado en una cueva del s. XVI, en el pueblo de los molinos cervantinos. Gachas de matanza, lomo de ciervo al tomillo, bizcochada manchega. Precio medio 20 €.

Hoteles

****** Intur Alcázar de San Juan.** Avda. Herencia, s/n. ☎ 926 588 200. www.intur.com
Hab. 72: 56/176 €. Suites: 6. Situado en pleno corazón de La Mancha. Restaurante AIREN.
***** Husa Convento Santa Clara.** Pza. Santa Clara, s/n. ☎ 926 550 876. www.hotelconventosantaclara.com
Hab. 30: 45/120 €. Suite: 1. Céntrico. En un antiguo monasterio del s. XVI.
***** Ercilla Barataria.** Avda. Herencia, s/n. ☎ 926 540 617.
Hab. 37: 40/72 €. Restaurante DULCINEA. Cocina y vinos manchegos.

Alcoi/Alcoy (Alicante) — 60 • C-4

A ALICANTE, 50 KM; MADRID, 420 KM. ALT. 545 M. POB. 62.835. ℹ 965 537 155.
GPS (38° 42' 6"N-0° 28' 42"O).

Fiestas: 5 enero: Cabalgata Reyes Magos. 17 de enero: Romería San Antonio. Del 21 al 24 de abril: Fiestas de Moros y Cristianos, de Interés Turístico Internacional. 19 de septiembre: Romería a la Font Roja.
Visitar: Casco antiguo. "Llotja St. Jordi" de Santiago Calatrava. Museo Arqueológico, "Camil Visedo". Restos paleolíticos, colecciones de Cerámica Ibérica. Casal de Sant Jordi. Museo de la Fiesta de Moros y Cristianos. Iglesias de S. Mauro, S. Jorge y Sta. María. Refugio de la Guerra Civil Española. Conjunto medieval: Torres y murallas. Ruta Europea de Modernismo. Centro de Interpretación Explora. Senderismo. Rutas a caballo.
Alrededores: Parques Naturales de la Sierra de Mariola y Carrascar de la Font Roja. Yacimientos arqueológicos paleolíticos en el Salt e íberos en la Serreta y el Puig. Pinturas Rupestres Neolíticas en la Sarga, Patrimonio de la Humanidad. COCENTAINA, a 4 km: Castillo. Iglesia Sta. María del s. XVII, pinturas. Convento de Clarisas y Franciscanos. Palacio de los Condes. Monasterio de Ntra. Sra. Virgen del Milagro.

Restaurantes

La Montaña. (En COCENTAINA, a 4 km). Partida Els Algars, 139. ☎ 965 590 814. www.restaurantelamontana.es
Cierra martes. Masía situada en un entorno natural. Alcachofas de nuestra huerta con pasas y piñones, arroz de conejo con albondiguitas, pan con aceite, sal y chocolate. Precio medio 26 €.

☼☼ **L'Escaleta.** (En COCENTAINA, a 1 km). Subida Estación del Norte, 205. ☎ 965 592 100.
www.lescaleta.com
Cierra domingo al mediodía en agosto, noches de domingo a miércoles; y lunes. Kiko Moya continúa mostrando amplios conocimientos para realizar una cocina de alta gama con una imponente bodega a cargo de Alberto Redrado, Premio Nacional de Gastronomía. **Pepito de ternera con trufa, rape sobre parmentier de aceitunas negras, fresones macerados en caliente sobre yogur**. Precio medio 50 €.
Lolo. Partida Rambla Alta, 98. ☎ 965 547 373.
Cierra noches, lunes y septiembre. Masía rústica en plena naturaleza. Habitas salteadas con morcilla de cebolla, varios arroces, sorbete de mojito. Precio medio 30 €.

Hoteles

****** AC Ciutat d' Alcoi.** Colon, 1. ☎ 965 333 606. www.ac-hotels.com
Hab. 84: 60/200 €. Suites: 2. Céntrico. Edificio industrial modernista de principios del s. XX, totalmente renovado. Restaurante LA LLUM.
***** Reconquista.** Avda. Puente de San Jorge, 1. ☎ 965 330 900.
www.hotelreconquista.es
Hab. 98: 52/81 €. Suites: 2. Desayuno incluido. Consultar ofertas y admisión de perros. Céntrico. Restaurante ST. JORDI.

Alcossèbre (Castellón de la Plana) Ver Alcalá de Xivert.

43 • B-3

Alcudia/L' Alcudia (Valencia)

60 • B-1

A VALENCIA, 33 KM; MADRID, 362 KM. ALT. 26 M. POB. 11.378. 962 540 266.
GPS (39° 51' 7"N-3° 7' 15"E).

Fiestas: Del 1 al 8 de septiembre: Verge de L'Oreto, fiesta mayor. Del 24 al 30 de agosto: Sta. Rosa. Del 9 al 12 de octubre: Trovada de Muixerangues, feria gastronómica.
Visitar: Iglesia Parroquial de S. Andrés, s. XIX. Convento de Sta. Bárbara, de 1600. Casa solariega Hort de Manus. Casa de la Cultura, con frescos de Manolo Boix. Museo Etnológico y Arqueológico. Museo de instrumentos musicales. Parc del Patinatge. Parque de la Noria, que recupera los elementos arquitectónicos del agua alrededor de la Noria de S. Antonio del año 1842.
Alrededores: ALZIRA, a 8 km: La Villa. Casa Consistorial, s. XVI. Iglesia Sta. Catalina y Campanario. Archivo Municipal. Murallas medievales. Casilicios del Puente de S. Bernardo. Escuelas Pías, Casa de la Cultura.

Restaurantes

Camí Vell. (En ALZIRA, a 8 km). Colón, 51. ☎ 962 412 521. www.camivell.com
Cierra domingo y Semana Santa. Casona solariega con cocina de mercado de moderada creatividad. Canelón de pollo de corral con setas, pescados de las lonjas cercanas, helados caseros. Precio medio 30 €.
Galbis. Avda. Antonio Almela, 15. ☎ 962 541 093. www.galbis.com
Cierra noches, domingo y Semana Santa. Siguen los famosos arroces, ahora con Gema Galbis como propietaria. Menú 22 €. Precio medio 30 €.

Hoteles

***** Galbis.** Calígrafo Palafox, 5 y 7. ☎ 902 105 160. www.galbis.com
Hab. 24. 67/85 €. Suites: 4. Consultar cierre.

Alfaro (La Rioja)

22 • E-1

A LOGROÑO, 72 KM; MADRID, 303 KM. ALT. 302 M. POB. 9.883 941 180 133.
GPS (42° 10' 27''N-1° 45' 4"O).

Fiestas: 16 de enero: Hogueras de S. Antón. 3 de febrero: Día de la Cigüeña. Semana Santa: Quema del Judas, de Interés Turístico Regional. Del 15 al 18 de mayo: Fiesta de S. Isidro, feria medieval. Del 14 al 20 de agosto: Fiestas de S. Roque y S. Ezequiel. 8 de septiembre: Fiestas en honor de Ntra. Sra. del Burgo.
Visitar: Colegiata de S. Miguel Arcángel, s. XVII. Convento de S. Francisco de Asís. Iglesia de Ntra. Sra. del Burgo, barroca clasicista del s. XVII. Monasterio de Concepcionistas. Ermitas de S. Roque y de Ntra. Sra. del Pilar. Palacio de Sáenz de Heredia (1871), Palacio Abacial, s. XVIII. Antigua Cárcel, de finales del s. XIX, hoy albergue juvenil. Centro Cultural, Turístico y Medioambiental. Ruta del Vino.
Alrededores: Reserva Natural de los Sotos del Ebro. Monte Yerga. Ruta Jacobea del Ebro.

Restaurantes

San Roque (Asador). San Roque, 3. ☎ 941 182 888. www.asadorsanroque.com
Espárragos frescos templados, conejito a la brasa, ruso de Alfaro. Precio medio 45 €.

Hoteles

**** Palacios.** Avda. Zaragoza, 6. ☎ 941 180 100. www.namhoteles.com/palacios
Hab. 72: 45/85 €. Suites: 2. Céntrico. Cocina regional.

Algar, El (Murcia) Ver Cartagena.

75 • E-1

Algeciras (Cádiz)

80 • E-1

A CÁDIZ, 120 KM; MADRID, 667 KM. ALT. NIVEL DEL MAR. POB. 116.209. 956 657 714.
GPS (36° 7' 49"N-5° 26' 55"O).

Fiestas: Del 19 al 21 de febrero: Carnaval. Semana Santa. Del 19 al 27 de junio: Feria Real. 30 de junio: Fiestas locales. 16 de julio: Festividad del Carmen. 16 de agosto: Fiesta patronal.
Visitar: Capilla Ntra. Sra. de Europa, s. XVIII. Capilla Sto. Cristo de la Alameda. Iglesia Ntra. Sra. de La Palma. Museo Municipal. Acueducto de Arcos del Cobre, s. XVIII. Parque Mª Cristina: Baños Merinies. Parque Arqueológico de las Murallas Merinies. Paseo de la Cornisa. Plaza Alta. Faro de Punta Carnero. Centro de Cooperación y Congresos "Río de la Miel". Parques Naturales de Los Alcornocales y Natural del Estrecho. Playas El Rinconcillo y Getares.
Alrededores: CASTELLAR: Castillo. JIMENA: Castillo.

Restaurantes

® **Casa Mané.** (En PALMONES, a 6 km). (Playa de Palmones). Almadraba, s/n. ☎ 956 675 010.
www.restaurantecasamane.com
Cierra noches de domingos a jueves excepto verano, lunes, una semana en febrero y en mayo, y dos en septiembre. De moda por la calidad y el punto de las **coquinas, pescados de la vecina costa fritos o en espeto** y el **tocino de cielo**, en un barracón de madera cercano a la playa. Precio medio sin marisco 27 €.

Mesón el Copo. (En PALMONES, a 6 km). (Ctra. N-340, Cádiz-Málaga, km 111 y 112, salida Palmones). Trasmayo, 2. ☎ 956 677 710. www.elcopo.es
Cierra domingo noche. La mejor referencia en la zona de **pescados** y **mariscos** , llevado desde hace 30 años por Manuel Moreno y su familia. **Helados** artesanos. Precio medio 40 €.

Hoteles

**** **AC Algeciras.** Ctra. del Rinconcillo, s/n. Esq. Hermanos Portilla. ☎ 956 635 060. www.ac-hotels.com
Hab. 108: 145/189 €.
**** **Guadacorte Park.** (En LOS BARRIOS). Ctra. Cádiz-Málaga, km 113. ☎ 956 677 500. www.hotelguadacortepark.com
Hab. 116: 70/125 €. Suites: 7. Con 18.000 m² de jardines. Restaurante EL ACEBUCHE.
**** **Reina Cristina.** Pº de la Conferencia, s/n. ☎ 956 602 622. www.hotelesglobales.es
Hab. 188: 80/209 €. Recientemente reformado. Restaurante ANDALUCÍA.
*** **Alborán.** Los Álamos, s/n. (Colonia S. Miguel). ☎ 956 632 870. www.hotelesalboran.com
Hab. 79: 59/127 €. Arquitectura andaluza con patio andaluz y solarium. Restaurante ALMAZARA.
*** **Mirador.** Ctra. El Rinconcillo, s/n. ☎ 956 098 701. www.hotelmiradordelestrecho.com
Hab. 30: 50/80 €. Próximo a la playa.

Algorta (Vizcaya) Ver Getxo/Gecho. 5 • E-3

Alhama de Aragón (Zaragoza) Ver Nuévalos 32 • D-2

Alhama de Granada (Granada) 78 • B-1

A GRANADA, 56 KM; MADRID, 486 KM. ALT. 900 M. POB. 6.062. 958 360 686
GPS (37° 0' 7"N-3° 59' 21"O).

Fiestas: 2 de febrero: Fiesta de la Candelaria. 28 de febrero: Día Histórico de Alhama. Carnaval Rural. Semana Santa: Viernes de Dolores. 24 de junio: Fiestas de S. Juan. Agosto: Festival infantil de la Canción; Festival de música joven de Andalucía. 15 de agosto: Romería del vino. Feria de Septiembre.
Visitar: Conjunto Histórico-Monumental. Patio e iglesia del Carmen, s.s XVI-XVII. Pila de la Carrera, del s. XIX. Acueducto s.XVI. Cárcel, de 1674. Iglesia de La Encarnación, s. XVI. Hospital Real, s. XV. Posito, s. XII. Iglesia de Las Angustias. Mazmorras, s. XIII. Caño Wamba, s. XVI. Casas blasonadas. Los Tajos, formación de gran valor paisajístico. Puente romano, s. I d.C. Baños árabes, s. XII. Iglesia de S. Diego, s. XVIII. Manantial de aguas termales público. Balneario.
Alrededores: Yacimientos arqueológicos neolíticos. Parque Natural de Sierra Tejada. Observatorio Ornitológico en la presa del río Alhama. Ruta de los sumideros de Zafarraya.

Restaurantes

El Ventorro (Turismo rural). Ctra. A-4150, Alhama de Granada - Jatar, km 2. ☎ 958 350 438. www.elventorro.net
Cierra noches excepto sábado; lunes y del 7 al 31 de enero. Conjunto rural con 21 habitaciones junto a la presa. Migas de pan con melón, carnes a la brasa de leña, mousse de queso con mermelada de arándanos. Precio medio 20 €.

Hoteles

*** **Hotel-Balneario.** Ctra. del Balneario, s/n. ☎ 958 350 011. www.balnearioalhamadegranada.com
Hab. 116: 70/122 €. Cierra del 15 de noviembre al 15 de marzo. Tratamientos de fisioterapia, fangoterapia, algoterapia e hidrotermales.

Alhama de Murcia (Murcia) Ver Totana. 67 • B-4

Alicante/Alacant 67 • F-2

A MADRID, 422 KM. ALT. 7 M. POB. 334.757. Y 965 143 452.
GPS (38° 20' 41''N-0° 28' 56"O).

Fiestas: 15 de abril: Romería a la Sta. Faz, con degustación de «rollitos de aguardiente» y vino. Del 20 al 24 de junio: Hogueras de San Juan, de Interés Turístico Internacional. El día 20 «Plantá» de las hogueras y la noche del 24 «Cremá» de las mismas o «Nic del Foc», que se inicia con la gran «Palmera» de fuegos artificiales desde el Castillo de Sta. Bárbara. Durante el verano Moros y Cristianos.
Visitar: El **Castillo de Sta. Bárbara**, sobre el monte Benacantil con bellas panorámicas de la ciudad. La Explanada de España, hermoso paseo paralelo al mar. En el casco antiguo se encuentra el Ayuntamiento, palacio barroco, construido a lo largo del s. XVIII. Iglesia **Concatedral de S. Nicolás de Bari**, s. XVII, declarada Monumento Nacional, de su interior sobresale la Capilla de la Comunión, s. XVIII, y su cúpula azul de 45 m. Carrer de Llauradors, con numerosos edificios civiles construidos hacia el s. XVIII. **Basílica de Sta. María**, comenzada a construirse hacia el s. XIV, sobre mezquita árabe. Museo Arqueológico Marq, mejor museo europeo 2004. Palacio de Gravina s. XVIII, actualmente Museo de Bellas Artes. La Sala Municipal de Exposiciones, en la antigua lonja de pescado. Museo de Belenes. Museo Taurino Municipal. Museo de la Festa. Museo de Arte Contemporáneo (MACA). Parque de la Ereta.
Alrededores: A 5 km, el Monasterio de la Sta. Faz, torreón fortaleza con portada barroca antes de ser dedicado al culto. Guarda un lienzo de La Verónica interesante. ISLA TABARCA: Conjunto Histórico-Artístico y Reserva Marina del Mediterráneo. Playas: El Postiguet, La Albufereta, Cabo de las Huertas, Playa de Saladares - Urbanova S. Juan y La Almabadraba. Yacimiento arqueológico de la ciudad íbero-romana en LUCENTUM.

Restaurantes

Dársena. (Marina Deportiva). Muelle de Levante, 6. ☎ 965 207 589. www.darsena.com
Oferta marinera y de arroces (secos, melosos, caldosos y de temporada) en un local moderno con vistas al puerto deportivo y al mar. Precio medio 40 €.
®**El Bocaíto.** Isabel la Católica, 22. ☎ 965 922 630.
Cierra domingo. En barra todo se circunscribe al producto y en sus mesas, a platos de cuchara. **Bonito en escabeche, arroz con embutido, leche frita**. Menú en barra 12 €. Precio medio sin marisco 30 €.
El Portal (Gastrobar). Bilbao, 2. ☎ 965 143 269. www.gastroportal.es
Cocina mediterránea de tapas y raciones a cargo de Sergio Sierra, en un ambiente informal. Precio medio 30 €.
La Ereta. (Parque de la Ereta). Subida Castillo de Santa Bárbara, s/n. ☎ 965 143 250. www.laereta.es
Cierra al mediodía de domingos a miércoles en verano; noches de domingos a miércoles y lunes en invierno; y tres últimas semanas de enero. Daniel Frías ofrece una cocina con personalidad. Arroz de pulpo a la brasa con cebolla y alioli de tinta, cabrito y tierra mediterránea, churros con chocolate. Precio medio 40 €.

®**La Taberna del Gourmet.** (Centro). San Fernando, 10. ☎ 965 204 233.
www.latabernadelgourmet.com
Con sensibilidad contemporánea en todos sus aspectos, no para de ganar adeptos. Dirige María Eugenia, de genética gastronómica, hija de María José San Román. **Croquetas de chorizo, canelones de carne, tatín de manzana**. Menú 15 €. Precio medio sin marisco 30 €.
Maestral. Avda. Andalucía, 18. ☎ 965 262 585. www.maestral.es
Cierra domingo noche. En zona residencial y siguiendo las enseñanzas del maestro Varó. Royal de erizos, suprema de pichón, crema de arroz con flan de romero. Precio medio 45 €.
Monastrell. Altamira, 7. ☎ 965 146 575. www.monastrell.com
Cierra al mediodía, domingo y lunes. Nueva ubicación y aliciente para visitarla, María José San Román abandera una mediterraneidad tan bien concebida como ejecutada. **Espumoso de queso de oveja con alcachofas y setas, cola de bogavante con cous-cous y salsa de ñoras, fresón con cuajada de lavanda**. Precio medio 55 €.
Nou Manolín. Villegas, 3. ☎ 965 200 368. www.noumanolin.com
Sabores y emociones intensas, es decir, como siempre. **Ajo blanco con tarta de gamba roja, arroz con puntillitas y ajos tiernos, torrija de turrón en sopa de chufa**. Precio medio 45 €.
Piripi. Avda. Óscar Esplá, 30. ☎ 965 227 940. www.piripi.com
Nada más ni nada menos que al mismo nivel que su progenitor, Nou Manolín. **Coca de sardinas con fondo de escalibada, arroz con sepionet y alcachofas, helado de queso fresco y sorbete de frambuesa**. Precio medio 45 €.

Hoteles

***** **Hospes Amérigo.** Rafael Altamira, 7. ☎ 965 146 570. www.fuenso.com
Hab. 78: 108/324 €. Suites: 3. Consular ofertas. Antiguo convento dominico. Restaurante MONASTRELL
***** **Sidi San Juan.** La Doblada, 8. ☎ 965 161 300. www.hotelessidi.es
Hab. 176: 90/298 €. Suites: 13. Instalaciones de lujo con numerosos servicios. En primera línea de playa. Habitaciones con vistas al mar. Servicio de minibús gratuito a la ciudad. Restaurante GRILL SANT JOAN.
**** **AC Alicante.** Avda. de Elche, 3. ☎ 965 120 178. www.hotelacalicante.com
Hab. 186: 60/130 €. Suites: 1. Consultar ofertas. Céntrico. Restaurante SALA AC.
**** **Eurostars Mediterránea Plaza.** Pza. del Ayuntamiento, 6. ☎ 965 210 188.
www.eurostarmediterraneaplaza.com
Hab. 50: 55/399 €. En el centro histórico. Próximo a la playa y al puerto deportivo.
**** **Hesperia Alicante.** (Playa SAN JUAN). Avda. de las Naciones, s/n. ☎ 965 235 000. www.hesperia-alicante.com
Hab. 154: 80/190 €. Suites: 2. Integrado en el Campo de golf "Alicante Golf", con acceso directo. Dispone de centro de salud y belleza. Restaurante AUGUSTA.
**** **Holiday Inn Alicante - Playa San Juan.** (Playa SAN JUAN). Avda. Cataluña, 20. ☎ 965 156 185.
www.holidayinnalicante.com
Hab. 122: 60/190 €. Suites: 4. Consultar ofertas. A 500 m de la playa. Restaurante TAMAYO.
**** **Meliá Alicante.** Pza. Puerto del Mar, 3. ☎ 965 205 000. www.meliaalicante.com
Hab. 378: 98/278 €. Suites: 113. Piano bar. Restaurante TERRA DEL CID.
**** **NH Alicante.** Mexico, 18. ☎ 965 108 140. www.nh-hotels.com
Hab. 100: 68/125 €. Restaurante NHUBE.
**** **Spa Porta Maris & Suites del Mar.** Pza. Puerta del Mar, 3. ☎ 965 147 021.
www.hotelspaportamaris.com
Hab. 113: 75/159 €. Entre la playa del Postiguet y el Puerto Deportivo. Restaurante MARABIERTA.
*** **Gravina Cinco.** Gravina, 5. ☎ 965 147 317. www.gravinacinco.com
Hab. 20: 60/120 €. Suites: 2. Incluido desayuno, minibar, fruta, agua, café y té. Consultar cierre y ofertas.

Aljaraque (Huelva) Ver Huelva.

70 • E-3

Allariz (Ourense) Ver Ourense.

18 • B-1

Almagro (Ciudad Real)

57 • E-3

A CIUDAD REAL, 22 KM; MADRID, 190 KM. ALT. 646 M. POB. 8.672. 926 860 717.
GPS (38° 53' 26''N-3° 42' 27"O).

Fiestas: Semana Santa. Del 2 al 26 de Julio: Festival Teatro Clásico. Del 23 al 28 de agosto: Fiestas de S. Bartolomé.
Visitar: Declarada Conjunto Histórico-Artístico. Corral de Comedias, en la Plaza Mayor del s. XVI. Convento de La Asunción, s. XVI. Plaza Mayor, del s. XII. Iglesias Madre de Dios, s. XVI, se atribuye su fundación a Diego de Almagro; S. Bartolomé y S. Agustín. Museo del Teatro Nacional, s. XVI. Museo de Encaje y Blonda. Teatro Municipal s. XIX. Almacén de los Fucares s. XVI. Hospital de S. Juan- espacio Arte Contemporáneo. Plaza de Toros, s. XIX. Via Multimodal "Marisma de Aljaraque".
Alrededores: ALDEA DEL REY, a 30 km: Sacro Convento. DAIMIEL, a 40 km: Tablas de Damiel. VISO DEL MARQUÉS, a 50 km: Palacio Marqués Sta. Cruz. Río y presa del Jabalón, a unos 12 km. Zona recreativa de «La Hoz», bellos paisajes.

Restaurantes

La Membrilleja. Ctra. Pozuelo-Torralba, km 5. ☎ 926 693 064. wwww.lamembrilleja.galeon.com
Cierra noches de domingo a jueves, lunes y del 15 de febrero al 3 de marzo. Antigua casa de labor manchega. Carpaccio de atún con salmorejo, corderito y cochinillo asados, natillas caseras. Precio medio 35 €.
Mesón el Corregidor. Jerónimo Ceballos, 2. ☎ 926 860 648. www.elcorregidor.com
Cierra lunes y última semana de julio. Buena cocina de base manchega ejecutada con la impronta de Juan José Garzón en esta antigua casa solariega del s. XVIII. **Asadillo de pimientos y berenjenas con anchoas, chuleta de ciervo con jugo de grosellas, flan de queso con membrillo y helado de miel**. Precio medio 45 €.

Hoteles

**** **La Casa del Rector.** Pedro Oviedo, 8. ☎ 926 261 259. www.lacasadelrector.com
Hab. 23: 81/151 €. Suites 6. Admisión de perros, consultar. Casa del s. XVII, restaurada. Conserva el patio principal cubierto. Ampliado recientemente.
**** **Parador de Turismo.** Ronda de San Francisco, 31. ☎ 926 860 100. www.parador.es
Hab. 54: 114/155 €. Ubicado en el antiguo convento Franciscano del s. XVI. Festival de Teatro en julio, con jornadas gastronómicas. Restaurante REFECTORIO. Cocina regional muy cuidada.
*** **Hostería de Almagro Valdeolivo.** Dominicas, 17 ☎ 926 261 366. www.valdeolivo.com
Hab. 8: 75/125 €. Consultar cierre. Céntrico.

Almansa (Albacete)

59 • F-3

A ALBACETE, 74 KM; MADRID, 322 KM. ALT. 713 M. POB. 25.591. 967 311 259.
GPS (38° 52' 16''N-1° 5' 41"O).

Fiestas: Del 1 al 6 de mayo: Fiestas patronales de Interés Turístico Nacional.15 de mayo y 18 de septiembre: Romerías. Del 19 al 21 de agosto: Feria Medieval. 28 de agosto: Feria.
Visitar: Castillo. Fortaleza árabe del s. XIII y XV. Casa Grande (Ayuntamiento): Palacio, s. XVI, cuadro de la Batalla de Almansa. Iglesia de la Asunción, s.s XVI-XVIII. Iglesia de S. Agustín. Ermita de S. Blas, s. XVIII. Centro de Interpretación Ambiental. Senderismo, refugios.
Alrededores: Santuario de Belén, s. XVI. Sierra del Mungrón: Ciudad ibérica de MECA.

Restaurantes

Bodegón Almansa. Corredera, 118. ☎ 967 310 637. www.bodegonalmansa.com
Cierra domingo noche y martes. Bacalao al ajoarriero con colitas de gambas, gazpacho manchego, leche frita. Precio medio sin marisco 25 €.
Casa Valencia. (Área de servicio). Autovía Madrid-Levante, km 320. Vía de Circunvalación, 20. ☎ 967 311 652.
Cierra domingo noche, lunes y tres primeras semanas de julio. Calamares a la romana, paletilla de cordero al horno, leche frita con helado de turrón. Menú 16 €. Precio medio 40 €.
®**Maralba.** Violeta Parra, 5. ☎ 967 312 326. www.maralbarestaurante.es
Cierra noches de domingo y lunes; martes y 15 días en noviembre. Cocina manchega evolucionada de Francisco Martíne. Frente al castillo. **Ravioli de bonito con huevas de trucha, nuestra visión de la lata de cabeza de cordero, texturas de manzana**. Precio medio 45 €.
Mesón de Pincelín. Las Norias, 10. ☎ 967 340 007. www.pincelin.com
Cierra domingo noche, lunes, segunda semana de enero y tres primeras semanas de agosto. Buena oferta a caballo entre La Mancha y la costa. **Crujiente de gamba roja con albahaca, suculentos gazpachos, crujiente de manzana y helado de mantecado**. Precio medio 32 €.

Hoteles

**** **Blu.** Avda. de Ayora, 35. ☎ 967 340 009. www.hotelblu.com
Hab. 69: 86/162 €. Suite: 1. Desayuno incluido. Consultar ofertas. Restaurante DECUCHARA.
*** **TRH Almansa** Avda. de Madrid, s/n. Salida 146. ☎ 967 344 700. www.trhhoteles.com
Hab. 50: 70/102 €. Restaurante SEÑORÍO DE ALMANSA.

Almàssera/Almacera (Valencia) Ver Valencia. 51 • C-3

Almazán (Soria) 32 • A-1

A SORIA, 34 KM; MADRID, 192 KM. ALT. 965 M. POB. 6.009. 975 310 502.
GPS (41° 29' 8"N-2° 32' 5"O).

Fiestas: Del 29 de abril al 1 de mayo: Feria Venatoria. Del 13 al 15 de mayo: Feria de Muestras. 17-18 de mayo: S. Pascual Bailón, de Interés Turístico Regional. Del 31 de agosto al 5 de septiembre: Fiesta de la Bajada de Jesús Nazareno.
Visitar: Plaza Mayor. Iglesia de S. Miguel, románica s. XII, Monumento Nacional. Palacio de los Hurtado de Mendoza, Bien de Interés Cultural, de finales s. XVI. Iglesias de: S. Vicente, s. XII; Campanario; Sta. María de Calatañazor, S. Pedro y ermita de Jesús. Convento de La Merced, Monumento Nacional donde permanece enterrado Tirso de Molina. Museo de Escultura al aire libre. Parque de la Arboleda. Certamen Nacional de Teatro Tirso de Molina (mayo).
Alrededores: MORÓN DE ALMAZÁN, a 14 km: Impresionante conjunto monumental en la Plaza Mayor y Campo de golf "La Dehesa". MONTEAGUDO DE LAS VICARÍAS, a 45 km: Emplazamiento Castillo. Iglesia gótica, s. XVI. BERLANGA, a 26 km: Murallas, puerta y judería. Casa Señorial del s. XVI. Castillo e Iglesia de Sta. María del Mercado. CASILLAS: Ermita de S. Baudelio. BARCA, a 8 km: Museo Etnológico.

Restaurantes

Antonio. (H. ANTONIO). Avda. de Soria, 13. ☎ 975 300 711. www.hotelantonio.net
Cierra domingo noche y del 24 de diciembre al 20 de enero. Con 20 habitaciones. Entremeses fritos, cabrito frito, toc no de cielo. Menú 13 €. Precio medio 32 €.

Hoteles

**** **Villa de Almazán.** Avda. de Soria, 29. ☎ 975 300 611. www.hotelvilladealmazan.es
Hab. 39: 65/98 €. Suites: 2. Jornadas micológicas y de caza.

Almendralejo (Badajoz) 55 • E-4

A BADAJOZ, 60 KM; MADRID, 369 KM. ALT. 337 M. POB. 33.588. 924 666 967.
GPS (38° 41' 16''N-6° 24' 27"O).

Fiestas: 1 de febrero: Noche de Las Candelas, fiesta de Interés Turístico Regional. Marzo: Feria Gastronómica. 25 de abril Romería S. Marcos. La cruces de Mayo. 15 de agosto: Fiestas patronales y de la Vendimia. Septiembre: Rallye de la Vendimia. Noviembre, última semana: Semana Gastronómica.
Visitar: Parroquia Ntra. Sra. de La Purificación, s. XVI. Santuario de Ntra. Sra. de La Piedad, s. XVI. Museo Devocional. Museo de Las Ciencias del Vino. Convento y ermita de S. Antonio, s. XVII, alberga la colección Monsalud de piezas arqueológicas. Palacio Monsalud, s. XVIII, casa natal de Espronceda. Teatro Carolina Coronado. Plaza de Toros, s. XIX. Parque de la Piedad, s. XIX. Visitas guiadas a las Bodegas. Ruta literaria del Romanticismo (Mayo).
Alrededores: Balneario Alange. ZAFRA, MÉRIDA, Parque Natural de Cornalvo. Castillo de Feria.

Restaurantes

Amalgama Cocina Viva. Méndez Núñez, 11. ☎ 924 670 757. www.amalgamacocinaviva.com
Cierra noches excepto viernes y sábados, domingo en verano. Sólo un atractivo menú (27 €) según mercado.
®**El Paraiso.** (Ctra. Gijón-Sevilla, km 652). Avda. de Sevilla, 154. ☎ 924 661 001.
Interesante parada en la ruta de la Plata. **Setas en caldereta, presa de cerdo ibérico a la brasa, flan de queso.** Menú 18 €. Precio medio 30 €.

Hoteles

**** **Acosta Centro.** Pza. de Extremadura, s/n. ☎ 924 666 111. www.hotelacostacentro.com
Hab. 110: 70/100 €. Suites: 5. Céntrico. Restaurante OLIVARES.
*** **Acosta Vetonia.** Ctra. N-630, km 647. ☎ 924 671 151. www.hotelacostavetonia.com
Hab. 62: 55 /75 €. Suites: 3. Restaurante DON MANUEL.

Almería 79 • C-2

A MADRID, 563 KM. ALT. 16 M. POB. 188.810. 950 280 748/950 268 943.
GPS (36° 50' 23''N-2° 28' 9"O).

Fiestas: 9 de enero: Romería a Torre García en honor a la Virgen del Mar. Febrero: Carnaval. Abril: Semana Santa, de Interés Turístico Nacional. Mayo: Cruces de Mayo, Feria del Caballo y del Vino. 24 de junio: S. Juan. Agosto: Feria y fiestas en honor de la Virgen del Mar.
Visitar: La zona antigua, alrededores de la Alcazaba. **Fortaleza árabe**, erigida en el s. X por Abderramán III y ampliada en el s. XI por Almanzor y después por Jayrán, el primer rey de la Taifa almeriense. Posee tres recintos amurallados, el segundo de los cuales cobijaba el **Palacio del rey Almotacín**, del que se conservan restos arqueológicos. **La Catedral**: Fortaleza. Iniciada en 1525 en estilo gótico y renacimiento, no se terminó hasta finales del s. XVIII, con la construcción del Claustro. Sus fachadas poseen dos portadas renacentistas, obras de Juan de Orea. En su interior se aprecia la belleza de los nervios de la bóveda, el conjunto escultórico de la capilla mayor, la sillería del Coro y Sacristía, obras de Juan de Orea: La Capilla del Cristo de la Escucha con el sepulcro del obispo Villalán, fundador de la catedral. Resaltar el trascoro neoclásico, s XVIII, de Ventura Rodríguez y el claustro neoclásico de Juan Antonio Munar. **Iglesias-conventos de las Claras y de las Puras.** En la Plaza de la Constitución, el Ayuntamiento, con el Monumento a los Mártires de la Libertad «Los Coloraos». Iglesias de Santiago, s. XVI, S. Pedro, s. XIX,S. Sebastián, s. XVII; S. Juan, s. XVII (antigua Mezquita Mayor). Playas. Parques naturales.
Alrededores: Parque Natural de El Cabo de Gata a 30 km. Yacimiento Arqueológico los Millares, a 17 km. La Alpujarra-Sierra Nevada, a 40 km. Desierto de Tabernas a 12 km.

Restaurantes

Bacus (Gastrobar). (En AGUADULCE, a 11 km). Camino de los Parrales, 330. ☎ 950 341 354. www.bacus.eu
Cierra domingo y segunda quincena de enero. Es la versión informal de Alejandro elaborada por el joven Ignacio Barea como cocina en miniatura. Mini hamburguesa de costilla ibérica con gorgonzola, huevos de corral escalfado sobre guiso de ortiguillas y migas de pastor, crema quemada con macedonia de frutas. Precio medio 30 €.
®**Bello Rincón.** (Vía Litoral dirección Aguadulce, a 4 km). Ctra. N-340, Cádiz-Girona, km 436. ☎ 950 238 427. www.bellorincon.com P
Cierra noches, lunes, julio y agosto. Un habitual de la tierra cuya especialidad: el **marisco** y el **pescado** fresco del litoral, tratado con excelente mimo y sin sofisticaciones. Precio medio 50 €.
Bodega Bellavista. (En LLANOS DEL ALQUIAN, a 7 km). (Ctra. del Aeropuerto, desvío en el km 9). Panteón, 38. ☎ 950 297 958. www.restaurantebodegabellavista.com P
Cierra domingo noche, lunes y segunda quincena de octubre. Buena materia prima con buenos resultados. Calamares de potera al aceite de oliva, rodaballo salvaje a la parrilla, mousse de arroz con leche. Precio medio 45 €.
Casa Sevilla. (Galería Comercial). Rueda López, s/n. ☎ 950 272 912. www.casa-sevilla.com P
Cierra lunes noche, domingo y primera quincena de agosto. Toques modernos en recetas clásicas. Parrillada de verduras de la huerta, rape en salsa de erizos, buñuelos de chocolate con sorbete de mojito. Precio medio 34 €.
Club de Mar. Playa de las Almadrabillas, s/n. ☎ 950 235 048. www.rcmalmeria.com
Cierra martes. Vistas al mar y al puerto deportivo. Gambón rojo a la sal, rodaballo en salsa de caviar de erizos, milhojas de manzana con chocolate caliente. Menú 14 €. Precio medio sin marisco 40 €.
®**La Catedral.** Pza. de la Catedral, 8. ☎ 950 278 178. www.hotelcatedral.net
Culinaria local en un agradable comedor con barra y terraza junto a la Catedral almeriense. Menú 25 €. Precio medio 40 €
La Encina "Plaza Vieja". Marín, 16. ☎ 950 273 429. www.restaurantelaencina.com
Cierra domingo noche, lunes excepto verano, domingo en verano, del 26 de junio al 17 de julio y del 11 al 20 de septiembre. Casa del s. XIX en el casco histórico. Mollejas de cordero con quisquillas flameadas, solomillo de buey al foie-gras con cebolla caramelizada, crujiente de chocolate relleno de mousse. Precio medio 38 €.
La Gruta (Asador). (Vía Litoral dirección Aguadulce, a 4 km). Ctra. N-340, Cádiz-Girona, km 436. ☎ 950 239 335. www.asadorlagruta.com P
Cierra al mediodía y domingo. En unas grutas naturales frente al Mediterráneo. Parrillada de verduras, pierna de cabrito asado, pirámide de turrón. Precio medio 30 €.
Plaza de Cañas. Marín, 20. ☎ 950 271 867. www.plazadecanas.com
Cierra martes. Casa señorial del s. XIX. Jibia frita, rodaballo y carnes a la brasa, bocaditos de avellana con bizcocho de canela. Terraza para cenas veraniegas. Precio medio 20 €.
Torreluz Mediterráneo. Pza. Flores, 3. ☎ 950 281 425. www.torreluz.es
Cierra lunes noche y domingo. Barra para tapear. Carpaccio de gamba roja con aceite de albahaca, cochinillo confitado y deshuesado con puré de patata, muerte por chocolate. Precio medio 35 €. De la misma propiedad TORRELUZ ALMEDINA. Flores, 6. ☎ 950 281 426. Con oferta más tradicional y a menor precio (25 €).

Hoteles

***** **Envía Hotel Wellness & Golf.** (En VICAR, a 11 km). Travesía de la Envía, s/n. ☎ 950 181 100. www.enviahotel.com P
Hab. 126: 110/240 €. Suites: 1. Restaurantes ST. ANDREWS, EL MIRADOR, MURFIELD y LA CABAÑA.
**** **Catedral Almería.** Pza. Catedral, 8. ☎ 950 278 178. www.hotelcatedral.net
Hab. 20: 100/250 €. En el centro de la ciudad. En un edificio de 1850.
**** **Citymar Gran Hotel Almería.** Avda. Reina Regente, 8. ☎ 950 238 011. www.citymar-hoteles.com P
Hab. 105: 60/210 €. Suites: 3. Restaurante GRAN HOTEL SELECCIÓN.
**** **Elba Almería.** Prolongación Avda. Mediterráneo, s/n. ☎ 950 145 390. www.hoteleselba.com
Hab. 100: 54/161. Restaurante ENTRESABORES.
**** **Husa Gran Fama.** Avda. Mediterráneo, s/n. ☎ 950 145 039. www.hotelusagranfama.com
Hab. 88: 50/170 €. Suites: 2. Consultar cierre. Fácil acceso desde la autovía.
**** **NH Ciudad de Almería.** Jardín de Medina, s/n. ☎ 950 182 500. www.nh-hotels.es P
Hab. 138: 70/120 €. Consultar ofertas. Céntrico. Próximo al puerto deportivo.
**** **Tryp Indalo Almería.** Avda. Mediterráneo, 310 ☎ 950 183 400. www.solmelia.com P
Hab. 186: 66/160 €. Consultar ofertas. A 5 minutos del centro.
**** **Vincci Mediterráneo.** Avda. Mediterráneo 281 ☎ 950 624 272. www.vinccihoteles.com P
Hab. 72: 60/275 €. Suites: 6. En pleno centro de negocios. Restaurante ALCAZABA.
*** **Torreluz.** Pza. Flores, 3. ☎ 950 234 399. www.torreluz.es P
Hab. 102: 50/100 €. Suites: 2. Céntrico.

Almerimar (Almería) Ver Ejido, El.

79 • B-2

Almodóvar del Río (Córdoba) Ver Córdoba.

72 • C-1

Almonte (Huelva)

71 • B-3

A HUELVA, 46 KM; MADRID, 641 KM. ALT. 75 M. POB. 21.782. ℹ 959 450 616.
GPS (37° 15' 43''N-6° 31' 6''O).

Fiestas: Romería del Rocío, que se celebra en Pentecostés. Semana Santa. 26 de junio: Saca de yeguas. 29 de junio: Feria de S. Pedro. 18-19 de agosto: Rocío Chico.
Visitar: Museo Mundo Marino. Torre Almenara. Museo Villa; Centro de Historia Local. Pinacoteca Museo Forestal. Iglesia Ntra. Sra. Asunción. Parque Dunar (senderos por dunas).
Alrededores: Parque Nacional de Doñana: Reserva de la Biosfera y Patrimonio de la Humanidad. Formado por cinco ecosistemas: cotos, dunas, vera, playas y las destacadas marismas del Guadalquivir, zona de paso y refugio de miles de aves. Centro de visitantes de Doñana: El Acebuche, La Rocina y El Acebrón. EL ROCÍO, a 15 km: Ermita Ntra. Sra. del Rocío. Museo Histórico Religioso.

Restaurantes

El Pastorcito. Ctra. A-483, Almonte-El Rocío, km 16,2. ☎ 959 450 205. www.restaurantepastorcito.com
Cierra noches, viernes y 10 días en la romería del Rocío. Situado entre pinares cerca del Parque Nacional de Doñana. Pescaditos fritos, pato con arroz, helado Doñana (moscatel, piñones y pasas) especialidad. Precio medio (sin marisco) 25 €.
Mesón el Tamborilero. Unamuno, 15. ☎ 959 406 955. www.mesoneltamborilero.com
Cierra domingo, romería del Rocío y primera quincena de julio. Rústica bodega antigua. Guisos típicos (chocos con papas y guisantes, estofado de ternera mostrenca), pescados de la costa. Menú 10 €. Precio medio 20 €.

Hoteles

**** **Carabela Club.** Avda. Compositor Sorozabal. Parcela 59-62. ☎ 959 448 001. www.hotelcarabela.com
Hab. 286: 60/150 €. Suites: 3. Situado en el entorno del Parque Nacional Doñana.
**** **Cortijo Golf.** Sector E, Parcela 15. ☎ 959 448 700. www.summahoteles.com P
Hab. 126: 94/138 €. Suites: 1. Consultar cierre. Típico cortijo andaluz.
**** **Vime Tierra Mar Golf.** Sector M-Parcela 120. ☎ 959 440 300. www.vimehoteles.com
Hab. 248: 48/250 €. Consultar ofertas. Junto al Parque Nacional Doñana. En primera línea de playa. Restaurante ATLÁNTICO

Almoradí (Alicante)

67 • E-3

A ALICANTE, 47 KM; MADRID, 450 KM. ALT. 12 M. POB. 19.862.
GPS (38° 6' 33"N-0° 47' 35"O).

Fiestas: 27-28 de junio: Virgen Perpetuo Socorro, patronal. Del 25 al 30 de julio: Feria y fiestas en honor a los "Santicos de la Piedra". Del 30 de julio al 2 de agosto: Moros y Cristianos. 30 de noviembre: S. Andrés, patronales.
Visitar: Iglesia de S. Andrés. Capilla de los Girona. Capilla de la Calle España. Teatro Cortés, neoclásico con ribetes barrocos. Centro Geográfico de la Vega Baja del Segura. Rutas Verdes y Culturales. Senderismo.
Alrededores: ALGORFA: Campo de golf "La Finca". TORREVIEJA: Parque Natural de las Lagunas de La Mata.

Restaurantes

El Cruce. Camino de Catral, 156. ☎ 965 700 356. P
Cierra domingo noche, lunes, una semana en enero y tres en agosto. La especialidad es la alcachofa (rebozada, en ensalada, con foie-gras). Cocido de pava borracha, pan de Calatrava. Menú 15 €. Precio medio 35 €.

Almunia de Doña Godina, La (Zaragoza) Ver Cariñena.

33 • A-1

Almuñécar (Granada)

78 • C-2

A GRANADA, 75 KM; MADRID, 515 KM. ALT. 20 M. POB. 27.696. 958 631 125.
GPS (36° 44' 3"N-3° 41' 31"O).

Fiestas: 19 de marzo: Patronales de la Herradura en honor a S. José. Del 1 al 3 de mayo: Las Cruces. 16 de julio: Fiestas de la Virgen del Carmen. Del 8 al 15 de agosto: Patronales Virgen de La Antigua. 24 de junio: Fiestas de S. Juan. 29 de septiembre: Fiestas de S. Miguel.
Visitar: Castillo de S. Miguel. Acueducto romano. Columbario romano Torre del Monje, Museo Arqueológico Municipal denominado "Cueva Siete Palacios", de origen romano. Necrópolis Fenicia. Parque Botánico-Arqueológico El Majuelo. Parque Ornitológico Loro Sexi. Parque Acuático Aquatropic. Parque de la Naturaleza: Peña Escrita. Alfarería "El Castillo". Cortijillos artesanales "El Majuelo".
Alrededores: LA HERRADURA: Torres Vigía Cerro Gordo y Punta de la Mona. Puerto Deportivo Marina del Este; Torrecuevas; Taramay. Valle de Río Verde.

Restaurantes

Los Laureles. Ribera Baja, 14. ☎ 958 069 132. www.loslaureles.net P
Cierra domingo noche, martes al mediodía, y lunes. En una antigua casa en el centro. Vieiras fritas con beicon y vinagreta de soja, costillar de cordero con lentejas, tubo de chocolate negro relleno de mousse de mango. Menú 12 €. Precio medio 26 €.
Mar de Plata. (Paseo de San Cristóbal). Avda. Mar de Plata, 3. ☎ 958 633 079. www.restaurantemardelplata.es
Cierra martes y mayo. Paella ciega, pescados en salsa o a la plancha, flan. Precio medio 26 €.

Hoteles

**** **Bahía Tropical.** Playa del Pozuelo, s/n. ☎ 958 639 466. www.hotelbahiatropical.com
P
Hab. 227: 60/150 €. Suites: 26. En primera línea de playa. Recomendado para familias.
**** **Playa Cálida.** Urb. La Galera, s/n. ☎ 958 619 200. www.playasenator.com P
Hab. 325: 165/401 €.
**** **Suites Albayzin del Mar.** Avda. Costa del Sol, 23. ☎ 958 632 161. www.hotelalbaycindelmar.com
P
Suites: 71. Rodeado de 10.000 m² de jardines tropicales.

Alovera (Guadalajara) Ver Guadalajara.

40 • D-2

Alp-Molina, La (Girona)

15 • C-4

A GIRONA, 140 KM; MADRID, 640 KM. ALT. 1.159 M: ALP. 2.500 M: LA MOLINA-MASELLA. POB. 1.600.
GPS (42° 22' 26''N-1° 53' 10"E).

Fiestas: 23 de abril: Jocs Florals. 26-30 de junio: Fiesta Mayor de Alp. 1-2 de agosto: Fiesta Mayor de La Molina.
Visitar: Iglesia de St. Pere. Dolmen de la Paborde. Estaciones de esquí. Parque de aventura. Excursiones.
Alrededores: MASELLA.

Restaurantes

Ca l'Eudald. (H. CA L'EUDALD). Paseo Ágnes Fabra, 4. ☎ 972 890 033. www.caleudald.com
Con 30 habitaciones. Ubicado en una antigua bodega con paredes de piedra. Caracoles guisados a la antigua, civets de caza, sopa de pera con granizado de moscatel. Menú 18 €. Precio medio 35 €.

Casa Patxi. Orient, 23. ☎ 972 890 182. www.casapatxi.com
Cierra miércoles, primera quincena de julio y de noviembre. Antigua casa con jardín en el centro del pueblo. Garbanzos guisados con morro y oreja, chuletón de ternera de Cerdanya, crema catalana. Precio medio 28 €.

Hoteles

**** **HG La Molina.** Avda. Pista Llarge, 1 (La Molina). ☎ 972 892 955. P
Hab. 65: 44/260 €. Consultar ofertas y cierre. Situado a pie de pistas.
*** **Adserá.** (En LA MOLINA). Pere Adserá, s/n. ☎ 972 892 001. www.hoteladsera.com P
Hab. 35: 45/107 €. Actividades, programa semanal. Cerca de pistas.
*** **Jaume.** (En ALP). Central, 30. ☎ 972 890 016. www.hoteljaume.com P
Hab. 14: 43/96 €. Suites: 1. Consultar ofertas. Hotel familiar, muy acogedor. Habitaciones decoradas en estilo provenzal. A 6 km de las estaciones de esquí.

Alquián, El (Almería) Ver Almería — 79 • D-2

Altea (Alicante) — 60 • E-4

A ALICANTE, 52 KM; MADRID, 476 KM. ALT. 62 M. POB. 23.780. 965 844 114.
GPS (38° 35' 60''N-0° 3' 1"O).

Fiestas: Junio: S. Juan. Julio: San Pedro y Virgen del Carmen. Julio: Sta. Ana y S. Jaime. Agosto: St. Roc y St. Llorenç. Septiembre: Santísimo Cristo del Sagrario, San Blas, Moros y Cristianos.
Visitar: Puertos pesquero y deportivo. Casco antiguo. Museo Casal Fester. Altea la Vella. Playas. Espacios naturales y senderismo.
Alrededores: BENIDORM. CALPE. CALLOSA D'ENSARRIA. GUADALEST. Sierra Bernia.

Restaurantes

La Bruschetta. (A 2 km de Altea, a la entrada de la Ctra. N-332, km 161). Partida la Olla, 45. ☎ 965 843 816. P
Cierra al mediodía en verano, lunes mediodía y domingo. Cocina italiana a cargo de Tommaso Cardinale. Vitello tonnato, risotto con porcini, tiramisú. Precio medio 35 €.
®**La Capella.** San Pablo, 1. ☎ 966 880 484. www.lacapella-altea.com
Cierra miércoles al mediodía en julio y agosto, miércoles, segunda quincena de febrero, semana de fiestas en septiembre y primera quincena de noviembre. Autenticidad en una carta de sabores autóctonos y con un entorno distendido que atrapa. **Cigalitas con alcachofas, paletilla de cordero con nísperos, helado de queso fresco**. Precio medio 40 €.
L'Olleta (Chiringuito). (En L'OLLA, a 2 km). Urb. Villa Gadea. Playa de L'Olla, s/n. ☎ 966 880 544. P
Chiringuito con deslumbrantes vistas de la bahía en un confotable espacio y, como principal protagonista, los productos del mar. Arroces, pescados y mariscos de la bahía, helado de chocolate y leche merengada. Precio medio 30 €.
Mesón Racó de Toni. La Mar, 127. ☎ 965 841 763.
Cierra domingo noche y noviembre. Gazpacho de pescados y mariscos de la bahía, pudín de cerezas y calabaza. Menú 15 €. Precio medio 35 €.
Shamadi. (En PLAYA DE L'ALBIR a 4 km). (H. SHA WELLNESS CLINIC). Verderol, 5. ☎ 966 811 199. www.shawellnessclinic.com P
La destreza de Pablo Montoro para realizar una gustosa cocina macrobiótica, esencialmente saludable que, en su corta andadura, ya le avalan prestigiosos galardones. Valor en alza con excitante futuro. **Gazpacho de miso, tataki de atún, fluido de chocolate**. Precio medio 40 €.

Hoteles

***** **SH Altea Hills Resort.** Suecia, s/n. (Urb. Altea Hills). ☎ 966 881 006. www.sh-hoteles.com P
Hab. 104: 178/346 €. Suites: 54. Dispone de SPA "Salux Hills". Puerto deportivo Campomanes, a 2 km. Campo Golf Don Cayo, a 3 km. Restaurante ALTAYA.
***** **SH Villa Gadea.** Partida de Villa Gadea, s/n. ☎ 966 817 100. www.hotel-villa-gadea.com P
Hab. 202: 120/378 €. Suites: 12. En primera línea de playa. Restaurantes PALAPA y VITELIO.
***** **Sha Wellness Clinic.** (PLAYA DEL ALBIR). Verderol, 5. ☎ 966 811 199. www.shawellnessclinic.com P
Suites: 93. 200/250 €. Consultar ofertas.
**** **Albir Playa Hotel & Spa.** (En ALFAZ DEL PI). Camino Viejo de Altea, 51. ☎ 966 864 943. www.albirplayahotel.com P
Hab. 197: 75/280 €. Suites: 4. Un encuentro con la elegancia de una arquitectura acogedora y cosmopolita. Restaurante ALBATROS.
*** **La Serena.** Alba, 10. (Zona Bellaguarda). ☎ 966 885 849. www.hoteleslaserena.com P
Hab. 10: 152/207 €. Suites: 4. Su restaurante COCOROCO ofrece cocina creativa de temporada.

Alto Campóo (Cantabria) Estación de esquí. Ver Reinosa. — 10 • F-1

Alzira (Valencia) Ver Alcudia/L'Alcudia. — 60 • C-1

Amorebieta-Etxano (Vizcaya) Ver Durango. — 5 • F-4

Ampudia (Palencia) — 20 • C-3

A PALENCIA, 26 KM; MADRID, 243 KM. ALT. 790 M. POB.628. 979 768 025
GPS (41° 54' 49''N-4° 46' 53"O).

Fiestas: Del 7 al 11 de septiembre: Patronales de Ntra. Sra. de Alconada. Del 25 al 26 de septiembre: Fiesta Barroca y Mercado Castellano de S. Miguel.
Visitar: Municipio declarado Conjunto Histórico-Artístico. Castillo, s. XV. Museo de Arte Sacro en el Antiguo Convento de S. Francisco. Colegiata de S. Miguel, gótica-renacentista. Antiguo Hospital de S. María de la Clemencia (Centro Cultural y de Exposiciones. Oficina de Turismo).
Alrededores: Ermita de Ntra. Sra. de Alconada, a 3 km. Valoria del Alcor: Iglesia de S. Fructuoso. Ecomuseo.

Restaurantes

El Arambol. (H. POSADA REAL LA CASA DEL ABAD DE AMPUDIA). Pza. Francisco Martín Gromaz, 12. ☎ 979 768 008. www.casadelabad.com P
Cierra domingo noche y lunes. Cocina de mercado asesorada por Joachim Koerper. Ensalada de atún rojo marinado en gin-tonic, carré de cordero con costra de praliné. Precio medio 60 €.

Hoteles

**** **Posada Real La Casa del Abad.** Pza. Francisco Martín Gromaz, 12. ☎ 979 768 008. www.casadelabad.com
Hab. 24: 95/135 €. Suites: 6. Edificio emblemático del s. XVII. Espectacular bóveda, capilla, mobiliario, cuadros y enseres antiguos. Restaurante EL ARAMBOL.

Ampuero (Cantabria) Ver Limpias. — 5 • C-3

Amurrio (Álava) — 11 • E-1

A VITORIA, 40 KM; MADRID, 400 KM. ALT. 219 M. POB. 10.089. 945 393 704.
GPS (43° 3' 8"N-3° 0' 8"O).

Fiestas: Enero: S. Antón. Mayo: Txakolin Eguna. Del 11 al 17 de agosto: Fiestas San Roke y Ntra. Señora, patronales. 25 de Septiembre: Fiesta "Artzain Eguna". Noviembre: Mikoturismo Egunok.
Visitar: Conjunto de la ciudad, enclavada en la orilla del Nervión. Iglesia de Sta. María. Torre de Mariaca. Palacio de Cejudo. Ermita de S. Antón. Museo del Licor. Museo Félix Murga. Cascada Delika, nacimiento del Nervión.
Alrededores: Campa de Zaraobe. LLODIO, a 13 km: Iglesia de S. Pedro y de Sta. María del Yermo. ARTZ NIEGA: Casco antiguo. Santuario de Ntra. Sra. de la Encina. QUEJANA: Conjunto Monumental.

Restaurantes

®**Bideko.** (En LEZAMA, a 2 km). En la Ctra. de Amurrio a Vitoria. Barrio Bideko, s/n. ☎ 945 890 633. www.restaurantebideko.com
Cierra noches excepto viernes y sábado, tercer domingo de cada mes, del 31 de diciembre al 5 de enero, Semana Santa y agosto. Un antiguo caserío del s. XVII en el valle de Ayala convertido en restaurante, donde los hermanos Guinea dirigen cocina y comedor. **Arroz cremoso con chipirones, pulpo y crema de hongos, rabo estofado al vino tinto, pastel fluido de chocolate y avellana con su helado**. Se sirven medias raciones. Menú 15 €. Precio medio 45 €.
®**El Refor.** (Bº Centro). (Edif. El Salvador). Maskuribai, 21. ☎ 945 393 314. www.elrefor.com
Cierra noches de domingo a jueves. Antiguo reformatorio, hoy sede del buen hacer de Jesús Miguel Barreña. **Huevos con pan y panceta sobre crema de patata ligera**, degustación de **bacalaos, tarta de frutos secos con chocolate caliente**. Menú 12 €. Precio medio 45 €.
Palacio de Anuncibai. (En LLODIO, a 22 km). Barrio Anuncibai, s/n. ☎ 946 726 188. www.palaciodeanuncibai.com
Cierra noches excepto fines de semana, tres semanas en agosto y Navidad. Salida 3 de la A-68. Casona solariega con ermita del s. XVI. Cocina vasca tradicional con guiños de modernidad. Buenos postres, pastel de chocolate fluido con bizcocho caliente. Menú 12 €. Precio medio 40 €.

Hoteles

**** **Aisia Orduña Hotel Balneario.** (En ORDUÑA). Foru Pza., 15. ☎ 945 384 550. www.aisiahoteles.com
Hab. 42: 54/134 € Suites: 2. Edificio neoclásico. Restaurante ADUANA.
**** **Caserío Iruaritz.** (LEZAMA-AMURRIO). Bº de San Prudencio, 29. ☎ 945 892 676. www.grupolezama.com
Hab. 5: 50/69 €. Suite: 1. Consultar cierre. Caserío de finales del s. XV. Totalmente reformado.

Anciles (Huesca) Ver Benasque. — 14 • C-3

Andújar (Jaén) — 65 • B-3

A JAÉN, 61 KM; MADRID, 323 KM. ALT. 212 M. POB. 39.111. 953 504 959.
GPS (38° 2' 11"N-4° 3' 20"O).

Fiestas: Semana Santa. Del 24 al 26 de abril: Romería Virgen de la Cabeza, de Interés Turístico Nacional. Del 7 al 12 de septiembre: Feria, casetas y corridas de toros. Andumotor: Feria de maquinaria agrícola-ganadera. Anducab: Feria del caballo.
Visitar: Parroquia de Sta. María, medieval, contiene un cuadro de El Greco. Parroquias: S. Bartolomé, finales del s. XV y de S. Miguel, s. XIII. Convento-Compañía de Jesús, s. XVII. Conventos de Monjas Trinitarias, s.s XVI-XVII y Hermanos S. Juan de Dios, s.s XVII-XVIII. Arco de Capuchinos, s. XVIII. Muralla árabe, s. XII. Casa-Palacio de los Niños de Don Gome, de los Coello de Portugal y de los Cárdenas-Valdivia, s.s XVII-XVIII, cuenta con un Museo Arqueológico. Ayuntamiento, antigua Casa de Comedias, s.s XVII-XVIII. Iglesias de Santiago y Sta. Marina, s. XVI. Palacio de Justicia, antiguo Palacio de los Cárdenas, s. XVII. Administración de Hacienda, en el Palacio de los Segundos de Cárdenas, del s. XVI, con fachada del Palacio de los Pérez Vargas y Gormaz, del s. XVII. Museos: Artes Plásticas en la antigua iglesia de Capuchinas; Mariano, en el Santuario Virgen de La Cabeza. Museo de Vehículos Antiguos Hnos. del Val.
Alrededores: Parque Natural Sierra de Andújar. Santuario de la Virgen de la Cabeza, a 32 km; dentro del Parque Natural. Histórico santuario del s. XVI, célebre por su romería. BAÑOS DE LA ENCINA: Castillo de Burgalimar, de 969. MARMOLEJO, a 14 km.

Restaurantes

Los Naranjos. Guadalupe, 4. ☎ 953 510 390.
Cierra martes y segunda quincena de julio. Surtido de ibéricos, rabo de toro, tocino de cielo. Precio medio 24 €.

Hoteles

*** **Del Val.** Hermanos del Val, 1. ☎ 953 500 950. www.hoteldelval.com
Hab. 79: 50/82 €.

Ángeles de San Rafael, Los (Segovia) Ver Segovia — 39 • F-1

Anglès (Girona) Ver Girona. — 26 • A-2

Antequera (Málaga) — 77 • E-1

A MÁLAGA, 45 KM; MADRID, 529 KM. ALT. 577 M. POB. 45.168. 952 702 505.
GPS (37° 1' 8"N-4° 33' 51"O).

Fiestas: Semana Santa, de Interés Turístico Regional. Mayo: 22-23: Sr. Salud y Aguas, patronales. 29-30: Feria de Primavera. Del 15 al 31 de agosto: Real Feria, de Interés Turístico Regional. 8 de septiembre: Virgen de los Remedios, patronales, de Interés Turístico Regional. 16 de septiembre: Sta. Eufemia.
Visitar: Conjunto Histórico-Artístico. Alcazaba: Torre del Homenaje y Puerta de Málaga, s.s X-XIII. Real Colegiata de Sta. María la Mayor, s. XVI. Arco de los Gigantes, s. XVI. Iglesia Colegiata de S. Sebastián, s. XVI. Iglesia del Carmen, s.XVII. Iglesia de Los Remedios, s. XVIII. Museo Municipal (Efebo, Bronce Romano, s. I). Capilla votiva del Portichuelo, s. XVIII. Dólmenes Menga, Viera y Romeral 2500 a 1800 a.C. Museo Conventual de Las Descalzas. Plaza de Toros, s. XIX.
Alrededores: EL TORCAL DE ANTEQUERA, a 13 km: Paraje Natural. Paisaje Kárstico. EL CHORRO: Zona de embalses, vistas. ARCHIDONA: Plaza Ochavada y Casco Antiguo. FUENTE PIEDRA: Reserva Natural. Laguna con flamencos.

Restaurantes

Caserío de San Benito. (Cruce de Alameda, a 18 km de la ciudad). Ctra. A-45, Málaga-Córdoba, salida 86. ☎ 952 111 103. www.caseriodesanbenito.com
Cierra noches excepto viernes y sábados de octubre a junio. Potajes, arroz caldoso de conejo, carnes a la brasa, gachas con miel de caña en una casa rústica del s. XVIII rodeada de olivos. Precio medio 25 €.
Coso San Francisco. Calzada, 29. ☎ 952 840 014. www.cososanfrancisco.com
Con habitaciones. Casa solariega del s. XVII con patio interior. Porra tradicional, choto a la pastoril, arroz caldoso con gallo de campo, bienmesabe. Precio medio 25 €.

Hoteles

**** **Antequera Golf.** Urb. Santa Catalina, s/n. ☎ 952 704 531. www.hotelantequera.com
Hab. 169: 84/110 €. Suites: 11. Céntrico. Restaurante EL ENCINAR, cocina regional de nueva creación.
**** **Parador de Turismo.** Pº García del Olmo, 2. ☎ 952 840 261. www.parador.es
Hab. 54: 103/138 €. Edificio de nueva construcción situado en una zona céntrica y ajardinada, en el que se repite la arquitectura local. Un agradable lugar de descanso en una zona con numerosos atractivos turísticos. El restaurante LA VEGA ofrece platos locales y regionales.

Antilla, La (Huelva) Ver Lepe. 70 • D-3

Aoiz/Agoitz (Navarra) Ver Pamplona. 13 • A-2

Aracena (Huelva) 63 • B-4

A HUELVA, 106 KM; MADRID, 504 KM. ALT. 732 M. POB. 8.500. ℹ 663 937 877.
GPS (37° 53' 31''N-6° 33' 39"O).

Fiestas: 3 de febrero: S. Blas. Semana Santa. Del 15 al 17 de mayo: Feria de Ganado. Agosto: Muestra de Música Antigua. Tercer fin de semana de Agosto: Fiestas Mayores. Tercer fin de semana de octubre: Feria del Jamón. 7 de diciembre: Rehiletes.
Visitar: Iglesia Prioral del Castillo, s.s XIII-XV. Fortaleza s. XI. Parroquia de La Asunción, s. XVI. Gruta de las Maravillas. Museo de Escultura Contemporánea. Museo de Minerales. Museo del Jamón. Centro de Interpretación de Aracena. Rutas en bicicleta. Senderismo.
Alrededores: Peña de Arias Montano, a 12 km. Embalse de Aracena. Parque Natural Sierra de Aracena y Picos de Aroche.

Restaurantes

Arrieros. (En LINARES DE LA SIERRA, a 4 km). Arrieros, 2. ☎ 959 463 717. www.arrieros.net
Cierra noches excepto reserva, lunes no festivos, del 1 al 6 de enero y de mediados de junio a mediados de julio. Cocina serrana actualizada. Tosta de queso de cabra gratinado con hierbas aromáticas, hamburguesa de pluma ibérica, amanita cesarea y mermelada, poleá con azúcar morena. Precio medio 30 €.
Casas. (Bº de San Pedro). Pozo de la Nieve, 39-41. ☎ 959 128 044.
Cierra noches. Junto a la gruta de las Maravillas. Productos de cerdo ibérico, revuelto de setas, natillas quemadas. Precio medio 25 €.
José Vicente. (Bº Parque). Avda. Andalucía, 53. ☎ 959 128 455.
Cierra noches, martes y del 20 de junio al 10 de julio. Mesón-tienda con productos de cerdo ibérico y platos de temporada. Verduras de la huerta y caza. Menú 20 €. Precio medio 24 €.
La Serrana. Pozo de la Nieve, s/n. ☎ 959 127 613.
Cierra noches. Salmorejo, caza de la sierra de Aracena, peras caramelizadas. Precio medio 28 €.

Hoteles

*** **Finca Valbono.** Ctra. Carboneras, km 1. ☎ 959 127 711. www.fincavalbono.com
Hab. 6: 64/101 €. Apartamentos: 20. Complejo turístico rural. Senderismo, cicloturismo, excursiones, caballos en el Parque Natural Sierra de Aracena y Picos de Aroche. Restaurante LOS BARRANCOS.
*** **Posada Valdezufre.** (En VALDEZUFRE). Santa Marina, 1. ☎ 959 463 322. www.valdezufre.com
Hab. 18: 70/95 €. Suites: 5. En pleno parque de Aracena y Picos de Aroche. Restaurante LA ENCINA DEL FRANCÉS.
Posada Finca La Fronda. (En ALAJAR). Finca La Fronda, s/n. ☎ 959 501 247. www.fincalafronda.com
Hab. 7: 86/113 €. Suite: 1. En el Parque Natural de La Sierra de Aracena y Picos de Aroche.

Aranda de Duero (Burgos) 21 • B-4

A BURGOS, 80 KM; MADRID, 165 KM. ALT. 798 M. POB. 32.928. ℹ 947 510 476.
GPS (41° 40' 17''N-3° 41' 16"O).

Fiestas: Semana Santa, de Interés Turístico Regional. 3 de mayo: Bajada de la Cruz. 10 de abril: Domingo de Pascua: Bajada del Ángel. Del 5 al 7 de septiembre: Feria de la Ribera (FIDUERO). 12 al 21 de septiembre: Patronales.
Visitar: Ex-colegiata de Sta. María, portada gótica isabelina, s.s XV-XVI. Iglesia de S. Juan Bautista, s.s XIV-XV. Museo de Arte Sacro. Museo.
Alrededores: SINOVAS: Iglesia de S. Nicolás de Bari con artesonado mudéjar. LA AGUILERA: Santuario de S. Pedro Regalado.

Restaurantes

Casa Florencio (Asador). Isilla, 14. ☎ 947 500 230. www.casaflorencio.com
Cierra noches. Típico asador arandino de lechazo y carnes rojas a la parrilla. Hojaldre relleno de crema. Vinos de Ribera del Duero. Precio medio 32 €.
El Ciprés (Asador). Jardines de Don Diego, 1. ☎ 947 507 414. www.asadorelcipres.com
Cierra domingo noche. Croquetas caseras, cordero lechal al horno de leña, tarta de cuajada. Precio medio 35 €.

El Lagar de Isilla. Isilla, 18. ☎ 947 510 683. www.lagarisilla.es
Cierra domingo noche. Restaurante micológico con bodega-museo del s. XV en el sótano. Arroz cremoso con boletus y queso, lechazo asado, tarta de chupa-chup de nata y fresa. Precio medio 35 €.
El Lagar de Milagros. (En MILAGROS, a 21 km). (Autovía A-1, Madrid-Irún, km 146). Avda. Castilla, 53.
☎ 947 548 091. www.lagardemilagros.com
Antiguo lagar. Morcilla con pimientos asados, lechazo, manzana asada. Se puede llevar a casa el lechazo asado envasado al vacío. Precio medio 30 €.
☼**Mesón de la Villa.** (Bº Centro). La Sal, 3. ☎ 947 501 025.
Cierra domingo noche, lunes y segunda quincena de octubre. La cocina de Seri representa lo mejor de la cocina arandina. **Mollejas con setas** y su emblemático **lechazo asado** a la ligera **espuma de limón** con vinos de la Ribera. Precio medio 35 €.

Hoteles

**** **Torremilanos.** Finca Torremilanos, s/n. ☎ 947 512 852. www.torremilanos.com
Hab. 18: 102/156 €. Suites: 2. Consultar cierre y ofertas.
**** **Tudanca-Aranda.** Ctra. Madrid-Irún, km 158. ☎ 947 506 011. www.tudanca-aranda.com
Hab. 38: 60/170 €. Suites: 2. Hotel temático del vino. Rodeado de viñedos. Restaurante con horno de leña.

Aranjuez (Madrid) 48 • F-1

A MADRID, 47 KM. ALT. 489 M. POB. 54.055. ℹ 918 910 427.
GPS (40° 1' 54"N-3° 36' 16"O).

Fiestas: 15-16 de mayo: Romería Real Cortijo S. Isidro. 30-31 de mayo: S. Fernando, patronales Mayo: Feria de la Artesanía. Mayo-Junio: Festival Internacional de la Música Antigua. Del 1 al 5 de septiembre: Fiesta del Motín, de Interés Turístico Nacional.
Visitar: Ciudad declarada Paisaje Cultural Patrimonio de la Humanidad. Casco antiguo, Conjunto Histórico-Artístico s. XVIII. Palacio Real, Patrimonio Nacional, s.s XVI-XVIII: Sala Porcelana, Gabinete de la Reina. Capilla Real. Bellos jardines: La Isla, Príncipe, Isabel II y Parterre. Casa del Labrador: Gabinete de Platino, pinturas de Bayeu. Plaza e iglesia de S. Antonio. Casa de Marinos: Museo de Falúas Reales. Palacios: de Medinaceli; Godoy; Silvela. Plaza de Toros y Museo Taurino. Centro Cultural Isabel de Farnesio: Exposiciones y conciertos. Estación de Ferrocarril s. XIX. Sotos históricos. Bodega de Carlos II. Senderismo.
Alrededores: Mar de Ontígola. Castillo de Oreja. Cortijo de S. Isidro. Reserva Natural Regajal.

Restaurantes

®**Carême-Jesús del Cerro.** Avda. Palacio, 3. ☎ 918 926 486. www.caremejesusdelcerro.com
Bonita ubicación y espectacular terraza frente al jardín del Palacio Real con Jesús del Cerro al frente. **Raviolis de vieiras con compota de boletus, pernil de cochinillo confitado, soufflé de chocolate con helado de hierbabuena**. Precio medio 40 €. En la zona de bar buenas tapas y raciones (16 €).
☼☼ **Casa José.** Carrera de Andalucía, 17. ☎ 918 911 488. www.casajose.es
Cierra domingo noche, lunes y agosto. Una cocina tradicional actualizada basada en los mejores productos que Fernando del Cerro busca en las huertas y productores de la zona. Su hermano Armando en la sala, dirige también una muy completa carta de vinos. Todo en un ambiente familiar de altura. Precio medio 55 €.
Casa Pablo. Almíbar, 42. ☎ 918 911 451. www.casapablo.net
Cierra agosto. Taberna taurina con productos locales. Espárragos naturales o menestra de verduras de temporada, faisana del labrador a las uvas, crema de limón natural. Precio medio 45 €.
☼☼ **R. de la Calle.** Carrera de Andalucía, 85. ☎ 918 910 807. www.restaurantedelacalle.com
Cierra lunes y agosto. En la parte superior un gastrobar, que no cierra agosto, donde degustar tapas, arroces y carnes a la parrilla (35 €). En la parte inferior, la sorprendente cocina de vanguardia de Rodrigo de la Calle especializada en la gastrobotánica. Cuatro menús entre 39 y 79 €. Precio medio 45 €.

Hoteles

**** **Barceló Aranjuez.** (Bº La Montaña). Pza. de la Unesco, 2. ☎ 918 099 399.www.barceloaranjuez.com
Hab. 168: 80/190 €. Suites: 7. Próximo a campo de Golf de 18 hoyos. Restaurante LA MONTAÑA.
**** **NH Príncipe de la Paz.** San Antonio, 22. ☎ 918 099 222.
Hab. 84: 80/219 €. Suites: 2. En un edificio de los s.s XVIII y XIX.
** **El Cocherón 1919.** Montesinos, 22. ☎ 918 754 350.
Hab. 18: 70/105 €. Consultar cierre y ofertas. Atención personalizada.

Arantzazu/Aránzazu (Guipúzcoa) Ver Oñati. 12 • B-1

Arbocet, L' (Tarragona) Ver Cambrils. 34 • E-3

Arbolí (Tarragona) Ver Reus. 34 • E-2

Arbúcies (Girona) Ver Santa Coloma de Farners. 25 • F-3

Archena (Murcia) 67 • C-3

A MURCIA, 22 KM; MADRID, 375 KM. ALT. 102 M. POB. 18.202. ℹ 968 674 738.
GPS (38° 6' 50"N-1° 17' 54"O).

Fiestas: Semana Santa, de Interés Turístico Regional. Mayo-junio: Fiestas Patronales Corpus Christi y Virgen de la Salud. 1 de septiembre: Fiestas del Polvorín. 11 de septiembre: Conmemoración de la Carta Puebla.
Visitar: Iglesia, S. Juan Bautista s. XVIII, Casa Grande s. XV. Palacete y jardín de Villarías, s. XIX. Castillo de Don Mario, s. XIX. Norias, s. XIX. Balneario de Archena: Termas árabes y romanas en funcionamiento. Paseo del río Segura.
Alrededores: VILLANUEVA DEL RÍO SEGURA, ULEA, OJOS, RICOTE, BLANCA y ABARÁN en el Valle de Ricote. FORTUNA, a 14 km: Balneario.

Restaurantes

El Sordo. (En RICOTE, a 8 km). Alharbona, s/n. ☎ 968 697 150. www.elsordo.es
Cierra noches de martes a jueves, lunes y julio. Amplia oferta de guisos, caza, quesos y postres caseros, en el bonito valle de Ricote. Precio medio 25 €.

Hoteles

****** Levante.** Ctra. del Balneario, s/n. ☎ 902 333 222. www.balneariodearchena.com P
Hab. 70: 95/130 €. Consultar ofertas.
****** Termas.** Balneario de Archena, s/n. ☎ 902 333 222. www.balneariodearchena.com P
Hab. 68: 100/140 €. Consultar ofertas. Artística construcción de estilo mozárabe.
***** León.** Balneario de Archena, s/n. ☎ 902 333 222. www.balneariodearchena.com P
Hab. 118: 74/107 €. Cierra del 7 de enero al 1 de febrero. Consultar ofertas.

Arcos de La Frontera (Cádiz)

76 • E-2

A CÁDIZ, 66 KM; MADRID, 584 KM. ALT. 195 M. POB. 31.210. 956 702 264.
GPS (36° 45' 1"N-5° 48' 49"O).

Fiestas: Semana Santa, de Interés Turístico Internacional. Domingo de Resurrección: Toro del Aleluya. 6-7 de mayo: Cruces de Mayo. 5 de agosto: Velada de Ntra. Sra. de las Nieves. Final de septiembre: Feria de S. Miguel. Diciembre: Belén viviente.
Visitar: Basílica de Sta. María, s.s XIII-XIV. Iglesia de S. Pedro s.s XIV-XVIII. Capilla de La Misericordia. Castillo, s XI. Palacio del Mayorazgo: Jardín Andalusí y pinacoteca. Galería de Arte. Centro de Interpretación La Molinera y El Corregidor. Parque Natural de los Alcornocales. Cola del Embalse de Arcos y de Bornos.
Alrededores: Ruta de los Pueblos Blancos: ARCOS, EL BOSQUE, UBRIQUE, GRAZALEMA, ZAHARA, SETENIL, OLVERA, VILLAMARTÍN, BORNOS. Parque Natural del Pinsapar.

Hoteles

***** Los Olivos.** Pº de Boliches, 30. ☎ 956 700 811. www.hotel-losolivos.es P
Hab. 19: 43/80 €. Casa típica andaluza. Céntrico.
***** Parador de Turismo.** Pza. del Cabildo, s/n. ☎ 956 700 500. www.parador.es
Hab. 24: 115/156 €. Colgado sobre la vega del río Guadalete. En el casco antiguo. Restaurante MESÓN DEL CORREGIDOR.

Arenas de San Pedro (Ávila)

39 • B-4

A ÁVILA, 86 KM; MADRID, 135 KM. ALT. 510 M. POB. 7.200. 609 075 246.
GPS (40° 12' 30''N-5° 5' 33"O).

Fiestas: Del 15 al 31 de agosto: Feria de Verano. Del 8 al 10 de septiembre: Virgen del Pilar, Patrona. Del 19 al 22 de octubre: S. Pedro de Alcántara. Carnaval.
Visitar: Conjunto urbano. Castillo Torre Homenaje y Adarve Muralla. Capilla Real y Museo Sacro. Palacio Infante D. Luis Borbón, s. XVIII. Parroquia Ntra. Sra. de La Asunción, s. XIV. Santuario de S. Pedro de Alcántara. Puente medieval. Ermita Cristo Regajales. Parque Regional de la Sierra de Gredos, Paseo fluvial, zona de baño natural, senderismo, montañismo.
Alrededores: Cuevas del Águila, a 9 km. Cuevas del Valle, a 15 km. MOMBELTRÁN, a 9 km: Castillo de Alburquerque. Iglesia, s. XV (retablos). Hospital, s. XVI. CANDELEDA, a 20 km: Conjunto urbano. Castro Celta.

Restaurantes

Mesón del Puente. Ctra. de Candeleda, 13. ☎ 920 370 274. P
Cierra noches excepto viernes y sábado; martes y del 20 de septiembre al 1 de noviembre. Ensalada de queso de cabra templada, cochinillo frito, sorbete. Precio medio 25 €.

Hoteles

***** Hostería los Galayos.** Pza. Condestable Dávalos, 2. ☎ 920 371 379. www.losgalayos.com
Hab. 20: 32/46 €. Restaurante EL BODEGÓN.

Arenys de Mar (Barcelona)

25 • F-4

A BARCELONA, 40 KM; MADRID, 677 KM. ALT. 10 M. POB. 14.627. 937 922 601.
GPS (41° 34' 45''N-2° 33' 1"E).

Fiestas: 9 de Julio: S. Zenón, Fiesta Mayor. 16 de Agosto: Sant Roc, Tradicional "Dansa d'Arenys" y Virgen del Carmen.
Visitar: Iglesia parroquial, s. XVII con retablo barroco del escultor Pau Costa. Bien Cultural de Interés Nacional, cementerio de "Sinera" mito literario de Salvador Espriú con esculturas de Llimona, Mares, Vallmitján. Museo de la Punta Frederic Mares, con una gran colección de encajes y bolillos del s XVIII. Museo Mollfulleda, de mineralogía. Playas.
Alrededores: Torre dels Encantats s. XIII. Edificio Xifre, neoclásico. Puerto Pesquero y Deportivo.

Restaurantes

Hispania. (Ctra. N-II, Madrid-Girona, km 655). Ctra. Real, 54. ☎ 937 910 457. www.restauranthispania.com P
Cierra domingo noche, martes y octubre. La genuina y excelente cocina tradicional que se elabora en esta casa la ha convertido en el indiscutible referente de la mejor culinaria catalana. El elegante nuevo comedor constituye el complemento que hace del Hispania de Paquita y Lolita una inevitable cita para el mejor gourmet. Precio medio 75 €.

Hoteles

****** Castell de l'Oliver.** (En SANT VICENÇ DE MONTALT). Can Milans. ☎ 937 911 529. www.hotelcastelldeloliver.es P
Hab. 7: 142/197 €. Suites: 1. Consultar cierre y ofertas. Masía señorial del año 1619. Rodeada de pinares y encinares. Vistas al mar. Restaurante L'OLIVER PRIVEÉ.

Arévalo (Ávila).

30 • C-3

A ÁVILA, 50 KM; MADRID, 123 KM. ALT. 827,6 M. POB. 8.074. 920 301 380.
GPS (41° 3' 50"N-4° 43' 23"O).

Fiestas: 9 de febrero: Ntra. Sra. de Las Angustias. Finales de abril, principios de mayo: Feria de muestras y antigüedades. 7 de julio: S. Victorino. Festejos taurinos, encierros, etc.
Visitar: Castillo, s. XIV, reedificado en el s. XVI. Arco del Alcocer, mudéjar, acceso medieval al conjunto amurallado. Iglesia de La Lugareja, mudéjar, antiguo monasterio cisterciense, Monumento Nacional; Casa de los Sexmos. Palacios de los Sedeño y Cárdenas. Puentes medievales de Valladolid, Medina y de los Barros. Plazas de la Villa medieval, del Real y del Arrabal. Iglesia de S. Juan, en los muros de la muralla; S. Martín, Monumento Nacional, románico-mudéjar; Sta. María La Mayor, con pinturas románicas en el ábside; de S. Miguel, con un retablo de Marcos Pinilla de 1507; de Sto. Domingo de Silos, torre mudéjar; S. Nicolás. Lagunas la Moraña. Turismo ecológico.

Restaurantes

®**Asador las Cubas.** (Bº Centro). Figones, 11. ☎ 920 300 125.
Cierra noches, segunda quincena de junio y del 23 de diciembre al 2 de enero. Antigua bodega con tinajas en la judería. **Judías blancas, asados castellanos, flan de queso**. Precio medio 30 €.
El Figón de Arévalo. Huerta del Marqués, 2. ☎ 920 301 876. www.elfigondearevalo.com
Cierra martes noche y segunda quincena de junio. Las diez formas de preparar bacalao y los asados castellanos se rematan con postres caseros. Precio medio 28 €.

Argüelles (Asturias) Ver Pola de Siero. 3 • E-3

Arnedillo (La Rioja) 22 • C-1

A LOGROÑO, 61 KM; MADRID, 297 KM. ALT. 654 M. POB. 483. 941 394 226
GPS (42° 12' 43''N-2° 14' 14"O).

Fiestas: 27 de enero: Romería Ermita San Tirso. Julio: Conciertos de Música Clásica. 5 de agosto: Ntra. Sra. de Las Nieves. 23 de octubre: S. Servando y S. Germán. 26 de noviembre: S. Andrés, Procesión del Humo.
Visitar: Iglesia gótica del s. XV, una de las más antiguas de España. Siete ermitas; una mozárabe "Ntra. Sra. de Peñalba" (mirador). Castillo y escudos de armas. Museo Etnográfico Alto Cidacos. Pozas Termales en río Cidacos. Bodegas en roca. El Mirador del Buitre. Recorrido vía verde: Calahorra, Arnedillo.
Alrededores: ENCISO y MUNILLA, a 9 km. Yacimientos de huellas de dinosaurios de hace 100 a 200 millones de años.

Restaurantes

La Fábrica de Harinas. (En ENCISO, a 9 km). Ctra. de Soria, 10. ☎ 941 396 051.
Cierra noches excepto fines de semana, y del 20 de diciembre al 10 de enero. Antigua fábrica de harinas en la ruta de los dinosaurios. Revuelto de hongos con aroma de trufas, jabalí estofado, pastel de la Fábrica. Menú 12 €. Precio medio 25 €.

Hoteles

**** **SPA Arnedillo.** Balneario Joaquín Velasco, s/n. ☎ 941 394 000. www.balnearioarnedillo.com
Hab. 132: 83/178 €. Suites: 4. Piscina termal exterior y con olas. Servicios de estética y balneoterapia.
*** **El Molino del Cidacos.** Ctra. Arnedo, km 14. ☎ 941 394 063. www.pegarrido.com
Hab. 8: 50/102 €. Consultar cierre. Antiguo molino harinero del s. XVII rehabilitado. Ruta de los Dinosaurios. No se permite fumar. Bodega propia de Origen Rioja.

Arnedo (La Rioja) 22 • C-1

A LOGROÑO, 48 KM; MADRID, 309 KM. ALT. 550 M. POB. 14.457. 941 383 988.
GPS (42° 13' 39''N-2° 6' 4"O).

Fiestas: Semana Santa: Procesión del Viernes Santo y subida al Calvario. 8 de septiembre: Virgen de Vico, patronal. Septiembre: Mercado del Kan de Vico. 27 de septiembre: Rosario de la Aurora y Robo de los Santos, Fiesta de Interés Turístico Regional.
Visitar: Mirador del Castillo, de origen árabe. Iglesia de Sto. Tomás: bóveda estrellada del gótico riojano. Iglesia de S. Cosme y S. Damián: Retablo barroco y talla románica de Ntra. Sra. de Vico. Iglesia de Sta. Eulalia, gótico tradicional. Ermita de S. Marcos. Museo de Ciencias Naturales en el Palacio del Arzobispo Argaiz. Puerta del Cinto, s. XIII. Museo del Calzado, en el Centro Cultural de Cajarioja. Localidad importante en la industria del calzado y excelente huerta a orillas del Cidacos. Parque Natural del Cidacos.
Alrededores: Monasterio de Vico. TURRUNCÚN, a 10 km: Fósiles. ENCISO, a 20 km: Centro Paleotológico de la Rioja y yacimientos de huellas de dinosaurios. ARNEDILLO: Pozas de aguas termales y Mirador del Buitre.

Restaurantes

Sopitas. Carrera, 4. ☎ 941 380 266. www.sopitas.es
Cierra domingo noche y martes. Cocina riojana en una antigua bodega. Lechecillas de cordero salteadas con hígado de pato, cabrito asado a la manera tradicional, torrija de pan de brioche a la plancha con helado. Menú 22 €. Precio medio 30 €.
Virrey. (H. VIRREY). Paseo de la Constitución, 27. ☎ 941 380 150. www.hvirrey.com
Cierra domingo noche. Plato de cuchara, cabrito asado, torrija de la abuela. Precio medio 30 €.

Hoteles

*** **Victoria.** Pº Constitución, 97. ☎ 941 380 100. www.hvictoria.com
Hab. 46: 60/100 €. Suites: 2. Trato familiar. En la ruta de los dinosaurios.

Arnuero (Cantabria) 5 • C-3

A SANTANDER, 42 KM; MADRID, 467 KM. ALT. 45 M. POB. 2.122.
GPS (43° 28' 22''N-3° 33' 51"O).

Fiestas: 24 de junio: S. Juan. 29 de junio: S. Pedro. 27 de julio: S. Pantaleón. 11 de agosto: Sta. Filomena. 15 de agosto: Nuestra Señora. 16 de agosto: S. Roque.
Visitar: Municipio de la Comarca de Trasmiera. Observatorio de La Memoria. Molino de Mareas de Sta. Olaya. Iglesia de Arnuero: Retablo plateresco. Torres Medievales. Palacio de los Condes de Isla. Marisma Joyel. Ecoparque de Trasmiera. Ría de Arnuero.
Alrededores: Playas. Parque Natural Marismas Santoña. Iglesias. Torres.

Restaurantes

Palacio de la Peña. (En AJO, a 4 km). (H. PALACIO DE LA PEÑA). Peña, 26. ☎ 942 670 567. www.palaciodelapeña.com
Cierra lunes en invierno. Con 5 habitaciones. En las antiguas caballerizas de una casa-palacio del siglo XVII. Patata y queso sobre crema de setas, foie-gras y huevo escalfado; rodaballo salvaje con inglesa de espárragos, copa de frutas con natillas, mousse de queso y crujiente de almendras. Precio medio 50 €.

Arraitz (Navarra) Ver Pamplona. 12 • E-1

Arriondas (Parres) (Asturias)

4 • B-3

A OVIEDO, 65 KM; MADRID, 426 KM. ALT. 42,6 M. POB. 5.555. 985 841 712.
GPS (43° 23' 17''N-5° 11' 17"O).

Fiestas: 21 al 23 de mayo: Sta. Rita. 15 al 17 de Julio: Virgen del Carmen. Primer fin de semana de agosto: Descenso del Sella.
Visitar: Mirador del Fitu. Paisajes del Suere y Cetín. Turismo Activo y deporte en los Picos de Europa y en el río Sella.
Alrededores: COFIÑO: Iglesia de S. Miguel. Llames de Parres: Capilla de S. Martín de Escoto. Nevares: Torre y palacio de Nevares. Fuentes: Casona Palacio s. XVIII. SINARIEGA: Capilla de S. Cosme y S. Damián, s.s XVIII y XIX.

Restaurantes

Casa Marcial. (En LA SALGAR, a 4 km). La Salgar, 10. ☎ 985 840 991. www.casamarcial.com
Cierra noches de domingo y martes, lunes, del 7 de enero al 1 de febrero, última semana de junio y tercera de septiembre. Nacho Manzano continúa su carrera particular hacia la cima de la culinaria astur, a base de un profundo conocimiento de la tradición, que transforma en deliciosas propuestas muy avanzadas en fondo y forma. Todo ello en un paisaje mágico. Servicio y bodega a tono. Crítica y clientela reconocen su trayectoria ascendente. Menú de nuestra cocina tradicional 44 €. Menú gastronómico de Nacho Manzano 80 €. Menú de platos clásicos 59 €. Precio medio 50 €.
El Corral del Indianu. Avda. de Europa, 14. ☎ 985 841 072. www.elcorraldelindianu.com
Cierra noches de miércoles y domingo, jueves y 15 días en enero. José Antonio Campo Viejo combina tradición y modernidad con recetas delicadas en las que demuestra mucho oficio y conocimiento de las excelentes materias primas con las que trabaja. Bodega y servicio muy cuidados. Menú degustación 75 €. Precio medio 50 €

Hoteles

*** **Arcea Hotel Halcón Palace.** Cofiño-Arriondas-Parres, s/n. ☎ 985 841 312. www.halconpalace.com
Hab. 19: 50/120 €. Suites: 1. Consultar cierre. Palacio del s. XVIII. Bello paraje del Monte Sueve.
*** **Posada del Valle.** (COLLIA-ARRIONDAS). ☎ 985 841 157. www.posadadelvalle.com
Hab. 10: 51/78 €. Suites: 2. Cierra del 1 de noviembre al 31 de marzo. Casona asturiana construida al final del s. XIX. Rodeada de su propia finca ecológica. Ambiente no fumadores. Restaurante sólo para huéspedes.

Arroyo de La Encomienda (Valladolid) Ver Valladolid.

20 • C-4

Artíes (Lleida)

14 • E-2

A LLEIDA, 169 KM; MADRID, 636 KM. ALT. 1.143 M. POB. 371.
GPS (42° 42' 1"N-0° 52' 11"E).

Fiestas: 24 de junio: S. Juan. 25 de junio: Romeria de S. Pelegrí. 25 de julio: Romería de S. Jaime.
Visitar: Torre del Castillo Templario. Iglesia de Sta. María s.s. XI-XII. Monumento Histórico Artístico. Iglesia- Museo de S. Juan. Ermita de S. Quirc. Mirador de la Santeta.
Alrededores: Estación de esquí Baqueira. Lagos de Rius y Colomers.

Restaurantes

Biniarán. Dera Hont, s/n. ☎ 973 641 058. www.biniaran.com
Cierra almuerzos, martes y de Semana Santa a noviembre excepto agosto. Crema de lentejas trufadas con foie-gras y hongos, magret con panceta, ajo y trufa, bizcocho de castañas con frutos del bosque, en un pajar del s. XVIII. Precio medio 36 €.
Casa Irene. (H. CASA IRENE). Mayor, 22. ☎ 973 644 364. www.hotelcasairene.com
Cierra lunes no festivos, mayo y noviembre. En el corazón del valle de Arán, Andrés Vidal ha consolidado esta casa a base de una propuesta culinaria en la que dominan los productos, los sabores y la personalidad de este magnífico entorno aranés. Precio medio 45 €.
®**Eth Taro.** Ctra. de Baqueira, 1. ☎ 973 642 558.
Cierra lunes y mayo. Culinaria actual a partir de la tradición, a un par de kilómetros de las pistas de esquí de Baqueira. Precio medio 35 €.
La Sal Gorda. (Valle de Arán. Frente al Parador de Turismo). Ctra. de Baqueira, 5. ☎ 973 644 531. www.lasalgorda.com
Milhojas de verduras con queso de cabra, lubina a la sal, pañuelo de queso. Menú 20 €. Precio medio 50 €.
Urtau. Pza. Urtau, 12. ☎ 973 640 926. www.urtau.com
Cierra miércoles y de primavera a otoño. Foie-gras micuit al natural con mermelada de tomate y pera, sartén de huevos, patatas y ceps, crumble de manzana a mi manera. Precio medio 40 €.

Hoteles

**** **Casa Irene.** Mayor, 22. ☎ 973 644 364. www.hotelcasairene.com
Hab. 12: 90/250 €. Suites: 10. Consultar cierre. Restaurante CASA IRENE.
**** **Parador de Turismo.** Ctra. a Baqueira, s/n. ☎ 973 640 801. www.parador.es
Hab. 54: 60/150 €. Suites: 3. Consultar ofertas. Construcción típica de montaña. Ubicado en la casa de Gaspar de Portolá, s. XVIII. Restaurante CUINA DE PORTOLÁ.

Astillero, El (Cantabria) Ver Santander

5 • B-3

Astorga (León)

9 • D-4

A LEÓN, 46 KM; MADRID, 325 KM. ALT. 870 M. POB. 12.078. 987 618 222.
GPS (42° 27' 30''N-6° 3' 30"O).

Fiestas: 4 de marzo: Piñata. Semana Santa. 29-30 de julio: Asturromanas. 22 al 28 de agosto: Santa Marta.
Visitar: Catedral de Sta. María, del s. XV, retablo, coro y museo. Palacio Episcopal-Museo de los Caminos: Gaudí. Museo romano. Murallas romanas. Ergástula y cloacas romanas visitables. Restos arqueológicos conservados en el recinto amurallado. Palacio del Ayuntamiento, s. XVII. Conjunto Iglesias: S. Bartolomé, S. Esteban y Sta. Marta. Museo del Chocolate. La Ruta del Oro. La Vía de la Plata.
Alrededores: MONTEALEGRE: Iglesia s. XIII, ruinas. Monasterio Sta. María de Carrizo, s. XII, a 19 km. CASTRILLO DE POLVAZARES, 5 km: Pueblo típico maragato, Patrimonio Histórico. RABANAL DEL CAMINO, 21 km: Iglesia. HOSPITAL DE ÓRBIGO, a 17 km: Puente antiguo. MARAGATERÍA: Minas romanas de oro y artesanía. TURIENZO DE LOS CABALLEROS: Iglesia románica, s. XII.

Restaurantes

Casa Juan Andrés. (En CASTRILLO DE LOS POLVAZARES, a 6 km). Juan José Cano, 16. ☎ 987 691 971. www.casajuanandres.es
Cierra noches excepto agosto, miércoles, enero y febrero. Cocido maragato como especialidad. Bacalao ajoarriero, como alternativa, natillas de postre. Precio medio 20 €.

Casa Maragata. Húsar Tiburcio, 2. ☎ 987 618 880. www.casamaragata.com
Cierra noches, última semana de junio y primera semana de julio. Pza. Padres Redentoristas, 6. ☎ 987 618 118. Cierra noches, martes (excepto festivos y agosto); y de finales de enero a principios de febrero. Todo es maragato, desde la fachada de la casa al cocido que se sirve exclusivamente con natillas de postre. Vinos del Bierzo. Precio medio 20 €.
La Peseta. Pza. San Bartolomé, 3. ☎ 987 617 275. www.restaurantelapeseta.com P
Cierra noches de domingo y martes, 15 días en enero y en octubre. Con 18 habitaciones. Restaurante centenario reformado en 2009. Alubias blancas de La Bañeza con almejas, perdiz estofada, espuma de queso fresco con frambuesas. Menú 11 €. Precio medio 30 €.
Las Termas. Santiago, 1. ☎ 987 602 212.
Cierra lunes excepto festivos y agosto; primera quincena de febrero última semana de junio y primera de julio. Cocido maragato como especialidad. Como alternativa, bacalao y congrio. Postres caseros. Precio medio 24 €.
Serrano. Portería, 2. ☎ 987 617 866. www.restauranteserrano.es
Cierra lunes, segunda quincena de enero y de junio. Garbanzos de pico pardal con pulpo a feira, perdiz con setas y foie-gras, bombón de chocolate de Astorga en texturas. Precio medio 30 €.

Hoteles

*** **Astur Plaza.** Pza. España, 2. ☎ 987 618 900. www.asturplaza.com P
Hab. 37: 98 €. Suites: 5. Consultar ofertas. En el Camino de Santiago.
*** **Monterrey.** A-6, km 333 salida sur y 340 salida norte. ☎ 987 606 611. P
Hab. 22: 29/46 €. Cocina castellana.
*** **Temple Pradorrey.** (En PRADORREY, a 3 km). Ctra. N-VI Madrid-Coruña, km 329 ☎ 987 615 729. www.templehoteles.com P
Hab. 64: 65/75 €. De estilo tradicional castellano.
Casa de Tepa. Santiago, 2. ☎ 987 603 299. www.casadetepa.com P
Hab. 10: 60/100. Suites: 5. Consultar ofertas. Posada Real. Céntrico. Edificio del s. XVIII.

Astún (Huesca) Estación de esquí. Ver Jaca. 13 • D-2

Atienza (Guadalajara) 31 • F-3

A GUADALAJARA, 84 KM. MADRID, 130 KM. ALT. 1.169 M. POB. 490.
GPS (41° 11' 50''N-2° 52' 20"O).

Fiestas: 12 de junio: "La Caballata". Del 19 al 23 de agosto: Fiestas Patronales.
Visitar: Plaza de España. Castillo s. XII. Arco de Arrebatacapas. Murallas. Iglesia de S. Juan, S. Salvador y Sta. María del Rey. Museo-Iglesia de S. Gill, S. Bartolomé, y de la Stma. Trinidad.
Alrededores: CAMPISÁBALOS, a 29 km: Iglesia s.XII. ALBENDIEGO, a 15 km: Iglesia Sta. Coloma. GALVE DE SORBE, a 33 km: Castillo s. XV. SIGÜENZA, a 30 km.

Restaurantes

El Mirador. (H. HOSPEDERÍA EL MIRADOR). Barruelo, s/n. ☎ 949 399 038. P
Espárragos trigueros sobre queso de cabra, lomitos de cordero a baja temperatura con puré de ajos, cremoso de café y salsa toffe. Precio medio 28 €.

Atxondo, Valle de (Vizcaya) Ver Durango. 6 • A-4

Ávila 39 • D-2

A MADRID, 111 KM. ALT. 1.127 M. POB. 60.000. 920 211 387.
GPS (40° 39' 22''N-4° 42' 6"O).

Fiestas: Semana Santa: Procesión del Vía Crucis, que recorre la muralla en la madrugada del Viernes Santo, de Interés Turístico Nacional. 2 de mayo: S. Segundo, patrón. Tercer sábado de junio: Ronda de las Leyendas. Del 7 al 22 de julio: Fiestas de verano. Primer fin de semana de septiembre: Mercado Medieval. 15 de octubre: Fiestas de Sta. Teresa.
Visitar: Las Murallas, construidas en el s. XII, con materiales romanos, en perfecto estado de conservación. Cuarnecidas por 88 torres de granito. Accesibles a través de nueve puertas, de las que destacan las del **Alcázar** y **S. Vicente**.
La **Catedral**, iglesia y fortaleza. Es protogótica y gótica. Comenzó a construirse a finales del s. XII y quedó term nada en el XIV. El interior, de tres naves muy alargadas, utiliza haces de pilares cilíndricos (antes que París o León), bello ejemplo de gótico. En la capilla mayor hay un retablo pintado por Berruguete, Sta. Cruz y Juan de Borgoña. Es muy apreciable la sillería del coro. En la Sacristía, altar de alabastro que se atribuye a Zarza y Villoldo. En el Museo Catedralicio, varias obras de gran valor, destacando una custodia de plata del XVI de Juan de Arfe y un cáliz italiano del XIV. En la monumental giro a tras la capilla mayor está el túmulo funerario del obispo Alonso de Madrigal (El Tostado), de Vasco de Zarza, del s. XVI y otro sepulcro episcopal del s. XIII. Destaca la capilla del cardenal Quiroga, con una bella reja plateresca. En el exterior de la Catedral es destacable la portada de los Apóstoles, s. XIII.
Basílica de S. Vicente, sobre planta románica con cubierta protogótica, s. XII al XV. En el interior destacan el sepulcro de S. Vicente y sus hermanas y una cripta románica con varios retablos barrocos. **Iglesias de S. Pedro**, comenzada en el XII en románico y acabada en gótico en el XIII. Con un bello retablo plateresco y otros barrocos. **S. Andrés**, románica, de principios del s. XII, con magnífica colección de capiteles en su interior. **Capilla de Mosén Rubí de Bracamonte**. En su interior, el Cristo de las Batallas, pequeña talla policromada de principios del XV. **Iglesias de S. Juan**, de finales del XV, contiene la pila bautismal en la que fue bautizada Sta. Teresa. **S. Nicolás**, de estilo románico el exterior y yeserías barrocas en su interior. **Santiago**, de estilo gótico-ojival, con una torre del XIV, una portada renacentista y un retablo mayor de comienzos del XV. **Capilla de S. Martín**, reconstruida en 1705, con bella torre mudéjar y pintura flamenca de S. Martín. **Ermita de S. Segundo**, dedicada al primer obispo de Ávila, románico de comienzos del s. XII, pero remozada en el XVI. Con una escultura de Juan de Juni.
De entre los **conventos y monasterios** destacan: el **de Sto. Tomás**, antigua Universidad y residencia de verano de los Reyes Católicos, con una iglesia del último gótico, obra de Martín de Solórzano. En el interior conserva un retablo de Pedro de Berruguete. El **de la Encarnación**, donde tomó los hábitos Sta. Teresa. El **de S. José** fue su primera fundación, Museo Teresiano, de estilo herreriano, s. XVII, alberga un retablo de Francisco Rizi. El que lleva su nombre (Sta. Teresa) se construyó en 1636, sobre la casa natal de Teresa de Jesús. Su iglesia, de estilo barroco, guarda diversas obras de arte, sobresaliendo un Cristo en la columna de Gregorio Fernández. **Convento de S. Antonio**, con la capilla de la Portería, obra de Pedro de Ribera.
Por lo que se refiere a la arquitectura civil, destacan la Casa de los Deanes, mansión señorial renacentista del s. XVI, que alberga el Museo Provincial y las Casas de los Dávilas, edificadas entre los s.s XIII y XVII. Visitas teatralizadas a las Murallas. Descubra la ciudad con los niños a través de un recorrido por sus calles.
Alrededores: Próximos están los Cuatro Postes, una cruz con cuatro columnas con una espléndida vista de la ciudad y las murallas. Destacan los palacios: Verdugo, Águila, Núnez Vela y Velada. Centro de Congresos y Exposiciones.

Restaurantes

®**Barbacana.** Pza. Santa Teresa, 8. ☎ 920 220 011. www.restaurantebarbacana.com
Cierra domingo noche, lunes y del 7 de enero al 10 de febrero. Se mantiene la calidad de la cocina con el nuevo jefe de la misma. **Tempura de verduras, solomillo de avileño, chocolate, avellanas y maracuyá**. Precio medio 32 €. Anexo un tapas-bar a precios más ajustados.
Doña Guiomar. (Bº Centro). Tomás Luis de Victoria, 3. ☎ 920 253 709.
Cierra domingo noche. Mollejas de avileño, chuletón, cremoso de queso. Precio medio 40 €.
El Almacén. Ctra. de Salamanca, 6. ☎ 920 254 455.
Cierra domingo noche, lunes y septiembre. Antiguo almacén del s. XVIII con decoración minimalista frente a la muralla.

Julio Delgado aconseja a los clientes los vinos y la oferta que su esposa elabora en la cocina con buena mano. **Risotto de atún, lomo de buey a la mostaza, espuma de cuajada con miel de naranjo**. Bonita terraza ajardinada en verano con vistas a la muralla. Precio medio 35 €.

El Rincón del Jabugo. (Bº Centro). (H. SAN SEGUNDO). San Segundo, 28. ☎ 920 252 590. www.hsansegundo.com
Cierra martes. Con 14 habitaciones. Cocina tradicional en un edificio del s. XIX. Jamón y embutidos ibéricos, cochinillo de Arévalo, tarta de queso. Precio medio 30 €.

La Pera Limonera. Pza. Mosén Rubí, 5. ☎ 920 250 472. www.laperalimonera.com.es
Cierra domingo noche y lunes. Edificio del s. XIX. Salteado de cigalas con verduras de temporada, arroz meloso de pollo de corral y secreto ibérico, tarta fina de manzana con helado de vainilla. Precio medio 40 €.

Mesón el Rastro. (Casco Antiguo). Pza. del Rastro, 1. ☎ 920 211 218.
Cierra noches de domingo a miércoles. Con 15 habitaciones. Caserón adosado a la muralla junto al arco del Rastro. Judías del Barco con chorizo y oreja, chuletón de ternera del valle de Amblés a la plancha, natillas. Menú 12 €. Precio medio 36 €.

Hoteles

***** **Fontecruz Ávila Golf.** Ctra. antigua de Cebreros, km 3. ☎ 920 359 200. www.avilagolfhotel.com
Hab. 64: 100/195 €. Suites: 10. Restaurante ZELAI.

**** **Gran Hotel Palacio Valderrábanos.** Pza. de la Catedral, 9. ☎ 920 211 023. www.palaciovalderrabanoshotel.com
Hab. 72: 49/189 €. Suites: 1. Restaurante EL FOGÓN DE SANTA TERESA.

**** **Palacio de los Velada.** Pza. Catedral, 10. ☎ 920 255 100. www.veladahoteles.com
Hab. 144: 85/332 €. Suites: 1. Céntrico. Palacio del s. XVI remodelado. Frente a la Catedral. Restaurante EL TOSTADO.

**** **Parador de Turismo.** Marqués de Canales y Chozas, 2. ☎ 920 211 340. www.parador.es
Hab. 61: 107/145 €. Suites: 2. Consultar ofertas. Instalado en el antiguo palacio de Piedras Albas, del s. XVI. Espléndido jardín y adosado a las murallas con restos arqueológicos en su interior. Cocina tradicional.

**** **Reina Isabel.** Pº de la Estación, 17. ☎ 920 251 022. www.reinaisabel.com
Hab. 60: 80/138 €. Suites: 2. Situado en el centro urbano y cercano al casco histórico.

*** **Las Leyendas.** Francisco Gallego, 3. ☎ 920 224 828. www.lasleyendas.es
Hab. 19: 39/89 €. Consultar ofertas. Casona del s. XVI. Céntrico. Retaurante LA BRUJA, cocina tradicional e innovadora.

Avilés (Asturias)

3 • D-2

A OVIEDO, 28 KM; MADRID, 481 KM. ALT. 8 M. POB. 84.182. 985 544 325.
GPS (43° 33' 20''N-5° 55' 44"O).

Fiestas: Febrero: Carnaval o Antroxu, de Interés Turístico Regional. Semana Santa, de Interés Turístico Regional. 25 de abril: El Bollo, de Interés Turístico Nacional. Julio: Festival Intercéltico, de Interés Turístico Regional. Agosto: Fiesta patronal de S. Agustín.
Visitar: Casco Histórico, declarado Conjunto Histórico-Artístico Monumental en 1955. Destacan las calles de Galiana, La Ferrería, (todas ellas soportaladas) y las del medieval barrio de Sabugo. Iglesias de: Los P.P. Franciscanos, románica del s. XII, que alberga capillas, gótica y barroca, y mausoleo donde descansan los restos de Pedro Menéndez de Avilés, fundador de S. Agustín de la Florida. Capilla de Los Alas, s. XIV. S. Nicolás de Bari, s.s XII-XIII. Iglesia Vieja de Sabugo. Fuente de los Caños de S. Francisco. Palacios: de Ferrera, Valdecarzana, gótico del s. XIV. Camposagrado, barroco s. XVII. Palacio Municipal y de Llano Ponte. Parque Ferrara.
Alrededores: Cabo Peñas: Senda costera. Playa de Salinas, donde se ubica el museo de Anclas al aire libre.

Restaurantes

Casa Moisés (Sidrería). Muralla, 4. ☎ 985 526 000. www.casamoises.com
Típica sidrería ubicada sobre los restos de la muralla medieval. Pescados y mariscos. Angula y arcea en temporada. Precio medio 35 €.

®**Casa Tataguyo.** Pza. Carbayedo, 6. ☎ 985 564 815. www.tataguyo.com
Cierra del 15 de abril al 15 de mayo. Sabrosos guisos muy bien condimentados, sin olvidar un excelente surtido de **pescados** de la rula local que en elaboraciones **al horno** muestran todo su esplendor. Menú 20 €. Precio medio 45 €.

Jose's. Fueros de Avilés, 9. ☎ 985 545 122. www.joses.es
Cierra domingo noche, lunes y julio. Ambiente clásico y cocina tradicional. Verdinas con almejas, Virrey al horno, hojaldre con crema pastelera y compota de manzana. Precio medio 25€.

☼ **Koldo Miranda.** (CASTRILLÓN, a 3 km). (Autovía A-8, salida 415, Grado-Avilés Oeste). Avda. del Campo, 20. ☎ 985 511 446. www.restaurantekoldomiranda.com
Cierra domingo noche y lunes. Cocina de estilo contemporáneo interpretada de modo atrevido pero con criterio. Koldo Miranda incorpora con mesura, ingredientes foráneos. **Tiradito de invierno, pez mantequilla, remolacha y castaña; afuega'l pitu, tierra, manzana y sidra**. Precio medio 40 €.

☼☼ **Real Balneario.** (En SALINAS, a 5 km). Juan Sitges, 3. ☎ 985 518 613. www.restaurantebalneario.com
Cierra domingo noche, lunes y del 7 de enero al 7 de febrero. Los Loya ofrecen en su bello restorán, sobre la arena de la playa de Salinas, una depurada cocina tradicional con toques de actualidad, en la que **pescados** y **mariscos** tienen un destacado protagonismo, siguiendo la ya legendaria tradición familiar. Menú de los Fogones de Fomento de la Cocina Asturiana, 29 €. Menú degustación, 55 €. Menú gourmet, 107 €. Precio medio 60 €.

Hoteles

***** **NH Palacio de Ferrera.** Pza. de España, 9. ☎ 985 129 080. www.nh-hotels.com
Hab. 74: 76/281 €. Suites: 4. Situado en el centro Histórico-Monumental de Avilés. Ocupa un emblemático edificio de finales del s. XVII. Magnífica restauración. Restaurante LA CAPILLA.

**** **Silken Villa de Avilés.** Prado, 3. ☎ 985 526 116. www.hotelvilladeaviles.com
Hab. 68: 60/155 €. Suites: 3. Consultar ofertas. Próximo al centro histórico. Restaurante EL GALEOTE.

*** **El Magistral de Avilés.** Llano Ponte, 4. ☎ 902 305 902. www.magistralhoteles.com
Hab. 26: 50/180 €. Consultar ofertas. Céntrico. Restaurante ON.

*** **Luzana.** La Fruta, 9. ☎ 985 565 840. www.hotelluzana.es
Hab. 69: 50/120 €. Suites: 5. Consultar ofertas.

Avinyonet de Puigventós (Girona) Ver Figueres.

16 • B-4

Ayamonte (Huelva)

70 • C-3

A HUELVA, 60 KM; MADRID, 684 KM. ALT. 49 M. POB. 19.738.
GPS (37° 12' 51''N-7° 24' 40"O).

Fiestas: Cabalgata de Reyes Magos. Carnavales. Semana Santa. Primera semana de mayo: Romería de la Cruz. Romería María Auxiliadora. Junio: Fiestas en honor a S. Antonio y a María Auxiliadora. Julio: Fiestas del Carmen. Agosto: Fiestas del Salvador. 7 de septiembre: Ofrenda floral a la Virgen de Las Angustias, patrona de la ciudad. 8 de septiembre: Procesión de la Patrona. 13 de noviembre: S. Diego de Alcalá, patrón.
Visitar: Templos de S. Francisco, artesonado mudéjar y de La Merced, s. XVIII, retablo barroco. Parroquias Ntra. Sra. de Las Angustias, artesonado mudéjar y retablo de El Salvador, s. XIII. Capilla de S. Antonio, s. XVI. Parador Nacional, sobre las ruinas de un castillo árabe. Estudio Museo de los pintores Florencio Aguilera, Ángel Guerrero «D'Esury», Rafael Oliva. Centro cultural Casa Grande, construida en 1745. Museos: Cofrade, de la Soledad y de Buena Muerte. Ecomuseo Parque Prudencio Navarro. Puerto Deportivo. Playas. Marismas del rio Piedra. Vía Verde Litoral.
Alrededores: Torre Almenera del s. XVII en ISLA CANELA. Playa de Isla Canela y Punta del Moral. Mausoleo romano del s. IV en Punta del Moral. Vistas panorámicas desde el Parador Nacional y accesos del Puente Internacional de Ayamonte.

Restaurantes

Casa Luciano. La Palma del Condado, 1. ☎ 959 471 071. www.casaluciano.com
Cierra domingo y segunda quincena de enero. Mariscos de la costa, chacinas ibéricas, raya en pimentón, tocino de cielo. Precio medio 25 €.

Hoteles

**** **Iberostar Isla Canela.** Punta del Moral. Avda. de la Mojarra, s/n. ☎ 959 479 565. www.iberostar.com
Hab. 295: 165/315 €. Apartamentos: 101. Suites: 5. Consultar cierre y ofertas. Restaurante AYAMONTE.
**** **Parador de Turismo.** Avda. de la Constitución, s/n. ☎ 959 320 700. www.parador.es
Hab. 52: 84/138 €. Suites: 2. Consultar ofertas. Renovado. Situación privilegiada en la desembocadura del Guadiana. Restaurante FLUVIUS ANAES, con pescados y mariscos de la zona y embutidos de la sierra.
**** **Vincci Selección Canela Golf.** Golf Norte, s/n. Campo de Golf Isla Canela, s/n. ☎ 959 477 830. www.vinccihoteles.com
Hab. 56: 50/232 €. Suites: 2. Consultar ofertas y admisión de perros. Inspirado en las quintas portuguesas y casas palaciegas del s. XVIII. Restaurante LA ALACENA

Ayora (Valencia)

59 • F-2

A VALENCIA, 130 KM; MADRID, 364,7 KM. ALT. 634 M. POB. 5.444.
GPS (39° 3' 28"N-1° 3' 33"O).

Fiestas: Segundo lunes de enero: Santo Ángel Tutelar de la Villa. Del 8 al 15 de agosto: Fiesta de Agosto, Virgen de la Asunción. 30 de noviembre: S. Andrés, patrón.
Visitar: Castillo de Ayora. La Lonja. Iglesias: Ntra. Sra. de la Asunción; Sta. María Mayor. Convento de S. Francisco. Sierra de Palomera. La Hunde.
Alrededores: Castellar de Meca, poblado ibérico.

Restaurantes

Restaurante 77. Virgen del Rosario, 64. ☎ 962 191 315. www.restaurante77.com
Cierra martes, segunda quincena de enero y de septiembre. Carta en clave de tradición. Alubias estofadas con perdiz, entrecot de buey, crema de caramelo. Menú 20 €. Precio medio 27 €.

Badajoz

A MADRID, 401 KM. ALT. 188 M. POB. 148.334. 924 224 981.
GPS (38° 52' 21''N-6° 58' 27"O).

55 • B-3

Fiestas: Carnavales. Semana Santa. 3 de mayo: Romería de Bótoa. 15 de mayo: S. Isidro Labrador. Del 19 al 27 de junio: Ferias de S. Juan. Finales de septiembre: "Al-Mossassa Batalyaws" conmemoración de la fundación árabe de la ciudad.
Visitar: **Alcazaba**, musulmana, sus murallas son parte de los ss. IX-XII, almohade. De sus torres adosadas destaca la albarrana llamada de **La Atalaya**. Rematada por un cuerpo mudéjar de ladrillos, del s. XVI. Conserva en parte sus murallas de finales del s. XVII y el sistema de fortificación abaluartado, s.s XVII-XVIII. De sus puertas destaca "La de Palmas". De ella arranca el Puente de Palmas. **La Catedral** se comenzó a mediados del s. XIII. En la segunda mitad del s. XV se completa la traza general del templo y en el XVI se adosan las capillas laterales. En la capilla mayor hay un bello retablo barroco, s. XVII. La sillería del coro es plateresco, obra de Jerónimo de Valencia. **La Plaza Alta**, s.s XVII-XVIII. **Plaza de S. José**, con antiguas casas mudéjares. Museo de la ciudad "Luis de Morales". Museo Provincial de Bellas Artes, con cuadros de Zurbarán, Covarsi, Felipe Checa y abundante representación de los s.s XIX-XX. Museo Arqueológico Provincial, con abundantes muestras de la prehistoria extremeña, de la cultura ibérico-tartésica, romana, visigoda y árabe Buena colección de numismática. Museo Iberoamericano de Arte Contemporáneo. Museo de la Catedral, con tablas de Luis Morales. Convento de Nuestra Señora de la Merced, conocido popularmente como "Las Descalzas". Convento de las Madres Adoratrices. Gran Casino de Extremadura. Parque acuático "Lusiberia".
Alrededores: Parque Natural de Cornalvo. OLIVENZA, a 26 km: Castillo del s. XIV y Museo Etnográfico; iglesias de Sta. María, estilo manuelino y de La Magdalena. Casa de la Misericordia. ALBURQUERQUE, a 44 km: Castillo de Luna del s. XIII, iglesia de Sta. María, XVI y S. Mateo, s.s XVI-XVII y Barrio medieval. ELVAS, a 19 km: Acueducto da Amoreira, s. XVI; Museo Militar El Fuerte.

Restaurantes

Aldebarán. (Urb. Guadiana). Avda. de Elvas, 20. ☎ 924 274 261. www.restaurantealdebaran.com
❄ P
Cierra lunes noche, domingo y 15 días en agosto. Cocina de mercado con base en el producto local de la mano de Fernando Bárcena. **Raviolis de setas e hígado de cabrito, solomillo de retinto con crema de alubias, torrija de naranja.** Precio medio 40 €.
El Sigar. (C. C. Huerta Rosales). Avda. Luis Movilla, 12. ☎ 924 256 468. ❄
Cierra domingo en julio y agosto; domingo noche, una semana en febrero y en septiembre. Revuelto de ortiguillas con aceite de salmorejo y jamón, costillar de cordero merino asado sobre puré de trufas, salpicón de frutas con helado de maracuyá y dulce de leche. Precio medio 28 €.
Hebe. (Urb. Jardines del Guadiana). Julio Cienfuegos Linares, 17. ☎ 924 271 700. www.heberestaurante.com
❄
Cierra domingo y del 13 al 21 de agosto. Tataki de solomillo ibérico con ajo blanco, cochinillo confitado con puré de yuca, bizcocho de limón con salsa toffee y helado de vainilla. Precio medio 32 €.
La Toja. Sánchez de la Rocha, 8. ☎ 924 275 430. www.restaurantelatoja.com ❄ P
Cierra noches de domingo y 15 días en agosto. Recetas y productos gallegos. Pulpo a la gallega, merluza encebollada, tarta de requesón. Precio medio sin marisco 35 €.
Lugaris. Avda. Adolfo Díaz Ambrona, 44. ☎ 924 274 540. www.restuarantelugaris.es ❄
Cierra domingo noche y primera quincena de agosto. Crujiente de crema de queso y gambas, bacalao con alioli gratinado, milhojas de tocinillo de cielo con bizcocho borracho. Precio medio 36 €.

Hoteles

***** **NH Gran Hotel Casino Extremadura.** Avda. Adolfo Díaz Ambrona, 11. ☎ 924 284 402. www.nh-hotels.com
❄ P
Hab. 58: 75/230 €. Suites: 2. Consultar ofertas. Edificio de nueva construcción. Situado en el margen derecho del río Guadiana. Próximo al centro histórico. Forma parte del complejo del casino. Restaurante MIRADOR DEL GUADIANA.
**** **AC Badajoz.** Avda. Elvas, s/n. (Urb. Jardines del Guadiana). ☎ 924 286 247. www.ac-hotels.com ❄ P
Hab. 106: 60/184 €. Suites: 4. Próximo al Puente Real. Fitness Center gratuito.
**** **Badajoz Center.** Avda. Damián Téllez Lafuente, 15. ☎ 924 212 000. www.hotelescenter.com
❄ P
Hab. 88: 50/295 €. Suites: 2. De nueva construcción. Céntrico. Restaurante LA TORRE.
**** **Gran Hotel Husa Zurbarán.** Gómez de Solis, 1. ☎ 924 001 400. www.husa.es ❄ P
Hab. 213: 58/206 €. Suites: 7. Situado en el centro social, cultural y comercial. Restaurante LOS MONJES.
**** **Las Bóvedas.** Autovía Madrid-Lisboa, km 405,7. ☎ 924 286 035. ❄ P
Hab. 54: 54 €. Suites: 2. Próximo a Portugal.
*** **Río Badajoz.** Avda. Adolfo Díaz Ambrona, 13. ☎ 924 272 600. www.gruporiodehoteles.com
❄ P
Hab. 101: 58/123 €. Suites: 2. Céntrico junto al Guadiana. Restaurante LA ALACENA.

Baena (Córdoba)

A CÓRDOBA, 54 KM; MADRID, 407,5 KM. ALT. 401 M. POB. 21.000. 957 671 757.
GPS (37° 36' 50''N-4° 19' 40"O).

72 • F-2

Fiestas: 18-19 de marzo: S. José. Semana Santa, (con la imagen de los judíos Colinegros y Coliblancos) de Interés Turístico Nacional. 7-8 de septiembre: Virgen de Guadalupe (Verbena, procesión y fuegos artificiales). 13-14 de septiembre: Fiesta de Ntro. Padre Jesús Nazareno (solemne procesión). 2-3 de octubre: Feria Real.
Visitar: Iglesias: Sta. María La Mayor, s. XVII. Ntra. Sra. de Guadalupe, del s. XVI; S. Bartolomé, s. XV. Convento Madre de Dios, s. XVI. Torre del Sol. Conjunto Histórico de la Almedina (con restos del castillo, murallas, arcos...). Museo Histórico. Museo del Olivar y el Aceite. Laguna de la Quinta y del Rincón del Muerto. La Cueva del Yeso. Embalse de Vadomojón.
Alrededores: CASTRO DEL RÍO, a 18 km: Villa Cervantina. ZUHEROS, a 8 km: Pueblo (BIC). Cueva de los Murciélagos. CABRA, a 26 km: Ciudad Histórica. PRIEGO DE CÓRDOBA: Cuna del Barroco.

Hoteles

*** **La Casa Grande Baena.** Avda. de Cervantes, 35. ☎ 957 671 905. www.lacasagrande.es ❄ P
Hab. 35: 50/110 €. Suites: 3. Aceite de oliva virgen propio, base de la cocina.

Baeza (Jaén)

A JAÉN, 48 KM; MADRID, 321 KM. ALT. 790 M. POB. 16.253. 953 779 982.
GPS (37° 59' 35''N-3° 28' 15"O).

65 • D-4

Fiestas: Semana Santa, de Interés Turístico Nacional. Corpus Christi. 1-2 de mayo: Cruces de Mayo. 3 de julio: Conmemoración Patrimonio de La Humanidad. Del 11 al 15 de agosto: Virgen del Alcázar. Primer sábado de septiembre: Romería de La Yedra. 29 de noviembre: Reales Fiestas del Concejo.
Visitar: Ciudad declarada Patrimonio de la Humanidad. Conserva restos de su antigua muralla como La Puerta de Jaén, la de Úbeda y la Torre de los Aliatares. Numerosos edificios civiles como las Casas Consistoriales Altas, el Palacio de Jabalquinto y el de los Salcedos, gótico; la Alhóndiga, el Pósito, la Antigua Carnicería, Audiencia Civil y Escribanías, Universidad y Ayuntamiento, todas del Renacimiento. Edificios religiosos como la Catedral y las Iglesias de: S. Pablo, S. Andrés, ruinas del Convento de S. Francisco, los Trinitarios Descalzos, S. Ignacio y los Conventos de La Encarnación y La Magdalena. Iglesia de Sta. Cruz, única iglesia románica en Andalucía. Fuentes de los Leones y de Sta. María. Casas solariegas. Centro de Interpretación de la Baeza Medieval. La Laguna.
Alrededores: CANENA, a 12 km: Castillo renacentista. IBROS, a 5 km: Iglesia del s. XVI. JIMENA: Cueva de la Graja. ÚBEDA, a 9 km. SABIOTE: Castillo Renacentista, a 17 km.

Restaurantes

Juanito. (H. JUANITO). Avda. Puche Pardo, s/n. ☎ 953 740 040. www.juanitobaeza.com
Cierra noches de domingo y lunes, y del 1 al 20 de julio. La familia Salcedo está enamorada del aceite de oliva virgen que elabora y es base de toda su oferta. **Gazpacho y salmorejo, cabrito asado con aceite de oliva virgen extra Viana,** los postres de Luisa. Precio medio 35 €.
Nuevo Vandelvira. (H. PALACIO DE LOS SALCEDO). San Pablo, 20. ☎ 953 748 172. www.vandelvira.com
En el antiguo palacio de los Salcedo. Cocina local actualizada. Espinacas a la jienense, bacalao a la baezana, sopa de gachas con helado de canela. Menú 20 €. Precio medio 30 €.
Taberna el Pájaro. (Bº Centro) Portales Tundidores, 5. ☎ 953 744 348. www.tabernaelpajaro.com
Cierra lunes excepto festivos; y julio. Alcachofas fritas, bacalao, crema quemada. Precio medio 30 €.

Hoteles

**** **Palacio de los Salcedo.** San Pablo, 18. ☎ 953 747 200. www.palaciodelossalcedo.com
Hab. 27: 45/118 €. Suites: 3. Consultar ofertas. Palacio renacentista del s. XVI. Céntrico. Restaurante VANDELVIRA.
**** **Puerta de la Luna.** Canónigo Melgares Raya, 7. ☎ 953 747 019. www.hotelpuertadelaluna.com
Hab. 44: 75/175 €. Suites: 5. Consultar ofertas. Palacete del s. XVI. Restaurante LA PINTADA.
*** **Juanito.** Avda. Puche Pardo, s/n. ☎ 953 740 040. www.juanitobaeza.com
Hab. 35: 40/56 €. Suites: 2. Consultar cierre. Delicioso desayuno con aceite de nuestra almazara.
*** **TRH Baeza.** Concepción, 3. ☎ 953 748 130. www.trhhoteles.com
Hab. 84: 40/129 €. Suites: 3. Consultar ofertas. Céntrico, próximo al casco antiguo. Construido sobre el patio de un convento del s. XVI. Reformado en 2010. Restaurantes SEÑORÍO DE BAEZA y RENACIMIENTO.

Bagergue (Lleida) Ver Salardú. — 14 • E-2

Baiña (Pontevedra) Ver Baiona. — 17 • C-1

Baiona/Bayona (Pontevedra) — 17 • C-1

A PONTEVEDRA, 53 KM; MADRID, 607 KM. ALT. 0-632 M. POB. 12.637. ℹ 986 687 067
GPS (42° 7' 4"N-8° 51' 3"O).

Fiestas: Del 5 al 6 de marzo: «Arribada de La Carabela Pinta». Semana Santa. 16 de julio: Virgen del Carmen. 20 de julio: Santa Liberata. 6-7 de agosto: Virgen de la Anunciada. 28 de agosto: Virgen de la Roca. 26 de septiembre: Romería de S. Cosme y S. Damián.
Visitar: Casco Histórico, Conjunto de Interés Histórico Artístico. Ex-Colegiata de Sta. María, s. XII, románica de transición. Crucero Santísima Trinidad, s. XV. Museo de La réplica de La Carabela Pinta. Mirador de la Virgen de la Roca. Puente románico, s. XII. Miradores de O Cortelliño y Chanda Lagoa. Fortaleza de Monterreal, s.s IX-XVIII. Recinto amurallado de 3 Km. Paseos: Monteboi y Marítimo. Senda fluvial Molino de Baredo. Estación rupestre. Senderismo. Gira Marítima por la Bahía de Baiona.
Alrededores: Monasterio cisterciense de Sta. María de Oia, s. XII. Islas Cíes en el Parque Nacional Islas Atlánticas. GONDOMAR: Pazos. TUI: Catedral, casco histórico. A GUARDA: Monte Tecla (poblado celta). NIGRAN: Playa América.

Restaurantes

Moscón. Alférez Barreiro, 2. ☎ 986 355 008. www.restaurantemoscon.com
Almejas con fideos, pescados a la parrilla, tarta de almendras. Pecio medio 40 €.
Paco Durán. (En BAIÑA, a 4 km). Louzans-Iglesia, 60. ☎ 986 355 017.
Buenas vistas sobre la bahía. Mariscos, pescados a la brasa, filloas. Precio medio 30 €.

Hoteles

**** **Parador de Turismo Conde de Gondomar.** Península de Monterreal, s/n. ☎ 986 355 000. www.parador.es
Hab. 122: 169/205 €. Suites: 5. Consultar ofertas. Antigua fortaleza que se alza como impresionante mirador sobre el océano y las islas Cíes, en un recinto amurallado protegido por el mar. Restaurante TORRE DEL PRÍNCIPE.
**** **Talaso Atlántico.** (En OIA, a 5 km). As Mariñas, s/n. ☎ 986 385 090. www.talasoatlantico.com
Hab. 70: 87/180 €. Suites: 1. Consultar ofertas. Exclusivo centro de talasoterapia.
*** **Bahía Bayona.** Avda. Santa Marta, 13. ☎ 986 385 004. www.hotelbahiabayona.com
Hab. 87: 62/124 €. Suites: 2. Consultar ofertas. Próximo a las playas Santa Marta y Ladeira. Vistas a la Bahía. Restaurante LOS ARCOS.

Bakio/Baquio (Vizcaya) — 5 • F-3

A BILBAO, 30 KM; MADRID, 421 KM. ALT. 2 M. POB. 2.313. ℹ 946 193 395.
GPS (43° 25' 42''N-2° 48' 28"O).

Fiestas: 19 de marzo: S. José. 15 de agosto: Andra Mari. Del 22 al 31 de agosto: S. Joan Dolozak, patronales.
Visitar: Parroquia Andra Mari, s. XVI. Ermita de S. Pelaio, s. XII. Palacios de Ormaza y Elexpuru. Mirador de Asilada. Playas, calas y paseos. Surf. Rutas.
Alrededores: S. Juan de Gaztelugatxe. Cabo de Matxitxaco. ARMINTZA. BERMEO.

Restaurantes

Gotzon. Luzarragako bidea, 2. ☎ 946 194 043. www.bakio.com
Cierra noches de marzo a junio, lunes, diciembre y enero. Frente a la playa. Mariscos y verduras de temporada, chipirón encebollado, helado de regaliz. Menú 15 €. Precio medio 35 €.

Balaguer (Lleida) — 24 • D-3

A LLEIDA, 28 KM; MADRID, 512 KM. ALT. 233 M. POB. 16.779. ℹ 973 445 194.
GPS (41° 47' 22''N-0° 48' 15"E).

Fiestas: Del 2 al 4 de abril: Viu la Passió. Del 30 de abril al 2 de mayo: Feria. 10-11 de julio: Transsegre. Del 6 al 9 de noviembre: Fiestas del Sto. Cristo.
Visitar: Museo de la Noguera: Restos de la época califal y objetos atauriques, s. XI. Ruinas del castillo de los Condes de Urgel. Iglesia de Sta. María, s.s XIV-XVI. Claustro de St. Domenec, en el convento homónimo, gótico, s. XIV. Murallas en el casco antiguo, con pasarela, rodeando la parte vieja, situada en la margen del río Segre. Santuario de Stc. Cristo,

conserva un Cristo de Balaguer, talla de los s.s XV-XVI. Parque Arqueológico del Pla d'Almata. Castillo Formós. Senderismo. Rutas turísticas.
Alrededores: Monasterio de las Avellanes, a 12 km.

Restaurantes

®**La Solana de Foradada.** (En FORADADA, a 16 km). Major, 4. ☎ 973 400 709. www.lasolanaforadada.com
Cierra domingo noche, lunes no festivos, y segunda quincena de febrero. Cocina de trazos modernos en el espacio confortable y acogedor de un caserón de la comarca de la Noguera. Menú 20 €. Precio medio 32 €.

Hoteles

*** **Monestir de les Avellanes.** (En OS DE BALAGUER). Ctra. C-12, km 181. ☎ 973 438 006. www.monestirdelesavellanes.com P
Hab. 37: 55/93 €. Consultar cierre y ofertas. Complejo rodeado de jardines y bosques. Monasterio del s. XII, declarado Monumento Histórico-Artístico de Interés Nacional. Restaurante EL CLAUSTRO.

Baleares, Islas Ver apartado correspondiente, a partir de la página 244.

Banyoles (Girona) Ver Girona. 26 • A-1

Bañeza, La (León) 19 • D-1

A LEÓN, 49 KM; MADRID, 299 KM. ALT. 771 M. POB. 11.057. 987 656 737.
GPS (42° 17' 58''N-5° 53' 57"O).

Fiestas: Del 12 al 17 de febrero: Carnaval, de Interés Turístico Regional. Semana Santa. Del 6 al 16 de agosto: Ntra. Sra. de La Asunción y S. Roque.
Visitar: Iglesia del Salvador, s. X. Iglesia de Sta. María, s. XVI: Piedad de Gregorio Fernández. Capilla de Jesús Nazareno: Museo Imaginero con un Nazareno de Luis Salvador. Capilla de las Angustias. Casa Museo de Don Ángel Riesco. Rutas y excursiones.
Alrededores: SANTA COLOMA DE LA VEGA: Iglesia con artesonado mudéjar. JIMÉNEZ DE JAMUZ: Alfar-museo.

Restaurantes

®**Bodega el Capricho.** (En JIMÉNEZ DE JAMUZ, a 3 km). Autovía A-6, Madrid-A Coruña, salida 303. Paraje de la Vega, s/n. ☎ 987 664 224. www.bodegaelcarpicho.com P
Cierra miércoles. José Gordón mima las **carnes de buey** de su propia ganadería en distintos cortes. Para abrir boca, **colmenillas rellenas** y de postre, **leche frita**. Menú 12 €. Precio medio 40 €.
Cueva San Simón. (En VALDEVIMBRE, a 23 km). Ctra. de León, s/n. ☎ 987 304 096. www.cuevasansimon.com P
Cierra lunes. Bodega del s. XIV excavada bajo tierra. Embutidos, lechazo, tarta de queso. Precio medio 25 €.

Hoteles

*** **Bedunia.** General Benavides, 53. N-VI, km 30. ☎ 987 640 524. www.hotelbedunia.com P
Hab. 27: 44/80 €. Suites: 2. Cierra el 24 de diciembre.

Baños de Mula (Murcia) Ver Mula. 67 • B-3

Baqueira-Beret/Vaqueira (Lleida) 14 • E-2

Estación de Esquí Valle de Arán. Ver Salardú.

Barbastro (Huesca) 24 • A-2

A HUESCA, 50 KM; MADRID, 446 KM. ALT. 341 M. POB. 16.924. 974 308 350.
GPS (42° 2' 4"N-0° 7' 22"E).

Fiestas: 21 de junio: S. Ramón, patronales. Del 4 al 8 de septiembre: Natividad de Nuestra Señora.
Visitar: Ayuntamiento, del s. XV restaurado en los años 40. Plaza Mercado. Palacio de los Argensola. Catedral, s. XVI y Museo Diocesano. Conjunto Histórico-Artístico: Barrio del Entremuro. Monasterio de El Pueyo. Iglesia de S. Julián, s. XVI. Conjunto de S. Julián y Sta. Lucía: Museo del vino D. O. Somontano. Centro de interpretación del Somontano. Parque cultural del Río Vero, Patrimonio de la Humanidad.
Alrededores: A 24 km, Santuario de Torreciudad: Destaca en el retablo de alabastro del templo, obra del escultor Juan Mayné, una talla románica de Nuestra Señora de Torreciudad, s. XI. ABIEGO, a 20 km: Ocho grupos escultóricos. ALQUÉZAR, a 20 km, Parque Natural de la Sierra y Cañones de Guara.

Restaurantes

Bodega del Vero. (Tienda-restorán). Romero, 13. ☎ 974 311 183. www.casaruralconencanto.com
Cierra domingo y festivos. Antigua fábrica de chocolate, ahora tienda frutería y restaurante. Verdura de temporada, magret de pato con fresas salteadas, fondue de frutas con chocolate. Precio medio 25 €.
®**Flor.** Goya, 3. ☎ 974 311 056. www.restauranteflor.com
Cierra noches de domingo y del 8 al 23 de enero. Atención a los productos locales de temporada, sobre todo la **trufa**. Acogedores salones atendidos por el propietario José Antonio Pérez. Precio medio 35 €.
Lalola. (En BUERA, a 18 km). (H. LA POSADA DE LALOLA). La Fuente, 7. ☎ 974 318 437. www.laposadadelalola.com
Cierra lunes y del 6 al 31 de enero. Con 7 habitaciones. Cocina popular en un ambiente rural. Caracoles en alioli con leche y aceite, rabo de ternera con verduras en salsa de vino tinto, flan de café. Precio medio 32 €.

Hoteles

**** **Gran Hotel Ciudad de Barbastro.** Pza. del Mercado, 4. ☎ 974 308 900. www.ghbarbastro.com P
Hab. 41: 62/86 €. Céntrico. Consultar ofertas. Restaurante El PORTILLO.
**** **San Ramón del Somontano.** Academia Cerbuna, 2. ☎ 974 312 825. P
Hab. 19: 85/178 €. Suites: 2. Consultar ofertas. Edificio modernista. Recientemente reformado.
** **Villa de Alquézar.** (En ALQUÉZAR, a 21 km). Pedro Arnal Cavero, 12. ☎ 974 318 416. www.villadealquezar.com P
Hab. 27: 60/78 €. Suites: 4. Ubicado en un antiguo caserón dentro del conjunto histórico.

Barbate (Cádiz)

80 • B-1

A CÁDIZ, 64 KM; MADRID, 677 KM. ALT. 4 M. POB. 22.977.
GPS (36° 11' 32''N-5° 55' 12"O).

Fiestas: Semana Santa. Del 12 al 21 de febrero: Carnaval. 23 de abril: Romería de S. José. 14-16 de mayo: Verbena Virgen de Fátima. Mayo: Feria Gastronómica del Atún. 23 de junio: Verbena de S. Juan. Del 14 al 18 de julio: Feria y fiestas del Carmen. Agosto: Barbate Natural. Septiembre: Mercado Medieval. Del 23 al 25 de octubre: Conmemoración de la Batalla de Trafalgar.
Visitar: Ermita visigótica de S. Ambrosio. Torres almenaras, s.s XVI-XVII, sobre acantilados. 24,96 km de costa desde Zahara de los Atunes hasta Los Caños de Meca y Zahora. Puerto Pesquero y Deportivo. Parque Natural de la Breña, y Marismas del Barbate. Centro de Interpresentación de Atún de Almadraba con rutas en barco.
Alrededores: ZAHARA DE LOS ATUNES.

Restaurantes

☼☼**El Campero.** Avda. de la Constitución, 5-C. ☎ 956 432 300. www.restauranteelcampero.es
Cierra lunes de octubre a abril, 15 días en enero y 15 días en noviembre. Espectaculares los variados y magníficos aderezos de atún. **Tarantelo de atún a la plancha, contramorro de atún al horno, flan con piñones de la Breña y helado de vainilla.** Precio medio 35 €.
El Capi. (En ZAHORA, a 12 km). Ctra. Caños de Meca-Zahora, km 10. ☎ 608 652 275. www.elcapi.com
P
Cierra almuerzos, miércoles y del 1 de noviembre al 15 de febrero. Sencillo local entre Cabo Trafalgar y el Parque Natural de la Breña. Berenjenas rebozadas, pescados de la zona a la plancha, a la sal o en salsa, pudín de almendras. Menú 18€ junio. Precio medio 25 €.

Hoteles

** **Palomar de la Breña.** San Ambrosio, 1. ☎ 956 435 003. P
Hab. 15: 46/98 €. Consultar cierre y ofertas. Antigua hacienda del s. XVIII. Rodeada por el Parque Natural de La Breña.

Barcelona

35 • E-1

A MADRID, 621 KM. ALT. 4 M. POB. 1.621.537. ℹ 932 853 834.
GPS (41° 23' 16''N-2° 10' 8"E).

Fiestas: 5-6 y 17 de enero: Cabalgata dels Tres Tombs. Febrero: Carnaval. 23 de abril: St. Jordi, patronal de Interés Turístico, Día del Libro y de la Rosa. Del 25 al 29 de abril: L'ou Com Balla (Corpus Christi). Noche del 23 al 24 de junio: St. Joan, verbenas. Junio-agosto: festival de verano "Grec". 11 de septiembre: "La Diada" fiesta nacional. 24 de septiembre: Fiesta Mayor de "La Mercè". Festivales internacionales, gigantes y cabezudos, numerosas verbenas. Festival Piromusical. Octubre: Festival Internacional de Jazz de Barcelona. Comienzo de temporada del "Gran Teatro del Liceo". Noviembre: Comienzo temporada Euroconcert. Diciembre: Feria navideña de Sta. Lucía, puestos de figuritas y belenes ante la Sagrada Familia y la Catedral. El día 13 se visita la capilla dedicada a la Santa patrona de las modistas y costureras, en la Catedral.
Visitar: El casco antiguo. Destaca el **Barrio Gótico,** alrededor de la Plaza de St. Jaume. **La Catedral** se inició en el s. XIII y se prolongó a través del XIV y el XV. La fachada se terminó en 1872, según el diseño de un arquitecto francés del s. XV, se eleva sobre una basílica visigoda. Ramón Berenguer I la reedificó a principios del s. XI y a finales del XIII, Jaime II la reconstruyó. El interior es una bella expresión del gótico catalán.

Hay dos torres octogonales del s. XIV y varias obras de arte de gran valor. Destacan las **Capillas de St. Oleguer** y **St. Climent,** el trascoro, con relieves de mármol y la sillería del coro; la **cripta de Sta. Eulalia,** con un sarcófago de alabastro policromado; el deambulatorio; la sala del tesoro y el claustro, terminado en 1448. Museo de la Catedral, la capilla de Sta. Lucía y la puerta de Sta. Eulalia, gótico flamígero. **Iglesias de Sta. María del Pí,** construida en el s. XV, gótico catalán, con una puerta románica del XIII; **La Mercè,** barroco del XVIII, con una portada lateral renacentista de principios del XVI; **Sta. María del Mar,** s. XIV, del último período del estilo ojival; **Sta. Ana,** s. XII; **St. Pau del Camp,** s. XIII.

El **Palacio Episcopal** conserva restos del edificio primitivo, románico del s. XIII y está construido en parte sobre la muralla romana. Construcciones civiles, el **Palacio de la Virreina,** del s. XVIII, alberga salas de exposición. En la rambla de los Capuchinos, el **Gran Teatro del Liceo,** es una de las salas más bellas de Europa. Unos metros más adelante, **Gaudí** edificó el **Palau Güell.** La Plaza Real, rodeada de galerías y soportales, muy cerca de la plaza de St. Jaume, corazón del Barrio Gótico y donde están el Ayuntamiento y el **Palacio de la Generalitat.** El primero con fachada gótica irregular, verdadero encaje de piedra. En el interior destacan los salones del Trentenari y de las Crónicas, con frescos de Sert, el de Cent y el de la Reina Regent. El segundo, sede del Gobierno Autónomo Catalán, es un edificio del s. XV, con una fachada renacentista. El palacio contiguo (la antigua Audiencia) es del XV, en gótico florido. **El Palau Reial Major,** antigua sede del Sto. Oficio, alberga hoy el Museo Federico Marés. El cercano **Palacio del Lloctinent,** s. XVI. La Plaza del Rey está dominada por una alta torre con 5 pisos de arquerías. A un lado de la plaza está el bellísimo salón del Tinell, adornado con frescos románicos. Y al otro la **capilla de Sta. Ágata,** de estilo gótico catalán. Finalmente, la calle de Montcada, cercana a la Lonja, está bordeada de mansiones señoriales que conservan vestigios de estilo gótico, entre las que destaca el **Palacio de Aguilar,** el **Palacio de Castellet** y el **Palacio Meca,** que alberga el **Museo Picasso,** así como el **Palacio Dalmases** y el **Palacio de los Marqueses de Lló.**

De la ciudad moderna destaca: El Paseo de Gràcia, donde se encuentra **La Pedrera,** edificio construido por Gaudí y verdadero ejemplo del modernismo. El Hospital de la Sta. Creu i St. Pau, s. XV, es una amplia estructura neogótica de Luis Domenech, cercana al **Park Güell,** también diseñado por Gaudí. **La Sagrada Familia,** en este conjunto de torres y agujas concebidas por Gaudí como el templo más perfecto posible, desde el punto de la liturgia, del simbolismo y de la belleza expresiva, es donde el modernismo encuentra su realización más significativa. La cima alberga el parque de atracciones Tibidabo, destacando el Museo de Autómatas. Acceso por carretera o por el «tramvia blau», único en funcionamiento en España y el funicular.

Monasterio de **Sta. María de Pedralbes,** fundado en 1326 por la reina Elisenda de Montcada y dotado de una bella iglesia de estilo gótico catalán. Destacan el sepulcro de alabastro de la fundadora, unas vidrieras del s. XIV, un claustro de tres pisos y los murales del s. XIV, de Ferrer Bassa. Muy cerca se encuentra el **Palacio de Pedralbes,** residencia oficial de visitantes ilustres y de en estilo italiano del s. XIX. Tiene un museo de Cerámica y otro de Artes Decorativas.

Montjuic, Estadio Olímpico de Montjuic y **Palau Sant Jordi.** Galería Olímpica. El conjunto de **Montjuic** comienza en la plaza de España, con el recinto ferial de Barcelona y el conjunto de las Fuentes Luminosas, construidas por Carles Buigas para la Exposición Internacional de 1929 y su gran **Palacio Nacional.** El parque de Montjuic fue diseñado por Forestier. En él se encuentra el Pueblo Español, que reproduce un extracto de los pueblos y aldeas de España.

Museo Nacional de Arte de Cataluña (M.N.A.C.), ubicado en el Palacio Nacional, contiene una valiosa colección de arte románico, gótico, modernista y colecciones de Cambó y Thyssen-Bornemisza. El Museo Etnológico; el Museo de Arqueología; la **Fundación Joan Miró** y el **Castillo de Montjuic,** punto culminante de la colina, construido a finales del XVII, que alberga un Museo Militar. El Museo Marítimo está instalado en las bellísimas Atarazanas, artesanales construidos en el reinado de Jaime I. Al Parque de la Ciutadella, edificado sobre una ciudadela del s. XVIII, se accede por el Arco del Triunfo, realizado en ladrillo de inspiración mudéjar, construido con motivo de la Exposición Universal de 1888. En el parque, la sede del Parlamento Autónomo Catalán y el **Museo de Arte Moderno. Museo de Arte Contemporáneo de Barcelona (M.A.C.B.A.).** Finalmente, la **Iglesia de La Mercè,** edificio barroco del s. XVIII en el que se venera a la patrona de la ciudad.

Lugares de interés: La Rambla, popular bulevar barcelonés, donde se encuentra el **monumento a Colón,** de 60 metros de altura. El Zoológico, instalado en el Parque de la Ciudadela. Els Encants: Es el rastro barcelonés, junto a la plaza de las Glorias Catalanas. El Borne: Antiguo mercado, edificado sobre el antiguo palenque de justas y torneos en la Edad Media. La Barceloneta: Es el barrio de los trabajadores y pescadores del Puerto. Fue construido por ingenieros militares a mediados del s. XVIII. Villa Olímpica y Puerto Olímpico: frente a la Barceloneta y la Villa Olímpica se extienden más de 4 km de playa. Muelle de la Fusta y Muelle de España, donde se alberga el centro comercial Maremagnun. Gran número de campos de golf de primera calidad.
Alrededores: Parque Natural de Montseny. Parque Natural de Llorens de Munt i l'Obrac. BADALONA, a 8 km: Museo Municipal, arqueología romana. Monasterio de S. Jeroni de la Murtra, s. XVI. S. CUGAT DEL VALLÉS, a 17 km Monasterio fundado en el s. IX. El claustro, obra del románico catalán del s. XII. En la Sala Capitular, el bellísimo retablo de Todos los Santos, de Pedro Serra. La fachada es del s. XIV. STA. COLOMA DE GRAMANET: Torre Pallaresa. MARTORELL: Puerta y Arco de la Villa. Museo Municipal. S. GINÉS DE VILASAR: Castillo de Vilasar. A 60 km, Montaña de Monserrat: Monasterio de Montserrat. LA GARRIGA: Balneario. RASOS DE PEGUERA: Estación de esquí.

Restaurantes

Abac. (H. ABAC). Avda. Tibidabo, 1. 933 196 600. www.abacbarcelona.com
Cierra lunes y domingo. Esta casa ha apostado por el joven Jordi Cruz para mantener el nivel de calidad y creatividad culinaria que ha caracterizado al Abac desde su aún reciente nueva ubicación en la zona alta de Barcelona. Precio medio 110 €.

Alkimia. Industria, 79. 932 076 115. www.alkimia.cat
Cierra sábado, domingo, Semana Santa y tres semanas en agosto. Jordi Vilá sigue asombrando con una culinaria que mantiene los estándares de vanguardia, precisión y sabor que le han posicionado como uno de los referentes de la cocina catalana no tradicional. Precio medio 69 €.

Ca l'Isidre. Les Flors, 12. 934 411 139. www.calisidre.com
Cierra sábado en verano; domingo, festivos y tres semanas en agosto. La familia Gironés, con Nuria Gironès al frente ya del negocio, se abastece a diario del mejor producto del mercado de la Boqueria para ofrecer a una clientela fiel y entusiasta una de las mejores cocinas tradicionales de la capital catalana. Precio medio 55 €.

Caelis. (H. PALACE). Gran Vía Corts Catalanes, 668. 935 101 205. www.caelis.com
Cierra al mediodía, lunes, domingo y agosto. Romain Fornell ha reiniciado su brillante trayectoria en Caelis con una propuesta de cocina muy contemporánea a partir de la evolución de los grandes referentes clásicos. Precio medio 70 €.

Cal Pep. Pza. de les Olles, 8. 933 107 961. www.calpep.com
Cierra lunes mediodía, sábado noche y domingo. Sabrosos platos tradicionales y tapas en la línea que Pep Manubens ha hecho de esta alegre y animada casa un rincón de indiscutible carácter barcelonés. Precio medio 70 €. En la barra (45 €).

Caldeni. Valencia, 452. 932 325 811. www.caldeni.com
Cierra lunes, domingo, festivos, primera semana de enero y tres semanas en agosto. Cerca de la Sagrada Familia, esta casa constituye una de las propuestas culinarias barcelonesas recientes que generan más atención especialmente por el dominio y experiencia que Daniel Lechuga tiene de las **carnes de buey** y **ternera**. Precio medio 36 €.

Can Ravell (Mantequerías). Aragó, 313. 934 575 114. www.ravell.com
Cierra domingo y Semana Santa. Tienda, mantequería y restaurante, excelente bodega, producto de una calidad indiscutible y mucho cariño son las bases en las que se sustenta este histórico negocio que dirige Josep Ravell. Precio medio 30 €.

Casimiro. Londres, 71. 934 103 093.
Cierra lunes noche, domingo y agosto. **Habitas salteadas con espardenyas, tronco de merluza al all cremat, banda de hojaldre con fresitas del bosque**. Precio medio 35 €.

Cinc Sentits. Aribau, 58. 933 239 490. www.cincsentits.com
Cierra lunes, domingo y dos semanas en agosto. Gustosa cocina de autor en un ambiente moderno que se expresa en las propuestas de menú gastronómico (29, 49 y 69 €) de Jordi Artal.

Colibrí. Casanova, 212. 934 432 306. www.restaurantcolibri.com
Cierra domingo noche. Céntrico, moderno y confortable restaurante en el que César Pastor elabora una culinaria tradicional con el mejor producto de temporada. Precio medio 35 €.

Comerç 24. Comerç, 24. 933 192 102. www.comerc24.com
Cierra domingo y lunes. El concepto de vanguardia culinaria del jefe de cocina Carles Abellán es la referencia que ha hecho de esta casa una proposición de gastronomía atractiva y audaz. Precio medio 70 €.

Comiols. Madrazo, 68. 932 090 791. www.comiols.es
Cierra sábado al mediodía, domingo noche y 15 días en agosto. Sabia, elegante y honestísima cocina de autor catalano-mediterránea elaborada por Quim Hernández con el apoyo de Aglae Grande en el comedor. Menús 16, 38 y 49 €. Precio medio 45 €.

Coure. Passatge Marimón, 20. 932 007 532.
Cierra domingo, lunes, Semana Santa y dos semanas en agosto. El buen hacer culinario de Albert Ventura atrae a una clientela que ama la materia prima, la transparencia y la evidente personalidad de la oferta gastronómica de Coure. Precio medio 40 €.

Dos Cielos. (H. ME BARCELONA). Pere IV, 272-286. 933 672 070. www.doscielos.com
Cierra domingo, lunes, 15 días en enero y en agosto. La constancia, personalidad y el buen trabajo de los hermanos Sergio y Javier Torres frente a los fogones de esta casa ha merecido el fervor de innumerables gourmets y su reconocimiento como restaurante revelación del año. Precio medio 110 €.

Drolma. (H. MAJESTIC). Pº de Gracia, 68. 934 967 710. www.drolmarestaurant.com
Cierra domingo. La dirección culinaria de Fermín Puig y Alfred Romagosa en la sala ha convertido Drolma en la referencia gastronómica barcelonesa para los amantes del clasicismo, la elegancia y la calidad. **Canelones de trufa, cabrito embarrado a la cuchara, lingote de chocolate y crema de vainilla de Tahití**. Precio medio 125 €.

El Túnel d'en Marc Palou. Bailén, 91. 932 658 658. www.eltuneldenmarc.com
Cierra lunes noche, domingo y agosto. En un ambiente moderno y elegante, en pleno Eixample barcelonés, Marc Palou elabora una culinaria personal y creativa a partir de la tradición y el mercado como indiscutibles referentes. Menú 24 €. Precio medio 35 €.

Els Pescadors. Pza. Prim, 1. 932 252 018. www.elspescadors.com
Cierra Semana Santa. Cocina barcelonesa de tradición marinera como reflejo de la mediterraneidad de la gastronomía catalana en esta centenaria casa de pescadores. Precio medio 49 €.

Embat. Mallorca, 304. 934 580 855. www.restaurantembat.es
Cierra noches de martes y miércoles, lunes, domingo, del 16 al 23 de agosto y en navidades. Recomendable por la sencillez y el gusto de una culinaria elaborada con mimo y generosidad. Precio medio al mediodía 25 €, cenas 40 €.

Enoteca. (H. ARTS BARCELONA). Marina, 19-21. 934 838 103. www.hotelartsbarcelona.com
Cierra al mediodía excepto lunes y martes; domingo y agosto. La imaginativa culinaria del cocinero Paco Pérez ahora también en la elegante y confortable propuesta gastronómica que constituye el restaurante Enoteca dentro del hotel Arts. Precio medio 85 €.

Espaisucre. Princesa, 53. 932 681 630. www.espaisucre.com
Cierra al mediodía, domingo, lunes y Navidad. Interesante propuesta de cocina dulce de autor basada en la excelente técnica de Jordi Butrón. Imprescindible para amantes de los postres. Precio medio 50 €.

Evo. (En HOSPITALET DE LLOBREGAT, a 5 km). (H. HESPERIA TOWER). Avda. Gran Vía, 144. 934 135 030. www.evorestaurante.es
Cierra al mediodía excepto sábado; domingo, festivos y agosto. La concisa y sabrosa culinaria de Ismael Alegría en un selecto y refinado espacio bajo una cúpula acristalada en lo más alto del Hesperia Tower. Y junto a Ismael, dos grandiosos profesionales: José Luis Diéguez como director de sala y Arnaud Echalier como sumiller. Precio medio 135 €.

Fabián. Vía Laietana, 71. 933 014 748.
Cierra domingo. Fabián Martín revolucionó el concepto tradicional de la pizza en su pizzería original de Llivia, junto a Puigcerdà. Aquí en su nueva pizzería, ofrece su personal visión del mundo de las pizzas a las que imprime un particular toque de creatividad. Prueba de ello, es la **pizza cóctel Margarita** y un **helado de pizza**, ambas galardonadas. Precio medio 40€.

Florentina. Saragossa, 122. 932 112 695.
Cierra domingo noche, lunes, Semana Santa y agosto. Marga Muñoz encanta como cocinera. Florentina es un pequeño restaurante de obligada visita para todo amante de la cocina casera con mayúsculas. Precio medio 35 €.

Fonda Gaig. Córcega, 200. 934 532 020. www.fondagaig.com
Cierra noches de domingo y festivos; lunes, Semana Santa, 15 días en agosto y Navidad. La cocina tradicional catalana que la familia Gaig había ofrecido en su Fonda del barrio de Horta, ahora en un espacio moderno y confortable del Eixample barcelonés. Precio medio 40 €.

Freixa Tradició. Sant Elies, 22. 932 097 559. www.freixatradicio.com
Cierra domingo, lunes, Semana Santa y tres semanas en agosto. Como indica su nombre, ¡sombrerazo a la tradición. Efectivamente, Josep María Freixa elabora en el actual Freixa Tradició una cocina tradicional barcelonesa y catalana con la indiscutible maestría que le otorga su gran experiencia profesional. Precio medio 28 €.

Gaig. (H. CRAM). Aragó, 214. 934 291 017. www.restaurantegaig.com
Cierra lunes, domingo, festivos, Semana Santa y tres semanas en agosto. Carles Gaig en la cocina y Josefina Navarro en el comedor, conforman la base de este selecto restaurante en pleno Eixample barcelonés, una casa que refleja el arte culinario de este gran cocinero catalán que es Gaig. Precio medio 90 €.

® **Gorría.** Diputació, 421. ☎ 932 451 164. ❄ P
Cierra lunes noche, domingo, Semana Santa y agosto. La cocina vasco-navarra expresada en Barcelona con evidencia e inmejorables productos autoctonos a partir de la tradición. Precio medio 48 €.

☼ **Gresca.** Provenza, 230. ☎ 934 516 193. www.gresca.net ❄
Cierra sábado al mediodía, domingo, Semana Santa y 15 días en agosto y una semana en Navidad. Rafael Peña comanda este, ya sólido referente de la cocina creativa catalana con acierto y personalidad. Menú 19 €. Precio medio 42 €.

® **Hermanos Tomás.** Padre Pérez del Pulgar, 1. ☎ 933 457 148. www.htomas.com ❄
Cierra domingo, Semana Santa y dos semanas en agosto. Honestísima y tradicional cocina castellana elaborada con productos genuinos y populares de gran calidad. Precio medio 45 €.

☼ **Hisop.** Passatge Marimón, 9. ☎ 932 413 233. www.hisop.com ❄
Cierra sábado al mediodía, domingo, primera semana de enero y tres semanas en agosto. El pequeño Hisop de Oriol Ivern sigue funcionando de maravilla, lo que hace de esta casa un excelente referente de la culinaria catalana de hoy. Precio medio 47 €.

☼ **Hofmann.** La Granada del Penedés, 14-16. ☎ 932 187 165. www.hoffman-bcn.com ❄
Cierra sábado, domingo, Semana Santa, agosto y Navidad. El restaurante de Mey Hofmann basa su propuesta culinaria en el rigor, la mediterraneidad y, en la excelente y vasta trayectoria profesional de Mey y su equipo en el ámbito de la restauración. Precio medio 60 €.

® **Igueldo.** Roselló, 186. ☎ 934 522 555. www.restauranteigueldo.com ❄
Cierra domingo. Ana López de Lamadrid propone, al frente de Igueldo, una cocina de mercado, cotidiana, de indudable interés y referencias vascas. Precio medio 33 €.

® **Jaume de Provença.** Provença, 88. ☎ 934 300 029. www.jaumeprovenza.com ❄ P
Cierra domingo noche, lunes, agosto y 4 días en Navidad. Treinta años de exitoso trayecto avalan la inicial propuesta de Jaume Bargués por la cocina de mercado, hoy continuada con fidelidad por su sobrino Jordi Donoso Bargués. Precio medio 35 €.

☼ **La Dama.** Avda. Diagonal, 423. ☎ 932 020 686. www.ladama-restaurant.com ❄
En el entresuelo de un recio edificio modernista, Josep Bullich dirige con rigor, precisión y una evidente personalidad, esta Dama referente y estandarte de la cocina clásica barcelonesa. Precio medio 65 €.

® **La Piña de Plata.** (En SANT CUGAT DEL VALLÉS, a 17 km). Santo Tomás, 5. ☎ 935 836 528 www.lapinyadeplata.com ❄
Cierra noches de domingo y lunes, y del 16 al 30 de agosto. La vocación por la cocina empujó a Pedro Pérez a abrir esta casa, hoy convertida en referencia de un excelente producto y una gran honestidad. Precio medio 50 €.

☼☼ **Lasarte.** (H. CONDES DE BARCELONA). Mallorca, 259. ☎ 934 453 242. www.restaurantlasarte.com ❄ P
Cierra lunes, domingo, festivos, Semana Santa y agosto. Con Antonio Sáez en la cocina, Josep Villodre en el comedor y Ferrán Casellas como sumiller, es el referente barcelonés de la gran cocina de autor de Martín Berasategui. Precio medio 90 €.

® **Le Quattro Stagioni.** Doctor Roux, 37. ☎ 932 052 279. www.4stagioni.com ❄
Cierra lunes al mediodía y domingo en julio y agosto; domingo noche, lunes y Semana Santa. Susana Passolas sigue dirigiendo los fogones de esta casa cuya culinaria es el reflejo y la esencia de una sabrosa cocina Italo-mediterranea Precio medio 35 €.

® **L'Indret de Semon.** Ganduxer, 31. ☎ 932 016 931. www.semon.es ❄
Cierra noches, domingo, festivos y agosto. L'Indret restaurante es el complemento perfecto de Semon como tienda de *delicatessen*, un tándem referencia de la excelente oferta gastronómica de la ciudad. Precio medio 55 €.

☼ **Lluçanés.** Pza. Font, s/n. ☎ 932 242 525. www.restaurantellucanes.com ❄
Cierra domingo noche y lunes. La personalidad del cocinero Ángel Pascual se refleja en una propuesta de cocina que parte de la tradición para alcanzar las más altas cotas de creatividad. Precio medio 70 €.

® **L'Olivé.** (Aparcamiento gratuito). Balmes, 47. ☎ 934 521 990. www.rte-olive.com ❄
Cierra domingo noche. Acogedor, confortable y moderno restaurante que, bajo la dirección de Josep Olivé, ofrece una culnaria tradicional fruto del buen hacer de Josep Balaguer frente a los fogones. Precio medio 40 €.

® **Manairó.** Diputación, 424. ☎ 932 310 057. www.manairo.com ❄ P
Cierra domingo y primera semana de enero. La creatividad y carácter del cocinero Jordi Herrera como base de una proposición culinaria que combina materia prima, experiencia y sensibilidad. Precio medio 70 €.

® **Moments.** (H. MANDARIN ORIENTAL). Passeig de Gracia, 38. ☎ 931 518 781. www.mandarinoriental.com ❄ P
Cierra domingo y lunes. Raúl Balam afronta el reto de dirigir los fogones de este refinado Moments, con una propuesta de cocina actual a partir de los referentes culinarios obtenidos en los fogones del Sant Pau junto a sus padres. Precio medio 100 €.

☼ **Monvínic.** Avda. Diputación, 249. ☎ 932 726 187. www.monvinic.com ❄
Cierra sábado, domingo y agosto. Una notabilísima bodega con grandes vinos de los cinco continentes como eje central de una propuesta fruto del empeño e ilusión de Sergi Ferrer Salat, en la que destaca la presencia de Sergi de Meià en la cocina y los sumilleres Isabelle Brunet y César Cánovas. Precio medio 40 €. .

☼☼ **Moo.** (H. OMM). Roselló, 265. ☎ 934 454 000. www.hotelomm.es ❄ P
Cierra domingo y agosto. Su feliz trayectoria se sustenta en dos excelentes profesionales, Felip Llufriu en los fogones y Roger Viusà como sumiller. El resultado es una propuesta culinaria actual que armoniza la creatividad de Llufriu y el gran conocimiento vinícola de Viusà. Precio medio 70 €.

☼☼ **Neichel.** Avda. Beltrán i Rózpide, 1. ☎ 932 038 408. www.neichel.es ❄
Cierra domingo, lunes, primera semana de enero y tres semanas en agosto. Jean Louis Neichel es el gran clásico de la modernidad. Su trayectoria como cocinero es digna de admiración. Fue a mediados de los 70 el primer gran cocinero-autor y su cocina actual sigue gustando a una clientela muy fiel. Precio medio 50 €.

® **Nuclo.** (En L'HOSPITALET DE LLOBREGAT, a 5 km). Restorán de la Fira de Barcelona. Avda. Joan Carles I, 58. ☎ 932 334 989. www.nuclorestaurant.com ❄ P
Cierra noches, sábado, domingo y agosto. Creaciones notablemente vanguardistas de Jordi Narro en un espacio moderno y elegante creado por el gran arquitecto Toyo Ito. **Churro con chocolate y gambas, pescado de lonja sobre maderas de encina al jerez con salteado de arroz venere**. Precio medio 38 €.

☼ **Roig Robi.** Séneca, 20. ☎ 932 189 222. www.roigrobi.com ❄ P
Cierra sábado al mediodía, domingo y tres semanas en agosto. Buen referente de la cocina barcelonesa y catalana basada en un excelente producto de temporada y un indiscutible sabor y carácter mediterráneo. Precio medio 60 €.

☼ **Saüc.** Vía Laietana, 49. ☎ 933 210 189. www.saucrestaurant.com ❄ P
Cierra domingo, lunes, primera semana de enero y tres semanas en agosto. Xavier Franco persiste en su línea de ofrecer una impecable culinaria de autor, elegante y precisa, mientras Anna Doñate dirige un servició afable y profesional. Precio medio 70 €.

® **Sense Pressa.** (Bº. Eixample). Enric Granados, 96. ☎ 932 181 544. ❄
Cierra lunes noche, domingo, festivos y del 15 al 31 de agosto. Los guisos y el fenomenal producto de Sense Pressa siguen sorprendiendo a los más exigentes gourmets, que deben reservar con varios días de antelación para poder comer en esta pequeña gran casa. Precio medio 50 €.

® **Senyor Parellada.** Argentería, 37. ☎ 933 105 094. www.senyorparellada.com ❄
Antigua casa de viajeros cerca del muelle con cocina tradicional. **Escudella y carn d'olla, bacalao a la llauna, requesón con miel**. Precio medio 24 €.

☼ **Shanghai.** Bisbe Sivilla, 48. ☎ 932 118 791. www.sanghai-bcn.com ❄
Cierra noches de domingo y festivos, lunes, Semana Santa y tres semanas en agosto. En un espacio elegante y familiar, Josep Maria Kao ofrece una sabrosa y elegante propuesta de cocina china. Precio medio 50 €.

® **Shunka.** Sagristans, 5. ☎ 934 124 991. ❄
Cocina japonesa. Hideki Matsuhisa inauguró en 2008 y a poca distancia de la taberna de Sagristans, el KOY SHUNKA, una versión más elegante y mejor, si cabe, que la casa original. Y todo indica que lo ha conseguido. Precio medio 35 €.

® **7 Portes.** Pº de Isabel II, 14. ☎ 933 193 033. www.7portes.com ❄
El restorán más antiguo de Barcelona, famoso por sus **arroces**. También, **buñuelos de bacalao** y **crema catalana**. Precio medio 35 €.

®**Speakeasy.** Aribau, 162. ☎ 932 175 072. www.drymartinibcn.com
Cierra sábado mediodía, domingo, festivos y agosto. Carta ciertamente atractiva la de este restaurante situado en un clandestino cuarto trasero del Dry Martini en el que podrán degustar combinaciones sorprendentes de cócteles y tapas o platos de la carta. Precio medio 58 €.
®**Suquet de l'Almirall.** Pº Don Juan de Borbón Conde de Barcelona, 65. ☎ 932 216 233. www.suquetdelalmirall.com
Cierra domingo noche, lunes, dos semanas en agosto y una semana en Navidad. Situado en el barrio barcelonés de la Barceloneta. Esta acogedora casa sigue ofreciendo la cocina marinera de siempre, con sabrosa sencillez. Precio medio 40 €.
☼**Toc.** Girona, 59. ☎ 934 881 148. www.tocbcn.com
Cierra sábado al mediodía, domingo y agosto. Santi Colominas prosigue en su propuesta de ofrecer una cocina catalana estacional con creaciones perfectamente resueltas. Sandra Baliarda, en la sala y como sumiller, dirige un servicio eficaz. Precio medio 40 €.
®**Tragaluz.** Pasaje de la Concepción, 5. ☎ 934 870 196. www.grupotragaluz.com
Moderno, agradable y muy acogedor, el Tragaluz lleva ya veinte años de la mano de Rosa Maria Esteva y su hijo Tomás, ofreciendo una atrayente cocina de referentes mediterráneos. Menú 22 €. Precio medio 35 €.
☼**Tram-Tram.** Major de Sarriá, 121. ☎ 932 048 518. www.tram-tram.com
Cierra lunes, domingo, Semana Santa, segunda quincena de agosto y del 23 al 31 de diciembre. Isidro Soler propone unos platos estacionales que, partiendo de los referentes de su larga experiencia, adapta a una cocina moderna y actual. Reyes Lizán constituye en la sala el complemento de una propuesta culinaria de impecable rigor. Menú 25 €. Precio medio 40 €.
☼☼☼**Via Veneto.** Ganduxer, 10. ☎ 932 007 244. www.viavenetorestaurant.com P
Cierra sábado al mediodía, domingo y del 1 al 20 de agosto. Cocina catalana estacional en un confortable ambiente de lujo. La gran profesionalidad de los Monje, complementada por la sabrosa cocina de Carles Tejedor, mantiene Via Veneto en las cotas más altas de la gran restauración. Precio medio 60 €.
☼ **Windsor.** Córsega, 286. ☎ 932 377 588. www.restaurantwindsor.com P
Cierra domingo, primera semana de enero, Semana Santa y agosto. Inteligente, notable y gustosa cocina catalana de mercado en un espacio elegante y muy céntrico. **Asado de gambas de Palamós y alcachofas, bacalao a baja temperatura con guiso de sus tripas**. Precio medio 42 €.
®**Yashima.** Avda. Josep Tarradellas, 145. ☎ 934 190 697. www.yamashitagroup.com
Cierra domingo noche. Honesta cocina japonesa para los amantes de esta gastronomía. Menú 22 €. Precio medio 50 €.

Hoteles

***** **Arts Barcelona.** De La Marina, 19-21. ☎ 932 211 000. www.hotelartsbarcelona.com
P
Hab. 483: 292/669 €. Apartamentos: 28. Suites: 56. Fitness center, business center. Restaurantes AROLA, ENOTECA, CAFE VERANDA y MARINA BITES.
***** **Casa Fuster.** Paseo de Gracia, 132. ☎ 932 553 000. www.hotelcasafuster.com
Hab. 96: 210/1.200 €. Suites: 5. Edificio modernista catalogado como monumento. Restaurante GALAXÒ, gastronómico.
***** **Claris.** Pau Claris, 150. ☎ 934 876 262. P
Hab. 120: 199/475 €. Suites: 41. Consultar ofertas. Museo egipcio. Restaurante LA TERRAZA DEL CLARIS.
***** **El Palace.** Gran Vía Corts Catalanes, 668. ☎ 935 101 130. www.hotelpalacebarcelona.com
Hab. 119: 205/560 €. Suites: 6. Ofertas y admisión de perros, consultar. Inaugurado en 1919. Completamente reformado. Situado en el corazón de Barcelona, próximo a Las Ramblas. Restaurante CAELIS.
***** **Eurostars Grand Marina.** Moll de Barcelona, s/n.☎ 936 039 000. www.grandmarinahotel.com
P
Hab. 278: 175/963 €. Suites: 38. Restaurante AIRE DE MAR.
***** **Gran Hotel La Florida.** Ctra. Vallvidrera al Tibidabo, 83-93. ☎ 932 593 000 www.hotellaflorida.com.
P
Hab. 52: 428/2.675 €. Suites: 22. Ubicado en un edificio histórico. Restaurante ORANGÈRIE.
***** **Hesperia Tower.** (En L'HOSPITALET). Gran Vía, 144. ☎ 934 135 000. www.hesperia-tower.com P
Hab. 280: 130/420 €. Suites: 42. Arquitectura moderna por Richard Rogers. Diseñado por Alfonso & Balaguer. Restaurantes EVO, con espectaculares panorámicas, y BOUQUET, de Santi Santamaría.
***** **Hilton Barcelona.** Avda. Diagonal, 589-591. ☎ 934 957 777. www.barcelona.hilton.com P
Hab. 298: 175/382 €. Suites: 13. Restaurante MOSAIC, mediterránea de temporada.
***** **Le Méridien Barcelona.** Ramblas, 111. ☎ 933 186 200. www.lemeridien.com/barcelona
P
Hab. 233: 192/509 €. Suites: 40. Céntrico. Restaurante CENT OMZE, cocina mediterránea.
***** **Majestic Hotel & Spa Barcelona** Pº de Gracia, 68. ☎ 934 881 717. www.hotelmajestic.es
P
Hab. 303: 139/470 €. Apartamentos: 1. Suites: 31. Consultar ofertas. Céntrico. Totalmente renovado. Restaurantes DROLMA y CONDAL.
***** **Meliá Barcelona.** Avda. Sarrià, 50. ☎ 934 106 060. www.melia.barcelona.com P
Hab. 333: 150/360 €. Suites: 21. Cercano a la Diagonal.
***** **OMM.** Roselló, 265. ☎ 934 454 000. www.hotelomm.es P
Hab. 83: 215/475 €. Suites: 8. Céntrico. Restaurantes MOO y MOOVIDA.
***** **Princesa Sofía Gran Hotel.** Pza. Pío XII, 4. ☎ 935 081 000. www.expogrupo.com P
Hab. 500: 107/417 €. Suites: 24. Situado en la Avda. Diagonal, centro financiero y comercial de la ciudad. Business centre, Fitness centre y Centro de balneoterapia. Restaurante CONTRASTE, cocina mediterránea.
***** **Pullman Barcelona Skipper.** Avda. Litoral, 10. ☎ 932 216 565. P
Hab. 241: 180/375 €. Suites: 5. Junto a la playa de la Barceloneta. Restaurante SYRAH MEDITERRANI.
***** **Rey Juan Carlos I.** Avda. Diagonal, 661-671. ☎ 933 644 040. www.hrjuancarlos.com
P
Hab. 395: 280/420 €. Apartamentos: 1. Suites: 37. Dispone de 25.000 m² de jardines históricos. Restaurantes POLO y THE GARDEN.
**** **Abba Sants Hotel.** Numancia, 32. ☎ 936 003 100. www.abbahoteles.com P
Hab. 140: 85/340. €. Consultar ofertas Próximo a las estación del AVE. Restaurante AMALUR.
**** **AC Diplomatic.** Pau Claris, 122. ☎ 932 723 810. www.ac-hotels.com P
Hab. 211: 107/300 €. Suites: 2. Céntrico. Restaurante NICTE.
**** **AC Victoria Suites.** Avda. de Pedralbes, 16. ☎ 932 069 900. www.ac-hotels.com P
Hab. 50: 135/260 €. Suites: 4. Totalmente reformado. Restaurante NEICHEL.
**** **Alexandra.** Mallorca, 251. Consultar ofertas. ☎ 934 677 166. www.hotel-alexandra.com P
Hab. 109: 115/300 €. Suites: 3. Consultar ofertas. Restaurante DA LUCA.
**** **Alimara.** Berruguete, 126. ☎ 934 270 000. www.alimarahotel.com P
Hab. 156: 106/216 €. Suites: 1. Consultar ofertas. Restaurante SUMMUM, cocina mediterránea.
**** **América.** Provenza, 195. ☎ 934 876 292. www.hotelamericabarcelona.com
Hab. 59: 138/246 €. En el corazón de la zona de negocios. Diseño moderno.
**** **Avenida Palace.** Gran Vía de les Corts Catalanes, 605. ☎ 933 019 600. www.avenidapalace.com
P
Hab. 151: 140/330 €. Suites: 14. Céntrico. Totalmente renovado. Restaurante INSOLIT.
**** **Balmoral.** Vía Augusta, 5. ☎ 932 178 700. www.hotelbalmoral.com P
Hab. 106: 86/428 €.
**** **Barceló Raval.** Rambla del Raval, 17-21. ☎ 933 201 490. www.barceloraval.com
Hab. 186: 110/370 €. Céntrico. Restaurante B. LOUNGE.
**** **Barceló Sants.** Pza. Països Catalans, s/n. ☎ 935 035 300. www.barcelosants.com P
Hab. 363: 80/230 €. Apartamentos: 1. Suites: 13. Modernas instalaciones. Acceso directo desde la Estación de Sants al hotel. Restaurantes EL BISTROT DE SANTS.

****** Barcelona Catedral.** Capellans, 4. 933 042 255. www.barcelonacatedral.com
Hab. 80: 119/350 €. Suites: 1. Consultar ofertas. Restaurante 4 CAPELLANS.
****** Best Western Alfa Aeropuerto.** K, s/n. (Entrada principal Mercabarna). 933 362 564. www.hotelalfaaeropuerto.com
Hab. 98: 106/509 €. Suite: 1. Consultar ofertas y admisión de perros. Servicio gratuito minibus aeropuerto-hotel-aeropuerto. Consultar horario. Restaurante GRAN MERCAT, cocina de mercado.
****** Casanova by Rafael.** Gran Vía de les Corts, 559. 933 964 800. www.rafaelhoteles.com
Hab. 124: 105/355 €. Suites 5. Céntrico. Restaurante MEDITERRANÉE.
****** Catalonia Atenas.** Avda Meridiana, 151. 932 322 011. www.hoteles-catalonia.com
Hab. 201: 97/225 €.
****** Catalonia Barcelona Plaza.** Pza. de España, 6-8. 934 262 600. www.hoteles-catalonia.com
Hab. 347: 151/405 €. Suites: 9. Próximo a La Feria de Barcelona. Restaurante GOURMET PLAZA.
****** Catalonia Berna.** Roger de Llúria, 60. 932 720 050. www.hoteles-catalonia.com
Hab. 124: 495 €. Céntrico. Restaurante LES FINESTRES DE LLÚRIA.
****** Catalonia Córcega.** Córcega, 368. 932 081 919. www.hoteles-catalonia.com
Hab. 77: 410 €. En plena ruta modernista.
****** Catalonia Ramblas.** Pelai, 28. 933 168 400. www.hoteles-catalonia.com
Hab. 221 173/364 €. Suites: 4. Céntrico. Restaurante PELAI.
****** City Park Hotel.** Nicaragua, 47. 933 637 474.
Hab. 80: 98/300 €. Moderno. Cercano al Recinto Ferial y Palacio de Congresos.
****** Colón.** Avda. Catedral, 7. 933 011 404. www.hotelcolon.es
Hab. 141: 183/253 €. Frente a la Catedral. En pleno centro histórico y cultural. Restaurante CATEDRAL.
****** Condes de Barcelona.** Pº de Gracia, 73-75. 934 450 000. www.condesdebarcelona.com
Hab. 235: 110/315 €. Suites: 3. En el corazón de la Barcelona modernista. Frente a La Pedrera. Piano Bar. Restaurantes LASARTE y LOIDI.
****** Derby.** Loreto, 21. 933 223 215. www.derbyhotels.com
Hab. 115: 89/260 €. Suites: 4. Consultar ofertas. En el centro comercial y de negocios. Próximo al recinto ferial. Restaurantes THE TIMES y EPSON.
****** Duques de Bergara.** Bergara, 11. 933 015 151. www.hoteles-catalonia.com
Hab. 145: 162/299 €. Suites: 3. Céntrico. Edificio modernista de finales del s. XIX. Restaurante ELS DUCS.
****** Duquesa de Cardona.** Passeig Colom, 12. 932 689 090. www.hduquesadecardona.com
Hab. 35: 150/305 €. Suites: 5. En pleno Barrio Gótico. Restaurante LA DUQUESA.
****** Eurostars Cristal Palace.** Diputación, 257. 934 878 778.
Hab. 148: 107/860 €. Suites: 1. Próximo a la Pza. de Cataluña, en el corazón del modernismo catalán. Restaurante PICTORY.
****** Expo Hotel Barcelona.** Mallorca, 1-23. 936 003 000. www.expohotelbarcelona.com
Hab. 423: 123/355 €. Consultar ofertas. Junto al Recinto Ferial y Estación de Sants.
****** Fira Palace.** Avda. Rius y Taulet, 1-3. 934 262 223. www.fira-palace.com
Hab. 276: 180/425 €. Suites: 18. Consultar ofertas. Restaurantes L'ARIA y EL MALL.
****** Gallery Hotel.** Rosselló, 249. 934 159 911. www.galleryhotel.com
Hab. 110: 95/305 €. Suites: 5. Consultar ofertas. En el centro. Restaurante CAFÉ DEL GALLERY.
****** Gótico.** Jaime I, 14. 933 152 211. www.gargallohotels.es
Hab. 81: 146/286 €. En el corazón del Barrio Gótico.
****** Gran Derby.** Loreto, 28. 934 452 544. www.derbyhotels.com
Hab. 41: 108/270 €. Suites: 12. Consultar ofertas. Céntrico. Restaurantes EPSOM y THE TIMES, cocina catalana y mediterránea.
****** Gran Hotel Barcino.** Jaime I, 6. 933 022 012. www.gargallohotels.es
Hab. 53: 146/167 €. En el centro de la ciudad, en el corazón del Barrio Gótico, junto al Ayuntamiento y el Palacio de la Generalitat, en plena zona comercial.
****** Grand Hotel Central.** Vía Laietana, 30. 932 957 900. www.grandhotelcentral.com
Hab. 147: 190/325 €. Suites: 22. Consultar ofertas. Céntrico. Junto a la Catedral. Restaurante ÁVALON BY RAMÓN FREIXA.
****** Guitart Grand Passage.** Muntaner, 212. 932 010 306. www.guitarthotels.com
Hab. 40: 99/189 €. Restaurante SUSHI ITTO, japonés.
****** HCC Regente.** Rambla Catalunya, 79. 934 875 989. www.hcchotels.es
Hab. 79: 128/289 €. Consultr ofertas. Céntrico. Edificio Modernista.
****** HCC Sant Moritz.** Diputación, 262. 934 121 500. www.hcchotels.es
Hab. 91: 140/312 €. Céntrico. Restaurante EL PASSEIG.
****** Hesperia Presidente.** Avda. Diagonal, 570. 932 002 111. www.nh-hotels.com
Hab. 151: 89/399 €. Suites: 1. Consultar ofertas. Céntrico. Moderno y con instalaciones de lujo. Restaurante ESSENCE.
****** Hilton Diagonal Mar Barcelona.** Passeig del Taulat, 262-264. 935 070 707. www.diagonalmarbarcelona.hilton.com
Hab. 433: 153/465 €. Suites: 20. Próximo a la playa. Restaurante INDIGO.
****** Husa Barcelona.** Caspe, 1-13. 933 025 858. www.husa.es
Hab. 66: 265/290 €. Suites: 6. Junto al Pº de Gracia. A 100 m de la Pza. de Catalunya y Ramblas.
****** 1898.** La Rambla, 109. 935 529 552. www.hotel1898.com
Hab. 169: 177/316 €. Suites: 3. Ubicado en el antiguo edificio de la Compañía General de Tabacos de Filipinas. Suites con jardín y piscina privada.
****** Murmuri.** Rambla de Catalunya, 104. 935 500 600.
Hab. 53: Consultar tarifas y ofertas. Una interesante propuesta de interiorismo en Barcelona.
****** Neri.** St. Sever, 5. 933 040 655. www.hotelneri.com
Hab. 21: 265/525 €. Suite: 1. Palacete del s. XVIII. Restaurante NERI.
****** NH Calderón.** Rambla de Cataluña, 26. 933 010 000. www.nh-hotels.com
Hab. 255: 133/312 €. Suites: 20. Céntrico. Próximo al Barrio Gótico. Restaurante EL CALDERÓN.
****** NH Podium.** Bailén, 4-6. 932 650 202. www.nh-hotels.com
Hab. 140: 120/310 €. Suites: 5. Restaurante CORELLA.
****** Novotel Barcelona San Cugat.** (En SAN CUGAT DEL VALLÈS). Pza. Xavier Cugat, s/n. 935 894 141.
Hab. 150: 76/200 €. Suites: 4. Restaurante CLARAVIA.
****** Pulitzer.** Bergara, 8. 934 816 767. www.hotelpulitzer.es
Hab. 91: 117/375 €. Suites: 8. Restaurante VISIT.
****** Rivoli Ramblas.** La Rambla, 128. 934 817 676. www.rivolihotels.com
Hab. 125: 110/228 €. Suites: 8. Edificio Art-Decó. Céntrico. Restaurante LE BRUT.
****** Royal Ramblas.** Ramblas, 117. 933 019 400. www.royalramblashotel.com
Hab. 108: 115/250 €. Situado en Las Ramblas. Restaurante LA POMA.
****** Sansi Pedralbes.** Avda. Pearson, 1-3. 932 063 880. www.sansihotels.com
Hab. 64: 124/400 €. Suites. 2.
****** Silken Gran Hotel Havana.** Gran Vía de les Corts Catalanes, 647. 933 417 000. www.granhotelhavana.com
Hab. 145: 350/370 €. Consultar ofertas. Céntrico. Fachada monumento histórico. Restaurante GRAND PLACE.
****** Silken Ramblas Barcelona.** Pintor Fortuny, 13. 933 426 180. www.hoteles-silken.com
Hab. 105: 123/424 €. Suites: 1. En el centro histórico. Restaurante ÉBANO.
****** Tryp Apolo.** Avda. Paralel, 57-59. 933 433 000. www.tryp-apolo.com
Hab. 314: 91/268 €. Suites: 24. Cercano al Recinto Ferial y al Palacio de Congresos. A 300 m del Puerto. Restaurante LA TERRAZA, cocina mediterránea.
****** U232.** Compte d'Urgell, 232. 933 224 153. www.nn-hotels.com
Hab. 102: 100/180 €. Suites: 4. Consultar ofertas.
***** Balmes.** Mallorca, 216. 934 511 914.
Hab. 101: 95/230 €. Céntrico. Coche de cortesía. Restaurante BALMES, cocina catalana.
***** Catalonia Albinoni.** Portal de L'Àngel, 17. 933 184 141.
Hab. 74: 138/310 €. Céntrico. Edificio del patrimonio artístico. Restaurante JARDÍ DE L'ANGEL.

*** **Condado.** Aribau, 201. ☎ 932 002 311. www.condadohotel.com
Hab. 75: 86/227 €. Suites: 1.
*** **Continental Palacete.** Rambla de Catalunya, 30. ☎ 934 457 657. www.hotelcontinental.com
Hab. 19: 103/222 €. Suites: 2. Consultar ofertas. Céntrico. Palacete Versalles Luis XVI.
*** **Europark.** Aragón, 323-325. ☎ 934 579 205. www.hoteleuropark.com P
Hab. 105: 86/354 €. Suites: 2. Céntrico.
*** **NH Forum.** Ecuador, 20. ☎ 934 193 636. www.nh-hotels.com P
Hab. 47: 69/229 €. Suite: 1. Consultar ofertas. Cercano al Palacio de Congresos, recinto ferial y Estación de Sants.
*** **NH Les Corts.** Travesera de Las Corts, 292. ☎ 933 220 811. www.nh-hotels.com P
Hab. 81: 86/221 €. Suites: 1. Consultar cierre. Junto al Centro Comercial L'Illa. Próximo a la Estación de Sants, Recinto Ferial y Estadio de fútbol.
*** **NH Numancia.** Numancia, 72-74. ☎ 933 224 451. www.nh-hotels.com P
Hab. 208: 59/229 €. Suites: 1.
*** **Wilson Boutique.** Avda. Diagonal, 568. ☎ 932 092 511 www.wilsonbcn.com P
Hab: 54: 80/130 €. Suites: 6. Céntrico. Reformado en 2008.
Hispano 7 Suiza. Sicilia, 255. ☎ 932 082 051 P
Apartamentos: 20: 120/300 €. Céntrico, junto a la Sagrada Familia. Restaurante LA CÚPULA.

Barco de Ávila, El (Ávila)

38 • F-3

A ÁVILA, 80 KM; MADRID, 200 KM; ALT. 1.009 M. POB. 2.750. 920 340 013.
GPS (40° 21' 24''N-5° 31' 29"O).

Fiestas: Del 21 al 25 de julio: Fiesta de los Quintos. Del 10 al 13 de agosto: Fiesta de S. Pedro del Barco. Del 6 al 7 de septiembre: Fiestas patronales en honor del Stmo. Cristo del Caño. Son famosas sus alubias.
Visitar: Castillo de Valdecorneja, s. XV. Iglesia de **La Asunción de Ntra. Señora**, Monumento Nacional, con Museo de Arte Sacro, s.s XIV y XV. Iglesia-Casa natal de S. Pedro del Barco. Puente Románico sobre el río Tormes. Conjunto Histórico-Artístico. Restos de Muralla. Casas de los Balcones y de la Recaudación. Centro Temático del Río Tormes. Senderismo. Zona de baño. Raftin, esquí.
Alrededores: PIEDRAHITA, a 21 km: Conjunto Histórico-Artístico. Palacio de los Duques de Alba, s. XIII. Iglesia parroquial de la Asunción, s. XIII. VALLE DEL JERTE, a 15 km. BÉJAR, a 27 km. Estación de esquí a 29 Km.

Hoteles

***** **Real de Bohoyo.** (En BOHOYO, a 10,5 km). Ctra. Navamediana, s/n. ☎. 920 347 231.
www.hotelrealdebohoyo.com P
Hab. 15: 108/436 €. Consultar ofertas. Restaurante ALFONSO XIII.
**** **Puerta de Gredos.** Ctra. de los Llanos, s/n. ☎ 920 345 171. www.izanhoteles.es
P
Hab. 50: 60/139 €. Próximo a la Sierra de Gredos. Conjunto histórico del s. XVIII. Restaurante TÉSERA.
*** **Real de Barco.** Ctra. Soria-Plasencia, km 337. ☎ 920 340 844. www.hotelrealdebarco.com
P
Hab. 90: 54/105 €. Suites: 4. Restaurante EL CASTILLO.

Barruera, Valle de Boí (Lleida)

14 • D-3

A LLEIDA, 148 KM. ALT. BARRUERA: 1.090 M. BOÍ: 1.500 M. POB. BARRUERA: 164. BOÍ: 204.
GPS (42° 30' 16''N-0° 48' 7"E).

Fiestas: 24 de junio: San Juan. Del 17 al 19 de agosto: Fiesta Mayor.
Visitar: Conjunto románico, Patrimonio de la Humanidad: St. Climen y Sta. María de Tahüll, St. Joan de Boí, Sta. Eulalia de Erill la Vall, St. Feliu de Barruera, La Natividad de Durro, St. Quic de Durro, Sta. María de Cardet, L'Assumpció de Coll. Centro de interpretación del románico en Erill la Vall.
Alrededores: Parque Nacional de Aigüestortes i Estany de S. Maurici. Balneario de Caldes de Boí.

Restaurantes

El Caliu. (En TAÜLL, a 10 km). Feixanes, 11. ☎ 973 696 212. www.elcaliutaull.com
Cierra martes excepto festivos; y noviembre. Vistas al Parque Nacional de Aigüestortes. Escudella, pollo de corral con setas, crema de limón. Menú 15 €. Precio medio 30 €.
Villa María. (En LLEPS, a 7 km). Ctra. Caldes de Boí, km 4,3. ☎ 973 691 029. www.restvillamaria.com
P
Cierra lunes excepto vísperas, festivos, julio y agosto; del 10 al 20 de junio y del 12 al 24 de septiembre. Local acogedor en el valle de Boí. Tartar de atún y esturión, solomillo con salsa de ceps, biscuit helado de guirlache. Menú 18 €. Precio medio 30 €. .

Hoteles

**** **Manantial.** (En CALDES DE BOI). Afueras, s/n. ☎ 973 696 230. www.calesdeboi.com
P
Hab. 92: 96/200 €. Suites: 7. Consultar cierre. Hotel Balneario, con 37 manantiales minero-medicinales. En el Pirineo junto al Parque Nacional de Aigües Tortes. Restaurante JEAN LUC.

Baza (Granada)

74 • B-2

A GRANADA, 107 KM; MADRID, 427 KM. ALT. 848 M. POB. 22.718. 958 861 325.
GPS (37° 29' 25''N-2° 46' 32"O).

Fiestas: Del 6 al 15 de septiembre: Feria de Baza. 6 de septiembre: El Cascamorras, Fiesta de Interés Turístico Nacional.
Visitar: Ciudad con pasado esplendor árabe del que conserva los restos de la Alcazaba, s.s XII-XVI. Palacio de los Enríquez s.XVI. Baños árabes de Marzuela, s XIII. Colegiata de Sta. María de La Encarnación s.s XVI-XVIII. Iglesias: de Santiago s.s XVI-XVII; de Los Dolores s.XVIII; de S. Juan. Iglesia y convento de la Merced s.s XVI-XVIII. Alhóndiga s.XVI-XVII. Pósito s. XVIII. Museo Arqueológico Municipal. Antiguas Carnicerías, s. XVI. Fuente de los Caños Dorados, s. XVII. Torre de la muralla de la Medina s.s. XIII-XVI. Embalse de Nagratín.
Alrededores: Parque Natural Sierra de Baza. Emplazamiento Arqueológico de Basti.

Restaurantes

La Curva. Ctra. de Granada, s/n. ☎ 958 700 002.
Mariscos y pescados frescos, tocinillo de cielo. Menú 10 €. Precio medio sin marisco 28 €.

Beasain (Guipúzcoa)

12 • C-1

A SAN SEBASTIÁN, 42 KM; MADRID, 420 KM. ALT. 179 M. POB. 13.557. 943 028 050.
GPS (43° 2' 48"N-2° 12' 21"O).

Fiestas: 5 de febrero: S. Martín de Loinatz. La Ascensión: 40 días después de Semana Santa.
Visitar: Conjunto Monumental de Igartza: Palacio construido en 1530, ejemplo excepcional de arquitectura en madera; crucero de 1599; puente del s. XVI; molino de Tres Piedras, reconstruido en 1740; su gran ferrería hidráulica de 1782 y la venta Dolarea de 1611. Iglesia parroquial s.s XVI-XVII. Basílica neoclásica de S. Martín de Loinatz. Parque de Sagastigutia. Monte Morumendi. Río Oria.
Alrededores: ORDIZIA.

Restaurantes

® **Rubiorena.** Zaldizurreta, 7. ☎ 943 885 760.
Cierra noches de lunes a jueves; domingo y agosto. Carente de filigranas decorativas, la calidad está en su atractiva culinaria, de la mano de un cocinero de oficio como Gorka Salaberria. Postres sugerentes como la **copa de mamia, su helado y natillas de leche de oveja**. Menú 12 €. Precio medio 32 €.

Hoteles

*** **Castillo.** (En OLABERRIA). Ctra. Madrid-Irún, km 417. ☎ 943 881 958. www.hotelcastillo.info P
Hab. 38: 51/76 €. Suites: 2. Consultar cierre.

Begur/Bagur (Girona)

26 • C-2

A GIRONA, 46 KM; MADRID, 739 KM. ALT. 300 M. POB. 4.258. 972 624 520.
GPS (41° 57' 13''N-3° 12' 25"E).

Fiestas: Del 6 al 29 de junio: Fiesta Mayor de S. Pedro. Del 18 al 20 de septiembre: Fiesta Mayor Sta. Reparada. Agosto: Fiesta Mayor d' Escalanyà.
Visitar: Castillo medieval, s. IX. Torres de defensa, de los s.s XVI-XVII. Ermita de St. Ramón. Iglesia Parroquial de St. Pere, s. XVI. Casa de Americanos, de gusto marcadamente antillano. Casa de Carmen Amaya, hoy Centro Cultural. Playas y calas. Senderismo. Caminos de Ronda.
Alrededores: Calas de Aiguablava y Fornells, a 5 km. Calas de Aiguafreda y de Sa Tuna, a 4 km. Playa del Racó, a 4 km. Cala de Sa Riera, a 4 km. PALS, a 4 km. Playa nudista Illa Roja, a 4 km.

Restaurantes

Aigua-Blava. (H. AIGUA-BLAVA). Platja de Fornells, s/n. ☎ 972 622 058. www.aiguablava.com P
Cierra de noviembre a febrero. Comedor con vistas a la bahía. Ensalada de gambas de Palamós con timbal de tomate y cebolla, suprema de llobarro con patatas a la catalana, recuit con miel y membrillo. Precio medio 35 €.
Fonda Caner. Pi i Ralló, 10. ☎ 972 622 391. www.fondacaner.com
Cierra almuerzos de lunes a viernes excepto festivos, Semana Santa y agosto; y de noviembre a marzo. Atractivos menús (21 a 37 €) tradicionales de temporada ejecutados por su propietario Narcis Caner. Raviolis de salmón relleno de setas y queso de cabra, arroz mar y montaña con bogavante al estilo de la abuela, carro de pastelería artesanal. Precio medio 30 €.

Hoteles

**** **Aigua Blava.** Platja de Fornells, s/n. ☎ 972 624 562. www.aiguablava.com P
Hab. 81: 116/265 €. Suites: 4. Consultar cierre y ofertas. A orillas de la cala de Fornells, con amplias zonas ajardinadas y excelentes vistas.
**** **El Convent.** Ctra. del Racò, 2. ☎ 972 623 091. www.conventbegur.com P
Hab. 25: 110/270 €. Suite: 1. Cierra enero y febrero. Consultar ofertas. Convento del s. XVIII.
**** **Parador de Turismo.** Playa de Aiguablava, s/n. ☎ 972 622 162. www.parador.es P SPA
Hab. 78: 90/270 €. Lugar tranquilo y paradisíaco.

Béjar (Salamanca)

38 • E-3

A SALAMANCA, 70 KM; MADRID, 216 KM. ALT. 960 M. POB. 15.007. 923 403 005.
GPS (40° 23' 1"N-5° 45' 58"O).

Fiestas: Del 1 al 3 de mayo: Feria Chica. Junio: Corpus Christi, con los tradicionales «Hombres de Musgo» Del 5 al 9 de septiembre: Virgen del Castañar. Del 25 al 29 de septiembre: Ferias de S. Miguel.
Visitar: Murallas árabes del s. XI. Palacio Ducal, renacentista del s. XVI. Iglesias de Santiago, románica; Sta. María, El Salvador y S. Juan, románicas de transición al gótico, s. XIII al XVI. Convento de S. Francisco. Museo Mateo Hernández de escultura. Museo Valeriano Salas. Museo Taurino. Plaza de Toros, considerada la más antigua de España. Rutas: Sierra de Béjar, en bicicleta, por la comarca. Estación de esquí.
Alrededores: Parajes del Castañar, de La Peña de La Cruz y de la Fuente del Lobo. Llano Alto. Monte Mario.

Restaurantes

Artesa. (En CANDELARIO, a 12 km). Mayor, 57. ☎ 923 413 111. www.artesa.es
Cierra de lunes a jueves excepto verano, y primera quincena de julio. Antigua casa chacinera reformada. Ensalada templada de boletus con jamón ibérico, tataki de lomo de venado; mango, mascarpone y azafrán. Menú 14 €. Precio medio 30 €.
La Plata. (Antigua Ctra. N-630). Recreo, 93. ☎ 923 400 282. www.restaurantelaplata.com
Cierra segunda semana de enero. Paté de farinato, carne de morucha, chocolate en diferentes texturas. Menú 10 €. Precio medio 30 €.

Hoteles

*** **Colón-Spa.** Colón, 46. ☎ 923 400 650. www.hotelcolonbejar.com SPA
Hab. 74: 50/90 €. Restaurante LAS BÓVEDAS.
*** **Hospedería Real de Béjar.** Pza. de La Piedad, 34. ☎ 923 408 494. P
Hab. 14: 50/100 €. Suites: 7. Consultar cierre y ofertas. Céntrico. Restaurante PIEL DE TORO.

Belmonte (Cuenca)

49 • D-3

A CUENCA, 95 KM; MADRID, 160 KM. ALT. 710 M. POB. 2.251. 967 170 741.
GPS (39° 33' 33''N-2° 42' 34"O).

Fiestas: 15 de mayo: Romería de S. Isidro. Del 23 al 28 de agosto: Ferias de S. Bartolomé Apóstol: Toros. Del 8 al 11 de septiembre: Virgen de Gracia, fiestas patronales.
Visitar: Monumentos Nacionales: Castillo gótico-mudéjar, s. XV, y Colegiata, con obras del s. XV al XVIII. Conjunto Histórico-Artístico: recinto amurallado con tres puertas, s. XV. Palacio Infante D. Juan Manuel. Conventos Franciscanos Jesuitas. Ermita Virgen. Museo de las Cosas del Pueblo. Casa natal de Fray Luis de León. Rutas en Mountain Bike.
Alrededores: VILLAESCUSA DE HARO, a 6 km: Iglesia de S. Pedro, retablo. Parque Arqueológico Segóbriga, a 35 km. MOTA DEL CUERVO, a 17 km: Molinos del viento.

Hoteles

*** **Mesón Don Quijote.** (En MOTA DEL CUERVO, a 17 km). Mesón, 2. ☎. 967 180 200
www.mesondonquijote.com P
Hab. 35: 40/110 E. Suites: 1. Consultar ofertas. En el corazón de la ruta del Quijote. Cocina típica manchega.

** **Palacio Buenavista Hospedería.** José Antonio González, 2. ☎ 967 187 580. www.palaciobuenavista.es
Hab. 32: 40/80 €. Suites: 4. Edificio del s. XVI, junto a la Colegiata y con vistas al castillo. Restaurante con platos típicos.

Bembrive (Pontevedra) Ver Vigo. 17 • D-1

Benahavís (Málaga) Ver San Pedro de Alcántara. 77 • C-3

Benalmádena (Málaga) 77 • E-3

A MÁLAGA, 20 KM; MADRID, 580 KM. ALT. 280 M. POB. 58.854. 952 442 494.
GPS (36° 35' 41''N-4° 34' 28"O).

Fiestas: Junio: Corpus Christi, alfombra de flores. Del 24 al 29 de junio: Feria de S. Juan. Del 16 al 18 de julio: Veladilla de la Virgen del Carmen. Del 11 al 15 de agosto: Feria y fiestas en honor a la Virgen de La Cruz.
Visitar: Castillo Bil-Bil, de estilo árabe, al borde del mar. Museo Arqueológico: Colección de Arte precolombino. Torres de Vigía, s. XVIII. Casa del Artesano. La "Stupa de la Iluminación", el mayor templo budista de Europa. Centro de exposiciones Benalmádena Costa. Parque de atracciones Tívoli Word. Parque submarino Sealife. Puerto Marina. Puerto deportivo, centro de ocio y restauración, galardonado con el premio "Mejor Marina del Mundo". Selwo Marina: Parque Marino con delfinario y pingüinario de hielo.
Alrededores: Costa del Sol.

Restaurantes

Casa Fidel. (En BENALMÁDENA-PUEBLO). Maestra Ayala, 1. ☎ 952 449 165.
Cierra almuerzos excepto domingos en invierno; martes, del 1 al 17 de agosto y del 24 de diciembre al 8 de enero. Casa antigua con patio. Arroz cremoso con setas, gamba y jamón; perdiz al vino de Málaga, tarta de chocolate. Menú 25 €. Precio medio 30 €.
El Balcón (Escuela de Hostelería). (En BENALMÁDENA-PUEBLO). (H. LA FONDA). Santo Domingo de Guzmán, s/n. ☎ 952 568 625. www.laconsula.com
Cierra noches, sábado, domingo, festivos, Semana Santa, agosto y Navidad. Acreditada escuela de hostelería en la que los alumnos cocinan bajo la dirección de Antonio Pedraza. Raviolis de queso de cabra malagueña, darne de pargo y cigalas, crujiente de quinoa y lágrima de zanahoria. Precio medio 35 €.
Los Mellizos (Marisquería). (Pol. Ind. Arroyo de la Miel). Pacharán, 49. ☎ 952 440 888. www.losmellizos.net
Cierra noches. Lonja de pescado, restaurante a partir de las 13. 00 h. con arroces marineros, frituras de pescado y mariscos. Precio medio 20 €.

Hoteles

***** **Hotel Casino Torrequebrada.** Avda. del Sol, s/n. ☎ 952 446 000.
Hab. 350: 205/246 €. Casino, flamenco y show internacional.
**** **Alay.** (Puerto Marina Benalmádena-Costa). Avda. Alay, 5. ☎ 952 441 440. www.hotelalay.com
Hab. 246: 60/140 €. Junto al paseo marítimo.
**** **Riviera.** Avda. Antonio Machado, 49. ☎ 952 441 240. www.medplaya.com
Hab. 189: 64/173 €. En primera línea de playa.
*** **La Fonda.** Santo Domingo de Guzmán, 7. ☎ 952 569 047. www.lafondabenalmadena.es
Hab. 28: 60/150 €. Suites: 4. Céntrico. Hotel diseñado por César Manrique. Restaurante EL BALCÓN.

Benasque (Huesca) 14 • C-3

A HUESCA, 150 KM; MADRID, 545 KM. ALT. 1.140 M. POB. 2.200. 974 551 289.
GPS (42° 36' 18''N-0° 31' 22"E).

Fiestas: 30 de junio: San Marcial. Tradicional «Ball de Benas».
Visitar: Casco antiguo con sus casas solariegas. Destacan, el Palacio de los Condes de Ribagorza, Torreón de Juste. Iglesia del s. XIII. Parque Natural Posets-Maladeta. Deportes de aventura. Senderismo. Esqui.
Alrededores: ANCILES, a 1 km; CERLER, a 4 km. PICO ANETO, cumbre más alta de los Pirineos con 3.404 m.

Restaurantes

Ansils. (En ANCILES, a 1 km). General Ferraz, 6. ☎ 974 551 150.
Cierra de lunes a viernes en temporada baja, martes en invierno, y segunda quincena de septiembre. "Recao" de Ansils (potaje típico), perdiz con setas de temporada, candy de Anciles. Precio medio 25 €.
El Fogaril. (H. CIRIA). Avda. de los Tilos, s/n. ☎ 974 551 080. www.hotelciria.com
Cierra 15 días en primavera y en otoño. El Fogaril - en el habla del valle, el Hogar- ofrece reparadoras comidas a turistas, esquiadores y montañeros. Carta desde las migas al ternasco. Menú 20 €. Precio medio 40 €.

Hoteles

*** **Ciria.** Avda. de los Tilos, s/n. ☎ 974 551 612. www.hotelciria.com
Hab. 36: 71/100 €. Suites: 2. Consultar cierre y ofertas. En la entrada del Parque Nacional Posets-Maladeta. Restaurante EL FOGARIL.
*** **Evenia Monte Alba.** (En CERLER). Parcela 12, s/n. ☎ 974 551 136. www.eveniahotels.com
Hab. 131: 70/240 €. Cierra del 15 de abril al 25 de junio y del 10 de septiembre al 3 de diciembre. A pie de pistas.
*** **Gran Hotel Benasque Spa.** Pasaje de Anciles, 5. ☎ 974 551 011. www.hotelesvalero.com
Hab. 67: 63/104 €. Suites: 2. Consultar cierre y ofertas. Piscina climatizada. Restaurante CASA VALERO
*** **San Antón.** Pº de Eriste, s/n. ☎ 974 551 611. www.san-anton.com
Hab. 34: 45/120 €. Restaurante EL RINCÓN DEL POC.
*** **San Marsial.** Avda. Francia, 75. ☎ 974 551 616. www.hotelsanmarsial.com
Hab. 5: 40/200 €. Apartamentos: 12. Consultar cierre. Muy acogedor.

Benavente (Zamora) 19 • E-2

A ZAMORA, 65 KM; MADRID, 259 KM. ALT. 744 M. POB. 19.600. 980 634 211.
GPS (42° 0' 10"N-5° 40' 31"O).

Fiestas: Del 30 de abril al 2 de mayo: Fiestas de «La Veguilla». Del 20 al 25 de junio: Fiesta del «Toro Enmaromado» de Interés Turístico Regional. Del 2 al 4 septiembre: Ferias. Del 23 al 25 de septiembre: Feria del Pimiento.
Visitar: Iglesia de Sta. María del Azogue, románica, s. XII. Iglesia de S. Juan del Mercado, románica, s. XII. Torre del Caracol, gótica y renacentista, s.XVI. Hospital de la Piedad, renancentista, s. XVI. Casa de Soledad González, modernista, s. XX. Teatro Reina Sofía (1928). Parque la Pradera. Jardines de la Mota. Bodegas. Centro de Interpretación de los Ríos.

Alrededores: STA. MARTA DE TERA, a 25 km: Iglesia románica, s.s XI-XII. STA. COLOMBA DE LAS CARABIAS, a 12 km: Artesonado mudéjar. Ruta arqueológica de los valles: Manganeses de la Polvorosa (Aula arqueológica), MORALES DE REY: Dólmen. ROSINOS DE VIDRIALES: Campamento romano. SANTIBÁÑEZ DE VIDRIALES: Centro de Interpretación. ARRABALDE: Castro Celta. Granja de Moreruela, a 26 km: Monasterio cisterciense.

Restaurantes

® **Cecilio Lera.** (En CASTROVERDE DE CAMPOS, a 36 km). (H. RURAL POSADA DE LOS FRAILES). Las Bodegas, s/n. ☎ 980 664 600. www.restaurantelera.com ❄ P
Cierra lunes. Hotel rural con 10 habitaciones en el que se disfruta la calidad culinaria del joven Luis Alberto Lera. **Verduras de Tierra de Campos, pichones estofados, peras al vino blanco**. Precio medio 35 €.
☼ **El Ermitaño.** Ctra. N-630, Benavente-León, km 1,2. ☎ 980 632 213. www.elhermitano.com
❄ P
Cierra domingo noche, lunes excepto festivos, y del 24 de diciembre al 14 de enero. El bucólico entorno acompaña este Ermitaño de los hermanos Pérez Alonso. Se disfruta desde el **arroz de pueblo con chorizo, jamón, ternera y manitas de cerdo guisadas** y los **pichones de nido escabechados,** a la espléndida oferta de **quesos de vaca, cabra y oveja** de la tierra. Menú 18 €. Precio medio 42 €.
Mesón del Abuelo. Avda. El Ferial, 126. ☎ 980 634 414. www.grupohlt.com ❄
Comedor reformado de estilo minimalista. Cardo con almejas, lechazo asado, mousse de limón. Menú 20 €. Precio medio 36 €.
® **Mesón del Labrador.** (En CASTROVERDE DE CAMPOS, a 36 km). Doctor Corral, 27. ☎ 980 664 653. www.restaurantelera.com ❄
Cierra martes y primera quincena de septiembre. Todo un referente de la cocina castellana, en un rústico local de la mano ejecutora de Cecilio Lera. **Alubias con liebre, pichones de Tierra de Campos estofados, peras al vino blanco**. Menú 15 €. Precio medio 35 €.

Hoteles

**** **Parador de Turismo.** Paseos de la Mota, s/n. ☎ 980 630 300. www.parador.es ❄
Hab. 38: 102/160 €. Suites: 2. Consultar ofertas. Castillo-Palacio renacentista, sede de las Cortes de Castilla en 1202. Se conserva la "Torre del Caracol" con artesonado mudéjar. Rutas: arqueológica, naturaleza, ríos. Restaurante PIMENTEL, cocina regional.
*** **Santiago.** Avda. Maragatos, 34. ☎ 980 635 037. www.grupohlt.com ❄ P
Hab. 29: 51/80 €. Suites: 1. Céntrico.

Benicarló (Castellón de la Plana)

43 • C-3

A CASTELLÓN, 75 KM; MADRID, 487 KM. ALT. 21 M. POB. 26.655. 964 473 180.
GPS (40° 25' 6"N-0° 25' 19"E).

Fiestas: 17 de enero: S. Antonio. Tercera semana de enero: Fiesta de la Alcachofa. 19 de marzo: Fallas. 9 de mayo: Romería de S. Gregorio. 24 de agosto: S. Bartolomé, patronales, "Toros al Mar".
Visitar: Iglesia del s. XVIII. Poblado Ibérico y Museo Arqueológico. Puerto pesquero y deportivo.
Alrededores: PEÑÍSCOLA, a 7 km. Parque Natural Delta del Ebro, a 40 km.

Restaurantes

Chuanet. Avda. Papa Luna, s/n. ☎ 964 471 772. www.rincondechuanet.com ❄ P
Cierra domingo noche y lunes, excepto festivos. Cocina marinera frente al mar. Arroz de pobre, raya a la marinera, helado de queso. Menú 25 €. Precio medio 35 €.
El Cortijo Hermanos Rico. Avda. Méndez Núñez, 85. ☎ 964 470 075. www.elcrotijobenicarlo.com ❄
Cierra noches de domingo y lunes. A cien metros del puerto pesquero con cocina a tono. Arroz con langosta, parrillada de pescados y mariscos, naranja al Grand Marnier. Precio medio 40 €.

Hoteles

**** **Parador de Turismo** Avda. Papa Luna, 5. ☎ 964 470 100. www.parador.es ❄ P
Hab. 10: 102/160 €. Junto al mar, en un oasis fresco y acogedor, una escala para quien viaja por las rutas del Mediterráneo. Buffet desayunos.

Benicàssim/Benicasim (Castellón de la Plana)

43 • B-4

A CASTELLÓN, 12 KM; MADRID, 440 KM. ALT. 15 M. POB. 18.098. 964 300 102.
GPS (40° 3' 22"N-0° 3' 52"E).

Fiestas: 17 de enero: «La Cremá de les Fogueres» y «La Coqueta», en honor a S. Antonio Abad y Sta. Águeda. Del 14 al 17 de Julio: Festival Internacional. Julio: Festival de jazz y ciclo de música sacra. Julio y agosto: actividades turísticas, verbenas, vaquillas, exposiciones. 16 al 19 de julio: Festival Internacional de Benicàssim. Agosto: Festival de Habaneras. Bailes de Salón. Final de agosto: Certamen Internacional de Guitarra «Francisco Tárrega». 22 de septiembre: Fiestas de Sto. Tomás de Villanueva.
Visitar: Torre S. Vicente, s. XVI. Iglesia parroquial, s. XVIII. Monasterio de los Padres Carmelitas, s. XVII, Museo Arte Sacro. Bodegas Carmelitano: Destilería artesanal de licores. Ruinas del Castillo de Montornés, s. XI. Ruta de las Villas. Plaza del Trenet. Playas. Micro reserva floral de las Agujas de Santa Águeda (540 m). Vía verde del Mar. Vela. Rutas de bicicletas.
Alrededores: Desierto de las Palmas: Parque Natural. Vista panorámica.

Restaurantes

Voramar. (H. VORAMAR). Pº Pilar Coloma, 1. ☎ 964 300 150. www.voramar.net ❄ P
Frente al mar cocina marinera sin complicaciones. Arroces, pescados y cilindro de chocolate. Menú 20 €. Precio medio 25 €

Hoteles

**** **Intur Orange.** Avda. Gimeno Tomás, 9. ☎ 964 394 400. www.intur.com ❄ P
Hab. 413: 136/200 €. Suites: 2. Desayuno incluido. Consultar cierre. Restaurante EL GALEÓN.
**** **Termas Marinas El Palasiet.** Pontazgo, 11. ☎ 964 300 250. www.palasiet.com
❄ P
Hab. 70: 146/221 €. Suites: 4. Cierra enero y febrero. Consultar ofertas. Centro de talasoterapia.
enero y febrero. Consultar ofertas. Centro de talasoterapia.
*** **Voramar.** Pº Marítimo Pilar Coloma, 1. ☎ 964 300 150. www.voramar.net ❄ P
Hab. 56: 51/145 €. Suites: 2. Restaurante VORAMAR.

Benidorm (Alicante)

68 • B-1

A ALICANTE, 42 KM; MADRID, 453. ALT. 15 M. POB. 73.948. 966 808 934.
GPS (38° 32' 12''N-0° 7' 49"O).

Fiestas: 19 de marzo: S. José "Fallas". 24 de junio: S. Juan, «Fogueres». Septiembre-octubre: Moros y Cristianos. Del 13 al 14 de noviembre: Fiestas mayores patronales.

Visitar: Casco Antiguo. Mirador del Castillo. Isla de Benidorm. Terra Mítica: parque temático que recrea las civilizaciones más antiguas y legendarias del Mediterráneo con amplia oferta gastronómica y espectáculos. Terra Natura: Parque Temático de animales. Aqualandia: parque acuático. Mundomar: parque de animales marinos.
Alrededores: ALTEA, a 10 km. CALLOSA D'ENSARRIA, a 15 km. Fuentes del Algar.

Restaurantes

®**Art a la Cuina.** Avda. Marina Baixa, 5. ☎ 965 866 316. www.artlacuina.com
Basilio Corral pionero en dignificar, desde hace un lustro, la imagen gastronómica del "Manhattan" levantino. **Langostinos en tempura, cabrito con parmesano, trufa de chocolate**. Precio medio 35 €.
Belvedere. (Playa de Levante). (H. MADEIRA CENTRO). Esperanto, 1. Planta 21. ☎ 966 830 418. www.belvederebenidorm.com P
Cierra lunes y tres últimas semanas de enero. Pedro Gras potencia el nivel gastronómico de la villa desde la planta 21 del hotel. Velo de tomate con salazones alicantinos, salmonete de roca con alcachofas, habitas tiernas y guisantes, alborada 2010 (explosión de colores y sabores dulces). Menú 30 €. Precio medio 45 €.
Ca l'Ángeles. (En POLOP, a 10 km). Gabriel Miró, 12. ☎ 965 870 226.
Cierra noches excepto en verano, viernes y sabádos en invierno; y martes. Arroz meloso de raya, cabritillo con almendras, helados artesanos. Precio medio 40 €.
El Xato. (En LA NUCIA, a 10 km). Iglesia, 3. ☎ 965 870 931. www.elxato.com
Cierra noches desde el 15 de septiembre al 30 de junio, excepto viernes, sábado y vísperas de festivo; domingo noche, lunes y una semana a finales de junio. Sabores autóctonos bajo el prisma de la modernidad. Crujiente de tostón ibérico con boniato, flan de queso. Precio medio 27 €.
Ulía. (La Cala-Playa de Poniente). Avda. Vicente Llorca Alós, 15. ☎ 965 856 828.
Cierra domingo noche, lunes y del 22 de diciembre al 22 de enero. Cocina marinera y más de veinte arroces y platos marineros actualizados. Biscuit de turrón como dulce final. Precio medio sin marisco 30 €. La alternativa de tapas y picaetas diferentes en ULÍA TABERNA (Avda. Mont Benidorm, 11. ☎ 966 807 023). En primera línea de playa.

Hoteles

***** **Barceló Asia Gardens.** Rotonda del Fuego, Área del Parque Temático, s/n. ☎ 966 818 400. www.asiagarden.es P
Hab. 312: 210/384 €. Suites: 19. Consultar ofertas. Diseño asiático. Rodeado de frondosos jardines. Restaurantes UDAIPUR, IN BLACK, KOH SAMNI y PALAPA.
***** **Resort Gran Hotel Villaitana.** Avda. Alcalde Eduardo Zaplana, 7. ☎ 966 815 000. www.villaitana.com P
Hab. 455: 115/365 €. Suites: 127. Consultar ofertas y tarifas de SPA. Restaurantes INDIGO, S'AIGUA, LOS NARANJOS y CASA VERDE.
**** **Agir.** Avda. Mediterráneo, 11. ☎ 965 855 162. www.hotelagir.com P
Hab. 76: 115/250 €. Suites: 16. A 50 m de Playa Levante.
**** **Best Western Victoria.** Emilio Ortuño, 20. ☎ 965 853 900. www.bestwesternvictoria.com P
Hab. 132: 63/174 €. Suites: 16. Consultar cierre. Céntrico. A 300 m de Playa Levante. Restaurante DON JAIME.
**** **Cimbel.** Avda. Europa, 1. ☎ 965 852 100. www.hotelcimbel.com P
Hab. 152: 58/190 €. Suites: 2. Primera línea de playa.
**** **Gran Hotel Bali.** Luis Prendes, 4. ☎ 966 815 200. www.granhotelbali.com P
Hab. 764: 68/162 €. Suites: 12. Es el hotel más alto de Europa, con vistas al mar. Mármol, acero y cristal en 52 plantas. Restaurantes XALOC y GREGAL.
**** **Gran Hotel Delfín.** Avda. Vicente Llorca Alós, 19. La Cala de Benidorm. ☎ 965 853 400. www.granhoteldelfin.com P
Hab. 92: 69/171 €. Suites: 1. Consultar cierre y admisión de perros. Situado al borde de la playa. 7.000 m² de jardines tropicales donde disfrutar de tranquilidad y descanso.
**** **Mediterráneo Benidorm.** Avda. Severo Ochoa, 16. ☎ 966 889 353. P
Hab. 175: 60/160 €. Suites: 2. Restaurante RIU-RAU.
**** **Meliá Benidorm.** Avda. Severo Ochoa, 1. ☎ 966 813 710. www.solmelia.com P
Hab. 520: 106/198 €. Suites: 2. Restaurante EL CURT.

Benissa/Benisa (Alicante)

60 • E-4

A ALICANTE, 75 KM; MADRID, 458 KM. ALT. 275 M. POB. 14.000. 965 732 225.
GPS (38° 42' 57''N-0° 3' 8"E).

Fiestas: Del 15 al 31 de enero: Fira i Porrat de St. Antoni. Del 24 de abril al 1 de mayo: Puríssima Xiqueta, patronales. Del 25 al 29 de junio: Moros y Cristianos. 26 de julio: Romería a la ermita de Sta. Ana.
Visitar: Centro Histórico Medieval. Monumento al Riberero. Iglesia de La Puríssima Xiqueta, neogótica. Convento de los Padres Franciscanos, s. XVII. Casa-museo Abargues, s. XVIII. Calles: Desamparats y Puríssima. Playas y calas. Paseos ecológicos. Rutas de senderismo. Puerto deportivo. Golf.
Alrededores: Paraje de la Sierra de Bérnia. Ermitas. Paseo Ecológico. Calas.

Restaurantes

Casa Cantó. Avda. País Valenciá, 237. ☎ 965 730 629. www.casacanto.com P
Cierra domingo y del 8 al 28 de noviembre. El buen oficio de la familia Ivars para la cocina comarcal convence a todo tipo de paladares. **Salazones alicantinos con tomates secos, suquet de dentón, pastel de membrillo con queso**. Bonitas vistas desde su gran ventanal. Menú 27 €. Precio medio 45 €.

Hoteles

*** **Casa del Maco.** Pou Roig, 15. ☎ 965 732 842. www.casadelmaco.com P
Hab. 4: 78/131 €. Cierra enero. Caserío rústico del s. XVIII.

Benissanó/Benisanó (Valencia) Ver Lliria.

51 • B-3

Bentraces (Ourense) Ver Ourense.

8 • A-4

Berantevilla (Álava)

11 • F-3

A VITORIA, 29 KM; MADRID, 327 KM. ALT. 479 M. POB. 438.
GPS (42° 40' 56''N-2° 51' 42"O).

Fiestas: 7-10 Septiembre, Ntra. Sra. de la Asunción.
Visitar: Iglesia de La Asunción. Rutas turísticas. Senderismo.
Alrededores: Río Ayuda. ARMIÑÓN: Palacio de los Montoya. ESTAVILLO: Iglesia de S. Andrés. LANTARÓN: Torres Medievales. SOBRÓN: Parque Aventura. Río Ebro.

Restaurantes

Lola. Mayor, 26. ☎ 945 337 062. www.restaurantelola.net
Cierra noches de domingo a jueves, y del 22 de diciembre al 5 de enero. Cocina creativa de la mano de Alberto Molinero. Timbal de manzana y foie-gras caramelizado, presa ibérica adobada a la brasa, hojaldre de plátano y nuez. Precio medio 40 €.

Berga (Barcelona) 25 • C-1

A BARCELONA, 117 KM; MADRID, 627 KM. ALT. 715 M. POB. 17.072. 938 211 384.
GPS (42° 6' 4"N-1° 50' 34"E).

Fiestas: Del 10 al 14 de junio: «La Patum», fiesta declarada Patrimonio Oral e Inmaterial de la Humanidad. 18-19 de julio: Els Elois. 3-4 de octubre: Fiesta dels Bolets.
Visitar: Barrio viejo. Iglesia de Pedret, s.s IX-X. Santuario de Queralt. Museo Comarcal. Museo del Circo. Centros de Interpretación de Berga la Natura. Senderismo y turismo cultural.
Alrededores: Parque Natural Cadí-Moixeró, a 25-30 km. Lago de Graugés, a 3 km. RASOS DE PEGUERA, a 15 km: Estación de Esquí. Santuario de Queralt. Iglesia de Pedret.

Restaurantes

Els Casals. (En SAGÀS, a 20 km). Els Casals, s/n. ☎ 938 251 200. www.hotelscasals.com
Cierra noches de domingo a jueves, excepto verano; lunes y martes excepto festivos, vísperas y verano; del 3 al 26 de enero y del 20 al 28 de septiembre. Los Rovira se sienten payeses y han hecho de Els Casals un templo culinario excepcional. Toda la familia participa del proceso de producción de una gran parte de la materia prima, base de la gustosa culinaria que elabora Oriol Rovira. Precio medio 53 €.

Estany Clar. (En CERCS, a 5 km). Ctra. C-16, Berga-Bagá, km 99,4. ☎ 938 220 879. www.estanyclar.com
Cierra noches, lunes y Navidad. Dulce de cebolla con bacalao, arroz de calamar con gambas de Palamós, tres flanes en red de caramelo, son algunas de las propuestas de Josep Xandri en su agradable y confortable masía. Precio medio 50 €.

Sala. Pº de la Pau, 27. ☎ 938 211 185. www.restaurantsala.com
Cierra domingo noche y lunes. Miquel Márquez es un cocinero que aúna experiencia y mucha profesionalidad, virtudes que consolidan esta casa como un indiscutible referente de la buena culinaria estacional. Menú 22 €. Precio medio 45 €.

Hoteles

** **El Blat.** (En TERRADELLES DE BAGÀ). Ctra C-16, km 116. ☎ 938 255 737. www.hotelelblat.com
Hab. 32: 40/60 €. Consultar cierre.

Bergara/Vergara (Guipúzcoa) 6 • B-4

A SAN SEBASTIÁN, 70 KM; MADRID, 399 KM. ALT. 155 M. POB. 14.707. 943 779 128.
GPS (43° 7' 5"N-2° 24' 53"O).

Fiestas: Pascua de Pentecostés. 16 de septiembre: S. Martín de Aguirre.
Visitar: Iglesia de Sta. Marina de Oxirondo, con imaginería de Luis Salvador Carmona. Parroquia de S. Pedro, y Cristo de la Agonía (de Juan de Mesa). Casa Consistorial y Conjunto Histórico Artístico de la Plaza S. Martín de Aguirre. Bajorrelieve germánico de la Casa de Jáuregui. Palacios renacentistas y barrocos del Casco Histórico Monumental. Hórreo de Agarre. Fachada plateresca de la Iglesia de S. Miguel de Angiozar. Valle del Deva. Recorridos: Los túmulos y la antigua vía del ferrocarril.
Alrededores: 11 Km. ZUMÁRRAGA: Ermita de la Virgen de la Antigua. AZPEITIA: Santuario de Loiola. AZKOITIA: Iglesia S. María la Real.

Restaurantes

Lasa. (Palacio Ozaeta). Zubiaurre, 35. ☎ 943 761 055. www.restaurantelasa.com
Cierra noches excepto viernes y sábado; lunes, Semana Santa y agosto. En el imponente Palacio Ozaeta remodelado en su día, Koldo Lasa tiene una culinaria que permanece firme al margen de los vaivenes de la moda. Impresionantes **ahumados caseros** y **turrones artesanales** en época navideña. Menús 25 y 31 €. Precio medio 40 €.

Hoteles

** **Ormazábal.** Barrenkalea, 11. ☎ 943 763 650. www.gratisweb.com/hotelormazabal
Hab. 13: 52/64 €. Suites: 1. En el centro histórico, en un edificio del s. XVIII.

Berlanga de Duero (Soria) Ver Burgo de Osma, El. 31 • F-1

Bermeo (Vizcaya) 6 • A-3

A BILBAO, 33 KM; MADRID, 444 KM. ALT. NIVEL DEL MAR. POB. 16.937. 946 179 154.
GPS (43° 25' 13''N-2° 43' 24"O).

Fiestas: 24 de junio: Romerías a la ermita de S. Juan de Gaztelugatxe. 29 de junio: S. Pedro, patrón del los «arrantzales» (pescadores). 22 de julio: Sta. María Magdalena, romería marítima a la isla de Izaro. 8 de septiembre: Festividad de Sta. María de Albóniga. 9 de septiembre: Día del «Arrantzale». 16 de septiembre: Festividad de Sta. Eufemia, feria agrícola-artesana, regatas, partidos de pelota.
Visitar: Iglesia Sta. Eufemia, gótica del s. XIV. Torre de Ercilla que alberga el Museo del Pescador. Claustro del Convento de los Franciscanos. Parque Natural de Urdaibai. Playas.
Alrededores: Alto de Sollube, a 5 km: Faro del Cabo Matxitxako. S. JUAN DE GAZTELUGATXE, a 8 km: Ermita y vistas.

Restaurantes

Jokin. Eupeme Deuna, 13. ☎ 946 884 089. www.restaurantejokin.com
Cierra noches de lunes a jueves excepto festivos en invierno; y domingo noche. Magníficas vistas al mar desde el puerto. Changurro al horno, lomos de merluza con cocochas y almejas, tarta selva negra. Menú 20 €. Precio medio 30 €.

Hoteles

** **Txaraka.** Almike Bidea, 7. ☎ 946 885 558.
Hab. 12: 55/75 €. Consultar cierre.

Besalu/Besalú (Girona) 26 • A-1

A GIRONA, 32 KM; MADRID, 743 KM. ALT. 151 M. POB. 2.265. 972 591 240.
GPS (42° 12' 0"N-2° 41' 51"E).

Fiestas: Del 5 al 6 de septiembre: Besalú medieval. Del 25 al 27 de septiembre: Fiesta Mayor.
Visitar: Población monumental. Conjunto arquitectónico s.s. X-XI. Iglesias de S. Pere, s. XI y de St. Vinceç, s. XI. Puente románico. Miqué (Baños judíos, s. XII). Senderismo. Rutas en bicicleta.
Alrededores: BANYOLES: Lago Olímpico. Monasterio Benedictino de S. Esteban, s. IX; Iglesia Sta. María Dels Turers, gótico s. XIII; Museo Arqueológico Comarcal; Lago de Banyoles de origen tectónico y cárstico. Parque Natural de la Garrotxa.

Restaurantes

Pont Vell. Pont Vell, 24. ☎ 972 591 027. www.restaurantpontvell.com
Cierra domingo noche en invierno, lunes noche, martes y del 20 de diciembre al 20 de enero. Coca de setas, queso brie y butifarra, conejo agridulce con pasas, piñones y manzana al horno como especialidad. Precio medio 30 €.

Hoteles

**** **Sant Ferriol.** (En SANT FERRIOL, a 12,2 km). Jardins de Sant Ferriol, s/n. ☎ 972 590 532. www.santferriol.com P
Hab. 14: 150/250 €.
*** **Els Jardins de la Martana.** Pont, 2. ☎ 972 590 009. www.lamartana.com
Hab. 10: 70/126 €. Consultar cierre. Ubicado al pie del puente románico. Rodeado de bellos jardines.

Betanzos (A Coruña)

1 • F-3

A LA CORUÑA, 24 KM; MADRID, 550 KM. ALT. 20 M. POB. 13.680. 981 770 100.
GPS (43° 16' 52''N-8° 12' 42"O).

Fiestas: Carnavales: Entierro de la Sardina. Del 10 al 12 de julio: Fiesta Medieval. Del 14 al 25 de agosto: S. Roque, patronales, de Interés Turístico Nacional. 8 de septiembre: Romería y procesión Os Remedios. 15 de septiembre: Fiesta de la Tortilla.
Visitar: Casco Histórico, declarado Conjunto Histórico Artístico. Iglesias de S. Francisco, Sta. María do Azougue y Santiago, gótico gallego de los s.s XIV-XV. De los s.s XIII-XV son las puertas de la muralla: Porta da Vila, Da Ponte Vella, Do Cristo y Da Ponte Nova. Casas góticas de la Rúa da Cerca. Palacio de Bendaña y Palacio y Torre de Lanzós. Torre del Reloj. Convento de las Agustinas Recoletas, s. XVII. Antiguo Hospital de la Anunciata y la Casa Consistorial, neoclásica, construida sobre la anterior renacentista. Iglesia de Sto. Domingo, s.s XVI-XVIII. Museo das Mariñas. Hospital de S. Antonio, s.XVII, hoy juzgados. Edificio Archivo. Colegio de Huérfanas. Parque Pedagógico Recreativo «El Pasatiempo», único en Galicia.
Alrededores: BERGONDO, a 8 km: Iglesia de S. Salvador, s. XVIII, románica. Pazo de Mariñán. Monasterio de S. Félix de Monfero, s. XII. Monasterio de Sobrado dos Monxes, s.s X-XVII. Iglesias románicas de: Pontellas, Tiobre, Brabio, Colantres, Espenuca, Coiros, etc.

Restaurantes

® **La Casilla.** Ctra. de Castilla, 90. ☎ 981 770 161. www. P
Cierra domingos noche, lunes, primera semana de septiembre y 20 días en noviembre. Casa de muy larga historia, cuya insignia es, desde siempre, la **tortilla de patatas** abundante en huevo, poco hecho. Además, **callos, carne asada, filloas**. Menú 15 €. Precio medio 30 €.
La Penela. Ferradores, 21. ☎ 981 773 127. www.lapenela.com
Cierra lunes y del 10 al 24 de enero. Oferta tradicional gallega. Tortilla de Betanzos, ternera asada, tarta de queso. Precio medio 20 €.
San Andrés. Los Ángeles, 4. ☎ 981 772 044.
Cierra domingos noche, lunes y del 20 de diciembre al 4 de enero. Cocina sobre productos gallegos. Chipirones y mariscos de la ría, pescados al horno, almendrados de Betanzos. Precio medio sin marisco 30 €.

Hoteles

*** **Complejo San Roque.** Ctra. de Castilla, 38. ☎ 981 775 555. www.complejosanroque.es P
Hab. 30: 42/80 €. Consultar ofertas. Restaurante OS CANEIROS.

Bétera (Valencia) Ver Lliria.

51 • C-3

Bielsa (Huesca)

14 • B-3

A HUESCA, 150 KM; MADRID, 549 KM. ALT. 1.026 M. POB. 508. 974 501 127.
GPS (42° 38' 1"N-0° 13' 2"E).

Fiestas: Febrero: Carnavales.
Visitar: Casa Consistorial, s. XVI. Plaza Mayor. Museo Etnológico. Iglesias, s. XVI. Valle de Bielsa, senderismo. Glaciar de Monte Perdido. Cascadas de Lalarri.
Alrededores: Aldeas, Valle de Pineta, Parque Nacional de Ordesa y Monte Perdido.

Hoteles

*** **Parador de Turismo.** Valle de Pineta, s/n. ☎ 974 501 011. www.parador.es P
Hab. 39: 50/160 €. Suites: 1. Consultar cierre y ofertas. Situado a la entrada del Parque Nacional de Ordesa y Monte Perdido. Restaurante MONTE PERDIDO, cocina aragonesa.

Bilbao (Vizcaya/Bizkaia)

5 • F-4

A MADRID, 395 KM. ALT. 17 M. POB. 355.000.
GPS (43° 15' 24''N-2° 55' 29"O).

Fiestas: Enero: Concierto del año nuevo, Cabalgata de Reyes. Febrero: Carnavales. Semana Santa. Mayo: Festival de Cine Fantástico. Junio: Noche Blanca. Julio: Bilbao BBK Live. 25 julio: Santiago, patrono de Bilbao. S. Ignacio, el día 31, patrono de Bizkaia. Agosto: Aste Nagusia o Semana Grande, que se inicia con la festividad de Ntra. Sra. de Begoña, patrona de Bizkaia. Octubre: Festival de Teatro y Danza Contemporánea. Noviembre: Festival Internacional de Cine Documental y Cortometraje. Diciembre: Feria de Sto. Tomás.
Visitar: Museo de Bellas Artes y el Museo de Arte Moderno refundidos en uno solo, uno de los primeros museos de España. Posee la única obra de Paul Gauguin que existe en museos españoles. **Museo Guggenheim**, edificio espectacular diseñado por Frank Gehry. Aparte de la colección propia, comparte con Nueva York y Venecia la más numerosa e importante colección privada de Arte Moderno y Contemporáneo del mundo. Museo Marítimo Ría de Bilbao. Museo Taurino.
El Casco Viejo, conjunto urbano declarado Monumento Histórico-Artístico. Catedral de Santiago, construida en gótico a finales del s. XIV, pero reconstruida tras un incendio en 1571, con un claustro gótico de 1404. **Iglesia de S. Antón**, gótica del s. XV, completada en el XVI y torre del XVIII. Tiene un pórtico de esquina renacentista y un campanario barroco del XVIII y esculturas de S. Pedro y S. Pablo atribuidas a Anchieta. Iglesia de S. Vicente Mártir, reconstruida en 1559 y ejemplo típico del gótico-vasco. Iglesia de **S. Nicolás de Bari**, de Ignacio Ibero, s. XVIII, con imágenes de Juan de Mena; **Iglesia de La Anunciación**, en el barrio de Atxuri, con portada barroca del XVII bajo un gran arco ojival. **Iglesia los Santos Juanes**, barroca.
Ciudad costera y reserva de la biosfera.

Alrededores: Vistas panorámicas del **Monte Artxanda. Basílica de Sta. María de Begoña.** La primitiva ermita se construyó, según la tradición, en el lugar donde se apareció la Virgen, patrona de Bizkaia desde 1738. La imagen de la Virgen es una preciosa talla en madera del s. XIII. GERNIKA-LUMO, a 33 km: Villa foral con su árbol centenario. BALMASEDA, a 29 km: Iglesias de S. Severino y S. Juan Bautista. Puente Viejo. Ermita del s. XI en el Monte Kolitza. GATIKA, a 12 km: Castillo de Butrón. URDAIBAI: Declarada por la Unesco reserva de la biosfera y Patrimonio de la Humanidad. Puente Colgante, Patrimonio de La Humanidad. S. JUAN DE GAZTELUGATXE, a 36 km: Ermita de S. Juan Bautista, s. X.

Restaurantes

Aizian. (H. SHERATON BILBAO). Lehendakari Leizaola, 29. ☎ 944 280 039. www.restuarante-aizian.com
P
Cierra domingo, Semana Santa y 15 días en agosto. Tradición y evolución se dan cita en los fogones del joven José Miguel Olazabalaga. **Taco de bacalao sobre jugo de vainas y manitas encebolladas, cabrito deshuesado con falso risotto de ajos tiernos y macadamias, torrija de pan caramelizada con helado de arroz con leche**. Precio medio 60 €.

Andra Mari. (En GALDAKAO, a 10 km). Bº Elexalde, 22. ☎ 944 560 005. www.andra-mari.com
P
Cierra noche de martes a jueves, lunes, Semana Santa y agosto. Andoni Arrieta mantiene en alto este acreditado restaurante de Roberto Asua. **Setas de temporada, falda de ternera en su jugo, bombón de chocolate y naranja con crema helada de caramelo**. Precio medio 55 €.

Arbolagaña. (Museo de Bellas Artes). Plaza Chillida, s/n. ☎ 944 424 657.
Cierra noches de domingo y martes, lunes, Semana Santa, segunda quincena de julio y navidades. Arbolagaña (sobre los árboles) hace honor a su nombre con una terraza acristalada sobre el parque de Doña Casilda. Carta cambiante de Aitor Basabe con pescados del día. Trampantojo de huevo y tocineta y un irreprochable milhojas de torta del Casar. Precio medio 50 €.

Aretxondo. (En GALDAKAO, a 10 km). Barrio Elexalde, 20. ☎ 944 567 671. www.restuarante-aretxondo.com
P
Cierra noches excepto sábado; lunes, primera quincena de enero y de agosto. Este caserío de Ricardo Asua en plena naturaleza es en ambiente, cocina y vinos, un lujo de los sentidos. La **merluza de Ondárroa** y la **degustación de chocolates** merecen la pena. Menú 16 €. Precio medio 50 €.

Azurmendi. (En LARRABETZU, a 15 km). Bº Legina, s/n. ☎ 944 558 866. www.azurmendi.biz
P
Cierra noches de lunes a jueves; domingo, Semana Santa, agosto y del 24 de diciembre al 6 de enero. Eneko triunfa en su restaurante familiar. El menú expone sus principales creaciones: **la huerta, rodaballo con estofado de setas y patata, chocolate "apasionado"**. Precio medio 60 €.

Baita-Gaminiz. (Bº Abando). Alameda Mazarredo, 20. ☎ 944 242 267.
Cierra noches de lunes y martes; domingo, Semana Santa, Pascua, y primera quincena de septiembre. Huevos rotos con pan de maíz tostado y panceta crujiente, todo tipo de bacalaos, tarta de queso y frutos rojos. Precio medio 50 €.

El Viejo Zortzi. Licenciado Poza, 54. ☎ 944 419 249. www.zortziko.es
Cierra domingo. Segunda casa de la familia García (Zortziko) reformada recientemente. Verduras asadas con bacalao, estofado de rabo de buey al tinto de Rioja. Precio medio 38 €. También ATEA (Paseo de Uribitarte, 4. ☎ 944 005 869. Cierra domingo noche y lunes). Inaugurado en 2010. Un rincón culinario alternativo con mesas corridas para degustar pinchos, raciones y platos de siempre. Precio medio 20 €.

Etxanobe. (Palacio Euskalduna). Avda. Abandoibarra, 4. ☎ 944 421 071. www.etxanobe.com P
Cierra domingo y del 1 al 15 de agosto. Elegante decoración con vistas a la ría. Gran cocina de Fernando Canales, secundado por Mikel Población. **Cremoso de trufa, entrecot de kobe asado, cremoso de chocolate**. Precio medio 65 €.

Gaminiz. (En ZAMUDIO, a 18 km). Parque Tecnológico. Ibaizábal, 212. ☎ 944 317 025. www.gaminiz.com
P
Cierra noches de lunes a jueves, domingo, Semana Santa, agosto y navidades. Caserío moderno y luminoso, en el que Aitor acierta tanto con los clásicos **bacalaos** como con sus propias creaciones. Excelentes postres. Gran atención en sala de su hermano Asier. Menú 24 €. Precio medio 48 €.

Gaztañaga. (En SONDIKA, a 10 km). Cerca del aeropuerto. Ctra. Txorierri etorbidea, 34. ☎ 944 531 510. www.restaurantegaztañaga.com
Cierra noches excepto viernes; sábado, domingo y agosto. Cocochas de merluza a la plancha, besugo a la bilbaína, tostada de bollo de leche. Precio medio 55 €.

Guggenheim Bilbao. (Museo Guggenheim). Avda. Abandoibarra, 2. ☎ 944 239 333. www.restauranteguggenheim.com
Cierra noches de martes y domingo, lunes y 15 días en navidades. La cocina vanguardista de Josean Martínez conjuga con el espectacular diseño arquitectónico de Frank Ghery. **Espárragos blancos con gel de cardamomo y naranja, rey al vapor con caldo de ajos silvestres y alcaparras de Ballobar, pera confitada con matices de avellana**. Precio medio 50 €.

Gure Kide. (Bº Indautxu). Estraunza, 4. ☎ 944 421 129. www.restaurantegoizeko.com
Cierra domingo. Cocina vasca tradicional. **Huevos escalfados con crema de patata y salsa de trufa negra, lubina al horno con txalepa de tomate, helado de pan de centeno**. Menú 36 €. Precio medio 50 €.

Guría. Gran Vía Don Diego López de Haro, 66. ☎ 944 415 780. www.restauranteguria.com
Cierra domingo noche. La tradición y el producto son la tónica de este mítico restaurante. **Delicias de verduras, bacalao, canutillos a la crema de queso**. Precio medio 60 €. En el bistró de la entrada buenos guisos y buen precio (34 €).

Mina. Muelle Marzana, s/n. ☎ 944 795 938.
Cierra domingo noches, lunes, martes, Semana de Pascua y tres semanas despues de la fiesta de Bilbao. Único menú degustación (50 €) de base tradicional.

Serantes I, II y III. Licenciado Poza, 16. ☎ 944 212 129. www.marisqueriaserantes.com
Cierra del 29 de agosto al 15 de septiembre. Alameda de Urquijo, 51. ☎ 944 102 699. Cierra del 24 de julio al 9 de agosto. Alameda Mazarredo, 75. ☎: 944 248 004. Cierra domingo y del 1 al 15 de julio. En todos, mariscos y pescados. Menú 17 €. Precio medio 55 €.

Taberna Rogelio. (Bº Basurto). Ctra. de Basurto-Kastrexana, 9. ☎ 944 273 021.
Cierra domingo, Semana Santa y del 24 de julio al 28 de agosto. Cerca del campo de futbol de San Mamés. Angulas y caza en temporada, ensalada de tomate con queso de cabra, besugo a la bilbaína, tarta de arroz. Precio medio 80 €.

Víctor. (Casco viejo). Zona peatonal. Pza. Nueva, 2. ☎ 944 151 678. www.restaurantevictor.com
Cierra domingo, 10 días en Semana Santa y segunda quincena de agosto. Un clásico de Bilbao. Bacalao, caza y la mítica tarta capuchina. Precio medio 42 €.

®**Yandiola.** Pza. Arrikibar, 4. ☎ 944 133 636.
Importante local con decoración actual dentro del edificio de la Alhóndiga, soberbiamente restaurado por Philippe Stark. Inaugurado en mayo de 2010. Llena casi todos los días con un exito inesperado. Platos tradicionales vascos y productos del país, bien tratados y muy bien resueltos, con modernidad y oficio. Postres atractivos. Buen servicio. Precio medio 55 €.

Zortziko. Alameda Mazarredo, 17. ☎ 944 239 743. www.zortziko.es
Cierra lunes, domingo y del 15 al 31 de agosto. Cocina clásica vasca con la creatividad de Daniel García. **Alcachofas estofadas con crujiente de alcachofa, pollo de caserío lacado con pan ácido de Tamarindo, manzana asada con salsa de queso a la vainilla**. Precio medio 75 €.

Hoteles

***** **Carlton.** Pza. Federico Moyúa, 2. ☎ 944 162 200. www.aranzazu-hoteles.com P
Hab. 142: 95/250 €. Suites: 7. Edificio declarado Monumento Arquitectónico Histórico y Cultural.

***** **Gran Hotel Domine Bilbao.** Alameda Mazarredo, 61. ☎ 944 253 300. www.granhoteldominebilbao.com
P
Hab. 145: 130/270 €. Suites: 14. Consultar ofertas. Diseñado por Javier Mariscal. Frente al Museo Guggenheim. Restaurante BELTZ THE BLACK.

***** **López de Haro.** Obispo Orueta, 2-4. ☎ 944 235 500. www.ercillahoteles.com P
Hab. 53: 100/280 €. Suite: 1. Edificio histórico. En el centro comercial. Restaurante CLUB NAÚTICO.

***** **Meliá Bilbao.** Lehendakari Leizaola, 29. ☎ 944 280 000. www.melia-bilbao.com P
Hab. 211: 99/270 €. Suites: 21. Restaurantes AIZIAN y QUATRE.

**** **Abando.** Colón de Larréategui, 9. ☎ 944 236 200. www.hotelabando.com
Hab. 143: 60/170 €. Suites: 3. Céntrico y moderno. Restaurante EPAIA.
**** **Barceló Avenida.** Avda. Zumalacárregui, 40. ☎ 944 124 300. www.barceloavenida.com
Hab. 189: 70/200 €. Suites: 3. Consultar ofertas. Junto a la Basílica de Begoña. Resataurante SARASATE.
**** **Ercilla.** Ercilla, 37-39. ☎ 944 705 700. www.ercillahoteles.com
Hab. 325: 75/230 €. Suites: 3. En el centro comercial y financiero. Restaurante BERMEO, buena cocina vasca.
**** **Hesperia Zubialde.** Camino de la Ventosa, 34. ☎ 944 008 100. www.hesperia-zubialde.com
Hab. 82: 70/300 €. Frente al Estadio de San Mamés. Restaurante EL BOTXO.
**** **Husa Spa Jardines de Albía.** San Vicente, 6. ☎ 944 354 140. www.hotelhusaspajardinesalbia.com
Hab. 138: 64/200 €. Suites: 2. Consultar ofertas. Restaurante ASADOR ZURIA.
**** **Miró.** Alameda Mazarredo, 77. ☎ 946 611 880. www.mirohotelbilbao.com
Hab. 45: 81/178 €. Hotel diseñado por el modisto Toni Miró. Frente al Museo Guggenheim.
**** **NH Villa de Bilbao.** Gran Vía, 87. ☎ 944 416 000. www.nh-hotels.com
Hab. 142: 78/198 €. Suites: 3. Céntrico. Próximo al Museo Guggenheim, Palacio de Congresos y la Música, Feria de Muestras y al Estadio de Fútbol. Restaurante LA PÉRGOLA.
**** **Palacio Urgoiti.** (En MUNGUIA, a 18 km). Arritugane, s/n. ☎ 946 746 868. www.palaciourgoiti.com
Hab. 42: 85/110 €. Suites: 1. Consultar cierre. Ubicado en un palacio del s. XVII. Reconstruido entre 2004 y 2005. Rodeado de jardines y terraza. Restaurante HARRIA.
**** **Silken Indautxu.** Pza. Bombero Etxaniz, s/n. ☎ 944 211 198. www.hotelindautxu.com
Hab. 184: 75/190 €. Suites: 1. Consultar ofertas. Restaurante ETXANIZ.
**** **Zenit Bilbao.** Autonomía, 58. ☎ 944 108 108. www.zenithoteles.com
Hab. 65: 56/198 €. Restaurante ABANDO.
*** **Petit Palace Arana.** Bidebarrieta, 2. ☎ 944 156 411. www.hthoteles.com
Hab. 64: 70/290 €.

Blanes (Girona) — 26 • B-3

A GIRONA, 41 KM; MADRID, 691 KM. ALT. 13 M. POB. 39.952. 972 330 348.
GPS (41° 40' 26''N-2° 47' 28"E).

Fiestas: El martes después de la Pascua de Resurrección: Romería al Santuario del Vilar. Del 21 al 28 de julio: Fiesta Mayor, con Concurso Internacional de Fuegos Artificiales. Diciembre: Tradicional Feria de Sto. Tomás.
Visitar: Castillo de St. Joan. Iglesia Parroquial de Sta. María, en el centro de la villa. Palacio de los Vizcondes de Cabrera, en el casco antiguo, ruinas del s. XIV. Fuente Gótica, del s. XV, en el Carrer Ample. Portal de Sta. María. Capilla Virgen de la Esperanza, de los s.s XV-XVI. Ermitas del Vilar y de Sta. Bárbara. 4 Km. de Playas. Jardín Botánico de Marimurtra y Jardín Tropical Pinya de Rosa. Senderismo.
Alrededores: Cuenca de la Tordera.

Restaurantes

S'Auguer. Auguer, 2. (Piso 1º). ☎ 972 351 405.
Cierra miércoles y enero. Carpaccio de cigalas, suquet de pescados, fresones con zumo de naranja. Menú 15 €. Precio medio 35 €.

Hoteles

**** **Blaucel.** Avda. Villa de Madrid, 27 ☎ 972 358 550. www.blauscelblanes.com
Hab. 138: 73/155 €. Consultar cierre y ofertas. A 100 m de la playa.
**** **Horitzó.** Pº Marítimo S'Abanell, 11. ☎ 972 330 400. www.hotelhoritzo.com
Hab. 110: 54/146 €. Consultar cierre. Hotel familiar. En primera línea de playa. Totalmente renovado.
*** **Stella Maris.** Villa de Madrid, 18. ☎ 972 330 092. www.stellamarisblanes.com
Hab. 90: 40/98 €. Consultar cierre y ofertas. Situado en zona de pinos. A 100 m de la playa.

Boadilla del Monte (Madrid). Ver Madrid: Alrededores. — 40 • A-3

Bocairent (Valencia) Ver Ontinyent. — 60 • B-3

Bolvir (Girona) — 15 • C-4

A GIRONA, 156 KM; MADRID, 657 KM. ALT. 1.145 M. POB. 329. 972 895 001.
GPS (42° 25' 1"N-1° 52' 45"E).

Fiestas: 15 de mayo: S. Isidro. 24 de junio S. Juan.
Visitar: Pequeña población de la Cerdaña. Iglesia de Sta. Cecilia. Capilla románica de Nuestra Señora de La Esperanza. Santuario Madre de Dios del Remei. Iglesia de Talltorta. Torre del Remei. Senderismo.
Alrededores: Parque Natural Cadí-Moixeró. MARTINET: Lago de la Pera.

Restaurantes

Torre del Remei. Camí Reial, s/n. ☎ 972 140 182. www.torredelremei.com
Excelente materia prima y una genial mezcla de tradición y modernidad como fundamento de una cocina sabrosa y sutil, marcada por la personalidad gastronómica de Josep María Boix. **Puré de patata con trufa del Pirineo, hojaldre de foie-gras y trufa, tarta fina de pera con crema de almendras**. Precio medio 70 €.

Hoteles

***** **Torre del Remei.** Camí Reial, s/n. ☎ 972 140 182. www.torredelremei.com
Hab. 4: 250/850 €. Suites: 7. Consultar ofertas. Palacete modernista restaurado con las más importantes firmas de diseño catalán. Mármoles, muebles y alfombras, con buen gusto y lujo. Uno de los "Relais Chateâux" de mayor encanto de España. Espléndido desayuno con mermeladas y bollería caseras.
**** **Chalet del Golf.** Devesa del Golf, s/n. ☎ 972 884 320.
Hab. 33: 85/262 €. Consultar cierre. Al lado del Campo de Golf de La Cerdanya.

Borja (Zaragoza) — 22 • F-3

A ZARAGOZA, 63 KM; MADRID, 287 KM. ALT. 448 M. POB. 5.030. 976 852 001.
GPS (41° 50' 6"N-1° 31' 59"O).

Fiestas: 23 de abril: S. Jorge, «Día de la Culeca». 7 de mayo: Fiestas de la Virgen de la Peana, patronales. 24-25 de agosto: Dance de S. Bartolomé y Romería al Santuario de la Misericordia. Septiembre: Ferias y fiestas.
Visitar: Conjunto Histórico-Artístico. Convento de La Concepción, Monumento Nacional, s. XVII. Colegiata de Sta. María s.s XII-XIV. Numerosos edificios civiles muy bien conservados, s.s XVI y XVII. Casas de las Conchas y de Aguilar. Plaza Porticada del Mercado. Museos de la Colegiata y Arqueológico. Bodegas. Río Huecha.
Alrededores: Santuario de Misericordia. Ermita del Calvario.

Restaurantes

La Bóveda del Mercado. Pza. del Mercado, 4. ☎ 976 868 251.
Cierra domingo noche, lunes y enero. Bodega del siglo XVII. Crepes de morcilla, cabrito asado, delicias de sartén. Menú 14 €. Precio medio 30 €.

Bossóst (Lleida) Ver Vielha/Viella. 14 • D-2

Brihuega (Guadalajara) 40 • F-1

A GUADALAJARA, 33 KM; MADRID, 88 KM. ALT. 875 M. POB. 3.210. 949 280 442.
GPS (40° 45' 33''N-2° 52' 18"O).

Fiestas: 14 de agosto: Procesión de la Cera, de Interés Turístico Regional. 15 de agosto: Ntra. Sra. de la Peña, patronales. 16 de agosto: Encierro de reses, de Interés Turístico Regional. 17 y 18 de octubre: Feria Chica.
Visitar: Casco antiguo declarado conjunto Histórico-Artístico. Fábrica y Jardines de Carlos III. Iglesia de Sta. María, S. Felipe y S. Miguel. Cuevas árabes. Castillo de la Peña Bermeja. Puerta de la Cadena y Arco Cozagón. Murallas Árabes. Fuente de los Doce Caños.

Restaurantes

Asador Pocholo. (En TORIJA, a 12 km). Travesía de los Mesones, 5. ☎ 949 322 095.
Cierra noches, domingo y del 7 al 15 de septiembre. Miguel Ángel y su familia estan pendientes de cocina y sala. Sopa castellana, cabrito asado, flan de queso. Menú 12 €. Precio medio 30 €.
Quiñoneros. (Por la A-II, Madrid-Barcelona, salida 73). Pº María Cristina, 10. ☎ 949 280 495. P
Cierra de domingo noche a viernes al mediodía, excepto festivos y vísperas; y tres últimas semanas de septiembre. Queso frito en aceite de oliva con confitura de tomate, cordero en su jugo deshuesado sobre lecho de patatas, sorbete de mandarina. Precio medio 33 €.

Brull, El (Barcelona) Ver Vic. 25 • E-3

Bubión (Granada) 78 • E-1

A GRANADA, 78 KM; MADRID, 504 KM. ALT. 1.300 M. POB. 355. 958 763 381.
GPS (36° 56' 54''N-3° 21' 28"O).

Fiestas: 27-28 de enero: Patrón de S. Sebastián. 18-19 de agosto: Patrón de S. Antón.
Visitar: El conjunto del pueblo: La iglesia, lavaderos, miradores y Casa Museo. Barranco de Poqueira, excursiones y senderismo.
Alrededores: Las Eras y Artesa de los Moros.

Restaurantes

Teide. Carretera, s/n. ☎ 958 763 037.
Cierra martes y segunda quincena de junio. En el barranco de Poqueira. Plato alpujarreño, choto, flan. Precio medio 20 €.

Buera (Huesca) Ver Barbastro. 24 • A-1

Bueu (Pontevedra) Ver Pontevedra. 7 • C-4

Buñol (Valencia) 51 • A-4

A VALENCIA, 40 KM; MADRID, 300 KM. POB. 9.940. 962 500 151
GPS (39° 25' 4"N-0° 47' 31"O).

Fiestas: 30 de agosto: Concierto del "Mano a Mano". 31 de agosto: La «Tomatina».
Visitar: Iglesia de S. Pedro Apóstol. Castillo Medieval, s. XII. Parques: del Planell; de San Luis; la Violeta; Urios. Senderismo.
Alrededores: La Cueva Turche. Río Juanes. Nacimiento Río Mijares.

Restaurantes

Gambrinus. (En SIETE AGUAS, a 10 km). Avda. Cerro, 15. ☎ 962 340 251. P
Cierra noches de lunes a jueves en invierno; y miércoles. Bajo la batuta de Salvador Esteve, su mujer, Teresa, borda una cocina de recetas tradicionales. La novedad: un horno moruno para asados de origen castellano. Precio medio 28 €.
La Orza de Ángel. (En CHIVA, a 8 km). Doctor Corachán, s/n. ☎ 962 522 194. www.laorza.com P
Cierra domingo. Con 22 habitaciones. Mollejas de cordero con ajos tiernos y alcachofas, pescados frescos a la brasa, canutillos rellenos con helado de aceite de oliva. Precio medio 35 €.
Venta de l'Home. (En SIETE AGUAS, a 10 km). Autovía Madrid-Valencia, km 306, sentido Valencia y km 311, sentido Madrid, salida Ventamina. ☎ 962 503 515. P
Casa de postas del s. XVII con granja propia. Crujiente de espárragos con crema de verduras, lechón asado, tarta de almendras con chocolate líquido. Menú 17 €. Precio medio 30 €.

Hoteles

*** **La Carreta.** (En CHIVA, a 15 km). Autovía A-3, km 334. ☎ 961 805 400. www.hotel-lacarreta.com
P
Hab. 80: 49/175 €. Zona tranquila.

Burgo de Osma, El (Soria) 31 • E-1

A SORIA, 57 KM; MADRID, 170 KM. ALT. 895 M. POB. 5.258. 975 360 116.
GPS (41° 35' 14''N-3° 4' 6"O).

Fiestas: 2 de agosto: S. Pedro de Osma. Del 14 al 19 de agosto: Virgen del Espino y S. Roque.
Visitar: Ciudad Monumental. Destacan: Catedral, de estilo gótico. Antiguo Hospital de S. Agustín en la plaza Mayor, de estilo barroco. Antigua Universidad de Sta. Catalina, en la calle de la Universidad. Calle Mayor y Plaza de la Catedral, conjunto porticado con casas muy antiguas. Paseo de Lagüera. Hoz del Río Abión. Río Ucero. Parque del Carmen.
Alrededores: OSMA, a 2 km: Restos de la ciudad celtibérica y romana Uxama. GORMAZA, a 12 km: Castillo árabe con 24 torres. Castillo de Ucero, a 15 km: Emplazamiento. CALATAÑAZOR, a 30 km: Emplazamiento. Arquitectura popular. Castillo-Iglesia. S. ESTEBAN DE GORMAZ: Restos de Castillo, Iglesia de Ntra. Sra. del Rivero e Iglesia de S. Miguel, Puente romano. REJAS DE S. ESTEBAN: Iglesia de S. Martín. ANDALUZ: Iglesia de S. Miguel Arcángel. CARACENA: Iglesia de S. Pedro. CASTILLEJO DE ROBLEDO: Iglesia parroquial. TIERMES: Ciudad celtibérica, restos arqueológicos. Parque Natural, Cañón del Río Lobos, a 17 km. Parque del Carmen. Castillo de Osma. BERLANGA DE DUERO: Colegiata.

Restaurantes

Casa Vallecas. (En BERLANGA DE DUERO, a 22 km). (H. FRAY TOMÁS). Real, 16. ☎ 975 343 033. www.casavallecas.com
Cierra domingo noche y 20 días en invierno. Con 14 habitaciones. Los hermanos De Pablo se afanan en cocina y comedor con profesionalidad y buen hacer. **Crema de queso con mermelada de trompetas negras y anchoas, muslo de pollo de corral con senderillas, mostillo con helado de avellana y natillas**. Precio medio 35 €.
Virrey Palafox. Universidad, 7. ☎ 975 340 222. www.virreypalafox.com
Cierra domingo noche, lunes y del 22 de diciembre al 12 de enero. Emblemáticas jornadas de matanaza en invierno. El **pan manchado con huevo a baja temperatura y trufa**, y el **ragú de corzo con setas** son dignos de mención. De postre, **helado de queso de cabra con mermelada de mora**. Menú 15 €. Precio medio 35 €.

Hoteles

****** Il Virrey.** Mayor, 2-4. ☎ 975 341 311. www.virreypalafox.com
Hab. 52: 59/103 €. Suites: 6. Cierra del 22 de diciembre al 7 de enero. Céntrico, en la Plaza Mayor. Restaurante VIRREY.
****** La Reserva.** (En SAN LEONARDO DE YAGÜE, a 2,5 km). Ctra. N-234, km 401. ☎ 975 376 912. www.hotellareserva.es
Hab. 61: 50/128 €. Suites: 5. Admisión de perros, consultar. En un frondoso pinar en la Reserva de Caza de Urbión y cerca del Parque Natural del Cañón del Río Lobos.
Posada del Canónigo. San Pedro de Osma, 19. ☎ 975 360 362. www.posadadelcanonigo.es
Hab. 11: 60/80 €. Suites: 2. Consultar cierre. En la plaza de la Catedral. Decorado con muebles de anticuario y obras de arte. Muy tranquilo.

Burgos

21 • B-1

A MADRID, 237 KM. ALT. 860 M. POB. 177.879. 947 288 874.
GPS (42° 20' 24''N-3° 42' 18"O).

Fiestas: 30 de enero: Fiesta Patronal de S. Lesmes; veneración de sus reliquias y reparto de panecillos del Santo. Semana Santa. Corpus Christi. Curpillos: Viernes siguiente al Corpus, con procesión en el Monasterio y Barrio de Huelgas, y jira en el Parque del Parral, de Interés Turístico. 29 de junio: Fiestas Mayores de S. Pedro y S. Pablo (pregón, cabalgata, animación de calle, concurso del Buen Yantar, Día del Burgalés Ausente, Fiesta de Interés Turístico Regional). Julio: Festival de Folclore "Ciudad de Burgos". Agosto: Estío musical burgalés. Septiembre: Festival de las artes "Enclave de Calle" (teatro de calle).
Visitar: **La Catedral**, una de las más bellas muestras del gótico, comenzada en el s. XIII. La fachada principal es la de Sta. María, una magnífica obra gótica. Las dos agujas fueron construidas a mitad del s. XV por Juan de Colonia. Interior de tres naves a cuyos pies está el Papamoscas (busto que abre la boca al dar las horas). Entre las capillas más notables se encuentra la de los Condestables de Castilla, de Simón de Colonia, Diego de Siloé y Felipe Bigarny. También destacan las **capillas de Sta. Ana y Sta. Tecla**. El cimborrio obra de Juan de Vallejo concluida en la segunda mitad del s. XVI, bajo el cual reposan los restos del Cid y su esposa. La escalera dorada de estilo plateresco, realizada por Diego de Siloé. El **Monasterio de las Huelgas Reales**, fundado en 1187 por Alfonso VIII y su esposa Leonor, es Panteón Real, conserva importantes sepulcros y un museo de telas medievales. Destacan las bellas bóvedas de crucería de la sala capitular, el claustro tardorrománico de las Claustrillas y el de S. Fernando, las capillas mudéjares, con bellas cúpulas mozárabes. La **Cartuja de Miraflores**, iniciada por el rey Juan II, su construcción fue impulsada por su hija Isabel La Católica para que fuera el Panteón de sus padres, que reposan en un bello sepulcro realizado por Gil de Siloé. También posee un impresionante retablo mayor, dorado por Diego de la Cruz, con el primer oro que Cristóbal Colón trajo de América. **Iglesias góticas: Sta. Águeda** del s. XV; **S. Esteban** del s. XIV en cuyo interior se encuentra el Museo del Retablo; y S. Gil del s. XIV, con magníficas capillas y retablos como el de la Capilla de los Reyes Magos. Edificios civiles; Arco de Sta. María, puerta de 1553 en honor a Carlos V realizado por Francisco de Colonia y Juan de Vallejo y decorado con estatuas de los personajes más importantes de la época. Hospital del Rey, fundado en el s. XIII y reformado en el XVI, hoy sede del rectorado de la universidad de Burgos. Casa de Miranda y Casa Angulo, renacentistas, acogen el Museo de Burgos formado por piezas tan importantes como el frontal de Silos, el sepulcro de Juan de Padilla y la imagen de la Virgen de Las Batallas. Casa del Cordón, **palacio de los Condestables de Castilla** con interesante patio renacentista, sede de una entidad bancaria. **El Castillo**, excelente mirador de la ciudad y entre cuyos muros se originó ésta. También cabe destacar el conjunto monumental de la Pza. de S. Juan. Museo de la Evolución Humana. Espacios Naturales. Senderismo.
Alrededores: Yacimientos de la Sierra de Atapuerca, a 14 km, declarados Patrimonio de la Humanidad. Monasterio de S. Pedro de Cardeña, a 11 km. Ruta del Cid. LERMA, a 32 km. Balneario de Corconte.

Restaurantes

Casa Ojeda. Vitoria, 5. ☎ 947 209 052. www.grupojeda.com
Cierra domingo noche. Es referencia obligada para los amantes del producto irreprochablemente elaborado. **Arroz cremoso con pichón de campo, cordero lechal asado, croquetas de chocolate caliente con frutos secos**. La familia Carcedo Ojeda sabe lo que hace. Precio medio 40 €.
El Tostado. (H. VELADA BURGOS). Fernán González, 6 - 10. ☎ 947 257 680. www.veladahoteles.com
Cierra domingo noche y lunes. Bonito tragaluz de cristal en el comedor, para una cocina castellana actualizada. Salteado de habitas, alcachofas y chipirones, cuarto de lechazo asado, piónono de naranja sanguina con espuma de vainilla. Precio medio 37 €.
Fábula. La Merced, 19. ☎ 947 263 092. www.restaurantefabula.com
Nueva ubicación para una buena opción, distinta de la tradicional burgalesa, pero con productos locales. **Bacalao escarchado con jugo de cebolla y ajetes, hamburguesa de buey del valle de Esla, queso de Valdeón y bolas de manzana**. Precio medio 35 €.
®**Landa.** (H. LANDA). (Tomar vía de servicio en el km 233). Ctra. A-1, Madrid-Irún, km 235. ☎ 947 257 777. www.landa.as
Un alto en el camino al norte de España o viceversa. Los **asados** castellanos y los **canutillos de hojaldre rellenos de crema** son los protagonistas de la carta. Como alternativa, **huevos fritos con morcilla de Burgos**. Precio medio 50 €.
®**Mesón del Cid.** (H. MESÓN DEL CID). Pza. Santa María, 8. ☎ 947 208 715. www.mesondelcid.es
Cierra domingo noche. Con 28 habitaciones. Esta emblemática referencia gastronómica burgalesa, que fue Imprenta del s. XV y XVI, donde se imprimió La Celestina, vuelve a sus buenos tiempos. **Alubias rojas de Ibeas, cordero lechal asado, torrija de mazapán con helado de piñones**. Precio medio 35 €.
®**Puerta Real.** (Bº Centro). 0, Pza. Rey San Fernando, 9. ☎ 947 265 200. www.puertareal.es
Cierra domingo noche. **Pochas con muslitos de codorniz, cordero asado** y **tarta de tres chocolates**, en un local moderno junto a la Catedral. Precio medio 35 €.
Rincón de la Merced. (H. NH PALACIO DE LA MERCED). La Merced, 13. ☎ 947 479 900. www.nh-hotels.com
Cierra domingo noche. La buena cocina de Agustí Gebellí se disfruta en un elegante comedor. **Menestra de verduras, meloso de wagyu, pastel caliente de chocolate**. Precio medio 50 €.

Hoteles

***** **Landa Palace.** Ctra. A-I Madrid-Irun, km 235. ☎ 947 257 777. www.landa.as
Hab. 39: 171/256 €. Suites: 24. Torreón-fortaleza, en el que el confort moderno se compagina con la arquitectura de estilo gótico. Habitaciones y suites en la torre, con sábanas de hilo y un desayuno realmente excepcional.
**** **Abba Burgos.** Fernán González, 72. ☎ 947 001 100. www.abbaburgoshotel.com
Hab. 114: 60/160 €. Edificio emblemático. A 300 m de La Catedral. Restaurante ABBADIA.
**** **AC Burgos.** Paseo de la Audiencia, 7. ☎ 947 257 966. www.ac-hotels.com
Hab. 70: 87/172 €. Suites: 2. En pleno centro histórico.
**** **Almirante Bonifaz.** Vitoria, 22. ☎ 947 206 943. www.almirantebonifaz.com
Hab. 79: 77/160 €. Situado en el centro histórico artístico de la ciudad. Restaurante LOS SAUCES.
**** **Corona de Castilla.** Madrid, 15. ☎ 947 262 142. www.hotelcoronadecastilla.com
Hab. 87: 55/180 €. Céntrico. Próximo a la Catedral.
**** **NH Palacio de la Merced.** Merced, 13. ☎ 947 479 900. www.nh-hotels.com
Hab. 107: 192/239 €. Suites: 3. Consultar ofertas. Edificio histórico del s. XVI, con claustro gótico. Restaurante RINCÓN DE LA MERCED.
**** **Puerta de Burgos** Vitoria, 69. ☎ 947 241 000. www.puertadeburgos.es
Hab. 159: 49/160 €. Suites: 3. Situado en la zona comercial y de negocios. Restaurante EL PORTÓN.
**** **Rice.** Avda. Reyes Católicos, 30. ☎ 947 222 300. www.hotelrice.com
Hab. 50: 60/175 €. Suites: 3. Céntrico. Ofrece servicio de catering.
**** **Velada Burgos.** Fernán González, 6-10. ☎ 947 257 680. www.veladahoteles.com
Hab. 63: 65/250 €. Suite: 1. Restaurante EL TOSTADO.
*** **Camino de Santiago** (En CASTRILLO DEL VAL). Urb. Los Tomillares. C/Santiago. ☎ 947 421 293. www.hotelcaminodesantiago.com
Hab. 30: 41/66 €. Suites: 10. Cuenta con altar del s. XVI. Próximo a los Yacimientos de Atapuerca. Restaurante SALÓN DON PEDRO.
*** **Doña Jimena** (En HORNA-VILLARCAYO). Ctra. Horna-Villarcayo, s/n. ☎ 947 130 563. www.hoteljimena.es
Hab. 22: 49/65 €. Suite: 1. Consultar cierre. Restaurante MESÓN EL CID
*** **Mesón del Cid** Plaza de Santamaría, 8. ☎ 947 208 715. www.mesondelcid.es
Hab. 55: 60/200 €. Apartamentos: 10. Suites: 6. Casa-Palacio del s. XV. Frente a la fachada principal de a Catedral.

Burguete (Navarra) Ver Roncesvalles. 13 • A-1

Burriana (Castellón) Ver Vila Real. 51 • D-1

Cabanas (A Coruña) Ver Pontedeume. 2 • A-2

Cabezón de La Sal (Cantabria) 4 • F-3

A SANTANDER, 45 KM; MADRID, 480 KM. ALT. 128 M. POB. 8.086. 942 700 332
GPS (43° 18' 26''N-4° 14' 1"O).

Fiestas: 13 de agosto: Virgen del Campo. Segundo domingo de agosto: Día de Cantabria. 16 de agosto: San Roque. 30 de agosto: Stos. Mártires. 11 de Noviembre: San Martín.
Visitar: Casco antiguo. Palacio de Jesús de Monasterio. Población en la ruta de los Foramontanos. Minas del Sal. Museos: del Calabozo, s. XVII, Molino de Carejo y de la Naturaleza.
Alrededores: Valle de Cabuérniga. Parque Natural Saja.

Restaurantes

Casa Cofiño. (En CAVIEDES, a 13 km). Caviedes, s/n. ☎ 942 708 046.
Cierra martes noche, lunes y septiembre. Cocido montañés, cabrito asado, arroz con leche. Menú 10 €. Precio medio 30 €.
®**Casa Nacho González.** (En RUENTE, a 5 km). (Bº Monasterio). Ctra. General, s/n. ☎ 942 709 125. www.restaurantecasanachogonzalezenruente.com
Cierra segunda quincena de noviembre. Casona al pie de la carretera que conecta con LA POSADA DE LA FUENTONA (9 habitaciones) por un original puente de piedra que salva las aguas de La Fuentona. **Rabas de calamar fresco, cocido montañés, carne de vaca Tudanca, tarta de hojaldre de Torrelavega.** Precio medio 25 €.
La Mozuca del Agua. (En CARANCEJA, a 2 km). Avda. Camino Real, s/n. ☎ 942 816 086.
Cierra noches de martes a jueves desde septiembre a junio excepto reservas; domingo noche, lunes y primera quincena de septiembre. Queso de las Garmillas a la plancha con anchoas, bacalao con almendras tostadas y alioli, bizcocho cremoso de piñones. Menú 11 €. Precio 25 €.
La Villa. Pza. Ángel de la Bodega, s/n. ☎ 942 701 704. www.restaurantelavillacabezon.com
Cierra domingo noche y lunes, excepto agosto; primera quincena de septiembre y navidades. Cocido montañés, pescados de San Vicente de la Barquera, arroz con leche. Menú 14 €. Precio medio 25 €.

Hoteles

*** **Casona del Peregrino.** (En TERÁN DE CABUÉRNIGA). Bº Sepoyo, s/n. ☎ 942 706 343. www.casonadelperegrino.es
Hab. 12. Precio: 50/80 €. Consultar cierre y ofertas. Casa-palacio del s. XVII. En el Parque Natural de Saja-Nansa.
*** **El Jardín de Carrejo.** (En CARREJO). ☎ 942 701 516. www.eljardindecarrejo.com
Hab. 12: 77/120 €. Suites: 2. Un búcolico lugar entre los Parques Naturales de Saja-Besaya, Oyambre y Santillana del Mar.

Cabo de Palos (Murcia) 75 • F-1

A MURCIA, 75 KM; MADRID, 465 KM. ALT. NIVEL DEL MAR. POB. 1.038. 968 146 136.
GPS (37° 38' 0"N-0° 42' 12"O).

Visitar: Pueblo de pescadores que conserva su sabor y encanto. La actividad pesquera se contempla sentado en cualquiera de las terrazas del paseo del puerto. Sus fondos marinos y luminosos, declarados Reserva Marina Integral, hacen estas aguas ideales para la práctica del submarinismo, para lo que existen varios centros de buceo. Destaca el Faro, construido en 1865, desde donde se divisan hermosas vistas.
Alrededores: Campo de Cartagena Mar Menor.

Restaurantes

La Tana. Pº de la Barra, 33. ☎ 968 563 003. www.la-tana.com
Cierra febrero. Cocina popular marinera. Chanquetes con almejas al ajillo, arroz La Tana y pan de Calatrava. Menú 16 €. Precio medio sin marisco 25 €.
Miramar. Pº del Puerto, 14. ☎ 968 563 033. www.miramarcabodepalos.com
Cierra del 7 de enero al 7 de febrero. Cocina marinera junto al puerto pesquero. Arroces marineros, pescados de Cabo de Palos, tocino de cielo. Precio medio 25 €.

Cabra (Córdoba) 72 • F-2

A CÓRDOBA, 72 KM; MADRID, 430 KM. ALT. 448 M. POB. 21.352. 957 520 110.
GPS (37° 28' 26''N-4° 25' 38"O).

Fiestas: Carnaval: Concurso de disfraces y chirigotas. Primera semana de marzo: Fiestas de La Cruz. Semana Santa, de Interés Turístico Nacional. 24 de junio: Feria de S. Juan. Del 4 al 8 de septiembre: Fiestas en honor a María Santísima de la Sierra, de Interés Turístico Nacional.
Visitar: Parroquia de Ntra. Sra. de la Asunción y Ángeles, llamada la "Mezquita del Barroco". Retablos de Melchor Aguirre s. XVII, Monumento Histórico-Artístico Nacional. Santuario de la Virgen de la Sierra: Centro Geográfico de Andalucía. Fundación Termens: Mausoleo de la Vizcondesa de Termens, de Mariano Benlliure. Muralla árabe del s. XI. Castillo de los Condes de Cabra. Parque de la Fuente del Río, Paraje Pintoresco. Museo Arqueológico, mosaicos y esculturas romanas de la Villa del Mithra. Museo del Aceite. Museo Ciencias Naturales. Macizo de la Sierra de Cabra.
Alrededores: PRIEGO DE CÓRDOBA, LUCENA, a 7 km. MONTILLA, a 20 km. PUENTE GENIL, a 30 km.

Restaurantes

Mesón Vizconde. Martín Belda, 26. ☎ 957 521 702.
Cierra martes y julio. Alcachofas a la montillana, rabo de toro, tarta de la abuela. Precio medio 35 €.

Hoteles

**** **MS Fuente las Piedras.** Avda. Fuente las Piedras, s/n. ☎ 957 529 740. www.mshoteles.com
Hab. 59: 50/107 €. Suites: 2. En un paraje natural.

Cabrils (Barcelona) Ver Mataró. 25 • F-4

Cacabelos (León) Ver Villafranca del Bierzo. 9 • A-3

Cáceres

46 • E-4

A MADRID, 297 KM. ALT. 439 M. POB. 93.131. 927 010 834.
GPS (39° 28' 30''N-6° 22' 21"O).

Fiestas: 20 de enero: Romería de S. Fabián y S. Sebastián. 2-3 de febrero: Fiesta de las Candelas y S. Blas. Del 1 al 4 de abril: Semana Santa, de Interés Turístico Nacional. 23 de abril: S. Jorge, patronal. 21 de abril: Bajada de la Virgen de la Montaña a la ciudad. Del 29 de abril al 2 de mayo: Feria de Arte Contemporáneo FORO SUR. 2 de mayo: Romería de la Virgen de la Montaña, patronal. Del 6 al 9 de mayo: Festival Womad. 30 de mayo: Ferias y fiestas de S. Fernando. Junio: Festival de Teatro Clásico. Septiembre: Festival de Música Antigua Española. Octubre y noviembre: Otoño cultural, exposiciones y conciertos. Del 11 al 14 de noviembre: Mercado Medieval de las Tres Culturas.
Visitar: Patrimonio de la Humanidad, la Ciudad Monumental queda casi íntegramente ceñida por las murallas que, con vestigios romanos, son casi por completo almohades. **El Arco de la Estrella**, antigua Puerta Nueva, reformada por Churriguera en el s. XVIII. **La Torre de los Púlpitos**, gótica, **la del Horno**, árabe, sobre sillares romanos, y **la de la Hierba**, árabe, el Arco de Sta. Ana, hecho durante la reconquista, la Torre del Postigo, almohade, con basamento celta y romano y la Torre Redonda, árabe s. XII. **El Convento de Sta. Clara**, s. XVII. La Casa de los Sánchez Paredes y la de los Perero, ambas del s. XV. La Casa de las Veletas, con fachada barroca, donde se encuentra el Museo de Cáceres. **Iglesia de S. Mateo**, con portada plateresca, junto a ella el Palacio de las Cigüeñas, s. XV. La Casa del Sol, s. XVI. La Torre de los Sande, el Palacio de los Golfines de Arriba, el de la Generala y la Casa del Mono, hoy Biblioteca Zamora Vicente. El Palacio de los Golfines de Abajo, gótico-renacentista-plateresco. Más abajo, **el Arco del Cristo**, única puerta romana que se conserva y La Judería Vieja. **La Iglesia-Concatedral de Sta. María**, gótica, concluida en el s. XVI, su retablo mayor es obra de Ferrant y Balduque. Estatua de bronce de **S. Pedro de Alcántara**, obra de Pérez Comendador. En la misma plaza el **Palacio Episcopal**. La Casa de los Ovando, renacentista, y el Palacio de Mayoralgo. La torre cilíndrica de Carvajal, almohade, s. XII. La Torre de los Espadero y el Arco del Socorro.
Otros monumentos de interés son: las **Iglesias** de S. Juan, s.s XIII a XVII; de Santiago, parte románica, s.s XII y XIII, parte gótica reconstruida en el s. XVI y torre del s. XVIII. **Palacios:** de La Isla, s. XVI; del Duque de Abrantes, gótico del s. XV y renacentista, s. XVI; de los Carvajal, s.s. XV- XVI, y de Galarza; el Palacio de Godoy, renacentista, 1548, La ermita del Vaquero, s. XVII. El Conventual de S. Francisco, s. XV, actual Palacio de Congresos; y la ermita mudéjar del Espíritu Santo, s. XIV. Centro Turístico Baluarte de los Pozos. Parque del Cuartillo y del Príncipe.
Alrededores: A 3 km: **Santuario de la Virgen de la Montaña**, patrona de Cáceres. GARROVILLAS, a 40 km: Plaza Mayor con soportales, casas señoriales e Iglesia gótica de S. Pedro, s. XV. ARROYO DE LA LUZ, a 20 km: Iglesia de Ntra. Sra. de la Asunción y ruinas del castillo. MALPARTIDA DE CÁCERES, a 10 km: Paraje Natural «Los Barruecos» y Museo Vostell. BAÑOS DE MONTEMAYOR: Balneario. VALLE DE AMBROZ: Senderismo. VALLE DEL JERTE: Gargantas. Senderismo.

Restaurantes

Atrio. Pza. San Mateo, 1. ☎ 927 242 928. www.relais.com/atrio
Una de las grandes mesas nacionales, y la atrevida y magnífica cocina de Toño Pérez que utiliza el mejor producto local. Gran servicio dirigido por José Antonio Polo y sin duda la mejor carta de vinos de España. Al cierre de la Guía es inminente la inaguración de su nuevo emplazamiento, en una preciosa casa antigua. Precio medio 90 €.
El Figón de Eustaquio. Pza. San Juan, 12. ☎ 927 248 194. www.elfigondeeustaquio.com
Cierra del 1 al 15 de julio. Todo un clásico de cocina popular extremeña. Criadillas de tierra, cochinillo y cordero asado, sopa de miel. Menú 22 €. Precio medio 35 €.
Eustaquio Blanco. Avda. Ruta de la Plata, 2. ☎ 927 239 520. www.restauranteeustaquio.es
Cierra domingo noche. Criadillas de tierra salteadas con pimentón, solomillo de ternera con salsa de hongos, helado frito en aceite de oliva virgen con chocolate. Menú 17 €. Precio medio 32 €.
La Tahona. Felipe Uribarri, 4. ☎ 927 224 455. www.restaurantelatahona.com
Cierra domingo noche, martes, segunda semana de enero y segunda quincena de julio. El compacto de morcilla de Guadalupe con foie-gras a la plancha precede al cabrito o cordero asados. De postre, torrija de coco y fresas. Precio medio 35 €.
Orellana. (H. EXTREMADURA). Avda. Ruta de la Plata, 3. ☎ 927 629 246. www.extremadurahotel.com
Cierra domingo noche. Tartar de bonito y salmón con emulsión de aguacate, lomo de retinto a la parrilla con ensalada, marquesa de chocolate con crema de turrón. Precio medio 45 €.
®**Torre de Sande.** Condes, 3. ☎ 927 211 147. www.torredesande.com
Cierra domingo, lunes y segunda quincena de enero. Casa del s. XV con jardín, en el casco histórico. **Huevo cocinado a 60° con puré de patata trufado y migas crujientes, lomo de ciervo al jengibre**. Precio medio 45 €.

Hoteles

***** **Atrio Restaurante Hotel.** Pza. San Mateo, 1. ☎ 927 242 928. www.restaurenteatrio.com
Hab. 9: 250/390 €. Suites: 5. Consultar ofertas. En el centro monumental. Restaurante ATRIO.
***** **Fontecruz Palacio de Arenales.** Ctra. N-521, km 52,1. ☎ 927 620 490. www.fontecruz.com
Hab. 46: 80/195 €. Suites: 9. Palacio del s. XVI, rehabilitado. Restaurante ZERUA.
**** **AH Ágora Cáceres.** Parras, 25. 927 626 360. www.ahhotels.com
Hab. 64: 70/246 €. Suites: 3. Admisión de perros, consultar. En el centro Histórico-Artístico. Restaurante MIRADOR LA TERRAZA DEL ÁGORA.
**** **Cáceres Golf.** Urb. Ceres Golf. Ctra. N-630, km 558. ☎ 927 234 600. www.hotelcaceresgolf.com
Hab. 103 Precio: 62/152 €. Consultar ofertas. Vistas a la sierra y al campo de golf. Restaurante MONFRAGÜE.
**** **Barceló V Centenario.** Manuel Pacheco, 4. ☎ 927 232 200. www.barcelo.com
Hab. 129: 66/161 €. Suites: 9. Moderno y confortable. Restaurante FLORENCIA.
**** **Extremadura Hotel.** Avda. Virgen de Guadalupe, 28. ☎ 927 629 639. www.extremadurahotel.com
Hab. 151: 71/195 €. Suites: 3. Consultar ofertas. Céntrico. Restaurante ORELLANA.
**** **NH Palacio de Oquendo.** Pza. de San Juan, 11-13. ☎ 927 215 800. www.nh-hotels.com
Hab. 84: 84/213 €. Suites: 2. Consultar ofertas. Palacio del s. XVI, en pleno centro histórico. Restaurante LAS INDIAS, con productos de caza mayor y cocina típica.
**** **Parador de Turismo.** Ancha, 6. ☎ 927 211 759. www.parador.es
Hab. 33: 115/155 €. Situado dentro del impresionante recinto monumental de la ciudad, instalado en el Palacio del Comendador, del s. XIV, reformado en los s.s XVI y XVIII. Destaca su esbelta torre y el patio con columnas toscanas. Enoteca del TORREORGAZ.

Cadaqués (Girona)

16 • C-4

A GIRONA, 73 KM; MADRID, 776 KM. ALT. 23 M. POB. 2.873. 972 258 315.
GPS (42° 17' 19''N-3° 16' 38"E).

Fiestas: 1 de enero: «VI Aplec del Sol Ixent» en el cabo de Creus. 20 de enero: St. Sebastià. 5, 6 y 7 de marzo: Carnaval. Semana del 20 al 26 de abril: «XV Semana Cultural de Cadaqués». 16 de julio: Fiestas del Carmen. Meses de julio y agosto: Festival Internacional de Música. Del 4 al 11 de septiembre: Fiesta mayor del verano. 18 de diciembre: Fiesta mayor del invierno, en honor a la Virgen de la Esperanza.
Visitar: Iglesia Parroquial del s. XVI. Centro de Arte Perrot-Moore. Museo de Cadaqués, en la calle Monturiol. Casa de Salvador Dalí: Playa de Port Lligat.
Alrededores: CAP DE CREUS, vistas panorámicas. A 12 km, PORT DE LA SELVA. SANT PERE DE RODES. A 20 km: Monasterio románico.

Restaurantes

®**Es Baluard.** Riba Nemesi Llorens, 2. ☎ 972 258 183. www.esbaluard-cadaques.net
Cierra de lunes a viernes desde el 15 de febrero al 1 de junio; y del 10 de noviembre al 14 de febrero. Cocina marinera por excelencia, perfectamente elaborada, en esta emblemática casa frente a la bahía. Precio medio 35 €.

Hoteles

***** Playa Sol.** Pianc, 13. ☎ 972 258 100. www.playasol.com
Hab. 50: 140/202 €. Consultar cierre y ofertas. En primera línea de playa.
***** S' Aguarda.** Ctra. Port-Lligat, 30. ☎ 972 258 082. www.hotelsaguarda.com P
Hab. 26: 50/114 €. Apartamentos: 1. Suites: 1. Consultar cierre.

Cadiar (Granada) Ver Trévelez.

78 • F-1

Cádiz

76 • C-3

A MADRID, 663 KM. ALT. 4 M. POB. 126.766. ☐ 956 203 191.
GPS (36° 31' 45''N-6° 17' 38"O).

Fiestas: Carnavales, de Interés Turístico Internacional, son las fiestas gaditanas por excelencia. Uno de los más importantes de Europa. Semana Santa: Tiene especial fama la procesión de Jesús Nazareno, denominada popularmente del "Greñúo", que desfila por las empinadas callejas del típico barrio de Sta. María. Corpus Christi: Solemne procesión del Santísimo, con una custodia de plata repujada del s. XVII. Agosto: Trofeo de fútbol «Ramón de Carranza».
Visitar: Es una ciudad fortificada, con más de tres mil años de historia. Las Murallas, fuertes y baluartes, fueron construidas durante varios siglos, culminándose la obra de las defensas en el s. XVIII. **La Catedral** es de estilo barroco, s.s XVIII y XIX. En él se encuentra una magnífica custodia (de más de tres metros de altura). Museo de la Catedral: Crucificado de marfil, de Alonso Cano. La **capilla Ntra. Sra. del Carmen** del viejo Hospital alberga una pintura de El Greco. En el Oratorio de S. Felipe Neri: una Inmaculada de Murillo. **Oratorio de la Sta. Cueva**, con pinturas de Goya. Entre los edificios civiles, el Ayuntamiento, edificio neoclásico de los s.s XVIII y XIX; a su lado, el Arco del Pópulo, antigua puerta de la ciudad. Museo de las Cortes de Cádiz, con numerosos documentos sobre la guerra de la Independencia y maqueta de la ciudad del s. XVIII, de caoba y marfil. **Museo de Cádiz**, que, además de fondos prehistóricos, tiene entre otros, cuadros de Alonso Cano, Zurbarán, Carreño, Sorolla y Murillo. Teatro Romano s. I a.C. Museo de Vinos y Toros.
Alrededores: PUERTO REAL, a 9 km: de este puerto, construido por los romanos y reconstruido por los Reyes Católicos en 1483, cabe destacar la Iglesia de S. Sebastián, del s. XVI; Iglesia de S. José, del s. XVIII; Callejón del Arco, Parque Natural de «Las Canteras», con la ermita de Lourdes. Playa con pinares del río S. Pedro.

Restaurantes

Atxuri. (Casco histórico). Frente al Palacio de Congresos. Plocia, 7. ☎ 956 253 613. www.atxuri.es
Cierra noches de domingo a miércoles. Cocina vasco-andaluza. Anchoas del Cantábrico, bacalaos, tocino de cielo. Precio medio 35 €.
Balandro. Alameda Apodaca, 22. ☎ 956 220 992. www.restaurantebalandro.com
Atún de almadraba a la plancha con cebollitas caramelizadas, espuma de yogur con miel y queso de cabra de Grazalema. Precio medio 25 €.
®**Barrasiete (Gastrobar).** (Pº Marítimo). Amilcar Barca, 17. ☎ 956 263 263. www.elfarodecadiz.com
Cierra lunes. Gastrobar con la calidad de producto y ejecución de los Córdoba. Desde la **ensaladilla de gambas con espuma de mahonesa** a la **pluma ibérica**, pasando por las **frituras de pescado**. Precio medio 20 €.
Casa Manolito. (En PUERTO REAL, a 3 km). Pol. Ind. El Trocadero. Parque Empresarial. Edif. Bahía. Francia, s/n. ☎ 956 472 789. P
Cierra noches en invierno y domingo en verano. No es fácil encontrarlo, pero su arroz caldoso marinero merece la pena. Pescado de estero, flan de queso y piñones. Precio medio sin marisco 25 €.
®**Doña Pepa.** (Aparcamiento concertado en Pza. Rebollo). General Muñoz Arenillas, 1. ☎ 956 251 184. P
Espectaculares **pescados** y **mariscos**. También un delicioso **arroz con bogavante**. José Antonio Núñez, "el gitano rubio", atiende con afabilidad a los clientes de este sencillo local de singular producto a precio tan alto como su calidad. Precio medio 70 €.
®**El Faro de Cádiz.** San Félix, 15. ☎ 956 211 068. www.elfarodecadiz.com P
En el típico barrio de La Viña junto a la playa de la Caleta. **Albondiguitas de marisco, dorada al horno con patatas, tocino de cielo**. Precio medio 40 €.
San Antonio. (Aparcamiento público en la plaza). Pza. San Antonio, 9. ☎ 956 212 239.
Buena cocina popular gaditana. Papas aliñadas, raya en amarillo, poleá con coscorrones. Precio medio 25 €.
Ventorrillo del Chato. (Ctra. Cádiz-San Fernando, km 2). (Playa de la Cortadura). Vía Augusta Julia, s/n. ☎ 956 250 025. www.ventorrilloelchato.com P
Cierra domingo noche y domingo en agosto. Jóse Manuel Córdoba ofrece calidad y punto en una antigua casa de postas junto a la playa de la Cortadura. **Alcachofas rellenas de mousse de bogavante, lomo de pargo con un pil-pil del callo de bacalao, hojaldre gigante relleno de crema y frutos rojos**. Menú 16 €. Precio medio 40 €.

Hoteles

****** Monte Puertatierra.** Avda. de Andalucía, 34. ☎ 956 272 111. www.hotelesmonte.com P
Hab. 98: 65/189 €. Céntrico. A 100 m de la playa de Santa María del Mar.
****** Parador "Hotel Atlántico".** Avda. Duque de Nájera, 9. ☎ 956 226 905. www.parador.es P
Hab. 143: 86/158 €. Suites: 6. Situado en el casco histórico monumental. Acceso a la playa. Restaurante de cocina regional con vistas a la bahía.
****** Playa Victoria.** Glorieta Ingeniero La Cierva, 4. ☎ 956 205 100. www.palafoxhoteles.com P
Hab. 188: 117/216 €. Suites: 4. Consultar ofertas. En la playa de la Victoria. Moderna arquitectura y diseño innovador. Restaurante ISLA DE LEÓN.
****** Tryp La Caleta.** Avda. Amílcar Barca, 47. ☎ 956 279 411. www.solmelia.com P
Hab. 143: 200/259 €. En primera línea de la playa de la Victoria. Restaurante LA BARQUILLA.
***** Las Cortes de Cádiz.** San Francisco, 9 ☎ 956 220 489. www.hotellascortes.com P
Hab. 36: 60/140 €. Consultar ofertas. En el centro histórico. Palacio rehabilitado del s. XIX. Restaurante HOSPEDERÍA LAS CORTES.

Calaceite (Teruel)

34 • B-3

A TERUEL, 205 KM; MADRID, 420 KM. ALT. 511 M. POB. 1.170. ☐ 978 851 201.
GPS (41° 1' 1"N-0° 11' 14"E).

Fiestas: 16 de enero: S. Antonio. Sta. Águeda, Carnaval. Semana Santa. Abril: Feria del olivo y del aceite. 13 de junio: Santa Espina. Del 14 al 18 de agosto: Fiestas Mayores.
Visitar: Conjunto Histórico-Artístico. Destacan la Iglesia Parroquial, capillas de S. Antonio y Virgen del Pilar. Casa

Consistorial. Porches de la Plaza de España y Museo Don Juan Cabré Aguiló. Paisajes del Monte de S. Cristóbal, Ermita de Sta. Ana, Font de la Vila. Poblados ibéricos de S. Antonio, Tossal Redó y Les Ferreres.
Alrededores: VALDERROBRES: Castillo, ayuntamiento, iglesia parroquial. PEÑARROYA DE TASTAVINS: Iglesia de la Virgen de la Fuente. Comarca del Matarraña. Vía verde Val del Zafán.

Restaurantes

Fonda Alcalá. Avda. Cataluña, 57. ☎ 978 851 028.
Cierra noches de domingo a jueves y segunda quincena de septiembre. Los hermanos Alcalá regentan esta emblemática fonda recientemente reformada. Alcachofas rellenas de setas y foie-gras, ternasco a baja temperatura, helado de queso con mermelada de melocotón. Precio medio 27 €.

Hoteles

**** **La Parada del Compte.** (En TORRE DEL COMPTE). Finca Antigua Estación de Ferrocarril, s/n.
☎ 978 769 072. www.hotelparadadelcompte.com
Hab. 8: 110 €. Apartamentos: 5. Suites: 3. Consultar ofertas. Restaurante EL ANDÉN.

Calafell (Tarragona)

35 • B-2

A TARRAGONA, 31 KM; MADRID, 574 KM. ALT. 190. POB. 24.265. 977 699 141.
GPS (41° 12' 1"N-1° 34' 2"E).

Fiestas: Enero: Cabalgata de Reyes. Febrero: Xatonada Popular y Carnaval Xurigué. 23-24 de mayo: Feria del Mar. Junio: Mercado del Mar, Arrossejet. 29 de junio: Fiesta Mayor de St. Pere. 16 de julio: Fiesta Mayor de la Sta. Creu. 31 de julio y 1 de agosto: Cantada de Habaneras. Septiembre: Mercado Medieval y fiesta Mayor de S. Miguel.
Visitar: Castillo de la Sta. Creu, s. XI. Capilla románica de la Mare de Déu de la Cova, del s. XI. Iglesia de St. Miquel, s. XIII, en el núcleo de Segur de Calafell. Ciudadela Ibérica, s. III a.C., poblado ibérico reconstruido. Cisternas Romanas del Mas Vilarenc, antigua villa romana del s. I a.C. Museo Casa Barral. Playas. Senderismo.
Alrededores: CREIXELL, a 12 km: Castillo.

Restaurantes

®**Giorgio.** (En PLAYA DE CALAFELL, a 2 km). Ángel Guimerá, 4. ☎ 977 691 159. www.ristorantegiorgio.com
Cierra de lunes a jueves excepto festivos, julio y agosto; y del 22 de diciembre al 22 de enero. Una verdadera institución y un inequívoco exponente de la mejor culinaria italiana de nuestro país. Precio medio 40 €.
®**Masía de la Platja.** (En PLAYA DE CALAFELL, a 2 km). Vilamar, 67. ☎ 977 691 341. www.masiadelaplatja.com
Cierra martes noche, miércoles, del 10 al 16 de enero y del 2 al 24 de noviembre. Toda una familia dedicada, desde hace ya años, a cocinar, en esta histórica casa, los tradicionales guisos marineros de la zona, entre los que destaca, sin duda, un impecable **all cremat**. Precio medio 40 €.

Hoteles

**** **Canadá Palace.** Mossen Jaume Soler, 44. ☎ 977 691 500. www.hotelcanadapalace.com
Hab. 160: 50/180 €. Suites: 7. Cierra de noviembre a febrero.
*** **Kursaal.** Avda. San Juan de Dios, 119. ☎ 977 692 300. www.hotelkursaal.org
Hab. 39: 90/160 €. Desayuno incluido. Consultar cierre y ofertas. En primera línea de playa. Restaurante LATITUD 41.

Calahorra (La Rioja)

22 • D-1

A LOGROÑO, 48 KM; MADRID, 336 KM. ALT. 358 M. POB. 24.787. 941 105 061.
GPS (42° 18' 12''N-1° 57' 59"O).

Fiestas: 17 de enero: S. Antón. 3 de marzo: Festividad de los Santos patronos, S. Emeterio y S. Celedonio. Semana Santa Calagurritana, de Interés Turístico Regional. 16 de julio: Virgen del Carmen, romería. Del 25 al 31 de agosto: Fiestas de Verano en honor de los Stos. Patrones.
Visitar: Catedral de Sta. María, s.s XV-XVIII. Museo Diocesano. Monasterio de S. José con Cristo de Gregorio Hernández. Iglesias: de Santiago, s.s. XVII-XVIII; S. Francisco, s. XVII; S. Andrés, s. XVI-XVII. Santuario del Carmen, s. XVII. Museo Municipal. Restos arqueológicos romanos. Camino Jacobeo. Senderos de la Verdura.
Alrededores: Vía Verde del Cidacos, a 34 km. Sierra de los Agudos. Laguna y humedal del Recuenco y la Degollada.

Restaurantes

Casa Mateo. Pza. Quintiliano, 15. ☎ 941 130 009. www.casamateo.webcindario.com
Cierra noches, viernes y del 1 al 25 de septiembre. Timbal de huevo, morcilla y pimientos, lomo de lubina al horno sopa de fresas y frutas naturales. Menú 15 €. Precio medio 25 €.
Chef Nino. (H. CHEF NINO). Basconia, 2. ☎ 941 133 104. www.chefnino.com
Cierra domingo noche, lunes y del 20 de diciembre al 20 de enero. Con 25 habitaciones. Pochas con sus hortalizas y aceite del Trujal, bacalao a la riojana, profiteroles con chocolate caliente. Menú 15 €. Precio medio 30 €.
®**La Rana del Moral.** Ramón Subirán, 34. ☎ 941 147 639. www.laranadelmoral.com
Cierra lunes. Raúl Jiménez es fiel a los productos de la tierra. **Verduras, carnes a la brasa**. Postres caseros. Precio medio 29 €.
®**La Taberna de la Cuarta Esquina.** Cuatro Esquinas, 16. ☎ 941 134 355.
Cierra martes noche, miércoles y julio. Calidad y punto en las excelentes **verduras** y **pochas** de temporada, **cordero, cabrito** o **cochinillo asado**. De poste, **cuajada**. Precio medio 22 €.

Hoteles

**** **Parador de Turismo.** Pº Mercadal, s/n. ☎ 941 130 358. www.parador.es
Hab. 60: 102/155 €. Consultar ofertas. Céntrico. Todas las habitaciones son exteriores.
*** **Zenit Calahorra.** Ctra. N-232, km 363. ☎ 941 147 952. www.zenithoteles.com
Hab. 26: 38/119 €. Suites: 2. En la ruta de los dinosaurios. Restaurante LA PLANA, cocina tradicional y de autor.

Calatayud (Zaragoza)

32 • E-2

A ZARAGOZA, 86 KM; MADRID, 234 KM. ALT. 534 M. POB. 21.933. 976 886 322.
GPS (41° 21' 14''N-1° 38' 54"O).

Fiestas: Semana Santa, de Interés Turístico Regional. Viernes Santo: Procesión del Santo Entierro, una de las más antiguas de España. Del 14 al 16 de agosto: S. Roque, romería y misa en el monte de la Ermita. Semana en torno al 8 de septiembre: Fiestas de la Virgen de la Peña, patrona de la ciudad, tradicional Rosario de Cristal, festivales, etc.
Visitar: Ruinas romanas y árabes. Barrio de la Morería. Colegiata de Sta. María la Mayor, Monumento Nacional. Iniciada

en estilo mudéjar en el s. XIII, con un alto campanario, s. XVI, de tres pisos. Portada plateresca de 1528, de Juan de Talavera y Esteban de Obray. Iglesias de S. Andrés, de estructura judeo-árabe bajo un revestimiento gótico y dominada por torre mudéjar s. XII; Sto. Sepulcro, herreriano del XVII con retablos del XVIII y un primitivo claustro gótico; S. Benito, con bóveda decorada con escayola de influencia mudéjar; S. Pedro de los Francos, gótica; S. Juan el Real, pechinas pintadas por Francisco de Goya y el Santuario de Ntra. Sra. de la Peña, con restos de gótico-mudéjar. Sierra de Armantes.
Alrededores: ANIÑÓN, a 16 km: Iglesia gótico-mudéjar del s. XIV, con un retablo plateresco, obra de Gil de Morlanesy Gabriel Joly. PARACUELLOS DE JILOCA, a 5 km: Balneario ILLUECA: Palacio de s.s XIV-XV. CERVERA DE LA CAÑADA: Iglesia de Sta. Tecla. MALUENDA: Iglesias de las Santas Justa y Rufina. MONREAL DE ARIZA: Ruinas romanas. MORATA DE JILOCA: Iglesia de S. Martín. TOBED: Iglesia de Sta. María. TORRALBA DE RIBOTA: Iglesia de S. Félix. Ruinas de la romana BILBILIS, a unos 5 km. Parque Natural del Monasterio de Piedra, de gran belleza.

Restaurantes

Bilbilis. Madre Puy, 1. ☎ 976 883 955. www.restaurantebilbilis.es
Cierra lunes. Garbanzos con congrio, ternasco de Aragón, manzana asada. Precio medio 30 €.
La Brasa (Asador). Pº Cortes de Aragón, 6. ☎ 976 882 470.
Cierra noches de martes y miércoles, excepto agosto. Migas con huevo y longaniza, chuletillas de ternasco a la brasa, torrijas con nata y miel. Precio medio 24 €.

Hoteles

**** **Monasterio Benedictino.** Pza. S. Benito, s/n. ☎ 976 891 500. www.hotelmonasteriobenedictino.com
P
Hab. 35: 67/100 €. Céntrico edificio barroco del s. XVII. Antiguo monasterio rehabilitado. Galardonado con el Primer Premio del Gobierno de Aragón a la Rehabilitación de Edificios singulares de iniciativa privada. Restaurante SAN BENITO.
*** **Calatayud.** Autovía Madrid-Barcelona, salida 237. ☎ 976 881 323. www.hotelcalatayud.com
P
Hab. 70: 41/71 €. Suites: 8. Consultar ofertas. Restaurante LA FACTORÍA RESORT.
*** **Hospedería Mesón de la Dolores.** Pza. Mesones, 4. ☎ 976 889 055. www.mesonladolores.com
P
Hab. 32: 40/80 €. Edificio del s. XV. Totalmente restaurado. Bodega Museo. Cocina típica.

Caldas, Las (Asturias) Ver Oviedo — 3 • D-3

Caldes de Malavella (Girona) Ver Vidreres. — 26 • B-3

Caldes de Montbui (Barcelona) — 25 • E-4

A BARCELONA, 30 KM; MADRID, 641 KM. ALT. 200 M. POB. 17.500. Y 938 654 140.
GPS (41° 37' 46''N-2° 9' 53"E).

Fiestas: 19-20 marzo: Mercado de la olla y la caldera. 21 de mayo: Fiesta de Titellaires. 9 de julio "Escaldarium", fiesta del fuego y del agua. Del 8 al 11 de octubre: Fiesta Mayor. 16 de octubre: "Aplec de Remei". 3-4 de diciembre: Feria de Navidad, muestra de oficios antiguos.
Visitar: Iglesia parroquial de Sta. María, s.s XVI y XVII, con una talla policromada del s. XII de la Sta. Majestad. Museo de Caldes de Montbui. Thermalia, con la proyección multimedia "Los Dioses y el Aigua"; la sala romana; exposición de la obra del escultor Manolo Hugué y dibujos de Picasso; exposición "La efervescencia balnearia". Museo Romántico Can Delger. Termas romanas del s. I a.C., Patrimonio Histórico Artístico Nacional. Lavaderos públicos históricos, s. XIX. Fuente del Lleó: Agua termal a 74º C. Ermita del Remei. Puente Románico, s. XII.
Alrededores: ST. SEBASTIÁ DE MONTMAJOR, a 12 km: Iglesia románica del s. XII. ST. MIQUEL DEL FAI, a 20 km: Espacio natural, Monasterio gótico e iglesia románica del s. X. LA GARRIGA, a 17 km.

Restaurante

®**Mirko Carturán.** Avda. Pi i Margall, 75. ☎ 938 654 160. www.mirkocarturan.com
Cierra al mediodía sábado y festivos; domingo, una semana en invierno y 15 días en agosto. Interesante proposición de cocina moderna basada en un evidente respeto a la tradición. El buen hacer de Mirko en la cocina y Meritxell en la sala, son el garante de la deliciosa culinaria y afable servicio de esta casa. Precio medio 37 €.
Robert de Nola. Pg. del Remei, 48-50. ☎ 938 654 047. www.robertdenola.cat P
Cierra domingo noche y lunes, excepto festivos. Confortable local con paredes de piedra. Milhojas de patata con huevo escalfado, trufa y setas; melosa de ternera estofada, acelgas dulces con pasas y piñones. Precio medio 25 €.

Hoteles

**** **Termes la Garriga.** (En LA GARRIGA, a 17 km). Banys, 23. ☎ 938 717 086. www.termes.com
P
Hab. 22: 157/304 €. Incluido desayuno bufé y circuito termal. Consultar ofertas. Junto al Parque Natural del Montseny.
**** **Balneario Vila de Caldes.** Pza. del Ángel, 5. ☎ 938 654 100. www.grupbroquetas.com
Hab. 30: 111/177 €. Consultar ofertas. En el centro histórico. Balneario. Restaurante VIOLETA DE CALDES.
*** **Balneario Termes Victoria.** Barcelona, 12. ☎ 938 650 150. www.termesvictoria.com
P
Hab. 88: 68/120 €. Consultar cierre y ofertas. Tratamientos termales y estética.

Calella (Barcelona) — 26 • A-4

A BARCELONA, 48 KM; MADRID, 669 KM. ALT. 5 M. POB. 18.627. 937 690 559.
GPS (41° 36' 47''N-2° 39' 22"E).

Fiestas: Del 1 al 25 de abril: Festival Internacional cine y foto. 16 junio: Fiesta Mayor de S. Quirze y Sta. Julia. 23 agosto: Fiesta Mayor de la Minerva. Del 23 al 26 de agosto Feria de tradiciones y artesanía. Del 2 al 24 de octubre: Fiesta de la Cerveza. 3 de octubre: Triatlón Internacional "IRONMAN".
Visitar: Museo- Archivo Municipal. Museo multidisciplinar en el que destacan la Farmacia Barri, s. XIX y la Pinacoteca Gallart. Parque Dalmau. Paseo M. Puiguert. Playas. Destino certificado de Turismo familiar y Deportivo.
Alrededores: Parque Natural del Montnegre, a 6 km. Parque acuático y delfinario, Marineland, a 10 km.

Restaurantes

®**El Hogar Gallego.** Ánimas, 75. ☎ 937 662 027. www.elhogargallego.com P
Cierra domingo noche. El mejor producto del mar, como base de una sabrosa cocina marinera en ésta, ya histórica casa del centro de esta población. Precio medio 60 €.

Hoteles

***** Maritim.** Del Mar, s/n. ☎ 937 660 620. www.ghthotels.com
Hab. 162: 57/152 €. Cierra de octubre a marzo. A 50 m de la playa.

Calella de Palafrugell (Girona) Ver Palafrugell. **26 • C-2**

Calldetenes (Barcelona) Ver Vic. **25 • E-2**

Calonge-Sant Antoni (Girona) **26 • C-2**

A GIRONA, 43 KM; MADRID, 675 KM. ALT. 36 M. POB. 10.428. 972 661 714.
GPS (41° 51' 42''N-3° 4' 17"E).

Fiestas: Semana Santa. Junio: Fiesta de las Entidades. Julio y agosto: Animación turística: Verano Activo. Conciertos de música clásica, en el Castillo medieval de Calonge. Julio: Sant Eugeni. 15 de agosto: Feria de dibujo y pintura. 11 de noviembre: S. Martín, fiesta mayor. Diciembre, abril y octubre: Campañas Gastronómicas. Enero, abril y octubre: Campañas Gastronómicas. 1 de septiembre: St. Llop, fiesta mayor de St. Antoni de Calonge.
Visitar: Magníficos emplazamientos en los Montes de las Gavarres. Torre Valentina, s. XVI, torre de vigilancia relacionada con el Castillo de Calonge, fundado por los Condes de Girona en el s. VIII y posteriormente convertido en Palacio, declarado Monumento Nacional. En su patio, se celebran los Festivales de Música. Masía fortificada de Torre Lloreta, probablemente del s. XII. Monasterio de Sta. María del Mar o del Collet, s. XII. Casa del Señor del Mal Us, Capella de Sant Daniel, etc. Exposiciones en la Sala Marsala, Dòlmen i Menhir de Puig ses Forques. Camino de Ronda, itinerario a pie por calas. Bodegas y masías. Senderismo y cicloturismo.
Alrededores: PALAMÓS y PLATJA D'ARO, a 2 km. SANT FELIU DE GUÍXOLS, a 7 km. LA BISBAL D'EMPORDÀ, a 12 km. SANTA CRISTINA D'ARO, a 16 km: Cova d'en Daina, monumento megalítico.

Restaurantes

Refugi de Pescadors. (En SANT ANTONI DE CALONGE, a 2 km). Pº José Mundet, 55. ☎ 972 650 664. www.refugidepescadors.com
Cierra domingo noche, lunes y del 20 de diciembre al 27 de enero. Sopa de pescado, pescados de la lonja de Palamós a la plancha, al horno... crema de queso. Menú 22 €. Precio medio sin marisco 30€.

Hoteles

****** Silken Park Hotel San Jorge.** Ctra. Palamós, s/n. ☎ 972 652 311. www.hoteles-silken.com
Hab. 119: 98/300 €. Suites: 7. Cierra del 15 noviembre al 28 de febrero. Entre dos calas con magníficas vistas al mar.
***** Reimar.** Pº Torre Valentina. ☎ 972 652 211. www.hotelreimar.com
Hab. 49: 77/141 €. Consultar cierre. Hotel familiar. Junto al camino de ronda con calas de gran belleza.
***** Rosa dels Vents.** Passeig de Mar, 9. ☎ 972 651 311. www.rosadelsvents.com
Hab. 58: 72/155 €. Consultar cierre. Frente al mar.
***** Rosamar.** Josep Mundet, 43. ☎ 972 650 548. www.rosamar.com
Hab. 78: 60/140 €. Consultar cierre y ofertas. En primera línea de playa.

Calp/Calpe (Alicante) **60 • E-4**

A ALICANTE, 63 KM; MADRID, 467 KM. ALT. 59 M. POB. 29.666. 965 836 920.
GPS (38° 38' 46"N-0° 2' 39"E).

Fiestas: Del 15 al 28 de febrero: Carnaval alemán. 19 de marzo: Fallas. 24 de junio: Hogueras de S. Juan. 16 de julio: Virgen del Carmen. 5 de agosto: Virgen de las Nieves, fiestas patronales y «bous al carrer». Del 9 al 12 de octubre: Fiesta de la Cerveza. Alrededor del del 22 de octubre: Santísimo Cristo del Sudor, patronales y de Moros y Cristianos.
Visitar: Antigua ciudad amurallada de la que se conservan el Torreó de la Peça, s. XVIII, las murallas, s.s XIV-XV y la Iglesia Antigua, s. XV, único ejemplar gótico mudéjar de la Comunidad Valenciana con un retablo al temple de s. XV. Casco antiguo, plazas con encanto, pinturas al fresco. Museos del Coleccionismo, Arqueológico, del Cómic «Casa de la Senyoreta» y Fester. Ermita de S. Salvador s. XVIII, desde aquí se divisa La Manzanera con el conjunto de edificios diseñados por Ricardo Bofill. En el extremo norte el Peñón de Ifach, al que se asciende siguiendo una ruta; en sus faldas La Vila d'Ifac.
Alrededores: Restos romanos de las Termas y los Baños de la Reina. Molí del Morello, s. XIX. Zona húmeda Las Salinas. Puerto pesquero y Mirador de la Lonja, con subasta de pescado. Casa Nova, edificio del s. XVIII. Ermita de la Cometa, s. XVIII. Pou Salat. Llavador de la Font. Museo Etnológico Casa Cocó. Parques de la Vallesa, Enginent y La Cometa. Barranco del Mascarat. Miradores del Morro de Toix y Cala Cabalga. Sierra de Oltà.

Restaurantes

Abiss. (H. GRAN HOTEL SOL Y MAR). Benidorm, 1. ☎ 965 839 143. www.restauranteabiss.com
Cierra noches de martes a jueves en invierno, domingo noche y lunes. Cocina mediterránea. Agradable local. Crema de calabaza y naranja, rodaballo ahumado con salteado de calamares, chocolate en texturas. Precio medio 40 €.
La Cambra. Delfín, 2. ☎ 965 830 605.
Cierra domingo, 15 días en mayo y en diciembre. Ensalada de bacalao, arroz seco o meloso con cigala real, coca de almendras. Menú 12 €. Precio medio 30 €.

Hoteles

****** Bahía Calpe.** Avda. de Valencia, 24. ☎ 965 839 702. www.torsehoteles.com
Hab. 282: 68/166 €. Restaurante MEDITERRÁNEO.
****** Diamante Beach.** Avda. Juan Carlos I, s/n. ☎ 965 875 609. www.diamantebeach.com
Hab. 285: 95/201 €. Suites: 2. Consultar ofertas. Restaurantes LA PÉRGOLA y LA SCALA.
****** Gran Hotel Sol y Mar.** Benidorm, 3. ☎ 965 875 055. www.granhotelsolymar.com
Hab. 327: 80/220 €. Apartamentos: 41. Suites: 9. Consultar ofertas. En primera línea de playa del Arenal. Frente al Peñón de Ifach. Restaurantes ÁNFORA y ABISS.
****** SH Ifach.** Avda. Juan Carlos I, s/n. ☎ 965 874 500. www.sh-hoteles.com
Hab. 130: 98/240 €. Suites: 1. Restaurante LAS SALINAS.
****** Villa Marisol.** Urb. Marisol Park, 1-A. ☎ 965 875 700. www.marisolpark.com
Hab. 16: 90/140 €. Suites: 1. Consultar ofertas. Pequeño hotel con encanto. Cada habitación decorada con un estilo.
***** Galetamar.** La Caleta, 28-A. ☎ 965 832 311. www.galetamar.com
Hab. 113: 51/155 €. Apartamentos: 20. Suites: 51. Consultar ofertas. Primera línea de playa. Pertenece a Estación Náutica Marina Alta. Restaurante LA CALETA, cocina internacional.
***** Roca Esmeralda & SPA.** (Playa LEVANTE). Ponent, 1. ☎ 965 836 101. www.rocaesmeralda.com
Hab. 212: 67/132 €. Tenis y golf cercanos.

Cambados (Pontevedra) 7 • C-3

A PONTEVEDRA, 25 KM; MADRID, 640 KM. ALT. 60 M. POB. 14.000. 986 520 786.
GPS (42° 30' 48''N-8° 48' 51"O).

Fiestas: 11 de julio: S. Benito. 16 de julio: Fiesta de la Vieira. 18 de julio: Sta. Mariña. Del 28 de julio al 1 de agosto: Fiesta del vino Albariño. Del 6 al 8 de agosto: Fiesta Europea del Vino. 28 de agosto: Fiesta del Turista.
Visitar: Ruinas de Sta. Mariña. Iglesia de S. Benito, s. XVI. Iglesia parroquial de Sta. Mariña. Pazos de Montesacro, Ulloa, da Capitana y Fefiñanes. Capilla de la Valvanera, s. XVIII. Mirador de la Pastora. Torre de S. Saturniño. Todo ello declarado Conjunto Histórico-Artístico y Bien de Interés Cultural. Museos Etnográfico del Vino, del Molino de Mareas. Casas Museos del Pescador y Ramón Cabanillas. Rutas en barco por la Ría. Ruta del Vino.
Alrededores: Monasterio de Sta. María de Armenteira, del s. XII, a 14 km. Rutas de Molinos.

Restaurantes

Casa Rosita. (Bº Corbillón). Lugar de O Ribeiro, 8. ☎ 986 542 878. www.hrosita.com © ❄ P
Cierra domingo noche excepto festivos. Con 60 habitaciones. Salpicón de mariscos (especialidad), pescados y mariscos de la ría, filloas con nata y miel. Menú 15 €. Precio medio sin marisco 28 €.
María José. (Frente al Parador). San Gregorio, 2. Piso 1º. ☎ 986 542 281. © ❄
Cierra domingo noche y lunes, excepto verano; una semana en noviembre y Navidad. Vieiras fritas con pastel de berenjena y calabacín, lenguado rebozado con endibias estofadas, tarta de tres leches con salsa de pasas y chocolate blanco. Menú 20 €. Precio medio 30 €.
Ribadomar. Valle Inclán, 17. ☎ 986 543 679. www.ribadomar.es © ❄ P
Cierra noches de domingo y martes, excepto agosto; 15 días entre febrero y marzo y 15 días entre septiembre y octubre. Vieiras al horno, lenguado con zamburiñas, filloas. También se puede comer de tapas. Precio medio sin marisco 25 €.
☼**Yayo Daporta.** Hospital, 7. ☎ 986 526 062. www.yayodaporta.com ❄
Cierra domingo noche, lunes excepto festivos, 10 días en mayo y segunda quincena de noviembre. Yayo Daporta ofrece una cocina plenamente consolidada, utilizando el mejor producto, especialmente en lo referente a **pescados** y **bivalvos**. Sus **vieiras** son ya un clásico, como su **merluza**. Creativo, sabe mantener la fidelidad a la despensa de su tierra. El comensal elige su vino en la bodega. Precio medio 45 €.

Hoteles

**** **Parador de Turismo.** Pº Calzada, s/n. ☎ 986 542 250. www.parador.es ❄ P
Hab. 58: 102/160 €. Consultar ofertas. Antiguo Pazo de Bazán, s. XVII, recientemente renovado. A orillas de la ría de Arousa. Restaurante BARLOVENTO, cocina gallega.

Cambre (A Coruña) Ver Coruña, A. 1 • F-3

Cambrils (Tarragona) 34 • F-3

A TARRAGONA, 18 KM; MADRID, 557 KM. ALT. 15 M. POB. 32.000. 977 792 307.
GPS (41° 4' 0"N-1° 3' 22"E).

Fiestas: 5 de enero: Cabalgata de Reyes Magos. Enero: St. Antoni. Els Tres Tombs. Febrero: Festival de Cortometrajes. Jornadas de La Galera. Abril: Rally de coches antiguos. 23 abril San Jorge. Junio: Feria de Cambrils, del Caballo y Medieval. Del 20 al 26 de junio: Fiesta Mayor, St. Pere. Cambrils Port de Moda. 15-16 de julio: Fiesta de la Virgen del Carmen. Agosto: Festival Internacional de Música. Del 1 al 11 de septiembre: Fiesta Mayor Mare de Dèu del Camí, Nit del Foc. Del 1 al 5 de octubre: Jornadas gastronómicas. 8 de diciembre: Fiesta Mayor de la Inmaculada.
Visitar: Capital gastronómica. Puerto pesquero. Casco antiguo. Parque Samà (jardín botánico). Ermita Verge del Camí y Torre de vigilancia. Torre del Port. Museo Molino de les Tres Eres y Museo Agrícola. Villa romana de La Llosa. Parques del Pinaret y del Pescador. 30 km carril bici. 80 km de Rutas Ecoturísticas. Playas.
Alrededores: Ermita Mare de Déu de la Roca. Monasterio de Montserrat. Castillo-Monasterio d'Escornalbou. Port Aventura. Ruta de los Monasterios del Císter, TARRAGONA Romana, REUS Modernista. Parc Natural Delta de l'Ebre. Ruta de las 3 Ces.

Restaurantes

®**Bresca.** (Puerto). Travesía Áncora, 21. ☎ 977 369 512. www.brescarestaurant.com ❄
Cierra al mediodía en verano, domingo noche, lunes, 10 días en mayo y del 23 de diciembre al 14 de enero. Plenamente consolidados, Xavi Ferraté y Alba Roig ofrecen, en este pequeño Bresca, una interesante y personal cocina de autor, mezcla de experiencia y juventud. Menú 20 €. Precio medio 40 €.
☼☼ **Can Bosch.** Rambla Jaume I, 19. ☎ 977 360 019. www.canbosch.com ❄
Cierra domingo noche, lunes y del 22 de diciembre al 22 de enero. El **pescado** de la costa es el gran protagonista de la excelente cocina que practica Joan Bosch, desde hace ya más de cuarenta años en un agradable marco de luz y mediterraneidad. **Bogavante salteado con arroz negro, brownie de chocolate blanco con caviar de mango**. Precio medio 50 €.
Casa Gallau. Pescadors, 25. ☎ 977 360 261. www.casagallau.com ❄
Cierra martes y del 23 de diciembre al 23 de enero. Decoración, tapas y guisos marineros. Pica pica, suquet de romesco, crema catalana. Precio medio 32 €.
®**El Celler de l'Arbocet.** (En L'ARBOCET, a 15 km). Baix, 11. ☎ 977 837 591. www.lacuinacatalana.com/elcellerdelarbocet ❄ P
Cierra noches de septiembre a junio, excepto viernes y sábado; lunes, del 1 al 15 de febrero y del 12 al 30 de octubre. En un caserío del siglo XV de la pequeña aldea de l'Arbocet, Joan Pàmies dirige este agradable restaurante cuya culinaria se basa en la excelencia del producto. **Ensalada ecológica de huerta propia, cabrito a la brasa**. Precio medio 40 €.
☼☼**Joan Gatell.** Pº Miramar, 26. ☎ 977 360 057. www.joangatell.com ❄
Cierra domingo noche, lunes y del 15 de diciembre al 15 de enero. Magnífica labor la de Joan Pedrell y su esposa al frente de este legendario templo de la mejor cocina tradicional marinera. **Pulpitos en brocheta de romesco, arroz marinera en cassola**. De imprescindible visita para los devotos de la mejor cocina de pescado. Precio medio 70 €.
☼**Rincón de Diego.** Drassanes, 19. ☎ 977 361 307. www.rincondediego.com ❄
Cierra domingo noche, lunes y del 23 de diciembre al 25 de enero. Buen producto de la costa y toques de modernidad en la ejecución son la base de la culinaria que ofrece Diego Campos, ahora, en un nuevo local que mejorará sin duda la oferta en instalaciones y espacio. Precio medio 55 €.

Hoteles

**** **Mas Gallau.** Avda. Vila Fortuny, 134. ☎ 977 360 588. www.hotelmasgallau.com ❄ P
Hab. 38: 72/125 €. Suites: 2. Consultar ofertas. Tranquilo y familiar. Habitaciones confortables.
**** **Mónica.** Galcerán Marquet, 1. ☎ 977 791 000. www.hotelmonica.com ❄ P
Hab. 100: 66/161 €. Suites: 1. Consultar cierre. Céntrico. A 100 m de la playa. Gran jardín con palmeras.
**** **Pino Alto.** (En MIAMI PLAYA). Urb. Pino Alto. Avda. Playa Cristal, 18. ☎ 977 811 000. www.hotel-pinoalto.com ❄ P
Hab. 109: 50/150 €. Suites: 28. Consultar cierre y ofertas. Cercano al Club Náutico Hospitalet y Campo de Golf Bonmont. Arquitectura típica mediterránea. Restaurante LOS NARANJOS.

****** Port Eugeni.** Pza. Aragón, 49. ☎ 977 365 261. www.gruparbo.com
Hab. 100: 44/155 €. Consultar cierre y ofertas. Céntrico. A 150 m de la playa.
***** Princep.** Narcis Monturiol, 2. ☎ 977 361 127. www.hotelprincep.com
Hab. 27: 50/140 €. Cierra en navidades. Reformado recientemente. Céntrico. A 200 m de la playa. Restaurante CAN PESSIC, cocina mediterránea.

Campo de Criptana (Ciudad Real) Ver Alcázar de San Juan. 49 • B-4

Camprodón (Girona) 15 • E-4

A GIRONA, 80 KM; MADRID, 683 KM. ALT. 950 M. POB. 2.542. 972 740 010.
GPS (42° 18' 46''N-2° 21' 50"E).

Fiestas: 21 de junio: S. Paladio. Tercera semana de julio: Curso Internacional de Música Isaac Albéniz. Julio-agosto: Festival de Música Isaac Albéniz, cuna del insigne compositor, y en verano fiestas en las calles. 2 de agosto: Feria de dibujo, pintura y artesanía. 8 de diciembre: Feria de la Purísima.
Visitar: Iglesia del Monasterio de S. Pedro, s. X. Pont Nou, sobre el Ter, s. XIII. Iglesia Parroquial de Sta. María, en el centro de la villa. Beget: Monumento Nacional de Interés Artístico, con la Iglesia de S. Cristóbal, s. XII, y talla de madera Divina Majestad, s. XII. Passeig Maristany, en su alrededor se construyeron torres-mansiones al estilo de principios de siglo. Passeig de la Font Nova, remodelado en la segunda mitad del s. XIX. Museo Isaac Albéniz, con objetos del compositor. Parque Mare de la Font.
Alrededores: Valles con preciosos paisajes e intenso verdor. Iglesias y ermitas románicas. Campings. Estación de Esquí de Vallter 2000.

Restaurantes

El Pont 9. Camí de Cerdanya, 1. ☎ 972 740 521. www.restaurantedelpont9.com
Cierra domingo noche, 10 días después de Reyes, 15 después de San Juan y 10 después del Pilar. Agradable y familiar. Gratinado de verduras con queso de cabra, pollo de payés y ciruelas, crema catalana. Menú 16 €. Precio medio 25 €.

Hoteles

****** Edelweiss.** Ctra. Sant Joan, 28. ☎ 972 740 614. www.edelweisshotel.net
Hab. 21: 65/137 €. Cierra del 12 al 26 de mayo.
****** Grevol Spa.** (En LLANARS). Ctra. de Campodrón a Setcases, s/n. ☎ 972 741 013. www.hotelgrevol.com
Hab. 36: 105/223 €. Desayuno incluido. Consultar ofertas de Wellness. Actividades culturales, deportivas y de aventura.

Canarias, Islas Ver apartado correspondiente, a partir de la página 257.

Candanchú (Huesca) Estación de esquí: Ver Canfranc. 13 • D-2

Candás (Asturias) 3 • E-2

A OVIEDO, 32 KM; MADRID 484 KM. ALT. 39 M. POB. 7.209.
GPS (43° 35' 23''N-5° 46' 7"O).

Fiestas: 1 de agosto: Festival de la Sardina. 14 de septiembre: Stmo. Cristo.
Visitar: Ermitas: de S. Antonio y de S. Roque. Faro. Playas. Senderismo.
Alrededores: A 3 km: Cabo de Peñas.

Restaurantes

☼☼☼**Casa Gerardo.** (En PRENDES, a 3 km). Ctra. AS-19, Gijón-Avilés, km 9. ☎ 985 887 797.
Cierra noches de domingo a jueves, y lunes. Pedro y Marcos Morán, padre e hijo, consiguen resultados francamente innovadores y sugestivos, aunque asumen sin complejos las recestas tradicionales que encumbraron a ésta, ya más que centenaria casa (1882). Todo aquí roza la perfección, la cocina, la bodega y el servicio. Visita inexcusable para *gourmets*. Precio medio 60 €.
El Llagarón (Sidrería). Nicanor Piñole, 8. ☎ 985 885 227.
Cierra lunes. Pescados, mariscos y sidra de calidad para quienes gustan del bullicio. De postre, frixuelos. Precio medio sin marisco 40 €.

Hoteles

****** Celuisma Marsol.** Astilleros, s/n. ☎ 985 870 100. www.celuisma.com
Hab. 85: 68/160 €. Frente al puerto y la playa.

Candeleda (Ávila) 39 • A-4

A ÁVILA, 99 KM; MADRID, 160 KM. ALT. 420 M. POB. 5.166. 920 380 829.
GPS (40° 9' 17"N-5° 14' 28"O).

Fiestas: Del 23 al 25 de julio: Santiago Apóstol. Del 20 al 23 de agosto: Ferias: Encierros, verbenas y toros de fuego. 9 y 16 de septiembre: Fiestas Patronales de la Virgen de la Chilla.
Visitar: Casco urbano. Retablo de la Iglesia parroquial Ntra. Sra. de la Asunción, s. XVI. Santuario de la Virgen de Chilla. Balconadas. El Rollo de la Cañada y Castro Celta, s.II a.C. en el Raso. Piscinas naturales. Campo de Golf.
Alrededores: Embalse del Rosarito. Sierra de Gredos.

Restaurantes

Gredos Dim. Ctra. del Castro, s/n. ☎ 920 389 822. www.restaurantegredosdim.com
Cierra de domingo a jueves en otoño-invierno; lunes, martes y del 15 al 30 de octubre. Torta del Casar con jamón ibérico, chuletón de buey y pescados a la brasa, flan de queso. Precio medio 28 €.
Mesón Pedros. Avda. Ramón y Cajal, 6. ☎ 920 380 839. www.mesonpedro.es
Cierra lunes no festivos, de finales de septiembre a primeros de octubre. Con 13 habitaciones. A la entrada del pueblo por la ctra. de Oropesa. Patatas revolconas, chuletón de Ávila, membrillo con queso. Menú 10 €. Precio medio 25 €.

Canedo (León) Ver Villafranca del Bierzo. 9 • A-3

Canet de Mar (Barcelona) Ver Sant Pol de Mar. 26 • A-4

Canfranc (Huesca) 13 • D-2

A HUESCA, 92 KM; MADRID, 475 KM. ALT. 1.046 M. POB. 625. 974 373 141.
GPS (42° 42' 58''N-0° 31' 35"O).

Fiestas: 5-6 de agosto: Virgen de las Nieves. Del 14 al 18 de agosto: Virgen de la Asunción y S. Roque.
Visitar: CANFRANC-ESTACIÓN: Estación internacional. Iglesia parroquial Ntra. Sra. del Pilar. Casetas de falsa cúpula. Fuerte Coll de Ladrones. Torreta de Fusileros. CANFRANC: Restos del Castillo. Torre de Aznar Palacín. Puente Medieval. Iglesias parroquiales Ntra. Sra. de la Asunción y de la Trinidad. Excursiones de montaña.
Alrededores: CANDANCHÚ: Alta montaña. Deportes de invierno. ASTÚN: Deportes de invierno. PUERTO DE SOMPORT. JACETANIA: Monumentos románicos. Parque Natural de los Valles Occidentales.

Hoteles

*** **Santa Cristina.** (En CANFRANC-ESTACIÓN, a 2 km). Ctra. a Candanchú. ☎ 974 373 300. www.santacristina.es P
Hab. 56: 59/127 €. Desayuno incluido. Consultar cierre. Junto al Camino de Santiago. Restaurante EL BOJ.

Cangas de Onís (Asturias) 4 • B-3

A OVIEDO, 72 KM; MADRID, 560 KM. ALT. 64 M. POB. 6.761. 985 848 005.
GPS (43° 20' 53''N-5° 7' 42"O).

Fiestas: 13 de junio: Fiestas patronales S. Antonio, procesiones y romerías. 25 de julio: Fiesta del Pastor en La Vega de Enol. 8 de septiembre: Ntra. Sra. de Covadonga.
Visitar: Capilla de Sta. Cruz. Iglesias románicas. Puente Romano. Aula del Reino de Asturias. Palacio de Cortés. Parque Nacional de los Picos de Europa. Rutas a pie y en bicicleta.
Alrededores: Iglesia prerrománica de Abamía (CORAO), a 5 km. Monasterio de S. Pedro de Villanueva, a 3 km. Cueva del Buxu, en CARDES, a 3 km, con pinturas rupestres. Palacio de Labra, a 7 km. Lagos de Enol y Ercina, a 22 km. ARRIONDAS, a 7 km, salida descenso del Sella. COVADONGA, a 11 km: Paraje de excepcional belleza, donde Don Pelayo inició la Reconquista. Colegiata del s. XVI. Basílica de Ntra. Sra. de Covadonga, s. XIX. Cueva: Imagen de la Virgen, corona, sepulcros. Patrona de Asturias. 12 de octubre: Certamen del Queso de los Picos de Europa.

Restaurantes

El Molín de la Pedrera (Sidrería). (H. NOCHENDI). Río Güeña, 2. ☎ 985 849 109. www.elmolin.com
Cierra martes noche, miércoles y del 23 de diciembre al 1 de febrero. En el paseo que bordea el río Güeña. Cocina asturiana elaborada con mimo. Crujiente de cabrales con avellana, rollo de bonito. Precio medio 28 €.
Huerto del Ermitaño. (En COVADONGA, a 11 km). Real Sitio de Covadonga, s/n. ☎ 985 846 112. www.elhuertodelermitañodecovadonga.com
Cierra noches excepto verano; jueves y del 15 de diciembre al 6 de enero. A los pies del Real Sitio de Covadonga. Resulta una buena opción para animar el cuerpo después de reconfortar el espíritu. Quesos y carnes asturianos con D. O., pescados del Cantábrico. Precio medio 25 €.
® **Los Arcos.** (H. LAGOS DE COVADONGA). Avda. Covadonga, 19. ☎ 985 849 277. www.loslagos.as
Cierra miércoles de noviembre a junio. Ramón Celorio sabe combinar con criterio, tradición y modernidad. Sorprendentes recetas que nunca dejan indiferente. **Lomos de merluza con arroz cremoso de llámpares**, tabla de **quesos** asturianos. Atinada carta de vinos. Precio medio 25 €.

Hoteles

**** **Ciudad de Cangas de Onís.** Avda. Castilla, 36. ☎ 985 849 444. www.hotelcangasdeonis.com P
Hab. 26: 70/130 €. Suites: 2.
**** **Gran Hotel Pelayo.** Real Sitio Covadonga, s/n. ☎ 985 846 061. www.granhotelpelayo.com P
Hab. 52: 50/140 €. Suites: 2. Consultar cierre y admisión de perros. Dentro del Parque Nacional los Picos de Europa y del Santuario de Covadonga.
**** **La Cepada.** Avda. Contranquil, s/n. ☎ 985 849 445. www.hotellacepada.com P
Hab. 20: 70/169 €. Suites: 2. Admisión de perros, consultar. En el mirador de la Vega del Sella y los Picos de Europa. Restaurante El CENADOR DE LOS CANÓNIGOS.
**** **Parador de Turismo.** Villanueva de Cangas. ☎ 985 849 402. www.parador.es P
Hab. 64: 120/162 €. Consultar ofertas. En la margen derecha del río Sella. Edificado sobre el Monasterio de San Pedro de Villanueva declarado Monumento Nacional en 1907.
*** **Aultre Naray.** (En PERUYES). N. 634, km 335. Los Campos, 12. ☎ 985 840 808. www.aultrenaray.com P
Hab. 11: 64/123 €. Casona del s. XIX rehabilitada. Próximo al río Sella: piragüismo y senderismo. Perteneciente al "Club de Calidad Rusticae" y "Casonas Asturianas".
*** **Los Lagos.** Pza. Camila Beceña, 3. ☎ 985 849 277. www.loslagos.as
Hab. 45: 36/96 €. Consultar cierre. Restaurante LOS ARCOS.

Cangas del Narcea (Asturias) 3 • B-4

A OVIEDO, 93 KM; MADRID, 478 KM ALT. 376 M. POB. 14.589. 985 811 498.
GPS (43° 10' 37''N-6° 33' 7"O).

Fiestas: 28 de junio: El Arbolón. Del 14 al 22 de julio: El Carmen y La Magdalena (La Descarga). 8 de septiembre: Romería de Acebo. 9 de octubre: Fiesta de la Vendimia.
Visitar: Casco Histórico. Basílica de la Magdalena. Monasterio de Corias. Centros de Interpretación y El Oro de Las Montañas. Museo etnográfico del vino. Núcleo rural de Besullo. Parque Natural de Las Fuentes del Narcea.

Restaurantes

® **Blanco.** Mayor, 11. ☎ 985 810 316.
Cierra domingo noche, lunes, del 12 al 24 de julio y septiembre. Modesto local que atesora, sin embargo, un esplendoroso recetario regional conviviendo con creaciones muy actualizadas. Menú 15 €. Precio medio 33 €.
La Nueva Allandesa. (En POLA DE ALLENDE, a 20 km). (H. LA NUEVA ALLANDESA). Donato Fernández, 3. ☎ 985 807 027. www.lanuevaallandesa.com
Cierra domingo noche. Con 39 habitaciones. Cocina contundente a base de productos de la zona. Muy solicitado el repollo relleno de carne. Precio medio 20 €.

Canido (Pontevedra) Ver Vigo. 17 • C-1

Canonja, La (Tarragona) Ver Tarragona. 34 • F-3

Cantavieja (Teruel) 42 • E-2

A TERUEL, 90 KM; MADRID, 400 KM. ALT. 1.300 M. POB. 758. 964 185 414.
GPS (40° 31' 40''N-0° 24' 24"O).

Fiestas: Enero: S. Antonio. Del 19 al 21 de junio: S. Lamberto. Del 17 al 19 de julio: S. Cristóbal. Del 20 al 25 de agosto: Fiestas Patronales. 18 de septiembre: Feria Ganadera.
Visitar: Casco urbano de Interés Histórico-Artístico. Ayuntamiento. Iglesias de S. Miguel, gótica y de La Asunción. Plaza Mayor. Casas Señoriales. Museo de las Guerras Carlistas. Ermita de Loreto (1700). El Mirador de El Portillo.
Alrededores: IGLESUELA. Pueblo de aire medieval. MIRAMBEL: Pequeña villa amurallada con notables edificios. VILLARLUENGO: Vistas Balcón del Forastero.

Restaurantes

®**Buj.** Avda. Maestrazgo, 6. ☎ 964 185 033.
Cierra de lunes a viernes, excepto verano; noches, febrero y primera semana de marzo. Las hermanas Buj son todo una referencia de calidad. **Canelones de cordero, foie-gras y ceps, muslo de pava relleno, clafoutis de queso manchego y piña.** Precio medio 40 €.

Hoteles

*** **Balfagón Alto Maestrazgo.** Avda. Maestrazgo, 20. ☎ 964 185 076. www.hotelbalfagon.com
P
Hab. 46: 60/160 €. Apartamentos: 3. Suites: 2. Consultar cierre y ofertas. En el corazón del Maestrazgo.

Cañete (Cuenca) 50 • C-1

A CUENCA, 69 KM; MADRID, 235 KM. ALT. 1.075 M. POB. 1.015. 969 346 917.
GPS (40° 2' 28"N-1° 38' 51"O).

Fiestas: Semana Santa. Primera semana de agosto: Alvarada, fiesta medieval. Del 7 al 12 de septiembre: Virgen de la Zarza, patronales.
Visitar: Pueblo, declarado conjunto de Interés Histórico Artístico. Castillo-alcazaba de los s.s IX-XI. Recinto amurallado árabe. Puertas fortificadas las Eras, San Bartolomé y la Virgen. Iglesias de Santiago y S. Julián. Ermita de la Virgen de Zarza. Parque fluvial del Postigo. Cascada del Pozo de la Horca. Mirador, monumento al Sagrado Corazón. Monumento Natural del Rodenal del Cabriel. Senderismo.
Alrededores: Pinturas rupestres de Villardelhumo; laguna de Cañada y Torcas de los Palancares. Ermita de Altarejos en Campillo Sierra. Las Corbeteras en Pajaroncillo. Sierra de Valdemeca y de las Cuerdas.

Restaurantes

®**La Muralla.** Ctra. de Valdemeca, 20. ☎ 969 346 299. www.hostallamuralla.com P
Cierra martes, del 20 de junio al 9 de julio y tercera semana de septiembre. Con 9 habitaciones. Auténtica cocina manchega actualizada con buen producto. **Queso frito de cabra con mermelada de tomate, manitas de cerdo crujientes con salsa de trufa negra, quesada manchega.** Menú 15 €. Precio medio 27 €.

Capileira (Granada) 78 • E-1

A GRANADA, 70 KM; MADRID, 492 KM. ALT. 1.436 M. POB. 559.
GPS (36° 57' 39''N-3° 21' 35"O).

Fiestas: 16 Enero: Chisco de S. Antón. Abril y agosto: Virgen de la Cabeza. 1 noviembre: la Mauraca, Fiesta de la Castaña.
Visitar: Museo de Artes y Costumbres Populares Pedro Antonio de Alarcón. Casco antiguo. Miradores Mentidero y del Perchel. Rutas senderistas por el Parque Nacional de Sierra Nevada. Refugio de Alta Montaña.
Alrededores: Municipios de BUBIÓN y PAMPANEIRA, que forman junto a CAPILEIRA el Conjunto Histórico del Barranco de Poqueira. Municipios incluidos en el Parque Nacional Sierra Nevada.

Restaurantes

El Asador. Barranco de Poqueira, s/n. ☎ 958 763 109.
Cierra domingo noche, lunes y segunda quincena de junio. Sopa alpujarreña, choto asado al ajillo con patatas a lo pobre tarta de la abuela. Precio medio 20 €.

Hoteles

*** **Finca los Llanos.** Ctra. Sierra Nevada, s/n. ☎ 958 763 071. www.hotelfincalosllanos.com
P
Hab. 40: 45/75 €. Suite: 1. Consultar ofertas. En lo alto del Barranco de Poqueira, en el Parque Natural de Sierra Nevada. Cocina alpujarreña.

Caranceja (Cantabria) Ver Cabezón de Sal. 4 • F-3

Caravaca de La Cruz (Murcia) 66 • F-3

A MURCIA, 72 KM; MADRID, 425 KM. ALT. 625 M. POB. 26.415. 968 701 003.
GPS (38° 6' 31"N-1° 52' 2"O).

Fiestas: Último domingo de enero: Fiesta de las Cuadrillas (Barranda). Del 1 al 5 de mayo: Fiestas de Moros y Cristianos, en honor a la Santísima y Vera Cruz, de Interés Turístico Internacional.
Visitar: Basílica-Santuario que alberga la Sagrada Reliquia de la Santísima y Vera Cruz de Caravaca. Barrio Medieval. Iglesia del Salvador, del s. XVI. Templete del s. XVIII. Iglesia de La Concepción. Iglesia de los jesuitas, exposiciones itinerantes. Museo Arqueológico. Museo de la Vera Cruz. Museo de la Fiesta. Museo Etnográfico en Miniatura. Museo de Escultura Carrilero.
Alrededores: CEHEGÍN, a 7 km: Iglesia y Convento de S. Esteban. Parroquia de La Magdalena y casco antiguo. Ermita de La Concepción. MORATALLA, a 13 km: Castillo medieval, Iglesia de La Asunción. CALASPARRA, a 19 km: Santuario de la Virgen de La Esperanza. Las Fuentes del Marqués, Centro de Interpretación de la Naturaleza. BARRANDA, a 14 km: Museo de la Música Étnica, nacimiento de la Tosquillas.

Restaurantes

Pedro Marín. Raimundo Rodríguez, 3. ☎ 968 701 106.
Cierra noches de domingo a miércoles; y lunes. Guisos, arroces, torrija. Precio medio 25 €.

Hoteles

*** **Central Caravaca.** Gran Vía, 18. ☎ 968 707 055. www.hotelcentralcaravaca.com
Hab. 30: 55/125 €. Consultar cierre. Céntrico.

Carballino/Carballiño (Orense) 8 • A-3

A ORENSE, 26 KM; MADRID, 530 KM. ALT. 426 M. POB. 14.114. 988 274 757.
GPS (42° 26' 0"N-8° 4' 36"O).

Fiestas: Domingo de Carnaval: Fiesta de la Cachura. Junio: Romería Tercera Edad. 23 de julio: Romería Magdalena. Segundo domingo de agosto: Fiesta del Pulpo. Agosto: Jornadas de cine y video gallego «Xociviga». Primera semana de septiembre: Festival de Teatro Gallego. Del 14 al 19 de septiembre: Fiestas Patronales, Romería da Saleta.
Visitar: Templo de La Veracruz. Iglesia de Banga. Parque Municipal. Gran Balneario. Poblado Celta. S. Ciprian Lax, s. III a.C. Muiño das Lousas. Parque Etnográfico do Arenteiro. Playa fluvial, piscifactoría. Termalismo.
Alrededores: Monasterio de OSEIRA, s.s XII-XVI, a 19 km. Monasterio de S. Clodio, a 10 km. Pazos de Arenteiro. Ribadavia.

Restaurantes

O Barazal. (En MASIDE, a 5 km). (Ctra. N-541, Ourense-Pontevedra, km 21). Barandillas, s/n. ☎ 988 288 317. wwww.obarazal.es P
Cierra lunes y tres semanas en enero. Mariscos y pescados de las rías, ternera gallega, filloas. Vinos de la tierra. Precio medio 50 €.

Hoteles

** **O'Xardin.** Avda. Pondevedra, 50. ☎ 988 530 208. www.hotelxardin.es P
Hab. 34: 29/56 €. Ideal para la práctica de senderismo y pesca.

Carballo (A Coruña) Ver A Coruña. 1 • D-3

Carbonero El Mayor (Segovia) Ver Segovia. 30 • E-3

Cardenete (Cuenca) 50 • C-2

A CUENCA, 67 KM; MADRID, 230 KM. ALT. 900 M. POB. 623. 969 348 001.
GPS (39° 45' 59''N-1° 41' 39"O).

Fiestas: 13 de junio: S. Antonio de Padua, patrón. Del 9 al 15 de agosto: Sanochaores, Virgen de la Asunción. 12 y 13 de octubre: Virgen del Pilar, patrona.
Visitar: Ermita de S. Antonio de Padua. Iglesia de la Asunción. Fortaleza s. XVI.
Alrededores: A 3 km, YÉMEDA. A 4 km, HUÉRCEMES.

Restaurantes

®**La Rebotica.** Iglesia, 27. ☎ 969 348 024. www.casaruralelatroje.com
Cierra lunes, primera quincena de septiembre y del 24 de diciembre al 1 de enero. Antigua casona rehabilitada con bodega subterránea y la atención de los Cócera. **Caracoles del Sargal en salsa, jabalí estofado, picatostes con tomate confitado**. Precio medio 20 €.

Cardona (Barcelona) 25 • B-2

A BARCELONA, 95 KM; MADRID, 600 KM. ALT. 506 M. POB. 5.187. 938 692 798.
GPS (41° 54' 49''N-1° 40' 49"E).

Fiestas: 6-7 de junio: Feria Medieval. Del 11 al 15 de septiembre: Fiesta Mayor. 25 de noviembre: Feria de la Llenega.
Visitar: Centro Histórico, (BiC). Castillo, colegiata románica-lombarda. Iglesia de St. Miguel, gótica, s. XIV. Museo de la Sal Josep Arnau. Parc Cultural de la Muntanya de Sal.
Alrededores: Santuario del Miracle. Núcleos de Bergús

Hoteles

**** **Parador de Turismo.** Castell de Cardona. ☎ 938 691 275. www.parador.es P
Hab. 49: 135/194 €. Suite: 5. El histórico castillo es un alojamiento singular que incluye en su recinto la capilla románica de San Vicente y un claustro de bellísima traza. Desde sus ventanas se domina la vega del río Cardoner y la "Montaña de Sal". Restaurante ABAD.

Cariñena (Zaragoza) 33 • A-2

A ZARAGOZA, 45 KM. MADRID, 300 KM. ALT. 591 M. POB. 3.665.
GPS (41° 20' 12''N-1° 13' 23"O).

Fiestas: 29 de enero: S. Valero. Del 3 al 6 de julio: S. Cristóbal. Del 13 al 18 de septiembre: Patronales, Sto. Cristo.
Visitar: Ayuntamiento s. XVII. Iglesia del Sto. Cristo de Santiago. Museo del Vino. Bodegas S. Valero.
Alrededores: Santuario Virgen de Lagunas.

Restaurantes

®**El Patio de Goya.** (En LA ALMUNIA DE DOÑA GODINA, a 20 km). (H. EL PATIO). Avda. de Madrid, 6. ☎ 976 601 037. www.hotelelpatio.es
Cierra noches de domingo a jueves. Con 41 habitaciones. Platos bien recreados por José Carlos Martín, en un tranquilo comedor. **Morchelas rellenas de lechecillas a la crema, presa de cerdo ibérico marinada en ceniza de cebolla, pastelillo templado de calabaza con helado de idiazábal.** Precio medio 38 €.
La Rebotica. San José, 3. ☎ 976 620 556. www.restaurantelarebotica.es
Cierra noches excepto sábado; lunes, semana de Pascua, última semana de julio y dos primeras de agosto. En los bajos de una casa solariega. Bacalao gratinado al ajo tostado, pollo de corral en pepitoria antigua, pastel de chocolate caliente. Precio medio 30 €.

Carmona (Sevilla) — 71 • F-2

A SEVILLA, 30 KM; MADRID, 505 KM. ALT. 250 M. POB. 28.344. 954 190 955.
GPS (37° 28' 13''N-5° 38' 38"O).

Fiestas: Febrero: Carnavales de Interés Turístico Nacional. Semana Santa, de Interés Turístico Nacional. 1 de mayo: Las Mayas. Del 12 al 15 de mayo: Feria. Del 8 a 16 de septiembre: Novena Virgen de Gracia, patronal. 5 de septiembre: Romería Virgen de Gracia.
Visitar: Alcázar de la Puerta de Sevilla. Puerta de Córdoba. Museo de la Ciudad. Ayuntamiento (Mosaico del s. I). Necrópolis Romana. Prioral de Santa María de la Asunción y exposición permanente de su patrimonio histórico y cultural. Convento de Sta. Clara. Centro Histórico.
Alrededores: ÉCIJA, a 50 km: Palacio de Peñaflor, Palacio de Benamejí y Convento de la Merced. OSUNA, MARCHENA, LA LUISIANA, ALMODÓVAR DEL RÍO.

Restaurantes

La Almazara de Carmona. (Bº La Judería). Santa Ana, 32. ☎ 954 190 076. www.cateringalfarcos.com
Antiguo molino de aceite restaurado. Croquetas de rabo de toro, paletilla de cabrito, repostería de la Almazara. Precio medio 28 €.
La Yedra. General Freire, 6. ☎ 954 144 525. www.restaurantelayedra.es
Cierra lunes al mediodía y domingo en verano; domingo noche, lunes y del 16 de julio al 31 de agosto. Patio con fuente centenaria y cuajado de yedra. Cremoso de arroz con boletus, paletilla de cordero, sopa de chocolate blanco con puré de mango. Menú 18 €. Precio medio 30 €.
San Fernando. (Casco histórico). Sacramento, 3. ☎ 954 143 556.
Cierra domingo noche, lunes y agosto. Casa del s. XVII en el casco histórico. Crepes rellenas de verduras, medallones de venado, biscuit de aceite de oliva. Precio medio 35 €.

Hoteles

***** **Casa Palacio Casa de Carmona.** Pza. de Lasso, 1. ☎ 954 191 000.
Hab. 30: 135/225 €. Suites: 1. Palacio andaluz del s. XVI. Pertenece a la cadena Relais Chateâux. Cocina andaluza e internacional.
**** **Alcázar de la Reina.** Hermana Concepción Orellana, 2. ☎ 954 196 200. www.alcazar-reina.es
Hab. 66: 70/150 €. Suites: 2. En pleno centro histórico. Edificio singular de estilo mudéjar. Restaurante EL TABANCO, cocina tradicional.
**** **Parador de Turismo.** Alcázar, s/n. ☎ 954 141 010. www.parador.es
Hab. 63: 129/199 €. Uno de los más bellos Paradores, totalmente reformado. Merece la pena visitarlo para admirar su patio árabe, el panorama de la vega de Carmona, y su cocina.
*** **El Rincón de las Descalzas.** Descalzas, 1. ☎ 954 191 172. www.elrincondelasdescalzas.com
Hab. 13: 55/92 €. Suites: 2. Desayuno incluido. Consultar ofertas y admisión de perros. Restaurante CLAUSTRO.

Carolina, La (Jaén) — 65 • D-2

A JAÉN, 65 KM; MADRID, 268 KM. ALT. 595 M. POB. 15.880. 953 660 034.
GPS (38° 16' 26"N-3° 36' 59"O).

Fiestas: Carnavales, de gran fama. 9 de mayo: Feria Oficial, Concurso Morfólico de Ganado Selecto. Julio: Fiestas de la Fundación. 24 de noviembre: Fiesta patronal S. Juan de la Cruz.
Visitar: Conjunto urbano, estructura de Tablero de Ajedrez. Palacio del Intendente Olavide e Iglesia de la Inmaculada. Paseo de Molino de Viento y Monolitos de la Fundación. Torres de la Aduana. Museo Arqueológico. Sala de Exposiciones. Monumento a las Navas de Tolosa. Ermita S. Juan de la Cruz.
Alrededores: NAVAS DE TOLOSA, a 2 km: Castillo de Castro Ferral. VILCHES, a 13 km: Santuario de Nuestra Señora del Castillo. Iglesia de S. Miguel, s. XVIII. Sierra Morena: Hermoso paisaje y riqueza cinegética. Cascada de la Cimbarra. Parque Natural de Despeñaperros.

Restaurantes

La Perdiz. (H. NH LA PERDIZ). Ctra. Autovía de Andalucía, km 268. ☎ 953 660 300. www.nh-hotels.com
Cocina local en un antiguo cortijo. Paté de perdiz, escalopitos de jabalí con ajetes tiernos, arroz con leche. Precio medio 25 €

Hoteles

**** **NH La Perdiz.** Autovía Andalucía, km 268. ☎ 953 660 300. www.nh-hotels.com
Hab. 81: 112/139 €. Rústico.

Carracedelo (León) Ver Ponferrada. — 9 • A-3

Carral (A Coruña) Ver A Coruña. — 1 • F-3

Carril (Pontevedra) Ver Vilagarcía de Arousa. — 7 • D-2

Carrión de Los Condes (Palencia) — 20 • D-1

A PALENCIA 42 KM; MADRID, 275 KM. ALT. 839 M. POB. 2.302. 979 880 394.
GPS (42° 20' 19''N-4° 36' 11"O).

Fiestas: Corpus Christi, de Interés Turistico Regional: Tradicionales alfombras de flores. Semana Santa: Procesiones. Del 1 al 15 de mayo: Feria de Maquinaria Agrícola e Industrial. 24 de junio: Romería S. Juan de Cestillos. Del 1 al 15 de julio: Feria de Antigüedades. Del 1 al 15 de agosto: Feria de artesanía del Camino de Santiago. Del 15 al 31 de agosto: Fiestas Patronales de S. Zoilo.
Visitar: Monasterio y Museo de Sta. Clara, s.s XIII a XX. Iglesia de Sta. María, s. XII. Iglesia-Museo Santiago, s.s XII-XVII. Iglesias de S. Andrés, s. XVI; de S. Julián, s. XVII; de Belén, s.s XV-XVII. Monasterio de S. Zoilo, s.s XI y XVI. Ruta del Basaya.
Alrededores: NOGAL DE LAS HUERTAS: Ruinas del Monasterio de S. Salvador. VILLALCÁZAR DE SIRGA, a 5 km: Iglesia de Sta. María la Blanca, s.s XIII-XVI. RENEDO DE LA VEGA: Rollo de Justicia, s. XV. Ruinas del Monasterio de Sta. María de la Vega s.s XII y XIII. BOADILLA DE LA VEGA: Iglesia de la Asunción, s. XVI. SALDAÑA, a 25 km: Museo de S. Pedro (arqueología romana). QUINTANILLA DE LA CUEZA, a 25 km: Villa romana.

Restaurantes

Estrella del Bajo Carrión. (En VILLOLDO, a 11 km). Antigua Ctra. C-615, Palencia-Riaño, km 29. Mayor, 32. ☎ 979 827 005. www.estrellabajocarrion.com
Cierra domingo noche y lunes, excepto festivos y agosto. Las instalaciones, la calidad de producto, el buen punto en la cocina y la atención de la familia Pedrosa, hace que sea la "estrella" de la provincia. **Arroz con conejo de monte y caracoles, paletilla de lechazo entreasada, helado de queso**. Menú degustación y precio medio 50 €.
Las Vigas. (H. REAL MONASTERIO SAN ZOILO). Obispo Souto, s/n. ☎ 979 880 050. www.sanzoilo.com
Comedor abuhardillado en el antiguo monasterio benedictino. Revuelto de patatas y huevo con morcilla, lechazo asado con ensalada, "zoilillos" rellenos de crema. Precio medio 32 €.
Mesón de Villasirga - Mesón los Templarios. (En VILLALCÁZAR DE SIRGA, a 5 km). Pza. Mayor, s/n. ☎ 979 888 022.
Cierra noches en invierno excepto viernes, sábado y domingo, y del 24 de diciembre a finales de enero. Dos locales diferentes con la misma oferta netamente castellana: uno en un antiguo depósito municipal de cereales del s. XVII y otro en un antiguo hospital de peregrinos. Sopa castellana, lechazo asado. Precio medio 33 €.

Hoteles

*** **Real Monasterio San Zoilo.** Obispo Souto, s/n. ☎ 979 880 050. www.sanzoilo.com
Hab. 49: 62/88 €. Suites: 5. Consultar cierre Monasterio Benedictino de los s.s XI y XVI, con claustro renacentista. Monumento Nacional Histórico-Artístico en pleno Camino de Santiago. Restaurante LAS VIGAS.
Estrella del Bajo Carrión. Mayor, 32 (En VILLOLDO). ☎ 979 827 005.
Hab. 10: 90/130 €. Suites: 4. Completamente remodelado.

Cartagena (Murcia)

75 • D-2

A MURCIA, 48 KM; MADRID, 439 KM. ALT. NIVEL DEL MAR. POB. 211.996. 968 506 483.
GPS (37° 36' 19"N-0° 59' 33"O).

Fiestas: Enero: Romería del Cañar. Febrero: Carnavales. Semana Santa, de Interés Turístico Internacional. Marzo-abril: Mudanzas y festival de Teatro Grecolatino. Julio: Festival Internacional "La Mar de Músicas". Agosto: Teatro del Mar. Certamen Nacional del Trovo "Trovalia". Del 16 al 25 de septiembre: Cartagineses y Romanos, de Interés Turístico Nacional. Noviembre: Semana de Cine y Festival Internacional de Jazz.
Visitar: Se pueden realizar tres itinerarios diferentes: **Itinerario arqueológico:** Centro de Interpretación de la Muralla Púnica, Museo del **Teatro Romano**. Museo Nacional de arqueología subacuática. Casa de la Fortuna, Decumano, Augusteum. Centro de Interpretación de la Historia de Cartagena. **Itinerario barroco y neoclásico:** Con un gran número de edificios militares de carácter defensivo construidos bajo el reinado de Carlos III: Muralla, Hospital Militar y Cuartel de Antígones, actuales sedes de la universidad Politécnica y el centro de Interpretación de la arquitectura defensiva de Cartagena, Fuerte de Navidad y algunas iglesias que albergan muestras escultóricas. **Itinerario modernista y ecléctico:** Una gran cantidad de edificios públicos y privados, de principios del s. XX, Palacio Consistorial, Casa Pedreño, Gran Hotel y Casas Maestre, Aguirre y Zapata. En el frente marítimo de Cartagena, donde se ubica el Submarino Peral, se construye el Auditorio y Centro de Congresos. Puerto deportivo.
Alrededores: Playas: Cala Cortina, a 3 km, El Portús, a 11 km, Isla Plana y la Azohía, a 22 km. CABO DE PALOS y LA MANGA, a 32 km. Playas del Mar Menor, a 16 km. LA UNIÓN, a 12 km, donde se celebra el Festival de Cante de las Minas en agosto. Senderos por espacios naturales, protegidos y vías romanas, con espectaculares vistas.

Restaurantes

Azafrán. La Palma, 3-5. ☎ 968 523 172. www.restauranteazafran.com
Cierra lunes noche y domingo. Decoración minimalista en un edificio modernista. Milhoja de patata, berenjena, queso fresco y nueces; arroz con atún y gamba roja, hojaldre con dos cremas. Menús 12 y 27 €. Precio medio 30 €.
El Barrio de San Roque. Jabonerías, 30. ☎ 968 500 600.
Cierra domingo, del 7 al 11 de enero, tres días en Pascua y segunda quincena de agosto. Edificio modernista con muebles de época y terraza. Saquito de alcachofas con hígado de pato, arroz cartagenera, sorbetes y helados. Precio medio 28 €.
®**José María-Los Churrascos.** (En EL ALGAR, a 15 km). Avda. Filipinas, 13. ☎ 968 136 028. www.loschurrascos.com
Cierra noches de domingo y lunes. Los Alcaraz son exponente de la buena cocina murciana. **Arroz en caldero** y **sorbete casero de calabaza con toques de arrope** de postre. Precio medio 35 €.

Hoteles

**** **Best Western Alfonso XIII.** Pº Alfonso XIII, 40. ☎ 968 520 000. www.hotelalfonsoxiii.com
Hab. 124: 60/162 €. Suites: 8. Céntrico. Totalmente renovado. Restaurante LA COCINA DE ALFONSO.
**** **Husa Cartagonova & SPA.** Marcos Redondo, 3. ☎ 968 504 200. www.hotelhusacartagonova.com
Hab. 100: 60/140 €. Suites: 15. Consultar ofertas. Céntrico. Spa urbano.
**** **NH Cartagena.** Real, 2. ☎ 968 120 908.
Hab 100: 75/275 €. Suites: 4. En el centro histórico.
**** **Spa L'Azohía.** (En LA AZOHÍA, a 20 km). Ctra. de La Azohía, s/n. ☎ 968 150 228. www.golfhotelazohia.com
Hab. 111: 100/130 €. Suites: 2. Consultar cierre y ofertas. Próximo a la playa.

Cartaya (Huelva)

70 • D-3

A HUELVA, 25 KM; MADRID, 638 KM. ALT. 26 M. POB. 19.351. 956 390 380
GPS (37° 16' 58''N-7° 9' 23"O).

Fiestas: Carnavales. Febrero: Feria de las Fresas y Cítricos. Marzo: Feria del Caballo y Festival de Primavera. Semana Santa. La Cruz de Mayo. Mayo: Romería S. Isidro. Julio: Muestra Gastronómica Turística, Ntra. Sra. del Carmen y El Rompido. Agosto-septiembre: Culto en honor de la Virgen de la Consolación. Octubre: Feria Agrícola e Industrial y Fiestas patronales Ntra. Sra. Virgen del Rosario.
Visitar: Ermita de Consolación, s.s XVI. Ermita Cruz de los Milagros, s. XIX. Iglesia de S. Pedro, s. XVIII. Convento de Ntra. Sra. de La Merced, s.s XV-XVIII. Casas Consistoriales, s. XVI. Castillo de los Zúñigas, mudéjar, s. XV, Monumento Histórico Nacional. Faros de El Rompido, del s. XIX. Paraje Natural Protegido Marismas del Río Piedras y flecha litoral de El Rompido. Mirador y vías verdes. 7 km de playas vírgenes en la flecha litoral. Golf.
Alrededores: Pilares Mudéjares, s. XVI. Puente de la Tavirona s. XIX.

Restaurantes

Consolación. (En la travesía de Cartaya, cercano a la ermita de la Consolación). Ctra. N-431, Huelva-Ayamonte, km 111. ☎ 959 390 298. www.restauranteconsolacion.es
Cierra noches de domingo y lunes; y primera semana de octubre. Gamba blanca de Huelva, ventresca de atún al vino blanco del Condado, fresas con zumo de naranja. Precio medio 28 €.

Hoteles

***** **El Rompido Golf.** (En EL ROMPIDO, a 2 km). Ctra. Cartaya-El Rompido, km 7. ☎ 959 024 320. www.sethotels.com
Hab. 194: 100/244 €. Suites: 2. Situado sobre un campo de golf. Restaurante BINIBALÍ.
**** **AC Nuevo Portil Golf.** Urb. Nuevo Portil, s/n. ☎ 959 528 240. www.nuevoportilgolf.es
Hab. 69: 86/209 €. Consultar cierre. Próximo a la playa. Restaurante ALBATROS.

Casalarreina (La Rioja) Ver Haro.

11 • F-3

Casares (Málaga)

77 • B-4

A MÁLAGA, 11 KM; MADRID, 640 KM. ALT. 435 M. POB. 4.943.
GPS (36° 26' 37''N-5° 16' 25"O).

Fiestas: Último fin de semana de mayo: Romería de la Patrona. Julio: Feria del secadero. Primer fin de semana de agosto: Feria del pueblo. Septiembre: Feria del Cristo.
Visitar: Pueblos blancos malagueños. Casco histórico. Castillo, origen de la ciudad Medieval. Casa Natal de Blas Infante. Rutas de senderismo. Playas.
Alrededores: Comarca de la Costa del Sol Occidental.

Restaurantes

® **Don Giovanni Cortesin.** Ctra. de Casares, km 2. ☎ 952 937 800. www.fincacortesin.com
Cierra a mediodía y de septiembre a 1 de julio. Estratégica situación entre Marbella y Sotogrande. Magníficas **pastas** italianas de elaboración propia bajo la inspiración de Andrea Tumbarello, ya acreditado en Madrid. **Burrata, tagliatelle con trufa, tiramisú.** Todo ello en un precioso entorno. Precio medio 40 €.
☼☼ **Schilo.** (H. FINCA CORTESÍN). Ctra. MA-8300, de Casares, km 2. ☎ 952 937 800. www.fincacortesin.com
Cierra al mediodía, domingo y lunes. La cocina de fusión asiático-mediterránea del holandés Schilo Van Doevorden es delicada e interesante desde el **sashimi** al **pato crujiente con cinco especias**. De postre, **olivo de chocolate**. Es la revelación de la Costa del Sol. Precio medio 75 €.

Hoteles

***** **Finca Cortesín.** Ctra. de Casares km, 2. ☎ 952 937 794. www.fincacortesin.com
Hab. 67: 390/750 €. Suites: 67. Restaurantes SCHILO, decorado por Duarte Pinto Coelho, EL JARDIN y DON GIOVANNI. Espectaculares instalaciones en medio de la naturaleza.

Casarrubios del Monte (Toledo)

40 • A-4

A TOLEDO, 51 KM; MADRID, 616 KM. POB.5.131.
GPS (40° 11' 7"N-4° 2' 13"O).

Fiestas: Primer domingo de mayo: Virgen de la Salud. 15 de mayo: S. Isidro. Semana previa al 13 de septiembre: Semana cultural. 3 de septiembre: Ntra. Sra. de Gracia.
Visitar: Castillo, s. XIV. Ermita de Ntra. Sra. de la Salud. Rollo de Justicia, s. XV.
Alrededores: EL ÁLAMO. BATRES

Restaurantes

® **Las Esparteras.** Ctra. A-5, Madrid-Extremadura, km 47,7. ☎ 918 170 932. www.lasesparteras.com
Buena cocina tradicional de mercado junto a la estación de Servicio de Repsol. **Ensalada de escarola aliñada estilo la casa, cordero lechal asado, natillas**. Espectacular carta de vinos con los mejores caldos y añadas del mundo y España. Precio medio 25 €.

Casas, Las (Ciudad Real) Ver Ciudad Real.

57 • D-2

Castellar de La Frontera (Cádiz)

80 • E-1

A CÁDIZ, 150 KM; MADRID, 698 KM. ALT. 257 M. POB. 3.161. ☎ 956 236 887.
GPS (36° 17' 9"N-5° 25' 16"O).

Fiestas: Semana Santa. Mayo: Romería del Stmo. Cristo de la Almoraima.
Visitar: Castillo-fortaleza, s. XIII al XIV. Convento de San Miguel de la Almoraima, 1603, actualmente hotel. Parque Natural de los Alcornocales. Parque Natural de Castellar, embalse del Guadarranque, finca La Almoraima. Albergue Jarandilla.
Alrededores: Ruta de los Pueblos Blancos, entre Cádiz y Málaga. Ruta del Toro, en el corazón de la comarca, de gran valor artístico y monumental. SOTOGRANDE.

Restaurantes

®**El Molino del Conde.** Ctra. A-405, de La Almoraima, km 42,5. ☎ 956 236 063. www.elmolinodelconde.es
Cierra domingo noche y lunes. Antiguo molino harinero y tahona del s. XVII en el Parque Natural de los Alcornocales. **Queso de los Balanchares al horno, dorada a la teja, marquesa de chocolate**. Menú 18 €. Precio medio 30 €.

Hoteles

**** **Castellar.** Ctra. Castellar-Almoraima, s/n. ☎ 956 693 018. www.hotelcastellar.es
Hab. 73: 115/203 €. Suite: 1. En el Parque Natural de los Alcornocales. Restaurante LA FINCA.

Castelldefels (Barcelona)

35 • D-2

A BARCELONA, 18 KM; MADRID, 618 KM. ALT. 3 M. POB. 61.000. 936 352 727.
GPS (41° 16' 48''N-1° 58' 32"E).

Fiestas: Febrero: Carnaval. 23 de abril: St. Jordi. Mayo: Feria de St. Ponç. Julio: Festival Danza y Fiesta del Mar. Del 12 al 15 de agosto: Fiesta Mayor de Verano. 9-10. Septiembre: V Marcha ciclista BTT. Octubre: Castañada Popular. Del 6 al 8 de diciembre: Fiesta Mayor de Invierno.
Visitar: Castillo, s. XIII. Iglesia románica del Castillo. Las Torres vigía. Restos de poblado íbero. Canal Olímpico de Cataluña. Playa de 6 km con bandera azul.
Alrededores: GAVÁ: Museo y minas prehistóricas. SANT BOÍ: Baños romanos. STA. COLOMA DE CERVELLÓ: Colonia Güell de Gaudí.

Restaurantes

Dom. (H. BEL AIR). Pº Marítimo, 169. ☎ 936 342 440. www.grup-soteras.com
Cierra domingo noche, lunes, Semana Santa, agosto y puente de la Inmaculada. Preciosas vistas al mar desde un comedor minimalista. Salteado de setas con butifarra de perol, rape y guisantes pochados en caldo de jamón ibérico, buñuelos de chocolate y azafrán con salsa de naranja. Precio medio 50 €.
Les Marines. (En GAVÁ, a 3 km). Calafell, 21. ☎ 936 333 570. www.lesmarines.com
Cierra domingo noche, lunes y dos semanas en agosto. Arroz con alcachofas y calamar, carrillera de ternera, postres de elaboración propia. Menú 22 €. Precio medio 40 €.

Hoteles

**** **Bel Air.** Pº Marítimo, 169. ☎ 936 651 600. www.grup-soteras.com
Hab. 43: 72/290 €. Suites: 1. En primera línea de playa. Restaurante DOM.
**** **Gran Hotel Rey Don Jaime.** Avda. del Hotel, 22. ☎ 936 651 300. www.grup-soteras.com
Hab. 220: 80/193 €. Suites: 22. Business Center. Palacio de Congresos. Restaurante TORRE BARONA.
**** **Mediterráneo.** Pº Marítimo, 294. ☎ 936 652 100. www.hmediterraneo.com
Hab. 62: 95/215 €. Apartamentos: 6. Suites: 2. Consultar ofertas. Restaurante EL GALEÓN, especialidades marineras.
**** **Playafels.** Pg. de la Ribera San Pedro, 1-9. ☎ 936 651 250. www.grup-soteras.com
Hab. 34: 75/214 €. Apartamentos: 35. Suites: 2. Servicio de Business Centre. Restaurante L'HORITZO.
*** **Ciudad de Castelldefels.** Pº de la Marina, 212. ☎ 936 651 900. www.grup-soteras.com
Hab. 103: 70/150 €. Suites: 18. Servicio de Business Centre. Restaurante EL REBOST.

Castelló d'Empuries/ Castellón de Ampuries (Girona)

51 • D-1

A GIRONA, 46 KM; MADRID, 753 KM. ALT. 17 M. POB. 11.653. 972 156 233.
GPS (42° 15' 29''N-3° 4' 24"E).

Fiestas: 2 de febrero: La Candelera. 16 de julio: Fiesta del Carmen.
Visitar: Centro Histórico y monumental. Basílica de Sta. María y su Museo Parroquial, s.s XI-XVIII. Plazas de Jacinto Verdaguer. La Muralla y el Portal de la Gallarda, s.s XI-XIV. Conventos de Sta. Clara, s. XIII-XVII y de San Agustín, s. XIII. El Lavadero. Ecomuseo Harinera. Museo Curia y Prisión, s. XIV. Puente Viejo. Barrio Judío. Parque Natural Aiguamolls de L'Empordà.
Alrededores: FIGUERES: Museo Dalí, Museo del Juguete, Museo de L'Empordà y Castillo de Sant Ferran. ROSES: Casco antiguo. La Ciudadela de Roses. EMPÚRIES-L'ESCALA, ruinas greco-romanas. PORT DE LA SELVA. Monasterio St. Pere de Rodes. CADAQUÉS: Casco antiguo. Casa Museo Dalí. PERELADA: Casino Castell de Perelada.

Restaurante

Emporium. (H. EMPORIUM). Santa Clara, 31. ☎ 972 250 593. www.emporiumhotel.com
Cierra lunes de septiembre a junio, del 1 al 14 de enero y del 14 al 28 de octubre. Canelón de pollo de corral asado con trufa, bacalao con sopa de pan, alubias y guindilla, crema catalana con frutos rojos. Menú 18 €. Precio medio 55 €.

Hoteles

**** **De La Moneda.** Pza. de la Moneda, 8-10. ☎ 972 158 602. www.hoteldelamoneda.com
Hab. 11: 80/110 €. Consultar cierre. Antigua mansión del s. XVII en el casco antiguo.
**** **Port Salins.** (En EMPURIABRAVA). Avda. Fages de Climent, 10-15. ☎ 902 454 700. www.hotelportsalins.com
Hab. 42: 67/209 €. Ubicado en un canal de la población. Amarres privados. Restaurante NORAY, cocina elaborada.

Castellón de La Plana/Castelló de La Plana

51 • D-1

A MADRID, 420 KM. ALT. 27 M. POB. 180.005. 964 069 333.
GPS (39° 59' 9"N-0° 2' 14"O).

Fiestas: Marzo: La Magdalena. Semana Santa. 5 de mayo: Fiesta de la Rosa. 6 de mayo: Mare de Deu del Lledó, patrona. 23 de junio: S Juan. 29 de junio: S. Pere. 10 de julio: Sant Cristobal, patrón.
Visitar: Ciudad hermanada con Chatellerault (Francia). **Museo Provincial de Bellas Artes**, con obras de Ribalta y una colección de cerámica valenciana. **La Concatedral de Sta. María**, de estilo gótico y renacentista, del s. XV, totalmente destruida en 1936 y posteriormente reconstruida. La **Iglesia de la Sangre** y el monumento más característico, Campanario del Fadri, del s. XVII. Convento de las Capuchinas. Museo de Bellas Artes, con cuadros de Zurbarán. El Ayuntamiento, de principios del s. XVIII, con una colección de pinturas de Ribalta y otros. Casa dels Orfens. Casa del Miquels. Casino Antiguo. Instituto Francisco Ribalta. Basílica del Lledó. Teatro Principal. Espai d'Art. Planetario. Parque Ribalta. Puerto Islas Columbretes.
Alrededores: Almenara, sistema de riegos de origen romano. Siguiendo «el Caminás», la Ermita del «Castell Vell», St. Francesc de la Font, St. Roc de Canet y la Basílica de la Virgen de Lledó. En la ermita de St. Jaume de Fadrell, hay un Museo Etnológico Municipal. BURRIANA, a 13 km: Iglesia gótica de St. Salvador. Museo Arqueológico Municipal. Piezas Romanas (famoso Mercurio). VALL D'UXÓ, a 28 km: Grutas de S. José. Desierto de las Palmas. ONDA, a 22 km: Museo del Carmen y Museo de Cerámica. ALCORA, a 19 km: Fábrica de piezas de cerámica. Ermita del Santísimo Cristo del Calvario. VILAFAMÉS, a 30 km: Museo de Arte Contemporáneo. Museo del Vino. Parque Natural Prat de Cabanes. Parque Natural Islas Columbretes. VILLAVIEJA: Aguas termales de la Vilavella.

Restaurantes

Aqua. (H. LUZ CASTELLÓN). Pintor Oliet, 3. ☎ 964 201 010. www.hoteluz.com/restaurante-aqua-castellon.php
Pedro Salas realiza una cocina de alta puntuación, un hito en la Plana; platos que vencen y convencen. **Sepia con balsámicos y habitas tiernas, pluma ibérica con coliflor, nieve sobre tierra.** Menú 20 €. Precio medio 32 €.
Arbequina. (Aparcamiento concertado). Bartolomé Reus, 35. ☎ 964 269 301. www.restaurantearbequina.com
Cierra domingos, lunes, semana de Pascua y tres semanas en agosto. Esencialmente mediterráneo con sólidos fundamentos por el buen hacer de Modesto Fabregat. **Pulpitos guisados con puré de patatas y bacalao, pluma ibérica ahumada; pan, chocolate y aceite de naranja.** Precio medio 36 €.
Brisamar. (En EL GRAO). Pº de Buenavista, 26. ☎ 964 283 664.
Cierra domingo noche y de finales de octubre al 15 de noviembre. Sepionet de playa, suquet de lenguado y rape, sorbete de limón. Precio medio 25 €.
Pairal. (Bº Centro). Doctor Fleming, 24. ☎ 964 233 404. www.restaurantepairal.com
Cierra lunes noche, domingo, Semana Santa y segunda quincena de agosto. Cocina de producto, de cocciones precisas y sabores concretos. **Ensalada de pulpo con brotes vegetales, atún a la parrilla con salsa de soja, tiramisú.** Menú 30 €. Precio medio 36 €.
Rafael. Churruca, 28. ☎ 964 282 185. www.restauranterafael.com
Cierra domingo, segunda quincena de septiembre y navidades. Amplios ventanales con vistas al puerto pesquero. Arroces y pescados de nuestra lonja, postres hechos en casa. Precio medio 40 €.
Saboritja (Gastrobar). Temprado, 23. ☎ 964 226 314.
Cierra domingo del 1 de junio al 1 de octubre; domingo noche y segunda quincena de agosto. Variada miniversión en barra y generosa ración en mesa. Carpaccio de gambas, carnes a la brasa. Precio medio 30 €.
Tasca del Puerto. (En EL GRAO). Avda. del Puerto, 13. ☎ 964 284 481.
Cierra domingo noche y lunes. Cocina marinera en suquets, arroces y guisos. Precio medio 45 €.

Hoteles

**** **Abba Castellón.** Pintor Oliet, 9. ☎ 964 344 600. www.abbacastellonhotel.com
Hab. 130: 50/220 €. Suite: 1. Céntrico. Frente a la estación del tren. Restaurante RIBALTA.
**** **Civis Castellón Center.** Ronda Mijares, 86. ☎ 964 342 777. www.hotelcastelloncenter.com
Hab. 78: 50/175 €. Céntrico. Restaurante LA ALBAHACA, cocina mediterránea con influencias del Maestrazgo.
**** **Intur Castellón.** Herrero, 20. ☎ 964 225 000. www.hoteles-intur.com
Hab. 120: 60/250 €. Suites: 2. Céntrico. A 4 km de la playa. Restaurante EL FADRÍ.
**** **Luz Castellón.** Pintor Oliet, 3. ☎ 964 201 010. www.hoteluz.com
Hab. 111: 50/171 €. Suite: 1. De nueva construcción. Restaurante AQUA, gastronómico.
**** **NH Mindoro.** Moyano, 4. ☎ 964 222 300. www.nh-hotels.com
Hab. 105: 63/190 €. Suites: 15. Céntrico.
*** **AC Castellón.** Carcagente, 3. ☎ 964 723 825. www.ac-hotels.com
Hab. 81: 60/140 €. Consultar ofertas. Céntrico. Minibar gratuito.
*** **Civis Jaime I.** Ronda Mijares, 67. ☎ 964 250 300. www.hoteljaimei.com
Hab. 89: 50/133 €. Restaurante DA GIACOMO.

Castillo de La Duquesa (Málaga) Ver Estepona. 77 • B-4

Castrillo de Los Polvazares (León) Ver Astorga. 9 • C-4

Castrillón (Asturias) Ver Avilés. 3 • D-2

Castro Urdiales (Cantabria) 5 • D-3

A SANTANDER, 75 KM; MADRID, 400 KM. ALT. 16 M. POB. 31.670. ℹ 942 782 910.
GPS (43° 22' 57''N-3° 13' 15"O).

Fiestas: Febrero: Carnavales. Del 23 al 29 de junio, fiestas de S. Juan, S. Pelayo (patrono) y S. Pedro, denominada Semana Grande. 7 de julio: Coso Blanco, de Interés Turístico Nacional. 16 de julio: Procesión marítima del Carmen. 26 de julio: Sta. Ana. 14, 15 y 16 de agosto: La Asunción (patrona de la localidad) y S. Roque. 30 de noviembre: Fiesta de S. Andrés.
Visitar: Iglesia de Sta. María, gótica s. XIII, con portada románica, donde se conserva la Sta. Cruz y el Cristo Yacente, obra de Gregorio Hernández, del s. XVII. Castillo, actualmente faro. Puente medieval. Estatua policromada de la Virgen Blanca, s. XIII y la Ermita de Sta. Ana. Iglesia de S. Pedro, s. XI. Miliario Romano, año 61 de nuestra era. Ayuntamiento. Palacio y Castillo de Ocharán.
Alrededores: Playas de Sonabia, Oriñón, Islares, Brazomar, Mioño, El Pedregal, Sanguillén, Ostende y Arciseri.

Restaurantes

Mesón Marinero. Correría, 23. ☎ 942 860 005. www.mesonmarinero.com
Arroz con abacanto, pescados del Cantábrico y carnes de la zona en un clásico establecimiento con atractiva barra y vistas al mar. Precio medio 42 €.

Hoteles

**** **Las Rocas.** Avda. de la Playa, s/n. ☎ 942 860 400. www.lasrocashotel.com
Hab. 66: 66/132 €. Suites: 4. Junto al mar. Totalmente renovado. Restaurante especializado en pescados.
*** **Miramar.** Avda. la Playa, 1. ☎ 942 860 200. www.miramardecastro.com
Hab. 34: 67/117 €. Consultar cierre y ofertas. Acceso directo a la playa.

Castropol (Asturias) 2 • F-2

A OVIEDO, 135 KM; MADRID, 574 KM. ALT. DE 0 A 1.200 M. POB. 3.800. ℹ 985 635 113.
GPS (43° 31' 28''N-7° 0' 24"O).

Fiestas: Domingo siguiente al Corpus: Corpus Christi, de Interés Turístico Regional. 25 de julio: Bandera Príncipe de Asturias. Santiago. Agosto: Procesión marítima Virgen del Carmen. Descenso de Carrilanas. 16 de agosto: S. Roque. Segundo fin de semana de noviembre: Exposición de Avicultura Internacional.
Visitar: Casco Histórico, Bien de Interés Cultural: Plaza del Cruzadero. Parque Vicente Loriente, Iglesia de Santiago, Teatro Casino. Ermita de Sta. María del Campo. Monumento a Fernando Villamil. Palacios del Marqués de Sta. Cruz y de Valledor. Casona de las Cuatro Torres. Villa Rosita. Centro de Interpretación de la Ría. Observatorio de Aves. Rutas de Senderismo. Golf.
Alrededores: TAPIA DE CASARIEGO, a 9 km: Puerto. RIBADEO, a 9 km: Casco Viejo. TARAMUNDI, a 35 km: Conjunto etnográfico. NAVIA, a 31 km. LUARCA, a 51 km.

Restaurantes

Casa Vicente. Avda. Galicia, s/n. ☎ 985 635 051. www.restaurantecasavicente.com ❄ P
Cierra lunes noche y martes, excepto agosto; y de mediados de diciembre al 1 de febrero.
Los pescados y mariscos protagonizan la carta, desde hace ya 70 años, en esta casa asomada a la Ría del Eo. Menú 16 €. Precio medio 40 €.

Peñalba. (En FIGUERAS, a 6 km). (H. PALACETE PEÑALBA). El Puerto, s/n. ☎ 985 636 166. www.hotelpalacetepenalba.com ❄
Cierra lunes. Con 23 habitaciones. La fina decoración marinera anticipa el perfil de la cocina, en la que se tratan escogidos pescados y mariscos. Precio medio 40 €.

Hoteles

**** **Arcea Hotel La Rectoral.** (EN TARAMUNDI, a 35 km). Cuesta de la Rectoral, s/n. ☎ 985 646 760. www.arceahoteles.com ❄ P
Hab. 18: 55/129 €.

Castroverde de Campos (Zamora) Ver Benavente. 20 • A-2

Caviedes (Cantabria) Ver Cabezón de la Sal. 4 • E-3

Cazalla de La Sierra (Sevilla) 63 • E-4

A SEVILLA, 78 KM; MADRID, 493 KM. ALT. 590 M. POB. 5.034. ℹ 954 883 562.
GPS (37° 55' 45''N-5° 45' 42"O).

Fiestas: Del 6 al 13 de febrero: Carnaval. 8 de agosto: Romería. Del 12 al 15 de agosto: Feria. Del 26 al 29 de agosto: Festival Títeres. 11 septiembre: Función de la Virgen del Monte. 18 de diciembre: Belén Viviente.
Visitar: Monasterio de la Cartuja. Ermita de Ntra. Sra. del Carmen. Ermita de Ntra. Sra. del Monte, s. XVIII. Convento de S. Francisco, s. XVI. Iglesia Ntra. Sra. del Monte. Palacio de S. Benito. Parque Natural Sierra Norte de Sevilla.
Alrededores: Cerro del Hierro. Pantano del Pintado. Ribera de Hueznar: Nacimiento y cascadas del río Hueznar, a 25 km. Monumento Natural.

Restaurantes

Julia y Lucía. (H. POSADA DEL MORO). Pº del Moro, 46. ☎ 954 884 858. www.laposadadelmoro.com
€ ❄ P
Cierra lunes. Con 14 habitaciones. En el corazón de la sierra norte de Sevilla. Paté de venado, solomillo al mozárabe, tarta de avellana. Menú 18 €. Precio medio 25 €.

Hoteles

Palacio de San Benito. San Benito, s/n. ☎ 954 883 336. www.palaciodesanbenito.com
❄ P
Hab. 8: 130/180 €. Suites: 1. Consultar cierre y ofertas. Espectacular restauración de una ermita del s. XV. Muebles y cuadros antiguos. Atractiva cocina. Reservar.

Cazorla (Jaén) 66 • A-4

A JAÉN, 105 KM; MADRID, 365 KM. ALT. 806 M. POB. 8.133. ℹ 953 710 102.
GPS (37° 54' 46''N-3° 0' 15"O).

Fiestas: 16-17 de enero: S. Antón. 29 de abril: Romería de la Virgen de la Cabeza. 14-15 de mayo: Romería de S. Isicio, patrón. Del 14 al 19 de septiembre: Fiestas Mayores del Santísimo Cristo del Consuelo.
Visitar: La ciudad se alza sobre el olivar, al pie de la muralla rocosa que forma la Peña de los Halcones. Castillo de Yedra. Castillo de Salvatierra, de origen árabe. Ruinas de la Iglesia de Sta. María, obra atribuída a Andrés de Vandelvira, s. XVI. Iglesias: del Carmen, s.s XVII-XVIII, S. Francisco, s. XII y S. José. Ermita de S. Miguel Arcángel y S. José Obrero. Casa-Palacio de las Cadenas, s. XIX. Antiguas Casas Consistoriales, s. XVII. Monasterio de S. Juan de la Penitencia, hoy albergue juvenil, y Monasterio de Montesión, éste último fundado en 1625. La sierra, Parque Natural, permite la caza, pesca y el turismo.
Alrededores: LA IRUELA, a 3 km: Castillo templario y maravillosas vistas. PEAL DE BECERRO, a 15 km: Torres Medievales y Las Cámaras sepulcrales ibéricas de Toya y Hornos de Peal, de los s.s V-IV a.C. QUESADA, a 20 km: Museo de Rafael Zabaleta. Cueva del Agua y Santuario de Tiscar.

Restaurantes

La Sarga. (Bº Centro). Pza. Andalucía, 9. ☎ 953 721 507. www.lasarga.com ❄
Cierra lunes noche, martes, primera quincena de enero y de septiembre. Tosta de crema de queso con esturión ahumado, medallones de ciervo con boletus edulis, hojaldre de trucha gratinada en almendras. Menú 18 €. Precio medio 40 €.

Hoteles

**** **Noguera de la Sierpe.** Ctra. del Tranco, km 44,5. ☎ 953 713 021. www.lfhoteles.com ❄ P
Hab. 56: 60/150 €. Casas rurales: 7. Suite: 1. Lago privado para practicar pesca y piragüismo.
*** **Parador de Turismo.** Sierra de Cazorla, s/n. ☎ 953 727 075. www.parador.es P
Hab. 34: 70/144 €. Consultar cierre. En el corazón del Parque Natural. Cercano al nacimiento del Guadalquivir, el Parador domina un interminable horizonte de pinos y montañas. Refugio ideal para amantes de la naturaleza, la quietud, el silencio y el aire puro. Cocina tradicional con sabrosos platos serranos y de caza.
*** **Sierra de Cazorla.** (En LA IRUELA). Ctra. de la Sierra, s/n. ☎ 953 720 015. www.hotelsierradecazorla.com
❄ P
Hab. 60: 45/89 €. Suites: 1. Consultar ofertas y admisión de perros. Bonitas vistas. Restaurante LOS TEMPLARIOS.
*** **Villa Turística.** Ladera de San Isicio, s/n. ☎ 953 710 100. www.villacazorla.com ❄ P
Apartamentos: 38: 45/93 €. Rodeado de jardines con exuberante vegetación. Restaurante EL TRILLO, cocina regional.

Celanova (Ourense) 18 • A-1

A ORENSE, 26 KM; MADRID, 530 KM. ALT. 519 M. POB. 6.020. ℹ 988 432 201.
GPS (42° 9' 7"N-7° 57' 34"O).

Fiestas: 1 de marzo: S. Rosendo. 17 de mayo: Romería Etnográfica. Julio-agosto: Folión Castrexo. 1-2 de agosto: Ramallosa. Del 14 al 16 de agosto: S. Roque.
Visitar: La villa conserva su conjunto monumental en torno al Monasterio de S. Salvador, fundado por S. Rosendo, en 936. Reune piezas como: el claustro viejo, fachada neoclásica de la iglesia, s. XVII, retablo s. XVIII y coro. Conserva capilla mozárabe de S. Miguel, s. X. Casa Museo Curros Enríquez.
Alrededores: BANDE, a 16 km: Iglesia visigótica de Sta. Comba, s. VII. CASTROMAO, a 2 km: Yacimiento arqueológico. Castro Celta, s.s VI a.C.-II d.C. FREIXO, a 7 km: Puente romano. A MERCA, a 15 km: Iglesia románica de S. Pedro de Mezquita, s. XII. VILANOVA DOS INFANTES, a 1,5 km: Villa medieval con Castillo e Iglesia parroquia. O CRISTAL: Santuario de la Virgen de Cristal, s. XVIII.

Hoteles

Pazo a Fábrica. San Paio de Valgo, s/n. ☎ 988 432 092. www.pazoafabrica.com P
Hab. 6: 48/59 €. Suite: 1. Pazo de más de 200 años, bien decorado, rodeado de jardines.

Celeiro, O (Lugo) Ver Viveiro. — 2 • C-1

Cenes de La Vega (Granada) Ver Granada. — 73 • D-4

Cercedilla (Madrid) Ver Navacerrada. — 39 • F-1

Cercs (Barcelona) Ver Berga. — 25 • C-1

Cerler (Huesca) (Estación de Esquí) Ver Benasque. — 14 • C-3

Cervera de Pisuerga (Palencia) — 10 • E-2

A PALENCIA, 116 KM; MADRID, 375 KM. ALT. 1.000 M. POB. 2.595. 979 870 695.
GPS (42° 51' 56''N-4° 30' 1"O).

Fiestas: 10 de julio: S. Cristóbal. 29 de julio: Festividad Sta. Marta. 30-31 de julio: Feria Artesanía y Alimentación. Del 11 al 16 de agosto: Fiestas de Ntra. Sra. y S. Roque, patronales.
Visitar: Iglesia de S. Salvador, s. XII. Ntra. Sra. del Castillo, del s. XVI, pinturas de Juan de Flandes. Casa de los Leones, s. XVII. Ermita rupestre de S. Vicente. Ermita de la Cruz, s. XVII. Plaza Mayor, soportales s.s XVI y XVII. Museo Etnográfico de Piedad Isla y Juan Torres, Museo Cantarranas. Casa del Parque Natural Fuentes Carrionas. Pantano de Ruesga. El Roblón de Estalaya.
Alrededores: VERDEÑA: Casa del Oso Cantábrico. Bosque Fósil. Reserva Nacional de Caza. OLMOS DE OJEDA: Sta. Eufemia de Cozollos, iglesia románica s. XII. S. SALVADOR DE CANTAMUDA: Iglesia de S. Salvador. Restos de la Abadía de Lebanza, del s. X. PERAZANCAS, a 14 km: Iglesia de S. Pelayo, de estilo románico. S. CEBRIÁN DE MUDA: Iglesia románica del s. XIII. TEJEDA DE TOSANDE.

Restaurantes

Asador Gasolina. La Pontaneja, 2. ☎ 979 870 648. www.asadorgasolina.com
Cierra lunes y del 22 de diciembre al 22 de enero. Casa antigua con especialidad en carnes de Cervera al horno o a la parrilla. Antes, revuelto de siete setas, después, pudín de queso. Menú 14 €. Precio medio 30 €.

Hoteles

*** **Parador de Turismo.** Ctra. de Resoba, km 2,5. ☎ 979 870 075. www.parador.es P
Hab. 80: 72/148 €. Apartamentos: 150. En el corazón de la montaña. Al lado del románico del norte palentino. Actividades deportivas.

Ceuta — 80 • E-3

A MADRID, 680 KM. ALT. 190 M. POB. 80.000. 900 807 050.
GPS (35° 53' 24"N-5° 18' 59"O).

Fiestas: 31 de enero: Día de la Convivencia. Febrero: Carnavales. Semana Santa. 13 de junio: Romería de S. Antonio. 23 de junio: Hogueras de S. Juan. 16 de Julio: Virgen del Carmen. Agosto: Fiestas patronales. 5 de agosto: Virgen de África. 2 de septiembre: Día de Autonomía. 1 de noviembre: Día de la Mochila.
Visitar: Iglesia Sta. María de África, s.s XV y XVIII. Catedral Ntra. Sra. de la Asunción. Conjunto Monumental de las Murallas Reales. Murallas «Merinidas». Fortaleza del Hacho. Museo de Ceuta. Museo de la Basílica tardorromana, s. IV d.C. Museos Militares de la Legión. Museo del Castillo del Desnarigado, s. XIX y restos del Castillo del XVII. Museo Catedralicio. Baños Árabes. Yacimiento fenicio. Parque Marítimo del Mediterráneo. Playas. Puerto deportivo. Ruta senderista de los Fortines Neomedievales.
Alrededores: Mirador de S. Antonio. BENZÚ, formación rocosa "La Mujer Muerta" o "Atlante Dormido". Observatorio de Aves y de Cetáceos.

Restaurantes

®**El Refectorio.** Poblado Marinero, 37. ☎ 956 513 884. www.elrefectorio.es
Cierra domingo noche, lunes y segunda quincena de enero. Animada barra, comedores y bodega acristalada. Junto a mar. **Mariscos, pescados y carnes rojas**. De postre, **tocino de cielo**. Precio medio 40 €.

Hoteles

**** **Parador Hotel La Muralla.** Pza. Ntra. Sra. de África, 15. ☎ 956 514 940. www.parador.es
P
Hab. 106: 80/122 €. Suites: 1. Consultar ofertas. Parte del parador edificado en las Murallas Reales, Bien de Interés Cultural. Restaurante LA MURALLA.
**** **Tryp Ceuta.** Avda. Alcalde Sánchez Prado, 3. ☎ 956 511 200. www.solmelia.com P
Hab. 117: 56/145 €. Suites: 3. Consultar ofertas. Restaurante LA ALBUFERA, especialidad en arroces y platos marroquíes.
**** **Ulises.** Camoens, 5. ☎ 956 514 540. www.hotelulises.com
Hab. 124: 55/160 €. Suites: 7. Céntrico. Frente a La Plaza de España y Parque Marítimo.

Chiclana de La Frontera (Cádiz)

76 • C-4

A CÁDIZ, 23 KM; MADRID, 660 KM. ALT. 17 M. POB. 79.589. 956 535 969.
GPS (36° 25' 7"N-6° 9' 2"O).

Fiestas: Febrero: Carnaval. Semana Santa.13 de junio: Feria y fiestas de S. Antonio. 23 de junio: Hogueras de S. Juan. 16 de julio: Romería de la Virgen del Carmen. 26 de julio: Romería de Sta. Ana. 8 de septiembre: Festividad de la Patrona Ntra. Sra. de los Remedios. 1 de noviembre: Festividad de Todos los Santos "Tosantos".
Visitar: Poblado y castillo de Sancti-Petri, donde estuvo ubicado el Templo de Hércules. Iglesias de S. Telmo, neoclásica de finales del s. XVIII, y Jesús Nazareno, barroca del s. XVII. Ermita de Sta. Ana, del s. XVII. Museo de Muñecas Marín. Museo Municipal "Paquiro". Bodegas.
Alrededores: Playa de la Barrosa. Acantilados. SANCTI PETRI, a 8 km: Castillo. MEDINA SIDONIA, a 24 km.

Restaurantes

El Santuario de las Carnes. San Antonio, 6. ☎ 956 404 264.
Cierra lunes excepto festivos y verano. Carnes, guisos de la abuela y tocino de cielo, en una vieja bodega con patio y jardín. Precio medio 25 €.
® **Novo Chantarella.** (Bº. Novo Sancti Petri). Centro Comercial Bellamar, local 3. Ctra. de la Barrosa, s/n. ☎ 956 495 340. www.chantarella.es
Cierra invierno excepto fines de semana y festivos. Acogedor local y ambiente informal, en un comedor con vistas a la playa de la Barrosa. **Carpaccio de pulpo con piriñaca y guacamole, chipirones con crema de patata y huevo cocinado a baja temperatura, ensalada de frutas con granizado de hierbabuena y helado de violeta.** Menú al mediodía 16 €. Precio medio 35 €.
Popeye. Ctra. de la Barrosa, km 4. ☎ 956 494 424. P
Aliño chiclanero, pescados a la sal, tocino de cielo. Precio medio 30 €.

Hoteles

***** **Barceló Sancti Petri.** Urb. Las Lomas de Sancti Petri, s/n. ☎ 956 242 790. www.barcelosanctipetri.com
P
Hab. 191: 127/440 €. Suites: 4. Consultar ofertas. Hotel vanguardista en primera línea de playa. Restaurantes ALMADRABA y ZAHARA.
***** **Barrosa Palace.** Urb. Novo Sancti Petri, s/n. ☎ 956 492 200. www.hipotels.com
P
Hab. 186: 102/316 €. Consultar cierre. Primera línea de playa. Restaurantes ENEBRO y PINSAPO (cena-bufé).
***** **Meliá Sancti Petri.** (En Playa LA BARROSA). Urb. Chiclana Costa, s/n. ☎ 956 491 200. www.melia-sanctipetri.com P
Hab. 225: 189/365 €. Suites: 9. Consultar ofertas. En primera línea de playa. Restaurantes EL PATIO, SAN MARCO y ALHAMBRA.
**** **Iberostar Royal Andalus.** (En SANCTI PETRI, a 8 km). Urb. Novo Sancti Petri, s/n. ☎ 956 494 109. www.iberostar.com P
Hab. 413: 80/275 €. En la playa de La Barrosa. Gran confort en un entorno tranquilo. Restaurante AL ANDALUS y MANOLETE.
**** **Valentín Sancti Petri.** Urb. Novo Sancti Petri, s/n. ☎ 956 491 000. www.valentinhotels.com
P
Hab. 549: 65/256 €. Suites: 4. Consultar cierre. En primera línea de la playa La Barrosa. Restaurantes CAZORLA, ZAHARA, GRAZALEMA, LEVANTE y PONIENTE.
**** **Vincci Costa Golf.** Urb. Novo Sancti Petri, s/n. ☎ 956 494 535. www.vinccihoteles.com
P
Hab. 195: 65/500 €. Campo de fútbol de hierba natural. Restaurante BACO.

Chinchón (Madrid)

40 • C-4

A MADRID, 45 KM. ALT. 700 M. POB. 5.308. 918 935 323.
GPS (40° 8' 23"N-3° 25' 1"O).

Fiestas: Carnaval. Semana Santa: Noche del Sábado Santo representación de "La Pasión", de Interés Turístico Nacional. 25-26 de julio: Santiago. Del 12 al 16 de agosto: Virgen de Gracia y S. Roque. 18-19 de septiembre: Ntra. Sra. del Rosario. Octubre: Festival Taurino.
Visitar: Plaza Mayor, rodeada de soportales y balcones. Iglesia Ntra. Sra. de La Asunción (1534-1626), que contiene en su interior un cuadro de Goya. Torre del Reloj, reconstruida en 1713. Teatro Lope de Vega, 1891. Monasterio de La Inmaculada Concepción, 1653. Convento de Los Agustinos. Ermitas de Sta. Ana, S. Roque, S. Antón, Ntra. Sra. Misericordia y Ntra. Sra. del Rosario. Castillo de los Condes. Castillo de Casasola.
Alrededores: Laguna de S. Juan. Refugio de Fauna de la Comunidad de Madrid. COLMENAR DE OREJA, a 5 km: Iglesia de Sta. María y Plaza Mayor, con soportales. TITULCIA, a 15 km. ARANJUEZ, a 21 km.

Restaurantes

Café de la Iberia (Asador). Pza. Mayor, 17. ☎ 918 940 847. www.cafedelaiberia.com
Balconada sobre la plaza y mesas en la misma. Callos chinchoneros y asados como especialidad. De postre, sorbetes. Precio medio 30 €.
® **El Rincón de Luis.** (En TITULCIA, a 15 km). Grande, 31. ☎ 918 010 175. www.elrincondeluis.com
Cierra noches, lunes y segunda quincena de agosto. Con 7 habitaciones. Antigua casa de labranza. Pilar Peces prepara deliciosas **verduras** de temporada, **pochas con perdiz, pastel de avellanas.** Precio medio 34 €.
La Balconada. Pza. Mayor, s/n. ☎ 918 941 303. www.restaurantelabalconada.com
Cierra miércoles. Casa antigua con balconada sobre la plaza. Pisto, cordero y cochinillo asados, natillas con arrope. Precio medio 40 €.
La Casa del Pregonero. Pza. Mayor, 4. ☎ 918 940 696. www.lacasadelpregonero.com
Cierra martes. Oferta culinaria tradicional, actualizada a cargo de la familia Hernández, en unas modernas instalaciones en la plaza. Menú 23 €. Precio medio 30 €.
Mesón Cuevas del Vino. Benito Hortelano, 13. ☎ 918 940 940. www.cuevasdelvino.com
Cierra domingo noche, martes y agosto. Antigua casa de labranza con almazara y bodega de vino. Callos, cordero y cochinillo asados, miel sobre hojuelas. Vinos y anís de Chinchón. Menú infantil 17 €. Precio medio 29 €.

Hoteles

**** **Parador de Turismo.** Huertos, 1. ☎ 918 940 836. www.parador.es P
Hab. 38: 124/168 €. Suites: 2. Consultar ofertas. Situado en el antiguo convento de los Agustinos, del s. XVIII, con modernas y tranquilas instalaciones. Restaurante EL CONVENTO.
*** **Condesa de Chinchón.** De los Huertos, 26. ☎ 918 935 400. www.condesadechinchon.com
P
Hab. 35: 32/120 €. Consultar ofertas. Céntrico. Restaurante CAFÉ DE LA IBÉRIA.
*** **El Palacete de la Ochava.** (En VALDILECHA). Prolongación Alcalá, 4. ☎ 918 761 020. www.la-ochava.com
P
Hab. 38: 55/182 €. Suites: 12. Piano Bar. Restaurante LA OCHAVA.

Chipiona (Cádiz) 76 • B-2

A CÁDIZ, 56 KM; MADRID, 655 KM. ALT. 6 M. POB. 18.583. 956 929 065.
GPS (36° 44' 24''N-6° 26' 15"O).

Fiestas: Febrero: Carnavales. Del 4 al 6 de junio: Romería del Pinar. 16 de julio: Virgen del Carmen. Del 13 al 18 de agosto: Festival del Moscatel. Del 4 al 8 de septiembre: Virgen de Regla. 25-26 de septiembre: Fiesta de la Palmicha.
Visitar: Pequeña estación veraniega bañada por el Atlántico. Santuario de la Virgen de Regla, s. XIV. Parroquia Ntra. Sra. de la O, s. XVI, con bello retablo y portada. Ermita del Cristo de las Misericordias, s. XVIII. Castillo del s. XIII. Faro, construido en 1867: el más alto de España, el tercero de Europa y quinto del mundo. Puerto Deportivo y Pesquero. Monumento a Rocío Jurado y mausoleo.
Alrededores: ROTA, a 17 km: Playas. SANLÚCAR DE BARRAMEDA, a 8 km. JEREZ DE LA FRONTERA, a 30 km: Bodegas, caballos. Parque Nacional de Doñana, a 8 km. COSTABALLENA, a 4 km.

Restaurantes

El Quinto Pino. Ctra. A-491, Chipiona-Rota, km 1,6. ☎ 956 371 757. www.hostalquintopino.com
Guisos marineros, pescados a la plancha, tocino de cielo. Precio medio 30 €.
La Pañoleta. (H. LA ESPAÑOLA). (Playa Cruz del Mar). Isaac Peral, 4. ☎ 956 373 771. www.hotellaespanola.com
Tortillitas de camarones, berza chipionera, flan de huevo. Menú 15 €. Precio medio sin marisco 20 €.
Las Canteras. (Playa Las Canteras). Pº Marítimo, s/n. ☎ 956 373 633.
Cierra martes y noches, excepto viernes y sábado en temporada baja, y del 15 de diciembre al 15 de febrero. Las olas rompen al pie de las mesas en la terraza, bajo el faro. Almejas a la marinera, filete de corvina a la plancha, tocino de cielo. Precio medio 25 €.
Paco. Pto. Deportivo de Chipiona, s/n. ☎ 956 374 664.
Cierra noches de lunes a jueves en invierno, martes y noviembre. Taberna marinera con productos del mar. Guisos, mariscos y pescados a la plancha. Tocino de cielo. Precio medio sin marisco 25 €.

Hoteles

**** **Nuestra Señora del Rocío.** Avda. de la Cruz Roja, 38. ☎ 956 377 072. www.summahoteles.com
Hab. 103: 113/246 €. Consultar cierre.
*** **Al Sur de Chipiona.** Avda. de Sevilla, 101. ☎ 956 370 300.
Hab. 50: 83/104 €. Suites: 1. A 4 km del campo de golf. "Costa Ballena".

Chiva (Valencia) Ver Buñol. 51 • A-4

Churriana (Málaga) Ver Málaga. 77 • E-3

Cintruénigo (Navarra) 22 • E-2

A PAMPLONA, 90 KM; MADRID, 300 KM. ALT. 391 M. POB. 7.636. 948 811 016.
GPS (42° 4' 49"N-1° 48' 22"O).

Fiestas: 24 de enero: Fiesta de la Virgen de la Paz. Del 7 al 13 de septiembre: Virgen de La Paz, patrona es. Del 20 al 24 de junio: S. Juan.
Visitar: Casco antiguo con casas blasonadas. Iglesia de S. Juan Bautista, s. XVI, retablo renacentista. Basílica de Ntra. Sra. de La Paz (virgen gótica). Importante centro vitivinícola y aceitero de Navarra.
Alrededores: Río Alhama.

Restaurantes

Maher. (H. MAHER). Ribera, 19. ☎ 948 811 150. www.hotelmaher.com
Cierra domingo noche, lunes y del 20 de diciembre al 20 de enero. Enrique Martínez es el maestro, por excelencia, de la cocina navarra. Su cocina es excepcional, equilibrada, suntuosa y ligera. Un lugar imprescindible para la cocina navarra y española, con exhaltación de la materia prima. Precio medio 60 €.

Hoteles

**** **Maher.** La Ribera, 19. ☎ 948 811 150. www.hotelmaher.com
Hab. 14: 72/90 €. Suites: 2. Cierra del 20 de diciembre al 20 de enero. Biblioteca gastronómica.

Ciudad Real 57 • D-2

A MADRID, 198 KM. ALT. 650 M. POB. 74.014. 926 216 486.
GPS (38° 59' 4"N-3° 55' 35"O).

Fiestas: Semana Santa, de Interés Turístico Nacional, 22 Hermandades realizan sus desfiles procesionales con la participación masiva de cofrades. Carnavales: Domingo de Piñata desfile de Interés Turístico Regional. Romería de Alarcos, el lunes siguiente a Pentecostés en el entorno de la ermita de Alarcos. 30 de abril: Los Mayos. Julio: Festival Internacional de Folklore. Pandorga, 31 de julio, con desfile de trajes regionales, ofrendas y «onvidá» por el Pandorgo. Del 14 al 22 de agosto: Feria y Fiestas, en honor de la patrona Sta. María del Prado.
Visitar: **Catedral de Sta. María del Prado**, s. XVI, gótica con detalles renacentistas. Interesantes son La Puerta del Perdón a sus pies, s. XIII y el retablo de Giraldo de Merlo, s. XVII. Otras **iglesias: S. Pedro**, s.s XIV-XV, gótica, destaca la capilla de los Coca. **Santiago**, (finales del XIII), gótica-mudéjar. **La Merced**, s. XVIII. Puerta de Toledo, mudéjar, del s. XIV. Puerta del Torreón del Alcázar. Palacio de la Diputación, s. XIX. Museos: Provincial, López Villaseñor, Diocesano, Elisa Cendrero, de El Quijote y Museo del Antiguo Convento de La Merced. Parques y jardines.
Alrededores: Tablas de Daimiel, a 34 km, Parque Nacional. LA ATALAYA, a 3 km: Parque forestal CAMINO DE SANCHO REY, a 8 km: Avistamiento de aves. Castillo de CALATRAVA LA NUEVA, a 43 km. ALMAGRO, a 24 km. Parque Arqueológico Íbero-Medieval de ALARCOS, a 9 km. Laguna Volcánica de la Posadilla.

Restaurantes

Asador San Humberto. (Pasaje). General Rey, 8. ☎ 926 252 254. www.asadorhumberto.com
Cierra domingo noche, lunes y del 1 al 15 de agosto. Montiel, s/n. ☎ 926 923 535. Cierra noches de domingo y martes. Oferta castellana en ambos locales. Crujiente de queso manchego frito, cuarto de lechazo asado, tocinillo de naranja. Precio medio 30 €.
®**Mesón Octavio.** Severo Ochoa, 6. ☎ 926 256 050. www.mesonoctavio.com
Cierra sábado noche, de mayo a septiembre, domingo y del 9 al 30 de agosto. Los hermanos García Castro ofrecen una cocina actualizada con base en los productos manchegos y la caza. **Morteruelo de perdiz con mermelada de tomate, venado con chocolate y trufa silvestre, espuma de azafrán con arete de chocolate**. Magnífica y didáctica carta de vinos manchegos. Menú 12 €. Precio medio 40 €.

®**Miami Park.** Ronda Ciruela, 34. ☎ 926 222 043.
Cierra domingo noche y primera quincena de agosto. Buena referencia gastronómica de la ciudad, basada en la cocina tradicional, con la impronta de José Carlos Macías. **Huevo con patata y morcilla de puerro, merluza con jugo de parmesano y tomate confitado, fresas con nata a la vainilla.** Precio medio 42 €.
®**Pago del Vicario.** (En LAS CASAS, a 9 km). Ctra. CM-412, Ciudad Real-Porzuna, km 16. ☎ 926 666 027. www.pagodelvicario.com P
Cierra noches de domingo a jueves. Armonía de platos con los vinos de la bodega donde está emplazado. **Gachas con crujiente de jamón y papada, venado de los Montes de Toledo en adobo, queso de Villadiego con confitura de manzana.** Precio medio 32 €.

Hoteles

***** **Palacio de la Serna.** (En BALLESTEROS DE CALATRAVA, a 17 km). Cervantes, 18. ☎ 926 842 208. www.hotelpalaciodelaserna.com P
Hab. 30: 90/326 €. Suites: 5. Consultar ofertas. Edificio de finales del s. XVIII. Hotel Museo.
**** **Doña Carlota.** Ronda de Toledo, 21. ☎ 926 231 610. www.hotelcarlota.es P
Hab. 160: 60/99 €. Suites: 9. Consultar ofertas. Céntrico. Totalmente renovado. Restaurante ROBERTO.
**** **Guadiana.** Guadiana, 36. ☎ 926 223 313. www.hotelguadiana.es P
Hab. 91: 65/162 €. Suites: 11. Restaurante EL RINCÓN DE CERVANTES.
**** **Santa Cecilia.** Del Tinte, 3. ☎ 926 228 545. www.santacecilia.com P
Hab. 70: 50/125 €. Consultar ofertas. En el centro. Restaurante GUIJAS DE LA MANCHA.
**** **Silken Alfonso X.** Carlos Vázquez, 8. ☎ 926 224 281. www.hoteles-silken.com P
Hab. 66: 60/150 €. Suites: 1. Consultar ofertas. Moderno y funcional. En el centro histórico, comercial y financiero.
*** **NH Ciudad Real.** Alarcos, 25. ☎ 926 217 010. P
Hab. 91: 49/140 €. Céntrico.

Ciudad Rodrigo (Salamanca) — 38 • A-2

A SALAMANCA, 85 KM; MADRID, 300 KM. ALT. 653 M. POB. 14.300. 923 460 050.
GPS (40° 35' 48"N-6° 31' 27"O).

Fiestas: 20 de enero: S. Sebastián. 3 de febrero: S. Blas, romería al Monasterio de la Caridad. Febrero: Carnaval del Toro, de Interés Turístico Nacional. Sábado Santo: La Charrada, folclore y tradición. Agosto: Feria de Teatro de Castilla y León. 8 de septiembre: Virgen de la Peña de Francia.
Visitar: Recinto amurallado, Conjunto Histórico-Artístico. En el casco antiguo, junto a la muralla, está situada la Catedral; el Pórtico del Perdón, la rejería interior y el claustro, del s. XIII. Numerosas casas y palacios, como el de Montarco o el de los Castros; Marqués de Cerralbo; de los Vázquez; de los Águila. La Casa Consistorial, s. XVI. Capilla de los Cerralbo, herreriana. Iglesias de S. Agustín, S. Pedro, S. Isidoro, S. Andrés, etc. Castillo de Enrique II de Trastámara. Museo de las Fortificaciones.
Alrededores: A 4 km: Monasterio de la Caridad, del s. XVI, con magnífico claustro. A 39 km S. FELICES DE LOS GALLEGOS, destaca la fortaleza, del s. XV. A 49 km Santuario de la Peña de Francia. A 15 km: Estación rupestre de Siega Verde. A 59 km: Frontera Portuguesa.

Restaurantes

Estoril. (Junto al Parador de Turismo). General Pando, 11. ☎ 923 460 550. www.restaurante-estoril.com
Cierra miércoles. Deliciosos guisos caseros de Leticia Martín. Carnes a la plancha, caza y flanes caseros. Menú 13 €. Precio medio 25 €.

Hoteles

**** **Parador de Turismo.** Pza. del Castillo, s/n. ☎ 923 460 150. www.parador.es P
Hab. 35: 120/163 €. Suites: 2. Consultar ofertas. Castillo fortaleza del s. XIV dentro del recinto amurallado de la ciudad. Soberbia torre del Homenaje. Preciosas vistas sobre el río Águeda y el campo salmantino. Recientemente remodelado. Restaurante RÍO AGUEDA, cocina regional.

Cizur Menor (Navarra) Ver Pamplona. — 12 • E-2

Cocentaina (Alicante) Ver Alcoi/Alcoy. — 60 • C-3

Cofrentes (Valencia) — 59 • F-1

A VALENCIA, 100 KM; MADRID, 350 KM. ALT. 394 M. POB. 950. 961 894 316.
GPS (39° 13' 44''N-1° 3' 47"O).

Fiestas: Del 14 al 17 de enero: S. Antonio. Del 30 de abril al 2 de mayo: Fiestas de Maderada. Del 11 al 15 de agosto: Ntra. Sra. de la Asunción.
Visitar: Castillo del s. XIV. Iglesia de S. José. Ermita de La Soledad. Mirador de la confluencia del Cabriel y Júcar. Antiguo lavadero. Ruta fluvial por el Júcar. Balneario de Hervideros. Volcán Cerro de Agras.
Alrededores: AYORA, a 24 km: Ruta de La Apicultura. REQUENA, a 37 km: Villa, cuevas y bodegas. JARAFUEL, a 14 km: Taller de Artesanía Almez. JALANCE, a 7 km: Cueva de D. Juan. CORTES DE PALLAS, a 30 km: Castillo de Chirel.

Hoteles

**** **Del Valle.** Colón, s/n. ☎ 961 897 000. P
Hab. 43: 54/109 €. Suites: 2. Consultar cierre. En el valle de Ayora-Cofrentes. Restaurantes EL VALLE y EL BOSQUE.
*** **Balneario Hervideros de Cofrentes.** Balneario, s/n. ☎ 902 747 401. www.balneario.com/cofrentes
P
Hab. 240: 60/96 €. Consultar cierre y ofertas. Rodeado de frondosos pinares. Golf Pitch & Putt.

Colera (Girona) Ver Llançá. — 16 • C-3

Collado Hermoso (Segovia) Ver Sotosalbos. — 31 • A-3

Collado Villalba (Madrid) Ver Madrid: Alrededores. 40 • A-2

Colmenar del Arroyo (Madrid) Ver Madrid: Alrededores 39 • F-3

Colmenar Viejo (Madrid) Ver Madrid: Alrededores. 40 • B-2

Colombres (Asturias) Ver Llanes. 4 • D-3

Comillas (Cantabria) 4 • F-3

A SANTANDER, 48 KM; MADRID, 427 KM. ALT. 23 M. POB. 2.483. 942 722 591.
GPS (43° 23' 7"N-4° 17' 34"O).

Fiestas: 28 y 29 junio: Fiestas Patronales en honor de S. Pedro. Del 15 al 17 de julio: Fiestas Patronales Santo Cristo del Amparo. 29 y 30 agosto: Feria de Arrastre (concurso rural y feria del ganado).
Visitar: Iglesia de San Cristóbal, el Capricho de Gaudí. Palacio de Sobrellano. Universidad Pontificia (Centro Internacional de Estudios Superiores de Español, fundación Comillas).
Alrededores: A 20 km: Cuevas de Altamira. A 40 km: Parque Natural de Oyambre, Cuevas al Soplao.

Hoteles

**** **Comillas.** Pº de Solatorre, 1. ☎ 942 722 300. www.hcomillas.com
Hab. 30: 50/116 €. Consultar cierre y admisión de perros. Frente al palacio de Sobrellano. Con 4.000 m² de jardines.
**** **Golf Rovacias.** Urb. Rovacias, s/n. ☎ 942 720 470. www.hotelesgolfrovacias.com
Hab. 55: 60/153 €. Consultar cierre y ofertas. Restaurante OYAMBRE.

Concha de Artedo (Asturias) Ver Cudillero. 3 • C-2

Conil de La Frontera (Cádiz) 80 • B-1

A CÁDIZ, 42 KM; MADRID, 694 KM. ALT. 31 M. POB. 20.984. 956 440 501.
GPS (36° 16' 35''N-6° 5' 23"O).

Fiestas: Domingo más próximo al 20 de enero: Romería de S. Sebastián. Primera semana de junio: Feria de El Colorado. Agosto: Noche Flamenca y Noche Carnavalesca. 8 de septiembre: Patronales en honor de Ntra. Sra. de las Virtudes.
Visitar: Torre de Guzmán el Bueno. Museo Etnológico Raíces Conileñas. Iglesias de Sta. Catalina (declarada en ruinas), y de la Misericordia. Parroquia de Sta. Catalina. Torres Castilnovo, de Roche y del Puerco. Playas de Bateles, Chorrillo, Fontanilla, Roqueo. Calas de Puntalejo y del Aceite. Pinares de Roche y El Colorado, y Fuente del Gallo.
Alrededores: A 6 km: Puerto Pesquero. A 6 km: EL PALMAR, Zona rústico turística. A 16 km: VEJER DE LA FRONTERA, Ciudad histórica.

Restaurantes

La Fontanilla. Playa de la Fontanilla, s/n. ☎ 956 441 130. www.lafontanilla.com
Cierra miércoles excepto verano; noviembre y diciembre. Revuelto de ortigas de mar, barriga de atún de almadraba, tocino de cielo. Precio medio 30 €.

Hoteles

**** **Husa Conil Park.** Playa de la Fontanilla, s/n. ☎ 956 043 000. www.conilparkhotel.com
Hab. 186: 65/250 €. Apartamentos: 12. Suites: 2. Consultar cierre. En primera línea de playa.
**** **Resort Fuerte Conil Costaluz.** Playa de la Fontanilla, s/n. y Playa de la Frontera, s/n. ☎ 956 443 344. www.fuertehoteles.com
Hab. 469: 83/205 €. Consultar cierre. Hotel ecológico. Restaurantes EL OLIVO y BEACH CLUB.

Corçà (Girona) Ver Girona. 26 • B-2

Córdoba 64 • D-4

A MADRID, 400 KM. ALT. 123 M. POB. 328.428. 902 201 774.
GPS (37° 52' 41''N-4° 46' 47"O).

Fiestas: Del 15 al 29 de febrero: Carnaval. Semana Santa. Primer domingo después de Cuaresma: Romería de Sto. Domingo de Sacle Coeli. Mayo: 1 al 4: Cruces de Mayo; 7: Romería del Santuario de Linares. 5 al 18: Festival de Patios, Rejas y Balcones. 24 al 30: Feria de Ntra. Sra. de la Salud. Julio-Septiembre: Noches de embrujo. Septiembre: Velada de la Fuensanta. 24 de octubre: S. Rafael, patrón de la ciudad. Diciembre: Concursos de Villancicos y Belenes.
Visitar: Casco Histórico, declarado Patrimonio de La Humanidad. **Gran Mezquita-Aljama**, iniciada en el año 785 por Abd-Al Rahman I. La obra cumbre del conjunto es el Mihrab, capilla para la oración en el templo, construido en el 961, la mejor manifestación del arte califal. En el patio de los Naranjos, se alza el campanario catedralicio que alberga en su interior el Alminar. El **Alcázar de los Reyes Cristianos**, mandado construir por Alfonso XI en el año 1323, posee una colección de mosaicos romanos, entre los que destaca el de Polifemo y Galatea, único en el mundo, y un sarcófago romano de los s.s. IV al II a.C. Vestigios del antiguo recinto amurallado de la ciudad, siendo el más señalado el tramo que se puede contemplar a lo largo de la calle Kairuan con la Puerta de Almodóvar, antigua puerta de la Medina árabe. En él se puede visitar la Sinagoga, s. XIV, de estilo mudéjar. "La Casa Andalusí". La Casa de las Bulas, del s. XVI, sede del Museo Municipal de Arte Taurino. El antiguo Palacio del Cardenal Salazar, s. XVIII, sede de la Facultad de Filosofía y Letras, con unos patios y claustros y una capilla mudéjar del s. XIII. El Puente Romano, erigido en tiempo del Emperador Augusto. Defendía su entrada la Torre Fortaleza de la Calahorra, construida en tiempos de Enrique III. En ella está instalado el Museo de las Tres Culturas. Museo de Bellas Artes, ubicado en la Plaza del Potro, tiene entre sus fondos obras de Goya. En el mismo edificio está el Museo de Julio Romero de Torres. En el antiguo Palacio de los Páez del Castillejo, s. XVI, se encuentra el Museo Arqueológico, uno de los más importantes de España, con una colección de Mosaicos y Sarcófagos romanos, así como restos arqueológicos de la famosa Madinat-Al-Zahra. Museo Diocesano. Museo Regina: Histórico, trabajo artesanal y técnicas de fabricación de la joyería. De las **iglesias** fundadas por S. Fernando en la Reconquista, s. XIII, todas de factura gótico-románico-mudéjar, destacan las de: **S. Lorenzo, La Magadalena, Sta.**

Marina, S. Pablo, S. Nicolás y la **Iglesia del Carmen**, en esta última existe una importante colección de pinturas de Valdesleal. Monasterio de Sta. Marta. En arquitectura civil destaca el Palacio de los Marqueses de Viana. Igualmente son dignos de visitar los Patios de los antiguos barrios y la Plaza de Capuchinos, donde se encuentra el Cristo de los Faroles. Jardín Botánico.
Alrededores: MEDINA AZAHARA (Madinat Al-Zahra), a 6 km: Conjunto arqueológico mandado construir por el primer califa cordobés Abd-al-Rahman III, en el año 936. POSADAS, a 32 km: Capilla de Santiago, con sepulturas góticas del s. XIII. Ermitas. Iglesia, s. XIX y Mirador. ALMODÓVAR DEL RÍO: Castillo. Parque Natural de Hornachuelos, reserva de la biosfera. PRIEGO DE CÓRDOBA: Judería. CAPILLA DEL MONTE: Cerro Uriturco, aguas termales.

Restaurantes

Almudaina. (Bº Judería). Pza. Campo Santo de los Mártires, 1. ☎ 957 474 342. www.restaurantealmudaina.com
❄ P
Cierra domingo noche; domingo en verano. En la judería. Casa-palacio del s. XVI con bonito patio. Lomo de bacalao gratinado, pierna de cordero lechal, calahorra a la crema de Pedro Ximénez. Menú 25 €. Precio medio 35 €.
®**Bodegas Campos.** Los Lineros, 32. ☎ 957 497 500. www.bodegascampos.com ❄ P
Cierra domingo noche. Antigua bodega con mesón en la planta baja y cocina cordobesa en el comedor superior. **Asadillo de pimientos con boquerones fritos, arroz de rabo de toro, helado de naranja con aceite de arbequina y gelatina de Pedro Ximénez**. Precio medio 40 €.
Casa Pepe de la Judería. Romero, 1. ☎ 957 200 744. www.casapepejuderia.com ❄
Emblemática taberna en la judería. Berenjenas con miel, cordero sefardí, torrijas con helado de galleta. Menú 23 €. Precio medio 30 €.
Choco. Compositor Serrano Lucena, s/n. ☎ 957 264 863. www.restaurantechoco.es ❄
Cierra domingo noche, lunes y agosto. Kisko resuelve, con creatividad y madurez, el tratamiento de los productos cordobeses con la omnipresencia del aceite de oliva. **Salmorejo con coca de anchoas, cochinillo con crema de ajo y salsa de naranja, torrija caramelizada**. Precio medio 55 €.
El Alma. Teruel, 23. ☎ 957 282 798. www.elalmacordoba.com ❄
Cierra lunes noche y domingo. Carpaccio de atún rojo, solomillo de ibérico con puré de patatas y alcachofas, helados caseros. Precio medio 30 €.
El Caballo Rojo. Cardenal Herrero, 28. ☎ 957 475 375. www.elcaballorojo.com ❄ P
Antigua y prestigiada casa, frente a la Catedral, cuna del resugir de la cocina cordobesa. Berenjenas a la miel, rape mozárabe, pastelería variada. De la misma propiedad y similar oferta EL BLASÓN (José Zorrilla, 11. ☎ 957 480 625. Cierra primera quincena de julio). Precio medio 46 €.
El Churrasco. (Bº Judería). Romero, 16. ☎ 957 290 819. www.elchurrasco.com ❄ P
Cierra agosto. Interesante pintura cordobesa y bodega-museo en casa anexa. **Berenjenas crujientes con salmorejo, lubina a la andaluza, arlequín de fruta natural con sorbete de limón,** con la atención de su propietario Rafael Carrillo. Precio medio 40 €.
El Envero. Teruel, 21. ☎ 957 203 174. www.elenvero.com ❄
Cierra lunes al mediodía y domingo en verano, domingo noche y lunes. El antiguo TEMPURA ha cambiado de nombre y ubicación con la buena cocina de Antonio López. **Tartar de atún rojo macerado con soja, arroz socarrat con callos de bacalao, cremoso de chocolate con naranja, pan, sal y aceite de oliva.** Precio medio 35 €
La Taberna. (En ALMODÓVAR DEL RÍO, a 22 km). Antonio Machado, 24. ☎ 957 713 684. www.latabernadealmodovardelrio.com ❄
Cierra domingo en julio, domingo noche, lunes y agosto. Mazamorra (salmorejo blanco de almendras), bacalao horneado al ajo tostado, pastel de cuajada con miel. Precio medio 30 €.
®**Pic-Nic.** (Pasaje Rumasa-zona peatonal). Ronda los Tejares, 16. ☎ 957 482 233. ❄
Cierra lunes noche, domingo y agosto. Buen mercado y regularidad son las tónicas de la casa. **Tartar de atún rojo, roatsbeef con puré de patata, profiteroles**. Precio medio 40 €.
Puerta Sevilla. Postrera, 51. ☎ 957 297 380. www.puertasevilla.com ❄ P
Edificio con patio típico cerca del alcázar. Habitas con puntillitas, rabo de toro, texturas de Pedro Ximénez. Menú 20 €. Precio medio 30 €.

Hoteles

***** **Hospes Palacio de Bailío.** Ramírez de las Casas Deza, 10. ☎ 957 498 993. www.hospes.es
❄ P
Hab. 53: 275/310 €. Suites: 8. Restaurante SENZONE.
***** **Las Casas de la Judería.** Tomás Conde, 10. ☎ 957 202 095. ❄ P
Hab. 62: 184/315 €. Suite: 3. Consultar ofertas. Edificio del s. XVI, declarado Patrimonio de la Humanidad. Restaurante LAS CABALLERIZAS DE LOS MARQUESES.
**** **Abetos del Maestre Escuela.** Avda. S. José de Calasanz, km 2,8. ☎ 957 767 063. www.hotelabetos.com
❄ P
Hab. 36: 60/106 €. Consultar cierre y ofertas.
**** **AC Córdoba.** Avda. de la Libertad, 24. ☎ 957 768 380. www.ac-hotels.com ❄ P
Hab. 98: 60/185 €. Suites: 2. Consultar ofertas. Céntrico. Próximo a la estación del AVE.
**** **Ayre Hotel Córdoba.** Poeta Alonso Bonilla, 3. ☎ 957 767 476. www.ayrehoteles.com
❄ P
Hab. 153: 132/195 €. Suites: 1. Consultar ofertas. En la zona residencial. Ubicado en lo que fue un antiguo seminario, conserva sus patios y jardín. Restaurantes LOS LANCHARES, cocina mediterránea y LA PARRILLA.
**** **El Conquistador.** Magistral González Francés, 15-17. ☎ 957 481 102. ❄ P
Hab. 128: 53/400 €. Suites: 3. En pleno barrio de la Judería. Frente a La Mezquita. Completamente renovado.
**** **Maciá Alfaros.** Alfaros, 18. ☎ 957 491 920. www.maciahoteles.com ❄ P
Hab. 141: 60/208 €. Céntrico. Patios luminosos, fuentes y mármoles componen la decoración de este atractivo hotel. Restaurante ALARIFES.
**** **NH Amistad Córdoba.** Pza. de Maimónides, 3. ☎ 957 420 335. www.nh-hotels.com
❄ P
Hab. 83: 99/250 €. Suite: 1. Admisión de perros, consultar. En el barrio de la Judería. Cerca de la Muralla Árabe, Alcázar, Mezquita y Sinagoga. Selección Oro NH.
**** **Parador de Turismo.** Avda. de la Arruzafa, 37. ☎ 957 275 900. www.parador.es ❄ P
Hab. 94: 114/179 €. Consultar ofertas. Emplazado en las faldas de la Sierra sobre los vestigios del que fuera el Palacete de Abderramán II y sus jardines. Vista panorámica de la ciudad. Cocina regional.
*** **Hacienda Posada de Vallina.** Corregidor Luis de la Cerda, 83. ☎ 957 498 750. www.hhposadadevallina.es
❄ P
Hab. 24: 45/210 €.
*** **La Hospedería de El Churrasco.** Del Romero, 38. ☎ 957 294 808. www.elchurrasco.com
❄ P
Hab. 9: 120/160 €. En el barrio de la Judería. Próximo a la Mezquita-Catedral. Conjunto de casas típicas.
*** **Maimónides.** Torrijos, 4. ☎ 957 471 500. www.eurostarshotels.com ❄ P
Hab. 82: 49/399 €. Consultar cierre. En el barrio de la Judería, frente a La Mezquita. Interior con patios típicos.

Coria (Cáceres)

46 • D-1

A CÁCERES, 70 KM; MADRID, 290 KM. ALT. 263 M. POB. 12.896. ℹ 927 501 351.
GPS (39° 58' 59''N-6° 32' 28''O).

Fiestas: Mayo: Romería Virgen de Argeme. Corpus Christi. Del 23 al 29 de junio: S. Juan, patronales. Agosto: Jueves Turístico.
Visitar: Ciudad Monumental: Castillo y Castillejo, Murallas y Puente. Convento de la Madre de Dios, sobre la vega del río Alagón. Fue en la antigüedad uno de los principales focos de la cultura romana.

Restaurantes

Percor. (Junto al río Alagón). Ctra. Ex-109, Coria-Torrejoncillo, km 26. ☎ 927 503 264.
Cierra noches de martes a jueves en invierno, y lunes. Revuelto de morcilla de Burgos y piñones, pimientos rellenos de carrillera de cerdo ibérico con salsa de vino tinto, brownie con helado de vainilla y crema inglesa. Precio medio 25 €.

Hoteles

**** **Palacio Coria.** Pza. de La Catedral, s/n. ☎ 927 506 449. www.hotelpalaciocorias.es
Hab. 30: 85/170 €. Suites: 2. Consultar ofertas. Ubicado en el antiguo palacio episcopal. En el casco histórico. Restaurante DE LA CATEDRAL

Coruña, A/La Coruña

1 • F-2

A MADRID, 609 KM. ALT. 5 M. POB. 246.056. 927 501 351.
GPS (43° 22' 16''N-8° 23' 50"O).

Fiestas: 24 de junio: S. Juan, de Interés Turístico Nacional. Agosto: Fiestas en honor de la heroína María Pita. 7 de octubre: Fiestas patronales de la Virgen del Rosario.
Visitar: **La Torre de Hércules**, de Trajano, Patrimonio de la Humanidad, símbolo de la ciudad y único faro romano del mundo en funcionamiento. Situada en el Parque Natural del mismo nombre. Galerías de la Marina y la **Plaza de María Pita**, sede del Palacio Municipal, con sus soportales. Plaza de Azcárraga, Jardín de S. Carlos, y l **Murallas de la Ciudad Vieja**, de finales de s. XIV. De entre sus monumentos destacan: la **Iglesia de Santiago Apóstol**, románica del s. XII, y la más antigua de A Coruña; la **Iglesia Colegiata de Sta. María del Campo**, románica ojival de los s.s XII al XIV; la Iglesia y Convento de S. Francisco, fundada en el s. XIII, el Convento de Sta. Bárbara del s. XV, con santuario gótico; la Iglesia y Convento de Sto. Domingo, s.s XII al XVIII, las Iglesias de S. Jorge, del s. XVII; S. Nicolás, de estilo barroco gallego, y de las Capuchinas, de estilo barroco. Museo de Bellas Artes, con obras de Goya, Ribera, Murillo y Rubens, entre otros; la Casa de las Ciencias con el Planetario, en el Parque de Sta. Margarita, el Museo Militar Regional, con destacadas colecciones de armas de fuego, banderas, uniformes, maquetas, etc.; el Castillo de S. Antón, hoy sede del Museo Arqueológico. La Domus, museo interactivo dedicado al cuerpo humano; el Aquarium Finisterrae, con especies marinas de todo tipo. Playas, paseo marítimo. Parques y jardines.
Alrededores: Costa da Morte. SADA. CULLEREDO: Reserva Natural Protegida del Monte Oxalo.

Restaurantes

®**A Estación.** (En CAMBRE, a 15 km). Ctra. de la Estación, 51. ☎ 981 676 911. www.aestacion.com
Cierra martes noche en invierno, domingo noche y lunes. Sin variaciones. Beatriz Sotelo continúa con una cocina de temporada, sólida, con raciones generosas. Un clásico, el **pulpo a la brasa**. Buenas **ensaladas**, correcto tratamiento de los **pescados**. Bodega suficiente. Precio medio 40 €.
®**A Mundiña.** Estrella, 10. ☎ 881 899 327. www.amundina.com
Cierra domingo. Mantiene el tirón, basado en la calidad y también en la generosidad de su oferta. Excelente selección de las materias primas, con sobresaliente para sus **pescados**. El plato estrella es la **caldeirada**, que se ofrece de varios pescados a gusto del cliente. Precio medio sin marisco 35 €.
®**Alborada.** Pº Marítimo Alcalde Francisco Vázquez, 25. ☎ 981 929 201. www.restaurantealborada.com
Cierra noches de lunes a miércoles; y domingo. Cocina de creación y creatividad en un emplazamiento magnífico. Los **huevos rotos con cigalas, patatas y aceite de trufa** es el plato estrella. Precio medio 52 €.
Artabria. Fernando Macías, 28. ☎ 981 269 646. www.restauranteartabria.com
Cierra 15 días en junio. Cestillas crujientes de zamburiñas con crema de nécoras, sanmartiño con vinagreta de langostinos y trigueros, pastel caliente de avellana con sorbete de la pasión. Imprescindible reservar. Precio medio 30 €.
®**As Garzas.** (En MALPICA DE BERGANTIÑOS, a 55 km). Porto Barizo, 40. ☎ 981 721 765.www.asgarzas.com
Cierra noches de domingo a jueves y lunes, excepto festivos y verano; y del 2 al 24 de noviembre. En alza. Tanto la cocina como el paisaje justifican sobradamente el viaje hasta esta localidad de la Costa da Morte. Su oferta se basa en la despensa azul gallega: muy buen **marisco** (está frente a las Sisargas, paraíso del **percebe**) y excelentes y contundentes **caldeiradas**, que hay que compartir. Precio medio 40 €.
☼**Casa Pardo.** Novoa Santos, 15. ☎ 981 280 021.
Cierra noches lunes y martes; y domingo. Hablar de esta casa es hacerlo del gran clásico de la ciudad. Ana Gago, al frente de los fogones, ha vuelto a potenciar la galleguidad de su oferta. El **rape** sigue siendo obligatorio, sea **en caldeirada** o **al vapor con salsa verde y berberechos**. Buen **marisco**. **Caza** y **lamprea**, en temporada. Bodega excepcional. Precio medio 50 €.
Comarea (Gastrobar). Carlos Martínez Barbeito y Moras, 4. ☎ 981 132 658. www.comarea.es
Cierra domingo. Animadísimo mesón que se ha prestigiado a base de calidad. Mesas altas donde disfrutar de navajas, berberechos o varias versiones de pulpo. Muy buena bodega y gran ambiente. Precio medio 28 €.
Comei Bebei. (En OLEIROS, a 12 km). Ramón Núñez Montero, 20. ☎ 981 611 741. www.comeibebei.com
Cierra domingo noche, lunes, 15 días después de Semana Santa y segunda quincena de octubre. Agradable comedor y barra para tapear. Pulpo braseado con crema de patatas y aceite de pimentón, merluza rellena de vieiras, filloas rellenas caramelizadas. Precio medio 30 €.
®**Coral.** Callejón de la Estacada, 9. ☎ 981 200 569. www.restaurantemarisqueriacoral.com
Cierra domingo. Una verdadera institución en el centro de la ciudad. Cocina más gallega que otra cosa, basada en una buena materia prima, resuelta sin complicaciones, en un guiño al gusto de la clientela local y, sobre todo, forastera. Precio medio sin marisco 37 €.
®**Domus.** (Museo Domus-Casa del Hombre). Ángel Rebollo, s/n. ☎ 981 203 862. www.casapardo-domus.com
Cierra noches de domingo a jueves; y lunes. Eduardo Pardo sigue ofreciendo una cocina personal, de raíz netamente gallega y marinera, con el atractivo del panorama sobre la ensenada de Riazor. Destacan propuestas como la **merluza de Celeiro** escoltada por **arroz de calamares**. Menú 18 €. Precio medio 35 €.
El Madrileño. (En PERILLO-OLEIROS, a 5 km). (Playa Santa Cristina). Avda. Américas, 17. ☎ 981 638 517.
Cierra domingo noche y 15 días en enero. Terraza sobre la playa. Empanada de zamburiñas, pescados y mariscos de la ría, tartas artesanas. Precio medio 40 €.
®**El Manjar.** Alfredo Vicenti, 29. ☎ 981 918 591.
Cierra domingo noche. Una de las direcciones coruñesas de referencia, no sólo por su **tortilla de patatas**, sino por su cocina de corte urbano, burgués, basada en las buenas materias primas, con recetas de corte tradicional puestas al día. Magnífica bodega. Precio medio 50 €.
☼**El Refugio.** (En OLEIROS, a 12 km). Pza. de Galicia, 11. ☎ 981 610 803. www.restaurante-elrefugio.com
Cierra domingo noche y lunes, excepto vísperas y festivo; y 20 días en septiembre. Un santuario del marisco, como sabe bien su clientela. No defrauda: la calidad es impresionante y la cocina le tiene tomado el punto a los **mariscos**, desde los **camarones** hasta el **bogavante**. La mejor calidad, a precio en consecuencia. Muy buenos **pescados** y **carnes**. La bodega, sencillamente extraordinaria. Precio medio sin marisco 45 €.
®**La Estancia.** (En CARBALLO, a 33 km). Reus, 1. ☎ 981 701 429.
Cierra martes noche y domingo. Sigue siendo la mejor opción en la comarca de Bergantiños. Cocina gallega creativa:

arroz cremoso de centolla, lubina al vapor con verduras, postres con chispa... Bodega interesante, incluyendo la oferta de aguardiente. Precio medio 50 €.

®**La Penela.** Pza. María Pita, 12. ☎ 981 209 200. www.lapenela.com
Cierra domingo y del 9 al 23 de enero. Sigue ofreciendo una buena **tortilla de Betanzos**, unos excelentes **callos con garbanzos** y una **carne asada** memorable, en especial las **patatitas** que la acompañan. Lo demás, sin desmerecer, es secundario: esos tres platos han cimentado su fama y sus ampliaciones madrileñas. Precio medio 25 €.

Licar. (En SADA, a 18 km). Avda. Puerto, 42. ☎ 981 621 521. www.restaurantelicar.com
Cierra martes noche en invierno; y segunda quincena de noviembre. Frente al puerto pesquero. Caldeirada de pescado, arroz de marisco, cañitas de crema. Menú 22 €. Precio medio 35 €.

Mesón de Herves. (En CARRAL, a 19 km). Herves, 6. ☎ 981 670 455. www.mesondeherves.es P
Cierra noches de martes y miércoles, sábado en verano; y septiembre. En la ladera sureste del valle de Barcia. Caza y lamprea en temporada, carpaccio de frutas. Precio medio 38 €.

®**Pablo Gallego.** Pza. María Pita, 11. ☎ 981 208 888. www.pablogallegorestauracion.com P
Cierra domingo y segunda quincena de enero. Muy frecuentado por los coruñeses. Pablo Gallego, de estirpe hostelera, ofrece una cocina segura, básicamente gallega con unas formas más personales no exentas de riesgos, pero bien resueltas. Acaba de abrir muy cerca un buen bar de vinos y tapas. Precio medio 40 €.

Playa Club. Andén de Riazor, s/n. ☎ 981 257 128. www.playaclub.net
Cierra domingo noche y lunes. Jano Blanco sigue profundizando su línea de investigación de nuevas posibilidades de la despensa gallega. Su conocimiento de los **pescados**, su dominio del punto, hacen que sea una referencia en este terreno. Experimenta con **algas, huevas**... Una cocina muy comprensible, con materias primas de calidad y toques imaginativos. Vistas privilegiadas sobre la playa de Riazor. Precio medio 45 €.

Taberna Gaioso. Pza. España, 15. ☎ 981 213 355.
Cierra domingo noche y lunes en invierno; y domingo en verano. Cocina clásica gallega con personalidad, tanto en la barra con mesas altas, como en el comedor. Centolla guisada envuelta en carpaccio de langotinos, conejo guisado en arroz cremoso con frutos secos, bizcocho de chocolate caliente. Precio medio 30 €.

Taberna O'Secreto. Alameda, 18. ☎ 981 916 010.www.tabernaosecreto.com
Cierra domingo y festivos. Ambiente agradable e informal en el centro de la ciudad. Pimientos rellenos, chuleta de cerdo celta, cañitas de crema. Precio medio 20 €.

Hoteles

***** **Hesperia Finisterre.** Pº del Parrote, 2-4. ☎ 981 205 400. www.hesperia-finisterre.com P
Hab. 92: 95/380 €. Suites: 39. Habitaciones familiares. Céntrico. Zona histórico-artística. Vistas al mar. Restaurante NOVO.

**** **AC A Coruña.** Enrique Mariñas, 34. ☎ 981 175 490. www.ac-hotels.com P
Hab. 114: 60/140 €. Suites: 2. Consultar cierre y ofertas. Modernas instalaciones. Restaurante CASA PAULA.

**** **Attica 21 Coruña.** Enrique Mariñas, 34. ☎ 981 179 299. www.attica21hotels.com P
Hab.144: 60/213 €. Suites: 16. Consultar ofertas. Restaurante MARINEDA.

**** **Eurostars Ciudad de La Coruña.** Juan Sebastián Elcano, 13. (Zona Adormideras). ☎ 981 212 100. www.eurostarsciudaddelacoruna.com P
Hab. 131: 89/399 €. Suites: 9. Totalmente remodelado. En primera línea de playa. Restaurante TORREMAR.

**** **Hesperia A Coruña.** Juan Flórez, 16. ☎ 981 010 300. www.hesperia.com
Hab. 128: 55/158 €. Suites: 1. Consultar ofertas. Próximo a la playa. Restaurante PAN DE MIGA.

**** **Husa Center.** Gambrinus, 14. Pol. Ind. La Grela. ☎ 981 160 006. www.husa.es P
Hab. 84: 50/200 €. Consultar ofertas. Restaurante CASA INDIANA.

**** **Meliá María Pita.** Avda. Pedro Barrié de la Maza, 1. ☎ 981 205 000. www.solmelia.com/hotel/melia-maria-pita.htm P
Hab. 183: 70/160 €. Suites: 7. En primera línea de playa. Cercano al centro histórico. Restaurante TRUEIRO.

**** **Monumento Pazo do Río.** (En OLEIROS). Pazo do Río, 16. ☎ 981 637 512. www.pazodorio.com P
Hab. 9: 50/139 €. Apartamentos: 21. Consultar ofertas. En un pazo del s. XVI. Restaurante VALLE INCLÁN.

**** **NH Atlántico.** Avda Alférez Provisional, 4. ☎ 981 226 500. www.nh-hotels.com P
Hab. 199: 100/214 €. Suites: 1. Céntrico. Junto al nuevo Palacio de Congresos. Restaurante ABREGO.

**** **Tryp Coruña.** Ramón y Cajal, 53. ☎ 981 242 711. www.solmelia.com P
Hab. 179: 49/151 €. Suites: 2. Consultar ofertas. Junto a la estación de autobús y Centro Comercial Cuatro Caminos.

**** **Zenit Coruña.** Comandante Fontanes, 19. ☎ 981 218 484. www.zenithoteles.com P
Hab. 70: 65/275 €. Consultar ofertas. Céntrico. Próximo a las playas de Riazor y Orzán. Restaurante LA MAROLA, cocina de autor.

*** **Plaza.** Avda. Fernández La Torre, 45. ☎ 981 290 111. www.hotelplaza.es P
Hab. 82: 45/95 €. Suites: 2. En el centro comercial de la ciudad. Restaurante ARCADE.

*** **Riazor.** Avda. Barrié de la Maza, 29. ☎ 981 253 400. www.riazorhotel.com P
Hab. 174: 49/299 €. Céntrico. En el paseo marítimo.

Pazo do Souto. (En CARBALLO). Torre, 1. Sisamo. ☎ 981 756 065. www.pazodosouto.com P
Hab. 11: 39/75 €. Consultar cierre. Casa señorial de 1672 rehabilitada para turismo rural.

Coruxo (Pontevedra) Ver Vigo. 17 • C-1

Cosgaya (Cantabria) Ver Potes. 4 • D-4

Covadonga, Basílica (Asturias) Ver Cangas de Onís. 4 • B-3

Covarrubias (Burgos) 21 • C-2

A BURGOS, 40 KM; MADRID, 200 KM. ALT. 834 M. POB. 670. 927 501 351.
GPS (42° 3' 31"N-3° 31' 19"O).

Fiestas: 18 de enero: Fiesta de la Matanza. Viernes Santo: Procesión Viviente. 15 de mayo: S. Isidro. Último fin de semana de mayo: Descenso del Arlanza. Segundo fin de semana de julio: Fiesta de la Cereza y Mercado Medieval. Del 25 al 28 de septiembre: Fiestas patronales.
Visitar: Colegiata S. Cosme y S. Damián, del s. XV, con un museo de Arte Sacro. Iglesia de Sto. Tomás, s. XV. Antigua casa Palacio Fernán González. Archivo del Adelantamiento de Castilla, s. XVI. Casa Doña Sancha, s. XV. Rollo Jurisdiccional, s. XVI. Crucero, s. XVI. Casa del Obispo Peña, s. XVI. Resto Murallas, s. X. Torreón de Fernán González, s. X.
Alrededores: Monasterio de S. Pedro de Arlanza. QUINTANILLA DE LAS VIÑAS: Ermita visigótica. Monasterio Sto. Domingo de Silos. Desfiladero de la Yecla.

Restaurantes

De Galo. Monseñor Vargas, 10. ☎ 947 406 393. www.degalo.com
Cierra noches excepto puentes y agosto, miércoles, febrero y navidades. Antigua posada. Alubias rojas, chuletón de buey, mousse de limón o chocolate. Menú 14 €. Precio medio 28 €.

Hoteles

**** Doña Sancha.** Avda. Víctor Barbadillo, 31. ☎ 947 406 400. www.hoteldonasancha.com
Hab. 14: 33/72 €. Consultar ofertas. Wifi gratuito.

Crucero, El (Asturias) Ver Tineo. 3 • B-3

Cudillero (Asturias) 3 • D-2

A OVIEDO, 50 KM; A MADRID, 503 KM. ALT. 59 M. POB. 5.797. 985 590 003.
GPS (43° 33' 44''N-6° 8' 57"O).

Fiestas: 29 de junio: S. Pedro, S. Pablo y S. Pablín. 26 de julio: Sta. Ana de Montarés. En la mañana del 29 de julio, sermón de l'Amuravela, que data de 1569, declarado de Interés Turístico Nacional.
Visitar: Pintoresca villa marinera declarada Conjunto Histórico Artístico, por la originalidad de sus casas colgadas mirando al mar. Cabo Vidío. Faro.
Alrededores: A 19 km: Ballota. A 3 km: Concha de Artedo. A 9 km: Soto de Luiña. A 10 km: Playa de S Pedro.

Restaurantes

El Pescador. (Bº Tolombreo). Tolombreo Alto, s/n. ☎ 985 590 937. www.hotelrestauranteelpescador.com
P
Cierra del 18 de diciembre al 4 de enero. Con habitaciones. La animada lonja local permite ofrecer una sugerente cocina marinera. Menú 18 €. Precio medio 36 €.
La Cueva. (En OVIÑANA, a 10 km). Oviñana, s/n. ☎ 985 596 249. P
Cierra noches excepto sábado y agosto; martes excepto agosto, segunda quincena de septiembre y última semana de diciembre. Pescados y mariscos. Imprescindible el salpicón de bogavante. Precio medio sin marisco 35 €.
Mariño. (En CONCHA DE ARTEDO, a 3 km). Concha de Artedo, s/n. ☎ 985 590 186. www.concha-artedo.com
P
Cierra domingo noche, lunes y del 11 de enero al 11 de febrero. Con 12 habitaciones. El paisaje define su cocina, con frixuelos rellenos de compota de manzana, sobre la impresionante Concha de Artedo batida por el Cantábrico. Menú 12 €. Precio medio 30 €.

Hoteles

***** Casona de la Paca.** El Pito, s/n. ☎ 985 591 303. www.casonadelapaca.com P
Hab. 19: 62/104 €. Suites: 2. Consultar cierre. Antigua casona del siglo pasado.

Cuéllar (Segovia) 30 • E-2

A SEGOVIA 60 KM; MADRID, 151 KM. ALT. 900 M. POB. 9.800. 921 142 203.
GPS (41° 24' 9"N-4° 19' 3"O).

Fiestas: Del 29 de abril al 1 de mayo: Feria Comarcal. Del 19 al 21 de agosto: Feria Medieval Mudéjar. De 28 de agosto al 1 de septiembre: Encierros, los más antiguos de España. Septiembre: Romería Ntra. Sra. del Henar.
Visitar: Conjunto Histórico Medieval: destaca el recinto amurallado y el conjunto de iglesias mudéjares. Centro de Interpretación del Arte Mudéjar. Iglesia de S. Martín. Parque Arqueológico Medieval de S. Esteban. Castillo Habitado: visitas teatralizadas. Huerta del Duque. Humedal del Espadañal. Senda de los Pescadores.
Alrededores: Santuario de Ntra. Sra. del Henar. Campo de golf.

Restaurantes

Florida. Ctra. CL 601, Valladolid-Segovia, km 57. ☎ 921 140 368. www.restaurantehotelflorida.es
P
Cierra domingo noche, lunes y 15 días en noviembre. Casa de campo con 10 habitaciones. Foie-gras fresco al vino de Oporto, chuletillas de lechazo churro encebolladas, helado de achicoria. Menú 20 €. Precio medio 35 €.
San Francisco. (H. SAN FRANCISCO). Avda. Camilo José Cela, 2. ☎ 921 140 009. www.hmsanfrancisco.com
Cierra domingo noche. Con 28 habitaciones. Recientemente reformado y la incorporación de un gastrobar con tapas saladas y dulces. En el comedor, ensalada de lengua escarlata con gelatina de aceite de oliva, estofado de patitas y manillas con senderillas. Menú 15 €. Precio medio 30 €.

Hoteles

La Posada de Carmen. (En CHAÑE, a 10 km). San Benito, 11. ☎ 921 155 134. www.laposadadecarmen.com
Hab. 7: 35/66 €. Desayuno incluido. Consultar cierre y ofertas. En plena ruta de los castillos. Zona de pinares.

Cuenca 50 • A-1

A MADRID 167 KM. ALT. 998 M. POB. 55.866. 969 241 051.
GPS (40° 4' 17"N-2° 8' 6"O).

Fiestas: 28 de enero: S. Julián, patrón. Semana Santa, de Interés Turístico Internacional. Procesión del Camino del Calvario, precedida de las turbas, en la madrugada del Viernes Santo. Semana de música religiosa, incluida en el circuito europeo de Festivales de Música. 1 de junio: Virgen de la Luz, patronal. Del 23 al 31 de agosto: Fiestas patronales. Del 18 al 21 de septiembre: S. Mateo, esta fiesta conmemora la reconquista de la ciudad.
Visitar: Situada en la hondonada de dos grandes gargantas que rodean los ríos Júcar y Huécar. **Casas «colgadas»** sobre el borde de las hoces del Huécar, prácticamente voladas al vacío. **Museo de Arte Abstracto**. **Catedral**, de los ss XII-XIII. Capilla de los Albornoz: Rejas, sacristía, tesoro. **Iglesias de S. Felipe Neri**, barroca, s. XVIII, y **S. Pedro**, románica, remodelada en el s. XVIII. **Convento de S. Pablo**, s. XVI. **Ayuntamiento**, de fachada rococó. Museos: Arqueológico; Diocesano; de la Ciencia; de Semana Santa. Fundación Antonio Pérez y Antonio Saura.
Alrededores: Hoces del Júcar y el Huécar. LAS TORCAS, a 20km: formaciones rocosas circulares, LAGUNAS DE CAÑADA DEL HOYO, a 36 km: como las anteriores, pero cubiertas de agua. LA CIUDAD ENCANTADA, a 36 km: con casi 20 kilómetros de extensión, formando un verdadero y fantástico laberinto de puentes, plazas y figuras extrañas y caprichosas que la naturaleza creó aproximadamente en la Era Secundaria. VALERIA, a 35 km: Ruinas de ciudad romana. A 80 km, nacimiento del río Cuervo. EL HOSQUILLO, a 60 km: Parque Cinegético Natural y Reserva Nacional de Caza Mayor. Parque Natural de la Serranía de Cuenca.

Restaurantes

El Bálsamo de Fierabrás. Avda. Juan Carlos I, 16. ☎ 969 692 009.
Cierra martes noche, domingo, última semana de enero y tercera de septiembre. Ajoarriero, cordero a los quince minutos, bizcocho de azafrán con helado de miel. Precio medio 28 €.
Figón del Huécar - Figón de Pedro. Ronda Julián Romero, 6. ☎ 969 240 062. www.figondelhuecar.com
Cierra domingo noche y lunes. El cambio en la cocina sigue la trayectoria de la casa. **Mousse de salmorejo con atún ahumado, caldereta de cordero, torrija caramelizada**. Menú 27 €. Precio medio 38 €.

® **Mesón Casas Colgadas.** Canónigos, s/n. ☎ 969 223 552. www.mesoncasascolgadas.com
Cierra lunes noche y martes. Las espectaculares vistas a la hoz del Huécar es un atractivo más. El **ajoarriero** o el **morteruelo** anteceden al **lechal asado,** que se remata con **sorbete de higos**. Menú 27 €. Precio medio 38 €.
Mesón Nelia. (En VILLALBA DE LA SIERRA, a 21 km). (Ciudad Encantada). Ctra. CM-2105, Cuenca-Tragacete, km 21. ☎ 969 281 021. www.mesonnelia.com P
Cierra noches de lunes y martes; miércoles y del 10 de enero al 10 de febrero. Junto al río Júcar, en un entorno natural. Pulpo a la brasa con asadillo de chorizo, lomo de ciervo a la pimienta, cañas fritas rellenas. Menú 15 €. Precio medio 35 €.
☼ **Raff.** Federico García Lorca, 3. ☎ 969 690 855. www.restauranteraff.es
Cierra sábado al mediodía, domingo, última semana de febrero, del 1 al 15 de agosto y primera semana de noviembre. Barra alrededor de la cocina, donde oficia en directo José Ignacio Herraiz, y otra sala contigua con mesas. **Albóndigas de choco, hamburguesa de cordero, dominus vobiscum (homenaje a la Semana Santa)**. Menú 28 €. Precio medio 40 €.
Rincón de Paco. Hurtado de Mendoza, 3. ☎ 969 213 418.
Cierra última semana de julio. Guisos populares, potaje serrano, flan de café. Menú 15 €. Precio medio 25 €.
®**San Nicolás.** San Pedro, 15. ☎ 969 240 519. www.restaurantesannicolas.net
Gustosa cocina de Adolfo Castillejo en torno a la **caza**. Secundado en la sala por su hija Laura. **Leche frita flameada al Grand Marnier** de postre. Menú 25 €. Precio medio 35 €.

Hoteles

**** **AC Cuenca.** Avda. Juan Carlos I, s/n. ☎ 969 241 550. www.ac-hotels.com P
Hab. 81: 65/170 €.
**** **NH Ciudad de Cuenca.** Ronda San José, 1. ☎ 969 230 502. www.nh-hotels.com P
Hab. 74: 74/171 €. Suites: 1. Situado en una zona residencial. Próximo al centro.
**** **Parador de Turismo.** Subida San Pablo. s/n. ☎ 969 232 320. www.parador.es P
Hab. 62: 118/160 €. Suite: 1. Consultar ofertas. Instalado en el antiguo Convento de San Pablo. Algunas habitaciones se asoman a la Hoz del Huécar y a las Casas Colgadas.
**** **Torremangana.** S. Ignacio de Loyola, 9. ☎ 969 240 833. www.hoteltorremangana.com P
Hab. 120: 66/145 €. Suites: 3. Restaurante LA COCINA.
*** **Cueva del Fraile.** Ctra. Buenache, km 7. ☎ 969 211 571. P
Hab. 63: 50/130 €. Suite: 1. Consultar cierre y ofertas. Antiguo Monasterio del s. XVI. Restaurante LA HOZ.
*** **Leonor de Aquitania.** San Pedro, 60. ☎ 969 231 000.
Hab. 46: 50/130 €. Suite: 1. Consultar ofertas. Casa palacio del s. XVIII. En el casco antiguo. Visitas a la Hoz del Huécar. Restaurante HORNO DE LAS CAMPANAS.
** **Posada de San José.** Julián Romero, 4. ☎ 969 211 300. www.posadasanjose.com
Hab. 29: 29/101 €. Suites: 4. Consultar ofertas. Edificio del s XVII. Vistas a la Hoz del río Huécar. Cenas de tapas y raciones caseras.

Cuestas de Contreras (Cuenca) Ver Minglanilla. 50 • D-3

Cullera (Valencia) 60 • D-1

A VALENCIA, 38 KM; MADRID, 380 KM. ALT. 2 M. POB. 24.121. ℹ 961 720 974.
GPS (39° 9' 53"N-0° 15' 25"O).

Fiestas: 17 de enero: Fiesta de S. Antonio Abad. Del 16 al 19 de marzo: Fallas. Del 10 al 18 de abril: Fiestas patronales en honor a la Virgen del Castillo. Semana Santa. 23-24 de junio: Fiestas de S. Juan. 9 de octubre: Día de la Comunidad Valenciana.
Visitar: Santuario de la Virgen del Castillo. Castillo medieval. Cueva Museo del Pirata Dragut. Museo del Arroz. Museo Arqueológico y Fallero. Torre de la Reina Mora. Torre del Marenyet. Playas de S. Antonio, Racó, los Olivos, Cap Blanc, Escollera, Faro y Máreny, nudista. Parque Acuático Aquopolis.
Alrededores: Laguna del Estany. Cordón dunar, playa Dosel. Camino del Calvario: el Castillo.

Restaurantes

Casa Salvador. Avda. L'Estany, s/n. ☎ 961 720 136. www.casasalvador.com P
Los arroces secos, melosos y caldosos son la base; principalmente de productos de la huerta y del mar, con postres caseros. Precio medio 35 €. TAPERÍA ESPACIO (Avda. Alicante, 15. ☎ 961 722 778) frente al mar para la opción de tapas y precios asequibles (25 €).
Eliana Albiach. (Bº de Racó de Cullera). Peset Alexandre, 2. ☎ 961 732 229. www.elianaalbiach.com P
Cierra noches de domingo a jueves en invierno, lunes, y del 7 de enero al 11 de febrero. Arroz negro de manitoba, lomos de pescadilla con puré de bulbos y raíces, isla de Tahaa. Precio medio 35 €.
Salvia. Ctra. Subida al Santuario, s/n. ☎ 961 720 398. www.salviarestaurant.com
Cierra al mediodía en agosto; domingo noche, lunes y tres últimas semanas de noviembre. Comedor minimalista situado en la montaña, con bonitas vistas. Milhojas de foie-gras, queso de cabra e ibérico, esturión en salsa de tomate con langostinos, soufflé de chocolate de Tanzania. Precio medio 50 €.

Hoteles

**** **Santamarta.** Avda. del Raco, 52. ☎ 961 738 029. www.santamartahotel.com P
Hab. 200: 71/126 €. Consultar cierre.
*** **Imperial.** Replà de St. Antoni, 4. ☎ 961 732 730. www.hotel-imperial.es P
Hab. 34: 40/115 €. En zona turística. Próximo a la playa.
*** **Sicania.** Ctra. del Faro, s/n. Playa del Racó. ☎ 961 720 143. www.hotelsicania.com P
Hab. 116: 62/102 €. Consultar cierre.

Daimiel (Ciudad Real)

57 • F-2

A CIUDAD REAL, 30 KM; MADRID, 169 KM. ALT. 627 M. POB. 18.414. 926 260 639.
GPS (39° 4' 17"N-3° 37' 4"O).

Fiestas: Carnaval. Semana Santa de Interés Turístico Regional. Romerías (domingo de Pentecostés y domingo siguiente a la finalización de la feria). Del 1 al 5 de septiembre: Feria. Primer fin de semana de noviembre: Fiestas del Olivo Milenario.
Visitar: Museo Comarcal, recoge la historia y las costumbres. Iglesias: parroquial de Sta. María la Mayor (Bien de Interés Cultural), finales de s. XIV, parroquial de S. Pedro Apóstol (Bien de Interés Cultural), s. XVI, de la Paz y del Convento de las Mínimas, s. XVII. El Olivo Milenario, plantado por los árabes hacia el año 900, se encuentra en la Plaza de España. Centro de Interpretación del Agua y los Humedales Manchegos.
Alrededores: Parque Nacional Tablas de Daimiel, a 11 km: Aves acuáticas y migratorias. Reserva de la Biosfera. Motilla del Azuer (Edad del Bronce), a 10 km. Santuario Virgen de las Cruces (Bien de Interés Cultural), a 12 km.

Restaurantes

El Bodegón. Luchana, 20. ☎ 926 852 652. www.mesonbodegon.com
Cierra noches de domingo a martes. Es un buen ejemplo la gerencia familiar de los Sánchez Camacho, en una bodega del s. XVIII que conserva elementos que le dan personalidad. Cuidada cocina tradicional manchega evolucionada, magníficos vinos y atención al cliente. **Pulpo frito y mahonesa de tempranillo, lomo de cordero a baja temperatura, risotto dulce de piñones con helado de caramelo**, como muestra. Precio medio 55 €.

Hoteles

*** **Las Tablas.** Virgen de las Cruces, 5. ☎ 926 852 108. www.hotellastablas.com P
Hab. 28: 42/86 €. Suites: 1. Consultar cierre. Acogedor y tranquilo. Cerca del Parque Nacional de Las Tablas.

Daimús (Valencia) Ver Gandía.

60 • D-2

Daroca de Rioja (La Rioja) Ver Logroño.

12 • A-4

Deba/Deva (Guipúzcoa)

6 • B-4

A SAN SEBASTIÁN, 40 KM; MADRID, 450 KM. ALT. 4 M. POB. 5.404. 943 192 552.
GPS (43° 17' 43''N-2° 21' 19"O).

Fiestas: Del 14 al 20 de agosto: Fiestas de S. Roke. 15 de agosto: Feria de Artesanía. 16 de agosto: Procesión a la ermita de S. Roke.
Visitar: Iglesia de Sta. María. Casa Consistorial, s. XVIII. Casas particulares, Monumento Histórico-Artístico: Aldazábal-Murguia y Bañez. Playas. Desembocadura del Río Deba, puerto recreativo.
Alrededores: ITZIAR: Santuario de Ntra. Sra. de Itziar, restos de un supuesto templo románico o prerrománico. Valle de Lastur: Molinos de Plazaola e Iglesia de S. Nicolás.

Restaurantes

® **Salegi.** (En ITZIAR, a 2 km). Galtzada, 13-15. ☎ 943 199 004. P
Cierra noches de domingo a jueves; martes y segunda quincena de diciembre. El joven Josu Salaverría está al frente de su cocina en la quinta generación (1887) de la familia Altzibar, dando un gran impulso de modernidad y de autenticidad. Postres magníficos como el **milhojas de café y chocolate con helado de vainilla**. Menú 20 €. Precio medio 45 €.
® **Urgain.** Hondartza, 5. ☎ 943 191 101. www.urgain.net
Xabier Osa ha hecho de esta casa un templo de la más excelsa materia prima. En particular de **pescados** salvajes y **mariscos** de campeonato. Elaboraciones sencillas que ensalzan la naturalidad y lo estacional. **Guisantitos lágrimas estofados, carpaccio de buey.** Precio medio 80 €.

Hoteles

*** **Aisia Deba.** Markiegi, 6. ☎ 943 608 052. P
Hab. 39: 66/102 €. Suites: 4. En primera línea de playa. Centro de Talasoterapia y piscina con agua de mar. Restaurante ELCANO.

Dehesa de Campoamor (Alicante)

67 • E-4

A ALICANTE, 82 KM; MADRID, 468 KM. ALT. 25 M.
GPS (37° 54' 10''N-0° 45' 33"O).

Visitar: Playas. Parque Natural Sierra Escalona y Dehesa de Campoamor.
Alrededores: ORIHUELA.

Restaurantes

Casa Alfonso. (ORIHUELA COSTA). Garcilaso de la Vega, 70-A. ☎ 965 322 717. www.casaalfonso.es
Cierra lunes y noviembre. Cocina creativa apoyada en la tradición mediterránea en una casa donde se cuida hasta el último detalle. **Calamar en all i pebre, pichón a la naranja, chococake con cilindro de pistacho y sorbete.** Imponente carta de vinos. Precio medio 50 €.

Hoteles

*** **Montepiedra.** Saavedra Fajardo, 1. ☎ 965 320 300. P
Hab. 64: 48/98 €. Suites: 1. En un radio de 10 km hay 5 campos de golf. A 300 m de la playa.

Deltebre (Tarragona)

43 • D-1

A TARRAGONA, 81 KM; MADRID, 541 KM. ALT. 2,6 M. POB.12.500.
GPS (40° 43' 9"N-0° 42' 26"E).

Fiestas: Del 21 al 23 de mayo: Delta Fira. 13 de junio: La Plantada del arroz. Julio: Jornadas Gastronómicas. 15 de julio: La Birbada. 10 y 23 de agosto: Fiestas Mayores. 19 de septiembre: La Siega del arroz.
Visitar: Ecomuseo. Urbanización de Riumar. Canal Vell. Desembocadura del Ebro. Punta del Fangar.
Alrededores: Parque Natural del Delta del Ebro.

Restaurantes

Can Casanova. (La Cava del Deltebre). Avda. del Canal, s/n. ☎ 977 481 194.
Cierra noches y del 24 de diciembre al 2 de enero. Arroces marineros, almejas del delta, crema catalana. Menú 12 €. Precio medio 25 €.

Hoteles

*** **Delta.** Avda. Canal Camí La Illeta, s/n. ☎ 977 480 046. www.dhgroup.es
Hab. 24: 38/84 €. Consultar ofertas y cierre. Cercano a playa. En el Parque Natural del Delta del Ebro.
*** **Rull.** Avda. Esportiva, 155. ☎ 977 487 728. www.hotelrull.com
Hab. 45: 45/96 €. Suites: 2. Cierra 25 y 26 de diciembre. Restaurante EL GARXAL. Cocina típica.

Dénia (Alicante)

60 • E-3

A ALICANTE, 86 KM; MADRID, 448 KM. ALT. 14 M. POB. 46.555. 966 422 367.
GPS (38° 50' 24''N-0° 6' 27"E).

Fiestas: Del 16 al 19 de marzo: Fallas. Del 9 al 17 de julio: Fiestas Patronales en honor a la Stma. Sangre, con los tradicionales "Bous a la Mar", de Interés Turístico Nacional. Del 13 al 16 de agosto: Moros y Cristianos en honor a S. Roque. Amplio calendario festivo con romerías, hogueras de S. Juan, feria de atracciones.
Visitar: Castillo de Dénia. Museos: Arqueológico, Etnológico y del Juguete. Iglesia de La Asunción, del s. XVIII. Iglesia de S. Antonio, del s. XVII remodelada en el s. XVIII. Ayuntamiento, s. XVI, remodelado en el s. XIX. Casa típica burguesa, del s. XIX. Centro de Arte l'Estació. Barrios antiguos Baix La Mar Centro Histórico y Les Roques. Playas y calas. Senderismo.
Alrededores: Ermita Pare Pere. Ermitas de Conquista: Sta. Paula, Sta. Lucía y S. Juan de los s.s XV-XVI. Torre del Gerro. Parque Natural del Montgó. Reserva Marina del Cabo S. Antonio.

Restaurantes

☼ **Casa Pepa.** (En ONDARA, a 8 km). Partida Pamis, 7-30. ☎ 965 766 606. www.casapepa.es
Cierra martes noche de noviembre a febrero, almuerzos en julio y agosto, domingo noche excepto julio y agosto, y lunes. En bucólico entorno, el refinamiento y buen gusto de la cocina comarcal. **Calamar con sus formas, nuestro meloso de fesols y naps con manitas crujientes, plátano flameado, chocolate y naranja sanguina.** Precio medio 50 €.
Drassanes. Puerto, 15. ☎ 965 781 118. www.restaurantedrassanes.com
Cierra lunes y noviembre. En las antiguas atarazanas (s. XVII) del puerto. Arroces y fideuá, gamba de Dénia, tortada de almendra. Precio medio 25 €.
El Asador del Puerto. Pza. del Raset, 10-11. ☎ 966 423 482. www.grupoelraset.com
Horno de leña para asar cordero y cochinillo. Antes, mollejas de cordero con ajos tiernos y coliflor, después, tarta de manzana con helado de vainilla. Precio medio 42 €.
El Faralló. Fénix, 10. ☎ 966 430 652. www.elfarallo.com
Cierra lunes y del 20 de diciembre al 15 de enero. Pescados de Dénia y la mítica gamba. También arroz del señoret y tarta de calabaza. Precio medio 30 €.
® **El Raset.** Bellavista, 7. ☎ 965 785 040. www.grupoelraset.com
Reformado local con una modernidad comprensible en la cocina del mar. **Pulpo con patatas, pimiento asado y huevo a baja temperatura, pescadilla de Dénia con puerros confitados, canutillos crujientes de chocolate blanco.** Precio medio 42 €. De la misma propiedad, ARROCERÍA LA BARQUETA (Bellavista 10. ☎ 966 421 626) con gran variedad de arroces. En ambos terraza con vistas al mar. Precio medio 28 €.
La Seu. Loreto, 59. ☎ 966 424 478. www.laseu.es
Cierra domingo noche y lunes excepto verano; y del 10 de enero al 4 de febrero. Arroz con galeras y verduras, pescados de la bahía, arnadí fluido. Precio medio 30 €.
Les Marines-Casa Federico. Ctra. Les Marines, 9. ☎ 965 783 041. www.restaurantesdenia.com
Cierra martes y del 10 de diciembre al 24 de enero. Sin más pretensiones que las cosas bien hechas. Bull amb ceba, arroz a banda, crema catalana. Menú 15 €. Precio medio 30 €.
☼ **Peix & Brases.** Pza. Benidorm, s/n. ☎ 965 785 083. www.peixibrases.com
Cierra lunes excepto verano. Homenaje al mar en un atractivo entorno-terraza. Gran calidad de los mariscos y pescados. **Gamba de Dénia con algas y a la brasa**, guisos marineros, **tarta de manzana**. Precio medio 40 €.
☼☼☼ **Quique Dacosta Restaurante.** Urb. El Poblet. Ctra. Las Marinas, km 2,5. ☎ 965 784 179. www.quiquedacosta.es
Cierra domingo noche, lunes. En invierno consultar cierre. Culinaria de vanguardia tremendamente expresiva con una claridad conceptual y transparente que subyuga y que evidencia la felicidad que impregna a Quique. Creando estilo y confirmando el liderazgo en la Comunidad Valenciana. **Té verde de bledas, gamba roja de Dénia en tres servicios, el cerezo en flor.** Precio medio 80 €.

Hoteles

***** **Denia Marriott La Sella Golf & Spa.** Alquería de Ferrando, s/n. ☎ 966 454 054. www.lasellagolfresort.com
Hab. 178: 95/250 €. Suites: 8. Consultar ofertas. Campo de golf. Restaurante MONTGÓ.
**** **Buenavista.** Partida Tossalet, 82. ☎ 965 787 995. www.buenavistadenia.com
Hab. 16: 70/470 €. Suite: 1. Consultar ofertas. Edificio del s. XIX, con amplios jardines.
**** **Daniya Denia.** Sardina, 11. ☎ 902 364 041. www.daniyahotels.com
Hab. 122: 82/140 €. Suites: 69. A 300 m de Playa de Las Marinas. Restaurante AL-MARJAS.
**** **La Posada del Mar.** Pza Drassanes, 2. ☎ 966 432 966. www.laposadadelmar.com
Hab. 24: 105/180 €. Suites: 1. Consultar ofertas. En primera línea de playa. Restaurante SAL DE MAR.
**** **Les Rotes.** Ctra. Les Rotes, 85. ☎ 965 780 323. www.hotellesrotes.com
Hab. 33: 63/190 €. Suites: 3. Desayuno incluido. Admisión de perros, consultar. Entre el Parque Natural del Montgó y el cabo de S. Antonio. A 50 m del mar. Restaurante PUNTA NEGRA.
*** **El Raset.** Bellavista,1. ☎ 965 786 564. www.hotelelraset.com
Hab. 20: 70/137 €. En el Paseo Marítimo.
*** **Los Ángeles.** Ctra. las Marinas, km 4. ☎ 965 780 458. www.hotellosangelesdenia.com
Hab. 79: 74/290 €. Suites: 1. Confortable y tranquilo. En primera línea de playa.

Derrasa, A (Ourense) Ver Ourense.

8 • B-4

Don Benito (Badajoz)

56 • A-2

A BADAJOZ, 110 KM; MADRID, 316 KM. ALT. 279 M. POB. 32.459. 924 805 350.
GPS (38° 57' 14''N-5° 51' 47"O).

Fiestas: Lunes de Pascua: Fiesta local. Primera semana de septiembre: Feria de Septiembre. 12 de octubre: Romería La Vela. Festividad Virgen de las Cruces, patrona.
Visitar: Iglesia de Santiago, del s. XVI-XVII, de estilo gótico renacentista. Casas Señoriales. Parque Municipal. Parque de Las Albercas. Casa de Cultura, obra de Rafael Moneo. Museo etnográfico: Casa del Conde. Finca Municipal Doña Blanca. Ruta Eco-Turística.
Alrededores: MEDELLÍN, a 8 km: Castillo, restos de muralla, s.s XII-XIII, puente, s. XVII, Teatro Romano. Iglesias de S. Martín, Santiago y Sta. Cecilia. VILLANUEVA DE LA SERENA, a 4 km: Iglesia de La Asunción, herreriana. Ayuntamiento del s. XVI.

Restaurantes

Alejandro. (A 2 km del centro). Ctra. EX-206, Don Benito-Medellín, km 9,4. ☎ 924 801 710. www.restaurantealejandro.com
Revuelto de espárragos trigueros silvestres, carne roja de retinto a la piedra, tarta de queso con frambuesa. Precio medio 35 €.

Hoteles

**** **Cortijo Santa Cruz.** (En VILLANUEVA DE LA SERENA, a 6 km). Ctra. N-430, km 113,6. ☎ 924 832 415. www.hotelcortijosantacruz.es
Hab. 48: 68/100 €. Suites: 4. Consultar ofertas. Cortijo del s. XIX, rehabilitado. Restaurante LA ENCOMIENDA.
*** **Vegas Altas.** Avda. de Badajoz, s/n. ☎ 924 810 005. www.hotelvegasaltas.com
Hab. 80: 74/110 €. Suites: 3. Desayuno bufé incluido. Consultar ofertas. En la comarca de Las Vegas Altas. Restaurante LOS PORCHES.

Donostia/San Sebastián (Guipúzcoa) Ver San Sebastián. 6 • D-3

Durango (Vizcaya) 6 • A-4

A BILBAO, 30 KM; MADRID, 430 KM. ALT. 119 M. POB. 28.229. 946 033 938.
GPS (43° 10' 8"N-2° 38' 2"O).

Fiestas: Semana Santa: Pasión de Durango. Junio: Semana Vasca, Euskal Astea (feria agrícola, Día del Trikilari y danzas vascas). 13 de octubre: S. Fausto, patronales. Octubre-diciembre: Quincena Musical. Diciembre: Feria del sector artesanal vasco.
Visitar: Basílica de Sta. María de Uribarri, gótica del s. XIV. Cruz de Kurutziaga, del s. XV. Ambas Monumento Nacional. Iglesias de S. Pedro de Tavira, s. XV; de Sta. Ana, s. XV. Arco de Sta. Ana. Ayuntamiento, del s. XVI. Palacio Etxezarreta. Museo de Arte e Historia.
Alrededores: GARAY, a 6 km: Pintoresca panorámica del Duranguesado. AMOREBIETA, a 10 km; BERRIZ, a 4 km; Parque Natural de Urkiola, a 10 km. ABADIÑO, a 2 km. Valle de Atxondo, a 10 km. ELORRIO: Villa Monumental, a 10 km.

Restaurantes

Akebaso. (En ATXONDO, a 10 km). Axpe, 20. ☎ 946 582 060. www.akebasorestaurante.com
Cierra noches de lunes a jueves; martes y 15 días en febrero. Caserío del s. XVII en plena naturaleza con cocina vasca evolucionada. Merluza encurtida con tallarines de changurro, pastel de lechón confitado con canela y patata rota, tostada caramelizada con naranja y helado de toffe. Menú 28 €. Precio medio 40 €.
☼ **Boroa.** (En AMOREBIETA, a 10 km). (Bº Boroa). (En la salida 18 de la A-8, Bilbao-San Sebastián). Caserío Garai, 11. ☎ 946 734 747.
Cierra domingo noche, primera quincena de enero y segunda de agosto. En plena naturaleza rodeado de robles, un antiguo caserío reformado con interesante cocina de Javier Gartzia. **Centolla sin trabajo sobre cuajada de puerro, lomo de liebre y su civet, plato de chocolates**. Menú 30 €. Precio medio 46 €.
☼☼☼ **Etxebarri (Asador).** (En ATXONDO, a 10 km). (Ctra. A-8, Bilbao-San Sebastián, salida 17). Pza. San Juan, 1. ☎ 946 583 042. www.asadoretxebarri.com
Cierra noches excepto sábado; lunes, agosto y del 24 de diciembre al 8 de enero. Singular tratamiento en parrillas distintas creadas por Víctor Arguinzoniz para cada producto: **caviar, angulas, anguilas, pescado, carnes**. La visita es una experiencia inolvidable. Precio medio 70 €.
Jauregibarria. (En AMOREBIETA, a 10 km). Barrio Bideaux, 4. ☎ 946 301 632.
Cierra noches de domingo a jueves; lunes, segunda y tercera semanas de enero y primera de septiembre. Un antiguo caserío del s. XIX rehabilitado, es la sede de la cocina vasca de Beñat Ormaetxea. Bacalao en degustación (pil-pil, vizcaína, club Ranero), torrija caramelizada de pan de brioche con helado de queso fresco. Menú 23 €. Precio medio 40 €.

Hoteles

**** **Gran Hotel Durango.** Gasteiz Bidea, 2. ☎ 946 217 580. www.granhoteldurango.com
Hab. 68: 78/154 €. Construido sobre un antiguo palacete de principios del s. XX.
*** **Kurutziaga.** Kurutziaga, 52. ☎ 946 200 864. www.kurutziaga.net
Hab. 18: 45/100 €. Consultar ofertas. Situación estratégica entre Bilbao y Vitoria. A 15 min. del Parque Natural de Urkiola.

Écija (Sevilla)

72 • C-2

A SEVILLA, 88 KM; MADRID, 451 KM. ALT. 101 M. POB. 40.500. 955 902 933
GPS (37° 32' 35''N-5° 4' 55''O).

Fiestas: Semana Santa, de Interés Turístico Nacional. Marzo: Ruta de las Cofradías. 8 de septiembre: Virgen del Valle, patrona. 11 de septiembre: Noche Flamenca Ecijana. 14 de septiembre: Feria de San Mateo. Del 22 de noviembre al 5 de diciembre: Écija Barroca.
Visitar: Declarada Conjunto Histórico-Artístico y conocida como "La Ciudad de las Torres". Sobresalen los cinco Monumentos Nacionales: Palacio Mudéjar-Convento Las Teresas, s.s XIV-XVII; Palacio de Peñaflor, s XVIII; Palacio de Benamejí, s. XVIII; Palacio de la Palma; Iglesia de Santiago, s.s XV-XVIII. Iglesia de Sta. María. Iglesia de Sta. Cruz. El Archivo Histórico Municipal, el más importante de la provincia de Sevilla. El Museo Histórico Municipal (Palacio de Benamejí), con sus salas arqueológicas, del caballo y del arte ecuestre.
Alrededores: FUENTES DE ANDALUCÍA: Iglesia del Hospital de S. Sebastián, Sta. María de las Nieves, del s. XVI, con una bella sacristía. La Portada de la Iglesia de S. José, de estilo barroco. El Castillo de La Monclova, del s. XIV. Plaza de toros. LA LUISIANA, baños romanos.

Restaurantes

Buena Vista. Autovía A-IV, Madrid-Cádiz, km 456. ☎ 954 831 506. P
Salmorejo, rabo de toro, natillas. Menú 9 €. Precio medio 20 €.

Hoteles

**** **Palacio de los Granados.** Emilio Castelar, 42 ☎ 955 905 344. www.palaciogranados.com
Hab. 10: 119/162 €. Suites: 5. Antiguo palacio barroco restaurado.
*** **Ciudad del Sol-Pirula.** Avda. Miguel de Cervantes, 52. ☎ 954 830 300. www.hotelpirula.com
P
Hab. 32: 43/71 €. Consultar ofertas. Restaurante CASA PIRULA.

Eibar (Guipúzcoa)

6 • B-4

A SAN SEBASTIÁN, 55 KM; MADRID, 439 KM. ALT. 120 M. POB. 27.400.
GPS (43° 11' 3''N-2° 28' 23''O).

Fiestas: Febrero: S. Blas. Noviembre: Feria de S. Blas.
Visitar: "Villa armera". Museo de Armas. Ayuntamiento. Iglesia de S. Andrés.
Alrededores: Santuario de Arrate.

Restaurantes

Chalcha. Isasi, 7. ☎ 943 201 126. www.restaurantechalsa.com
Cierra lunes excepto julio, domingo en julio; y agosto. Una casa de solera (1934) dirigida con profesionalidad por Miren Larraitz Etxeberria, con cocina de sólidas bases clásicas y selecto producto. Crepes rellenos de txangurro, lomos de merluza con kokotxas y almejas. Canutillos crujientes. Precio medio 45 €.

Ejido, El (Almería)

79 • A-2

A ALMERÍA, 30 KM; MADRID, 570 KM. ALT. 56 M. POB. 84.227. 950 489 555.
GPS (36° 46' 29''N-2° 48' 50''O).

Fiestas: 25 de abril: S. Marcos, procesión-romería. Mayo y junio: Festival de Teatro, de Interés Turístico. 28-29 de junio: S. Isidro, patronales. 16 de julio: Virgen del Carmen. 3 de octubre: Divina Infantita, patronales. 15 de agosto: Virgen de las Mercedes.
Visitar: Baños termales de Guardias Viejas, s. IV. Castillo de Guardias Viejas, s. XVIII. Torre Vigía de Balerma, s. XVIII. Dalmún, monumento romano. Plaza Mayor. Sala Museo Historia Local. Producción intensiva de cultivos hortícolas.
Alrededores: Subida a FÉLIX, a 20 km, en las estribaciones de la Sierra de Gador, con vista sobre el "Mar de Invernaderos". ALMERIMAR, a 6 km: Campo de golf y puerto deportivo. Paraje Natural de Punta Entinas. Sierra de Gador. Playas de Almerimar, Balerma y Guardias Viejas.

Restaurantes

Alcazaba. (H. DON MANUEL). Salida 409 de la Autovía del Mediterráneo. Avda. Oasis, 252. ☎ 950 489 430. www.hoteldonmanuel.net P
Milhojas de rulo de cabra, mero con gambas y almejas, semifrío de queso con gelatina de pacharán y frutas del bosque. Menú 10 €. Precio medio 30 €.
El Segoviano. (Urb. Almerimar, a 6 km). (Puerto Deportivo, edif. Estrella). Dársena, 2. ☎ 950 497 544.
Como su nombre indica, cocina segoviana con los típicos judiones con chorizo, los asados y la leche frita. Precio medio 30 €.
La Costa. Bulevar de El Ejido, 48. ☎ 950 481 777. www.restaurantelacosta.com
Cierra martes noche y domingo. Negocio netamente familiar con dos ambientes. Uno, su taberna tradicional con tapeo y otro, el comedor de moderno diseño, donde se elaboran platos vanguardistas con ingredientes locales. Precio medio 40 €.
Nautilus. (En ALMERIMAR, a 6 km). (Puerto Deportivo). Canoa, s/n. ☎ 950 497 858. www.restaurantenautilus.com
P
Gambas a la placha o al horno en sal, pescados a la plancha o a la espalda, milhojas de nata con salsa de chocolate. Precio medio 35 €.

Hoteles

**** **AR Almerimar.** Julián Laguna, 1. ☎ 950 497 007. www.arhoteles.com P
Hab. 277: 110/250 €. Suite: 1. En primera línea de playa. Próximo al campo de golf. Restaurante LAS MAÑANITAS.
**** **Gran Hotel Victoria.** Bulevar, 400 ☎ 950 573 281. www.ghvictoria.com P
Hab. 83: 100/170 €. Suites: 3. Céntrico. Restaurante LA MARMITA.
*** **Ejidohotel.** Avda. Mónaco, 10 ☎ 950 486 414. www.ejidohotel.net P
Hab. 90: 43/50 €. Suites: 2. Consultar ofertas.

Elciego (Álava)

12 • A-4

A VICTORIA, 60 KM; MADRID. 341 KM. ALT. 451 M. POB. 1.046. 945 606 632
GPS (42° 30' 53''N-2° 37' 10''O).

Fiestas: 3-4 de julio: Fiestas de Sta. Isabel. Del 7 al 11 de septiembre: Virgen de la Plaza, patronales.
Visitar: Casco antiguo. Casas-Palacio, s. XVIII. Iglesia de S. Andrés, s.s XVI-XVIII. Ermita Virgen de La Plaza, s. XVIII. Picota y Crucero.
Alrededores: Río Ebro y Cenicero.

Restaurantes

Marqués de Riscal. (Bodegas Marqués de Riscal). Torrea, 1. ☎ 945 180 888. www.hotel-marquesderiscal.com
Cierra domingo noche, lunes y enero. La cocina de José Ramón Piñeiro auna la tradición riojana y el toque de autor de Francis Paniego (Echaurren - Ezcaray), realzada por los vinos de Marqués de Riscal y el espectacular entorno. **Huevo cocinado a baja temperatura sobre berza, panceta y un caldo de guisar, carrilleras de ternera a la plancha con verduritas, quesos con sopa de idiazábal y membrillo**. Precio medio 65 €.

Hoteles

***** **Marqués de Riscal** Torrea, 1. ☎ 945 180 880. www.hotel-marquesderiscal.com
Hab. 43: 297/945 €. Suites: 10. Incluido desayuno y visita guiada. Consultar ofertas. Diseñado por Frank O. Gehry, ubicado en las centenarias bodegas Marqués de Riscal. Restaurantes BISTRÓ 1860 y MARQUÉS DE RISCAL gastronómico.

Elda (Alicante) Ver Petrer. 67 • E-1

Elizondo-Baztán-Bidasoa (Navarra) 6 • F-4

A PAMPLONA, 55 KM. MADRID, 456 KM. ALT. 200 M. POB. 3.563. 948 581 517.
GPS (43° 8' 48"N-1° 31' 6"O).

Fiestas: Julio: Baztándarren Biltzarra. Octubre: Ferias de Otoño.
Visitar: Casas adornadas con escudos. En la Plaza de los Fueros, destaca la casa cultural Arizkunenea, del s. XVIII, a la derecha el Ayuntamiento. Museo etnográfico Jorge Oteiza-Javier Ziga. Mirador de Baztán (Ziga). Parque escultórico Santxotena.
Alrededores: OIEREGI: Parque Natural Señorío de Bértiz.

Restaurantes

® **Arotxa.** (En LEGASA, a 14 km). Santa Catalina, 34. ☎ 948 456 100. www.arotxa.com P
Cierra noches de domingo a jueves, martes y 15 días en enero. Un alto en el camino o un camino en alto, que merece una visita. Las **verduras** y especialmente las **carnes rojas** , espléndidas, se imponen en este local donde Luis Miguel y Pedro José Lácar nos hacen disfrutar de todos sus conocimientos culinarios. Precio medio 35 €.
Casa Galarza. Santiago, 1. ☎ 948 580 101. P
Cierra martes, 15 días en febrero, última semana de septiembre y primera de octubre. Cocina vasco-navarra tradicional de las hermanas Goñi Galarregui. Menestra de verduras, chuleta de ternera del Baztán, cuajada. Precio medio 24 €.
Kasino. (En LESAKA, a 22 km). Pza. Vieja, 23. ☎ 948 637 152.
Cierra lunes noche excepto festivos y vísperas de festivo. Casa rústica del s. XVIII. Tortilla Navarra previo encargo, caza en temporada, postres caseros. Menú 12 €. Precio medio 25 €.
® **Santxotena.** Pedro Axular, s/n. ☎ 948 580 297.
Cierra noches en invierno excepto sábado; domingo noche, lunes, primera quincena de septiembre y navidades. Teresa Santxotena en la cocina, y Fernando en la sala, consiguen un nivel destacado en la zona, en un cuidado local con una cocina donde uno no puede ni debe dejar de caer en la tentación del **solomillo del Baztán** y la **pantxineta**. Precio medio 32 €.

Hoteles

*** **Baztán.** Ctra. Francia, km 52. ☎ 948 580 050. www.hotelbaztan.com P
Hab. 83. 56/88 €. Consultar cierre. Restaurante GARTZAIN.
*** **Señorío de Ursua.** Cruce Errazu-Azpilkueta con N-121-B. ☎ 948 453 500. www.hotelursua.com
P
Hab. 18. 65/130 €. Suites: 1. Consultar cierre y ofertas. Ubicado en un caserío del s. XVII. Totalmente restaurado. En el camino de Santiago Baztanés.

Elorrio (Vizcaya) 6 • A-4

A BILBAO, 39 KM; MADRID, 405 KM. ALT. 190 M. POB. 7.227.
GPS (43° 7' 48"N-2° 32' 36"O).

Fiestas: 6 de enero: En Gazeta: Ntra. Sra. de la Asunción. 23 de junio: Subida a S. Juan. 4 de julio: S. Valentín de Berrio-Otxoa. Julio: Musikaire, festivales de verano. 3 de agosto: S. Adrián de Argiñeta. Del 1 al 6 de septiembre: Ferixa Nausikoak. 4 de octubre: Errebonbiloak.
Visitar: Casco antiguo (conjunto monumental). Necrópolis de Argiñeta. Iglesia de S. Agustín de Etxebarría. Basílica de La Purísima Concepción. Museo de Berrio-Otxoa. Ermitas, cruceros. Portal de Don Tello. Fuente de Berriozabaleta.
Alrededores: Barrios rurales: Berrio. S. Agustín. Iguria. Gazeta. Mendraka, etc. ATXONDO, a 4 km. Parque Natural de Urkiola.

Restaurantes: Ver ficha de Durango.

Hoteles

*** **Elorrio.** Bº de San Agustín, s/n. ☎ 946 231 555. www.hotelelorrio.com P
Hab. 27: 58/91 €. Suites: 2. Consultar cierre.

Elx/Elche (Alicante) 67 • E-2

A ALICANTE, 22 KM; MADRID, 409 KM. ALT. 86 M. POB. 234.895. 966 658 196
GPS (38° 16' 0"N-0° 41' 47"O).

Fiestas: Domingo de Ramos, de Interés Turístico Internacional. Del 8 al 12 de agosto: Moros y Cristianos. Del 11 al 15 de agosto: «Misteri d'Elx», Patrimonio de la Humanidad y Fiesta de Interés Turístico Internacional. 28-29 de diciembre: Venida de la Virgen.
Visitar: El Misteri de Elx, Patrimonio de la Humanidad. Palmeral de Elx, Patrimonio de la Humanidad. Monumentos de gran interés: La Basílica de Sta. María, lugar de representación del Misteri, de estilo barroco. Huerto del Cura, con la Palmera Imperial, de siete brazos. Parque Municipal. La Calahorra: Torre de estilo árabe. Palacio de Altamira, en cuyo interior se encuentra el Museo Arqueológico y de Historia. Museo de Arte Contemporáneo. Centro de Cultura Tradicional de Puçol (museo etnológico y agrícola). Museo Paleontológico. Parque arqueológico y Museo de La Alcudia. Baños Árabes, s. XII. Museo Municipal de la Festa. Museo del Palmeral. Museo de la Virgen de la Asunción Patrona de Elche.
Alrededores: Playas. Parques Naturales: El Hondo y Las Salinas. Paraje Natural del Clot de Galvany.

Restaurantes

Asador Ilicitano. Maestro Giner, 9. ☎ 965 435 864. www.asadorilicitano.com
Cierra domingo y segunda quincena de agosto. Arroz con tropezones, paletilla de cabrito al horno, volcán de chocolate. Precio medio 30 €.

☼☼ **La Finca.** Partida de Perleta, 1-7. ☎ 965 456 007. www.lafinca.es
Cierra domingo noche, lunes, 15 días en enero, Semana Santa y 7 días en noviembre. Partiendo de irreprochables productos, la cocina creativa de Susi Díaz está llena de encanto, y en esa línea su ambientación y carta de vinos. José María García, su marido, siempre al quite. **Carpaccio de vieiras con trufa y ceps, fideos negros con langostinos en tempura**. Precio medio 60 €.
®**Mesón el Granaíno.** José María Buch, 40. ☎ 966 664 080. www.mesongranaino.com
Cierra domingo y del 16 al 30 de agosto. Opción informal en barra y una variadísima cocina regional en sus mesas. **Gamba roja de Santa Pola, cocido con pata de ternera, torta tres leches**. Precio medio 35 €.

Hoteles

**** **Holiday Inn Elche** Miguel Servet, 25. ☎ 966 651 551. www.holidayinnelche.com
Hab. 90: 50/130 €. Consultar ofertas. En el Parque Empresarial. Restaurante ONIX.
**** **Huerto del Cura.** (Parador Colaborador). Porta de la Morera, 14. ☎ 966 610 011. www.huertodelcura.com
Hab. 81: 90/182 €. Consultar ofertas. En pleno Palmeral de Elche. Bungalows rodeados de 10.000 m² de jardines. Restaurante ELS CAPELLANS, cocina típica mediterránea.
**** **Jardín Milenio.** Prolongación de Curtidores, s/n. ☎ 966 612 033. www.hotelmilenio.com
Hab. 72: 70/150 €. Consultar ofertas. En pleno Palmeral. Próximo al centro. Restaurante LA TAULA DEL MILENIO, cocina mediterranea.
*** **AC Hotel Elche.** Almansa, 62. ☎ 966 662 065. www.hotelacelche.com
Hab. 63: 60/135 €. Consultar ofertas. Entre el Palmeral, la universidad y área comercial.
*** **Tryp Ciudad de Elche.** Avda. Juan Carlos I, 5-7. ☎ 966 610 033. www.solmelia.com
Hab. 66: 60/118 €. En pleno centro ciudad.

Empuries (Girona) Ver Escala L'. — 26 • C-1

Enciso (La Rioja) Ver Arnedillo. — 22 • C-2

Escala, L' (Girona) — 26 • C-1

A GIRONA, 43 KM; MADRID, 700 KM. ALT. 14 M. POB. 10.140. ☐ 972 770 603.
GPS (42° 7' 29"N-3° 7' 53"E).

Fiestas: Junio: Triumvirat Mediterrani. 16 de julio: Día del Carmen. Del 1 al 7 de septiembre: Fiesta Mayor. 5 de octubre: Fiesta de la Anchoa. Del 1 al 15 de octubre: Jornadas Gastronómicas.
Visitar: St. Martín d'Empùries, poblado medieval. Ruinas d'Empùries. Museo de Arqueología de Catalunya. Cementeri Marí. Iglesia de St. Pere, de estilo gótico. Museo de l'Anxova y de la Sal. Camí de Ronda de Sant Martí.
Alrededores: AIGUAMOLLS DE L'EMPORDÁ. PALS y PERATALLADA: Villas Medievales. FIGUERAS: Museo Dalí.

Restaurantes

®**El Roser 2.** Passeig Lluis Albert, 1. ☎ 972 771 102. www.elroser2.com
Cierra domingo noche, miércoles y febrero. Ingredientes de la mejor calidad como referentes de la buena cocina de una casa, en la que la aportación de Jordi en los fogones suma modernidad a la tradición. Precio medio 50 €.
Els Pescadors. (Casco antiguo). Port d'en Perris, 5. ☎ 972 770 728. www.pescadors.com
Cierra domingo noche y jueves, excepto julio y agosto; y noviembre. Frente al mar. Entremeses, mariscadas y parrilladas, carro de postres. Menú 18 €. Precio medio 50 €.
Portixol. (En EMPURIES, a 3 km). (H. EMPURIES). Platja Portixol, s/n. ☎ 972 770 207. www.hostalempuries.com
En primera línea de playa y frente a la ruinas grecorromanas. Huevos ecológicos rotos con sepietas, patatas y butifarra negra, pescados del día en cocotte de setas y tubérculos, cremas heladas artesanales. Precio medio 35 €. EL BISTRÓ DEL MAR, a precio más económicos, abre fines de semana y todos los días en verano.

Hoteles

**** **Albons.** (En ALBONS). Ctra. La Bisbal a Figueras, km 18. ☎ 972 788 500. www.hotelalbons.com
Hab. 32: 120/210 €. Suites: 3. Consultar cierre. A 7 km de la playa.
*** **Nieves Mar.** Pº Maritim, 8. ☎ 972 770 300. www.nievesmar.com
Hab. 75: 63/135 €. Consultar cierre. Vistas al Golfo de Rosas. Piscina de agua de mar. Restaurante CASA NIEVES.
*** **Voramar.** Pº Lluis Albert, 2. ☎ 972 770 108. www.hotelvoramar.com
Hab. 36: 52/125 €. Consultar cierre y ofertas. En primera línea de playa.

Escalante (Cantabria) — 5 • C-3

A SANTANTER, 39 KM; MADRID, 415 KM. ALT. NIVEL DEL MAR. POB. 782. ☐ 942 677 720.
GPS (43° 26' 11''N-3° 30' 55"O).

Fiestas: 25 de julio. Feria de la Sidra. 22 de agosto: Procesión de la Virgen La Cama, patronal. 14 de septiembre: Exaltación de la Santa Cruz.
Visitar: Población de la comarca de las Siete Villas. Conventos de S. Sebastián y de S. Juan de Monte Calvario. Iglesia de Santa Cruz, barroca. Ermita de S. Román, románica.
Alrededores: Playas. Parque Natural de las Marismas de Santoña y Noja.

Restaurantes

San Román de Escalante. (Bº Baranda). (H. SAN ROMÁN DE ESCALANTE). Ctra. Escalante-Castillo, km 2. ☎ 942 677 728. www.sanromandeescalante.com
Elegantes comedores en una antigua casona. Bacalao con crema de ajo, solomillo con espuma de patata, quesada con helado. Precio medio 35 €.

Hoteles

**** **San Román de Escalante.** Ctra. Escalante a Castillo, km 2. ☎ 942 677 728. www.sanromandeescalante.com
Hab. 13: 135/229 €. Suites: 3. Consultar cierre. Casona del s. XVII, con ermita románica del s. XII. Cadena "Relaix et Châteaux".

Escunhau (Lleida) Ver Vielha. — 14 • D-2

Esparragal (Murcia) Ver Murcia. 67 • D-3

Espluga de Francolí, L' (Tarragona) 34 • F-1

A TARRAGONA, 43 KM; MADRID, 522 KM. ALT. 414 M. POB. 3.982. 977 871 220.
GPS (41° 23' 40" N-1° 5' 50" E).

Fiestas: 24-25 de enero: Feria. de S. Vicente. Del 24 al 27 de julio: Fiesta Mayor. 29-30 de agosto: Feria de la Vendimia. 8 de diciembre: Fiesta del Aceite.
Visitar: Cueva Museo de la Font Major y Cueva de la Vila. Museo de la Vida Rural. Museo del Vino en el Celler Cooperatiu. Iglesia vieja de S. Miguel, s. XIII. Antiguo Hospital de St. Joan de Jerusalem, s. XIV. Casal de l'Espluga de Francolí. Museo Fassina Balanyá, destilería de aguardiente.
Alrededores: A 2,5 km: Monasterio de Sta. María de Poblet, fundado a mediados del s. XII por Ramón Berenguer IV, de la orden cistercense, declarado Patrimonio de la Humanidad. En el interior, el Palacio del Rey Martín el Humano, el Museo de Poblet, la Iglesia Mayor y el Museo de la Restauración. A 2 km: Mirador de la Capilla de S. Miguel. A 4 km: Museo del Vidrio en Vimbodí i Poblet. A 4,5 km: Ermita de la Stma. Trinidad, zona de merendero.

Restaurantes

Fonoll. (En POBLET, a 2,5 km). (H. FONOLL). Pza. Ramón Berenguer IV, 2. ☎ 977 870 333. www.hostalfonoll.com
Cierra noches, jueves y del 15 de noviembre al 15 de enero. Con 18 habitaciones. Cocina regional con menú único (18 €) en una casa típica catalana.
Masía del Cadet. (H. MASÍA DEL CADET). Ctra. Les Masíes, s/n. ☎ 977 870 869. www.masiadelcadet.com
Cierra lunes al mediodía de enero a marzo; y noviembre. Con 12 habitaciones. Antigua masía cerca del Monasterio de Poblet. Caracoles dulces y picantes, pies de cerdo con setas, coca de manzana. Menú 22 €. Precio medio 38 €.

Hoteles

*** **Monestir.** (En MONASTERIO DE POBLET). Las Masias de Poblet, s/n. ☎ 977 870 058. www.hotelmonestir.com
Hab. 30: 72/95 €. Cierra enero y febrero. En el Paraje Natural de Poblet. Rodeado de bosques. Inaugurado en 1860. Próximo al Monasterio. Totalmente reformado.

Esponellà (Girona) Ver Figueres. 26 • A-1

Esquedas (Huesca) Ver Huesca. 23 • D-1

Estella/Lizarra (Navarra) 12 • D-3

A PAMPLONA, 45 KM; MADRID, 380 KM. ALT. 421 M. POB. 14.238. 948 556 301
GPS (42° 40' 12''N-2° 1' 55"O).

Fiestas: 25 de mayo: Virgen del Puy o de La Aparición. Julio: Semana de Estudios Medievales. Del 30 de julio al 5 de agosto: Patronales, de Interés Turístico. Septiembre: Semana de Música Antigua. 30 de noviembre: Ferias de S. Andrés.
Visitar: La Ciudad, en un pequeño valle cerrado al abrigo del Santuario de la Virgen del Puy. Destacan: El barrio de S. Pedro de la Rúa, Monumento Nacional. Iglesia, del s. XII. Palacios: de los Duques de Granada de Ega, de fines del s. XII, de Roldán y Ferragut, donde está instalado el Museo Gustavo de Maeztu. Iglesia de S. Miguel, del s. XII, con portada románica. La Casa de los Juzgados, antiguo Ayuntamiento. Casa de Fray Diego, plateresca, hoy Centro Cultural «Almudi». Iglesia del Sto. Sepulcro, s. XIII. Sta. María Jus del Castillo, s. XII, antigua sinagoga. Convento de Sto. Domingo, s. XIII, hoy residencia de ancianos. Iglesias de Lizarra, S. Juan, Rocamador. Conventos de Sta. Clara, S. Benito, Recoletas y las plazas de S. Martín, S. Juan y Santiago.
Alrededores: A 3 km: Monasterio de Irache, s. XVI. Iglesia románica, s. XII. A 23 km: Monasterio de S. Gregorio Ostiense, s. XVIII. LOS ARCOS, a 19 km: Parroquia renacentista y barroca. TORRES DEL RÍO, a 26 km: Iglesia del Sto. Sepulcro, románica. A 11 km, Monasterio de Iranzu: Iglesia y claustro, s. XII. Cocina y lavatorio góticos.

Restaurantes

Navarra. Gustavo de Maeztu, 16. ☎ 948 550 040.
Cierra domingo noche, lunes, enero y Navidad. En un chalé ajardinado, un comedor decorado con motivos de los reyes de Navarra. Menestra, gorrín y cordero asados, crema tostada. Precio medio 25 €.

Hoteles

**** **Tximista.** Zaldu, 15. ☎ 948 555 870. www.hoteltximista.com
Hab. 29: 65/133 €. Suites: 2. Consultar cierre y ofertas. Antigua fábrica de harinas.
*** **Irache.** (En AYEGUI). Avda. Prado de Irache, 7. ☎ 948 551 150. www.hotelirache.com
Hab. 31: 79/110 €. Apartamentos: 17. Restaurante URBASA.

Estepona (Málaga) 77 • B-4

A MÁLAGA, 83 KM; MADRID, 627 KM. ALT. NIVEL DEL MAR. POB. 65.598. 952 802 002.
GPS (36° 25' 27''N-5° 8' 46"O).

Fiestas: 15 de mayo: S. Isidro Labrador. 23 de junio: Quema de Los Bigotes de S. Juan. Primera semana de julio: Fiestas Mayores. 16 de julio: Fiesta de La Virgen del Carmen. 15 de agosto: Día del Turista.
Visitar: Iglesia de Los Remedios. Torre del Reloj. Restos del Castillo de S. Luis. Plaza de Toros, única en el mundo por su diseño asimétrico en ella se ubican los Museos Municipales. Playas. Puerto deportivo.
Alrededores: Torres Almenaras: sietes torres de origen musulmán y castellano. Sierra Bermeja. Centro de Interpretación Necrópolis Prehistórica de Corominas.

Restaurantes

Delfines. (En CASTILLO DE LA DUQUESA-MANILVA, a 11 km). (Ctra. N-340, Cádiz-Málaga, km 142,8). Pescadores 3. ☎ 952 890 231.
Cierra miércoles al mediodía en verano, miércoles del 11 al 29 de enero y del 14 al 28 de junio. Fritura de pescados o pescados del estrecho a la sal, al horno o a la espalda, natillas. Precio medio 22 €.
La Alcaría de Ramos. (Urbanización El Paraíso Vista al Mar). Jazmín, 1. ☎ 952 886 178. www.laalcariaderamos.es
Cierra al mediodía y domingo. Antigua alquería bajo la dirección de José Ramos y familia. Carpaccio de atún y anchoas con vinagreta de limón y aceite de oliva, lenguado con patatas hervidas y verduras salteadas. Precio medio 25 €.

®La Menorah. (Urb. Arena Beach. 2ª fase). Ctra. N-340, Málaga-Cádiz, km 151,2. ☎ 952 807 031.
Cierra lunes y del 7 de enero al 7 de febrero. El duo López-Mariscal es el mejor referente en la zona. **Ensalada tibia de pulpo a la mostaza antigua, atún rojo de Tarifa, locura de Estepona**. Precio medio 30 €.
Lasal. (Ctra. N-340, Cádiz-Málaga, km 165). Revuelta, 10-12. ☎ 952 888 369. www.lasalrestaurante.es
Cierra domingo noche, lunes y del 23 de diciembre al 15 de enero. Fideos tostados con alioli de piquillo, rabo de toro, flan de almendras. Precio medio 28 €.

Hoteles

***** **Crowne Plaza Estepona-Costa del Sol.** Urb. Benamara. Avda. dos Hermanas. Ctra. A-7, km 168. ☎ 951 055 500. www.cpestepona.com
Hab. 107: 150/330 €. Suites: 39. Restaurantes TESELA y SHANGHAI EXPRESS.
***** **Gran Hotel Elba Estepona & Thalasso Spa.** Ctra. Estepona-Cádiz, 151. ☎ 952 809 200. www.elbaestepona.com
Hab. 204: 151/380 €. Suites: 63. Centro Thalaso-Spa con más de 1.400 m². Restaurantes ARENA-BEACH, AL-ANDALUS, PARÍS-ROMA y ASIA-FUSIÓN.
***** **Kempinski Hotel Bahía Estepona.** Ctra. Cádiz, km 159. Playa El Padrón. ☎ 952 809 500. www.kempinski.com/estepona
Hab. 132: 158/492 €. Suites: 15. A pie de playa. Rodeado de 45.000 m² de jardines tropicales. Centro de Belleza. Restaurantes ALMINAR, LA BRISA y LA CABAÑA DEL MAR BEACH CLUB.
**** **AGH Estepona Hotel & Spa.** Ctra. N-340, km 166,5. ☎ 952 889 040. www.aghestepona.com
Hab. 170: 143/239 €. Restaurantes AL-ANDALUS y OTC.
**** **Atalaya Park Golf Hotel.** Ctra. A-7, km 168,5. ☎ 952 889 000. www.atalaya-park.es
Hab. 485: 85/216 €. Suites: 33. Consultar ofertas. En primera línea de playa. Entre Marbella y Estepona, con 5.000 m² de jardines tropicales. Dos campos de golf, nueve pistas de tenis y un campo de futbol. Restaurantes DON QUIJOTE, internacional y LA TORRE.
**** **TRH Paraíso.** (Urb. El Paraíso). Ctra. Cádiz, km 167. ☎ 952 883 000. www.hoteltrhparaisocostadelsol.com
Hab. 171: 95/200 €. Suites: 5. Rodeado de jardines. Próximo al Campo de Golf El Paraíso. Restaurante LA PIRÁMIDE.

Estrada, A/Estrada, La (Pontevedra) — 7 • E-2

A PONTEVEDRA, 37 KM; MADRID, 592 KM. ALT. 300 M. POB. 21.880. ℹ 986 575 275.
GPS (42° 41' 21''N-8° 29' 34"O).

Fiestas: Carnaval. 16 de mayo: Fiesta Gastronómica del Salmón. Junio: Fiestas patronales de S. Paio. Del 2 al 5 de julio: Rapa das Bestas, de Interés Turístico Internacional. 14 de agosto: Festival Folk.
Visitar: Pazo de Oca: Construido en el s. XV. Llamado el "Versalles Gallego". Museos: Do Pobo Estradense Manuel Reimondez Portela; Etnográfico de Terra de Montes.
Alrededores: SANTIAGO DE COMPOSTELA, a 20 km.

Restaurantes

®Nixon. Avda. de Puenteareas, 14. ☎ 986 570 261. www.restaurantenixon.com
Cierra domingo noche, lunes y noviembre. Es ya una referencia en el panorama de toda Galicia. Su especialidad estrella sigue siendo el **salmón**, que sirve, entre otros, **helado de queso y jugo de maracuyá**. Muy buena **carne** gallega. Menú 27 €. Precio medio 35 €.

Hoteles

**** **Castro do Balneario.** (En CUNTIS, a 10 km). Do Balneario, 1 ☎ 986 532 525. www.termasdecuntis.com
Hab. 110: 50/121€.
**** **Pazo a Nugalla.** (Pousada-Curantes-A Estrada). Lugar de Pousada, 27. ☎ 986 591 600.
Hab. 9: 60/120 €. Zona de protección paisajística.
*** **Summa a Estrada.** Avda. de Pontevedra, s/n. ☎ 986 573 535. www.summahoteles.com
Hab. 41: 64/103 €. En lo alto de una colina. Arquitectura italiana. Restaurante YAGO.

Ezcaray (La Rioja) — 21 • E-1

A LOGROÑO, 61 KM; MADRID, 316 KM. ALT. 813 M. POB. 2.077. ℹ 941 354 679
GPS (42° 19' 35''N-3° 0' 53"O).

Fiestas: Lunes de Pentecostés: Sta. Bárbara. Del 9 al 12 de agosto: Patronales de S. Lorenzo. 23-25 de septiembre: Patronales de Allende.
Visitar: Parroquia Sta. María la Mayor, s.s del XII al XVI, Monumento Nacional. Ermitas de Allende, del s. XVIII y de Sta. Bárbara. Palacio del Arzobispo Barroeta, de 1766. Plaza del Conde Torremúzquiz y Plaza de la Verdura. Puente Canto, sobre el río Oja. Aldeas de Posadas, Zaldierna y Azárrulla. Río Oja y sierra de la Demanda, senderismo. Vía Verde del Oja.
Alrededores: A 13 km, Estación de esquí de VALDEZCARAY. A 15 km, STO. DOMINGO DE LA CALZADA.

Restaurantes

®Casa Masip. Avda. Academia Militar, 6. ☎ 941 354 327. www.casamasip.com
Cierra cenas de domingo a jueves; martes y segunda quincena de noviembre. Con 10 habitaciones. En la cocina manda el producto a manos de Pedro Masip. **Hortalizas asadas con queso de cabra, carrilleras de ternera sobre crema de apio, pastel de queso Idiazábal**. Menú 17 €. Precio medio 30 €.
Comilón.com. Fuero, 15. ☎ 941 427 394. www.comilon.com
Cierra lunes a viernes al mediodía, y del 13 al 28 de diciembre. Es la opción informal de los Paniego. Risotto de hongos y verduritas, bacalao a la riojana, tartas caseras de Marta. Menú y precio medio 22 €.
El Portal de Echaurren-Echaurren. (H. ECHAURREN). Padre José García, 19. ☎ 941 354 047. www.echaurren.com
Cierra martes excepto verano, domingo noche, lunes y del 13 al 29 de diciembre. Las recetas propias y de temporada, comprometidas con los sabores de la tierra y la escuela de su madre Marisa, son las que triunfan en el local de Francis Paniego, la mejor referencia en La Rioja. Precio medio 70 €. Al lado, EL SALÓN DE LA CHIMENEA (Gastrobar), con tapas dulces y saladas, el nuevo éxito de la familia Paniego. Precio medio 25 €.
El Rincón del Vino. Jesús Nazareno, 2. ☎ 941 354 375. www.rincondelvino.com
Cierra noches de domingo a viernes en invierno, excepto festivos; miércoles, segunda quincena de junio y de diciembre. Vinos y productos riojanos en una tienda-comedor. Caparrones a la riojana, corderito asado, tarta de queso blanco y jugo de membrillo. Precio medio 28 €.

Hoteles

*** **Echaurren.** Jose García, 19. ☎ 941 354 047. www.echaurren.com
Hab. 21: 60/105 €. Apartamentos: 4. Suites: 1. Consultar cierre y ofertas. Restaurantes EL PORTAL DE ECHAURREN y ECHAURREN, EL SALÓN DE LA CHIMENEA (Gastrobar).

*** **Palacio Azcárate.** Padre José García, 17. ☎ 941 427 282. www.palacioazcarate.com
Hab. 19: 60/128 €. Apartamentos: 2. Suites: 1. Consultar cierre y ofertas. Palacete del s. XVIII, rehabilitado. Tratamientos de Vinoterapia. Actividades de aventura.

Fano (Asturias) Ver Gijón.

3 • F-3

Felguera, La (Asturias) Ver Langreo.

3 • E-4

Fermoselle (Zamora).

29 • B-2

A ZAMORA, 57 KM; MADRID, 302 KM. POB. 1.488.
GPS (41° 19' 6"N-6° 23' 57"O).

Fiestas: Lunes de Pentecostés: Romería de Sta. Cruz. Tercer fin de semana de agosto: Patronales de S. Agustín.
Visitar: Casco urbano (Conjunto Histórico Artístico). Ruinas de castillo y muralla. Convento de S. Francisco. Parque Natural Arribes del Duero.
Alrededores: Embalse de Almendra.

Restaurantes

Mati. (H. MATI). Portal del Villar, 10. ☎ 980 614 010.
En el centro de la villa de los Arribes del Duero. Menú-carta de cocina local tradicional y la buena mano de Mati. Potajes, ternera sayaguesa, pastel de chocolate o de queso. Precio medio 17 €.

Hoteles

**** **Posada de Doña Urraca.** Requejo, 272. ☎ 980 613 473 www.posadadedonaurraca.com
P
Hab. 19: 56/90 €. Suites: 2.

Ferrol (A Coruña)

1 • F-2

A A CORUÑA, 52 KM; MADRID, 661 KM. ALT. 15 M. POB. 74.273. 981 369 899.
GPS (42° 16' 2''N-2° 57' 35"E).

Fiestas: 7 de enero: S. Julián, Patrono de la ciudad. 18 de marzo: Fiesta de "Las Pepitas". Lunes de Pascua: Ntra. Sra. de Chamorro. Julio: Feria Internacional de Muestras. Agosto: Fiestas de Ferrol, batalla de Brión, Fuegos de Amboage.
Visitar: El casco antiguo de la ciudad (Barrio de la Magdalena). Iglesia de S. Francisco, s. XVIII. Concatedral de S. Julián. Astilleros de Bazán. Castillo de S. Felipe. Centro Cultural Bello Pineiro. Museo Naval. Parque Municipal. Jardines Paseo Herrera.
Alrededores: Ermita de Ntra. Sra. de Chamorro. Playas de gran belleza. Cabo Prior. NEDA: Iglesia de S. Nicolás, s. XIV. Castillo de Narahio. NARÓN: Monasterio del Couto, s. XII. FRAGAS DEL EUME. SAN ANDRÉS DE TEIXIDO. Sierra de la Capelada. ARES.

Restaurantes

®**A Gabeira.** Lugar de Balón, 172. ☎ 981 319 057. www.nve.biz P
Cierra noches de martes y domingo, lunes y del 15 de octubre al 15 de noviembre. Esta casa opta por la cocina creativa, joven, sin perder las raíces gallegas. Propuestas como la **crema de remolacha con berberechos y queso azul** o la combinación de frutas con distintos platos (**salmonetes fritos con fresa**) marcan puntos de originalidad. Precio medio 45 €.
Casa Pena. (En MOECHE, a 24 km). San Ramón, s/n. ☎ 981 404 024.
Cierra domingo noche, lunes, última semana de mayo y primera de junio. Empanada de zamburiñas, ventresca de bonito del norte en temporada, flan de queso. Precio medio 35 €.
La Posada del Mar. (En MUGARDOS, a 15 km). Avda. del Mar, 4. ☎ 981 470 210.
Cierra noches de domingo y martes, excepto verano; y noviembre. Decoración y oferta marinera de temporada. Tartas variadas y requesón. Precio medio sin marisco 27 €.
Medulio. Lugar del Bosque, 73. ☎ 981 330 089. www.elferrol.info/medulio P
Cierra domingo noche, lunes y segunda quincena de julio. Cocina gallega tradicional en un marco señorial. Menestra de verduras a la plancha, caldeirada de pescado, arroz con leche. Precio medio 40 €.
Muiño do Vento. (En FENE-MAGALOFES). Ctra. N. 651, dirección Ferrolm a 1 km. Cadavas, 4-B. ☎ 981 340 921. P
Cierra domingo noche, lunes, del 1 al 25 de septiembre y del 24 de diciembre al 2 de enero. Bonitas vistas a la ría. Empanadas, almejas a la plancha, mero del Cantábrico, carnes gallegas. Precio medio 40 €.
®**O'Parrulo.** Avda. Catabois, 401. ☎ 981 318 653. P
Cierra miércoles noche, domingo y del 2 al 24 de agosto. Santuario de la cocina tradicional gallega, con un cuidado exquisito de la materia prima. **Lamprea** en temporada, **rodaballo**, **cañas rellenas**. Precio medio 48 €.
Pataquiña (Marisquería). Dolores, 35. ☎ 981 352 311.
Cierra domingo de octubre a junio. Ambiente y cocina gallega tradicional con productos locales de tierra y mar. Filloas rellenas como tradicional dulce final. Precio medio sin marisco 30 €.

Hoteles

**** **Almirante.** María, 2. ☎ 981 333 073.
Hab. 98: 55/145 €. Suites: 1. Consultar ofertas. En el barrio de La Magdalena.
**** **Hesperia Ferrol.** Pte. Estrada de Castilla, 75. ☎ 981 330 226. www.hesperia.com P
Hab. 95: 120/135 €.
*** **Parador de Turismo.** Almirante Fernández Martín, s/n. ☎ 981 356 720. www.parador.es
Hab. 35: 93/161 €. Suites: 1. Consultar ofertas. En el centro. Decorado con motivos naúticos. Restaurante LA FRAGATA, degustación de productos y platos de la zona.
*** **El Suizo.** Dolores, 67. ☎ 981 300 400. www.hotelsuizo.es P
Hab. 34: 45/80 €. Suites: 2. Consultar ofertas.

Figueras (Asturias) Ver Castropol.

2 • F-2

Figueres/Figueras (Girona)

16 • B-4

A GIRONA, 37 KM; MADRID, 747 KM. ALT. 30 M. POB. 43.330. 972 503 155.
GPS (42° 16' 2''N-2° 57' 35"E).

Fiestas: 10 de febrero: Fira Rebaixa. 15 de marzo: Firas de St. Josep, del Brunyol y Ram. 1 de mayo: Fiestas de Sta. Creu. 27 de mayo: Feria Intergaláctica de Juguete. Del 10 al 14 de septiembre: Feria del Vino.
Visitar: El Castillo de S. Fernando, fortaleza militar tipo Vauban, segundo de Europa en extensión, construido en el s. XVIII. Iglesia de S. Pedro, s.s XIII a XVIII. Monumento a Narciso Monturiol. Museo de Ampurdán, que alberga desde colecciones arqueológicas hasta una excelente pinacoteca con una buena representación barroca y pintura ampurdanesa de los s.s XIX y XX. Museo Dalí, dedicado a su fundador, con obras del artista. Museo del Juguete de Cataluña, con más de 3.500 piezas de principios de siglo. Visita guiada "La Figueres de Dalí".
Alrededores: A 3 km: Monasterio románico de Sta. María de Vilabertrán. PERELADA, a 9 km: Castillo, con elementos notables de los s.s XVI y XX (casino). Iglesia-convento de Sant Doménec, del s. XI. Iglesia-convento de las Carmelitas, del s. XIV. EMPÚRIES, a 23 km: Colonia griega que, junto a la de Rosas, son las únicas conocidas en la península. Museo Monográfico. A 20 km, Monasterio de St. Pere de Rodes. Los Aiguamolls de l'Ampurdá i Serra de l'Albera, espacios naturales protegidos.

Restaurantes

Can Roca. (En ESPONELLÁ, a 18 km). Avda. Carles de Fortuny, 1. ☎ 972 597 012. P
Cierra noches de domingo a jueves, excepto de julio y agosto; martes, primera quincena de marzo y segunda de septiembre. Platos típicos de la región con la buena mano de su propietaria, Esther Pages. Canelones de carne o calabaza, carnes al horno de leña, surtido de quesos catalanes. Menú 15 €. Precio medio 25 €.

Empordá. Avda. Salvador Dalí, 170. ☎ 972 500 562. www.hotelemporda.com P
Honesta y tradicional cocina ampurdanesa elaborada con los mejores productos de cada estación. **Huevos de gallina escalfados con crema de espárragos, paella de tordos.** Dirección impecablemente profesional de Jaume y Albert Subirós. Precio medio 45 €

Mas Pau. (En AVINYONET DE PUIGVENTÓS, a 4 km). Ctra. de Figueras-Besalú, s/n. ☎ 972 546 154. www.maspau.com P
Cierra domingo noche, martes al mediodía, lunes y del 6 de enero al 18 de marzo. Bonita y confortable masía restaurada del s. XVI, con 20 magníficas habitaciones, donde descubrir el mejor recetario ampurdanés, de la mano del buen cocinero Xavier Sagristá, junto a la experiencia, en sala, de Toni Gerez. Precio medio 60 €.

Hoteles

***** **Peralada Wine Spa & Golf.** (En PERALADA). Rocaberti, s/n. www.hotelperalada.com ☎ 972 538 830.
P
Hab. 53: 125/320 €. Suites: 2. Consultar ofertas. Centro Wine Spa. Campo de Golf. Restaurante MASÍA PERALADA.

**** **Torremirona.** (En NAVATA). Ctra. N-260, km 46. ☎ 972 566 700. www.hoteltorremirona.com
P
Hab. 49: 100/225 €. Consultar ofertas.. Ubicado en el mismo Tee del Hoyo 1 de Torremirona Golf Club. Academia de golf. Fitness & Spa. Restaurante EL CANIGO, cocina mediterránea.

*** **Durán Hotel & Restaurant.** Lasauca, 5. ☎ 972 501 250. www.hotelduran.com P
Hab. 65: 69/126 €. A pocos metros del Museo Dalí. Cocina tradicional.

*** **Empordà.** Avda. Salvador Dalí, 170. ☎ 972 500 562. www.hotelemporda.com P
Hab. 39: 78/108 €. Suites: 3. Vistas sobre la planicie del Ampurdán. Restaurante EL MOTEL.

*** **Pirineos.** Avda. Salvador Dalí, 68. ☎ 972 500 312. www.hotelpirineospelegri.com P
Hab. 56: 52/80 €. Consultar ofertas. Céntrico. Restaurante EL PELEGRÍ.

*** **Ronda.** Avda. Salvador Dalí, 17. ☎ 972 503 911. www.hotelronda.com P
Hab. 61: 42/82 €. Cercano al Teatro Museo Dalí. A 12 km de la playa. Restaurante EL RACÓ, típico catalán.

Fisterra/Finisterre (A Coruña) 7 • B-1

A A CORUÑA, 100 KM; MADRID, 710 KM. ALT. NIVEL DEL MAR. POB. 5.005. 981 740 781.
GPS (42° 54' 17''N-9° 15' 57"O).

Fiestas: Semana Santa: Fiesta del Cristo. 24 de junio: Fiesta de S. Juan (Juventud). 7-8 de agosto: Fiesta Longueirón. 21 de agosto: Fiesta Folk. Del 8 al 10 septiembre: Fiestas del Carmen. Noviembre: S. Martiño.
Visitar: Iglesia de Sta. María de Las Arenas, s. XII, con Cristo da Barba Dourada, talla de Nicodemus, s. XIV. Faro de Finisterre, Ermita de San Guillermo. Castillo de San Carlos.
Alrededores: Playas de Sardiñeiro, Langosteira, O Rostro, Arnela y Mar de Fora. Cabo de Finisterre, Patrimonio Europeo.

Restaurantes

O Fragón. Pza. da Cerca, 8. ☎ 981 740 429.
Cierra noches de domingo a jueves, excepto de octubre a abril; 7 días en febrero y en noviembre. Cocina gallega marinera con vistas al castillo de San Carlos. Chipirones de potera en su tinta, lubina de anzuelo con un aliño suave, chocolate negro en dos texturas. Precio medio 35 €.

Tira do Cordel. San Roque, 2. ☎ 981 740 697.
Cierra domingo noche, lunes y del 22 de diciembre al 1 de febrero. En una ubicación magnífica, sobre la playa. Los hitos de la casa siguen siendo las navajas a la plancha, las lubinas a la brasa y buen marisco de la zona. Precio medio 45 €.

Hoteles

** **Playa Langosteira.** Lugar de Escaselas, 1. ☎ 981 706 830. www.hotelplayalangosteira.com P
Hab. 28: 30/80 €. Suite: 1. Consultar cierre y ofertas. A 100 m de la playa. Restaurante LA VERANDA.

Fontanars dels Alforins (Valencia) Ver Ontinyent. 60 • A-3

Fontellas (Navarra) Ver Tudela. 22 • F-2

Fontibre (Cantabria) Ver Reinosa. 10 • F-1

Foradada (Lleida) Ver Balaguer. 24 • E-3

Formigal (Huesca) (Estación de Esquí). Ver Sallent de Gállego. 13 • E-2

Forua (Vizcaya) Ver Gernika/Guernica. 6 • A-3

Foz (Lugo) 2 • E-2

A LUGO, 95 KM; MADRID, 600 KM. ALT. 24 M. POB. 10.000. 982 132 426
GPS (43° 33' 58"N-7° 15' 28"O).

Fiestas: Tercer fin de semana de enero: Fiesta del Berberecho. Carnaval. Semana Santa de S. Martiño: Viernes Santo, Acto del Desenclavo. Mayo: Romeria del Santo. 21-22 de junio: S. Juan. Del 12 al 16 de julio: Fiestas del Carmen (procesión sobre alfombras florales). 25 de julio: Travesía de Piraguas. 10 de agosto: Patronales de S. Lorenzo, de Interés Turístico Nacional. 15 de agosto: Fiesta de Marzán. Tercer domingo de septiembre: Romería S. Campio - Fazouro.
Visitar: Iglesia de S. Martín, pre-románica, del s. IX a XII. Restos de la Fortaleza Pardo de Cela en Frouxeira y mirador. Área Recreativa "Obispo Santo". Castros de Fazouro. Paraje de gran belleza en torno a los ríos Masma y Ouro. Ruta del rio Ouro.
Alrededores: Playas: con bandera azul, de la C.E.E.; Fondás, Pampillosa, Arealonga y Alemans.

Restaurantes

A Xoiña. Lugar A Corredoira, 5. ☎ 982 140 944.
Cierra lunes noche excepto verano; y segunda quincena de septiembre. Rústica construcción rodeada de naturaleza. Pulpo al ajillo con gambas, lubina a la espalda, flan de galleta. Precio medio 40 €.

Fraga (Huesca) 34 • C-1

A HUESCA, 192 KM; MADRID, 438 KM. ALT. 118 M. POB. 14.302.
GPS (41° 31' 20"N-0° 20' 52"E).

Fiestas: 23 de abril: Día de la Faldeta. 15 de mayo: S. Isidro. 12 de octubre: Virgen del Pilar, patronales.
Visitar: Restos arqueológicos, s. IV a. C. Yacimiento de Villa Fortunatus, s. IV. Casco antiguo (época árabe). Casa-Museo Salvador Sabaté.
Alrededores: Valle del Cinca. Monegros.

Restaurantes

®+ **Billauba.** Avda. Aragón, 41-B. ☎ 974 474 167. www.billauba.com
Cierra noches de lunes a jueves, domingo, primera semana de enero y segunda quincena de agosto. La tienda-bodega completa el atractivo. Platos de **setas** y **caza** en temporada. **Ensalada de rúcula con crujiente de pato y pera, rape con crujiente de alcachofas, croquetas de chocolate con leche de coco**. Menú 25 €. Precio medio 40 €

Frómista (Palencia) 20 • E-1

A PALENCIA, 32 KM; MADRID, 272 KM. ALT. 780 M. POB. 822. 979 810 128.
GPS (42° 16' 2"N-4° 24' 29"O).

Fiestas: Domingo siguiente al de Pascua: Procesión cívica del "Ole", fiestas en honor a S. Telmo. 25 de julio: Feria del Queso y de Productos Artesanales. 4 de agosto: Día del Peregrino. 8 de agosto: Virgen del Otero.
Visitar: Iglesias: S. Martín, s. XI. Sta. María del Castillo, s. XIV, gótica, Museo Multimedia. S. Pedro, s. XV, Museo Parroquial con 29 tablas flamencas. Ermita del Oteros, s. XIII. Museo Etnográfico. Conjunto de la Cuádruple Esclusa del Canal de Castilla. Paseos a caballo y en barca.
Alrededores: ASTUDILLO, a 11 km: grandes Monumentos. TÁMARA DE CAMPOS, a 6 km: Iglesia de S. Hipólito, s.s. XIV-XVI. SANTOYO, a 7 km: Iglesia de S. Juan Bautista. BOADILLA DEL CAMINO, a 6 km: Rollo de justicia del s. XV.

Restaurantes

Hostería de los Palmeros. Pza. San Telmo, 4. ☎ 979 810 067. www.hosteriadelospalmeros.com
Cierra martes excepto Semana Santa, verano y navidades; y del 10 de enero al 4 de febrero. Antiguo hospital de Palmeros en el corazón del Camino de Santiago. La **menestra de verduras de la huerta palentina**, los **pichones de Tierra de Campos** y la **tarta de queso con dulce de membrillo**, son deliciosos. Precio medio 35 €.
La Campana. (En OSORNO, a 25 km). Ctra. N-611, Palencia-Santander, km 59. ☎ 979 817 261.
Cocina castellana. Menestra de verduras palentinas, asado de lechazo churro, torrijas calientes. Precio medio 35 €.

Hoteles

*** **Doña Mayor.** Francesa, 31. ☎ 979 810 588. www.hoteldonamayor.com
Hab.12: 76/96 € Suites: 1. Consultar cierre. En el corazón del Camino de Santiago. Restaurante LA ESCLUSA.
* **Hostal Camino de Santiago.** Francesca, 26. ☎ 979 810 053. www.caminofromista.com P
Hab.10: 23/48 € Suites: 1. Consultar ofertas. Antigua posada de peregrinos del Camino de Santiago, rehabilitada.

Fuengirola (Málaga) 77 • E-3

A MÁLAGA, 30 KM; MADRID, 574 KM. ALT. 6 M. POB. 71.482. 952 467 625.
GPS (36° 32' 19''N-4° 37' 32"O).

Fiestas: Abril-mayo: Feria Internacional de los Pueblos. 24 de junio: S. Juan. Julio: Festival de Música. Del 15 al 18 de julio: Fiestas del Carmen, procesión marítima. Agosto: Mercado Medieval. Del 23 de julio al 3 de agosto: Fiesta de la Cerveza. Septiembre-octubre: Romería del Rosario. 6 al 12 de octubre: Feria del Rosario.
Visitar: Ruinas romanas. Castillo de Sohail del s. XII, BioParc. Numerosas playas, con 7 km de longitud y bandera azul. Paseo Marítimo.
Alrededores: BENALMÁDENA. MIJAS.

Restaurantes

®**El Higuerón.** (Autovía Costa del Sol, salida 217, dirección Mijas). Ctra. Benalmádena-Mijas, km 3,1. ☎ 952 119 163. www.elhigueron.com P
Las **Patatas con langostinos** y la **fabada** son los guisos emblemáticos, como el **arroz con leche**. Precio medio 40 €.
Girol. (Los Boliches). Avda. Salinas, 10. ☎ 952 660 268. www.restaurantegirol.com
Cierra domingo noche y lunes al mediodía. Acogedor y con amplio espacio entre mesas. Gazpachuelo con langostinos, salmonetes al carbón y arroz con algas, torrijas con helado de hierbas aromáticas. Precio medio 40 €.
La Langosta. Francisco Cano, 1. ☎ 952 475 049. www.restaurantelalangosta.net
Cierra almuerzos, domingo y julio. Mejillones al azafrán, pato a la naranja, helados caseros. Menú 16 €. Precio medio 35 €.

Hoteles

**** **Ángela.** (Playa LOS BOLICHES) Jaén, 2. ☎ 952 475 200. www.hotel-angela.com P
Hab. 261: 83/191 €. Frente al mar.
**** **Confortel Fuengirola.** Pº Marítimo Rey de España, 87. ☎ 952 921 000. www.confortelhoteles.com
P
Hab. 180: 83/184 €.
**** **Las Pirámides.** Miguel Márquez, 43. ☎ 952 470 600. P
Hab. 320: 109/162 €. En primera línea de playa.
**** **Yaramar.** (Playa LOS BOLICHES). Pº Marítimo, 64. ☎ 952 921 100. www.hotelyaramar.es
P
Hab. 242: 95/217 €.

Fuenmayor (La Rioja) 12 • A-4

Ver Logroño

Fuente Dé-Espinama (Cantabria) 4 • C-4

A SANTANDER, 140 KM; MADRID, 426 KM. ALT. 1.070 M. POB. 122.
GPS (43° 8' 34"N-4° 48' 50"O).

Visitar: Al pie de los Picos de Europa, es un paisaje de grandiosa belleza. Un teleférico salva un gran desnivel con el macizo de los Picos. En ESPINAMA lo más interesante son las casas antiguas, algunas de ellas blasonadas. El río Deva que nace de la reunión de muchos pequeños torrentes.
Alrededores: Mirador de El Cable. Picos de Europa. Estación de deportes de invierno.

Hoteles

*** **El Jisu.** (En CAMALEÑO). Ctra. Potes-Fuente Dé. ☎ 942 733 038. www.eljisu.com
Hab. 9: 43/65 €. Suite: 1. Consultar cierre. Situado en la ladera de los Picos de Europa.
*** **Parador de Turismo.** Ctra. de Fuente Dé, s/n. ☎ 942 736 651. www.parador.es
Hab. 77: 60/128 €. Cierra del 22 de diciembre al 4 de febrero. En un paisaje maravilloso, al pie del teleférico, punto de partida de excursiones a los Picos de Europa. Restaurane ALFONSO XIII. Cocina regional e internacional.

Fuenterrabía/Hondarribia (Guipúzcoa) Ver Hondarribia. 6 • E-3

Galapagar (Madrid) Ver San Lorenzo de El Escorial. 40 • A-2

Galdakao/Galdácano (Vizcaya) Ver Bilbao. 5 • F-4

Gandía (Valencia) 60 • D-2

A VALENCIA, 65 KM; MADRID, 418 KM. ALT. 24 M. POB. 80.020. 962 877 788.
GPS (38° 58' 7"N-0° 11' 11"O).

Fiestas: Del 16 al 19 de marzo: Fallas. Abril: Semana Santa. 16 de julio: Fiestas marineras Virgen del Carmen. Del 1 al 4 de octubre: Feria y fiestas en honor del patrón S. Francisco de Borja.
Visitar: Palacio Ducal de Gandía. Iglesia Colegiata, gótica de los s.s XIV-XV. Iglesia de S. Nicolás, en el puerto. Iglesia del Beato Andrés e Hibernón. También son interesantes la fachada de la antigua Universidad y la del Ayuntamiento así como la Iglesia-Monasterio de Sta. Clara. Maga, Museo Arqueológico.
Alrededores: OLIVA, a 8 km. Iglesias de Sta. María y de S. Roc. Convento de las Carmelitas. SIMAT DE LA VALLDIGNA, a 14 km: Monasterio de la Sta. María de la Valldigna.

Restaurantes

®**Casa Manolo.** (En PLAYA DE DAIMÚS, a 3 km). Pº Marítimo, 5. ☎ 962 818 568.
Cierra noches de domingo a jueves de noviembre a abril. Frente al mar, honestidad y buen punto en sus propuestas marineras. **Ensalada de bacalao con vinagreta de mango, rape a la brasa con verduras confitadas, hojaldre de nísperos y helado de hierba Luisa**. Precio medio 40 €.
Emilio. (PLAYA GANDÍA). Avda. Vicente Calderón. Bl. F-5, 10. ☎ 962 840 761. www.restauranteemilio.es
Cierra miércoles excepto festivos y verano. Croquetas carbonara con idiazábal, arroz meloso de pato y costillas con alcachofas y habas, flan de leche condensada. Precio medio 30 €.
Kayuko. (PLAYA GANDÍA). Formentera, 16. ☎ 962 840 137.
Cierra lunes. Productos del mar, arroces, crema catalana. Precio medio sin marisco 25 €.

Hoteles

**** **Oasis Gandía Palace.** (En Playa GANDÍA). La Rioja, 41-43. ☎ 962 848 200. www.hoteloasis.com
Hab. 250: 80/205 €. Suites: 16. Casino. Restaurante CAREYES.
**** **Principal & Spa.** (En Playa GANDÍA). Clot de La Mota, 38. ☎ 962 846 566. www.principalhoteles.com
Hab. 179: 58/175 €. Suite: 1. Consultar ofertas. A 150 m de la playa.
**** **RH Bayren I.** (En Playa GANDÍA). Pº de Neptuno, 62. ☎ 962 840 300. www.hotelesrh.com/hotelesbayren.com
Hab. 175: 96/233 €. Suites: 7. En primera línea de playa. Restaurante LA GOLETA.
**** **Tano Resort.** Sequia del Rei, s/n. ☎ 962 845 393. www.tanoresort.com
Hab. 68: 67/108 €. Suites: 2. Restaurante: SAMARUC.

Garrucha (Almería) 74 • F-4

A ALMERÍA, 90 KM; MADRID, 522 KM. ALT. 24 M. POB. 9.229. 950 132 783.
GPS (37° 10' 44''N-1° 49' 23"O).

Fiestas: Carnavales. 23 de junio: S. Juan. 16 de julio: Fiesta de la Virgen del Carmen. Del 14 al 16 de agosto: S. Joaquín, patronales.
Visitar: Aula Interpretación del Mar en el Castillo de Jesús Nazareno del s. XVIII. Antigua chimenea, s. XIX. Lonja y subasta de pescado. Centro Socio-Cultural con exposiciones itinerantes. Paseo marítimo con una baranda de mármol blanco de Macael. Puerto pesquero, comercial y deportivo.
Alrededores: CUEVAS DE ALMANZORA, a 15 km: con un hermoso castillo de estilo gótico. ANTAS, a 15 km: Poblado de interés arqueológico e iglesia del s. XVI. MOJÁCAR, a 8 km: Población turística.

Restaurantes

El Almejero. Explanada del Puerto Pesquero, s/n. ☎ 950 460 405.
Gambas a la plancha, cuajadera de jibia, mousse de chocolate, en el puerto pesquero. Precio medio 45 €.

Hoteles

** **Tikar.** Ctra. Garrucha a Vera, 17. ☎ 950 617 131. www.hoteltikar.com
Hab. 6: 59 €. Cierra en diciembre y enero. A 250 m de la playa. Acogedor y familiar. Restaurante AZUL.

Gasteiz/Vitoria (Álava) Ver Vitoria. 12 • A-2

Gavá (Barcelona) Ver Castelldefels. 35 • D-2

Gernika-Lumo/Guernica-Luno (Vizcaya) 6 • A-3

A BILBAO, 35 KM; MADRID, 423 KM. ALT. 10 M. POB. 16.244. 946 255 892.
GPS (43° 19' 1"N-2° 40' 49"O).

Fiestas: Agosto: Del 10 al 11: S. Lorenzo y Sta. Lucía. Del 14 al 18: S. Roke. Del 20 al 24: S. Bartolomé. Octubre: 6: Feria ganadera. 26: Fiesta Grande y Feria agrícola.
Visitar: Casa de Juntas y Árbol. Museo Euskal Herria, en el Palacio Alegría. Iglesia de Sta. María, s. XIV. El Monumento de la Paz "Gure Aitaren Etxea", de Eduardo Txillida. Escultura de H. Moore, "Gran Figura en un Refugio". Parque de los Pueblos de Europa. Museo de la Paz de Gernika, temático, sobre la cultura y el bombardeo. Mural de cerámica de Guernica de Picasso.
Alrededores: Reserva de la Biosfera del Urdaibai. Bosque pintado de Oma. Cuevas de Santimamiñe. Ermitas de S. Miguel y S. Pedro de Atxorre.

Restaurantes

Baserri Maitea. (En FORUA, a 2 km). Barrio Atxondoa, s/n. ☎ 946 253 408. www.baserrimaitea.com
Cierra noches de domingo a jueves, y navidades. Típico caserío del s. XIX en plena naturaleza. **Sopa de cigalas con vieiras a la plancha y crujiente de su coral, lomo de ciervo con hongo, foie-gras y salsa de jerez**, postres caseros notables. Precio medio 50 €.

Zallo Barri. Juan Calzada, 79. ☎ 946 251 800. www.zallobarri.com
Cierra noches de domingo a jueves. Amplio y minimalista local. Crujientes de chipirón y langostinos, bacalao confitado con pil-pil, vizcaína y club Ranero, torrija de cítricos y helado de yogur. Precio medio 45 €.

Hoteles

******Castillo de Arteaga.** (En GAUTEGUIZ ARTEAGA). Gaztelubide, 7. ☎ 946 270 440. www.castillodearteaga.com
Hab. 13: 115/215 €. Suites: 3. Consultar cierre. Castillo neogótico.
***** Gernika.** Carlos Gangoiti, 17. ☎ 946 250 350. P
Hab. 40: 56/84 €. Consultar cierre y ofertas.

Getaria/Guetaria (Guipúzcoa) 6 • C-3

A SAN SEBASTIÁN, 30 KM; MADRID, 487 KM. ALT. 17 M. POB. 2.628. 943 140 957.
GPS (43° 18' 11''N-2° 12' 20"O).

Fiestas: 17 de enero: S. Antón, "Día del Txakolí". Del 5 al 9 de agosto: S. Salvador.
Visitar: Pintoresco pueblecito de pescadores con un promontorio conocido como "El Ratón de Getaria". Monumento a Juan Sebastián Elcano esculpida por Victorio Macho. Iglesia de S. Salvador, gótica, Monumento Nacional Histórico Artístico, lugar de reunión de la Junta General en que se constituyó la provincia de Gipúzkoa. El Casco Histórico con edificios de diferentes épocas.
Alrededores: Calzada romana en dirección a S. PRUDENCIO y ASKIZU-MEAGAS y EITZAGA - lugar que aún conserva el sabor del silencio.

Restaurantes

Elkano. Herrerieta, 2. ☎ 943 140 024. www.restauranteelkano.com
Cierra noches de domingo y martes; lunes, 15 días después de Semana Santa y primera quincena de noviembre. Pedro Arregui- a pie de cañón- fue precursor de la parrilla de pescados. Hoy más perfeccionista que nunca. **Kokotxas de merluza, chipirones de anzuelo a la parrilla**. Postres muy refinados. Sensacional bodega con precios livianos. Dejarse aconsejar por Aitor, el hijo de los patrones. Precio medio 80 €.
® **Iribar.** Nagusia, 34. ☎ 943 140 406.
Cierra miércoles noche, jueves, 10 días en abril, junio, octubre y noviembre. En pleno casco histórico, es más que una buena parrilla de pescados, con el sello de la joven cocinera Pili Manterola. **Berberechos sobre crujiente de arroz, salteado de chipirones, bogavante y judías verdes**. Postres de mucho nivel. Menú 18 €. Precio medio 35 €.
Kaia-Kaipe. General Arnao, 4. ☎ 943 140 500.
Cierra miércoles noche y lunes, excepto verano; primera quincena de marzo y del 12 al 30 de octubre. Dos espacios separados, de igual calidad. Espectacular vista sobre el puerto pesquero. **Parrilla** excepcional **de pescados y mariscos. Percebes, chipirones a lo Pelayo, kokotxas rebozadas**. Delicados postres. Viveros propios. Igor Arregui al frente, fie continuador de la tradición familiar. Precio medio 50 €.

Hoteles

****** Iturregi.** Bº Azkizu, s/n. ☎ 943 896 134. P
Hab. 6: 150/340 €. Suites: 2. Consultar cierre. Rodeado de viñedos. Vistas a la costa y al Ratón de Getaria.

Getxo/Guecho (Vizcaya) 5 • E-3

A BILBAO, 15 KM; MADRID, 413 KM. ALT. 10 M. POB. 80.770. 944 910 800.
GPS (43° 21' 15''N-3° 0' 43"O).

Fiestas: 15 de mayo: S. Isidro, en Andra Mari. Del 1 al 15 de junio: Festival Internacional de Blues. Del 1 al 5 de julio: Festival Internacional de Jazz. 16 de julio: El Carmen, en Neguri. 24 de julio: Sta. Ana, en el Barrio de Sta. Ana, Las Arenas. 25 de julio: Concurso Internacional de Paellas, en Aixerrota, Andra Mari. 31 de julio: Fiesta Patronal, de S. Ignacio, en Algorta, la más importante del municipio. 2 de agosto: Ntra. Sra. de Los Ángeles, en el Bº de Romo. 10 de agosto: Mercado de productos agrícolas de S. Lorenzo, en Algorta. 12 de agosto: S. Nicolás, Algorta. 15 de agosto: Andra Mari, en el Bº de Andra Mari. Del 1 al 15 de septiembre: Festival Internacional de Folk. 24 de septiembre: Ntra. Sra. de Las Mercedes. 11 de noviembre: S. Martín, en el Bº de La Humedad, Algorta.
Visitar: Puente Bizkaia, Patrimonio de la Humanidad, monumento histórico-artístico representativo de la arquitectura de hierro europea de finales del s. XIX. Obra de Alberto de Palacios, 1893. Dispone de pasarela peatonal a 50 m. Puerto viejo: Antiguo puerto pesquero. Ayuntamiento, estilo neomontañes y palaciego vasco. Iglesia de Andra Maris, s. XII. Molino de Aixerrota. Fuerte La Galea. Puerto Deportivo.
Alrededores: Playas de Gexto: Las Arenas, Ereaga, Arrigunaga, Aizkorri-Gorrondatxe y La Salvaje-Barinatxe.

Restaurantes

Amume. (En ALGORTA). Euskalherría, 16. ☎ 944 600 451.
Cierra noches de domingo a miércoles. Cocina casera como su nombre indica (amume, abuela). Guisos, carnes, intxaursalsa. Menú 11€. Precio medio 30 €.
® **Cubita.** Ctra. La Galea, 30. ☎ 944 911 700. www.cubita.biz P
Cierra noches de domingo y miércoles; y agosto. Junto a un molino de viento del s. XVI en el acantilado de la Galea, sobre el mar. **Marisco, pescados** y **verduras** frescos, carnes. De postre, deliciosa **pantxineta**. Precio medio 55 €.
Jolastoki. (En NEGURI). Avda. Leioako, 24. Esq. Avda. Chopos, 21. ☎ 944 912 031. www.jolastoky.com
Cierra noches de domingo y martes, lunes, Semana Santa y del 1 al 20 de agosto. Un gran referente de la cocina vizcaína puesta al día por Sabín Arana, secundado en sala y vinos por su hermana Itxaso. **Verduras con perrechicos y cigala, caza** en temporada, **tatín de manzana**. Precio medio 60 €.
Los Tamarises. (En ALGORTA). (H. LOS TAMARISES). Playa de Ereaga, 4. ☎ 944 910 005. www.lostamarises.com
Cierra domingo noche y lunes. A pie de playa, emblemática terraza a la hora del aperitivo. Verduras salteadas en tempura, solomillo al idiazábal, repostería casera. Precio medio 45 €.
Taberna 94. (En NEGURI). Avda. Leioako, 24. ☎ 944 912 031. www.jalastoky.com P
Cierra martes noche, lunes, domingo, Semana Santa y primera quincena de agosto. Taberna-bistró filial de Jolastoki, más informal. Croqueta de pimiento verde, callos y morros, crepes de manzana. Menú 14 €. Precio medio 35 €.

Hoteles

****** Embarcadero.** (En LAS ARENAS). Avda. Zugazarte, 51. ☎ 944 803 100. www.hotelembarcadero.com
P
Hab. 27: 130/235 €. Suites: 2. Casa señorial, de 1900. Sobre el paseo Marítimo. Restaurante EMBARCADERO.
***** High Tech Los Tamarises.** (En ALGORTA). Muelle de Ereaga, 4. ☎ 944 910 005. www.lostamarises.com
Hab. 41: 85/128 €. Admisión de perros, consultar.

Gijón (Asturias)

3 • F-2

A OVIEDO, 28 KM; MADRID, 474 KM. POB. 277.554. 985 345 561.
GPS (43° 32' 42''N-5° 39' 48"O).

Fiestas: Del 4 al 8 de marzo: Carnaval, "Antroxu". Mayo: XVI Salón del Libro Iberoaméricano. 23 de junio: S. Juan. 29 de junio: S. Pedro. Del 9 al 18 de julio: Semana Negra. 7 de agosto: Día de Asturias. Del 5 al 15 de agosto: Semana Grande. Día 15: Día de Begoña. Del 25 al 28: Fiesta de la Sidra Natural. Del 18 al 26 de noviembre: Festival Internacional de Cine.
Visitar: Cimadevilla: Antiguo barrio de pescadores, conjunto de Interés Histórico-Artístico. **Palacio de Revillagigedo** y Colegiata, s XVIII. Centro Internacional de Arte. Iglesia de S. Pedro. Museo de las Termas Romanas. Museo Casa Natal de Jovellanos. **Torre del Reloj**. Cerro Sta. Catalina: Elogio del Horizonte, escultura de Eduardo Chillida. Museo Barjola. Museo Nicanor Piñole. Museo del Pueblo de Asturias. Ciudadela de Celestino Solar. Museo del Ferrocarril. Museo Evaristo Valle. Playas urbanas. Parque Arqueológico-Natural de la Campa Torres. Puerto Deportivo. Paseo Marítimo. Parque de Isabel la Católica.
Alrededores: Parque Natural de Deva (áreas recreativas). Centro de interpretación de la naturaleza Monte de Deva. Observatorio astronómico Monte de Deva. CENERO: Embalse de S. Andrés de los Tacones. Abadía de S. Juan. Playas rurales: Peñarrubia (nudista), Serín, La Cagonera y Estaño. Parque Cabo de S. Lorenzo. Sendas verdes.

Restaurantes

®**Avant Garde.** Doctor Fleming, 71. ☎ 985 331 377. www.avant-garde.es P
Cierra domingo noche y lunes. La familia Loya, Premio Nacional de Gastronomía, se responsabiliza a través de sus miembros más jóvenes, Javier e Isaac, de sus intalaciones de cocina. La línea de cocina apuesta por la fusión y los miniplatos y el resultado tiene muy buena aceptación. Precio medio 30 €.
®**Casa Ataúlfo.** Cabrales, 29. ☎ 985 340 787.
Cierra domingo noche, lunes y septiembre. Sidrería con comedor a la carta en su zona posterior. Cocina sin sofisticaciones pero de excelente producto de la mar. Sigue destacando el **arroz con bugre (bogavante)** y los **pescados a la plancha**. Buena marisquería. Nada barato. Precio medio 80 €.
®**Casa Víctor.** Carmen, 11. ☎ 985 350 093. www.casavictor.com
Cierra miércoles noche, domingo, del 10 al 15 de junio y navidades. Casa fundada en 1933 por el padre de Victor Bango. Cocina sin complicaciones pero de cuidado producto marinero. No hay que perderse los **salmonetes "enteros" con su delicado hígado** ni sus **chipirones de potera** veraniegos. Discreta y tranquila sidrería de ingreso. Menú 18 €. Precio medio 35 €.
Casa Zabala. (Bº Pesquero de Cimadevilla). Vizconde de Campogrande, 2. ☎ 985 341 731. www.casazabala.com
Cierra domingo noche, lunes, 15 días en febrero y en octubre. Chipirones "afogaos", pixín con vieira al txacolí, espuma de arroz con leche. Menú 18 €. Precio medio 38 €.
Ciudadela. Capua, 7. ☎ 985 347 732. www.restauranteciudadela.com
Cierra domingo noche y lunes, excepto festivos y vísperas. Ciudadela ofrece una carta bien resuelta. El grupo propietario ofrece, asimismo, en el centro, el restaurante CICERONE, con línea de cocina italiana y decoración actual en la calle Horno, 3, del barrio del Carmen. Menú 17 €. Precio medio 29 €.
El Planeta (Sidrería). Tránsito de las Ballenas, 4. ☎ 985 350 056. www.el-planeta.net
Cierra domingo noche y lunes, excepto julio y agosto; segunda quincena de abril y de octubre. Cocina de pescados de buena calidad. El mismo propietario ha abierto, hace escasos años, un local más cuidado a espaldas de la sidrería, el ASADOR ZAGUÁN (Artillería, 4. ☎ 984 390 939. Cierra domingo noche y lunes), con ambientación y cocina más elaborada. Precio medio 32 €.
®**El Sueve.** Domingo García de la Fuente, 12. ☎ 985 145 703.
Cierra miércoles noche, domingo, y tres semanas en noviembre. Jorge García Palacio sigue con el idéntico local que abrió hará pronto 30 años. Fachada mesonera, interior tipo bistró y una cocina presidida por **carnes rojas** asturianas de excelente corte y tratamiento en la parrilla que domina con maestría. Precio medio 30 €.
La Salgar. (Museo del Pueblo de Asturias). Pº Doctor Fleming, 859. ☎ 985 331 155. www.lasalgar.es
Cierra domingo noche y lunes. La cocina, dirigida por Nacho Manzano y oficiada por su hermana Esther, es cuidada y de autor y, en la mayoría de sus platos, muy vinculada a sus raíces rurales. Precios razonables. Menú 21 €. Precio medio 36 €.
La Solana. Camino de la Cuesta Gil, 140. ☎ 985 168 186. P
Cierra domingo noche, lunes, 15 días después de Semana Santa y 15 días en noviembre. El tándem propietario, Gonzalo Pañeda y Antonio Pérez, se responsabiliza respectivamente de cocina y sala, con gran solvencia, ya que ofrecen unos platos cuidados y bien diseñados, en una casona indiana rodeada de jardín a las afueras de Gijón. Precio medio 40 €.
®**La Tabla.** (Ctra. AS-248, Gijón-Pola de Siero, km 11). Camino de Lavandera, 60. ☎ 985 136 456. www.restaurantelatabla.com P
Cierra lunes noche, martes, 15 días en febrero. Amplias instalaciones. Apuesta por una cocina que se sale de los caminos trillados sin dejar de resultar muy cercana. Si de los fogones se responsabiliza David Fernández, de la sala lo hace su hermano Víctor, quien atiende una de las más completas bodegas hosteleras del Principado. Ambos nacieron a la hostelería con sus padres. Además, una vinoteca-gastrobar en el barrio residencial de Viesques, LA MALETA DEL LOCO (Corín Tellado, 2. ☎ 985 372 173). Precio medio 42 €.
La Zamorana. Avda. Hermanos Felgueroso, 38-40. ☎ 985 380 632. www.lazamorana.net
Cierra lunes excepto agosto, 15 días después de Semana Santa y segunda quincena de octubre. Sidrería y marisquería ya clásica en Gijón. Los hermanos Manuel y José Méndez se pasan los días a pie de barra a fin de que toco funcione como es debido, con lleno frecuente. Menú 18 €. Precio medio sin marisco 45 €.

Hoteles

**** **Abba Playa Gijón.** Pº Dr. Fleming, 37. ☎ 985 000 000. www.abbagijonhotel.com P
Hab. 86: 75/191 €. Suites: 2. Consultar ofertas. Primera línea de playa. Junto al Palacio de Congresos. Restaurante AMALUR.
**** **AC Gijón (Los Ferranes).** Avda. Oviedo, 15. ☎ 985 990 500. www.ac-hotels.com P
Hab. 78: 57/130 €. Suites: 2. De nueva construcción. Restaurante BOTAVARA.
**** **Begoña Park.** Ctra. de la Providencia, 566. ☎ 985 133 909. www.hotelesbegona.com P
Hab. 96: 102/140 €. Suites: 2. Zona residencial, junto a la playa. Próximo a la Feria de Muestras, Palacio de Congresos y estadio de fútbol. Restaurante EL RINCONÍN.
**** **Hernán Cortés.** Fernández Vallín, 5. ☎ 985 346 000. www.hotelhernancortes.es
Hab. 59: 60/130 €. Suites: 16. Consultar ofertas. Céntrico. Cercano a las playas.
**** **NH Gijón.** Dr. Fleming, 71. ☎ 985 195 755. www.nh-hotels.com P
Hab. 64: 87/180 €. Vistas al mar. Restaurante AVANT GARDE, de la familia Loya, minicocina de fusión y acento oriental de excelente calidad y precio razonable.
**** **Parador de Turismo Molino Viejo.** Parque Isabel La Católica, s/n. ☎ 985 370 511. www.parador.es P
Hab. 40: 120/163 €. Consultar ofertas. Rodeado por el parque de Isabel La Católica. La excelente cocina asturiana se encuentra aquí en sus platos típicos.
**** **Príncipe de Asturias.** Manso, 2. ☎ 985 367 111. www.hotelprincipedeasturias.com P
Hab. 74: 83/185 €. Suites: 2. Céntrico. En primera línea de la playa de S. Lorenzo.
**** **Tryp Rey Pelayo.** Avda. Torcuato Fernández Miranda, 26. ☎ 985 199 800. www.solmelia.com P
Hab. 126: 58/195 €. Suites: 6. Consultar ofertas. Frente al Parque Isabel la Católica. Próximo a la playa de S. Lorenzo, Palacio de Congresos y recinto ferial. Restaurante CABO TORRES, cocina europea y asturiana.
*** **Alcomar.** Cabrales, 24. ☎ 985 357 011. www.hotelalcomar.com
Hab. 63: 73/151 €. Suites: 1. Desayuno incluido. Céntrico. En primera línea de playa S. Lorenzo.
*** **La Casona de Jovellanos.** Plazuela Jovellanos, 1. ☎ 985 342 024. www.lacasonadejovellanos.com P
Hab. 13: 60/91 €. Consultar ofertas. En el casco antiguo.

*** **Pasaje.** Marqués de San Esteban, 3. (Puerto deportivo). ☎ 985 342 400. www.hotelpasaje.net
Hab. 29: 45/128 €. Consultar ofertas. Vistas al puerto deportivo. Entre las playas de S. Lorenzo y Poniente.
*** **Quinta Duro.** (En CABUEÑES, a 6 km). Cº de las Quintas, 384. ☎ 985 330 443. P
Hab. 11: 65/145 €. Suite: 1. Rodeado de un precioso parque.

Girona/Gerona

26 • B-2

A BARCELONA, 100 KM; MADRID, 639 KM; ALT. 75 M. POB. 98.188. 872 975 975
GPS (41° 59' 14''N-2° 49' 27"E).

Fiestas: Marzo: Semana Gastronómica. Semana Santa: Desfile "Manaies". 23 de abril: Sant Jordi. Del 8 al 16 de mayo: Tiempo de Flores. Junio-julio: Festival músicas religiosas y del Mundo. Octubre: Festival de Cine. Octubre-noviembre: Feria y fiestas de S. Narcís.
Visitar: **Plaza de la Independencia**, porticado neoclásico del s. XIX. Monumento a los defensores de Girona, del s. XIX. **Barrio Judío** durante 6 siglos, del 890 al 1492. Considerado como uno de los mejor conservados de la Europa occidental. La calle de la Força, eje principal de este barrio (Cardo Máximo en época romana). En el centro Bonastruc Ça porta se encuentra el Museo de Historia de los Judíos. Museo de Historia de la Ciudad, en el **Convento de St. Antoni** (s. XVIII), que conserva un cementerio con funciones de secado de cadáveres para momificaciones. **Casa Pastors** (actualmente la Audencia). **Catedral de Sta. María,** gótica construida sobre catedral románica, con fachada de los s.s XVII-XVIII, barroca, nave gótica de 23 m y campanario neoclásico. Espléndidas vidrieras (s.s XIV al XVI). En el Tesoro se puede admirar el "Tapís de la Creació" (s.s XI-XIII), el Códice del Beatus (s. X), la arquilla de Hixem II (s. X). El claustro de la Catedral, recinto románico de los s.s XII-XIII. Torre de **Carlemany**, del s. XII y de estilo lombardo, es el campanario de la antigua catedral. En la galería del claustro, bloque de piedra con una inscripción lapidaria romana del s. I. Museo d'Art, ubicado en el antiguo **Palacio Episcopal** (s.s IX-XII-XVI), exhibe uno de los conjuntos de arte medieval más importante de Cataluña. Jardines de la Francesa. **Torre Gironella y Murallas**. Paseo Arqueológico, rodeado de vegetación exhuberante. **Baños Árabes,** s.s XII-XIII, monumento románico civil. Iglesia y claustro **St. Pere de Galligans,** s. XII, sede del Museo de Arqueología de Catalunya-Girona. **Iglesia de St. Nicolau. Monasterio de St. Daniel. Iglesia de St. Feliu** (s.s XIV-XVII) construida sobre la que probablemente fue la tumba del Mártir Feliu l'Africà, reune una magnífica colección de sarcófagos paleocristianos. El **Convento de St. Domènec** forma parte de la actual Universidad. **El Palacio de los Agullana,** s.s XIV-XVII. Fontana d'Or, de estilo románico-gótico. **Ayuntamiento** donde se ubica el elegante Teatro Municipal, s. XIX. Parque de la Devesa, extenso Parque Artístico y Nacional del Estado, desde 1943, cedido por el rey (en el s. XV). Museo de Cine-Colección Tomàs Mallol. Casas de Oniar.
Alrededores: Parque Natural Cap de Creus. Monasterio de St. Pere de Rodes, s.s X-XII. Monasterio de Sant Joan les Fonts, s. XII, Monumento Nacional. Canónica de Santa María de Vilabertrán, s. XI. LA BISBAL D'EMPORDÁ, a 29 km: Castillo-Palacio de los Obispos, s. XIV. FIGUERES, a 33 km: Museo de Dalí. CADAQUÉS: Casa Dalí. CALDES DE MALAVELLA, a 20 km: Baños romanos. BESALÚ, a 32 km: Centro de Condado Medieval, Barrio Judío. PÚBOL, 24 km: Castillo de Gala-Dalí.

Restaurantes

Albereda. Albereda, 7 Bis. ☎ 972 226 002. www.restaurantealbereda.com
Cierra domingo, lunes, primera semana de enero, Semana Santa, 15 días en agosto y navidades. En la zona monumental de la ciudad. Raviolis de bogavante, rape con patatas al aceite virgen, buñuelos de manzana. Precio medio 45 €.
® **Bo.tic.** (En CORÇÀ, a 20 km). Ctra. C-66, Girona-Palamós, km 11,5. ☎ 972 630 869. www.bo-tic.com P
Cierra lunes excepto agosto, martes excepto del 22 de junio al 31 de julio; y del 18 de octubre al 16 de noviembre. Buena cocina catalano-ampurdanesa puesta al día con personalidad por el joven Albert Sastregener **Bacalao en tempura de aceitunas, con crema de arroz, brandada y guisantes, cordero lechal con orejón y bombón de leche de oveja**. Junto a Albert, Cristina Torrent dirige la sala y ejerce de sumiller. Precio medio 60 €.
☼ **Ca l'Arpa.** (En BANYOLES, a 19 km). Pº Industria, 5. ☎ 972 572 353. www.calarpa.com
Cierra domingo noche y lunes. Amalgama de tradición y modernidad como concepto de la cocina de autor de Pere Arpa basada en el mejor producto de la huerta, el bosque y el mar. **Arroz negro de sepia, pichón en su jugo, manzana con regaliz**. Precio medio 55 €.
Cal Ros. (Bº Viejo). Cort Reial, 9. ☎ 972 219 176. www.calros-restaurant.com
Cierra domingo noche, lunes, 15 días en febrero, una semana en julio y en noviembre. Antigua fonda centenaria con cocina tradicional. Croquetas de carn d'olla, pies de cerdo a la llauna, buñuelos de chocolate. Precio medio 35 €.
☼☼☼ **El Celler de Can Roca.** Can Sunyer, 48. ☎ 972 222 157. www.cellercanroca.com P
Cierra domingo, lunes, Semana Santa, última semana de agosto y Navidades. El Celler de los hermanos Roca ha alcanzado la cima de la restauración gracias a la magia, profesionalidad y humanidad de estos tres hermanos cuya dedicación y creatividad ha convertido esta maravillosa casa en referente de una clientela ansiosa de la mejor gastronomía. Extraordinaria propuesta de vinos de la mano de Josep Roca. Precio medio 90 €.
El Pati Verd. (H. CARLEMANY). Pza. Miquel Santaló, s/n. ☎ 972 211 212. www.carlemany.es
Cierra domingo y del 15 al 31 de agosto. Cocina de base catalana con productos de temporada. Carpaccio de ciervo con frambuesa, higos y granada; arroz de cochinillo, panceta y ceps, pastel de chocolate caliente y cerezas. Menú 23 €. Precio medio 40 €.
® **La Plaça.** (En MADREMANYA, a 7 km). (Salida 6 de la Autopista A-7, dirección Ctra. C-66, Palamós a Bordils). Sant Esteve, 17. ☎ 972 490 487. www.restaurantlaplaca.com P
Cierra de lunes a miércoles de octubre a Semana Santa, almuerzos excepto fines de semana desde Semana Santa a octubre, y de mediados de enero a mediados de febrero. Con habitaciones. Una cocina con indudables rasgos de modernidad, en un espacio precioso y extraordinariamente acogedor. Precio medio 50 €.
☼ **L'Aliança d'anglés.** (En ANGLÈS, a 17 km). Jacint Verdaguer, 3. ☎ 972 420 156. www.restaurantalianca.com P
Cierra domingo noche, lunes, primera quincena de agosto y una semana en Navidad. En un antiguo café modernista del centro medieval de Anglès, Lluís Feliu en la cocina -y su hermano Josep María en el comedor- proponen una culinaria de autor basada, fundamentalmente, en los buenos ingredientes de cada estación. Menú 25 €. Precio medio 42 €.
☼☼ **Massana.** Bonastruc de Porta, 10. ☎ 972 213 820.www.restaurantmassana.com
Cierra martes noche, domingo, una semana en agosto y 15 días en navidades. Pere Massana y su esposa son los pilares de este confortable y excelente restaurante, en el que descubrirán una cocina que sobresale por su delicadeza, refinamiento y gustosidad. **Carpaccio de ceps, gambas marinadas, trufa y vinagreta de piñones**. Varias y magníficas **carnes**. Precio medio 55 €.

Hoteles

***** **AC Palau Bellavista.** Pujada Polvorins, 1. ☎ 872 080 670. www.ac-hotels.com P
Hab. 74: 75/155 €. Suites: 4. Consultar ofertas. Próximo a la Plaza de Cataluña. Restaurante NUMUN dirgido por los hermanos Roca.
**** **Carlemany.** Pza. Miquel Santaló, s/n. ☎ 972 211 212. www.carlemany.es P
Hab. 89: 80/175 €. Suites: 4. Admisión de perros, consultar. Céntrico. Recientemente reformado. Restaurante EL PATI VERD.
**** **Ciutat de Girona.** Nord, 2. ☎ 972 483 038. www.hotel-ciutatdegirona.com P
Hab. 44: 95/160 €. Suites: 4. Consultar ofertas. En el centro histórico. Restaurante BLANC.
**** **Historic.** Bellmirall, 6. ☎ 972 223 583. www.hotelhistoric.com
Hab. 6: 102/114 €. Apartamentos: 7. Suites: 2. En el casco antiguo, junto a la catedral. Restaurante ALEMANYS 3.
**** **Llegendes de Girona Catedral.** Portal de la Barca, 4. ☎ 972 220 905. www.llegendeshotel.com P
Hab. 10: 105/162 €. Suites: 5. Consultar ofertas. Céntrico.
**** **Meliá Girona.** Ctra. Barcelona, 112. ☎ 972 400 500. www.solmelia.com P
Hab. 108: 85/140 €. Suites: 3. Céntrico.

****** Novotel Girona Aeropuerto.** (En RUIDELLOTS DE LA SELVA). Autopista A-7, salida 8. ☎ 972 477 100. www.novotel.com
Hab. 81: 69/155 €. Espacios verdes. Terraza. Ping-pong. Restaurante CLARAVIA.

Gombren (Girona) Ver Ripoll. 25 • D-1

Grado, El (Huesca) 24 • B-1

A HUESCA, 70 KM; MADRID, 460 KM. ALT. 465 M. POB. 506.
GPS (43° 23' 18''N-6° 4' 16"O).

Fiestas: Agosto: Campeonato mundial de parchís. 8 de septiembre: Virgen del Viñero. 11 de noviembre: Romería a la Ermita de San Martín.
Visitar: Iglesia de San Salvador, gótico aragonés (s. XVI-XVII). Casco urbano.
Alrededores: Pantano El Grado. Río Cinca.

Restaurantes

Bodega del Somontano. Bº del Cinca, 11. ☎ 974 304 030.
Cierra noches de lunes a viernes, excepto festivos, y del 25 de junio al de 6 de julio. Canelones de setas, ternasco asado, tarta de cuajada. Precio medio 25 €.

Granada 73 • D-4

A MADRID, 418 KM; ALT. 435 M. POB. 279.639. 902 405 045.
GPS (37° 10' 34''N-3° 35' 57"O).

Fiestas: 2 de enero: Toma de Granada. Febrero: Romería de S. Cecilio. Marzo: Festival Internacional de Tango. Semana Santa. Abril: Festival Abril para Vivir (Canción de autor). Mayo: Festival Internacional de Poesía. 3 de mayo: Día de la Cruz. Mayo: Feria. Mayo-junio: Feria del Corpus. Junio: Festival Cines del Sur. Junio-julio: Festival Internacional de Música y Danza. Ultimo domingo de septiembre: Procesión Virgen de las Angustias. Noviembre: Festival de Jazz.
Visitar: **Conjunto Monumental de la Alhambra y Generalife**, el monumento más importante de Granada y el más bello y mejor conservado del arte árabe. Se alza sobre la colina Assabicca y domina la ciudad. **La Alcazaba** (ciudad militar), construida por Alhamar, fundador de la disnastía Nazarí en el s.XIII, donde destaca la Torre de la Vela sobre la vega granadina. Durante los s.s XIV-XV se construyen **los Palacios Nazaríes:** El Palacio de Comares, dominado por una torre de 45 m de altura, alberga el Salón del Trono de los Reyes y se abre al Patio de los Arrayanes, en cuyo estanque se refleja el perfil de su armoniosa torre. El **Patio de los Leones** es el eje principal del Serrallo y da paso a la Sala de los Abencerrajes, con decoración de mocárabes, a la Sala de los Reyes, con pinturas singulares y a la Sala de las dos Hermanas, residencia de la sultana y la familia real. En todas las dependencias se pueden admirar la decoración, los arcos, las yeserías y columnas, únicos del arte nazarí. Por los jardines se accede al **Generalife**, residencia de descanso y recreo de los reyes nazaríes, donde se puede disfrutar de los maravillosos juegos de agua, los estanques y jardines (visitas previa reserva).
El **Palacio de Carlos V** es uno de los primeros palacios renacentistas españoles, construido por Pedro Machuca en el s.XVI, forma parte del recinto el Museo de la Alhambra y el Museo de Bellas Artes.
La Catedral, situada en pleno centro de la ciudad, considerada como la primera iglesia renacentista de España; proyectada por Enrique Egas en 1505, la construyó Diego de Siloé y la finalizó Alonso Cano, del que se conservan en su interior pinturas y esculturas. La Capilla Real, erigida por orden de los Reyes Católicos, aloja sus sepulturas. En su museo se alberga la colección de pinturas y esculturas flamencas de la Reina Isabel la Católica. Junto a la Catedral se encuentra también la Madraza, antigua universidad árabe que albergó el primer ayuntamiento de la ciudad. La Alcaicería (antiguo mercado de la seda), el Corral del Carbón, la Casa de los Tiros y las Iglesias de S. Matías y Sto. Domingo, junto con la Plaza Bibrambla, se sitúan dentro del casco histórico. El Monasterio de S. Jerónimo, donde está enterrado el Gran Capitán, y el Monasterio de la Cartuja (ejemplo del barroco español) completan este recorrido monumental.
Barrio del Albaicín (declarado Patrimonio de la Humanidad), con calles de trazado árabe medieval. Desde los miradores de S. Nicolás o de S. Cristóbal se puede admirar la impresionante vista sobre la ciudad y la Alhambra. Aljibe del Rey. Palacio de Dar Al-Harra. "Casa Museo del pintor Max Moreau". Iglesias del Salvador y S. José, con restos de su origen como mezquitas. Junto al río, en la Carrera del Darro, se encuentran la Casa de los Pisa (Museo de S. Juan de Dios), la Iglesia de S. Pedro, la Casa del Castril, (Museo Arqueológico Provincial) y los Baños Árabes del s. XI. Museo Memoria de Andalucía. El Sacromonte es el barrio de los gitanos que conserva en sus cuevas el folklore de «las zambras». Museos Cuevas del Sacromonte y de La Mujer Gitana. La magnífica colegiata y abadía construidas en el s. XVI son sus monumentos.
El Parque de las Ciencias, moderno museo interactivo con planetario y observatorio astronómico. La Huerta de S. Vicente, en el Parque de García Lorca, alberga la Casa Museo de Lorca con numerosas actividades.
Alrededores: SANTA FÉ, a 11 km: cuna de la Hispanidad. FUENTE VAQUEROS, a 12 km: cuna de García Lorca, Casa Museo. ALHAMA DE GRANADA, a 45 km: Termas naturales. Balneario. A 35 km, estación de esquí, Parque Nacional de Sierra Nevada y Las Alpujarras. GUADIX, a 50 km: Cuna de Pedro Antonio de Alarcón, catedral y barrio de cuevas. El Parrado. Costa Tropical, a 70 km.

Restaurantes

®**Chikito.** Pza. del Campillo, 4. ☎ 958 223 364. www.restaurantechikito.com
Cierra miércoles. Animada barra y terraza, con cocina tradicional. **Tortilla de Sacromonte, rabo de toro estofado**, surtido de postres caseros. Menú 24 €. Precio medio 35 €.
Cunini. Pza. Pescadería, 14. ☎ 958 250 777. www.cunini.es
Cierra domingo noches y lunes. Los pescados y mariscos del Mediterráneo, y el rabo de toro protagonizan la oferta de esta casa junto a la Catedral. Precio medio 35 €.
Damasqueros. Damasqueros, 3. ☎ 958 210 550. www.damasqueros.com
Cierra domingo noche, lunes y agosto. Agradable local en el Realejo con zona de tapeo. Potaje de pelotas (alubias con codorniz), frutos rojos, vino y helado de café. Menú 20 €. Precio medio 35 €.
El Claustro. (H. AC PALACIO DE SANTA PAULA). Gran Vía de Colón, 31. ☎ 958 805 740. www.restauranteelclaustro.com
Bonito marco en el antiguo convento de Santa Paula. Ravioli de pez mantequilla relleno de tartar de esturión con crema de aguacate, lubina con fideos de calabaza y consomé de atún ahumado, intercalado de chocolate, avellana y pasión. Precio medio 42 €.
El Huerto de Juan Ranas. (Mirador San Nicolás - Albaicín). Callejón de Atarazana Vieja, 8. ☎ 958 286 925. www.restaurantejuanranas.com
Espectacular vista a la Alhambra. Buñuelos de patata y bacalao con piñones en tempura negra, solomillo de buey a la parrilla con puré de manzana, helado de hierbabuena. Precio medio 50 €.
®**Las Tinajas.** Martínez Campos, 17. ☎ 958 254 393. www.restaurantelastinajas.com
Cierra del 16 de julio al 14 de agosto. Es uno de los destinos clásicos de la ciudad. Dispone de animada barra y dos comedores para una variada cocina mediterránea, con destellos modernos. Famosas jornadas gastronómicas. Precio medio 40 €.
Los Santanderinos. (Urb. Jardín de la Reina). Albahaca, 1. ☎ 958 128 335. www.lossantanderinos.com
Cierra noches de lunes a miércoles; domingo y agosto. Ambiente y cocina cántabro, cercano al Palacio de Congresos. Anchoas de Santoña con tomate raff, cocido montañés, crujiente de almendras. Precio medio 50 €.
Mirador de Morayma. Pianista García Carrillo, 2. ☎ 958 228 290. www.miradordemorayma.com
Cierra domingo noche y, domingo en julio y agosto. Bonito carmen granadino en el Albaycín con vistas a la Alhambra. Esturión de Riofrío, solomillo de cerdo ibérico, crema de queso fresco con membrillo. Precio medio 50 €.
Oleum. San Antón, 81. ☎ 958 295 357. www.restauranteoleum.com
Taberna andaluza con tienda de vinos y aceites de oliva y, ahora también gastrobar. Huevos rotos con jamón y piñones, asado de cordero segureño con guarnición, lingote de leche frita. Precio medio 30 €.

Oryza. Nueva de la Virgen, 12. ☎ 958 253 479. www.oryza.es
Cierra domingo, última semana de enero, 15 días en agosto y navidades. Pequeño local de gestión familiar, con barra y comedor adyacente. Cocina actual bien resuelta. Arroz con calamar y langostino, paletilla de cordero segureño. Precio medio 30 €.

Parador de Granada. Real de la Alhambra, 13. ☎ 958 221 440. www.parador.es
Buena cocina regional: **remojón granadino, rape mozárabe, cuajado de carnaval,** bien servido en este precioso recinto en La Alhambra. Precio medio 40 €.

Principal. Pedro Antonio de Alarcón, 15. ☎ 958 258 890. www.principalgranada.com
Cierra domingo y segunda quincena agosto. Alcachofas con langostinos y salsa de almendras, cochinillo a las dos cocciones, carpaccio de piña. Precio medio 30 €.

Ruta del Veleta. (En CENES DE LA VEGA, a 4 km). Ctra. de Sierra Nevada, 136. ☎ 958 486 134. www.rutadelveleta.com
Cierra domingo noche. Miguel y José Pedraza, junto a sus hijos, trasmiten afabilidad en su amplio restaurante dividido en varios comedores, bodega y terraza. **Huevo de gallina de corral a baja temperatura sobre puré de patata y aceite de oliva, lomo de dorada de Salobreña braseado con pulpo, helado de chirimoya.** Precio medio 45 €.

Hoteles

***** **AC Palacio de Santa Paula.** Gran Vía de Colón, 31. ☎ 958 805 740. www.ac-hotels.com
Hab. 75: 140/780 €. Suites: 4. Casa morisca en el s. XIV, convento en s. XVI y palacete en el s. XIX. Restaurante EL CLAUSTRO.

***** **Hospes Palacio de los Patos.** Solarillo de Gracia, 1. ☎ 958 535 790. www.hospes.com
Hab. 32: 130/340 €. Suites: 10. Consultar ofertas. Palacio del s. XIX con muebles de diseño. Restaurante SENZONE.

***** **M. A. Nazaríes Bussines & SPA.** Maestro Montero, 12. ☎ 958 187 600. www.hoteles-ma.es
Hab. 244: 128/289 €. Suites: 9. Céntrico. Lujosas y confortables instalaciones. Consultar ofertas. Restaurante LAS GACELAS.

**** **Abades Nevada Palace.** Sultana, 3. ☎ 902 222 570. www.abades.com
Hab. 235: 60/300 €. Suites: 2. Consultar ofertas. Junto al palacio de deportes y estadio Los Cármenes.

**** **Alhambra Palace.** Pza. Arquitecto García de Paredes, 1. ☎ 958 221 468. www.hotelalhambrapalace.es
Hab. 115: 157/200 €. Suites: 11. Situado en el recinto de la Alhambra. Terrazas con magníficas vistas sobre Granada y Sierra Nevada.

**** **Alixares.** Pº de La Sabica, 40. ☎ 958 225 575. www.hotelesporcel.com
Hab. 201: 60/250 €. Suites: 2. Situado en la Alhambra.

**** **Andalucía Center.** Avda. de América, 3. ☎ 958 181 500. www.hotelescenter.es
Hab. 115: 50/185 €. Suites: 2.

**** **Citymar San Antón.** San Antón, 74. ☎ 958 520 100. www.citymar-hoteles.com
Hab. 189: 50/250 €. Frente al Palacio de Congresos. Céntrico. Restaurante PANORÁMICO.

**** **Granada Center.** Avda. Fuentenueva, s/n. ☎ 958 205 000.
Hab. 163: 60/347 €. Suite: 1. Restaurante AL-ZAGAL.

**** **M. A. Alhamar.** Alhamar, 46-48. ☎ 958 290 303. www.hoteles-ma.es
Hab 141: 90/171 €. Suites: 2. Céntrico. Diseño moderno.

**** **Maciá Cóndor.** Avda. de la Constitución, 6. ☎ 958 283 711. www.maciahoteles.com
Hab. 104: 60/170 €. Suites: 7. En el centro residencial y administrativo. Restaurante GENERALIFE.

**** **Meliá Granada.** Angel Ganivet, 7. ☎ 958 227 400 www.solmelia.com.
Hab. 232: 70/180 €. Planta Real. Restaurante GENERALIFE.

**** **Parador de Turismo.** Real de la Alhambra, s/n. ☎ 958 221 440. www.parador.es
Hab. 40: 315/360 €. Suites: 5. En el centro de la Alhambra. En un antiguo convento franciscano, que fue anteriormente palacio árabe, donde estuvieron sepultados los Reyes Católicos hasta su traslado a la Capilla Real. Buena cocina.

**** **Triunfo Granada.** Pza. del Triunfo, 19. ☎ 958 207 444. www.hotelestriunfo.com
Hab. 40: 76/137 €. Céntrico. Restaurante PUERTA ELVIRA.

**** **Tryp Albayzín.** Carrera del Genil, 48. ☎ 958 220 002. www.solmelia.com
Hab. 105: 60/140 €. Suites: 1. Céntrico. Próximo al Palacio de Congresos. Restaurante PATIO DE LA ALEAYDA.

**** **Villa Oniria.** San Antón, 28. ☎ 958 535 358. www.villaoniria.com
Hab. 31: 150/428 €. Suites: 2. Consultar ofertas. Restaurante LA FÁBULA.

*** **Casa Morisca.** Cuesta de la Victoria, 9. ☎ 958 221 100. www.hotelcasamorisca.com
Hab. 14: 126/198 €. Casa morisca de finales del s. XV, restaurada. En la ribera del río Darro. Frente a la Alhambra.

*** **Guadalupe.** Pº de la Sabica, s/n. (Alhambra). ☎ 958 223 423.
Hab. 42: 50/123 €. Frente a los jardines del Generalife. Junto a La Alhambra. Recientemente renovado.

*** **NH Inglaterra.** Cetti-Meriem, 4. ☎ 958 221 559. www.nh-hotels.com
Hab. 36: 81/172 €. Céntrico. Palacete del s. XIX con fachada plateresca. Algunas habitaciones con vistas a la Alhambra.

Granda (Asturias) Ver Pola de Siero. 3 • E-3

Granja de San Ildefonso, La (Segovia) 31 • A-4

A SEGOVIA, 11 KM; MADRID, 77 KM. ALT. 192 M. POB. 5.725. 921 473 953
GPS (40° 54' 12"N-4° 0' 30"O).

Fiestas: 23 de enero: S. Ildefonso. 1-2 de mayo: Feria de Abril. Primer fin de semana de junio: Mercado Barroco. Del 21 al 26 de agosto: S. Luis, patronales: Gran Judiada. Del 3 al 8 de septiembre: Ntra. Sra. del Rosario, patronales. 30 mayo, 25 julio, 25 agosto: Funcionamiento de las fuentes monumentales de los Jardines Reales.
Visitar: Palacio de la Granja y jardines reales, Patrimonio Nacional. Fuentes monumentales. Salas y estancias ricamente decoradas y precioso Museo de Tapices. Casco Histórico barroco. Caballerizas Reales, Casa Infantes, Casa Canónigos. Real Fábrica de Cristales y Vidrio, museo del Vidrio, con importantes exposiciones temporales y permanentes, y talleres de vidrio en vivo. Centro Nacional de Educación Ambiental y Centro de Interpretación Boca del Asno.
Alrededores: VALSAÍN, a 3 km: Montes Valsaín, (rutas de sendrismo). NAVACERRADA, a 16 km: Estación de esquí. A 11 km: Palacio de Riofrío.

Restaurantes

Casa Zaca. Embajadores, 6. ☎ 921 470 087. www.casazaca.com
Cierra noches, lunes y dos semanas de octubre. Atención y cocina casera familiar de los Peinador. Patatas a la importancia, caldereta de cordero, motillas. Precio medio 25 €.

Dólar. Valenciana, 1. ☎ 921 470 269.
Cierra noches de domingo a jueves en invierno, miércoles y noviembre. Restaurante familiar cerca del Palacio Real. Judiones de La Granja, escalope, tarta de queso. Precio medio 27 €.

Hilaria. (En VALSAÍN, a 3 km). Ctra. CL-601, Valladolid-Madrid, km 124. ☎ 921 470 292. www.eljardindelahilaria.com
Cierra lunes, 15 días en junio y en noviembre. Las hermanas Sanz dirigen cocina y comedor en el corazón del pinar de Valsaín. Huevos con todo, carnes rojas, tortitas rellenas. Precio 25 €.

La Chata. Plaza España, 9. ☎ 921 471 500. www.lachata.es
Cierra noches excepto fines de semana y verano. Judiones de la Granja. Cochinillo y cordero asados, flan. Menú 12 €. Precio medio 24 €.

La Panadería . Lecheros, 9. ☎ 921 472 050. www.restaurantelapanaderia.com
Cierra noches excepto fines de semana y agosto; y martes. Ensaladas, asados castellanos, postres caseros. Menú 11 €. Precio medio 20 €.
®**Martinho.** Valenciana, 5. ☎ 921 470 198. www.restaurantemartinho.es
Cierra de lunes a jueves. Gran ambiente y atractiva oferta que atrae una fiel clientela. **Sobres de queso de cabra, solomillo con foie-gras y reducción de Pedro Ximénez.** Precio medio 25 €.
Puerta de la Reina. (PARADOR DE TURISMO). Infantes, 3. ☎ 921 010 754. www.parador.es
Elegante ambientación en los comedores y en la terraza-jardín con buena atención de sala y vinos ofrecidos por la galardonada Henar. Magnífica calidad y punto tanto del **cordero** como del **cochinillo asado** precedidos de **croquetitas de cecina**. Precio medio 35 €.
Reina XIV. (Casco histórico). Reina, 14. ☎ 921 470 548. www.reina14.com
Cierra noches excepto viernes y sábados; lunes, enero, última semana de junio y primera de julio. Revuelto de morcilla con patatas paja, chuletón de buey a la piedra, empanadillas fritas de crema. Precio medio 35 €.

Hoteles

**** **Parador de Turismo.** Infantes, 3. ☎ 921 010 750. www.parador.es
Hab. 127: 129/173 €. Suites: 14. Consultar ofertas. Su construcción alberga dos edificios del s. XVIII. Restaurante PUERTA DE LA REINA.
*** **El Jardín de la Hilaria.** (En VALSAÍN, a 3 km). Ctra. CL-601, km 124. ☎ 921 478 042. www.eljardindelahilaria.com
Hab. 14: 54/91 €. Suites: 6. Consultar ofertas. En el corazón de Guadarrama. Restaurante HILARIA.
** **Roma.** De los Guardas, 2. ☎ 921 470 752. www.hotelroma.org
Hab. 16: 45/70 €. Cierra de 15 a 30 de noviembre. Cocina castellana y de temporada.

Granollers (Barcelona)

25 • E-4

A BARCELONA, 28 KM; MADRID, 637 KM. ALT. 148 M. POB. 60.658.
GPS (41° 36' 29''N-2° 17' 12"E).

Fiestas: Del 12 al 15 de mayo: Feria y fiestas La Ascensión. Del 22 al 28 de agosto: Fiesta Mayor de "Blancs i Blaus".
Visitar: Iglesia parroquial de St. Esteve, del s. XVI; vestigios de la antigua iglesia gótica del s. XV. Condestable, s. XV; Plaza de La Porxada, de 1587. Museo de Granollers. Murallas. Son destacables los portales y ventanales de los s.s XIV-XVI, en el casco antiguo. Roca Umbert, Fábrica de las Arts. Rutas senderismo.
Alrededores: A 5 km, CARDEDEU. A 37 km, Parque Natural del Montseny. A 9 km, Circuito de Catalunya.

Restaurantes

®**Casa Fonda Europa.** Anselm Clavé, 1. ☎ 938 700 312. www.casafondaeuropa.com
Con 37 habitaciones. Entrañable y popular fonda dirigida por Ramón Parellada, fruto del afán de siete generaciones. Buena cocina tradicional en un entorno cálido y acogedor. **Potaje de judías del Ganxet, cordero del Montseny a las doce cabezas de ajo, recuit con miel**. Precio medio 25 €.
El Trabuc. Ctra. de Masnou, km 15,3. ☎ 938 708 657. www.eltrabuc.com P
Cierra domingos noche y segunda quincena de agosto. Masía restaurada. Verduras, pescados y carnes a la brasa, caracoles a la pimienta negra, requesón y miel. En marzo la quincena de la cocina del caracol. Precio medio 40 €.
®**La Taverna d'en Grivé.** Josep María de Segarra, 98. ☎ 938 495 783. P
Cierra noches de domingo y miércoles, lunes y agosto. Gestión familiar y platos tradicionales se unen en esta casa, donde se descubre una cocina elaborada con buena materia prima. **Caza** y **setas** en temporada. Precio medio 50 €.

Hoteles

**** **Augusta Vallés.** (En VILANOVA DEL VALLÉS). Autopista AP-7, salida 13 Granollers. ☎ 938 456 050. www.hotelaugustavalles.com P
Hab. 100: 85/450 € Suites: 2. Frente al circuito de Cataluña. Restaurante TRANSIT.
**** **Ciutat de Granollers.** Turo Bruguet, 2. ☎ 938 796 220. www.ciutathotels.com P
Hab. 111: 66/242 €. Resort SPA. A 5 km del circuito de Catalunya. Restaurante CITY.
*** **Granollers.** Avda. Francesc Macia, 300. ☎ 938 795 100. www.hotelgranollers.com P
Hab. 72: 50/190 €. Suites: 3. Próximo a los aeropuertos de Barcelona y Girona. Restaurantes: GRAN OLLA y LA PIRANYA.

Gredos-Navarredonda de (Ávila)

39 • B-3

A ÁVILA, 65 KM; MADRID, 180 KM. ALT. 1.545 M. POB. 547. 920 345 252.
GPS (40° 21' 43"N-5° 8' 5"O).

Fiestas: 10-11 de julio: S. Benito. Del 24 al 26 de julio: Feria Mayor de Santiago. 14-15 de agosto: Ntra. Sra. de la Asunción. 16-17 agosto: S. Roque. Del 24 al 27 de septiembre: Fiesta Virgen de las Nieves.
Visitar: Iglesias de Ntra. Sra. de la Asunción y S. Benito. Ermitas de S. Antonio y de las Nieves. Pinares. Garganta de Valdeascas. Nacimiento del río Tormes. Parque Regional de Gredos. Laguna Grande.
Alrededores: PUERTO DEL PICO, a 17 km: Calzada romana. BONILLA DE LA SIERRA, a 30 km: Iglesia de S. Martín y cuevas del Águila. MOMBELTRÁN, a 24 km: Castillo de Alburquerque. A 41 km: Grutas de el Águila en Ramacastañas de Arenas de S. Pedro.

Restaurantes

®**El Milano Real.** (En HOYOS DEL ESPINO, a 5 km). Toleo, 2. ☎ 920 349 108. www.elmilanoreal.com
Cierra martes al mediodía. Con 22 habitaciones. La sierra de Gredos sirve de marco para este acogecor comedor. **Verduras a la plancha con queso de Candeleda, solomillo de ternera avileña, bomba de chocolate.** Precio medio 35 €.
El Rincón de Gredos. Ctra. del Barco, km 12. ☎ 920 348 245. P
Cierra entre semana en invierno, domingo noche, lunes, segunda quincena de mayo y de noviembre. En plena Sierra de Gredos. Croquetas caseras, boletus y ciervo en temporada, crema de mango. Precio medio 25 €.
El Yantar de Gredos. (En SAN MARTÍN DEL PIMPOLLAR, a 5 km). Cañadilla, s/n. ☎ 920 348 394. www.elyantardegredos.es
Cierra domingo noche, lunes, del 7 al 14 de enero y del 27 de septiembre al 8 de octubre. Con 5 habitaciones. Judías del Barco de Ávila, perdiz de campo agridulce con cebollitas, pastel de queso. Menú 15 €. Precio medio 28 €.
La Mira de Gredos. (En HOYOS DEL ESPINO, a 5 km). Ctra. AV-941, Venta Rasquilla- El Barco de Ávila, km 16,5. ☎ 920 349 023. P
Cierra noches excepto para clientes alojados; jueves excepto festivos, puentes, Semana Santa, julio, agosto y Navidad; y octubre. Con 15 habitaciones. Vistas a la sierra y chimenea en invierno. Alubias de Navalonguilla estofadas con sus sacramentos, solomillo de avileña, quesos con higos del Tiétar. Precio medio 35 €.

Hoteles

*** **Parador de Turismo.** Ctra. AV-941, km 10. ☎ 920 348 048. www.parador.es P
Hab. 74: 84/128 €. Suites: 2. Consutar ofertas. Primer Parador de Turismo, inaugurado en 1928. Recientemente remodelado. Restaurante HUERTA DEL REY, cocina tradicional.

Grove, O/Grove, El (Pontevedra) 7 • C-3

A PONTEVEDRA, 31 KM; MADRID, 638 KM. ALT. 6 M. POB. 11.327. 986 731 415.
GPS (42° 29' 36''N-8° 52' 0"O).

Fiestas: Febrero: Carnaval. Del 14 al 16 de julio: Fiesta del Carmen. Del 30 de septiembre al 12 de octubre: Fiesta del Marisco, de Interés Turístico Nacional. 10-11 de noviembre: Fiesta S. Martiño. Del 2 al 11 de diciembre: Jornadas del centollo.
Visitar: Monumento a la Familia Marinera. Esculturas del "Simposio Internacional de Escultura". Miradores de Monte Siradella y Conda Hedra. Ensenada de O Bao, zona húmeda de importancia internacional. Ramsar. Puerto pesquero. Playas y Paseos.
Alrededores: Isla de A Toxa. Puente de principios de s. XX y capilla cubierta de conchas. Playas.

Restaurantes

Beiramar. Avda. Beiramar, 30. ☎ 986 731 081. www.restaurantebeiramar.com
Cierra domingo noche y lunes, excepto agosto; y noviembre. Frente al puerto pesquero. Croquetas de choco, rape asado con pisto de verduras, semifrío de queso con helado de galleta. Precio medio 35 €.
Culler de Pau. Lugar Reboredo, 73. ☎ 986 732 275. www.cullerdepau.com P
Cierra lunes noches excepto verano, martes y del 15 de enero al 15 de febrero. Una interesante novedad. Cocina joven, creativa, con cuidado diseño de los platos, como sus **navajas con jugo tostado de cebolla y lámina de tocino** o las **albóndigas de centolla con caldo de arroz**. La opción más acorde con la cocina de hoy de toda la zona. Precio medio 45 €.
® **D'Berto.** Teniente Domínguez, 84. ☎ 986 733 447. www.dberto.com P
Cierra martes, 15 días en mayo y del 20 de diciembre al 2 de enero. Es uno de esos templos del **marisco** que hay en Galicia. La calidad y el tamaño de las piezas nunca defrauda. Además la oferta de **pescado** es magnífica: materia prima irreprochable, cocina sin complicaciones ni dobleces. Precio medio sin marisco 45 €.
Dorna. Castelao, 150. ☎ 986 731 842. P
Cierra martes excepto verano. Antigua fábrica de salazón junto al puerto de la Toja. Empanadas gallegas, caldeiradas de pescado, filloas. Menú 12 €. Precio medio 35 €.
® **El Crisol.** Pza. O Gorgo, 10-12. ☎ 986 730 029. www.restaurantecrisol.com P
Cierra lunes al mediodía en verano y lunes en invierno. Un clásico que vuelve por sus fueros a base de calidad. Su oferta es un repaso al mejor repertorio de la cocina tradicional gallega. Muy buen **marisco** y **pescados** inolvidables, como el **rodaballo al horno**, o los espectaculares **lenguados**. Precio medio sin marisco 35 €.
Posada del Mar. Castelao, 202. ☎ 986 730 106. P
Cierra domingo noche y lunes, excepto julio y agosto, domingo mediodía en julio y agosto; y del 10 de diciembre al 1 de febrero. Empanadas, mero con almejas, cañitas. Precio medio 38 €.

Hoteles

***** **Gran Hotel La Toja.** (En ISLA DE LA TOJA). Isla de La Toja, s/n. ☎ 986 730 025. www.granhotellatoja.com
P
Hab. 199: 139/295 €. Suites: 29. Dispone de club termal. Balneario con aguas mineromedicinales y tratamientos de salud. A 300 m del Club de Golf. Restaurante ENSENADA.
**** **Balneario Hesperia Isla de La Toja.** (En ISLA DE LA TOJA). ☎ 986 730 050.
P
Hab. 104: 105/190 €. Suites: 4. Posee balneario, club termal, centro de estética y fitness centre. Restaurantes ISLA DE LA TOJA y ACUEDUCTO, arrocería.
**** **Mar Atlántico.** (En SAN VICENTE DO MAR). Pedras Negras. ☎ 986 738 061. www.hotelmaratlantico.com
P
Hab. 47: 40/138 €. Suites: 3. Cierra del 2 de noviembre a Semana Santa. En la Ría de Arosa. Restaurante SALVORA.
**** **Talaso Hotel Louxo-La Toja.** (En ISLA DE LA TOJA). Isla de La Toja, s/n. ☎ 986 730 200. www.louxolatoja.com
P
Hab. 113: 70/160 €. Suites: 3. Centro de Talasoterapia Louxomar. Al lado del Casino y próximo al campo de Golf La Toja. Restaurantes RÍAS GALLEGAS y LA GARZA.
*** **Touris.** Ardia, 175. ☎ 986 730 251. www.hoteltouris.com P
Hab. 48: 40/87 €. Consultar cierre y ofertas. Al borde del mar. En la Ría de Arosa.

Guadalajara 40 • E-2

A MADRID, 55 KM; ALT. 675 M. POB. 81.221. 949 211 626.
GPS (40° 37' 47''N-3° 10' 3"O).

Fiestas: Cabalgata de Reyes, de Interés Turístico Provincial. Carnaval. Semana Santa, de Interés Turístico Regional. Junio: Corpus Christi. Septiembre: Ferias y Fiestas.
Visitar: **Palacio del Infantado.** La construcción que comenzó en 1480, es obra de Juan Guas, en el interior está el Patio de los Leones. **Convento de la Piedad.** La **Iglesia de Sta. María**, sobre el emplazamiento de una antigua mezquita, de estilo mudéjar, renacentista y barroco. La **Iglesia de S. Francisco** conserva en su interior el panteón de familia Mendoza. Las iglesias de la Piedad s. XVI, de S. Nicolás, de Santiago, s. XIV, de S. Ginés, del Carmen y de Los Remedios rehabilitada como auditorio de música. **Torreón de Alamín. Torreón de Alvar Fánez.** El **Panteón de la Condesa de La Vega del Pozo. Palacios de La Cotilla y de Daválos.**
Alrededores: Parque Natural del Alto Tajo. Parque Natural Hayedo de Tejera Negra. LUPIANA, a 6 km: Monasterio jerónimo del s. XIV y capilla de S. Bartolomé. A 10 km, AZUQUECA DE HENARES. PIOZ, a 20 km: Castillo. TORIJA, a 20 km: Castillo. BRIHUEGA, a 33 km: Conjunto Monumental. COGOLLUDO, a 40 km: Palacio renacentista. MARCHAMALO, a 4 km: Pasión Viviente. JADRAQUE, a 46 km: Castillo y gastronomía. HITA, a 27 km: Plaza Mayor, Monasterio de Sopetrán.

Restaurantes

Amparito Roca. (A 100 m. de la A-2, Madrid-Barcelona, Salida 55). Toledo, 19. ☎ 949 214 639. www.amparitoroca.com P
Cierra domingo, Semana Santa y segunda quincena de agosto. Acreditado restaurante de Jesús Velasco, con nombre de copla. **Gazpacho marinero de bogavante y buey de mar, ossobucco de morcillo estofado al vino tinto, infusiones frías de la Alcarria con frutas.** Armoniza la cocina, el elegante comedor, la bodega y el servicio. Precio medio 40 €.
Diego's. Sigüenza, 16. ☎ 949 253 634. www.restaurantediegos.com
Cierra lunes y agosto. Los hermanos Lozano mantienen calidades. Ensalada templada de bacalao, carnes a la parrilla o en salsa, tarta de chocolate. Precio medio 35 €.
® **El Fogón del Vallejo.** (En ALOVERA, a 8 km). (Ctra. A-2, salida 43 a Azuqueca). Urb. Parque Vallejo. Vicente Aleixandre, 45. ☎ 949 274 184.
Cierra segunda quincena de agosto y del 24 de diciembre al 3 de enero. Todo sigue por el buen camino con una oferta de base tradicional y buenos resultados. **Patitas de pulpo con pimientos, buey a la parrilla, torrija de chocolate.** Precio medio 35 €.
® **Lino.** Vizcondesa de Jorbalán, 10. ☎ 949 253 845. www.restaurantelino.com P
Cierra miércoles y primera quincena de agosto. Cocina tradicional actualizada a cargo de Mario de Lucas. **Arroz meloso de setas ligado con queso manchego, carré de cordero asado relleno de boletus con salsa de vino dulce y miel, sopa líquida de piña con helado de coco y nuestro bizcocho borracho.** Atento servicio. Precio medio 35 €.

Las Llaves. (En MARCHAMALO, a 3 km). Salir en el km 50 de la A-2, dirección Francisco Acosta. Pza. Mayor, 16. ☎ 949 250 485. www.restaurante-lasllaves.com
Cierra noches de lunes a jueves en invierno, domingo, Semana Santa, segunda y tercera semana de agosto. Ambiente acogedor en esta casa-palacio del s. XVI con cocina de base tradicional. **Crema de patata con trufa y foie-gras a la plancha, carrillera de ternera estofada, crepes rellenos de dulce de leche.** Precio medio 45 €.
Los Faroles. Ctra. A-II, Madrid-Barcelona, km 51,4. ☎ 949 202 332. www.restaurantelosfaroles.com P
Cierra domingo noche, lunes y agosto. Un estratégico alto con cocina tradicional cercano a Guadalajara. Judías con perdiz de campo, tortilla de bacalao y cebolla, tarta costrada. Precio medio 45 €.
Mariblanca. (En SACEDÓN, a 51 km). Pza. de Abajo, 2. ☎ 949 350 044. www.hotelmariblanca.com
Cierra domingo noche y fines de semana de septiembre. Con 27 habitaciones. Migas con uvas, chuletillas de lechal, bizcochos borrachos. Precio medio 25 €.
Miguel Ángel. Alfonso López de Haro, 4. ☎ 949 212 251. www.grupomiguelangel.com
Cierra viernes en julio y agosto; y domingo noche. Ambiente clásico en el centro de la ciudad con cocina a tono. Raviolis de botillo con salsa de trufa, carnes rojas a la parrilla de encina, bizcochos borrachos. Menú 26 €. Precio medio 36 €.

Hoteles

**** **AC Guadalajara.** Avda. del Ejército, 6. ☎ 949 248 370. www.ac-hotels.com P
Hab. 103: 56/120 €. Suites: 2. En el centro histórico. Cercano al Palacio del Infantado. Restaurante DAVID GUERRERO.
**** **Pax.** Avda. de Venezuela, 15. ☎ 949 248 060. www.hotelpax.es P
Hab. 60: 50/128 €. Tranquilo. Restaurante ELEGANCE.
**** **Tryp Guadalajara.** Ctra. A-2, km 55. ☎ 949 209 300. www.hotelguadalajara.com P
Hab. 159: 55/173 €. Consultar ofertas. Céntrico. Resaturante EL INFANTADO.
*** **Alcarria.** Toledo, 39. ☎ 949 253 300. www.hotelalcarria.es P
Hab. 53: 40/70 €. Consultar ofertas y admisión de perros. Próximo al centro histórico. Restaurante ALCARRIA, cocina tradicional.
*** **La Cañada.** (En HORCHE). Cañada de Alcohete, 14-16. ☎ 949 290 029. www.lacanadahotel.com P
Hab. 58: 40/60 €. Suites: 2. Consultar cierre y ofertas. Restaurante HORCHE, cocina tradicional castellana de alta calidad.

Guadalupe (Cáceres) 47 • D-4

A CÁCERES, 129 KM; MADRID, 239 KM. ALT. 640 M. POB. 2.096. 927 154 128.
GPS (39° 27' 11''N-5° 19' 50"O).

Fiestas: Semana Santa. Agosto: Capeas tradicionales de Toros. Del 6 al 8 de septiembre: Ntra. Sra. de Guadalupe, procesiones de peregrinos y de romeros. 12 de octubre: Fiesta de la Hispanidad, de Interés Turístico Regional.
Visitar: Villa con interesante arquitectura popular y edificios de los s.s XV y XVI. Declarado conjunto Histórico Artístico. Ermita del Humilladero. Arca del Agua y Presa del Estanque (BiC). Real Monasterio de Ntra. Sra. de Guadalupe, Patrimonio de La Humanidad.
Alrededores: Comarca VILLUERCAS-IBORES-JARA: Monumentos Histórico-Artísticos, ruinas romanas, pinturas rupestres.

Restaurantes

Cerezo. Gregorio López, 20. ☎ 927 367 379. www.hostalcerezo.com
Con 18 habitaciones. Migas extremeñas, chuletillas de cordero, pudín de castañas. Menú 10 €. Precio medio 22 €.
Hospedería del Real Monasterio. Pza. de Juan Carlos I, s/n. ☎ 927 367 000. www.monasterioguadalupe.com P
Cierra del 15 de enero al 15 de febrero. Regentado por la Comunidad Franciscana. Ensalada de perdiz, bacalao con pisto de la huerta, biscuit de higos. Menú 17 €. Precio medio 25 €.

Hoteles

**** **Parador de Turismo.** Marqués de la Romana, 12. ☎ 927 367 075.www.parador.es P
Hab. 41: 106/172 €. Consultar ofertas. En el centro, junto al Real Monasterio. Situado en el palacio del Marqués de la Romana, antiguo hospital de San Juan Bautista, s. XV y Colegio de Infantes, s. XVI. Cocina variada con especialidades extremeñas.
** **Hospedería del Real Monasterio.** Pza. Juan Carlos I, s/n. ☎ 927 367 000. www.hospederiamonasterioguadalupe.com P
Hab. 47: 46/65 €. Consultar cierre y ofertas. La Hospedería se encuentra situada en el claustro gótico del Real Monasterio, pieza del s. XVI. Patrimonio de la Humanidad.

Guadarrama (Madrid) Ver Madrid: Alrededores. 39 • F-1

Guadiaro (Cádiz) Ver Sotogrande. 77 • A-4

Guadix (Granada) 73 • F-3

A GRANADA, 58 KM; MADRID, 438 KM. ALT. 949 M. POB. 20.307. 958 699 574.
GPS (37° 17' 60''N-3° 8' 9"O).

Fiestas: 5 de enero: Cabalgata. 17 de enero: S. Antonio Abad, romería. Carnavales. Semana Santa. Corpus Christi. Mayo: Ciclo Internacional de música "Guadix Clásica". 15 de mayo: S. Torcuato, romería. Del 1 al 5 de septiembre: Feria y fiestas. 9 de septiembre: El «Cascamorras» es acosado por no traer la imagen de la Virgen de la Piedad de Baza.
Visitar: Catedral de los s.s XVI-XVIII, junto a la fachada principal se encuentra la Iglesia del Sagrario, con portada plateresca. Palacio Episcopal, de estilo neoclásico. Colegio de la Divina Infantita, s. XVIII, viejo Palacio de los Marqueses de Villalegre y la Casa, donde nació Pedro Antonio de Alarcón. Iglesias de S. Miguel, s. XVI, La Magdalena, reconstruida en el s. XV, y de Santiago, del s. XVI. Barrio de las Cuevas. Torreón del Ferro o Torre Gorda, s. XI. Barrio e Iglesia de Sta. Ana. Alcazaba árabe, de los s.s X-XI. Plaza de las Palomas, hoy de la Constitución, donde se encuentra el Palacio Consistorial, Palacio de los marqueses de Peñaflor de los s.s XVII-XVIII etc. Cueva Museo en Bda. de Cuevas, única en Europa.
Alrededores: PURULLENA, a 7 km: Pueblo troglodítico. LA CALAHORRA, a 17 km: Castillo-palacio del s. XVI, que conserva un hermoso patio. BAZA, a 49 km: La Colegiata.

Restaurantes

Hacienda el Marquesado. (En ALBUÑÁN, a 12 km). Ctra. CR-SE-19, Jerez del Marquesado-Guadix, km 6,5. ☎ 958 675 686. www.lahaciendadelmarquesado.es P
Cierra lunes y enero. Alcachofas y habitas, secreto y presa de cerdo ibérico, tocino de cielo. Menú 10 €. Precio medio 30 €.

Hoteles

****** Abades Guadix.** Autovía A-92, km 292. ☎ 902 323 800. www.abades.com P
Hab. 44: 45/170 €.
****** Comercio.** Mira de Amezcua, 3. ☎ 958 660 500. www.hotelcomercio.com
Hab. 40: 49/76 €. Suites: 2. Consultar ofertas. En el centro histórico-monumental.
****** Hospedería del Zenete.** (En LA CALAHORRA). Ctra. de Guadix,14. ☎ 958 677 192. www.hospederiadelzenete.com P
Hab. 32: 67/90 €. Aparatamentos: 1. Suites: 1. Entorno natural. Frente al Castillo. Restaurante EL CASTILLO.

Guarda, A/Guardia, La (Pontevedra) 17 • C-2

A PONTEVEDRA, 80 KM; MADRID, 617 KM. ALT. 35 M. POB. 10.356. 986 614 546.
GPS (41° 54' 8''N-8° 52' 30"O).

Fiestas: Junio: Fiesta del Santísimo. 26-27 de junio: Roscón de Yema. 3-4 de julio: Fiesta de la Langosta. 15 de julio: Virgen del Carmen. 25 de julio: Fiesta del Pez Espada. Agosto: S. Cayetano. Del 9 al 15 de agosto: Fiestas del Monte. 18 de septiembre: Fiesta de la Zorza. 19 de septiembre: Virgen de las Mercedes. 23 de septiembre: Romería de Sta. Tegra.
Visitar: Monte de Santa Tegra, poblado galaico-romano, s. I a.C. al II d.C. Museo Arqueológico. Estuario del Miño. Playas fluviales. Capilla Sta. Tegra y miradores. Convento de S. Benito, portada barroca. Puerto pesquero. Museo del mar. Senderismo.
Alrededores: Monasterio de Oia, a 15 km. Catedral de TUI. BAIONA: Virgen de La Roca.

Restaurantes

Anduriña. (Puerto). Do Porto, 58. ☎ 986 611 108. www.restauranteanduriña.com
Cierra domingo noche excepto verano; y del 20 de diciembre la 19 de enero. Con 21 habitaciones. Cocina marinera frente al puerto. Croquetas de marisco, rape con guisantes y almejas, cañitas de hojaldre rellenas. Precio medio 35 €.
®**Bitadorna.** Do Porto, 30. ☎ 986 611 970. www.bitadorna.com
Cierra noches de domingo a martes, 15 días en carnaval y de Navidad a Reyes. Chus Castro sigue en su línea, frente al puerto. La **langosta** sigue siendo una referencia inexcusable, preparada de diversas maneras. Además, buenos **pescados**, con recetas que van un par de pasos más allá de lo tradicional. Cuida mucho la calidad del producto. Precio medio 35 €.
Marusia. (Puerto). Do Porto, 29. ☎ 986 613 809.
Cierra domingo noche y martes, excepto verano y festivos; y del 22 de diciembre al 22 de enero. En el puerto pesquero con vistas al mar. Empanada, arroz con bogavante, tartas caseras. Precio medio sin marisco 25 €.

Hoteles

**** Convento de San Benito.** Hotel Monumento. Pza. San Benito s/n. ☎ 986 611 166. P
Hab. 23: 47/77 €. Suites: 1. Internet.

Guardamar del Segura (Alicante) 67 • F-3

A ALICANTE, 35 KM; MADRID, 445 KM. ALT. 25 M. POB. 15.951. 965 724 488.
GPS (38° 5' 9"N-0° 39' 9"O).

Fiestas: Carnaval. 17 al 24 abril: Semana Santa. Del 19 al 24 de junio: Hogueras de S. Juan. Del 15 al 25 de julio: Moros y Cristianos-S. Jaime, patronales. Septiembre: Virgen de Fátima. 7 de octubre: Virgen del Rosario.
Visitar: Yacimiento fenicio La Fonteta, s. VI a.C. Rabita Califal, s. X. Castillo de Guardamar y antigua villa de época cristiana, s. XIII. Museo Arqueológico, Etnológico y Paleontológico. Casa-Museo Ingeniero Mira. Parque Reina Sofía y Parque Forestal Alfonso XIII.
Alrededores: Playas, Huerta y Dunas de Guardamar. Desembocadura del río Segura. Parque Natural Las Salinas de Sta. Pola, Parque Natural El Fondó Elx-Crevillent. Laguna de La Mata.

Restaurantes

La Saranda. (Urb. Las Viñas). Pablo Neruda, s/n. ☎ 966 725 029. P
Cierra domingo noche y lunes; y del 7 de enero al 5 de febrero. Ensalada de capellán con alcachofas, lubina al hojaldre, helado de ñora de Guardamar. Menú 12 €. Precio medio 25 €.

Hoteles

****** La Laguna Spa & Golf.** (En ROJALES). Antonio Quesada, 53. (Urb. Doña Pepa). Ciudad Quesada. ☎ 965 725 577. www.hotellalaguna.com P
Hab. 95: 70/120 €. Suites: 8. Consultar ofertas. Frente al Parque Natural de las Lagunas de la Mata.
****** Parque Mar.** Gabriel Miró, s/n. ☎ 966 725 172. www.hotelparquemar.com P
Hab. 57: 56/141 €. Suites: 6. A 150 m de la playa. Restaurante ARCO MEDITERRÁNEO.
***** Campomar.** Partida de los Secanos, s/n. ☎ 965 728 000. www.hotelesposeidon.com P
Hab. 487: 61/152 €. Consultar cierre y ofertas. En primera línea de playa. Programas de animación en verano.
***** Meridional.** Avda. de la Libertad, 64. ☎ 965 728 340. www.hotelmeridional.es
Hab. 52: 67/138 €. Cierra en enero. Consular ofertas. En primera línea de playa. Renovado recientemente. Restaurante EL JARDÍN.

Guijuelo (Salamanca) 38 • E-2

A SALAMANCA, 48 KM; MADRID, 206 KM. ALT. 1010 M. POB. 6.150.
GPS (40° 33' 21''N-5° 40' 15"O).

Fiestas: Enero-febrero: Matanza típica. Del 14 al 19 de agosto: Fiestas Patronales.
Visitar: Iglesia Ntra. Sra. de la Asunción. El Torreón. Sede de la Denominación de Origen Guijuelo (Productos del cerdo ibérico). Museo de la Industria. Estación Tecnológica de la Carne de Castilla y León.

Restaurantes

Álvarez. Filiberto Villalobos, 126. ☎ 923 581 086. www.restaurantealvarez.es
Cierra noches y julio. Cocina popular con productos del cerdo ibérico. Callos con garbanzos, tarta de café. Precio medio 20 €.
La Amistad (Barbacoa). Pza. Castilla y León, 8. ☎ 923 580 402. www.guijuelonet.com
Cierra domingo y septiembre. Jamón de Guijuelo, carnes a la brasa, helado de jamón con pan de bellota. Menú típico 23 €. Precio medio 28 €.

Hoteles

***** Entredos.** Encina, 26-28. ☎ 923 158 197. www.hotelentredos.com P
Hab. 16: 48/81 €. Suites: 4. Consultar cierre y ofertas. Próximo a la estación La Covatilla. Vistas a la Sierra de Béjar.

Haro (La Rioja)

11 • F-3

A LOGROÑO, 44 KM; MADRID, 331 KM. ALT. 496,5 M. POB. 12.261. 941 303 366.
GPS (42° 34' 37''N-2° 50' 51"O).

Fiestas: Del 24 al 29 de junio: Fiestas de S. Juan, S. Felices y S. Pedro, declarada de Interés Turístico. 29 de junio: "Batalla del Vino". Del 7 al 11 de septiembre: Fiestas en honor de la Virgen de la Vega de Interés Turístico de La Rioja.
Visitar: Casco antiguo, de gran atractivo, con numerosas casas señoriales. Destacan el Ayuntamiento, ex-convento de S. Agustín y teatro Bretón de los Herreros. Iglesia de Sto. Tomás, s. XVI, la Basílica Virgen de la Vega, s.s XVII-XVIII y Palacio de los Condes de Haro (Casa de la Juventud). Museo del Torreón. Centro de Interpretación del Vino. Innumerables bodegas.
Alrededores: CASALARREINA, a 5 km: Convento de la Piedad; antiguo Palacio de los Condestables de Castilla. TIRGO, a 10 km: Iglesia de S. Salvador, románica, casas solariegas, Castillo de Cuzcurrita y Ochanduri. BRIONES, a 7 km: Recinto de la villa, Iglesia y Palacio del Marqués de S. Nicolás. ABALOS: Iglesia de S. Esteban. CUZCURRITA DEL RÍO TIRÓN, a 10 km: Iglesia de S. Miguel, s. XVII. Castillo de los Velasco. Ermitas de Ntra. Sra. de Sorejana, s. XI y de Ntra. Sra. del Tironcillo, s. XVIII. SAJARRAZA: Castillo. CIHURI, a 7 km: Puente romano, s. II.

Restaurantes

Beethoven. (Bº La Herradura). Santo Tomás, 8. ☎ 941 311 181. www.restaurantebeethoven.com
Cierra segunda quincena de enero. Cocina riojana en el centro histórico. Cocidos de la zona, carnes rojas, postres caseros. Precio medio 30 €.
☼ **La Vieja Bodega.** (En CASALARREINA, a 5 km). Avda. de La Rioja, 17. ☎ 941 324 254. www.viejabodega.com P
Cierra noches de domingo y martes, lunes y del 7 de enero al 6 de febrero. Un antigua bodega, (s. XVIII) es el marco de una buena cocina tradicional evolucionada. **Huevo asado a baja temperatura y hongos, carrillera de ternera, infusión de frutos rojos y helado de limón**. Precio medio 40€.
☼ **Las Duelas.** (H. LOS AGUSTINOS). San Agustín, 2. ☎ 941 304 463. www.hotellosagustinos.com
Cierra domingo de noviembre a abril. Productos riojanos bajo la sabia ejecución de Juan Nales. **Ravioli de ragú de pato con setas de primavera, cochinillo confitado con caldo de jamón ibérico, vasito de fresas y frutos rojos con helado de fresas y cuajada**. Precio medio 45 €.
Mesón Atamauri. Pza. Juan García Gato, s/n. ☎ 941 303 220. www.atamauri.com
Cierra domingo noche, lunes, primera quincena de julio y navidades. Ensalada de bacalao con pisto riojano, lomos de bacalao a la riojana, torrijas. Menú 13 €. Precio medio 35 €.
Tinto (Asador). (H. ETH RIOJA). (Polígono Fuenteciega). Los Nogales, 1. ☎ 941 304 142. www.hotelethrioja.com P
Patatas a la riojana, pescados y carnes a la brasa. Menú 11 €. Precio medio 25 €.

Hoteles

**** **Ciudad de Haro.** Ctra. N-124, km 41. ☎ 941 311 213. www.ciudadeharo.com P
Hab. 66: 76/224 €. Suites: 10. Totalmente reformado y ampliado. Rodeado de jardines. Restaurante SIGLO XXI.
**** **Los Agustinos.** San Agustín, 2. ☎ 941 311 308. www.hotellosagustinos.com P
Hab. 60: 74/122 €. Suites: 2. Antiguo convento del s. XIV. Claustro con cúpula acristalada. Restaurante LAS DUELAS.
*** **Hospedería Señorío de Briñas.** (En BRIÑAS, a 5 km). Travesía Calle Real, 3. ☎ 941 304 224. www.hotelesconencantodelarioja.com P
Hab. 20: 90/155. Suites: 3. Consultar cierre y ofertas. Palacete del s. XVIII.
*** **Hospedería Señorío de Casalarreina.** (En CASALARREINA, a 5 km). Pza. Santo Domingo de Guzmán, 6. ☎ 941 324 730. www.alojamientosconencantodelarioja.com P
Hab. 15: 85/180 €. Antiguo monasterio del s. XVI restaurado. Servicio de vinoterapias.

Hecho (Huesca)

13 • C-2

A HUESCA, 97 KM; MADRID, 490 KM. ALT. 833 M. POB. 979. 974 375 505.
GPS (42° 44' 21''N-0° 45' 5"O).

Fiestas: Del 7 al 11 de septiembre: Virgen de Escagües. 11 de noviembre: S. Martín.
Visitar: Museo al aire libre de escultura y pintura, "Casa Mazo". Monasterio de S. Pedro de Siresa. Calzada romana. Yacimientos arqueológicos. Pueblo típico aragonés rodeado de bosques.
Alrededores: SELVA DE OZA, a 12 km. Centro de interpretación del megalitismo, a 9 km.

Restaurantes

Casa Blasquico. Pza. la Fuente, 1. ☎ 974 375 007. www.casablasquico.com
Cierra domingo noche en invierno, del 1 al 10 de septiembre y del 20 al 26 de diciembre. Con 6 habitaciones. Casona y cocina pirenaica. **Pochas con jamón ibérico, jarrete con perrechicos, flan de manzana**. Precio medio 30 €.

Hellín (Albacete)

67 • A-1

A ALBACETE, 59 KM; MADRID, 306 KM. ALT. 565 M. POB. 30.976. 967 541 500.
GPS (38° 30' 42''N-1° 42' 16"O).

Fiestas: Semana Santa, «Tamborada» de Interés Turístico Internacional. 3 de mayo: Día de la Cruz. Del 26 de septiembre al 4 de octubre: Feria y fiestas en honor a la virgen del Rosario.
Visitar: Iglesia Arciprestal de Ntra. Sra. de la Asunción, del s. XVI. Ermita de Ntra. Sra. del Rosario, s. XVII, patrona de la ciudad. Convento de Franciscanos, del s. XVI. Ermita de S. Rafael, s. XVI. Centro Socio-Cultural en el antiguo convento de La Orden de Sta. Clara, s. XVII. Casco antiguo, de Interés Cultural, con Medina y Judería, alrededor de una antigua fortaleza árabe. Museo Comarcal.
Alrededores: MINATEDA, a 10 km: Abrigo con pinturas rupestres, Patrimonio de la Humanidad. Parque arqueológico "Tolmo de Minateda". En un radio de 30 km: Ruta de los Pantanos: Camarillas, Cenajo y Talave. ISSO: Puente romano sobre el río Mundo. Camino de Anibal, ruta Natural.

Restaurantes

Emilio. (H. EMILIO). Ctra. de Jaén, 23. ☎ 967 301 580. www.hremilio.com P
Con 31 habitaciones. Judías con perdiz, gazpacho manchego, helado frito. Precio medio 30 €.

Hoteles

*** **Reina Victoria.** Federico Coullaut Valera, 3. ☎ 967 300 250. www.hotelreinavictoriahellin.com P
Hab. 24: 50/105 €. Suites: 1. Céntrico. Cocina regional, nacional e internacional.

Hermisende (Zamora) Ver Puebla de Sanabria. 18 • F-2

Hernani (Guipúzcoa) 6 • D-4

A SAN SEBASTIÁN, 9,2 KM; MADRID, 458 KM; ALT. 41 M. POB. 19.289. 943 337 000.
GPS (43° 16' 2"N-1° 58' 37"O).

Fiestas: Del 20 de enero al 30 de abril: Temporada del Txotx (sidrerías). Del 23 al 27 de junio: S. Juan, patronales.
Visitar: Viaducto de Karabel. Ferrería de Fagollaga, restos de la antigua Real Fábrica de Anclas, s. XVIII. Fuerte de Sta. Bárbara. Casco Histórico, de Interés Histórico Artístico. Casa Consistorial. Iglesia parroquial de S. Juan Bautista, s. XVI, s. XVIII. Casas Torres de los s.s. XV-XVII. Arco de Entrada a la Villa, del s. XIV. Convento de S. Agustín, s. XIII. Museo Chillida-Leku. Parque Botánico de Nere Borda. Rutas: "Sagardotegiak", de las sidrerías y "Santa Bárbara", del Monte S. Bárbara.
Alrededores: Parque Natural Aiako Harria: Estaciones megalíticas de Igoin-Akola y Oindi-Mandoegi.

Restaurantes

☼☼ **Fagollaga.** (En la Ctra. de Navarra a 4 km de Hernani). Ereñozu Auzoa, 68. ☎ 943 550 031. www.fagollaga.com P
Cierra noches de domingo a martes, lunes y dos semanas en Semana Santa. Ixaak Salaberria es uno de los jóvenes valores culinarios que más sensibilidad posee, y que exhibe en platos de impactante creatividad. **Vieiras confitadas con yogur de almendras y porrusalda, gallo de Bresse con jugo de café y granada**. Postres de éxtasis. Servicio irreprochable a cargo de Xabier Salaberria. Precio medio 45 €.

Hervás (Cáceres) 38 • D-3

A CÁCERES, 124 KM; MADRID, 241 KM. ALT. 4.126 M. POB. 4.000.
GPS (40° 16' 25''N-5° 52' 2"O).

Fiestas: 17 de enero: S. Antón. Carnavales. Primer fin de semana de julio: Los Conversos. Del 16 al 17 de agosto: Ferias. Del 14 al 17 de septiembre: Fiestas patronales.
Visitar: Conjunto histórico-artístico de La Judería. Iglesia de Sta. María. Convento de S. Juan Bautista. Palacio de los Dávila. Museo Pérez-Comendador. Monte Castañar, senderismo.
Alrededores: Paraje recreativo de S. Andrés. Castañar Gallego y del Duque.

Restaurantes

El Almirez. (Centro histórico). Collado, 19. ☎ 927 473 459. www.restauranteelalmirez.com
Cierra domingo noche y lunes, excepto puentes y festivos; 8 días de junio y de septiembre. Migas extremeñas con huevos rotos, carrilleras de ibérico, croquetitas de chocolate líquidas. Menú 20 €. Precio medio 30 €.
®**Nardi.** (Calle peatonal). Braulio Navas, 19. ☎ 927 481 323.
Cierra martes, 15 días de junio y de octubre. Cocina actual atenta al mercado. **Canelón relleno de manitas de cerdo, pichón con arroz caldoso de setas**. Precio medio 35 €.

Hoteles

**** **Hospedería Valle del Ambroz.** Pza. del Hospital s/n. ☎ 927 474 828. www.hospederiadeextremadura.es
P
Hab. 26: 64/108 €. Consultar ofertas. En un antiguo convento trinitario del s. XVII. Restaurente EL CONVENTO.

Hinojosa de Duero (Salamanca) 28 • F-3

A SALAMANCA, 105 KM; MADRID, 320 KM. ALT. 601 M. POB. 736.
GPS (40° 59' 9"N-6° 47' 51"O).

Fiestas: 25 de abril Fiesta Cristo. 8 y 9 de mayo: Feria Internacional del Queso. Del 23 al 26 de junio: San Juan Bautista.
Visitar: Iglesia de S. Pedro, s. XIII. Ermita del Cristo de la Misericordia s.s XII-XIII. Museo Interpretativo del Duero. Almazara Tradicional, Museo del Aceite. Colección de Mariposas. Caminos: de Contrabandos; de los Atajos. Parque Natural Arribes del Duero. Rutas de: senderismo, bicicletas y caballos.
Alrededores: Casa del Parque de Sobradillo. Ruta de las grandes Presas del Duero.

Restaurantes

El Pendolón. Avda. Sánchez Terán, 21. ☎ 923 515 089.
Cierra miércoles noche. Manzana confitada con foie-gras de pato, lechazo asado con ensalada, quesada con arándanos. Precio medio 22 €.
Posada de las Médicas. (En AHIGAL DE LOS ACEITEROS, a 15 km). Sol, 16. ☎ 923 504 401.
www.posadadelasmedicas.com
Cierra lunes no festivos y temporada alta; y segunda semana de septiembre. Casona centenaria en el Parque Natural de Las Arribes del Duero. Pastel de setas y vieiras, rabo de toro estilo campero, milhojas con crema. Menú 10 €. Precio medio 23 €.

Hondarribia/Fuenterrabía (Guipúzcoa) 6 • E-3

A SAN SEBASTIÁN, 23 KM; MADRID, 490 KM. ALT. 24 M. POB. 16.458. 943 645 458
GPS (43° 21' 44''N-1° 47' 34"O).

Fiestas: Navidad: Concursos de Villancicos y Olentzeros. Belén Viviente. Semana Santa: Viernes Santo, cuadro plástico del descendimiento y procesión del Santo Entierro. Segundo día de Pascua: Romería en Guadalupe. 20-21 de junio: Mercado Medieval. 25 de julio: Santiago. Fiestas de la transmisión de cargos de la Cofradía de Pescadores («Kutxa»). 8-9 de agosto: Herri Giroa. Septiembre: Del 6 al 11: Patronales. 8: Festividad de la Virgen de Guadalupe, patrona, se celebra la procesión cívico-religiosa «Alarde». Feria de Arte Guipúzcoa plaza y feria Brocante. Frontón Jostaldi, los primeros domingos de mes.
Visitar: La ciudad antigua medieval, que conserva las murallas. Casa Consistorial, s. XVIII. Iglesia parroquial, gótica y renacentista, de mediados del s. XV. Castillo de Carlos V, hoy Parador de Turismo. "El Polvorín" Centro de Interpretación de la ciudad amurallada. El Baluarte de la Reina. Puerto pesquero. Playas.
Alrededores: CABO DE HIGUER, a 4 km: Castillo de S. Telmo, llamado de los «Piratas». A 4,5 km, Santuario de Ntra. Sra. de Guadalupe. Vistas panorámicas desde el Jaizkibel. Parque Natural de Plaiaundi y de Peñas de Aia. IRÚN: Museo romano Oiasso.

Restaurantes

Alameda. Minasoroeta, 1. ☎ 943 642 789. www.restalameda.com
Cierra noches de domingo y martes, lunes y Navidades. Gorka Txapartegi al frente, ha tomado un camino marcado por el mejor producto, tratado con elegancia y sutileza. **Ostra Gillardeau con manzana verde y aire de limón, panceta ibérica con doble cocción y caldo de garbanzos, brownie de chocolate y cítricos con licuado de calabaza**. Servicio de mucho calado. Precio medio 50 €.
® **Laia Erretegia (Asador).** Bº. Arkolla, 33. ☎ 943 646 309. www.laiaerretegia.com
Cierra noches en invierno y tres semanas en enero. Asador de lujo, tanto por sus magníficas instalaciones como por el producto y certeras elaboraciones de parrilla y cocina. **Pulpo a la brasa, revuelto de cocochas de merluza, bacalao a la parrilla**. Magnífica tabla de **quesos** del país. Un rincón paradisíaco rodeado de verdes prados y montañas. Precio medio 40 €.
® **Ramón Roteta.** (Villa Ainara). Irún, 1. ☎ 943 641 693. www.rroteta.com
Cierra domingo noche, martes, finales de enero y febrero. Todo un clásico que no pierde la elegancia y distinción que tanto le ha caracterizado. **Ensalada de bogavante, raviolis de changurro y setas**. Postres refinados como los **buñuelos rellenos de crema de queso**. Atractiva terraza veraniega. Precio medio 70 €.
Sebastián. Mayor, 11. ☎ 943 640 167. www.sebastianhondarribia.com
Cierra domingo noche, lunes y 15 días en noviembre. Cocina vasca tradicional en un antiguo colmado con ambiente a tono. Rape y langostinos al txacolí, solomillo con helado de mostaza, canutillos crujientes con crema templada. Precio medio 40 €.

Hoteles

**** **Jaizkibel.** Baserritar Etorbidea, 1. ☎ 943 646 040. www.hoteljaizkibel.com
Hab. 24: 80/187 €. Suites: 2. Consultar cierre. Diseño comtemporáneo.
**** **Parador de Turismo.** Pza. Armas, 14. ☎ 943 645 500. www.parador.es
Hab. 35: 140/315 €. Suites: 1. Castillo del s. X. Vistas a la costa. Mantiene la estructura de una antigua fortaleza medieval. Entorno monumental y costero.
*** **Jauregui.** Zuloaga, 5. ☎ 943 641 400. www.hoteljauregui.com
Hab. 42: 61/157 €. Apartamentos: 11. Consultar ofertas. Cercano a la playa. Totalmente renovado. Restaurante ENBATA.
*** **Obispo.** Pza. Obispo, 1. ☎ 943 645 400. www.hotelobispo.com
Hab. 13: 78/156 €. Suites: 3. En pleno centro histórico, se levanta este palacio de los s.s XIV-XV.
*** **Pampinot.** Nagusia, 5. ☎ 943 640 600. www.hotelpampinot.com
Hab. 8: 90/175 €. Suites: 3. Cierra enero-febrero. Casa-palacio del s. XVI. Monumento histórico.
*** **Río Bidasoa.** Nafarroa Behera, 1. ☎ 943 645 408. www.hotelriobidasoa.com
Hab. 40: 68/160 €. Suites: 3. Dispone de "green rooms". Restaurante SUGARRI, selecta y equilibrada carta de Bixente Muñoz.

Hospitalet de Llobregat, L' (Barcelona) Ver Barcelona. 35 • D-1

Hoyo de Manzanares (Madrid) Ver Madrid: Alrededores. 40 • A-2

Hoyos del Espino (Ávila) Ver Gredos - Navarredonda de. 39 • A-3

Huarte (Navarra) Ver Pamplona. 12 • F-2

Huelva 70 • E-3

A MADRID, 632 KM. ALT. 54 M. POB. 148.806. 959 650 200.
GPS (37° 15' 24''N-6° 57' 3"O).

Fiestas: 20 de enero: S. Sebastián, patronal. Carnaval. Semana Santa, de Interés Turístico Nacional. Mayo: Cruces de Mayo. Del 17 al 24 de mayo: El Rocío. Julio: Festival Puerta de Culturas. Del 29 de julio al 3 de agosto: Colombinas. 8 de septiembre: La Cinta, patronales.
Visitar: Catedral de la Merced, s. XVIII. Iglesias de S. Pedro, s.s XV-XVI, de la Concepción y de La Milagrosa. Ermita de La Soledad. Convento de las Agustinas. Santuario Ntra. Sra. de La Cinta. Mirador del Conquero. Casa Colón. Barrio "Reina Victoria". Palacio de Mora Claros. Gran Teatro. Museo Provincial. Muelles del Tinto y de Tharsis. Centro de visitantes "Huelva Puerta del Atlántico". Museo de Arqueología y Bellas Artes. Restos arqueológicos. Marisma del Odiel, Reserva de la Biosfera.
Alrededores: PALOS DE LA FRONTERA, a 10 km: Fontanilla. Iglesia de S. Jorge. Coto de Doñana. LA RÁBIDA: Parque Botánico José Celestino Muti. Muelle de las Carabelas. MOGUER: Iglesia Sta. Mª de La Granada.

Restaurantes

Azabache. Vázquez López, 22. ☎ 959 257 528. www.restauranteazabache.com
Cierra sábado noche, domingo y primera semana de agosto. Ensalada tibia de berenjenas, pimientos y jamón; corvina a la marinera, tarta de galleta. Además, una amplia barra de tapas. Precio medio 40 €.
® **La Plazuela.** (En ALJARAQUE, a 7 km). La Fuente, 40. ☎ 959 318 831. www.abelmasero.cabanova.com
Cierra domingo. Es el referente gastronómico de la capital onubense. Especializado en marisco y pescado de la costa. **Taco de merluza asado, praliné de almendras**. Menú 17 €. Precio medio sin marisco 45 €.
Portichuelo. (Junto al Gran Teatro). Vázquez López, 15. ☎ 959 245 768. www.restauranteportichuelo.com
Cierra domingo noche. Albóndigas de choco, presa al horno, natillas. Precio medio 35 €.

Hoteles

**** **AC Huelva.** Avda. Andulacía, s/n. ☎ 959 545 200. www.ac-hotels.com
Hab. 65: 65/140 €.
**** **Eurostars Tartessos.** Avda. Martín Alonso Pinzón, 13. ☎ 959 282 711. www.eurostarshotels.com
Hab. 100: 53/300 €. Totalmente reformado. Restaurante EL AGUAZAL
**** **NH Luz Huelva.** Alameda Sundheim, 26. ☎ 959 250 011. www.nh-hotels.com
Hab. 102: 45/160 €. Suites: 5. Consultar ofertas. Céntrico. Acceso al Club de Golf Bellavista.
*** **Monte Conquero.** Pablo Rada, 10. ☎ 959 285 500. www.hotelesmonte.com
Hab. 165. Precios: 50/150 €. Suites: 2. Consultar ofertas. Céntrico.

Huesca 23 • E-2

A MADRID, 397 KM. ALT. 488 M. POB. 53.215. 974 292 191.
GPS (42° 8' 23"N-0° 24' 36"O).

Fiestas: 22 de enero: S. Vicente, hoguera tradicional. Semana Santa, de Interés Turístico Regional: Santo Entierro el Viernes Santo. 23 de abril: S. Jorge, romería. Del 9 al 15 de agosto: S. Lorenzo, patronales, de Interés Turístico Nacional. Chupinazo día 9 y actuación de los Danzantes el día 10. Feria Taurina. Ofrenda de flores y frutas el día 15.
Visitar: Capilla del Alto Aragón, al pie de los Pirineos, conserva monumentos de gran valor artístico. **La Catedral**, construida entre los s.s XIII al XVI, presenta una notable portada mayor del s. XIV y en el interior un majestuoso retablo renacentista de alabastro, obra de Damián Forment. **El Museo Diocesano**, en la parroquia de La Seo, destaca el gran retablo de alabastro de Gil Morlanes del s. XVI, procedente de la Abadía de Montearagón. **Museo Provincial**, instalado en lo que fue Palacio Real de los Reyes de Aragón, ofrece un compendio de materiales prehistóricos, piezas romanas, musulmanas y románicas, tablas góticas del s. XV, pinturas barrocas y aguafuertes de Goya (La Tauromaquia). En él cabe visitar la Sala de la Campana de Huesca y la Sala de la reina Doña Petronila, que conservan su ambiente medieval del s. XII. Museo Pedagógico de Aragón. Museo CDAN (centro de Arte y Naturaleza, diseñado por Moneo). Ayuntamiento renacentista, en su interior se encuentra el cuadro de la campana de Casado del Alisal, actual sede del Consistorio, y Colegio Imperial de Santiago del s. XVI. **Templo de S. Pedro el Viejo**, con claustro del s. XII del maestro de S. Juan de La Peña y retablo del Altar Mayor de Juan de Berrueta y Juan de Alí del s. XVII. Iglesia de Sto. Domingo, s. XVII. Casino Oscense. Parque "Miguel Servet" con "las pajaritas" símbolo de la ciudad. Pabellón Polideportivo, de estilo vanguardista. Campo de golf, pesca, caza, descenso en canoas.
Alrededores: A 5 km, Castillo de Montearagón. A 20 km, pantano de Arguis. A 22 km, Colegiata de Bolea, Mallos de Riglos y de Agüero. A 23 km, Parque Natural de la Sierra y los Cañones de Guara. ALQUÉZAR, a 40 km: Villa medieval y colegiata fortificada. A 30 km, el Castillo Loarre (castillo románico mejor conservado en el mundo). Desierto de Monegros: Paseos en camello.

Restaurantes

Castillo de San Luis. Ctra. N-330, km 563,9. ☎ 974 103 131. www.castillodesanluis.es ❄ P
Cierra lunes no festivos. Antigua finca agrícola rehabilitada a cinco minutos de Huesca. Garbanzos con bacalao y espinacas, paletilla de ternasco asada con patatas panadera, sopa de fresas con chocolate. Precio medio 40 €.
®**Las Torres.** María Auxiliadora, 3. ☎ 974 228 213. www.lastorres-restaurante.com ❄
Cierra lunes noche, domingo, 15 días en Semana Santa y segunda quincena de agosto. Veterana y personal creación de los hermanos Abadía, en un bonito comedor, una cocina que sabe utilizar los productos de Aragón con intención renovadora. Menú 25 €. Precio medio 60 €.
®**Taberna de Lillas Pastia.** Pza. de Navarra, 4. ☎ 974 211 691. www.lillaspastia.com ❄
Cierra domingo noche y lunes. **Arroz cremoso de pulpitos, bacalao negro frito, queso de cabra pasión y mango**. Sirva de ejemplo este trío de creaciones de los jóvenes cocineros Roberto Aragón y Diego Ayuso, para justificar la maestría heredada de Carmelo Bosque. Precio medio 40 €.
☼**Venta del Sotón.** (En ESQUEDAS, a 14 km). Ctra. A-132, Tarragona-San Sebastián, km 14. ☎ 974 270 241. www.ventadelsoton.com ❄ P
Cierra noches de domingo y martes, lunes y del 7 de enero al 7 de febrero. Lorenzo Acín convirtió la venta familiar, con su campana asador, en un restaurante de lujo, ahora dirigido por su hija Ana. Cocina aragonesa con toques innovadores en un ambiente rústico. Precio medio 46 €.

Hoteles

**** **Abba Huesca.** Tarbes, 14. ☎ 974 292 900. www.abbahuescahotel.com ❄ P
Hab. 84: 75/160 €. Suites: 5. Céntrico. Próximo a la estación del AVE. Restaurante ABBAMIA.
**** **Sancho Abarca.** Coso Alto, 52. ☎ 974 220 650. www.hotelsanchoabarca.com ❄ P
Hab. 48: 72/125 €. Consultar ofertas. Cétrinco. Restaurantes GASTRO CASERÍO, SAN JORGE Y PALLADIO.
*** **Pedro I de Aragón.** Del Parque, 34. ☎ 974 220 300. www.gargallohotels.es ❄ P
Hab. 129: 70/135 €. En el corazón de la ciudad. Restaurante OSCA.
*** **Posada de La Luna.** Joaquin Costa, 10. ☎ 974 240 857. www.posadadelaluna.com ❄ P
Hab. 8: 69/130 €. Junto al casco histórico.

Humanes de Madrid (Madrid) Ver Madrid: Alrededores. 40 • B-4

Ibi (Alicante)

60 • B-4

A ALICANTE, 41 KM; MADRID, 390 KM. ALT. 820 M. POB 24.113
GPS (38° 37' 31''N-0° 34' 21"O).

Fiestas: Abril: Día de los Heladeros. Sábado posterior al 17 de mayo: Romería de S. Pascual. Septiembre: Fiestas patronales de Moros y Cristianos.
Visitar: Iglesia parroquial de la Transfiguración. Monumento al Fester. Monumento Reyes Magos. Casa Gran, sede del Museo Valenciano del Juguete. Barranco de los Molinos.
Alrededores: Parque Natural de Font Roja. Ermitas de Sta. Lucía y S. Miguel.

Restaurantes

Ricardo. Juan Brotons, 11. ☎ 966 551 103. www.restaurantericardo.es
Cierra domingo noche, lunes, segunda y tercera semanas de agosto. Migas con huevos y foie-gras, cochinillo asado a baja temperatura, sopa de frutas con helado de yogur. Precio medio 30 €.
Serafines. (Ctra. Ibi - Alcoi). Subida al Parque Natural San Pascual, s/n. ☎ 966 554 091. P
Cierra noches excepto viernes y sábados; lunes, Semana Santa y del 15 de agosto al 5 de septiembre. Decoración rústica y cocina tradicional. Caracoles en salsa, arroz de monte, pudín de castañas. Precio medio 28 €.

Igualada (Barcelona)

25 • B-4

A BARCELONA, 60 KM. ALT. 315 M. POB: 38.918. 938 019 116.
GPS (41° 34' 43''N-1° 36' 58"E).

Fiestas: 5 de enero: Cabalgata con reparto de juguetes. Enero: S. Antonio Abad, Típicos «Tres Tombs» de Interés Turístico. Julio: Imagina Festival de Verano. Del 13 al 16 de julio: European Balbon Festival (concentración de globos). Del 20 al 23 de agosto: Fiesta Mayor de S. Bartolomé. Del 23 al 26 de septiembre: Feria Multisectorial de Septiembre.
Visitar: Museo Comarcal y Museo de la Piel: Colección de guadamaciles. Ayuntamiento. Basílica de Sta. María. El claustro de las Escuelas Pías, renacentista. Núcleo antiguo de la ciudad con los portales y murallas de los s.s XIV-XV. Hogar del Sto. Cristo, edificio singular. Villa romana de l'Espelt. Ermita de St. Jaume Sesoliveres. Cementerio Nuevo, obra de Enric Miralles.
Alrededores: Iglesia prerrománica de la TOSSA DE MONTBUI, s.s X-XI. Conjunto Castillo (en ruinas) e iglesia de Rubio.

Hoteles

**** **Ciutat Igualada.** Passeig Verdaguer, 167. ☎ 938 066 150. www.hotelciutatigualada.com P
Hab. 136: 59/154 €. Suites: 2. Frente a la Estacion. Restaurante SAL y SUCRE.
*** **América.** Avda. Mestre Joan Montaner, 44-45. ☎ 938 031 000. www.hotel-america.es P
Hab. 34: 40/80 €. Consultar ofertas.

Illescas (Toledo)

40 • A-4

A TOLEDO, 35 KM; MADRID, 35 KM. ALT. 588 M. POB: 17.312. 925 511 051.
GPS (40° 7' 26"N-3° 51' 2"O).

Fiestas: 11 de marzo: Fiesta Milagro. 31 de agosto y primeros de septiembre: Encierros y becerrada, con ofrenda floral a la Virgen de la Caridad.
Visitar: Cinco cuadros de El Greco en la capilla del Hospital de la Caridad, del s. XVI. Iglesia parroquial con cabecera románica del s. XII y torre mudéjar del s. XIV. Puerta de Ugena, del s. XII, de estilo mudéjar.
Alrededores: ESQUIVIAS, a 8 km: Iglesia con bellas esculturas; retablo de la ermita de Sta. Bárbara. CARRANQUE, a 10 km: Parque Arqueológico de Carranque.

Restaurantes

El Bohío. Avda. Castilla-La Mancha, 81. ☎ 925 511 126. www.elbohio.com
Cierra lunes noche, domingo y agosto. Pepe Rodríguez Rey es un gran profesional. Elabora con los productos de la tierra recetas creativas, serias y de gran técnica. Muy buenos postres y extraordinaria carta de vinos. Con su hermano Diego, en sala, consiguen que el restaurante sea uno de los grandes de Castilla La Mancha. Precio medio 50 €.

Hoteles

**** **Central.** (En YUNCOS, a 5 km). Dr. Fleming, 19 . ☎ 925 536 520. www.hcyuncos.es P
Hab. 44: 45/60 €. Suites: 7. Consultar ofertas. Moderno y funcional. Restaurante MAMMA ROSA.
**** **Comendador.** Serranillos, 32. ☎ 902 555 365. www.hotelcomendador.es P
Hab. 40: 50/150 €. Suites: 4. Un lujoso complejo con un hotel, restaurante y spa ubicado junto al yacimiento de Carranque. Restaurante EL ZAGUÁN.
*** **Complejo París.** Ctra. Ugena, 8. ☎ 925 512 787. www.complejoparis.com P
Hab. 70: 40/75 €. Apartamentos: 12.

Irún (Guipúzcoa)

6 • E-3

A SAN SEBASTIÁN, 20 KM; MADRID, 492 KM. ALT. 20 M. POB: 60.951. 943 645 458.
GPS (43° 20' 17''N-1° 47' 26"O).

Fiestas: 30 de junio: Alarde de S. Marcial, de Interés Turístico, multitudinario desfile que recuerda la organización de las milicias forales en 1522 y la victoria sobre las tropas francesas. 2 de agosto: Fiestas «La Euskal Jira», con desfile de «Gurdias» (carros) tirados por bueyes.
Visitar: Iglesia parroquial de Ntra. Sra. del Juncal, de 1508-1606, posee la más antigua Virgen románica de Guipuzkoa, s. XII. En sus inmediaciones se han encontrado restos de un antiguo puerto romano. La ermita de Sta. Elena, única iglesia del s. X hallada en Guipuzkoa, contiene restos arqueológicos, de los que destacan un templo romano «In Antis» del s. I, hoy es Museo Arqueológico. Casa Consistorial, s. XVIII. Palacio de Arbelaiz y el de Urdanibia, del s. XVII, y la Columna de S. Juan Harria, del s. XVI. Museo arqueológico de Oiasso, con restos de época romana. Parque Natural de Plaiaundi. Parque Natural de Aiako Harria.
Alrededores: A 2 km, ermita de S. Marcial: Enclavada en el monte que recibe su nombre. Espléndida panorámica de la bahía de Txingudi. Isla de los Faisanes. Restos de minas romanas, molino y ferrería de JAIZUBÍA. Peñas de Aya.

Restaurantes

Danako. Pza. Anzarán, 14. ☎ 943 118 924. www.danakojatetxea.com
Cierra noches de domingo a jueves, miércoles y segunda quincena de agosto. Propuestas culinarias de calado en su sencillez, como la ensalada de láminas de bacalao con tallarines de cebolla. Postres refinados. Precios atractivos. Precio medio 30 €.
® **Gaztelumendi - Antxon.** Pza. San Juan, 3. ☎ 943 620 659.
Cierra noches de jueves a domingo, primera semana de julio y última de agosto. Félix Manso, ofrece una carta corta imaginativa y cambiante. Verduras a la brasa, foie-gras entero al horno con salsa de hortalizas y hongos. Atinada parrilla. Postres artesanos como el **pastel vasco a la manzana**. Precio medio 40 €.

®**Ibaiondo.** José Joaquín Tadeo Murgía, 1. ☎ 943 632 888.
Cierra domingo noche, lunes, segunda quincena de febrero y de agosto. Tras la jubilación de Manuel Iza se ha hecho cargo un equipo joven y con sobrada preparación, comandado por Lucho Carrión Castro. **Marmitako de langostinos, merluza pochada con filamentos de verduras**. Postres deliciosos como **nuestra piña colada**. El servicio continua a cargo de Lourdes Aduritz, lo que es una garantía. Precio medio 35 €.
Iñigo Lavado. (Edif. Ficoba). Avda. Iparralde, 43. ☎ 943 639 639. www.inigolavado.com P
Cierra lunes; primera semana de enero, y segunda quincena de agosto. Ni un paso atrás para coger impulso. Es el caso de Iñigo Lavado que, en su cada vez más perfeccionista establecimiento, confirma todos los pronósticos de una trayectoria breve dada su juventud, pero consecuente con sus principios y pinceladas mágicas. **Carabineros con habitas y espuma de mejillón y coco, cocochas a la parrilla con arroz marino**. Postres livianos. Servicio sin tacha alguna. Precio medio 50 €.

Hoteles

*** **Alcázar.** Avda. Iparralde, 11. ☎ 943 620 900. www.hotelalkazar.net P
Hab. 48: 63/124 €. Admisión de perros, consultar. Céntrico.
*** **Eth Irún.** Comete Sarea, 5. ☎ 943 634 100. www.hoteleth.com P
Hab. 50: 56/103 €. Próximo a la frontera francesa y a las playas de Hondarribia y Hendaya. Restaurante AGERRENEA.
*** **Tryp Urdanibia.** Jaizubia Hiribidea, s/n. ☎ 943 630 440. www.solmelia.com P
Hab. 115: 80/140 €. Realiza excursiones y actividades deportivas. Restaurante AJALDE.

Isaba (Navarra) Ver Sangüesa. 13 • C-2

Isla (Cantabria) 5 • C-2

A SANTANDER, 42 KM; MADRID, 426 KM. ALT. 50 M. POB: 666.
GPS (43° 29' 34''N-3° 34' 15"O).

Visitar: Iglesia parroquial y Palacio Condes de Isla del s. XVII. Torre de Jado, s. XIV. Playas.
Alrededores: SOANO: Molino de Marea. ARNUERO: museo observatorio del arte, retablo, iglesia Ntra. Sra de La Asunción. Castillo: Centro de tradiciones rurales Salvador Hepilla.

Restaurantes

Astuy. (H. ASTUY). Avda. Juan Hormaechea, 1. ☎ 942 679 540. www.hotel-astuy.es P
Se disfrutan frente al mar mariscos, pescados y arroces variados, seguidos de tartas caseras. Menú 25 €. Precio medio 40 €.

Hoteles

**** **Estrella del Norte.** Avda. Juan Hormaechea, s/n. ☎ 942 659 970. www.hotelestrelladelnorte.com
P
Hab. 47: 70/141 €. Consultar cierre. A 200 m de las playas.
**** **Olimpo.** Finca los Cuarezos, s/n. ☎ 942 679 332. www.hotelesdecantabria.com
P
Hab. 69: 75/150 €. Consultar cierre y ofertas. Ubicado en una finca de jardines y arboleda autóctona al borde del mar. Restaurante MARÍA LUISA, con viveros propios.
*** **Astuy.** Avda. Juan Hormaechea, 1. ☎ 942 679 540. www.hotelastuy.com P
Hab. 53: 55/100 €. Apartamentos: 24. Consultar cierre y ofertas. Primera línea de playa.
*** **Campomar.** Playa la Arena, 4. ☎ 942 679 432. www.hotelcampomar.com P
Hab. 41: 39/86 €. Suites: 4. Consultar cierre y ofertas. Primera línea de playa.

Isla Cristina (Huelva) 70 • D-3

A HUELVA, 46 KM; MADRID, 672 KM. ALT: 7 M. POB: 21.324. 959 332 694.
GPS (37° 11' 54''N-7° 19' 35"O).

Fiestas: Carnaval. Semana Santa. Mayo: Festival de Islantilla (cine y televisión). Junio: Feria Andaluza del Mar. Julio: Fiestas de Ntra. Sra. del Carmen, patrona de los marineros.
Visitar: Iglesias parroquiales de Ntra. Sra. de los Dolores y Ntro. Padre Jesús del Gran Poder. Casa-Patio de S. Francisco con el museo del Carnaval. Ciudad típicamente andaluza y marinera que cuenta con 12 km de playas de blanca y fina arena. Paseos de las Flores y de las Palmeras. Lonja y puerto pesquero.
Alrededores: Paraje Natural de las Marismas de Isla Cristina. Antiguo molino de Mareas. Ruta Ornitológica. Parque litoral Ruta del Camaleón. Campo-Club de Golf de Islantilla.

Restaurantes

Casa Rufino. (Playa Central). Eucalipto, s/n. ☎ 959 330 810. www.restauranterufino.com P
Cierra del 22 de diciembre a Semana Santa. Es aconsejable su menú degustación -El Tonteo- para cuatro personas (120 €) con recomendable muestra de pescados de la zona. Precio medio 30 €.

Hoteles

***** **Isla Cristina Palace.** Avda. Parque, 148. ☎ 959 344 499. www.islacristinapalace.com
P
Hab. 137: 156/320 €. Suites: 28. Cierra de noviembre a marzo. En primera línea de playa. Restaurante ZARANDAS.
******Confortel Islantilla.** (Urb. Islantilla). Avda. de Islantilla, s/n. ☎ 959 486 017. www.confortelhoteles.com
P
Hab. 344: 91/191 €. Suites: 24. En primera línea de playa. Restaurantes EL FOGÓN DE LA ANTILLA, MANHATTAN y BAR-PISCINA.
**** **Islantilla Golf Resort.** (En ISLANTILLA) Pº Barranco del Moro, s/n. ☎ 959 204 500. www.islantillagolfresort.com
P
Hab. 204: 68/160 €. Suites: 95. Restaurante LAS CARABELAS.
**** **Oasis Islantilla.** Avda. de la Antilla, s/n. ☎ 959 486 422. P
Hab. 471: 63/310 €. Piscinas: deportivas, infantil y cubierta. Club de niños.
** **El Paraíso Playa.** Avda. de la Playa, s/n. ☎ 959 330 235. www.hotelparaisoplaya.com P
Hab. 39: 32/125 €. Apartamentos: 6. Consultar cierre. Junto al mar. Familiar.

Itziar (Guipúzcoa) Ver Deba. 6 • B-4

Jabugo (Huelva)

63 • A-4

A MADRID, 521 KM; HUELVA, 110 KM. ALT. 637 M. POB. 2.396. ☐ 959 121 195.
GPS (37° 54' 60''N-6° 43' 48"O).

Fiestas: 12-13 de julio: Virgen de los Remedios. 29 de septiembre: San Miguel Arcángel.
Visitar: Iglesia de S. Miguel Arcángel, s. XVII. Antigua sede de Sta. Teresa de Electricidad. Palacete El Tiro, obra de Aníbal González. Pequeña población enclavada en un agreste paisaje rodeado de grandes bosques de encinas, castaños y alcornoques. Famoso por la calidad de sus jamones y embutidos.
Alrededores: Sus aldeas: El Repilado, Los Romeros y El Quejigo. Cueva de la Mora, yacimiento arqueológico del paleolítico.

Jaca (Huesca)

13 • D-3

A HUESCA, 72 KM; MADRID, 469 KM. ALT. 820 M. POB. 13.396. ☐ 974 360 098.
GPS (42° 34' 18''N-0° 33' 5"O).

Fiestas: Primer viernes de mayo: Conmemoración de la victoria frente a los moros en el año 761. 25 de junio: Procesión de Sta. Orosia, en la que participan cruces parroquiales de enorme valor artístico. Julio: Festival Folklórico de los Pirineos que se celebra a finales de julio o primeros de agosto, los años impares. Jaca Monumental a través de La Música. Festival Mirando las Estrellas. Agosto: Festival Internacional en el Camino de Santiago (música antigua). Mercado Medieval de Teatro. Feria del libro.
Visitar: **La Catedral**, s. XI, la primera románica que se edificó en España. **La Ciudadela**, construida bajo el reinado de Felipe II, con una poderosa muralla de planta pentagonal y foso. **La Torre del Reloj**, edificada sobre los sillares que ocupó el Palacio del Merino. **Casa Consistorial**, plateresco aragonés del s. XVI. Iglesias: del Carmen, s. XVII; de S. Salvador y S. Ginés, con el sarcófago de la Infanta Doña Sancha, hija del Rey Ramiro I; Iglesia de Santiago anterior al s. XI, con una pila bautismal hispano árabe, de estilo califal, s. X y capitel románico del s. XII. **Puente de San Miguel**, construido en la Baja Edad Media. Museo de Miniaturas Militares de Ciudadela de Jaca. En sus calles tiene los siguientes monumentos: a la Naturaleza; al Foklore; al Patinaje y otros de corte más modernista. Palacio de Hielo.
Alrededores: STA. CRUZ DE SEROS, a 14 km: Iglesia de la Sta. María, único resto de Monasterio benedictino femenino. Iglesia de S. Caprasio, s. XI, románico lombardo. A unos 7 km de STA. CRUZ DE SEROS, por una carretera de montaña se encuentra el Monasterio antiguo de S. Juan de la Peña, s. X, Monumento Nacional, emplazado bajo una roca con claustro y capiteles románicos muy bellos; 2 km más arriba se llega al monasterio nuevo de S. Juan de la Peña, s. XVII. A muy poca distancia se encuentra el Balcón del Pirineo donde se contempla una bella panorámica de los Pirineos. VALLE DE LA GARCIPOLLERA: Iglesia de Sta. Mª de Iguacel, Bien de Interés Cultural. RUTA DEL SERRABLO: S. Pedro de Lárrede, S. Juan de Busa, Oliván y S. Bartolomé de Gavín; bello conjunto de iglesias mozárabes. Estaciones de Esquí: Astún, Candanchú, Panticosa y Formigal. Parque Nacional de Ordesa y Monte Perdido. Valles de Hecho, Anso, Aragón y Tena. Balneario de Panticosa.

Restaurantes

Asador Biarritz. Avda. Primer Viernes de Mayo, 12. ☎ 974 361 632. www.restaurantebiarritz.com
Cierra miércoles y del 20 de septiembre al 8 de octubre. Huevos rotos con foie-gras, chuletón de buey a la teja, tarta de queso con arándanos. Menú 13 €. Precio medio 30 €.
®**La Cocina Aragonesa.** (H. CONDE AZNAR). Cervantes, 6. ☎ 974 361 050. www.condeaznar. com
Cierra martes noche, miércoles y noviembre. La familia Abós presenta su panoplia de inventiva cocina regional. **Chipirones salteados sobre crema de cebolleta tierna, ciervo asado con costra de boletus, lago helado de coco.** Menú 18 €. Precio medio 45 €.

Hoteles

**** **Barceló Jaca Golf & Spa.** Urb. Lomas de Badaguás. La Paul, s/n. ☎ 974 358 200. www.barcelojaca.com
P
Hab. 65: 73/168 €. Consulltar ofertas. Próximo a estaciones de esquí. Restaurante LOS TILOS.
*** **Conde Aznar.** Pº de la Constitución, 3. ☎ 974 361 050. www.condeaznar.com P
Hab. 34: 75/130 €. Suites: 4. Consultar ofertas. Céntrico y tranquilo. Restaurantes LA COCINA ARAGONESA y EL COMEDOR.

Jadraque (Guadalajara)

31 • F-4

A GUADALAJARA, 45 KM; MADRID, 100 KM. ALT. 832 M. POB. 1.580. ☐ 949 890 168.
GPS (40° 55' 33''N-2° 55' 34"O).

Fiestas: Enero: Día 17: S. Antón. Día 20: S. Sebastián. 24 de junio: S. Juan cena medieval en el castillo. Del 13 al 18 de septiembre: Fiestas en honor al Sto. Cristo de la Cruz a Cuestas, patronales. 13 de diciembre: Fiesta de las Migas.
Visitar: Castillo del Cid, s. XV. Iglesia con lienzo de Zurbarán y Pila Bautismal. Casas Señoriales. Saleta de Jovellanos.
Alrededores: HITA, a 19 km: Villa vinculada al Arcipreste de Hita y al Marqués de Santillana. Festival Medieval: Comidas, danzas, torneo y justas. PINILLA DE JADRAQUE: Iglesia de La Asunción.

Restaurantes

El Castillo. (H. EL CASTILLO). Ctra. de Soria, km 46. ☎ 949 890 254. www.hostalcastillo.com P
Cierra miércoles y 10 días en Navidad. Con habitaciones. Revueltos, cabrito asado (especialidad), leche frita. Menú 11 €. Precio medio 32 €.

Jaén

73 • C-1

A MADRID, 335 KM. ALT. 573 M. POB. 116.557. ☐ 953 190 455.
GPS (37° 45' 55''N-3° 47' 26"O).

Fiestas: 16 de enero: S. Antón, se encienden hogueras y se cantan «Melenchones» la noche anterior. Febrero: Carnaval. Semana Santa: Procesión de Nuestro Padre Jesús Nazareno «El Abuelo», la madrugada del Viernes Santo. Del 11 al 14 de junio: Ferias. Ntra. Sra. de la Capilla, patronales. 7 de septiembre: La Divina Pastora. Del 11 al 18 de octubre: Feria S. Lucas. 25 de noviembre: Romería de Sta. Catalina.
Visitar: **Catedral**, s.s XVI-XVIII, museo. **Iglesias de: S. Andrés**, s. XVI, con capilla mudéjar y reja del maestro Bartolomé, s. XVI; S. Bartolomé, s. XVIII (fachada principal), artesonado; Sagrario, edificada en el s. XVIII, según proyecto de Ventura Rodríguez. **Convento de Sto. Domingo**, s.s XVI-XVII. El Museo Provincial, cuya portada principal perteneció al Pósito, en el patio está la portada de la **iglesia de S. Miguel**, con dos secciones: Arqueología, interesantes piezas de la Cultura Ibérica y Bellas Artes. **Real Monasterio de Sta. Clara. Conventos de Carmelitas y Bernardas**, del s. XVI. Iglesias de S. Juan y de S. Ildefonso. **Palacio de Villardompardo**, s. XVI, con baños árabes del s. XI. Museo Internacional de Arte Naïf "Manuel Moral". Museo de Artes y Costumbres Populares. Iglesia de la Magdalena, construida sobre una antigua mezquita, aún conserva el Patio de Abluciones y el Minarete. **Castillo de Sta. Catalina.**
Alrededores: LA GUARDIA DE JAÉN, a 8 km: Convento de Dominicos, s. XVI. Castillo, s. VIII. MARTOS, a 24 km: Iglesia de Sta. María de la Villa, s. XIII. Convento de Sta. Clara (portada). Ruinas castillo árabe. Cárcel, s. XVI (hoy Ayuntamiento). CERRILLO SALIDA, a 8 km: Necrópolis visigoda. ALCAUDETE: Iglesia Sta. María. Convento. Ayuntamiento y Castillo. Parque Natural de Cazorla Segura y las Villas.

Restaurantes

®**Casa Antonio.** Fermín Palma, 3. ☎ 953 270 262. www.casantonio.es
Cierra domingo noche, lunes y agosto. Céntrico restaurante con comedores minimalistas para una cocina moderna con emplatados y sabores actuales. **Pulpo frito con crema de cebolleta asada y puré de patata, jarrete a baja temperatura.** Precio medio 45 €.

Espadaña Centro. (Junto a la Catedral). Francisco Martíj Mora, 1. ☎ 953 232 085. www.caseriadelaspalmeras.com
Cierra lunes noche y martes. Edificio del s. XVIII con patio interior. Bolsita crujiente de queso y gambitas, lomo de caballa en sidra, migas calientes de brownie. Precio medio 28 €.

Horno de Salvador. Subida al Castillo de Santa Catalina, s/n. ☎ 953 230 528. P
Cierra domingos noche, lunes y julio. En una antigua casa cerca del parador de turismo. Revuelto de bacalao y habas cochinillo asado, leche frita. Precio medio 40 €.

®**La Espadaña de la Casería de las Palmeras.** (Ctra. de Córdoba). Paraje de la Fuente Mora, s/n. ☎ 953 260 577. www.caseriadelaspalmeras.com P
Cierra noches en invierno, segunda quincena de enero y verano. Antigua casa de campo señorial con comedor interior y jardín, que en las noches de verano (lunes a sábado) ofrece una carta de raciones, tapas y pinchos. Cuenta con escuela de cocina en su línea de platos actuales y de la tierra. Precio medio 30 €.

La Vestida. (Junto al Recinto Ferial). Variante Sur, s/n. ☎ 953 190 806. www.lavestida.com
P
Cierra noches en invierno, y primera quincena de agosto. Situado entre un mar de olivos. Bacalao al estilo mozárabe, cabrito al horno, bizcocho y helado de aceite de oliva. Precio medio 40 €.

Hoteles

**** **Imora.** Ctra. de Córdoba, s/n. ☎ 953 274 111. www.hotellaimora.com P
Hab. 76: 54/214 €. Suites: 4. Consultar ofertas. Restaurante ALBERQUINA.

**** **Infanta Cristina.** Avda. de Madrid, s/n. ☎ 953 263 040. www.hotelinfantacristina.com
P
Hab. 71: 60/122 €. Suites: 2. Consultar ofertas. Próximo al centro histórico monumental. Restaurante AZ-ZAIT.

**** **Parador de Turismo.** Castillo de Santa Catalina. ☎ 953 230 000. P
Hab. 45: 118/160 €. El rey Alhamar, el mismo que mandó edificar la Alhambra hizo construir este castillo, que tiene importantes restos de la antigua fortaleza y ofrece un soberbio panorama de la ciudad y la vecina Sierra Morena. Cocina andaluza.

Jarandilla de la Vera (Cáceres) — 38 • E-4

A CÁCERES, 133 KM; MADRID, 212 KM. ALT. 585 M. POB. 3.071. ☐ 927 560 460.
GPS (40° 7' 30"N-5° 39' 43"O).

Fiestas: Jueves anterior a la Ascensión: Fiestas de la Virgen de Sopetrán. 6 de agosto: Antiguos Oficios. Del 11 al 15 de agosto: Feria Multisectorial, FEJARAN. 14 de septiembre: Santísimo Cristo de la Caridad, toros al estilo verato. 7 de diciembre: «Los Escobazos», fiestas en que los mozos montados en caballerías recorren las calles con teas encendidas y escobas.
Visitar: Iglesia de Sta. María de la Torre, fortaleza, s.s XIII-XIV. Iglesia S. Agustín. Ermitas de Sopetrán, s. XVII y Cristo Humilladero, s. XVI. Castillo de los Condes de Oropesa, s. XVI, patio con galerías renacentistas, hoy Parador de Turismo. Rutas histórico-artísticas.
Alrededores: CUACOS DE YUSTE, a 10 km: El recinto de la villa, de gran belleza. Monumento Histórico-Artístico. Monasterio de Yuste, del s. XV (lugar de retiro del emperador Carlos V). Dependencias del Emperador. Iglesia del s. XVI. Claustro plateresco con fuente, ruinas del refectorio del s. XVII con azulejos mudéjares. Cementerio militar alemán. Casa de don Juan de Austria. VILLANUEVA DE LA VERA. GARGANTA DE LA OLLA. VILLANUEVA y VALVERDE DE LA VERA.

Restaurantes

Carlos V. (En LOSAR DE LA VERA, a 4 km). Avda. de Extremadura, 45. ☎ 927 570 636.
Cierra domingo noche, lunes, 15 días a partir del 6 de enero y segunda quincena de octubre. Revuelto de criadillas de tierra, cabrito al horno, flan de almendras. Menú 10 €. Precio medio 30 €.

El Labrador. Avda. Soledad Vega Ortiz, 133. ☎ 927 560 791.
Cierra martes, segunda quincena de junio y del 4 al 20 de noviembre. Arroz con bogavante como especialidad. También mollejitas de cordero a la plancha, mousse de avellana. Menú 13 €. Precio medio 30 €.

Hoteles

***** **Ruta Imperial.** Machoteral, s/n. ☎ 927 561 330. www.hotelruralrutaimperial.com P
Hab. 16: 64/104 €. Suites: 1. Ubicado en el entorno natural de la Vera. Buena cocina.

**** **Parador de Turismo.** Avda. García Prieto, 1. ☎ 927 560 117. www.parador.es P
Hab. 52: 103/188 €. Consultar ofertas. Castillo, palacio de finales del s. XIV y principios del s. XV, su huésped más ilustre fue el Emperador Carlos V. Cocina tradicional.

***Hotel Rural Don Juan de Austria.** Avda. Soledad Vega Ortiz, 101. ☎ 927 560 206. www.donjuandeaustria.com
SPA
Hab. 26: 60/90 €. Totalmente reformado. Restaurante CASA TARRA.

Játiva (Valencia) Ver Xátiva. — 60 • B-2

Jávea (Alicante) Ver Xábia. — 60 • F-3

Javier (Navarra) Ver Sangüesa. — 13 • A-3

Jerez de la Frontera (Cádiz) — 76 • C-2

A CÁDIZ, 30 KM; MADRID, 626 KM. ALT. 56 M. POB. 207.532. ☐ 956 338 874.
GPS (36° 41' 8"N-6° 8' 18"O).

Fiestas: Semana Santa, de Interés Turístico Nacional. Febrero-Marzo: Festival de Jerez (Flamenco) Mayo: Campeonato del Mundo de Motociclismo. Mayo: Feria del Caballo, de Interés Turístico Internacional. Septiembre: Fiestas de La Vendimia, el caballo, el flamenco y la cultura. 24 septiembre: Ntra. Sra. De la Merced. Del 7 al 9 de octubre: S. Dionisio. Del 1 al 24 de diciembre: Navidad (zambombas flamencas).
Visitar: Ciudad declarada conjunto Monumental Histórico-Artístico. Conjunto de El Alcázar con su Mezquita. Iglesias y Casas-Palacios del casco histórico de la ciudad de ricos y variados estilos. Catedral del Salvador. Real Escuela Andaluza de Arte Ecuestre. Yeguada de la Cartuja, bodegas de crianza de los famosos vinos de Jerez. Museo Arqueológico. Museo taurino. Museo del Arte Ecuestre. Museo del Enganche. Museo de la Miel y las Abejas. Museo de Vino y la Viña. Palacio del Tiempo y Misterio de Jerez. Circuito de velocidad. Centro andaluz de Flamenco. Parque Zoobotánico. Baños árabes Hamman Andalusí. Centros Ecuestres. Golf.
Alrededores: Parque Natural de los Alcornocales. Sierra de Gibalbín. Finca Los Alburejos: espectáculos con Toros y Caballos.

Restaurantes

® **Bar Juanito.** (Calle peatonal). Pescadería Vieja, 8-10. ☎ 956 334 838. www.bar-juanito.com
Cierra domingo en verano. Popular y frecuentado por una fiel clientela, atraída por **guisos** como las **alcachofas** y la **berza** entre otros. Precio medio 25 €.

El Ábaco. (H. SHERRY PARK). Avda. Alcalde Álvaro Domecq, 11. ☎ 956 317 614. www.hipotels.com
Cocina ecléctica. Tartar de ahumados o de carne, filetitos de presa ibérica y bulerías de Jerez (postre típico). Precio medio 35 €.

® **El Bosque.** Avda. Alcalde Álvaro Domecq, 26. ☎ 956 307 030. www.alfonso-catering.com
Cierra lunes noche y domingo. Local estilo andaluz con oferta a tono. **Salmorejo, carrillada de ibérico en salsa de jabugo, milhojas a la tres trufas**. Precio medio 42 €.

La Mesa Redonda. (Junto a Avda. Álvaro Domecq). Manuel de la Quintana, 3. ☎ 956 340 069. www.restaurantemesaredonda.com
Cierra domingo, festivos, Semana Santa y del 15 de julio al 15 de agosto. José Romero Valdespino une una sólida base de cocina burguesa con aires modernos, como el **huevo escalfado relleno de langostinos**. En alza. Ambiente acogedor. Precio medio 35 €.

Las Bridas. Pº de la Rosaleda, 4. ☎ 956 304 566.
Cierra domingo. Buen producto bien elaborado para comer de modo informal. Ensaladilla rusa, gallo empanado, tarta de frambuesa. Precio medio 30 €.

Mesón la Cueva. (H. LA CUEVA PARK). (Salida de la autovía al circuito de Jerez). Autovía A-382, Jerez-Arcos, km 3,5. ☎ 956 189 020. www.hotellacueva.com
Cocina andaluza de sierra y mar. Gazpacho, caza, tocino de cielo. Precio medio 28 €.

Venta Antonio. Ctra. A-480, Jerez-Sanlúcar, km 5. ☎ 956 140 535. www.restauranteventantonio.com
Cierra lunes en otoño-invierno. Pescados fritos o a la marinera, y langostinos de Sanlúcar, helado de pasas al Pedro Ximénez, en esta popular venta. Precio medio 28 €.

Hoteles

***** **Barceló Montecastillo Resort.** Ctra. de Arcos, km 6. ☎ 956 151 200. www.barcelo.com
Hab. 170: 120/380 €. Apartamentos: 35. Suites: 2. Consultar admisión de perros. Junto al circuito de velocidad. Campo de golf (18 hoyos). Posee campos de fútbol. Restaurante EL LAGAR.

***** **Jerez.** Avda. Alcalde Álvaro Domecq, 35. ☎ 956 300 600. www.jerezhotel.com
Hab. 131: 75/329 €. Consultar ofertas. Frente al recinto Ferial. Restaurante "EL CARTUJANO", cocina andaluza.

***** **Prestige Palmera Plaza.** Pizarro, 1. ☎ 956 031 500. www.prestigehotels.com
Hab. 52: 91/365 €. Suites: 4. Rodeado de 10.000 m² de jardines. Restaurante EL MARQUÉS.

***** **Villa Jerez.** Avda. de la Cruz Roja, 7. ☎ 956 153 100. www.villajerez.com
Hab. 18: 120/340 €. Suites: 2. Casa señorial rodeada de 4.000 m² de jardín. Restaurante LAS YUCAS.

**** **AC Jerez.** Avda. Chema Rodríguez, s/n. ☎ 956 327 222. www.hotelacjerez.com
Hab. 90: 51/419 €. Suites: 3. Moderno y funcional. Ubicado en el estadio de Chapín

**** **Bellas Artes.** Pza. del Arroyo, 45. ☎ 956 348 430. www.hotelbellasartes.com
Habitaciones 17: 80/118 €. Suites: 2. Consultar ofertas. Casa-palacio rehabilitado frente a la Catedral.

**** **Guadalete.** Avda. Duque de Abrantes, 84. ☎ 956 182 288. www.hotelguadalete.com
Hab. 137: 49/269 €. Suites: 5. Consultar ofertas. Cerca de la Real Escuela Ecuestre y próximo a las bodegas. Restaurante LA CARTUJA.

**** **La Cueva Park.** A-382 Jerez-Arcos, km 3,5. Salida La Cueva. (Junto al circuito de velocidad). ☎ 956 189 120. www.hotellacueva.com
Hab. 53: 60/132 €. Apartamentos: 9. Suites: 3. Golf a 400 m. Restaurante MESÓN LA CUEVA.

**** **Los Jándalos Jerez.** Nuño de Cañas, 1. ☎ 956 327 230. www.jandalos.com
Hab. 39: 92/260 €. Suites: 20. Consultar ofertas. Próximo al centro.

**** **NH Avenida Jerez.** Avda. Alcalde Álvaro Domecq, 10. ☎ 956 347 411. www.nh-hotels.com
Hab. 95: 50/300 €. Consultar ofertas y admisión de perros. Restaurante LA BODEGA.

**** **Palacio Garvey.** Tornería, 24. ☎ 956 326 700. www.sferahoteles.com
Hab. 16: 70/250 €. Suites: 9. Céntrico. Restaurante LA CONDESA. Cocina cuidada.

**** **Sherry Park.** Avda. Alcalde Álvaro Domecq, 11. ☎ 956 317 614. www.hipotels.com
Hab. 174: 104/130 €. Suites: 2. Próximo a la Real Escuela Andaluza de Arte Ecuestre, Museos y Bodegas Jerezanas. Restaurante EL ABACO, premio nacional de gastronomía.

*** **Tierras de Jerez.** Corredera, 58. ☎ 956 346 400. www.hoteltierrasdejerez.com
Hab. 46: 48/114 €. Consultar tarifas en feria y campeonato de motociclismo. Céntrico. Recientemente reformado.

Jerez de los Caballeros (Badajoz) — 63 • A-2

A BADAJOZ, 72 KM. ALT. 506 M. POB. 10.237. 924 730 372.
GPS (38° 19' 4"N-6° 46' 14"O).

Fiestas: Carnaval. Semana Santa, de Interés Turístico Regional. Segundo fin de semana de mayo: Salón del Jamón Ibérico. Primer domingo de junio: Concurso nocturno de pesca "La Albuera". Mediados de julio: Festival Templario. 24 de agosto: Feria y Fiestas de S. Bartolomé.
Visitar: La Ciudad, declarada Conjunto Histórico-Artístico-Monumental, conserva monumentos megalíticos en los parajes de Toriñuelo, Valcavado y la Palomilla. Restos ibéricos y fenicios en explotaciones mineras. Restos romanos: Mosaicos, villas, puentes, calzadas, estelas funerarias, etc. Huellas visigodas en la parroquia de Sta. María. Castillo y murallas templarías, s. XIII. Iglesias: Sta. María, de origen visigodo, año 556; S. Miguel Arcángel, s.s XIV-XVI; Sta. Catalina, s. XVI; S. Bartolomé, s. XVI. Ermitas: S. Lázaro, s. XIII; Santos Mártires, s. X; S. Benito, s. XV; Santiago s. XV; Cristo de la Vera Cruz, s. XVII; S. Lorenzo, s. XVIII; S. Roque, s. XVI y Espíritu Santo, s. XVII. Capilla de la Madre Isabel de la Cruz, s. XVII. Convento de la Madre de Dios. Museo de Arte Sacro.
Alrededores: FREGENAL DE LA SIERRA: Conjunto urbano. Castillo, s. XIII. Iglesias de Sta. Ana, retablo s. XVI. Sta. María y Sta. Catalina. Casa-Museo de Eugenio Hermoso.

Restaurantes

La Cazuela. Eritas, 12. ☎ 924 731 904.
Cierra lunes excepto festivos; y segunda quincena de julio. La torta de la Serena, el solomillo, la presa de ibérico, y la crema de bellota son buena muestra de los productos de la tierra en la cocina. Menú 10 €. Precio medio 28 €.

Santa María. Reloj, 34. ☎ 924 750 429.
Cierra miércoles. Casa antigua. Ancas de rana, carnes de ibérico, serradura. Precio medio 25 €.

Hoteles

**** **Monasterio Rocamador.** (En ALMENDRAL, a 33 km). Ctra. N-435. Badajoz-Huelva, km 41,1. ☎ 924 489 000. www.rocamador.com
Hab. 26: 140/215 €. Suites: 4. Cierra 24 y 25 de diciembre. Monasterio del s. XVI, entre encinas.

*** **Los Templarios.** Ctra. de Villanueva, s/n. ☎ 924 731 636. www.hotellostemplarios.net
Hab. 49: 52/87 €. Suites: 3. Vistas de la sierra sur extremeña.

Jiménez de Jamuz (León) — 19 • D-1

Ver Bañeza, La.

Jumilla (Murcia)

67 • C-1

A MURCIA, 70 KM; MADRID, 344 KM. ALT. 496 M. POB. 25.348. ☐ 968 780 237.
GPS (38° 28' 32''N-1° 19' 23"O).

Fiestas: Carnavales, de larga tradición. Semana Santa, de Interés Turístico Nacional. Destacan el domingo de Resurrección, la Bajada, en romería, de la imagen del Cristo de la Columna, obra de Salzillo, Procesión del Silencio y del Santo Entierro. Primer domingo de mayo: Romería al Convento franciscano de Sta. Ana del Monte. Agosto: Fiestas de La Asunción y de La Vendimia, con una espléndida «Cabalgata del Vino». Festival Nacional de Folklore y Fiestas de Moros y Cristianos.
Visitar: Iglesia de Santiago, s.s XV al XIX, Monumento Nacional. Castillo, s. XV. Iglesia del Salvador, barroca, s. XVIII. Palacio del Concejo, renacentista, del s. XVI, donde se encuentra el Museo Arqueológico Jerónimo Molina. Museo de Etnografía y Ciencia Naturales "Jerónimo Molina". Teatro Vico, s. XIX. El Casón, de estilo tardorromano, s. V. Ruta del Vino.
Alrededores: Convento de Sta. Ana, de 1573, donde se encuentra la imagen del Stmo. Cristo Amarrado a la Columna, obra de Salzillo. Biblioteca y Museo. Torre del Rico del s. XVI: Declarada Monumento Nacional. Sierra de Santa Ana. El Carche: Parque Regional, con el Pozo de la Nieve, s. XVII. Huellas fósiles del Mioceno Superior.

Restaurantes

Casa Sebastián. (Mercado de Abastos). Avda. de Levante, 6. ☎ 968 780 194.
Cierra noches, domingo, festivos y segunda quincena de agosto. Guisos caseros con gazpacho jumillano como especialidad, oreja de cerdo en salsa de vino, flan de café. Precio medio 20 €.
Restaurante de Loreto. Canalejas, 73. ☎ 968 780 360. www.restaurantedeloreto.com
Cierra lunes. Edificio modernista en el casco antiguo. Foie-gras micuit hecho en casa con compota de frutas, gazpacho jumillano con conejo y caracoles, fluido de chocolate negro. Precio medio 25 €.

Hoteles

*** **Casa Luzón.** Ctra. Jumilla-Ontur, km 17. ☎ 968 435 489. www.hotelmonreal.net
P SPA
Hab. 9: 49/93 €. Suites: 1. Antigua bodega rehabilitada. Finca rodeada de viñedos.
*** **Monreal.** Dr. Fleming, 6. ☎ 968 781 816. www.hotelmonreal.net P
Hab. 49: 41/62 €. Admisión de perros, consultar. Céntrico. Próximo al conjunto histórico artístico.

Lagartera (Toledo) Ver Oropesa. **47 • D-1**

Laguardia (Álava) **12 • A-3**

A VITORIA, 64 KM; MADRID, 315 KM. ALT. 635 M. POB. 1.510. 945 600 845.
GPS (42° 33' 14''N-2° 35' 8''O).

Fiestas: 3 de febrero: S. Blas. Mayo: El Gaitero. Del 23 al 29 de junio: S. Juan Bautista. 28-29 de agosto: "S. Juan Degollao".
Visitar: La Villa, que conserva el trazado medieval y buena parte de las murallas levantadas en el s. XIII. Destaca la Iglesia de Sta. María de los Reyes, de los s.s XII al XVII. Iglesia de S. Juan Bautista, pórtico del s. XII. Casa de la Primicia, s. XV. Antiguo Ayuntamiento, s. XVI. Reloj del Ayuntamiento. Casa natal del fabulista Félix Mª Sánchez Samaniego, del s. XVII. Poblado Prehistórico de la Hoya, de la Edad de Bronce y museo. Biotopo protegido Lagunas de Laguardia. Centro Temático del Vino "Villa Lucía".
Alrededores: LA PUEBLA DE LABARCA, a 5 km: Iglesia de La Asunción. ASSA, a 9 km: Puente Mantible, romano del s. II. ELVILLAR, a 6 km: "Casa del Indiano". Iglesia de Ntra. Sra. de la Asunción. Dólmenes de La Chabola de La Hechicera y El Encinal.

Restaurantes

Amelibia. Barbacana, 14. ☎ 945 621 207.
Cierra noches de domingo a jueves; y martes. Bonitas vistas a los viñedos. Menestra de verduras, bacalao con pisto, chocolate amargo con sal maldón y aceite de oliva virgen. Menú 16 €. Precio medio 35 €.
El Mirador. (H. CASTILLO EL COLLADO). Pza. Nueva, 1. ☎ 945 621 200. www.hotelcollado.com
Con 9 habitaciones. Javier Acillona da un buen punto a las recetas riojanas. Judías blancas con careta y morcilla, rabo de buey en salsa de vino tinto, hojaldritos al horno. Menú 25 €. Precio medio 35 €.
Héctor Oribe. (En PÁGANOS, a 2 km). Gasteiz, 8. ☎ 945 600 715. www.hectororibe.es P
Cierra noches excepto viernes y sábados; domingo, primera quincena de julio y de Navidad a Reyes. Cocina riojana con el toque personal de Héctor Oribe. Pencas de acelga rellenas de bacalao con pil-pil de boletus, rabo de vacuno estofado con vino tinto, torrijas. Menú 18 €. Precio medio 32 €.
Marixa. (H. MARIXA). Sancho Abarca, 8. ☎ 945 600 165. www.hotelmarixa.com
Con 10 habitaciones. Pochas a la riojana con sus sacramentos, timbal de rabo de res al vino tinto de rioja-alavesa, surtido de quesos regionales. Menú 17 €. Precio medio 30 €.
Mayor de Migueloa. (H. POSADA MAYOR DE MIGUELOA). Mayor, 20. ☎ 945 621 175. www.mayordemigueloa.com P
Con 9 habitaciones. Palacio del s. XVII con bodega propia. Patatas riojana, asado de lechal, crepes rellenas. Precio medio 40 €.

Hoteles

**** **Villa de Laguardia.** Pº San Raimundo,15. ☎ 945 600 560. www.hotelvilladelaguardia.com P SPA
Hab. 83: 70/140 €. Suites: 5. Consultar ofertas. Rodeado de viñedos y bodegas. A la entrada de la Villa Medieval. Restaurante EL MEDOC ALAVÉS, cocina vasco-riojana.
**** **Viura.** (En VILLANUEVA DE ÁLAVA). Mayo s/n. ☎ 945609000 P
Hab. 33: 110/440 €. Suites: 6.
** **Cosme Palacio.** Ctra. de Elciego, s/n. ☎ 945 621 195. www.bodegaspalacio.es P
Hab. 12: 79/97 €. Suites: 1. Consultar cierre. Antigua bodega centenaria.

Lalín (Pontevedra) **8 • A-2**

A PONTEVEDRA, 79 KM; MADRID, 563 KM. ALT. 552 m. POB. 21.140.
GPS (42° 39' 41''N-8° 6' 39''O).

Fiestas: Septiembre: Virgen de los Dolores. Fiesta del Cocido.
Visitar: Museo Municipal. Entorno Natural.
Alrededores: Monasterio de Carboeiro.

Restaurantes

Cabanas. Laxeiro, 3. ☎ 986 782 317. www.restaurantecabanas.com
Cierra domingo noche. En el centro de Galicia, cruce de caminos de Ourense y Santiago. Cocido de Lalín en invierno, carnes de vacuno de la zona, cañitas rellenas. Precio medio 30 €.

Langreo (Asturias) **3 • E-3**

A OVIEDO, 22 KM; MADRID, 334 KM. ALT. 200 M. POB. 45.663.
GPS (43° 17' 46''N-5° 41' 2''O).

Fiestas: Mayo: La Flor de Lada. Del 11 al 14 de junio: El Corpus. Del 26 al 30 de junio: San Pedro, en La Felguera. 25 de julio: Santiago, en Sama. 7-8 de septiembre: Virgen El Carbayu, patronal. Del 25 al 27 de septiembre: San Miguel Arcángel.
Visitar: Museo de la Siderurgia. Santuario Virgen del Carbayu. Torre de La Quintana. Río Nalón. Paisajes Protegidos de las Cuencas Mineras. Rutas y Sendas.
Alrededores: SAMA: Iglesia de Santiago Apóstol. LA FELGUERA: Iglesia de S. Pedro. CIAÑO: Iglesia de S. Esteban, Monumento Nacional. RIAÑO: El Carbayu, Monumento Historico Artistico. Valle de Samuño. Ruta minera. ENTREGO, a 3 km: Museo de la Minería.

Restaurantes

Casa Olivo (Sidrería). (En LA FELGUERA). Celestino Cabeza, 14. ☎ 690 046.
Cierra noches de lunes a jueves, domingo, Semana Santa, cuarta semana de agosto y dos primeras de septiembre. Honesta cocina casera con buena materia prima. Atención a las fabes con almejas y al lechazo al horno, queso de Cabrales. Menú 12 €. Precio medio 30 €.
® **Palacio de las Nieves.** (En LA FELGUERA). Ctra. Pajomal, s/n. ☎ 985 678 899. www.palaciodelasnieves.com P
Cierra domingo noche, lunes excepto festivos; y agosto. Recomendado por su elegante marco de cocina actual, siempre atenta a la temporada, en una antigua casa señorial. Precio medio 55 €.

Hoteles

**** **Palacio de las Nieves.** (En LA FELGUERA-LANGREO). Ctra. a Pajomal, s/n. ☎ 985 678 899. www.palaciodelasnieves.com P SPA
Hab. 14: 92/120 €. Consultar cierre y ofertas. Edificio de 1906 rehabilitado.

Lanjarón (Granada) **78 • D-1**

A GRANADA, 44 KM; MADRID, 479 KM. ALT. 659 M. POB. 3.971. 958 770 462.
GPS (36° 55' 3''N-3° 28' 54''O).

Fiestas: 20 de enero: San Sebastián, patrón. Del 23 al 26 de junio: S. Juan. 26 de julio: Sta. Ana. 1 y 2 de agosto: La Parva. 7 de octubre: Virgen del Rosario, patrona. Noviembre: Festival de Tango. Puerto Pesquero-Deportivo. 5 Rutas por la Naturaleza.
Visitar: Castillo árabe. Barrio Hondillo. Museo del Agua. Plaza de Sta. Ana. La Ciudad, situada en la ladera de la vertiente sur de Sierra Nevada, conocida internacionalmente por su Balneario de aguas minero-medicinales. Parque del Salado. Senderismo.
Alrededores: Playas. Parque Nacional de Sierra Nevada (esquí). Alpujarra. ORGIVA, a 8 km: Palacio-fortaleza de los Condes de Sástago. PAMPANEIRA, a 24 km: Iglesia, retablo.

Restaurantes

Alcadima. (H. ALCADIMA). Francisco Tárrega, 3. ☎ 958 770 809. www.alcadima.com
Cierra del 2 de enero al 3 de febrero. Con 57 habitaciones. Bonitas vistas desde el mirador. Pastel de berenjena y quesc de cabra, jarretillo de cordero a las finas hierbas, pastel de San Juan. Menú 15 €. Precio medio 25 €.

Hoteles

*** **Nuevo Palas.** Avda. de la Alpujarra, 24. ☎ 958 770 086. www.hotelnuevopalas.com
Hab. 28: 43/65 €. Suites: 2. Consultar cierre. Restaurante con cocina tradicional bien elaborada.

Laredo (Cantabria) 5 • D-3

A SANTANDER, 50 KM; MADRID, 396 KM. ALT. 5 M. POB. 12.591. 942 611 096
GPS (43° 24' 40''N-3° 24' 50"O).

Fiestas: Del 3 al 12 de marzo: Carnavales. Semana Santa. Del 15 al 17 de julio: La Otra Movida. La Belle Epoque (Recordando los años 60, 70 y 80). 16 de agosto: S. Roque, concurso y degustación de «Marmita». 25 de agosto: Gran Batalla de Flores. Del 22 al 25 de septiembre: Desembarco de Carlos V.
Visitar: Puebla Vieja: Conjunto-Histórico-Artístico de la Edad Media. Restos de sus antiguas murallas y rúas empedradas. Antigua Casa Consistorial, s. XVI; casonas blasonadas. Iglesias de Sta. María, gótica, s. XIII - XVII; Túnel-Mirador Bajo La Atalaya (1863); Fuerte del Rastrillar, s. XVI; El Regatón (Parque Natural). Playa La Salvé, más de 5 km de arena fina y blanca. Museo Temático Cultural Carlos V. Itinerarios a caballo. Canoas.
Alrededores: A 8 km: LIMPIAS, Cristo y Parador. A 15 km: Altos del río Asón. A 18 km: Santuario de Ntra. Sra. de La Bien Aparecida. A 20 km: Red de Cuevas Visitables.

Restaurantes

Camarote. Avda. Libertad, s/n. ☎ 942 606 707.
Cierra en inverno noches de domingo a martes, y miércoles. Cocina y ambiente marinero. Ensalada de bacalao, pescados a la plancha, tarta de San Marcos. Menú 20 €. Precio medio 40 €.
Casa Felipe. Corregimiento, 5. ☎ 942 603 212. P
Cierra lunes y diciembre. Pescados, carnes de buey, postres caseros. Precio medio 36 €.
Plaza. Comandante Villar, 7. ☎ 942 611 942.
Cierra domingo noche. Ensalada de tres texturas de queso y anchoas, ventresca de bonito asada a baja temperatura, milhojas de mascarpone y helado de café. Precio medio 36 €.

Hoteles

*** **Cosmopol.** Avda. de Cantabria, 27. ☎ 942 605 720. www.hotelcosmopol.es P
Hab. 60: 54/118 €. Junto a la playa.
*** **El Ancla.** González Gallego, 10. ☎ 942 605 500. www.hotelelancla.com P
Hab. 32: 43/135 €. Suites: 2. Consultar ofertas.
*** **Miramar.** Alto de Laredo, s/n. ☎ 942 610 367. www.hmiramarlaredo.com P
Hab. 45: 42/98 €. Cierra en Navidad. Consultar ofertas. Viveros propios de marisco. Vistas panorámicas.

Larrabetzu (Vizcaya) Ver Bilbao. 5 • F-4

Lasarte (Guipúzcoa) Ver San Sebastián. 6 • D-4

Lastres (Asturias) 4 • A-2

A OVIEDO, 60 KM; MADRID, 500 KM. ALT. 4 M. POB. 1.149 985 856 000.
GPS (43° 30' 48''N-5° 16' 15"O).

Fiestas: 5-6 de mayo: Regata de Vela "Kopa América". Segundo fin de semana de julio: Ntra. Sra. del Carmen. Del 12 al 14 de agosto: Las Tres Noches de Lastres. 23 de septiembre: Rallye Subida al Fitu.
Visitar: Barrio de los Balleneros, con Casonas Blasonadas, s.s XVII-XVIII. Iglesia Parroquial Sta. María de Sábada, s. XVIII. Torre del Reloj, s. XVIII. Ermita de S. José, s. XVI. Pueblo marinero cuyo caserío se cuelga sobre el puerto pesquero, desde el Mirador de S. Roque preciosa vista del mar Cantábrico. Playas.
Alrededores: COLUNGA, a 4 km: Iglesia de Gobiendes, prerrománica. Museo del Jurásico de Asturias, a 3 km. Mirador del Fito. Playa de la Eriega, a 3 km: Ignitas de dinosaurios.

Restaurantes

®**El Balcón del Sueve.** (En LUCES, a 2 km). (H. PALACIO DE LUCES). Ctra. AS-257, s/n. ☎ 985 850 080. www.palaciodeluces.com P
Cierra domingo noche y lunes en temporada baja. Espectacular emplazamiento con bonitas vistas desde sus amplios ventanales a los Picos de Europa y la sierra del Sueve. Buena cocina asturiana evolucionada. Precio medio 50 €.
®**El Barrigón de Bertín.** Ctra. General, s/n. ☎ 985 850 445. www.elbarrigondebertin.com
Cierra noches excepto sábado y verano; miércoles, última semana de febrero y de mayo. Alberto Asensio basa su cocina en los siempre espléndidos **pescados** de la lonja local, dependiendo de las capturas de la víspera. **Arroz cremoso con almejas**. Precio medio 38 €.
®**Eutimio.** San Antonio, s/n. ☎ 985 850 012. www.casaeutimio.com
Cierra noches en invierno, domingo noche excepto verano, lunes excepto festivos; febrero o noviembre. Con 11 habitaciones. La familia Busta, ofrece una cocina de profunda raigambre marinera en su hermoso restaurante sobre el mismo muelle. Precio medio 38 €.

Hoteles

***** **Palacio de Luces-Relais Châteaux.** (En LASTRES-COLUNGA). Ctra. AS-257, s/n. ☎ 985 850 080. www.palaciodelasluces.com P
Hab. 44: 164/307 €. Suites: 5. Consultar ofertas. Próximo a la Sierra Sueve y Parque Natural Picos de Europa. Restaurante BALCÓN DEL SUEVE.
*** **Mar del Sueve.** (En COLUNGA, a 5 km). Avda. del Generalísimo, 22. ☎ 985 852 111. www.mardelsuave.com P
Hab. 10: 62/112 €. Céntrico. Entre playas y la Sierra del Sueve.
*** **Palacio de los Vallados.** Pedro Villarta, s/n. ☎ 985 850 444. www.palaciodevallados.com P
Hab. 29: 43/90 €. Cierra del 15 de octubre al 1 de abril.

Legasa (Navarra) Ver Elizondo. 6 • F-4

Leitariego (León) Estación de esquí. Ver Villablino. 9 • B-1

Lekeitio/Lequeitio (Vizcaya) 6 • B-3

A BILBAO, 55 KM; MADRID, 441 KM. ALT. 10 M. POB. 7.477. 946 844 017.
GPS (43° 21' 55''N-2° 30' 17"O).

Fiestas: Del 28 de junio al 1 de julio: El día 29: S. Pedro, danza de la «Kaxarranka», que se interpreta sobre un arcón, llevado a hombros por ocho marineros. Del 1 al 8 de septiembre: Patronales de S. Antolín. Día Grande, el 5, Día de Gansos, uno de los momentos más espectaculares de los «Sanantolinak» (Fiestas por S. Antolín).
Visitar: Basílica de Sta. María, gótica del s.s XV-XVI. Destaca el retablo flamenco del Altar Mayor. Palacio de Uriarte, barroco del s. XVIII, Monumento Nacional. Faro de Sta. Catalina: Centro de Interpretación de la Navegación. Lagar de Txacoli, del s. XVII. Vistas del puerto y de la Isla de S. Nicolás.
Alrededores: ONDÁRROA, a 12 km: Iglesia de Sta. María la Antigua, del s. XV. MARKINA, a 15 km: Colegiata de Zenarruka.

Restaurantes

Zapiraín. Igualdegi, 3. ☎ 946 840 255.
Cierra noches de domingos a jueves, excepto de junio a octubre, martes y de mediados de diciembre a mediados de febrero. Buena cocina marinera. Sopa de pescado, rodaballo a la plancha, tarta de arroz. Precio medio 50 €.

Hoteles

*** **Aisia Lekeitio.** Avda. Santa Elena, s/n. ☎ 946 842 655. www.aisiahoteles.com P
Hab. 43: 76/98 €. Suites: 4. Consultar ofertas. Frente al mar. Centro de Talasoterapia. El último emperador austro-húngaro, Zita, vivió en este lugar. Restaurante KARRASPIO.
*** **Zubieta.** Portal de Atea, s/n. ☎ 946 843 030. www.hotelzubieta.com P
Hab. 23: 66/102 €. Suites: 1. Consultar cierre y ofertas. Edificio histórico del s. XVII, en los jardines del palacio de Zubieta.

Lekunberri/Lecumberri (Navarra) 12 • D-1

A PAMPLONA, 32 KM; MADRID, 437 KM. ALT. 583 M. POB. 1.386. 948 507 204.
GPS (43° 0' 4"N-1° 53' 35"O).

Fiestas: 6 de mayo: Día de las Vías Verdes. 23-24 de junio: San Juan. 5 de agosto: Mercado de Antaño. 29 de septiembre, S. Miguel. Del 11 al 14 de octubre: El Pilar, patronales.
Visitar: Casco antiguo, casas tradicionales, escudos. Iglesia Parroquial S. Juan Bautista, s. XIII. Convento de las Hermanas Clarisas, 1888. Ermita de la Virgen del Pilar.
Alrededores: Vía Verde del Plazaola. Santuario S. Miguel de Aralar, románico, s. XII. Nacedero del río Larraun.

Restaurantes

Asador Epeleta. (Autovía A-15, de Leizarán, salida 27). Aralar, s/n. ☎ 948 504 357. www.asadorepeleta.com P
Cierra noches excepto sábado; lunes, segunda quincena de junio y navidades. Es el Mejor Asador de Navarra. Un verdadero templo de la materia prima con **carnes** y **pescados**, magníficamente tratados **a las brasas**, por la familia Ansorena. Hay que acabar degustando la **leche frita** en un local íntimo y singular. Precio medio 45 €.
Venta Muguiro. (En MUGIRO, a 3 km). Autovía, A-15 de Leizarán, salida 123. ☎ 948 504 102. P
Cierra noches de lunes y jueves de noviembre a julio, martes noche, miércoles y de mediados de octubre a mediados de noviembre. Antigua venta de carretera en la sierra de Aralar. Alubias rojas de Tolosa, cordero al chilindrón, torrija de brioche y yema con helado de leche merengada. Precio medio 35 €.

León 9 • F-3

A MADRID, 333 KM. ALT. 838. POB. 134.305. 987 238 492.
GPS (42° 35' 60''N-5° 34' 19"O).

Fiestas: Semana Santa, de Interés Turístico Internacional. 25 de abril: Ceremonia de «Las Cabezadas» de Interés Turístico Regional. Del 20 al 30 de junio: S. Juan y S. Pedro. 3 de octubre: S. Froilán, concurso de carros Engalanados y Ceremonia de las Cantaderas, de Interés Turístico Regional. 29 de octubre: S. Marcelo, patrono de la ciudad. Celebración el domingo anterior.
Visitar: **Iglesia de S. Marcelo**, s. XVI, que alberga interesantes tallas de Gregorio Fernández. **Casa Botines**, s. XIX; obra de Gaudí, Bien de Interés Cultural. **Palacio de los Guzmanes**, s. XVI, obra de Rodrigo Gil de Hontañón, actual sede de la Diputación Provincial. **Ayuntamiento**. **Catedral de Sta. María de Regla**, Bien de Interés Cultural, s. XIII, joya del gótico, en la que destacan sus 1.800 m² de vidriera; anexo se encuentra el Museo Catedralicio. **Plaza Mayor**, Mirador del s. XVII. **Iglesia de S. Martín**, **Casa de las Carnicerías**, s. XVI. **Convento de las Carbajalas**, s. XVI. **Iglesia de Ntra. Sra. del Mercado**, s. XII, **Convento de las Madres Concepcionistas**, s. XVI. Calle de la Rúa: suelo jalonado de veneras (conchas) símbolo del Camino de Santiago. **Real Basílica de S. Isidro**, s. XII, Bien de Interés Cultural, uno de los edificios más importantes del románico en España, en su interior se encuentra el Museo con el **Panteón de los Reyes**, lugar de enterramiento de los Reyes y Reinas de León, con una fabulosa colección de frescos románicos. El **Hostal Parador de S. Marcos**, s. XVI, de estilo plateresco. Museo de León. Museo de Arte Contemporáneo de Castilla y León (MUSAC).
Alrededores: S. MIGUEL DE ESCALADA, a 27 km: iglesia mozárabe, s. X. A 6 km, Santuario de la Virgen del Camino. A 50 km, Cuevas de Valporquero. GRADEFES, a 32 km: Monasterio cisterciense, s. XII. VALENCIA DE DON JUAN, a 38 km: Castillo e iglesia de S. Pedro. VILLAVERDE DE SANDOVAL, a 18 km: Interesante monasterio, mezcla románico-ojival, s.s XII y XIV. A 46 km, ASTORGA.

Restaurantes

®**Adonías del Pozo.** (Bº Centro). Santa Nonia, 16. ☎ 987 206 768.
Cierra domingo. La familia del Pozo, en su tercera generacion, ofrece productos de León y pescados del Cantábrico. **Entremeses Adonías, asados (cochinillo o lechazo), caza.** Menú 21 €. Precio medio 38 €.
Alborada. Pº Condesa de Sagasta, 24. ☎ 987 221 912. www.restaurantealborada.es
Cierra lunes y del 1 al 15 de julio. Platos de cuchara, manitas guisadas, empanada de manzana. Menú 12 €. Precio medio 35 €.
®**Alfonso V.** (H. ALFONSO V). Avda. Padre Isla, 1. ☎ 987 220 900. www.hotelalfonsov.com P
Cierra domingo noche excepto puentes. Buen hacer de José Manuel Mella. **Foie-gras de la casa con ensalada de lentejas, steak tartar, gratinado de frambuesa.** Distintas jornadas gastronómicas a largo del año. Precio medio 50 €
Amancio. (Bº Inmaculada). Juan Madrazo, 15. ☎ 987 273 480.
Cierra noches de domingo y miércoles; y lunes. Cocochas de bacalao al pil-pil, añojo estofado al Prieto Picudo, canutillos de la abuela. Menú 12 €. Precio medio 30 €.
Barandal. (Bº Complejo de Sto. Domingo). Gran Vía de San Marcos, 9. ☎ 987 221 418.
www.restaurantebarandal.com
Cierra lunes noche y domingo. Tataki de atún, paletilla deshuesada con blinis de espinacas y piñones, pastel de queso caliente con helado de frambuesa. Precio medio 40 €.
Bodega el Cercao. (En QUINTANA DE RANEROS, a 10 km). La Bodega, 4. ☎ 987 280 129.
www.bodegaelcercao.com P
Cierra lunes noche y 15 días después de Reyes. Antigua bodega subterránea. Morcilla leonesa, lechazo asado, y de postre, "vizconde", especialidad de la casa. Menú 16 €. Precio medio 25 €.
®**Cocinandos.** (Bº Eras de Renueva). Las Campanillas, 1. ☎ 987 071 378. www.cocinandos.com
Cierra domingo, lunes, 15 días en febrero y en agosto. Un único menú degustación de cinco platos y postre (38 €) con la creatividad de Juanjo Pérez. **Sopa de alcachofas; mollejas, patatas confitadas y crema de ajetes, bizcocho y guiso de cerezas.**
Gastronómica Cidon (Musac). (MUSEO DE ARTE CONTEMPORÁNEO). (Bº Húmedo). Avda. Reyes Leoneses, 24. ☎ 987 070 270.
Cierra noches de domingo y martes; lunes y primera quincena de julio. En el edificio del MUSAC. Regentado por la familia Domínguez Cidón. Garbanzos Pico Pardal fritos con gambas al ajillo, bacalao rebozado en corteza de cerdo ibérico, pastel de castañas con frutos rojos. Precio medio 30 €.

La Bodega Regia. (H. LA POSADA REGIA). (Bº Húmedo). Regidores, 9. ☎ 987 213 173. www.regialeon.com
Cierra domingo, segunda quincena de enero y primera de septiembre. Un edificio del s. XVI en el barrio Húmedo. Cecina de vaca, platos de cuchara y de caza en temporada, congrio, tartas. Menú 20 €. Precio medio 40 €.

Rey Don Sancho. (PARADOR DE TURISMO). Pza. San Marcos, 7. ☎ 987 237 300. www.parador.es
Gastronomía leonesa de calidad con vinos del Bierzo. **Cecina, lechazo asado al estilode Castilla, tarta de queso de Ambasmestas con membrillo.** Precio medio 42 €.

Vivaldi. Platerías, 4. ☎ 987 260 760. www.restaurantevivaldi.com
Cierra domingo, lunes y primera quincena de julio. Es el referente de la cocina creativa de la ciudad con calidad de producto. **Tartar de buey del valle del Esla, atún rojo tostado sobre marmitaco de congrio.** Jorge Domínguez Cidón atiende con profesionalidad la sala y cuida de la bodega. Precio medio 45 €.

Hoteles

***** **Parador "Hostal San Marcos".** Pza. de San Marcos, 7. ☎ 987 237 300. www.parador.es
Hab. 202: 160/200 €. Suites: 16. Es el edificio histórico más cualificado y monumental del Renacimiento en León. Nada puede sobrepasar la belleza de los arabescos y demás ornamentos de la fachada de San Marcos. Aparcamiento en recinto privado, no vigilado, con acceso de entrada y salida controlado. Restaurante REY DON SANCHO. Cocina para paladares exigentes, autóctona, nacional e internacional.

**** **AC Hotel San Antonio.** Velázquez, 10. ☎ 987 218 444. www.ac-hotels.com
Hab. 83: 65/165 €. Suite: 1. Baño turco y duchas a presión.

**** **Alfonso V.** Avda. Padre Isla, 1. ☎ 987 220 900. www.hotelalfonsov.com
Hab. 62: 70/169 €. Suites: 5. Consultar ofertas. Céntrico. Junto al casco antiguo. Restaurante ALFONSO V.

**** **Conde Luna.** Avda. Independencia, 7. ☎ 987 206 600. www.hotelcondeluna.es
Hab. 142: 60/151 €. Suites: 3. Céntrico. Próximo a la Catedral y Colegiata de S. Isidoro. Restaurante MESÓN CONDE LUNA.

**** **Del Pozo.** Ctra. de Santander, N-621, km 4,8. ☎ 987 281 903. www.hoteldelpozo.com
Hab. 60: 53/110 €. Cuenta con 24 habitaciones con columna de hidromasaje.

**** **NH Plaza Mayor.** Plaza Mayor, 15. ☎ 987 344 357. www.nh-hotels.com
Hab. 51: 85/180 €. Céntrico. Proximo a la Catedral y zona comercial. Restaurante NHUBE.

**** **Silken Luis de León.** Fray Luis de León, 26. ☎ 987 218 820.
Hab. 113: 65/170 €. Consultar ofertas. Céntrico. Restaurante LAS MÉDULAS.

**** **Tryp León.** Obispo Vilaplana, 3 y 5. ☎ 987 877 100.
Hab. 122: 60/150 €. Suites: 5. Consultar ofertas. Junto al Museo de Arte Contemporáneo. Restaurante GÉMINA.

*** **La Posada Regia.** Regidores, 9-11. ☎ 987 213 173. www.regialeon.com
Hab. 36: 55/120 €. Consultar ofertas. Edificio castellano de los s.s XIV-XV. En el casco histórico-artístico. Restaurante BODEGA REGIA, cocina tradicional.

*** **París.** Ancha, 18. ☎ 987 238 600. www,hotelparisleon.com
Hab. 60: 46/90 €. Suite: 1. Situado en el centro histórico. Restaurante ROSETON, de comida típica.

*** **Quindos.** Avda. Gran Vía de San Marcos, 38. ☎ 987 236 200. www.hotelquindos.com
Hab. 38: 71/103 €. Restaurantes BAQUIO y FORMELA.

*** **Temple Riosol.** Avda. Palencia, 3. ☎ 987 216 650. P
Hab. 126: 64/75 €. Céntrico. Próximo a estación de tren y autobús.

Lepe (Huelva) — 70 • D-3

A HUELVA, 39 KM. ALT. 6 M. POB. 25.886. 959 625 020.
GPS (37° 15' 13''N-7° 12' 18"O).

Fiestas: Semana Santa. Del 6 al 9 de mayo: Romería a Ntra. Sra. de La Bella. 15 mayo: Romería Chica. 16-17 de julio: Fiestas de Nuestra Sra. del Carmen. Del 12 al 16 de agosto: Fiestas Ntra. Sra. de La Bella y S. Roque.
Visitar: Torre de El Catalán, atalaya del s. XVII. Iglesia de Sto. Domingo de Guzmán. Capilla de S. Cristóbal. Ajimez de la Casa de la Cultura, mudéjar, Bien de Interés Cultural. Parques del V Centenario y de La Coronación. Recinto Romero, con la ermita de la Virgen de la Bella y Convento. Puerto pesquero. Paraje Natural del Río Piedras y Flecha de Nueva Umbría.
Alrededores: Playas de ISLA CRISTINA, LA ANTILLA, El Terrón (Puerto Pesquero), ISLANTILLA, LA REDONDELA, EL ROMPIDO y PUNTA UMBRÍA.

Restaurantes

Coral Playa. (En LA ANTILLA, a 5 km). (esq. Paseo Marítimo). Estrella del Mar, 3. ☎ 959 481 406. www.coralplaya.com
Cierra lunes, una semana en octubre y del 30 de diciembre al 20 de enero. Pescados, arroces y guisos marineros, de postre, frutas en un local con vistas al mar. Precio medio sin marisco 25 €.

El Otro Sitio. Oria Castañeda, 10. ☎ 959 380 093.
Cierra invierno excepto noches de jueves a sábados; domingo noche en verano, y al mediodía. Antigua casa típica con patio. Torrija de tomate con carpaccio de presa, rabo de toro deshuesado, helado casero de castañas con chocolate caliente. Precio medio 25 €.

El Rincón de Rafa. (Recinto Romero de la Bella, a 3 km). Malagueña, 2. ☎ 959 383 727. www.elrinconderafa.com
Cierra noches de domingo a martes, excepto verano; del 8 al 15 de mayo y del 2 al 20 de noviembre. Pescados al horno, carnes rojas de buey, ibéricas y de ternera a la brasa, crema de naranja con fresas. Precio medio 30 €.

Hoteles

** **La Noria.** Avda. Diputación, 7. ☎ 959 383 193
Hab. 20: 25/72 €. Suite: 1. Consultar cierre y ofertas. Céntrico. Próximo a playas y frontera de Portugal.

Lerma (Burgos) — 21 • B-2

A BURGOS, 38 KM; MADRID, 202 KM. ALT. 844 M. POB. 2.808. 947 177 002.
GPS (42° 1' 30"N-3° 45' 32"O).

Fiestas: 17 de enero: S. Antón. 3 de febrero: S. Blas. 28 de febrero: Tradicional Canto de la Marzas. Jueves Santo: Pasión Viviente. Del 1 al 3 de mayo: Feria Nacional de Maquinaria Agrícola. Agosto: Mes del Barroco. Del 4 al 13 de septiembre: Ntra. Sra. Natividad, patronales.
Visitar: Conjunto Histórico-Monumental del s. XVII. Arco de la cárcel, restos medievales. Palacio Ducal. Colegiata de S. Pedro, órgano del s. XVII. Conventos y galerías. Mirador de los Arcos y Tumba del Cura Merino. Centro de Interpretación, Museo Villa Ducal.
Alrededores: COVARRUBIAS, a 22 km. STO. DOMINGO DE SILOS, a 31 km. VILLAMAYOR DE LOS MONTES, a 11 km. STA. MARIA DEL CAMPO, a 22 km. Pasaje Natural La Yecla, a 30 km.

Restaurantes

Asador Ojeda. (Aparcamiento en la plaza). Pza. Mayor, s/n. ☎ 947 171 256. www.grupojeda.com
Cierra noches de domingo a miércoles, y segunda quincena de enero. Homónimo del de Burgos de la familia Carcedo. Ensalada de perdiz escabechada con salsa de hongos boletus, chuletillas de lechazo a la brasa, queso de Burgos con membrillo. Precio medio 30 €.

Casa Brigante (Asador). (Aparcamiento en la plaza). Pza. Mayor, 5. ☎ 947 170 594. www.casabrigante.com
Cierra noches, 15 días en marzo y en noviembre. Casona del s. XIX bajo los soportales. Morcilla de Burgos, lechazo asado, flan de café o de queso. Precio medio 25 €.

Hoteles

****** Parador de Lerma.** Pza. Mayor, 1. ☎ 947 177 110. www.parador.es
Hab. 69: 136/340 €. Suites: 1. Consultar ofertas. Instalado en el Palacio Ducal del s. XVII, cuenta con modernas instalaciones. Restaurantes El MAYORAZGO y LOS MONTEROS.
***** Alisa.** Ctra. N-I, Madrid-Irún, km 202. ☎ 947 170 250.
Hab. 49: 47/95 €. Consultar ofertas. Frente al conjunto monumental.

Lesaka (Navarra) Ver Elizondo. 6 • E-4

Leyre-Monasterio de (Navarra) Ver Yesa. 13 • B-3

Lezama (Álava) Ver Amurrio. 11 • E-1

Lezo (Guipúzcoa) Ver Oiartzun. 6 • D-3

Liérganes (Cantabria) 5 • B-3

A SANTANDER, 25 KM; MADRID, 385 KM. ALT. 93 M. POB. 2.467. 942 528 021.
GPS (43° 20' 41''N-3° 45' 6"O).

Fiestas: 27 de julio: S. Pantaleón. 1 de agosto: S. Pedro Advíncula. 5 de agosto: Ntra. Sra. de Las Nieves. 10 de agosto: S. Lorenzo.
Visitar: Conjunto Histórico Artístico. Casco Viejo: Casas: de Los Cañones y de Setién. Iglesia parroquial de S. Pedro, Advíncula. Puente Mayor y Molino. Iglesia de S. Pantaleón. Palacio de la Rañada. Ermita del Humilladero. Capilla del Carmen. Cruz de Rubalcaba. Río Miera. Balneario.
Alrededores: Pozos de Noja. Palacio de Elsedo, (Museo de Arte Contemporáneo). Cueva de Sopeña.

Restaurantes

Casa Navarro. (En PÁMANES, a 5 km). Barrio La Lastra, 66. ☎ 942 528 232. www.restaurantecasanavarro.es
Cierra lunes. Cocina tradicional con callos como especialidad. También, alubias rojas y brazo de gitano. Precio medio 30 €.

Hoteles

***** Casona El Arral.** Convento, 1. ☎ 942 528 475. www.casonaelarral.com
Hab. 9: 56/92 €. Suite: 1. Consultar cierre y ofertas. Edificio singular de 1884, en el casco histórico-artístico.
***** Gran Hotel Balneario de Liérganes.** Bº El Calgar, s/n. ☎ 902 104 841. www.relaistermal.com
Hab. 99: 68/122 €. Servicios balneoterápicos. Programas termales.

Limpias (Cantabria) 5 • D-3

A SANTANDER, 55 KM; MADRID, 398 KM. ALT. NIVEL DEL MAR. POB. 1.741.
GPS (43° 22' 6"N-3° 23' 60"O).

Fiestas: 15 de mayo: S. Isidro. 29 de junio: S. Pedro. 8 de agosto: Sta. Isabel. 14 de septiembre: El Cristo.
Visitar: Casco Histórico. Santo Cristo. Casa Torre Palacio. Casa Torre de Pico. Puerto. Ría de Limpias.
Alrededores: LAREDO, a 8 km. RAMALES DE LA VICTORIA, a 14 km. HOZ DE MARRÓN, a 6 km: Santuario de la Virgen Bien Aparecida.

Restaurantes

Solana. (En AMPUERO, a 5 km). La Bien Aparecida, 11. ☎ 942 676 718.
Cierra noches de martes a jueves, excepto reserva; domingo noche y lunes, excepto verano; y segunda quincena de noviembre. Local moderno en una casona montañesa a cargo de los hermanos Solana. Inmaculada dirige la sala e Ignacio elabora una cocina personal con base tradicional. Huevo escalfado con ravioli de morcilla, pescados del Cantábrico, tostada de pan brioche. Precio medio 50 €.

Hoteles

****** Parador de Limpias.** Fuente del Amor, s/n. ☎ 942 628 900. www.parador.es
Hab. 65: 118/160 €. Suites: 5. Consultar ofertas. Ubicado en el Palacio de Eguilior del s. XX, en una finca de 55. 000 m². Restaurante PALACIO DE EGUILIOR.

Linares (Jaén) 65 • D-3

A JAÉN, 45 KM; MADRID, 301 KM. ALT. 418 M. POB. 61.338.
GPS (38° 5' 36"N-3° 38' 13"O).

Fiestas: Febrero: Torneo Internacional de Ajedrez. Semana Santa. Mayo: Virgen de Linarejos, Fiestas del Voto. Agosto: Concurso Nacional de Tarantas. Del 27 de agosto al 1 de septiembre: Fiestas de S. Agustín, populares. Noviembre: Encuentro Internacional de Guitarra "Andrés Segovia".
Visitar: Santuario de La Virgen de Linarejos, fachada del s. XVI. Iglesia de S. Francisco del s. XVI. Palacio de los Orozco y antiguo Palacio Zambrana. Palacio de Los Ávalos Biedma, s. XVII, hoy Museo Arqueológico. La Casa Solariega de Pajares Bermejal, s. XVIII, Palacio Zambranas, de los Piedrolas, antiguo Convento de S. Juan de Dios, s. XVIII. Casa de la Munición, s. XVIII. Casas Consistoriales, s. XIX. Iglesia Sta. María La Mayor, s.s. XV-XVI. Plaza de Toros. Centro Interpretación. Paisaje Minero. Sendero por el patrimonio minero. Parque Natural Despeñaperros.
Alrededores: Ciudad arqueológica de Cástulo, a 5 km. Monumento Natural de Piélago, romano, s. III a.C. Puente La Quebrada, s. XVI. Parque Natural Sierra Morena. Baños de la encina.

Restaurantes

Canela en Rama. República Argentina, 12. ☎ 953 602 532.
Cierra martes noche, miércoles y segunda quincena de enero. Juan C. Trujillo da su toque personal a una cocina de raíz andaluza. Salmorejo, raviolis de rabo de toro, texturas de la tarta de manzana. Precio medio 28 €.
Los Sentidos. Doctor, 13. ☎ 953 651 072. www.lossentidos. net
Cierra domingo noche, lunes y primera quincena de agosto. Antigua casa linense con patio interior. Tartar de gambas con su gazpachuelo, paletilla de choto asada a baja temperatura con salvia y ajo, cremoso de flan de queso con frutos rojos. Precio medio 32 €.

Hoteles

**** **RL Aníbal.** Cid Campeador, 11. ☎ 953 650 400. www.rlanibal.com
Hab. 124: 54/110 €. Suites: 2. Céntrico. Acceso fácil desde la autovía de Andalucía. Restaurante HIMILCE.
**** **Santiago.** Santiago, 3. ☎ 953 693 040. www.hotel-santiago.es
Hab. 66: 50/97 €. Suites: 2. Consultar ofertas. Céntrico. Restaurante ALMAZARA.

Linares de la Sierra (Huelva) Ver Aracena. 63 • A-4

Línea de la Concepción, La (Cádiz) 80 • E-1

A CÁDIZ, 141 KM; MADRID, 692 KM. ALT. 4 M. POB. 64.595. ℹ 956 174 899.
GPS (36° 9' 39"N-5° 20' 58"O).

Fiestas: Carnavales. Semana Santa, de Interés Turístico Nacional. 18 de julio: Domingo Rociero. 23-24 de julio: S. Juan. Del 16 al 25 de julio: Velada y fiestas de Interés Turístico. 8 de diciembre: Inmaculada Concepción, patronales.
Visitar: Parroquia de La Inmaculada, estilo colonial, con altar barroco, s. XIX. Museo Cruz Herrera, pinacoteca. Museo del Itsmo. Museo Taurino. Monumento las Tres Gracias. Palacio de Congresos y Exposiciones. Mercado Municipal Monumento a Camarón. 11 km de playas.
Alrededores: Frontera con Gibraltar, abierta al tránsito de personas y vehículos. GIBRALTAR, con compras posibles y una interesante visita a fortificaciones, cuevas, monte y laderas de La Roca. Parque Natural de Los Alcornocales.

Restaurantes

La Marina. Pº Marítimo de la Atunara, s/n. ☎ 956 171 531. www.rest-lamarina.es
Ambiente y cocina marinera. Atún confitado a la manteca blanca, pescados de palangre del día, helado de dulce de leche. Precio medio 30 €.

Hoteles

**** **Aldiana Alcaidesa.** Urb. Alcaidesa. ☎ 956 582 700.
Hab. 334: 140/312 €. Restaurante LA VISTA, cuidada cocina mediterránea.
**** **Quercus Alcaidesa.** De la Villa Real, s/n. Urb. Alcaidesa. Autovía N-7 dirección Málaga-Algeciras, salida 124. ☎ 956 792 159. www.quercusalcaidesa.com
Hab. 8: 90/120 €. Suite: 1. A 100 m del Campo de Golf Alcaidesa y próximo a la playa. Restaurante 5 ERRES.
*** **AC La Línea.** Los Caireles, 2. ☎ 956 175 566. www.ac-hoteles.com
Hab. 82: 56/88 €.

Lizaso (Navarra) Ver Pamplona. 12 • E-1

Llafranc (Girona) 26 • C-2

A GIRONA, 43 KM; MADRID, 726 KM. POB. 316. ℹ 972 300 228.
GPS (41° 53' 38''N-3° 11' 36"E).

Fiestas: Primer sábado de agosto: Cantado de Habaneras. Segundo sábado de agosto: Cocktail Rambo. Primer sábado de septiembre: Mercado Loco.
Visitar: Faro, Ermita y Torre de San Sebastián. Escavaciones del poblado Íbero s.s I-VI a.C. Dolmen de Can Mina dels Torrents. Prensa de Vino Romana. Puerto deportivo. Playas.
Alrededores: Costa Brava. CALELLA DE PALAFRUGELL.

Restaurantes

®**Casamar.** (H. CASAMAR). Nero, 3 - 11. ☎ 972 300 104. www.hotelcasamar. net
Cierra lunes noche excepto verano, martes y del 1 de enero a finales de marzo. Los hermanos Quim y María Casellas -él en la cocina y ella en el comedor- siguen ofreciendo una culinaria mediterránea que prima por su coherencia y estacionalidad. Precio medio 45 €.
Llevant. (Paseo Peatonal). Pº Francesc de Blanes, 5. ☎ 972 300 366. www.hotel-llevant.com
Cierra domingo noche y lunes en enero, febrero y marzo; y del 2 de noviembre al 10 de diciembre. Con 24 habitaciones. Frente al mar. Alcachofas con gambas y ajitos, pato de l'Empordá con peras, tatír de frutos de invierno. Menú 25 €. Precio medio 40 €.
☼**Simpson.** Passeig Cipsele, 10. ☎ 972 301 157.
Cierra miercoles excepto julio y agosto; y de noviembre a febrero. Deliciosa cocina elaborada con una materia prima de irreprochable calidad, como resultado del feliz tándem que forman Félix Mozo en la sala, y su esposa Maribel en los fogones. De imprescindible visita. Precio medio 40 €.

Hoteles

*** **Terramar.** Pº Cipsela, 1. ☎ 972 300 200. www.hterramar.com
Hab. 53: 54/166 €. Consultar cierre y ofertas. Primera línea de playa. Restaurante TERRAZA TERRAMAR.

Llagostera (Girona) 26 • B-3

A GIRONA, 23 KM; MADRID, 699 KM. ALT. 60 M. POB. 7.764.
GPS (41° 49' 44''N-2° 53' 34"E).

Fiestas: Mayo-junio: Fiesta Mayor. Octubre y Noviembre: Cocina de la seta.
Visitar: Casco Antiguo: Iglesia, castillo y muralla de s. XII. Senderismo y excursionismo.
Alrededores: SANT FELIU DE GUIXOLS, a 5 km. SANTA CRISTINA D'ARO, a 10 km.

Restaurantes

☼☼**Els Tinars.** Ctra. C-65, Sant Feliú- Girona, km 7,2. ☎ 972 830 626. www.elstinars.com
Cierra domingo noche, lunes y del 10 de enero al 10 de febrero. Histórico restaurante cuya evidente excelencia culinaria -hoy comandada por Marc Gascons- le consolida como uno de los grandes del panorama gastronómico catalán. **Gambas de Palamós con alcachofas, lomo de atún a la brasa con rábano picante y aceitunas negras, mandarina rellena de helado de cardamomo**. Menús 28 y 35 €. Precio medio 50 €.

Hoteles

**** **Mas Vilalonga Petit.** (En CASSÀ DE LA SELVA). Veïnat Verneda, 21. ☎ 972 461 993. www.masvilalongapetit.com
Hab. 9: 199/315 €. Hotel con encanto a 15 min. de Girona y de la Costa Brava. En una Masía del s. XVIII. Exclusivo para adultos, no admite niños.
**** **Masía Sureda.** Veinat de Panades, 43. Tel 972 805 500. www.masiasureda.com
Suites: 16. Consultar tarifas. Pequeño Zoo, caballos, ponys.

Llançà/Llansá (Girona)

16 • C-4

A GIRONA, 60 KM; MADRID, 772 KM. ALT. 6 M. POB. 5.209. 972 380 855.
GPS (42° 21' 54''N-3° 9' 37"E).

Fiestas: 22 de enero: Fiestas Mayores de S. Vicente. 16 de julio: Fiestas del Carmen, procesión por el mar. 20 de agosto: Fiesta de verano. Concurso de "Colles Sardanistes", Habaneras y "Cremat".
Visitar: Iglesia de S. Vicente, del s. XVIII. Capillas románicas de St. Silvestre de Valleta i del Terrer, s. XI. Torre románica de la Plaza Mayor, s. XV. Museo de La Acuarela. Puerto Deportivo y Pesquero.
Alrededores: 1,4 km: El Puerto. 3,3 km: BALLETA. 3,7 km: COLERA.

Restaurantes

El Vaixell. (En PORT DE LLANÇA). Castellar, 62. ☎ 972 380 295. www.elvaixell.com
Cierra noches en invierno excepto viernes y sábados, lunes excepto festivos y verano; Semana Santa y del 15 de diciembre al 15 de enero. Arroces y fideos marineros, suquet de pescado, requesón con miel. Menús 13 y 23 €. Precio medio 30 €.
®**Els Pescadors.** (En PORT DE LLANÇÁ). (H. LA GOLETA). Pintor Torruella, 22. ☎ 972 380 125. www.restaurantelspescadors.com P
Cierra domingo noche y lunes, excepto julio y agosto; y del 7 de enero al 7 de febrero. Luis Fernández prepara en este elegante y confortable restaurante, con terraza al Puerto de Llança una cocina sabrosa, reflejo del equilibrado recetario marinero catalán. Precio medio 50 €.
Garbet. (En COLERA, a 3 km). Playa de Garbet, s/n. ☎ 972 389 002. www.restaurantgarbet.com P
Cierra del 1 de octubre al 1 de abril. Terraza sobre el mar. Carpaccio de lubina con rúcula, paella de bogavante, crepes rellenas de soufflé de naranja. Precio medio 55 €.
Miramar. Pº Marítimo, 7. ☎ 972 380 132. www.miramar.cat P
Cierra domingo noche, lunes, enero y febrero. Ubicado frente a la playa. Paco Pérez continúa ofreciendo una culinaria moderna que refleja la evidente personalidad y prestigio de este jefe de cocina. **Pil-pil de espardenyes y tripa de bacalao, arroz meloso de langostinos, selva negra.** Precio medio 75 €.

Hoteles

*** **Gri-Mar.** Ctra. N-260, km 16,5. ☎ 972 380 167. www.hotelgrimar.com P
Hab. 45: 60/125 €. Consultar cierre y ofertas. Rodeado de 5.000 m² de jardines.

Llanes (Asturias)

4 • D-3

A OVIEDO, 110 KM; MADRID, 455 KM. ALT. 0 A 1.315 M. POB. 13.915. 985 400 164.
GPS (43° 25' 13''N-4° 45' 26"O).

Fiestas: 21-22 de julio: Sta. María Magdalena, tradicional "hoguera" y festival folclórico. 26 de julio: Sta. Ana, procesión por el mar (tradicional Salea). 15-16 de agosto: S. Roque, Festival Folclórico y Encuentro de Gaiteros de Asturias. 7-8 de septiembre: Ntra. Sra. Virgen de la Guía, procesión nocturna de Mantillas y Festival Folclórico. En todas ellas, romerías y verbenas.
Visitar: Casco Antiguo: Basílica de Sta. María, gótico, s.s XIII-XV con bello retablo plateresco; Los Cubos de la Memoria de Agustín Ibarrola en el puerto; Torre de Almenas del s. XIII (Oficina de Turismo); Murallas, s. XIII. Casa Municipal de Cultura (Palacio del s. XVII). Aula del Mar, aula de Interpretación sobre la historia de Llanes y su vinculación a la mar. Puerto Pesquero y Paseo Marítimo de S. Antón. Paseo de S. Pedro.
Alrededores: PORRÚA: Museo Etnográfico del Oriente de Asturias. A 10 km, Monasterio románico de S. Antolín de Bedón, s. XII. CELORIO: Monasterio de S. Salvador, s. XI. PUERTAS DE VIDIAGO, a 9 km: Monumento Megalítico y Aula Didáctica de Peña Tú. A 4 km, Campo Municipal de Golf (18 hoyos) y Mirador de La Boriza, sobre las playas de Ballota y Andrín. POO, a 2 km: Centro de Artesanía. NUEVA: Palacio de los Condes de la Vega del Sella, Monumento Histórico-Artístico.

Restaurantes

Barlovento. Genaro Riestra, 1. ☎ 985 402 562.
Cierra miércoles excepto verano; enero y febrero. Cocina correcta de recetas sencillas. Pescados de la rula, solomillo de carne roja, tarta gijonesa. Precio medio 30 €.
El Cuera. Pza. Parres Sobrino, 9. ☎ 985 400 054.
Cierra martes en temporada baja. Sidrería en la que disfrutar de arroces, guisos y pescados. Precio medio 35 €.
El Jornu. (En PANCAR, a 1 km). Cuetu Molín, 43. ☎ 985 401 615.
Cierra domingo noche y lunes, excepto julio y agosto; y noviembre. Acreditado y concurrido restaurante de recetario sin complicaciones. Fideos o arroz con almejas, codillo al horno, brazo gitano. Precio medio 30 €.
®**El Puerto - Casa Seín.** (En COLUMBRES-RIBADEDEVA a 24 km). Bustio, s/n. ☎ 985 412 525. www.elpuertodebustio.com P
Cierra domingo noche, lunes, segunda semana de junio y de octubre. Última oportunidad de comer en Asturias antes de adentrarse en el litoral de Cantabria. Cocina de vocación marinera. **Pisto con buey de mar y gambas.** Placentera terraza. Precio medio 35 €.
San Pelayo. (En NIEMBRO, a 4 km). Niembro, s/n. ☎ 985 407 376. www.restaurantesanpelayo.com P
Cierra de domingo a jueves excepto verano; lunes y de mediados de enero a mediados de febrero. Miguel Naves practica la cocina más innovadora del concejo llanisco, sin por ello caer en excesos temerarios. Salteado de pulpo de pedrero al ajillo con algas, guiso tradicional de manitas de cerdo deshuesadas, arroz con leche con compota de manzana. Precio medio 30 €.

Hoteles

**** **Spa La Hacienda de Don Juan.** Pidal, 29. ☎ 985 403 558. www.haciendadedonjuan.com P
Hab. 41: 63/115 €. Suites: 4. Finca de 6.000 m² con zonas verdes y palmeras.
*** **El Habana.** (En LA PEREDA, a 3 km). La Pereda, s/n. ☎ 985 402 526. www.elhabana.net P
Hab. 9: 75/133 €. Suites: 3. Consultar cierre. Jardín de diseño natural con más de 300 especies. Próximo a playas.
*** **La Posada de Babel.** La Pereda, s/n. ☎ 985 402 525. www.laposadadebabel.com P
Hab. 9: 73/116 €. Suites: 2. Consultar cierre.
*** **Molino de Tresgrandas.** Tresgrandas, 14. ☎ 985 411 191. www.molinotresgrandas.com P
Hab. 8: 68/94 €. Consultar ofertas. Antiguo molino restaurado.

Lleida/Lérida

24 • D-4

A MADRID, 452 KM. ALT. 154,65 M. POB. 135.919. 902 250 050.
GPS (41° 36' 50''N-0° 37' 29"E).

Fiestas: 17 de enero: S. Antonio, tradicional desfile de carrozas. Febrero: Fiesta de la Candelaria. Festividad de S. Blas. Carnaval. Marzo: Muestra Internacional de Cine Animación. Abril: Muestra de cine Latinoamericano. 23 de abril: St. Jordi. 1-2 de mayo: Feria Internacional de Títeres. Mayo: Fiesta de Moros y Cristianos. Aplec Caracol, fiesta tradicional de Interés Nacional. 11 de mayo: Fiesta Mayor de S. Anastasio. 23 de junio: S. Juan. 24 de julio: Els Fanalets de St. Jaume (los farolillos de S. Jaime). 11 de septiembre: Diada Catalunya. 29 de septiembre: Fiesta Mayor de S. Miguel. De octubre a noviembre: Festival Internacional de Jazz.
Visitar: **La Seu Vella, antigua Catedral**, símbolo de la ciudad, comenzó a construirse en 1203 declarada Monumento Nacional. **Iglesia de St. Llorenç**, románica con acabados góticos. Se empezó a finales del s. XII y conserva retablos góticos de piedra. **La Paería**, es el edificio civil románico más importante de las tierras catalanas, s. XIII, sede del Ayuntamiento. En

su archivo se conserva un magnífico códice del s. XIV, con gráficos góticos. Museo de Lleida Diocesano y Comarcal. Museo de Arte Jaume Morera. Antiguo Hospital de Sta. María, gótico-civil de los s.s XV-XVI, sede del Institut d'Estudis Ilerdencs. **La Catedral Nova**, barroca, influenciada por el clasicismo academista francés, empezada en 1761 y terminada en 1781. Depósito del Pla de l'Aigua, s. XVIII. Centro de Arte La Panera. Museo de Automoción Roda. **Castillo Templario de Gardeny.** **Alrededores:** Parque Nacional de Aigüestortes. AVELLANES: Monasterio de Sta. María y Desfiladero de Co legats. BELLPUIG: Iglesia Parroquial, con el sepulcro del almirante Cardona. Convento de franciscanos, claustro del s. XVI. CERVERA, a 56 km: Iglesias Sta. María, gótico s. XIV, St. Pere el Gros, románica s. XI y S. Juan de Jerusalén. Museo del Blat i la Pegesia. Museo Durán i St Pere. Estaciones de esquí: Baqueira, Tuixent, Aranser, Solsona.

Restaurantes

Cal Nenet. Partida de Butsènit, 38. ☎ 973 260 016. www.calnenet. cat
Cierra domingo noche y miércoles. Rodeado de frutales en medio de la huerta Leridana. Caracoles a la llauna, bacalao con alioli, crema catalana. Precio medio 25 €.
☼☼ **Carballeira.** (En las afueras de Lleida, a 3 km). Ctra. antigua N-II, Madrid-Girona, km 457,5 ☎ 973 272 728. www.carballeira.net
Cierra noches de domingo y martes; lunes, primera quincena de enero y de agosto. Más de 20 años dirigiendo esta sensacional casa son los que lleva José Ángel Rodríguez ofreciendo la mejor cocina marinera y el mejor producto de mar de las comarcas leridanas. **Ensalada de cigalas con mini verduritas, caldereta de gambas de Tarragona con garbanzos Pedrosillanos.** Precio medio 60 €.
La Huerta. (Bº Pardiñas). Avda. Tortosa, 7. ☎ 973 242 413.
Buenos productos del vecino mercado. Cargols y carnes a la parrilla, pescados a la plancha y al horno, mel i mató. Precio medio 27 €.
La Pérgola. (Bº Zona Alta). Gran Paseo Ronda, 123. ☎ 973 238 237.
Cierra noches de viernes y sábados, almuerzos de lunes y domingos; y una semana en agosto. Coca de verduras con vieiras, lubina de la costa, tatín de manzana. Menú 26 €. Precio medio 45 €.

Hoteles

***** **Finca Prats.** Ctra. N-240 km 102,5. ☎ 902 445 666.
Hab. 36: 130 €. Suites: 4. En un entorno de viñas y frutales. Restaurante BLANC.
**** **AC Lleida.** Unió, 8. ☎ 973 283 910 www.ac-hotels.com
Hab. 75: 90/125 €. Suites: 4.
**** **Condes de Urgel.** Avda. de Barcelona, 87. ☎ 973 202 300. www.hcondes.com
Hab. 99: 60/140 €. Suites: 2. A 10 m del centro histórico y comercial. Al lado del recinto ferial. Restaurante EL SAUCE, cocina catalana, internacional.
**** **Nastasi Hotel & Spa.** Ctra. de Huesca, km 2,5. ☎ 973 249 222. www.hotelnastasi.com
Hab. 85: 65/75 €. Suites: 20. PC portátil en todas las habitaciones. Restaurante LA FONDA DEL NASTASI.
**** **NH Pirineos.** Passeig de Ronda, 63. ☎ 973 273 199. www.nh-hotels.com
Hab. 91: 64/212 €. Suite: 1. Situado en la zona comercial y de servicios.
**** **Zenit Lleida.** Gral. Britos, 21. ☎ 973 229 191. www.zenithoteles.com
Hab. 68: 65/125 €. Suite: 1. Restaurante LLAVORSÍ.
*** **Real.** Avda. Blondel, 22. ☎ 973 239 405. www.eizasahoteles.com
Hab. 57: 50/150 €. Suite: 1. Consultar ofertas. En el centro Histórico-Artístico. Restaurante GOURMET EL REAL.

Llesp (Lleida) Ver Barruera. 14 • D-4

Lliria (Valencia) 51 • B-3

A VALENCIA, 25 KM; MADRID, 350 KM. ALT. 190 M. POB. 23.000.
GPS (39° 37' 27''N-0° 35' 35"O).

Fiestas: Del 14 al 19 marzo: Fallas. Semana Santa. Del 24 de abril al 8 de mayo: San Vicente Ferrer, patronal. Del 22 de agosto al 4 de septiembre: La Purísima. Del 29 de agosto al 11 de septiembre: El Remedio.
Visitar: Iglesias: de la Sangre, s. XII; de la Asunción, s. XVIII; del Bon Pastor. Monasterio de St. Miquel. Ermita de San Vicente. Museo Arqueológico (épocas íbera-romana). Termas y Mausoleos Romanos. Muralla Medieval. Baños Árabes, s. XII. Palacio Municipal, s. XVI. "Ciudad de la Música", sede de bandas musicales de prestigio internacional.
Alrededores: BENISANÓ, a 4 km: Castillo, s. XV. A 3 km: Fuente de San Vicente. BÉTERA, a 10 km: Torre de Bofilla, musulmana. Castillo. SERRA, a 15 km: Cartuja de Portaceli s.s XIII-XVI. Parque Natural de la Sierra Calderona: senderismo.

Restaurantes

Els Girasols. (En BÉTERA, a 10 km). Morvedre, 16. ☎ 961 692 070.
Cierra lunes, martes, dos semanas después de Reyes, última semana de agosto y primera de septiembre. Cocina casera en una antigua casa valenciana. Calamares con ajoaceite y romesco, arroz de hongos y trufa, helado de queso mascarpone con caramelo de vino. Precio medio 25 €.
La Pitanza. (En PEDRALBA, a 10 km). Colón, 18. ☎ 962 707 106.
Cierra martes y 15 días en septiembre. Silvia Meléndez, galardonada por sus arroces melosos, ofrece también carne a lo pastor (plato típico). De postre, tarta de calabaza con su helado. Menú 9 €. Precio medio 28 €.
La Taula de Lliria. San Vicente de Paul, 24. ☎ 962 780 091. www.latauladelliria.es
Cierra lunes. Arroz de buey de mar y verduritas, canelones de caza mayor, soufflé de calabaza lliriana. Menú 25 €. Precio medio 30 €.
Levante. (En BENISANÓ, a 4 km). Virgen del Fundamento, 27. ☎ 962 780 721. www.restaurantelevante.com
Cierra noches, martes y 15 días en julio. Amplia cocina a la vista. Puntillas con habitas y ajos tiernos, paella de puchero (nuevo), pastel de calabaza asada. Precio medio 25 €.

Hoteles

***** **La Calderona Spa Sport & Club Resort.** (En BÉTERA). Botxi, 2-4. (Urb. Torre En Conill). ☎ 961 699 400. www.lacalderona.com
Hab. 42: 118/281 €. Suites: 2. Club Spa de 30.000 m². Amplia oferta lúdico-deportiva, salud y belleza.
***** **Mas de Canicattí.** (En VILAMARXANT). Ctra. Pedralba, km 2,9. ☎ 961 650 534. www.masdecanicatti.com
Hab. 16: 110/190 €. Suites: 11. Restaurante EL CÀDEC.
**** **Ad Hoc Parque Golf.** (En BÉTERA), Botxi, 6-8. (Urb. Torre en Conill). ☎ 961 698 393 www.adhochoteles.com
Hab. 40: 96/192 €. Suites: 1. Consultar ofertas. Rodeado de jardines. Vistas al Parque Natural Sierra Calderona y Club de golf Escorpión. Restaurante LA SAL.

Llívia (Girona) 15 • D-3

A GIRONA, 156 KM; MADRID, 663 KM. ALT. 1.223 M. POB. 1.589. ℹ 972 896 313.
GPS (42° 27' 47''N-1° 58' 48"E).

Fiestas: 30 de junio: S. Guillem. 4 de abril: "Pasqüetes".
Visitar: Museo Municipal, de arqueología e historia. Farmacia Esteva, la más antigua de Europa, fundada a comienzos del s. XV. Iglesia parroquial, con un Cristo de los s.s XIII-XIV. Torre de Bernat de So, s. XV. Castillo.
Alrededores: Montes de Alcublas y Marines. Río Turia. Edeta.

Restaurantes

Can Ventura. (Bº Centro). Pza. Mayor, 1. ☎ 972 896 178. www.canventura. net
Cierra lunes, martes y del 15 de junio al 15 de julio. Casa rústica del s. XVIII. Canelones de boletus, foie-gras y trufa, civet de ciervo, cake de frutos con coco. Precio medio 40 €.

Hoteles

**** **Sant Guillem.** Esport, 2. ☎ 972 146 367 www.hotelstguillem.com P
Hab. 4: 128/199 €. Suites: 2. Confortable y tranquilo. Rodeado de prados.

Llodio/Laudio (Álava) Ver Amurrio. 5 • E-4

Lloret de Mar (Girona) 26 • B-3

A GIRONA, 38 KM; MADRID, 700 KM. ALT. 5 M. POB. 39.363. 972 365 788.
GPS (41° 41' 55''N-2° 50' 47"E).

Fiestas: Del 4 al 9 de marzo: Carnaval. Marzo: Rally Costa Brava Histórico. Abril-mayo: Jornadas gastronómicas de la Cuina de l' Art. 1 de mayo: "Aplec de la Sardana". 24 a 26 Julio: Sta. Cristina, con procesión marítima, el dia 24, a la ermita, única en todo el litoral catalán. Octubre: Jornadas Gastronómicas del Arroz. 18 de noviembre: Fiestas de Sant Romà.
Visitar: Yacimientos de poblados ibéricos: Puig de Castellet y de Montbarbat, s.s III-II a.C. Sepulcro romano, s. II d.C. Castillo de St. Joan, s. X. Ermita de St. Quirze, s. XI. Ermita de Las Alegríes, románica, s. XI. Ermita de Sta. Cristina, neoclásica, s. XVIII. Antiguo convento benedictino de finales del s. XIX de St. Pere del Bosc. Monumentos Modernistas del cementerio. Obras de Puig i Cadafalch y la escuela de Gaudí. Museo del Mar. Jardines novecentistas de Sta. Clotilde, sobre un acantilado con vistas.
Alrededores: Bellos parajes de la Costa Brava en la carretera que une LLORET con TOSSA. Playas Sa Boadella y Sta. Cristina. Calas Trons y Canyelles.

Restaurantes

El Trull. (Cala Canyelles). Pza. Naciones Unides, s/n. ☎ 972 364 928. www.eltrull.com P
A las afueras de la ciudad, en una zona residencial. Canelones de pescado y marisco a la crema de coral, timbal de hamburguesa de oca con pera, milhojas de crema y manzana con helado de vainilla. Menús 18 y 27 €. Precio medio 35 €.
El Túnel. (Bº Centro). Narcís Fors, 34. ☎ 972 364 365. www.restauranteltunel. cat
Cierra domingo noche y lunes. Revuelto de boletus, cebolla, patata y foie-gras caliente, pescado de Lloret con olivada, fluido de almendra y limón. Menú 11 €. Precio medio 30 €.

Hoteles

***** **Rigat Park & Spa Beach.** (En PLAYA FENALS). Avda. América, 1. ☎ 972 365 200. www.rigat.com P
Hab. 79: 190/320 €. Suites: 21. Consultar cierre, ofertas y admisión de perros. Spa incluido en el precio. Sobre el mar. Restaurante BARCA D'OR, de reconocido prestigio.
***** **Santa Marta.** Playa Santa Cristina, s/n. ☎ 972 364 904. www.hotelsantamarta.net P
Hab. 76: 128/303 €. Suites: 2. Consultar cierre y ofertas. Frente a la playa de Sta. Cristina. Rodeado de un bosque.
**** **Guitart Monterrey.** Ctra. de Tossa, s/n. ☎ 972 364 050. www.guitarthotels.com P
Hab. 200: 78/308 €. Suites: 8. Gran casino Costa Brava en los jardines. Cercano al centro y la playa. Restaurantes FREU y MONTERREY.
**** **Miramar.** Pº Jacinto Verdager, 6. ☎ 902 200 766. www.marterrahotels.com P
Hab. 54: 75/180 €. Consultar cierre. En el paseo marítimo. En primera línea de playa.
**** **Roger de Flor Palace.** Turó de L'Estelat, s/n. ☎ 972 364 800 www.hotelrogerdeflor.com P
Hab. 92: 40/120 €. Suites: 2. Consultar cierre y ofertas. Vistas panorámicas. Piscina con agua de mar. Restaurante L'ESTELAT.
**** **Rosamar & Spa.** Pau Casals, 8-10. ☎ 972 364 650. www.rosamarhotels.com P
Hab. 235: 69/181 €. Suites: 30. Consultar cierre. Primera línea de playa. Restaurante L'AVI PERE.

Lo Pagán (Murcia) Ver San Pedro del Pinatar. 67 • E-4

Logroño (La Rioja) 12 • B-4

A MADRID, 369 KM. ALT. 384 M. POB. 152.107. 941 291 260.
GPS (42° 27' 56''N-2° 27' 4"O).

Fiestas: Semana Santa, de Interés Turístico Regional. 11 de junio: S. Bernabé, patrón, de Interés Turístico Regional. Del 20 al 26 de septiembre: S. Mateo, fiesta de la Vendimia Riojana, de Interés Turístico Nacional.
Visitar: La Catedral de **Sta. María de La Redonda**, de la segunda mitad del s. XV, con ampliaciones en los s.s XVI-XVII-XVIII. Destaca **La Puerta de los Ángeles**, de estilo barroco, flanqueada por dos torres gemelas. En el interior destaca el trascoro, con un retablo rococó y el coro, con sillería tallada de estilo renacentista, asimismo hay que resaltar una obra atribuida a Miguel Ángel y en la capilla mayor una tabla de Gil de Siloé. Murallas del Revellín s. XVI. La **Iglesia de S. Bartolomé**, con cabecera románica en bóveda de horno del s. XII y una maravillosa portada gótica del s. XIII, su torre de estilo mudéjar, los sepulcros góticos del s. XIV y coro del s. XVI, es Monumento Nacional. **Iglesia de Sta. María del Palacio**, fundada en el s. XI, reconstruida en el s. XII y retoques góticos más tardíos. Dignos de mención, su cimborrio que simula una corona imperial llamada La Aguja y es una de las construcciones más representativas de la ciudad y su monumental retablo renacentista de Arnao de Bruselas, del s. XVI. **Iglesia de Santiago El Real**, s.s XVI-XVII. De la arquitectura civil destacan el **Palacio de Espartero**, barroco, sede actual del Museo de la Rioja, La Escuela de Arte y el Ayuntamiento obra de Rafael Moneo. Antiguo **Convento de La Merced**, s.s. XIV al XVI, actual Parlamento. Museo Würth: Arte Contemporáneo. Mercado Tradicional de S. Blas.
Alrededores: Bodegas de Logroño. S. MILLÁN DE LA COGOLLA, a 45 km: Monasterio de Yuso y Suso. A 45 km, HARO. ENCISO, a 66 km: Huellas e icnitas de dinosaurios. STO. DOMINGO DE LA CALZADA, a 45 km: Catedral, s. XII con torre barroca exenta. EZCARAY, a 60 km: Sierra de la Demanda, estación de esquí Valdezcaray. A 27 km, NÁJERA. AGONCILLO, a 10 km: Museo Wurth.

Restaurantes

® **Alameda.** (En FUENMAYOR, a 12 km). Pza. Félix Azpilicueta, 1. ☎ 941 450 044. www.restaurantealameda.com
Cierra domingo noche, lunes, agosto y 10 días en navidades. Una buena referencia de gastronomía clásica en la zona. **Verduras, pescados y carnes a la brasa**, postres caseros. Precio medio 50 €.

Buenos Aires. (Casco antiguo). República Argentina, 11. ☎ 941 256 362.
Cierra lunes excepto viernes y sábado; domingo en verano, lunes en invierno, 10 días en junio y 20 días en agosto. Garbanzos con bacalao, carrilleras al vino, flan, en un ambiente clásico en el centro de la ciudad. Precio medio 25 €.
®**Cachetero.** (Casco antiguo). Laurel, 3. ☎ 941 228 463. www.cachetero.com
Cierra miércoles noche, domingo, última semana de agosto y primera de septiembre. Centenario local de la familia Arechinolaza con oferta riojana tradicional. **Verduras de temporada, bacalao ajoarriero, canutillos con chocolate caliente**. Cenas con menú de pinchos con idéntica calidad y gran éxito. Precio medio 35 €.
El Rincón del Vino. (Casco antiguo). Mayor, 136. ☎ 941 205 392. www.rinconesdelvino.com
Cierra domingo noche, lunes y tres primeras semanas de agosto. Antigua bodega del s. XVII. Huevos con careta de cerdo y tomate ecológico con verduras de la huerta riojana, caza en temporada, helados caseros. Precio medio 35 €.
Entrevinos. Juan Lobo, 1. ☎ 941 256 635.
Cierra domingo noche y lunes. Comedor minimalista con cocina a tono. Magret de pato con fruta de la pasión y panadera de manzana, cereza con mascarpone y helado de almendra. Precio medio 37 €.
Iruña. (Bº Centro). Laurel, 8. ☎ 941 502 044. www.restauranteiruña.com
Cierra domingo y primera quincena de enero. Patatas con chorizo, patitas de cabrito, cuajada de leche de oveja. Precio medio 25 €.
Kabanova. Benemérito Cuerpo Guardia Civil, 9. ☎ 941 212 995. www.kabanova.com
Cierra domingo en verano, lunes noche, segunda semana de enero y de agosto. Crema de patatas a la riojana con picadillo, carrilleras a la riojana, hojaldre de crema de arroz con leche. Menú 16 €. Precio medio 30 €.
Las Cubanas. San Agustín, 17. ☎ 941 220 050. www.lascubanas. net
Cierra domingo, y una semana en septiembre. Se ha reducido el comedor y abierto un bar. Menestra de verduras, cochinillo crocanti con salsa de naranja, milhojas de manzana. Precio medio 45 €.
Mesón Egüés. Campa, 3. ☎ 941 228 603. www.mesonegues.com
Cierra domingo, Semana Santa y Navidad. Clásico asador con decoración rústica. Verduras de temporada a la plancha, pescados y carnes a la brasa, cuajada. Precio medio 40 €.
Portales 24. (Bº Centro). Portales, 24. ☎ 941 223 327.
Cierra domingo noche, lunes y del 1 al 20 de agosto. Cocina riojana de temporada y platos de corte actual. Merece especial atención la infusión de frutos rojos con helado de queso. Precio medio 40 €.
☼ **Venta Moncalvillo.** (En DAROCA DE RIOJA, a 10 km). Ctra. Medrano, 6. ☎ 941 444 832. www.ventamoncalvillo.com P
Cierra noches de lunes a jueves, domingo excepto festivos y puentes; y navidades. Casona con encanto, magnífica cocina y atención de la familia Echapresto. **Verduras** de la huerta personal, **pescados y carnes a la parrilla con sarmientos, bizcocho templado de avellanas con helado de café**. Precio medio 45 €.

Hoteles

**** **AC La Rioja.** Madre de Dios, 21. ☎ 941 272 350. www.ac-hotels.com P
Hab. 74: 80/140 €. Suites: 2. Restaurante AC.
**** **Carlton Rioja.** Gran Vía del Rey D. Juan Carlos I, 5. ☎ 941 242 100. hotelcarltonrioja.es P
Hab. 117: 65/162 €. Suites: 9. Consultar ofertas. Céntrico.
**** **Husa Bracos.** Bretón de los Herreros, 29. ☎ 941 226 608. www.husa.es P
Hab. 71: 61/190 €. Suite: 1. En pleno centro histórico y comercial.
**** **Husa Gran Vía.** Gran Vía del Rey D. Juan Carlos I, 71. ☎ 941 287 850. www.hotelhusagranvia.com P
Hab. 92: 60/175 €. Suites: 1. Céntrico. Restaurante SAN MILLÁN.
**** **NH Herencia Rioja.** Marqués de Murrieta, 14. ☎ 941 210 222. www.nh-hotels.com P
Hab. 81: 60/169 €. Suites: 2. Céntrico. Restaurante ZARCILLO.
*** **Ciudad de Logroño.** Menéndez Pelayo, 7. ☎ 941 250 244. www.hotelciudaddelogrono.es P
Hab. 95: 55/140 €. Consultar ofertas. Céntrico.
*** **Condes de Haro.** Saturnino Ulargui, 6. ☎ 941 208 500. www.condesdeharo.com P
Hab. 44: 55/170 €. Consultar ofertas. Céntrico.
*** **Murrieta.** Marqués de Murrieta, 1. ☎ 941 224 150. www.hotelmurrieta.es P
Hab. 104: 54/130 €. Consultar ofertas. Céntrico. Servicio especial para peregrinos.
*** **NH Logroño.** Avda. Club Deportivo, 98. ☎ 941 519 270. www.nh-hotels.com P
Hab. 110: 55/157 €. Próximo al centro. Cerca del parque de San Miguel.

Loja (Granada)

73 • A-4

A GRANADA, 56 KM; MADRID, 458 KM. ALT. 487 M. POB. 21.574. 958 321 520.
GPS (37° 10' 6"N-4° 9' 9"O).

Fiestas: Semana Santa, de Interés Turístico Nacional de Andalucía. Junio: Feria Chica. Julio: Festival Internacional de Artes Escénicas "Va de calle". Agosto: Certamen Anual de la Volaera Flamenca. Agosto: Feria Grande.
Visitar: Recinto de la Alcazaba, (Bien de Interés Cultural), s.s XII-XIV. Museo Histórico. Iglesias: Mayor de la Encarnación, (Bien de Interés Cultural) s.s XV-XVIII; de S. Gabriel s. XVI. Antiguo Pósito (Bien de Interés Cultural), s. XVI. Casas Consistoriales, s. XVI. Fuente de los 25 Caños. Los Infiernos: enclave de cascadas y edificios travertínicos, Monumento Natural, la Cola de Caballo es la cascada de mayor altura.
Alrededores: RIOFRÍO: Paraje bañado por los ríos Salado y Riofrío. Coto Intensivo de Pesca (truchero). Centro de Interpretación medioambiental. Sierra Martilla: Complejo Megalítico.

Restaurantes

Flati. Avda. Andalucía, 40. ☎ 958 323 490. www.restauranteflati.com P
Cierra lunes. Guisos diarios, cordero lechal, tocinillo de cielo. Precio medio 24 €.
®**La Finca.** (H. LA BOBADILLA). Finca La Bobadilla. Salida 175, Autovía de Sevilla. Ctra. A-333, Salinas-Villanueva de Tapia, km 65,5. ☎ 958 321 861. www.barcelo.com P
Cierra domingo y lunes, excepto de mayo a julio. El restaurante del complejo hotelero de la Bobadilla está especializado en una culinaria actual con platos de corte internacional, a cargo de Lutz Bösing. Precio medio 60 €.

Hoteles

***** **Barceló La Bobadilla.** Finca La Bobadilla. Ctra. A 333. Salinas-Villanueva de Tapia, km 65,5. ☎ 958 321 861. www.barcelolabobadilla.com P
Hab. 60: 288/419 €. Suites: 10. Consultar ofertas. Localización: Desde Madrid, Autovia A-92, Granada-Sevilla salida 175. Desde Málaga, Autovía E-902/N. 341, dirección Granada, salida 1. Complejo moderno de arquitectura andaluza en finca de 350 hectáreas de olivar y bosque mediterráneo. Restaurantes EL CORTIJO, cocina andaluza, LA FINCA, cocina de autor y EL MIRADOR, cocina de mercado.
**** **Almazara.** (En RIOFRÍO). Cerro de la Estación, s/n. ☎ 958 326 910. www.almazarahotel.com P
Hab. 30: 81/128 €. Suites: 14. En una antigua fábrica de aceite. Interesante restaurante con entradas "thai" y platos de la cocina local actualizada.

Lorca (Murcia)

75 • A-1

A MURCIA, 62 KM; MADRID, 449 KM. ALT. 360 M. POB. 91.906.
GPS (37° 40' 25''N-1° 41' 52"O).

Fiestas: Semana Santa, fastuosa, procesiones bíblico-pasionales, donde se mezcla lo sacro con lo profano. Coincidiendo con la Semana Santa: Mercadillo de Artesanía. 8 de septiembre: Festividad de La Patrona de Lorca. Del 15 al 24 de septiembre: Feria Grande. Mediados de septiembre: Semana de Ganado Porcino (SEPOR). FERAMUR (Feria de Artesanía). 23 de noviembre: Fiesta de S. Clemente: Conmemoración Toma de La Ciudad.
Visitar: Castillo (Fortaleza del Sol): Torre Alfonsina y Torre del Espolón, s. XIII. Algibes, s. XII. Parador Turístico Nacional con panorámica de la vega y campo. Ex-colegiata de S. Patricio, s.s XVI-XVIII, con portada prebarroca, Monumento Histórico Artístico. Conjunto Monumental Sto. Domingo (Paso Blanco). Plaza Mayor y lugares circundantes. Iglesia de S. Francisco. Palacio Guevara, con precioso patio porticado, s.s XVII - XVIII. Centro de Artesanía. Museo de Arqueología. Museo de Bordados. Playas.
Alrededores: TOTANA, a 21 km: Iglesia de Santiago, s. XVI, pórtico y retablo. CARAVACA DE LA CRUZ: Alcázar. Santuario de la Stma. y Vera Cruz, s. XVII. ÁGUILAS, a 35 km: Castillo y Museo Arqueológico.

Restaurantes

Juan de Toledo. (Bº Santiago). Juan de Toledo, 14. ☎ 968 470 215. ⓔ ❄ ♿
En el centro histórico con barra de tapeo. Menestra de verduras naturales, trigo con conejo y caracoles, leche frita con helado de turrón. Menú 15 €. Precio medio sin marisco 30 €.

Hoteles

**** **Amaltea Spa Center.** Ctra. de Granada, 147. (Salida 591). ☎ 968 406 565. www.amalteahotel.com
❄ P SPA ♿
Hab. 55: 60/168 €. Suites: 3. 12.000 m² de jardines con lagos y cascadas. Restaurantes ELARA y EL GARROFERO, en verano.
**** **Spa Jardines de Lorca.** Alameda Rafael Méndez, 34. ☎ 968 470 599. www.hotelesdemurcia.com
❄ P SPA ♿
Hab. 43: 60/180 €. Suites: 2. Consultar ofertas. Excelentes vistas al castillo. Restaurante ALHAVEGA, cocina regional.

Losar de la Vera (Cáceres) Ver Jarandilla de la Vera. 38 • E-4

Luanco (Gozón) (Asturias) 3 • E-2

A OVIEDO, 40 KM; MADRID, 487 KM. ALT. 8,5 M. POB. GOZÓN: 5.767. ☐ 985 882 644.
GPS (43° 36' 52''N-5° 47' 41"O).

Fiestas: 5-6 de febrero: Fiestas del Socorro y Jornadas Gastronómicas de La Calderada. Semana Santa: Procesión "La Venia" y Festival de la Marañuela. 4-5 de julio: Festival Gastronómico del Bonito. 16 de julio: Fiestas del Carmen. 25-26 de julio: Santiago y Sta. Ana. Julio-agosto: Torneo Tenis-Playa.
Visitar: Museo Marítimo de Asturias. Iglesia de Sta. María, s. XVIII. Torre del Reloj, s. XVIII. Palacio Menéndez Pola, s.s XVII-XVIII. Casco Antiguo, Bien de Interés Cultural. Puerto pesquero.
Alrededores: Paisaje Protegido del Cabo Peñas. Iglesia románica de Manzaneda, s. XII-XIII. Faro de S. Juan de Niea. Playas de Verdicio y Xagó (zonas dunares).

Restaurantes

® **Casa Néstor.** Conde del Real Agrado, 6. ☎ 985 880 315. www.casanestor.com ❄ ♿
Cierra noches de domingo a miércoles en invierno; y lunes. Recoleto y agradable restaurante en el que los **pescados** alcanzan singular relieve, con recetas tan originales como apetitosas, como el **rey a la reina, jamón a la marinera**. Precio medio 35 €.
Robus. Ortega y Gasset, 16. ☎ 985 881 195. www.laplazahotel. net ❄ ♿
Pescados y mariscos en preparaciones tan sencillas como efectivas. Concurrida terraza. Precio medio 40 €.

Hoteles

**** **Costa Mar.** Balbín, s/n. ☎ 985 883 676. www.hotelcostamar.es ❄ P SPA ♿
Hab. 49: 58/107 €. Restaurante BOCANA.
*** **La Estación de Luanco.** Gijón, 10. ☎ 985 883 516. www.asociacion-chf.com ❄ SPA
Hab. 28: 63/130 €. Suites: 4. Piscina climatizada. Restaurante TITANIC 55.

Luarca (Valdés) (Asturias) 3 • B-2

A OVIEDO, 85 KM; MADRID, 500 KM. ALT. 1 M. POB. VALDÉS: 14.200. LUARCA: 5.200. ☐ 985 640 083.
GPS (43° 32' 34''N-6° 32' 8"O).

Fiestas: 25 de julio: Festival "Boda Vaqueira" de Interés Turístico Internacional en Aristébano 15 de agosto: Ntra. Sra. del Rosario, de Interés Turístico Nacional. Del 16 al 22 de agosto: Romería de S. Timoteo. 29 de agosto: Romería «La Regalina», de Interés Turístico Regional, en Cadavedo. 29 de septiembre: S. Miguel, en Trevias.
Visitar: Iglesia Sta. Eulalia, parroquial. Casonas de Indianos. Faro. Ermita de Atalaya. Mesas de Mareantes y Navegantes. Barrio del Camaral y de la Pescadería. Museos: Aula del Mar y Rural Etnográfico. Exposición de calamares gigantes. Parque de la Vida. Puerto pesquero. Playas. Mirador de la Funial y del Chano. Rutas: senderismo, caballos.
Alrededores: CAVADEO: Playas y Mirador de la Regalina. Torre de Villademoros. Cabo de Busto. Playas de Cueva y de Otur. Reserva Natural Parcial de Barayo. Centro de Interpretación Hoces del Esva. Cabo de Busto. Valles de Paredes, Brañas Vaqueira.

Restaurantes

® **Casa Consuelo.** (En OTUR, a 6 km). Ctra. N-634, San Sebastián-Santiago, km 511. ☎ 985 641 696. www.casaconsuelo.com ❄ P
Cierra lunes y noviembre. Entrañable, acogedor y familiar restaurante. Toda una referencia de la cocina del occidente astur. Excelentes **pescados** y **carnes** al modo tradicional, al igual que su extensa bodega. **Torrijas** de postre. Precio medio 35 €.
® **Sport.** Pº Rivero, 9. ☎ 985 641 078. ⓔ ❄ ♿
Cierra noches de domingo y miércoles en temporada baja; y del 8 de enero al 8 de febrero. Junto al puerto local, su ubicación predispone a disfrutar de una más que correcta cocina de impronta marinera, como las **verduritas con andaricas**. Precio medio sin marisco 30 €.

Hoteles

*** **Villa de Luarca.** Alvaro de Albornoz, 6. ☎ 985 470 703. www.hotelvilladeluarca.com
Hab. 14: 50/98 €. Suites: 1. En un bello edificio indiano. A 200 m de las playas.
*** **Villa La Argentina.** Parque de La Barrera, s/n. Villar. ☎ 985 640 102. www.villalaargentina.com.
P SPA
Hab. 9 76/98 €. Suites: 3. Consultar cierre. Palacio de indianos, conservado en todo su esplendor original.

Lucena (Córdoba) 72 • E-3

A CÓRDOBA, 74 KM; MADRID, 473 KM. ALT. 485 M. POB. 40.746. ☐ 957 513 282.
GPS (37° 24' 30''N-4° 29' 12"O).

Fiestas: Primer domingo de mayo: Fiestas Aracelitanas. Mayo: Feria de la Tapa y encuentro de Bandas de Calle. Junio: Festival de Jazz. 2-3 de agosto: Feria de S. Francisco. 15 de agosto: Fiesta del Rosario. 22 de agosto: S. Timoteo. Última semana de agosto: Festival Internacional de Música Presjovem. Del 8 al 12 de septiembre: Feria Real del Valle.
Visitar: Iglesia Parroquia S. Mateo, gótico-mudéjar-renacentista. Iglesia Conventual de los RRPP Franciscanos, de estilo barroco. Santuario de María Stma. de Araceli. Iglesias de Sto. Domingo y del Carmen. Castillo del Moral, con la Torre del Moral. Museos Arqueológico y Etnológico. Centro de Interpretación de las Tradiciones y Artesanía. Centro de Interpretación del Bandolerismo en Jauja. Yacimiento arqueológico en la Sierra de Aras.
Alrededores: Sierra de Aras. Parque Natural de la Sierra Subbética. Lagunas del Sur de Córdoba. Ruta de las Tierras del Tempranillo. Ruta del Barroco Cordobés (LUCENA, CABRA y PRIEGO DE CÓRDOBA). JAUJA: Matanza de Judas.

Hoteles

**** **Los Bronces** Ctra. Córdoba-Málaga, km 74. ☎ 957 516 280. www.hotellosbronces.com
P ♿
Hab. 40: 35/70 €. Suites: 1. Restaurante ASADOR LOS BRONCES, con horno de leña, especialidad carnes a la brasa.
**** **MS Convento Santo Domingo** Juan Jiménez Cuenca, 16. ☎ 957 511 100. www.mshoteles.com
P ♿
Hab. 30: 50/107 €. Suites: 2. Antiguo convento del s. XVIII. Restaurante LA ESPADAÑA.

Luces (Asturias) Ver Lastres. 4 • A-2

Lugo 8 • C-1

A MADRID, 511 KM. ALT. 465 M. POB. 95.851. 982 231 361.
GPS (43° 0' 42"N-7° 33' 26"O).

Fiestas: Semana Santa. Corpus Christi: Tradicional ofrenda hecha por las siete ciudades del antiguo Reino de Galicia, de Interés Turístico Gallego. Del 4 al 12 de octubre: S. Froilán, fiestas patronales, de Interés Turístico Nacional.
Visitar: Muralla de Lugo, Patrimonio de la Humanidad, construida en el s. III es la muestra más importante de la arquitectura militar romana en España. Construida en el s. III, está reforzada a lo largo de los 2.266 m de su perímetro por torres semicirculares. Tiene diez puertas. Su adarve constituye un originalísimo Paseo Público. Centro de interpretación de La Muralla. **La Catedral**, edificio románico-gótico, comenzado en 1129 por Raimundo de Monforte y que ha ido sufriendo reformas en otros estilos, la última de ellas en el s. XIX. La portada con su Pantocrátor es una de las obras maestras de la escultura románica gallega. Destaca un retablo renacentista de Cornelis de Holanda. La Capilla Mayor fue reconstruida en parte por el francés Carlos de Lemaur y en el fondo del ábside hay una espléndida capilla, **Ntra. Sra. de Los Ojos Grandes**, de estilo barroco gallego, obra de Casas Novoa. El claustro es también barroco. Otros lugares de interés son: La **Iglesia de S. Francisco**, s. XV, con una sola nave flanqueada por un claustro con capiteles de iconografía románica. El **Convento de las Agustinas Recoletas**, gótico. El Museo Provincial, una de cuyas secciones ocupa el claustro de S. Francisco, restos del antiguo convento. Casa Consistorial, barroco gallego en la "Praza Maior". Museo Romano Porta Miná. Museo Casa dos Mosaicos-Batitales. Centro Arqueológico S. Roque.
Alrededores: Monumento de Sta. Eulalia de Bóveda, romano tardío. Castro de Viladonga. VILAR DE DONAS: Iglesia románica, resto de antiguo convento. VILABADE: Iglesia parroquial. PORTOMARÍN: Pueblo de origen medieval. Iglesia de S. Nicolás, románica, e Iglesia de S. Pedro, portada románica. La Reserva de la Biosfera Terras do Miño, que comprende el 40% de la provincia de Lugo.

Restaurantes

Campos. Nova, 2-4. ☎ 982 229 743. www.restaurantecampos.com ♿
Cierra domingo noche, lunes excepto festivos; y segunda quincena de octubre. Micuit de pato con membrillo y reducción de Módena, solomillo de ternera D. O. gallega con carpaccio de trufa de invierno, peras al vino. Precio medio 50 €.
®**España.** Do Teatro, 10. ☎ 982 242 717. www.restespana.com ♿
Cierra domingo noche, lunes y segunda quincena de enero. Los hermanos López son la opción más prestigiada de la ciudad, en lo que a cocina actual se refiere, con propuestas como el **sanmartiño (san Pedro) con grelos y jugo de caldeirada**. Atención a las temporadas: **caza, lamprea...** Buena bodega. Precio medio 35 €.
La Palloza. (En MUXA, a 5 km). (Ctra. N-640, Vegadeo-Pontevedra, km 85,5). Santa María de Muxa, 3.
☎ 982 303 032. P ♿
Cierra domingo noche; lunes y martes, excepto festivos. Recetas gallegas con aires modernos. Carpaccio de pulpo, merluza a la gallega sobre lecho de grelos, tarta de queso del Cebreiro. Menú 16 €. Precio medio 25 €.
®**Mesón de Alberto.** Cruz, 4. ☎ 982 228 310. www.mesondealberto.com ♿
Sigue fiel a su carácter, con ciertos aires de prudentes innovaciones culinarias. Su acierto: haber sido pioneros en la mezcla de **grelos** y **mariscos**, que ahí sigue. Muy buena **carne**, excelentes **quesos** gallegos y muy buena bodega. Precio medio 38 €.
Verruga. (Zona monumental). Cruz, 12. ☎ 982 229 572. www.verruga.es ♿
Cierra domingo noche, lunes y segunda quincena de noviembre. Mariscos, pescados y carnes gallegas. De postre, filloas. Precio medio 40 €.

Hoteles

**** **Gran Hotel Lugo.** Avda. Ramón Ferreiro, 21 ☎ 982 224 152. www.gh-hoteles.com
P ♿
Hab. 167: 70/294 €. Suites: 10. Restaurante OS MARISQUEIROS.
**** **Jorge I.** (En LA CAMPIÑA). Ctra. de Oviedo, km 89. ☎ 982 303 255. www.hoteljorge1.com
P ♿
Hab. 32: 50/110 €. Suites: 2. Consultar ofertas. Totalmente reformado. Restaurante JORGE GARCÍA.
**** **Santiago.** Ctra. Santiago, km 3,2. Urb. Bellavista. ☎ 982 010 101. www.hotelsantiago-sl.es
P ♿
Hab. 60: 60/180 €. Dispone de pistas de pádel de césped.
*** **Balneario y Termas de Lugo.** Camino del Balneario, s/n. ☎ 982 221 228. www.balneariodelugo.com
P ♿
Hab. 64: 50/80 €. Cierra del 20 de diciembre al 15 de febrero. Construído sobre termas romanas del s. I a.C. Piscina termal. Jardines 5.000 m².

Lugones (Asturias) Ver Oviedo. 3 • E-3

Madremanya (Girona) Ver Girona. 26 • B-2

Madrid 40 • B-3

ALT. 646 M. POB. 3.284.110. 915 881 636.
GPS (40° 24' 59''N-3° 42' 16"O).

Fiestas: 5 de enero: Cabalgata. Carnaval: Desfile de Carrozas. Miércoles de Ceniza: Entierro de la Sardina. 2 de mayo: Fiesta de la Comunidad. 15 de mayo: S. Isidro Labrador, patrón de Madrid. Actividades culturales y festivas en la Pradera de la Ermita del Santo. 13 de junio: S. Antonio de La Florida, popular verbena. 15 de agosto: S. Cayetano, S. Lorenzo y Virgen de La Paloma. 9 de noviembre: Virgen de La Almudena, patrona de Madrid.
Visitar: **Museo del Prado**, s. XVIII. Construido en 1785 por el arquitecto Villanueva. Dos de sus portadas son un claro ejemplo del neoclásico madrileño; la fachada Norte, a la que se añadió en el s. XIX una escalinata, y la del Este, con un espectacular peristilo dórico formado por seis altas columnas. Destinado a Gabinete de Historia Natural y convertido en Museo de Pintura en 1816, bajo la protección de Fernando VII. El Real Museo pasó al Patrimonio Nacional con el nombre de Museo del Prado en 1868. Pudiendo contemplarse la mejor colección de obras de la escuela española de los s.s. XVI-XVIII. También conserva importantes obras de las escuelas flamenca y veneciana, y aunque más reducida, de la pintura alemana, francesa e inglesa. **Museo Nacional Centro de Arte Reina Sofía**, acoge obras de los más importantes artistas del s. XX, principalmente españoles, destacando el "Guernica", de Picasso. Museo Thyssen Bornemisza, que alberga la colección de arte privada más importante del mundo, con cerca de 1.000 obras, que abarcan 700 años de historia de la pintura universal, coleccionados por el Barón Thyssen.
Palacio Real, s. XVIII. Es un grandioso edificio italiano barroco que ocupa el solar del antiguo Alcázar de los Austrias. Felipe V encargó al arquitecto Juvara el proyecto del nuevo edificio. Muerto Juvara, Juan Bautista Sachetti y Ventura Rodríguez empezaron las obras en 1738. Con Carlos III, Sabatini trabajó en la suntuosa escalera y los jardines. Durante el reinado de Isabel II se añadieron las dependencias de la Plaza de la Armería y las obras se terminaron en 1891. El interior recoge una serie de hermosos salones: Salón Gasparini, Salón de Porcelana, Salón del Trono, con bóveda pintada al fresco por Tiépolo. Son notables también la Capilla y la Real Farmacia. El conjunto del Palacio y sus dependencias constituyen un importante museo de pinturas, tapices, esculturas, muebles, porcelanas y relojes.
La Catedral de La Almudena, comenzada en 1883 e inaugurada en el año 1995. Monasterio **Las Descalzas Reales**, s. XVI, fundado por la princesa Juana de Austria, hija de Carlos V, en 1559, y se encargó a Juan Bautista de Toledo. La Iglesia, de una sola nave, fue reconstruida por Villanueva en el s. XVIII. En la iglesia, la estatua de la fundadora, obra de Pompeyo Leoni. Parte del tesoro abierto al público como Museo. **Convento de La Encarnación**, s. XVII.
Teatro Real, data de 1850. Declarado Monumento Nacional en 1977. Tras su remodelación reabre sus puertas como uno de los grandes teatros de ópera del mundo, en 1997. **Plaza Mayor**, s. XVII: Plaza porticada construida entre 1617 y 1619, en el centro está la estatua de Felipe III. **Plaza de la Villa**. Basílica de **S. Francisco El Grande**, conjunto conventual del s. XVIII, donde se exponen colecciones de pintura de los s.s XVII al XIX.
Iglesias de: **S. Nicolás**, s. XII, **S. Jerónimo El Real**, **S. Marcos**, **S. Sebastián**, **Sta. Bárbara**, **S. Cayetano**, **Montserrat**. **Torre de S. Pedro El Viejo**, la ermita de **S. Isidro** y la de **S. Antonio** (frescos de Goya). **Capilla de S. Isidro**, etc.
Museos: **Arqueológico**, **Lázaro Galdiano**, **América**, **Historia**, **Ciencias Naturales**, **Bellas Artes de S. Fernando**, **Sorolla**, **La Biblioteca Nacional**, Antropología, de los Orígenes, Real Fábrica de Tapices, del Traje, del Ferrocarril, etc. **Parque del Retiro**, s. XVII: Jardines de Cecilio Rodríguez; Monumento a Alfonso XII; el Estanque; Palacios Velázquez, de Cristal... Jardín Botánico.
Fuentes de: **Cibeles** y **Neptuno**. Puertas de: **Alcalá**, s. XVIII y **Toledo**, s. XIX. Centro Cultural de La Villa. Teatro Fernán-Gómez, Palacio de La Arganzuela, Invernadero Puerta de Atocha, Faro de La Moncloa.
El Rastro. El Planetario. Casa de Campo, en ella se encuentran el Zoo Aquarium con más de 20 hectáreas, más de 2.000 ejemplares y especies marinas. Parque de Atracciones, con una moderna y divertida oferta de ocio, atracciones, espectáculos, gastronomía y una completa zona infantil.
Alrededores: A 12 km, Palacio de La Zarzuela: Rodeado de bellos parajes, en la actualidad la residencia oficial de los Reyes de España. PARDO, a 15 km: Palacio de El Pardo, hoy en parte Museo y residencia oficial de Jefes de Estado de otras naciones. A 33 km, ALCALÁ DE HENARES. A 47 km, ARANJUEZ. A 50 km, SAN LORENZO DE EL ESCORIAL. A 15 km, BOADILLA DEL MONTE: Palacio del s. XVIII, erigido por Ventura Rodríguez. COLMENAR VIEJO, a 31 km, visitar casco urbano. SAN AGUSTÍN DE GUADALIX, a 34 km. A 45 km, CHINCHÓN. Sierra de Madrid a 50 km, bello entorno natural. Estaciones de esquí, deportes de invierno, Navacerrada, Cotos, etc. ALDEA DEL FRESNO, a 22 km: Visitar el Safari de animales en libertad. ARROYOMOLINOS, a 24 km: Xanadú Parque de Nieve. SAN MARTÍN DE LA VEGA, a 22 km: Warner Bros Park, Parque Temático. A 31 km, ALALPARDO. A 49 km, MIRAFLORES DE LA SIERRA: Iglesia, s XVI. Gruta de la Virgen de Begoña. Fuente del Cura.

Restaurantes

®**Adler.** (Bº de Salamanca). (H. ADLER). Velázquez, 33. ☎ 914 263 220. www.hoteladler.es ❄ P
Una fiel clientela acude a disfrutar de la buena cocina de Antonio Carmona. **Menestra de verduras de temporada, merluza frita con pimientos rojos, leche merengada con salsa de canela**. Precio medio 65 €.
☼**Aldaba.** (Bº Chamartín). Avda. Alberto Alcocer, 5. ☎ 913 597 386. ❄
Cierra sábado al mediodía, domingo, festivos, Semana Santa y agosto. Notable armonía de la sala con la cocina y los vinos, supervisado por José Luis Pereira. **Cocochas de merluza, solomillo con queso azul de la peral**, buenas **tartas**. Precio medio 75 €.
☼**Arce.** Augusto Figueroa, 32. ☎ 915 220 440. www.restaurantearce.com ❄
Cierra sábado y domingo en agosto; domingo noche. Iñaki Camba ofrece una cocina de producto con un sello personal y calidad de materia prima. Los guisos de cuchara, **setas, caza, ahumados** y **escabeches** son las estrellas de la carta. El **pan** y los postres de elaboración propia. Precio medio 60 €.
®**Arrando.** (Bº Chamberí). General Arrando, 16. ☎ 915 931 376. ❄
Cierra domingo y agosto. Casa de comidas de gerencia familiar atractiva por su precio. **Arroz a la segoviana, tarta quemada.** Buen menú optativo 17 €. Precio medio 25 €.
®**Arturo Delfines.** (Bº El Viso). Pza. República Argentina, 8. ☎ 914 113 660. www.arturocantoblanco.com/restaurantes ❄
Cierra domingo noche. ARTURO SAGASTA (Sagasta, 29. ☎ 914 455 543. Cierra domingo noche, sábado y agosto). En ambos, arroces y cocina mediterránea. De postre, **fluido de chocolate**. Precio medio 30 €.
®**Arzábal.** Aparcamiento público a 20 m. Doctor Castelo, 2. ☎ 915 572 691. www.arzabal.com ❄
Cierra domingo noche, lunes, Semana Santa, segunda y tercera semanas de agosto. Imprescindible reservar. Reducida y moderna taberna ilustrada junto al Retiro, con la posibilidad de medias raciones y barra para tapear. **Croquetas de leche de oveja con ibérico, lomo de carne roja, fluido de chocolate**. Precio medio 35 €.
®**Asador de la Esquina.** (Estadio Bernabéu, puerta 46). Avda. Concha Espina, 1. ☎ 914 430 675. www.grupolamaquina.es ❄ P
Cierran domingo noche y en el Asador de la Esquina los días de partido. ASADOR MADRILEÑO (Sor Ángela de la Cruz, 17. ☎ 915 706 545). El primero con vistas al campo de fútbol. En ambos, cocina tradicional madrileña y **parrillas de carnes** y **pescados**. De postre, **torrijas de San Isidro**. Precio medio 40 €.
®**Asador Imanol.** General Díaz Porlier, 97. ☎ 913 090 859. www.asadorimanol.com ❄
Cierra domingo noche y agosto. Buen producto. **Pastel de puerros, carnes y rape a la parrilla, leche frita**. Amplia selección de pinchos fríos y calientes que se pueden encargar por teléfono y llevar a casa. Precio medio 40 €. De la misma propiedad e igual oferta ASADOR ANSORENA (Capitán Haya, 55. ☎ 915 796 451). ASADOR IMANOL (Avda. de Bruselas, 21. C. C. Diversia. La Moraleja. ☎ 916 610 982) y ASADOR IMANOL (gastrobar) abrió en verano (Víctor Andrés Belaunde, 3 ☎ 914577757).
☼**Asiana.** (Aparcamiento público en calle Barceló). Travesía de San Mateo, 4. ☎ 913 100 965. www.asiananextdoor.com ❄
Cierra al mediodía, domingo, lunes y dos semanas centrales de agosto. Tienda oriental de antigüedades de día, que se convierte de noche en un íntimo y mágico ambiente para cenar un sugestivo y largo menú de fusión asiatico-peruano, con la sabia ejecución de su propietario y cocinero Jaime Renedo, al precio de 85 €, que cambia mensualmente.

® **Asiana Nextdoor (Gastrobar).** Travesía de San Mateo, 4. ☎ 913 104 020. www.asiananextdoor.com
Cierra domingo noche, lunes y dos semanas centrales de agosto. Local íntimo y cosmopolita con música soul para una cocina de fusión sudesteasiatico-peruana en pequeñas raciones y ambiente informal. Buenos cockta ls, sochu-un, sake y pisco sour. Precio medio 35 €.

® **Aynaelda.** (Bº Aluche). (Por la Ctra. Extremadura, salida Zoo). Los Yébenes, 38. ☎ 917 101 051. www.aynaelda.com P
Cierra domingo noche. La mejor referencia de Aluche en **arroces**. Además, **huevos camperos trufados sobre patatas paja, pastel Aynaelda**. Precio medio 35 €.

® **Balzac.** Moreto, 7. ☎ 914 200 613. www.restaurantebalzac. net
Cierra sábado al mediodía, domingo, y 15 días en agosto. Una cocina de corte tradicional actualizada, de la mano de Gonzalo Omiste, en un confortable comedor bajo la dirección de José María Marrón. **Huevos rotos con sobrasada sobre crema de trigueros, hamburguesa de ternera de Guadarrama, buñuelos de chocolate y helado de albaricoque**. Precio medio 40 €.

® **Bar Tomate.** Fernando el Santo, 26. ☎ 917 023 870. www.grupotragaluz.com
Cierra sábado al mediodía y domingo en agosto. De plena moda. Agradables instalaciones y una correcta cocina a base de tapas. **Tartar de atún con guacamole, hamburguesa con salsa de champiñones, tarta tatín**. Precio medio 25 €.

® **Bistró Madrigal.** (Bº Pinar de Chamartín). Arte, 14. ☎ 913 846 807. www.bistromadrigal.es P
Cierra lunes noche, domingo y festivos. Andrés Madrigal cocina en su propia casa desde 2010. Local moderno y diáfano con cocina a la vista. Los platos reflejan su cosmopolitismo: **verduras perfumadas con hierbas, salmonetes en caldo japonés** y de postre, **sopa azteca con caviar de beluga**. Bodega internacional. Menu 25 €. Precio medio 60 €.

® **Bokado.** (Museo del Traje - Ciudad Universitaria). Avda. Juan de Herrera, 2. ☎ 915 490 041. www.bokadogrupo.com
Cierra domingo y lunes. Situado en el Museo del Traje, un espacio vanguardista rodeado de un amplio jardín-terraza. **Pimientos del piquillo artesanos confitados, solomillo de vacuno con patata trufada, torrija de avellana**. Precio medio 50 €.

® **Botín.** (Bº de los Austrias). Cuchilleros, 17. ☎ 913 664 217. www.botin.es
Es el restaurante más antiguo del mundo según el Guinness. Edificio del s. XVIII sobre una bodega del s. XVI. **Cochinillo y cordero asados** en el horno de leña. De postre, **bartolillos de Madrid**. Precio medio 35 €.

® **Café de Oriente.** (Bº de los Austrias). Pza. de Oriente, 2. ☎ 915 413 974. www.grupolezama.es
Comedores abovedados de rústica elegancia. Cocina de tendencia vasca. **Changurro a la donostiarra, rabo de toro al vino tinto, manzana asada en hojaldre**. Precio medio 47 €. LA BOTILLERÍA DEL CAFÉ DE ORIENTE, en el nº 4 de la Plaza, más informal, ofrece también raciones. Precio medio 20 €.

® **Casa Carola.** (Bº Salamanca). Padilla, 54. ☎ 914 019 408. www.casacarola.com
Cierra noches de domingo a jueves; junio, julio y agosto. Víctor Andrés Belaunde, 6. ☎ 914 583 159. Cierra noches de domingo a jueves y julio. Notable **cocido madrileño** a mediodía y **postres caseros**. Menús degustación en las cenas (29, 32 y 35 €) que en Víctor Andrés Belaunde está amenizado los sábados por cantantes. Precio medio 29 €.

® **Casa Ciriaco.** Mayor, 84. ☎ 915 480 620.
Cierra miércoles y agosto. Histórica taberna de la familia Chicharro. **Trucha escabechada, pepitoria de gallina, ponche segoviano**. Precio medio 30 €.

☼ **Casa d´a Troya.** (Bº San Juan Bautista). Emiliano Barral, 14. ☎ 914 164 455.
Cierra noches de lunes a jueves, domingo, festivos, Semana Santa, del 15 de julio al 1 de septiembre y navidades. Buena cocina gallega con calidad de producto. **Empanadas, pescados a la gallega, tarta de Santiago**. Precio medio 45 €.

☼ **Casa Lucio.** Cava Baja, 35. ☎ 913 653 252. www.casalucio.es
Cierra sábado al mediodía y agosto. Lucio Bláquez es el embajador de la cocina española tradicional en el mundo, con los emblemáticos **huevos estrellados**. **Pescados y carnes** de calidad y un estupendo **arroz con leche**. Precio medio 40 €. Enfrente LOS HUEVOS DE LUCIO (cierra martes al mediodía y del 4 al 14 de agosto) a cargo de Javier, hijo de Lucio, con una oferta más informal y barra de tapeo. Precio medio 24 €.

® **Casa Mingo.** (Bº Moncloa). Pº de la Florida, 34. ☎ 915 477 918. www.sidrasmingo.com / www.casamingo.com
Centenaria sidrería junto a San Antonio de la Florida, con los frescos de Goya. **Chorizo a la sidra, fabada, pollo asado y queso de Cabrales**. Precio medio 25 €.

® **Casa Ormaza.** Infanta María Teresa, 15. ☎ 913 198 848. www.casaormaza.com
Paloma García Lomas ofrece en su reducido local calidad de mercado y de cocina, con raíces asturianas y gallegas. Las **croquetas de cabrales**, el **lenguado a feira** y la **tarta queña** son una buena elección. Precio medio 30 €.

® **Casa Pedro.** (Bº Fuencarral). Ntra. Sra. de Valverde, 119. ☎ 917 340 201. www.casapedro.com
P
Cierra domingo noche. Mesón centenario de la familia Guiñales. **Guisos madrileños, perdiz estofada, leche frita**. Magnífica carta de vinos. Precio medio 35 €.

® **Casa Salvador.** Barbieri, 12. ☎ 915 214 524.
Cierra lunes noche, domingo y agosto. José Blázquez está omnipresente en cocina y comedor. Un clásico. **Potaje de garbanzos** y **de lentejas, merluza rebozada, leche frita**. Precio medio 35 €.

® **Castelló 9.** (Bº Salamanca). Castelló, 9. ☎ 914 359 134. www.castello9.es
Cierra domingo, festivos, Semana Santa y agosto. Clasicismo de calidad es la característica de Miguel Ángel Rodríguez (cocina) y José Martínez (comedor). **Corazones de alcachofas rellenos de foie-gras, medallones de rape con boletus y vieiras, mousse de chocolate**. Precio medio 50 €.

® **Club 31.** (Bº Retiro). Alcalá, 58. ☎ 915 320 511. www.club31. net
Cierra agosto. Atractivo y céntrico local que lleva más de medio siglo manteniéndose fiel a sus principios, con una oferta clásica pero envuelta en actualidad que prepara Fernando Saugar. Especial atención al **villagodio al tuétano** y el **soufflé Grand Marnier**. Precio medio 50 €.

® **Combarro.** (Bº Azca). Reina Mercedes, 12. ☎ 915 547 784. www.combarro.com
Cierra domingo noche, Semana Santa y agosto. Magníficos productos de Galicia bien elaborados. Excelentes **mariscos, empanadas, pescados** del Cantábrico **a la gallega** o **al horno**. De postre, **filloas de nata y crema**. Precio medio 60 €.

® **Cuenllas.** (Bº Argüelles). Ferraz, 5. ☎ 915 591 705. www.cuenllas.com
Cierra domingo, Semana Santa y agosto. Pequeño local dirigido por Fernando Cuenllas. **Foie-gras al Pedro Ximénez, callos a la madrileña, milhojas de crema y nata**. Precio medio 40 €.

® **Currito.** Recinto Ferial de la Casa de Campo. Pabellón Vizcaya. Avda. de las Provincias s/n. ☎ 914 645 704. www.restaurantecurrito.es P
Cierra domingo noche. Cocina vasca tradicional. **Pescados** y **carnes a la parrilla** y guisos bilbaínos. **Helados** caseros y **queso de Idiazábal**. Precio medio 50 €.

☼ **Dantxari.** (Bº Argüelles). Ventura Rodríguez, 8. ☎ 915 423 524. www.dantxari.com
Cierra noches de domingo y festivos; y del 10 al 25 de agosto. Honrada cocina vasco-navarra armonizada con la buena dirección de Eduardo Navarrina. **Alubias de Tolosa con morcilla, bacalao al pil-pil, tartita fina de manzana con helado de pan integral**. Precio medio 40 €.

® **Dassa Bassa.** (Bº Salamanca). Villalar, 7. ☎ 915 767 397. www.dassabassa.com
Cierra domingo, lunes, festivos, Semana Santa y tres semanas en agosto. La personalidad de Darío Barrio se plasma en la cocina de siempre con toques actuales. **Sardinas marinadas al té moruno, rabo de toro a vino tinto y cacao, samosas de crema pastelera con frambuesa y chocolate**. Precio medio 50 €.

☼☼☼ **Diverxo.** Pensamiento, 28. ☎ 915 700 766. www.diverxo.com
Cierra domingo, lunes, Semana Santa y tres semanas en agosto. David Muñoz ha creado un estilo propio sorprendente, con platos de tradición española y fusión de otras cocinas del mundo, siempre con imaginación y oficio. Su oferta se debe probar en varios menús (entre 50 y 70 €.) en los que juega con la estética y la sorpresa. Indispensable reservar.

® **Dominus.** Francisco de Ricci, 15. ☎ 915 401 009. www.restaurantedominus.es
Cierra sábado al mediodía, domingo y del 7 al 31 de agosto. Tanto Fernado (sala), como Antonio (cocina) y Mateo (vinos) son grandes profesionales. Platos de cuchara en invierno, **solomillo de vaca asado con coca de hojaldre y verduras, milhojas de nata y crema con almendra**. Precio medio 40 €.

® **Doña 59.** Zurbano, 59. ☎ 913 192 551. www.doña59.es
Cierra domingo noche y segunda quincena de agosto. Una buena referencia de cocina mediterránea en Chamberí. **Arroces, secos, a banda y caldosos. Atún rojo, sorbete de mandarina al cava.** Precio medio 30 €.

® **Doña Paca.** Príncipe de Vergara, 285. ☎ 913 502 390.
Cierra domingo, Semana Santa y del 10 al 31 de agosto. Buena cocina casera que siempre satisface. **Gambas a la milanesa, callos, tatín de manzana**. Precio medio 35 €.

El Almirez. (Bº Salamanca). Maldonado, 5. ☎ 914 115 469.
Cierra noches de domingo y festivos, Semana Santa, segunda y tercera semanas de agosto. Cocina navarra con calidad en su producto y ejecución. **Menestra de verduras, albóndigas de ternera y jamón, tarta de cuajada.** Precio medio 45 €. Anexo LA TABERNA DEL ALMIREZ, bar de tapas.

El Amparo de Andrea. Callejón de Puigcerdá, 8. ☎ 914 316 456. www.arturocantoblanco. com/restaurantes
Cierra sábado al mediodía y domingo. Las **pastas** y las **pizzas** de Andrea Tumbarello protagonizan ahora el nuevo Amparo que goza del buen servicio de Agustín Gabaldón. **Tabla de tiramisú y panna cotta.** Precio medio 40 €.

El Asador de Aranda. (Bº Centro). Preciados, 44. ☎ 915 472 156. www.asadordearanda.com
Cierra lunes noche y segunda quincena de julio. Plaza de Castilla, 3. ☎: 917 338 702. Cierra domingo noche y segunda quincena de agosto. Diego de León, 9. ☎ 915 630 246. Cierra domingo noche y agosto. Ctra. de la Coruña, km 16,9. (Las Rozas). ☎ 916 393 027. Cierra domingo noche y segunda quincena de agosto. LA TAHONA DEL PALOMERO. Capitán Haya, 19. ☎ 915 550 441. Cierra domingo noche y agosto. Para empezar, **morcilla, chorizo** y **jamón ibérico,** después, **lechazo asado** y **hojaldre con crema**. Vinos de la Ribera del Duero. Precio medio 35 €.

El Bodegón. Pinar, 15. ☎ 915 623 137. www.grupovips.com
Cierra domingo, festivos y agosto. Señorial y relajado, sus paredes se adornan con numerosas obras de arte. La cocina de corte clásico de acento vasco, correctamente actualizada por el maestro Hilario Arbelaitz y desarrollada por el veterano José Machado, se mantiene como uno de los locales de lujo de la capital. Bodega a tono y eficaz servicio de alta escuela. Precio medio 60 €.

El Bosque Sagrado. (Recinto Ferial de la Casa de Campo. Pabellón de Asturias). Avda. de las Provincias, s/n. ☎ 915 267 817. www.elbosquesagrado.com P
Cierra domingo noche y lunes. Cocina y productos asturianos de calidad. **Ensalada de bonito con tomate, fabada, crema de arroz con leche requemada**. Precio medio 40 €.

El Chaflán. (H. ARISTOS). Avda. Pio XII, 34. ☎ 913 506 193. www.elchaflan.com
La cocina de Juan Pablo Felipe, con base tradicional y técnica moderna, se puede probar en el comedor principal, luminoso y minimalista. Precios contenidos. Precio medio 40 €. Anexo, ARIS BAR (gastrobar), un rincón más informal (20 €). La libertad creativa está patente en ambos ambientes. Estupendos vinos.

El Chiscón. (Bº Salamanca). Castelló, 3. ☎ 915 755 662. www.elchiscon.com
Cierra lunes noche, domingo y agosto. Es una buena referencia dirigido por María Pérez, que goza de una fiel clientela. **Alcachofas a la cordobesa, pluma ibérica con puré campero, torrija con mousse de natillas**. Menú 26 €. Precio medio 45 €.

El Club Allard. Ferraz, 2. ☎ 915 590 939. www.elclubaIlard.com
Cierra lunes noche, sábado mediodía, domingo, festivos y agosto. No hay carta. Se puede disfrutar la cocina de Diego Guerrero optando por alguno de los menús (61, 68, 74 €) elaborados según mercado, en un ambiente elegante y la buena atención de Lara.

El Comité. Pza. San Amaro, 8. ☎ 915 718 711.
Cierra sábado al mediodía y domingo. Bistró acogedor. La **tempura**, el **steak tartar** y la **tarta fina de manzana** es una buena opción. Precio medio 50 €.

El Corte Inglés. Goya, 87. P
GOURMET EXPERIENCE. Inaugurado en su sede de Goya, es un espacio gastronómico que combina la degustación con la venta de productos gourmet. Reune firmas y cocineros de prestigio en diferentes espacios: La Moraga (Calima-Dani García), Kotobuki (Kabuki - Ricardo Castro), Cinco Jotas, Godiva, Ahumados Domínguez, una ostrería-champanería, frutería de lujo By Fresh. En la sexta planta EL TXOKO, de Martín Berasategui. Además, buenos restaurantes en Raimundo Fernández Villaverde, 79 y Serrano, 47, así como la especial atención a los productos de gran calidad de El Club Gourmet y Delicatesen, cuya tónica general es ofrecer lo mejor del mercado en sus servicios alimentarios.

El Fogón de Trifón. Ayala, 144. ☎ 914 023 794. www.elfogondetrifon.com
Cierra lunes noche, domingo, Semana Santa y agosto. J. Trifón Jorge cuida su cocina de mercado, los vinos y la sala. **Croquetas de morcilla, gallo de corral guisado, torrija rellena de confitura de naranja**. Precio medio 42 €.

El Gran Barril. (Bº. Salamanca). Goya, 107. ☎ 914 312 210. www.elgranbarril.com
Un buen reducto de **arroces** y cocina marinera, bien servidos. De colofón, **delicias de tres chocolates a la menta**. Precio medio 60 €.

El Landó. Pza. Gabriel Miró, 8. ☎ 913 667 681.
Cierra domingo, Semana Santa y agosto. Cualificado y castizo mesón de Lucio, con Ángel al frente. Un delicioso tomate en ensalada recibe a los clientes. **Pescados al horno, a la plancha, frito o cocido, carne**. De postre, **arroz con leche**. Precio medio 65 €.

El Mesón de Fuencarral. Cambio de sentido en la salida 15. Ctra. M-607, Madrid-Colmenar Viejo, km 14,5. ☎ 917 341 019. www.mesondefuencarral.com P
Cierra dos semanas en agosto. Conocido mesón. Las **croquetas**, las **migas con huevos fritos** y los **asados** atraen una amplia clientela. Precio medio 35 €.

El Mirador del Thyssen. (Bº Centro). Pº del Prado, 8. ☎ 914 293 984. www.elmiradordelthyssen.com
Sólo abre noches de martes a sábados en verano. Espectacular emplazamiento para cenar en verano. **Ensalada de hojas exóticas, rodaballo al romero**. Precio medio 50 €.

El Nuevo Foque. Suero de Quiñones, 22. ☎ 915 192 572. www.elfoque.com
Cierra domingo. Tras la remodelación del local amplia su habitual oferta de **bacalao** y **carne roja** con **parrillada de marisco** para dos y carta de **pinchos**. Precio medio 40 €. También de Juan Salazar LA TABERNA DEL PESCADOR (Manuel Pombo Angulo, 18. Sanchinarro. ☎ 917 504 794. Cierra domingo noche). Taberna andaluza con oferta marinera. Precio medio 25 €.

El Oso. (Ctra. A-2, salida 12 A, vía de servicio "La Moraleja"). Avda. de Burgos, 214. ☎ 917 666 060. www.restauranteeloso.com P
Cierra domingo noche. Cocina asturiana actualizada, suculenta y bien elaborada en el restaurante de María Lorenzo, con magníficas instalaciones, que cuenta también con una deliciosa terraza. **Fabada, pescados, carnes, quesos** y postres asturianos de gran calidad. Buena bodega y atento servicio. Precio medio 45 €.

El Paraguas. (Bº Salamanca). Jorge Juan, 16. ☎ 914 315 840. www.elparaguas.com
Cierra domingo noche. La calidad del producto y la regularidad son la base de su éxito. Sandro Silva, propietario y jefe de cocina, es el artífice de su creciente calidad. **Verdinas con faisán** o **bugre, lubina a la pimienta, crema de arroz con leche**. Precio medio 65 €.

El Pescador. José Ortega y Gasset, 75. ☎ 914 021 290. www.marisqueriaelpescador.es
Cierra domingo, Semana Santa y agosto. Renovada decoración marinera a tono con los excelentes **mariscos, angulas, pescados**, y el **lenguado Evaristo** como protagonista. **Filloas** como colofón. Buen servicio y bodega a precios amables. Precio medio 45 €.

El Plató (Gastrobar). Pº Castellana, 36. ☎ 914 354 618. www.elplato.com
Cierra domingo, Semana Santa y 12 días en agosto. Pedro Larumbe dirige la oferta de su gastrobar, exponente de un nuevo concepto de comer informal y cómodo, a base de tapas y raciones como: **ajoarriero, hamburguesa de ibérico con queso, torrija de sobao pasiego**. A través de la cristalera se ven los estudios de Intereconomía T. V. Precio medio 25 €.

Estado Puro - Las Tapas de Paco Roncero (Gastrobar). (H. NH PASEO DEL PRADO). Pza. Cánovas del Castillo, 4. ☎ 913 302 400. www.tapasenestadopuro.com
Cierra domingo noche. Estratégico emplazamiento entre museos y hoteles. Atractivas tapas frías y calientes con la calidad creativa de su asesor, Paco Roncero (Terraza del Casino). Precio medio 20 €.

Esteban. Cava Baja, 36. ☎ 913 659 091. www.rte-esteban.com
Cierra noches de domingo a martes, última semana de julio y primera de agosto. Ambiente castizo para una cocina a tono. **Callos, gallina en pepitoria, buñuelos de crema.** Menú 24 €. Precio medio 45 €.

Europa Decó. (H. URBAN). Carrera de San Jerónimo, 34. ☎ 917 877 770. www.derbyhotels.com P
Cierra domingo y festivos. Joaquín Felipe sigue elaborando en su moderno comedor una cocina mediterránea, ligera y equilibrada. Excelentes platos de **atún**, de **carne wagyu** o de **cerdo ibérico**. Muy completa carta de vinos y servicio profesional dirigido por Francisco Patón. Precio medio 50 €.

Focolare. Aparcamiento concertado C/Ayala, 64. General Pardiñas, 40. ☎ 914 010 046. www.focolare.es
Cierra sábado al mediodía, domingo, Semana Santa y agosto. Roberto Romero ofrece una atractiva cocina andaluza. **Sesos de cordero rebozados, atún rojo encebollado, fresones de Huelva gratinados con sabayón de naranja.** Precio medio 35 €.

® **Fuentes y Bonetillo.** (Bº Centro). Fuentes, 1. ☎ 917 586 745. www.fuentesybonetillo.com
Cierra noches de domingo y lunes; y agosto. Nuevo espacio gastronómico con dos niveles. En el superior, un bistró bien ambientado, en el inferior, el *show cooking* entrando por Bonetillo, 12. En ambos, omnipresente Maki Pérez-Blanco. Sabores caseros calientes o fríos, **risotto, carrillera de ternera en salsa de cacao y vino tinto**, buenos postres. Menús alternativos 16 y 20 €. Precio medio 30 €.

☼ **Goizeko Kabi.** (Bº Tetuán). Comandante Zorita, 37. ☎ 915 330 185. www.goizekogaztelupe.com
Cierra domingo. El nuevo jefe de cocina apuesta por una oferta distinta de base tradicional con su toque personal, siempre con el mejor producto en el renovado local. **Lomo de lenguado a baja temperatura con emulsión de escabeche de limón, pequeña torrija con sorbete de manzana verde**. Precio medio 50 €.

☼☼ **Goizeko Wellington.** (Bº Salamanca). Villanueva, 34. ☎ 915 770 138. www.goizekogaztelupe.com
Cierra domingo. Amplio y elegante comedor inaugurado por Jesús Santos hace casi diez años, que mantiene desde entonces una cocina burguesa clásica en la que la estrella es el producto. Los mejores pescados y mariscos del mercado. Postres muy caseros. Precio medio 65 €.

☼ **Goya.** (Bº de los Jerónimos). (H. RITZ). Pza. de la Lealtad, 5. ☎ 917 016 767. www.ritzmadrid.com
Marco lujoso y elegante en comedor y terraza. Jorge González da su toque personal a una oferta basada en el producto. Brunch los domingos. Precio medio 80 €. En el jardín, más informal y a menor precio (50 €). Celebra su centenario.

® **Green House Centro Colón.** (Edif. Centro Colón. Planta Club). Marqués de la Ensenada, 16. ☎ 913 493 374.
Cierra sábado, domingo y agosto. Vista espectacular a la ajardinada Plaza de la Villa de París. Cocina tradicional bien elaborada. **Brandada de bacalao con pimiento rojo, ventresca de bonito, bizcocho de chocolate caliente.** Atractivo menú 18 €. Precio medio 30 €.

☼☼☼ **Horcher.** Alfonso XII, 6. ☎ 915 220 731. www.restaurantehorcher.com
Cierra sábado al mediodía, domingo, Semana Santa y agosto. Elegante comedor frente al parque del Retiro, donde la cocina de hechura clásica y aire centroeuropeo triunfa desde hace muchos años y sigue siendo un "marco de glamour". Destacan los platos de **caza** y la estupenda **repostería**. Servicio impecable. Precio medio 90 €.

® **Iroco.** Velázquez, 18. ☎ 914 317 381. www.grupovips.com
Sugestiva terraza-comedor. **Lasaña de verduras asadas con queso de cabra, atún rojo vuelta y vuelta, helados**. Precio medio 40 €.

® **Jai-Alai.** (Bº El Viso). Balbina Valverde, 2. ☎ 915 612 742. www.restaurantejaialai.com
Cierra lunes y agosto. Cocina vasca tradicional. **Changurro al horno, alubias rojas de Markina, milhojas.** Agradable terraza en primavera-verano. Precio medio 35 €.

☼ **Jockey.** Amador de los Ríos, 6. ☎ 913 192 435. www.restaurantejockey. net
Cierra domingo, festivos y agosto. Durante su larga historia fue una referencia. En la actualidad su cocina clásica de escuela francesa se codea con alguna incursión en la modernidad y mantiene pinceladas locales como los famosos **callos a la madrileña**. Precio medio 85 €.

® **José Luis.** Rafael Salgado, 11. ☎ 914 575 036. www.joseluis.es
Buena cocina de César Ruiz, basada en productos de calidad, en esta legendaria casa fundada por su padre y propietario José Luis. Atento servicio. Precio medio 50 €.

® **Julián de Tolosa.** (Bº La Latina). Cava Baja, 18. ☎ 913 658 210.
Cierra domingo noche. Buen asador vasco en el Madrid de los Austrias. **Alubias rojas de Tolosa, chuletón con pimientos asados del piquillo, arroz con leche.** Precio medio 35 €.

® **L'Albufera Conde Orgaz.** (Bº Conde de Orgaz). Pza. López de la Plata, 4. ☎ 913 005 550 www.restauranteslaalbufera.com
Cierra cenas y agosto. L'ABUFERA DE LA MORALEJA Avda. de Europa, 17 bis. (Ctra. A-1, Madrid-Burgos, salida 12. Parque Empresarial La Moraleja) ☎ 916 623 893. Cierra domingo noche. L'ALBUFERA DE POZUELO Avda. de la Victoria, 2. (Ctra. A-6, salida El Plantío - C. C. Sexta Avenida). ☎ 913 076 920. Cierra domingo noche. **Arroces** variados en su punto. Buenos **pescados** y **carnes**. De remate, **pirámide de chocolate**. Precio medio 45 €. Brasserie informal para comer a base de raciones a mitad de precio.

® **La Ancha.** Príncipe de Vergara, 204. ☎ 915 638 977. www.laancha.com
Cierra domingo, festivos, primera semana de enero, Semana Santa y 20 días en agosto. Zorrilla, 7. ☎ 914 298 186. Cierra sábado, domingo, festivos y agosto. La familia Redruello ofrece en sus respectivas casas cocina tradicional con buenos guisos. **Tortilla guisada con almejas, escalope de ternera empanado**. Precio medio 40 €.

® **La Barraca.** (Bº Justicia). Reina, 29. ☎ 915 327 154. www.labarraca.es
Decoración y ambiente valenciano, donde los **arroces** son protagonistas (más de 10 tipos). Para empezar, **ensalada de pimientos asados con bacalao,** y para terminar los madrileños **buñuelos de San Isidro.** Menú infantil 15 €. Precio medio 30 €.

☼ **La Biblioteca de Santo Mauro.** (Bº Chamberí). (H. AC SANTO MAURO). Zurbano, 36. ☎ 913 196 900. www.ac-hotels.com
Cierra domingo, lunes y agosto. En esta biblioteca se disfrutan las creaciones de Carlos Posadas. **Tournedos de cigalas con velo de bullabesa, bizcocho babá al ron helado de miel de milflores**. Precio medio 85 €.

☼ **La Broche.** (H. OCCIDENTAL MIGUEL ÁNGEL). Miguel Ángel, 29. ☎ 913 993 437. www.labroche.com
Cierra domingo, lunes, Semana Santa y agosto. Minimalista y elegante local donde Ángel Palacios mantiene una oferta de platos creativos muy actuales, con productos de calidad. Amplia y surtida bodega, servicio muy atento. Menús entre 34 y 100 €. Precio medio 90 €.

® **La Buena Vida.** (Bº Centro). Conde de Xiquena, 8. ☎ 915 313 149.
Cierra domingo, lunes, Semana Santa y tres semanas en agosto. Manda el producto de temporada bien aderezado por Carlos y bien servido por su esposa Elisa. **Raya a la mantequilla negra, helado de Pedro Ximenez**. Precio medio 55 €.

☼ **La Dorada.** Orense, 64-66. ☎ 915 702 004. www.ladorada.es
Cerezales, 2. (Las Rozas). ☎ 916 389 465. Cierran domingos noche. **Guisos marineros, arroces caldosos, pescado a la sal**. De postre, **tocino de cielo**, todo ello con calidad de producto y buena elaboración. Félix Cabeza siempre pendiente. Precio medio 45 €.

® **La Favorita.** (Bº Chamberí). Covarrubias, 25. ☎ 914 483 810. www.restaurante-lafavorita.com
Cierra sábado al mediodía y domingo. Las cenas amenizadas por cantantes de ópera merecen la pena. **Huevo trufado, jabugo y patatas revolconas, bacalao ajoarriero envuelto en pasta fresca, sorbete de manzana verde al cava.** Precio medio 45 €.

® **La Gabinoteca (Gastrobar).** (Bº Chamberí). Fernández de la Hoz, 53. ☎ 913 991 500. www.lagabinoteca.com
Cierra sábado mediodía, domingo, Semana Santa, del 9 al 22 de agosto y una semana en Navidad. Ambiente moderno e informal para una cocina en miniatura. La **tortilla de patata y pimientos**, la **carrillera de ternera** y la **crema de queso** son tan apetitosos como su precio. Precio medio 25 €.

® **La Hoja.** (Bº Retiro). Doctor Castelo, 48. ☎ 914 092 522. www.lahoja.es
Cierra domingo. Paco Rodríguez es un gran profesional que se evidencia en su fiel clientela. Cocina asturiana. **Fabada, merluza a la sidra, caza** en temporada, **arroz con leche**. Precio medio 35 €.

☼ **La Manduca de Azagra.** Sagasta, 14. ☎ 915 910 112. www.lamanducadeazagra.com
Cierra domingo, festivos y agosto. El amor al producto es el distintivo de este minimalista local de los Sola. Las **verduras** y las **carnes** de Navarra, los **pescados** del Cantábrico guisados con sencillez realzan su calidad. De postre, la **torrija caramelizada** es deliciosa. Precio medio 50 €.

® **La Máquina de Lugones.** (Bº Chamartín). Pº de La Habana, 107. ☎ 913 430 538.
Cierra noches, domingo, y del 20 de julio al 5 de septiembre. Menú único asturiano con excelente **fabada** y **arroz con leche** o **quesos asturianos**. Algún entrante como el **jamón**. Precio medio 30 €.

☼ **La Paloma.** Jorge Juan, 39. ☎ 915 768 692. www.rtelapaloma.com
Cierra domingo, festivos, Semana Santa y agosto. La cocina de Segundo Alonso y la atención en sala de Mariano Ávila mantienen calidades. **Canelones de pato y setas, pichón de caserío relleno y asado en sal gorda, gratinado de frutas con salsa de sabayón**. Precio medio 50 €.

® **La Penela.** (Bº Salamanca). Velázquez, 87. ☎ 915 765 222. www.lapenela.com
Infanta Mercedes, 98. ☎ 915 799 178. Ambos cierran domingo noche. Auténticos sabores de la cocina gallega tradicional. La **tortilla de patatas** y la **ternera asada** son los platos estrella. Precio medio 40 €.

® **La Taberna de Liria.** Duque de Liria, 9. ☎ 915 414 519. www.latabernadeliria.com
Cierra domingo y del 26 de julio al 25 de agosto. La cocina mediterránea de Miguel López Castañer armoniza con el agradable comedor. **Cochinillo confitado en aceite de oliva, bomba de chocolate blanco**. Precio medio 35 €.

La Tasquita de Enfrente. (Bº Centro). Ballesta, 6. ☎ 915 325 449. www.latasquitadeenfrente.com
Cierra domingo y lunes, Semana Santa y tres semanas en agosto. Acogedor y singular por la personalizada atención en sala y cocina de Juan José López, secundado por Abraham (sumiller y repostero) y su esposa Mercedes. Manda el excepcional producto de temporada. Siempre en carta, **ensaladilla rusa con erizo fresco, gambas rojas, pichón de Bresse en su jugo, falsa torrija con aceite de oliva**. Nunca defrauda. Precio medio 50 €.

La Terraza del Casino. Alcalá, 15. ☎ 915 321 275. www.casinodemadrid.es
Cierra sábado al mediodía, domingo, festivos y agosto. Comedor luminoso y exquisito en muchos detalles. La cocina de autor de Paco Roncero mantiene el aire de Ferrán Adrià, pero marcando su personalidad con atrevidas vanguardias y actuales propuestas con el mejor producto. Excelente carta de vinos escogida por María José Huertas y gran servicio capitaneado por Alfonso Vega, ambos Premio Nacional de Gastronomía. En verano la terraza más atractiva de Madrid. Precio medio 90 €.

La Torcaz. Lagasca, 81. ☎ 915 754 130. www.latorcaz.com
Cierra domingo y agosto. Orferta tradicional con el sello de Segundo Alonso, en un atractivo local del barrio de Salamanca. **Croquetas cremosas de bacalao, pichón de caserío relleno y asado en costra de sal gorda, filloas rellenas de crema de canela**. Precio medio 50 €.

La Trainera. (Bº Salamanca). Lagasca, 60. ☎ 915 768 035. www.latrainera.es
Cierra domingo y agosto. Gran calidad de **mariscos** y **pescados, cocidos** o **a la plancha,** protagonizados por el **lenguado**. De postre, **tarta de hojaldre con trucha**. Precio medio sin marisco 50 €.

Lago de Sanabria. (Bº Salamanca). Ayala, 23. ☎ 915 767 421.
Cierra noches excepto viernes; domingo, festivos y del 15 de julio al 17 de agosto. Buena referencia del barrio de Salamanca. **Patatas a la importancia, bacalao al pil-pil, caza, peras al vino.** Todo bajo la elaboración y supervisión de Juan Loriente. Interesante bodega. Precio medio 35 €.

Lágrimas Negras. (H. PUERTA DE AMÉRICA). Avda. de América, 41. ☎ 917 445 405. www.restaurantelagrimasnegras.com
Cierra lunes noche, domingo y tres semanas en agosto. Cocina de temporada en un bonito entorno diseñado por Christian Liagre. **Tartar de salmón y aguacate, rabo de toro desmigado y rebozado con patatas cuadradillo**. Precio medio 50 €. Con el nombre de BISTRÓ DE LÁGRIMAS NEGRAS, la oferta de José Luis Estevan es más ligera, a base de sugerencias que cambian diariamente en un menú (35 €).

Las Tortillas de Gabino. (Bº Chamberí). Rafael Calvo, 20. ☎ 913 197 505. www.lastortillasdegabino.com
Cierra sábado al mediodía, domingo y festivos. Las **tortillas** son su emblema y su atractivo. Además, **albóndigas de ternera** y **flan de queso brie**. Lástima la mala acústica. Precio medio 30 €.

Lateral (Gastrobar). (Bº de las Letras). Pza. Santa Ana, 12. ☎ 914 201 582. www.cadenalateral.es
Paseo de la Castellana, 132 (☎ 915 613 337), Velázquez, 57 (☎ 914 350 604), Fuencarral, 43 (☎ 915 316 877), Arturo Soria, 126 (☎ 913 003 601). Excelentes tapas y raciones de cocina española y mediterránea, que en apenas doce años tiene ya cinco locales. Ambiente informal y agradable. Precio medio 15 €.

Lavinia. (Bº Salamanca). José Ortega y Gasset, 16. ☎ 914 260 599. www.lavinia.com
Cierra noches, domingo y festivos, 20 días en agosto. Excelente tienda bodega con bistró a cargo del gran profesional Ange García con la posibilidad de escoger el vino al precio de la tienda. **Foie-gras escabechado, pescados** y **carnes** de calidad. Buen **milhojas** de postre. Precio medio 40 €.

Le Cabrera (Gastrobar). Bárbara de Braganza, 2. ☎ 913 199 457. www.lecabrera.com
Cierra domingo, segunda y tercera semanas de agosto. Uno de los gastrobares más de moda de Madrid. Ambiente informal y desenfadado para una cocina con el sello de Arola, ejecutada por Benjamín Bensoussan. **Sopa de cebolla, tartar de buey**. A la cocina se une la cocktelería bajo la dirección de Diego Cabrera. Precio medio 22 €.

Lhardy. Carrera de San Jerónimo, 8. ☎ 915 222 207. www.lhardy.com
Cierra domingo noche y agosto. Histórico y más que centenario restaurante. El **cocido**, los **callos a la madrileña** o el **soufflé sorpresa** son una referencia y forman parte de la historia del local y de Madrid. Precio medio 55 €.

Los Pescaítos. (Travesía). Costa Rica, 28. ☎ 913 591 584.
Cierra domingo noche y lunes en invierno. Típica taberna andaluza con agradable terraza-comedor. Las **tortillitas de camarones,** la **fritura**, el **salmorejo,** y **piononos de Santa Fe** de postre. Precio medio 30 €.

Malacatín. Ruda, 5. ☎ 913 655 241. www.malacatin.com
Cierra domingo y agosto. Taurino y típico mesón en el Rastro, con **cocido madrileño** como oferta emblemática. **Leche frita** como dulce final. Precio medio 25 €.

Maldonado 14. (Bº Salamanca). Maldonado, 14. ☎ 914 355 045. www.maldonado14.com
Cierra domingo y 15 días en agosto. El equipo de cocina y de sala del ya desaparecido Las Cuatro Estaciones ha abierto su propio local en otoño de 2010, con buenas perspectivas. Precio medio 40 €.

Mercado de San Miguel. Pza. San Miguel, s/n. ☎ 913 077 118.
Espectacular restauración. Desde hace un año se ha convertido en un "mercado gourmet", punto de encuentro en el centro de Madrid, por sus atractivas barras de degustación, donde el protagonista principal es el producto (**pescados, mariscos, bacalao, quesos, frutas, carnes europeas, frutos secos y encurtidos,** librería gastronómica...).

Mesón del Cid. Fernández de la Hoz, 57. ☎ 914 420 755. www.mesondelcid.es
Cierra noches de sábado y festivos de julio; domingo, Semana Santa y agosto. La mejor referencia burgalesa presidida por la **morcilla,** las **alubias de Ibeas,** y el **queso de Burgos en tres texturas**. Precio medio 38 €.

Mesón del Tío Aquilino. (Bº Vallecas). Josué Lillo, 24. ☎ 914 787 943. www.mesontioaquilino.com
Cierra noches de domingo a martes; sábado, domingo, Semana Santa y agosto. Todo sigue igual de bien en esta clásica casa de cocina casera. **Bonito en aceite** (de elaboración propia), **garbanzos con setas y almejas, flan de queso**. Precio medio 35 €.

Mood. Velázquez, 102. ☎ 912 759 127. www.grupovips.com
Cierra agosto. ROOT (Virgen de los Peligros, 1. ☎ 912 758 118). Cierra agosto. El atractivo es el precio en un ambiente informal y oferta mediterránea y de fusión. El plato estrella es la gran milanesa. Precio medio 20 €.

Nodo. (Bº Chamartín). Velázquez, 150. ☎ 915 644 044. www.restaurantenodo.es
Alberto Chicote es el artífice de esta cocina de fusión mediterráneo-oriental. **Sashimi de toro (atún rojo), codornices asadas con mandarinas y jengibre**. Moderno comedor y estupenda terraza-jardín para cenas en verano. Precio medio 50 €.

O'Pazo. Reina Mercedes, 20. ☎ 915 532 333.
Cierra domingo, Semana Santa y agosto. Verdadero santuario de los **mariscos** y **pescados** de temporada, perfectamente servidos por Antonio García. Quizá lo más destacable sea el **rodaballo al horno,** el **lenguado** y el magnífico **salmón ahumado**. De postre, **filloas**. Va a más. Precio medio 70 €.

Oven 180. (Bº Salamanca). Lagasca, 32. ☎ 914 351 898. www.oven180.com
Cierra noches de domingo y lunes; y agosto. Elegante bistró de cocina tradicional que atrae una asidua clientela. **Croquetas cremosas de jamón ibérico** (sensacionales), **tataki de buey con salsa oriental, tarta fina de manzana con helado de vainilla**. Precio medio 35 €.

Ox's. (Bº Chamartín). Juan Ramón Jiménez, 11. ☎ 914 581 903. www.restauranteox.com
Cierra domingo y agosto. José Ignacio Urdiain en su irreprochable cocina vasco-navarra, con su esposa Mila en la atención en la sala, forman un buen tándem. **Alcachofas con almejas, cogote de merluza, cuajada**. Merece la visita. Precio medio 40 €.

Pandelujo. (Bº Salamanca). Jorge Juan, 20. ☎ 914 361 100. www.pandelujo.es
La dirección culinaria de Alberto Chicote (Nodo) conjuga con el bonito entorno de diseño moderno y su estanque exterior iluminado por la noche. **Ensaladilla rusa, cochinillo en tres cocciones, torrija de pistachos con helado de coco-curry**. Precio medio 45 €.

Paradís Madrid. (Aparcamiento concertado). Marqués de Cubas, 14. ☎ 914 297 303. www.paradis.es
Cierra sábado al mediodía, domingo y festivos. PARADÍS CASA AMÉRICA. Paseo de Recoletos, 2. (Casa de América). ☎ 915 754 540. Cierra sábados al mediodía, domingo y festivos. Cocina mediterránea de acento catalán. **Merluza en suquet de patata, crema catalana con toffe**. Zona de tapas por la noche. Precio medio 35 €.

Paulino. (Bº Chamberí). Jordán, 7. ☎ 915 913 929.
Cierran domingo y agosto. Clásicas casa de comidas con cuidado producto. Antigua carpintería bien rehabilitada con jardín interior. **Pastel de morcilla con soufflé de calabaza, carré de lechal relleno, sopa de fresón con brownie.** Precio medio 32 €. La casa madre en Alonso Cano, 34. Telf: 914 418 737 a menor precio 25 €.

Pedro Larumbe. (C. C. ABC). Aparcamiento en el edificio con entrada por Paseo de la Castellana. Serrano, 61, 4º planta. ☎ 915 751 112. www.larumbe.com
Cierra lunes noche, domingo, del 1 al 6 de enero, Semana Santa y 15 días en agosto.
Pedro Larumbe dirige esta cocina de mercado en los elegantes comedores que fueron la redacción de ABC a finales del s. XIX. **Taco de bacalao confitado con ajoarriero, torrija caramelizada de mango con sorbete de violeta**. Precio medio 45 €.

☼**Piñera.** (Bº Tetuán). Rosario Pino, 12. ☎ 914 251 425. www.restaurantepinera.com
Cierra del 15 al 29 de agosto. Armonizan el buen servicio que dirige Jorge Dávila con la cocina, el cuidado del vino y los deliciosos postres. Todo de calidad. **Canelón de cebolla caramelizada, paletilla de cordero glaseada**. Precio medio 50 €.

☼☼**Príncipe de Viana.** Manuel de Falla, 5. ☎ 914 571 549.
Cierra sábado al mediodía, domingo, festivos y agosto. Javier Oyarbide continúa fiel a la cocina vasco-navarra, que impulsaron sus padres, con los mejores productos, desde la **menestra** y el **bacalao ajoarriero** a la **tarta de arroz con leche**. Gran servicio de mesa y vino. Precio medio 60 €. EL DESPACHO DE PRÍNCIPE DE VIANA en la planta de acceso, para disfrutar su cocina de una manera más informal y a menor precio (42 €).

®**Puerta 57.** (Estadio Santiago Bernabéu, puerta 57). Padre Damián, s/n. ☎ 914 573 361. www.grupolamaquina.es
Cierra noches de domingo y días de partido. Cocina española con espectacular vista al Estadio Santiago Bernabéu. Buen **arroz al senyoret, leche frita con toffe caliente**. Barra con atractivas raciones para comer de modo informal. Precio medio 50 €.

☼**Rafa.** Narváez, 68. ☎ 915 731 087.
Cierra lunes noche. Emblemática casa de comidas por sus **pescados**. También plato diario de cuchara y un buen **jarrete** para los carnívoros. **Tarta de queso manchego con caramelo**. Precio medio 55 €.

☼☼**Ramón Freixa.** (H. SELENZA MADRID). Claudio Coello, 67. ☎ 917 818 262. www.ramonfreixamadrid.com
Cierra domingo, lunes, Semana Santa, agosto y Navidad. En apenas dos años Ramón Freixa seduce en Madrid. El elegante comedor y terraza-jardín armonizan con su personal cocina. Platos tan sensacionales como las **diez en formas de tomar el tomate**, el **lenguado con piel de tortilla** , los **panes** y las **distintas texturas de chocolate**. Excelente servicio de mesa y vinos. Satisfacción tan alta como el precio. Precio medio 80 €.

®**Realcafé Bernabéu.** (Estadio S. Bernabéu, puerta 30). Concha Espina, 1. ☎ 914 583 667. www.realcafebernabeu.es
Permanece cerrado dos horas antes de cada partido y abre una hora después del mismo. Espectacular vista al campo del Estadio Bernabéu de indispensable visita. Ambiente y oferta informal con **parrillada de verduras, hamburguesa especial, cremoso de avellana.** Precio medio 30 €.

☼**Rubaiyat (Baby Beef).** Juan Ramón Jiménez, 37. ☎ 913 591 000. www.rubaiyat.es
Cierra domingo noche excepto verano. **Carnes** argentinas, brasileñas y españolas de gran calidad. Sin olvidar el **Tropical Kobe Beef**. La **empanada salteña** es un buen principio, la **panqueca de dulce de leche** un buen fina. Sensacional la carta de vinos. Precio medio 45 €. BABY GRILL RUBAIYAT (Gastrobar) detrás de la casa madre. Pincho de codorniz con chocolate (ganador en el Concurso Nacional de Tapas 2008 de Valladolid). Precio medio 12 €.

☼☼**Sacha (Botillería y fogón).** (Entrada por el jardín). Juan Hurtado de Mendoza, 11 posterior. ☎ 913 455 952.
Cierra domingo, festivos, Semana Santa y 25 días en agosto. Coqueto bistró con agradable terraza-jardín. Sacha cuida la calidad de compra y cocina. **Raya templada, arroz con setas y perdiz, filloas.** Precio medio 50 €.

®**Samm.** Carlos Caamaño, 3. ☎ 913 453 074.
Cierra domingo noche, sábado y agosto. **Arroces caldosos, secos o melosos**, para la espera **ensaladilla rusa** y de dulce final, **natillas**. Precio medio 40 €.

☼☼☼**Santceloni.** (Bº Chamberí). (H. HESPERIA-MADRID). Pº de la Castellana, 57. ☎ 912 108 840. www.restaurantesantceloni.com
Cierra sábado al mediodía, domingo, Semana Santa y agosto. Diseño actual, espacioso y elegante. Asesorado por el maestro Santi Santamaría e interpretado por Óscar Velasco, triunfa con una propuesta moderna que se apoya en la tradición y en el excepcional producto. Magníficos postres y carro de **quesos**. Amplia carta de vinos que cuida David Robledo. El personal de sala dirigido por Abel Valverde es de alta escuela a tono con el ambiente. Precio medio 120 €.

☼**Sanxenxo.** José Ortega y Gasset, 40. ☎ 915 778 272. www.sanxenxo.com.es
Cierra domingo noche, Semana Santa y agosto. Es un templo de la gastronomía gallega igual que la casa madre (Combarro), que atraviesa por su mejor momento. Sobresalientes **mariscos, pescados (al horno o a la gallega), lacón con grelos, filloas de nata y crema.** Atractiva barra para tapear. Precio medio 60 €.

®**Señorío de Alcocer.** Avda. Alberto Alcocer, 1. ☎ 913 451 696.
Cierra sábado al mediodía, domingo, festivos y del 7 al 24 de agosto. Cocina vasco-navarra algo anquilosada y buena atención de sala. **Revuelto de perrechicos, albondigones de rabo de toro, canutillos rellenos**. Precio medio 55 €.

☼☼☼**Sergi Arola Gastro.** Zurbano, 31. ☎ 913 102 169. www.sergiarola.es
Cierra sábado al mediodía, domingo, Semana Santa, 20 días en agosto y navidades. Sergi está en su mejor momento, basado en la investigación del producto, acierto en sabores y texturas. Se comprueba en el menú de 13 platitos que emocionan. Se armoniza con la atención en la sala de su esposa Sara y la gran bodega aconsejada por Daniel Poveda. Precio medio 105 €.

®**Sula.** Jorge Juan, 33. ☎ 917 816 197. www.sula.es
Cierra domingo y agosto. Los excelentes productos ibéricos de Joselito se disfrutan en la barra y se pueden armonizar con champagne. Quique Dacosta (Dénia) asesora la oferta de los comedores con su conocido **cubalibre de foie-gras, atún rojo de almadraba, tatín de manzana**. Un guiso distinto de lunes a viernes. Menú 22 €. Precio medio 40 €.

®**Taberna del Alabardero.** Felipe V, 6. ☎ 915 472 577. www.grupolezama.es
Taberna ilustrada vasco-madrileña, junto a la Plaza de Oriente. **Bacalao al pil-pil, rabo de toro, canutillos de crema**. Menú 15 €. Precio medio 35 €. En la misma Plaza con una agradable terraza LA MAR DEL ALABARDERO (☎ 915 413 333). Raciones, guisos, **arroces** y **frituras marineras**. Precio medio 25 €.

☼**Taberna Gaztelupe.** Comandante Zorita, 32. ☎ 915 349 116. www.goizekogaztelupe.com
Cierra domingo noche. Cocina vasca tradicional con buena relación precio-calidad, fielmente elaborada. **Bacalao a la vizcaína, Villagodio a la brasa, galleta de manzana**. Precio medio 40 €.

®**Taberna San Mamés.** Bravo Murillo, 88 (Esq. Maudes). ☎ 915 345 065. www.tabernasanmames.com
Cierra sábado noche, domingo, festivos y agosto. Taberna ilustrada con **callos a la madrileña** como plato estrella. También, **chipirones guisados, requesón con pasas**. Precio medio 45 €.

☼**Támara-Lorenzo.** Avda. de América, 33. ☎ 914 155 176.
Cierra noches de domingo y lunes, Semana Santa, agosto y del 24 de diciembre al 1 de enero. La **tortilla de patatas** es el plato emblemático de Lorenzo, así como los **escabeches** y la **panna cotta** de postre. Precio medio 40 €.

®**Teatriz.** Hermosilla, 15. ☎ 915 775 379. www.grupovips.com
Cierra agosto. Espectacular decoración de Philippe Starck para una oferta italo-mediterránea. Menú 27 €. Precio medio 35 €.

☼**Teatro Real.** (Dentro del Teatro Real). Felipe V, s/n. ☎ 915 160 670. www.arturocantoblanco.com/restaurantes
Espectacular marco en el salón de baile del Teatro Real con techo estrellado, que reproduce el cielo de Madrid. **Cigalitas con velo de ibérico asadas, lechal confitado con crema de calabacín, cremoso de chocolate negro**. Precio medio 55 €.

®**Un Lugar.** Mauricio Legendre, 33 Bis. ☎ 913 147 727. www.unlugarmadrid.com
Cierra domingo noche. Edificio moderno de forma cúbica con agradable terraza. La mejor cocina y productos riojanos en la capital. **Menestra de verduras frescas de la ribera riojana, cabrito lechal asado, pastel de queso de Cameros.** Precio medio 35 €.

☼**Viavélez.** Avda. General Perón, 10. ☎ 915 799 539. www.restauranteviavelez.com
Cierra domingo noche, lunes, Semana Santa y agosto. Paco Ron evoca sus raíces asturianas con su peculiar creatividad. **Patatas a la importancia con almejas, merluza asada con jugo de guisantes, granizado de manzana verde**. Precio medio 55 €.

☼☼**Viridiana.** Juan de Mena, 14. ☎ 915 311 039. www.restauranteviridiana.com
Cierra domingo. Abraham García no hace caso de las modas. Su peculiar cocina es de rabioso mercado. Algún plato siempre en carta, como los **huevos de corral en sartén sobre mousse de hongos y trufas frescas**. Postres tan sugestivos como la **cuajada de leche de oveja ahumada con miel de zarzamoras**. Importante bodega de todo el mundo. Precio medio 70 €.

®**Wagaboo.** Pº General Martínez Campos, 26. ☎ 917 020 281. www.wagaboo.com
Ayala, 14. Gravina, 18. San Marco, 28. Avda. de Bruselas, 21 (La Moraleja). Palas del Rey, 38 (Las Tablas). Teléfono general de reservas: 902 885 363. En todos, cocina mediterránea con toques asiáticos. Precios que atraen una asidua clientela. Pasta hecha a la vista con una espectacular demostración. **Wok de verduras, tiramisú.** Precio medio 20 €.

Zalacaín. (Bº Salamanca). Álvarez de Baena, 4. ☎ 915 614 840. www.restaurantezalacain.com
Cierra sábado al mediodía, domingo, festivos, Semana Santa y agosto. Emblemático restaurante que se mantiene en la cresta de la ola, por obra del mejor equipo de profesionales de la capital: Carmelo Pérez y José Luis Jiménez en sala. Custodio Zamarra cuida la espléndida bodega, y José Antonio Medina en la cocina, con una oferta clásica que cambia según temporada. Golosos postres. Una visita obligada para momentos especiales. Precio medio 80 €.
Zorzal. Pº Eduardo Dato, 5. ☎ 914 464 548. www.restaurantezorzal.com
Cierra noches de domingo y martes, lunes, Semana Santa y agosto. Nueva ubicación de modernas instalaciones y una buena cocina tradicional actualizada. **Croquetas de jamón ibérico, rabo de toro, torrijas de brioche caramelizadas**. Precio medio 36 €.

Cocina de especialidades internacionales

ALEMANA

Edelweiss. Jovellanos, 7. ☎ 915 323 383. www.arturocantoblanco.com
Cierra domingo noche. Pionero en Madrid de la cocina alemana tradicional. **Ensaladas, codillo con puré** y **chucrut** y **tarta Sacher**. Precio medio 20 €.

ASIÁTICA

Sudestada. Ponzano, 85. ☎ 915 334 154. Aparcamiento en Ponzano, 89.
Cierra domingo. Interesante cocina vietnamita realzada en su nuevo local. Los **rollitos**, los **currys** y los **dim sum** son muy demandados. Precio medio 45 €.

CHINA

Asia Gallery. (H. WESTIN PALACE). Pza. de Las Cortes, 7. ☎ 913 600 049.
Decoración y ambiente refinado con fallos en el servicio. Buena cocina china con las tradicionales **sopas won-ton con gambas, aleta de tiburón** de Cantón o el **pato lacado de piel crujiente** pekinés. Precio medio 45 €.
China Crown. Infanta Mercedes, 62. ☎ 915 721 464. www.chinacrown.es
Tradicional cocina china con elegante ambiente en su 20 aniversario. **China Crown Blassom, dim-sum imperial, pato Pekín con crepes, tempura de helado.** Diferentes menús entre 11 y 35 €. Precio medio 25 €.
Don Lay. Pº de Extremadura, 30. ☎ 914 634 546. www.donlay.com
Cierra martes al mediodía. Genuina cocina chino-cantonesa que atrae una clientela entendida. Precio medio 30 €.
Tse Yang. (H. VILLA MAGNA). Pº de la Castellana, 22. ☎ 914 311 818. www.cafesaigon.es
Cocina china en un ambiente elegante. **Dim sum, pato lacado estilo Pekín, supremas de manzana caramelizadas.** Precio medio 50 €.

FRANCESA

Lafayette. Ages, s/n. ☎ 912 606 912. www.restaurantelafayette.com
Cierra lunes noche, sábado al mediodía, domingo y agosto. Cocina francesa tradicional satisfactoria. Foie-gras micuit con especias, magret de pato, crepes suzette. Precio medio 40 €.

INDIA

Annapurna. Zurbano, 5. ☎ 913 198 716. www.annapurnarestaurante.com
Cierra sábado al mediodía y domingo. La mejor cocina india con agradable jardín interior. **Pollo adobado en brocheta o en tandoori (asado), currys**. Postres autóctonos. Menú 19 €. Precio medio 30 €.

ITALIANA

Bice. Génova, 19. ☎ 912 759 961. www.grupovips.com
Cierra agosto. Cocina italo-mediterránea en unas acogedoras instalaciones. Los **carpaccios**, las **pastas** y el **atún rojo** merecen la pena. Menú 25 €. Precio medio 35 €.
Boccondivino. Castelló, 81. ☎ 915 757 947. www.ideasitalianas.com
Cierra domingo noche. Acogedor local que cumple su décimo aniversario y donde Ignacio Deias cuida la calidad y el punto. Tanto las **pastas** como los **risotti**, merecen la visita. **Panna cotta al capuccino**, de postre. Precio medio 40 €. ACQUAFREDDA también de Ignacio Deias. (Maldonado, 15. ☎ 914 116 314); PIZZICCHERIA (Castelló, 83. ☎ 914 357 533). Ambos son los locales informales del mismo propietario. El primero con una tienda al lado de productos italianos (pastas, vinos, embutidos...) y el segundo con magníficas pizzas, junto a Boccondivino. Menús 10 y 16 €. Precio medio 20 €.
Casa Marco. Gaztambide, 8. ☎ 915 432 069. www.casamarco. net
Cierra sábado al mediodía, domingo, Semana Santa y agosto. Auténtica trattoria con la calidad propia de Marco di Tullio. **Tallarines con boletus edulis, solomillo de cebón con salsa de boletus, tiramisú.** Precio medio 35 €.
Don Giovanni. Pº Reina Cristina, 23. ☎ 914 348 338. www.dongiovanni.es
Cierra al mediodía en agosto; y lunes. Trattoria de moda, bajo la dirección de su propietario Andrea, que lleva también otros tres locales en Madrid y uno en la Costa del Sol. La **burrata** , las **pastas** hechas en la casa y los postres (**tiramisú y panna cotta**) merecen la pena. Grandísimo surtido de ginebras. Precio medio 30 €.
Piu di Prima. Hortaleza, 100. ☎ 913 083 372. www.piudiprima.com P
Cierra lunes al mediodía, domingo noche y del 8 al 22 de agosto. Luca Faveiro no se contenta con ofrecer excelentes **pastas**; el **steak tartare** y los **carpaccios** son buenas opciones. Precio medio 50 €.
Trattoria D'G. Balbina Valverde, 28. ☎ 915 644 162. www.trattoriadg.es
Cierra domingo noche. Bonito y minimalista local con la oferta de la casa madre DON GIOVANNI. **Burrata, pastas** frescas, **panna cotta**. Precio medio 30 €. LA TRATTORIA D'G con CÉSAR MARTÍN (Juan Bravo, 12. ☎ 915 771 662. Cierra domingo noche) con platos de **caza con pasta** y **risotti**.

JAPONESA

99 Sushi Bar. Ponzano, 99. ☎ 915 360 567. www.99sushibar.com
Cierran sábado al mediodía, domingo, festivos, Semana Santa y tres semanas en agosto. Hermosilla, 4. ☎ 914 312 715. 19 SUSHI BAR. Salud, 19. ☎ 915 240 571. Una de las mejores referencias de cocina japonesa de vanguardia en elegante ambiente. **Tartar de atún, sashimi de vieiras, tempura de langostinos tigre en salsa cremosa, carne de wagyu kobe, helado de wasabi**. Precio medio 40 €. El 19 es más informal y económico (30 €).
Inari. General Pardiñas, 43. ☎ 915 763 312.
Cierra domingo y primera quincena de agosto. La mejor relación precio-calidad de cocina japonesa y fusión, que atrae una numerosa clientela. **Sushi, california, tartar de atún**. Precio medio 35 €.
Kabuki Wellington. (Bº Salamanca). (H. WELLINGTON). Velázquez, 6. ☎ 915 777 877. www.restaurantekabuki.com P
Ambos cierran sábado al mediodía, domingo, Semana Santa y agosto. KABUKI (Avda. Presidente Carmona, 2. ☎ 914 176 415). La sabiduría y la soberbia materia prima que Ricardo Sanz ofrece en su restaurante, lo convierten en el mejor "japonés de fusión con otras cocinas del mundo". Ricardo juega con los sabores, las texturas y la filosofía que imprime a su cocina. Buenos vinos blancos y champagnes. Precio medio 70 €.
Soy. Viriato, 58. ☎ 914 457 447. www.soypedroespina.com
Cierra sábado al mediodía y domingo. Pedro Espina ofrece cocina japonesa tradicional y de autor. **Tartar de atún, sushis, makis, teriyakis** y de postre, **mousse de té verde**. Precio medio 50 €.

MAGREBÍ

Al-Mounia. Recoletos, 5. ☎ 914 350 828. www.almounia.es
Cierra domingo noche, Semana Santa y agosto. La mejor referencia de la cocina magrebí. **Pastela, cous-cous de cordero**, pastelería árabe. Menús de lunes a jueves al mediodía 37 y 40 €. Precio medio 50 €.

MEJICANA

Entre Suspiro y Suspiro. Caños del Peral, 3. ☎ 915 420 644. www.entresuspiroysuspiro.com
Cierra sábado al mediodía y domingo noche. Cocina mexicana de vanguardia. **Quesadilla de cuitlacoche, chiles en nogada.** Precio medio 40 €.

PERUANA

Astrid & Gastón. Pº de la Castellana, 13. ☎ 917 026 262. www.astridygastonmadrid.com
Cierra domingo. Atractiva cocina peruana en unas elegantes instalaciones. **Cebiches, tiraditos, ají de gallina, suspiro de limeña** como dulce final. Precio medio 57 €. Se ha abierto en verano 2010 TANTA (Gastrobar) (Avda. Alfonso XIII, 1. ☎ 913 502 626) para disfrutar las especialidades a precios amables, pero sin la calidad de A & G.

PORTUGUESA

Tras-Os-Montes. (Bº La Coma). Senda del Infante, 28. ☎ 913 765 727. www.trasosmontes.es
Cierra noches de domingo y martes. Los trasmontanos José Alves y su esposa, María Gracia, trajeron a Madrid hace muchos años, la mejor cocina portuguesa. Panoplia de ***bacalhaus*** presididos por el sublime ***à Gomes de Sà***. Azulejos

y ricas maderas. El éxito continúa en el vecino OTRASMONTANO (Avda. Monasterio del Escorial, 2. ☎ 917 297 147. Cierra lunes noche y domingo). Vinos portugueses y derroche de azulejos. Precio medio 35 €.

SUECA

®Ølsen. Del Prado, 15. ☎ 914 293 659. www.olsenmadrid.com
Oferta atractiva nórdica. ***Smørrebød* (sandwiches abiertos), lomo de ciervo con costra de setas, soufflé de fruta de la pasión.** Degustación de vodkas. Atractivos menús (10, 15 y 38 €). Precio medio 40 €.

THAILANDESA

®Thaï Gardens. Pº de la Habana, 3 ☎ 915 778 884. www.thaigardensgroup.com
Bien ambientado a tono con la oferta thailandesa. **Empanadillas de hojaldre rellenas de verduras, solomillo de buey en tiras al curry rojo, arroz dulce con leche de coco y mango**. Precio medio 30 €.

Alrededores de Madrid

ALALPARDO (a 31 km)

El Faisán de Oro. Extramuros, 4. ☎ 916 202 645. www.elfaisandeoro.com
Cierra domingo noche y 10 días en agosto. Ambiente romántico y terraza en verano. Amanita cesarea a la crema, jabalí a la austriaca con puré de castañas, mousse de higos con salsa de frambuesa. Precio medio 40 €

ARAVACA (a 12 km)

Los Remos. Salida 12 a La Florida. A-6, Madrid-A Coruña, km 12,7. ☎ 913 077 230. www.losremos.es
Cierra noches de domingo y festivos. Decoración y cocina marinera en la salidad de la A-6. Arroz con carabineros, lenguado de la casa, tarta de Santiago. Precio medio 45 €.

BOADILLA DEL MONTE (a 14,5 km)

®La Hostería del Convento. (H. ANTIGUO CONVENTO). Monjas, s/n. ☎ 916 320 832. www.econvento. net
Cierra noches de domingo y martes; lunes y agosto. Restaurante singular en las dependencias de un antiguo convento del s. XVII. **Corte de foie-gras con pan de especias, cochinillo confitado con puré de berenjenas, tiramisú**. Precio medio 45 €.

COLLADO VILLALBA (a 39 km)

El Gallinero. Salida 39 de la A-6, Madrid-Coruña, dirección puerto de Navacerrada. Ctra. Navacerrada, km 0,6. ☎ 918 406 658. www.elgallinero. net
Cierra noches excepto fines de semana, lunes, última semana de enero y primera de febrero, y dos semanas centrales de agosto. Antigua casa rehabilitada de los guardeses del Marqués de Pelayo. Salmorejo con huevos de codorniz y virutas de jamón ibérico, carré de lechal confitado. Precio medio 35 €. En la entrada, EL PICOTEO DE EL GALLINERO, con barra y mesas para una cocina de pinchos, tapas y raciones.

COLMENAR DEL ARROYO (a 53 km)

☼El Mesón de Doña Filo. (Ctra. A-5 salida M-501, km 37, cruce Chapinería a 3 km). San Juan, 3. ☎ 918 651 471.
Cierra noches de domingo a jueves; lunes, martes, segunda quincena de junio y de septiembre. Dos menús degustación exclusivamente (50 ó 56 €) que incluye los vinos, y se componen de aperitivo, ensalada fría, guiso, pescado, carne, queso y postre. La calidad con Julio Reoyo está asegurada.

COLMENAR VIEJO (a 31 km)

Madrigal. Salvadios, 34. ☎ 918 464 569. www.restaurante-sierra-madrigal.com
Cierra domingo noche y lunes en invierno. Ambiente minimalista con amplias instalaciones y una correcta cocina, en la zona norte de Madrid. Níscalos salteados con gambas y almejas, mollejas de cordero al ajillo, crujiente de chocolate. Precio medio 50 €.

GUADARRAMA (a 48 km)

Asador los Caños. Pza. Los Caños, 1. ☎ 918 540 269.
Cierra noches de domingo a jueves, excepto verano; y segunda quincena de junio. Clásica oferta castellana en la sierra madrileña. Salteado de setas y morros, asados de lechazo y cochinillo, arroz con costra. Precio medio 30 €.

HOYO DE MANZANARES (a 40 km)

El Vagón de Beni. San Macario, 6. ☎ 918 566 812. www.elvagondebeni.es
Cierra domingo noche, lunes y primera quincena de octubre. Un antiguo vagón-restaurante de tren. Torta del Casar con confitura de uvas de Corinto, bacalao con crema de piquillos y verduritas, trilogía de chocolates. Precio medio 50 €.

HUMANES DE MADRID (a 26 km)

☼☼Coque. Francisco Encinas, 8. ☎ 916 040 202. www.restaurantecoque.com
Cierra lunes, martes, Semana Santa, julio, agosto y del 19 de diciembre al 2 de enero. Mario Sandoval, que mantiene alto el listón, elabora una cocina creativa con base muy sólida y productos de temporada, secundado por sus hermanos: Diego en la sala, José Ramón en el asador (su **cochinillo** es una referencia) y Rafael que cuida una espectacular bodega. Precio medio 60 €.

LA MORALEJA (a 9 km)

®Aspen. Pza. de La Moraleja, s/n. ☎ 916 252 500.
Ambiente desenfadado y elegante para una cocina a tono, bien servida. **Salmorejo, hamburguesa Aspen, hojaldre fino con manzana**. Precio medio 30 €. Al lado, ASPEN BAR con amplio horario ininterrumpido para tapeo, comidas rápidas y copas.

☼Enrich. (Pza. de la Fuente). Estafeta, 2. ☎ 916 502 932. www.enriiich.com
Cierra lunes, domingo y 15 días en agosto. Víctor Enrich se ha consolidado, con elaboraciones burguesas y buenas materias primas, en sus tres ambientes: el gastronómico de alta cocina de autor (Precio medio 55 €); en su nuevo espacio EL ATELIER D'ENRICH, de ambiente lujoso y cocina a la vista, donde tomar porciones pequeñas y platos para compartir, muy a la moda (20 €), siempre abierto con horario ininterrumpido (08. 00 a 01. 00), y su atractiva y concurrida terraza en verano.

®Hakkasan. (Plaza Nueva). Estafeta, 2. ☎ 916 508 480. www.hakkasan.es
Cocina de fusión chino-japonesa-peruana en un elegante local. **Ceviche de mero con yucas fritas, pato crujiente con salsa cítrica, tarta de mango.** Menú 17 €. Precio medio 30 €.

®La Lumbre del Cacique. (Pza. de la Fuente). Estafeta, 2. ☎ 916 503 728. www.lalumbre. eu
Cierra domingo noche. Ambiente agradable y sencilla y gustosa cocina de corte tradicional. **Huevos con patatas panadera, secreto ibérico a la brasa, leche frita**. Precio medio 38 €. En un local anexo LA BARRA DEL CACIQUE, buenas tapas y raciones (15 €).

☼La Máquina de la Moraleja. Pza. La Moraleja, s/n. ☎ 916 585 297. www.grupolamaquina.es
Barra de raciones y gran terraza exterior para una cocina de corte tradicional mediterránea. Asidua clientela por su calidad. **Arroz caldoso marinero, costillar de cordero, frixuelos rellenos de crema.** Precio medio 45 €.

MAJADAHONDA (a 22 km)

☼Ars Vivendi. (Junto a la Gran Vía, calle peatonal). Del Cristo, 23. ☎ 916 340 287. www.grupoarsvivendi.com
Cierra domingo noche y lunes. Gran cocina italiana con recetas creativas y sugerentes de María Rosa García Manso, en un acogedor y romántico local. **Ensalada de perdiz con rúcula, risotto de hongos...** Amplia e internacional carta de vinos, que cuida Dino Nanni. Precio medio 50 €.

®El Toque. (Urb. Virgen de Iciar). El Plantío, 76 ☎ 913 076 170. www.restauranteseltoque.com
Una larga barra y un pequeño comedor son el marco de la cocina de Lucas. **Almejas a la sartén, lomo de vaca de Cantabria**, postres caseros. Precio medio 40 €.

MIRAFLORES DE LA SIERRA (a 49 km)

Asador la Fuente. Mayor, 12. ☎ 918 444 216. www.asadorlafuente.com
Cierra noches de lunes a jueves, excepto verano; lunes y primera quincena de septiembre. Asados en un entorno castellano, precedidos de guisos caseros y rematados por postres caseros. Precio medio 30 €.

MORALZARZAL (a 41 km)

☼El Cenador de Salvador. Avda. de España, 30. ☎ 918 577 722. www.elcenadordesalvador.es
Cierra martes noche en invierno, martes al mediodía en verano, domingo noche y lunes. Con 7 suites. El hotel-restaurante de Salvador Gallego sigue siendo la mejor referencia en la sierra madrileña. Alta cocina clásica de temporada modernizada. **Cochinillo confitado a baja temperatura con patata revolcona, soufflé de chocolate cremoso con helado de coco.** Precio medio 75 €.

POZUELO DE ALARCON (a 10 km)
Bodega la Salud. Jesús Gil González, 36. 917 153 390. www.bodegalasalud.es
Cierra domingo noche, jueves, Semana Santa y agosto. Tortilla de patatas, entrecot o solomillo de cebón a la brasa y arroz con leche. Precio medio 43 €.
La Española. Avda. Juan XXIII, 5. 917 158 785. www.restaurantelaespanola.es
Cierra domingo noche, lunes y tres semanas en agosto. Calidad de compra y regularidad culinaria con las **carnes a la parrilla** como protagonistas. Además, **tempura de verduras** y **sorbete de limon al cava**. Precio medio 45 €.
Urrechu. (C.C. Zoco de Pozuelo-Somosaguas). Barlovento, 1. 917 157 559. www.urrechu.com
Cierra domingo noche, Semana Santa y del 1 al 20 de agosto. Atractiva cocina de acento vasco, con buen producto y la buena mano de Íñigo Pérez Urrechu. **Foie-gras con teja de pan dulce, bacalao ajoarriero, mousse de cuajada con crema helada**. Precio medio 50 €. En la barra pinchos y raciones a precios más asequibles.
RIVAS-VACIAMADRID (a 22 km)
Palacio del Negralejo. Ctra. M-206, San Fernando de Henares-Mejorada del Campo, km 3. 916 691 125. www.negralejo.com
Cierra noches excepto viernes y sábado; y agosto. Elegante rusticidad en una antigua casa de campo del s. XVIII, con cocina vasco-castellana. Croquetas de carabineros con su salsa, solomillo con hongos al Oporto, mención especial a su tarta capuchina. Precio medio 46 €.
SAN AGUSTÍN DE GUADALIX (a 22 km)
Araceli. Olivar, 8. 918 418 531. www.grupoaraceli.es
Ctra. de Moralzarzal, km 2,4 (Collado Villalba). 918 406 066. Ambos locales de similar oferta. Alcachofas rellenas de habitas, asados, carnes rojas, arroz con leche. Precio medio 40 €.
SAN SEBASTIAN DE LOS REYES (a 22 km)
Asador el Molino. Ctra. Algete, km 1. 916 535 985. www.asadorelmolino.com
Embutidos ibéricos, carnes a la parrilla y asados castellanos. Verduras de la huerta propia. Precio medio 40 €.
Faro Norte. (Salida 19 Ctra. A-1, Madrid-Burgos). Lanzarote, 1. (Pol. Norte) 916 639 957. www.faronorte.com
Cierra domingo noche. Este faro ilumina la zona con la honrada oferta de Jesús Alcalá. Buenas **carnes** y platos de **caza** y **verduras**. Para terminar **quesos** asturianos. Precio medio 37 €.
TORREJÓN DE ARDOZ (a 23 km)
La Casa Grande. (Ctra. A-2, Madrid-Barcelona, km 18). Madrid, 2. 916 753 900. www.lacasagrande.es
Cierra agosto. Con habitaciones. Edificio histórico del s. XVI con museo de iconos, lagar y bodega. Revuelto de boletus, asados castellanos, postres típicos. Precio medio 35 €. En la TABERNA precios más asequibles y cocina más informal.
Quirós. Avda. Constitución, 178. 916 769 880. www.restaurantequiros.com
Cierra noches, domingo y agosto. Importante colección de vinos antiguos, nacionales y extranjeros. Bocaditos de cabrales fritos con confitura de pimientos del piquillo, cabrito lechal asado, pastel de arroz con leche con helado de turrón. Precio medio 40 €.
TORRELODONES (a 29 km)
Capsicum. Carnicería, 4. 918 595 669. www.capsicum.es
Cierra domingo, lunes y tres semanas en agosto. Situado en una casa del s. XIX. Solomillo de buey en declinación, tortelloni de setas con rabo de toro, sabayón de café y churros de vainilla. Menú 24 €. Precio medio 45 €.
VALDEMORO (a 27 km)
Chirón. Alarcón, 27. 918 956 974. www.restaurantechiron.com
Cierra domingo noche, Semana Santa y segunda quincena de agosto. Los hermanos Iván (cocina) y Raúl (comedor) Muñoz mantienen calidades en su agradable local. **Verduras de Aranjuez en dos versiones, cochinillo confitado y crujiente con crema de manzana y su paté, torrija con helado de anís de Chinchón**. Precio medio 42 €.
VILLANUEVA DE LA CAÑADA (a 38 km)
La Partida. Velázquez, 2. 918 156 890. www.lapartida.com
Cierra lunes y agosto. Antigua casa de labranza. **Ceviche de gambas con gazpacho de fresa, atún con alubias de Tolosa, buñuelo de nocilla con helado de mandarina**. Menú 15 €. Precio medio 33 €.
VILLAVIEJA DEL LOZOYA (a 78 km)
Hospedería el Arco. (Ctra. A-1, Madrid Irún, km 74. Tomar la M-634). Arco, 6. 918 680 911. www.sierranorte.com/el-arco
Cierra lunes a jueves desde el 15 de septiembre al 15 de junio, domingo noche y lunes desde el 15 de junio al 15 de septiembre, y navidades. Con 7 habitaciones. Un arco mudéjar del s. XIII en el comedor. Buñuelos de morcilla con puré de manzana, gallo de corral en pepitoria, torrija caramelizada. Precio medio 33 €.

Hoteles

***** **AC Palacio del Retiro.** Alfonso XII, 14. 915 237 460. www.ac-hotels.com
Hab. 50: 260/340 €. Suites: 13. Edificio emblemático. Restaurante ÍNDICE.
***** **AC Santo Mauro.** Zurbano, 36. 913 196 900. www.ac-hotels.com
Hab. 51: 214/1.230 €. Suites: 17. En un antiguo palacete de estilo francés, s. XIX. Recientemente reformado. Restaurante LA BIBLIOTECA.
***** **Adler.** Velázquez, 33. 914 263 221. www.hoteladler.es
Hab. 44: 300/495 €. Suites 7. Consultar ofertas. En una de las zonas más privilegiadas de Madrid.
***** **Eurostars Madrid Tower.** Pº de la Castellana, 259 B. 913 342 700. www.eurostarmadridtower.com
Hab. 474: 150/972 €. Suites: 24. Consultar ofertas. Restaurante panorámico VOLVORETA.
***** **Gran Meliá Fénix.** Hermosilla, 2. 914 316 700. www.granmeliafenix.com
Hab. 214: 165/405 €. Suites: 16. Totalmente reformado. Restaurante ÉPOQUE.
***** **Hesperia Madrid.** Pº de la Castellana, 57. 912 108 800. www.hesperia-madrid.com.
Hab. 139: 122/421 €. Suites: 32. Consultar ofertas Hotel de lujo comtemporáneo. Restaurantes SANTCELONI, de alta gastronomía; HIKARI SUSHI BAR, japonés y LA MANZANA.
***** **Hospes Madrid.** Pza. de la Independencia, 3. 914 322 911. www.hospes.es
Hab. 33: 199/675 €. Suites: 8. Consultar ofertas. Edificio de 1883, rehabilitado. Restaurante SENZONE PUERTA DE ALCALÁ.
***** **Husa Princesa.** Princesa, 40. 915 422 100. www.hotelhusaprincesa.com
Hab. 275: 140/375 €. Suites: 12. Centro de negocios. Restaurante MALVASIA, cocina mediterránea.
***** **Intercontinental Madrid.** Pº de la Castellana, 49. 917 007 300. www.intercontinental.com/madrid
Hab. 300: 199/589 €. Suites: 33. Totalmente renovado. En pleno centro financiero. Restaurante EL JARDÍN.
***** **Meliá Castilla.** Capitán Haya, 43. 915 675 000. www.meliacastilla.com
Hab. 903: 125/345 €. Suites: 12. Próximo al Paseo de la Castellana y Santiago Bernabéu. Dispone de Servicio Real. Restaurantes L'ALBUFERA y LA BRASSERIE.
***** **Meliá Madrid Princesa.** Princesa, 27. 915 418 200. www.meliamadridprincesa.com
Hab. 274: 361 €. Consultar ofertas. Céntrico. Totalmente reformado. Restaurante UNO.
***** **Mirasierra Suites Hotel.** Alfredo Marquerie, 43. 917 277 900. www.jubanhoteles.com
Hab. 180: 150/400 €. Cuenta con terrazas y zonas ajardinadas. Restaurante VERDIL.
***** **Occidental Miguel Angel & Urban Spa.** Miguel Ángel, 29-31. 914 420 022. www.miguelangelhotel.com
Hab. 263: 199/375 €. Suites: 19. Situado en el centro comercial y financiero. Planta ejecutiva "Club Miguel Ángel", ofrece un servicio personalizado y exclusivo. Centro Spa. Restaurantes LA BROCHE, ARCO, EL JARDÍN DEL MIGUEL ÁNGEL
***** **Orfila.** Orfila, 6. 917 027 770. www.hotelorfila.com
Hab. 20: 210/405 €. Suites: 12. Cierra en agosto. Palacete del s. XIX. Lujosa y clásica decoración. En pleno centro. Restaurante EL JARDÍN DE ORFILA.
***** **Ritz.** Pza. de la Lealtad, 5. 917 016 767. www.ritz.es
Hab. 167: 380/690 €. Suites: 30. Admisión de perros, consultar. Desde su inauguración en 1910, ha sido siempre el hotel más elegante de Madrid. Recientemente renovado y restaurado. Ha recobrado sus tés tradicionales, desayunos políticos y el brunch los domingos. Restaurante GOYA.
***** **Selenza Madrid.** Claudio Coello, 67. 917 810 173. www.selenzahoteles.es
Hab. 44: 200/310 €. Suites: 1. Lujoso Hotel Boutique. Restaurante RAMÓN FREIXA MADRID.

***** **Silken Puerta América.** Avda. de América, 41. ☎ 917 445 400. www.hotelpuertaamerica.com
Hab. 327: 240/482 €. Suites: 33. Restaurante LÁGRIMAS NEGRAS y MAD RESTAURANT, brunch por las mañanas.
***** **The Westin Palace Madrid.** Pza. de las Cortes, 7. ☎ 913 608 000. www.westin.com/palacemadrid
Hab. 417: Consultar tarifa. Suites: 48. La renovación interior y exterior del hotel, lo ha clasificado de interés cultural. La Bodega y el espléndido hall, conservan el empaque y lujo de siempre. Restaurante ASIA GALLERY y LA ROTONDA (con brunch los domingos).
***** **Urban.** Carrera de San Jerónimo, 34. ☎ 917 877 770. www.derbyhotels.com
Hab. 96: 180/508 €. Suites: 10. Museo egipcio. Restaurantes EUROPA DECÓ, GLASS BAR y EL CIELO DEL URBAN, cenas frías de lujo en la terraza del hotel con precio y satisfacción a tono.
***** **Villa Magna.** Pº de la Castellana, 22. ☎ 915 871 234. www.hotelvillamagna.com
Hab. 100: 250/610 €. Suites: 50. Consultar ofertas. Completamente renovado, combinando un estilo discreto y elegante con un diseño atemporal. Ofrece la más avanzada tecnología. Servicio de mayordomo, limusina y baby sitter.
***** **Villa Real.** Pza. de las Cortes, 10. ☎ 914 203 767. www.debyhotels.com
Hab. 96: 144/430 €. Suites: 19. Los salones y zonas nobles están decorados con una de las colecciones privadas mas importantes de mosaicos romanos, s.s III a V y vasos de Ampulia. Restaurante EAST 47, cocina cuidada.
***** **Wellington.** Velázquez, 8. ☎ 915 754 400. www.hotel-wellington.com
Hab. 260: 140/415 €. Suites: 25. Consultar ofertas. En pleno barrio de Salamanca. Junto al Retiro y Paseo del Arte. Restaurantes GOIZEKO-WELLINGTON, cocina vasca y KABUKI-WELLINGTON, japonés.
**** **Abba Castilla Plaza.** Pº de la Castellana, 220. ☎ 915 674 300.
Hab. 228: 60/294 €. Consultar ofertas. Junto a las torres Kio. Restaurante AMALUR, cocina vasca de autor.
**** **AC Aitana.** Pº de la Castellana, 152. ☎ 914 584 970.
Hab. 111: 107/500 €. Suites: 2. Próximo al estadio S. Bernabeu y Palacio de Congresos.
**** **AC Carlton.** Pº de las Delicias, 26. ☎ 915 397 100.
Hab. 122: 70/200 €. Próximo al Museo del Prado. Centro de Arte Reina Sofía y Estación de Atocha.
**** **AC Cuzco.** Pº de la Castellana, 133. ☎ 915 560 600.
Hab: 319: 108/350 €. Suites: 15. Próximo al Palacio de Congresos y Bernabéu. Restaurante BELMECHER.
**** **AC Monte Real.** Arroyofresno, 17. (Puerta de Hierro). ☎ 917 365 273.
Hab. 72: 80/350 €. Suites: 4. Consultar ofertas. Ambiente selecto y tranquilo. Ideal para el descanso. Totalmente renovado. Restaurante EL JARDÍN.
**** **Auditorium Madrid.** Avda. Aragón, 400. ☎ 914 004 400. www.hotelauditorium.com
Hab. 870: 225/367 €. Suites: 30. Servicio Shuttle gratuito al aeropuerto de Barajas y al centro de Madrid. Restaurante EL GUERIDÓN.
**** **Barceló Torre Arias.** Julián Camarillo, 19. ☎ 913 879 400. www.barcelotorrearias.com
Hab. 108: 75/385 €. Un hotel de vanguardia y de lujo en el nuevo Madrid. Restaurante EL HAYEDO.
**** **Best Western Arosa.** Salud, 21 (Gran Vía, 29). ☎ 915 321 600. www.hotelarosa.com
Hab. 126: 85/160 €. Consultar ofertas. Hotel familiar. En el centro de la Gran Vía.
**** **Catalonia Centro.** Goya, 49. ☎ 917 814 949. www.hoteles-catalonia.com
Hab. 88: 80/315 €. Suite: 1. Consultar ofertas. Ubicado en un edificio de finales del s. XIX.
**** **Catalonia Las Cortes.** Prado, 6. ☎ 913 896 051. www.hoteles-catalonia.com
Hab. 65: 525 €. Suites: 2. Consultar ofertas. Ubicado en un antiguo palacete del s. XVIII.
**** **Catalonia Moratín.** Atocha, 23 ☎ 913 697 171. www.hoteles-catalonia.com
Hab. 63: 515 €. Suites: 3. Céntrico. Edificio Histórico-Artístico del s. XVIII.
**** **Confortel Pío XII.** Avda. Pío XII, 77. ☎ 913 876 200. www.confortelhoteles.com
Hab. 214: 90/365 €. Admisión de perros, consultar.
**** **Confortel Suites Madrid.** López de Hoyos, 143. ☎ 917 445 000. www.confortelhoteles.com
Hab. 152: 56/365 €. Totalmente reformado. Restaurante EL FOGÓN DE CONFORTEL.
**** **Convención.** O'Donnell, 53. ☎ 912 214 060. www.hotel-convencion.com
Hab. 790: 140/225 €. Suites: 51. Consultar ofertas. Restaurante EL ROBLE, cocina española e internacional.
**** **De las Letras H&R.** Gran Vía, 11. ☎ 915 237 980. www.hoteldelasletras.com
Hab: 109: 128/369 €. Suite: 1. Consultar ofertas. Biblioteca. Lounge con DJ de jueves a domingo. Restaurante D-'S.
**** **Don Pío.** Avda. Pío XII, 25. ☎ 913 530 780. www.hoteldonpio.com
Hab: 41: 80/160 €. Consultar ofertas. Habitaciones de 30 m^2.
**** **Gran Atlanta.** Comandante Zorita, 34. ☎ 915 535 900. www.granatlanta.com
Hab. 180: 70/214 €. Junto al Pº de la Castellana, Palacio de Congresos y Bernabéu.
**** **Gran Hotel Conde Duque.** Pza. Conde Valle Suchil, 5. ☎ 914 477 000. www.hotelcondeduque.es
Hab. 141: 103/395 €. Suites: 1. Consultar ofertas. Edificio de Interés Singular.
**** **Gran Hotel Velázquez.** Velázquez, 62. ☎ 915 752 800. www.chh.es
Hab. 143: 70/250 €. Suites: 75. Consultar ofertas. Restaurante LAS ESTATUAS y EL ROCÍO.
**** **Gran Versalles.** Covarrubias, 4. ☎ 914 475 700. www.hotelgranversalles.es
Hab. 142: 100/251 €. Suites: 3. Recientemente renovado.
**** **Hesperia Emperatriz.** López de Hoyos, 4. ☎ 915 638 088. www.hesperia.com
Hab. 155: 100/850 €. Suites: 3. En pleno centro empresarial y comercial. Restaurante ATRIUM, cocina internacional.
**** **High Tech Arturo Soria.** Arturo Soria, 14. ☎ 914 062 130. www.hthotels.com
Hab. 44: 86/400 €. Consultar ofertas. Todas las habitaciones con PC. Restaurante LA PÉRGOLA.
**** **High Tech President Castellana.** Marqués de Villamagna, 4. ☎ 915 771 951 www.hthoteles.com
Hab. 104: 120/449 €. Suites: 4. Consultar ofertas y admisión de perros. Todas las habitaciones disponen de PC. De diseño. Totalmente innovador. Restaurante NUMEROS CLAUSUS.
**** **Holiday Inn Madrid.** Pza. Carlos Trías Bertrán, 4. ☎ 914 568 000. www.holiday-inn.com/madridspain
Hab. 313: 97/486 €. Consultar ofertas. Kid suites para niños. Frente Palacio de Exposiciones y Congresos y próximo al Santiago Bernabéu. Restaurantes THE BIG BLUE y LA TERRAZA.
**** **Husa Chamartín.** Agustín de Foxá, s/n. ☎ 913 344 900. www.husa.es
Hab. 378: 60/250 €. Suites: 18. En la estación de tren de Chamartín. Restaurante COTA 13.
**** **Husa Serrano Royal.** Marqués de Villamejor, 8. ☎ 915 769 626. www.husa.es
Hab. 34: 161/300 €.
**** **Intur Palacio San Martín** Pza. San Martín, 5. ☎ 917 015 000. www.intur.com
Hab. 93: 75/250 €. Suites: 1. Consultar ofertas. Edificio histórico de 1883. Antigua embajada de EE.UU.
**** **Liabeny.** Salud, 3. ☎ 915 319 000. www.liabeny.es
Hab. 220: 104/450 €. Consultar cierre y ofertas. Céntrico. Restaurante SENSACIONES.
**** **Lope de Vega (HTC).** Lope de Vega, 49. ☎ 913 600 011. www.hotellopedevega.com
Hab. 59: 70/275 €. Suites: 2. Consultar ofertas. Hotel temático sobre el dramaturgo Lope de Vega y el s. XVII. Frente Museo del Prado.
*** **Lusso Hotel Infantas.** Infantas, 29. ☎ 915 212 828. www.hotelinfantas.com
Hab. 40: 65/389 €. En el centro histórico. En un edificio del s. XIX, totalmente reformado. Restaurante EX LIBRIS.
**** **Mayorazgo.** Flor Baja, 3. ☎ 915 472 600. www.hotelmayorazgo.com
Hab. 200: 100/150 €. Piano-Bar.
**** **ME Madrid Reina Victoria.** Pza. de Santa Ana, 14. ☎ 915 314 500.
Hab. 201: 115/218 €. Restaurante MIDNIGHT ROSE.
**** **Meliá Avenida de América.** Juan Ignacio Luca de Tena, 36. ☎ 914 232 400. www.hotelavenidaamerica.com
Hab. 322: 80/280 €. Entre el aeropuerto y La Castellana y próximo al Recinto Ferial Juan Carlos I. Servicio gratuito de minubus Hotel-Aeropuerto. Restaurante CHEMINÉE.
**** **Meliá Barajas.** Avda. de Logroño, 305. ☎ 917 477 700. www.melia-barajas.com
Hab. 229: 92/275 €. Suites: 2. A 2 km del Campo de Golf público "El Olivar de la Hinojosa". Internet gratuito. Transporte gratuito con el aeropuerto, consultar. Totalmente renovado. Restaurante TOLEDO.
**** **Meliá Galgos.** Claudio Coello, 139. ☎ 915 626 600. www.meliagalgos.com
Hab. 356: 90/305 €. Suites: 6. Restaurante DIÁBOLO.
**** **Meninas.** Campomanes, 7 ☎ 915 412 805. www.hotelmeninas.com
Hab. 37: 80/260 €. Suites: 6. Edificio protegido del s. XIX. Próximo al Palacio Real y Teatro Real.

****** Mercure Madrid Santo Domingo.** San Bernardo, 1. ☎ 915 479 800. www.hotelsantodomingo.com
Hab. 200: 91/222 €. Suites: 3. Consultar ofertas. Céntrico. Hotel museo. Restaurante SANDÓ.
****** NH Abascal.** José Abascal, 47. ☎ 914 410 015. www.nh-hotels.com
Hab. 183: 99/363 €. Suites: 7. Restaurante TURINA.
****** NH Alcalá.** Alcalá, 66. ☎ 914 351 060. www.nh-hotels.com
Hab. 146: 70/297 €.
****** NH Eurobuilding.** Padre Damián, 23. ☎ 913 537 300. www.nh-hotels.com
Hab. 430: 100/340 €. Suites: 1. Complejo hotelero que ocupa una manzana, con todos los servicios y tiendas. Próximo al Santiago Bernabeu. Restaurante MAGERIT.
****** NH La Habana.** Pº de la Habana, 73. ☎ 914 430 720. www.nh-hotels.com
Hab. 155: 75/243 €. Suites: 1. Próximo al estadio Santiago Bernabéu.
****** NH Nacional.** Pº del Prado, 48. ☎ 914 296 629. www.nh-hotels.com
Hab. 214: 234/364 €. Edificio construido en 1925. Totalmente restaurado. Situado en medio del Triángulo del Arte y próximo a la estación de Atocha. Restaurante ARGENTA.
****** NH Parque Avenidas.** Biarritz, 2. ☎ 913 610 288. www.nh-hotels.com
Hab. 198: 69/245 €. Suites: 1. En el barrio de Salamanca, cerca de la plaza de Las Ventas.
****** NH Paseo del Prado.** Pza. Cánovas del Castillo, 4. ☎ 913 302 400. www.nh-hotels.com
Hab. 116: 195/290 €. Suites: 1. Entre los Museos Thyssen, Reina Sofía y El Prado. Restaurantes ESTADO PURO.
****** NH Príncipe de Vergara.** Príncipe de Vergara, 92. ☎ 915 632 695. www.nh-hotels.com
Hab. 170: 89/316 €. Suites: 3. En el barrio de Salamanca.
****** NH Sanvy.** Goya, 3. ☎ 915 760 800. www.nh-hotels.com
Hab. 146: 89/180 €. Suites: 6. Consultar ofertas. Restaurante 99 SHUSI BAR.
****** Novotel Madrid Campo de las Naciones.** Amsterdam, 3. ☎ 917 211 818. www.novotel.com
Hab. 240: 60/225 €. Suites: 6. Consultar ofertas. Próximo al campo de golf, IFEMA y aeropuerto. Restaurante CLARAVÍA.
****** Nuevo Madrid.** Bausá, 27. ☎ 912 982 600. www.hotelnuevomadrid.com
Hab. 225: 69/239 €. Suites 10. Consultar ofertas. Moderno y confortable. Próximo al Parque Ferial IFEMA.
****** Ópera.** Cuesta de Santo Domingo, 2. ☎ 915 412 800. www.hotelopera.com
Hab. 79: 80/280 €. Suites: 7. Consultar ofertas. Frente al Teatro Real y la Pza. de Oriente. Restaurante EL CAFÉ DE LA ÓPERA.
****** Petit Palace Art Gallery.** Jorge Juan, 17. ☎ 914 355 411. www.hthoteles.com
Hab. 61: 100/420 €. En el barrio de Salamanca. Restaurante MALEVICH.
****** Petit Palace Embassy.** Serrano, 46. ☎ 914 313 060. www.hthotels.com
Hab. 75: 108/648 €. PC portátil en todas las habitaciones. Restaurante EL INVERNADERO.
****** Petit Palace Posada del Peine.** Postas, 17. ☎ 919 238 151. www.hthotels.com
Hab. 67: 107/364 €. Edificio histórico de 1610. Primera posada de Madrid y primer establecimiento hotelero de España. Recientemente reformado. Restaurante CAVA.
****** Quinta de los Cedros.** Allendesalazar, 4. ☎ 915 152 200. www.quintadeloscedros.com
Hab. 32: 95/203 €. Suites: 2. Palacete renacentista. Bungalows en jardín. Restaurante LOS CEDROS.
****** Rafael Hoteles Ventas.** Alcalá, 269. ☎ 913 261 620. www.rafaelhoteles.com
Hab. 111: 75/300 €. Consultar ofertas. Próximo a la plaza de toros de Las Ventas. Restaurante EL CAPOTE.
****** Sofitel Madrid Aeropuerto.** Avda. Capital de España, 10. Campo de las Naciones. ☎ 917 210 070. www.sofitel.es
Hab. 176: 274/294 €. Suites: 3. Frente al Palacio de Congresos. Restaurantes MARE NOSTRUM y PATIO ANDALUZ.
****** Sofitel Madrid Plaza de España.** Tutor, 1. ☎ 915 419 880. www.sofitel.es
Hab. 97: 95/355 €. Suites: 1. En el centro histórico. Próximo al Palacio Real y al Triángulo del Arte. Piano-bar.
****** Tryp Ambassador.** Cuesta de Sto. Domingo, 5-7. ☎ 915 416 700. www.solmelia.com
Hab. 183: 85/240 €. Suites: 24. Situado en el centro histórico de Madrid. Ocupa el Palacio de los Duques de Granada de Ega, del que mantiene su estructura original. Restaurante EL INVERNADERO.
****** Tryp Atocha.** Atocha, 83. ☎ 913 300 500. www.trypatocha.solmelia.com
Hab. 149: 65/225 €. Edificio palaciego de 1913. Céntrico.
****** Tryp Diana.** Galeón, 27. ☎ 917 471 355.
Hab. 266: 163/200 €. Situado a 800 m del aeropuerto de Barajas y a 2 km de IFEMA.
****** Tryp Menfis.** Gran Vía, 74. ☎ 915 470 900.
Hab. 116: 115/173 €. Próximo al Palacio Real y a la Plaza Mayor.
****** Villamadrid.** Xaudaró, 2. ☎ 912 535 000. www.hotelvillamadrid.com
Hab. 121: 65/165 €. Suites: 2. Consultar ofertas. Hotel de empresas. Restaurante LA PIRÁMIDE.
****** Vincci Soma.** Goya, 79. ☎ 914 357 545. www.vinccihoteles.com
Hab. 167: 56/486 €. Apartamentos: 7. Suites: 3. Biblioteca. Restaurante SOMA, cocina mediterránea.
****** Zenit Abeba.** Alcántara, 63. ☎ 914 011 650. www.zenithoteles.com
Hab. 89: 65/250 €. Consultar ofertas. Situado en el barrio de Salamanca. Restaurante NOVOS.
****** Zenit Conde de Orgaz.** Avda. Moscatelar, 24. ☎ 917 489 760. www.zenithoteles.com
Hab. 90: 54/195 €. Consultar ofertas. Próximo al Recinto Ferial Juan Carlos I. Restaurante BOUQUET.
***** Aristos.** Avda. Pio XII, 34. ☎ 913 450 450. www.hotelaristos.com
Hab. 23: 118/161 €. Consultar ofertas. Restaurante EL CHAFLÁN.
***** Best Western Carlos V.** Maestro Victoria, 5. ☎ 915 314 100.
Hab. 67: 76/187 €. Consultar ofertas. Situado junto a la Puerta del Sol y Plaza Mayor.
***** El Prado.** Prado, 11. ☎ 913 690 234.
Hab. 48: 75/350 €. Suite: 1. Consultar cierre y ofertas. Hotel cultural y temático sobre el vino y denominaciones de origen. En el Triángulo del Arte: Museos del Prado, Thyssen Bornemisza y el C. N. de Arte Reina Sofía.
***** NH Balboa.** Núñez de Balboa, 112. ☎ 915 630 324. www.nh-hotels.com
Hab. 122: 69/295 €. Es el primer hotel con espacio NHUBE, diseñado por Ferrán Adriá. Restaurante NHUBE
***** NH Embajada.** Santa Engracia, 5. ☎ 915 940 213. www.nh-hotels.com
Hab. 101: 75/220 €. Céntrico
***** NH Lagasca.** Lagasca, 64. ☎ 915 754 606. www.nh-hotels.com
Hab. 100: 251/275 €.
***** NH Zurbano.** Zurbano, 79-81. ☎ 914 414 500. www.nh-hotels.com
Hab. 266: 168/385 €. Suite: 1.
***** Puerta de Toledo.** Glorieta Puerta de Toledo, 4. ☎ 914 747 100. www.hotelpuertadetoledo.es
Hab. 152: 83/140 €. Consultar ofertas. Situado en el centro histórico.
***** Rafael Hoteles Pirámides.** Pº de las Acacias, 40. ☎ 915 171 828. www.rafaelhoteles.com
Hab. 84: 75/210 €. Suites: 9. Junto al Rastro madrileño. Bien comunicado. Restaurante ACUARELA.

Alrededores

ALCOBENDAS (a 13 km)
****** Amura Alcobendas.** Avda. Valdelaparra, 2. ☎ 902 888 698.
Hab. 153: 92/243 €. Suites: 8. Restaurante AMURA.
****** La Moraleja.** Avda. de Europa, 17. ☎ 916 618 055. www.hotellamoraleja.com
Hab. 37: 90/265 €. Suites: 37. Consultar ofertas. Hotel de empresa.
ALPEDRETE (a 44,2 km)
****** Sierra Real.** Primavera, 20. ☎ 918 571 500.
Hab. 48: 64/139 €. Suites: 2. Consultar ofertas. Restaurante LAS COLUMNAS, cocina cantábrica e internacional.
BOADILLA DEL MONTE (a 14,5 km)
****** El Antiguo Convento.** Las Monjas, s/n. ☎ 916 322 220.
Hab. 10: 142/161 €. Suites: 7. Situado en un antiguo convento carmelita del s. XVII (Monumento Histórico Artístico). Rehabilitado como hotel. Frente al palacio del Infante Luis de Borbón. Rodeado de bosque de encinas. Restaurante LA HOSTERÍA DEL CONVENTO, alta cocina mediterránea.

MIRAFLORES DE LA SIERRA (a 49 km).
***** **Palacio Miraflores.** Fuente del Pino, 6. ☎ 918 449 050.
Hab. 15: 123/235 €. Consultar cierre y ofertas. Restaurante EL MIRADOR DEL PALACIO, cocina cuidada.
*** **La Posada de Miraflores.** Calvo Sotelo, 6. ☎ 918 444 646.
Hab. 25: 64/163 €. Edificio de nueva construcción con decoración rural. Restaurante ASADOR MESÓN MAITC, especialidad en asados y postres caseros.
*** **Miraflores.** Del Río, s/n. ☎ 918 449 090.
Hab. 45: 70/107 €. Suites: 5. En la Sierra de Guadarrama. Restaurante EL FIGÓN DE MIRAFLORES.
TORREJÓN DE ARDOZ (a 22,5 km)
**** **La Casa Grande.** Madrid, 2. ☎ 916 753 900. www.lacasagrande.es
Hab. 7: 81/116 €. Suites: 1. Desayuno incluido. Consultar cierre y ofertas. Hotel de empresa. Edificio histórico del s. XVI. Alberga un museo con 1.200 piezas de arte bizantino. Restaurante LAS BÓVEDAS, de cocina castellana.
TORRELODONES (a 29 km)
*** **Torrelodones.** Sama de Langreo, s/n. ☎ 918 406 606. www.torrelodones-hotel.es
Hab. 65: 95/142 €. Suites: 3. Consultar ofertas. Magníficas vistas. Próximo al Casino. Restaurante GALERNA.

Madridejos (Toledo) — 48 • F-4

A TOLEDO, 70 KM; MADRID, 120 KM. ALT. 688 M. POB. 11.404. ☐ 925 467 022.
GPS (39° 27' 59''N-3° 31' 28"O).

Fiestas: 19-20 de enero: S. Sebastián, patronales. Del 30 de abril al 1 de mayo: Romería. Del 23 al 30 junio: Jornadas Quijotescas. 14-15 de agosto: Virgen de Valdehierro, patronal. Del 13 al 17 de septiembre: Feria y fiestas Cristo del Prado. Del 15 de octubre al 1 de noviembre: Jornadas del Azafrán y Concurso de Tapas.
Visitar: Convento S. Francisco, s. XVII. Parroquia del Salvador, s. XVI. Ermita de La Caridad, s. XIII. Humilladero de S. Miguel. Rollo Jurisdiccional. Silos-viviendas subterráneas (museos). Museo Etnografico y del Azafrán. Antigua Plaza de Toros. Molino del Tío Genaro s. XVII. Sierra de Valdehierro. turismo Rural y Ornitológico.
Alrededores: ALCÁZAR DE S. JUAN, a 29 km. VILLAFRANCA DE LOS CABALLEROS, a 15 km: Lagunas Reserva de la Biosfera. Ermita de Sta. Ana. CONSUEGRA, a 6 km: Castillo y Molinos de Viento.

Restaurantes

Un Alto en el Camino. Desde Madrid, coger la salida km 112. Ctra. N-IV, Madrid-Cádiz, km 113. Desde Cádiz, la salida 115. ☎ 925 462 699.
Cierra noches, sábado y del 12 al 20 de septiembre. Manuel Seller ofrece cocina manchega atenta al mercado. Migas con bacalao, lomo de ciervo a la sal, helados caseros. Menú 20 €. Precio medio 30 €.

Magalofes (A Coruña) Ver Ferrol. — 2 • A-2

Majadahonda (Madrid) Ver Madrid: Alrededores. — 40 • A-3

Málaga — 77 • F-2

MADRID, 544 KM. ALT. 8M. POB. 566.477. ☐ 952 213 329.
GPS (36° 43' 9"N-4° 25' 16"O).

Fiestas: Semana Santa: Desfiles procesionales, entre los que destacan el de Jesús Cautivo, (Lunes Santo); Nuestro Padre Jesús el Rico, con el privilegio desde tiempos de Carlos III de liberar a un preso (Miércoles Santo); Cristo de la Buena Muerte y Virgen de La Esperanza (Jueves Santo). Abril: Festival de Cine. Agosto. Feria de Málaga: Romería al Santuario de Sta. María de La Victoria (patrona de la ciudad), ciclo de conciertos, concurso de enganches, casetas, caballos... Feria de día, en el Centro Histórico. 28 de diciembre: Fiesta Mayor de Verdiales. Venta de S. Cayetano.
Visitar: **Catedral**, s.s XVI-XVIII. Fundada por los Reyes Católicos se levantó sobre la Mezquita Mayor y se comenzó hacia 1528. **Castillo de Gibralfaro**, s. XIV. Vistas panorámicas. **La Alcazaba**, s. XI, formando uno de los monumentos más importantes de la Málaga musulmana. Teatro Romano. Puerta de las Atarazanas. **Iglesia del Sagrario**, s.s XV-XVI. **Iglesia de Santiago**, s. XV, torre mudéjar. Museo de Cofradías de Semana Santa. **Palacio Episcopal**, s. XVIII. Santuario de La Victoria. Plaza de Toros de la Malagueta (año 1876). Museo taurino "Antonio Ordoñez". Casa Natal de Picasso. Fundación Municipal "Pablo Ruíz Picasso". Teatro Municipal "Miguel de Cervantes". Casa del Consulado, s. XVIII. Sede de la Sociedad Económica de Amigos del País. **Casa-Palacio del Marqués de Valdeflores**, s. XVIII. Ayuntamiento, principios s. XX. **Palacio de Miramar** (en la actualidad, Palacio de Justicia), principios s. XX. Palacio de la Aduana, s. XVIII. **Antiguo Conservatorio "María Cristina"**, s.s XVI-XIX. Museo del Císter de la Abadía de Sta. Ana. Museo Municipal de Málaga. Museo Picasso. Museo Art Natura. Centro de Arte Contemporáneo. Jardines: Parque Central de Málaga; Pedro Luis Alonso; Puerta Oscura; Jardines de Picasso; La Cónsula.
Alrededores: Jardín Botánico Histórico Finca de La Concepción. Parque Natural Montes de Málaga. CÁRTAMA, a 22 km: Ciudad mudéjar, fortaleza árabe. ÁLORA, a 39 km: Castillo. Garganta del Chorro. Vistas panorámicas. Camino del Rey.

Restaurantes

®**Adolfo.** Pº Marítimo Pablo Ruiz Picasso, 12. ☎ 952 601 914. www.restauranteadolfo.com
Cierra martes noche, domingo y junio. Reconocido establecimiento frente al mar, donde su propietario y cocinero atiende directamente. Platos bien resueltos con elegidas materias primas. Precio medio 40 €.
☼☼**Café de París.** Vélez Málaga, 8. ☎ 952 225 043. www.rcafedeparis.com
Cierra lunes, domingo y segunda quincena de julio. José Carlos García se mantiene en la vanguardia malagueña con una cocina de nivel donde la técnica es muy cuidada y los ingredientes de gran calidad que ofrece en su coqueto comedor. **Ajo blanco malagueño con mango en texturas, pichón rosado en dos cocciones con risotto de quinoa y su jugo, nido crujiente de toffe de plátano, vainilla natural y helado de piel limón.** Buen equipo de sala e interesante carta de vinos. Traslado previsto al puerto, aún sin fecha. Precio medio 50 €.
Casona los Moriscos. (En COLMENAR, a 25 km)(Ctra. A-45, Málaga-Granada, salida a la Ctra. A-356). Antigua Ctra. C-340, Málaga-Granada, s/n. ☎ 952 730 522. www.casonalosmoriscos.es
Cierra miércoles. Con habitaciones. Cortijo con artesonado mudéjar en el paraje de la Axarquía. Morcilla con tomates fritos, chivo al ajillo, helados artesanos de chumbo y fruta de temporada. Menú 15 €. Precio medio 25 €.
®**Fiesta (Escuela de Hostelería).** (En CHURRIANA, a 7 km). (Ctra. de Coín, km 89). Finca la Cónsula, s/n. ☎ 952 622 424. www.laconsula.com
Cierra noches, sábado, domingo, festivos, Semana Santa, agosto y navidades. Las instalaciones de esta reconocida escuela de cocina es uno de los buenos destinos a las afueras de Málaga. Platos modernos en sus conceptos y técnicas con sabores mediterráneos. Precio medio 45 €.
®**La Moraga Centro (Gastrobar).** Fresca, 12. ☎ 952 226 851. www.lamoraga.com
Cierra al mediodía de junio al 12 de octubre; y domingo noche. Avda. Andalucía, 4 (Edif. El Corte Inglés. Telf: 952 276 159. Cierra domingo).Tapas de autor andaluzas frías y calientes, y refinados guisos con la calidad de su propietario Dani García. **Hamburguesa de rabo de toro y rúcula, aromas malagueños de naranja y matalauva.** Precio medio 18 €.
®**Limonar 40.** Pº del Limonar, 40. ☎ 952 060 225. www.limonar40.com
Cierra lunes al mediodía y domingo. Recomendado y bonito palacete con jardines y cocina actual, con productos locales y sabores modernos. **Chivo lechal malagueño con puré de boniatos, crema de tocino de cielo.** Precio medio 45 €.

Montana. Compás de la Victoria, 5. ☎ 952 651 244. www.restaurantemontana.es
Bonito palacete del s. XIX, en el histórico barrio de la Victoria. Huevo de corral con porra y setas, lomo de atún con berenjena ahumada, fluido de chocolate con helado de banana. Precio medio 40 €.

Hoteles

****** AC Málaga Palacio.** Cortina del Muelle, 1. ☎ 952 215 185. www.ac-hotels.com
Hab. 214: 100/200 €. Suites: 3. Especializado en reuniones de empresas. Moderno, vanguardista y funcional. En el centro artístico-cultural.
****** Barceló Málaga.** Héroe de Sostoa, 2. ☎ 952 047 494. www.barcelo.com
Hab. 206: 75/230 €. Suites: 15. Consultar ofertas. Céntrico. Al lado de la estación del AVE. Restaurante EL ANDÉN.
****** Castillo de Santa Catalina.** Ramos Carrión, 38. ☎ 952 212 700. www.castillodesantacatalina.com
Hab. 8: 161/268 €. Palacio-castillo neoárabe, con muralla del s. XVI.
****** Cortijo La Reina.** Ctra. Colmenar-Málaga A-7000, km 17,8. ☎ 951 014 000. www.hotelcortijolareina.com
Hab. 36: 104/165 €. Suites: 5. En el Parque Natural de los Montes de Málaga. Escuela de hostelería. Restaurante DAMA DE NOCHE.
****** Larios.** Marqués de Larios, 2. ☎ 952 222 200. www.hotel-larios.com
Hab. 34: 90/185 €. Suites: 6. En Semana Santa los precios varían. En verano se pueden contemplar unas estupendas vistas de la ciudad desde su bar-terraza. Restaurante L2 BISTRO & LOUNGE.
****** Monte Málaga.** Pº Marítimo Antonio Machado, 10. ☎ 952 046 000. www.hotelesmonte.com
Hab. 171: 65/189 €. Suites: 8. Consultar ofertas. Próximo a la estación del AVE y a la playa de la Misericordia. Restaurante EL PUERTO.
****** NH Málaga.** Avda. Río Guadalmedina, s/n. Esq. San Jacinto. ☎ 952 071 323. www.nh-hotels.com
Hab. 133: 65/350 €. Suites: 4.
****** Novotel Málaga Aeropuerto.** Avda. Velázquez, 126. ☎ 952 248 150. www.novotel.com
Hab. 155: 80/175 €. Hotel de reciente construcción. Restaurante CLARAVÍA, cocina mediterránea.
****** Parador de Málaga del Golf.** Autovía Málaga-Algeciras, Salida Coín-Aeropuerto. ☎ 952 381 255.
Hab. 88: 100/182 €. Suites: 4. Situado entre Torremolinos y Málaga, en un lugar tranquilo, rodeado de agradable jardín al borde del mar. Ideal para descansar y gozar de la tranquilidad del entorno. Buena cocina, con recetas locales.
****** Parador de Turismo de Gibralfaro.** Castillo Gibralfaro, s/n. ☎ 952 221 902.
Hab. 38: 149/171 €. Consultar ofertas. Espléndida visión de la ciudad, la costa y la sierra desde este Parador rodeado de pinos y eucaliptos, inmediato a las ruinas de la antigua fortaleza alzada por los fenicios. Restaurante de gran calidad, donde se encuentran tres Picassos.
****** Tryp Guadalmar.** Moby Dick, 2. ☎ 952 231 703. www.solmelia.com
Hab. 196: 60/365 €. Suites: 1. En primera línea de playa. Restaurante EL CENACHERO.
***** Don Curro.** Sancha de Lara, 9. ☎ 952 227 200. www.hoteldoncurro.com
Hab. 118: 65/110 €. Céntrico. Próximo a la Catedral, Museo Picasso y lugares de interés turístico.

Malleza (Asturias) Ver Salas. 3 • C-2

Malpica de Bergantiños (A Coruña) Ver A Coruña. 1 • D-3

Malpica de Tajo (Toledo) 48 • B-2

A TOLEDO, 63 KM; MADRID, 95 KM. ALT. 398 M. POB. 1.730.
GPS (43° 19' 25''N-8° 48' 39"O).

Visitar: Castillo. Olivares y viñedos.

Restaurantes

La Almazara 1657. Pza. Constitución, 9. ☎ 925 877 309.
En un edificio (Patrimonio Cultural) del s. XVII. Huevos en cocotte con setas y foie-gras, cordero lechal a la miel, soufflé de vainilla y chocolate. Precio medio 45 €.

Manga del Mar Menor, La (Murcia) 75 • E-1

A MURCIA, 75 KM. ALT. 1 M. POB. 1.654. 968 146 136.
GPS (37° 46' 31''N-0° 45' 0"O).

Visitar: Playas del Mar Menor, sin oleaje y con una temperatura superior a la normal. Típicamente mediterráneas de arenas finas. Amplia oferta deportiva. Puerto Deportivo de Tomás Maestre y varios clubs de regatas y buceo.
Alrededores: Cabo de Palos. CARTAGENA: Espacio Natural Calblanque: Monte de Las Cenizas y Peña del Águila. Mar Menor. Espacio Natural de las Salinas de S. Pedro del Pinatar.

Restaurantes

Borsalino. (Edif. Babilonia). Gran Vía, salida 18. ☎ 968 563 130.
Cierra martes excepto festivos y verano; y un mes después de navidades. Cocina francesa tradicional. Vichyssoise, fondues bourguignone y savoyarde, crepes suzette. Menú 13 €. Precio medio 28 €.
El Parador del Mar Menor. Playa del Vivero, 55. ☎ 968 563 873. www.paradordelmarmenor.com
Cierra en invierno al mediodía de martes a jueves, domingo noche y lunes. Frente al mar. Arroz cremoso de carabinero, bacalao gratinado con ajo y tinta de calamar, sorbete de vino tinto con cremoso de queso. Precio medio 45 €.
San Remo. (Zona Plaza Bohemia). Subida al Hotel Galua, s/n. ☎ 968 140 813. www.comprandoen.com
Cierra domingo noche de noviembre a febrero; y del 9 al 27 de diciembre. Agradable terraza. Aguacate con gambas, dorada a la sal, tocino de cielo. Precio medio 25 €.

Hoteles

******* Hyatt Regency La Manga.** La Manga Club. ☎ 968 331 234. www.lamanga.regency.hyatt.com
Hab. 185: 160/325 €. Suites: 7. En el corazón del complejo turístico La Manga Club. Con vistas a dos campos de golf. Gran centro SPA. Restaurante LA AMAPOLA.
****** Cavanna.** Gran Vía, s/n. ☎ 968 563 600. www.izanhoteles.es
Hab. 400: 52/184 €. Centro de Estética y Belleza. Escuela de vela. En primera línea de mar.
****** Entremares.** Segunda Avenida, s/n. ☎ 902 258 282.
Hab. 373: 121/248 €. Centro de Talasoterapia-Wellness "Termas Carthaginesas".
****** Sol Galúa.** Hacienda dos Mares, s/n. ☎ 968 563 200. www.solgalua.solmelia.com
Hab. 177: 82/246 €. Suites: 4. Consultar cierre y ofertas. Recientemente reformado. En primera línea de playa. Restaurante SO GOOD.

*** **Villas La Manga.** Gran Vía, km 3. ☎ 968 145 222. www.villaslamanga.es
Apartamentos. 60: 60/121 €. Consultar cierre. A 30 m del Mar Menor y 70 m del Mediterráneo.

Manilva (Málaga) Ver Estepona. 77 • B-4

Manjoya (Asturias) Ver Oviedo. 3 • E-3

Manresa (Barcelona) 25 • C-3

A BARCELONA, 68 KM. ALT. 238 M. POB. 76.558. ☒ 938 784 090.
GPS (41° 43' 30''N-1° 49' 20"E).

Fiestas: 26-27 de febrero: Feria de L'Aixada (Feria Medieval). 29 de mayo: Feria de La Ascensión. Del 21 al 30 de agosto: Fiesta Mayor. Del 4 al 7 de noviembre: Feria Mediterrania, tradicional. 26 de noviembre: Fera de St. Andreu.
Visitar: Basílica de La Seu, gótico catalán, destacan los retablos góticos de Pere Serra y el de Arnau Bassa. Museo Comarcal, gran colección de Cerámica. Museo de la Técnica. Museo de Geología. La Cueva de S. Ignacio de Loyola. Centro Histórico y Plaza Mayor. Ruta Modernista. Parc de la Sèquia, senderismo.
Alrededores: A 8 km, Monasterio románico de St. Benet de Bages, complejo Turístico "Món S. Benet". A 20 km, Parque Natural de la Montaña de Montserrat y Parque Natural de St. Llorenç del Munt i L'Obac. 18 km, Suria: Castillo y Centro Histórico.

Restaurantes

Aligué. Ctra. de Vic, 8-10. ☎ 938 732 562. www.restaurantaligue.es
Cierra noches de domingo a jueves. Una buena materia prima, la perfecta ejecución y la larga experiencia de Bienvenido Aligué en los fogones hacen de esta casa el lugar predilecto de una clientela sumamente fiel. **Ensalada de manitas de cerdo con vinagreta de mostaza, jarrete de ternera al horno con manzana.** Menú 12 €. Precio medio 40 €.
® **L'Angle.** (En SANT FRUITÓS DE BAGES, a 6 km). (H. MÓN). Camí de Sant Benet, s/n. ☎ 938 759 229. www.restaurantangle.com
Cierra noches de domingo a jueves; lunes, 15 días en enero y en agosto. Después de su inicio y estancia en el Estany Clar de Cercs, Jordi Cruz, pese a su juventud, ya se ha convertido en un cocinero de referencia, ahora, en este Angle del Món Sant Benet. Precio medio 70 €.
Ramón. (En SANTPEDOR, a 5 km). Camí de Juncadella, s/n. ☎ 938 320 850. www.ramonpark-hotel.com
Con 34 habitaciones. Revuelto de patatas y cebolla con higado de pato, rape y almejas con salsa romesco, mousse de cava. Precio medio 50 €.

Hoteles

*** **Manso Noguera.** (En MONISTROLET DE RAJADELL). Masía Noguera, s/n. Eix transversal (C-25). Salida 126. ☎ 938 727 538. www.mansonoguera.com
Hab. 10: 95/120 €. Suites: 2. Ubicado sobre una masía del año 1500 con reforma modernista. Actividades deportivas. Restaurante CARLES PRESSEGUÉ.
*** **Pere III.** Muralla Sant Francesc, 49. ☎ 938 724 000. www.hotelperelll.com
Hab. 113: 96/114 €. Suites: 1. Una habitación adaptada minusválidos.

Manzanares (Ciudad Real) 58 • A-2

A CIUDAD REAL, 55 KM; MADRID, 171 KM. ALT. 654 M. POB. 19.186.
GPS (38° 59' 46''N-3° 22' 28"O).

Fiestas: Del 27 de abril al 1 de mayo: Divina Pastora. 15 de mayo: Romería S. Isidro. Del 19 al 23 de julio: Feria y fiestas. Feria del Campo y Muestras "FERCAM". Del 25 al 30 de agosto: Festival Internacional de Teatro Contemporáneo. 14 de septiembre: Ntro. Padre Jesús del Perdón, patronales.
Visitar: Castillo Pilas Bonas, s. XIII. Iglesia Ntra. Sra. de La Asunción, s. XV. Ermita de La Veracruz, s. XVIII. Palacios Marqués de Salinas, s. XVII y los Ochoa. Convento de los Franciscanos. Ermitas de S. Antón, La Paz y Veracruz. Rutas de senderismo y cicloturismo.
Alrededores: DAIMIEL, a 23 km: Parque Natural Tablas de Daimiel. Parque Natural Lagunas de Ruidera, a 35 km. ALMAGRO, a 33 km.

Restaurantes

Castillo de Pilas Bonas. (H. HOSPEDERÍA CASTILLO DE PILAS BONAS). Pza. San Blas, s/n. ☎ 926 647 196. www.pilasbonas.com
Con habitaciones. Cocina y vinos manchegos en un castillo medieval. De postre, hojuelas fritas con miel y helado de pan. Precio medio 38 €.
Mesón Sancho. Avda. Jesús del Perdón, 26. ☎ 926 611 016. www.manzanares.es
Con habitaciones. Gachas manchegas, lechazo Sancho, pastel de limón. Menús 10 y 15 €. Precio medio 20 €.

Hoteles

*** **El Cruce.** Autovía Andalucía A-4, km 173. ☎ 926 611 900. www.hotelelcruce.com
Hab. 36: 76/95 €. Consultar ofertas. Próximo a dos Parques Naturales. Cocina regional e internacional.
*** **Parador de Turismo.** Autovía Andalucía, km 175. ☎ 926 610 400. www.parador.es
Hab. 50: 84/128 €. Consultar ofertas. Instalado en un edificio moderno y confortable. Un lugar de descanso en pleno corazón de La Mancha. Piscina rodeada de jardín. Restaurante AZAFRÁN, especialidades regionales.

Manzanares el Real (Madrid) 40 • A-1

A MADRID, 48 KM. ALT. 908 M. POB. 7.600. ☒ 639 179 602.
GPS (40° 43' 36''N-3° 51' 58"O).

Fiestas: Carnavales, entierro de la Sardina. Primer domingo de Pentecostés: Fiesta en honor de la Ntra. Sra. de Peña Sacra, patronales. Del 5 al 8 de agosto: Fiestas en honor de la Virgen de las Nieves, último día reparto de «Toro con patatas». 14 de septiembre: Cristo de La Nave, patrón de la Villa.
Visitar: Castillo de los Mendoza, s. XV, Monumento Histórico-Artístico. Iglesia Ntra. Sra. de Las Nieves, del s. XIV. Ermita de Peña Sacra, s. XVI. A la entrada del pueblo restos del «Castillo Viejo». Puente medieval. Museo Etnológico y Arqueológico. Fuente de las Ermitas. Embalse de Santillana. Río Manzanares. Parque Regional de La Pedriza. Centro de Interpretación Medioambiental. Senderismo y Montañismo. Rutas en bici y a caballo.
Alrededores: LA PEDRIZA: Es una aglomeración de bloques de granito incluida en la Red Mundial de Reservas de la Biosfera y enclavada en el Parque Regional de la Cuenca Alta del Manzanares.

Restaurantes

La Cabaña. (En SOTO DEL REAL, a 8 km). Pza. Chozas, s/n. ☎ 918 477 882. www.lacabanadesoto.com
Cierra noches de domingo a jueves en invierno, lunes noche y martes. Vistas a la sierra. Salmorejo con taquitos de berenjena frita, jamón y huevo; presa ibérica con migas de pastor, filloas rellenas de chocolate. Menú 16 €. Precio medio 30 €.

Manzaneque (Toledo) Ver Yébenes, Los. 48 • E-3

Maqueda (Toledo) Ver Torrijos. 48 • B-1

Maranges/Meranges (Girona) 15 • C-4

A GIRONA, 168 KM; MADRID, 650 KM. ALT. 1.540 M. POB. 93. ☐ 972 880 054.
GPS (42° 26' 43''N-1° 47' 11''E).

Fiestas: Tercer domingo de junio: Fiesta Mayor.
Visitar: La Villa. Iglesia parroquial de Sant Serni. Museo del Zueco. Museo del Esclop. Excursionismo.
Alrededores: Lagos de Malniu: Llac Pla, Estany del Mal de Guils...

Restaurantes

Can Borrell. (H. CAN BORRELL). Retorn, 3. ☎ 972 880 033.
Cierra miércoles; y del 20 al 26 de diciembre. Con 8 habitaciones. Masía de alta montaña. Lasaña de verduras con vichyssoise de setas, jarrete de cordero lechal a la calabaza, filloas con manzana y piñones. Precio medio 30 €.

Marbella (Málaga) 77 • C-3

A MÁLAGA, 56 KM; MADRID, 600 KM. ALT. 25 M. POB. 134.623. ☐ 952 771 442.
GPS (36° 30' 35''N-4° 53' 11''O).

Fiestas: 11 de junio: Feria de S. Bernabé. 19 de octubre: Feria de S. Pedro de Alcántara.
Visitar: Villa pintoresca al pie de Sierra Blanca. Iglesia Ntra. Sra. de La Encarnación, s. XVII. Hospital Bazán, s. XVI, sede del Museo del Grabado Español Contemporáneo. Restos del Castillo árabe, s.s IX-X. Ermita de Santiago, s. XV. Capilla de S. Juan de Dios, s. XVI. Ermita Sto. Cristo de La Vera Cruz, s. XVI. Casa del Corregidor, s. XVI. Museo Cortijo Miraflores. Museo del Bonsai. Embalse de la Concepción. Casino. Puerto Deportivo. Campos de golf. Naturaleza Multiaventura. Playas.
Alrededores: S. PEDRO DE ALCÁNTARA: Bóvedas. Termas romanas, s. III. Basílica paleocristiana de Vega del Mar, s. IV. Villa romana de Río Verde, s. I-II. Puerto Banús. Museo Ralli Dunas de Artolas.

Restaurantes

Altamirano. Pza. Altamirano, 3. ☎ 952 824 932.
Cierra miércoles y del 15 de enero a 15 de febrero. Casa típica. Ensalada de pimientos, pescados fritos y a la plancha. Precio medio 20€.

☼☼☼**Calima.** (H. GRAN MELIÁ DON PEPE). Avda. José Meliá, s/n. ☎ 952 764 252. www.restaurantecalima.com
Cierra al mediodía, domingo, lunes y del 15 de octubre a abril. Espectacular comedor frente a la playa. La culinaria vanguardista de Dani García, Premio Nacional de Gastronomía, es todo un referente en Andalucía y fuera de ella. Productos locales para su imaginación y técnica, que se disfruta sólo en forma de menú degustación (120 €). **Gazpacho verde de aguacate con quisquilla de Motril, dumpling de colitas de cerdo ibérico guisado con carabinero, iceberg de piña con yogur de maracuyá.** Toda una fiesta.

☼**El Lago.** Urbanización Elviria Hills. (Ctra. N-340, Cádiz-Málaga, km 192, salida Elviria). Avda. Las Cumbres, s/n. ☎ 952 832 371. www.restauranteellago.com
Cierra al mediodía; lunes excepto agosto, y primera quincena de noviembre. Luminoso local frente al campo de golf, escenario de la creativa cocina de Diego del Río con ingredientes andaluces. **Gamba blanca con porra de aguacate, lomo de salmonete con patatas aliñadas, emulsión de gazpachuelo y almejas.** Precio medio 50 €.

El Portalón. Ctra. N-340, Cádiz-Málaga, km 178. ☎ 952 827 880.
Cierra domingo. Buenos vinos para acompañar la chuleta de vaca al carbón de encina, precedida por croquetas de jamón ibérico y coronada por una torrija. Precio medio 65 €.

☼**La Hacienda.** (Urb. Hacienda Las Chapas). (Ctra. N-340, Málaga-Cádiz, km 193, salida Las Chapas). Avenida, 12. ☎ 952 831 267. www.restaurantelahacienda.com
Cierra al mediodía excepto Semana Santa; y domingo de septiembre a julio; lunes en julio; lunes y martes de septiembre a junio; y noviembre. Cuarenta años de buen hacer. La familia Schiff continúa el camino de Paul. **Ensalada de endibias con nueces y carabineros, chivo lechal malagueño a baja temperatura con empanado de romesco.** Precio medio 42 €.

®**La Meridiana del Alabardero.** (Las Lomas, a 1 km de la Mezquita). Camino de la Cruz, s/n. ☎ 952 776 190. www.lameridiana.es
Cierra al mediodía sabado y domingo. Espectacular emplazamiento, rodeado de jardín con mesas en primavera-verano. **Bacalao confitado con vizcaína y sus callos al ajillo, ajopollo malagueño y alcachofas confitadas, nube de zanahoria.** Precio medio 60 €.

®**La Moraga Banús (Gastrobar).** (En PUERTO BANÚS). Ramón Areces, 1. ☎ 952 817 448. www.lamoraga.com
LA MORAGA SWEET BANÚS (Ramón Areces, s/n. ☎ 952 815 652). Tapas tradicionales y un toque creativo e innovador y las calidades propias de Dani García. **Mero en sashimi de soja, presa ibérica con pesto de tomates y parmesano, baileys con chocolate blanco y plátano caramelizado.** Precio medio 18 €.

La Tirana. (Urb. La Merced Chica). Huerta Márquez, s/n. ☎ 952 863 424. www.restaurantelatirana.es
Cierra al mediodía en julio y agosto; lunes y del 9 de enero al 9 de febrero. Casa de los años 60 con jardín. Pastela oriental, corvina a la roteña, crema quemada con limón. Precio medio 35 €.

Los Sardinales. (Urb. Alicate-Playa). Ctra. N-340, Cádiz-Málaga, km 188. ☎ 952 837 012. www.lossardinales.com
Junto al mar. Arroz marinero, fritura malagueña, flan. Precio medio 29 €.

®**Marbella Club Grill.** (H. MARBELLA CLUB). Bulevar Príncipe Alfonso Von Hohenlohe, s/n. ☎ 952 822 211. www.marbellaclub.com
Cierra al mediodía. Cenar en su espectacular terraza-jardín merece la pena. **Filetes de lenguado con calabacines, paletilla de cordero con puré cremoso trufado, crema de frutas tropicales con sorbete de tequila.** Precio medio 85 €.

Messina. Avda. Severo Ochoa, 12. ☎ 952 864 895. www.restaurantemessina.com
Cierra al mediodía, domingo y de mediados de enero a mediados de febrero. Acogedor local minimalista con la cocina italo-mediterránea de Mauricio Giovanini. Arroz cremoso de cigala y queso de cabra malagueña, panzotti de conejo de monte con crema de setas, volcán de chocolate. Precio medio 35 €.

☼**Roberto.** (H. PUENTE ROMANO). Ctra. N-340, Cádiz-Málaga, km 177,5. Bulevar Príncipe Alfonso von Hohenlohe, s/n. ☎ 952 820 900. www.puenteromano.com
Cierra al mediodía, y de noviembre a febrero. Elegante trattoria italo-mediterránea con la gran cocina de Simón Padilla. **Carpaccio, tagliolini de sepia, ossobuco a la milanesa.** Precio medio 49 €.

® **Santiago.** Pº Marítimo Duque de Ahumada, 5. ☎ 952 770 078. www.restaurantesantiago.com
Cierra noviembre. Una buena referencia frente al mar, con especialidades marineras. **Ensalada de langostinos con bonito, rodaballo con almejas**, buenos postres. Precio medio 45 €.
® **Skina.** (Cerca del aparcamiento del mercado, subiendo por Jacinto Benavente). Aduar, 12. ☎ 952 765 277. www.restauranteskina.com
Cierra sábado al mediodía, domingo, lunes, del 9 de enero al 2 de febrero y del 7 al 15 de junio. Reducido local que sorprende por una cocina gustosa de mesurada creatividad. **Morrillo de atún rojo con habitas verdes y pistachos, lubina ahumada con risotto ahumado**. En verano de 2010 cambió de jefe de cocina. Precio medio 75 €.

Hoteles

***** **Don Carlos Leisure Resort & Spa.** Avda. Zurita, s/n. ☎ 952 768 800. www.doncarlosresort.com
Hab. 236: 112/416 €. Villas: 24. Suites: 7. En primera línea de playa. Villas con asistentes personales. Con 40.000 m² de jardines tropicales. Club de Tenis. Restaurantes OMBÚ, BAHÍA, SOL Y SOMBRA, LATERRASSE y BEACH CLUB.
***** **Gran Hotel Guadalpín Banús.** Edgar Neville, s/n. ☎ 952 899 700. www.guadalpin.com
Hab. 91: 100/330 €. Suites: 87. Consultar ofertas. En primera línea de playa. Restaurantes LOREA, vasco; LA PRCA marisquería, ABANDA, arrocería internacional y EL RINCÓN DE GUADALPÍN.
***** **Gran Hotel Guadalpín Marbella & Spa.** Boulevard Príncipe Alfonso de Hohenlohe, s/n. ☎ 952 899 400. www.granhotelguadalpin.com
Hab. 30: 107/353 €. Suites: 85. Consultar ofertas. Junto al palacio de Congresos. A 200 m de la playa. Restaurantes LA MESANA, cocina gourmet; ARALIA, cocina mediterránea, MESAUC, gourmet y TAN, cocina japonesa.
***** **Gran Meliá Don Pepe.** José Meliá, s/n. ☎ 952 770 300. www.gran-melia-don-pepe.com
Hab. 201: 173/491 €. Suites: 17. Admisión de perros, consultar. En primera línea de playa. Modernas instalaciones entre jardines. Restaurantes CALIMA, BELLAVISTA, PALAPA, FAROLA y DAMA DE NOCHE.
***** **Incosol Medical Spa & Resort.** Urb. Río Real. Incosol, s/n. ☎ 952 860 909. www.incosol.com
Hab. 175: 88/276 € Suites: 17. Consultar ofertas. Cerca de la playa. Restaurante LA ESENCIA.
***** **Los Monteros.** Ctra. de Cádiz, km 187. ☎ 952 771 700. www.monteros.com
Hab. 91: 140/250 €. Consultar ofertas. A 500 m de la playa. Restaurantes EL CORZO y LA CABANE BEACH CLUB.
***** **Puente Romano.** Boulevard Príncipe Alfonso Von Hohenlohe, s/n. ☎ 952 820 900. www.puenteromano.com
Hab. 204: 200/950 €. Suites: 81. Admisión de perros, consultar. Un "oasis" de 55.000 m² de jardines. Diseñado al estilo de un pueblo andaluz con pequeñas casitas de tres plantas. Pistas de tenis y paddle. Marbella Club Golf Resort y el Higueral Cub de Golf, exclusivos. Restaurantes CAFÉ PUENTE, BEACH CLUB BUFFET y ROBERTO.
***** **Vincci Estrella del Mar.** A-7 (Antigua N-340), km 190,5 Urb. Estrella del Mar. ☎ 951 053 970. www.vinccihoteles.com
Hab. 133: 106/508 €. Suites: 2. Consultar ofertas. Hotel de nueva construcción. Restaurante ACEQUIA y BARAKA.
**** **Fuerte Miramar Spa.** Pza. José Luque Manzano, s/n. ☎ 952 768 400. www.fuertehoteles.com
Hab. 226: 59/133 €. Cierre y admisión de perros, consultar. En primera línea de playa. Restaurante EL OLIVO.
**** **H10 Andalucía Plaza.** Urb. Nueva Andalucía, s/n. ☎ 952 812 000. www.h10hotels.com
Hab. 400: 75/405 €. Suites: 58. Consultar cierre. Junto al Casino Nueva Andalucía. Restaurante CÓRDOBA.
**** **Marbella Club Hotel Golf Resort & Spa.** Boulevar Príncipe Alfonso Von Hohenlohe, s/n. ☎ 952 822 211. www.marbellaclub.com
Hab. 84: 215/770 €. Suites: 37. Villas: 14. Consultar ofertas. Junto a la playa y rodeado de bellísimos jardines subtropicales. 14 Villas privadas. Marbella Club Thalaso Spa frente al mar. Campo de golf privado de 18 hoyos y centro ecuestre. Restaurantes GRILL, MC CAFÉ, BEACH CLUB, MC BEACH y CAMPO DE GOLF.
**** **Meliá Marbella Banús.** Ctra. de Cádiz, km 175. (Puerto Banús). ☎ 952 810 500. www.solmelia.com
Hab. 213: 95/305 €. Suites: 8. Próximo al Puerto y la playa. Restaurante RÍO VERDE, buffé nacional e internacional.
**** **NH Alanda.** Boulevard Príncipe Alfonso Von Hohenlohe, s/n. ☎ 952 899 600. www.nh-hotels.com
Hab. 199: 73/375 €. Suites: 3. Consultar cierre. Dispone de parque infantil. Restaurante KHALA.
**** **Occidental Coral Beach.** Ctra. Cádiz-Málaga, km 176. ☎ 952 824 500. www.hotelcoralbeach.com
Hab. 170: 150/275 €. Consultar cierre. Servicio personalizado. A 1 km de Puerto Banús y a 50 m de la playa. Restaurantes FLORENCIA y ALHAMBRA.
**** **Park Plaza Suites.** Pasaje Marítimo Benabola, s/n. Puerto Banús. ☎ 952 909 000. www.parkplazasuiteshotel.com
Hab. 45: 148/403 €. Apartamentos: 79. Suites: 6. En el corazón de Puerto Banús.
**** **Río Real Golf & Wellness Resort.** Urb. Golf Río Real, s/n. ☎ 952 765 732. www.rioreal.com
Hab. 29: 152/665 €. Ofertas y admisión de perros, consultar. Campo de golf de 18 hoyos. Academia de golf.
*** **Refugio de Juanar.** (En OJÉN). Sierra Blanca, s/n. ☎ 952 881 000. www.juanar.com
Hab. 23: 62/98 €. Suites: 2. Admisión de perros, consultar. En el entorno de la Sierra de las Nieves, reserva de la Biosfera.

Marchamalo (Guadalajara) Ver Guadalajara. 40 • D-2

Marcilla (Navarra) Ver Olite. 22 • E-1

Marjaliza (Toledo) Ver Yébenes, Los. 48 • D-3

Maside (Ourense) Ver Carballino. 8 • A-4

Matadepera (Barcelona) Ver Terrassa. 25 • D-4

Mataelpino (Madrid) Ver Navacerrada. 40 • A-1

Matalascañas (Huelva) Ver Almonte. 76 • A-1

Matapozuelos (Valladolid) Ver Medina del Campo. 30 • C-1

Mataró (Barcelona) 25 • F-4

A BARCELONA, 28 KM; MADRID, 659 KM. ALT. 28 M. POB. 121.746. 937 582 698.
GPS (41° 32' 14''N-2° 26' 39"E).

Fiestas: Febrero: Feria del Árbol, La Planta, Flor, Jardín y los Animales. Marzo: procesiones de Semana Santa. Mayo-junio: Feria de atracciones. Del 25 al 29 de julio: Les Santes, Fiesta Mayor. Noviembre-diciembre: Feria de pesebres y ornamentación de Navidad.
Visitar: Vestigios de la época romana en el Museo de Mataró y la Villa Romana de Torre Llauder. Basílica de Sta. María y conjunto dels Dolors, núcleo principal de barroco ornamentado por Antoni Viladomat, pintor del s. XVIII. Casa Coll i Regàs, obra modernista del arquitecto Josep Puig i Cadalfalch. Nave Gaudí. 2,5 km de playas, Pº Marítimo. Puerto deportivo-pesquero. Parque Forestal.
Alrededores: VILASSAR DE DALT: Castillo del s. X. Iglesia. CABRERA: Castillo de Burriach, s. XV. ARGENTONA: Museo del Botijo.

Restaurantes

®**Can Jaume.** (En SANT ANDREU DE LLAVANERES, a 3 km). Puerto Balis, s/n. ☎ 937 926 960. www.canjaume.cat ❄ P ♿
Cierra noches excepto viernes y sábado de mayo a septiembre; miércoles y del 22 de diciembre al 22 de enero. Situado en el mismo puerto, a dos pasos de la playa. Esta casa se ha consolidado por su honestísima cocina tradicional marinera. **Gambas a la sal, rodaballo a la brasa...** Precio medio 40 €.
El Racó del Navegant. (En SANT ANDREU DE LLAVANERES, a 3 km). Puerto Balis, 24-25. ☎ 937 928 613. www.elracodelnavegant.com ❄ P ♿
Cierra domingo noche, lunes y del 2 al 6 de enero. Un lugar con encanto y confortabilidad en el Puerto Balis, en el que podrán degustar una excelente cocina, cuyo fundamento son los arroces y guisos de pescado. Precio medio 40 €.
®**Hostal de la Plaça.** (En CABRILS, a 4 km). Pza. de l'Esglesia, 32. ☎ 937 531 902. www.hostaldecabrils.cat ❄ P
Cierra domingo noche y lunes, excepto festivos. Un hostal con mucha historia y una cocina catalana elaborada con ingredientes y productos de temporada. **Canelones de verdura, caza.** Menú 23 €. Precio medio 40 €.
®**Sangiovese.** Sant Josep, 31. ☎ 937 410 267. www.sangioveserestaurant.com ❄ ♿
Cierra domingo noche, lunes y tres semanas en agosto. Cocina vista, en un espacio de diseño, notable bodega dirigida por Juan Arriaga y mucha ilusión de Pepi Sánchez en los fogones. Menú 22 €. Precio medio 37 €.
Uri. (Edificio Clavé). Rambla de Mataró, 40. ☎ 937 551 801. www.urirestaurant.com ❄ ♿
Cierra sábado al mediodía, martes noche y domingo. Oriol Calm es un joven, cuya experiencia y buen hacer en los fogones de este céntrico restaurante mataronés, ha centrado la atención de una clientela leal. Menú 14 €. Precio medio 25 €.

Hoteles

**** **Colón Thalasso-Termal.** (En CALDES D'ESTRAC). Pza. de Les Barques, s/n. ☎ 937 910 400. www.hotel-colon.net ❄ P ♿
Hab. 84: 109/244 €. Suites: 6. Spa con agua de mar y termal. En primera línea de playa. Restaurante MARÍA GALANTE.
*** **NH Ciutat de Mataró.** Camí Ral, 648. ☎ 937 575 522. www.nh-hotels.com ❄ P ♿
Hab. 100: 49/159 €. Suites: 6. Próximo al centro. A 300 m de la playa. Restaurante CAMÍ RAL.

Mazagón (Huelva) 70 • F-4

A HUELVA, 18 KM; MADRID, 639 KM. ALT. NIVEL DEL MAR. POB. 3.500. 959 376 300.
GPS (37° 6' 45"N-6° 45' 49"O).

Fiestas: 1 de mayo: Romería del Carmen. 16 de julio: Fiestas del Carmen. Principios de agosto: Feria de Verano.
Visitar: El Faro del Picacho. El Vigía. Torre del Loro, torre de vigilancia de la Edad Media. Parque Natural de Doñana. Puerto deportivo.
Alrededores: Playa perteneciente a los términos municipales de Moguer y Palos de la Frontera, de arenas blancas y finas, bordeadas de pinares. Moguer: Monasterio de Sta. Clara. Convento de S. Francisco. Antiguo Embarcadero donde se construyó la carabela Niña.

Hoteles

**** **Parador de Turismo.** Ctra. San Juan del Puerto-Matalascañas, km 30. ☎ 959 536 300. www.parador.es ❄ P ♿
Hab. 62: 120/181 €. Suites: 1. Consultar ofertas. En el entorno del Parque Natural de Doñana, con acceso directo a la playa. Dispone de piscina climatizada, sauna, etc. Restaurante EL ENEBRO.
*** **Albaida.** Ctra. Huelva-Matalascañas, km 18. ☎ 959 376 029. www.hotelalbaida.com ❄ P
Hab. 24: 30/90 €. Consultar ofertas. Cercano a la playa. Restaurante EL RINCÓN DEL ALBAIDA.
*** **Carabela Santa María.** Avda. Conquistadores, s/n. ☎ 959 536 018. www.hotelcarabelasantamaria.com ❄ P ♿
Hab. 73: 60/133 €. Junto al Parque Nacional de Doñana. Cercano al puerto deportivo.

Medina de Pomar (Burgos) 11 • C-2

A BURGOS, 80 KM; MADRID, 320 KM. ALT. 600 M. POB. 6.100. 947 147 042.
GPS (42° 55' 50''N-3° 29' 18"O).

Fiestas: Del 14 al 15 de mayo: S. Isidro, patronales. Del 1 al 12 de octubre: Ntra. Sra. del Rosario, patronales. Del 15 al 16 de octubre: Ruta Carlos V. Último viaje del Emperador.
Visitar: Casa Consistorial, s. XIX; Alcázar de los Condestables, s. XIV, hoy Museo Histórico de Las Merindades; Monasterio de Sta. Clara, s.s XIV a XVII; Ermita de S. Millán, s. XII; Santuario de Ntra. Sra. del Rosario, s.s XIII a XVI; Murallas medievales, s.s XIV y XV. Puerta de Oriente y la Cadena; Arco de la Judería, s. XVI, pasaje y parroquia de Sta. Cruz, s.s XIII a XVIII; Iglesia de S. Pedro de la Misericordia, s. XVIII. Centro de Interpretación del románico. Rutas de Senderismo.
Alrededores: A 20 km: ESPINOSA DE LOS MONTEROS. VILLARCAYO.

Restaurantes

La Cochera. (En VILLASANA DE MENA, a 32 km). Mercadillo, s/n. ☎ 947 126 663. www.grupodonpablo.com ❄ P ♿
Cierra domingo noche. Situado en el valle de Mena, comarca de Las Merindades. Sopa castellana, asados castellanos, torrijas. Precio medio 30 €.
Plati. (En VILLARCAYO, a 8 km). (H. PLATI). Nuño Rasura, 20. ☎ 947 131 015. www.hotelplati.com ❄ P ♿
Cierra domingo noche, miércoles, enero y Navidad. Con 20 habitaciones. Casona de piedra a la salida de Villarcayo. Fritos caseros, cordero asado, leche frita. Precio medio 32 €.

Hoteles

*** **La Alhama.** Avda. Valle de Losa. Ctra. La Cerca, s/n. ☎ 947 190 846. www.hralhama.es P ♿
Hab. 18: 39/59 €. Suites: 2. Consultar cierre. Parque infantil. Jardines.

Medina de Rioseco (Valladolid)

20 • B-3

A VALLADOLID, 40 KM; MADRID, 225 KM. ALT. 735 M. POB. 4.977. 983 720 319.
GPS (41° 52' 58''N-5° 2' 39"O).

Fiestas: Semana Santa: Declarada de Interés Turístico Nacional, con tallas de Juan de Juni y Gregorio Fernández, guardadas en la Iglesia de Sta. Cruz. Corpus Christi: con Custodia de Arfe de 1554. Del 22 al 30 de junio: Feria y fiestas de S. Juan. 8 de septiembre: Romería de la Virgen de Castilviejo.
Visitar: Iglesia de Sta. María de Mediavilla. Destaca la capilla de los Benavente con un retablo mayor de Juan de Juni, del s. XVI. La Iglesia de Santiago, s.s XVI al XVII, con portada lateral de Espinosa. Iglesia de S. Francisco y Museo de Arte Sacro, gótico tardío, con retablos platerescos de Espinosa y terracotas del Martirio de S. Sebastián y S. Jerónimo Penitente, de Juan de Juni. Los soportales y la Iglesia de Sta. Cruz, de estilo herreriano, completan la visita. Museo de Semana Santa de la Iglesia de Sta. Cruz. Museo Parroquial, marfiles, s. XVII. Dársena del Canal de Castilla. Puertas de la antigua muralla, s. XIII. Puerta de Zamora. Fábrica-Museo de Harinas "S. Antonio".
Alrededores: BELMONTE DE CAMPOS, a 8 km: Torre del homenaje de un castillo en ruinas del s. XVI. TORRELOBATÓN, a 27 km: Castillo del s. XIV, última fortaleza de los comuneros. VILLALÓN DE CAMPOS, a 28 km: Rollo del s. XVI. CASTROMONTE: La Sta. Espina, monasterio cisterciense, s. XIII. MAYORGA, a 18 km: Iglesias mudéjares de Sta. María de Arbas, Sta. Marina, Sta. María y El Salvador.

Restaurantes

Fátima-Posada Real la Casona de Montealegre. (En MONTEALEGRE DE CAMPOS, a 14 km). Nicolás Rodríguez, 64. ☎ 983 718 092. www.restaurantefatima.es
Cierra noches de domingo a jueves y lunes en invierno. Casona del s. XVIII con 7 habitaciones. Fátima es una gran cocinera, sus **guisos de setas** son emblemáticos. **Bacalao dos salsas, soufflé de chocolate**. También, su esposo José Carlos Arroyo se ocupa de la sala y bodega con éxito. Precio medio 35 €.
La Rua. San Juan, 25. ☎ 983 700 519.
Cierra jueves noche y del 10 de septiembre al 2 de octubre. Potaje de garbanzos, pichones, natillas. Menú 10 €. Precio medio 28 €.

Hoteles

*** **Vittoria Colonna.** San Juan, 2. A-5. ☎ 983 725 087. www.hotelvittoriacolonna.es P
Hab. 55: 48/100 €. Suites: 3. Céntrico.

Medina del Campo (Valladolid)

30 • C-2

A VALLADOLID, 44 KM; MADRID, 159 KM. ALT. 720 M. POB. 21.540. 983 811 357.
GPS (41° 18' 28''N-4° 55' 23"O).

Fiestas: Semana Santa, de Interés Turístico Nacional. 13 de Junio: S. Antonio. Del 1 al 8 de septiembre: S. Antolín, con encierros, de Interés Turístico Regional.
Visitar: La Villa. **Castillo de la Mota**, s. XV. Palacio de los Dueñas, s. XVI, plateresco. **Iglesia de S. Miguel Arcángel**, s. XVI. **Iglesia Colegiata de S. Antolín**, s. XVI. Hospital Simón Ruiz, s. XVI, herreriano. **Iglesia de Santiago El Real**, Templo Jesuítico, s. XVI. Casa Blanca, primera mitad del s. XVI, estilo renacentista, es la única que queda en Castilla de estas características. Casas Consistoriales y Casa de los Arcos, s. XVII, estilo herreriano. **Palacio Real Testamentario**, s. XIV, mudéjar, donde vivió, testó y murió la Reina Isabel La Católica. Casa del Peso, s. XVII, estilo castellano. Reales Carnicerías, s. XVI. **Convento de S. José**, Carmelitas Descalzas, finales del s. XVI, castellano, segunda fundación hecha por Sta. Teresa de Jesús. **Convento de La Magdalena**, M.M. Agustinas, s. XVI. **Monasterio de Sta. Clara**, s. XVI, renacentista con influencias góticas. **Convento de Sta. María La Real**, s. XIV, con iglesia gótico-renacentista. **Iglesia de La Inmaculada Concepción**, (P.P. Carmelitas) s. XVII, barroco con influencia herreriana. **Iglesia de Sto. Tomás Apóstol**, s. XV, post-herreriano. Capilla de S. Juan de la Cruz, s. XVI. Museo de las Ferias, s. XVI, en la antigua iglesia de S. Martín. Turismo Enológico.
Alrededores: LAS SALINAS, a 3,5 km: Palacio de las Salinas, principios del s. XX. Capilla del Milerio. OLMEDO, a 27 km: Murallas. **Iglesias de Sta. María del Castillo, S. Andrés** y **S. Miguel**, s. XIII. ISCAR: **Castillo e iglesias de S. Miguel** y **Sta. María**. VILLAVERDE DE MEDINA: Iglesia de Sta. María. ALAEJOS: **Iglesia de Sta. María** y **S. Pedro**. FRESNO EL VIEJO: Iglesia de S. Juan. NAVA DEL REY: **Iglesia de los Santos Juanes.**

Restaurantes

Continental 1904. Pza. Mayor, 15. ☎ 983 800 130.
Cierra martes y segunda quincena de octubre. Escabeches de caza, bacalao ajoarriero, pastel de queso. Menú 11 €. Precio medio 30 €.
La Botica. (En MATAPOZUELOS, a 13 km) Pza. Mayor, 2. ☎ 983 832 942. www.asadorlabotica.com
P
Cierra noches de lunes a miércoles y del 8 al 28 de enero. Miguel Ángel de la Cruz se ha dado a conocer por los asados y sus originales recetas con piñones y piñas frescas de los pinares de su entorno. Como muestra: **capuchino de morcilla de piñón y espuma de pan de pueblo, ajo blanco de piñones con sardina ahumada o el cordero de pan frito de piñones**. Precio medio 35 €.

Hoteles

*** **La Mota.** Fernando el Católico, 4. ☎ 983 800 450. www.domus-hoteles.es P
Hab. 40: 48/86 €. Suites: 4. En el centro. Restaurante MADRID.
*** **Palacio de las Salinas.** Ctra. Las Salinas, km 4. ☎ 983 804 450. P
Hab. 62: 125/186 €. Balneario desde 1893. De los más antiguos de España. Aguas minero-mediciales.
*** **Villa de Ferias.** Ctra. Madrid, km 157. ☎ 983 802 700. www.villadeferias.com P
Hab. 37: 42/70 €. Restaurante especializado en asados y pescados frescos.

Medinaceli (Soria)

32 • B-3

A SORIA, 76 KM, MADRID, 154 KM. ALT. 1.253 M. POB. 804. 689 734 176.
GPS (41° 10' 20''N-2° 26' 3"O).

Fiestas: 28 de agosto: Fiestas del Beato Julián de S. Agustín, noches musicales de Medinaceli, con música medieval y renacentista. 13 de noviembre: El «Toro Jubilo», se corre en la noche del sábado más cercano en la Plaza Mayor de Medinaceli, dentro de sus fiestas patronales de los Cuerpos Santos, que se celebran desde 1610.
Visitar: Conjunto de la villa y las murallas de origen romano. El Arco del Triunfo, romano, del s. II o III, el único de este tipo de tres arcos que se conserva en España. La Plaza Mayor, donde se halla el Palacio de los Duques de Medinaceli, varias casas señoriales con blasones en las fachadas, y la puerta árabe, desde donde se descubre la muralla mejor conservada. Dentro de su arquitectura religiosa destaca la Iglesia Colegiata, del s. XVI, que encierra catorce sepulcros de los Duques de Medinaceli. Páramo de Layna. Senderismo.
Alrededores: AMBRONA, a 10 km: Museo Paleontológico.

Restaurantes

Asador de la Villa el Granero. Yedra, 10. ☎ 975 326 189. www.asadorelgranero.es
Cierra noches del 12 de octubre a marzo, martes, enero y del 20 al 30 de junio. Antiguo granero (s. XVIII) con venta de productos sorianos. Sopa castellana, paletilla de ternasco asada, tartas artesanas. Precio medio 25 €.
Posada Real de Santa Quiteria. (En SOMAÉN, a 14 km). Barrio Alto, 8. ☎ 975 320 393.
www.posadasantaquiteria.com P
Cierra lunes. Comedor rústico elegante con ventanales al jardín. Buen cordero asado rematado por una tarta tibia de manzana, canela y helado. Precio medio 35 €.

Hoteles

***** **Posada Real de Santa Quiteria.** (En SOMAÉN, a 14 km-Arcos de Jalón). Barrio Alto, 8. ☎ 975 320 393. www.posadasantaquiteria.com P
Hab. 10: 179 €. Suites: 4. Consultar ofertas. Compuesto por un castillo árabe del s. XI y una casona del siglo XVIII.
*** **Nico-Hotel.** Antigua Ctra. N-II, km 150. Travesía de Medinaceli. ☎ 975 326 011. www.hotelnicomedinaceli.com
Hab. 22: 54/78 €.

Melilla

79 • F-4

ALT. 2 M. POB. 73.460. 952 976 190.
GPS (35° 17' 29''N-2° 56' 23"O).

Fiestas: Julio: Mercado Medieval. Del 28 de agosto al 5 de septiembre: Fiestas Patronales. 8 de septiembre: Ntra. Sra. de la Victoria. 17 de septiembre: Día de Melilla.
Visitar: La Ciudadela, que conserva edificaciones desde el s. XV. En plena ladera de la montaña, calles estrechas, irregulares y empinadas. Destacan los torreones de las Cabras, de Bernal Francés y de las Pelotas, que juntos formaban parte de las murallas del s. XV. Centro modernista de la ciudad, Mezquita y Sinagoga, obras de Enrique Nieto, discípulo de Gaudí. Cabe destacar también la Iglesia de la Purísima Concepción, con una imagen de la patrona del s. XVI y un retablo del Cristo de la Veracruz o de los Conquistadores, del s. XVI. Puerto deportivo, zona deportiva y lúdica.
Alrededores: Pinares de Rostrogordo. Playas de Hípica, S. Lorenzo y de los Cárabos. Hipódromo. Acantilados de Aguadú. Región de Guelaia (Marruecos), donde destacan los macizos montañosos de Gurugú, Uixen y Cabo Tres Forcas. Laguna de Mar Chica. A través de la frontera de Beni-Enzar se accede a las rutas de las ciudades imperiales marroquíes: FEZ, MEZQUINEZ, MARRAKECH, y a las puertas del Desierto: TAFILALT, ZAGORA.

Restaurantes

La Posada de Paco Benítez. Alférez Guerrero Romero, 5. ☎ 952 681 629.
Cierra martes noche, miércoles, 10 días en enero y 20 en julio. Cocina popular andaluza. Berenjenas rebozadas con miel, corvina a la crema de gambas, leche frita. Precio medio 25 €.

Hoteles

**** **Melilla Puerto.** Explanada San Lorenzo, s/n. ☎ 952 695 525. www.solmelia.com P
Hab. 139: 80/160 €. Suites: 5. Céntrico. Junto al Puerto Deportivo y la playa. Restaurante LA ALMORAIMA.
*** **Parador de Turismo.** Avda. Cándido Lobera, s/n. ☎ 952 684 940. www.parador.es P
Hab. 40: 67/121 €. En el lugar en que estuvo el antiguo Fuerte, próximo al parque de Lobera y con vistas sobre el puerto y las antiguas fortificaciones. Cocina regional.

Mengibar (Jaén)

65 • C-4

A JAÉN, 34 KM; MADRID, 338 KM. ALT. 323 M. POB. 9.572.
GPS (37° 58' 4"N-3° 48' 36"O).

Fiestas: 16 y 17 de enero: S. Antón. Carnaval. Semana Santa. 2 y 3 de mayo: Las Cruces. Segundo fin de semana de mayo: Romería de Sta. María Magdalena, patrona. Del 21 al 25 de julio: Feria de Sta. María Magdalena.
Visitar: Iglesia de S. Pedro Apóstol. Torre del Homenaje. Casa Palacio. Casa de la Inquisición.
Alrededores: Restos Arqueológicos de Iliturgi.

Hoteles

**** **Palacio de Mengibar.** Pza. Constitución, 8. ☎ 953 374 043. www.palaciodemengibar.com
P
Hab. 56: 60/144 €. Suites: 2. Consultar ofertas. Ubicado en una casa palacio del s. XV. Bien de Interés Cultural. Restaurante GENERAL REDING. Cocina cuidada en las antiguas caballerizas.

Mérida (Badajoz)

55 • E-2

A BADAJOZ, 62 KM; MADRID, 341 KM. ALT. 221 M. POB. 55.568. 924 330 722.
GPS (38° 54' 59''N-6° 20' 42"O).

Fiestas: Semana Santa, fiesta de Interés Turístico Regional. 15 de mayo: Romería junto al embalse romano de Proserpina, concurso de «Caldereta Extremeña». Julio-agosto: Festival de teatro clásico. Primera semana de septiembre: Fiestas. Del 10 al 12 de octubre: Feria Chica (Tradicional Pueblo Gitano). 10 de diciembre: Patronales de Sta. Eulalia Mártir, procesión de regreso a su basílica.
Visitar: **Puente Romano** sobre el Guadiana, s. I a. C. Templo de Diana (santuario romano), incorporados en el s. XVI al Palacio del Conde de los Corbos. El monumental **Arco de Trajano**. Casa del Mitreo, de la segunda mitad del s. I, pinturas murales de estilo pompeyano. **Teatro y el Anfiteatro**, año 16-15 a.C. El Anfiteatro, fue construido en el año 8 de nuestra era. Detrás del Anfiteatro fueron excavados los restos de una casa romana de la segunda mitad del s. I a.C. llamada casa del Anfiteatro, conserva un magnífico pavimento de mosaico. El **Acueducto de los Milagros**, que conducía a Mérida las aguas del embalse de Proserpina, a 5 km de la ciudad, donde actualmente se encuentra el Centro de Interpretación del Agua. Construcciones hidraúlicas romanas, las mejores conservadas del mundo. **Iglesia de Sta. Eulalia**, del s. XIII con elementos de un santuario del s. I consagrado a Marte. La Basílica Museo Románico-Visigótico. **Concatedral de Sta. María la Mayor**, sobre una antigua basílica visigótica. Colección de Arte Visigodo, situada en la iglesia barroca del Convento de Sta. Clara del s. XVII. Museo Nacional de Arte Romano, proyectado por D. Rafael Moneo Vallés. Museo Ferroviario. Museo de Geología de Extremadura. Colección Comarcal de Prehistoria.
Alrededores: Dolmen de Lácara, en las cercanías de la ciudad, Monumento Nacional. A 5 km, Embalse Romano de Proserpina, de finales del s. I. Parque Natural de Cornalvo. ALANGE, a 18 km: El antiguo Castrum Colubri, al pie de una alta colina coronada por un castillo de origen árabe; destacan sus termas romanas. TORREMAYOR, a 18 km: Iglesia de Santiago con retablo del s. XVI. MONTIJO, a 24 km: Palacio de los condes de Montijo, con una portada renacentista del s. XVI, e iglesia de S. Pedro. MEDELLÍN: Castillo del s. XIII.

Restaurantes

Cachicho. Avda. Libertad, 51. ☎ 924 372 847. P
Cierra lunes noche y domingo. Cocina local evolucionada en una antigua casona. Asadillo de pimientos con cigalas, pierna de cordero confitada a baja temperatura, leche frita con salsa de cerezas del Jerte. Precio medio 38 €.

Hoteles

***** **Mérida Palace.** Pza. España, 19. ☎ 924 383 800. www.meliamerida.solmelia.com
P
Hab. 76: 91/214 €. Suites: 1. Inaugurado recientemente en dos edificios históricos. Próximo al teatro, anfiteatro y museo de arte romano. Restaurante EMPERATRIZ PALACE.
**** **Las Lomas.** Avda. Reina Sofía, 78. ☎ 924 311 011. www.hotellaslomas.com
P
Hab. 126: 60/140 €. Suites: 4. Consultar cierre y ofertas. Cenas romanas con espectáculo en verano. Restaurante EL CABALLO DE HOTEL LAS LOMAS, cocina regional, nacional e internacional.
**** **Parador de Turismo.** Pza. de la Constitución, 3. ☎ 924 313 800. www.parador.es P
Hab. 79: 115/156 €. Suites: 3. Consultar ofertas. El que fue templo romano, basílica visigótica y convento católico se ha convertido en uno de los más bellos paradores, siendo además un lugar estratégico en las comunicaciones con Portugal y Andalucía. Restaurante LA CONCORDIA. Cuidada cocina regional.

****** Velada Mérida.** Avda. Reina Sofía, s/n. ☎ 924 315 110. www.veladahoteles.com
Hab. 99: 60/238 €. Suites: 4. Consultar ofertas. Próximo al centro turístico. Restaurante ALCAZABA.
***** Nova Roma.** Suárez Somonte, 42. ☎ 924 311 261. www.novaroma.com
Hab. 55: Consultar tarifas. Restaurante COLISEO.

Mieres (Asturias) 3 • E-4

A OVIEDO, 20 KM; MADRID, 424 KM. ALT. DE 160 A 1.160 M. POB. 44.459 985 450 533.
GPS (43° 15' 15"N- 5° 46' 13"O).

Fiestas: Antroxu (Carnaval). Abril: Folixa Na Primavera. 24 de junio: S. Juan, patronal. 15 de septiembre: Stmo. Cristo de la Paz. 27 de septiembre: Mártires de Valdecuna, de Interés Turístico Nacional.
Visitar: Iglesias: de S. Juan, de Sta. Eulalia. Santuario de los Mártires S. Cosme y S. Damián. Casa Duró. Monumento Internacional al Minero. Palacios: de Arriba y de Valletu. Plaza de Requejo.
Alrededores: Poblado minero de Bustiello. Valle de Cuna. Senda Verde de Turón.

Restaurantes

El Cenador del Azul. Aller, 51-53. ☎ 985 461 814.
Cierra noches de martes y miércoles; domingo, última semana de julio y dos primeras de agosto. Aquí se conjuga a la perfección una cocina de fondo tradicional con los oportunos toques de actualidad que realzan, sin enmascarar, aquella. Bodega bien estructurada. Menú 18 €. Precio medio 35 €.

Hoteles

***** Mieres del Camino.** Numa Guilhou, 74. ☎ 985 453 916. www.hotelmieres.com
Hab. 31: 61/95 €. Moderno. En pleno corazón de Asturias.

Mijas (Málaga) 77 • E-3

A MÁLAGA, 30 KM; MADRID, 588 KM. ALT. 428 M. POB. 73.787.
GPS (36° 35' 43"N-4° 38' 20"O).

Fiestas: 8 de septiembre: Virgen de La Peña. 15 de octubre: Santa Teresa, patronal.
Visitar: Iglesias: S. Sebastian y de la Inmaculada Concepción. Ermitas: Ntra. Sra. de los Remedios, de la Virgen de la Peña, del Calvario y de S. Antón. Torres Vigías. Playas. Sierra de Mijas.
Alrededores: Costa del Sol.

Restaurantes

Cortijo Hermanos Alba. (Ctra. Mijas-Fuengirola, km 4,2). Urb. La Cuesta, 4. ☎ 952 486 168. www.cortijohermanosalba.es
Cierra lunes. Pescados a la marinera en un cortijo rehabilitado. También paletilla de lechal al horno y tarta de queso. Precio medio 35 €.
El Mirlo Blanco. Cuesta de la Villa, 2. ☎ 952 485 700. www.mirlo-blanco.es
Cierra martes desde el 10 de noviembre al 1 de junio; y del 11 de enero al 11 de febrero. Antigua casona con cocina vasco-andaluza. Porra antequerana, changurro, soufflé Grand Marnier. Precio medio 33 €.

Hoteles

******* Byblos Guadalpín & Spa.** Avda. Lovison Bobet, s/n. Urb. Mijas Golf. ☎ 952 473 050.
Hab. 33: 100/190 €. Suites: 111. Rodeado de dos campos de golf. Restaurantes LE NAILHAC, gastronómico; BYBLOS ANDALUZ, cocina andaluza; LA FUENTE, cocina mediterránea.
******* La Cala Resort.** Urb. La Cala Golf, s/n. ☎ 952 669 000. www.lacala.com
Hab. 107: 99/220 €. Consultar ofertas. Lujoso cortijo andaluz. Piscina cubierta. Campo de fútbol. Academia de golf David Leadbetter. Restaurante LA TERRAZA.
****** Mijas TRH.** Tamisa, 2. ☎ 952 485 800. www.trhhoteles.com
Hab. 200: 40/126 €. Suites: 4.
****** Tamisa Golf.** (En MIJAS-COSTA). Camino Viejo de Coín, km 3,3. ☎ 952 585 988. www.hoteltamisagolf.com
Hab. 24: 60/120 €. Suites: 4. Al lado de Mijas Golf. Restaurante TAMISA.

Milagros (Burgos) Ver Aranda de Duero. 31 • B-1

Minglanilla (Cuenca) 50 • C-3

A CUENCA, 75 KM; MADRID, 272 KM. ALT. 827 M. POB. 2.742.
GPS (39° 31' 60"N-1° 36' 6"O).

Fiestas: Carnavales. Del 11 al 17 de agosto: Virgen de la Piedad. Del 9 al 16 de septiembre: Stmo. Cristo de la Salud.
Visitar: Ermita de Sta. Bárbara. Yacimientos de sal gema y aragonito. Hoces del Cabriel. Embalse de Contreras.
Alrededores: Rutas de senderismo. Ruta de los Calderones.

Restaurantes

Ven y Volverás. (En CUESTA DE CONTRERAS, a 7 km). (Entrada Reserva Natural Hoces del Cabriel). Finca Contreras, s/n. ☎ 915 623 969. www.venyvolveras.com
Cierra noches de domingo a jueves, lunes, martes y enero. En la Reserva Natural de las Hoces de Cabriel. Coliflor con huevas de trucha, pintada asada con patatas a la crema, chocolate por un tubo. Precio medio 25 €.

Miraflores de la Sierra (Madrid) Ver Madrid: Alrededores. 40 • B-1

Miranda de Ebro (Burgos) 11 • F-3

A BURGOS, 80 KM; MADRID, 318 KM. ALT. 471 M. POB. 39.264. 947 320 303.
GPS (42° 41' 12"N-2° 56' 49"O).

Fiestas: Carnavales. 1 de marzo: Feria del Ángel. Fin de semana y lunes siguiente del Domingo de Pentecostés: S. Juan del Monte, de Interés Turístico Nacional. 12 de septiembre: Ntra. Sra. de Altamira, patrona.
Visitar: Iglesia del Espíritu Santo, románica s. XIII, Monumento Histórico-Artístico. Puente de Carlos III, s. XVIII. Iglesias de S. Juan Bautista, gótica, s. XIV; de Sta. María, s. XVI, y de S. Francisco, de los s.s XVI al XVII. Teatro Salón Apolo, modernista. Casa de Los Urbina, s. XVI. Casa de los Condes de Berberana o Casa de las Cadenas, finales del s. XVI. Ayuntamiento, neoclásico s. XVIII. Ayuntamiento, s. XVIII. Jardín Botánico. Red de Senderos Naturales. Camino Natural del Ebro. Camino de Santiago de Bayona.
Alrededores: Parajes Naturales de Obarenes, S. Juan del Monte y Herrán. HARO: Bodegas. BRIVIESCA: Conjunto Histórico-Artístico. STA. GADEA DEL CID: Restos de castillo, Conjunto Histórico-Artístico. SOBRÓN: Paraje Natural. FRÍAS: Conjunto Histórico-Artístico. OÑA: Monasterio de S. Salvador. POZA DE LA SAL: Antiguas salinas.

Restaurantes

La Vasca. Olmo, 3. ☎ 947 311 301. www.restaurantelavasca.com ❄
Cierra domingo noche y lunes, excepto festivos o vísperas de festivo, 20 días en julio y navidades. La familia Ruiz en su tercera generación ofrecen cocina basada en las setas (hongos, perrechicos, amanitas...), y la caza silvestre (liebre, perdices, becada...) en temporada. También, merluza a la cazuela, leche frita. Menú 23 €. Precio medio 35 €.

Hoteles

*** **Tudanca Miranda.** Ctra. N-I Madrid-Irún, km 318. ☎ 947 311 843. www.hotelestudanca.com
❄ P
Hab. 119: 52/100 €. Suites: 1. Consultar ofertas. Céntrico Restaurante HORNO DE SAN JUAN.
** **Hospedería del Convento.** San Francisco, 15 ☎ 947 332 712. www.hespederiaelconvento.com
❄ P
Hab. 36: 76/88 €. Suites 1. Convento del s. XIV. Restaurante LA ESPADAÑA, cocina vasca y castellana.

Moaña (Pontevedra) Ver Vigo. 7 • D-4

Moeche (A Coruña) Ver Ferrol. 2 • A-2

Mojácar (Almería) 74 • F-4

A ALMERÍA, 90 KM POR AUTOVÍA; MADRID, 518 KM. ALT. 175 M. POB. 7.581. 950 615 025.
GPS (37° 8' 26"N-1° 51' 9"O).

Fiestas: Junio: Moros y cristianos. 28 de agosto: S. Agustín. 7 de octubre: Virgen del Rosario.
Visitar: Población de arquitectura árabe-andaluza, colgada sobre un cerro que domina una llanura hacia el mar. Puerta de la Ciudad. Iglesia de Sta María. Casa del Torreón. Iglesia Fortaleza y Fuente Mora. Mirador Plaza Nueva. 17 km de playas (10 km protegidos). Jalonadas por torres vigías y batería de defensa. Sierra Cabrera. Paseo en caballo y en camello.
Alrededores: A 5 km, GARRUCHA. CARBONERAS, a 20 km: Portal del Parque Natural de Cabo de Gata. Cuevas de Sorbas. Parque Natural de la Sierra María. Desierto de Tabernas.

Restaurantes

Casablanca. (Mojácar-Playa). Pº Mediterráneo, 383. ☎ 950 472 474. ❄
Cierra al mediodía; y domingo excepto verano. Risotto de trigo con setas y mollejas de pato, suprema de pularda con pasta de curry verde, sorbete de fresa. Precio medio 30 €.

Hoteles

**** **Best Mojácar.** Avda. de Levante, s/n. Urb. Marina de la Torre. ☎ 950 132 266. www.besthotels.es
❄
Hab. 362: 77/178 €. Suites: 4. Dispone de habitaciones familiares. Programa de animación.
**** **Marina Playa.** Avda. Mar, 3. ☎ 950 548 500. www.servigroup.es ❄ P
Hab. 334: 80/190 €. Suites: 4. En primera línea de playa. Restaurante IL GIRASOLE, italiano.
**** **Parador de Turismo.** Avda. del Mediterráneo, 339. ☎ 950 478 250. www.parador.es
❄ P
Hab. 98: 102/138 €. Consultar ofertas. Es uno de los más bellos lugares de la costa, entre Almería y Cartagena. Su arquitectura permite vivir casi aislado en pequeños apartamentos. Restaurante MAR DE ALBORÁN, pescados de la zona y platos típicos.

Molina, La-Alp (Girona) Ver Alp-Molina, La. 7 • D-4

Molina de Aragón (Guadalajara) 41 • D-1

A GUADALAJARA, 140 KM; MADRID, 200 KM. ALT. 1.050 M. POB. 3.671.
GPS (40° 50' 37"N-1° 53' 2"O).

Fiestas: 1 de mayo: Fiesta del Butrón. 23 de mayo: Virgen de la Hoz. 16 de julio: El Carmen. Del 30 de agosto al 5 de septiembre: Ferias y fiestas patronales.
Visitar: Castillo-alcázar. Iglesia de Sta. Clara. Palacios, s.s XVI-XVII-XVIII. Puente Románico.
Alrededores: Parque Natural del Alto Tajo. Valle del Mesa. Castros Celtibéricos.

Restaurantes

El Castillo. San Felipe, 1. ☎ 949 830 519. www.elcastillomolina.com ❄
Cierra noches excepto sábado; lunes y del 24 de diciembre a finales de enero. Patatas al montón con salsa de gambas, ciervo con pastel de manitas de cerdo y emulsión de escabeche, torrija de moscatel y miel. Menú 29 €. Precio medio 45 €.

Hoteles

El Molino del Batán. Ctra. de Castilnuevo, km 1. ☎ 949 831 111. ❄ P
Hab. 23: 54 €. En un molino del s. XIX.

Molinaseca (León) Ver Ponferrada. 9 • B-3

Monasterio de Piedra (Zaragoza) Ver Nuévalos. 32 • E-3

Mondariz (Pontevedra) 17 • E-1

A PONTEVEDRA, 85 KM; MADRID, 577 KM. ALT. 174 M. POB. 5.259. 986 664 306.
GPS (42° 13' 55''N-8° 27' 33"O).

Fiestas: 6 de enero: Danza de Reyes. Del 14 al 16 de agosto: Ntra. Sra. Peña de Francia y S. Roque.
Visitar: Puente de Cernadela. Castillo de Sobroso. Petroglifos de Gargamala. Aguas minerales. Playas fluviales del Val y O Ceo. Balneario.
Alrededores: PONTEAREAS: Castro de Trona. A CAÑIZA, a 15 km: Santuario de La Franqueira.

Hoteles

**** **Balneario de Mondariz.** Avda. Enrique Peinador, s/n. ☎ 986 656 156. www.balneariodemondariz.com
Hab. 187: 149/249 €. Suites: 7. Moderno balneario, con tratamientos especiales. Restaurante GÁNDARA.

Monforte de Lemos (Lugo) 8 • C-3

A LUGO, 63 KM; MADRID, 505 KM. ALT. 298 M. POB. 19.546. 982 404 715.
GPS (42° 31' 5"N-7° 30' 43"O).

Fiestas: 3 de febrero: S. Blas. Martes de Pascua. 13 de junio: S. Antonio. 15 de agosto: Patronales. 21 de septiembre: S. Mateo, Romería desde el río Cabe a la parroquia.
Visitar: Iglesia y monasterio de S. Vicente del Pino, s.s XVI-XVIII. Palacio Condal. Torre del Homenaje. Convento de Sta. Clara, s. XVII. Puente Viejo, s. XVI. Colegio de Ntra. Sra. de la Antigua, s.s XVI-XVII. Río Cabe.
Alrededores: A 11 km, S. Miguel de Eire, s. XII, románico. FERREIRA DE PANTÓN, a 11 km: Castillo, s. XIV. Monasterio de Bernardas, románico rural, e iglesia del s. XII. A 12 km, Cañón del Sil: Miradores y ruta fluvial. O SAVIÑAO, a 14 km: Iglesias románicas, s. XII.

Restaurantes

O Grelo. (Subida a San Vicente). Campo de la Virgen, s/n. ☎ 982 404 701. www.resgrelo.com
Cierra del 22 de diciembre al 5 de enero. Revuelto de vieiras, rodaballo a la gallega, cañas rellenas de crema. Menú 23 €. Precio medio 28 €.

Hoteles

**** **Parador de Monforte.** Pza. Luis de Góngora y Argote, s/n. ☎ 982 418 484. www.parador.es
Hab. 50: 80/162 €. Suites: 6. Consultar cierre y ofertas. En un monasterio benedictino del s. XVII. Restaurante DON PEDRO.

Monóvar (Alicante) Ver Petrer. 67 • E-1

Monteagudo (Murcia) Ver Murcia. 67 • D-3

Montealegre de Campos (Valladolid) Ver Medina de Rioseco. 20 • C-3

Montilla (Córdoba) 72 • E-2

A CÓRDOBA, 43 KM; MADRID, 418 KM. ALT. 379 M. POB. 24.000. 957 652 462.
GPS (37° 35' 21''N-4° 38' 22"O).

Fiestas: 1-9 de mayo: Fiesta de la Cruz. Del 1 al 9 de junio: Romería Virgen de la Viñas. Del 1 a 31 de julio: Feria, patronales del Santo en honor de S. Francisco Solano. Del 1 al 10 de septiembre: Fiesta de la Vendimia, de Interés Turístico Nacional. Del 1 al 15 de octubre: Virgen de La Aurora, patronal.
Visitar: Iglesias de Sta. Ana, s. XVII; de Santiago, s.s. XV-XVIII; de S. Francisco Solano, de S. Agustín y de S. Sebastián, s. XVI; de La Encarnación, s.s. XVIII-XX. Convento de Sta. Clara, gótico-mudéjar cordobés, s. XVI. Retablo barroco, con artesonado mudéjar, a los pies del templo destacan dos coros, el más importante es el alto con una interesante celosía mudéjar. Casa del Inca Garcilaso, s. XVI. Casa-Oratorio de S. Juan de Ávila, s. XVI. Castillo. Palacio Duques de Medinaceli, s. XV. Casa de las Aguas, s. XIX, sede del Museo Garrido y de la Biblioteca. Museo Histórico Local. Centro de Arte Contemporáneo. Ruta del Vino. Bodegas.
Alrededores: MONTEMAYOR: Castillo de los Duques de Frías, s. XIV. FERNÁN NUÑEZ: Palacio Ducal, s. XVIII. AGUILAR DE LA FRONTERA: Centro de Interpretación del paisaje.

Restaurantes

Las Camachas. Avda. Europa, 3. ☎ 957 650 004. www.restaurantelascamachas.com
Cocina cordobesa en una típica bodega con tienda de vinos y aceites. Gazpacho de almendras, solomillo ibérico al Pedro Ximénez, helado de queso. Menú 10 €. Precio medio 27 €.

Hoteles

*** **Don Gonzalo.** Ctra. Córdoba-Málaga, km 47. ☎ 957 650 658. www.hoteldongonzalo.com
Hab. 35: 43/66 €. Suites: 1. Cerca del Parque Natural de la Sub-bética. Restaurante LAS CAMACHAS, cocina regional.

Montseny (Barcelona) Ver Sant Celoní. 25 • F-3

Montserrat-Monasterio (Barcelona) 25 • C-4

A BARCELONA, 60 KM; MADRIDD, 580 KM. ALT. 725 M. 938 777 701.
GPS (41° 35' 36''N-1° 50' 14"E).

Fiestas: 26-27 de abril: Víspera y fiesta de la Virgen de Montserrat, patronal de Cataluña.
Visitar: Monserrat es una Montaña, un Monasterio y un Santuario. Declarada Parque Natural en 1987. Santuario de la Virgen de Monserrat, en el que se halla el Monasterio benedictino, fundado en el s. XI. Basílica: talla románica de la Virgen de Montserrat y donde canta la Escolanía, el coro de niños más antiguo de Europa. Museo: obras de El Greco, Caravaggio, Monet, Casas, Picasso, Dalí y piezas arqueológicas.
Alrededores: Parque Natural. Santa Cueva: según la leyenda es el lugar donde fue hallada la imagen de la Virgen. Rosario Monumental: Conjunto modernista con obras de Gaudí. Sant Jeroni.

Hoteles

*** **Abat Cisneros.** Pza. del Monestir, s/n. ☎ 938 777 701. www.montserratvisita.com
Hab. 82: 41/116 €. Desayuno incluido. Consultar ofertas. Edificio histórico. Situado en el Santuario de Montserrat.

Mora de Rubielos (Teruel) Ver Rubielos de Mora. 42 • D-4

Moraira (Alicante) Ver Teulada. 60 • E-4

Moraleja, La (Madrid) Ver Madrid: Alrededores. 40 • B-2

Morazarzal (Madrid) Ver Madrid: Alrededores. 40 • A-1

Moratalla (Murcia) 66 • F-3

A MURCIA, 84 KM; MADRID, 408 KM. ALT. 664 M. POB. 8.621. 968 730 208.
GPS (38° 11' 10''N-1° 53' 30"O).

Fiestas: Semana Santa; Procesiones y toque del tambor. 19 de abril: Jesucristo Aparecido, patronal. Mayo: Romerías de Mayo. Del 11 al 17 de julio: Stmo. Cristo del Rayo. 29 de septiembre: S. Miguel, Mercado Medieval. Mayo: Romerías.
Visitar: Casco antiguo. Parroquia de Ntra. Sra. de La Asunción. Santuario Casa de Cristo. Centro de Interpretación de Arte Rupestre. Santuario de la Rogativa. Pinturas Rupestres. Senderismo. Rutas en bici y a caballo.
Alrededores: Espacios Naturales protegidos. Mirador Patio de lo Yébenes. Río Alhárabe.

Restaurantes

El Olivar. Caravaca, 50. ☎ 968 724 054. www.moratalla.com / www.firo.es
Cierra noches excepto sábado; lunes y martes. Sede de Amigos del Aceite de Oliva Virgen, y por lo tanto éste protagoniza la carta de Firo Vázquez. **Arroz alharabe de Calasparra, morro de bacalao en sanfaina de aceitunas, leche de olivo ahumada y frita**. Tienda de aceites y libros de cocina. Menú 20 €. Precio medio 40 €.

Morell, El (Tarragona) Ver Tarragona. 35 • A-2

Morella (Castellón de la Plana) 43 • A-2

A CASTELLÓN, 106 KM; MADRID, 442 KM. ALT. 984 M. POB. 2.791. 964 173 032.
GPS (40° 37' 7"N-0° 5' 56"O).

Fiestas: 7 de enero: S. Julián. Fin de semana posterior al 17 de enero, Fiestas de St. Antoni: Hoguera, pastas típicas, «dimonis». Les Primes, tortas de pan sin levadura y adornadas, que se reparten una vez bendecidas. La tradición se rememora durante la primavera y en fechas diferentes, siendo la primera el día 25 de abril. Corpus Christi: Procesiones con personajes bíblicos del Antiguo y Nuevo Testamento. En agosto: Semana de Música Barroca. Tercer domingo de agosto: Cada seis años se celebran las «Fiestas Sexenales de la Virgen de Vallivana», que están declaradas de Interés Turístico. Segundo domingo de septiembre: Feria anual de ganados.
Visitar: La Ciudad, Conjunto Histórico-Artístico. Emplazamiento: Ciudad amurallada. Castillo de origen romano: Panorámicas. Iglesia Arciprestal, s. XIII, portada y escalera del coro. Claustro del Real Convento de S. Francisco, s. XIII. Acueducto, s. XIII. Barrio Judío. Ayuntamiento, salas góticas, s. XIV. Museos Tiempo de Dinosaurios, Imagen, Historia y Fiestas.
Alrededores: MORELLA LA VELLA: Cueva de arte prehistórico. Ermita de Ntra. Sra. de Vallivana. FORCALL, a 12 km: Plaza con soportales y antiguo Palacio. TODOLELLA, a 17 km: Pueblo dominado por un potente castillo gótico. ZORITA, a 30 km Santuario de La Balma.

Restaurantes

Casa Roque. Cuesta San Juan, 1. ☎ 964 160 336. www.casaroque.com
Cierra noches de enero a junio, excepto viernes y sábado; domingo noche, lunes y del 22 de enero al 6 de febrero. Un clásico con extenso repertorio y exquisito tratamiento a la trufa, en temporada. Arroz de montaña, pechuga de ave rellena con vinagreta de nueces. Precio medio sin trufa 28 €.
®**Daluan.** Callejón Cárcel, 4. ☎ 964 160 071. www.daluan.es
Cierra noches de domingo a jueves en invierno, miércoles y jueves en verano; y segunda quincena de junio. Acertada evolución en la cocina del Maestrazgo. **Croquetas morellanas, arroz cremoso de trufa negra, helado de flaó**. Precio medio 28 €.
®**Mesón del Pastor.** Cuesta Jovaní, 7. ☎ 964 160 249. www.mesondelpastor.com
Cierra noches excepto viernes, sábado y agosto; miércoles no festivos; y primera semana de julio. Deliciosa tradición morellana con buena ración. **Olleta masovera, paletilla de cabritillo al horno, helado de miel**. Menú 14 €. Precio medio 24 €.

Hoteles

*** **Rey Don Jaime.** Juan Giner, 6. ☎ 964 160 911. www.reydonjaimemorella.com P
Hab. 44: 35/85 €. Suites: 1. Cocina típica.

Mos (Pontevedra) Ver Vigo. 17 • D-1

Móstoles (Madrid) Ver Madrid: Alrededores. 40 • A-3

Mota del Cuervo (Cuenca) Ver Belmonte. 49 • C-4

Motilla del Palancar (Cuenca) 50 • B-3

A CUENCA, 70 KM; MADRID, 198 KM. ALT. 830 M. POB. 5.983. 969 331 057.
GPS (39° 33' 54''N-1° 54' 50"O).

Fiestas: Semana Santa: Pasión Viviente. Corpus Christi: Decoración de las calles con alfombras de serrín multicolor. 1 al 5 de septiembre: Feria de S. Gil Abad, con fiestas populares y festejos taurinos. 8 de diciembre: Fiestas patronales de la Inmaculada, con subasta de andas. Navidad: Concurso de belenes y villancicos.
Visitar: Iglesia con retablo barroco. Ermita, s. XVI, con retablo esculpido en madera de José Navarro Gabaldón.
Alrededores: S. CLEMENTE, a 52 km: Plaza Mayor. Ayuntamiento. Iglesia gótica del s. XV. ALARCÓN, a 18 km: Castillo de origen musulmán, hoy Parador de Turismo. Iglesias con portadas renacentistas. Pantano. VILLANUEVA DE LA JARA: Muestras de barroco, renacentistas y neoclásicos. INIESTA: De origen romano. MINGLANILLA: "Las Hoces del Cabriel". LAS VALERAS: Recinto arqueológico ciudad hispanorromana de Valeria. Basílica Ntra. Sra. de Rotonda.

Restaurantes

®**Seto.** Ctra. de Madrid, 54. ☎ 969 332 118. www.hotelrestauranteseto.com P
Con 21 habitaciones. Un buen alto en el camino, de cocina local actualizada, en la Ctra. N-III. **Gazpacho de berenjenas, lomos de cabritillo al vino, crema de mascarpone**. Menú 15 €. Precio medio 30 €.

Hoteles

*** **Del Sol.** Ctra. Madrid-Valencia, km 198. ☎ 969 180 190. P
Hab. 49: 32/52 €. Suites: 2. Consultar ofertas.

Motril (Granada) 78 • D-2

A GRANADA, 70 KM; MADRID, 502 KM. ALT. 39 M. POB. 59.163. 958 825 481.
GPS (36° 44' 39''N-3° 31' 4"O).

Fiestas: 3 de mayo: Cruces de Mayo. 16 de julio: Virgen del Carmen, patronales. 15 de agosto: Patrona es en honor a Ntra. Sra. de La Cabeza
Visitar: Iglesia Mayor de La Encarnación. Casa Condesa de Torre-Isabel. Santuario de Ntra. Sra. de la Cabeza, del s. XVII. Teatro Calderón de La Barca. Parque de los Pueblos de América. Sala de Interpretación del Mar.
Alrededores: CARCHUNA, a 7 km: Castillo y torres árabes. TORRENUEVA, a 4 km: Pueblo costero. CALAHONDA, a 10 km: Paisaje de acantilados y torres vigías históricas.

Restaurantes

Tropical. Avda. Rodríguez Acosta, 23. ☎ 958 600 450. www.tropicalmotril.com
Cierra domingo y junio. Con 21 habitaciones. Guisos mediterráneos, pargo o dorada a la sal o a a espalda, ca ostros. Menú 13 €. Precio medio 38 €.

Hoteles

**** **Gran Hotel Elba Motril.** Avda. Playa de Poniente, s/n. ☎ 958 607 744. www.hoteleselba.com
P SPA
Hab. 93: 97/171 €. Entre el puerto deportivo y el campo de golf. Posibilidad de practicar deportes náuticos, cursos de buceo, equitación, paseos en barco. Restaurante EIBA, terraza barbacoa en temporada.

Mugardos (A Coruña) Ver Ferrol. 1 • F-2

Muguiro (Navarra) Ver Lekumberri. 12 • D-1

Mula (Murcia) 66 • F-3

A MURCIA, 37 KM; MADRID, 385 KM. ALT. 160 M. POB. 17.000. 968 637 510.
GPS (38° 2' 25"N-1° 29' 15"O).

Fiestas: Semana Santa: Tamborradas, desde 1650. 15 de mayo: Bando panocho y desfile de carrozas en honor de S. Isidro. 19 al 25 de septiembre: Patronales.
Visitar: Castillo de los Vélez. Santuario del Niño Jesús de Balate. Casas solariegas, baños romanos y Convento de Las Descalzas Reales. Museo monográfico de cultura ibérica «El Cigarralejo». Ermita del Carmen. Iglesias: S. Miguel (colección de obras pictóricas); Sto. Domingo. Convento S. Francisco, Museo Casa del Artesano (oficina de turismo).
Alrededores: Baños de Mula (baños termales), Parque Regional Sierra Espuña. Fuente Caputa. Embalse de la Cierva. Vía Verde del Noroeste.

Restaurantes

Venta Magdalena. (En LOS BAÑOS DE MULA, a 6 km). Ctra. de Murcia, 67. ☎ 968 660 568. P
Cierra noches, miércoles, y del 15 de julio al 15 de agosto. Antigua casa de labranza. Embutidos de la zona, arroz con conejo y caracoles, crema de turrón. Menú 10 €. Precio medio 20 €.

Mundaka/Mundaca (Vizcaya) 6 • A-3

A BILBAO, 38 KM; MADRID, 450 KM. ALT. NIVEL DEL MAR. POB. 1.863. 946 177 201.
GPS (43° 24' 25''N-2° 41' 58"O).

Fiestas: Febrero: Carnavales. 23 de junio: Solsticio de verano. 29 de junio: S. Pedro. Julio: Festival Internacional del Folclore. Última semana de agosto: Semana Cultural. Octubre: Billabongpro Mundaka, campeonato mundial de surf. 25 de noviembre: Sta. Catalina.
Visitar: Iglesia de Sta. María, s. XI. Ermita de Sta. Catalina, s. XIX. La Cruz del Calvario. Palacio de Larrinaga. Casa de Simitur. "La Barra" desembocadura de la ría, apta para la práctica del surf, siendo considerada su ola izquierda una de las mejores del mundo. Miradores de Portuondo y de La Atalaya.
Alrededores: Reserva de La Biosfera de Urdaibai.

Restaurantes

Asador Portuondo. (Ctra. de Gernika-Bermeo). Portuondo Auzoa, s/n. ☎ 946 876 050.
www.campingportuondo.com P
Cierra noches de martes a jueves, excepto verano; lunes y del 12 de diciembre al 27 de enero. Caserío frente a la ría de Mundaka. Changurro, pescados y chuleta de carne a la brasa, canutillos rellenos de crema de chocolate caliente. Menú 18 €. Precio medio 42 €.

Asador Zaldua. (En SUKARRIETA-PEDERNALES, a 2 km). Sabino Arana, 10. ☎ 946 870 871. www.asadorzaldua.com
Cierra noches excepto viernes y sábado; lunes y enero. Pulpo, pescados y chuleta a la brasa; de postre, pastel vasco. Precio medio 30 €.

Murchante (Navarra) Ver Tudela. 22 • E-2

Murcia 67 • C-4

A MADRID, 388 KM. ALT. 43 M. POB. 430.000. 968 358 749.
GPS (37° 58' 59''N-1° 7' 56"O).

Fiestas: Semana Santa, de Interés Turístico Nacional. Del 25 de abril al 1 de mayo: Fiestas de Primavera. 26 de abril: El Bando de la Huerta, de Interés Turístico Nacional. 30 de abril: El Entierro de La Sardina, de Interés Turístico Internacional. Del 1 al 15 de septiembre: Moros y Cristianos. Feria Tradicional, romería de la patrona, la Virgen de la Fuensanta. Diciembre: Festival de Música de Navidad.
Visitar: **La Catedral**, que empezó a construirse en 1934, en estilo gótico, y reformada en barroco en 1737-1790. La fachada, retablo barroco, fue diseñada por Jaime Bort y tiene un grandioso frontón decorado con escultura de Juan de Egea y de Dupart. Cabe destacar: La Capilla de Junterón, renacentista, y la Puerta de los Apóstoles, gótico, atribuida a Diego Sánchez de Almazán. La Capilla de los Vélez, de transición del gótico al plateresco, La Torre, erigida a partir de 1521 por el florentino Francisco Florentín, y terminada en 1792, con un coronamiento clásico, obra de Ventura Rodríguez. Otros detalles son los bajorelieves de principios de s. XVI, la Girola, las rejas de la Capilla Mayor, un elegante sepulcro, obra de Jerónimo Quijano, donde se conserva el corazón de Alfonso X el Sabio, la reja y la sillería del coro y el facistol, coronado por un Cristo de Francisco Salzillo. Por otra parte, el Museo Salzillo está instalado en la iglesia de Nuestro Padre Jesús, cuya cúpula está decorada al fresco por Sistori. Palacio Episcopal, construido a partir de 1748, de estilo rococó. La Plaza de Santa Eulalia, donde está la iglesia del mismo nombre, con escultura de Salzillo y Roque López y el Museo de Bellas Artes en el antiguo **Convento de la Trinidad**, de 1910. Es interesante pasear por la calle de Trapería, una de las arterias más pintorescas del casco antiguo, y ver el Casino, casa barroca del marqués de Beniel y la casa de Almodovar, del s. XVIII. También conviene destacar la calle de la Platería, que conduce a la Iglesia de S. Bartolomé, con la Virgen de las Angustias de Salzillo. Otras Iglesias: **S. Andrés**, barroca, que encierra una capilla con la imagen de la Virgen de Arrixaca, cantada por Alfonso X El Sabio en sus Cantigas, y con escultura de Salzillo; de **S. Nicolás**, de 1736, con esculturas de Salzillo, Pedro de Mena y Alfonso Cano; de **S. Miguel**, con imaginería de Salzillo, y el **Convento de Sta. Clara**, que se eleva sobre el emplazamiento del palacio de El Seghir. Museo de Sta. Clara. El Museo Arqueológico, con antigüedades ibéricas, romanas, visigóticas y una colección de cerámica Hispano-Árabe. El Paseo del Malecón, en los altos de un dique construido en el s. XV, contra las crecidas del Segura.
Alrededores: A 5 km, **Castillo de Monteagudo**. A 6 km, **Santuario de La Fuensanta**: Fundado en el s. XVII, tiene una fachada barroca y la imagen de la Virgen de la Fuensanta, patrona de Murcia. GUADALUPE, a 7 km: **Monasterio de Los Jerónimos** de estilo barroco, denominado "El Escorial Murciano" por su semejanza al famoso Escorial. Espacios Naturales Protegidos: Parque Regional de Calblanque. Monte de las Cenizas. Peña del Águila.

Restaurantes

Alborada. Andrés Baquero, 15. ☎ 968 232 323. www.alboradarestaurante.com
Cierra fines de semana en julio y agosto; y domingo noche. Crujiente de alcachofas con gambas, lubina salvaje sobre lecho de puerro y zanahoria, nube de chocolate con naranja amarga. Precio medio 30 €.
Casa la Tía Roja. (En ESPARRAGAL, a 6 km). Miguel Hernández, 8. ☎ 968 851 297. www.restaurantecasalatiaroja.es
Cierra noches de domingo a miércoles, excepto festivos y vísperas, y 15 días en agosto. Casa antigua reformada. Ravioli de zarangollo, choto murciano con dulce de calabaza, mousse de tres chocolates. Menú 15 €. Precio medio 30 €.
®**Collados de Agridulce.** (En EL ESPINARDO). Gabriel García Márquez, s/n. (Urb. Mirador de Agridulce). (C.C. Universidad). ☎ 968 307 123. www.colladosdeagridulce.com
Cierra domingo y agosto. Cuidada decoración y espacios, con una elegante bodega climatizada con interesantes vinos. Ofrece la mejor materia prima en una cocina moderna basada en la región. Precio medio 40 €.
®**El Churra.** Obispo Sancho Dávila, 8. ☎ 968 271 522. www.elchurra. net
Con 97 habitaciones. Cocina de temporada con raíz local. **Habas rehogadas a la murciana, pescados de corte, paparajotes murcianos con helado**. Menú 12 €. Precio medio 40 €.
Hispano "Nueva Tradición". Radio Murcia, 3. ☎ 968 216 152. www.restaurantehispano.es
Cierra sábado noche y domingo en verano; y domingo noche. La tradición y buen hacer se hacen patentes en la oferta de Ignacio Abellán. Atún rojo de Mazarrón en sashimi, chuletas de cabrito al ajo cabañil, oro negro (mousse de trufa, chocolate blanco y negro). Menú 16 €. Precio medio 35 €.
®**La Cabaña de la Finca Buenavista.** (En EL PALMAR, a 3 km). (Urb. Buenavista). (Por la Ctra. A-30). Finca Buena Vista, s/n. ☎ 968 889 006. www.restaurantelacabaña.es
Cierra sábado, domingo, festivos, agosto y una semana en navidades. Situado a las afueras de la capital. Singular decoración con platos de influencia murciana y pinceladas modernas en sus ingredientes y elaboración. Se pueden pedir medias raciones. Precio medio 45 €.
La Pequeña. Pza. San Juan, 7. ☎ 968 219 840.
Cierra domingo noche, lunes y del 9 al 30 de agosto. Recientemente reformado. Sinfonía de verduras, arroces, repostería casera. Menú 16 €. Precio medio 28 €.
®**La Seda.** (En SANTA CRUZ, a 8 km). (Por la Ctra. CV-916.) Vereda del Catalán, s/n. ☎ 968 870 848. www.palacetelaseda.com
Cierra domingo y festivos. Señoriales comedores en un marco elegante a las afueras de Murcia. Originales propuestas con platos de la tierra e influencias foráneas actualizadas en cocina y diseño. Precio medio 50 €.
Monteagudo. (En MONTEAGUDO, a 4 km). Avda. Constitución, 93. ☎ 968 850 064. www.restaurantemonteagudo.com
Cierra noches de domingo y lunes. Risotto de boletus con trufa y foie-gras, paletilla de cabrito asada al horno, leche frita flameada con helado de almendras marconas. Menú 25 €. Precio medio 35 €.
Morales. Avda. Constitución, s/n. ☎ 968 231 026.
Cierra sábado noche, domingo y segunda quincena de agosto. Mariscos de Santa Pola, paletilla de cabrito al horno, tarta de turrón. Precio medio 45 €.
Pura Cepa. Pza. Cristo del Rescate, 8. ☎ 968 217 397. www.puracepamurcia.com
Cierra lunes al mediodía, domingo y dos últimas semanas de agosto. Ambiente desenfadado y moderno. Croquetas de gamba roja, zarangollo con huevas de mujol, mousse de queso al pimentón. Precio medio 23 €.
Rincón de Pepe. Apóstoles, 34. ☎ 968 212 239. www.restauranterincondepepe.com
Cierra noches de domingo y lunes; sábado y domingo en julio y agosto. Ambiente clásico con un jardín vertical en una de sus paredes. Habas frescas con huevos de corral, paletilla de cabrito a la murciana, leche frita y helado de turrón. Precio medio 40 €.
Santa Ana. (En LOS RAMOS, a 11 km). Ctra. Murcia-Sucina, km 11,8. ☎ 968 870 407. www.restaurantesantaana.com
Cierra al mediodía excepto viernes y sábado; lunes y del 15 al 24 de agosto. Situado a las afueras de la ciudad en la sierra de Atoana. Alcachofas frescas salteadas, presa de choto murciano, brownie de calabaza con helado de paparajote. Precio medio 30 €.
Temporáneo. Pza. Apóstoles, 5. ☎ 968 909 909. www.grupotemporaneo.es
Cierra domingo noche y agosto. Tosta de sardina con pisto de calabaza, pluma ibérica con gratén de pimientos. Menú 13 €. Precio medio 25 €.

Hoteles

**** **AC Murcia.** Avda. Juan Carlos I, 39. ☎ 968 274 250. www.ac-hotels.com
Hab. 108: 65/157 €. Suites: 1. Recientemente reformado. Moderno y confortable.

**** **Arco de San Juan.** Pza. Ceballos, 10. ☎ 968 210 455. www.arcosanjuan.com
Hab. 97: 50/177 €. Suites: 3. Antiguo Palacio del s. XVIII, fachada neoclásica. En el centro, junto a la catedral. Restaurante LA PLAZA, cocina regional y nacional.
**** **Catalonia Conde de Floridablanca.** Princesa, 18. ☎ 968 214 626. www.hoteles-catalonia.com
Hab. 82: 160 €. Próximo a la Catedral y centro histórico.
**** **Nelva.** Avda. Primero de Mayo, 9. ☎ 968 060 200. www.hotelnelva.es
Hab. 250: 70/220 €. Restaurante ORO NEGRO.
**** **NH Amistad-Murcia.** Condestable, 1. ☎ 968 282 929. www.nh-hotels.com
Hab. 143: 72/278 €. Suites: 5. Céntrico. Restaurante CONDESTABLE.
**** **NH Rincón de Pepe.** Apóstoles, 34. ☎ 968 212 239. www.nh-hotels.com
Hab. 148: 72/278 €. Suites: 6. Cafetería "La Muralla" con parte de la muralla árabe del s. X que rodea la ciudad. El Gran Casino Murcia instalado en los salones del hotel.
**** **Silken 7 Coronas.** Pº de Garay, 5. ☎ 968 217 771. www.hotelessilken.com
Hab. 155: 60/200 €. Suites: 3. Céntrico. Recientemente renovado. Restaurante LAS CORONAS, especializado en arroces y cocina regional.
*** **Churra Vistalegre.** Arquitecto Juan José Belmonte, 4. ☎ 968 201 750. www.elchurra.net
Hab. 57: 58/80 €. Consultar ofertas.
*** **Hispano 2.** Radio Murcia, 3. ☎ 968 216 152. www.hotelhispano.net
Hab. 35: 45/90 €.Céntrico. Junto a la catedral. Restaurante HISPANO.
*** **Zenit Murcia.** Pza. San Pedro, 3 y 5. ☎ 968 214 741. www.zenithoteles.com
Hab. 61: 45/350 €. Muy céntrico. Restaurante FUENSANTA.

Muxa (Lugo) Ver Lugo. 2 • C-4

Nájera (La Rioja)

12 • A-4

A LOGROÑO, 26 KM; MADRID, 332 KM. ALT. 485 M. POB. 8.474. 941 360 041.
GPS (42° 24' 57''N-2° 44' 8"O).

Fiestas: 28 de abril: S. Prudencio, fiestas patronales. 1 y 2 de mayo: Escenificación de la Proclamación de Fernando III El Santo, Mercado Real. Del 24 al 29 de junio: S. Juan y S. Pedro, con sus tradicionales "vueltas". Segunda quincena de julio: Representaciones histórico-najerenses. Del 16 al 18 de septiembre: S. Juan Mártir y Sta. María la Real, novilladas y concurso de paellas. Primero de octubre: S. Miguel, ferias.
Visitar: La Villa en su conjunto, casas blasonadas y palacios. El Monasterio de Sta. María, fundado por el rey de Nájera y Pamplona, en 1035-1054, y unido a la orden de Cluny en 1079. El Panteón Real, con 33 reyes y personajes reales enterrados, destacando el Claustro de los Caballeros, s. XVI. Iglesia de Sta. Cruz y el Monasterio de Sta. Elena, s. XVI. Museo Arqueológico Municipal, en el antiguo Palacio del Abad. Cuevas rupestres en el monte Castillo.
Alrededores: TRICIO, a 2 km: Basílica Paleocristiana del s. V Nuestra Señora de Arcos, Monumento Histórico Artístico Nacional. S. MILLÁN DE LA COGOLLA, a 19,5 km: Monasterio de S. Millán de Yuso, llamado El Escorial de La Rioja, de los siglos XV al XVIII. En la biblioteca destaca el Códice de las Glosas Emilianenses. El Monasterio de S. Millán de Suso, es el segundo santuario, mozárabe del s. X, en parte excavado en la roca. A 35 km, Monasterio de Valvanera. ANGUIANO, a 20 km: con los danzantes en las fiestas de La Magdalena.

Restaurantes

Los Parrales. Mayor, 52. ☎ 941 363 735. www.losparrales.com
Cierra lunes y segunda quincena de octubre. Pequeño local de la familia Villoslada a orillas del Najerilla. Patatas a la riojana, chuletillas de lechal, cuajada. Menú 11 €. Precio medio 30 €.

Hoteles

**** **Hostería del Monasterio de San Millán.** (En SAN MILLÁN DE LA COGOLLA, a 19 km). Monasterio de Yuso, s/n. ☎ 941 373 277. www.sanmillan.com P
Hab. 24: 50/135 €. Suites: 1. Cierra del 9 al 30 de enero. Construido en un ala del Monasterio de Yuso, considerado cuna del castellano y del euskera. En el valle del Monte de San Lorenzo, junto a la estación de esquí de Valdezcaray, en el Camino de Santiago. Restaurante SAN AGUSTÍN.
*** **Conde de Badarán.** (En BADARÁN). Ctra. San Millán, 1. ☎ 941 367 055. www.condedebadaran.com P
Hab. 30: 38/80 €. Suites: 4. Consultar cierre y ofertas. Vistas al monte San Lorenzo y San Millán. Restaurantes EL MERENDERO y CAMINO A YUSO.
** **San Fernando.** Pº San Julián, 1. ☎ 941 363 700. www.sanmillan.com P
Hab. 55: 38/80 €. Consultar cierre y ofertas. Céntrico. En el Camino de Santiago. Restaurante RÍO, cocina tradicional.

Navacerrada (Madrid)

40 • A-1

A MADRID, 53 KM. ALT. 1.203 M. POB. 2.889. 918 560 308.
GPS (40° 43' 43''N-4° 0' 59"O).

Fiestas: 11-14 de junio: S. Antonio de Padua. Del 3 al 8 de septiembre: Natividad de Nuestra Señora.
Visitar: Iglesia de la Natividad de Nuestra Señora. Museo Etnográfico. Área recreativa del Valle de la Barranca y Centro de Interpretación Ambiental. Paseos: Embalse, Dehesa de la Golondrina, Senda de Los Almorchones.
Alrededores: Puerto de Navacerrada: 1.860 m de altitud, estación de esquí. Parque Regional de la cuenca alta del Manzanares.

Restaurantes

Azaya. (En MATAELPINO, a 6 km). Muñoz Grandes, 7. ☎ 918 573 395. www.restauranteazaya.com P
Cierra noches de domingo a jueves en invierno, y del 20 de septiembre al 20 de octubre. Bonitas vistas al valle y al pico de La Maliciosa. Buñuelos caseros de bacalao, morros y manos de ternera guisados, helado de yogur. Precio medio 45 €.
Felipe. Avda. de Madrid, 2. ☎ 918 560 834.
Espárragos trigueros rellenos de marisco, corzo al ajillo, tarta de hojaldre. Precio medio 60 €.
Hacienda los Robles. Avda. Madrid, 27. ☎ 918 560 200. www.haciendalosrobles.com P
Con 34 habitaciones. Parrillada de verduras, entrecot de Navacerrada, macedonia de frutas naturales. Precio medio 25 €.
La Herrería. (En CERCEDILLA, a 6 km). Avda. Sierra del Guadarrama, 23. ☎ 918 520 707. www.laherreria.es
Cierra de martes a jueves en invierno, lunes y de finales de septiembre a mediados de octubre. Antigua casa de piedra rodeada de jardín. Berenjenas rellenas de gambas, codillo cocido a las hierbas, hojaldre de peras. Precio medio 25 €.
Las Postas. (H. LAS POSTAS). Ctra. M-601, Madrid-La Granja, km 10,2. ☎ 918 560 250. www.hotelaspostas.com P
Con 18 habitaciones. Judiones de La Granja, cordero asado, milhojas de crema. Precio medio 30 €.

Hoteles

**** **Husa Arcipreste de Hita.** Ctra. N-601, km 12. ☎ 918 560 125. www.hotelhusaarciprestedehita.com P
Hab. 38: 60/148 €. Bungalows: 7. Consutar ofertas. Frente al Camino de Santiago. Restaurante EL MIRADOR DE NAVACERRADA.
*** **La Barranca.** Valle de la Barranca, s/n. ☎ 918 560 000. www.hotellabarranca.com P
Hab. 40: 68/123 €. En la Sierra de Guadarrama. Dentro del parque regional de la cuenca del Manzanares. Senderismo, montañismo. Próximo a las pistas de esquí. Restaurante LA MALICIOSA.
*** **Nava Real.** Huertas, 1. ☎ 918 531 000. www.hotelnavareal.com P
Hab. 16: 56/63 €. Céntrico. Decoración personalizada.

Navalcarnero (Madrid)

40 • A-3

A MADRID, 31 KM. ALT. 671 M. POB. 24.553. 918 101 142.
GPS (40° 17' 15''N-4° 0' 54"O).

Fiestas: 15 de mayo: San Isidro. Del 1 al 15 de septiembre: Patronales.
Visitar: Iglesia parroquial, s. XVI (Bien de Interés Cultural). Plaza de Segovia, Bien de Interés Cultural y Premio Europa Nostra 2001. Centro de Interpretación de Navalcarneno. Parque y Museo de Feliciano Hernández. Museo del Vino. Casa de La Lonja. Parque histórico de S. Sebastián. Mesones típicos castellanos y vinos con D.O. Vinos de Madrid.
Alrededores: BATRES, a 13 km: Castillo del s. XIII, del que sobresale la puerta.

Restaurantes

Hostería de las Monjas. De la Iglesia, 1. ☎ 918 111 819. www.hosteriadelasmonjas.com
Cierra noches de martes a jueves, lunes y segunda quincena de julio. Edificio del s. XVI. Asadillo de pimientos con ventresca de atún, asados castellanos, tarta de las monjas. Precio medio 40 €.

Navalmoral de la Mata (Cáceres) 47 • C-1

A CÁCERES, 120 KM; MADRID, 180 KM. ALT. 269 M. POB. 17.220. 927 532 328.
GPS (39° 53' 31''N-5° 32' 40"O).

Fiestas: Febrero: Carnavales. Septiembre: Feria de S. Miguel. 15 de septiembre: Virgen de Las Angustias. 30 de noviembre: S. Andrés.
Visitar: Iglesia de S. Andrés s.s XV-XVI. Ermita de Las Angustias s.s XV - XVI. Casa Comillas, s. XVIII. Museo Arqueológico Fundación Concha. Biblioteca y Escuelas Concha.
Alrededores: BELVIS DE MONROY: Castillo, s. XV. A 30 km, Comarca de la Vera. A 33 km, Sierra de Gredos. A 20 km, Parque Natural de Monfragüe. A 15 km, ruinas del Templo Romano de Augustóbriga.

Restaurantes

Los Arcos de Baram. Regimiento de Argel, 6. ☎ 927 533 060. www.arcosdebaram.com
Criadillas de tierra, paletilla de cabrito asada, tarta de queso. Menú 12 €. Precio medio 32 €.

Navarredonda de Gredos (Ávila) Ver Gredos-Navarredonda de. 39 • B-3

Navia (Asturias) 3 • A-2

A OVIEDO, 108 KM; MADRID, 549 KM. ALT. NIVEL DEL MAR. POB. 9.118. 985 473 795
GPS (43° 32' 22''N-6° 43' 26"O).

Fiestas: 16 de agosto: Descenso a nado de la Ría de Navia. 14 al 17 de agosto: Santa María de La Barca, San Roque y La Jira. Del 6 al 10 de septiembre: La Atalaya, en Puerto de Vega.
Visitar: Casco antiguo. Iglesias: Ntra. Sra. de La Barca; Sta Marina de la Vega. Palacios: Arias y Casadoiro. Museo Juan Pedro Villanit. Muralla medieval. Playas: Miradores, Vega de Arenas. Ría de Navia.
Alrededores: Playas de Frejulfe, Monumento Natural y de Barayo, Reserva Natural. Monumento al emigrante.

Restaurantes

Blanco. (H. BLANCO). La Colorada, s/n. ☎ 985 630 775. www.blancorestaurante. net P
Agradable complejo hotelero en el que el restaurante, perfectamente individualizado del resto, ofrece una cocina de tintes actuales. Tronco de pixín con pulpo en cebolla confitada, milhojas de chocolate blanco con helado de romero. Menú 18 €. Precio medio 40 €.

Hoteles

*** **Blanco.** La Colorada, s/n. ☎ 985 630 775. www.hotelblanco.net P SPA
Hab. 60: 32/108 €. Suites: 2. Consultar ofertas. Próximo a la playa Frejulfe y a la Reserva Barayo.

Neguri (Vizcaya) Ver Getxo/Guecho. 5 • E-3

Nerja (Málaga) 78 • B-2

A MÁLAGA, 52 KM; MADRID, 551 KM. ALT. 21 M. POB. 21.811. 952 521 531.
GPS (36° 45' 30''N-3° 53' 17"O).

Fiestas: 16-17 de enero: Fiesta de S. Antón, en Maro. Carnaval. 15 de mayo: Romería a la ermita de S. Isidro. 23 de junio Noche de S. Juan. Julio: Festivales de la Cueva de Nerja. 16 de julio: Ntra. Sra. del Carmen. Ofrenda de los pescadores, procesión marítima y gran quema de fuegos artificiales. 27 de agosto: Día del Turista. Del 7 a 9 de septiembre: Ntra. Sra. de Las Maravillas, en Maro. Septiembre y octubre: Concurso de cante flamenco. Del 9 a 12 de octubre: Ntra. Sra. de Las Angustias y S. Miguel Arcángel, feria. Fiesta Fin de Año, "Balcón de Europa". Pastorales.
Visitar: Iglesia de El Salvador, s. XVII. Cueva de Nerja. Ermita de la Virgen de Las Angustias, frescos del s. XVII. Balcón de Europa. Acueducto del Águila. Parque Verano Azul, con réplica de La Dorada. Playas.
Alrededores: VÉLEZ-MÁLAGA: Iglesia de La Encarnación, s. XVI. Convento de S. Francisco, claustro. Casa Consistorial, s. XVI. Morro de Trajamar: Tumbas púnicas y fenicias, s. X a.C. FRIGILIANA, a 6 km: Conjunto morisco-mudéjar. TORROX: Iglesia. Faro de Torrox. Villa romana y termas en Conejito. Parque Natural Tejeda-Alhama-Almijara y acantilados de Maro.

Restaurantes

Casa Luque. Pza. Cavana, 2. ☎ 952 521 004. www.casaluque.com
Cierra domingo al mediodía, miércoles, enero y primera semana de febrero. Ajo blanco de habas con manzana, moraga de sardinas, canutillos de ajonjolí. Menú 18 €. Precio medio 25 €.
®**Jacky.** Chaparil, s/n. ☎ 952 521 138. www.restaurantejacky. blogspot.com
Cierra al mediodía excepto domingo; domingo noche y lunes, excepto verano. En su nueva ubicación las creaciones de la casa siguen triunfando. **Foie-gras caliente y manzanas reinetas con salsa de trufas, crepes María Luisa.** Precio medio 30 €.
Sollun. Almirante Ferrandiz, 53. ☎ 952 525 982. www.sollunrestaurante.com
Cierra domingo. Toque personal y mediterráneo de Juan Quintanilla. Crema de jamón ibérico y emulsión de pimentón de la Vera, cochinillo confitado con crema de castañas, arroz con leche 2010. Precio medio 40 €.
Udo Heimer. (Urb. Nueva Nerja). Andalucía, 27. ☎ 952 520 032. www.udoheimer. net P
Cierra al mediodía, miércoles y enero. Dirigido por su propietario Udo Heimer y esposa Montserrat. Tronco de merluza con aceite de hierbas, frutas maceradas al brandy. Precio medio 45 €.

Hoteles

**** **Balcón de Europa.** Pº Balcón de Europa, 1. ☎ 952 520 800. www.hotelbalconeuropa.com P
Hab. 90: 72/171 €. Suites: 20. En el mismo centro, próximo a zona comercial. Con acceso directo a la playa e increíbles vistas panorámicas de la costa.
**** **Mainake.** (En TORRE DEL MAR, VELEZ-MÁLAGA). Los Fenicios, s/n. ☎ 952 547 246. www.hotelmainake.com P SPA
Hab. 40: 60/125 €. Suites: 2. A 100 m de la playa y paseo marítimo.
**** **Parador de Turismo.** Almuñécar, 8. ☎ 952 520 050. www.parador.es P
Hab. 96: 135/342 €. Suites: 22. Se puede bajar en ascensor (semipanorámico) a la playa. Todas las habitaciones (excepto 6) con terraza sobre el Mediterráneo. Restaurante EUROPA. La cocina regional brilla en la preparación de los pescados.
**** **Perla Marina.** Mérida, 7. ☎ 952 523 350. www.hptelperlamarina.com P SPA
Hab. 198: 61/158 €. Apartamentos: 20. Suites: 9. Primera línea de playa.

Niembro (Asturias) Ver Llanes. 4 • C-3

Nigrán (Pontevedra) 17 • C-1

A PONTEVEDRA, 54 KM; MADRID, 594 KM. ALT. NIVEL DEL MAR. POB. 18.021. 986 368 734.
GPS (42° 8' 33"N-8° 47' 38"O).

Fiestas: 1 de mayo: Fiesta del caballo. 23 al 25 de junio: S. Juan. 25-26 de julio: Santiago y Sta. Ana. 16 de julio: El Carmen.
Visitar: Arco visigótico de Panxón, s. VII, puente románico de S. Pedro de la Ramallosa, s. XIII, pazos y casas solariegas de los s.s XII - XVI. Templo Votivo del Mar, obra de Antonio Palacios. Playa América de 1.700 m de longitud.
Alrededores: BAIONA, a 5 km. VIGO, a 15 km. Miradores de Monteferro (Panjón) y Virgen de la Roca (Baiona).

Restaurantes

Angelito. (En PLAYA AMÉRICA). Avda. Playa América, 6. ☎ 986 350 208. www.restauranteangelito.com
Cierra del 1 de noviembre al 15 de junio. Agradable terraza frente a la playa. Empanada de xoubas, pescados del día, cañitas rellenas. Precio medio 29 €.
Arealoura. (En PLAYA AMÉRICA). Avda. Playa América, 60. ☎ 986 350 908.
Cierra lunes y noviembre. Vistas al mar. Arroces, pescados del Cantábrico, carnes de Galicia, cañitas rellenas. Menú 12 €. Precio medio 25 €.
® **Los Abetos.** Avda. Val Miñor, 89. ☎ 986 383 028. www.losabetos.com
Un clásico, cerca de las playas de Nigrán. Manda la calidad de sus **asados**, que se complementan con platos de una cocina basada en la despensa del país y recetas contrastadas, como la **merluza al albariño**. Precio medio 35 €.

Hoteles

Pazo da Touza. (En CADOS-NIGRÁN). Rua dos Pazos, 119. ☎ 986 383 047. www.pazodatouza.info
Hab. 7: 85/95 €. Suites: 1. Cierra enero. En un edificio del s. XVI, reformado en estilo barroco en el s. XVIII.

Noalla (Pontevedra) Ver Sanxenxo. 7 • C-3

Noja (Cantabria) 5 • C-3

A SANTANDER, 43 KM; MADRID, 420 KM. ALT. 10 M. POB. 2.635. 942 630 306.
GPS (43° 28' 52''N-3° 31' 21"O).

Fiestas: 23-24 junio: S. Juan. 29 junio: S. Pedro, patrón. 16 de julio: Virgen del Carmen. 6 de agosto: Carnaval de Verano. 30-31 de agosto: San Emeterio y San Celedonio.
Visitar: Iglesia de S. Pedro, s. XVII de estilo gótico transmerano. Palacios: S. Jerónimo, s. XVIII; Marqués de Albaicín, s. XVI; Marqués de Velasco, s. XV y Garnica, s. XVII. Ermitas de S. Juan y de S. Pedruco. Puente medieval. Playas de Ris y Trengandín. Isla de S. Pedruco. Marismas de Victoria y de Joyel. Grupo Pedroso, casas típicas. Reserva Natural.
Alrededores: SANTANDER. Nacimiento del río Asón. Cuevas del Soplao. Valles Pasiegos.

Hoteles

**** **Viadero.** Avda. Santander, 10. ☎ 942 630 278. www.viadero.com
Hab. 63: 54/214 €. Suites: 6. Consultar cierre. Restaurantes PEPITA.
**** **Gran Hotel Liber & Spa Playa Golf.** Avda. Santos Mártires, s/n. ☎ 942 631 461. www.hotelespelayo.com
Hab. 117: 68/240 €. Suites: 3. Consultar cierre y ofertas. Próximo a la playa y al campo Nova Golf. Inaugurado en 2008. Restaurante LA MAREA.

Nucia, La (Alicante) Ver Benidorm. 60 • D-4

Nuévalos-Monasterio de Piedra (Zaragoza) 32 • E-3

A ZARAGOZA, 120 KM; MADRID, 231 KM. ALT. 714 M. POB. 361.
GPS (41° 12' 42''N-1° 47' 28"O).

Fiestas: 20 de enero: San Sebastián. 28-29 de agosto: Ntra. Sra. de Los Alvares.
Visitar: Conjunto turístico formado por el Parque Natural del Monasterio de Piedra, que acoge densos bosques de ribera, en el que existen muchas especies de animales y plantas, y donde se puede visitar, en la parte baja del parque, el Centro de Interpretación de Fauna Piscícola en un audiovisual tridimensional. El Monasterio de Piedra posee un magnífico Monasterio Cisterciense del s. XII donde el visitante conocerá, a través de una visita guiada, las dependencias de dicho Monasterio, tales como el Museo del vino y las costumbres y modo de vida de los monjes. En el antiguo conjunto monasterial del s. XII está ubicado "El Monasterio de Piedra-Hotel".
Alrededores: JARABA, a 17 km: Balnearios. ALHAMA DE ARAGÓN, a 25 km: Balnearios.

Restaurantes

Las Truchas. (H. LAS TRUCHAS). Ctra. Monasterio de Piedra, s/n. ☎ 976 849 040. www.hotellastruchas.com
Con 38 habitaciones. Junto al Monasterio de Piedra. Alcachofas a la brasa, paletilla de ternasco, tartas variadas. Precio medio 25 €.
Río Piedra. (H. RÍO PIEDRA). Ctra. Monasterio de Piedra, 1. ☎ 976 849 007. www.hotelriopiedra.com
Cierra del 7 de enero al 7 de febrero. Con 23 habitaciones. Cocina regional evolucionada junto al embalse de la Tranquera. Vieiras en carpaccio, cochinillo crujiente con manzana confitada, bizcocho de chocolate caliente con corazón fluido de avellana. Menú 16 €. Precio medio 30 €.

Hoteles

***** **Gran Hotel Cascada.** (En ALHAMA DE ARAGÓN, a 25 km). Avda. de la Constitución, 20. ☎ 902 930 938.
Hab. 24: 185/229 €. Suites: 1. Consultar cierre. Restaurante LA GASTROTECA DEL BALNEARIO.
*** **Balneario Termas Pallares.** (En ALHAMA DE ARAGÓN, a 25 km). Constitución, 20. ☎ 902 930 938. www.termaspallares.com
Hab. 144: 110/185 €. Suites: 2. Consultar cierre y ofertas. Alberga un lago termal único en Europa. Restaurante EL BALNEARIO.
*** **Monasterio de Piedra.** Ctra. Monasterio de Piedra, s/n. ☎ 902 196 052. www.monasteriopiedra.com
Hab. 62: 73/136 €. Consultar ofertas. Situado en el Parque Natural. Enclavado en el antiguo monasterio cisterciense del s. XII. Las habitaciones, con todas las comodidades, son las antiguas celdas de los monjes con magníficas vistas. Restaurante REYES DE ARAGÓN, cocina regional, internacional y de vanguardia.

Oiartzun/Oyarzun (Guipúzcoa) 6 • D-3

A SAN SEBASTIÁN, 12 KM; MADRID, 481 KM. ALT. ENTRE 330 Y 837 M. POB: 9.846. 943 494 521
GPS (43° 17' 56''N-1° 51' 33"O).

Fiestas: 2-3 de junio: Loriartzun, fiesta de flores y plantas. Del 2 al 6 de agosto: S. Esteban. 21 de diciembre: Sto. Tomás.
Visitar: Iglesia de S. Esteban, de estilo gótico mixtificado. Casa Torre Iturrioz. Casco antiguo. Monumentos megalíticos. Antigua ruta del ferrocarril. Parque Natural de Aiako Harria.
Alrededores: Comarca de Oarsoaldea. ERRENTERÍA: Fuerte de Pasaia: Casa-museo Víctor Hugo.

Restaurantes

Carmen. (En LEZO, a 4 km). Herriondo Bailara, 1. ☎ 943 526 690. www.carmenjatetxea.com P
Cierra domingo noche y lunes. En una típica casa de comidas, corona de alcachofa frita con foie-gras fresco, bonito marinado con cebolla caramelizada, torrija. Precio medio 25 €.

☼☼☼ **Mugaritz.** (En RENTERÍA, a 3 km). (Autovía A-8, Oiartzun-Errentería Este). Aldura Aldea, 20.
☎ 943 518 343. www.mugaritz.com P
Cierra domingo noche, martes al mediodía, lunes, una semana en abril, y del 19 de diciembre al 18 de enero. Restaurante de culto y no sólo en los aspectos decorativos. Las creaciones de Andoni Luis Aduriz, cocinero mítico, se han despojado de formalismos y se han vinculado con el entorno. **Longueirones con jugo de alubias negras perfumado con aceite de canela**. Postres portentosos. **Frutos rojos del jardín embebidos de una decocción de hojas de naranjo**. El servicio es el no va más del perfeccionismo. Carta de vinos apasionante. Precio medio 150 €.

Patxiku-enea Erretegia. (En LEZO, a 4 km). Goiko Bailara, 6. ☎ 943 527 545. www.patxiku-enea.com
P
Cierra domingo noche, miércoles, 15 días en febrero y unos días entre octubre y noviembre. Un asador de carnes y pescados de calidad, que arrasa en afluencia de publico. Así mismo, ofrece una cocina popular con toques distinguidos. Precio medio 40 €.

☼☼☼ **Zuberoa.** (Ctra. A-8 salida 3). Pza. Bekosoro, 1. ☎ 943 491 228. www.zuberoa.com
P
Cierra domingo, miércoles, del 1 al 15 de enero, del 15 al 30 de abril y del 13 al 29 de octubre. Su propietario y cocinero, Hilario Arbelaitz, sin perder nunca identidad, ha sabido estar siempre de moda seguramente por no pretenderlo. **Sardinas asadas en tartaleta de tomate a la albahaca y ensalada de idiazábal, lomos de salmonetes sobre endibias al vapor y calabaza a la naranja**. Postres así mismo de altísimo nivel, como **pomelo, vainilla y chocolate**. Servicio inmaculado. Su terraza cubierta, un plus de placer. Precio medio 80 €.

Hoteles

**** **Usategieta.** Maldaburu Bidea, 15. ☎ 943 260 530. www.hoteliusategieta.com F
Hab. 12: 79/139 €. Suites: 1. Consultar ofertas. En la Peña de Aia.

*** **Lintzirin.** Ctra. N-I, km 469. ☎ 943 492 000. www.hotellintzirin.com P
Hab. 125: 51/94 €. Restaurante, con cocina vasca cuidada.

Oleiros (A Coruña) Ver A Coruña. 1 • F-3

Oleiros-Ribeira (A Coruña) Ver Santa Uxia de Ribeira. 7 • C-2

Olesa de Montserrat (Barcelona) Ver Terrassa. 25 • C-4

Olias del Rey (Toledo) Ver Toledo. 48 • D-1

Olite (Navarra) 12 • E-4

A PAMPLONA, 41 KM; MADRID, 336 KM. ALT. 380 M. POB. 3.607. 948 741 703.
GPS (42° 28' 52''N-1° 39' 10"O).

Fiestas: 20 de mayo: Romería a la ermita de Sta. Brígida. Agosto: Fiestas medievales. Julio y agosto: Festival de Teatro Clásico. 26 de agosto: Festividad Virgen del Cólera. 14 de septiembre: Patronales del Cristo de La Buena Muerte, se inician la víspera con el disparo del cohete anunciador. Todos los días se celebran encierros de reses bravas y espectáculos taurinos.
Visitar: Palacio Real de Olite, obra del rey Carlos III, en su interior destacan la Torre del Homenaje, la Torre de Las Tres Coronas o la Torre de los Cuatro Vientos. El Parador, al pie de la alta torre de las Cigüeñas, constituye la parte más antigua. En arquitectura religiosa, destaca la Iglesia de S. Pedro, claustro románico y torre gótica, única en su genero. Iglesia de Sta. María. Galerías medievales en la plaza de Carlos III el Noble. Museo del Vino y de la Viña. Bodegas. Ruta del Vino.
Alrededores: S. MARTÍN DE UNX. Monasterio de La Oliva. Laguna de Portillas y Ujue.

Restaurantes

®**Casa Zanito.** Mayor, 10. ☎ 948 740 002. www.casazanito.com
Cierra lunes y martes, excepto julio y agosto; domingo noche, y del 15 de diciembre al 15 de enero. En el casco antiguo de la capital de los Reyes de Navarra sigue sorprendiendo este restaurante fundamental en Olite, reformado con gusto por la tercera generación de propietarios, donde disfrutar una materia prima navarra de calidad. Precio medio 45 €.

Villa Marcilla. (En MARCILLA, a 20 km). Estación, s/n. ☎ 948 713 737. www.villamarcilla.es P
Cierra noches domingo a jueves; y 15 días en julio. Antigua casa de campo. Timbal de borrajas con almejas, solomillo al Pedro Ximénez, bizcocho templado de chocolate. Menú 12 €. Precio medio 35 €.

Hoteles

**** **La Joyosa Guarda.** Rua de Medios, 23. ☎ 948 741 303. www.lajoyosaguarda.com P
Hab. 24: 108/155 €. Suites: 3. Consultar cierre y ofertas. Casa palacio del s. XVIII, totalmente restaurada.

*** **Parador de Turismo.** Pza. de los Teobaldos, 2. ☎ 948 740 000. www.parador.es
Hab. 43: 134/194 €. Consultar ofertas. Ocupa, en parte, el palacio-castillo de Carlos III El Noble. Restaurado a principios de s. XX. Restaurante con comida típica navarra.

Oliva (Valencia) 60 • D-3

A VALENCIA, 76 KM; MADRID 424 KM. ALT. NIVEL DEL MAR. POB. 28.419.
GPS (38° 55' 9"N-0° 7' 26"O).

Fiestas: Del 15 de 19 de marzo: Fallas. Del 1 al 3 de mayo: Cristo de S. Roque. 18-19 de junio: Feria y Fiestas Mayores. Del 15 al 18 de julio: Moros y Cristianos.
Visitar: Iglesias de S. Roque y Sta. María. Museos de La Ilustración, Etnológico y Arqueológico; Museo de Vicente Parra. Horno romano. Playas. Parque Natural Marjal de Pego-Oliva.
Alrededores: Alquería de la Condesa. Fuente Encarroz. PILES y VILLALONGA.

Restaurantes

Kiko Port. (En PLAYA DE OLIVA, a 2 km). Pomer, s/n. ☎ 962 856 152. www.kikoport.es
Espectacular terraza frente al puerto deportivo. Gran oferta de arroces, también pescados de la costa, carnes para los carnívoros y calabaza al horno con helado de leche para terminar. Precio medio 30 €.
Mistral. (Camino Las Minas). Partida Elca, s/n. ☎ 962 855 349. www.mistraloliva.com
Cierra al mediodía en julio y agosto, noches de septiembre a junio, lunes, del 1 al 15 de febrero y del 15 al 31 de octubre. Rodeado de pinos y naranjos. Pastelitos de gambas y acelgas, arroces, crema tostada de naranja. Precio medio 30 €.

Hoteles

**** **Molí Canyiset.** Ctra. Font D'En Carós - Beniajó, s/n. ☎ 962 833 217.
Hab. 17: 145 €. Instalado en un antiguo molino de arroz del s. XVIII. Confort y exquisita decoración. Restaurante LA VERONNE.

**** **Oliva Nova Golf.** Urb. Oliva Nova. Dalí, 4. ☎ 962 857 600. www.olivanova.com
Hab. 242: 80/220 €. Consultar ofertas. Atractivo conjunto de instalaciones entre jardines. En primera línea de playa. Restaurantes COLUMBUS, EL OLIVO y EL GIARDINO.

Olivenza (Badajoz) 55 • A-4

A BADAJOZ, 24 KM; MADRID, 427 KM. ALT. 268 M. POB. 11.852.
GPS (38° 41' 2"N-7° 6' 9"O).

Fiestas: 6-7 de marzo: Feria taurina. 23-24 de junio: Muñecas de S. Juan. Del 10 al 15 de agosto: Fiestas y ferias.
Visitar: Ciudadela medieval y Castillo. Iglesia de Sta. María Magdalena y del Castillo. Capilla del Espíritu Santo (Santa Casa de Misericordia). Puerta manuelina del Ayuntamiento. Museo Etnográfico Extremeño.
Alrededores: Frontera con Portugal.

Restaurantes

®**Arteaga.** (H. PALACIO DE ARTEAGA). Moreno Nieto, 5. ☎ 924 491 129. www.palacioarteaga.com
Palacete de finales del s. XIX. **Arroz con boletus y retinto, presa ibérica con pastel de patatas y puré de dátiles, tarta de chocolate**. Precio medio 30 €.
Dosca. Pza. Constitución, 15. ☎ 924 491 065. www.hoteldosca.com
Cierra octubre. Bacalao con espinacas, escalopines de retinto empanados, flan. Menú 12 €. Precio medio 25 €.

Hoteles

**** **Palacio Arteaga.** Moreno Nieto, 5. ☎ 924 491 129. www.palacioarteaga.com
Hab. 23: 70/140 €. Suite: 1. Consultar ofertas. Casa Palacio del s. XIX. Restaurante ARTEAGA.
*** **Heredero.** Ctra. Badajoz-Olivenza, km 23,7. ☎ 924 490 835. www.hotelheredero.net
Hab. 152: 56/150 €. Consultar ofertas. Restaurante PUENTE AYUDA.

Ollauri (Rioja, La) 11 • F-4

A LOGROÑO, 40 KM; MADRID, 336 KM. ALT. 493 M. POB. 321.
GPS (42° 32' 31''N-2° 50' 4"O).

Fiestas: 10-11 de diciembre: Sta. Eulalia, patronales. Último fin de semana de agosto: Acción de Gracias.
Visitar: Iglesia de El Salvador. Casas palaciegas. Casco Antiguo. Parque junto al río Zamaca. Monte Mendigüerra. Bodegas, rutas entre viñedos. Senderismo.
Alrededores: A 3,5 km: HARO. A 16 km : STO. DOMINGO DE LA CALZADA. A 22 km: SAN MILLÁN y los Monasterios de Yuso y Suso. BRIONES. Cerro Churrumedi.

Restaurantes

El Conde. (Bodega Paternina). Sol de la Cabra, s/n. ☎ 941 338 359. www.restaurantelconde.com
Cierra noches de domingo a jueves; y lunes. Dentro de la bodega (s. XVI) Conde de los Andes. Croquetas de calamar en su tinta, carrilleras de ternera con puré de matanza, peras de Rincón con crema de almendras. Precio medio 25 €.

Olmedo (Valladolid) 30 • D-2

A VALLADOLID, 44KM; MADRID 151 KM. ALT. 771 M. POB. 3.845. 🛈 983 623 222.
GPS (41° 17' 19''N-4° 41' 5"O).

Fiestas: 5 de febrero: Sta. Águeda. 29 al 30 de septiembre: S. Miguel y S. Jerónimo. 10 de octubre: Virgen de la Soterraña.
Visitar: Iglesias mudéjares: de S. Andrés, S. Miguel y La Soterreña. Ntra. Sra. de La Merced Descalza, hoy Centro de Artes Escénicas San Pedro. Iglesia de Sta. María del Castillo, gótica s. XVI. Museo Palacio Caballero de Olmedo. Parque Temático del Mudéjar.
Alrededores: MEDINA DEL CAMPO: Castillo de la Mota. TORDESILLAS: Convento de Sta. Clara.

Restaurantes

La Cueva de Fabia. Arco de la Villa, s/n. ☎ 983 600 940.
Cierra noches de domingo a martes, excepto festivos. Bodega subterránea antigua. Además de la cocina típica castellana, pinchos ganadores en varios certámenes. Bacalao al horno con crema de piñones, bol de frutas de temporada con mousse de queso fresco. Menú 12 €. Precio medio 25 €.

Hoteles

**** **Balneario Villa de Olmedo.** Pago de Sancti Spiritus, s/n. ☎ 983 600 237. www.balneariovilladeolmedo.com
Hab. 82: 129/182 €. Suites: 3. Consultar ofertas. Claustro termal y patio mudéjar. Aguas mineromedicinales. Restaurante EL HONTANAR. Cocina castellana.

Olost (Barcelona) 25 • D-2

A BARCELONA, 85 KM; MADRID, 618 KM. ALT. 669 M. POB. 950.
GPS (41° 59' 8"N-2° 5' 40"E).

Visitar: Castillo de Olost. Iglesia Catedral del Lluçanés.
Alrededores: SANTA CREU DE JOTGLAR: Iglesia.

Restaurantes

Fonda Sala. Pza. Mayor, 17. ☎ 938 880 106. www.fondasala.com
Cierra noches de domingo y lunes; martes, tres semanas en septiembre y una en Navidad. Antoni Sala es el protagonista de la larga y feliz andadura de esta casa, cuya referencia es el excelente producto seleccionado rigurosamente en función de la estación. **Ensalada de manitas de cerdo con judías del Ganxet, rodaballo al horno**. Precio medio 50 €.

Olot (Girona) 25 • F-1

A GIRONA, 54 KM; MADRID, 661 KM. ALT. 440 M. POB. 33.524. 972 260 141.
GPS (42° 10' 55''N-2° 29' 13"E).

Fiestas: Diciembre: Mercat de Nadal. Diciembre y enero: Muestra de Pesebres. Febrero: Fiesta del Trigo Sarraceno. Marzo: Carnaval. Feria del Embutido. 1 de mayo: Feria del 1º de Mayo. 8 de septiembre: Fiesta Mayor Fiestas del Tura, patronales. 18 de octubre: Feria de St. Lluc y feria del Dibuix.
Visitar: Parque Municipal-Jardín Botánico, que alberga en su recinto el Museo de los Volcanes. Museo Comarcal de la Garrotxa, con pintura de la Escuela de Olot y salas Clarà y Blay de escultura. Casa Museo Trincheria. Museo de los Santos. La característica que la tipifica es el vulcanismo, siendo el Parque Natural de la Zona Volcánica de la Garrotxa uno de los más importantes de Europa. Volcán Montsacopa, mirador natural de la ciudad.
Alrededores: Fuentes de St. Roc, Les Tries, La Moixina, Prats de la Mandra a orillas del río Fluviá, parajes que han inspirado una importante escuela de pintura. A 8 km: Volcanes. BESALÚ y SANTA PAU: pueblos medievales.

Restaurantes

La Deu. La Deu, s/n. ☎ 972 261 004. www.ladeu.es
Cierra domingo y festivos noche. A cargo de la familia Reixach. Alubias con butifarra, carbonada volcánica, crujiente de alfarfón. Menú 12 €. Precio medio 40 €.
Les Cols. (Mas Les Cols). Ctra. de la Canya, s/n. ☎ 972 269 209. www.lescols.com
Cierra martes noche, lunes, domingo, festivos, del 1 al 20 de enero, y del 25 de julio al 14 de agosto. En un marco de espectacular diseño, la culinaria de Fina Puigdevall sobresale por una prudente modernidad, cuya base son los productos locales y cuyo concepto deriva de la tradición. **Huevo escalivado, espalda de cordero de Farró miel y requesón**. Precio medio 70 €.

Hoteles

**** **Riu Olot.** Ctra. Santa Pau, s/n. ☎ 972 269 444. www.riu.com
Hab. 32: 70/110 €. Suites: 4.
*** **Borrell.** Notari Nonet Escubós, 8. ☎ 972 276 161. www.hotelborrell.com
Hab. 24: 50/80 €. Consultar cierre y ofertas. Céntrico. Dentro del Parque Natural de la Garrotxa.
*** **Perla d'Olot.** Avda. Santa Coloma, 97. ☎ 972 262 326. www.laperlahotels.com
Hab. 12: 40/91 €. Apartamentos: 24. Suites: 6. Consultar cierre. En el Parque Natural de la zona volcánica de La Garrotxa. Restaurante LA PERLA.

Ondara (Alicante) Ver Dénia. 60 • E-3

Ontinyent/Onteniente (Valencia) 60 • B-3

A VALENCIA, 86 KM; MADRID, 390 KM. ALT. 359 M. POB. 37.735. 962 916 090.
GPS (38° 49' 14''N-0° 36' 42"O).

Fiestas: Agosto: Moros y Cristianos en honor al Santísimo Cristo, de Interés Turístico. El momento más espectacular es la "Entrada" de los bandos de Moros y Cristianos. Entre noviembre y diciembre: Fiestas de la Purísima bailes tradicionales y Bou en Corda.
Visitar: Barrio Medieval La Vila, Conjunto Histórico Artístico. Iglesia Arciprestal de Sta. María, iniciada en el s. XIII, sobre la antigua mezquita. Templo gótico de una sola nave ojival, el más alto de la Comunidad Valenciana. Colegio La Concepción, biblioteca de más de 11.000 ejemplares, con obras de los s.s XVII y XVIII. Museos de Ciencias Naturales, Fester y Arqueológico Maova.
Alrededores: BOCAIRENTE, a 9 km: Cuevas de arte rupestre y plaza de toros, tallada en la roca. Paraje Natural El Pou Clar, a 2 km. Ermita de St. Esteve, a 6 km. Fuente de Gamellons, a 18 km.

Restaurantes

El Cancell. (En BOCAIRENT, a 9 km). (H. L'ÁGORA). Sor Piedad de la Cruz, 3. ☎ 962 355 038. www.elcancell.com
Cierra noches de domingo a jueves. Con 8 habitaciones. Especialidad en arroces. Para abrir boca pericana de Bocairent y como final, semi frío de turrón. Menú 11 €. Precio medio 25 €.
Ⓡ **El Tinell de Calabuig.** José Melchor Gomis, 23-25. ☎ 962 915 048.
Cierra noches de lunes y martes; domingo, Semana Santa, primera quincena de agosto y segunda semana de octubre. Guiños creativos que Rafa Calabuig combina con una culinaria de raíces. **Calamar con blanquet, arroz con perdiz, torrijas con helado de mantecado**. Menú 15 €. Precio medio 30 €.
Ferrero - Francisco Morales. (En BOCAIRENT, a 9 km). (H. FERRERO). Ctra. CV-81, Bocairent-Villena, km 16. ☎ 962 355 175. www.hotelferrero.com
Cierra miércoles noche en invierno; domingo noche, lunes, martes y enero. Paco Morales presenta una carta que denota el saber en técnicas y productos - muchos de su propia huerta- y el resultado es una culinaria de alto voltaje. En cuestión de vinos, sienta cátedra. **Alcachofas salteadas con yema de huevo, puré de berenjenas y ajos tiernos, lubina lacada, láminas de manzana verde**. Precio medio 45 €.
Ⓡ **Julio.** (En FONTANARS DELS ALFORINS, a 18 km). Conde de Salvatierra, 9. ☎ 962 222 238. www.juliorestaurant.es
Cierra noches excepto viernes y sábado; lunes, martes, 10 días después de Semana Santa y tres semanas en noviembre. Afán de hacer bien las cosas, reivindicando siempre el sabor, al alcance de muchos. **Hamburguesa de sepia con chips de verduras, "arròs de putxero", torrija de chocolate y helado de leche merengada**. Menú 9 €. Precio medio 35 €.
Ⓡ **Riberet.** (En BOCAIRENT, a 9 km). Avda. San Blas, 16. ☎ 962 905 323. www.riberet.es
Cierra noches de domingo a jueves, lunes, martes, segunda semana de febrero y dos semanas en julio. Culinaria impregnada de mediterraneidad con gozosos resultados. **Raviolis de setas, foie-gras y hierbas; corvina en suquet, sandía y melón escarchados**. Precio medio 30 €.

Hoteles

***** **Relais & Chateaux Ferrero.** (En BOCAIRENT, a 1 km). Ctra. Onteniente-Villena, km 16. ☎ 962 315 175. www.hotelferrero.com
Hab. 12: 250/280 €. Suites: 9. Desayuno incluido. Admisión de perros, consultar. En la Sierra de Mariola. Restaurante FERRERO BY PACO MORALES.
**** **Kazar.** Dos de Mayo, 117. ☎ 962 382 443. www.hotelkazar.com
Hab. 40: 80/130 €. Suites: 6. Centrico. A 2 km de Pou Clar.

*** **L'Estació.** (En BOCAIRENT). Parc de l'Estació, s/n. ☎ 962 350 000. www.hotelestacio.com

Hab. 13: 79/128 €. Suites: 1. Ofertas y admisión de perros, consultar. Ubicado en una antigua estación de tren. Restaurante LA PARADA.

Oñati/Oñate (Guipúzcoa)

12 • B-1

A SAN SEBASTIÁN, 74 KM; MADRID, 401 KM. ALT. 231 M. POB. 10.743.
GPS (43° 1' 57"N-2° 24' 45"O).

Fiestas: Mayo-junio: Corpus Christi: Procesión en la que interpretan bailes típicos. 9 de septiembre: Fiesta de Ntra. Sra. de Arantzazu. Septiembre: Concurso internacional de perros pastor. 29 de septiembre: Fiestas patronales.
Visitar: Universidad Sancti Spiritus, primera del País Vasco, renacentista del s. XVI, en cuya capilla gótica destaca el retablo plateresco. Iglesia gótica de S. Miguel: Cripta de los Condes de Guevara, Capillas de la Piedad y Ntra. Sra. del Rosario. Magnífico claustro construido sobre el río Ubao. Monasterio de Bidaurreta, s. XVI.
Alrededores: ARANTZAZU, a 9 km: Parque Natural de Aizkorri-Aratz: Santuario de Arantzazu, con obras de Chillida y Oteiza. Cuevas de Arrikrutz (se halló el esqueleto completo del León de las Cavernas).

Restaurantes

®**Zelai-Zabal.** (En ARANTZAZU, a 9 km). Ctra. de Arántzazu, s/n. ☎ 943 781 306. www.zelaizabal.com

Cierra noches en otoño-invierno, domingo noche, lunes y del 23 de diciembre al 15 de febrero. Alberto Elorza ha hecho de su casa familiar una referencia del buen comer. Netamente tradicional pero con visión contemporánea. **Carrilleras de ternera con habitas y galleta de queso**. Postres de enjundia. Precio medio 55 €.

Hoteles

*** **Hotel Santuario de Arantzazu.** A-8 Arantzazu-Oñati. ☎ 943 781 313. www.hospederiaaranzazu.com

Hab. 52: 25/60 €. Suites: 1. Consultar cierre. Puerta de acceso al Parque Natural de Aizkorri. Restaurante HOSPEDERÍA.

Ordizia (Guipúzcoa)

12 • C-1

A SAN SEBASTIÁN, 42 KM; MADRID, 426 KM. ALT. 154 M. POB. 9.732. ℹ 943 882 290.
GPS (43° 3' 14"N-2° 10' 46"O).

Fiestas: Abril: Día del Pastor. 15-16 de mayo: Feria medieval. Del 24 al 27 de julio: Sta. Ana, patronales. Del 5 al 12 de septiembre: Fiestas vascas, con su famoso concurso de quesos de Idiazábal y subasta del ganador. 11-12 de diciembre: Feria de artesanía. 29 de diciembre: Feria especial de Navidad.
Visitar: Iglesia Parroquial Ntra. Sra. de La Asunción, destacan la imagen de Andra Mari y un retablo de 1555. Casa Consistorial. Palacios Barrena, de principios del s. XVII, y Zabala. Escultura de Andrés de Urdaneta, famoso cosmógrafo y marino. Parque público de ocio Oianguren. Centro D`Elikatuz: Centro de Interpretación de la alimentación, nutrición y gastronomía.
Alrededores: Río Oria.

Restaurantes

Martínez. Santa María, 10. ☎ 943 880 641.
Cierra lunes, dos primeras semanas de marzo y primera de agosto. Recién reformado, con buena barra de pinchos. Pencas rebozadas con salteado de hongos, estofado de rabo, helado de idiazábal con grosellas. Menú 12 €. Precio medio 32 €.

Orihuela (Alicante)

67 • D-3

A ALICANTE, 57 KM; MADRID, 416 KM. ALT. 23,6 M. POB: 88.748. ℹ 965 302 747.
GPS (38° 5' 1"N-0° 56' 46"O).

Fiestas: Semana Santa: Canto de la Pasión. En la procesión del Sto. Entierro, desfila el Caballero Cubierto. Destaca la imagen de la Diablesa, de Nicolás de Bussy, de Interés Turístico Nacional. 17 de julio: Fiesta de la Reconquista y de Moros y Cristianos. 8 de septiembre: Virgen de Monserrat. Del 9 al 12 de septiembre: Feria de Ganado.
Visitar: Ciudad Histórico-Artística y Monumental, Colegio de Sto. Domingo, actual Universidad, denominada El Escorial de Levante. **Catedral**, de estilo gótico, con tres portadas de acceso, dos góticas y una renacentista: coro realizado por Juan Bautista Borja y el órgano. En su interior se encuentra el Museo de Arte Sacro. **Palacio Episcopal**, antiguo Hospital del Corpus, barroco, s. XVIII. **Iglesia de Santiago**, s. XV. En 1488 celebraron Cortes los Reyes Católicos. Destaca la portada principal, gótico isabelino del s. XV, portada lateral, barroca, s. XVIII, Capilla Mayor, renacentista, y el grupo escultórico de la Sagrada Familia de Salzillo. Iglesias de las Santas Justa y Rufina, gótica, s. XIV. **La Torre**, gótico levantino, la pila bautismal, retablo de S. Antonio y el Tabernáculo. Palacios Nobles: La Granja, Marqués de Rafal, Barón de la Linde, etc. Sala-Museo de S. Juan de Dios, que alberga el Museo Arqueológico y una sala de exposiciones temporales. Museo de Arte Sacro, colección de cuadros de los s.s XVI, XVII y XVIII, entre los que destaca La Tentación de Sto. Tomás de Velázquez, y cuadros de Vicente López. Museo de Semana Santa. Museo de la Reconquista, exposición de los trajes de las Fiestas de Moros y Cristianos. Museo de la Muralla. Casa-Museo Miguel Hernández.
Alrededores: La Huerta de Orihuela y sus magníficas playas. La Sierra de Orihuela.

Restaurantes

Cabo Roig. (ORIHUELA-COSTA). (Urb. Cabo Roig). Torreón, s/n. ☎ 966 760 175.
www.infonegocio.com/restaurantecaboroig
Precioso emplazamiento junto a una antigua torre vigía (bodega-museo) visitable y sobre el mar. Pecio medio 35 €.

Hoteles

**** **La Zenia C.B.** Urb. La Zenia, Pº del Mar, s/n. ☎ 966 760 200. www.servigroup.es

Hab. 220: 72/144 €. Suites: 1. Admisión de perros, consultar. En primera línea de playa.

**** **Meliá Palacio de Tudemir.** Alfonso XIII, 1. ☎ 966 738 010. www.hotelpalaciodetudemir.com

Hab. 50: 57/150 €. Antiguo Palacio de mediados del s. XVIII, exquisitamente restaurado. Restaurante LOS HOSTALES.

Orio (Guipúzcoa)

6 • C-4

A SAN SEBASTIÁN, 21 KM; MADRID, 476 KM. ALT. 11 M. POB. 5.026. ℹ 943 830 904.
GPS (43° 16' 41''N-2° 7' 40"O).

Fiestas: 29 de junio: S. Pedro. 6 de diciembre: S. Nicolás de Bari. Tercera semana de julio: Fiesta del Besugo.
Visitar: Casco histórico del s. XIII. Monumento Histórico. Iglesia de S. Nicolás de Bari. Ermita de S. Martín de Tours. Localidad marinera con puerto. Playa de Antilla y de Oribarzar. Parque Natural de Pagoeta. Centro de Interpretación del Camino de Santiago.
Alrededores: Ferrería y molino de Agorregi. AIA. ZARAUTZ.

Restaurantes

Asador San Martín. Bº. San Martín, s/n. ☎ 943 580 058. www.asadorsanmartin.com P
Cierra noches de lunes a jueves, excepto verano; domingo noche, segunda quincena de octubre y navidades. Con vistas al mar y a la montaña. Verduras, pescados y carnes a la parrilla. De postre, crema de piñones. Precio medio 40 €.

Hoteles

*** **Aisia Orio.** Hondartza Bidea, 1. ☎ 943 894 440. www.aisiahoteles.com P
Hab. 46: 75/117 €. Suites: 4. En primera línea de playa. Centro de Talasoterapia.

Oropesa (Toledo) 47 • E-1

A TOLEDO, 120 KM; MADRID, 148 KM. ALT. 425 M. POB. 2.954. 925 430 201.
GPS (39° 55' 8"N-5° 10' 29"O).

Fiestas: Del 8 al 10 de abril: XII Jornadas Medievales. Del 8 al 10 de septiembre: Ntra. Sra. de Peñitas. 18-19 de septiembre: S. Alonso de Orozco.
Visitar: Restos de murallas. Castillo medieval que perteneció a los Álvarez de Toledo, formado por restos del castillo árabe del s. IX y del castillo cristiano. Iglesias: Ntra. Sra. de la Asunción y S. Bernardo. Conventos: del Recuerdo; la Concepción y la Misericordia. Palacio Viejo o de Doña Elvira y Palacio Nuevo o Condal, s.s XIV-XVI.
Alrededores: LAGARTERA, a 2 km: Famosa por su artesanía del bordado. LA CALZADA DE OROPESA, a 12 km: Iglesia parroquial con frescos de Claudio Coello. EL PUENTE DEL ARZOBISPO, a 13 km: puente del s. XIV. MADRIGAL DE LA VEGA y CANDELEDA: gargantas naturales.

Restaurantes

®**Llares.** (En LAGARTERA, a 2 km). Doctor Fleming, 7. ☎ 925 431 157. www.llares.com
Cierra noches de domingo a jueves, lunes y primera quincena de septiembre. Casa tradicional lagarterana del s. XVIII. **Setas con alioli de miel, lomos de bacalao con puré de puerros, tarta de cuajada**. Precio medio 30 €.
☼☼ **Tierra.** (En TORRICO, a 8 km). (H. VALDEPALACIOS) Ctra. CM-4100, Oropesa-Puente del Arzobispo, km 9. ☎ 925 457 534. www.valdepalacios.es P
Cierra domingo noche, martes al mediodía y lunes. Sorprenden las elegantes instalaciones en medio de un encinar con la sabia cocina de Ismael Delgado, de la escuela de Santi Santamaría (Can Fabes). **Jarrete de ternera con patatas mortero, migas dulces con chocolate y helado de melocotón blanco**. Gran bodega y atención de sala. Precio medio 70 €.

Hoteles

***** **Valdepalacios Hotel Gourmand.** (En TORRICO, a 8 km). Ctra. Oropesa a Puente del Arzobispo, km 9. ☎ 925 457 534. www.valdepalacios.es P
Hab. 25: 200/350 €. En una dehesa de 600 hectáreas. Edificio del s. XIX. Restaurante TIERRA.
**** **Parador de Turismo.** Pza. del Palacio, 1. ☎ 925 430 000. www.parador.es P
Hab. 48: 107/150 €. Suites: 4. Instalado en el antiguo palacio-castillo de Oropesa. Es uno de los más antiguos de la red. Recientemente reformado en profundidad todos los servicios y habitaciones. Retaurante EL SEÑORÍO.

Orpesa/Oropesa del Mar (Castellón de la Plana) 43 • B-4

A CASTELLÓN, 22 KM; MADRID, 440 KM. ALT. 33 M. POB. 11.500. 964 312 320.
GPS (40° 5' 31"N-0° 7' 58"E).

Fiestas: Mayo: Festival Internacional de Títeres. 24 de junio: S. Juan. 25 de julio: S. Jaime. Agosto: Día del Turista; Festival Internacional de Música, ORFIM. 5 de octubre: Virgen de la Paciencia, Fiestas Taurinas.
Visitar: Castillo de Orpesa. Capilla de la Virgen de la Paciencia, s. XVI. Torres defensivas. Oropesa La Vella. Museos de Hierro, del Naipe y Naturhiscope. Puerto deportivo. Playas.
Alrededores: A 4-7 km: Grutas de S. José. A 8 km: VILAFAMÉS. A 16 km: Parque Natural de las Palmas. A 42 km: Parque Natural del Prat de Cabanes-Torreblanca.

Restaurantes

Arrocería de Vicent. Goya, 36. ☎ 964 311 256.
Cierra noches domingo a miércoles en invierno, martes excepto verano. Arroces y pescados de la zona. También asados castellanos y flan de turrón. Precio medio 24 €.
®**Cal Paradís.** (En VALL D'ALBA, a 15 km). Avda. Villafranca, 30. ☎ 964 320 131. www.calparadis.com
Cierra noches de domingo a jueves, segunda quincena de junio, y del 24 de diciembre al 6 de enero. Ecológica modernidad con sorprendentes y logrados platos de mar y montaña. **Arroz meloso La Encomienca del Maestrat, pastel caliente de cerezas**. Precio medio 37€.

Hoteles

*******Balneario Marina d'Or.** Playa Morro de Gos, s/n. ☎ 964 313 900. www.marinad'or.com P
Hab. 184: 104/274 €. Suites: 4. Desayuno incluido. El balneario permanecerá cerrado del 4 al 23 de enero. Libre uso de zona lúdica y balneario.
*** **Neptuno Playa.** Pº Marítimo Playa La Concha, 1. ☎ 964 310 040. P
Hab. 88: 45/82 €. Consultar cierre. En el paseo marítimo.

Osorno (Palencia) Ver Frómista. 10 • E-4

Osuna (Sevilla) 72 • B-3

A SEVILLA, 86 KM; MADRID, 481 KM. ALT. 328 M. POB. 17.851. 954 815 732.
GPS (37° 14' 11''N-5° 6' 14"O).

Fiestas: 12 de enero: S. Arcadio; Semana Santa, de Interés Cultural, patrón. 8 de septiembre: Ntra. Sra. de la Consolación.
Visitar: Colegiata. Museo de Arte Sacro, s XVI. Lienzos de José Ribera El Españoleto. Capilla del Sepulcro y Panteón Ducal. Universidad, s. XVI, sala de Grados y Paraninfo. Palacios de los Cepeda y del Marqués de la Gomera. Monasterio de La Encarnación, cerámica del s. XVIII. Museo Arqueológico. Destacan sus calles, iglesias, palacios y casas solariegas, fundamentalmente del s. XVIII. Necrópolis Íbera.
Alrededores: ESTEPA, a 22 km: Iglesias del Carmen; de la Virgen de Los Remedios, portada; de S. Sebastián y de La Veracruz.

Restaurantes

Doña Guadalupe. Pza. de Guadalupe, 6. ☎ 954 810 558.
Cierra martes y primera quincena de agosto. Cocina popular andaluza. Fritos, perdiz con arroz tocino de cielo. Precio medio 38 €.
La Casa del Marqués. (H. PALACIO MARQUÉS DE LA GOMERA). San Pedro, 20. ☎ 954 812 223. www.hotelpalaciodelmarques.com
Cierra lunes. Entorno elegante. Parrillada de verduras, cocido con tagarninas, flan de aceite. También EL ASADOR DEL PALACIO a precios más económicos (25 €). Precio medio 40 €.

Hoteles

**** **Palacio Marqués de la Gomera.** San Pedro, 20. ☎ 954 812 223. www.hotelpalaciodelmarques.com

Hab. 20: 68/89 €. Suites: 2. Consultar ofertas. Palacio con fachada barroca del s. XVIII. Patio interior con galería de columnas y capilla. Restaurantes LA CASA DEL MARQUÉS y EL ASADOR DEL PALACIO.

Otur (Asturias) Ver Luarca. **3 • B-2**

Ourense/Orense **8 • B-4**

A MADRID, 521 KM. ALT. 125 M. POB. 107.742. 988 366 064.

GPS (42° 20' 23''N-7° 51' 57"O).

Fiestas: Carnaval O Entroido. Domingo de Pasión o Lázaro, S. Lázaro: Procesión en el parque de su nombre y quema de las "Madamitas". 3 de mayo: "Os Maios", concurso de figuras formadas por armazones de madera y cubierta de musgo, flores y "Carrabouxos". Junio: Fiestas Mayores. 11 de noviembre: Fiesta de los Magostos S. Martiño, patrón.
Visitar: **La Catedral de S. Martiño**, consagrada a S. Martín de Tours, la portada sur es románica, ricamente decorada. La norte es de estilo gótico con elementos románicos en el interior. **La Capilla del Sto. Cristo**, barroco gallego. La sillería del coro, s. XVI, de Diego de Solís y Juan de Angés. En el altar un Cristo en la Cruz, que proviene de Finisterre, y una escultura de los hermanos Sierra, de la Escuela de Gregorio Fernández. En la Capilla mayor destaca el Cimborrio del maestro Rodrigo de Badajoz, un retablo gótico de inicios del XVI, la sillería tallada de Diego de Solís y Juan de Angés, y los sepulcros de un obispo y del cardenal Quevedo. En el Museo Catedralicio hay una cruz de oro esmaltado de Enrique de Arfe. En el vestíbulo se halla una de las obras maestras de esta catedral: El Pórtico del Paraíso, gótico. Iglesias de: **S. Francisco**, románico-gótico del s. XIII; **Sta. María Madre**, antigua catedral sobre el emplazamiento de la primera basílica de Orense, de época sueva, totalmente reconstruida en 1722; **La Trinidad**, con un ábside del s. XVI. De obras civiles destacan: Las calles de Sto. Domingo, de Lepanto, de Cisneros y de La Corona. El Parque de S. Lázaro; la Plaza del Hierro, adornada con una fuente barroca que proviene del Monasterio de S. Esteban de Ribas de Sil y la plaza Mayor, rodeada de soportales de los s.s XVII y XVIII. **Palacio Episcopal**, construcción de los s.s XVI y XVII, con un núcleo central del s. XII, monumento nacional. En el interior está el Museo Arqueológico Provincial). Desde el puente que cruza la carretera de Santiago se puede divisar el viejo puente romano y Puente del Milenio. Termas de Chavasqueira, Termas de Muiño da Vega, Termas de Outariz, conjunto Arqueológico Natural de Santomé. Destacan los manantiales de aguas termales de Las Burgas, conocidas ya desde la época romana por sus virtudes curativas.
Alrededores: RIBAS DE SIL: **Monasterio de S. Esteban**, convertido en Parador Nacional. Domina desde una altura vertiginosa las gargantas del río Sil. El monasterio es de fundación benedictina. La fachada es renacentista. A la derecha una iglesia románico-gótica de tres naves rematadas por tres ábsides románicos. CELANOVA, a 25 km. Sta. María de Aguas Santas: Monumento funerario prerromano. ALLARIZ, RIBADAVIA, a 20 km: **Templo de Sto. Domingo**, s.s XIV-XV. **Castillo medieval de Sarmiento**. Iglesias de **S. Juan** y **Santiago** y de **S. Ginés**, prerrománica y el Barrio Judío, a 30 km. LOBIOS: Parque Natural Baixa Limia-Serra do Xurés. VILLARIÑO DE CONSO: Parque Natural o Invernadeiro.

Restaurantes

A Rexidora. (En BENTRACES, 10 km). Ctra. N-540, Bentraces-Celanova, km 7,2. ☎ 988 383 078. www.arexidora.com
Cierra noches de domingo y lunes; martes, 18 días en enero y en septiembre. Cocina ya asentada, muy personal, que circula por caminos creativos. Se combinan muy bien los **pescados** con los productos de la huerta, y se preparan atractivas versiones de platos clásicos, vistos de otra manera, pero sin perder su esencia; un ejemplo puede ser su **bogavante asado con alcachofas**. Precio medio 45 €.
A Taberna. (Casco Histórico). Julio Prieto, 32. ☎ 988 243 332. www.ataberna.com
Cierra domingo noche, lunes excepto festivos, Semana Santa y del 1 al 20 de agosto. En el casco antiguo, cerca de las termas de Burgas. Vieira a la plancha con puré de patata y caviar de erizo, pescados de la ría, tarta de filloas sobre helado de vainilla. Precio medio 30 €.
Adega do Emilio. Avda. das Caldas, 11. ☎ 988 219 111. www.adegadoemilio.com
Cierra lunes. Local rústico con jardín y terraza. Pescados del Cantábrico a la plancha, al horno o en salsa. Para empezar, pastel de rape y para rematar, filloas. Precio medio 28 €.
Casa Tino Fandiño. (En ALLARIZ, a 10 km). Carcere, 7. ☎ 988 442 216. www.tinofandinho.com
Cierra domingo noche. Antigua panadería rehabilitada en el casco histórico. Almejas Fandiño, pescados del día, castañas en zumo de naranja. Precio medio 25 €.
Galileo. (En SANTA BAIA-PEREIRO DE AGUIAR, a 10 km). Ctra. G-536, Vieja de Ponferrada, km 10,8. ☎ 988 380 425. www.restaurantegalileo.com P
Cierra domingo noche y lunes. Flavio Morganti continúa su proceso de galleguización sin perder el carácter italiano. Sorprende con sus creaciones, que mezclan una despensa gallega con aires, aromas y técnicas mediterráneas. Trabaja las **carnes** gallegas, con sencillez pero con sabiduría, caso de su espléndido **lomo bajo de vaca**. Local muy agradable y postres muy golosos. Precio medio 35 €.
Habana 83. Avda. Habana, 61. ☎ 988 228 319.
Cierra domingo y del 1 al 22 de agosto. Lenguado relleno de gambas, lomo de ternera al queso de Arzua. Menú 10 €. Precio medio 25 €.
Roupeiro. (En A DERRASA, a 10 km). Ctra. G-536, Ourense-Pobra de Trives, km 9. ☎ 988 380 038. P
Cierra domingo noche y del 10 al 30 de julio. Nada que añadir a lo dicho de esta casa durante años: ha cimentado un prestigio solidísimo en toda Galicia partiendo de un magnífico **cabrito asado** y de un **cocido gallego** que es toda una referencia. Precio medio 30 €.

Hoteles

**** **AC Villa de Allariz.** (En ALLARIZ). Pº de Arnado, 1. ☎ 988 554 040. www.ac-hotels.com P
Hab. 38: 70/150 €. Suites: 1.
**** **Eurostars Auriense.** (En SEIXALBO). Alto del Cumial, 12. ☎ 988 234 900. www.eurostarsauriense.com P
Hab. 134: 45/203 €. Suites: 15. Amplios jardines.
**** **Francisco II.** Bedoya, 17. ☎ 988 242 095. www.hotelfrancisco.net P
Hab. 55: 58/95 €. Suites: 10. Cosultar ofertas. En el centro de la ciudad.
**** **Gran Hotel Ourense San Martín.** Curros Enríquez, 1. ☎ 988 371 811. www.gh-hoteles.com P
Hab. 90: 71/281 €. Suites: 1. Consultar ofertas. Restaurante SAN MARTÍN.
**** **Parador de Santo Estevo.** (En NOGUEIRA DE RAMUÍN, a 25 km). Monasterio de Santo Estevo, s/n. ☎ 988 010 110. www.parador.es P
Hab. 76: 119/171 €. Suite: 1. Consultar cierre. Restaurante DOS ABADES.

Oviedo (Asturias) **3 • E-3**

MADRID, 451 KM. ALT. 227 M. POB. 224.005. 984 086 060.

GPS (43° 21' 36''N-5° 50' 46"O).

Fiestas: Carnavales. Semana Santa. Mayo: Feria de La Ascensión, de Interés Turístico Regional. 13 de mayo: Martes de Campo o La Balesquida. 19 de septiembre: Día de América en Asturias, de Interés Turístico Nacional. 21 de septiembre: S. Mateo.
Visitar: **La Catedral**, gótico, erigida en 1388 sobre una basílica fundada en el s. VIII. La portada oeste se atribuye al maestro francés Pierre Bruyéres. En la capilla mayor, retablo escultórico de Giralte de Bruselas con la colaboración de Juan de Balmaseda. Cámara Santa, de origen prerrománico y actual Cámara de los Tesoros, guarda los originales de la Cruz de la Victoria (símbolo de Asturias) y de los Ángeles (símbolo de Oviedo) y el Sto. Sudario, dividida en dos partes, una de las cuales se remonta a tiempos de Alfonso II el Casto, s. IX. La **Iglesia de S. Tirso**, reconstruida en el s. XVII. Ventanas en tres vanos del s. IX. **Convento de S. Vicente**, que alberga el Archivo Provincial. **Iglesia de Sta. María La Real de La Corte** y **Convento de S. Pelayo**, con fachada del s. XVII. **Palacio de la Rúa**, del s. XV. Ayuntamiento e **Iglesia de S. Isidoro**, construida de 1578 a 1681. **Palacio del Marqués de S. Feliz**, del s. XVIII. Portada románica, del s. XII, perteneciente a la **Iglesia de S. Isidoro**, en el Campo de S. Francisco. La Universidad, construida entre 1534 y 1608 por Gonzalo de Güemes Bracamonte y Juan de Ribero. El **Palacio de los Camposagrado**, del s. XVI, y **Palacio de Valdecarzana** y Heredia, del s. XVIII, ocupados por la Audiencia. En los barrios periféricos podemos admirar las iglesias de **Sta. María de la Vega**, de estilo románico del s. XII, S. Julián de los Prados (Santullano), de estilo prerrománico, construida del 812 al 842 y **St. María del Naranco**, prerrománica. Museo de las Bellas Artes y Museo Arqueológico de Asturias. El prerrománico de Oviedo es Patrimonio de la Humanidad.
Alrededores: Parque Nacional de los Picos de Europa. MONTE NARANCO, a 4 km: muestras del arte prerrománico del s. IX. Sta. María del Naranco y S. Miguel de Lillo. Sta. María del Naranco es un antiguo palacio o sala de justicia, joyas del prerrománico asturiano. S. Miguel de Lillo es del mismo estilo y época que Sta. María, con la excepción del ábside, reconstruido en el s. XVII. BENDONES, a 5 km: Iglesia de Sta. María, prerrománica.

Restaurantes

®**Arlos.** (En MANJOYA, a 5 km). (H. CASTILLO DEL BOSQUE LA ZOREDA). Por la A-66, dirección León, salida 35 Bosque La Zoreda, s/n. ☎ 985 963 333. www.castillodelbosquelazoreda.com ❄ P ♿
Cierra domingo noche y lunes. Lugar privilegiado en medio de un bosque de castaños. Excelente servicio y tentadora oferta de cocina, centrada en su cuidado menú con distintas opciones a precio único 33 €.
☼**Casa Conrado.** Argüelles, 1. ☎ 985 223 919. www.casaconrado.com ❄ ♿
Cierra domingo y agosto. Marcelo Conrado Antón, después de revalorizar la casa heredada de sus padres, se apoya en su hijo Javier, nueva imagen de un negocio que apuesta por la tradición culinaria y el clasicismo con algún toque de novedad. Estética un poco abigarrada, al gusto antiguo, y mejorable. Muy céntrico, a pocos pasos de la catedral. Precio medio 40 €.
☼☼**Casa Fermín.** San Francisco, 8. ☎ 985 216 452. www.casafermin.com ❄ ♿
Cierra domingo. Luis Alberto Martínez en los fogones y su esposa, María Jesús Gil, al frente de la sala, mantienen el lugar más completo de la ciudad: espacio elegante, cocina de tradición actualizada y servicio sin tacha. No obstante, cabe esperar aún más desde la innovación culinaria, por mucho que el buen nivel esté garantizado. Precio medio 40 €.
Casa Gervasio. Fuente de la Plata, 68. ☎ 985 234 255. © P
Cierra al mediodía de martes a viernes, domingo noche, lunes, agosto y primera semana de septiembre. Conserva el aire de los viejos "chigres" asturianos. Arroz con almejas, fritos, milhojas. Precio medio 30 €.
®**Del Arco.** Pza. América, s/n. ☎ 985 255 522. www.delarco.com ❄
Cierra domingo. Juan Ramón Sánchez, gerente e hijo del fundador, mantiene, en un marco de elegante clasicismo, una cocina sin estridencias que no defrauda con géneros de calidad. En la planta baja del edificio contiguo la TABERNA DEL ARCO, más informal para un picoteo fino o una copa de terraza. Precio medio 35 €.
☼ **Deloya.** (H. SANTO DOMINGO). Ronda Sur, s/n. ☎ 985 221 095. www.deloyarestaurante.com ❄ P ♿
Cierra domingo. Magníficas instalaciones de moderno diseño, donde brilla la cocina contenidamente vanguardista del joven Javier Loya, Premio Nacional de Gastronomía, junto a su familia avilesina. Con un servicio igualmente excelente. Óleos de los artistas asturianos más avanzados. Menú 20 €. Precio medio 39 €.
Fromestano. Avda. Galicia, 22. ☎ 985 277 339. www.fromestano.es ❄
Cierra lunes noche, domingo, Semana Santa y segunda quincena de agosto. Agradable local. Pulpo a la parrilla con aceite de pimentón y crema de patata, paletilla de cabritín a baja cocción. Menú 15 €. Precio medio 40 €.
La Campana. (En PRUVIA-LLANERA, a 12 km). (H. LA CAMPANA). Ctra. AS-266, Oviedo-Gijón km 8. ☎ 985 265 836. www.restaurantelacampana.com ❄ P ♿
Cierra lunes. Fabada asturiana, chuletón de buey, arroz con leche. Menú 24 €. Precio medio 40 €.
®**La Corrada del Obispo.** (Casco antiguo). Canóniga, 18. ☎ 985 220 048. www.lacorradadeobispo.com ❄
Cierra domingo noche. Marco decimonónico en una plaza cargada de historia. De la correcta cocina en manos de Carlos Martínez -hermano del jefe de cocina de Casa Fermín- cabría esperar más, dadas sus aptitudes. Menú 15 € Precio medio 45 €.
®**La Corriguera.** (En POSADA DE LLANERA, a 8 km). Avda. Oviedo, 19. ☎ 985 773 230. www.lacorriquera.com © ❄
Cierra domingo noche, lunes, Semana Santa y tres últimas semanas de agosto. Raciones generosas y sin mayores sofisticaciones, de manos de su propietaria Nuria González. **Boletus sobre huevo escalfado y parmentier, salmonetes a la sal**. Menú 18 €. Precio medio 25 €.
®**La Goleta.** Covadonga, 32. ☎ 985 213 847. www.lagoleta.com ❄
Cierra domingo y julio. Marcelo Conrado Antón ha entregado el timón de La Goleta a su hija Laura, siempre bajo la atenta mirada paterna. Su aire marinero de camarotes de goleta permanece desde hace treinta años, y también continúa la línea de **pescados** y **mariscos** frescos, sin complicaciones. En la planta baja la concurrida y angosta barra. Precio medio 38 €.
®**La Máquina.** (En LUGONES, a 6 km). Avda. Conde de Santa Bárbara, 59. ☎ 985 263 636. © ❄ P
Cierra noches, domingo, del 21 de junio al 18 de julio y del 23 al 31 de diciembre. Recuperada de un reciente incendio, La Máquina de Lugones conserva las constantes que le han dado fama: **fabada** y **arroz con leche** excepcionales. El propietario, José Ramón González, "Monchi", ha incorporado tres de sus hijos a la cocina y servicio de esta casa. Precio medio 30 €.
La Puerta Nueva. Leopoldo Alas, 2. ☎ 985 225 227. www.lapuertanueva.com ❄
Cierra noches de domingo a miércoles, y domingo en julio y agosto. Recetas de siempre con la personal innovación de Sergio Rama. Delicia crujiente de manitas y boletus, foie-gras a la plancha con crujientes vegetales y huevo líquido, torrija. Precio medio 35 €.
La Pumarada (Sidrería). (Casco antiguo-Bulevar de la sidra). Gascona, 8. ☎ 985 200 279. www.lapumarada.com © ❄ ♿
Cierra lunes y segunda quincena de febrero. Amplia sidrería para tapear o tomar cocina tradicional. Fabes con centollo, escalopines al cabrales, arroz con leche. Precio medio 25 €.
®**La Taberna del Zurdo.** Cervantes, 27. ☎ 985 963 096. © ❄
Cierra domingo noche, y domingo en julio y agosto. Rodrigo Roza, cocinero-propietario, ha ganado distintos certámenes de pinchos y tapas muy del gusto actual. Pero él es experto en cocinas mayores. Precio medio 25 €.
®**La Venta del Jamón.** (En PRUVIA-LLANERA, a 12 km). Ctra. AS-II, salida Pruviarriba. ☎ 935 262 802. www.laventadeljamon.com ❄ P ♿
Amado Alonso, "Amadín", es el alma de esta venta centenaria heredada de sus abuelos. Cocina de éxito por su tradición renovada en la línea de los mejores asadores. Entre Oviedo y Gijón, dispone también de un pequeño llagar de sidra para espichas reducidas. LA HOGUERA, otro asador popular a las afueras de Oviedo, y el veterano LA GRUTA en la vieja salida a Galicia. Precio medio 35 €.
®**Viator.** (En LAS CALDAS, a 7 km). (H. LAS CALDAS VILLA TERMAL). Las Caldas, s/n. ☎ 902 121 022. www.lascaldas.com ❄ P ♿
Marco incomparable en la ribera del Nalón. Bajo la dirección de Luis Alberto Martínez (Casa Fermín) ofrece una cocina de mercado con su sello personal. **Croquetas cremosas de jamón ibérico, mero en costra de pistachos con su jugo tostado, hojaldre caramelizado**. Precio medio 40 €.

Hoteles

***** **AC Oviedo Forum.** Pza. de los Ferroviarios, s/n. ☎ 985 965 488. www.ac-hotels.com ❄ P ♿
Hab. 155: 70/161 €. Suites: 7. Céntrico. Restaurante LA SOSIEGA.
***** **Barceló Oviedo Cervantes.** Cervantes, 13. ☎ 985 255 000. ❄ P ♿
Hab. 70: 86/270 €. Suites: 2. Céntrico. Restaurante GALATEA.

***** **Castillo del Bosque de la Zoreda.** (En LA MANJOYA, a 4 km). Bosque de la Zoreda, s/n. ☎ 985 963 333. www.castillodelbosquelazoreda.com
Hab. 25: 190/230 €. Consultar ofertas. Palacete de principios de s. XX. Restaurante ARLOS.
***** **Las Caldas Villa Termal.** (En LAS CALDAS). LG. Las Caldas, s/n. ☎ 902 121 022. www.lascaldasvillatermal.com
Hab. 78: 130/220 €. Suites 9. Consultar ofertas. Balneario con manantial termal. Restaurante VIATOR.
***** **Meliá Hotel de la Reconquista.** Gil de Jaz, 16. ☎ 985 241 100. www.solmelia.com
Hab. 142: 155/263 €. Edificio del s. XVIII, antiguo hospicio y hospital del Principado de Asturias. Monumento Nacional. En la zona residencial y comercial. Restaurante FLORENCIA.
**** **Ayre Hotel Ramiro I.** Calvo Sotelo, 13. www.hotelramiro.com ☎ 985 232 850.
Hab. 80: 70/210 €. Suites 4. Reformado en el 2008.
**** **Ciudad de Oviedo.** Gascona, 21. ☎ 985 222 224. www.hotelciudaddeoviedo.es
Hab. 53: 65/151 €. Céntrico. Entre zona comercial y casco antiguo.
**** **Gran Hotel España.** Jovellanos, 2. ☎ 985 220 596. www.hotelestrebol.com
Hab. 89: 70/166 €. Céntrico. Totalmente reformado. Golf concertado.
**** **Gran Hotel Regente.** Jovellanos, 31. ☎ 985 222 344. www.granhotelregente.com
Hab. 120: 80/190 €. Suites: 2. Colección de pintura y muebles antiguos. Céntrico, próximo a lugares históricos y área comercial. Restaurante REYES CAUDILLOS, cocina tradicional.
**** **Husa Santo Domingo Plaza.** Boulevard de la Ronda Sur, s/n. ☎ 985 207 880. www.husasantodomingoplaza.com
Hab. 98: 65/170 €. Suites: 2. Consultar ofertas. De reciente construcción. Próximo al centro histórico. Restaurante DELOYA.
**** **La Gruta Hotel Oviedo.** Fuertes Acevedo, 140. ☎ 985 232 450. www.lagruta.com
Hab. 105: 45/95 €. Suites 4. En un entorno natural.
**** **Libretto.** Marqués de Santa Cruz, 12. ☎ 985 202 004. www.librettohotel.com
Hab. 15: 70/170 €. Carta de almohadas. Céntrico. Frente al parque de S. Francisco.
**** **M.** División Azul Esq. Comandante Vallespín. ☎ 985 274 060. www.mhotel.es
Hab. 24: 70/170 €. Suites: 1. Próximo al Palacio de Congresos. Restaurante SUSHI & SALAD BAR.
**** **Palacio de la Viñona.** Julián Claveria, 14. (Colloto-Oviedo). ☎ 985 793 399. www.palaciovinona.com
Hab. 15: 73/120 €. Cierra en Navidad. Consultar ofertas. Pertenece al club de calidad de hoteles "Casonas Asturianas".
**** **Silken Monumental Naranco.** Marcelino Suarez, 29. ☎ 985 963 280. www.monumentalnaranco.com
Hab. 62: 60/250 €. Suites: 2. Céntrico y moderno. Restaurante MONUMENTAL.
**** **Tryp Oviedo.** Pepe Cosmen, 1. ☎ 985 117 111. www.solmelia.com
Hab. 118: 60/205 €. Suites: 2. Junto al centro comercial y de negocios. Restaurante OVETO.
*** **El Magistral.** Jovellanos, 3. ☎ 902 305 902. www.magistralhoteles.com
Hab. 51: 50/200 €. Consultar ofertas. En el casco histórico monumental.
*** **NH Principado.** San Francisco, 6. ☎ 985 217 792. www.nh-hotels.com
Hab. 88: 68/250 €. Suites: 9. En pleno centro histórico-artístico. Restaurante PRINCIPADO.

Oviñana (Asturias) Ver Cudillero. 3 • C-3

Oyarzun (Guipúzcoa) Ver Oiartzun. 6 • D-3

Padrón (A Coruña)

7 • D-2

A CORUÑA, 85 KM; MADRID, 613 KM. ALT. 70 M. POB. 8.968. 627 210 777.
GPS (42° 44' 19''N-8° 39' 42"O).

Fiestas: Semana Santa: Fiestas de Pascua. Fiestas mayores. 6 de mayo: S. Juan del Rayo. 13 de junio: Romería de S. Antonio. 25 de julio: Romería Santiaguiño do Monte. 7 de agosto: Fiesta del Pimiento. 12 de agosto: Fiesta del Sto. Cristo de la Luz. 16 de agosto: San Roque. 24 de agosto: Ntra. Sra. de Belén. 8 de septiembre: Ntra. Sra. de la Esclavitud. 1 de octubre: Ntra. Sra. del Rosario.
Visitar: Declarada **Villa de Interés Turístico** por la Xunta de Galicia. Colegiata de Sta. María de Iria Flavia, de los s.s XII al XIX y el cementerio de Adina, donde fue enterrada Rosalía de Castro y Camilo José Cela. Convento del Carmen, s. XVIII y Fuente del Carmen, s. XVI. Monasterio de Herbón. Iglesias románica de Herbón, S. XII y de Santiago de Padrón. Debajo del Altar Mayor se encuentra "O Pedrón", que según la leyenda es la piedra en la que ataron la barca que traía el cuerpo sin vida del Apóstol Santiago (por eso se dice que Padrón es punto de origen del Jacobeo). Palacio de Quito, s. XVII. Fundación Rosalía de Castro. Jardín Botánico, declarado Monumento Artístico Nacional. Fundación Camilo José Cela (Premio Nobel de Literatura) y dentro de ésta, el Museo Ferrocarrilero John Trulook. Pazo de Retén, s. XVIII. Paseo del Espolón.
Alrededores: Monte Santiaguiño: Lugar Jacobeo en el que se encuentran las Peñas donde, cuenta la tradición, predicó el Apóstol Santiago. HERBÓN: Iglesia románica. Monasterio de los P.P. Franciscanos, s. XIV.

Restaurantes

A Casa dos Martínez. Longa, 7. ☎ 981 810 577. www.elblogdeacasadosmartinez.blogspot.com
Cierra noches de domingo a jueves; lunes y última semana de agosto. Pequeño comedor con cocina vista. Filloas rellenas de rape, centolla y boletus; pescados del mercado, pasión de chocolate. Precio medio 35 €.
®**Casa Ramallo.** (En RÓIS, a 3 km). Castro, 5. ☎ 981 804 180. P
Cierra noches, lunes y del 24 de diciembre al 6 de enero. Un clásico en todos los sentidos: por veteranía y por cocina, fiel a lo más tradicional de la cocina galaica. Buen producto, recetas conocidas... y, en cada temporada, atención a productos como la **caza** en otoño, la **lamprea** en invierno. Precio medio 30 €.
®**Chef Rivera.** Enlace Parque, 7. ☎ 981 810 413. www.chefrivera.com P
Cierra noches de domingo, lunes y festivos, excepto agosto. Con 17 habitaciones. Una dirección de lo más tradicional, donde se practica una cocina de claras raíces gallegas en las materias primas, con apuntes de la cocina francesa tradicional en la ejecución. Un completo especialista en **lamprea**: su **timbal de lamprea** merece el viaje. Precio medio 35 €.

Hoteles

**** **Monumento Pazo de Lestrove.** (En DODRO). Piñón, s/n. ☎ 981 569 350. www.pousadadecompostela.com P
Hab. 27: 65/130 €. Consultar ofertas. En un edificio amurallado del s. XVI. Con 50.000 m² de bosques y jardines.
*** **Scala.** Pazos, s/n. ☎ 981 811 312. www.hscala.com P
Hab. 194: 40/75 €. Restaurantes SCALA y O'PAZO.

Páganos (Álava) Ver Laguardia.

12 • A-3

Palafrugell (Girona)

26 • C-2

A GIRONA, 45 KM; MADRID, 712 KM. ALT. 87 M. POB. 22.918. 972 300 228.
GPS (41° 55' 1"N-3° 9' 46"E).

Fiestas: Enero, febrero y marzo: La Garoinada. Lunes de Pascua: Peregrinación a la Ermita de S. Sebastián. Pascua de Pentecostés: Fiestas de Primavera. Domingo de Pascua de Pentecostés: Carroussel Costa Brava. Sábado anterior a S. Juan: Fiesta del Corcho. 29 de junio: Fiesta Mayor. Primer sábado de julio: Cantada de Habaneras de Calella de Palafrugell. 19-20 de julio: Sta. Margarida, Fiesta Mayor. Julio-agosto: Festival de Música Jardins de Cap Roig. Primer sábado de agosto: Cantada de Habaneras de Llafranc. 15 de agosto: Fiesta Mayor de Tamariu. Tercer fin de semana de agosto: Fiesta Mayor de Llofriu. Primer sabado de septiembre: Cantada de Habaneras de Tamariu y Mercat Boig. 18-19 de septiembre: Fiesta Mayor de Llafranc. Octubre/noviembre: El Niu. Octubre: Festival de Jazz.
Visitar: Jardín Botánico de Cap Roig. Museo del Corcho. Museo de Arte Contemporáneo Vila- Casas. Fundación Josep Pla. Iglesia de St. Martí. Faro de St. Sebastiá. Calas.
Alrededores: PALS: Recinto medieval. LA BISBAL: Castillo del Obispo. VULPELLAC: Castillo e iglesia. PERATALLADA: Conjunto medieval y castillo. Playas de Calella, Llafranc y Tamariu.

Restaurantes

®**La Xicra.** Sant Antoní, 17. ☎ 972 305 630. www.restaurantlaxicra.com
Cierra noches de domingo, y martes y miércoles, excepto agosto; y noviembre. Recomendable restaurante en pleno centro de la población, en el que se descubre una sabrosa cocina catalana del Ampurdán elaborada con mucho mimo y regularidad. Precio medio 45 €.
Mas de Torrent. (En TORRENT, a 10 km). (H. MAS DE TORRENT). Afores de Torrent, s/n. ☎ 972 303 292. www.mastorrent.com P
Cierra lunes de octubre a marzo. En el incomparable marco de esta elegante masía hotel del Ampurdán, la propiedad mantiene la propuesta de una cocina ampurdanesa con singulares trazos de modernidad. **Salteado de alcachofas con gambas de Palamós, arroz de cabra de mar y almejas.** Precio medio 55 €.
Tragamar. (En CALELLA DE PALAFRUGELL, a 3 km). Playa del Canadell, s/n. ☎ 972 614 336. www.tragamar.com
Cierra noches de lunes a jueves desde octubre a mayo, martes, del 10 de enero al 10 de febrero y del 15 al 30 de noviembre. Sobre la playa. Sardinas a la plancha, arroz caldoso de pescado, tarta tatín. Precio medio 28 €.

Hoteles

***** **Mas de Torrent Hotel & Spa.** (En TORRENT, a 5 km). Afueras, s/n. ☎ 902 550 321. www.mastorrent.com P
Hab. 3. Suites: 36. 290/690 €. Consultar ofertas. Instalado en una bonita masía del s. XVIII, rodeada de un magnífico jardín, muy cerca de la playa. Miembro de Relais et Châteaux.
**** **Arcs de Monells.** (En MONELLS). Vilanova, 1. ☎ 972 630 304. www.hotelarcsmonells.com P
Hab. 21: 95/200 €. Suites: 3. Consultar cierre y ofertas. Edificio histórico del s. XIV, de interés artístico. Situado al pie de Las Gavarres. Restaurante ARCS DE MONELLS.
*** **Garbi.** (En CALELLA DE PALAFRUGELL). Avda. Baldomer Gili i Roig, 20. ☎ 972 614 040. www.hotelgarbi.com P
Hab. 48: 60/176 €. Rodeado de pineda-jardín. Piscina climatizada.

Palamós (Girona)

26 • C-2

A GIRONA, 40 KM; MADRID, 726 KM. ALT. 12 M. POB. 18.161. 972 600 550.
GPS (41° 50' 47''N-3° 7' 39"E).

Fiestas: Febrero: Carnavales. Del 24 al 26 de junio: Fiesta Mayor. Del 15 al 31 de julio: "Aplec", fiesta de la Sardana. Virgen del Carmen. 14 de agosto: Muestra Habanera Catalana. Del 27 al 30 de diciembre: Regata Vela Christmas Race.
Visitar: Iglesias de Sta. María del Mar, gótico-tardío y Sta. Eugenia de Vila-Romá, s XVIII. Museo Parroquial y Museo de la Pesca. Ruinas del castillo de Vilarromá. Playas y calas.
Alrededores: Castillo de Aro. PALAFRUGELL. Costa Brava.

Restaurantes

Celler de la Planassa. Vapor, 4. ☎ 972 316 496. www.cellerdelaplanassa.com
Cierra domingo noche y lunes, excepto julio y agosto, una semana en febrero, una en mayo y 15 en octubre. Cocina marinera en una antigua casa de pescadores en la zona del puerto. Arroz a la cazuela con sepionas y buey de mar. Precio medio 35 €.

®**La Gamba.** Pza. St. Pere, 1. ☎ 972 314 633. www.lagambapalamos.com
Cierra noches de domingo a jueves en invierno. Cocina fundamentalmente marinera en una casa legendaria y familiar, honestamente regentada por la familia Quadrat. Precio medio sin marisco 35 €.

Hoteles

***** **La Malcontenta.** Paratge Torre Mirona-Playa Castell, 12. ☎ 972 312 330. www.lamalcontenta.com
Suites: 14: 146/308 €. Consultar ofertas. Antigua Masía forticada con torre de planta rectangular.

*** **Ancora.** (En LA FOSCA). Josep Pla, s/n. ☎ 972 314 858. www.hotelancora.net
Hab. 46: 46/96 €. Familiar y tranquilo. A 150 m de la playa de La Fosca.

*** **Sant Joan.** Avda. Llibertat, 79. ☎ 972 314 208. www.hotelsantjoan.com
Hab. 19: 57/110 €. Suites: 1. Cierra de noviembre a enero. Consultar ofertas. Masía del s. XVIII. Completamente restaurada.

Palencia

20 • D-2

A MADRID, 240 KM. ALT. 740 M. POB. 82.995. 979 718 197.
GPS (42° 0' 42"N-4° 32' 3"O).

Fiestas: 1 de enero: Bautizo del Niño Jesús, tradición del s. XVI, de Interés Turístico Regional. 2 de febrero: Virgen de la Calle. Semana Santa, de Interés Turístico Nacional. Domingo más cercano al 16 de abril: Romería de Sto. Toribio, de Interés Turístico Regional. 25 de abril: Romería de S. Marcos, en el Sotillo de los Canónigos. Domingo de Pentecostés: Feria Chica. La víspera se expone la reliquia de S. Juan. 2 de septiembre: Fiestas de S. Antolín, patrono. Del 2 al 4 de octubre: Feria Gastronómica.
Visitar: **El conjunto catedralicio** que nace en su cripta visigótica y prerrománica, evoluciona a catedral románica, y culmina en la actual fábrica de origen gótico (1321) y de final renacentista (1516). **Puerta del Obispo**, de Diego Hurtado de Mendoza al final del s. XV. En el interior destaca el trascoro, con bajorrelieves atribuidos a Gil de Siloé, y retablo de madera de Juan de Holanda. El Museo de la catedral, la sala capitular y su antecámara con tapices flamencos de finales del s. XV y obras de El Greco, de Felipe de Borgoña, de Juan de Villoldo, Mateo Cerezo y un díptico de Pedro Berruguete. **Iglesia románica de S. Miguel**, s.s XII y XIII, donde se casó el Cid Campeador, y el **Convento de S. Pablo**, Monumento Nacional, parte de un monasterio fundado en 1217, por Sto. Domingo de Guzmán. Iglesia de S. Bernardo, con fachada plateresca; de Sta. Clara, en la que encontramos una imagen del Cristo Yacente, que dicen es una momia hallada en aguas del Atlántico, y S. Francisco, de estilo gótico. Ermita románica de **S. Juan Bautista**. Palacio de la Diputación, la Casa del Cordón.
Alrededores: Parque Natural de Fuentes Carrionas y Fuente Cobre. MONTE VIEJO, a 6 km: Bosque de encinas y robles, con abundantes ciervos. AMPUDIA, a 15 km: Castillo-Museo y recinto de la villa. BAÑOS DE CERRATO, a 8 km: Basílica de S. Juan Bautista, del s. VII. HUSILLOS, Abadía del s. X. MONZÓN DE CAMPOS, a 13 km: Castillo e iglesia. VILLAMURIEL DE CERRATO: Iglesia, castillo y FUENTES DE VALDEPERO. DUEÑAS, a 10 km: Iglesia de Sta. María, del s. XII.

Restaurantes

Casa Damián. Ignacio Martínez de Azcoitia, 9. ☎ 979 744 628.
Cierra domingo noche, lunes, del 24 de julio al 24 de agosto y del 23 de diciembre al 4 de enero. Como siempre, menestra, palominos y natillas. Precio medio 40 €.

Casa Lucio. Don Sancho, 2. ☎ 979 748 190. www.restaurantecasalucio.com
Cierra domingo y del 1 al 15 de julio. En un edificio del s. XVI. Menestra de verduras, chuletón, torrijas. Precio medio 30 €.

®**La Encina (Asador).** Aparcamiento gratuito a 150 m. Casañé, 2. ☎ 979 710 936. www.asadorlaencina.com
Cierra primera quincena de agosto. La galardonada **tortilla de patatas** y las **carnes rojas** de Palencia son una buena elección en esta casa de Cirina González y su familia. Menú 22 €. Precio medio 38 €.

La Traserilla. San Marcos, 12. ☎ 979 745 421. www.latraserilla.es
Cierra domingo noche en invierno. Varios comedores en distintas plantas de una casa antigua del s. XIX. Boletus con foie-gras y huevo a baja temperatura, lechazo asado, semifrío de queso con crema de reineta. Precio medio 35 €.

Hoteles

**** **AC Palencia.** Avda. de Cuba, 25. ☎ 979 165 701. www.ac-hotels.com
Hab. 63: 65/120 €. Suites: 2. Consultar ofertas.

**** **Europa Centro.** (En MAGAZ DE PISUERGA). Urb. Castillo de Magaz, s/n. ☎ 979 784 000. www.hotelessuco.com
Hab. 122: 40/100 €. Suite: 1. Restaurante HOLANDA.

**** **Rey Sancho.** Avda. Ponce de León, s/n. ☎ 979 725 300. www.reysancho.com
Hab. 93: 72/110 €. Suites: 6. Situado en una tranquila zona ajardinada, a 50 m del centro histórico y comercial.

*** **Castilla Vieja.** Avda. Casado de Alisal, 26. ☎ 979 749 044. www.hotelessuco.com
Hab. 69: 50/140 €. Suites: 6. Céntrico. En la zona monumental. Restaurante LOS BLASONES.

*** **Palacio Congresos.** Clara Campoamor, 13. ☎ 979 100 761. www.hotelpalaciocongresos.com
Hab. 48: 50/88 €. Próximo al centro.

Palma del Río (Córdoba)

72 • B-1

A CÓRDOBA, 54 KM; MADRID, 460 KM. ALT. 54 M. POB. 21.440. 957 644 370
GPS (37° 42' 4"N-5° 17' 6"O).

Fiestas: Del 20 al 23 de mayo: Feria de Mayo. Del 13 al 16 de julio: Feria de Teatro en el Sur. Del 19 al 22 de agosto: Feria de Agosto. 29 de agosto: Romería Ntra. Sra. de Belén. Del 6 al 8 de septiembre: Velá Ntra. Sra. de Belén.
Visitar: Parroquia de la Asunción. Iglesia de Sta. Clara. Iglesia y Convento de S. Francisco. Ermita de Ntra. Sra. de Belén. Palacio Portocarrero. Recinto amurallado almohade. Hospital de S. Sebastián. Casa de la Cultura.
Alrededores: Parque periurbano Los Cabezos, a 2 km. Parque Natural de Hornachuelos, a 18 km.

Restaurantes

Monasterio de San Francisco. (H. MONASTERIO DE SAN FRANCISCO). Avda. Pío XII, 35. ☎ 957 710 183. www.casasypalacios.com
Con 35 habitaciones. En el refectorio del antiguo monasterio franciscano (s. XVI), con huerto ecológico y de naranjos. Salmorejo cordobés, alcachofas a la montillana, solomillo de ternera al foie-gras con salsa de Pedro Ximénez, sorbete de naranjas de Palma del Río. Precio medio 30 €.

Hoteles

*** **Monasterio de San Francisco.** Avda. Pío XII, 35. ☎ 957 710 183. www.casasypalacios.com
Hab. 35: 60/120 €. Consultar ofertas. Ubicado en un antiguo monasterio del s. XVI.

Palmar, El (Murcia) Ver Murcia. 67 • C-4

Palmones-Los Barrios (Cádiz) Ver Algeciras. 80 • E-1

Palos de la Frontera (Huelva) 70 • F-3

A HUELVA, 11 KM; MADRID, 460 KM. ALT. 26 M. POB. 9.043. ☐ 959 530 429.
GPS (37° 13' 50''N-6° 53' 37"O).

Fiestas: 22 de enero: Conmemoración del Plus Ultra, primer viaje aéreo entre Europa y América. 13-14 de marzo: Feria Medieval del Descubrimiento de América. 23 de abril: S. Jorge, patrón. 3 de agosto: Salida de las Carabelas. 15 de agosto: Ntra. Sra. de los Milagros, patrona; último fin de semana de agosto: Romería a la Rábida en honor de la Virgen de los Milagros. 12 de octubre: Día de la Hispanidad.
Visitar: Monasterio Franciscano de Sta. María de la Rábida, con una iglesia del s. XIII, gótico-mudéjar. Preside el templo una talla del Crucificado, de mediados del s. XIV. En la capilla se venera la Virgen de los Milagros, ante la que oraron los descubridores antes de partir hacia América en 1492. Casa de los hermanos Pinzón, codescubridores de América. La Iglesia de S. Jorge, estilo gótico-mudéjar del s. XIV, y la Fontanilla, s. XIII, fuente donde se abastecieron de agua las carabelas: Sta. María, Pinta y Niña.
Alrededores: A 5 km, Monasterio de La Rábida. MOGUER, a 7 km: Cuna del Premio Nobel Juan Ramón Jiménez. A 11 km, playas de Mazagón.

Restaurantes

El Bodegón - Casa Adrián. Rábida, 46. ☎ 959 531 105.
Cierra martes y dos semanas en septiembre. Los pescados y las carnes a la brasa son la especialidad de esta antigua bodega en el centro del pueblo. Postres artesanos. Precio medio 30 €.

Hoteles

****La Pinta** Rábida, 75-79. ☎ 959 350 511. www.hotellapinta.com P
Hab. 30: 26/68 €. En el histórico entorno colombino, cuna del descubrimiento de América.

Pals (Girona) 26 • C-2

A GIRONA, 41 KM; MADRID, 774 KM. ALT. 55 M. POB. 2.799.
GPS (41° 58' 15''N-3° 8' 51"E).

Fiestas: Del 3 al 5 de agosto: Fiesta Mayor. 12 de agosto: Fiesta Mayor Platja de Pals. 8-9 de septiembre: Fiesta Mayor Masos de Pals. 11 de septiembre: Fiesta Nacional de Cataluña.
Visitar: Recinto medieval amurallado. Torre de les Hores. Iglesia de Sant Pere de estilo gótico con fachada románica. Museo de Arqueología Submarina. Playa de 3,5 km.
Alrededores: Ruinas de Empúries. ULLASTRET: Poblado ibérico. PERATALLADA, BEGUR.

Restaurantes

Mas Roig. (H. MAS ROIG). Ctra. C-31, Pals-Torroella de Montgri, 17. ☎ 972 637 363. www.hotelmasroig.com
P
Cierra miércoles, enero y febrero. Con 9 habitaciones. Antigua masía del siglo XVI. Terrina de pato con frutos secos, arroz a la cazuela, interpretación del xuixo de Girona. Menú 15 €. Precio medio 35 €.
Sa Punta. (H. SA PUNTA). (Urb. Sa Punta). Des Forns, 21. ☎ 972 667 376. www.hotelsapunta.com
P
Jaume Font, cocinero con larga experiencia en los fogones, presenta una culinaria con encanto, en una población a tono. Muestra de ella, **ensalada de gambas con tartar de tomate y crudités, suprema de lubina con múrgulas**. Menú 30 €. Precio medio 48 €.

Hoteles

****** La Costa Golf & Beach Resort.** Avda. Arenales de Mar, 3. ☎ 972 667 740. www.resortlacosta.com
P
Hab. 120: 140/406 €. Consultar cierre y ofertas de cicloturismo y gastronómicas. Restaurante LA COSTA.
****** Mas Salvi.** Carmany, 13. ☎ 972 636 478. P
Hab. 16: 180/301 €. Suites: 6. Consultar ofertas. Bicicletas gratuitas.
****** Sa Punta.** Urb. Sa Punta. ☎ 972 636 410. www.hotelsapunta.com P
Hab. 30: 90/200 €. Suites: 3. Consultar ofertas. Próximo a tres campos de golf. Cerca de la playa

Pámanes (Cantabria) Ver Liérganes. 5 • B-3

Pamplona/Iruña (Navarra) 12 • E-2

A MADRID, 424 KM. ALT. 444 M. POB. 198.491. ☐ 948 420 420.
GPS (42° 49' 4"N-1° 38' 44"O).

Fiestas: Semana Santa. Del 6 al 14 de julio: S. Fermín, declarada de Interés Turístico Internacional. El punto de partida de los sanfermines es el chupinazo, después, durante 9 días el ambiente de fiestas es ininterrumpido. Diciembre: Nochebuena y Navidad, con la tradición del olentzero, recobrada desde los años 60.
Visitar: **La Catedral**, reconstruida entre 1397 y 1530. La fachada, de estilo neoclásico, es obra de Ventura Rodríguez. Sepulcro de alabastro con las figuras yacentes de Carlos III de Navarra y su esposa, Leonor de Castilla, en la nave central. **El Museo Diocesano**, colección de esculturas góticas de los s.s XIII al XVI. En la antigua cocina el relicario del Lignum Crucis, y sobre todo, el relicario del Sto. Sepulcro. **Museo de Navarra**, en el antiguo hospital jacobeo de la Misericordia, donde se puede admirar arqueología romana de Navarra y de Pamplona, obras del renacimiento, con pinturas de Juan de Anchieta, pinturas murales góticas, cuadros de los s.s XV-XVI, obras de Morales, Jerónimo Cosida y esculturas de Berruguete, una interesante colección numismática y un retrato de Goya. La ciudad vieja. **Plaza del Castillo**. Palacio de la Diputación Foral. En la sala del Consejo y el Despacho Presidencial hay obras de Federico Madrazo. Archivo Real y General de Navarra del s. XII, ubicado en el edificio de capitanía, rehabilitado por Rafael Moneo con una de las más ricas colecciones de archivos medievales. El Baluarte, Palacio de Congresos y Auditorio de Navarra. Camino de Santiago, rincones por descubrir en su recorrido por la primera etapa del Camino. Jardines de la Taconera. Parque Yamaguchi y Planetario.
Alrededores: GAZOLAZ, a 5 km: Iglesia románica del s. XII. ZIZUR MAYOR, a 9 km: Destaca el retablo de la iglesia. ARTAIZ, a 25 km: Iglesia de S. Martín, de estilo románico rural. ALZUZA, a 9 km: Museo Oteiza, colección de Jorge Oteiza.

Restaurantes

Alhambra. Francisco Bergamín, 7. ☎ 948 245 007. www.restaurantealhambra.es
Cierra domingo y Semana Santa. Esther e Ignacio Idoate en la sala, con Javier Díaz en la cocina, están al frente de una

cocina de calidad, moderna, con una gran materia prima de temporada, anclada en Navarra. Todo está realmente rico, especialmente si se atiende a los buenos consejos de sus propietarios. Precio medio 45 €.

Asador Zaldiko. Cuesta de Santo Domingo, 39. ☎ 948 222 277. www.zaldiko.com
Cierra domingo y del 15 de julio al 5 de agosto. Típico y pequeño asador del casco antiguo. Tortilla de bacalao, magníficas carnes, panchineta. Precio medio 40 €.

Beti-Jai. (En AOIZ, a 28 km). Santa Águeda, 2. ☎ 948 336 052. www.beti-jai.com
Cierra domingo noche. Con 17 habitaciones. Bacalao confitado sobre salsa de roncal, timbal de rabo de vaca estofado al vino tinto, costrada de Aoiz. Menú 12 €. Precio medio 40 €.

El Merca'o. Tafalla, 7. ☎ 948 292 588. www.elmercao.com
Cierra domingo en verano; y domingo noche. Ambiente cosmopolita y desenfadado para una cocina de fusión y productos locales, bajo la tutela de los hermanos Idoate. Menú 23 €. Precio medio 30 €.

El Molino de Urdaniz. (En URDAITZ, a 19 km). (Ctra. N-135, de Francia, km 16 por Zubiri). San Miguel, s/n. ☎ 948 304 109. www.elmolinourdaniz.com P
Cierra noches de domingo a miércoles, lunes, dos semanas en febrero y una en noviembre. David Yárnoz, acompañado de su familia, ha dado un paso adelante siendo uno de los referentes de la cocina de vanguardia e innovadora navarra, basada en productos de temporada y de la tierra. Vale la pena el desplazamiento a las afueras de Pamplona. El futuro de la cocina navarra se ha convertido en presente destacado. Precio medio 47 €.

El Peregrino. (En PUENTE LA REINA, a 23 km). (H. EL PEREGRINO). (Ctra. N-111, Pamplona-Logroño, km 23). Irúnbidea, s/n. ☎ 948 340 075. www.hotelelperegrino.com P
Cierra domingo noche, lunes y del 9 de enero al 9 de febrero. Con 13 habitaciones. Hostal, restaurante y parada obligada para "el peregrino" y el gastrónomo que desee disfrutar de una cocina clásica, moderna y vasco-navarra al mismo tiempo, en definitiva, equilibrada. Nina Sedano, en la cocina y Ángel Cambero, en la sala, han conseguido asentar y convertirse en referencia de la zona. Precio medio 60 €.

® **El Restaurante de Baluarte.** Pza. Baluarte, s/n. ☎ 948 066 050. P
Cierra noches de domingo a miércoles, lunes y del 15 de julio al 23 de agosto. "El Baluarte" Enrique Martínez (sobrino), deja su impronta a través de una cocina de producto, atractiva y suculenta. En los altos del Palacio de Congresos. Precio medio 28 €.

Enekorri. Tudela, 14. ☎ 948 230 798. www.enekorri.com
Cierra domingo, Semana Santa y segunda quincena de agosto. Cocina asentada, sólida, con una materia prima impecable y claras referencias a la memoria histórica gustativa de la tierra, con un punto de creatividad en sus platos. Se palpa la labor de un equipo en armonía, en un local donde se cuidan todos los detalles. Precio medio 56 €.

Europa. (H. EUROPA). Espoz y Mina, 11. ☎ 948 221 800. www.hreuropa.com
Cierra domingo. Pilar Idoate en la cocina, con sus hermanas María Eugenia y Mari Carmen en la sala, se han ganado a pulso, a fuerza de trabajo y constancia, el segundo Sol, para disfrutar de la cocina navarra, "pamplonica", más auténtica y más enraizada con el sentir popular, sin renunciar a una evolución que todos agradecen. Precio medio 54 €.

® **Josetxo.** Pza. Príncipe de Viana, 1. ☎ 948 222 097. www.restaurantejosetxo.com
Cierra domingo y agosto. Elegante, céntrico y uno de los grandes clásicos de Pamplona. Juan, Mª Carmen y Raquel encabezan la tercera generación familiar de un restaurante asentado, centrado en la materia prima y en los productos navarros. Precio medio 56 €.

Juan Simón. (En ARRAITZ, a 25 km). La Asunción, 11. ☎ 948 305 052. P
Cierra noches en invierno excepto sábado; miércoles en verano; y del 15 de septiembre al 12 de octubre. Antiguo caserón con comedor de piedra. Ajoarriero, rabo de ternera estofado, sorbete de cuajada. Menú 16 €. Precio medio 32 €.

La Cocina de Álex Múgica. (H. GRAN HOTEL LA PERLA). Estafeta, 24. ☎ 948 510 125. www.lacocinadealexmugica.com P
Cierra lunes noche, domingo, Semana Santa y primera quincena de septiembre. Álex Múgica está al frente de este pequeño, acogedor y cálido restaurante. Tradición, materia prima y permanentes gestos a la creatividad, alegran cada una de las degustaciones que presentan con sencillez y elegancia. Precio medio 40 €.

La Olla. Avda. Roncesvalles, 2. ☎ 948 229 558. www.laolla.com
Pequeño comedor y agradable barra, bien surtida y atendida. Panaché de verduras, bacalao estilo La Olla, torrijas. Precio medio 35 €.

La Trastienda del Colmado. Iturralde y Suit, 24. ☎ 948 242 199. www.elcolmado.es
Cierra domingo noche de octubre a mayo, domingo de junio a octubre, lunes, Semana Santa y agosto. Tienda-bodega y restaurante. Pimientos del cristal asados, verduras de temporada a la plancha con salsa romesco, chuletón y pescados a la parrilla, cremoso de queso. Precio medio 30 €.

Martintxo (Asador-Sidrería). (En CIZUR MENOR, a 2 km). Irunbidea, 1. ☎ 948 180 020. www.martintxo.com
Cierra domingo noche. Cerca de la Universidad de Navarra, un típico asador-sidreria. Verduras de temporada, asados de rebaño propio, helados artesanos. Precio medio 38 €.

Orgi. (En LIZASO, a 25 km). San Simón, 1. ☎ 948 305 126.
Cierra lunes, primera quincena de junio y del 10 al 30 de diciembre. En un entorno privilegiado y a un paso del robledal de Orgi. Sorprende una materia prima de calidad con toques sutiles e innovadores. Tarrina de pichón con foie-gras y pistachos verdes, gorrín confitado con oporto y patata, cuajada con caramelo de sidra. Menú 11 €. Precio medio 30 €.

Rodero. Emilio Arrieta, 3. ☎ 948 228 035. www.restauranterodero.com
Cierra lunes noche y domingo. Koldo Rodero, magníficamente secundado en la sala por su familia, es el "prototipo" de la cocina de vanguardia navarra. Su cocina inquieta, cosmopolita y creativa hacen de su minimalista local, junto a la plaza de toros, un lugar único, imprescindible para quien desee dejarse llevar por los placeres más innovadores de la cocina navarra. Precio medio 60 €.

Txarrantxena. (En SORAUREN, a 9 km). Del Medio, 3. ☎ 948 331 805.
Cierra entre semana excepto festivos. Típica casona. Risotto de hongos con foie-gras, manitas de cerdo rellenas de morcilla y crema de orejones, infusión de frambuesa con helado de cuajada. Precio medio 30 €.

® **Venta de Ulzama.** (En ARRAITZ, a 25 km). (Puerto de Belate). Ctra. N-121 A, Pamplona-Francia, km 27, por Irún. ☎ 948 305 138. www.ventadeulzama.com P
Cierra lunes y del 20 de diciembre al 20 de enero. Con habitaciones. Entorno natural de gran belleza, en Belate, para disfrutar una cocina arraigada a la tierra, donde no se pueden dejar de degustar los **"fritos"**, la **caza** y una imprescindible y maravillosa **cuajada**. Precio medio 40 €.

Hoteles

***** **Gran Hotel La Perla.** Pza. del Castillo, 1 ☎ 948 223 000. www.granhotellaperla.com P
Hab. 44: 162/551 €. Céntrico. Próximo al Palacio de Congresos. Restaurante LA COCINA DE ALEX MÚGICA.

**** **AC Ciudad de Pamplona.** Iturrama, 21. ☎ 948 266 011. www.ac-hotels.com P
Hab. 104: 75/432 €. Suites: 4. Consultar ofertas. Totalmente reformado. Próximo al centro histórico, universidades y hospitales.

**** **AC Zizur Mayor.** Etxesakran, 3. ☎ 948 287 119. www.ac-hotels.com P
Hab. 73: 60/300 €. Suites: 2. Minibar y zona fitness, gratuita.

**** **El Peregrino.** (En PUENTE LA REINA, a 23 km). Irunbidea, s/n. ☎ 948 340 075. www.hotelperegrino.com P
Hab 12: 120/180 €. Suites: 4. Consultar ofertas. En el Camino de Santiago. Pertenece a Relais & Châteaux.

**** **Iruña Palace-Hotel Tres Reyes.** Jardines de la Taconera, s/n. ☎ 948 226 600. www.hotel3reyes.com P
Hab. 160: 152/399 €. Suites: 8. Céntrico. Habitaciones amplias y confortables. Traslado gratuito a Clínica Universitaria. Restaurante GOURMET.

**** **NH Iruña Park.** Arcadio María Larraona, 1. ☎ 948 197 119. www.nh-hotels.com P
Hab. 225: 70/350 €. Suites: 6. Consultar ofertas. En el centro comercial y de negocios. Próximo a la Clínica Universitaria. Restaurante GAYARRE, cocina moderna con productos de la tierra.

**** **Palacio Guendolain.** Zapatería, 53. ☎ 948 225 522. www.palacioguendolain.com
Hab. 25: 120/500 €. Suites: 2. En un palacio del s. XVIII, rehabilitado.
*** **Abba Reino de Navarra.** Acella, 1. ☎ 948 177 575. www.abbahoteles.com
Hab. 83: 70/406 €. Situado en el "Parque Yamaguchi". Restaurante EL PARQUE.
*** **Avenida.** Avda. de Zaragoza, 5. ☎ 948 245 454. www.hotelavenida.biz
Hab. 30: 65/350 €. En el centro comercial y de negocios. Próximo al Palacio de Congresos y Auditorium Baluarte.
*** **Blanca de Navarra.** Avda. Pío XII, 43. ☎ 948 171 010. www.hotelblancadenavarra.com
Hab. 102: 113/289 €. Situado en la zona Universitaria y hospitalaria. Restaurante DOÑA BLANCA.
*** **Europa.** Espoz y Mina, 11. ☎ 948 221 800. www.hreuropa.com
Hab. 25: 58/155 €. Consultar ofertas. Céntrico. Junto a la Plaza del Castillo y calle Estafeta.
*** **Maisonnave.** Nueva, 20. ☎ 948 222 600. www.hotelmaisonnave.es
Hab. 138: 67/125 €. Situado en el centro histórico, monumental y comercial de la ciudad. Restaurante EL MIRADOR.
*** **NH El Toro.** (En BERRIOPLANO) Ctra. Guipúzcoa, km 5. ☎ 948 302 211. www.nh-hotels.com
Hab. 59: 50/244 €. Suites: 6. Consultar cierre y ofertas. Restaurante EL ENCIERRO.
*** **Tryp Sancho Ramírez.** Sancho Ramírez, 11. ☎ 948 271 712. www.solmelia.com
Hab. 85: 80/187 €. Del 5 a 14 de julio varían las tarifas.
*** **Yoldi.** Avda. San Ignacio, 11. ☎ 948 224 800. www.hotelyoldi.com
Hab. 50: 70/340 €. En pleno centro.

Pancar (Asturias) Ver Llanes. 4 • D-3

Panes (Asturias) 4 • D-3

A OVIEDO, 138; MADRID, 465 KM. ALT. 50 M. POB. 500. 985 414 297.
GPS (43° 19' 20''N-4° 35' 6"O).

Fiestas: 15 de mayo: S. Isidro Labrador. 16 de agosto: San Roque. 15 de septiembre: San Cipriano.
Visitar: Cueva y Aula Didáctica de la Loja (El Mazo). Restos Románicos de la Iglesia S. Juan de Ciliergo. Museo de los Bolos. Palacio de S. Román. Jardín Botánico. Paseo de las Escolleras.
Alrededores: ALEVIA: Iglesia S. Juan Bautista. Parque Nacional de los Picos de Europa. Desfiladero de la Hermida. Sto Toribio de Liébana. Sta María de Lebeña. Playas. COVADONGA.

Restaurantes

Casa Julián. (En PEÑAMELLERA ÁLTA, a 6 km).). (Ctra. C-6312, Panes-Cangas de Onís, km 48). Niserias, s/n. ☎ 985 415 797. www.casajulian.com
Cierra del 15 de diciembre al 1 de marzo. Con 4 habitaciones. A orillas del río Cares, cocina casera de acendrada sencillez. Patatas rellenas, merluza a la sidra, queso. Precio medio 25 €.
Covadonga. Pza. de la Iglesia, s/n. ☎ 985 414 230. www.hotelcovadonga. net
Con 13 habitaciones. La sencillez preside esta generosa cocina con buena materia prima. Croquetillas de centollo, callos caseros. Precio medio 25 €.

Hoteles

*** **Casona d'Alevia.** (En ALEVIA-PANES). Poblado Alevia, s/n. ☎ 985 414 176. www.casonadalevia.com
Hab. 9: 70/107 €. Suites: 3. Consultar cierre. Pertenece al Club de Calidad "Rusticae" y al Club de Calidad "Casonas Asturianas".
*** **Palacio La Cajiga.** (En PEÑAMELLERA BAJA). Abandames, s/n. ☎ 985 414 431. www.hotelpalaciolacajiga.com
Hab. 7: 72/87 €. Suites: 1. Casona del s. XVII. Cerca de los Picos de Europa y playas.

Panticosa (Huesca) 13 • E-2

A HUESCA, 82; MADRID, 479 KM. ALT. 1.184 M. POB. 832. 974 487 318.
GPS (42° 43' 24''N-0° 16' 60"O).

Fiestas: 15 de agosto: Ntra. Sra. de la Asunción. 16 de agosto: S. Roque. Martes de Carnaval.
Visitar: Hermoso y típico pueblo de montaña enclavado en el Valle de Tena, en pleno corazón del Pirineo aragonés. Conjuga las formas de vida tradicionales, ganadería, agricultura, conservando típicos rincones y casas altoaragonesas, con un pujante sector turístico atraído por la práctica de deportes de invierno y de montaña.
Alrededores: PUEYO DE JACA: Pequeño pueblecito de montaña situado a las orillas del embalse de Bubal. A 8 km, el balneario de Panticosa: con sus baños termales y espléndida ubicación, rodeado de altas cumbres. IBONES DE SABOCOS y ASNOS. Valle de la Ripera, IBÓN DE CATIERAS, Peña Sta. María, etc. Hermosos rincones naturales.

Restaurantes

Casa Pelentos. (En SANDINIÉS, a 8 km). Medio, 6. ☎ 974 487 500. www.casapelentos.com
Cierra mayo y noviembre. Con 7 habitaciones. Hotelito rural en el valle de Tena. Olla tensina, costillas de ternasco, crema de limón. Precio medio 30 €.
El Privilegio. (En TRAMACASTILLA DE TENA, a 8 km). (H. EL PRIVILEGIO). Zacalera, 1. ☎ 974 487 206. www.elprivilegio.com
Migas con huevo frito de corral y uva negra, cordero lechal tensino al estilo de Aragón, sopas de Santa Teresa. Precio medio 35 €.

Hoteles

**** **Continental.** Ctra. del Balneario, km 10. ☎ 974 487 616. www.vinciihoteles.com
Hab. 250: 96/300 €. Consultar ofertas. Una obra de Rafael Moneo dentro del Balneario de Panticosa Resort.
**** **El Privilegio.** (En TRAMACASTILLA DE TENA, a 5 km). Zacalera, 1. ☎ 974 487 206. www.elprivilegio.com
Hab. 25: 99/165 €. Suites: 4. Admisión de perros, consultar. Próximo a las estaciones de Panticosa y Formigal. Restaurante GOURMET.
*** **Sabocos.** El Fondón, 1. ☎ 974 487 488. www.hotelsabocos.es
Hab. 26: 58/85 €. Consultar cierre y ofertas. A 50 m de telecabina de Panticosa. Biblioteca.

Parcent (Alicante) Ver Xàbia. 60 • E-3

Pasaia Donibane/Pasajes de San Juan (Guipúzcoa) 6 • D-3

A SAN SEBASTIÁN, 4 KM; MADRID, 425 KM. ALT. 4 M. POB. 15.056. 943 341 556.
GPS (43° 19' 38''N-1° 55' 16"O).

Fiestas: 24 de junio: S. Juan. Hogueras y aurresku. 29 de junio: S. Pedro. 7 de julio: S. Fermín, encierros y desfiles de carrozas. Del 25 al 31 de julio: Fiestas de Santiago. Regatas de traineras, sokamuturra y fuegos artificiales.
Visitar: Iglesias de S. Juan Bautista del s. XVII y de S. Pedro, s. XVIII. Basílica del Cristo de Bonanza, s. XVIII. Museo-Casa de Víctor Hugo, s. XVII. Ermita de Sta. Ana, s. XVIII. Puerto.
Alrededores: Montes Jaizkibel y Ulía. Parque Natural de Aiako Harria. Camino de Santiago.

Restaurantes

®**Izkiña.** (En PASAJES DE SAN PEDRO). Euskadi Etorbidea, 19. ☎ 943 399 043. www.restauranteizkina.com
Cierra noches de domingo y miércoles; lunes, Semana de Pascua y última semana de agosto. Excelsa calidad de los pescados y mariscos durante cuarenta años. Espectacular vivero propio. Excelente carta de vinos con la impronta del hijo de los propietarios y consumado sumiller Aitor Olano. Precio medio 45 €.
Txulotxo. Donibane, 71. ☎ 943 523 952. www.restaurantetxulotxo.com
Cierra noches de domingo y martes. Local reformado recientemente con bonitas vistas al mar desde la terraza. Pudin de pescado, merluza rellena de changurro, brazo gitano. Precio medio 25 €.
Ziaboga. Donibane, 91. ☎ 943 510 395.
Cierra noches de domingo a jueves en invierno; y enero. Productos del mar en estado puro y una interesante cocina marinera. El encanto de sus instalaciones y vistas sobre la bahía es un aliciente más. Terraza veraniega para picotear informalmente. Precio medio 35 €.

Pasajes de San Pedro/Pasai San Pedro (Guipúzcoa) Ver Pasai Donibane.

6 • D-3

Pastrana (Guadalajara)

40 • F-3

A GUADALAJARA, 47 KM; MADRID 95 KM. ALT. 759 M. POB. 1.157. ℹ 949 370 672.
GPS (40° 25' 3"N-2° 55' 26"O).

Fiestas: Segunda semana de marzo: Feria Apícola de Castilla-La Mancha. Mediados de julio: Festival Duques de Pastrana. Del 10 al 15 de agosto: Fiestas populares de verano, con encierro y lidia de novillos.
Visitar: Conjunto urbano medieval. Iglesia-Colegiata, construida por la Orden de Calatrava y elevada a la categoría de Colegiata por los Príncipes de Éboli. Ampliada a principios del s. XVII por Fray Pedro González de Mendoza. El retablo mayor es de Matías Jimeno, s. XVII. En el Museo de la Colegiata hay un cuadro atribuido a El Greco, otro de Juan de Borgoña y magníficos tapices flamencos del s. XV. Destaca también el Palacio Ducal, del s. XVI, y los Conventos de franciscanos y concepcionistas, fundados por Sta. Teresa.
Alrededores: ZORITA DE LOS CANES, a 9 km: Castillo árabe y ruinas visigodas, que se encuentran en el Cerro de la Oliva. ALMONACID DE ZORITA, a 15 km: Antiguo colegio de los jesuitas, s. XVII. Palacio de los Condes de S. Rafael. MONDÉJAR, a 29 km: Iglesia parroquial de 1516, con un retablo en el interior firmado por Alonso de Covarrubias y Nicolás de Vergara y Correa de Vivar (reconstruido).

Restaurantes

③**Cenador de las Monjas.** (Convento de San José). En el extrarradio medieval. Monjas, s/n. ☎ 949 370 101. www.cenadordelasmonjas.com
Cierra noches excepto viernes y sábado; y lunes. Antiguo refectorio del convento de San José (s. XVI). **Ensalada de perdices escabechadas y pochas, chuletillas de lechal con crema de patata al pimentón, mousse de cuajada con gelatina de miel**. Precio medio 35 €.

Hoteles

***Hospedería Real de Pastrana.** Ctra. CM 200. Pastrana-Zorita, km 501. ☎ 949 371 060. www.hosteriasreales.com
Hab. 25: 46/101 €. Suites: 2. Ubicado en el Convento del Carmen, fundado en 1569, por Sta. Teresa y S. Juan de la Cruz. (Monumento Histórico-Artístico). Museo del Siglo de Oro. Restaurante SANTA TERESA.

Patones de Arriba (Madrid)

31 • C-4

A MADRID, 62 KM. ALT. 832 M. POB. 507.
GPS (40° 51' 19''N-3° 29' 11"O).

Fiestas: 2 de febrero: Virgen de las Candelas. 24 de junio: S. Juan.
Visitar: Centro histórico, de singular arquitectura de pizarra, declarado Bien de Interés Cultural. Iglesia de S. José. Ermita de la Virgen de Oliva.
Alrededores: Yacimiento arqueológico Dehesa de la Oliva. Embalses del Atazar y Pontón de la Oliva.

Restaurantes

El Poleo. Travesía del Arroyo, 3. ☎ 918 432 101. www.elpoleo.com
Cierra de lunes a jueves, 15 días en verano y navidades. Acogedor e íntimo, con agradable terraza en verano y chimenea en invierno. Rehogado de alcachofas frescas con foie-gras y huevos de corral rotos, cordero a la miel de Patones, crujiente pastela Anita. Precio medio 36 €.
Las Eras. Azas, s/n. ☎ 918 432 126.
Cierra de lunes a jueves, excepto festivos; y navidades. Pimientos del piquillo con atún, carnes a la brasa, tarta de cuajada, en un entorno rústico. Precio medio 25 €.

Pedernales (Vizcaya) Ver Mundaka/Mundaca.

6 • A-3

Pedralba (Valencia) Ver Llíria.

51 • A-3

Pedraza (Segovia)

31 • B-3

A SEGOVIA, 37 KM; MADRID, 126 KM. ALT. 1.073 M. POB. 473. ℹ 921 508 666.
GPS (41° 7' 49"N-3° 48' 39"O).

Fiestas: 3 y 10 de julio: Conciertos de las Velas. Del 6 al 12 de septiembre: Patronales en honor a la Virgen Ntra. Sra. del Carrascal: Procesión, encierro, novillada en la plaza porticada.
Visitar: La Villa, Conjunto Monumental. Amurallada en el s. XI. Interesante conjunto de palacios y casas señoriales, muchas blasonadas, de los s.s XVI al XVIII. Cárcel de la Villa, torreón defensivo del s. XIII, utilizado como cárcel, en el s. XVI Museo Zuloaga en el castillo de los Condestables, s. XVI.
Alrededores: TURÉGANO, a 25 km: Plaza, castillo e iglesia de S. Miguel, del s. XIII. SEPÚLVEDA, a 25 km: Villa, iglesias y Parque Natural de las Hoces del Duratón. NAVAFRÍA: El Martinete.

Restaurantes

El Yantar de Pedraza. Pza. Mayor, s/n. ☎ 921 509 842. www.elyantardepedraza.com
Cierra noches, lunes excepto vísperas y festivos, y 15 días en junio. Casona del s. XVI con mesas sobre la misma plaza. Judiones de La Granja, lechazo asado, helado. Precio medio 35 €.
La Olma de Pedraza. Pza. del Álamo, 1. ☎ 921 509 981. www.laolma.com
Cierra noches y martes. Ensalada de queso de cabra con frutos secos, asados castellanos, combinación de chocolates. Precio medio 30 €.
La Tejera de Fausto. (En REQUIJADA, 4 km). (Finca Tejera de la Vega). Ctra. SG-V-2322, La Salceda-Sepúlveda, km 7. ☎ 921 127 087. www.latejeradefausto.com P
Cierra lunes a viernes. Con 9 habitaciones. En pleno campo, cerca de la ermita de las Vegas. Crepes rellenos de morcilla, solomillo de ternera Tejera, tarta de zanahoria. Precio medio 28 €.

Hoteles

*** **El Hotel de la Villa.** Calzada, 5. ☎ 921 508 651. www.elhoteldelavilla.com
Hab. 38: 90/120 €. Suites: 2. Modernas y cuidadas instalaciones con artesonados del s. XVII. Restaurante LA VILLA.
** **La Posada de don Mariano.** Mayor, 14. ☎ 921 509 886. www.hoteldonmariano.com
Hab. 18: 80/117 €. Habitaciones personalizadas.

Pedroñeras, Las (Cuenca) — 49 • D-4

A CUENCA, 109 KM; MADRID, 157 KM. ALT. 708 M. POB. 7.221.
GPS (39° 26' 56''N-2° 40' 55"O).

Fiestas: 15 de mayo: S. Isidro Labrador. Del 31 de agosto al 7 de septiembre: Jesús Nazareno y Cristo de la Humildad. Octubre: Fiesta Internacional del Ajo.
Visitar: Ayuntamiento. Iglesia Ntra. Sra. de la Asunción. Villa manchega llamada la "capital del ajo morado". Museo del Labrador: Colección de herramientas y objetos para trabajar el campo.
Alrededores: Complejo lagunar: Laguna El Tari, Laguna el Heuero, Laguna Grande, Laguna Navablanca.

Restaurantes

☼☼☼ **Las Rejas.** (Autopista AP-36, salida 94). General Borrero, 49. ☎ 967 161 089. www.lasrejas.es
Cierra noches excepto viernes y sábado; lunes no festivos, y segunda quincena de junio. Producto, tecnica e inspiración son las bazas del éxito de Manuel de la Osa. **Sopa de ajo de Las Pedroñeras, pichón asado con ajos y escalope de foie-gras, cremoso de azafrán con helado de cacao**. Precio medio 75 €.

Peñafiel (Valladolid) — 30 • F-1

A VALLADOLID, 58 KM; MADRID, 180 KM. ALT. 756 M. POB. 5.592. ☐ 983 881 526.
GPS (41° 35' 39''N-4° 7' 10"O).

Fiestas: Semana Santa: Domingo de Resurección Bajada del Ángel, de Interés Turístico Regional. 15-16 de mayo: Riberexpo: Feria de vinos de D.O. Ribera del Duero. Del 14 al 18 de agosto: Fiestas patronales de Ntra. Señora y de S. Roque. 3-4 de octubre: Riverjoven: Degustación de gastronomía y vinos jóvenes de la Ribera del Duero.
Visitar: La Villa, al pie de una colina coronada por una impresionante fortaleza. El Castillo, del año 943 reconstruido por el Infante Don Juan Manuel. La Torre del Homenaje de 34 m, Monumento Nacional desde 1917. Iglesia y convento de S. Pablo. Capilla funeraria de Los Manuel, plateresca, s. XVI. Plaza del Coso, medieval. Restos de murallas. Iglesias de S. Miguel, renacentista de finales del s. XVI; de Sta. María. Torre del Reloj. Museo de la Radio. Museo Provincial del Vino. Convento de Sta. Clara del s. XVII. Aula de Arqueología de Pintia. Poblado Vacceo. Museo Casa de la Ribera.
Alrededores: SACRAMENIA, a 19 km: Iglesia de los s.s XII al XIII, formaba parte de un monasterio de 1141, el primero de Castilla. PESQUERA DE DUERO, a 6 km: Iglesia de S. Juan Bautista, s.s XVII a XVIII. A 1 km, Ermita de Ntra. Sra. de Rubiales. VALBUENA DE DUERO: Monasterio cisterciense de Sta. María, s. XII. CURIEL DEL DUERO, a 4 km: Restos del Castillo. OLIVARES DE DUERO, a 20 km: Iglesia de S. Pelayo, s. XV.

Restaurantes

Molino de Palacios. Avda. Constitución, 16. ☎ 983 880 505. www.molinodepalacios.com
Cierra noches de martes y jueves, excepto reserva, domingo noche, lunes excepto festivos, una semana en verano y navidades. Molino harinero del s. XVI sobre el río Duratón. Arroz con caza, lechazo asado en horno de leña, flan de huevo. Precio medio 30 €.

Hoteles

**** **Convento las Claras.** Pza. Adolfo Muñoz Alonso, s/n. ☎ 983 878 168. www.hotelconventolasclaras.com
P
Hab. 64: 99/130 €. Suites: 2. Consultar ofertas. En el antiguo convento de Sta. Clara, s. XVII. En el centro histórico, junto a la judería. Restaurante CONDE LUCANOR.
*** **Ribera del Duero.** Avda. Escalona, 17. ☎ 983 873 111. www.hotelriberadelduero.com
P
Hab. 54: 80/110 €. Suites: 1. Ruta de turismo cultural y enológico por la Ribera del Duero. Restaurante LA HARINERA.

Peñamellera Alta (Asturias) Ver Panes. — 4 • D-3

Peñaranda de Bracamonte (Salamanca) — 30 • A-4

A SALAMANCA, 42 KM; MADRID, 166 KM. ALT. 899 M. POB. 6.769. ☐ 923 540 001.
GPS (40° 54' 9"N-5° 12' 10"O).

Fiestas: 12 de abril: Lunes de Aguas. Del 18 al 23 de agosto: Feria y fiestas 29 de Septiembre: S. Miguel.
Visitar: Convento de M.M. Carmelitas. Museo de pintura barroca y bronces napolitanos. Parque el Inestal.
Alrededores: MACOTERA, a 10 km: Iglesia mudéjar. SANTIAGO DE LA PUEBLA, a 12 km: Iglesia, s. XV. PARADINAS DE S. JUAN, a 11 km: Iglesia románica.

Restaurantes

® **Las Cabañas "El Tostón de Oro".** (H. LAS CABAÑAS). Carmen, 14. ☎ 923 540 203. www.lascabanas.es
P
Cierra lunes. Con 20 habitaciones. Los hermanos Díaz comparten cocina y comedor. **Judiones con chorizo, asado al horno de leña, tarta de chocolate y avellana**. Menú 17 €. Precio medio 30 €.

Peñausende (Zamora) Ver Zamora. — 29 • D-2

Peñíscola (Castellón de la Plana) 43 • C-3

A CASTELLÓN DE LA PLANA, 70 KM; MADRID 494 KM. ALT. NIVEL DEL MAR. POB. 7.894. 964 480 208.
GPS (40° 21' 36''N-0° 24' 6"E).

Fiestas: Junio: Jornadas Gastronómicas. Julio: Festival de teatro clásico y festival de jazz. Agosto: Festival de Música Antigua y Barroca. A partir del 7 de septiembre: Fiestas en honor de la Virgen de la Ermitana, patrona. Danzas típicas: Dançans i Llauradors, Batalla de Moros y Cristianos. Septiembre: Ciclo de Conciertos de Música Clásica. Diciembre: Mercado medieval y Belén viviente.
Visitar: Monumento Histórico-Artístico Nacional. Calles típicas del casco antiguo. Museo de la Mar. Bufador. Parque de Artillería. Ermitas de la Ermitana y de S. Antonio. Parroquia de Sta. María. Puerto pesquero. Castillo, que fue morada del Papa Luna. En la Costa Sur, Parque Natural de la Sierra de Irta.
Alrededores: S. MATEO, a 35 km: capital del Maestrazgo. MORELLA, a 80 km: Monumento Histórico-Artístico. VILLAFAMES, a 90 km: Museo Popular de Arte Contemporáneo. TIRIG, a 36 km: Pinturas rupestres de la Valltorta.

Restaurantes

®**Casa Jaime.** Avda. Papa Luna, 5. ☎ 964 480 030. www.casajaime. net
Cierra domingo noche y miércoles en invierno; y del 20 de diciembre al 20 de enero. Sin más pretensiones que las excelencias del mar en la mesa. **Langostinos a la sal, all i pebre de rape, tarta de naranja.** Precio medio 50 €.

Hoteles

**** **Don Carlos de Peñíscola.** Maestro Bayarri, 10. ☎ 964 482 380. www.zthotels.net P
Hab. 86: 34/215 €. Suites: 5. Céntrico. Próximo al castillo y a la playa.
**** **Gran Hotel Peñíscola.** Avda. Papa Luna, 132-136. ☎ 964 469 000. www.granhotelpeñiscola.com
P
Hab. 419: 65/315 €. Suites: 6. Consultar cierre. En primera línea de playa.
**** **Hostería del Mar.** Avda. Papa Luna, 18. ☎ 964 480 600. www.hosteriadelmar.net
P
Hab. 86: 52/142 €. Suites: 8. En primera línea de playa. Restaurantes LOS FICUS y EL ANCLA.
**** **Peñíscola Palace.** Avda. Papa Luna, 34. ☎ 964 480 912. P
Hab. 224: 60/155 €. Suites: 8. Consultar cierre. Primera línea de playa.
*** **Husa Los Delfines.** Avda. Papa Luna, 4. ☎ 964 481 361. www.hotelhusalosdelfines.com
Hab. 73: 130/180 €. Consultar cierre y admisión de perros. Próximo al castillo del Papa Luna. En primera línea de playa.

Pepino (Toledo) Ver Talavera de La Reina. 47 • F-1

Peramola (Lleida) 25 • A-2

A LLEIDA, 98 KM; MADRID, 559 KM. ALT. 566 M. POB. 379.
GPS (42° 3' 30"N-1° 15' 58"E).

Fiestas: 15-16 de agosto: Fiesta mayor.
Visitar: Casco antiguo. Montaña de St. Honorat y del Corb. Ermita Castell-Llebre. Parroquia de St. Miquel.
Alrededores: Pantano de Oliana. OLIANA. TRAGO.

Restaurantes

®**Can Boix de Peramola.** Can Boix, s/n. ☎ 973 470 266. www.canboix. cat P
Cierra 30 días entre enero y febrero y algunos días entre noviembre y diciembre. Con 41 habitaciones. A 2 kms. del pueblo de Peramola, situado en el natural y seductor marco prepirenaico, este restaurante y hotel, dirigido por Joan Pallarés, colma las expectativas de una clientela constante y devota. Precio medio 51 €.

Hoteles

**** **Can Boix de Peramola.** Can Boix, s/n. ☎ 973 470 266. www.canboix. cat P
Hab. 41: 84/146 €. Consultar cierre.

Peratallada/Forallac (Girona) 26 • C-2

A GIRONA 30, KM; MADRID, 700 KM. ALT. 51 M. POB. 437. 972 645 522.
GPS (41° 58' 43''N-3° 5' 22"E).

Fiestas: 6-7 de agosto: Fiesta Mayor. 3-4 de octubre: Mercado medieval.
Visitar: Importante conjunto medieval amurallado, declarado Monumento Histórico-Artístico. Castillo s.s XIV-XVIII. Torre de las Horas. Plaça de les Voltes, porticada.
Alrededores: Iglesia y necrópolis de Canapost. Conjunto de dólmenes de Fitor. Núcleo histórico de Vulpellac.

Restaurantes

Bonay. Pza. Les Voltes, 13. ☎ 972 634 034. www.bonay.com P
Cierra domingo noche, lunes y del 13 de diciembre al 9 de enero. Cocina ampurdanesa de mercado en una antigua casona de la villa medieval. Gratinado de berenjenas y langostinos, oca con nabos, peras al vino. Precio medio 30 €.

Perillo (A Coruña) Ver Coruña, A. 1 • F-3

Petrer (Alicante) 67 • E-1

A ALICANTE, 36 KM; MADRID, 380 KM. ALT. 461 M. POB. 34.523.
GPS (38° 28' 38''N-0° 46' 30"O).

Fiestas: Del 30 de abril al 3 de mayo: Festividad de La Sta. Cruz. 12 de junio: Hogueras de San Antonio.
Visitar: Castillo medieval. Acueducto. Museo Dámaso Navarro. Ermitas.
Alrededores: Sierra del Cavall. Valles del Catí.

Restaurantes

Fayago. (En ELDA). Colón, 19. ☎ 965 381 013.
Cierra noches de domingo a miércoles, lunes y tres semanas en agosto. Más de veinte arroces, pescados y mariscos. Flan de huevo y chocolate. Precio medio sin marisco 25 €.
La Sirena. Avda. de Madrid, 14. ☎ 965 371 718. www.lasirena. net
Cierra domingo noche, lunes, Semana Santa y tres últimas semanas de agosto.
Imbatibles productos del mar, suculentos arroces y platos en lenguaje del s. XXI evidencian lo mucho y bien que Mª Carmen Vélez sabe hacer las cosas. **Bizcocho de harina de almendras con trufa de manzana y sorbete de té negro.** Precio medio 35 €.

☼**Paco Gandía.** (En PINOSO, a 28 km). San Francisco, 10. ☎ 965 478 023. ❄
Cierra noches y agosto. Una **paella de conejo y caracoles** que se sale le ha convertido en indiscutible referencia gastronómica. **Hígado encebollado, tarta santiago**. Precio medio 45 €.
®**Xiri.** (En MONÓVAR, a 9 km). Parque Alameda, s/n. ☎ 965 472 910. www.restaurantexiri.com
Cierra noches de domingo a jueves, lunes, primera quincena de julio y tercera semana de septiembre. Contemporaneidad ligada a productos de temporada de aquí y de allá. **Alcachofas, vieras y yema, ravioli de marisco, hojas de manzana, frutas ácidas y maracuyá**. Menú 25 €. Precio medio 30 €.

Hoteles

*** **La Romana.** (En LA ROMANA). Partida Casa Azorín, s/n. ☎ 966 192 600. www.laromanahotel.es
Hab. 18: 58/98 €. Consultar ofertas. Antigua masía del s. XX, rehabilitada.

Piedrahita (Ávila) 39 • A-2

A ÁVILA, 60 KM; MADRID, 180 KM. ALT. 1.200 M. POB. 2.164.
GPS (40° 27' 47"N-5° 19' 46"O).

Fiestas: Lunes de pentecostés: Romería, Ntra Sra de la Vega. Último fin de semana de junio: Agroalimentaria. Principio de agosto: Feria del Caballo. Segundo fin de semana de septiembre: Fiestas patronales.
Visitar: Restos de la Muralla medieval. Iglesia parroquial s. XIII, y Museo de Arte Sacro. Restos del convento de Santo Domingo y convento Carmelitas. Palacio de los Alba. Torreón y casas blasonadas. Rutas de senderismo y a caballo.
Alrededores: Ermita de la Virgen de Vega y de los Magdalenos. Sierra de Gredos. Pista de vuelo libre. Puerto de Peña Negra.

Restaurantes

Gran Duque. Pastelería, 17. ☎ 920 360 277. www.hostalgranduque. net
Con 21 habitaciones. Crema de calabaza, lomo de ciervo relleno de queso de cabra, fluido de chocolate y naranja. Menú 12 €. Precio medio 35 €.

Piedralaves (Ávila) 39 • C-3

A ÁVILA, 85 KM; MADRID, 98 KM. ALT. 721 M. POB. 2.197. ℹ 918 665 002.
GPS (40° 19' 2"N-4° 41' 58"O).

Fiestas: Febrero: Carnaval y fiestas Quintos. Marzo-Abril: concurso de Tapas. 15 de mayo: Romería S. Isidro, Luminarias Agosto: S. Roque. Noviembre: Gran Calbotada.
Visitar: Ermitas de S. Roque y La Concepción. Torre del Reloj. Puente Romano. Iglesia románica Cruz de los Enamorados. Lago el Horcajo. Charco de la Nieta: piscinas naturales. Lago El Horcajo.
Alrededores: LA ADRADA: Castillo medieval. MONBELTRÁN: Castillo.

Restaurantes

El Torreón. Camino Martín Parrilla, s/n. ☎ 918 665 299. www.eltorreondepiedralaves.com
Cocina serrana en agradable hotel rural. Patatas revolconas con ibéricos, pollo de corral en pepitoria, bollo de naranja. Precio medio 27 €.

Hoteles

Posada Quinta San José. Avda. Castilla y León, 82. ☎ 918 665 511. www.posadaquintasanjose.com
Hab. 16: 45/85 €. Suites: 5. Consultar ofertas. Restaurante LA QUINTA.

Pinar de Antequera (Valladolid) Ver Valladolid. 30 • C-1

Pinoso (Alicante) Ver Petrer. 67 • D-1

Plasencia (Cáceres) 46 • F-1

A MADRID, 237 KM. ALT. 355 M. POB. 43.761. ℹ 927 458 507.
GPS (40° 1' 48"N-6° 5' 22"O).

Fiestas: Domingo siguiente al de Pascua: Romería al Santuario de la Patrona Ntra. Sra. del Puerto. Junio: Ferias. 3 de agosto: Martes Mayor, fiesta de Interés Turístico Regional.
Visitar: **La Catedral**, resultado de la unión de dos edificios: **La Catedral de Sta. María**, antigua catedral, de estilo románico-gótico, de los s.s XIII y XIV, y la Catedral actual, que nunca fue terminada. Destaca: en el coro, la sillería de nogal tallada por Rodrigo Alemán, a finales del s.XV, Capilla Mayor, decorada por Juan de Álava, Diego de Siloé y Covarrubias, con un retablo del s. XVII esculpido por Gregorio Fernández y pinturas de Francisco Rizi. La antigua Catedral tiene un claustro comenzado en el s. XIV, una escalera de caracol de Gil de Hontañón y desde la terraza se divisa la cúpula de S. Pablo, llamado El Melón. En el Museo hay obras de Ribera y Morales. **Convento de Sto. Domingo**, fundado en 1474, pinturas de escuela española del s. XVI, del pintor Miguel Martínez. Iglesias: de **S. Pedro**, s. XIII, de **Sta. Ana** y de **S. Martín** (Bien de Interés Cutural), retablo plateresco decorado con pinturas de Morales. Acueducto llamado Arcos de S. Antón, fragmentos de la muralla de la ciudad de finales del s. XII. Plaza Mayor, con soportales, donde está la Casa Consistorial, del s. XVI. La Casa del Deán, del s. XVI. La Casa del Doctor Trujillo, del s. XIV, y el Palacio del Marqués de Mirabel. Palacio de los Almareces. Palacio de los Carvajal y de las Infantas.
Alrededores: PASARÓN DE LA VERA, a 27 km: Museo Pecharromán. A 20 km, Parque Natural de Monfragüe. A 35 km, Monasterio de Yuste. A 15 km, Valle del Jerte. A 35 km, LAS HURDES. HERVÁS, a 36 km: Pueblo judío.

Restaurantes

Alfonso VIII. (H. ALFONSO VIII). Avda. Alfonso VIII, 32. ☎ 927 410 250. www.hotelalfonsoviii.com
Escalope de foie-gras con morcilla de Burgos, callos y morros a la extremeña, arroz con leche. Precio medio 45 €.
Casa Juan. Arenillas, 2. ☎ 927 424 042. www.restaurantecasajuan.com
Cierra jueves, segunda quincena de enero y de junio. Parrillada de verduras, asados de cochinillo y cordero, flan de castañas. Precio medio 28 €.
La Catedral. Avda. Calvo Sotelo, 21-23. ☎ 927 418 579.
Cierra domingo noche. Suprema de bacalao confitada con miel, cochinillo ibérico al horno. Precio medio 28 €.
Viña la Mazuela. (Urb. La Mazuela). Avda. de las Acacias, 1. ☎ 927 425 842. www.restaurantelamazuela.es
Cierra miércoles en invierno, domingo en verano; y agosto. Ensalada de spaghetti de calamar con vinagreta de escalonias, lomo de cordero relleno de frité de rabo de cordero, fresas naturales con helado de queso. Precio medio 35 €.

Hoteles

**** **Alfonso VIII.** Avda. Alfonso VIII, 32. ☎ 927 410 250. www.hotelalfonsoviii.com
Hab. 78: 76/145 €. Suites: 2. Consultar ofertas. En el centro de la ciudad. Interesante cocina regional.

****** Ciudad del Jerte.** Ctra. N-110, km 399,9. ☎ 927 412 228. www.hotelciudaddeljerte.com
Hab. 52: 59/136 €. Suites: 5. Cerca del centro.
****** Parador de Turismo.** Pza. San Vicente, s/n. ☎ 927 425 870. www.parador.es
Hab. 64: 128/171 €. Suites: 2. Céntrico. Ubicado en el antiguo convento de Santo Domingo, s. XV. Restaurante REFECTORIO, cocina regional.
***** Cañada Real.** (En MALPARTIDA DE PLASENCIA, a 11 km). Ctra. EX-108, km 42. ☎ 927 459 407. www.hotelcreal.es
Hab. 58: 64/118 €. Suites: 3. Estratégicamente situado en el umbral de Plasencia, cerca del parque de Monfragüe, valles del Jerte, la Vera y Ambroz. Restaurantes LOS GUIJOS, excelente cocina nacional y regional, y asador DEL ABUELO BRUNO. Amplia Bodega.

Platja d'Aro/Playa de Aro (Girona) Ver Santa Cristina d'Aro. 26 • C-3

Platja de Sant Joan/Playa de San Juan (Alicante) Ver Alicante. 68 • A-1

Poblet-Monasterio de Santa María de (Tarragona) Ver Espluga de Francolí. 34 • F-1

Pobra de Trives, A/Puebla de Trives (Ourense) 8 • D-4

A OURENSE, 68 KM; MADRID, 480 KM. ALT. 730 M. POB. 2.511. ☐ 988 330 010.
GPS (42° 20' 18''N-7° 15' 18"O).

Fiestas: 1 de agosto: Festa da Bica. Semana del 24 de agosto: S. Bartolomé. 14 de septiembre: Fiestas del Cristo. 19 de septiembre: La Dolorosa. Fiesta popular O Magosto.
Visitar: Calzada romana. Estación de montaña: punto de partida para la práctica del esquí y deportes de montaña. Museo de la Infancia y Escuela. Embalses de Guistolas, Montefurado, Prada, As Portas y O Bao.
Alrededores: Ruta de la Ribera Sagrada del Sil, donde se encuentran auténticas joyas monumentales: Doce monasterios de distintos estilos e impresionantes dimensiones. El más próximo es el de Sobrado de Trives, románico del s. XII, a 7 km. Sierra de Queixa. Río Bibey.

Hoteles

Casa Grande de Trives. Pazo-Residencia. Marqués de Trives, 17. ☎ 988 332 066. www.casagrandetrives.com
Hab. 9: 45/69 €. Suites: 1. Consultar ofertas. Pazo del s. XVIII con jardín, capilla y patio central. Habitaciones decoradas con muebles antiguos. Cerca de la Ribera Sacra, del Cañón del Sil y de la estación de esquí de Manzaneda.

Pola de Allande (Asturias) Ver Cangas del Nárcea. 3 • A-3

Pola de Siero (Asturias) 3 • F-3

A OVIEDO, 16 KM; MADRID, 470 KM. ALT. 220 M. POB. 51.837.
GPS (43° 23' 34''N-5° 39' 48"O).

Fiestas: 11 de febrero: Les Comadres. 3 de marzo: Comadres. Abril: V Mercado de Primavera. 26 de abril: Huevos Pintos. Del 15 al 20 de julio: Ntra. Sra. del Carmen. 18 de julio: El Carmín. Del 6 al 9 de agosto: San Félix. 17-18 de septiembre: Agrosiero.
Visitar: Plaza Les Campes. Plaza de Abastos. Parque Alfonso X El Sabio. Mercado Nacional de ganados. Palacio Marqués de Sta. Cruz de Marcenado. Ermita de Sta. Ana. Iglesia de S. Pedro. Ruta Minera de Jovellanos. Sendas.
Alrededores: ARAMIL: Iglesia de S. Esteban de los Caballeros y Palacios. CELLES: Palacio e iglesia de S. Juan. LIERES: Palacio de Canavilles-Centí. MERES: Iglesia y palacio.

Restaurantes

☼ **El Asador de Abel.** (En ARGÜELLES, a 5 km). La Revuelta del Coche, s/n. ☎ 985 740 913. www.elasadordeabel.com
Cierra noches de domingo a miércoles, 10 días a finales de febrero y 20 días en agosto. Abel Terente escoge los mejores **bacalaos** y **carnes rojas** que llegan a la mesa en su justo punto, sin olvidar suculentos pero deliciosos platos de cuchara, como la **fabada de Argüelles** o el **cocido maragato**. Precio medio 34 €.
Ⓡ **Fanduku.** (En GRANDA, a 5 km). Ctra. N-634, Oviedo-Santander, 70. ☎ 985 792 210.
Cierra noches de martes, domingo y Semana Santa. Cocina tradicional bien resuelta con el empleo de muy buenas materias primas tratadas con mimo. **Verduras** y **callos** excelentes. Precio medio 40 €.

Polop (Alicante) Ver Benidorm. 60 • D-4

Pomaluengo (Cantabria) Ver Puente Viesgo. 5 • A-3

Ponferrada (León) 9 • A-3

A LEÓN, 105 KM; MADRID, 384 KM. ALT. 543 M. POB. 68.736. ☐ 987 424 236.
GPS (42° 32' 46''N-6° 35' 32"O).

Fiestas: Semana Santa: Emotiva procesión del Encuentro, el Viernes Santo, con los pasos de Jesús Nazareno, S. Juan y la Virgen. 8 de septiembre, Fiestas de la Virgen de la Encina, patrona de Ponferrada y el Bierzo.
Visitar: Castillo Templario, s. XII. Iglesia de Ntra. Sra. de la Encina, del s. XVI, con un retablo escultórico policromado del s. XVII, de la Escuela de Gaspar de Becerra. Palacio Municipal, del s. XVII. Torre del Reloj, sobre una parte de la vieja muralla, donde se abre la única puerta de la ciudad que se conserva. En imaginería destacan el Cristo de las Maravillas, del s. XIII, y el Cristo del Descendimiento o de la Urna. También se puede visitar el Palacio de los Condes de Toreno, s. XVI, antigua cárcel rehabilitada como museo, y el Convento de las Madres Concepcionistas Franciscanas. Museos de la Radio, del Bierzo, del Ferrocarril y de las Cofradías.
Alrededores: STO. TOMÁS DE LAS OLLAS, a 2 km: Iglesia mozárabe con elementos visigóticos y portada románica del s. XII. PEÑALBA, a 23 km: Iglesia de Santiago, mozárabe. COMPLUDO, a 21 km: Herrería. LAS MÉDULAS, a 25 km: Importantes siluetas, recordando las gigantescas explotaciones auríferas romanas. SAN PEDRO DE LOS MONTES: Monasterio del s. VII.

Restaurantes

®**Azul Montearenas.** (En SAN MIGUEL DE LAS DUEÑAS, a 9 km). Ctra. N-VI, Madrid-A Coruña, km 380. ☎ 987 417 012. P
Cierra domingo noche. En plena naturaleza. **Mollejas salteadas con pimientos, lechazo asado, teja de almendra con helado de turrón.** Precio medio 30 €.
Casa Ramón. (En MOLINASECA, a 6 km). Jardines Ángeles Balboa, 3. ☎ 987 453 153.
Cierra lunes excepto festivos, y de primeros de septiembre a primeros de octubre. Un buen alto en el camino a Santiago. Lentejas marineras, solomillo, torrijas cremosas con chocolate caliente. Precio medio 40 €.
Las Pallozas (Legado del Bierzo). (En CARRACEDELO, a 17 km). Ctra. A-6, Madrid-A Coruña, salida 399. ☎ 987 111 456. www.laspallozas.com P
Construcción rural (las pallozas) con techo de paja. Puerros con cecina al queso de cabra, botillo con repollo y patatas, helado de aguardiente de hierbas. De la misma propiedad y similares características otro local en Aldeamayor de San Martín (Valladolid). ☎ 983 101 316. Precio medio 20 €.

Hoteles

**** **AC Ponferrada.** Avda. Astorga, 2. ☎ 987 409 973. www.ac-hotels.com P
Hab. 60: 65/130 €. Suites: 5. En el Camino de Santiago. Próximo al casco antiguo.
**** **Temple.** Avda. Portugal, 2. ☎ 987 410 058. www.templehoteles.com P
Hab. 108: 45/126 €. Consultar ofertas. En el Camino de Santiago. Restaurante COMENDADORES.
*** **El Castillo.** Avda. El Castillo, 115. ☎ 987 456 227. www.hotel-elcastillo.com P
Hab. 46: 45/95 €. Suites: 2. Wifi gratuito.
*** **Ponferrada Plaza.** Avda. de los Escritores, 6. ☎ 987 406 171. www.domus-hoteles.es P
Hab. 38: 55/115 €. Suites: 2. Situado en la zona comercial. Restaurante EL CASTILLO.

Pontecesures (Pontevedra) Ver Vilagarcía de Arousa. 7 • D-2

Pontedeume/Puentedeume (A Coruña) 2 • A-2

A A CORUÑA, 35 KM; MADRID, 601 KM. ALT. 20 M. POB. 8.457. ☐ 981 430 270.
GPS (43° 24' 8"N-8° 9' 7"O).

Fiestas: En mayo y septiembre: S. Miguel de Breamo, romería. En septiembre: Fiestas patronales en honor a Ntra. Sra. de las Virtudes y S. Nicolás de Tolentino.
Visitar: La villa medieval. Iglesia de Santiago, de los s.s XIV-XVIII. Convento de Agustinos, del s. XVI. Río Eume, Ría. En NOGUEIROSA: Castillo roquero de Andrade, del s. XIV. Capilla de S. Miguel de Breamo, del s. XII.
Alrededores: Monasterio de Caaveiro, del s. XII. Iglesia de S. Juan de Villanueva, del s. XII. Río Eume, paisaje pintoresco. Iglesia románica de Doroña. Monasterio de Monfero. Parque Natural Fragas do Eume. Subida al monte Breamo, paisaje pintoresco. Playas.

Restaurantes

A Pitanza. Real, 44. ☎ 981 495 621. www.apitanza.es
Cierra martes y del 15 de octubre al 15 de noviembre. Zamburiñas, pescados de la ría de Ares, tarta de filloas. Precio medio 30 €.
Brasilia. Avda. La Coruña, 5. ☎ 981 430 249. P
Agradable local con música en vivo los sábados por la noche. Almejas o cigalas a la plancha, rape en salsa, tarta de manzana. Precio medio 35 €.
Cantina Río Covés. Esteiro, 9. ☎ 981 434 057. www.riocoves.com P
Cierra lunes y del 25 de diciembre al 1 de enero. Antiguo almacén de sal en un bello paraje sobre el río Covés. Filloa de centollo, sardinas, tarta de almendras. Precio medio 28 €.
O Muiño de Trigo. (En CABANAS, a 4 km). Modias, 2. ☎ 981 432 185. www.restaurantemuinodetrigo.com P
Cierra domingo noche, lunes y segunda quincena de octubre. Antiguo molino de piedra rodeado de frutales y con mesas junto al río. Huevos ocultos en patatas, tronco de rape al aceite de cebollino, dulce de galleta. Interesante carta de gin-tonic. Precio medio 35 €.

Hoteles

*** **Fraga do Eume.** (En A CAPELA). Lugar Estoxa, 4. ☎ 981 492 406. www.hotelfragadoeume.com P
Hab. 26: 77/135 €. Suites: 2. Cierra navidades. Consultar ofertas. Junto al Parque Natural Fragas do Eume. Restaurante CASA PEIZÁS.

Pontevedra 7 • D-3

A MADRID, 584 KM. ALT. 20 M. POB. 81.576. ☐ 986 848 552.
GPS (42° 25' 60''N-8° 38' 58"O).

Fiestas: 1 de mayo: Los mayos. 11 julio: Romería de S. Benitiño de Lérez. 25 julio: Fiestas de Santiagiño del Burgo. Del 13 al 21 de agosto: Fiestas de la Virgen de La Peregrina. 9-10 de septiembre: Feria Franca.
Visitar: La ciudad, cuyo casco urbano es Conjunto Histórico, situada al fondo de la Ría de su nombre, conserva uno de los mejores centros históricos gallegos, sus calles son soportales, sus plazas y sus casas señoriales. **Real Basílica de Sta. María la Mayor**, s. XVI, joya del gótico-renacimiento gallego. **Santuario y capilla de la Virgen Peregrina**, barroca y neoclásica, s. XVIII. **Convento de S. Francisco** y ruinas de Sto. Domingo, gótico, s.s XIV-XV. **Iglesia de S. Bartolomé**, barroco, s.s XVII-XVIII. Museo Provincial, que consta de 6 edificios tres de ellos en la Plaza de la Leña. Isla de las Esculturas, museo al aire libre situado a orillas del río Lérez y donde están presentes 12 artistas de renombre internacional utilizando el granito en todas sus esculturas. Sendas río Lérez y Alba. Sus paisajes verdes y frondosos son un maravilloso lugar para hacer Senderismo, jugar al golf pescar.
Alrededores: Parque Nacional de las Islas Atlánticas. A 14 km, Mirador de Cotorredondo y Lago de Castiñeiras. A 3,5 km: Parque Botánico. A 3 km, Monasterio S. Juan de Polo: Iglesia s.s XVII-XVIII y claustro s.s XVI-XVII. COMBARRO, a 5 km: típico pueblo de pescadores y muy famoso por sus hórreos al borde del mar. SOUTOMAIOR: Castillo, s. XIII, reformado posteriormente. Cruceiro de Hío, de los mejores de Galicia. Isla de Ons, barcos desde SANXENXO, PORTONOVO y BUEU.

Restaurantes

A Centoleira. (En BUEU, a 17 km). Playa de Beluso, 28. ☎ 986 323 481. www.acentoleira.com
Cierra domingo noche y lunes, excepto del 15 de julio al 15 de septiembre; y del 15 de octubre al 15 de noviembre. Típica taberna marinera con cocina gallega tradicional. Mejillones gallegos en varias maneras, arroces y guisos marineros, empanada de manzana. Precio medio 36 €.
®**Alameda 10.** Alameda, 10. ☎ 986 857 412. www.restaurantealameda10.com
Cierra martes noche excepto agosto y diciembre; domingo, 15 días en enero y en julio. No ha variado su línea, que al cabo es la que le ha dado éxito: muy buena materia prima, entre ella los **mariscos** y preparaciones ya consolidadas: buenas **empanadas**, excelentes **arroces**… Buena bodega. Precio medio 38 €.
Casa Román. (Zona Plaza de Galicia). Avda. Augusto García Sánchez, 12. ☎ 986 843 560. www.casaroman.com
Cierra domingo noche y lunes. Los productos del mar son la base de la cocina tradicional de esta casa. Milhojas de vieiras y setas, lenguado Rías Baixas, filloas rellenas y helado de turrón. Precio medio 45 €.

®**Eirado da Leña.** Pza. da Leña, 3. ☎ 986 860 225.
Cierra noches de lunes y martes; y domingo. Cocina joven con ganas de agradar y de salirse de lo trillado. Cuidan detalles, como unas **anchoas** impecables **con queso de Ulloa**. En cocina se trabaja buen género. **Zamburiñas, navajas,** buenos **pescados..., lechazo** y **cochinillo**. Muy buena bodega. Precio medio 35 €.
La Casa de las Cinco Puertas. Avda. Santa María, 8. ☎ 986 851 948.
Cierra domingo noche. Agradable restaurante en la zona monumental. Cocina en la línea tradicional, urbana, resuelta sin problemas. Buenos productos y magnífica tortilla de patatas. Bodega bien seleccionada. Precio medio 30 €.
Solla. (En SAN SALVADOR DE POIO). Avda. Sineiro, 7. ☎ 986 872 884. www.restaurantesolla.com P
Cierra noches de jueves y domingo; lunes, 7 días en abril y 15 días en navidades. Uno de los grandes de la Galicia de hoy. Pepe Solla supo labrarse un merecido prestigio adaptando su cocina a los nuevos tiempos. No deja de buscar nuevas propuestas y de combinar lo conocido y lo nuevo. Creatividad serena y sensata. Buenos postres. Excelente bodega, con etiquetas novedosas. Precio medio 65 €.

Hoteles

**** **Husa Galicia Palace.** Avda. de Vigo, 3. ☎ 986 864 411. www.hotelhusagaliciapalace.com P
Hab. 80: 84/152 €. Suites: 5. Consultar ofertas. Céntrico. Restaurante PEREGRINA.
**** **Parador de Turismo.** Barón, 19. ☎ 986 855 800.
Hab. 47: 102/160 €. En el Pazo de Maceda, conocido como "el palacio del Barón de Casa Goda", conserva la antigua composición señorial, preciosa escalera. Pescados y mariscos como notas predominantes en su cocina.
*** **Rías Bajas.** Daniel de la Sota, 7. ☎ 986 855 100. www.hotelriasbajas.com P
Hab. 100: 50/115 €. Suites: 8. Consultar ofertas.
*** **Virgen del Camino.** Virgen del Camino, 53-55. ☎ 986 855 900. www.hotelvirgendelcamino.com P
Hab. 52: 55/102 €. Consultar ofertas. En Las Rías Baixas, cercano a las playas.

Posada de Llanera (Asturias) Ver Oviedo. 4 • C-3

Potes (Cantabria) 4 • D-4

A SANTANDER, 117 KM; MADRID, 422 KM. ALT. 291 M. POB. 1.533. 942 730 787.
GPS (43° 9' 11"N-4° 37' 26"O).

Fiestas: 14 de septiembre: Fiesta de Sta Cruz. 14-15 de noviembre: Fiesta del Orujo.
Visitar: Iglesia de S. Vicente Mártir, gótica. Convento de S. Raimundo. Torre del Infantado, Torre Orejón de la Lama, del s. XV. Extraordinaria localización al pie de los Picos de Europa. Barrio La Solana, El Sol, S. Cayetano.
Alrededores: LIÉBANA: Monasterio. Sto. Toribio, portada y capilla. A 1 km, Iglesia de Sta María de Piasca, románica. A 8 km, Iglesia de Sta. María de Lebeña, mozárabe. CAMBARCO, a 6 km: Ermita rupestre.

Restaurantes

®**Casa Cayo.** Cántabra, 6. ☎ 942 730 119. www.casacayo.com
Cierra del 24 de diciembre al 1 de marzo. El más popular de la villa con amplia balconada a los Picos de Europa. **Tabla de quesos de Liébana, chuletillas de cordero, canónigo**. Menú 18 €. Precio medio 25 €.
®**Del Oso.** (En COSGAYA, a 17 km). (H. DEL OSO). Ctra. C-621, Potes-Fuente Dé, km 14. Cosgaya, s/n. ☎ 942 733 018. www.hoteldeloso.com P
Cierra del 1 de enero al 12 de febrero. La familia Rivas ha conseguido prestigiar su agradable hotel con cocina local como el **cocido montañés**, el **rabo de novillo** y las **tartas** caseras. Precio medio 37 €.
El Bodegón. San Roque, 4. ☎ 942 730 247.
Cierra miércoles. Antigua casa de piedra con toques modernos en la decoración. Tabla de quesos, cocido lebaniego, arroz con leche. Precio medio 25 €.
El Cenador del Capitán. Cervantes, 3. ☎ 942 732 161.
Cierra domingo noche. Casona antigua. Cocido lebaniego, carnes, caza, soufflé de merengue con natillas. Precio medio 25 €.
El Urogallo. (En COSGAYA, a 17 km). Barrio Areños, s/n. ☎ 942 733 077. www.casonadecosgaya.com P
Cierra del 15 al 25 de diciembre. Caza en la decoración y en el plato. Cocido lebaniego y montañés, peras al tostadillo. Precio medio 28 €.

Hoteles

*** **Del Oso.** (En COSGAYA). Cosgaya, s/n. ☎ 942 733 018. www.hoteldeloso.com P
Hab. 49: 54/79 €. Consultar cierre.
*** **Hotel Spa La Casona de Cosgaya.** (En COSGAYA). Bº Areños, s/n. ☎ 942 733 077. www.casonadecosgaya.com P
Hab. 10: 40/195 €. Suites: 3. Consultar cierre. Restaurante EL UROGALLO.
** **Picos Valdecoro.** Roscabao, 5. ☎ 942 730 025. P
Hab. 41: 35/60 €. Suites: 2. Consultar cierre. Restaurante PACO WENCES.

Pozuelo de Alarcón (Madrid) Ver Madrid: Alrededores. 40 • B-3

Pravia (Asturias) 3 • D-2

A OVIEDO, 48 KM; MADRID, 479 KM. ALT. 39 M. POB. 9.180. 985 821 138.
GPS (43° 29' 21"N-6° 6' 47"O).

Fiestas: 7 de agosto: Xiringüela. Del 6 al 8 de septiembre: Fiestas del Cristo y Ntra Sra. del Valle.
Visitar: Conjunto del s. XVIII formado por la Colegiata de Sta María La Mayor. Palacio de Moutas y Casas de los Canónigos. Iglesia de Quinzanas con frescos del s. XIII. Capilla del Valle, s. XVI. Ayuntamiento, s. XVIII. Museo del prerrománico e Iglesia prerrománica de Santienes, s. VII, Monumento Nacional. Miradores de Monteagudo y de La Peñona en Somao.
Alrededores: CUDILLERO: Pueblo pesquero. MUROS DE NALÓN: Playa de Aguilar. S. JUAN DE LA ARENA: Playa de los Quebrantos.

Restaurantes

El Patio de Balbona. (H. CASONA DEL BUSTO) Pza. Rey Don Silo, 1. ☎ 985 822 363. www.elpatiodebalbona.es P
Cierra domingo noche, miércoles y tres últimas semanas de enero. Ubicado en la Casona del Busto (s. XVI). David Menéndez define su cocina como asturiana actualizada. Así es, con un recetario de profunda base tradicional al que se aplican técnicas y conceptos muy actuales. **Pixín a la plancha sobre gel de ibérico y salteado de setas**. Precio medio 40 €.

Hoteles

*** **Casona del Busto.** Rey Don Silo, 1. ☎ 985 822 771. www.casonadelbusto.es
Hab. 30: 50/120 €. Consultar ofertas. Edificio histórico del s. XVI, magníficamente restaurado. Restaurante EL PATIO DE BALBONA, cocina asturiana evolucionada.

Prendes (Asturias) Ver Candás
3 • E-2

Priego de Córdoba (Córdoba)
73 • A-3

A CÓRDOBA, 90 KM; MADRID, 400 KM. ALT. 651 M. POB. 23.513. 957 700 625.
GPS (37° 26' 18''N-4° 11' 46"O).

Fiestas: Semana Santa, de Interés Turístico. Mayo: Domingos de mayo, de Interés Turístico. Agosto: Festivales internacionales de música, teatro y danza. Del 1 al 5 de septiembre: Feria Real.
Visitar: Capital del barroco andaluz de origen musulmán. Fuentes del Rey (139 caños), s. XIX, y de la Salud s. XVI. Balcón del Adarve. Castillo. Iglesias: Ntra. Sra. de la Asunción (sagrario), de la Aurora, S. Pedro, S. Francisco, del Carmen, de S. Juan de Dios, de las Angustias y de las Mercedes. Museos Niceto Alcalá-Zamora y Lozano-Sidro. Baños Árabes.
Alrededores: ALMEDINILLA: El Ruedo, Villa romana. Parque Natural de las Sierras Subbéticas. RUTE: Museo del Anís.

Restaurantes
Balcón del Adarve. Pº Colombia, 36. ☎ 957 547 075. www.balcondeladarve.com
Cierra lunes. Sobre una antigua muralla con preciosas vistas. Berenjenas a la miel, solomillo de ibérico al moriles viejo, carne de membrillo con queso de Zuheros. Precio medio 25 €.

Hoteles
**** **Huerta de las Palomas.** Ctra. Priego-Zagrilla, km 3,5. ☎ 957 720 305. www.zercahoteles.com
P
Hab. 34: 65/105 €. Suites: 2. Consultar ofertas. Próximo al Parque Natural de las Sierras Subéticas. Restaurantes EL POZO y BARBACOA LA HUERTA.
*** **Villa Turística de Priego.** Aldea de Zagrilla, s/n. ☎ 957 703 503. www.villadepriego.com
P
Hab. 52: 69/82 €. En un olivar, imitación a un pueblo andaluz.

Pruvia (Asturias) Ver Oviedo.
3 • E-3

Puçol/Puzol (Valencia) Ver Sagunto.
51 • C-3

Puebla de Sanabria (Zamora)
19 • A-2

A ZAMORA, 112 KM; MADRID, 343 KM. ALT. 960 M. POB. 1.659. 980 620 734.
GPS (42° 3' 16"N-6° 38' 7"O).

Fiestas: 2 de febrero: Las Candelas. Carnaval. Semana Santa. Agosto: Verano cultural y Mercado medieval. 7 al 9 de septiembre: Fiestas de Ntra. Sra. de las Victorias, patronales.
Visitar: Conjunto Histórico Medieval: Castillo, s. XV. Murallas. Iglesia parroquial Ntra. Sra. del Azogue, s. XIII. Ermita de S. Cayetano. Museo de gigantes y cabezudos.
Alrededores: Parque Natural del Lago de Sanabria. Sierras de La Culebra y de La Cabrera. Paraje Alta Sanabria. Bosque del Tejedero.

Restaurantes
A Casa do Cura. (En HERMISENDE, a 33 km). Tolaco, 18. ☎ 980 623 405. www.acasadocura.com
Casa antigua. Fabada, cabrito asado al horno, caza, arroz con leche. Precio medio 22 €.
Posada Real de las Misas. Pza. Mayor, 13. ☎ 980 620 358. www.posadadelasmisas.com
Con 15 habitaciones. Antigua casa solariega con vistas al valle desde el ventanal del comedor. Platos micologicos, ternera sanabresa, tarta de queso. Precio medio 29 €.

Hoteles
**** **Parador de Turismo.** Avda. Lago de Sanabria, 8 ☎ 980 620 001. www.parador.es
P
Hab. 41: 88/133 €. Suite: 1. Consultar ofertas. Recientemente reformado.
*** **Meleiros.** Ctra. N-525, km 84,3. ☎ 980 620 910. www.hotelmeleiros.com P
Hab. 54: 49/92 €. Suites: 2. Consultar ofertas. Próximo al Parque Natural.

Puente Arce (Cantabria) Ver Santander.
5 • A-3

Puente Duero (Valladolid) Ver Valladolid.
30 • C-1

Puente la Reina (Navarra) Ver Pamplona.
12 • E-3

Puente San Miguel (Cantabria) Ver Torrelavega.
5 • A-3

Puente Viesgo (Cantabria)
5 • A-3

A SANTANDER, 28 KM; MADRID, 366 KM. ALT. 71 M. POB. 2.746.
GPS (43° 17' 54''N-3° 57' 48"O).

Fiestas: 20 de enero: Fiestas de La Perola, de Interés Turístico Regional.
Visitar: Iglesia neorrománica de S. Miguel. Casona de Fuentes Pila, sede del Ayuntamiento, Bien de Interés Cultural. Balneario de Aguas Termales y Minero-Medicinales. Cuevas prehistóricas de El Castillo y Las Monedas, arte rupestre declaradas Patrimonio Mundial. Vía Verde del Pas.
Alrededores: CASTAÑEDA, a 5 km: Colegiata románica. SOTO IRUZ, a 3 km: Convento de Ntra. Sra. del Soto. LAS PRESILLAS: Ruta de los Humilladeros.

Restaurantes

La Venta de Castañeda. (En POMALUENGO, a 3 km). (Ctra. N-634, Torrelavega-Solares). Pomaluengo, 140. ☎ 942 592 140. www.ventacastaneda.com
Cierra noches de lunes y martes. Cerca de la Colegiata de Castañeda y las cuevas de Puente Viesgo. Potaje de alubias rojas, carrillera de novilla pasiega, crema montañesa. Precio medio 30 €.

Hoteles

****** Gran Hotel Balneario Puente Viesgo.** Manuel Pérez Mazo, s/n. ☎ 942 598 061. www.balneariodepuenteviesgo.com
Hab. 142: 107/172 €. Suites: 4. Consultar ofertas. El Templo del Agua, circuito termolúdico. Restaurante EL JARDÍN.
***** La Casona Azul de Corvera.** (En CORVERA DE TORANZO, a 3 km). Gral. Díaz de Villegas, 5. ☎ 942 596 400. www.casonaazul.com
Hab. 9: 70/100 €. Casona-palacio, con jardín de 5.000 m². Comida casera, sólo para huéspedes.

Puerto de Mazarrón (Murcia)

75 • C-2

A MURCIA, 60 KM; MADRID, 460 KM. ALT. 6 M. POB. 5.300. 968 594 426.
GPS (37° 33' 45''N-1° 15' 39"O).

Fiestas: Febrero: Carnavales. 19 de marzo: S. José. 17 de noviembre: Milagro. 1 al 18 de diciembre: Fiesta de la Purísima.
Visitar: Castillo de los Vélez. Torres del Molinete y los Caballos. Restos arqueológicos de la calle Era y Cabezo del Plomo. Museo Arqueológico. Centro Interpretación del barco fenicio de Mazarrón. Iglesia de S. Andrés y Casas Consistoriales.
Alrededores: Parque Regional de Sierra de Espuña.

Restaurantes

Miramar. (H. DURÁN). Ctra. de la Isla, 9. ☎ 968 594 050. www.restaurante-miramar.com
Cierra domingo noche y lunes. Con 24 habitaciones. En primera línea de playa. Arroz con bogavante, mero a la murciana, tartas artesanas. Precio medio 25 €.

Hoteles

***** Bahía.** Pza. de la Reya, s/n. ☎ 968 594 000. www.hotelbahia.net
Hab. 52: 37/75 €. En primera línea de playa.
***** La Cumbre.** Urb. La Cumbre, s/n. ☎ 968 594 861. www.hotelacumbre.com
Hab. 119: 54/150 €. Próximo al centro y a playas.

Puerto de Santa María, El (Cádiz)

76 • C-3

A CÁDIZ, 25 KM; MADRID, 644 KM. ALT. 6 M. POB. 87.696. 956 542 413.
GPS (36° 35' 47''N-6° 13' 43"O).

Fiestas: Carnavales. Abril-mayo: Feria de primavera y Fiesta del Vino Fino. 16 julio: Virgen del Carmen, procesión en barco por el río Guadalete. En agosto, Semana Naútica Internacional. Festival de Teatro de Comedias. Feria taurina. Regata "Juan de la Cosa". 8 de septiembre: Procesión de la patrona, Virgen de los Milagros.
Visitar: Iglesia Mayor Prioral, s. XV. Monasterio de la Victoria, s. XVI. Castillo de S. Marcos, s. XIII construido sobre una mezquita árabe. Plaza de Toros, 1880. Museo Municipal y Sala Museo Hospitalito. Casas Palacios. Fundación "Pedro Muñoz Seca". Fundación Rafael Alberti. Bodegas Osborne, Terry, Grant, Gutiérrez Colosía, 501 y Caballero. Yacimiento arqueológico Castillo de Doña Blanca, s. VIII a.C. Alrededor de 16 km de playas. Parque Natural Marisma de los Toruños. Puerto Deportivo "Puerto Sherry". Parque Acuático. Casino "Bahía de Cádiz".
Alrededores: Bahía de Cádiz. Sierra de S. Cristóbal.

Restaurantes

Aponiente. (Bº Ribera del Marisco). Puerto Escondido, 6. ☎ 956 851 870. www.aponiente.com
Cierra domingo noche y lunes en invierno, y del 1 de enero al 25 de marzo. La cocina de Ángel León sorprende por una creatividad basada en la investigación, la técnica y la inspiración. **Sardinas asadas en brasas de huesos de aceituna sobre torta salada, arroz meloso de plancton marino con calamares de Bolonia y alioli ahumado, pastel caliente de Medina Sidonia, canela y leche.** Merece la pena. Precio medio 45 €.
Bar Jamón. (Variante Ctra. El Puerto-Rota). Rotonda Molino Platero, s/n. ☎ 956 850 513. www.barjamon.com
Cierra domingo noche en invierno. Construcción típica de cortijo andaluz. Calabacines rellenos de carne al Pedro Ximénez, gratinado de vieiras, milhojas. Precio medio 30 €.
Casa Flores. Ribera del Río, 9. ☎ 956 543 512. www.casaflores.es
En el casco antiguo cerca de la desembocadura del Guadalete. Pescados y mariscos de la bahía, urta a la roteña. Precio medio 40 €.
El Faro del Puerto. Ctra. de Fuentebravía, km 0,5. ☎ 956 870 952. www.elfarodelpuerto.com
Cierra domingo noche excepto agosto. La gran profesionalidad de Fernando Córdoba y la calidad de producto hacen que su Faro ilumine gastronómicamente la provincia de Cádiz. **Erizos en temporada rellenos de sus huevas y tartar de corvina, salmonetes con espárragos y setas al jerez oloroso, cienhojas de chocolate y café**, son algunas sugerencias. Espectacular carta de vinos de Jerez. Precio medio 42 €.
Lagansa. (Bº Ribera del Marisco). Puerto Escondido, 5. ☎ 956 543 536.
Cocina italiana en la ribera del marisco. Pastas, pizzas, tartar de atún rojo, tiramisú. Precio medio 25 €.
Plato al centro. (C.C. Vistahermosa, local 5 B). Juan Melgarejo, s/n. ☎ 956 543 176. www.platoalcentro.com
Abierto en primavera de 2010 es el lugar de moda con llenos diarios. Cocina burguesa con buen producto y realización desde las croquetas a la carne de buey pasando por exquisitos calamares Pelayo. Muy ruidoso. Precio medio 35 €.
Venta Millán. Toneleros, 12. ☎ 956 543 122.
Atún de almadraba y tomate natural, urta a la roteña, tocino de cielo. Precio medio 38 €.

Hoteles

******* Duques de Medinaceli.** Pza. de los Jazmines, 2. ☎ 956 860 777. www.jale.com/dmedinaceli
Hab. 28: 135/289 €. Suites: 22. Casa palacio del s. XVIII. Jardín Botánico, declarado Bien de Interés Cultural. Restaurante GOURMET REINA ISABEL.
****** Bodega Real.** Albareda, 4. ☎ 956 059 185. www.hotelbodegareal.com
Hab. 48: 93/230 €. Suites: 3. Antigua bodega rehabilitada. Restaurante ARMONÍA.
****** Los Jándalos Vistahermosa.** Amparo Osborne, s/n. ☎ 956 873 411. www.jandalos.com
Hab. 18: 85/259 €. Apartamentos: 45. Consultar ofertas. Rodeado de 2.500 m² de jardines. Restaurante ALTAMIRA.
****** Monasterio San Miguel.** Virgen de los Milagros, 27. ☎ 956 540 440. www.hotelesjale.com
Hab. 165: 65/212 €. Suites: 10. Incremento de tarifas durante campeonato de motos. Consultar ofertas. Antiguo Monasterio de Capuchinas del s. XVIII, bellamente restaurado y adecuado al confort actual. Decorado con objetos antiguos y obras de arte. Conserva las rejas del coro, locutorio, patios, claustros y la iglesia como salón de actos culturales. Restaurante LAS BÓVEDAS.
***** Del Mar Hotel & Spa.** Babor, 5. ☎ 956 875 911. www.delmarhotel.eu
Hab. 40: 45/130 €. Consultar ofertas.

*** **Los Cántaros.** Curva, 6. ☎ 956 540 240. www.hotelloscantaros.com
Hab. 39: 66/139 €. En el centro de la ciudad, en la zona llamada "Ribera del Marisco".
*** **Los Jándalos Santa María.** Avda. Bajamar, s/n. ☎ 956 873 211. www.jandalos.com
Hab. 100: 60/115 €. Consultar ofertas. En el centro histórico y comercial. A 800 m de la playa.

Puerto Lumbreras (Murcia)

74 • F-2

A MURCIA, 85 KM; MADRID, 467 KM. ALT. 462 M. POB. 13.947. 968 402 013.
GPS (37° 33' 43''N-1° 48' 41"O).

Fiestas: Del 2 al 8 de mayo: Feria de ganado. 7 de julio: Conmemora su constitución como municipio independiente. 7 de octubre: Fiestas patronales en honor a Ntra. Sra. del Rosario. Del 1 al 7 de noviembre: Feria de ganado equino.
Visitar: Restos del Castillo de Nogalte, medievo-islámico, s. XI-XII. Casas-cueva. Observatorio Astronómico. Iglesia de Ntra. Sra. del Rosario. Museo.
Alrededores: Llanos del Esparagal y Puerto Adentro. Cabezo de la Jara (1.246 m altitud) considerado su entorno de Interés Ecológico.

Hoteles

*** **Parador de Turismo.** Avda. Juan Carlos I, 77. ☎ 968 402 025.
Hab. 60: 83/127 €. Estratégicamente situado entre las rutas del Sur y de Levante. Cocina murciana: dorada, llobarro, cordero al ajo cabañil y sorbete de higos chumbos.

Puerto Real (Cádiz) Ver Cádiz.

76 • C-3

Puertollano (Ciudad Real)

57 • C-4

A CIUDAD REAL, 35 KM; MADRID, 239 KM. ALT. 709 M. POB. 51.010. 926 410 463. EXT. 33.
GPS (38° 41' 8"N-4° 6' 48"O).

Fiestas: 23 de enero: Día del Chorizo. Carnaval. 11 de abril: Día del Hornazo. Del 1 al 10 de mayo: Feria de Mayo. Mayo: Festividad del Sto. Noto. 4 de junio: Día Mundial del Medio Ambiente. Del 15 al 31 de agosto: Festival Internacional del Folclore. Del 22 al 31 de agosto: Fiesta de la Juventud. 8 de septiembre: Ntra. Sra. de Gracia, patronales. Del 1 al 15 de septiembre: Festival Nacional del Folclore. 4 de diciembre: Sta. Bárbara.
Visitar: Parroquia de Ntra. Sra. Virgen de Gracia. Iglesias: Parroquial Ntra. Sra. de la Asunción, s. XVI, de la Soledad, antigua ermita de S. Mateo. Museos Municipal y de la Minería (historia de la minería del carbón). Fuente Agria, s. XVI. Casa de Baños, balneario de agua Agria, 1850. Monumento a la Minería. Reloj de flores. Fuente de los cinco caños. Senderismo, escaladas, enoturismo.
Alrededores: Chimenea Cuadrá: Vistas panorámicas. Parque de la Rincona y Dehesa Boyal. A 3 km: Valle de Alcupia. Sierra Morena. ALDEA DEL REY, a 29 km: Castillo de Calatrava la Nueva. Parque de las Pocitas del Prior

Restaurantes

El Comendador. La Encina, 16. ☎ 926 429 127. www.restauranteelcomendador.com
Cierra noches de lunes a jueves, domingo y segunda quincena de julio. Carrillera de ibérico escabechada, biscuit de higos. Precio medio 30 €.

Hoteles

** **Tryp Puertollano.** Lope de Vega, 3. ☎ 926 410 768. www.tryppuertollano.solmelia.com
Hab. 38: 65/120 €. Suites: 2. Consultar ofertas. Céntrico.

Puigcerdá (Girona)

15 • C-4

A GIRONA, 184 KM; MADRID, 641 KM. ALT. 1.202 M. POB. 9.000. 972 880 542.
GPS (42° 25' 52''N-1° 55' 36"E).

Fiestas: 27 de febrero: XV Fiesta del Trinxat. Del 17 al 18 de julio: "Festa" del Roser, con pasacalles de gigantes y cabezudos, orquestas, baile y sardanas. Verano: Audición de sardanas todos los miércoles. 21-22 de agosto: Fiesta del Llac, desfile de carrozas y castillo de fuegos de artificio en el lago. 8 de septiembre: Fiesta Sacristía fuegos artificiales. 6-7 de noviembre: "Fira" de Puigcerdá, de caballos.
Visitar: Plaza Cabrinetty, totalmente porticada. Iglesia de Sta. María, sólo se conserva el campanario y constituye un importante y destacado mirador. Iglesia de Sto. Domingo, antiguo convento de Dominicos, del s. XIII con fachada de mármol gris y junto a ella parte del claustro de dicho convento que conserva sus arcos. Ermita Rigolisa en el Camino Santiago. Lago y Parque Schierdeck.
Alrededores: A menos de 1 km, BOURG-MADAME, ya en territorio francés, bello rincón. Excursiones a GUILS, LA MOLINA, ALP, FONT-ROMEU e incluso ANDORRA. Visitar los agregados de AGE, VILALLOBENT, VENTAJOLA y RIGOLISA.

Hoteles

***** **Hospes Villa Paulita.** Avda. Pons y Gasch, 15. ☎ 972 884 622. www.hospes.es
Hab. 38: 110/225 €. En una villa renacentista. Restaurante L' ESTANY SENZONE.
*** **Avet Blau Hotel** Pza. Santa María, 14. ☎ 972 882 552.
Hab. 6: 60/100 €. Suites: 1. Céntrico. Hotel Monumento.
*** **Puigcerdá Park Hotel** Ctra. N-152, cruce Seu de Urgel, Barcelona, s/n. ☎ 972 880 750.
www.hotelparkpuigcerda.com
Hab. 48: 67/106 €. Suites: 7. Cierra tres semanas en noviembre. Bien comunicado. Práctica de esquí, hípica y golf.

Punta Umbría (Huelva)

70 • E-4

A HUELVA, 16 KM; MADRID, 655 KM. ALT. 3 M. POB. 14.708. 959 495 160.
GPS (37° 10' 50''N-6° 58' 8"O).

Fiestas: Febrero: Carnavales "Verdigoná". Marzo: Muestra Nacional de la chirla y la coquina. Mayo: Romería Cruz de Mayo. Junio: Feria Nacional del Marisco y la Gamba de la costa. 16 de julio y 15 de agosto: Patronales Ntra. Sra. del Carmen, procesiones en barco y en la playa.
Visitar: Ciudad de veraneo de fisionomía moderna, a lo largo de 13 km de playa. Puertos deportivos. Centro de Interpretación. Torre Almenara, s. XVII. Casa Museo de los Ingleses, Jardín Botánico. Yacimento arqueológico El Eucaliptal.
Alrededores: Espacios Protegidos: paraje Natural Marismas del Odiel, Reserva de la Biosfera; paraje Natural de Los Enebrales y Reserva Natural La Laguna de El Portil. Lugares colombinos, a 25 km. A 68 km: Parque Natural Doñana.

Restaurantes

®**El Paraíso.** Ctra. Huelva-El Portil, km 11. ☎ 959 312 756. www.grupoelparaiso.com ❄ P
Cierra domingo noche en invierno. Materia prima que no falla en una cocina de raíces andaluzas y toques actualizados. **Crema de gazpacho con bogavante, cazuela de corvina y rape, espuma de fresas de Huelva con helado de leche merengada**. Precio medio 35 €.

Miramar. Miramar, 1. ☎ 959 311 243. www.restaurantemiramarsl.com ❄ P
Cierra lunes y 15 días después de Reyes. Coquinas, corvina a la plancha, tarta Miramar. Precio medio sin marisco 30 €.

Hoteles

**** **Barceló Punta Umbría Premium.** Avda. del Océano, s/n. ☎ 959 495 400. www.barcelo.com
❄ P
Hab. 298: 82/288 €. Suites: 4. Admisión de perros, consultar. En primera línea de playa, junto al Parque Natural de Los Enebrales. Restaurante LOS ENEBRALES.

Quijas (Cantabria)

4 • F-3

A SANTANDER, 30 KM; MADRID, 386 KM.

GPS (43° 20' 58''N-4° 8' 5"O).

Fiestas: Los Santos Mártires, fiesta patronal.
Visitar: Torres, probablemente de época altomedieval. Palacio de los Bustamante s. XVII. Iglesia parroquial, s. XVI.
Alrededores: Cuevas prehistóricas de la Clotilde.

Restaurantes

Hostería de Quijas. Barrio Vinueva, s/n. ☎ 942 820 833. www.hosteriadequijas.com P
Cierra domingo noche, lunes y del 20 de diciembre al 20 de enero. Con 19 habitaciones. Casona montañesa del siglo XVIII, con muebles de época. Macarrones de salmón, yogur al curry y jugo verde de acelgas; merluza, bacalao y crujiente de leche negra con yema líquida, torrija pasiega. Precio medio 45 €.

Hoteles

*** **Casona Torre de Quijas.** Bº Vinueva, 76. ☎ 942 820 645. www.casonatorredequijas.com P
Hab. 19: 54/99 €. Suites: 3. Cierra Navidad y enero. Admisión de perros, consultar. Preciosa casona de indianos del s. XIX. Jardín de 4.000 m². Patio acristalado. Salón con chimenea y biblioteca. Comidas por encargo.

Quintana de Raneros (León) Ver León.

9 • F-3

Quintanar de la Orden (Toledo)

49 • C-3

A TOLEDO, 114 KM; MADRID 124 KM. POB.12.736.

GPS (39° 35' 24''N-3° 2' 30"O).

Fiestas: Febrero: Carnavales. 15 de mayo: San Isidro. Junio: Moros y Cristianos.
Visitar: Molinos de viento en la zona, en la ruta del Quijote. Ermitas: la Virgen de la Piedad; San Antón. Iglesia parroquial de Santiago de la Espada. El Rollo de Justicia y el Santuario de Nuestra Señora de la Piedad. Digno de mención también es el Palacete de los Rada o Casa de Piedra.
Alrededores: LA PUEBLA DE ALMORADIEL.

Restaurantes

El Almirez. San Juan, 9. ☎ 925 565 041.
Cierra domingo noche, lunes y última semana de septiembre. Marcelino Iniesta -cocina- y Mónica -comedor- ofrecen una oferta tradicional con toque personal. Queso frito con compota de tomate al azafrán, canelones de perdiz estofada, soufflé de chocolate negro con sopa y helado de chocolate blanco. Menú 12 €. Precio medio 35 €.
® **Granero.** Avda. San Fernando, 90. ☎ 925 180 238. www.restaurantegranero.com
Cierra miércoles y 15 días en septiembre. Los hermanos Pintado renovaron local y cocina de raíz manchega con terraza-jardín. **Rodaballo con crema de chirivias y habitas, cremoso de queso con gelatina de miel**. Precio medio 38 €.
Montes. (En VILLACAÑAS, a 22 km). Ctra. de Tembleque, 1. ☎ 925 160 205. P
Cierra noches de miércoles y jueves; domingo y agosto. Cocina manchega con toques actuales a cargo de los hermanos Montes. Gachas manchegas, cochinillo confitado, torrijas. Menú 12 €. Precio medio 30 €.

Quintanilla de Onésimo (Valladolid)

20 • E-4

A VALLADOLID, 35 KM; MADRID, 215 KM. ALT. 728 M. POB. 1.163. 983 681 158.

GPS (41° 37' 25''N-4° 21' 54"O).

Fiestas: 5 de febrero: Águedas. Del 14 al 19 de agosto: S. Roque. 12 de noviembre. S. Millán. Septiembre-octubre: Vendimia. 12 de noviembre: S. Millán.
Visitar: Iglesia de S. Millán: Retablo, s. XVI. Ermita de S. Roque. Puente renacentista, s, XVI. Canal del Duero, s. XIX. Bodegas.
Alrededores: PEÑAFIEL: Castillo. Monasterio de Sta. María de Valbuena, Sta. María de Retuerta. Bodegas.

Restaurantes

Fuente de la Aceña. Molino, s/n. ☎ 983 680 910. www.fuenteacena.com P
Cierra domingo noche y lunes. Con 22 habitaciones. La cocina de corte tradicional de Pedro de Rodrigo tiene como marco un antiguo molino harinero sobre el Duero. **Garbanzos negros con pulpo, sepia y chipirones, hamburguesa de lechazo con salsa de mostaza en grano, sorbete de tempranillo**. Precio medio 30 €.
La Espadaña de San Bernardo. (En VALBUENA DE DUERO, a 6 km). Ctra. San Bernardo, s/n. ☎ 983 683 315. www.restauranteespadana.es P
Cierra noches. Rodeado de viñedos, junto a la bodega-museo Emina. Carrilleras de ternera al tinto Emina, torrijas con miel y piñones. Aceite de oliva virgen extra y vinos de cosechas propias. Menú 10 €. Precio medio 30 €.

Hoteles

***** **Arzuaga Vino Spa.** Ctra. N-122, km 325. ☎ 983 687 004. www.hotelarzuaga.com
P
Hab. 91: 123/245 €. Suites: 5. Consultar ofertas. Gran centro Spa de Vinoterapia. Visitas guiadas a nuestras bodegas, finca "La Planta" y viñedos.
Posada Fuente de la Aceña. Molino, s/n. ☎ 983 680 910. www.fuenteacena.com P
Hab. 22: 73/104 €. Cierra en Navidad. Ubicado en un antiguo molino harinero. En el corazón de la Ribera del Duero.

Rascafría-El Paular (Madrid)

31 • A-4

A MADRID, 96 KM. ALT. 1.163 M. POB. 2.083. 918 691 117
GPS (40° 54' 12''N-3° 52' 50"O).

Fiestas: 20 de enero: S. Sebastián. 25 de abril: S. Marcos. 3 de mayo: Cruz de Mayo. 15 de mayo: S. Isidro Labrador. 13 de junio: S. Antonio. Del 15 al 18 de agosto: Virgen de Gracia y S. Roque, patronales. 5 de octubre: Virgen del Rosario. 30 de noviembre: S. Andrés, patrón.
Visitar: Monasterio de Sta. María de El Paular, Monumento Nacional, s. XIII. Iglesias de Ntra. Sra. de la Paz, de S. Andrés, s. XV. Puente del Perdón. La Casa Vasca, s. XVIII. Mirador de Los Robledos. Monolito monumento al Guarda Forestal. Piscinas Naturales. Senderismo. Ciclismo de Montaña.
Alrededores: Puerto de Cotos (pista de esquí de fondo), a 15 km. Estación de VALDESQUÍ. Peña de la Mora. Mirador de los Robledos. Oteruelo del Valle: Sala Museo Luis Feito. Parque Natural Peñalara. Cascadas del Purgatorio. Centro de Educación Ambiental Puente del Perdón.

Restaurantes

Los Claveles. Ctra. de Cotos, km 30,5. ☎ 918 691 601. www.sierranorte. com/losclaveles P
Cierra noches. En el Parque Natural de Peñalara. Guisos, carnes a la plancha, tartas caseras. Precio medio 28 €.
Pinosaguas. (Paraje la Isla- Parque Natural de Peñalara). Ctra. M-604, Valcotos-Lozoya, km 32. ☎ 918 691 025. www.sierranorte.com P
Cierra noches, martes y primera quincena de septiembre. Junto al nacimiento del río Lozoya y cerca del Monasterio de El Paular. Croquetas de varios gustos, carnes de la sierra de Guadarrama, buñuelos. Menú 10 €. Precio medio 26 €.

Hoteles

**** **Sheraton Santa María de El Paular.** Ctra. de Cotos, M-604, km 26,5. ☎ 918 691 011. www.sheraton.com/paular P
Hab. 57: 110/319 €. Suites: 5. Cierra en enero. Conjunto Histórico-Artístico. Atractivo emplazamiento junto al monasterio Santa María de El Paular, en el valle de Lozoya. Sierra de Guadarrama. Restaurantes DOM LOPE y MESÓN TRASTÁMARA.
*** **La Posada de Alameda.** (En ALAMEDA DEL VALLE). Grande, 34. ☎ 918 691 337. www.laposadadealameda.es P
Hab. 22: 65/94 €. Suites: 3. Antigua vaquería rehabilitada en el valle de Lozoya.

Rasillo de Cameros, El (La Rioja)

22 • A-1

A LOGROÑO, 45 KM; MADRID, 300 KM. ALT. 1.100 M. POB. 141.
GPS (42° 11' 39''N-2° 41' 58"O).

Fiestas: 15 de mayo: S. Isidro. 7 de agosto: S. Mamés.
Visitar: Iglesia Virgen de Las Heras. Ermita de S. Mamés.
Alrededores: Pantano González Lacasa, a 2 km. ORTIGOSA DE CAMEROS.

Restaurantes

Cameros. (Urb. Rasillo de Cameros). Avda. Principal, 1. ☎ 941 462 300. P
Cierra de lunes a viernes excepto festivos, julio y agosto. Vistas al pantano. Verduras, setas y caza de temporada, asados, tarta de queso. Precio medio 30 €.

Raxó-Poio (Pontevedra) Ver Sanxenxo.

7 • D-3

Reinosa (Cantabria)

10 • F-1

A SANTANDER, 75 KM; MADRID, 357 KM. ALT. 849 M. POB. 10.307. 942 755 215.
GPS (43° 0' 1"N-4° 8' 26"O).

Fiestas: 20 de enero: S. Sebastián, concurso gastronómico "Olla Ferroviaria". 25 de julio: Feria de Santiago, desde 1765, con concurso de bolos y mercado. 26 de julio: Sta. Ana, misa popular y romería típica en la ermita. Del 21 al 29 de septiembre: S. Mateo y Día de Campóo, de Interés Turístico Nacional.
Visitar: Iglesias: S. Sebastián, barroco del s. XVIII, con retablos barrocos y churriguerescos, Bien de Interés Cultural; S. Francisco, herreriana, del s. XVI. Paseo del Quintanal. Conjunto arquitectónico de la Plaza de España. Casonas blasonadas, s.s. XVIII y XIX. Paseo Ribera del Duero. Ruta del Besaya (Camino de Santiago).
Alrededores: Estación de esquí ALTO CAMPÓO, a 24 km: Pico Tres Mares. FONTIBRE, a 5 km: Nacimiento del Ebro. ARGÜESO: Castillo S. Vicente. Mirador del Chivo. BOLMIR, a 3 km: Iglesia románica, s. XII. RETORTILLO, a 5 km: Iglesia románica, s. XII. Resto de la ciudad romana de Julióbriga. VALDEPRADO: Monte Hijedo con un valioso hayedo y robledal.

Restaurantes

®**Fuentebro.** (En FONTIBRE, a 4 km). San Félix, s/n. ☎ 942 779 772. www.restaurantefuentebro.com
Cierra noches de domingo a jueves, excepto julio, agosto y festivos. Situado junto al nacimiento del río Ebro, en un ambiente rústico. **Emparedado de bonito y foie-gras con cebolla roja y manzana caramelizada, carnes de Campoo, crujiente de hojaldre con crema.** Menú 20 €. Precio medio 30 €.

Hoteles

*** **La Corza Blanca.** (En BRAÑAVIEJA). Estación de esquí Alto Campoo. Brañavieja, s/n. ☎ 942 779 250. www.altocampoo.com P
Hab. 68: 45/78 €. Consultar cierre y ofertas. Restaurante TRES MARES.

Rentería (Guipúzcoa) Ver Oiartzun.

6 • D-3

Requena (Valencia)

50 • F-4

A VALENCIA, 64 KM; MADRID, 275 KM. ALT. 692 M. POB. 21.278. 962 303 851.
GPS (39° 29' 15''N-1° 6' 5"O).

Fiestas: Del 11 al 14 de febrero: Muestra del Embutido Artesano y de Calidad. Del 25 de agosto al 5 de septiembre: Feria y Fiesta de la Vendimia, de Interés Turístico. Del 2 al 5 de septiembre: FEVERIN Feria Requenense del Vino.
Visitar: Conjunto Histórico Artístico de la Villa: La Fortaleza. Las Iglesias góticas de Sta. María, s. XIV y El Salvador, s. XV, ambas Monumentos Nacionales. Iglesias del Carmen y de S. Sebastián. Las Cuevas de La Villa. Palacio del Cid. Museo de Arte Contemporáneo Florencio de la Fuente. Monumento a la Vendimia.
Alrededores: Parque Natural Hoces de Cabriel. Parque Fauna Ibérica. Museo de Sisternas.

Restaurantes

®**La Posada de Águeda.** Ctra. Antigua N-III, Madrid-Valencia, km 277. ☎ 962 301 418.
Cierra lunes, 15 días en agosto y en septiembre. Gustosidad y generosidad en sus propuestas en un espacio de moderna rusticidad. **Buñuelos de bacalao, pescados frescos, mousse de queso fresco**. Repetirá. Menú15 €. Precio medio 36 €.
Mesón del Vino. Avda. Arrabal, 11. ☎ 962 300 001.
Cierra lunes noche, martes y septiembre. Mesón castellano. Ajoarriero, paletilla de cabrito, dulce de almendra. Precio medio 35 €.

Hoteles

** **Balneario del Cabriel.** Crta. N-322, km 425. ☎ 962 335 122. www.balneariofuentepodrida.com
Hab. 51: 54/60 €. Cierra del 9 de diciembre al 18 de febrero. Aguas con alto contenido en azufre.
** **Doña Anita.** Pza. Albornoz, 15. ☎ 962 305 347. www.tubal.net
Hab. 14: 42/120 €. Suites: 1. En el centro histórico-artístico.

Requijada (Segovia) Ver Pedraza. 31 • A-3

Reus (Tarragona) 34 • F-2

A TARRAGONA, 14 KM; MADRID, 540 KM. ALT. 120 M. POB. 107.770. 977 010 670.
GPS (41° 9' 16"N-1° 6' 27"E).

Fiestas: Febrero: Carnaval. Del 12 al 15 de mayo: Feria del Circo de Catalunya. Del 24 al 29 de junio: S. Pedro, Fiesta Mayor de Interés Nacional. Del 22 al 24 de julio: Feria de St. Jaume. Del 21 al 25 de septiembre: Fiestas de Misericordia. 18-19 de noviembre: Feria del aceite de oliva DOP, Siurana.
Visitar: Ciudad natal de Antonio Gaudí. Gaudí Centre (Centro de Interpretación sobre Gaudí y el Modernismo). Obras emblemáticas del arquitecto modernista Domenèch i Montaner, entre las que destaca el conjunto del Instituto Pere Mata (1897), las Casas Rull (1900) Monumento Histórico-Artístico y Gasull (1911), y la Casa Navàs (1901), Monumento Histórico Artístico. Iglesia Prioral de St. Pere (s. XVI). Palacio Bofarull, 1760. Teatros: Fortuny, de finales del s. XIX y Bartrina (1905). Museo Salvador Vilaseca. Museo de Arte e Historia. Ruta del Modernismo.
Alrededores: Port Aventura, a 13 km. Zona Vinícola del Priorato. Montañas de Prades. Castillo de Escornalbou, s. XVII. Parc de Samà. CAMBRILS, a 13 km. SALOU, a 10 km. La Pineda Playa: a 15 km.

Restaurantes

®**El Pigot d'Arbolí.** (En ARBOLÍ, a 23 km). Trinquet, 7. ☎ 977 816 063.
Cierra noches excepto verano; martes y mayo. Restaurante tradicional en el que se utilizan productos del entorno para elaborar sabrosos platos de temporada. **Verduras** frescas, **civet de jabalí**. Menú 13 €. Precio medio 30 €.
La Glorieta del Castell. Pza. del Castell, 2. ☎ 977 340 826. www.restaurantlaglorietadelcastell.com
Cierra domingo noche, martes, 15 días en marzo y en septiembre. Verduras, pies de cerdo deshuesado con salsa de ceps, pudín de castañas al brandy. Menú 20 €. Precio medio 30 €.

Hoteles

***** **Mas Passamaner.** (En LA SELVA DEL CAMP, a 8 km). Camí de la Serra, 52. ☎ 977 766 333.
Hab. 19: 157/251 €. Suites: 7. Edificio Modernista. Centro SPA. Restaurante LA GIGANTEA.
**** **NH Hotel Ciutat de Reus.** Avda. María Fortuny, 85. ☎ 977 345 353. www.nh-hotels.com
Hab. 76: 54/154 €. A 7 km de Port Aventura y playas de Cambrils y Salou. A 3 km del aeropuerto.
**** **Termes Montbrió.** (En MONTBRIÓ DEL CAMP, a 6 km). Nou, 38 Bis. ☎ 977 814 000. www.rocblanchotels.com
Hab. 214: 85/240 €. Suites: 8. Consultar cierre. Jardín botánico de 4 hectáreas. Centro lúdico Termal Aquatonic. Restaurante GOYA.
*** **Gaudí.** Arrabal Robuster, 49. ☎ 977 345 545. www.gargallo-hotels.com
Hab. 87: 128/193 €. Céntrico.

Riaza (Segovia) 31 • C-2

A SEGOVIA, 74 KM; MADRID, 105 KM. ALT. 1.190 M. POB. 2.448. 921 550 430.
GPS (41° 16' 47''N-3° 28' 44"O).

Fiestas: 3 de febrero: S. Blas. 5 de febrero: Sta. Águeda. 9 de mayo: S. Gregorio de Ostia. 8 de septiembre: Ntra. Sra. del Manto. Ntra. Sra. de Hontanares. Encierros tradicionales y feria taurina.
Visitar: Plaza Mayor porticada con gran coso de arena. Iglesia parroquial Ntra. Sra. del Manto, renacentista. Ermitas de S. Juan y de S. Roque, s. XVI.
Alrededores: A 6 km, ermita de Ntra. Sra. de Hontanares y parque recreativo. Mirador de Piedras Llanas. Barrios de Riaza, arquitectura popular en tonos amarillos, rojos y negros. A 8 km, Estación de esquí y montaña LA PINILLA, con cañones de nieve artificial. A 5 km, PARAJE NATURAL DE PUERTO DE LA QUESERA. Hayedo de la Pedrosa.

Restaurantes

Casaquemada. (H. CASAQUEMADA). Isidro Rodríguez, 18. ☎ 921 550 051. www.segovia-sp.com/casaquemada
Con 9 habitaciones. Sopa castellana, cordero asado, ponche segoviano. Precio medio 35 €.
La Casona (Asador). De la Iglesia, 5. ☎ 921 551 082. www.segovia-sp.com/lacasona
Cierra miércoles y del 9 al 25 de junio. Casa solariega antigua con capilla. Sopa castellana, cordero y cabrito lechal, ponche La Casona. Precio medio 35 €.
La Porticada (Asador). Pza. Mayor, s/n. ☎ 921 551 080. www.laporticada.com
Cierra noches en invierno, domingo noche y lunes. Productos de la zona, lechazo y cochinillo segovianos, torrijas caramelizadas. Precio medio 35 €.
La Taurina. Pza. Mayor, 6. ☎ 921 550 105.
Cierra noches en invierno, lunes excepto festivos y puentes; y octubre. Huevos rotos, cordero asado, natillas. Precio medio 35 €.

Hoteles

** **Plaza.** Pza. Mayor, 4. ☎ 921 551 055. www.restauranteplazaiguazu.com
Hab. 15: 40/70 €.

Ribadavia (Ourense) 7 • F-4

A OURENSE, 25 KM; MADRID, 531 KM. ALT. 90 M. POB. 5.519. 988 471 275.
GPS (42° 17' 16''N-8° 8' 39"O).

Fiestas: Julio: Del 3 al 6: Fiesta del Vino de Ribeiro, de Interés Turístico Nacional. Del 16 al 25: Mostra Internacional de Teatro. 28 de agosto: "Festa da Istoria", de Interés Turístico Nacional. Del 8 al 12 de septiembre: Fiestas del Portal. 6 de octubre: Noite Meiga. Rinde culto al misterio y la magia.
Visitar: En la margen derecha del río Avia, cuyo conjunto histórico es declarado Bien de Interés Cultural. Barrio judío y rúas medievales, con viejos pazos y casonas blasonadas. Iglesias: de Sta. María de Oliveira, s. XII, románica con bóveda plateresca; de S. Juan, románica del s. XII, con bóveda de cañón y rica iconografía; de Santiago, s. XII, muestra del románico popular gallego; Conventual de S. Francisco, s. XVII. Conjunto Monumental de Sto. Domingo, con joyas del gótico mendicante gallego de los s.s XIII y XIV. Castillo de los Condes de Ribadavia, s. XV, con necrópolis del s. IX. Museo Etnolóxico: Antiguo pazo del Marqués de Bahamonde, del s. XVIII. Castillo. Pazo Condal, s. XIII. Museo sefardí de Galicia. Paseo fluvial del río Avia.
Alrededores: LEIRO, a 8 km: Monasterio de S. Clodio, s.s XIII-XVI y XVII. A 9 km: Monasterio cisterciense de Sta. María de Melón, s. XII. A 1 km, iglesia de S. Xés, del s. IX. Aldeas medievales. Bodegas del vino Ribeiro. Ruta del Vino de Ribeiro. Cañón del río Avia. Balnearios de Arnoia, Prexigueiro, Berán, Laias y Cortegada.

Restaurantes

Plaza. (H. PLAZA). Pza. Mayor, 15. ☎ 988 470 576. ❄ P
Con 11 habitaciones. Pescados del Cantábrico y carnes gallegas, filloas. Precio medio 35 €.

Hoteles

**** **Monumento Monasterio de San Clodio.** (En LEIRO, a 9 km). Pza. Eladio Rodríguez, s/n. ☎ 988 485 601. www.monasteriosanclodio.com ❄ P
Hab. 21: 83/151 €. Suites: 4. Consultar cierre. Monasterio cisterciense del s. XII.
*** **Arnoia Caldaria Hotel Balneario.** (En ARNOIA, a 10 km). Vila Termal, 1. ☎ 988 492 400. www.caldaria.es ❄ P
Hab. 50: 50/57 €. Suites: 1. Consultar cierre y ofertas.

Ribadeo (Lugo)

2 • F-2

A MADRID, 592 KM. ALT. 46 M. POB. 9.983. 982 128 689.
GPS (43° 32' 12''N-7° 2' 33"O).

Fiestas: Primer domingo de agosto: "Xira" a Sta. Cruz, típica romería gallega, de Interés Turístico, en el Monte de Sta. Cruz. Julio: Virxe do Carme. 16 de agosto: S. Roque, patronales. 8 de septiembre: Sta. María do Campo.
Visitar: Iglesia Sta. María do Campo que formó parte del Convento Franciscano del s. XIII. Retablo barroco del s.XVIII. Capilla de la Santísima Trinidad, s.s XII-XIII y Mirador de Atalaya. Aduana Vieja, s. XVIII. Convento de Sta. Clara, s. XIV. Torre de los Moreno, s. XIX. Ría de Ribadeo.
Alrededores: Fuerte de S. Damián, s. XVIII. RINLO: Pueblo pesquero. Playa de las Catedrales. Mirador de Sta. Cruz en el monte que lleva su nombre.

Restaurantes

La Villa. (En VILAFRAMIL, a 4 km). (Ctra. General 634, km 559). San Xulián, 18. ☎ 982 123 001. www.hotelrestaurantelavilla.com ❄ P
Cierra domingo noche y navidades. Con 10 habitaciones. Antigua casa de labranza restaurada. Setas con crema de queso, merluza de Burela a la gallega con patatas, mousse de yogur con miel y nueces. Precio medio 28 €.

Hoteles

**** **Parador de Turismo.** Amador Fernández, 7. ☎ 982 128 825. www.parador.es P
Hab. 47: 109/160 €. Suites: 1. Excepcional emplazamiento sobre la Ría de Ribadeo. Próximo a playas y campo de golf.
*** **Eo.** Amador Fernández, 5. ☎ 982 128 750. www.hoteleo.es ❄ P
Hab. 27: 45/82 €. Consultar cierre y ofertas. Vista panorámica sobre la ría. A 250 m de la playa y próximo al centro.

Ribadesella (Asturias)

4 • B-3

A OVIEDO, 84 KM; MADRID, 484 KM. ALT. 3 M. POB. 6.296. 985 860 038.
GPS (43° 27' 40''N-5° 3' 38"O).

Fiestas: Del 22 al 24 de febrero: Carnavales. 23 de junio: Noche de S. Juan. Del 4 al 6 de julio: Virgen de Guía. Primer sabado de agosto: Descenso Internacional del Sella, de Arriondas a Ribadesella, con un tren fluvial que sigue la carrera y hace paradas en varios puntos.
Visitar: El casco antiguo, la Iglesia parroquial y el Palacio de Prieto-Cutre. Cueva de Tito Bustillo, con pinturas prehistóricas de la época magdaleniense, descubiertas en 1968. Cuevona de Ardines, espectáculo audiovisual sobre la prehistoria, las más importantes de la región asturiana. Ruta de los Dinosaurios, yacimientos de huellas del jurásico (Ribadesella, Tereñes y Vega). Surf; pesca en el río Sella.
Alrededores: Mirador del Fito, con una panorámica sobre los Picos de Europa. JUNCO: Iglesia románica de Sta. María. A 25 km, CANGAS DE ONÍS. A 35 km, Covadonga y Picos de Europa. A 8 km, Cuevas del Agua: Gruta natural. A 3 km, Acantilados del Infierno. A 9 km, Paisaje protegido de Entrepeñas y playa de Vega. Museo Jurásico de Asturias, a 23 km.

Restaurantes

La Huertona. (En LA HUERTONA, a 3 km). (En la salida de la Ctra. a Cuevas). La Piconera, s/n. ☎ 985 860 553. ❄ P
Cierra lunes noche, martes, 15 días en mayo y en octubre. Rosa Ruisánchez y José Manuel Viejo lo hacen cada día mejor, buscando y tratando las mejores materias primas en los fogones, combinando sabiamente tradición y actualidad. **Salpicón de fabes, lomos de salmonetes en salsa de llámperas.** Precio medio 40 €.
La Parrilla. Avda. Palacio Valdés, 33. ☎ 985 860 288. ❄ P
Cierra lunes, últimos días de octubre y noviembre. Este modesto local esconde una plancha en la que toman su justo punto excelentes pescados y mariscos. Precio medio 35 €.
Puente del Pilar. Puente del Pilar, s/n. ☎ 985 860 446. www.hostalpuentedelpilar.com P
Cierra del 15 de octubre a Semana Santa. Los años no alteran en absoluto la sencillez y economía de su cocina. Ensalada de castañas, pote y fabada, arroz con leche. Precio medio 20 €.

Hoteles

**** **Gran Hotel del Sella.** Ricardo Cangas, 17. ☎ 985 860 150. www.granhoteldelsella.com P
Hab. 81: 97/142 €. Suites. 5. Consultar cierre. Antiguo palacio de los Marqueses de Argüelles, de finales del s. XIX. En primera línea de playa. Restaurante DELFA.
**** **Villa Rosario.** Paseo de la playa, s/n. ☎ 985 860 090. wwwhotelvillarosario.com ❄ P
Hab. 18: 60/210 €. Suite: 1. Edificio de Arquitectura indiana, tipo palacete con una reforma moderna. En primera línea de playa. Restaurante EL CENADOR DE VILLA ROSARIO.
*** **Mirador del Sella.** Junco, s/n. ☎ 985 861 841. www.miradordelsella.com P
Hab. 13: 55/128 €. Consultar cierre.
*** **Ribadesella-Playa.** Ricardo Cangas, 3. ☎ 985 860 715. www.hotelridadesellaplaya.com P
Hab. 16: 51/130 €. Consultar cierre y ofertas. En primera línea de playa.

Ricote (Murcia) Ver Archena. 67 • B-3

Rionegro del Puente (Zamora) 19 • C-2

A ZAMORA, 90 KM; MADRID, 298 KM. ALT. 810 M. POB. 318.
GPS (42° 0' 22"N-6° 13' 43"O).

Fiestas: Del 18 al 21 de septiembre: Ntra. Sra. de La Carballeda.
Visitar: Santuario de Ntra. Sra. de Carballada. Palacio Diego de Losada. Antiguo hospital de peregrinos, actualmente albergue de peregrinos.
Alrededores: SANABRIA. Embalse de Valparaíso.

Restaurantes

® **El Empalme.** (Autovía Rías Baixas, salida 49). El Empalme, s/n. ☎ 980 652 016. P
Cierra domingo noche, lunes, segunda quincena de agosto y del 22 de diciembre al 8 de enero. Esta rústica casa merece un justo renombre por la amplia variedad micológica y la calidad de los guisos de Gloria Lucía Martín. También **caza**. De postre, el **pastel de boletus con castañas** es delicioso. Precio medio 30 €.

Riópar (Albacete) 66 • C-1

A ALBACETE, 120 KM; MADRID, 300 KM. ALT. 920 M. POB. 1.507. 967 435 230.
GPS (38° 29' 54''N-2° 25' 6"O).

Fiestas: 3 de mayo: Día de la Cruz. 24 de junio: S. Juan. Del 26 al 30 de agosto: Ferias y fiestas. 15 de septiembre: Romería Riópar Viejo.
Visitar: Riópar Viejo. Museo Reales Fábricas de Bronce. Nacimiento del río Mundo.
Alrededores: Arroyo Frío y del Tejo. Pino del Toril. La Almenara.

Restaurantes

Puerta del Arco. San Vicente, 23. ☎ 967 435 052. www.puertadelarco.com
Cierra noches, lunes, del 7 de enero al 26 de febrero y del 9 al 24 de diciembre. Edificio del s. XVIII con jardín interior que fue la Real Fábrica de bronce de Carlos III. Entradas típicas manchegas (ajo mataero, atascaburras...), paletilla de cordero al horno, flores con miel. Precio medio 20 €.

Ripoll (Girona) 25 • E-1

A GIRONA, 82 KM; MADRID, 640 KM. ALT. 690 M. POB. 11.000. 972 702 351.
GPS (42° 12' 2"N-2° 11' 22"E).

Fiestas: Marzo-abril (fechas variables): Feria de las 40 horas. 11-12 de mayo: Fiesta Mayor por S. Eudald, patrón de la villa. Mayo: Fiesta de la Lana y "Casament a Pagés": exaltación de trabajos artesanales con lanas y boda payesa, declarada de Interés Turístico. Julio-agosto: XXXI Festival Internacional de Música. 10 y 11 de agosto: Mercada de Comte Guifre: Mercado medieval. 15 de octubre: Feria de Sta. Teresa y de la Oveja.
Visitar: Monasterio de Sta. María, fundado el 879 por el Conde Guifré El Pelós, varias tumbas condales, en especial las de Guifré el Pelós y Ramón Berenguer III el Grande. Sala Abad Senjust (en el Ayuntamiento). Museo Etnográfico. Iglesia de St. Pere, s. IX. St. Miquel de la Roqueta, capilla modernista. Puente del Raval, St. Bartomeu, antigua ermita prerrománica y mirador sobre la villa. Puente de Ripoll, diseñado por el arquitecto Santiago Calatrava. Scriptorium, exposición sobre copistas de la edad media. Museo de Farga Palau, antigua fragua. Ruta del Ferro y del Carbó.
Alrededores: ST. JOAN DE LES ABADESSES, a 11 km: Monasterio del s. XII. Al lado la Abadía, con un claustro del s. XII y la Iglesia de St. Pol. MONTESQUIU, a 6 km: Castillo. LLAERS, a 10 km: Resto del castillo, s. X, arquitectura rural. Centro de excursiones a la ermita de Calm, Milany. QUERALBS, a 20 km: Santuario y Estación de Montaña del Valle de Nuria. A 30 km, Vallter 2000: Estación de esquí.

Restaurantes

☼ **La Fonda Xesc.** (En GOMBRÉN, a 11 km). Pza. Roser, 1. ☎ 972 730 404. www.fondaxesc.com
Cierra noches de domingo a jueves, lunes, 10 días en enero y en julio. Una fonda entrañable y renovada, y la personal cocina de autor de Francesc Rovira hacen de esta casa un sitio de visita obligada en la zona. **Puerros con panceta, almendra y bogavante, bacalao con patata a la vainilla, menta y tomate dulce**. Precio medio 45 €.

Hoteles

**** **Resguard dels Vents.** (En RIBES DE FRESER, a 14 km). Camí de Ventaiola, s/n. ☎ 972 728 866. www.hotelresguard.com P
Hab. 17: 110/260 €. Consultar cierre. Rodeado de prados y bosques.
*** **Solana del Ter.** C-17, km 92,5. ☎ 972 701 062. www.solanadelter.com P
Hab. 40: 75/108 €. Consultar cierre.

Rivas-Vaciamadrid (Madrid) Ver Madrid: Alrededores. 40 • C-3

Roa de Duero (Burgos) 21 • A-4

A BURGOS, 80 KM; MADRID, 170 KM. ALT. 825 M. POB. 2.495. 947 541 819.
GPS (41° 41' 48''N-3° 55' 45"O).

Fiestas: Segundo domingo de mayo y 8 de septiembre: Romería a la Virgen de la Vega. Del 14 al 19 de agosto: San Roque y Asunción, patronales.
Visitar: Casco urbano declarado Zona Arqueológica. Ex-Colegiata de Sta. María, s. XVI, Monumento Histórico-Artístico. Bombarda, s. XIV. Paños de la muralla medieval. Sede Consejo Regulador D.O. Ribera del Duero en edificio del s. XVI. Estatuas a El Empecinado. Iglesia de S. Esteban. Aula arqueológica, edificio civil de La Alhóndiga, s. XVII. Plaza de Toro. Bodegas. Centro Cívico. Parque Temático Arqueológico. Mirador-Paseo El Espolón, panorámicas sobre el río Duero.
Alrededores: Campo con pinar centenario. Ermita de Ntra. Sra. Virgen de la Vega. Rutas de senderismo y enogastronómicas.

Restaurantes

Asados Nazareno. Puerta Palacio, 1. ☎ 947 540 214.
Cierra noches y segunda quincena de septiembre. El lechazo asado hecho en horno de leña es la mítica especialidad, precedido de morcilla. Imprescindible la reserva previa. Precio medio 35 €.
Chuleta (Asados). Avda. de la Paz, 7. ☎ 947 540 312.
Cierra noches y lunes. Asados en horno de leña, previo encargo. Setas guisadas con piñones, tarta de hojaldre. Menú 10 €. Precio medio 28 €.

Hoteles

***** Vadorrey.** Las Cruces, 21. ☎ 947 541 832 www.hotelvadorrey.com
Hab. 20: 40/90 €. Apartamentos: 8. Restaurante especializado en lechazo asado.

Rocafort (Valencia) Ver Valencia. 51 • C-3

Rocío, El (Huelva) 71 • B-4

A HUELVA, 67 KM; MADRID, 607 KM. POB. 1.635.
GPS (37° 7' 49"N-6° 29' 10"O).

Fiestas: Primer domingo de Pentecostés: Romería de la Virgen del Rocío, una de las devociones marianas más importantes del mundo.
Visitar: Ermita de la Virgen del Rocío.
Alrededores: ALMONTE. Las marismas de Doñana.

Restaurantes

Toruño. Pza. Acebuchal, 22. ☎. 959 442 422. www.toruño.es
Cierra semana de la romería de El Rocío. Con 30 habitaciones. Junto al milenario acebuche, en la explanada de El Rocío. Salmorejo, ternera mostrenca, flamenco rosado. Precio medio 25 €.

Hoteles

****** El Cortijo de Los Mimbrales.** Ctra. de El Rocío A-483, km 30. ☎ 959 442 237.
Hab. 37: 100/125 €. Apartamentos: 6. Suites: 1. Consultar ofertas. Antiguo cortijo rehabilitado. Situado en el entorno del Parque Nacional de Doñana. Turismo ecuestre y de naturaleza. Villas con 1 ó 2 dormitorios y jardín privado. Restaurante LA CANTINA.

Roda, La (Albacete) 59 • A-1

A ALBACETE, 35 KM; MADRID, 210 KM. ALT. 733 M. POB. 16.060.
GPS (39° 12' 26''N-2° 9' 39"O).

Fiestas: 17 de enero: S. Antón. 15 de mayo: S. Isidro. Del 2 al 8 de agosto: El Salvador, patronales.
Visitar: Iglesia de El Salvador. Ermita de S. Sebastián. Palacio Condes de Villaleal. Palacio del Dr. La Encina.
Alrededores: SANTA MARTA. Señorío de la Villa del Cerro.

Restaurantes

Juanito. (H. JUANITO). Mártires, 15. ☎ 967 548 041. www.hoteljuanito.com
Con 31 habitaciones. Un buen alto en el camino entre la Comunidad Valenciana y Madrid. Huevos estrellados, paletilla de lechal asada en sartén, sopa de yogur con fruta natural y helado de miel. Menú 12 €. Precio medio 28 €.

Roda de Isábena (Huesca) 24 • C-1

A HUESCA, 108 KM. ALT. 907 M. POB. 333.
GPS (36° 44' 29''N-5° 10' 3"O).

Fiestas: Del 5 al 7 de agosto: Fiesta Mayor. 6 de agosto: Romería de S. Salvador.
Visitar: Catedral románica, s.s. XI-XII. Retablo del s. XVI. Conjunto monumental, plazas y calles de ambiente medieval. Palacio del Prior, s. XVI. Museo Catedralicio.
Alrededores: LA PUEBLA DE LA RODA: Calle fortificada, ermita de Pedruy, s. XII. Puente de piedra con arcos de medio punto. SERRADUY: Puente medieval. Ermita Virgen de La Feixa, s. XIII. MERLI: Menhir.

Restaurantes

La Catedral. (H. HOSPEDERÍA DE RODA DE ISABENA). Pza. Pons Sorolla, s/n. ☎ 974 544 545. www.hospederia-rdi.com
Cierra noche en invierno y domingo noche en temporada baja. Con 10 habitaciones. Revuelto de setas, jabalí al chocolate, natillas, en el antiguo refectorio cisterciense de la catedral con restos de frescos góticos del s. XII. Precio medio 25 €.

Rois (A Coruña) Ver Padrón. 1 • F-3

Roncesvalles-Orreaga (Navarra) 13 • A-1

A PAMPLONA, 47 KM; MADRID, 447 KM. ALT. 962 M. POB. 30.
GPS (43° 0' 33"N-1° 19' 16"O).

Fiestas: 6 de mayo: Procesiones con penitentes. 8 de septiembre: Natividad de la Virgen.
Visitar: Santuario de Roncesvalles. La Colegiata construida a principios del s. XII por Sancho de la Rosa. La iglesia fue construida en el s. XIII por Sancho el Fuerte. Del monasterio destaca una bellísima iglesia, de la primera mitad del s. XIII, gótico. Imagen de la Virgen de Roncesvalles, s. XIII. Una Máter Dolorosa de terracota con diamantes como lágrimas, atribuida a Pedro Mena. Museo del Monasterio, con una tabla de Morales "el Divino" y el relicario Ajedrez de Carlomagno de plata y esmaltes. Capilla del Espíritu Santo, de la primera mitad del s. XII. Iglesia de Santiago, románica-gótica, de fines del s. XII, y Cruz de Peregrino, del s. XIV.
Alrededores: PUERTO DE IBAÑETA, a 1,5 km: capilla moderna sobre el antiguo emplazamiento del Monasterio de S. Salvador, que según la tradición se construyó en el s. XI.

Restaurantes

Txikipolit. (En BURGUETE, a 2 km). San Nicolás, 52. ☎ 948 760 019.
Cierra lunes y del 20 de diciembre al 1 de marzo. En las paredes, pinturas de artistas navarros y en la cocina, platos tradicionales de la tierra. Hojaldre relleno de setas, jarrete de cordero, flan de cuajada. Menú 19 €. Precio medio 30 €.

Hoteles

***** Loizu.** (En AURITZ-BURGUETE, a 2,5 km). San Nicolás, 13. ☎ 948 760 008. www.loizu.com
Hab. 27: 52/90 €. Consultar cierre y ofertas. En el Camino de Santiago.

Ronda (Málaga)

77 • B-2

A MÁLAGA, 102 KM; MADRID, 586 KM. ALT. 739 M. POB. 37.087. 952 187 119.
GPS (36° 44' 29''N-5° 10' 3"O).

Fiestas: Semana Santa, de Interés Turístico Nacional de Andalucía. Segundo domingo de mayo: Virgen de la Paz, patronal. Mayo: Real Feria de Mayo. Junio: Romería de la Virgen de la Cabeza. Julio: Cursos de verano de la Universidad de Málaga. Agosto: Festival de Cante Grande y Gala Folclórica Internacional. Septiembre: Ferias y fiestas de Pedro Romero: Corrida Goyesca, desfile de caballistas, misa flamenca y gran cabalgata de la Alegría. Octubre: Real Feria de S. Francisco. Noviembre: Semana Internacional de Cine Científico (bienal).
Visitar: Casa de D. Bosco. Casa del Gigante. Palacio Nazarí, s.s XIV-XV. Murallas y puertas islámicas, s. XII. Casa del Rey Moro, Palacio de Mondragón s. XVI: Museo Municipal y Arqueológico. Baños árabes, s.s XIII-XV. Iglesia de Sta. María la Mayor, s XV, fue Mezquita Mayor. Iglesia del Espíritu Santo. Museo de Caza. Museo temático Lara. Museo del Bandolero. Palacio de Moctezuma. Museo Joaquín Peinado. Puente Viejo, de s XVI, y puente árabe, s XI. Centro de Interpretación del Puente Nuevo. Plaza de Toros, construida en 1785. Río Tajo y Guadalevín. Serranía de Ronda.
Alrededores: Ermita rupestre Virgen de la Cabeza, mozárabe. A 22 km, ruinas romanas de Acinipo, teatro y ruinas. BENAOJÁN, a 22 km: Cueva de la Pileta, pinturas rupestres. Parque Natural Sierra de las Nieves, bosque de Pinsapos. Parque Natural Sierra de Grazalema. LA ALGABA: Poblado prehistórico.

Restaurantes

Casa Santa Pola. Cuesta de Santo Domingo, 3. ☎ 952 879 208. www.ronda. net/usuar/santapola
Palacete árabe del s. IX colgado en la cornisa del tajo. Ajo blanco malagueño, perdiz estofada con judías, sorbete de menta fresca. Precio medio 28 €.
☼**Tragabuches.** José Aparicio, 1. ☎ 952 190 291. www.tragabuches.com
Cierra domingo noche y lunes. La alta calidad en cocina de vanguardia, servicio y vinos invita a volver. Deliciosos, el **ajo blanco de pistacho,** la **paletilla de chivo con risotto de trigo** y el **chocolate en texturas**. Precio medio 65 €.
Tragatapas (Gastrobar). Nueva, 4. ☎ 952 877 209.
Raciones y tapas saladas de corte moderno. Tataki de magret de pato con arroz basmati picante al curry y cilantro. Precio medio 15 €.

Hoteles

***** **Montelirio.** Tenorio, 8. ☎ 952 873 855. www.hotelmontelirio.com
Hab. 15: 108/162 €. Consultar ofertas. Casa palacio del s. XVIII sobre el Tajo. Restaurante ALBACARA, cocina tradicional de temporada.
**** **Acinipo.** Pº Blas Infante, s/n. ☎ 952 161 002. www.hotelacinipo.com
Hab. 14: 64/104 €. Suites: 2. Junto a la Plaza de Toros. Restaurante ATRIUM.
**** **Don Benito.** Ctra. Algodonales - Ronda. A-374, km 26. ☎ 952 161 169. www.hoteldonbenito.com
Hab. 22: 50/137 €. Suite: 1. En el centro de tres Parques Naturales. Desplazamiento al centro gratuito
**** **Husa Reina Victoria.** Jerez, 25. ☎ 952 871 240. www.husa.es
Hab. 89: 70/118 €. Al borde del "Tajo", rodeado de jardines. La mayoría de las habitaciones con terraza y vistas panorámicas. Barbacoa en verano. Restaurante RILKE.
**** **Molino del Arco.** Partido de Los Frontones, s/n. ☎ 952 114 017. www.molinodelarco.com
Hab. 21: 121/170 €. Suites: 2.
**** **Parador de Turismo.** Pza. de España, s/n. ☎ 952 877 500. www.parador.es
Hab. 78. Consultar tarifas. Edificio del s. XVIII desde el que se contempla una bella perspectiva sobre el "Tajo". Un equipo joven con una cocina interesante. Clasicismo y creatividad en la oferta culinaria se dan la mano desde la porra antequerana al bienmesabe de postre y el original helado de aceite de oliva.
**** **San Gabriel "Su Casa en Ronda".** Marqués de Moctezuma, 19. ☎ 952 190 392. www.hotelsangabriel.com
Hab. 21: 66/95 €. Suites: 7. Consultar cierre y ofertas. Casa del s. XVIII en el corazón del casco histórico. Habitaciones con decoración individual.
*** **Don Miguel.** Pza. de España, 4. ☎ 952 877 722. www.dmiguel.com
Hab. 30: 55/100 €. Desayuno incluido. Consultar cierre y ofertas. Junto al puente nuevo, sobre el abismo del "Tajo".

Roquetas de Mar (Almería)

79 • B-2

A ALMERÍA, 19 KM; MADRID, 553 KM. ALT. 7 M. POB. 87.500. 950 333 203.
GPS (36° 45' 58''N-2° 36' 57"O).

Fiestas: 15 de mayo: S. Isidro. 23 de junio: S. Juan. 26 de julio: Santa Ana, de Interés Turístico Nacional. 29 de diciembre: Día de las Moragas.
Visitar: Iglesia Ntra. Sra. del Rosario. Castillo de Sta. Ana. Plaza de Toro: Museo Taurino. Acuario. Puerto deportivo. Parque Natural Punta Entinas-Sabinar. Parque acuático "Mario Park". 13 km de playas urbanas y 2 km de playas naturales.
Alrededores: A 4 km, Campo de golf. AGUADULCE, a 8 km: zona residencial turística. A 19 km: ALMERÍA. A 35 km, Parque Natural Cabo de Gata-Níjar.

Restaurantes

☼**Alejandro.** (Puerto). Avda. Antonio Machado, 32. ☎ 950 322 408. www.restaurantealejandro.es
Cierra noches de domingo y martes; lunes, segunda quincena de enero y de mayo. Alejandro Sánchez mantiene el listón muy alto de su cocina creativa, basada en el recetario tradicional de la comarca. Excelentes instalaciones modernas y cocina a la vista. Este año tiene previsto abrir un restaurante en Hong Kong. Precio medio 45 €.

Hoteles

**** **Bahía Serena.** Avda. Playa Serena, 79. ☎ 950 334 950. www.bahiaserena.es
Apartamentos: 222: 55/160 €. En primera línea de playa. Restaurante LA CHALUPA.
**** **Colonial Mar.** Plaza de Malta, s/n. ☎ 950 012 500. www.hlghoteles.com
Hab. 321: 89/210 €. En primera línea de playa.
**** **Mediterráneo Park.** Urb. Roquetas de Mar. Pez Espada, s/n. ☎ 950 333 250. www.mediterraneo-park.com
Hab. 368: 85/150 €. Suites: 4. Primera línea de playa.
**** **Playacapricho.** Urb. Playa Serena, s/n. ☎ 950 333 100.
Hab. 331: 159/371 €.

Roses/Rosas (Girona)

16 • C-4

A GIRONA, 55 KM; MADRID, 763 KM. ALT. 5 M. POB. 20.197. 972 257 331
GPS (42° 15' 46''N-3° 10' 25"E).

Fiestas: Febrero: Carnaval. Junio: Mes Gastronómico del "Suquet de Pescado de Roses". Sábados del 15 de junio al 15 de septiembre: Sardanas. 23 de junio: S. Juan. 29 de junio: S. Pedro. Julio: Festival de Blues, Jazz y Gospel. Del 1 de julio al 15 de septiembre: Habaneras. Del 12 al 16 de agosto: Fiesta Mayor. Agosto: Festival Internacional de Guitarra. **Visitar:** Monumento conjunto Histórico-Artístico. Ciudadela: Sede del museo de la Ciudadela y de la exposición "El Mar de Poseidón", que alberga en su interior vestigios de la ciudad griega de Rhode (776 a.C.), restos de época romana y una gran parte del entramado de calles de época medieval. Monasterio de Sta. María, s. XI. Ruta megalítica, su máximo exponente dolmen de la Creu d'en Cobertella. Castillo de la Trinitat, s. XV. Castrum visigodo. Caminos de Ronda. **Alrededores:** Monasterio de ST. PERE DE RODES, a 18 km, imponente monasterio del románico europeo (1022). PERALADA: Población medieval y Castillo-Casino. FIGUERES: Museo Dalí y Fortaleza Militar del Castillo de St. Ferrán. Parque Natural dels Aiguamolls de l'Empordà. Parque Natural del Cap de Creus. A 25 km, EMPÚRIES: Recinto Arqueológico greco-romano.

Restaurantes

Almadraba Park. (H. ALMADRABA PARK). Platja de l'Almadraba, s/n. ☎ 972 256 550. www.almadrabapark.com
Cierra del 1 de noviembre al 1 de abril. Bonita vista panorámica del mar. Verduras y rebozuelos en diferentes cocciones, escorpora en suquet de mar y montaña, *panna cotta* con pera al vino tinto del Ampurdán. Precio medio 55 €.

El Bulli. Cala Montjoy, s/n. ☎ 972 150 457. www.elbulli.com
Cierra al mediodía, lunes, martes. Abre del 15 de enero al 1 de agosto. El intrépido y magno trayecto de Ferran Adrià y Juli Soler al frente de El Bulli ha llegado a su anunciado fin manteniendose con sus tres brillantes Soles. Ansiosos de saber con qué nueva propuesta gastronómica nos sorprenderán Juli y Ferran, sirva esta última referencia de El Bulli como restaurante en reconocimiento a su innegable y loable labor, a lo largo de tantos años, al frente de la gastronomía de vanguardia de este país. Menú degustación único 250 €.

Flor de Lis. Cosconillas, 47. ☎ 972 254 316. www.flor-de-lis.com
Cierra al mediodía, martes excepto verano, y del 10 de octubre a Semana Santa. Antigua casa en el corazón de la villa regentada por Nikolaus y Sigrid Von Obstfelder. Carpaccio de bacalao, filete de ternera con foie-gras y salsa de trufa, carro de postres caseros. Precio medio 41 €.

La Llar. Ctra. C-260, Roses-Figueres, km 4. ☎ 972 255 368. www.restaurantllallar.com
Cierra miércoles noche, jueves, primera quincena de febrero y segunda de noviembre. La experiencia, dedicación y arte de Joan Viñas, al frente de esta entrañable casa, son el fundamento de una cocina que aúna clasicismo y modernidad. **Pez san Pedro asado con jugo de ave, pichón royal a la miel**. Precio medio 50 €.

Rafa's. Sant Sebastiá, 56. ☎ 972 254 003.
Cierra domingo, lunes, y de diciembre a mediados de enero. Un producto sensacional procedente de la costa de Rosas hace de Rafa's un lugar tan humilde y sencillamente selecto. Precio medio 55 €.

Hoteles

***** **Vistabella.** Avda. Díaz Pacheco, 26. Cala Canyelles Petites. ☎ 972 256 200. www.vistabellahotel.com
Hab. 21: 130/310 €. Suites: 8. Consultar cierre y ofertas. Dispone de embarcadero, esquí acuático, paseos en barco, etc. Restaurantes ELS BRANCS, BALCÓ DE MAR, EL PIRATA y LA TAPA.

**** **Almadraba Park Hotel.** Platja de l'Almadraba, s/n. ☎ 972 256 550. www.almadrabapark.com
Hab. 60: 96/250 €. Suites: 6. Cierra del 1 de noviembre al 8 de abril. Buen servicio. Situado sobre la bahía, en un paraje tranquilo. Instalaciones deportivas, incluido squash.

**** **Terraza.** (Playa de ROSES). Avda. de Rhode, 32. ☎ 972 256 154. www.hotelterraza.com
Hab. 105: 105/221 €. Suites: 5. Cierra de enero a mediados de marzo. Ofertas y admisión de perros, consultar. Restaurante LA CUINA D'EN NORAT.

*** **Montecarlo.** Avda. de la Platja, 2. ☎ 972 256 673. www.hotelmontecarlo.net
Hab. 126: 63/136 €. Desayuno incluido. Consultar cierre y admisión de perros. En primera línea de playa.

*** **Monterrey.** Passeig Maritim, 72. ☎ 972 257 650. www.monterrey.es
Hab. 135: 53/139 €. Consultar cierre y ofertas. Céntrico. Acceso directo a la playa.

*** **Prestige Victoria Elit.** Avda. Gola de L'Estany, s/n. ☎ 972 252 120. www.prestigehotels.com
Hab. 206: 58/208 €. Suites: 2. Consultar cierre. Primera línea de playa.

Rota (Cádiz)

76 • B-3

A CÁDIZ, 46 KM; MADRID, 632 KM; ALT. 9 M. POB. 28.516. 956 846 345.
GPS (36° 37' 5"N-6° 21' 32"O).

Fiestas: Febrero: Carnavales. Semana Santa. Abril: Romería de S. Isidro. Mayo: Feria de Primavera. 16 de julio: Virgen del Carmen. Agosto: Fiestas de la Urta, de Interes Turístico Nacional de Andalucía. Concurso de Urta a la Roteña. Cada día dedicado a un tema y actuaciones diferentes. Fiestas Patronales de Ntra. Sra. del Rosario, 7 de octubre, juegos florales. **Visitar:** Parroquia Ntra. Sra. de la O, s. XVI, gótico tardío. Capilla de S. Juan Bautista, estilo barroco, s. XVIII. Capilla de S. Roque, mediados del s. XVII. Castillo de Luna, s. XIII. Torre de la Merced: Único resto del desaparecido Convento de La Merced, s. XVII. Museo Ruiz-Mateos. Los Corrales: Monumento Natural. Playa de la Costilla. **Alrededores:** Playa de Punta Candor, de 7 km. Playa del Rompidillo, de 1 km. Costa Ballena, complejo de ocio y turismo. PINAR DE ROTA: Pasarela del litoral.

Restaurantes

Chantarella Golf. (Ctra. Chipiona-Puerto de Santa María, km 5). (Urb. Costa Ballena-Club de Golf). Avda. Reina Sofía, 16. ☎ 956 847 652. www.chantarella.es
Emplazamiento en el golf frente a la playa con la acertada oferta de Gemma. **Empanadilla de yema de huevo con pisto, suprema de corvina con salsa de queso romero y bizcocho caliente de chocolate con sorbete y sopa de horchata.** Precio medio 35 €. El equipo de Chantarella lleva el chiringuito del Club de Vela y Tapas Chantarella en la calle Carmen, más sencillo y económico, pero bueno.

El Embarcadero. (H. DUQUE DE NÁJERA). (Glorieta José María Pemán). Gravina, 2. ☎ 956 846 020. www.hotelduquedenajera.com
Cocina y ambiente marinero frente al mar. Ensalada de jamón ibérico con higos y foie-gras, urta al estilo roteño, helado frito sobre salsa de mango y fresas. Precio medio 36 €.

Hoteles

**** **Barceló Costa Ballena Golf & Spa.** Avda. Reina Sofía, s/n. ☎ 956 476 700. www.barcelo.com
Hab. 228: 95/300 €. Suites: 12. Consultar ofertas. En primera línea de playa. Restaurante ALBATROS.

**** **Duque de Nájera.** Gravina, 2. ☎ 956 846 020. www.hotelduquedenajera.com
Hab. 86: 60/193 €. Suites: 6. En la playa, entre el centro histórico y el puerto pesquero deportivo. Restaurante EMBARCADERO.

**** **Gran Hotel Colón Costa Ballena.** (Urb. Costa Ballena, a 6 km). Avda. Juan Carlos I, s/n. ☎ 956 865 000. www.coloncostaballena.com
Hab. 200: 111/202 €.

**** **Playaballena.** (Urb. Costa Ballena, a 6 km). Avda. Juan Carlos I, s/n. ☎ 956 849 044.
Hab. 324: 159/401 €. Suites: 6.

**** **Playa de la Luz.** Avda. de la Diputación, s/n. ☎ 956 810 500. www.hotelplayadelaluz.com
Hab. 219: 60/167 €. Consultar cierre y ofertas. Rodeado de dunas y pinares. Restaurante LA GAVIOTA.

Royo, El (Soria) Ver Vinuesa. 22 • A-3

Rozas, Las (Madrid) Ver Madrid: Alrededores. 40 • A-2

Rubielos de Mora (Teruel) 42 • D-4

A TERUEL, 55 KM; MADRID, 405 KM. ALT. 929 M. POB. 780.
GPS (40° 11' 23''N-0° 39' 9"O).

Fiestas: 15-16 de julio: Virgen del Carmen. Último fin de semana de agosto: Fin de Semana Medieval. Del 10 al 20 de agosto: Festival Puerta al Mediterráneo. Del 13 al 16 de septiembre: Fiestas Patronales. 12 de octubre: Virgen del Pilar.
Visitar: Conjunto urbano, premio Europa Nostra en 1983. Destacan la Casa Consistorial, Monumento Histórico Artístico del s. XVI. Palacios de los Villasegura y de los condes de Creixell, casas nobiliarias, etc. Iglesia ex Colegiata de Sta. María la Mayor, s. XVII. Conventos de Carmelitas Calzados, s. XVII, y de Religiosas Agustinas, s. XIV. Iglesia del Hospitalico. Museo Salvador Victoria, contemporáneo. Región Ambarina.
Alrededores: MORA DE RUBIELOS, a 12 km: Castillo s. XII. Iglesia Colegial, gótica.

Restaurantes

El Rinconcico. (En MORA DE RUBIELOS, a 12 km). Santa Lucía, 4. ☎ 978 806 063. www.elrinconcico.com
Cierra martes y primera quincena de julio. Situado junto al puente medieval. Manitas de cerdo rellenas de paté y setas, mousse de chocolate con sorbete de mandarina. Precio medio 28 €.
Portal del Carmen. Glorieta, 2. ☎ 978 804 153. www.portaldelcarmen.com
Cierra domingo noche en invierno, martes y miércoles, excepto julio y agosto; y del 17 al 27 de septiembre. Antiguo convento de carmelitas descalzas con comedor de verano en el claustro. Judías con perdiz, ternasco al horno, melocotón de Calanda al vino. Tienda de vinos. Precio medio 30 €.

Hoteles

****** La Trufa Negra.** (En MORA DE RUBIELOS, a 12 km). Avda. Ibáñez Martín, 8-10. ☎ 978 807 144. www.latrufanegra.com
Hab. 39: 70/160 €. Apartamentos: 35. Suites: 4. Consultar cierre y ofertas. Restaurante MELANOSPORUM.
***** Jaime I.** (En MORA DE RUBIELOS, a 12 km). Pza. de la Villa, s/n. ☎ 978 800 184. www.hoteljaime.com
Hab. 30: 45/34 €. Cercano a estaciones de esquí de Valdelinares y Javalambre. Totalmente renovado.

Ruente (Cantabria) Ver Cabezón de La Sal. 4 • F-4

Sabadell (Barcelona) 25 • D-4

A BARCELONA, 20 KM; MADRID, 631 KM. ALT. 188,95 M. POB. 206.493. 937 453 110.
GPS (41° 32' 47''N-2° 6' 28"E).

Fiestas: 15 de mayo: Aplec de la Salut. Del 2 al 4 de septiembre: Fiesta Mayor.
Visitar: Arxiu Històric en la Casa Ponsà. Museu d'Art situado en la Casa Turull. Museu d'Història de la Ciutat situado en la Casa Antoni Casanoves. Casa Durán. Institut de Paleontología Miquel Crusafont. Museu Permanent d'Eines del Camp, situado en la Masía de Can Deu. Teatre Municipal de La Farándula, Parc Recreatiu de Sant Oleguer, el Parc de Catalunya de 43 ha, el mayor parque urbano de Cataluña. D'Eines del Camp, situado en la Masía de can Deu.
Alrededores: Río Ripoll. TARRASA.

Restaurantes

Can Feu. Pintor Borrassá, 43-47. ☎ 937 267 791. www.restaurantcanfeu.com
Cierra sábado noche, domingo, festivos y 15 días en agosto. Arroces, bacalao con garbanzos, pies de cerdo con judías del Ganxet, crema catalana. Menú 15 €. Precio medio 45 €.
Can Rectoret. (En SANTA PERPETUA DE MOGODA, a 3 km). (Ctra. B-140, Sabadell-Mollet, km 4). Can Rectoret, s/n. ☎ 935 741 847. www.canrectoret.com P
Cierra noches de domingo y lunes. Antigua masía del s. XVI bajo la dirección de la familia García Carreté. Esqueixada, butifarra con judías del Ganxet, crema catalana. Menú 15 €. Precio medio 25 €.
®**Forrellat.** Horta Novella, 27-29. ☎ 937 257 151. www.grupforrellat.com P
Cierra domingo noche, lunes, del 7 a 23 de agosto y Navidad. Más de 25 años de trayectoria avalan los éxitos de esta casa, al frente de la cual oficia con estima y profesionalidad el autodidacta José Forrellat. **Vieira con sopa ligera de wasabi, planetario de verduras con rodaballo, mousse de naranja.** Precio medio 40 €.

Hoteles

**** **Catalonia Sabadell.** Pº Cataluña, 10-12. ☎ 937 279 200. www.hoteles-catalonia.com P
Hab. 108: 88/325 €. Suites: 2. En la plaza de Cataluña.
**** **Gran Hotel Verdi.** Avda. Francesc Macià, 62. ☎ 937 231 111. www.hoteles-catalonia.com P
Hab. 171: 88/241 €. Suites: 1. En la zona comercial y de servicios.
*** **Urpi SCP.** San Matías, 5. ☎ 937 235 419. www.hotelurpi.com P
Hab. 120: 50/70 €. Restaurante URFI.

Sabiñánigo (Huesca) 13 • E-3

A HUESCA, 56 KM; MADRID, 453 KM. ALT. 788 M. POB. 10.378. 974 484 200.
GPS (42° 31' 10''N-0° 21' 59"O).

Fiestas: 25 de julio: Fiestas mayores en honor a su patrón, Santiago Apóstol. 12 de octubre: Ntra. Sra. del Pilar.
Visitar: Museo Ángel Orensanz y Artes de Serrablo, etnología, arquitectura popular de la comarca y escultura. Castillo de Larrés. Museo de Dibujo Julio Gavín. Molino Periel. Parque de los Pirineos "Pirenarium".
Alrededores: Conjunto de iglesias mozárabes y románicas de SERRABLO, de los s.s X-XI, Monumento Histórico-Artístico Nacional, entre las que destacan: S. Bartolomé de Gavín, Lárrede, Lasieso y S. Juan de Busa.

Restaurantes

Casbas. (En SENEGÜÉ, a 5 km). Ctra. Biescas, s/n. ☎ 974 480 149. www.casbas.com P
Cierra septiembre. Con 12 habitaciones. Arroz meloso con tinta y queso curado de Sieso, bacalao ajoarriero, torrijas con crema. Ambiente rústico en el valle de Tena. Menú 12 €. Precio medio 30 €.

Hoteles

**** **Villa Virginia.** Avda. del Ejército, 25. ☎ 974 484 440. www.hotelvillavirginia.com
P
Hab. 22: 76/129 €. Consultar cierre. De reciente construcción.
**** **Vincci Margas Golf.** (En LATAS, a 2 km). Mirador del Valle, s/n. ☎ 974 499 499. www.vinccihoteles.com
P
Hab. 52: 80/290 €. Suites: 4. Campo de Golf diseñado por Olozábal. Rodeado de Estaciones de Esquí.
*** **La Pardina.** Santa Orosia, 36. ☎ 974 480 975. P
Hab. 64: 53/133 €. Situado en el corazón del pirineo aragonés, rodeado de jardines. Centro ideal para recorrer el pirineo.
*** **TRH Sabiñánigo.** Ctra. N-330, km 629. ☎ 974 483 445. P
Hab. 48: 50/113 €. Consultar ofertas. Restaurante SEÑORIO DE SABIÑÁNIGO.

Sacedón (Guadalajara) 41 • A-2

Ver Guadalajara.

Sada (A Coruña) 1 • F-3

Ver Coruña, A.

S'Agaró (Girona) 26 • C-3

A GIRONA, 37 KM; MADRID, 715 KM. ALT. 42 M. POB. 10.700. 972 817 179.
GPS (41° 47' 36''N-3° 3' 4"E).

Fiestas: Verano: Festival de Música de S'Agaró. Cantada de Habaneras. Mercado Medieval. Octubre: Fiesta de la Cerveza.
Visitar: Núcleo urbano, anexo al municipio de Castell d'Aro, del que dista dos kilómetro: Camino de Ronda. Museo de la Muñeca. Playas. Puerto Deportivo. Rutas BTT, Vía Verde. Golf.
Alrededores: SANT FELIU DE GUÍXOLS. SANTA CRISTINA D'ARO.

Restaurantes

®**Hostal de la Gavina.** (H. HOSTAL DE LA GAVINA). Pza. Rosaleda, s/n. ☎ 972 321 100. www.lagavina.com
P
Carta imaginativa pero muy fiel a los sabores del Ampurdán en un ambiente de suma elegancia. **Scampi Candlelight, brocheta de gambas y langostinos al orégano, fluido de chocolate con crocanti y helado de piñones.** Precio medio 65 €.
®**La Taverna del Mar.** Platja de S'Agaró, 140. ☎ 972 323 800. www.latavernadelmar.com
Cierra del 13 de diciembre al 25 de febrero. Cocina de pescado y marisco inspirada en las recetas tradicionales en un bello entorno tocando el mar. **Arroz caldoso de langosta.** Precio medio 75 €.

Hoteles

***** **Hostal de la Gavina.** Pza. de la Rosaleda, s/n. ☎ 972 321 100. www.lagavina.com
P
Hab. 57: 215/380 €. Suites: 17. Consultar cierre y ofertas. Mantiene sus elegantes instalaciones. Restaurante CANDLELIGHT.
**** **Confortel Caleta Park.** Platja de Sant Pol, s/n. ☎ 972 320 012. www.confortelhoteles.com
P
Hab. 95: 75/240 €. Consultar cierre.

****** S'Agaró Hotel.** Platja de Sant Pol, s/n. ☎ 972 325 200. www.hotelsagaro.com
Hab. 96: 94/170 €. Suites: 1. Consultar cierre.

Sagàs (Barcelona) Ver Berga. 25 • D-2

Sagunto/Sagunt (Valencia) 51 • C-3

A VALENCIA, 25 KM; MADRID, 375 KM. ALT. 5 M. POB. 70.895. ☐ 962 655 859.
GPS (39° 40' 47''N-0° 16' 46"O).

Fiestas: Semana Santa, de Interés Turístico Nacional. Del 15 al 19 de marzo: Fallas, de Interés Turístico Regional. 15 de julio: Virgen del Carmen. Del 15 al 30 de julio: Santos patronos Abdón y Senén. Del 1 al 15 de agosto: Ntra. Sra. de Begoña. Julio y agosto: "Sagunt a Escena". Del 1 al 10 de septiembre: Virgen del Buen Suceso. Del 30 de septiembre al 3 de octubre: Moros y Cristianos. 8-10 de octubre: Mercado medieval.
Visitar: Castillo, fortaleza bimilenaria y última estribación de la sierra Calderona. Murallas de diferentes épocas y estilos, restos íberos, romanos, árabes, medievales y modernos. Antiquarium Epigráfico. Teatro Romano, una de las edificaciones más notables de la Hispania Romana, s.s I-II, con capacidad para dos mil espectadores; restos muro Templo de Diana, construido en los s.s V-IV a.C. Iglesia de Sta. María, edificada sobre lo que fue Mezquita de Murviedro, s. XIV, declarados Monumentos Nacionales. Iglesias S. Salvador, gótico del s. XIII, y de Begoña. Conjunto urbano de la Judería. Calvario, Vía Crucis. Museo Histórico. Naves de Talleres Generales.
Alrededores: Monasterio de Sta. Mª del Puig, a 14 km. Monasterio del Sto. Espíritu, a 8 km. FONT DE QUART, a 7 km. VALL D' UXÓ, a 17 km: Grutas de S. José. La Marjal dels Moros.

Restaurantes

L'Armeler. Subida al castillo, 44. ☎ 962 664 382. www.larmeler.com
Cierra martes de octubre a abril y domingo de mayo a septiembre. Casa antigua de estilo neorústico. Ensalada de delicias de pato, bacalao confitado, mousse de chocolate. Menú 18 €. Precio medio 30 €.
Le Fou. Subida al Castillo, 49. ☎ 962 651 357. www.lefou.es
Cierra noches de domingo a jueves, excepto verano; lunes y del 10 de enero al 15 de marzo. Junto al teatro romano. Ensalada griega con queso feta, trigo, pepino, fresas y tzatziki; tronco de bonito sobre pasta fresca con vinagreta de tomate, espumoso de piña con jarabe de naranja. Menú 13 €. Precio medio 23 €.
Rincón del Faro. (En PUÇOL, a 8,9 km). Ctra. Barcelona, 49. ☎ 961 420 120.
Cierra noches, domingo y del 15 de agosto al 15 de septiembre. Recetario popular y de temporada adaptado a los gustos actuales. Habitas de la huerta, arroz al horno, helados caseros. Menú 25 €. Precio medio 36 €.

Hoteles

****** NH Puerto de Sagunto.** Avda. Ojos Negros, 55. ☎ 962 698 384. www.nh-hotels.com
Hab. 98: 45/212 €. Suite:1. Consultar ofertas. Próximo a la playa.

Sahagún (León) 10 • B-4

A LEÓN, 65 KM; MADRID, 300 KM. ALT. 829 M. POB. 2.837. ☐ 987 780 001.
GPS (42° 22' 19''N-5° 1' 55"O).

Fiestas: 12 y 13 de junio: S. Juan de Sahagún. 15 al 31 de junio: Encuentros de juglares. 15 y 16 de agosto: Fiestas de Nuestra Señora, día del Turista. 28 y 29 de octubre: Feria de S. Simón, concurso de ganado y exposición de maquinaria.
Visitar: Ruinas del Monasterio de S. Benito, de los monjes cluniacenses, actualmente Arco del Triunfo y una torre en la que está el Reloj de la Villa, Monumento Nacional. En el monasterio anejo de las MM. Benedictinas, están las tumbas de Alfonso VI y sus esposas. Museo, donde se encuentra la famosa Custodia de Enrique de Arfe, del s. XVI. Monumentos Nacionales: La Iglesia de S. Lorenzo, con torre románica de ladrillo, de reminiscencias moriscas. La Iglesia de S. Tirso, de clásico estilo románico de ladrillo, del s. XII, llamada "Sahagunino". Iglesia de La Peregrina, restos del antiguo Monasterio Franciscano, s. XIII, con arquerías mudéjares y yeserías moriscas en la sacristía. En la Capilla de Jesús, aneja a S. Lorenzo, se encuentra un retablo con tallas de Juan de Juni y una de Jesús desnudo, atribuida a Gregorio Fernández. Ríos Cea y Valderaduey.
Alrededores: A 5 km, S. PEDRO DE DUEÑAS: Monasterio de MM. Benedictinas. A 5 km, La Villa de GRAJAL: Castillo del s. XVI. Palacio de los Condes de Grajal y la iglesia de S. Miguel. A 11 km, La Villa de CEA: Con un Castillo medieval en ruinas.

Restaurantes

Luis. Pza. Mayor, 4. ☎ 987 781 085. www.restauranteluis.com
Puerros rellenos de marisco, lechazo asado, canutillos rellenos de crema. Menú 15 €. Precio medio 28 €.

Hoteles

****** Puerta de Sahagún.** Ctra. Burgos, s/n. ☎ 987 781 880. www.hotelpuertadesahagun.com
Hab. 91: 45/100 €. Suites: 3. Consultar ofertas y admisión de perros. En el Camino de Santiago. Restaurante EL SILO.

Salamanca 29 • E-4

A MADRID, 212 KM. ALT. 800 M. POB. 155.619. ☐ 923 268 571.
GPS (40° 57' 53''N-5° 39' 52"O).

Fiestas: Semana Santa: de Interés Turístico Internacional. Abril: Lunes de Aguas. 12 de junio: Festividad del patrono, S. Juan de Sahagún, cabezudos, dulzaineros y tamborileros. Del 1 al 15 de junio: Festival Internacional de las Artes de Castilla-León. Septiembre: Feria taurina. 8 de septiembre: Virgen de la Vega, patronales. Ferias y fiestas. 31 de octubre: Subida del Mariquelo.
Visitar: Ciudad Patrimonio de la Humanidad, que ha conservado de su pasado un conjunto de monumentos de la Edad Media y del Renacimiento, denominada "Roma La Chica" por estar asentada sobre cuatro colinas. Todos los estilos tienen representación notable entre sus monumentos, desde el románico de su **Catedral Vieja**, al neoclásico del **Colegio de Anaya**, pasando por el barroquismo italiano del **Colegio de Calatrava** o en la **Clerecía. Plaza Mayor**, una de las más bellas muestras del barroco de España. Salamanca es ante todo una reliquia del arte plateresco, como en la **Catedral Nueva**, del s. XVI: Fachada, **Puerta del Perdón**, Capilla y Sacristía. **Universidad:** Fachada, escalera, aula Fray Luis de León y biblioteca. **Convento de S. Esteban**, s. XVI: Claustro, retablo y museo. **Convento de las Dueñas**, s. XVI: Claustro. Las **Escuelas Menores. Palacios de Solís, Monterrey**, s. XVI; Fonseca o la **Casa de las Muertes**, todos ellos con bellísimos patios góticos en cuyos arcos se ven resonancias mulsulmanas. La **Catedral Vieja**, s. XII: Torre del Gallo, retablo, claustro y museo. **Casa de las Conchas,** del s. XV: Fachada y patio. Plaza Mayor, s. XVIII, soportales. Clerecía, s. XVII, fachada. Casa de Abarca Maldonado, s. XV. Museo de Bellas Artes. **Palacio de Anaya**, s. XVIII. Puente romano. **Casa Lis.** Museo Art Decó-Art Nouveau. Museo del Comercio. Cueva de Salamanca.
Alrededores: Campos de golf Villamayor, La Valnuza Golf Resort y Zarapicos. ALBA DE TORMES, a 22 km: Conservan restos de Sta. Teresa de Ávila. Iglesia de S. Pedro. Convento de Carmelitas. Iglesia de S. Juan, s. XVI. LA ALBERCA, a 80 km: Valle de las Batuecas y Sierra de Francia. CIUDAD RODRIGO, a 90 km: Conjunto Histórico-Artístico. CANDELARIO: Conjunto Histórico-Artístico. Estación de esquí "La Covatilla-Béjar". LEDESMA, a 34 km: Villa amurallada. Parque Natural Arribes del Duero.

Restaurantes

Asador Arandino. Azucena, 5. ☎ 923 217 382.
Cierra noches de martes a jueves, lunes y segunda quincena de julio. Asador castellano. Mollejas de lechazo con aceite de oliva virgen, entrecot de morucha al horno de leña, crema de leche con nueces y miel. Precio medio 38 €.

Casa Paca. Pza. del Peso, 10. ☎ 923 218 993. www.casapaca.com
Agradable comedor junto a la Plaza Mayor. Pimientos rellenos de rabo de toro, paletilla de cabrito al horno, leche frita. Amplia barra para tapeo. Precio medio 40 €.
Casa Pacheco. (En VECINOS, a 30 km). Avda. José Antonio, 12. ☎ 923 382 169. www.casapacheco. net
Cierra lunes excepto festivos; y septiembre. En el campo charro, dirección a la Peña de Francia. Boletus edulis, carnes de ternera morucha, pirámide de tres texturas de chocolate. Precio medio 35 €.
®**Casa Vallejo.** (H. HOSTERÍA CASA VALLEJO). San Juan de la Cruz, 3. ☎ 923 280 421. www.hosteriacasavallejo.com
Cierra domingo noche, lunes, segunda y tercera semana de febrero, y del 15 al 31 de julio. Con 13 habitaciones. Más de sesenta años en la familia Vallejo. Con barra para tapear a la entrada. **Almejas en salsa verde, chuletón de ternera charra, torrija tonta**. Precio medio 30 €.
®**La Hoja 21.** San Pablo, 21. ☎ 923 264 028. www.lahoja21.com P
Cierra domingo noche y lunes. Los hermanos Oliva dirigen con acierto cocina y comedor. **Risotto de hongos con vegetales y parmesano, carrillera de morucha con salsa cremosa de patata frita, mousse de fruta de la pasión con frutas y su helado**. Precio medio 30 €.
®**Plaza 23.** Pza. Mayor, 23. ☎ 923 271 353. www.restauranteplaza23.es
Cocina tradicional puesta al día. **Mollejas glaseadas con boletus y huevo escalfado, rabo de morucha relleno de foie-gras y apionabo, torrija de brioche y crema helada de vainilla**. Precio medio 45 €.
Rivas. (En VEGA DE TIRADOS, a 12 km). Gómez Mateos, 19. ☎ 923 320 471. www.restauranterivas.com
Cierra noches de domingo a jueves, lunes y segunda quincena de septiembre. Puerros en tempura con crema de hongos, brocheta de lechazo y verduras, tarta de tres chocolates. Precio medio 35 €.
Víctor Gutiérrez. San Pablo, 66. ☎ 923 262 973. www.restaurantevictorgutierrez.com
Cierra lunes al mediodía y domingo de julio a septiembre; domingo noche, lunes, del 9 al 26 de enero y del 3 al 20 de julio. El origen andino de Víctor Gutiérrez se hace patente en su personal cocina. Ceviche de vieira, pichón asado con guiso de quinoa, oro inca con helado de lúcuma. Precio medio 55 €.

Hoteles

***** **AC Palacio de San Esteban.** Arroyo de Santo Domingo, 3. ☎ 923 262 296. www.ac-hotels.com
P
Hab. 48: 110/209 €. Suites: 3. Edificio histórico, parte de un convento del s. XVI. En el centro histórico. Buena cocina en el restaurante EL MONJE.
***** **Hacienda Zorita.** (En VALVERDÓN, a 10 km). Ctra. Ledesma, km 8,7. ☎ 902 109 902. www.haciendas-espana.com P
Hab. 29: 100/214 €. Suites: 4. Con bodega de crianza.
**** **Abba Fonseca.** Pza. de San Blas, 2. ☎ 923 011 010. www.abbahoteles.com P
Hab. 83: 85/295 €. Suites: 3. Consultar ofertas. Edificio emblemático en el centro histórico. Junto a Fonseca y palacio de congresos. Restaurante LA ABBADIA, cocina tradicional y moderna
**** **Artheus Carmelitas Salamanca.** Pº Carmelitas, 67. ☎ 923 212 500. www.artheushoteles.es P
Hab. 69: 70/150 €. Suites: 3. Reformado en 2008. Restaurante ARTHEUS.
**** **Catalonia Salamanca Plaza.** Espoz y Mina, 23-25. ☎ 923 281 717. www.hoteles-catalonia.com
Hab. 67: 76/195 €. Suites: 1. Al lado de la Plaza Mayor.
**** **Emperatriz III.** (En SANTA MARTA DE TORMES, a 4 km). Avda. Padres Paules, 2 ☎ 923 281 599. www.emperatrizhotel.com P
Hab. 75: 42/99 €.
**** **Meliá Las Claras Boutique.** Marquesa de Almarza, s/n. ☎ 923 128 500. www.melialasclaras.solmelia.com
P
Hab. 72: 80/243 €. Suites: 7. En el centro histórico. Próximo al Palacio de Congresos. Restaurante LAS CLARAS.
**** **NH Palacio de Castellanos.** San Pablo, 58-64. ☎ 923 261 818. www.nh-hotels.com P
Hab. 58: 84/217 €. Suites: 4. Posee un claustro de finales del s. XV, de arte hispano-flamenco. En el casco antiguo. Restaurante TRENTO.
**** **Parador de Turismo.** Teso de la Feria, 2. ☎ 923 192 082. P
Hab: 110: 118/160 €. Espléndidas vistas de la ciudad. Totalmente Reformado. Cocina regional.
**** **Plaza de Ángel.** Pza. del Ángel, 5. ☎ 923 217 518. P
Hab. 23: 50/195 €. Suites: 2. Céntrico. Próximo al casco antiguo.
**** **Puente Romano de Salamanca.** Pza. Chica, 10. ☎ 923 193 736. www.hotelpuenteromanodesalamanca.com
P
Hab. 35: 65/145 €. Suites: 2. Mobiliario artesano de nogal. Trato familiar.
**** **Rafael Hoteles Salamanca Forum.** (En VILLAMAYOR DE LA ARMUÑA, a 2 km). Urb. Vega de Salamanca. Avda del Tormes, s/n. ☎ 923 337 020. www.salamancaforum.com P
Hab. 218: 59/195 €. Suites: 6. Restaurante MIRADOR DEL LAGO.
**** **Rector.** Rector Esperabé, 10. ☎ 923 218 482. www.hotelrector.com P
Hab. 13: 130/185 €. Suites: 1. En el casco antiguo. Pequeño palacete en un paseo de la zona monumental.
**** **Regio.** (En SANTA MARTA DE TORMES, a 4 km). Ctra. Salamanca-Madrid, km 4. ☎ 923 138 888. www.hotelregio.com P
Hab. 118: 50/190 €. Bungalows con capacidad para 5 personas. Restaurante LAZARILLO DE TORMES, cocina regional e internacional.
**** **Rua.** Sánchez Barbero, 11. ☎ 923 272 272. www.hotelrua.com
Hab. 19: 47/160 €. En un edificio de Interés Histórico.
**** **Vincci Ciudad de Salamanca.** Avda. de La Salle, 16-20. ☎ 923 190 616. www.vinccihoteles.com
P
Hab. 81: 60/250 €. Suites: 3. Próximo al centro histórico. Restaurante VÍA PLATA.
Castillo del Buen Amor. (En VILLANUEVA DE CAÑEDO, a 20 km). Ctra. N-630, km 317,6. ☎ 923 355 002. www.buenamor.net P
Hab. 41: 89/410 €. Suites: 2. Consultar ofertas. Castillo del s. XI, totalmente rehabilitado. Ubicado en una dehesa privada de 116 hectáreas. Restaurante FONSECA.

Salardú (Lleida)

14 • E-2

A LLEIDA, 180 KM; MADRID, 639 KM. ALT. 1.268 M. POB. 437.
GPS (42° 42' 24''N-0° 54' 4"E).

Fiestas: 3 de mayo: Sta. Creu. 2 de julio: Romería Montgarri. 7 de octubre: Feria Ganadera. 30 de noviembre: St. Andreu.
Visitar: Iglesia de St. Andreu, s.s XII-XIII: Campanario, s. XV, puerta románica y ventanas góticas. St. Crist, talla románica de finales del s. XII. Plaza Mayor con fuente ochocentista.
Alrededores: Baqueira Beret, a 3 km: importante estación de esquí. Iglesias románicas de: BAGERGUE, GESSA, y TREDÓS, núcleos pertenecientes al municipio del NAUT ARÁN. UNHA: Museo de la Nieve. Valle de Arán.

Restaurantes

®**Casa Perú.** (En BAGERGUE, a 3 km). Avda. San Antonio, 6. ☎ 973 645 437.
Cierra almuerzos en invierno excepto fines de semana, miércoles en invierno; y julio. Pionero en el Valle de Arán con las mejores especialidades de la cocina aranesa y **tarta de manzana** de postre. Precio medio 25 €.
Esquiró. (En BAQUEIRA-BERET, a 3 km). Edificio Mauberme. ☎ 973 645 430.
Cierra lunes en verano, martes en invierno; y mayo. Típico ambiente de montaña. Brandada de bacalao, arroz con almejas y gambas. Menú 25 €. Precio medio 40 €.
Gel Al Foc. (En BAQUEIRA-BERET, a 3 km). (H. LA PLETA). Ctra. Baqueira-Beret, cota 1700, s/n. ☎ 973 645 550. www.lapleta.com P
Cierra al mediodía y del 1 de mayo al 1 de diciembre. Crema de ceps, carré de cordero, caza. Menú-degustación y precio medio 45 €.

Ticolet. (En BAQUEIRA BERET, a 3 km). Edif. Biciberri, s/n. ☎ 973 645 477. www.ticolet.com
Cierra de mayo a noviembre excepto agosto. A pie de pistas desde hace treinta y cinco años, en un ambiente rústico y acogedor. Culinaria de la zona con toques de modernidad. Precio medio 40 €.

Hoteles

***** **AC Baqueira.** Avda. Perimetral, s/n. Urb. Val de Ruda. ☎ 973 645 961. www.hotelacbaqueira.com
Hab. 102: 168/525 €. Suites: 14. Consultar cierre. A pie de pistas. Restaurantes D'OC.
***** **La Pleta By Rafael Hotels.** (En BAQUEIRA). Ctra. de Baqueria a Beret, s/n. Cota 1.700. ☎ 973 645 550. www.lapleta.com
Hab. 67: 101/482 €. Suites: 9. Consultar cierre. Restaurante DEL GEL AL FOC. Restaurante japonés LA PLETA SUSHI, sólo cenas.
***** **Meliá Royal Tanau.** (En BAQUEIRA). Ctra. Beret, s/n. ☎ 973 644 446.
Hab. 30: 130/394 €. Consultar cierre. Telesilla en el mismo hotel. Restaurante ETH CAUDER.
***** **Val de Neu.** Perimetral, s/n. ☎ 973 635 000. www.hotelbaqueiravaldeneu.com
Hab. 120: 157/520 €. Suites: 20. Consultar cierre y ofertas. Próximo al remonte de la Estación. Restaurante EL BOSQUE y LA FONDUE.
**** **Chalet Bassibe.** (En BAQUEIRA BERET). Urb. Nin de Beret, s/n. Cota 1.700 m. ☎ 973 645 152.
Hab. 36: 70/160 €. Suites: 5. Consultar cierre. Situado a pie de pista.
**** **Eira Stylehotel.** (En BAQUEIRA BERET). Ctra. de Beret, s/n. ☎ 973 645 446. www.eirahotel.com
Hab. 8: 85/350 €. Consultar cierre y ofertas. Cierre en exclusiva a grupos o familias, consultar. Próximo al telesilla.
*** **Petit Lacreu.** Ctra. Baqueira, s/n. ☎ 973 644 142. www.hoteleslacreu.com
Hab. 30: 56/96 €. Desayuno incluido. Consultar cierre.

Salas (Asturias) — 3 • C-3

A OVIEDO, 44 KM; MADRID, 485 KM. ALT. 239 M. POB. 6.007. 985 830 988.
GPS (43° 24' 32''N-6° 15' 42"O).

Fiestas: 24 de abril: Certamen del Queso Asturiano. 23-26 de abril: Feria de Abril. Abril: Feria del Salmón. Del 5 al 7 de julio: La Festona. Del 3 al 6 de agosto: Concurso Internacional de Pesca. 15 de agosto: Romería el Viso. Agosto: Festival Folk Celta. Del 18 al 22 de agosto: Fiesta del Bollo.
Visitar: Casco monumental: Palacio de Valdés-Salas, Colegiata de Sta. María La Mayor, s. XVI, Torre medieval, s XIV. Museo pre-románico de San Martín. Camino de Santiago. Senderismo.
Alrededores: CORNELLANA: Monasterio de S. Salvador, s. XII. Casa del Río. Senda del Salmón. DORIGA: Palacio de Doriga. LA ESPINA: Brañas Vaqueiras.

Restaurantes

Al Son del Indiano. (En MALLEZA, a 14 km). Conde de Casares, 1. ☎ 985 835 844. www.alsondelindiano.com
Cierra noches excepto viernes y sábados; y martes. Casona de indianos en la plaza del pueblo. Tradición y modernidad en la oferta. Croquetas líquidas de ortigas, bacalao confitado con manos de cerdo, los tres chocolates. Precio medio 30 €.

Hoteles

*** **Palacio Conde de Toreno.** (En MALLEZA, a 14 km). Malleza-Salas, s/n. ☎ 985 835 883.
Hab. 16: 66/93 €. Suites: 1. Consultar cierre. En el Palacio de Toreno del s. XVI, con capilla.
** **Castillo Valdés-Salas.** Pza. de la Campa, s/n. ☎ 985 830 173. www.castillovaldesalas.com
Hab. 12: 43/91 €. Cierra navidades. Consultar ofertas. Castillo medieval. Cocina asturiana evolucionada.

Salgar, La (Asturias) Ver Arriondas — 4 • B-3

Salinas (Asturias) Ver Avilés. — 3 • D-2

Sallent de Gállego (Huesca) — 13 • E-2

A HUESCA, 100 KM; MADRID, 485 KM. ALT. 1.305 M. POB. 1.480. 974 488 005.
GPS (41° 49' 26''N-1° 53' 38"E).

Fiestas: Del 4 al 8 de agosto: Ntra. Sra. de las Nieves. 5 de septiembre: Feria de Ganado. 13-14 de septiembre: Exaltación de la Sta. Cruz.
Visitar: Precioso pueblo de montaña situado en el Valle de Tena en pleno pirineo aragonés. La villa ha sabido mantener sus tradiciones y su arquitectura tradicional, con casas solariegas. Iglesia de la Asunción y retablo Mayor, s. XVI. Puente medieval, s. XVI. Triple arco románico. Balneario urbano Aguas Limpias. Senderismo.
Alrededores: A 4 km, la Estación de Invierno de FORMIGAL. A 20 km, Balneario de Panticosa: Aguas termales. Valle d'Ossan, (FRANCIA): Parque Nacional. Embalses de BÚBAL y LANUZA: Deportes acuáticos.

Restaurantes

Koldo. (H. EGUZKI-LORE). (Urb. Formigal). Avda. Huesca, s/n. ☎ 974 490 123. www.hoteleguzkilore.com
Cierra almuerzos, primavera y otoño. Foie-gras elaborado en casa, pescados y carnes rojas, pastel ruso. Menú 15 €. Precio medio 35 €.

Hoteles

**** **Abba Formigal.** (En FORMIGAL). Urb. Formigal, s/n. ☎ 974 490 030. www.abbaformigalhotel.com
Hab. 107: 78/256 €. Desayuno incluido. Consultar cierre. SPA gratuito.
**** **Meliá Alto Aragón.** Urb. Altea Formigal, s/n. ☎ 974 490 505. www.melia-alto-aragon.com
Hab. 134: 85/300 €. Suites: 1. Consultar cierre y ofertas. Excelentes vistas al Valle del Tena. Restaurante LANUZA.
**** **Villa de Sallent.** Avda. Pirineos, s/n. ☎ 974 490 223. www.hotelvillasallent.com
Hab. 80: 110/190 €. Suites: 2. Consultar cierre. Restaurante FIDEL.
*** **Bocalé.** Puente Gallego, 29. ☎ 974 488 555. www.bocale.com
Hab. 21: 80/130 €. Consultar cierre. Excelentes vistas.

Salobreña (Granada) — 78 • D-2

A GRANADA, 62 KM; MADRID, 502 KM. ALT. 84 M. POB. 12.747. 958 610 314.
GPS (36° 44' 34''N-3° 35' 23"O).

Fiestas: Semana Santa. 13 de junio: Fiestas de S. Antonio. Del 24 al 29 de junio: S. Juan y S. Pedro. Actividades "Verano en Salobreña". 16 de julio: Fiestas de la Barriada de la Caleta, con procesión marítima. Del 4 al 7 de octubre: Ntra. Sra. del Rosario. Día de Andalucía: Verbena, flamenco. Programa de música, teatro y actividades culturales mensuales.
Visitar: Casco antiguo, singular conjunto urbano de traza árabe. Castillo-fortaleza árabe, lugar de descanso de monarcas nazaríes y prisión real (s.s XIV-XV). Magnífico mirador. Iglesia mudéjar Ntra. Sra. del Rosario, s. XVI, construida sobre antigua mezquita musulmana. Museo Arqueológico. Centro de Artesanía. Itinerarios, rutas y senderos por el valle de plantaciones subtropicales, acantilados y laderas.
Alrededores: LOBRES. CALETA-LA GUARDIA. Río Guadalfeo.

Restaurantes

El Verdejo. (Edif. Venus. Local, 9). Pº Marítimo, s/n. ☎ 958 610 401. www.restauranteverdejo.iespana.es
Cierra domingo noche y lunes excepto verano; y 15 días en noviembre. Revuelto de aguacate y gamba con tomate ventresca de atún rojo encebollado, tatín de manzana. Precio medio 40 €.

Hoteles

*** **Best Western Hotel Salobreña.** Ctra. Málaga-Almería, km 323. ☎ 958 610 261. www.bestwesternhotelsalobrena.com
P
Hab. 194: 41/114 €. Suites: 5. Consultar ofertas. Buffet con cocina en vivo.

Salou (Tarragona) 34 • F-3

A TARRAGONA, 11 KM; MADRID 553,4 KM. ALT. 2 M. POB. 27.217. 977 350 102.
GPS (41° 4' 35"N-1° 8' 34"E).

Fiestas: 4-6 de febrero: Coso Blanco. Del 8 al 15 de agosto: Noches Doradas. 30 de octubre: Fiesta Mayor de Invierno.
Visitar: Capital de la Costa Dourada. Es una ciudad con pequeñas calas y playas de fina arena bordeadas de pinares. Puerto Deportivo. Masía catalana. Paseo de Jaime I, con edificios modernistas. Fuente Luminosa, de Carles Buigas. Monumento al Pescador. La Torre Vella. Teatro Auditorio.
Alrededores: Port Aventura: Parque temático de ocio. Caribe Aquatic Park: Parque acuático. A 10 km: Aeropuerto de Reus.

Restaurantes

®**Albatros.** (Cala Llenguadets). Bruselas, 60. ☎ 977 385 070. P
Cierra domingo noche, lunes excepto festivos y del 7 de enero al 1 de febrero. El producto mediterráneo prevalece en este confortable y tranquilo restaurante apartado del núcleo turístico de la población. Precio medio 45 €.
Arena. (H. BLAUMAR). Pº Jaime I, s/n. ☎ 977 384 000. www.arenarestaurant.com
Cierra domingo noche y lunes en invierno. Parrillada de verduras, bacalao confitado con miel sobre parmentier de patata trufada, fluido de frutos rojos con helado de yogur. Menú 18 €. Precio medio 35 €.

Hoteles

**** **Blaumar.** Pº Jaime I, s/n. Esq. Joan Miarnau, 4. ☎ 977 350 048. www.blaumarhotel.com P
Apartamentos: 25. Suites: 91/178 €. Consultar cierre. Frente al paseo marítimo y playas. Restaurante ARENA.
**** **Best Negresco.** Replanells, 12-14. ☎ 977 370 392. www.besthotels.es P
Hab. 407: 78/243 €. Consultar cierre y ofertas. Zona tranquila. Frente al mar.
**** **Caribe.** Rambla del Parc, s/n. ☎ 977 358 800. www.portaventura.es P
Hab. 471: 180/288 €. Suites: 26. Consultar cierre. Restaurante EL BOHÍO, PUERTO VIEJO y LA PIAZZA.
**** **H10 Salauris Palace.** Avda. Països Catalans, s/n. ☎ 977 388 908. www.h10.es P
Hab. 351: 62/150 €. Consultar cierre. A 300 m de Port Aventura.
**** **Magnolia Hotel.** Madrid, 8. ☎ 977 351 717. www.magnoliahotelsalou.com P
Hab. 72: 66/200 €. Exclusivo para adultos.
**** **Regente Aragón.** Levante, 5. ☎ 977 352 002. www.hotelregentearagon.com P
Hab. 77: 115/220 €. Suites: 3. Wifi gratuito. Restaurante SALÓN XAUS.

San Adrián (Navarra) 22 • D-1

A PAMPLONA, 75 KM; MADRID, 324 KM. ALT. 318 M. POB 6.300.
GPS (42° 19' 57''N-1° 56' 5"O).

Fiestas: Del 31 diciembre al 7 de enero: Fiestas de Invierno. Del 1 al 6 de enero: Certamen Pop Rock. Del 24 al 30 de julio: Fiestas en honor a las Santas Reliquias, patronales. 8 de septiembre: Fiestas de la Virgen de la Palma y S. Adrián.
Visitar: Jardines Ayuntamiento. Ermita de la Virgen de la Palma. Parroquia de S. Adrián. Monumento al Auroro. Presa del río Ega. Desembocadura del río Ebro y del río Ega.
Alrededores: LA RIOJA. ANDOSILLA. PERALTA. AZAGRA.

Restaurantes

Ríos. (H. VILLA DE SAN ADRIÁN). Avda. Celso Muerza, 18. ☎ 948 696 068. www.hotelvilladesanadrian.com
P
Cierra domingo, y segunda quincena de diciembre. Con 23 habitaciones. Cocina tradicional basada en el producto. Verduras de la ribera, mariscos, pescados y carnes de calidad a la parrilla, sopa de queso Idiazábal con helado de maracuyá. Precio medio 37 €.

San Agustín del Guadalix (Madrid) Ver Madrid: Alrededores. 40 • C-1

San Enrique de Guadiaro (Cádiz) Ver Sotogrande. 77 • A-4

San Fernando (Cádiz) 76 • C-3

A CÁDIZ, 8 KM; MADRID, 637 KM. ALT. 20 M. POB. 96.366. 956 944 226.
GPS (36° 27' 55''N-6° 11' 52"O).

Fiestas: Febrero: Carnaval. Semana Santa, de Interés Turístico de Andalucía. 23 de junio: S. Juan. Julio: Feria del Carmen y de la Sal. 24 de septiembre: Fiesta de las Cortes. 23 de octubre: Romería del Cerro de los Mártires, patronales, S. Servando y S. Germán. Último viernes de octubre: Fiesta de Tosantos.
Visitar: La mayor parte del municipio se encuentra enclavada en la Isla de León. Puente de Suazo, que puede datar de la época romana. Castillo de S. Romualdo, s. XIV de construcción musulmana. El Arsenal de la Carraca. Real Instituto y

Observatorio de la Armada. Casa Consistorial y Panteón de Marinos Ilustres. Iglesia Conventual del Carmen. Iglesia Mayor. Ayuntamiento, s. XVIII. Museo Histórico Municipal. Museo Naval. Real Teatro de las Cortes. Parque Natural Bahía de Cádiz. **Alrededores:** ISLOTE DE SANCTI PETRI: Castillo. A 5 km, Playa del Castillo. Cerro de los Mártires y Cerro de Torre Alta.

Restaurantes

Venta los Tarantos. Luis Milena, 63. ☎ 956 881 272.
Cierra domingo. Típico patio andaluz en una antigua casa de postas. Magnífico lenguado, urta y queso artesanal "Payoyo" de la sierra de Cádiz. Precio medio 25 €.

Hoteles

**** **AC Salymar.** Real, 32. Pza de la iglesia. ☎ 956 802 260.
Hab. 55: 60/151 €. Céntrico.
**** **Bahía Sur.** (Complejo Bahía Sur). Caño Herrera, s/n. ☎ 956 880 086. www.hotelbahiasur.com
Hab. 100: 134/250 €. Apartamentos: 88. Suites: 4. Junto a la playa y la Ciudad Deportiva. Restaurante BAHÍA.

San José (Almería) 79 • E-2

A ALMERÍA, 35 KM; MADRID, 582 KM. ALT. 356. POB. 26.126
GPS (36° 45' 27''N-2° 6' 39"O).

Visitar: Parque Natural Cabo de Gata. Bahía de los Genoveses y Playa de Monsul.
Alrededores: Núcleos de población de GATA y LAS SALINAS situadas junto al pico en que termina la cordillera Ibérica, que se extiende hasta el cabo donde está instalado el faro.

Restaurantes

Casa Miguel. Avda. San José, 43-45. ☎ 950 380 027. www.casamiguel. com.es
Cierran lunes y del 7 de enero al 26 de febrero. CASA MIGUEL PUERTO (Puerto deportivo de San José 6-7. ☎ 950 380 206). En ambos cocina mediterránea. Calamares de potera al aceite de oliva, pargo a la espalda, realeza (postre típico). Precio medio 25 €.

Hoteles

**** **Cortijo el Sotillo.** Ctra. de San José, s/n. ☎ 950 611 100.
Hab. 20: 77/145 €. Finca en el corazón del Parque Natural de Cabo de Gata-Níjar. Equitación. Cocina tradicional.
**** **Don Ignacio.** Del Puerto, s/n. Paseo Marítimo. ☎ 950 611 080. www.hoteldonignacio.com
Hab. 45: 53/170 €. Suites: 1. Consultar cierre. En el Parque Natural Cabo de Gata-Níjar. Restaurante EL CALDERÓN.
**** **Doña Pakyta.** Del Correo, 51. ☎ 950 611 175. www.hotelpakyta.es
Hab. 15: 75/200 €. Suites: 2. Consultar cierre. Céntrico. Vistas a la bahía.

San Juan de la Peña-Monasterio (Huesca) Ver Jaca. 13 • D-4

San Lorenzo de El Escorial (Madrid) 39 • F-2

A MADRID, 50 KM. ALT. 900 M. POB. 17.889. 918 905 313.
GPS (40° 35' 29''N-4° 9' 1"O).

Fiestas: Semana Santa. 10 de agosto: San Lorenzo, patronales. 12 de septiembre: Romería de la Virgen de Gracia, de Interés Turístico Nacional. Desfile de carretas hasta la ermita de la Virgen (Finca de la Herrería).
Visitar: Patrimonio de la Humanidad y Bien de Interés Cultural. **Real Monasterio**, del s. XVI. Mandado a construir por Felipe II, poniéndose la primera piedra en abril de 1563 y la última en septiembre de 1584. El **Palacio Real**, de forma saliente, representa el mango de la parrilla, cuyas patas están figuradas por las altas torres que se elevan en sus ángulos. Construido en granito gris azulado de Guadarrama. Las bóvedas de las tres naves están decoradas con frescos pintados por Luca Giordano. La Capilla Mayor con retablo mayor, obra maestra de Juan de Herrera. Esculturas de bronce y el "Calvario" de Leo y Pompeio Leoni. Juan de Herrera realizó el diseño y los planos del retablo, el conjunto de mármoles fue montado por Comane y Pedro Castello; Jacome Trezzo ejecutó el tabernáculo y Federico Zuccaro pintó los cuadros. El **Panteón, de los Reyes de España**, es una cámara octogonal, con paredes revestidas de jaspes y mármoles preciosos. Un cuadro de Claudio Coello forma el retablo. **Panteón de los Infantes**, donde reposa Don Juan de Austria. Sillería del Coro ejecutada por Juan de Herrera. Cristo en la Cruz, de mármol blanco, obra de Benvenuto Cellini, en un altar. En las galerías del claustro que rodea el Patio de los Evangelistas hay frescos de Pellegrino Tibaldi y el genovés Luca Cambiaso, así como El Martirio de S. Lorenzo, de Tiziano. El Palacio cuenta con 830 tapices, españoles y flamencos. Museos, en el **Palacio de Verano** de Felipe II. **Jardín de los Frailes.** En la finca La Herrería, se encuentran la **Casita del Príncipe o de Abajo y La Casita del Infante o de Arriba**, ambas obras de Juan de Villanueva. El **Real Coliseo de Carlos III**, obra de Jaime Marquet, reformado en 1792-1793 por Villanueva, primer teatro cubierto de España.
Alrededores: En la HERRERÍA, Silla de Felipe II: Maravilloso observatorio, desde donde Felipe II se sentaba a ver las obras. Club de Golf. A 8 km, Valle de los Caídos: Grandiosa cruz de 150 m de altura y 46 de brazo. En el interior, la Cripta, construida en los años cuarenta por Pedro de Muguruza. La Basílica se consagró en 1959, en memoria de las víctimas de la Guerra Civil Española. ABANTOS: Arboreto Luis Ceballos.

Restaurantes

® **Charolés.** Floridablanca, 24. ☎ 918 905 975.
Como especialidad las **carnes** y el **cocido madrileño** de los miércoles y viernes. Todo en su punto. De postre, **torrijas** de la Virgen de Gracia. Precio medio 46 €.
Garnacha. (En GALAPAGAR, a 9 km). Ctra. M-505, Las Rozas-El Escorial, km 16. ☎ 918 583 324. www.restaurantegarnacha.com
Cierra domingo noche, lunes y noviembre. Purrusalda de calabaza, solomillo con buey con láminas de foie-gras, láminas caramelizadas de manzana con su crema. Precio medio 42 €.
Horizontal. Camino Horizontal, s/n. ☎ 918 903 811. www.restaurantehorizontal.com
Cierra noches de lunes a miércoles en invierno. Terraza rodeada de árboles centenarios. Carbanzos con boletus, carpaccio de buey con foie-gras, canutillos rellenos de crema. Menú 16 €. Precio medio 40 €
Parrilla Príncipe. Floridablanca, 6. ☎ 918 901 611. www.parrillaprincipe.com
Cierra domingo noche en invierno, martes y segunda quincena de febrero. Con 18 habitaciones. Palacete del s. XVIII. Huevos revueltos con criadillas, cabritillo asado al horno, milhojas de fresón. Precio medio 30 €.

Hoteles

**** **NH Victoria Palace.** Juan de Toledo, 4. ☎ 918 969 890. www.nh-hotels.com
Hab. 78: 83/146 €. Suites: 4. Consultar ofertas. Próximo al Monasterio del Escorial. Cercano al campo de golf La Herrería. Restaurante RENACIMIENTO.
*** **Best Western Florida.** Floridablanca, 12-14. ☎ 918 901 520. www.hflorida.com
Hab. 50: 64/85 €. Suites: 4. Consultar ofertas. A 150 m del Monasterio del Escorial. Restaurante ASADOR DEL REY.
*** **Botánico.** Timoteo Padrós, 16. ☎ 918 907 879. www.labuganvilla.es
Hab. 20: 73/124 €. Suites: 3. Restaurante LA BUGANVILLA, especialidad en arroces.
*** **Los Lanceros.** Calvario, 47-49. ☎ 918 908 011. www.loslanceros.com
Hab. 36: 92/138 €. Suites: 4. Desayuno incluido. Restaurante LOS LANCEROS.

*** **Miranda & Suizo.** Floridablanca, 20. ☎ 918 904 711. www.arturohoteles.com
Hab. 51: 60/100 €. Suite: 1. Edificio del s. XIX. Frente al Monasterio. Restaurante ARTURO.

San Martín del Pimpollar (Ávila) Ver Gredos-Navarredonda de. 39 • B-3

San Martín de Valdeiglesias (Madrid) 39 • E-3

A MADRID, 70 KM. ALT. 681 M. POB. 7.888. 669 957 920.
GPS (40° 21' 41''N-4° 23' 56"O).

Fiestas: Lunes de Pascua: Tradicional Romería. Del 7 al 12 de septiembre: Patronales Virgen de la Nueva. 11 de noviembre: Patrón, S. Martín de Tours.
Visitar: Iglesia de S. Martín Obispo, s. XVI. Castillo del La Coracera, s. XV, Museo de Interpretación del Vino. Conjunto de ermitas, s.s XV-XVI. Antigua estación de ferrocarril. Embalse de S. Juan. Bodegas.
Alrededores: Río Alberche. PELAYOS DE LA PRESA: Monasterio Cisterciense de S. María de Valdeiglesias. Toros de GUISANDO, Embalse de S. Juan.

Restaurantes

®**Los Arcos de la Corredera.** (H. LA CORREDERA). Corredera Alta, 28. ☎ 918 611 084. www.arcosdelacorredera.com
Cierra lunes. Los hermanos Pérez Arcos pendientes de todos los detalles. **Alcachofas confitadas con crujiente de jamón ibérico, paletilla de cabrito con patatas panadera, canutillo de membrillo relleno de crema de queso de Idiazábal**. Menú 16 €. Precio medio 32 €.

Hoteles

*** **La Corredera.** Corredera Alta, 28. ☎ 918 611 084. P
Hab. 14: 51/95 €. Restaurante LOS ARCOS DE LA CORREDERA.

San Miguel de las Dueñas (León) Ver Ponferrada. 9 • B-3

San Millán de la Cogolla (La Rioja) Ver Nájera. 21 • F-1

San Pedro de Alcántara (Málaga) 77 • C-3

A MÁLAGA, 66 KM; MADRID, 627 KM. ALT.16 M. POB. 33.673. 952 785 252.
GPS (36° 29' 11''N-4° 59' 30"O).

Fiestas: 19 de octubre: San Pedro de Alcántara.
Visitar: Villa pintoresca al pie de la Sierra de Las Nieves. Plaza de La Iglesia y Tenencia de Alcaldía. Torre de las Bóvedas, ruinas de la ciudad de Cilniana, Termas romanas y restos de Basílica paleocristiana. Teatro del Ingenio.
Alrededores: BENAHAVIS, a 10 km: Histórico pueblo de montaña vinculado al pasado árabe de la Costa del Sol. A 1 km, Urbanización Guadalmina. A 3 km, Urbanización Nueva Andalucía. A 3 km, Puerto deportivo José Banús. Parque Natural Sierra de Las Nieves, a 20 km.

Restaurantes

Albert & Simón. (Edif. Mirador). Urbanización Nueva Alcántara, 4-B. ☎ 952 783 714. www.albertysimon.com
Cierra almuerzos, domingo, primera quincena de febrero y segunda de junio. Los hermanos Albert y Levi Simón Benisty se ocupan de la sala y la cocina con acierto. Tosta de foie-gras de pato con membrillo y reducción de amontillado, lomo de pez San Pedro con juliana de verdura, soufflé Grand Marnier. Precio medio 45 €.
®**Asador Guadalmina.** (Urb. Guadalmina Alta, a 2 km). C. C. Guadalmina III. ☎ 952 883 003.
Agradable local de cocina vasca con amplia barra de pinchos y parrilla para **pescados** y **carnes**. También, **tortilla de patata, merluza en salsa verde**. Precio medio 40 €.
El Ancla. Avda. Carmen Sevilla, s/n. ☎ 952 787 496. www.elanclarestaurante.com P
Cierra lunes y del 7 de enero al 13 de febrero. A la orilla del mar. Pescaditos fritos, arroces, destaca el arroz meloso de carabineros, tocino de cielo. Precio medio 35 €.
®**La Veranda.** (En BENAHAVIS, a 10 km). (H. VILLA PADIERNA). (Urb. Flamingos Golf). Ctra. Cádiz, km 166. ☎ 952 889 150. www.hotelvillapadierna.com P
Cierra lunes en invierno; al mediodía, domingo y del 2 de febrero al 1 de marzo. Espectacular terraza sobre el golf para las cenas de verano. **Carpaccio de presa ibérica, pichón con trigo y queso parmesano, tarta de manzana**. Precio medio 50 €.
®**Merchán.** (Zona peatonal). San Gabriel, 8. ☎ 952 780 134.
Cierra lunes y 20 días en diciembre. Gran calidad de **pescados (fritos, a la plancha), coquinas** y **mariscos**, en un sencillo local. De postre, **natillas con frambuesa**. Precio medio sin mariscos 30 €.
Víctor. (C. C. Guadalmina, local 2). Ctra. N-340, Cádiz-Málaga, km 169. ☎ 952 882 280. P
Cierra domingo noche y lunes. Además del arroz con bogavante -su plato estrella- urta al horno, flan de naranja. Precio medio 35 €.

Hoteles

***** **The Westin La Quinta Golf Resort & Spa.** Urb. La Quinta, s/n. Nueva Andalucía. ☎ 952 762 000. www.westin.com/laquinta P
Hab. 166: 195/424 €. Suites: 6. Cierre y admisión de perros, consultar. Junto al campo de golf de La Quinta Restaurantes LOS ARCOS, cocina mediterránea e internacional y KAEDE, japonés.
***** **Villa Padierna.** (En BENAHAVIS). Ctra. de Cádiz, km 166. Urb. Flamingos Golf. ☎ 952 889 150. www.hotelvillapadierna.com P
Hab. 106: 199/450 €. Suites: 23. Villas: 11. Admisión de perros, consultar. Con piscina privada y servicio de mayordomo. Servicio personalizado. Flamingo Golf Club con dos campos de 18 hoyos. Restaurantes LA PÉRGOLA, LA VERANDA y LA LOGGIA.
**** **Gran Hotel Benahavis.** (En BENAHAVIS, a 10 km). Huerta de Rufino, s/n. ☎ 902 504 862. www.granhotelbenahavis.com P
Hab. 80: 105/180 €. Suites: 15. Restaurante TRAMORES.
**** **Guadalmina Spa & Golf Resort.** Urb. Guadalmina Baja, s/n. ☎ 952 882 211. www.hotelguadalmina.com P
Hab 166: 66/300 €. Suites: 11. Rodeado por dos campos de golf. Acceso directo a la playa. Restaurantes COCOA, TARAY y BEACH CLUB.
*** **Pueblo Andaluz.** Avda. D. José Luis Carrillo Benítez, s/n. ☎ 952 780 597. www.hipotels.net P
Hab. 211: 65/172 €. Consultar cierre y admision de perros.

San Pedro del Pinatar (Murcia) 67 • E-4

MURCIA, 48 KM; MADRID, 441 KM. ALT. 19 M. POB. 23.272. 968 182 301.
GPS (37° 50' 5"N-0° 47' 34"O).

Fiestas: Semana Santa: Procesiones de Interés Turístico Regional. 29 de junio: S. Pedro Apóstol, patronales. 16 de julio: Fiesta de la Virgen del Carmen, de Interés Turístico Regional.
Visitar: Iglesia de S. Pedro Apóstol, del s. XVIII, hoy parroquia. Lonja de pescado. Museo del Mar. Casa del Reloj, s. XIX. Playas en Mediterráneo: El Mojón, Torre Derribada y playas de La Llana. Playas en Mar Menor: La Mota, Villananitos y La Puntica. Parque Regional Salinas de S. Pedro. Baños de lodo.
Alrededores: San Javier y Pilar de la Horadada.

Restaurantes

Venezuela. (En LO PAGÁN). (Pº Marítimo de Lo Pagán). Campoamor, 1. ☎ 968 181 515. www.restaurantevenezuela.com
Cierra lunes y del 15 de octubre al 15 de noviembre. Arroces, pescados y mariscos. Tocino de cielo. Menú 20 €. Precio medio 45 €.

Hoteles

**** **Thalasia & Thalasso Center.** Avda. del Puerto, 327-329. ☎ 968 182 007. www.thalasia.com
Hab. 211: 72/125 €. Desayuno incluido. Restaurante LA SAL.
**** **Thalasso Lodomar.** Río Bidasoa, 1. ☎ 968 186 802. www.lodomar.com
Hab. 88: 47/150 €. Apartamentos: 36. A orillas del Parque Regional de las Salinas y Arenales de S. Pedro.
**** **Traíña.** (En LO PAGÁN). Avda. Generalísimo, 84. ☎ 968 335 022. www.hoteltraina.com
Hab. 78: 50/140 €. Suites: 2. Desayuno buffet incluido. Consultar ofertas. Restaurante VERÓNICA.
*** **Best Western Hotel Neptuno.** (En LO PAGÁN). Avda. Generalísimo, 19. ☎ 968 181 911. www.hotelneptuno.net
Hab. 40: 33/97 €. Consultar ofertas. En primera línea de playa.

San Roque (Cádiz) — 80 • E-1

A CÁDIZ, 140 KM; MADRID, 682 KM. ALT. 110 M. POB. 29.249. 956 694 005.
GPS (36° 12' 33''N-5° 23' 9"O).

Fiestas: Carnavales. Semana Santa, de Interés Turístico. 21 de mayo: Fiesta de conmemoración de la fundación de la ciudad por Felipe V. Agosto: Feria Real de S. Roque. Torneos Mundiales de Polo, de Interés Turístico. Del 28 al 31 de octubre: Volvo Máster Andalucía.
Visitar: Parroquia Sta. María la Coronada. Iglesia Ntra. Sra. de la Visitación. Ermita de S. Roque. La Plaza de Armas y el Palacio de los Gobernadores. Museos Luis Ortega Bru y Arqueológico de Carteia. Plaza de toros y museo taurino. Yacimiento arqueológico Carteia. Mirador del Poeta Domingo de Mena. Pinar del Rey. Campos de golf y de polo.
Alrededores: CARTEIA, a 4 km: Ruinas fenicias, púnicas y romanas. CASTELLAR DE LA FRONTERA: Castillo del s. XIII. JIMENA DE LA FRONTERA: Castillo árabe, Iglesia de la Coronada, del s. XVII, con esculturas e iglesia de la Misericordia. SOTOGRANDE: Puerto deportivo. A 16 km, Peñón de Gibraltar. Parque Natural de los Alcornocales.

Restaurantes

Mesón el Guadarnés. (En ESTACIÓN DE SAN ROQUE). (Ctra. N-340, Cádiz-Málaga, salida 115 dirección Ctra. Jimena-Ronda). Avda. Guadarranque, 15. ☎ 956 786 504.
Cierra miércoles noche en invierno, sábado en verano, domingo, y una semana en marzo, en junio, en agosto y en noviembre. Decoración rústica en un pequeño comedor basado en la cocina tradicional, con incidencia en las carnes. De postre, tarta de zanahoria. Precio medio 28 €.

San Salvador de Poio (Pontevedra) Ver Pontevedra. — 7 • D-3

San Sebastián/Donostia (Guipúzcoa) — 6 • D-3

A MADRID, 469 KM. ALT. NIVEL DEL MAR. POB. 184.248. 943 481 166.
GPS (43° 19' 14''N-1° 59' 8"O).

Fiestas: 20 de enero: Fiesta Local. Carnavales. Julio: Festival Internacional de Jazz. Feria de Teatro. 31 de julio: Fiesta de S. Ignacio de Loiola. Semana del 15 de agosto: Semana Grande; Festivales folclóricos, concurso internacional de fuegos artificiales. Concurso hípico internacional. Quincena musical en agosto. Carreras de caballos en el hipódromo de San Sebastián, etc. Curso de verano de la Universidad del País Vasco. Septiembre: Festival Internacional de Cine. Euskal Jaiak (fiestas vascas). Tradicionales regatas de traineras, los dos primeros domingos. Final de octubre y principio de noviembre: Semana Cine Fantástico y Terror. 21 de diciembre: Feria de Sto. Tomás.
Visitar: Cuidadas calles y avenidas, puentes de estilo parisino, puerto típico de pescadores, playas de fina arena. Iglesia de S. Vicente, s. XVI, gótica. Catedral neogótica del s. XIX. Museo de **S. Telmo**, del s. XVI. Monte Igeldo, con excelentes vistas panorámicas. Antigua fortaleza militar en el Monte Urgull, con el **Castillo de la Mota**. Monte Ulía. Isla de Sta. Clara. Bahía de la Concha. Playas de Zurriola, La Concha y Ondarreta. **Palacio de Miramar**. Casas Señoriales. Museum Cemento Rezola. Museo Naval. Museo Palacio del Mar o Aquarium, uno de los más modernos de Europa. Museo Diocesano. Museo Miramón Kutxa Espacio de la Ciencia. Museo Chillida-Leku. Basílica de **Sta. María del Coro**, barroca del s. XVIII. Peine del Viento, conjunto escultórico de Eduardo Chillida. Palacio de Congresos-Auditorium Kursaal, del arquitecto Rafael Moneo.
La ciudad, situada entre los montes Igueldo, Urgull y Ulía, en la desembocadura del río Urumea, tiene en la Bahía de la Concha uno de los anfiteatros naturales más bellos y encantadores del mundo.
Alrededores: A 20 km, HONDARRIBIA. ORIO, a 21 km: Puerto típico de pescadores. A 26 km, ZARAUTZ. A 31 km, GETARIA. A 74 km, ARANTZAZU-OÑATI. Parque Nacional de Pagoeta.

Restaurantes

® **A Fuego Negro.** 31 de Agosto, 31. ☎ 650 135 373. www.afuegonegro.com
Cierra lunes y 15 días en febrero. Arrebatadoramente juvenil. Sus lemas: "Come, bebe, escucha y aprende". Cocina osada y muy audaz, resuelta con sutileza y sensatez. Postres sorprendentes. Uno mismo puede confeccionar el menú de miniplatos. Pura diversión. Menú 14 €. Precio medio 25 €.
® **Agorregi.** Portuetxe, 14. ☎ 943 224 328. www.agorregi.com
Cierra lunes noche, domingo, Semana Santa, dos últimas semanas de agosto y una semana en Navidad. Gorka Arzelus ofrece una cocina contemporánea y suculenta. **Foie-gras con crujiente de pistachos, pescado del día con migas**. Postres de refinada elegancia. Beatriz Bengoetxea, su esposa, comanda el servicio con profesionalidad y amable desenfado. Menú 19 €. Precio medio 32 €.
☼☼☼ **Akelarre.** Pº Padre Orcolaga, 56. ☎ 943 311 209. www.akelarre.net
Cierra de enero a junio domingo noche, lunes y martes; de julio a diciembre, domingo noche y lunes; febrero y primera quincena de octubre. Pedro Subijana es un grande entre los grandes. Su culinaria más asentada que nunca siempre sorprende y cautiva, desde unas bases técnicas infalibles. **Moluscos en la red del pescador, pichón asado con un toque de mole**. Postres de ensueño como la **crema de fresas con perlas de yogur helado**. Bodega y carta de vinos para satisfacer al más exigente. Vistas de postal. Precio medio 110 €.
Aquarium. Pza. Jacques Cousteau, 1. ☎ 943 431 842. www.bokadogrupo.com
Cierra domingo noche y lunes. Los hermanos Santamaría mantienen zona de restaurante y de pinchos en un espectacular emplazamiento sobre el Acuario con vistas a la Concha. Ravioli de changurro con jugo de carabineros, atún rojo con arroz suflado, sopa de naranja y champagne con chocolate. Precio medio 50 €.
☼☼☼ **Arzak.** (Alto de Miracruz). Avda. Alcalde José Elosegui, 273. ☎ 943 278 465. www.arzak.es
Cierra domingo, lunes, del 19 junio al 6 de julio y del 6 al 30 de noviembre. Su cocina enraizada es a la vez punta de lanza de la vanguardia, basada en la investigación, la experiencia y el trabajo colectivo que impulsan Juan Mari Arzak y su hija Elena. Ofrece propuestas deslumbrantes y rompedoras como: **Cebolla con té y cafe, nuez roja y merluza**. Así mismo, postres espectaculares como **hidromiel y fractal fluido**. Inmejorables prestaciones. Bodega y carta de vinos impactantes. Precio medio 150 €.

Bernardo Etxea. Puerto, 7. ☎ 943 422 055. www.bernardoetxea.com
Cierra miércoles noche, jueves, primera quincena de febrero y de junio. Marisco y pescados a la parrilla en el corazón de la Parte Vieja. Arroz con leche de postre. Precio medio 55 €.
Bidarte. Pº Heriz, 3. ☎ 943 578 391. www.restaurantebidarte.com
Cierra domingo noche y lunes. Un establecimiento de reciente implantación con calidez, calidad y sugerente personalidad en su cocina. Trabaja exclusivamente con cambiantes menús de notable enjundia culinaria. Postres en la misma línea de exquisitez. Precio medio 20 €.
®**Bodegón Alejandro.** Fermín Calbetón, 4. ☎ 943 427 158. www.bodegonalejandro.com
Cierra domingo noche, lunes y del 22 de diciembre al 13 de enero. Medio siglo de esta popular bodega, testigo de la evolución gastronómica local. Ofrece una cocina tradicional con toques actuales: **tomatito de mata relleno de chipirón sobre arroz cremoso de sus tintas y queso de Carranza.** Postres caseros como la **torrija empapada en nata fresca y yemas de huevo.** Precio medio 36 €.
®**Branka.** (Junto al Peine del Viento). Pº Eduardo Chillida, 9. ☎ 943 317 096. www.branka-tenis.com
Cierra domingo y Navidad. Parrilla de mucho nivel. **Changurro a la donostiarra, bacalao confitado con risotto de txipiron al caldo de arroz venere**. Postres delicados. Desde su minimalista comedor, junto al Peine del Viento, una vista inolvidable de toda la bahía. Precio medio 50 €.
Hidalgo 56. Pº Colón, 15. ☎ 943 279 654.
Cierra domingo noche, martes y segunda quincena de junio. Juan Mari Humada, un gran profesional de larga trayectoria, ofrece una gran cocina -de guisotes a modernidades-. Morros, bacalao al pil-pil, helados caseros. Menú 20 €. Precio medio 30 €.
☼**Kokotxa.** Campanario, 11. ☎ 943 421 904. www.restaurantekokotxa.com
Cierra domingo noche, lunes, segunda quincena de febrero, primera semana de junio y segunda quincena de octubre. Dani López ofrece una cocina tan moderna como sensata, destacando unos selectos productos y puntos de cocción, así como presentaciones brillantes. **Alcachofas y vieiras con emulsión de almendras y naranja, taco de rape con zurrukutuna helada**. Postres de total sutileza. Menú 26 €. Precio medio 55 €.
☼☼☼**Martín Berasategui.** (En LASARTE, a 7 km). Loidi, 4. ☎ 943 366 471. www.martinberasategui.com
Cierra de mediados de diciembre a mediados de enero. Martín Berasategui, uno de los grandes, ha hecho de su casa un monumento vivo de la cocina plena de sabor que entronca con lo mejor del acervo tradicional perfeccionándolo con su inimitable personalidad y su inigualable equipo. **Falso canelón de tocino ibérico con pulpo al vino blanco, kokotxas de bacalao al txakoli con salteado de espardeñas y nube de vainilla**. Postres embriagadores. Servicio del más alto nivel dirigido por su esposa Oneka. Precio medio 160 €.
☼☼**Mirador de Ulía.** Pº Ulía, 193. ☎ 943 272 707. www.miradordeulia.com
Cierra lunes, martes y segunda quincena de diciembre. El cocinero Rubén Trincado tiene la madurez necesaria para poner su técnica al servicio de sus creaciones. Osadía, pero también armonía y sobriedad. **Hongo en su tierra con cenizas vegetales, bogavante asado con su pinza a modo de sopa**. Postres sorprendentes. Vistas espectaculares sobre la ciudad. Precio medio 45 €.
☼**Miramón Arbelaitz.** (Parque Tecnológico Miramón). Mikeletegi, 53. ☎ 943 308 220. www.arbelaitz.com
Cierra noches de lunes y martes, domingo, del 1 al 10 de enero, 15 días en Semana Santa, última semana de julio, primera de agosto y última de diciembre. La elegancia de la cocina de José Mari Arbelaitz, originario de Zuberoa de Oiartzun, emociona con su perfeccionismo técnico. **Costilla de Wagyu con berenjenas asadas**. Los postres, un colofón glorioso. Prestaciones y servicio sobresalientes. Precio medio 62 €.
®**Narru.** Miguel Imaz, 10. (esq. Usandizaga). ☎ 943 298 368. www.narru.es
Cierra domingo noche, lunes y segunda quincena de octubre. Iñigo Peña, joven cocinero, ofrece una carta de producto y técnica corta e intensa. **Yema de huevo con jugo de Idiazábal, colitas de cigala y trigueros, pechugas de pichón asadas sobre risotto de higos**. Postres muy finos. En en su bar se sirven pinchos atractivos y vinos de actualidad por copas. Menú 26 €. Precio medio 45 €.
®**Ni Neu.** Avda. Zurriola, 1. ☎ 943 003 162. www.restaurantenineu.com
Cierra lunes excepto agosto. Andoni Luis Aduriz y Bixente Arrieta, socios en el Ixo Grupo, se han situado en el Palacio de Congresos Kursaal con precios asequibles. **Bacalao confitado en aceite de oliva con pil pil y perlas de marisco**. Postres delicados, **bizcocho de cacao amargo y sus pompas**. Precio medio 25 €.
®**Oquendo.** Oquendo, 8. ☎ 943 420 736.
Cierra noches de lunes a miércoles; y domingo excepto verano. Histórico café con platos de culturas diversas. **Trilogía de salmón, bacalao ying y yang, parrillada gaucha**. Postres de pura diversión. Original planteamiento de carta-menú. Menú 15 €. Precio medio 29 €.
Pasaleku. Illunbe, 11. ☎ 943 461 665. www.pasaleku.com
Cierra martes excepto verano, 15 día en febrero y 10 en noviembre. Culinaria de elaboraciones tradicionales, una estupenda parrilla de pescados y carnes, marisquería de calidad. Alcachofas con almejas, revuelto de changurro, bacalao en salsa verde. Magnífica atención de los vinos. Precio medio 35 €.
®**Rekondo.** Pº de Igueldo, 57. ☎ 943 212 907. www.rekondo.com
Cierra martes noche, miércoles, del 14 al 27 de junio y 25 días en noviembre. Una cocina tradicional, un asador de mucho nivel y una monumental bodega con vinos asequibles es el trípode de esta casa de larga y ejemplar trayectoria. Postres caseros actualizados. Solicitada terraza veraniega. Precio medio 55 €.
Saltxipi. Calzada Vieja de Ategorrieta, 3. ☎ 943 323 310. www.saltxipi.com
Cierra domingo noche y lunes. Caserón a las faldas del monte Ulía. La especialidad es el changurro en croquetas o al horno, tortilla de bacalao, tarta de manzana. Precio medio 50 €.
Txubillo. Matía, 5. ☎ 943 211 138. www.txubillo.com
Cierra domingo noche, lunes, última semana de enero y Semana de Pascua. Minúsculo restaurante donde se fusiona la cocina japonesa con la vasca. Arraigorri con salas de pimienta japonesa, presa de cerdo ibérico con salsa de miso. Barra con pinchos del mismo estilo. Precio medio 27 €.
☼**Urepel.** Pº Salamanca, 3. ☎ 943 424 040. www.urepel. net
Cierra domingo, Semana Santa y Navidad. La incorporación de Lordi Echaondo refuerza el aspecto innovador de esta casa. **Ensalada de pescados azules y verduras rojas, lomos de salmonete con emulsión de aceituna manzanilla**. Repostería deliciosa. Servicio de acendrada profesionalidad. Precio medio 50 €.
®**Viento Sur.** Avda. Zurriola, 4. ☎ 943 291 333.
El cocinero Eugenio Rafel y Mari Carmen de Isla siguen viento en popa ofreciendo sus originales conceptos andaluces, fusionados con lo mediterráneo, oriental y vasco de forma muy personal. Precio medio 40 €.
☼**Xarma.** Avda. Tolosa, 123. ☎ 943 317 162. www.xarmajatetxea.com
Cierra noche de domingo y martes; y lunes. Se encuentra en un gran momento. Una de las mesas más refinadas de la ciudad. Xabier Díez y su esposa Aizpea ofrecen una culinaria muy personal que emociona. **Carpaccio de tomate y manzana con verduritas, lomos de gallo asados con infusión yodada y habitas**. Postres de una sutileza total. Servicio detallista. Menús 30 y 65 €. Precio medio 53 €.

Hoteles

***** **María Cristina.** Pº República Argentina, 4. ☎ 943 437 600. www.luxurycollection.com/mariacristina
Hab. 136: 135/610 €. Suites: 28. Admisión de perros, consultar. Construido en 1912 en estilo Belle Epoque. Habitaciones confortables y lujosas. Restaurante Café SAIGÓN, cocina vietnamita.
**** **Abba Londres y de Inglaterra Hotel.** Zubieta, 2. ☎ 943 440 770. www.hlondres.com
Hab. 136: 108/325 €. Suites: 12. Consultar ofertas. Preciosas vistas sobre la Bahía de La Concha. Restaurante LA BRASSERIE MARI GALANT.
**** **Amara Plaza.** Pza. Pío XII, 7. ☎ 943 464 600. www.amaraplaza.com
Hab. 161: 75/225 €. Suite: 1. Exposiciones permanentes de Arte. Restaurante PLAZA.
**** **Astoria7.** Sagrada Familia, 1. (Esq. Sancho el Sabio). ☎ 943 445 000. www.astoria7hotel.com
Hab. 102: 76/273 €. Suites: 1. Se encuentra en el antiguo cine Astoria, un emplazamiento único para su visita a la ciudad costera de S. Sebastián. Dispone de biblioteca de cine con préstamo gratuito de DVD para clientes.
**** **Barceló Costa Vasca.** Avda. Pío Baroja, 15. ☎ 943 317 950. www.barcelocostavasca.com
Hab. 203: 69/348 €. Suites: 7. Consultar ofertas. Restaurante ULÍA.

****** Mercure Monte Igueldo.** Pº del Faro, 134. ☎ 943 210 211. www.monteigueldo.com
Hab. 125. Precio: 107/185 €. Excepcionales vistas sobre la ciudad y la bahía.
****** NH Aránzazu.** Vitoria-Gasteiz, 1. ☎ 943 219 077. www.nh-hotels.com
Hab. 180: 72/92 €. Próximo a la playa. Restaurante KUKUARRI.
****** Palacio de Aiete.** Goiko Galtzara Berri, 27. ☎ 943 210 071. www.hotelpalaciodeaiete.com
Hab. 75: 82/184 €. Consultar ofertas. Restaurante BERA-BERA, a cargo de Asier Abal.
****** San Sebastián.** Avda. Zumalacárregui, 20. ☎ 943 316 660. www.hotelsansebastian.net
Hab. 87: 94/193 €. De fácil acceso, situado en la zona residencial de Ondarreta. A 200 m de la playa.
****** Tryp Orly.** Pza. de Zaragoza, 4. ☎ 943 463 200.
Hab. 56: 100/200 €. Suites: 8. Habitaciones con vistas a la Bahía de la Concha.
****** Villa Soro.** Avda. de Ategorrieta, 61. ☎ 943 297 970. www.villasoro.com
Hab. 25: 125/305 €. Villa del s. XIX, declarada patrimonio histórico de San Sebastián.
***** Avenida.** Pº Igueldo, 55. ☎ 943 212 022. www.hotelavenida.net
Hab. 47: 70/160 €. Consultar cierre. Emplazamiento tranquilo. Excelentes vistas.
***** Europa.** San Martín, 52. ☎ 943 470 880. www.hotel-europa.com
Hab. 65: 120/225 €. Txoco con pinchos. Restaurante EL COMEDOR, cocina vasca tradicional.
***** Niza.** Zubieta, 56. ☎ 943 426 663. www.hotelniza.com
Hab. 40: 58/148 €. Céntrico, sobre la playa de La Concha. Restaurante LA PASTA GANSA.

San Sebastián de los Reyes (Madrid) Ver Madrid: Alrededores. 40 • B-2

San Vicente de la Barquera (Cantabria) 4 • E-3

A SANTANDER, 62 KM; MADRID, 440 KM. ALT. 5 M. POB. 4.546.
GPS (43° 23' 0"N-4° 24' 19"O).

Fiestas: 22 de enero: Feria ganadera y mercado en honor del Santo Patrón. Pascua de Resurrección, primer o segundo domingo siguiente al de Pascua: "La Folía", fiesta de Interés Turístico Nacional con pintoresca procesión marítima. 15-16 de julio: Fiestas de Ntra. Sra. del Carmen (patrona de los marineros). Del 30 de junio al 8 de julio: Certamen de la Canción Marinera. Del 7 al 9 de septiembre: Fiesta de la Barquera y el Mozucu, en honor de la patrona de municipio.
Visitar: Iglesia de Ntra. Sra. de los Ángeles, de los siglos XIII y XVI, retablo. Tumba del Rey, del s. XV. Ruinas góticas del Convento de S. Luis. Santuario de la Virgen de la Barquera. Castillo, murallas, Palacio del Inquisidor y Puebla Vieja. Parque Natural de Oyambre.
Alrededores: Panorámicas y playas pintorescas.

Restaurantes

Annua. Pº La Barquera, s/n. ☎ 942 715 050. www.annuagastro.com
Cierra domingo noche, lunes y del 1 de enero al 15 de marzo. Con base en los productos del mar, en ocasiones con tratamientos de la cocina thai. Pulpo a la parrilla con caldo de chipirón, salmonetes thai, spaghetti de leche merengada. Precio medio 45 €.
Augusto. Mercado, 1. ☎ 942 712 040. www.restauranteaugusto.es
Cierra domingo noche y lunes, excepto julio y agosto; y del 20 de diciembre al 20 de enero. Ambiente y cocina marinera. Croquetas de centollo, merluza de anzuelo, crema caramelizada al estilo montañés. Precio medio 40 €.
Boga-Boga. José Antonio, s/n. ☎ 942 710 150.
Cierra lunes noche y martes de octubre a junio. Con 18 habitaciones. Mariscos y pescados del Cantábrico, carnes de Cantabria, repostería casera. Precio medio 40 €.
Las Redes. Avda. Generalísimo, 24. ☎ 942 712 542. www.restaurantelasredes.com
Cierra martes noche y miércoles, excepto agosto; y del 24 de diciembre al 20 de enero. Los pescados y mariscos del Cantábrico son el fuerte de la carta. Arroz con bogavante y almejas. Elaboración diaria de postres con tradición. Precio medio 36 €.
Maruja. Avda. Generalísimo, s/n. ☎ 942 710 077. www.restaurantemaruja.es
Cierra domingo noche, miércoles, y segunda quincena de noviembre. Buñuelos de bacalao con salsa de erizos de mar, zarzuela de pescados, selección de postres. Menú 20 €. Precio medio 40 €.

Hoteles

***** Miramar.** Pº de la Barquera, s/n. ☎ 942 710 075. www.hotelesmiramar.com
Hab. 15: 49/78 €. Consultar cierre. Tranquilo, con excelentes vistas de mar y montaña.
***** Villa de San Vicente.** Fuente Nueva, 1. ☎ 942 712 138. www.hotelvsvicente.com
Hab. 50: 42/125 €. Consultar cierre. Cercano a los Picos de Europa.

San Vicente de la Sonsierra (La Rioja) 11 • F-3

A LOGROÑO, 35 KM. ALT. 528 M. POB. 1.155. 941 334 220.
GPS (42° 33' 44''N-2° 45' 38"O).

Fiestas: 22-23 de enero: Patronales de S. Vicente. Semana Santa: Con los "Picaos", en las procesiones del Jueves y Viernes Santo de Interés Turístico Nacional. Cruz de mayo, Vía Crucis (Picaos). 10 de agosto: Noche de S. Lorenzo. Del 7 al 12 de septiembre: Virgen de los Remedios. Cruz de septiembre, Vía Crucis (Picaos).
Visitar: La población, edificada en torno a un Castillo medieval, s. X. Iglesia parroquial de Sta. María la Mayor, gótica, s. XVI, Monumento Nacional. Basílica de Ntra. Sra. de los Remedios, s. XVIII, con la talla de la Patrona, del s. XIII. Ermitas: Orzales, S. Martín de La Sonsierra y S. Juan. Necrópolis medievales de Sta. María, S. Andrés, S. Pablo. Puente medieval. Guardaviñas. Lagares Rupestres.
Alrededores: PECIÑA, a 3 km: Ermita de Sta. María de la Piscina, s. XII, Monumento Nacional. Necrópolis, s. X y restos de poblado medieval. Dolmen neolítico de La Cascada. Menhir de Peñalacita.

Restaurantes

☼**Casa Toni.** Zumalacárregui, 27. ☎ 941 334 001. www.casatoni.es
Cierra noches excepto viernes, sábado y verano; lunes, primera quincena de julio y Navidad. Los hermanos Jesús y Mariola Sáez renovaron la sala donde ofrecen una cocina riojana puesta al día. Son emblemáticos la **crema de patatas a la riojana con espuma de piquillos y láminas crujientes de chorizo,** para empezar, y el **pastel caliente de chocolate con salsa de especias,** para terminar. Precio medio 32 €.

Hoteles

***** Villa de Ábalos.** (En ÁBALOS, a 8 km). Pza. Fermín Gurbindo, 2. ☎ 941 334 302. www.hotelvilladeabalos.com
Hab. 12: 75/110 €. Consultar ofertas. Especializado en enoturismo. Hospedería de Interés Turístico. Restaurante LA COCINA DE MERCHE.

Sancti Petri (Cádiz) Ver Chiclana. 76 • C-4

Sandiniés (Huesca) Ver Panticosa. 13 • E-2

Sangenjo (Pontevedra) Ver Sanxenxo. 7 • C-4

Sangüesa (Navarra) 13 • A-3

A PAMPLONA, 45 KM; MADRID, 422 KM. ALT. 404 M. POB. 5.210. 948 871 411.
GPS (42° 34' 30''N-1° 17' 3"O).

Fiestas: 6 de enero: Misterio de Reyes. 20 de enero: S. Sebastián. Del 11 al 17 de septiembre: Fiestas patronales en honor a S. Sebastián.
Visitar: Iglesia de Sta. María la Real, s. XII, portada del románico español. Convento del Carmen y Convento de S. Francisco, claustros góticos. Iglesia de Santiago, s.s XII y XIII. Iglesia de S. Salvador, s. XIII. Palacio-Castillo del Príncipe de Viana, s.s XII y XIII. Palacio de Vallesantoro, actual Casa Municipal de Cultura, barroco, con un espectacular alero de madera. Plaza de las Arcadas. Casas blasonadas.
Alrededores: JAVIER, a 8 km: Castillo de Javier, donde nació en 1506 S. Francisco Javier. Restaurado a finales del s. XIX, consta de una muralla poligonal almenada del s. XIII, con la que fue erigido el palacio nuevo a principios del s. XVI, con la Iglesia de Sta. María. Capilla de S. Miguel. Parroquia, del s. XV, donde se encuentra la Pila Bautismal de S. Francisco Javier. Escenario en el mes de marzo de marchas de peregrinos denominadas "Javieradas". LEYRE, a 16 km: Abadía cisterciense con cripta prerrománica, s.s XI y XII. LUMBIER, a 14 km: Foz, paisaje. SOS DEL REY CATÓLICO, a 13 km.

Restaurantes

Venta de Juan Pito. (En ISABA, a 48 km). Puerto de Belagua, s/n. ☎ 948 893 222. P
Cierra de mediados de septiembre a junio, excepto festivos, puentes fines de semana, carnavales, Semana Santa y navidades. Rústica venta de montaña en el Puerto de Belagua. Alubias rojas, costillas y chuletas de cordero a la brasa queso del Roncal. Menú 11 €. Precio medio 25 €.
Xabier. (En JAVIER, a 8 km). (H. XABIER). Pza. del Santo, s/n. ☎ 948 884 006. www.hotelxabier.com
P
Cierra del 22 de diciembre al 10 de febrero. Con 46 habitaciones. Menestra de verduras, delicias de solomillo relleno de foie-gras, "alpargata" Xabier. Menú 18 €. Precio medio 35 €.

Hoteles

** **Yamaguchi.** Ctra. Javier, s/n. ☎ 948 870 127. www.hotelyamaguchi.com P
Hab. 40: 38/71 €. Suite: 1. Consultar cierre y ofertas. En el camino de Santiago.

Sanlúcar de Barrameda (Cádiz) 76 • B-2

A CÁDIZ, 54 KM; MADRID, 640 KM. ALT. 8 M. POB. 68.805. 956 366 110
GPS (36° 46' 42''N-6° 21' 19"O).

Fiestas: 5 de enero: Cabalgata. Carnaval. Semana Santa de Interés. Mayo: Romería del Rocío. Feria de la Manzanilla, en el Paseo de la Calzada, frente a Doñana. Julio: Certamen de Flamenco "Noches de Bajo Guía" y Festival Internacional de Jazz "Ciudad de Sanlúcar". Agosto: Festival de Música Clásica "A orillas del Guadalquivir". Carreras de caballos en la playa. Fiesta de exaltación al Río Guadalquivir. Del 13 al 15 de agosto: Fiestas patronales de Ntra. Sra. de La Caridad. Muestra de Antigüedades. 18 de octubre: Fiesta del patrón S. Lucas. Octubre: Feria de la Tapa.
Visitar: Covachas, s. XV, relieve de la fachada del Palacio de Medina Sidonia, estilo gótico flamígero tardío. Auditorio de la Merced, s. XVII, antiguo convento barroco. Palacio de Orleans y Borbón, s. XIX, actual Ayuntamiento, patio de columnas y bellos jardines, neomudéjar. Parroquia de Ntra. Sra. de la O, s. XIV, artesonado mudéjar de Interés Histórico-Artístico. Convento de Carmelitas Descalzas: Exposición permanente de Arte Sacro. Palacio Ducal de Medina Sidonia, s. XV. Reja de estilo manuelino portugués, forja de estilo manuelino, importante archivo de la casa Ducal. Castillo de Santiago, s. XV, gótico. Torre del Homenaje. Iglesia de Sto. Domingo, s. XVI, construida totalmente de cantería. Basílica de Ntra. Sra. de la Caridad, patrona, s. XVII, manierista. Centro de Fábrica de Hielo. Centro de Interpretación: Cádiz Mitológica. Playas: Costa de la Luz.
Alrededores: Itinerario fluvial Sanlúcar-Guadalquivir-Doñana, a bordo del buque fluvial Real Fernando, visitas al Parque Nacional Doñana. Pinar de la Algaida y Marismas de Bonanza. Puerto Pesquero de Bonanza, a 1 km. Típico barrio marinero de Bajo de Guía, entorno gastronómico.

Restaurantes

Bajo de Guía.
Comer o cenar en Bajo de Guía es la meta de todos los aficionados a la cocina marinera auténtica basada en los magníficos productos del mar vecino. Varios restaurantes están alineados mirando al Guadalquivir en su desembocadura. Comedores con ventanales sobre éste y terrazas con mesas sobre el paseo que da a la playa, son sus características. Como recomendable denominador común, **arroz marinero**, **coquinas al ajillo**, **langostinos**, **gambas**, **fritura de pescado** y **tocinillo de cielo** de postre. Los mejores son **Casa Bigote**, **Casa Juan**, **Mirador de Doñana** y **Joselito Huerta**. De similares características, pero con su propia impronta. Se disfruta en ellos la deliciosa manzanilla de Sanlúcar y también vinos blancos de la zona.
Casa Bigote. Pórtico de Bajo de Guía, 10. ☎ 956 362 696. www.restaurantecasabigote.com
Cierra domingo y noviembre. El más famoso de Bajo de Guía. **Langostinos**, **pescado de roca a la sal** o **al horno** y guisos marineros. El **tocinillo de cielo** endulza el final. Precio medio 35 €.
Casa Juan. Bajo de Guía, 26. ☎ 956 362 695.
Cierra noches de noviembre a marzo. **Coquinas**, **acedías** y **arroz a la marinera**. Precio medio sin marisco 25 €.
Joselito Huerta. Bajo de Guía, 30. ☎ 956 362 694.
Cierra lunes en invierno y noviembre. **Almejas**, **arroz marinero**, **tocino de cielo**. Precio medio 25 €.
Mirador de Doñana. Bajo de Guía, s/n. ☎ 956 364 205.
Cierra lunes de septiembre a julio; y del 15 de enero al 15 de febrero. Mirando al mar, frente al Parque de Doñana con sus productos en la mesa: guisos, **pescados fritos** y **a la plancha**, **pudín de frutas**. Precio medio 38 €.
Bar Litri. (En TREBUJENA, a 22 km). Larga, 27. ☎ 956 395 134.
Sencillo local prestigiado por las angulas del Guadalquivir solas o con huevos de corral, fritura y tocino de cielo. Precio medio 28 €.
Casa Balbino. (Autoservicio en la terraza). Pza. del Cabildo, 14. ☎ 956 360 513. www.casabalbino.com
Cierra semana de feria. Guisos marineros, pescados y mariscos servidos como tapas y raciones en autoservicio con mesas en la plaza. Las tortillitas de camarones son sensacionales. Precio medio 20 €.
®**El Veranillo.** (Prolongación Cerro Falón). Manuel Barrios Masero, 6. ☎ 956 362 719. P
Cierra noches de domingo a jueves en temporada baja; y lunes excepto festivos y puentes. Agradable terraza ajardinada. Juana de los Santos dirige un buen equipo. Guisos marineros, **arroces**, **caza** y **helado de canela**. Manzanilla de cosecha propia. Menú 20 €. Precio medio 25 €.

Hoteles

*** **Los Helechos.** Pza. Madre de Dios, 9. ☎ 956 361 349. www.hotelloshelechos.com P
Hab. 54: 47/84 €. Consultar cierre. Casa típica andaluza de principios del s. XIX. En el centro histórico y próximo a la playa.
*** **Macía Doñana.** Orfeón Sta. Cecilia, s/n. ☎ 956 365 000. www.maciahoteles.com P
Hab. 94: 50/161 €. Suites: 2. Próximo a Bajo de Guía y a la playa. Restaurante ANSARES.

*** **Posada de Palacio.** Caballeros, 11. ☎ 956 364 840. www.posadadepalacio.com
Hab. 34: 72/120 €. Suites: 10. Consultar cierre y ofertas. Casa-palacio del s. XVIII, ubicada en el casco antiguo. Ampliado y redecorado. Gastrobar EL ESPEJO.
*** **Tartaneros.** Tartaneros, 8. ☎ 956 385 393. www.hoteltartaneros.com
Hab. 22: 45/127 €. Suites: 2. Consultar cierre. Casa señorial del s. XIX.
Hospedería Palacio Duques de Medina Sidonia. Pza. Condes de Niebla, 1. ☎ 956 360 161. www.fcmedinasidonia.com
Hab. 6: 75/90 €. Suites: 3. Desayuno incluido. Cuidada atención en un histórico y señorial entorno. GUZMÁN EL BUENO. Buenas tapas y dulces artesanos.

Sanlúcar La Mayor (Sevilla) 71 • C-3

A SEVILLA, 18 KM; MADRID, 550 KM. ALT. 148 M. POB. 12.749.
GPS (37° 23' 11''N-6° 12' 0"O).

Fiestas: Semana Santa, de Interés Turístico. Mayo: Feria de Mayo, de Interés Turístico. 29 de junio: S. Pedro, procesión. Del 16 al 26 de julio: Ntra. Sra. del Carmen, procesión. 25 de julio: Santiago. 20 de septiembre: S. Eustaquio.
Visitar: Iglesias de S. Pedro, s. XIII, de Sta. María, s. XIV, de S. Eustaquio, s.s XIII-XIV. Convento de S. José, s. XVIII. Casa Cilla del Cabildo, s. XVIII. Murallas del barrio de S. Pedro, s. XIII. S. Miguel de Mercadante, s. XV.
Alrededores: Corredor Verde de Guadiamar.

Restaurantes

☼ **Alhucemas.** Avda. Polideportivo, 4. ☎ 955 700 929. www.restaurantealhucemas.es
Cierra lunes y septiembre. Gran calidad de pescados y aceite de oliva virgen extra, en una irreprochable **fritura, arroz abanda, cous-cous** y, de postre, **tocino de cielo.** Todo merece la pena. Precio medio 40 €.
☼☼ **La Alquería.** (H. HACIENDA BENAZUZA). Virgen de las Nieves, s/n. ☎ 955 703 344. www.elbullihotel.com
Cierra al mediodía, domingo, lunes; consultar cierre en invierno. El joven Rafael Zafra interpreta con acierto la inspiración de Ferrán Adriá con su propio toque, en un menú único de 13 platitos, que va desde las **aceitunas esféricas** al **pañuelo de chocolate y frambuesa**. Precio medio 115 €.

Hoteles

***** **Hacienda Benazuza El Bulli Hotel.** Virgen de las Nieves, s/n. ☎ 955 703 344. www.elbullihotel.com
Hab. 44: 350/450 €. Consultar cierre. Antigua alquería árabe del s. X, remodelada con los detalles más sugerentes. Helipuerto, capilla del s. XVIII. Todas las habitaciones distintas y personalizadas, algunas con jacuzzi. Sensacional desayuno-almuerzo con toda clase de jugos, cremas, bollerías, huevos de campo, etc. Restaurante LA ALQUERÍA.

Sant Andreu de Llavaneres (Barcelona) Ver Mataró. 25 • F-4

Sant Carles de la Ràpita/San Carlos de la Rápita (Tarragona) 43 • D-1

A TARRAGONA, 98 KM; MADRID, 522 KM. ALT. NIVEL DEL MAR. POB. 15.511. 977 740 100.
GPS (40° 37' 12''N-0° 35' 30"E).

Fiestas: Julio: Diadas Gastronómicas Tast de Mar. Del 1 al 15 de julio: Fiestas de S. Jaime. 16 de julio: Virgen del Carmen. Septiembre: Diadas Culturales y feria alternativa. Diciembre: VII Diada del Langostino.
Visitar: Ciudad situada al sur del delta del Ebro, en la bahía Natural de los Alfaques, ideal para la práctica de los deportes náuticos. Iglesia de la Santísima Trinidad. Torre de la Guardiola, con vistas a la bahía y delta. Lonja de pescado. Lagunas.
Alrededores: Parque Natural Delta del Ebro. Reserva de aves. Museos ornitológicos. Desembocadura, playas de arenas finas. Sierra del Montsia: Fuente del Burgar, Mataredona y La Foradada. TORTOSA: Puertos Beseit Mont Caro, reserva de cabra hispánica. PEÑÍSCOLA, a 30 km: Castillo de Papa Luna.

Restaurantes

Miami "Can Pons". (H. MIAMI MAR). Pº Marítimo, 18-20. ☎ 977 740 551. www.miamicanpons.com
Cierra segunda quincena de enero. Tanto el comedor-invernadero de cristal en invierno como la terraza-jardín en verano ofrecen unas bonitas vistas al mar. Espardenyes a la plancha con langostinos, arroces del delta del Ebro, sorbete de limón. Precio medio 35 €.
® **Taller de Cuina Carmen Guillemot.** (En ALCANAR, a 10 km). Colón, 26. ☎ 977 730 323. www.carmenguillemot.net
Cierra domingo noche, lunes, martes y Navidad. Peculiar casa en la que Mamen Gil, en los fogones y Philippe Guillemot como responsable de la sala y la bodega, trabajan con verdadera pasión. **Huevos de pato del delta estrellados sobre patatas y langostinos, fideuá de calamares y alioli.** Menú 19 €. Precio medio 35 €.

Hoteles

**** **Miami Mar.** Passeig Maritim, 18-20. ☎ 977 745 859. www.miamicanpons.com
Hab. 30: 67/177 €. En primera línea de playa. Cerca del P.N. del Delta del Ebro. Restaurante MIAMI CAN PONS.
*** **Carlos III.** Ctra. Sant Carles a Alcanar Platja, km 4. ☎ 977 737 042. www.carlostercero.com
Hab. 57: 32/122 €. Suites: 2. Consultar cierre. En primera línea de playa frente al Delta del Ebro.

Sant Celoní/San Celoni (Barcelona) 25 • F-3

A BARCELONA, 49 KM; MADRID, 662 KM. ALT. 152 M. POB. 16.586. 938 670 171.
GPS (41° 41' 24''N-2° 29' 26"E).

Fiestas: Febrero: Carnaval, Ball de Gitanes. 3 de septiembre: Fiestas Mayores. Noviembre: S. Martín, Fiesta Mayor.
Visitar: Iglesias y ermitas de diferentes épocas y estilos. Parque de la Rectoría Vella. Iglesia de S. Martí de Pertagas, s. XI. Iglesia románica S. Pons, s.s XVII-XVIII. Rectoría Vella, edificio gótico, s. XV. Iglesia parroquial S. Martí, s. XVIII.
Alrededores: Rodeado de bosques, al pie del Montseny, tiene también cercana la Sierra de Montnegre, que le separa del litoral. Senderismo.

Restaurantes

Can Barrina. (En MONTSENY, a 15 km). (H. CAN BARRINA). Ctra. BV-5301 Santa María de Palautordera-Montseny, km 12,6. ☎ 938 473 065. www.canbarrina.com
Cierra domingo noche excepto vísperas de festivos; y del 23 de diciembre al 10 de enero. Con 14 habitaciones. Masía del s. XVII en el Parque Natural del Montseny. Canelones, cordero del Montseny guisado, mató con membrillo. Precio medio 32 €.

☼☼☼**Can Fabes.** Sant Joan, 6. ☎ 938 672 851. www.canfabes.com
Cierra domingo noche, lunes, martes. La calidad de los productos de temporada -rigurosamente seleccionados- y la gran profesionalidad de todo el equipo, mantienen la casa que dirigen Santi Santamaria y su esposa Angels en la cima gastronómica, una circunstancia que ahora se ve reforzada con el retorno y reincorporación de Xavier Pellicer tras sus años frente a los fogones del Abac. Precio medio 195 €.

Hoteles

**** **Masferrer.** (En GUALBA). ☎ 938 487 705. www.hotelmasferrer.com
Hab. 9: 107/147 €. Suites: 3. Próximo al Parque Natural del Montseny y al circuito de Catalunya.
*** **Husa Monestir Sant Marçal.** (En MONTSENY). Ctra. GIV-5201 Viladrau a Sta. Fe del Montseny, km 6,5. ☎ 938 473 043. www.hotelhusasantmarcal.com
Hab. 12: 62/220 €. Consultar cierre. Antiguo monasterio del s. XI reconstruido. Decoración exquisita.
*** **Sant Bernat.** (En MONTSENY). BV-5301 km 20,8. ☎ 938 473 011. www.hotelhusantbernat.com
Hab. 32: 71/221 €. Suite: 2. En pleno P. N. del Montseny. Restaurante LA BORDA DE L'AVI, cocina de montaña e internacional.

Sant Cugat del Vallès (Barcelona) Ver Barcelona. 35 • D-1

Sant Feliu de Guíxols/San Feliu de Guixols (Girona) 26 • C-3

A GIRONA, 33 KM; MADRID, 702 KM. ALT. NIVEL DEL MAR. POB 22.210. 972 820 051.
GPS (41° 46' 50''N-3° 1' 46"E).

Fiestas: Enero: S. Antonio Abad. Febrero: Carnavales. Semana Santa. Mercado del Brunyol. Abril: Concurso de pasteles caseros. Mayo: Concurso-Exposición de flores y plantas; Festival de encaje de bolillos. Junio: Festival del Mar. Julio: Audición semanal de Sardanas; Cantada de habaneras. Agosto: Fiesta Mayor. Julio-septiembre: Festival Internacional de "Porta Ferrada". Música y Teatro. Octubre: Aplec de la Mar del Bon Vitage.
Visitar: Monasterio Benedictino, s.s X-XVIII. Ermita de St. Elm, s. XVIII (1723). Museos: del Salvamento Marítimo; de Historia del Juguete; de Historia de la Ciudad; y de las Plaques de Cava i Champagne. Camino de Ronda a St. Pol. Punta dels Guíxols: Restos del puerto medieval (finales del s. XV) y del Fortim (s. XVIII). Edificio del Salvament (1889-1890). Senderismo.
Alrededores: STA. CRISTINA D'ARO, a 5 km. Platja d'Aro, a 6 km.

Restaurantes

Can Salvi. Pº del Mar, 23. ☎ 972 321 013. www.restaurantcansalvi.com
Cierra domingo noche y jueves de septiembre a mayo. Cocina y ambiente marinero. Habitas salteadas con chipirones, rape de costa con gambas, buñuelos del triángulo (típico de Sant Feliu). Menú 12 €. Precio medio 47 €.
Cau del Pescador. Sant Doménec, 11. ☎ 972 324 052. www.caudelpescador.com
Cierra martes en invierno. En una antigua casa de pescadores, oferta a tono. Pica-pica de pescados y mariscos, arroces marineros, pastelería del día. Menús 19 y 32 €. Precio medio 50 €.

Hoteles

**** **Hipócrates Curhotel.** Ctra. Sant Pol, 229. ☎ 972 320 662. www.hipocratescurhotel.com
Hab. 93: 80/208 €. Suites: 2. Consultar cierre. Centro de salud integral. Restaurante FORQUES.
*** **Bellevue.** Sant Elm, s/n. ☎ 972 820 904. www.hotelbellevue.biz
Hab. 109: 60/150 €. Consultar cierre.

Sant Fruitós de Bages (Barcelona) Ver Manresa. 25 • C-3

Sant Hilari Sacalm (Girona) Ver Santa Coloma de Farners. 25 • F-2

Sant Pere de Ribes (Barcelona) Ver Sitges. 35 • C-2

Sant Pol de Mar/San Pol de Mar (Barcelona) 26 • A-4

A BARCELONA, 49,7 KM; MADRID, 664 KM. ALT. 15 M. POB. 5.102. 937 604 547.
GPS (41° 35' 59''N-2° 37' 12"E).

Fiestas: 25 de enero: Feria de St. Pau. 25 de julio: St. Jaume, Fiesta Mayor. Del 13 al 15 de agosto: Feria Alternativa. 20-22 de agosto: Firamar y Festival de habaneras.
Visitar: Ermita de St. Pau, s.XI, que alberga una nave visigótica, s.VI. Iglesia de St. Jaime gótica, s. XVI. Edificios y casas modernistas, de Ignasi Mas Morell. Caserio escalonado frente al mar. Paseo de la Punta.
Alrededores: Playas. Parc del Litoral.

Restaurantes

☼☼☼**Carme Ruscalleda - Sant Pau.** Nou, 10. ☎ 937 600 662. www.ruscalleda.cat
Cierra jueves al mediodía, lunes, domingo, tres semanas en mayo y en noviembre. Carme Ruscalleda y Toni Balam prosiguen su exitoso trayecto que se cimenta en el trabajo y la pasión culinaria de Carme, en un equipo bien dirigido por Toni Balam y en la utilización del mejor producto estacional de la comarca del Maresme. **Sepia y guisantes, carrillera de atún de l'Ametlla de Mar.** Precio medio 120 €.
®**La Font.** (En CANET DE MAR, a 3 km). Rafael Massó, 1-3. ☎ 937 943 673.
Cierra noches de domingo a jueves en invierno, martes, dos semanas en febrero y tres en septiembre. Este funcional y confortable restaurante es la feliz apuesta de los hermanos Marta, Carlos y Albert Doy, que a base de una culinaria muy sabrosa y sin excentricidades han convertido La Font en lugar asiduo de los gourmets de la zona. Menú 18 €. Precio medio 35 €.

Hoteles

*** **Gran Sol.** Ctra. N-II, km 664. ☎ 937 600 051. www.hotelgransol.info
Hab. 44: 50/119 €. Consultar ofertas. Habitaciones con vistas al mar.

Sant Sadurní d'Anoia (Barcelona) 35 • C-1

A BARCELONA, 35 KM; MADRID, 578 KM. ALT. 162 M. POB. 12.239. 938 913 188.
GPS (41° 25' 30''N-1° 47' 4"E).

Fiestas: Abril: Cultural. Semana siguiente al Corpus: Fiestas del los Barrios. Del 6 al 9 de septiembre: Fires i Festes. 7-8 de septiembre: Fiesta de La Fil·loxera. Del 7 al 9 de octubre: Cavatast: Muestra de cavas y gastronomía. Del 3 al 12 de octubre: Semana del Cava. 29 de noviembre: Fiesta Mayor.
Visitar: Cavas. Cava modernista del arquitecto Puig i Cadafalch. Campanario gótico de la Iglesia parroquial. Fachadas modernistas.
Alrededores: Capilla de St. Benet d'Espiells, románica. Barri Espiells.

Restaurantes

La Cava d'en Sergi. Valencia, 17. ☎ 938 911 616. www.lacavadensergi.com
Cierra noches de martes a jueves, último domingo de mes, lunes, Semana Santa, y tres primeras semanas de agosto. Canelón de magret de pato con langostinos, rabo de buey al vino tinto con pasta y setas, helado frito de vainilla con frambuesa. Menú 16 €. Precio medio 25 €.

Santa Baia (Ourense) Ver Ourense. 8 • A-4

Santa Coloma de Farners (Girona) 26 • A-2

A GIRONA, 20 KM; MADRID, 694 KM. ALT. 142 M. POB. 11.739. 972 840 977.
GPS (41° 51' 37''N-2° 40' 1"E).

Fiestas: 20 de enero: St. Sebastià (voto peregrino de Tossa). 26 de abril: Aplec de La Sardana. Del 1 a 15 de mayo: Aplec de l'Ermita de Farners. 7 de junio: Fira del Pa amb Tomàquet. 24 de septiembre: Festa Major. Martes de Pascua de Resurrección: Festa del Cor de Farners. 7-8 de noviembre: Fiesta de la Ratafia.
Visitar: Iglesia parroquial y plaza. Castillo de Farners. Parque de S. Salvador. Museo Trias de la Galleta. Centro Lúdico y Termal "Magma".
Alrededores: A 9 km, Monasterio de St. Pere Cercada, del s. XIII. Paraje de FARNERS: a 5 km, Castillo y ermita de Santa Victoria.

Restaurantes

®**Les Magnólies.** (En ARBÚCIES, a 12 km). Pº Mossén Antón Serres, 7. ☎ 972 860 879. www.lesmagnolies.com
P
Cierra domingo noche, lunes, martes y enero. Interesante propuesta de cocina estacional en la que en un marco muy agradable, se combina contraste y sabrosidad. Menú 24 €. Precio medio 40 €.
María Verdolet. (En SANT HILARI SACALM, a 18 km). Pº 14 de Abril, 5. ☎ 972 868 106. www.verdolet.com
P
Cierra noches de diciembre a abril, lunes, y del 24 de diciembre al 11 de enero. Con 18 habitaciones. Sopa de alcachofas, magret de pato con salsa agridulce. Menús 13 €. Precio medio 35 €.
Mas Solá. Ctra. C-253, Santa Coloma-Sils, km 2. ☎ 972 840 848. www.massola.com P
Cierra martes. Masía del s. XVI con la cocina de mercado de Tony Sáez. Arroz de centolla con hongos, pies de cerdo a la plancha, trilogía de manzana. Menú 20 €. Precio medio 35 €.

Hoteles

**** **Vilar Rural de Sant Hilari.** (En SANT HILARI SACALM). Camí de Reixac, s/n. ☎ 972 872 820. www.vilarsrurals.com P
Hab. 92: 75/161 €. Suites: 1. Consultar cierre. Paraje natural de bosques de abetos, pinos y castaños. Une a personalidad de un establecimiento rústico y las comodidades de un hotel de cuatro estrellas. Restaurante LA FAOEDA.
**** **Balneario Fontvella.** (En SANT HILARI SACALM). Pº de la Font Vella, 57. ☎ 972 868 305. www.balnearifontvella.cat P
Hab. 30: 130/298 €. Consultar cierre y ofertas. En el corazón de las Guillerias. Restaurante SACALM.
*** **Balneario Termas Orión.** Avda. Termas Orión, s/n. ☎ 972 840 065. www.termasorion.cat
P
Hab. 66: 47/122 €. Consultar cierre. Centro Lúdico Termal "Magma".
*** **Ripoll.** (En SANT HILARI SACALM). Vic, 26. ☎ 972 868 025. www.hotelripoll.com
Hab. 28: 40/100 €. Suites: 3. Consultar cierre. En el Parque Natural del Montseny-Guilleries.

Santa Comba (A Coruña) Ver Santiago de Compostela. 1 • C-4

Santa Cristina d'Aro (Girona) 26 • B-3

A GIRONA, 28 KM; MADRID, 712 KM. ALT. 30 M. POB. 5.017.
GPS (41° 48' 56''N-3° 0' 7"E).

Fiestas: Carnavales. 1 de mayo: Fiesta de Sta. Cruz. 24-25 de julio: Fiesta Mayor.
Visitar: Castillo de Solius. Poblado ibérico de Plana Basarda. Capilla paleocristiana, s. VI. Iglesias de Sta. Agnes y de Bell-Lloc. Iglesias prerrománicas de Sta. Cristina de Aro y de Sant Martí de Romanya. Monasterio de Solius. Museo La Casa Mágica. Menhires de la Murtra, neolítico. Dolmen de la Cova d'en Daina.
Alrededores: Dolmen. Playas de Canyet. Cala del Sr. Ramón y Cala Vallpresona.

Restaurantes

Les Panolles. Ctra. Girona-Sant Feliu de Guíxols, km 27. ☎ 972 837 011. www.lespanolles.com
P
Cierra lunes noche y martes, excepto julio y agosto. Mariposa de rape con centollo, cochinillo con puré de coliflor, espuma de crema catalana. Todo ello en una masía catalana del s. XVII. Menú 20 €. Precio medio 42 €.
Mas Torrellas. (H. MAS TORRELLAS). Ctra. Santa Cristina d'Aro-Castell d'Aro, km 1,713. ☎ 972 837 526. www.mastorrellas.com P
Cierra del 1 de octubre al 15 de marzo. Con 17 habitaciones. Masía del s. XVIII entre el mar y la montaña. Gambas de Palamós, arroz con bogavante, piña con crema catalana. Menú 20 €. Precio medio 25 €.

Hoteles

***** **Sallés Hotel & Spa Cala del Pi.** Avda. Cavall Bernat, 160. ☎ 972 828 429. www.salleshotels.com
P
Hab. 44: 140/340 €. Suites: 8. En primera línea de playa. Restaurante ROSA DELS VENTS.
**** **Columbus.** (En playa D'ARO). Pº Marítimo, 100. ☎ 972 826 000. www.eurocolumbus.es
P
Hab. 100: 65/182 €. Suites: 2.
**** **Golf Costa Brava.** (En playa D'ARO). Urb. Golf Costa Brava, s/n. ☎ 972 835 151. www.hotel-golf.es
P
Hab. 91: 60/120 €. Suites: 4. Consultar cierre, ofertas y admisión de perros. En el campo de golf Costa Brava. A 5 km de las playas.
**** **NM Suites Hotel.** (En playa D'ARO). Avda. Onze de Setembre, 70. ☎ 972 825 770. www.nm-suites.com
P
Suites: 39: 78/176 €. Suites: 7. Admisión de perros, consultar. Restaurante SA COVA, cocina mediterránea.

**** **Sallés Hotel Mas Tapiolas.** (En playa D'ARO). Ctra. C-65, km 7. Veïnat de Solius, s/n. ☎ 972 837 01…
www.salleshotels.com
Hab. 37: 75/220 €. Suites: 1. Consultar ofertas. Masía del s. XVIII. En plena campiña del Baix Empordá.

Santa Cruz (Murcia) Ver Murcia. 67 • D-3

Santa Cruz de Mudela (Ciudad Real) 58 • A-4

A CIUDAD REAL, 77 KM; MADRID, 218 KM. ALT. 716 M. POB. 4.775.
GPS (38° 38' 40''N-3° 28' 8"O).

Fiestas: 25 de abril: San Marcos. 4 de agosto: Feria. Del 1 al 7 de septiembre: Semana Cultural. 8 de septiembre: Santa Cruz de Mudela, patrona.
Visitar: Plaza y Santuario de las Virtudes, muestra la simbiosis de ermita y plaza de toros. Iglesias: Ntra Sra. de la Asunción y de S. José.
Alrededores: Sierras Acebuche y Aljibe.

Restaurantes

La Vendimia. (H. CASA-PALACIO). María del Rosario Laguna, 6. ☎ 926 349 060. www.hotelpalaciosantacruz.com
P
Casa solariega del s. XVII. Alcachofas de Tudela asadas con foie-gras sobre lecho de jamón ibérico, solomillo de bacalao en textura de pistachos sobre parmentier cremoso de ajos dulces, pan de Calatrava. Menú 19 €. Precio medio 30 €

Hoteles

**** **Casa Palacio.** María del Rosario Laguna, 6. ☎ 926 349 060. www.hotelpalaciosantacruz.com
P
Hab. 13: 80/102 €. Suites: 1. Casa solariega del s. XVII. Restaurante LA VENDIMIA.

Santa María de Mave (Palencia) Ver Aguilar de Campóo. 10 • F-3

Santa Perpètua de Mogoda (Barcelona) Ver Sabadell. 25 • E-4

Santa Pola (Alicante) 67 • F-2

A ALICANTE, 18 KM; MADRID, 446 KM. ALT. 6 M. POB. 31.760. 966 699 762.
GPS (38° 11' 31''N-0° 33' 23"O).

Fiestas: Semana Santa. 19 de junio: Romería del Cap. 16 de julio: Virgen del Carmen. Del 31 de agosto al 8 de septiembre: Virgen de Loreto, Patronales y de Moros y Cristianos. 10 de diciembre: Venida de la Virgen de Loreto.
Visitar: Castillo-fortaleza del s. XVI, en su interior Museo del Mar. Capilla de la Virgen de Loreto. Museo de la Pesca. Acuario. Museo de la Sal. Faro del Cabo de Sta. Pola. Yacimiento íbero del s. IV. a.C. Restos romanos, casa romana del s. IV a.C y "El Palmeral" Portus Illicitanus. Torres vigías, s. XVI: El Tamarit, Atalayola y Escaletes. Parque Natural Las Salinas.
Alrededores: Isla de Tabarca, Conjunto Histórico con construcciones de la época de Carlos III. Reserva Marina. A 13 km: ELCHE. A 18 km: ALICANTE.

Restaurantes

Mar de Cristal. Puerto Deportivo 2. Muelle Norte, s/n. ☎ 966 110 099. www.rmardecristal.com
P
Cierra lunes. En el Club Naútico con privilegiadas vistas de la bahía. Atún rojo de almadraba, gazpachos marineros, piononos. Precio medio 30 €.

Hoteles

*** **JM Santa Pola.** Ctra. N-332 Alicante-Cartagena, km 17,2. ☎ 965 411 312. www.jmhoteles.com
P
Hab. 100: 68/176 €. Suites: 4. Restaurante MARINA PALACE.
*** **Polamar.** Astilleros, 12. ☎ 965 413 200. www.polamar.com P
Hab. 74: 52/102 €. Suites: 4. Desayuno incluido. Consultar ofertas.

Santa Uxía de Riveira/Santa Eugenia de Ribeira (A Coruña) 7 • C-3

A CORUÑA, 134 KM; MADRID, 643 KM. POB. 27.518.
GPS (42° 33' 12''N-8° 59' 28"O).

Fiestas: 24 de julio: Festa da Dorna, declarada Festa de Interés Turístico de Galicia. Primera semana de agosto: Fiestas de Verano.
Visitar: Restos de la Cultura castreña (castro) salpican todo el territorio riveirense. Dólmen de Axeitos. Parque de las Dunas de Olveira y lagunas de Carregal y Vixán. Puerto. Playas.
Alrededores: PUEBLA DEL CARAMIÑAL.

Santander (Cantabria) 5 • B-3

A MADRID, 388 KM. ALT. NIVEL DEL MAR. POB. 182.700. 942 310 708.
GPS (43° 27' 38''N-3° 48' 33"O).

Fiestas: Mayo: Virgen Mar. Del 14 al 21 de julio: Baños Ola Sardinero. Semana Grande. Santiago. Feria Taurina. Feria de Día. Agosto: Festival Internacional de Música y Danza. 30 de agosto: Stos. Mártires.
Visitar: Iglesia de Santísimo Cristo, s. XIII. Catedral, s. XIII. Casa-Museo-Biblioteca de Menéndez Pelayo. Museos Municipal de Bellas Artes, Regional de Prehistoria y Arqueología (bastón de mando) y Marítimo del Cantábrico. Península de la Magdalena: Palacio Real, Mini-Zoo, Galeones de Vital Alsar. Parque de Las Llamas. Centro de Interpretación de los antiguos muelles. El Sardinero: Playas, Casino.
Alrededores: PEÑA CABARGA, a 18 km: Monumento al Indiano, panorámicas. MURIEDAS, a 7 km: Museo Etnográfico Cántabro. SANTILLANA DEL MAR, a 31 km: Colegiata, Museo de Arte Religioso, Cuevas de Altamira Patrimonio de la Humanidad. PUENTE VIESGO, a 28 km: Cuevas Prehistóricas del Castillo y La Pasiega. A 17 km, Parque de la Naturaleza de Cabarceno. CASTAÑEDA, a 27 km: Colegiata románica.

Restaurantes

Bodega Cigaleña. Daoiz y Velarde, 19. ☎ 942 213 062.
Cierra domingo. La bodega es un auténtico museo del vino con más de 1.200 referencias. Cocina que cuida la calidad del producto, con tratamientos sencillos. **Pescados** del Cantábrico, **carnes de vacuno** y **tarta de queso**. Precio medio 35 €.
Cañadío. (Plaza de Cañadío). Gómez Oreña, 15. ☎ 942 314 149. www.restaurantecanadio.com
Cierra domingo. Paco Quirós es el cocinero de moda. Sus propuestas creativas atraen a un público que disfruta. Interesante barra de pinchos en el bar. Su mujer, Teresa, se encarga de la bodega. **Ensalada de jamón con helado de foie-gras, jarrete de ternera con puré trufado, fluido de chocolate con aceite de arbequina**. Precio medio 45 €.
Chiqui. Avda. García Lago, 9. ☎ 942 282 700. www.hotelchiqui.com
Cierra domingo noche excepto verano; y enero. Situado al final de la segunda playa del Sardinero, desde donde se divisa el abra santanderina. Destacan de su carta: **esqueisada de bacalao y bogavante, carrillera de novilla a baja temperatura, cremoso de cacao con helado de chocolate blanco**. Precio medio 35 €.
Del Puerto. Hernán Cortés, 63. ☎ 942 213 001. www.bardelpuerto.com
Cierra domingo noche y lunes, excepto julio y agosto. Referencia obligada en pescados y mariscos en la zona de Puertochico. Destaca la calidad y variedad de los productos del mar. **Pescados** del Cantábrico **a la plancha o al horno, maganos encebollados, leche frita**. Precio medio 60 €.
El Nuevo Molino. (En PUENTE ARCE, a 14 km). (Ctra. N-611, Santander-Torrelavega, km 13). Barrio Monseñor, 18. ☎ 942 575 055. www.elnuevomolino.es
Cierra domingo noche y martes. Bello conjunto a orillas del río Pas, formado por molino del siglo XVIII, capilla, hórreo y jardines. **Foie-gras asado con olivas negras, jarrete de cordero lechal, torrija de sobao pasiego con leche de coco y sorbete de piña**. Precio medio 45 €.
El Redoble. ((En PUENTE ARCE, a 14 km). (Ctra. N-611, Santander-Torrelavega, km 13). Barrio El Perujo, 8. ☎ 942 575 852.
Cierra domingo noche, lunes, 15 días después de verano y 15 días después de navidades. Casa con agradable terraza. Espárragos trigueros a la plancha con salteado de langostinos y verduras, solomillo de bacalao con guiso de setas y hongos, espuma de arroz con leche caramelizada con crema helada de canela. Menú 18 €. Precio medio 26 €.
El Serbal. Andrés del Río, 7. ☎ 942 222 515. www.elserbal.com
Cierra domingo noche y lunes. El jefe de cocina Fernando Sainz de la Maza es una referencia en cocina creativa con productos de temporada y de base cántabra. **Ensalada de queso con anchoas, yogur de pepino y tomate; cabrito en dos cociones, tiramisú de limón con toffe de plátano y helado de café con leche al orujo**. Precio medio 45 €.
La Bombi. Casimiro Sainz, 15. ☎ 942 213 028. www.restaurantelabombi.com
Cierra domingo. Local marinero junto al puerto deportivo con cocina de mercado. Alubias rojas, rabo estofado, peras al vino. Precio medio 42 €.
La Cacharra. (En EL ASTILLERO, a 10 km). San José, 41. ☎ 942 543 477.
Cierra lunes y segunda quincena de noviembre. Ahumados artesanos, escabeches y plato de cuchara diario (patatas con cachón, cocido lebaniego...). Cuidada vinoteca. Precio medio 18 €.
Lasal. Castelar, 5. ☎ 942 214 646. www.lasaldesantander.com
Edificio del s. XIX frente a la bahía de Santander. Huevo escalfado con guisantes, espárragos y crujiente de ibérico; callos de novilla estofados, milhojas de caramelo. Precio medio 40 €.
Laury. Avda. Pedro San Martín, 4. ☎ 942 330 109. www.restaurantelaury.es
Cierra lunes noche, domingo y del 22 de agosto al 6 de septiembre. Las carnes de Santander a la parrilla son protagonistas, precedidas de rabas de calamar y rematadas con flan de naranja. Menú 26 €. Precio medio sin marisco 40 €.
Posada del Mar. Castelar, 19. ☎ 942 213 023. www.laposadadelmar.es
Cierra domingo. Bocartes a la cazuela, merluza con calamares, torrijas, en un agradable local de Puertochico. Precio medio 40 €.
Puerta 23. Tetuán, 23. ☎ 942 310 573. www.puerta23.com
Cierra noches de domingo y miércoles, excepto verano, y del 1 al 10 de febrero. Cocina tradicional con toques de modernidad. Arroz con almejas, lomo de merluza emparrillado con tallarines de chipirón, pastel caliente de avellana con helado de mandarina. Precio medio sin marisco 28 €.
Zacarías. Hernán Cortes, 38. ☎ 942 212 333. www.restaurantezacarias.com
Cocina cántabra de mar y montaña. Guiso de pescadores, merluza de Laredo, quesada pasiega. Menú 20 €. Precio medio 38 €.

Hoteles

***** **Real.** Pº Pérez Galdós, 28. ☎ 942 272 550. www.hotelreal.es
Hab. 123: 100/350 €. Suites: 9. Lujoso hotel de principios de siglo, completamente renovado, que sigue conservando la misma arquitectura y estilo originales. Rodeado de su propio parque, sobre la bahía de Santander. Miembro de "Leading Hotels of the World". Condiciones especiales con el Golf de Pedreña y de Santa Marina. Centro de Talasoterapia. Restaurante EL PUNTAL.
**** **Bahía.** Avda. Alfonso XIII, 6. ☎ 942 205 000. www.gruposardinero.com
Hab. 188: 70/227 €. Suites: 21. Consultar ofertas. Céntrico. Con vistas a la Bahía.
**** **Gran Hotel Victoria.** María Luisa Pelayo, 38. ☎ 942 291 100. www.granhotelvictoria.com
Hab. 70: 75/207 €. Suites: 6. Consultar ofertas. Entre el Palacio de la Magdalena y el Gran Casino. Frente a la playa del Sardinero.
**** **Hoyuela.** Avda. de los Hoteles, 7. ☎ 942 282 628. www.hotelhoyuela.es
Hab. 55: 130/245 €. Dentro del conjunto histórico "El Sardinero", a escasos metros de la playa, del Gran Casino y a 400 m del Palacio de la Magdalena.
**** **Rhin.** (SARDINERO) Avda. Reina Victoria, 153. ☎ 942 274 300. www.grupohrin.com
Hab. 89: 69/165 €. Restaurante LA CÚPULA.
**** **Silken Coliseum.** Pza. Remedios, 1. ☎ 942 318 081. www.hoteles-silken.com
Hab. 92: 65/170 €. Céntrico. Restaurante LA PLATEA.
**** **Suite Hotel Palacio del Mar.** Avda. Cantabria, 5. ☎ 942 392 400. www.hotel-palaciodelmar.com
Hab. 20: 88/210 €. Suites: 47. Consultar ofertas. A 200 m de la playa de El Sardinero. Restaurante NEPTUNO.
**** **Vincci Puertochico.** Castelar, 25. ☎ 942 225 200. www.vinccihoteles.com
Hab. 52: 52/238 €. Suites: 1. En pleno centro. En La Bahía de Puertochico. Próximo a la playa.
*** **Abba Santander.** Calderón de la Barca, 3. ☎ 942 212 450. www.abbahoteles.com
Hab. 37: 64/220 €. Céntrico. Frente a la Bahía.
*** **Château La Roca.** (En SANCIBRIAN, a 4 km). Autovía S-20. El Sardinero, salida 2 dirección Liencres. ☎ 942 579 102. www.chateaularoca.com
Hab. 60: 70/117 €. Consultar ofertas. Próximo a playas y al Parque Natural de Liencres.
*** **Chiqui.** Avda. Manuel García Lago, 9. ☎ 942 282 700. www.hotelchiqui.com
Hab. 157: 75/173 €. Suites: 4. Consultar ofertas. Frente a la playa del Sardinero. Junto al campo de golf.
*** **Don Carlos.** Duque Santo Mauro, 20-22. ☎ 942 280 066. www.hotelapartamentosdoncarlos.com
Apartamentos: 28. 50/150 €. Consultar cierre y ofertas. Al lado de la playa del Sardinero y del Casino.
*** **NH Ciudad de Santander.** Menéndez Pelayo, 13-15. ☎ 942 319 900. www.nh-hotels.com
Hab. 60: 130/198 €. Suites: 2. Admisión de perros, consultar.

Santes Creus-Monasterio (Tarragona)

35 • A-1

A TARRAGONA, 32 KM. ALT. 320 M. POB. 250. 977 638 141.
GPS (41° 20' 49''N-1° 21' 43"E).

Fiestas: Julio- agosto: Conciertos de verano de La Ruta del Císter. Diciembre: Fira de Sta. Llucía.
Visitar: Monasterio cisterciense de gran belleza y monumentalidad, s.s XII al XVIII. Destacan la iglesia, con un claustro gótico, sala capitular, claustro de la enfermería y patio.
Alrededores: VILA-RODONA, a 8 km: Columbario romano. ALCOVER, a 25 km: Pequeño pueblo de origen árabe y aspecto medieval. Destaca la Iglesia de la Sta. Cruz, de estilo románico, con elementos mudéjares.

Restaurantes

Grau. (H. GRAU). Pere el Gran, 3. ☎ 977 638 311.
Cierra noches excepto Semana Santa y verano; lunes y del 15 de diciembre al 15 de enero. Con 15 habitaciones. Cerca del monasterio cisterciense. Canelones, carnes a la brasa, crema catalana. Menú 11 €. Precio medio 30 €.

Santiago de Compostela (A Coruña) 7 • E-1

A A CORUÑA, 67 KM; MADRID, 588 KM. ALT. 260 M. POB. 95.092. ☐ 981 555 129.
GPS (42° 52' 48''N-8° 32' 49"O).

Fiestas: Carnaval. Semana Santa. Mayo: La Ascensión. Del 15 al 31 de julio: Fiestas del Apóstol. Día 25: Día Nacional de Galicia, de Interés Turístico Internacional. Quema de la fachada gótica, espectaculares fuegos artificiales. Hay actuaciones de música clásica, pop-rock, jazz y folclore gallego, Misa y Ofrenda Nacional al Apóstol.
Visitar: Su ciudad histórica, Patrimonio de la Humanidad, final del Camino de Santiago. Primer Itinerario Cultural Europeo. **Catedral** románica, comenzada hacia 1075 sobre las ruinas de otra del s. X, el ejemplo más valioso y significativo del románico español, donde armonizan también los estilos renacentista, barroco y plateresco. Tiene cuatro fachadas que abren a distintas plazas. En la de Quintana, está la **Puerta Santa**, que sólo se abre en Años Jubilares. Tras la imponente fachada barroca del **Obradoiro**, se alza el **Pórtico de la Gloria**, considerado el más notable monumento iconográfico del arte cristiano del s. XII, del Maestro Mateo. En la **Capilla Mayor**, se puede contemplar el funcionamiento del **Botafumeiro**, que está sobre la Cripta que guarda el sepulcro del Apóstol y sus discípulos. En la Catedral destacan el Museo de Tapices -réplicas de obras de Goya-, Museo Arqueológico y Catedral Vieja. Conventos y monasterios románicos y barrocos y sus Iglesias: **Palacio Arzobispal** o de Xelmírez, s. XII, **Hostal de los Reyes Católicos**, s. XVI, hoy Parador. **Colegio de Fonseca-Universidad**, s. XVI. **Pazo de Raxoi**, sede del Ayuntamiento, s. XVIII. Monasterio de S. Martín Pinario, s. XVII. **Iglesia de Sta. María de Salomé**, s. XII. **Colegiata y Claustro de Sta. María del Sar**, s. XII. Sto. Domingo de Bonaval, sede del Museo do Pobo Galego, Museo de las Peregrinaciones, Centro Galego da Arte Contemporánea, Colegio de S. Xerome, hoy Rectorado. Parque de La Alameda, s. XIX. Parque de Bonaval.
Alrededores: Rías Baíxas. NOIA. PORTOSÓN. MUROS. LESPERON: Senderismo.

Restaurantes

Ⓡ **Acio.** Galeras, 28. ☎ 981 577 003. www.acio.es
Cierra martes noche, domingo, del 1 al 15 de enero y del 15 al 30 de septiembre. Cocina muy personal en la que Iago Castrillón apuesta por el sabor, con opciones como su versión minimalista de la **sardina de San Juan**, la **lubina con pil-pil de patata** o la **presa ibérica a la mostaza**. Cuidada selección y gran servicio de vinos. Precio medio 42 €.
☼ **Ana.** Olvido, 22. ☎ 981 570 792.
Cierra domingo noche y del 15 al 31 de agosto. Ana García sigue en esa línea de cocina sensible, con combinaciones sugestivas de muy distintos elementos llenas de buen gusto. **Escalibada con brocheta de chipirón, setas silvestres estofadas con zamburiñas, carrilleras con puré de castañas...** Bonito marco y buen ambiente. Precio medio 32 €.
☼☼ **Casa Marcelo.** Hortas, 1. ☎ 981 558 580. www.casamarcelo. net
Cierra al mediodía, domingo, lunes y febrero. Marcelo Tejedor está plenamente consolidado como el mejor cocinero de Galicia. Mantiene su fórmula de menú único (75 €), siempre sorprendente, fruto de la investigación y la creatividad: **nécoras con alcachofas**, la esplendida **merluza de palangre con caldo de pimiento verde**, su versión de la **lamprea**. Comer aquí es una fiesta. Muy buena lista de vinos y servicio impecable, con la cocina a la vista.
Don Gaiferos. Nova, 23. ☎ 981 583 894.
Almejas a la plancha, vieiras con arroz a la marinera, combinado de chocolate. Precio medio 40 €.
☼ **Dos Reis.** (PARADOR DE TURISMO). (Hostal de los Reyes Católicos). Pza. Obradoiro, 1. ☎ 981 582 200. www.parador.es
La oferta gallega bien elaborada en el plato. Tanto las **almejas de la ría,** como la selección de **carnes a la parrilla** y **asadas** y de postre, **tarta de Santiago con chupito de María Castaña.** Precio medio 37 €.
Ⓡ **El Mercadito.** Galeras, 18. ☎ 981 574 239. www.elmercadito.es
Cierra noches de lunes y martes, excepto festivos y vísperas; y domingo. Un establecimiento que ya figura en la agenda de los amantes de la cocina gallega de hoy. Cocina imaginativa, con toques mediterráneos sobre base gallega: **huevo cremoso con patata, pisto y pan**, o **merluza al vapor con pil-pil de almejas**. Precio medio 35 €.
☼ **Fogón Retiro A Costiña.** (En SANTA COMBA, a 32 km). Avda. Santiago, 12. ☎ 981 880 244.
Cierra miércoles y primera quincena de octubre. Todo cuidado con un gusto ideal: la bodega donde saborear unas excelentes **anchoas**, la sala para tomar café, copa y puro, y cocina muy bien concebida y resuelta. Magnífica la **empanada individual de vieira sobre pulpa de tomate**. Muy inteligente y completa carta de vinos. Precio medio 45 €.
Ⓡ **La Tacita de Juan.** Hórreo, 31. ☎ 981 563 255. www.latacita.com
Cierra domingo y primera quincena de agosto. Una estupenda referencia santiaguesa para la cocina más tradicional del repertorio gallego. No falta nada: buenas **empanadas, mariscos** según mercado y, sobre todo, un espectacular **cocido gallego**, que es pura exaltación del **cerdo**. Precio medio 45 €.
Ⓡ **Roberto.** (En VEDRA, a 6 km). Avda. San Xulián de Sales, 17. ☎ 981 511 769.
Cierra domingo noche y lunes. Ya un clásico, en una preciosa casa noble de las afueras. Mantiene platos de siempre, como su imitada **vieira sobre crema de patatas**, junto con los **espárragos fritos con requesón aliñado** o el **rodaballo con verduritas asadas**. Precio medio 35 €.
San Clemente. (Aparcamiento concertado). San Clemente, 6. ☎ 981 565 426. www.restaurantesanclemente.com
Cierra martes y febrero. Guisos gallegos como el lacón con grelos o la caldeirada de pescados. Filloas de postre. Similar oferta marinera y precios en CARRETAS (Carretas, 21. ☎ 981 563 111. Cierra domingos y del 20 de diciembre al 10 de enero). Menú 20 €. Precio medio 45 €.

Hoteles

***** **AC Palacio del Carmen.** Oblatas, s/n. ☎ 981 552 444. www.ac-hotels.com
Hab. 74: 100/214 €. Suites: 4. Antiguo convento restaurado. Restaurante EL CAMELIO, cocina gallega y de autor.
***** **Meliá Araguaney.** Alfredo Brañas, 5. ☎ 981 559 600. www.araguaney.com
Hab. 81: 92/199 €. Suites: 1. Consultar ofertas y admisión de perros. En pleno centro comercial. Próximo a zona monumental. Restaurantes CANEY y GRAN CANEY.
***** **NH Obradoiro.** Avda. Burgo das Nacions, s/n. ☎ 981 558 070. www.nh-hotels.com
Hab. 159: 100/265 €. Suites: 8. Frente al auditorio. Rodeado de extensos jardines. Restaurante AZABACHE.
***** **Parador "Hostal de los Reyes Católicos".** Pza. del Obradoiro, 1. ☎ 981 582 200. www.parador.es
Hab. 137: 186/246 €. Nace como Hospital Real en 1499, bajo el mandato de los Reyes Católicos, para dar albergue a los numerosos grupos de peregrinos que se acercan a Santiago. El parador combina lo antiguo y lo nuevo en sus instalaciones sin perder esa aureola de misticismo que le caracteriza. Restaurantes ENXEBRE y DOS REIS.
**** **A Quinta da Auga.** Pº de Amaia, 23 B. Urb. Brandia, Vidan. ☎ 981 534 636. www.aquintadaauga.com
Hab. 45: 88/237 €. Suites: 3. En las afueras de Santiago, instalado en un antiguo molino papelero del s. XVIII, rehabilitado. Cuidado al detalle tanto las habitaciones como los salones, en un paraje próximo al río Sar, de frondosa vegetación. Cuenta con un completísimo Spa. Restaurante FILIGRANA.
**** **Congreso.** Ctra. de la Estrada, km 3. ☎ 981 819 080. www.hotelcongreso.com
Hab 110: 40/140 €. Próximo al centro. Restaurante ORBALLO.
**** **Los Abetos.** San Lázaro, s/n. ☎ 981 557 026. www.hotelosabetos.com
Hab. 148: 155/182 €. Restaurante PREMIER.
**** **Peregrino.** Avda. Rosalía de Castro, s/n. ☎ 981 521 850. www.nh-hotels.es
Hab. 149: 55/161 €. Suites: 2. Totalmente reformado. Restaurante AL PUNTO.

****** Puerta del Camino.** Miguel Ferro Caaveiro, s/n. ☎ 981 569 400. www.puertadelcamino.com
Hab. 160: 70/300 €. Suites: 8. Admisión de perros, consultar. Frente al Palacio de Congresos. Restaurante BERENGUELA.
****** San Francisco Hotel Monumento.** Campillo S. Francisco, 3. ☎ 981 581 634. www.sanfranciscohm.com
Hab. 82: 115/200 €. Suites: 3. Cerca de la Catedral. Recientemente rehabilitado. Restaurante DE PROFUNDIS.
****** Virxe da Cerca.** Virxe da Cerca, 27. ☎ 981 569 350. www.pousadasdecompostela.com
Hab. 42: 60/140 €. Consultar ofertas. Formado por un edificio del s. XVIII y otro de nueva construccion. Céntrico. Restaurante O PICHO DA CERCA.
***** Husa Ciudad de Compostela.** Avda. de Lugo, 213. ☎ 981 569 320. www.husa.es P
Hab. 30: 53/150 €. Consultar ofertas. Cerca del casco histórico.
***** Ruta Jacobea.** Lavacolla, 41. ☎ 981 888 211. www.rutajacobea.net P
Hab. 20: 62/73 €. Suites: 4. Consultar ofertas. Servicio de autobús. En la última etapa de la Ruta Jacobea
***** San Carlos.** Hórreo, 106. ☎ 981 560 505. www.hotelsancarlos.net
Hab. 31: 60/150 €. Consultar ofertas. Céntrico. Próximo al casco histórico. A 800 m de la Catedral. Hotel de estilo parisino.

Santillana del Mar (Cantabria) 4 • F-3

A SANTANDER, 30 KM; MADRID, 439 KM. ALT. 91 M. POB. 4.021. ☐ 942 818 251.
GPS (43° 23' 22''N-4° 6' 36"O).

Fiestas: 5 de enero: Auto Sacramental y Cabalgata de Reyes Magos. 28 de junio: Sta. Juliana. 16 de agosto: S. Roque.
Visitar: Es uno de los conjuntos urbanos más bellos y mejor conservados de España. Monumento Histórico-Artístico. Casona de Tagle, s. XVIII. Palacio de Peredo de Barreda, s. XVIII, Casa de los Villa, s. XVIII. Palacio de Bustamante, s. XVIII. Casa Torre de Velarde, s. XV. Casa de los Valdivieso, s. XVIII. Casa de Los Villa "Los Hombrones", s. XVII. Casas de Quevedo y Cossío, s. XVIII. Casa de La Archiduquesa Margarita de Austria. Colegiata y Claustro de Sta. Juliana, s. XII. Palacio de Velarde, s. XVI. En torno a la Plaza del Mercado se levantaron la Torre del Merino, s. XIV y La Torre de Don Borja, s. XV. Las casas del Águila y de la Parra, s.s. XVI-XVII, respectivamente. Palacio de los Barreda-Bracho, s. XVII, hoy Parador Nacional. Museo y La Cueva de Altamira, llamada la Capilla Sixtina del Arte Rupestre, Patrimonio de la Humanidad.
Alrededores: UBIARCO, a 5 km: Playa Sta. Justa.

Restaurantes

Los Blasones. Pza. de la Gándara, s/n. ☎ 942 818 070.
Cierra noches en noviembre y diciembre, lunes excepto verano y del 10 de diciembre al 1 de abril. Anchoas de Santoña con pimientos asados, solomillo al queso de Tresviso, quesada pasiega. Menú 28 €. Precio medio 38 €.

Hoteles

******* Casa del Marqués.** Cantón, 24. ☎ 942 818 888. www.turismosantillanadelmar.com P
Hab. 13: 112/209 €. Suite: 1. Desayuno incluido. Consultar cierre. Casona del s. XIV, en el casco antiguo de la villa, residencia del primer marqués de Santillana.
****** Parador Gil Blas.** Pza. Ramón Pelayo, 11. ☎ 942 028 028. www.parador.es P
Hab. 28: 134/180 €. Instalado en la bella casona de Los Barreda-Bracho junto a otros edificios artísticos, en la plaza de la montañesa y cantábrica Santillana del Mar, villa declarada Monumento Nacional. Restaurante EL JARDIN DE GIL BLAS.
***** Altamira.** Cantón, 1. ☎ 942 818 025. www.hotelaltamira.com
Hab. 32: 49/106 €. Consultar cierre. Jornadas gastronómicas. Edificio del s. XVI, monumento historico-artístico.
***** Colegiata.** Los Hornos, s/n. ☎ 942 840 137. www.hotelcolegiata.com P
Hab. 27: 39/78 €. Consultar ofertas. Restaurante LA JORACA, cocina de autor con productos de temporada.
***** Los Infantes.** Avda. L' Dorat, 1. ☎ 942 818 100. www.hotel-santillana.com P
Hab. 24: 45/125 €. Suites: 4. Consultar cierre. Palacio del s. XVIII. Buena cocina regional.
***** Parador de Santillana.** Pza. Ramón Pelayo, 11. ☎ 942 818 000. www.parador.es P
Hab. 28: 115/156 €. Sobre los restos de un edificio antiguo se edificó, de nueva planta, una casona, basada en la construcción rural cántabra. Integrada perfectamente en el entorno histórico-artístico de la villa.
***** Siglo XVIII.** Revolgo, 38. ☎ 942 840 210. www.hotelsigloxviii.com P
Hab. 16: 45/76 €. Cierra del 12 de diciembre al 1 de marzo. Consultar ofertas.

Santo Domingo de la Calzada (La Rioja) 11 • E-4

A LOGROÑO, 45 KM; MADRID, 307 KM. ALT. 638 M. POB. 6.770. ☐ 941 341 230.
GPS (42° 26' 30''N-2° 57' 15"O).

Fiestas: 25 de abril: sale la gaita y el tamboril. 1 de mayo: Reparto del Pan del Santo. Del 10 al 15 de mayo: Fiestas patronales, de Interés Turístico Nacional. 24 de junio: La Dulce Sanjuanada. 18-19 de septiembre: Fiesta de Gracias y S. Jerónimo Hermosilla. 6-8 de diciembre: Ferias de la Concepción. Mercados Temáticos.
Visitar: Catedral, románico-gótica, s. XIII con enterramiento de Sto. Domingo. Torre exenta. Convento de S. Francisco, convento de las Bernardas, s. XV. Hospital del Santo. Murallas del s. XIV. Centro de Interpretación del Camino de Santiago.
Alrededores: BAÑARES, a 5 km: Iglesias de Sta. Cruz, s. XII, y de Sta. María la Antigua. S. MILLÁN DE LA COGOLLA, a 18 km: Monasterio. EZCARAY, a 15 km: Soportales y Casas señoriales de los s.s XVII y XVIII. Iglesia parroquial del s. XVI, con aires de fortaleza. LEIVA, a 12 km: Castillos, s. XV. CAÑAS: Monasterio cisterciense, s. XII.

Restaurantes

El Rincón de Emilio. Pza. Bonifacio Gil, 7. ☎ 941 340 990. www.rincondeemilio.com
Cierra martes y febrero. Cocina tradicional riojana con pinceladas de modernidad. Menestra de verduras, manitas de cerdo con salsa de choriceros, crema de arroz templada con helado de caramelo. Menú 20 €. Precio medio 30 €.
Los Caballeros. Mayor, 56-58. ☎ 941 342 789. www.restauranteloscaballeros.com
Cierra domingo noche y primera quincena de enero. Pochas con chipirones, bacalao a la riojana, tarta del abuelito. Precio medio 40 €.

Hoteles

****** Parador de Santo Domingo.** Pza. del Santo, 3. ☎ 941 340 300. www.parador.es P
Hab. 61: 156/241 €. El Parador se levantó sobre los restos de un palacio de los Reyes de Navarra-Nájera, cedido en el s. XII a Santo Domingo para convertirlo en hospital de peregrinos. Céntrico. Restaurante LAS DOCE VUELTAS, cocina riojana.
***** Parador Bernardo de Fresneda.** Pza. San Francisco, 1. ☎ 941 341 150. www.parador.es
Hab. 47: 100/138 €. Consultar cierre. Convento Franciscano del s. XVI. Restaurante RIO CABADO.
***** El Corregidor.** Mayor, 14. Avda. Calahorra, 17. ☎ 941 342 128.
Hab. 32: 63/84 €. Cierra enero. En plena ruta jacobea. En el casco antiguo. Restaurante TRASTAMARA.

Santo Domingo de Silos (Burgos) 21 • C-3

A BURGOS, 58 KM; MADRID, 203 KM. ALT. 1.006 M. POB. 340. ☐ 947 390 070.
GPS (41° 57' 45''N-3° 25' 13"O).

Fiestas: 30-31 de enero: Fiesta de los Jefes, de Interés Turístico Regional. 8-9 de mayo: Fiesta de la Cruz. 2 de julio: Sta. Isabel, con danzas tradicionales. 20 de diciembre: Santo Domingo.
Visitar: Monasterio Benedictino de Sto. Domingo de Silos, s. X, Monumento Histórico-Artístico. Su claustro, de los s.s XI-XII, es uno de los más destacados logros del arte románico. Los techos mudéjares, s. XIV, están decorados con pinturas profanas. En la galería norte hay un monumento funerario de Sto. Domingo, del s. XIV. En el Museo, destaca un grupo que representa a Sta. Ana, la Virgen y el Niño, del s. XII, románico. Existe un fondo bibliográfico de más de 200.000 ejemplares. Botica del s. XVIII, tiene un botamen de 376 tarros de Talavera de La Reina. Convento de S. Francisco de Silos. Museo de Sonidos de la Tierra.
Alrededores: Ermita mozárabe de Sta. Cecilia, s. X. LA YECLA, a 3 km: Desfiladero. HACINAS: Árboles fosilizados de la Era Secundaria. SALAS DE LOS INFANTES: Iglesia de Sta. María. S. PEDRO DE ARLANZA: Ruinas del primer monasterio de Castilla.

Restaurantes

Tres Coronas. (H. TRES CORONAS DE SILOS). Pza. Mayor, 6. ☎ 947 390 047.
Cierra navidades. Con 16 habitaciones. Cocina tradicional. Menestra de verduras, cabrito asado, tarta de queso. Menú 18 €. Precio medio 50 €.

Hoteles

*** **Santo Domingo de Silos.** Santo Domingo, 10-22. ☎ 947 390 053. www.hotelsantodomingodesilos.com
Hab. 59: 39/72 €. Suites: 2. Bañera de hidromasaje en algunas habitaciones.
*** **Silos 2000.** Santo Domingo de Silos, 74. ☎ 947 390 132. wwwhotelsilos2000.es
Hab. 28: 41/65 €.

Santoña (Cantabria) 5 • C-3

A SANTADER, 48 KM; MADRID, 463 KM. ALT. 5 M. POB. 11.569. 942 660 066.
GPS (43° 27' 8"N-3° 26' 58"O).

Fiestas: Febrero: Carnavales, desfiles, concurso, murgas y juicio en el Fondo del Mar, de Interés Turístico Nacional. Del 6 al 16 de septiembre: Fiestas patronales Virgen del Puerto.
Visitar: Iglesia de Sta. María del Puerto, s.s IX-XII. Faros del Caballo y del Pescador. Museo Faro Pescador. Monumentos Juan de la Cosa y la Virgen del Puerto. Palacio de Manzanedo. Fuertes de S. Martín y S. Carlos. Mirador de las Marismas. Parque Cultural Monte Buciero. Playa de Berria. Reserva Natural de las Marismas de Santoña.
Alrededores: Valle del Asón. Parque de la Naturaleza de Cabárceno.

Restaurantes

El Restaurante de Pilar. Edificio Mirador de las Marismas, s/n. ☎ 942 626 448. www.elrestaurantedepilar.com
Cierra noches de domingo a jueves, excepto vísperas de festivo y verano; lunes excepto verano y del 24 de diciembre al 7 de enero. Nueva ubicación en el moderno edificio del puerto pesquero. Recetas marineras y alguna carne para carnívoros. Cazuela de bonito, chuletón de vaca vieja, tarta de canela. Menú 15 €. Precio medio 36 €.
La Marisma. Manzanedo, 19. ☎ 942 660 606.
Cierra noches de domingo a jueves en invierno, y navidades. Local marinero con barra de picoteo. Mariscos y pescados junto a guisos marineros. De postre, hojaldre. Precio medio 48 €.

Hoteles

**** **Juan de la Cosa.** 1º Avda. de Playa de Berria, 14. ☎ 942 661 238. www.hoteljuandelacosa.com
Hab. 49: 61/132 €. Suites: 4. Consultar cierre y ofertas. En primera línea de playa. Restaurante ASTUY-BERRIA, con pescados y mariscos.

Santpedor (Barcelona) Ver Manresa. 25 • C-3

Santurtzi/Santurce (Vizcaya) 5 • E-3

A BILBAO, 14 KM; MADRID, 413 KM. ALT. 6 M. POB. 47.019. 944 839 494.
GPS (43° 19' 42''N-3° 1' 59"O).

Fiestas: 23 de abril: S. Jorge, patronales. 24 de junio: S. Juan. 29 de junio: S. Pedro. 9 de julio: Día de la Sardina. 16 de julio: Procesión marítima Virgen del Carmen, patronales.
Visitar: Iglesia de S. Jorge. Palacio de Oriol, de 1902. Casa Consistorial. Palacio Marqués de Casa Torre, s. XVIII. Templo parroquial Virgen del Mar. Monumentos a: La Virgen del Carmen, a las Sardineras y a Cristóbal Murrieta. Monte Serantes. Puerto pesquero y cofradía de pescadores.
Alrededores: En AVELLANEDA: Casa de Juntas. En MUSKIZ: Ferrería del Pobal Castillo de Muñatones. Playa de la Arena. VALLE DE TRÁPAGA: La Arboleda, funicular de La Reineta. PORTUGALETE: Puente Bizkaia.

Restaurantes

®**Currito.** Avda. Murrieta, 21. ☎ 944 937 308.
Cierra noches de domingo y miércoles. Cocina marinera vizcaína sobre el puerto. **Pisto a la bilbaína, degustación de bacalaos, tostada de crema**. Precio medio 50 €.

Hoteles

**** **NH Palacio de Oriol.** Avda. Cristóbal Murrieta, 27. ☎ 944 934 100. www.nh-hotels.com
Hab. 88: 60/198 €. Suites: 2. Palacio de 1902, renovado recientemente. Restaurante EL PALACIO.

Sanxenxo/Sangenjo (Pontevedra) 7 • C-4

A PONTEVEDRA, 19 KM; MADRID, 630 KM. ALT. 16 M. POB. 17.000. 986 720 285.
GPS (42° 23' 57''N-8° 48' 30"O).

Fiestas: 13 de junio: S. Antonio. 24-25 de junio: S. Juan, Sta. Ana. 28-29 de junio: S. Pedro y S. Antonio. 24-25 de agosto: Fiesta de S. Ginés y Día del Turista. Del 3 al 5 de septiembre: Sta. Rosalía y Virgen del Carmen.
Visitar: Iglesia de S. Xinés, s. XVII. Pazos Duques de Patiño, s. XVI; Do Virrey, s. XVIII. Ermita de Ntra. Sra. de la Lanzada, s. XII. Itsmo de la Lanzada. Puerto deportivo y pesquero.
Alrededores: POIO: Monasterio de S. Juan de Poio. Comarca del Salnes. Parque Nacional Islas Atlánticas: Ons, Cíes, Sálvora y Cortegada.

Restaurantes

Don Camilo. Poetas Galegos, 9-B. ☎ 986 691 124. www.doncamilorestaurante.com
Cierra miércoles y noviembre. Empanada de xoubas y de bacalao con pasas, caldeirada de pescado, filloas rellenas. Precio medio sin marisco 35 €.

La Taberna de Rotilio. (H. ROTILIO). Avda. del Puerto, 7-9. ☎ 986 720 200. www.hotelrotilio.com
Cierra domingo noche y lunes, excepto julio y agosto, y del 15 de diciembre al 15 de enero. Manicha Bermúdez sigue al frente de los fogones de uno de los "grandes" de siempre. Manda el equilibrio entre recetas bien conocidas, y clásicas, y las innovaciones que ella introduce con bastante audacia. Muy buenos **mariscos**. Además, espléndidas **caldeiradas de diversos pescados**, muy buenos **arroces marineros**, buen **pichón asado**. Puro equilibrio. Muy buena lista de vinos gallegos. Precio medio 45 €.
Laurel. (En NOALLA, a 8 km). Fonte de Ons-A Revolta, 47. ☎ 986 745 801. www.restaurantelaurel.com
Cierra domingo noche, lunes, del 10 al 26 de enero y del 20 de octubre al 6 de noviembre. En cuatro palabras: ha vuelto Toñi Vicente. La gran cocinera gallega se ha instalado cerca de la playa de A Lanzada, con una cocina de calidad, más sencilla, con fijos como su **lubina marinada** y opciones como la **merluza de Muxía en emulsión de limón** o, de postre, los **mirabeles con polvo de chocolate helado**. Una vuelta ansiada. Precio medio 28 €.
Pepe Vieira / Camiño da Serpe. (En RAXÓ-POIO, a 4 km). Camiño da Serpe, s/n. ☎ 986 741 378. www.pepevieira.com
Cierra noches de martes a jueves, excepto verano; domingo noche y lunes. Un templo del buen gusto y de la cocina gallega más vanguardista. Xosé Torres Cannas, tiene un gusto exquisito para combinar sabores y para presentar sus creaciones. Juega con productos cotidianos, como **sardinas** o **jureles**, en fórmulas de una creatividad desbordante: la **sardina rabiosa en escabeche de guacamole, wasabi y lima, sobre pan crujiente**, es un buen ejemplo. Xoan Torres Cannas se encarga de los vinos: descubre etiquetas del máximo interés. Entorno de gran belleza. Precio medio 50 €.

Hoteles

**** **Augusta Spa Resort.** Padriñan, 25. ☎ 986 727 878. www.augustasparesort.com
Hab. 48: 79/168 €. Suites: 8. Consultar ofertas. Restaurantes VÍA AUGUSTA y VÍA NUVÓ.
**** **Carlos I Silgar.** Vigo, s/n. ☎ 986 727 036. www.carlosprimero.com
Hab. 129: 64/168 €. Suites: 1. Consultar cierre y ofertas. A 40 m de la playa. Restaurante SOBREIRA.
**** **Gran Talaso Hotel Sanxenxo.** Pº Praia de Silgar, 3. ☎ 986 691 111. www.hotelsanxenxo.com
Hab. 92: 60/220 €. Suites: 5. Consultar ofertas. En primera línea de playa. Restaurante A MADAMA.
**** **Oca Galatea.** (En PORTONOVO). Praia de Paxariñas, s/n. ☎ 986 727 027. www.hotelgalatea.com
Hab. 80: 55/243 €. Suites: 6. A 200 m de la playa. Centro Termal-SPA. Biblioteca.
**** **Sanxenxo Playa.** Avda. de Silgar, 15. ☎ 986 721 007. www.ocahotels.com
Hab. 27: 69/117 €. Consultar cierre. Próximo al casco úrbano de Porto Novo y Sanxenxo.
*** **Faro Salazón.** (En Playa LOS BARCOS). Sol, 6. ☎ 986 723 399. www.hotelfarosalazon.com
Hab. 30: 61/118 €. Consultar cierre. Restaurante A GOLETA con vistas a la ría.
*** **Minso.** Avda. do Porto, 1. ☎ 986 720 150. www.hotelminso.com
Hab. 44: 51/115 €. Consultar cierre. Céntrico. En el Paseo Marítimo y primera línea de playa, con unas magníficas vistas a la ría.

Sarvisé (Huesca) Ver Torla. 13 • F-3

Segorbe (Castellón de la Plana) 51 • B-2

A CASTELLÓN, 58 KM; MADRID, 365 KM. ALT. 394 M. POB. 9.244. 964 713 254.
GPS (39° 51' 5"N-0° 29' 23"O).

Fiestas: Agosto: Ángel Custodio. Del 28 de agosto al 5 de septiembre: Fiestas patronales, de Interés Turístico Nacional. Del 6 al 12 de septiembre: Semana Taurina, de Interés Turístico Internacional: Feria del Jamón. 2 de octubre: Romería a la Cleva Santa.
Visitar: La ciudad declarada Bien de Interés Cultural Torres de la Cárcel y Verdugo. Ayuntamiento (antiguo palacio ducal del siglo XVI). Museo Municipal de Arqueología. La Catedral-Basílica y Museo Catedralicio, s. XIII. Museo del Aceite. Fuente 50 caños. Acueducto y Muralla medieval. Centro de Interpretación de la Entrada de Toros y Caballos.
Alrededores: Vía Verde: Ojos Negros. Parque Natural Sierra Calderona. ALTURA: Cartuja de Vall de Cristo. Santuario de La Cueva Santa JÉRICA: Torre de las campanas (monumento nacional). VIVER: Parque de la Floresta, Jardines y cuevas del Sargal. EL TORO: Ermita de San Roque; Ayuntamiento, s. XVI.

Restaurantes

Thalassa. (En VIVER, a 12 km). Cazadores, 3. ☎ 964 141 258. www.restaurantethalassa.com
Cierra noches de domingo a jueves, lunes y del 15 de enero al 15 de marzo. Innato y sensato sentido de la creatividad el de Vicente Bueno, ligado al entorno. **Bacalao al pil pil de naranja, sorbete de aceite de oliva.** Menú 25 €. Precio medio 40 €.

Hoteles

*** **María de Luna.** Comunidad Valenciana, 2. ☎ 964 711 313. www.mariadeluna.com
Hab. 44: 39/70 €. Consultar cierre y ofertas. Cerca del centro histórico. Buena cocina típica.

Segovia 30 • F-4

A MADRID, 87 KM. ALT. 1.005 M. POB. 56.660. 921 460 334.
GPS (40° 56' 53"N-4° 7' 8"O).

Fiestas: Febrero: Fiesta de las Águedas, de Interés Nacional. Carnaval. Marzo: Semana de música y polifanía sacra. Semana Santa, de Interés Turístico Regional. Mayo: Festival Internacional de Títeres "Titirimundi". Junio: Ferias y fiestas de S. Juan y S. Pedro. Julio: Festival folkclórico Internacional de Danzas "La Esteva". Folk Segovia Festival Internacional de Segovia. Festival de Música Joven. Festival de folclore "Agapito Marazuela". Julio y agosto: Festival Internacional de Música y Danza. Septiembre: Muestra de Cine Europeo. 25 de octubre: Fiesta de S. Frutos, patronal. Diciembre: Ciclos de adviento y navidad.
Visitar: Ciudad Patrimonio de la Humanidad. **La Catedral**, del s. XVI (1525), llamada la "Dama de las Catedrales españolas". Las Murallas: Puerta de S. Andrés, S. Cebrián y Santiago. **El Acueducto** romano de 2.000 años de antigüedad. Destinado a llevar agua a la ciudad. Su longitud es de 16 km y su altura máxima es de 29 m. La suma de arcos es de 166 y sus grandes sillares de granito están unidos sin ningún tipo de argamasa ni cemento. **Alcázar**: Fortaleza-Palacio, origen s. XII, románico, gótico, mudéjar y renacentista, en el que destacan los artesonados. La Judería: Centro Didáctico. Antigua Sinagoga Mayor, hoy **Convento del Corpues Christi** y Museo de Segovia. **Monasterio del Parral**, s. XV. **Iglesia de la Vera Cruz**, de los templarios, s. XIII. S. Antonio el Real, s. XV. **Santuario de la Virgen de la Fuencisla**, Casa de Antonio Machado, **Convento de las Carmelitas, Palacio Episcopal**, Casa de los Picos. Barrio de Los Caballeros ricas casonas blasonadas y palacios nobiliarios. Iglesias románicas: S. Martín, S. Millán, S. Andrés, S. Esteban, S. Quirce, La Trinidad, S. Nicolás, S. Justo, S. Lorenzo.
Alrededores: A 2 km, Mirador del Terminillo, con magnífica vista sobre Segovia. A 12 km, LA GRANJA DE S. ILDEFONSO. A 10 km, Palacio de Riofrío: s. XVII. Neoclásico. En el interior Museo de Caza. A 40 km, PEDRAZA. COCA, a 50 km: Interesante castillo de ladrillo, joya del mudéjar, s. XV. MADERUELO, a 105 km: Rodeado de murallas con una sola puerta. Bordeado por el pantano de Linares, cuya presa limita con las Hoces del Río Riaza, reserva de aves rapaces por Adena. AYLLÓN, a 94 km: Con casonas y nobles palacios. Entre SEPÚLVEDA y CANTALEJO, Parque Nacional de las Hoces del Río Duratón. Ermita románica de S. Frutos, las ruinas del Monasterio Franciscano de Ntra. Sra. de la Hoz, reserva de aves rapaces. SAN RAFAEL, a 30 km.

Restaurantes

Asr. (En LOS ÁNGELES DE SAN RAFAEL, a 25 km). Ctra. N- 603, km 71,8. (Club de Campo de Golf). Avda. Los Ángeles, s/n. ☎ 603 590 632. www.asrgolf.com
Grandes ventanales con vistas al campo de golf. Rodrigo Aranguren, conocido profesional de los fogones. Arroz meloso del día, paletilla de cordero asada, flan de queso. Precio medio 32 €.

® **Di-Vino.** Valdeláguila, 7. ☎ 921 461 650. www.restaurantedivino.com
Cierra martes no festivos. En esta antigua casa del regidor de Segovia, en el centro histórico, Lucio del Campo armoniza vinos y cocina actualizada con base en el mercado. **Boletus con pisto, lomo de cabrito relleno de ciruelas, sopa de piña colada con sorbete de coco.** Menú 18 €. Precio medio 38 €.

Duque. Cervantes, 12. ☎ 921 462 487. www.restauranteduque.es
Legendario mesón de la familia Duque. Los **judiones de La Granja** y los **asados castellanos** rematados con el típico **ponche** son emblemáticos. Precio medio 36 €.

José María. (Junto a la Plaza Mayor). Cronista Lecea, 11. ☎ 921 461 111. www.rtejosemaria.com
Contundente y tradicional recetario local con cuidada elaboración y el mejor producto: **cochinillo, cordero, ponche...** Buenos vinos y el de la casa Pago de Carraovejas de cosecha propia. Concurrida barra. Precio medio 35 €.

La Cocina de Segovia. (H. LOS ARCOS). Avda. Ezequiel González, 26. ☎ 921 437 462. www.lacocinadesegovia.es
Cierra domingo noche. Ambiente castellano actual. Habitas baby con chipirones, secreto de ibérico de bellota a la parrilla, bizcocho fluido de almendra y avellana. Precio medio 40 €.

La Concepción. Pza. Mayor, 15. ☎ 921 460 930. www.restaurantelaconcepcion.com
Ubicado bajo los soportales, con terraza en la plaza. **Alcachofas rellenas de gambas y foie-gras, rape al estragón, hojaldre relleno de crema de queso.** Menú 17 €. Precio medio 40 €.

La Parrilla de Tejadilla. Ctra. CL-605, Segovia-Arévalo, km 4,2. ☎ 921 442 149.
Cierra lunes y del 7 al 31 de enero. Mollejas con pisto de hongos, carne de buey, torrija caramelizada. Precio medio 35 €.

La Taurina. Pza. Mayor, 8. ☎ 921 460 902.
Popular casa de comidas de ambiente taurino. Judiones de La Granja, cochinillo y cordero asados, ponche segoviano. Vinos de bodega propia. Menú 17 €. Precio medio 25 €. De la misma propiedad CONVENTO DE MÍNIMOS (Valdelaguila, 3 ☎ 921 460 998. Cierra domingo noche y lunes) con oferta más moderna.

Maracaibo «Casa Silvano». Avda. Ezequiel González, 25. ☎ 921 461 545. www.restaurantemaracaibo.com
Cierra domingo noche, lunes excepto festivos y 20 días en julio. Óscar Hernando está en todo, cocina, comedor y bodega. Consigue calidad y regularidad. **Crema de judiones de La Granja con quenefas de los tropezones, pato asado con calabaza, helado de vino tinto con yogur de leche de oveja.** Precio medio 45 €.

Mesón de Cándido. Pza. del Azoguejo, 5. ☎ 921 425 911. www.mesondecandido.es
Legendario asador de la familia de Cándido. El **cochinillo asado** es el plato estrella, precedido de **judiones de La Granja,** y rematado con la **torrija de leche caramelizada con helado de chocolate.** Precio medio 35 €.

® **Mesón Riscal.** (En CARBONERO EL MAYOR, a 22 km). (Por la Ctra. CL-601, Segovia-Arévalo). Ctra. de Segovia, 31. ☎ 921 560 289. www.elriscal.com
Cierra viernes noche excepto verano y navidades; y primera quincena de julio. La magnífica **carne de buey** (Certificada "Ca Bu") es la protagonista de la casa, acompañada de **tomate aliñado** y **patatas**, y precedida de sabrosas **croquetas.** Postres caseros. Menú 11 €. Precio medio 35 €.

Villena. Pza. Mayor, 10. ☎ 921 461 742. www.restaurante-villena.com
Cierra noches de domingo y martes; lunes y segunda quincena de julio. Julio Reoyo -también en el Mesón de Doña Filo, Colmenar de Arroyo- oferta una excelente cocina distinta de la típica segoviana y complementada por un buen servicio. **Arroz meloso de conejo y langostinos, paletilla de cordero confitada y deshuesada rellena de sus manillas, espuma de frutos rojos y helado de yogur.** Precio medio 45 €.

Hoteles

**** **Alcázar.** San Marcos, 5. ☎ 921 438 568. www.alcazar-hotel.com
Hab. 8: 75/145 €. Suites: 4. Consultar ofertas. Edificio palaciego del s. XVII. Con antigüedades y obras de arte.

**** **Cándido.** Gerardo Diego, s/n. ☎ 921 413 972. www.candidohotel.es
Hab. 109: 85/190 €. Suites:10. Consultar ofertas. Restaurantes DON ALBERTO, TORREÓN y MESÓN CÁNDIDO.

**** **Husa Puerta de Segovia.** (En LA LASTRILLA). Ctra. de Soria N-110, 12. ☎ 921 437 161. www.hotelhusapuertadesegovia.com
Hab. 205: 62/135 €. Suites: 3. Wifi gratuito. Restaurante EL HAYEDO.

**** **Los Arcos.** Pº Ezequiel González, 26. ☎ 921 437 462. www.hotellosarcos.com
Hab. 59: 60/280 €. Suites: 3. Céntrico. Reformado parcialmente en 2010. Restaurante LA COCINA DE SEGOVIA, cocina tradicional.

**** **Palacio de San Facundo.** Plaza San Facundo, 4. ☎ 921 463 061.www.hotelpalaciosanfacundo.com
Hab. 33: 100/190 €. Suites: 3. Consultar ofertas. Céntrico. Entre La Catedral y el Acueducto.

**** **Parador de Turismo.** Ctra. de Valladolid, s/n. ☎ 921 443 737. www.parador.es
Hab. 113: 120/162 €. Suites: 7. Consultar ofertas. A 2 km del Acueducto. Situado en una loma de la antigua finca "El Terminillo", moderno y acogedor. Magnífica panorámica sobre la ciudad y Sierra de Guadarrama. Lugar ideal para el reposo y punto de partida para las diversas alternativas de visitas a la ciudad y provincia. Cocina segoviana y de mercado.

**** **San Antonio El Real.** San Antonio El Real, s/n. ☎ 921 413 455. www.sanantonioelreal.es
Hab. 51: 90/400 €. Céntrico. Forma parte del monasterio, Patrimonio Nacional. Restaurante CLAUSTRO DE SAN ANTONIO EL REAL

*** **Acueducto.** Avda. Padre Claret, 10. ☎ 902 250 550. www.hotelacueducto.com
Hab. 83: 75/116 €. Junto al Acueducto.

*** **Infanta Isabel.** Pza. Mayor, 12. ☎ 921 461 300. www.hotelinfantaisabel.com
Hab. 37: 60/129 €. Suite: 1. Edificio emblemático del s. XIX rehabilitado. En la Plaza Mayor. Restaurante CASARES.

*** **La Casa Mudéjar Hospedería.** Isabel La Católica, 8. (Semiesquina Pza. Mayor). ☎ 921 466 250. www.lacasamudejar.com
Hab. 40: 59/170 €. Suites: 6. Consultar ofertas. En un edificio del s. XV de alto valor histórico-artístico. Restaurante EL FOGÓN SEFARDÍ, cocina sefardí.

*** **Los Linajes.** Dr. Velasco, 9. ☎ 921 460 475. www.hotelloslinajes.com
Hab. 62: 78/125 €. Suites: 10. Consultar ofertas. Céntrico y tranquilo, una parte del hotel ocupa un antiguo palacio del s. XI. Recientemente renovado.

*** **Partner Ayala Berganza.** Carretas , 5. ☎ 921 460 448. www.ayalaberganza.info
Hab. 15: 120/268 €. Suites: 2. Antigua casa taller del pintor Zuloaga. Céntrico.

Senegüé (Huesca) Ver Sabiñánigo.

13 • E-3

Sepúlveda (Segovia)

31 • B-2

A SEGOVIA, 63 KM; MADRID, 124 KM. ALT. 1.114 M. POB. 1.300. ℹ 921 540 237.
GPS (41° 17' 50''N-3° 45' 1"O).

Fiestas: Mayo: Fiesta de la Comunidad de Villa y Tierra. Del 16 al 17 de julio: Fiesta de los Fueros. 15 de agosto: Virgen de Las Pucherillas. 23 de agosto: El Diablillo. Del 25 al 29 de agosto: Fiestas de los Toros. 29 de septiembre: Virgen de La Peña. 30 de septiembre Remates.
Visitar: La Villa de las Siete Puertas, como la del Azogue o la Fuerza, considerada conjunto Histórico-Artístico está situada sobre una enorme peña que asoma al río Duratón. Restos del Castillo. Casa de lo Proaño. Iglesias: El Salvador, s.s. XI-XII; San Justo y Pastor (Museos de los Fueros); S. Bartolomé. Santuario de Ntra. Sra. la Virgen de la Peña.
Alrededores: Hoces de río Duratón. Parque Natural. Centro de Interpretación de la Naturaleza. DURATÓN, a 5 km: Iglesia románica. SOTILLO: Iglesia románica. PRÁDENA DE LA SIERRA: Cueva de Enebralejos. San Pedro de Gaillos: Museo del Paloteo.

Restaurantes

Cristóbal (Asador). Conde de Sepúlveda, 9. ☎ 921 540 100. www.restaurantecristobal.com
Cierra lunes noche, martes, del 1 al 15 de septiembre y del 15 al 30 de diciembre. Bacalao a la sepulvedana, lechazo asado, tarta ponche. Precio medio 30 €.
Figón Zute el Mayor "Tinín". Lope Tablada, 6. ☎ 921 540 165. www.figondetinin.com
Cierra noches, martes y primera quincena de septiembre. Los embutidos ibéricos preceden al cordero asado y al flan casero, en los soportales de la Plaza Mayor. Precio medio 28 €.
Figón Zute el Menor. Subida a la Picota, 26. ☎ 921 540 265.
Cierra noches, lunes a viernes, excepto festivos; y del 10 de junio al 10 de julio. El cordero asado con ensalada es la oferta de este popular figón, rematada con natillas. Menú y precio medio 30 €.

Hoteles

**** **Venta Juanilla.** (En SANTO TOMÉ DEL PUERTO). Ctra. Madrid-Irún, km 99. ☎ 921 557 325. www.hotelventajuanilla.es P
Hab. 36: 59/110 €. Suites: 4. La edificación original data del s. XX. Asentado en la falda del puerto de Somosierra.
*** **Vado del Duratón.** San Justo y Pastor, 10. ☎ 921 540 813. www.vadodelduraton.com P
Hab. 21: 70/112 €. Suite: 1. Consultar cierre y ofertas. Junto al Parque Natural de las Hoces del Duratón. Restaurante FOGÓN DEL AZOGUE.
*** **Puerta Sepúlveda.** Avda. Alfonso VI, 35. ☎ 921 540 365. www.hotelpuertasepulveda.com P
Hab. 11: 45/87 €. Suites: 1. Consultar ofertas. Próximo al Parque. Natural Hoces del río Duratón.

Serrada (Valladolid) Ver Tordesillas. 30 • C-1

Seu d'Urgell, La/Seo de Urgel (Lleida) 15 • A-4

A LLEIDA, 133 KM; MADRID, 593 KM. ALT. 690 M. POB. 14.000. ℹ 973 351 511.
GPS (42° 21' 23"N-1° 27' 31"E).

Fiestas: 17 de enero: Sant Antoni, calderada tradicional. 20 de enero: S. Sebastián. Primer fin de semana de julio: Mercado medieval. 7 de julio: Sant Ot. Último fin de semana de agosto: Ball Cerda en la Festa Major. 15-17 de octubre: Fira de Sant Ermengol.
Visitar: Conjunto urbano medieval: Calle dels Canonges, Calle Major (medidas de grano del s. XIV). Catedral de Sta. María d'Urgell, s. XII. Museo Diocesano: Códices. Iglesia S. Miguel, s. XI. Claustro del Valira, contemporáneo, con capiteles esculpidos con los mitos del s. XX y materiales modernos. Parque Olímpico del Segre, pruebas de slalom de aguas bravas.
Alrededores: Áreas de Esquí: Aránser, Lles, Sant Joan de l'Erm y Tuixént. Parcs Naturals del Cadí Moixeró y Alt Pirineu, senderismo

Restaurantes

Tàpies. (H. EL CASTELL DE CIUTAT). Ctra. N-260, Sort-Puigcerdá, km 229. ☎ 973 350 000. www.elcastell.es P
Cierra lunes, martes, del 10 al 24 de enero y del 7 al 21 de noviembre. Maravillosas vistas al valle del Urgellet, una cocina catalana llena de sabores y productos de la zona y la cálida dedicación y atención de la familia Tàpies hacen de este restaurante una etapa de obligada visita. Precio medio 60 €.

Hoteles

**** **El Castell de Ciutat.** Ctra. N-260, km 229, Nº 32. ☎ 973 350 000. www.hotelelcastell.com P
Hab. 32: 130/285 €. Suites: 6. Consultar ofertas. Ubicación privilegiada en lo alto de una loma, a los pies del castillo que da nombre al complejo, desde donde se domina el Valle. Se disfruta de un elegante confort en un emplazamiento tranquilo. Pertenece a "Relais et Châteaux". Restaurante TÀPIES.
*** **La Seu.** Ctra. N-260, km 229, nº 32. ☎ 973 352 400. www.hotellaseu.com P
Hab. 18: 53/77 €. Consultar cierre. Moderno y confortable. Restaurante LA SEU.
*** **Parador de Turismo.** Sant Domènec, 6. ☎ 973 352 000. www.parador.es P
Hab. 79: 102/163 €. Consultar ofertas. El edificio, de construcción moderna, gira alrededor de un espectacular claustro renacentista, vestigio del antiguo convento de dominicos. Restaurante ALT URGELL, cocina tradicional.

Sevilla 71 • D-3

A MADRID, 538 KM. ALT. 12 M. POB. 703.206. ℹ 954 221 714.
GPS (37° 23' 17''N-5° 59' 49"O).

Fiestas: 28 de febrero: Día de Andalucía. Del 17 al 24 de abril: Semana Santa, de Interés Turístico Internacional. Del 3 al 8 de abril: Feria de Abril, de Interés Turístico Nacional e Internacional. 23 de junio: Corpus Christi, procesión. 15 de agosto: Virgen de los Reyes. Noviembre: Salón Internacional del Caballo.
Visitar: **La Giralda**, declarada Patrimonio de la Humanidad, alminar de la mezquita construida a finales del s. XII, destruida en el XV para construir la actual Catedral. De la antigua mezquita sólo queda el Patio de los Naranjos. La Puerta del Perdón y el alminar de 97,5 m de altura conocido como La Giralda. En el interior, una rampa de pendiente suave permite llegar a la plataforma de la torre islámica, con una increíble vista sobre la Catedral y toda Sevilla. El actual campanario renacentista que corona la torre y sirve de base a la estatua de la Fe se construyó en el s. XVI.
La Catedral, Patrimonio de la Humanidad, tiene cinco naves que ocupan el emplazamiento de la mezquita. Las vidrieras, de origen flamenco, son de los s.s XVI al XIX. Es de estilo gótico y posteriormente renacentista. La Capilla Real alberga las sepulturas de Alfonso X El Sabio y Fernando III El Santo. En la Sala Capitular, renacentista, una Inmaculada Concepción, de Murillo. En la Sacristía de los Cálices, telas de Goya, Morales y Valdés Leal y una escultura de Cristo en la Cruz, de Martínez Montañés. De entre las numerosas Capillas destacan el altar del Sto. Ángel, con el lienzo de Murillo "El Ángel de la Guarda"; la de S. Antonio, con un S. Antonio de Padua, de Murillo y las de la Antigua y S. Hermenegildo, con sepulcros plateresco y gótico. El Patio de los Naranjos formaba parte de la mezquita y el pilón de la fuente procede de la aún más antigua catedral visigoda. En uno de sus costados está la Puerta del Perdón. Junto a la Catedral, el Palacio Arzobispal, con bella fachada barroca y notable colección de cuadros. La Casa Lonja, alberga el **Archivo de Indias** (Patrimonio de la Humanidad, junto a todo su entorno). **"El Alcázar"**, edificado a partir de comienzos del s. X. Se entra por la **Puerta del León** abierta en la muralla almohade y se pasa al **Patio del León** y al **Patio de la Montería**. Aquí comienza el **Palacio de Pedro el Cruel**, máximo exponente de arquitectura mudéjar y edificio más espectacular del Alcázar. Construido a mediados del s XIV y reformado en tiempos de los Reyes Católicos. El **Patio de las Doncellas** es un espacio rodeado de galerías de arquerías, reformado en el XVI. Destacan los techos de madera, el **Salón de Embajadores**, con una alta cúpula de 1427 y restaurada en los s.s XVI y XIX; el **Patio de las Muñecas**, con columnas de la época califal de Córdoba. "El Ayuntamiento", con portentosa fachada plateresca del XVI. La Universidad, ubicada en la Antigua Fábrica de Tabacos, edificio del s. XVIII, donde se desarrolla la ópera Carmen. La **Iglesia del Salvador**, del s. XVII, de arquitectura barroca, con esculturas de Montañés. **"La Iglesia de la Magdalena"**,

barroca, con elementos góticos del oratorio del **Convento de S. Pablo** y decorada con óleos de Zurbarán, esculturas de Martínez Montañés y Roldán. Otro edificio islámico es **La Torre del Oro**, construida a la orilla del Guadalquivir, en 1220. La **Casa de Pilatos**, propiedad del duque de Medinaceli, es un suntuoso palacio del s. XVI, que combina el mudéjar, el gótico flamígero y el estilo renacentista. Barrio de Sta. Cruz, donde se encuentra la Iglesia de los **Venerables.**
La Plaza de la Sta. Cruz. Barrio de la Macarena, que da nombre a la puerta, reconstruida a finales del XVIII. La famosa Esperanza Macarena, talla anónima del s. XVII, está en una iglesia contigua a la de **S. Gil**, del s. XIII. Iglesia de la Macarena. Hospital de las Cinco Llagas, con fachada del s. XVII.
El Barrio de Triana, al otro lado del Guadalquivir, con el puente de Isabel II. Puente de S. Telmo, enlaza Sevilla con el Barrio de los Remedios, importante zona comercial. La Alameda de Hércules, paseo creado en el s. XVI, donde se ubicaron columnas romanas. Museo Provincial de Bellas Artes, en el antiguo Convento de la Merced. Jardines de Murillo, Parque de María Luisa, diseñado por el francés Forestier. Dentro se encuentra la Plaza de España y el Museo Arqueológico. Parque del Alamillo.
Alrededores: CASTILLEJA DE GUZMÁN, a 7 km: Cueva de la Pastora, dolmen neolítico con una cámara funeraria circular accesible por un largo corredor. Santiponce: Convento S. Isidro del Campo y ruinas romanas de Itálica. Ciudad fundada por Escipión el Africano en el 205 a.C. Se conservan numerosos edificios públicos, de entre los que destaca el Anfiteatro, bien conservado. A 25 km, SANLÚCAR LA MAYOR. ALCALÁ DE GUADAIRA: Castillo de origen romano y posterior reconstrucción árabe e Iglesias de Santiago y S. Sebastián. DOS HERMANAS, a 15 km: Iglesia de Sta. María Magdalena, s. XVIII y Convento de Sta. Ana, s. XIV. MAIRENA DEL ALCOR, a 15 km: Castillo y Museo Arqueológico. GALDUL: Necrópolis de los alcores. OLIVARES: Palacio del Conde Duque, Colegiata de Ntra. Sra. de las Nieves, s. XVI y casco urbano.

Restaurantes

Abades Triana. Betis, 69. ☎ 954 277 783. www.abadestriana.com
Espectaculares vistas sobre el Guadalquivir. Ensalada de pulpo con tirabeques y ortiguillas fritas, solomillo de buey con setas de temporada. Precio medio 45 €.

Abantal. Alcalde José de la Bandera, 7. ☎ 954 540 000. www.abantalrestaurante.es
Cierra domingo, lunes, semana de feria y agosto. Ambientación moderna y luminosa para una cocina de producto con el irreprochable punto de Julio Fernández Quintero, con buena carta de quesos, vinos, de aceites de oliva virgen... y excelentes postres. Precio medio 58 €.

Alcuza. Campamento, 29. ☎ 954 542 477. www.alcuza.es
Cierra lunes noche, domingo, y agosto. Concurrida barra de tapeo, atractivo comedor y una cocina atenta a los productos andaluces ejecutada por Víctor Gamero. Pescados al gusto, solomillo de retinto al Pedro Ximénez, helado de queso de cabra de la sierra de Sevilla con salsa de picotas. Precio medio 45 €.

® **Az-Zait.** Pza. San Lorenzo, 1. ☎ 954 906 475. www.az-zaitrestaurantes.com
Cierra domingo excepto Semana Santa y diciembre; y agosto. Cocina andaluza evolucionada supervisada por su director-propietario Antonio Conejero. **Salmorejo de centollo y helado de aceite de oliva, solomillo ibérico con manzanas asadas, tarta de caramelo con helado de vainilla.** Menú 29 €. Precio medio 28 €.

® **Bajo Guía.** (Edif. V Centenario. Los Bermejales) Polonia, 6. ☎ 954 097 452.
Cierra domingo noche, lunes y agosto. La mejor oferta sanluqueña. **Tortillita de camarones, corvina a la sanluqueña** o los guisos marineros son una buena muestra. Local muy ruidoso. Precio medio 35 €.

Becerrita. Recadero, 9. ☎ 954 412 057. www.becerrita.com P
Cierra domingo noche. Buena muestra de la cocina andaluza, tanto en su concurrida barra como en la mesa. Buñuelos de tortilla de papas, rape envuelto con jamón y alcachofas al jerez, lasaña de frambuesa. Precio medio 40 €.

Casa Robles. Álvarez Quintero, 58. ☎ 954 213 150. www.roblesrestaurantes.com
Frente a la Catedral. Pescadito frito, entrecot de ternera a la sevillana, sabor de Sevilla. Precio medio 36 €.

Egaña-Oriza. (Aparcamiento concertado en Plaza de Roma). San Fernando, 41. ☎ 954 227 254. www.restauranteoriza.com
Cierra domingo y agosto. Los **pescados** en tratamientos vasco-andaluces y la **caza** son las especialidades más emblemáticas de José María Egaña. Bar de tapas en el acceso, como hace años. De postre, **crema de azafrán y sorbete de melocotón**. Precio medio 70 €.

El Burladero (Gastrobar). (H. GRAN MELIÁ COLÓN). Canalejas, 1. ☎ 954 507 862. www.granmeliacolon.com
Cierra agosto. Gastrobar de diseño vanguardista con tapas y guisos. Gazpacho de cerezas con nieve de queso, pistachos y anchoas, cola de toro con escombro de patata, aroma de pestiño con mermelada de naranja. Precio medio 19 €.

Enrique Becerra. Gamazo, 2. ☎ 954 213 049. www.enriquebecerra.com
Cierra sábado en verano; y domingo. Cocina ecléctica en una casa del s. XIX. Revuelto de bacalao a la portuguesa, cordero relleno de espinacas y piñones a la miel, pudín de naranja. Precio medio 30 €.

Gastromium. Avda. Ramón Carande, 12. ☎ 954 625 555. www.gastromiun.com
Cierra domingo noche, lunes, una semana en enero y agosto. Diseño, creatividad y calidad son características en el local y la cocina de los jóvenes cocineros. **Espuma caliente de patata y ragú de perdiz roja, pato de corral con arroz en su jugo, migas de cacao con haba tonka y helado de coco**. Precio medio 50 €.

La Albahaca. Pza. Santa Cruz, 12. ☎ 954 220 714. www.andalunet. com/la-albahaca
Casa-palacio de Juan Talavera con agradable terraza-jardín. Ensalada templada de espinacas, setas y langostinos; merluza en salsa verde, tocino de cielo. Menú 18 €. Precio medio 40 €.

La Isla. Arfe, 25. ☎ 954 215 376. www.restaurantelaisla.com
Un clásico en la oferta de mariscos y pescados, también solomillo para los carnívoros. Precio medio sin marisco 55 €.

Modesto. Cano y Cueto, 5. ☎ 954 416 811. www.modestorestaurantes.com
Cocina popular andaluza entre los jardines de Murillo y el barrio de Santa Cruz. Pimientos asados con atún, frito variado, poleá de la abuela. Menú 20 €. Precio medio 35 €. LA JUDERÍA (Cano y Cueto 13. ☎ 954 426 456. Cierra martes) de similares características.

® **Poncio.** Avda. Charles Darwin, 4. ☎ 954 460 717.
Cierra domingo. Willy Moya exhibe ahora su buen hacer en su refrescante local de la Isla de la Cartuja. El **ajo blanco**, el **robalo con apio-nabo y virutas de mojama** y el **helado de queso con migas dulces** son buena muestra de ello. Menú 10 €. Precio medio 30 €.

Sabina. Dos de Mayo, 4. ☎ 954 562 547.
Cierra domingo y tercera semana de agosto. Taberna popular. Fritos de pescado, rosbif de lomo de buey, milhojas templado de manzana. Precio medio 45 €.

Salvador Rojo. Avda. Manuel Siurot, 33. ☎ 954 229 725. www.restaurante-salvador-rojo.es
Cierra domingo y agosto. Nueva ubicación desde otoño de 2010. Ensalada de moluscos y mariscos, secreto ibérico crujiente con pera salteada, tocinillo de cielo con sopa de manzana verde. Precio medio 45 €.

Santo-Martín Berasategui. Argote de Molina, s/n. ☎ 954 561 020. P
Cierra domingo y lunes. Moderno y acogedor comedor para disfrutar la interesante cocina del sevillano Baltasar Díaz Corbacho que interpreta con buena mano la asesoría de Martín Berasategui. Valga el **pichón con pasta fresca cubierta de setas al cebollino** y el sensacional **soufflé de chocolate** como prueba. La satisfacción tan alta como el precio. Precio medio 70 €.

® **Taberna del Alabardero.** (H. ALABARDERO). Zaragoza, 20. ☎ 954 502 721. www.tabernadelalabardero.es P
Cierra agosto. Con 7 habitaciones. Casa-palacio del s. XIX, sede de la Escuela Superior de Hostelería. **Tartar de cigalas sobre mousse de coliflor, lomos de merluza en salsa verde con almejas, pastel de chocolate y especias con sorbete de naranja sanguina**. Precio medio 40 €.

Tribeca. Chaves Nogales, 3. ☎ 954 426 000. www.restaurantetribeca.com P
Cierra domingo y agosto. Lo mejor, el pescado del día, el risotto con boletus y espárragos verdes. El brownie de chocolate con su helado es un buen final. Precio medio 35 €.

Hoteles

***** **Alfonso XIII.** San Fernando, 2. ☎ 954 917 000. www.luxurycollection.com/alfonsoiii P
Hab. 147: 565/715 €. Hotel aristocrático y de gran tradición, su arquitectura mudéjar es un símbolo de la ciudad, con instalaciones actualizadas que conservan todo el encanto y el lujo de los grandes hoteles de principio de siglo. Es el foro de los acontecimientos de la vida social sevillana. Restaurante SAN FERNANDO.

***** **Barceló Renacimiento.** Avda. Álvaro Alonso Barba, s/n. Isla de la Cartuja. ☎ 954 462 222. www.barcelo.com
Hab. 295: 70/359 €. Suites: 7. Consultar ofertas. En el centro histórico y próximo a Isla Mágica. Restaurantes COLÓN, JARDÍN y JARDINES DEL RENACIMIENTO GRILL & LOUNGE.

***** **Boutique Casa Imperial.** Imperial, 29. ☎ 954 500 300. www.casaimperial.com
Hab. 26: 137/305 €. Suites: 4. Casa palacio del s. XVI. En pleno centro.

***** **Gran Meliá Colón.** Canalejas, 1. ☎ 954 505 599. www.granmeliacolon.com
Hab. 189. Consultar tarifa. Suites: 26. Hotel taurino. Restaurante EL BURLADERO.

***** **Hacienda La Boticaria.** (En ALCALÁ DE GUADAIRA). Ctra. Alcalá-Utrera, km 2,5. ☎ 955 698 820. www.laboticaria-hotel.com
Hab. 108: 230/350 €. Suites: 25. Restaurante PATIO DE LOS VIENTOS.

***** **Palacio de Villapanes-Alma Sevilla.** Santiago, 31. ☎ 954 502 063. www.almahotels.com
Hab. 45: 169/309 €. Suites: 5. Consultar ofertas y admisión de perros. Céntrico. Ubicado en una casa-palacio del s. XVIII, totalmente remodelado. Próximo a La Giralda y Catedral.

**** **Abba Triana.** Plza. Chapina, s/n. ☎ 954 268 000. www.abbatrianahotel.com
Hab. 137: 69/330 €. En el Barrio de Triana. Restaurante ABBA MIA.

**** **AC Ciudad de Sevilla.** Avda. Manuel Siurot, 25. ☎ 954 230 505. www.ac-hotels.com
Hab. 85: 75/260 €. Suites: 1. Restaurante LA MEJORANA.

**** **Alcoba del Rey de Sevilla Boutique Hotel.** Bécquer, 9. ☎ 954 915 800. www.alcobadelrey.com
Hab. 15: 90/245 €. Suites: 8. Consultar ofertas. Antiguo palacete con patio mudéjar. Restaurante ABACERÍA REINO DE TAIFAS.

**** **Ayre Hotel Sevilla.** Avda. Kansas City, s/n. ☎ 954 919 797. www.ayrehoteles.com
Hab. 241: 88/286 €. Suites: 13. Consultar ofertas. Frente a la estación de Santa Justa. Restaurante PORTICO.

**** **Bécquer.** Reyes Católicos, 4. ☎ 954 228 900. www.hotelbecquer.com
Hab. 133: 79/279 €. Suites: 1. Admisión de perros, consultar. Próximo a la Catedral y Giralda. Restaurante MAESE.

**** **Cortijo Águila Real.** (En GUILLENA). Ctra. Guillena-Burguillos, km 4. ☎ 955 785 006. www.aguilareal.com
Hab. 10: 48/126 €. Suites: 4. Consultar ofertas. Antiguo cortijo muy bien restaurado que ofrece el sencillo lujo de las casas de campo andaluzas. Plaza de toros. Restaurante EL ÁGUILA.

**** **Doña María.** D. Remondo, 19. ☎ 954 224 990. www.hdmaria.com
Hab. 64: 90/260 €. Suite: 1. Frente a La Catedral y La Giralda. Antigua casa-palacio, s. XIV, reconvertido en hotel. Amueblado con esmero y buen gusto, cuidado hasta el último detalle, ambiente confortable.

**** **Eurostars Isla Cartuja.** Isla de la Cartuja. Sector Norte, s/n. (Estadio Olímpico). ☎ 954 081 700.
Hab. 72: 53/750 €. Suites: 2. En el Estadio Olímpico. Traslados minibús gratuito al centro e Isla Mágica. Restaurante LA ABADÍA.

**** **Hesperia Sevilla.** Avda. Eduardo Dato, 49. ☎ 954 548 300. www.hesperia-sevilla.com
Hab. 244: 64/237 €. Suites: 2. Consultar cierre. Restaurante PORTA COELI.

**** **Las Casas del Rey de Baeza.** Santiago. Pza. Jesús de la Redención, 2. ☎ 954 561 496. www.hospes.es
Hab. 36: 140/320 €. Suites: 5. En el Bº de Santa Cruz. Corral de vecinos del s. XVIII. Restaurante SENZONE.

**** **Husa Los Seises.** Segovias, 6. Tercer patio Palacio Arzobispal. ☎ 954 229 495. www.husa.es
Hab. 42: 90/300 €. En un palacio del s. XVI, a los pies de la Giralda. Ruinas romanas en el Restaurante.

**** **Inglaterra.** Pza. Nueva, 7. ☎ 954 224 970. www.hotelinglaterra.es
Hab. 86: 124/297 €. Consultar ofertas. Recientemente reformado. Restaurante LA GALERÍA.

**** **Las Casas de la Judería.** Santa María la Blanca, 5. ☎ 954 415 150. www.casasypalacios.com
Hab. 112: 180/360 €. Suites: 12. Consultar ofertas. En el Bº de Santa Cruz. Este hotel ha recuperado las antiguas casas de la judería que formaban un conjunto de aposentos al servicio del duque de Béjar. Restaurante EMPORIÓN.

**** **Meliá Lebreros.** Avda. Luis de Morales, 2. ☎ 954 579 400. www.melia.lebreros.com
Hab. 437: 65/249 €. Suites: 6. Consultar ofertas. Céntrico. A 400 m de la Estación de Santa Justa. Restaurante LA DEHESA.

**** **Meliá Sevilla.** Dr. Pedro de Castro, 1. ☎ 954 421 511. www.melia-sevilla.com
Hab. 365: 86/231 €. Suite: 1. Consultar cierre y ofertas. Totalmente reformado. Servicio The Level. Restaurante LA ALBUFERA, especialidad en arroces.

**** **Novotel Sevilla Marqués del Nervión.** Avda. Eduardo Dato, 71. ☎ 954 558 200. www.novotel.com
Hab. 169: 68/250 €. Suites: 2. Punto de información Turística ubicado en el hotel. Restaurante CLARAVÍA.

**** **Petit Palace Marqués Santa Ana.** Jimios, 9-11. ☎ 954 221 812. www.hthoteles.com
Hab. 57: 80/562 €. Todas las habitaciones con ordenador portátil e internet gratuitos. Junto a la Catedral.

**** **Posada del Lucero.** Almirante Apodaca, 7. ☎ 954 502 480. www.imghoteles.com
Hab. 39: 86/245 €. Céntrico. Monumento Histórico Nacional del s. XVI.

**** **Rey Alfonso X.** Ximénez de Enciso, 35. ☎ 954 210 070 www.imgreyalfonsox.com
Hab. 60: 86/245 €. Céntrico. Junto a la Catedral, Giralda y El Alcázar. Reformado en 2010.

**** **San Gil.** Parras, 28. ☎ 954 906 811. www.hotelsangil.com
Hab. 84: 70/320 €. Consultar ofertas. Antigua casa-palacio sevillana. Restaurante LA CALESERA.

**** **Sevilla Center.** Avda de La Buhaira, 24. ☎ 954 549 500. www.hotelescenter.com
Hab. 232: 60/535 €. Suites: 1. Restaurante AL ZAGAL.

**** **Sevilla Congresos.** Avda. Alcalde Luis Uruñuela, s/n. ☎ 954 259 000. www.hotelsevillacongresos.com
Hab. 218: 49/399 €. Suites: 1. Consultar ofertas. Frente Palacio de Exposiciones y Congresos.

**** **Silken Al-Andalus Palace.** Avda. de la Palmera, esq. c/Paraná. ☎ 954 230 600. www.hotelalandalus.com
Hab. 623: 70/292 €. Suites: 9. Consultar ofertas. Junto al Parque Mª Luisa. Servicio atento y personalizado. Restaurantes PALACE e ITÁLICA.

**** **Tryp Macarena.** San Juan de Ribera, 2. ☎ 954 375 700. www.solmelia.com
Hab. 331: 105/321 €. Suites: 10. A 800 m de "Isla Mágica". Restaurante LA MURALLA.

**** **Vincci La Rábida.** Castelar, 24. ☎ 954 501 280. www.vinccihoteles.com
Hab. 79: 125/330 €. Suites: 2. Casa palacio del s. XVIII. En el casco histórico. Vistas a la catedral. Restaurante EL MIRADOR DE SEVILLA Y LOS PATIOS.

**** **Zenit Sevilla.** Pagés del Corro, 90. ☎ 954 347 434. www.zenithoteles.com
Hab. 128: 60/535 €. En el famoso barrio de Triana. Próximo a zona monumental. Restaurante ALMARES.

*** **Cortijo El Esparragal.** (En GERENA, a 21 km). Ctra. Mérida, km 795. ☎ 955 782 702. www.elesparragal.com
Hab. 21: 75/149 €. Consultar ofertas. Bonito cortijo que fue monasterio de los jerónimos. Rodeado de 3.000 hectáreas, con ganadería de caballos y coto de caza. Restaurante LA DEHESA DEL ESPARRAGAL.

*** **Monte Carmelo.** Virgen de la Victoria, 7. ☎ 954 279 000. www.hotelesmonte.com
Hab. 68: 50/220 €. Consultar ofertas. En el barrio Los Remedios. Cerca del centro histórico-artístico.

*** **Monte Triana.** Clara de Jesús Montero, 24. ☎ 954 343 111. www.hotelesmonte.com
Hab. 116: 50/160 €. Consultar ofertas. Situado en el Bº de Triana. Próximo al Parque Isla Mágica. Amplias y cómodas habitaciones y esmerado servicio.

Sierra Nevada-Monachil (Granada)

73 • E-4

A GRANADA, 6 KM; MADRID, 461 KM. ALT. 740 A 3.394 M. POB. 6.967. 958 480 464.
GPS (37° 7' 54"N-3° 32' 26"O).

Fiestas: 17 de enero: S. Antón, fiesta gastronómica. 5 de agosto: Virgen de las Nieves. 25 de agosto: Virgen del Rosario.
Visitar: Estación de esquí de Sierra Nevada. La más septentrional de Europa y por ello la que ofrece más horas de luz. Parque Nacional. Jardines: Botánico de La Cortijuela y el de La Hoya de Pedraza. Iglesia de la Encarnación, s. XVI. Casa del Molino, s. XVI. Convento de los agustinos recoletos del s. XIX. Radio telescopio y observatorio.
Alrededores: Alhambra y Generalife, a 6 km.

Restaurantes

Ruta del Veleta. (Estación de esquí Pradollano). Edificio Bulgaria, s/n. ☎ 958 481 201. www.rutadelveleta.com
Cierra domingo y de mayo a noviembre. Cocina tradicional de los hermanos Pedraza en Sierra Nevada. Guiso de espárragos verdes, setas, tagarninas y huevo estrellado; paletilla de cordero segureño asada, natillas. Precio medio 50 €.

Hoteles

***** **Vincci Selección Rumaykiyya.** Urb. Sol y Nieve, s/n. ☎ 958 482 508. www.vinccihoteles.com
Hab. 63: 107/786 €. Suites: 7. A pie de pistas. Restaurante LA ALQUERÍA.
**** **Kenia Nevada.** Virgen de las Nieves, 6. ☎ 958 480 911. www.kenianevada.com
Hab. 65: 65/194 €. Suites: 2. En la estación de esquí y el Parque Nacional de Sierra Nevada. Rodeado de un bello paisaje. Restaurante CATIFAS.
**** **Maribel.** Urb. Pradollano, s/n. ☎ 958 481 019.
Hab. 20: 90/315 €. Suites: 3. Cierra el 30 de abril. A pie de pistas de esquí. Transporte gratuito a la plaza de Pradollano.
**** **Meliá Sierra Nevada.** Pza. de Pradollano, s/n. ☎ 958 480 400. www.melia-sierra-nevada.com
Hab. 217: 75/358 €. Suites: 4. Consultar cierre y ofertas. En el centro comercial y de ocio de la estación de esquí. Restaurante LA TINAJA DE LA SIERRA.
**** **Meliá Sol y Nieve.** Pza. de Pradollano, s/n. ☎ 958 480 300. www.melia-sol-y-nieve.com
Hab. 258: 81/389 €. Consultar cierre y ofertas. En el centro comercial y de ocio de la estación de esquí. Restaurante AQUA.
*** **Eh Mont-Blanc.** Edificio Mont-Blanc. Pza. Pradollano, s/n. ☎ 958 481 212. www.ehetursa.com
Hab. 46: 96/280 €. Consultar cierre. A pie de pistas.
*** **El Lodge.** Maribel, 8. ☎ 958 480 600. www.ellodge.com
Hab. 19: 229/316 €. Consultar cierre. Centro de Salud, guardería. Situado a pie de pistas.
*** **Nevasur.** Virgen de las Nieves, 17. ☎ 958 480 350.
Hab. 65: 56/125 €.
*** **Trevenque.** Pza. de Andalucía, s/n. ☎ 958 480 862. www.apartahoteltrevenque.com
Hab. 72: 116/150 €. Cierra en mayo, junio, septiembre y noviembre. Situado a pie de pistas.
*** **Ziryab.** Pza. de Andalucía 8. ☎ 958 480 512. www.hotelziryab.com
Hab. 147: 119/185 €. Consultar cierre. A 100 m de los remontes mecánicos. Restaurante EL MIRADOR.

Sigüenza (Guadalajara)

32 • A-3

A GUADALAJARA, 70 KM; MADRID, 130 KM. ALT. 968 M. POB 5.043. 949 347 007.
GPS (41° 4' 7"N-2° 38' 37"O).

Fiestas: 22 de enero: S. Vicente. Tradicionales hogueras, de Interés Turístico. Semana Santa, Los Armaos de Interés Turístico Provincial. 9 de mayo: Romería al Santuario la Virgen de la Salud, en Barbatona. 23 de junio: levantan los típicos Arcos de S. Juan, La rondalla seguntina interpreta las "sanjuaneras". Del 12 al 18 de agosto: S. Roque y de Ntra. Sra. de La Mayor, con la procesión de Los Faroles de Interés Turístico.
Visitar: **La Catedral,** comenzada a finales del s. XII por maestros franceses se acabó a final del s. XIII. La portada está flanqueada por dos torres, s.s XIV y XVI. En el interior, las capillas de la Inmaculada y del doncel, en la que se encuentra el sepulcro de D. Martín Vázquez de Arce. En la sacristía, un relieve de alabastro de la escuela inglesa de Nottingham. En el crucero, el retablo de Ntra. Sra. de la Leche. Altar de Sta. Librada, conjunto renacentista diseñado por Covarrubias y en la Girola, una magnífica sacristía de las cabezas también de Covarrubias. El Museo Diocesano alberga colecciones de esculturas románicas, góticas, renacentistas y barrocas, entre las que destacan la imagen del profeta Elías, atribuida a Salzillo. Plaza Mayor, rodeada de soportales del s. XV. Ayuntamiento, renacentista, de 1511. Destacan también: Portada románica de la **Iglesia de Santiago;** La Casa del Doncel, del s. XV, sede del Archivo Histórico Municipal; **Iglesia de S. Vicente,** de estilo románico; Plazuela de la Cárcel, con el antiguo ayuntamiento y La Posada del Sol. Puerta del Portal Mayor y el Castillo, del s. XII, reconstruido en los s.s XIV y XV.
Alrededores: Castillo de Pelegrina,s. XII. Castillo de Guijosa. PALAZUELOS: **Muralla,** Bien de Interés Cultural. CUBILLAS DEL PINAR, a 15 km: Iglesia románica. CARABIAS, a 9 km: Iglesia románica. **Salinas de Imón,** Bien de Interés Cultural. Parque Natural del Río Dulce.

Restaurantes

Calle Mayor. Mayor, 21. ☎ 949 391 748. www.restaurantecallemayor.com
Cierra domingo noche, lunes y del 20 de diciembre al 2 de enero. Edificio del s. XVIII de los hermanos Canfrán. Revuelto de boletus edulis con foie-gras y huevo de corral, cabrito asado, flan de calabaza con salsa de moras. Menú 15 €. Precio medio 30 €.
El Doncel. (H. EL DONCEL). Pº de la Alameda, 3. ☎ 949 390 001. www.eldoncel.com
Cierra domingo noche, lunes excepto festivos, del 15 de febrero al 1 de marzo y del 24 al 31 de diciembre. Con 18 habitaciones. Los hermanos Pérez han prestigiado su elegante local en cocina y sala. Para empezar, **carpaccio de corzo y sorbete de tomillo, costillar de cordero a la canela.** Después, un goloso **helado especiado y bizcocho borracho.** Precio medio 45 €.
La Casa. Travesaña Alta, s/n. ☎ 949 390 310. www.restaurantelacasa.com
Cierra domingo noche, lunes y del 20 de diciembre al 2 de enero. En la casa-palacio del Doncel, edificio histórico del s. XII. Ensalada de tomate y queso con aceite de albahaca, carrillera de ternera estofada, tarta fina de manzana. Menú 15 € Precio medio 30 €.

Hoteles

**** **Parador de Turismo.** Pza. del Castillo, s/n. ☎ 949 390 100. www.parador.es
Hab. 81: 114/154 €. Suites: 2. Consultar ofertas. Castillo visigótico, transformado sucesivamente en Alcazaba árabe y Palacio Episcopal, s. XI. Cocina tradicional.
*** **Cardamomo-Sigüenza.** (En CARABIAS). Cirueches, 2. ☎ 902 883 108. www.cardamomosiguenza.com
Hab. 13: 115/135 €. Suites: 2. Consultar ofertas y admisión de perros. En el Valle del río Salado.
*** **El Molino de Alcuneza.** (En ALCUNEZA, a 5 km). Ctra. de Alboreca, km 0,5. ☎ 949 391 501.
Hab. 11: 72/180 €. Suites: 1. Consultar cierre. Turismo rural en un molino de más de 500 años. Restaurante previa reserva.
*** **Hotel & Spa Salinas de Imón.** (En IMÓN). Real, 49. ☎ 949 397 311. www.salinasdeimon.com
Hab. 13: 76/195 €. Consultar ofertas. Casa Palacio del s. XVII con muebles de anticuario. Restaurante LA TAHONA.

Sils (Girona)

26 • A-3

A GIRONA, 24 KM; MADRID, 689 KM. ALT. 76 M. POB. 4.347. 972 168 285.
GPS (41° 48' 32''N-2° 44' 33"E).

Fiestas: Del 26 al 28 de marzo: Fiesta de las Ofrendas. 5-6 de junio: Llotja de Sils, feria del automóvil y la moto antigua. 10-11 de julio: Cena gastronómica local. Del 25 al 28 de septiembre: Fiesta Mayor, Stos. Cosme y Damià.
Visitar: Museo Salvador Claret de automóviles antiguos, una de las mejores colecciones europeas. El modelo más antiguo de los expuestos es un un Merry Weather "Crown Plate" de vapor de 1883, . Circuito de Rally-Cars. Laguna de Sils, espacio natural protegido.
Alrededores: SANTA COLOMA DE FARNERS: Magma, Centro lúdico termal. CALDES DE MALAVELLA: Balnearios Prats y Vichy Catalán. HOSTALRIC: Castillo y fortificación.

Restaurantes

Hostal de la Granota. Ctra. A-II, Madrid-Gerona, km 695. ☎ 972 853 044. Cierra noches de domingo a jueves, miércoles y del 10 de julio al 10 de agosto. Masía catalana del s. XV con cocina a tono. Habas a la catalana, espalda de cabrito a la brasa, helado de turrón. Menú 20 €. Precio medio 28 €.

Simancas (Valladolid) Ver Valladolid.

30 • C-1

Sitges (Barcelona)

35 • C-2

A BARCELONA, 36 KM; MADRID, 597 KM. ALT. 10 M. POB. 27.668. 938 109 340.
GPS (41° 14' 4"N-1° 48' 36"E).

Fiestas: Febrero: Carnaval. Marzo: Rallye Internacional de coches de época. Corpus Cristi. Del 21 al 27 de agosto: St. Bartomeu, Fiesta Mayor. 22-23 de septiembre: Fiesta de la Vendimia, Sta. Tecla. Octubre: Festival Internacional de Cine de Cataluña.
Visitar: Casco Antiguo. Iglesia parroquial. Paseo marítimo con mansiones señoriales. El Baluard. Palacio Maricel. Museo Cau-Ferrat. Museo Romántico. Museo Maricel de Mar. Playas.
Alrededores: Parques Naturales de Garraf y del Foix. Monserrat. Monasterio Budista.

Restaurantes

®**El Velero de Sitges.** Pº de la Ribera, 38. ☎ 938 942 051. www.restaurantevelero.com Cierra lunes. En un marco marinero moderno con vistas al mar la familia Martínez ofrece una gustosa culinaria que se caracteriza por su armonía y mediterraneidad. **Canelones con salsa de ceps, tatín de pera con crema de leche.** Precio medio 45 €.

®**Ibai.** (En SANT PERE DE RIBES, a 4 km). (Ctra. de Canyelles). Les Perellades, s/n. ☎ 902 520 522. www.ibaiosteria.com Cocina tradicional elaborada con buenos productos en esta hostería ubicada en una antigua casa colonial agradablemente restaurada. **Canelones con foie-gras y trufa, torrija con helado de canela.** Precio medio 45 €.

La Torrada. (En SANT PERE DE RIBES, a 4 km). Ctra. Sitges, 7. ☎ 938 962 993. Cierra domingo noche, lunes y primera quincena de septiembre. Caracoles y bacalao a la llauna, crema catalana, en una casa rústica del s. XIX. Precio medio 30 €.

Mare Nostrum. Pº de la Ribera, 60. ☎ 938 943 393. Cierra domingo noche en invierno, miércoles y del 15 de diciembre al 1 de febrero. Antigua bodega de malvasía con terraza frente al mar. Xato, arroz meloso de galeras con almejas, chocolate negro con naranja. Menú 20 €. Precio medio 35 €.

®**Maricel.** Pº de la Ribera, 6. ☎ 938 942 054. www.maricel.es Cierra miércoles y segunda quincena de noviembre. La propuesta culinaria, indiscutiblemente mediterránea, amalgama estacionalidad y exquisitez, en primera línea de mar. **Ravioli de bogavante con salsa albufera, parfait de lima, fresa y citronelle.** Precio medio 60 €.

Hoteles

***** **Dolce Sitges.** Avda. Camí de Miralpetx, 12. ☎ 938 109 000. www.dolcesitges.com Hab. 260: 184/256 €. Suites: 3. Consultar cierre. Vistas al mar y al Campo de Golf. Restaurantes ES WARRIS, VEREMA y LA PUNTA.

**** **Antemare "Nova Dimensio".** Verge Montserrat, 48-50. ☎ 938 947 000. www.antemare.com Hab. 116: 130/200 €. Suites: 3. Consultar ofertas. Rodeado de jardines. A 50 m de la playa.

**** **Best Western Subur Marítim.** Pº Marítimo, s/n. ☎ 938 941 550. www.hotelsuburmaritim.com Hab. 42: 117/204 €. Suites: 4. En primera línea de playa. Restaurante CAU DEL VINYET.

**** **Calipolis.** Avda. Sofía, 2-4 ☎ 938 941 500. www.hotelcalipolis.com Hab. 170: 98/231 €. Suites: 7. Primera línea de playa. En el paseo marítimo. Restaurante EL MIRADOR y ÁGORA.

**** **Estela Barcelona.** Avda. Port d'Aiguadolç, 8. ☎ 938 114 545. www.hotelestela.com Hab. 64: 139/263 €. Suites: 12. En el puerto deportivo. Exposiciones de arte. Habitaciones pintadas y decoradas por artistas, con vistas al mar. Restaurante GALLERY IRIS, cocina mediterránea.

**** **Mediterráneo Sitges Hotel & Apartaments.** Avda. Sofía, 3. ☎ 938 945 134. www.almediterraneo.com Hab. 12: 112/185 €. Apartamentos: 45. Suites: 1. En primera línea de playa. Recientemente renovado. Restaurante SAN MARZANO.

**** **Meliá Sitges.** Joan Salvat Papasseit, 38. ☎ 938 110 811. www.melia-sitges.com Hab. 307: 110/250 €. Suites: 8. Todas las habitaciones disponen de terraza. Restaurante NORAY y BISTROT SAFFRON.

**** **San Sebastián Playa.** Port Alegre, 53. ☎ 938 948 676. www.hotelsansebastian.com Hab. 48: 130/400 €. Suites: 3. Consultar tarifas en ferias. En primera línea de playa. A 100 m del casco histórico. Restaurante POSIT SITGES, especializado en cocina mediterránea.

*** **Galeón-Galeón Pavillon.** San Francisco, 46-48. ☎ 938 940 612. www.hotelsitges.com Hab. 47: 50/143 €. Consultar cierre.

Solares (Cantabria)

5 • B-3

A SANTANDER, 17 KM; MADRID, 399 KM. ALT. 50 M. POB. 7.703. 942 520 023.
GPS (43° 23' 4"N-3° 44' 21"O).

Fiestas: 29 de enero: S. Vicente. 24 de junio: S. Juan. 29 de junio: S. Pedro. Agosto: Día 6: S. Justo. Día 15: Sta. María de Cudeyo. Día 16: S. Roque. Día 19: S. Joaquín.
Visitar: Villa que destaca por su tradición termal y su riqueza arquitectónica, Fábrica del Agua. Iglesia de Sta. María, s. XVI. Fortaleza del Pico Castillo, s.s VIII-XI, Bien de Interés Cultural. Ermita de S. Pedruco. Palacios de Valbuena y de Rubalcaba s. XVII. Camino de Santiago. Embalse de Heras. Finca de Marqués de Valdecilla.
Alrededores: BAREYO, a 10 km: Iglesia de Sta. María, s. XII. A 4 km, Monumento a la Marina de Castilla, en PEÑA CABARGA. Panorámica de la Bahía de SANTANDER. A 18 km, Parque de la Naturaleza de Cabárceno. LIÉRGANES, a 7 km: Puente romano y casco antiguo. A 12 km: Playas.

Restaurantes

Casa Enrique. (H. CASA ENRIQUE). Pº de la Estación, 16. ☎ 942 520 073. www.restaurantecasaenrique.es
Cierra domingo noche y del 20 de septiembre al 10 de octubre. Con 16 habitaciones. Puré de garbanzos con foie-gras y picatostes, zancarrón de ternera, tarta de manzana reineta. Precio medio 30 €.

Hoteles

**** **Balneario Solares.** Avda. Calvo Sotelo, 13. ☎ 942 521 313. www.hotelbalneariosolares.es
Hab 113: 78/178 €. Suites: 5. Consultar ofetas. 5.000 m² de espacio termal. Restaurante EL MANANTIAL.
** **Palacio de Los Marqueses de Valbuena.** General Mola, 6. ☎ 942 522 866. www.marquesesdevalbuena.com
Hab. 26: 41/92 €. Suite:1. Consultar cierre y ofertas. Palacio barroco del s. XVII. Restaurantes INFANTADO y MARQUESADO.

Somaén (Soria) Ver Medinaceli. 32 • B-3

Sondika/Sondica (Vizcaya) Ver Bilbao. 5 • F-3

Sorauren (Navarra) Ver Pamplona. 12 • E-2

Soria 22 • B-4

A BURGOS 106 KM. MADRID, 235 KM. ALT. 1.055 M. POB. 40.300. 975 220 511.
GPS (41° 45' 56''N-2° 28' 18"O).

Fiestas: Semana Santa: de Interés Turístico Regional. Primer miércoles después de S. Juan, de Interés Turístico. Cinco días, cada uno con su propio significado: Jueves, "La Saca", se trae el ganado que se lidia al día siguiente; Viernes "De Toros", se lidian 6 toros por la mañana y 6 por la tarde y su carne se reparte entre los vecinos; sábado "Agés", subastas de los despojos; domingo "De Calderas", las cuadrillas trasladan sus Calderas adornadas a la Alameda Cervantes; lunes "De Bailas", procesión de los santos titulares de cada barrio hasta la Ermita de la Soledad, en Alameda. Por la tarde, romería en la pradera de S. Polo, a orillas del Duero. En la madrugada se entona el "Adiós S. Juan". Del 1 al 5 de octubre: Patronales en honor a S. Saturio, con función religiosa y procesión de las reliquias del Santo.
Visitar: Ciudad, monumental. Destaca la **Iglesia de Sto. Domingo**, románica del s. XII. Interior con tres naves y altar del s. XVI. Actualmente Convento de Clarisas. Iglesia de S. Juan de Rabanera, de finales del s. XII, destacando el ábside con dos ventanas, y la portada. Concatedral de S. Pedro, románica en origen y transformada en el s. XVI. **Monasterio de S. Juan de Duero**, del s. XIII. Museo Numantino, excepcional colección de objetos celtíberos de Numancia, Uxama y Tiermes. **Palacio de los Condes de Gómera**, s. XVI, monumental fachada con motivos decorativos geométricos, doble galería con columnas y robusta torre. **Palacio de los Ríos y Salcedo**, s. XVI, decoración plateresca en la puerta y curiosa ventana, actual Archivo Histórico Provincial. Calle Aduana Vieja, calle nobiliaria con palacios renacentistas como el de los Castejones, el de Don Diego de Solier y el de los San Clemente. **Plaza Mayor**, con edificios destacables como el **Palacio de la Audiencia**, juzgado, cárcel y actualmente Centro Cultural; el **Palacio de los Doce Linajes**, actual Ayuntamiento y la **Iglesia de la Mayor**, de origen románico. Ermita de San Saturio, junto al Duero, construida sobre la gruta natural en la que vivió el anacoreta patrón de la ciudad. Excelentes frescos en la capilla del pintor soriano Juan Zapata Ferrer. Parque de la Alameda de Cervantes y el del Castillo, con preciosas panorámicas.
Alrededores: A 6 km, monte Valonsadero, zona natural de esparcimiento y estación rupestre con pinturas prehistóricas. A 8,5 km, la ciudad celtíbero romana de Numancia. A 25 km, la villa tardo-romana de Las Cuevas de Soria. A 28,7 km, el valle del Razón. A 30 km, playa Pita, en el embalse de la Cuerda del Pozo. A 41,5 km, la ruta de las Icnitas. A 50,3 Ágreda. A 18 km: Cañón del Río Lobos, Parque Natural. A 51 km, Parque Natural de la Laguna Negra.

Restaurantes

® **Baluarte.** Caballeros, 14. ☎ 975 213 658. www.baluarte. info
Cierra domingo noche, lunes, segunda quincena de enero y primera de septiembre. En un edificio del s. XVII restaurado con decoración moderna y cocina castellana actualizada. **Boletus salteados con cortezas crujientes, solomillo de ternera de Soria, canutillos rellenos de crema de mandarina**. Precio medio 40 €.
Casa Augusto-El Mesón de Isabel. Pza. Mayor, 3-5. ☎ 975 213 041. www.casaaugusto.com
Cierra del 10 de enero al 12 de febrero. Dos locales contiguos con similar oferta. Migas pastoriles, caldereta de añojo, helados. Precio medio 30 €.
Fogón del Salvador. Pº del Salvador, 1. ☎ 975 230 194. www.fogonsalvador.com
Cierra martes en invierno. Sopa micológica trufada en costra, carnes rojas a la brasa, postres caseros. Precio medio 30 €.
Iruña Plaza. Pza. Ramón Benito Aceña, 2. ☎ 975 226 831. www.iruñaplaza.com
Amplia barra con surtido de tapas y terraza en la plaza (con buen tiempo). Callos de bacalao, patatas con huevo y trufa negra de Soria, helado de Pedro Ximénez. Precio medio 30 €.
Mesón Castellano. Pza. Mayor, 2. ☎ 975 213 045.
Cierra martes en invierno y 15 días en noviembre. Ensalada de bacalao, cabrito frito, tarta costrada. Precio medio 40 €.
Rincón de San Juan. Diputación, 1. ☎ 975 215 036. www.rincondesanjuan.com
Cierra noches de lunes a jueves; domingo y noviembre. Sopa de setas con trufa negra de Soria, cochinillo frito, tarta de cuajada. Menú 14 €. Precio medio 34 €.
Santo Domingo 2. Aduana Vieja, 15. ☎ 975 211 717. www.santodomingo2.es
Alubias con perdiz, rabo de toro al vino de la Ribera, tarta costrada. Menú 24 €. Precio medio 36 €.

Hoteles

**** **Alfonso VIII.** Alfonso VIII, 10. ☎ 975 226 211. www.hotelalfonsoviiisoria.com
Hab. 88: 111/134 €. Céntrico. Restaurante LA GALIANA.
**** **Ciudad de Soria.** Zaragoza, s/n. ☎ 975 224 205. www.hotelciudaddesoria.com
Hab. 30: 60/95 €. Suite: 1. Consultar cierre.
**** **Leonor.** Pº del Mirón, s/n. ☎ 975 220 250. www.hotel-leonor.com
Hab. 32: 67/118 €. Suites: 1. Consultar cierre y ofertas. En el Parque del Mirón.
**** **Parador de Turismo.** Parque del Castillo, s/n. ☎ 975 240 800. www.parador.es
Hab. 67: 128/160 €. Suite: 1. Situado en el Parque del Castillo, zona ajardinada, tranquila y con buenas vistas a la ciudad y al río Duero.
*** **Valonsadero.** Monte Valonsadero. N-234, km 359. ☎ 975 180 006. www.hotelvalonsadero.com
Hab. 8: 45/85 €. Suite: 1. Consultar cierre. En el monte Valonsadero, goza de una vista sin igual. Ideal para el descanso o excursiones.
Posada Torrealdealseñor. (En ALDEALSEÑOR, a 19,8 km). Castillo,1. ☎ 975 251 250. www.torrealdealsenor.com
Hab. 8: 85/150 €. Suites: 6. Consultar ofertas. Posee torre del s. X.

Sort (Lleida)

14 • F-4

A LLEIDA, 125 KM. A MADRID, 592 KM, ALT. 692 M. POB. 2.382. 973 621 002.
GPS (42° 24' 36''N-1° 7' 39"E).

Fiestas: Carnaval. 24 de junio: XIX Esquilada de ovejas y Feria Artesanal. Julio: 46 Rallie Internacional Noguera Pallaresa. Del 31 de julio a 2 de agosto: Fiesta Mayor. 7-8 de noviembre: Feria de Otoño.
Visitar: Castillo de los Condes de Pallars, s.s. XI-XV. Iglesia parroquial de St. Feliu. Plaza Mayor. Parque del Rivet. Observatorio Metereológico. Prisión-Museo El Camino de La Libertad.
Alrededores: Museo de Mariposas de Cataluña. Parque Natural del Alto Pirineo. Parque Nacional d'Aigüestortes y Estany de St. Maurici. Monasterio de Guerri de La Sal. Valle de Assua. Museo de Los Pastores. Estación de Esquí de Port-Ainé.

Restaurantes

Fogony. Avda. Generalitat, 45. ☎ 973 621 225. www.fogony.com
Cierra domingo noche, lunes, martes y del 7 al 22 de enero. Pequeño y agradable local familiar, junto al rio Noguera Pallaresa, en el que Zaraida Cotonat ofrece su personalísima y moderna visión de la cocina tradicional. **Blauet de queso azul de Sort, jarabe de abeto, rúcula y aceite de Argán; xisqueta ecológica, palpis de lechazo, guisantes y jamón**
Precio medio 60 €.

Pessets. (H. PESSETS). (Ctra. de Seu d'Urgell). Diputació, 3. ☎ 973 620 000. www.hotelpessets.com
P
Cierra noviembre. Cocina tradicional puesta al día. Ceps confitados con parmentier de foie-gras y trufa, tartar de trucha con cebolla de Llessui, macedonia con helado de manzana verde. Menú 22 €. Precio medio 35 €.

Hoteles

*** **Pessets.** Diputació, 3. ☎ 973 620 000. www.hotelpessets.com P
Hab. 72: 39/94 €. Suites: 4. Cierra noviembre. Parcialmente remodelado.

Sos del Rey Católico (Zaragoza)

13 • A-4

A ZARAGOZA, 124 KM; MADRID, 421 KM. ALT. 652 M. POB. 690. 948 888 065.
GPS (42° 29' 49''N-1° 12' 59"O).

Fiestas: Domingo y lunes de Pentecostés: Romería al Santuario de Ntra Sra. de Valentuñana, patrona de la comarca y de la villa. Agosto: Fiestas mayores de la Cruz, con gigantes y cabezudos, fuegos artificiales, becerradas y actuaciones de cuadros joteros. 13 de diciembre: Sta. Lucía, celebraciones en la Ermita de la Santa, decorada con originales pinturas murales. 26 de diciembre: Fiesta religiosa en honor a S. Esteban protomártir, titular de la Parroquia.
Visitar: La Villa, situada en un alto entre los puertos de Sos y Cuatro Caminos. Se franquea la villa por siete puertas con troneras, que dan acceso al barrio monumental. Destacan la Iglesia de S. Esteban y su Cripta, s.s. XI y XII, a la que se llega por el túnel El Rechelao o La Claustra, con capiteles románicos del s. XI. Construida en estilo románico y ampliada en gótico en el XVI, con portada románica de finales del XII, y las tallas del Cristo del Perdón, s. XII y la Virgen del Perdón, s. XIII. En la Iglesia subterránea destaca la decoración de los ábsides, pinturas murales de los s.s XIII y XIV, bien conservados. Museo Parroquial. Ermita de Sta. Lucía, románico cisterciense del s. XIII. Santuario de Valentuñana, barroco de los s.s XVII y XVIII. Palacio de Sada, donde nació Fernando el Católico y las Casas Consistoriales de los s.s XIII y XVI.
Alrededores: UNCASTILLO, a 22 km: Soberbio conjunto Histórico-Monumental, con una ingente cantidad de palacios e iglesias, tanto románicas como renacentistas. Sierra de Sto. Domingo: Enclave montañoso con pequeñas localidades, pintorescas y con edificios de interés. Sierra de Yesa, a 20 km, llamado el Mar del Pirineo.

Restaurantes

La Cocina del Principal. Fernando el Católico, 13. ☎ 948 888 348. www.lacocinadelprincipal.com
Cierra domingo noche, lunes no festivos, y del 7 al 31 de enero. Acogedor ambiente en las cuadras y bodega de una casa del s. XVII. Pimientos del piquillo rellenos de lenguado y gambas, verduras y chuletón a la brasa, natillas. Precio medio 30 €.

Hoteles

**** **Parador de Sos del Rey Católico.** Arquitecto Sáinz de Vicuña, 1. ☎ 948 888 011. www.parador.es
P
Hab. 66: 103/139 €. Suites: 5. Consultar cierre y ofertas. Ubicado en el extremo de la muralla medieval. Restaurante CINCO VILLAS. Especialidades gastronómicas regionales.

Soto del Real (Madrid) Ver Manzanares el Real.

40 • B-1

Sotogrande-Guadiaro (Cádiz)

80 • E-1

A CÁDIZ, 145 KM; MADRID, 672 KM, ALT. 109 M. POB. 28.653. 956 616 856.
GPS (36° 18' 2"N-5° 18' 10"O).

Fiestas: Semana Santa, de Interés Turístico Nacional. Agosto: Feria Real de S. Roque. Julio-agosto: Torneo de verano de Polo.
Visitar: Bella zona residencial y turística perteneciente al municipio de S. Roque, en la linde de las provincias de Cádiz y Málaga. Puede decirse que es el comienzo occidental de la Costa del Sol. Club de Golf Valderrama de prestigio internacional. Puerto deportivo.
Alrededores: A 16 km, el Peñón de Gibraltar. Parque Natural de los Alcornocales. Parajes Naturales del estuario, Laguna Torreguadiaro.

Restaurantes

Alonso. (En GUADIARO). Carretera, s/n. ☎ 956 614 134.
Cierra almuerzos, domingo y del 23 de diciembre al 2 de enero. Cocina casera cordobesa. Sa morejo, rabo de toro, tarta casera de chocolate. Precio medio 28 €.

Midas. (Edif. Club Marítimo). Puerto Deportivo de Sotogrande. Pº del Puerto, s/n. ☎ 956 790 121.
www.restaurantemidas.com P
Cierra domingo noche en invierno, y segunda semana de febrero. Terraza-comedor frente al puerto. Ajoblanco de almendra con uvas, secreto de ibérico con setas al oloroso, pirámide de dos chocolates. Menú 10 €. Precio medio 35 €.

Venta Manolo. (En SAN ENRIQUE DE GUADIARO, a 3 km). Ctra. A-2102, Guadiaro-Jimena de la Frontera, km 14.
☎ 956 615 360. P
Cierra jueves y octubre. Potaje del día, carnes y pescados a la parrilla, banofi (tarta de plátano y dulce de leche). Precio medio 38 €.

Hoteles

***** **Monasterio de San Martín.** (En SAN MARTÍN DEL TESORILLO). Ctra. A-2101, km 4. Montenegral Alto.
☎ 956 618 515. www.hotelmonasteriodesanmartin.com P
Hab. 21: 80/160 €. Suites: 4. Consultar cierre. Restaurante EL CAMPANARIO.

**** **Almenara.** Avda. Almenara, s/n. ☎ 956 582 000. www.almenararesort.com

Hab. 148: 140/385 €. Suites: 12. En la parte alta de Sotogrande. Las habitaciones son pequeñas villas con espléndidas vistas a los jardines y al campo de golf propio. Club de playa Cucurucho. Restaurantes GAIA y VEINTEEOCHO.

**** **Club Marítimo de Sotogrande.** (EN SAN ROQUE). Puerto Deportivo Sotogrande, s/n. ☎ 956 790 200. www.clubmaritimodesotogrande.com

Hab. 41: 133/245 €. Suites: 8. Consultar cierre y ofertas. En primera línea de playa. Restaurante EL MARÍTIMO.

**** **NH Sotogrande.** A-7 Salida 130. ☎ 956 695 444. www.nh-hotels.com

Hab. 106: 90/330 €. Consultar cierre y admisión de perros. Rodeado por siete campos de golf.

Sotosalbos (Segovia) — 31 • A-3

A SEGOVIA, 18 KM; MADRID, 108 KM. ALT. 1.161 M. POB.130. 921 403 119.

GPS (41° 2' 5"N-3° 56' 37"O).

Fiestas: Domingo de Pentecostés: Sta. María de la Sierra. 3 de agosto: María Magdalena. 29 de septiembre: S. Miguel Arcángel.
Visitar: Iglesia de S. Miguel, del siglo XII. Museo parroquial, con tallas románicas.
Alrededores: PELAYOS DEL ARROYO, a 2 km: Iglesia de S. Vicente Mártir. A 2 km, COLLADO HERMOSO.

Restaurantes

El Portón (antes Las Casillas). Eras, 1-3. ☎ 921 403 125. www.elportondesotosalbos.com

Cierra domingo noche, y de lunes a jueves. Bonita casa antigua con su viguería. Cocina castellana regentada por sus propietarios. Albóndigas de bonito, lechazo asado por encargo, cochifrito. Precio medio 28 €.

®**La Finca de Duque.** Ctra. Soria, N-110 km 172. ☎ 921 403 013. www.lafincadeduque.es

Cierra noches desde el 15 de septiembre al 15 de junio, excepto viernes y sábado; y lunes. Elegante casa rural con la cualificada cocina de Duque (Segovia). **Judiones, cordero y cochinillo asados, ponche segoviano.** Precio medio 25 €.

La Matita. (En COLLADO HERMOSO, a 2 km). Ctra. N-110, Soria-Plasencia, km 172. ☎ 921 403 377. www.restaurantelamatita.com

Los hermanos José, Jesús y Primi se reparten la atención de la cocina, comedor y vinos con profesionalidad. Pimientos rellenos de morcilla frita, asados en horno de leña de cordero y cochinillo, helados artesanos. Precio medio 28 €.

Hoteles

*** **Hostal de Buen Amor.** Eras, 7-9. ☎ 921 403 020. www.hostaldebuenamor.com

Hab. 11: 55/122 €. Suite: 1. Consultar ofertas. Antigua casa señorial de principios del s. XX. Habitaciones decoradas con antigüedades.

La Finca del Duque. Ctra. de Soria N-110. km 172. ☎ 921 403 013. www.lafincadeduque.es

Hab. 10: 80/110 €. Suites: 2. Consultar cierre y ofertas. Desayuno incluido.

Suances (Cantabria) — 5 • A-3

A SANTANDER, 31 KM; MADRID, 372 KM. ALT. 95 M. POB. 8.229.

GPS (43° 25' 39''N-4° 2' 52"O).

Fiestas: 15 de mayo: S. Isidro. 16 de julio: Ntra. Sra. del Carmen. 15 de agosto: Ntra. Sra. de las Lindes.
Visitar: Población muy visitada por el atractivo de sus playas y el puerto pesquero en la desembocadura del Saja-Basaya. Playas: La Concha, Los Loros, El Sable, La Riberuca y La Ribera.
Alrededores: Miradores de La Cuba y de Cortiguera. SANTILLANA, a 10 km: Cuevas de Altamira, Patrimonio de la Humanidad.

Restaurantes

La Dársena del Pescador. Muelle, 23. ☎ 942 844 489. www.ladarsena.es

Pulpo a la parrilla con espuma de patata, machote al horno, tarta de la abuela. Menú 15 €. Precio medio 40 €.

Hoteles

**** **Cuevas III.** Ceballos, 53. ☎ 942 844 343. www.turismosantillanadelmar.com

Hab. 62: 49/126 €. Consultar cierre. Céntrico. A 300 m de la playa. Restaurante COVADONGA.

*** **Albatros Spa** Madrid, 20. ☎ 942 844 140. www.hotelalbatros-suances.com

Hab. 42: 47/182 €. Consultar cierre y ofertas. Tranquilo. Ambiente familiar. Restaurante EL GRAN BALCÓN.

Sukarrieta (Vizcaya) Ver Mundaka. — 6 • A-3

Tabarca, Isla de/Isla Plana (Alicante) Ver Santa Pola 68 • A-3

Tafalla (Navarra) 12 • E-4

A PAMPLONA, 35 KM; MADRID, 365 KM. ALT. 421,05 M. POB. 11.394. 948 702 011.
GPS (42° 31' 48''N-1° 40' 32"O).

Fiestas: 20 de enero: S. Sebastián, día del Patrón. Abril: Romería a Ujué de los Doce Apóstoles (a las 12 de la noche). Del 14 al 20 de agosto: Ntra. Sra. de la Asunción y S. Sebastián. Encierros y corridas de toros y bailes regionales.
Visitar: Parroquia de Sta. María, retablo mayor y Cristo del Miserere de Juan de Ancheta. Palacio del Marqués de Feria y Casa de los Mencos. Convento de Recoletas. Parroquia de S. Pedro. Ermitas de S. Gregorio y S. José. Casa de Cultura. Palacio de los Mariscales, actual sede de la Biblioteca.
Alrededores: UJUÉ, a 18 km: Iglesia fortaleza. OLITE, a 5 km: Castillo. SEÑORIO DE BERLIZ: Parque Natural.

Restaurantes

Mesón las Torres. (En UJUÉ, a 19 km). Santa María, 1. ☎ 948 739 052. www.mesonlastorres.com
Cierra noches, jueves y del 1 al 18 de septiembre. Mesón de ambiente rústico con chimenea y grandes ventanales a los Pirineos. Migas de pastor, chuletillas al sarmiento, caza, cuajada con nueces caramelizadas. Precio medio 33 €.
Túbal. Pza. de Navarra, 4. ☎ 948 700 852. www.restaurantetubal.com
Cierra domingo noche, lunes, del 21 de enero al 3 de febrero y del 21 de agosto al 4 de septiembre. Ilusión, cariño, trabajo, profesionalidad, alegría, constancia, saber hacer...todos estos apelativos son consustanciales a Atxen Jiménez y su continuidad en los fogones, su hijo Nicolás. Pura tradición gastronómica, arraigada en el producto de primera calidad y las recetas ancestrales de Navarra. Un festín para los sentidos y una tienda donde se puede continuar el placer...en casa. Precio medio 50 €.

Hoteles

*** **Beratxa.** Escuelas Pías, 7. ☎ 948 704 046. www.hotelberatxa.com P
Hab. 15: 63/125 €. Céntrico. Restaurante asador, cocina tradicional y regional.
*** **Hostal Tafalla.** Ctra. N-121, km 38. ☎ 948 700 300. P
Hab. 26: 50/92 €. Consultar cierre. Autoservicio con comida tradicional.

Talavera de la Reina (Toledo) 47 • F-1

A TOLEDO, 80 KM; MADRID, 110 KM. ALT. 371 M. POB. 87.763.
GPS (39° 57' 34''N-4° 50' 8"O).

Fiestas: Sábado siguiente al Domingo de Resurrección: Mondas, Fiesta de Interés Turístico Nacional De 15 al 18 de mayo: S. Isidro, feria. Del 21 al 23 de septiembre: Feria de S. Mateo. 8 de septiembre: Fiesta de la Patrona, Ntra. Sra. del Prado.
Visitar: Iglesia de Sta. María La Mayor, nombrada Colegial en 1211; estilo mudéjar, claustro gótico construido en el s. XV. Basílica de Ntra. Sra. del Prado, denominada reina de las ermitas. Iglesia de Santiago el Nuevo, mudéjar, de principios del s. XIV. Iglesia del Salvador, s. XII al XVI, con ábside mudéjar. Convento de S. Prudencio, s. XIV al XVI. S. Agustín el Viejo, s. XVII, y S. Bernardo, barroco, 1610. Jardines del Prado, con cerámica de Ruiz de Luna. Puerta de Sevilla, de 1579, junto a las Murallas Árabes, éstas consideradas Monumeto Nacional. Museos Ruiz de Luna: piezas mudéjares y retablo de Ruiz de Luna. Etnográfico.
Alrededores: Castillo de Bayuela. OROPESA. Sierra de S. Vicente. Comarca de La Jara.

Restaurantes

Anticuario. (H. EBORA). Avda. de Madrid, 1. ☎ 925 807 600. www.grupotreshojas.com
Cierra noches de domingo a jueves; y agosto. Frente a los jardines de la Basílica de Nuestra Señora del Prado. Habitas salteadas con chopitos, perdiz a la toledana, tarta de manzana caliente con helado. Menú 21 €. Precio medio 32 €.
La Posada del Hidalgo. (En PEPINO, a 5 km). (Ctra. A-5, km 115 salida Navamorcuende, km 5,6). Finca Los Carriles. ☎ 925 701 743. P
Cierra lunes. Agradable casa en pleno campo. Setas gratinadas con alioli, perdiz a la toledana, torrija caramelizada. Precio medio 35 €.
O'Pazo. Avda. Castilla-La Mancha, s/n. ☎ 925 599 066.
Cierra noches excepto viernes y sábado; y del 15 al 31 de agosto. Cocina gallega. Almejas a la marinera, calceirada, filloas. Precio medio 30 €.
®**Ruiz de Luna.** Avda. Constitución, 7. ☎ 925 818 995. www.restauranteruizdeluna.es
Productos locales y de temporada. **Arroz con perdiz, cochinillo confitado.** Menú 25 €. Precio medio 35 €.
Taberna Mingote. Pza. Federico García Lorca, 5. ☎ 925 825 633.
Cierra martes noche, miércoles y segunda quincena de julio. Mesón típico decorado con chistes de Antonio Mingote. Migas manchegas (lunes), rabo de toro estofado, sapitos en leche. Del mismo propietario EL ESTURIÓN (Miguel Hernández, 7. ☎ 925 824 570. Cierra domingo noche, lunes y primera quincena de julio) con oferta marinera. Precio medio 30 €.

Hoteles

*** **Ebora.** Avda. de Madrid, 1. ☎ 925 807 600. www.hotelebora.com P
Hab. 159: 59/93 €. Suites: 6. Cómodas y modernas instalaciones recientemente renovadas. Restaurante ANTICUARIO.
*** **Perales.** Avda. Pío XII, 3. ☎ 925 803 900. www.salonesduquesa.com
Hab. 59: 37/84 €.

Tanos (Cantabria) Ver Torrelavega. 5 • A-3

Tapia de Casariego (Asturias) 2 • F-2

A OVIEDO, 135 KM; MADRID, 620 KM. ALT. 18 M. POB. 4.121. 985 472 968.
GPS (43° 34' 10''N-6° 56' 42"O).

Fiestas: Semana Santa. 16-17 de julio: Fiestas de la Virgen del Carmen. Del 19 al 22 de agosto: XIV Festival Intercéltico. Del 23 al 29 de agosto: Feria Campomar. 8 de septiembre: Fiesta de Porcía.
Visitar: Casas blasonadas. Santuario de Los Mártires (Roda). Museo Cámaras Fotográficas. Puerta de Parque Histórico del Navia. Pza. de la Constitución. Paseo Marítimo. Rutas. Golf. Playas.
Alrededores: Lagos de Silva (Salaue). Palacios de Campo y de Cancio.

Restaurantes

Palermo. Bonifacio Amago, 13. ☎ 985 628 370. www.restaurantepalermo.com P
Cierra domingo noche y lunes, excepto festivos, Semana Santa y verano; y 20 días en noviembre. Alfonso Santiago sorprende en los fogones con acertadas elaboraciones. Arroz de pollo de aldea al curry, virrey al horno. Menú 15 €. Precio medio 39 €.

Hoteles

** **San Antón.** Pza. de San Blas, 2. ☎ 985 628 000. www.hrsananton.com P
Hab. 18: 42/85 €. Cierra en navidades. Consultar ofertas. Totalmente reformado.

Taramundi (Asturias) Ver Castropol.

2 • E-3

Tarancón (Cuenca)

49 • C-1

A CUENCA, 81 KM; MADRID, 81 KM. ALT. 808 M. POB. 15.651. 969 321 016.
GPS (40° 0' 37"N-3° 0' 28"O).

Fiestas: Carnaval (desfile del domingo de Piñata y fiesta años 60). Semana Santa: Pasión viviente, de Interés Regional. Del 7 al 13 de septiembre: La Virgen de Riansares, patronales.
Visitar: Iglesia parroquial Ntra. Sra. de la Asunción, s. XVI. Convento padres franciscanos. Palacio del Duque de Riansares, del s. XIX. Casa Parada, s. XVII. Museo de Arte Contemporáneo. Restos celtibéricos-romanos y muralla medieval.
Alrededores: A 8 km, BELINCHÓN: iglesia parroquial, Monumeto Nacional. A 20 km, Monasterio de Uclés, s.s XVI-XVIII. Resaltan la fachada, portada norte, el patio con doble claustro del s. XVI y la Sala Capitular. SAELICES, a 15 km: Importantes restos romanos y visigodos. Ciudad romana de SEGÓBRIGA.

Restaurantes

Bodega la Viña. Avda. Juan Carlos I, 7. ☎ 969 320 705. www.restaurantelavinia.com
Cierra noches de domingo y miércoles. Cocina manchega actualizada. Gazpacho de pastor, paletilla de cordero lechal asada, helado de azafrán. Menú 12 €. Precio medio 36 €.
Hospedería Finca la Estacada. (H. HOSPEDERÍA FINCA LA ESTACADA). Ctra. N-400, Toledo-Cuenca, km 103. ☎ 969 325 948. www.laestacada.es P
Comedores con amplios ventanales a los viñedos de la bodega Finca La Estacada. Ensalada templada de manitas de cerdo crujientes, paletilla en su jugo con mollejas, gominola de vino. Sólo sirven vino de la bodega. Menú 16 €. Precio medio 41 €.
Mesón del Cantarero. Antigua Ctra. N-III, Madrid-Valencia, km 81. ☎ 969 320 533. www.mesondelcantarero.com
Típico mesón familiar con cocina casera, queso y vino manchego. Menú 16 €. Precio medio 35 €.

Tarazona (Zaragoza)

22 • E-3

A ZARAGOZA, 85 KM; MADRID, 298 KM. ALT. 475 M. POB. 11.095. 976 640 074.
GPS (41° 54' 9"N-1° 43' 36"O).

Fiestas: Semana Santa, de Interés Turístico Regional. Primer domingo de julio: Romería de Quililay al Santuario Ntra. Sra. del Moncayo, en el macizo de su nombre, a 1.623 m de altura. 27 de agosto: El Cipotegato, declarada fiesta de Interés Turístico Nacional. Del 27 de agosto al 1 de septiembre: Fiestas patronales.
Visitar: La Catedral, conjunto de estilo gótico del s. XII-XVI, sorprende la mezcla de elementos arquitectónicos -claustro, cimborrio, torre, capilla y dependencias- y arte mueble de estilos mudéjar, renacentista y barroco. En el interior, retablo obra maestra de la pintura gótica firmado por Juan de Levy. Destacan Iglesia de S. Francisco, s. XVI, de La Magdalena y su torre mudéjar. Palacio Episcopal, antiguo palacio de los Reyes de Aragón. Ayuntamiento, antigua lonja del s. XVI, destaca el friso historiado del desfile triunfal de Carlos V en Bolonia y la representación de los tres gigantes mitológicos. Plaza de Toros Vieja, declarada Bien de Interés Cultural, en forma octogonal de 1790. Casas Colgadas, sobre el barrio judío.
Alrededores: A 10 km, Monasterio Cisteriense de Sta. María de Veruela, fundado en el s. XII. A 14 km, Parque Natural del Moncayo. Senderismo, paseos a caballo, bicicleta. Vía verde del Tarazonica. TRASMOZ, leyendas de Gustavo Adolfo Bécquer, interés visual. MALÓN, a 7 km: Museo del Agua.

Restaurantes

Galeón. Avda. La Paz, 1. ☎ 976 642 965.
Cierra domingo noche y segunda quincena de julio. Judías blancas a la riojana, cordero al chilindrón, natillas. Menú 13 €. Precio medio 22 €.

Hoteles

*** **Brujas de Bécquer.** Teresa Cajal, 24. ☎ 976 640 400. www.hotelbrujas.com P
Hab. 56: 46/150 €. Wifi gratuito.
*** **Condes de Visconti.** Visconti, 15. ☎ 976 644 908. www.condesdevisconti.com P
Hab. 15: 65/99 €. Suites: 2€. Consultar ofertas. Palacete restaurado del s. XVI.

Tarifa (Cádiz)

80 • D-2

A CÁDIZ, 101 KM; MADRID, 719 KM. ALT. 22 M. POB. 17.793. 956 680 993.
GPS (36° 0' 41"N-5° 36' 16"O).

Fiestas: Febrero: Carnavales. Marzo-abril: Semana Santa. Mayo: Festival Cine Africano. Julio: Campeonato del Mundo de kitesurf. 16 de julio: Virgen del Carmen. 5 de septiembre: Cabalgada Agrícola. Del 5 al 12 de septiembre: Feria y fiestas en honor de Ntra. Sra. de la Luz y romería.
Visitar: Murallas árabes. Castillo de Guzmán el Bueno. Iglesias de S. Mateo y S. Francisco, s. XVI. Ermita Ntra. Sra. de la Luz. Puerto. Playas. Senderismo.
Alrededores: BAELO CLAUDIA, a 21 km: Ruinas de la antigua ciudad romana que hoy se llama Bolonia y que conserva restos de la ciudad. Sus playas son buen lugar para la pesca submarina y la práctica del windsurf y kitesurf. Observatorios ornitológicos. Parques Naturales: Los Alcornocales y El Estrecho.

Restaurantes

® **Hurricane.** (H. HURRICANE). Ctra. N-340, Cádiz-Málaga, km 78. ☎ 956 684 919. www.hurricanehotel.com P
Cierra al mediodía. Con habitaciones. Ambiente acogedor y romántico en el jardín subtropical iluminado con velas. **Carpaccio de pez limón, paletilla de cordero, crema quemada.** Precio medio 35 €.
La Codorniz. Ctra. N-340, Cádiz-Málaga, km 79. ☎ 956 684 744. www.lacodorniz.com P
Con 35 habitaciones. Arroz marinero, urta a la casa, tocino de cielo. Menú 18 €. Precio medio 35 €.

Hoteles

*** **Beach Hotel dos Mares.** Ctra. N-340, km 79,5. ☎ 956 684 035. www.dosmareshotel.com P
Hab. 46: 92/370 €. Suites: 4. Ideal para la práctica de winsurf y kitesurf. Restaurante JAMANI.
*** **Mesón de Sancho.** Ctra. N-340, km 94. ☎ 956 684 900. www.mesondesancho.com P
Hab. 40: 39/89 €. Dispone de cabañas rurales y bungalows. Cocina marinera.
*** **Punta Sur.** Ctra. N-340, km 77. ☎ 956 684 326. www.puntasurhotel.com P
Hab. 20: 65/166 €. Suites: 7. Consultar cierre. Habitaciones tipo bungalow. Recientemente renovado.

Tarragona

35 • A-3

A MADRID, 576 KM. ALT. 70 M. POB. 137.536. 977 233 415.
GPS (41° 7' 7"N-1° 14' 39"E).

Fiestas: Semana Santa, remarcable su procesión del Viernes Santo, de Interés Nacional. Del 15 al 31 de mayo: Tarraco Viva. Del 1 al 7 de julio: Concurso Internacional de Fuegos Artificiales. Del 15 de julio al 15 de agosto: Festival de Verano. 19 de agosto: Fiestas de St. Magí, con participación de las colles castelleres. 23 de septiembre: Fiesta Mayor de Sta. Tecla, de Interés Nacional. Actuación del "Seguici Popular", amalgama de danza, animales fantásticos, entremeses medievales y representaciones dialogadas.
Visitar: **Ciudad Patrimonio de la Humanidad. La Catedral**, en la parte alta de la ciudad, se empezó a edificar en el año 1171, consagrándose en el 1331 en el lugar donde se situaba el Gran Templo de Culto Imperial. La planta del templo de cruz latina alcanza en el brazo mayor 104 m de longitud y 53 m en el menor. Consta de tres naves. El cimborrio alcanza 36 m de altura. Es de románico-gótico, de gran belleza e interés por sus 211 capiteles de mármol esculturados. En el interior destaca la Capilla de los Sastres, muestra primeriza del gótico flamígero del s. XIV y el sepulcro del Infante Joan d'Aragó, verdadera obra maestra de la escultura funeraria gótica. Pero lo más interesante es el Altar Mayor, ejecutado entre 1426 y 1433 por el escultor Pere Johan, dedicado a Sta. Tecla y la Virgen. Otros monumentos son: Museo Nacional Arqueológico, que reune piezas importantes del mundo romano. El Pretorio romano, también llamado **Palacio de Augusto**. El **Circo Romano**, donde se realizaban las carreras de cuádrigas y bigas. Museo y Necrópolis Paleocristiana, lugar de enterramiento de época tarco-romana, s.s IV-VI. Casa-Museo Castellarnau, con sus orígenes en el s. XIV. Museo de Arte Moderno, instalado en Casa Martí, en la mitad del s. XIX. Museo Diocesano, fundado en 1915 por el arzobispo López y Peláez. El Paseo Arqueológico-**Murallas Romanas**, levantadas por los romanos, de las que se conserva actualmente más de un kilómetro, siendo la más antigua de Hispania. El **Anfiteatro Romano**, para los espectáculos de lucha de gladiadores y de fieras. **Conjunto arqueológico de Tarraco** declarado Patrimonio Mundial. Otros lugares de interés son: El Barrio Judío, el Foro Provincial, los porches góticos de la calle Mercería, la Plaza del Pallol, el Portal del Roser y el Portal de Sant Antoni, el **Foro** local romano y el **Teatro romano**.
Alrededores: La Pedrera del Mèdol. Arc de Berà. Castell de Tamarit. Mausoleo de Centcelles, en Constanti. Torre dels Escipions. Acueducto Romano (el Puente del Diablo). Villa romana dels Munts. A más de 30 km, Monasteric de Santes Creus y Monasterio de Poblet. Parques Naturales: Delta de l'Ebre; Montsant.

Restaurantes

Aq. Les Coques, 7. ☎ 977 215 954. www.aq-restaurant.com
Cierra domingo, lunes, 15 días en julio y navidades. Ana en los fogones y Quintín en la sala, en un bonito espacio junto a la catedral, siguen seduciendo a una clientela fiel, con una imaginativa propuesta culinaria. **Falso rav oli de gamba al ajillo, timbal de steak tartar con berenjena y foie-gras, maracuyá, yogur y melón**. Menú 18 €. Precio medio 42 €.

®**Barquet.** Gasómetre, 16. ☎ 977 240 023. www.restauantbarquet.com
Cierra lunes noche, domingo, primera semana de enero, Semana Santa, y del 15 de agosto al 15 de septiembre. David y Fidel Solé abanderan la dirección de esta casa de herencia familiar ofreciendo una cocina basada fundamentalmente en recetas tradicionales de la ciudad. **Arroz de bacalao con setas, suquet de dentón con alcachofas**. Precio medio 30 €.

®**La Boella.** (En LA CANONJA, a 7 km). Ctra. Autovía T-11, Reus-Tarragona, km 12. ☎ 977 771 515. www.laboella.com P
El Mas la Boella está situado en un entorno apacible y exclusivo. Combina exquisitez y creatividad. **Chipirones con alcachofas y setas de temporada, pollo de corral con bogavante con salsa de avellanas**. Precio medio 60 €.

®**La Grava.** (En EL MORELL, a 10 km). (HOTEL LA GRAVA). Pareteta, 4-6. ☎ 977 842 555. www.lagrava.com
Con 12 habitaciones. En un espacio moderno, pero con mucha historia, Gerson Ribal elabora, basándose en una selección de productos propios y locales, una culinaria moderna y creativa a partir de la tradición. Su hermana Noemí dirige con mimo y profesionalidad el confortable comedor de esta legendaria casa. Precio medio 45 €

®**Les Coques.** Sant Llorenç, 15. ☎ 977 228 300. www.les-coques.com
Cierra domingo. La calidad de las materias primas y el buen nivel técnico y culinario han consolidado esta casa como una de las opciones más recomendables de la ciudad. Precio medio 55 €.

Les Fonts de Can Sala. Ctra. N-240, Tarragona-Valls, km 1,5. ☎ 977 228 575. www.lesfontsdecansala.com P
Masía centenaria rodeada de huertos y jardines a las afueras de la ciudad. Flores de calabacín rellenas de foie-gras, romesco de rape, brownie con helado de vainilla. Menú 24 €. Precio medio 30 €.

Hoteles

**** **AC Tarragona.** Avda. Roma, 8. ☎ 977 247 105. www.ac-hotels.com P
Hab. 115: 65/130 €. Céntrico. Consultar ofertas. Restaurante EL PARC.

**** **Ciutat de Tarragona.** Pza. Imperial Tarraco, 5. ☎ 977 250 999. www.sbhotels.es P
Hab. 168: 64/150 €. Suites: 12. Céntrico. Restaurante MARE NOSTRUM, cocina mediterránea y de autor.

**** **Husa Imperial Tarraco.** Pº Palmeres, s/n. ☎ 977 233 040. www.hotelhusaimperialtarraco.com P
Hab. 170: 71/171 €. Suites: 25. Junto al centro histórico. Campos de golf a 4 km. Próximo a la playa. Restaurante LA ALBORADA.

*** **Astari.** Vía Augusta, 95. ☎ 977 236 900. www.hotelastari.com P
Hab. 81: 64/95 €. A 300 m de la playa y del centro histórico.

*** **Lauria.** Rambla Nova, 20. ☎ 977 236 712. www.hlauria.es
Hab. 72: 39/149 €. En el corazón de Tarragona. Junto al Balcón del Mediterráneo.

*** **Nuria.** Vía Augusta, 145. ☎ 977 235 011. www.hotelnuria.com P
Hab. 57: 52/95 €. Consultar cierre y ofertas. A 200 m de la playa. Restaurante PROVISIONS.

*** **Sant Jordi.** (Playa SAVINOSA). Vía Augusta, 185. ☎ 977 207 515. www.hotelsantjordi.info P
Hab. 39: 49/86 €. Consultar cierre y ofertas. Frente a la playa. A 5 min. del centro histórico.

Taüll/Tahull (Lleida) Ver Barruera. 14 • D-3

Tazones (Asturias) Ver Villaviciosa. 4 • A-2

Terrassa/Tarrasa (Barcelona) 25 • D-4

A BARCELONA, 28 KM; MADRID, 614 KM. ALT. 180 M. POB. 210.941. 937 397 019.
GPS (41° 33' 40''N-2° 0' 32"E).

Fiestas: Febrero o marzo: Festival Internacional de Jazz. Mayo: Feria Modernista. 3 - 4 de julio: Fiesta Mayor.
Visitar: Conjunto monumental formado por las iglesias de St. Pere, Sta. María y St. Miquel, s.s V al XIII. Pinturas murales prerrománicas, románicas y retablos góticos. Centro de Documentación y Museo Textil, uno de los más importantes del mundo en su especialidad. El Castillo-Cartuja de Vallparadís, edificio del s. XII transformado en Cartuja en los s.s. XIV-XV y actual sede del Museo de Terrassa. Con restos arqueológicos, pinturas, tallas, cerámicas y esculturas. Casa Alegre de Sagrera, de estilo romántico ochocentista. Museo de la Ciencia y la Técnica de Catalunya, gran muestra de la arquitectura industrial modernista. Otros edificios modernistas: La Masía Freixa, el Ayuntamiento, la Casa Baumann, el Parque de Desinfección, la Sala Muncunill. Parque Vallparadís.
Alrededores: A 12 km, ST. LLORENÇ DEL MUNT y la Sierra de L'obac, Parque Natural de 10.000 ha. Monasterio Benedictino, situado en la Cumbre de La Mola (1.104 m). CERDANYOLA DEL VALLÉS: Parc Tecnologic del Vallés.

Restaurantes

®**Cal Tallón.** (En OLESA DE MONTSERRAT, a 5 km). Jaume de Viver, 15. ☎ 937 780 847. P
Cierra noches de lunes a miércoles, y agosto. Gustosa cocina popular sabiamente elaborada por José Manuel Tallón y complementada por una interesante propuesta de vinos. Precio medio 30 €.

® **Can Bondía.** (En MATADEPERA, a 6 km). Ctra. Castellar, s/n. ☎ 937 870 326. www.canbondia.es
Cierra noches de domingo y martes; lunes, Semana Santa y tres semanas en agosto. Jacint Verdaguer lleva más de veinticinco años al frente de esta masía catalana junto al Parque Natural de Sant Llorenç. **Garbanzos con butifarra negra y hongos, bacalao gratinado a la muselina de ajos confitados y pasta fresca al pesto**. Precio medio 45 €.
El Celler. (En MATADEPERA, a 6 km). Gaudí, 2. ☎ 937 870 857. www.elcellerdematadepera.com
Cierra noches de domingo y martes; miércoles y del 1 al 21 de agosto. La familia Bernils dirige con pasión y cariño este celler que se mantiene como uno de los referentes de la cocina catalana de siempre; hoy sabiamente renovada. **Parmentier de bogavante, carré de cordero con judías del Ganxet**. Precio medio 50 €.
El Cingle. (En VACARISSES, a 6 km). Pza. Mayor, s/n. ☎ 938 280 233. www.elcingle.com
Cierra noches de domingos a miércoles; lunes y del 2 al 7 de enero. Familiar y cálido, el Cingle, bajo la dirección de la cocinera Montse Estruch, prosigue su trayectoria de ofrecer una culinaria con referentes de modernidad. Precio medio 50 €.

Hoteles

**** **Don Cándido.** Rambleta Pare Alegre, 98. ☎ 937 333 300. www.hoteldoncandido.com
Hab. 110: 50/172 €. Suites: 3. Consultar ofertas. Centro de Spa Oquo.
**** **Parc del Vallés.** (En CERDANYOLA DEL VALLES). Artesans 2-8. Parc Tecnologic. ☎ 936 920 661.
Hab. 83: 120/450 €.
*** **Terrassa Park.** Avda. Sta. Eulalia, 236. ☎ 937 004 400. www.hotelterrassapark.com
Hab. 74: 40/157 €. Consultar ofertas. Al lado del Centro Lúdico Park Vallés.

Teruel

42 • B-3

A MADRID, 302 KM. ALT. 915 M. POB. 35.233. ☐ 978 624 105.
GPS (40° 20' 42''N-1° 6' 26"O).

Fiestas: Del 18 al 20 de febrero: "Bodas de Isabel de Segura", de Interés Turístico Regional. Semana Santa, de Interés Turístico Nacional. Del 2 al 12 de julio: La Vaquilla del Ángel. Del 23 al 28 de agosto: Muestra Internacional de Folklore. Septiembre: Feria del Jamón.
Visitar: **Conjunto Mudéjar** de Teruel, declarado Patrimonio de La Humanidad. Consta de cuatro Torres mudéjares: S. Pedro, del Salvador, S. Martín y la **Torre de La Catedral**. Iglesia y Torre de S. Pedro, ándito y claustro mudéjar. **Iglesia de los Franciscanos. Catedral de Sta. María de Mediavilla.** Museo de Arte Sacro. Plaza del Torico y edificios Modernistas. **Conjunto Amantes**, sede del **Mausoleo de Los Amantes** de Teruel. Acueducto-Viaducto de Los Arcos. Escalinata neomudéjar. Casa de La Comunidad (Museo Provincial). Aljibes medievales: Fondero y Somero. Dinópolis: conjunto lúdico cultural dedicado a los dinosaurios.
Alrededores: CELLA, a 20 km: Fuente del s. XVIII, iglesia de La Inmaculada y Ayuntamiento. ALBARRACÍN, a 39 km: Emplazamiento de belleza excepcional, a la entrada de unas profundas gargantas por donde corre el río Guadalaviar, rodeado de impresionantes murallas de los s.s X al XIII. Catedral, retablo escultórico, retablo de S. Pedro, Museo y tapices flamencos. MORA DE RUBIELOS: Colegiata y castillo, s. XII. RUBIELOS DE MORA: Conjunto urbano, premio Europa Nostra en 1983.

Restaurantes

El Milagro. Ctra. N-234, Sagunto-Burgos, km 123. ☎ 978 603 095. www.restauranteelmilagro.com
Cierra noches de domingo a jueves. Chipirones con ajetes y habitas, arroz del señorito, crema fría de melocotón de Calanda. Menú 12 €. Precio medio 30 €.
La Menta. Bartolomé Esteban, 10. ☎ 978 607 532.
Cierra lunes noche, domingo, del 7 al 23 de enero y del 9 al 23 de julio. Nueva gerencia. El veterano local sigue atento a los productos de la región y las recetas más o menos tradicionales. Precio medio 30 €.
La Tierreta. Francisco Piquer, 6. ☎ 978 617 923. www.latierreta.com
Cierra noches de domingo y lunes; y del 12 al 15 de julio. Cocina creativa de Luis Espiñán en un local minimalista. Rollitos de otoño rellenos de perdiz, triángulo de paletilla deshuesada y tostada a 75º, torrija de olivas negras. Precio medio 39 €.
Mesón Óvalo. Pº del Óvalo, 2. ☎ 978 618 235. www.mesonovalo.es
Cierra lunes y del 6 de enero al 6 de febrero. Cocina de temporada. Selección de setas silvestres, secretos de Teruel, torrija de brioche con helado de leche merengada. Menú 12 €. Precio medio 30 €.
Yain. Judería, 9. ☎ 978 624 076. www.yain.es
Cierra noches de domingo y lunes. Bodega judía del s. XIV, reformada. Bacalaos como especialidad. Volcán de chocolate con helados artesanos. Menú 17 €. Precio medio 35 €.

Hoteles

**** **Palacio de Allepuz.** (En ALLEPUZ, a 39,9 km). Casa Grande, s/n. ☎ 978 724 437. www.palaciodelmaestrazgo.es
Hab. 18: 70/128 €. Suites: 1. Consultar cierre. Casa palacio del s. XVI. Próximo a la estación de esquí de Valdelinares. Restaurante CAMINO REAL.
*** **Oriente.** Avda. Sagunto, 7. ☎ 978 601 550.
Hab. 39: 35/72 €. Cierra Navidad. Consultar ofertas. Junto al centro histórico. Muy cerca de Dinópolis.
*** **Parador de Turismo.** Ctra. N-234, Sagunto-Burgos, km 122,5. ☎ 978 601 800. www.parador.es
Hab. 60: 83/127 €. Suites: 2. Palacete de inspiración mudéjar. A 5 km de Dinópolis. Cocina tradicional.
*** **Reina Cristina.** Pº Ovalo, 1. ☎ 978 606 860. www.gargallohotel.es
Hab. 83: 60/120 €. En el centro histórico. Restaurante TURIA, cocina regional.
*** **Spa Hotel Ciudad de Teruel.** Avda. de los Hostales, s/n. ☎ 902 100 300. www.spahotel-teruel.com
Hab. 94: 90/140 €. Suites: 6. Consultar cierre.

Teulada-Moraira (Alicante)

60 • E-3

A ALICANTE, 75 KM; MADRID, 483 KM. ALT. 185 M. POB. 14.740. ☐ 965 745 168.
GPS (38° 43' 42''N-0° 6' 9"E).

Fiestas: Del 12 al 22 de abril: Fiestas Patronales S. Vicente Ferrer. Junio: Moros y Cristianos en Moraira. Del 14 al 22 de julio: Virgen de Los Desamparados y Virgen del Carmen. Fin de semana anterior al 15 de agosto: Feria y fiesta Medieval. Primer sábado de septiembre: Fiesta del Moscatel.
Visitar: Iglesias de Sta. Catalina y de la Virgen de los Desamparados. Ermitas: St. Vicent Ferrer, Divina Pastora y La Font Santa. Sala Jurats i Justicies. Castillo de Moraira. Torre Vigía Cap d'Or. Playas y calas.
Alrededores: CALPE: Peñón de Ifach. BENISSA: Iglesia parroquial. Sierra de Bernia. JÁVEA: Iglesia parroquial. Cabos de la Nao y S. Antonio.

Restaurantes

Arrocería la Senieta. (En MORAIRA). Avda. Madrid, 28. ☎ 965 743 308. www.saloncanor.com
Cierra noches de lunes y martes; y noviembre. Cocina autóctona actualizada. Arroces, pescados y carnes a la brasa, torrijas. Precio medio sin marisco 25 €.

☼ **La Sort.** (En MORAIRA). Avda. Madrid, 1. ☎ 965 745 135. www.lasort.com
Cierra del 23 de diciembre al 15 de enero. La profunda sensibilidad gastronómica de los hermanos Moll acredita esta casa. Selección en todo. **Tatín de foie-gras, tempura de salmonetes, tarta de naranja.** Menú 35 €. Precio medio 55 €.
Villa da Vinci. (En MORAIRA). Ctra. Moraira-Calpe, km 3,5. ☎ 965 748 631.
Cierra al mediodía excepto fines de semana. Saquitos rellenos de queso fresco con gambas y puerros, solomillo de buey, profiteroles rellenos de helado y chocolate caliente. Precio medio 30 €.

Hoteles

**** **Swiss Moraira.** (En MORAIRA). La Haya, 175. (Urb. Moraira). ☎ 965 747 104. www.swisshotelmoraira.com
Hab. 34: 90/240 €. Suite: 1. Tranquilo. Restaurante AL PUNT.
*** **La Sort.** (En MORAIRA). Avda. la Paz, 24. ☎ 966 491 949. www.lasort.com
Hab. 22: 100/230 €. Restaurante MOLL'S.
*** **Los Limoneros.** (En MORAIRA). Mar del Norte, 20. ☎ 966 490 351. www.loslimoneros.com
Hab. 16: 80/125 €. Consultar ofertas. Próximo al pueblo y la playa..

Tineo (Asturias)

3 • B-3

A OVIEDO, 69 KM; MADRID, 508 KM. ALT. 673 M. POB. 11.146. ℹ 985 806 018.
GPS (43° 20' 5"N-6° 24' 58"O).

Fiestas: 28-29 de junio: S. Pedro. Del 13 al 18 de agosto: S. Roque.
Visitar: Capital del Concejo. Iglesia parroquial S. Pedro, s.s XIII-XV con museo de Arte Sacro. Palacio de los García de Tineo, s. XIV. Palacio de Merás, s. XVI. Ermita de S. Roque, s. XV.
Alrededores: Hoces del río Esva. Senda del Brezo. MERILLÉS: Dolmen.

Restaurantes

Casa Emburria. (En EL CRUCERO, a 3 km). El Crucero, 17. ☎ 985 900 029.
Cierra lunes, septiembre y octubre. Suculentos guisos tradicionales con escogidos productos de la zona. Bodega con agradables sorpresas. Potaje de berzas, cachopo de carne. Menú 11 €. Precio medio 35 €.
Casa Lula. (En EL CRUCERO, a 3 km). El Crucero, 10. ☎ 985 900 238. www.casalula.com
Cierra viernes. Con habitaciones. Vecina y amiga de la anterior, amén de pariente cercana en la elaboración culinaria. Potaje de berzas, chocus con patatas, arroz con leche. Menú 10 €. Precio medio 25 €.

Titulcia (Madrid) Ver Chinchón.

40 • C-4

Toledo

48 • D-2

A MADRID, 71 KM. ALT. 548 M. POB. 82.291. ℹ 925 254 030.
GPS (39° 51' 23''N-4° 1' 32"O).

Fiestas: 23 de enero: San Ildefonso, patrón. Semana Santa: Procesión del Silencio, con una hermosa talla del s. XVII. Del 7 al 10 de junio: Corpus Christi, de Interés Turístico Internacional. Procesión con la maravillosa Custodia de Oro de Enrique de Arfe. Del 15 al 22 de agosto: Patronales de la Virgen del Sagrario, imagen románico-bizantina del s. XII. Del 31 de agosto al 2 de septiembre: VIII Jornada Europea de la Cultura Judía. Última semana de agosto: Festival de Música de las Tres Culturas. Noviembre: Festival Internacional de Jazz. Festival de órgano.
Visitar: Ciudad Patrimonio de la Humanidad. La Catedral, fundada en el s. VI por el rey visigodo Recaredo y S. Eugenio primer Obispo de Toledo. Transformada en mezquita durante la dominación musulmana. En 1226 Fernando III El Santo inició los cimientos de la nueva catedral. La fachada principal, consta de tres puertas: Del Perdón, en el centro; del Infierno o de la Torre, a la izquierda, y de Escribanos o del Juicio, a la derecha. Tiene bellas puertas de bronce de 1545. Las galerías inferiores están decoradas con frescos de Francisco Bayeu y Salvador Maella. El sepulcro del Cardenal Tenorio está enclavado en la Capilla de S. Blas. Vidrieras ejecutadas por Jacob Dolfin, Joachim de Utrecht y Alberto de Holanda. El coro está cerrado por una reja plateresca de Domingo de Céspedes, en tres de sus lados guarda sillería tallada. Son obra de Rodrigo Alemán, de Felipe de Borgoña y de Berruguete. La Capilla Mayor está cerrada por una bella reja plateresca, coronada por un Cristo de Francisco de Villalpando. En el Sagrario o **Capilla de la Virgen del Sagrario**, imagen de plata del s. XIII con un manto cubierto de perlas. La Sacristía, amplia sala pintada al fresco por Luca Giordano, es un verdadero museo cuya principal obra es El Expolio, de El Greco. También los Doce Apóstoles, repartidos alrededor de la sala, y el Arrepentimiento de S. Pedro, también de El Greco; La Sagrada Familia, de Van Dyck; El Prendimiento de Jesús y un retablo de Goya. La **Capilla de Los Reyes Nuevos**, construida de 1531 a 1534 por Alonso de Covarrubias, en estilo plateresco, para recibir los restos del Rey Enrique II. En la Capilla de **S. Ildefonso** está el sepulcro del fundador, el Cardenal Albornoz. El Transparente, detrás de la capilla mayor, de estilo churrigueresco, de Narciso Tomé. Capilla mozárabe, construida por Enrique de Egás en 1504 para el Cardenal Cisneros. Capilla de **S. Juan** o **de La Torre**, que alberga el rico tesoro de la Catedral, del que se destaca La Custodia, obra de Enrique de Arfe, de 1524. El Ayuntamiento, terminado en el s. XVII por Jorge Manuel Theotocopuli, hijo de El Greco. La Plaza de Zocodover, sobre el emplazamiento de un antiguo mercado árabe. La Puerta del Sol, es una obra maestra de la arquitectura militar mudéjar. La Iglesia de **Santiago del Arrabal**, bella muestra de la arquitectura mudéjar toledana del s. XIII. La Puerta de Bisagra, reconstruida en 1550. La **Mezquita del Cristo de la Luz** que data del año 999. Muy cerca están las iglesias de **S. Vicente, S. Clemente, Pedro Mártir, S. Ildefonso, Padres Jesuitas, Barroca** y la de **S. Román**, erigida en 1221 y que conserva un pequeño museo de arte visigótico. **S. Juan de Los Reyes** y el Barrio de La Judería son dos bellas muestras del viejo Toledo. La iglesia formaba parte de un convento fundado por los Reyes Católicos. La Judería, Sta. María la Blanca, la sinagoga más antigua de Toledo, edificada en 1180. La otra sinagoga, fue construida entre 1360-1366. En esta misma calle se encuentra la Casa de El Greco, donde se hallan varias de sus obras. En la Iglesia de Sto. Tomé, El Entierro del Señor Orgaz, de El Greco. El Museo de Sta. Cruz está instalado en el antiguo hospital del mismo nombre, construido de 1504 a 1514. **El Alcázar** es el punto más elevado de la ciudad, fundado por Alfonso VI después de la Reconquista, sobre el emplazamiento de un campamento romano del s. III. El Cid fue su primer gobernador. En él se encuentra el Museo del Ejército. El Hospital de S. Juan Bautista o Tavera o Afuera, obra de Alonso de Covarrubias. Alberga cuadros de Carreño, Claudio Coello, Tiziano, Luca Giordano, Tintoretto y Caravaggio. La ciudad está rodeada por el río Tajo y tiene dos accesos principales: Por el oeste el Puente de S. Martín y por el este el Puente de Alcántara. Desde el Castillo de **S. Servando**, construido en el s. XI, se divisa una bella panorámica de Toledo.
Alrededores: GUADAMUR, a 12 km: Castillo, fortaleza construida por Pedro López de Ayala. TORRIJOS, a 27 km: Importantes edificios Histórico-Artísticos, muchos Monumento Nacional. ORGAZ, a 33 km: Castillo de los s.s XIV-XV, con el boceto de El Expolio, de El Greco. Puente Romano. Puente de Cinco Ojos, mandado construir por Carlos III, y Puertas de Toledo y Yébenes. TEMBLEQUE, a 55 km: Pueblo típico manchego. Plaza Mayor con soportales. Iglesia, del XVI, retablo. Palacio de Fernández Alejo, barroco. Ermita del Santísimo Cristo de la Palma, de portada barroca.

Restaurantes

☼☼ **Adolfo.** (Aparcamiento concertado). Hombre de Palo, 7. ☎ 925 227 321. www.adolforestaurante.com
Cierra domingo noche. Es el gran referente gastronómico de la ciudad. Adolfo ha llevado a cabo una ampliación de su casa anexionando el edificio contiguo, dando así mayor amplitud con nuevos comedores y nueve apartamentos (Sinagoga, 3). El Pago del Ama y el aceite de oliva virgen son de cosecha propia, también el **mazapán** es casero. Precio medio 87 €.
Adolfo Colección (Gastrobar). Nuncio Viejo, 1. ☎ 925 224 244. www.grupoadolfo.com
Gastrobar en un ambiente informal frente a la Catedral. Chipirones y pisto manchego, cúpula de dos chocolates y helado de hierbabuena. Menú 15 €. Precio medio 27 €.

®**As de Espadas.** Pº de la Rosa, 64. ☎ 925 212 707.
Cierra noches de lunes a miércoles, domingo y agosto. Los hermanos Torres son una buena referencia en la ciudad. **Garbanzos con chipirones, perdiz a la toledana, natillas de mazapán.** Precio medio 40 €.
Casa Aurelio. Pza. del Ayuntamiento, 4. ☎ 925 227 716. www.casa-aurelio.com P
Cierra domingo noche, lunes y julio. Sinagoga, 6. ☎ 925 222 097. Cierra miércoles y julio. Sinagoga, 1. ☎ 925 221 392. Cierra lunes y agosto. Similar oferta en todos ellos. Setas crujientes sobre fondo de salmorejo, perdiz estofada a la toledana, delicias de mazapán. Precio medio 34 €.
Casa Parrilla. (En LAS VENTAS CON PEÑA AGUILERA, a 32 km). Avda. de Toledo, 3. ☎ 925 418 207. www.casaparrilla.es P
Cierra noches de domingo a jueves; miércoles excepto festivos, segunda semana de enero, primera quincena de julio y primera semana de septiembre. Guadalupe y su hijo Álvaro Parrilla son los artífices, en cocina y comedor, de la buena marcha de esta casa. **Boletus edulis en su jugo con patatas, migas y huevo de corral; solomillo de jabalí sobre gachas manchegas, sopa fría de azafrán y su bizcocho.** Precio medio 40 €.
Hierbabuena. Callejón de San José, 17. ☎ 925 223 924. www.restaurantehierbabuena.com
Cierra domingo en verano, domingo noche y agosto. Antigua casa toledana con patio y una oferta culinaria distinta a la habitual de la zona. Coca de boletus, cebolla caramelizada y queso de Arzúa, hamburguesa de presa ibérica con parmesano, sorbete de mojito de fresones. Precio medio 38 €.
La Casa del Carmen. (En OLÍAS DEL REY, a 7 km). Ctra. A-42, Madrid-Toledo, km 61,2. ☎ 925 490 759. P
Cierra noches de domingo a jueves; lunes y segunda quincena de agosto. Cocina tradicional con el sello de Pepe Rodríguez Rey (El Bohío-Illescas). Croquetas, guiso de morcillo, torrija. Menú 20 €. Precio medio 35 €.
La Perdiz. Reyes Católicos, 7. ☎ 925 252 919. www.grupoadolfo.com
Cierra domingo noche y lunes. Cocina castellano-manchega entre la Sinagoga del Tránsito y la de Santa María La Blanca. Perdiz estofada, tarta imperial de queso. Menú 25 €. Precio medio 40 €.
Locum. Locum, 6. ☎ 925 223 235. www.locum.es
Cierra lunes noche, martes y segunda quincena de agosto. Víctor Sánchez-Beato sorprende con su atractiva cocina en un antiguo patio toledano del s. XVII. **Fideuá de perdiz, hongos y trufa; lomo de bacalao con potaje de vigilia, pastel templado de mazapán con helado de queso y maracuyá.** Precio medio 35 €.
Los Cuatro Tiempos. Sixto Ramón Parro, 5. ☎ 925 223 782. www.restauranteloscuatrotiempos.com
Cierra domingo noche. Edificio del s. XVI en el casco histórico. Endibias braseadas rellenas de anchoas, medallones de lomo de ciervo con puré de manzana y salsa de frutos rojos, biscuit de higos secos con salsa toffe. Menú 19 €. Precio medio 30 €.
Parador de Toledo. (PARADOR DE TURISMO). Cerro del Emperador, s/n. ☎ 925 221 850. www.parador.es P
Panorámica inigualable sobre Toledo. Cocina toledana con calidad de producto y buen punto. **Torta de los Montes de Toledo, perdiz estofada, natillas de las clarisas con flor manchega.** Precio medio 42 €.
Zarabanda (Asador). (En OLÍAS DEL REY, a 7 km). Ctra. A-42, Madrid-Toledo, km 63,8. ☎ 925 354 343. www.asadorzarabanda.com P
Cierra noches de domingo a miércoles; lunes y segunda quincena de agosto. Asador vasco-castellano de pescados y carnes. Tarta de queso manchego. En ZARABANDA LAYOS GOLF (Ctra. CM-4013, Toledo-Piedrabuena, km, 12,5. ☎ 925 293 218. Cierra noches de domingo a jueves), la oferta se amplía a arroces. Precio medio 30 €.

Hoteles

***** **Fontecruz Toledo.** Pza. del Juego de Pelota, 7. ☎ 925 274 690. www.fontecruzhoteles.com
Hab. 37: 79/245 €. Suites: 1. Antiguo palacio de La Emperatriz Eugenia de Montijo. Restaurante BELVIS, de cocina tradicional puesta al día con la dirección de Adolfo Muñoz.
***** **Hilton Buenavista Toledo.** Concilios de Toledo, 1. ☎ 925 289 800. www.hoteltoledobuenavista.com P
Hab.110: 110/300 €. Suites: 7. Consultar ofertas. Restaurantes EL TAJO RIVER CLUB, EL QUIXOTE y EL TOLEDANA.
***** **Silken Cigarral El Bosque.** Ctra. de Navalpino, 49. ☎ 925 285 640. www.hoteles-silken.com P
Hab. 58: 80/250 €. Suites: 4. Restaurante EL OLIVO.
**** **AC Ciudad de Toledo.** Ctra. Circunvalación, 15. ☎ 925 285 125. www.ac-hotels.com P
Hab. 49: 97/167 €. Suites: 3. Consultar cierre. Zona de los Cigarrales. Vistas panorámicas. Restaurante BALCÓN DE TOLEDO.
**** **Alfonso VI.** General Moscardó, 2. ☎ 925 222 600. www.alfonsovi.com
Hab. 83: 60/140 €. Suites: 4. Consultar ofertas. Céntrico. Frente al Alcázar.
**** **Beatriz Auditorium & Spa.** Ctra. Ávila, km 2,750. ☎ 925 269 100. www.beatrizhoteles.com P
Hab. 295: 65/216 €. Suites: 10. Restaurante LA ALACENA.
**** **Eurostars Toledo.** Pº San Eugenio, s/n. ☎ 925 282 373. www.eurostarstoledo.com
Hab. 150: 69/399 €. Consultar ofertas. Vanguardista y moderno con magníficas vistas. Restaurante PANORÁMICO.
**** **Hesperia Toledo.** Avda. Marqués de Mendigorría, 8-10. ☎ 925 010 600. www.hoteles-hospederia.es P
Hab. 54: 60/180 €. Suites: 2. Edificio tradicional. Frente a la plaza de toros.
**** **Kris Doménico.** Cerro del Emperador. Ctra. Cobisa, s/n. ☎ 925 280 101. www.krishoteles.com P
Hab. 48: 50/134 €. Suite: 2. Consultar ofertas. En los Cigarrales con vistas a la ciudad. Restaurante CENADOR DEL DOMÉNICO.
**** **Parador de Turismo.** Cerro del Emperador, s/n. ☎ 925 221 850. www.parador.es P
Hab. 79: 115/198 €. Suites: 3. Consultar ofertas. En el Cerro del Emperador, con una espléndida panorámica del perfil monumental de Toledo. Restaurante PARADOR DE TOLEDO, comida típica regional.
**** **Pintor El Greco.** Alamillos del Tránsito, 13. ☎ 925 285 191. www.hotelpintorelgreco.com P
Hab. 61: 60/120 €. Suite: 1. Consultar ofertas.
**** **San Juan de los Reyes.** Reyes Católicos, 5. ☎ 925 283 535. www.hotelsanjuandelosreyes.com P
Hab. 38: 90/170 €. Suites: 1. Consultar cierre y ofertas. Ubicado en una antigua fábrica de harina neomudéjar, del s. XIX, Bien de Interés Cultural.
*** **Abacería.** Pontezuelas, 8. ☎ 925 250 000. www.hotelabaceria.com P
Hab. 40: 54/112 €. Consultar ofertas. Situado en la zona de los Cigarrales. Vistas al casco histórico.
*** **Carlos V.** Trastámara, 1. ☎ 925 222 100. www.carlosv.com
Hab. 67: 50/150 €. Consultar ofertas. Al lado de La Catedral, Alcázar y Plaza de Zocodover. Edificio emblemático. Restaurante MUDÉJAR.
*** **Duque de Lerma.** Espino, 4. ☎ 925 222 500. www.hotelesmartin.com P
Hab. 18: 120 €. Junto a la muralla del casco histórico. Puerta Bisagra.
*** **El Cardenal.** Pº de Recaredo, 24. ☎ 925 224 900. www.hostaldelcardenal.com
Hab. 27: 63/129 €. Suites: 2. Consultar ofertas. Palacio renacentista del s. XVIII, restaurado.
*** **María Cristina.** Marqués de Mendigorría, 1. ☎ 925 213 202. www.hotelesmayoral.com P
Hab. 74: 48/119 €. Suites: 4. Próximo a la Puerta de Bisagra, edificio del s. XV. Restaurante EL ÁBSIDE.
*** **Princesa Galiana.** Pº de la Rosa, 58. ☎ 925 257 200. www.hotelprincesagaliana.com P
Hab. 27: 56/113 €. Suite: 1. Edificio neomudéjar. Junto a la vega del Tajo y estación del AVE.

Tolosa (Guipúzcoa)

6 • C-4

A SAN SEBASTIÁN, 26 KM; MADRID, 444 KM. ALT. 73 M. POB. 18.044.
GPS (43° 8' 12" N-2° 4' 31" O).

Fiestas: Carnavales. 24 de junio: Fiestas Patronales de S. Juan. Del 14 al 18 de noviembre: Fiesta de La Alubia de Tolosa. Del 29 de octubre al 2 noviembre: Festival Internacional de Masas Corales. Del 29 de noviembre al 8 de diciembre: Festival Internacional de Marionetas.
Visitar: Iglesias de Sta. María, del s. XVII y de S. Francisco, s. XVI. Palacio Idiaquez, s. XVII, barroco. Palacio Aramburu, s. XVII. Puerta de Castilla, s. XVIII. Museo de Confitería Gorrotxategi. Topic (Centro Internacional del Títere).
Alrededores: LARRAUL: Museo Etnográfico. Santuario de Ntra. Sra. de Izaskun. Parque Natural de Aralar. Valles de Berástegi y Bidania.

Restaurantes

®**Frontón.** Pº San Francisco, 4. Piso 1º. ☎ 943 652 941.
Cierra domingo noche, lunes y del 24 de diciembre al 7 de enero. Roberto Ruiz cultiva en su propio huerto algunas de las joyas que emplea (**guisantes, habas, tomates, alubias, espárragos**). Sus elaboraciones parecen sencillas, pero hay en ellas mucho trabajo y estudio. Menú 20 €. Precio medio 45 €. .
®**Hernialde.** Avda. Martín José Iraola, 10. ☎ 943 675 654. www.restaurantehernialde.com
Cierra noches de domingo a miércoles, una semana después de carnavales y una semana en agosto. Félix Garrido y Garbiñe Laskurain, apuestan por una cocina más elemental pero extremadamente cuidadosa con las materias primas. Postres muy cuidados. Precio medio 30 €.

Hoteles

**** **Iriarte Jauregia.** (En BIGEGOIAN-BIDANIA, a 9 km). Eliz Bailara, 8. ☎ 943 681 234. www.iriartejauregia.com
P
Hab. 19: 85/170 €. Cierre y admisión de perros, consultar. Palacio del s. XVIII reconvertido en un lujoso y confortable hotel. Cocina popular vasca para los clientes.

Tomelloso (Ciudad Real) — 58 • C-1

A CIUDAD REAL, 94 KM; MADRID, 180 KM. ALT. 662 M. POB. 38.095. 926 528 801
GPS (39° 9' 27"N-3° 1' 19"O).

Fiestas: 16 de enero: S. Antón. 30 de abril: Romería en honor de la Virgen de las Viñas. Del 24 al 30 de agosto: Feria y fiestas.
Visitar: Posada de Los Portales. Iglesia de La Asunción, s. XVI. Museo López Torres. Chimeneas Alcoholeras. Museo Antonio López Torres. Museo y Santuario Virgen de la Viña. Cuevas y bodegas.
Alrededores: Ermita y Museo Virgen de las Viñas. Lagunas de Ruidera, Parque Natural. Castillo de Peñarroyd.

Hoteles

*** **Ramonar.** Concordia, 17. ☎ 926 505 994. P
Hab. 42: 45/60 €.

Tordesillas (Valladolid) — 30 • B-1

A VALLADOLID, 28 KM; MADRID, 182 KM. ALT. 702 M. POB. 9.067. 983 771 067.
GPS (41° 30' 5"N-5° 0' 1"O).

Fiestas: 5 de marzo: Conmemoración de la llegada de la reina Juana I. Abril: Semana Santa, de Interés Turístico. 4 de junio: Día del Tratado de Tordesillas. Del 8 al 15 de septiembre: Fiestas Patronales: Ferias y fiestas de la Peña. 1-2 de octubre: Mercado de La Edad Media.
Visitar: Real Monasterio de Sta. Clara s. XIV, antiguo palacio construido hacia 1340. Museo de S. Antolín, Arte Sacro, edificio del s. XVI. Museo del Encaje. Museo del Tratado, ubicado en las Casas del Tratado, con documentos y mapas. Museo de la Radio. Rutas de Senderismo. Circuitos de Karting. Turismo Enológico, bodegas.
Alrededores: A menos de 10 km: Iglesias parroquiales de S. Miguel del Pino, Villavieja del Cerro, Velilla y Matilla de los Caños. Riberas de Castronuño-Vega Duero: Espacio Natural a 28 km. S. CEBRIÁN DE MAZOTE: Iglesia mozárabe. Monasterio de la Sta. Espina, cisterciense. URUEÑA: Villa del libro. Centro E-Lea. Fundación Joaquín Díaz. Murallas y resto del Castillo. Ermita de Ntra. Stra. de Anunciada. RUEDA, a 12 km: Turismo Enológico.

Restaurantes

El Lagar del Obispo. (En SERRADA, a 14 km). Real, 8. ☎ 983 559 906. www.restaurantelagardelobispo.com
Cierra noches de domingo a jueves. Antiguo lagar rehabilitado. Pulpo salteado con piñones y rúcula, rabo de toro campanero, torrija caramelizada con helado de leche merengada. Menú 10 €. Precio medio 25 €.
Mesón Valderrey. Ctra. Antigua Madrid-A Coruña, km 181. ☎ 983 771 172.
Mesón castellano. Sopa castellana, lechazo y cochinillo asados, tarta de galleta. Menú 15 €. Precio medio 25 €.

Hoteles

**** **Parador de Turismo.** Ctra. de Salamanca, 5. ☎ 983 770 051. www.parador.es P
Hab. 68: 104/165 €. Suites: 2. En un bosque de pinares. Amplio y cuidado jardín. Tranquilidad y placidez propia de los espacios verdes. Cocina castellana.
*** **Doña Carmen.** Ctra. de Salamanca, s/n. ☎ 983 770 112. P
Hab. 15: 40/78 €.
*** **El Montico.** Ctra. Burgos-Salamanca, km 145,3 (N-620; A-62). ☎ 983 028 200. www.elmontico.com
P
Hab. 64: 62/105 €. Suites: 4. Consultar ofertas. Rodeado de un hermoso pinar con 60.000 m² de jardín.

Torija (Guadalajara) Ver Brihuega. — 40 • E-1

Torla (Huesca) — 13 • F-3

A HUESCA, 92 KM; MADRID, 487 KM. ALT. 1.033 M. POB. 324. 974 486 152.
GPS (42° 37' 40''N-0° 6' 43"O).

Fiestas: Segundo lunes de Pascua. Sta. Elena. Del 12 al 14 de octubre: Fiestas Mayores.
Visitar: Casco Antiguo. Plaza Mayor, del s. XIII. Iglesia del Salvador. Museo Etnológico.
Alrededores: A 2 km, Parque Nacional de Ordesa. Valle de Bujaruelo. Puente de la Glera. LINAS DE BROTO: Iglesia de S. Miguel.

Restaurantes

®**Casa Frauca.** (En SARVISÉ, a 6 km). Ctra. Ordesa, s/n. ☎ 974 486 353. www.casafrauca.com P
Cierra domingo noche y lunes, excepto festivos, puentes y verano; y del 7 de enero al 4 de marzo. Con 12 habitaciones. Cocina de mercado en un ambiente rural rodeado de naturaleza en el Valle del Ara. **Arroz con conejo y caracoles, paletilla de cordero en su jugo, torrija caramelizada**. Precio medio 33 €.

Hoteles

**** **Ordesa.** Ctra. de Ordesa, s/n. ☎ 974 486 125. www.hotelordesa.com
Hab. 59: 65/160 €. Suites: 2. Consultar ofertas. Restaurante TURIETO.
*** **Abetos.** Ctra. de Ordesa, s/n. ☎ 974 486 448. www.torla.com
Hab. 22: 48/80 €. Consultar cierre.

Toro (Zamora)

29 • F-1

A ZAMORA, 32 KM; MADRID, 212 KM. ALT. 745 M. POB. 9.822. 980 694 747.
GPS (41° 31' 34''N-5° 23' 45"O).

Fiestas: Carnavales de Interés Turístico Regional. Semana Santa, de Interés Turístico Regional. Última semana de agosto: Feria y Fiestas de S. Agustín. 8 de septiembre: Festividad de La Virgen del Canto. Del 12 al 15 de octubre: Fiestas de La Vendimia, de Interés Turístico Regional.
Visitar: Conjunto Histórico-Artístico. Palacio de las Leyes, sólo se conserva su fachada, del s. XV. Iglesia de Sta. María la Mayor. Colegiata de estilo románico-gótico. Virgen de La Mosca, tabla flamenca del s. XVI. Iglesias: de S. Lorenzo El Real, románico-mudéjar del s. XII, con un retablo atribuido a Fernando Gallego; de S. Julián de los Caballeros; de Rodrigo Gil de Hontañón, gótico final; de Sto. Tomás Cantauriense; del Sto. Sepulcro, románico-mudéjar, s.s XII-XIII; Real Monasterio del Santi Spiritus, con un Museo Comarcal de Arte Sacro; de S. Salvador, s. XII, perteneció a los templarios, Museo de Escultura; de la Santísima Trinidad, interesante retablo del s. XVI atribuido a Lorenzo de Ávila; de S. Sebastián de los Caballeros, con pinturas murales góticas Domingo Pérez. Turismo Enológico, bodegas.
Alrededores: SANTA MARÍA DE LA VEGA, a 2 km: Ermita del Cristo de las Batallas, Sta. María de la Vega, románico-mudéjar s. XIII. S. ROMÁN DE HORNIJA, a 11 km: Restos de una construcción del s. VII, que cobija en su iglesia sepulturas de reyes visigodos.

Restaurantes

La Viuda Rica. Rejadorada, 7. ☎ 980 691 581. www.laviudarica.com
Cierra domingo noche, lunes; del 10 de enero al 1 de febrero y del 5 al 15 de julio. Local moderno con cocina vista. Espárragos verdes en tempura, pescados y carnes a la brasa, minuetto de chocolate. Menú 16 €. Precio medio 30 €.

Hoteles

*** **Juan II.** Pº del Espolón, 1. ☎ 980 690 300. www.hoteljuanII.com
Hab. 42: 58/81 €. En el mirador a la vega del Duero. Junto a la Colegiata. Restaurante LOS BOCOYES.
*** **María de Molina.** Pza. Delhy Tejero, 1. ☎ 980 691 414. www.hotelmariademolina.com
Hab. 33: 45/74 €. Suites: 2. Centro histórico. Restaurante especializado en carnes, pescados y asados en horno de leña.

Torrecaballeros (Segovia)

31 • A-4

A SEGOVIA, 10 KM; MADRID, 101 KM. ALT. 1.152 M. POB. 1.154.
GPS (40° 59' 29''N-4° 1' 34"O).

Fiestas: Del 31 de agosto al 3 de septiembre: Fiestas patronales en honor a la Virgen.
Visitar: Iglesia románica S. Nicolás de Bari, del s. XII. Barrios de La Aldehuela y Cabanillas del Monte, importantes en cuanto a arquitectura popular. Ermita S. Miguel. Antigua Casa de Esquileo. Sierra del Guadarrama, senderismo.
Alrededores: SOTOSALBOS, a 10 km: Iglesia románica. PEDRAZA, a 25 km: Pueblo medieval. S. ILDEFONSO, a 10 km: La Granja, palacio y jardines, Bien de Interés Cultural.

Restaurantes

El Rancho de la Aldegüela. (H. EL HOTEL DEL RANCHO). Pza. Marqués de Lozoya, 3. ☎ 921 401 060. www.el-rancho.com
Cierra domingo noche. Los Giráldez han convertido una antigua finca de esquileo en un atractivo complejo con un buen restaurante, hotel y tiendas. **Migas de pastor con huevos, cordero y cochinillo asados, ponche de Segovia**. Precio medio 35 €.
La Portada del Mediodía (Horno de asar). San Nicolás de Bari, 31. ☎ 921 401 011. www.laportadademediodia.com
Cierra domingo noche y lunes. Antigua casa de postas con buenos **asados** segovianos precedidos por **verduritas fritas** y coronados por un delicioso **volcán de chocolate caliente**. Precio medio 32 €.

Hoteles

**** **Hotel El Rancho.** Pza. del Mediodía, 1. ☎ 921 401 060. www.el-rancho.com
Hab. 49: 90/135 €. Suite: 1. Restaurante EL RANCHO DE LA ALDEGÜELA.

Torrejón de Ardoz (Madrid) Ver Madrid: Alrededores.

40 • C-3

Torrelavega (Cantabria)

5 • A-3

A SANTANDER, 26 KM; MADRID, 398 KM. ALT. 25 M. POB. 55.947. 942 800 600.
GPS (43° 21' 4"N-4° 2' 54"O).

Fiestas: Enero-febrero: Festival de Invierno. Mayo: Festival Internacional de Cortometrajes. Julio: Festival de Teatro de Calle. Del 12 al 21 de agosto: Virgen Grande, patronales. 16 de septiembre: S. Cipriano. Octubre: Festival Teatro.
Visitar: Iglesias: de la Virgen Grande, modernista; de La Asunción, neogótica; de Ntra. Sra. de la Paz, fachada de Subirachs. Conjunto monumental de Viérnoles. Mercado Nacional de Ganados. Boulevard Ronda. Centro Nacional de Fotografía.
Alrededores: A 17 km, Palacio de Toñanes, s. XVIII. Sta. María de Cayón: Iglesia románica, s. XII. PUENTE VIESGO, a 14 km: Cuevas prehistóricas. SANTILLANA DEL MAR, a 9 km: Cuevas de Altamira. CARTES, a 10 km: Torreones del s. XII. A 6 km, Sta. María de Yermo: Iglesia románica del s. XIII. RÍOCORVO, a 4,5 km: Conjunto Histórico-Artístico. SUANCES, a 9,5 km: Villa turística y marinera. QUIJAS, a 4 km.

Restaurantes

El Palacio. (En TANOS, a 2 km). Pº Joaquín Fernández Vallejo, 192. ☎ 942 801 161. www.elpalacio.es
Cierra domingo noche, lunes y segunda quincena de septiembre. Chalé a las afueras de la ciudad. Quesucos de Cantabria tostados, bacalao confitado con sus callos guisados, degustación de chocolates. Menú 15 €. Precio medio 32 €.
Los Avellanos-Jesús de Diego. (En TANOS, a 2 km). Avda. Joaquín Fernández Vallejo, 122. ☎ 942 881 225. www.losavellanos.com
Cierra noches de domingo a miércoles, lunes, y 20 días entre septiembre y octubre. Casa del siglo XVIII con más de 800 referencias en una cuidada bodega visitable. **Arroz meloso de guisantes y cigala al vapor de menta, rodaballo con vegetales y jugo de cerdo, torrija caramelizada con almendras y avellanas**. Precio medio 50 €.

Villa de Santillana. Julián Ceballos, 11. ☎ 942 883 073. www.villasantillana.com
Cierra domingo noche, lunes, 10 últimos días de febrero y del 22 de junio al 12 de julio. Sopa de pescado, merluza a la romana, a la plancha o en salsa verde, tarta de hojaldre de Torrelavega. Menú 14 €. Precio medio 30 €.

Hoteles

**** **Celuisma Torrelavega.** Avda. Julio Hauzeur, 6-12. ☎ 942 803 120. www.celuisma.com
Hab. 113: 59/123 €. Suites: 3. Consultar ofertas. Céntrico. Moderno y confortable. Restaurante CANTABRIA.
**** **Husa Torresport.** Sierrapando, 694. ☎ 942 303 100. www.hoteltorresport.com
Hab. 58: 56/135 €. Suites: 8. Restaurante SEJOS.
*** **Marqués de Santillana.** Marqués de Santillana, 8. ☎ 942 892 934. www.hotelmarquesdesantillana.com
Hab. 32: 50/110 €. Centro ciudad. Próximo a playas.

Torrelodones (Madrid) Madrid: Ver Alrededores. 40 • A-2

Torremolinos (Málaga) 77 • E-3

A MÁLAGA, 14 KM; MADRID, 558 KM. ALT. 47 M. POB. 65.000. 952 379 512.
GPS (36° 37' 17''N-4° 30' 4"O).

Fiestas: Carnavales. 2 de junio: Día del Pescaíto. 16 de julio: Procesión en honor a Ntra. Sra. la Virgen del Carmen, en La Carihuela. 1 de septiembre: Día del Turista. Finales de septiembre: Fiestas y romerías en honor a S. Miguel.
Visitar: Notable enclave turístico, en plena Costa del Sol. Torre de Pimentel. Jardín Botánico. Molino de Inca. Parque de La Batería. Paseo Marítimo Bajondillo. Restaurantes y chiringuitos de "pescaíto frito". El paseo conecta en su parte occidental con Puerto Marina de Benalmádena-Costa.
Alrededores: BENALMÁDENA y MIJAS: Pueblos típicos. MÁLAGA: Alcazaba, Catedral, Museos.

Restaurantes

Figón de Montemar. Avda. Carlota Alexandri, 89. ☎ 952 372 688.
Cierra domingo y del 10 de enero al 10 de febrero. Cocina tradicional cerca de la playa. Fideos con almejas y gambas, rabo de toro. Menú 12 €. Precio medio 25 €.
® **Frutos.** (Urb. Los Álamos). Avda. de la Riviera, 80. ☎ 952 381 450. www.restaurantefrutos.es
Cierra domingo noche. Un clásico de la Costa del Sol con una amplia terraza. Platos de cuchara cada día, **pescados** de la lonja, **milhojas de crema**. Precio medio 40 €.
Juan. (La Carihuela). Mar, 9. (Acceso por el paseo marítimo). ☎ 952 385 656. www.restaurantejuan.es
Cierra del 22 de diciembre al 22 de enero. Un referente de la playa de La Carihuela. Coquinas, rape a la marinera, tocino de cielo. Menú 17 €. Precio medio 30 €.

Hoteles

**** **Gran Hotel Cervantes.** Las Mercedes, s/n. ☎ 952 384 033. www.hotasa.com
Hab. 398: 52/175 €. Piscina climatizada. En el centro comercial. Con vistas al mar. Totalmente reformado.
**** **Isabel.** (Urb. Playamar). Pº Marítimo, 47. ☎ 952 381 744. www.hotelisabel.net
Hab. 70: 55/149 €. Consultar cierre. Habitaciones con vistas al mar.
**** **Meliá Costa del Sol.** (Playa del Bajoncillo). Pº Marítimo, 11. ☎ 952 386 677. www.solmelia.com
Hab. 540: 98/177 €. Suites: 18. Consultar ofertas. En primera línea de playa. Totalmente renovado. Restaurante TORREMOLINOS.
**** **MS Amaragua.** Avda. Los Nidos, 23. ☎ 952 384 700. www.amaragua.com
Hab. 279: 80/203 €. Suites: 10. Zona residencial en primera línea de playa. Totalmente reformado.
**** **Pez Espada.** Avda. Salvador Allende, 11. ☎ 952 380 300. www.medplaya.com
Hab. 205: 58/200 €. Suites: 7. Tranquilo. Al borde de la playa. Recientemente renovado.
**** **Sol Aloha Puerto.** Avda. Salvador Allende, 45. ☎ 952 387 066. www.solhoteles.com
Hab. 351: 85/200 €. A 50 m de Puerto Marina y cerca de La Carihuela. En primera línea de la playa del Saltillo.
**** **Tropicana.** Trópico, 6. ☎ 952 386 600. www.hoteltropicana.es
Hab. 84: 90/300 €. Beach Club en la playa. Restaurante MANGO, carnes y pescados al carbón natural.

Torrent (Girona) Ver Palafrugell. 26 • C-2

Torreperogil (Jaén) Ver Úbeda. 65 • E-3

Torrevieja (Alicante) 67 • E-4

A ALICANTE, 48 KM; MADRID, 445 KM. ALT. 7 M. POB. 101.792. 965 703 433.
GPS (37° 58' 23''N-0° 41' 50"O).

Fiestas: Febrero: Carnaval. Abril: Semana Santa. Mayo: Feria de Mayo. Junio: Romería en honor a la Virgen del Rocío. Fiestas del Sagrado Corazón. Hogueras de S. Juan. Julio: Virgen del Carmen. Certamen Internacional de Habaneras y Polifonía. Octubre: Virgen del Rosario. Del 1 al 8 de diciembre: Fiesta Patronal de La Inmaculada Concepción.
Visitar: Torre del Moro y Torre de La Mata. Salinas. Eras de la Sal. Iglesia de la Inmaculada Concepción, reconstruida en 1844. Museos: del Mar y La Sal, Museo flotante de Historia Natural, Museo Belén, de Semana Santa, de La Habanera Ricardo Lafuente. Teatro Municipal. Parque Natural de las Lagunas de La Mata y Torrevieja. Paraje Natural del Molino del Agua. Rutas Verdes, senderismo.
Alrededores: A 8 km, Cabo Roig. Visitas a Isla de Tabarca. Playas.

Restaurantes

El Mesón de la Costa. Ramón y Cajal, 27. ☎ 966 703 598. www.elmesondelacosta.com
Cierra del 12 al 18 de enero y del 15 de octubre al 1 de noviembre. Hojaldre relleno de lubina y gambas, buey a la piedra, milhojas de crema con chocolate caliente. Precio medio sin marisco 30 €.

Hoteles

*** **Cabo Cervera.** Ctra. Torrevieja-La Mata, s/n. ☎ 966 921 711. www.hotelcabocervera.com
Hab. 186: 55/160 €. Suites: 9. Consultar ofertas. En primera línea de playa. Restaurante EL MIRADOR.
*** **Masa Internacional.** Avda. Alfredo Nobel, 150. ☎ 966 921 537. www.hotelmasa.com
Hab. 50: 65/190 €. Consultar ofertas. A 500 m de la playa. Campos de golf próximos.

Torrico (Toledo) Ver Oropesa. 47 • D-2

Torrijos (Toledo) 48 • C-1

A TOLEDO, 29 KM. ALT. 529 M. POB. 13.117. 925 770 801.
GPS (39° 58' 51''N-4° 17' 8"O).

Fiestas: 19 de mayo: Sto. Cristo de La Sangre. 5-6 de junio: Las crónicas de Pedro I. 1 de septiembre: S. Gil. Final de septiembre: Ferias de La Sementera.
Visitar: Colegiata del Stmo. Sacramento, portada, sacristía y coro. Pza. Dr. Cifuentes. Capilla del Cristo de La Sangre. Palacio de Pedro I de Castilla, claustro y artesonado.
Alrededores: BARCIENCE, a 5 km: Castillo, s. XV. ESCALONA: Castillo y convento. MAQUEDA: Castillo e iglesia de Sta. María. ERUSTES: Iglesia de La Asunción. NOVÉS: Castillo de S. Silvestre. LA PUEBLA DE MONTALBÁN: Plaza Mayor.

Restaurantes

®**Beltrán.** Avda. del Pilar, 44. ☎ 925 771 467. www.beltrancatering.com
Cierra noches de domingo a jueves; y agosto. Comedor minimalista con cocina tradicional actualizada. **Mollejas de lechal glaseadas con emulsión de ajo, rabo de toro relleno de foie-gras sobre crema de mazapán y su jugo**. Menú 16 €. Precio medio 30 €.

La Calesa. (H. EL MESÓN). Puente, 19. ☎ 902 889 636. www.hotelelmeson.es P
Con 44 habitaciones. Especialidad en arroces, chuletillas de cordero lechal. arroz con leche y azúcar tostado. Menú 12 €. Precio medio 35 €.

Mesón Castellano. (En MAQUEDA, a 12 km). Ctra. A-5, Madrid-Badajoz, km 74. ☎ 925 790 014. www.laventilladelescribano.com P
Cierra domingo noche. Vistas al castillo. Lomo de bacalao a la bilbaína, capón en pepitoria, panqueque de dulce de leche. Menú 9 €. Precio medio 30 €.

Hoteles

*** **Castilla.** Avda. Toledo, s/n. ☎ 925 761 800. www.hotel-castilla.com P
Hab. 60: 46/68 €. Suites: 3.

Tortosa (Tarragona) 34 • C-4

A TARRAGONA, 88 KM; MADRID, 486 KM. ALT. 12 M. POB. 36.376. 977 449 648.
GPS (40° 48' 38''N-0° 31' 11"E).

Fiestas: Semana Santa. Festival de Música Sacra. Del 28 de abril al 1 de mayo: Feria Multisectorial de Las Tierras del Ebro. Junio- julio: Muestra de Jazz. Del 11 al 17 de julio: Festival de Música Felip Pedrell. Del 21 al 24 de julio: Fiesta del Renacimiento. Del 2 al 10 de septiembre: Ntra. Sra. de la Cinta, patronales.
Visitar: Catedral gótica de Sta. María, exposición permanente Sancta María Dertosae. Castillo de la Zuda, hoy Parador de Turismo. Reales Colegios, renacentista. Centro de Interpretación del Renacimiento. La Judería, en el Barrio de Remolinos. Palacio Episcopal y palacios de Oliver de Boteller, Despuig, Oriol y Capmany. Lonja, s. XIV. Portal del Romeu. Ermitas del Coll de l'Alba, de La Petja y de Mig-Camí. Construcciones modernistas: El Mercado, el antiguo Matadero, el Parque Municipal, casa Matheu, Brunet y Bau. Jardines del Príncipe. Paseo de las Fortificaciones. Centro de Acogida Turística.
Alrededores: Río Ebro, turismo fluvial. Vía Verde Val de Zafán. A 10 km, Parque Natural de Los Ports de Tortosa-Beseit. A 13 km, Parque Natural del Delta del Ebro. A 12 km, L'ASSUT DE XERTA y TIVENYS. A 29 km, Cuevas Meravelles, Benifallet.

Restaurantes

Rosa Pinyol. Hernán Cortés, 17. ☎ 977 502 001.
Cierra lunes noche, domingo, última semana de febrero y de junio, y dos semanas de septiembre. Joan Forcadell interpreta con tino la cocina mediterránea. Ensalada templada de pulpo con parmentier a la trufa fresca, rodaballo asado con pepino y cebolla confitada, carpaccio de plátano. Precio medio 25 €.

®**Torreó de l'Indiá.** (En XERTA a, 12 km). (H. VILLA RETIRO). Molins, 2. ☎ 977 473 810. www.hotelvillaretiro.com P
Cierra lunes y enero. La cocina de autor del joven Francesc López denota una sorprendente experiencia y, a la vez, técnica y una personal creatividad. Precio medio 50 €.

Hoteles

**** **Parador de Turismo.** Castillo de la Zuda, s/n. ☎ 977 444 450. www.parador.es P
Hab. 72: 103/138 €. Consultar ofertas. En una colina sobre el casco antiguo de la ciudad donde los íberos construyeron un castro, los romanos una ciudadela y los árabes la Zuda o palacio del gobernador. Esmerada cocina mediterránea.

*** **Berenguer IV.** Despuig, 36. ☎ 977 449 580. www.hotelberenguer.com
Hab. 54: 64/95 €. Cerca de la Estación de ferrocarril. Céntrico.

*** **Corona Tortosa.** Pza. Corona de Aragón, s/n. ☎ 977 580 433. www.hotelcoronatortosa.com P
Hab. 72: 53/125 €. Apartamentos: 30. Consultar ofertas y admisión de perros. Entre los Parques Naturales del Delta del Ebro y Delsi Ports. Restaurante XALOC.

Tossa de Mar (Girona) 26 • B-3

A GIRONA, 40 KM; MADRID, 700 KM. ALT 5 M. POB. 6.245. 972 340 108.
GPS (41° 43' 12''N-2° 55' 52"E).

Fiestas: 22 de enero: Fiesta Mayor de Sant Vicenç. Del 29 de junio al 1 de julio: Fiesta Mayor de S. Pere. 2 de julio: Tòque a córrer ses nou sardanes. Último domingo de agosto: Concurso Internacional de Pintura Rápida.
Visitar: Vila Vella, recinto amurallado de los s.s XII-XIV, Monumento Histórico-Artístico Nacional. Museo Municipal de Arte Moderno. Iglesia de S. Vicente. Capilla de la Virgen del Socorro. Villa Romana, s.s I a.C.-VI d.C. Playas y calas. Senderismo. Deportes de aventura.
Alrededores: LA COSTA BRAVA.

Restaurantes

®**Bahía.** Pº del Mar, 19. ☎ 972 340 322. www.restaurantbahiatossa.com
Cierra noches desde noviembre a marzo. Es una institución en la Costa Brava. Más de medio siglo de historia lo avalan. Ofrece maravillosa cocina de siempre, especialmente el **cim-i-tomba**. Menú 16 €. Precio medio 30 €.

La Cuina de Can Simón. Portal, 24. ☎ 972 341 269. www.lacuinadecansimon.es P
Cierra domingo noche; lunes y martes, excepto festivos y verano; y del 10 de enero al 3 de febrero. La familia Lores Gelpi al completo se ocupa -y muy bien- de la marcha de esta casa con cocina tradicional, a la que Xavier Lores aporta detalles de creatividad. **Huevo de corral escalfado con patata enmascarada, suquet de rape y gambas, chocolate con mermelada**. Precio medio 65 €.

Hoteles

****** Premier Gran Hotel Reymar.** Playa de Mar Menuda, s/n. ☎ 972 340 312. www.ghreymar.com
Hab. 166: 79/280 €. Suites: 18. Consultar cierre y ofertas. Situado sobre el mar. Centro de salud y belleza. Restaurantes PROA, GARBI y ROTONDA.
****** Vila de Tossa.** Avda. Costa Brava, 25. ☎ 972 342 222. www.hotelesholidaypark.com
Hab. 43: 60/170 €. Suites: 2. Consultar cierre y admisión de perros. Restaurante MAR GRAN.
****** Delfín.** Avda. Costa Brava, 2. ☎ 972 340 250. www.dante-hoteles.com
Hab. 53: 70/169 €. Suites: 6. Consultar cierre.
***** Best Western Hotel Mar Menuda.** Platja Mar Menuda, s/n. ☎ 972 341 000. www.hotelmarmenuda.com
Hab. 49: 73/189 €. Suites: 10. Desayuno incluido. Consultar cierre. Frente al mar con acceso directo a la playa. Restaurante SA PROA.

Totana (Murcia) — 75 • B-1

A MURCIA, 42 KM; MADRID, 444 KM. ALT. 225 M. POB. 32.000.
GPS (37° 46' 15''N-1° 30' 8"O).

Fiestas: 7 de enero: Romería de La Santa. Semana Santa. Del 10 al 25 de julio: Fiestas de Santiago Apóstol, patrón. 8 al 10 de diciembre: Fiestas patronales en honor de Sta. Eulalia de Mérida.
Visitar: Parroquia de las Tres Avemarías, s.s XVII-XIX. Templo parroquial de Santiago, s. XVI. Retablo del Altar Mayor, barroco. Magnífico artesonado mudéjar, de Esteban Riberón, y portada de estilo tardo-barroco. Capilla de La Milagrosa. La Casa de las Contribuciones, modernista. Centro Sociocultural La Cárcel, s. XIX. Patrimonio Arqueológico La Bastida. Parque Regional y Natural de Sierra Espuña. Fuente Juan de Uzeta. Vía Verde Totana-Mazarrón.
Alrededores: PARAJE DE LA SANTA a los pies de Sierra Espuña, Ermita de Sta. Eulalia de Mérida, s. XVI, Bien de Interés Cultural, decorada con pinturas del s. XVII. ALEDO, a 11 km: Villa medieval de la que se conserva la torre de La Calahorra. Iglesia de Sta. María La Real, con obras de Salzillo. Ciudad famosa por la puesta en escena de un auto sacramental del s. XVII: Auto de Los Reyes Magos. ALHAMA DE MURCIA, a 12 km.

Restaurantes

El Chaleco. (En ALHAMA DE MURCIA, a 12 km). Avda. Almirante Bastarreche, 9. ☎ 968 630 104. www.restauranteelchaleco.es
Cierra domingo noche en julio, lunes y del 1 al 15 d agosto. Albóndigas de rape en salsa, brazuelo de cordero, bizcocho de almendras con chocolate. Menú 16 €. Precio medio 30 €.

Hoteles

****** Monasterio de Santa Eulalia.** (En PARAJE DE LA SANTA). Ctra. Totana-Aledo, s/n. A-7, salida 620 ☎ 968 487 004. www.monasteriosantaeulalia.com
Hab. 35: 40/150 €. Suites: 6. Consultar ofertas. Junto a la ermita de Sta. Eulalia, conjunto artiquetctónico del s. XVI, Bien de Interés Cultural. En el Parque Natural Sierra Espuña. Restaurante LA SANTA.
***** Executive-Sport.** Pol. Ind. El Saladar. El Granado, 1. ☎ 968 418 209 www.executive-sport.com
Hab. 50: 59/84 €. Posee bolera, pista de patinaje y parque infantil.

Toxa, Illa da/Toja, Isla de la (Pontevedra) Ver Grove, O — 7• C-3

Tragacete (Cuenca) — 41 • E-3

A CUENCA, 70 KM; MADRID, 235 KM. ALT. 1.342 M. POB. 366.
GPS (40° 21' 45''N-1° 49' 52"O).

Fiestas: 24 de junio: San Juan. 29 de septiembre: Patronales de San Miguel.
Visitar: Pintoresco pueblo de montaña en plena serranía de Cuenca. Senderismo.
Alrededores: Nacimientos de los ríos Júcar, Cuervo y Tajo. Parque cinegético El Hosquillo. Ciudad Encantada. Balneario de Solán de Cabras. Ventano del Diablo. Río Escabas.

Restaurantes

El Gamo. Pza. Fuente del Pino, 2. ☎ 969 289 008. www.elgamo. org
Cierra del 23 al 28 de diciembre. Con 39 habitaciones. Fabes con codorniz, cordero asado, tarta de queso con arándanos. Precio medio 20 €.

Hoteles

*** Hospedería Real del Júcar.** Muñoz Grandes, 7. ☎ 969 289 204.
Hab. 25: 43/64 €. Consultar cierre. En uno de los parajes más bellos de la Serranía de Cuenca. Cerca de Ciudad Encantada y nacimientos de los ríos Cuervo, Tajo y Júcar.

Tramacastilla (Teruel) Ver Albarracín. — 41 • F-3

Tramacastilla de Tena (Huesca) Ver Panticosa — 13 • E-2

Trebujena (Cádiz) Ver Sanlúcar de Barrameda. — 76 • C-1

Treceño (Cantabria) Ver Cabezón de La Sal. — 4 • F-3

Trévelez (Granada) — 78 • E-1

A GRANADA, 94 KM; MADRID, 515 KM. ALT. 1.476 M. POB. 842.
GPS (37° 0' 7"N-3° 16' 5"O).

Fiestas: 13-14 de junio S. Antonio. 11 de julio: S. Benito. 5 de agosto: Romería al Mulhacén de la Virgen de Las Nieves. 19-20 de octubre: Feria Ganado.
Visitar: Iglesia y ermita de S. Antonio. Barrios típicos alpujarreños (rincones y "tinaos"). Senderismo.
Alrededores: Parque Nacional de Sierra Nevada. Alpujarras.

Restaurantes

Mesón Joaquín. (Ctra. Laujar-Orgiva, km 22). Puente, s/n. ☎ 958 858 514.
Cierra noches excepto agosto; del 7 al 23 de enero y segunda quincena de junio. Cocina típica. Migas alpujarreñas, choto al ajillo, crema de almendras. Precio medio 20 €.

Hoteles

**** **Alcazaba de Busquistar.** (En BUSQUISTAR). Ctra. de Orgiva-Láujar, km 37. ☎ 958 858 687. www.alcazabadebusquistar.com P
Hab. 53: 74/104 €. Suites: 3. Consultar cierre.
** **Alquería de Morayma.** (En CÁDIAR, a 3 km). Ctra. A-348, km 50. ☎ 958 343 303. www.alqueriamorayama.com P
Hab. 18: 43/63 €. Suites: 4. Dentro de una finca agro-ecológica de 40 hectáreas. Con maravillosas vistas al Parque Natural de Sierra Nevada.

Trujillo (Cáceres) 47 • A-4

A CÁCERES, 46 KM; MADRID, 250 KM. ALT. 517 M. POB. 10.320. 927 322 677.
GPS (39° 27' 29''N-5° 52' 58"O).

Fiestas: Domingo de Resurrección: "El Chirivi". Abril-mayo: Feria Nacional del Queso. Segunda quincena de agosto: Festivales de Música, Teatro y Danza en el patio del Castillo. Patronales de la Santísima Virgen de la Victoria, con capea de mujeres, desfiles, procesión cívica, puja de objetos donados a la Virgen. Traslado de la imagen de la Virgen a la Ermita del Castillo, de donde se baja a finales de agosto. Noviembre: Feria Agroganadera y del Caballo.
Visitar: Conjunto Monumental Histórico-Artístico. Bien de Interés Cultural. La Antigua Villa, abierta por siete puertas fortificadas, de las que se conservan cinco. **Palacio de Luis Chaves**, residencia de los Reyes Católicos; el de Altamirano, Bejarano, Escobar, Vargas-Carvajal, Pizarro. **La Plaza Mayor, Palacio del Marqués de la Conquista**, del s. XVI, con un balcón de esquinas que tiene un escudo concedido por el emperador a Francisco Pizarro tras la conquista del Perú. **El Castillo y las Torres de Sta. María, Santiago, Chaves y Alfiler. Palacio de Los Duques de S. Carlos,** del s. XVI. Iglesia de S. Martín, construcción del s. XV. Palacio de Piedras Albas, s. XVI, con galería porticada de influencia florentina y crestería gótica. **Palacio de Orellana-Pizarro,** patio plateresco. El castillo, s. X, fortaleza defensiva con una puerta árabe y aljibes, flanqueado por ocho torres cuadrangulares. **Iglesia de Sta. María La Mayor,** de estilo románico, del s. XIII, encierra el monumento funerario de Diego García de Paredes y un retablo flamenco pintado por Fernando Gallego. Casas solariegas de los Rol-Aárate-Zúñiga y Orellana (casa donde nació el descubridor del Amazonas, Francisco de Orellana). Casa Museo de Pizarro. Museo del Queso y del Vino.
Alrededores: JARAICEJO, a 30 km: Iglesia del s. XVI. Parque Natural de Monfragüe, a 45 km. ZORITA: Ermita Virgen Santa. SANTA CRUZ DE LA SIERRA: Convento Templario. Monasterio de Guadalupe.

Restaurantes

®**Corral del Rey.** (Junto a la Plaza Mayor). Plazuela Corral del Rey, 2. ☎ 927 321 780. www.corraldelreytrujillo.com
Cierra noches de domingo y miércoles; 10 últimos días de febrero y del 1 al 20 de julio. Antiguas dependencias del palacio de Piedras Albas, s. XVI. **Mollejitas de cordero con criadillas de tierra, asados de cabrito, lechazo y cochinillo, hojaldre de manzana templado con helado.** Menú 19 €. Precio medio 36 €.
Pizarro. Pza. Mayor, 13. ☎ 927 320 255.
Cierra noches, martes. Las hermanas Carrasco atienden pesonalmente su popular casa de comidas con la gallina trufada como especialidad. También, perdiz estofada y huevecillos con leche. Precio medio 25 €.

Hoteles

**** **Isla del Gallo.** Pza. de Aragón, 2. ☎ 927 320 243. www.isaldelgallo.com
Hab. 22: 90/185 €. Suites: 2. Consultar ofertas. Céntrico. Casa trujillana de los s.s XVII-XVIII. Bodega con salas privadas. Biblioteca.
**** **NH Palacio de Santa Marta.** Ballesteros, 6. ☎ 927 659 190. www.nh-hotels.com P
Hab. 50: 55/260 €. Admisión de perros, consultar. Junto a la Plaza Mayor. Palacio del s. XVI, rehabilitado.
**** **Parador de Turismo.** Santa Beatriz de Silva, 1. ☎ 927 321 350. www.parador.es P
Hab. 50: 116/157 €. Suites: 3. Consultar ofertas. Convento del s. XVI. Claustro renacentista; arquería de medio punto sobre pilares cuadrados, montadas por galerías adinteladas con columnas toscanas. Restaurante EL DORADO. Cocina regional.
**** **Izán Trujillo.** Plaza del Campillo, 1. ☎ 927 458 900. www.izanhoteles.es P
Hab. 77. Consultar tarifas. Ubicado en el antiguo convento de S. Antonio, barroco de finales del s. XVI. Restaurante EL REFECTORIO.
*** **Casa de Orellana.** Palomas, 5 - 7. ☎ 927 659 265. www.casaorellana.com P
Hab. 5: 140/160 €. Casa palacio del s. XV, donde nació Francisco de Orellana.

Tudela (Navarra) 22 • F-2

A PAMPLONA, 94 KM; MADRID, 263,5 KM. ALT. 263 M. POB. 34.500. 948 848 058.
GPS (42° 3' 49"N-1° 36' 25"O).

Fiestas: Semana Santa. Abril- mayo: Jornadas de Exaltación de La Verdura. 24 de junio: S. Juan. Del 27 al 29 de junio: S. Pedro. Del 24 al 30 de julio: Fiestas de Sta. Ana, patronales de Interés Turístico. Primer domingo de septiembre: Día Europeo de la Cultura Judía.
Visitar: Casco antiguo, Bien de Interés Cultural. La Catedral, románico de transición, con tres puertas, se abre al lado de su fachada principal por la del Juicio Final. El interior recuerda la Iglesia del Monasterio de Oliva. Destacan varios retablos, el del Altar Mayor, s. XV, de Pedro Díaz de Oviedo y el de Sta. Catalina, del s. XIV. Es muy interesante el sepulcro de Mosén Francés de Villaespesa. La Iglesia de La Magdalena, s. XII, en la que destaca su Pantocrator, en el interior de un retablo de 1551. Iglesia de S. Nicolás, primitiva románica y reedificada en el XVIII, conserva el Pantocrator románico sobre su acceso principal. El Palacio Decanal, Museo de Tudela. Palacio Marqués de San Adrián, s. XVI. Palacio Marqués de Huarte, s. XVIII. Centro Cultural Castel Ruiz, claustro del s. XVII. Museo Muñoz Sola.
Alrededores: EL BOCAL: Nacimiento del Canal Imperial de Aragón. FITERO: Sta. María la Real, primer monasterio cisterciense construido en España a finales del s. XII. Entre sus tesoros destaca una arqueta hispano-arábiga del s. X. Bardenas Reales: Duro y recio desierto, paraje único en Europa. TULEBRAS: Monasterio de Sta. María de la Caridad, primer cenobio cisterciense femenino de España, s. XIII. Museo Diocesano. Sendaviva.

Restaurantes

Aire de Bardenas. (H. AIRE DE BARDENAS). Ctra. N-125, Tudela-Ejea de los Caballeros, km 1,5. ☎ 948 116 666. www.airedebardenas.com P
Cierra lunes. En el Parque Natural de Bardenas premiado diseño de vanguardia. Borrajas con ibérico, pichón de Araiz, torrija caramelizada. Precio medio 40 €.
Beethoven. (En FONTELLAS, a 3 km). Avda. Tudela, 30. ☎ 948 825 260. www.rtebeethoven.com
P
Cierra noches de lunes a jueves; domingo y agosto. Calabacín relleno de cigalas, carbonara de osso buco, torrijas caramelizadas. Precio medio 33 €.
®**García.** (En MURCHANTE, a 4 km). Mayor, 93. ☎ 948 838 052.
Cierra domingo noche, última semana de agosto y primera de septiembre. Restaurante familiar, sencillo para degustar la frescura de los productos de su propia huerta, acompañados de la tradicional cocina ribera. Precio medio 28 €.

Senda de los Olivos. (En ABLITAS, a 15 km) (H. PAGO DE CIRSUS). Ctra. NA-3020, Ablitas-Ribaforada km 5. ☎ 607 408 725. www.pagodecirsus.com
Cierra lunes. En una torre fortaleza medieval con vistas a la bodega y a los viñedos. Espárragos al aceite de trufa blanca, merluza con verduritas, torrija Pago de Cirsus. Precio medio 45 €.

Treintaitrés. Pablo Sarasate, 7. ☎ 948 827 606. www.restaurante33.com
Cierra noches de lunes y martes: domingo, del 1 al 15 de agosto y del 24 al 31 de diciembre. Ricardo Gil y Marisol Pastor, hacen de este restaurante la "catedral" de la verdura navarra en Tudela. El menú especial, en temporada, es un canto a la huerta de la "mejana" en elaboraciones cuidadas con mimo y profesionalidad. Precio medio 45 €.

Hoteles

**** **AC Ciudad de Tudela.** Misericordia, s/n. ☎ 948 402 440. www.ac-hotels.com
Hab. 40: 108/130 €. Suites: 1. Antigua casona del s. XVIII rehabilitada, en el centro histórico-artístico. Restaurante LA ALCAZABA, cocina tradicional.

**** **Aire de Bardenas.** Ctra. N-125 Ejea de los Caballeros, km 1,5. ☎ 948 116 666. www.airedebardenas.com
Hab. 22: 162/225 €. Suites: 4. Consultar cierre y ofertas. En el Parque Natural de Bárdenas Reales. Restaurante AIRE.

**** **Château Pago de Cirsus.** (En ABLITAS). Ctra. Ablitas-Ribaforada, km 5. ☎ 948 386 212. www.pagodecirsus.com
Hab. 10: 95/145 €. Suites: 3. Consultar ofertas. Ubicado entre viñedos.

*** **Santamaría.** San Marcial, 14. ☎ 948 821 200. www.hotelsantamaria.net
Hab. 52: 58/78 €. Suites: 4. Céntrico.

*** **Tudela Bardenas.** Avda. Zaragoza, 60. ☎ 948 410 802. www.tudelabardenas.com
Hab. 46: 70/120 €. Próximo al centro. Wifi gratuito.

Tudela de Duero (Valladolid) Ver Valladolid. 30 • D-1

Tui/Tuy (Pontevedra) 17 • D-1

A PONTEVEDRA, 49 KM; MADRID, 640 KM. ALT. 56 M. POB. 17.262. 986 603 625.
GPS (42° 2' 45"N-8° 38' 42"O).

Fiestas: Abril: S. Telmo. Festival de La Angula. Agosto: Descenso Internacional del Miño en piragua. 1 de julio: Romería de la Virgen de Las Angustias.
Visitar: Ciudad medieval. Catedral de Sta. María, románica y gótica, s.s XII-XIII, pórtico y claustro. Iglesia de S. Bartolomé, s. XI, y Sto. Domingo, s. XIV. Palacio Episcopal. Parador de S. Telmo. Archivos Históricos y Bibliotecas. Museo Diocesano, s. XVIII. Histórico Puente Internacional de San Telmo, que une Tui y Portugal. Declarada Conjunto de Interés Histórico-Artístico y Municipio de Interés Turístico.
Alrededores: Parque Natural Monte Aloja, a 7 km. SALVATIERRA DO MIÑO, a 16 km. LA GUARDIA, a 15 km: Monte de Sta. Tecla y desembocadura del Miño. PONTEÁREAS, a 25 km: Castro de Troña. BAIONA, a 30 km: Monte de la Virgen de la Roca. Vistas. VALENÇA DO MINHO, a 29 km: Bañada por el río Miño, navegable y apto para deportes náuticos.

Restaurantes

O Novo Cabalo Furado. (Zona monumental). Pza. do Concello, 3. ☎ 986 602 263. www.onovocabalofurado.com
Cierra domingo noche y lunes en invierno, domingo en verano, 15 días en enero y en junio. Tradicional casa de comidas junto a la catedral. Empanadas, mariscos, pescados y carnes de Galicia. Precio medio 25 €.

Hoteles

**** **Parador de Turismo.** Avda. de Portugal, s/n. ☎ 986 600 300. www.parador.es
Hab. 32: 103/242 €. Suites: 3. Consultar ofertas. En la margen derecha del Miño, fronterizo a Portuga. Construido en piedra de granito y madera de castaño. Cocina regional.

*** **Alfonso I.** A Gandara-Guillarey, s/n. ☎ 986 607 060. www.halfonsoprimero.com
Hab. 64: 40/75 €. Suites: 3. Consultar ofertas. Totalmente reformado. Restaurante REINO DE GALICIA.

*** **Colón Tuy.** Colón, 11. ☎ 986 600 223. www.hotelcolontuy.com
Hab. 45: 57/92 €. Apartamentos: 21. Céntrico. Fronterizo con Portugal. Restaurante SILABARIO.

Turégano (Segovia) 31 • A-3

A SEGOVIA, 34 KM; MADRID, 129 KM. ALT. 935 M. POB. 1.145.
GPS (41° 9' 17"N-4° 0' 31"O).

Fiestas: Viernes Santo: Procesión de Las Velas. 1-2 de julio: Fiesta de La Juventud. 2-3 de septiembre: "Dulce Nombre de María". 25-26 de noviembre: Feria de S. Andrés.
Visitar: Castillo-iglesia y el castro de alrededor. Iglesia de Santiago, retablo románico. Plaza porticada. Fachadas del Palacio Episcopal, Palacio de Miñano y el Pilón de 1782. Museo Forestal y de Los Ángeles.
Alrededores: Románico del Pirón: Iglesias de La Cuesta, Tenzuela y Torreiglesias. Parajes y molinos de la Cuesta.

Restaurantes

El Zaguán. (H. EL ZAGUÁN). Pza. España, 16. ☎ 921 501 165. www.el-zaguan.com
Con 15 habitaciones. Rusticidad elegante para una cocina castellana a tono. Judiones con oreja, cordero y cochinillo asados, ponche segoviano. Precio medio 28 €.

Hoteles

** **La Abubilla.** (En CARRASCAL DE LA CUESTA). Escuelas, 4, posterior. ☎ 902 996 274. www.laabubilla.com
Hab. 5: 102/114 €. Suites: 4. Cierra 24 y 25 de diciembre. Casa tradicional reformada y exquisitamente decorada.

Úbeda (Jaén)

65 • E-4

A JAÉN, 56 KM; MADRID, 303 KM. ALT. 756 M. POB. 36.630. 953 779 204.
GPS (38° 0' 28"N-3° 22' 11"O).

Fiestas: Semana Santa de Interés Turístico Nacional. 1 de mayo: Romería de la patrona Santísima Virgen de Guadalupe. Mayo-junio: Festival Internacional de Música y Danza. Julio: Festival Internacional de Música de Cine. Fiesta del Renacimiento. Del 28 de septiembre al 4 de octubre: Feria y fiestas de S. Miguel. Feria taurina. Muestra de Teatro de Otoño. Noviembre-diciembre: Festival de Música Antigua.
Visitar: **Ciudad declarada Patrimonio de la Humanidad.** Plaza de Vázquez Molina, en la que se encuentran: **Palacio del Deán Ortega**, s. XVI, Palacio de Juan Vázquez Molina, s. XVI, actual Ayuntamiento. Antiguo Pósito, s. XVIII. **Palacio del Marqués de Mancera**, s. XVII. Cárcel del Obispo, s. XVI. Colegiata de **Sta. María de Los Reales Alcázares**, s.s XIII-XX, destacan las portadas. Sacra Capilla del Salvador, s. XVI, de Siloé y Vandelvira. Otras iglesias y conventos: Iglesia de **S. Pablo**, s.s XIV-XVIII, gótica. **S. Nicolás**, s.s XV-XVI. **Capilla del Deán Ortega. Santísima Trinidad**, s. XVIII, barroco. S. Pedro, s.s XIII-XVI. Real Convento de **Sta. Clara**, s.s XIII-XVIII, mudéjar, gótico y barroco. Monasterio de La Concepción, s. XVIII. **S. Millán**, s.s XIII-XVI. **S. Lorenzo**, s. XVI. **Sto. Domingo**, s.s XV-XVI, con artesonado mudéjar. S. Isidoro, s.s XV-XVII. Oratorio de S. Juan de la Cruz s. XVIII. Museo y oratorio de S. Juan de la Cruz, s.s XVI-XIX. Hospital de Santiago, s. XVI, obra de Vandelvira. Destacan el patio, la original Capilla en forma de H, la Sacristía y la espectacular escalera, todo ello decorado con impresionantes frescos. Palacio del Marqués de la Rambla, s. XVI. Palacio de Vela de los Cobos, s. XVI, con colección de obras de arte y biblioteca. Palacio de los Marqueses Bussianos, s. XVII. Palacio de los Condes de Guadiana, s. XVII, con torre manierista. Casa de las Torres, s. XVI, plateresco. Antiguas Casas Consistoriales, s. XVI. Casa Mudéjar, s. XIV, actual Museo Arqueológico. **Palacio de Anguís Medinilla**, s. XVI. Palacio de los Medinillas, s. XVII. Palacio de Don Luis de la Cueva, s.s XV-XVIII. Torre del Reloj, s.s XIII-XVI. Palacio del Obispo Canastero, s. XVII. Palacio de los Orozco, s. XIX, Se conserva la mayor parte de la muralla árabe, destacando la Puerta de Granada, s. XV, la Puerta del Losal, mudéjar, s. XIV y la torre albarrana de la Corredera de S. Fernando, s. XV.Sinagoga del Agua. Barrio Alfarero.
Alrededores: Parques Naturales: Excursiones, Cazorla, Segura, Las Villas. CANENA, a 12 km: Castillo medieval, Monumento Nacional, transformado en palacio en el s. XV. Balneario. SABIOTE, a 9 km: Restos de murallas árabes, castillo medieval, iglesias, conventos y casas renacentistas. TORREPEROGIL, a 9 km: Torres Oscuras, s. XIII e Iglesia de Sta. María, s. XVI. A 12 km, IBROS: Murallas ciclópeas de la época romana. VALDECANALES, a 17 km: Oratorio visigodo excavado en la roca, único en Andalucía. ÚBEDA LA VIEJA, a 15 km: Restos de la época de la Roma Imperial. BAEZA, a 9 km: Ciudad Patrimonio de la Humanidad.

Restaurantes

Aguas Blanquillas. (En TORREPEROGIL, a 4 km). Ctra. N322, Córdoba-Valencia, km 156. ☎ 953 776 117.
Cierra noches en invierno, martes, mayo y noviembre. Lomo de cordero relleno de mollejas y colmenillas a la miel, timbal de chocolate blanco relleno de mandarina con brownie. Menú 18 €. Precio medio 20 €.
Asador de Santiago. Avda. Cristo Rey, 4. ☎ 953 750 463.
Cierra domingo noche y del 1 al 15 de agosto. Cocina de mercado junto al Hospital de Santiago. Fideuá negra, chuletón de buey con piquillos de Lodosa y patatas, café bombón (leche condensada, helado de café y esponja de moka). Precio medio 38 €.
Cantina la Estación. Cuesta Rodadera, 1. ☎ 687 777 230.
Cierra martes noche, miércoles y primera quincena de septiembre. Apenas cinco mesas en el interior de un vagón de tren antiguo. Milhojas de berenjenas con bechamel, presa ibérica con salsa de mostaza antigua y setas confitadas, gin-tonic de manzana verde. Precio medio 25 €.
El Porche. Redonda de Santiago, 7. ☎ 953 757 287.
Acogedor local con distintos ambientes, chimenea en invierno y terraza en verano. Huevos con patatas confitadas, setas y langostinos, rabo de toro estofado, tocinillo de cielo. Precio medio 30 €.

Hoteles

**** **Álvar Fáñez.** Juan Pasquau, 5. ☎ 953 796 043. www.alvarfanez.com
Hab. 14: 45/90 €. Consultar cierre y ofertas. Palacete rehabilitado. Cantinas abovedadas, s. XVI. En el centro histórico-artístico.
**** **Parador de Turismo.** Pza. Vázquez de Molina, s/n. ☎ 953 750 345. www.parador.es
Hab. 34: 129/173 €. Suites: 2. Consultar ofertas. Palacio renacentista del s. XVI, en el centro histórico. Restaurante con cocina típica.
**** **RL Ciudad de Úbeda.** Cronista Juan de la Torre, s/n. ☎ 953 791 011. www.hotelciudaddeubeda.com
Hab. 96: 63/120 €. Suites: 4. Restaurante 4 ESTACIONES, cocina internacional y regional.
*** **Husa Rosaleda de Don Pedro.** Obispo Toral, 2. ☎ 953 796 111. www.rosaledadedonpedro.com
Hab. 41: 55/115 €. En pleno casco histórico. Restaurante RENACIMIENTO.
*** **María de Molina.** Pza. del Ayuntamiento, s/n. ☎ 953 795 356. www.hotel-maria-de-molina.es
Hab. 27: 55/105 €. Consultar ofertas. En el centro histórico. Antiguo palacio del s. XVI. Restaurante EL MARQUÉS.
Palacio de la Rambla. Pza. del Marqués, 1. ☎ 953 750 196. www.palaciodelarambla.com
Hab. 6: 96/120 €. Suites: 2. Consultar cierre y ofertas. Antiguo palacio del s. XVI, construido por Vandelvira. Encanto especial.

Uclés (Cuenca)

49 • C-1

A CUENCA, 71,8 KM; MADRID, 99,7 KM. ALT. 875 M. POB. 261.
GPS (39° 58' 53''N-2° 51' 49"O).

Fiestas: Primer fin de semana de mayo: Cristo de la Humildad. Penúltimo sábado de agosto: Fiestas Patronales.
Visitar: Monasterio, s. XVI y Claustro. Castillo árabe y murallas. Puerta del Agua.
Alrededores: SEGÓBRIGA: Parque Arqueológico.

Hoteles

Casa Palacio. Angustias, 2. ☎ 969 135 065. www.lacasapalacio.com
Hab. 4: 96/120 €. Suites: 3. Consultar cierre y ofertas. Casa palacio de 1546. Ubicada en el centro hisórico. Restaurante VILLA DE UCLÉS.

Ujué (Navarra) Ver Tafalla.

12 • F-4

Ulldecona (Tarragona)

43 • C-2

A TARRAGONA, 105 KM; MADRID, 510 KM. ALT. 133 M. POB. 7.236. 977 573 394.
GPS (40° 35' 53''N-0° 26' 51"E).

Fiestas: Del 1 al 15 de septiembre: Fiestas Quinquenales. 17-18 de octubre: St. Lluc.
Visitar: Núcleo antiguo: Castillo medieval (Bien de Interés Cultural). Iglesia de St. Lucas. Casa de la Encomienda. Convento de Las Carmelitas Descalzas. Casa de la Feligresa. El Orfeó.
Alrededores: Balsa de Montsiá. Pinturas rupestres Poblado de Castellets. Ermita de la Virgen de la Piedad.

Restaurantes

Les Moles. Ctra. La Sénia, km 2. ☎ 977 573 224. www.lesmoles.com
Cierra noches de domingo y martes; lunes y noviembre. Les Moles ha cumplido mayoría de edad. Estos 18 años de afán y buen trabajo son la esencia de una trayectoria que va a más. **Ostras del delta del Ebro en escabeche, dentón con espinacas a la catalana, postre de texturas de chocolate**. Menú 16 €. Precio medio 42 €.

Hoteles

**** **Cal Naudi.** (En LES CASES D'ALCANAR). Marqués de Monistrol, 10. ☎ 669 303 363. www.calnaudi.com
Hab. 10: 88/135 €. Suites: 2. Consultar ofertas. En primera línea de playa.

Urdaniz/Urdaitz (Navarra) Ver Pamplona. 12 • F-2

Urdax-Dancharinea/Urdazubi-Dantxarinea (Navarra) 6 • F-4

A PAMPLONA, 75 KM; MADRID, 475 KM. ALT. 90 M. POB. 368.
GPS (43° 16' 3"N-1° 30' 17"O).

Fiestas: Mayo: La Ascensión. Agosto: Semana Cultural. 1 de agosto: Día del Hierro.
Visitar: Grutas con estalactitas y estalagmitas de colores. Molino harinero. Claustro Monasterio S. Salvador, s. XVII.
Alrededores: ZUGARRAMURDI: Cuevas, Museo Brujas.

Restaurantes

La Koska. (Ctra. N-121, Pamplona-Bayona). San Salvador, 3. ☎ 948 599 042.
Cierra lunes y navidades. Verduras, potajes y caza de temporada, tarta Amatxi, en un local con chimenea central en medio del comedor. Menú 16 €. Precio medio 30 €.

Urrunaga (Álava) Ver Vitoria. 12 • A-1

Utiel (Valencia) 50 • E-3

A VALENCIA, 78 KM; MADRID, 266 KM. ALT. 800 M. POB. 12.420.
GPS (39° 34' 2"N-1° 12' 16"O).

Fiestas: Del 17 al 19 de marzo: Fallas. 15 de mayo: S. Isidro. 24 de junio: S. Juan. Del 6 al 15 de septiembre: Feria y fiestas en honor a la Virgen del Remedio, patronales. Del 17 al 19 de octubre: Feria Gastronómica.
Visitar: Cuevas subterráneas. Iglesia Ntra. Sra. de la Asunción. Convento de Sta. Ana. Casa Almanzón. Museo de la Miel El Almazar (único en España). Museo del Vino. Plaza de Toro s. XIX.
Alrededores: Sierra del Negrete, a 12 km: Santuario Virgen del Remedio.

Restaurantes

Castillo. Camino, 80. ☎ 962 171 084. www.rutavino.com
Cierra noches de domingo y martes, lunes, última semana de junio, primera de julio y segunda quincena de septiembre. Con 5 habitaciones. Potaje del Padre, solomillo de ternera al foie-gras con salsa de pasas y jerez, leche frita con helado de turrón. Menú 15 €. Precio medio 25 €.

Hoteles

*** **El Tollo.** Alto San Agustín, s/n. ☎ 962 170 231. www.hoteltollo.com
Hab. 34: 51/115 €. Suite: 1. Consultar cierre. Confortable y funcional.

Utrera (Sevilla) 71 • E-4

A SEVILLA, 27 KM; MADRID, 566 KM. ALT. 49 M. POB. 50.665. ℹ 954 873 387.
GPS (37° 10' 59''N-5° 46' 57"O).

Fiestas: Del 5 al 12 de abril: Semana Santa. 23-24 de junio: Noche de S. Juan. 27 de Junio: Festival Flamenco "Potaje Gitano". Del 4 al 8 de septiembre: Feria Consolación.
Visitar: Nuestra Señora de Utrera, Monumento de Interés Turístico Nacional. Conventos Hermanas de la Cruz, del s. XVIII, de Carmelitas, del s. XVI y de Consolación. Castillo. Hospital Sta. Resurrección. Parroquias de Santiago, del s. XIV y de Sta. María. Iglesias de S. Francisco, del Carmen y La Trinidad. Teatro.
Alrededores: MORÓN DE LA FRONTERA, a 27 km: Iglesia de S. Miguel, rejas. Ruinas del Castillo árabe. PALMAR DE TROYA, a 14 km: Complejo endorréico, formado por lagunas con gran variedad de flora y fauna.

Restaurantes

La Brasa. Rubén Darío, 9. ☎ 954 860 033. www.restaurantelabrasa.es
Cierra domingo noche, lunes y primera quincena de agosto. Albóndigas de marisco, carnes, tocino de cielo. Precio medio 20 €.

Hoteles

***** **Cortijo Soto Real.** Ctra. de las Cabezas de San Juan-Villamartín, km 13. ☎ 955 869 200. www.hotelcortijosotoreal.com
Hab. 25: 252/350 €. Suites: 5. Antiguo palacio. Restaurantes AL ANDALUS y EL BISTROT DE JARDÍN.
Alguaciles Bajos. Ctra. SE-445, km 22,6. ☎ 690 717 754. www.alguaciles.com
Suites: 7: 48/60 €. Cortijo de labranza del siglo XVII, con acogedoras instalaciones.

Vacarisses (Barcelona) Ver Terrassa. 25 • D-4

Valbuena de Duero (Valladolid) Ver Quintanilla de Onésimo. 20 • E-4

Valdemoro (Madrid) Ver Madrid: Alrededores. 40 • B-4

Valdepeñas (Ciudad Real) 58 • A-4

A CIUDAD REAL, 61 KM; MADRID, 200 KM. ALT. 720 M POB. 32.000. 926 312 552.
GPS (38° 45' 36''N-3° 23' 7"O).

Fiestas: Del 3 al 6 de agosto: Feria de Agosto. Del 1 al 6 de septiembre: Fiestas del Vino de Interés Turístico Nacional.
Visitar: Iglesia Asunción, gótica-isabelina del, s. XV. Museos: de los Molinos Gregorio Prieto, Municipal, del Vino. Fundación Gregorio Prieto. Auditorio Francisco Nieva. Visita a bodegas. Convento de los Trinitarios, 1615. Yacimiento Arqueológico "Cerro de las Cabezas", s.s VII-III a.C. y Centro de Interpretación. Molino Gregorio Prieto, el más grande del mundo. Bodegas.
Alrededores: SAN CARLOS DEL VALLE, a 13 km: Ermita del s. XVI de Ntra. Sra. de Las Virtudes. Plaza de toros cuadrada, a 21 km. VILLANUEVA DE LOS INFANTES, a 33 km. Conjunto Histórico Artístico. BAÑOS DEL PERAL, a 7 km: Centro de interpretación del Agua.

Restaurantes

La Aguzadera. Autovía A-4, Madrid-Cádiz, km 197,4. ☎ 926 323 208. www.laaguzadera.com
Cierra noches de domingo y martes; y lunes. Buena cocina armonizada con vinos de La Mancha y Valdepeñas. **Paté de perdiz hecho en casa, cabrito lechal frito con ajos y vino blanco, flor de sartén con natillas y helado de miel.** Menú 25 €. Precio medio 38 €.

La Fonda de Alberto. Cristo, 67. ☎ 926 316 176. www.lafondadealberto.com
Cierra domingo noche y lunes. Platos manchegos bien elaborados con productos de la zona. **Pisto, migas, asadillo, gachas, tiznao.. Caza** en temporada. Originales **helados** caseros **de aceite de oliva, polvorón, regaliz..** Menú 20 €. Precio medio 30 €.

Sucot. Avda. Primero de Julio, 91. ☎ 926 312 932. www.restaurantsucot.es
Cierra lunes. Sucot es la fiesta hebrea de la presentación a Dios de los primeros frutos. Queso frito, sucotillos de ternera, leche frita. Menú 16 €. Precio medio 25 €.

Venta la Quintería. Autovía A-4, Cádiz-Madrid, km 198. ☎ 926 338 293. www.laaguzadera.com
Cierra noches y miércoles. Una buena referencia de la cocina, los vinos y **quesos** manchegos con tienda donde se venden esos productos. **Migas de pastor con uvas, caldereta de cordero, peras al vino.** Menú 25 €. Precio medio 30 €.

Hoteles

**** **Veracruz Plaza.** Pza. Veracruz, s/n. ☎ 926 313 000. www.hotelveracruzplaza.com
Hab. 56: 82/110 €. Suites: 2. Consultar ofertas.

*** **El Hidalgo.** Autovía de Andalucía, km 194. ☎ 926 313 088. www.hotelhidalgo.es
Hab. 54: 60/110 €. Consultar ofertas. En la mejor zona de caza de perdiz roja. Restaurante EL MOLINO.

*** **Hospedería Real de Quevedo.** (En VILLANUEVA DE LOS INFANTES). Frailes, 1. ☎ 926 361 788. www.hosteriasreales.com
Hab. 24: 43/80 €. Consultar cierre y ofertas. Ubicado en el convento de los dominicos del s. XVI. Conserva la celda donde falleció Francisco de Quevedo. Restaurante SANTO TOMÁS DE VILLANUEVA.

Valdevimbre (León) Ver Bañeza, La. 9 • F-4

Valdezcaray (La Rioja) (Estación de esquí). Ver Ezcaray. 21 • E-1

Valencia 51 • C-4

A MADRID, 352 KM. ALT. 15 M. POB. 814.208. 963 986 422.
GPS (39° 28' 12''N-0° 22' 41"O).

Fiestas: 22 de enero: S. Vicente Mártir, patrón. Del 15 al 19 de marzo, San José: Fallas, de Interés Turístico Internacional, con la «Cremá» de más de 300 fallas. Abril: Semana Santa Marinera, de Interés Turístico. Segundo lunes de Pascua: San Vicente Ferrer (santo dels miracles). 10 de mayo: Virgen de Los Desamparados, patronal. Mayo o junio: Corpus Christi. Esta procesión en Valencia es una de las más coloridas que se celebran en España. Julio: Feria de Julio, culmina en la Batalla de Flores. 4 de agosto: Romería del Cristo de La Salud.
Visitar: **Catedral**, s. XIII, con tres puertas: la del Palau, románica; la de los Apóstoles, s. XIII, donde todos los jueves tiene lugar el Tribunal de Las Aguas, y la principal de los Hierros, barroca, del s. XVIII. Junto a la puerta principal se levanta el **"Miguelete"** o "Micalet", torre de las campanas de marcado estilo gótico. **La Lonja**, s. XV, Patrimonio de la Humanidad. **Palacio de la Generalitat**, gótico s. XV. **Palau de Benicarló**, sede de las Corts Valencianas. Colegio del Patriarca, s. XVI. **Palacio del Marqués de Dos Aguas.** Portada de alabastro y sede del Museo Nacional de Cerámica "González Martí". Torres del Quart, s. XV. Torres de Serranos, s. XIV. Convento de Sto. Domingo, s.s XIV-XV. Jardines del Real, Museo de Bellas Artes. Hemisfèric, Museo de las Ciencias "Príncipe Felipe", Umbracle y Oceanográfico. Port America's Cup. Ciudad de las Artes y las Ciencias: Complejo lúdico de difusión científica y cultural.
Alrededores: Parque Natural de La Albufera y Playa del Saler, a 15 km. Monasterio de Sta. María de El Puig, a 10 km. SAGUNTO, a 28 km: Castillo romano. BENISANO, a 23 km. ALFAFAR, a 5 km: Iglesia s. XVIII, con Virgen del Don, s. XIII. Museo Parroquial y edificios modernistas.

Restaurantes

Albacar. Sorni, 35. ☎ 963 951 005.
Cierra sábado al mediodía, domingo, Semana Santa y agosto. Carta que rezuma mediterraneidad. Ajoblanco con clochinas, bacalao a las dos salsas, naranja en texturas. Precio medio 50 €.

Arrop-Ricard Camarena. (H. PALACIO DEL MARQUÉS DE CARO). Almirante, 14. ☎ 963 925 566. www.arrop.com
Cierra domingo y lunes. Espectacular y nuevo espacio, donde Ricard desarrolla una culinaria de contemporánea mediterraneidad en línea ascendente y magnífica en todos sus aspectos. No se lo pierdan. **Menestra de temporada, arroz de vaca gallega, cuajada de romero, miel, limón y piñones.** Menú 30 € sólo al mediodía. Precio medio 60 €.

® **Askua.** Felip María Garín, 4. ☎ 963 375 536. www.restauranteaskua.com
Cierra sábado al mediodía, domingo, festivos, tres semanas en agosto y una en Navidad. Producto, producto y una completísima bodega. **Guisantes de lágrima, carnes** del valle del Esla, selección de **que**... medio 50 €.
☼☼ **Ca Sento.** Méndez Núñez, 17. ☎ 963 301 775. www.casento. net
Cierra domingo, lunes, segunda quincena de marzo y primera de agosto. Imponente en producto y en sus resu... ponen de manifiesto que Raúl Aleixandre es un maestro del sabor. **Ensalada de frutos de mar, rossejat de fi... ganache de chocolate con helado de caramelo**. Precio medio 70 €.
Ca'N Bermell. Santo Tomás, 18. ☎ 963 910 288.
Cierra lunes al mediodía, domingo, Semana Santa y agosto. Ubicado en un edificio del s. XVII. Puntillas de alcachofas en dos texturas, caldereta de escorpa, sorbetes. Precio medio 35 €.
Casa Montaña. José Benlliure, 69. ☎ 963 672 314. www.emilianobodega.com
Cierra domingo noche. Buenas tapas tradicionales (croquetas de bacalao, sardinas a la plancha) y potajes de legumbres en una taberna centenaria del barrio marinero. Precio medio 25 €.
☼ **El Alto de Colón.** (En el Mercado de Colón). Jorge Juan, 19. ☎ 963 530 900. www.grupoelalto.com
Cierra sábado al mediodía, domingo, Semana Santa y agosto. Quique Barella propone una carta de refinada evolución para disfrutar en un excepcional marco. **Canelón de arros amb fesols i naps, ventresca de atún ligeramente ahumada con berenjena, coca en llanda**. Precio medio 49 €. También supervisa BAMBOO (☎ 963 530 337) en la planta baja, con un menú mediodía 20 €.
El Canyar. (Aparcamiento concertado). Segorbe, 5. ☎ 963 418 082.
Cierra sábado al mediodía, domingo, Semana Santa y agosto. Cocina mediterránea junto a la Plaza de Toros. Gamba de Dénia, arroz a banda, frutas. Precio medio 60 €.
Eladio. Chiva, 40. ☎ 963 842 244. www.restauranteeladio.es
Cierra domingo. Representante de la cocina gallega. Ensalada de tomate con bonito escabechado, pescados de roca al horno, canutillos de piña con crema de queso mascarpone. Precio medio 40 €.
Entrevins. Reina Doña María, 3. ☎ 963 333 523. www.entrevins.es
Cierra domingo y lunes. Sabores y vinos de calidad y un sumiller, campeón nacional, Guillaume Glories. Tataki de bonito con guacamole, caldereta marinera, choco Blas. Menú 15 €. Precio medio 35 €.
Été. (En ROCAFORT, a 10 km). Francisco Carbonell, 33. ☎ 961 311 190. www.eterestaurante.com
Cierra domingo, lunes, festivos, semana de Fallas, Semana Santa y tres semanas últimas de agosto. Cocina vasco-francesa en una casa de principios del s. XX. Carpaccio de magret de pato y foie-gras con trufa, pichón a la miel, tarta tatín. Precio medio 30 €.
® **Kailuze.** Gregorio Mayans, 5. ☎ 963 743 999. www.kailuze.com
Cierra sábado al mediodía, domingo, Semana Santa y agosto. El equipo Oyarbide fiel a una sabrosa cocina vasco-navarra con toque mediterráneo. **Cocochas de merluza al pil-pil, costillar de cordero confitado y horneado, canutillos de hojaldre**. Precio medio 50 €.
® **Kaymus.** Avda. Maestro Rodrigo, 44. ☎ 963 486 666. www.kaymus.es
Cierra lunes noche. Nacho Romero y su joven equipo tienen las ideas claras y una sola pretensión, dar bien de comer. **Ensaladilla rusa con salpicón de marisco, patatas guisadas con langostinos, torrija de cítricos caramelizada**. Satisfacción asegurada. Precio medio 40 €.
® **La Sequieta.** (En ALAQUÁS, a 7 km). Avda. Camí Vell de Torrent, 28. ☎ 961 500 027. www.lasequieta.com
Cierra noches de lunes a miércoles; domingo, Semana Santa y tres semanas en agosto. Salvador Romero tiene un innato sentido culinario y gran dosis de oficio. Como resultado una gratificante cocina mediterránea. **Coca de verduras con queso de cabra, conejo al romero, tartas** caseras. Menú 25 €. Precio medio 32 €.
☼ **La Sucursal.** (INSTITUTO VALENCIANO DE ARTE MODERNO). Guillem de Castro, 118. ☎ 963 746 665. www.restaurantelasucursal.com
Cierra sábado al mediodía, domingo y segunda quincena de agosto. Toda una referencia donde priman las ideas innovadoras de la Familia Andrés Salvador. **Steak tartar con encurtidos, lomo de salmonetes con mini verduras en papillote, esponjoso de vino dulce con sorbete de melocotón**. Precio medio 40 €. En idéntica órbita; VERTICAL (Luis García Berlanga, 19. H. Confortel. ☎ 963 303 800. Cierra domingo). Vistas panorámicas y sólo menús (50 y 60 €).
L'Estimat. (Playa Las Arenas). Pº de Neptuno, 16. ☎ 963 711 018. www.restaurantelestimat.com
Cierra noches de domingo y lunes; martes y del 15 de agosto al 15 de septiembre. Cocina valenciana junto al mar. Más de una docena de arroces, rape a la marinera, calabaza asada con nueces y miel. Precio medio 40 €.
Lluna de Valencia. (En ALMÀSSERA, a 5 km). Camino al Mar, 56. ☎ 961 851 086. www.llunadevalencia.com
Cierra noches excepto de jueves a sábado. Alquería del s. XVI en medio de la huerta. Coca de calabacín con queso de cabra, arroz meloso de pulpo con habas y ajetes, parfait de nueces con chocolate caliente. Menú 25 €. Precio medio 30 €.
® **Morgado.** Reina Doña Germana, 4. ☎ 963 733 508. www.restaurantemorgado.com
Cierra sábado al mediodía, domingo, Semana Santa y del 20 de agosto al 20 de septiembre. Con la seguridad que se encuentra en buenas manos. **Ensalada de berros y chanquetes, rabo de toro, pudding de manzana con pasas y canela**. Precio medio 40 €.
® **Oleo.** Pza. Juan Antonio Benlliure, 9. ☎ 963 675 865. www.restauranteoleo.com
Cierra lunes noches y domingo. Vicente Patiño firma una sugerente carta marinera con atractivo punto de innovación. **Pulpitos con judías verdes, arroz de hígado de rape, manzana vainilla y jengibre**. Comidas informales en barra. Precio medio 45 €.
☼ **Rías Gallegas.** Cirilo Amorós, 4. ☎ 963 512 125. www.riasgallegas.es
Cierra lunes noche, domingo, Semana de Pascua y tres últimas semanas de agosto. Todo un referente gallego que mantiene un alto listón, en todo. **Crujiente de vieiras y cocochas al pil pil, lomo de atún marinado en mostaza, tarta santiago**. Menú 35 €. Precio medio 50 €.
☼ **Riff.** Conde de Altea, 18. ☎ 963 335 353. www.restaurante-riff.com
Cierra domingo, lunes, Semana Santa y agosto. A Bernd Knöller le emociona el Mediterráneo y lo transmite con sabiduría a todos sus platos. **Ensalada de puntillas, allioli y berros, cordero asado con especias y lavanda, té blanco con sorbete de manzana**. Menú 29 €. Precio medio 55 €.
Seu-Xerea. Conde de Almodóvar, 4. ☎ 963 924 000. www.seuxerea.com
Cierra sábado al mediodía y domingo. Rollitos de tartar de bonito, cordero marroquí con polenta en texturas, strudell de manzana. Menú 22 €. Precio medio 40 €.
Taberna Gallega. Gran Vía Germanías, 9. ☎ 963 331 087.
Cierra domingo noche, martes, Semana Santa y del 9 de agosto al 7 de septiembre. Cocina gallega popular. Empanada, merluza a la gallega o marinera, tarta de castañas. Precio medio 20 €.
® **Tastem.** Ernesto Ferrer, 14. ☎ 963 696 851. www.tastem.com
Cierra domingo mediodía y lunes. Una buena referencia para los entusiastas de la cocina japonesa. Precio medio 40 €.
® **Torrijos.** Doctor Sumsi, 4. ☎ 963 732 949. www.restaurantetorrijos.com
Cierra domingo, lunes, 10 días en enero y en abril, y 15 en septiembre. Josep Quintana capta la actualidad y la presenta con su sello personal; en sala le secunda su esposa, Raquel Torrijos. **Tartar de aguacate con sardina ahumada, cochinillo confitado con puré de patata y mango**. Menú 35 €. Precio medio 65 €.
® **Trattoria Napoletana Da Carlo.** Doctor Manuel Candela, 79. ☎ 963 935 562. www.menjariviure.com
Cierra martes vaciones consultar. La familia d'Anna cuida al detalle la autenticidad de su cocina. **Mariscos, pasta con garbanzos y pulpo, cassata**. Precio medio 30 €.

Hoteles

***** **Eurostars Gran Valencia.** Valle de Ayora, 3. ☎ 963 050 800. www.eurostarshotels.com
Hab. 110: 75/400 €. Suites: 4. Próximo al palacio de Congresos. Restaurante ARNADÍ.
***** **Hilton Valencia.** Avda. Cortes Valencianas, 52. ☎ 963 030 000. www.valencia.hilton.es
Hab. 304: 70/600 €. Suites: 2. Restaurante BICE.
***** **Hospes Palau de la Mar.** Avda. Navarro Reverter, 14. ☎ 963 162 884. www.fuenso.es
Hab. 66: 100/415 €. Suites: 6. Edificio del s. XIX, rehabilitado. Restaurante SENZONE.
***** **Las Arenas Balneario Resort.** Eugenia Viñes, 22-24. ☎ 963 120 600. www.hotel-lasarenas.com
Hab. 253: 142/540 €. Suites: 10. Consultar ofertas. Frente al mar. Restaurante SOROLLA.

...aler. Gola del Puchol, s/n. Playa El Saler. ☎ 961 610 411. www.hotelessidi.es

...2: 115/352 €. Suites: 16. En primera línea de playa. Habitaciones con vistas al mar. Servicio minibús gratuito a ...dad. Restaurante LES DUNES, cocina mediterránea e internacional.
******* SH Valencia Palace.** Pº Alameda, 32. ☎ 963 375 037. www.sh-hoteles.com
Hab. 237: 100/395 €. Suite: 1. Próximo a la Ciudad de las Ciencias. Restaurante LA ALBUFERA.
******* The Westin Valencia.** Amadeo de Saboya, 16. ☎ 963 625 900. www.westinvalencia.com
Hab. 135: 120/510 €. Suites: 11. Consultar cierre, ofertas y admisión de perros. Céntrico. Edificio histórico. Restaurante ROSMARINO, cocina mediterránea.
****** Abba Acteón.** Vicente Beltrán Grimal, 2. ☎ 963 310 707. www.abbahoteles.com
Hab. 182: 55/320 €. Suites: 5. Junto a la Ciudad de Las Ciencias. Restaurante AMALUR, cocina mediterránea y de autor.
****** AC Valencia.** Avda. Francia, 67. ☎ 963 317 000. www.ac-hotels.com
Hab. 174: 51/500 €. Suites: 2. Consultar ofertas. Junto a Ciudad de Las Artes y Las Ciencias. Restaurante ALOS.
****** Ayre Hotel Astoria Palace.** Pza. Rodrigo Botet, 5. ☎ 963 981 000. www.ayrehoteles.com
Hab. 204: 71/364 €. Suites: 15. Consultar ofertas. Totalmente reformado. Planta ejecutiva. Conexión Internet. Restaurante AB VINATEA, cocina mediterránea y arroces típicos con un toque de modernidad.
****** Beatriz Rey Don Jaime.** Avda. Baleares, 2. ☎ 963 375 030. www.beatrizhoteles.com
Hab. 319: 75/428 €. Suites: 1. Próximo a la Ciudad de las Artes y las Ciencias y junto al Palau de la Música.
****** Confortel.** Luis García Berlanga, 19-21. ☎ 963 187 100.
Hab. 184: 70/375 €. Consultar variaciones. Suites: 8. Consultar cierre. Restaurante GINESTA.
****** Cónsul del Mar.** Avda. del Puerto, 39. ☎ 963 625 432.
Hab. 62: 70/250 €. Suites: 1.
****** Holiday Inn Valencia.** Pº de la Alameda, 38. ☎ 963 032 100. www.holidayinn.com/valencia-spain.com
Hab. 200: 70/420 €. Suites: 2. Al lado de la Ciudad de las Artes y las Ciencias. Próximo al centro histórico. Restaurante BLUE CANALLA.
****** Husa Reina Victoria.** Barcas, 4. www.husareinavictoria.com ☎ 963 520 487.
Hab. 97: 70/350 €. Céntrico. En el casco antiguo. Edificio de principios del s. XX.
****** Meliá Plaza.** Pza. Ayuntamiento, 4. ☎ 963 520 612. www.solmelia.com
Hab. 101: 100/205 €. Suites: 1. Céntrico. Junto Ayuntamiento, estación de tren y Catedral. Restaurante PLAZA.
****** Neptuno.** Pº de Neptuno, 2. ☎ 963 567 777. www.hotelneptunovalencia.com
Hab. 48: 116/282 €. Suites: 2. En primera línea de playa. Restaurante TRIDENTE DE NEPTUNO.
****** NH Center.** Ricardo Micó, 1. ☎ 963 475 000. www.nh-hotels.com
Hab. 189: 65/435 €. Suites: 3. Próximo al casco antiguo, Palacio de Congresos y centro comercial. Fácil acceso a Feria de Muestras y Aeropuerto.
****** NH Las Artes.** Avda. Instituto Obrero, 28. ☎ 963 351 310. www.nh-hotels.com
Hab. 174: 75/425 €. Suites: 2. Junto a la Ciudad de las Artes y Las Ciencias.
****** Parador de Turismo.** (En EL SALER). Avda. Pinares, 151. ☎ 961 611 186. www.parador.es
Hab. 63: 224/259 €. Suites: 2. Un blanco y luminoso edificio entre pinares, a orillas del mar, tranquilo y confortable. Totalmente reformado. Restaurante L'EMBARCADOR. Los distintos arroces son el mayor aliciente de su cocina.
****** Sercotel Sorolla Palace.** Avda. de las Cortes Valencianas, 58. ☎. 961 868 700. www.hotelsorollapalace.com Hab. 271: 75/315 €. Suites: 22. Junto al Bioparc. Restaurante EL DOSSEL.
****** SH Atarazanas.** Pza. Tribunal de Las Aguas, 5. ☎ 963 203 010. www.sh-hoteles.com
Hab. 42: 47/150 €. Restaurante ATARAZANAS.
****** Silken Puerta Valencia.** Cardenal Benlloch, 28. ☎ 963 936 395. www.hotelpuertavalencia.com
Hab. 157: 66/300 €. Junto a la Ciudad de las Artes y las Ciencias. Restaurante PUERTA VALENCIA.
****** Tryp Azafata.** (En MANISES). Autopista del Aeropuerto, 15. ☎ 961 546 100. www.solmelia.com
Hab. 128: 65/175 €. Suites 3. Consultar ofertas. Frente al aeropuerto de Manises. Minibús gratuito aeropuerto - hotel.
****** Tryp Oceanic.** Pintor Maella, 35. ☎ 963 350 300. www.trypoceanic.solmelia.com
Hab. 195: 92/781 €. Suites: 2. Frente al Oceanográfico y Ciudad de las Artes y las Ciencias. Próximo al puerto y a la playa Malvarrosa. Restaurante AQUA.
****** Valencia Center.** Avda. de Francia, 33. ☎ 963 350 700. www.hotelescenter.com
Hab. 124: 50/864 €. Suites: 16. Junto a la Ciudad de Las Artes y Las Ciencias. Restaurante LA MAGRANA.
****** Vincci Lys.** Matínez Cubells, 5. ☎ 963 509 550. www.vinccihoteles.com
Hab. 101: 65/340 €. Suites: 5. Consultar ofertas. Céntrico. Restaurante ALMUDÍ.
****** ZT Valencia Park.** (EN PATERNA, a 85 km). Botiguers, 49. Pque. Empresarial Táctica. ☎ 963 050 670. www.hotelvalenciapark.com
Hab. 91: 50/200 €. Suites: 8. Consultar ofertas. Restaurante VILLA DE PATERNA.
***** Ad Hoc Monumental.** Boix, 4. ☎ 963 919 140. www.adhochoteles.com
Hab. 28: 76/219 €. Edificio del s. XIX. En pleno centro histórico. Moderna cocina mediterránea.
***** Husa Llar.** Colón, 46. ☎ 963 528 460. www.husa.es
Hab. 50: 60/240 €. Consultar ofertas. Totalmente reformado. En el centro de la ciudad.
***** Petit Palace Bristol** Abadía de San Martín, 3. ☎ 963 945 100. www.hthoteles.com
Hab. 43: 80/275 €. Suites: 1.
***** Renasa.** Avda. Cataluña, 5. ☎ 963 692 450. www.hotel-renasa.com
Hab. 73: 52/300 €. Consultar ofertas. Cerca de la Universidad Politécnica. Próximo al Estadio Mestalla.
***** SH Inglés Boutique.** Marqués de dos Aguas, 6. ☎ 963 516 426. www.sh-hoteles.com
Hab. 63: 70/325 €. Céntrico. Restaurante DOS AGUAS.

Valencia de Alcántara (Cáceres)

46 • A-4

A CÁCERES, 91 KM; MADRID, 392 KM; ALT. 460 M. POB. 6.300. 927 582 184.
GPS (39° 24' 39''N-7° 14' 53"O).

Fiestas: Del 1 al 3 de mayo: Los Mayos y Las Cruces. 15 de mayo: S. Isidro, de Interés Turístico. Del 23 al 27 de agosto: S. Bartolomé, patronales. 5 de septiembre: Romería Ntra. Sra. de los Remedios. 19 de octubre: Romería de S. Pedro.
Visitar: Barrio Gótico. Castillo Fortaleza, árabe. Recinto amurallado. Iglesia de Rocamador. Casas Consistoriales. Templo de La Encarnación, retablos. Centro Cultural Conventual Sta. Clara. Iglesia de Los Padres, plateresca. Acueducto Romano. Sinagoga. Museo Etnográfico. Centro de Interpretación en Casa Solariega. Ruta de Senderismo.
Alrededores: Conjunto Megalítico. Necrópolis Medieval. Santuario de los Remedios, s. XVI. Convento de S. Pedro de Los Majarretes, donde S. Pedro de Alcántara tomó sus hábitos. Sierra Fría. Parque Natural Tajo. Paraje fronterizo de Puerto Roque.

Restaurantes

El Clavo. Ramón y Cajal, 12. ☎ 927 581 020.
Embutidos típicos, perdiz a la moda de Alcántara, helado de higos. Precio medio 25 €.
Tabú. (Ctra. N-521 a Portugal). Avda. Lisboa, s/n. ☎ 927 581 006. wwww.apartamentoslosolivos.com
Torta, solomillo de ibérico, postres caseros. Precio medio 28 €.

Hoteles

****** Casa Escobar Jerez.** Alfacar, 13-15. ☎ 927 668 139. www.casaescobarjerez.com
Hab. 9: 128/180 €. Suites: 3. Consultar ofertas. Ubicado en una casa solariega blasonada del s. XVI, rehabilitada.

Vall d'Alba (Castellón) Ver Oropesa.
43 • A-4

Vall de Bianya, La (Girona)
25 • F-1

A GIRONA, 74 KM; MADRID, 706 KM. ALT. 480 M. POB. 1.321.
GPS (42° 13' 43''N-2° 26' 7"E).

Fiestas: Del 21 al 24 de mayo: Fiesta Mayor. Del 7 al 12 de septiembre: Fiesta del Tura. Del 1 al 3 de octubre: Feria Internacional de Bruixeria.
Visitar: Iglesias románicas. Parque Natural de la Zona Volcánica de la Garrocha. Museo de los Volcanes. Museo de los Santos. Vía romana de Capsacosta. Senderismo. Cicloturismo.
Alrededores: Alta Garroxa, Espacio de Interés Nacional.

Restaurantes

Ca l'Enric. Ctra. Camprodón, s/n. ☎ 972 290 015. www.calenric. net
Cierra noches de domingo a miércoles, lunes, primera quincena de julio y del 1 al 20 de enero. Fantástica casa que brilla por el excepcional producto de temporada, el aprecio al oficio de los tres hermanos Juncá y una gustosísima culinaria de la que la **becada** es sensacional. También, **canelón de Olot, postre einwanin**. Precio medio 70 €.

Valladolid
20 • C-4

A MADRID, 211 KM. ALT. 695 M. POB. 318.461. 983 219 310.
GPS (41° 39' 9"N-4° 43' 47"O).

Fiestas: Semana Santa: De Interés Turístico Internacional. El Viernes Santo tiene lugar el «Sermón de las Siete Palabras», ante el paso de «El Señor entre los Ladrones». Mayo: Festival Internacional de Teatro de Calle. 13 de mayo: Fiestas patronales de S. Pedro Regalado. 8 de septiembre: Ntra. Sra. de S. Lorenzo, patronales. Octubre: Semana Internacional de Cine. Noviembre: Concurso Nacional de Pinchos y Tapas.
Visitar: Colegio de S. Gregorio. **Museo Nacional de Escultura Policromada**. Construido a finales del s. XV (1484 a 1496). La fachada de S. Gregorio es un orgullo local, con un bello retablo de estilo gótico-isabelino. El conjunto del edificio es una maravilla del arte prerrenacentista. En 1933 se convierte en Museo Nacional de Escultura Policromada y se han reunido en él un conjunto extraordinario de obras de los grandes maestros de la imaginería castellana del renacimiento. Entre ellos destacan: Berruguete, con los maravillosos retablos de La Mejorada de Olmedo, que data de 1525 y el de S. Benito de Valladolid, con tallas extraordinarias, como la de S. Sebastián; Gregorio Fernández, con sus espléndidos Cristos yacentes y los pasos de la Semana Santa. Juan de Juni, con el Entierro; Pompeyo Leoni, Gaspar de Tordesillas, Pedro de Mena y Felipe Bigarny. **La Catedral**, retablo y museo. Iglesia de S. Pablo, fachada. Fue fundada en el s. XIII por Doña Violante, esposa de Alfonso X y renovada en el XV por Torquemada y Alonso de Burgos. Lo más importante es la bella fachada, pensada a manera de retablo, cuajado de esculturas de estilo gótico florido, atribuido a Gil de Siloé y Simón de Colonia. **Sta. María La Antigua** fundada por el Conde Ansúrez en el s. XI, sólo queda la torre y el pórtico, casi completamente renovada en el s. XIV. Torre del s. XIII. **La Magdalena**, s. XVI. Iglesias de S. Benito, de Las Angustias, de la Vera Cruz, de S. Miguel, Santiago y S. Martín. **Conventos: Las Descalzas Reales, Sta. Ana, Sta. María la Real de Huelgas** y **Sta. Clara** y **Sta. Isabel. Universidad**, s. XVIII. Colegio de Sta. Cruz, s. XV. **Palacio de los Pimentel**, s. XVI. **Palacio de Los Vivero**, patio. **Palacio Real**, s. XVII. **Casa de Colón. Casa de Zorrilla. Palacio de Villena. Casa de Cervantes.** Palacio de Fabio Nelli. Real Colegio de Los PP. Agustinos, de Ventura Rodríguez. Museo de Valladolid. Museo Oriental, con la mejor colección de arte chino, filipino y japonés. Museo Patio Herreriano de Arte Contemporáneo Español. Museo de La Ciencia y Casa del Río. Plaza Mayor. Museo del Pan de Mayorga. Casa de la India.
Alrededores: SIMANCAS, a 11 km: La Villa. Castillo, hoy Archivo Histórico Nacional. Plaza Mayor. FUENSALDAÑA, a 6 km: Castillo de los Vivero, s. XV. WAMBA, a 20 km: Iglesia de Sta. María, s. XIII, oratorio mozárabe del s. X. SARDÓN DE DUERO: Monasterio de Sta. María de Retuerta. BOECILLO, a 12 km: Casino. PEÑAFIEL: Museo Provincial del Vino. ALMENARA-PURAS: Villa romana, museo.

Restaurantes

Ángela. Doctor Cazalla, 1. ☎ 983 350 623. www.angelarestaurante.com
Cierra lunes y semana del 15 de agosto. Sopa de ajo al horno con costra, lechazo guisado y algunas recetas clásicas alemanas como el codillo y la tarta de manzana. Menú 17 €. Precio medio 25 €.
Dámaso. (En PUENTE DUERO, a 14 km). Real, 14. ☎ 983 405 372. P
Cierra domingo noche y lunes. Reducido local bien atendido y cocina con pinceladas modernas. Cigala asada, steak tartar, milhojas de mazana asada. Precio medio 40 €.
Don Bacalao. Pza. Santa Brígida, 5. ☎ 983 343 937. www.restaurantedonbacalao.es
Cierra domingo noche, lunes y 15 días en agosto. El bacalao es protagonista. De postre, espuma de vainilla con praliné de avellanas y helado. Precio medio 25 €.
El Figón de Recoletos. Acera de Recoletos, 3. ☎ 983 396 043.
Cierra domingo noche y del 20 de julio al 15 de agosto. Oferta clásica castellana: mariscos de Castilla (morcilla, chorizo pimientos), lechazo en horno de leña, leche frita. Precio medio 40 €.
El Hereje. (H. MELIÁ RECOLETOS). Acera de Recoletos, 13. ☎ 983 216 200. www.solmelia.com P
Nueve variedades de arroz, precedidos por carpaccio de solomillo con lascas de queso y rematado con un fluido de chocolate. Precio medio 30 €.
® **Gabino.** Piso 1º. Angustias, 3. ☎ 983 140 190. www.restaurantegabino.com
Cierra domingo noche y agosto. Guisos tradicionales castellano-leoneses con guiños de modernidad a cargo de Gabino González. **Crema de sopa castellana con huevo a baja temperatura, milhojas de arroz con leche**. Buena **carne roja** de Salamanca. Se vende comida y vinos de la zona para llevar a casa. Precio medio 35 €.
Galandum. (Esq. Nelson Mandela). Mahatma Gandhi, s/n. ☎ 983 456 138. www.galandum.com
Cierra domingo noche, lunes, martes, del 1 al 10 de febrero y del 10 al 31 de agosto. Cocina de base mediterránea con el toque personal de Óscar Galandum. Risotto de gambas al clarete, osso bucco al vino, caza, crepes de nata y chocolate. Menú 15 €. Precio medio 35 €.
La Abadía. Guadamacileros, 5. ☎ 983 330 299. www.laabadiarestaurante.com
Cierra miércoles. Cocina castellana actualizada. Mollejas de lechazo con sitaki, morcillo de ternera avileña al chocolate, sorbete de mango con frutas del bosque. Animada barra con buenos pinchos, tapas y raciones. Menú 25 €. Precio medio 35 €.
® **La Criolla.** Calixto Fernández de la Torre, 2. ☎ 983 373 822. www.restaurantelacriolla.com
Cierra lunes. LA MINA. Correos, 7. ☎ 983 333 008. Cierra martes. Buenas carnes. Tablas para una a cuatro personas de pescado, variadas y mixta. Pastel ruso con helado de queso. Precio medio 30 €.
® **La Perla de Castilla.** Avda. Ramón Pradera, 15-19. ☎ 983 371 828. www.maestresdecocina.com
Cierra domingo. Actualidad y tradición en la cocina. **Guisantes de Tudela con cecina y yema de huevo, besugo asado a la castellana, crema de queso fresco de Villalón con castañas del Bierzo**. Menú 16 €. Precio medio 40 €.
Las Tinajas. (En VILLANUEVA DE DUERO, a 14 km). (Urb. Las Tinajas). (Ctra. CL-610, Valladolid-Medina del Campo, km 15). Príncipe Felipe, s/n. ☎ 983 555 625. www.bodegalastinajas.com P
Cierra lunes, del 25 de diciembre al 7 de enero. Bodega del s. XVI con comedor rústico abovedado. Guisos de temporada, asados en horno de leña, natillas monjiles. Menú 15 €. Precio medio 30 €.
Llantén. (En PINAR DE ANTEQUERA, a 3 km). Encina, 11. ☎ 983 244 227. www.restaurantellanten.com P
Cierra domingo noche, lunes y 15 días en octubre. Pese al cambio de cocinero la calidad se mantiene en un cortijo estilo menorquín. **Ensalada de escabechados de pluma, alubias con pichón de caserío, flan de queso de Burgos con helado de manzanilla y anís**. Precio medio 40 €.
® **Los Jerónimos.** (En ARROYO DE LA ENCOMIENDA, a 3 km). (H. AC PALACIO DE SANTA ANA). Pza. de Santa Ana, s/n. ☎ 983 409 920. www.hotelacpalaciodesantaana.com P
El marco, el antiguo Monasterio Jerónimo. La cocina, castellana innovadora. **Carpaccio de bacalao con boletus edulis, solomillo de ternera con pan a la mostaza, copa de requesón con miel y canela**. Precio medio 45 €.

Los Zagales de Abadía. Pasión, 13. ☎ 983 351 525. www.loszagales.com
Cierra domingo noche. El **bacalao con callos y garbanzos fritos** , el **solomillo de buey** y la **crema de limón** son algunas de las muestras culinarias que los hermanos González Abadía, galardonados en distintos certámenes gastronomicos de pinchos y tapas, ofrecen en su casa. Precio medio 25 €.

®**Mesón 2,39.** (En TUDELA DE DUERO, a 15 km). Antonio Machado, 39. ☎ 983 520 239.
Cierra noches de domingo a jueves, lunes y del 10 de agosto al 5 de septiembre. La cocina casera de María Ángeles ofrece **fritura de verduras** y **rabo de choto** entre otras reconfortantes recetas, con vinos de la Ribera del Duero. Precio medio 35 €.

Mesón de Ángel Cuadrado. Marina Escobar, 1. ☎ 983 301 673. www.mesonangelcuadrado.com
Cierran domingo noche, y domingo en julio y agosto. Tradicional mesón con oferta a tono. Platos de cuchara entre semana, pichones estofados, peras al vino tinto. Precio medio 40 €. De la misma propiedad y similar oferta más asequible MARÍA (Rastro, 1. ☎ 983 394 466).

®**Paco Espinosa.** Pº Obregón, 16. ☎ 983 330 988. P
Cierra domingo noche, lunes y 15 días en agosto. Paco Espinosa ofrece los pescados mejor preparados, **almejas a la sartén**, pero también la **ternera estofada** merece la pena. Precio medio sin marisco 50 €.

Patio Martín. (En SIMANCAS, a 11 km). Las Tercias, 2. ☎ 983 591 133. www.patiomartin.es
Cierra noches de domingo a jueves, lunes, 15 días en enero y en agosto. Casa castellana del s. XVI en el centro de la villa. Degustación de tortilla de patatas (ganadora en 2005 y 2007), queso y carnes a la brasa, dulces de temporada (torrijas, rosquillas, bizcocho, hojuelas). Precio medio 36 €.

☼☼**Ramiro's.** (MUSEO DE LA CIENCIA). Avda. Salamanca, 59 (Piso 10º). ☎ 983 276 898. www.ramiros.es P
Cierra domingo. Jesús Ramiro hace una irreprochable e inspirada cocina de autor con raíz castellana que conjuga con el entorno que se ofrece desde el décimo piso de la Torre de Moneo. **Yogur de tomate con sardina ahumada, queso de cabra y turrón de almendras; solomillo de ternera relleno de queso Pata Mulo y anchoa, pastelito cremoso caliente de almendras con helado de vainilla**. Gran servicio. Precio medio 50 €.

☼**Trigo.** Los Tintes, 8. ☎ 983 115 500. www.restaurantetrigo.com
Cierra domingos noche y una semana en agosto. Víctor Martín es un enamorado del producto que realza con su gustosa cocina. **Callitos de bacalao con pimientos asados, paletilla de lechazo con alcachofas, cuajada y hojuelas**. Menú 25 €. Precio medio 40 €.

Zarabanda. (Centro Cultural Miguel Delibes). Avda. Monasterio Nuestra Señora del Prado, 2. ☎ 983 384 812. www.restaurantezarabanda.es P
Cierra domingo noche. En el Centro Cultural Miguel Delibes con el asesoramiento culinario de Jesús Ramiro (Ramiro's). Coca hojaldrada de hígado de pato de Villamartín y verduras asadas, cochinillo con confitura de pisto castellano y ñoquis de calabaza, esponja de chocolate con jabón de vainilla. Precio medio 35 €.

Zurita. (En TUDELA DE DUERO, a 15 km). Emiliano Martín, 4. ☎ 983 522 172. www.bodegastorino.com P
Cierra noches domingo a jueves. En una antigua bodega con ambiente minimalista. Ibérico, asados, tartas caseras. Precio medio 45 €.

Hoteles

***** **AC Palacio de Santa Ana.** (En ARROYO DE LA ENCOMIENDA, a 3 km). Santa Ana, 1. ☎ 983 409 920. www.ac-hotels.com P
Hab. 98: 70/185 €. Suites: 5. Construido sobre las ruinas del Monasterio de los Jerónimos, s. XVIII. Restaurante LOS JERÓNIMOS.

**** **ABC Lasa Sport.** Ctra. de Rueda, 187. ☎ 983 245 444.
Hab. 42: 133/209 €. Suites: 1. Restaurante FUSIÓN.

**** **Amadeus.** Montero Calvo, 16-18. ☎ 983 219 444 www.hotelamadeus.net P
Hab. 31: 60/130 €. Suites: 3. Trato personalizado.

**** **Atrio.** Nuñez de Arce, 5. ☎ 983 150 050. www.hotelatrio.es P
Hab. 27: 60/130 €. Suite: 1. Consultar ofertas. Junto a la Plaza Mayor y la Catedral.

**** **Conde Ansurez.** Avda. Gijón, 100. ☎ 983 015 500. www.condeansurez.com P
Hab. 46: 54/131 €. Suites: 3. Consultar ofertas. Restaurante EL CASERÓN.

**** **Felipe IV.** Gamazo, 16. ☎ 983 307 000. www.felipeiv.com P
Hab. 127: 65/270 €. Suites: 2. En pleno centro. Totalmente renovado. Restaurante AZALEA, cocina nacional creativa.

**** **Foxá Valladolid.** Avda. de Madrid, 46. ☎ 983 459 330. www.suitesfoxa.com P
Suites. 70: 75 €. Consultar ofertas. Con guardería de mascotas. Restaurante ASADOR VALLADOLID.

**** **La Vega.** (En ARROYO DE LA ENCOMIENDA, a 3 km). Avda. de Salamanca, km 131,5. ☎ 983 407 100. www.lavegahotel.com P
Hab. 149: 105/145 €. Suites: 6. Zona residencial. Restaurante EL MIRADOR.

**** **Meliá Recoletos Boutique Hotel.** Acera de Recoletos, 13. ☎ 983 216 200. www.solmelia.com P
Hab. 80: 75/180 €. Hotel con encanto. Próximo a la estación del AVE. Restaurante EL HEREJE.

**** **NH Bálago.** Mieses, 28. ☎ 983 363 880. P
Hab. 120: 80/181 €. Próximo a Feria de Muestras, Plaza Mayor y estadio de fútbol.

**** **NH Ciudad de Valladolid.** Avda. Ramón Pradera, 10-12. ☎ 983 351 111. www.nh-hotels.com P
Hab. 80: 50/208 €. Consultar ofertas. Junto a Feria de Muestras. A 5 minutos de la Plaza Mayor y estadio de fútbol. Restaurante LA GARNACHA

**** **Olid Meliá.** Pza. San Miguel, 10. ☎ 983 357 200. www.solmelia.com P
Hab. 210: 110/135 €. Suites: 4. Consultar ofertas. En la zona antigua y monumental. Restaurante EL JARDÍN.

**** **Silken Juan de Austria.** Pº de Zorrilla, 108. ☎ 983 457 475. www.juandeaustria.com P
Hab. 89: 60/152 €. Consultar ofertas. Centro ciudad. Planta no fumadores y ejecutivos. Restaurante JUAN DE AUSTRIA.

*** **Boutique Hotel Lasa.** Acera de Recoletos, 21. ☎ 983 390 255. www.hotellasa.com P
Hab. 62: 51/102 €. Consultar ofertas. Biblioteca con amplia colección de libros de gastronomía. Restaurante LASA.

*** **Catedral.** Nuñez de Arce, 11. ☎ 983 298 811. www.hotelcatedral.es P
Hab. 27: 50/108 €. Consultar ofertas. Junto a la Plaza Mayor y delante de la Catedral.

*** **Kris Parque.** García Morato, 17 bis. ☎ 983 220 000. www.hotelparque.com
Hab. 186: 61/138 €. Suites: 9. Consultar ofertas. Cerca de Estaciones de Renfe y autobús. Restaurante EL JARDÍN.

*** **Topacio.** Plomo, 8. ☎ 902 500 925. www.hoteltopacio.es P
Hab. 48: 50/290 €. Suites: 2. Consultar ofertas. Restaurante VILLA TOSCANA.

*** **Tryp Sofía Parquesol** Hernando de Acuña, 35. ☎ 983 372 893. www.solmelia.com P
Hab. 70: 56/150 €. Próximo a la plaza de toros y campo de fútbol José Zorrilla. Restaurante LA MIRANDA.

*** **Zenit Imperial.** Del Peso, 4. ☎ 983 330 300. www.himperial.com
Hab. 63: 54/195 €. Suites: 1. En una casa palacio del s. XVI. Próximo a la Pza. Mayor. Restaurante CASA DE LOS GALLO.

Valls (Tarragona)

35 • A-2

A TARRAGONA, 20 KM; MADRID, 542 KM. ALT. 217 M. POB. 25.092. 977 612 530.
GPS (41° 17' 13''N-1° 15' 2"E).

Fiestas: 17 de enero: "Tres Tombs", desfile de carruajes y caballos. 30-31 de enero: Fiesta "Calçotada", gastronómica. Del 20 al 25 de junio: Semana de San Juan. 3-4 de agosto: Firagost, Feria del Campo Catalán. Del 23 al 25 de octubre: Feria de Sta. Úrsula, demostración Xiquets de Valls. 18-19 de diciembre: Mercado de Navidad.
Visitar: Iglesia de St. Joan gótica y renacentista del s. XVI. Iglesias: del Carmen, S. Antonio Abad, y Mare de Déu de Lladó. Iglesia de St. Antoni Abad. Capilla del Roser, s. XV, de Interés Histórico Artístico Nacional, destacan dos murales de cerámica valenciana, vidrieras con pasajes sobre la Batalla de Lepanto. Museo de Valls, colección de pintura contemporánea.
Alrededores: PICAMOIXONS, a 6 km: Iglesia de S. Salvador. MASMOLETS, a 4 km: Iglesia de Sant Roc. FONTSCALDES, a 6 km: Horno romano y restos de cerámica, s. II a.C. Ruta del Císter: Monasterios de Poblet i Santes Creus.

Restaurantes

Masía Bou. Antigua Ctra. N-240, Lleida-Tarragona, km 21,5. ☎ 977 600 427. www.masiabou.com
Cierra noches de domingo a jueves. La familia Gatell lleva cerca de ochenta años al frente de esta masía catalana, cuna de la tradicional calçotada. Canelones de conejo con foie-gras, bacalao con alioli, buñuelos de avellana. Menú 20 €. Precio medio 35 €.

Hoteles

*** **Class Valls.** Pº President Tarradellas, s/n. ☎ 977 608 090. www.hotelclassvalls.com
Hab. 83: 56/95 €. Suite: 1. Consultar ofertas. Restaurante EL TAST DE L'ÁNGEL.
*** **Félix Hotel.** Ctra. Tarragona N-240, km 17. ☎ 977 609 090. www.felixhotel.net
Hab. 53: 43/76 €. Consultar ofertas. Habitaciones con camas basculantes. Próximo a la estación del AVE.

Vallter 2000 (Girona) Estación de esquí: Ver Comprodón. 15 • E-4

Valsaín (Segovia) Ver Granja de San Ildefonso, La. 31 • A-4

Vecinos (Salamanca) Ver Salamanca. 38 • D-1

Vedra (A Coruña) Ver Santiago de Compostela. 7 • E-2

Vega de Tirados (Salamanca) Ver Salamanca. 29 • D-3

Vejer de la Frontera (Cádiz) 80 • B-1

A CÁDIZ, 45 KM; MADRID, 625 KM. ALT. 190 M. POB. 12.991. 956 451 736.
GPS (36° 15' 10''N-5° 57' 51"O).

Fiestas: Febrero-marzo: Carnaval. Semana Santa. Pascua de Resurrección, el Toro embolado. Abril: Feria de Primavera. 7 de mayo: Romería al Santuario de la patrona, la Virgen de la Oliva. 23 de junio: Candelá de S. Juan. Del 10 al 24 de agosto: Velada en honor a la Patrona. Agosto: Noche Flamenca, de Interés Turístico Nacional de Andalucía.
Visitar: Bello pueblo andaluz, con paredes superblancas y cuyo casco urbano, todo él digno de ser visitado se encuentra sobre una colina bajo la cual pasa el río Barbate. Destacan los restos de un antiguo Castillo árabe y la iglesia del Divino Salvador, construida sobre una antigua mezquita. Los Molinos de Viento. Convento de monjas Concepcionistas. Centro de Interpretación del Patrimonio Histórico Cultural. El pueblo está declarado Conjunto Histórico-Artístico, posee el Premio Nacional de Embellecimiento de Pueblos.
Alrededores: A 14 km, El Cabo de Trafalgar. A 23 km, ZAHARA DE LOS ATUNES. A 5 km, ermita de Ntra. Sra. de La Oliva. Parque Natural de La Breña y marismas de Barbate. Playas: Vejer Costa-El Palmar, a 9 km. CAÑOS DE MECA, a 15 km. BOLONIA, a 30 km: Pedanía de Sta. Lucía, acueducto romano. DEHESA MONTENMEDIO, a 6 km: Golf Country Club, circuitos hípicos, Museo de Arte Contemporáneo.

Restaurantes

® **Castillería.** (Ctra. N-340, Cádiz-Málaga, km 35,9, barrio de Santa Lucía). Pago Santa Lucía, s/n. ☎ 956 451 497. www.restaurantecastilleria.com
Cierra noches de marzo a mayo, viernes al mediodía de mayo a septiembre; y del 12 de octubre a marzo. Microclima que permite comer al aire libre en pleno verano con fresco natural y las magníficas **carnes de ovino, vacuno** y **porcino** bien cortadas y con buen punto, por obra y gracia de Juan y Ana Valdés. Imprescindible reservar. Precio medio 30 €.
El Jardín del Califa. (H. LA CASA DEL CALIFA). Pza. de España, 15. ☎ 956 451 706. www.lacasadelcalifa.com
Cierra del 10 de enero al 5 de febrero. Con 18 habitaciones. Cocina árabe en ambiente arábigo andalusí. Tagines, cous-cous, pastela, repostería árabe. Precio medio 22 €.
Trafalgar. Pza. de España, 31. ☎ 956 447 638. www.miraalsur.com/trafalgar
Cierra martes excepto verano; enero y diciembre. Casa antigua con dos ambientes; en la planta baja taberna ilustrada de ambiente informal y en la planta superior, comedor del s. XIX. Sopa de pescado de roca, ventresca y morrillo de atún de almadraba, natillas de chocolate. Precio medio 22 €.
Venta Pinto. La Barca de Vejer, s/n. ☎ 956 450 877. www.ventapinto.com
Antigua casa de postas en la falda del pueblo. Ensalada de atún y queso de cabra caramelizado, solomillo de cerdo ibérico con frutos secos, mousse de dátiles con nueces y reducción de Pedro Ximénez. Menú 22 €. Precio medio 35 €.

Hoteles

*** **Convento de San Francisco.** Plazuela, s/n. ☎ 956 451 001. www.tugasa.com
Hab. 25: 47/67 €. En un antiguo convento del s. XVII. Restaurante EL REFECTORIO, cocina tradicional y creativa.
*** **El Paso.** (En LA BARCA DE VEJER, a 1 km). Ctra. N-340, km 36. ☎ 956 451 083. www.hotelelpaso.net
Hab. 19: 55/81 €. Entre la sierra y el mar.

Velilla del Río Carrión (Palencia). 10 • C-2

A PALENCIA, 100 KM; MADRID, 350 KM. ALT. 1.121 M. POB. 1.521. 979 861 520.
GPS (42° 49' 33''N-4° 50' 51"O).

Fiestas: 24 de junio: S. Juan. 15 de agosto: Ntra. Sra. de Areños. 16 de agosto: S. Roque.
Visitar: Fuentes Tamáricas, Bien de Interés Cultural, arco romano, s. I. Ermita de S. Juan de Fuentes Divinas, s. XII. Ermita del la Virgen de Areños, s. XVI. Casa del Tío Mateón, s. XVII. Palacio Barroco, s. XVII. Centro de Interpretación de la Trucha. Rutas Verdes por la montaña palentina.
Alrededores: Parque Natural de Fuentes Carrionas y Fuente Cobre. GUARDO, a 5 km. SALDAÑA, a 33 km: Villa romana de la Olmeda.

Restaurantes

Casa Mauro. Mayor, 16. ☎ 979 861 010.
Cierra lunes noche. Cocido castellano, carnes rojas, tartas caseras. Menú 10 €. Precio medio 28 €.

Vendrell, El (Tarragona) 35 • B-2

A TARRAGONA, 30 KM; MADRID, 580 KM. ALT. 49 M. POB. 36.700. 977 680 010.
GPS (41° 13' 12''N-1° 32' 1"E).

Fiestas: Primer domingo de febrero: Xatonada Popular. 27 de mayo: Fiesta de La Bicicleta. Junio: S. Juan. Turismar, Feria del Turismo. Primera semana de julio: Fiesta del "Pa Beneït". 26 de julio: Fiesta Mayor Vendrell. Julio y agosto: Festival Internacional de Música "Pau Casals". Octubre: Feria de Sta. Teresa.
Visitar: Iglesia del Stmo. Salvador. Plaça Vella, del s. XVII. Casa Museo "Àngel Guimerà". Museo Deu. Museo Pau Casals. Villa Pau Casals. Casa natal Pau Casals. Plaza Ramon y Vidales. Parque Diver. Zona Medioambiental Fondo del Mate.
Alrededores: Parque Natural de Fuente Cobre. AGUALEÓN: Parque, Reserva Animales.

Restaurantes

El Molí de Cal Tof. Avda. Santa Oliva, 2. ☎ 977 662 651. www.elmolidecaltof.com ❄ P ♿
Cierra domingo noche y lunes. Xató (ensalada típica), sepia a la bruta, buñuelos de crema, en un antiguo molino con una gran chimenea central en el comedor. Menú 16 €. Precio medio 40 €.

Hoteles

***** **La Meridien Ra.** (En Playa de SANT SALVADOR). Avda. Sanatori, 1. ☎ 977 694 200. www.lemeridien.com/ra
❄ P ♿
Hab. 143: 190/2.200 €. Suites: 17. Consultar cierre. En primera línea de playa. Cuidada restauración de un edificio de principios del s. XX. Centro Wellnes de 7.200 m². Restaurante LA VINYA DEL PENEDÈS.
**** **La Heredad Mas Collet.** (En CAPÇANES-PRIORAT). Finca Mas Collet, s/n. ☎ 977 262 455. www.hotelmascollet.com ❄
Hab. 12: 90/140 €. Suites: 3. Consultar cierre y ofertas. Masía del s. XVIII. En el Parque Natural de la Sierra de Llabaria
**** **Ramblas Vendrell.** Avda. Riera de la Bisbal, 46-50. ☎ 977 661 096. www.ramblashoteles.com
❄ P ♿
Hab. 42: 58/103 €. Suites: 1. Restaurante LA DIVA.

Ventas con Peña Aguilera, Las (Toledo) Ver Toledo. 48 • C-3

Vera (Almería) 74 • F-4

A ALMERÍA, 93 KM; MADRID, 510 KM. ALT. 95 M. POB. 14.725. ℹ 950 393 142.
GPS (37° 14' 47''N-1° 52' 10''O).

Fiestas: Semana Santa. 10 de junio: Ntra. Sra. Virgen de Las Angustias, patronales. 25 de septiembre: S. Cleofás. Primer fin de semana de septiembre: Romería Virgen de las Huertas.
Visitar: Plaza Mayor. Iglesia Fortaleza Ntra. Sra. de La Encarnación, s. XVI. Convento de La Victoria, s. XVII. Plaza de Toros, Museo Taurino. Ayuntamiento, s. XIX. Museo Histórico Municipal. Complejo Hidráulico Cuatro Caños, Museo del Agua. Cerro de Espíritu Santos, XV.
Alrededores: Playas de Vera. Paseo Marítimo.

Restaurantes

Juan Moreno. Ctra. de Ronda, Bloque 3. ☎ 950 393 051. www.restaurantejuanmoreno.es ❄ ♿
Cierra domingo. La familia Moreno al frente de cocina y comedor. Ensalada de tomate raf con salmón y espuma de anchoas, lomo de bacalao confitado con fritá casera, lámina de tocino de cielo con crema de queso fresco. Precio medio 40 €.
Terraza Carmona. (H. TERRAZA CARMONA). Del Mar, 1. ☎ 950 390 760. www.terrazacarmona.com
❄ P ♿
Cierra lunes. La gerencia familiar se aprecia en el trato y los productos de calidad que se ofrecen, tanto en su animada barra como en sus comedores. Platos de la tierra con toques de vanguardia. Excelente bodega, usable como comedor privado. Precio medio 34 €.

Hoteles

**** **Valle del Este Golf-Spa & Wellness Centre Beach Club.** Ub. Valle del Este. Autovía E-15, salida 529.
☎ 950 548 600. www.valledeleste.es ❄ P ♿
Hab. 142: 92/177 €. Suites: 12. Admisión de perros, consultar. Campo de golf propio con Escuela. Capilla. Restaurante LA TERRAZA DEL VALLE.

Vergara (Guipúzcoa) Ver Bergara. 6 • B-4

Verín (Ourense) 18 • C-2

A OURENSE, 72 KM; MADRID, 433 KM. ALT. 383 M. POB. 14.663. ℹ 988 411 614.
GPS (41° 56' 24''N-7° 26' 26''O).

Fiestas: 17 de enero: Romería S. Antón. Carnavales, de Interés Turístico Nacional. Marzo-abril: S. Lázaro y certamen gastronómico. 7-8 de agosto: Sta. María La Mayor, patronal. 8 de septiembre: Romería de Los Remedios.
Visitar: Iglesia Sta. María La Mayor. Iglesia-convento de los Mercedarios. Santuario de Los Remedios. Capilla de S. Lorenzo. Casas del Escudo y de los Acevedo. Manantiales de aguas minero-medicinales: Sousas, Fontenova y Cabreiroa. Vía de la Plata y Camino portugués.
Alrededores: CASTRELO DO VAL: Parque Natural del Invernadeiro. LAZA: Iglesia de Laza y retorta. Ríos: Centro de Interpretación de la Castaña. CUALEDRO: Castro de La Saceda. MONTERREI: Iglesia Sta. María Gracia y castillo.

Restaurantes

Gallego. (En ALBARELLOS DE MONTERREI). (H. GALLEGO). Ctra. N-525, Orense-Benavente, km 171,7.
☎ 988 418 202. www.hotelgallego.com ❄ P ♿
Con 40 habitaciones. Suprema de merluza en salsa de puerros, jabalí gallego estofado con castañas y setas, cañitas fritas. Menú 15 €. Precio medio 30 €.

Hoteles

*** **Parador de Turismo.** Subida a Monterrey, s/n. ☎ 988 410 075. www.parador.es ❄ P ♿
Hab. 23: 102/192 €. Consultar cierre y ofertas. Frente al Castillo y la iglesia de los antiguos Condes de Monterrey, en un hermoso y verde paisaje. (Rutas naturales y monumentales). Cocina gallega.

Viana (Navarra) 12 • B-4

A PAMPLONA, 81 KM; MADRID, 342 KM. ALT. 469 M. POB. 3.812. ℹ 948 446 302.
GPS (42° 30' 53''N-2° 22' 22''O).

Fiestas: 1 de febrero: Fiesta de La Fundación. Del 21 al 25 de julio: María Magdalena y Santiago. 16 de septiembre: Fiestas en honor a la Virgen de Nieva.
Visitar: Ciudad amurallada del s. XIII. Iglesia de Sta. María, gótica del s. XIII con ampliaciones entre los s.s XVI y XVIII. Tumba de César Borgia. Ayuntamiento y Balcón de Toros, barroco. Ruinas góticas de la iglesia de S. Pedro. Casa de Cultura en su antiguo hospital de peregrinos del s. XV.
Alrededores: Alto de los Bojes. Laguna de las Cañas.

Restaurantes

Borgia. Serapio Urra, s/n. ☎ 948 645 781.
Cierra noches de domingo a miércoles; y agosto. Los Sabando dirigen con acierto esta casa en el casco antiguo. Espárragos blancos con crema de remolacha, mollejas de ternera braseadas con salsa de salsifís, pastel de manzana con uvas asadas. Precio medio 40 €.

Hoteles

**** **Husa Las Cañas.** Ctra. Logroño-Mendavia, km 95. ☎ 948 446 655. www.husa.es
Hab. 75: 50/150 €. Suites: 1. Restaurante OCA LAS CAÑAS.
*** **Palacio de Pujadas.** Navarro Villoslada, 24. ☎ 948 646 464. www.palaciodepujadas.com
Hab. 24: 50/110 €. Suites: 4. En el casco antiguo.

Vic (Barcelona)

25 • E-2

A BARCELONA, 65 KM. ALT. 485 M. POB. 39.844. 938 862 091.
GPS (41° 55' 48''N-2° 15' 12"E).

Fiestas: Marzo-abril: Mercat del Ram. Del 5 al 12 de julio: Fiesta Mayor de S. Miguel de Los Santos, con una duración de diez días. Oficio a la Catedral y fiestas populares. Del 15 al 18 de septiembre: Mercat Música de Vic. Del 6 al 8 de diciembre: Mercat Medieval.
Visitar: **La Catedral** que entremezcla estilos desde el románico al gótico. De la época románica destacan la cripta, el campanario y los restos del claustro inferior. De la época gótica también es el retablo mayor de Pere Oller, realizado en alabastro entre los años 1420 y 1427. De la época barroca sobresale la capilla dedicada a St. Bernat Ca bó. **La nueva catedral** es obra del arquitecto Josep Morató i Codina, con pinturas murales de Josep Mª Sert. El conjunto formado por el Templo Romano, levantado a principios del s. II y los restos del Castillo de los Montcada, es uno de los núcleos más importantes de la ciudad. **La Plaza Mayor**, conjunto porticado donde se halla el Ayuntamiento. Tiene como base el edificio gótico construido en el año 1388 y formado por la Lonja, con arcos en la planta baja y una superior conocida como Sala de La Columna. Sala del Consistorio. El arquitecto Josep Mª Pericas realizó entre 1922 y 1931 el cierre de los pórticos de la antigua lonja. Destacan la Galería de Vigatans II, Lustres y el Arxiu Municipal. **Iglesia de Sta. Teresa**, barroca, así como la del Carmen. El Hospital de Sta. Cruz, del s. XIV, pero reconstruido en el XVI. Puente, románico del s. XI. Museo Episcopal: de Interés Nacional, conserva una colección de arte medieval y de artes decorativas. Museo de Arte de La Piel en el antiguo convento del Carmen. Centro BTT Plana de Vic.
Alrededores: TAVERNOLES, a 8 km: Iglesia románica, consagrada en 1069. SABASSONA, a 10 km, : Iglesia de S. Pedro, románica del s. XI, al pie de un castillo medieval, reformado a finales del XVIII. PANTANO DE SAU, a 15 km: Vista espléndida desde los acantilados. A 19 km, monasterio de S. Pedro de Casserres: Iglesia románica del s. XI, con claustro románico, reformado en el XV. STA. EUGENIA DE BERGA, a 3 km: Iglesia románica del s. XII. SEVA, a 20 km.

Restaurantes

☼**Boccatti.** Mosén Josep Godiol, 21. ☎ 938 895 644.
Cierra noches de miércoles y domingo; jueves, segunda quincena de abril y de agosto. Su éxito es el gran rigor de Josep Girabent en la adquisición del mejor producto de temporada y saberlo preparar de forma tan sencilla como excelente. Precio medio 50 €.
☼☼**Can Jubany.** (En CALLDETENES, a 3 km). Ctra. Sant Hilari, s/n. ☎ 938 891 023. www.canjubany.com
Cierra noches de domingo y martes; lunes, tres primeras semanas de enero y segunda quincena de agosto. Ferran Jubany posee pasión por la cocina y una sorprendente capacidad para actualizar con mucha personalidad el recetario de la cocina tradicional catalana. **Canelones de pollo y panceta asados, pularda asada y trufada con brocoli y coliflor, buñuelos rellenos de crema catalana**. Precio medio 60 €.
®**L'Estanyol.** (En EL BRULL, a 15 km). Masía L'Estanyol - Golf Montanya, s/n. ☎ 938 840 354. www.restaurantestanyol.com
Cierra noches de martes a jueves septiembre a junio; y noches de domingo y lunes. En base al mejor producto estacional la cocina de Joan Font amalgama perfectamente tradición e imaginación. **Tartar de centollo con sorbete de albahaca y limón, cochinillo con su salsa y mermelada de limón**. Menú 14 €. Precio medio 50 €.

Hoteles

**** **El Montanyà Resort & Spa.** (En SEVA, a 20 km). Avda. Montseny, s/n. ☎ 938 840 606. www.elmontanya.com
Hab. 180: 94/200 €. Apartamentos: 31. Suites: 25. Consultar cierre. Organizan actividades deportivas.
**** **Parador de Turismo.** Paraje el Bac de Sau, s/n. ☎ 938 122 323.
Hab. 39: 83/100 €. Entre bosques de pinos sobre el agua azul del embalse de Sau, en una situación excepcional. Tranquila residencia. Excelente cocina con tradicionales y sabrosos platos catalanes.
*** **J. Balmes Vic.** Francesc Pla El Vigatà, 6. ☎ 938 891 272. www.hoteljbalmes.com
Hab. 50: 70/90 €. Frente al Hospital General.
*** **L'Arumi.** (En STA. EUGENIA DE BERGA, a 3 km). Ctra. Arbúcies, 1-3-5. ☎ 938 895 332. www.hotelarumi.com
Hab. 21: 70/86 €. Suites: 3. Consultar cierre y ofertas.
*** **NH Ciutat de Vic.** Pasaje Can Mastrot, s/n. ☎ 938 892 551. www.nh-hoteles.es
Hab. 36: 39/144 €. En pleno centro.

Vidreres (Girona)

26 • A-3

A GIRONA, 24 KM; MADRID, 687 KM. ALT. 95 M. POB. 7.430. 972 850 025.
GPS (41° 47' 24''N-2° 46' 44"E).

Fiestas: Martes de Carnaval: Ranxo. Septiembre: "Festa Major". Noviembre: "Festa Petita".
Visitar: Iglesia de Sta. María de Vidreres. Ermita de Caulés. Restos del Castillo.
Alrededores: CALDAS DE MALAVELLA, a 10 km.

Restaurantes

Can Pou. Pau Casals, 15. ☎ 972 850 014. www.canpou. net
Cierra domingo noche en invierno; y lunes. Con 14 habitaciones. Pimientos rellenos de brandada de bacalao, pies de cerdo con caracoles, mel y mató. Menú 13 €. Precio medio 30 €.
®**Delicius.** (En CALDES DE MALAVELLA, a 10 km). (H. BALNEARI VICHY CATALÁN). ☎ 972 470 000 www.balneariovichycatalan.com
Cierra domingo noche, lunes y del 9 de enero al 13 de febrero. Dentro del edificio modernista del s.XIX que ocupa el balneario, un elegante comedor remodelado con cocina mediterránea evolucionada. **Ensalada de pasta al limón y pollo de payés asado con crema de maiz, cabrito deshuesado y confitado con regaliz y trufa de verano.** Cocina natural y menú dietético. Precio medio 40 €.
®**Quimera** (En CALDES DE MALAVELLA, a 10 km). N-II, km 701. ☎ 972 181 020. www.meliagolfvichycatalan.com
Agradable ambiente. Cocina atenta al mercado con toques de creatividad. **Cigala a baja temperatura, canelón de pato guisado con compota de pera**, crema catalana en texturas. Precio medio 45 €.

Hoteles

****** Meliá Golf Vichy Catalán.** (En CALDES DE MALAVELLA, a 10 km). Ctra. N II, km 701. ☎ 972 181 020. www.meliagolfvichycatalan.com
Hab. 149: 75/200 €. Suites: 5. Consultar ofertas. Restaurante QUIMERA.
***** Balneari Vichy Catalán.** (En CALDES DE MALAVELLA, a 10 km). Avda. Dr. Furest, 32. ☎ 972 470 000. www.balneariovichycatalan.com
Hab. 86: 52/149 €. Suites: 2. Consultar cierre. Dispone de zona termal con diversos tratamientos. Restaurante DELICIUS.

Vielha/Viella (Lleida)

14 • D-2

A LLEIDA, 165 KM; MADRID, 650 KM. ALT. 974 M. POB. 5.710. 973 640 110.
GPS (42° 42' 5"N-0° 47' 40"E).

Fiestas: Del 7 al 11 de septiembre: Fiesta Mayor. 8 de octubre: Feria ganadera.
Visitar: Iglesia de St. Miquéu con torre del s. XIV, portada y Cristo románico. Casas señoriales. Museo Etnológico. Palacio de Hielo. Fábrica dera Lan.
Alrededores: Iglesias románicas en: BETRÉN, BETLÁN, MONTCORBAU, CASARILH, MONT, AUBERT, VILA ARRÒS, CASAU, GAUSAC y VILAC. Estación de esquí de Baqueira-Beret.

Restaurantes

Casa Turnay. (En ESCUNHAU, a 2 km). Mayor, 2. ☎ 973 640 292.
Cierra domingo no festivos en invierno; mayo y junio. Olla aranesa, coles rellenas, flan de yogur con salsa de frambuesa. Menú 15 €. Precio medio 23 €.
El Niu. (En ESCUNHAU, a 2 km). Deth Pónt, 1. ☎ 973 641 406.
Cierra domingo noche en temporada baja, y del 22 de junio al 22 de julio. Arroz espinacado, murgulas rellenas de foie-gras, fresones a la pimienta negra. Precio medio 24 €.
Ⓡ **El Portalet.** (En BOSSOST, a 16 km). Sant Jaume, 32. ☎ 973 648 200.
Cierra domingo noche, lunes y 15 días en junio y en octubre. La personal visión culinaria de Josep Gregorio ha convertido El Portalet en centro de referencia de una clientela amante de la buena mesa. **San Pedro con calamar, chalotas y tapioca negra, chocolate con ruibarbo**. Precio medio 45 €.
Era Lucana. (Edif. Portals d'Aran). Avda. Calbetó Barra, 10. ☎ 973 641 798. www.eralucana.com
Cierra lunes no festivos y del 25 de junio al 15 de julio. Ambiente y cocina de montaña con toque de creatividad. Ensalada tibia de pies y morro de cerdo con habitas y virutas de jamón ibérico, lomo de ciervo a la salsa de membrillo, polvorón de arena de musgo y roca helada de setas, pirámide de chocolate negro. Precio medio 45 €.
Ⓡ **Era-Mola (Gustavo-María José).** Marrec, 14. ☎ 973 642 419.
Cierra almuerzos excepto fines de semana y fiestas de invierno, miércoles, primavera y otoño excepto puentes. Pequeño local en el que Mireia Díaz ha tomado el relevo a su madre en los fogones y en el que se sigue ofreciendo un buena cocina aranesa y unos excelentes postres. Precio medio 35 €.

Hoteles

****** Husa Tuca.** Ctra. Baqueira, 25. ☎ 973 640 700. www.hotelhusatuca.com
Hab. 114: 50/190 €. Suites: 1. Totalmente reformado.
****** Parador de Turismo.** Ctra. del Túnel, s/n. ☎ 973 640 100. www.parador.es
Hab. 116: 80/168 €. Suites: 2. Consultar ofertas. Un mirador sobre los pueblos del valle. Recientemente remodelado. Restaurante VAL D'ARÁN, cocina regional e internacional.
****** Sol Vielha.** Aneto, 1. ☎ 973 638 000. www.solmelia.com
Hab. 95: 67/205 €. Suites: 1. Consultar cierre. Restaurante ETM PALAI.
***** Fonfreda.** Pº Libertad, 18. ☎ 973 640 486. www.hotelfonfreda.com
Hab. 26: 58/88 €. Céntrico.
***** Husa Riu Nere.** Mayor, 4. ☎ 973 640 150. www.hotelhusariunere.com
Hab. 48: 40/126 €. Consultar cierre. Excursiones con guía gratuito en verano. Restaurante SERRANO.
***** Suite Aparthotel y Spa Eth Refugi d'Aran.** Avda. Garona, 27. ☎ 973 643 002. www.hotelelrefugiodearan.com
Apartamentos: 48: 50 €. Consultar ofertas. Cerca del Palacio de Hielo. Restaurante EL ACEBO.

Vigo (Pontevedra)

17 • D-1

A PONTEVEDRA, 24 KM; MADRID, 626 KM. ALT. 31 M. POB. 298.648. 986 224 757.
GPS (42° 14' 8"N-8° 43' 44"O).

Fiestas: 28 de marzo: La Reconquista. Julio y agosto: Festival en el Auditorio al aire libre del Parque de Castrelos. Del 16 al 20 de julio en Bouzas, Fiesta del Stmo. Cristo de los Afligidos. 1 de agosto: Santísimo Cristo de la Victoria. 15 de agosto: S. Roque, fiesta local.
Visitar: **El Castro**, un pequeño monte ajardinado situado en el corazón de la ciudad, donde se encuentran restos prerromanos, parte de las murallas defensivas y un mirador sobre Vigo y su ría: a la derecha, el monte de La Guía, coronado por la ermita de la Virgen de las Nieves, otro mirador con magníficas vistas; enfrente Cangas y Moaña y toda la península del Morrazo; y a la izquierda la salida de la ría, protegida por las Islas Cíes, pertenecientes al Parque Nacional "Islas Atlánticas", y donde se encuentra la playa más bonita del mundo según The Guardian, la playa de Rodas. El Berbés, barrio típico de pescadores; la Colegiata y el **casco antiguo,** Bien de Interés Cultural; el Museo Quiñones de León, situado en el Parque de Castrelos, con la más completa colección de pintura y escultura gallegas e importantes secciones de arqueología e historia: el Museo de arte Contemporáneo; el museo Etnográfico Liste; el Verbum o Casa de las Palabras; el Museo del Mar de Galicia; el Parque Zoológico de A Madroa. Playas de Samil, Canido y O Vao. Sin olvidarnos del gran repertorio de edificios modernistas integrados en el paisaje urbano.
Alrededores: Ría de Vigo. Parques forestales: Monte Alba y el Monte dos Pozo de Valladares, O Vixiador. Parque de San Andrés de Comesaña. Playas. BAYONA (Villa caracerística de las Rías Baixas), TUI, LA GUARDIA, la Península de O Morrazo.

Restaurantes

Bitadorna En Vigo. Ecuador, 56. ☎ 986 136 951. www.bitadorna.com
Cierra domingo y segunda quincena de agosto. La nueva sucursal de Chus Castro en Vigo, en un local con decoración moderna y luminoso. Tartar de bacalao con sopa de tomate, albondigón de ternera con trufas, almendras y foie-gras, brick de chocolate caliente. Precio medio 35 €.
☼ **Casa Alfredo.** (En MOS-LA RANS, a 8 km). (Autovía Vigo-Porriño, salida 660). Tameiga, 87. ☎ 986 338 540. www.casaalfredo.es
Cierra noches de domingo y martes, lunes y segunda quincena de enero. Cocina de calidad, basada en los mejores productos gallegos, muy cuidados en los fogones. Memorable su **lomo de salmonete marinado**. Muy buenos **pescados,** y dedicación especial a la **caza**, gran afición del propietario; la **perdiz** al estilo de la casa es magnífica. Precio medio 35 €.
Cíes. (En CANIDO). Playa de Canido, 195. ☎ 986 490 101. www.restaurantecies.es
Cierra domingo noche y lunes excepto verano; y del 23 de diciembre al 23 de enero. Pulpo a feira, lubina a la algas, cañitas. Precio medio 35 €.
El Mosquito. Pza. da Pedra, 4. ☎ 986 433 570. www.elmosquitovigo.com
Cierra domingo, segunda semana de agosto y primera de septiembre. Una buena referencia de la familia Roel. Empanada gallega, lenguado especial, filloas. Precio medio 48 €.

Esteban. (En MOS, a 8 km). (Autovía Vigo-Porriño, salida 660). Barrio de Monte, 20. ☎ 986 330 150. www.seleccionculinaria.com P
Cierra noches de lunes y martes; domingo, 15 días en agosto y 10 días en Navidad. Cocina de raíz gallega con algunos apuntes de modernidad, como el timbal de manzana, foie-gras, pipas y piñones o el codillo de cerdo celta asado. Precio medio 35 €.

La Oca. Avda. Purificación Saavedra, 8. ☎ 986 371 255.
Cierra noches de lunes a jueves, sábado, domingo, Semana Santa, última semana de julio y primera de agosto. Marcó una época, y sigue fiel a su línea culinaria. Su cocina es actual, sin excesos, como el **arroz negro de choquitos y cantarelas**, el **taco de atún con salsa de malanga...** Atención especial a la temporada de **lamprea**, de la que ofrece varias versiones. Precio medio 30 €.

Maruja Limón. Victoria, 4. ☎ 986 473 406. www.restaurantemarujalimon.es
Cierra domingo, lunes y segunda quincena de septiembre. Rafael Centeno apuesta por una cocina personal, joven, de cierta osadía, como el **calamar en sartén con mayonesa de codium**, el **mero asado con espárragos de temporada**, la **molleja de ternera con uvas y crema de queso San Simón**. Una dirección en alza. Precio medio 40 €.

O Caranguexo. (En MOAÑA, a 15 km). (Muelle de Domaio). Palmás, 57. ☎ 986 326 031.
Cierra domingo y 4 semanas en navidades. Terraza y comedor al borde del mar. Judiones con almejas, rodaballo con fideos, cañitas. Precio medio 38 €.

® **Soriano (Asador).** (En BEMBRIVE, a 5 km). Subida a Chans, 2. ☎ 986 481 373. www.asadorsoriano.com P
Cierra domingo noche. Casa de campo restaurada con espectaculares vistas a la ría de Vigo. **Pulpo, pescados y carnes a la brasa, mousse de tetilla**. Precio medio 45 €.

® **Timón Playa.** Ctra. de la Costa. Canido, 8. ☎ 986 490 815. www.restaurantetimonplaya.ws P
Cierra domingo y navidades. Un clásico de Canido, junto a la playa, con cocina de calidad basada en la buena materia prima que selecciona. Recetas de cocina gallega clásica prudentemente adaptadas, especialmente en el caso de los **pescados**. Precio medio 40 €.

Hoteles

***** **Pazo Los Escudos.** Avda. Atlántida, 106. ☎ 986 820 820. www.pazoslosescudos.com P
Hab. 54: 112/327 €. Suites: 6. En un antiguo pazo, restaurado. Acceso directo a la playa de Carril. Restaurante ALCABRE.

**** **AC Palacio Universal.** Cánovas del Castillo, 28. ☎ 986 449 250. www.hotelacpalaciouniversal.com P
Hab. 69: 75/280 €. Suites: 1. Edificio de finales del s. XIX. Céntrico. Frente al mar. Restaurante LA CUADERNA.

**** **Ciudad de Vigo.** Concepción Arenal, 5. ☎ 986 227 820. www.ciudaddevigo.com P
Hab. 101: 92/195 €. Suites: 3. Consultar ofertas. Céntrico. Junto al Puerto Deportivo.

**** **Coia de Vigo.** Sanxenxo, 1. ☎ 986 201 820. www.hotelcoia.com P
Hab. 110: 78/180 €. Suites: 16. Consultar ofertas. A 300 m de la Plaza de América y a 3 min. de las playas.

**** **Gran Hotel HLG Samil.** Avda. de Samil, 15. ☎ 986 240 000. www.hlghotels.com P
Hab. 137: 103/175 €. En selecta zona residencial. A orillas de la playa.

**** **Hesperia Vigo.** Avda. Florida, 60. ☎ 986 296 600. www.hesperia-vigo.com P
Hab. 123: 64/193 €. Suites: 1. Junto a la Plaza de América. Restaurante AL PUNTO VIGO.

**** **Husa Bahía de Vigo.** Cánovas del Castillo, 24. ☎ 986 226 700. www.hotelbahiavigo.es P
Hab. 80: 65/232 €. Consultar ofertas. Céntrico. Frente al Club Naútico. Restaurante-Marisquería BAHÍA de reconocida y respetada reputación.

**** **NH Palacio de Vigo.** García Barbón, 17-19. ☎ 986 433 643. P
Hab. 99: 180 €. Suites: 9. Restaurante IRATI, buena cocina.

**** **Tryp Los Galeones.** Avda. de Madrid, 21. ☎ 986 480 405. www.galeones.com P
Hab. 76: 86/268 €. Suites: 4. Restaurante LAS ANCLAS.

*** **América.** Pablo Morillo, 6. ☎ 986 438 922. www.hotelamerica-vigo.com P
Hab. 45: 63/106 €. Desayuno incluido. Céntrico. Frente al paseo marítimo y al Club Náutico. Vistas sobre la Ría.

*** **Rectoral de Cobres 1729.** (En SAN ADRIÁN DE COBRES, 8 km). Ctra. 554, km 7,8. ☎ 986 673 810. www.rectoral.com P
Hab. 8: 85/150 €. En una rectoral del s. XVIII, cuidadosamente restaurada, en la margen derecha de la ría de Vigo, con espléndidas vistas.

*** **Zenit Vigo.** Gran Vía, 1. ☎ 986 417 255. www.zenithoteles.com
Hab. 99: 50/180 €. Suites: 1. Consultar ofertas. Cerca del puerto. Céntrico. Restaurante LA ROTONDA.

Vila Joiosa, La/Villajoyosa (Alicante) — 68 • B-1

A ALICANTE, 35 KM; MADRID, 450 KM. ALT. 10 M. POB. 32.000. ℹ 966 851 371.
GPS (38° 30' 27''N-0° 14' 1''O).

Fiestas: 8 de mayo: Lágrimas Sta. Marta. Del 24 al 31 de julio: Fiestas Moros y Cristianos, de Interés Turístico Internacional. 16 de julio: Virgen del Carmen, patrona. 29 de septiembre: S. Miguel, patron.
Visitar: El conjunto Histórico-Artístico de La Villa. Murallas renacentistas. Casco histórico marinero. Iglesia, singular joya del gótico catalán. Museo Arqueológico y Etnográfico, en la Casa de La Cultura. Museo del Chocolate. Casa Museo de La Barbera dels Aragones. Puerto pesquero y deportivo. Playas.
Alrededores: Pantano El Amadorio. Cauce del río Amadorio.

Restaurantes

® **Emperador.** (H. EL MONTÍBOLI). Partida Montíboli, s/n. ☎ 965 890 250. www.montiboli.es P
Refinamiento en todos sus aspectos que cuenta con un diligente servicio. No hay carta, únicamente dos menús degustación (50 €). Una oferta más económica, el bufé (35 €).

Hogar del Pescador. Avda. País Valenciá, 33. ☎ 965 890 021. www.hogardelpescador.com
Cierra noches de lunes a jueves en invierno; y del 25 al 28 de julio. Carpaccio de atún con alcaparras, arroz meloso con rape y gambas, helado de queso fresco y reducción de vino moscatel. Precio medio 28 €.

Hoteles

***** **Montiboli.** Partida Montiboli, s/n. ☎ 965 890 250. www.montiboli.es P
Hab. 84: 81/212 €. Suites: 1. Sobre un acantilado y dominando el mar Mediterráneo, en las afueras de este pueblo pesquero, ofrece un entorno único entre mar, playas y colinas. Restaurantes EMPERADOR y MINARETE.

Vila-Real/Villarreal (Castellón de la Plana) — 51 • D-1

A CASTELLÓN DE LA PLANA, 7 KM; MADRID, 416 KM. ALT. 42 M. POB. 451.205. ℹ 964 500 219.
GPS (39° 56' 14''N-0° 6' 10''O).

Fiestas: 16 de enero: S. Antonio. 20 de febrero: Fundación de la Ciudad. Del 14 al 23 de mayo: St. Pascual. Del 4 al 13 de septiembre: Virgen de Gracia. 29 de noviembre: Feria de Sta. Catalina.
Visitar: Capital de la Plana Baixa. Ermitorio Virgen de Gracia. Museo Etnológico (ermita). Basílica menor y Convento de las Clarisas de St. Pascual. Iglesia arciprestal, Bien de Interés Cultural Regional. Iglesia de la Sangre, s. XVI. Plaza Porticada. Murallas. Casas: de l'Oli y de Polo.
Alrededores: Botánico Calduch, senda botánica y paisaje protegido. Restos neolíticos, ibéricos y romanos.

Restaurantes

Espliego. Escultor Fuster, s/n. ☎ 964 530 305. www.espliegorestaurante.com
Cierra domingo noche y primera quincena de agosto. Carpaccio de gambas sobre crema de espárragos y almendras, lubina a la plancha con fideuá negra, brownie de chocolate con frutos secos. Precio medio 30 €.

La Regentamar. (En BURRIANA, a 4 km). Marina de Burriananova. Escollera de Poniente, s/n. ☎ 964 586 731. www.laregenta.es ❄ P ♿
Cierra domingo noche en verano; noches de lunes a jueves y festivos en invierno. Buen oficio de Raúl Barruguer y equipo. Albondiguillas y algas, arroces secos y melosos, brioche con texturas de naranja. Precio medio 38 €.

Hoteles

**** **Vila-Real Palace.** Arcadí García Sanz, 1. ☎ 964 506 600. www.mannador.com ❄ P ♿
Hab. 77: 75/150 €. Restaurante VERSALLES.

Vilaframil (Lugo) Ver Ribadeo. 2 • F-2

Vilafranca del Penedès (Barcelona) 35 • C-1

A BARCELONA, 45 KM; ALT. 221,8 M. POB. 39.000. 938 920 358.
GPS (41° 20' 41''N-1° 41' 55"E).

Fiestas: Enero: Día 5: Cabalgata. Día 23: Fiesta del Xató. Del 7 al 23: Fiestas de St. Raimon. Rua de Carnaval. Abril: Fiesta del Graller y Festividad de S. Jordi. Mayo: Feria y fiestas de los enamorados. 2-4 de julio: Caixa Penedés Vijazz. Del 29 de agosto al 2 de septiembre: Fiesta Mayor, de Interés Turístico Nacional. 1 de noviembre: Jornada Castellera. Diciembre: Mercado de Navidad y feria del Gallo.
Visitar: Vinseum: Museo de las Culturas del Vino de Cataluña. Basílica de Sta. María, gótica. Iglesia de St. Joan, transición románico-gótico ambos Monumentos Históricos-Artísticos. Iglesia y claustro de St. Françesc, portal románico y claustro renacentista. Museo de Vilafranca y Palacio Real, gótico, ambos Monumentos Histórico-Artístico. Ruta del modernismo. Ruta del vino y del cava. Casa de la Festa Mayor, museo de las piezas del folklore. Bodegas.
Alrededores: Museo Arquelogico de Cataluña. Conjunto Monumental y artístico de St. Martí Sarroca. Ruta de la Memoria Historica.

Restaurantes

®**Cal Ton.** Casal, 8. ☎ 938 903 741. www.restaurantcalton.com ❄
Cierra noches de martes y domingo; lunes, Semana Santa y tres semanas en agosto. Esta casa, de la mano de Ton Mata en la cocina, se ha convertido con los años en uno de los referentes de la mejor cocina catalana de la comarca. Álvaro es el garante de un buen servicio. Precio medio 38 €.
Casa Joan. Pza. de la Estación, 8. ☎ 938 903 171. ❄ P ♿
Cierra noches, domingo, Semana Santa, segunda quincena de agosto y semana de Navidad. Patata rellena de marisco gratinada, rodaballo salvaje al horno, flan de queso. Precio medio 38 €.

Hoteles

**** **Alfa Penedés.** Font de les Graus, 2 (Pol. Ind. Mercaderías). ☎ 938 172 026. www.alfapenedes.com ❄ P ♿
Hab. 58: 50/150 €. Suites: 1. Consultar ofertas.
**** **Domo.** Francesc Macià, 4. ☎ 938 172 426. www.domohotel.com ❄ P ♿
Hab. 43: 66/89 €. Suites: 1. Consultar ofertas. Céntrico. Restaurante DOLCE VITA.
**** **Hotel Golf Can Rafel.** (En CERVELLÓ). Masía Can Rafel, s/n. ☎ 936 501 005. www.canrafel.net ❄ P ♿
Hab. 23: 70/90 Suites: 1. Consultar cierre y ofertas.

Vilagarcía de Arousa/Villagarcía de Arosa (Pontevedra) 7• D-3

A PONTEVEDRA, 25 KM; MADRID, 622 KM. ALT. 10 M. POB. 37.329. 986 510 144.
GPS (42° 35' 37''N-8° 46' 3"O).

Fiestas: 1 de mayo: Concurso de "Maios", que se hacen con flores. 22 de mayo: Fiesta de Sta. Rita de Casia. 16 de julio: El Carmen. 25 de julio: El Apóstol. 16 de agosto: Multitudinaria "Festa da Auga", patronales. Última semana de agosto: Feria das Tapas. Mediados de noviembre: Festa do Cogumelos.
Visitar: Pazos: Vista Alegre, del s. XVII, Monumento Histórico-Artístico; Rial, 1699. Iglesia parroquial de Sta. Eulalia y conjunto histórico de Vista Alegre. Museo del Ferrocarril. Mirador del Monte Lobeira, con ruinas de un castillo medieval. Rutas de senderismo y culturales. Parque Fluvial del río Con y Parque de Compostela. Ría de Arosa. Puerto deportivo. Playas.
Alrededores: ILLA DE AROSA, a 7 km. CATÓIRA, a 9 km: Torres del Oeste, en ruinas y una capilla románica. PAZO DE RUBIANES, a 4 km: Con portada del s. XVI. CAMBADOS, a 10 km: Pazo de Fefiñanes y otras casas señoriales. VILLANUEVA DE AROSA, a 5 km. CARRIL y VILLAJUÁN, a 2 km. SANTIAGO DE COMPOSTELA, a 45 km.

Restaurantes

☼**Casa Bóveda.** (En CARRIL, a 2 km). La Marina, 2. ☎ 986 511 204. www.restaurantecasaboveda.com ❄ ♿
Cierra domingo noche y lunes excepto agosto; y del 22 de diciembre al 22 de enero. Uno de los templos del gran producto del mar gallego. Sus **mariscos** y **pescados** son memorables, desde los más conocidos, como **rodaballo** o **merluza**, a los menos famosos **sanmartiño** o **escacho**. Recetas sencillas, de toda la vida. Bodega suficiente. Precio medio 45 €.
Olivo. (En PONTECESURES, a 22 km). Avda. de Vigo, 12. ☎ 986 557 363. www.restauranteolivo.com ❄ P ♿
Cierra domingo noche, martes y primera quincena de septiembre. Ambiente moderno para una cocina a tono. Carpaccios (pulpo, solomillo de buey...), pescados y mariscos de la ría, tiramisú. Precio medio 35 €.
O'Paspallás. (En VILANOVA DE AROUSA, a 3 km). A Cerca, 46. ☎ 986 555 221. www.restauranteopaspallas.blogspot.com P ♿
Cierra noches de domingo y lunes excepto verano. Productos del mar y de la huerta propia. Empanada de xoubiñas, pollito campero al estragón, crema catalana casera. Menú 15 €. Precio medio 25 €.
Plácido. (En CARRIL, a 2 km). (H. CARRIL). Lucena, 18. ☎ 986 511 507. www.hotelcarril.com ❄ P ♿
Cocina mediterránea con vistas a la bahía. Ensalada de rulo de cabra caramelizado, presa de cerdo ibérico con tomate provenzal, tarta de tres chocolates. Menú 15 €. Precio medio 28 €.

Hoteles

**** **Carril.** Lucena, 18. ☎ 986 511 507. www.hotelcarril.com ❄ P ♿
Hab. 28: 65/125 €. Suite: 1. Consultar ofertas. En primera línea de playa. Restaurante PLÁCIDO.
**** **Pazo La Buzaca.** (En MORAÑA). San Lorenzo, 36. ☎ 986 553 684. www.labuzaca.com P ♿
Hab. 11: 90/110 €. Suites: 2. Consultar cierre.
**** **Pazo O Rial.** O Rial, 1. ☎ 986 507 011. www.pazorial.com ❄ P
Hab. 55: 58/138 €. Suites: 4. Desayuno incluido. Pazo del s. XVII.
*** **Castelao.** Arzobispo Lago, 5. ☎ 986 512 426. www.hcastelao.com ❄ P
Hab. 35: 65/120 €. Apartamentos: 21. Consultar ofertas. Céntrico. A 600 m de la playa.

'ilalba/Villalba (Lugo) 2 • C-3

LUGO, 35 KM; MADRID, 525 KM. ALT. 480 M. POB. 15.925. 982 510 305.
PS (43° 17' 42''N-7° 41' 9"O).

Fiestas: Primer fin de semana de abril: Feria queso de S. Simón. Julio: Feria Medieval. Agosto: Festival Independiente. Última semana de agosto y primera de septiembre: Fiestas de "S. Ramón" y Sta. María. Segundo fin de semana de diciembre: Feria "Do Capón".
Visitar: Capital de la "Terra Chá", tierra llana de Lugo. Restos de Megalitos de la Tierra Llana. Cementerio y Cruceiros típico. Museo Arqueológico. Castillo de los Condes Andrade con torre octogonal única en España, Parador.
Alrededores: Valle de Mondoñedo. Charca do Alligal, Playa Fluvial. Laguna de Cospeito. Escuelas habaneras.

estaurantes

ontero. (Ctra. N-634, Santiago-Irún). La Casilla, 12. ☎ 982 511 252. www.restaurantemontero.com
P
erra martes y navidades. Mariscos, pescados y carnes de la zona y como dulce final, tarta de Mondoñedo.
enú 12 €. Precio medio 30 €.

oteles

**** Husa Hotel Spa Attica Villalba.** (En SANTABALLA-VILLALBA). Charca do Alligal, s/n. ☎ 982 515 000.
P
ab. 40: 38/170 €. Suites: 2. Consultar cierre y ofertas. Spa de 2.000 m². Restaurante LA CHARCA.
**** Parador de Turismo.** Valeriano Valdesuso, s/n. ☎ 982 510 011. www.parador.es P
ab. 48: 102/138 €. Consultar ofertas. Consta de dos edificios: Impresionante torreón Medieval y otro de estilo Pazo gional. Restaurante FERNANDO DE ANDRADE "O BOO".
*** Villamartín.** Avda. Tierra Llana, s/n. ☎ 982 511 215. www.hotelvillamartin.com P
ab. 60: 45/64 €. Restaurante A REGUEIRA.

'ilanova de Arousa/Villanueva de Arosa 'ontevedra) 7 • C-3

Ver Vilagarcía de Arousa.

'ilanova i La Geltrú/Villanueva y La Geltrú 3arcelona) 35 • C-2

BARCELONA, 46 KM; MADRID, 589 KM. ALT. 22 M. POB. 65.890. 938 154 517.
PS (41° 13' 10''N-1° 43' 13"E).

Fiestas: 17 de enero: St. Antoni Abat "Els Tres Tombs". Domingo de Carnaval: "Les Comparses". Del 16 al 30 de junio: St. Pere, Semana del Mar. Julio: Festival Internacional de la Música Popular y Tradicional. Agosto: del 1 al 7, Fiesta mayor en honor de la Verge de les Neus; 15, Fiesta mayor de La Geltrú. Septiembre: Galáctica, Feria de los Inventos. Del 9 al 12 de noviembre: Feria.
Visitar: Iglesia de Sta. María de la Geltrú, s. XIV. Iglesia de St. Antoni Abat. Barrio de la Geltrú, barrio medieval. Museu Romàntic Can Papiol. Masía Cabanyes, Terra XIX. Biblioteca-Museo Víctor Balaguer. Paseo Marítimo y Puerto deportivo. Playas.
Alrededores: Parque Natural del Garraf.

estaurantes

a Cucanya. Racó de Santa Llucia, s/n. ☎ 938 151 934. www.restaurantlacucanya.com P
ierra martes excepto vísperas, festivos y verano. Cocina mediterránea con guiños de cocina italiana en un espacio con stas al mar. **Xato de Vilanova, arroz marinero**, postres artesanos. Precio medio 36 €.
La Fitorra. (H. CÉSAR). Isaac Peral, 4-8. ☎ 938 151 125. www.hotelcesar. net
ierra martes al mediodía en verano, domingo noche excepto verano, lunes y enero. Romántico y acogedor, dirigido or las hermanas Esther y Maite Nolla en una antigua casa de pescadores, cercana al mar. Menú 20 €. Precio medio 5 €.
Peixerot. Pº Marítimo, 56. ☎ 938 150 625. www.peixerot.com
ierra domingo noche excepto verano. La cocina tradicional marinera propia de Vilanova y la Geltrú frente al mar. **roquetas de gambas de Vilanova, pescados al horno**. Menú 25 €. Precio medio 45 €.

oteles

**** Ceferino.** Pº Ribes Roges, 2-3. ☎ 938 151 719. www.hoteldeferino.com P
ab. 25: 62/128 €. Suites: 2. Consultar ofertas.
*** Cèsar.** Isaac Peral, 4-8. ☎ 938 151 125. www.hotelcesar.net
ab. 33: 74/118 €. Suites: 3. Consultar ofertas. Casa de indianos reformada. Restaurante LA FITORRA.

'illablino (León) 9 • C-1

LEÓN 108 KM; MADRID, 430 KM. ALT. 1.104 M. POB. 11.150.
PS (42° 56' 16''N-6° 19' 17"O).

Fiestas: 15 de agosto: Romería en el pueblo de Carrasconte. 16 de agosto: Fiesta Grande, San Roque.
Visitar: Iglesia de S. Julián, s XI. Casa Palacio de la familia Sierra. Pambley y la Escuela de Sierra-Pambley.
Alrededores: ROBLES DE LA LACIANA. A 15 km: estación de esquí de Leitariego. Valles: Babia, Omaña, Luna, Muriellos.

estaurantes

rándanos. Pº Sierra Pambley, 10. ☎ 987 480 396. www.hostalarandanos.com
ierra lunes y 15 días después de Semana Santa. Decoración rústica en piedra y madera en la plaza. Sopa de congrio, arios guisos de bacalao, tarta de arándanos. Menú 12 €. Precio medio 28 €.

'illacañas (Toledo) 49 • A-3

Ver Quintanar de la Orden.

'illacarriedo (Cantabria) 5 • B-4

SANTANDER, 33 KM; MADRID, 379 KM. ALT. 211 M. POB. 1.765.
PS (43° 13' 47''N-3° 48' 25"O).

Fiestas: 26 de junio: Festival de Villacarriedo. 27-28 de agosto: Fiestas del Santo Padre.
Visitar: Palacio de Soñanes. Molino Harinero de Santibáñez. Colegio de los Padres Escolapios. La Cajigona. La Bolera de Santa Ana.
Alrededores: Río Pisueña. SELAYA. SARO. VILLAFUFRE.

Restaurantes

®**Las Piscinas.** Parque de las Piscinas, s/n. ☎ 942 590 214. © ❄ P
Cierra noviembre. Es la referencia culinaria de la comarca. **Judiones con almejas, cochinillo, lechazo** y **chuletón**. De postre, **natillas de turrón**. Precio medio 25 €.

Hoteles

**** **Palacio de Soñanes.** Bº Quintanal, 1. ☎ 942 590 600. www.palaciovillacarriedo.com ❄ P
Hab. 28: 87/186 €. Suites: 2. Consultar ofertas. Palacio barroco del s. XVIII (1719). Restaurante INIRO, cocina moderna.

Villada (Palencia) 20 • C-1

A PALENCIA, 45 KM; MADRID, 285 KM. POB. 1.096.
GPS (42° 15' 2"N-4° 58' 6"O).

Fiestas: Marzo: Feria de la Matanza. 26 de junio: San Luis Gonzaga, patronales. Tercer fin de semana de julio: Maratón Fútbol Sala.
Visitar: Iglesia de San Fructuoso, con retablo churrigueresco. Iglesia de Santa María, s. XVI y XVII.
Alrededores: PAREDES DE NAVA, a 25 km. Centro histórico cultural, s. XV-XVII, cuna de Jorge Manrique y Berruguete. Zona recreativa el Pantano.

Restaurantes

El Señorío. Pza. Mayor, 3. ☎ 979 844 252. www.elsenorio.es
Cierra del 15 al 30 de septiembre. Enclavado en la cuadra de un palacete del s. XVI. Pastas y risotto italianos, lechazo castellano y carnes a la plancha y guisadas. De postre, tarta de chocolate. Precio medio 38 €.

Villafranca del Bierzo (León) 8 • F-3

A LEÓN, 130 KM; MADRID, 410 KM. ALT. 500 M. POB. 4.000. 987 540 028.
GPS (42° 36' 26''N-6° 48' 33"O).

Fiestas: 28 de enero: Fiesta de Sto. Tirso. Carnavales: Famosos, desde tiempo inmemorial. Semana Santa: La de mayor relevancia en el Bierzo con procesiones e imaginería. 1 de mayo: Festa dos Maios. Fin de primavera: Fiesta de la Poesía. 13 de junio: S. Antonio. Julio: Fiestizaje. 25 de julio: Santiago. Agosto: Feria del Camino de Santiago. 14 de septiembre: Fiestas del Santísimo Cristo de la Esperanza, patrón. 1 de noviembre: Magosto.
Visitar: La Ciudad, situada en el corazón del Bierzo, es fin de etapa del Camino de Santiago. Conjunto Histórico-Artístico desde 1965. Calle del Agua; Castillo-Palacio de los Marqueses de Villafranca, s. XV. Colegiata de Sta. María, s.s XVI-XVIII. Iglesias de Santiago, portada del perdón, s. XII; de S. Nicolás, del s. XVII; de S. Juan, s. XII, románica; de S. Francisco, s.s XIII al XV. Conventos: La Anunciada, s. XVII; de S. José, s. XVII; de La Concepción s XVI. Jardín de la Alamedo s. XIX.
Alrededores: Senderismo por la Leitosa. Explotación Aurifera de Epoca Romana. Sierra de los Ancares.

Restaurantes

Moncloa de San Lázaro. (En CACABELOS, a 5 km). Cimadevilla, 97. ☎ 987 546 101.
www.moncloadesanlazaro.com © ❄ P
Con 8 habitaciones. Casa del s. XVII con cocina y vinos del Bierzo. Revuelto de cecina, filete de buey con higos zoupeiros y confitura de cebolla, crema de limón con castañas en almíbar. Precio medio 22 €.
®**Palacio de Canedo.** (En CANEDO, a 9 km). (H. PALACIO DE CANEDO). La Iglesia, s/n. ☎ 987 563 366.
www.pradaatope.es © ❄ P
Cierra domingo noche. Palacio del s. XVIII rodeado de viñedos de la bodega Prada a Tope. Empanada de batallón, botillo con garbanzos, repollo y cachelos, tarta de castañas. Precio medio 25 €.

Hoteles

*** **Parador de Turismo.** Avda. Calvo Sotelo, 28. ☎ 987 540 175. www.parador.es P
Hab. 39: 83/127 €. Consultar cierre. El Parador, goza al norte de los paisajes de la Sierra de Ancares, con la belleza de su entrada ajardinada, pródiga en flores, arbustos y parra silvestre abrazada a la fachada. Cocina típica.

Villalba de la Sierra (Cuenca) Ver Cuenca. 41 • D-4

Villalcázar de Sirga (Palencia) Ver Carrión de los Condes. 20 • D-1

Villamartín (Cádiz) 76 • F-2

A CÁDIZ, 86 KM; MADRID, 560 KM. ALT. 196 M. POB. 12.526. 956 733 555.
GPS (36° 51' 39''N-5° 38' 35"O).

Fiestas: 8 de septiembre: Romería al Santuario Ntra. Sra. de Las Montañas. Del 20 al 24 de septiembre: Feria y fiestas de S. Mateo.
Visitar: Casas-palacio de Los Topete y de Los Ríos. Iglesias: Sta. María de Las Virtudes. s. XVI. Ntra. Sra. de Las Angustias, s. XVIII y S. Francisco, s. XVII.
Alrededores: Dolmén de Alberite. Castillo de Matrera.

Restaurantes

Hacienda el Rosalejo-El Jardín. Ctra. A-373, Villamartín-Ubrique, km 6,6. ☎ 956 231 000.
www.elrosalejo.com ❄ P
Con habitaciones. Pablo Vicuña mantiene calidades en este espectacular emplazamiento, en una hacienda del s. XVIII. **Salmorejo con tartar de gambas, judías con atún, brownie con helado**. Precio medio 35 €.

Villanueva de Duero (Valladolid) Ver Valladolid. 30 • C-1

Villanueva de Gállego (Zaragoza) Ver Zaragoza. 23 • C-4

Villanueva de la Cañada (Madrid) Ver Madrid: Alrededores. 40 • A-3

Villanueva de la Serena (Badajoz) Ver Don Benito. 56 • B-2

Villanueva del Pardillo (Madrid) Ver Madrid: Alrededores. 40 • A-2

Villarcayo (Burgos) Ver Medina de Pomar. 11 • C-1

Villasana de Mena (Burgos) Ver Medina de Pomar. 11 • D-1

Villaverde de Pontones (Cantabria) 5 • B-3

A SANTANDER, 25 KM; MADRID, 450 KM. POB. 334. 942 507 048.
GPS (43° 24' 43''N-3° 42' 12"O).

Fiestas: 13 de junio: S. Antonio. 3 de julio: Sto. Tomás.
Visitar: Iglesias. Casa Palacio de los Mazarrasa. Torre Corina, jardines y parque. RIBAMONTÁN AL MONTE.
Alrededores: Balneario de Solares. Río Pontones.

Restaurantes

Cenador de Amós. Pza. del Sol, s/n. ☎ 942 508 243. www.cenadordeamos.com
Cierra noches de martes y miércoles en invierno, domingo noche, lunes y del 23 de diciembre al 18 de enero. Jesús Sánchez, oficia con maestría en su exclusivo restaurante, ubicado en una casona del s. XVIII, rodeada de un cuidado jardín. La cocina es innovadora con raíces cántabras. Su esposa, Marián, supervisa la puesta en escena de los comedores. **Ravioli de cigalas con estofado de marisco y verduras, lomo de merluza con hongos, pasión de chocolate servico en tres tiempos**. Precio medio 50 €.

Hoteles

Posada de Villaverde. Reñada, 2. ☎ 942 508 058. www.posadavillaverde.com P
Hab. 7: 70/100 €. Próximo al Parque Cabárceno.

Villaviciosa (Asturias) 4 • A-2

A OVIEDO, 44 KM; MADRID, 477 KM. ALT. NIVEL DEL MAR. POB. 15.000. 985 891 759.
GPS (43° 28' 48''N-5° 26' 9"O).

Fiestas: Del 12 al 15 de septiembre: Ntra. Sra. del Portal.
Visitar: Iglesia de Sta. María de Villaviciosa, s. XII a XIII, constituye el tránsito entre el románico y el gótico, declarado Monumento Histórico-Artístico; S. Salvador de Valdediós, más conocido como "El Conventín", del s. IX; S. Juan de Amandi, de la primera mitad del s. XII; S. Andrés de Bedriñana, s. IX; S. Salvador de Fuentes, s. XI; S. Salvador de Priesca, primera mitad del s. X, que conserva pinturas murales; Sta. María de Valdediós, con un hermoso claustro de los s.s XVI y XVII; Sta. Eulalia de la Lloraza, del s. XII; Sta. María de Sariegomuerto; Sta. Eulalia de Selorio; S. Andrés de Valdebarzana; S. Juan de Camoca, s. IX y reformada en el XVIII; Sto. Tomás de Coro, s. XII; Sta. María de Lugas. También destacan: La iglesia de Sta. María de Arbazal, del s. XVII; Sta. María de Sebrayo y Sta. María Magdalena de los Pandos, el templo de S. Emeterio de Sietes, construido en 1555. Centro de Interpretación de la Ría. Ría de Villaviciosa, Reserva Natural refugio de aves acuáticas. Playas. Puerto Deportivo. Rutas Enológicas.
Alrededores: Rasas: de Selorio; Les Mariñes.

Restaurantes

La Nansa. (En TAZONES, a 10 km). San Roque, 20. ☎ 985 897 038. www.puertodetazones.com
Cierra jueves y del 12 de diciembre al 5 de marzo. Pescados y mariscos de calidad sin más complicaciones. Nécora de Tazones, virrey al horno, tarta de almendras. Menú 25 €. Precio medio 35 €.
La Playa. (En TAZONES, a 10 km). San Miguel, 7. ☎ 985 897 002.
Cierra noches en invierno excepto fines de semana; y noviembre. Arroces, pescados y mariscos como especialidad. De la misma propiedad CASA VIGÓN (San Roque, 3. ☎ 985 897 354. Cierra noches de lunes a miércoles). Menú 20 €. Precio medio 30 €.
Rompeolas. (En TAZONES, a 10 km). San Roque, 21. ☎ 985 897 013.
Cierra martes, del 10 al 30 de junio y del 24 de diciembre al 10 de enero. Buena oferta de pescados del día para horno, plancha o sartén. Los fritos de pixín (rape), son muy alabados. Precio medio 40 €.

Hoteles

**** **La Corte de Lugas.** Lugas, s/n. ☎ 985 890 203. www.lacortedelugas.com P
Hab. 10: 70/130 E. Suites: 4. Consultar cierre. Típica casona asturiana. Restaurante FAVILA.
*** **Casona de Bustiello.** (En PILOÑA). Ctra. Infiesto-Villaviciosa, km 16. ☎ 985 710 445.
www.hotelcasonadebustiello.com P
Hab. 10: 56/97 €. Suites: 1. Consultar cierre. Próximo a Oviedo, Picos de Europa y playas.
*** **Cristal Villaviciosa.** Víctor García de la Concha, 32. ☎ 985 893 010. www.hcvillaviciosa.com
Hab. 60: 72/114 €.
*** **La Casona de Amandi.** (En aldea de San Juan de Amandi). San Juan de Amandi, 6. ☎ 985 890 130.
www.lacasonadeamandi.com P
Hab. 9: 70/130 €. Consultar cierre y ofertas. Antigua casa de Indianos del s. XIX.
*** **Palacio de Cutre.** (En VILLAMAYOR-PILOÑA). La Goleta, s/n. ☎ 985 708 072. www.palaciodecutre.com
P
Hab. 15: 80/174 €. Suites: 3. Consultar cierre. Palacio del s. XVI, con capilla.
La Casona de La Roza. (AMANDI-VILLAVICIOSA). La Roza, s/n. ☎ 984 100 204. www.lacasonadelaroza.com
P
Apartamentos: 10: 89/177 €. Suites: 2. Consultar ofertas.

Villavieja del Lozoya (Madrid) Ver Madrid: Alrededores. 31 • B-4

Villena (Alicante) 60 • A-4

A ALICANTE, 59 KM; MADRID, 369 KM. ALT. 504 M. POB. 35.222. 966 150 236.
GPS (38° 38' 9''N-0° 52' 2"O).

Fiestas: 5 de enero: Cabalgata de Reyes. 17 de enero: S. Antón. Marzo: Mercado Medieval. Septiembre: Festival Internacional de Folclore. Del 4 al 9 de septiembre: Patronales de Ntra. Sra. de las Virtudes, Moros y Cristianos, declaradas de Interés Turístico. Agosto: Semana de Cine. Del 24 al 26 de septiembre: Feria del Campo.
Visitar: Castillo, con doble muralla y Torre del Homenaje de los s.s XII al XIV. Iglesia de Santiago, gótica-renacentista del s. XV, Monumento Histórico-Artístico. Iglesia de Sta. María, s. XVI, gótica-renacentista. Ayuntamiento, fachada y claustro. Museo Arqueológico: Con el Tesoro de Villena. Museo de Escultura Navarro Santafé. Museo del Festero, muestra de la fiesta de moros y cristianos. Teatro Chapi. Bodegas. Rutas de Senderismo.
Alrededores: A 6 km, Santuario de Las Virtudes: Conjunto arquitectónico con portada y claustro renacentista. Iglesia gótica. BIAR, a 7 km: Castillo medieval de triple muralla, potente Torre del Homenaje. SAX, a 12 km: Castillo e iglesia. Sierra de la Villa.

Restaurantes

Salvadora. Avda. Constitución, 102. ☎ 965 800 950. www.hotelsalvadora. com Ⓔ ❄ P ♿ ⊘
Con 39 habitaciones. Ambiente familiar y cocina de siempre en esta centenaria fonda. Arroz con conejo y caracoles, gazpacho manchego, crema tostada. Precio medio 25 €.
Warynessy. Isabel la Católica, 13-A. ☎ 965 801 047. www.warynessy.com Ⓔ ❄ ♿
Cierra lunes, Semana Santa y segunda quincena de julio. Cocina mediterránea. Queso fresco frito, gazpacho villenero, brownie de chocolate y nueces con su royal de chocolate blanco. Menús 9 y 12 €. Precio medio 30 €.

Villoldo (Palencia) Ver Carrión de los Condes. 20 • D-1

Vinaròs/Vinaroz (Castellón de la Plana) 43 • C-2

A CASTELLÓN, 80 KM; MADRID, 496 KM. ALT. 8 M. POB. 28.273. ℹ 964 453 334.
GPS (40° 28' 14"N-0° 28' 25"E).

Fiestas: 17 de enero: S. Antonio. 20 de enero: S. Sebastián, romería a la ermita, misa y reparto de paella. Febrero: Carnavales de Interés Turístico Autonómico. Semana Santa: Interesantes procesiones de Jueves y Viernes Santo, 12 cofradías con importantísimas tallas. Junio: Ferias y fiestas de S. Juan y S. Pedro, con todo tipo de celebraciones. 16 de julio: Virgen del Carmen. Agosto: Degustación de Langostinos.
Visitar: Iglesia arciprestal del s. XVI, fachada. Plaza de toros. Auditorio W. Aiguals de Izco: Exposiciones de pintura, teatro y conciertos. Paseo Marítimo y Palmeral. Santuario de Ntra. Sra. de la Misericordia y S. Sebastián. Poblado íbero del Puig. Puerto pesquero y lonja.
Alrededores: Río Cenia. SAN JORGE. CÁLIG.

Restaurantes

El Faro. Zona portuaria, s/n. ☎ 964 456 362. ❄ ♿
Cierra domingo noche, lunes y segunda quincena de noviembre. Interpretación moderna de los productos del mar. Lubina al horno con chutney de tomate y romero, cordero a baja temperatura. Menú 20 €. Precio medio 35 €.
El Langostino de Oro. San Francisco, 31. ☎ 964 451 204. ❄ P ♿
Cierra lunes. Cocina del mar. Langostinos a la piedra, arroz con algas marinas y ortigas de mar, peras al cava. Menú 26 €. Precio medio 46 €.

Hoteles

*** **Vinaros Playa.** Avda. Castellón, s/n. ☎ 964 402 121. www.medsur-hoteles.com ❄ P ♿
Hab. 147: 120/160 €. Suites: 13.

Viniegra de Abajo (La Rioja) 21 • F-2

A LOGROÑO 74 KM. ALT. 881 M. POB. 104.
GPS (42° 9' 5"N-2° 53' 22"O).

Fiestas: 23 de enero: San Ildefonso. Primer fin de semana de mayo: Fiestas de las piraguas. Del 24 al 26 de junio: Fiestas de Santiago. Julio: Fiesta de las 7 Villas. Mediados de agosto: Romería de San Millán.
Visitar: Iglesia de Ntra. Sra. de la Asunción, s. XVI. Ermita de la Soledad. Fuente de los 4 caños. Estela de Sta. María. Monumento al Sagrado Corazón de Jesús.
Alrededores: Río Urbión, refugio La Vega. Charco de las Ranas. Ermita de Santiago. Ermita de S. Millán, camino a los Picos de Urbión.

Restaurantes

Venta de Goyo. Puente Río Neila, 3. ☎ 941 378 007. www.ventadegoyo.com Ⓔ ❄ P ♿ ⊘
Rústica venta a orillas del río Najerilla. Caparrones (alubias rojas) con chorizo, cordero a la cazuela, flan. Menú 11 €. Precio medio 20 €.

Vinuesa (Soria) 21 • F-3

A SORIA, 36 KM; MADRID, 230 KM. ALT. 1.003 M. POB. 997.
GPS (41° 54' 41''N-2° 45' 51"O).

Fiestas: Mayo: Pingadas de los Mayos. Del 14 al 18 de agosto: "La Pinocha", de Interés Nacional.
Visitar: Iglesia de Ntra. Sra. del Pino. Ermita de la Soledad, s. XVI. Casas solariegas, s.s XVI y XVII. Palacios: de Pedro de Neyla; de los Marqueses de Vilueña. El Rollo. Casa de los Ramos.
Alrededores: Parque Natural Laguna Negra (2.000 m). Nacimiento río Duero. Picos de Urbión. Estación de esquí Sta. Inés, a 17 km.

Restaurantes

Cintora. (En EL ROYO, a 12 km). La Yedra, 3. ☎ 975 271 007. www.restaurantecintora.com Ⓔ ❄
Cierra noches de martes y jueves; segunda quincena de febrero y de septiembre. Con 11 habitaciones. Los platos de caza son protagonistas de la carta que se plasman en las jornadas gastronómicas en noviembre y diciembre, este año en su vigésima cuarta edición. Menú 12 €. Precio medio 30 €.

Viso del Marqués, El (Ciudad Real) 65 • D-1

A CIUDAD REAL, 68 KM; MADRID, 237 KM. ALT. 777,69 M. POB. 2.811. ℹ 926 336 815.
GPS (38° 31' 22''N-3° 33' 50"O).

Fiestas: 25 de abril: S. Marcos. Segundo domingo de mayo: Romería en honor de S. Andrés. Finales de julio: Feria y Fiestas en honor de Santiago. Del 1 al 15 de agosto: Semana Cultural. 15 de agosto: Virgen del Valle, patrona. 30 de Noviembre: S. Andrés.
Visitar: Conjunto Histórico-Artístico Plaza del Pradillo. Iglesia Ntra. Sra. de La Asunción, s. XV. Palacio del Marqués de Sta. Cruz, s. XVI. Don Álvaro de Bazán Monumento Nacional, s. XVI. Museo Etnológico y Etnográfico. Museo de Ciencias Naturales. Parque forestal Valle de los Perales.
Alrededores: ALDEA DEL REY: Sacro Convento y Castillo "Calatrava la Nueva". SANTA CRUZ DE MUDELA: Santuario. Plaza de Toros.

Restaurantes

La Almazara del Marqués. (H. HOSPEDERÍA LA ALMAZARA DEL MARQUÉS). Almagro, s/n. ☎ 926 337 154. www.hospederialaalmazara.com ❄ P
Cierra lunes. Almazara de aceite de finales del s. XVIII. Raviolis de perdiz y trufa, bacalao asado sobre puré de patata ahumado, pastel de queso fresco. Menú 15 €. Precio medio 32 €.

Vitoria-Gasteiz (Álava)

12 • A-2

A MADRID, 334 KM. ALT. 525 M. POB. 233.915. ☐ 945 161 598.
GPS (42° 50' 47''N-2° 40' 22"O).

Fiestas: 28 de abril: Fiestas de S. Prudencio, romería al pueblo de Armentia. Del 19 al 28 de junio: Festival Internacional de Juegos de calle. Del 13 al 19 de julio: XXXIII Festival de Jazz de Victoria-Gasteiz. 25 de julio: «Día del Blusa», feria del ajo. Del 4 al 9 de agosto: Fiestas de la Virgen Blanca, comienzan el día 4 con la bajada del Celedón. Lunes después de la Virgen: Romería de Olárizu. Del 1 al 7 de septiembre: Semana Coral Internacional. Del 17 al 21 de septiembre: Congreso Internacional de Magia. Diciembre: Belén Monumental en el Parque de La Florida y Olentzero (carbonero que anuncia el nacimiento de Jesús).
Visitar: **Casco Histórico**, sobre la colina, que contiene restos de murallas navarras de los s.s XII y XIII. Estrechas calles, en trazado ojival, rodean el núcleo principal, al que se accede por escaleras transversales o empinadas cuestas o rampas mecánicas. Destaca el **Palacio de Escoriaza-Esquíbel** de estilo renacentista, s. XVI, con impresionante portada. **Palacio de Villa Suso** con patio interior plateresco. **Catedral de Sta. María**, de estilo gótico, construida en el s. XIV; actualmente en obras de restauración (visitable). Casa del Cordón y las **Iglesias de S. Vicente**, s.s. XIV-XV, de **S. Pedro** y de **S. Miguel**. Palacio de Montehermoso, del s. XVI, actual Centro Cultural. Museos: de Bellas Artes de Armería; de Arqueología; de Ciencias Naturales y Diocesano de Arte Sacro en la catedral de María Inmaculada. Centro Museo de Arte Contemporáneo Artium. Museo de Naipes Fournier, ubicado en el Palacio Bendaña.
Alrededores: Parque Natural de Gorbeia, a 30 km. Parques de Salburua, (Centro de Interpretación de la Naturaleza) Zabalgana Armentia y Olarizu. Ruta del románico: Basílica de Armentia-Santuario de Estíbaliz-Gaceo (ermita románica de S. Martín de Tours que contiene impresionantes pinturas góticas). TRES PUENTES, a 13 km: Torre de Mendoza. MARQUÍNEZ, a 29 km: Ermita románica del s. XIII. HUETO ABAJO, a 10 km: Iglesia románica con capilla del s. XVI. Vestigios prehistóricos y romanos. IRUÑA DE OCA, a 12 km. EGUILAZ, a 20 km. ARRIZALA, a 21 km. LAGUARDIA, a 60 km.

Restaurantes

® **Andere.** Gorbea, 8. ☎ 945 214 930. www.restauranteandere.com ❄ P
Cierra domingo noche, lunes y 15 días en agosto. Céntrico local con agradable terraza-jardín para el verano. Cocina atenta al mercado y con toques de actualidad. **Huevo escalfado con tocino, patata y trufa, cochinillo confitado con esencia de miel, goxua estilo Andere**. Precio medio 52 €.
® **Arkupe.** Mateo de Moraza, 13. ☎ 945 230 080. www.restaurantearkupe.com ❄
Los hermanos Ortiz de Zárate dirigen con acierto cocina y comedor en un edificio del s. XVIII. **Wok de verduritas con salsa de soja, lomos de rape al horno con tallarines de chipirón, compota de manzana con espuma de yogur**. Precio medio 36 €.
Asador Iradier. Manuel Iradier, 23. ☎ 945 232 476. www.restauranteiradier.com ❄
Cierra domingo noche y del 10 al 24 de agosto. Clásico asador en el que manda el producto. Anchoas al ajillo, lechazo asado en horno de leña, tarta de manzana. Precio medio 48 €.
Cube. (MUSEO DE ARTE CONTEMPORÁNEO ARTIUM). Francia, 24. www.restaurantecubeartium.com ☎ 945 203 728. © ❄
Cierra domingo noche y lunes. Decoración vanguardista en un entorno a tono con agradable terraza. Carpaccio de solomillo con virutas de foie-gras, ventresca de atún rojo con tempura de verduras, soufflé de chocolate negro. Menú 15 €. Precio medio 29 €.
Dolomiti. Ramón y Cajal, 1. ☎ 945 233 426. © ❄
Cierra domingo noche, lunes, 15 días en febrero y 25 en agosto. Algo más que una pizzería. En el centro de la ciudad, recientemente reformado y siempre concurrido, con buena pasta y cocina de mercado. Focaccia italiana, raviolis rellenos de foie-gras y trufa, tiramisú. Imprescindible reservar. Precio medio 25 €.
Dos Hermanas. Madre Vedruna, 10. ☎ 945 132 934. www.restaurantedoshermanas.com ❄
Cierra domingo noche. Ambiente clásico y acogedor para una cocina a tono. Delicias de cocochas con changurro y almejas, jamón de pato y salsa de cebolla caramelizada, fluido de chocolate con helado de canela. Menú 19 €. Precio medio 38 €.
® **El Clarete.** Cercas Bajas, 18. ☎ 945 263 874. www.elclareterestaurante.com ❄
Cierra noches de lunes a miércoles, domingo, Semana Santa y del 10 al 31 de agosto. Cocina creativa con gusto en un reducido local. **Tosta de pan, pimiento y anchoa marinada, foie-gras a la plancha con fresas a la pimienta verde, golosinas del Clarete**. Precio medio 40 €.
El Mesón. Ramón Ortiz de Zárate, 5. ☎ 945 146 191. ❄
Cierra lunes noche, martes, 15 días en febrero y primera quincena de septiembre. Cocina de temporada, con añadidos, como los pescados a la sal. Buena mano, ambiente y servicio amable. Conviene reservar. Preico medio 35 €
El Portalón. Correría, 151. ☎ 945 142 755. www.restauranteelportalon.com ❄
Cierra domingo noche. Antigua posada del s. XV, en el casco antiguo de la ciudad. Pimientos del cristal asados con aceite arbequina, manitas de cerdo rellenas de foie-gras, canutillos de manzana. Precio medio 41 €.
☼ **Ikea.** Avda. Portal de Castilla, 27. ☎ 945 144 747. www.restauranteikea.com ❄ P
Cierra domingo noche, lunes y del 10 de agosto al 4 de septiembre. Cocina de calidad, buen gusto, técnicamente bien hecha, que combina la tradición con la modernidad, siempre sobre un producto cuidado. **Ravioli de carabineros sobre espinacas, pichón asado con sus interiores en falso risotto de patata y trufa**. Precio medio 65 €.
Izaga. Beato Tomás de Zumárraga, 2. ☎ 945 138 200. www.restauranteizaga.com ❄
Cierra domingo noche, lunes, Semana Santa y del 10 de agosto al 4 de septiembre. Tradición con aires modernos. Alcachofas con rabo y foie-gras fresco, bacalao asado con fondo de sopa de ajo y pan, sorbete cuajado de reineta y espuma de miel. Precio medio 36 €.
La Cocina de Plágaro. Florida, 37. ☎ 945 279 654. ❄
Cierra noches de domingo a miércoles, lunes y Navidades. Correcta cocina de Luis Ángel Plágaro. Bresaola de potro con foie-gras, merluza con crema de calabaza, leche merengada. Precio medio 50 €.
Olárizu. Beato Tomás de Zumárraga, 54. ☎ 945 217 500. www.olarizu.com © ❄
Cierra noches, lunes, Semana Santa y segunda quincena de agosto. Cocina tradicional con toques de modernidad. Foie-gras a la plancha con habitas fritas y reducción de Pedro Ximénez, lasaña de changurro con mahonesa, goxua. Menús 13 a 38 €. Precio medio 30 €.
Sagartoki (Sidrería). Prado, 18. ☎ 945 288 676. www.zagartoki.es ❄
Cierra domingo noche. Asador de verduras, pescados y carnes. De postre, cremoso de chocolate. Precio medio 40 €.
Urtegi-Alde (Asador). (En URRUNAGA-LEGUTIANO, a 12 km). (Por la Autovía de Villarreal). Kruziaga, 5. ☎ 945 465 701. © ❄ P
Cierra noches de domingo a jueves. Antiguo caserío bien ambientado. Para empezar, morcilla frita o almejas a la plancha para continuar con los pescados o carnes a la parrilla de carbón. De postre, helado de queso. Menú 24 €. Precio medio 28 €.
☼☼ **Zaldiarán.** Avda. Gasteiz, 21. ☎ 945 134 822. www.restaurantezaldiaran.com ❄
Cierra martes noche, domingo y Semana Santa. La mejor cocina de Vitoria, con alto nivel que no para, de la mano de Eceiza. **Láminas de trufa negra con yema de huevo a baja temperatura, pichón asado con trigo sarraceno.** Gonzalo Antón lo supervisa todo. Aunque el comedor de diario se ha modernizado sería deseable que la renovación se extienda al resto del local. El producto y la cocina lo merecen. Precio medio 50 €.

Hoteles

***** **Gran Hotel Lakua.** Tarragona, 8. ☎ 945 181 000. www.granhotelakua.com ❄ P
Hab. 110: 110/200 €. Apartamentos: 32. Suites: 5. Centro SPA. Restaurante MARGOA, cocina vasca con toques de autor.

****** Barceló Gasteiz.** Avda. Gasteiz, 45. ☎ 945 228 100. www.barcelo.com
Hab. 150: 50/165 €. Suites: 4. Consultar cierre y ofertas. Restaurante ARTAGAN.
****** NH Canciller Ayala.** Ramón y Cajal, 5. ☎ 945 130 000. www.nh-hotels.com
Hab. 173: 77/166 €. Suites: 8. Consultar ofertas. Céntrico. Restaurante QUEJANA.
****** Silken Ciudad de Vitoria.** Portal de Castilla, 8. ☎ 945 141 100. www.hotelciudadevitoria.com
Hab. 148. Precios: 60/230 €. Suites: 1. Consultar ofertas. Céntrico. Alberga los murales de la derribada fábrica de naipes de Heraclio Fournier. Habitaciones reformadas. Restaurante VITORIA.
***** AC General Álava.** Avda. Gasteiz, 79. ☎ 945 215 000. www.ac-hotels.com
Hab. 107: 55/120 €. Suite: 1. Consultar ofertas. Renovado. Junto al Palacio de Congresos.
***** Almoneda.** Florida, 7. ☎ 945 154 084. www.hotelalmoneda.com
Hab. 25: 53/135 €. Consultar ofertas. Dispone de habitación adaptada para discapacitados.
***** Palacio de Elorriaga.** Elorriaga, 15. ☎ 945 263 616. www.hotelpalacioelorriaga.com
Hab. 21: 50/140 €. Consultar ofertas. Parking gratuito. Zona de esparcimiento. Alberto Molinero (Lola-Berantilla) dirige con maestría la cocina.
***** Parador de Turismo de Argómaniz.** (En ARGOMANIZ, a 13 km). Ctra. N-I, km 363. ☎ 945 293 200. www.parador.es
Hab. 53: 88/120 €. El que fue palacio de la familia Larrea domina, desde una pequeña elevación, parte de la gran llanura alavesa. A 12 km de Vitoria. Lugar ideal para el descanso. Platos típicos de la cocina vasca.

Viveiro/Vivero (Lugo) 2 • C-1

A LUGO, 96 KM; MADRID, 606 KM. ALT. 18 M. POB. 16.052. 982 560 879.
GPS (43° 39' 40''N-7° 35' 45"O).

Fiestas: Semana Santa, de Interés Turístico Nacional. 2-3 de julio «Rapa das Bestas». Del 23 al 27 de julio: Fiestas del Mar en Celeiro. 30-31 de julio: Festival del Landro. Del 14 al 17 de agosto: Fiestas de S. Roque y Nuestra Señora. Del 26 al 30 de agosto: Romería de Naseiro, de Interés Turístico.
Visitar: Conjunto Histórico-Artístico. Del desaparecido recinto amurallado se conservan tres de las seis puertas que lo formaban, la de Carlos V, la Puerta de la Villa y la del Valado. Iglesia de Sta. María del Campo, del s. XII. Conventos: de Valdeflores; de las Concepcionistas. Gruta de Lourdes. Museos de la Cerámica y de la Piel. Iglesia de S. Francisco, de los s.s XIII y XIV. Souto da Retorta, paraje declarado Monumento Natural. Mirador del Monte de S. Roque. Paseo del río Landro.
Alrededores: Iglesia de S. Pedro, del s. X. ESTACA DE VARES, a 24 km: Restos de un puerto fenicio. SARGADELOS, a 23 km: Fábrica de cerámica del s. XVIII.

Restaurantes

Boa Vista. (En O CELEIRO, a 2 km). Ctra. General, 32. ☎ 982 562 290.
Cierra domingo noche. Ensalada de bacalao y zamburiñas, merluza en salsa verde, sorbete de mandarina. Menú 15 € Precio medio sin marisco 30 €.
☼ **Nito.** (H. EGO). Playa de Área, 1. ☎ 982 560 987. www.hotelego.es
Cocina clásica, con unas espectaculares vistas de la ría. Además de una buena selección de **mariscos** , destacan los **chipirones de la ría en su tinta** o el ya consagrado y clásico **bonito en rollo**. A un paso de la lonja de Celeiro, dispone de la mejor **merluza**. Precio medio 55 €.

Hoteles

****** Ego.** Playa de Área, 1. ☎ 982 560 987. www.hotelego.es
Hab. 45: 70/150 €. Suites: 2. Habitaciones con terraza y vistas al mar. Restaurante NITO.
****** O Val do Naseiro.** San Pedro, s/n. ☎ 982 598 434.
Hab. 39: 69/118 €. Suites: 2. Cierra 24 y 31 de diciembre. Consultar ofertas. Desayuno buffet incluido. En el valle de Naseiro, frente a la iglesia románica de San Pedro, s. X. Restaurante LA ABUELA.
Pazo da Trave. Galdo, s/n. ☎ 982 598 163. www.pazodatrave.com
Hab. 18: 49/108 €. Suites: 3. Consultar cierre. Pazo del s. XIV ubicado en un hermoso jardín a 3,5 km de Viveiro. Buena referencia culinaria en las Rías Altas con productos autóctonos de tierra y mar.

Viver (Castellón) Ver Segorbe. 51 • B-1

Xàbia/Jávea (Alicante) 60 • F-3

A ALICANTE, 90 KM; MADRID, 456 KM. ALT. NIVEL DEL MAR. POB. 31.883. 965 794 356.
GPS (38° 47' 18''N-0° 9' 55"E).

Fiestas: Del 27 de abril al 3 de mayo: Jesús Nazareno. Del 14 al 24 de junio: S. Juan: Hogueras. Del 16 al 24 de julio: Fiestas de Moros y Cristianos. 30 de julio: Ajedrez Viviente. Del 29 de agosto al 8 de septiembre: Ntra. Sra. de Loreto, en Aduanas de Mar.
Visitar: Iglesia de S. Bartolomé, del s. XV al XVI. Museo Arqueológico y Etnográfico. Iglesia de Ntra. Sra. de Loreto, 1967. Centro histórico. Molinos de la Plana. Rutas: de buceo, de senderismo.
Alrededores: Cabo de la Nao y Cabo de S. Antonio. Parque Natural de Montgó. Reserva Marina Cabo S. Antonio. Cala Granadella. Itinerario Miradores. Rutas ecológicas. Calas y Playas.

Restaurantes

Casa Julia. (En PARCENT, a 17 km). Avda. Constitución, 30. 966 405 050. www.hotelcasajulia.com
Cierra miércoles. Con 8 habitaciones. Reconfortante cocina de la marina con los arroces como especialidad. Postres caseros. Menú 12 €. Precio medio 22 €.
La Rústica. Camino Cabanes, 39. 965 770 855. www.larusticajavea.com
Cierra domingo noche, lunes y mayo. Casa rústica cerca del arenal. Carpaccios, carrillera de ternera, zabaglione helado. Menú 13 €. Precio medio 35 €.
Los Remos la Nao. (Playa). Avda. Libertad, 21. 966 470 776. www.losremoslanao.com
Cierra al mediodía de lunes a viernes en julio y agosto; y martes. Terraza sobre la playa. Cremoso de patatas trufadas con huevo a baja temperatura, carnes de Galicia, tartita de manzana. Menú 14 €. Precio medio 30 €. De la misma propiedad ES TAPA TI (Avda. Libertad, 11. 966 473 127). Gastrobar en primera línea de playa. Precio medio 24 €

Hoteles

**** **El Rodat.** La Murciana, 9. 966 470 710. www.elrodat.com
Hab. 38: 120/222 €. Apartamentos: 12. Suites: 4. Centro de hidroterapia y quiromasaje. Piscina climatizada. Restaurantes LA TERRAZA, cocina tradicional y EL RODAT, gastronómico.
**** **Parador de Turismo.** Avda. Mediterráneo, 233. 965 790 200. www.parador.es
Hab. 70: 146/207 €. Suite: 1. Lugar ideal para una tranquila estancia. Junto al mar. Restaurante COSTA BLANCA, cocina mediterránea y de temporada.

Xátiva/Játiva (Valencia) 60 • B-2

A VALENCIA, 57 KM; MADRID, 380 KM. ALT. 110 M. POB. 29.386. 962 273 346.
GPS (38° 59' 19''N-0° 31' 0"O).

Fiestas: Del 15 al 19 de marzo: Fallas. Corpus Christi, con gigantes y cabezudos. Del 1 al 5 de agosto: Fiestas de St. Feliu y la Mare de Deu. Del 15 al 20 de agosto: Feria de Agosto.
Visitar: El Castillo, restos de fortificaciones de todas las épocas (Monumento Nacional); La Seo: Colegiata Basílica de Sta. María (Monumento Nacional). Museo del Almodí, s. XVI (Monumento Nacional), con importantes piezas en las secciones de arqueología y pintura. Aquí se encuentra el famoso cuadro de Felipe V, colgado boca abajo. El antiguo Hospital de los s.s XV-XVI y la Iglesia de S. Feliu, s. XIII (Monumentos Nacionales) y la calle Moncada (fuentes, palacios, casas blasonadas).
Alrededores: Ríos Albaida y Cáñoles. Serra Grossa.

Restaurantes

Casa la Abuela. Reina, 17. 962 270 525. www.casalaabuela.es
Cierra domingo noche, última semana de julio y primera de agosto. Arroz al horno de la costera, pulpo a la parrilla sobre patata, arnadí de calabaza, en un clásico junto a la alameda. Precio medio 28 €.
®**Portal Fosc.** Portal de Valencia, 22. 962 288 237. www.portalfosc.com
Cierra noches de domingo a miércoles; y lunes. Jordi Garrido, convicción y talento para disfrutar de la culinaria valenciana actual. **Clochina valenciana con cítricos, arroces secos o melosos de pescado o carnes, arnadí de Xátiva.** Nueva apertura de un Gastrobar en su planta superior. Precio medio 35 €.

Hoteles

**** **Mont-Sant.** Subida al Castillo, s/n. 962 275 081. www.mont-sant.com
Hab. 16: 78/135 €. Suites: 1. Consultar cierre. Atractivo emplazamiento en el antiguo Monasterio de Bernardos y rodeado de las murallas del castillo. Cuidada cocina.

Xerta (Tarragona) Ver Tortosa. 34 • C-4

Yébenes, Los (Toledo) 48 • E-3

A TOLEDO, 44 KM; MADRID, 114 KM. ALT. 819 M. POB. 6.479.
GPS (39° 34' 52''N-3° 52' 19"O).

Fiestas: Septiembre: Patronales. Febrero: San Blas.
Visitar: Iglesia de S. Juan y Sta. María. Palacio de la Encomienda. Ermitas: de San Blas, Soledad, Veracruz, Concepción.
Alrededores: Río Algodor. Sierra de los Yébenes: pinturas rupestres. Ruta de caza a los Montes de Toledo.

Restaurantes

El Rincón de la Almazara. (En MARJALIZA, a 6 km). Victoria, 17. ☎ 925 321 299. www.elrincondelaalmazara.com
Cierra noches de domingo a jueves, y lunes. Huevos rotos con bacalao y patata, estofado de ciervo, bizcocho de cuchara. Menú 20 €. Precio medio 40 €.
El Rincón del Cojo. (En MANZANEQUE, a 9 km). (Autovía de los Viñedos, salida 27). Calvo Sotelo, 14. ☎ 925 344 776.
Cierra noches entre semana; lunes, 12 a 19 de julio y del 21 al 30 de septiembre. Revuelto de boletus con trigueros, cordero asado, tarta de bizcocho y flan. Precio medio 35 €.

Yecla (Murcia) 59 • F-4

A MURCIA, 96 KM; MADRID, 350 KM. ALT. 600 M. POB. 35.000.
GPS (38° 36' 54''N-1° 7' 9"O).

Fiestas: Semana Santa. Del 13 al 15 de mayo: S. Isidro. Del 5 al 8 y 18 de diciembre: Purísima Concepción, patronales.
Visitar: Plaza Mayor porticada y Ayuntamiento, s.s. XVI-XVII. Basílica de la Purísima, s.s XVIII-XIX. Iglesia de la Asunción, del s. XVI. Iglesia de S. Francisco, s. XVI. Capilla de las Angustias, s. XVIII. Palacio de los Alarcos, s.s XVI-XVII. Casa Palacio de los Ortega, que alberga la Casa de Cultura. Museo Arqueológico. Museo de Réplicas de "El Greco". Archivo Municipal.
Alrededores: Cerro del Castillo: Santuario de la Virgen del Castillo. Monte Arabí, con las pinturas rupestres de los Cantos de la Visera y Cueva del Mediodía, declaradas Patrimonio de la Humanidad. Sierra Salinas: Espacio Natural Protegido.

Restaurantes

Ródenas. (H. LA PAZ). Avda. La Paz, 180. ☎ 968 751 350. www.lapaz-hotel.com
Cierra domingo y dos semanas centrales de agosto. Crema de verduras, gamba roja, huevo de corral y jamón; solomillo de buey en esencia de trufa fresca, tatín de manzana caliente en hojaldre de vainilla. Precio medio 45 €.
Señorío de Barahonda. (Finca La Castañona). Ctra. Pinoso, km 3. ☎ 968 718 696. www.barahonda.com
Cierra noches de domingo a jueves; lunes y agosto. Cocina tradicional con toques de modernidad rodeada de viñedos. Estofado de boletus con huevo de codorniz a 65º, entrecot de buey con coca de verduras escalibadas, bombón de leche frita con mousse de crema catalana. Precio medio 30 €.

Hoteles

*** **La Paz.** Avda. de la Paz, 180. ☎ 968 751 350. www.lapaz-hotel.com
Hab. 31: 45/76 €. Suites: 2. Restaurante "RODENAS". Cocina cuidada e imaginativa.

Yesa (Navarra) 13 • A-3

A PAMPLONA, 47 KM; MADRID, 419 KM. ALT. 419 M. POB. 240.
GPS (42° 37' 9"N-1° 12' 18"O).

Fiestas: Fiestas en honor a Sta. María. Terminan el útimo domingo de agosto, empezando el miércoles de esa semana. 26 de diciembre: San Esteban.
Visitar: Casco Antiguo. Embalse de Yesa. Ruinas del puente sobre el río Aragón, s. XII.
Alrededores: LEYRE, a 2 km: Abadía cisterciense con cripta prerrománica, s.s XI y XII. Sierra de Leyre.

Hoteles

**** **Señorío de Monjardín.** Ctra. de Leyre, s/n. ☎ 948 884 188. www.hotelsenoriodemonjardin.com
Hab. 40. Precios: 70/110 €. Suites: 8. Consultar cierre. De reciente construcción. Restaurante IRATI.
** **Hospedería de Leyre.** Monasterio de Leyre, s/n. ☎ 948 884 100. www.hotelhospederiadeleyre.com
Hab. 32: 38/81 €. Consultar cierre y ofertas. Junto al Monasterio. Buena cocina regional.

Yuste-Monasterio (Cáceres) Ver Jarandilla de la Vera. 38 • E-4

Zafra (Badajoz)

63 • B-1

A BADAJOZ, 73 KM; MADRID, 403 KM. ALT. 508 M. POB. 16.424. 924 551 036.
GPS (38° 25' 31''N-6° 25' 4"O).

Fiestas: Del 6 al 9 de marzo: Festival de la Tapa. Fin de semana más cerca al 15 de mayo: San Isidro. Del 20 al 28 de junio: Fiesta de la Luna al Fuego (Siglo de Oro). Del 1 al 7 de octubre: Feria Internacional Ganadera.
Visitar: Alcázar de Duques de Feria, s. XV, patio renacentista. Convento de Sta. Clara, s. XV, Monumento Nacional, con museo. Hospital de Santiago, s. XV. Iglesia del Rosario, s. XVI. Plazas porticadas de los s.s XV-XVI. Arcos de a muralla s. XV. Bodegas Medina.
Alrededores: FERIA, BURGUILLOS DEL CERRO y FUENTE DEL MAESTRE: Conjuntos históricos. LLERENA, a 40 km: Plaza Mayor. Iglesia de La Granada. REINA, a 53 km: Alcazaba. Ruinas de teatro romano. TENTUDIA, a 50 km: Monasterio s. XIII. CALZADILLA DE LOS BARRIOS: Iglesia y retablo gótico-mudéjar. JEREZ DE LOS CABALLEROS, a 38 km: Torres barrocas. Castillo. FREGENAL DE LA SIERRA. FUENTE DE CANTOS: Casa de Zurbarán.

Restaurantes

Barbacana. (H. HUERTA HONDA). Avda. López Asme, 30. ☎ 924 554 100. www.hotelhuertahonda.com
Cierra domingo noche y lunes. Ubicado en la antigua barbacana de la muralla del alcázar de los duques de Feria. **Huevo escalfado con cremoso de calabacín y salteado de criadillas, mollejas de cordero envueltas en jamón ibérico con verduritas**, surtido de **quesos** extremeños. Precio medio 37 €.
Crespo. Arco de San Antonio, 9. ☎ 924 551 000. www.barcrespo.com
Cierra domingo. Sencillo local en el centro histórico. Cocina popular casera con productos extremeños. Carrilleras de ibérico con setas. Precio medio 30 €.
Josefina. Avda. López Asme, 1. ☎ 924 551 701.
Cierra noches de domingo y lunes. En el casco antiguo. Revuelto de criadillas de tierra, carrillada de ternera. Precio medio 30 €.
La Rebotica. Boticas, 12. ☎ 924 554 289. www.lareboticadezafra.com
Cierra lunes, primera quincena de agosto y feria de San Miguel en octubre. Reducido y acogedor local del casco histórico. Croquetas de ciervo, codillo cocido en vino tinto, repostería casera. Precio medio 35 €.

Hoteles

**** **Casa Palacio Conde de la Corte.** Pza. del Pilar Redondo, 2. ☎ 924 563 311. www.condedelacorte.com
Hab. 15: 88/140 €. Suites: 1. Casa palacio con encanto, y elegante ambientación.
**** **Parador de Turismo Duques de Feria.** Pza. Corazón de María, 7. ☎ 924 554 540. www.parador.es
Hab. 50: 115/155 €. Suite: 1. Fue Alcázar-Palacio de los Duques de Feria. Ocho torres almenadas y la Torre del Homenaje guardan un soberbio patio de mármol. Cocina con especialidades extremeñas.
*** **Hospedería Convento de la Parra.** (En LA PARRA, a 31 km). Santa María, 16. ☎ 924 682 692. www.laparra.net
Hab. 21: 56/122 €. Suites: 2. Consultar cierre. Antiguo convento de clausura rehabilitado. Ideal para el descanso.
*** **Huerta Honda.** López Asme, 30. ☎ 924 554 100. www.hotelhuertahonda.com
Hab. 48: 65/140 €. Suites: 3. Céntrico. Edificio de estilo Isabelino. Junto al Palacio de los Duques de Feria. Restaurante BARBACANA, arco s. XV.
*** **Las Atalayas.** Ctra. Badajoz-Granada, km 69,5. ☎ 924 563 201. www.zarralasatalayas.com
Hab. 17: 42/110 €. Apartamentos: 16. Suites: 1. En una finca rústica rodeada de olivos, vides y montes con panorámicas al ducado de feria. Restaurante EL MIRADOR.

Zahara de los Atunes (Cádiz)

80 • C-1

A CÁDIZ, 75 KM; MADRID, 687 KM. ALT. 10 M. POB. 1.698. 956 929 059.
GPS (36° 8' 11"N-5° 50' 52"O).

Fiestas: Carnaval. Finales de mayo: Ruta Gastronómica del Atún. 22 de agosto: Festival Flamenco. Del 16 al 18 de julio: Velada del Carmen. Julio-agosto: Fiestas de Verano.
Visitar: Iglesia parroquial Ntra. Sra. del Carmen, s. XV. Palacio Jadraza, s. XVI, que fue residencia de los duques de Medina Sidonia y donde Miguel de Cervantes escribió "La Ilustre Fregona". Torre de Poniente. Almadrabas para la pesca del atún que se instalan en la playa, frente a la población.
Alrededores: A 3 km, Urbanización Atlanterra: Hermosas calas de arenas doradas y el Faro de Punta-Camarinal.

Restaurantes

Antonio. (H. ANTONIO). (Bahía de la Plata). Ctra. Atlanterra, km 1. ☎ 956 439 141. www.antoniohoteles.com
Cierra diciembre y enero. Calamar de potera a la plancha, contramormo de atún de almadraba al horno, huevos soplados. Menú 22 €. Precio medio 35 €.

Hoteles

**** **Antonio II.** Ctra. Atlanterra, km 1. T.M. Tarifa. ☎ 956 439 141. www.antoniohoteles.com
Hab. 38: 57/179 €. Suites: 2. Consultar cierre. En primera línea de playa.
**** **Doña Lola Zahara.** Pza. Thomson, 1. ☎ 956 439 009. www.hotelesdonalola.com
Hab. 30: 60/165 €. Apartamentos: 5. Suites: 1. Consultar cierre. Edificio histórico de principios del s. XX. Restaurante LA CASONA.
**** **Meliá Atlanterra.** Bahía de la Plata, s/n. ☎ 956 439 000. www.melia-atlanterra.com
Hab. 285: 110/296 €. Suites: 5. Consultar cierre y admisión de perros. Junto al mar. Acceso directo a la playa. Restaurantes MEDITERRÁNEO y LA PÉRGOLA.
*** **Porfirio.** Pº del Pradillo, 33. ☎ 956 449 515. www.hotelporfirio.com
Hab. 61: 45/140 €. Suites: 5. Cierra noviembre, diciembre y enero. A 200 m. de la playa.

Zahora (Cádiz) Ver Barbate.

80 • B-1

Zamora

29 • E-1

A MADRID, 252 KM. ALT. 652 M. POB. 66.293. 980 533 694
GPS (41° 30' 11''N-5° 44' 52"O).

Fiestas: Semana Santa, de Interés Turístico Internacional, se remonta al s. XIII. Procesiones. Domingo siguiente al lunes, de Pascua: Romería del Stmo. Cristo de Valderrey. 9 de mayo: Romería del Cristo de Morales. Lunes de Pentecostés: Romería de la Hiniesta. Del 25 al 30 de junio: Ferias y fiestas de S. Pedro (cerámica y el ajo). 8 de septiembre: Virgen de La Concha.
Visitar: Muralla y Castillo medieval, s. XI. **Catedral** y Museo Catedralicio: Colección de Tapices Flamencos. Sillería del Coro. **Iglesias de la Magdalena**, s. XII, de **S. Cipriano**, s. XI, de **San Ildefonso**, s. XII, de **San Pedro**, s. XII y de **S. Juan de Puerta Nueva**, s. XIII. Puerta de Doña Urraca. Sta. María la Nueva, s. XII. Santiago de los Caballeros, s. XI. **Palacio de los Momos**, s. XVI. También destacan las Iglesias de Santiago el Viejo, S. Vicente y S. Claudio de Olivares, s. XII. Museo de Semana Santa, Provincial. Museo Etnográfico de Castilla-León. Riberas del río Duero.
Alrededores: TORO, a 32 km: Colegiata de Sta. Mª la Mayor. CAMPILLO, a 20 km: Iglesia visigoda de S. Pedro de la Nave, s. VII. ARCENILLAS, a 7 km: Iglesia con tablas flamencas. LA HINIESTA, a 7 km: Iglesia de Ntra. Sra. de la Asunción. TABARA, a 47 km: Iglesia románica de Sta. María y antiguo Scriptorium. GRANJA DE MORERUELA, a 36 km: Monasterio de Sta. María. FERMOSELLE, a 62 km: La Villa.

Restaurantes

El Rincón de Antonio. Los Francos, 6. ☎ 980 535 370. www.elrincondeantonio.com
Cierra domingo noche. Antonio lidera la mejor cocina de la ciudad utilizando los productos locales. **Sopa de queso de cabra de Los Arribes del Duero, bacalao confitado.** Sobresalen los postres como el **tocinillo de ciruelas** y el carro de **quesos** de Zamora. Precio medio 42 €.
La Becera. (En PEÑAUSENDE, a 20 km). Castillo, 1. ☎ 980 577 160. www.la-becera.com P
Cierra domingo noche. Con 20 habitaciones. Cocina tradicional con platos de cuchara y platos de carne. Crema de limón de postre. Precio medio 15 €.
La Oronja. Pza. Maestro Haedo, 4. ☎ 980 534 038. www.restaurantelaoronja.com
Cierra domingo noche y lunes. Elegante y moderno local dirigido por sus propietarios. **Espárragos de La Guareña templados con arbequina emulsionada con trufa, bonito con amanita ponderosa, sorbete de zanahoria, sopa de pera y madalena integral**. Precio medio 40 €.
Los Caprichos de Meneses. Pza. San Miguel, 1. ☎ 980 530 143. www.loscaprichosdemeneses.com
Cierra miércoles, segunda quincena de enero y de septiembre. Casa del s. XVII, donde los Meneses cuidan el vino y el aceite de oliva muy especialmente. **Bacalao guisado en grasa de jabugo con helado de pimentón, fuga de chocolate**. Precio medio 35 €.
Sancho 2-La Marina. Pza. de la Marina Española, s/n. ☎ 980 526 054. www.restaurantesancho2.com
Arroz a la zamorana, solomillo al vino tinto de Toro, cañas zamoranas. Menú 11 €. Precio medio 35 €. De la misma propiedad ASADOR CASA MARIANO (Avda. de Portugal, 28. ☎ 980 532 256. Cierra noches de domingo y lunes, y 15 días en verano), oferta regional con los asados castellanos como protagonistas.

Hoteles

**** **AC Zamora.** Avda. Príncipe de Asturias, 43. ☎ 980 557 940. www.ac-hotels.com P
Hab. 75: 70/220 €. Suites: 3. De reciente apertura. En zona comercial.
**** **Convento I.** (En CORESES) Ctra. de la Estación, s/n. ☎ 980 500 422. www.hotel-convento.com P SPA
Hab. 60: 70/146 €. Suites: 7. Cierra 24 y 25 de diciembre. Consultar ofertas. Dispone de Centro Wellnes. Restaurante con buenos asados en horno de leña.
**** **Dos Infantas Zenit.** Cortinas de San Miguel, 3. ☎ 980 509 898. www.hoteldosinfantas.com P
Hab. 68: 50/180 €. Consultar ofertas. En pleno centro histórico y comercial.
**** **Meliá Horus Zamora.** Plaza del Mercado, 20. ☎ 980 508 282. www.solmelia.com P SPA
Hab. 45: 65/220 €. Suites: 7. Consultar ofertas. En pleno centro. Palacio del finales del s. XIX. Rehabilitado. Restaurante LA BÓVEDA, cocina zamorana.
**** **NH Palacio del Duero.** Pza. de la Horta, 1. ☎ 980 508 262. www.nh-hotels.com P
Hab. 49: 55/190 €. Consultar ofertas. Situado en el antiguo convento de S. Juan de Jerusalem, s.s XIV-XV. Céntrico. Restaurante LA VINÍCOLA, buena cocina.
**** **Parador de Turismo.** Pza. Viriato, 5. ☎ 980 514 497. www.parador.es P
Hab. 46: 114/171 €. Suites: 6. Consultar ofertas. Un palacio del s. XV. Céntrico. En pleno conjunto histórico. Restaurante LOS CONDES.
*** **Hostería Real de Zamora.** Cuesta del Pizarro, 7. ☎ 980 534 545. www.hosteriasreales.com P
Hab. 24: 49/123 €. Antiguo palacio, Monumento Histórico Artístico del s. XVI con claustro y baño judío del s. XV. Junto al puente románico. Restaurante PIZARRO, con cocina castellana.
*** **Sayagués.** Pza. Puentica, 2. ☎ 980 525 511. www.hotelsayagues.net P
Hab. 56: 40/100 €. Reformado totalmente.

Zamudio (Vizcaya) Ver Bilbao. 5 • F-4

Zaragoza 23 • C-4

A MADRID, 312 KM. ALT. 200 M. POB. 682.283. ℹ 976 288 800.
GPS (41° 39' 22''N-0° 52' 40"O).

Fiestas: 29 de enero: S. Valero, patronales. Semana Santa, de Interés Turístico Nacional. 5 de marzo: Cincomarzada. 23 de abril: S. Jorge, día de Aragón. 12 de octubre: Virgen del Pilar, de Interés Turístico Nacional.
Visitar: **Catedral de la Seo**, templo gótico con decoración plateresca y barroca, construido en el s. XIV. Destacan: Retablo, ábside mudéjar, s. XV, sepulcros y Museo de Tapices. El retablo mayor, del s. XV, presenta magníficos altorrelieves. Las numerosas capillas son un verdadero museo: La de Don Lope de Luna, unida a la Catedral, tiene rica fachada mudéjar de lacerías con ladrillos y azulejos, obra del s. XIV de artistas sevillanos. Notable también el sepulcro de Don Lope. La Torre de la Seo es barroca. Importante representación del renacimiento es **La Lonja**, del s. XVI y la **Basílica del Pilar**. La fachada principal, barroca y sus cúpulas, están decoradas con importantes pinturas al fresco de Goya y Bayeu. También destacan las Iglesias de: **S. Pablo**, s. XIV, torre; **Sta. Engracia**, portada; **La Magdalena**, s. XIV, torre; **S. Fernando**, **Santiago** y de **los Escolapios**; de **S. Gil**, torre. **Palacios de los Condes de Argillo** y de **los Luna**. Real Maestranza de Caballería. Puerta del Carmen, s. XVIII. Torreón de la Zuda, s. XIV. Alfajería: Artesonados, mihrab, salón de trono. Palacio que fue residencia real de los monarcas musulmanes de Zaragoza. Murallas romanas. Audiencia, s. XVI. Museo de Zaragoza. Museo Pablo Gargallo, en el Palacio renacentista de Argillo. Museo Pablo Serrano. Museo Ibercaja Camón Aznar, en el palacio renacentista de Los Pardo. Museo del Foro de Caesaraugusta. Museo de las Termas de Cesaraugusta. Museo del Puerto Fluvial de Caesaraugusta. Museo del Teatro Cesaraugusta. Centro de Historia de Zaragoza. De la nueva arquitectura destacan: La Torre del Agua. Pabellón Puente. Puente del Tercer Milenio. Parque Metropolitano del Agua. **Acuario Fluvial**: el más grande de Europa
Alrededores: PINARES DE VENECIA: Parque de Atracciones con variada oferta de ocio, gastronomía y entretenimiento. CARTUJA DE AULA DEI, a 14 km: Iglesia con pinturas de Goya. REMOLINOS, a 9 km: Iglesia con pinturas de Goya. LA MUELA: Museos del Aceite y del Viento. ALFAJARÍN, a 17 km: Iglesia, fachada. UTEBO: Iglesia de Sta. María, torre. MUEL, a 27 km: Ermita de Ntra. Sra. de la Fuente (frescos de Goya). PEDROLA, a 33 km: Conjunto palacio e iglesias. FUENDETODOS, a 44 km: Casa natal de Goya y Museo del Grabado. A 79 km, Monasterio de Veruela, cisterciense. A 74 km, Monasterio de Rueda. Monasterio de Piedra: Monasterio y Parque Natural. Ruta de las Cinco Villas. SAN MARTÍN DEL MONCAYO: Centro de Micología. Ruta de Calatayud.

Restaurantes

®**Bal d'Onsera.** Blasón Aragonés, 6. ☎ 976 203 936. www.baldonsera.com
Cierra domingo, lunes, Semana Santa, segunda quincena de agosto y del 24 de diciembre al 3 de enero. En el capítulo de novedades gastronómicas locales destaca este pequeño local minimalista. José Corella aprendió la lección de la nueva cocina de buenos maestros. Precio medio 70 €.

El Cachirulo. Autovía de Aragón, km 1,5. ☎ 976 460 146. www.elcachirulo.es
Cierra domingo noche, lunes, primera semana de enero, Semana Santa y primera quincena de agosto. El cachirulo -pañolón, con el que los antiguos baturros se cubrían la cabeza- abandera este local de grandes dimensiones. Cocina aragonesa de ley, desde la **borraja** al **ternasco**. Ocasionales exhibiciones de jota. Precio medio 40 €.
El Chalet. (Zona Universidad). Santa Teresa de Jesús, 25. ☎ 976 569 104. www.elchaletrestaurante.es
Cierra lunes mediodía y domingo en verano; domingo noche, lunes, Semana Santa y 15 días en agosto. Chalet clásico que alberga una cocina que reúne recetario aragonés con más o menos oportunas innovaciones. Precio medio 45 €.
Entrebastidores. (Bº Las Fuentes). Pza. Antonio Beltrán Martínez, 1. ☎ 976 093 789. www.entrebastidores.net
Cierra lunes, 15 días en enero y en agosto. Meritoria aportación de Cristina Palacio a la cocina tradicional y nueva unidas con originalidad, en busca de clientela juvenil. **Pastel de foie-gras, requesón y manzana, manitas rellenas de longaniza, crema de chocolate**. Menú 17 €. Precio medio 40 €.
Gayarre. (Bº Garrapinillos). Ctra. del Aeropuerto, 370. ☎ 976 344 386. www.restaurantegayarre.com
Cierra noches de lunes a miércoles en invierno, domingo noche, Semana Santa y segunda quincena de agosto. Talento y veteranía se unen, en este Gayarre vasco-aragonés con razonable cocina de Miguel Ángel Revuelto. **Arroz caldoso de borrajas y pulpo**. Bonito chalé con obras de arte. Precio medio 50 €.
La Bastilla. Coso, 177. ☎ 976 298 449. www.labastilla.com
Cierra noches de domingo y martes; lunes, segunda y tercera semana de agosto. Inspirada cocina aragonesa apoyada en productos de temporada y recetario renovado. Comedor incrustado en la antigua muralla. Precio medio 45 €
La Granada. San Ignacio de Loyola, 14. ☎ 976 223 903.
Cierra lunes noche y domingo. El gran cocinero Carmelo Bosque mima ahora con su trabajo este elegante restaurante. Cocina a la vez de autor y de temporada. **Ventresca con helado de cerezas, pollo de corral al chilindrón**. Precio medio 40 €.
La Mar. Pza. Aragón, 12. ☎ 976 212 264.
Cierra domingo, Semana Santa y agosto. Ceviche de lubina con aguacate, rollito de lenguado relleno de setas y gambas, milhojas de vainilla con chocolate caliente. Precio medio 65 €.
La Matilde. Predicadores, 7. ☎ 976 433 443. www.lamatilde.com
Cierra domingo, festivos, Semana Santa y Navidad. Los Puyuelo saben realizar y presentar su cocina de raíz aragonesa en un marco acogedor. Notable bodega. Precio medio 35 €.
La Ontina. (H. NH GRAN HOTEL). Joaquín Costa, 5. ☎ 976 221 901. www.nh-hotels.com
Cierra domingo y segunda quincena de agosto. El Gran Hotel se ufana de su restaurante rejuvenecido por Enrique Martínez. Excelentes **verduras** y **carnes**, así como **pescados**. **Bacalao ajoarriero laminado, lengua de ternera, gazpacho de cerezas**. Precio medio 40 €.
La Prensa. José Nebra, 3. ☎ 976 381 637. www.restaurantelaprensa.com
Cierra domingo noche, lunes, Semana Santa y agosto. Vieira, papada, jugo de pochas y cava; solomillo de ternera gallega con pimiento rojo y verde; queso y frambuesa. Precio medio 43 €.
La Rinconada de Lorenzo. La Salle, 3. ☎ 976 555 108. www.larinconadadelorenzo.com
Cierra lunes en verano, y domingo noche. Migas con jamón y uvas, ternasco asado al horno, melocotón al vino. Menú 20 €. Precio medio 27 €.
La Val d'Onsella. (En VILLANUEVA DE GÁLLEGO, a 14 km). Pilar Lorengar, 1. ☎ 976 180 388. www.sellacomplejohostelero.com
Cierra noches de martes a jueves, lunes, Semana Santa, segunda y tercera semanas de agosto. La familia Rodríguez al tanto de cocina y comedor. Judías verdes y huevo escalfado, ternasco lechal al horno con patatas a lo pobre, canelón de requesón y espuma de miel. Menú 28 €. Precio medio 46 €.
Novodabo. (Bº Romareda). Juan II de Aragón, 5. ☎ 976 567 846. www.novodabo.com
Cierra lunes excepto festivos, domingo, Semana Santa y segunda semana de agosto. El joven local sorprendió a la cocina local por su calidad y afán innovador. **Moluscos con cítricos, pichón con melocotón de Calanda, espuma de yogur con infusión de frutos rojos**. Cerca de la Romareda. Precio medio 45 €.
Pantxika Orio. Pº de la Mina, 3. ☎ 976 212 947. www.pantxikaorio.com
Cierra domingo, Semana Santa, agosto y navidades. Ambiente marinero para una cocina vasca de siempre. Croquetas de morcilla sobre crema de alubias, chuletón de vaca, panchineta con chocolate caliente. Precio medio 45 €.
Txalupa. Pº Fernando el Católico, 62. ☎ 976 566 170. www.txalupazaragoza.com
Cierra noches de domingo a martes; y Semana Santa. María Jesús Escamilla en cocina y Javier Vila, llevan veinticinco años de buen hacer. Ensalada de changurro con confitura de tomate y patata asada, cochinillo asado a baja temperatura con pastel de patata, mousse de vainilla y turrón. Precio medio 35 €.

Hoteles

***** **Boston.** Camino de las Torres, 28. ☎ 976 599 192. www.hotelboston.es
Hab. 297: 75/300 €. Suites: 16. Hotel inteligente-domotizado. Restaurante CORAL.
***** **Hiberus.** Pº de los Puentes, 2. ☎ 876 542 008. www.palafoxhoteles.com
Hab. 176: 65/210 €. Suites: 4. Consultar ofertas Junto al Palacio de Congresos. Restaurante CELEBRIS, asesorado por Gorka Txapartegi.
***** **Meliá Zaragoza.** Avda. César Augusto, 13. ☎ 976 430 100. www.meliazaragoza.solmelia.com
Hab. 247: 54/324 €. Suites: 45. Consultar ofertas. Céntrico. Restaurante BEARN, especialidades regionales y cocina de mercado.
***** **Palafox.** Marqués de Casa Jiménez, s/n. ☎ 976 237 700. www.palafoxhoteles.com
Hab. 179: 88/220 €. Suites: 5. Consultar ofertas. En el centro comercial e histórico. Restaurante ARAGONIA.
***** **Reina Petronila.** Avda. Alcalde Sainz de Varanda, 2. ☎ 876 541 136.
Hab. 185: 85/254 €. Suites: 23. Consultar ofertas. En el centro comercial y de ocio. Restaurante LAMBROA.
**** **Alfonso.** Coso, 15-17-19. ☎ 876 541 118. www.palafoxhoteles.com
Hab. 103: 60/160 €. Suites: 17 €. Consultar ofertas. Próximo a la Basílica del Pilar.
**** **Catalonia Zaragoza Plaza.** Manifestación, 16. ☎ 976 205 858. www.hoteles-catalonia.com
Hab. 66: 76/160 €. Suites: 2. Edificio Modernista. Próximo a la Basílica del Pilar.
**** **Goya.** Cinco de Marzo, 5. ☎ 976 229 331. www.palafoxhoteles.com
Hab. 148: 65/140 €. Situado en el centro comercial y turístico de la ciudad. A 5 min. de la Pza. del Pilar.
**** **NH Gran Hotel Zaragoza.** Costa, 5. ☎ 976 221 901. www.nh-hotels.com
Hab. 114: 70/196 €. Suites: 19. Admisión de perros, consultar. Edificio histórico inaugurado en 1929 por Su Majestad Don Alfonso XIII. Céntrico, En la zona comercial y cultural. Restaurante LA ONTINA.
**** **Partner Romareda.** Asín y Palacios, 11. ☎ 976 351 100. www.partner-hoteles.com
Hab. 87: 120/321 €. Suites: 3. Junto al campo de fútbol La Romareda, Palacio de Congresos y Auditorio de Música.
**** **Silken Reino de Aragón.** Coso, 80. ☎ 976 468 200. www.hotelreinodearagon.com
Hab. 117: 65/166 €. Suites: 1. Junto a la plaza de España y la Basílica del Pilar. Reformado en 2009 Restaurante EL JUSTICIA.
**** **Zenit Don Yo.** Juan Bruil, 4-6. ☎ 976 226 741. www.zenithoteles.com
Hab. 146: 50/182 €. Suites: 16. En el centro histórico y comercial. Restaurante CENTENARIO.
*** **Cesaraugusta.** Avda. Anselmo Clavé, 45. ☎ 976 282 727. www.hotelcesaraugusta.com
Hab. 38: 50/160 €. Céntrico. Próximo a la Estación del Ave.
*** **Hesperia Zaragoza.** Conde Aranda, 48. ☎ 976 284 500. www.nh-hotels.es
Hab. 86: 49/500 €. En el centro histórico. Restaurante AL PUNTO, cocina de mercado.
*** **Husa Vía Romana.** Don Jaime I, 54-56. ☎ 976 398 215. www.husa.es
Hab. 66: 50/180 €. Consultar ofertas. Céntrico. Junto a la Basílica del Pilar, foro, termas y teatro romano. Restaurante PRETORIA.
*** **Husa Zaragoza Royal.** Arzobispo Domenech, 4. ☎ 976 214 600. www.husa.es
Hab. 92: 50/180 €. Consultar ofertas. Restaurante ASCOT.
*** **NH Ciudad de Zaragoza.** Avda. César Augusto, 125. ☎ 976 442 100.
Hab. 124: 65/175 €. Junto a la Basílica de Ntra. Sra. del Pilar. Restaurante MAGORIA.

*** **NH Orus.** Escoriaza y Fabro, 45. ☎ 976 536 600. www.nh-hotels.com
Hab. 53: 40/75 €. Consultar cierre. Edificio rehabilitado con fachada modernista.
*** **NH Sport.** Moncayo, 5. ☎ 976 311 114. www.nh-hotels.com
Hab. 64: 49/89 €. Edificio de nueva construcción.
*** **Tibur.** Pza. de la Seo, 2-3. ☎ 976 202 000. www.hoteltibur.com P
Hab. 66: 73/250 €. Junto a la Basílica del Pilar. Restaurante FORO ROMANO.

Zarautz/Zarauz (Guipúzcoa)

6 • C-4

A SAN SEBASTIÁN, 26 KM; MADRID, 482 KM. ALT. 6M. POB. 22.323. 943 830 990.
GPS (43° 16' 48''N-2° 10' 22"O).

Fiestas: Del 25 al 28 de junio: S. Pelaio. Del 14 al 16 de agosto: Fiestas de la Virgen. Del 1 al 9 de septiembre: Semana Vasca. Tiene al lado el Parque Natural de Pagoeta, como Donosti.
Visitar: Torre Luzea, s. XV: Torre gótica civil. Palacio de Narros, del s. XVI. Convento-iglesia de San Juan Bautista: Tríptico religioso de Flandes, s. XVI. Iglesia parroquial de Sta. María la Real, s. XVI. Casa Portu, s. XVI, actualmente sede del Ayuntamiento. Conjunto Arqueológico Monumental. Museo de la Fotografía.
Alrededores: Parque Natural de Pagoeta. Paseos y recorridos al borde del mar y la montaña, destacando el paseo marítimo de 3,5 km entre ZARAUTZ y GETARIA.

Restaurantes

Gure Txokoa. Guipúzcoa, 22. ☎ 943 835 959. www.restauranteguretxokoa.es
Cierra domingo noche, lunes, segunda semana de febrero y de noviembre. Joxe Mari Mitxelena es fiel a la temporada (hongos, espárragos, alcachofas, caza...), pescados y carnes a la parrilla. De postre, torrija caramelizada de brioche. Menú 17 €. Precio medio 45 €.
Karlos Arguiñano. (H. KARLOS ARGUIÑANO). Mendilauta, 13. ☎ 943 130 000. www.hotelka.com
Cierra noches de lunes, martes y jueves en invierno; domingo noche, miércoles y del 15 de diciembre al 1 de febrero. Zigor Arguiñano (hijo de Karlos) como jefe de cocina sigue manteniendo bien alto el pabellón culinario. **Sopa fría de tomate con melón y virutas de ibérico, falso ravioli de rabo y carrillera con manzana**. Los postres son uno de sus puntos fuertes, **infusión de frutas del bosque con espuma de yogur.** Precio medio 35 €.
Otzarreta. Santa Clara, 5. ☎ 943 131 243. www.restauranteotzarreta.com P
Cierra domingo noche, lunes y tres semanas a partir de Reyes. Productos del mar, cocidos, a la parrilla, en ensalada... De postre, tubo crujiente de naranja con helado de yogur. Precio medio 35 €.

Hoteles

**** **Karlos Arguiñano.** Mendilauta, 13. ☎ 943 130 000. P
Hab. 12: 78/234 €. Consultar cierre. Situación privilegiada en la playa de Zarautz. Casa de estilo señorial.
*** **Zarauz.** Nafarroa Kalea, 26. ☎ 943 830 200. www.hotelzarauz.com P
Hab. 75: 77/122 €. Consultar cierre y ofertas. A 100 m de la playa. Restaurante SANTA BÁRBARA.

Zestoa/Cestona (Guipúzcoa)

6 • C-4

A SAN SEBASTIÁN, 43 KM; MADRID, 465 KM. POB. 3.470.
GPS (43° 14' 21''N-2° 15' 34"O).

Fiestas: Enero: Fiestas del barrio de Iraeta. Principios de mayo: Las Santakutz Jaiak (Fiestas de Santa Cruz). En julio y agosto: Las fiestas de Arroa y Aizarna. En los primeros días de septiembre: Fiestas Mayores o Amabirjinak. 26 de diciembre: Las Soroperiak, o feria agrícola.
Visitar: Famosa por su balneario. El conjunto del balneario es una muestra de gusto ecléctico del siglo XIX. En Cestona se encuentra Museo Ekainberri, con una réplica a escala del interior de la Cueva de Ekain. declarada Patrimonio de la Humanidad. El Palacio Lili. Su origen podría datar del el s. VI, de estilo gótico aunque con vestigios medievales. La iglesia de La Natividad de la Virgen. El edificio del Ayuntamiento es del siglo XVIII. La plaza se completa con la Casa Iraeta datando del s. XVI. Hay más casas nobles repartidas por todo el casco urbano, además de las puertas de San José y de la Inmaculada y la Cruz de Término.
Alrededores: Yacimiento al aire libre de Idiakaitz (Irikaitz), a pocos metros del núcleo de la villa. Calzada Vidaurreta. EKAIN, a 1 km: Santuario Rupestre.

Restaurantes

Iraeta. Errota-Etxea, 10. ☎ 943 147 067. P
Cierra noches de domingo a jueves, martes, septiembre y navidades. Cocina tradicional en un antiguo molino a cargo de Jon Goikoetxea. Terrina de foie-gras casero, merluza en salsa verde o frita, helado de queso. Menú 10 €. Precio medio 35 €.

Hoteles

*** **Gran Hotel Balneario de Cestona.** Pº de San Juan, 30. ☎ 943 147 140. www.balneariocestona.com P
Hab. 127: 86/135 €. Suites: 4. Consultar cierre. Totalmente renovado.

Zumaia/Zumaya (Guipúzcoa)

6 • C-3

A SAN SEBASTIÁN, 32 KM; MADRID, 459 KM. ALT. NIVEL DEL MAR. POB. 9.099. 943 143 396.
GPS (43° 17' 49''N-2° 15' 29"O).

Fiestas: 9 de abril: S. Telmo, fiesta de los marineros. 29 de junio: S. Pedro y Fiestas Patronales. Agosto: Fiesta vasca, regatas, torneos de pelota. Del 1 al 11 de agosto: Festival Internacional de Música. 15 de septiembre: Día del Pulpo.
Visitar: Parroquia S. Pedro, con retablo del s. XVI de Juan de Antxieta. Museo de Julio Beobide, con obras del escultor. Museo Zuloaga, con pinturas del pintor, así como otras de Zurbarán, El Greco y Goya, entre otros. Centro de Interpretación de la Naturaleza Algorri.
Alrededores: Ermitas de S. Telmo y Ntra. Sra. de Arritokieta. Rasa mareal y acantilados del cretácico inferior.

Restaurantes

Asador Bedua. (Ctra. Zumaia-Meagas). Bedua, 1. ☎ 943 860 551. www.bedua.es P
Rústico caserío junto al Urola, donde la familia Iriondo ofrece verduras de su huerta, pescados y carnes a la parrilla. Angulas del vecino Urola en temporada. Precio medio 35 €.
®**Marina-Berri.** Puerto Deportivo de Zumaia, s/n. ☎ 943 865 617. www.marinaberri.com P
Cierra noches de domingo a jueves; lunes y Navidad. Mikel Bermejo solventa con éxito la conjunción de las tradiciones con las técnicas y elaboraciones más en boga. **Taco de bacalao confitado sobre sus callos y su crocante de leche frita**. Postres asimismo deliciosos. Menú 10 €. Precio medio 30 €.

Hoteles

* **Talasoterapia Zelai.** Larretxo, 16. ☎ 943 865 100. www.talasozelai.com P
Hab. 26: 60/150 €. Consultar cierre. Restaurante ZELAI (Abegileku).

Zumárraga (Guipúzcoa)

12 • B-1

A SAN SEBASTIÁN, 57 KM; MADRID, 410 KM. ALT. 357 M. POB. 10.050.
GPS (43° 5' 25''N-2° 18' 52"O).

Fiestas: Lunes de Pascua: Romería en la ermita de Sta. Mª de la Antigua. 2 de julio: Visitación de Ntra. Sra. con ezpatadantza ante la imagen de Sta. María de Zumárraga, patrones. 13 de diciembre: Feria de Ganado caballar y agrícola. Concursos. Todos los sábados de septiembre: Ciclo de Música de la Antigua.
Visitar: Ermita de Sta. María de Zumárraga, estilo románico-vasco y transición románico-gótico. Iglesia parroquial Sta. Mª de la Asunción, s. XVI, estilo gótico-vasco con portada barroca. Casa Torre Legazpi, Casa Fuerte, Monumento Histórico Artístico Nacional. Plaza Euskadi: Ayuntamiento, Casa Itarte, Casa Uzcanga y estatua de Don Miguel López de Legazpi. Necrópolis, con cripta subterránea. Casa Consistorial, de mediados del s. XIX.
Alrededores: Parque Natural de Aizkorri.

Restaurantes

®**Etxeberri.** (H. ETXEBERRI). Barrio Etxeberri, s/n. ☎ 943 721 211. www.etxeberri.com
Cierra domingo noche. Se mantienen "los platos de siempre" con propuestas actuales. **Foie-gras con crocante de manitas y pera confitada, mero al horno con verduritas, bombón tibio de chocolate**. Respetable bodega con joyas impactantes a buen precio. Precio medio 50 €.

☼**Kabia.** Legazpi, 5. ☎ 943 726 274. www.restaurantekabia.com
Cierra noches de domingo a jueves; lunes y una semana en agosto. Es la referencia moderna de esta zona. Juanma Hurtado ofrece una sensata cocina con firma, empleando magníficos productos. **Cocochas crujientes de merluza, lubina asada con vainas y jugo de calabacín**. Postres sensacionales. Servicio atento, a cargo de su esposa Jaione. Menú 18 €. Precio medio 40 €.

Hoteles

** **Etxeberri.** Bº Etxeberri, s/n. ☎ 943 721 211. www.etxeberri.com P
Hab. 35: 45/67 €. Suites: 1. Consultar ofertas. En el valle de Urota.

MALLORCA

Alcúdia - Port d'Alcúdia (Mallorca) 52 • D-1

A PALMA DE MALLORCA, 53 KM. ALT. 15 M. POB. 20.200. 971 549 022.
GPS (39° 51' 7"N-3° 7' 15"E).

Fiestas: 16-17 enero: S. Antoni Abad. Del 20 al 29 de junio: S. Pedro. 1-2 de julio: Fiesta de La Mare de Déu de le Victoria. Del 18 al 25 de julio: Fiestas de S. Jaime. 26 de julio: Trienal Santísimo Cristo. 24 de agosto: Fiesta de las Linternas. 5 de septiembre: Santa Anna. 2-3 de octubre: Feria de Alcudia.
Visitar: Muralla medieval. Puertas des Moll y de St. Sebastiá. Iglesia S. Jaime. Casas señoriales y ventanas renacentistas. Ciudad romana de Pollentia. Teatro romano. Museo Arqueológico. Museo parroquial. Ermita de la Victoria. Cueva-capilla paleocristiana de S. Martín.
Alrededores: A 5 km, playa de Muro. A 15 km, Cuevas de Campanet. A 2 km, bahía de Alcúdia. A 8 km, bahía y puerto de Pollença. A 17 km, playa de Formentor. POLLENÇA, a 15 km: Mirador del Colomer.

Restaurantes

Genestar. Pza. Porta de Mallorca, 1. ☎ 971 549 157. www.genestarestaurant.com
Cierra miércoles y del 7 al 31 de enero. En un ambiente minimalista, Joan Josep Genestar ofrece un único menú degustación (25 €). Por ejemplo, crema de ortiguillas con queso mahonés, filete de cabracho con vinagreta de tomate, hierbas aromáticas y jugo de gambas, pastel cremoso de chocolate relleno de dulce de leche con helado de chocolate blanco. Precio medio 25 €.
® **Jardín.** (En PORT D'ALCÚDIA, a 1 km). Tritones, s/n. ☎ 971 892 391. www.restaurantejardin.com
Cierra lunes, martes y del 10 de enero al 10 de marzo. En un agradable ambiente la familia de Castro se encarga de cocina y comedor con esmero y buena atención. Macarena ofrece un único menú degustación (65 €) que varía cada 15 días. Como muestra: **pulpo a la parrilla con cremoso de patata, dentón con verduras al hinojo**. Precio medio 65 €.
Miramar. (En PORT D'ALCUDIA, a 1 km). Pº Marítimo, 2. ☎ 971 545 293. www.restaurantmiramar.es
Restaurante centenario en el puerto deportivo con terraza frente al mar. Cocina marinera. Gamba roja mallorquina, variedad de arroces y paellas, filloas. Precio medio 30 €.

Hoteles

***** **Gran Oasis Palace de Muro.** (En PLATJA DE MURO). Ctra. Alcúdia-Artà, s/n. ☎ 971 894 224. www.hotelesoasis.com
Hab. 143: 138/400 €. Apartamentos: 60. Suites: 83. Consultar cierre y ofertas. En primera línea de playa. Próximo al Parque Natural La Albufera. Restaurantes HOSHI, AGORA, VESTA y OLIMPUS.
***** **Grupotel Parc Natural.** (En PLATJA DE MURO, a 5 km). Ctra. Alcudia-Artá, s/n. ☎ 971 892 017. www.grupotelparcnatural.com
Hab. 108: 99/308 €. Suites: 36. Consultar cierre. En primera línea de playa. Restaurantes PARAISO y BISTRÓ MAR BLAU.
**** **Botel Alcudiamar.** Pº Marítimo, 1. ☎ 971 897 215. www.gchotels.es
Hab. 78: 99/272 €. Suites: 28. Consultar cierre.
**** **Playa Esperanza.** Avda. S'Albufera, 4. ☎ 971 890 568. www.esperanzahoteles.com
Hab. 304: 71/103 €. Consultar cierre. Sobre la playa. Rodeado de pinos y palmeras.
Son Siurana. Ctra. Palma-Alcudia, km 42, 8. ☎ 971 549 662. www.sonsiurana.com
Apartamentos: 7: 105/184 €. Suites: 1. Consultar cierre. El complejo lo forman siete apartamentos y una suite, con zonas comunes comparables a cualquier hotel de lujo.

Artà (Mallorca) Ver Cala Ratjada-Capdepera. 52 • F-2

Cala d'Or (Mallorca) Ver Santanyí. 52 • E-4

Cala Ratjada-Capdepera (Mallorca) 52 • F-2

A PALMA DE MALLORCA, 80 KM. ALT. 90 M. POB. 12.857. 971 819 467.
GPS (39° 42' 40''N-3° 27' 43"E).

Fiestas: Del 17 al 21 de enero: St. Antoni (Capdepera). Tercer fin de semana de mayo: Feria medieval. Del 10 al 17 de julio: Ntra. Sra. del Carmen (Cala Ratjada). 16 de agosto: S. Roc (Cala Ratjada). 24 de agosto: S. Bartomeu (Capdepera). 10 de diciembre: Mostra de la Llampuga. 18 de diciembre: L'Esperança-Festa del Castell (Capdepera).
Visitar: Castillo de Capdepera, s. XIII. Capilla del castillo, s. XIV. Torre de Canyamel. Cuevas de Arta, Canyamel. Iglesia San Bartomeu, 1840, Capdepera. Iglesia Ntra Sra. del Carmen, Cala Ratjada.
Alrededores: Parque Natural del Llevant, senderismo, rutas cicloturisticas. CALA RATJADA: Playas, puerto y panorámicas. A 3 km: Playa de Canyamel, Cala Mesquida. FONT DE SA CALA, a 3 km: Calas: Agulla, Son Moll y Gat.

Restaurantes

® **Es Racó de Ses Graneres.** Castellet, 3. ☎ 971 818 896. www.hotelvistapinar.com
Cierra lunes. Magníficas vistas al puerto y al mar. **Risotto negro con pulpo y tallarines de sepia, magret de pato con puré de albaricoques, salsa de soja y oporto, fantasía de mousse de chocolate negro sobre sopa de naranjas, albahaca y helado de menta**. Precio medio 28 €.
Finca Es Serral. (En ARTÁ, a 9 km). Finca Es Serral (Polígono 18 parcela 43). Camino a Cala Torta, km 1. ☎ 971 835 336. www.fincaesserral.com
Cierra al mediodía, lunes y del 1 de noviembre al 28 de febrero. Cocina tradicional local en una casa payesa en pleno campo. Tortilla de espárragos silvestres, lomo a la mallorquina con tumbet, gató de almendra con helado. Precio medio 25 €.
Porxada de Sa Torre. Ctra. Artá-Canyamel, km 5. ☎ 971 841 310. www.restauranteporxadadesatorre.com
Cierra domingo noche en invierno, lunes y del 9 de diciembre al 1 de febrero. Cocina mallorquina en un local típico con aperos de labranza antiguos, junto a una torre vigía del s. XIII. Verduras a la plancha, lechona al ast, crema catalana. Precio medio 25 €.

Hoteles

***** **Serrano Palace.** Playa Son Mol, s/n. ☎ 971 563 350. www.serranohotels.com
Hab. 141: 124/256 €. Consultar cierre. Primera línea de playa.
**** **Bella Playa.** Avda. Cala Agulla, 125. ☎ 971 563 050. www.bellaplaya.com
Hab. 214: 48/129 €. Consultar cierre.
**** **L'Illot Park.** Monturiol, s/n. ☎ 971 566 026. www.lillot.com
Hab. 10: 51/158 €. Consultar cierre.
**** **S'Entrador Playa** Avda. Cala Agulla, 123. ☎ 971 564 312. www.serranohotels.com
Hab. 207: 71/198 €. Admisión de perros, consultar. En primera línea de playa.

Campos del Port (Mallorca) 52 • D-3

A PALMA DE MALLORCA, 40 KM. POB. 9.018.
GPS (39° 25' 37''N-3° 1' 15"E).

Visitar: Plaza Mayor, edificio de Ayuntamiento. Iglesia de San Julián y Museo Parroquial. Convento de S. Francesc y Auditórium. Cruces de Término. Torres de Defensa.

Restaurantes

Ca'n Calent. Ronda Estació, 44. ☎ 971 651 445. www.cancalent.com
Cierra lunes y febrero. Los hermanos Vicens, Miquel en cocina, y Joan en comedor, hacen evidente su profesionalidad. **Ensalada de queso tierno y tomate seco artesano, steak tartar de buey Angus en tres versiones, chocolate en texturas**. Precio medio 30 €.

Sal de Cocó. (En COLONIA SANT JORDI, a 13 km). Es Carrero, 47. ☎ 971 655 225. www.sa decoco. net
Cierra al mediodía de martes a viernes, domingo noche, lunes y de diciembre a febrero. Marta Roselló jovencísima cocinera-propietaria aporta conocimiento y fresca elaboración a su cocina. Las **navajas a la plancha**, el **rape con pastel de calabaza** y el **helado de ensaimada** es uno de sus menús del día (25 €). Precio medio 30 €.

Hoteles

**** **Es Recó de Randa.** (En RANDA) Font, 21. ☎ 971 660 997. www.esrecoderanda.com P
Hab. 25: 104/145 €. Suites: 2. Piscina exterior y climatizada.

**** **Son-Bernadinet.** Ctra. Campos-Porrerei, km 5,9. ☎ 971 650 694. www.sonbernadinet.com
P
Hab. 10: 194/248 €. Suites: 1. Cierra de octubre al 15 de marzo.

Canyamel (Mallorca) Ver Son Servera. 52 • F-2

Deià/Deyá (Mallorca) 52 • B-2

A PALMA DE MALLORCA, 27 KM. ALT. 545 M. POB. 703.
GPS (39° 44' 53''N-2° 38' 53"E).

Fiestas: 24 de junio: San Juan Bautista.
Visitar: Museos: Arqueológico; Parroquial: Son Marroig y el de homenaje al pintor Norman Yanikun.
Alrededores: Sierra de Tramuntana. SÓLLER. BUNYOLA. Playas.

Restaurantes

El Olivo. (H. LA RESIDENCIA). Son Canals, s/n. ☎ 971 639 011. www.hotel-laresidencia.com
P
Cierra al mediodía. Comedor de rústica elegancia en una antigua almazara. **Crema de hinojo con bogavante, bisonte con salsa de cerveza, fondant de chocolate con helado de vainilla**. Precio medio 80 €.

Es Racó d'es Teix - Josef Sauerschell. Vinya Veia, 6. ☎ 971 639 501. www.esracodeteix.es P
Cierra lunes, martes y del 15 de noviembre al 1 de febrero. El tádem formado por Josef Sauerschell y su esposa Leonor, en cocina y comedor, son una sinfonía de buen hacer. **Sopa de pescado, lechona mallorquina al romero, tarta tatín con helado de lavanda**. Precio medio 80 €.

Jaume. Arxiduc Lluis Salvador, 22. ☎ 971 639 029. www.restaurantejaume-deia.com
Cierra jueves de octubre a abril; y febrero. Bonitas vistas a la sierra de Tramuntana. Vieiras con tumbet, lechona de porc negre, tatín de albaricoque con helado de ensaimada. Precio medio 50 €.

Sebastián. Felipe Bauzá, s/n. ☎ 971 639 417. www.restaurantesebastian.com
Cierra al mediodía, miércoles, del 5 de enero al 15 de febrero y del 15 de noviembre al 26 de diciembre. Un antiguo establo es ahora un bonito comedor de piedra, con vistas al precioso paisaje de día e iluminado con velas por las noches. Raviolis de espárragos verdes y bogavante, silla de cordero con costra de romero y miel, tatín de melocotón con helado de vainilla. Precio medio 50 €.

Hoteles

**** **Es Molí.** Ctra. Valldemossa-Deya, s/n. ☎ 971 639 000. www.esmoli.com P
Hab. 86: 183/420 €. Suites: 1. Cierra del 28 de octubre a 20 de abril. Restaurante BUGANVILIA.

**** **La Residencia.** Son Canals, s/n. ☎ 971 639 011 www.hotel-laresidencia.com.
P SPA
Hab. 36: 225/685 €. Suites: 31. Consultar cierre. Siguiendo el estilo arquitectónico de las islas, este hotel está situado en un maravilloso emplazamiento de la montaña. Suites Tramuntana con terraza y minipiscina. Restaurantes EL OLIVO, cocina mediterránea y SON MORAGUES.

Esporles (Mallorca) 52 • B-2

A PALMA DE MALLORCA, 13 KM. ALT. 833 M. POB. 4.808.
GPS (39° 40' 9"N-2° 34' 41"E).

Fiestas: Del 23 al 30 de junio: San Pere. Último domingo de agosto: fiesta de la Ermita.
Visitar: Iglesias de San Pedro y de S'Esgleieta. Ermita de Maristella. Granja-Museo, Sa Granja. Son Tugores. Canet. Cor de Jesús.
Alrededores: Ses Rotgetes de Canet. ES VERGER. Sierra de Tramontana.

Restaurantes

Can Toni Moreno. (En PORT DES CANONGE, a 4 km). Avda. Port des Canonge, 2. ☎ 971 610 426.
Cierra lunes y del 20 de diciembre al 31 de enero. Difícil acceso por carretera de montaña, es preferible hacerlo por barco. Calurosa acogida del propietario Pep. Cocina de producto (del mar al plato) **pescados** y **arroces**. **Flan de requesón** con la buena mano del hijo y jefe de cocina. Menú 22 €. Precio medio 28 €.

Formentor (Mallorca) Ver Pollença. 52 • E-1

Inca (Mallorca) 52 • D-2

A PALMA DE MALLORCA, 28 KM. ALT. 120 M. POB. 29.308.
GPS (39° 43' 6"N-2° 54' 52"E).

Fiestas: 30 de julio: S. Abdón y S. Senén (patronales). Noviembre: Feria "Dijous Bo".
Visitar: Sta. María La Major, Claustro de St. Domingo, Monasterio de Sant Bartomeu, Cellers. Centre BIT Raiguer. Casa señorial de can Ripoll.
Alrededores: A 4 km, PUIG DE STA. MAGDALENA. A 12 km, Cuevas de Campanet. A 5 km, iglesia de S. Lorenzo, calvario.

Restaurantes

Santi Taura. (En LLOSETA, a 10 km). Juan Carlos I, 48. ☎ 971 514 622. www.restaurantsantitaura.com
Cierra domingo noche, lunes al mediodía, martes y agosto. Antiguo celler reformado. Menú único, que se cambia semanalmente con la buena mano de Santi Taura, basado en productos locales de tierra y mar.

Hoteles

**** **Hotel Rural Casa del Virrey.** Ctra. Inca-Sencelles, km 2,4. ☎ 971 881 018. www.casadelvirrey.net
Hab. 10: 70/140 €. Suites: 6. Casa señorial del s. XVII. Restaurante DOÑA IRENE.
**** **Hotel Rural Son Xotano.** (En PINA, a 15 km). Ctra. Pina-Sencelles, km 1,5. ☎ 971 872 500. www.sonxotano.es
Hab. 16: 62/120 €. Suites: 9. Consultar ofertas. Antigua mansión del s. XVI elegantemente restaurada y rodeada de una finca de 100 ha. Restaurante ES MENJADOR DES CÀNONGES.
**** **Scott's Galilea.** (En GALILEA, a 8 km). Sa Costa den Mardons, 3. ☎ 971 870 100. www.scottsgalilea.com
Hab. 18: 131/205 €. Apartamento: 7. Suites: 6. Casa señorial de pueblo con ambiente y decoración inglesa, donde se reúne el confort y la elegancia británica. Restaurante SCOTT'S BISTRO.

Lloseta (Mallorca) Ver Inca.

52 • C-2

Llucmajor (Mallorca)

52 • D-3

A PALMA DE MALLORCA, 25 KM. POB. 32.300.
GPS (39° 29' 8"N-2° 53' 38"E).

Fiestas: Septiembre: San Miguel.
Visitar: Iglesia. Santuario de Nuestra Señora de Gracia. Convento de Sant Buenaventura.

Restaurantes

Zaranda Sa Torre. (H. HILTON SA TORRE MALLORCA). Camí de sa Torre, 8-7. ☎ 971 101 450. www.zaranda.es
Cierra al mediodía de martes a jueves; domingo noche, lunes y noviembre. Antigua casa señorial de la familia Villalonga. Fernando Pérez Arellano prestigiado profesional al frente de los fogones, con productos de la isla. **Gamba de Sóller al sabayón Thaï, ventresca de atún rojo, cremoso de queso de cabra con sorbete de fresa**. Precio medio 65 €. Inaugurado junio 2010.

Hoteles

***** **Hilton Sa Torre Mallorca.** Camí de sa Torre, 8-7. ☎ 871 963 700.
Hab. 90: 115/490 €. Consultar cierre. Posee un campo de fútbol de primera división. Restaurante ARXIDUO y ZARANDA.

Manacor (Mallorca)

52 • E-3

A PALMA DE MALLORCA, 50 KM. ALT. 125 M. POB. 42.126. ☐ 971 847 241.
GPS (39° 34' 27''N-3° 12' 1"E).

Fiestas: 5 de enero: Cabalgata de Reyes. 16-17 de enero: Foguerons y St. Antoni. Semana Santa: Primer domingo después de Pascua: Berena y romería en la ermita Sta. Lucía. Mayo-junio: Ferias y fiestas de Primavera. 16 de julio: Fiestas de la Mare de Déu del Carme en Porto Cristo. 25 de julio: S. Jaime, patronales. 18-19 de septiembre: Feria de Septiembre.
Visitar: Museo de Historia en la Torre dels Enagistes. Torre del Palau. Parroquia de Ntra. Sra. dels Dolors. Torre de Ses Puntes. Claustro de S. Vicente Ferrer, declarado Monumento Nacional. Cuevas dels Hams y del Drach.
Alrededores: Poblado talayótico. Talaiot de s'Hospitalet Vell, 1800 a.C. Basílica paleocristiana de Son Peretó. Área Natural de especial interés, entre S'Estany d'en Mas y Cala Antena, con calas vírgenes. Poblado talayótico de S'Illot.

Restaurantes

Can March. Valencia, 7. ☎ 971 550 002. www.canmarch.com
Cierra noches en verano, lunes y tres últimas semanas de agosto. Armonía de la buena atención y la cocina de los hermanos Gelabert y sus vinos. **Tartar de tres pescados con guacamole, gallo san Pedro con pesto, helado de sobrasada**. Precio medio 25 €.

Hoteles

***** **La Reserva Rotana.** Camí de Bendris, km 3. ☎ 971 845 581. www.reservarotana.com
Hab. 35: 100/345. Suites: 2. Consultar cierre y ofertas. Campo de golf privado. Restaurantes SA ROTANA y ROTANA GRILL.

Palma de Mallorca (Mallorca)

52 • B-3

ALT. 34 M. POB. 400.000. ☐ 902 102 365.
GPS (39° 34' 9"N-2° 38' 56"E).

Fiestas: 5 de enero: Cabalgata de Reyes. 17 de enero: "Beneïdes de St. Antoni", cabalgata para poner bajo la protección del Santo a todos los animales. 15 al 23 de enero: Fiestas de St. Sebastià (patrón de Palma). Día 20: Revetla de St. Sebastià. Celebración con los típicos "foguerons". Abril: Domingo de Ramos, conocida como "Diumenge del Ram". Semana Santa: Procesiones, siendo la más importante la del "Crist de la Sang" el Jueves Santo. 19 de abril: "Diumenge de l'Àngel", cuyo origen consistía en la bendición del pan para los necesitados. 23 de Junio: "Revetla de St. Joan". Del 1 al 9 de septiembre: Fiestas de la Mare de Déu de la Salut. 15 de octubre: Cabalgata y carro triunfal, en conmemoración de Sta. Catalina Thomás. 24 de diciembre: "El Cant de la Sibil·la", canto de origen medieval interpretado por un niño, vestido de príncipe y con una espada en la mano, tiene lugar durante la Misa del Gallo. 30 de diciembre: Revetla de La Conquesta. 31 de diciembre: "Festa de L'Estendard".
Visitar: **Catedral**, Monumento Nacional s.s XIII-XVI, Puerta de l'Almudaina y del Mirador, retablos, museo, tapices, coro con decoración de Gaudí, y capilla de S. Pedro, de Miguel Barceló. Lonja, s. XV, gótica de gran belleza, hoy Sala de Exposiciones. **Castillo de Bellver**, s. XIV, Museo de Historia de la Ciudad. **Iglesia de S. Francisco**, s. XIII, portada y claustro. Ayuntamiento, s. XVII. Palacio de la Almudaina, Patrimonio Nacional. Baños árabes. Barrio Antiguo. Casal Solleric. Ses Voltes. Casal Balaguer. Museo de Arte Español Contemporáneo. Palau March Museu, fundación Bartolomé March. Museo de Arte Moderno y Contemporáneo, Es Baluard. Fundación Pilar y Joan Miró.
Alrededores: Playas: Zona de Levante: C'an Pere Antoni, Ciutat Jardí, Cala Estància, Playa de Palma. Zona de Poniente: Cala Major, un total aproximado de 12 km de playa. Parque del Mar. Mirador- Terraza Na Burguesa. Cuevas de Génova. Playas y calas.

Restaurantes

Aquiara (Koldo Royo). Pº Marítimo, 3. ☎ 971 732 435. www.aquiara.es
Cierra martes. Koldo resurge en su local frente al mar con una oferta de tapas, pinchos, raciones, fritos, montaditos, brochetas y cazuelitas, y algunos platos elaborados, como el frito mallorquín o el arroz negro que se pueden llevar a casa previo encargo. Precio medio 25 €.
Aurei (Club de mar). Muelle de Pelaires, s/n. ☎ 971 702 553. www.aurei.es P
Cierra martes noche y lunes excepto verano, 15 días de febrero y en noviembre. El joven Marc Canals ha dado un vuelco culinario a este luminoso local sobre el puerto deportivo. Destacan los pescados por su frescura y punto, sin olvidar el pichón y los golosos postres. Precio medio 50 €.
Bld. (Bº Sant Pere). (MUSEO ES BALUARD). Pza. Porta Santa Catalina, 9. ☎ 971 908 199. www.bld-restaurant.com
Cierra de domingo a miércoles en invierno; y lunes. Vistas a la bahía y ambiente desenfadado. Ensalada con brocheta de langostinos, salmón con costra de aceituna negra, fluido de chocolate. Menú 18 €. Precio medio 28 €.
Can Jordi (Marisquería). Illa de Xipre, 12. ☎ 971 491 978. www.restaurantecanjordi.es
Pescados y mariscos del día a la plancha que se eligen en el mostrador. También, flan de café. Precio medio 60 €.
Ca'n Nofre. Manacor, 27. ☎ 971 462 359.
Cierra domingo y dos semanas en noviembre. Sopas mallorquinas, lengua con alcaparras, ensaimada de albaricoque. Menú 11 €. Precio medio 25 €.
Casa Fernando. Trafalgar, 27. ☎ 971 265 417. www.restaurantecasafernando.com P
Cierra lunes y de mediados de diciembre a mediados de enero. Pequeño restaurante con verduras, mariscos y pescados a la plancha como oferta única, que atraen una numerosa clientela por su calidad. Precio medio 60 €.
Es Ví. (En SON VIDA a, 6 km). (H. CASTILLO HOTEL SON VIDA). (Urb. Son Vida). Raixa, 2. ☎ 971 493 493. www.hotelsonvida.com P
Cierra al mediodía, y de domingo a martes. Lujoso marco con la exhibición de la impresionante bodega en sus paredes. Cocina mallorquina con el toque personal de Caty Pieras. Tartar de gambas, homenaje a la ensaimada. Precio medio 60 €.
☼**Flanigan.** (En PUERTO PORTALS, a 8 km). Puerto Portals, s/n. ☎ 971 679 191. www.flanigan.es
Un lugar para ver y ser visto de visita indispensable. Cocina de producto. **Tortilla de patatas, lubina a la sal, tarta de manzana.** Precio medio 50 €.
Forn de Sant Joan. San Juan, 4. ☎ 971 728 422. www.forndesantjoan.com
Cierra enero. Antiguo horno de pan, hoy una concurrida casa de comidas que atrae por la variedad del producto y su elaboración, en el casco histórico. Buenas tapas y coctéles. Precio medio 35 €.
La Bodeguilla. Sant Jaume, 3. ☎ 971 718 274. www.la-bodeguilla.com
Cierra domingo. Agradables comedores y tienda de vinos. Cocina española. Ravioli de morcilla de cebolla, lechazo castellano, crepes de fresas y vainilla con chocolate caliente. Precio medio 38 €.
Nautic. (Real Club Náutico de Palma). Muelle de San Pedro, 1. (Piso 1º). ☎ 971 726 383. www.nautic-restaurant.com P
Cierra lunes noche, domingo y enero. Elegante y luminosa ambientación con vistas a la bahía y cocina a tono. Carpaccio de pulpo con pimientos asados y queso mallorquín, pescados de la lonja con verduritas a la plancha, sabayón de brut con fruta fresca. Precio medio 40 €.
Paladar. Miguel Arcas, 2. ☎ 971 296 016. www.restaurantepaladar. net
Cierra lunes excepto verano, domingo en verano, y segunda quincena de julio. Cocina ecléctica de base mediterránea. Gambas de Sóller, solomillo de cebón, tarta de chocolate banoffi. Precio medio 30 €.
®**Plat d'Or.** (En SON VIDA, a 6 km). (H. ARABELLA SHERATON GOLF SON VIDA). Vinagrella, s/n. ☎ 971 787 145. www.mallorca-resort.com P
Cierra almuerzos. Platos mediterráneos bien resueltos. **Mar y montaña de conejo y langosta con risotto de almendras y morillas, textura de tres chocolates.** Precio medio 55 €.
Roma 13. Vía Roma, 6. ☎ 971 713 869.
Cierra domingo. Nuevo local. Sepia salteada con sobrasada de cerdo negro, taco de bacalao confitado con verduras a la mallorquina. Precio medio 20 €.
®**Simply Fosh.** (H. CONVENT DE LA MISSIÓ). Carrer de la Missió, 7 - A. ☎ 971 720 114. www.simplyfosh.com
Cierra domingo. Marc Fosh, gran profesional en los fogones, hace una cocina mediterránea con su toque personal. **Gazpacho de remolacha y sorbete de manzana verde, lubina con puré de hinojo-naranja y chorizo ibérico, cremoso de chocolate con sorbete de fruta de la pasión.** Precio medio 40 €.
Tahini. (En PUERTO PORTALS, a 8 km). Puerto Portals, s/n. ☎ 971 676 025. www.grupocappuccino.com
Buena cocina japonesa (sushi, sashimi, tataki, tempura, teppanyaki) en un entorno a tono. De postre, esfera de chocolate blanco y yuzú. Menú 27 €. Precio medio 45 €.
☼☼**Tristán.** (En PUERTO PORTALS, a 8 km). Edif. de Capitanía, local 1. ☎ 971 675 547. www.grupotristan.com
Cierra al mediodía, lunes y de noviembre a marzo. Gerhard Schwaiger lleva veinticuatro años al frente de los fogones en su atractivo restaurante, recientemente remodelado. Una excelente oferta, el Menú de tapas (129 €). En el adjunto Bistró del Tristán, la versión ligera de la casa. Actualmente cursos de cocina. Precio medio 140 €.

Hoteles

***** **Castillo Hotel Son Vida.** Raixa, 2. Urb. Son Vida. ☎ 971 493 493. www.luxurycollection.com/castillo
P SPA
Hab. 164: 200/1.110 €. Totalmente renovado. Restaurantes ES CASTELL y ES VI.
***** **Gran Meliá Victoria.** Avda. Joan Miró, 21. ☎ 971 732 542. www.granmeliavictoria.solmelia.com
P
Hab. 171: 208/385 €. Suites: 6. Restaurantes VERITAS, TERRAZA DEL VICTORIA (temporada) y MARIVENT.
***** **Grupotel Valparaíso Palace & Spa.** Francisco Vidal Sureda, 23. La Bonanova. ☎ 971 400 300. www.grupotelvalparaiso.com P SPA
Hab. 156: 188/369 €. Suites: 18. Lujosas instalaciones. Frente a la bahía, con magníficas vistas. A 5 min del centro. Habitaciones para no fumadores. Restaurante PARAISO.
***** **Hospes Maricel.** (En CAS CATALÁ). Ctra. Andratx, 11. ☎ 971 707 744. www.hospes.es
P SPA
Hab. 24: 250/620 €. Suites: 5. Pantalán privado. Acceso en barco. Restaurante SENZONE MARICEL.
***** **Meliá de Mar.** (En CALVIA). Pº de Illetes, 7. ☎ 971 402 511. www.melia-demar.com
P SPA
Hab. 133: 187/480 €. Suites: 11. Consultar cierre y admisión de perros. Todas las habitaciones con vistas al mar. Playa privada. Restaurantes (Q4) QUATRE, buena cocina que armoniza la tradición con los aires modernos y Ó-GRILL.
***** **Nixe Palace.** Avda. Joan Miró, 269. ☎ 971 700 888. www.hotelnixepalace.com
P SPA
Hab. 124: 135/44 €. Apartamentos: 2. Suites: 7. A 5 minutos del centro de la ciudad y acceso directo a la playa. Próximo a campo de Golf Bedinidat. Restaurantes AGUMAR y A POPA.
***** **Palacio Ca Sa Galesa.** Miramar, 8. ☎ 971 715 400. www.palaciocasagalesa.com
P
Hab. 12: 274/348 €. Suites: 6. Palacio del s. XVII. Renovado completamente. Servicio personalizado. Vistas al mar.
***** **Port Adriano Marina Golf & Spa.** (En EL TORO-PORT ADRIANO-CALVIA). Avda. Ses Penyes Rotges, s/n. ☎ 971 237 323. www.hotelportadriano.com P SPA
Hab. 69: 171/314 €. Suites: 11. Consutar cierre. Sobre la Marina de Port Adriano. Rodeado de campos de golf. Restaurante SPLENDOR.
***** **St. Regis Mardavall Mallorca Resort.** (En COSTA D'EN BLANES). Passeig Calviá, s/n ☎ 971 629 629. www.stregis.com/mardavall P SPA
Hab. 133: 200/850 €. Suites: 9. Servicio de mayordomo. En primera línea de playa. Restaurante ES FUM y AQUA.
**** **Armandams.** Marqués de la Cenia, 34. ☎ 971 222 121. www.hotelarmadams.com P SPA
Hab. 73: 135/220 €. En zona residencial. Habitaciones insonorizadas. Piscina climatizada.
**** **Barceló Albatros.** (En Illetes). Pº de Illetas, 15. ☎ 971 402 211. www.barcelo.com
P SPA
Hab. 119: 122/291 €. Suites: 5. Playa privada. Amenización nocturna. Restaurante JARDINERO.

**** **Barceló Pueblo Park.** Fra Joan Llabrés, 16. ☎ 971 261 700. www.barcelopueblopark.com
Hab. 128: 60/190 €. Suites: 28. Restaurante ES SIURELL.
**** **Bonsol.** (En ILLETAS-CALVIA). Pº de Illetas, 30. ☎ 971 402 111. www.hotelbonsol.es
Hab. 92: 108/236 €. Suites: 12. Consultar cierre. Con 10.000 m² de jardines. Centro SPA. Restaurante LAS ANTORCHAS.
**** **Catalonia Majórica.** Garita, 3. ☎ 971 400 261. www.hoteles-catalonia.com
Hab. 168: 77/220 €. Suite: 1. Magníficas vistas sobre el Paseo Marítimo y la Bahía.
**** **Ciutat Jardí.** Illa de Malta, 14. ☎ 971 746 070. www.hciutatj.com
Hab. 20: 95/295 €. Suite:1. Consultar cierre. En un edificio Monumento de Interés Turístico Nacional. Restaurante BARD' ESTIU.
**** **Convent de la Missió.** Missió, 7-A. ☎ 971 227 347. www.conventdelamissio.com
Hab. 14: 165/265 €. Suites: 3. Consultar cierre y ofertas. En un antiguo convento del s. XVII. Restaurante SIMPLY FOSH.
**** **H10 Punta Negra.** (En CALVIA). Ctra. Andratx, km 12. ☎ 971 680 762. www.h10hotels.com
Hab. 94: 70/700 €. Suites: 28. Consultar cierre. Gran jardín y dos calas semiprivadas. Restaurantes LA PINEDA, terraza de madera sobre el mar, cocina de fusión, MEDITERRÁNEO y PANORÁMICO.
**** **Hesperia Ciutat de Mallorca.** Francisco Vidal Sureda, 24. ☎ 971 701 306. www.hesperia-ciutatdemallorca.com
Hab. 58: 64/161 €. Restaurante SA CALOBRA.
**** **L'Hermitage.** (En ORIENT, a 30 km). Ctra. de Alaró a Buñola, km 12. ☎ 971 180 303. www.hermitage-hotel.com
Hab. 20: 110/225 €. Suites: 7. Consultar cierre y ofertas. Piscina climatizada. En el interior de la isla, este antiguo convento, hoy convertido en hotel, se encuentra rodeado de naturaleza y apartado del bullicio de la costa. Restaurante SA TAFONA.
**** **Mirador.** Pº Marítimo, 10. ☎ 971 732 046. www.hotelmirador.es
Hab. 87: 90/231 €. Consultar ofertas. Wifi gratuito. En pleno paseo marítimo, con maravillosas vistas sobre la bahía y Catedral. Próximo al Club Naútico y Club de Mar. A 1 km del centro de la ciudad y a 4 km playa de Illetes.
**** **Palau Sa Font.** Apuntadores, 38. ☎ 971 712 277 www.palausafont.com
Hab. 19: 95/203 €. Suites: 1. Consultar cierre y ofertas.
**** **Puro Oasis Urbano.** Montenegro, 12. ☎ 971 425 450. www.purohotel.com
Hab. 23: 120/295 €. Suites: 2. Consultar ofertas. En el casco antiguo. Dispone de Club de playa. Restaurante OPIO.
**** **Read's Hotel & Spa.** (En SANTA MARÍA DEL CAMÍ). Ctra. Vieja de Alaró-Santamaría, s/n. ☎ 971 140 261. www.readshotel.com
Hab. 8: 190/390 €. Suites: 15. Casa señorial de 500 años decorada con grandes frescos de maestros italianos, s.s XVI y XVII. Restaurantes BACCHUS y BISTRO 33 con cocina internacional.
**** **Riu Palace Bonanza Playa.** (En ILLETAS). Pº de Illetas, s/n. ☎ 971 401 112.
Hab. 294: 110/250 €. Suites: 16. Todas las habitaciones con vistas al mar. Muelle para pequeñas embarcaciones. Escuela de buceo.
**** **Rural Son Mas.** (En PORTO CRISTO). Camino Son Mas, s/n. ☎ 971 558 755. www.sonmas.com
Suites: 16: 276 €. Consultar cierre y ofertas. Situado en pleno campo, en la finca de Mas con 200.000 m² de arbolado.
**** **San Lorenzo.** San Lorenzo, 14. ☎ 971 728 200. www.hotelsanlorenzo.com
Hab. 6: 156/185 €. Suites: 3. Palacete del s. XVII, convertido en hotel acogedor.
**** **Saratoga.** Pº Mallorca, 6. ☎ 971 727 240. www.hotelsaratoga.es
Hab. 187: 100/170 €. Suites: 4. Consultar ofertas. Junto al Museo de Arte Contemporáneo y Catedral. Blue Jazz con actuaciones en vivo.
**** **Ur Misión de San Miguel.** Can Maçanet, 1º A. ☎ 971 214 848. www.hotelmisiondesanmiguel.com
Hab. 32: 100/255 €. Suites: 3. Consultar ofertas. Céntrico. Restaurante TRÉBOL.

Palmanova (Mallorca) Ver Palma de Mallorca. 52 • B-3

Peguera-Cala Fornells (Mallorca) 52 • B-3

A PALMA DE MALLORCA, 25 KM. ALT. 3 A 50 M. POB. 3.500. 971 687 083.
GPS (39° 32' 17''N-2° 26' 24"E).

Fiestas: 24 de junio: San Juan, patronal. Del 28 al 31 de julio: Fiestas populares.
Visitar: Playas: Turá, Romana, Palmira y Cala Fornells.

Restaurantes

®**La Gran Tortuga.** (Aldea de Cala Fornells I). Ctra. Cala Fornells, 23. ☎ 971 686 023. www.lagrantortuga.net
Cierra lunes en invierno. Espectacular emplazamiento frente a la bahía. **Canelones de cigalas y setas, lomo de bacalao con alioli de miel, pastel caliente de chocolate blanco y almendra**. Precio medio 38 €.

Hoteles

***** **Petit Cala Fornells.** Ctra. Cala Fornells, 78. ☎ 971 685 405. www.petitcalafornells.com
Hab. 24: 160/220 €. Suite: 1. Consultar cierre. Vistas al mar y montaña. Restaurante LA ESTACIÓN.
**** **Cala Fornells.** Cala Fornells, 76. ☎ 971 686 950. www.calafornells.com
Hab. 94: 84/140 €. Cierra del 1 de noviembre al 1 de febrero. En primera línea de playa.
**** **Coronado.** Playa Cala Fornells, 80. ☎ 971 686 800.
Hab. 139: 60/200 €. Suites: 4. Consultar cierre. Vistas al mar.
**** **Hesperia Villamil.** (En PEGUERA). Bulevar de Peguera, 66. ☎ 971 012 200. www.hesperia-villamil.com
Hab. 125: 70/350 €. Suites: 20. Consultar cierre. Excursión gratuita en barco, consultar. Restaurantes LA TERRASSE y DRAGONERA.

Pollença/Port de Pollença (Mallorca) 52 • D-1

A PALMA DE MALLORCA, 52 KM. POB. 17.000.
GPS (39° 52' 39''N-3° 0' 58"E).

Fiestas: 16 de enero: Foguerones. 17 de enero: St. Antoni. 20 de enero: San Sebastiá. Corpus Christi: Baile de las Águilas. 23 junio: Sant Pere, Fiestas del Port de Pollença. 16 de julio: Mare de Déu del Carmen. 2 de agosto: Fiesta de la Patrona. Julio-agosto: Festival Internacional de Música. Segundo domingo de noviembre: Feria.
Visitar: Calvari. Pont Romà. Puig de María. Convent de Sto. Domingo, Monumento Histórico-Artístico. Jardines Joan March. Plaza Mayor. Iglesia de St. Jordi. Parroquia Ntra. Sra. dels Angels.
Alrededores: PORT DE POLLENÇA. Cala Sant Vicenç y FORMENTOR.

Restaurantes

®**3/65.** (H. SON BRULL). Ctra. PM-220, Palma-Pollença, km 50. ☎ 971 535 353. www.sonbrull.com
Cierra al mediodía, enero y diciembre. Joan Marc es fiel a la cocina balear y sus productos en un antiguo monasterio. **Gambas, judías y ajos tiernos, cordero mallorquín con patatas glaseadas, fluido de frutos secos y helado de almendras**. Precio medio 61 €.
Clivia. Vía Pollentia, 7. ☎ 971 533 635.
Cierra miércoles, febrero y desde la segunda semana de noviembre a Navidad. Antigua casa mallorquina en el centro del pueblo. Gambitas rojas de Sóller, lubina al horno con salsa malvasía. tarta de dos mousses. Precio medio 36 €.
®**Stay.** (En PORT DE POLLENÇA, a 5 km). Muelle Nuevo, s/n. ☎ 971 864 013. www.stayrestaurant.com
Junto al mar con vistas a la bahía. **Arroz con sepia y berberechos en cazuela, filetes de lubina con ajitos y aceite de oliva, fluido de chocolate con helado de vainilla**. Precio medio 36 €.

Hoteles

***** **Barceló Formentor.** Fomentor. Port de Pollença. ☎ 971 899 100. www.hotelformentor.net
Hab. 122: 158/502 €. Suites: 21. Consultar cierre. Restaurantes EL PI PLATJAMAR y EL COLOMER.
***** **La Moraleja.** (CALA SANT VICENÇ). Urb. Los Encinares, s/n. ☎ 971 534 010. www.lamoraleja.net
Hab. 17: 283/360 €. Consultar cierre. Muebles de época. Gran pinacoteca. Colección: Exposición coches cabric clásicos. Restaurante CRISTAL, snack en la terraza de la piscina.
***** **Son Brull Hotel & Spa.** Ctra. PM-220, Palma-Pollença, km 50. ☎ 971 535 353. www.sonbrull.com
Hab. 23: 204/388 €. Suites: 6. Consultar cierre y ofertas. Con explotación agrícola ecológica. En un monasterio del s. XVIII, restaurado. Restaurante 3/65.
**** **Cala Sant Vicenç.** (CALA SANT VICENÇ). Carrer Maressers, 2. ☎ 971 530 250. www.hotel.com
Hab. 38: 82/247 €. Consultar cierre y ofertas. Restaurantes CAVALL BERNAT, cocina mediterránea.
**** **Illa d'Or.** (PUERTO POLLENSA). Pº Colón, 265. ☎ 971 865 100. www.hotelillador.com
Hab. 118: 66/241 €. Suites: 2. Consultar cierre. Internet Corner. Restaurante LA TERRASSA.

Port d´Andratx/Puerto Andraitx (Mallorca) 52 • A-3

A PALMA DE MALLORCA, 27 KM. ALT. 121 M. POB. 11.000. 971 628 000
GPS (39° 32' 41''N-2° 23' 21"E).

Fiestas: 19 de enero: St. Antoni. 29 de junio: St. Pere. 16 de Julio: Virgen del Carmen. Del 3 al 5 de agosto: Fiestas de St. Elm. 28 de agosto: San Agustín. 7 de septiembre: Mare Déu Trapa.
Visitar: Andratx: Son Mas. Iglesia Sta. María de Andratx. Es Pantaleu. Molins de Sa Planeta. Puerto Andratx: Puerto Deportivo; Es Saluet; La Lonja; Iglesia Virgen del Carmen; Torre de Defensa de San Carlos. Sant Elm: Isla Dragonera. Monasterio de La Trapa. Golf.
Alrededores: Playas: de Camp de Mar, San Elmo y Sant Eloy. Calas d'Egos. Calas Marmaseu, Blanca, Basset, Es Conills y Fonoll.

Restaurantes

Layn. Almirall Riera Alemany, 20. ☎ 971 671 855. www.layn.net
Cierra noviembre y diciembre. Casa mallorquina frente al mar. Raolas de bacalao, paella de bogavante, biscuit helado de chocolate. Menú 13 €. Precio medio 28 €.
®**Miramar.** Avda. Mateo Bosch, 18. ☎ 971 671 617. www.miramarmallorca.com
La tercera generación de la familia San Juan, garantiza la calidad. **Gamba roja mallorquina a la plancha, paella de calamar de potera, sorbete de limón**. Menú 20 €. Precio medio 36 €.

Hoteles

***** **Dorint Royal Golf Resort & Spa.** (En CAMP DE MAR). Taula, 2. ☎ 971 136 565. www.dorint.com/mallorca
Hab. 162: 195/326 €. Junto a la playa y campo de golf. Spa de 1400 m². Restaurante EL MALLORQUÍN
**** **Camp de Mar.** (En CAMP DE MAR). Avda. de la Playa, 2. ☎ 971 235 200. www.campdemar.es
Hab. 412: 100/130 €. Suites: 4. Consultar cierre. Habitaciones con vistas al mar. Renovado en 2009.
**** **Mont Port.** (En CALA D´EGOS). Finca La Noria, s/n. ☎ 971 238 623. www.hotelmontport.com
Hab. 111: 86/112 €. Suites: 8. Recientemente inaugurado.
**** **Villa Italia.** Camino San Carlos, 13. ☎ 971 674 011. www.hotelvillaitalia.com
Hab. 10: 248/306 €. Suites: 6. Ofertas y admisión de perros, consultar. En la bahía de Andratx.

Port des Canonge-Banyalbufar (Mallorca) Ver Esporles. 52 • B-2

Portocolom (Mallorca) Ver Ver Santanyí-Cala d'Or. 52 • E-3

Puerto Portals-Portals Nous (Mallorca) Ver Palma de Mallorca. 52 • B-3

Puigpunyent (Mallorca) 52 • B-3

A PALMA DE MALLORCA, 36 KM. ALT. 240 M. POB. 1.700.
GPS (39° 37' 25''N-2° 31' 35"E).

Fiestas: Agosto: Festes de la Mar de Déu. Del 3 al 8 de septiembre: Festas Galilea.
Visitar: Iglesia Parroquial. Patrimonio Etnológico: Casa de Neu de Galilea. Molí de Son Nét.
Alrededores: Sierra de Tramontana.

Hoteles

***** **Ex Ratxo.** Camí Son Net, s/n. ☎ 971 147 132. www.esratxohotel.com
Hab. 22: 219/369 €. Suites: 3. Consultar cierre. En pleno valle, a los pies del Puig de Galatzó. Alcuería del s. XII restaurada.
***** **Gran Hotel Son Net.** Castillo de Son Net, s/n. ☎ 971 147 000.
Hab. 20: 200 €. Suites: 11. Cierra del 1 de enero al 12 de febrero. Consultar ofertas. Antigua finca del s. XVII, restaurada con equilibrio y gusto. Restaurantes GAZEBO y OLEUM.

Sa Coma (Mallorca) Ver Son Servera. 52 • F-3

Santa María del Camí (Mallorca) Ver Palma de Mallorca. 52 • C-2

Santanyí-Cala d´Or (Mallorca) 52 • E-4

A PALMA DE MALLORCA, 50 KM. ALT. 70 M. POB. 8.046. 971 657 463.
GPS (39° 21' 16''N-3° 7' 36"E) (39° 22' 41''N-3° 14' 2"E).

Fiestas: 15 de agosto: Fiesta de Sta. María del Mar, en Cala d'Or. 25 de julio: S. Jaime, en Santanyí. 30 de noviembre: S. Andrés, patronales, en Santanyí.
Visitar: Pueblo típico mallorquín. Santuario de la Consolación, del s. XVI. Iglesia del Roser, gótica del s. XIV. Porta Murada, s. XVI. Diferentes núcleos talayóticos, el más importante es el poblado talayótico de Ca'n Jordi. Torres fortificadas situadas en las zonas costeras, como la Torre de'n Beu en Cala Figuera, Torre de Porto Petro, Torre Nova en Cala Santanyí. Es Fortí en Cala Egos, del s. XVIII.
Alrededores: Diferentes calas y playas donde los pinos llegan a las cristalinas aguas. Calas: Llombards, S'Almonia, Santanyí, Figuera, Mondragó, Parque Natural de Son Danús, declarado Monumento Histórico-Artístico, d'Or, Egos, Ferrera, Barca Trencada y Porto Petro.

Restaurantes

Celler Sa Sinia. (En PORTOCOLOM, a 11 km). Pescadors, 25. ☎ 971 824 323.
Cierra lunes y del 1 de noviembre al 1 de febrero. Frente al puerto deportivo. Salteado de setas y sobrasada, bacalao con salsa de puerros, sorbete de mango con cardamomo. Precio medio 40 €.
H. P. C. (En PORTOCOLOM, a 11 km). Cristóbal Colón, 5. ☎ 971 825 323. www.hostalportocolom.com
Cocina mediterránea con vistas al puerto. Trinxat de patatas paja con gambas al ajillo, paella de bogavante, crepes de chocolate blanco y negro. Precio medio 35 €.
® **Port Petit.** (En CALA D'OR, a 10 km). (Puerto deportivo Marina de Cala d'Or). Avda. Cala Llonga, s/n. ☎ 971 643 039. www.portpetit.com
Cierra martes al mediodía en julio y agosto; y martes. Elegante local frente al puerto. Cocina mediterránea. **Espárragos blancos y verdes con huevo de granja escalfado y virutas de jamón de Jabugo, cazuela de pescado y marisco con azafrán.** Menú bistró al mediodía 21 €. Precio medio 38 €.

Hoteles

***** **Blau Porto Petro.** Carrer des Far, 16. ☎ 971 648 282. www.blauportopetro.com
Hab. 319: 176/350 €. Suites: 51. Consultar cierre. Dispone de 10 villas con piscina o jacuzzi privado y servicio de mayordomo. Dos calas privadas. Restaurantes RAN DE MAR, GALANI y MIDORI.
***** **Meliá Cala d'Or Boutique Hotel.** (En CALA D'OR). Portinax, 16-18. ☎ 971 648 181. www.hotelcalador.com
Hab. 49: 260/320 €. Suites: 31. Consultar cierre. Hotel nuevo dotado de modernas instalaciones. Restaurantes ES LLAÜT y SA PASTERA.
**** **Cala d'Or.** (En CALA D'OR). Avda. Bélgica, 33. ☎ 971 657 249. www.melia.cala.dor.com
Hab. 96: 70/140 €. Cierra del 1 de noviembre al 31 de marzo. En primera línea de playa.
**** **Club Cala Marsal.** (En PORTOCOLOM). Playa Cala Marsal. ☎ 971 825 225. www.hotelclubcalamarsal.com
Hab. 347: 56/132 €. Consultar cierre.
**** **Tucán.** (En CALA D'OR). Boulevard, 4. ☎ 971 657 200.
Hab. 155: 60/140 €. Consultar cierre. Totalmente reformado.

Sineu (Mallorca) Ver Inca. 52 • D-2

Sóller/Port de Sóller (Mallorca) 52 • C-2

A PALMA DE MALLORCA, 26 KM. ALT. 41 M. POB. 14.696. 971 638 008.
GPS (39° 45' 56''N-2° 42' 47"E).

Fiestas: Segundo domingo de mayo: Feria y fiestas de Mayo. Batalla de Moros y Cristianos. Julio: Mostra Internacional Folclórica. 24 de agosto: S. Bartolomé, patronales.
Visitar: Iglesia parroquial de S. Bartolomé, fachada del arquitecto Rubio, discípulo de Gaudí. Fachada del antiguo Banco de Sóller, hoy Banco Central Hispano. Museu Balear de Ciencies Naturals. Museo de la Mar. Can Prunera, Museo Modernista. Camp den Prohom. Casa de Cultura, Carrer de Sa Mar, Asociación Sollérica de Cultura Popular, Can Dulce, Carrer Gran Vía.
Alrededores: Excursiones marítimas a: Cala Tuent, Calobra - Torrent de Pareis, y terrestres: Camí des Barranc, escalones de piedra hasta el Pico de l'Ofre, pudiendo continuar el antiguo sendero hacia el Monasterio de Lluch. Torre Picada, s. XVII. Sa Capelleta. Es Mirador de Ses Barques. Binibassí y Fornalutx. Sestres Creus.

Restaurantes

Bens d'Avall. (Urb. Bens d'Avall). Ctra. Sóller-Deià, s/n. ☎ 971 632 381. www.bensdavall.com
Cierra lunes y martes excepto verano; domingo noche y de noviembre a marzo. Cocina mallorquina con el sabio punto de Benet Vicens. **Huevo con caldo concentrado de gallina y trufa negra, lechona asada crujiente, gató de Valldemossa con helado de leche merengada.** Espectaculares vistas sobre el acantilado de la costa norte. Precio medio 50 €.
Ca'S Xorc. (H. AGROTURISMO CA'S XORC). Ctra. Ma-10, de Deià, km 56,1. ☎ 971 638 280. www.casxorc.com
Cierra de finales de octubre a mediados de marzo. Con 12 habitaciones. Antiguo molino de aceite en un bucólico paraje de la sierra de Tramuntana. Risotto de jamón de Jabugo y ceps, pescado al horno con hierbas aromáticas y verduritas, espuma de crema catalana con helado de plátano. Precio medio 50 €.
Es Canyis. (En PORT DE SÓLLER, a 3 km). Pº Playa d'en Repic, 21. ☎ 971 631 406. www.escanyis.es
Cierra lunes, enero y febrero. Carpaccio de gambas de Sóller, parrillada de pescado y marisco, sorbetes de frutas frescas. Precio medio 30 €.
Es Faro. (En PORT DE SÓLLER, a 3 km). Punta Grossa, 61. ☎ 971 633 752. www.restaurantesfaro.es
Cierra noches de noviembre a febrero. Cocina mediterránea con bonitas vistas al mar. Espárragos trigueros y langostinos con salsa romescu, milhojas de boniato con foie-gras, postres caseros. Precio medio 35 €.
Randemar. (En PORT DE SÓLLER, a 3 km). Pº Es Través, 16. ☎ 971 634 578. www.randemar.com
Cierra martes en marzo y abril; y del 1 de noviembre al 15 de marzo. Antigua casa mallorquina con terraza frente al mar. Ensalada de queso de cabra fundido con vinagreta de frambuesas, merluza a la brasa, panna cotta. Precio medio 22 €.

Hoteles

***** **Gran Hotel Sóller** Romaguera, 18. ☎ 971 638 686. www.granhotelsoller.com
Hab. 38: 140/315 €. Suites: 5. Consultar cierre. En un palacete del s. XIX. Céntrico. Restaurante CAN BLAU.
**** **Aimia.** Santa María del Camí, 1. ☎ 971 631 200. www.aimiahotel.com
Hab. 42: 145/225 €. Consultar cierre. Restaurante AIRECEL.

**** **Hotel Rural Finca Ca n'Aí.** Camí Son Sales, 50. ☎ 971 632 494. www.canai.com
Suites: 11: 237 €. Desayuno incluido. Consultar cierre y ofertas. Casa mallorquina en pleno campo de cítricos. Silenciosa.

Son Servera (Mallorca) 52 • F-2

A PALMA DE MALLORCA, 64 KM. ALT. 91 M. POB. 11.713.
GPS (39° 37' 26''N-3° 21' 20"E).

Fiestas: 16-17 de enero: St. Antoni. Del 20 al 29 de junio: St. Joan Baptista.
Visitar: Iglesias Nueva y de St. Joan Baptista. Mirador. Pintorescas playas de Cala Millor, Cala Bona, Costa dels Pins, Port Vell y Port Nou (Bandera azul de la U.E.). Mirador. Puig de Sa Font.

Restaurantes

Es Molí d'en Bou. (En SA COMA, a 5 km). (H. PROTUR SA COMA PLAYA). Liles, s/n. ☎ 971 569 663. www.esmolidenbou.es
Cierra lunes desde octubre a marzo. La mejor cocina mallorquina con la personal creatividad de Tomeu Caldentey y su empleo de productos frescos de temporada, en un luminoso y elegante entorno. **Canelón 2001, cochinillo con manzana y sobrasada de Mallorca, helado de Can Pinxo.** Hay varias alternativas de menús (25 a 82 €). Precio medio 76 €.
La Gamba de Oro. (En S'ILLOT, a 6 km). Camí de la Mar, 25. ☎ 971 810 497.
Cierra lunes y enero. José García mantiene una gustosa oferta mediterránea a base de menús (18 €) que cambian cada día de la semana. Precio medio 18 €.

Hoteles

***** **Hipocampo Palace.** (En CALA MILLOR). S'Estanyol, s/n. ☎ 971 587 002. www.hipotels.com
Hab. 203: 90/120 €. Suites: 103. Consultar tarifas. Cierra noviembre, diciembre y enero. Piscina climatizada. Baño turco.
***** **Mallorca Palace.** (En SA COMA). Avda. Ses Savines. s/n. ☎ 971 812 009.
Hab. 98: 150/263 €. Suites: 15. Consultar cierre.
**** **Borneo.** (En CALA MILLOR). Urb. Sa Maniga. s/n. ☎ 971 585 361.
Hab. 200: 74/159 €. Consultar cierre. Piscina cubierta. Pista de tenis y campo de golf en las cercanías. Club para niños.
**** **Eurotel Punta Rotja.** (Costa de los Pinos). Avda. del Pinar, s/n. ☎ 971 816 500. www.hipotels.com
Hab. 196: 71/175 €. Suites: 6. Desayuno incluido. Consultar cierre y admisión de perros. Centro de Talasoterapia. Frente al mar. Restaurante LA CABAÑA.
**** **Castell de Mar.** (En CALA MILLOR). Bonanza, 1. ☎ 971 587 535.
Hab. 230: 44/72 €.
**** **Flamenco.** (En CALA MILLOR). Avda. Sa Coma, s/n. ☎ 971 585 312. www.hipotels.com
Hab. 220: 73/164 €. Consultar cierre. Piscina climatizada. Baños turcos. Gimnasio.
**** **Sumba/Acorn International Hotels.** (En CALA MILLOR). Urb. Sa Maniga, s/n. ☎ 971 585 051.
Hab. 280: 74/159 €. Consultar cierre. Golf y tenis en las proximidades. Piscina cubierta. Club para niños.

Son Vida (Mallorca) Ver Palma de Mallorca. 52 • B-3

Valldemossa/Valdemosa (Mallorca) 52 • B-2

A PALMA DE MALLORCA, 17 KM. ALT. 430 M. POB. 1.995. ℹ 971 612 019.
GPS (39° 42' 41''N-2° 37' 17"E).

Fiestas: 28 de julio: Procesión de la Beata. 15 de agosto: S. Bartolomé, patrón.
Visitar: La Cartuja, s.XIV (iglesia y museo). Los edificios actualmente visibles datan de los s.s.XVII y XVIII: Celda de Chopin, Farmacia de los Cartujos. Museo Municipal, colección de pinturas. Centro Cultural Costa Nord. Casa Natal Sta. Catalina Thomas.
Alrededores: A 7 km por la carretera de DEYÁ: Impresionantes visitas y castillo de Miramar. Mirador de Som Marroig.

Restaurantes

Ca'n Costa. Ctra. Ma-10, Valldemossa - Deiá, km 2,5. ☎ 971 612 263. www.cancostavalldemossa.com
Cierra martes. Antigua almazara en plena sierra. Sopas mallorquinas, lechona asada, gató de almendra. Precio medio 28 €.
®**Valldemossa.** (H. VALLDEMOSSA). Ctra. Vieja de Valldemossa, s/n. ☎ 971 612 626. www.valldemossahotel.com
Precioso emplazamiento para una cocina mediterránea. **Pochas con almejas, gamba roja y aceite de perejil, caproig confitado con espagueti de sepia, salsa verde y almejas, esfera de chocolate blanco con sorpresa de frutos rojos.** Precio medio 80 €.

Hoteles

**** **Valldemossa.** Ctra. Vieja de Valldemossa, s/n. ☎ 971 612 626. www.valldemossahotel.com
Hab. 3: 195/355 €. Suites: 9.

MENORCA

Ciutadella/Ciudadela (Menorca) 35 • D-3

A MAHÓN, 44 KM. POB. 29.160. ℹ 971 381 050 / 971 484 155.
GPS (40° 0' 7"N-3° 50' 17"E).

Fiestas: 17 de enero: S. Antonio Abad. "Processó dels Tres Tocs", en conmemoración de la reconquista de la ciudad. 23 y 24 de junio y el domingo anterior: Fiestas ecuestres medievales de S. Juan. Dicho domingo una comitiva, con S'Homo des Be, un pagés descalzo y cubierto de pieles representando a S. Juan Bautista, recorre las calles invitando a la fiesta. A destacar juegos caballerescos los días 23 y 24. 9 de julio: Fiesta Patriótica en la que se conmemora la resistencia de la ciudad ante el asalto de tropas turcas en 1558.
Visitar: Declarada Monumento Histórico-Artístico en la que destacan: El **Recinto antiguo de la Ciudad**, con palacios e iglesias de indudable valor arquitectónico. **Palacio del Obispo, Iglesia Catedral Basílica**, s. XIV, construida sobre una mezquita árabe. **Iglesia y antiguo convento de S. Agustín**, s. XVII. **Iglesia del Rosario**, s. XVII, con influencias barrocas y platerescas. Capilla del Sto. Cristo, de 1667. **Palacios del Barón de Lluriach** y de la familia Martorrell, s. XVII, de Ca'n Squella. Ca'n Saura, s. XVIII, de estilo barroco. **Palacio del Conde de Torre Saura**, del s. XIX. **Ayuntamiento**, fachada del s. XIX, erigido sobre un antiguo Alcázar. Torre de vigilancia, **Castillo de St. Nicolau.** Museo Diocesano del Seminario. Museo Municipal. "Es Molí des Comte".
Alrededores: La Bahía de la Ciudad está rodeada de urbanizaciones con acceso a playas públicas, como Caleta-Santandria, Cala Blanca, Cala Bosch, Cala Blanes, Cala Forcat. El municipio posee una costa virgen con numerosas playas naturales, como Cala Turqueta, Macarella y la del Vall; Restos Arqueológicos, de la edad de bronce, y poblados megalíticos de Son Catlar y Torre Llafuda. A destacar igualmente las torres de defensa de S. Nicolás, del s. XVII, y Es Castellá en Sa Caleta, construida por los ingleses en el s. XVIII.

Restaurantes

Café Balear. Plá de Sant Joan, 15. ☎ 971 380 005. www.cafe-balear.com
Cierra domingo en verano, lunes en invierno; y noviembre. Ambiente y decoración marinera en el corazón del puerto, junto al mar. Gambas a la plancha, arroz caldoso con rape y gambas, crujiente de chocolate. Precio medio 30 €.
®**Cas Ferrer de Sa Font.** Portal de Sa Font, 16. ☎ 971 480 784. www.casferrer.com
Cierra noches de domingo a jueves desde noviembre a abril, domingo al mediodía en julio y agosto, lunes desde septiembre a abril, y del 20 de enero al 20 de marzo. Pequeño restaurante que elabora con productos ecológicos. **Terrina de alcachofa, lengua de porc negre, mousse de queso fresco**. Menú 18 €. Precio medio 30 €.

Hoteles

***** **La Quinta Resort & Spa.** Urb. Son Xoriguer. Avda. Son Xoriguer, s/n. ☎ 971 055 000. www.laquintamenorca.com P
Hab. 76: 187/337 €. Consultar cierre. Restaurante SON XORIGUER.
**** **Blanc Palace.** Aries, 2. ☎ 971 480 723. P
Hab. 122: 84/138 €. Consultar cierre.
**** **Hotel Rural Morvedra Nou.** Camí de Sant Joan de Missa, km 7. ☎ 971 359 512. www.morvedranou.es P
Hab. 16: 80/211 €. Suites: 1. Consultar cierre. Casa de campo próxima a playa virgen.
**** **Hotel Rural Sant Ignasi.** Ronda, s/n. (Port). ☎ 971 385 575. www.santignasi.com P
Hab. 20: 105/275 €. Consultar tarifas. Suites: 5. Consultar cierre y ofertas. Restaurante ES LLOC.
**** **Port Ciutadella.** Paseo Marítimo, 36. ☎ 971 482 520. www.sethotels.com P
Hab. 94: 65/194 €. Consultar tarifas en St. Joan. Suites: 18. Restaurante CIUTAT DE PARELLA.

Fornells (Menorca)

35 • E-3

A MAHÓN, 25 KM.POB. 722.
GPS (40° 3' 21"N-4° 7' 50"E).

Fiestas: 24-25 de julio: Patronales. 16 de julio: Virgen del Carmen. Procesión marinera.
Visitar: Faro de Cavallería. Torre de defensa, s.s XVII-XIX. Castillo de Sant Antoní. Cueva de los Ingleses. Puerto natural y playas. Ruta espeleológica: Cova de na Polida.
Alrededores: Bahía des Guix, Cala Tirant: Cabo de Caballería. Islotes de Sargantanes, Revells, Porros y Tosqueta.

Restaurantes

Cranc Pelut de Menorca. Pº Marítimo, 98. ☎ 971 376 743.
Cierra martes excepto agosto, y de noviembre a febrero. Terraza ajardinada frente a la bahía con cocina marinera. Pastel de rape y gambas, arroz caldoso de marisco, cuatro texturas de crema catalana. Precio medio 50 €.
®**Es Cranc.** Escoles, 31. ☎ 971 376 442.
Cierra miércoles excepto agosto, y del 1 de diciembre al 1 de marzo. En el centro del pueblo con decoración rústica y trato familiar. **Tortilla de camarones, arroz caldoso de marisco, sorbete de mandarina**. Menú 17 €. Precio medio 40 €.
Es Plá. Pasaje Es Plá, s/n. ☎ 971 376 655.
Cierra noches del 18 de enero al 20 de marzo; y del 1 de diciembre al 17 de enero. Situado sobre el puerto con la caldereta de langosta como especialidad. También, berenjenas a la menorquina, espuma de fresas con helado de coco. Menú 25 €. Precio medio 50 €.

Maó/Mahón (Menorca)

35 • F-4

A MENORCA, 100 KM. ALT. 63 M. POB. 29.125. 902 929 015.
GPS (39° 53' 22''N-4° 15' 47"E).

Fiestas: 17 de enero: St. Antoni, Diada de Menorca. Carnavales. Semana Santa. 1 de abril: Día d'Enganyar, inocentadas y bromas. 23 de abril: Día del Libro. 24 de junio: St. Juan, "Canyes verdes", hogueras y "bujots" en la noche. 29 de junio: St. Pere, verbena marinera en el Puerto. 16 de julio: Virgen del Carmen, fiesta de los pescadores con procesión marítima. Del 7 al 9 de septiembre: Fiestas de Gracia, patronales. "Qualcada" y "Jaleos". 1 de noviembre: Todos los Santos, visitas al cementerio, "Bunyols" y "panellets".
Visitar: Arco de St. Roc, murallas s. XIV. S. Antonio, gótico con fachada neoclásica. S. Francisco, convento-iglesia barroco tardío. Museo de Menorca en claustro, s. XVIII. Iglesia de la Concepción, gótico y fachada del s. XIX. Carmen: Conjunto religioso construido de 1749 a 1808, Iglesia, Mercado, Centro Cultural municipal y Museo Hernández-Sanzi Hernández Mora. Iglesia de Sta. María, posee un monumental órgano. Ayuntamiento, Principal de Guardia y S'Hort Nou, conjunto edificios neoclásicos del s. XVIII. Can Mercadal. Casa del Pueblo, modernista.
Alrededores: TREPUCO: Yacimientos arqueológicos megalíticos, declarado Monumento Histórico-Artístico. Camino de Gracia. SA TORRETA DE TRAMONTANA, en carretera Fornells, y TALATI, CURNIA y TORELLÓ, en carretera S. Climent. Poblado prehistórico. Talaiot y Taula II milenio a.C. ES FORNAS DE TORELLÓ: Carretera S. Climent, Basílica paleocristiana y mosaico, s. V. BINIDALI NOU: Carretera Sant Climent. También las de Forma Vell y S'Argossam. Torre de Defensa, medieval. A 3 km, ES CASTELL. A 4,5 km, SANT LLUIS. Parque Natural de S'Albufera, a 4 km.

Restaurantes

Es Molí de Foc. (En SANT CLIMENT, a 6 km). Sant Llorenç, 65. ☎ 971 153 222. www.esmolidefoc.es P
Cierra domingo noche, lunes y enero. Molino del s. XIX con decoración modernista. Coca de queso de Mahón con pisto de setas y sardina, cochinillo crujiente con chutney de melocotones, requesón con helado de leche merengada. Precio medio 37 €.
Il Porto. (Puerto de Mahón). Andén de Levante, 225. ☎ 971 354 426. www.ilporto225.com
Cierra del 2 de noviembre al 1 de marzo. Terraza frente al puerto. Pizza frutti del mar, spaghetti con marisco, pescados del Mediterráneo. De postre, panna cotta. Menú 18 €. Precio medio 35 €.
Jágaro. (Puerto de Mahón). Moll de Llevant, 334. ☎ 971 362 390.
Cierra noches en invierno y febrero. Casa menorquina antigua en el puerto, con arroces y pescados en guisos y plancha. Menú 15 €. Precio medio 40 €.
La Caraba. (En SANT LLUIS, a 6 km). Camí d'es Baliacs, 1. ☎ 971 150 682. www.restaurantelacaraba.com P
Cierra al mediodía, domingo y de octubre a mayo. Casa típica con terraza-jardín. Coca de sardinas marinadas con olivada, rape a la plancha con crema de purrusalda, crema de avellanas con fruta de la pasión. Precio medio 32 €.
La Minerva. (Puerto de Mahón). Moll de Levant, 92. ☎ 971 351 995. www.restaurantelaminerva.com
Cierra lunes desde octubre a abril; y del 6 de enero al 12 de febrero. Terraza en plataforma flotante. Arroces marineros, caldero de langosta, helado de queso. Precio medio 40 €.
Sa Parereta d'en Doro. (En SANT LLUIS, a 6 km). (Casa rural Lloc). Camí de Binisafuet, s/n. ☎ 971 150 353. P
Cierra al mediodía; domingo y lunes excepto julio y agosto; y de noviembre a Semana Santa. Casa de campo típica menorquina. Hojaldre de sardinas con tomate confitado, lomo de corvina asada con berenjena y crema de calabaza, repostería casera. Precio medio 35 €.
Sant Joan de Binissaida. (En ES CASTELL, a 3 km). Camí de Binissaida, 108. ☎ 971 355 598. www.binissaida.com P
Cierra domingo noche, lunes y de noviembre a abril. Con 12 habitaciones. Cocina mediterránea. Gelatina de tomate y albahaca con nieve de parmesano, carré de cordero lechal de la finca al vapor con risotto de pistachos y carpaccio de ceps, naranja deshidratada y espuma de yogur griego. Precio medio 40 €.

Hoteles

***** **Insotel Club Punta Prima.** (En SANT LLUIS). Migjera, s/n. ☎ 971 159 200. www.insotel.com
Apartamentos: 479: 219/1.100 €. Suites: 52. Consultar cierre. En primera línea de playa. Restaurantes ISLA DEL AIRE y ES PALMADOR.
**** **Agamenon.** (En ES CASTELL). Agamenon, 16. ☎ 971 362 150. P
Hab. 75: 80/300 €. Suites: 5. Consultar cierre. Sobre el puerto de Mahón. Todas las habitaciones con vistas al puerto.
**** **Biniarroca Hotel Rural.** (En SANT LLUIS). Camí Vell 57. ☎ 971 150 059. www.biniarroca.com
P
Hab. 17: 75/210 €. Suites: 1. Consultar cierre y ofertas.
**** **Port Mahón.** Avda. Port de Maó, s/n. ☎ 971 362 600. www.sethotels.com
Hab. 82: 75/115 €. Consultar ofertas.
**** **Santo Tomás.** (En MIGJORN GRAN). Urb. Sto. Tomás, s/n. ☎ 971 370 025. www.sethotels.com
Hab. 86: 125/285 €. Consultar cierre. Centro de salud y piscina climatizada. En primera línea de playa.
*** **Catalonia Mirador des Port.** Vilanova, 1. ☎ 971 360 016. www.hoteles-catalonia.com
Hab. 69: 59/154 €. Vistas sobre el puerto. Tranquilo. Próximo al centro histórico-artístico.
*** **Rey Carlos III.** (En ES CASTELL). Carlos III, 2-4. ☎ 971 363 100. www.reycarlosiii.com P
Hab. 85: 30/122 €. Suites: 3. Consultar cierre y ofertas. Vistas al mar. Zona tranquila en el puerto de Mahón.

Mercadal, Es (Menorca) 35 • E-3

A MAHÓN, 21 KM. POB. 5.292.
GPS (39° 59' 26''N-4° 5' 34"E).

Fiestas: Tercera semana de julio: Sant Martí.
Visitar: Iglesia de St. Martí. Centro Artesanal.
Alrededores: Playas vírgenes: Cavalleria, Pregonda. Monte Toro (santuario). Sa Nitja (puerto romano). Cap de Cavallería (faro). Tramuntana.

Restaurantes

Ca n'Aguedet. Lepanto, 30. ☎ 971 375 391.
Caldereta de langosta, lechón balear, pudin de coco y pasas. Precio medio 30 €.

Hoteles

*** **Castell Playa Fiesta.** Urb. Arenal d'en Castell. ☎ 971 358 088. P
Hab. 264: 111/211 €. Consultar cierre.

Sant Climent (Menorca) Ver Maó. 35 • F-4

Sant Lluis (Menorca) Ver Maó. 35 • F-4

IBIZA

Cala Vadella (Ibiza) Ver Eivissa. 68 • D-3

Eivissa/Ibiza 68 • E-3

ALT. 99 M. POB. 48.684. ☐ 971 399 232.
GPS (38° 54' 31''N-1° 25' 53"E).

Fiestas: Marzo: Semana Gastronómica. Mayo: Feria Medieval. 23 de junio: Quema de hogueras. 5 de agosto: Fiestas patronales de la Virgen de las Nieves y el copatrón, S. Ciriaco, cuya festividad es el día 8. 16 de julio: Fiesta Mare de Déu del Carmen.
Visitar: Dalt Vila, patrimonio de la Humanidad por la Unesco: Murallas renacentistas, necrópolis fenicia Puig des Molins y praderas de Posidonia. Museo de Arte Contemporáneo. Iglesia de Sto. Domingo, s. XVI. Museo Diocesano. Catedral, campanario del s. XIII, nave posterior del XVII. Portal de las Tablas, puerta de la muralla. Museo Arqueológico.
Alrededores: Playas d'en Bossa, Figueretes y Talamanca. Puerto deportivo Marina Botafoch. Poblado fenicio de Sa Caleta, a 10 km. Parque Natural de Las Salinas. Paseo Juan Carlos I.

Restaurantes

☼ **Ama Lur.** (En SANTA GERTRUDIS, a 11 km). Ctra. San Miguel, km 2,3. ☎ 971 314 554. P
Cierra miércoles excepto verano; al mediodía, y de noviembre a marzo. Casa payesa en el campo. Otro jefe de cocina lleva ahora el timón con los mismos buenos resultados. **Pencas rellenas de jabugo con salsa verde, rodaballo al horno con verduritas, tarta caramelizada de manzana con helado de yogur.** Precio medio 45 €.
☼ **Ca n'Alfredo.** Pº Vara del Rey, 16. ☎ 971 311 274.
Cierra domingo noche, lunes no festivos, segunda quincena de mayo y de noviembre. Los **arroces**, el **gallo san Pedro al horno** y el **pudin de higos** merecen la pena. Precio medio 40 €.
® **Can Pau.** (En SANTA GERTRUDIS, a 11 km). Ctra. San Miguel, km 2,9. ☎ 971 197 007. P
Cierra al mediodía en verano; y del 10 de enero al 10 de febrero. Cocina mediterránea en una casa payesa con bonito jardín. **Buñuelos de bacalao, cabrito al horno, crema catalana.** Precio medio 50 €.
Cana Sofía. (En CALA VADELLA, a 17 km). Castelledefels, 10. ☎ 971 808 273. www.canasofia.com
Instalaciones modernas, en primera línea de playa. Buena cocina local y mediterránea a cargo de Moisés Machado. Bullit de peix ibicenco con arroz a banda, cochinillo de Segovia en texturas con humus de garbanzos helados artesanos. Menú 15 €. Precio medio 40 €.
El Cigarral. Fray Vicente Nicolás, 9. ☎ 971 311 246. www.restauranteelcigarral.com
Cierra domingo y del 25 de abril al 16 de mayo. Cocina casera de mercado de raíces locales y castellanas. Calamarcitos de la isla con ajos morados, perdiz a la toledana, delicia de queso fresco. Jornadas de bacalao y caza en otoño-invierno. Precio medio 47 €.
☼ **Es Xarcu.** (En PORROIG, a 7 km). Cala Es Xarcu, entre Porroig y Cala Joncal. Ctra. PM-803, Ibiza-Sant Josep de Sa Talaia, km 8, s/n. ☎ 971 187 867. P
Cierra desde el 1 de noviembre a Semana Santa. La familia Torres satisface en su chiringuito de playa con oferta sencilla pero sabrosa. **Pan con tomate y jamón, pescados al horno, crema catalana.** Precio medio 50 €.
Il Giardinetto. Puerto Deportivo Marina de Botafoch, local 314. ☎ 971 314 929.
Agradable local en el puerto deportivo con cocina casera italiana. Carpaccio de pulpo, spaghetti vongole, tiramisú. Precio medio 35 €.

La Masía d'En Sort. Ctra. San Miguel, km 0,5. ☎ 971 310 228. www.lamasiaibiza.com P
Cierra al mediodía, lunes excepto agosto; y de noviembre a marzo. Antigua masía con patio rodeado de naranjos. Patata ibicenca en nido con setas y huevo escalfado, tronco de atún fresco con ragú de cebolla y berenjena, dátiles rellenos y gratinados al sabayón de almendras. Precio medio 38 €.
®**La Raspa.** Puerto Deportivo Marina de Botafoch, local 206. ☎ 971 311 810.
Cierra domingo al mediodía en verano. Cocina mediterránea marinera. **Ensalada de bogavante, atún a la pimienta, tarta tatín**. Menú 26 €. Precio medio 50 €.
Macao Café de Santa Gertrudis. (En SANTA GERTRUDIS, a 11 km). Venda des Pobles, 8. ☎ 971 197 835. www.macaocafe.com
Cierra, lunes excepto verano; al mediodía y del 1 de noviembre a Semana Santa. Agradable local del centro del pueblo. Maltallati con gambas y porccini, cotoleta a la milanesa, crostata de higos. Precio medio 40 €.
Nanking. Del Mar, 8. ☎ 971 190 951.
Cierra jueves al mediodía, miércoles, febrero y 18 días en junio. En la Marina (puerto), cocina china-cantonesa. Surtido de entrantes, pato crujiente con crepes, pastel de jengibre. Precio medio 20 €.
®**Trattoria del Mar.** Puerto Deportivo Marina de Botafoch, local 219. ☎ 971 193 934. www.trattoriadelmaribiza.com
Cocina italiana de los hermanos d'Ambrosio, en una moderna trattoria del puerto deportivo. **Chipirón con calabacín frito, papardelles con bogavante, milhojas con nata y amaretto**. Menú 18 €. Precio medio 40 €.
☼**Trattoria del Sole.** (En SANT JOSEP DE SA TALAIA, a 10 km). Ctra. Ibiza-San José, km 7,5. ☎ 971 800 006. www.trattoriadelsole.com P
Cierra al mediodía, y de noviembre a marzo. Cocina italiana sin sofisticaciones con buena materia prima. **Tagliolini con cigalas, tagliata de buey al horno de leña, tiramisú**. Precio medio 40 €.

Hoteles

***** **Ibiza Gran Hotel.** Pº de Juan Carlos I, 17. ☎ 971 806 806. www.ibizagranhotel.com P
Hab. 157: 210/720 €. Consultar ofertas. Restaurantes COSTA MARA, JACK POT y POOL.
**** **Argos.** (Playa TALAMANCA). La Mola, 7. ☎ 971 312 162. www.sordibiza-hotels.com/argos P
Hab. 106: 77/294 €. Piscina climatizada.
**** **El Corso.** Playa de Talamanca, s/n. ☎ 971 312 312. P
Hab. 180: 81/325 €. Suites: 2. Consultar cierre. Habitaciones con vistas al mar y a la ciudad vieja.
**** **Las Brisas de Ibiza.** (En PORROIG). Aptdo. de Correos, 83. ☎ 971 802 193. www.lasbrisas-ibiza.com P
Hab. 6: 194/305 €. Suites: 3. Consultar cierre y admisión de perros. Hotel preciosamente decorado con agradable patio y jardín. Vistas al mar.
**** **Los Molinos.** Ramón Muntaner, 60. ☎ 971 302 250. www.thbhotels.com P
Hab. 151: 73/225 €. Apartamentos: 14. Suites: 3.
**** **Royal Plaza.** Pedro Francés, 27. ☎ 971 310 000. www.hotelroyalplaza.net
Hab. 117: 86/235 €. Suites: 5. Situado en el centro de la ciudad. Habitaciones totalmente equipadas. Restaurante LE RELAIS.
**** **Seaview Country Club.** (Playa PONT DES TORRENT). ☎ 971 345 256. P
Hab. 476: 180/285 €. Consultar cierre.
**** **Torre del Mar.** Playa d'En Bossa, s/n. ☎ 971 303 050. www.hoteltorredelmar.com P
Hab. 213: 115/255 €. Suites: 4. Cierra de finales de octubre a finales de abril. Al borde del mar. A sólo 2 km de Ibiza.
**** **Village Ibiza.** Urb. Calo d'En Real, 27. ☎ 971 808 001. www.hotelvillage.net P
Hab. 20: 86/247 €. Suites: 3. Consultar cierre.
*** **Acorn Playa Real.** (Playa TALAMANCA). Ses Feixes, 52. ☎ 971 312 112. www.acorn.es P
Hab. 245: 50/190 €. Consultar cierre. En primera línea de playa. Golf y tenis en las cercanías.

Porroig (Ibiza) Ver Eivissa/Ibiza. 68 • E-3

Sant Antoni de Portmany/Sant Antonio Abad (Ibiza) 68 • E-3

A IBIZA, 15 KM. POB. 21.852. 971 343 363.
GPS (38° 58' 47''N-1° 18' 18"E).

Fiestas: 17 de enero: San Antonio. 21 de enero: Santa Inés. 24 de agosto: Patronales, S. Bartolomé. 21 de septiembre: S. Mateu. 24 de octubre: S. Rafel. 8 de diciembre: Buscastell.
Visitar: Iglesias parroquiales de S. Antonio, San Rafael, Santa Inés y San Mateo. Cova de ses Llagostes. Acuario. Capilla de Sta. Inés. Ses Fontanelles: pinturas rupestres. Sa Punta des Molí: jardín, molino, noria, almazara y sala de exposiciones. Playas: S'Arenal, Es Pouet, Caló des Moro, Cala Gració y Cala Salada.
Alrededores: A 1,2 km capilla subterránea de Sta. Inés. SES FONTANELLES, a 5 km, pinturas rupestres. San Rafael, a 7 km. Sta Agnés de Corona, a 8 km. S. MATEU, a 12 km.

Restaurantes

Can Pujol. (Ctra. Vieja de Port des Torrent). Avda. Es Caló, 114. ☎ 971 341 407. P
Cierra miércoles y del 15 de noviembre al 6 de enero. Todo un clásico junto a la playa. Lucas Torres y Josefina Zambrana regentan el restaurante y la cocina. Arroces, pescados locales (dentón, mero, rotja...), cígala y langosta. Precio medio 45 €.
®**El Ayoun.** (En SANT RAFEL DE SA CREU, a 5 km). Avda. Isidor Macabich, 7. ☎ 971 198 335. www.elayoun.com P
Cierra al mediodía y de octubre a Semana Santa. En el Ayoun con decoración oriental se disfrutan platos de cocina del mundo y marroquíes. **Carpaccio de buey, cous-cous, ensalada de naranja con agua de azahar**. Sushi bar y una barra de copas. Precio medio 60 €.
Es Tancó. (En SANT RAFAEL DE SA CREU, a 5 km). Avda. Isidoro Macabich, 9. ☎ 971 198 599. www.es-tanco.com P
Cierra lunes y primera quincena de mayo. Los pescados, de su propia pescadería, protagonizan la oferta. Paellas, fideuás y de postre, fresas a la pimienta. Precio medio 30 €.
☼**Las dos Lunas.** (En SANT RAFAEL DE SA CREU, a 5 km). Ctra. de Eivissa-Sant Antoni, km 5,4. ☎ 971 198 102. www.lasdoslunas.com P
Cierra al mediodía y de octubre a Semana Santa. Maximo Luccarini es el mejor exponente de la cocina italiana de la isla. Destacan la **pasta fresca con frutos del mar**, las **carnes** del valle del Esla y los **helados** caseros. Precio medio 65 €.

Hoteles

**** **Bahía Class.** Bellavista 1. ☎ 971 348 215. www.thbhotels.com P
Estudios. 22: 36/255 €. Apartamentos: 63. Consultar cierre y ofertas.
**** **Bellamar.** (Playa ES POUET). ☎ 971 340 104. www.emsahotels.com P
Hab. 151: 75/200 €. Suites: 2. Consultar cierre. Frente a la playa.
**** **Nautilus.** Ctra. Port Des Torrent, 46-48. ☎ 971 340 400. P
Hab. 168: 81/159 €. Consultar cierre.
*** **Sol Pinet Playa.** Bahía de San Antonio. ☎ 971 340 250.
Hab. 291: 66/180 €. Consultar cierre.

Sant Carles de Peralta (Ibiza) Ver Santa Eulária del Riu. 68 • F-2

Sant Josep de Sa Talaia/San José (Ibiza) Ver Eivissa. 68 • E-3

Sant Llorenç de Baláfia (Ibiza) Ver Sant Miguel de Balansat. 68 • F-2

Sant Miguel de Balansat (Ibiza) 68 • F-2

A IBIZA, 22 KM. ALT. 290 M. POB. 5.000.
GPS (39° 3' 18''N-1° 26' 11"E).

Fiestas: 5 de abril: S. Vicent Ferrer. 24 de junio: St. Joan. 10 de agosto: S. Llorenç. 29 de septiembre: St. Miquel.
Visitar: Iglesia de St. Miquel, del s. XIV. Cuevas de Can Marça. Torres de Portinatx y de Balazia. Molino de Harina. Pino d'en Basuro.
Alrededores: Numerosas playas con distintivo Bandera azul otorgado por la UE.: Cala St. Vicent, Portinatx y Port de St. Miquel. Calas vírgenes: Benirras, Xarraca, Xucla, Den Serra. PORT DE ST. MIQUEL.

Restaurantes

Camí de Balafia. (En SANT LLORENÇ DE BALAFIA, a 2 km). Ctra. de Sant Llorenç, km 15,4. ☎ 971 325 019.
Cierra al mediodía en verano, noches en invierno, y de navidades a marzo. Casa típica ibicenca en el campo con carnes a la brasa y ensaladas para acompañar. De postre, greixonera. Precio medio 40 €.
Can Muson de Sa Vila "Can Juanito". Ctra. C-733, Ibiza - Portinatx, km 15,4. ☎ 971 325 082.
Cierra lunes y del 15 de febrero al 15 de abril. Cocina payesa protagonizada por la paletilla de cordero lechal. De postre, flao. Precio medio 27 €.
La Paloma. (En SANT LLORÉNC DE BALÀFIA, a 2 km). Can Pou, 4. ☎ 971 325 543. www.palomaibiza.com
Cierra al mediodía, lunes excepto verano, y de noviembre a marzo. Casa payesa con gran encanto. Cocina mediterránea con toques italianos y algo orientales. Las verduras y ensaladas son de su huerto. Precio medio 40 €.

Hoteles

***** **Hacienda Na Xámena.** Na Xamena, s/n. ☎ 971 334 500. www.hotelhacienda-ibiza.com
Hab. 61: 191/585 €. Suites: 9. Consultar cierre y ofertas. Único hotel de 5 estrellas de la isla en primera línea de playa. Todas las habitaciones con vistas al mar. Dentro de un Parque Natural preservado. Restaurantes EDEN, SUEÑO DE ESTRELLAS, CHILL-OUT, LAS CASCADAS.

Sant Rafel de Sa Creu (Ibiza) Ver Sant Antoni de Portmany. 68 • E-3

Santa Eulària del Riu/Santa Eulalia del Río (Ibiza) 68 • F-3

A IBIZA, 15 KM. POB. 31.314. ℹ 971 330 728.
GPS (38° 58' 56''N-1° 31' 45"E).

Fiestas: 12 de febrero: Sta. Eulalia, patronal. 2 de mayo: Vila de Sta. Eulalia. 16 de mayo: Fiesta Puig d'en Valls. 8 de septiembre: Fiestas de Jesús. 4 de noviembre: Fiestas de St. Carles de Peralta. 16 de noviembre: Sta. Gertrudis
Visitar: Iglesia de Jesús, retablo. Iglesia de Sta. Eulalia. Parroquias Es Canar y Cala Llonga. Puig de Missa: Núcleo urbano con iglesia fortificada, s. XVI. Museo Etnológico de las Pitiusas. Museo Barrau. Palacio de Congresos. Paseo Marítimo. Puerto Deportivo. Interesantes playas.
Alrededores: Pintorescas playas: S'Aigua Blanca, Es Figueral. Cala Boix, Cala Mastella. Cala Nova. Cala des Pou des Lleó. SANT CARLES: Mercadillo de Las Dalias. ES CANAR: Mercadillo hippie Punta Arabí.

Restaurantes

®**Atzaró.** Ctra. C-733, Ibiza-Sant Joan, km 15. ☎ 971 338 838. www.atzaro.com
Cierra de noviembre a febrero. Con 23 habitaciones. Casa payesa con una decoración asiática e ibicenca y cocina a tono. **Carabinero con tartar de tomate y sopa fría de almendra, sirvia ibicenca a la plancha, fluido de chocolate con helado de vainilla.** Precio medio 55 €.
®**Can Curreu.** (EN SANT CARLES DE PERALTA, a 10 km). Ctra. Sant Carles, km 12. ☎ 971 335 280. www.cancurreu.com
Con habitaciones. En lo alto de una montaña, junto a un olivo milenario con bonitas vistas al mar. **Ensalada de vieiras a la parrilla con jamón crujiente, gallo al estilo ibicenco con patatas, sopa fría de chocolate blanco con frutos rojos.** Precio medio 40 €.
®**El Naranjo.** San José, 31. ☎ 971 330 324.
Cierra al mediodía en verano, domingo noche, lunes y del 7 de enero al 12 de febrero. Antigua casa payesa. **Berenjenas a la miel, steak tartar, tentación de chocolate Valrhona.** Menú 15 €. Precio medio 30 €.
La Casita. Urb. Valverde. (Ctra. Jesús - Santa Eulalia del Río). Cala Llonga, 60. ☎ 971 330 293. www.ibizalacasita.com
Cierra al mediodía excepto fines de semana y festivos; martes y del 10 de enero al 10 de febrero. Casa rural antigua entre Santa Eulária y Cala Llonga. Arroz con bogavante y rape al azafrán, lenguado con almendras fritas, cerezas calientes al amaretto sobre helado. Precio medio 35 €.

Hoteles

**** **Sol Ibiza.** Pare Vicent Costa, 2. ☎ 971 330 761.
Hab. 259: 80/220 €. Consultar cierre y ofertas.
**** **Suite Hotel S'Argamassa Palace.** Avda. S'Argamassa, 82. ☎ 971 330 271. www.sergamassa-palace.com
Suites: 24: 241/428 €.
**** **Tres Torres.** Bahía Ses Estaques, s/n. ☎ 971 330 326. www.ecohoteles.com
Hab. 114: 76/231 €. Suites: 4. Consultar cierre. Totalmente reformado. Junto al Puerto Deportivo Santa Eulalia.
*** **Sol S'Argamassa.** Urb. S'Argamassa, s/n. ☎ 971 330 051. www.solmelia.com
Hab. 217: 87/245 €. Consultar cierre. En la playa. A 3 km de la ciudad.

Santa Gertrudis (Ibiza) Ver Eivissa. 68 • E-3

FORMENTERA

Sant Francesc de Formentera/ San Francisco Javier (Formentera) 68 • E-4

POB. 9.837. ℹ 971 322 057.
GPS (38° 42' 26''N-1° 25' 50"E).

Fiestas: 30 de mayo: Sant Ferran. 16 de julio: Ntra. Sra. del Carmen. 25 de julio: St. Jaume, patronales. 5 de agosto: Fiestas de Sta. María. 12 de octubre: Ntra. Sra. del Pilar.
Visitar: Iglesia de St. Francesç, fortificación del s. XVII. Capilla de Sa Tanca Vella, s. XIV. Museo Etnológico de St. Francesc. Molinos de Sa Miranda. Torres de defensa. Punta Gavina, s.s XVI-XVII.
Alrededores: Iglesia del Pilar de la Mola y de St. Ferrán. Panorámicas del mirador de La Mola. Playa del Parque Natural de Ses Salines. Cala Saona. Dolmen prehistórico de Cana Costa. Fortificación romana de Can Pins. Faro des Cap de Barbaría.

Restaurantes

El Pirata. Playa de Trocadors, s/n. ☎ 971 324 064.
Cierra noches, y de octubre a Semana Santa. En la playa, de la misma propiedad que Es Molí de Sal. Arroz a banda, pescados a la sal, en salsa verde o al horno, tartas. Precio medio 55 €.
El Tanga. Playa de Levante, s/n. ☎ 971 187 905. P
Cierra al mediodía en agosto; y de octubre a abril. Sobre la playa. Ensalada de queso fresco de cabra, paella de pescado, tarta de chocolate. Precio medio 30 €.
Es Molí de Sal. (En SES ILLETES). Cavall d'en Borrás, s/n. ☎ 971 187 491. P
Cierra de octubre a abril. Un antiguo molino de sal es el escenario de la buena cocina de Ricardo Ruiz. **Ensalada payesa, langosta frita, "dama espedrá"**. Precio medio 90 €.
®**Juan y Andrea.** Playa de Illetas, s/n. ☎ 971 187 130. www.juanyandrea.com P
Cierra del 15 de octubre al 30 de abril. Situado en un Parque Natural a pie de playa. **Arroces, corvina a la sal, tarta de chocolate**. Precio medio 50 €.
Pequeña Isla. (En PILAR DE LA MOLA, a 14 km). Avda. del Pilar, 101. ☎ 971 327 068. www.pequenaisla.com P
Cierra del 2 de noviembre al 1 de mayo. En la zona más rural de la isla. Paté de sobrasada con miel, doce arroces distintos, dulces típicos. Precio medio 30 €.
Vogamari. Ctra. de La Mola, km 9,5. ☎ 971 329 053. www.restaurantesformentera.com P
Cierra del 15 de octubre a Semana Santa. Una de las últimas novedades de la isla. Un elegante chiringuito sobre la playa de Migjorn. Cocina ibicenca con toques de modernidad. Raya frita con piquillos, paella ciega, tarta de queso fresco. Precio medio 30 €.

Hoteles

**** **Insotel Formentera Playa.** (Playa MITJORN). ☎ 971 328 000. P SPA
Hab. 333: 168/561 €. Consultar cierre. Deportes náuticos, centro de buceo. Animación.
*** **Cala Saona.** (Playa CALA SAONA). ☎ 971 322 030. P
Hab. 116: 57/146 €. Consultar cierre. Situado en un entorno de pinares junto al mar.

GRAN CANARIA

Agaete (Gran Canaria)

82 • D-2

A LAS PALMAS, 32 KM. ALT. 43 M. POB. 5.765. 928 554 382.
GPS (28° 5' 59"N-15° 42' 4"O).

Fiestas: 28-29 de junio: Fiestas: La Rama (Valle) y S. Pedro. 4 de agosto: La Rama. 5 de agosto: Ntra. Sra. de Las Nieves. 8 de diciembre: Ntra. Sra. de La Concepción, patrona.
Visitar: Casco Histórico. Iglesia de la Concepción. Ermita de Ntra. Sra. de las Nieves, con tríptico flamenco del s. XVI de Joes Van Cleve. Ermita de S. Sebastián, s. XVII. Museo de Arte y Tradiciones. Museo de la Rama. Puerto Deportivo. Restos Arqueológicos. Huerto de las Flores. Parque Natural de Tamadaba, senderismo. Ruta enológica. Playas.
Alrededores: Valle de Agaete. Puerto de las Nieves: Con visión del Dedo de Dios.

Hoteles

**** **Puerto de las Nieves.** Alcalde José de Armas, s/n. ☎ 928 886 256. www.hotelpuertadelasnieves.es
P
Hab. 30: 60/180 €. Consultas ofertas. Parking y wifi gratuitos. Spa incluido en el precio. Restaurante FANEQUE.

Agüimes (Gran Canaria)

82 • E-3

A LAS PALMAS, 29 KM. ALT. 276 M. POB. 28.924. 928 124 183.
GPS (27° 54' 8"N-15° 26' 4"O).

Fiestas: Enero: Fiesta en Honor de S. Sebastián. Carnaval. Mayo: Fiesta de San José. Septiembre: Fiesta de Ntra. Sra. del Pino. Octubre: Fiestas de Ntra Sra. del Rosario, de Interés Turístico Nacional.
Visitar: Casco Histórico. Centro de Interpretación del Casco Histórico. Iglesia de S. Sebastián, Monumento Histórico Artístico Nacional. Museo de Historia. Palacio episcopal. Playa de Arinaga.
Alrededores: Barranco de Guayadeque, Centro de Interpretación. Reserva Natural Especial de Los Marteles. Faro de Arinaga. Hornos de Cal.

Restaurantes

El Oroval. (H. RURAL CASA DE LOS CAMELLOS). El Progreso, 12. ☎ 928 785 003. www.hecansa.com
Cierra domingo noche y lunes en verano. Con 12 habitaciones. Cocina isleña tradicional en un antiguo granero. Papas rotas con mojo, solomillo de cerdo negro con salsa de higos, mousse de gofio y chocolate. Menú 14 €. Precio medio 20 €.
Horno de la Cal. (En PLAYA DE ARINAGA, a 5 km). Playa de Arinaga, s/n. ☎ 928 738 071.
Antiguo horno de cal. Arroces, lapas con mojo verde, pescado al horno. Precio medio 30 €.
Nelson. (En PLAYA DE ARINAGA, a 5 km). Avda. Polizón, 47. ☎ 928 180 860. www.restaurantenelson.com
Cierra lunes noche, domingo y primera quincena de septiembre. Cocina marinera con maravillosas vistas a la bahía de Arinaga. Destaca la calidad del producto junto a su repostería creativa y las Jornadas Gastronómicas. Precio medio 42 €.

Hoteles

**** **Gran Hotel Vecindario Aeropuerto.** (En VECINDARIO-STA. LUCÍA DE TIRAJANA). Avda. de Atlántico, 353. ☎ 928 724 300. www.hoteleselba.com P
Hab. 170: 79/95 €. Suites: 11. Consultar ofertas. Traslado gratuito al aeropuerto, consultar. Restaurante EL LAGAR.

Arucas (Gran Canaria)

82 • E-2

A LAS PALMAS, 12 KM. ALT. 600 M. POB. 37.972.
GPS (28° 7' 3"N-15° 31' 3"O).

Fiestas: Febrero: Carnavales. 24 de Junio: S. Juan Bautista, patronal. Junio: Fiesta de Las Alfombras del Corpus Christi.
Visitar: Casco antiguo. Iglesia de S. Juan Bautista, neogótica hecha con piedra "azul" de la cantería local. Casa de La Cultura, edificio tradicional del s. XVII. Museo Municipal. Parque Municipal, diversidad de flora autóctona y de otros países. Jardín de la Marquesa. Montaña de Arucas, con excelentes vistas. Fábrica del Ron Arehucas.
Alrededores: Golf. Isla de Gran Canaria: Reserva de la Biosfera, senderismo.

Restaurantes

®**Casa Brito.** (En VISVIQUE, a 4 km). (Ctra. Arucas-Teror, km 1,3). Pasaje Ter, 17. ☎ 928 622 323. www.casabrito.com P
Cierra domingo noche, lunes y martes excepto festivos, Semana Santa y primera quincena de septiembre. La parrilla de leña de **carnes de res, cordero** e **ibérico** más consistente de la isla. Platos de la cocina tradicional canaria, **perfecto de higos con chocolate**. Precio medio 30 €.

Hoteles

Hotel Rural La Hacienda del Buen Suceso. Ctra. de Arucas a Bañaderos, km 1. ☎ 928 622 945. www.haciendabuensuceso.com P
Hab. 13: 84/135 €. Suites: 5. Consultar ofertas. Entrada gratuita a los Jardines de La Marquesa.

Maspalomas (Gran Canaria)

82 • D-4

A LAS PALMAS, 54 KM. POB. 45.312. ALT. 850 M. 928 728 409.
GPS (27° 45' 44''N-15° 34' 4"O).

Fiestas: Del 4 al 14 de marzo: Carnaval. 25 de julio: Santiago Apóstol. 24 de agosto: S. Bartolomé.
Visitar: Reserva Natural especial Dunas de Maspalomas. Faro de Maspalomas, de 1890. Playas.
Alrededores: FATAGA. TUNTE: Iglesia y vistas de la Caldera de Tirajana. Parques de ocio: Aquasur, Sioux City y Palmitos Park. 2 campos de golf. Casino.

Restaurantes

Club de Golf Maspalomas. (Campo Internacional de Maspalomas). Avda. Nekermann, s/n. ☎ 928 762 581.
P
Cierra noches, domingo y lunes. Platos internacionales con toques de creatividad. Arroz con conejo, verduras y foie-gras a la plancha, sopa de fresas al romero con helado de yogur. Precio medio 35 €.
Compostela. Marcial Franco, 14. ☎ 928 763 344.
Pimientos rellenos de centollo, chuleta de ternera, tarta de Santiago. Precio medio sin marisco 30 €.
El Senador. Pº del Faro, s/n. ☎ 928 140 496.
Clásico punto de encuentro en primera línea del paseo de playa. Paellas, pescados. Precio medio 40 €.

Hoteles

***** **Grand Hotel Residencia.** Avda. del Oasis, 32. ☎ 928 723 100. www.hotel.residencia.com
Hab. 94: 375/391 €. Suites: 21. En un palmeral próximo a las dunas de Maspalomas. Piscina de agua salada.
***** **H10 Playa Meloneras Palace.** Mar Caspio. Urb. Las Meloneras, 5 ☎ 928 128 282.
Hab. 350: 150/360 €. Suites: 24. Restaurantes TAMADABA, GAUDÍ.
***** **Lopesán Villa del Conde Resort.** Mar Mediterráneo, 7 ☎ 928 563 200. www.lopesanhotels.com
Hab. 521. Suites: 40. Consultar tarifas. En la zona de Meloneras. Restaurantes LA PLAZA, ORO y EL PATIO.
***** **Palm Beach.** Avda. Oasis, s/n. ☎ 928 721 032. www.hotel-palm-beach.com
Hab. 328: 211/366 €. Centro de salud. Animación. Restaurante L'ORANGERIE.
***** **Riu Grand Palace Maspalomas Oasis.** Playa de Maspalomas. ☎ 928 141 448. www.riugrandpalacemaspalomasoasis.com
Hab. 332: 180/750 €. En un oasis natural de 65.000 m². En primera línea de playa. Animación niños. Restaurante LE JARDÍN.
**** **Ifa Hotel Faro Maspalomas.** Pza. de Colón, 1. ☎ 928 142 214. www.ifahotels.com
Hab. 178: 103/616 €. Suites: 10. Consultar ofertas. Totalmente reformado. Restaurante TAMARONA.

Mogán/Puerto de Mogán (Gran Canaria) 82 • D-3

A LAS PALMAS DE GRAN CANARIA, 85 KM. ALT. 1.450 M. POB. 22.345. ☐ 928 158 804.
GPS (27° 52' 57''N-15° 43' 2"O).

Fiestas: 13 de junio: S. Antonio de Padua. 16 de julio: Virgen del Carmen.
Visitar: El pueblo. Cuatro puertos deportivos: Arguineguin, Puerto de Mogán, Puerto Rico y Anfi del Mar. Playas: Patalavaca, Amadores, Puerto Rico y Taurito. Calas vírgenes: Medio Almud, Tiritaña
Alrededores: Subida al Pinar (Ctra. de las Presas). Restos arqueológicos de TAURO ALTO. VENEGUERA.

Restaurantes

La Aquarela. (En PATALAVACA, a 21 km). (Apartamentos Aquamarina). Barranco de la Verga, s/n. ☎ 928 735 891. www.restaurantelaaquarela.com
Cierra al mediodía, lunes y junio. Excelentes vistas al mar. Vieiras a la sartén, tajine de dorada y chipirones, tagliatelle de calabacín. Irish coffee nuevo estilo. Precio medio 45 €.
Los Guayres. (En PUERTO DE MOGÁN, a 10 km). (H. CORDIAL MOGÁN PLAYA). Avda. de los Marrero, 2. ☎ 928 724 100. www.cordialcanarias.com
Cierra al mediodía, domingo y lunes. Interesante cocina isleña de la mano de Alexis Álvarez. Crema de papas con langostinos, hongos y espárragos trigueros, lomo de sama asado con salteado de calabaza y berenjena, mousse de gofio con sorbete de queso. Precio medio 40 €.
®**Montsemar.** (En LA PLAYA DE ARGUINEGUÍN, a 21 km). (Complejo Montemarina). (Ctra. GC-500, Mogán-Arguineguín). Barranco de la Verga, 3. ☎ 928 151 057. www.montsemar.com
Cierra al mediodía, miércoles y del 1 de mayo al 30 de septiembre. Orfeo Sabini, apasionado de la gastronomía, trabaja junto a su familia con una cocina de raíz italiana y de mercado. Precio medio 35 €.

Hoteles

**** **Cordial Mogán Playa.** (En playa MOGÁN). Avda. de los Marrero, 2. ☎ 928 724 100.
Hab. 399: 147/293 €. Suites: 55. Exuberante jardín botánico. Restaurante LOS GUAYRES.
**** **Taurito Princess.** Alhambra, 8. ☎ 928 565 180. www.princess-hotels.com
Hab. 402: 89/253 €. Restaurante PARADISE.

Palmas de Gran Canaria, Las 82 • F-2

ALT. 15 M. POB. 381.847. ☐ 928 446 824.
GPS (28° 6' 36"N-15° 25' 1"O).

Fiestas: 5 de enero: Cabalgata de Reyes Magos. Febrero: Carnaval. Semana Santa. 23-24 de junio: Fiestas Fundacionales. 26 de julio: Solemnidad de Sta. Ana en la Catedral. 9-10 de agosto: S. Lorenzo. 7 de octubre: El Rosario.
Visitar: Conjunto Histórico-Artístico del Barrio de Vegueta. La catedral de Sta. Ana, construida con basalto gris, a partir de 1497. La fachada se terminó a finales del XIX. En el crucero, esculturas de Luján Pérez, y en la capilla de S. José un cuadro de la escuela ítalo-flamenca de final del s. XV. En el tesoro, un Portapaz, atribuido a Cellini. En la plaza de Sta. Ana, el Ayuntamiento, neoclásico. La Casa de Colón, venerable casa del s. XV, sirvió de residencia a los primeros gobernadores militares de la isla y hoy es museo. Cuadros expuestos de los autores Luis de Morales, Veronés, Pereda y Guido Reni. Centro Atlántico de Arte Moderno. El Museo Canario reúne colecciones arqueológicas y antropológicas. Museo de Pérez Galdós. Museo Elder de la Ciencia y la Tecnología. Museo Néstor. Museo Marítimo. Parque de S. Telmo. Calle Mayor de Triana. Playa de Las Canteras. Auditorio Alfredo Kraus. Golf.
Alrededores: Jardín Botánico Viera y Clavijo. ARUCAS: Iglesia y montaña de Arucas. Caldera de Bandama, a 33 km: Interesante enclave del volcanismo canario. TEROR: Basílica del Pino y Finca de Osorio. GALDAR: Cueva pintada y Parque Arqueológico.

Restaurantes

®**Amaiur.** Avda. Pérez Galdós, 2. ☎ 928 370 717.
Cierra domingo y agosto. Edificio señorial de principios del s. XIX con 2 plantas. Cocina vasca tradicional. Jornadas del **bacalao, bonito** y la **caza**. Precio medio 35 €.
Casa de Galicia. Salvador Cuyás, 8. ☎ 928 279 855.
Cocina gallega y de producto, directo de Galicia. Un histórico que resiste modas: empanada, rodaballo a la gallega, tarta de Santiago. EL ARROSAR (Salvador Cuyás, 10. ☎ 928 272 645. Cierra domingo noche) ofrece varios arroces secos, caldosos y melosos. Precio medio 40 €.
Cho Zacarías. Audiencia, 7. ☎ 928 331 374.
Cierra domingo, lunes y segunda quincena de agosto. Casona rehabilitada en el casco histórico de La Vegueta. Ensalada tibia de langostinos, solomillo con foie-gras fresco al Oporto, mousse de chocolate blanco relleno de crema de mango. Precio medio 36 €.
☼**Deliciosa Marta.** (Calle peatonal). Pérez Galdós, 23. ☎ 928 370 882.
Cierra martes noche, domingo, 15 días en febrero y en agosto. Pequeño y acogedor, local de moda. Recomendado reservar. Aúna aires mediterráneos y guiños a la cocina de mercado. **Esqueixada de bacalao con cebolleta tierna y aceituna negra, paletilla de lechal a baja temperatura, toffe, vainilla y caramelo.** Precio medio 35 €.
El Churrasco. Olof Palme, 33. ☎ 928 272 077. www.elchurrasco.com.es
Cortes específicos de carne de la raza Aberdeen Angus a la brasa como especialidad. Local amplio con ambientes de negocio y familiar. Precio medio 25 €.
®**El Cucharón.** Marina, 5. ☎ 928 331 365. www.elcucharon.es
Cierra domingo noche, lunes y del 15 de agosto al 15 de septiembre. Nueva ubicación con magníficas vistas al mar, para la referencia de cocina autóctona más reconocida en Gran Canaria. **Ropa vieja de pichón, cabrito en adobo, frangollo con leche asada.** Precio medio 30 €.
El Novillo Precoz. Portugal, 9. ☎ 928 221 659.
Cierra lunes. Reconocido y original local, especializado en carnes a la brasa de Argentina y Uruguay. Ensalada de palmitos. Precio medio 35 €.
Enoteca el Zarcillo. Ctra. del Centro, 83. ☎ 928 354 534. www.enotecaelzarcillo.com
Cierra domingo, lunes y septiembre. Se define como local para picoteo con oferta de vinos seleccionados. Queso a la plancha con dulce de calabaza, mini hamburguesitas, huevos mole. Precio medio 25 €.

®**Essencias.** Jesús Ferrer Jimeno, 7. ☎ 928 244 861.
Cierra domingo noche, lunes y segunda quincena de agosto. Thomas Leeb es un inquieto cocinero de origen austriaco con muchos años de experiencia en las islas. **Foie-gras asado con manzanas y uvas, royal de pato y boletus, postre La Revolución**. Precio medio 48 €.
Gambrinus. (Calle peatonal). Secretario Artiles, 34. ☎ 928 222 725.
Cierra domingo noche. Pescados frescos, carnes de Galicia, filloas rellenas. Menú 17 €. Precio medio 30 €.
Hoya la Vieja. Perdomo, 15. ☎ 928 360 460.
Cierra noches de lunes a jueves, domingo y primera quincena de septiembre. Pequeño pero acogedor y con encanto. Disfrutar del sabor casi olvidado en la capital de los guisos y platos de las islas y otras especialidades más exóticas. Los jueves sirven el famoso "puchero canario". Conviene reservar. Menú al mediodía 13 €. Precio medio 40 €.
®**La Butaca.** (Edif. Cicca). Pza. Alameda de Colón, 1. ☎ 928 431 383.
Cierra al mediodía en agosto; domingo y festivos. Gastrobar con muchas influencias (oriental, de mercado...) regentado por Fabio Santana, cocinero y propietario también del restaurante PATIO DE CUYÁS (en el Teatro Cuyás). Céntrico, carta de vinos con novedades interesantes. Precio medio 25 €.
La Terraza. (H. SANTA CATALINA). León y Castillo, 227. ☎ 928 243 040. www.hotelsantacatalina.com
P
Cocina de autor de José Rojano. **Verduras salteadas con jamón ibérico y huevo a baja temperatura, lomo de merluza a la plancha con tallarines de calabacines**. Precio medio 35 €.
Maitetxu. Pza. de la Música, s/n. ☎ 928 220 022. P
Cierra domingo noche, lunes y agosto. Junto al mar con bonitas vistas a la playa de las Canteras. Changurro, degustación de bacalao (pil-pil, vizcaína, Club Ranero...), goxua. Precio medio 40 €.
Mamma Tina. Jesús Ferrer Jimeno, 10. ☎ 928 274 691.
Cierra domingo noche, lunes, martes y primera quincena de octubre. Cocina de mercado, buenas materias primas y personal originalidad en sus propuestas. Menú 16 €. Precio medio 25 €.
Minotauro. Mendizábal, 19. ☎ 928 332 670.
Cierra segunda y tercera semanas de agosto. Lentejas hindúes, cous-cous de cordero, brevas con chocolate. Precio medio 30 €.
Rías Bajas. Simón Bolivar, 3. ☎ 928 271 316.
Cocina de raíces gallegas en el puerto de Las Palmas. Empanadas, arroz con bogavante, parfait de higos. Precio medio 30 €.

Hoteles

***** **Meliá Las Palmas.** Gomera, 6. ☎ 928 267 600. www.solmelia.com P
Hab. 312: 184/415 €. En plena zona turística y junto a la concurrida playa de las Canteras, modernas instalaciones con ambiente internacional.
***** **Santa Catalina.** León y Castillo, 227. ☎ 928 243 040. www.hotelsantacatalina.com
P SPA
Hab. 202: 95/267 €. Suites: 16. Estilo colonial inglés, construido en 1890. Monumento Histórico Artístico. Restaurante LA TERRAZA.
**** **AC Gran Canaria.** Eduardo Benot, 3. ☎ 928 266 100. www.ac-hotels.com SPA
Hab. 227: 158/350 €. En pleno centro comercial. A 200 m de la playa de las Canteras. Su restaurante y piscina ofrecen unas vistas panorámicas de la ciudad. Restaurante ANTHURIUN.
**** **Fataga.** Nestor de la Torre, 21. ☎ 928 290 614. www.hotelfataga.com P
Hab. 100: 76/180 €. Especializado en ejecutivos. Sala de reuniones, despachos y comedores privados. Internet.
**** **NH Imperial Playa.** Ferreras, 1. ☎ 928 468 854. www.nh-hotels.com P
Hab. 140: 164/223 €. Suites: 2.
**** **Tryp Iberia.** Avda. Alcalde Ramírez Bethencourt, 8. ☎ 928 361 133. www.solmelia.com P
Hab. 297: 70/125 €. Consultar ofertas. Próximo al casco antiguo y al C.C. Triana.

Patalavaca (Gran Canaria) Ver Mogán. 82 • D-3

Playa de Arguineguín (Gran Canaria) Ver Mogán. 82 • D-4

Playa de Arinaga (Gran Canaria) Ver Agüimes. 82 • F-3

Playa de Melenara (Gran Canaria) Ver Telde. 82 • F-2

Playa de San Agustín (Gran Canaria) 82 • E-4

A LAS PALMAS, 44 KM. PERTENECIENTE AL MUNICIPIO DE SAN BARTOLOMÉ DE TIRAJANA.
GPS (27° 46' 11"N-15° 32' 19"O).

Hoteles

***** **Meliá Tamarindos.** Las Retamas, 3. ☎ 928 774 090. P SPA
Hab. 304: 200/440 €. Suites: 17. Junto a la playa de San Agustín, en medio de una exuberante flora. Con casino y gimnasio. Restaurantes GAROÉ, ROQUE NUBLO y TARA.
**** **Costa Canaria.** Las Retamas, 1. ☎ 928 760 200. www.iberostar.com SPA
Hab. 246: 80/185 €.

Playa del Águila (Gran Canaria) 82 • E-3

A LAS PALMAS, 47 KM. PERTENECIENTE AL MUNICIPIO DE SAN BARTOLOMÉ DE TIRAJANA.
GPS (27° 46' 2"N-15° 33' 1"O).

Restaurantes

Bamira. Los Pinos, 11. ☎ 928 767 666. www.bamira.com
Cierra al mediodía, miércoles y del primer fin de semana de junio al 16 de septiembre. Cocina de aventura con estilo propio, resultado de sus viajes por los rincones más alejados y exóticos que añaden a su particular despensa una oferta capaz de sorprender tanto visual como gustativamente. **Tiras de cordero con ajo, miel de palma y balsámico, albóndigas de requesón con salsa de fruta**. Precio medio 45 €.

Playa del Inglés (Gran Canaria) 82 • E-4

A LAS PALMAS, 54,5 KM. POB. 39.939 ℹ 928 763 409.
GPS (27° 45' 27''N-15° 33' 5"O).

Alrededores: Avenida del Paseo Costa Canaria. Paseo Marítimo. Parque Natural de las Dunas de Maspalomas.

Restaurantes

El Churrasco Argentino. Avda. de Tirajana, 24. ☎ 928 764 920.
Carnes argentinas a la brasa con papas fritas. Flan casero para terminar. Precio medio 30 €.

El Portalón. (Edif. Sol Barbacán). Avda. de Tirajana, 27. ☎ 928 771 622. www.barbacan.es ❄ P ♿
Cocina vasca. Ensalada de bonito con boletus edulis, bacalao Club Ranero con su fritada, canutillos rellenos de crema en salsa de chocolate caliente. Bufé (13 €). Precio medio 35 €.

Hoteles

**** **Apolo.** Avda. Estados Unidos, 28. ☎ 928 760 058. www.hotelapolo.info ❄ P
Hab. 115: 96/180 €. Al cierre de la guía el hotel se encuentra en reformas, consultar apertura. A 250 m de la playa.
**** **IFA Hotel Dunamar.** Helsinki, 8. ☎ 928 772 800. www.ifahotels.com ❄ ♿
Hab. 257: 50/250 €. Consultar ofertas. Céntrico. Frente a las dunas. Restaurante TABEFE.
**** **Ríu Palace.** Avda. Tirajana, s/n. ☎ 928 769 500. ❄ P
Hab. 368: 158/442 €. De los más modernos de la zona. Con situación privilegiada, sobre las dunas y frente al mar.

Santa Brígida (Gran Canaria) 82 • E-2

LAS PALMAS, 14 KM. ALT. 505 M. POB. 20.000. 928 641 059.
GPS (28° 1' 48"N-15° 29' 3"O.

Fiestas: 13 de junio: S. Antonio de Padua. Del 3 al 11 de julio: San Pedro. 10 de julio: Fiesta del Barro. Primer domingo de agosto: Fiesta de Sta. Brígida. 31 de octubre: Fiesta de los Finaos.
Visitar: Casco histórico. Iglesia de Santa Brígida. Monumento Natural de Bandama. Cuevas Aborígenes de la Angostura. Parque Rural Comarcal Guiniguada. Palmeral de Satautejo. Casa-Museo del Vino. Sala de Exposiciones. Parque Municipal. Cicloturismo. Senderismo.
Alrededores: Centro Locero de La Atalaya. Caldera de Bandama: Espacio Natural Protegido, es una caldera volcánica apagada. Paisaje protegido de Pino Santo. Campo de golf de Bandama. Drago de Barranco Alonso.

Restaurantes

Rincón de Baco. (Bº La Atalaya). Al final de la Cuesta del Reventón. Camino El Raso, 35. ☎ 928 430 097. ❄ P
Cierra domingo noche y lunes. Carpaccio de presa ibérica con parmesano, bacalao confitado sobre crema de espárragos verdes y yogur de cabra, yogur de aloe vera con comino y miel. Precio medio 30 €.

Hoteles

**** **Hotel Escuela Santa Brígida.** Real de Coello, 2. ☎ 828 010 400. www.hecansa.com ❄ ♿
Hab. 32: 48/100 €. Consultar ofertas. Hotel centenario situado en zona residencial. Gran jardín botánico. Próximo al Real Club de Golf de Bandana. Restaurante SATAUTEY.

Telde (Gran Canaria) 82 • F-2

A LAS PALMAS, 10 KM. ALT. 130 M. POB. 100.000. 828 013 312.
GPS (27° 59' 43''N-15° 25' 9"O).

Fiestas: Carnaval. Del 19 al 24 de junio: S. Juan Bautista. 14 de septiembre: Sto. Cristo. Del 10 al 17 de noviembre: San Gregorio.
Visitar: Conjunto Histórico-Artístico de S. Francisco. Casco Antiguo de S. Juan. Basílica Menor de S. Juan y Santísimo Cristo de Telde. Ermita de S. Pedro Mártir. Casa-Museo de León y Castillo. Playas. Paseo Marítimo. Golf.
Alrededores: Yacimiento arqueológico de Cuatro Puertas. Barranco de Cérnicalos. Playas Melenara, Las Salinetas y La Garita. Los Marteres, Reserva Natural.

Restaurantes

Casa Perico. (PLAYA MELENARA, a 4 km). Luis Morote, 9. ☎ 928 133 013. ❄ ♿
Cierra domingo noche, miércoles, segunda quincena de septiembre y primera de octubre. Cocina tradicional canaria en un ambiente animado y popular. Gofio escaldado, sancocho canario, leche asada. Menú 9 €. Precio medio 22 €.

Hoteles

**** **Hotel Rural Cortijo San Ignacio Golf.** Autopista del Sur GC-1, km 6,4. ☎ 928 712 427. www.cortijosanignaciogolf.com P
Hab. 18: 70/120 €.

Valleseco (Gran Canaria) 82 • E-2

A LAS PALMAS, 31 KM. ALT. 1.000 M. POB. 4.022. 928 618 740.
GPS (28° 2' 50"N-15° 34' 3"O).

Fiestas: Carnavales. Mayo-junio: S. Vicente Ferrer, patronal. Octubre: Ntra. Sra. de La Encarnación, Fiesta de la Manzana.
Visitar: Iglesias de S. Vicente Ferrer: Órgano del s. XVII. Molino de Gofio. Centro de Interpretación de la Manzana y el Gofio. Ntra. Sra. del Carmen, s. XX. Ermita San Luis Gonzaga, s. XX. Balcón de Zamora. Red de Senderos.
Alrededores: Pozo de Las Nieves. Pico de Osorio. Montañón Negro. Barranco de La Virgen. Red de Senderos. Área recreativa de La Laguna.

Restaurantes

Arcos de la Laguna. Ctra. GC-21, cruce de la Laguna-Valleseco, 21. ☎ 928 618 279. ❄ P ♿
Cierra martes y miércoles, excepto vísperas y festivos; y del 21 de junio al 7 de julio. Cocina segoviana, desde los judiones de La Granja al típico cochinillo. De postre, crema de manga con piña tropical. Precio medio 28 €.

Vecindario (Gran Canaria) Ver Agüimes. 82 • E-3

Vega de San Mateo (Gran Canaria) 82 • E-2

A LAS PALMAS, 21 KM. ALT. 850 M. POB. 7.800. 928 661 350 EXT. 45.
GPS (28° 0' 33"N-15° 31' 5"O).

Fiestas: Semana del 13 de mayo: Virgen de Fátima. Primer fin de semana de julio: Fiesta del Agricultor. Del 1 al 25 de septiembre: S. Mateo, Fiestas patronales. 31 de octubre: Fiesta de los Finaos.
Visitar: Sala de Exposiciones. Iglesia San Mateo. Alameda de Sta. Ana. Barrio de la Lagunetas. Ermita de Lourdes. Ruta Siete Fuentes: Senderismo. Zona vinícola: Bodegas. Parque Paraje Protegido Las Cumbres.
Alrededores: Área de Camaretas. Cueva Grande. Mirador Natural del Montañón y la Cruz. Pozo y Pico de la Nieves. Barranco de la Mina.

Restaurantes

®**1801.** Avda. Tinamar, 8. ☎ 928 661 126. www.laveguetilla.com ❄
Cierra noches de martes a jueves; y lunes. Concurrido y agradable local. **Ensalada de queso de cabra, solomillo al oporto, mousse blanco relleno de crema de mango.** Precio medio 30 €.

Hoteles

****** Parador de Turismo.** (En TEJEDA). Cruz de Tejada, s/n. ☎ 928 012 500. www.parador.es
Hab. 43: 70/145 €. Suites: 1. Restaurante ROQUE NUBLO.

Visvique (Gran Canaria) Ver Arucas. 82 • E-2

LANZAROTE

Arrecife (Lanzarote) 83 • C-3

POB. 58.551. ℹ 928 813 174.
GPS (28° 57' 29''N-13° 32' 5"O).

Fiestas: Del 9 al 17 de febrero: Carnavales. 26 de junio: Corpus Christi. Del 13 al 25 de agosto: S. Ginés.
Visitar: Casco antiguo. Iglesia de S. Ginés. Puente de la Bolas. Castillos de S. Gabriel, del s. XVI, Monumento Nacional, y de S. José, Museo Internacional de Arte Contemporáneo. Casa de los Arroyo. La Recova. Charco de S. Ginés. Playa.
Alrededores: A 17 km, LA GERIA. Parque Nacional de Timanfaya. Cueva de Los Verdes. Jameos del Agua. Mirador del Río. Montañas del Fuego. EL GOLFO; LOS HERVIDEROS. Jardín de Cactus. Fundación César Manrique. A 30 km: Orzola, barco hacia La Graciosa. A 30 km: Playa Blanca, barco hacia Fuerteventura.

Restaurantes

® **Aguaviva.** (En PLAYA HONDA, a 3 km). Mástil, 31. ☎ 928 821 505. www.restauranteaguaviva.com
Cierra domingo noche y lunes. Es una referencia en la Isla por el toque e imaginación que da a sus recetas. **Bacalao asado con ceniza de puerros. Espuma de cabrales y gelée de manzana.** Interesantes novedades vitivinícolas en su bodega. Precio medio 35 €.

Hoteles

******* Arrecife Gran Hotel.** Parque Islas Canarias, s/n. ☎ 928 800 000. www.arrecifehoteles.com
Hab. 160: 75/173 €. Suites: 104. Céntrico. En primera línea de playa del Reducto. Restaurante ALTAMAR.
***** Diamar.** Avda. Fred Olsen, 8. ☎ 928 815 656. www.diamar.com
Hab. 90: 43/80 €.
***** Lancelot.** Avda. Mancomunidad, 9. ☎ 928 805 099. www.hotellancelot.com
Hab. 112: 40/60 €. Wifi gratis en las habitaciones.
***** Miramar.** Avda. Coll, 2. ☎ 928 801 522. www.hmiramar.com
Hab. 85: 46/70 €. Suites: 5. Céntrico. Frente al mar. Confortable.

Macher (Lanzarote) Ver Puerto del Carmen - Costa de Tías. 83 • B-3

Playa Blanca (Lanzarote) 83 • A-3

A ARRECIFE, 38 KM. ℹ 928 519 238.
GPS (28° 51' 41''N-13° 49' 4"O).

Fiestas: 16 de julio: Ntra. Sra. del Carmen.
Visitar: Faro de Pechiquera. Torre del Águila o Castillo de Las Coloradas.
Alrededores: Punta del Papagayo.

Restaurantes

Aromas Yaiza. La Laja, 1. ☎ 928 349 691. www.restaurantearomasyaiza.com
Cierra domingo. Buen punto culinario con buenos productos. Queso frito en pasta filo, lomo de cherne al horno, piña caramelizada. Precio medio 25 €.
Isla de Lobos. (H. PRINCESA YAIZA). Avda. Papagayo, 22. ☎ 928 519 222. www.princesayaiza.com
Cierra al mediodía, domingo, lunes y martes. Foie-gras micuit con mermelada de cebolla y reducción de moscatel, cabrito de Fuerteventura con puré de patata y quenelle de zanahoria, tartar de fruta canaria con sorbete de pera-melón. Precio medio 50 €.

Hoteles

******* Gran Meliá Volcán Lanzarote.** El Castillo, 1. ☎ 928 519 185. www.volcanlanzarote.com
Hab. 255: 215/300 €. Suites: 16. Desayuno incluido. Servicio Real. Vistas sobre la Isla de Lobos y playas de Papagayo. Restaurantes: SKAZAN, japonés, LA FLORIDA, buffet y YAIZA.
******* Princesa Yaiza.** Avda. de Papagayo, 22. ☎ 928 519 222. www.princesayaiza.com
Hab. 44: 190/307 €. Suites: 230. En primera línea de playa. Restaurante ISLA DE LOBOS.
****** H-10 Lanzarote Princess.** Maciot, 1. ☎ 928 517 108. www.h10hotels.com
Hab. 407: 115/180 €. Suites: 32. Animación.
****** Hesperia Playa Dorada.** Avda. Costa Papagayo, 1. ☎ 928 517 120.
Hab. 466: 145/207 €. En primera línea de playa. Animación diurna y nocturna. Miniclub y minidisco. Exposición permanente de obras de arte catalogadas (César Manrique).
****** Natura Palace.** Lanzarote, s/n. ☎ 928 519 070. www.hipotels.com
Hab. 251: 80/163 €. Villas: 2. Suites: 16. Junto al paseo marítimo. Amplios jardines y zonas de ocio y Spa. Escuela de submarinismo. Restaurante LA CALETA.

Playa Honda (Lanzarote) Ver Arrecife. 83 • B-3

Puerto del Carmen-Costa de Tías (Lanzarote) 83 • B-3

A ARRECIFE, 16 KM. POB. 19.487. ℹ 928 513 351.
GPS (28° 55' 11''N-13° 40' 1"O).

Fiestas: Enero- febrero: La Candelaria y S. Blas. Marzo: Fiesta de S. Patricio. Carnavales. Mayo: S. José Obrero y Día de Canarias. Junio: S. Pedro y S. Antonio. Julio: La Magdalena y Sgdo. Corazón de Jesús. Agosto: Ntra. Sra. del Carmen; Semana de la artesanía. Septiembre: Ocean Lava Triatlón. Octubre: Festival del Verano de Musica y Arte.
Visitar: Varadero y Centro Cultural, en el casco antiguo. Playas de Guacimeta, Matagorda, Barranquillo, Playa Grande y Pila de la Barrilla. Playa de los Pocillos. Centro cívico "El Fondeadero". Avenida de las Playas.
Alrededores: TÍAS: Teatro, Iglesia, Casa Señor Justo. CONIL: Ermita. LA GERIA: Parque Natural y zona Protegida. Parque Nacional de Timanfaya.

Restaurantes

La Cañada. (En TÍAS, a 3 km). César Manrique, 3. 928 510 415.
Queso canario, pescado de la isla, ponche conejero. Menú 18 €. Precio medio 35 €.
La Tegala. (En MÁCHER, a 5 km). Ctra. Tías-Yaiza, 60. 928 524 524. www.lategala.com
Cierra lunes al mediodía y domingo. Cocina canaria. Queso herreño ahumado, lomo de cherne a la pimienta verde, tarta de galleta y vainilla. Precio medio 30 €.
Rías Gallegas. Reina Sofía, 22. 928 515 745.
Cierra lunes y del 15 de mayo al 15 de junio. Cocina gallega en un local con vistas al puerto marinero. Empanadas, lenguado al albariño, tarta de Santiago. Precio medio sin marisco 45 €.

Hoteles

**** **La Geria.** (En Playa de LOS POCILLOS). Júpiter, 5. 928 510 441. www.hipotels.com
Hab. 242: 67/110 €. Suites: 6. Escuela de submarinismo. Restaurante PRINCIPAL.
**** **Los Fariones.** Roque del Este, 1. 928 510 175. www.farioneshotels.com
Hab. 248: 100/153 €. Situado a la orilla del mar. Jardines de vegetación autóctona. Biosphere Hotels.
**** **Suitehotel Fariones Playa.** Acatife, 2. 928 513 400. www.faiorioneshotels.com
Apartamentos: 231: 163 €. En primera línea de playa con acceso directo a la misma. Biosphere Hotels.
**** **VIK Hotel San Antonio.** (En Playa de LOS POCILLOS). Avda. de las Playas, 84. 928 514 200. www.vikhotels.com
Hab. 331: 77/180 €. Suites: 8. Consultar ofertas.

Teguise-Costa Teguise (Lanzarote)

83 • C-3

A ARRECIFE, 11 KM. POB. 18.798. 928 845 001.
GPS (29° 3' 25"N-13° 33' 5"O).

Fiestas: 16 de junio Fiesta del Carmen. 5 de agosto Fiesta de Ntra. Sra. de Las Nieves.
Visitar: Antigua capital. Conjunto Histórico-Artístico. Iglesia de S. Francisco, s. XVI. Palacio Spínola, antigua casa señorial convertida en sede de la Presidencia del Gobierno de Canarias, es habitualmente una casa-museo. Castillo de Sta. Bárbara, del s. XVI, en el que se encuentra el actual Museo del Emigrante Canario. Iglesia de Ntra. Sra. de Guadalupe, s. XV. Iglesia de Sto. Domingo, s. XVII. Palacio Herrera, actualmente escuela taller de Teguise. Tahiche Fundación de César Manrique. Tiagua Museo Agrícola El Patio. Campo de golf Costa Teguise, de 18 hoyos. Deportes de aventura.
Alrededores: Yacimiento de Zonzamas: Prehispánico, aldeas y playas. En GUATIZA: Jardín de Cactus, obra del insigne artista lanzaroteño César Manrique.

Restaurantes

Mesón la Jordana. (C. C. Lanzarote Bay). Avda. Los Geranios, s/n. 928 590 328.
Cierra domingo y septiembre. Cherne al horno, conejo al vino tinto, pudín de plátano. Precio medio 25 €.
Neptuno. (Apartamentos Neptuno). Avda. Jablillo, 26. 928 590 378.
Cierra domingo. Caldo de pescado con gofio, cabrito de Lanzarote, bienmesabe. Precio medio 25 €.

Hoteles

***** **Gran Meliá Salinas-The Garden Village.** Avda. Islas Canarias, s/n. 928 590 040. www.solmelia.com
Hab. 272. Precio: 185/360 €. Admisión de perros, consultar. Perfecto diseño y armónicas terrazas con jardines interiores, fuentes y cascadas. Magnífica playa y una piscina a modo de laguna. Ofrece un producto único y exclusivo en Canarias, THE GARDEN VILLAS, 10 villas de élite. Restaurantes LA GRACIOSA, ATLÁNTIDA y CASA CANARIA.
**** **Barceló Lanzarote Resort.** Avda. del Mar, 5. 928 591 329. www.barcelo.com
Hab. 198: 133/170 €. Suites: 244. Hotel medioambiental. Frente a la cala playa del Ancla. Restaurante LAS PALMERAS.
**** **Beatriz Costa Teguise & Spa.** Atalaya, 3. 928 590 828.
Hab. 350: 70/174 €. Suites: 18. Declarado por la Unesco "Hotel de Biosphera". Centro de talasoterapia. Restaurante JARDÍN.
**** **Occidental Teguise Playa.** Avda del Jablillo, s/n. 928 590 654.
Hab. 314: 96/187 €. Frente a la playa "El Jablillo". A 3 km del campo de golf Costa Teguise, de 18 hoyos.

Yaíza (Lanzarote)

83 • A-3

A ARRECIFE, 22 KM. ALT. 192 M. POB. 14.471. 928 836 222
GPS (28° 57' 3"N-13° 45' 4"O).

Fiestas: 15 de mayo: S. Isidro, en Uga. 21 de junio: S. Luis Gonzaga, en Las Breñas. 7 de julio: S. Marcial de Rubicón, en Femés. 16 de junio: Ntra. Sra. del Carmen. 15 de agosto: Ntra. Sra. de La Caridad.
Visitar: Iglesia Ntra. Sra. de los Remedios, Bien de Interés Cultural. Casa Benito Pérez Armas. Paisaje Protegido de La Geria. Salinas de Janubio, de Interés Científico. Monumento Natural Bien de Interés Cultural de Los Ajaches y sus playas de Papagayo. Parque Natural de los Volcanes: El Golfo, Charco de los Chicos y Los Hervideros. Parque Nacional de Timanfaya. Castillo de Las Coloradas.
Alrededores: Centro Turístico de Montañas del Fuego: Islote de Hilario y Ruta de los Volcanes.

Restaurantes

Amura. (Urb. Puerto Calero). Avda. Marítima, s/n. 928 513 181. www.puertocalero.com
Cierra lunes. Destacan su arquitectura colonial y la amplia terraza con vistas al mar que aumentan las sensaciones gastronómicas. **Coca de hojaldre con vieiras, verduras asadas y caramelos de pimientos, cordero confitado con puerros estofados, milhojas de papaya y piña con sorbete**. Precio medio 40 €.
Bodega la Casona de Yaiza. El Rincón, 11. 928 836 262. www.casonadeyaiza.com
Cierra viernes al mediodía, jueves, del 1 al 18 de julio y de septiembre. Con 8 habitaciones. En un antiguo lagar con doscientos años de antigüedad. Crema de berros, conejo en salmorejo, bienmesabe. Precio medio 25 €.

FUERTEVENTURA

Ampuyenta, La (Fuerteventura) Ver Antigua.

83 • E-2

Antigua (Fuerteventura)

83 • E-2

A PUERTO DEL ROSARIO, 22 KM. ALT. 200 M. POB. 9.715. 928 163 286.
GPS (28° 25' 12"N-14° 0' 43"O).

Fiestas: Del 1 al 13 de septiembre: Ntra. Sra. de Antigua. Del 12 al 18 de octubre: Virgen de la Peña del Mar.
Visitar: Pequeña población que se asienta al pie del macizo de Betancuria. Iglesia Ntra. Sra. de Antigua, s. XVII. Molino de Antigua.
Alrededores: Torre Fortaleza de Caleta de Fuste, s. XVIII.

Restaurantes

Fabiola. (En LA AMPUYENTA, a 5 km). (Ctra. FV 20, Antigua-Puerto del Rosario). Aldea de Ampuyenta, 43. ☎ 928 174 605. P
Cierra al mediodía excepto domingo; y de lunes a miércoles. Casa señorial del s. XVII, con cocina de mercado. Cherne asado con zanahoria confitada, magret de pato ahumado con dados de fruta confitada, pastel de chocolate cremoso con sorbete de queso fresco. Precio medio 40 €.

St. Andrews. (En CALETA DE FUSTES, a 15 km). (H. ELBA PALACE GOLF). Urb. Fuerteventura Golf Club. ☎ 928 163 922. www.hoteleselba.com P
Cierra al mediodía. Salpicón de mariscos, dorada a la espalda, crema catalana. Precio medio 30 €.

Hoteles

***** **Elba Palace Golf.** (En CALETA DE FUSTES, a 15 km). Urb. Fuerteventura Golf Resort. Club, s/n. ☎ 928 163 922. P
Hab. 51: 295/462 €. Suites: 10. Situado en un campo de golf de 18 hoyos. Restaurante ST. ANDREWS.

***** **Sheraton Fuerteventura Beach.** Ctra. de Jandía, km 11. Urb. Fuerteventura Golf Resort. ☎ 928 495 100. www.sheratonfuerteventura.com P
Hab. 215: 88/473 €. Suites: 51. Consultar ofertas. En primera línea de playa. Restaurantes LOS ARCOS, LA VERANDA, EL FARO y WOK-N-ZEN.

**** **Barceló Club El Castillo.** (En CALETA DE FUSTE). Caleta de Fuste, s/n. ☎ 928 963 100. www.barcelo.com P
Apartamentos: 410. Suites: 1. Consultar tarifas y ofertas. Restaurantes EL MENÚ y LA PAELLA.

Betancuria (Fuerteventura)

83 • E-2

A PUERTO DEL ROSARIO, 28 KM. ALT. 715 M. POB. 820.
GPS (28° 25' 24"N-14° 3' 22"O).

Fiestas: Del 15 al 21 de enero: Sta. Inés. Del 10 al 14 de julio: S. Buenaventura Betancuria (patrón). Del 27 de julio al 5 de agosto: Ntra. Sra. de La Peña. Del 18 al 24 de agosto: San Bartolomé. 20 de septiembre: Romería de La Peña.
Visitar: Iglesia Catedral Sta. María de Betancuria, con bellos artesonados, imágenes y arquitectura singular. Ermitas de La Peña y de S. Diego. Ermita de Santa Inés, Bien de Interés Cultural. Museo de Arte Sacro. Museo Arqueológico. Parque Rural de Betancuria.

Restaurantes

Casa Santa María. Pza. Santa María, s/n. ☎ 928 878 282. www.restaurantecasasantamaria.com
Cierra noches y del 5 de mayo al 10 de junio. Antiguo caserío del s. XVI con agradable patio. Terrina de jamón y perejil, pierna de cabrito al horno con papas panaderas, semifrío de turrón. Precio medio 30 €.

Caleta de Fustes (Fuerteventura) Ver Antigua.

83 • F-3

Corralejo (Fuerteventura)

83 • F-1

A PUERTO DEL ROSARIO, 35 KM. POB. 21.354. 928 866 235.
GPS (28° 44' 20"N-13° 52' 5"O).

Fiestas: Marzo: Carnaval de Carnavales. 16 de julio: Fiestas del Carmen.
Visitar: Parque Natural de las Dunas de Corralejo: Playas de arena dorada y transparente aguas, ideales para la práctica de los deportes relacionados con el mar. Puerto.
Alrededores: COTILLO: El castillo del Tostón. LA OLIVA: Iglesia.

Restaurantes

La Cúpula de Carles Gaig. (GRAN HOTEL ATLANTIS BAHIA REAL). Avda. Grandes Playas, s/n. ☎ 928 536 444. www.atlantishotels.com P
Cierra al mediodía. Elegante comedor con vistas a los jardines tropicales y alta cocina asesorada por Carles Gaig. Terrina de foie-gras al oporto con mango, arroz meloso de calamar y carabinero, tubo de coco y lima. Precio medio 52 €.

Hoteles

***** **Gran Hotel Atlantis Bahía Real.** Avda. Grandes Playas, s/n. ☎ 928 536 444. www.atlantishotels.com P
Hab. 170: 319/469 €. Suites: 72. Desayuno incluido. En primera línea de playa. A 300 m del Parque de las Dunas. Restaurantes ALACENA REAL, BEACH CLUB, LAS PALMERAS, LA CÚPULA, YAMATORI y LAS COLUMNAS.

**** **Atlantis Dunapark be Live.** La Red, 1. ☎ 928 535 151. www.atlantishotel.com
Hab. 79: 140/245 €. A 50 m de la playa de Corralejo y a 3 km de las dunas de Corralejo (autobús gratuito).

**** **Barceló Corralejo Bay.** Avda. Grandes Playas, 12. ☎ 928 536 050. www.barcelo.com
Hab. 231: 86/225 €. Suites: 10. Traslado gratuito en autobus a las playas del Parque Natural de las Dunas de Corralejo. Restaurante TINDAYA.

**** **Suite Hotel Atlantis Fuerteventura Resort.** Las Dunas-Urb, s/n. Corralejo Playa. ☎ 928 168 900. www. atlantishotels.com
Suites: 383: 163/264 €. Rodeado de jardines tropicales. Restaurantes GAUDÍ, EL MOLINO y MILANESE.

Costa Calma (Fuerteventura)

83 • D-4

Hoteles

***** **Suites Hotel Risco del Gato.** (En COSTA CALMA-JANDIA). Sicasumbre, 2. ☎ 928 547 175. P
Suites: 51: 40/170 €. Restaurantes HORST WALCZOK y TERRAZA DEL GATO.

Lajares (Fuerteventura) Ver la Oliva.

83 • E-1

Morro Jable (Fuerteventura)

83 • C-4

A PUERTO DEL ROSARIO, 85 KM.
GPS (28° 2' 56"N-14° 21' 1"O).

Visitar: Faro. Centro de Información del Aloe Vera. Extensas playas: Submarinismo. Puerto.

Restaurantes

Marabú. (En Urb. Esquinzo-Butihondo, a 8 km). Ctra. FV-2, dirección Morro Jable, salida 79. Fuente de Hija, 2. ☎ 928 544 098. www.e-marabu.com P
Cierra domingo, segunda quincena de enero y del 1 de junio al 15 de julio. En el sur de la isla, comedor agradable y terraza en el jardín. Ensalada de temporada con hígado de conejo, filete de barracuda con gambas glaseadas, tartita de café. Precio medio 35 €.

Hoteles

****** Club Magic Life Fuerteventura Imperial.** Avda. de los Pueblos, 1. Urb. Esquinzo. ☎ 928 873 600. www.magiclife.com
Hab. 693: 130/515 €. Restaurante MÁGICO.
****** Ríu Palace Jandía.** Arenas, s/n. ☎ 928 540 368.
Hab. 209: 138/428 €. Habitaciones de 50 m². Boutique.

Oliva, La (Fuerteventura) — 83 • E-1

A PUERTO DEL ROSARIO, 23 KM. ALT. 219 M. POB. 23.660. 928 866 239.
GPS (28° 36' 35''N-13° 55' 4"O).

Fiestas: Marzo: Carnaval. 2 de febrero: Ntra. Sra. de La Candelaria. 16 de julio: Ntra. Sra. del Carmen. Julio: Fuerteventura en Música.
Visitar: Iglesia Ntra. Sra. de La Candelaria. Casa de Los Coroneles. Castillo y faro de El Tostón. Museo del Grano. Centro de Arte Casa Mane.
Alrededores: Parques Naturales: Isla de Lobos y Dunas de Corralejo. Paisaje Protegido de Vallebrón. TINDAYA: Monumento Natural de Tindaya. Ermita de Ntra. Sra. de la Caridad, Bien de Interés Cultural.

Restaurantes

El Horno. (En VILLAVERDE, a 3 km). Ctra. Centro Villaverde, 91. ☎ 928 868 671.
Cierra domingo noche, lunes y junio. Buena cocina tradicional en un rústico comedor. Berenjenas con queso y miel de palma, cabrito, cordero o cochinillo al horno, helado de gofio. Precio medio 22 €.
El Patio de Lajares. (En LAJARES, a 15 km). (Ctra. Antigua a el Cotillo). La Cerca, 9. ☎ 650 134 030. www.patio-lajares.com
Cierra lunes, martes y del 15 al 31 de enero. Con 6 habitaciones. Elegante y lujoso comedor en la zona de las dunas. Queso fresco majorero con albahaca y tomate, lomo de cherne sobre pepinos con eneldo, mousse negro y crema de vainilla con puré de fresas. Menú 25 €. Precio medio 42 €.
Mahoh. (En VILLAVERDE, a 3 km). (Hotel rural). Francisco Bordón Méndez, 1. ☎ 928 868 050. www.mahoh.com
Cierra miércoles. Con 9 habitaciones. Casa rural del s. XVIII, cerca de la playa del Cotillo y del Parque Natural de las Dunas. Berenjenas con queso majorero, potaje de berros, quesillo. Menú 16 €. Precio medio 25 €.

Pájara (Fuerteventura) — 83 • D-3

A PUERTO DEL ROSARIO, 44 KM. POB. 20.821. 928 540 776.
GPS (28° 17' 4"N-16° 24' 2"O).

Fiestas: 16 de julio: Nuestra Señora del Carmen. 2 de julio: Nuestra Señora de Regla.
Visitar: Iglesia de Ntra. Sra. de Regla, del s. XVII. Monumento Natural Ajuí.
Alrededores: MORRO JABLE. COSTA CALMA. SOLANA MATORRAL. Playas de JANDÍA.

Restaurantes

Casa Isaitas. Guize, 7. ☎ 928 161 402. www.casaisaitas.com
Cierra noches excepto verano. Con 4 habitaciones. Casa rural del s. XVIII. Croquetas caseras de pata asada, canelones de vieja, tarta de queso majorero. Precio medio 30 €.

Hoteles

****** Faro Jandía.** Avda. el Saladar, 17. ☎ 928 545 035. www.grupomur.com
Hab. 207: 120/272 €. Suites: 7. Consultar ofertas. Frente al Faro. En la playa de Matorral. Restaurante ATLÁNTIDA.

Puerto del Rosario (Fuerteventura) — 83 • F-2

ALT. NIVEL DEL MAR. POB. 35.293. 618 527 668.
GPS (28° 29' 45''N-13° 51' 4"O).

Fiestas: 19 de febrero: Martes de Carnaval. Del 23 de septiembre al 7 de octubre: Ntra. Sra. del Rosario.
Visitar: Parque Escultórico. Casa Unamuno. Centro de Arte Juan Ismael. Hermosas playas de fina arena blanca. Puerto marítimo y de cruceros. Castillo de Fuste, Torre de San Buenaventura, Bien de Interés Cultural.
Alrededores: En los pagos o términos municipales son interesantes las ermitas construidas en los s.s XVII al XIX. Playa Blanca. LA OLIVA, a 23 km: Casa de los Coroneles, del s. XVII. Pintorescas e interesantes playas. A 41 km, PÁJARA y BETANCURIA.

Hoteles

***** Fuerteventura Playa Blanca.** Playa Blanca, 45. ☎ 928 851 150. www.hotelfuerteventura.com
Hab. 49: 47/69 €. Suites: 1. Consultar ofertas. Situado a orillas de una bella playa de fina arena blanca. Destaca su estilo señorial y su tranquilidad. Restaurante especializado en cocina y vinos de la región.
***** JM Puerto Rosario.** Avda. Marítima 9. ☎ 928 859 464. www.jmhoteles.com
Hab. 88: 52/96 €. Suites: 3. Consultar ofertas. Céntrico. Frente al puerto marítimo y de cruceros.

Villaverde (Fuerteventura) Ver La Oliva. — 83 • F-1

TENERIFE

Acantilados de los Gigantes (Tenerife) Ver Santiago de Tenerife. — 81 • A-3

Adeje/Arona/Playa de las Americas (Tenerife) — 81 • B-4

A SANTA CRUZ DE TENERIFE, 80 KM. ALT. 340 M. POB. 45.000.
GPS (28° 7' 16"N-16° 43' 3"O).

Fiestas: 19-20 enero: San Sebastián, Procesión Santa. Semana Santa. Corpus Christi. Octubre: Sta. Úrsula y La Encarnación.
Visitar: Iglesia de Sta. Úrsula, Bien de Interés Cultural. Museo de Arte Sacro. Barranco del Infierno. Archivo Histórico. Playas. Senderismo. Parque Temático del Agua.

Restaurantes

El Torito. (En CALETA, a 3 km). (Urb. El Beril). La Herradura, s/n. ☎ 922 715 566. www.restaurantesdeadeje.com
Cierra miércoles. Decoración taurina. Arroz meloso con cordero y calabacín, rabo de toro, peras al vino tinto. Precio medio 30 €.

Las Aguas. (H. GRAN HOTEL BAHÍA DEL DUQUE RESORT). Avda. Bruselas, s/n. ☎ 922 746 900. www.bahia-duque.com
Cierra al mediodía, domingo segunda quincena de junio y de septiembre. La propiedad del hotel, ha hecho una apuesta por diferenciar su restaurante emblemático impulsando una alta cocina canaria, de la mano de uno de los jóvenes valores locales, Braulio Simancas, ya acreditado en El Silbo Gomero. Precio medio 65 €.

Hoteles

***** **Dream Gran Tacande.** Alcalde Walter Paetzman, s/n. ☎ 922 746 400. www.dreampalacehotels.com
Hab. 206: 150/467 €. Suites: 44. Centro Spa. En primera línea de la Playa del Duque. Restaurantes BOCOY, BOCANA Y ZURRÓN.

***** **Europe Villa Cortés.** (En ARONA). Avda. Rafael Puig, s/n. ☎ 922 757 700. www.europa-hotels.org
Hab. 151: 128/365 €. Suites: 12. Consultar ofertas y admisión de perros. En primera línea de playa. Restaurante TIZIANO, LA SIRENA y BRAUHAUS.

***** **Gran Hotel Bahía del Duque Resort.** (En COSTA ADEJE). Avda. Bruselas, s/n. ☎ 922 746 900. www.bahia-duque.com
Hab. 311: 316/728 €. Villas: 40. Suites: 46. Consultar ofertas. Conjunto arquitectónico que refleja con cierta fidelidad la arquitectura canaria de principios de siglo, con vagas reminiscencias victorianas y venecianas. Elegantes y cuidadas instalaciones en los distintos ambientes, con abundante vegetación, agua y jardines. Cuenta con diez restaurantes.

***** **Iberostar Grand Hotel Anthelia.** Londres, s/n. ☎ 922 713 335. www.iberostar.com
Hab. 391: 150/460 €.

***** **Jardines de Nivaria.** París, s/n. ☎ 922 713 333. www.adrianhoteles.com
Hab. 172: 107/460 €. Suites: 95. Acceso directo a la playa. Restaurantes SOLANDRA, LA CÚPULA y PLAYA NIVARIA.

***** **Las Madrigueras.** (Playa de LAS AMÉRICAS). Golf Las Américas. ☎ 922 777 818. www.hotel-lasmadrigueras.com
Hab. 44: 156/506 €. Suites: 13. Consultar cierre. Restaurantes BELLE VUE y BOGEY.

***** **Mediterranean Palace.** (Playa de LAS AMÉRICAS). Avda. de las Américas, s/n. ☎ 922 757 500.
Hab. 535: 126/290 €.

***** **Roca Nivaria Gran Hotel.** (En Playa PARAÍSO). Avda. Adeje, 300. ☎ 922 740 202. www.adrianhoteles.com
Hab. 211: 195/434 €. Suites: 83.

***** **Royal Garden Villas Spa.** Alcojora. Finca Los Olivos. Campo de Golf Costa Adeje. ☎ 922 711 294. www.royalgardenvillas.com
Villas: 28: 250/1.000 €. Consultar ofertas. Brinda al viajero el servicio de un hotel de 5 estrellas, la privacidad de una villa y el cuidado de un spa, frente a un campo de golf. Restaurante JARDÍN DE VÍCTOR ROCHA.

***** **Sheraton La Caleta Resort & Spa.** (En LA CALETA-ADEJE). La Enramada, 9. ☎ 922 162 000. www.sheraton.com/lacaleta
Hab. 284: 170/340 €. Suites: 20. En primera línea de playa. Restaurantes LA VENTA, VIVACE, KAMAKURA y EL PARADOR.

***** **Sir Anthony.** (En ARONA). Avda. de las Américas, s/n. ☎ 922 757 500. www.expogrupo.com
Hab. 72: 144/349 €. Suites: 7 Centro de belleza y salud Mare Nostrum Spa. Restaurantes WINDSOR y EMBASY.

**** **Bitácora.** (En ARONA). California, 1. ☎ 922 791 540. www.springhoteles.com
Hab. 314: 73/268 €. Desayuno incluido. Consultar ofertas. Rodeado de jardín subtropical. A 350 m de la playa.

**** **Colón Guanahaní.** (En Playa FAÑABE). Bruselas, s/n ☎ 922 712 046.
Hab. 154: 254/475 €.

**** **Esmeralda Playa.** Avda. Ernesto Sarti, 8. ☎ 922 714 606. www.hotelesmeralda.com
Hab. 303: 96/120 €. Suites: 18. Consultar ofertas. Playa a 200 m y puerto deportivo a 400 m. Restaurante PRINCIPAL.

**** **Gala Tenerife.** (Playa de LAS AMÉRICAS). Avda. Arquitecto Gómez. Cuesta, 3. ☎ 922 794 513. www.hotelgala.com
Hab. 308: 80/172 €. A 250 m de la playa.

**** **H10 Costa Adeje Palace.** Playa de La Enramada, s/n. ☎ 922 714 171. www.h10hotels.com
Hab. 467: 165/264 €. Junto a la playa. Restaurante LA TOSCA.

**** **Jardín Tropical.** Gran Bretaña, s/n. ☎ 922 746 000. www.jardin-tropical.com
Hab. 390: 99/414 €. Suites: 66. Singular edificación con bellas y armoniosas formas arquitectónicas rodeado de 12.000 m² de jardines tropicales. Restaurantes EL PATIO, LAS ROCAS, pescados y mariscos, LAS CUEVAS y LAS MIMOSAS.

Caleta (Tenerife) Ver Adeje/Arona/Playa de la Américas. 81 • B-3

Candelaria (Tenerife) 81 • D-2

A SANTA CRUZ DE TENERIFE, 15 KM. POB. 23.319. ☎ 922 032 230.
GPS (28° 21' 7"N-16° 22' 1"O).

Fiestas: Febrero: Carnaval. 2 de febrero: Fiesta litúrgica Virgen de Candelaria. 16 de julio: Virgen del Carmen. 26 de julio: Sta. Ana, patronal. 14-15 de agosto: Fiesta en honor a La Virgen de Candelaria. Julio-agosto: Festival de Candelaria.
Visitar: Plaza y Basílica de Ntra. Sra. de Candelaria. Iglesia de Sta. Ana. Cueva de S. Blas. Conjunto escultórico de Los Menceyes Guanches. Centro Alfarero Casa Las Miquelas.
Alrededores: Igueste, Caserío de La Jiménez, Barranco Hondo, Araya, Cuevecitas, Malpaís y Las Caletillas. GÜIMAR, a 5 km. Camino Viejo: Conecta la Laguna con Candelaria, declarado Bien de Interés Cultural.

Restaurantes

®**El Archete.** (Cruce de la Autopista de Candelaria). Lomo de Aroba, 2. ☎ 922 500 354.
Cierra domingo en verano y primera quincena de octubre. Cocina canaria evolucionada a cargo de Ángel Rodríguez, en un entorno rural. **Ensalada templada de atún y lapa, conejo en salmorejo**, postres canarios. Precio medio 27 €.

Hoteles

**** **Catalonia Punta del Rey.** (En LAS CALETILLAS). Avda. Marítima, 165. ☎ 922 501 899. www.hoteles-catalonia.es
Hab. 422: 65/105 €. Suites: 1. Piscina de agua de mar. Frente al mar.

Hotel Rural Finca Salamanca. Ctra. El Puertito, 2. ☎ 922 514 530. www.hotel-fincasalamanca.com
Hab. 16: 76/148 €. Suites: 4. En una finca de aguacates de 50.000 m².

Cañadas del Teide, Las (Tenerife) Ver Orotava, La. 81 • C-2

Cristianos, Los (Tenerife) 81 • B-4

A SANTA CRUZ DE TENERIFE, 76 KM.
GPS (28° 2' 57"N-16° 43' 7"O).

Hoteles

***** **Sandos San Blas Reserva Ambiental.** (En LOS ABRIGOS-SAN MIGUEL DE ABONA). Urb. San Blas. Avda. Greñamora, 1 ☎ 922 749 010. www.sanblas.eu
Hab. 281: 97/550 €. Suites: 50. Ubicado en una reserva ambiental. En primera línea de playa. Dispone de lago navegable. Restaurantes LA CUEVA DE ATXOÑA y LA PROA.

**** **Arona Gran Hotel.** Avda. Juan Carlos I, 38. ☎ 922 750 678.
Hab. 379: 120/290 €. Suites: 12. Situado en el antiguo puerto de pescadores. Con vistas al mar. Animación diurna y nocturna. Restaurante LAS VISTAS.

**** **Paradise Park.** Urb. Oasis del Sur, s/n. ☎ 922 757 227. www.hotelparadisepark.com
Hab. 280: 62/190 €. Centro Bienestar "ATLÁNTIDA". Spa, tratamientos corporales y estéticos. Parque de Ocio de 4.000 m². Restaurantes TENERIFE, ATLANTE y STRELITZIA.

Granadilla de Abona (Tenerife) 81 • C-3

A SANTA CRUZ DE TENERIFE, 68 KM. ALT. 670 M. POB. 39.993
GPS (28° 7' 11"N-16° 34' 4"O).

Fiestas: Carnaval. Mayo-junio: Fiestas Mayor. Junio: Feria de Artesanía.
Visitar: Casco histórico. Antiguo Convento Franciscano. Museo de Historia.
Alrededores: Formaciones volcánicas: Montaña Guajara; Iferfe, de Las Chozas, de El Lugar, Acojeja, Chiñama, Montaña Gorda, Yaco. Parque Natural de la Corona Forestal.

Restaurantes

El Templete. (En MÉDANO, a 6 km). Mencey de Abona, s/n. ☎ 922 176 079.
Cierra domingo noche y lunes. Amplia terraza cerca del mar de ambiente marinero y acertada oferta culinaria a cargo de Javier Parias. Los hermanos Barrera atienden la sala y bodega. **Queso a la plancha con mojo cilantro, albacora con humus de garbanzos y vinagreta de pistachos, leche asada con miel de palma.** Precio medio 25 €.

Guía de Isora (Tenerife) 81 • B-3

A SANTA CRUZ DE TENERIFE, 95 KM. ALT. 580 M. POB. 21.267.
GPS (28° 12' 33"N-16° 46' 4"O).

Fiestas: 24-25 de junio: S. Juan, Ntra. Sra. de la Paz. Primer domingo de agosto: S. Juan Bautista y Ntra Sra. de Carmen. 15 de agosto: Ntra. Sra. de Candelaria. Segundo y Tercer domingo de septiembre: Fiestas de Ntra. Sra. de la Luz y Cristo Dulce Muerte. 17-18 de noviembre: Fiestas del Volcán.
Visitar: Casco histórico, Bien de Interés Cultural. Iglesia Ntra. Sra. de la Luz. Sala de Exposición permanente. Yacimientos: Grabados rupestres y cuevas sepulcrales
Alrededores: Parque Nacional del Teide. ARIPE. CHIRCHE.

Restaurantes

®**Calima.** Urbanización La Jaquita, s/n. ☎ 922 869 000. www.granmelia.com
Cierra al mediodía, domingo y lunes. Es una filial del Calima (Dani García y Meliá Marbella) con un estilo similar, de mano de cocineros formados en la casa matriz. Cocina moderna, de clara influencia andaluza y gran técnica. Menús degustación 65 y 75 €.

Kabuki Abama. (H. ABAMA). Ctra. General TF-47, km 9. ☎ 922 126 000. www.abamahotelresort.com
Cierra al mediodía, martes y junio. El restaurante de Ricardo Sanz en Tenerife se mantiene como referencia de la cocina japonesa en las Islas, por su calidad y el manejo de materias primas muy frescas. Oriol Balaguer pone su tono en los postres. Precio medio 75 €.

M. B. (H. ABAMA). Ctra. General TF-47, km 9. ☎ 922 126 000. www.abamahotelresort.com
Cierra al mediodía, domingo, lunes y julio. El cambio de jefe de cocina, ahora con Erlantz Gorostiza, sigue el alto nivel al que Martín Berasategui presta especial atención. Además, un marco singular y amplio, un servicio de lujo y una gran bodega lo mantiene en primera línea. Precio medio 100 €.

Hoteles

***** **Abama & Spa Resort.** Ctra Gral. TF-47, km 9. ☎ 922 126 000. www.abamahotelresort.com
Suites. 476: 275/900 €. Consultar ofertas. Suites en villas. Rodeado de 12.000 m² de jardín. Restaurantes KABUKI, M.B. y EL MIRADOR.

***** **Gran Meliá Palacio de Isora.** Urb. La Jaquita, s/n. ☎ 922 869 000. www.granmeliapalaciodeisora.com
Hab. 579: 189/350 €. Villas: 6. En un bello palacio. Restaurantes CALIMA, PANGEA y CLUB OCEAN.

Icod de los Vinos (Tenerife) 81 • B-2

A SANTA CRUZ DE TENERIFE, 57 KM. ALT. 220 M. POB. 24.024. 🛈 922 869 600.
GPS (28° 22' 1"N-16° 43' 1"O).

Fiestas: Febrero: Carnavales. 25 de abril: Fiestas patronales de S. Marcos. 23 de junio: Hogueras y "hachitos" en la noche de S. Juan. 5 de agosto: Baile del Tajaraste, durante las fiestas de la Virgen del Amparo. Finales de agosto: Fiestas de Sta. Bárbara, en el barrio de su nombre, con procesión, misa canaria y ornamentación con frutas en el techo de la ermita. Última quincena de septiembre: Fiestas del Santísimo Cristo del Calvario, con Fiesta Artístico Literaria y Feria de Artesanía. 30 de noviembre: Fiestas de S. Andrés, se corren en diversas calles con tablas de tea y se prueba el nuevo vino.
Visitar: Milenario Drago donde se ha acondicionado un hermoso Parque Natural de especies vegetales autóctonas de Canarias. Tiene una gran antigüedad. Iglesia de S. Marcos, su capilla de las Ánimas conserva un techo de madera pintado en 1706 y el altar mayor, barroco, una cruz de plata de filigrana en el Museo de Arte Sacro. Destacan también el convento de S. Francisco y la capilla de Los Dolores, siendo el retablo de ambos de estilo rococó. La Iglesia del Amparo, en el barrio homónimo, declarada Bien de Interés Cultural, Constituyen un conjunto arquitectónico de gran relevancia.
Alrededores: GARACHICO, a 5 km: El más importante de los puertos insulares, en otros tiempos, que fue destruido por un río de lava en 1796. Bellas casas señoriales. A 18 km, S. JUAN DE LA RAMBLA.

Hoteles

Hotel Rural La Quinta Roja. (En GARACHICO). Glorieta de San Francisco, s/n. ☎ 922 133 377. www.quintaroja.com
Hab. 20: 87/205 €. Suites: 4. Consultar cierre y ofertas.

Matanza de Acentejo, La (Tenerife) Ver Tacoronte. 81 • D-2

Médano (Tenerife) Ver Granadilla de Abona. 81 • C-4

Naranjeros, Los (Tenerife) Ver Tacoronte. 81 • D-2

Orotava, La (Tenerife) 81 • C-2

A SANTA CRUZ DE TENERIFE, 38 KM. ALT. 500 M. POB. 41.171.
GPS (28° 23' 25''N-16° 31' 2"O).

Fiestas: Junio: Fiestas patronales, declarada de Interés Turístico Nacional. Corpus Christi, tapiz de tierras del Teide y alfombras de flores. Romería de S. Isidro Labrador.
Visitar: Casco antiguo declarado de Interés Histórico Nacional. Villa Monumental.
Alrededores: Parque Nacional del Teide. Mirador de Humboldt. Playas: Bollullo, El Ancón y los Patos. Parques Temáticos y Museos: De Artesanía, de Arte Sacro y Etnográfico de Pinolere.

Restaurantes

Lucas Maes. (Autopista La Orotava - Puerto de la Cruz, salida 32). (Dehesa Baja). Barranco de la Arena, 53. ☎ 922 321 159. www.lucasmaes-restaurante.com
Cierra domingo, lunes, Semana Santa, última semana de agosto y dos primeras de septiembre. La mejor cocina centroeuropea de la isla, con el añadido de productos de la tierra y del mar cercano. **Solomillo de buey a la sal ahumada y verduritas, mousse de galleta María con toffe y helado de plátano**. Precio medio 32 €.

Hoteles

** **Parador de Turismo Las Cañadas.** Parque Natural del Teide, km 46,5. TF-21. ☎ 922 386 415. www.parador.es
Hab. 37: 112/140 €. Consultar ofertas. Situado en el cráter de las cañadas a más de 2.000 m sobre el nivel del mar, contempla impresionantes panorámicas sobre el Teide. Declarado Patrimonio de la Humanidad. Restaurante TEIDE.

Puerto de La Cruz (Tenerife) 81 • C-2

A SANTA CRUZ DE TENERIFE, 39 KM. ALT. 134 M. POB. 32.219. ℹ 922 386 000.
GPS (28° 24' 46''N-16° 32' 4"O).

Fiestas: Febrero: Carnavales. 3 de mayo: Fiestas Fundacionales. 23 de junio: Fiesta de S. Juan. Julio: Fiestas Patronales en honor a la Virgen del Carmen. 29 de noviembre: S. Andrés.
Visitar: Jardín Botánico: Maravillosa reserva de flores, plantas y árboles de todo el mundo. Iglesia de Ntra. Sra. de La Peña de Francia. Castillo S. Felipe, Monumento Histórico-Artístico. Iglesia de S. Francisco. Parque Taoro. Acantilado Martiánez. Lago de Martiánez y Playa Jardín diseñados por el artista César Manrique. Paseo de S. Telmo. Jardín Sitio Litre. Plaza del Charco. Loro Parque. Museos Arqueológico y de Arte Moderno. Buenavista Golf, a 30 km.
Alrededores: A 8 km, LOS REALEJOS y LA OROTAVA. A 35 km, LAS CAÑADAS DEL TEIDE.

Restaurantes

El Duende. La Higuerita, 41. ☎ 922 374 517. www.el-duende.es
Cierra lunes y martes. Su cocinero y propietario, Jesús González, fue de los primeros en desarrollar una cocina moderna con sabores del recetario tradicional de las Islas y sigue fiel a esa línea, en una antigua casona entre el Puerto de la Cruz y La Orotava. **Bubango relleno de cazuela de cherne, tocineta de cochinillo negro sobre potaje de coles y cebollas de Guayonje**. Precio medio 30 €.
La Gañanía. Camino El Durazno, 71. ☎ 922 371 000. www.laganania.com
Cierra lunes y martes. Un comedor exterior de paredes de cristal, mirando hacia las plataneras y el mar, ha aumentado su atractivo, donde Pedro Rodríguez Dios, elabora una cocina de mercado muy actual. **Ensalada de salmón de Uga con papas de color, sama roquera con bugardos**. Elogiables postres de combinación con **frutas** y el menú de **papas canarias**. Precio medio 30 €.
Régulo. Pérez Zamora, 16. ☎ 922 384 506. www.restauranteregulo.com
Cierra lunes al mediodía, domingo y julio. Casa del s. XVIII con patio-comedor. Pimientos del piquillo rellenos de cherne, pescado fresco a la plancha, quesillo canario. Precio medio 25 €.

Hoteles

***** **Botánico.** Richard J. Yeoward, 1. ☎ 922 381 400. www.hotelbotanico.com
Hab. 200: 163/410 €. Suites: 52. Admisión de perros, consultar. "The Oriental Spa Garden". Próximo al club de golf "El Peñón Tacoronte". Miembro de "Leading Hotels of the World". Lujosas instalaciones con magníficas vistas. Exhuberante jardín. Restaurantes IL PAPPAGALLO, THE ORIENTAL, LA PARRILLA y EL FRESCO.
***** **Semiramis.** Urb. La Paz, L. Colugan Zulueta, 27. ☎ 922 373 200.
Hab. 286: 124/186 €.
**** **Catalonia Las Vegas.** Avda. Colón, 2. ☎ 922 383 900. www.hoteles-catalonia.com
Hab. 261: 85/165 €. En primera línea de playa. Frente a Lagos Martiánez. Excelentes vistas al Teide.
**** **Florida.** Avda. Blas Pérez González, 11. ☎ 922 370 770. www.floridatenerife.com
Hab. 335: 50/134 €. Totalmente reformado.
**** **H10 San Felipe.** Avda. de Colón, 22. ☎ 922 383 311.
Hab. 225: 120/245 €. Suites: 35. Dispone de amplias habitaciones y servicios. En primera línea de playa.
**** **H10 Tenerife Playa.** Avda. de Colón, 12. ☎ 922 383 211. www.h10hotels.com
Hab. 324: 118/145 €. Céntrico. A 50 m de la playa y del Lago Martiánez. Restaurante PRINCIPAL.
**** **Maritim.** (En LOS REALEJOS, a 3 km). El Burgado, s/n. ☎ 922 379 000. www.hotelmaritimtenefire.com
Hab. 297: 90/200 €. Apartamentos: 48. Suites: 10. Junto al mar. Jardín subtropical de 40.000 m².
**** **Oasis Orotava Palace.** Avda. Aguilar y Quesada, 3. ☎ 922 368 860. www.hoteloasis.com
Hab. 216: 105/175 €. Suites: 9. Consultar ofertas. Céntrico. A 200 m de los Lagos Martíanez y la playa. Restaurantes LA CASCADA y LA FLORENTINA.
**** **Spa Playacanaria.** Urb. El Durazno, s/n. ☎ 922 385 151.
Hab. 248: 132/342 €. Suites: 9. Grandes jardines. Dispone de autobús gratuito al centro de la ciudad. Restaurante EL DRAGO.
**** **Sol Puerto de la Cruz.** Avda. Marqués Villanueva del Prado, s/n. ☎ 922 384 011. www.solpuertodelacruz.solmelia.com
Hab. 300: 90/165 €. Suites: 11. Vistas al mar y al Teide. Rodeado de jardín subtropical. Restaurante LA PALMA.

**** **Tigaiga.** Parque Taoro, 28. ☎ 922 383 500. www.tigaiga.com
Hab. 76: 90/240 €. Suites: 7. Vista panorámica. Trato personalizado. Zona tranquila. Restaurante TINGUARO.
**** **TRH Atalaya.** Dinamarca, 3. ☎ 922 376 060. www.trhhoteles.com
Hab. 178: 61/165 €. Suites: 4. Restaurantes MALVASÍA y TRATTORIA.
*** **Monopol.** Quintana, 15. ☎ 922 384 611.
Hab. 92: 35/96 €. Hotel de construcción típica canaria.

San Cristóbal de La Laguna (Tenerife)

81 • D-2

A SANTA CRUZ DE TENERIFE, 10 KM. ALT. 0-550 M. POB. 150.661. 922 631 194.
GPS (28° 29' 14''N-16° 18' 5"O).

Fiestas: Semana Santa. Junio: Corpus Christi. Julio: Romería de S. Benito Abad, de Interés Turístico Nacional. Agosto: Los Corazones de Tejina, Bien de Interés Cultural. Septiembre: Santísimo Cristo de La Laguna. Octubre: La Librea.
Visitar: Conjunto Histórico declarado Bien de Interés Cultural, Patrimonio de la Humanidad. Ayuntamiento. Palacio Episcopal. Casa de Alvarado Bracamonte, s. XVII. Real Santuario del Cristo de La Laguna. Casa Montañes: s. XVIII. Iglesia y ex-convento de Sto. Domingo de Guzmán: s. XVI. Iglesia de la Concepción, s. XVI y su torre. Convento de S. Agustín. Playa El Arenal.
Alrededores: Monte de La Mercedes en el Parque Rural de Anaga, senderismo. Miradores: De La Cruz del Carmen, del Pico del Inglés, de Aguere, de la Mesa Mota.

Restaurantes

®**Chez Stéphane.** Ascanio y Nieves, 7. ☎ 922 253 584.
Cierra domingo noche, lunes, martes y de mediados de julio a mediados de agosto. El belga Stéphane Jaumain ha consolidado su restaurante bistró, sobre todo con público local. Especialidades regionales francesas de corte clásico, muy bien elaboradas. Precio medio 25 €.
☼**Silbo Gomero.** Volcán Elena, 9. ☎ 922 310 355. www.silbogomerorestaurante.com
Cierra domingo. El que su cocinero y propietario, Braulio Simancas, tenga que dividir su responsabilidad con el restaurante Las Aguas, en el Hotel Bahía del Duque, le ha afectado un poco, pero continúa siendo un referente de cocina canaria de calidad en el área metropolitana de Santa Cruz y La Laguna. Habitualmente, **pescado fresco** y buenos **mojos**. Precio medio 30 €.

Santa Cruz de Tenerife (Tenerife)

81 • E-2

POB. 229.274. 922 299 749.
GPS (28° 28' 10''N-16° 15' 1"O).

Fiestas: 5 de enero: Cabalgata de Reyes Magos. Del 27 de febrero al 13 de marzo: Carnaval, de Interés Turístico Internacional, gran Gala de Elección de La Reina, Cabalgata Anunciadora y Coso Apoteósico de comparsas, murgas, rondallas y agrupaciones musicales. Mayo: Fiestas de mayo, conmemoran la Fundación de la ciudad. Concurso de Cruces de flores naturales.
Visitar: Iglesias de La Concepción, del s. XV, reconstruida en 1653; de S. Francisco, s. XVII; de S. Jorge. Ermita Ntra. Sra. de Regla. Castillo de S. Juan Bautista o Castillo Negro, Patrimonio Histórico. Casa de la Pólvora. Museo Municipal de Bellas Artes. Museo de la Naturaleza y El Hombre, Museo Militar Regional. TEA (Tenerife Espacio de Artes) y Biblioteca Municipal. Mercado Ntra. Sra. de África y Parque García Sanabria. Auditorio y Centro Internacional de Ferias y Congresos, del arquitecto Santiago Calatrava. Su puerto, uno de los más importantes de España. Parque Marítimo César Manrique. Teatro Ángel Guimerá.
Alrededores: Parque Nacional de las Cañadas del Teide. Parque Rural de Anaga. Playas: Las Teresitas, Benijo, Almáciga, Las Gaviotas y Roque de las bodegas.

Restaurantes

®**Azafrán.** (H. COLÓN) Ramblas de Santa Cruz, 98. ☎ 922 280 725.
Cierra domingo y lunes. Ha cambiado de ubicación, se ha decantado por la cocina fusión, con una mezcla de estilos caribeños, africanos y europeos. Su jefe de cocina, Nacho Hernández, ganó el último (VI) Campeonato de Cocineros de Canarias. Precio medio 35 €.
☼**El Coto de Antonio.** Perdón, 13. ☎ 922 272 105.
Cierra domingo noche. Es la referencia de la cocina burguesa, con una carta un poco inmovilista, tal vez porque los clientes se dejan aconsejar por las recomendaciones de su jefe de sala y propietario, Carlos Padrón, que presenta las excelentes elaboraciones de Antonio García. Durante todo el año tiene **papas negras**. Precio medio 40 €.
☼**El Gusto por el Vino.** Emilio Calzadilla, 6. ☎ 922 277 110. www.eolgustoporelvino.com
Cierra domingo y agosto. Una cocina que combina un estilo clásico con algunas técnicas modernas, lo han situado como una de las ofertas más interesantes de Santa Cruz. Como su propio nombre indica, uno de los aspectos más notable es la bodega, con grandes vinos. Precio medio 40 €.
®**La Cuchara de Víctor Cruz.** Pza. Curtidos Hermanos Dorta, 1. ☎ 922 209 434. www.lacucharadevictorcruz.com
Cierra lunes noche, domingo, segunda semana de enero, fin de semana de carnavales y primera quincena de septiembre. Víctor Cruz ofrece, en su cálido y acogedor local, una cocina creativa y de fusión bien concebida. **Crujiente de morcilla, mojo de cilantro y virutas de queso ahumado, wok de atún con verduras y soja, chocolate más chocolate**. Menú 18 €. Precio medio 30 €.
Los Troncos. El Perdón, 17. ☎ 922 284 152.
Cierra domingo noche, miércoles y del 15 de agosto al 15 de septiembre. Cocina casera isleña. Rancho canario, pescados frescos, huevos mole. Precio medio 25 €.
®**Mesón Clavijo 38.** (Cerca del Ayuntamiento). Viera y Clavijo, 38. ☎ 922 271 065.
Cierra domingo. Ignacio Undagoitia elabora una cocina de raíces vascas en el corazón de la capital tinerfeña. **Cocochas al pil-pil, chuletón de buey, carpaccio de papaya**. Precio medio 45 €.
Taberna Ramón. Rambla de Santa Cruz, 56. ☎ 922 241 367.
Cierra domingo y del 23 de agosto al 23 de septiembre. Popular taberna frente a la Plaza de Toros. Papas rellenas, pulpo a la canaria, leche asada. Precio medio 20 €.

Hoteles

**** **Hotel Escuela Santa Cruz.** Avda. San Sebastián, 152. ☎ 822 010 500. www.hecansa.com
Hab. 65: 73/120 €. Suites: 8. Consultar ofertas. Próximo al auditorio, recinto ferial y estadio de fútbol. Restaurante TAJINASTE.
**** **Silken Atlántida Santa Cruz.** Avda. Tres de Mayo, s/n. Esq. Aurea Díaz Flores. ☎ 922 294 500. www.hotelatlantida.com
Hab. 144: 79/280 €. Suites: 25. Dotado de la más moderna tecnología. En el centro comercial y financiero. Restaurante JARDÍN DE TACORONTE.
*** **Contemporáneo.** Rambla de Santa Cruz, 116. ☎ 922 271 571. www.hotelcontemporaneo.com
Hab. 124: 79/131 €. Suites: 6. Consultar ofertas. Restaurante ALFREDO.
*** **NH Tenerife.** Candelaria, esq. Doctor Allart. ☎ 922 534 422. www.nh-hotels.com
Hab. 64: 100/500 €. Céntrico. Restaurante NHUBE.
*** **Príncipe Paz.** Valentín Sanz, 33. ☎ 922 249 955. www.hotelprincipepaz.com
Hab. 78: 60/147 €. Suites: 2. Consultar ofertas. Céntrico, moderno y funcional.
*** **Taburiente.** José Naveiras, 24. ☎ 922 276 000. www.hoteltaburiente.com
Hab. 171: 122/145 €. Suites: 4. En pleno centro de Santa Cruz. Vistas al Parque García Sanabria. Restaurante GOM.

Santiago del Teide-Puerto de Santiago (Tenerife) 81 • B-2

A SANTA CRUZ DE TENERIFE, 83 KM. ALT. 936 M. POB. 11.825
GPS (28° 17' 43''N-16° 48' 5''O).

Fiestas: Mayo: Fiesta de El Cristo en recuerdo de la erupción del Chinyero. Julio: Fiestas de Ntra. Sra. del Carmen en Puerto de Santiago; procesión marinera y fuegos artificiales en el mar.
Visitar: Pueblo Pesquero. Iglesia parroquial del s. XVII. Pintoresco e importante acantilado de Los Gigantes (avistamiento de cetáceos). Muelle Deportivo de Los Gigantes. Paisajes volcánicos contrastados con la flora autóctona. Espectacular paisaje de almendros en flor durante el mes de febrero. Reserva Natural Especial del Chinyero. Cuevas de Sámara. ARGUAYO: Centro Alfarero y Museo Etnográfico. Puerto Santiago: Zonas de playas "La Arena" (con bandera azul más premiada de Canarias). Imponentes acantilados, son los más importantes de Tenerife.

Restaurantes

El Rincón de Juan Carlos. (En ACANTILADOS DE LOS GIGANTES, a 1 km). Pasaje Jacarandá, 2. ☎ 922 868 040. www.elrincondejuancarlos.es
Cierra al mediodía y domingo. Los hermanos Padrón, Juan Carlos y Jonhatan, desarrollan una de las cocinas más atractivas de Tenerife. De corte muy actual, aportan los toques canarios con el uso de los productos de las Islas, especialmente del cercano mar. Precio medio 40 €.
Pancho. (En PUERTO DE SANTIAGO, a 12 km). (Playa de la Arena). Avda. Marítima, 26. ☎ 922 861 323.
Cierra lunes y junio. Singular y atractiva ubicación junto a una playa de arena negra, donde rompen las olas. Cocina excelente, en especial en las recomendaciones gourmets, que conviven con una carta más turística. Precio medio 35 €.

Hoteles

**** **Barceló Santiago.** (En PUERTO SANTIAGO). La Hondura, 8. ☎ 922 860 912. www.barcelosantiago.com
P
Hab. 383: 68/282 €. Suites: 23. Consultar ofertas. Magníficas vistas sobre los Acantilados de los Gigantes y La Gomera.

Tacoronte (Tenerife) 81 • D-2

A SANTA CRUZ DE TENERIFE, 20 KM. ALT. 510 M. POB. 23.700. 922 570 015.
GPS (28° 28' 51''N-16° 24' 4''O).

Fiestas: Enero: S. Antonio Abad. Marzo: Carnavales. Piñata Chica. Junio: Corpus Christi. Romería de S. Isidro. Septiembre: Stmo. Cristo de Los Dolores. 25 de noviembre: Sta. Catalina Mártir de Alejandría.
Visitar: Exconvento de San Agustín, Bien de Interés Cultural. Parroquia de Sta. Catalina Mártir de Alejandría, del s. XVI. Santuario del Stmo. Cristo de los Dolores, s. XVII. Alhóndiga, s. XVII. El Calvario, s. XVII. Playas de La Arena y El Pris. Bosque de Agua García y Centro de Información Patrimonial de Agua García. Parque Jardines de Hamilton. Acantilados, Bien de Interés Cultural.
Alrededores: Mercadillo del Agricultor. Barrio de S. Juan: Productos típicos y artesanía.

Restaurantes

Amaranto. (En EL SAUZAL, a 3 km). (Autopista Tenerife Norte, salida 23. Urb. Puntillo del Sol). Avda. Roma, 24. ☎ 922 575 047. www.amarantococina.com P
Cierra domingo noche y lunes. Vistas al mar y al Teide. Bocadillo de sardina con tomate, naranja y cebolla Guayonje, cabrito adobado en chile guajillo con crema de papa negra, chocolate con jengibre y pistacho. Precio medio 28 €.
Casa Juan de los Ahumados. (En LA MATANZA DE ACENTEJO, a 2 km). Acentejo, 77. ☎ 922 577 012. www.casajuan. net P
Cierra domingo noche, lunes y mayo. Recetas alemanas y canarias. Torta de papas con salmón ahumado, pato a la naranja, apfelstrudel. Precio medio 25 €.
La Sabina (Tasca Restaurante). (En LA VICTORIA DE ACENTEJO, a 7 km). Santo Domingo, s/n. ☎ 922 581 847. P
Cierra domingo noche. Dos ambientes. Tasca popular y restaurante con recetas más elaboradas. Potaje de berros, solomillo de cordero a la miel, mousse de gofio o de higos. Precio medio 25 €.
®**Los Limoneros.** (En LOS NARANJEROS, a 2 km). Ctra. General del Norte, km 15,4. ☎ 922 636 637. www.loslimoneros. net P
Cierra domingo y 15 días en agosto. En un marco campestre, Mariano Ramos dirige con acierto su casa. **Tartar de lubina, solomillo a la sal**. Precio medio 50 €.

Sauzal, El (Tenerife) Ver Tacoronte. 81 • D-2

Victoria del Acentejo (Tenerife) Ver Tacoronte. 81 • C-2

HIERRO

Guarazoca (Hierro) Ver Valverde. 82 • B-3

La Frontera (Hierro) 82 • B-4

A VALVERDE, 11 KM. ALT. 500 M. POB. 4.009. 922 555 999.
GPS (27° 45' 6''N-18° 0' 20''O).

Fiestas: Febrero: Los Carneros, carnaval. 24 de Mayo: La Consolación. 24 de junio: S. Juan. Del 1 al 15 de agosto: S. Lorenzo y Ntra. Sra. Candelaria. 24 de septiembre: Fiesta de los Reyes.
Visitar: Ermita Ntra. Sra. de los Reyes. Iglesia Ntra. Sra. de la Candelaria. Miradores de la Peña, Bascos y Jinama. Pozo de la Salud. Ecomuseo de Guinea y Lagartario. Senderismo; Rutas en bicicleta. Piscinas Naturales. Balneario Pozo de la Salud. Las Salinas.
Alrededores: Valle de El Golfo.

Hoteles

*** **Hotel-Balneario Pozo de la Salud.** (En SABINOSA). ☎ 922 559 561. www.el-meridiano/balneario.com
P
Hab. 20: 59/69 €. Ofrece servicios de balneario.

Valverde (Hierro) — 82 • B-4

POB. 4.938. 922 550 302.
GPS (27° 48' 33''N-17° 54' 5"O).

Fiestas: Romería de la Virgen de Los Reyes, patrona de la Isla.
Visitar: Capital de El Hierro. Iglesia de Ntra. Sra. de la Concepción.
Alrededores: Conjuntos Históricos de la Cueva de la Pólvora y de la Albarraba. Aeropuerto. Puerto de la Estacada.

Restaurantes

Mirador de la Peña. (En GUARAZOCA, a 8 km). Ctra. General del Norte, 40. ☎ 922 550 300. www.el-meridiano.com
Casa rural, obra de César Manrique con espectaculares vistas sobre el mar. Pastel de vieja con salsa de pimientos, cabrito frito al estilo herreño, mousse de gofio. Menú 12 €. Precio medio 25 €.

Hoteles

*** **Parador de Turismo.** Ctra. General Las Playas, s/n. ☎ 922 558 036. www.parador.es
Hab. 47: 70/145 €. Consultar ofertas. Al borde del mar y rodeado de vegetación. Es un lugar ideal para el descanso en el maravilloso clima de la isla.

GOMERA

San Sebastián de la Gomera (Gomera) — 81 • F-4

POB. 8.965. 922 140 103.
GPS (28° 5' 29"N-17° 6' 47"O).

Fiestas: Cada 5 años: Bajada de la Virgen de Guadalupe a la Capital. Primera semana de septiembre: Fiestas Colombinas.
Visitar: Torre del Conde. Casa-Museo de Colón. Pozo de la Aguada. Ermita de Puntallana de la Virgen de Guadalupe, Patrona de la Gomera. Puerto.
Alrededores: Parque Nacional de Garajonay: Monumento Natural de Los Roques. Reserva Natural Integral Bencijigua. Monumento Natural del Barranco del Cabrito. Parque Natural de Majona.

Hoteles

**** **Jardín Tecina.** (Playa SANTIAGO). Lomada de Tecina, s/n. ☎ 922 145 850. www.jardin-tecina.com
Hab. 434: 110/290 €. Suites: 16. Tecina Golf, 18 hoyos. Restaurantes PRINCIPAL, INTERNACIONAL, BARBACOA LAUREL y CLUB LAUREL.
**** **Parador de Turismo.** Cerro de La Horca, s/n. ☎ 922 871 100. www.parador.es
Hab. 60: 89/157 €. Suites: 2. Consultar ofertas. De estilo típico canario. Situado sobre un acantilado a 70 m sobre el nivel del mar. Vistas al Teide. Restaurante CONDE DE NIEBLA, cocina regional y nacional.

LA PALMA

Barlovento (La Palma) — 82 • B-1

A SANTA CRUZ DE LA PALMA, 35 KM. ALT. 600 M. POB. 2.368.
GPS (28° 49' 36''N-17° 48' 1"O).

Fiestas: Tercer fin de semana, después del lunes de carnaval: Sardinísima. Mayo: Día 3: Día de la Cruz. Días 22-23: María Auxiliadora. Del 28 al 30: Fiesta de las Cruces. 25 de julio: Santiago. Del 1 al 15 de agosto: Ntra. Sra. Virgen del Rosario. 23 de agosto: Ntra. Sra. del Cobre.
Visitar: Población. Iglesia de Ntra. Sra. del Rosario. Paisajes y vistas panorámicas. Parque recreativo de la Laguna de Barlovento. Mirador montaña del Molino. Zona recreativa de Las Mimbreras. Fuentes de origen natural, Patrimonio Rural. Piscinas naturales La Fajana
Alrededores: Miradores de La Tosca, de Los Marantes, del Espigón, de La Moradita-Gallegos. Puerto de Gallegos. Faro de Punta Cumplida. Talavera. Parque Natural de la Nieves, senderismo

Hoteles

*** **La Palma Romántica.** Las Llanadas, s/n. ☎ 922 186 221. www.hotelpalmaromantica.com
Hab. 44: 68/98 €. Suites: 3. Situado en un entorno natural con magníficas vistas al mar, montañas y a la ciudad de Barlovento. Restaurante ROMÁNTICA, cocina muy cuidada.

Breña Baja-Breña Alta (La Palma) — 82 • B-2

A SANTA CRUZ DE LA PALMA, 5 KM. ALT. 400 M. POB. 5.115.- 7.337. 922 181 354.
GPS (28° 38' 36''N-17° 46' 3"O).

Fiestas: B. Baja: Último lunes de agosto: Fiestas en Honor a Ntra. Sra. del Socorro. B. Alta: 3 de mayo: Fiesta de la Cruz. 15 de mayo: Fiesta de S. Isidro. 29 de junio: S. Pedro. 15 de agosto: La Concepción.
Visitar: B. Baja: Iglesias de S. José: Antigua (cerrada al culto); Nueva. Playa de los Canjacos: Arena negra y lava. B. Alta: La Finca Tabaquera El Sitio y el complejo Zoológico. Senderismo. Rutas Temáticas.
Alrededores: Villa de Mazo. El Paso. Montaña de la Breña.

Restaurantes

El Cantillo. (Playa Los Cancajos). Ctra. del Aeropuerto, 67. ☎ 922 434 920.
Cierra martes y del 20 de septiembre al 10 de octubre. Productos y cocina canaria en un sencillo local. Queso con mojo, pescados del día con papas arrugadas y mojo verde, tiramisú. Menú 9 €. Precio medio 20 €.
Las 3 Chimeneas. (En BREÑA ALTA, a 5 km). Ctra. General de la Cumbre, 29. ☎ 922 429 470.
Cierra lunes noche, martes, carnavales y septiembre. Antigua casa de piedra con chimenea y terraza. Flan de queso, chateaubriand, merengue. Precio medio 20 €.

Hoteles

**** **H10 Taburiente Playa.** Los Cancajos, 36. ☎ 922 181 277.
Hab. 293: 115/179 €.

****** Parador de La Palma.** Ctra. El Zumacal, s/n. ☎ 922 435 828. www.parador.es
Hab. 78: 102/145 €. Arquitectura tradicional con vistas al Atlántico. Lugar tranquilo. Restaurante El ZUMACAL. Buena gastronomía local.
Hacienda San Jorge. Playa de los Cancajos, 22. ☎ 922 181 066.
Apartamentos: 155: 83 €. Frente al mar. Exuberante jardín tropical. Restaurante BITÁCORA.

Llanos de Aridane, Los (La Palma)

82 • A-2

A SANTA CRUZ DE LA PALMA, 32 KM. ALT. 350 M. POB. 21.500. ℹ 922 402 583.
GPS (28° 39' 20''N-17° 54' 4''O).

Fiestas: Carnavales. Mayo: OPEN, Mundial de Pesca. Del 15 de junio al 2 de julio: Fiestas Patronales. Del 1 al 15 de julio: Festival Internacional de Jazz.
Visitar: Casco histórico. CEMFAC (Museo Foro Arte Contemporáneo). Llano de Argual. Casa Museo del Vino. Plaza de la Glorieta. Parque Antonio Gómez Felipe. Museo Arqueológico. Playas: Puerto Naos y Charco Verde. Senderismo.
Alrededores: Parque Nacional La Caldera de Taburiente. Observatorio Astrofísico Roque de los Muchachos. Mirador de la Cumbrecita.

Restaurantes

Carmen. (En EL PASO, a 4 km). (Bº. Los Pinos). Urbanización Celtas, 1. ☎ 922 402 618. www.restcarmen.com
Cierra lunes al mediodía, domingo y segunda quincena de junio. Ensalada con queso asado, carrillera de cerdo ibérico con salsa de frambuesa, biscuit helado de higos y almendras. Precio medio 26 €.
Salta si Puedes. Avda. Tanausú, 45. ☎ 922 462 879.
Cierra miércoles. Al igual que su homónimo PALACIO DEL VINO (en el número 37 de la misma avenida. ☎ 922 462 774) cocina canaria en un tino de vino convertido en comedor. Cocido canario, bienmesabe. Precio medio 20 €.

Hoteles

****** Sol La Palma.** Punta del Pozo, s/n. ☎ 922 408 000.
Hab. 308: 94/220 €. Apartamentos: 165. Suites: 12.
***** Valle Aridane.** Glorieta Castillo Olivares, 3. ☎ 922 462 600. www.hotelvallearidane.com
Hab. 42: 35/50 €. Frente al Parque Nacional de La Caldera de Taburiente.

Paso, El (La Palma) Ver Los Llanos de Aridane.

82 • A-2

Santa Cruz de la Palma (La Palma)

82 • B-2

ALT. 15 M. POB. 17.084. ℹ 922 420 007.
GPS (28° 40' 57''N-17° 45' 5''O).

Fiestas: Febrero: Carnavales. 3 de mayo: La Sta. Cruz. (Conmemoración de la fundación de la ciudad).
Visitar: Parroquia de El Salvador, 1585. Iglesia de Candelaria. Santuario de Ntra. Sra. de las Nieves, s. XVI. Ayuntamiento, s. XVI. Casas Señoriales: Salazar, Pinto de Guisla, Monteverde, Fierro y Massieu-Sotomayor. Castillo Sta. Catalina, Monumento Histórico-Artístico. Barco de la Virgen, Museo Naval. Ex-Convento Inmaculada Concepción (Museo Insular). Iglesias de S. Francisco, Sto. Domingo, La Luz y S. Sebastián. Teatro Chico. Plazas: S. Fernando, La Alameda, España y S. Francisco.
Alrededores: PUNTALLANA. BREÑA ALTA: Mirador de la Concepción. EL PASO: Parque Nacional de La Caldera de Taburiente.

Restaurantes

Chipi-Chipi. Juan Mayor, 42. ☎ 922 411 024. www.chipichipi.es
Cierra domingo, miércoles y del 1 de octubre al 16 de noviembre. Puchero canario, chuletón de buey, bienmesabe. Precio medio 14 €.

Hoteles

***** Marítimo.** Avda. Marítima, 75. ☎ 922 420 222. www.hotelmaritimo.com
Hab. 96: 52/90 €. En la zona Histórico-Artística. Tranquilo. A 20 m del mar.

Andorra La Vella

15 • B-3

A MADRID, 618 KM. ALT. 1.050 M. POB. 23.505. 376 873 103. PREFIJO INTERNACIONAL: 00-376.
GPS (42° 30' 27''N-1° 31' 13"E).

Fiestas: 24 de junio: Fiesta del Pobla. Del 2 al 4 de agosto: Fiesta Mayor. 8 de septiembre: Virgen de Maritxell. 26 de diciembre: St. Esteve.
Visitar: Visitar la ciudad, capital del Principado, situado al fondo de un valle profundo bastante abierto, al pie del Pico de Carroi (2.334 m), frente al pico d'Enclar (2.382 m), es la capital más alta de Europa. Entre sus monumentos más interesantes destaca la Casa de la Vall, del 1530, sede del Consejo General. Iglesia parroquial de St. Esteve, antigua iglesia románica del s. XII, transformada por Puig i Cadafalch. La Creu Grossa, cruz de término. Conjunto Monumental de Encclar. Museo Roques al Carrer.
Alrededores: STA. COLOMA, a 4 km: La iglesia de Sta. Coloma, prerrománica del s. IX-X. Estación de esquí. Caldea. Balneario. Excursiones.

Restaurantes

Borda Estevet. Ctra. de la Comella, 2. ☎ 376 864 026. www.bordaestevet.com
Antigua borda con cocina de montaña. Caracoles a la llauna, pies de cerdo con setas, tarta de fresas. Precio medio 26 €.
Can Benet. Antic Carrer Major, 9. ☎ 376 828 922. www.restaurant-canbenet.com
Cierra lunes excepto festivos y segunda quincena de junio. Antigua borda. Ceps con foie-gras, civet de jabalí, milhojas con chocolate. Precio medio 30 €.
Celler d'en Toni. Carrer Verge del Pilar, 4. ☎ 376 821 252. www.cellerdentoni.com
Cierra domingo noche, tercera semana de enero y primera quincena de julio. Rústico local con ambiente familiar. Escudella, chuletón de buey, crema catalana. Precio medio 30 €.
Chez Jacques. Terra-Vella, 11. ☎ 376 820 325.
Cierra noches, julio y agosto. Bistró con capacidad para diez personas. Cocina francesa con toques vietnamitas de Jacques Guillacg. Ensalada de pato, filetes de buey con escalonía, milhojas. Precio medio 30 €.

Hoteles

***** **Andorra Park.** Les Canals, 24. ☎ 376 877 777. www.parkhotelandorra.com
Hab. 77: 105/420 €. Suite: 13. Apartamentos: 8. En el centro comercial. Rodeado de 15.000 m² de jardines. Restaurante RACÓ DEL PARK.
***** **Carlton Plaza.** Avda. Meritxell, 23-25. ☎ 376 872 999. www.plazandorra.com
Suites: 66: 96/258 €. Suites: 66. Consultar ofertas. En el centro comercial y administrativo. Restaurante CARLTÓN, cocina de mercado.
***** **Crowne Plaza Andorra.** Prat de la Creu, 88. ☎ 376 874 444. www.plazandorra.com
Suites: 133: 96/258 €. Suites: 66. Consultar ofertas. Habitaciones temáticas. Para niños sala de juegos infantiles. Planta de no fumadores. Restaurante EL GRAN CAFÉ, buffet y show cooking.
***** **Plaza.** Anna María Pla, 19-21. ☎ 376 879 444. www.plazandorra.com
Hab. 45: 106/269 €. Suites: 45. Consultar ofertas. Céntrico. Planta no fumadores. Restaurante LA CÚPULA, gastronómico.
**** **Andorra Center.** Dr. Nequi, 12. ☎ 376 824 800. www.besthotels.es
Hab. 176: 50/200 €. Céntrico. Hotel dotado de jacuzzi, terraza-solarium, gimnasio, sauna. Restaurante a la carta y bufé.
**** **Arthotel.** Prat de la Creu, 15-25. ☎ 376 760 303. www.arthotel.ad
Hab. 110: 87/236 €. Suites: 15. Desayuno buffet incluido. Restaurantes PLATÓ y GALLERY.
**** **Diplomàtic.** Avda. Tarragona, s/n. ☎ 376 802 780. www.diplomatichotel.com
Hab. 80: 47/165 €. Suites: 5. Sello especial de "negocios y reuniones".
**** **Husa Centric.** Avda. Meritxell, 87 -89. ☎ 376 877 500. www.husa.es
Hab. 73: 90/184 €. Suites: 7. Céntrico. Cocina internacional y de montaña.
**** **Mercure Andorra.** De la Roda, s/n. ☎ 376 873 602.
Hab. 172: 84/172 €. Céntrico. Tres restaurantes.
**** **President.** Avda. Santa Coloma, 42-44. ☎ 376 877 277. www.janhotels.com
Hab. 100: 69/210 €. Suites: 3. Consultar ofertas. Restaurante OXALIS.
*** **Andorra Palace.** Avda. Meritxell, 58. ☎ 376 873 601. www.andorrapalace.com
Hab. 63: 77/186 €. Céntrico. Tres restaurantes.
*** **De l'Isard.** Avda. Meritxell, 36. ☎ 376 876 800. www.andorrapalace.com
Hab. 61: 63/143 €. Consultar ofertas. Céntrico.
*** **Pyrénées.** Avda. Princep Benlloch, 20. ☎ 376 879 879. www.hotelpyrinees.com
Hab. 70: 40/110 €. En pleno centro. A 50 m del ayuntamiento.

Canillo

15 • B-3

A ANDORRA LA VELLA, 12 KM. ALT. 1531 M. POB. 5.422. 376 753 600. PREFIJO INTERNACIONAL: 00-376.
GPS (42° 33' 58''N-1° 35' 48"E).

Fiestas: 16 de agosto: St. Roc. 8 de septiembre: Peregrinación al Santuario Nacional de Meritxell.
Visitar: Pueblo típico de montaña. Iglesia de S. Serni y el viejo molino. Palacio de Hielo, único del Principado. El Santuario de "Nostra Senyora de Mertixell" patrona nacional, edificio muy emblemático obra del arquitecto Ricardo Bofill del año 1976. St. Joan de Caselles, ss.XI-XIV.
Alrededores: El románico de la parroquia de Canillo le sorprenderá y le llevará a conocer el encanto de los pequeños pueblos de sus alrededores. Instalaciones deportivas de la estación de esquí de Grandvalira.

Hoteles

***** **Ski Plaza.** Ctra. General, s/n. ☎ 376 739 444. www.plazandorra.com
Hab. 91: 74/269 €. Suites: 20. Decoración alpina. Buffet y show cooking.
**** **Euro Esquí.** Ctra. Gral. Canillo-Soldeu, s/n. Vall d'Incles. ☎ 376 736 666.
Hab. 149: 55/220 €. Consultar cierre.
*** **Del Tarter.** (En EL TARTER). Ctra. General, s/n. ☎ 376 802 080. www.hotel-eltarter.com
Hab. 36: 43/186 €. Suites: 1. Consultar cierre y ofertas. A pie de pistas de la Estación Granvalira.

Escaldes-Engordany

15 • B-3

A ANDORRA LA VELLA, 1 KM. ALT. 1.105 M. POB. 16.428. 376 820 963. PREFIJO INTERNACIONAL: 00-376.
GPS (42° 30' 32''N-1° 32' 32"E).

Fiestas: 8 de mayo: Sant Miquel de Engolasters. 14 de junio: Fiesta de la Parròquia. Julio: Festival internacional de Jazz. 25-26 de julio: Sta. Anna y St. Jaume, Fiesta Mayor. 16-17 de octubre: Arts de Vidre.
Visitar: Iglesia de St. Pere Màrtir, de construcción moderna, en su interior destaca un retablo barroco y otro procedente de la Iglesia de St. Romá dels Vilars. Iglesias de S. Jaume d'Engordany y Sant Miquel d'Engolasters. CAEE: Centro de Arte, con colecciones de Josep Viladomat y de Maquetas de arte románico. Centro Termolúdico Caldea, el más importante de Europa. Ciudad termal conocida por sus hoteles-balnearios romanos.
Alrededores: Lago de Engolasters e iglesia de St. Miquel d'Engolasters, románica lombarda, s. XII. En ELS VILARS: Iglesia prerrománica de St. Romà. Parque Natural, la Vall del Madriu-Perafita-Calor, Patrimonio de la Humanidad. Senderismo, Circuito deportivo de naturaleza.

Restaurantes

Casa Canut. (H. CASA CANUT). Avda. Carlemany, 107. ☎ 376 739 900. www.casacanuthotel.com
Varios arroces, colmenillas rellenas de foie-gras de pato, mi-cuit de chocolate caliente. Menú 35 €. Precio medio 70 €.

Ginjol. La Unión, 11-B. ☎ 376 826 716.
Cierra domingo noche, lunes, del 3 al 25 de mayo y del 6 al 12 de septiembre. Pequeño aforo de apenas seis mesas. Steak tartar con ensalada de rúcula, bacalao con guisado de garbanzos, torrija de pan brioche. Precio medio 48 €.

Hoteles

***** **Casa Canut.** Avda. Carlemany, 107. ☎ 376 739 900. www.casacanuthotel.com P
Hab. 24: 120/200 €. Suites: 9. Consultar ofertas.
***** **Roc de Caldes.** Ctra. d'Engolasters, s/n. ☎ 376 874 555. www.rocdecaldes.com P
Hab. 45: 100/220 €. Consultar cierre. Piscina climatizada panorámica. Programas de relax y gastronomía. Restaurante ELS JARDINS DE HOSTE, gastronómico.
**** **Delfos.** Avda. del Fener, 17. ☎ 376 877 000. www.hoteldelfos.com P
Hab. 180: 58/155 €. En pleno centro comercial. A 200 m del Centro Termolúdico Caldea. Bar, Pub Club Apolo. Restaurante HELIOS i MEMFIS.
**** **Carlemany.** Avda. Carlemany, 4. ☎ 376 870 050. www.hotelcarlemany.ad
Hab. 29: 93/181 €. Consultar cierre. Agua termal en habitaciones. Restaurante AU BON RECONTRE, gastronómico.
**** **Panorama.** Nou Vial de l'Obac, s/n. ☎ 376 873 400. www.andorrapanorama.com P
Hab. 173: 47/150 €. Suites: 4. En el centro comercial. A 300 m de Caldea. Restaurante PANORÀMIC.
**** **Prisma.** Avda. del Fener, 14. ☎ 376 867 929. www.ahotels.com P
Hab. 55: 90/200 €. A 400 m del Centro Termolúdico Caldea. Restaurante FONTANELLA.
**** **Roc Blanc.** Plaça Coprinceps, 5. ☎ 376 871 400. www.rocblachotels.com P
Hab. 160 Precio: 90/310 €. Suites: 4. Desayuno incluido. Consultar ofertas. Céntrico. Centro Termal. Restaurante L'ENTRECÔTE. Buenas carnes y quesos regionales.

Massana, La

15 • B-3

A ANDORRA LA VELLA, 5 KM. ALT. 1.241 M. POB. 9.357. 376 835 693. PREFIJO INTERNACIONAL: 00-376.
GPS (42° 32' 43''N-1° 30' 54"E).

Fiestas: 17 de enero: S. Antonio Abad. 15-16 de agosto: La Asunción.
Visitar: Villa situada en la confluencia del río Arinsal y el Valira del Norte, nudo de comunicaciones. La Iglesia de St. Iscle y Sta. Victoria, conserva restos románicos y torre campanario con reloj. Puente románico de St. Antoni de un sólo arco.
Alrededores: ANYOS: Iglesia de S. Cristofol, románica, del s. XI, en su interior algunos restos de pinturas románicas. A pocos kilómetros, PAL: Iglesia románica del s. XII, de St. Climent, de una nave de bóveda de medio cañón. COLL DE LA BOTELLA: Estación de Esquí de Pal-Arinsal, Vallnorol.

Restaurantes

Borda Raubert. Ctra. d'Arinsal, km 1,5. ☎ 376 835 420. www.bordaraubert.com P
Cierra lunes noche, martes y junio. Borda y cocina típicas andorranas. Escudella, civet de jabalí o de ciervo, crema andorrana. Precio medio 30 €.
El Rusc. Ctra. General La Massana-Arinsal, km 1,2. ☎ 376 838 200. P
Cierra domingo noche, lunes y del 15 de junio al 15 de julio. Pablo Urcelay sigue prestigiando El Rusc con su calidad de producto bien tratado. **Láminas de bacalao con panceta de cerdo y olivas, rodaballo relleno de setas y crema de limón, sablé con confitura de tomate y helado de gorgonzola.** Precio medio 65 €.
La Borda de l'Avi. Ctra. General d'Arinsal, s/n. ☎ 376 835 154. www.labordadelavi.com P
Típica borda con parrilla de carnes a la vista. Tosta de queso de cabra con salmón ahumado, ternera a la parrilla con hierbas del Pirineo, mousse de pistacho al chocolate amargo. Precio medio 50 €.

Hoteles

**** **Abba Xalet Suites Hotel.** Terra Major de Sispony, s/n. ☎ 376 737 300. www.abbaxaletsuiteshotel.com P
Hab. 47: 60/178. Suites: 36: Consultar ofertas. Privilegiadas vistas sobre el valle. Restaurante CARROI
**** **Rutllan.** Avda. del Ravell, 3. ☎ 376 835 000. www.hotelrutllan.com P
Hab. 96: 50/160 €. Consultar ofertas. Junto al telecabina de la Estación de Pal.

Ordino

15 • B-3

A ANDORRA LA VELLA, 8,5 KM; MADRID, 619 KM. ALT. 1.298 A 2.900 M. HAB. 3.988. 376 878 173. PREFIJO INTERNACIONAL: 00-376.
GPS (42° 33' 20''N-1° 31' 60"E).

Fiestas: Del 2 al 5 de julio: Roser de Ordino. 7-8 de agosto: Trobada de Buners (encuentro de gaiteros). 16 de septiembre: Fiesta Mayor. 19 de septiembre: Muestra Gastronómica de Andorra. Fines de semana de octubre: Festival Internacional Narciso Yepes.
Visitar: Iglesia parroquial de St. Corneli y St. Cebrià. Museo Areny-Plandolit. Museo Postal. Museo de la Miniatura Nicolai Siadristy Museo Iconográfico St. Jordi y del Cristianismo. Museo Farga Rossell. Exposiciónes de botánica, de carteles y de pinturas. Ruta del Hierro.
Alrededores: CORTINADA: Muela y aserradero de Cal Pal. Iglesia romántica de St. Martí. Centro de Natura. ANSALONGA: Museo del Pin. LLORTS: Mina de Hierro. Parque Natural de Sorteny.

Hoteles

*** **Babot.** Ctra. d'Ordino a Canillo-Cap del Puy, km 2. ☎ 376 747 047. www.hotelbabot.com P
Hab. 55: 35/100 €. Suites: 2. Consultar cierre y ofertas.
*** **Coma.** Cap de La Tanada, s/n. ☎ 376 736 100. www.hotelcoma.com P
Hab. 47: 38/154 €. Suites: 1. Consultar ofertas. Bañeras hidromasaje en todas las habitaciones.

Sant Julià de Lòria

15 • A-3

A ANDORRA LA VELLA, 6 KM; MADRID, 607. ALT. 850 A 2600 M. POB. 9.595. 376 841 352. PREFIJO INTERNACIONAL: 00-376.
GPS (42° 27' 53''N-1° 29' 29"E).

Fiestas: 20 de enero: St. Sebatià. 7 de enero: St. Julià, patrón. 30 de mayo: Romería de la Virgen de Canòlich. Del 24 al 28 de julio: Fiesta Mayor. Del 25 al 27 de septiembre: St. Julia Vila Medieval.
Visitar: Población más cercana a la frontera hispano-andorrana. Iglesia parroquial de St. Julià i St. Germà, románica del s. XII, reconstruida recientemente, conserva del original la torre campanario de estilo lombardo y un retablo barroco. Es interesante el barrio antiguo con sus calles típicas y varias casas notables. Centre Cultural i de Congressos Lauredià. Museo del Tabaco. Campo de nieve de la Rabassa, fun lift (telesquí, remonte de trineos) y naturaleza, esquí de fondo, parque infantil de nieve y deportes de aventura. Campo de tiro de la Rabassa.
Alrededores: Iglesia románica de St. Mateu de Pui d'Olivesa (donde según la tradición reposó Carlomagno). FONTANEDA: Iglesia de St. Miquel. AIXOVALL: Iglesia de Sta. Filomena. CANOLICH: Ermita donde se venera la "Mare de Déu de Canòlich", talla policromada del s. XI, patrona de St. Julià de Loria, el último sábado de mayo se celebra una romería. NAGOL: Iglesia de St. Cerni (en su interior importantes pinturas románicas) y la de St. Martí.

Hoteles

**** **Husa Imperial.** Avda. Rocafort, 27. ☎ 376 843 478. www.husaimperial.com
Hab. 44: 47/110 €. Suites: 1. Consultar ofertas.
*** **Coma-Bella.** Ctra. de la Rabassa, km 6. ☎ 376 742 030. www.hotelcomabella.com
Hab. 30: 53/134 €. Suites: 8. Consultar cierre.
*** **Pol.** Avda. Verge de Canolich, 52. ☎ 376 841 122. www.hotelpolandorra.com
Hab. 64: 31/55 €. Suites: 9. Consultar cierre. Céntrico. Restaurante L'ERMITAGE.

Soldeu Ver Canillo. 15 • B-3

Ainhoa

6 • F-3

A BAYONNE, 26 KM. ALT. 120. POB. 650. 559 299 399. PREFIJO INTERNACIONAL: 00-33
GPS (43° 18' 25''N-1° 29' 56"O).

Fiestas: Lunes de Pentecostés: Procesión a Ntra. Sra. de Arantzazu. 15 de agosto: Fiestas Patronales. Octubre: Fiesta de La Paloma.
Visitar: Uno de los pueblos de Francia en la ruta del Camino de Santiago. Casas de los s.s XVI-XVIII. Iglesias de los s.s XIII-XVII. Capilla de Ntra. Sra. de Arantzazu.
Alrededores: URDAX: Cuevas. Combo les Bains: Ciudad Termal. Casa de Arnaga.

Restaurantes

Ithurria. Pza. du Frontón, s/n. ☎ 559 299 211. www.ithurria.com
Cierra jueves al mediodía y miércoles excepto verano; y del 2 de noviembre al 1 de abril. Excelentes productos vasco-franceses como el **foie-gras de pato**, el **pichón asado** y el **salmón** del Adour, con **milhojas de frutos rojos** de postre. Menú 36 €. Precio medio 55 €.

Hoteles

*** **Argi-Eder.** Route de la Chapelle. ☎ 559 937 200. www.argi-eder.com
Hab. 19: 95/125 €. Suites: 7. Cierra del 2 de noviembre al 31 de marzo. Céntrico. Terraza de verano. Cocina de la tierra.
*** **Ithurria.** Place du Fronton. ☎ 559 299 211. www.ithurria.com
Hab. 26: 85/155 €. Apartamentos: 2. Cierra del 2 de noviembre al 8 de abril. Grandes habitaciones en la antigua posada, calificada de Monumento Histórico, frente a la iglesia románica de este pintoresco pueblo junto a la frontera con España por Dancharia. Apetitosos desayunos.

Bayonne-Bayona

6 • F-2

A SAN SEBASTIÁN, 54 KM; POB. 45.000. 820 426 464. PREFIJO INTERNACIONAL: 00-33
GPS (43° 29' 39''N-1° 28' 29"O).

Fiestas: Mayo: Días del chocolate. Abril: Festival del Jamón. 21 de junio: Fiesta de la Música. Agosto: Fiestas tradicionales (corridas de toros, festivales folclóricos, toro de fuego y pelota vasca). 19-20 de septiembre: Días del Patrimonio. Octubre: Festival de Teatro.
Visitar: Ciudad romana, fundada en época romana, alcanza su apogeo en el s. XVIII. Puerto. Ciudad vieja. Plaza de la Libertad. Museo Bonnat. Museo Vasco de Etnografía. Catedral de Sta. María, Patrimonio de la Humanidad: Campanario y claustro. Murallas. Taller de fabricación de Chocolate. Atelier du Chocolat Andrieu.
Alrededores: Cruz de Mouguerre. Ruta Imperial de las Cimas. Desembocadura del río Adour, en URT, a 14 km. BIARRITZ: Museos del Mar y del Arte Oriental. ST. JEAN DE LUZ: Las Cuevas de Sara, Istiuiz y Oxocelhaya.

Restaurantes

François Miura. (Petit Bayonne). Marengo, 24. ☎ 559 594 989.
Cierra domingo noche, miércoles y tres semanas en marzo y navidades. Gambas empanadas, solomillo de pato al vino con muslos confitados, frutas de temporada con crema caramelizada. Menús 21 y 32 €. Precio medio 47 €.
® **Le Cheval Blanc.** Bourgneuf, 68. ☎ 559 590 133.
Cierra domingo noche, sábado al mediodía, lunes, tres semanas en febrero, primera semana de julio y de agosto. La familia Tellechea lleva cincuenta años sirviendo los mejores productos de Las Landas bien cocinados. Como dulce final los postres de ***chocolate*** de Bayonne. Menús 30, 45 y 88 €. Precio medio 60 €.

Hoteles

*** **Best Western Le Grand Hotel.** Rue Thiers, 21. ☎ 559 596 200. www.legrandhotelbayonne.com
Hab. 54: 73/171 €. En el centro del casco histórico. A 5 km de la playa.
*** **Mercure Bayonne Centre.** Avda. Jean Rostand. ☎ 559 528 444.
Hab. 109: 85/140 €. Céntrico. Restaurante AGORA.

Biarritz

6 • F-3

A SAN SEBASTIÁN, 50 KM. POB. 30.055. 559 223 710. PREFIJO INTERNACIONAL: 00-33
GPS (43° 28' 56''N-1° 33' 39"O).

Fiestas: Enero: Festival Internacional de Programas Audiovisuales. Mayo: Festival de la Fotografía de Viajes. Julio: Roxy Jam. Biarritz (Surf). Septiembre: Danza con el "Temps d'Aimer". Octubre: Festival "Cinemas y Culturas de América Latina".
Visitar: Museo del Mar. Puente de S. Martín. Museo Histórico de Biarritz. La Capilla Imperial. Museo del Chocolate. El Faro. Museo de Arte Oriental Asiático. La Roca de la Virgen. Puerto de los Pescadores. Golf, centro de entrenamiento de ILBARRITZ. Golf Pass. Playas. Casino. Paseos. Turismo Balneario de alto standing.
Alrededores: A 4 km, ANGLET: Aeropuerto.

Restaurantes

® **Campagne et Gourmandise.** Avda. Alan Seeger, 52. ☎ 559 411 011. www.campagneetgourmandise.com
Granja del s. XVIII en plena naturaleza con cocina de las Landas en menús alternativos (35, 47 y 60 €).
Le Moulin d'Alotz. (En ARCANGUES). Chemin Alotz Errota, s/n. ☎ 559 430 454.
Cierra miércoles al mediodía en julio y agosto, martes, del 4 al 26 de enero y del 22 al 30 de junio.
Un antiguo molino convertido en atractivo restaurante. Foie-gras, pichón de granja asado, soufflé de chocolate negro. Precio medio 46 €.
® **Sissinou.** Avenue Foch, 5. ☎ 559 225 150.
Cierra domingo, lunes, y noviembre. Luminoso y reducido local en pleno centro. Cocina gustosa moderna y tradicional a la vez. Menú-carta a elegir entre cinco entradas, cinco platos y cinco postres. Buen punto de los platos. Merece la pena. Precio medio 50 €.
® **Villa Eugénie - La Rotonde.** (H. DU PALAIS). Avda. de L'Impératrice, 1. ☎ 559 416 400. www.hotel-du-palais.com
Cierra febrero. Jean Marie Gautier es fiel a la temporada y a los productos del mar y de Las Landas en este marco elegante y espectacular con vistas al Cantábrico desde La Rotonde. **Vieira con costra de avellana, soufflé caliente de chocolate amargo**. Precio medio 135 €.

Hoteles

***** **Du Palais.** Avda. de L'Impératrice, 1. ☎ 559 416 400. www.hotel-du-palais.com
Hab. 133: 300/575 €. Suites: 21. Consultar cierre. Admisión de perros, consultar. Lujoso y antiguo palacio de verano de Napoleón III y la Emperatriz Eugenia. Excelente ubicación en el centro de Biarritz frente al mar y con piscina de agua de mar. Excelente servicio. Restaurantes LA VILLA EUGÉNIE, HIPPOCAMPE y LA ROTONDE.
***** **Château de Brindos.** (En ANGLET). Allée du Château. 1. ☎ 559 238 980.
Hab. 22: 160/330 €. Apartamentos: 2. Suites: 5. Consultar cierre. Romántico emplazamiento junto al lago de Brindos en un castillo de los años veinte. Preciosa vista sobre el lago. Antoine Antunes, jefe de cocina del equipo de Serge Blanco se apoya en la cocina de temporada. Golf en las proximidades. Relais et Châteaux.
**** **Crowne Plaza Biarritz.** 1, Carrefour Hélianthe. ☎ 559 011 313.
Hab. 150: 165/290 €. Suites: 9. Céntrico. Próximo al campo de golf Phare. Restaurantes L'HELIANTHE y TRANSAT CAFE.

**** **Mercure Thalassa Regina.** Avda. de l'Impératrice, 52. ☎ 559 413 300.
Hab. 58: 109/240 €. Suites: 8. Susceptibles de modificación según temporada. Mítico hotel ahora remodelado por la nueva cadena. Preciosas habitaciones y comedor con terraza frente al mar. Forfait de talasoterapia y golf. Golf a 500 m. Restaurante LES JARDINS DE L'OCEAN.
**** **Sofitel Miramar.** Louison Bobet, 13. ☎ 559 413 000.
Hab. 109: 210/266 €. Suites: 17. Centro de talasoterapia. Situado al borde del mar. Restaurantes LES RELAIS, gastronómico y LES PIBALES, bajo en calorías.
*** **Le Château du Clair de Lune.** Avda. Alan-Seeger, 48. ☎ 559 415 320.
Hab. 17: 80/130 €. Próximo al restaurante Campagne ed Gourmandises. Situado en un parque con árboles centenarios.

Bidart-Guéthary Ver Saint Jean de Luz. 6 • E-3

Ciboure Ver Saint Jean de Luz. 6 • E-3

Eugénie les Bains 13 • E-1

A SAN SEBASTIÁN, 175 KM. ALT. 120 M. POB. 516. 558 511 537. PREFIJO INTERNACIONAL: 00-33
GPS (43° 41' 42''N-0° 22' 45"O).

Fiestas: 14 de julio: Fiesta del Deporte. Agosto: Fiestas patronales.
Visitar: Las Termas y el Parque Termal. Jardines d'Eugénie.

Restaurantes

® **Auberge de la Ferme Aux Grives.** Eugénie les Bains. ☎ 558 050 607. www.michelguerard.com
Cierra martes noche y miércoles (excepto festivos, vísperas y del 7 de julio al 21 de agosto); y del 3 de enero al 10 de febrero. Histórica posada de rústica elegancia con cuatro refinados apartamentos, chocolatería y confitería. Productos artesanos de la región. Carta-menú 46 €.
Michel Guérard-Les Prés d'Eugénie. Eugénie les Bains. ☎ 558 050 607. www.michelguerard.com
Cierra al mediodía y lunes noche (excepto fines de semana, festivos, vísperas y del 8 de julio al 23 de agosto); y del 3 de enero al 18 de marzo. Casa histórica fundada por la emperatriz Eugenia de Montijo, actualmente gran mesa gastronómica junto al balneario de Michel Guérard creador de la alta y refinada cocina *minceur* que convive con la *gourmande*. Enaltece los mejores productos de la zona con un magnífico servicio de sala, mesa y vinos. Alta satisfacción con precios a tono. Precio medio 180 €.

Hoteles

**** **Michel Guérard-Les Prés d'Eugénie et Le Couvent des Herbes.** Plaza de l'Impératrice. ☎ 558 050 607.
Hab. 29: 300/970 €. Apartamentos: 10. Consultar cierre. Michel y Christine Guérard han hecho de este antiguo hotel termal una de las residencias más exquisitas del mundo. Todas las habitaciones de los diferentes pabellones tienen distinto decorado de muebles antiguos y muy cuidados. Se completa con un edificio en el mismo parque preciosamente decorado. Le Couvent des Herbes, antigua casa del s. XVIII (8 habitaciones). Forfait de cura termal, esbeltez, gimnasio, sauna, salón de belleza. "Relais et Châteaux".

Lourdes 13 • F-1

A SAN SEBASTIÁN, 220 KM. ALT. 420 M. POB. 15.669. 562 427 740. PREFIJO INTERNACIONAL: 00-33
GPS (43° 5' 57"N-0° 2' 43"O).

Fiestas: 11 de febrero: Ntra. Sra. de Lourdes. 18 de febrero: Sta. Bernadita. Semana Santa. Del 23 al 30 de marzo: Festival de Música Sacra. 24 de mayo: Ciudad de la Paz. 8 de diciembre: Inmaculada Concepción.
Visitar: Lugar de peregrinación desde 1858. Santuario. Basílica del Rosario. Gruta de las Apariciones. Basílica subterránea de S. Pío X. Camino del Calvario. Museo de Arte Sacro. Molino de Boly y Cachot (Casa de Bernardette). Iglesia parroquial. Castillo-Museo Pirenaico. Funicular del Pic du Jer. Museos. Tren turístico. Itinerario "Tras las huellas de Bernardita".
Alrededores: Golf-Club. Lago y Bosque de Lourdes. Grutas de Betharram y de Medous. Circo de Gavarnie. Pont d'Espagne (CAUTERETS). Pico del Midi. Parque Nacional de los Pirineos.

Restaurantes

Chalet de Biscaye. Chemin du Lac, 26. ☎ 562 941 226.
Cierra lunes noche y martes. Bucólico emplazamiento. Filete de dorada, magret de pichón, melocotón melba sobre crujiente de pistacho. Menú 19 y 22 €. Precio medio 27 €.
Le Magret. (Bº. Centro). Frères Soulas, 10. ☎ 562 942 055. www.lemagret.com
Cierra martes de octubre a marzo, miércoles y del 2 al 15 de enero. Cocina regional con predominio de los productos del pato. Y de postre, *moelleux* de chocolate. Menú 15 €. Precio medio 28 €.

Hoteles

**** **Grand Hôtel de la Grotte.** Rue de la Grotte, 66. ☎ 562 945 887.
Hab. 75: 71/165 €. Suites: 4. Consultar cierre. Próximo al Santuario. Restaurantes LA TABLE DE FÉBUS.
*** **Excelsior.** Boulevard de la Grotte, 83. ☎ 562 940 205.
Hab. 65: 59/84 €. Suites: 1. Consultar cierre. Habitaciones con vistas a la Basílica. A 50 m de la entrada del santuario de N. D. de Lourdes.
*** **Grand Hotel Jeanne d'Arc.** Alsace-Lorraine, 1. ☎ 562 943 542.
Hab. 225: 60/120 €. Suites: 6. Consultar cierre y ofertas.

Magescq 6 • F-2

A BAYONNE, 42 KM; IRÚN, 80 KM; POB. 1.200. PREFIJO INTERNACIONAL: 00-33
GPS (43° 46' 52''N-1° 13' 1"O).

Restaurantes

Relais de la Poste. Avda. de Maremne, 24. ☎ 558 477 025. www.relaisposte.com
Cierra lunes, martes, 3 al 14 de enero y del 15 de noviembre al 15 de diciembre. Con 12 habitaciones. La familia Coussau lleva más de cincuenta años prestigiando la gran cocina de Las Landas, desde el **foie-gras caliente de pato a la uvas** y el **pichón asado** al plato de **quesos** artesanos. Menús 60 a 110 €. Precio medio 90 €.

Molitg-les-Bains Ver Perpignan. 15 • E-2

Perpignan/Perpiñán

16 • B-2

A BARCELONA, 187 KM. ALT. 30 M. POB. 117.000. 468 663 030. PREFIJO INTERNACIONAL: 00-33.
GPS (42° 42' 6"N-2° 53' 39"E).

Fiestas: Viernes Santo: Procesión de la SANCH. 23 de abril: St. Jordi. 23 de junio: Fuegos de St. Jean. Final de junio: Fiesta de la St. Jean, Fiesta Mayor. Julio-agosto: Los juves de Perpiñán. Festival Internacional de Photo-Reportage. Septiembre: Festival "Visa pour l'Image".
Visitar: Palacio de los Reyes de Mallorca, del s. XIII-XIV. Le Castillet-Casa Païral y Musée d'Arts et Traditions, del s. XIV. La Loge del Mar. Estatua de Maillol. Museo Rigaud. Palacio de la Diputación. Catedral de S. Juan, s. XIV: Nave central y capillas, retablos del s. XVI-XVII. Casa Xanxo. Casa Pairal. Iglesia de Santiago. Notre Dame des Anges. Iglesia de S. Vicente. Museo Puig, Numismático y Museum d'Histoire Naturelle, Serrat d'en Vaquez.
Alrededores: A 27 km, COLLIOURE. A 48 km, VILLEFRANCHE DE CONFLENT. A 17 km, CASTELNOU. A 15 km, SALSES. CARCASSONNE, Patrimonio de la Humanidad.

Restaurantes

® **Château de Riell.** (En MOLITG-LE-BAINS, a 50 km). ☎ 468 050 440. www.chateauderiell.com
P
Cierra del 2 de noviembre al 1 de abril. Con 19 habitaciones. Lujoso balneario de la familia de Michel Guérard que se ocupa de formar el equipo de cocina de tendencia mediterránea. **Ensalada de bogavante, espalda de cordero asado bajo una costra de parmesano, compota de frutos rojos.** Precio medio 76 €.
Le Chap. (H. PARK HOTEL). Boulevard Jean Bourrat, 18. ☎ 468 351 414. www.parkhotel-fr.com P
Cierra sábado al mediodía, noches de domingo y lunes, del 2 al 26 de enero y del 25 de julio al 10 de agosto. Bistró con buen punto de Alexandre Klimenko. Vieiras a la plancha, pichón asado al curry, soufflé al Grand Marnier. Menús 28 a 50 €. Precio medio 55 €.

Hoteles

*** **De France.** Quai Sadi Carnot. 26. ☎ 468 349 281. P
Hab. 30: 60/120 €. Restaurante LE DIVIL.
*** **Mas des Arcades.** Avda. d'Espagne 840. ☎ 468 851 111. P
Hab. 60: 85/125 €. Suites: 3. Restaurante RELAIS JACQUES 1º.
*** **Park Hotel (Best Western).** Bd. Jean Bourrat, 18. ☎ 468 351 414. P
Hab. 67: 80/120 €. Suites: 2. Céntrico. Restaurante LE CHAP.

Saint Jean de Luz/San Juan de Luz

6 • E-3

A BAYONNE, 21 KM. POB. 14.074. 559 260 316. PREFIJO INTERNACIONAL: 00-33.
GPS (43° 23' 17''N-1° 39' 36"O).

Fiestas: Pentecostés: Festival Andalou. Junio: Fiesta de la St. Jean. Julio y agosto: Internacional de Cesta Punta. 1 al 15 de septiembre: Música en Costa Vasca. 7 al 11 de octubre: Festival Internacional de Jóvenes Realizadores.
Visitar: Elegante estación balnearia. Villa vasca al norte de la frontera. Puerto pesquero y marinero con calles típicas. Escenario del matrimonio de Luis XIV con la infanta española María Teresa. Iglesia de San Juan Bautista. Casa de Luis XIV: Fachada. Casa de la Infanta, gracioso edificio de piedra. Golf de Chantaco.
Alrededores: A 6 km, BIDART-GUÉTHARY.

Restaurantes

Chez Maya (Petit Grill Basque). Saint Jacques, 2. ☎ 559 268 076.
Cierra al mediodía lunes y jueves; miércoles y del 20 de diciembre al 20 de enero. Cocina y ambiente familiar. La familia de Gregoric lleva ya tres generaciones al frente. Magnífica sopa de pescado (ttoro), foie-gras casero y buenos soufflés de Grand Marnier y chocolate. Trato amable y casero. Menús 10 y 29 €. Precio medio 30 €.
® **La Table des Frères Ibarboure.** (En BIDART-GUETHARY, a 6 km). Chemin de Ttalienea. . ☎ 559 548 164. www.freresibarboure.com P
Cierra miércoles, del 3 al 20 de enero y del 15 de noviembre al 3 de diciembre. Con 8 habitaciones. Casa vasca del s. XVIII con un magnífico parque en el que los hermanos Ibarboure ofrecen cocina de temporada y de la región en varios atractivos menús entre 37 y 103 €. Se destacan los **quesos**, el **foie-gras** y los postres de **chocolate**. Precio medio 70 €.
® **L'Auberge Basque.** (En SAINT PEE SUR NIVELLE). D 307 vielle route de St. Jean de Luz. ☎ 559 517 000. www.aubergebasque.com P
Cierra lunes noche y del 29 de noviembre al 13 de diciembre. Un precioso paraje entre montañas rodea este antiguo caserío con habitaciones de Cédric Béchade discípulo de Alain Ducasse. La **piperada**, el **buey con anchoas y apio** y el **arroz con leche a la plancha** merecen la pena. Menús (16 y 86 €). Precio medio 46 €.
Le Kaïku. (Calle peatonal). De la Republique, 17. ☎ 559 261 320.
Cierra martes y miércoles excepto julio y agosto; segunda quincena de enero y de noviembre. Edificio del s. XVII. Mariscada y pescados, pichón y buenos postres. Menús (35 a 70 €). Precio medio 45 €.
Mattin. (En CIBOURE, a 3 km). Baignole, 63. ☎ 559 471 952.
Cierra domingo, lunes y del 3 de enero al 10 de marzo. Casa rústica familiar en el centro histórico. Recetas marineras. Chipirones, pescados a la parrilla, tarta de pera caramelizada. Precio medio 35 €.
® **Zoko Moko.** Mazarín, 6. ☎ 559 080 123. www.zokomoko.com
Cierra domingo al mediodía en agosto, lunes y 15 días en marzo. Zoko Moko (rincón tranquilo) hace honor a su nombre. Stéphane Poulin se apoya en la cocina vasca de mercado con ofertas desde 20 a 42 € en distintos menús. **Foie-gras mi-cuit de pato, costillar de cordero asado, queso de oveja con dulce de membrillo.**

Hoteles

**** **Grand Hotel.** Bd. Thiers, 43. ☎ 559 263 536. P
Hab. 48: 228/413 €. Apartamentos: 2. Suites: 2. Consultar cierre. Restaurante ROSEWOOD.
**** **Parc Victoria.** Rue Cepé, 5. ☎ 559 267 878. www.parkvictoria.com P
Hab. 10: 175/380 €. Apartamentos: 1. Suites: 8. Consultar cierre. "Relais et Châteaux". Decoración y mobiliario Art Deco. Restaurante LES LIERRES.
*** **Hôtel de la Poste.** Rue Gambetta, 83. ☎ 559 260 453. P
Hab. 34: 52/115 €. Golf a 3 km. Edificio del s. XVIII. Céntrico.
*** **La Devinière.** Rue Loquin, 5. ☎ 559 260 551.
Hab. 11: 100/180 €. Casa antigua en calle peatonal. Muebles de estilo en salón y habitaciones. Salón de té. Amable acogida de los propietarios.
*** **La Réserve.** Av. Gaetan de Beraoville, 1. ☎ 559 513 200. P
Hab. 35: 99/220 €. Apartamentos: 45. Suites: 6. Consultar cierre. Situado en un lugar incomparable, con vistas panorámicas al océano. Restaurante ILURA.
*** **Madison.** Bd. Thiers, 25. ☎ 559 263 502. www.madison7wanadoo.fr
Hab. 25: 60/102 €. Suites: 3. Consultar cierre. Céntrico. Próximo a la playa. Restaurante BRASSERIE MADISON.

Saint Jean Pied de Port

13 • A-1

A SAN SEBASTIÁN, 97 KM. POB. 1.726. 559 370 357. PREFIJO INTERNACIONAL: 00-33.
GPS (43° 9' 47"N-1° 14' 16"O).

Fiestas: Julio y agosto: Folclore, cantos, corridas de vacas, fiestas tradicionales. Partidas de pelota vasca. Ferias alimenticias. Demostración de juegos de fuerza vasca.
Visitar: Antigua capital de la baja Navarra. Última etapa del camino de Santiago en tierras francesas. Iglesia de Nôtre Dame, gótica. Ciudadela. Cárcel de los Obispos. Portal de Santiago, Patrimonio Mundial de la UNESCO. Calle de España, muy comercial.

Restaurantes

Les Pyrénées. (H. LES PYRÉNÉES). Pza. Charles de Gaulle, 19. ☎ 559 370 101. www.hotel-les-pyrenees.fr
Cierra lunes noche desde noviembre a marzo, martes desde 20 de septiembre al 30 de junio; del 5 al 28 de enero y del 21 de noviembre al 22 de diciembre. Philippe Arrambide continúa el buen hacer de su padre en los fogones. A destacar la **lasaña de foie-gras y trufas**, el **cordero asado con ajo confitado** y el sensacional surtido de postres de **chocolate**. Menús 42 a 120 €. Precio medio 75 €.

Hoteles

*** **Les Pyrénées.** Place du Général de Gaulle, 19. ☎ 559 370 101. www.hotel-les-pyrenees.com
Hab. 14: 105/260 €. Apartamentos: 4. Consultar cierre. Bonitas y confortables habitaciones. Muy buen servicio en este atractivo "Relais et Châteaux".

Saint Pée sur Nivelle Ver Saint Jean de Luz. 6 • F-3

Afife Ver Viana do Castelo. 17 • C-3

Albufeira 69 • E-4

A LISBOA, 270 KM. POB. 19.500. PREFIJO INTERNACIONAL: 00-351.
GPS (37° 5' 14"N-8° 15' 21"O).

Fiestas: 14 de agosto: Ntra. Sra. de Orada.
Visitar: Conjunto pueblo. Parque Lúdico. Centro Cosmopolita Internacional. Industria pesquera.
Alrededores: FARO: Casco antiguo y Museos. A 6 km, GUÍA. A 12 km, PADERNE.

Restaurantes

Vila Joya. (En PRAIA DA GALÉ, a 6 km). Estrada da Praia da Galé, s/n. ☎ 289 591 795. www.vilajoya.com
Cierra al mediodía. Un marco de tanto lujo como elegancia encuadra la espléndida cocina del austriaco Dieter Koschina. ***Lavagante com manteiga de limão e gengibre, lombo de vitela com costra de ervas aromáticas, mousse de evomaltina com gelado de feijão.*** Al mediodía el lunch de Dieter. Precio medio 89 €.

Hoteles

***** **Sheraton Algarve Hotel & Resort.** Praia de Falésia. Apdo. 644. ☎ 289 500 100.
Hab. 215: Precio: 152/592 €. Suites: 33. Acceso privado a playa. Disponoble de cinco restaurantes.

Almansil/Almânçil 69 • F-4

A LISBOA, 305 KM. POB. 10.000. PREFIJO INTERNACIONAL: 00-351.
GPS (37° 5' 13"N-8° 1' 55"O).

Fiestas: Agosto: Fiestas de São Lourenço. Octubre: Semana Gastronómica.
Visitar: Iglesia de S. Lorenzo, cubierta con bellos azulejos. Centro Zefa, Arte Contemporáneo Centro Cultural de S. Lorenzo. Ría Formosa. Playas: Quinta do Lago, Ançao.
Alrededores: FARO. A 5 km, VALE DO LOBO. A 8,5 km, QUINTA DO LAGO. Reserva Natural de Ría Formosa.

Restaurantes

Casa Velha. (6º Rotonda). Quinta do Lago. ☎ 289 394 983. www.restaurante-casavelha.com
Cierra almuerzos, domingo, diciembre y enero. En una antigua quinta, hoy rodeada de viviendas de lujo y golf, triunfa la cocina de Yannick Guichaoua. ***Cappucino de caranguejo, tajiné de borrego, opus chocolat.*** Precio medio 55 €.
São Gabriel. Estrada Quinta do Lago-Vale do Lobo, km 4. ☎ 289 394 521. www.sao-gabriel.com
Cierra almuerzos, lunes, diciembre y enero. Torsten Schulz ofrece su gran cocina de raíz mediterránea en un ambiente *requintado*. ***Fígado de ganso com peras, imperador salteado com ravioli, crema quemada.*** Precio medio 55 €.

Hoteles

***** **Dona Filipa & San Lorenzo Golf Resort.** Vale do Lobo. ☎ 289 357 200.
Hab. 154: 135/290 €. Suites: 22. Frente a la playa con área reservada a clientes. Campo S. Lorenzo Golf Course. Restaurantes PRIMAVERA y D. DUARTE.
***** **Quinta do Lago.** (En QUINTA DO LAGO). ☎ 289 350 350.
Hab. 121: 188/569 €. Suites: 20. Consultar cierre. Centro SPA. Restaurantes BRISA DO MAR y CÁ D ORO.
***** **Ria Park Hotel & SPA.** (En VALE DO LOBO). Apartado 3410, Algarve. ☎ 289 359 800.
Hab. 166: 158/407 €. Suites: 9. Consultar cierre. En plena Reserva Natural del Parque de Ría Formosa. Próximo a las playas de Garrão y Ancão. Actividades deportivas. Restaurante LUSITANO.

Altura Ver Tavira. 70 • C-3

Amarante 27 • F-2

A LISBOA, 372 KM. ALT. 86 M. POB. 61.582. ☐ 255 420 246 PREFIJO INTERNACIONAL: 00-351
GPS (41° 16' 10''N-8° 4' 47"O).

Fiestas: 10 de enero: Fiesta S. Gonçalo.
Visitar: Casco antiguo. Convento, Iglesia y Puente de São Gonçalo. Iglesia de S. Domingos. Iglesia de S. Pedro y de la Misericordia. Museu Amadeo Souza Cardoso. Convento de Sta. Clara y Museo de Arte Sacro. Campo de Golf. Playa Fluvial. Rutas.
Alrededores: A 18 km, Sierra del Marao. Iglsias Velha de Real y Gondar. Monasterio de Freixo y de Travanco.

Restaurantes

Largo do Paço. (H. CASA DA CALÇADA). Largo do Paço, 6. ☎ 255 410 830. www.casadacalcada.com
Cierra del 3 al 23 de enero. Histórica mansión a orillas del Támega y su famoso puente. Cocina internacional en un *requintado* comedor. **Emperador al vapor, cordero en costra de aceitunas, chocolate en texturas.** Vino exclusivo de la casa. Precio medio 55 €.

Hoteles

**** **Casa da Calçada Relais & Châteaux.** Largo do Paço, 6. ☎ 255 410 830. www.casadacalcada.com
Hab. 26: 155/290 €. Suites: 4. Cierra del 3 al 23 de enero. Gran casa señorial habilitada como alojamiento de lujo. Restaurante LARGO DO PAÇO, uno de sus mayores alicientes.
**** **Posada de São Gonçalo.** Serra do Marão-Ansiáes, Ap. 286. ☎ 255 460 030. www.pousadas.pt
Hab. 25: Precio: 75/170 €. Suites: 2. Consultar ofertas. Magnífico emplazamiento en plena Sierra de Marão. Restaurante BELA VISTA.

Aveiro 36 • C-1

A LISBOA, 250 KM. ALT. 74 M. POB. 75.000. ☐ 234 377 761. PREFIJO INTERNACIONAL 00-351
GPS (40° 38' 34''N-8° 39' 8"O).

Fiestas: 10 de enero: Fiesta S. Gonçalinho. 12 de Mayo: Fiesta "Do Municipio".
Visitar: Canales de la Ría. Edificios Art Nouveau. Iglesias de S. Domingo y de Misericordia. Convento de Jesús. Museos de Aveiro, de Cidade. Playa y Reserva Natural S. Jacinto.
Alrededores: Playas: de Costa Nova y Barra. Museo de Vista Alegre.

Restaurantes

Salpoente. (Bº Beira-Mar). Canal São Roque, 83. ☎ 234 382 674. www.salpoente.com
Cierra domingo, primera quincena de enero y primera semana de septiembre. La gran cocina de Aveiro, incluídas las *enguias* en época, en un acogedor local que antaño fue almacén de sal. Menú 20 €. Precio medio 40 €.

Hoteles

*** **Best Western Hotel Imperial.** Dr. Nascimento Leitão, s/n. ☎ 234 380 150. www.hotelimperial.pt
P
Hab. 81: 60/80 €. Suites: 22. Próximo a museos y centro comercial.

Barcelos

17 • D-4

A LISBOA, 350 KM. ALT. 492 M. POB. 25.000. 253 811 882. PREFIJO INTERNACIONAL: 00-351.
GPS (41° 32' 3"N-8° 36' 58"O).

Fiestas: 3 de mayo: Fiestas de Las Cruces.
Visitar: Pintoresca situación junto al río Cávado. Palacios e iglesias, algunas tan importantes como la del Terço (azulejos). Ciudad unida a la leyenda del romero y el gallo convertido en el símbolo de Portugal. Artesanía: Toda clase de productos artesanos que pueden comprarse en la monumental feria de los jueves.
Alrededores: MANHENTE: Iglesia y Torre románica. ABADE DE NEIVA: Iglesia románica. PEREIRA: Castillo y Castro de Faria. BALUGÃES: Santuario de Ntra. Sra. Aparecida. AREIAS DE VILAR: Iglesia de Chafariz.

Restaurantes

Bagoeira. Avda. Dr. Sidónio Pais, 495. ☎ 253 811 236. www.bagoeira.com P
Casa centenaria varias veces renovada. Siempre llena de fiel clientela, sobre todo los jueves de feria. Cocina *minhota*. Precio medio 25 €.
Pedra Furada. (En PEDRA FURADA). Santa Leocádia, 1415. ☎ 252 951 144. P
Cierra lunes noche y última semana de agosto. Una antigua y famosa *"tasquinha"* ascendida por méritos propios a uno de los más conocidos restaurantes de la región. *Pataniscas de bacalhau, bacalhau à moda da casa, pudim abade de Priscos.* Precio medio 25 €.

Batalha

44 • F-2

A LISBOA, 143 KM. ALT. 70 M. POB. 15.002. 244 765 180 PREFIJO INTERNACIONAL: 00-351.
GPS (39° 39' 27''N-8° 49' 32"O).

Fiestas: Octubre: Fiesta en honor de Ntra. Sra. da Fétal (Fiesta de Caracóis).
Visitar: Monasterio de Sta. María da Vitória, gótico y manuelino, s. XVI, Monumento Nacional y Patrimonio de la Humanidad. Iglesia de Exaltação de Sta. Cruz, s. XVI. Puente do Boutaca, s. XIX.
Alrededores: LEIRIA: Castillo del s. XII y artesanía. FÁTIMA, a 17 km: Santuario Centro de peregrinación; 13 de mayo, Virgen de Fátima. NAZARÉ: Playa. PORTO DO MÓS: Castillo, Grutas de S. Antonio.

Braga

17 • E-4

A LISBOA, 360 KM. ALT. 190 M. POB. 173.946. 253 262 550. PREFIJO INTERNACIONAL: 00-351.
GPS (41° 32' 51''N-8° 25' 49"O).

Fiestas: Marzo: Bragajazz. 23 de junio: S. João. Julio: Festival de Teatro.
Visitar: La Villa. Catedral del s. XII: Imagen de Ntra. Sra. da Leite: Retablos, órganos, tesoro. Capilla de la Gloria. Capilla dos Coímbras: Esculturas. Museo D. Diego de Sousa.
Alrededores: Bom Jesús do Monte: Vistas. Monte Sameiro, a 18 km. A 22 km, GUIMARAES: Bella ciudad medieval. Paço dos Duques. Castillo. Iglesia de S. Francisco. Museo Alberto Sampaio.

Restaurantes

Inácio. Campo das Hortas, 4. ☎ 253 613 235.
Cierra martes y 15 días en septiembre. Veterano local que hizo famosas sus *papas à sarrabulho*. Cocina tradicional y vinos verdes. Menú 20 €. Precio medio 35 €.
O Víctor. (En PÓVOA DE LANHOSO, a 20 km). Lugar do Laranjal, 1. ☎ 253 909 100. www.ovictor.com
P
Grato local frecuentado por los devotos del *bacalhau* de la casa, con sus inseparables *patatas à murro*. Viñedos propios. Precio medio 25 €.
Pedra Cavalgada. (En PALMEIRA, a 4 km). Lugar do Assento, s/n. ☎ 253 626 596. www.pedracavalgada.net
P
Cierra domingo noche y lunes. Antigua escuela rodeada de jardines, hoy restaurante de acreditada cocina de signo portugués. Precio medio 25 €.
S. Gião. (En MOREIRA DE CÓNEGOS, a 33 km). (Lugar de Vinhas). Avda. Comendador Joachim Almeida Freitas, 56. ☎ 253 561 853. www.sgiao.com P
Cierra domingo noche, lunes, tres semanas en agosto y una semana en diciembre. En una zona industrial la grata sorpresa de uno de los mejores restaurantes del Norte. Excelente cocina tradicional y hermosas vistas sobre el viñedo, desde un precioso comedor. Precio medio 70 €.

Hoteles

**** **Turismo Braga.** Praçeta Joao XXI. ☎ 253 206 000. P
Hab. 110: 66/93 €. Suites: 22. Céntrico. Recientemente remodelado. Restaurante XYZ.

Bragança

18 • F-3

A LISBOA, 521 KM. ALT. 660 M. POB. 35.000. 273 381 273. PREFIJO INTERNACIONAL: 00-351.
GPS (41° 48' 18''N-6° 45' 51"O).

Fiestas: 12 de agosto: Ntra. Sra. da Gracas. Del 30 de agosto al 8 de septiembre: Ntra. Sra. da Serra.
Visitar: Pintoresca ciudad antigua rodeada de murallas, dominada por la torre del castillo medieval. Ayuntamiento, o "Domus Municipalis" de finales del s. XV, edificio pentagonal románico, el ayuntamiento más antiguo de Portugal. Iglesia de Sta. María.
Alrededores: Parque Natural de Montesinho. Río de Onor.

Restaurantes

Solar Bragançano. Praça da Sé, 34. Piso 1º. ☎ 273 323 875. www.solarbragancano.com
Cierra lunes en invierno. Los dueños se desviven en la presentación de la mejor cocina de Trás-os-Montes. Antigua casa y terraza ajardinada veraniega. **Perdiz com uvas, coelho bravo à Monsenhor, sopa de cereias**. Precio medio 20 €.

Hoteles

**** **Pousada São Bartolomeu.** Estrada do Turismo, s/n. ☎ 273 331 494. www.pousadas.pt
Hab. 27: 78/252 €. Suite: 1. Bello edificio con vistas a un castillo del s. XVII.

Caminha

17 • C-2

A LISBOA, 411 KM. ALT. 7 M. POB. 17.069. PREFIJO INTERNACIONAL: 00-351.
GPS (41° 52' 33''N-8° 50' 25''O).

Fiestas: Mayo: Sta. Rita de Cássia.
Visitar: Praça Conselheiro Silva Torres. Chafariz. Casa dos Pitas. Iglesia de la Misericordia. Iglesia Matriz. Fortes de Insula y de Lagarteira. Torre do Relogio. Edificio Paços do Concelho.
Alrededores: Foz del Minho. Viana do Castelo, a 25 km. Valença, a 25 km. Moledo. Vila Praia de Âncora. SEIXAS. LANHELAS. Ponte Vilar de Mouros e Serra d'Arga. Miradores de Fraga, Monte Sto. Antonio, Calvario y Sra. das Neves.

Restaurantes

Duque de Caminha. Rua Ricardo Joaquim de Sousa, 111. ☎ 258 722 046. www.nortept.com/duquedecaminha
Cierra domingo noche, lunes y 15 días en diciembre. Manuel y Olimpia trabajaron en Francia y regresaron a su tierra para ofrecer la mejor cocina portuguesa. Comedor rústico. Precio medio 35 €.
Primavera. Pza. Concelheiro Silva Torres, 99. ☎ 258 921 306.
Cierra domingo noche, lunes, del 1 al 16 de mayo y del 20 de junio al 6 de julio. La veterana casa renovó sus instalaciones con buenos materiales. La cocina permanece fiel a la tradición portuguesa. Precio medio 30 €.
Solar do Pescado. Visconde Sousa Rêgo, 85. ☎ 258 922 794. www.solardopescado.com
Cierra domingo noche y lunes desde noviembre al 1 de julio, segunda quincena de mayo y de noviembre. Buen surtido de pescados y mariscos frescos en un clásico comedor con azulejos. El patrón, don Arsenio, reparte buenos consejos. Precio medio sin marisco 35 €.

Hoteles

**** **Porta do Sol.** Avda. Marginal, Lote 1. ☎ 258 710 360. www.hotelportadosol.com.pt
Hab. 100: 65/145 €. Suites: 4. Consultar ofertas. Vistas panorámicas al río Miño. Totalmente renovado en 2010. Restaurante CAROCHO, cocina tradicional.

Cascais

53 • B-3

A LISBOA, 30 KM. POB. 33.000. 214 825 000. PREFIJO INTERNACIONAL: 00-351.
GPS (38° 41' 48''N-9° 25' 23''O).

Fiestas: 13 de junio: S. Antonio.
Visitar: Pequeña villa de pescadores con buenas playas. "Ciudad de pescadores y reyes", tiene una hermosa bahía y un campo de golf en Quinta da Marinha. Catedral del s. XVII. Museo del Mar.
Alrededores: ESTORIL: Centro Internacional de Turismo. GUINCHO: Playa de arena salvaje. Parque Natural.

Restaurantes

Albatroz. (H. ALBATROZ). Frederico Arouca, 100. ☎ 214 847 380. www.albatrozhotels.com
El palacete del duque de Loulé alberga hoy al famoso hotel Albatroz, referencia obligada de la costa de Cascais. Cocina internacional. Precio medio 35 €.
Fortaleza do Guincho. (En PRAIA DO GUINCHO, a 9 km). (H. FORTALEZA DO GUINCHO). Estrada do Guincho, s/n. ☎ 214 870 491. www.guinchotel. pt
Antiguo fuerte en la costa de Cascais convertido en alojamiento privilegiado y restaurante de lujo. Lleva la cocina el francés Vicent Farges. ***Foie-gras de ganso, galinha de Bresse, brioche assado com pera***. Grandes vistas. Precio medio 70 €.
Porto de Santa María. (En PRAIA DO GUINCHO, a 9 km). Estrada do Guincho, s/n. ☎ 214 879 450.
Cierra lunes. Luminoso pabellón a orillas del mar, con los mejores pescados y mariscos de todo Portugal. Desde **mariscos** "a escoger" hasta la **lubina asada *"no pão"***. Más de trescientos vinos portugueses y extranjeros. Precio medio 50 €.
Visconde da Luz. Jardim Visconde da Luz, s/n. ☎ 214 847 410. www.viscondedaluz.com
Cierra martes. Un cuidado jardín en el centro de Cascais esconde un oasis de tranquilidad y bien elaborada cocina portuguesa. Precio medio 40 €.

Hoteles

***** **Estalagem Villa Albatroz.** Fernandes Tomas, 1. ☎ 214 863 410. www.albatrozhotels.com
Hab. 11: 138/308 €. En la bahía de Cascais al lado de la Playa de Pescadores. Restaurante VIN ROUGE.
***** **Fortaleza do Guincho.** (En PRAIA DO GUINCHO, a 9 km). Estrada do Guincho. ☎ 214 870 491. www.guinchotel.pt
Hab. 24: 180/440 €. Suites: 3. Antigua fortaleza del s. XVII con bonitas vistas al mar. Restaurante con vistas panorámicas.
***** **Senhora da Guia.** Estrada do Guincho. ☎ 214 869 239. www.senhoradaguia.com
Hab. 41: 120/450 €. Suite: 1. Consultar ofertas. Piscina con agua de mar. Restaurante TERRACE. Cocina típica portuguesa e internacional.
**** **Pestana Cascais.** Avda. Manuel Julio Carvalho e Costa, 115. ☎ 214 825 900.
Hab. 132: 101/186 €. Suites: 17. Frente al mar. Campo de golf a 10 minutos. Restaurante OCÉANO.

Castelo de Vide

45 • F-4

A LISBOA, 211 KM. ALT. 575 M. POB. 4.000. 245 901 361. PREFIJO INTERNACIONAL: 00-351.
GPS (39° 24' 51''N-7° 27' 28''O).

Fiestas: 5 al 13 de abril: Semana Santa.
Visitar: Castillo. Burgo medieval: Iglesia parroquial, judería, sinagoga, fuente de la Villa.
Alrededores: Parque Natural de Sierra de São Mamede.

Hoteles

Pousada de Santa María. (En MARVÂO, a 5 km). 24 de Janeiro, 7. ☎ 245 993 201.
Hab. 28: 93/155 €. Suites: 3. En dos antiguas casas restauradas. Vistas panorámicas sobre Portugal y España.

Chaves
18 • C-3

A LISBOA, 473 KM. ALT. 350 M. POB. 19.300. PREFIJO INTERNACIONAL: 00-351.
GPS (41° 44' 28''N-7° 28' 24"O).

Fiestas: 29 de octubre a 1 de noviembre: Feria dos Santos.
Visitar: Chaves, antigua Aquae Flaviae romana, torres y murallas, puente medieval (de origen romano) e iglesia matriz de La Misericordia. Museos Militar y de la Región Flaviense. Balneario y Parque Termal.

Restaurantes

®**A Talha.** Rua Comendador Pereira da Silva, 6-8. ☎ 276 342 191.
Cierra sábado, 15 días después de Pascua y segunda quincena de septiembre. Un clásico de Chaves, con excelente cocina popular y su clientela de siempre. *Caldo verde, lulas grelhadas.* Precio medio 25 €.
Carvalho. (Bº Termas de Chaves). Largo das Caldas, s/n. ☎ 276 321 727.
Cierra domingo noche, lunes, Pascua y Navidad. En el antiguo parque de las termas romanas y con frecuente clientela gallega. Cocina tradicional. ***Presunto de Chaves, peixes frescos na brasa, migas do Carvalho.*** Precio medio 20 €.

Hoteles

**** **Aquae Flaviae.** Praça do Brasil, s/n ☎ 276 309 000.
Hab. 167: 53/87 €. Suites: 7. Junto al rio Tâmega. A 9 km de la frontera con España. A 15 km de campo de golf. Restaurante O RODÍZIO.
**** **Forte de São Francisco Hotel.** Forte São Francisco. ☎ 276 333 700. www.fortesaofrancisco.com
Hab. 53: 65/105 €. Suites: 5. Convento Franciscano del s. XVII, transformado en fortaleza militar y clasificado como Monumento Nacional. Restaurantes COZINHA DO CONVENTO y TAVERNA TÍPICA DO FORTE.

Coimbra
36 • D-3

A LISBOA, 200 KM. ALT. 75 M. POB. 150.000. ☐ 239 834 038. PREFIJO INTERNACIONAL: 00-351.
GPS (40° 12' 27''N-8° 25' 47"O).

Fiestas: Mayo: Queima das Fitas. 31 de octubre: Fiesta de recepción a los estudiantes.
Visitar: Universidad fundada en 1290. Capilla de S. Miguel, Sala dos Capelos. Casco antiguo con callejuelas y casas escalonadas: Catedral Vieja, s. XII, Catedral Nueva s.s XVII-XVIII. Monasterio de Sta. Cruz, s.s XII-XV-XVII. Portugal dos Pequenitos (reproduce en tamaño reducido los monumentos más famosos de Portugal). Convento de Sta. Clara-a-Velha, s. XII. Convento de Sta. Clara-a-Nova, s. XVII. Quinta das Lágrimas.
Alrededores: Ruinas de Conímbriga: Mosaicos. Sierra de Buçaco: Bosque centenario.

Restaurantes

A Taberna. Rua dos Combatentes Grande Guerra, 86. ☎ 239 716 265. www.restauranteataberna.com
Cierra domingo noche, lunes al mediodía y primera quincena de agosto. Se titula taberna, pero la calidad y variedad de su cocina le otorga categoría superior. Fiel y numerosa clientela. Precio medio 35 €.
☼**Arcadas.** (H. QUINTA DAS LÁGRIMAS). Rua António Augusto Gonçalves, s/n. ☎ 239 802 380. www.quintadaslagrimas. pt
Cierra al mediodía del 1 de junio al 1 de octubre. La quinta donde vivieron sus amoríos el infante Pedro e Inés de Castro es marco de un fastuoso recinto con cocina programada por Joachim Koerper y realizada por Albano Lourenço. ***Salada de vieiras, filetes de salmonetes com risotto, peito de pombo bravo.*** Quinientos vinos de todo el mundo. Precio medio 45 €.

Hoteles

***** **Palace Hotel do Bussaco.** (En BUSSACO, a 31 km). Mata do Bussaco. ☎ 231 937 970.
Hab. 60: 80/250 €. Suites: 4. Lujosas instalaciones en un imponente palacio de estilo manuelino en el corazón de un magnífico bosque. Restaurante JOÃO VAZ, bello comedor y cocina tradicional.
**** **Quinta das Lágrimas.** (En SANTA CLARA). R. Antonio Augusto Goncalves. ☎ 239 802 380.
Hab. 49: 116/210 €. Suites: 5. Histórica quinta unida al drama de Inés de Castro. Jardines y Golf. Relais et Châteaux. Restaurante ARCADAS.
**** **Tryp Coimbra.** Avda. Armando Gonçalves, Lote 20. ☎ 239 480 800. www.trypcoimbra.com
Hab. 120: 80/128 €. Suites: 13. Piano-bar. Businees center. Restaurante MAGISTRADO.
*** **Astória.** Avda. Emídio Navarro, 21. ☎ 239 853 020.
Hab. 62: 67/146 €. En el centro de la ciudad frente al río Mondego. Restaurante L'AMPHYTRION

Elvas
55 • A-3

A LISBOA, 216 KM. ALT. 300 M. POB. 30.000. ☐ 268 639 740. PREFIJO INTERNACIONAL: 00-351.
GPS (38° 52' 50''N-7° 9' 56"O).

Fiestas: Febrero-marzo: Carnaval Internacional Elvas-Badajoz.
Visitar: Vieja ciudad fortificada vigilando la frontera española. Catedral, estilo manuelino. Acueducto de Amoreiras, s.s XVI-XVII. Castillo, s. XIII. Iglesias: S. Pedro, S. Lourenço y S. Domingos.

Restaurantes

A Bolota. (En TERRUGEM, a 20 km). Madre Teresa, s/n. ☎ 268 656 118.
Cierra domingo noche, lunes y primera semana de agosto. Antiguo feudo de la gran cocinera Júlia Vinagre, hoy en otras manos. Cocina alentejana donde no faltan perdices y corderos, ni el tradicional cocido servido en el castizo termo de corcho. Precio medio 30 €.

Hoteles

***** **Quinta de Santo António.** Estrada de Barbacena, Apartado 206. ☎ 268 636 460.
Hab. 29: 48/105 €. Suites: 1. Casa señorial y jardines del s. XVIII. Actividades deportivas. Restaurante A QUINTA.

Estoril
53 • C-3

A LISBOA, 28 KM. POB. 30.000. ☐ 214 663 813. PREFIJO INTERNACIONAL: 00-351
GPS (38° 42' 21''N-9° 23' 57"O).

Fiestas: Carnaval. Abril-mayo: Open de Tenis. 28 de abril a 5 de mayo: Arte Estoril. Julio y agosto: Feria de Artesanía. 15 de agosto: Fiesta de Verano.
Visitar: Soberbios palacios y buenas iglesias. Importante centro de turismo, con hoteles de lujo, quintas y playas. Llamada con razón la "Riviera portuguesa", y la "Costa de los Reyes". Famoso casino.
Alrededores: CASCAIS: Pequeño pueblo de pescadores. GUINCHO: Gran playa de arena fina y en estado salvaje. CARCAVELOS: Gran playa de arena fina. SINTRA: Paisaje Cultural. Cabo Roca: Punto más occidental de la Europa continental con vistas espléndidas.

Restaurantes

®**Cimas (English-Bar).** (MONTE ESTORIL). Avda. de Sabóia, 9. ☎ 214 681 254. www.cimas.com.pt
Cierra domingo y tres primeras semanas de agosto. La familia gallega Cima abrió hace muchos años su "English Bar" más conocido por el apellido a secas. **Pescados** y **mariscos** del día, sin olvidar la ***perdiz âo Madeira***. Precio medio 45 €.
Four Seasons (Grill). (H. PALACIO ESTORIL). Particular, s/n. ☎ 214 648 000. www.palacioestorilhotel.com
Cada estación del año no sólo cambia el rumbo de la cocina sino el decorado del refinado comedor. Cocina portuguesa tradicional y excelente servicio. Precio medio 60 €.

Hoteles

***** **Palácio Estoril Hotel Golf & Spa.** Rua Particular, s/n. ☎ 214 648 000. www.palacioestorilhotel.com
Hab. 128: 340/400 €. Suites: 32. Privilegios en la utilización de campos de golf para huéspedes. Restaurantes GRILL FOUR SEASONS y BOUGAINVILLEA TERRACE.
**** **Amazonia Lennox Estoril.** Engenheiro Alvaro Pedro de Sousa, 175. ☎ 214 680 424.
Hab. 32: 80/150 €. Suites: 2. A 200 m del casino. A 500 m de la playa. Cerca de campos de golf y tenis.

Estremoz

54 • E-3

A LISBOA, 173 KM. ALT. 425 M. POB. 7.682. 268 333 541. PREFIJO INTERNACIONAL: 00-351.
GPS (38° 50' 42''N-7° 35' 35"O).

Fiestas: Marzo: Feria da Casa.
Visitar: Popular mercado semanal (sábados). Castillo medieval. Museos. Iglesia de São Francisco. Convento dos Congregados (Cámara Municipal). Cerámica. Capilla de Reina Santa. Iglesia de Nossa Sra. de los Mártires.
Alrededores: VEIROS y EVORAMONTE. REDONDO, a 27 km.

Restaurantes

Sâo Rosas. Largo D. Dinis, 11. ☎ 268 333 345.
Cierra lunes, primera quincena de enero y de julio. Rica panoplia de cocina alentejana bajo la advocación del conocido milagro de las rosas obrado por Santa Isabel. Precio medio 30 €.

Hoteles

**** **Convento de Sao Paulo.** (ALDEIA DA SERRA.) ☎ 266 989 160.
Hab. 40: 90/180 €. Suites: 9. Consultar ofertas. Antiguo Convento del s. XII. Colección de 53.000 azulejos. Restaurante O ERMITA, cocina alentejana.
Pousada de D. Joao IV. (En VILA VIÇOSA, a 15 km). Terreiro do Paço, s/n. ☎ 268 980 742.
Hab. 23: 140/220 €. Suites: 5. En el colosal convento de monjas de las Llagas de Cristo. Jardín laberinto. Excelente cocina alentejana. Restaurante D. CARLOS.

Évora

54 • C-4

A LISBOA, 140 KM. ALT. 301 M. POB. 55.000. 266 777 071. PREFIJO INTERNACIONAL: 00-351.
GPS (38° 34' 14''N-7° 54' 40"O).

Fiestas: 20 al 30 de junio: Fiestas de S. Juan.
Visitar: De origen romano, clasificada Patrimonio Mundial por la UNESCO. Convento dos Lóios. Templo Romano, s. I d.C. Catedral del s. XIII. Palacio de Dom Manuel del s. XVI. Museo de Évora. Capilla de los Huesos en la iglesia de S. Francisco. Universidad. Plaza de Giraldo. Puerta de Moura. Acueducto de Agua da Prata.
Alrededores: Monumentos Megalíticos. Convento de Espinheiro.

Restaurantes

Cozinha de Santo Humberto. (Bº Centro). Rua da Moeda, 39. ☎ 266 704 251.
Cierra jueves y noviembre. En una antigua bodega encalada, el patrón de los cazadores preside una pitanza tradicional, puramente alentejana. Precio medio 25 €.
Fialho. Travessa dos Mascarenhas, 16. ☎ 266 703 079. www.restaurantefialho.com
Cierra lunes, tres primeras semanas de septiembre y del 24 de diciembre al 2 de enero. Acogedor comedor decorado con símbolos alentejanos. Espléndida cocina del país. ***Caçao de coentrada, perdiz à convento da Cartuxa, encharcada de Mourâo***. Una institución. Precio medio 35€.
O Guiâo. Rua da República, 81. ☎ 266 703 071. www.oguiao.com
Cierra domingo noche y lunes. A dos pasos de la plaza del Giraldo, un auténtico despliegue de la mejor cocina alentejana. Asequible. Precio medio 25 €.

Hoteles

**** **Da Cartuxa.** Travessa da Palmeira, 4-6. ☎ 266 739 300.
Hab. 85: 105/155 €. Suites: 6. En el centro histórico. Junto a muralla medieval. Restaurantes CERCA NOVA y SIM, gastronomía regional alentejana.

Faro

70 • A-4

A LISBOA, 298 KM. POB. 58.698. 289 803 604. PREFIJO INTERNACIONAL: 00-351.
GPS (37° 0' 57"N-7° 56' 11"O).

Fiestas: Junio: Fiestas de S. António: Conmemoración del Día de la Ciudad.
Visitar: Arco de Vila, Catedral, pazo y seminario episcopal. Palacios: Belmarço, Fialho, Casa Das Açafatas y Estoi. Iglesias de S. Francisco, antiguo convento de S. Antonio, S. Luis, Carmo (Capela dos Osos) y S. Pedro. Museos Arqueológico, Etnográfico y de la Marina.
Alrededores: A 8 km, OLHÃO: Ciudad pintoresca por sus casitas "cubistas", puerto de pesca. Parque Natural de Ría Formosa-Marim. A 10 km, ESTOI: Estación Arqueológica Romana. A 7 km, playa de Faro. A 40 km, ALEUFEIRA: Playas. PORTIMÃO: Playas. A 60 km, SILVES: Ciudad histórica, castillo.

Restaurantes

®**Camané.** (En PRAIA DO FARO, a 9 km). Avda. Nascente, s/n. ☎ 289 817 539.
Cierra al mediodía en agosto, lunes y 15 días en mayo. Los **pescados** y **mariscos** frescos son proverbialmente caros, como ocurre en esta casa. Comedor marinero con vistas a la ría. Precio medio sin marisco 35 €.

Hoteles

**** **Eva.** Avda. da República, 1. ☎ 289 001 000.
Hab. 135: 82/144 €. Suites: 13.
**** **Faro.** Praça D. Francisco Gomes, 2. ☎ 289 830 830. www.hotelfaro.pt
Hab. 87: 69/156 €. Suites: 3. Consultar ofertas. Junto al puerto deportivo y centro histórico. Restaurante RÍA FORMOSA.

Fátima

44 • F-2

A LISBOA, 135 KM. ALT. 346 M. POB.15.000. 249 531 139. PREFIJO INTERNACIONAL. 00-351.
GPS (39° 37' 17''N-8° 39' 54"O).

Fiestas: 11 de junio: Fiesta de Santo Antonio-Fátima. 5-6 de agosto: Fiesta del Sagrado Corazón de Jesús.
Visitar: Basílica y capilla de las Apariciones. Museo de Cera. Casa Museo de Aljustrel. Museo de las Apariciones 1917 y Museo de Arte Sacro y Etnología de Fátima.
Alrededores: Monasterios de Alcobaça y Batalha, elegidos por la UNESCO como Monumentos de Interés Mundial. Santuario de Ortiga. Castillos de Leiria, Ourém, Pombal y Porto de Mós. Playas de Nazaré, São Martinho do Porto. São Pedro de Moel, Vieira y Pedrogão. Cuevas de S. Antonio, Alvados, Mira de Aire y S. Mamede.

Restaurantes

A Tasquinha. Rua dos Monfartinos, s/n. ☎ 249 533 446.
Modesta y típica *tasquinha* detrás del Santuario atendida por su propietario con guisos populares, *bacalhaus* y golosos dulces. Precio medio 20 €.

® **Tia Alice.** Rua do Adro, 152. ☎ 249 531 737. www.tiaalice.com
Cierra domingos noche, lunes y del 1 al 20 de julio. Acogedora bodega al gusto moderno, donde la patrona muestra su dominio del oficio con buenos platos portugueses. Precio medio 30 €.

Hoteles

**** **Fátima.** Rua João Paulo II, 241. ☎ 249 530 760. www.hotelfatima.com P
Hab. 117: 60/95 €. Suites: 9. Próximo al Santuario, Capilla de las Apariciones e iglesia de la Santísima Trinidad. Restaurante SALÃO FÁTIMA. Gastronomía nacional e internacional.

Foz do Douro Ver Porto.

27 • C-2

Guarda

37 • D-2

A LISBOA, 320 KM. ALT. 1.056 M. POB. 24.000. 271 205 530. PREFIJO INTERNACIONAL: 00-351.
GPS (40° 32' 15''N-7° 16' 18"O).

Fiestas: 24 de junio: Feria de S. Joaô. 27 de noviembre: Dia da Cidade.
Visitar: Centro de Montaña. La capital a 1.056 m, es la más elevada de Portugal. Catedral con aire de fortaleza. Iglesias da Misericordia y S. Vicente. Torre de Menagem y judería.
Alrededores: Parque Natural da Serra da Estrada. Aldeas históricas.

Restaurantes

Casa do Bragal. (En JOÂO BRAGAL, a 8 km). Ctra. João Bragal de Baixo, s/n. ☎ 271 963 896. www.casadobragal.com P
Cierra miércoles al mediodía, martes, primera quincena de enero y de agosto. *"Coisinhas boas"* como aperitivo y cocina tradicional "revisitada". Bonita instalación. Precio medio 40 €.

Hoteles

**** **Parador de Almeida.** (En ALMEIDA, a 49 km). Rua da Muralha. ☎ 271 574 290. www.hotelparadordealmeida.com P
Hab. 21: 50/198 €. Consultar ofertas. Construida dentro de la Muralla de la villa. A 11 km de Vilar Formoso.
*** **Turismo da Guarda.** Praça do Municipio. ☎ 271 223 366. P
Hab. 100: 40/60 €. Suites: 2. Céntrico.

Lisboa

53 • D-3

A MADRID, 648 KM. ALT. 111 M. POB. 564.477. 210 312 810. PREFIJO INTERNACIONAL: 00-351.
GPS (38° 42' 24''N-9° 8' 15"O).

Fiestas: 1 de enero: Día Mundial de la Paz. Domingo de Pascua. 25 de abril: Día da Liberdade. 10 de junio: Día de Portugal. Corpo Santo. 13 de junio: S. António, Fiestas de la Ciudad. 15 de agosto: Día de Asunción de Nossa Senhora. 5 de octubre: Implantación de la República. 1 de diciembre: Día de la Restauración y de la Independencia.
Visitar: Lisboa descansa sobre siete colinas en el estuario del Tajo. Ciudad cosmopolita, ofrece una fascinante combinación de lo viejo y lo nuevo. Pontes 25 de abril y Vasco da Gama, Rossío, Avenida de la Libertad, Parque Eduardo VII, Parque das Nações, Barrio de Alfama, Catedral, Monasterio de los Jerónimos, Castillo de S. Jorge, Torre de Belem. Museos, calles y plazas. Plaza del Comercio: Monumento al Rey José I. Barrio Alto.
Alrededores: SETÚBAL: Activo puerto pesquero. SESIMBRA: Villa pesquera, playas. AZEITAÔ: Vinos de Moscatel. TRÓIA: Moderno centro turístico. CABO ESPICHEL: Iglesia barroca y vistas. VILLA FRANCA DE XIRA. Feria del Artesanado. CASCAIS: Puerto pesquero y playas. SINTRA: Palacio da Pena y Palacio da Vila. MAFRA: Convento.

Restaurantes

100 Maneiras. Rua do Teixeira, 35. ☎ 910 307 575. www.restaurante100maneiras.com
Cierra al mediodía y domingo. El serbio Ljubomir abandonó Cascais y voló al barrio Alto de Lisboa. Menú fijo (35 €) encabezado por un emblemático *estandal*, tendedero miniatura con prendas comestibles.

® **Casa da Comida.** (Bº Amoreiras). Travessa das Amoreiras, 1. ☎ 213 860 889. www.casadacomida.pt
Cierra almuerzos de sábado y lunes; y domingo. Lujosa *"casa da comida"* con jardín, fuentes y surtidores. En este grato ambiente, tras tomar una copa en el bar, se puede degustar excelente cocina creativa portuguesa. Precio medio 45 €.

Conventual. Praça das Flores, 45. ☎ 213 909 246.
Cierra lunes, sábabos y festivos al mediodía; domingo y agosto. La casa se evade de su primitivo recetario monástico y se pasa a una cocina más laica, de base tradicional portuguesa. *Creme castanha, arroz de ameijoas, bolo chocolate.* Precio medio 40 €.

D'Avis. (Bº Beato). Rua do Grilo, 98. ☎ 218 681 354. www.davis.com.pt
Cierra domingo, festivos y agosto. En el barrio de Beato, un buen despliegue de auténtica cocina alentejana. Precio medio 21 €.

☼ **Eleven.** (En el Jardín Amalia Rodrigues). Rua Marqués de Fronteira, s/n. ☎ 213 862 211. www.restauranteleven.com P
Cierra domingo. Moderna arquitectura dominando desde el parque Eduardo VI al río. Cocina mediterránea de autor diseñada por Joachim Koerper. **Bacalhau confitado com kokochas, crocante de camarão sobre risotto, gelado de pimenta de Jamaica**. Precio medio 65 €.

® **Farta Brutos.** (Bº Alto). Travessa da Espera, 20. ☎ 213 426 756.
Cierra domingo. El barrio Alto de Lisboa no se conoce a fondo hasta que no se visita este castizo local, por donde pasaron desde José Cardoso a Saramago. Cocina *alfacinha*. **Pataniscas de bacalhau**. Precio medio 35 €.

® **Gambrinus.** Rua das Portas de Santo Antão, 23-25. ☎ 213 421 466. P
Institución de la Lisboa de los *boms tempos*, frecuentada por periodístas clásicos. **Langostas, perdices, cordero**, y la mejor cocina *alfacinha*. Oportos míticos. Precio medio 70 €.

® **Largo.** Rua Serpa Pinto, 10 - A. ☎ 213 477 225. www.largo.pt P
Cierra domingo. El entusiasta Miguel Silva pasa de Oporto a Lisboa para ofrecer junto a la casa de Pessoa su versión del recetario portugués. ***Risotto de bacalhau, bife Black Angus com molho de coentros***. Comedor en la antigua dependencia del convento. Precio medio 50 €.

O Funil. (Bº Ntra. Sra. Fátima). Avda. Elías García, 82-A. ☎ 217 966 007. www.ofunil.com
Cierra noches de domingo y festivos. *Ameijoas, bacalhaus, cataplanas* y toda la panoplia de la cocina tradicional lusa en un marco típicamente *alfacinha*. Precio medio 28 €.

O Polícia. Rua Marquês sá da Bandeira, 112 A. ☎ 217 963 505. www.restauranteopolicia.com
Cierra sábado noche y domingo. Dom Teotónio, *polícia* municipal, dejó el cuerpo y abrió esta casa de saludable cocina portuguesa y generosas raciones. Junto a la Fundación Gulbenkian. Precio medio 30 €.
®**Tágide.** Largo da Academia Nacional de Belas Artes, 18-20. ☎ 213 404 010. www.restaurantetagide.com
Cierra domingo, lunes y agosto. Tágide, ninfa del Teijo, vuelve a su lujoso hogar gastronómico dominando el río. Alta cocina portuguesa con certeras innovaciones. Lisboa recupera una de sus instituciones. Precio medio 23 €.
®**Tasca da Esquina.** Domingos Sequeira, 41- C. ☎ 210 993 939. www.tascadaesquina. pt
Cierra lunes al mediodía y domingo. Vitor Sobral lanza en el castizo Campo de Ourique otra novedad. Una tasca ilustrada con menú fijo y otro con "sorpresa" del jefe de cocina. Divertido. Precio medio 25 €.
Tavares (Rico). Rua da Misericordia, 37. ☎ 213 421 112. www.restaurantetavares. pt
Cierra lunes y domingo. El joven cocinero José Avillez devuelve a Tavares -la mesa más antigua de Lisboa (1784)- su antiguo rango. Esplendoroso marco con derroche de espejos y dorados. ***Robalo escalfado a 54º, bife à moda de Tavares*, milhojas con helado**. Precio medio 70 €.
Varanda. (H. FOUR SEASONS RITZ). (Bº São Sebastián de Predreira). Rua Rodrigo da Fonseca, 88.
☎ 213 811 400. www.fourseasons.com/lisbon
El Ritz lisboeta sigue fiel a su tradición de lujo y calidad. Su buena cocina internacional se halla ahora en manos de Pascal Maynard. ***Peito de pombo com o seu pate, espinafres com mascarpone, moelleux de amêndoa***. Servicio impecable. Precio medio 65 €.

Hoteles

***** **Altis.** Rua Castilho, 11. ☎ 213 106 000.
Hab. 303: 120/350 €. Suites: 13. Consultar ofertas. Céntrico. Restaurante GRILL DOM FERNANDO.
***** **Avenida Palace.** 1º Dezembro, 123. ☎ 213 218 100. www.hotelavenidapalace.pt
Hab. 82: 175/200 €.
***** **Four Seasons Hotel Ritz Lisbon.** Rodrigo da Fonseca, 88. ☎ 213 811 400. www.fourseasons.com/lisbon
Hab. 282: 380/510 €. Suites: 40. Admisión de perros, consultar. Restaurante VARANDA.
***** **Olissippo Lapa Palace.** Rua do Pau de Bandeira, 4. ☎ 213 949 494.
Hab. 101: 370/775 €. Suites: 8. Consultar ofertas y admisión de perros. Restaurante LAPA, cocina mediterránea.
***** **Pestana Palace Hotel.** Jau, 54. ☎ 213 615 600. www.pestana.com
Hab. 174: 240/300 €. Suites: 17. Palacio del s. XIX. Sus jardines son Monumento Nacional. Restaurante VALLE FLOR, con gran cocina internacional.
***** **Sheraton Lisboa Hotel & Spa.** Latino Coelho, 1. ☎ 213 120 000.
Hab. 369: 390/472 €. Suites: 11. "Quartos Towers" con servicio de mayordomo. Health Club y Business Center. Bar con vistas panorámicas. Restaurantes PANORAMA Y LOBBY BISTRO.
***** **Tiara Park Atlántic Lisboa.** Castilho, 149. ☎ 213 818 700. www.tiara-hotels.com
Hab. 331: 400/430 €. Suites: 17. Restaurante L'APPART.
***** **Tivoli Lisboa.** Avda. da Liberdade, 185. ☎ 213 198 900.
Hab. 329: 230/424 €. Céntrico. Restaurantes ZODIACO y GRILL TERRAÇO.
**** **Altis Park Hotel.** Avda. Engº. Arantes e Oliveira, 9. ☎ 218 438 200.
Hab. 300: 170/210 €. Suites: 15. Céntrico. A 5 minutos del aeropuerto y a 100 m del Club de Olaias. Restaurante NAVEGADORES.
**** **As Janelas Verdes.** Rua das Janelas Verdes, 47. ☎ 213 968 143.
Hab. 29: 143/298 €. Consultar ofertas. Palacete del s. XVIII. Biblioteca. Junto al Museo de Arte antiguo.
**** **Lisboa Plaza.** Avda. da Liberdade/Travessa do Salitre, 7. ☎ 213 218 218. www.heritage.pt
Hab. 94: 120/248 €. Suites: 12. Consultar ofertas. Restaurante CAFÉ PLAZA.
**** **Lutécia.** Avda. Frei Miguel Contreiras, 52. ☎ 218 411 300.
Hab. 175: 100/240 €. Suites: 4. Internet gratuito. Restaurante IN-FUSION.
**** **Sofitel Lisbon Liberdade.** Avda. da Liberdade, 127. ☎ 213 228 300. www.sofitel-lisboa.com
Hab. 167: 280/350 €. Suites: 4. Consultar ofertas y admisión de perros. Céntrico. De estilo clásico contemporáneo. Restaurante ADLIB.
**** **VIP Executive Suites do Marqués.** Avda. Duque de Loulé, 45. ☎ 213 510 480. www.viphotels.com
Hab. 84: 60/115 €. Suites: 4. Céntrico. A 150 m de la plaza del Marqués de Pombal. Suite de 52 m^2.
**** **York House.** Rua das Janelas Verdes, 32. ☎ 213 962 435.
Hab. 32: 130/260 €. Instalado en un convento del s. XVII. Restaurante CONFRAIRA.
*** **Amazónia Lisboa.** Travessa Fábrica dos Pentes, 12-20. ☎ 213 877 006.
Hab. 192: 95/130 €. Suites: 22. Céntrico. Cerca de Museo Vieira da Silva. Junto a la Pza. del Marqués de Pombal.
*** **Eduardo VII.** Avda. Fontes Pereira de Melo, 5. ☎ 213 568 800.
Hab. 137: 54/117 €. Suite: 1. Cerca de la Pza. del Marqués de Pombal. Céntrico. Restaurante VARANDA.
*** **Metropole.** Rossio, 30. ☎ 213 219 030.
Hab. 36. Precio: 120/170 €. Céntrico. Vistas a la Plaza de Rossio y al castillo de S. Jorge.

Matosinhos Ver Porto. 27 • C-2

Melgaço 17 • F-1

A LISBOA, 471 KM. ALT. 180 M. POB. 9.996. PREFIJO INTERNACIONAL: 00-351.
GPS (42° 6' 57"N-8° 15' 50"O).

Fiestas: Del 30 de abril al 2 de mayo: Fiesta del Alvarinha.
Visitar: Castillo medieval (muralla y torre defensiva). Iglesias Matriz de Misericordia. Casas señoriales. Solar de Alvarinho, s. XVII.
Alrededores: A 2 km, Balneario de termas Peso. A 27 km, CASTRO LABOREIRO, aldea típica con castillo medieval. A 18 km, LAMAS DE MOURO: Parque Nacional de Peneda Gerês.

Restaurantes

Panorama. (Bº das Carvalhiças). (Edificio do Mercado Municipal). Rua das Carvalhiças, 13. ☎ 251 410 400. www.restaurantepanorama.eu
Cierra domingo noche, lunes, del 15 al 30 de mayo y del 15 al 30 de octubre. Simpático restaurante oportunamente enclavado en el mercado local. Cocina del Minho, vistas sobre Galicia y óptimos *alvarinhos* de las quintas locales. Precio medio 30 €.

Miranda do Douro 29 • B-1

A LISBOA, 524 KM; ALT. 700 M. POB. 8.000. 273 430 020. PREFIJO INTERNACIONAL: 00-351.
GPS (41° 29' 44''N-6° 16' 30"O).

Fiestas: 25 de abril: Sra. de Luz.
Visitar: Situada sobre los escarpes del Duero, que sirve de frontera. Catedral (s. XVII), con el célebre altar del Meninho da Cartolina y su pintoresco ropero. Museo de Terra Mirandesa.
Alrededores: Mirador de Castro de S. Joao das Arribas.

Restaurantes

A Lareira. (En MOGADOURO, a 48 km). Avda. Nossa Senhora do Caminho, 58. ☎ 279 342 363.
Cierra lunes y enero. *Lareira sempre acesa* (encendida) donde se asan las mejores *postas de vitela* del Norte del país. Precio medio 20 €.
Balbina. Rua Rainha D. Catarina, 1. ☎ 273 432 394.
Dona Balbina ofrece en la cuna de la *posta de vitela* una de sus más fieles versiones. Precio medio 20 €.

Mogadouro Ver Miranda do Douro. 28 • F-2

Moreira de Cónegos Ver Braga. 27 • E-1

Palmeira Ver Braga. 17 • E-4

Paredes de Coura Ver Valença do Minho. 17 • D-2

Pedra Furada Ver Barcelos. 17 • D-4

Porto/Oporto 27 • D-2

A LISBOA, 314 KM. ALT. 158 M. POB. 222.000. 223 393 470. PREFIJO INTERNACIONAL: 00-351.
GPS (41° 8' 58"N-8° 36' 41"O).

Fiestas: 24 de junio: São João.
Visitar: La segunda gran ciudad portuguesa y cuna del vino de su nombre. Declarada Patrimonio Mundial de la UNESCO y Capital Europea de la Cultura en 2001. Catedral. Torre de los Clérigos. Palacio de la Bolsa. Museo Nacional Soares dos Reis. Iglesias de Sta. Clara, S. Lourenço y S. Francisco. Casas, calles, paseos... e impresionantes puentes antiguos y modernos. Fundação Casa de Serralves y Museo de Arte Contemporáneo.
Alrededores: LEÇA DO BAILIO: Iglesia del Monasterio, a 8 km. GONDOMAR: Filigrana y artesanía. VILA NOVA DE GAIA: Bodegas de Vino de Oporto. Visitas con guía y degustación de vinos.

Restaurantes

Casa Aleixo. Rua da Estaçao, 216. ☎ 225 370 462. P
Cierra domingo, una semana en enero y tres en agosto. Frente a la estación de Campanha una antigua *tasca de galegos* venida a más. Cocina típica del Norte. Precio medio 25 €.
Casa Branca. (En VILA NOVA DE GAIA, a 2 km). (H. CASA BRANCA). Avda. Beira Mar, 751. ☎ 227 727 400. www.casabranca.com P
Cierra martes al mediodía y lunes. Con 60 habitaciones. A orillas del Atlántico, una privilegiada terraza permite elegir los mejores platos regionales portugueses. Precio medio 30 €.
Churrascão do Mar. Rua João Grave, 134. ☎ 226 096 382. www.churracaoes.pt P
Cierra domingo y del 1 al 15 de agosto. Elegante casona -con transporte gratuito- donde se degustan buenos pescados y mariscos. La oferta se completa con las carnes del cercano *Gaúcho* de la misma empresa. Precio medio 30 €.
Foz Velha. (Foz do Douro). Esplanada do Castelo, 141. ☎ 226 154 178. www.fozvelha.com
Cierra al mediodía de lunes y festivos, domingo y primera quincena de agosto. Instalación elegantona y tranquila, apta para disfrutar de un menú portugués tradicional, no exento de innovaciones. Precio medio 35 €.
O Chanquinhas. (En MATOSINHOS, a 8 km). (Bº Leça do Palmeira). Rua de Santana, 243. ☎ 229 951 884. www.chanquinhas.com P
Cierra domingo. Los Silva elevaron a costa de trabajo y talento la tasca familiar en un restaurante de campanillas instalado en un bonito chalé. **Pescados, mariscos** y **bacalhaus** apreciados por clientes de Oporto y Lisboa. Agradable bar. Menú 20 €. Precio medio sin marisco 30 €.
Portucale. Rua da Alegría, 598. (Piso 14). ☎ 225 370 717. www.miradouro-portucale.com P
En las alturas de un pequeño rascacielos y con vistas sobre Oporto una cocina sabia y profundamente portuguesa. Nunca falta en la carta un ***bacalhau*** clásico ni postres tradicionales. Precio medio 37 €.

Hoteles

***** **HF Ipanema Park.** Rua de Serralves, 124. ☎ 226 194 100. www.hfhotels.com P
Hab. 281: 90/360 €. Suites: 18. Consultar ofertas. Especial para familias. Lujoso y cómodo. Restaurantes JARDIM D'INVERNO.
***** **Infante de Sagres.** Praça D. Filipa de Lencastre, 62. ☎ 223 398 500. www.hotelinfantesagres.pt
Hab. 70: 192/825 €. Suites: 6. Hotel Histórico. Renovado en 2009. Restaurante BOCA DO LOBO.
***** **Porto Palacio.** Avda. da Boavista, 1269. ☎ 226 086 600. P
Hab. 234: 170/185 €. Suites: 16. Gimnasio. Restaurante MADRUGA.
***** **Tiara Park Atlantic Porto.** Avda. da Boavista, 1466. ☎ 226 072 500. www.tiara-hotels.com
P
Hab. 232: 190/225 €. Suites: 7. Consultar ofertas. Hotel no fumadores. Restaurante POIVRON ROUGE.
**** **Estalagem Quinta da Bodega São Salvador.** (En VILA NOVA DE GAIA, a 2 km). Rua de Silva Tapada, 200. ☎ 223 702 575. P
Hab. 7: 30/85 €. Consultar cierre. En una preciosa quinta junto al Duero, construido sobre el río, gran conjunto de hotel y restaurante S. SALVADOR.

Povoa de Lanhoso Ver Braga. 17 • E-4

Praia da Galé/Galé Ver Albufeira. 69 • E-4

Praia do Faro Ver Faro. 70 • A-4

Praia do Guincho Ver Cascais. 53 • B-3

Queluz Ver Sintra. 53 • C-3

Santa Marta de Portuzelo Ver Viana do Castelo. 17 • C-3

Setúbal 53 • E-4

A LISBOA, 50 KM. POB. 122.554. 265 534 222. PREFIJO INTERNACIONAL: 00-351.
GPS (38° 31' 24''N-8° 53' 42"O).

Fiestas: 10 al 19 de junio: Santos Populares.
Visitar: Puerto pesquero. Centro urbano. Castillo de S. Felipe, s. XVI.. Notables iglesias de los s.s XVI y XVII: Jesús, de finales del s. XIV, S. Julião, pórticos notables, y Sta. María, s. XVI. Museo de la Ciudad, colección de pintura portuguesa del s. XVI. Casa do Corpo Santo, edificio barroco del s. XVIII. Museos: del Trabajo, de Arqueología y Etnografía.
Alrededores: A 10 km, Parque Natural de Arrábida. A 8 km, PALMELA: Castillo del s. XII. Iglesia de Sao Pedro: Azulejos. Reserva del Estuario Do Sado. Azeitão, a 15 km: Palacio de Bacalhoa, s. XVI.

Hoteles

**** **Pousada S. Filipe.** Forte de S. Felipe, Estrada do Castelo de Sao Filipe, a 1 km. ☎ 265 550 070. www.pousadas.pt
Hab. 15: 108/240 €. Suites: 1. Consultar ofertas. Fortaleza, del s. XVI, a 1 km de Setúbal. Dentro del Parque Natural de Arrábida. Restaurante FORTALEZA.
Pousada de Palmela. (En PALMELA, a 8 km). Castelo de Palmela. ☎ 212 351 226.
Hab. 28: 138/280 €. Suites: 5. En un castillo moro, después feudo de los Caballeros de Santiago. Restaurante FORTALEZA. Bodega de moscateles.

Sintra 53 • C-2

A LISBOA, 29 KM. ALT. 200 M. POB. 27.000. 219 231 157. PREFIJO INTERNACIONAL 00-351.
GPS (38° 47' 53''N-9° 23' 22"O).

Fiestas: 29 de junio: S. Pedro.
Visitar: Antigua Villa de Portugal, clasificada por la Unesco como Patrimonio Mundial de la Humanidad (Paisaje Cultural). Visitar el Palacio Real, del s. XIV-XVI, residencia de los Reyes de Portugal. Castillo Moro, s. VIII. Palacio y Parque da Pena, s. XIX. Palacio y Quinta de Monserrate, con más de 3.000 especies de árboles y arbustos. Palacio y Quinta da Regaleira, s. XX. Convento de los Capuchos, s. XVI. Sintra Museo de Arte Moderna. Museo do Brinquedo. Museo Anjos Teixeira. Museo Ferreira de Castro. Club de Golf.
Alrededores: QUELUZ, a 15 km: Palacio rococó del s. XVIII llamado "Versalles portugués", con jardines, fuentes y estatuas. Cabo de Roca, a 20 km: Punto más occidental de Europa continental. A 8 km, COLARES: Pequeña villa famosa por sus vinos. Praia das Maças, a 13 km, unida a Sintra por un pintoresco tranvía. Praia Grande.

Restaurantes

® **Arola.** (H. PENHA LONGA). Estrada de Lagoa Azul, s/n. ☎ 219 249 011. www.penhalonga.com
Cierra al mediodía y noches de lunes y martes. El mediático Sergi Arola desembarca en Portugal con este exquisito restaurante enclavado en el corazón de un exclusivo club de golf. La casa se autodefine moderna y joven, con cocina más atlántica que mediterránea". Precio medio 33 €.
® **Cantinho de São Pedro.** (Bº São Pedro de Sintra). Praça D. Fernando II, 18. ☎ 219 230 267. www.cantinhosaopedro.com
Cierra segunda quincena de junio. Gran cocina portuguesa con la sorpresa de toques franceses. En la parroquia de São Pedro, con su feria artesanal los segundos y cuartos domingos de mes. ***Costeleta de vitela grelhada.*** Precio medio 20 €.
® **Cozinha Velha.** (En QUELUZ, a 16 km). (POUSADA D. MARÍA I). Largo Palacio Nacional Queluz. ☎ 214 356 158. www.pousadas.pt
El antiguo palacio real de Queluz cedió su enorme y bella cocina, con sus peroles relucientes, para habilitar un comedor de aceptable cocina internacional. Toda una escenografía. Menú 30 €. Precio medio 47 €.

Hoteles

***** **Palacio de Seteais.** Barbosa do Bocage, 8. ☎ 219 233 200.
Hab. 30: 234/284 €. Suites: 1. El maravilloso palacio de Seteais del s. XVIII, con su jardín, convertido en hotel de lujo por la cadena Tívoli. Restaurante PANORÂMICO.
***** **Penha Longa Hotel Spa & Golf Resort.** Estrada da Lagoa Azul, s/n. Quinta da Penha Longa. ☎ 219 249 011. www.penhalonga.com
Hab. 194: 350/2.400 €. Suites: 17. En un Monasterio del s. XIV. Dentro del Parque Natural de Sintra. Restaurantes ASSA MASSA, MIDORI, cocina japonesa y AROLA.
**** **Tívoli Sintra.** Praça da República. ☎ 219 237 200.
Hab. 73: 140/160 €. Suites: 3. Restaurante MONSERRATE.

Tavira 70 • B-4

A LISBOA, 300 KM. ALT. 25 M. POB. 25.248. 251 823 374. PREFIJO INTERNACIONAL: 00-351.
GPS (37° 7' 41"N-7° 39' 17"O).

Fiestas: 14-15 de agosto: Sta. Margarida.
Visitar: Castillo a orillas del Sèqua, situación que le ha valido el título de "La Venecia del Algarve". Palacio da Galería. Museo Municipal. Puente Antiga. Iglesias de Sta. María del Castillo, Misericordia, Sta. Ana, S. Sebastián y Santiago.
Alrededores: Parque Natural de Ría Formosa. Pego do Inferno. Salinas. Playas da Ilha, Cabanas, do Barril y Terra Estreita.

Restaurantes

® **A Chaminé.** (En ALTURA, a 13 km). A 8 km de Ayamonte (Huelva-España). Avda. 24 de Junho, s/n. ☎ 281 950 100.
Cierra miércoles y segunda quincena de octubre. En el Algarve millonario y cosmopolita, la grata sorpresa de un local asequible y de auténtica cocina popular algarvia. Precio medio 25 €.

Terrugem Ver Elvas. 53 • C-2

Valença do Minho 17 • D-2

A LISBOA, 445 KM. ALT. 72 M. POB. 3.500. 251 823 374. PREFIJO INTERNACIONAL: 00-351.
GPS (42° 1' 25"N-8° 38' 15"O).

Visitar: Fortaleza Vauban del s. XVIII, murallas con 5 km de perímetro, vigilando la frontera fluvial con España. En su interior Centro Comercial, histórico-cultural, al aire libre. Gran Feria los miércoles.
Alrededores: Parques Monte do Faro y Senhora da Cabeça, Conventos de Sanfins, Ganfei y Portões do Castro y Ecopista.

Restaurantes

®**Conselheiro.** (En PAREDES DE COURA, a 25 km). Largo Vizconde de Moselos. ☎ 251 782 610.
Cierra domingo noche, lunes y octubre. Manuel Vilaça sabe recrear la cocina literaria de Aquilino Ribeiro en un agradable marco. Desde ***pataniscas de bacalhau*** a ***formigos*** de postre. Precio medio 35 €.
Fortaleza. Rua Apolinário Fonseca, 5. ☎ 251 823 146.
Cierra martes y del 15 de enero al 15 de febrero. Dentro de la fortaleza de Valença un comedor funcional. *Pasteis de bacalhau, bacalhau à Fortaleza, pudim de ovos.* Precio medio 30 €.

Viana do Castelo

17 • C-3

A LISBOA, 388 KM. POB. 40.000. PREFIJO INTERNACIONAL: 00-351.
GPS (41° 41' 33''N-8° 50' 18"O).

Fiestas: 20 agosto: Nossa Sra. d'Agonia (la mayor romería de Portugal).
Visitar: Exhibiciones veraniegas del mejor folclore minhoto, muchachas ataviadas con joyas típicas y trajes multicolores. Museo de Arte y Arqueología con Centro de la Ciudad, arquitectura gótica, barroca, renacentista y manuelina. Museo do Traje. Navío Gil Eanes. Catedral.
Alrededores: Monte de Sta. Luzia, a 3 km: Templo votivo, parque, ruinas galaico-romanas, con espléndidas vistas sobre la Foz del Lima. NOGUEIRA: Iglesia románica de S. Cláudio. Playas de Afife-Bico y Darque-Cabedelo, deportes náuticos (windsurf, bodyboard, surf, kite surf). GERAZ DE LIMA: Núcleo Museológico de Arqueología. Museo de Carruajes.

Restaurantes

®**Camelo.** (En SANTA MARTA DE PORTUZELO, a 4 km). Rua de Santa Marta, 119. ☎ 258 839 090. www.camelorestaurantes.com
Cierra domingo noche de noviembre a junio, lunes y segunda quincena de junio. El apellido Camelo es bien conocido tanto en Santa Marta de Portuzelo, con su emblemático ***galo de pe descalço***, como en la cercana playa de Abulia, a 30 km con **pescados** y **mariscos**. Nuevas sucursales en Viana do Castelo y Ponte de Lima. Precio medio 30 €.
Casa de Pasto - María de Perre. Rua de Viana, 118. ☎ 258 822 410.
Cierra domingo noche, lunes, segunda y tercera semanas en septiembre. Típica casa de pasto del Norte, con rica cocina y fiel clientela. Precio medio 25 €.
®**Cozinha das Malheiras.** Gago Coutinho, 19. ☎ 258 823 680.
Cierra martes. El bello palacio dos Malheiras cedió sus caballerizas a un lujoso restaurante con especialidades portuguesas e internacionales. ***Polvo com molho verde, peixe na cataplana, doce da casa.*** Precio medio 50 €.
Mariana. (En AFIFE, a 10 km). Lugar de São Roque, s/n. ☎ 258 981 327.
Cierra martes excepto verano y septiembre. Feliz ocurrencia la de esta casa: dar el toque final a la lubina con un hervor en agua de mar. Cocina regional de categoría. Precio medio 25 €.
Os 3 Potes. Beco dos Fornos, 7-9. ☎ 258 829 928.
Veterana casa que triunfa con una fórmula infalible: cocina *minhota*, precios afinados y de vez en cuando folklore. Precio medio 30 €.

Hoteles

**** **Axis Viana.** Avda. Capitão Gaspar de Castro, s/n. ☎ 351 802 000. www.axishoteisgolfe.com
Hab. 87: 85/100 €.
**** **Do Parque.** Praça da Galiza, s/n. ☎ 258 828 605. P
Hab. 125: 58/98 €. Suites: 2. Desayuno en un comedor con vistas sobre el Lima y el puente Eiffel.
Pousada Monte Santa Luzia. Monte Santa Luzia. ☎ 258 800 370. www.pousadas.pt P
Hab. 51: 108/198 €. Suite: 1. Terraza con vistas panorámicas. Restaurante VARANDA DO LIMA.

Vila Nova de Cerveira

17 • C-2

A LISBOA, 415 KM. ALT. 638 M. POB. 9.000. 251 708 023. PREFIJO INTERNACIONAL: 00-351.
GPS (41° 56' 23''N-8° 44' 45"O).

Fiestas: Agosto: Fiestas Concelhais. Feria Internacional de Arte.
Visitar: Castillo de D. Dinis, s. XV. Iglesia da Misericordia, s. XVIII. Capilla de Nossa Senhora da Ajuda: s. XVII. Iglesia de S. Cipriano, s. XVIII. Pelourinho, s. XVI. Solar dos Castros, s. XVIII. Museo Bienal de Cerveira. Aquamuseu. Parque de Lazer do Castelinho.

Restaurantes

Abrigo das Andorinhas. Queirós Ribeiro, 76. ☎ 251 795 335.
Cierra lunes y octubre. Refugio de golondrinas y también de quienes buscan una cocina *minhota* auténtica a buen precio. *Bolo de bacalhau*, arroz de *tamboril, leite creme*. Simpático. Precio medio 30 €.

Hoteles

**** **Estalagem da Boega.** Quinta do Outeiral- Gondarém. ☎ 251 700 500. P
Hab. 25: 42/103 €. Suites: 4. Preciosa quinta dieciochesca con maravillosa piscina dominando el Minho. Restaurante PEREGRINO, tipo buffet portugués.

Vila Nova de Gaia Ver Porto.

27 • D-2

Viseu

37 • A-1

A LISBOA, 330 KM. ALT. 494 M. POB. 93.501. PREFIJO INTERNACIONAL: 00-351.
GPS (40° 39' 35''N-7° 54' 44"O).

Fiestas: Junio: Cavalhadas de Teivas y de Vildemoinhos. Del 14 de agosto al 21 de septiembre: Feria de S. Mateus.
Visitar: Catedral, s. XI, iglesia de la Misericordia, s. XVIII. Museos de Arte Sacro. Plaza D. Duarte. Edificio dos Paços do Concelho y Panel de azulejos. Iglesia dos Terceiros. Parque Aquilino Ribeiro. Casa Museo Almeida Moreira. Iglesia do Carmo. Casas Amarela y da Ribeira. Parque do Fontelo. Solar do Vinho do Dão. Muralla Romana.
Alrededores: A 15 km, Palacio dos Condes de Anadia. A 3 km, Senhora do Castro. A 25 km, termas de Carvalhal. A 55 km, Sierra de Estrela. A 20 km, termas de S. Gemil Tondela.

Restaurantes

Cortiço. Augusto Hilário, 45. ☎ 232 423 853. www.restaurantecortico.com
Antigua tasca donde aún se respetan las recetas regionales de la *caderneta* de D. Ceferino. La clientela deja testimonios escritos de su paso. Precio medio 25 €.
Muralha da Sé. Adro da Sé, 24. ☎ 232 437 777. www.muralhadase.pt P
Cierra domingo noche, lunes y segunda quincena de octubre. Desde el aperitivo al postre, la mejor cocina de la Beira. Bonito marco cerca del Museo del pintor Grão Vasco. Precio medio 25 €.

Hoteles

**** **Grão Vasco.** Gaspar Barreiros, s/n. ☎ 232 423 511. www.hotelgraovasco.pt P
Hab. 106: 63/77 €. Suites: 3. Céntrico. A 300 m de la zona histórica. Restaurante GRÃO VASCO, con cocina beirã.

NOTA:
Los datos de esta Guía están actualizados a 30 de septiembre de 2010.

Salvo posibles errores tipográficos, la información sobre los establecimientos se obtiene directamente de los propietarios de los mismos. La **inserción en esta Guía es totalmente gratuita**, por lo que REPSOL declina cualquier responsabilidad al respecto.

Los precios de hoteles que aparecen en la presente edición son aproximados, ya que al cierre de la misma aún no se contaba con la confirmación oficial de algunas tarifas.

Para cualquier aclaración o comentario sobre el contenido de esta Guía, pueden acudir a nuestro Servicio de Atención al Cliente (901 101 101), a la web guiarepsol.com o repsol.com.

Vinos

2011

Guía de los mejores vinos de España

La **Guía de los Mejores Vinos de España,** en su duodécima edición, rinde homenaje a todos aquellos que participan en el extenso proceso de elaboración de un buen vino y a quienes saben disfrutar de todo ese buen hacer.

Conscientes de que nuestro país es uno de los mayores expertos en la cultura vitivinícola mundial, con una larga tradición, desde esta Guía queremos hacer un viaje por el amplio paisaje de las denominaciones de origen que salpican nuestra geografía. Tanto los aficionados a este interesante universo, como aquellos que quieran iniciarse en él, encontrarán en estas páginas toda la sabiduría y conocimiento de los más destacados conocedores de esta materia.

Coordinada y supervisada por la **Real Academia de Gastronomía** y avalada por el juicio de sumilleres, periodistas, gastrónomos y los profesionales del *Laboratorio Sensorial,* esta Guía presenta la selección más rigurosa y representativa del vino en España.

La **Guía de los Mejores Vinos** incluye cerca de 700 bodegas y detallada información sobre 1.500 vinos seleccionados: su cata, tipo de uva, armonía, aroma, sabor en boca y precio. Todos ellos han obtenido una valoración de cata igual o superior a 90 puntos y el Cuadro de Honor lo componen 87 caldos que han conseguido superar una puntuación de 95. Así mismo, encontramos los diez mejores vinos de cada Comunidad Autónoma y los vinos mejor calificados del año.

En *www.guiarepsol.com* la selección se amplía a todos aquellos vinos que han superado una puntuación de 85 y se profundiza en la cultura enológica con más información sobre vinos, bodegas, denominaciones de origen y consejos reguladores. Este año, además, estrena buscador de vinos, con un espíritu aún más pedagógico, un diseño renovado y nuevos contenidos: mapas para ubicar las bodegas, sugerencias de alojamiento, gastronomía y datos sobre diferentes añadas. El ***site* de vinos de la Guía Repsol** hace más accesible este irresistible y apasionante universo.

Y para aquellos que quieran llevar siempre consigo esta Guía presentamos la nueva versión de la **aplicación de iPhone para la GUÍA REPSOL:** la Guía de los Mejores Vinos de España al alcance del móvil. Mediante una simple descarga gratuita en *Apple Store* podremos disponer, de forma permanente en el móvil, de toda la información contenida en esta guía, además de un servicio de geolocalización con sencillos mapas para ubicar las bodegas más cercanas a nuestra posición.

Sabiendo que lo más importante del vino es disfrutarlo, confiamos que tanto en estas páginas como las versiones digitales, sirvan como guía de consulta y sobre todo como motivación para seguir disfrutando de la liturgia y el placer que supone saborear una buena copa de vino.

Cómo se elabora esta guía

Selección de vinos

La primera de las tareas consiste en **actualizar la selección de vinos** con las novedades que hayan surgido durante el año. Sobre estos nuevos vinos se realiza un estudio para conocer las opiniones de los críticos, premios, si pertenece a alguna Selección Oficial...

Con esta información y con la de los vinos ya catados en ediciones anteriores se solicita a las bodegas las **muestras para su cata**.

Valoración y Cata

Los vinos seleccionados para la elaboración de esta guía han sido catados en su totalidad siguiendo el **sistema de cata "a ciegas"**. Como su propio nombre indica, el catador no conoce los vinos que se van a valorar y las botellas se encuentran tapadas, para no incidir en su subjetividad, esto es, para que el catador no se vea influenciado por la marca, añada o procedencia del vino.

Para esta edición 2011 se han catado aproximadamente 3.500 vinos con esta misma técnica.

Todos los vinos pasan por un doble proceso de cata: en primer lugar cata el panel del Laboratorio de Análisis Sensorial, formado por catadores entrenados y experimentados que han participado como jueces en numerosos Concursos Internacionales homologados y de reconocido prestigio.

En segundo lugar, se unen al panel de catas técnicos, sumilleres, periodistas, técnico-comerciales, etc... que catan para hacer la selección definitiva.

Para los vinos de más alta puntuación se realizan, además de las anteriores, otras catas en las que intervienen diversos académicos de la Real Academia Española de Gastronomía.

En aquellos vinos en los que existen disparidad se realizan *catas comparativas* realizadas en red por paneles de cata de Burdeos, Borgoña y Astí.

Cómo usar
esta guía

Los 1.500 vinos que componen la prestigiosa selección de la Guía de Vinos 2011 aparecen clasificados por Comunidad Autónoma, denominación de origen y bodega.

Cada comunidad recoge además un **listado con sus 10 mejores vinos.**

Igualmente es posible encontrar la información en los **índices** que se localizan al final de la guía ordenados por orden alfabético según vinos y bodegas.

El Cuadro de Honor agrupa todos aquellos vinos con puntuación igual o superior a 95 considerados los mejores de España. En esta edición 2011 el cuadro destaca 87 vinos.

Castilla y León - D.O. Ribera del Duero

1 Denominación de Origen Ribera del Duero

Las viñas en esta zona se implantan frecuentemente en suel… o cascajosos. Se cultivan 6 variedades diferentes de uva, la t… la Cabernet Sauvignon, la Merlot, la Garnacha Tinta, la Malb… siendo esta última la única variedad blanca autorizada.

Consejo Regulador
947 541 221 - info@riberadelduero.es

2 Aalto, Bodegas y Viñedos
aalto@aalto.es
www.aalto.es

3 **Aalto** 93 Pt
23 Meses en Barrica 2005 · 28 Euros
Uvas: 100% Tempranillo
Gastronomía: Carnes a la piedra.
Aspecto: Bien vestido en rojo grante intenso, limpio y profundo.
Aroma: En nariz, complejo (frutas rojas maduras, notas empireumáticas) junto a un agradable fondo balsámico.
Boca: En boca, orgulloso, sabroso y carnoso. Buena expresión tánica.

Aalto Ps 95 Pt
30 Meses Barrica 2005 · 60 Euros
Uvas: 100% Tinto Fino
Gastronomía: Estofados de carne.
Aspecto: Rojo burdeos, muy cubierto, ribetes granate. Brillante.
Aroma: Intensos, frutos confitados, tonos de madera, balsámicos de bosque.
Boca: Buena entrada en boca, orgulloso, elegante, redondo. Buen final.

bodega@abadialaarroyada.es
www.abadialaarroyada.es

Abadía Vendimia Seleccionada 91 Pt
29 Meses en Barrica 2004 · 52 Euros
Uvas: 100% Tempranillo
Gastronomía: Carnes rellenas al horno.
Aspecto: Brillante rojo granate, intenso y denso.
Aroma: Tonos tostados, especiados, cacao en buen equilibrio con la fruta madura.
Boca: Entrada en boca sabroso, goloso, buena acidez y largo postgusto.

Abbatia Vendimia Seleccionada 92 Pt
…eses en Barrica 2004 · 50 Euros

Aspecto: Vestido de roj…
Aroma: Profundos a tos…
Boca: En boca es prof… redondos.

Tinto Pesquera
2007 · 12 Euros
Uvas: 100% Tempra…
Gastronomía: Carn… Ibéricos.
Aspecto: Sobrio ve… excelente caída.
Aroma: En nariz, … confitadas, cuero, …
Boca: En boca, a… brado, taninos m…

Alizan Bod…
bodega@alizar…
www.alizan.net

Auzau Vendi…
Reserva 200…
Uvas: 100%
Gastronomí…
Aspecto: R…
Aroma: Tor…
Boca: Boca…

Anta B…
natura@…
www.anta…

A-10
2006
Uvas: …

Ficha tipo

1 La guía recoge información de 72 Denominaciones de Origen y 41 Vinos de la Tierra, entre otras calificaciones. Cada Denominación incluye información de su Consejo Regulador que se puede completar en la versión digital.

2 Las bodegas están ordenadas alfabéticamente en su correspondiente Denominación o comarca vinícola. De cada bodega se ofrece información de su e-mail y página web.

3 Del vino se da en primer lugar su nombre y la puntuación obtenida en la cata. A continuación el tipo de vino y su precio. Por último, la ficha de la cata que resalta sus características principales.

Amplía la información en **guiarepsol.com**

La Guía de los Mejores Vinos de España estrena espacio en guiarepsol.com. El nuevo diseño mejora la experiencia del usuario y pone a su disposición, de forma clara y precisa, la información de vinos más completa a través de avanzados buscadores que facilitan todas las consultas.

- **Más información:** En esta nueva versión los contenidos se amplían permitiéndonos profundizar en la cultura del vino desde el proceso de elaboración, hasta el momento de la cata y el maridaje: la vendimia y embotellado, degustación de vinos, tipos de botellas, corchos y copas, cuadro de honor, etc.
- **500 vinos más:** Los vinos valorados entre 85 y 90 puntos, y que no figuran en la edición impresa, se recogen en la versión digital haciendo posible consultar un total de 2.000 vinos.

1. Nombre del vino
2. Puntuación obtenida en la cata, desde 85 a 99 puntos.
3. Categoría: Características de cada tipo de vino; Generosos, Secos, Espumosos, Blancos Jóvenes, Tintos de Crianza, Tintos de Reserva... Su proceso de elaboración, tiempo en barricas, aspectos de la cata...
4. Enlace a la información de la Bodega: Historia, datos de contacto, características técnicas, hectáreas que abarca el viñedo, variedades de uva que cultiva...
5. La Cata: Tipo de uva, gastronomía, temperatura a la que debe servirse, aroma, textura, armonía...
6. Otros datos de interés: Precio, consumo preferente...
7. Información de la denominación de origen: Historia de la D.O. y datos de contacto de su Consejo Regulador, características de sus vinos, extensión que ocupa y el número de bodegas inscritas a ella.
8. Añadas: Valoración de las añadas de las distintas D.O. y las calificaciones obtenidas.

1

Cuadro de Honor de los mejores vinos de España

2

El vino en España

Los 10 mejores por Comunidad Autónoma
Denominaciones de Origen
Bodegas y vinos

3

Índices

1

Cuadro de Honor

de los mejores vinos
de España

Los mejores vinos de España

Cuadro de Honor

99 Puntos

Contador Tinto de Crianza 2008
Bodegas: Vinos de Benjamín Romeo
D.O.: Rioja
La Rioja **Pág.** 155

98 Puntos

Barón de Chirel Tinto de Reserva y Gran Reserva 2005
Bodegas: Vinos de los Herederos del Marqués de Riscal, S.A.
D.O.: Rioja
La Rioja **Pág.** 141

Gran Vino de Pago de Arínzano Tinto de Reserva y Gran Reserva 2001
Bodegas: Vinos de Pago de Arínzano
D.O.: Pagos de Arínzano
Navarra **Pág.** 134

L'Ermita Tinto de Crianza 2008
Bodegas: Álvaro Palacios, S.L.
D.O.: Priorato
Cataluña **Pág.** 104

Marqués de Riscal 150 Aniversario Tinto de Reserva y Gran Reserva 2001
Bodegas: Vinos de los Herederos del Marqués de Riscal, S.A.
D.O.: Rioja
La Rioja **Pág.** 142

Pingus Tinto de Crianza 2008
Bodegas: Dominio de Pingus
D.O.: Ribera del Duero
Castilla y León **Pág.** 76

Vega Sicilio Único Tinto de Reserva y Gran Reserva 2002
Bodegas: Bodegas Vega Sicilia, S.A.
D.O.: Ribera del Duero
Castilla y León **Pág.** 73

Vega Sicilio Único Reserva Especial Tinto de Reserva y Gran Reserva
Bodegas: Bodegas Vega Sicilia, S.A.
D.O.: Ribera del Duero
Castilla y León **Pág.** 73

97 Puntos

Clos Erasmus Tinto de Crianza 2005
Bodegas: Clos i Terrasses
D.O.: Priorato
Cataluña **Pág.** 105

Elyssia Vino Espumoso
Bodegas: Cavas Freixenet
D.O.: Cava
Cataluña **Pág.** 96

Gran Vino de Pago de Arínzano Tinto de Reserva y Gran Reserva 2000
Bodegas: Vinos de Pago de Arínzano
D.O.: Pagos de Arínzano
Navarra **Pág.** 134

Honoris Tinto de Crianza 2006
Bodegas: Bodegas Valdubón, S.L.
D.O.: Ribera del Duero
Castilla y León **Pág.** 72

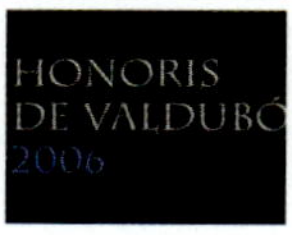

Pedro Ximénez 1830 Dulce
Bodegas: Alvear
D.O.: Montilla-Moriles
Andalucía **Pág.** 26

Termanthia Tinto de Crianza 2008
Bodegas: Bodega Numanthia Termes
D.O.: Toro
Castilla y León **Pág.**85

Viña el Pisón Tinto de Crianza 2008
Bodegas: Bodegas y Viñedos Artadi
D.O.: Rioja
La Rioja **Pág.** 140

96 Puntos

Amancio Tinto de Crianza 2007
Bodegas: Sierra Cantabria (Grupo Eguren)
D.O.: Rioja
La Rioja **Pág.** 154

Amontillado Tradición V.O.R.S. Vino Generoso Seco
Bodegas: Bodegas Tradición
D.O.: Jerez-Xérèz-Sherry y Manzanilla de Sanlúcar de Barrameda
Andalucía **Pág.** 22

Añada 1979 Vino Generoso Seco 1979
Bodegas: González Byass
D.O.: Jerez-Xérèz-Sherry y Manzanilla de Sanlúcar de Barrameda
Andalucía **Pág.** 23

Aro Tinto de Crianza 2006
Bodegas: Muga
D.O.: Rioja
La Rioja **Pág.** 153

Chivite Colección 125 . Vendimia Tardía Dulce 2007
Bodegas: Chivite
D.O.: Navarra
Navarra **Pág.** 132

Cirsión Tinto de Crianza 2007
Bodegas: Bodegas Roda, S.A.
D.O.: Rioja
La Rioja **Pág.** 149

Dalmau Tinto de Reserva y Gran Reserva 2007
Bodegas: Bodegas Marqués de Murrieta
D.O.: Rioja
La Rioja **Pág.** 148

Dominio de Atauta Valdegalites Tinto de Crianza 2007
Bodegas: Dominio de Atauta
D.O.: Ribera del Duero
Castilla y León **Pág.** 76

Dominio de Valdepusa Eméritvs Tinto de Crianza 2005
Bodegas: Pagos de Familia Marqués de Griñón
D.O.: Dominio de Valdepusa
Castilla - La Mancha **Pág.** 52

El Nido Tinto de Crianza 2007
Bodegas: Bodegas el Nido
D.O.: Jumilla
Murcia **Pág.** 126

Finca El Bosque Tinto de Crianza 2008
Bodegas: Sierra Cantabria (Grupo Eguren)
D.O.: Rioja
La Rioja **Pág.** 154

Fino La Panesa Vino Generoso Seco
Bodegas: Emilio Hidalgo
D.O.: Jerez-Xérèz-Sherry y Manzanilla de Sanlúcar de Barrameda
Andalucía **Pág.** 21

Gran Colegiata Campus Tinto de Crianza 2004
Bodegas: Bodegas Fariña
D.O.: Toro
Castilla y León **Pág.** 86

Gran Juve Camps Vino Espumoso 2006
Bodegas: Juve y Camps
D.O.: Cava
Cataluña **Pág.** 97

Gran Vino de Pago de Arínzano Tinto de Reserva y Gran Reserva 2002
Bodegas: Vinos de Pago de Arínzano
D.O.: Pagos de Arínzano
Navarra **Pág.** 134

Grans Muralles Tinto de Reserva y Gran Reserva 2006
Bodegas: Torres
D.O.: Conca de Barberà
Cataluña **Pág.** 99

Hipperia Tinto de Crianza 2006
Bodegas: Pago de Vallegarcía
D.O.: Castilla
Castilla - La Mancha **Pág.** 59

La Faraona Tinto de Crianza 2008
Bodegas: Descendientes de J. Palacios
D.O.: Bierzo
Castilla y León **Pág.** 63

La Viña de Andrés Romeo Tinto de Crianza 2008
Bodegas: Vinos de Benjamín Romeo
D.O.: Rioja
La Rioja **Pág.** 155

Malleolus de Sanchomartín Tinto de Crianza 2007
Bodegas: Bodegas Emilio Moro, S.L.
D.O.: Ribera del Duero
Castilla y León **Pág.** 69

Noé Dulce
Bodegas: González Byass
D.O.: Jerez-Xérèz-Sherry y Manzanilla de Sanlúcar de Barrameda
Andalucía **Pág.** 23

Pago de los Capellanes Parcela el Picón Tinto de Crianza 2004
Bodegas: Pago de los Capellanes
D.O.: Ribera del Duero
Castilla y León **Pág.** 78

Palo Cortado Tradición V.O.R.S. Vino Generoso Seco
Bodegas: Bodegas Tradición
D.O.: Jerez-Xérèz-Sherry y Manzanilla de Sanlúcar de Barrameda
Andalucía **Pág.** 22

Pazo Señorans Blanco Seco Natural 2004
Bodegas: Pazo de Señorans
D.O.: Rías Baixas
Galicia **Pág.** 117

Pedro Ximénez Viejo Dulce
Bodegas: Osborne
D.O.: Jerez-Xérèz-Sherry y Manzanilla de Sanlúcar de Barrameda
Andalucía **Pág.** 24

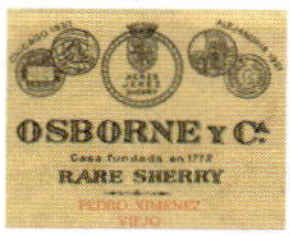

Secreto Viña Mayor Tinto de Crianza 2007
Bodegas: Bodegas y Viñedos Viña Mayor
D.O.: Ribera del Duero
Castilla y León **Pág.** 74

Selección Robles 1927 Dulce
Bodegas: Bodegas Robles, S.A.
D.O.: Montilla-Moriles
Andalucía **Pág.** 26

Tinto Pesquera Tinto de Reserva y Gran Reserva 2003
Bodegas: Alejandro Fernández Tinto Pesquera, S.L.
D.O.: Ribera del Duero
Castilla y León **Pág.** 67

Valbuena 5º Año Tinto de Reserva y Gran Reserva 2006
Bodegas: Bodegas Vega Sicilia, S.A.
D.O.: Ribera del Duero
Castilla y León **Pág.** 73

Aalto PS Tinto de Crianza 2006
Bodegas: Aalto, Bodegas y Viñedos
D.O.: Ribera del Duero
Castilla y León **Pág.** 66

95 Puntos

Amaren Tinto de Reserva y Gran Reserva 2004
Bodegas: Bodegas Amaren
D.O.: Rioja
La Rioja **Pág.** 137

Artadi Pagos Viejos Tinto de Crianza 2008
Bodegas: Bodegas y Viñedos Artadi
D.O.: Rioja
La Rioja **Pág.** 140

Aurus Tinto de Crianza 2007
Bodegas: Finca Allende, S.L.
D.O.: Rioja
La Rioja **Pág.** 151

Carmelo Rodero TSM Tinto de Crianza 2005
Bodegas: Bodegas Rodero
D.O.: Ribera del Duero
Castilla y León **Pág.** 72

Cava Sumarroca Gran Brut Allier Vino Espumoso 2005
Bodegas: Bodegues Sumarroca
D.O.: Cava
Cataluña **Pág.** 95

Chivite Colección 125 Blanco Seco con Madera 2007
Bodegas: Chivite
D.O.: Navarra
Navarra **Pág.** 132

Contino Viña del Olivo Tinto de Crianza 2008
Bodegas: Viñedos del Contino, S.A.
D.O.: Rioja
La Rioja **Pág.** 142

El Vínculo Tinto de Reserva y Gran Reserva 2006
Bodegas: El Vínculo (Grupo Pesquera)
D.O.: La Mancha
Castilla - La Mancha **Pág.** 54

Enate Uno Chardonnay Blanco Seco con Madera 2006
Bodegas: Enate (Viñedos y Crianzas del Alto Aragón, S.A.)
D.O.: Somontano
Aragón **Pág.** 35

Excelso Tinto de Reserva y Gran Reserva 1982
Bodegas: Bodegas Franco-Españolas
D.O.: Rioja
La Rioja **Pág.** 147

Ferratus Sensaciones Tinto de Crianza 2005
Bodegas: Bodegas Cuevas Jiménez
D.O.: Ribera del Duero
Castilla y León **Pág.** 69

Finca Montico Blanco Seco Natural 2008
Bodegas: Vinos de los Herederos del Marqués de Riscal
D.O.: Rueda
Castilla y León **Pág.** 83

Gallaecia Blanco Seco con Madera 2007
Bodegas: Bodegas Martín Codax
D.O.: Rías Baixas
Galicia **Pág.** 115

Gaudium Gran Vino Tinto de Reserva y Gran Reserva 2004
Bodegas: Marqués de Cáceres
D.O.: Rioja
La Rioja **Pág.** 152

Gran Brut Trepat Vino Espumoso 2008
Bodegas: Agustí Torelló
D.O.: Cava
Cataluña **Pág.** 95

Hiru 3 Racimos Tinto de Crianza 2006
Bodegas: Bodegas Luis Cañas
D.O.: Rioja
La Rioja **Pág.** 139

Imperial Vinos Generoso Seco
Bodegas: Federico Paternina División Jerez
D.O.: Jerez-Xérèz-Sherry y Manzanilla de Sanlúcar de Barrameda
Andalucía **Pág.** 23

La Cueva del Contador Tinto de Crianza 2008
Bodegas: Vinos de Benjamín Romeo
D.O.: Rioja
La Rioja **Pág.** 155

La Nieta Tinto de Crianza 2008
Bodegas: Viñedos de Páganos
D.O.: Rioja
La Rioja **Pág.** 142

Malleolus de Valderramiro Tinto de Crianza 2007
Bodegas: Bodegas Emilio Moro, S.L.
D.O.: Ribera del Duero
Castilla y León **Pág.** 69

Marqués de Riscal Tinto de Reserva y Gran Reserva 2004
Bodegas: Vinos de los Herederos del Marqués de Riscal, S.A.
D.O.: Rioja
La Rioja **Pág.** 142

Marqués de Riscal Tinto de Reserva y Gran Reserva 2006
Bodegas: Vinos de los Herederos del Marqués de Riscal S.A.
D.O.: Rioja
La Rioja **Pág.** 142

Marqués de Rodil Vino Generoso Seco
Bodegas: Emilio Hidalgo
D.O.: Jerez-Xérèz-Sherry y Manzanilla de Sanlúcar de Barrameda
Andalucía **Pág.** 21

Matarromera Pago de las Solanas Tinto de Reserva y Gran Reserva 2001
Bodegas: Bodega Matarromera
D.O.: Ribera del Duero
Castilla y León **Pág.** 68

Matusalem Dulce
Bodegas: González Byass
D.O.: Jerez-Xérèz-Sherry y Manzanilla de Sanlúcar de Barrameda
Andalucía **Pág.** 23

Milmanda Blanco Seco con Madera 2008
Bodegas: Torres
D.O.: Conca de Barberà
Cataluña **Pág.** 100

Orgasnitrum Blanco Seco con Madera 2007
Bodegas: Bodegas Martín Codax
D.O.: Rías Baixas
Galicia **Pág.** 115

Pago de Carraovejas Tinto de Reserva y Gran Reserva 2005
Bodegas: Pago de Carraovejas
D.O.: Ribera del Duero
Castilla y León **Pág.** 77

Pedro Ximénez Tradición Dulce
Bodegas: Bodegas Tradición
D.O.: Jerez-Xérèz-Sherry y Manzanilla de Sanlúcar de Barrameda
Andalucía **Pág.** 22

Pérez Pascuas Gran Selección Tinto de Reserva y Gran Reserva 2005
Bodegas: Bodegas Hnos. Pérez Pascuas
D.O.: Ribera del Duero
Castilla y León **Pág.** 70

Pesus Tinto de Crianza 2007
Bodegas: Bodegas Hermanos Sastre, S.L.
D.O.: Ribera del Duero
Castilla y León **Pág.** 70

Petjades Rosado 2009
Bodegas: Torelló
D.O.: Penedès
Cataluña **Pág.** 103

Quincha Corral Tinto de Crianza 2007
Bodegas: Bodega Mustiguillo, S.A.
D.O.: El Terrazo
Comunidad Valenciana **Pág.** 160

Real de Asua Tinto de Crianza 2005
Bodegas: Compañía Vinícola del Norte de España (C.V.N.E.)
D.O.: Rioja
La Rioja **Pág.** 151

Terra do Gargalo Blanco Seco Natural 2008
Bodegas: Gargalo, S.L.
D.O.: Monterrei
Galicia **Pág.** 112

Tinto Pesquera Tinto de Reserva y Gran Reserva 2007
Bodegas: Alejandro Fernández Tinto Pesquera, S.L.
D.O.: Ribera del Duero
Castilla y León **Pág.** 67

Vall Llach Tinto Joven 2008
Bodegas: Celler Vall Llach
D.O.: Priorato
Cataluña **Pág.** 105

Vallegarcía Syrah Tinto de Crianza 2007
Bodegas: Pago de Vallegarcía
D.O.: Castilla
Castilla - La Mancha **Pág.** 59

Vallegarcía Viognier Blanco Seco con Madera 2008
Bodegas: Pago de Vallegarcía
D.O.: Castilla
Castilla - La Mancha **Pág.** 59

Viña Mayor Tinto de Reserva y Gran Reserva 2003
Bodegas: Bodegas y Viñedos Viña Mayor
D.O.: Ribera del Duero
Castilla y León **Pág.** 75

Viña Pedrosa Tinto de Reserva y Gran Reserva 2005
Bodegas: Bodegas Hnos. Pérez Pascuas
D.O.: Ribera del Duero
Castilla y León **Pág.** 70

Ysios Edición Limitada Tinto de Reserva y Gran Reserva 2004
Bodegas: Bodegas Ysios
D.O.: Rioja
La Rioja **Pág.** 140

2

Los mejores vinos

por tipo de vino

Andalucía

Región vitivinícola de gran tradición y extensión. En Andalucía existen cinco Denominaciones de Origen: **D.O. Condado de Huelva**, **D.O. Jerez-Xerez-Sherry** y **Manzanilla de Sanlúcar de Barrameda, D.O. Málaga** y **Sierras de Málaga, D.O. Montilla-Moriles** y D.O.P.Vinos de Calidad de Granada. Algunas de gran antigüedad y todas de bien merecido prestigio.
También nos encontramos con doce Vinos de la Tierra: Bailén, Cádiz, Contraviesa-Alpujarra, Córdoba, Desierto de Almería, Granada Sur-Oeste, Laujar-Alpujarra, Los Palacios, Ribera de Ancarx Sierra Norte de Sevilla, Sierra Sur de Jaén y De las Sierras de las Estancias y los Filabres

Los 10 Mejores Vinos

Pedro Ximénez 1830 — 97 Puntos

Dulce Bodega: ALVEAR
D.O: Montilla-Moriles. Página 26

Amontillado Tradición V.O.R.S. — 96 Puntos

Generoso Seco Bodega: BODEGAS TRADICIÓN
D.O: Jerez-Xérèz-Sherry y Manzanilla de Sanlúcar de Barrameda. Página 22

Añada 1979 — 96 Puntos

Generoso Seco 1979 Bodega: GONZÁLEZ BYASS
D.O: Jerez-Xérèz-Sherry y Manzanilla de Sanlúcar de Barrameda. Página 23

Fino La Panesa — 96 Puntos

Generoso Seco Bodega: EMILIO HIDALGO
D.O: Jerez-Xérèz-Sherry y Manzanilla de Sanlúcar de Barrameda. Página 21

Noé — 96 Puntos

Dulce Bodega: GONZÁLEZ BYASS
D.O: Jerez-Xérèz-Sherry y Manzanilla de Sanlúcar de Barrameda. Página 23

Palo Cortado Tradición V.O.R.S. — 96 Puntos

Generoso Seco Bodega: BODEGAS TRADICIÓN
D.O: Jerez-Xérèz-Sherry y Manzanilla de Sanlúcar de Barrameda. Página 22

Pedro Ximénez Viejo — 96 Puntos

Dulce Bodega: OSBORNE
D.O: Jerez-Xérèz-Sherry y Manzanilla de Sanlúcar de Barrameda. Página 24

Selección Robles 1927 — 96 Puntos

Dulce Bodega: BODEGAS ROBLES, S.A.
D.O: Montilla-Moriles. Página 26

Imperial — 95 Puntos

Generoso Seco Bodega: FEDERICO PATERNINA DIVISIÓN JEREZ
D.O: Jerez-Xérèz-Sherry y Manzanilla de Sanlúcar de Barrameda. Página 23

Marqués de Rodil — 95 Puntos

Generoso Seco Bodega: EMILIO HIDALGO
D.O: Jerez-Xérèz-Sherry y Manzanilla de Sanlúcar de Barrameda. Página 21

Denominación de Origen Condado de Huelva

En el Condado de Huelva, antiguamente nombrado Condado de Niebla, podemos encontrar una zona de suelos arenosos, permeables y de una fertilidad moderada. Sólo cultivan variedades blancas, entre las que destaca la uva Zalema.

Consejo Regulador
959 410 322 - cr@condadohuelva.es

Vinícola del Condado

info@vinicoladelcondado.com
www.vinicoladelcondado.com

Misterio Cream **90** Pt
4,5 €
Uvas: 100% Zalema.
Gastronomía: Quesos azules, patés.
Aspecto: Se viste en caoba ambarino.
Aroma: Complejos e intensos en tonos de nueces, flores salvajes.
Boca: En boca armado, sabroso, perfecto equilibrio entre el dulzor y la acidez. Largo postgusto.

Misterio Oloroso Seco **90** Pt
4,5 €
Uvas: 100% Zalema.
Gastronomía: Consomé.
Aspecto: Color caoba brillante con matices yodados.
Aroma: Limpios, netos, francos a frutos secos y madera bien envejecida.
Boca: En boca estructurado, firme y amplio. Agradable postgusto.

Vdm Orange **92** Pt
6 €
Uvas: 50% Zalema, 50% Moscatel de Alejandría.
Gastronomía: Aperitivos, quesos azules, frutos secos. Vino de sobremesa.
Aspecto: De bonito color caldero. Limpio y brillante.
Aroma: Potente, intenso, goloso y original. Fruta escarchada. Cítrico.
Boca: Sabroso, amplio, con buena entrada y paso de boca. Largo postgusto. Invita a beberse.

Denominación de Origen D.O.P. Vinos de Calidad Granada

La Asociación de Vino de Granada, nace el 23 de enero de 2008 y la orden del 21 de enero de 2009 la reconoce como órgano de gestión de la figura de protección y calidad V.C.P.R.D VINOS DE CALIDAD DE GRANADA de acuerdo a lo establecido en la Ley 10/2007, de 26 de noviembre, de protección del Origen y Calidad de los Vinos Andaluces.

Consejo Regulador
619 032 409 - info@dovinosdegranada.es

Bodegas Señorío de Nazarí, S.L. (Bodegas Muñana)

bodegasmunana@gmail.com
www.bodegasmunana.com

Delirio **90** Pt
2009 · 10 €
Uvas: 100% Syrah.
Gastronomía: Pichones con nueces, Asadillo de pimientos.
Aspecto: Color burdeos-violáceo.
Aroma: Fresco e intenso, toques lácteos, de fruta roja y mineral.
Boca: Alegre, buena estructura. Agradable postgusto.

Denominación de Origen Jerez-Xérèz-Sherry y Manzanilla de Sanlúcar de Barrameda

Los suelos distintivos de esta zona son las tierras "albarizas", suelos con gran proporción de caliza de origen orgánico, caparazones calizos y algas microscópicas. Se cultivan principalmente uvas blancas predominando variedades tales como: Palomino, Pedro Ximénez y Moscatel.

Consejo Regulador
956 332 050 - vinjerez@sherry.org

Bodegas Barbadillo

barbadillo@barbadillo.com
www.barbadillo.com

Amontillado **93** Pt
V.O.R.S · 35,77 €
Uvas: 100% Palomino.
Gastronomía: Frutos secos.
Aspecto: Color ámbar.
Aroma: Potente, complejo. Notas de frutos secos, fondo balsámico, de especias y tostado.
Boca: Amplio, estructurado, armónico y sabroso. Gran postgusto.

Cuco **93** Pt
Oloroso · 14,16 €
Uvas: 100% Palomino.
Gastronomía: Aperitivos, frutos secos, patés.
Aspecto: Color caoba yodado muy cubierto.
Aroma: Expresivo y franco. Frutos secos sobre un agradable fondo balsámico y tostado.
Boca: Sabroso, carnoso, amplio y lleno. Largo postgusto

La Cilla **94** Pt
Pedro Ximénez · 10,44 €
Uvas: 100% Pedro Ximénez.
Gastronomía: Helado de vainilla, patés y quesos azules.
Aspecto: Color caoba muy cubierto con matices yodados.
Aroma: Profundo carácter varietal. Complejo y profundo.
Boca: En boca es untuoso, graso, dulce, sabroso, largo, pleno. Excelente postgusto.

Obispo Gascón 94 Pt
Palo Cortado · 29,26 €
Uvas: 100% Palomino.
Gastronomía: Aperitivos.
Aspecto: De bonito color ámbar. Limpio y brillante.
Aroma: Intenso, complejo y punzantes.
Boca: Boca redonda, intensa, plena, amplia y aterciopelada.

Oloroso Dulce 94 Pt
V.O.R.S · 35,77 €
Uvas: 100% Palomino.
Gastronomía: Vino de sobremesa.
Aspecto: Color caoba yodado muy cubierto.
Aroma: Expresivo, punzante y elegante.
Combinación perfecta entre las frutas en licor y las notas balsámicas.
Boca: Buen cuerpo, aterciopelado y seductor. Gran postgusto.

Oloroso Seco 94 Pt
V.O.R.S · 35,77 €
Uvas: 100% Palomino.
Gastronomía: Patés, aperitivos, consomé.
Aspecto: Color caoba poco cubierto.
Aroma: Complejos, elegantes e intensos.
Destacando los frutos en licor.
Boca: Seco, amplio, estructurado y sabroso.
Elegante postgusto.

Palo Cortado 94 Pt
V.O.R.S · 35,77 €
Uvas: 100% Palomino.
Gastronomía: Frutos secos, quesos azules, patés.
Aspecto: De bonito color caoba. Limpio y brillante.
Aroma: Complejos, elegantepotentes.
Boca: Potente, sabroso y amplio. Gran postgusto.

Príncipe de Barbadillo 94 Pt
Amontillado · 14,16 €
Uvas: 100% Palomino.
Gastronomía: Aperitivos. Frutos secos.
Aspecto: De bonito color amarillo yodado. Limpio y brillante.
Aroma: Potente, complejo, elegante y seductora.
Elegante tostado, frutos secos, recuerdos salinos y especias.
Boca: Amplio y penetrante. Elegante postgusto.

San Rafael 93 Pt
10,7 €
Uvas: 100% Palomino.
Gastronomía: Patés, quesos azules. Vino de sobremesa.
Aspecto: Color caoba yodado.
Aroma: Bien ensamblado. Notas de regaliz negro, caramelo, los tostados y especias.
Boca: Estructurado, complejo, amplio. Golosón y sabroso. Excelente postgusto.

Solear 94 Pt
Manzanilla · 5,74 €
Uvas: 100% Palomino.
Gastronomía: Pescaíto frito, huevas, gambas, langostinos.
Aspecto: Color amarillo pajizo verdoso. Limpio y brillante.
Aroma: Franco, limpio, neto, intenso con aromas salinos, a frutos secos y a la flor de la manzanilla.
Boca: Seco, sabroso, fresco, persistente. Postgusto largo y elegante.

Bodegas César Florido Romero

florido@bodegasflorido.com
www.bodegasflorido.com

Moscatel Especial 90 Pt
4,8 €
Uvas: 100% Moscatel.
Gastronomía: Patés, helados de vainilla.
Aspecto: Color yodado ambarino. Limpio y brillante.
Aroma: Limpio, neto, franco. Aromas a frutas escarchadas y en licor, envuelto en un agradable toque de pastelería.
Boca: Dulce, untuoso, grato. Largo postgusto.

Bodegas Emilio Hidalgo

juanmanuel@emiliohidalgo.es
www.emiliohidalgo.es

Fino La Panesa 96 Pt
21 €
Uvas: 100% Palomino.
Gastronomía: Gambas a la plancha, chipirones.
Aspecto: Color amarillo pálido.
Aroma: Aroma almendrado, punzante y delicado.
Boca: Potente y seco al paladar. Excelente postgusto.

Marqués de Rodil 95 Pt
22 €
Uvas: 100% Palomino.
Gastronomía: Frutos secos, quesos azules, patés.
Aspecto: Color caoba brillante.
Aroma: Aromas limpios, netos, francos, complejos y profundos.
Boca: Suave, delicado, punzante y a la vez con cuerpo y elegancia.

Bodegas Harveys

visitas@bodegasharveys.com
www.bodegasharveys.com

Harveys 91 Pt
Palo Cortado Vors · 35 €
Uvas: 98% Palomino, 2% Pedro Ximénez.
Gastronomía: Aperitivos, quesos azules, patés
Aspecto: De bonito color ámbar. Limpio y brillante.
Aroma: Limpios, netos, francos, intensos y complejos.
Boca: Sabroso, estructurado y equilibrado.
Agradable postgusto.

Harveys Rich Old 91 Pt
Oloroso Vors · 35 €
Uvas: 90% Palomino, 10% Pedro Ximénez.
Gastronomía: Aperitivos.
Aspecto: Color ambarino con reflejos de oro viejo.
Aroma: Profundos, complejos, elegantes y delicados.
Boca: Sedoso, estructurado y con cuerpo.
Excelente postgusto.

Bodegas Hidalgo-la Gitana

bodegashidalgo@lagitana
www.lagitana.es

La Gitana 94 Pt
Manzanilla · 4,95 €
Uvas: 100% Palomino.
Gastronomía: Carpaccio de salmón a las finas hierbas. Gambas rebozadas. Marisco.
Aspecto: Color amarillo pálido. Limpio y brillante.
Aroma: Limpio, franco, fresco, envuelto en un agradable fondo floral y con un alegre toque salino
Boca: Seco, alegre, sabroso, invita a beberse.
Agradable postgusto.

Pastrana 93 Pt
Manzanilla Pasada · 9,95 €
Uvas: 100% Palomino.
Gastronomía: Fritura fina. Consomé. Marisco.
Aspecto: Color oro viejo. Limpio y brillante.
Aroma: Netos, francos, complejos e intensos.
Toques de levaduras, tostados y un agradable fondo yodado.
Boca: Se presenta amplia, con buena entrada y paso. Largo y excelente postgusto.

Pedro Ximénez Triana 92 Pt
8,4 €
Uvas: 100% Pedro Ximénez.
Gastronomía: Helado de vainilla, patés, quesos azules.
Aspecto: Color ámbar oscuro. Limpio y brillante.
Aroma: Frutas pasificadas, frutos secos y agradable fondo de café y chocolate.
Boca: Sabroso, goloso, untuoso. Largo postgusto.

Bodegas Rey Fernando de Castilla

bodegas@fernandodecastilla.com
www.fernandodecastilla.com

Palo Cortado 93 Pt
34 €
Uvas: 100% Palomino.
Gastronomía: Frutos secos, aperitivos.
Aspecto: Color oro viejo. Limpio y brillante.
Aroma: Limpios, netos, francos, punzantes e intensos. Almendras tostadas y especias.
Boca: Sabroso, carnoso, estructurado, equilibrado.
Largo postgusto.

Px Antique 93 Pt
33 €
Uvas: 100% Pedro Ximénez.
Gastronomía: Arroz con leche y turrón.
Aspecto: De bonito color ámbar viejo. Limpio y brillante.
Aroma: Limpio, neto, franco, intenso. Complejo con agradables notas de frutas confitadas, toffes y chocolate.
Boca: Dulce, sabroso, redondo y largo. Excelente postgusto.

Px Premiun 91 Pt
17 €
Uvas: 100% Pedro Ximénez.
Gastronomía: Helados, patés, quesos azules, postres no muy dulces.
Aspecto: Color ámbar yodado. Limpio y brillante.
Aroma: Varietal, seductor y embaucador en nariz. Muy elegante.
Boca: Muy goloso, goza de una boca untuosa bien estructurada y un final persistente.

Bodegas Terry

visitas@bodegasterry.com
www.bodegasterry.com

Terry Oloroso · 8 € 90 Pt
Uvas: 100% Palomino.
Gastronomía: Consomé, aperitivos.
Aspecto: Color oro viejo. Limpio y brillante.
Aroma: Limpios, netos, francos a frutos secos tostados, fondo cítrico y madera bien envejecida.
Boca: En boca estructurado, firme, sabroso y amplio. Agradable postgusto.

Terry Fino · 6 € 91 Pt
Uvas: 100% Palomino.
Gastronomía: Gambas a la plancha.
Aspecto: Color amarillo pálido.
Aroma: Limpios, netos, francos, destacando los tonos de flores y hierbas frescas.
Boca: Sabroso, alegre, fresco. Vino que invita a beberse.

Bodegas Tradición

jerez@bodegastradicion.com
www.bodegastradicion.com

Amontillado Tradición V.O.R.S. 96 Pt
45 €
Uvas: 100% Palomino.
Gastronomía: Quesos ácidos de cabra.
Aspecto: Precioso vestido ambarino.
Aroma: Elegante, limpio, franco. Aromas tostados, agradables recuerdos salinos y de frutos secos.
Boca: Es suave, halagador, de redondo paladar. Largo y elegante postgusto.

Oloroso Tradición V.O.R.S. 93 Pt
45 €
Uvas: 100% Palomino.
Gastronomía: Aperitivos, confit de pato al horno.
Aspecto: Color ambarino con reflejos de oro viejo.
Aroma: Profunda e intensa nariz, delicados tostados y fina bollería. Limpio, neto y franco.
Boca: Sedoso, untuoso y con cuerpo. Excelente postgusto.

Palo Cortado Tradicion V.O.R.S. 96 Pt
55 €
Uvas: 100% Palomino.
Gastronomía: Frutos secos, quesos azules, paté, consomé.
Aspecto: Muy bien vestido de color ámbar cobrizo. Limpio y brillante.
Aroma: Limpios, netos, francos con elegantes dejos de buena y vieja madera, dátiles, almendras, caña.
Boca: Es mimoso, sabroso, pleno, de suave paso y de elegante final. Largo postgusto.

Pedro Ximénez Tradición V.O.S · 55 € 95 Pt
Uvas: 100% Pedro Ximénez.
Gastronomía: Postres, patés, quesos azules, nísperos asados.
Aspecto: Solemne y sobrio color ámbar oscuro.
Aroma: Complejidad de aromas, frutas pasificadas, nueces, avellanas, hueso de dátiles y agradable fondo de café.
Boca: Ágil, sabroso, goloso, untuoso. Excelente postgusto.

Bodegas Valdivia

info@bodegasvaldivia.com
www.bodegasvaldivia.com

Sacromonte Oloroso · 30,5 € 90 Pt
Uvas: 100% Palomino.
Gastronomía: Frutos secos. Vino de aperitivo y sobremesa.
Aspecto: Color caoba con matices yodados.
Aroma: Limpios, francos, intensos y penetrantes. Frutos secos (avellanas y almendras), elegantes tostados.
Boca: Amplio, sabroso, equilibrado y estructurado. Elegante postgusto.

Sacromonte P.X. 90 Pt
36,21 €
Uvas: 100% Pedro Ximénez.
Gastronomía: Patés, quesos azules. Turrón.
Aspecto: Color caoba yodado. Limpio y brillante.
Aroma: Complejo y potente. Pasas, dátiles, todo envuelto en un agradable toque de chocolate amargo.
Boca: Untuoso, amplio, buena entrada. Largo postgusto.

El Maestro Sierra

info@maestrosierra.com
www.maestrosierra.com

El Maestro Sierra Amontillado Superior. 12 años · 20 € 90 Pt
Uvas: 100% Palomino.
Gastronomía: Frutos secos. Aperitivos. Vino de sobremesa.
Aspecto: Color ámbar.
Aroma: Potente, complejo y muy limpio. Notas de frutos secos, especias y tostado.
Boca: Amplio, estructurado, armónico y sabroso. Agradable postgusto.

El Maestro Sierra Fino · 9 € 92 Pt
Uvas: 100% Palomino.
Gastronomía: Jamón y lomo ibérico.
Aspecto: Amarillo pálido. Limpio y brillante.
Aroma: Intensos, complejos y seductores.
Boca: Fresco, sabroso, alegre. Excelente postgusto.

Emilio Lustau

lustau@lustau.es
www.lustau.com

La Ina 90 Pt
6,5 €
Uvas: 100% Palomino.
Gastronomía: Jamón, lomo ibérico, ajoblanco, marisco, pescado frito, queso.
Aspecto: Amarillo pajizo con matices verdosos. Limpio y brillante.
Aroma: Intenso, limpio, neto, franco, profundo y de gran complejidad.
Boca: Seco, incisivo en el paso de boca, amplio, limpio y expresivo. Muy prolongado y elegante postgusto.

Lustau Papirusa Manzanilla · 9 € 92 Pt
Uvas: 100% Palomino.
Gastronomía: Aperitivos. Jamón serrano. Quesos curados.
Aspecto: Color amarillo pálido.
Aroma: Frescos, intensos, destacando el agradable fondo yodado y de la flor de la manzanilla.
Boca: Sabrosa, alegre. Vino que invita a beberse. Agradable postgusto.

San Emilio Dulce · 18 € 92 Pt
Uvas: 100% Pedro Ximénez.
Gastronomía: Patés, quesos azules.
Aspecto: Color caoba. Limpio y brillante.
Aroma: Aroma potente, limpio, neto, franco. Aromas a frutas pasificadas, especias y tostados.
Boca: Dulce cálido, untuoso, pleno y lleno. Buen postgusto.

Federico Paternina División Jerez

paternina@paternina.com
www.paternina.com

Bertola 90 Pt
Pedro Ximénez. Más de 12 Años · 15,78 €
Uvas: 100% Pedro Ximénez.
Gastronomía: Patés especiados, quesos picantes o azules.
Aspecto: Color caoba con ligeros matices ámbar.
Aroma: Buena intensidad, franqueza y calidad. Aromas a frutas pasificadas envuelto en un agradable aroma a caja de puros.
Boca: Agradable en la entrada, paso de boca amplio y final cálido.

Imperial 95 Pt
Amontillado. V.O.R.S. 30 Años · 81,9 €
Uvas: 100% Palomino.
Gastronomía: Frutos secos, gambas, jamón de bellota y fritura variada.
Aspecto: Se viste en un bonito color ámbar. Limpio y brillante.
Aroma: Francos, intensos y complejos. Notas de frutos secos, agradable fondo balsámico y de especias.
Boca: En boca orgulloso, potente, larguísimo. Excelente postgusto.

Pedro Ximénez Vieja Solera 94 Pt
V.O.R.S. 30 Años · 81,9 €
Uvas: 100% Pedro Ximénez.
Gastronomía: Helados de chocolate amargo, postres, quesos azules y muy curados. Vino de sobremesa.
Aspecto: Color caoba de muy buena caída.
Aroma: Intensos y complejos. Uvas pasas, orejones, ciruelas, tostados, envuelto en fondo de jalea.
Boca: Potente, untuoso, pleno. Largo postgusto.

Victoria Regina 94 Pt
Oloroso.V.O.R.S. 30 Años · 81,9 €
Uvas: 100% Palomino.
Gastronomía: Aperitivos, consomés y aves de caza.
Aspecto: Color caoba dorado brillante.
Aroma: En nariz empireumáticos, tostados y un agradable fondo de almendra garrapiñada.
Boca: En boca armado, potente y redondo final.

Garvey (Complejo Bodeguero Bellavista)

reyes.cisnal@grupogarvey.com
www.bodegasgarvey.com

Gran Orden 93 Pt
Generoso Dulce Pedro Ximénez · 26 €
Uvas: 100% Pedro Ximénez.
Gastronomía: Ideal para acompañar cualquier tipo de postres. Foie-Gras.
Aspecto: Color caoba con bordes yodados.
Aroma: Limpio, neto, franco, de potente aroma a frutos secos, tostados, miel y jalea.
Boca: Amplio, largo, elegante, untuoso y persistente. Elegante postgusto.

Oloroso Vos 93 Pt
33 €
Uvas: 100% Pedro Ximénez.
Gastronomía: Frutos secos, hojaldres, patés.
Aspecto: De solemne vestido caoba.
Aroma: Potente nariz destacando los aromas tostados de solera y agradable fondo de bollería fina.
Boca: Es seco, potente, sabroso, destacando agradables notas amargas. Elegante postgusto.

San Patricio 94 Pt
Generoso Fino · 6,42 €
Uvas: 100% Palomino.
Gastronomía: Jamón, pescaditos fritos, tabla de ibéricos, consomé, almejas a la marinera.
Aspecto: Color amarillo pálido.
Aroma: Sutil, alegre y elegante. Flores secas, frutos secos e infusiones.
Boca: Limpio, fresco, delicado y elegante.

González Byass

atencion@gonzalezbyass.es
www.gonzalezbyass.es

Amontillado del Duque 93 Pt
Amontillado V.O.R.S · 40 €
Uvas: 100% Palomino.
Gastronomía: Quesos azules y patés.
Aspecto: Color oro viejo con matices yodados.
Aroma: Potente y con carácter, salino con agradable fondo de bollería.
Boca: Seco, amplio, lleno, equilibrado. Largo postgusto.

Añada 1979 96 Pt
1979 · 120 €
Uvas: 100% Palomino.
Gastronomía: Quesos curados, jamón y lomo ibérico.
Aspecto: De bonito vestido color ámbar.
Aroma: Elegante, complejo, expresivo soberbio. Vino que enamora al beberse.
Boca: Lleno, sabroso, pleno. Excelente y largo postgusto.

Matusalem 95 Pt
Cream. V.O.R.S · 40 €
Uvas: Palomino, Pedro Ximénez.
Gastronomía: Dulces, pastas, quesos azules.
Aspecto: Color caoba con reflejos yodados de gran luminosidad.
Aroma: Complejo, limpio, intenso donde sobresalen los aroma a avellanas, caramelo y almendras.
Boca: Potente, estructurado, amplio y profundo. Largo y elegante postgusto.

Noé 96 Pt
Pedro Ximénez. V.O.R.S · 40 €
Uvas: 100% Pedro Ximénez.
Gastronomía: Patés, queso azul, postres con helados de vainilla.
Aspecto: Color caoba con tonos ámbar. Limpio y brillante.
Aroma: Intenso, elegante. Uva pasa, hueso de dátil y fondos de café torrefacto. Agradable toque de caja de puros.
Boca: Denso, potente, seductor postgusto de gran longitud y agilidad.

Tio Pepe 94 Pt
Generoso Fino · 6 €
Uvas: 100% Palomino.
Gastronomía: Aceitunas, frutos secos, jamón, mariscos.
Aspecto: Vestido amarillo pajizo con reflejos verdosos. Limpio y brillante.
Aroma: Limpio, franco, intenso, complejo, elegante y profundo.
Boca: Seco en boca, punzante, muy bien estructurado. Postgusto largo y agradable.

Viña Ab 90 Pt
Amontillado · 8,5 €
Uvas: 100% Palomino.
Gastronomía: Vino de aperitivo.
Aspecto: De bonito color ámbar. Limpio y brillante.
Aroma: Potente, complejo, neto y punzante.
Boca: Equilibrado, estructurado, amplio, lleno. Largo y buen postgusto.

Luis Caballero

marketing@caballero.es
www.caballero.es

Pavon Puerto Fino 91 Pt
6 €
Uvas: 100% Palomino.
Gastronomía: Jamón, lomo ibérico, gazpacho, marisco, pescado frito, queso.
Aspecto: Amarillo pajizo. Limpio y brillante.
Aroma: Complejo, expresivo y punzante.
Boca: Potente, fresco y con un gran postgusto.

Osborne

carolina.cerrato@osborne.es
www.osborne.es

Aos Solera 93 Pt
Amontillado Vos · 150 €
Uvas: 100% Palomino.
Gastronomía: Frutos secos. Vino de sobremesa.
Aspecto: De bonito color ámbar. Limpio y brillante.

Aroma: Limpios, netos, francos, potente, complejo.
Boca: Amplio, estructurado, muy armónico y sabroso. Gran postgusto.

Bc 200 93 Pt
Oloroso Vors · 150 €
Uvas: Palomino, Pedro Ximénez.
Gastronomía: Aperitivos. Vino de sobremesa.
Aspecto: Color ambarino con reflejos de oro viejo.
Aroma: Profundos, intensos, complejos, destacando los delicados tostados y fina bollería.
Boca: Sedoso, untuoso, potente. Excelente y largo postgusto.

Fino Quinta 94 Pt
Generoso Fino · 5,5 €
Uvas: 100% Palomino.
Gastronomía: Jamón, lomo ibérico, tablas de quesos, almejas a la marinera, gambas y langostinos a la plancha.
Aspecto: Amarillo pálido con ligeros matices verdosos.
Aroma: Intensos, complejos y limpios.
Boca: En boca entra con fuerza, crece orgulloso y termina con solemnidad. Excelente postgusto.

Pedro Ximénez 1827 92 Pt
8,5 €
Uvas: 100% Pedro Ximénez.
Gastronomía: Leche frita, arroz con leche, crepes de chocolate.
Aspecto: Color caoba oscuro con matices ámbar.
Aroma: Profundos y varietales.
Boca: Graso, untuoso y de ágil movimiento. Excelente postgusto.

Pedro Ximénez Viejo 96 Pt
150 €
Uvas: 100% Pedro Ximénez.
Gastronomía: Postres, quesos azules, patés.
Aspecto: Vestido caoba-ámbar muy cubierto.
Aroma: Excelente intensidad, complejidad, sutileza y elegancia.
Boca: Amplio, lleno, pleno. Excelente postgusto.

Solera India 94 Pt
Vos Oloroso Medium · 150 €
Uvas: Palomino, Pedro Ximénez.
Gastronomía: Vino de sobremesa. Patés, consomé, frutos secos.
Aspecto: Elegante color caoba brillante.
Aroma: Elegantes. Tonos de pastelería y finos tostados.
Boca: Estructurado, firme, amplio y untuoso. Profundo postgusto.

Solera 51º 93 Pt
Amontillado Vors · 50 €
Uvas: 100% Palomino.
Gastronomía: Vino de sobremesa y aperitivo.
Aspecto: Color ámbar yodado.
Aroma: Potente, complejo y muy limpio. Notas de frutos secos, fondo balsámico, de especias y tostado.
Boca: Amplio, estructurado, armónico y sabroso. Gran postgusto.

Solera Pap 93 Pt
Vors Palo Cortado · 150 €
Uvas: Palomino, Pedro Ximénez.
Gastronomía: Frutos secos, quesos azules.
Aspecto: Color caoba. Limpio y brillante.
Aroma: Matices de solera vieja, agradables toques de tostados y pastelería.
Boca: Potente, sabroso, amplio, tánico. Buen postgusto.

Pedro Romero

pedroromero@pedroromero.es
www.pedroromero.es

Ansar Real-Heritâge 91 Pt
Palo Cortado Vors · 41,2 €
Uvas: 100% Palomino.
Gastronomía: Frutos secos, aperitivos.
Aspecto: Color oro viejo. Limpio y brillante.
Aroma: Limpios, elegantes, profundos y muy varietal.
Boca: Sabroso, estructurado, lleno y amplio. Largo postgusto.

Don Pedro Romero-Heritâge 91 Pt
Amontillado Vors · 41,2 €
Uvas: 100% Palomino.
Gastronomía: Aperitivos, frutos secos. Vino de sobremesa.
Aspecto: Color oro viejo.
Aroma: Complejo, intenso y elegante. Notas de frutos secos, sobre un agradable fondo balsámico.
Boca: Estructurado, equilibrado, amplio y sabroso. Gran postgusto.

El Alamo-Heritâge 91 Pt
Oloroso Vors · 41,2 €
Uvas: 100% Palomino.
Gastronomía: Consomé. Aperitivos. Vino de sobremesa.
Aspecto: Color caoba brillante. Limpio y brillante.
Aroma: Profundo e intenso. Delicados tostados y fina bollería.
Boca: Sedoso, untuoso y amplio. Excelente postgusto.

Manzanilla Pasada Aurora Heritâge 91 Pt
6,62 €
Uvas: 100% Palomino.
Gastronomía: Jamón serrano, lomo ibérico, quesos curados.
Aspecto: Color amarillo brillante y luminoso.
Aroma: Limpios, netos, francos, elegantes y complejos.
Boca: Sabrosa, alegre y estructurada. Buen postgusto.

Sánchez Romate Hnos., S.A.

comercial@romate.com
www.romate.com

Don José 90 Pt
Oloroso · 12 €
Uvas: 100% Palomino.
Gastronomía: Consomé.
Aspecto: Color caoba brillante con matices yodados.
Aroma: Limpios, netos, francos a frutos secos y madera bien envejecida.
Boca: En boca estructurado, firme y amplio. Agradable postgusto.

Npu 92 Pt
Amontillado · 12 €
Uvas: 100% Palomino.
Gastronomía: Frutos secos.
Aspecto: Color ámbar.
Aroma: Limpios, netos, francos, intensos, punzante, expresivo. Excelentes toques de pastelería y especias.
Boca: Seco, profundo y persistente.

Vinícola Soto (Bodegas Garvey)

marketing@grupogarvey.com
www.vinicolasoto.com

Don José María 90 Pt
Oloroso · 12 €
Uvas: 100% Palomino.
Gastronomía: Aperitivos, consomé.
Aspecto: Color caoba brillante. Limpio y brillante.
Aroma: Limpios, netos, francos a frutos secos y madera bien envejecida.
Boca: En boca estructurado, firme y amplio. Agradable postgusto.

Don José María 90 Pt
Amontillado · 12 €
Uvas: 100% Palomino.
Gastronomía: Aperitivos.
Aspecto: Se viste en brillante oro viejo. Limpio y brillante.
Aroma: Intensos, limpios, netos y francos destacando los frutos secos, agradable fondo salino.
Boca: Sabroso, estructurado, complejo. Largo y amplio postgusto.

Denominación de Origen Málaga y Sierras de Málaga

En las distintas comarcas podemos encontrar suelos de arena, calizos y pizarra. Las principales variedades de uva son la Moscatel y la Pedro Ximénez. En la sierra de Málaga encontraremos variedades tales como: Cabernet Sauvignon, Merlot, Syrah, Rome, Chardonnay, Soradilla, Liaren, entre otras.

Consejo Regulador
952 227 990 - info@vinomalaga.com

Bodega Dimobe, S.L. (Bodega A. Muñoz Cabrera)

comercial@dimobe.es
www.dimobe.es

Lagar de Cabrera 90 Pt
9,5 €
Uvas: 100% Syrah.
Gastronomía: Carnes asadas y quesos.
Aspecto: Color rojo granate. Limpio y brillante.
Aroma: Intenso, fruta negra madura, notas tostadas, especiado, canela y cacao.
Boca: Sabroso, carnoso, estructurado, taninos maduros.

Bodegas Bentomiz

info@bodegasbentomiz.com
www.bodegasbentomiz.com

Ariyanas
Terruño Pizarroso 2007 · 21 € 91 Pt
Uvas: 100% Moscatel de Alejandría.
Gastronomía: Quesos azules, patés, foie gras, postres de fruta subtropical.
Aspecto: Color amarillo sostenido. Limpio y brillante.
Aroma: Limpios, intensos y elegantes. Muy varietal.
Boca: Sabroso, untuoso, estructurado. Equilibrio perfecto entre la acidez y el dulzor. Elegante y largo postgusto.

Ariyanas
Tinto Ensamblaje. 4 Meses Barrica 2009 91 Pt
14,32 €
Uvas: Petit Verdot, Tempranillo, Romé.
Gastronomía: Embutidos, quesos semi-curados, carnes blancas condimentadas.
Aspecto: Color rojo burdeos.
Aroma: Vino de estilo moderno.
Boca: Elegante, vivo y con personalidad.

Bodegas Jorge Ordoñez & Co

office@jorge-ordonez.es
www.jorge-ordonez.es

Nº 1 Seleccion Especial 93 Pt
2007 · 14 €
Uvas: 100% Moscatel de Alejandría.
Gastronomía: Foie gras, quesos ácidos de cabra.
Aspecto: Amarillo sostenido.Limpio y brillante.
Aroma: Limpio, neto, franco, intenso y muy varietal. Fruta escarchada y fondo de miel.
Boca: Sabroso, equilibrado, elegante, untuoso. Largo postgusto.

Nº 2 Victoria 94 Pt
2007 · 21 €
Uvas: 100% Moscatel de Alejandría.
Gastronomía: Sorbete de frambuesa. Membrillo en jalea. Nísperos asados.
Aspecto: Color amarillo muy brillante.
Aroma: Limpios, netos, francos y complejos. Aromas a fruta blanca es compota, toques cítricos de flores y hierbas silvestres.
Boca: Sabroso, estructurado, equilibrado. Excelente postgusto.

Victoria Conarte 93 Pt
2007 · 33 €
Uvas: 100% Moscatel de Alejandría.
Gastronomía: Turrón, crepes de chocolate, plátanos fritos, higos en almíbar.
Aspecto: Color amarillo dorado.
Aroma: Elegante, profundo, intenso y complejo.
Boca: Untuoso, potente, buen equilibrio entre la acidez y el dulzor.

Bodegas y Viñedos Conrad

conrad@vinosconrad.com
www.vinosconrad.com

Cristina 90 Pt
Tinto Reserva 2007 · 14 €
Uvas: Cabernet Franc, Merlot, Petit Verdot, Malbec.
Gastronomía: Magret de pato a la parrilla, costillas de cerdo al romero, bocaditos de anchoas con tomate.
Aspecto: Color rojo burdeos-granate. Limpio y brillante.
Aroma: Intenso, limpio, tonos de especias, frutas algo maduras y buena madera.
Boca: Entrada en boca jugosa de buena expresión tánica y orgulloso final.

Cía. de Vinos Telmo Rodríguez

contact@telmorodriguez.com
www.telmorodriguez.com

Molino Real 94 Pt
Blanco Dulce. 20 Meses Barrica 2008 · 41 €
Uvas: 100% Moscatel.
Gastronomía: Patés, quesos fuertes, tarta de naranja ácida.
Aspecto: Color amarillo sostenido.
Aroma: Complejo, elegante, varietal. Madera muy bien integrada.
Boca: Untuoso, sabroso, amplio. Largo postgusto.

Mr 91 Pt
2008 · 16,9 €
Uvas: 100% Moscatel.
Gastronomía: Postres variados.
Aspecto: Color amarillo verdoso. Limpio y brillante.
Aroma: Limpio, intenso y penetrante. Fruta y flor blanca en confitura.
Boca: Amplio, sabroso, perfecto equilibrio dulzor-acidez. Agradable postgusto.

Cortijo Los Aguilares

info@cortijolosaguilares.com
www.cortijolosaguilares.com

Pago el Espino 90 Pt
2007 · 15 €
Uvas: Cabernet Sauvignon, Merlot, Petit Verdot, Tempranillo.
Gastronomía: Judias pintas con arroz, tomates rellenos de pollo, habas con jamón.
Aspecto: Vestido rojo granate.
Aroma: Fruta roja, toques minerales, vegetales y balsámicos, buena madera.
Boca: Equilibrado, taninos fundidos y bien integrados. Buen postgusto.

Tadeo 93 Pt
2007 · 25 €
Uvas: 85% Petit Verdot, 15% Syrah.
Gastronomía: Codornices en salsa, berenjenas rellenas y gratinadas al horno, medallones de cerdo frito.
Aspecto: Bonito color rojo granate.
Aroma: Potente, complejo, frutas maduras, toques especiados y minerales.
Boca: Carnoso, sabroso, estructurado, equilibrado, taninos dulces. Elegante postgusto.

Málaga Virgen

bodegas@bodegasmalagavirgen.com
www.bodegasmalagavirgen.com

Don Juan 93 Pt
Pedro Ximénez · 35 €
Uvas: 100% Pedro Ximénez.
Gastronomía: Postres, patés, quesos azules.
Aspecto: Se viste en un bonito color caoba oscuro. Limpio y brillante.
Aroma: Limpios, netos, francos, potentes, complejos. Tostados, chocolates y la fruta confitada.
Boca: Sabroso, untuoso, pleno, lleno. Excelente postgusto.

Moscatel Don Salvador 92 Pt
Vino de Licor. Más de 30 Años · 35 €
Uvas: 100% Moscatel de Alejandría.
Gastronomía: Pastitas de té, helados.
Aspecto: Vestido muy intenso y cubierto en color caoba oscuro.
Aroma: En nariz muy marcado por los aromas de vejez con dejos de flores silvestres, frutas confitadas, maderas.
Boca: Sabroso, untuoso, suave y orgulloso. Largo postgusto.

Pedro Ximénez Reserva Familia 93 Pt
12 €
Uvas: 100% Pedro Ximénez.
Gastronomía: Patés, quesos azules y todo tipo de postres.
Aspecto: Color caoba reflejado en ámbar.
Aroma: En nariz limpio, neto, franco, intenso y complejo con fondos de dátil y dejos empireumáticos.
Boca: En boca carnoso, lleno y untuoso. Elegante y largo final.

Seco Trasañejo 92 Pt
Vino de Licor. 30 Años de Vejez · 35 €
Uvas: 100% Pedro Ximénez.
Gastronomía: Frutos secos, helados.
Aspecto: Vestido en un amplio color caoba-ámbar. Limpio y brillante.
Aroma: En nariz, limpio, neto, franco con aromas a frutos secos (nueces, algarrobas) y elegantes tostados de la madera.
Boca: En boca potente, carnoso y largo. Buen postgusto.

Denominación de Origen Montilla-Moriles

El suelo es calcáreo en general, idóneos para el cultivo, en cambio en las partes bajas aparecen tierras rojizas menos aptas para la producción de vinos de calidad. La variedad predominante es la blanca Pedro Ximénez, las otras variedades cultivadas son: Moscatel, Airén, Montepila y Baladí.

Consejo Regulador
957 699 957 - consejo.montillamoriles@juntadeandalucia.es

Alvear

alvearsa@alvear.es
www.alvear.es

Carlos VII 93 Pt
Amontillado · 15,4 €
Uvas: 100% Pedro Ximénez.
Gastronomía: Frutos secos, quesos curados, patés, consomé, embutidos, salazones, anchoas.
Aspecto: Vestido ámbar-yodado. Limpio y brillante.
Aroma: Excelente intensidad y complejidad. Aromas a flor y frutos secos, uvas pasas, maderas nobles y solera.
Boca: Intenso, punzante, potente, sedoso. Final largo y elegante.

Oloroso Asunción 92 Pt
15,4 €
Uvas: 100% Pedro Ximénez.
Gastronomía: Carnes de caza, quesos curados y azules, estofados y escabeches.
Aspecto: Color caoba con matices yodados.
Aroma: Limpios, netos, francos, intensos y penetrantes. Frutos secos (avellanas y almendras), elegantes tostados.
Boca: Amplio, pleno, sabroso, equilibrado y estructurado. Elegante postgusto.

Pedro Ximénez 94 Pt
2000 · 19,7 €
Uvas: 100% Pedro Ximénez.
Gastronomía: Patés especiados, quesos picantes o azules. Postres.
Aspecto: Color caoba oscuro. Limpio y brillante.
Aroma: Buena intensidad, franqueza y calidad. Aromas a frutas pasificadas, con un agradable aroma a caja de puros.
Boca: Dulce y agradable en la entrada, paso de boca amplio y untuoso, final cálido y persistente.

Pedro Ximénez 1830 97 Pt
87,7 €
Uvas: 100% Pedro Ximénez.
Gastronomía: Quesos azules. Helados.
Aspecto: Color caoba cubierto. Limpio y brillante.
Aroma: Potente, complejo, explosividad de aromas. Fruta pasificada, pastelería, tostados y chocolates.
Boca: Untuoso, lleno, pleno, graso. Excelente postgusto.

Solera Fundación 94 Pt
Amontillado · 61,45 €
Uvas: 100% Pedro Ximénez.
Gastronomía: Aperitivos.
Aspecto: Color oro viejo. Limpio y brillante.
Aroma: Limpios, netos, francos, intensos y complejos. Tostados de la madera, agradables recuerdos de frutos secos.
Boca: Sabroso, redondo, estructurado y elegante.

Bodegas Robles, S.A.

tecnico@bodegasrobles.com
www.bodegasrobles.com

Piedra Luenga Bio Fino 92 Pt
8 €
Uvas: 100% Pedro Ximénez.
Gastronomía: Flamenquines.
Aspecto: Color amarillo verdoso.
Aroma: Limpio, neto, franco, intenso.
Boca: Alegre, fresco, fácil de beber. Agradable postgusto.

Piedra Luenga Bio Pedro Ximénez 94 Pt
Pedro Ximénez 2009 · 9 €
Uvas: 100% Pedro Ximénez.
Gastronomía: Quesos azules, patés.
Aspecto: De solemne color caoba-ámbar.
Aroma: Limpios, netos, francos, finos y elegantes.
Boca: Potente, denso, rico en matices. Largo y persistente postgusto.

Selección Robles 1927 96 Pt
Pedro Ximénez · 18 €
Uvas: 100% Pedro Ximénez.
Gastronomía: Postres, quesos azules, patés.
Aspecto: De bonito color caoba yodado. Limpio y brillante.
Aroma: Gran explosión de aromas complejos, intensos, limpios, netos, francos y muy varietales.
Boca: Denso, untuoso, potente, equilibrado y estructurado. Excelente postgusto.

Gracia Hermanos, S.A

info@bodegasgracia.com
www.bodegasgracia.com

Pedro Ximénez Tauromaquia 90 Pt
13,5 €
Uvas: 100% Pedro Ximénez.
Gastronomía: Helados de chocolate amargo. Quesos curados y azules. Patés.
Aspecto: Color caoba oscuro.
Aroma: Limpios, complejos y potentes. Chocolates y buenos tostados.
Boca: Dulce, denso, untuoso y carnoso. Agradable postgusto.

Solera Fina Tauromaquia 90 Pt
Fino · 5,9 €
Uvas: 100% Pedro Ximénez.
Gastronomía: Aperitivos.
Aspecto: Color amarillo pálido.
Aroma: Complejos y frescos. Toques de levaduras, salinos y flor.
Boca: Fresco, alegre, sabroso, estructurado. Buen postgusto.

Moreno

moreno@morenosa.com
www.morenosa.com

Siete Sabios 91 Pt
Amontillado · 21,9 €
Uvas: 100% Pedro Ximénez.
Gastronomía: Alcachofas con jamón. Frutos secos.
Aspecto: Color ámbar.
Aroma: Limpio, complejo. Notas de frutos secos, agradable fondo balsámico, de especias y tostado.
Boca: Amplio, estructurado, armónico y sabroso. Equilibrio perfecto entre acidez y amargor.

Virgilio 92 Pt
Pedro Ximénez · 119 €
Uvas: 100% Pedro Ximénez.
Gastronomía: Flan de huevo, Turrón.
Aspecto: Color ámbar yodado. Limpio y brillante.
Aroma: Varietal, seductor y embaucador en nariz. Muy elegante.
Boca: Muy goloso, untuoso y bien estructurado. Final persistente.

Navisa Industrial Vinícola Española

abaena@navisa.es
www.navisa.es

Fino Pompello 90 Pt
6 €
Uvas: 100% Pedro Ximénez.
Gastronomía: Aperitivos, frutos secos, pescaditos fritos.
Aspecto: Color amarillo pálido. Limpio y brillante.
Aroma: Limpios, netos, francos, intensos y alegres.
Boca: Ágil, fresco, sabroso. Agradable postgusto.

Tres Pasas 90 Pt
9 €
Uvas: 100% Pedro Ximénez.
Gastronomía: Leche frita, arroz con leche, crepes de chocolate, filloas.
Aspecto: Color caoba oscuro-ámbar. Limpio y brillante.
Aroma: Limpios, netos, intensos, profundos y varietales.
Boca: Graso, untuoso, estructurado y con buen cuerpo. Excelente postgusto.

Pérez Barquero

info@perezbarquero.com
www.perezbarquero.com

Gran Barquero 92 Pt
Fino · 6 €
Uvas: 100% Pedro Ximénez.
Gastronomía: Flamenquines, mejillones, boquerones en vinagre.
Aspecto: Color amarillo pálido con reflejos verdosos. Limpio y brillante.
Aroma: Intenso, a frutos secos y finas hierbas.
Boca: Intenso, punzante, seco, sabroso y alegre. Persistente y elegante final.

Gran Barquero 92 Pt
Oloroso · 9,5 €
Uvas: 100% Pedro Ximénez.
Gastronomía: Churros, aperitivos.
Aspecto: Color oro viejo con ribetes caobas. Limpio y brillante.
Aroma: Complejos e intensos. Agradables tostados de la madera junto a sutil fondo de pastelería fina.
Boca: Sabroso, bien equilibrado y armado. Equilibrado y estructurado. Excelente postgusto

Gran Barquero 93 Pt
Pedro Ximénez · 10,4 €
Uvas: 100% Pedro Ximénez.
Gastronomía: Patés, quesos curados, postres.
Aspecto: Color caoba yodado. Limpio y luminoso.
Aroma: Intenso y complejo. Aromas a frutas pasificadas, tonos de maderas, chocolate y caja de puros.
Boca: En boca untuoso, potente, suave, amplio y elegante. Persistente postgusto.

Gran Barquero Amontillado 92 Pt
9,15 €
Uvas: 100% Pedro Ximénez.
Gastronomía: Vino de sobremesa y aperitivo.
Aspecto: Color oro viejo.
Aroma: Limpios, netos y elegantes. Aromas tostados de la madera junto a agradables recuerdos de frutos secos.
Boca: Sabroso, redondo, estructurado y amplio. Largo postgusto.

La Cañada 93 Pt
Generoso Dulce · 32 €
Uvas: 100% Pedro Ximénez.
Gastronomía: Postres, frutos secos, quesos azules.
Aspecto: Color caoba yodado. Limpio y brillante.
Aroma: Es intenso, profundo y muy complejo, de aromas a pasas, levaduras, elegante caramelo, chocolate y regaliz.
Boca: Untuosa, plena, carnosa. Excelente postgusto.

Toro Albala

info@toroalbala.com
www.toroalbala.com

Don P.X. Gran Reserva 93 Pt
1982 · 21 €
Uvas: 100% Pedro Ximénez.
Gastronomía: Postres, frutos secos, helados, quesos azules, patés.
Aspecto: Color caoba muy oscuro. Brillante.
Aroma: Francos y elegantes. Uvas pasas, café torrefacto, fondo de tabaco de pipa.
Boca: Aterciopelado, sabroso, equilibrado, untuoso. Largo postgusto.

Don Px 93 Pt
2007 · 14 €
Uvas: 100% Pedro Ximénez.
Gastronomía: Arroz con leche, tocinillo de cielo, turrón.
Aspecto: De bonito color ámbar viejo.
Aroma: Complejo con agradables notas de frutas confitadas, toffes y chocolate.
Boca: Dulce, sabroso, redondo y largo. Excelente postgusto.

Vinos de Mesa de Andalucía

La Bodega de Alboloduy, S.L.

bodegasalboloduy@bodegasalboloduy.com
www.labodegadealboloduy.com

Colección Cristina Caluache 91 Pt
2009 · 7 €
Uvas: 100% Jaen Blanca.
Gastronomía: Pescados, arroces con marisco.
Aspecto: vestido amarillo verdoso, limpio y brillante.
Aroma: Intenso, limpio, neto y franco. Muy varietal.
Boca: Potente, fresco, con buena acidez y equilibrio. Agradable postgusto.

Marqués de la Concordia Family of Wines

comunicación@unitedwineries.com
www.unitedwineries.com

Ándalus **90** Pt
2005 · 25 €
Uvas: 100% Petit Verdot.
Gastronomía: Carnes rojas, estofados, quesos curados, embutidos ibéricos.
Aspecto: Color de rojo granate.
Aroma: Nariz compleja. Notas de cueros, tostado, fondo de frutos negros maduros.
Boca: Buena estructura y carnosidad, taninos bien integrados en la madera. Buen postgusto.

Pago del Mare Nostrum

info@pagodelvicario.com
www.pagodelvicario.com

Pago del Mare Nostrum **90** Pt
2007 · 19 €
Uvas: 100% Pinot Noir.
Gastronomía: Caza menor, carnes rojas a la brasa.
Aspecto: Color de rojo granate.
Aroma: Limpio, neto, franco. Muy varietal.
Boca: Amplio carnoso, taninos bien integrados. Alegre postgusto.

Vinos Espumosos de Calidad

Indicación Geográfica creada en la Orden del 29 de abril 2008.

Bodegas Barbadillo

barbadillo@barbadillo.com
www.barbadillo.com

Beta **90** Pt
2009 · 4,25 €
Uvas: 30% Chardonnay, 70% Palomino.
Gastronomía: Vino de aperitivos.
Aspecto: Amarillo brillante, buena burbuja formando rosario.
Aroma: Fresco y alegre. Fruta blanca.
Boca: Boca jugosa y persistente.

Vinos de la Tierra de Bailén

Sus suelos están constituidos por margas, areniscas y calizas arenosas. Las variedades que se cultivan son la Blanca Airén y la Tinta Cencibel, junto a ellas existen multitud de variedades locales entremezcladas.

Vinos de la Tierra de Cádiz

Los vinos de la Tierra de Cádiz permiten la comercialización diferenciada de los vinos no elaborados como generosos producidos en dicha provincia (los famosos "Jerez"), de forma que puedan tener su espacio en el mercado de los vinos para consumo habitual de la mesa.

Bodegas Barbadillo

barbadillo@barbadillo.com
www.barbadillo.com

Castillo de San Diego **91** Pt
Joven 2009 · 3,92 €
Uvas: 100% Palomino.
Gastronomía: Pescadito frito. Ensaladas, arroces.
Aspecto: Color amarillo verdoso. Brillante y luminoso.
Aroma: Buena franqueza e intensidad, con notas aromáticas salinas y alegres toques flores.
Boca: Fresco, alegre, sabroso. Agradable postgusto.

Finca Moncloa

nacional@gonzalezbyass.es
www.gonzalezbyass.com

Finca Moncloa **90** Pt
6 Meses Barrica 2007 · 42,5 €
Uvas: 50% Cabernet Sauvignon, 50% Syrah.
Gastronomía: Calamares a la romana, albóndigas de arroz con bacalao, canelones de carne.
Aspecto: Vestido de color granate.
Aroma: Intenso y complejo, frutas rojas y especias con originales notas de hierbas de montebajo.
Boca: Buena entrada en boca, carnoso, de buena expresión tánica. Agradable y persistente final.

Huerta de Albala

bodega@huertadealbala.com
www.huertadealbala.com

Taberner **91** Pt
2007 · 18 €
Uvas: 14% Cabernet Sauvignon, 26% Merlot, 60% Syrah.
Gastronomía: Carne roja a la brasa. Quesos curados. Jamón serrano.
Aspecto: Color rojo burdeos-granate.
Aroma: Limpios, netos, francos y expresivos. Fruta madura, torrefactos, especias y balsámicos.
Boca: Sabroso, carnoso, estructurado. Agradable postgusto.

Taberner Nº 1 **93** Pt
2007 · 50 €
Uvas: 3% Cabernet Sauvignon, 37% Merlot, 60% Syrah.
Gastronomía: Pichones con nueces, cardo con almendras, lombarda con reinetas.
Aspecto: Color rojo granate. Limpio y brillante.
Aroma: Limpio, franco, complejo y elegante. Fruta madura, balsámicos y especiados. Toque mineral.
Boca: Sabroso, expresivo, taninos bien integrados. Final largo y persistente.

Vinos de la Tierra Contraviesa-Alpujarra

La mayor parte del viñedo está ocupado por la variedad Jaén Blanco, aunque también se cultivan pequeñas extensiones de Airén, Jaén Negro y variedades de uva de mesa, con la más actual incorporación de Garnacha y Tempranillo.

Barranco Oscuro

info@barrancooscuro.com
www.barrancooscuro.com

1368 Pago Cerro las Monjas 90 Pt
Tinto Reserva 2003 · 23 €
Uvas: Cabernet Franc, Cabernet Sauvignon, Garnacha, Merlot, Syrah.
Gastronomía: Olla de San Antón.
Aspecto: Color rojo granate con ligeros matices ocres.
Aroma: Intenso, frutas rojas silvestres en compota, notas balsámicas, fondo especiado y tabaco.
Boca: Carnoso, equilibrado, de buenos taninos. Agradable largo postgusto.

Rubaiyat 91 Pt
2006 · 18 €
Uvas: 100% Syrah.
Gastronomía: Tortilla del Sacromonte. Habas fritas con jamón.
Aspecto: Color granate cubierto.
Aroma: Intenso, complejo y original. Frutas rojas, especias, notas de minerales y toques lácteos.
Boca: Buena entrada en boca, carnoso, de buena expresión tánica. Persistente final.

Dominio Buenavista

info@eveleta.com
www.dominiobuenavista.com

Veleta 90 Pt
Nolados 2007 · 8 €
Uvas: 40% Cabernet Franc, 40% Cabernet Sauvignon, 20% Tempranillo.
Gastronomía: Carnes a la brasa, Tortilla alpujarreña.
Aspecto: De bonito color rojo burdeos-granate. Limpio y brillante.
Aroma: Intenso, complejo. Frutas rojas, vegetales, notas tostadas, ahumadas y especiadas.
Boca: Amplio, estructurado, taninos bien integrados. Postgusto agradable.

Vinos de la Tierra de Córdoba

Ha sido calificada como Vino de la Tierra en junio de 2004, con el fin de amparar, proteger y otorgar merecido reconocimiento a los vinos de esta zona.

Vinos de la Tierra Desierto de Almería

Esta comarca ha sido calificada como Vino de la Tierra en la orden del 16 de julio de 2003.

Vinos de la Tierra norte de Granada

Indicación geográfica creada en la orden del 1 de julio de 2003. Norte de Granada. Desde hace algunos años vienen cultivándose viñedos para la elaboración de vinos de calidad en la Comarca Norte de la provincia de Granada. Junto con variedades locales, en la zona se cultiva Tempranillo y Cabernet Sauvignon, obteniéndose vinos muy interesantes.

Bodegas Jabalcón

info@bodegasjabalcon.com
www.bodegasjabalcon.com

Cerrojo 91 Pt
2007 · 10 €
Uvas: Cabernet Sauvignon, Garnacha, Tempranillo.
Gastronomía: Guisos granadinos, carnes rojas a la brasa.
Aspecto: Rojo burdeos-granate. Limpio y brillante.
Aroma: Elegante nariz con notas de frutas confitadas, junto a tonos especiados.
Boca: En boca es sedoso y aterciopelado. Largo postgusto.

Bodegas Señorío de Nazarí, S.L. (Bodegas Muñana)

bodegasmunana@gmail.com
www.bodegasmunana.com

Muñana 90 Pt
3 Cepas 2008 · 10 €
Uvas: 26% Cabernet Sauvignon, 6% Merlot, 12% Petit Verdot, 56% Syrah.
Gastronomía: Carnes a la brasa. Quesos curados. Tortilla Alpujarreña.
Aspecto: Color rojo burdeos con alegres toques violáceos.
Aroma: Limpios. Fruta roja, tostados, especias, agradable fondo vegetal y balsámico.
Boca: En boca amplio y lleno, estructurado, equilibrado. Agradable postgusto.

Mª Amparo García Hinojosa

info@anchuron.es
www.anchuron.es

Cortijo el Anchurón 90 Pt
Tinto Reserva 2006 · 10 €
Uvas: 60% Merlot, 40% Tempranillo.
Gastronomía: Guisos granadinos, carnes a la brasa.
Aspecto: Color rojo granate. Limpio y brillante.
Aroma: Franco, fruta confitada, especias, tonos tostados y ahumados.
Boca: Redondo y equilibrado. Expresión tánica orgullosa. Prolongado y sabroso final.

Vinos de la Tierra Granada Sur-Oeste

Indicación Geográfica creada en la orden del 1 de julio del 2003.

Señorío de Nevada
info@senoriodenevada.es
www.senoriodenevada.es

Señorío de Nevada 90 Pt
2006 · 19 €
Uvas: Cabernet Sauvignon, Merlot.
Gastronomía: Embutidos ibéricos, quesos curados, potaje de garbanzos, cordero a la almendra.
Aspecto: Bonito color rojo granate.
Aroma: Complejo, intenso, fruta roja ligeramente madura, notas balsámicos y especias.
Boca: Sabroso, equilibrado, carnoso, taninos bien integrados. Agradable postgusto.

Vinos de la Tierra Laujar-Alpujarra

La mayor parte del viñedo está ocupado por la variedad Jaén Blanco, aunque también se cultivan pequeñas extensiones de Airén, Jaén Negro y variedades de uva de mesa, con la más actual incorporación de Garnacha y Tempranillo.

El Cortijo de la Vieja
isabel@iniza.net
www.iniza.net

Iniza 90 Pt
Maceracion Carbónica 2009 · 5,5 €
Uvas: Garnacha, Petit Verdot, Syrah, Tempranillo.
Gastronomía: Cabrito. Ternasco. Quesos semicurados.
Aspecto: Color rojo burdeos con matices violáceos.
Aroma: Intensos, francos, destacando la fruta macerada y especias.
Boca: Estructurado, armónico, carnoso. Agradable final.

Marqués de Casa-Pardiñas
info@spiracp.es
www.marquesdecasapardinas.com

Spira 93 Pt
2008 · 12 €
Uvas: Cabernet Sauvignon, Merlot, Tempranillo.
Gastronomía: Carnes rojas, guisos alpujarreños.
Aspecto: Color rojo burdeos con ligeros matices violáceos.
Aroma: Complejo, neto, franco, conjunción perfecta entre las frutas rojas, los ahumados y balsámicos. Todo ello envuelto en un agradable toque mineral (silex) y de terruño.
Boca: Vivo, sabroso, taninos bien integrados. Elegante postgusto.

Vinos de la Tierra Ribera de Andarax

Indicación geográfica creada en la Orden del 12 de marzo del 2003

La Bodega de Alboloduy, S.L.
bodegasalboloduy@bodegasalboloduy.com
www.labodegadealboloduy.com

Colección Cristina Calvache 90 Pt
2006 · 15 €
Uvas: 100% Cabernet Sauvignon.
Gastronomía: Carnes estofadas. Quesos curados.
Aspecto: Color rojo burdeos-granate. Limpio y brillante.
Aroma: Francos, intensos. Fruta ligeramente confitada, especias, toque vegetal y tostados de una buena madera.
Boca: Equilibrado, estructurado, sabroso y taninos bien integrados. Final limpio y complejo.

Vinos de la Tierra Sierra Norte de Sevilla

Indicación geográfica creada en la Orden del 22 de Noviembre del 2004.

Vinos de la Tierra Sierra Sur de Jaén

Indicación geográfica creada en la Orden del 30 de Septiembre del 2003.

Vinos de La Tierra / de Las Sierras / de Las Estancias y los Filabres

Bodega Onegar
central@fincaonegar.com
www.fincaonegar.com

Onegar 90 Pt
2006 · 8 €
Uvas: 10% Cabernet Sauvignon, 90% Tempranillo.
Gastronomía: Cabrito. Ternasco.
Aspecto: Color rojo burdeos muy cubierto. Limpio y brillante.
Aroma: Intenso, frutos rojos confitados, tonos especiados y ahumados. Notas de frutos secos, minerales y fondo cítrico.
Boca: Ágil, ligero, fácil de beber. Breve postgusto.

Aragón

En Aragón existen cuatro Denominaciones de Origen: **D.O. Calatayud**, **D.O. Campo de Borja**, **D.O. Cariñena** y **D.O. Somontano**. Se trata, en todos los casos, de áreas con una tradición vitivinícola que se remonta a tiempos inmemoriales. Existen, además en Aragón, cinco menciones tradicionales de Vino de la Tierra: Valle del Cinca, Ribera del Jiloca, Bajo Aragón, Valdejalón y Ribera del Gállego-Cinco Villas. La mención Vinos de la Tierra Campo de Belchite, desde el 18 de noviembre de 2005, se incluyó dentro de los Vinos de la Tierra del Bajo Aragón.

Los 10 Mejores Vinos

Enate Uno Chardonnay — 95 Puntos

Blanco Seco con Madera 2006 Bodega: ENATE (VIÑEDOS Y CRIANZAS DEL ALTO ARAGÓN, S.A.)
D.O: Somontano. Página 35

Aquilón — 94 Puntos

Tinto de Crianza 2007 Bodega: BODEGAS ALTO MONCAYO
D.O: Campo de Borja. Página 33

Atteca Armas — 94 Puntos

Tinto de Crianza 2007 Bodega: BODEGAS ATECA
D.O: Calatayud. Página 32

Blecua — 94 Puntos

Tinto de Reserva y Gran Reserva 2005 Bodega: BLECUA (VIÑAS DEL VERO)
D.O: Somontano. Página 34

Aylés — 93 Puntos

Tinto de Crianza 2007 Bodega: PAGO AYLÉS
D.O: Cariñena. Página 34

Borsao — 93 Puntos

Tinto Joven 2008 Bodega: BORSAO
D.O: Campo de Borja. Página 33

Enate Chardonnay 234 — 93 Puntos

Blanco Seco Natural 2009 Bodega: ENATE (VIÑEDOS Y CRIANZAS DEL ALTO ARAGÓN, S.A.)
D.O: Somontano. Página 35

Enate Uno Tinto — 93 Puntos

Tinto de Crianza 2005 Bodega: ENATE (VIÑEDOS Y CRIANZAS DEL ALTO ARAGÓN, S.A.)
D.O: Somontano. Página 35

Marbore — 93 Puntos

Tinto de Crianza 2005 Bodega: PIRINEOS
D.O: Somontano. Página 35

Viñas del Vero Gran Vos — 93 Puntos

Tinto de Reserva y Gran Reserva 2005 Bodega: VIÑAS DEL VERO
D.O: Somontano. Página 36

Denominación de Origen Calatayud

Los suelos de esta zona contienen una gran cantidad de caliza y están formados por materiales pedregosos poco rodados acompañados de arcillas rojizas de tipo royal. Las variedades de uva cultivadas son principalmente Garnacha Negra, Tempranillo, Macabeo y Garnacha Blanca.

Consejo Regulador
976 884 260 - administracion@docalatayud.com

Bodega Virgen de la Sierra, S. Coop.
oficina@bodegavirgendelasierra.com
www.bodegavirgendelasierra.com

Cruz de Piedra **91** Pt
Capricho. 14 Meses Barrica 2008 · 12 €
Uvas: 100% Garnacha.
Gastronomía: Quesos curados, patés, bacalao con tomate, angulas, magras con tomate.
Aspecto: Rojo granate, bordes violáceos, cubierto.
Aroma: Intenso, frutos negros maduros, balsámico, torrefactos, especias dulces. Varietal.
Boca: Sabroso, carnoso, frutoso, expresivo, equilibrado. Persistente.

Bodegas Agustín Cubero
calatayud@bodegascubero.com
www.bodegascubero.comt

Unus **91** Pt
Joven con Barrica 2008 · 5,5 €
Uvas: 100% Syrah.
Gastronomía: Lechazo asado, pimientos rellenos, judías con perdiz.
Aspecto: Rojo burdeos cubierto.
Aroma: Intenso, fruta madura, roble cremoso, especiado, torrefactos.
Boca: Potente, sabroso, cálido, taninos maduros. Persistente.

Bodegas Ateca
info@orowines.com
www.orowines.com

Atteca Armas **94** Pt
18 Meses 2007 · 41,1 €
Uvas: 100% Garnacha.
Gastronomía: Caza mayor, cochinillo asado, solomillo.
Aspecto: Rojo granate cubierto.
Aroma: Intenso, frutos negros maduros, torrefactos, chocolate, especias dulces (vainilla, canela).
Boca: Cálido, carnoso, potente, sabroso. Persistente.

Bodegas San Alejandro
contacto@san-alejandro.com
www.san-alejandro.com

Baltasar Gracián Viñas Viejas Garnacha **91** Pt
6 Meses en Barrica 2008 · 7,5 €
Uvas: 100% Garnacha.
Gastronomía: Jamón de Teruel, chuletas de cordero, lentejas.
Aspecto: Rojo rubí con bordes violáceos.
Aroma: Fruta roja madura, roble cremoso, notas especiadas y minerales, cacao.
Boca: Elegante, sabroso, frutoso, complejo, equilibrado y largo postgusto.

Bodegas Virgen del Águila
info@bodegasvirgenaguila.com
www.bodegasaguila.com

Albada Viñas Viejas Macabeo **90** Pt
2009 · 3,8 €
Uvas: 100% Macabeo.
Gastronomía: Truchas a la navarra, verduras a la plancha, carnes blancas a la plancha.
Aspecto: Amarillo pajizo con bordes acerados.
Aroma: Intenso, frutas de hueso maduras, finas hierbas. Varietal.
Boca: Fresco, sabroso, agradable acidez final. Persistente.

Bodegas y Viñedos del Jalón
info@castillodemaluenda.com
www.castillodemaluenda.com

Alto las Pizarras del Jalón **90** Pt
Vino de Autor con Barrica 2006 · 18 €
Uvas: 100% Garnacha.
Gastronomía: Lechazo asado, ternera guisada, gallina en pepitoria.
Aspecto: Rojo granate cubierto.
Aroma: Intenso, frutos rojos confitados, roble cremoso, especiado.
Boca: Potente, complejo, equilibrado.

Pagos Altos de Acered
lolocastrog@hotmail.com

Lasas **90** Pt
2007 · 22,5 €
Uvas: 100% Garnacha.
Gastronomía: Bonito con tomate, chuletas de cordero, gallina en pepitoria.
Aspecto: Rojo burdeos cubierto.
Aroma: Intenso, frutos del bosque, especias dulces, tostados, fondo mineral.
Boca: Potente, amplio, carnoso, agradable. Persistente.

Denominación de Origen Campo de Borja

Esta zona se caracteriza por sus suelos pardo-calizos y de terraza. Existen más de 7.000 ha. de viñedos cultivados por variedades tales como: Garnacha Tinta, Tempranillo, Mazuela, Cabernet, Sauvignon, Merlot y Syrah (tintas), y Macabeo, Moscatel de Alejandría y Chardonnay (blancas).

Consejo Regulador
976 852 122 - vinos@docampodeborja.com

Bodegas Alto Moncayo
info@bodegasaltomoncayo.com
www.orowines.com

Alto Moncayo **92** Pt
20 Meses Barrica 2007 · 30,8 €
Uvas: 100% Garnacha.
Gastronomía: Legumbres cocidas, lomo de ciervo, embutidos.
Aspecto: Rojo burdeos con bordes granate.
Aroma: Intenso, frutos negros maduros, balsámicos, torrefactos.
Boca: Potente, carnoso, estructurado, sabroso, taninos fundidos.

Aquilon 94 Pt
20 Meses en Barrica 2007 · 108 €
Uvas: 100% Garnacha.
Gastronomía: Lechazo asado, perdiz con chocolate, quesos curados.
Aspecto: Rojo granate muy cubierto.
Aroma: Intenso, fruta roja madura, tostados, notas minerales y especias dulces.
Boca: Potente, carnoso, complejo, taninos fundidos estructurado, largo postgusto.

Borsao
info@bodegasborsao.com
www.bodegasborsao.com

Borsao 93 Pt
Tres Picos - Semicrianza 2008 · 14,95 €
Uvas: 100% Garnacha.
Gastronomía: Jamón, lomo, quesos curados, perdiz escabechada, solomillo.
Aspecto: Rojo burdeos intenso con reflejos granate.
Aroma: Potente, fruta roja madura con notas florales y especiadas. Varietal. Notas de cuero y vainilla.
Boca: Seco, sabroso, carnoso, concentrado, graso, taninos dulces. Persistente.

Crianzas y Viñedos Santo Cristo, S. Coop.
info@bodegas-santo-cristo.com
www.bodegas-santo-cristo.com

Terrazas del Moncayo 92 Pt
Reserva Selección 2007 · 33 €
Uvas: 100% Garnacha.
Gastronomía: Carne estofada, legumbres, entrecot.
Aspecto: Rojo rubí cubierto.
Aroma: Frutos rojos del bosque, floral, especias dulces, vainilla, finos tostados.
Boca: Carnoso, sabroso, cálido, redondo, agradable. Persistente postgusto.

Pagos del Moncayo
info@pagosdelmoncayo.com
www.pagosdelmoncayo.com

Pagos del Moncayo Garnacha 90 Pt
Pdm 2008 · 12 €
Uvas: 100% Garnacha.
Gastronomía: Caza mayor, quesos curados, menestra de verduras.
Aspecto: Rojo rubí cubierto con reflejos violáceos.
Aroma: Intenso, fruta roja confitada, roble cremoso, fondo mineral y de finas hierbas. Varietal.
Boca: Intenso, equilibrado, sabroso, carnoso, taninos maduros.

Denominación de Origen Cariñena

Esta D.O. es la más veterana de Aragón y una de las primeras de España. La uva típica de la zona es la Garnacha Tinta, aunque poco a poco han ido introduciéndose otras como Tempranillo, Cariñena o Mazuela, Cabernet Sauvignon, Merlot y Syrah.

Consejo Regulador
902 190 713 - consejoregulador@docarinena.com

Bodegas Añadas, S.A.
bodega@carewines.com
www.carewines.com

Care Xclnt 92 Pt
Vino de Autor 2006 · 28,5 €
Uvas: 40% Cabernet Sauvignon, 40% Garnacha, 20% Syrah.
Gastronomía: Entrecot, solomillo a la pimienta, magras con tomate.
Aspecto: Rojo burdeos intenso con reflejos violáceos.
Aroma: Intenso, frutos negros confitados, finos tostados, especias dulces, fondo mineral.
Boca: Potente, carnoso, elegante, cálido, sabroso. Persistente.

Bodegas Ignacio Marín
luismarin@ignaciomarin.com
www.ignaciomarin.com

Campo Marín 90 Pt
Reserva 2003 · 4,2 €
Uvas: Cariñena, Garnacha, Tempranillo.
Gastronomía: Cordero al horno, pollo asado.
Aspecto: Rojo granate cubierto.
Aroma: Intenso, fruta roja confitada, notas especiadas, finos tostados.
Boca: Potente, sabroso, frutoso, taninos maduros.

Bodegas Virgen del Águila
info@bodegasvirgenaguila.com
www.bodegasaguila.com

Jabalí 91 Pt
Semi Seco 2009 · 3 €
Uvas: Cabernet Sauvignon, Tempranillo.
Gastronomía: Foie-gras, quesos curados, natillas.
Aspecto: Rojo burdeos con reflejos violáceos.
Aroma: Intenso, frutos negros confitados, especias dulces, chocolate, cacao.
Boca: Potente, sabroso, graso, taninos maduros.

Grandes Vinos y Viñedos
info@grandesvinos.com
www.grandesvinos.com

Anayón 91 Pt
Barrica 2006 · 22 €
Gastronomía: Carnes a la brasa, quesos curados, ragut de ternera.
Aspecto: Rojo burdeos cubierto.
Aroma: Intenso, frutos rojos del bosque maduros, torrefactos, roble cremoso, notas balsámicas.
Boca: Potente, estructurado, equilibrado, lleno, cálido, taninos maduros.

Grupo Bsv - Bodegas San Valero y Gran Ducay Bodegas
bsv@sanvalero.com
www.sanvalero.com

Marqués de Tosos 91 Pt
Reserva 2004 · 5,5 €
Uvas: Cabernet Sauvignon, Garnacha, Tempranillo.
Gastronomía: Cocido, ternera guisada, rabo de toro.
Aspecto: Rojo granate con bordes teja.
Aroma: Intensa, fruta negra madura, especiado, vainilla, roble cremoso.
Boca: Potente, equilibrado, amplio, redondo, taninos finos. Persistente.

Hacienda Molleda
haciendamolleda@xucrogas.e.telefonica.net
www.haciendamolleda.com

Hacienda Molleda Ghm 91 Pt
Roble 2006 · 8,5 €
Uvas: 100% Garnacha.
Gastronomía: Carnes rojas, guisos, caza.
Aspecto: Rojo picota.

Aroma: Intenso. Frutos rojos, notas minerales y balsámicas. Taninos fundidos. Varietal.
Boca: Carnoso, sabroso, complejo, equilibrado, persistente.

Jordán de Asso
info@jordandeasso.com
www.jordandeasso.com

Jordán de Asso Reserva **90** Pt
2006 · 12 €
Uvas: Cabernet Sauvignon, Syrah, Tempranillo.
Gastronomía: Legumbres, magret de pato, entrecot.
Aspecto: Rojo burdeos con bordes granate.
Aroma: Intenso, fruta negra madura, especias dulces, notas minerales.
Boca: Potente, complejo, cálido, taninos fundidos. Persistente.

Pago Aylés
info@bodegasayles.com
www.bodegasayles.com

Aylés **93** Pt
Tres de 3000 - 12 Meses en Barrica 2007
17 €
Uvas: Cabernet Sauvignon, Garnacha, Merlot.
Gastronomía: Bonito encebollado, solomillo, magret de pato.
Aspecto: Rojo burdeos cubierto con bordes granate.
Aroma: Intenso, frutos negros confitados, roble cremoso, especias dulces.
Boca: Potente, sabroso, cálido, cremoso, taninos maduros.

Solar de Urbezo
info@solardeurbezo.es
www.solardeurbezo.es

Urbezo **91** Pt
Reserva 2004 · 13,6 €
Uvas: Cabernet Sauvignon, Cariñena, Merlot, Syrah.
Gastronomía: Redondo asado, solomillo, rabo de toro.
Aspecto: Rojo burdeos cubierto con los bordes teja.
Aroma: Intenso, fruta negra en compota, especias dulces, torrefactos, trufa, regaliz.
Boca: Equilibrado, amplio, sabroso, cálido, sedoso. Persistente.

Denominación de Origen Somontano

Los suelos de esta Comarca situada en la provincia de Huesca son pardo-calizos, de buena permeabilidad y escasa fertilidad, aptos para el cultivo de la vid de calidad. Las variedades que abundan en la zona son Moristel (variedad autóctona), Tempranillo, Garnacha y Parraleta (variedad autóctona).

Consejo Regulador
974 313 031 - somontano@dosomontano.com / somontano@somontano.es

---

Beroz
bodega@deberoz.com
www.deberoz.com

Lar de Beroz **90** Pt
Reserva 2006 · 14,88 €
Uvas: 50% Cabernet Sauvignon, 10% Garnacha, 30% Syrah, 10% Parraleta.
Gastronomía: Magras con tomate, redondo de ternera, foie-gras.
Aspecto: Granate muy cubierto.
Aroma: Intenso, fruta negra madura, complejo, notas especiadas y lácteas.
Boca: Potente, equilibrado, lleno. Persistente.

Blecua (Viñas del Vero)
marketing@vinasdelvero.es
www.bodegablecua.com

Blecua **94** Pt
2005 · 70 €
Uvas: Cabernet Sauvignon, Garnacha, Merlot, Tempranillo.
Gastronomía: Jabalí guisado, ragut de carne, embutidos ibéricos.
Aspecto: Burdeos muy intenso. Granate.
Aroma: Intenso, fruta madura, madera bien integrada, especias, chocolate.
Boca: Potente, elegante, equilibrado, sabroso, complejo, carnoso, cálido, redondo, taninos maduros. Persistente.

Bodega Otto Bestué, S.L.
info@bodega-ottobestue.com
www.axialvinos.com

Bestué de Otto Bestué **92** Pt
2009 · 6,3 €
Uvas: 100% Chardonnay.
Gastronomía: Ensaladas, marisco cocido, caldereta de pescados.
Aspecto: Amarillo pajizo con reflejos acerados.
Aroma: Intenso, fruta blanca tropical fresca, cítricos, flores blancas. Varietal.
Boca: Potente, fresca acidez, seco. Persistente.

Bodegas Abinasa
info@bodegasabinasa.com
www.bodegasabinasa.com

Ana **91** Pt
Reserva 2005 · 14 €
Uvas: Cabernet Sauvignon, Merlot.
Gastronomía: Carnes rojas a la parrilla, rabo de toro, ragut de ternera.
Aspecto: Rojo burdeos cubierto con reflejos granate.
Aroma: Intenso, fruta roja silvestre madura, notas cremosas y ahumadas,
Boca: Potente, redondo, elegante, taninos maduros. Persistente.

Bodegas Fábregas
info@bodegasfabregas.com
www.bodegasfabregas.com

Vega Ziconia **90** Pt
Reserva 2003 · 19 €
Uvas: 100% Merlot.
Gastronomía: Carne guisada, perdiz estofada, quesos curados.
Aspecto: Granate cubierto con bordes teja.
Aroma: Intenso, varietal, frutos negros, especiado, balsámico, roble cremoso.
Boca: Equilibrado, estructurado, sabroso, carnoso, cálido.

Bodegas Lalanne
lalanne@bodegaslalanne.com
www.bodegaslalanne.com

Lalanne Gewürztraminer **91** Pt
2009 · 12,2 €
Uvas: Chardonnay, Gewürztraminer.
Gastronomía: Aperitivos, chipirones, pastel de pescado.
Aspecto: Amarillo pajizo con reflejos verdosos.
Aroma: Aromático, franco, fruta fresca tropical, flores blancas. Varietal.
Boca: Potente, untuoso, sabroso, agradable acidez. Persistente.

Bodegas Laus

info@bodegaslaus.com
www.bodegaslaus.com.

Flor de Merlot 92 Pt
Laus 2009 · 7 €
Uvas: 15% Cabernet Sauvignon, 85% Merlot.
Gastronomía: Pastas y arroces en diferentes preparaciones, pastel de verduras.
Aspecto: Rojo frambuesa con reflejos violáceos.
Aroma: Potente, flores rojas, frutos rojos, especiado, notas de golosinas.
Boca: Potente, fresco, frutoso, expresivo, sabroso. Persistente.

Laus 700 Alt. Tinto 91 Pt
2004 · 21 €
Uvas: 35% Cabernet Sauvignon, 25% Merlot, 40% Syrah.
Gastronomía: Embutidos ibéricos, sopa castellana, estofado de carne, morcillo estofado.
Aspecto: Rojo burdeos cubierto granate.
Aroma: Intenso, fruta roja confitada, tostados, notas de cueros, vainilla, café.
Boca: Potente, expresivo, sabroso. Persistente.

Bodegas Meler

bodegasmeler@yahoo.es
www.bodegasmeler.com

Meler Chardonnay 91 Pt
2009 · 7 €
Uvas: 100% Chardonnay.
Gastronomía: Pescados blancos a la plancha, moluscos cocidos, ensaladas de verano.
Aspecto: Amarillo pálido con reflejos verdosos.
Aroma: Aromático, frutas tropicales y flores blancas, cítricos. Varietal.
Boca: Fresco, elegante, denso, untuoso, equilibrado, agradable acidez. Persistente.

Chesa

bodegaschesa@hotmail.com
www.bodegaschesa.com

Chesa 90 Pt
Tinto Roble 2008 · 7 €
Uvas: Cabernet Sauvignon, Merlot.
Gastronomía: Canelones, arroz con pollo, atún con tomate.
Aspecto: Rojo rubí con bordes púrpura.
Aroma: Intenso, fruta roja madura, torrefactos, especiado, balsámico.
Boca: Equilibrado, redondo, frutoso, aterciopelado. Persistente.

Dalcamp, S.L.

rdalfo@mixmail.com
www.castillodemonesma.com

Castillo de Monesma 91 Pt
Reserva Especial 2004 · 10 €
Uvas: 65% Cabernet Sauvignon, 20% Merlot, 15% Syrah.
Gastronomía: Carnes rojas a la parrilla, sopa castellana, guisos especiados.
Aspecto: Rojo burdeos cubierto con bordes granate.
Aroma: Intenso, complejo, frutas confitadas, notas de hierbas aromáticas y especias dulces, tostados.
Boca: Potente, redondo, sabroso, cálido, graso, taninos redondos. Persistente.

Enate (Viñedos y Crianzas del Alto Aragón, S.A.)

bodega@enate.es
www.enate.es

Enate Chardonnay 234 93 Pt
Blanco Joven 2009 · 7,45 €
Uvas: 100% Chardonnay.
Gastronomía: Pastas, pescados, crustáceos, paella de marisco.
Aspecto: Amarillo pajizo con reflejos verdosos.
Aroma: Intenso, complejo, frutas blancas y exóticas, fondo mineral, notas especiadas y de hierbas finas. Varietal.
Boca: Potente, graso, fresco, limpio, sabroso, estructurado, y amplio. Persistente.

Enate Chardonnay Fermentado en Barrica 92 Pt
2008 · 15,5 €
Uvas: 100% Chardonnay.
Gastronomía: Pescados grasos al horno, mariscos, carnes blancas.
Aspecto: Amarillo pajizo con reflejos dorados.
Aroma: Intenso, complejo, frutas tropicales, notas ahumadas, especiadas y cítricas.
Boca: Potente, denso, cremoso, complejo, frutoso, sabroso, fresca acidez. Persistente.

Enate Merlot-Merlot 92 Pt
2006 · 20,6 €
Uvas: 100% Merlot.
Gastronomía: Carnes rojas, pescados azules, ahumados, verduras de temporada.
Aspecto: Rojo burdeos intenso.
Aroma: Intenso, complejo, frutas confitadas, torrefactos, notas balsámicas, roble cremoso. Varietal.
Boca: Potente, amplio, elegante, carnoso, redondo, equilibrado, taninos integrados. Persistente.

Enate Reserva Especial 92 Pt
2005 · 70 €
Uvas: 70% Cabernet Sauvignon, 30% Merlot.
Gastronomía: Lechazo asado, entrecot, magret de pato, quesos curados.
Aspecto: Rojo burdeos con reflejos granate.
Aroma: Intenso, fruta madura, especias dulces, torrefactos, notas florales.
Boca: Potente, complejo, elegante, denso, carnoso, sabroso, taninos maduros. Persistente.

Enate Uno Chardonnay 95 Pt
2006 · 280 €
Uvas: 100% Chardonnay.
Gastronomía: Pescados grasos asados y en caldereta, sopas de pescado, carnes blancas a la plancha
Aspecto: Amarillo dorado.
Aroma: Intenso, fruta madura, frutos secos, cítricos, notas lácticas y cremosas de la madera.
Boca: Potente, fresco, carnoso, complejo, frutoso, sabroso. Persistente.

Enate Uno Tinto 93 Pt
2005 · 130 €
Uvas: 60% Cabernet Sauvignon, 20% Merlot, 20% Syrah.
Gastronomía: Caza mayor, lechazo asado, rabo de toro.
Aspecto: Rojo burdeos intenso.
Aroma: Intenso, fruta roja, torrefactos, especiado, roble cremoso.
Boca: Potente, complejo, sabroso, carnoso, cálido, taninos fundidos. Persistente.

Enate Varietales 92 Pt
2005 · 24,65 €
Uvas: Cabernet Sauvignon, Merlot, Syrah, Tempranillo.
Gastronomía: Carnes rojas a la parrilla, ahumados, quesos curados.
Aspecto: Rojo granate.
Aroma: Intenso, complejo, frutos rojos maduros, notas especiadas y balsámicas, roble cremoso.
Boca: Amplio, sabroso, graso, redondo, carnoso, taninos maduros. Persistente.

Pirineos

javierfillat@bodegapirineos.com
www.bodegapirineos.com

Marbore 93 Pt
Vino de Autor 2005 · 19 €
Uvas: Cabernet Sauvignon, Merlot, Tempranillo, Moristel.
Gastronomía: Magret de pato, morcillo guisado chuletas de cordero.
Aspecto: Burdeos, ribetes violáceos. Cubierto.
Aroma: Intenso. Fruta roja madura, tostados.
Boca: Intenso, complejo, amplio, elegante. Taninos fundidos. Persistente.

Pirineos Gewurztraminer 91 Pt
2009 · 9 €
Uvas: 100% Gewürztraminer.
Gastronomía: Berberechos, gambas a la plancha, merluza a la gallega, fritura de pescado.
Aspecto: Amarillo pálido, reflejos verdosos.
Aroma: Muy aromático, frutas maduras, flores blancas. Varietal.
Boca: Seco, equilibrado, sabroso, potente, fresco.

Pirineos Mesache Blanco 92 Pt
2009 · 6 €
Uvas: Chardonnay, Gewürztraminer, Macabeo.
Gastronomía: Sopa de pescado, conservas al natural, besugo asado.
Aspecto: Amarillo pajizo.
Aroma: Muy aromático, flores y frutas tropicales maduras. Notas cítricas.
Boca: Potente, fresco, sabroso, frutoso, muy buena acidez. Persistente.

Pirineos Rosado Selección Merlot Cabernet 2009 · 6,3 € 90 Pt
Uvas: Cabernet Sauvignon, Merlot.
Gastronomía: Paellas valencianas, cremas de verano, alcachofas, macarrones, raviolis.
Aspecto: Rosa.
Aroma: Fruta roja, piruletas, notas balsámicas. Varietal.
Boca: Sabroso, agradable amargor final, persistente.

Pirineos Selección Syrah Garnacha 2008 90 Pt
Uvas: Garnacha, Syrah.
Gastronomía: Menestra de verduras, setas con jamón, carne estofada.
Aspecto: Burdeos cubierto.
Aroma: Franco, limpio, tostados, dulzón.
Boca: Jugoso, redondo.

Sentif

bodegassentif@gmail.com
www.sentif.net

Sentif 90 Pt
2006 · 9 €
Uvas: 20% Cabernet Sauvignon, 15% Garnacha, 20% Merlot, 35% Tempranillo, 10% Moristel.
Gastronomía: Cochinillo asado, magras con tomate, quesos curados.
Aspecto: Rojo burdeos con bordes granate.
Aroma: Intenso, fruta roja madura, especias dulces, canela, vainilla, finos tostados.
Boca: Carnoso, lleno, graso. Persistente.

Sierra de Guara

idrias.export@terra.es
www.bodegassierradeguara.es

Idrias Sevil 16 Meses de Crianza 2007 · 12 € 92 Pt
Uvas: Cabernet Sauvignon, Merlot.
Gastronomía: Jamón ibérico, cecina, quesos curados, carnes rojas a la plancha.
Aspecto: Rojo burdeos cubierto con reflejos violáceos.
Aroma: Intenso, frutos negros maduros, torrefactos, especias dulces, roble cremoso.
Boca: Potente, carnoso, sabroso equilibrado. Persistente.

Viñas del Vero

marketing@vinasdelvero.es
www.vinasdelvero.es

La Miranda de Secastilla 92 Pt
2007 · 13 €
Uvas: Garnacha, Parraleta, Syrah.
Gastronomía: Pescados azules a la parrilla, pastel de carne, ternera rellena.
Aspecto: Rojo burdeos muy cubierto.
Aroma: Intenso, fruta madura, notas de canela, torrefactos y chocolate, recuerdos minerales.
Boca: Potente sabroso, frutoso, carnoso, taninos maduros. Persistente.

Secastilla 90 Pt
2007 · 25 €
Uvas: 100% Garnacha.
Gastronomía: Carnes rojas a la parrilla, quesos curados, estofado de ternera.
Aspecto: Rojo rubí intenso con dejos violáceos.
Aroma: Intenso, frutos negros maduros, especiado, notas tostadas. Varietal.
Boca: Potente, redondo, complejo, equilibrado, carnoso. Persistente.

Viñas del Vero Chardonnay Colección 92 Pt
2008 · 12 €
Uvas: 100% Chardonnay.
Gastronomía: Besugo al horno, carnes blancas a la plancha, cremas frías.
Aspecto: Amarillo pajizo con reflejos verdosos.
Aroma: Intenso, franco, frutas exóticas maduras, cítricos.
Boca: Potente, seco, fresco, sabroso, frutoso, complejo, agradable acidez. Persistente.

Viñas del Vero Clarión 92 Pt
2008 · 13 €
Uvas: Selección mejores uvas blancas.
Gastronomía: Aperitivos, pescados blancos a la plancha, mariscos cocidos, crema de verduras.
Aspecto: Amarillo pajizo con dejos verdosos.
Aroma: Intenso, complejo, frutas blancas confitadas, hierbas de tocador, flores blancas, minerales.
Boca: Potente, carnoso, elegante, estructurado, redondo, fresco y sabroso. Persistente.

Viñas del Vero Gewürztraminer Colección 2009 · 13 € 92 Pt
Uvas: 100% Gewürztraminer.
Gastronomía: Aperitivos, centollo, angulas, rape.
Aspecto: Amarillo pajizo.
Aroma: Intenso, complejo, fruta tropical, flores blancas, notas especiadas. Varietal.
Boca: Potente, sabroso, fresco, agradable acidez. Persistente.

Viñas del Vero Gran Vos Tinto Reserva 2005 · 15 € 93 Pt
Uvas: Selección mejores uvas tintas.
Gastronomía: Cabrito, ternera mechada, judías con perdiz.
Aspecto: Rojo burdeos cubierto con bordes teja.
Aroma: Intenso, fruta roja ligeramente confitada, tostados, notas de hierbas finas y minerales.
Boca: Potente, carnoso, elegante, complejo, agradable equilibrada, taninos fundidos. Persistente.

Vinos de la Tierra Bajo Aragón

Bodegas Leceranas

idrias.export@terra.es

Evohe 92 Pt
2009 · 5 €
Uvas: 100% Garnacha.
Gastronomía: Carnes blancas a la plancha, quesos frescos, menestras de verduras.
Aspecto: Rojo rubí cubierto con bordes violáceos.
Aroma: Intenso, fruta madura con notas balsámicas y de hierbas de monte. Varietal.
Boca: Potente, carnoso, redondo, cálido, agradable acidez final. Persistente.

Dominio Maestrazgo, S.A.

bodega@dominiomaestrazgo.com
www.dominiomaestrazgo.com

Rex Deus Reserva - 21 Meses en Barrica 2005 · 15 € 91 Pt
Uvas: Cabernet Sauvignon, Garnacha, Syrah.
Gastronomía: Carne guisada, embutidos, carrillada de ternera, cordero estofado.
Aspecto: Rojo granate con reflejos violáceos.
Aroma: Intenso, frutos rojos maduros, con notas ahumadas (tabaco), especias y minerales.
Boca: Potente, sabroso, elegante, estructurado, redondo. Persistente.

Fanbar

fanbar@fanbar.es
www.fanbar.es

Fandos y Barriuso; Todomonte Barrica 2003 Reserva 2003 · 7,5 € 90 Pt
Uvas: Cabernet Sauvignon, Syrah, Otras.
Gastronomía: Caldereta de cordero, jabalí, jamón de Teruel.
Aspecto: Granate cubierto.
Aroma: Potente, frutos negros maduros, tonos minerales y ahumados.
Boca: Taninos bien integrados.

Vinos de la Tierra Ribera del Gállego-Cinco Villas

Esta Denominación ha producido una evidente evolución de los vinos de esta Comarca, aunque, como es lógico, todavía se encuentran muy en los prolegómenos de su evolución.

Bodegas y Viñedos Reino de Los Mallos

bodega@reinodelosmallos.es
www.reinodelosmallos.es

Reino de Los Mallos Monovarietal Merlot 8 Meses 2006 · 15,5 € — **91** Pt
Uvas: 100% Merlot.
Gastronomía: Carnes blancas a la plancha, chuletitas de cordero, menestras de verduras.
Aspecto: Rojo burdeos con bordes granate.
Aroma: Intenso, fruta roja madura, torrefactos, notas minerales y balsámicas, chocolate.
Boca: Intenso, sabroso, taninos pulidos, equilibrado. Persistente.

Vinos de la Tierra Ribera del Jiloca

Los viñedos se hallan en unas condiciones óptimas para la producción de una excelente uva. El resultado: unos caldos con cuerpo y excelentes aromas. Se ha producido una gran evolución, pero todavía queda camino que recorrer.

Vinae Mureri

info@vinaemureri.com
www.vinaemureri.com

Murero Reserva 2004 · 19 € — **91** Pt
Uvas: 100% Garnacha.
Gastronomía: Ragú de ternera, rabo de toro, cochifrito, gallina en pepitoria.
Aspecto: Rojo burdeos cubierto, bordes naranja.
Aroma: Potente. Fruta negra madura, especias dulces, mineral. Tostados.
Boca: Expresivo, cálido. Persistente.

Vinos de la Tierra Valdejalón

Es una zona próxima al Campo de Borja y a Calatayud, dicha proximidad hace que los vinos de Valdejalón sean una fusión de ambas Denominaciones de Origen, aunque no hayan conseguido, como éstos, el adecuado desarrollo de su sistema empresarial.

Epilense de Vinos y Viñedos

valdecella@terra.es
www.valdecella.es

Valdecella Garnacha Fermentado en Barrica 2008 · 10 € — **90** Pt
Uvas: 100% Garnacha.
Gastronomía: Fabada, carnes rojas a la parrilla, embutidos.
Aspecto: Rojo burdeos cubierto con bordes granate.
Aroma: Intenso, fruta roja madura, buen roble, Varietal.
Boca: Potente, sabroso, lleno, agradable acidez.

Vinos de la Tierra Valle del Cinca

La proximidad al Somontano hace que los vinos del Valle del Cinca traten de ser muy parecidos a los Denominación de Origen Somontano, aunque no hayan conseguido llegar al nivel de los anteriores.

Nuviana (Grupo Codorníu)

v.sanchez@codorniu.es
www.nuviana.com

Nuviana Tinto 2008 · 3 € — **90** Pt
Uvas: 50% Cabernet Sauvignon, 25% Syrah, 25% Tempranillo.
Gastronomía: Carnes blancas, quesos.
Aspecto: Rojo cereza con ribetes violáceos.
Aroma: Intenso, fruta roja madura, notas especiadas.
Boca: Largo, equilibrado, sabroso, frutoso, persistente.

Valonga Bodegas y Viñedos

bodegas@valonga.com
www.valonga.com

Monte Valonga Roble 2008 · 6,5 € — **90** Pt
Uvas: 100% Syrah.
Gastronomía: Carnes blancas, embutidos, legumbres.
Aspecto: Atractivo vestido rojo cereza cubierto, bordes violáceos.
Aroma: Intenso, frutos negros. Notas especiadas, vainilla, chocolate, regaliz. Tostados.
Boca: Intenso, sabroso, carnoso, taninos fundidos.

Principado de Asturias

Es una Comunidad Autónoma de escaso desarrollo vitivinícola. Actualmente existe un vino, Vino de la Tierra de Cangas, que protege la pequeña producción de vino asturiano.

Vinos de la Tierra de Cangas

La zona de producción de esta Comarca se encuentra en las cuencas altas de los ríos Navia y Nancea. Las variedades que se utilizan, Verdejo y Mencía, hacen de ellos unos vinos ligeros, acídulos, aromáticos y muy refrescantes.

Monasterio de Corias

monasteriodecorias@narcea.es
www.bodegamonasterio.com

Corias Guilfa **90** Pt
2008 · 10 €
Uvas: 40% Carrasquín, 60% Verdejo Tinto.
Gastronomía: Caldereta de pescado, quesos asturianos, chuletas.

Aspecto: Rojo burdeos, reflejos teja.
Aroma: Potente, fruta roja, balsámico, especiado.
Boca: Sabroso, agradable, frutoso.

Baleares

Las Islas Baleares, situadas en el Mar Mediterráneo, tienen dos Denominaciones de Origen: **D.O. Binissalem** y **D.O. Pla i Llevant**, ambas situadas en la Isla de Mallorca. Además cuenta con cuatro Vinos de la Tierra: Ibiza, Isla de Menorca, Serra de Tramuntana-Costa Nord e Islas Baleares. Sus vinos han comenzado a ser muy apreciados por los buenos conocedores.

Los 10 Mejores Vinos

An — 94 Puntos
Tinto de Crianza 2007 Bodega: AN NEGRA VIT, S.L.
Vinos de la Tierra de Mallorca. Página 42

An/2 — 92 Puntos
Tinto de Crianza 2008 Bodega: AN NEGRA VIT, S.L.
Vinos de la Tierra de Mallorca. Página 42

12 Volts — 92 Puntos
Tinto Joven 2008 Bodega: 4 KILOS VINÍCOLA, S.L.
Vinos de la Tierra de Mallorca. Página 42

L'U — 91 Puntos
Tinto de Crianza 2007 Bodega: VINYES MORTITX
Vinos de la Tierra de Mallorca. Página 42

Torrent Negre — 91 Puntos
Tinto de Crianza 2004 Bodega: VINS MIQUEL GELABERT
D.O: Pla i Llevant. Página 41

Torrent Negre — 91 Puntos
Tinto de Crianza 2005 Bodega: VINS MIQUEL GELABERT
D.O: Pla i Llevant. Página 41

Veran — 91 Puntos
Tinto de Crianza 2007 Bodega: BINIAGUAL.
D.O. Binissalem. Página 40

Vinya Sa Cudia — 91 Puntos
Blanco Seco Natural 2009 Bodega: COMPAÑÍA VITIVINÍCOLA DE MENORCA
Vinos de la Tierra de Menorca. Página 41

Aia — 90 Puntos
Tinto de Crianza 2007 Bodega: VINYES I BODEGUES MIQUEL OLIVER
D.O: Pla i Llevant. Página 41

Can Majoral S'Heretat — 90 Puntos
Tinto de Crianza 2006 Bodega: CAN MAJORAL SAT
D.O: Pla i Llevant. Página 40

Denominación de Origen Binissalem

El terreno corresponde a sedimentos continentales cuaternarios, ricos en materiales cálcicos, dando lugar a suelos pardos o pardo-calizos. Las uvas autorizadas por el Consejo Regulador son las autóctonas: Manto Negro y Callet (tinta) y Moll o Prensal Blanc (blancas).

Consejo Regulador
971 512 191 - info@binissalemdo.com

Biniagual
info@bodegabiniagual.com
www.bodegabiniagual.com

Blanc Veran 90 Pt
2009 · 16 €
Uvas: 100% Chardonnay, Prensal.
Gastronomía: Sopa de pescado, conservas al natural, besugo asado.
Aspecto: Color amarillo sostenido. Limpio y brillante.
Aroma: Muy aromático, flores y frutas tropicales maduras. Notas cítricas.
Boca: Potente, fresco, sabroso, frutoso, muy buena acidez. Persistente.

Veran 91 Pt
2007 · 15,5 €
Uvas: Cabernet Sauvignon, Manto Negro, Syrah.
Gastronomía: Carnes asadas y a la brasa con verduritas salteadas. Canapés calienates de sobrasada.
Aspecto: Color rojo burdeos.
Aroma: Limpio, neto, franco, intenso y complejo. Toques vegetales, balsámicos y fondo mineral.
Boca: En boca equilibrado, sabroso, potente y agradable final.

Bodegues Macia Batle
correo@maciabatle.com
www.maciabatle.com

Macia Batle 90 Pt
Tinto Reserva 2006 · 14 €
Uvas: Callet, Manto Negro, Merlot, Syrah.
Gastronomía: Guisos de carne con verduras, asados.
Aspecto: Color rojo granate.
Aroma: Limpio, neto y franco. Frutos del bosque maduros, fondo balsámico.
Boca: Carnoso, estructurado, taninos bien integrados. Largo postgusto.

Macia Batle Blanc Unic 90 Pt
2009 · 12 €
Uvas: Chardonnay, Prensal.
Gastronomía: Pescados guisados, crustáceos.
Aspecto: Amarillo sostenido. Limpio y brillante
Aroma: Intenso, complejo, fruta blanca exótica, notas de vainilla y finos tostados
Boca: Amplio y estructurado. Largo postgusto.

Jaume de Puntiro
pere@vinsjaumedepuntiro.com
www.vinsjaumedepuntiro.com

J.P 90 Pt
Tinto Reserva 2005 · 48 €
Uvas: 50% Cabernet Sauvignon, 50% Manto Negro.
Gastronomía: Carnes rellenas.
Aspecto: De bonito color rojo granate, cubierto. Limpio y brillante.
Aroma: Intenso, limpio, tonos de especias, frutas algo maduras y buena madera.
Boca: Entrada en boca jugosa de buena expresión tánica y orgulloso final.

Jaume de Puntiro Carmesí 90 Pt
2007 ·9,5 €
Uvas: 20% Callet, 80% Manto Negro.
Gastronomía: Quesos curados, embutidos, carnes rojas.
Aspecto: Atractivo vestido rojo burdeos. Limpio y brillante.
Aroma: Intensos. Fruta roja y flor madura, notas cremosas y especiadas, agradable fondo de vainilla y chocolate.
Boca: Amplio, con cuerpo, taninos sedosos y bien integrados. Agradable postgusto.

Vins Nadal
albaflor@vinsnadal.com
www.vinsnadal.com

Albaflor 90 Pt
2007 · 8,4 €
Uvas: 25% Cabernet Sauvignon, 60% Manto Negro, 15% Merlot.
Gastronomía: Parrillada de verduras. Entremeses de sobrasada
Aspecto: Vestido color rojo granate. Limpio y brillante.
Aroma: Maduro, toque animal, chocolate y fondo dulzón.
Boca: Estructurado, equilibrado, taninos bien integrados. Agradable postgusto.

Denominación de Origen Pla i LLevant

Ocupa la llanura central y oriental de la isla de Mallorca donde los suelos son de suave topografía, por ello se dan unas condiciones favorables para unas producciones de calidad. Las variedades que más se cultivan son Chardonnay, Prensal Blanc, Macabeo, Moscatel y Perellada (blancas), entre otras.

Consejo Regulador
971 168 569 - info@plaillevantmallorca.es

Can Majoral Sat
celler@canmajoral.com
www.canmajoral.com

Can Majoral 90 Pt
Turgent 2005 · 14 €
Uvas: 100% Cabernet Sauvignon, Syrah.
Gastronomía: Asados, embutidos, quesos curados y patés.
Aspecto: Color rojo granate.
Aroma: Complejo y estructurado, notas de especias, minerales y torrefactos.
Boca: Carnoso, sabroso y equilibrado. Taninos bien integrados. Elegante paso de boca.

Can Majoral 90 Pt
Son Blanc 2009 · 12 €
Uvas: 85% Chardonnay, 15% Riesling.
Gastronomía: Pescados y crustáceos.
Aspecto: Amarillo sostenido. Limpio y brillante.
Aroma: Fruta blanca madura exótica y agradable fondo especiado.
Boca: Equilibrado, elegante, untuoso. Persistente y agradable final.

Can Majoral S'Heretat 90 Pt
2006 · 20 €
Uvas: Cabernet Sauvignon, Callet, Syrah.
Gastronomía: Platos de caza y legumbres.
Aspecto: Vestido en color granate. Limpio y brillante.
Aroma: Limpios, netos, francos. Destacan los tostados de noble madera envolviendo frutos del bosque y los minerales.
Boca: Elegante, sabroso y complejo. Largo postgusto.

Vins Miquel Gelabert

vinsmg@vinsmiquelgelabert.com
www.vinsmiquelgelabert.com

Gran Vinya Son Caules **90** Pt
2005 · 22 €
Uvas: 100% Callet.
Gastronomía: Carnes guisadas, quesos curados, embutidos.
Aspecto: De bonito color rojo granate. Limpio y brillante.
Aroma: Limpio, intenso, neto y franco. Fruta muy madura, especiado y agradable fondo balsámico.
Boca: Suave, aterciopelado y redondo. Buen postgusto.

Torrent Negre Selección Privada 2004 · 26 € **91** Pt
Uvas: 100% Syrah.
Gastronomía: Carnes en salsa, asados. Quesos grasos y curados.
Aspecto: Color rojo granate con ligeros matices ocres.
Aroma: Limpios, netos, complejos, francos y muy varietales.
Boca: Amplio, sabroso, expresivo, taninos integrados. Largo y elegante postgusto.

Torrent Negre Selección Privada 20 Aniversario **91** Pt
2005 · 26 €
Uvas: Cabernet Sauvignon, Merlot, Syrah.
Gastronomía: Carnes rojas a la brasa. Quesos curados, patés.
Aspecto: Color granate. Brillante y limpio.
Aroma: Potente y concentrado, franco y neto. Frutos rojos confitados, especiados y ahumados, fondo mineral.
Boca: Carnoso, equilibrado, taninos dulces y bien integrados. Buen postgusto.

Vins Toni Gelabert

info@vinstonigelabert.com
www.vinstonigelabert.com

Chardonnay **90** Pt
2009 · 16 €
Uvas: 100% Chardonnay.
Gastronomía: Pescados al horno. Ensaladas condimentadas.
Aspecto: Amarillo dorado intenso y brillante.
Aroma: Francos, intensos, tonos frutales, especias dulzonas y notas de noble madera.
Boca: En boca es fresco, equilibrado, graso, sabroso. Largo postgusto.

Vinyes i Bodegues Miquel Oliver

bodega@miqueloliver.com
www.miqueloliver.com

Aia **90** Pt
2007 · 14,25 €
Uvas: 100% Merlot.
Gastronomía: Platos de caza mayor y menor, pates.
Aspecto: Color rojo burdeos. Limpio y brillante.
Aroma: Limpios, netos, francos. Buena expresión frutal acompañada de aromas golosos y tostados de la madera. Buena evolución.
Boca: Amplio, sabroso. Estructurado. Carnoso. Agradable persistencia.

Xperiment **90** Pt
2007 · 14,25 €
Uvas: 100% Callet.
Gastronomía: Sobrasada, parrillada de verduras, carnes rojas, caza menor.
Aspecto: Color rojo burdeos-granate. Limpio y brillante.
Aroma: Limpios, netos, francos. Fruta madura, especiados, balsámicos. Madera bien integrada.
Boca: Armónico, sabroso, taninos pulidos. Acidez muy equilibrada. Buen postgusto.

Vinos de la Tierra Ibiza

Los vinos tradicionales de la isla de Ibiza están elaborados con las variedades tintas: Monastrell, Tempranillo, Merlot, Cabernet Sauvignon y Syrah, y con las blancas: Macabeo, Chardonay, Moscatel, Perellada y Malvasía.
Actualmente la producción de vino en la isla es muy limitada.

Vinos de la Tierra Isla de Menorca

Vinos de la Tierra que se corresponden con la identificación geográfica Illa de Menorca. Se les otorgó esta clasificación en marzo de 2002. Son vinos elaborados con las variedades blancas de Chardonnay, Macabeo, Malvasía, Moscatel, Perellada y Moll, y con las tintas: Cabernet Sauvignon, Merlot, Monastrell, Syrah y Tempranillo.

Compañía Vitivinícola de Menorca

mtzjover@infotelecom.es
www.vinyasacudia.com

Vinya Sa Cudia **91** Pt
2009 · 22,5 €
Uvas: 100% Malvasía.
Gastronomía: Pescados a la brasa.
Aspecto: Color amarillo dorado. Limpio y brillante.
Aroma: Expresivos, muy varietales. Frutas y flores blancas maduras, agradable fondo balsámico.
Boca: Bien armado, frutoso, fresco. Agradable postgusto.

Vinos de la Tierra Islas Baleares

Vinos de la Tierra elaborados con las variedades blancas: Moll, Chardonnay, Macabeo, Malvasía, Moscatel y Parellada, y con las variedades tintas: Callet, Manto Negro, Fogones, Monastrell, Cabernet Sauvignon, Merlot, Syrah y Tempranillo.

Vinos de la Tierra Mallorca

Indicación geográfica creada en la orden del 13 de abril de 2007. Comprende todos los municipios de la Isla de Mallorca.

4 Kilos Vinícola, S.L.

fgrimalt@4kilos.com
www.4kilos.com

12 Volts 92 Pt
12 Meses en Barrica 2008 · 12 €
Uvas: 30% Cabernet Sauvignon, 30% Callet, 10% Merlot, 30% Syrah.
Gastronomía: Canapés de sobrasada. Empanada de piñones.
Aspecto: Se viste en rojo burdeos cubierto. Limpio y brillante.
Aroma: Frutales con elegantes matices conjuntados de tostados, chocolates y especias.
Boca: En boca equilibrado, goloso, sabroso, potente final.Taninos redondos y bien integrados.

An Negra Vit, S.L.

animanegra@annegra.com
www.animanegra.com

An 94 Pt
2007 · 32 €
Uvas: 95% Callet, 5% Manto Negro.
Gastronomía: Canapés de sobrasada. Caza.
Aspecto: Rojo burdeos-granate.
Aroma: Complejo, expresivo, profundo y elegante.
Boca: Amplio, carnoso, taninos bien integrados. Gran postgusto.

An/2 92 Pt
2008 · 13 €
Uvas: 65% Callet, 20% Manto Negro, 15% Syrah.
Gastronomía: Aperitivos con sobrasada. Carnes rojas a la brasa con verduras.
Aspecto: Rojo burdeos.
Aroma: Limpio, neto, franco, intenso. Especias, fruta madura, tostados elegantes.
Boca: Largo, carnoso, sabroso, estructurado, equilibrado. Original postgusto.

Bodegas Ángel

info@bodegasangel.com
www.bodegasangel.com

Ángel 90 Pt
Blanc de Blanca 2009 · 7 €
Uvas: 50% Chardonnay, 50% Prensal.
Gastronomía: Guisos de pescado.
Aspecto: Amarillo pálido con reflejos verdosos.
Aroma: Afrutado y floral, especiado. Notas de finas hierbas.
Boca: Sabroso y fresco, buena acidez, postgusto agradable.

Bodegas José L. Ferrer

info@vinosferrer.com
www.vinosferrer.com

Dues 90 Pt
2008 · 5,6 €
Uvas: Cabernet Sauvignon, Manto Negro.
Gastronomía: Carnes estofadas, canapés de sobrasada.
Aspecto: Color rojo burdeos.
Aroma: Especiados, minerales. Grato, franco y elegante.
Boca: Buen equilibrio, estructura, taninos dulces bien integrados. Final limpio.

Bodegas Ribas

info@bodegaribas.com
www.bodegaribas.com

Sió de Ribas 90 Pt
2008 · 13,5 €
Uvas: 25% Cabernet Sauvignon, 50% Manto Negro, 20% Merlot, 5% Syrah.
Gastronomía: Sobrasada, Queso curado Binigarba, chipirones rellenos en su tinta.
Aspecto: Color rojo burdeos bien cubierto.
Aroma: Complejo, intenso, destacando la fruta roja madura, hierbas silvestres, elegantes notas especiadas y toques dulzones.
Boca: Estructurado, taninos bien integrados, equilibrado, sabroso. Agradable postgusto.

Bodegas Son Puig

info@sonpuig.com
www.sonpuig.com

Son Puig 90 Pt
2008 · 14 €
Uvas: 52% Chardonnay, 48% Prensal.
Gastronomía: Pescados grasos al horno, mariscos, carnes blancas.
Aspecto: Amarillo pajizo con reflejos dorados.
Aroma: Intenso, complejo, frutas tropicales, notas ahumadas, especiadas y cítricas.
Boca: Potente, denso, cremoso, complejo, frutoso, sabroso, fresca acidez. Persistente.

Vinyes Mortitx

info@vinyesmortitx.com
www.vinyesmortitx.com

L'Antull 90 Pt
2008 · 12 €
Uvas: Malvasía, Riesling.
Gastronomía: Pescados guisados, crustáceos.
Aspecto: Amarillo sostenido. Limpio y brillante.
Aroma: Intenso, fruta blanca tropical, notas de vainilla, finos tostados y frutos secos.
Boca: Complejo y estructurado. Largo y agradable postgusto.

L'U 91 Pt
2007 · 25 €
Uvas: Cabernet Sauvignon, Merlot, Syrah.
Gastronomía: Platos de carne condimentados, embutidos ibéricos, quesos curados.
Aspecto: Color rojo burdeos. Limpio y brillante.
Aroma: Netos, francos, intensos y complejos. Fruta roja madura, cacaos y buena madera.
Boca: En boca, goloso, carnoso, estructurado y expresivo. Agradable postgusto.

Vinos de la Tierra Serra de Tramuntana - Costa Nord

La zona de producción está enclavada en la privilegiada costa norte de la Isla de Mallorca, en los pagos vitícolas de la Sierra de Tramontana. Sus vinos están elaborados con las variedades blancas Chardonnay, Macabeo, Malvasía, Moscatel, Parellada y Moll, y con las variedades tintas Cabernet Sauvignon, Merlot, Monastrell, Syrah y Tempranillo.

Cooperativa Malvasía de Banyalbufar

botiga@malvasiadebanyalbufar.com
www.malvasiadebanyalbufar.com

Cornet 90 Pt
2009 · 12,9 €
Uvas: 100% Malvasía.
Gastronomía: Pescados al horno y pescados azules.
Aspecto: Color amarillo pajizo, matices verdosos. Limpio y brillante.
Aroma: Limpios, netos, intensos y varietales. Frutas blancas y notas minerales.
Boca: Sabroso, sedoso, fresco, alegre. Agradable postgusto.

Canarias

Todas las Islas Canarias, con excepción de la de Fuerteventura, producen vinos de calidad y, sobre todo, de gran personalidad. En las Islas Canarias existen diez Denominaciones de Origen: Isla de Gran Canaria: **Gran Canaria** y **Monte Lentiscal**; Isla de El Hierro: **El Hierro**; Isla de la Palma: **La Palma**; Isla de Lanzarote: **Lanzarote**; Isla de la Gomera: **La Gomera**; Isla de Tenerife: **Abona, Tacoronte Acentejo, Valle de Güimar, Valle de la Orotava e Ycoden Daute Isora**.

Los 10 Mejores Vinos

Humboldt — 93 Puntos

Dulce 2001 Bodega: BODEGAS INSULARES TENERIFE, S.A.
D.O: Tacoronte-Acentejo. Página 53

Malvasía Seco — 92 Puntos

Blanco Seco Natural 2009 Bodega: BODEGAS STRATVS
D.O: Lanzarote. Página 52

Moscatel Naturalmente Dulce Bermejo — 92 Puntos

Dulce 2009 Bodega: BODEGAS LOS BERMEJOS
D.O: Lanzarote. Página 52

Teneguía Malvasía Dulce — 92 Puntos

Dulce 2005 Bodega: LLANOVID, S. COOP. LTDA.
D.O: La Palma. Página 52

Teneguía Malvasía Dulce — 92 Puntos

Dulce 2008 Bodega: LLANOVID, S. COOP. LTDA.
D.O: La Palma. Página 52

Teneguía Malvasía Seco — 92 Puntos

Blanco Seco con Madera 2006 Bodega: LLANOVID, S. COOP. LTDA.
D.O: La Palma. Página 52

El Ancón Negramoll — 91 Puntos

Dulce 2006 Bodega: BODEGAS INSULARES TENERIFE YCODEN DAUTE ISORA.
D.O: Ycoden-Daute-Isora. Página 54

Malvasía Naturalmente Dulce Bermejo — 91 Puntos

Dulce Bodega: BODEGAS LOS BERMEJOS
D.O: Lanzarote. Página 52

Teneguía Malvasía Dulce — 91 Puntos

Dulce 1997 Bodega: LLANOVID, S. COOP. LTDA.
D.O: La Palma. Página 52

Viñátigo Malvasía Clásico — 91 Puntos

Dulce 2006 Bodega: BODEGAS VIÑÁTIGO.
D.O: Ycoden-Daute-Isora. Página 54

Denominación de Origen Abona

La orientación de los cultivos, de cara al sol, y la influencia de los vientos alisios origina que sean terrenos de extraordinaria aridez. Predominan las variedades de uva blanca, como por ejemplo: Listán Blanco, Pedro Ximénez, Forastera Blanca, Malvasía, Gual, Torronés y Verdello.

Consejo Regulador
922 164 241 - administracion@vinosdeabona.com

Cooperativa Agrícola San Miguel

bodega@casanmiguel.com
www.cooperativasanmiguel.es

Marqués de Fuente Blanco 2009 · 5 € — **90** Pt
Uvas: Malvasía, Moscatel, Albillo, Otras.
Gastronomía: Alfonsiños, vieja guisada, potaje de berros.

Aspecto: Amarillo pajizo con reflejos acerados.
Aroma: Intenso, fruta blanca madura, vainilla, recuerdos minerales.
Boca: Complejo, sabroso, carnoso.

Denominación de Origen El Hierro

Es la isla más occidental, la más austral y la más pequeña del archipiélago canario. Las variedades más cultivadas en esta zona son en su mayoría blancas, tales como: Verijadiego (Vijariego), Listán Blanco, Brebajuelo, Gual, Pedro Ximénez, Baboso Blanco, Torrontés, Malvasía y Verdello.

Consejo Regulador
922 556 064 - doelhierro@hotmail.com

Sociedad Cooperativa del Campo-Frontera

coopfrontera@cooperativafrontera.com
www.cooperativafrontera.com

Gran Salmor Blanco Dulce 2006 · 13 € — **90** Pt
Uvas: Bremajuelo, Otras.
Gastronomía: Arroz con leche, quesadillas, aperitivos.

Aspecto: Amarillo pajizo con matices ámbar.
Aroma: Intenso, fruta madura, hierbas frescas, miel y notas tostadas.
Boca: Potente, sabroso dulce, sedoso, ágil, grato final.

Denominación de Origen Gran Canaria

Sus suelos son de origen volcánico, existiendo un mayor porcentaje de suelo arable que en otras islas del archipiélago. Como variedades de vid preferentes o recomendadas se han designado las siguientes: blancas: Malvasía, Gual o Pedro Ximénez, Marmajuelo o Bermejuela, Breval, Vijariego, Albillo y Moscatel. Tintas: Listán Negro, Negramol, Tintilla y Malvasía Negra.

Consejo Regulador
928 640 462 - crdogc@yahoo.es

Denominación de Origen La Gomera

La isla de la Gomera fue una notable productora de vinos y aguardientes tras la conquista. Posteriormente el cultivo de la vid perdió importancia y fue sustituido por otros más rentables. En la actualidad cuenta con un cultivo de más de 500 ha.

Consejo Regulador
922 800 801 - crdolagomera@922800801.e.telefonica.net

Denominación de Origen La Palma

La isla de La Palma posee una orografía impresionante, ya que es un gran cráter volcánico. Las variedades que más se cultivan en la zona son Negramoll (tinta) y Listán Blanco (blanca) entre otras. En Fuencaliente se encuentra la parte más importante de toda la Malvasía cultivada en Canarias.

Consejo Regulador
922 444 404 - gerente@malvasiadelapalma.com

Llanovid, S. Coop. Ltda.

enologia@vinosteneguia.com
www.bodegasteneguia.com

Teneguía Malvasía Dulce Botrytis - Naturalmente Dulce 92 Pt
2008 · 26 €
Uvas: 100% Malvasía.
Gastronomía: Pudin de frutas, postres de chocolate, foie-gras.
Aspecto: Amarillo dorado.
Aroma: Intenso, fruta en confitura, acidez equilibrada.
Boca: Untuoso, sabroso, elegante.

Teneguia Malvasía Dulce Reserva 2005. Naturalmente Dulce 92 Pt
2005 · 34,1 €
Uvas: 100% Malvasía.
Gastronomía: Foie-gras, quesos palmeros curacos, quesadillas.
Aspecto: Amarillo dorado.
Aroma: Potente, miel y cítricos.
Boca: Untuoso, sabroso, equilibrado.

Denominación de Origen Lanzarote

Es la isla más oriental del archipiélago y su clima es de una extraordinaria aridez. Se cultivan principalmente las siguientes variedades: Malvasía, Listán Blanca y Diego o Vijariego (blancas), y Listán Negra (tinta).

Consejo Regulador
928 521 048 - promocion@dolanzarote.com

Bodegas Los Bermejos

bodega@losbermejos.com
www.losbermejos.com

Moscatel Naturalmente Dulce Bermejo 92 Pt
2009 · 9 €
Uvas: 100% Moscatel.
Gastronomía: Postres, foie, quesos.
Aspecto: Amarillo dorado.
Aroma: Intenso, frutas pasificadas, cítricos. Notas amieladas. Varietal.
Boca: Potente, sabroso, fresco, agradable, carnoso. Persistente.

Bodegas Rubicón

bodegasrubicon@gmail.com
www.vinosrubicon.com

Moscatel Rubicón Blanco 2009 · 15 € 90 Pt
Uvas: 100% Moscatel.
Gastronomía: Quesadillas, pudin de frutas, flan
Aspecto: Amarillo ámbar.
Aroma: Intenso, frutas secas y escarchadas, fondo amielado. Varietal.
Boca: Equilibrado, sabroso. Persistente.

Bodegas Stratvs

bodega@stratvs.com

Malvasía Seco 92 Pt
2009 · 12 €
Uvas: 100% Malvasía.
Gastronomía: Pescado en escabeche, viejas guisadas, sargo al horno.
Aspecto: Amarillo pajizo con bordes dorados.
Aroma: Intenso, frutas y flores blancas, fondo mineral.
Boca: Potente, sabroso, fresco, agradable acidez. Persistente.

Denominación de Origen Tacoronte-Acentejo

Situada en la isla de Tenerife, a los pies del Teide, es una comarca vitivinícola con gran calidad y prestigio. Las variedades son en su mayoría tintas, tales como: Listán Negro, Negramoll y Tintilla.

Consejo Regulador
922 560 107 - consejo@tacovin.com

Bodega Acevedo

info@bodegaacevedo.com
www.bodegaacevedo.com

Acevedo Madera 90 Pt
2008 · 7,25 €
Uvas: 50% Listán Negro, 50% Otras.
Gastronomía: Puchero canario, carne de cochino con mojo, hígado arreglado.
Aspecto: Rojo burdeos con bordes violáceos.
Aroma: Intenso, fruta negra madura, roble cremoso, especies dulces, minerales.
Boca: Potente, complejo, sabroso, frutoso.

Bodegas Insulares Tenerife, S.A.

bitsa@bodegasinsularestenerife.es
www.bodegasinsularestenerife.es

Humboldt Tinto. Dulce de Licor 2001 · 16,25 € 93 Pt
Uvas: 100% Listán Negro.
Gastronomía: Postres, foie-gras.
Aspecto: Rojo granate cubierto.
Aroma: Intenso, floral, fruta confitada, tabaco, café, chocolate.
Boca: Intenso, complejo, sabroso, untuoso, carnoso, amplio, equilibrado, elegante. Persistente.

Bodegas Monje

monje@bodegasmonje.com
www.bodegasmonje.com

Monje de Autor Reserva 2000 · 26 € 90 Pt
Uvas: Listán Blanco, Listán Negro, Otras.
Gastronomía: Cabrito al horno, ropa vieja, papitas con carne.
Aspecto: Rojo rubí con reflejos teja.
Aroma: Intenso, fruta confitada, balsámico, especies dulces.
Boca: Potente, cálido, carnoso, elegante. Persistente.

Buten, S.L.

crater@bodegasbuten.com
www.craterbodegas.com

Cráter 90 Pt
2006 · 20 €
Uvas: 100% Listán Negro.
Gastronomía: Quesos, papas al mojo, patés, pollo picante.
Aspecto: Vestido rojo rubí.
Aroma: Intenso, mineral, frutos rojos confitados.
Boca: Potente, sedoso, sabroso, expresivo, complejo, taninos fundidos.

Denominación de Origen Valle de Güimar

Esta zona vitivinícola está situada en el sureste de la isla de Tenerife. Las uvas son predominantemente blancas que producen unos vinos de finas y elegantes cualidades, dichas uvas son: Guál, Listán Blanco, Malvasía, Moscatel, Verdello y Vijariego. Los tintos: Bastardo Negro y Listán Negro entre otras.

Consejo Regulador
922 514 709 - consejo@vinosvalleguimar.com

S.A.T. Viña las Cañas
vegalascanas@hotmail.com

Gran Virtud Malvasía Seco 2008 · 7,5 € — **90** Pt
Uvas: 100% Malvasía.
Gastronomía: Caldo de pescado, chicharros en salsa, potaje de hinojos.
Aspecto: Amarillo pálido con reflejos verdosos.
Aroma: Intenso, flores y frutas blancas, hierbas de tocador. Varietal.
Boca: Sabroso, frutoso, untuoso, fresca acidez.

Denominación de Origen Valle de la Orotava

Abarca unas 1.000 ha. de viñedos cultivados en un Valle de extraordinaria belleza que se abre a los pies del Teide y se extiende hasta el mar. Las variedades más abundantes son: Listán Negro y Blanco.

Consejo Regulador
922 309922 - info@dovalleorotava.com

Bodega Soagranorte
elaboracion@suertesdelmarques.com
www.suertesdelmarques.com

Suertes del Marqués Blanco Barrica 2009 · 9 € — **90** Pt
Uvas: 50% Listán Blanco, 50% Malvasía.
Gastronomía: Cazón con mojo hervido, caldo de pescado, chicharros en salsa.
Aspecto: Amarillo pálido con reflejos dorados.
Aroma: Intenso, fruta blanca madura, cítricos, vainilla.

Denominación de Origen Ycoden-Daute-Isora

Las parcelas en esta zona son generalmente pequeñas y escarpadas, por lo que no permiten casi mecanización. Se cultivan unas veinte variedades de uva, entre las que destacan: Listán Blanco, Listán Negro y Negramoll.

Consejo Regulador
922 130 246 - ycoden@ycoden.com, promocion@ycoden.com

Bodegas Insulares Tenerife Ycoden Daute Isora
icod@bodegasinsularestenerife.es
www.bodegasinsularestenerife.es

El Ancón Negramoll Vino de Licor Dulce 2006 · 8 € — **91** Pt
Uvas: 100% Negramoll.
Gastronomía: Foie-gras, postres.
Aspecto: Rojo rubí cubierto con bordes granate.
Aroma: Intenso. Frutos rojos confitados, notas especiadas.
Boca: Concentrado, equilibrado, carnoso. Persistente.

Bodegas Viñátigo
vinatigo@vinatigo.com
www.vinatigo.com

Viñátigo Malvasía Clásico 2 Meses en Barrica 2006 · 10 € — **91** Pt
Uvas: 100% Malvasía.
Gastronomía: Postres, quesadillas, foie, quesos.
Aspecto: Amarillo dorado.
Aroma: Frutal y floral, cítricos, notas amieladas. Varietal.
Boca: Franco, untuoso, sabroso. Persistente.

Cantabria

Comunidad Autónoma en plena expansión. Cuenta con dos Asociaciones de Vinos de la Tierra: "Vino de la Tierra Costa de Cantabria" y "Vino de Liébana". Producirá este año unas 100.000 botellas bajo etiqueta oficial.
Hasta hace un lustro en Cantabria no se podía embotellar legalmente vino producido en la región. Hoy con las dos asociaciones son una decena los vinicultores que tienen permiso o están en trámite de conseguirlo.

Vinos de la Tierra Costa de Cantabria

El área de producción está constituido por los terrenos aptos para la producción de uva de verificación de las variedades de uvas tintas: Ondarrabi Belza y Verdejo Negro, y de las variedades blancas: Godello, Albillo, Chardonnay, Malvasía, Ondsarrabi Zuri, Picapoll blanco y Verdejo Blanco.

Bodegas Vidular

info@riberadelason.com
www.riberadelason.com

Ribera del Asón
2009 · 9 €

90 Pt

Uvas: 100% Albariño, Chardonnay, Treixadura.
Gastronomía: Zarzuela de pescados, moluscos cocidos, pulpo, sardinas asadas.
Aspecto: Amarillo con reflejos verdosos.
Aroma: Intenso, frutal, cítricos. Varietal.
Boca: Equilibrado, fresco, seco, largo.

Vinos de la Tierra de Liébana

El área de producción está constituida por los terrenos aptos para la producción de uva de verificación de las variedades de vid tintas: Mencía, Tempranillo, Garnacha, Graciano, Merlot, Syrah, Pinot Noir, Albarín Negro y Cabernet Sauvignon y de las variedades blancas: Palomino, Godello, Verdejo, Albillo, Chardonnay y Albarín Blanco.

Río Santo

info@riosanto.es
www.riosanto.es

Lusia
Roble 2008 · 7,5 €
Uvas: 100% Mencía, Tempranillo.

91 Pt

Gastronomía: Cocido lebaniego, queso picón, pastel de cabracho.
Aspecto: Rojo burdeos cubierto.
Aroma: Intenso, fruta roja, notas minerales, roble cremoso.
Boca: Potente, sabroso, taninos fundidos, lleno, cálido.

Castilla-La Mancha

Esta Comunidad Autónoma, por su enorme extensión, está considerada "la bodega de España y de Europa". Existen cuatro Agrupaciones de Productores de Vinos de las Denominaciones de Origen: **Almansa**, **Manchuela**, **Mondéjar**, y **Ribera del Jucar**. Una Asociación Interprofesional de la **Denominación de Origen Vitivinícola Valdepeñas**. Una Interprofesional de la **Denominación de Origen Vitivinícola Méntrida**. Una Interprofesional del Consejo Regulador de la **Denominación de Origen La Mancha**. Una Asociación Vitivinícola de la **Denominación de Origen Uclés**. Cuatro Vinos de la Tierra: Castilla, Gálvez, Pozohondo y Sierra de Alcaraz. Cinco Vinos de Pago con D.O.: **Dominio de Valdepusa, Finca Elez, El Guijoso, Dehesa del Carrizal, Pago Casa del Blanco** y **Pago Campo de la Guardia**.

Los 10 Mejores Vinos

Dominio de Valdepusa Eméritvs — 96 Puntos

Tinto de Crianza 2005 Bodega: PAGOS DE FAMILIA MARQUÉS DE GRIÑÓN
D.O: Dominio de Valdepusa. Página 52

Hipperia — 96 Puntos

Tinto de Crianza 2006 Bodega: PAGO DE VALLEGARCÍA
Vino de la Tierra de Castilla. Página 59

El Vínculo — 95 Puntos

Tinto de Reserva y Gran Reserva 2006 Bodega: EL VÍNCULO (GRUPO PESQUERA)
D.O: La Mancha. Página 54

Vallegarcía Syrah — 95 Puntos

Tinto de Crianza 2007 Bodega: PAGO DE VALLEGARCÍA
Vino de la Tierra de Castilla. Página 59

Vallegarcía Viognier — 95 Puntos

Blanco Seco con Madera 2008 Bodega: PAGO DE VALLEGARCÍA
Vino de la Tierra de Castilla. Página 59

Calar del Río Mundo — 94 Puntos

Tinto de Crianza 2007 Bodega: BODEGAS CALAR
Vino de la Tierra de Castilla. Página 56

Divinus — 94 Puntos

Blanco Seco con Madera 2007 Bodega: BODEGAS Y VIÑEDOS SÁNCHEZ MULITERNO
D.O: Pago Guijoso. Página 53

Dominio de Valdepusa Petit Verdot — 94 Puntos

Tinto de Crianza 2006 Bodega: PAGOS DE FAMILIA MARQUÉS DE GRIÑÓN
D.O: Dominio de Valdepusa. Página 52

Finca Coronado — 94 Puntos

Tinto de Crianza 2007 Bodega: FINCA CORONADO
Vino de la Tierra de Castilla. Página 58

Viña Albali — 93 Puntos

Tinto de Reserva y Gran Reserva 2000 Bodega: FÉLIX SOLÍS, S.A.
D.O: Valdepeñas. Página 51

Agrupación de productores de vino de la D.O. Almansa

Los terrenos son calizos, con poca materia orgánica, con textura arenosa y escaso fondo, muy aptos para el cultivo de la viña. Las principales variedades tintas son la garnacha Tintorera y Monastrell, junto con la Cencibel. Las variedades blancas son la Merseguera y la Airén.

Bodega Atalaya

info@orowines.com
www.orowines.com

Atalaya 90 Pt
2008 · 11,8 €
Uvas: 100% Garnacha.
Gastronomía: Jamón y queso. Cabeza de jabalí. Huevos rellenos.
Aspecto: Color burdeos.
Aroma: Limpios, netos, francos, intensos y elegantes.
Boca: Estructurado, carnoso, taninos potentes. Agradable postgusto.

Bodegas Almanseñas

adaras@ventalavega.com
www.ventalavega.com

Adaras 90 Pt
Tinto Reserva 2006 · 21 €
Uvas: 100% Garnacha.
Gastronomía: Carnes de lechazo al horno. Judías con perdiz.
Aspecto: Color rojo burdeos-granate. Limpio y brillante.
Aroma: Complejo, amplio, intenso. Aromas de frutas rojas y de bosque, buen equilibrio con la madera, especias y fondo mineral.
Boca: Expresivo, taninos bien integrados y equilibrado. Buen postgusto.

La Huella de Adaras 91 Pt
Semi-crianza 2008 · 6 €
Uvas: 60% Garnacha, 30% Monastrell, 10% Syrah.
Gastronomía: Carnes blancas condimentadas a la plancha.
Aspecto: Sobrio burdeos-violáceos.
Aroma: Su aroma es joven, donde se mezclan muy bien caracteres afrutados, especiados y vegetales.
Boca: En boca firme, potente, jugoso, sabroso y equilibrado.

Agrupación de productores de vino de la D.O. Manchuela

A caballo entre las provincias de Albacete y Cuenca, los factores edafológicos de estos suelos permiten el cultivo de uva de calidad. Las variedades que se cultivan son: la Bobal (levantina) y la Cencibel (manchega), produciéndose también variedades como Monastrell, Garnacha, Cabernet Sauvignon entre otras.

Altolandón

altolandon@altolandon.com
www.altolandon.com

Altolandón 91 Pt
Tintos de Crianza 2006 · 15 €
Uvas: Bobal, Cabernet Franc, Syrah.
Gastronomía: Cordero asado, carnes guisadas con legumbres, quesos curados, mojete de conejo.
Aspecto: Color rojo granate cubierto. Limpio y brillante.
Aroma: Limpios, francos y complejos. Fruta roja madura bien ensamblada con notas torrefactas, chocolate y fondo especiado.
Boca: Carnoso, taninos bien integrados, amplio, estructurado y equilibrado. Postgusto largo.

Rayuelo 91 Pt
8 Meses Barrica 2007 · 10 €
Uvas: 70% Bobal, 15% Monastrell, 15% Malbec.
Gastronomía: Caza, carnes asadas, menestras de verduras, huevos con pisto manchego.
Aspecto: Color rojo burdeos. Limpio y brillante.
Aroma: Fruta roja madura con notas especiadas, cacao, canela y toque balsámicos.
Boca: Sabroso, estructurado, redondo. Agradable y largo postgusto.

Bodegas y Viñedos Ponce

ponce@iniestahoy.com

Ponce P.F 90 Pt
2007 · 17 €
Uvas: 100% Bobal.
Gastronomía: Morteruelo.
Aspecto: Color rojo burdeos. Brillante
Aroma: Nariz expresiva. Frutos negros maduros, hierbas de monte, flores y minerales.
Boca: Estructurado, taninos dulces bien integrados. Agradable persistencia.

Finca el Monegrillo

a.valsangiacomo@cherubino.es
www.cherubino.es

El Monegrillo 90 Pt
2006 · 12 €
Uvas: 70% Cabernet Sauvignon, 30% Syrah.
Gastronomía: Parrillada de carne, asados. Liebre con arroz.
Aspecto: Color rojo burdeos-granate. Limpio y brillante.
Aroma: Limpios, donde destacan los frutos rojos maduros, notas de tostado y recuerdos de especias.
Boca: Carnoso, sabroso, taninos pulidos, equilibrado y de grato postgusto.

Noviembre 93 Pt
2006 · 16 €
Uvas: 40% Cabernet Sauvignon, 60% Syrah.
Gastronomía: Embutidos ibéricos y carnes rojas.
Aspecto: De bonito color rojo burdeos cubierto. Brillante y limpio.
Aroma: Nariz intensa, compleja y seductora. Especiado y mineral.
Boca: Es carnoso, amplio, taninos bien integrados. Largo y buen postgusto.

Agrupación de productores de vino de la D.O. Mondéjar

Situada en la parte sudoeste de la provincia de Guadalajara. En la parte más septentrional los suelos son calizos de color pardo, sobre margas y conglomerados. Las variedades de uva más utilizadas son: Malvar, Macabeo y Torrontés (blancas) y Cencibel y Cabernet Sauvignon (tintas).

Bodegas Mariscal
comex@mariscal.es
www.mariscal.es

Tierra Rubia **90** Pt
2009 · 10 €
Uvas: 100% Syrah.
Gastronomía: Asadillo de pimientos, brochetas de pollo en adobo, coles de bruselas con jamón.
Aspecto: Color rojo burdeos con ribetes purpúreos.
Aroma: Limpios, netos, francos, varietales e intensos.
Boca: Carnoso, sabroso, estructurado, intenso con largo postgusto.

Agrupación de productores de vino de la D.O. Ribera del Júcar

El origen de esta D.O. se remonta al año 2001. El objetivo de dicha denominación es potenciar el sistema vitivinícola, creando un círculo dinámico y económico en torno al vino con actividades relacionadas, tales como el turismo enológico y la visita de bodegas.

Bodegas y Viñedos Illana
info@bodegasillana.com
www.bodegasillana.com

Casa de Illana Selección **90** Pt
2006 · 14 €
Uvas: Petit Verdot, Syrah.
Gastronomía: Caldereta de cordero. Carnes rojas.
Aspecto: De bonito color rojo granate.
Aroma: Limpios, netos, francos. Fruta roja madura, notas especiadas y ahumadas.
Boca: Estructurado y equilibrado. Agradable postgusto.

Asociación interprofesional D.O. Vitivinícola Valdepeñas

Asentada en el borde meridional de la meseta sur, los suelos son arenosos, calizos con peñas calizas. Las variedades que se cultivan son: Airén y Macabeo (blancas) y Cencibel, Garnacha y Cabernet Sauvignon (tintas). Esta entidad es una de las que realiza los controles más exigentes, por lo que sus vinos son muy respetados.

Bodega Hacienda la Princesa
haciendalaprincesa@telefonica.net
www.haciendalaprincesa.com

Hacienda la Princesa **90** Pt
Debir Princesa 2009 · 6 €
Uvas: 100% Chardonnay.
Gastronomía: Pescados, entrantes.
Aspecto: Vestido amarillo sostenido, brillante e intenso.
Aroma: Muy varietal envuelto en buena madera y buena evolución.
Boca: En boca firme, amplio y pleno. Buen postgusto.

Bodega Navarro López
laboratorio@navarrolopez.com
www.bodegasnavarrolopez.com

Don Aurelio **90** Pt
2007 · 3,75 €
Uvas: 100% Cencibel.
Gastronomía: Migas, gachas, caldereta de cordero, encebollado.
Aspecto: Vestido color granates. Limpio y brillante.
Aroma: Complejo y potente, frutas rojas en confitura, notas de especias, de montebajo y torrefactos.
Boca: Franco, intenso, carnoso, potente, sabroso y equilibrado. Taninos grasos. Postgusto agradable.

Bodegas Fernando Castro, S.L.
fernando@bodegasfernandocastro.com
www.bodegasfernandocastro.com

Raíces **90** Pt
Tinto Reserva 2004 · 3 €
Uvas: 100% Tempranillo.
Gastronomía: Gachas, pisto y migas manchegas.
Aspecto: Color rojo granate. Limpio y brillante.
Aroma: Frutos rojos confitados, tonos especiados y ahumados. Notas de frutos secos y fondo mineral.
Boca: Carnoso, sabroso, graso, equilibrado, taninos dulces y bien fundidos. Agradable postgusto.

Bodegas J. A. Megia e Hijos, S.L.
jamegia@corcovo.com
www.corcovo.com

Corcovo **90** Pt
2009 · 3,5 €
Uvas: Syrah, Tempranillo.
Gastronomía: Ensaladas, atún en escabeche,mejillones, pescados en salsa verde.
Aspecto: Rosa fresa, brillante, luminoso.
Aroma: Tonos de fruta roja, caramelo de fresa.
Boca: Fresco, alegre, ágil, fácil de beber. Agradable postgusto.

Corcovo **90** Pt
Tinto Roble 2009 · 3,75 €
Uvas: 100% Tempranillo.
Gastronomía: Chuletillas de cordero, caldereta, migas, pisto manchego.
Aspecto: Color rojo burdeos- violáceo. Limpio y brillante.
Aroma: Limpios, netos, francos, afrutados y con un agradable fondo balsámico.
Boca: Buena entrada, agradable paso de boca. Largo postgusto.

Bodegas Los Llanos (Grupo de Bodegas Vinartis, S.A.)
felix.alcaide@gbvinartis.com
www.vinosdefamilia.com

Pata Negra **90** Pt
Reserva 2004 · 4 €
Uvas: 100% Tempranillo.
Gastronomía: Cordero asado, quesos curados, guiso de carne con judías verdes.
Aspecto: Vestido rojo granate con matices tejas.
Aroma: Potente, limpio, neto y franco, fruta muy madura y toques animales. Buena madera.
Boca: Carnoso, sabroso, taninos bien integrados. Agradable postgusto.

Bodegas Real
comunicacion@bodegas-real.com
www.bodegas-real.com

Bonal **90** Pt
2009 · 2,5 €
Uvas: 100% Tempranillo.
Gastronomía: Albóndigas de arroz y bacalao, duelos y quebrantos, pisto, migas, caldereta de cordero.
Aspecto: Bonito color rojo burdeos-purpúreo con alegres ribetes azulados.
Aroma: Limpio, neto, franco, fresco y frutoso.
Boca: Estructurado, armonioso, carnoso y largo, taninos vivos. Persistente.

Félix Solís, S.A.

bfs@felixsolis.com
www.felixsolis.com

Albali Arium 92 Pt
Gran Reserva 2004 · 9,7 €
Uvas: 100% Tempranillo.
Gastronomía: Carne de cordero a la brasa. Migas manchegas.
Aspecto: Color rojo granate.
Aroma: Complejo, con buena conjunción y evolución. Elegante nariz.
Boca: Grato, amable y con un tanino muy redondo. Buen postgusto.

Albali Arium 91 Pt
Tinto Reserva 2006 · 4,9 €
Uvas: 100% Tempranillo.
Gastronomía: Carnes rojas asadas, caldereta de cordero y embutidos ibéricos.
Aspecto: Color granate. Limpio y brillante.
Aroma: Limpio, intenso y complejo. Fruta compotada envuelta en torrefactos, chocolates y golosos toffes.
Boca: Estructurado, sabroso, redondo, taninos dulces bien integrados. Agradable postgusto.

Viña Albali 91 Pt
Gran Reserva. Selección Privada 2004 · 9,7 €
Uvas: 100% Tempranillo.
Gastronomía: Caza mayor.
Aspecto: Color granate. Limpio y brillante.
Aroma: Limpio, franco, intenso, complejo con una buena evolución. Fruta roja madura, especias dulces.
Boca: Armónico, sabroso, carnoso, estructurado, taninos jugosos. Buen postgusto.

Viña Albali 93 Pt
Gran Reserva de Familia 2000 · 16 €
Uvas: 15% Cabernet Sauvignon, 85% Tempranillo.
Gastronomía: Cordero asado.
Aspecto: De bonito color rojo granate. Limpio y brillante.
Aroma: Limpios, netos, francos, complejos.
Boca: Sabroso, carnoso, estructurado, amplio. Elegante postgusto.

Asociación Vitivinícola D.O. Uclés

Denominación de Origen creada en la Orden del 9 de mayo del 2005.

Bodegas Fontana

bf@bodegasfontana.com
www.bodegasfontana.com

Misterio 90 Pt
Tinto Roble 2008 · 3 €
Uvas: 100% Tempranillo.
Gastronomía: Chuletitas de cordero.
Aspecto: Color rojo burdeos.
Aroma: Intenso, limpios, netos, francos y varietales.
Boca: Carnoso, sabroso, equilibrado. Agradable postgusto.

Bodegas la Defensa

export@bodegasladefensa.es
www.bodegasladefensa.es

Vicus 90 Pt
2007 · 4,2 €
Uvas: 20% Syrah, 80% Tempranillo.
Gastronomía: Chipirones en su tinta, lentejas, menestra de verduras.
Aspecto: Color rojo burdeos. Limpio.
Aroma: Intenso, frutas del bosque, notas especiadas, cacaos, cueros, madera bien integrada.
Boca: Potente, concentrado, sabroso, sedoso. Agradable postgusto.

Finca la Estacada

enologia@fincalaestacada.com
www.fincalaestacada.com

La Estacada 90 Pt
6 Meses en Barrica 2008 · 12,5 €
Uvas: Merlot, Syrah.
Gastronomía: Platos de caza menor, setas con jamón, carnes a la plancha, embutidos.
Aspecto: Color rojo burdeos.
Aroma: Limpios, netos e intensos. Frutales y minerales. Fondo de cueros y especias.
Boca: Amplia entrada, buen paso de boca y largo postgusto. Taninos bien integrados.

Denominación de Origen Dehesa del Carrizal

Con esta distinción la bodega demuestra que cumple con unos estrictos requisitos entre los que destacan: estrecha relación viña-bodega con utilización única y exclusivamente de uvas procedentes del Pago, perfecta adaptación de las distintas variedades de uva.

Dehesa del Carrizal

bodega@dehesadelcarrizal.com
www.dehesadelcarrizal.com

Dehesa del Carrizal 92 Pt
Syrah 2007 · 13 €
Uvas: 100% Syrah.
Gastronomía: Asados, calderetas de carne, queso manchego curado.
Aspecto: Rojo burdeos.
Aroma: Nariz limpio, franca y compleja. Muy varietal.
Boca: Boca fresco, buena acidez, amplio y carnoso. Largo postgusto.

Dehesa del Carrizal 90 Pt
Colección Privada. Tinto Reserva 2004
25 €
Uvas: Cabernet Sauvignon, Merlot, Syrah.
Gastronomía: Platos de caza. Carnes guisadas con legumbres.
Aspecto: Color rojo rubí.
Aroma: En nariz es neto, con aromas a frutas en licor, chocolate negro, regaliz y hoja de tabaco.
Boca: En boca carnoso, taninos bien integrados. Agradable postgusto.

Denominación de Origen Dominio de Valdepusa

Se encuentra en un área de clima continental y sus suelos son pardo-calizos, unas características muy favorables para el cultivo del viñedo de calidad. Las variedades que más abundan son Cabernet Sauvignon, Merlot, Syrah y Petit Verdot.

Pagos de Familia Marqués de Griñón

info@pagosdefamilia.com
www.pagosdefamilia.com

Caliza **90** Pt
2006 · 9,95 €
Uvas: Petit Verdot, Syrah.
Gastronomía: Embutidos ibéricos, quesos curados.
Aspecto: Color rojo burdeos-granate cubierto.
Aroma: Complejo, intenso, fruta roja madura, notas ahumadas y especias.
Boca: Sabroso, equilibrado, carnoso. Agradable y largo postgusto.

Dominio de Valdepusa Cabernet Sauvignon **92** Pt
2006 · 24,9 €
Uvas: 100% Cabernet Sauvignon.
Gastronomía: Carnes de caza estofadas. Embutidos ibéricos.
Aspecto: Color rojo burdeos-granate.
Aroma: Intensos, limpios y netos. Notas a frutas maduras, recuerdos vegetales y de monte bajo, tostados y regaliz.
Boca: Sabroso, carnoso, con un tanino bien integrado. Agradable y largo postgusto.

Dominio de Valdepusa Eméritvs **96** Pt
2005 · 55 €
Uvas: Cabernet Sauvignon, Petit Verdot, Syrah.
Gastronomía: Asados a la brasa. Pato trufado, foie hojaldrado, Berenjenas rellenas al horno gratinadas.
Aspecto: Color rojo burdeos-granate.
Aroma: Seductores, intensos y complejos. Notas de fruta negra madura. Toques de brea, especias y ahumados.
Boca: Redondo, carnoso, maduro, expresivo, con unos taninos muy bien integrados. Largo postgusto.

Dominio de Valdepusa Petit Verdot **94** Pt
2006 · 24,9 €
Uvas: 100% Petit Verdot.
Gastronomía: Platos de caza mayor. Embutidos ibéricos. Judías con perdiz.
Aspecto: Color rojo burdeos-granate.
Aroma: Limpios, intensos, expresivos y varietales. Flor y fruta roja muy bien integrada. Chocolates.
Boca: Elegante. Buen cuerpo, sedoso. Elegante postgusto.

Dominio de Valdepusa Syrah **92** Pt
2006 · 24,9 €
Uvas: 100% Syrah.
Gastronomía: Chuletitas de cordero, quesos manchegos.
Aspecto: Color rojo burdeos-granate.
Aroma: Complejos. Frutas negras confitadas, tostados. Recuerdos minerales y de especias.
Boca: Elegante y bien armado. Taninos jugosos. Postgusto largo.

Svmma Varietalis **92** Pt
2006 · 19,95 €
Uvas: Cabernet Sauvignon, Petit Verdot, Syrah.
Gastronomía: Platos de caza mayor y menor. Quesos curados. Gachas, migas, caldereta de cordero.
Aspecto: Rojo burdeos-granate.
Aroma: Limpios, netos e intensos. Frutas ligeramente maduras, tonos minerales, vegetales y ahumados.
Boca: Grato, carnoso y estructurado. Agradable y buen final.

Denominación de Origen Finca Elez

Finca Elez fue reconocida como Vino de Pago el 19 de julio de 2002. Cuenta con unas 35 ha. de viñedo propio, en su mayor parte de uva tinta de las variedades Cabernet Sauvignon, Merlot, Syrah y Tempranillo, con una superficie de Chardonnay. La bodega fue fundada en 1993.

Viñedos y Bodegas Manuel Manzaneque

info@manuelmanzaneque.com
www.manuelmanzaneque.com

Finca Elez Tinto Crianza 2006 · 9,2 € **92** Pt
Uvas: 70% Cabernet Sauvignon, 15% Merlot, 15% Tempranillo.
Gastronomía: Pisto, setas con jamón, quesos curados, ibéricos.
Aspecto: Color rojo burdeos-granate. Limpio.
Aroma: Limpios, netos, francos. Frutos rojos maduros, vegetales, tostados, chocolates y balsámicos.
Boca: Sabroso, carnoso, taninos dulces bien integrados. Largo postgusto.

Manuel Manzaneque **92** Pt
2007 · 14,5 €
Uvas: 100% Chardonnay.
Gastronomía: Pescados al horno. Ensaladas condimentadas. Revuelto de setas. Conchitas a la parmesana.
Aspecto: Vestido en amarillo sostenido.
Aroma: Limpios y varietales. Frutas exóticas ensambladas con los tonos balsámicos y tostados de la madera.
Boca: En boca es carnoso, maduro, sabroso y alegre. Agradable postgusto.

Manuel Manzaneque Escena Tinto Reserva 2006 · 28 € **91** Pt
Uvas: 10% Cabernet Sauvignon, 90% Tempranillo.
Gastronomía: Platos de caza mayor y menor.
Aspecto: Color rojo granate. Limpio y brillante.
Aroma: Limpios, netos, intensos y maduros. Fruta madura, toques minerales, balsámicos y vegetales.
Boca: En boca bien armado, carnoso, amplio, taninos dulces. Largo postgusto.

Denominación de Origen Pago Campo de la Guardia

En el Boletín Oficial del Estado se publica la Resolución de 31 de julio de 2009, de la Dirección General de Industria y Mercados Alimentarios, por la que se publica la Orden de 13 de julio de 2009, de la Consejería de Agricultura y Desarrollo Rural de la Junta de Comunidades de Castilla-La Mancha, por la que se reconoce el Pago Campo de la Guardia para determinados vinos de calidad producidos en dicho pago vitícola y se establecen sus normas de producción.

Bodegas Martúe la Guardia, S.A.

bodegasenlaguardia@martue.com
www.martue.com

Martúe Chardonnay **90** Pt
2009 · 7,5 €
Uvas: 100% Chardonnay.
Gastronomía: Besugo al horno, carne blanca especiada.

Aspecto: Color amarillo sostenido.
Aroma: Limpio, neto, franco. Aromas a flor y fruta blanca. Toques balsámicos.
Boca: En boca es fresco, elegante. Grato final.

Martúe Especial **92** Pt
2007 · 12,5 €
Uvas: 40% Cabernet Sauvignon, 22% Merlot, 38% Syrah.
Gastronomía: Platos de caza mayor, legumbres, gachas manchegas.
Aspecto: Color rojo granate.
Aroma: Franco, expresivo, complejo y elegante Fruta roja ligeramente madura, minerales, vegetales y agradables tostados.
Boca: Sabroso, carnoso, estructurado. Largo y elegante postgusto.

Denominación de Origen Pago Casa del Blanco

Por la Orden registrada en el articulo 23.2.c de la ley 11/2003, de 25 de septiembre de 2009, se reconoce al Pago Casa del Blanco, Denominación de Origen para determinados vinos producidos en la Finca.

Pago Casa del Blanco
quixote@pagodelcasablanco.com
www.pagodelcasablanco.com

Quixote **90** Pt
2006 · 12 €
Uvas: Merlot, Petit Verdot, Tempranillo.
Gastronomía: Becada asada, codornices salteadas, berenjenas fritas.
Aspecto: Color rojo granate cubierto.
Aroma: Aroma intenso, donde sobresalen tonos de especias, frutas algo maduras y buena madera.
Boca: Entrada en boca jugosa, de buena expresión tánica y orgulloso final.

Quixote **90** Pt
2006 · 15- €
Uvas: 100% Petit Verdot.
Gastronomía: Caldereta de cordero, pisto manchego.
Aspecto: Color rojo granate.
Aroma: Fruta madura, tostados, especiados y dejos torrefactos.
Boca: Es carnoso, amplio, taninos bien integrados y de largo y agradable postgusto.

Denominación de Origen Pago Guijoso

Está situada en el término de El Bonillo, en el límite entre las provincias de Albacete y Ciudad Real, donde nace el río Guadiana, a 100 m de altitud, con condiciones de clima y suelo ideales para producir uvas de alta calidad y que favorecen la elaboración de vinos con personalidad y equilibrio.

Bodegas y Viñedos Sánchez Muliterno
bodega@muliterno.com
www.sanchez-muliterno.com

Divinus **94** Pt
2007 · 14 €
Uvas: 100% Chardonnay.
Gastronomía: Pescados con salsas potentes y arroces.
Aspecto: De bonito color amarillo pajizo con matices dorados. Limpio y brillante.
Aroma: Neto, franco, complejo y elegante, frutas maduras, notas ahumadas.
Boca: Estructurado, sabroso, amplio y fresco. Buen postgusto.

Magnificus **91** Pt
Tinto Crianza 2006 · 21,5 €
Uvas: 100% Syrah.
Gastronomía: Carnes rojas, asados y barrilladas.
Aspecto: Vestido de color rojo burdeos bien cubierto. Limpio y brillante.
Aroma: Intenso a frutas rojas y especias con originales notas de hierbas de montebajo y sutiles toques minerales.
Boca: Buena entrada en boca, carnoso, de buena expresión tánica. Largo final.

Viña Consolación **91** Pt
Tinto Reserva 2004 · 17 €
Uvas: 85% Cabernet Sauvignon, 15% Tempranillo.
Gastronomía: Matanza, quesos manchegos curados, embutidos.
Aspecto: Vestido granate-rubí. Limpio y brillante.
Aroma: Intenso y bien equilibrado, pleno de de aromas a fruta negra muy madura, dejos especiados y recuerdos de monte bajo.
Boca: Bien estructurado, sabroso y expresivo, con taninos bien integrados y maduros. Postgusto y

Interprofesional del Consejo Regulador D.O. de La Mancha

Los suelos que abundan en esta zona son calizos, de color frecuentemente rojizo, algunos con una costra caliza en el fondo. Las variedades más utilizadas son: Cencibel, Garnacha, Moravia, Cabernet Sauvignon Blanc (blancas).

Bodegas Ayuso
info@bodegasayuso.es
www.bodegasayuso.es

Finca Los Azares **90** Pt
2005 · 12 €
Uvas: 100% Petit Verdot.
Gastronomía: Asados, embutidos, quesos curados y pates.
Aspecto: Vestido color granate. Limpio y brillante.
Aroma: Complejo y potente, frutas y florecillas rojas en confitura, notas de especias y torrefactos.
Boca: Carnoso, potente, sabroso y equilibrado. Taninos grasos. Elegante y persistente paso de boca.

Bodegas Centro Españolas
allozo@allozo.com
www.allozo.com

Allozo **90** Pt
2009 · 4 €
Uvas: 100% Cabernet Sauvignon.
Gastronomía: Platos de caza menor, quesos manchegos, carnes blancas.
Aspecto: Color rojo burdeos violáceo con matices purpúreos.
Aroma: En nariz, limpio, neto, franco de buena intensa, y muy varietal y golosón.
Boca: En boca carnoso, buena estructura y bien equilibrado. Buen postgusto.

Bodegas Fontana

bf@bodegasfontana.com
www.bodegasfontana.com

Fontal 90 Pt
2009 · 4 €
Uvas: 50% Sauvignon Blanc, 50% Verdejo.
Gastronomía: Pescados azules. Ensaladas frescas
Aspecto: Color amarillo pajizo.
Aroma: Intenso, muy aromático, flores y frutas blancas. Cítricos.
Boca: Fresco, agradable, sabroso. Buen postgusto.

Bodegas Volver

info@orowines.com
www.orowines.com

Paso a Paso 90 Pt
6 Meses Barrica 2009 · 6,3 €
Uvas: 100% Tempranillo.
Gastronomía: Carne guisada, asados, quesos semi-curados.
Aspecto: Color rojo burdeos-violáceo.
Aroma: Especiado, fruta roja, con finas notas de tostados.
Boca: Amplio, sabroso. Agradable postgusto.

Volver 90 Pt
2008 · 11,6 €
Uvas: 100% Tempranillo.
Gastronomía: Caza, guisos de carne. Embutidos.
Aspecto: Color rojo burdeos con ligeros matices violáceos.
Aroma: Intenso y complejo. Frutos rojos y ahumados. Fondo de sotobosque y montebajo.
Boca: Seco, carnoso, estructurado y cálido. Largo postgusto.

Campos Reales (Coop. Ntra. Sra. del Rosario)

info@bodegascamposreales.com
www.bodegascamposreales.com

Canforrales 90 Pt
Semi-crianza 2008 · 4 €
Uvas: 100% Syrah.
Gastronomía: Guisos de carnes rojas con verduras.
Aspecto: De bonito color rojo burdeos con alegres matices violáceos. Limpio y brillante.
Aroma: Limpios, netos, francos e intensos. Fruta roja ligeramente madura, junto con toques de chocolate y torrefactos.
Boca: Buena entrada, estructurado, taninos bien integrados y largo recorrido.

Cooperativa del Campo la Unión AB

launion@casaantonete.com
www.casaantonete.com

Casa Antonete 90 Pt
2005 · 2,68 €
Uvas: 100% Cencibel.
Gastronomía: Gachas, pisto manchego, caldereta de cordero.
Aspecto: De bonito color rojo granate. Limpio y brillante.
Aroma: Limpios, netos, francos, intensos y varietales. Frutas rojas maduras y regaliz negro.
Boca: Buena entrada, agradable paso y largo final.

El Vínculo (Grupo Pesquera)

elvinculo@elvinculo.com
www.grupopesquera.com

El Vínculo 95 Pt
Tinto Reserva 2006 · 16 €
Uvas: 100% Tempranillo.
Gastronomía: Estofados, carnes asadas, guisos, legumbres.
Aspecto: Color granate. Brillante y atractivo.
Aroma: Limpio, neto, franco, intenso, profundo, amplio y generoso.
Boca: Sabroso, carnoso, redondo y largo.

El Vínculo 93 Pt
Tinto Crianza 2006 · 11 €
Uvas: 100% Tempranillo.
Gastronomía: Jamón, quesos semicurados, cordero asado.
Aspecto: Color burdeos intenso. Limpio y brillante.
Aroma: Complejo, expresivo, concentrado. Elegante y embaucador.
Boca: Orgulloso, redondo, intenso, carnoso. Final muy largo.

Vínculo 92 Pt
Paraje la Golosa. Tinto Gran Reserva 2003 · 22 €
Uvas: 100% Tempranillo.
Gastronomía: Carnes de caza estofadas. Quesos curados. Jamón ibérico.
Aspecto: Color rojo rubí.
Aroma: Intenso, frutas rojas silvestres en compota, notas balsámicas y tostados de la madera, fondo especiado, vainilla, tabaco.
Boca: Carnoso, amplio, estructurado, cálido, equilibrado, de buenos taninos. Postgusto largo.

Finca Antigua (Martínez Bujanda)

info@fincaantigua.com
www.familiamartinezbujanda.com

Clavis 93 Pt
Tinto Crianza 2004 · 60 €
Gastronomía: Embutidos ibéricos, carnes rojas, quesos curados.
Aspecto: Se viste en un bonito color rojo granate con matices ocres.
Aroma: Limpios, francos, intensos, complejos y explosivos. Frutas rojas y negras, minerales, especias, balsámicos y tonos tostados muy elegantes.
Boca: Gran entrada en boca, sabroso, carnoso y expresivo. Taninos jugosos bien integrados. Largo postgusto.

Finca Antigua 91 Pt
Reserva 2004 · 9,9 €
Uvas: 20% Cabernet Sauvignon, 70% Merlot, 10% Syrah.
Gastronomía: Caza mayor. Quesos curados.
Aspecto: Color rojo granate con matices ocres. Limpio y brillante.
Aroma: Limpios, netos, francos y complejo. Tonos vegetales, terroso, mineral, regaliz, elegantes notas balsámicas y recuerdos a cuero.
Boca: Boca bien armada, carnosa, buen tanino y con final largo y elegante.

Finca Antigua Syrah 90 Pt
2008 · 6,25 €
Uvas: 100% Syrah.
Gastronomía: Carnes rojas a la plancha, asados. Quesos semicurados.
Aspecto: Color rojo burdeos - violáceo. Limpio y brillante.
Aroma: Nariz seductora plena de aromas a fruta ligeramente confitada, finos matices especiados y balsámicos.
Boca: En boca se presenta carnoso, intenso, profundo. Buen postgusto.

Jesús del Perdón-Bodegas Yuntero

yuntero@yuntero.com
www.yuntero.com

Yuntero 90 Pt
Tinto Reserva 2004 · 5,8 €
Uvas: 100% Tempranillo.
Gastronomía: Platos de caza, parrilladas.
Aspecto: Bonito vestido granate con ligeros matices tejas. Limpio y brillante.
Aroma: Franco, de buena intensidad, complejo a cueros, frutas maduras, especias.
Boca: En boca cálido, taninos pulidos. Agradable y persistente final.

Vihucas

info@vihucas.com
www.vihucas.com

Vihucas 90 Pt
Colección Familiar 2008 · 13 €
Uvas: 100% Merlot.
Gastronomía: Carnes estofadas, patés, quesos semicurados.
Aspecto: Color rojo burdeos. Limpio y brillante.
Aroma: Limpios, netos, francos, intensos destacando la fruta madura, cueros, animales, sobre fondo especiado y balsámico.
Boca: Sabroso, carnoso y estructurado. Buen postgusto.

Vinícola de Castilla

nacional@vinicoladecastilla.com
www.vinicoladecastilla.com

Guadianeja 90 Pt
Tinto Reserva 2003 · 18 €
Uvas: 100% Tempranillo.
Gastronomía: Guisos de carnes con verduras.
Aspecto: Color rojo granate-rubí.
Aroma: Limpios e intensos de frutas confitadas, especias con tonos tostados y ahumados.
Boca: Profundo, redondo y equilibrado. Expresión tánica orgullosa. Agradable final.

Interprofesional D.O. Vitivinícola Méntrida

Al norte de la provincia de Toledo, sus tierras están compuestas por suelos arenosos. Las uvas que se cultivan son Garnachas, Cencibel y otras variedades como la Cabernet Sauvignon, Merlot y Syrah (tintas) y Albillo, Viura o Macabeo, Chardonnay y Sauvignon Blanc (blancas).

Bodegas Arrayán

comercial@arrayan.es
www.arrayan.es

Arrayán Premium 92 Pt
Tinto Crianza 2007 · 32 €
Uvas: Cabernet Sauvignon, Merlot, Petit Verdot, Syrah.
Gastronomía: Albóndigas de pollo, conejo al ajillo, lomo de ciervo, paté de caza.
Aspecto: Color rojo granate muy cubierto.
Aroma: Elegante, compleja y expresiva nariz.
Boca: Seco, carnoso, sabroso, taninos jugosos. Equilibrado y con buena persistencia.

Estela de Arrayán 93 Pt
2007 · 45 €
Uvas: Cabernet Sauvignon, Merlot, Petit Verdot, Syrah.
Gastronomía: Embutidos ibéricos, queso curado, canelones de carne.
Aspecto: Color rojo granate cubierto.
Aroma: Franco, limpio, neto y con grata intensidad y complejidad.
Boca: Amplio, pleno y equilibrado. Taninos jugosos bien integrados. Largo postgusto.

Bodegas Finca Constancia

islara@gonzalezbyass.es
www.gonzalezbyass.com

Finca Constancia 90 Pt
2009 · 6 €
Uvas: 100% Tempranillo.
Gastronomía: Conejo guisado, ensalada de perdiz.
Aspecto: Color rojo burdeos con matices violáceos.
Aroma: Franco, de grata intensidad, aromas primarios con notas de frutas rojas.
Boca: Limpio, fresco y equilibrado

Bodegas Jiménez Landi

jose@jimenezlandi.com
www.jimenezlandi.com

Jiménez Landi 93 Pt
Cantos del Diablo 2008 · 40 €
Uvas: 100% Garnacha.
Gastronomía: Asados, embutidos, quesos curados y patés.
Aspecto: Color rojo burdeos-violáceo. Limpio y brillante.
Aroma: Complejo y potente, frutas rojas ligeramente confitadas, notas de especias y torrefactos.
Boca: Carnoso, potente, sabroso y equilibrado Taninos bien integrados. Elegante postgusto.

Jiménez Landi 92 Pt
Pielago 2008 · 20 €
Uvas: 100% Garnacha.
Gastronomía: Carnes estofadas con verduras. Quesos semicurados.
Aspecto: Color rojo burdeos. Violáceos. Limpio y brillante.
Aroma: Especiados con un buen toque de frutos rojos.
Boca: Grato y elegante. Final limpio y complejo.

Vinos de la Tierra Castilla

La zona protege la totalidad de los vinos castellano-manchegos de calidad que, por la razón que fuere, no pueden o no desean estar incluidos en una D.O. pudiendo así utilizar en su etiquetado menciones relativas a las variedades, añadas y nombre de la explotación.

Altolandón

altolandon@altolandon.com
www.altolandon.com

L'Ame Malbec 90 Pt
Reserva (12 Meses Barrica) 2007 · 15 €
Uvas: 100% Malbec.
Gastronomía: Carnes rojas, caza y guisos, lomo a la orza y patatas a lo pobre.
Aspecto: Color rojo granate, cubierto. Limpio y brillante.
Aroma: Intenso y complejo. Aromas especiados y a chocolate amargo.
Boca: Entrada en boca jugosa de buena expresión tánica y orgulloso final.

Amadis de Gaula

Requiebro 90 Pt
2009 · 4,5 €
Uvas: 100% Verdejo.
Gastronomía: Pescados blancos, mariscos y ensaladas de verano.
Aspecto: Amarillo pajizo con reflejos verdosos.
Aroma: Frutas blancas exóticas, notas minerales y de hierba recién cortada. Varietal.
Boca: Equilibrado, fresco, untuoso, elegante, buena acidez, agradable postgusto.

Arva Vitis

arvavitis@arvavitis.com
www.arvavitis.com

Grial de Avalon 91 Pt
Tinto Reserva 2003 · 29 €
Uvas: 100% Tempranillo.
Gastronomía: Lechazo asado, entrecot, magret de pato, quesos curados.
Aspecto: Rojo granate con reflejos ocres.
Aroma: Intenso, fruta confitada, especies dulces, torrefactos, notas florales.
Boca: Potente, complejo, elegante, denso, carnoso, sabroso, taninos maduros. Persistente.

Selección Arvavitis 91 Pt
Tinto Reserva 2005 · 8,5 €
Uvas: Cabernet Sauvignon, Syrah, Tempranillo.
Gastronomía: Carnes a la parrilla, patés, ibéricos.
Aspecto: Color rojo burdeos-granate.

Aroma: Limpios, netos, francos. Notas especiadas y dejos balsámicos y minerales.
Boca: Redondo, sedoso, expresivo y estructurado. Largo y agradable postgusto.

Bodega de Sauceral

joaquin-fonseca@terra.es

Villagroy 93 Pt
2006 · 20 €
Uvas: Cabernet Sauvignon, Merlot.
Gastronomía: Carne de monte.
Aspecto: Color rojo burdeos-granate.
Aroma: Intenso, complejo, pleno de aromas. Torrefactos, animales y especias.
Boca: Buena estructura y cuerpo. Equilibrado. Largo postgusto.

Bodega y Viñedos Uribes Madero

info@pagodecalzadilla.net
www.pagodecalzadilla.net

Calzadilla Syrah 91 Pt
Tinto Reserva 2006 · 18 €
Uvas: 100% Syrah.
Gastronomía: Carnes de caza mayor y menor. Quesos curados. Embutidos.
Aspecto: Color rojo granate. Limpio y brillante.
Aroma: Limpios, tonos de frutas rojas, notas de buena madera, toques minerales y de café.
Boca: Taninos bien integrados y conjuntados. Buen postgusto.

Gran Calzadilla 91 Pt
Tinto Reserva 2005 · 29 €
Uvas: 40% Cabernet Sauvignon, 60% Tempranillo.
Gastronomía: Guisos, carnes a la brasa.
Aspecto: Vestido rojo granate con matices ocres.
Aroma: Franco, a fruta confitada, especias, tonos tostados y ahumados.
Boca: Redondo y equilibrado. Expresión tánica orgullosa. Prolongado y sabroso final.

Bodegas Arúspide

info@aruspide.com
www.aruspide.com

Autor de Arúspide 91 Pt
Tinto Reserva 2005 · 19,66 €
Uvas: 100% Tempranillo.
Gastronomía: Cordero asado. Caldereta. Migas
Aspecto: Color rojo granate.
Aroma: Limpios, a fruta roja madura sobre tonos minerales y especiados.
Boca: Sabroso, estructurado y equilibrado. Postgusto agradable.

Bodegas Calar

www.bodegascalar.com

Ábrego 92 Pt
Tintos de Crianza 2007 · 4 €
Uvas: 100% Tempranillo.
Gastronomía: Migas, gachas, pisto manchego, carnes rojas a la brasa.
Aspecto: Precioso vestido color rojo burdeos-granate. Limpio y brillante
Aroma: Atractiva, muy varietal. Frutas rojas ligeramente maduras ensambladas con finos tostados y dejos especiados.
Boca: Boca sabrosa, carnosa, amplia, con taninos muy bien integrados. Largo y grato postgusto.

Calar del Río Mundo 94 Pt
2007 · 8 €
Uvas: 100% Tempranillo.
Gastronomía: Carnes guisadas, patés, quesos manchegos.
Aspecto: Color rojo burdeos-granate. Limpio y brillante.
Aroma: Complejos e intensos. Frutas rojas confitadas, tonos tostados y notas balsámicas. Fondo a monte bajo.
Boca: Vigoroso en la entrada, con un paso de boca sedoso y amplio. Largo y persistente final.

Bodegas Casa de la Viña (Domecq Wines España, S.A.)

casadelavina@domecqbodegas.com
www.bodegascasadelavina.com

Casa de la Viña 90 Pt
Tinto Reserva 2005 · 17 €
Uvas: 5% Cabernet Sauvignon, 10% Syrah, 85% Tempranillo.
Gastronomía: Embutidos ibéricos, migas y pisto manchego.
Aspecto: Vestido en color rojo burdeos-granate. Limpio y brillante.
Aroma: Limpios y francos donde destacan los tonos de cerezas maduras, dejos especiados y agradable fondo balsámico.
Boca: En boca resulta expresivo, largo, taninos bien integrados. Largo postgusto.

Bodegas el Linze

info@ellinze.com
www.ellinze.com

El Linze 92 Pt
2007 · 13,9 €
Uvas: Syrah, Tinto Velasco.
Gastronomía: Asados, caza mayor y embutidos ibéricos.
Aspecto: Color rojo burdeos. Bien cubierto. Limpio y brillante.
Aroma: Limpios, intensos y complejos. Frutas rojas frescas, toques especiados, minerales y de chocolate.
Boca: Carnoso, con cuerpo, pleno, estructurado, equilibrado con taninos pulidos y bien integrados. Buen postgusto.

Bodegas Ercavio-Mas Que Vinos

masquevinos@fer.es
www.bodegasercavio.com

Ercavio 91 Pt
2008 · 8 €
Uvas: 100% Tempranillo.
Gastronomía: Carnes blancas condimentadas, judías con perdiz.
Aspecto: Color rojo burdeos. Limpio y brillante.
Aroma: Intenso, limpio, neto, franco y varietal.
Boca: Carnoso, sabroso, estructurado. Agradable postgusto.

Ercavio Limited 91 Pt
Tinto Reserva 2007 · 9 €
Uvas: 10% Merlot, 90% Tempranillo.
Gastronomía: Guisos, parrilladas de carnes rojas.
Aspecto: Color rojo granate.
Aroma: Limpios, francos e intensos. Frutas confitadas, balsámicos, especias y tonos tostados.
Boca: Sabroso, carnoso y equilibrado. Taninos bien integrados. Agradable postgusto.

Bodegas Fontana

bf@bodegasfontana.com
www.bodegasfontana.com

Gran Fontal 90 Pt
2007 · 15 €
Uvas: 100% Tempranillo.
Gastronomía: Asados, embutidos ibéricos, quesos curados.
Aspecto: Color rojo burdeos-granate.
Aroma: Intenso, franco, complejo y elegante.
Boca: Carnoso, sabroso y equilibrado. Agradable postgusto.

Quercus 91 Pt
Tinto Reserva 2006 · 20 €
Uvas: 100% Tempranillo.
Gastronomía: Chuletas de cordero a la brasa, hígado de cerdo salteado, venado al horno.
Aspecto: Color rojo granate.
Aroma: Limpios e intensos. Frutas negras maduras, fondo balsámico y especiado.
Boca: Sabroso, balsámico, taninos bien integrados. Agradable postgusto.

Bodegas Hacienda Albae, S.L.

mzamorano@haciendaalbae.com
www.haciendaalbae.com

Hacienda Albae Selección 60/40 92 Pt
Tinto Reserva 2007 · 9,9 €
Uvas: 60% Cabernet Sauvignon, 40% Merlot.
Gastronomía: Morcilla de cordero guisado. Albóndigas de carne en salsa de pimienta.
Aspecto: Color rojo granate. Limpio y brillante.
Aroma: Intenso, complejo. Frutas rojas maduras, notas de chocolate, toffes.
Boca: Equilibrado. Taninos dulces bien integrados. Largo postgusto.

Bodegas Lahoz
info@bodegaslahoz.com
www.bodegaslahoz.com

Recato 90 Pt
2009 · 4,2 €
Uvas: 100% Sauvignon Blanc.
Gastronomía: Pescados, mariscos. Entrantes.
Aspecto: Vestido amarillo sostenido, brillante e intenso.
Aroma: Muy varietal envuelto en buena madera y buena evolución.
Boca: En boca firme, amplio y pleno. Agradable postgusto.

Bodegas Real
comunicacion@bodegas-real.com
www.bodegas-real.com

Finca Marisánchez 90 Pt
Tinto Crianza 2006 · 12 €
Uvas: 10% Merlot, 10% Syrah, 80% Tempranillo.
Gastronomía: Caza, carnes estofadas. Judías con perdiz, chuletas de cordero.
Aspecto: Color burdeos-granate. Limpio y brillante.
Aroma: Limpios, netos, francos, intenso, destacando la fruta roja ligeramente madura junto a los ahumados y notas especiadas.
Boca: Potente, concentrado, sabroso, redondo. Agradable postgusto.

Bodegas Viña Obdulia
vinaobdulia@hotmail.com
www.bodegasvinaobdulia.com

Viña Obdulia 90 Pt
2007 · 18 €
Uvas: 100% Cencibel.
Gastronomía: Judías blancas con liebre. Lomo de ciervo. Pollo con uvas.
Aspecto: Color rojo granate.
Aroma: Nariz intensa y seductora. Fruta ligeramente madura, tostados y fondo de sotobosque.
Boca: Es carnoso, amplio, taninos bien integrados. Largo y buen postgusto.

Bodegas y Viñedos Barreda
bodegas-barreda@bodegas-barreda.com
www.bodegas-barreda.com

Torre de Barreda Amigos 92 Pt
Reserva 2006 · 9,5 €
Uvas: Cabernet Sauvignon, Syrah, Tempranillo.
Gastronomía: Caldereta de cordero, migas manchegas, pisto.
Aspecto: Color rojo granate cubierto. Limpio y brillante.
Aroma: Potente y complejo donde destacan los frutos rojos macerados, toques tostados, chocolates, café amargo y montebajo.
Boca: Sabroso, carnoso, estructurado, taninos bien integrados. Largo postgusto.

Torre de Barreda Pañofino 92 Pt
Tintos Reserva 2006 · 12,5 €
Uvas: 100% Tempranillo.
Gastronomía: Ibérico, carne de guisada con setas.
Aspecto: Color rojo burdeos-granate. Limpio y brillante.
Aroma: Limpios, netos. Frutas maduras, agradables tonos torrefactos y minerales.
Boca: Sabroso, estructurado, taninos dulces bien integrados. Agradable postgusto.

Bodegas y Viñedos Casa del Valle, S.A.
bodegacasadelvalle@bodegasolarra.es
www.bodegacasadelvalle.es

Finca Valdelagua 90 Pt
Reserva 2005 · 14 €
Uvas: 40% Cabernet Sauvignon, 20% Merlot, 40% Syrah.
Gastronomía: Chuletas de cordero al romero. Hígado al ajillo. Lomo de cerdo al horno con puré de patata.
Aspecto: Color rojo granate. Limpio.
Aroma: Francos, limpios, intensos y netos con notas minerales, vegetales y un agradable fondo de regaliz y especias.
Boca: En boca es orgulloso, redondo, complejo e intenso. Final largo.

Bodegas y Viñedos Pinuaga
esther@bodegaspinuaga.com
www.bodegaspinuaga.com

Pinuaga 91 Pt
Tintos de Crianza 2005 · 14 €
Uvas: 100% Tempranillo.
Gastronomía: Carnes guisadas, migas, quesos manchegos.
Aspecto: Color rojo granate. Limpio y brillante.
Aroma: Limpios, netos, francos, intensos y muy expresivos.
Boca: Carnoso, sabroso con tanino bien integrado. Buen postgusto.

Pinuaga Nature 90 Pt
Joven Roble. 4 Meses Barrica 2008 · 8 €
Uvas: 100% Tempranillo
Gastronomía: Cabrito. Ternasco. Quesos semicurados.
Aspecto: Color rojo burdeos. Limpio y brillante.
Aroma: Intenso, muy varietal, fruta macerada y especias. Elegante toque de madera.
Boca: Estructurado, carnoso, con un buen paso de boca. Agradable final.

Capilla del Fraile
info@capilladelfraile.com
www.capilladelfraile.com

Capilla del Fraile 92 Pt
2006 · 7,5 €
Uvas: 40% Petit Verdot, 60% Syrah.
Gastronomía: Bocaditos de anchoa con tomate. Arroz con perdiz.
Aspecto: Color rojo burdeos-granate.
Aroma: Complejo, amplio, mineral, especiado y fondo de cueros.
Boca: Sabroso, carnoso, taninos jugosos bien integrados. Elegante postgusto.

Casa Carril Cruzado
bodega@casacarrilcruzado.com
www.casacarrilcruzado.com

Casa Carril Cruzado 90 Pt
2006 · 15 €
Uvas: Cabernet Sauvignon, Petit Verdot, Syrah, Tempranillo.
Gastronomía: Cabrito. Ternasco. Quesos curados.
Aspecto: Bonito vestido rojo granate. Limpio y brillante.
Aroma: Intenso, frutos rojos confitados, tonos especiados, minerales, vegetales y ahumados. Notas de frutos secos.
Boca: Carnoso, sabroso, graso, equilibrado, taninos bien fundidos e integrados.

Casalobos
bodega@casalobos.es
www.casalobos.es

Casalobos 91 Pt
2007 · 18 €
Uvas: 40% Cabernet Sauvignon, 17% Petit Verdot, 35% Syrah, 8% Tempranillo.
Gastronomía: Quesos manchegos curados, ibéricos, caldereta de cordero.
Aspecto: Color rojo burdeos. Limpio y brillante.
Aroma: Limpio, neto, franco, intenso. Aromas a frutos rojos ligeramente madura y sutil toque mineral, elegantes tostados sobre un fondo balsámico.
Boca: Armado, sabroso, redondo. Taninos bien integrados. Buen final.

Cosecheros y Criadores

nacional@cosecherosycriadores.com
www.familiamartinezbujanda.com

Infinitus **90** Pt
2009 · 4 €
Uvas: 100% Gewürztraminer.
Gastronomía: Gambas a la milanesa, sepia a la plancha, merluza a la sidra.
Aspecto: Amarillo pajizo con reflejos verdosos. Limpio y brillante.
Aroma: Intenso, floral y frutal. Hierbas aromáticas. Notas cítricas. Muy varietal.
Boca: Complejo, equilibrado, graso, largo y agradable postgusto.

Finca Casa Alarcón

enologia@casalarcon.com
www.casalarcon.com

Blau **90** Pt
6 Meses Barrica 2008 · 6,2 €
Uvas: Merlot, Monastrell.
Gastronomía: Asados, platos de caza.
Aspecto: Color rojo burdeos cubierto. Limpio y brillante.
Aroma: A fruta y flor roja, envuelto en un agradable fondo de chocolate.
Boca: Expresivo, sabroso. Taninos bien integrados. Agradable postgusto.

Finca Constancia

islara@gonzalezbyass.es
www.gonzalezbyass.com

Finca Constancia **90** Pt
Tinto Crianza 2008 · 6 €
Uvas: Cabernet Franc, Cabernet Sauvignon, Graciano, Petit Verdot, Syrah, Tempranillo.
Gastronomía: Carnes de caza mayor.
Aspecto: Color rojo burdeos - violáceos.
Aroma: Limpios, netos, intensos y complejos. Toques de frutas maduras y especias.
Boca: Equilibrado, sabroso, taninos bien integrados. Largo postgusto.

Finca Coronado

info@fincacoronado.com
www.fincacoronado.com

Finca Coronado **94** Pt
Tintos de Crianza 2007 · 16 €
Uvas: 30% Cabernet Sauvignon, 5% Graciano, 5% Merlot, 10% Petit Verdot, 20% Syrah, 30% Tempranillo.
Gastronomía: Pato trufado, patés a la pimienta.
Aspecto: Color granate bien cubierto.
Aroma: Complejos, elegantes y profundos. Fruta roja ensamblados con tostados de madera y dejos minerales y de especias.
Boca: Tánico, bien armado, carnoso, sabroso y amplio. Largo y elegante postgusto.

Finca la Estacada

enologia@fincalaestacada.com
www.fincalaestacada.com

Secua **91** Pt
2006 · 32 €
Uvas: Cabernet Sauvignon, Syrah.
Gastronomía: Carnes rojas, caza y guisos.
Aspecto: Color rojo granate cubierto.
Aroma: Intenso y neto. Tonos de especias, ahumados, frutas algo maduras y buena madera.
Boca: Carnoso, buena expresión tánica y potente final.

Finca Loranque

fincaloranque@fincaloranque.com
www.fincaloranque.com

Loranque el Grande **90** Pt
2007 · 15 €
Uvas: 100% Syrah.
Gastronomía: Embutidos, quesos curados. Carne de venado a la plancha.
Aspecto: Color rojo burdeos. Limpio y brillante.
Aroma: Intenso, franco, complejo, fruta madura con notas especiadas y de minerales, torrefactos.
Boca: Equilibrado, estructurado, carnoso, sabroso y agradable postgusto.

Finca Los Aljibes

info@fincalosaljibes.com
www.fincalosaljibes.com

Aljibes **90** Pt
14 Meses Roble 2006 · 10,6 €
Uvas: 100% Cabernet Franc.
Gastronomía: Quesos curados, jamón serrano, embutidos ibéricos.
Aspecto: Color rojo burdeos-granate. Limpio y brillante.
Aroma: Intensos y expresivos. Frutos rojos ligeramente confitados, envueltos en muchas especias y con toques minerales.
Boca: Carnoso, potente y largo. Taninos maduros y bien integrados.

Aljibes **91** Pt
Tinto Reserva. 12 Meses Barrica 2005 · 7,3 €
Uvas: 30% Cabernet Franc, 35% Cabernet Sauvignon, 35% Merlot.
Gastronomía: Carnes guisadas con verduras. Carnes rojas a la brasa. Quesos curados.
Aspecto: Color rojo granate. Limpio y brillante.
Aroma: Intenso y complejo. Fruta roja, toques balsámicos, tostados, vainillas. Fondo muy especiado y toque de chocolate.
Boca: Sabroso, carnosos taninos, equilibrado. Elegante postgusto.

Selectus **92** Pt
18 Meses de Barrica 2005 · 35 €
Uvas: Cabernet Franc, Cabernet Sauvignon, Merlot, Syrah.
Gastronomía: Cordero asado. Quesos curados. Embutidos ibéricos.
Aspecto: Color rojo granate. Limpio y brillante.
Aroma: Netos, francos, complejos. Fruta roja confitada, café, chocolates y agradable toque mineral. Sutil toque floral.
Boca: Carnoso, graso, taninos sabrosos y maduros. Buen postgusto.

Viña Aljibes **91** Pt
2009 · 4,4 €
Uvas: 100% Syrah.
Gastronomía: Ensalada de pasta, arroz caldoso, carnes blancas.
Aspecto: Luminoso color rosa frambuesa cubierto. Limpio y brillante.
Aroma: Limpios, intensos, complejos, expresivo, muy varietales. Frutas rojas y fondo de "chuches".
Boca: Sabroso, jugoso, fresco y divertido. Vino que invita a beberse. Buen final.

Finca Los Juanes

sanchezbrunete5@gmail.com
www.fincalosjuanes.com

Sánchez-Brunete **92** Pt
Colección Particular 2007 · 12 €
Uvas: Cabernet Sauvignon, Merlot, Syrah.
Gastronomía: Embutidos ibéricos, quesos curados, caldereta de cordero.
Aspecto: Color rojo burdeos, cubierto. Limpio y brillante.
Aroma: Limpio, complejo, intenso. Aromas a fruta roja madura, notas ahumadas y especias.
Boca: Sabroso, equilibrado, taninos bien integrados. Largo postgusto.

López Panach

bodegas@lopezpanach.com
www.lopezpanach.com

López Panach **90** Pt
2006 · 6 €
Uvas: Cabernet Sauvignon, Merlot, Syrah, Tempranillo.
Gastronomía: Asados, embutidos, quesos curados y patés.
Aspecto: Color rojo granate. Limpio y brillante.
Aroma: Limpios, netos, francos, complejos y potentes.
Boca: Intenso, carnoso, sabroso y equilibrado. Taninos bien integrados. Postgusto largo.

Mont Reaga, S.L.

mont-reaga@mont-reaga.com
www.mont-reaga.com

Fata Morgana 90 Pt
Tinto 2006 · 30 €
Uvas: 100% Merlot.
Gastronomía: Vino de postre.
Aspecto: Color rojo burdeos.
Aroma: Limpio, neto, franco. Fruta en confitura, buenos tostados.
Boca: Amplio, graso, sabroso. Elegante postgusto.

Osborne Malpica de Tajo

carolina.cerrato@osborne.es
www.osborne.es

Finca de Malpica 90 Pt
2009 · 5,9 €
Uvas: Merlot, Petit Verdot, Syrah.
Gastronomía: Arroces, pastas, ensaladas.
Aspecto: Luminoso color rosa frambuesa cubierto. Limpio y brillante.
Aroma: Amplio, limpio, afrutado con un alegre dejo floral y de "chuches".
Boca: Fresco, alegre y ágil en boca. Agradable acidez y postgusto.

Pago de Vallegarcía

comercial@vallegarcia.com
www.vallegarcia.com

Hipperia 96 Pt
2006 · 25 €
Uvas: Cabernet Franc, Cabernet Sauvignon, Merlot, Petit Verdot.
Gastronomía: Venado al horno. Quesos curados. Faisán a las uvas.
Aspecto: Color rojo granate.
Aroma: Limpios, netos, francos, intensos, elegantes, embaucadores y complejos.
Boca: Carnoso, taninos dulces bien integrados y redondos. Excelente final.

Vallegarcía Syrah 95 Pt
Tinto Crianza 2007 · 20 €
Uvas: 100% Syrah.
Gastronomía: Carne estofadas, solomillo a la pimienta, embutidos, quesos curados, caza de pelo.
Aspecto: Color rojo burdeos.
Aroma: Complejo, elegante y expresivo.
Boca: Estructurada y equilibrada, carnoso, amplio. Excelente y elegante postgusto.

Vallegarcía Viognier 95 Pt
Blanco Fermentado en Barrica 2008
16,5 €
Uvas: 100% Viognier.
Gastronomía: Arroz con bogavante, ostrones fritos, quesos suaves, fuet, morcón.
Aspecto: Color amarillo sostenido.
Aroma: Nariz exótica, plena de aromas flores, frutas blancas junto con toques de hierbas silvestres.
Boca: Untuoso, redondo, equilibrado, estructurado. Excelente y elegante postgusto.

Pago del Vicario

info@pagodelvicario.com
www.pagodelvicario.com

Monagós 92 Pt
Tinto Crianza 2006 · 14 €
Uvas: 20% Garnacha, 80% Syrah.
Gastronomía: Parrillada de carne, judías con perdiz, migas.
Aspecto: Color rojo granate. Limpio y brillante.
Aroma: Compleja, amplia y elegante. Fruta roja y la flor, especias, ahumados y sutil toque de regaliz.
Boca: Sabroso, goloso, redondo, taninos maduros. Excelente postgusto.

Pago del Vicario 50-50 91 Pt
Tintos de Crianza 2006 · 12 €
Uvas: Cabernet Sauvignon, Tempranillo.
Gastronomía: Guisos de carnes rojas con setas, caldereta de cordero.
Aspecto: Vestido en un bonito color rojo burdeos cubierto. Limpio y brillante.
Aroma: Limpio y complejo. Tonos florales y frutales, cueros, tostados, balsámicos y sutiles toques especiados.
Boca: Potente, orgulloso, taninos grasos y bien integrados. Buen postgusto.

Pago del Vicario Agios 93 Pt
Tintos de Crianza 2006 · 16 €
Uvas: 30% Garnacha, 70% Tempranillo.
Gastronomía: Asados, quesos curados y embutidos ibéricos, pisto manchego.
Aspecto: Color burdeos-granate. Limpio y brillante.
Aroma: Limpios y francos. Frutas rojas maduras, toques de minerales, ahumados, tostados y balsámicos de la madera.
Boca: Bien armado, con cuerpo, carnoso y sabroso. Taninos bien integrados. Largo y excelente postgusto.

Pago del Vicario 92 Pt
Blanco de Tempranillo
2009 · 6 €
Uvas: 100% Tempranillo
Gastronomía: Canelones, arroces, asadillo.
Aspecto: Color amarillo pálido - verdosos. Limpio y brillante.
Aroma: Nariz original y compleja. Frutas blancas y flor, toques cítricos y de montebajo.
Boca: Sabroso, armónico, alegre, fresco y golosón. Elegante postgusto.

Pago del Vicario Penta 92 Pt
Fermentado en Barrica 2007 · 7 €
Uvas: Cabernet Sauvignon, Merlot, Petit Verdot Syrah, Tempranillo.
Gastronomía: Carnes a la plancha, embutidos, quesos semicurados, caldereta de cordero.
Aspecto: Color rojo burdeos con matices violáceos. Limpio y brillante.
Aroma: Nariz estructurada, compleja y elegante. Flor y fruta roja, toques minerales y vegetales.
Boca: Sabroso, seco y grato. Agradable postgusto.

Pago del Vicario Petit Verdot Rosado 93 Pt
2009 · 6 €
Uvas: 100% Petit Verdot.
Gastronomía: Arroz en todas sus variantes.
Aspecto: Rojo frambuesa muy cubierto. Limpio y brillante.
Aroma: Muy franco, neto y limpio, con notas de fruta roja fresca y agradables recuerdos de golosinas.
Boca: Fresco, alegre, juguetón, estructurado, fácil de beber. Excelente postgusto.

Pago Venta la Ossa

jcgarcia@bodegasmanoamano.com
www.ventalaossa.com

Venta la Ossa 92 Pt
2008 · 17 €
Uvas: 100% Syrah
Gastronomía: Caldereta de cordero. Carnes rojas.
Aspecto: Rojo burdeos-violáceo.
Aroma: Nariz franca y limpia, en la que destacan los aromas de frutas rojas y especias.
Boca: Sabroso, carnoso y de agradable final.

Venta la Ossa 90 Pt
Tinto Crianza 2008 · 18 €
Uvas: 10% Merlot, 10% Petit Verdot, 80% Tempranillo.
Gastronomía: Carnes con verduras. Quesos manchegos semicurados.
Aspecto: Color rojo burdeos-violáceos.
Aroma: A fruta roja ligeramente madura, tostados. Ligero fondo mineral y balsámico.
Boca: Sabroso, cálido, sincero, taninos maduros bien integrados. Agradable postgusto.

Quinta de Aves

qda@grupomaresa.com
www.quintadeaves.es

Otus 90 Pt
2008 · 6 €
Uvas: 50% Merlot, 50% Tempranillo.

Gastronomía: Embutidos ibéricos, caldereta de cordero, quesos semicurados.
Aspecto: Color rojo burdeos, brillante y limpio.
Aroma: Nariz intensa, compleja y seductora.
Boca: Es carnoso, amplio, taninos bien integrados. Largo y buen postgusto.

Río Negro

vfuentes@fincarionegro.es
www.fincarionegro.com

Finca Río Negro **90** Pt
2008 · 12 €
Uvas: Syrah, Tempranillo.
Gastronomía: Cordero estofado, riñones fritos.
Aspecto: Se viste en rojo burdeos-violáceo.
Aroma: Frutales con elegantes matices minerales.
Boca: En boca equilibrado, goloso, sabroso, potente final.Taninos redondos.

Viñedos Cigarral Santa María

adolfo@adolfo-toledo.com
www.grupoadolfo.com

Pago del Ama **92** Pt
Tinto Crianza 2005 · 45 €
Uvas: 100% Cabernet Sauvignon.
Gastronomía: Migas manchegas, carne de ciervo.
Aspecto: Color rojo burdeos-granate.
Aroma: Potente, intenso y seductor. Frutos negros, toque vegetal, notas balsámicas, chocolate, canela.
Boca: Amplio, seco, estructurado, equilibrado. Largo.

Vinos de la Tierra Gálvez

Abarca esta zona una comarca vitivinícola de la provincia de Toledo, con centro en la localidad de Gálvez, cuyos vinos han conseguido una notoriedad específica. Las características de la comarca y de sus vinos son muy próximas a las de La Mancha en general. Pozohondo: Abarca esta zona una comarca vitivinícola de la provincia de Albacete, con centro en la localidad de Pozohondo, cuyos vinos han conseguido una notoriedad específica. Las características de la comarca y de sus vinos son muy próximas a las de La Mancha, en general y a los de la Sierra de Alcaraz en particular. La Sierra de Alcaraz, situada al sudoeste de la provincia de Albacete, es una comarca con suelos de características especiales (francos, arcillo-arenosos) que permiten el cultivo de viñas de alta calidad. Las características de la comarca y de sus vinos son muy próximas a las de La Mancha en general.

Viñedos de España

Finca el Monegrillo

a.valsangiacomo@cherubino.es
www.cherubino.es

Drassanes **90** Pt
Tinto Roble
8 Meses Barrica 2006 · 9 €
Uvas: 40% Cabernet Sauvignon, 60% Syrah.
Gastronomía: Carnes a la plancha y embutidos.
Aspecto: Color rojo burdeos-granate. Limpio y brillante.
Aroma: Limpios a fruta roja madura con tonos a buena madera.
Boca: Sincero, carnoso, taninos dulzones y bien integrados. Buen postgusto.

Castilla y León

Es la Comunidad Autónoma de mayor superficie vitivinícola de toda España y ella sola es más grande que muchos países europeos. Por ello, para organizar correctamente los exquisitos vinos producidos en esta enorme región, ha progresado mucho la reglamentación y el control del origen de los vinos. Se caracteriza por su diversidad y alta calidad de algunas de sus zonas. Existen en la actualidad nueve Denominaciones de Origen: **D.O. Bierzo, D.O. Cigales, D.O. Ribera del Duero, D.O. Rueda** y **D.O. Toro**, y las recientes **D.O. Arribes, D.O. Tierra del Vino de Zamora, D. O. Tierras de León**, y **D.O. Arlanza**. Solamente un Vino de la Tierra de Castilla y León, una Denominación de Origen Protegida Vino de Calidad de Valtiendas, y un Vino de Calidad Valles de Benavente.

Los 10 Mejores Vinos

Pingus — 98 Puntos

Tinto de Crianza 2008 Bodega: DOMINIO DE PINGUS
D.O: Ribera del Duero. Página 76

Vega Sicilia Único — 98 Puntos

Tinto de Reserva y Gran Reserva 2002 Bodega: BODEGAS VEGA SICILIA, S.A.
D.O: Ribera del Duero. Página 73

Vega Sicilia Único Reserva Especial — 98 Puntos

Tinto de Reserva y Gran Reserva Bodega: BODEGAS VEGA SICILIA, S.A.
D.O: Ribera del Duero. Página 73

Honoris — 97 Puntos

Tinto de Crianza 2006 Bodega: BODEGAS VALDUBÓN, S.L.
D.O: Ribera del Duero. Página 72

Termanthia — 97 Puntos

Tinto de Crianza 2008 Bodega: BODEGA NUMANTHIA TERMES
D.O: Toro. Página 85

Gran Colegiata Campus — 96 Puntos

Tinto de Crianza 2004 Bodega: BODEGAS FARIÑA
D.O: Toro. Página 86

La Faraona — 96 Puntos

Tinto de Crianza 2008 Bodega: DESCENDIENTES DE J. PALACIOS
D.O: Bierzo. Página 63

Malleolus de Sanchomartín — 96 Puntos

Tinto de Crianza 2007 Bodega: BODEGAS EMILIO MORO, S.L.
D.O: Ribera del Duero. Página 69

Secreto Viña Mayor — 96 Puntos

Tinto de Crianza 2007 Bodega: BODEGAS Y VIÑEDOS VIÑA MAYOR
D.O: Ribera del Duero. Página 74

Tinto Pesquera — 96 Puntos

Tinto de Reserva y Gran Reserva 2003 Bodega: ALEJANDRO FERNÁNDEZ TINTO PESQUERA, S.L.
D.O: Ribera del Duero. Página 67

Denominación de Origen Arlanza

Se encuentra situada en el curso medio y bajo del río Arlanza y su clima es continental. Las variedades autorizadas son en tintas: Tinta del País, Garnacha, Mencía, Cabernet Sauvignon, Merlot y Petit Verdot; y en blancas: Albillo y Viura.

Consejo Regulador
947 171 046 - info@arlanza.org

Bodega la Colegiada
info@tintolerma.com
www.tintolerma.com

Lerma Selección **90** Pt
Reserva 2007 · 9,5 €
Uvas: 100% Tempranillo.
Gastronomía: Magras con tomate, entrecot, chuletas de cordero.
Aspecto: Rojo cubierto.
Aroma: Intenso, fruta roja y negra, tostados.
Boca: Equilibrado, persistente, cálido.

Bodegas Arlanza, S.C.P.
comercial@bodegasarlanza.com
www.bodegasarlanza.com

Dominio de Manciles **90** Pt
Reserva 2004 · 12 €
Uvas: 100% Tempranillo.
Gastronomía: Carnes rojas a la brasa, quesos curados, caza mayor.
Aspecto: Rojo granate cubierto.
Aroma: Potente, frutos negros confitados, roble cremoso. Especies dulces, balsámico. Varietal.
Boca: Sabroso, potente, estructurado. Persistente.

Buezo Vendimias Seleccionadas y Vinos de Guarda
info@buezo.com
www.buezo.com

Buezo Nattan **90** Pt
Crianza 2004 · 20 €
Uvas: 100% Tempranillo.
Gastronomía: Cabrito asado, cordero estofado, pollo en chilindrón.
Aspecto: Rojo burdeos cubierto.
Aroma: Intenso, fruta roja madura, roble cremoso, notas minerales.
Boca: Potente, expresivo, sabroso, taninos fundidos. Persistente.

Vitivinícola Ladrero
consejo@ladrero.e.telefonica.net
www.bodegasladrero.es

Señorío de Valdesneros **90** Pt
2006 · 3 €
Uvas: 100% Tempranillo.
Gastronomía: Asados castellanos, menestras de verduras, quesos curados.
Aspecto: Rojo burdeos intenso, con dejos violáceos.
Aroma: Intenso, fruta roja y negra, regaliz, finos tostados.
Boca: Intenso, sabroso, cálido, frutoso, buena acidez. Persistente.

Denominación de Origen Arribes

La variedad principal que se cultiva es la Juan García, uva autóctona de gran personalidad y finura, admitiéndose como principales la Rufete y la Tempranillo y como complementaria. La Malvasía es la variedad principal entre las blancas complementándose con la Verdejo y la Albillo.

Consejo Regulador
923 573 413 - info@doarribes.es

Bodegas Arribes del Duero, S. Coop.
secretaria@bodegasarribesdelduero.com
www.bodegasarribesdelduero.com

Arribes de Vettonia **90** Pt
Reserva 2004 · 10 €
Uvas: 100% Juan García.
Gastronomía: Solomillo a la pimienta, quesos zamoranos, chuletas de cordero, cocido.
Aspecto: Rojo burdeos, bordes teja. Cubierto.
Aroma: Intenso. Notas de cuero, torrefactos, ahumados.
Boca: Complejo, carnoso, persistente.

Bodegas Ribera de Pelazas, S.L.
bodega@bodegasriberadepelazas.com
www.bodegasriberadepelazas.com

Bruñal **93** Pt
2004 · 60 €
Uvas: 100% Bruñal.
Gastronomía: Matanza, quesos curados.
Aspecto: Rojo picota con reflejos azulados, intenso.
Aroma: Frutas rojas pasificadas bien ensambladas con los tostados de la madera, notas especiadas y minerales. Chocolate, café.
Boca: Potente, sabroso, carnoso, estructurado, acidez equilibrada. Taninos punzantes. Persistente.

Marqués de la Concordia Family Of Wines
comunicacion@unitedwineries.com
www.unitedwineries.com

Durius Magister **90** Pt
Vino de Guarda 2005 · 25 €
Uvas: 10% Cabernet Sauvignon, 30% Syrah, 50% Tempranillo, 10% Malbec.
Gastronomía: Perdiz con chocolate, gallina en pepitoria, quesos curados.
Aspecto: Rojo granate cubierto con bordes teja.
Aroma: Intenso, frutas negras maduras, café, chocolate, ahumados, fondo tostado.
Boca: Carnoso, cálido, sabroso, taninos fundidos. Persistente.

Terrazgo Bodegas de Crianza
terrazgobc@yahoo.es
www.terrazgo.com

Terrazgo **91** Pt
2006 · 12 €
Uvas: Bruñal, Juan García, Rufeta.
Gastronomía: Chuletas de cordero, carrillada de ternera, ventresca de bonito al horno.
Aspecto: Rojo burdeos con reflejos granate.
Aroma: Intenso, frutos rojos maduros, especias dulces, roble cremoso, canela, cacao.
Boca: Potente, complejo, sabroso, carnoso, equilibrado, taninos maduros.

Denominación de Origen Bierzo

La altitud, pluviometría y suavidad de las temperaturas de esta zona otorga a os vinos una extraordinaria elegancia. Las variedades que predominan son: Mencía y Garnacha (tintas) y Doña Blanca, Godello, Malvasía y Palomino (blancas).

Consejo Regulador
987 549 408 - info@crdobierzo.es

Bodega del Abad, S.L.
vinos@bodegadelabad.com
www.bodegadelabad

Carracedo 91 Pt
2006 · 22 €
Uvas: 100% Mencía.
Gastronomía: Carnes de caza estofada.
Aspecto: Limpio, brillante rojo granate, muy cubierto.
Aroma: Limpios, netos, francos e intensos destacando las frutas rojas, algún tono mineral y tostados de madera.
Boca: En boca, grato, sabroso, notas golosas, intenso. Postgusto largo y redondo.

Bodegas El Linze
info@ellinze.com
www.ellinze.com

Marta Cibelina 90 Pt
2007 · 15 €
Uvas: 100% Mencía.
Gastronomía: Carnes estofadas.
Aspecto: Rojo granate muy cubierto con ribetes violáceos.
Aroma: Tonos de fruta negra confitadas, minerales, tostados, cacao y algo especiado.
Boca: Entrada en boca potente, taninos golosos y muy persistentes. Buen final.

Bodegas Estefanía, S.L.
info@tilenus.com
www.tilenus.com

Tilenus 93 Pt
2005 · 11,6 €
Uvas: 100% Mencía.
Gastronomía: Carnes rojas a la brasa.
Aspecto: Bien vestido en rojo burdeo. Limpio y brillante.
Aroma: En nariz, limpio, tiene aromas a frutos negros maduros bien ensamblados con la madera.
Boca: En boca es amplio con buena expresión tánica. Agradable postgusto.

Tilenus Pagos de Posada 94 Pt
Tinto Reserva 2003 · 23,9 €
Uvas: 100% Mencía.
Gastronomía: Carnes estofadas.
Aspecto: Bonito granate con ribetes teja, atractivo, muy brillante.
Aroma: Muy complejo (especias, cuero, cenizas).Muy mineral.
Boca: En boca, sabroso, armado, buen equilibrio, largo final.

Tilenus Pieros 94 Pt
Reserva de Autor 2002 · 63 €
Uvas: 100% Mencía,
Gastronomía: Carnes al horno bien condimentadas y quesos muy curados.
Aspecto: Rojo granate, brillante, limpio.
Aroma: Varietales, tonos a café, tostados, minerales y frutas negras.
Boca: Entrada en boca excelente, elegante, sabroso. Estructurado y carnoso.

Bodegas Peique
comercial@bodegaspeique.com
www.bodegaspeique.com

Ramón Valle 90 Pt
Genérico 2009 · 8 €
Uvas: 100% Mencía,
Gastronomía: Cocido maragato.
Aspecto: Rojo muy vivo y cubierto, brillante.
Aroma: Tonos balsámicos, tomillo, clavo, vainilla.
Boca: Boca potente, estructurada, con cuerpo, largo postgusto.

Casar de Burbia
comunicacion@casardeburbia.com
www.casardeburbia.com

Casar de Burbia. Hombros. 91 Pt
2007 · 15 €
Uvas: 100% Mencía.
Gastronomía: Carnes rojas, platos de caza especiados. Ibéricos.
Aspecto: Limpio y brillante. Color rojo granate muy intenso.
Aroma: Muy complejo, notas de fruta negra madura todo ello envuelto en un agradable fondo balsámico y empireumático.
Boca: Grata entrada en boca, sabrosa, buenos taninos.

Tebaida 92 Pt
16 Meses en Barrica 2007 · 22 €
Uvas: 100% Mencía.
Gastronomía: Cordero asado.
Aspecto: Vestido de color rojo burdeos, intenso, ribetes granate.
Aroma: Vino de aromas complejos, frutas negras, minerales con tonos de especias.
Boca: Entrada en boca suave, carnoso Agradable postgusto.

Descendientes de J. Palacios
info@djpalacios.com

La Faraona 96 Pt
2008
Uvas: 100% Mencía.
Gastronomía: Solomillo de ciervo al horno.
Aspecto: Vestido muy intenso y muy joven en su evolución, brillante halagador.
Aroma: Las flores y frutas se entremezclan con las especias, rodeadas de una hermosa nota mineral.
Boca: Robusto, intenso, de marcado equilibrio alcohol-cuerpo-acidez. Vino de larga guarda. Hay que saber esperarle.

Pétalos 92 Pt
del Bierzo 2008 · 12,5 €
Uvas: 100% Mencía.
Gastronomía: Carne rellena con ciruelas.
Aspecto: Burdeos intenso, ribetes violáceos. Muy cubierto.
Aroma: Varietal, intenso, equilibrio entre fruta y madera.
Boca: Entrada en boca intensa, equilibrada, carnosa y persistente.

Villa de Corullón 94 Pt
2008 · 38,5 €
Uvas: 100% Mencía,
Gastronomía: Cocido maragato.
Aspecto: Limpio y brillante. Elegante color rojo burdeos con ribetes violáceos.
Aroma: En nariz, fruta negra algo confitada.
Boca: Elegante, carnoso, balsámico, complejo persistente.

Losada Vinos de Finca
losada@losadavinosdefinca.com
www.losadavinosdefinca.com

Altos de Losada 92 Pt
2007 · 22 €
Uvas: 100% Mencía,
Gastronomía: Carnes de caza estofadas.
Aspecto: Rojo granate intenso y muy brillante

Aroma: Tonos confitados de fruta algo madura, vainilla y café.
Boca: Boca potente, redonda, equilibrada con largo postgusto.

Martín Codax

comercial@martincodax.com
www.martincodax.com

Cuatro Pasos 92 Pt
Crianza Corta 2008 · 8 €
Uvas: 100% Mencía.
Gastronomía: Parrilladas de carne.
Aspecto: Vestido de color rojo granate intenso, limpio.
Aroma: Aromas, muy complejos, balsámicos con finas notas de especias.
Boca: Entrada en boca con gran potencia, vino de personalidad marcada.

Martín Sarmiento 92 Pt
2006 · 14 €
Uvas: 100% Mencía.
Gastronomía: Estofados de carne. Quesos muy curados.
Aspecto: Rojo granate intenso ribetes violáceos.
Aroma: Intensos a fruta madura, con dejos de sotobosque. Balsámico.
Boca: Entrada en boca y taninos potentes y estructurados. Largo postgusto.

Mencia D-2

alejandra@sitiosdebodega.com

Ambos 90 Pt
8 Meses Barrica 2007 · 18 €
Uvas: 100% Mencía.
Gastronomía: Carnes guisadas y estofadas.
Aspecto: Rojo granate muy cubierto, reflejos violáceos.
Aroma: Varietales, cueros, ahumados.
Boca: Entrada en boca, potente, elegante, buen final.

Prada a Tope, S.A.

info@pradaatope.es
www.pradaatope.es

Prada a Tope 90 Pt
Tinto Reserva 2002 · 17 €
Uvas: 100% Mencía.
Gastronomía: Carnes guisadas.
Aspecto: Rojo granate, ribetes teja.
Aroma: Tonos monte bajo, balsámicos, tostados y fruta confitada.
Boca: Boca golosa, persistente y equilibrada. Largo final.

Ribas del Cua Bodegas y Viñedos

bodega@ribasdelcua.com
www.ribasdelcua.com

Ribas del Cua 90 Pt
2005 · 6 €
Uvas: 100% Mencía.
Gastronomía: Parrillada de Verduras.
Aspecto: De color rojo burdeos sincero.
Aroma: Original aroma (tostados y fruta)
Boca: Boca carnosa y orgullosa. Final limpio y largo

Ribas del Cua Privilegio 91 Pt
2006 · 12 €
Uvas: 100% Mencía.
Gastronomía: Guisos de carnes y setas.
Aspecto: Rojo burdeos. Limpio y brillante.
Aroma: A frutas rojas salvajes y especias.
Boca: En boca es armado y final muy largo.

Soto del Vicario

sandra.luque@pagosdelviacrio.com
www.sotodelviacrio.com

Go de Godello 91 Pt
Crianza 3 Meses 2008 · 16 €
Uvas: 100% Godello.
Gastronomía: Besugo al horno.
Aspecto: Amarillo pálido, reflejos verdosos.
Aroma: Tonos muy varietales, limpios, intensos y complejos.
Boca: Entrada en boca jugosa, fresca, ágil, final persistente.

Men de Mencía Selección 91 Pt
12 Meses Barrica 2007 · 16 €
Uvas: 100% Mencía.
Gastronomía: Pimientos rellenos.
Aspecto: Rojo aún violáceo muy cubierto.
Aroma: Tonos de fruta negra del bosque, tostados, balsámicos.
Boca: Entrada en boca potente, equilibrada con elegante final.

Valsanzo Selección

valsanzo@valsanzo.com
www.valsanzo.com

Terras Cua 90 Pt
2007 · 14,96 €
Uvas: 100% Mencía.
Gastronomía: Carnes a la brasa.
Aspecto: Rojo granate muy cubierto.
Aroma: Tonos de fruta confitada, minerales, tostados.
Boca: Potente, estructurada con buenos taninos.

Viñedos y Bodegas Dominio de Tares

info@dominiodetares.com
www.dominiodetares.com

Bembibre 92 Pt
Reserva 2006 · 21,59 €
Uvas: 100% Mencía.
Gastronomía: Aperitivos de cecina.
Aspecto: Bien vestido en colores rojo burdeos violáceos. Limpio y brillante.
Aroma: Complejo, fruta madura, canela, café, ahumados, balsámicos.
Boca: En boca, sabroso, carnoso, jugoso y amplio.

Cepas Viejas 92 Pt
2007 · 13,5 €
Uvas: 100% Mencía.
Gastronomía: Guisos de carne de caza. Embutidos a la brasa.
Aspecto: Vestido de rojo granate. Brillante, muy cubierto.
Aroma: A fruta negra, especias, tostados y cuero.
Boca: Boca redonda, elegante, amplia, especiado, notas minerales.

Godello Fermentado en Barrica 92 Pt
Sobre Lias 2009 · 13,5 €
Uvas: 100% Godello.
Gastronomía: Merluza en salsa verde.
Aspecto: Color amarillo dorado. Limpio y brillante.
Aroma: Intensos aromas a flores y frutas blancas, varietal.
Boca: En boca, sabroso, fresco, buen final.

Tares P.3 94 Pt
Reserva 2006 · 44,8 €
Uvas: 100% Mencía.
Gastronomía: Estofado de buey.
Aspecto: Color brillante rojo picota ribetes burdeos.
Aroma: Limpio, neto, franco, intenso y elegante, tonos minerales.
Boca: Entrada en boca elegante, taninos poderosos y postgusto largo.

Viñedos y Bodegas Pittacum

pittacum@pittacum.com
www.pittacum.com

Pittacum Aurea 92 Pt
2007 · 23 €
Uvas: 100% Mencía.
Gastronomía: Carnes rojas y quesos curados.
Aspecto: Vestido atractivo y sobrio burdeos-granate. Limpio y brillante.
Aroma: En nariz hierbas secas y especias, envuelto en un roble bien tostado.
Boca: En boca, buen cuerpo, estructura y expresión tánica. Buen final.

Tres Obispos 92 Pt
2009 · 6,4 €
Uvas: 100% Mencía.
Gastronomía: Ensaladilla rusa.
Aspecto: Rosa frambuesa, brillante.
Aroma: Tonos de fruta roja del bosque.
Boca: Franco, fresco, ágil, sabroso y largo.

Denominación de Origen Cigales

Se extiende por el sector norte de la Depresión del Duero. Las variedades tintas con las que se elaboran los vinos de Cigales son: la uva tinta del País, también conocida como Tempranillo., Garnacha tinta y Garnacha Gris, las variedades blancas son la Verdejo y la Albillo.

Consejo Regulador
983 580 074 - consejo@do-cigales.es

Bodega Valdelosfrailes
valdelosfriles@matarromera.es
www.grupomatarromera.com

Selección Personal Carlos Moro Valdelosfrailes 93 Pt
Reserva Especial 2005 · 21 €
Uvas: 100% Tempranillo.
Gastronomía: Sopa Castellana.
Aspecto: Rojo garante, ribetes aún burdeos.
Aroma: Tonos muy gratos de confitura, balsámicos, tostados, chocolate.
Boca: Boca golosa, amplia, elegante y persistente.

Valdelosfrailes Pago de las Costanas 92 Pt
Reserva Especial 2003 · 21 €
Uvas: 100% Tempranillo.
Gastronomía: Pasteles de carne.
Aspecto: De bonito vestido rojo granate. Ribetes teja.
Aroma: Muy complejo, fruta madura, especias, tostados, cueros.
Boca: Amplio, elegante, equilibrado, de buena estructura. Buen final.

Valdelosfrailes Prestigio 93 Pt
2005 · 11 €
Uvas: 100% Tempranillo.
Gastronomía: Carnes blancas a la plancha, quesos y embutidos.
Aspecto: Rojo granate ribetes violáceos. Limpio y brillante.
Aroma: Notas de frutas rojas maduras y tonos balsámicos. Muy intenso.
Boca: Entrada en boca carnosa, expresivo, ágil y de largo final.

Bodegas Frutos Villar, S.L.
bodegasfrutosvillar@bodegasfrutosvillar.com
www.bodegasfrutosvillar.com

Viña Calderona 90 Pt
2009 · 4,17 €
Uvas: Garnacha, Tempranillo.
Gastronomía: Arroz con bogavante.
Aspecto: Rosa fresa muy intenso.
Aroma: Tonos de fruta (grosella y frambuesa)
Boca: Expresivo, alegre y equilibrado.

Bodegas Remigio de Salas Jalón
amada@remigiodesalasjalon.com
www.remigiodesalasjalon.com

Las Luceras 90 Pt
2009 · 4 €
Gastronomía: Huevos rellenos.
Aspecto: Rosa muy brillante e intenso.
Aroma: Tonos de fruta roja fresca, caramelo de fresa.
Boca: Franco, intenso, jugoso, ligero.

Bodegas Fernández Camarero
info@balvinar.com
www.balvinar.com

Balvinar 90 Pt
Pagos Selecionados 2006 · 21,75 €
Uvas: 100% Tempranillo.
Gastronomía: Lentejas estofadas.
Aspecto: Rojo burdeos muy cubierto.
Aroma: Tonos de fruta algo confitada, tostados, minerales.
Boca: Boca potente, estructurada, equilibrada con largo final.

César Príncipe
cesarprincipe@wanadoo.es
www.cesarprincipe.es

César Príncipe 93 Pt
2006 · 18 €
Uvas: 100% Tempranillo.
Gastronomía: Escalopines en salsa de queso.
Aspecto: Rojo rubí intenso.
Aroma: Tonos de azúcar tostado, flores rojas, algo mineral.
Boca: Boca equilibrada, con cuerpo, elegante, final redondo.

Concejo Bodegas
info@concejobodegas.com
www.concejobodegas.com

Viña Concejo 91 Pt
Tinto Roble. 18 Meses Barrica 2007
12 €
Uvas: 100% Tempranillo.
Gastronomía: Carnes de cordero al horno.
Aspecto: Bien vestido en tonos burdeos con ligeros matices granates.
Aroma: En nariz es franco, sobrio y con aromas a frutas rojas con agradables matices empireumáticos y especiados. Fruta roja madura.
Boca: En boca carnoso, sabroso, buen equilibrio y persistencia.

Finca la Legua
lalegua@lalegua.com
www.lalegua.com

La Legua 90 Pt
Tinto Crianza 2006 · 8,1 €
Uvas: 5% Cabernet Sauvignon, 95% Tempranillo
Gastronomía: Carnes rojas a la plancha y guisadas, quesos curados.
Aspecto: Intenso color rojo burdeos ribetes teja. Limpio y brillante.
Aroma: Donde destacan finas notas de frutos rojos confitados, tostados conjuntados con cueros.
Boca: Sabroso, grato, bien estructurado, buen final.

La Legua Capricho 93 Pt
Fermentado en Barrica 2006 · 31,2 €
Uvas: 100% Tempranillo.
Gastronomía: Carnes a la brasa.
Aspecto: Vestido de color rojo granate ribetes te a. Limpio y brillante.
Aroma: De frutas rojas maduras, especias, torrefactos, cacaos, balsámicos y fina maderas
Boca: En boca es redondo y amplio. Orgulloso postgusto.

Finca Museum
info@bodegasmuseum.com
www.bodegasmuseum.com

Museum Real 92 Pt
Reserva 2005 · 13,5 €
Uvas: 100% Tinta del País.
Gastronomía: Menestra de carne.
Aspecto: Rojo rubí, brillante.
Aroma: De sotobosque, balsámicos, cuero.
Boca: Entrada en boca, suave y larga.

Lezcano-Lacalle
oficina@bodegaslezcano.es
www.bodegaslezcano.es

Lezcano-Lacalle 90 Pt
Reserva 2003 · 18 €
Uvas: 5% Cabernet Sauvignon, 15% Merlot, 80% Tempranillo.
Gastronomía: Rabo de toro guisado.
Aspecto: Bonito rojo caoba, brillante.
Aroma: Tonos de fruta muy madura, especias, hiervas de sotobosque, buenos tostados.
Boca: Boca agradable, sabrosa, buena acidez, postgusto largo.

Lezcano-Lacalle Du 92 Pt
Tinto Reserva 2003 · 35 €
Uvas: 5% Cabernet Sauvignon, 15% Merlot, 80% Tempranillo.
Gastronomía: Solomillo de buey.
Aspecto: Aspecto limpio, brillante. Rojo granate ribetes teja.
Aroma: Tostados, minerales, bien ensamblados con la fruta confitada.
Boca: En boca la entrada es larga y duradera. Limpia y neta.

Traslanzas, S.L.

traslanzas@traslanzas.com
www.traslanzas.com

Traslanzas 93 Pt
12 Meses Barrica 2006 · 16 €
Uvas: 100% Tempranillo.
Gastronomía: Carnes rojas, carnes a la piedra. Pastas bien condimentadas.
Aspecto: Bien vestido en tonos rubí-burdeos. Limpio y brillante.
Aroma: Muy limpio, intenso y neto donde destacan los frutos rojos jóvenes envueltos en agradables dejos de roble.
Boca: En boca bien armado, sabroso, carnoso, buen equilibrio y orgulloso final.

D.O. Protegida Vino de Calidad de Valtiendas

Se encuentra en el norte de la provincia de Segovia, concretamente en el término municipal de Valtiendas, una de las mejores zonas de Castilla y León para producir uvas de calidad. Hace un cuarto de siglo cambiaron casi todas las plantaciones de Tempranillo.

Consejo Regulador
650 377 317 - dirtec@vinosdevaltiendas.com

Bodegas Vagal

jose.vagal@gmail.com

Vagal Cuvée Joanna 90 Pt
2008 · 6 €
Uvas: 100% Tempranillo.
Gastronomía: Asados castellanos, legumbres, chuletas de cordero.
Aspecto: Rojo rubí con bordes violáceos.
Aroma: Intenso, frutos negros frescos, hierbas de monte, notas especiadas y balsámicas, regaliz.
Boca: Potente, carnoso, sabroso, taninos fundidos, agradable.

Bodegas Zarraguilla

informacion@bodegaszarraguilla.es
www.bodegaszarraguilla.es

Zeta 37 90 Pt
Autor Selección 2006 · 16 €
Uvas: 100% Tempranillo.
Gastronomía: Caza mayor, entrecot, cocido.
Aspecto: Rojo burdeos cubierto con bordes granate.
Aroma: Intenso, fruta madura, especies dulces, chocolate, torrefactos.
Boca: Equilibrado, cálido, carnoso, sabroso, taninos maduros. Persistente.

D.O. Ribera del Duero

Las viñas en esta zona se implantan frecuentemente en suelos arenosos o cascajosos. Se cultivan 6 variedades diferentes de uva, la tinta del País, la Cabernet Sauvignon, la Merlot, la Garnacha Tinta, la Malbec y la Albillo, siendo esta última la única variedad blanca autorizada.

Consejo Regulador
947 541 221 - info@riberadelduero.es

Aalto, Bodegas y Viñedos

aalto@aalto.es
www.aalto.es

Aalto 94 Pt
23 Meses en Barrica 2006 · 27 €
Uvas: 100% Tempranillo.
Gastronomía: Carnes a la piedra.
Aspecto: Bien vestido en rojo garante intenso, limpio y profundo.
Aroma: Taninos envolventes y equilibrados. Tonos tostados junto a un agradable fondo balsámico.
Boca: En boca orgulloso, sabroso y carnoso. Buena expresión tánica.

Aalto Ps 95 Pt
30 Meses Barrica 2006 · 60 €
Uvas: 100% Tinto Fino.
Gastronomía: Estofados de carne.
Aspecto: Rojo burdeos, muy cubierto, ribetes granate. Brillante.
Aroma: Redondo, elegante, frutos confitados, tonos de madera, balsámicos, hiervas aromáticas.
Boca: Buena entrada en boca, orgulloso, elegante, redondo. Buen final.

Abadía la Arroyada

bodega@abadialaarroyada.es
www.abadialaarroyada.es

Abadía la Arroyada 91 Pt
2005 · 12 €
Uvas: 100% Tempranillo.
Gastronomía: Ensalada de pimientos asados con ventresca de bonito.
Aspecto: Rojo burdeos ribetes granates.
Aroma: Tonos de fruta confitada, tostados, especias.
Boca: Equilibrado, sabroso, con largo postgusto.

Abbatia Vendimia Seleccionada. 92 Pt
29 Meses en Barrica 2004 · 52 €
Uvas: 100% Tempranillo.
Gastronomía: Carnes de caza adobadas.
Aspecto: Rojo burdeos ribetes granates.
Aroma: Tonos de fruta madura, balsámicos, tostados y cacaos.
Boca: Entrada en boca con potencia, persistencia y grata.

Alejandro Fernández Tinto Pesquera, S.L.

pesquera@pesquerafernandez.com
www.grupopesquera.com

Tinto Pesquera 93 Pt
Millenium 2002 · 60 €
Uvas: 100% Tempranillo.
Gastronomía: Lentejas con chorizo.

Aspecto: Rojo granate, ribetes teja.
Aroma: Bajo monte, tomillo y romero, fruta negra.
Boca: Boca con potencia aún, expresivo.

Tinto Pesquera 94 Pt
2008 · 12 €
Uvas: 100% Tempranillo.
Gastronomía: Carnes rojas, platos de caza menor. Ibéricos.
Aspecto: Sobrio vestido burdeos luminoso de excelente caída.
Aroma: En nariz equilibrado y complejo, frutas confitadas, cuero, especias y tonos minerales.
Boca: En boca amplio, redondo, sabroso, equilibrado, taninos maduros y orgulloso postgusto.

Tinto Pesquera 96 Pt
Janus 2003 · 70 €
Uvas: 100% Tempranillo.
Gastronomía: Asados en general de carnes. Quesos curados.
Aspecto: Vestido de rojo granate. Brillante y Limpio.
Aroma: Profundos a tostados (café) tonos minerales.
Boca: En boca es profundo, sabroso, taninos muy redondos.

Tinto Pesquera 95 Pt
Reserva 2007 · 20 €
Uvas: 100% Tempranillo.
Gastronomía: Estofados de toro.
Aspecto: Rojo granate muy cubierto, ribetes teja, brillante.
Aroma: A monte, tomillo, especias, tostados.
Boca: Entrada en boca con potencia contenida y dando una explosión de fruta madura en su final.

Alizán Bodegas y Viñedos

bodega@alizan.net
www.alizan.net

Auzau Vendimia Seleccionada 91 Pt
Reserva 2006 · 14,5 €
Uvas: 100% Tempranillo.
Gastronomía: Carnes a la plancha.
Aspecto: Rojo granate, ribetes burdeos.
Aroma: Tonos de fruta confitada, tostados, cueros.
Boca: Boca potente, equilibrada, algo golosa.

Anta Bodegas

natura@antaempresas.com
www.antabodegas.com

A 10 90 Pt
2006
Uvas: 15% Cabernet Sauvignon, 5% Merlot, 80% Tempranillo.
Gastronomía: Ensaladas de pasta muy condimentadas.
Aspecto: Rojo burdeos muy intenso.
Aroma: De sotobosque en equilibrio con la fruta madura.
Boca: Boca con buena elegancia y postgusto.

A-16 90 Pt
2006
Uvas: 15% Cabernet Sauvignon, 5% Merlot, 80% Tempranillo..
Gastronomía: Ensaladas de pasta muy condimentadas.
Aspecto: Rojo burdeos muy intenso.
Aroma: De sotobosque en equilibrio con la fruta madura.
Boca: Boca con buena elegancia y postgusto.

Atalayas de Golbán

atalayasdegolban@arrakis.es

Torre de Golbán 90 Pt
2006
Uvas: 100% Tinto Fino.
Gastronomía: Pimientos del piquillo rellenos de carne.
Aspecto: Rojo burdeos ribetes granate.
Aroma: Tonos tostados, minerales, frutosos. Muy intenso.
Boca: Boca carnosa, suave, con un postgusto goloso.

Bodega del Abad, S.L.

vinos@bodegadelabad.com
www.bodegadelabad

Gotin del Risc Lias 90 Pt
6 Meses Barrica 2007 · 14 €
Uvas: 100% Godello.
Gastronomía: Pescados en salsa verde.
Aspecto: Amarillo intenso, ribetes dorados.
Aroma: Tonos de flores secas con buen equilibrio entre la madera y fruta blanca.
Boca: Boca con tonos tostados, fruta blanca tropical. Largo final.

Bodega Díaz Bayo

info@bodegadiazbayo.com
www.bodegadiazbayo.com

Fdb 92 Pt
27 Meses en Barrica 2006 · 54,3 €
Uvas: 100% Tempranillo.
Gastronomía: Cochinillo al horno.
Aspecto: Rojo rubí muy intenso y brillante
Aroma: Las especias dulces predominan en su aroma en equilibrio con la fruta algo madura.
Boca: Boca es amplio, elegante con buen postgusto.

Nuestro 91 Pt
20 Meses Barrica 2005 · 30 €
Uvas: 100% Tempranillo.
Gastronomía: Alubias con chorizo.
Aspecto: Rojo burdeos ribetes aún violáceos.
Aroma: Tonos de roble cremoso, fruta confitada, cacao fino.
Boca: Entrada en boca potente, taninos redondos, amplio final.

Bodega Emina (Grupo Matarromera)

emina@emina.es
www.grupomatarromera.com

Emina 92 Pt
Prestigio 2006 · 13,2 €
Uvas: 100% Tempranillo.
Gastronomía: Carnes blancas a la plancha.
Aspecto: Bonito vestido en color rojo burdeos de buena intensidad.
Aroma: Tonos de sotobosque junto con fruta roja algo madura. Tostados.
Boca: En boca, carnoso, sabroso y largo. Buen postgusto

Emina 93 Pt
Atio Reserva Especial 2005 · 26,5 €
Uvas: 100% Tempranillo.
Gastronomía: Parrillada de carnes blancas con verduras.
Aspecto: Vestido de rojo granate, brillante e intenso.
Aroma: Primarios de expresión frutal y agradables toques especiados y tostados.
Boca: Carnoso, alegre, buenos taninos, final largo.

Bodega López Cristóbal

info@lopezcristobal.com
www.lopezcristobal.com

López Cristóbal 90 Pt
Tinto Reserva 2005
Uvas: Cabernet Sauvignon, Merlot, Tempranillo.
Gastronomía: Carnes a la plancha.
Aspecto: De bonito color rojo rubí ribetes granate, limpio y brillante.
Aroma: Buena intensidad, notas de frutas rojas, café y madera bien integrada.
Boca: Seco en la entrada, potente y aterciopelado. Postgusto intenso.

Bodega Matarromera

matarromera@matarromera.es
www.grupomatarromera.com

Matarromera 93 Pt
Gran Reserva 2001 · 55 €
Uvas: 100% Tempranillo.
Gastronomía: Gallina en pepitoria
Aspecto: Rojo granate, ribetes teja brillante.
Aroma: Tonos frutales, especiados, buen equilibrio con la madera, intenso.
Boca: Entrada en boca potente, fruta madura, largo postgusto.

Matarromera 92 Pt
Reserva 2005 · 25 €
Uvas: 100% Tempranillo.
Gastronomía: Rabo de toro guisado.
Aspecto: Granate de buena caída. Limpio y brillante.

Aroma: Limpios, netos, especiado, mineral y recuerdos fruta madura.
Boca: En boca tiene taninos potentes. Largo, sabroso y elegante final.

Matarromera 91 Pt
2007 · 15 €
Uvas: 100% Tempranillo.
Gastronomía: Carnes al horno.
Aspecto: Rojo burdeos con tonos aún violáceos. Limpio y brillante.
Aroma: Armonía floral (flores salvajes), fruta roja algo confitada.
Boca: Buena entrada en boca, sabroso, grato, neto.

Matarromera Pago de las Solanas 95 Pt
Reserva Especial 2001 · 184 €
Uvas: 100% Tempranillo.
Gastronomía: Solomillo con foie.
Aspecto: Tonos brillantes de rojo granate, ribetes aún violáceos.
Aroma: Sencillo, envuelto en la noble madera.
Boca: Vino con excelente armonía, vivo, elegante, redondo. Largo postgusto.

Matarromera Prestigio 93 Pt
Reserva 2005 · 33 €
Uvas: 100% Tempranillo.
Gastronomía: Redondo de ternera mechado.
Aspecto: Aspecto brillante, limpio, luminoso. Tonos granates.
Aroma: Limpio, tonos a trufas, ahumados y todo ello envuelto en agradables tonos frutales.
Boca: En boca orgulloso y amplio. Excelente postgusto.

Melior 90 Pt
Tinto Roble 2007 · 5 €
Uvas: 5% Cabernet Sauvignon, 95% Tempranillo..
Gastronomía: Ensaladas de pasta.
Aspecto: Rojo violáceo. Brillante.
Aroma: A frutas rojas, intenso. Tostados.
Boca: Entrada en boca viva, ágil, final grato.

Bodega Montevannos, S.L.

bodega@montevannos.es
www.montevannos.es

Montevannos 91 Pt
Tinto Reserva 2004 · 10,55 €
Uvas: 5% Merlot, 95% Tempranillo.
Gastronomía: Solomillo a la piedra.
Aspecto: De bonito color rojo granate muy cubierto. Limpio y brillante.
Aroma: En nariz limpio, neto y franco. Tonos de sotobosque.
Boca: Redondo, sabroso, taninos aterciopelados. Agradable postgusto.

Bodega Rento (Grupo Matarromera)

emina@emina.es
www.bodegasrento.es

Rento 92 Pt
Crianza Especial 2004 · 28 €
Uvas: 100% Tinta del País.
Gastronomía: Aleta de ternera rellena.
Aspecto: Se viste bien con orgullo y potencia en color rojo granate ribetes violáceos.
Aroma: En el aroma sincero, especiado, elegante, tostados.
Boca: Con excelentes modales, taninos potentes, largo postgusto.

Bodega S. Arroyo, S.L.

info@tintoarroyo.com
www.tintoarroyo.com

Tinto Arroyo 90 Pt
Vendimia Seleccionada 2006 · 20 €
Uvas: 100% Tempranillo.
Gastronomía: Carnes a la plancha en piedra.
Aspecto: De bonito color rojo granate, brillante.
Aroma: Intenso, predomina la fruta roja junto a los tonos tostados.
Boca: Seco, carnoso, sabroso, sedoso. Buen postgusto

Tinto Arroyo 90 Pt
Tinto Reserva 2005 · 12 €
Uvas: 100% Tempranillo.
Gastronomía: Embutidos ibéricos.
Aspecto: De bonito color rojo granate ribetes burdeos. Limpio y brillante.
Aroma: En nariz frutas rojas algo maduras, especias. Neto y franco.
Boca: Entra en boca con potencia, Taninos jóvenes que están bien estructurados y persistentes.

Bodega y Viñedos Martín Berdugo

bodega@martinberdugo.com
www.martinberdugo.com

Mb Martín Berdugo. 90 Pt
24 Meses Barrica 2006 · 17,38 €
Uvas: 100% Tempranillo.
Gastronomía: Carnes a la brasa.
Aspecto: Rojo burdeos muy intenso.
Aroma: Tonos frutales en conjunción con los tostados.
Boca: Boca joven, fresca y jugosa.

Bodegas Arzuaga Navarro

bodega@arzuaganavarro.com
www.arzuaganavarro.com

Amaya Arzuaga 91 Pt
2006 · 50 €
Uvas: 100% Tempranillo.
Gastronomía: Carnes a la plancha.
Aspecto: Rojo granate ribetes burdeos.
Aroma: Tonos elegantes de fruta algo confitada con buenos tostados.
Boca: Entrada en boca potente, taninos redondos y persistentes.

Arzuaga 92 Pt
Gran Reserva 2001 · 57 €
Uvas: 5% Cabernet Sauvignon, 5% Merlot, 90% Tempranillo.
Gastronomía: Carnes magras de caza, platos de carnes especiados.
Aspecto: Orgulloso vino en color rojo granate. Brillante.
Aroma: Expresivo, elegante y complejo en nariz con tonos minerales y de cueros.
Boca: En boca potente, redondo, grato, de largo postgusto.

Arzuaga Reserva Especial 90 Pt
2004 · 40 €
Uvas: 100% Tinto Fino.
Gastronomía: Carnes de lechazo al horno.
Aspecto: Rojo garante, tonos ocres en sus ribetes. Brillante.
Aroma: Franco, limpio, intenso, donde destacan los aromas de frutas confitadas, buen equilibrio con la madera.
Boca: En boca es expresivo, complejo y equilibrado. Buen postgusto.

Gran Arzuaga 93 Pt
Reserva 2004 · 120 €
Uvas: 95% Tinta del País, 5% Blanca del País.
Gastronomía: Hígado de ternera encebollado.
Aspecto: Rojo granate, ribetes teja.
Aroma: Tonos intensos, chocolate, moras confitadas, especias dulces.
Boca: Boca carnosa, equilibrada y con largo postgusto.

Bodegas Baden Numen

bodega@badennumen.es
www-badennumen.es

Baden Numen 91 Pt
2007
Uvas: 100% Tinto Fino.
Gastronomía: Pollo relleno.
Aspecto: Rojo burdeos poco intenso.
Aroma: Tonos de especias dulces, tierra mojada, humo.
Boca: Boca grata, golosa con largo postgusto.

Bodegas Balbas

bodegas@balbas.es
www.balbas.es

Alitus 93 Pt
Tinto Reserva 2003 · 48 €
Uvas: 10% Cabernet Sauvignon, 5% Merlot, 85% Tempranillo.
Gastronomía: Estofados de carne.
Aspecto: Bonito vestido rojo granate, ribetes ocres.

Aroma: Intenso, neto. Tonos a sotobosque, resinas, toques especiados.
Boca: En boca armado, equilibrado y potente. Elegante postgusto.

Balbás Reserva 90 Pt
Gran Reserva 2001 · 27 €
Uvas: 10% Cabernet Sauvignon, 90% Tempranillo.
Gastronomía: Carnes rellenas.
Aspecto: De bonito color rojo granate, cubierto. Limpio y brillante.
Aroma: Intenso, limpio, tonos de especias, frutas algo maduras y buena madera.
Boca: Entrada en boca jugosa de buena expresión tánica y orgulloso final.

Bodegas Bohórquez

info@bodegasbohorquez.com
www.bodegasbohorquez.com

Bohórquez 90 Pt
12 Meses en Barrica 2006 · 20 €
Uvas: 13% Cabernet Sauvignon, 2% Merlot, 85% Tempranillo.
Gastronomía: Carnes a la brasa.
Aspecto: Rojo burdeos, ribetes granates.
Aroma: Frescos, intensos a fruta algo confitados con tonos tostados.
Boca: Entrada en boca suave, persistente, grata y sabrosa.

Bodegas Briego

info@bodegasbriego.com
www.bodegasbriego.com

Adalid 90 Pt
Reserva 2005 · 16 €
Uvas: 100% Tempranillo.
Gastronomía: Escalope Milanesa.
Aspecto: Rojo burdeos, brillante.
Aroma: Tonos de especias dulces, futa madura. Tostados.
Boca: Boca sabrosa, equilibrada, estructurada, larga.

Bodegas Cepa 21

bodega@cepa21.com
www.cepa21.com

Cepa 21 92 Pt
2007 · 25 €
Uvas: 100% Tinto Fino.
Gastronomía: Arroz con costra.
Aspecto: Rojo burdeos ribetes violáceos. Muy brillante.
Aroma: Tonos de fruta algo confitada con muy buen equilibrio con los tostados de la madera.
Boca: Entrada en boca jugosa, redonda, elegante, carnosa con un buen final.

Bodegas Cruz de Alba, S.L.

info@cruzdealba.es
www.cruzdealba.es

Cruz de Alba 92 Pt
2007 · 18 €
Uvas: 100% Tempranillo.
Gastronomía: Carnes a la brasa.
Aspecto: Rojo burdeos, ribetes burdeos.
Aroma: Vino equilibrado, con la fruta algo confitada.
Boca: Boca con buenos taninos, tonos de fruta algo confitada.

Bodegas Cuevas Jiménez

bodega@ferratus.es
www.ferratus.es

Ferratus 94 Pt
14 Meses Barrica 2006 · 22 €
Uvas: 100% Tempranillo.
Gastronomía: Carnes al horno.
Aspecto: Bonito vestido rojo burdeos, intenso ribetes violáceos. Brillante.
Aroma: A fruta roja bien ensamblada con tonos tostados y torrefactos de la buena madera, largo final.
Boca: Entrada en boca redonda, sabrosa, tonos confitados con taninos marcados pero redondos.

Ferratus Sensaciones 95 Pt
2005 · 28 €
Uvas: 100% Tempranillo.
Gastronomía: Jarrete de cordero estofado.
Aspecto: Rojo burdeos, ribetes granate. Brillante y luminoso.
Aroma: Netos, gratos. Aromas tostados, caramelo, vainilla, recuerdos minerales. Fruta confitada.
Boca: Boca potente, atractiva, elegante, taninos redondos y persistentes. Largo postgusto.

Bodegas de Blas Serrano

dbs@bodegasdeblasserrano.com
www.bodegasdeblasserrano.com

Mathis 93 Pt
Genérico 2006 · 60 €
Uvas: 95% Tinta del País, 5% Albillo.
Gastronomía: Chuletas de cordero a la plancha.
Aspecto: Bonito rojo burdeos muy brillante con ribetes violáceos.
Aroma: Tonos confitados, tostados de buena madera, balsámicos.
Boca: Entrada en boca golosa, potente, equilibrada y persistente.

Phylos 92 Pt
2007 · 9 €
Uvas: 100% Tinta del País
Gastronomía: Carnes a la plancha.
Aspecto: Rojo burdeos muy brillante y cubierto.
Aroma: Tonos de fruta roja, flores del bosque y algo balsámico.
Boca: Entrada en boca jugosa, persistente y muy agradable.

Bodegas Durón

bodega@cofradiasamaniego.com
www.solardesamaniego.com

Durón 90 Pt
Óptimo 2004 · 13,82 €
Uvas: 90% Tinta del País, 10% Cabernet Sauvignon.
Gastronomía: Carnes al horno.
Aspecto: Rojo granate, intenso muy cubierto.
Aroma: Tonos tostados en equilibrio con la fruta madura (ciruelas y grosellas). Pimiento picante.
Boca: Potencia en boca, equilibrado, elegante y persistente.

Bodegas Emilio Moro, S.L.

bodega@emiliomoro.com
www.emiliomoro.com

Emilio Moro 90 Pt
2007 · 18 €
Uvas: 100% Tempranillo.
Gastronomía: Caza estofada.
Aspecto: De bonito color rojo burdeos con ligeros toques violáceos. Limpio y brillante.
Aroma: Limpio, neto, franco, donde destacan los aromas a frutas maduras, cacao, vainilla. Final largo.
Boca: En boca taninos potentes, jugosos y con buen equilibrio. Largo postgusto.

Finca Resalto 92 Pt
2009 · 8 €
Uvas: 100% Tempranillo.
Gastronomía: Estofados de carne.
Aspecto: Bonito vestido rojo burdeos, ribetes granates.
Aroma: Limpios, taninos maduros, vainilla. Fondo de flores.
Boca: En boca carnoso, tonos de fruta roja, equilibrado, buena acidez, largo postgusto.

Malleolus 93 Pt
2007 · 30 €
Uvas: 100% Tempranillo.
Gastronomía: Perdiz rellena.
Aspecto: Rojo burdeos, ribetes violáceos, brillante.
Aroma: Tonos de fruta negra, moras, arándanos, estructurado, largo. Intenso.
Boca: Entrada en boca redonda, potente, equilibrada. Taninos muy bien pulidos.

Malleolus de Sanchomartín 95 Pt
2007 · 110 €
Uvas: 100% Tempranillo.
Gastronomía: Estofados de caza, embutidos ibéricos.
Aspecto: Color burdeos muy intenso y cubierto, brillante.
Aroma: Complejo y maduro muy concentrado con tonos de madera, resina y tostados envueltos en fruta.
Boca: En boca sereno, orgulloso, concentrado, potente y largo. Excelente postgusto.

Malleolus de Valderramiro 95 Pt
2007 · 80 €
Uvas: 100% Tempranillo.
Gastronomía: Carnes al horno, quesos curados.
Aspecto: Bien vestido en color rojo picota ribetes teja. Limpio y brillante.

Aroma: Intenso, de gran complejidad, elegante algo graso, frutas negras confitadas con tonos tostados.
Boca: En boca profundo, potente y orgulloso. Tonos de fruta confitada con buena madera.

Bodegas Félix Callejo

callejo@bodegasfelixcallejo.com
www.bodegasfelixcallejo.com

Félix Callejo **91** Pt
Selección de Viñedos de Familia tinto-autor 2006 · 45 €
Uvas: 100% Tinta del País.
Gastronomía: Carne plancha.
Aspecto: Burdeos muy cubierto. Brillante.
Aroma: Potentes aromas de tostados bien mezclados con la fruta negra confitada (vainilla café).
Boca: Entrada en boca sabroso con taninos fundidos, especiado. Largo final.

Gran Callejo **91** Pt
Gran Reserva 2004 · 35 €
Uvas: 100% Tinto Fino.
Gastronomía: Estofados de carne.
Aspecto: Granate cubierto, ribetes teja.
Aroma: Tostados, confitura, tonos especiados.
Boca: Boca carnosa, jugosa, buen equilibrio y persistencia.

Bodegas Fuentespina

ana@avelinovegas.com
www.avelinovegas.com

F. de Fuentespina **93** Pt
Reserva 2004 · 50 €
Uvas: 100% Tempranillo.
Gastronomía: Chuletón a la sal.
Aspecto: Rojo granate, brillante, limpio.
Aroma: Potentes, monte bajo, balsámicos, tostados.
Boca: Vino con taninos redondos, equilibrados, potente, largo final.

Fuentespina **90** Pt
Reserva 2005 · 12,5 €
Uvas: 100% Tempranillo.
Gastronomía: Perdiz estofada.
Aspecto: Rojo granate con ribetes teja.
Aroma: A limpio e intenso a fruta roja. Tostados de buena madera.
Boca: Taninos elegantes, tonos de fruta muy madura, confitados, buen final.

Bodegas Hermanos Sastre, S.L.

sastre@vinasastre.com
www.vinasastre.com

Pesus **95** Pt
Vino de Autor 2007 · 240 €
Uvas: Cabernet Sauvignon, Merlot, Tinta del País.
Gastronomía: Foie a la plancha.
Aspecto: Bonito vestido rojo burdeos ribetes aún violáceos, brillante.
Aroma: Algo confitados de fruta, ciruelas y cerezas algo balsámico, especiado.
Boca: Paso por boca ampuloso, rico y algo graso, elegante, estructurado, equilibrado, largo final.

Viña Sastre **92** Pt
2007 · 11,92 €
Uvas: 100% Tinta del País.
Gastronomía: Pastas al horno. Carnes a la plancha.
Aspecto: Bien vestido en color rojo granate con reflejos burdeos, brillante y limpio.
Aroma: A plantas de bosque, frutas algo maduras bien conjuntadas con los tostados, minerales.
Boca: Entrada en boca seco, amplio, largo postgusto.

Viña Sastre Pago de Santa Cruz **92** Pt
Vino de Autor 2006 · 32,3 €
Uvas: 100% Tinta del País.
Gastronomía: Carpacho de buey.
Aspecto: Color rojo granate muy cubierto de buena presencia. Limpio y brillante.
Aroma: En nariz gran complejidad, fruta madura, tonos especiados recuerdos de sotobosque, toffes.
Boca: En boca seco, amplio, lleno de calidez y redondez. Buen postgusto. Equilibrado.

Viña Sastre Regina Vides **93** Pt
2006 · 77 €
Uvas: 100% Tempranillo.
Gastronomía: Quesos muy curados.
Aspecto: Vestido rojo granate, ribetes muy marcados. Brillante y muy cubierto.
Aroma: En nariz dejos de cuero, minerales, envueltos en tonos frutales bien conjuntados con la madera.
Boca: En boca carnoso, sabroso, taninos nobles y buen equilibrio. Largo postgusto.

Bodegas Hnos. Pérez Pascuas

vinapedrosa@perezpascuas.com
www.perezpascuas.com

Cepa Gavilán **91** Pt
12 Meses en Barrica 2008 · 9,5 €
Uvas: 100% Tinta del País.
Gastronomía: Arroz con bogavante.
Aspecto: Color rojo burdeos, ribetes violáceos.
Aroma: Equilibrado, tonos tostados, frutosos.
Boca: Entrada en boca golosa, sincero, largo postgusto.

Pérez Pascuas Gran Selección **95** Pt
Gran Reserva 26 Meses en Barrica 2005 · 218 €
Uvas: 100% Tinta del País.
Gastronomía: Carnes de caza guisadas. Patés y quesos muy curados.
Aspecto: Vestido de rojo granate, intenso.
Aroma: Tonos de equilibrio entre la fruta y la buena madera, regaliz, balsámicos.
Boca: Entrada con taninos potentes y golosos, elegante con largo postgusto.

Viña Pedrosa **92** Pt
Finca la Navilla 2007 · 29 €
Uvas: 100% Tinta del País.
Gastronomía: Estofado de buey.
Aspecto: De bonito rojo burdeos matices violáceos. Brillante.
Aroma: Ligeramente afrutado, tonos de vainilla, balsámico.
Boca: En boca, sabroso, carnoso, taninos jugosos y gran equilibrio.

Viña Pedrosa **95** Pt
Gran Reserva 2005 · 66,97 €
Uvas: 10% Cabernet Sauvignon, 90% Tinta del País.
Gastronomía: Solomillo a la piedra.
Aspecto: Rojo granate, brillante.
Aroma: Complejo en sus aromas, fruta madura bien ensamblada con la madera.
Boca: Entrada en boca sabrosa, equilibrada tomos maduros postgusto largo finas notas de tostados.

Bodegas Imperiales

dirección@bodegasimperiales.com
www.bodegasimperiales.com

Abadía de San Quirce Finca Helena **92** Pt
2005 · 56 €
Uvas: 100% Tinta del País.
Gastronomía: Estofado de toro.
Aspecto: Rojo granate, ribetes teja.
Aroma: Confitados de buena fruta madura con tostados, especies, café.
Boca: Entrada en boca aún potente, buen cuerpo, tonos golosos, Largo postgusto.

Abadía de San Quirce Gran Reserva **92** Pt
2001 · 35 €
Uvas: 100% Tempranillo.
Gastronomía: Carnes de caza estofadas.
Aspecto: Rojo granate intenso.
Aroma: De plantas balsámicas, fruta roja confitada, tostados.
Boca: Entrada en boca suave pero con mucha persistencia. Buen final.

Bodegas Ismael Arroyo, S.L.

bodega@valsotillo.com
www.valsotillo.com

Valsotillo **92** Pt
Reserva 2004 · 20,34 €
Uvas: 100% Tinta del País.
Gastronomía: Carne de caza guisada.
Aspecto: Rojo granate, brillante, ribetes teja.
Aroma: Equilibrados fruta madura, confitados, café. Fondo de regaliz.
Boca: Boca expresiva, potente, llena de tonos de fruta roja madura, equilibrado y largo.

Valsotillo Vs 92 Pt
Tinto Reserva 2004 · 30 €
Uvas: 100% Tempranillo.
Gastronomía: Carnes a la plancha.
Aspecto: Color rojo-granate, brillante y cubierto.
Aroma: Limpios, sinceros y francos.
Boca: Entrada en boca elegante, sabrosa, carnosa con buen final.

Bodegas Lagar de Isilla

bodegas@lagarisilla.es
www.lagarisilla.es

El Lagar de Isilla Vendimia Seleccionada 91 Pt
Vino de Autor 2007 · 29,3 €
Uvas: 100% Tempranillo.
Gastronomía: Asados de carne.
Aspecto: Vestido de rojo burdeos, ribetes violáceos. Muy cubierto.
Aroma: A fruta roja, netos, francos e intensos. Tonos algo especiados.
Boca: Entrada en boca compleja, estructurada, equilibrada. Taninos redondos.

Bodegas Los Astrales

administracion@astrales.es
www.astrales.es

Astrales 91 Pt
2007 · 24 €
Uvas: 100% Tinto Fino
Gastronomía: Tortilla de patata.
Aspecto: Rojo burdeos ribetes teja.
Aroma: Vino expresivo, tonos de monte bajo, cacaos.
Boca: Boca con tonos tostados recuerdos de fruta negra algo madura.

Bodegas Miguel y Ruano

loess@loess.es
www.loess.es

Loess Collection 94 Pt
18 Meses Barrica 2005 · 23 €
Uvas: 100% Tempranillo.
Gastronomía: Carnes a la piedra.
Aspecto: Bonito rojo burdeos.
Aroma: Tonos bien conjuntados de fruta y tostados.
Boca: En boca es grato, equilibrado, persistente.

Bodegas Páramo de Guzmán

comercial@paramodeguzman.es
www.paramodeguzman.es

Paramo de Guzmán 91 Pt
2007 · 9,95 €
Uvas: 100% Tempranillo.
Gastronomía: Redondo de ternera relleno.
Aspecto: Rojo burdeos ribetes granates.
Aroma: Notas de frutas negras y rojas, balsámicos. Complejo.
Boca: Carnoso, grato paso por boca y largo postgusto.

Raíz de Guzmán 92 Pt
Vino de Autor 2006 · 22 €
Uvas: 100% Tempranillo.
Gastronomía: Carnes al horno.
Aspecto: Rojo granate intenso ribetes burdeos. Brillante
Aroma: Tonos confitados, tostados. Tonos balsámicos, canela.
Boca: Boca carnosa, equilibrada, potente. Largo postgusto.

Bodegas Pascual

export@bodegaspascual.com
www.bodegaspascual.com

Diodoro Autor 92 Pt
Vino de Autor 2004 · 36 €
Uvas: 100% Tempranillo.
Gastronomía: Carnes asadas.
Aspecto: Rojo granate muy intenso y brillante.
Aroma: Tonos de fruta confitada, chocolate, balsámicos, buenos tostados.
Boca: Entrada en boca elegante, estructurada con buenos recuerdos de ciruelas negras.

Bodegas Peique

comercial@bodegaspeique.com
www.bodegaspeique.com

Peique Selección Familiar 92 Pt
Tinto Genérico 2006 · 30 €
Uvas: 100% Mencía.
Gastronomía: Tortelini de carne picada.
Aspecto: Rojo burdeos muy intenso y cubierto.
Aroma: Muy varietales, frutas muy maduras.
Boca: Entrada en boca potente, largo postgusto.

Bodegas Peñafiel

bodegaspenafiel@bodegaspenafiel.com
www.bodegaspenafiel.com

Miros de Ribera 92 Pt
Selección Barrica 2004 · 13,1 €
Uvas: 100% Tempranillo.
Gastronomía: Carnes estofadas.
Aspecto: De bonito color burdeos ribetes teja, brillante. Limpio.
Aroma: Limpio, intenso, confitado y tonos de noble madera.
Boca: Entrada en boca potente, taninos golosos y buen final.

Miros de Ribera 90 Pt
2004 · 11,83 €
Uvas: 100% Tempranillo.
Gastronomía: Embutidos ibéricos y quesos curados.
Aspecto: Rojo burdeos muy intenso y brillante.
Aroma: Nariz intensa, fruta madura con los tonos de vainilla, especiados.
Boca: Cálido y sabroso. Taninos redondos. Buen final de boca.

Rosa de Miros 92 Pt
2009 · 6,55 €
Uvas: 5% Cabernet Sauvignon, 10% Merlot, 85% Tempranillo.
Gastronomía: Lasaña de marisco.
Aspecto: Rosa fresa, brillante.
Aroma: Nariz amplia y compleja, fruta fresca.
Boca: Carnoso, amable, buena acidez, larga persistencia.

Bodegas Peñalba López, S.L.

bodega@torremilanos.com y torremilanos@torremilano
www.torremilanos.com

Torre Albéniz 92 Pt
Tinto Reserva 2006 · 14 €
Uvas: Cabernet Sauvignon, Merlot, Tempranillo.
Gastronomía: Platos de carne estofada.
Aspecto: Brillante, rojo burdeos-granate.
Aroma: Limpio, neto, franco, frutas negras (moras) todo ello bajo un agradable fondo balsámico.
Boca: Boca carnosa, grata y sabrosa. Elegante postgusto.

Torremilanos 91 Pt
Tinto Reserva 2005 · 12 €
Uvas: 100% Tempranillo.
Gastronomía: Cordero asado, carnes a la brasa. Ibéricos.
Aspecto: Brillante y limpio. Rojo burdeos.
Aroma: Bueno a fruta roja algo confitada con tonos de especias.
Boca: En boca es carnoso, grato y bien equilibrado.

Bodegas Portia

info@bodegasportia.com
www.bodegasportia.com

Portia Prima 90 Pt
2008 15,77 €
Uvas: 100% Tempranillo.
Gastronomía: Carnes asadas.
Aspecto: Rojo burdeos con ribetes violaceos.
Aroma: Tonos de fruta negra madura.
Boca: Entrada en boca algo golosa, equilibrada con buen final.

Bodegas Resalte de Peñafiel, S.A.

info@resalte.com l.restrepo@resalta.com
www.resalte.com

Gran Resalte 92 Pt
Gran Reserva 2001 · 48 €
Uvas: 100% Tempranillo.
Gastronomía: Boletus con jamón.
Aspecto: Rojo granate ribetes ocres.

Aroma: Tono especiados, sotobosque, balsámicos, fruta madura en equilibrio con la madera.
Boca: En boca es carnoso, expresivo con buena acidez y buen final.

Resalte Vendimia Seleccionada **90 Pt**
Joven Roble 2009 · 10 €
Uvas: 100% Tempranillo.
Gastronomía: Arroz negro.
Aspecto: Vestido rojo burdeos, brillante.
Aroma: A frutas rojas, tonos de café, con notas de especias.
Boca: En boca buena estructura, gran expresividad y equilibrio. Buen final.

Bodegas Rodero

rodero@bodegasrodero.com
www.bodegasrodero.com

Carmelo Rodero **92 Pt**
Tinto Reserva 2005 · 25 €
Uvas: 10% Cabernet Sauvignon, 90% Tempranillo.
Gastronomía: Rabo de toro.
Aspecto: Rojo granate muy cubierto, ribetes teja.
Aroma: Tonos a fruta madura algo confitada, aromas de vainilla, canela.
Boca: En boca es armoniosa, taninos maduros, carnoso con tonos tostados en el buen postgusto.

Carmelo Rodero **91 Pt**
2008 · 17 €
Uvas: 10% Cabernet Sauvignon, 90% Tempranillo.
Gastronomía: Ensalada de pastas.
Aspecto: Rojo granate, ribetes violáceos.
Aroma: Algo varietales, tonos tostados, regaliz.
Boca: En boca es carnoso, estructurado con largo final.

Carmelo Rodero Tsm **95 Pt**
2005 · 51 €
Uvas: 15% Cabernet Sauvignon, 10% Merlot, 75% Tempranillo.
Gastronomía: Asados de lechal.
Aspecto: Rojo burdeos. Brillante muy cubierto.
Aroma: Tonos especiados, chocolate buen equilibrio entre fruta y madera.
Boca: Boca potente, carnosa elegante, tonos de fruta del bosque en confitura. Tonos a vainilla de la madera.

Carmelo Rodero Viñas de Valtarreña **94 Pt**
2004 · 43 €
Uvas: 80% Tempranillo, 20% Cabernet Sauvignon.
Gastronomía: Lomo de ciervo adobado.
Aspecto: Rojo granate, brillante y cubierto.
Aroma: Fruta algo confitada, minerales, balsámicos, café.
Boca: Boca, potente, taninos redondos, estructurada con buen equilibrio.

Bodegas Señorío de Nava, S.A.

snava@senoriodenava.es
www.senoriodenava.es

Señorío de Nava **90 Pt**
2006 · 12,2 €
Uvas: 100% Tinta del País.
Gastronomía: Estofados de carne.
Aspecto: De bonito color rojo burdeos ribetes granates.
Aroma: A frutas algo confitadas con un buen equilibrio con la madera.
Boca: Entrada en boca jugosa, golosa y larga. Buen final.

Bodegas Torrederos

adminstracion@torrederos.com
www.torrederos.com

Torrederos Selección **91 Pt**
2009 · 20,9 €
Uvas: 100% Tempranillo.
Gastronomía: Solomillo a la pimienta.
Aspecto: Muy cubierto. Brillante y limpio.
Aroma: De fruta roja madura bien conjuntados con los tostados de la madera. Minerales, cuero.
Boca: Entrada en boca potente, elegante, equilibrado. Buen final.

Bodegas Trus

trus@bodegastrus.com
www.bodegastrus.com

Trus **92 Pt**
Reserva 2004 · 36 €
Uvas: 100% Tinta del País.
Gastronomía: Redondo de ternera al horno.
Aspecto: Atractivo vestido rojo granate con ribetes burdeos. Muy cubierto.
Aroma: Limpios y potentes. Vino muy complejo e intenso. Tonos de fruta roja. Tostados bien ensamblados con la fruta.
Boca: Buena entrada en boca, amplio y carnoso, especiados. Largo postgusto.

Bodegas Valdeviñas

info@valdevinas.esl
www.valdevinas.es

Mirat **90 Pt**
2003 · 16,7 €
Uvas: 100% Tinta del País.
Gastronomía: Caza de pelo y pluma.
Aspecto: Bonito color rojo burdeos muy oscuro. Limpio y brillante.
Aroma: Limpio, neto, franco destacando los frutos rojos junto agradables toques especiados, balsámicos y empireumáticos.
Boca: Sabroso, carnoso, muy complejo, estructurado y equilibrado. Elegante postgusto.

Bodegas Valdubón, S.L.

valdubon@valdubon.com
www.valdubon.com

Honoris **97 Pt**
2006 · 28 €
Uvas: 9% Merlot, 85% Tempranillo., 6% Caiño Blanco.
Gastronomía: Carpacho de buey.
Aspecto: Rojo granate, ribetes burdeos.
Aroma: Tonos de frutas confitadas, cacao, café, especiado.
Boca: En boca tonos balsámicos, especiados, equilibrado y largo final.

Valdubón **92 Pt**
Tinto Reserva 2004 · 14 €
Uvas: 100% Tinta del País.
Gastronomía: Carnes rojas a la brasa. Quesos curados.
Aspecto: De bonito vestido color rojo burdeos-granate. Limpio y granate.
Aroma: Limpio, neto, franco y complejo donde destacan las frutas maduras, especias y tonos minerales.
Boca: Boca muy amplia, de grata expresión tánica. Buen postgusto. Taninos redondos.

Bodegas Vallebueno

bodegasbccv@interbook.net
www.bodegasdecastilla.com

Vallebueno **90 Pt**
2005 · 11 €
Uvas: 100% Tempranillo.
Gastronomía: Carnes al horno.
Aspecto: De bonito color rojo burdeos.
Aroma: Buena expresión aromática, tostados y fruta roja.
Boca: Carnoso, equilibrado, limpio y largo postgusto.

Bodegas Valpincia

penafiel@bodegasvalpincia.com
www.valpincia.lesein.es

Gloria Mayor **92 Pt**
Tinto Generico 2006 · 30 €
Uvas: 100% Tempranillo.
Gastronomía: Carnes a la piedra.
Aspecto: Rojo granate muy cubierto, ribetes burdeos y brillante.
Aroma: A fruta roja con tonos de madera, cuero, especias.
Boca: Entrada en boca, grata, sabrosa, redonda, buen final.

Pagos de Valcerracin **91 Pt**
Roble 2008 · 4,89 €
Uvas: 100% Tempranillo.
Gastronomía: Ensaladas de ventresca y pimiento.
Aspecto: Rojo burdeos ribetes aún violáceos. Limpio y brillante.
Aroma: En nariz limpio, neto con aromas a frutas del bosque, buenos tostados.

Boca: En boca es fresco, sabroso y amplio. Agradable postgusto.

Valpincia Reserva **90 Pt**
2004 · 9,7 €
Uvas: 100% Tempranillo.
Gastronomía: Rabo de toro estofado.
Aspecto: Rojo granate, ribetes teja, muy brillante.
Aroma: Tonos potentes, fruta confitada, tostados, ahumados.
Boca: Entrada en boca potente taninos redondos y equilibrados.

Bodegas Vega Sicilia, S.A.

vegasicilia@vega-sicilia.com
www.vega-sicilia.com

Valbuena 5º Año **96 Pt**
Tinto Reserva 2006 · 65 €
Uvas: Merlot, Tempranillo, Malbec.
Gastronomía: Confit de pato.
Aspecto: Tonos intensos de granate con ribetes teja, Brillante.
Aroma: En nariz, profundo y con buena evolución (especias, trufas, resinas). Tonos de cacao, minerales fundidos con la madera.
Boca: En boca sobresalen taninos nobles y finos, Es cálido, la fruta está bien fundida con la madera.

Vega Sicilia Único **98 Pt**
Tinto Gran Reserva 2002 · 120 €
Uvas: 5% Cabernet Sauvignon, 5% Merlot, 90% Tinto Fino.
Gastronomía: Lomo de ternera lechal en su jugo.
Aspecto: Intenso rojo granate, brillante y con muy buena caída.
Aroma: En nariz muy amplio y complejo. Los tonos de madera noble, están bien ensamblados con la madera, buena madurez.
Boca: En boca es carnoso, equilibrado. Fruta madura, se perciben. Largo y elegante postgusto.

Vega Sicilia Único Reserva Especial **98 Pt**
No Lleva Añada
Gastronomía: Carrillera de ibérico.
Aspecto: Rojo cereza muy cubierto, pleno y de buena caída.
Aroma: Nariz elegante, fina, tonos mezclados de especias con frutas maduras, tostados y cueros. Muy intenso.
Boca: Entra en boca redonda, potente, taninos elegantes y golosos. Fruta confitada.

Bodegas Vermilion de Valbuena de Duero

bgomez@dobleapromociones.com

Vermilion **94 Pt**
2001 · 34 €
Uvas: 100% Tinto Fino.
Gastronomía: Estofados de carne de caza.
Aspecto: Rojo granate intenso y muy cubierto.
Aroma: Tonos de fruta confitada, tostados, vainillas y especias.
Boca: Entrada en boca larga, estructurada, redonda y muy elegante.

Bodegas Viña Vilano

info@vinavilano.com
www.vinavilano.com

Terra Incógnita **90 Pt**
2004 · 30 €
Uvas: 100% Tempranillo.
Gastronomía: Perdices estofadas.
Aspecto: Rojo rubí ribetes teja.
Aroma: Tonos limpios, francos, intensos.
Boca: Boca con equilibrio entre la fruta y la madera. Buen final.

Bodegas Viyuela

viyuela@bodegasviyuela.com
www.bodegasviyuela.com

Viyuela **91 Pt**
Reserva 2004 · 18,56 €
Uvas: 100% Tempranillo.
Gastronomía: Asado de lechazo.
Aspecto: Rojo granate, ribetes teja. Capa cubierta.
Aroma: Tostados muy bien integrados con la fruta algo confitada. Tono de especias.
Boca: Entrada en boca aún potente, fruta madura, especias.

Bodegas y Viñedos Alión, S.A. (Grupo Vega Sicilia)

alion@bodegasalion.com
www.bodegasalion.com

Alión **94 Pt**
Reserva 2007 · 40 €
Uvas: 100% Tempranillo.
Gastronomía: Bacalao confitado.
Aspecto: Solemne vestido de color rojo granate. Cubierto.
Aroma: Fruta roja, especias y maderas expresivo, intenso, largo y marcado por una gran elegancia.
Boca: En boca destacan sus taninos elegantes, sobrio, cálido, buena acidez en su persistente final.

Bodegas y Viñedos Fuentecen

info@bodegahemar.com
www.lbodegahemar.com

Llanum **90 Pt**
Vendimia Seleccionada 2006 · 25 €
Uvas: 100% Tempranillo.
Gastronomía: Caracoles a la burgalesa.
Aspecto: Burdeos, cubierto ribetes violáceos.
Aroma: Tonos balsámicos, tomillo, romero, vainilla.
Boca: Boca untuosa, frutosa, recuerdos de vainilla en su final.

Bodegas y Viñedos Juan Manuel Burgos

juanmanuelburgos@byv.juanmanuelburgos.com
byv.juanmanuelburgos.com

Avan Cepas Centenarias **90 Pt**
18 Meses Barrica 2008 · 60 €
Uvas: 100% Tempranillo.
Gastronomía: Ternasco a la brasa.
Aspecto: Rojo burdeos, ribetes granate, muy cubierto. Brillante.
Aroma: De fruta algo confitada. Cueros, tostados, especias. Equilibrado.
Boca: En boca sus taninos son potentes, largos, redondos, fruta negra (moras, ciruelas) bien conjuntada con la madera.

Avan Concentración **93 Pt**
18 Meses Barrica 2008 · 28 €
Uvas: 100% Tempranillo.
Gastronomía: Perdices estofadas.
Aspecto: Rojo burdeos muy cubierto y brillante.
Aroma: Tonos de especias dulces, fruta algo confitada, mineral.
Boca: Boca grata, franca, elegante, larga, taninos redondos, buen final.

Avan Terruño de Valdehernando **93 Pt**
18 Meses Barrica 2008 · 38 €
Uvas: 100% Tempranillo.
Gastronomía: Alubias con chorizo.
Aspecto: Rojo burdeos, intenso y brillante.
Aroma: Aromas balsámicos, fruta algo confitada, roble cremoso.
Boca: Boca estructurada, equilibrada y con buen postgusto.

Bodegas y Viñedos Lleiroso, S.A.

bodega@bodegaslleiroso.com
www.bodegaslleiroso.com

Lleiroso **90 Pt**
18 Meses Barrica 2004
Uvas: 100% Tempranillo.
Gastronomía: Carnes Guisadas.
Aspecto: Rojo burdeos muy cubierto.
Aroma: Carácter varietales, fruta negra madura, confituras de mora.
Boca: Entrada en boca elegante, especiada fondo de vainilla, largo postgusto.

Bodegas y Viñedos Neo

info@bodegasconde.com
www.bodegasneo.com

Neo **90 Pt**
18 Meses Barrica 2008 · 25 €
Uvas: 100% Tempranillo.
Gastronomía: Morcilla de Burgos.
Aspecto: Rojo violáceo, brillante.
Aroma: Tonos frescos de fruta roja y negra del bosque.

Boca: Boca con taninos frescos, intensos y persistentes

Bodegas y Viñedos Ortega Fournier Slu

ofournier-ribera@ofournier.com
www.ofournier.com

Alfa Spiga 2004 Genérico con 18 Meses Barrica 2004 29 € — **92** Pt
Uvas: 100% Tinta del País.
Gastronomía: Guisos de carne.
Aspecto: Rojo cereza intenso, muy cubierto. Brillante.
Aroma: Tonos de fruta algo confitada, tostados, cueros y algún mineral.
Boca: Vino con taninos potentes y algo golosos, con gran cuerpo, estructura y vivacidad.

Spiga 2005 13 Meses Barrica 2005 · 18 € — **91** Pt
Uvas: 100% Tinta del País.
Gastronomía: Garbanzos guisados.
Aspecto: Rojo burdeos, brillante.
Aroma: Tonos de fruta, especias, tostados.
Boca: Entrada en boca equilibrada con potencia, persistente.

Bodegas y Viñedos Recoletas

bodegas@gruporecoletas.com
www.bodegasrecoletas.com

Recoletas Reserva Reserva 2004 · 19,14 € — **90** Pt
Uvas: 100% Tempranillo.
Gastronomía: Quesos muy curados.
Aspecto: Rojo granate, intensos ribetes teja.
Aroma: De fruta muy confitada, buen equilibrio con la madera.
Boca: Entrada en boca potente, elegantes, taninos redondos, fondo de fruta negra.

Recoletas Vendimia Seleccionada Vino de Autor 2004 · 16,52 € — **92** Pt
Uvas: 100% Tempranillo.
Gastronomía: Pichones rellenos.
Aspecto: Rojo granate, ribetes burdeos. Brillante.
Aroma: De sotobosque, balsámicos, tostados de buena madera.
Boca: Entrada en boca elegante, golosa, jugosa. Buen equilibrio y persistente final.

Bodegas y Viñedos Robeal

info@bodegasrobeal.com
www.bodegasrobeal.com

La Capilla Vendimia Seleccionada 14 Meses Barrica 2006 · 27 € — **92** Pt
Uvas: 100% Tempranillo.
Gastronomía: Embutidos ibéricos y quesos curados.
Aspecto: Rojo granate intenso muy cubierto y brillante
Aroma: Varietales, fruta negra algo madura, balsámicos y tostados.
Boca: Entrada en boca muy elegante, equilibrada, sabrosa. Fruta confitada.

Bodegas y Viñedos San Juan (Vince John, S.L.)

bodegavicentesanjuan@wanadoo.es

Blasón de Romera 2007 — **90** Pt
Uvas: 100% Tempranillo.
Gastronomía: Rabo de toro estofado.
Aspecto: Rojo burdeos, aún los ribetes violáceos.
Aroma: Tonos de fruta algo madura, tomillo, balsámico
Boca: En boca es potente, equilibrado y largo.

Blasón de Romera 2006 · 10 € — **90** Pt
Uvas: 100% Tinta del País.
Gastronomía: Carnes a la piedra.
Aspecto: Rojo granate intenso. Ribetes ocres.
Aroma: Limpios fruta roja macerada con tonos tostados de buena madera.
Boca: Buena entrada en boca, redondo, bien estructurado. Buen postgusto.

Bodegas y Viñedos Tábula, S.L.

armando@bodegastabula.es
www.bodegastabula.es

Clave de Tábula 2007 · 60 € — **93** Pt
Uvas: 100% Tempranillo.
Gastronomía: Estofados de caza.
Aspecto: Rojo burdeos muy intenso y cubierto.
Aroma: De fruta roja y negra del bosque algo confitada.
Boca: Entrada en boca larga, equilibrada, persistente con final de recuerdos tostados.

Gran Tábula Premium 2009 · 36 € — **92** Pt
Uvas: 100% Tempranillo.
Gastronomía: Carnes estofadas.
Aspecto: Rojo burdeos, ribetes violáceos. Cubierto.
Aroma: Tonos de fruta roja. Tostados, torrefactos, intenso.
Boca: Vino equilibrado, potente, elegante. Largo final.

Bodegas y Viñedos Vega Real

bodegas@vegareal.net
vegareal.com

Vega Real 2007 · 11,5 € — **91** Pt
Uvas: 100% Tempranillo.
Gastronomía: Asados de carne.
Aspecto: Rojo burdeos, muy cubierto y brillante.
Aroma: Tonos tostados de buena madera en equilibrio con la fruta algo madura. Especiado.
Boca: Entrada en boca equilibrada, tonos tostados, largo postgusto.

Vega Real Reserva. Reserva 2004 · 18 € — **92** Pt
Uvas: 25% Cabernet Sauvignon, 75% Tempranillo.
Gastronomía: Perdiz en escabeche.
Aspecto: Rojo teja, limpio, brillante.
Aroma: Muy golosos a fruta madura. Monte bajo.
Boca: Entrada en boca sabrosa, grata. Final largo.

Bodegas y Viñedos Viña Mayor

barcelo@habarcelo.es
www.habarcelo.es

Secreto Tinto Reserva 2005 · 30 € — **94** Pt
Uvas: 100% Tempranillo.
Gastronomía: Ensaladas de pasta. Quesos semicurados.
Aspecto: Rojo burdeos, ribetes algo granates, brillante.
Aroma: Tonos de fruta negra, con el equilibrio de los tostados. Muy especiado.
Boca: Boca jugosa, ágil, larga. Buen final. Vino para guardar.

Secreto Reserva Reserva 2005 — **94** Pt
Uvas: 100% Tempranillo.
Gastronomía: Pierna de cordero rellena.
Aspecto: Vestido de rojo granate, ribetes burdeos.
Aroma: Tonos de fruta roja confitada, vainilla, chocolate, tostados.
Boca: Boca con potencia, estructurada, equilibrada, largo final.

Secreto Viña Mayor Tinto Roble 2007 · 15 € — **96** Pt
Uvas: 100% Tinta del País.
Gastronomía: Asados, platos de caza mayor y menor. Ibéricos.
Aspecto: De solemne color rojo burdeos. Limpio y brillante.
Aroma: Potente frutos rojos macerados, notas ahumadas del roble. Especias y monte bajo.
Boca: Boca carnosa, taninos dulces y maduros, notas a chocolate y a confitura de la fruta.

Viña Mayor Tinto Reserva 2005 · 16 € — **93** Pt
Uvas: 100% Tempranillo.
Gastronomía: Estofados de carne.
Aspecto: Rojo teja, ribetes granates.

Aroma: Tonos de fruta confitada, cuero, tomillo, romero.
Boca: Boca con taninos muy redondos, golosos, largo final.

Viña Mayor 95 Pt
Tinto Gran Reserva 2003 · 25 €
Uvas: 100% Tinta del País.
Gastronomía: Asados y carnes rojas. Quesos curados.
Aspecto: Solemne vestido de color granate burdeos, ribetes teja.
Aroma: El aroma es limpio, neto, franco, toques de regaliz, tonos minerales y de brea. Chocolate, canela.
Boca: En boca amplio, estructurado, equilibrado, madera equilibrada y prolongado final.

Viña Mayor 91 Pt
Tinto Roble 2009
Uvas: 100% Tempranillo.
Gastronomía: Estofados de carne.
Aspecto: Rojo rubí ribetes violáceos.
Aroma: Tonos de fruta fresca del bosque.
Boca: Boca fresca, muy jugosa y persistente.

Viña Mayor Crianza 93 Pt
2007 · 9 €
Uvas: 100% Tinta del País.
Gastronomía: Carnes asadas y a la brasa.
Aspecto: Se viste en rojo granate luminoso y límpido.
Aroma: Frutales con elegantes con matices conjuntados.
Boca: En boca equilibrado, goloso, sabroso, potente final. Taninos redondos.

Cepas y Bodegas, S.L.

info@cepasybodegas.com
www.cepasybodegas.com

Arco de Guía 90 Pt
Roble Español 12 Meses 2008 · 11 €
Uvas: 100% Tempranillo.
Gastronomía: Tostas de jamón ibérico.
Aspecto: Rojo burdeos ribetes muy brillantes.
Aroma: Tonos de fruta madura en equilibrio con la buena madera. Vainilla al final.
Boca: Tonos tostados de madera nueva, fruta confitada, buen postgusto.

Cía. Vinícola Pizarro

info@picres.com
www.picres.com

Picrés 871 92 Pt
25 Meses en Barrica 2004 · 32 €
Uvas: 100% Tempranillo.
Gastronomía: Redondo de ternera mechado.
Aspecto: Rojo granate, ribetes burdeos.
Aroma: Tonos de fruta confitada, tostados.
Boca: Boca vigorosa, taninos algo golosos, muy persistente.

Cillar de Silos

bodega@cillardesilos.es
www.cillardesilos.es

Torre Silo 90 Pt
16 Meses Barrica 2007 · 28 €
Uvas: 100% Tempranillo.
Gastronomía: Ibéricos, carnes asadas o en salsas especiadas.
Aspecto: Limpio, elegante, brillante. Rojo burdeos intenso ribetes violáceos.
Aroma: En nariz, limpios tostados con aromas a frutas maduras y confitadas.
Boca: En boca, sabroso, carnoso, grato, taninos bien ensamblados.

Comenge Bodegas y Viñedos, S.A.

admin@comenge.com
www.comenge.com

Comenge 91 Pt
15 Meses Barrica 2007 · 12,5 €
Uvas: 100% Tempranillo.
Gastronomía: Solomillo de cerdo con cerveza.
Aspecto: Bonito vestido de rojo granate. Brillante.
Aroma: Tonos de fruta confitada en buen equilibrio con los tostados de la madera.
Boca: Boca persistente, estructurada, franca, largo postgusto.

Compañía Telmo Rodríguez

contact@telmorodriguez.com

M2 de Matallana 91 Pt
14 Meses en Barrica 2006 · 24,4 €
Uvas: 100% Tinto Fino.
Gastronomía: Solomillo relleno.
Aspecto: Rojo burdeos, ribetes ocres.
Aroma: Tonos de fruta algo confitada, balsámicos, especias.
Boca: Boca estructurada, taninos redondos, largo final.

Matallana 93 Pt
18 Meses Barrica 2006 · 82 €
Uvas: 100% Tempranillo.
Gastronomía: Carnes de caza, embutidos ibéricos.
Aspecto: De vestido rojo burdeos muy intenso con brillantes ribetes violáceos.
Aroma: En nariz, fruta roja con tostados y tonos especiados.
Boca: Elegante con entrada potente, aterciopelada, larga y grata.

Condado de Haza (Grupo Pesquera)

info@condadodehaza.com
www.condadodehaza.com

Alenza 93 Pt
Gran Reserva 2001 · 50 €
Uvas: 100% Tempranillo.
Gastronomía: Carnes al horno bien condimentadas.
Aspecto: Intenso granate ribetes tejas, brillante.
Aroma: A frutas rojas maceradas, cueros, tostados.
Boca: Grato, bien estructurado, con leves recuerdos silvestres.

Condado de Haza 92 Pt
2007 · 12 €
Uvas: 100% Tempranillo.
Gastronomía: Platos de caza condimentados. Carnes asadas. Ibéricos.
Aspecto: Vino sobrio en su vestido rojo burdeos.
Aroma: De buen conjunto (especias, cueros con notas minerales y balsámicas).
Boca: En boca, seco, amplio. Excelente postgusto.

Convento San Francisco

bodega@bodegaconvento.com
www.bodegaconvento.com

Convento de San Francisco 9[illegible] Pt
Tinto Crianza 2006 · 15,5 €
Uvas: 8% Merlot, 82% Tempranillo.
Gastronomía: Carnes estofadas.
Aspecto: Rojo burdeos con ribetes violáceos.
Aroma: Tostados, netos, francos a fruta roja.
Boca: Potente, equilibrado, largo final.

Convento de San Francisco Selección Especial. 92 Pt
2005 · 28 €
Uvas: 10% Cabernet Sauvignon, 90% Tinta del País.
Gastronomía: Rabo de toro estofado.
Aspecto: Rojo burdeos, brillante.
Aroma: Tonos muy especiados, balsámicos y afrutados.
Boca: Boca potente, equilibrada y larga.

Dehesa de Los Canónigos

bodega@dehesacanonigos.com
www.dehesadeloscanonigos.com

Dehesa de Los Canónigos 90 Pt
15 Meses Barrica 2006 · 14 €
Uvas: 88% Tinto Fino, 12% Cabernet Sauvignon.
Gastronomía: Menestra de verduras con carne.
Aspecto: Rojo granate ribetes burdeos.
Aroma: Tono de fruta confitada, balsámicos, tostados.
Boca: En boca es seso, equilibrado, con largo postgusto.

Dominio de Atauta

info@dominiodeatauta.com
www.dominiodeatauta.com

Dominio de Atauta **93** Pt
2007 · 23 €
Uvas: 100% Tinto Fino.
Gastronomía: Carnes rojas, asados.
Aspecto: Atractivo vestido rojo burdeos de intensa capa con brillantes ribetes violáceos. Brillante.
Aroma: Complejo, intenso y seductor. Aromas de frutas rojas maduras, especias y ligeros tonos minerales.
Boca: Amplia entrada en boca y de gran expresión tánica. Largo postgusto.

Dominio de Atauta la Mala **94** Pt
2007 · 80 €
Uvas: 100% Tinto Fino.
Gastronomía: Embutidos ibéricos y quesos semicurados.
Aspecto: Rojo picota intenso, muy cubierto y brillante.
Aroma: Netos, francos, intensos, Tostados bien conjuntados con la fruta algo madura. Cueros.
Boca: Entrada en boca jugosa. Con taninos redondos. Largo postgusto.

Dominio de Atauta Valdegatiles **96** Pt
2007 · 75 €
Uvas: 100% Tinto Fino.
Gastronomía: Carnes a la piedra.
Aspecto: Rojo burdeos muy cubierto. Brillante, limpio.
Aroma: Confitados a fruta roja, tostados, cueros.
Boca: Entrada en boca potente muy elegante, redondo, sabroso. Largo postgusto.

Dominio de Pingus

info@pingus.es

Flor de Pingus **94** Pt
2008
Uvas: 100% Tempranillo.
Gastronomía: Asados castellanos, carnes rojas, caza y patés.
Aspecto: Bonito e intenso vestido burdeos limpio y brillante.
Aroma: La nariz presenta una excelente franqueza, tonos tostados en equilibrio con los confitados.
Boca: En boca es intenso, mineral, tostados de buena madera con energía.

Pingus **98** Pt
2008
Uvas: 100% Tempranillo.
Gastronomía: Caza, Steak Tartare.
Aspecto: Aspecto solemne, burdeos intenso.
Aroma: En nariz muy complejo, fruta madura, empireumáticos, toques minerales.
Boca: En boca magníficos modales, mucha vigorosidad y equilibrio.

Ébano Viñedos y Bodegas

ebano@ebanovinedosy bodegas.com
www.ebanovinedosybodegas.com

Ébano **92** Pt
2006 · 25 €
Uvas: 100% Tempranillo.
Gastronomía: Lechazo al horno.
Aspecto: Rojo granate, ribetes burdeos.
Aroma: De fruta negra (mora, con tonos minerales).
Boca: Boca untuosa, cremosa, con taninos dulces.

Epifanio Rivera

info@

Erial Tf 2007 **92** Pt
2007 · 21 €
Uvas: 100% Tinto Fino.
Gastronomía: Asadillo de pimiento.
Aspecto: Rojo burdeos, intenso y cubierto.
Aroma: Agradables aromas de monte bajo en equilibrio con la madera.
Boca: Boca con taninos algo golosos, chocolate, tofeés. Largo final.

Finca Tobella

fincatobella@fincatobella.com
www.fincatobella.com

Selecció Especial **90** Pt
14 Meses Barrica 2006 · 18,5 €
Uvas: 100% Tempranillo.
Gastronomía: Calabacines rellenos.
Aspecto: Rojo burdeos, brillante.
Aroma: Tonos de fruta roja del bosque, roble cremoso, pimienta.
Boca: Boca estructurada, con equilibrio, buen final.

Finca Villacreces, S.L.

club@grupoartedelvino.com
www.grupoartevino.com

Finca Villacreces **92** Pt
2006 · 22 €
Uvas: 10% Cabernet Sauvignon, 4% Merlot, 86% Tinto Fino.
Gastronomía: Asados de cordero.
Aspecto: Rojo granate muy cubierto. Brillante y luminoso.
Aroma: Intenso, fruta algo confitada, final persistente.
Boca: En boca orgulloso, taninos golosos, persistente final.

Grandes Bodegas

bodega@marquesdevelilla.com
www.grandesbodegas.com

Doncel de Mataperras **92** Pt
Vino de Pago 2005 · 25 €
Uvas: 100% Tinta del País.
Gastronomía: Entrecot a la pimienta.
Aspecto: Rojo granate, ribetes violáceos.
Aroma: Tonos muy afrutados conservados los tostados y la vainilla.
Boca: Boca con cuerpo y estructura, buen final.

Marqués de Velilla **90** Pt
Tinto Crianza 2006 · 11 €
Uvas: 100% Tempranillo.
Gastronomía: Carnes a la brasa, ensaladas con queso de cabra.
Aspecto: De bonito color rojo granate intenso. Limpio y brillante.
Aroma: Limpios, netos, francos con matices minerales y dejos de madera.
Boca: Sabroso, intenso, fácil de beber. Buen final.

Great Wines From Spain

dcuellar@valdrinal.com
www.altaoavina.es

Valdrinal **92** Pt
Reserva 2005 · 16 €
Uvas: 100% Tempranillo.
Gastronomía: Carnes asadas. Quesos curados.
Aspecto: Sobrio vestido rojo granate con ribetes teja. Brillante y limpio.
Aroma: De fruta confitada buen equilibrio con la madera. Especias, balsámicos.
Boca: Entrada en boca elegante, con buena tanicidad. Final largo y persistente.

Grupo Yllera

grupoyllera@grupoyllera.com
www.grupoyllera.com

Bracamonte **91** Pt
Tinto Reserva 2001 · 14,5 €
Uvas: 100% Tempranillo.
Gastronomía: Carnes a la piedra.
Aspecto: Rojo granate, ribetes teja, brillante.
Aroma: Tonos de fruta muy madura en buen equilibrio con la madera.
Boca: Potente en su entrada, orgulloso final con tonos tostados en su postgusto.

Bracamonte **90** Pt
2004 · 9,5 €
Uvas: 100% Tempranillo.
Gastronomía: Carnes de caza adobadas.
Aspecto: De color rojo burdeos-granate. Limpio y brillante.
Aroma: De buena intensidad y franqueza, aromas a fruta roja, toques balsámicos y empireumáticos.
Boca: Carnoso, sabroso, taninos bien integrados. Buen postgusto.

Hacienda Monasterio

bmonasterio@haciendamonasterio.com
www.haciendamonasterio.com

Hacienda Monasterio 93 Pt
Tinto Reserva 2005
Uvas: 25% Cabernet Sauvignon, Merlot, 75% Tinto Fino.
Gastronomía: Solomillo de ibérico al jerez.
Aspecto: De solemne vestido rojo granate con ribetes teja. Limpio y brillante.
Aroma: En nariz, aromas limpios, gratos y gran complejidad. Frutas maduras.
Boca: Entrada en boca redonda, elegante, golosa. Excelente postgusto.

Hacienda Monasterio 93 Pt
Reserva Especial 2005
Uvas: 15% Cabernet Sauvignon, 5% Merlot, 80% Tinto Fino.
Gastronomía: Confit de pato.
Aspecto: Rojo granate ribetes teja.
Aroma: Frutas maduras, tonos a regaliz, algo balsámico.
Boca: Potente y redonda es, buen equilibrio con la madera y la fruta.

La Colección Dce Sl.

info@lacolecciondevinos.com
www.lacolecciondevinos.com

Palacio de Santa Cruz 91 Pt
Vendimia Seleccionada 2005 · 30,85 €
Uvas: 100% Tempranillo.
Gastronomía: Estofado de cordero.
Aspecto: Rojo burdeos, ribetes violáceos.
Aroma: Tonos de romero, tomillo en equilibrio con fruta roja confitada.
Boca: En boca esta algo especiado, goloso, largo final.

Legaris (Grupo Codorníu)

info@legaris.com
www.legaris.com

Legaris 91 Pt
2007 · 14 €
Uvas: 100% Tempranillo.
Gastronomía: Asado de cordero.
Aspecto: De bonito color rojo burdeos ribetes aún violáceos. Limpio y brillante.
Aroma: Vino de buen aroma, limpio, neto, franco y equilibrado. Destacando los tonos a frutas rojas, especias y madera.
Boca: Boca un poco golosa, tonos confitados persistentes. Buen final.

Legaris 92 Pt
Tinto Reserva 2005 · 24 €
Uvas: 100% Tempranillo.
Gastronomía: Embutidos y quesos muy curados.
Aspecto: Rojo granate, ribetes burdeos, buena caída. Brillante.
Aroma: Fruta roja madura, tonos de especias, balsámicos y buenos tostados.
Boca: Boca golosa de la fruta algo confitada, Equilibrio entre la fruta y la madera, Buen final.

Marqués de Valparaíso

m.valparaiso@fer.es
www.paternina.com

Marqués de Valparaíso 91 Pt
2006 · 7,8 €
Uvas: 100% Tinta del País.
Gastronomía: Asados en general. Platos de caza especiados.
Aspecto: Bien presentado en rojo granate ribetes burdeos.
Aroma: En nariz ligeros tonos frutales junto a dejos de buena y noble madera.
Boca: En boca es grato, sabroso, tonos frutales con buen final.

Marqués de Valparaíso 92 Pt
Tinto Reserva 2002 · 10,3 €
Uvas: Cabernet Sauvignon, Merlot, Tinta del País.
Gastronomía: Carcamusas con tomate.
Aspecto: Vestido de adecuada intensidad y con buen matiz de evolución con la edad.
Aroma: En nariz, muy especiado, fruta negra algo confitada, equilibrado final.
Boca: En boca, tonos tostados, seco con un agradable postgusto.

Melis

javier@melispriorat.com
www.melispriorat.com

Elix 93 Pt
16 Meses en Barrica 2006 · 35 €
Uvas: Cabernet Sauvignon, Cariñena, Garnacha, Merlot, Syrah.
Gastronomía: Jarrete de ternera.
Aspecto: Rojo granate, brillante.
Aroma: Tonos de bajo monte, fruta algo madura.
Boca: Taninos muy potentes, elegante, persistente, largo postgusto.

Montebaco, S.L.

montebaco@bodegasmontebaco.com
www.bodegasmontebaco.com

Montebaco 92 Pt
Tinto Crianza 2006 · 13 €
Uvas: 100% Tempranillo.
Gastronomía: Embutidos ibéricos, pastas con tomate y carne.
Aspecto: De bonito color rojo burdeos. Limpio y brillante.
Aroma: En nariz limpio, neto y franco con buenos y equilibrados componentes (frutas, especias y madera).
Boca: En boca, sabroso, con buena carnosidad, estructurado. Largo final.

Semele 92 Pt
Tinto Crianza 2008 · 8 €
Uvas: 10% Merlot, 90% Tempranillo.
Gastronomía: Carnes a la brasa. Ensaladas muy condimentadas.
Aspecto: De bonito color rojo burdeos, ribetes violáceos. Limpio y brillante.
Aroma: A trufas, monte bajo y moras en compota todo ello envuelto en un agradable fondo balsámico de la madera.
Boca: Boca sabrosa y amplia. Largo postgusto.

Osborne Ribera del Duero

carolina.cerrato@osborne.es
www.osborne.es

Señorío del Cid 90 Pt
Tinto Roble 2006 · 6 €
Uvas: 100% Tinto Fino.
Gastronomía: Carnes a la brasa.
Aspecto: De bonito rojo granate ribetes teja. Brillante.
Aroma: Intenso y franco con notas tostadas y frutos rojos algo maduros.
Boca: Expresivo, buenos taninos, final argo y muy agradable.

Pago de Carraovejas

administración@pagodecarraovejas.com
www.pagodecarraovejas.com

Pago de Carraovejas 94 Pt
2007
Uvas: 10% Cabernet Sauvignon, 90% Tinto Fino.
Gastronomía: Asados de cordero.
Aspecto: Solemne en color granate ribetes violaceos, brillante y limpido.
Aroma: Intensos, complejos, equilibrados, fruta roja con tostados, chocolate.
Boca: Entrada en boca carnosa, sabrosa. Largo final con postgusto excelente.

Pago de Carraovejas 95 Pt
Cuesta las Liebres 2005 · 60 €
Uvas: 10% Cabernet Sauvignon, 90% Tinto Fino.
Gastronomía: Pastel de carne.
Aspecto: Granate intenso capa muy cubierta y brillante.
Aroma: A fruta negra bien madura con madera bien tostada.
Boca: Buena expresividad, acidez, estructura, sabroso, tánico. Largo postgusto.

Pago de Los Capellanes

bodega@pagodeloscapellanes.com
www.pagodeloscapellanes.com

Pago de Los Capellanes 93 Pt
Tinto Reserva 2006 · 29 €
Uvas: 100% Tempranillo.
Gastronomía: Quesos muy curados.

Aspecto: Bonito vestido granate poco cubierto. Limpio y brillante.
Aroma: Tonos golosos, balsámico, tostados y cueros.
Boca: Entrada en boca sabrosa, carnoso, estructurado, taninos bien integrados. Buen postgusto.

Pago de Los Capellanes **94** Pt
Parcela Nogal 2005 · 38 €
Uvas: 100% Tempranillo.
Gastronomía: Ensaladas de pasta bien condimentadas.
Aspecto: Brillante, luminoso granate ribetes burdeos.
Aroma: Tostados bien conjuntados con la fruta algo madura.
Boca: En boca es potente, grato, elegante, postgusto largo.

Pago de Los Capellanes **96** Pt
Parcela el Picón
Vino de Autor 2004 · 125 €
Uvas: 100% Tempranillo.
Gastronomía: Carnes a la brasa y quesos semicurados.
Aspecto: De bonito color rojo burdeos, limpio, brillante.
Aroma: Muy buena intensidad, aromas, hay tonos a frutas confitadas toques a tostados, sotobosque y especiados.
Boca: Carnoso, amplio, sabroso, expresivo. Largo y elegante postgusto. Taninos dulces.

Pagos del Rey, S.L.

riberadelduero@pagosdelrey.com
www.pagosdelrey.com

409 **93** Pt
Envejecido en Barrica 2008 · 24 €
Uvas: 100% Tempranillo.
Gastronomía: Bonito con tomate,
Aspecto: Rojo burdeos intenso. Brillante y limpio.
Aroma: Netos, buenos tostados, fruta algo madura.
Boca: Entrada en boca limpia, golosa, jugosa y sabrosa. Buen final.

Altos de Tamarón **92** Pt
2007 · 5 €
Uvas: 100% Tempranillo.
Gastronomía: Ensaladas con quesos curados.
Aspecto: Vestido intenso rojo burdeos, ribetes violáceos.
Aroma: Marcadamente afrutado (zarzamora). Tonos tostados.
Boca: En boca carnoso y una jugosa expresión tánica, final largo.

Altos de Tamarón **93** Pt
Gran Reserva 2002 · 9 €
Uvas: 100% Tinta del País.
Gastronomía: Pastel de carne.
Aspecto: Buen color granate ribetes teja.
Aroma: A frutas maduras y confitadas, especias y buena madera.
Boca: En boca armónico armado y de pulidas formas.

Condado de Oriza **92** Pt
Reserva 2006 · 15,90 €
Uvas: 100% Tinta del País.
Gastronomía: Chuletas de cordero a la parrilla.
Aspecto: Rojo granate con destellos violáceos aún.
Aroma: Tonos muy confitados, tostados de buena madera, balsámicos.
Boca: En boca es orgulloso y a la vez tierno. Vino de encuentro romántico. Sincerísimo postgusto.

Condado de Oriza **92** Pt
Tinto Roble 2009 · 7,10 €
Uvas: 100% Tempranillo.
Gastronomía: Barbacoas.
Aspecto: Rojo burdeos muy cubierto.
Aroma: En nariz afrutado junto a un agradable toque tostado.
Boca: Boca sabrosa y taninos jugosos. Buen final.

Pinna Fidelis

info@pinnafidelis.com
www.pinnafidelis.com

Pinna Fidelis **90** Pt
Roble 12 Meses Barrica 2006 · 25 €
Uvas: 100% Tempranillo.
Gastronomía: Carré de cordero al horno.
Aspecto: Rojo rubí muy violáceo.
Aroma: Tonos de buena madera, vainilla, cacao en equilibrio con la fruta.
Boca: Equilibrado, fresco, taninos redondos. Final largo.

Protos Bodega Ribera Duero de Peñafiel, S.L.

bodega@bodegasprotos.com
www.bodegasprotos.com

Protos **92** Pt
Tinto Reserva 2005 · 20,82 €
Uvas: 100% Tinto Fino.
Gastronomía: Estofados de carne de caza. Quesos muy curados.
Aspecto: Rojo granate, ribetes teja, brillante.
Aroma: Tonos de fruta algo confitada, balsámicos, especiados.
Boca: Taninos muy equilibrados. Tonos golosos de fruta madura, largo postgusto.

Protos **92** Pt
Gran Reserva 2004 · 34,7 €
Uvas: 100% Tempranillo.
Gastronomía: Pollo al chilindrón.
Aspecto: Color rojo granate, reflejos teja en sus bordes.
Aroma: Aromas, limpios e intensos, fruta madura, recuerdos balsámicos y especiado.
Boca: Boca potente y jugosa, Largo postgusto.

Real Sitio de Ventosilla, S.A.

bodega@pradorey.com
www.pradorey.com

Pradorey **92** Pt
Gran Reserva 2004 · 22 €
Uvas: 100% Tinta del País.
Gastronomía: Cochinillo asado.
Aspecto: Rojo con poca intensidad, ribetes teja.
Aroma: Tono de tostados, cueros, confitados.
Boca: Boca suave, elegante y persistente.

Pradorey Elite **91** Pt
2006 · 18,5 €
Uvas: 100% Tempranillo.
Gastronomía: Platos de caza con condimentos.
Aspecto: Vestido en buen tono burdeos-granate. Limpio y brillante.
Aroma: Netos y francos con bonita mezcla de frutas hierbas y flores.
Boca: Buena entrada en boca fresco, grato y sabroso. Equilibrado.

Santa Eulalia

bodegasfrutosvillar@bodegasfrutosvillar.com
www.bodegasfrutosvillar.com

Conde de Siruela **91** Pt
2005 · 17,9 €
Uvas: 100% Tempranillo.
Gastronomía: Pastel de carne.
Aspecto: De aspecto en tonos burdeos-granates. Limpio y brillante.
Aroma: En nariz aromas de frutas junto a tonos minerales y de madera.
Boca: Sabroso, expresivo. Final ágil.

Tarsus

asanzcabarrobadomcq@bodegas.com
www.domecqbodegas.com

Tarsus **90** Pt
Tinto Reserva 2004 · 19,5 €
Uvas: 2% Cabernet Sauvignon, 98% Tempranillo.
Gastronomía: Entrecot a la pimienta.
Aspecto: Color rojo granate cubierto, brillante.
Aroma: Limpio, neto, franco. Con aromas especiados, madera noble y fruta madura.
Boca: Buena entrada en boca, carnoso, seco, Agradable postgusto.

Torres

mailadmin@torres.es
www.torres.es

Celeste **91** Pt
2007 · 14,45 €
Uvas: 100% Tinto Fino.
Gastronomía: Ensalada de pastas bien condimentadas.

Aspecto: Vestido de color rojo burdeos con brillantes ribetes violáceos.
Aroma: Limpios, netos, francos a frutas rojas maduras y especias.
Boca: En boca sabroso, amplio, buen final.

Torres de Anguix

enologia@torresdeanguix.com
www.torresdeanguix.com

A D'Anguix 93 Pt
Tinto Genérico 2006 · 100 €
Uvas: 100% Tinta del País.
Gastronomía: Carnes estofadas.
Aspecto: Rojo granate ribetes violáceos.
Aroma: Tono muy intensos, café, cacao, frutas algo confitadas.
Boca: Boca potente, redondo, taninos jugosos. Largo final.

Torres de Anguix 90 Pt
Gran Reserva 2001 · 29 €
Uvas: 100% Tempranillo.
Gastronomía: Redondo de ternera al horno.
Aspecto: Se viste sobrio y bien. Granate, brillante y luminoso.
Aroma: Tonos muy agradables de monte fondo balsámico y de la madera.
Boca: En boca muy buen equilibrio, elegante tanicidad. Agradable postgusto.

Torres de Anguix 92 Pt
Reserva 2003 · 18 €
Uvas: 100% Tempranillo.
Gastronomía: Solomillo a la piedra.
Aspecto: Tonos color rojo granate ribetes teja, limpio y brillante.
Aroma: Tonos de fruta confitada, tonos de cuero, minerales con buen equilibrio con la madrea.
Boca: En boca seco, taninos redondos y buen equilibrio. Largo postgusto.

Valsanzo

export@valsanzo.com
www.valsanzo.com

Vall Sanzo 91 Pt
2006 · 14,96 €
Uvas: 100% Tempranillo.
Gastronomía: Carnes a la plancha.
Aspecto: Rojo burdeos, ribetes aún violáceos.
Aroma: Francos, limpios. Fruta negra madura bien conjuntada con la madera.
Boca: Entrada en boca jugosa, algo golosa, equilibrada. Largo final.

Viña Arnaiz, S.A.

rarevalo@jgc.es
www.vinosdefamilia.com

Arnaiz 91 Pt
Tinto Reserva 2003 · 16 €
Uvas: 20% Cabernet Sauvignon, 5% Merlot, 85% Tempranillo.
Gastronomía: Pollo relleno al horno.
Aspecto: Limpio y brillante, rojo granate bien cubierto.
Aroma: Potente a frutas muy maduras. Agradables toques balsámicos, buenos tonos de madera.
Boca: En boca carnoso, sabroso, Tarinos en equilibrio, buen final.

Viñas y Vinos el Marqués

bodegaelmarques@telefonica.net
www.bodegaelmarques.com

Viñas y Vinos el Marqués 90 Pt
2007
Uvas: 100% Tempranillo.
Gastronomía: Carnes a la plancha.
Aspecto: Rojo burdeos brillante, ribetes violáceos
Aroma: Tonos frescos, francos, vainilla.
Boca: Entrada en boca con potencia, taninos redondos. Tonos de tostados en el final.

Viñedos Alonso del Yerro

mariadelyerro@vay.es
www.alonsodelyerro.com

Alonso del Yerro 93 Pt
12 Meses Barrica 2007 · 20 €
Uvas: 100% Tempranillo.
Gastronomía: Conejo al ajillo.
Aspecto: Rojo burdeos ribetes violáceos.
Aroma: Tonos de fruta algo confitada, tomillo, romero, tostados.
Boca: Boca con taninos algo golosos, persistente final.

María de Alonso del Yerro 92 Pt
18 Meses Barrica 2008 · 45 €
Uvas: 100% Tempranillo.
Gastronomía: Aleta rellena asada.
Aspecto: Rojo rubí muy intenso y brillante.
Aroma: Tonos varietales, equilibrados, intensos.
Boca: Boca potente, estructurada, postgusto goloso.

Viñedos y Bodegas Aster, S.L.

aster@riojalta.com
www.riojalta.com/aster.htm

Aster Finca el Otero 91 Pt
2006 · 36 €
Uvas: 100% Tempranillo.
Gastronomía: Crujiente de morcilla.
Aspecto: burdeos muy intenso y brillante.
Aroma: Notable intensidad de fruta madura, gran mineralidad y maderas nobles.
Boca: Boca muy equilibrada, sabrosa, elegante y largo postgusto.

Viñedos y Bodegas García Figuero

bodega@tintofiguero.com
www.tintofiguero.com

Figuero Noble 92 Pt
Vino de Autor 2005 · 59 €
Uvas: 100% Tempranillo.
Gastronomía: Caldereta de carne.
Aspecto: Rojo granate, ribetes burdeos. Brillante.
Aroma: Muy varietal, tonos tostados, especias y balsámicos.
Boca: Boca redonda, elegante, amplia, especiada buen equilibrio con la madera.

Denominación de Origen de Rueda

Situada casi totalmente en la altiplanicie de la margen izquierda del río Duero, ocupa la mitad sudoeste de la provincia de Valladolid. La uva que predomina es la Verdejo, además de Viura, Palomino de Jerez y Sauvignon Blanc.

Consejo Regulador
983 868 248 - crdo.rueda@dorueda.com

Ángel Rodríguez Vidal

martinsancho@martinsancho.com

Martinsancho 90 Pt
2009 · 6 €
Uvas: 100% Verdejo.
Gastronomía: Besugo al horno, salmón a la plancha, menestra de verduras.
Aspecto: Amarillo pajizo con reflejos acerados.
Aroma: Intenso, fruta blanca tropical, flores blancas, heno recién cortado. Varietal.
Boca: Potente, untuoso, seco, sabroso, complejo. Persistente.

Avelino Vegas, S.A.

ana@avelinovegas.com
www.avelinovegas.com

Montespina Verdejo 91 Pt
2009 · 5 €
Uvas: 100% Verdejo.
Gastronomía: Rape a la plancha, boquerones fritos, crustáceos cocidos.
Aspecto: Amarillo pajizo con reflejos verdosos.
Aroma: Intenso, flores blancas, fruta tropical, notas de heno. Varietal.
Boca: Potente, seco, fresco, sabroso, frutoso, equilibrado, agradable acidez final. Persistente.

Belondrade, S.L.

info@belondradeylurton.com
www.belondradeylurton.com

Belondrade y Lurton 93 Pt
2008 · 23 €
Uvas: 100% Verdejo.
Gastronomía: Atún, besugo asado, carnes blancas a la plancha, vieiras al horno.
Aspecto: Amarillo pajizo con bordes dorados.
Aroma: Potente. Frutas exóticas confitadas, papaya, mango, piña. Notas ahumadas y minerales. Heno seco. Varietal.
Boca: Equilibrado, potente, untuoso, amplio, complejo y elegante. Persistente.

Bodega Álvarez y Díez, S.A.

administracion@alvarezydiez.com
www.alvarezydiez.com

Mantel Blanco Verdejo 93 Pt
2009 · 6 €
Uvas: 100% Verdejo.
Gastronomía: Zamburiñas, camarones, arroz frito, besugo, pescadilla rebozada.
Aspecto: Amarillo pajizo, reflejos verdosos.
Aroma: Intenso, floral y frutal, cítricos.
Boca: Fresco, seco, estructurado, sabroso, agradable acidez final.

Bodega Cuatro Rayas - Agrícola Castellana, S.C.L.

info@cuatrorayas.org
www.cuatrorayas.org

Cuatro Rayas Viñedos Centenarios 92 Pt
2009 · 5,9 €
Uvas: 100% Verdejo.
Gastronomía: Rodaballo a la parrilla, pudin de pescado, habas frescas.
Aspecto: Amarillo pálido con reflejos verdosos.
Aroma: Intenso, fruta blanca de hueso, notas cítricas. Varietal.
Boca: Potente, sabroso, untuoso, acidez agradable. Persistente.

Bodega El Albar Lurton

bodega@jflurton.es
www.jflurton.com

Cuesta de Oro 90 Pt
2009 · 19,8 €
Uvas: 100% Verdejo.
Gastronomía: Carnes blancas a la plancha, pescados azules a la parrilla, calderetas.
Aspecto: Amarillo con reflejos verdosos.
Aroma: Intenso, fruta de hueso, melocotón, albaricoque, frutos secos, finas hierbas, madera bien ensamblada.
Boca: Potente, sabroso, fresco. Persistente.

Hermanos Lurton Verdejo 2009 · 7,5 € 91 Pt
Uvas: 15% Sauvignon Blanc, 85% Verdejo.
Gastronomía: Pescados a la plancha, mariscos cocidos, cremas frías, aperitivos.
Aspecto: Amarillo pajizo con reflejos dorados.
Aroma: Aromático, flores blancas y frutos silvestres, hierbas de tocador. Varietal.
Boca: Potente, equilibrado, sabroso, grato, fresco, agradable acidez final. Persistente.

Bodega Gótica (Mª Jesús de la Hoz Monsalve)

mjhmonsalve@ya.com
www.bodegagotica.com

Trascampanas Verdejo 2009 · 5 € 92 Pt
Uvas: 100% Verdejo.
Gastronomía: Pudin de merluza, rape en salsa verde, coliflor rebozada, langosta en salpicón.
Aspecto: Amarillo pajizo con reflejos verdosos.
Aroma: Intenso, frutas tropicales, notas especiadas, recuerdo de finas hierbas. Varietal.
Boca: Potente, fresco, sabroso, elegante, carnoso, buena acidez. Persistente.

Bodega Palacio de Bornos

info@taninia.com
www.taninia.com

Bornos Sauvignon Dulce Blanco Semidulce 2009 · 7 € 91 Pt
Uvas: 100% Sauvignon Blanc.
Gastronomía: Foie gras, postres.
Aspecto: Amarillo pálido, con reflejos verdosos.
Aroma: Intenso, frutas blancas tropicales maduras, notas amieladas. Varietal.
Boca: Fresco, ligero, armónico, equilibrado, agradable acidez final.

Palacio de Bornos Fermentado en Barrica 2009 · 7,5 € 92 Pt
Uvas: 100% Verdejo.
Gastronomía: Calamares en su tinta, bacalao al pil-pil, carnes blancas a la plancha.
Aspecto: Amarillo dorado con reflejos acerados.
Aroma: Intenso, complejo, frutas verdes, notas ahumadas, especies dulces, vainilla.
Boca: Amplio, grato, graso, equilibrado, expresivo, sabroso. Persistente.

Bodega Reina de Castilla

bodega@reinadecastilla.es
www.reinadecastilla.es

Reina de Castilla Verdejo 90 Pt
2009 · 5 €
Uvas: 100% Verdejo.
Gastronomía: Aperitivos, espárragos, almejas a la marinera, dorada a la sal.
Aspecto: Amarillo pajizo con reflejos verdosos.
Aroma: Intenso, fruta tropical, notas balsámicas y de finas hierbas.
Boca: Potente, carnoso, frutoso, fresco. Persistente.

Bodega y Viñedos Martín Berdugo

bodega@martinberdugo.com
www.martinberdugo.com

Martín Berdugo Verdejo 90 Pt
2009 · 7,96 €
Uvas: 100% Verdejo.
Gastronomía: Crema de calabacín, espárragos, dorada a la sal.
Aspecto: Amarillo pajizo con reflejos acerados.
Aroma: Intenso, floral, fruta tropical, especies dulces, heno recién cortado. Varietal.
Boca: Potente, sabroso, fresco, acidez agradable.

Bodegas Antaño, S.A.

info@bodegasantano.com
www.bodegasantano.com

Cobranza Vendimia Seleccionada 18 Meses en Barrica 2004 · 20 € 92 Pt
Uvas: 100% Tempranillo.
Gastronomía: Embutidos, carnes a la plancha, guisos, quesos curados, menestras.
Aspecto: Rojo rubí cubierto con bordes violáceos.
Aroma: Intenso, frutos negros maduros, torrefactos, vainilla, tostados, finas hierbas. Varietal.
Boca: Potente, sabroso, amplio, cálido, equilibrado, taninos nobles. Persistente.

Mocen 92 Pt
2009 · 5,5 €
Uvas: 100% Verdejo.
Gastronomía: Aperitivos, almejas a la marinera, pulpo a la gallega.
Aspecto: Amarillo muy pálido con reflejos verdosos.
Aroma: Intenso, flores y frutas blancas, notas de heno y minerales. Varietal.
Boca: Seco, untuoso, amplio, fresca acidez final. Persistente.

Bodegas Aura (Domecq Bodegas)

mgonzalo@domecqbodegas.com
www.domecqbodegas.com

Aura Verdejo 2009 · 6 € 92 Pt
Uvas: 10% Sauvignon Blanc, 90% Verdejo.
Gastronomía: Pescados blancos al horno, crema de verduras, aperitivos, calamares a la romana, mariscos de concha.
Aspecto: Amarillo pajizo, reflejos verdosos.

Aroma: Potente, frutas exóticas y flores blancas. Hierba recién cortada. Varietal.
Boca: Fresco, elegante, sabroso, buena acidez. Persistente.

Bodegas de Alberto (Bodegas Hijos de Alberto Gutiérrez)

info@dealberto.com
www.dealberto.com

De Alberto 92 Pt
2009 · 7,4 €
Uvas: 100% Verdejo.
Gastronomía: Gambas a la plancha, bacalao con tomate, setas a la plancha.
Aspecto: Amarillo pajizo con reflejos acerados.
Aroma: Intenso, fruta blanca, heno recién cortado. Varietal.
Boca: Potente, complejo, untuoso, sabroso, frutoso, fresca acidez.

Bodegas Félix Sanz

pedidos@bodegasfelixsanz.es
www.bodegasfelixsanz.es

Viña Cimbron Verdejo Fermentado en Barrica 91 Pt
2007 · 7 €
Uvas: 100% Verdejo.
Gastronomía: Rape en salsa verde, salmonetes, paella de verduras.
Aspecto: Amarillo pálido con reflejos dorados.
Aroma: Intenso, fruta madura, melocotón, plátano, especies dulces, vainilla, notas de mantequilla.
Boca: Potente, untuoso, equilibrado, sabroso. Persistente.

Bodegas Garcigrande

info@hispanobodegas.com
www.hispanobodegas.com

Señorío de Garci Grande Verdejo 90 Pt
2009 · 4,6 €
Uvas: 100% Verdejo.
Gastronomía: Aperitivos, pescaíto frito, langostinos, sepia a la plancha, angulas, cremas frías.
Aspecto: Amarillo pajizo, reflejos verdosos.
Aroma: Fresco, frutas de carnes blancas. Hinojos. Tonos anisados.
Boca: Frutal, fresca acidez, expresivo. Persistente.

Bodegas José Pariente

info@josepariente.com
www.josepariente.com

José Pariente Sauvignon Blanc 92 Pt
2009 · 7,5 €
Uvas: 100% Sauvignon Blanc.
Gastronomía: Mariscos, pescados.
Aspecto: Amarillo pajizo, reflejos verdosos.
Aroma: Intenso. Fruta tropical, flores blancas. Varietal.
Boca: Intenso, seco, sabroso, estructurado, agradable acidez final. Persistente.

Bodegas La Soterraña

info@bodegaslasoterrana.com
www.bodegaslasoterrana.com

Eresma Fermentado en Barrica 90 Pt
2008 · 20 €
Uvas: 100% Verdejo.
Gastronomía: Ternera a la plancha, atún al horno, menestra de verduras.
Aspecto: Amarillo pajizo con reflejos dorados.
Aroma: Intenso, fruta tropical madura, fina madera, especies dulces, café, vainilla, cítricos, hierbas aromáticas.
Boca: Potente, sabroso, frutoso, fresco, untuoso.

Bodegas Miguel y Ruano

loess@loess.es
www.loess.es

Loess Bellaseñora 92 Pt
2008 · 10 €
Uvas: 100% Verdejo
Gastronomía: Besugo al horno, espárragos, dorada a la sal.
Aspecto: Amarillo pálido con reflejos verdosos.
Aroma: Intenso, fruta tropical y cítrica, tostados integrados. Varietal.
Boca: Elegante, equilibrado, agradable. Persistente.

Bodegas Naia

aamigo@bodegasnaia.com
www.bodegasnaia.com

Naiades Fermentado en Barrica 2008 · 21 € 93 Pt
Uvas: 100% Verdejo.
Gastronomía: Atún a la plancha, congrio en salsa verde, quesos de pasta blanda.
Aspecto: Amarillo pálido con reflejos dorados.
Aroma: Intenso, fruta blanca madura, notas de finas hierbas y minerales, especies dulces, vainilla. Varietal.
Boca: Elegante, sabroso, seco, graso, complejo, equilibrado.

Bodegas Nilo

info@bodegasnilo.com
www.bodegasnilo.com

Bianca 90 Pt
2009 · 9 €
Uvas: 100% Verdejo.
Gastronomía: Pescados blancos a la plancha, mariscos, ensaladas de verano.
Aspecto: Amarillo pajizo con reflejos verdosos.
Aroma: Intenso, varietal, frutas blancas y tropicales, cítricos, flores blancas, con notas de hierbas finas.
Boca: Elegante, sabroso, fresco, carnoso, complejo, agradable acidez. Persistente.

Bodegas Peñafiel

bodegaspenafiel@bodegaspenafiel.com
www.bodegaspenafiel.com

Alba de Miros 90 Pt
2009 · 6,55 €
Uvas: 100% Verdejo.
Gastronomía: Rodaballo a la parrilla, porrusalda, terrina de verduras.
Aspecto: Amarillo pajizo con reflejos acerados
Aroma: Intenso, fruta de hueso blanco fresca, flores aromáticas, hierba aromática. Varietal.
Boca: Potente, sedoso, elegante, acidez agradable, expresivo. Persistente.

Bodegas Pradorey

bodega@pradorey.com
www.pradorey.com

Pr3 Barricas 92 Pt
2008 · 16,8 €
Uvas: 100% Verdejo.
Gastronomía: Pudin de merluza, salmón a la plancha, tomates rellenos, crema de guisantes.
Aspecto: Amarillo pálido, reflejos verdosos.
Aroma: Intenso, fruta tropical madura, ahumados, cítricos.
Boca: Equilibrado, elegante, fresca acidez. Persistente.

Bodegas Señorío de Nava, S.A.

snava@senoriodenava.es
www.senoriodenava.es

Señorío de Nava Verdejo 90 Pt
2009 · 5,1 €
Uvas: 100% Verdejo.
Gastronomía: Dorada a la sal, mero, cremas de verduras.
Aspecto: Amarillo pajizo con reflejos verdosos.
Aroma: Aromático, fruta tropical, floral, finas hierbas. Varietal.
Boca: Potente, fresco, armónico, agradable acidez. Persistente.

Bodegas Veracruz

jbenito@bodegasveracruz.com

Ermita Veracruz 91 Pt
2009 · 7 €
Uvas: 100% Verdejo.
Gastronomía: Cremas de verduras, aperitivos, marisco cocido, merluza a la plancha.
Aspecto: Amarillo pajizo con reflejos verdosos.
Aroma: Intenso, fruta tropical madura, notas cítricas, finas hierbas.
Boca: Potente, carnoso, seco, de fresca acidez. Persistente.

Bodegas Vicente Sanz

bodega@bodegasvicentesanz.com
www.bodegasvicentesanz.com

Vicaral Rueda Verdejo 90 Pt
2009 · 4,5 €
Uvas: 100% Verdejo.
Gastronomía: Lenguado a la plancha, dorada a la sal, parrillada de verduras.

Aspecto: Amarillo pajizo con reflejos verdosos.
Aroma: Intenso, fruta blanca, heno recién cortado, cítricos. Varietal.
Boca: Potente, fresco, frutoso, equilibrado.

Bodegas Viore

Viore 90 Pt
2009 · 4,4 €
Uvas: 100% Verdejo.
Gastronomía: Arroz marinero, pasta, pastel de cabracho.
Aspecto: Amarillo pálido con reflejos verdosos.
Aroma: Fruta tropical, cítricos, notas balsámicas. Varietal.
Boca: Equilibrado, frutoso, seco, fresco. Persistente.

Bodegas y Viñedos Ángel Lorenzo Cachazo

comercial@martivilli.com
www.martivilli.com

Martivilli Verdejo 92 Pt
2009 · 5,95 €
Uvas: 100% Verdejo.
Gastronomía: Arroces a banda, congrio en salsa verde, mero a la plancha, ensaladas.
Aspecto: Amarillo pajizo, reflejos verdosos.
Aroma: Potente, fruta verde y tropical, cítricos, hierbas aromáticas.
Boca: Sabroso, complejo, equilibrado, estructurado, con buena acidez. Persistente.

Bodegas y Viñedos Garciarevalo

garciarevalo@garciarevalo.com
www.garciarevalo.com

Tres Olmos Lías 90 Pt
2009 · 5,5 €
Uvas: 100% Verdejo.
Gastronomía: Mero en salsa verde, congrio, pudin de pescado.
Aspecto: Amarillo pajizo con reflejos verdosos.
Aroma: Intenso, fruta de hueso blanco, heno recién cortado, fondo mineral y de panadería.
Boca: Potente, complejo, equilibrado, carnoso, untuoso.

Bodegas y Viñedos Shaya

info@orowines.com
www.orowines.com

Shaya 91 Pt
2009 · 9,7 €
Uvas: 100% Verdejo.
Gastronomía: Espinacas a la crema, salmón a la plancha, buñuelos de bacalao.
Aspecto: Amarillo pajizo con reflejos verdosos.
Aroma: Intenso, fruta fresca, notas minerales, heno. Varietal.
Boca: Potente, sabroso, frutoso. Persistente.

Buil & Giné

info@builgine.com
www.builgine.com

Nosis 91 Pt
2009 · 8,75 €
Uvas: 100% Verdejo.
Gastronomía: Merluza en salsa, rodaballo al horno, ensaladas verdes.
Aspecto: Amarillo con reflejos dorados.
Aroma: Intenso, fruta blanca fresca, notas cítricas, hierbas aromáticas.
Boca: Potente, fresca acidez, sabroso, frutoso. Persistente.

Caserío de Dueñas

barcelo@habarcelo.es
www.caserioduenas.es

Viña Mayor Fermentado en Barrica 92 Pt
2008 · 13,5 €
Uvas: 100% Verdejo.
Gastronomía: Chipirones en su tinta, emperador a la plancha.
Aspecto: Amarillo pálido con reflejos verdosos.
Aroma: Intenso, fruta blanca madura, flores aromáticas, madera integrada.
Boca: Potente, complejo, estructurado. Persistente.

Cuevas de Castilla

info@taninia.com
www.taninia.com

Espadaña Verdejo 90 Pt
2009 · 5,3 €
Uvas: 100% Verdejo.
Gastronomía: Rape alangostado, centollo cocido, lubina asada, paella de marisco, crema de calabacín.
Aspecto: Amarillo pálido, reflejos verdosos.
Aroma: Potente, frutas y flores blancas. Notas anisadas. Varietal.
Boca: Fresco, seco, expresivo, frutoso, equilibrado, buena acidez.

Emina Medina del Campo

eminarueda@emina.es
www.grupomatarromera.com, www.bodegacyan.es

Selección Personal Carlos Moro Emina 91 Pt
2008 · 14 €
Uvas: 100% Verdejo.
Gastronomía: Atún al horno, sepia a la plancha, bacalao con tomate.
Aspecto: Amarillo pajizo con reflejos dorados.
Aroma: Intenso, fruta tropical madura, hierbas de montebajo, notas ahumadas.
Boca: Potente, untuoso, amplio, equilibrado. Persistente.

Félix Lorenzo Cachazo

bodegas@cachazo.com
www.cachazo.com

Mania 90 Pt
Rueda Verdejo 2009 · 6 €
Uvas: 100% Verdejo.
Gastronomía: Almejas a la marinera, langostinos a la plancha, mero a la plancha.
Aspecto: Amarillo pálido con reflejos verdosos.
Aroma: Intenso, frutas exóticas, balsámico. Varietal.
Boca: Potente, expresivo, complejo, frutoso, sabroso. Persistente.

Great Wines From Spain

dcuellar@valdrinal.com
www.altaoavina.es

Valdrinal de Santamaría 90 Pt
2009 · 7 €
Uvas: 100% Verdejo.
Gastronomía: Mero en salsa verde, pastel de cabracho, cangrejos de rio.
Aspecto: Amarillo pálido con reflejos verdosos.
Aroma: Intenso, fruta tropical, flores blancas. Varietal.
Boca: Fresco, seco, buena acidez. Persistente.

Grupo Yllera

grupoyllera@grupoyllera.com
www.grupoyllera.com

Cantosan Brut Nature 90 Pt
9 €
Uvas: 100% Verdejo
Gastronomía: Aperitivos, ostras, camarones, postres dulces.
Aspecto: Amarillo pajizo, con burbujas finas y abundantes.
Aroma: Intenso, fresco, fruta blanca madura, manzana, mantequilla, recuerdos de levaduras.
Boca: Potente, frutos secos, agradable, fondo tostado.

Viña Cantosán 92 Pt
Fermentado en Barrica 2008 · 6,75 €
Uvas: 100% Verdejo.
Gastronomía: Pescados azules, carnes blancas.
Aspecto: Amarillo pálido con reflejos verdosos.
Aroma: Intenso, fruta tropical bien integrada con el roble de la madera. Notas cítricas.
Boca: Potente, equilibrado, amplio, elegante, delicado. Persistente.

Javier Sanz Vitícultor

bodega@jsviticultor.com
www.jsviticultor.com

Javier Sanz Viticultor 90 Pt
Reserva 2004 · 15 €
Uvas: 100% Tempranillo.
Gastronomía: Lechazo asado, entrecot, queso zamorano, rabo de toro, potaje.
Aspecto: Granate cubierto, bordes teja.
Aroma: Intenso, finos tostados, frutos del bosque, torrefactos, vainilla.
Boca: Cálido, sabroso, estructurado. Persistente.

Villa Narcisa Verdejo Fermentado en Barrica 91 Pt
2008 · 9,57 €
Uvas: 100% Verdejo.
Gastronomía: Bonito al horno, empanada, carnes blancas a la plancha, alcachofas.
Aspecto: Amarillo dorado, reflejos verdosos.
Aroma: Potente, fruta de hueso blanco, vainilla, madera bien integrada.
Boca: Equilibrado, sabroso, carnoso, amplio.

Pagos del Rey, S.L. (D.O. Rueda)

rueda@pagosdelrey.com
www.pagosdelrey.com

Analivia Sauvignon Blanc 90 Pt
2009 · 6 €
Uvas: 100% Sauvignon Blanc.
Gastronomía: Lubina al horno, espárragos, rape a la plancha.
Aspecto: Amarillo pálido con reflejos verdosos.
Aroma: Intenso, fruta exótica, mango, piña, cítricos, heno recién cortado.
Boca: Potente, fresco, untuoso, acidez agradable. Persistente.

Analivia Verdejo 91 Pt
2009 · 4,6 €
Uvas: 100% Verdejo.
Gastronomía: Ensaladas de verano, cangrejos de río, bacalao al horno.
Aspecto: Amarillo pajizo con reflejos verdosos.
Aroma: Intenso, frutas blancas exóticas, notas minerales y de hierbas recién cortada. Varietal.
Boca: Potente, untuoso, elegante, acidez fresca. Persistente.

Protos Bodega Ribera Duero de Peñafiel, S.L.

bodega@bodegasprotos.com
www.bodegasprotos.com

Protos Verdejo 91 Pt
2009 · 5,4 €
Uvas: 100% Verdejo.
Gastronomía: Salmón a la plancha, chanquetes fritos, puré de patatas, aperitivos.
Aspecto: Amarillo pajizo, reflejos verdosos.
Aroma: Intenso, frutas tropicales, cítricos. Varietal.
Boca: Seco, fresca acidez, agradable toque amargo al final.

Sitios de Bodega, S.L.

info@sitiosdebodega.com
www.sitiosdebodega.com

Palacio de Menade Sauvignon Blanc Ecológico 2009 · 8,5 € 91 Pt
Uvas: 100% Sauvignon Blanc.
Gastronomía: Cremas de verduras de verano, salmonetes al horno, rape en salsa verde.
Aspecto: Amarillo pajizo con reflejos acerados.
Aroma: Intenso, fruta tropical, flores blancas, finas hierbas y ahumados.
Boca: Potente, fresco, seco, sabroso, frutoso. Persistente.

Tera y Castro

info@teraycastro.com
www.teraycastro.com

Dilectum 91 Pt
2007 · 17,5 €
Uvas: 100% Verdejo.
Gastronomía: Patatas gratinadas, coliflor gratinada, chicharro al horno, cocochas en salsa verde.
Aspecto: Amarillo dorado, reflejos acerados.
Aroma: Intenso. Fruta tropical madura, notas ahumadas y herbáceas. Varietal.
Boca: Fresco, seco, untuoso, persistente.

Terna Bodegas

info@sitiosdebodega.com
www.sitiosdebodega.com

Saxum 91 Pt
2008 · 18 €
Uvas: 100% Sauvignon Blanc.
Gastronomía: Ventresca de bonito, bacalao al horno, pimientos rellenos.
Aspecto: Amarillo pálido con reflejos verdosos.
Aroma: Intenso, frutas exóticas maduras, ahumados, vainilla.
Boca: Potente, fresco, sabroso, untuoso, agradable acidez. Persistente.

Val de Vid, S.L.

silvia.garcia@avintec.es

Val de Vid 91 Pt
2009 · 5 €
Uvas: 100% Verdejo.
Gastronomía: Pescados blancos a la plancha, pasta en ensalada. Cremas frías. Patatas asadas.
Aspecto: Amarillo pálido, reflejos acerados.
Aroma: Intenso. Frutas blancas tropicales. Notas minerales y balsámicas.
Boca: Fresco, seco, sabroso, estructurado, agradable acidez final.

Valsanzo Selección

valsanzo@valsanzo.com
www.valsanzo.com

Viña Sanzo Sobre Lias 90 Pt
2009 · 17 €
Uvas: 100% Verdejo.
Gastronomía: Paella de conejo, pasta italiana, pescados azules asados.
Aspecto: Amarillo dorado.
Aroma: Intenso, tostados, vainilla, fruta blanca.
Boca: Sabroso, frutoso, fresco.

Verdeal

info@bodegasverdeal.com
www.bodegasverdeal.com

Verdeal 91 Pt
2009 · 8,5 €
Uvas: 100% Verdejo.
Gastronomía: Crustáceos, besugo al horno, cremas de verduras, ensaladas verdes.
Aspecto: Amarillo pajizo con reflejos verdosos.
Aroma: Intenso, complejo, fruta fresca, manzana verde, cítricos, fondo especiado y balsámico. Varietal.
Boca: Potente, elegante, sabroso, fresca acidez Persistente.

Vinos de Los Herederos del Marqués de Riscal

marquesderiscal@marquesderiscal.com, comercial@mar
www.marquesderiscal.com, www.sensacionesvivas.com

Finca Montico 95 Pt
2008 · 10,26 €
Uvas: 100% Verdejo.
Gastronomía: Pescados a la plancha, carnes blancas a la plancha, mariscos, cremas frías.
Aspecto: Amarillo pálido con reflejos verdosos.
Aroma: Intenso, complejo, fruta blanca madura, notas minerales, de hinojo, flores blancas. Varietal.
Boca: Potente, fresco, sabroso, untuoso, agradable acidez final. Persistente.

Marqués de Riscal Rueda Verdejo 2009 · 7,38 € 94 Pt
Uvas: 85% Verdejo, 15% Viura.
Gastronomía: Lubina a la plancha, dorada a la sal mariscos cocidos.
Aspecto: Amarillo pajizo con reflejos verdoso.
Aroma: Muy intenso, flores blancas, frutas tropicales maduras, finas hierbas, anises. Varietal.
Boca: Fresca acidez, seco, untuoso, complejo, sabroso, equilibrado. Persistente.

Marqués de Riscal Limousin 93 Pt
2008 · 11,83 €
Uvas: 100% Verdejo.
Gastronomía: Bacalao al pil-pil, chipirones en su tinta, almejas a la marinera.
Aspecto: Amarillo pálido con reflejos dorados.
Aroma: Intenso, fruta madura, notas especiadas, ahumadas y hierbas finas de monte, roble cremoso, vainilla. Floral.
Boca: Fresco, graso, lleno, elegante, untuoso, sabroso, cremoso. Persistente.

Marqués de Riscal Sauvignon Blanc 91 Pt
2009 · 8,35 €
Uvas: 100% Sauvignon Blanc.
Gastronomía: Pescados. Salmón. Mariscos. Cocidos, pudin de pescado.
Aspecto: Amarillo pajizo con reflejos verdosos.
Aroma: Intenso, complejo, frutas exóticas maduras y cítricos, notas minerales, ligeramente especiado Varietal.
Boca: Potente, fresco, suave, elegante, grato. Persistente.

Vinos Sanz

vinossanz@vinossanz.com
www.vinossanz.com

Finca la Colina Sauvignon Blanc 91 Pt
2009 · 10,75 €
Uvas: 100% Sauvignon Blanc.

Gastronomía: Lubina al horno, gambas cocidas, ensaladas.
Aspecto: Amarillo pálido con reflejos acerados.
Aroma: Intenso, frutas tropicales, notas especiadas. Varietal.
Boca: Persistente, fresco, seco, agradable acidez.

Viña del Sopie

info@familiabelasco.com
www.familiabelasco.com

Viña del Sopie Verdejo **90** Pt
2009 · 5,5 €
Uvas: 100% Verdejo.
Gastronomía: Lubina a la plancha, cremas frías de verduras.
Aspecto: Amarillo pálido con tonos verdosos.
Aroma: Intenso, frutas y flores blancas, cítricos, vainilla, notas de finas hierbas. Varietal.
Boca: Seco, ligero, fresca acidez. Persistente.

Viñedos de Nieva, S.L.

admon@vinedosdenieva.com
www.vinedosdenieva.com

Blanco Nieva Pie Franco **92** Pt
Blanco Joven 2009 · 8,5 €
Uvas: 100% Verdejo.
Gastronomía: Pescados blancos a la plancha, pudin de espárragos, gambas cocidas.
Aspecto: Amarillo pálido, reflejos verdosos.
Aroma: Intenso, frutal, anisados, notas minerales y finas hierbas.
Boca: Amplio, elegante, untuosos, equilibrado, agradable amargor final.

Denominación de Origen Tierra de León

En 1985 un grupo de cooperativas y bodegas pertenecientes a la zona de Valdembimbre – Los Oteros – Cea, iniciaron lo que sería la Asociación Profesional de Viticultores, elaboradores y embotelladores, cuyo objetivo fundamental era lograr una D.O. para sus vinos.

Consejo Regulador
987 751 089 - vinotierradeleon@yahoo.es

Bodegas Vinos de León-Vile, S.A.

info@bodegasvinosdeleon.es
www.bodegasvinosdeleon.es

Valjunco Tinto **91** Pt
2006 · 5,1 €
Uvas: 100% Prieto Picudo.
Gastronomía: Lechazo, quesos curados, bonito al horno.
Aspecto: Rojo burdeos, cubierto.
Aroma: Intenso, fruta roja madura, tostados, vainilla.
Boca: Sabroso, con cuerpo, frutoso. Persistente.

Gordonzello

info@gordonzello.com
www.gordonzello.com

Peregrino 14 **90** Pt
14 Meses de Crianza en Barrica 2007 · 10 €
Uvas: 100% Prieto Picudo.
Gastronomía: Legumbres, menestras de verduras, carnes blancas a la plancha.
Aspecto: Rojo cereza cubierto.
Aroma: Fruta madura bien integrada con la madera, sotobosque.
Boca: Estructurado, equilibrado, elegante, complejo, potente, postgusto persistente.

Meoriga Bodegas & Viñedos

bodegas@meoriga.com
www.meoriga.com

Señorío de Mogrovejo
Rosado Madreado **90** Pt
2009 · 3,3 €
Uvas: 100% Prieto Picudo.
Gastronomía: Arroz en costra, pasta italiana, verduras a la parrilla.
Aspecto: Rosa frambuesa con reflejos violáceos.
Aroma: Fruta roja fresca, especies dulces, vainilla.
Boca: Potente, fresco, frutoso, agradable acidez final.

Villacezán

villacezan@villacezan.com
www.villacezan.com

Galio **92** Pt
2008 · 18 €
Uvas: 100% Prieto Picudo.
Gastronomía: Carnes a la brasa, estofados de ternera, cocido maragato.
Aspecto: Rojo burdeos cubierto.
Aroma: Intenso, fruta negra madura, notas cremosas de la madera, ahumados. Varietal.
Boca: Potente, expresivo, untuoso, sabroso. Persistente.

Viñedos y Bodega Julio Crespo

info@bodegasjuliocrespo.com
www.bodegasjuliocrespo.com

Alevosía **92** Pt
2007 · 8,75 €
Uvas: 100% Mencía.
Gastronomía: Caza menor en escabeche, carnes rojas a la plancha, quesos curados.
Aspecto: Rojo burdeos cubierto.
Aroma: Intenso, fruta negra madura, notas balsámicas y especiadas. Cuero, tabaco.
Boca: Estructurado, persistente.

Viñedos y Bodegas Pardevalles

pardevalles@yahoo.es
www.pardevalles.es

Pardevalles Carroleón **91** Pt
2006 · 10,2 €
Uvas: 100% Prieto Picudo.
Gastronomía: ventresca de bonito al horno, brochetas de carnes, chuletas de cordero.
Aspecto: Rubí cubierto.
Aroma: Frutos rojos, ahumados, cacao, chocolate, finos tostados de la madera.
Boca: Carnoso, potente, sabroso, cálido, taninos fundidos, agradable paso de boca.

Pardevalles Gamonal **90** Pt
2008 · 7,1 €
Uvas: 100% Prieto Picudo.
Gastronomía: Asados castellanos, quesos zamoranos, atún asado, filetes rusos.
Aspecto: Rubí, reflejos violáceos.
Aroma: Intenso, frutos negros, roble cremoso, ahumados, torrefactos, ligeros toques especiados.
Boca: Frutoso, carnoso, expresivo, cálido. Persistente.

Denominación de Origen Tierra del Vino de Zamora

El clima de esta zona es continental extremado, con inviernos muy fríos y veranos secos y calurosos. La temperatura media invernal no supera los 3° C y en verano alcanza los 23° C. Las precipitaciones son escasas. Se elaboran vinos blancos, rosados y tintos.

Consejo Regulador
980 560 055 - info@tierradelvino.net

Alizán Bodegas y Viñedos (za)
bodega@alizan.net
www.alizan.net

Alizán Élite 91 Pt
12 Meses en Barrica 2007 · 7 €
Uvas: 100% Tempranillo.
Gastronomía: Quesos curados zamoranos, manitas de cordero guisadas, bonito asado, carrillada.
Aspecto: Rojo burdeos intenso.
Aroma: Intenso, frutos negros maduros, notas minerales, torrefactos.
Boca: Carnoso, complejo, cálido, taninos maduros. Persistente.

Viñas del Cenit
info@bodegascenit.com
www.bodegascenit.com

Cenit 92 Pt
2007 · 36 €
Uvas: 100% Tempranillo.
Gastronomía: Lechazo asado, magras con tomate, chuletillas de cordero.
Aspecto: Rojo burdeos cubierto.
Aroma: Intenso, frutas rojas maduras, notas de sotobosque y minerales, roble cremoso. Varietal.
Boca: Equilibrado, frutoso, sabroso, lleno, complejo, elegante, taninos maduros. Persistente.

Demora 90 Pt
2007 · 22 €
Uvas: 100% Tempranillo.
Gastronomía: Cordero asado, sopa castellana, alubias.
Aspecto: Rojo burdeos cubierto.
Aroma: Intenso, fruta negra madura, especies dulces, canela, cacao, torrefactos.
Boca: Potente, cálido, lleno. Persistente.

Denominación de Origen Toro

Esta denominación cuenta con una variedad de uva autóctona y muy apreciada que es la Tinta de Toro. A ella le debe buena parte de la celebridad histórica de sus vinos, aunque las cosechas son de bajo rendimiento y el mosto es algo menos ácido que el de sus primas Tinta Fina y Tempranillo.

Consejo Regulador
980 690 335 - consejo@dotoro.es

Bodega Cyan
cyan@matarromera.es
www.grupomatarromera.es, www.bodegacyan.es

Cyan Pago de la Calera 93 Pt
Reserva Especial 2002 · 21 €
Uvas: 100% Tinta de Toro.
Gastronomía: Platos de caza, chuletones, legumbres, cochinillo.
Aspecto: Rojo granate muy cubierto.
Aroma: Fruta negra confitada, notas especiadas, balsámicas, y minerales, roble cremoso. Varietal.
Boca: Carnoso, complejo, carnoso, elegante, taninos maduros. Persistente.

Bodega del Palacio de Los Frontaura y Victoria
cpardo@bodegasfrontaura.es
www.bodegasfrontaura.es

Frontaura 92 Pt
Reserva 2005 · 25 €
Uvas: 100% Tinta de Toro.
Gastronomía: Lechazo asado, pollo en pepitoria, sopas castellanas.
Aspecto: Rojo granate intenso con bordes teja.
Aroma: Intenso, fruta confitada, tostados, vainilla, café. Varietal.
Boca: Potente, sabroso, envolvente, expresivo, taninos sedosos. Persistente.

Bodega Numanthia Termes
contact@numanthia.com
www.numanthia.com

Numanthia 94 Pt
2008 · 35 €
Uvas: 100% Tinta de Toro.
Gastronomía: Lechazo asado, rabo de toro, entrecot.
Aspecto: Rojo burdeos intenso con reflejos violáceos.
Aroma: Intenso, fruta negra madura, especies dulces, roble cremoso, fondo de monte bajo. Varietal.
Boca: Potente, elegante, estructurado, carnoso, taninos maduros. Persistente.

Termanthia 97 Pt
2008 · 110 €
Uvas: 100% Tinta de Toro.
Gastronomía: Cabrito asado, solomillo a la pimienta, jabalí estofado.
Aspecto: Rojo burdeos muy cubierto con bordes violáceos.
Aroma: Intenso, complejo, fruta negra madura, roble cremoso, fondo mineral.
Boca: Potente, elegante, sabroso, cálido, carnoso, taninos maduros. Persistente.

Bodega Rejadorada, S.L.
rejadorada@rejadorada.com
www.rejadorada.com

Sango de Rejadorada 90 Pt
Reserva 2005 · 15 €
Uvas: 100% Tinta de Toro.
Gastronomía: Rabo de Toro, lechazo asado, cocido castellano.
Aspecto: Rojo burdeos intenso con reflejos granate
Aroma: Fruta madura, notas balsámicas, minerales y especiadas. Tostados.
Boca: Potente, carnoso, redondo, sabroso, equilibrado, taninos maduros. Persistente.

Bodegas Elías Mora
info@bodegaseliasmora.com
www.bodegaseliasmora.com

Elías Mora 93 Pt
Crianza 2007 · 12 €
Uvas: 100% Tinta de Toro.
Gastronomía: Quesos zamoranos, cecina, sopa castellana, solomillo.
Aspecto: Burdeos cubierto con ribetes granate.
Aroma: Fruta confitada, fina madera tostada, notas balsámicas y minerales. Cacaos.
Boca: Equilibrado, carnoso, sabroso. Persistente.

Gran Elías Mora **93** Pt
Reserva 2007 · 27 €
Uvas: 100% Tinta de Toro.
Gastronomía: Carne guisada, caldereta de cordero, chuletas.
Aspecto: Rojo burdeos cubierto.
Aroma: Intenso, frutos negros confitados, notas minerales, roble cremoso.
Boca: Complejo, potente, equilibrado, taninos maduros.

Bodegas Fariña

comercial@bodegasfarina.com
www.bodegasfarina.com

Gran Colegiata **92** Pt
Roble Francés 2006 · 9,5 €
Uvas: 100% Tinta de Toro.
Gastronomía: Caza mayor, carrillada de ternera, quesos zamoranos.
Aspecto: Rojo granate cubierto con bordes teja.
Aroma: Intenso, licoroso, fruta roja madura, notas especiadas, tostados.
Boca: Potente, redondo, sedoso, equilibrado, carnoso y sabroso. Persistente.

Gran Colegiata **94** Pt
Reserva 2001 · 12,5 €
Uvas: 100% Tinta de Toro.
Gastronomía: Fabada, cochifrito, costillas de cordero.
Aspecto: Rojo burdeos cubierto con bordes granate.
Aroma: Intenso, fruta roja en confitura, especies dulces, vainilla.
Boca: Potente, carnoso, amplio, sedoso, taninos nobles. Persistente.

Gran Colegiata Campus Selección Especial de Viñas Viejas 2004 · 22 € **96** Pt
Uvas: 100% Tinta de Toro.
Gastronomía: Cochinillo asado, quesos curados, pavo relleno.
Aspecto: Rojo burdeos cubierto con bordes granate
Aroma: Intenso, frutos rojos y negros confitados, especies dulces.
Boca: Sabroso, untuoso, potente, complejo, taninos maduros. Persistente.

Bodegas Gil Luna, S.L.

pbgiluna@giluna.com
www.giluna.com

Gil Luna **91** Pt
24 Meses en Barrica 2005 · 18 €
Uvas: 5% Garnacha, 95% Tinta de Toro.
Gastronomía: Carrillada de ternera, codillo asado, ventresca de bonito al horno.
Aspecto: Rojo burdeos intenso.
Aroma: Intenso, frutos rojos maduros, tostados, notas especiadas y minerales, torrefactos, cacao, chocolate.
Boca: Potente, sabroso, carnoso, taninos fundidos. Persistente.

Bodegas Liberalia Enológica, S.L.

byvliberalia@hotmail.com
www.liberalia.es

Liber **92** Pt
Gran Reserva 2004 · 30 €
Uvas: 100% Tinta de Toro.
Gastronomía: Cochinillo asado, fabada, carnes rojas a la parrilla.
Aspecto: Rojo granate cubierto.
Aroma: Intenso, fruta negra, balsámico, tabaco, madera fina.
Boca: Potente, complejo, elegante, sabroso, taninos nobles. Persistente.

Liberalia Cabeza de Cuba **92** Pt
Crianza Selección 2006 · 18 €
Uvas: 100% Tinta de Toro.
Gastronomía: Solomillo a la pimienta, ragú de carne, quesos curados.
Aspecto: Rojo granate cubierto.
Aroma: Intenso, fruta negra madura, cueros, torrefactos, roble cremoso, balsámico.
Boca: Potente, carnosos, graso, cálido, complejo, sabroso.

Liberalia Cinco **94** Pt
Reserva 2005 · 23 €
Uvas: 100% Tinta de Toro.
Gastronomía: Rabo de toro, lechazo asado, carnes rojas a la parrilla.
Aspecto: Rojo granate cubierto.
Aroma: Intenso, frutos negros maduros, agradables tostados, notas minerales.
Boca: Potente, carnoso, sabroso, estructurado, taninos nobles. Persistente.

Bodegas Marqués de Olivara, S.L.

marquesdeolivara@marquesdeolivara.com
www.marquesdeolivara.com

M.O. Vendimia Seleccionada **90** Pt
2006 · 11,4 €
Uvas: 100% Tinta de Toro.
Gastronomía: Cochinillo asado, quesos zamoranos, entrecot.
Aspecto: Granate cubierto.
Aroma: Intenso, fruta confitada, especies dulces, torrefactos.
Boca: Cálido, complejo, amplio. Persistente.

Bodegas Sietecerros, S.L.

sietecerros@bodegasietecerros.com
www.bodegasietecerros.com

Valdelazarza **90** Pt
Selección (vino de Autor) 2005 · 9,8 €
Uvas: 100% Tinta de Toro.
Gastronomía: Asados castellanos, embutidos ibéricos, rabo de toro.
Aspecto: Rojo burdeos cubierto.
Aroma: Intenso, notas cremosas, frutos negros, torrefactos, especiado. Notas lácteas.
Boca: Potente, cálido, sabroso, carnoso. Taninos fundidos.

Bodegas Toresanas

info@taninia.com
www.taninias.com

Orot Crianza **91** Pt
2004 · 10 €
Uvas: Tinta de Toro.
Gastronomía: Cabrito, ternasco, solomillo, pavo trufado.
Aspecto: Rojo cereza muy cubierto.
Aroma: Intenso, frutos rojos maduros, notas especiadas y ahumadas, fondo mineral.
Boca: Sabroso, graso, maduro, goloso, equilibrado, taninos bien fundidos.

Bodegas Torreduero, S.A.

bodega@bodegastorreduero.com
www.bodegasriojanas.com

Marqués de Peñamonte **91** Pt
Reserva 2003 · 14,06 €
Uvas: 100% Tinta de Toro.
Gastronomía: Asados castellanos, calderetas, aves.
Aspecto: Rojo cereza con bordes granate.
Aroma: Potente, frutos maduros, ahumados, roble cremoso, notas balsámicas.
Boca: Lleno, sabroso, carnoso, taninos maduros. Persistente.

Bodegas y Pagos Matarredonda, S.L.

libranza@vinolibranza.com
www.matarrendonda.com

Libranza **91** Pt
Vino de Autor (14 Meses en Barrica) 2006 · 14,65 €
Uvas: 100% Tinta de Toro.
Gastronomía: Asados castellanos, quesos curados, ragú.
Aspecto: Rojo burdeos intenso con reflejos violáceos.
Aroma: Fruta roja confitada, notas especiadas y de finas hierbas. Torrefactos. Madera bien ensamblada.
Boca: Elegante, sabroso, lleno, complejo, equilibrado. Taninos maduros.

Bodegas y Viñedos Burlón S.L.

info@bodegasburlon.com
www.bodegasburlon.com

Viña el Torilón Crianza **90** Pt
2009 · 7,5 €
Uvas: 100% Tinta de Toro.
Gastronomía: Pescados azules, menestra de verduras, carnes a la plancha.
Aspecto: Rojo burdeos cubierto con bordes violáceos.
Aroma: Intenso, complejo, fruta roja madura, notas tostadas, especiado, canela, chocolate, cacao.

Boca: Sabroso, complejo, redondo, carnoso, estructurado, amplio, taninos maduros. Persistente.

Bodegas y Viñedos Finca Anzil

barcelo@habarcelo.es
www.bodegasanzil.es

Finca Anzil **92** Pt
Vendimia Seleccionada 2005 · 22 €
Uvas: 100% Tinta de Toro.
Gastronomía: Cordero estofado, solomillo a la pimienta, quesos curados.
Aspecto: Rojo burdeos cubierto.
Aroma: Intenso, frutos negros confitados, roble cremoso, café. Varietal.
Boca: Potente, carnoso, sabroso, frutoso, taninos maduros.

Bodegas y Viñedos Pintia, S.A. (Grupo Vega Sicilia)

vegasicilia@vega-sicilia.com
www.vega-sicilia.com

Pintia **94** Pt
2008 · 35 €
Uvas: 100% Tinta de Toro.
Gastronomía: Rabo de toro, cabrito asado, magras con tomate, queso zamorano curado.
Aspecto: Rojo burdeos intenso con bordes morados.
Aroma: Intenso, expresivo, frutos rojos maduros, tostados, torrefactos, especies dulces, cacao.
Boca: Potente, untuoso, carnoso, sabroso, goloso, elegante, taninos maduros. Persistente.

Bodegas y Viñedos Sobreño

sobreno@sobreno.com
www.sobreno.com

Finca Sobreño Crianza **91** Pt
2008 · 8,5 €
Uvas: 100% Tinta de Toro.
Gastronomía: Migas, guisos de carne, quesos curados.
Aspecto: Rojo burdeos intenso con ribetes violáceos.
Aroma: Complejo, frutas maduras, roble cremoso.
Boca: Sabroso, equilibrado, potente.

Burdigala

bodega@burdigala.es
www.jflurton.es

Campo Eliseo **92** Pt
18 Meses en Barrica 2006 · 45 €
Uvas: 100% Tinta de Toro.
Gastronomía: Lechazo asado, chuletas de cordero, quesos, embutidos ibéricos.
Aspecto: Rojo burdeos con bordes granate.
Aroma: Intenso, fruta negra madura, especies, tostados, torrefactos.
Boca: Potente, cálido, sabroso, equilibrado, elegante. Taninos maduros. Persistente.

Cepas y Bodegas, S.L.

info@cepasybodegas.com
www.cepasybodegas.com

Arco de Guía Roble Español **90** Pt
12 Meses 2008 · 11 €
Uvas: Garnacha, Tinta de Toro.
Gastronomía: Cordero asado, cocido, sopa castellana.
Aspecto: Rojo burdeos con reflejos granate.
Aroma: Intenso, fruta roja madura, torrefactos, ahumados, notas lácticas.
Boca: Potente, sabroso, frutoso, taninos maduros, elegante, estructurado. Persistente.

Compañía de Vinos Telmo Rodríguez, S.L. (Toro)

contact@telmorodriguez.com
www.telmorodriguez.com

Pago la Jara **93** Pt
18 Meses en Barrica de Roble Francés
2007 · 44,9 €
Uvas: 100% Tinta de Toro.
Gastronomía: Cochinillo asado, mollejas, chuletas de cordero. Cocido.
Aspecto: Granate intenso.
Aroma: Intenso. Fruta en compota, tostados, especiado. Varietal.

Boca: Potente, carnoso, cálido, complejo. Persistente.

Estancia Piedra

piedra@estanciapiedra.com
www.estanciapiedra.com

Estancia Piedra **91** Pt
Paredinas 24 Meses en Barrica 2004 · 30 €
Uvas: 100% Tinta de Toro.
Gastronomía: Carne asada. Caza.
Aspecto: Rojo cereza muy intenso.
Aroma: Frutos negros maduros, notas minerales y especiadas. Tostados.
Boca: Equilibrado, sabroso, estructurado. Amplio.

Paredinas **91** Pt
24 Meses en Barrica 2005 · 36 €
Uvas: 100% Tinta de Toro.
Gastronomía: Cochifrito, magras con tomate, cocido.
Aspecto: Rojo burdeos cubierto.
Aroma: Intenso, frutas negras, roble cremoso, especies dulces, vainilla.
Boca: Potente, complejo, sabroso. Persistente.

Frutos Villar, S.L.

bodegasfrutosvillar@bodegasfrutosvillar.com
www.bodegasfrutosvillar.com

Muruve **91** Pt
2007 · 7,47 €
Uvas: Tinta de Toro.
Gastronomía: Carne guisada, asados castellanos, legumbres.
Aspecto: Rojo burdeos cubierto con reflejos violáceos.
Aroma: Intenso, frutos rojos maduros, especies dulces, roble cremoso.
Boca: Potente, complejo, elegante, taninos maduros, amplio, grato. Persistente.

Grupo Yllera

grupoyllera@grupoyllera.com
www.grupoyllera.com

Garcilaso **93** Pt
2003 · 14,5 €
Uvas: 100% Tinta de Toro.
Gastronomía: Asados castellanos, carnes rojas, quesos curados.
Aspecto: Rojo granate cubierto.
Aroma: Aromático, fruta roja madura, roble cremoso, notas minerales y especiadas, café, cacao, vainilla.
Boca: Potente, carnoso, redondo, denso, elegante, aterciopelado. Persistente.

Heredad de Urueña

direccion@heredaduruena.com
www.heredaduruena.com

Moisés **93** Pt
2008 · 28 €
Uvas: 100% Tempranillo.
Gastronomía: Rabo de toro, chuletillas de cordero, quesos curados.
Aspecto: Rojo burdeos.
Aroma: Intenso, fruta confitada, hierba seca. Complejo.
Boca: Amplio, carnoso, orgulloso, elegante. Persistente.

Maurodos

sanroman@bodegasmauro.com
www.bodegasmauro.com

San Román **93** Pt
2007 · 23,5 €
Uvas: 100% Tinta de Toro.
Gastronomía: Caza, alubias rojas, rabo de toro y embutidos.
Aspecto: Rojo cereza cubierto.
Aroma: Potente, frutos negros maduros, minerales.
Boca: Equilibrado, complejo, elegante. Taninos fundidos. Persistente.

Nuntia Vini - Viña Zangarrón

info@vinovolvoreta.com
www.vinovolvoreta.com

Volvoreta Probus **91** Pt
Genérico 2009 · 20 €
Uvas: 100% Tinta de Toro.
Gastronomía: Caza mayor, ternera guisada, quesos semicurados, codillo.

Aspecto: Rojo granate cubierto.
Aroma: Intenso, fruta roja confitada, notas de de sotobosque y especies.
Boca: Carnoso, lleno, equilibrado. Taninos dulces. Persistente.

Pagos del Rey - Do Toro

toro@pagosdelrey.com
www.pagosdelrey.com

Finca la Meda Alta Expresión 92 Pt
2004 · 15 €
Uvas: 100% Tempranillo.
Gastronomía: Chuletillas de cordero, magras con tomate, perdiz estofada.
Aspecto: Rojo granate cubierto.
Aroma: Intenso, frutos rojos maduros, especies dulces, torrefactos, finos tostados, notas balsámicas.
Boca: Potente, lleno, amplio, sabroso, carnoso. Persistente.

Finca la Meda Reserva 91 Pt
2003 · 12 €
Uvas: Tempranillo, Tinta de Toro.
Gastronomía: Rabo de toro, legumbres, carrillada de ternera.
Aspecto: Rojo granate cubierto.
Aroma: Intenso, fruta madura, roble cremoso, notas especiadas.
Boca: Potente, complejo, sabroso, taninos nobles. Persistente.

Gran Bajoz 91 Pt
Alta Expresión 2004 · 9 €
Uvas: 100% Tinta de Toro.
Gastronomía: Lechazo asado, solomillo a la pimienta, quesos puros de oveja.
Aspecto: Rojo burdeos muy cubierto con reflejos teja.
Aroma: Intenso, fruta confitada, torrefactos, ebanistería, café, buena madera.
Boca: Potente, carnoso, concentrado, taninos pulidos, lleno. Persistente.

Quínola Suárez

garagewine@quinola.es
www.quinola.es

Quínola 93 Pt
Garajewine 2007 · 36,25 €
Uvas: 100% Tinta de Toro.
Gastronomía: Lechazo asado, cocido, magras con tomate.
Aspecto: Rojo burdeos intenso, bordes granate.
Aroma: Intenso, fruta roja madura, especies dulces, minerales. Varietal.
Boca: Carnoso, taninos maduros, elegante. Persistente.

Quinta de la Quietud

info@quintaquietud.com
www.quintaquietud.com

Quinta Quietud 92 Pt
2005 · 18 €
Uvas: 100% Tinta de Toro.
Gastronomía: Embutidos ibéricos, caza condimentada.
Aspecto: Rojo granate cubierto.
Aroma: Intenso, notas tostadas, frutos rojos maduros, ahumados, regaliz.
Boca: Complejo, elegante, sabroso, carnoso, taninos cálidos.

Teso la Monja

info@eguren.com
www.eguren.com

Alabaster 93 Pt
2008 · 100 €
Uvas: 100% Tinta de Toro.
Gastronomía: Carnes rojas a la brasa, carrillada de ternera, solomillo.
Aspecto: Rojo burdeos cubierto con ribetes violáceos.
Aroma: Intenso, fruta madura, toques especiados, cacao, balsámicos, tostados.
Boca: Potente, carnoso, amplio, complejo, estructurado, taninos pulidos. Persistente.

Almirez 91 Pt
2008 · 15 €
Uvas: 100% Tinta de Toro.
Gastronomía: Rabo de Toro, embutidos ibéricos, quesos curados.
Aspecto: Rojo granate intenso con bordes granate.
Aroma: Intenso, complejo, elegante, frutos negros maduros, notas especiadas, chocolate.
Boca: Potente, estructurado, cálido, frutoso, agradable. Persistente.

Victorino 93 Pt
2008 · 35 €
Uvas: 100% Tinta de Toro.
Gastronomía: Caza mayor, entrecot, chuletillas de cordero.
Aspecto: Rojo granate cubierto.
Aroma: Intenso, frutos negros maduros, tonos especiados dulces, finas hierbas, minerales.
Boca: Potente, cálido, equilibrado, elegante, taninos pulidos. Persistente.

Valsanzo Selección

valsanzo@valsanzo.com
www.valsanzo.com

Damalisco 90 Pt
Crianza 2007 · 11,48 €
Uvas: 100% Tinta de Toro.
Gastronomía: Cocido, fabada, carne guisada con patatas.
Aspecto: Rojo burdeos cubierto.
Aroma: Complejo, frutos negros maduros, notas especiadas y balsámicas, taninos fundidos.
Boca: Sabroso, cálido, carnoso. Persistente.

Vega Sauco

vegasauco@vegasauco.com
www.vegasauco.com

Adoremus Reserva Familiar 90 Pt
24 Meses en Barrica 2004 · 14 €
Uvas: 100% Tinta de Toro
Gastronomía: Guisos de carne, cochinillo asado, carnes rojas.
Aspecto: Rojo burdeos cubierto.
Aroma: Frutos del bosque maduros, tostados, taninos fundidos. Recuerdos lácticos.
Boca: Carnoso, estructurado, elegante. Varietal. Persistente.

Viñaguareña

info@vinotoro.com
www.vinotoro.com

Pictor 91 Pt
Roble Vino de Autor 2007 · 36 €
Uvas: 100% Tinta de Toro.
Gastronomía: Lechazo, rabo de toro, sopa castellana.
Aspecto: Rojo rubí cubierto con reflejos violáceos.
Aroma: Intenso, frutos negros del bosque, torrefactos, especies dulces, canela, toques minerales.
Boca: Potente, frutoso, complejo, con cuerpo. Persistente.

VCPRD - Vino de Calidad Valles de Benavente

Ubicada en el noreste de Zamora, abarca 62 términos municipales de los Valles de Vidriales, Tera y Valverde, junto con algunos municipios de Tierra de Campos, con una altitud media de 725 m.

Bodegas Otero

info@bodegasotero.es
www.bodegasotero.es

Otero 90 Pt
Reserva 2004 · 7,5 €
Uvas: 100% Prieto Picudo.
Gastronomía: Quesos curados, chuletas de buey, cocido montañés.
Aspecto: Rojo cereza, bordes teja. Cubierto.
Aroma: Potente. Frutas rojas confitadas, tostados, notas de torrefacción y minerales.
Boca: Equilibrado, carnoso, sabroso, estructurado. Taninos maduros.

Valleoscuro 90 Pt
2009 · 3,5 €
Uvas: Prieto Picudo, Tempranillo.
Gastronomía: Rape en salsa verde, brochetas, escalope.
Aspecto: Rojo burdeos, bordes violáceos.
Aroma: Potente, fruta madura, tánico.
Boca: Complejo, sabroso, agradable amargor final. Persistente.

Vinos de la Tierra de Castilla y León

Es una indicación Geográfica de reciente creación y aún en la situación de consolidación, de carácter muy amplio, extendiéndose por toda la geografía castellano-leonesa. Su misión es la de proteger todosy cada unos de los vinos de calidad producidos en Castilla y León.

Abadía Retuerta

info@abadia-retuerta.es
www.abadia-retuerta.com

Abadía Retuerta Selección Especial 91 Pt
Tinto Reserva 2007 · 20 €
Uvas: 20% Cabernet Sauvignon, 5% Merlot, 75% Tempranillo.
Gastronomía: Platos de caza condimentados. Matanza. Patés y embutidos ibéricos.
Aspecto: Rojo burdeos cubierto.
Aroma: Intenso, frutos rojos maduros, roble cremoso, especies dulces, notas de torrefactos y minerales.
Boca: Potente, estructurado, complejo, cálido, taninos maduros. Persistente.

Belondrade, S.L.

info@belondradeylurton.com
www.belondradeylurton.com

Quinta Apolonia 91 Pt
Blanco Joven 2009 · 12 €
Uvas: 100% Verdejo.
Gastronomía: Aperitivos, ensalada de pasta, escalibada, carabineros, huevos rellenos, trucha a la navarra, pudin de pescado.
Aspecto: Amarillo pálido, reflejos verdosos.
Aroma: Potente, complejo, frutas de hueso, cítricos, flores blancas. Heno seco. Varietal.
Boca: Sabroso, frutoso, untuoso, fresco, equilibrado. Agradable amargor final.

Bodega y Viñedos Garmendia

maria@bodegasgarmendia.com
www.bodegasgarmendia.com

Garmendia Selección 91 Pt
Reserva 2005 · 16,55 €
Uvas: Merlot, Tempranillo.
Gastronomía: Jamón ibérico, sopa castellana, lechazo asado.
Aspecto: Rojo granate cubierto.
Aroma: Frutos negros maduros, notas tostadas, minerales, y especies dulces. Torrefactos.
Boca: Potente, elegante, carnoso, sabroso, complejo, taninos maduros. Persistente.

Bodega Aliste

javier@hacedordevino.com
www.vinosdealiste.com

Marina de Aliste 92 Pt
2008 · 40 €
Uvas: 10% Syrah, 90% Tempranillo.
Gastronomía: Cecina, cocido montañés, estofado de ternera.
Aspecto: Rojo burdeos cubierto.
Aroma: Intenso, fruta madura, especies dulces, canela, vainilla, tostados.
Boca: Potente, carnoso, cálido, sabroso, equilibrado, taninos pulidos. Persistente.

Bodega El Albar Lurton

bodega@jflurton.es
www.jflurton.com

El Albar Excelencia 93 Pt
18 Meses en Barricas Francesas Nuevas
2008 · 33,25 €
Uvas: 100% Tinta de Toro.
Gastronomía: Asados castellanos, caza mayor, cocidos.
Aspecto: Rojo burdeos cubierto.
Aroma: Intenso, fruta negra confitada, roble cremoso, especies dulces, torrefactos.
Boca: Potente, expresivo, sabroso, equilibrado, graso, rico, aterciopelado, complejo. Persistente.

El Albar Lurton Barricas 93 Pt
2008 · 12,2 €
Uvas: 100% Tinta de Toro.
Gastronomía: Chuletillas, quesos zamoranos, jamón.
Aspecto: Rojo burdeos con bordes granate.
Aroma: Intenso, fruta negra, finos tostados, torrefactos, cacao, chocolate.
Boca: Potente, complejo, sabroso, taninos nobles. Persistente.

Bodegas Aldeasoña

bodega@bodegaconvento.com
www.bodegasaldeasona.com

Aldeasoña 91 Pt
2005 · 38 €
Uvas: 100% Tinta del País.
Gastronomía: Cochinillo asado, solomillo, morcilla de Burgos.
Aspecto: Rojo granate cubierto.
Aroma: Intenso, fruta negra madura, notas de hierbas de monte y especies.
Boca: Potente, graso, carnoso, taninos maduros, cálido, equilibrado.

Bodegas Finca Vaqueros

info@bodegasfincavaqueros.com
www.bodegasfincavaqueros.com

Solterius 90 Pt
Colección Nº 1 2006 · 4 €
Uvas: 100% Tempranillo.
Gastronomía: Lechazo asado, rabo de toro, chuletas de cordero, embutidos ibéricos.
Aspecto: Rojo burdeos cubierto.
Aroma: Intenso, fruta madura negra, especies dulces, tostados.
Boca: Potente, equilibrado, cálido, taninos nobles. Persistente.

Bodegas García Niño

fernando@bodegasgarcianino.es
www.bodegasgarcianino.es

Altorredondo 91 Pt
Pago de Costalao - 24 Meses en Barrica
2006 · 25 €
Uvas: 100% Tempranillo.
Gastronomía: Cocido montañés, carrillada de ternera, estofado de ternera.
Aspecto: Rojo burdeos cubierto. Violáceos.
Aroma: Intenso, fruta madura, especies, dulces, roble cremoso, notas minerales.

Boca: Sabroso, equilibrado, expresivo, elegante, taninos maduros. Persistente.

Bodegas Leda Viñas Viejas, S.L.

cesar.colas@bodegasleda.com
www.bodegasleda.com

Leda Viñas Viejas 36 Meses de Crianza en Roble 2005 · 34 € — **92** Pt
Uvas: 100% Tinto Fino.
Gastronomía: Asados castellanos, estofado de carne, carnes rojas a la parrilla.
Aspecto: Rojo granate cubierto.
Aroma: Intenso, complejo, frutas rojas maduras, con notas tostadas y minerales, especies dulces, cacao, vainilla.
Boca: Potente, sabroso, expresivo, cálido, carnoso, taninos rugosos. Persistente.

Más de Leda 12 Meses en Barrica 2007 · 11,5 € — **93** Pt
Uvas: 100% Tinto Fino.
Gastronomía: Guisos de carne, caza, asados.
Aspecto: Rojo burdeos cubierto.
Aroma: Intenso, fruta roja madura, sotobosque, notas especiadas dulces y tostados de la madera. Finas hierbas.
Boca: Potente, sabroso, cálido, redondo, taninos rugosos, agradable acidez final. Persistente.

Bodegas Los Oteros

export@tilenus.com
www.tilenus.com

Clan 15 Meses 2006 · 27,7 € — **91** Pt
Uvas: 100% Prieto Picudo.
Gastronomía: Rabo de Toro, entrecot, cochinillo asado.
Aspecto: Rojo burdeos cubierto.
Aroma: Intenso, frutos negros maduros, especias dulces, roble cremoso, fondo mineral.
Boca: Potente, carnoso, sabroso, frutoso. Persistente.

Bodegas Torinos

info@bodegastorinos.com
www.bodegastorino.com

Torinos 2005 · 12 € — **91** Pt
Uvas: 100% Tempranillo.
Gastronomía: Lechazo asado, fabada, jamón ibérico, queso zamorano.
Aspecto: Rojo rubí cubierto.
Aroma: Intenso, fruta madura, tostados, balsámicos, chocolate, cacao.
Boca: Potente, equilibrado, amplio, con cuerpo, taninos sedosos. Persistente.

Bodegas Tritón

info@orowines.com
www.orowines.com

Tritón 2008 · 12 € — **90** Pt
Uvas: 100% Tinta de Toro.
Gastronomía: Quesos zamoranos, curados, rabo de toro, lechazo.
Aspecto: Rojo burdeos cubierto con bordes violáceos.
Aroma: Intenso, fruta negra madura, torrefactos, regaliz, roble cremoso.
Boca: Complejo, carnoso, lleno. Persistente.

Bodegas y Viñedos del Páramo

pedro.gonzalez@bodegasdelparamo.com
www.bodegasdelparamo.com

Mittel Rosado 2009 · 9 € — **90** Pt
Uvas: 100% Prieto Picudo.
Gastronomía: Pastas, arroces, ensaladas, verduras.
Aspecto: Rosa, brillante y limpio.
Aroma: Frutas rojas, fresa, frambuesa, notas florales.
Boca: Seco, fresca acidez, persistente, ligero toque de amargor al final. Agradable postgusto.

Bodegas y Viñedos Fernández Rivera, S.L.

lagranja@dehesalagranja.com
www.dehesalagranja.com

Dehesa la Granja Reserva 2004 · 12 € — **94** Pt
Uvas: 100% Tempranillo.
Gastronomía: Carnes estofadas, quesos curados, pescados azules al horno.
Aspecto: Rojo rubí con ribetes violáceos.
Aroma: Intenso, fruta negra en confitura, finos tostados, recuerdos de especias, regaliz.
Boca: Sabroso, complejo, potente, carnoso, equilibrado, taninos suaves. Persistente.

Dehesa la Granja Selección Roble Francés 2002 · 14 € — **90** Pt
Uvas: 100% Tempranillo.
Gastronomía: Cochinillo, estofados, perdiz escabechada.
Aspecto: Rojo granate cubierto con bordes teja.
Aroma: Intenso, frutos negros sobremaduros, especiado, torrefactos, vainilla, chocolate.
Boca: Potente, carnoso, equilibrado, cálido, taninos dulces. Persistente.

Bodegas y Viñedos la Mejorada, S.L.

contacto@lamejorada.es
www.lamejorada.es

La Mejorada Las Cercas 2006 · 15,35 € — **92** Pt
Uvas: Syrah, Tempranillo.
Gastronomía: Codornices guisadas, ventresca de bonito al horno, estofado de ternera.
Aspecto: Rojo burdeos, cubierto.
Aroma: Intenso, frutos rojos maduros, notas especiadas dulces. Varietal.
Boca: Complejo, estructurado, expresivo. Persistente.

Bodegas y Viñedos Ribera del Duratón, S.L.

bodega@riberadelduraton.com
www.riberadelduraton.com

Pago la Moravia 2004 · 22 € — **92** Pt
Uvas: 100% Tempranillo.
Gastronomía: Estofado de ternera, rabo de toro, solomillo.
Aspecto: Rojo burdeos cubierto.
Aroma: Frutas rojas maduras, tostados de la madera, notas minerales.
Boca: Carnoso, elegante, taninos bien pulidos. Persistente.

Compañía de Vinos Telmo Rodríguez Sl (c-l)

contact@telmorodriguez.com
www.telmorodriguez.com

Pegaso Barrancos de Pizarra. 24-30 Meses en Barrica de Roble Francés 2007 · 30,8 € — **91** Pt
Uvas: 100% Garnacha.
Gastronomía: Sopa castellana, solomillo a la pimienta, pollo en pepitoria, cordero asado.
Aspecto: Rojo granate intenso, ribetes violáceos brillantes.
Aroma: Intenso, frutas rojas, tostados del roble, canela, vainilla.
Boca: Complejo, cálido, estructurado, redondo. Persistente.

Pegaso Granito 2007 · 30,8 € — **91** Pt
Uvas: 100% Garnacha.
Gastronomía: Judías con perdiz, estofado, pollo relleno, quesos curados.
Aspecto: Burdeos cubierto.
Aroma: Intenso, fruta negra madura, balsámico, varietal.
Boca: Complejo, cálido. Persistente.

Dehesa de Cadozos

nmaranon@cadozos.com
www.cadozos.com

Cadozos Crianza 2007 · 19 € — **90** Pt
Uvas: Pinot Noir, Tinto Fino.
Gastronomía: Caza y guisos de carne.
Aspecto: Rojo burdeos intenso.
Aroma: Potente, frutas rojas, café, fondo mineral. Varietal.

Boca: Carnoso, sabroso, elegante, taninos maduros. Persistente.

Dominio Dostares, S.L.

info@dominiodostares.com
www.dominiodostares.com

Cumal 93 Pt
15 Meses en Barrica 2006 · 20 €
Uvas: 100% Prieto Picudo.
Gastronomía: Cocido leonés, botillo, lacón con grelos.
Aspecto: Rojo cereza intenso.
Aroma: Potente, frutal, tostados, balsámico.
Boca: Sabroso, elegante. Varietal. Persistente.

Tombú 92 Pt
2009 · 7,5 €
Uvas: 100% Prieto Picudo.
Gastronomía: Pastas, sopas de pescado, alcachofas guisadas, arroces valencianos.
Aspecto: Frambuesa.
Aroma: Intenso, frutas y flores rojas.
Boca: Fresco, seco, elegante, agradable acidez en el postgusto.

Emina Medina del Campo

eminarueda@emina.es
www.grupomatarromera.com, www.bodegacyan.es

Heredad de Emina Gewürztraminer 90 Pt
2009 · 8 €
Uvas: 100% Gewürztraminer.
Gastronomía: Aperitivos, ensalada de perdiz, salpicón de marisco.
Aspecto: Amarillo con reflejos verdosos.
Aroma: Intenso, floral, fruta blanca, cítricos, notas minerales. Varietal.
Boca: Potente, untuoso, elegante, sedoso, equilibrado. Persistente.

Ermita del Conde

bodega@ermitadelconde.com
www.ermitadelconde.com

Ermita del Conde 91 Pt
2007 · 12 €
Uvas: 5% Merlot, 95% Tempranillo.
Gastronomía: Queso curado, embutidos ibéricos, solomillo, costillas de cerdo.
Aspecto: Rojo burdeos cubierto.
Aroma: Intenso, fruta confitada, roble cremoso, especies dulces.
Boca: Potente, sabroso, frutoso, taninos fundidos.

Grupo Yllera

grupoyllera@grupoyllera.com
www.grupoyllera.com

Yllera 25 Aniversario 90 Pt
Reserva 2005 · 19 €
Uvas: 100% Tempranillo.
Gastronomía: Quesos curados, cabrito asado, venado al horno.
Aspecto: Rojo burdeos con bordes granate.
Aroma: Intenso, fruta negra madura, complejo, notas especiadas, roble cremoso.
Boca: Potente, carnoso, complejo, taninos fundidos. Persistente.

Yllera Dominus 93 Pt
2004 · 35 €
Uvas: 100% Tempranillo.
Gastronomía: Embutidos ibéricos, matanza, cochinillo, cordero asado.
Aspecto: Rojo burdeos con ribetes granate.
Aroma: Intenso, complejo, frutas rojas maduras, notas especiadas, vainilla, regaliz, eucalipto.
Boca: Potente, sabroso, amplio, carnoso, goloso, equilibrado. Taninos pulidos. Persistente.

Yllera Vendimia Seleccionada 92 Pt
Reserva 2003 · 9,5 €
Uvas: 100% Tempranillo.
Gastronomía: Guisos de carne, codornices escabechadas, entrecot.
Aspecto: Rojo rubí cubierto con bordes teja.
Aroma: Intenso, complejo, frutos rojos maduros, roble cremoso, notas balsámicas y especiadas, vainilla, regaliz.
Boca: Potente, redondo, aterciopelado, elegante. Persistente.

Mauro

info@bodegasmauro.com
www.bodegasmauro.com

Mauro 92 Pt
Tinto Crianza 2008 · 24,5 €
Uvas: 15% Syrah, 85% Tempranillo.
Gastronomía: Guisos de caza mayor y menor, cordero asado. Cochinillo. Solomillo. Quesos curados.
Aspecto: Granate, ribetes violáceos.
Aroma: Fruta madura, notas especiadas, tostados.
Boca: Sabroso, cálido, sedoso, equilibrado. Muy elegante. Persistente.

Mauro Vendimia Seleccionada 92 Pt
V.S 2006 · 50 €
Uvas: 100% Tempranillo.
Gastronomía: Guisos de carne condimentados estofado de jabalí, quesos curados.
Aspecto: Rojo picota, ribetes granate.
Aroma: Potente, frutos negros confitados, notas especiadas y de torrefactos.
Boca: Elegante, sabroso, complejo, carnoso, taninos nobles. Persistente.

Ossian Vides y Vinos, S.L.

javier@ossian.es
www.ossian.es

Ossian 94 Pt
9 Meses en Barrica 2005 · 18 €
Uvas: 100% Verdejo.
Gastronomía: Caldereta de marisco, bacalao a la vizcaína, cardo con almendras.
Aspecto: Amarillo oro con reflejos verdosos.
Aroma: Intenso, frutas maduras, tostados de la madera integrados, notas cítricas.
Boca: Potente, complejo, cremoso, sabroso, elegante postgusto.

Ramiro Wine Cellar

bodega@ramirowinecellar.com
www.ramirowinecellar.com

Ramiro`s 91 Pt
Reserva 2006 · 29 €
Uvas: 100% Tempranillo.
Gastronomía: Lechazo asado, foie-gras, rabo de Toro, quesos de oveja curados.
Aspecto: Rojo burdeos cubierto con bordes granate
Aroma: Intenso, frutos negros maduros, especies dulces, cacao, ahumados.
Boca: Potente, sabroso, elegante, equilibrado, carnoso, taninos fundidos. Persistente.

Terna Bodegas

info@sitiosdebodega.com
www.sitiosdebodega.com

E Terna Prieto Picudo 90 Pt
2006 · 25 €
Uvas: 100% Prieto Picudo
Gastronomía: Quesos curados, caza, estofados.
Aspecto: Rojo picota con reflejos verdosos.
Aroma: Fruta roja, notas minerales y tostadas, chocolate.
Boca: Carnoso, agradable paso de boca.

Vinos de Los Herederos del Marqués de Riscal

marquesderiscal@marquesderiscal.com, comercial@mar
www.marquesderiscal.com, www.sensacionesvivas.com

Riscal 1860 90 Pt
2008 · 6,09 €
Uvas: Merlot, Syrah, Tinta de Toro.
Gastronomía: Carnes rojas a la parrilla, embutidos ibéricos, quesos semicurados.
Aspecto: Rojo rubí cubierto con ribetes violáceos.
Aroma: Intenso, frutos negros maduros, tostados, ahumados, chocolate.
Boca: Potente, carnoso, redondo, cálido, equilibrado, estructurado, expresivo. Persistente.

Viñas de la Vega del Duero

jbgnd@telefonica.net

Quinta Sardonia **91** Pt
2007 · 39 €
Uvas: 2% Cabernet Franc, 26% Cabernet Sauvignon, 9% Merlot, 4% Petit Verdot, 5% Syrah, 2% Malbec, 52% Tinto Fino.
Gastronomía: Chuletas de cordero, carne mechada, perdiz estofada.
Aspecto: Rojo granate con reflejos bermellón.
Aroma: Intenso, complejo, frutos de bosque, especies, chocolate, torrefactos, minerales.
Boca: Potente, carnoso, complejo, taninos sedosos, equilibrado, elegante. Persistente.

Viñas del Cámbrico

alberto@cambrico.com
www.cambrico.com

575 Uvas de Cámbrico **92** Pt
2007 · 20 €
Uvas: Tempranillo, Rufeta, Otras.
Gastronomía: Cocido montañés, trucha a la navarra, costillas de cerdo, lechazo.
Aspecto: Burdeos cubierto, bordes granate.
Aroma: intenso, fruta del bosque, torrefactos, chocolate.
Boca: Sedoso, expresivo, carnoso, cálido. Persistente.

Cámbrico **91** Pt
Tempranillo. 2006 · 39 €
Uvas: 100% Tempranillo.
Gastronomía: Quesos curados zamoranos, embutidos ibéricos, caldereta de cordero, cochinillo asado.
Aspecto: Rojo cereza cubierto.
Aroma: Potente, fruta roja madura, especies dulces. Varietal.
Boca: Intenso, complejo, sabroso, carnoso. Persistente.

Cámbrico **91** Pt
Rufete 2006 · 39 €
Uvas: 100% Rufeta.
Gastronomía: Chuletas de cordero, entrecot, estofado, quesos.
Aspecto: Rojo rubí, bordes granate.
Aroma: Potente, fruta madura, hierbas de monte.
Boca: Complejo, intenso, equilibrado. Persistente.

Zerberos Finca

dvrcru@gmail.com
www.winesdanielramosvinos-blogpot.com

Zerberos Arena **92** Pt
2007 · 37 €
Uvas: Garnacha, Otras.
Gastronomía: Lechazo asado, cocido, rabo de toro.
Aspecto: Rojo burdeos cubierto.
Aroma: Intenso, fruta negra, tostados, finas hierbas, cacao.
Boca: Potente, carnoso, lleno, sabroso. Persistente.

Zerberos Pizarra **90** Pt
2007 · 27 €
Uvas: Garnacha, Albillo, Otras.
Gastronomía: Perdiz escabechada, carne mechada, cochifrito.
Aspecto: Rojo burdeos con reflejos granate.
Aroma: Intenso, fruta negra, roble cremoso, especies dulces, ahumados, minerales.
Boca: potente, fresco, sabroso, elegante. Persistente.

Cataluña

La cultura, la tradición y el paisaje del vino forman parte de la historia de Cataluña hasta convertirse en un símbolo de esta Autonomía. El cultivo de la viña llegó del Mediterráneo de la mano de las civilizaciones griega y romana. Desde entonces, la vid, las viñas, las bodegas y los vinos están presentes en su historia. En la actualidad, hay doce Denominaciones de Origen: **Alella**, **Catalunya**, **Cava**, **Conca de Barberà**, **Costers del Segre**, **Empordà**, **Montsant**, **Penedès**, **Pla de Bages**, **Tarragona**, **Terra Alta**, la D.O. Ca Priorat perteneciente a la zona del Penedés. Todas ellas bajo el mando organizativo del INCAVI (Instituto Catalán del Vino), muy activo y eficaz.

Los 10 Mejores Vinos

L'Ermita — 98 Puntos

Tinto de Crianza 2008 Bodega: ÁLVARO PALACIOS, S.L.
D.O: Priorato. Página 104

Clos Erasmus — 97 Puntos

Tinto de Crianza 2005 Bodega: CLOS I TERRASSES, S.L.
D.O: Priorato. Página 105

Elyssia — 97 Puntos

Vino Espumoso Bodega: CAVAS FREIXENET
D.O: Cava. Página 96

Gran Juve Camps — 96 Puntos

Vino Espumoso 2006 Bodega: JUVE Y CAMPS
D.O: Cava. Página 97

Grans Muralles — 96 Puntos

Tinto de Reserva y Gran Reserva 2006 Bodega: TORRES
D.O: Conca de Barberà. Página 99

Cava Sumarroca Gran Brut Allier — 95 Puntos

Vino Espumoso 2005 Bodega: BODEGUES SUMARROCA
D.O: Cava. Página 95

Gran Brut Trepat — 95 Puntos

Vino Espumoso 2008 Bodega: AGUSTÍ TORELLÓ
D.O: Cava. Página 95

Milmanda — 95 Puntos

Blanco Seco con Madera 2008 Bodega: TORRES
D.O: Conca de Barberà. Página 100

Petjades — 95 Puntos

Rosados 2009 Bodega: TORELLÓ
D.O: Penedès. Página 103

Vall Llach — 95 Puntos

Tinto Joven 2008 Bodega: CELLER VALL LLACH
D.O: Priorato. Página 105

Denominación de Origen Alella

Ha sido y es el vino tradicional de la burguesía catalana. Fue el vino del Paralelo en los locos años veinte. Las dos variedades principales son: Xarel.lo y Garnacha Blanca. También está autorizado el cultivo de la Pansa Tinta.

Consejo Regulador
935 559 153 - doalella@doalella.org

Alta Alella
altaalella@altaalella.cat
www.altaalella.cat

Alta Aella Orbus 90 Pt
14 Meses Barrica 2007 · 26,8 €
Uvas: 100% Syrah.
Gastronomía: Rollitos de lenguado.
Aspecto: Burdeos intenso, ribetes violáceos.
Aroma: Tonos de bajo monte, fruta lago confitada.
Boca: Boca expresiva, equilibraba acidez, buen final

Denominación de Origen Calatuña

Se trata de una nueva D.O. que fue aprobada por la Generalitat de Cataluña en junio de 1999 y se inauguró con la cosecha de ese mismo año. Se plantea como un sistema similar al de Burdeos.

Consejo Regulador
977 328 103 - info@do-catalunya.com

Mas Gil
info@closdagon.com
www.closdagon.com

Clos d´Agon 94 Pt
16 Meses Barrica 2008 · 55 €
Uvas: Cabernet Franc, Cabernet Sauvignon, Petit Verdot, Syrah, Otras.
Gastronomía: Platos de caza y setas.
Aspecto: De bonito vestido rojo burdeos intenso con ribetes violáceos. Brillante.
Aroma: De fruta negra, minerales, especias, tostados muy elegantes, intenso.
Boca: Entrada en boca redonda, sabroso y expresivo. Largo y equilibrado postgusto.

Torres
mailadmin@torres.es
www.torres.es

Nerola 90 Pt
2008 · 9,45 €
Uvas: Xarel.Lo, Garnacha Blanca.
Gastronomía: Arroz con marisco.
Aspecto: Amarillo pajizo, brillante ribetes verdosos.
Aroma: Tonos de fruta, cítricos y algo balsámico.
Boca: Boca fresca, mineral, largo final.

Denominación de Origen Cava

El Cava es un vino espumoso de calidad producido en una región determinada llamada "Región del Cava". Las tres variedades de uva blanca son: Macabeo, Xarel.lo y Parellada y las tintas, Garnacha Tinta, Monastrell, Pinot Noir y Trepat.

Consejo Regulador
938 903 104 - consejo@crcava.es

Agustí Torelló
info@agustitorellomata.com
www.agustitorellomata.com

Agustí Torelló Mata 94 Pt
Rosat Trepat 2008 · 11 €
Uvas: 100% Trepat.
Gastronomía: Aperitivos.
Aspecto: Rosa frambuesa, brillante, burbuja continua.
Aroma: Tonos frescos de frutas rojas con dejes de levadura.
Boca: Entrada en boca sabrosa, elegante, largo final.

Agustí Torelló Mata 94 Pt
Cava Brut Reserva 2007 · 9 €
Uvas: 48% Macabeo, 25% Parellada, 27% Xarel.Lo.
Gastronomía: Entradas.
Aspecto: De vestido amarillo pálido con matices dorados, brillante. Burbuja fina y bien encadenada.
Aroma: En aroma, potente, fresco, tonos de levadura.
Boca: En boca, estructurado y sabroso. Postgusto persistente y agradable.

Agustí Torelló Mata Brut Nature Gran Reserva 92 Pt
Brut Nature Gran Reserva 2006 · 13 €
Uvas: 23% Xarel.Lo, 45% Macabeo, 32% Parellada.
Gastronomía: Entradas de ahumados.
Aspecto: De bonito vestido amarillo dorado intenso. Burbuja fina y persistente.
Aroma: En nariz, aromas de frutas blancas maduras y tonos muy originales y de levadura.
Boca: En boca, seco, sabroso, buena acidez y orgulloso postgusto.

Agustí Torerró Mata Reserva Barrica 91 Pt
Brut Nature Reserva 2007 · 19 €
Uvas: 100% Macabeo.
Gastronomía: Pescado al horno y en salsa, pastas y mariscos.
Aspecto: De vestido amarillo con dorados reflejos. Burbuja fina y bien encadenada.
Aroma: En nariz, elegantes notas frutales. notas florales y fondos de levadura.
Boca: En boca, seco y estructurado. Sabroso, elegante y expresivo

Bayanus 375 Rosat 92 Pt
2008 · 8 €
Uvas: 100% Trepat.
Gastronomía: Pescados al horno.

Aspecto: Brillante, luminoso, burbuja fina y continua.
Aroma: Floral, tonos de levaduras.
Boca: Boca jugosa, persistente, equilibrada

Gran Brut Trepat **95** Pt
Brut Reserva 2008 · 11 €
Uvas: 100% Trepat.
Gastronomía: Ensaladas con salmón ahumado.
Aspecto: Rosa fresa con reflejos violáceos. Burbuja fina formando rosario.
Aroma: Tonos francos de su variedad, hierbas balsámicas.
Boca: Fresco, grato, sabroso, buen ataque en la entrada en boca y persistente final.

Kripta **93** Pt
Cava Brut Nature, Gran Reserva 2005 · 42 €
Uvas: 45% Macabeo, 32% Parellada, 23% Xarel.Lo.
Gastronomía: Pescados a la plancha.
Aspecto: Vestido amarillo pálido, brillante. Burbuja fina y persistente.
Aroma: Aroma intenso, a heno fresco, fruta blanca y fondos de levadura.
Boca: En boca, ágil, alegre, fresco, amplio. Tonos frutales. Largo postgusto.

Alsina & Sardá

alsina@alsinasarda.com y
gestio@alsinasarda.com

Alsina Sarda Gran Reserva Brut Nature Sello **92** Pt
Brut-nature Gran Reserva · 20 €
Uvas: Macabeo, Parellada, Xarel.Lo.
Gastronomía: Pescados al horno.
Aspecto: Amarillo dorado, brillante. Burbuja continua.
Aroma: Tostados, flores secas.
Boca: En boca es ágil, fresco, largo final.

Alsina Sarda Gran Reserva Especial **91** Pt
Gran Reserva · 35 €
Uvas: Chardonnay, Xarel.Lo.
Gastronomía: Mariscos.
Aspecto: Amarillo dorado. Buena burbuja.
Aroma: Florales, intenso.
Boca: Boca fresca, jugosa. Tonos de tostados.

Alta Alella

altaalella@altaalella.cat
www.altaalella.cat

Cava Privat Mirgin Rosé **90** Pt
2007 · 36,9 €
Uvas: 100% Pinot Noir.
Gastronomía: Salmón marinado.
Aspecto: Brillante amarillo pálido reflejos dorados, burbuja fina.
Aroma: Tonos de levadura, fruta blanca. Tostados.
Boca: En boca guarda la frescura, ágil, intenso final.

Privat Opus Evolutium **91** Pt
Brut Nature Gran Reserva 2006 · 23,35 €
Uvas: Chardonnay, Pinot Noir.
Gastronomía: Ensalada de pimientos.
Aspecto: Amarillo dorado. Buena burbuja.
Aroma: Tonos de pastelería, fruta blanca.
Boca: Boca fresca, equilibrada, final cítrico.

Antonio Mascaro, S.L.

mascaro@mascaro.es
www.mascaro.es ; www.rostrum.es

Cuvée Antonio Mascaro **91** Pt
Extra Brut Gran Reserva 2002 · 20 €
Uvas: 15% Chardonnay, 50% Macabeo, 35% Parellada.
Gastronomía: Pescados y marisco.
Aspecto: Vestido en amarillo dorado con bonitos reflejos, brillante. Burbuja fina y persistente.
Aroma: En nariz, notas aromáticas a levadura, panadería y elegantes tonos tostados de fina madera.
Boca: En boca es sedoso, cálido y elegante, postgusto persistente.

Mascaro **90** Pt
"Pure" Brut Nature Reserva · 12 €
Uvas: 20% Macabeo, 80% Parellada.
Gastronomía: Aperitivos.
Aspecto: Amarillo intenso, reflejos dorados, buena burbuja.
Aroma: Tonos limpios, flores y levaduras.
Boca: Boca jugosa, larga con buen final.

Bodegues Sumarroca

tpuig@sumarroca.es
www.sumarroca.es

Cava Sumarroca Gran Brut Allier **95** Pt
Reserva 2005 · 19 €
Uvas: 40% Chardonnay, 20% Parellada, 40% Xarel.Lo.
Gastronomía: Foie a la plancha.
Aspecto: Amarillo dorado intenso. Burbuja con buena presencia, fina y continua.
Aroma: Tonos de flores y fruta blanca, intensos y persistentes.
Boca: Entrada en boca jugosa, elegante, con buen postgusto.

Núria Claverol **94** Pt
Brut Reserva 2005 · 25 €
Uvas: 15% Chardonnay, 20% Parellada, 65% Xarel.Lo.
Gastronomía:
Aspecto: Amarillo pajizo brillante.
Aroma: Tonos de fruta algo madura, flores secas, finas lías.
Boca: Boca fresca, sabrosa, equilibrada. Burbuja fina y continua.

Sumarroca Gran Brut Pinot Noir **93** Pt
Gran Reserva 2007 · 18 €
Uvas: 100% Pinot Noir.
Gastronomía: Aperitivos surtidos.
Aspecto: Rosa franbuesa, brillante, intenso. Burbuja fina y persistente.
Aroma: Tonos de fresa, flores y fruta roja algo confitada.
Boca: En boca es estructurado, goloso, buena persintenia y final potente.

Can Feixes-Huguet

canfeixes@canfeixes.com
www.canfeixes.com

Can Feixes **92** Pt
Reserva Especial 2000 · 24 €
Uvas: Cabernet Sauvignon, Merlot.
Gastronomía: Estofados de carne.
Aspecto: Rojo granate, ribetes ocres.
Aroma: Muy confitados, especias, tostados, final con tonos minerales y algo balsámicos.
Boca: En boca es estructurado, tonos de café y vainilla. Final largo y muy equilibrado.

Huguet **90** Pt
Brut Clasic 2006 · 12 €
Uvas: Macabeo, Parellada, Pinot Noir.
Gastronomía: Pescado al horno.
Aspecto: Amarillo dorado con buena burbuja.
Aroma: Tonos especiales de flores blancas muy intensos.
Boca: Boca fresca y algo especiada.

Castell de Vilarnau

castelldevilarnau@castelldevilarnau.es
www.gonzalezbyass.es

Albert de Vilarnau **97** Pt
Brut Nature · 28 €
Uvas: 15% Chardonnay, 35% Parellada, 50% Macabeo.
Gastronomía: Ensaladas de ahumados.
Aspecto: Amarillo dorado intenso, luminoso. Buena burbuja.
Aroma: Tostados bien ensamblados con la fruta blanca algo madura.
Boca: En boca es persistente, jugoso, sobresale la buena madera.

Castell Sant Antoni

cava@castellsantantoni.com
www.castellsantantoni.com

Castell Sant Antoni **91** Pt
Gran Reserva 2005 · 21 €
Uvas: Macabeo, Parellada, Xarel.Lo.
Gastronomía: Ensaladas de pasta.
Aspecto: Amarillo pajizo. Luminoso y brillante.
Aroma: Tonos de lías finas, ahumados pastelería.
Boca: En boca es seco con mucha fruta y largo.

Torre de L'Homenatge **93** Pt
Gran Reserva 1999
Gastronomía: Brochetas de langostinos.
Aspecto: Dorado brillante.
Aroma: Aroma potente, fruta escarchada, pastelería. Burbuja fina.
Boca: Boca sabrosa, carnosa, larga crianza.

Castellroig-Finca Sabate I Coca

info@castellroig.com
www.castellroig.com

Sabate I Coca **90** Pt
Brut Nature. Reserva Familiar 2006 · 30,9 €
Uvas: 100% Xarel.Lo.
Gastronomía: Canapés de salmón.
Aspecto: Amarillo dorado intenso. Buena burbuja.
Aroma: Tonos de fruta algo madura, tostados intensos. Levaduras.
Boca: Boca fresca, intensa, jugosa y persistente.

Castillo de Perelada

perelada@castilloperelada.com
www.perelada.com

Castillo de Perelada Cuvée Especial Brut Nature **91** Pt
Uvas: Chardonnay, Macabeo, Parellada, Xarel.Lo.
Gastronomía: Aperitivos, mariscos, pescado.
Aspecto: Muy límpido vestido amarillo pálido y de finísima burbuja.
Aroma: En nariz, fino, expresivo (vegetal y floral).
Boca: En boca, limpio, seco, de alegre paso. Final de boca prolongado.

Castillo de Perelada Gran Claustro Cava Brut Nature Reserva **92** Pt
Uvas: Chardonnay, Parellada, Xarel.Lo.
Gastronomía: Pastas, aperitivos.
Aspecto: Sobrio vestido amarillo sostenido brillante. Burbuja fina y permanente.
Aroma: Finos de levadura.
Boca: En boca, seco, amplio, carnoso, de buena potencia final. Orgulloso postgusto.

Castillo de Perelada **91** Pt
Rosado 2007 · 9,95 €
Uvas: 100% Trepat.
Gastronomía: Ensaladas de pasta.
Aspecto: Se viste muy bien en color frambuesa pálida. Buena burbuja.
Aroma: En el aroma flores y hierbas frescas. Tonos de caramelo.
Boca: En boca, buen cuerpo, ágil y fresco. Limpísimo final.

Cava Recaredo

cava@recaredo.es
www.recaredo.com

Recaredo **90** Pt
Gran Reserva · 27 €
Uvas: 7% Chardonnay, 43% Macabeo, 50% Xarel.Lo.
Gastronomía: Ostras y mariscos en general.
Aspecto: Amarillo dorado intenso y brillante. Burbuja fina.
Aroma: De levaduras y manzana verde. De buena intensidad.
Boca: Entrada fresca y seca. Buen paso y grato postgusto.

Cavas Ferret, S.A.

ferret@cavasferret.com
www.cavesferret.com

Cava Gran Reserva Ferret Brut Nature **91** Pt
12 €
Uvas: Macabeo, Parellada, Xarel.Lo.
Gastronomía: Aperitivos.
Aspecto: Bien vestido en amarillo limpio y brillante. Burbuja fina y continua.
Aroma: Maduro, hierbas secas y de infusión.
Boca: En boca, seco, sabroso y largo.

Ezequiel Ferret Brut Nature **92** Pt
Cava Gran Reserva Brut Nature · 24 €
Uvas: Macabeo, Parellada, Xarel.Lo.
Gastronomía: Langostinos a la plancha.
Aspecto: Sencillo aspecto muy brillante y limpio. Burbuja atractiva.
Aroma: En nariz, afrutado y ligeramente floral.
Boca: En boca, seco, fresco y con buena y alegre acidez.

Cavas Freixenet

freixenet@freixenet.es
www.freixenet.es

Barroco **92** Pt
9,5 €
Uvas: 30% Macabeo, 40% Parellada, 30% Xarel.Lo.
Gastronomía: Mariscos cocidos.
Aspecto: Bonito vestido amarillo dorado con burbuja fina y en forma de rosario.
Aroma: En nariz, caracteres aromáticos florales, vegetales y levaduras.
Boca: En boca, seco, larga persistencia fina y elegante.

Elyssia **97** Pt
12,9 €
Uvas: 100% Pinot Noir.
Gastronomía: Ensalada de bogavante.
Aspecto: Rosa frambuesa muy brillante. Burbuja media formando rosario.
Aroma: Cava muy afrutado, frutas rojas. Intenso.
Boca: En boca es refrescante con buena acidez, algo goloso.

Freixenet Cuvée D.S. **92** Pt
2006 · 18,75 €
Uvas: 40% Macabeo, 20% Parellada, 40% Xarel.Lo.
Gastronomía: Aperitivos, entrantes.
Aspecto: Amarillo pajizo, intenso. Fina burbuja y encadenada.
Aroma: En nariz, buena intensidad, afrutado, con fondos a levadura.
Boca: En boca, seco, alegre, de buen paso y largo postgusto.

Freixenet Malvasía **90** Pt
2001 · 11,5 €
Uvas: 100% Malvasía.
Gastronomía: Helados.
Aspecto: Amarillo intenso, reflejos dorados.
Aroma: Tonos muy varietales, intensos y persistentes.
Boca: Boca dulzona, equilibrada y larga.

Freixenet Meritum **90** Pt
Brut Nature 2005 · 14,5 €
Uvas: 30% Macabeo, 30% Parellada, 40% Xarel.Lo.
Gastronomía: Bocaditos de pipirrada.
Aspecto: Amarillo dorado, reflejos brillantes, buena burbuja.
Aroma: Tonos de levadura, flores secas, intenso.
Boca: Boca jugosa, fresca, retronasal aromática.

Freixenet Reserva Real **94** Pt
Cava Brut Gran Reserva · 26 €
Uvas: Macabeo, Parellada, Xarel.Lo.
Gastronomía: Empanadillas de salmón.
Aspecto: De brillante vestido amarillo limón con reflejos pálidos. Burbuja fina y en forma de rosario.
Aroma: En nariz, tonos de aromas frutales, bien conjuntados con los aromas de la crianza.
Boca: En boca, elegante, ágil y con buena estructura, fresco y equilibrado.

Freixenet Trepat **90** Pt
2006 · 11,5 €
Uvas: 100% Trepat.
Gastronomía: Ensalada con salmón ahumado.
Aspecto: Color rosáceo muy pálido y brillante.
Aroma: Fruta roja silvestre, algo de compota, frutos secos en equilibrio con la crianza.
Boca: Cremoso en el paladar, suave acidez limpio y con elegante final.

Cavas Hill

cavashill@cavashill.com
www.cavashill.com

Cava Brutisimo **90** Pt
Brut Nature Gran Reserva · 13 €
Uvas: Chardonnay, Macabeo, Parellada, Xarel.Lo.
Gastronomía: Encurtidos.
Aspecto: Amarillo brillante, buena burbuja formando rosario.
Aroma: Tonos de frutos secos, bollería y tostados.
Boca: En boca es amplio, elegante y vivo aún.

Cavas Mestres

cava@mestres.es
www.mestres.es

Mestres Clos Nostre Senyor **91** Pt
Gran Reserva Particular. Brut Nature · 23 €
Uvas: Macabeo, Parellada, Xarel.Lo.
Gastronomía: Pescados a la plancha.
Aspecto: Amarillo intenso, reflejos dorados.
Aroma: Tonos de finas hierbas, levaduras, fruta blanca algo madura.
Boca: Boca equilibrado, fresco a pesar de su crianza. Largo final.

Mestres Mas Via 92 Pt
Gran Reserva Familiar. Brut · 45 €
Uvas: Macabeo, Parellada, Xarel.Lo.
Gastronomía: Aperitivos, pescados blancos al horno.
Aspecto: Amarillo dorado muy intenso, brillante.
Aroma: Tonos gratos de evolución en botella. Manzana confitada, pastelería.
Boca: En boca es cremoso, glicérico. Buena acidez.

Caves Mont-Ferrant

jcivit@montferrant.com
www.montferrant.com

Berta Bouzy 90 Pt
Extra Brut Reserva 2006 · 12 €
Uvas: 15% Chardonnay, 29% Macabeo, 22% Parellada, 34% Xarel.Lo.
Gastronomía: Pescados al horno.
Aspecto: Amarillo dorado. Buena limpieza, burbuja fina.
Aroma: Tonos tostados, levaduras, flores secas.
Boca: Entrada en boca sabrosa, fresca y larga.

Mont-Ferrant Pinot Noir 91 Pt
Brut Rosé 2006 · 12 €
Uvas: 100% Pinot Noir.
Gastronomía: Ensaladas de queso.
Aspecto: Piel de cebolla, brillante.
Aroma: Tonos varietales, fruta escarchada y flores secas.
Boca: Boca, ligera, sabrosa, especiado y largo final.

Codorníu

s.martin@codorniu.es
www.codorniu.com

Anna de Codorníu 92 Pt
Brut · 9 €
Uvas: Chardonnay, Macabeo, Parellada, Xarel.Lo.
Gastronomía: Aperitivos.
Aspecto: Vestido en amarillo pálido con reflejos dorados. Burbuja fina y encadenada formando rosario.
Aroma: Sinceros de levaduras y frutas blancas maduras. Franco e intenso.
Boca: Boca sabrosa ágil y equilibrada. Postgusto fresco y largo.

Codorníu Reina María Cristina 94 Pt
Reserva Vintage. Brut 2007 · 16 €
Uvas: Chardonnay, Parellada.
Gastronomía: Aperitivos.
Aspecto: Color amarillo pajizo, luminoso, brillante. Buena burbuja formando rosario.
Aroma: Tonos de flores secas, levaduras, complejo con mucha expresividad.
Boca: Boca con personalidad, estructurada, buena acidez y persistencia de tonos de fruta.

Jaume Codorníu 91 Pt
Brut · 25 €
Uvas: 50% Chardonnay, 30% Macabeo, 20% Parellada.
Gastronomía: Aperitivos, entrantes.
Aspecto: Vestido en tonos dorados, limpio y brillante. Burbuja fina y continua.
Aroma: Intenso aroma marcado por las levaduras. Elegante y sincero.
Boca: En boca alegre, sabroso y equilibrado, final limpísimo.

Dominio de la Vega

info@dominiodelavega.com
www.dominiodelavega.com

Dominio de la Vega 90 Pt
Brut Reserva Especial · 15,5 €
Uvas: 30% Chardonnay, 70% Macabeo.
Gastronomía: Tomates rellenos de marisco. Aperitivos.
Aspecto: Color amarillo dorado. Burbuja lenta, continua y persistente.
Aroma: Compleja, fruta blanca madura, notas cítricas, flores blancas. Toques ahumados, cremosos y mielosos.
Boca: Untuoso, excelente equilibrio entre el azúcar y la acidez. Agradable postgusto.

Emendis

avalles@emendis.es
www.emendis.es

Imum de Emendis 90 Pt
Reserva 2007 · 7,5 €
Uvas: Macabeo, Parellada, Xarel.Lo.
Gastronomía: Bonito con tomate.
Aspecto: Amarillo pálido, brillante, buena burbuja.
Aroma: Tonos tostados, fruta lago madura.
Boca: Grata, equilibrada y persistente.

Gramona

comunicacion@gramona.com
www.gramona.com

Gramona Argent 92 Pt
Brut Nature Rosado 2007 · 27 €
Uvas: 100% Pinot Noir.
Gastronomía: Canapés de salmón ahumado.
Aspecto: Bonito rosa intenso. Burbuja fina y persistente.
Aroma: En nariz, atractivo, fruta roja, tonos de levadura.
Boca: En boca, jugoso, fresco, de excelente acidez, buen final

Gramona Celler Batlle 94 Pt
Brut Gran Reserva 2000 · 50 €
Uvas: 30% Macabeo, 70% Xarel.Lo.
Gastronomía: Salazones.
Aspecto: Amarillo dorado con burbuja fina y persistente.
Aroma: En aromas, frutos secos, tostados, pastelería, notas de hierbas aromáticas.
Boca: En boca, amplio, fresco, sabroso, acidez equilibrada muy elegante.

Gramona III Lustros 91 Pt
Brut Nature Gran Reserva 2004 · 25 €
Uvas: 30% Macabeo, 70% Xarel.Lo.
Gastronomía: Gamba roja del Mediterráneo a la plancha.
Aspecto: De vestido amarillo dorado brillante. Burbuja fina y persistente.
Aroma: Finos, elegantes, gran complejidad, fruta , floral y notas de levaduras.
Boca: En boca es seco, fresco, sabroso, equilibrado y de buen postgusto

Joan Raventos Rossel

correu@reaventosrosell.com
www.raventosrossell.com

Heretat Vall Ventos Pinot Noir 90 Pt
7,1 €
Uvas: 100% Pinot Noir.
Gastronomía: Canapés variados.
Aspecto: Roja fresa, brillante, burbuja fina y continua.
Aroma: Tonos de fruta roja, flores y levaduras.
Boca: Fresco, jugoso, potente entrada en boca.

Heretat Vall Ventos 90 Pt
Brut Gran Heretat · 13 €
Gastronomía: Pescados a la plancha.
Aspecto: Amarillo pálido, reflejos dorados, buena burbuja.
Aroma: De levadura, de heno y flores.
Boca: Equilibrado, buena acidez, sincero y sabroso.

Juve y Camps

juveycamps@juveycamps.com
www.juveycamps.com

Brut Rosé 94 Pt
Brut Reserva · 12 €
Uvas: 100% Pinot Noir.
Gastronomía: Aperitivos en general.
Aspecto: Grosella poco cubierto, brillante. Rosario fino de burbujas.
Aroma: A fruta roja fresca, intenso y persistente.
Boca: En boca es jugoso, suave, fresco, buen final.

Gran Juve Camps 96 Pt
Gran Reserva. Brut 2006 · 29 €
Uvas: Chardonnay, Macabeo, Parellada, Xarel.Lo.
Gastronomía: Parrillada de verduras.
Aspecto: Amarillo intenso, burbuja fina y continua formando rosario.
Aroma: De fruta algo madura, levaduras, tostados.
Boca: En boca es suave, amplio, agradablemente seco, largo final.

Juve y Camps Reserva de la Familia 93 Pt
Cava Brut Nature Gran Reserva 2006
14,8 €
Uvas: 30% Macabeo, 20% Parellada, 40% Xarel.Lo, 10% Chelva.
Gastronomía: Raviolis de queso.
Aspecto: Vestido amarillo con reflejos oro. Limpio. Burbuja fina y persistente.
Aroma: Buena intensidad, a fruta madura, flores secas con fondos a levaduras.
Boca: Alegre, fresco, estructurado. Postgusto largo y grato.

Milesime 93 Pt
Brut Reserva 2007 · 21 €
Uvas: 100% Chardonnay.
Gastronomía: Aperitivos de ahumados.
Aspecto: Bonito color amarillo dorado con bonitos reflejos. Burbuja fina y bien encadenada.
Aroma: Elegantes de finas levaduras, ligeros tostados.
Boca: Se presenta amplio, potente, carnoso y fresco, con largo postgusto.

Llopart
llopart@llopart.es
www.llopart.es

Llopar Leopardi 90 Pt
Gran Reserva 2006 · 21 €
Uvas: Chardonnay, Macabeo, Parellada, Xarel.Lo.
Gastronomía: Pargo a la sal.
Aspecto: Amarillo dorado. Burbuja continua.
Aroma: Buena intensidad de aromas florales y de fruta blanca.
Boca: Entrada en boca fresca, jugosa.

Llopart Rose 90 Pt
Rosado 2007 · 11,48 €
Uvas: Garnacha, Monastrell, Pinot Noir.
Gastronomía: Tabla de quesos.
Aspecto: Rosa intenso, brillante.
Aroma: Tonos de flores rojas, fruta fresca.
Boca: Boca muy fresca y jugosa con buena persistencia.

Mas Bertrán Viticultors
info@masbertranviticultors.com

Argila 91 Pt
Brut Nature 2006 · 22 €
Uvas: 100% Xarel.Lo.
Gastronomía: Ensalada de atún.
Aspecto: Amarillo dorado, brillante. Buena burbuja.
Aroma: Tonos de lías frescas, tonos tropicales, intenso.
Boca: Boca sabrosa, fresca, algo graso y persistente.

Balma 91 Pt
Brut Nature 2006 · 9 €
Uvas: 30% Macabeo, 25% Parellada, 45% Xarel.Lo.
Gastronomía: Queso empanado.
Aspecto: Amarillo pálido, reflejos dorados.
Aroma: Tonos de fruta blanca, levaduras y bollería.
Boca: Entrada en boca fresca, ágil y persistente.

Masía Bach
v.sanchez@codorniu.es
www.codorniu.com

Gran Bach 91 Pt
Brut · 6,45 €
Uvas: Chardonnay, Macabeo, Parellada, Xarel.Lo.
Gastronomía: Pescados a la sal.
Aspecto: Amarillo brillante, reflejos dorados, burbuja continua.
Aroma: Tonos de fruta blanca intensos y persistentes.
Boca: En boca es fresco, jugoso, expresivo y persistente.

Masía Vallformosa
vallformosa@vallformosa.es
www.vallformosa.com

Brut Classic Vallformosa 90 Pt
Uvas: 30% Parellada, 40% Xarel.Lo, 30% Malbec.
Gastronomía: Aperitivos.
Aspecto: Amarillo dorado, continua y fina burbuja.
Aroma: Tonos frescos, levaduras, flores y frutas.
Boca: Fresco, sabroso con buena persistencia.

Nadal
visitar@nadal.com
www.nadal.com

R.N.G. Ramón Nadal Giró 91 Pt
Brut Gran Reserva 2004 · 30 €
Uvas: Parellada, Xarel.Lo.
Gastronomía: Mariscos a la plancha.
Aspecto: Limpio, brillante. Burbuja fina.
Aroma: Tonos florales y fruta madura.
Boca: Boca fresca, elegante y persistente.

Pago de Tharsys, S.L.
pagodetharsys@pagodetharsys.com
www.pagodetharsys.com

Millesime 90 Pt
Rosado 2009 · 11,5 €
Uvas: 100% Garnacha.
Gastronomía: Pescados al horno y aperitivos.
Aspecto: Grosella, brillante. Rosario fino de burbujas.
Aroma: A fruta roja fresca, intenso y persistente.
Boca: En boca es jugoso, suave, fresco, buen final.

Pago de Tharsys 90 Pt
Brut Nature. Gran Reserva 2005 · 19 €
Uvas: 80% Macabeo, 20% Parellada.
Gastronomía: Entradas de ahumados.
Aspecto: Amarillo dorado sostenido. Burbuja fina y persistente
Aroma: De frutas blancas maduras junto a toques de levaduras.
Boca: En boca, seco, sabroso, buena acidez. Agradable postgusto.

Parxet
parxet@parxet.es
www.parxet.es

Parxet María Cabane 92 Pt
Gran Reserva 2005 · 14 €
Gastronomía: Atún al horno.
Aspecto: Dorado brillante. Buena burbuja, fina y continua.
Aroma: Tonos frutos secos, lías finas, complejo.
Boca: Sabroso en boca buena acidez, largo postgusto.

Parxet Titiana 90 Pt
Brut Rosado · 13 €
Uvas: 100% Pinot Noir.
Gastronomía: Calabacines rellenos.
Aspecto: Piel de cebolla, buena burbuja.
Aroma: Aroma de bollería, la fruta blanca escarchada
Boca: En boca es fresco, jugoso, buena acidez, buen postgusto.

Pere Ventura
info@pereventura.com

Pere Ventura la Pubilla 90 Pt
22 €
Uvas: Macabeo, Parellada, Xarel.Lo.
Gastronomía: Canapés.
Aspecto: Amarillo dorado, burbuja fina y continua.
Aroma: Tonos de levadura, flores blancas.
Boca: Boca fresca, jugosa, equilibrada con buena acidez.

Raventós I Blanc
raventos@raventos.com
www.raventos.com

Elisabet Raventós 92 Pt
2005
Uvas: Chardonnay, Monastrell, Xarel.Lo.
Gastronomía: Pescados a la sal.
Aspecto: Amarillo dorado, burbuja excelente.
Aroma: Tonos complejos de flores secas y frutas tropicales.
Boca: Buena estrada en boca, tonos de bollería, grato y fresco.

Manuel Raventós 92 Pt
Gran Reserva 2003
Gastronomía: Ostras gratinadas.
Aspecto: Amarillo dorado, brillante y luminoso. Burbuja fina y continua.
Aroma: Tonos tostados, levaduras, flores secas.
Boca: Boca sabrosa, fruta blanca, larga y persistente.

Raventos I Blanc la Finca 91 Pt
Brut Gran Reserva 2005 · 16,9 €
Uvas: 10% Chardonnay, 20% Macabeo, 25% Parellada, 5% Pinot Noir, 40% Xarel.Lo.
Gastronomía: Ensaladas de pasta muy condimentada.
Aspecto: Amarillo con reflejos dorados, burbuja fina que forma rosario.
Aroma: Muy expresivo, tonos de fruta blanca.
Boca: Entrada en boca amplia, fresca, cremosa con largo postgusto.

Raventós I Blanc de Nit 92 Pt
Brut, Reserva, Rosado 2007 · 12,9 €
Uvas: Macabeo, Monastrell, Parellada, Xarel.Lo.
Gastronomía: Canapés variados.
Aspecto: Rosa poco intenso, burbuja formando rosario.

Aroma: Cítricos, fruta roja fresca.
Boca: Paso franco por boca, paso fresco, algo graso, estructurado y largo final.

Rovellats

rovellats@cavasrovellats.com
www.cavasrovellats.com

Rovellats G.R. Masía S. XV 90 Pt
Millesimèe Brut Nature 2004 · 19,66 €
Uvas: Chardonnay, Macabeo, Parellada, Xarel.Lo.
Gastronomía: Caracoles en salsa.
Aspecto: Amarillo, reflejos dorados, brillante.
Aroma: Tono de hierbas frescas, fruta blanca, intenso.
Boca: Boca con buena acidez y frescura, buena burbuja.

Segura Viudas

seguraviudas@seguraviudas.es
www.seguraviudas.com

Lavit 90 Pt
Brut Nature Reserva 2007 · 8,7 €
Uvas: Macabeo, Parellada.
Gastronomía: Calçons a la parrilla.
Aspecto: Amarillo dorado, burbuja fina.
Aroma: Tonos intensos, equilibrados y persistentes.
Boca: Fresca, jugosa y larga.

Reserva Heredad 94 Pt
Brut Reserva · 23 €
Uvas: Macabeo, Parellada.
Gastronomía: Con todo tipo de comidas.
Aspecto: De bonito color amarillo dorado, brillante, burbuja fina, continua.
Aroma: Limpio, neto y franco, delicado con una excelente reducción en botella (lías finas, miel, pétalos).
Boca: Amplio, lleno, elegante, excelente, largo y persistente.

Segura Viudas Vintage 93 Pt
Cava Brut Nature Reserva 2005 · 12 €
Uvas: Macabeo, Parellada.
Gastronomía: Ensaladilla rusa.
Aspecto: Bonito vestido amarillo oro brillante. Fina y persistente burbuja.
Aroma: De buena intensidad, franco a frutas maduras y notas herbáceas.
Boca: Fresco, seco, ligero. Buena persistencia y limpio postgusto.

Signat

signat@eresmas.net
www.signat.es

Signat 93 Pt
Cava Brut Nature · 11 €
Uvas: Chardonnay, Macabeo, Parellada, Xarel.Lo.
Gastronomía: Aperitivos.
Aspecto: Vestido en amarillo, reflejos dorados, burbuja fina y persistente.
Aroma: En nariz, notas aromáticas a levadura, panadería, tonos tostados de fina madera.
Boca: Entrada en boca chispeante, cálido y elegante. Postgusto persistente.

Torelló

torello@torello.es
www.torello.es

Gran Torelló 94 Pt
Cava Brut Nature Gran Reserva 2005 · 13 €
Uvas: Macabeo, Parellada, Xarel.Lo.
Gastronomía: Pescados a la plancha.
Aspecto: De color amarillo con reflejos dorados. La burbuja fina forma buen rosario.
Aroma: Notas aromáticas de levaduras, frutas blancas y tonos de madera.
Boca: Entrada en boca sabroso, jugoso con buena persistencia y bien equilibrado.

Magnum Torelló Brut Nature 93 Pt
Brut Nature. Gran Reserva 2006 · 29,5 €
Uvas: Macabeo, Parellada, Xarel.Lo.
Gastronomía: Pescados a la sal.
Aspecto: Amarillo luminoso, reflejos dorados, buena burbuja fina y formando rosario.
Aroma: Intensos a levaduras, bien ensambladas con flores blancas.
Boca: Entrada en boca jugosa, fresca, ágil, elegante y buen final.

Torello 93 Pt
Gran Reserva 2006 · 35 €
Uvas: Macabeo, Parellada, Xarel.Lo.
Gastronomía: Escabeche de pichón.
Aspecto: Rosa fuerte, luminoso.
Aroma: Tonos de fresón y levaduras.
Boca: Intenso, persistente, jugoso y equilibrado.

Torelló Brut Nature 91 Pt
Cava Brut Nature Gran Reserva 2006 · 13 €
Uvas: Macabeo, Parellada, Xarel.Lo.
Gastronomía: Dorada a la sal.
Aspecto: Vestido de amarillo pálido con ligeros tonos dorados. Burbuja fina y en forma de rosario.
Aroma: Frescos de fruta blanca y de tonos de hierbas frescas.
Boca: En boca, sabroso, expresivo y de buen postgusto.

Denominación de Origen Conca de Barberà

Les Garrigues ha realizado una recuperación importante de su viñedo, utilizando variedades de prestigio como la Tempranillo y la Cabernet –Sauvignon (tintas) y la Chardonnay (blanca). Segriá cultiva tradicionalmente Tempranillo, Macabeo y Parellada.

Consejo Regulador
977 861 232 - cr@doconcadebarbera.com

Abadía de Poblet

v.sanchez@codorniu.es

Les Masies de Poblet 92 Pt
15 Meses Barrica 2008 · 23 €
Uvas: 100% Pinot Noir.
Gastronomía: Arroz con conejo.
Aspecto: Rojo burdeos muy intenso.
Aroma: Tonos de fruta roja, tostados, vainilla.
Boca: Boca jugosa, equilibrada y persistente.

Bodega Sanstravé

bodega@sanstrave.com
www.sanstrave.com

Finca Gasset 90 Pt
Reserva 2004 · 11 €
Uvas: 100% Syrah.
Gastronomía: Rotri de pollo al horno.
Aspecto: Rojo granate, ribetes teja, brillante.
Aroma: Tonos confitados, especias dulces, balsámicos.
Boca: Boca estructurada, equilibrada, buen final.

Torres

mailadmin@torres.es
www.torres.es

Grans Muralles 96 Pt
Tinto Reserva 2006 · 84,95 €
Uvas: Garnacha, Monastrell, Otras.
Gastronomía: Rabo de toro estofado.
Aspecto: Uno de los grandes tintos españoles. De solemne vestido rojo burdeos profundo.
Aroma: Muy complejo, aromas a fruta confitada bien ensamblada con la buena madera. Tonos minerales.

Boca: En boca tiene mucha fuerza, taninos redondos. Orgulloso en su largo final.

Milmanda 95 Pt
2008 · 33,85 €
Uvas: 100% Chardonnay.
Gastronomía: Pescado al horno, ensalada de pastas.
Aspecto: Vino brillante, vestido en amarillo intenso luminoso y atractivo.
Aroma: En nariz, fruta tropical madura salpicada de tonos tostados.
Boca: En boca, amplio de buena estructura, orgulloso, y con un elegante final.

Denominación de Origen Costers del Segre

Situada prácticamente en su totalidad en la provincia de Lérida, está compuesta por seis subzonas distantes entre sí. Su único nexo de unión lo constituye la cuenca del río Segre. Las seis subzonas son: Raimat, Artesa, Pallars Jussá, Segriá, Les Garrigues y Valls de Riu Corb.

Consejo Regulador
973 270 494

Bodega Cérvoles Celler
info@cervoles.com
www.cervoles.com

Cervoles Bfb 91 Pt
2008 · 20 €
Uvas: 80% Chardonnay, 20% Macabeo.
Gastronomía: Lasaña de marisco.
Aspecto: Amarillo dorado, reflejos brillantes.
Aroma: Tonos tostados en equilibrio con la fruta blanca.
Boca: Boca algo grasa, ahumados, buena acidez y persistencia.

Cervoles Estrats 92 Pt
Tinto Reserva 2005 · 48 €
Uvas: Cabernet Sauvignon, Garnacha, Tempranillo.
Gastronomía: Carnes a la brasa.
Aspecto: Rojo granate cubierto, ribetes brillantes.
Aroma: Tonos balsámicos, fruta confitada, tostados.
Boca: Potente, estructurado, largo postgsto.

Castell del Remei
info@castelldelremei.com
www.castelldelremei.com

Castell del Remei Oda Blanc 90 Pt
Barrica 2008 · 9 €
Gastronomía: Escalibada.
Aspecto: Amarillo pálido, reflejos dorados, luminoso. Brillante.
Aroma: Tonos frutales, hierbas, fresco, tostados de buena madera.
Boca: Boca jugosa, larga, grata y amable con buen final.

Raimat
info@raimat.com
www.raimat.com

Raimat Gran Brut 90 Pt
19 €
Gastronomía: Aperitivos.
Aspecto: Amarillo dorado. Buena burbuja.
Aroma: Fruta blanca, tonos cítricos, muy complejo.
Boca: Boca jugosa, fresca, limpia y con buena persistencia.

Raimat Viña 24 90 Pt
2009 · 10 €
Uvas: 100% Albariño.
Gastronomía: Pescados al horno.
Aspecto: Amarillo, reflejos verdosos.
Aroma: Sobresale con intensidad la fruta blanca.
Boca: Buena acidez en boca, fresco y muy sugerente.

Denominación de Origen Empordá

Es una comarca con fuertes contrastes térmicos y una gran inestabilidad. Como variedades tintas se utilizan la Cariñena y la Garnacha, que proporciona vinos aromáticos, equilibrados de leve color. Con la Garnacha Blanca y Roja se elaboran vinos dulces y con la Xarel.lo, los blancos.

Consejo Regulador
972 507 513 - info@doemporda.com

Bodega Empordalia
info@empordalia.com
www.empordalia.com

Sinols Coromina 90 Pt
Crianza en Botella 2005 · 10,85 €
Uvas: 50% Cariñena, 50% Garnacha.
Gastronomía: Carnes guisadas con guarnición.
Aspecto: Rojo granate muy cubierto, brillante.
Aroma: Tonos de fruta roja de bosque, especias.
Boca: Boca con cuerpo, cremoso, fruta madura. Buen final.

Bodega Oliveda
comercial@grupoliveda.com
www.grupoliveda.com

Rigau Ros 90 Pt
Crianza en Barrica 6 Meses 2008 · 12 €
Uvas: 100% Chardonnay.
Gastronomía: Carnes a la plancha.
Aspecto: Amarillo dorado, intenso y brillante.
Aroma: Tonos tostados de la madera en buen equilibrio con la fruta.
Boca: Buena acidez, tonos frutosos, largo final.

Castillo de Perelada
perelada@castilloperelada.com
www.perelada.com

Castillo de Perelada Ex Ex 8 92 Pt
16 Meses en Barrica 2006 · 52 €
Gastronomía: Menestra de verduras.
Aspecto: Rojo granate intenso y muy cubierto.
Aroma: Minerales, balsámicos, tostados.
Boca: Taninos redondos, intenso y persistente.

Castillo de Perelada la Garriga 90 Pt
13 Meses Barrica 2007 · 15 €
Uvas: 100% Cariñena.
Gastronomía: Carnes blancas a la plancha.
Aspecto: Rojo rubí, intenso, brillante.
Aroma: Tonos minerales, tostados de buena madera. Fruta roja.
Boca: Boca grata, equilibrada. Tonos de fruta algo confitada.

Castillo Perelada Finca Malaveina 92 Pt
14 Meses Barrica 2007 · 18,5 €
Uvas: Cabernet Sauvignon, Cariñena, Garnacha, Merlot.
Gastronomía: Estofado de carne.
Aspecto: Hermoso vestido en tonos bermellón.
Aroma: Muy complejo (cueros nuevos, hierbas secas, trufa).
Boca: En boca, amplio, orgulloso y solemne en el final.

Finca Garbet 93 Pt
Sin Indicación de Crianza 2005 · 108 €
Uvas: 100% Syrah.
Gastronomía: Asados, caza.
Aspecto: Bonito vestido en color rojo burdeos intenso con ribetes violáceos.
Aroma: Intenso, complejo y elegante. Aromas minerales, especiados y florales.
Boca: Amplia entrada y buen equilibrio. Postgusto largo y sabroso.

Gran Claustro 93 Pt
Sin Indicación de Crianza 2004 · 31 €
Uvas: Cabernet Sauvignon, Cariñena, Garnacha, Merlot.
Gastronomía: Platos de caza, carnes rojas, quesos muy curados.
Aspecto: Vestido halagador y luminoso.
Aroma: Muy complejo (frutas maduras de baya roja, especias y ciertos tonos minerales).
Boca: En boca, sobrio en el ataque con amplia expresión tánica y hermoso final.

Celler Arche Pages, S.L.

bonfill@capmany.com
www.cellearchepages.com

Bonfill Arche Pages 90 Pt
2006 · 20 €
Uvas: Cabernet Sauvignon, Garnacha.
Gastronomía: Atún con tomate.
Aspecto: Rojo burdeos, intenso y brillante.
Aroma: Fruta algo madura, tostados.
Boca: Entrada en boca, larga persistente e intensa.

Mas Gil

info@closdagon.com
www.closdagon.com

Clos d'Agon 92 Pt
17 Meses Barrica 2008 · 35 €
Uvas: 36% Viognier, 64% Otras.
Gastronomía: Pescado a la sal.
Aspecto: Amarillo dorado, limpio y brillante.
Aroma: Fruta tropical (mango, piña), tonos tostados muy elegantes.
Boca: Entrada en boca, fresca, sabrosa, largo final.

Oliver Conti

www.oliverconti.com

Oliver Conti Tr. 90 Pt
Tinto Reserva 2003 · 14 €
Uvas: Cabernet Franc, Cabernet Sauvignon, Merlot.
Gastronomía: Queso muy curado con membrillo.
Aspecto: Vestido rojo, granate intenso y brillante.
Aroma: En nariz, aromas a frutas negras (moras y ciruelas), minerales.
Boca: Entrada en boca goloso, sabroso, equilibrio entre acidez y alcohol.

Denominación de Origen Montsant

Es una zona de bodegas no muy sobredimensionadas y cooperativas sorprendentes, algunas de las cuales se han puesto en la vanguardia del sector vitivinícola. Cuenta con viejas viñas de Garnacha y Cariñena y con buenas aportaciones foráneas.

Consejo Regulador
977 831 742 - info@domontsant.com

Acustic Celler

albertjane@hotmail.com

Braó 92 Pt
2007 · 23 €
Uvas: Cariñena, Garnacha.
Gastronomía: Ensalada de garbanzos.
Aspecto: Bonito vestido de rojo burdeos.
Aroma: Tonos intensos de minerales, balsámicos y fruta todo en buen equilibrio.
Boca: Boca potente, taninos redondos, buen paso por boca y final persistente.

Celler de Capçanes

cellercapcanes@cellercapcanes.com

Cabrida 91 Pt
Tinto Crianza 2007 · 35 €
Uvas: 100% Garnacha.
Gastronomía: Carnes brasa.
Aspecto: Bonito vestido rojo granate con joviales reflejos violáceos. Limpio y brillante.
Aroma: En nariz es franco e intenso con fruta muy madura, tonos balsámicos, especias y dejos tostados de la madera.
Boca: En boca es sabroso, expresivo, con buena acidez, amplio y con taninos orgullosos, finos y maduros. Largo postgusto.

Cellers Baronía del Montsant, S.L.

englora@baronia-m.com
www.baronia-m.com

Clos d'Englora Av 14 93 Pt
Tinto Crianza 2005 · 26 €
Uvas: Cabernet Franc, Cabernet Sauvignon. Cariñena, Garnacha, Merlot, Monastrell, Syrah, Ull del Llebre.
Gastronomía: Caza, guisos de carne.
Aspecto: Bonito vestido granate intenso con ribetes burdeos. Capa muy cubierta.
Aroma: Intenso, tonos especiados y minerales. Todo ello muy bien conjuntado.
Boca: Amplio, orgulloso. Taninos potentes. Muy buen equilibrio.

Mas Perinet

info@masperinet.com
www.masperinet.com

Clos María 92 Pt
2007 · 15,5 €
Uvas: Moscatel Grano Menudo, Garnacha Blanca.
Gastronomía: Pescados en salsa verde.
Aspecto: Amarillo dorado, brillante.
Aroma: Frutales, algo mineral, florales, con tonos tostados.
Boca: Entrada en boca suave, jugosa, en su fondo fruta tropical con recuerdos suaves de los tostados.

Gotia 92 Pt
2006 · 24 €
Uvas: Cabernet Sauvignon, Garnacha, Merlot, Syrah.
Gastronomía: Estofados de carne.
Aspecto: Granate brillante, muy cubierto y brillante.
Aroma: Buena e intensa expresión frutal, minerales, tonos de violeta, tostados de buena barrica y fruta lago madura.
Boca: Entrada en boca potente, taninos redondos, equilibrado, largo postgusto.

Cellers can Blau

info@orowines.com

Mas de Can Blau 92 Pt
18 Meses Barrica 2007 · 36,7 €
Uvas: 35% Cariñena, 30% Garnacha, 35% Syrah.
Gastronomía: Estofados de toro.
Aspecto: Rojo granate muy cubierto.
Aroma: Con tonos minerales, especiados, intenso.
Boca: Entrada en boca potente, redondo, largo final.

Denominación de Origen Penedés

El relieve es abrupto, de rítmica y serena belleza clásica. Las principales variedades que se cultivan son: Parellada, Xarel.lo, Macabeo, Riesling Chardonnay, Sauvignon Blanc, Chenin Blanc, Gwürztraminer entre otras.

Consejo Regulador
938 904 811 - dopenedes@dopenedes.es

Bodegues Sumarroca
tpuig@sumarroca.es
www.sumarroca.es

Sumarroca Boria **92** Pt
2006 · 21 €
Uvas: 15% Cabernet Sauvignon, 15% Merlot, 70% Syrah.
Gastronomía: Monchetas con butifarra.
Aspecto: Brillante, muy cubierto de color rojo granate.
Aroma: Intensos, especiados, minerales, bien integrados en la buena madera, final balsámico.
Boca: Buena entrada en boca, taninos maduros, golosos, equilibrado. Buen final.

Can Rafols dels Caus
canrafolsdelscaus@canrafolsdelscaus.com
www.canrafolsdelscaus.com

Rocallis **91** Pt
2005 · 23 €
Gastronomía: Caldereta de pescado.
Aspecto: Amarillo dorado muy intenso.
Aroma: Tonos tostados, especias dulzonas, fruta algo madura.
Boca: Buena entrada en boca, persistente, algo especiado.

Casa Ravella
bodega@condedeolzinellas.com
www.condedeolzinellas.com ; www.casaravella.com

Casa Ravella **90** Pt
Fermentado en Barrica 6 Meses 2007 · 9,86 €
Uvas: 30% Chardonnay, 70% Xarel.Lo.
Gastronomía: Surtido de butifarras.
Aspecto: Amarillo dorado, intenso, limpio.
Aroma: Con buena intensidad. Tonos de frutas blancas algo maduras.
Boca: En boca es fresco, jugoso, intenso y persistente postgusto.

Emendis
avalles@emendis.es
www.emendis.es

Emendis Trio **90** Pt
2009 · 7,5 €
Uvas: 20% Chardonnay, 55% Macabeo, 25% Moscatel
Gastronomía: Merluza a la plancha.
Aspecto: Amarillo intenso, reflejos dorados.
Aroma: Tonos de fruta blanca, miel, flores.
Boca: Tonos cítricos, sabroso, persistente.

Mater de Emendis **91** Pt
Reserva 2006 · 15 €
Uvas: 100% Merlot.
Gastronomía: Redondo, trufado.
Aspecto: Rojo granate, cubierto.
Aroma: Tonos de fruta madura confitada, minerales, balsámicos.
Boca: Taninos potentes aún, larga persistencia.

Gramona
comunicacion@gramona.com
www.gramona.com

Gramona VI de Gel **92** Pt
Gewurztraminer 2006 · 16 €
Uvas: 100% Gewürztraminer.
Gastronomía: Tarta de queso.
Aspecto: Amarillo brillante.
Aroma: Fruta confitada, pétalos de rosa. Intenso.
Boca: Boca frutosa, buena acidez, equilibrado. Buen final.

Jané Ventura
janeventura@janeventura.com
www.janeventura.com

Jané Ventura Finca Els Camps **91** Pt
Fermentación en Barrica. Macabeu
2008 · 14 €
Uvas: 95% Macabeo, 5% Xarel.Lo.
Gastronomía: Rodaballo al horno.
Aspecto: Amarillo pálido con reflejos verdosos.
Aroma: Limpio, agradable y fresco. Fruta madura y notas de ahumados.
Boca: Equilibrado, limpio, sabroso. Fruta blanca.

Jané Ventura Finca Els Camps **92** Pt
Tinto Crianza. Ull de Llebre 2005 · 23 €
Uvas: 100% Ull del Llebre.
Gastronomía: Legumbres, guisos, ibéricos.
Aspecto: Bonito vestido rojo granate intenso. Brillante y limpio.
Aroma: Notas de fruta madura, tonos balsámicos y tostados del roble, ligeros tonos vegetales.
Boca: Amplio, sabroso, franco, estructurado, intenso, taninos vivos y largo postgusto.

Jané Ventura Mas Vilella **90** Pt
Tinto Crianza 2007 · 23 €
Uvas: 100% Cabernet Sauvignon.
Gastronomía: Aleta al horno.
Aspecto: Bonito vestido granate de gran intensidad y limpieza.
Aroma: Buena franqueza, con recuerdos aromáticos a canela, tabaco y tonos madera.
Boca: Buen equilibrio y persistencia. Amplio, carnoso y sabroso. Franco e intenso.

Jean León
jeanleon@jeanleon.com
www.jeanleon.com

Jean León Zemis **94** Pt
Tinto Reserva 2007 · 100 €
Uvas: 20% Cabernet Franc, 60% Cabernet, Sauvignon, 20% Merlot
Gastronomía: Vino para los guisos de carne en general.
Aspecto: Rojo granate muy cubierto con ribetes teja.
Aroma: Tonos muy especiados, fruta roja algo confitada, bien conjuntado con la madera.
Boca: En boca está equilibrado, taninos maduros con un persistente final.

Juve y Camps
juveycamps@juveycamps.com
www.juveycamps.com

Casa Vella d'Espiells **90** Pt
Tinto Reserva 2007 · 11,6 €
Uvas: 85% Cabernet Sauvignon, 15% Merlot.
Gastronomía: Carnes de caza estofadas.
Aspecto: Rojo granate ribetes burdeos.
Aroma: Tonos de fruta confitada, café, minerales, buenos tostados.
Boca: Entrada en boca potente, larga, golosa, buen final.

Flor d'Espiells **91** Pt
Vino de Guarda 2009 · 16,6 €
Gastronomía: Rodaballo al horno.
Aspecto: Amarillo dorado intenso. Muy brillante.
Aroma: Tonos de fruta en buen equilibrio con la madera.
Boca: Boca fresca, con cuerpo, persistente.

Iohannes **94** Pt
Tinto Reserva 2006 · 35 €
Uvas: 40% Cabernet Sauvignon, 60% Merlot.
Gastronomía: Carnes estofadas.
Aspecto: Rojo granate, muy cubierto y brillante.
Aroma: Tonos de ciruelas, moras, especias y balsámico.
Boca: En boca es potente, lleno de fruta, tanino maduro.

Mas Rodó
info@masrodo.com

Mas Rodó 90 Pt
2007 · 13,9 €
Uvas: 100% Merlot.
Gastronomía: Verduras a la plancha.
Aspecto: Rojo granate intenso y brillante.
Aroma: Tonos de plantas aromáticas salvajes.
Boca: Potente, jugosa con largo final.

Parés Baltá

paresbalta@paresbalta.com
www.paresbalta.com

Absis 91 Pt
Reserva 2005 · 45 €
Uvas: Cabernet Sauvignon, Merlot, Syrah, Tempranillo.
Gastronomía: Riñones al jerez.
Aspecto: Violáceo intenso y muy cubierto.
Aroma: Tonos de fruta concentrada, pasas, ciruelas y moras.
Boca: En boca es graso, amplio y con potencia. Agradable postgusto y larga persistencia.

Raventós I Blanc

raventos@raventos.com
www.raventos.com

11 D'Isabel Negra 93 Pt
2007 · 31,1 €
Uvas: 80% Cabernet Sauvignon, 20% Monastrell.
Gastronomía: Carnes estofadas.
Aspecto: Rojo burdeos, ribetes granates.
Aroma: Tonos de fruta roja, algo balsámico. Intenso.
Boca: En boca es potente, estructurado, complejo, con largo final.

Silencis 90 Pt
2009 · 9,3 €
Uvas: 100% Xarel.Lo.
Gastronomía: Pescados al horno.
Aspecto: Amarillo pálido, reflejos dorados.
Aroma: Tonos de fruta blanca (pera), intenso.
Boca: Boca potente, grasa con persistencia.

René Barbier, S.A.

renebarbier@renebarbier.es
www.renebarbier.com

René Barbier Chardonnay Selección Blanco Fermentado en Barrica 2008 · 12,5 € 91 Pt
Uvas: 100% Chardonnay.
Gastronomía: Aperitivos, pescados, mariscos cocidos.
Aspecto: Bien vestido de amarillo pajizo.
Aroma: A fruta muy madura mecida por el toque dulzón de la madera.
Boca: En boca seco, sabroso y de largo final.

Segura Viudas

seguraviudas@seguraviudas.es
www.seguraviudas.com

Creu de Lavit 91 Pt
2008
Uvas: 100% Xarel.Lo.
Gastronomía: Tartar de bogavante.
Aspecto: Amarillo dorado, brillante.
Aroma: Tonos de flores secas, fruta golosa.
Boca: Entrada en boca elegante, persistente.

Torelló

torello@torello.es
www.torello.es

Petjades 95 Pt
2009
Uvas: 100% Merlot.
Gastronomía: Escalibada.
Aspecto: Vestido de color rojo muy vivo y cubierto.
Aroma: Tonos florales, frutales y algo minerales.
Boca: Boca con mucha estructura, equilibrio y persistencia.

Torres

mailadmin@torres.es
www.torres.es

Atrium 92 Pt
2009 · 8,85 €
Uvas: 100% Merlot.
Gastronomía: Carnes estofadas.
Aspecto: Juvenil aspecto en tonos burdeos muy atractivo.
Aroma: Afrutados, intensos.
Boca: En boca, amplio, de sincera expresión tánica y elegante postgusto.

Fransola 92 Pt
2009 · 15,9 €
Uvas: 5% Parellada, 95% Sauvignon Blanc.
Gastronomía: Pescados al horno.
Aspecto: Brillante amarillo reflejos dorados.
Aroma: De frutas exóticas maduras, envueltos en notas de flores.
Boca: En boca es jugoso, intenso, sabroso, con orgulloso y largo final.

Mas la Plana 94 Pt
Tinto Reserva 2006 · 38,8 €
Uvas: 100% Cabernet Sauvignon.
Gastronomía: Estofados de carne.
Aspecto: Vestido de granate, ribetes teja, brillante.
Aroma: En nariz, tonos de fruta madura, balsámicos y dejos de cuero.
Boca: En boca es redondo, grato, elegante y largo postgusto.

Reserva Real 94 Pt
Tinto Reserva 2006 · 136,25 €
Uvas: Cabernet Franc, Cabernet Sauvignon, Merlot.
Gastronomía: Carnes y caza.
Aspecto: Vestido de granate con ribetes teja.
Aroma: Tonos de fruta madura confitada, tostados de buena madera.
Boca: Especiado, amplio, carnoso, go oso y de solemne final.

Waltraud 90 Pt
Blanco Joven 2009 · 14,5 €
Uvas: 100% Riesling.
Gastronomía: Ensalada de pasta.
Aspecto: Atractivo color amarillo dorado, luminoso y brillante.
Aroma: Franco aroma a frutas tropica es maduras.
Boca: Bonita entrada, jugosa y de precioso tacto.

Denominación de Origen Pla de Bages

Los vinos se producen en la "Veguería" de Bagés, en el Valle medio del río Llobregat. Los vinos se obtienen de las variedades: Macabeo, Parellada, Sauvignon Blanc, Gewürztraminer y Chardonnay (blancas) y las Ull de Llebre, Merlot, Cabernet Sauvignon, Garnacha, Syrah y Cabernet Franc (tintas).

Consejo Regulador
938 748 236 - info@deopladebages.com

Masies d'Avinyo (Abadal)

info@abadal.net
www.abadal.net

Abadal 3.9 92 Pt
Tinto Reserva 2006 · 20 €
Uvas: 85% Cabernet Sauvignon, 15% Syrah.
Gastronomía: Caza, asados.
Aspecto: Bien vestido en tonos granate burdeos.

Aroma: Cálido e intenso. Frutos y flores muy maduros.
Boca: En boca, amplia expresión tánica y buen equilibrio. Final amplio.

Abadal Rosado **90** Pt
2009 · 8,8 €
Uvas: 80% Cabernet Sauvignon, 20% Sumoll.
Gastronomía: Merluza en salsa verde.
Aspecto: Rosa fresa, brillante, luminoso.
Aroma: Tonos de fruta roja, caramelo de fresa.
Boca: Entrada en boca jugosa, fresca, persistente.

Abadal Selecció **92** Pt
Tinto Reserva 2006 · 31,5 €
Uvas: 40% Cabernet Franc, 40% Cabernet Sauvignon, 20% Syrah.
Gastronomía: Caza, carne roja.
Aspecto: Bonito color rojo granate-burdeos intenso.
Aroma: Serio con ligeros tonos minerales y de nobles maderas. Elegante y complejo.
Boca: En boca, seco y bien estructurado. Final cálido y largo.

Nuat **91** Pt
2007 · 26 €
Gastronomía: Pollo al chilindrón.
Aspecto: Rojo granate, ribetes burdeos.
Aroma: Tonos de fruta madura, vainilla, flores secas.
Boca: Entrada en boca estructurada, potente, y persistente.

Denominación de Origen Priorato

En esta zona el viñedo crece en terrazas naturales o hechas por la mano del hombre. Su suelo es de origen pizarroso, dotado de buen drenaje y, normalmente, posee en fuertes pendientes. Las variedades que predominan son: Garnacha País, Cariñena y Garnacha Peluda (tintas) y Garnacha Blanca, Macabeo y Pedro Ximénez (blancas).

Consejo Regulador
977 839 495 - info@doqpriorat.org

Álvaro Palacios, S.L.
info@alvaropalacios.com

Finca Dofí **94** Pt
Tinto Crianza 2008 · 65 €
Uvas: Cabernet Sauvignon, Merlot, Syrah.
Gastronomía: Guisos, caza.
Aspecto: Se viste en rojo burdeos intenso y límpido.
Aroma: En nariz, frutos de zarza maduros y soleados con dejos de brea.
Boca: En boca carnoso, potente y orgulloso.

Gratallops Vi de la Vila **91** Pt
2008 · 42 €
Uvas: 100% Garnacha.
Gastronomía: Verduras a la plancha.
Aspecto: Tonos vivos de rojo burdeos.
Aroma: Tonos minerales, balsámicos con final de tostados.
Boca: Boca con potencia, equilibrada.

L'Ermita **98** Pt
2008 · 590 €
Uvas: 100% Garnacha.
Gastronomía: Guisos de caza.
Aspecto: Solemne de hermoso color y caída, limpio e intenso.
Aroma: Profundo. Las notas frutales elegantes se unen a las especiadas, aroma de una noble madera.
Boca: Vino de larga guarda, hoy apenas desarrollado pero que ya promete muchísimo.

Les Terrases **93** Pt
Tinto Crianza 2006 · 24 €
Uvas: Cabernet Sauvignon, Cariñena, Garnacha, Syrah.
Gastronomía: Asados de carne.
Aspecto: Vestido en tonos granate muy intensos, brillante y luminoso.
Aroma: A fruta de baya muy madura con tonos ahumados.
Boca: En boca amplio de hermosa tanicidad y gran equilibrio.

Bodegas Mas Alta
diane@bodegasmasalta.com
www.bodegasmasalta.com

La Basseta **93** Pt
16 Meses Barrica 2007 · 55 €
Uvas: Cabernet Sauvignon, Cariñena, Garnacha.
Gastronomía: Aleta rellena de boletus.
Aspecto: Rojo rubí muy intenso y cubierto.
Aroma: Tonos de fruta negra lago confitada, especias, minerales.
Boca: Boca con mucha potencia, equilibrio y persistencia.

La Creu Alta **94** Pt
18 Meses Barrica 2006 · 80 €
Uvas: 50% Cariñena, 35% Garnacha, 15% Syrah.
Gastronomía: Monchetas con butifarra.
Aspecto: Rojo rubí muy cubierto y brillante.
Aroma: Tonos cálidos, fruta madura, especias dulces, tostados.
Boca: Boca potente, sabrosa, elegante y muy persistente.

Buil & Giné
info@builgine.com
www.builgine.com

Pleret **90** Pt
2005 · 34,71 €
Uvas: Cabernet Sauvignon, Cariñena, Garnacha, Merlot, Syrah.
Gastronomía: Setas rehogadas.
Aspecto: Rojo granate, muy cubierto.
Aroma: Tonos muy minerales y balsámicos, algo de fruta negra.
Boca: Taninos muy potentes y algo rugosos, persistente.

Casa Gran del Siurana
perelada@castilloperelada.com
www.castilloperelada.com

Gran Cruor **92** Pt
Sin Apelativo de Crianza. 18 Meses de Barrica 2006 · 40,95 €
Uvas: Cabernet Sauvignon, Cariñena.
Gastronomía: Embutidos y quesos curados.
Aspecto: Rojo burdeos y ribetes granates. Capa cubierta.
Aroma: Francos, afrutados, especies, minerales en equilibrio con tostados.
Boca: Entrada en boca potente, taninos redondos. Vino estructurado con elegante final.

Celler de Pont, S.L.
info@cellerdelpont.com
www.cellerdelpont.com

Lo Givot **92** Pt
Tinto Crianza 2007 · 36 €
Uvas: 25% Cabernet Sauvignon, 33% Garnacha, 10% Syrah, 32% Mazuelo.
Gastronomía: Carnes rojas, asados, guisos.
Aspecto: Limpio y brillante. Color granate con capa alta.
Aroma: Notas tostadas, minerales, fruta madura casi confitada.
Boca: Boca potente, taninos elegantes y redondos, algo golosos con largo y fino postgusto.

Celler Pasanau
pasanaugerm@retemail.es
www.cellerpasanau.com

Pasanau el Vell Coster **90** Pt
2007 · 30 €
Uvas: 80% Cariñena, 20% Garnacha.
Gastronomía: Boletus al ajillo.
Aspecto: Rojo burdeos, intenso y brillante.
Aroma: Tonos expresivos, especias, fruta confitada.
Boca: Buena concentración en boca, torrefactos, largo postgusto.

Celler Vall Llach

celler@vallllach.com
www.vallllach.com

Embruix 92 Pt
Tinto Crianza 2008
Uvas: Cabernet Sauvignon, Cariñena, Garnacha, Merlot, Syrah.
Gastronomía: Caldereta de pescado.
Aspecto: Tinto cubierto de orgulloso aspecto en tonos burdeos.
Aroma: Fruta negra confitada, balsámicos envueltos en roble expresivo.
Boca: En boca, cálido, orgulloso y estructurado.

Idus de Vall Llach 92 Pt
2008 · 33 €
Uvas: Cabernet Sauvignon, Cariñena, Garnacha, Merlot, Syrah.
Gastronomía: Estofado de buey.
Aspecto: Bonito aspecto muy cubierto granate oscuro. Ribetes violáceos.
Aroma: A confitura de frutos rojos y dejos de tomillo salvaje. Tonos minerales.
Boca: En boca, taninos jugosos y buen postgusto.Redondo y elegante.

Vall Llach 95 Pt
2008 · 58 €
Uvas: Cabernet Sauvignon, Cariñena, Merlot.
Gastronomía: Pastel de carne.
Aspecto: Color granate intenso con ribetes violáceos. Brillante.
Aroma: A monte bajo, tostados, vainilla. Especiado.
Boca: Sobriedad, madurez, amplitud y calidez unidos a un equilibrio. Noble madera que marca su postgusto.

Celler Vinos Piñol

info@vinospinol.com
www.vinospinol.com

L'Avi Arrifi 92 Pt
2007 · 19 €
Gastronomía: Estofados de carne.
Aspecto: Vestido de rojo teja con ribetes granates.
Aroma: Tonos de bajo monte en equilibrio con la fruta y la madera.
Boca: Amplio, redondo, expresivo, tonos golosos, persistente.

Cims de Porrera

info@cimsdeporrera.com

Cims de Porrera 92 Pt
Classic 2006 · 47,25 €
Uvas: 100% Cariñena.
Gastronomía: Carnes de caza estofadas.
Aspecto: Rojo burdeos, ribetes violáceos. Muy cubierto.
Aroma: Intensos a fruta negra, minerales, sobresalen los tonos de la buena madera.
Boca: Entrada en boca con taninos potentes pero a la vez elegantes. Muy sabroso y persistente.

Solanes 91 Pt
Sin Indicación de Crianza, 8 Meses de Crianza 2006 · 15,23 €
Uvas: Cabernet Sauvignon, Cariñena, Garnacha, Merlot, Syrah.
Gastronomía: Carnes a la plancha.
Aspecto: Bonito vestido rojo burdeos intenso con ribetes violáceos. Muy cubierto.
Aroma: De frutas y flores rojas, especias, dejos minerales y tonos tostados muy finos.
Boca: Intenso, sabroso, estructurado y elegante. Paso por boca y posgtusto muy largo.

Clos Berenguer, S.L.

info@closberenguer.com
www.closberenguer.com

Finca Les Sorts 2006 92 Pt
2006 · 34 €
Uvas: 100% Cabernet Sauvignon.
Gastronomía: Albóndigas con tomate.
Aspecto: Rojo burdeos de capa muy cubierta.
Aroma: Tonos balsámicos, especias, minerales.
Boca: Boca potente, estructurada y con buen postgusto.

Clos I Terrasses

closerasmus@terra.es info@closerasmus.com

Clos Erasmus 97 Pt
2005
Uvas: Cabernet Sauvignon, Garnacha, Syrah.
Gastronomía: Foie a la plancha.
Aspecto: Burdeos muy brillante e intenso, ribetes violáceos.
Aroma: Tonos muy potentes, elegante fruta confitada, especias dulces, tostados.
Boca: Boca potente, equilibrada, redondo, elegante final con retrogusto confitado.

Clos Mogador

closmogador@teleline.es

Clos Mogador 93 Pt
Tinto Crianza Especial 2007 · 58 €
Uvas: 25% Cabernet Sauvignon, 25% Cariñena, 32% Garnacha, 18% Syrah.
Gastronomía: Carnes, asados, guisos.
Aspecto: Limpio. Color rojo cereza con capa alta.
Aroma: Notas a fruta muy madura casi confitada Notas minerales.
Boca: Sabroso, amplio. Notas a fruta y taninos muy bien integrados.

Combier-Fischer-Gerin, S.L. Trío Infernal

dosrgestio@yahoo.es

Trio Infernal 2/3 92 Pt
Tinto Crianza 2006 · 60 €
Uvas: 100% Cariñena.
Gastronomía: Costillas de cerdo ibérico asadas.
Aspecto: Se viste en tonos burdeos-violáceo de capa alta, con brillantes ribetes.
Aroma: Muy rico y complejo en aromas. Frutillos del bosque, empireumáticos, balsámicos, torrefactos y sutiles tonos de elegante madera.
Boca: Buena entrada en boca, de gran persistencia. Vino con gran personalidad.

Costers del Priorat

info@costersdelpriorat.com
www.costersdelpriorat.com

Clos Cypres 92 Pt
12 Meses Barrica 2008 · 25 €
Uvas: Cabernet Sauvignon, Cariñena, Garnacha.
Gastronomía: Pato asado.
Aspecto: Rojo rubí muy intenso y cubierto.
Aroma: Tonos de buena madera en equilibrio con la fruta algo madura.
Boca: Boca potente pero elegante, equilibrada y larga.

Pissares 90 Pt
2008 · 15 €
Uvas: Cabernet Sauvignon, Cariñena, Garnacha.
Gastronomía: Atún con tomate.
Aspecto: Rojo burdeos, ribetes burdeos.
Aroma: Tonos de fruta licorosa, tostados, especias.
Boca: En boca es carnoso, especiado, equilibrio en su final.

De Muller

lab@demuller.es nacional@demuller.es
www.demuller.es

Les Pusses 92 Pt
Tinto Crianza 2004 · 15,5 €
Uvas: 50% Merlot, 50% Syrah.
Gastronomía: Solomillo a la piedra.
Aspecto: Vestido en color rojo burdeos intenso y limpio.
Aroma: Frutas rojas y negras maduras, balsámicos y tostados.
Boca: Amplia entrada. Sincero, equilibrado y bonito recuerdo.

Lo Cabaló 92 Pt
Tinto Reserva 2004 · 22,5 €
Uvas: Cariñena, Garnacha, Merlot, Syrah.
Gastronomía: Arroces condimentados.
Aspecto: Vestido en tonos granate con reflejos burdeos de intensa capa.
Aroma: Complejo e intenso. Elegantes aromas de frutas maduras y tonos especiados y minerales.
Boca: Carnoso, estructurado y de buen equilibrio. Persistente y de taninos jugosos.

Gratavinum

gratavinum@gratavinum.com

2 Pi R 92 Pt
2007 · 20 €
Uvas: Cabernet Sauvignon, Cariñena, Garnacha, Syrah.
Gastronomía: Osobuco.
Aspecto: Burdeos muy intenso con ribetes violáceos aún.
Aroma: Muy expresivo, cacao, tostados, minerales.
Boca: Boca con taninos muy potentes, frutoso, complejo.

Joan Ametller, S.L.

ametller@ametller.com
www.ametller.com

Clos Mustardo 91 Pt
2006 · 89 €
Uvas: Cabernet Sauvignon, Cariñena, Garnacha.
Gastronomía: Escabeches de caza.
Aspecto: Rojo cereza intenso muy cubierto.
Aroma: Intensos fruta negra madura. Tostados, cueros, minerales.
Boca: Boca franca, intensa, limpia, elegante. Buen final.

Mas Martinet

martinet@arrakis.es

Clos Martinet 92 Pt
Tinto Crianza 2007 · 38 €
Uvas: 10% Cabernet Sauvignon, 80% Garnacha, 3% Merlot, 7% Syrah.
Aspecto: Limpio. Color rojo cereza con intensidad, capa muy cubierta.
Aroma: A fruta madura, notas minerales y tostados.
Boca: Amplio, carnoso, frutal. Elegante postgusto.

Els Escurçons 94 Pt
2007
Gastronomía: Pichones rellenos.
Aspecto: Rubí brillante, capa muy cubierta.
Aroma: Tonos de chocolate, cueros, minerales, muy elegante.
Boca: Entrada en boca redonda, elegante, con mucha potencia y persistencia.

Mas Perinet

info@masperinet.com
www.masperinet.com

Perinet 91 Pt
2006 · 20 €
Uvas: 20% Cabernet Sauvignon, 40% Cariñena, 10% Garnacha, 10% Merlot, 20% Syrah.
Gastronomía: Quesos curados.
Aspecto: Rojo intenso, cubierto, brillante.
Aroma: Tonos muy especiados, balsámicos, minerales, buenos tostados en equilibrio con fruta confitada.
Boca: Entrada en boca potente, sabroso y jugoso. Largo postgusto.

Melis

javier@melispriorat.com
www.melispriorat.com

Melis 93 Pt
16 Meses Barrica 2006 · 65 €
Uvas: Cabernet Sauvignon, Cariñena, Garnacha, Merlot, Syrah.
Gastronomía: Chuletas al horno con salsa al pesto.
Aspecto: Burdeos intenso, muy cubierto y brillante.
Aroma: Fruta muy madura, canela, cacao, vainilla, roble nuevo.
Boca: En boca es carnoso, potente, frutoso, algo graso, buen final.

Rotllan Torra

comercial@rotllantorra.com
www.rotllantorra.com

Amadis 91 Pt
2005 · 30 €
Uvas: Cabernet Sauvignon, Garnacha, Merlot, Syrah, Mazuelo.
Gastronomía: Redondo de ternera mechado.
Aspecto: Rojo rubí muy cubierto y brillante.
Aroma: Tonos intensos de bajo monte, minerales, tostados.
Boca: Boca de entrada potente, equilibrada acidez y largo postgusto.

Tirant 91 Pt
Tinto Crianza 2005 · 45 €
Uvas: Cabernet Sauvignon, Cariñena, Garnacha, Syrah, Mazuelo.
Gastronomía: Asados, caza.
Aspecto: Vestido de bonito color rojo burdeos intenso con ribetes violáceos.
Aroma: Muy complejo. Frutas rojas maduras, especias, tostados y tonos minerales, muy bien conjuntado.
Boca: Amplia entrada. Sabroso, de ricos taninos y buenas formas. Postgusto largo y expresivo.

Sangenis i Vaque

celler@sangenisivaque.com
www.sangenisivaque.com

Clos Monlleo 92 Pt
Reserva 2004 · 45 €
Uvas: 50% Cariñena, 50% Garnacha.
Gastronomía: Bocaditos de queso curado.
Aspecto: Rojo granate muy cubierto y brillante.
Aroma: Tonos minerales, balsámicos, buen equilibrio de la fruta con la madera.
Boca: La potencia de boca se mantiene, tonos confitados de la fruta en equilibrio con la madera.

Scala Dei

v.sanchez@codorniu.es
www.codorniu.com

Scala Dei Cartoixa 90 Pt
Gran Reserva 2006 · 35 €
Gastronomía: Queso de cabra a la plancha.
Aspecto: Rojo granate, ribetes burdeos muy cubierto.
Aroma: Tonos confitados, balsámicos, cueros y especias.
Boca: Boca carnosa, golosa, taninos potentes.

Torres Priorat

mailadmin@torres.es

Perpetual 92 Pt
Tinto Reserva 2007 · 34,9 €
Uvas: Garnacha, Mazuelo.
Gastronomía: Cordero a la piedra.
Aspecto: Rojo granate, ribetes teja.
Aroma: Tonos de monte bajo, balsámicos y confitados.
Boca: Estructurado, buena acidez y buen final.

Salmos 93 Pt
2007 · 19 €
Uvas: Cabernet Sauvignon, Garnacha, Syrah, Mazuelo.
Gastronomía: Aperitivos con embutidos.
Aspecto: Rojo burdeos intenso, brillante. Recuerda confitura.
Aroma: De caramelo, fruta roja.
Boca: Entrada en boca potente, redonda, final largo.

Valsanzo Selección (Priorato)

valsanzo@valsanzo.com
www.valsanzo.com

Nassos 91 Pt
Roble 2008 · 20 €
Uvas: 100% Garnacha.
Gastronomía: Monchetas con butifarra.
Aspecto: Rojo violáceo muy cubierto y brillante.
Aroma: Tonos de fruta negra, tomillo, tostados.
Boca: Boca muy potente, estructurada, buena acidez y final.

Vinícola del Priorat, S.C.L.

info@vinicoladelpriorat.com
www.vinicoladelpriorat.com

Ònix Selecciò 92 Pt
2006 · 36 €
Gastronomía: Legumbres con carne.
Aspecto: Rojo granate, mantiene aún los ribetes burdeos.
Aroma: Tonos minerales bien ensamblados con la fruta algo madura.
Boca: Boca larga, redonda, taninos potentes. Final largo.

Viticultors del Priorat, S.L.

morlanda@inicia.es
www.morlanda.com

Morlanda 90 Pt
Tinto Crianza 2005 · 30 €
Uvas: Cariñena, Garnacha.
Gastronomía: Caza mayor, guisos de carne.
Aspecto: Vestido en color granate intenso con ribetes rubíes.
Aroma: Muy complejo. Fruta muy madura, especias, cuero, dejos de pimiento verde.
Boca: En boca, carnoso y amplio, de final persistente.

Morlanda Blanco 93 Pt
2009 · 10 €
Uvas: Macabeo, Garnacha Blanca
Gastronomía: Pescados, entrantes.
Aspecto: Amarillo pálido con dejos dorados.
Aroma: De fruta blanca y tonos especiados.
Boca: Fresco, limpio e intenso. Grata persistencia.

Viticultors Mas d´en Gil, S.L.

mail@masdengil.com
www.masdengil.com

Clos Fontà 92 Pt
Tinto Crianza 2007 · 40 €
Uvas: Cabernet Sauvignon, Cariñena, Garnacha.
Gastronomía: Carnes rojas, matanza, guisos especiados, estofados de caza.
Aspecto: Vestido en un intenso color purpúreo.
Aroma: Complejo de frutos algo maduros.
Boca: Entrada en boca redonda, potente, tánico. Muy equilibrado. Final muy largo.

Coma Vella 90 Pt
Tinto Crianza 2007 · 21 €
Uvas: Cabernet Sauvignon, Cariñena, Garnacha, Merlot, Syrah.
Gastronomía: Carnes rojas a la brasa, guisos especiados.
Aspecto: Color profundo granate burdeos, muy cubierto de buena caída.
Aroma: Complejos y plenos, intensos (tonos minerales y fruta madura).
Boca: En boca, de orgullosa expresión tánica. Final orgulloso y largo.

Denominación de Origen Tarragona

Esta denominación abarca casi toda la provincia. Los terrenos de la llanura costera y de las riberas de los ríos son aluviales, mientras que en las laderas son pardo-calizos. Predominan las uvas blancas: Parellada, Macabeo, Xarel.lo y Garnacha Blanca. Las tintas son: Ull de Llebre, Cariñena y Garnacha Tinta.

Consejo Regulador
977 217 931 - info@dotarragona.cat

De Muller

lab@demuller.es nacional@demuller.es
www.demuller.es

Chardonnay de Muller 90 Pt
2009 · 6,5 €
Uvas: 100% Chardonnay.
Gastronomía: Pastel de cabracho.
Aspecto: Amarillo pálido muy brillante y luminoso.
Aroma: Tonos de fruta blanca, flores silvestres.
Boca: Boca fresca, ágil, chispeante y larga.

Denominación de Origen Terra Alta

Comarca situada en la margen del río Ebro. Los suelos presentan abundancia de gravas, son muy permeables y poco retentivos, muy adecuados para producir vinos de calidad. Las variedades que se cultivan son: (blancas) Garnacha Blanca, Parellada y Macabeo. Las tintas: Tempranillo, Garnacha Tinta, Cariñena y Garnacha Peluda.

Consejo Regulador
977 421 278 - info@doterraalta.com

Altavins Viticultors

altavins@altavins.com
www.altavins.com

Domus Pensi 90 Pt
2005 · 13,69 €
Uvas: Cabernet Sauvignon, Garnacha, Merlot, Syrah, Tempranillo.
Gastronomía: Lentejas estofadas.
Aspecto: Rojo rubí intenso y brillante.
Aroma: Tonos balsámicos, bajo monte, tostados.
Boca: Entrada en boca potente, equilibrada y persistente.

Celler Bàrbara Forés

bfores@tinet.org- info@cellerbarbarafores.com
www.cellerbarbarafores.com

Bàrbara Forés Coma d´en Pou 90 Pt
Tinto Crianza 2005 · 18 €
Uvas: 30% Cabernet Sauvignon, 30% Garnacha, 10% Merlot, 30% Syrah.
Gastronomía: Perdiz estofada.
Aspecto: Color rojo granate intenso con dejos violáceos. Limpio y brillante.
Aroma: Franco. Intenso. Fruta roja madura, notas especiadas (regaliz, vainilla, especias) y tostados de madera.
Boca: Amplio. Sabroso. Cálido pero fresco. Taninos suaves. Postgusto persistente.

Celler Vinos Piñol

info@vinospinol.com
www.vinospinol.com

Josefina Piñol 92 Pt
Vendimia Tardía 2007 · 13 €
Gastronomía: Helado de turrón.
Aspecto: Color rojo picota muy cubierto, ribetes teja.
Aroma: Tonos de fruta sobremadura, algo de cítricos, potente.
Boca: Boca dulce, golosa, muy concentrado. Largo final.

Mather Teresina Selección 92 Pt
2007 · 25 €
Uvas: Cabernet Sauvignon, Garnacha, Merlot, Syrah.
Gastronomía: Canelones de foie.
Aspecto: Rojo granate ribetes burdeos.
Aroma: Tonos de madera nueva, especias, cacao
Boca: Boca potente, estructurado, buena acidez en equilibrio con la madera.

Edetária

info@edetaria.com
www.edetaria.com

Edetaria 92 Pt
Gran Reserva 2005 · 20 €
Uvas: 25% Cabernet Sauvignon, 40% Garnacha, 35% Syrah.
Gastronomía: Ensaladas de pasta.
Aspecto: Rojo granate intenso. Brillante y limpio.
Aroma: Tostados a vainilla, fruta algo madura.
Boca: Entrada en boca ligeramente golosa, estructurada. Buen final.

Lafou Celler

info@lafou.net
www.lafou.net

Lafou 92 Pt
Reserva 2007 · 33 €
Uvas: Cabernet Sauvignon, Garnacha, Syrah.
Gastronomía: Canelones de carne.
Aspecto: Rojo granate ribetes burdeos.
Aroma: Tonos de fruta roja, tostados, confitados.
Boca: Boca potente, equilibrada y con largo postgusto.

Extremadura

Extremadura cuenta con una única Denominación de Origen: **D.O. Ribera del Guadiana**, que acoge vinos muy diferentes, porque su extensión es muy grande y las variedades cultivadas muy diferentes. Las bodegas, en general, se han adaptado a los modernos sistemas de elaboración y están haciendo unos vinos muy actuales y a veces de calidad notable. Hay también Vino de la Tierra, que se comercializa protegido con el nombre de Extremadura.

Los 10 Mejores Vinos

Habla Nº 4 — 93 Puntos

Tinto de Crianza 2006 Bodega: BODEGAS HABLA
Vino de la Tierra de Extremadura. Página 110

Habla Nº 5 — 93 Puntos

Tinto de Crianza 2006 Bodega: BODEGAS HABLA
Vino de la Tierra de Extremadura. Página 110

Huno Matanegra — 93 Puntos

Tinto de Crianza 2007 Bodega: PAGO LOS BALANCINES
D.O: Ribera del Guadiana. Página 109

Torre Julia — 93 Puntos

Tinto de Reserva y Gran Reserva 2004 Bodega: LAS GRANADAS CORONADAS
D.O: Ribera del Guadiana. Página 109

Huno — 92 Puntos

Tinto de Crianza 2007 Bodega: PAGO LOS BALANCINES
D.O: Ribera del Guadiana. Página 109

Marqués de Valdueza — 92 Puntos

Tinto de Crianza 2007 Bodega: BODEGA MARQUÉS DE VALDUEZA
Vino de la Tierra de Extremadura. Página 110

Puerta Palma Finca el Campillo — 92 Puntos

Tinto de Reserva y Gran Reserva 2002 Bodega: MARCELINO DÍAZ
D.O: Ribera del Guadiana. Página 109

Taryala — 92 Puntos

Tinto de Crianza 2005 Bodega: LAS GRANADAS CORONADAS
D.O: Ribera del Guadiana. Página 109

Torremayor Reserva — 92 Puntos

Tinto de Reserva y Gran Reserva 2004 Bodega: VIÑA SANTA MARINA
D.O: Ribera del Guadiana. Página 109

Corte Real Platinum — 91 Puntos

Tinto de Reserva y Gran Reserva 2002 Bodega: VIÑA EXTREMEÑA
Vino de la Tierra de Extremadura. Página 110

Denominación de Origen Ribera del Guadiana

El extremeño, en general, cuida sus viñas con primor. En las bodegas se han instalado adecuados sistemas tecnológicos de elaboración, de forma que el enólogo cuenta hoy con dos valiosos aliados, el acero inoxidable y el frío.

Consejo Regulador
924 671 302 - info@riberadelguadiana.eu

Bodegas Romale
romale@romale.com
www.romale.com

Privilegio de Romale 90 Pt
2003 · 7,7 €
Uvas: 100% Tempranillo.
Gastronomía: Platos de caza, parrilladas.
Aspecto: Cubierto en color granate ribeteado en ocres.
Aroma: Potente, complejo, a frutos negros maduros, torrefactos y confituras.
Boca: Buena entrada en boca. Vino redondo y estructurado y con grato postgusto.

Las Granadas Coronadas
info@bodegalasgranadas.com
www.bodegalasgranadas.com

Taryala 92 Pt
2005 · 8,26 €
Uvas: 50% Cabernet Sauvignon, 50% Tempranillo.
Gastronomía: Asados y parrilladas.
Aspecto: Vino de amplio vestido rojo granate luminoso ribeteado en ocres.
Aroma: A fruta madura, cueros y confituras. Intenso y sincero.
Boca: Orgulloso paso de boca, potente ataque y sabroso final.

Torre Julia 93 Pt
2004 · 14,24 €
Uvas: 100% Cabernet Sauvignon.
Gastronomía: Caldereta de cordero, migas extremeñas.
Aspecto: Vestido granate de gran luminosidad y bonita caída.
Aroma: Franco, intenso y complejo (especias, montebajo, fruta madura, tostados y torrefactos).
Boca: Entrada orgullosa y equilibrada. Domada expresión tánica, limpio y largo final.

Marcelino Díaz
bodega@madiaz.com
www.madiaz.com

Puerta Palma Finca el Campillo 92 Pt
Reserva 2002 · 12,5 €
Uvas: Graciano, 100% Tempranillo.
Gastronomía: Carnes y asados.
Aspecto: Rojo granate cubierto y luminoso.
Aroma: En nariz afrutado, balsámico y mineral.
Boca: Buena estructura y persistencia.

Puerta Palma Finca las Tenderas 91 Pt
2008 · 5,5 €
Uvas: Cabernet Sauvignon, Tempranillo.
Gastronomía: Huevos gratinados, redondo mechado.
Aspecto: Rojo granate intenso.
Aroma: Potente, a fruta roja con dejos especiados.
Boca: En boca sabroso y con final prolongado.

Pago Los Balancines
comercial@pagolosbalancines.com
www.pagolosbalancines.com

Alunado 91 Pt
Blanco Fermentado en Barrica 2009 · 12 €
Uvas: 100% Chardonnay.
Gastronomía: Pescados elaborados.
Aspecto: Amarillo dorado intenso.
Aroma: Potente, herbáceo, flores blancas, heno fresco.
Boca: Varietal, intenso y fresco. Postgusto sabroso.

Huno 90 Pt
2008 · 14 €
Uvas: 55% Cabernet Sauvignon, 10% Garnacha, 10% Merlot, 25% Tempranillo.
Gastronomía: Guisos, carnes rojas.
Aspecto: Rojo granate de bonita caída.
Aroma: Sincero e intenso, a frutos del bosque, especias y balsámicos.
Boca: Buena entrada en boca. Persistente y sabroso.

Huno 92 Pt
2007 · 14 €
Uvas: 30% Cabernet Sauvignon, 15% Merlot, 15% Syrah, 40% Tempranillo.
Gastronomía: Parrilladas, aves.
Aspecto: Rojo granate ribeteado en caoba, luminoso.
Aroma: Frutal, balsámico y fondos a canelas y toffes.
Boca: Estructurado, untuoso, sedoso. Final largo y persistente.

Huno Matanegra 93 Pt
2007 · 18 €
Uvas: 60% Cabernet Sauvignon, 15% Merlot, 25% Tempranillo.
Gastronomía: Asados, carnes rojas.
Aspecto: Vestido rojo granate intenso ribeteado en tejas.
Aroma: Potente en nariz, a fruta roja, cacaos, especias y balsámicos.
Boca: Elegante en nariz. Persistente, largo y orgulloso.

Vinícola Guadiana
vigua@vinicolaguadiana.com
www.vinicolaguadiana.com

Basangus 90 Pt
2007 · 11 €
Uvas: 100% Tempranillo.
Gastronomía: Cordero asado, salteado de setas.
Aspecto: Vestido color rojo granate intenso y cubierto.
Aroma: De gran armonía en la nariz, franco y potente, a frutas rojas y fondos ahumados y torrefactos.
Boca: Sedoso y equilibrado. Persistente y de gratos recuerdos.

Viña Santa Marina
bogega@vsantamarina.com
www.vsantamarina.com

Torremayor Reserva 92 Pt
2004 · 10,5 €
Uvas: 100% Tempranillo.
Gastronomía: Cordero asado, quesos curados.
Aspecto: Rojo granate cubierto ribeteado en ocres.
Aroma: Intenso y frutal, a sotobosque, bayas y especiados.
Boca: En boca cálido, armado, untuoso, complejo y con gran final.

Viñedos y Bodega Carabal
info@bodega-carabal.es
www.bodega-carabal.es

Carabal 91 Pt
2006 · 12,5 €
Uvas: Cabernet Sauvignon, Graciano, Syrah, Tempranillo.
Gastronomía: Carnes rojas y asados.
Aspecto: Vestido rojo granate intenso de gran luminosidad.
Aroma: Complejo, a fruta roja, minerales, especias y vainillas.
Boca: Potente entrada, sedoso. Final persistente.

Rasgo 90 Pt
2006 · 8 €
Uvas: Cabernet Sauvignon, Syrah, Tempranillo.
Gastronomía: Asados, parrilladas.
Aspecto: Bonito vestido rojo granate con ribetes caobas.
Aroma: A fruta negra, confituras, fondos balsámicos y especiados.
Boca: Sabroso, untuoso, redondo y equilibrado. Persistente.

Vinos de la Tierra

Bodega Marqués de Valdueza

contact@marquesdevaldueza.com
www.marquesdevaldueza.com

Marqués de Valdueza 92 Pt
2007 · 15 €
Uvas: 37% Cabernet Sauvignon, 15% Merlot, 48% Syrah.
Gastronomía: Pastel de carne, migas extremeñas.
Aspecto: Color rojo granate muy cubierto de gran luminosidad.
Aroma: Expresivo en nariz, a fruta macerada, sotobosque y especias.
Boca: Buena entrada en boca, sedoso, equilibrado y carnoso.

Marqués de Valdueza 90 Pt
2008 · 10 €
Uvas: 64% Cabernet Sauvignon, 36% Syrah.
Gastronomía: Caldereta, solomillo.
Aspecto: Vivo vestido rojo intenso cubierto.
Aroma: Franco, afrutado, especiado y con fondos a vainillas.
Boca: Sedoso, sabroso y estructurado.

Bodegas Habla

habla@bodegashabla.com
www.vinoshabla.com

Habla del Silencio 90 Pt
2008 · 8 €
Uvas: Cabernet Sauvignon, Syrah, Tempranillo.
Gastronomía: Lentejas estofadas, cocido.
Aspecto: Rojo granate de gran intensidad.
Aroma: Franco y sincero. Muy frutal y especiado.
Boca: Potente y persistente.

Habla Nº 4 93 Pt
2006 · 18 €
Uvas: 100% Syrah.
Gastronomía: Carnes asadas, embutidos.
Aspecto: Rojo burdeos muy cubierto con ribetes atejados.
Aroma: Mineral y especiado sobre fondos torrefactos.
Boca: Redondo, equilibrado, estructurado. Largo y persistente final.

Habla Nº 5 93 Pt
2006 · 18 €
Uvas: Cabernet Sauvignon, Petit Verdot, Tempranillo.
Gastronomía: Platos de caza, sopas.
Aspecto: Rojo burdeos cubierto e intenso.
Aroma: Complejo, a fruta roja algo confitada, balsámicos y fondos a chocolates.
Boca: Potente, elegante, jugosa y sobria. Postgusto persistente.

Bodegas y Viñedos Ángel Sánchez Redondo

info@vinaplacentina.com
www.vinaplacentina.com

Viña Placentina Pago de Los Ángeles 91 Pt
2003 · 16,75 €
Uvas: 100% Cabernet Sauvignon.
Gastronomía: Legumbres, embutidos.
Aspecto: Vestido en granate intenso de gran luminosidad.
Aroma: Intenso y sincero, a fruta roja algo madura, bayas, empireumáticos y torrefactos.
Boca: Entrada potente, untuoso. Persistente y largo postgusto.

Las Granadas Coronadas

info@bodegalasgranadas.com
www.bodegalasgranadas.com

Lagares 90 Pt
2008
Uvas: 10% Cabernet Sauvignon, 90% Tempranillo.
Gastronomía: Quesos curados, legumbres.
Aspecto: Sencillo vino lleno de encanto, color rojo granate de gran intensidad ribeteado en caobas.
Aroma: Sincero, cueros, frutos rojos y especias.
Boca: Bonita estructura, amplio. Limpio final.

Viña Extremeña

info@vinexsa.com
www.vinexsa.com

Corte Real Platinum 91 Pt
2002
Uvas: 50% Cabernet Sauvignon, 50% Merlot.
Gastronomía: Asados, platos de caza.
Aspecto: Cubierto vestido rojo granate con matices ligeramente yodados.
Aroma: Complejo, afrutado con dejos a especias, confituras y cueros con fondos a madera.
Boca: En boca sobrio, solemne, redondo y de largo y grato final.

Viña Santa Marina

bogega@vsantamarina.com
www.vsantamarina.com

Equus 90 Pt
2007 · 5,2 €
Uvas: Cabernet Sauvignon, Syrah, Tempranillo.
Gastronomía: Migas extremeñas, parrilladas.
Aspecto: Color rojo burdeos de gran intensidad.
Aroma: Potente, expresivo, a fruta roja, flores, bayas y pimientas.
Boca: En boca buen cuerpo. Largo y persistente final.

Miraculus 91 Pt
Reserva 2004 · 16,8 €
Uvas: Cabernet Franc, Cabernet Sauvignon, Merlot, Petit Verdot, Syrah.
Gastronomía: Caldereta, carnes rojas.
Aroma: Potente y complejo, frutal con fondos a ahumados y chocolates.
Boca: En boca, redondo, untuoso y cálido. Largo postgusto.

Viña Santa Marina 90 Pt
Cabernet Sauvignon y Syrah 2007 · 7,72 €
Uvas: Cabernet Sauvignon, Syrah.
Gastronomía: Estofados, carnes rojas.
Aspecto: Vestido en rojo granate bien cubierto.
Aroma: Estructurado, a frutas rojas, bayas y fondos minerales y a canelas.
Boca: Orgullosa entrada en boca. Buen y persistente final.

Viña Santa Marina 91 Pt
Vendimia Tardía
2008 · 17,98 €
Uvas: 100% Viognier.
Gastronomía: Aperitivos, postres.
Aspecto: Luminoso vestido amarillo dorado intenso y limpio.
Aroma: Elegante en nariz, fresco, herbáceo con notas a fruta blanca.
Boca: Sutil en su entrada, marcada expresión frutal y elegante postgusto.

Galicia

La Comunidad Gallega tiene en la actualidad cinco Denominaciones de Origen: **D.O. Monterrei**, en la provincia de Orense, que produce blancos muy aromáticos y tintos elegantes, la **D.O. Rías Baixas**, en la que se cultivan muchas variedades de uva entre las que destaca el prestigiado Albariño, **D.O. Ribeira Sacra**, con un muy sabroso Godello, blanco, y el interesante Mencía tinto, la **D.O. Ribeiro**, en la Galicia interior que produce prestigiados blancos y tintos y la **D.O. Valdeorras**, rodeada de altas montañas que la aíslan y dan a los vinos originalidad, como los de la variedad Godello. Y Vinos de la Tierra del Miño-Ourense.

Los 10 Mejores Vinos

Pazo de Señorans — 96 Puntos

Blanco Seco Natural 2004 Bodega: PAZO DE SEÑORÁNS
D.O: Rías Baixas. Página 117

Organistrum — 95 Puntos

Blanco Seco con Madera 2007 Bodega: BODEGAS MARTÍN CODAX
D.O: Rías Baixas. Página 115

Terra do Gargalo — 95 Puntos

Blanco Seco Natural 2008 Bodega: GARGALO, S.L.
D.O: Monterrei. Página 112

As Sortes — 94 Puntos

Blanco Seco Natural 2009 Bodega: RAFAEL PALACIOS
D.O: Valdeorras. Página 121

Avanthia Godello — 94 Puntos

Blanco Seco Natural 2009 Bodega: BODEGAS AVANTHIA
D.O: Valdeorras. Página 120

Do Ferreiro Cepas Vellas — 94 Puntos

Blanco Seco Natural 2008 Bodega: GERARDO MÉNDEZ LÁZARO
D.O: Rías Baixas. Página 116

Elas — 94 Puntos

Blanco Seco Natural 2009 Bodega: VIÑA ALMIRANTE
D.O: Rías Baixas. Página 117

Nora da Neve — 94 Puntos

Blanco Seco con Madera 2008 Bodega: VIÑA NORA
D.O: Rías Baixas. Página 118

Sanclodio — 94 Puntos

Blanco Seco Natural 2009 Bodega: PRODUCIONS AMODIÑO
D.O: Ribeiro. Página 120

Sol de Señorans — 94 Puntos

Blanco Seco con Madera 2006 Bodega: PAZO DE SEÑORANS
D.O: Rías Baixas. Página 117

Denominación de Origen Monterrei

Abarca cuatro municipios de la provincia de Ourense: Verín, Monterrey, Oimbra y Castrelo del Valle. Las variedades de uva de esta zona poseen una gran originalidad. Las blancas: Verdello (Godello), Doña Blanca, Monstruosa y Verdello Louro (Teixadura). Las tintas: Bastardo, Tinta Fina, Mencía y Arauxa.

Consejo Regulador
988 590 007 - info@domonterrei.com

Bodegas Pazos del Rey
adelgado@pazosdelrey.com
www.pazosdelrey.com

Pazo de Monterrey 92 Pt
2009 · 9 €
Uvas: 80% Godello, 20% Treixadura.
Gastronomía: Lubina a la sal.
Aspecto: Vestido amarillo pálido reflejos dorados.
Aroma: Limpios, netos, donde destacan las hierbas de infusión, algunos tonos minerales.
Boca: En boca seco, ligero, sabroso y largo. Agradable postgusto.

Gargalo, S.L.
gargalo@verino.es
www.verino.es

Terra do Gargalo Blanco Sobre Lias 2008 · 10,5 € 95 Pt
Uvas: Godello, Treixadura.
Gastronomía: Canelones de foie.
Aspecto: Vestido de amarillo dorado, luminoso, brillante.
Aroma: Fruta blanca, con tonos de heno recién cortado.
Boca: Entrada en boca suave, ligera, fresca. Buen final.

Terra do Gargalo 93 Pt
2009 · 8,8 €
Uvas: Godello, Treixadura, Doña Blanca.
Gastronomía: Pescados al horno.
Aspecto: Amarillo dorado intenso. Brillante y luminoso.
Aroma: Aromas francos, netos, fruta blanca.
Boca: Entrada en boca fresca, jugosa, buena acidez. Largo postgusto.

Denominación de Origen Rías Baixas

Situada en la Provincia de Pontevedra. Se cultivan más de 20 variedades autóctonas, como por ejemplo: Albariño, Loureira y Treixadura (blancas) y Brancello, Caíño, Espadeiro y Tinta Femia (tintas). La capacidad de las bodegas es en general baja comparada con otras zonas de Galicia.

Consejo Regulador
986 854 850 - consejo@doriasbaixas.com

A. Pazos de Lusco, S.L.
info@lusco.es
www.lusco.es

Lusco 91 Pt
2009 · 13,5 €
Uvas: 100% Albariño.
Gastronomía: Ensalada de bogavante.
Aspecto: Amarillo pálido, reflejos verdosos.
Aroma: Tonos florales, frutales, intensos.
Boca: Entrada en boca fresca, jugosa, persistente, buena acidez.

Pazo Piñeiro 92 Pt
2009 · 20 €
Uvas: 100% Albariño.
Gastronomía: Pescados al horno.
Aspecto: Amarillo dorado, reflejos verdosos.
Aroma: Frutales, frescos, gratos y francos.
Boca: Boca fresca, jugosa, persistente, tonos de fruta blanca.

Adega Condes de Albarei, S.A.U.
inf@condesdealbarei.com
www.condesdealbarei.com

En Rama Sobre Lias 2006 · 38 € 91 Pt
Uvas: 100% Albariño.
Gastronomía: Pescados con marisco.
Aspecto: Amarillo dorado intenso.
Aroma: Tonos de fruta tropical madura.
Boca: Boca persistente, jugosa.

Enxebre Blanco Joven 2009 · 12 € 92 Pt
Uvas: 100% Albariño.
Gastronomía: Zamburiñas a la plancha.
Aspecto: Vestido amarillo intenso, muy brillante y luminoso.
Aroma: En nariz, muy frutal y con un agradable fondo herbáceo.
Boca: En boca es fresco, sabroso, ágil y estructurado.

Adega dos Eidos
info@adegaeidos.com
www.adegaeidos.com

Contraaparede 92 Pt
2005 · 16 €
Uvas: 100% Albariño.
Gastronomía: Caldereta de pescado.
Aspecto: Amarillo dorado, brillante.
Aroma: Tonos de levadura, tostados, fruta algo madura.
Boca: En boca es largo, potente aún con buen final.

Adega Familiar Eladio Piñeiro
adegafamiliar@eladiopineiro.es
www.eladiopineiro.es

Frore de Carme 93 Pt
2006 · 23 €
Uvas: 100% Albariño.
Gastronomía: Vieiras gratinadas.
Aspecto: Amarillo pálido, ribetes verdosos, brillante y luminoso.
Aroma: Intensos de fruta blanca, flores, hierbas secas. Tonos cítricos.
Boca: Entrada en boca fresca, con buena acidez, jugosa, intensa y muy persistente.

Adega Rosalía de Castro

international@rosaliadecastro.eu
www.rosaliadecastro.eu

Paco & Lola 92 Pt
2009 · 12,9 €
Uvas: 100% Albariño.
Gastronomía: Empanada de berberechos.
Aspecto: Amarillo, reflejos verdosos.
Aroma: Tonos de fruta blanca, manzana, pera con fondo floral. Muy refrescante e intenso.
Boca: Boca fresca, jugosa, alegre y estilosa con largo postgusto.

Rosalía de Castro 91 Pt
2009 · 8,9 €
Uvas: 100% Albariño.
Gastronomía: Mariscos a la plancha.
Aspecto: Dorado, reflejos amarillos. Brillante.
Aroma: Tonos de fruta blanca, cítricos frescos, hierbas aromáticas.
Boca: Boca fresca, jugosa, sabrosa, larga.

Adegas d'Altamira

oficina@adegasdaltamira.es
www.adegasdaltamira.es

Brandal 91 Pt
2009 · 12 €
Uvas: 100% Albariño.
Gastronomía: Ensaladas.
Aspecto: Amarillo pálido.
Aroma: Tonos florales en equilibrio con la fruta blanca.
Boca: Franco, jugoso, final persistente.

Adegas Galegas (Grupo Galiciano)

galiciano@galiciano.com
www.galiciano.com

D. Pedro de Soutomaior Neve Carbónica 92 Pt
2009 · 10 €
Uvas: 100% Albariño.
Gastronomía: Pescados a la sal.
Aspecto: Amarillo dorado, reflejos brillantes y luminosos.
Aroma: Intensos, varietales, fruta blanca.
Boca: En boca es elegante, vino con personalidad.

D. Pedro de Soutomaior Tempo 91 Pt
2005 · 15,38 €
Uvas: 100% Albariño.
Gastronomía: Mariscos y pescados plancha.
Aspecto: De bonito color amarillo intenso, ribetes verdosos. Limpio y brillante.
Aroma: De gran franqueza e intensidad, frutas blancas, tonos de flores.
Boca: Sabroso, con buena entrada y lleno en el paso de boca. Largo postgusto.

Gran Veigadares Blanco Fermentado en Barrica 2005 · 35 € 92 Pt
Uvas: 100% Albariño.
Gastronomía: Mariscos, pescados en salsa.
Aspecto: Bonito vestido amarillo dorado luminoso. Limpio y brillante.
Aroma: En nariz, intensos aromas a frutas y flores blancas bien ensambladas con los tonos tostados de la madera.
Boca: En boca, sabroso, intenso, limpio. Elegante postgusto.

Adegas Morgadío, S.L.

info@morgadio.com
www.morgadio.com

Capricho de Morgadio 92 Pt
2008 · 20 €
Uvas: 100% Albariño.
Gastronomía: Atún al horno.
Aspecto: De bonito color amarillo dorado. Limpio y brillante.
Aroma: En nariz, destacan los intensos aromas a fruta blanca con tostados.
Boca: Entrada en boca redonda, limpia y sabrosa. Agradable postgusto.

Morgadío 91 Pt
2009 · 12,5 €
Uvas: 100% Albariño.
Gastronomía: Empanada de berberechos.
Aspecto: Excelente limpidez, brillante y de vestido amarillo pálido verdoso.
Aroma: Limpio, neto, franco con notas florales y frutales.
Boca: Sedoso, fresco, muy frutal. Ágil postgusto.

Adegas Valmiñor

valminor@adegasvalminor.com
www.adegasvalminor.com

Davila 92 Pt
2009 · 15 €
Uvas: Albariño, Treixadura, Loureiro.
Gastronomía: Mariscos a la plancha.
Aspecto: Amarillo pálido, brillante.
Aroma: Tonos de fruta blanca en equilibrio con los dejos de flores.
Boca: Buena acidez, jugoso, grato. Buen final.

Valmiñor 91 Pt
2009 · 12 €
Uvas: 100% Albariño.
Gastronomía: Mariscos y aperitivos.
Aspecto: De bonito color amarillo pálido ribetes verdosos. Limpio y brillante.
Aroma: De buena intensidad y franqueza, tiene los aromas a frutas blancas y flores.
Boca: Sabroso, fresco, buena entrada en boca y largo postgusto.

Albariño Baion

calidad@condesdealbarei.com
www.condesdealbarei.com

Pazo Baion 91 Pt
2009 · 20 €
Uvas: 100% Albariño.
Gastronomía: Percebes cocidos.
Aspecto: Amarillo brillante con reflejos verdosos.
Aroma: Tonos de fruta tropical, hierbas aromáticas.
Boca: Boca elegante, fresca, buen equilibrio en la acidez.

Alma Atlántica

comercial@martincodax.com

Anxo 92 Pt
2009
Uvas: 85% Albariño, 5% Loureiro, 10% Caiño Blanco.
Gastronomía: Marisco plancha.
Aspecto: Amarillo con reflejos verdosos.
Aroma: Tono varietales, con muy buena franqueza.
Boca: En boca es grato, jugoso, ágil y persistente.

As Laxas

info@bodegasaslaxas.com
www.bodegasaslaxas.com

Laxas 90 Pt
2009 · 9,5 €
Uvas: 100% Albariño.
Gastronomía: Zamburiñas a la plancha.
Aspecto: Limpio, amarillo pálido con matices verdosos. Brillante.
Aroma: Netos, intensos y fruta blanca algo madura.
Boca: Sabroso, ágil, fresco. Postgusto largo y agradable.

Atta Bodegas y Viñedos.

info@pemagda.com
www.attabyv.com

Attis 91 Pt
2009 · 12 €
Uvas: 100% Albariño.
Gastronomía: Salpicón de marisco.
Aspecto: Amarillo pálido, reflejos verdosos.
Aroma: Tonos de fruta blanca, flores.
Boca: Entrada en boca fresca, jugosa y larga.

Bodega Granbazan
agrodebazan@agrobazansa.es
www.agrodebazansa.es

Granbazan Ámbar **92** Pt
2009 · 11,5 €
Uvas: 100% Albariño.
Gastronomía: Pescados a la sal.
Aspecto: Limpio, brillante, amarillo pálido.
Aroma: De buena intensidad. Notas a hierbas y fruta fresca.
Boca: Intenso, sabroso, seco en la entrada y grato postgusto.

Granbazan Limousin **92** Pt
2008 · 19 €
Uvas: 100% Albariño.
Gastronomía: Vieiras gratinadas.
Aspecto: Amarillo pálido, ribetes verdosos.
Aroma: Tonos intensos de fruta blanca, flores secas.
Boca: Entrada en boca fresca, ligera y muy sabrosa.

Granbazan Verde **92** Pt
2009 · 8 €
Uvas: 100% Albariño.
Gastronomía: Besugo al horno.
Aspecto: Amarillo dorado. Brillante y luminoso.
Aroma: Tonos muy florales, heno recién cortado.
Boca: Entrada en boca jugosa, fresca, ligera. Persistente al final de su paso por boca.

Bodegas Agnusdei
comercial@vinumterrae.com

Palabras Mayores **92** Pt
2008 · 35 €
Uvas: 100% Albariño.
Gastronomía: Pescados en caldereta.
Aspecto: Amarillo dorado, intenso.
Aroma: Tonos primarios de la variedad en buen equilibrio con los sutiles tostados de la madera.
Boca: En boca es jugoso, persistente, buen final.

Bodegas Aguiuncho
info@aguiuncho.com
www.aguiuncho.com

Aguiuncho **90** Pt
2009 · 10 €
Uvas: 100% Albariño.
Gastronomía: Pescados a la sal.
Aspecto: Amarillo pálido, reflejos verdosos.
Aroma: Tonos de fruta blanca intentos.
Boca: En boca es fresco, jugoso, bien estructurado y con un buen final.

Bodegas Albamar
info@bodegasalbamar.com

Albamar **91** Pt
2009 · 14 €
Uvas: 100% Albariño.
Gastronomía: Bonito con tomate.
Aspecto: Amarillo luminoso.
Aroma: Tonos de flores blancas frescas.
Boca: Persistente, fresca.

Bodegas Aquitania
info@bodegasaquitania.com
www.bodegasquitania.com

Aquitania **90** Pt
2009 · 8,75 €
Uvas: 100% Albariño.
Gastronomía: Mariscos a la plancha.
Aspecto: Amarillo pálido, reflejos dorados.
Aroma: Tonos de fruta blanca y flores secas, muy intenso.
Boca: En boca es jugoso, equilibrado, fresco y con largo final.

Bodegas Castrobrey
bodegas@castrobrey.com
www.castrobrey.com

Sin Palabras **92** Pt
2009 · 14 €
Uvas: 100% Albariño.
Gastronomía: Marisco cocido.
Aspecto: Amarillo pálido reflejos verdosos.
Aroma: Tonos de fruta blanca (pera, manzana...), floral y muy intenso.
Boca: Entrada en boca sabrosa, acidez equilibrada, buena persistencia.

Bodegas Chaves
bodegaschaves@bodegaschaves.com

Lagar de Rei **90** Pt
2009 · 5 €
Uvas: 100% Albariño.
Gastronomía: Salazones.
Aspecto: Amarillo, reflejos dorados.
Aroma: Tonos de flores secas, fruta blanca.
Boca: La boca es fresca, grata, larga.

Bodegas Couto
couto@bodegascouto.com

Albariño Serra da Estrela **90** Pt
2009 · 12 €
Uvas: 100% Albariño.
Gastronomía: Pescados y Mariscos a la plancha.
Aspecto: Limpio y brillante, aspecto en tonos amarillo pálido con reflejos verdosos.
Aroma: A flores y fruta blanca recién cortada.
Boca: En boca, fresco, sabroso, ágil y limpio. Agradable, suave y buen postgusto.

Bodegas del Palacio de Fefiñanes, S.L.
fefinanes@fefinanes.es

1583 Albariño de Fefiñanes Blanco Barrica 2008 · 18 € **92** Pt
Uvas: 100% Albariño.
Gastronomía: Albóndigas de corbina.
Aspecto: De bonito color amarillo sostenido. Limpio y brillante.
Aroma: En nariz, destaca la madera, flores secas y buena fruta.
Boca: En boca, estructurado, equilibrado, amplio y sabroso.

Albariño de Fefiñanes **92** Pt
2009 · 10 €
Uvas: 100% Albariño.
Gastronomía: Navajas a la plancha.
Aspecto: De bonito color amarillo pálido, limpio y brillante.
Aroma: Potente aroma a flores y fruta blanca muy joven.
Boca: Seco, sabroso y largo en postgusto.

Albariño de Fefiñanes III Año **93** Pt
2006 · 28 €
Uvas: 100% Albariño.
Gastronomía: Merluza a la gallega.
Aspecto: Vestido amarillo sostenido, brillante y luminoso.
Aroma: Intenso, fino, varietal, se marca la fruta madura junto con hierbas y finos tostados.
Boca: Sabroso, buena acidez, estructurado. Elegante postgusto.

Bodegas Fillaboa
info@bodegasfillaboa.com
www.bodegasfillaboa.com

Albariño Fillaboa **92** Pt
2009 · 12 €
Uvas: 100% Albariño.
Gastronomía: Lubina a la sal.
Aspecto: Vestido amarillo luminoso. Limpio y brillante.
Aroma: Franco, afrutado con tonos de flores blancas.
Boca: En boca, sabroso, fresco, ágil, jugoso y largo en el final.

Fillaboa Selección Finca Monte Alto **93** Pt
2008 · 16 €
Uvas: 100% Albariño.
Gastronomía: Pescados al horno, mariscos y moluscos.
Aspecto: De bonito color amarillo sostenido con matices dorados. Limpio y muy luminoso.

Aroma: En nariz es franco, limpio, intenso, de gran calidad.
Boca: Sabroso, estructurado, equilibrado. Tonos de fruta algo madura.

Bodegas la Val

laval@bodegaslaval.com
www.bodegaslaval.com

La Val 90 Pt
2009 · 8 €
Uvas: 100% Albariño.
Gastronomía: Mariscos, pescados plancha y al horno.
Aspecto: De bonito color amarillo dorado. Limpio, brillante.
Aroma: Aroma limpio, neto, franco, intensos tonos a heno.
Boca: En boca, seco, sabroso, equilibrado. Agradable postgusto.

Bodegas Martín Codax

comercial@martincodax.com
www.martincodax.com

Burgans 93 Pt
Blanco Joven 2009 · 11 €
Uvas: 100% Albariño.
Gastronomía: Pescados y mariscos.
Aspecto: De bonito color amarillo pálido con matices verdosos. Limpio y brillante.
Aroma: Complejo, donde sobresale la fruta blanca ligeramente madura (manzana, pera) junto a las hierbas y flores salvajes.
Boca: Sabroso, grato, estructurado, muy sabroso. Largo en el final de boca.

Gallaecia 95 Pt
Vendimia Tardía 2007 · 40 €
Uvas: 100% Albariño.
Gastronomía: Quesos muy curados.
Aspecto: Amarillo intenso, brillante.
Aroma: Complejo, tonos de heno, recuerdos de miel.
Boca: Elegante, fruta tropical pasificada con gran persistencia.

Martín Codax 94 Pt
Blanco Joven 2009 · 11 €
Uvas: 100% Albariño.
Gastronomía: Pescados y moluscos cocidos ó a la plancha.
Aspecto: Atractivo y seductor, vino amarillo muy pálido y luminoso salpicado en verdes. Limpio y brillante.
Aroma: Intenso, franco, limpio, neto, aromas a frutas y flores blancas algo maduras sobre fondo de hierbas secas.
Boca: En boca, fresco, sabroso, con fuerza y raza, elegante final.

Organistrum 95 Pt
Blanco Fermentado en Barrica 2007
18 €
Uvas: 100% Albariño.
Gastronomía: Pescados asados y pasta bien condimentada.
Aspecto: De bonito color amarillo sostenido dorado. Limpio y brillante.
Aroma: Intenso aroma a frutas blancas, hierbas y fondo de ahumados.
Boca: Afrutado, aromático, sabroso. Buen postgusto.

Bodegas Terramaior

asueiro@estrellagalicia.es

Terramaior 92 Pt
2009 · 15 €
Uvas: 100% Albariño.
Gastronomía: Caldereta de marisco y de pescado.
Aspecto: Brillante, luminoso, ribetes verdosos.
Aroma: A frutas blancas. Limpio y neto.
Boca: Fresco, sabroso, elegante buena persistencia al final.

Bodegas Terras Gauda, S.A.

terrasgauda@terrasgauda.com
www.terrasgauda.com

Abadía de San Campio 92 Pt
2009 · 10 €
Uvas: 100% Albariño.
Gastronomía: Pescados y mariscos.
Aspecto: Amarillo pálido, ribetes verdosos.
Aroma: Intenso, fresco, aromas a frutas blancas bajo un fondo herbáceo.
Boca: Sabrosa entrada en boca, suave, fresco. Agradable postgusto.

Terras Gauda Etiqueta Negra 93 Pt
Fermentado en Barrica 2008 · 30 €
Uvas: 70% Albariño, 20% Loureiro, 10% Caiño Blanco.
Gastronomía: Queso de tetilla ahumado.
Aspecto: Brillante, limpio, de color amarillo sostenido.
Aroma: Potente, con aromas a piña tropical, albaricoque maduro junto a agradables toques ahumados.
Boca: En boca, es carnoso, expresivo, buena acidez. Agradable postgusto.

Terras Gaudas 92 Pt
2009 · 11,3 €
Uvas: 70% Albariño, 20% Loureiro, 10% Caiño Blanco.
Gastronomía: Percebes cocidos.
Aspecto: Bonito vestido amarillo pálido, limpio y brillante.
Aroma: Franco, limpio, intenso, donde destacan los aromas minerales.
Boca: En boca, sabroso, expresivo, fresco. Agradable postgusto.

Bouza do Rei

bouzadorei@terra.es
Isidoro Serantes.

Bouza do Rei 91 Pt
2009 · 11 €
Uvas: 100% Albariño.
Gastronomía: Gambas cocidas.
Aspecto: De bonito color amarillo pálido pero brillante con matices verdosos.
Aroma: Franco, intenso, con aroma muy floral y herbáceo.
Boca: Boca sabrosa, afrutada y larga.

Castel de Bouza 92 Pt
2009 · 12 €
Uvas: 100% Albariño.
Gastronomía: Pescados a la sal.
Aspecto: Vestido amarillo pajizo con reflejos verde pálido. Limpio y brillante.
Aroma: A flores blancas salvajes junto a agradables notas de frutos blancos.
Boca: Sabroso, fresco, expresivo, persistente en boca.

Castro Martín

inf@bodegascastromartin.es
www.bodegascastromartin.com

Casal Caeiro 90 Pt
6 Meses Sobre Lias 2009 · 8 €
Uvas: 100% Albariño.
Gastronomía: Pescados blancos al horno.
Aspecto: Amarillo pálido brillante. Luminoso.
Aroma: A frutas exóticas (mango, papaya).
Boca: Entrada en boca fresca, algo grasa. Persistente.

Codorníu

s.martin@codorniu.es
www.codorniu.com

Leiras 90 Pt
2007 · 10 €
Uvas: 100% Albariño.
Gastronomía: Marisco cocido.
Aspecto: Amarillo pálido, reflejos verdosos.
Aroma: Tono de hierba recién cortada, flores blancas.
Boca: Boca fresca, ágil, sabrosa y larga.

Davide

info@davide.es
www.davide.es

Davide Tradición 92 Pt
2009 · 13,5 €
Uvas: 100% Albariño.

Gastronomía: Parrillada de mariscos.
Aspecto: Amarillo muy brillante, ribetes verdosos.
Aroma: Limpios a fruta fresca.
Boca: Buena entrada en boca, fresco y sabroso, largo postgusto.

Gerardo Méndez Lázaro

adoferreiro@terra.es
www.bodegasgerardomendez.com

Albariño do Ferreiro **92** Pt
2009 · 12 €
Uvas: 100% Albariño.
Gastronomía: Pescados y mariscos.
Aspecto: De bonito color amarillo pálido con reflejos verdosos. Brillante.
Aroma: Intenso, franco, neto con aromas a flores y frutas blancas.
Boca: Seco en la entrada, fresco, ágil y sabroso.

Do Ferreiro Cepas Vellas **94** Pt
2008 · 20 €
Uvas: 100% Albariño.
Gastronomía: Rodaballo al horno.
Aspecto: Pajizo brillante. Luminoso.
Aroma: Tonos complejos de hierbas secas, fruta blanca.
Boca: Boca frutosa, grasa, potente y persistente.

Gran Vinum

info@adegasgranvinum.com
www.granvinum.com

Gran Vinum **90** Pt
2009 · 12 €
Uvas: 100% Albariño.
Gastronomía: Lenguado a la plancha.
Aspecto: Amarillo pálido, reflejos verdosos.
Aroma: Intensos aromas a flores blancas.
Boca: Fresco, equilibrada acidez, largo en su final.

Lagar de Fornelos, S.A.

lagar@riojalta.com
www.riojalta.com/lagar.htm

Lagar de Cervera **92** Pt
2009 · 10 €
Uvas: 100% Albariño.
Gastronomía: Salmonetes a la plancha.
Aspecto: Limpio y brillante, de color amarillo pálido, ribetes verdosos.
Aroma: Intenso, franco, con aromas a flores y frutas tropicales.
Boca: En boca, fresco, sabroso y fácil de beber.

Lagar de Pintos

lagar@lagardepintos.com
www.lagardepintos.com

Lagar de Pintos Bodega Fundada en el Año 1980 **90** Pt
2009 · 12 €
Uvas: 100% Albariño.
Gastronomía: Mariscos a la plancha.
Aspecto: Amarillo brillante, reflejos verdosos.
Aroma: Tonos de florales, fruta blanca, intenso.
Boca: En boca es jugoso, fresco, ágil y con buen final.

Maior de Mendoza

maiordemendoza@terra.es
www.maiordemendoza.com

Fulguet **91** Pt
2009 · 8 €
Uvas: 100% Albariño.
Gastronomía: Mariscos a la plancha.
Aspecto: Amarillo luminoso, brillante.
Aroma: Varietales muy marcados, tonos de flores blancas y heno recién cortado.
Boca: Entrada en boca jugosa, estructurado. Vino muy elegante.

Maior de Mendoza, Maceración Carbónica **92** Pt
2009 · 10 €
Uvas: 100% Albariño.
Gastronomía: Pescados a la sal.
Aspecto: Amarillo pálido, reflejos verdosos. Brillante.
Aroma: Tonos florales, intensos y persistentes.
Boca: Boca suave, larga, grata. Final largo.

Maior de Mendoza-3 Crianzas **92** Pt
2007 · 17 €
Uvas: 100% Albariño.
Gastronomía: Pescado al horno.
Aspecto: Amarillo pálido, reflejos dorados.
Aroma: Florales, fruta blanca (pera y manzana).
Boca: En boca es fresco, jugoso, atractivo. Buen final.

Mar de Frades

mardefrades@mardefrades.com
www.mardefrades.com

Finca Valiñas **92** Pt
2008 · 24,95 €
Uvas: 100% Albariño.
Gastronomía: Langostinos cocidos.
Aspecto: Amarillo intenso.
Aroma: Tonos tostados bien conjuntados con la fruta blanca.
Boca: Boca jugosa, tonos tostados, buen final.

Mar de Frades **93** Pt
2009 · 13,65 €
Uvas: 100% Albariño.
Gastronomía: Cigalas a la plancha.
Aspecto: Amarillo pálido, reflejos dorados. Luminoso.
Aroma: Franco a frutas blancas, flores. Intenso.
Boca: En boca es fresco, sabroso, buena acidez y equilibrio. Buen final.

Marqués de Vizhoja, S.A.

marquesdevizhoja@marquesdevizhoja.com
www.marquesdevizhoja.com

Señor da Folla Verde **91** Pt
2009 · 11 €
Uvas: 70% Albariño, 15% Treixadura, 15% Loureiro.
Gastronomía: Pescados marinados.
Aspecto: Amarillo verdoso.
Aroma: Florales, tonos de hierba recién cortada, intenso y persistente.
Boca: En boca, sabroso, fresco, jugoso, largo final.

Torre la Moreira **90** Pt
2009 · 11 €
Uvas: 70% Albariño, 15% Treixadura, 15% Loureiro.
Gastronomía: Mariscos, moluscos, pescados en salsa.
Aspecto: Se viste en amarillo pálido con reflejos verdosos.
Aroma: Muy floral, carnoso de frutas blancas, manzana y pera.
Boca: Sabroso, fresco, con agradable toque salado, buen equilibrio. Largo final.

Pablo Padín

info@pablopadin.com
www.pablopadin.com

Albariño Segrel **91** Pt
2009 · 8,5 €
Uvas: 100% Albariño.
Gastronomía: Camarones.
Aspecto: Amarillo muy luminoso.
Aroma: Florales y frutales muy gratos.
Boca: En boca es fresco, sabroso y muy afrutado.

Albariño Segrel Ámbar **92** Pt
2009 · 10 €
Uvas: 100% Albariño.
Gastronomía: Pescados al horno.
Aspecto: Amarillo brillante con ribetes verdosos.
Aroma: En nariz el aroma es floral.
Boca: Entrada en boca fresca, limpia, ágil.

Pazo de Barrantes

bodega@pazodebarrantes.com
www.marquesdemurrieta.com

Pazo de Barrantes **92** Pt
2009 · 13 €
Uvas: 100% Albariño.
Gastronomía: Pescados, mariscos.
Aspecto: Amarillo pálido con matices verdosos. Limpio, brillante, luminoso.
Aroma: Intenso, a flores del campo junto con fruta fresca.
Boca: En boca, seco, fresco, fragante, alegre final.

Pazo de Señorans

info@pazodesenorans.com
www.pazodesenorans.com

Pazo de Señorans **93** Pt
2009 · 12 €
Uvas: 100% Albariño.
Gastronomía: Mariscos y pescados.
Aspecto: Amarillo pálido con matices verdosos. Limpio, brillante.
Aroma: Franco, intenso, con aromas a flores y frutas blancas.
Boca: Buena entrada en boca, sabroso, fresco.

Pazo Señorans **96** Pt
Crianza Sobre Lias 2004 · 35 €
Uvas: 100% Albariño.
Gastronomía: Caldereta de pescado.
Aspecto: Amarillo intenso, brillante.
Aroma: Tono de fruta blanca madura.
Boca: Boca equilibrada, redonda con persistente final.

Sol de Señorans 2006 **94** Pt
12 €
Uvas: 100% Albariño.
Gastronomía: Caldereta de marisco.
Aspecto: Amarillo dorado, brillante y luminoso.
Aroma: Tonos de finas lias, hierbas secas, algo ahumado.
Boca: Boca jugosa, recuerdos de eucalipto, sabrosa y persistente.

Pazo de Villarei (Domecq Wines España)

info@domecqbodegas.com
www.domecqbodegas.com

Terra d' Ouro **91** Pt
2009 · 10 €
Uvas: 100% Albariño.
Gastronomía: Pescados al horno.
Aspecto: Amarillo pajizo, ribetes verdosos.
Aroma: A heno recién cortado. Flores y balsámicos. Intenso y persistente.
Boca: En boca es ligero, sabroso, fresco. Tonos de fruta blanca. Largo postgusto.

Pazo Pondal

info@pazopondal.com
www.pazopondal.com

Pazo Pondal **90** Pt
2009 · 12,5 €
Uvas: 100% Albariño.
Gastronomía: Vieiras rellenas.
Aspecto: Amarillo pálido, brillante.
Aroma: Tonos florales y de fruta blanca tropical.
Boca: Boca fresca, jugosa, ágil y persistente.

Pazo San Mauro

info@pazosanmauro.com
www.pazosanmauro.com

Pazo San Mauro **93** Pt
2009 · 9,75 €
Uvas: 100% Albariño.
Gastronomía: Ensaladas con gambas.
Aspecto: Amarillo pálido, reflejos dorados.
Aroma: Tonos de fruta blanca, hierba fresca.
Boca: Entrada en boca jugosa, ágil, buena acidez.

Sanamaro BFB **92** Pt
2007 · 11 €
Uvas: 95% Albariño, 5% Loureiro.
Gastronomía: Caldereta de pescado.
Aspecto: Amarillo pálido brillante.
Aroma: Tonos florales, frescos y francos.
Boca: Varietal, buena acidez, fruta blanca. Buen final.

Santiago Ruiz

info@bodegasantiagoruiz.com
www.bodegasantiagoruiz.com

Santiago Ruiz **93** Pt
2009 · 12,5 €
Uvas: 70% Albariño, 10% Treixadura, 20% Loureiro.
Gastronomía: Sopa de pescado.
Aspecto: Amarillo, ribetes dorados. Brillante.
Aroma: De finas flores blancas, tonos de fruta.
Boca: En boca es persistente, elegante, jugoso, tonos de fruta algo madura.

Señorío del Sobral

comercial@ssobral.net
www.ssobral.net

Señorío de Sobral **92** Pt
2009 · 7,2 €
Uvas: 100% Albariño.
Gastronomía: Pescados al horno.
Aspecto: Amarillo pálido, reflejos verdosos.
Aroma: Tonos florales, hierbas recién cortadas.
Boca: Entrada en boca fresca, jugosa, equilibrada y con buen final.

Terra de Asorei

info@terradeasorei.com
www.terradeasorei.com.

Terra de Asorei **91** Pt
2009 · 12 €
Uvas: 100% Albariño.
Gastronomía: Lacón con grelos.
Aspecto: Amarillo pálido, reflejos verdosos.
Aroma: Tonos de fruta blanca (manzana y pera)
Boca: En boca es complejo, muy intenso y persistente.

Valdamor, S.A.

clientes@valdamor.es
www.valdamor.es

Valdamor **92** Pt
Blanco Joven 2009 · 11 €
Uvas: 100% Albariño.
Gastronomía: Pescados, mariscos, moluscos.
Aspecto: De bonito color amarillo pálido. Limpio y brillante.
Aroma: Intenso y franco, fruta madura (pera, manzana). Ligeros tonos a heno.
Boca: En boca, sabroso, equilibrado y muy agradable. Buen final en boca.

Valdamor Barrica **92** Pt
2007 · 18 €
Uvas: 100% Albariño.
Gastronomía: Carnes y pescados al horno.
Aspecto: Vestido amarillo luminoso de buena intensidad. Limpio y brillante.
Aroma: A frutos tropicales y pétalos, junto a agradables toques de vainilla.
Boca: En boca, carnoso, sabroso, alegre, estructurado. Buen postgusto.

Valdumia

info@valdumia.com
www.valdumia.com

Valdumia Premium **92** Pt
2009 · 9,95 €
Uvas: 100% Albariño.
Gastronomía: Lubina al horno.
Aspecto: Amarillo pajizo, ribetes dorados.
Aroma: Intenso a frutas blancas, heno recién cortado.
Boca: Entrada en boca jugosa, intensa, sabrosa, largo final.

Vilarvin

vilarvin@vilarvin.com
www.vilarvin.com

Finca Garabato **92** Pt
1 Año de Crianza 2008 · 22 €
Uvas: 100% Albariño.
Gastronomía: Pargo al horno.
Aspecto: Amarillo pálido, reflejos verdosos.
Aroma: Tonos de fruta blanca algo madura.
Boca: Entrada en boca densa, grata, persistente.

Viña Almirante

info@vinaalmirante.com
www.vinaalmirante.com

Elas **94** Pt
2009 · 8,5 €
Uvas: 100% Albariño.
Gastronomía: Marisco a la plancha.

Aspecto: Amarillo brillante, reflejos verdosos.
Aroma: Tonos varietales, florales, frescos.
Boca: Sabroso, persistente, fresco, frutoso.

Viña Nora

info@vinanora.com
www.vinanora.com

Nora **91** Pt
2009 · 12 €
Uvas: 100% Albariño.
Gastronomía: Vieiras a la plancha.
Aspecto: Amarillo pajizo, reflejos verdosos.
Aroma: A heno recién cortado, fruta blanca. Intenso.
Boca: Boca fresca, jugosa, muy persistente, estructurado. Buen final.

Nora da Neve **94** Pt
Fermentado en Barrica 2008 · 20 €
Uvas: 100% Albariño.
Gastronomía: Verduras a la plancha.
Aspecto: Amarillo pálido, muy luminoso y brillante.
Aroma: Frutas blancas, muy intenso.
Boca: Boca suave, ágil, fresca, muy fácil y agradable de beber.

Denominación de Origen Ribeira Sacra

Las variedades que más se cultivan son: Albariño, Loureira, Treixadura, Godello, Dona Branca y Torronés (blancas), y Mencía Brancellao y Merenzao (tintas). En esta zona el hombre ha emprendido una lucha con la geografía construyendo pequeños bancales.

Consejo Regulador
982 410 968 - info@ribeirasacra.org

Adegas Moure, S.A.

abadiadacova@adegasmoure.com
www.adegasmoure.com

Abadia da Cova **92** Pt
2009 · 10,5 €
Uvas: 100% Albariño.
Gastronomía: Moluscos en salsa verde.
Aspecto: Amarillo pajizo, reflejos dorados, brillante y limpio.
Aroma: Intensos, gratos a fruta blanca y flores del campo.
Boca: Entrada en boca jugosa, viva y con buen final.

Bodega Regina Viarum

info@reginaviarum.es
www.reginaviarum.es

Regina Expresion **90** Pt
2007 · 15 €
Uvas: 100% Mencía.
Gastronomía: Solomillo a la piedra.
Aspecto: Rojo burdeos muy cubierto.
Aroma: Tonos varietales en conjunción con la fruta blanca.
Boca: En boca es suave, fruta roja.

Bodegas Dominio de Bibei

info@dominiodobibei.com
www.dominiodobibei.com

Lapena **92** Pt
Crianza 2006 · 30 €
Uvas: 100% Godello.
Gastronomía: Lamprea con pisto.
Aspecto: Amarillo dorado, brillante
Aroma: Tonos varietales, tostados.
Boca: Boca untuosa, potente, franca y persistente.

Denominación de Origen Ribeiro

Esta comarca, como toda Galicia, es un mosaico varietal de extraordinario valor enológico. Las variedades de uvas son:(preferentes) (blancas) Treixadura, Torrontés, Loureira, Godello y Albariño y (tintas): Sousón, Brancellao, Caiño, Ferrón y Mencía.

Consejo Regulador
988 477 200 - info@ribeiro.es

A Portela

beade@beadeprimicia.com
www.beadeprimicia.com

Beade Primicia **90** Pt
2009 · 9 €
Uvas: Albariño, Treixadura, Loureiro.
Gastronomía: Pote Gallego.
Aspecto: Amarillo pálido.
Aroma: Notas de fruta blanca tropical.
Boca: Algo graso, jugoso con persistente final.

Adegas Pazo do Mar, S.L.

info@pazodomar.com
www.pazodomar.com

Pazo do Mar **90** Pt
2009 · 5,5 €
Uvas: Godello, Torrontés, Treixadura.
Gastronomía: Bonito escabechado.
Aspecto: Amarillo brillante, luminoso.
Aroma: Intenso, florales y ligeros toques frutales.
Boca: En boca, fresco, alegre, ligero postgusto.

Adegas Valdavia

comercial@adegasvaldavia.com

Cuñas Davia **90** Pt
Fermentado y Criado en Barrica 2008
Uvas: 20% Albariño, 80% Treixadura.
Gastronomía: Pescados a la sal.
Aspecto: Amarillo pálido, reflejos verdosos.
Aroma: Tonos intensos de fruta blanca en equilibrio con los tostados.
Boca: Boca fresca, ágil, jugosa y persistente.

Alemparte

Airon **90** Pt
2009 · 8 €
Gastronomía: Pescados a la plancha.
Aspecto: Amarillo brillante y luminoso.
Aroma: Tonos florales, fruta blanca.
Boca: Boca jugosa, ágil, persistente.

Antonio Montero

antoniomontero@antoniomontero.com
www.antoniomontero.com

Antonio Montero 90 Pt
2009 · 12 €
Uvas: Albariño, Torrontés, Treixadura, Loureiro.
Gastronomía: Vieiras gratinadas.
Aspecto: Amarillo dorado.
Aroma: Tonos de fruta blanca algo mineral.
Boca: Boca fresca y larga.

Arco da Vella Adega de Eladio

bodega@bodegaeladio.com
www.bodegaeladio.com

Torque do Castro
3 Meses Barrica 2009 · 12 € 92 Pt
Gastronomía: Pescados al horno.
Aspecto: Amarillo pálido, reflejos verdosos.
Aroma: Tonos de fruta blanca (pera, manzana) en equilibrio con los tostados.
Boca: En boca es jugoso, equilibrado con buena acidez.

Bodegas Alanis

alanis@domeqbodegas.com
www.bodegasalanis.com

San Trocado 90 Pt
2009 · 10 €
Uvas: Torrontés, Treixadura, Loureiro.
Gastronomía: Pescados y mariscos.
Aspecto: De bonito color amarillo pálido. Limpio y brillante.
Aroma: De buena intensidad donde destacan los aromas a frutas blancas y flores.
Boca: En boca, amplio, sabroso. Agradable postgusto.

Bodegas Campante, S.A.

info@campante.com
www.campante.com

Gran Reboreda 90 Pt
2009 · 12 €
Uvas: Godello, Treixadura, Loureiro.
Gastronomía: Mariscos, aperitivos, sopa de pescado.
Aspecto: De bonito color amarillo pálido. Limpio brillante.
Aroma: Limpio, neto, franco. Aromas intensos a hierba recién cortada.
Boca: En boca, seco, sabroso y fresco. Agradable postgusto.

Bodegas Cunqueiro

info@bodegascunqueiro.es
www.bodegascunqueiro.es

Cunqueiro III Milenium 90 Pt
2009 · 10 €
Uvas: Godello, Treixadura, Loureiro, Albarín Tinto.
Gastronomía: Arroz con bogavante.
Aspecto: Amarillo pálido, ribetes verdosos.
Aroma: Frutales. Florales.
Boca: En boca es fresco, intenso, jugoso.

Bodegas Docampo

exporta@bodegasdocampo.com
www.bodegasdocampo.com

Viña Docampo 90 Pt
2009 · 8,5 €
Uvas: 100% Treixadura.
Gastronomía: Empanada de berberechos.
Aspecto: Amarillo, reflejos verdosos.
Aroma: Tonos intensos de fruta blanca.
Boca: Boca jugosa, equilibrada, muy placentera.

Bodegas Nairoa

info@bodegasnairoa.com
www.bodegasnairoa.com

Val de Nairoa 92 Pt
2009 · 7 €
Uvas: 10% Albariño, 10% Lado, 80% Treixadura.
Gastronomía: Pescados a la sal.
Aspecto: Amarillo, ribetes dorados.
Aroma: Tonos muy intensos de flores y frutas blancas.
Boca: En boca tiene una moderada acidez, sabroso, persistente.

Casal de Arman

bodega@casaldearman.net
www.casaldearman.net

Arman 92 Pt
6 Meses en Barrica 2008 · 14 €
Uvas: Albariño, Godello, Treixadura.
Gastronomía: Empanada de bacalao con pasas
Aspecto: Amarillo muy brillante, reflejos verdosos.
Aroma: Varietales, manzana madura y fruta tropical.
Boca: Boca sedosa, untuosa, final persistente.

Casal de Arman 93 Pt
2009 · 11 €
Uvas: Albariño, Godello, Torrontés, Treixadura, Loureiro.
Gastronomía: Lacón a la brasa.
Aspecto: Amarillo pajizo muy brillante y luminoso.
Aroma: Tonos de hierbas recién cortadas, fruta y flores.
Boca: Boca muy fresca, algo glicérica, buena acidez y persistencia.

Coto de Gomariz

gomariz@cotodegomariz.com
www.cotodegomariz.com

Coto de Gomariz 91 Pt
2009 · 9,5 €
Uvas: Albariño, Godello, Treixadura, Loureiro.
Gastronomía: Navajas a la plancha.
Aspecto: Amarillo pálido, reflejos verdosos.
Aroma: Tonos de fruta blanca, (manzana y pera).
Boca: En boca es jugoso, fresco, ágil, largo final.

Eduardo Peña

bodega@eduardopenha.es
www.bodegaseduardopenha.es

Eduardo Peña 91 Pt
2009 · 12 €
Uvas: Albariño, Godello, Lado, Treixadura, Loureiro.
Gastronomía: Lacón con grelos.
Aspecto: Amarillo pálido, reflejos verdosos.
Aroma: Tonos fruta blanca fresca. Flores.
Boca: Boca fresca, jugosa, ágil, larga.

Pazo Casanova

casanova@pazocasanova.com
www.pazocasanova.com

Casanova 91 Pt
2009 · 10 €
Uvas: 100% Treixadura.
Gastronomía: Lacón a la plancha.
Aspecto: Amarillo pálido, reflejos verdosos.
Aroma: Tonos de fruta blanca, flores. Muy buena intensidad.
Boca: En boca es fresco, sabroso, complejo, excelente acidez, largo postgusto.

Pazo das Tapias

info@pazodomar.com
www.pazodostapias.com

Alma de Blanco 90 Pt
2009 · 5,5 €
Uvas: 100% Godello.
Gastronomía: Rodaballo al horno.
Aspecto: Amarillo pálido, brillante.
Aroma: Tonos de fruta blanca (pera, manzana).
Boca: Boca fresca, jugosa, larga, buena acidez.

Pazo Lalón

eduardogonzalezbravo@gmail.com
www.eduardobravo.es

Eduardo Bravo 90 Pt
2009 · 9 €
Uvas: Albariño, Torrontés, Treixadura.
Gastronomía: Pulpo a la gallega.
Aspecto: Amarillo brillante.
Aroma: Tonos florales, fruta blanca (manzana) con algunas notas cítricas.
Boca: Sabroso, buena acidez y equilibric.

Pazo Tizón

admon@pazotizon.com
www.pazotizon.com

Extramundi **90** Pt
2009 · 9 €
Uvas: Albariño, Treixadura.
Gastronomía: Rollitos de lenguado.
Aspecto: Amarillo dorado, brillante.
Aroma: Tonos de fruta blanca tropical (piña, mango).
Boca: Boca fresca, jugosa, equilibrada con buena acidez.

Producions Amodiño

sancloidovino@gmail.com
www.vinoisancloido.com

Sanclodio **94** Pt
2009 · 11 €
Uvas: Albariño, Godello, Torrontés, Treixadura, Loureiro.
Gastronomía: Pescado hervido con patatas.
Aspecto: Amarillo, brillante y luminoso.
Aroma: Tonos de heno recién cortado, flores blancas.
Boca: Boca fresca, jugosa, larga.

Viña Mein, S.L.

info.bodega@vinamein.com
www.vinamein.com

Viña Mein **93** Pt
Blanco Fermentado en Barrica
2008 · 12 €
Uvas: Godello, Torrontés, Treixadura, Albillo.
Gastronomía: Merluza en salsa verde.
Aspecto: De bonito color amarillo pálido sostenido. Limpio y brillante.
Aroma: Mezclados a frutas blancas y hierbas recién cortadas, con tonos tostados.
Boca: Buena entrada en boca, fresco, sabroso.

Vitivinícola do Ribeiro

comercial@pazoribeiro.com
www.vinoribeiro.com

Colección Costeira **90** Pt
2009 · 10,5 €
Uvas: 100% Treixadura.
Gastronomía: Ensaladas de queso.
Aspecto: Amarillo pálido, reflejos verdosos.
Aroma: Tonos de fruta blanca, manzana, melón, aromas de miel.
Boca: En boca es frutal, estructurado y con un largo final.

Tostado de Costeira **92** Pt
Gastronomía: Postres.
Aspecto: Amarillo topacio, muy brillante.
Aroma: Tono de frutos secos (avellana), pasas.
Boca: Boca dulce, elegante, persistente.

Denominación de Origen Valdeorras

Situada en la provincia de Ourense. El clima presenta influencias atlánticas con rasgos de continentalidad. Las uvas que más se cultivan son: Godello, Doña Blanca y Palomino (blancas), y Mencía, Alicante, Grao Negro, María Ardoña y Merenzao (tintas).

Consejo Regulador
988 300 295 - consello@dovaldeorras.com

Bodega la Tapada

Guitian **93** Pt
Godello Sobre Lias 2009 · 12 €
Uvas: 100% Godello.
Gastronomía: Pescados a la sal.
Aspecto: De bonito color amarillo sostenido. Limpio y brillante.
Aroma: En nariz es limpio, con tonos varietales marcados con cierto tono balsámico.
Boca: En boca, seco y amplio postgusto.

Guitian **92** Pt
2009 · 9 €
Uvas: 100% Godello.
Gastronomía: Mariscos a la plancha.
Aspecto: Vestido intenso amarillo sostenido. Limpio y brillante.
Aroma: A frutas blancas, heno recién cortado.
Boca: En boca, sabroso, fresco y largo final en boca.

Bodegas Avanthia

info@otrowines.com

Avanthia **92** Pt
2008 · 57 €
Uvas: 100% Mencía.
Gastronomía: Cocido montañes.
Aspecto: Rojo rubí intenso.
Aroma: Tonos varietales, fruta negra algo confitada, tostados finos.
Boca: Boca potente, jugosa y persistente.

Avanthia Godello **94** Pt
2009 · 22 €
Uvas: 100% Godello.
Gastronomía: Caldereta de marisco.
Aspecto: Amarillo intenso y brillante.
Aroma: Tonos de fruta fresca, floral.
Boca: Boca ágil, fresca, con chispa y largo final.

Bodegas Godeval

godeval@godeval.com
www.godeval.com

Viña Godeval **92** Pt
Blanco Joven 2009 · 8 €
Uvas: 100% Godello.
Gastronomía: Mariscos, pescados en salsa verde.
Aspecto: Bonito vestido amarillo pajizo. Brillante y luminoso.
Aroma: Intenso y franco. Tonos fruta madura.
Boca: Seco, fresco, equilibrado. Agradable postgusto.

Bodegas Ruchel

info@vinosruchel.com
www.vinoruchel.com

Godello Gran Ruchel **90** Pt
2006 · 15 €
Uvas: 100% Godello.
Gastronomía: Pulpo a la brasa.
Aspecto: Amarillo dorado, brillante.
Aroma: Tonos de vainilla, algo balsámico, intensidad media.
Boca: Boca algo untuosa, persistente y grata.

Bodegas Valdesil, S.L.

valdesil@valdesil.com
www.valdesil.com

Pezas de Portela **91** Pt
Fermentado en Barrica 2007 · 21 €
Uvas: 100% Godello.
Gastronomía: Merluza en salsa verde.
Aspecto: Amarillo dorado intenso. Brillante.
Aroma: Fresco a flores secas con tonos de buena madera.
Boca: En boca es fresco, sabroso con buen final.

Compañía de Vinos Telmo Rodríguez

contact@telmorodriguez.com

Gaba do XII 92 Pt
2009 · 8,7 €
Uvas: 100% Godello
Gastronomía: Caldereta de pescado.
Aspecto: Amarillo pálido con chispas verdosas.
Aroma: Manzana verde con tonos minerales.
Boca: Larga, algo grasa, compleja, equilibrada, buena acidez.

Rafael Palacios

bodega@rafaelpalacios.com
www.rafaelpalacios.com

As Sortes 94 Pt
2009 · 27 €
Uvas: 100% Godello.
Gastronomía: Besugo al horno.
Aspecto: Amarillo brillante, ribetes dorados.
Aroma: Varietales muy potentes, tonos ahumados, minerales.
Boca: Muy expresivo, elegante paso por boca, sabroso, buena acidez, largo postgusto.

Louro do Bolo 92 Pt
2009 · 12 €
Uvas: 100% Godello.
Gastronomía: Langostinos a la plancha.
Aspecto: Amarillo dorado, reflejos verdosos.
Aroma: Fruta fresca. Tonos de florales y de hierbas anisadas.
Boca: En boca tiene tonos minerales, graso. Equilibrio final.

Santa Marta Sat.

info@vinaredo.com
www.vinaredo.com

Viñaredo Barrica Selección 6 Meses en Barrica 2007 · 10 € 90 Pt
Uvas: 100% Godello.
Gastronomía: Pescado al horno.
Aspecto: Amarillo dorado intenso.
Aroma: Tonos de flores secas, fruta blanca, tostados.
Boca: Entrada en boca fresca, equilibraca con buena acidez.

Viña Somoza, Bodegas y Viñedos

vinosomoza@telefonica.net
www.vinosomoza.com

Viña Somoza Sobre Lias 2009 · 9,4 € 93 Pt
Uvas: 100% Godello
Gastronomía: Rodaballo al horno.
Aspecto: Amarillo dorado, brillante y luminoso.
Aroma: Tonos varietales, fruta blanca. Intenso y persistente.
Boca: Buena acidez, jugosa, fresca y sabrosa.

Viña Somoza Selección 2008 · 14,9 € 92 Pt
Uvas: 100% Godello.
Gastronomía: Pescados y moluscos al vapor.
Aspecto: Amarillo pálido brillante con reflejos verdosos.
Aroma: A frutas verdes (manzana y pera) con tonos de heno. Intenso y franco.
Boca: En boca, seco, sabroso y bien equilibrado. Buen final de boca.

Sin denominación de origen Vino de Mesa de Galicia

Coto de Gomariz

gomariz@cotodegomariz.com
www.cotodegomariz.com

Vx Cuvee Caco 92 Pt
2006 · 22 €
Uvas: Caíño, Mencía, Sonsón.
Gastronomía: Pote Gallego.
Aspecto: Rojo granate muy cubierto.
Aroma: Tonos de fruta negra algo confitada con tostados de buena barrica.
Boca: Boca elegante, potente con persistente final.

Marqués de Vizhoja, S.A.

marquesdevizhoja@marquesdevizhoja.com
www.marquesdevizhoja.com

Marqués de Vizhoja 92 Pt
2009 · 4,2 €
Uvas: 100% Albariño.
Gastronomía: Pescados al horno.
Aspecto: Amarillo pálido, brillante y limpio.
Aroma: Aromas intensos a fruta blanca, flores blancas.
Boca: Entrada en boca fresca, intensa, acidez equilibrada.

Vino de Mesa de Galicia Vinos de la Tierra Betanzos

Es la cuenca del río Mandeo, donde se celebran los famosos "carneiros"; en la provincia de A Coruña, se asienta esta Indicación Geográfica, que tiene como centro neurálgico la localidad de Betanzos. Valle del Miño-Ourense.

Comunidad de Madrid

Produce vinos originales y algunos de alta calidad. La Comunidad Autónoma de Madrid, única capital mundial con D.O., cuenta con una Denominación de Origen: **D.O. Vinos de Madrid**, que produce caldos de cuidada elaboración, que hace posible que su cotización en el mercado esté en alza. Dividida en tres subregiones: San Martín de Valdeiglesias, Navalcarnero y Arganda, en todas ellas destaca la variedad tinto fino (Tempranillo) que permite obtener vinos de gran calidad.

Los 10 Mejores Vinos

Bernabeleva — **94** Puntos

Tinto Joven 2008 Bodega: BODEGA BERNABELEVA
D.O: Vinos de Madrid. Página 123

Cantocuerdas — **94** Puntos

Blanco Seco con Madera 2008. Bodega: BODEGA BERNABELEVA
D.O: Vinos de Madrid. Página 123

El Regajal — **93** Puntos

Tintos de Crianza 2008 Bodega: VIÑAS DE EL REGAJAL
D.O: Vinos de Madrid. Página 124

El Rincón — **93** Puntos

Tinto de Crianza 2006 Bodega: EL RINCÓN (PAGOS DE FAMILIA MARQUÉS DE GRIÑÓN)
D.O: Vinos de Madrid. Página 124

Licinia — **93** Puntos

Tinto de Crianza 2007 Bodega: BODEGAS LICINIA, S.L.
D.O: Vinos de Madrid. Página 123

Alma de Valdeguerra — **92** Puntos

Rosado 2009 Bodega: VINOS Y ACEITES LAGUNA, S.L.
D.O: Vinos de Madrid. Página 124

Felix Martínez. Cepas Viejas — **92** Puntos

Tinto de Reserva y Gran Reserva 2004 Bodega: VINOS JEROMÍN
D.O: Vinos de Madrid. Página 124

Grego Crianza — **92** Puntos

Tinto de Crianza 2006 Bodega: VINOS JEROMÍN
D.O: Vinos de Madrid. Página 124

Oicos — **92** Puntos

Tinto Joven 2008 Bodega: VIÑA REYES MAGOS
D.O: Vinos de Madrid. Página 124

Tagonius — **92** Puntos

Tintos de Reserva y Gran Reserva 2004 Bodega: TAGONIUS
D.O: Vinos de Madrid. Página 124

Denominación de Origen Vinos de Madrid

Existe una gran diferencia entre las variedades de uva que se cultivan en cada subzona. En Arganda encontramos las variedades blancas Malvar y Airén y la tinta Tempranillo. En Navalcarnero la variedad blanca en Malvar y la tinta Garnacha, que también se cultiva en San Martín de Valdeiglesias, que además, utiliza la variedad blanca Albillo.

Consejo Regulador
915 348 511 - prensa@vinosdemadrid.es

Bodega Bernabeleva

bodega@bernabeleva.com
www.bernabeleva.com

Bernabeleva 90 Pt
Carril del Rey 2008 · 23 €
Uvas: 100% Garnacha.
Gastronomía: Cocido, callos a la madrileña.
Aspecto: Color rojo burdeos-granate.
Aroma: Nariz muy intensa. Toffes, confitura de naranja y agradable toque anisado y de especias.
Boca: Buena entrada, carnoso y tánico. Agradable postgusto.

Bernabeleva 90 Pt
Arroyo del Tórtolas 2008 · 23 €
Uvas: 100% Garnacha.
Gastronomía: Asados. Quesos curados.
Aspecto: Color rojo granate.
Aroma: Limpios, netos, francos. Incienso, especias, minerales y balsámicos.
Boca: Amplio, sabroso, estructurado, muy tánico. Agradable postgusto.

Bernabeleva 94 Pt
Garnacha de Viña Bonita 2008 · 30 €
Uvas: 100% Garnacha.
Gastronomía: Quesos curados, ibéricos, carnes rojas a la brasa.
Aspecto: Se viste en un bonito color rojo granate.
Aroma: Expresivo, intenso, varietal y complejo.
Boca: Pleno, lleno, amplio y original. Taninos bien integrados. Excelente postgusto.

Cantocuerdas 94 Pt
2008 · 19 €
Uvas: 100% Moscatel.
Gastronomía: Guisos de pescado. Cogollos con atún y queso.
Aspecto: Color amarillo dorado.
Aroma: Nariz compleja, seductora y elegante.
Boca: Largo, pleno, amplio. Excelente postgusto.

Bodega del Real Cortijo de Carlos III

bodega@realcortijo.com
www.realcortijo.com

Homet 90 Pt
Tinto Reserva 2005 · 12,2 €
Uvas: Cabernet Sauvignon, Merlot, Syrah, Tempranillo.
Gastronomía: Carnes rojas, caza y guisos con verduras.
Aspecto: Color rojo granate.
Aroma: Intenso, limpio y neto. Especias, frutas maduras y toques balsámicos
Boca: Carnoso, sabroso, taninos maduros bien integrados. Agradable postgusto.

Bodega y Viñedos Gosálbez Orti

bodega@qubel.com
www.qubel.com

Qubel Revelación 90 Pt
2009 · 7,6 €
Uvas: 10% Cabernet Sauvignon, 5% Syrah, 85% Tempranillo.
Gastronomía: Gallinejas. Manitas de cordero. Acelgas rehogadas.
Aspecto: Color rojo burdeos-purpúreo con alegres ribetes azulados.
Aroma: Limpio, neto, franco, fresco y frutoso.
Boca: Estructurado, armonioso, carnoso y largo, taninos vivos. Persistente.

Bodegas Jesús Díaz

bodegasjdiaz@interbook.net/info@bodegasjesusdiaz.com
www.bodegasjesusdiaz.com

El Tinto de Jesús Díaz 90 Pt
Tinto Joven 2009 · 2,5 €
Uvas: 100% Tempranillo.
Gastronomía: Carnes rojas a la plancha, chuletillas de cordero.
Aspecto: Color burdeos-violaceos.
Aroma: Nariz intensa, neta, franca. Varietal.
Boca: Limpio, ligero, sabroso. Invita a beberse.

Bodegas Licinia, S.L.

o.fernandez@licinia.es

Licinia 93 Pt
Tinto Crianza 2007 · 28 €
Uvas: 40% Syrah, 60% Tempranillo.
Gastronomía: Carnes rojas, asados y parrilladas.
Aspecto: Color burdeos bien cubierto.
Aroma: Intenso y complejo. Frutas rojas, especias, mineral y balsámicos.
Boca: Buena entrada en boca, carnoso, amplio, de buena expresión tánica. Elegante postgusto.

Bodegas Nueva Valverde

info@bodegasnuevavalverde.com
www.bodegasnuevavalverde.com

750 90 Pt
2005 · 21 €
Uvas: Cabernet Sauvignon, Merlot.
Gastronomía: Cocido madrileño, callos, mollejas y gallinejas.
Aspecto: De bonito color rojo granate. Limpio y brillante.
Aroma: Limpio, neto, franco. Frutos rojos muy maduros, toques balsámicos y de tostados.
Boca: Buena entrada y paso de boca. Agradable postgusto.

Bodegas Orusco, S.L.

bo@bodegasorusco.com
www.bodegasorusco.com

Main 90 Pt
Tinto Reserva 2005 · 7 €
Uvas: 100% Tempranillo.
Gastronomía: Cocido, callos a la madrileña.
Aspecto: Color rojo granate-ocre. Limpio y brillante.
Aroma: Limpio, neto, franco. Frutas rojas maduras, torrefactos, especias y agradables tonos tostados.
Boca: Estructurado, redondo y sabroso, con taninos dulces bien integrados. Buen postgusto.

Bodegas y Viñedos Valleyglesias

bodega@valleyglesias.com
www.valleyglesias.com

Minoss 90 Pt
2006 · 12 €
Uvas: Cabernet Sauvignon, Garnacha, Tempranillo.
Gastronomía: Cocido madrileño.

Aspecto: Color rojo granate. Limpio.
Aroma: De fruta roja madura, especiado, mineral y con notas balsámicas.
Boca: Complejo, elegante, fresco y equilibrado. Agradable postgusto.

El Rincón (Pagos de Familia Marqués de Griñón)

info@pagosdefamilia.com
www.pagosdefamilia.com

El Rincón **93** Pt
2006 · 14,5 €
Uvas: Garnacha, Syrah.
Gastronomía: Estofados de carnes con veduras, pates, quesos curados, cocido madrileño.
Aspecto: Color rojo burdeos-granate.
Aroma: Seductores, complejos y elegantes. Fruta negra madura, especias y chocolate.
Boca: Sabroso, carnoso, taninos bien integrados. Elegante postgusto.

Las Moradas de San Martin

bodega@lasmoradasdesanmartin.es
www.lasmoradasdesanmartin.es

Initio **90** Pt
2007 · 12 €
Uvas: 5% Cabernet Sauvignon, 89% Garnacha, 6% Syrah.
Gastronomía: Cocido, guisos de carne.
Aspecto: Rojo burdeos. Limpio y brillante.
Aroma: Balsámico. Frutas rojas y negras maduras. Notas especiadas y de roble.
Boca: Sabroso, equilibrado. Agradable postgusto.

Tagonius

gerencia@tagonius.com
www.tagonius.com

Tagonius **92** Pt
Gran Vino. Tinto Reserva 2004 · 50 €
Uvas: Cabernet Sauvignon, Merlot, Syrah, Tempranillo.
Gastronomía: Cabrito, cordero.
Aspecto: Color rojo granate. Limpio y brillante.
Aroma: Limpios, netos, francos, intensos y complejos (mineral, especias). Levemente afrutado.
Boca: En boca buen cuerpo, equilibrado, sobrio y largo final.

Tagonius **91** Pt
2007 · 15 €
Uvas: 100% Syrah.
Gastronomía: Cocido madrileño.
Aspecto: Solemne vestido rojo burdeos sostenido. Limpio y brillante.
Aroma: Complejos y muy varietales.
Boca: En boca buen cuerpo, equilibrado y sobrio final. Vino que invita a beberse.

Vinos Jeromín

comercial@vinosjeromin.com
www.vinosjeromin.com

Félix Martínez. Cepas Viejas **92** Pt
Tinto Reserva 2004 · 15 €
Uvas: 10% Syrah, 90% Tempranillo.
Gastronomía: Carne guisada, platos de caza mayor y menor. Quesos curados
Aspecto: Color rojo granate. Limpio y brillante.
Aroma: Limpio, neto, franco. Fruta madura, especiados, tabacos.
Boca: Potente, sabroso, estructurado, taninos dulces, aterciopelados y maduros. Buena persistencia.

Grego Crianza **92** Pt
Tinto Crianza 2006 · 9 €
Uvas: 10% Garnacha, 30% Syrah, 60% Tempranillo.
Gastronomía: Estofados, legumbres, asados, caza de pelo y pluma, carne a la parrilla y bacalao. Quesos ahumados y aromáticos.
Aspecto: De bonito color rojo granate, brillante y limpio.
Aroma: Nariz intensa, compleja y seductora. Fruta madura, tostados y fondo mineral.
Boca: Es carnoso, amplio, taninos bien integrados. Largo y buen postgusto.

Manu **92** Pt
Vino de Autor Tinto Crianza 2005 · 20 €
Uvas: Cabernet Sauvignon, Garnacha, Merlot, Syrah, Tempranillo.
Gastronomía: Ibéricos, cocido madrileño y quesos curados.
Aspecto: Elegante vestido en color granate.
Aroma: Nariz limpia, elegante y compleja. Frutos maduros, especias, recuerdos a cuero y notas tostadas muy elegantes.
Boca: Carnoso, estructurado, sabroso, taninos bien integrados y dulces. Largo postgusto.

Vinos y Aceites Laguna, S.L.

vyalaguna@eresmas.com
www.lagunamadrid.com

Alma de Valdeguerra **92** Pt
2009 · 2,5 €
Uvas: 100% Garnacha.
Gastronomía: Bocadillo de calamares, pincho de tortilla, navajas.
Aspecto: Color rojo frambuesa muy cubierto.
Aroma: Muy franco, neto y limpio, con notas de fruta roja fresca y agradables recuerdos de golosinas.
Boca: Fresco, alegre, juguetón, estructurado, fácil de beber. Excelente postgusto. Vino que invita a beberse.

Exun Pasión **91** Pt
2006 · 14,65 €
Uvas: Cabernet Sauvignon, Tempranillo.
Gastronomía: Embutidos Ibéricos, quesos curados, cocido madrileño.
Aspecto: Color rojo granate. Limpio y brillante.
Aroma: Complejo, intenso, fruta roja madura, vegetales, notas ahumadas y especias.
Boca: Sabroso, equilibrado, carnoso, tánico, denso. Agradable y largo postgusto.

Viña Reyes Magos

vinareyesmagos@enriquerojas.com

Oicos **92** Pt
2008 · 12 €
Uvas: 100% Syrah.
Gastronomía: Chuletitas de lechal. Cocido.
Aspecto: Color rojo burdeos-violáceo.
Aroma: Limpio, neto, franco, intenso, muy varietal. Muy profundo.
Boca: Buena entrada y paso de boca. Equilibrado. Sabroso. Agradable postgusto.

Viñas de El Regajal

dgpita@terra.es

El Regajal **93** Pt
Selección Especial 2008 · 14,5 €
Uvas: 15% Cabernet Sauvignon, 20% Merlot, 25% Syrah, 40% Tempranillo.
Gastronomía: Patés, platos de caza mayor y quesos curados.
Aspecto: Color burdeos con ligeros matices violáceos.
Aroma: Limpios, francos. Fruta compotada envuelta en elegantes tostados. Fondo balsámico, especiado y de caramelo.
Boca: Equilibrado, sabroso, carnoso, amplio y con taninos bien integrados. Elegante postgusto.

Región de Murcia

Esta Comunidad Autónoma tiene tres Denominaciones de Origen bien diferenciadas. En la **D.O. Yecla**, a pesar de ser una región vitivinícola pequeña varía mucho la altitud y como consecuencia sus vinos tiene unas características muy diversas, en lo que se refiere a grado alcohólico, aromas y sabores. La **D.O. Bullas**, de escasa pluviometría y muy variable altitud da interesantes blancos de Airén y Macabeo y tintos de Monastrell y Tempranillo. La **D.O. Jumilla**, la comparten las Autonomías de Murcia y Castilla La Mancha, da sabrosos blancos, rosados y tintos de personalidad.

Los 10 Mejores Vinos

El Nido — 96 Puntos

Tinto de Crianza 2007 Bodega: BODEGAS EL NIDO
D.O: Jumilla. Página 126

Clio — 93 Puntos

Tinto de Crianza 2007 Bodega: BODEGAS EL NIDO
D.O: Jumilla. Página 126

Lavia + — 93 Puntos

Tinto de Reserva y Gran Reserva 2006 Bodega: MOLINO Y LAGARES DE BULLAS
D.O: Bullas. Página 126

Casa Castillo Pie Franco — 92 Puntos

Tinto de Crianza 2006 Bodega: PROPIEDAD VITÍCOLA CASA CASTILLO (JULIA ROCH E HIJOS)
D.O: Jumilla. Página 127

Casa Cisca — 92 Puntos

Tinto de Reserva y Gran Reserva 2006 Bodega: BODEGAS CASTAÑO
Vino de Mesa. Página 128

Castaño — 92 Puntos

Dulce 2008 Bodega: BODEGAS CASTAÑO
D.O: Yecla. Página 128

Las Gravas — 92 Puntos

Tinto de Crianza 2007 Bodega: PROPIEDAD VITÍCOLA CASA CASTILLO (JULIA ROCH E HIJOS)
D.O: Jumilla. Página 127

Aranzo — 91 Puntos

Tinto de Reserva y Gran Reserva 1999 Bodega: BODEGAS HUERTAS
D.O: Jumilla. Página 126

Calzás — 91 Puntos

Tinto de Crianza 2006 Bodega: VIÑEDOS Y BODEGAS JM MARTÍNEZ VERDÚ
D.O: Jumilla. Página 127

Canalizo — 91 Puntos

Tinto de Crianza 2005 Bodega: BODEGAS CARCHELO
D.O: Jumilla. Página 126

Denominación de Origen Bullas

La variedad de cultivo dominante en esta zona es la tinta Monastrell, que confiere un carácter típicamente mediterráneo a los vinos. Otras variedades utilizadas son Tempranillo, Garnacha, Cabernet Sauvignon, Merlot y Syrah para vinos tintos, rosados, y Monastrell, Macabeo y Airén para los blancos.

Consejo Regulador
968 652 601 - consejoregulador@vinosdebullas.es

Bodega Balcona
info@partal-vinos.com
www.partal-vinos.com

Partal **90** Pt
Vino de Autor 2006 · 12 €
Uvas: 10% Cabernet Sauvignon, 10% Merlot, 50% Monastrell, 20% Syrah, 10% Tempranillo.
Gastronomía: Carnes a la plancha, aves.
Aspecto: Bonito vestido rojo granate cubierto.
Aroma: A fruta roja, bayas, especias y minerales con dejos torrefactos.
Boca: Sabroso en su entrada, redondo y sedoso. De buena persistencia.

Molino y Lagares de Bullas
lavia@bodegaslavia.com
www.bodegaslavia.com

Lavia+ **93** Pt
2006 · 16 €
Uvas: 100% Monastrell.
Gastronomía: Asados, parrilladas, platos de caza.
Aspecto: Luminoso vestido rojo granate ribeteado en tejas.
Aroma: Confitado, frutal, especiado y mineral.
Boca: Potente, equilibrado, estructurado y de persistente postgusto.

Denominación de Origen Jumilla

Situada a caballo entre las provincias de Albacete y Murcia. La uva que más se cultiva es la Monastrell, aunque también se utilizan otras variedades como: Macabeo, Airén, Pedro Ximénez, Malvasía, Chardonnay, Sauvignon Blanc y Moscatel de grado menudo (blancas) y Garnacha Tintorera, Monastrell y Cencibel, Cabernet Sauvignon, Merlot, Syrah y Petit Verdot (tintas).

Consejo Regulador
968 781 761 - info@vinosdejumilla.org

Bodegas Carchelo
joseantonio@carchelo.com

Altico Syrah **90** Pt
2007 · 7,25 €
Uvas: 100% Syrah.
Gastronomía: Carnes asadas, parrilladas.
Aspecto: Vestido rojo granate con dejos violáceos. Limpio.
Aroma: Intenso a frutas rojas, sotobosque, bayas y flores. Con gran complejidad y expresión.
Boca: En boca es carnoso, cálido, recuerdos frutales, buen final.

Canalizo **91** Pt
2006 · 20 €
Uvas: 40% Monastrell, 40% Syrah, 20% Tempranillo.
Gastronomía: Platos de caza.
Aspecto: Elegante vestido en color granate intenso. Brillante.
Aroma: A frutas rojas maduras, bayas, tostados y especias.
Boca: Buen paso de boca amplio, carnoso, redondo. Persistente y largo postgusto.

Bodegas el Nido
info@bodegaselnido. com
www.orowines.com

Clio **93** Pt
2007 · 33,8 €
Uvas: 30% Cabernet Sauvignon, 70% Monastrell.
Gastronomía: Carnes rojas, asados.
Aspecto: Vestido rojo granate intenso ribeteado en caobas muy cubierto.
Aroma: Intenso y expresivo, a frutas del bosque, bayas, especias y fondos torrefactos.
Boca: Sobrio paso de boca, sabroso y equilibrado. Final persistente.

El Nido **96** Pt
2007 · 113 €
Uvas: 70% Cabernet Sauvignon, 30% Monastrell.
Gastronomía: Platos de caza, quesos curados.
Aspecto: Cubierto y elegante vestido rojo granate intenso con dejos caobas.
Aroma: Potente, intenso, vino de gran complejidad, a frutas rojas, confituras, maderas nobles, vainillas y fondos a cueros.
Boca: Impresionante paso de boca, untuoso, redondo y estructurado. Postgusto largo y persistente.

Bodegas Huertas
vinos@bodegashuertas.es
www.bodegashuertas.es

Aranzo **91** Pt
1999 · 12 €
Uvas: 100% Monastrell Pie Franco.
Gastronomía: Carnes de caza. Guisos.
Aspecto: Vestido cubierto en granate vivo con dejos yodados.
Aroma: Intenso y complejo, a fruta muy madura, tostados, minerales y ahumados.
Boca: Amplio, equilibrado y persistente final.

Rodrejo **90** Pt
2001 · 6,5 €
Uvas: 100% Monastrell Pie Franco.
Gastronomía: Platos de caza, embutidos.
Aspecto: Vestido oscuro ribeteado en ocres.
Aroma: A fruta muy madura, confituras, torrefactos y tostados.
Boca: Redondo, amplio, equilibrado, gustoso y largo.

Bodegas Luzón
info@bodegasluzon.com
www.bodegasluzon.com

Altos de Luzón 90 Pt
2006 · 10 €
Uvas: Cabernet Sauvignon, Monastrell, Tempranillo.
Gastronomía: Parrilladas de verduras, pollo relleno.
Aspecto: Vestido color rubí intenso ribeteado en teja.
Aroma: Potente e intenso, a frutos negros, minerales y cacaos.
Boca: Buen paso de boca, estructurado, redondo y untuoso.

Bodegas y Viñedos Casa de la Ermita

bodega@casadelaermita.com
www.casadelaermita.com

Casa de la Ermita Idílico 2006 · 11 € 90 Pt
Uvas: 35% Monastrell, 65% Petit Verdot, 5% Tempranillo.
Gastronomía: Quesos, patés, carnes a la brasa.
Aspecto: Cubierto vestido en granate ribeteado en tejas.
Aroma: Intensamente afrutado con recuerdos a flores y balsámicos.
Boca: En boca es seco y equilibrado. Persistente postgusto.

Finca Omblancas

info@fincaomblancas.com
www.fincaomblancas.com

Denuño Petit Verdot 90 Pt
2005 · 16 €
Uvas: 5% Monastrell, 90% Petit Verdot, 5% Syrah.
Gastronomía: Parrilladas, verduras, setas.
Aspecto: Bonito vestido rojo granate de gran luminosidad y elegante caída.
Aroma: Buena franqueza, sincero, a frutas del bosque, minerales y tonos especiados y torrefactos.
Boca: Equilibrado y sabroso. Potente en su entrada. Postgusto largo y persistente.

Omblancas Selección Especial 2005 · 27 € 91 Pt
Uvas: 15% Cabernet Sauvignon, 85%Monastrell.
Gastronomía: Carnes rojas y quesos curados.
Aspecto: Elegante y vistoso color rojo picota de media capa y ribetes teja.
Aroma: De gran franqueza e intensidad, complejo a frutas del bosque, bayas, notas de cuero, confituras y especias.
Boca: En boca es estructurado, potente, intenso, y de grato recuerdo.

Propiedad Vitícola Casa Castillo (Julia Roch e Hijos)

info@casacastillo.es
www.casacastillo.es

Casa Castillo Pie Franco 92 Pt
2006 · 35 €
Uvas: 100% Monastrell.
Gastronomía: Bacalao al pil-pil, platos de caza.
Aspecto: Vino de gran expresión de color granate cubierto.
Aroma: Complejo, con dejos de fruta madura, empireumáticos y frutas del bosque y vainillas.
Boca: Paso de boca con recuerdos minerales, hermosa estructura y gran concentración. Largo y persistente postgusto.

Las Gravas 92 Pt
2007 · 22,5 €
Uvas: 15% Cabernet Sauvignon, 70% Monastrell, 15% Syrah.
Gastronomía: Carnes rojas asadas, guisos.
Aspecto: Vestido rojo granate cubierto ribeteado en tejas.
Aroma: Complejo, mineral, balsámico y frutas confitadas.
Boca: Buen paso de boca. Sincero, graso y potente con recuerdos frutales. Largo y persistente final.

Valtosca 91 Pt
2008 · 14,5 €
Uvas: 100% Syrah.
Gastronomía: Costillas adobadas, sopas
Aspecto: Vestido granate cubierto y añejado.
Aroma: De gran fuerza expresiva y complejidad (frutos de bayas negras salvajes y sotobosque). Notas minerales y especiadas.
Boca: Potencia y orgullo. Vino placentero y largo, de taninos suaves y recuerdos tostados. Persistente.

Viñas de la Casa del Rico

contacto@casadelrico.com
www.casadelrico.com

Gorgocil 91 Pt
2008 · 15 €
Uvas: 100% Tempranillo.
Gastronomía: Atún a la plancha, frituras, brochetas.
Aspecto: Rojo granate bien cubierto.
Aroma: Intenso y complejo, a fruta roja, vainillas y canelas.
Boca: Amplio y untuoso con un marcado y persistente final.

Viñedos y Bodegas JM Martínez Verdú

info@xenysel.com
www.xenysel.com

Calzás Pie Franco 2006 · 18 € 91 Pt
Uvas: 100% Monastrell Pie Franco.
Gastronomía: Sopa de menudillo, tortilla de pimientos.
Aspecto: Rojo granate bien cubierto ribeteado en tejas.
Aroma: Complejo, a fruta madura, confituras y vainillas.
Boca: Untuoso en su entrada y con marcado final.

Xenysel 90 Pt
12 2007 · 8 €
Uvas: 100% Monastrell.
Gastronomía: Carnes a la plancha, ensaladas, setas.
Aspecto: Vestido en rojo rubí con destellos tejas.
Aroma: A fruta madura, especiado y potente.
Boca: De buena estructura y persistencia.

Denominación de Origen Yecla

Situada al nordeste de la Región de Murcia, se distinguen dos subzonas: Yecla Campo Arriba y Yecla Campo Abajo. La variedad principal de uva es la Monastrell, pero también encontramos: Garnacha Tinta, Garnacha Tintorera, Tempranillo, Merlot, Cabernet Sauvignon y Syrah (tintas) y Airén, Merseguera, Macabeo, Malvasía y Chardonnay.

Consejo Regulador
968 792 352 - consejo@yeclavino.com

Bodegas Castaño

info@bodegascastano.com
www.bodegascastano.com

Castaño Dulce 2008 · 13,5 € — **92** Pt
Uvas: 100% Monastrell.
Gastronomía: Quesos curados, frutos secos.
Aspecto: Bonito vestido oscuro, luminoso y brillante.
Aroma: Complejo a frutas negras (ciruelas, moras) en confitura con dejos de frutos secos.
Boca: Amplio, tierno y ágil. Postgusto persistente con recuerdos a mermeladas.

Castaño Colección Cepas Viejas 2007 · 14 € — **91** Pt
Uvas: 20% Cabernet Sauvignon, 80% Monastrell.
Gastronomía: Pollo asado, atún a la plancha.
Aspecto: Amplio vestido rojo granate bien cubierto ribeteado en caoba.
Aroma: Complejo, a fruta roja, especias y cueros con recuerdos a vainillas.
Boca: En boca es orgulloso y profundo, de persistente postgusto.

Sin denominación de origen Vino de mesa de Yecla

Bodegas Castaño

info@bodegascastano.com
www.bodegascastano.com

Casa Cisca 2006 · 32 € — **92** Pt
Uvas: 100% Monastrell.
Gastronomía: Conejo al ajillo, criadillas salteadas.
Aspecto: Vestido rojo granate intenso con ribetes teja.
Aroma: Complejo, a fruta roja madura y fondos especiados, balsámicos y minerales.
Boca: Equilibrado y redondo. Vino de gran estructura con un final persistente y largo.

Vinos de la Tierra Abanilla

La comarca vinícola de Abanilla es la zona oriental de la Región de Murcia que comprende el propio municipio de Abanilla y el de Fortuna, con una superficie total en plantación de 1.500 ha, si bien una gran parte del cultivo que corresponde a Abanilla está protegido por la denominación de Origen de Alicante. Campo de Cartagena. Hoy en día, los famosos vinos del Campo de Cartagena han quedado reducidos a unas pocas bodegas particulares de escasa producción, no obstante se observa el renacer de algunas marcas de selecta elaboración y envasado. Se elaboran vinos tintos, rosados, blancos y dulces naturales de excelentes cualidades.

Navarra

Aunque una pequeña parte de su viñedo (el 8%) está acogida a la **D.O. Rioja** la mayor parte de la superficie de esta Autonomía está inscrita en la **D.O. Navarra**. Se producen blancos, de las variedades Viura y Malvasía, rosados de garnacha y tintos de tempranillo y garnacha, aunque en los últimos años se ha producido la introducción de nuevas variedades que permiten elaborar muy variados e interesantes vinos, que cada día se valoran más en el mercado.

Los 10 Mejores Vinos

Gran Vino de Pago de Arínzano — 98 Puntos
Tinto de Reserva y Gran Reserva 2001 Bodega: VINOS DE PAGO DE ARÍNZANO
Vino de Pago de Arínzano. Página 134

Gran Vino de Pago de Arínzano — 97 Puntos
Tinto de Reserva y Gran Reserva 2000 Bodega: VINOS DE PAGO DE ARÍNZANO
Vino de Pago de Arínzano. Página 134

Chivite Colección 125. Vendimia Tardía — 96 Puntos
Dulce 2007 Bodega: CHIVITE
D.O: Navarra. Página 132

Gran Vino de Pago de Arínzano — 96 Puntos
Tinto de Reserva y Gran Reserva 2002 Bodega: VINOS DE PAGO DE ARÍNZANO
Vino de Pago de Arínzano. Página 134

Chivite Colección 125 — 95 Puntos
Blanco Seco con Madera 2007 Bodega: CHIVITE
D.O: Navarra. Página 132

Chivite Colección 125 — 94 Puntos
Tinto de Reserva y Gran Reserva 2005 Bodega: CHIVITE
D.O: Navarra. Página 132

Prado de Irache — 94 Puntos
Tinto de Crianza 2006 Bodega: BODEGAS IRACHE
D.O: Navarra. Página 131

Chivite Colección 125 — 93 Puntos
Rosado 2006 Bodega: CHIVITE
D.O: Navarra. Página 132

Santa Cruz de Artazu — 92 Puntos
Tinto de Crianza 2007 Bodega: BODEGAS Y VIÑEDOS ARTAZU
D.O: Navarra. Página 131

Señorío de Andión — 92 Puntos
Tinto de Reserva y Gran Reserva 2002 Bodega: SEÑORÍO DE ANDIÓN
D.O: Navarra. Página 133

Denominación de Origen Navarra

El área de producción de la D.O. Navarra se sitúa al sur de Pamplona, la capital de Navarra. Se divide en 5 subzonas: Valdizarbe, Baja Montaña, Tierra Estrella, Ribera Alta y Ribera Baja. Los viñedos de variedades tintas, para la elaboración de vinos tintos y rosados suponen el 95% de la superficie total.

Consejo Regulador
948 741 812 - info@navarrawine.com

Bodega de Sarría
info@taninia.com
www.taninia.com

Señorío de Sarría Reserva Especial 2004 · 30 € — 92 Pt
Uvas: 100% Cabernet Sauvignon.
Gastronomía: Conejo al ajillo, cordero asado.
Aspecto: Elegante vestido rojo granate intenso ribeteado en ocres.
Aroma: A fruta roja madura, vainillas y cacaos.
Boca: Excelente paso de boca, amplio, untuoso y equilibrado

Señorío de Sarría Moscatel 2009 · 7,5 € — 90 Pt
Uvas: 100% Moscatel Grano Menudo.
Gastronomía: Quesos azules. Postres.
Aspecto: Amarillo dorado de gran luminosidad.
Aroma: Potente, a membrillo, mieles y confituras.
Boca: Buen paso de boca, untuoso, sabroso y persistente postgusto.

Señorío de Sarría Nº3 Fermentado en Barrica 2008 · 8 € — 90 Pt
Uvas: 100% Chardonnay.
Gastronomía: Sardinas asadas, atún a la plancha.
Aspecto: Vestido amarillo intenso. Limpio y luminoso.
Aroma: A bayas blancas envuelto en sutiles tonos de madera.
Boca: En boca carnoso, fresco, ágil y largo.

Señorío de Sarría Viñedo Sotés 2008 · 7,5 € — 90 Pt
Uvas: Cabernet Sauvignon, Garnacha, Graciano, Merlot, Tempranillo, Mazuelo.
Gastronomía: Parrilladas, carnes rojas.
Aspecto: Vestido granate bien cubierto
Aroma: Intenso, a frutas del bosque, especias y minerales.
Boca: Sabroso paso de boca, persistente, redondo. Largo final.

Bodega Tandem
bodega@tandem.es
www.tandem.es

Ars Macula 2004 · 19 € — 90 Pt
Uvas: Cabernet Sauvignon, Merlot.
Gastronomía: Carnes, parrilladas.
Aspecto: Bonito color granate brillante ribeteado en tejas
Aroma: Amplio aroma, a flores silvestres, heno seco, torrefactos y chocolates
Boca: Boca frutal, amplia y especiada. Largo final.

Ars Memoria 2007 · 30 € — 91 Pt
Uvas: 100% Tempranillo.
Gastronomía: Sopa de menudillo, carnes en adobo.
Aspecto: Intenso vestido rojo granate.
Aroma: Potente en nariz, afrutado y especiado.
Boca: De buena estructura y persistencia.

Bodegas Camino del Villar
sales@vinaaliaga.com
www.vinaaliaga.com

Viña Aliaga Vendimia Seleccionada 2001 · 25 € — 91 Pt
Uvas: 30% Cabernet Sauvignon, 70% Tempranillo.
Gastronomía: Carnes rojas, platos de caza.
Aspecto: Vestido granate intenso y cubierto.
Aroma: Franco y complejo, a fruta madura, bayas y marcados dejos balsámicos y minerales.
Boca: Sabrosa entrada en boca, untuoso, expresivo y sedoso. Buen final.

Viña Aliaga Antonio Corpus 2002 — 91 Pt
Uvas: 10% Cabernet Sauvignon, 90% Garnacha.
Gastronomía: Platos de caza, parrilladas.
Aspecto: Vestido granate cubierto ribeteado en tejas.
Aroma: Complejo, a fruta roja madura, flores y ligeros dejos torrefactos y especiados.
Boca: Equilibrado, sabroso. Largo y persistente postgusto.

Viña Aliaga Gran Selección 2000 · 15 € — 90 Pt
Uvas: 70% Cabernet Sauvignon, 30% Tempranillo.
Gastronomía: Carnes blancas, parrilladas, asados.
Aspecto: Rojo granate con ribetes teja de gran luminosidad.
Aroma: Muy complejo, frutal con notas de madera, especias, cueros y torrefactos.
Boca: En boca sabroso, equilibrado y potente. Postgusto largo y persistente.

Bodegas Castillo de Monjardín, S.A.
sonia@monjardin.es
www.monjardin.es

Castillo de Monjardin Chardonnay Reserva 2006 · 11,37 € — 90 Pt
Uvas: 100% Chardonnay.
Gastronomía: Pescados azules, ensaladas de pasta.
Aspecto: Vestido de color amarillo intenso con irisaciones de oro viejo.
Aroma: Intenso, a fruta fresca, flores blancas y manzanillas.
Boca: Elegante y fresco. Grato y frutal postgusto.

Castillo de Monjardin Gran Reserva 1994 · 17,05 € — 91 Pt
Uvas: 100% Cabernet Sauvignon.
Gastronomía: Pavo asado, carne mechada.
Aspecto: Granate ribeteado en yodados muy cubierto.
Aroma: Complejo, intenso, a fruta madura, confituras y canelas.
Boca: Estructurado, untuoso, equilibrado, de gran persistencia y gratos recuerdos.

Castillo de Monjardin Deyo 2007 · 7,89 € — 90 Pt
Uvas: 100% Merlot.
Gastronomía: Carnes rojas a la plancha. Fiambres.
Aspecto: Vestido granate intenso bien cubierto.
Aroma: Franco, a fruta roja, bayas y fondos especiados.
Boca: Alegre paso de boca, untuoso, persistente y sabroso.

Bodegas Irache
irache@irache.com
www.irache.com

Castillo Irache 2004 · 8,66 € — 90 Pt
Uvas: 20% Cabernet Sauvignon, 5% Graciano, 10% Merlot, 60% Tempranillo, 5% Mazuelo.
Gastronomía: Carnes rojas, guisos, quesos curados.

Aspecto: Color granate oscuro ribeteado en ocres.
Aroma: Intenso y cálido, a frutas rojas maduras, especias y fondos torrefactos y balsámicos.
Boca: Untuoso, fresco, persistente y grato postgusto.

Gran Irache 90 Pt
2006 · 5,5 €
Uvas: 20% Cabernet Sauvignon, 20% Merlot, 60% Tempranillo.
Gastronomía: Carnes asadas, entrantes.
Aspecto: Luminoso vestido granate intenso.
Aroma: Intenso y franco, a frutas del bosque, especias y bayas.
Boca: Buen paso de boca, sabroso y largo.

Prado de Irache 94 Pt
Vino de Pago 2006 · 60 €
Uvas: 60% Cabernet Sauvignon, 20% Merlot, 20% Tempranillo.
Gastronomía: Solomillo encebollado, tortilla de pimientos.
Aspecto: De gran elegancia y sobriedad. Rojo granate vivo y cubierto.
Aroma: Vino intenso, a fruta roja, especias y fondos torrefactos y dejos a cacaos.
Boca: Redondo, equilibrado y elegante en boca. Final prolongado y sabroso.

Real Irache 91 Pt
1996 · 12 €
Uvas: 30% Garnacha, 5% Graciano, 60% Tempranillo, 5% Mazuelo.
Gastronomía: Guisos, carnes, quesos curados.
Aspecto: Vestido en luminoso granate muy oscuro con ribetes yodados.
Aroma: Complejo, a confituras, torrefactos, balsámicos y vainillas.
Boca: Potente entrada en boca. Buen y persistente final

Bodegas Logos

Logos I 91 Pt
2004 · 20 €
Uvas: Cabernet Sauvignon, Garnacha, Tempranillo.
Gastronomía: Carnes rojas, ternera estofada.
Aspecto: Vestido granate de gran intensidad ribeteado en tejas.
Aroma: Potente, franco y complejo, a fruta roja madura y fondos torrefactos.
Boca: Gran entrada en boca, amplio, sabroso y prolongado.

Logos II 90 Pt
2005 · 12 €
Uvas: Cabernet Sauvignon, Garnacha, Tempranillo.
Gastronomía: Embutidos, cordero al horno
Aspecto: Vestido rojo granate intenso y luminoso.
Aroma: Potente y expresivo, a mermeladas y bayas con ligeros tonos tostados.
Boca: Estructurado, redondo, con marcado y persistente final.

Bodegas Marco Real

info@familiabelasco.com
www.familiabelasco.com

Marco Real Coleccion Privada 90 Pt
2007 · 8 €
Uvas: 30% Cabernet Sauvignon, 3% Graciano, 17% Merlot, 50% Tempranillo.
Gastronomía: Solomillo a la pimienta, pavo al horno.
Aspecto: Vestido granate oscuro cubierto y luminoso.
Aroma: Franco a trufas, bayas, sotobosque y especias.
Boca: Seco, bien armado, complejo. Largo postgusto.

Marco Real Reserva de Familia 90 Pt
2006 · 10 €
Uvas: 30% Cabernet Sauvignon, 5% Graciano, 10% Merlot, 55% Tempranillo.
Gastronomía: Corzo en salda, ibéricos.
Aspecto: Rojo granate brillante y limpio.
Aroma: Intenso, complejo a cueros, frutos del bosque y especias.
Boca: En boca cálido, untuoso. Agradable y persistente final.

Bodegas Príncipe de Viana, S.L.

info@principedeviana.com
www.principedeviana.com

Principe de Viana 90 Pt
Vendimia Tardía 2008 · 9 €
Uvas: 100% Chardonnay.
Gastronomía: Aperitivos, canapés.
Aspecto: Amarillo intenso de gran luminosidad.
Aroma: Fresco, a confituras y mezclas de flores blancas y canelas.
Boca: Sabroso, equilibrado. Largo y persistente postgusto.

Príncipe de Viana 1423 91 Pt
Reserva 2005 · 18 €
Uvas: 10% Cabernet Sauvignon, 5% Garnacha, 10% Merlot, 75% Tempranillo.
Gastronomía: Carnes asadas, fiambres.
Aspecto: Vestido rojo burdeos ribeteado en ocres.
Aroma: Franco, complejo a fruta madura, especias y fondos a toffes y a cacaos.
Boca: Buena entrada en boca, equilibrado y sobrio final.

Bodegas y Viñedos Artazu

artazu@artadi.com

Santa Cruz de Artazu 92 Pt
Tinto 12 Meses en Barrica 2007 · 22 €
Uvas: 100% Garnacha.
Gastronomía: Asados, legumbres.
Aspecto: Color rojo granate ribeteado en caobas de gran luminosidad.
Aroma: Franco y complejo, a frutas rojas maduras, sotobosque y matices minerales y balsámicos.
Boca: En boca es equilibrado, sedoso, redondo y armonioso. Largo y grato postgusto.

Bodegas y Viñedos Nekeas

nekeas@nekeas.com
www.nekeas.com

El Chaparral de Vega Sindoa 90 Pt
2008 · 8 €
Uvas: 100% Garnacha.
Gastronomía: Carnes a la plancha, patés.
Aspecto: Vestido cereza intenso con ribetes violáceos
Aroma: Potente, a fruta roja con fondos a especias, flores y vainillas.
Boca: Sabroso, equilibrado, sedoso y persistente.

Nekeas 90 Pt
Reserva 2006 · 8,6 €
Uvas: Cabernet Sauvignon, Merlot, Tempranillo.
Gastronomía: Tortilla de jamón, setas, redondo mechado.
Aspecto: Intenso vestido rojo granate ribeteado en teja.
Aroma: A fruta madura, balsámicos, especias y minerales
Boca: Estructurado y sedoso. Postgusto largo y persistente.

Nekeas Chardonnay Cuvee Allier 90 Pt
2008 · 8 €
Uvas: 100% Chardonnay.
Gastronomía: Atún a la plancha, puré de verduras.
Aspecto: Vestido amarillo dorado limpio.
Aroma: Fresco, floral con marcadas notas herbáceas y frutales.
Boca: Frutoso, fresco. Final con gratos recuerdos herbáceos.

Chivite

info@bodegaschivite.com
www.bodegaschivite.com

Chivite 90 Pt
Biológico Merlot 2007 · 13 €
Uvas: 100% Merlot.
Gastronomía: Huevos rellenos, carnes a la brasa.
Aspecto: Vestido rojo rubí ribeteado en tejas.

Aroma: Intenso y sincero con matices a vainillas y cacaos.
Boca: Estructurado, de buena persistencia y gratos recuerdos.

Chivite Colección 125 2005 · 36 € — 94 Pt
Uvas: 5% Cabernet Sauvignon, 30% Merlot, 65% Tempranillo.
Gastronomía: Patés de caza, legumbres, asados.
Aspecto: Elegante vestido granate brillante bien cubierto.
Aroma: A frutas rojas y confituras, vainillas, canelas y notas minerales.
Boca: Orgulloso, bien armado, amplio y cálido. Largo y complejo postgusto.

Chivite Colección 125 Fermentado en Barrica 2007 · 52 € — 95 Pt
Uvas: 100% Chardonnay.
Gastronomía: Pescados azules y mariscos.
Aspecto: Amarillo dorado de gran luminosidad. Profundo y brillante.
Aroma: Complejo, potente, fresco, a hierbas salvajes, frutas tropicales y flores blancas silvestres.
Boca: Amplio, elegante, gustoso, equilibrado y largo.

Chivite Colección 125 Rosado 2006 · 40 € — 93 Pt
Gastronomía: Pastas, arroces, ensaladas, entrantes.
Aspecto: Elegante vestido color fresa brillante.
Aroma: Gran nariz a frutas exóticas, finas maderas y fondos a flores silvestres y golosinas.
Boca: Muy bien estructurado en boca, amplio con frescos recuerdos silvestres.

Chivite Colección 125. Vendimia Tardía 2007 · 29 € — 96 Pt
Uvas: Moscatel Grano Menudo.
Gastronomía: Postres. Vino de Alba.
Aspecto: Elegante y soberbio vestido muy luminoso en amarillo dorado.
Aroma: Fresco e intenso, varietal y suculento (orejones, miel, golosinas).
Boca: En boca sedoso, pleno y largo. Elegante y persistente final.

Chivite Expresión Varietal Tempranillo 2007 · 16,6 € — 92 Pt
Uvas: 100% Tempranillo.
Gastronomía: Solomillo a la pimienta, carnes blancas.
Aspecto: Rojo rubí bien cubierto.
Aroma: Seductor, con marcados dejos minerales y balsámicos.
Boca: Redondo en su entrada, intensamente varietal y persistente.

Gran Feudo 2007 · 10,05 € — 92 Pt
Uvas: 100% Chardonnay.
Gastronomía: Gambas al ajillo, nécoras.
Aspecto: Color amarillo pálido luminoso y limpio.
Aroma: Intenso afrutado y fresco.
Boca: Elegante, amplio y equilibrado de gratos recuerdos.

Gran Feudo Blanco Dulce de Moscatel 2008 · 7,9 € — 91 Pt
Uvas: 100% Moscatel Grano Menudo.
Gastronomía: Postres, foie y quesos azules.
Aspecto: Amarillo dorado intenso, limpio y brillante.
Aroma: Potente, intenso y aromático (flor del espino y flor de cera).
Boca: En boca ágil, sedoso y untuoso de dulces recuerdos.

Gran Feudo Criado Sobre Lías 2008 · 7,5 € — 91 Pt
Uvas: Garnacha, Merlot.
Gastronomía: Ensalada campera, huevos rellenos.
Aspecto: De color grosella viva, brillante y limpio.
Aroma: A frutas silvestres, hierba fresca y fondos a manzanillas.
Boca: Estructurado de buen final.

Gran Feudo Reserva 2005 · 7,5 € — 90 Pt
Uvas: Cabernet Sauvignon, Merlot, Tempranillo.
Gastronomía: Ternera estofada, rabo de toro.
Aspecto: Rojo granate ribeteado en ocres bien cubierto.
Aroma: A frutas rojas, sotobosque y bayas con fondos a vainillas.
Boca: Sabroso, estructura y untuoso. Postgusto persistente y largo.

Gran Feudo Edición Selección Especial 2007 · 6,75 € — 90 Pt
Uvas: 30% Cabernet Sauvignon, 20% Merlot, 50% Tempranillo.
Gastronomía: Ternera en su jugo, macarrones.
Aspecto: Rojo rubí de gran luminosidad.
Aroma: Potente, afrutado y especiado.
Boca: Persistente de gratos recuerdos.

Gran Feudo Viñas Viejas Reserva 2005 · 11 € — 91 Pt
Uvas: Cabernet Sauvignon, Garnacha, Merlot, Tempranillo.
Gastronomía: Conejo con patatas, asaduras.
Aspecto: Rojo granate ribeteado en tejas.
Aroma: Complejo, a fruta madura con toques balsámicos y especiados.
Boca: Estructurado y con una buena retronasal, sabroso y persistente.

Finca Albret

info@principedeviana.com
www.fincaalbret.com

Albret La Viña de Mi Madre 2005 · 24 € — 92 Pt
Uvas: 95% Cabernet Sauvignon, 5% Merlot.
Gastronomía: Legumbres, platos de caza.
Aspecto: Vestido granate intenso con ribetes atejados.
Aroma: A fruta roja madura, sotobosque y fondos balsámicos.
Boca: Sabroso, untuoso y equilibrado. Persistente y largo final.

Inurrieta

info@bodegainurrieta.com
www.bodegainurrieta.com

Altos de Inurrieta 2005 · 12,5 € — 91 Pt
Uvas: Cabernet Sauvignon, Graciano.
Gastronomía: Lomo en adobo, cordero asado.
Aspecto: Vestido granate cubierto intenso y brillante.
Aroma: En nariz, complejo afrutado, a cueros, especias y balsámicos.
Boca: Amplio, potente y orgulloso. Postgusto persistente.

Inurrieta Pv 2007 · 29 € — 91 Pt
Gastronomía: Solomillo encebollado, sopas.
Aspecto: Bien cubierto vestido rojo intenso ribeteado en tejas.
Aroma: Expresivo en nariz, balsámico, mineral y especiado.
Boca: Redondo, sedoso y untuoso. De buen final.

Laderas de Inurrieta 2005 · 29 € — 91 Pt
Uvas: 100% Graciano.
Gastronomía: Embutidos, asados.
Aspecto: Vestido granate muy cubierto de gran luminosidad.
Aroma: Franco y complejo, a fruta confitada, especias, minerales y tostados.
Boca: Entrada potente, orgullosa. Persistente y largo final.

Ochoa

info@bodegasochoa.com
www.bodegasochoa.com

Ochoa Moscatel 2009 · 11,45 € — 91 Pt
Uvas: 100% Moscatel Grano Menudo.
Gastronomía: Quesos azules, foie, postres.
Aspecto: Amarillo intenso salpicado en oros de gran luminosidad.

Aroma: Muy dulzón (miel, confitura de frutas blancas) y potente.
Boca: Estructurado, sabroso, elegante y persistente final.

Ochoa 91 Pt
Reserva 2005 · 12,9 €
Uvas: 30% Cabernet Sauvignon, 15% Merlot, 55% Tempranillo.
Gastronomía: Asado de verduras, ibéricos.
Aspecto: Vivo vestido color rojo rubí
Aroma: Potente, afrutado y especiado. Fondos a cueros.
Boca: Sabroso, amplio y equilibrado. Largo y persistente en su final.

Ochoa Mil Gracias 90 Pt
2007 · 9,8 €
Uvas: 100% Graciano.
Gastronomía: Conejo al ajillo, Casquería.
Aspecto: Rojo caoba con destellos violáceos.
Aroma: Intenso y franco, a frutos negros, cacaos y pimientas.
Boca: Sabroso, untuoso y equilibrado.

Pago de Larrainzar

pagodelarrainzar@pagodelarrainzar.com
www.pagodelarrainzar.com

Pago de Larrainzar 92 Pt
2006 · 22 €
Uvas: 20% Cabernet Sauvignon, 15% Garnacha, 50% Merlot, 15% Tempranillo.
Gastronomía: Conejo al ajillo, huevos al plato.
Aspecto: Rojo rubí bien cubierto.
Aroma: A fruta madura, tostados, cueros y especias.
Boca: Redondo, untuoso, prolongado y sabroso postgusto.

Señorío de Andión

info@familiabelasco.com
www.familiabelasco.com

Señorío de Andión 91 Pt
2005 · 24 €
Uvas: Cabernet Sauvignon, Graciano, Merlot, Tempranillo.
Gastronomía: Carnes estofadas. Huevos revueltos.
Aspecto: Rojo granate muy cubierto de gran intensidad y bonita caída.
Aroma: Potente y complejo, a frutos del bosque y fondos tostados, torrefactos y balsámicos.
Boca: Gran paso de boca, estructurado. Persistente y agradable final.

Señorío de Andión 92 Pt
2002 · 24 €
Uvas: Cabernet Sauvignon, Graciano, Merlot, Tempranillo.
Gastronomía: Cordero asado, cochinillo.
Aspecto: Muy cubierto vestido granate ribeteado en ocres.
Aroma: Potente e intenso, a fruta roja madura, cuero, especias y minerales.
Boca: Estructurado en boca, untuoso y redondo, persistente y largo.

Viña Magaña

bodegas@vinamagana.com
www.vinamagana.com

Calchetas 91 Pt
Genérico 2006 · 21 €
Gastronomía: Rabo de toro, huevos rellenos.
Aspecto: Vestido rojo granate bien cubierto ribeteado en teja.
Aroma: De buena potencia, a fruta roja algo madura y ligeros toques a pimientas y canelas.
Boca: Potente en su entrada, estructurado. Largo.

Viña Magaña Merlot 91 Pt
2007 · 16 €
Uvas: 100% Merlot.
Gastronomía: Pollo al ajillo, cerdo agridulce.
Aspecto: Rojo intenso cubierto con vivos ribetes.
Aroma: Potente en nariz, a confituras, balsámicos y torrefactos.
Boca: Untuosa entrada en boca. Gran persistencia.

Vinos de la Tierra Ribera del Queiles

Los vinos de esta zona han de proceder exclusivamente de las variedades siguientes: Cabernet, Sauvignon, Graciano, Garnacha Tinta, Merlot y Tempranillo. También podrá utilizarse la variedad de Syrah, en el caso de proceder de viñedos ubicados en la Comunidad Autónoma de Aragón.

Bodega del Jardín

info@bodegadeljardin.es
www.bodegadeljardin.es

2 Pulso 90 Pt
2007 · 12 €
Uvas: 20% Cabernet Sauvignon, 40% Merlot, 40% Tempranillo.
Gastronomía: Conejo al ajillo, patatas coloras
Aspecto: Cubierto vestido rojo granate de gran luminosidad.
Aroma: Complejo, a fruta roja, sotobosque y especial.
Boca: Redondo, equilibrado y persistente.

3 Pulso 91 Pt
2007 · 20 €
Uvas: 20% Garnacha, 80% Tempranillo.
Gastronomía: Tortilla de patatas, chuletas de cordero.
Aspecto: Rojo granate bien cubierto ribeteado en tejas.
Aroma: Intensamente frutal con fondos especiados y balsámicos.
Boca: Buena entrada en boca, sabroso y largo.

Bodegas Guelbenzu

info@guelbenzu.es
www.guelbenzu.com

Guelbenzu Evo 90 Pt
2006 · 13 €
Uvas: 100% Cabernet Sauvignon.
Gastronomía: Carnes a la cazuela, guisos de caza.
Aspecto: Vestido granate intenso ribeteado en tejas.
Aroma: Complejo, a fruta roja, cueros, especias y balsámicos.
Boca: En boca carnoso, buen equilibrio y prolongado postgusto.

Guelbenzu Lautus 92 Pt
2004 · 31 €
Uvas: 20% Cabernet Sauvignon, 10% Garnacha, 20% Merlot, 50% Tempranillo.
Gastronomía: Platos de caza, casquería.
Aspecto: Elegante vestido en color rojo granate ribeteado en ocres.
Aroma: Complejo, a fruta roja, frutas del bosque y fondos a vainilla y canela.
Boca: Amplio, untuoso, redondo y persistente.

Bodegas Guelbenzu La Lombana

info@tanina.com
www.tanina.com

Guelbenzu Lombana **91** Pt
2005 · 17,5 €
Uvas: 85% Graciano, 15% Merlot.
Gastronomía: Legumbres, asados.
Aspecto: Vestido cereza oscuro bien cubierto
Aroma: A frutos de bosque, bayas, minerales y fondos balsámicos.
Boca: Untuoso, sabroso, equilibrado. Postgusto persistente.

Vinos de Pago Pagos de Arínzano

Vinos de Pago de Arínzano

www.bodegaschivite.com

Gran Vino de Pago de Arínzano **97** Pt
2000 · 75 €
Uvas: 27% Cabernet Sauvignon, 38% Merlot, 35% Tempranillo.
Gastronomía: Carnes rojas, parrilladas.
Aspecto: Elegante, de gran intensidad con luminosos reflejos yodados. Vino muy bien vestido.
Aroma: De gran franqueza y potencia, sincero, fresco, notas muy frutales con dejos a confituras y trufas.
Boca: Muy armónico en boca, aterciopelado, estructurado y potente. Final muy expresivo, largo y persistente.

Gran Vino de Pago de Arínzano **98** Pt
2001 · 80 €
Uvas: 18% Cabernet Sauvignon, 40% Merlot, 42% Tempranillo.
Gastronomía: Platos de caza, carnes al horno, cabrito.
Aspecto: Vestido de gran intensidad en color rubí brillante.
Aroma: Excelente en nariz, de gran complejidad, a frutos negros, frutas del bosque con fondos a torrefactos y cacaos.
Boca: Impresionante entrada en boca, soberbio paso y mejor final. Vino estructurado, equilibrado, redondo y sedoso.

Gran Vino de Pago de Arínzano **96** Pt
2002 · 70 €
Uvas: Cabernet Sauvignon, Merlot, Tempranillo.
Gastronomía: Parrilladas, carnes rojas.
Aspecto: Rojo granate intenso de elegante caída.
Aroma: Potente, intenso y complejo, a fruta roja muy madura y minerales.
Boca: Amplio, equilibrado, sabroso y persistente.

País Vasco

En el País Vasco, la mayor zona de producción de la viña se encuentra en la Provincia de Álava, en la llamada Rioja Alavesa, incluida como zona de producción y elaboración en la Denominación de Origen Rioja. Con independencia de esta zona productiva existen otras, una en cada provincia vasca, productoras de los interesantes chacolíes, que son vinos realmente especiales y cuya calidad va en claro progreso. Estas tres zonas tienen protegidos sus vinos con las Denominaciones de Origen: **D.O. Arabako Txakolina**, **D.O. Chacolí de Vizcaya-Bizkaiko Txakolina**, **D.O. Getariako Txakolina**.

Los 10 Mejores Vinos

Barón de Chirel — 98 Puntos

Tinto de Reserva y Gran Reserva 2005 Bodega: VINOS DE LOS HEREDEROS DEL MARQUÉS DE RISCAL, S.A.
D.O: Rioja. Página 141

Marqués de Riscal 150 Aniversario — 98 Puntos

Tinto de Reserva y Gran Reserva 2001 Bodega: VINOS DE LOS HEREDEROS DEL MARQUÉS DE RISCAL, S.A.
D.O: Rioja. Página 142

Viña El Pisón — 97 Puntos

Tinto de Crianza 2008 Bodega: BODEGAS Y VIÑEDOS ARTADI
D.O: Rioja. Página 140

Amaren — 95 Puntos

Tinto de Reserva y Gran Reserva 2004 Bodega: BODEGAS AMAREN
D.O: Rioja. Página 137

Artadi Pagos Viejos — 95 Puntos

Tintos de Crianza 2008 Bodega: BODEGAS Y VIÑEDOS ARTADI
D.O: Rioja. Página 140

Contino Viña del Olivo — 95 Puntos

Tinto de Crianza 2008 Bodega: VIÑEDOS DEL CONTINO, S.A.
D.O: Rioja. Página 142

Hiru 3 Racimos — 95 Puntos

Tinto de Crianza 2006 Bodega: BODEGAS LUIS CAÑAS
D.O: Rioja. Página 139

La Nieta — 95 Puntos

Tinto de Crianza 2008 Bodega: VIÑEDOS DE PÁGANOS
D.O: Rioja. Página 142

Marqués de Riscal — 95 Puntos

Tinto de Reserva y Gran Reserva 2004 Bodega: VINOS DE LOS HEREDEROS DEL MARQUÉS DE RISCAL, S.A.
D.O: Rioja. Página 142

Ysios Edición Limitada — 95 Puntos

Tinto de Reserva y Gran Reserva 2004 Bodega: BODEGAS YSIOS
D.O: Rioja. Página 140

Denominación de Origen Arabako Txakolina

El clima lluvioso, templado, con escasa insolación, proporciona una uva de gran finura y una extraordinaria aromaticidad.Las variedades que se cultivan son: Hondarrabi Zuri, Gross Mansen, Petit Mansen y Petit Corbu.

Consejo Regulador
656 789 372 - merino@txakolidealava.com

Beldio Txakolina

info@beldui.com
www.beldui.com

Beldui Txakolina 90 Pt
Fermentado en Barrica 2008 · 8 €
Uvas: 100% Hondarrabi Zuri.
Gastronomía: Aperitivos, pescados.
Aspecto: Vestido de gran luminosidad. Muy limpio.
Aroma: Intenso y fresco con gran expresión frutal.
Boca: Frutoso en boca, sabroso y varietal. Agradable postgusto.

Okendo Txakolina

comercial@senoriodeastobiza.com
www.senoriodeastobiza.com

Señorío de Astobiza 90 Pt
2009 · 7,85 €
Uvas: Hondarrabi Zuri, Otras.
Gastronomía: Merluza en salsa verde, bacalao.
Aspecto: Color amarillo pajizo con destellos verdosos de gran luminosidad.
Aroma: A fruta blanca, cítricos y herbáceos.
Boca: Buena acidez, equilibrado, sabroso y de largos recuerdos.

Denominación de Origen Chacolí de Vizcaya Bizkaiko Txakolina

El cultivo de la vid se encuentra muy esparcido y en zonas muy diversas.Se cultivan dos variedades: Hondarrabi Zuri (blanca) y la Hondarrabi Beltza (tinta), ambas muy aromáticas.

Consejo Regulador
946 076 071 - info@bizkaikotxakolina.org

Bodega Elizalde, S.L.

kerixa@gmail.com

Mendraka Txakolina 90 Pt
2009 · 7 €
Uvas: 95% Hondarrabi Zuri, 5% Otras.
Gastronomía: Gambas a la plancha, besugo al horno.
Aspecto: Amarillo dorado, luminoso y limpio.
Aroma: A hierbas silvestres y flor de manzanilla. Franco, fresco y sincero.
Boca: Buen cuerpo y equilibrio. Sabroso, largo y con buena permanencia.

Bodega Itsasmendi

info@bodegasitsasmendi.com
www.bodegasitsasmendi.com

Itsasmendi 7 91 Pt
2008 · 11 €
Uvas: 80% Hondarrabi Zuri, 20% Riesling.
Gastronomía: Cazón en adobo, besugo al horno.
Aspecto: Color amarillo dorado de gran luminosidad.
Aroma: Franco y fresco, herbáceo, notas a frutas tropicales.
Boca: Intenso en su entrada en boca, graso y estructurado.

Itsasmendi Urezti 92 Pt
2006 · 13 €
Uvas: 100% Hondarrabi Zuri.
Gastronomía: Aperitivos, postres.
Aspecto: Amarillo dorado de sutil caída y gran luminosidad.
Aroma: Franco y complejo, a frutas escarchadas y confituras.
Boca: Estructurado en su entrada en boca. Vino de gran recuerdo.

Denominación de Origen Getariako Txakolina

El Chacolí es un vino que mantiene el culto a la tradición y a la personalidad, por ello, junto con una elaboración esmerada, utilizando las más modernas tecnologías se mantiene la elaboración en virgen.Las variedades usadas son: Hondarrabi Zuri (blanca) y Hondarrabi Beltza (tinta).

Consejo Regulador
943 140 383 - info@getariakotxakolina.com

Txakoli Rezabal

rezabal_txakolina@yahoo.es

Txakoli Rezabal 90 Pt
2010
Uvas: Hondarrabi Zuri.
Gastronomía: Pescados blancos a la plancha.
Aspecto: Bonito vestido amarillo dorado de gran luminosidad. Limpio y brillante.
Aroma: Complejo, tonos frutales con notas exóticas de buena franqueza e intensidad.
Boca: Buena y sabrosa entrada en boca con gratos recuerdos a frutas exóticas. Buena acidez.

Txakoli Talai-Berri

info@talaiberri.com
www.talaiberri.com

Talai-berri 90 Pt
2009 · 9 €
Uvas: 100% Hondarrabi Beltza.
Gastronomía: Setas, verduras, carnes rojas.
Aspecto: Vestido rojo granate con ribetes violáceos de gran luminosidad.
Aroma: Sincero y franco en nariz, a frutas del bosque con fondos balsámicos y especiados.
Boca: Buena entrada en boca, equilibrado, estructurado. Postgusto largo y persistente.

Denominación de Origen Rioja Alavesa

La D.O. Rioja engloba viñedos y bodegas de 3 Comunidades Autónomas: La Rioja, Navarra y Álava-País Vasco. Por lo general las bodegas de Rioja ofrecen vinos de las tres subzonas. Las uvas blancas que predominan son: Viura, Malvasía y Garnacha Blanca y las tintas: Tempranillo, Garnacha, Graciano y Mazuelo.

Consejo Regulador
941 500 400 - info@riojawine.com
www.riojawine.com

Agrícola la Bastida

carlos@agricolalabastida.com
www.agricolalabastida.com

El Belisario 92 Pt
Genérico 2006 · 36 €
Uvas: 100% Tempranillo.
Gastronomía: Platos de caza, carnes a la brasa.
Aspecto: Vestido granate de gran viveza con ribetes yodados y sútil caída.
Aroma: Potente y complejo, a fruta confitada, tostados, minerales y fondos animales.
Boca: Expresiva entrada en boca, elegante final.

Tierra Fidel 91 Pt
Genérico 2007 · 27 €
Uvas: 50% Garnacha, 50% Graciano.
Gastronomía: Carnes rojas, embutidos.
Aspecto: Vestido granate intenso, ribeteado en tejas.
Aroma: Intenso y complejo, a fruta roja, especias y balsámicos.
Boca: Equilibrado y carnoso. Buen final.

Bodegas Alavesas

bodega@cofradiasamaniego.com
www.solardesamaniego.com

Valcavada 91 Pt
2003 · 13,82 €
Uvas: Graciano, Tempranillo.
Gastronomía: Platos de caza, quesos curados, embutidos.
Aspecto: Vestido rojo granate, ribeteado en tejas.
Aroma: A fruta madura, sotobosque, chocolates y pimientas.
Boca: Potente en su entrada en boca. Final frutoso y largo.

Bodegas Altún

altun@bodegasaltun.com
www.bodegasaltun.com

Altún 90 Pt
Reserva 2005 · 10,5 €
Uvas: 100% Tempranillo.
Gastronomía: Estofados, platos de caza.
Aspecto: Cubierto en rojo granate ribeteado en ocres.
Aroma: A fruta roja muy madura, confituras y compotas con fondos torrefactos.
Boca: Equilibrado, redondo. Sabroso y largo final.

Everest 92 Pt
Vino de Autor 2007 · 30 €
Uvas: 100% Tempranillo.
Gastronomía: Asados, parrilladas, ibéricos.
Aspecto: Vestido granate intenso ribeteado en ocres de gran luminosidad.
Aroma: Franco y potente, a confituras y flores con ligeros toques de canela y vainillas.
Boca: Orgulloso, sedoso, redondo, untuoso. Final persistente.

Secreto de Altun 90 Pt
Vino de Autor 2007 · 15 €
Uvas: 100% Tempranillo.
Gastronomía: Corzo en salsa de grosellas, solomillo a la mostaza.
Aspecto: Rojo granate cubierto, ribeteado en tejas.
Aroma: Potente en nariz, complejo y balsámico.
Boca: Estructurado y untuoso. Marcado y persistente final.

Bodegas Amaren

bodegas@bodegasamaren.com
www.bodegasamaren.com

Amaren 92 Pt
Blanco Fermentado en Barrica 2008
13 €
Uvas: 20% Malvasía, 80% Viura.
Gastronomía: Pescadilla a la romana, dorada al horno.
Aspecto: Amarillo dorado de gran luminosidad y limpieza.
Aroma: De gran frescura, floral, herbáceo con fondos a manzanilla.
Boca: Amplio en su entrada y fresco con recuerdos herbáceos en su final.

Amaren 93 Pt
Graciano 2006 · 32 €
Uvas: 100% Graciano.
Gastronomía: Embutidos, carnes de caza.
Aspecto: Rojo rubí bien cubierto con destellos atejados.
Aroma: Potente, a fruta roja, flores, especias y cacaos.
Boca: Expresiva, alegre, estructurada y persistente.

Amaren 95 Pt
Tempranillo 2004 · 29 €
Uvas: 100% Tempranillo.
Gastronomía: Atún a la plancha, torti la paisana.
Aspecto: Elegante vestido rojo granate con ribetes yodados.
Aroma: De gran intensidad, a frutos negros maduros, vainilla y canela.
Boca: Expresivo, amplio, untuoso y de persistentes recuerdos.

Ángeles de Amaren 91 Pt
2006 · 16 €
Uvas: 15% Graciano, 85% Tempranillo.
Gastronomía: Escalopes encebollados, huevos gratinados.
Aspecto: Rojo granate bien cubierto con destellos atejados.

Aroma: Intenso, complejo, a fruta madura, especias, balsámicos y minerales.
Boca: Redondo, equilibrado. De gran final.

Bodegas Baigorri

mail@bodegasbaigorri.com
www.bodegasbaigorri.com

Baigorri 91 Pt
Blanco Fermentado en Barrica 2007 · 13 €
Uvas: 100% Viura.
Gastronomía: Apetivos, pescados y mariscos.
Aspecto: Bonito amarillo pajizo ribeteado en dorado.
Aroma: Franco e intenso, cítrico y herbáceo sobre fruta blanca.
Boca: Fresco, equilibrado con recuerdos frutales.

Baigorri 90 Pt
Crianza 2007 · 12 €
Uvas: 100% Tempranillo
Gastronomía: Aves, carnes blancas.
Aspecto: De color rojo granate intenso.
Aroma: A frutas del bosque, especias, balsámicos y ahumados.
Boca: Estructurado, untuoso, redondo, persistente.

Baigorri Garage 92 Pt
2007 · 37 €
Uvas: 100% Tempranillo
Gastronomía: Carnes rojas asadas.
Aspecto: Rojo granate con ribetes teja de gran luminosidad.
Aroma: Complejo, a frutos rojos maduros y fondos confitados y ahumados.
Boca: Equilibrado, sedoso, untuoso, sabroso y persistente.

Bodegas Exeo

carlos@bodegasexeo.com
www.bodegasexeo.com

Cifras 90 Pt
Genérico 2008 · 14 €
Uvas: 100% Garnacha.
Gastronomía: Carnes blancas, sopas de picadillo.
Aspecto: Rojo rubí intenso con destellos aún violáceos.
Aroma: Varietal, a fruta roja, hierbas de monte y pimienta.
Boca: Carnoso, estructurado y largo.

Letras 92 Pt
Genérico 2006 · 25 €
Uvas: 100% Tempranillo.
Gastronomía: Huevos revueltos, conejo al ajillo.
Aspecto: Rojo granate bien cubierto.
Aroma: Potente, a fruta madura, especias y balsámicos.
Boca: Untuoso, sabroso y amplio. Buen final.

Bodegas Faustino, S.L.

info@bodegasfaustino.es
www.bodegasfaustino.es

Faustino 91 Pt
Edición Especial 2001 · 33 €
Uvas: 100% Tempranillo.
Gastronomía: Platos de caza, estofados, guisos.
Aspecto: Vestido granate intenso y muy cubierto, ribeteado en ocres de bonita caída.
Aroma: Potente, a especias, frutas y toques minerales y a cuero viejo.
Boca: Estructurado y untuoso con un marcado y persistente final.

Faustino 9 Mil 93 Pt
2004 · 45 €
Uvas: 100% Tempranillo.
Gastronomía: Platos de caza, embutidos.
Aspecto: Elegante vestido granate brillante muy cubierto.
Aroma: Complejo, a fruta roja, confituras, mermeladas y fondos ahumados.
Boca: Redondo, equilibrado con un marcado y persistente final.

Faustino I 91 Pt
Gran Reserva 1999 · 22,2 €
Uvas: 10% Graciano, 85% Tempranillo, 5% Mazuelo.
Gastronomía: Caza, asados.
Aspecto: Granate muy cubierto, ribeteado en yodados.
Aroma: De buena evolución, complejo, a confituras, bayas y fondos empireumáticos y minerales.
Boca: Estructurado, redondo y sabroso. Vino de gran persistencia.

Bodegas Fernando Remirez de Ganuza

fernando@remirezdeganuza.com
www.remirezdeganuza.com

Fincas de Ganuza 90 Pt
2004 · 20 €
Uvas: 10% Graciano, 90% Tempranillo.
Gastronomía: Carnes asadas, guisos.
Aspecto: Bonito vestido en tono granate oscuro de gran luminosidad.
Aroma: Intenso y complejo. Aromas de frutas rojas y tonos minerales. Madera muy bien ensamblada en el conjunto.
Boca: Buen paso de boca. Postgusto largo y sabroso.

Remirez de Ganuza 92 Pt
2004 · 40 €
Uvas: 10% Graciano, 90% Tempranillo.
Gastronomía: Platos de caza, aves.
Aspecto: Elgante vino vestido en rojo granate, muy luminoso y limpio.
Aroma: Muy intenso y franco, frutas rojas, flores y fondos a chocolates.
Boca: Carnoso, equilibrado y potente. Gran final.

Trasnocho 92 Pt
Tinto Genérico 2005 · 50 €
Uvas: 10% Graciano, 90% Tempranillo.
Gastronomía: Embutidos, carnes rojas.
Aspecto: Elegante vestido rojo granate con bonita caída.
Aroma: Complejo, sincero y potente. A frutas rojas maduras, cueros y especias con ligeras notas minerales y balsámicas.
Boca: Orgullosa entrada en boca. Taninos jugosos y de largo y persistente postgusto.

Bodegas Izadi

club@grupoartevino.com
www.grupoartevino.com

El Regalo 91 Pt
2004 · 15,56 €
Uvas: 100% Tempranillo.
Gastronomía: Asados, parrilladas.
Aspecto: Brillante vestido granate, ribeteado en ocres.
Aroma: Complejo, fruta negra, balsámicos, cacaos y especias.
Boca: Equilibrado, untuoso, redondo. Persistente y largo final.

Izadi 90 Pt
2006 · 8,4 €
Uvas: 100% Tempranillo.
Gastronomía: Carnes rojas, asados.
Aspecto: Vestido rojo granate luminoso de bonita caída.
Aroma: Intenso y franco, a flores, confituras y especias.
Boca: Sincero y equilibrado. Final persistente y sabroso.

Bodegas Luis Alegre

luisalegre@bodegasluisalegre.com
www.bodegasluisalegre.com

Luis Alegre 90 Pt
Parcela Nº 5 2006 · 15 €
Uvas: 100% Tempranillo.
Gastronomía: Aves, parrilladas, ibéricos.
Aspecto: Vestido en color granate intenso, ribeteado en ocres.
Aroma: Intenso y expresivo, a confituras, vainillas y balsámicos.
Boca: Sabroso, equilibrado, untuoso y persistente.

Pontac 92 Pt
Gran Vino de Guarda Genérico 2006
32 €
Uvas: 5% Graciano, 95% Tempranillo.
Gastronomía: Caldereta de cordero, parrillada de verduras.
Aspecto: Elegante vestido granate muy cubierto con reflejos caobas.
Aroma: Potente e intensamente frutal, notas a torrefactos, cacaos y canela.

Boca: Equilibrado, sabroso y estructurado. Gran persistencia.

Bodegas Luis Cañas

bodegas@luiscanas.com
www.luiscanas.com

Hiru 3 Racimos 95 Pt
2006 · 69 €
Uvas: 15% Graciano, 85% Tempranillo.
Gastronomía: Asados y carnes a la brasa.
Aspecto: Elegante vestido rojo granate con irisaciones yodadas.
Aroma: Potente, intenso, a frutas confitadas y fondos especiados con recuerdos florales.
Boca: Excelente paso de boca, equilibrado, sedoso, armonioso. Postgusto largo, sabroso y persistente.

Luis Cañas 91 Pt
Reserva Selección de Familia 2003
Uvas: 85% Tempranillo, 15% Otras.
Gastronomía: Carnes rojas, parrilladas.
Aspecto: Granate intenso ribeteado en yodados.
Aroma: Potente, a fruta confitada,especias, tostados y cueros.
Boca: Equilibrado, redondo, sabroso. Final orgulloso y largo.

Luis Cañas 91 Pt
Gran Reserva 2001 · 21,5 €
Uvas: 5% Graciano, 95% Tempranillo.
Gastronomía: Guisos, platos de caza.
Aspecto: Vestido rojo granate, ribeteado en ocres.
Aroma: Complejo, a fruta madura, especias y balsámicos.
Boca: Orgulloso, redondo, largo y persistente postgusto.

Bodegas Marqués de Arienzo

anabel.gomez@domecqbodegas.com
www.domecqbodegas.com

Marqués de Arienzo 93 Pt
Reserva 2005 · 42 €
Uvas: 25% Graciano, 75% Tempranillo.
Gastronomía: Asados, carnes rojas, estofados.
Aspecto: Elegante vestido rojo granate, ribeteado en ocres.
Aroma: Potente e intenso. A fruta roja, balsámicos, canelas y toffes.
Boca: Redondo, estructurado, equilibrado. Persistente.

Marqués de Arienzo 91 Pt
2001 · 16 €
Uvas: 100% Tempranillo.
Gastronomía: Estofados, platos de caza.
Aspecto: Rojo granate con ribetes yodados de gran intensidad.
Aroma: A fruta negra, mermeladas, balsámico y fondos animales.
Boca: Redondo, equilibrado. Postgusto persistente con recuerdos frutales.

Marqués de Arienzo 92 Pt
2006 · 32 €
Uvas: 100% Tempranillo.
Gastronomía: Carnes rojas, quesos curados.
Aspecto: Rojo granate con bordes caobas.
Aroma: Potente, a fruta roja, notas a canela y vainilla.
Boca: Carnoso, orgulloso, untuoso, equilibrado y largo postgusto.

Marqués de Arienzo 90 Pt
2004 · 14 €
Uvas: 3% Graciano, 95% Tempranillo, 2% Mazuelo.
Gastronomía: Carnes rojas, parrilladas.
Aspecto: Vestido granate oscuro con borde en teja luminoso.
Aroma: Confitado, a vainilla, canela y especias.
Boca: Redondo, sedoso y equilibrado. Persistente.

Bodegas Medrano Irazu

amador@bodegasmedranoirazu.com
www.bodegasmedranoirazu.com

Ardens 90 Pt
Tinto Genérico 2006 · 20 €
Uvas: 100% Tempranillo.
Gastronomía: Platos de caza, estofados, setas.
Aspecto: Vestido rojo granate, ribeteado en caobas.
Aroma: Intensamente frutal y complejo con fondos torrefactos.
Boca: Expresivo, cálido, estructurado y untuoso. Final Persistente.

Luis Medrano 92 Pt
Genérico 2008 · 38 €
Uvas: 100% Tempranillo.
Gastronomía: Carnes asadas, sopas, ibéricos.
Aspecto: Rojo cereza cubierto, ribeteado en caobas de sutil caída.
Aroma: Complejo y potente, a confituras de fruta roja, bayas, especias y cacaos.
Boca: Equilibrado, expresivo, sedoso y persistente.

Bodegas Orben

club@grupoartevino.com
www.grupoartevino.com

Orben 90 Pt
2006 · 18,15 €
Uvas: 3% Graciano, 97% Tempranillo.
Gastronomía: Costillas adobadas, embutidos.
Aspecto: Bonito vestido color cereza, ribeteado en granates.
Aroma: Potente,a fruta madura, especias y fondos a cacaos.
Boca: Expresivo, equilibrado, con buen final.

Bodegas Ostatu

ostatu@ostatu.com
www.ostatu.com

Gloria de Ostatu 92 Pt
Vino de Autor 2005 · 28 €
Uvas: 100% Tempranillo.
Gastronomía: Parrilladas, carnes rojas.
Aspecto: Rojo granate intenso, ribeteado en ocres.
Aroma: Intenso, franco, sincero y complejo, a fruta roja, confituras, especias toques a cacaos y vainilla.
Boca: Sabroso, redondo, equilibrado. Persistente final con un gran recuerdo a mermeladas.

Laderas del Portillo 91 Pt
Tinto de Autor 2007 · 17 €
Uvas: 97% Tempranillo, 3% Viura.
Gastronomía: Parrilladas de verduras, embutidos.
Aspecto: Vestido rojo granate brillante, ribeteado en tejas.
Aroma: Intenso y franco, a frutos del bosque, compotas y especias.
Boca: Sabroso, redondo y estructurado.

Bodegas Palacio

cosme@bodegaspalacio.com
www.bodegaspalacio.es

Cosme Palacio 91 Pt
2008 · 15 €
Uvas: 100% Tempranillo.
Gastronomía: Tortilla de jamón, conejo al ajillo.
Aspecto: Rojo granate con vivos destellos teja.
Aroma: A fruta negra, confituras y fondos a especias y balsámicos.
Boca: Sabroso, untuoso, redondo, estructurado y largo.

Cosme Palacio 91 Pt
Reserva Privada 2005 · 25 €
Uvas: 100% Tempranillo.
Gastronomía: Filetes de pavo rellenos, conejo al ajillo.
Aspecto: Rojo granate intenso, ribeteado en teja. Muy cubierto.
Aroma: A fruta roja madura, vainillas, balsámicos y minerales.
Boca: Estructurado, equilibrado, expresivo, untuoso, sedoso y persistente.

Cosme Palacio 1894 93 Pt
2007
Uvas: 10% Graciano, 90% Tempranillo.
Gastronomía: Pastel de carne, carnes asadas.
Aspecto: Granate luminoso de gran viveza.
Aroma: De gran complejidad, intensamente afrutado con fondos especiados.
Boca: Sabroso, redondo y untuoso. Persistente.

Cosme Palacio 1894 92 Pt
2007
Uvas: 8% Malvasía, 92% Viura.

Gastronomía: Merluza a la romana, huevos gratinados.
Aspecto: Amarillo dorado de gran limpieza.
Aroma: Cítrico, herbáceo con dejos de frutas tropicales.
Boca: Intenso y elegante. De gran frescura y largo recuerdo.

Glorioso 90 Pt
2005 · 10,5 €
Uvas: 100% Tempranillo.
Gastronomía: Estofados, platos de caza.
Aspecto: De color rojo granate oscuro, ribeteado en ocres.
Aroma: Intenso, a confituras, frutos negros, cueros y especias.
Boca: Estructurado, untuoso y persistente.

Glorioso 91 Pt
Gran Reserva 2004 · 18 €
Uvas: 100% Tempranillo.
Gastronomía: Chuletón a la plancha, palometa en salsa.
Aspecto: Rojo granate oscuro bien cubierto.
Aroma: Sincero en nariz, franco y confitado.
Boca: Redondo en su entrada y prolongado en su postgusto.

Glorioso 90 Pt
Crianza 2007 · 6 €
Uvas: 100% Tempranillo.
Gastronomía: Atún a la plancha, pavo en salsa de almendras.
Aspecto: Rojo granate bien cubierto.
Aroma: Intenso, franco y especiado.
Boca: Equilibrado, de buena acidez y largo final.

Bodegas Valdemar, S.A.

info@valdemar.es
www.valdemar.es

Conde de Valdemar Gran Reserva 90 Pt
2001 · 13,76 €
Uvas: 5% Graciano, 85% Tempranillo, 10% Mazuelo.
Gastronomía: Guisos, caza, estofados.
Aspecto: Vestido rojo burdeos, ribeteado en ocres.
Aroma: Franco y complejo (especias, fruta madura, minerales y cueros).
Boca: Muy buen paso de boca, seco, redondo y orgulloso final.

Inspiración Valdemar Edición Limitada 90 Pt
2004 · 21 €
Uvas: 15% Graciano, 70% Tempranillo, 15% Otras.
Gastronomía: Parrilladas, carnes.
Aspecto: Rojo burdeos brillante.
Aroma: Intenso y sincero, a frutos del bosque, bayas y balsámicos.
Boca: Buena entrada en boca. Final persistente.

Inspiración Valdemar Graciano 93 Pt
2001 · 42 €
Uvas: 100% Graciano.
Gastronomía: Carnes rojas, platos de caza.
Aspecto: Elegante vestido granate intenso y vivo de bonita caída.
Aroma: De gran franqueza en nariz, potente, complejo a fruta roja confitada, animales y fondos minerales y balsámicos.
Boca: Gran entrada en boca, expresivo y equilibrado. Postgusto intenso, largo y persistente recuerdo.

Bodegas y Viñedos Artadi

info@artadi.com

Artadi 90 Pt
Tinto Joven 2009 · 9 €
Uvas: 85% Tempranillo, 15% Viura.
Gastronomía: Tortilla española, entrantes.
Aspecto: Vestido rojo granate brillante con ribetes violáceos.
Aroma: De gran intensidad a frutas rojas, sotobosque, especias y fondos a vainilla y canela.
Boca: Sabroso, potente y estructurado. De largo y sabroso postgusto.

Artadi Pagos Viejos 95 Pt
2008 · 75 €
Uvas: 100% Tempranillo.
Gastronomía: Carnes, asados, embutidos ibéricos.
Aspecto: Solemne vestido rojo granate cubierto con reflejos caoba.
Aroma: Sincero y complejo, a frutas del bosque, fruta roja y especias con deliciosos fondos a chocolate y café.
Boca: De gran expresividad en boca, untuoso, sabroso, sedoso y potente. Elegante y largo postgusto.

Artadi Viñas de Gain 91 Pt
2008 · 16 €
Uvas: 100% Tempranillo.
Gastronomía: Lentejas estofadas, chuletón a la piedra.
Aspecto: Vestido granate cubierto ribeteado en caobas.
Aroma: Complejo a fruta roja madura, tostados y vainilla bien ensamblados con la fina madera.
Boca: En boca, estructurado y expresivo con un marcado y persistente postgusto.

Viña el Pisón 97 Pt
2008 · 205 €
Uvas: 100% Tempranillo.
Gastronomía: Platos de caza, asados.
Aspecto: Espectacular vestido rojo granate muy cubierto, de gran luminosidad con brillantes reflejos rubíes.
Aroma: De gran expresividad, a frutas rojas, especias, cueros y torrefactos con recuerdos a noble madera y canela.
Boca: Estructurado, redondo, equilibrado, amplio. De largo, persistente y sabroso postgusto.

Bodegas y Viñedos Pujanza

gerencia@bodegaspujanza.com
www.bodegaspujanza.com

Pujanza 90 Pt
Genérico 2006 · 16 €
Uvas: 100% Tempranillo.
Gastronomía: Costillas adobadas, perdiz en escabeche.
Aspecto: Granate atejado bien cubierto.
Aroma: Intenso y franco, a fruta madura, sotobosque y fondos minerales.
Boca: Sabroso, persistente con gratos recuerdos afrutados.

Pujanza Norte 91 Pt
Genérico 2007 · 42 €
Uvas: 100% Tempranillo.
Gastronomía: Solomillo encebollado, pavo trufado.
Aspecto: Vestido cubierto granate atejado.
Aroma: Afrutado, balsámico y floral. Destacan los fondos a canela y vainilla.
Boca: Estructurado, sedoso y untusoso. Buen final.

Bodegas Ysios

ysios@domecqbodegas.com
www.ysios.com

Ysios 93 Pt
Reserva 2005 · 18 €
Uvas: 100% Tempranillo.
Gastronomía: Carnes a la brasa, aves.
Aspecto: Rojo burdeos con ribetes atejados, muy cubierto.
Aroma: De gran franqueza, a frutas del bosque, especias y confituras.
Boca: Sabroso, redondo, equilibrado. Persistente postgusto.

Ysios Edición Limitada 95 Pt
2004 · 40 €
Uvas: 100% Tempranillo.
Gastronomía: Platos de caza, cordero asado.
Aspecto: Vestido rojo burdeos, ribeteado en ocres.
Aroma: Potente, a fruta roja madura con notas balsámicas y fondos a pimientas y torrefactos.
Boca: Vino de gran estructura con un solemne final.

Campillo (Grupo Faustino)

info@bodegascampillo.es
www.bodegascampillo.es

Campillo 93 Pt
Reserva Especial 2004 · 31,25 €
Uvas: 5% Cabernet Sauvignon, 10% Graciano, 85% Tempranillo.
Gastronomía: Quesos curados, estofados.
Aspecto: Rojo granate cubierto, ribeteado en ocres.
Aroma: Potente, complejo a frutos negros y fondos especiados, ahumados y animales.
Boca: Estructurado, orgulloso, de paso sedoso y sabroso con recuerdos frutales.

Campillo 90 Pt
Reserva 2004 · 17,5 €
Uvas: 100% Tempranillo.
Gastronomía: Carnes de caza, carnes rojas, setas.
Aspecto: Vestido rojo granate cubierto, ribeteado en tejas.
Aroma: A fruta madura, confituras y minerales. Fondos tostados y a vainilla.

Boca: Bien armado en boca, equilibrado, amplio y estructurado.

Campillo 92 Pt
Gran Reserva 2001 · 25,5 €
Uvas: 5% Graciano, 95% Tempranillo.
Gastronomía: Carnes rojas.
Aspecto: Elengate vestido en tonos granate ribeteado en ocres, bien cubierto.
Aroma: A fruta muy madura, mermeladas, bayas y fondos a cueros y especias.
Boca: Orgulloso, redondo y equilibrado. Persistente y sabroso.

Campillo Pago Cuesta Clara 93 Pt
2004 · 30,4 €
Uvas: 100% Tempranillo.
Gastronomía: Platos de caza, estofados.
Aspecto: Elegante vestido rojo granate acerado.
Aroma: Intensamente frutal y balsámicos con fondos especiados y a cueros.
Boca: Untuoso en su entrada, sabroso y persistente. Vino de gran estructura.

Compañia de Vinos Telmo Rodríguez

contact@telmorodriguez.com
www.telmorodriguez.com

Altos de Lanzaga 94 Pt
2006 · 70,1 €
Uvas: Garnacha, Graciano, Tempranillo.
Gastronomía: Ibéricos, parrilladas de verduras, solomillo a la pimienta.
Aspecto: Granate intenso muy cubierto, de gran luminosidad.
Aroma: Complejo a frutas maduras, confituras, minerales y especias.
Boca: Potente,untuoso y sabroso. Prolongado y persistente.

Lanzaga 91 Pt
2007 · 17,9 €
Uvas: Garnacha, Graciano, Tempranillo.
Gastronomía: Sopa castellana, pimientos rellenos.
Aspecto: Amplio vestido rojo granate .
Aroma: A frutas del bosque, balsámicos y marcadas notas especiadas.
Boca: Equilibrado, orgulloso, de buen paso y persistente y largo postgusto.

El Coto de Rioja

cotorioja@elcoto.com
www.elcoto.com

Coto de Imaz 90 Pt
Selección Aniversario 2001 · 13 €
Uvas: 100% Tempranillo.
Gastronomía: Parrilladas, setas, estofados, cordero.
Aspecto: Rojo granate cubierto, ribeteado en ocres.
Aroma: A confituras, especias, minerales y fondos balsámicos y ahumados.
Boca: Vino equilibrado, untuoso, estructurado y persistente.

Coto de Imaz 91 Pt
Gran Reserva 2001 · 18 €
Uvas: 100% Tempranillo.
Gastronomía: Corzo en salsa de grosellas, estofados.
Aspecto: Rojo granate oscuro y cubierto, ribeteado en yodados.
Aroma: A fruta madura, confituras, cueros y minerales con ligeros dejos a vainilla.
Boca: Equilibrado, estructurado, redondo y largo.

Coto Real 91 Pt
2005 · 20 €
Uvas: 10% Garnacha, 10% Graciano, 80% Tempranillo.
Gastronomía: Platos de caza, ibéricos.
Aspecto: Vestido granate intenso con ribetes yodados.
Aroma: A fruta muy madura, mermeladas, vainillas y torrefactos.
Boca: Equilibrado, redondo y persistente.

Heredad de Baroja

info@hereradbaroja.com
www.heredadbaroja.com

Cautum 90 Pt
Alta Expresión 1995 · 18 €
Uvas: 100% Tempranillo.
Gastronomía: Carnes rojas a la brasa, asados.
Aspecto: Granate oscuro ribeteado en teja de gran viveza.
Aroma: Potente en nariz. Complejo e intensamente frutal.
Boca: Sabroso y equilibrado. Vino largo.

Gran Baroja 90 Pt
2001 · 18 €
Uvas: 100% Tempranillo.
Gastronomía: Guisos, embutidos.
Aspecto: Rojo granate oscuro de gran viveza.
Aroma: Franco, sincero y original.
Boca: Equilibrado. Buen final.

Heredad Ugarte

info@heredadugarte.com
www.heredadugarte.com

Dominio de Ugarte 90 Pt
Reserva 2006 · 12 €
Uvas: 5% Graciano, 95% Tempranillo.
Gastronomía: Legumbres, carnes rojas, embutidos.
Aspecto: Vestido en granate oscuro, ribeteado en ocres.
Aroma: Intenso, a frutas rojas maduras, confituras con notas empireumáticas.
Boca: Paso de boca sabroso. Largo y persistente final.

Heredad Ugarte 90 Pt
2007 · 10 €
Uvas: 8% Garnacha, 92% Tempranillo.
Gastronomía: Carnes rojas.
Aspecto: Bonito vestido rojo granate intenso de bonita caída.
Aroma: Frutal y balsámico. Potente.
Boca: Sabroso en su entrada, equilibrado.

Martín Cendoya 92 Pt
Tinto Reserva 2006 · 25 €
Uvas: 15% Graciano, 80% Tempranillo, 5% Mazuelo.
Gastronomía: Carnes rojas y asados.
Aspecto: Vestido granate intenso con ribetes tejas. Luminoso.
Aroma: Complejo a fruta roja madura, tostados y fondos balsámicos y torrefactos.
Boca: Equilibrado, untuoso y persistente final.

Lar de Paula

info@lardepaula.com
www.lardepaula.com

Lar de Paula Cepas Viejas 90 Pt
2004 · 14 €
Uvas: 100% Tempranillo.
Gastronomía: Entrantes, guisos, carnes.
Aspecto: Vestido rojo picota de gran intensidad.
Aroma: Frutal, especiado a vainilla y toffes.
Boca: Sincero y grato. Buen final.

Merus 4 de Lar de Paula 94 Pt
Autor - Alta Expresión 2005 · 28 €
Uvas: 100% Tempranillo.
Gastronomía: Asados, carnes rojas.
Aspecto: Bonito vestido rojo granate de gran luminosidad.
Aroma: Intensamente frutal, potente y complejo.
Boca: Sabroso y equilibrado. Postgusto largo y persistente.

Vinos de los Herederos del Marqués de Riscal, S.A.

marquesderiscal@marquesderiscal.com
www.marquesderiscal.com

Barón de Chirel 98 Pt
2005 · 64,03 €
Uvas: 85% Tempranillo, 15% Otras.
Gastronomía: Conejo al ajillo, carnes rojas.
Aspecto: Vestido rojo granate de muy buena capa, ribeteado en tejas.
Aroma: Nariz muy elegante, a fruta negra madura, confituras, especias y tonos confitados.
Boca: Carnoso, amplio. Equilibrado, corpulento, untuoso y soberbio postgusto.

Finca Torrea 92 Pt
2006 · 20,94 €
Uvas: Graciano, Tempranillo.
Gastronomía: Ibéricos, solomillo en su salsa.
Aspecto: Color rojo granate cubierto.
Aroma: A fruta roja y fondos a café, torrefactos y balsámicos.
Boca: Sabroso, potente. Persistente final.

Marques de Riscal 95 Pt
Gran Reserva 2004 · 31,9 €
Uvas: 10% Graciano, 85% Tempranillo, 5% Otras.
Gastronomía: Escalope a la parmesana, conejo al ajillo.
Aspecto: Rojo granate cubierto, ribeteado en ocres.
Aroma: Potente, intenso, a fruta muy madura, especias y cacaos.
Boca: Elengante, sabroso y de gran estructura y prolongado final.

Marqués de Riscal 95 Pt
Reserva 2006 · 14,64 €
Uvas: 5% Graciano, 90% Tempranillo, 5% Mazuelo.
Gastronomía: Ternera en salsa, tortilla.
Aspecto: Rojo granate brillante y cubierto.
Aroma: Franco y complejo, a fruta madura, especias y fondos a fina madera.
Boca: Untuoso, equilibrado y redondo. Postgusto sabroso y persistente.

Marqués de Riscal 150 Aniversario 98 Pt
Gran Reserva 2001 · 41,76 €
Uvas: 10% Graciano, 85% Tempranillo, 5% Otras.
Gastronomía: Carnes rojas, quesos curados, guisos.
Aspecto: Vestido granate oscuro con ribetes yodados.
Aroma: Potente, a fruta muy madura, mermeladas, bayas y fondos a noble madera.
Boca: Gran equilibrio y estructura, redondo. Marcado y persistente final. Recuerdos frutales.

Viña Real
marketing@cvne.com
www.cvne.com

Pagos de Viña Real 94 Pt
Tinto Genérico 2007 · 49,95 €
Uvas: 100% Tempranillo.
Gastronomía: Guisos, aves, platos de caza.
Aspecto: Vestido en burdeos con bordes granate de gran luminosidad
Aroma: Complejo, a frutas rojas, bayas, minerales, balsámicos y especias.
Boca: Expresivo, intenso, equilibrado. Largo y persistente postgusto.

Viña Real 91 Pt
Gran Reserva 2001 · 18,5 €
Uvas: 5% Graciano, 95% Tempranillo,
Gastronomía: Asados, caza mayor.
Aspecto: Bonito vestido granate con ribetes yodados.
Aroma: Intensamente frutal, cueros, especias y recuerdos balsámicos.
Boca: Equilibrado. Marcado postgusto largo y persistente.

Viña Real 90 Pt
2005 · 12,55 €
Uvas: 5% Garnacha, 5% Graciano, 90% Tempranillo.
Gastronomía: Platos de caza.
Aspecto: Granate oscuro con destellos ocres.
Aroma: Franco, a cueros, fruta madura y especias.
Boca: Estructurado en boca. Grato y largo postgusto.

Viña Salceda
info@vinasalceda.com
www.vinasalceda.com

Conde de la Salceda 94 Pt
2005 · 36 €
Uvas: 100% Tempranillo.
Gastronomía: Corzo en salsa de setas, tortilla de pimientos.
Aspecto: Elegante vestido rojo granate, ribeteado en ocres.
Aroma: A frutas negras, tostados, tonos torrefactos sobre notas confitadas y ahumadas.
Boca: Potente, intenso en el ataque y largo y persistente postgusto.

Viña Salceda 90 Pt
Crianza 2007 · 7 €
Uvas: 5% Graciano, 85% Tempranillo, 10% Mazuelo.
Gastronomía: Sopa castellana, solomillo a la pimienta.
Aspecto: Vestido granate con ribetes teja.
Aroma: Intensamente frutal y especiados (vainilla, canela y pimienta).
Boca: Armonioso y equilibrado. Postgusto grato.

Viña Salceda 91 Pt
Reserva 2006 · 12 €
Uvas: 10% Graciano, 90% Tempranillo.
Gastronomía: Escalopes encebollados, huevos al plato.
Aspecto: Vestido granate intenso bien cubierto.
Aroma: Complejo, a frutos del bosque, minerales, torrefactos y canelas.
Boca: Equilibrado, redondo, seductor. Marcado final.

Viñedos de Páganos
info@eguren.com
www.eguren.com

El Puntido 93 Pt
2007 · 30 €
Uvas: 100% Tempranillo.
Gastronomía: Alubias, carne mechada.
Aspecto: Vestido cubierto granate intenso de elegante caída.
Aroma: Potente, fruta negra, bayas, minerales y fondos a vainilla y canela.
Boca: Sabroso, estruturado y de final largo y persistente.

La Nieta 95 Pt
2008 · 72 €
Uvas: 100% Tempranillo.
Gastronomía: Platos de caza menor, entrantes.
Aspecto: Rojo cereza muy cubierto, ribeteado en caobas.
Aroma: Potente, franco e intenso. Complejo, a frutos negros, tostados y fondos torrefactos.
Boca: Estructurado, equilibrado, redondo, cálido. Postgusto persistente.

Viñedos del Contino, S.A.
laserna@contino.es
www.cvne.com; www.contino.es

Contino 95 Pt
Viña del Olivo 2008 · 60 €
Uvas: 12% Graciano, 88% Tempranillo.
Gastronomía: Platos de caza, parrilladas, embutidos.
Aspecto: Elegante vestido rojo granate, muy cubierto de una gran intensidad.
Aroma: Franco y potente en nariz. Gran complejidad, afrutado y especiado.
Boca: Sabroso, carnoso, sincero y potente. Persistente y largo postgusto.

Contino 94 Pt
Gran Reserva 2005
Uvas: 15% Garnacha, 15% Graciano, 70% Tempranillo.
Gastronomía: Asados, parrilladas, embutidos.
Aspecto: Elegante vestido granate luminoso e intenso muy cubierto.
Aroma: Potente, a frutos rojos y toques balsámicos, minerales, animales y torrefactos.
Boca: Sabroso, equilibrado, rendondo. Cálido paso y excelente final.

Contino 92 Pt
Reserva 2006 · 19,5 €
Uvas: 2% Garnacha, 10% Graciano, 85% Tempranillo, 3% Mazuelo.
Gastronomía: Platos de caza, embutidos.
Aspecto: Vestido granate intenso y cubierto de bonita caída.
Aroma: Potente y profundo a frutas confitadas, vainilla, pimienta y café.
Boca: En boca, armado, equilibrado, sabroso y de buen final.

Contino 91 Pt
Blanco 2009
Uvas: 20% Malvasía, 60% Viura, 20% Garnacha Blanca.
Gastronomía: Merluza en salsa verde, lenguado a la plancha.
Aspecto: Vestido amarillo pajizo luminoso.
Aroma: Intensamente floral con fondos especiados.
Boca: Sedoso en boca, carnoso y de grato recuerdo.

Contino Graciano 93 Pt
2007 · 48 €
Uvas: 100% Graciano.
Gastronomía: Carnes rojas asadas, guisos.
Aspecto: Elegante vestido rojo granate cubierto de bonita caída.
Aroma: Potente, complejo a fruta roja, cacaos y torrefactos.
Boca: Equilibrado, redondo, sabroso. Elegante y largo final.

La Rioja

Esta Comunidad Autónoma, con el concurso del País Vasco y de Navarra, tiene el privilegio de producir el más universal, junto con el Jerez, de los vinos españoles: el Rioja. La zona de producción de este vino se extiende por las tres Comunidades Autónomas citadas, pero la sede de La **Denominación de Origen Calificada Rioja** se encuentra en Logroño. Se distinguen las subzonas de Rioja Alavesa, Rioja Alta y Rioja Baja, pero una gran parte de los vinos están hechos con la mezcla de caldos procedentes de las tres subzonas. Los Reserva y Grandes Reserva están entre los más apreciados del mundo. Se ha incorporado una nueva zona que se ha clasificado como Vino de la Tierra Valles de Sadacia.

Los 10 Mejores Vinos

Contador — 99 Puntos

Tinto de Crianza 2008 Bodega: VINOS DE BENJAMÍN ROMEO
D.O: Rioja. Página 155

Amancio — 96 Puntos

Tinto de Crianza 2007 Bodega: SIERRA CANTABRIA (GRUPO EGUREN)
D.O: Rioja. Página 154

Aro — 96 Puntos

Tinto de Crianza 2006 Bodega: MUGA
D.O: Rioja. Página 153

Cirsion — 96 Puntos

Tinto de Crianza 2007 Bodega: BODEGAS RODA, S.A.
D.O: Rioja. Página 149

Dalmau — 96 Puntos

Tinto de Reserva y Gran Reserva 2007 Bodega: BODEGAS MARQUÉS DE MURRIETA
D.O: Rioja. Página 148

Finca El Bosque — 96 Puntos

Tinto de Crianza 2008 Bodega: SIERRA CANTABRIA (GRUPO EGUREN)
D.O: Rioja. Página 154

La Viña de Andrés Romeo — 96 Puntos

Tinto de Crianza 2008 Bodega: VINOS DE BENJAMÍN ROMEO
D.O: Rioja. Página 155

Aurus — 95 Puntos

Tinto de Crianza 2007 Bodega: FINCA ALLENDE, S.L.
D.O: Rioja. Página 151

Excelso — 95 Puntos

Tinto de Reserva y Gran Reserva 1982 Bodega: BODEGAS FRANCO-ESPAÑOLAS
D.O: Rioja. Página 147

Real de Asua — 95 Puntos

Tinto de Crianza 2005 Bodega: COMPAÑIA VINÍCOLA DEL NORTE DE ESPAÑA (C.V.N.E.)
D.O: Rioja. Página 151

Denominación de Origen Rioja

La D.O. Rioja engloba viñedos y bodegas de 3 Comunidades Autónomas: La Rioja, Navarra y Álava-País Vasco. Por lo general las bodegas de Rioja ofrecen vinos de las tres subzonas. Las uvas blancas que predominan son: Viura, Malvasía y Garnacha Blanca y las tintas: Tempranillo, Garnacha, Graciano y Mazuelo.

Consejo Regulador
941 500 400 - info@riojawine.com

Antigua Usanza

antiguausanza@antiguausanza.com
www.antiguausanza.com

Balthus **90** Pt
Vino de Autor 2008 · 12 €
Uvas: 100% Tempranillo.
Gastronomía: Tortilla de patatas, huevos revueltos.
Aspecto: Rojo granate vivo cubierto.
Aroma: Potente en nariz, a fruta roja, sotobosque y especias.
Boca: Redondo, estructurado y de buen equilibrio.

Bau **90** Pt
Reserva 2001 · 12 €
Uvas: 5% Garnacha, 5% Graciano, 90% Tempranillo.
Gastronomía: Cordero asado, corzo en salsa de grosellas.
Aspecto: Muy cubierto vestido ribeteado en ocres.
Aroma: Potente, maduro y de intensos recuerdos a finas maderas.
Boca: De gran persistencia. Sedoso.

Carmelo **92** Pt
2004 · 27 €
Uvas: 100% Tempranillo.
Gastronomía: Pavo al horno, cochinillo.
Aspecto: Rojo granate cubierto ribeteado en ocres.
Aroma: Potente y complejo, a frutos del bosque, vainillas, canelas y pimienta.
Boca: Estructurado, untuoso, redondo, equilibrado y de gran persistencia.

Barón de Ley

info@barondeley.com
www.barondeley.com

Finca el Monasterio **91** Pt
Vino de Autor 2007 · 16,5 €
Uvas: 85% Tempranillo, 15% Otras.
Gastronomía: Quesos curados, solomillo a la pimienta.
Aspecto: Rojo intenso ribeteado en luminoso caoba
Aroma: Potente, a fruta roja y torrefactos con dejos especiados.
Boca: Sabroso, expresivo, estructurado y persistente.

Reserva **90** Pt
2005 · 8 €
Uvas: 100% Tempranillo.
Gastronomía: Solomillo encebollado, caldereta.
Aspecto: Rojo cereza intenso y cubierto, ribeteado en tejas.
Aroma: Complejo, a frutas rojas, mermeladas, especias y balsámicos.
Boca: Untuoso, sedoso y expresivo. Persistente final.

Bodega Miguel Merino

info@miguelmerino.com
www.miguelmerino.com

Mazuelo de la Quinta Cruz **90** Pt
Genérico 2009 · 14 €
Uvas: 100% Mazuelo.
Gastronomía: Carnes blancas, entremeses.
Aspecto: Luminoso vestido granate intenso.
Aroma: Especiado y balsámico. Potente.
Boca: Expresivo y persistente.

Miguel Merino **91** Pt
2004 · 19 €
Uvas: 4% Graciano, 96% Tempranillo.
Gastronomía: Guisos de carne. Embutidos.
Aspecto: Color rojo granate con reflejos ocres.
Aroma: Expresivo, intenso a fruta roja madura, sotobosque, bayas y fondos ahumados.
Boca: Untuosa entrada en boca, redondo. Final largo y prolongado.

Unnum **93** Pt
Genérico 2008 · 25 €
Uvas: 100% Tempranillo.
Gastronomía: Embutidos, carnes asadas.
Aspecto: Elegante vestido granate intenso ribeteado en ocres.
Aroma: Potente y complejo, a frutos del bosque, bayas, confituras y toques a chocolates.
Boca: Vino de gran estructura y expresión, carnoso y redondo. Elegante y persistente final.

Bodegas Altanza, S.A.

comunicacion@bodegasaltanza.com
www.bodegasaltanza.com

Altanza Reserva **91** Pt
Reserva Especial 2001 · 22,5 €
Uvas: 100% Tempranillo.
Gastronomía: Guisos, carnes a la brasa.
Aspecto: Vestido rojo granate con destellos ocres de gran luminosidad.
Aroma: Franco, a fruta confitada, especias, tonos tostados y ahumados.
Boca: Redondo y equilibrado. Expresión tánica orgullosa. Prolongado y sabroso final.

Lealtanza Artistas Españoles **91** Pt
Reserva Dalí 2004 · 25 €
Uvas: 100% Tempranillo.
Gastronomía: Quesos curados, carnes rojas asadas.
Aspecto: Vestido rojo granate de elegante caída.
Aroma: Intenso a fruta roja, confituras y vainillas.
Boca: Estructurado y sabroso. Largo y persistente.

Lealtanza Artistas Españoles **91** Pt
Reserva Gaudí 2005 · 25 €
Uvas: 100% Tempranillo.
Gastronomía: Carnes asadas, guisos de cordero.
Aspecto: Bonito vestido granate intenso ribeteado en caoba.
Aroma: Intenso y complejo, a frutos del bosque, torrefactos y chocolates.
Boca: Equilibrado, redondo y sobrio. Persistente final.

Bodegas Amézola de la Mora

info@bodegasamezola.com
www.bodegasamezola.es

Iñigo Amézola **90** Pt
Vino de Pago 2007 · 12,42 €
Uvas: 100% Tempranillo.
Gastronomía: Entrantes, carnes a la brasa.
Aspecto: Granate luminoso ribeteado en caobas.
Aroma: Potente, a frutos negros, con dejos a canela y torrefactos.
Boca: Vino bien estructurado, untuoso y de persistente final.

Señorío de Amézola **90** Pt
2004 · 9,5 €
Uvas: Graciano, Tempranillo, Mazuelo.

Gastronomía: Rabo de toro, huevos revueltos.
Aspecto: Color rojo granate intenso ribeteado en ocres.
Aroma: A confituras, compotas y fondos especiados y ahumados.
Boca: Entrada potente en boca. Persistente final.

Bodegas Berceo

bodegas@gurpegui.es
www.gurpegui.es

Gonzalo de Berceo 90 Pt
2001 · 12 €
Uvas: Graciano, Tempranillo, Mazuelo.
Gastronomía: Platos de caza, estofados.
Aspecto: Rojo granete cubierto con irisaciones yodadas.
Aroma: Complejo a fruta negra muy madura, confituras, especias y minerales.
Boca: Vino equilibrado con un final sabroso y persistente.

Los Dominios de Berceo 91 Pt
Reserva 36 2005 · 21 €
Uvas: 100% Tempranillo.
Gastronomía: Carnes rojas a la brasa, platos de caza.
Aspecto: Rojo granate ribeteado en tejas, bien cubierto.
Aroma: De gran complejidad, a frutas maduras, especias y torrefactos.
Boca: Sabroso, untuoso y estructurado, persistente.

Los Dominios de Berceo Prefiloxérico 91 Pt
2006 · 24 €
Uvas: 100% Tempranillo.
Gastronomía: Carnes rojas, embutidos.
Aspecto: Rojo granate ribeteado en teja.
Aroma: A fruta negra y dejos balsámicos y florales.
Boca: Potente entrada en boca. Gran persistencia y sabroso final.

Bodegas Beronia

beronia@beronia.es
www.beronia.es

Beronia 91 Pt
Gran Reserva 2001 · 18 €
Uvas: 4% Graciano, 88% Tempranillo, 8% Mazuelo.
Gastronomía: Platos de caza, estofados.
Aspecto: Rojo granate muy cubierto ribeteado en yodados.
Aroma: Intenso, potente y sutil, marcadamente frutal y balsámico.
Boca: Persistente postgusto. Buena entrada en boca, redondo, sedoso y estructurado.

Beronia 90 Pt
Tempranillo Elaboración Especial 2008 · 12 €
Uvas: 100% Tempranillo.
Gastronomía: Fiambres, tortillas, carnes.
Aspecto: Vestido rojo granate de gran intensidad, ribeteado en caobas.
Aroma: Sincero y complejo, a fruta roja, bayas y fondos especiados a canelas y vainillas.
Boca: Buena entrada en boca, untuoso. Postgusto largo y persistente.

Beronia 90 Pt
Reserva 2005 · 11 €
Uvas: 4% Graciano, 90% Tempranillo, 6% Mazuelo.
Gastronomía: Platos de caza, guisos.
Aspecto: Color granate ribeteado en elegantes ocres.
Aroma: Mezcla de fruta madura con nobles maderas, cuero, sotobosque y especias.
Boca: Sincero en la entrada en boca, elegante. Postgusto grato y persistente.

Beronia Selección 198 Barrica 92 Pt
2001 · 19,9 €
Uvas: 6% Graciano, 87% Tempranillo, 7% Mazuelo.
Gastronomía: Jabalí en salsa, solomillo encebollado.
Aspecto: Color granate oscuro cubierto de irisaciones ocres de gran luminosidad.
Aroma: Potente y expresivo en nariz, complejo a fruta muy madura, confituras y matices especiados.
Boca: Estructurada y orgullosa entrada en boca. Gran y persistente final.

III A. C., Beronia 93 Pt
Tinto de Guarda 2004 · 45 €
Uvas: 6% Graciano, 90% Tempranillo, 4% Mazuelo.
Gastronomía: Guisos, carnes de caza.
Aspecto: Elegante vestido rojo granate ribeteado en ocres de gran luminosidad.
Aroma: Franco aroma a fruta roja muy madura y tonos especiados. Intenso, sincero y muy expresivo.
Boca: Excelente paso de boca, estructurado, equilibrado y sobrio. Largo y persistente postgusto.

Bodegas Bilbaínas (Grupo Codorníu)

info@bodegasbilbainas.com
www.bodegasbilbainas.com

La Vicalanda 94 Pt
Tinto Gran Reserva 2004 · 42 €
Uvas: 100% Tempranillo.
Gastronomía: Legumbres, asados, caza.
Aspecto: Vestido granate luminoso con dejos yodados y elegante caída.
Aroma: Excelente en nariz, potente, complejo, intensamente afrutado.
Boca: Orgulloso, redondo y equilibrado. Largo postgusto.

La Vicalanda 92 Pt
Tinto Reserva 2005 · 18 €
Uvas: 100% Tempranillo.
Gastronomía: Asados, carnes rojas, embutidos.
Aspecto: Vestido granate con brillantes reflejos atejados.
Aroma: Potente, elegante, intenso a fruta madura, flores y cacaos.
Boca: Expresivo, equilibrado, estructurado. Largo y sabroso postgusto.

Viña Pomal 90 Pt
Tinto Reserva 2005 · 12 €
Uvas: 100% Tempranillo.
Gastronomía: Estofados, caza y guisos.
Aspecto: Rojo granate intenso ribeteado en tejas de gran luminosidad.
Aroma: Potente y franco, a fruta madura y confitada.
Boca: Expresivo y sabroso, de taninos redondos y grato final.

Bodegas Bretón Criadores

info@bodegasbreton.com
www.bodegasbreton.com

Alba de Bretón 93 Pt
2004 · 30,7 €
Uvas: 100% Tempranillo.
Gastronomía: Legumbres, ibéricos, estofados.
Aspecto: Rojo granate cubierto de elegante caída.
Aroma: Complejo e intenso en nariz, a frutas del bosque, especias, cueros y finas maderas.
Boca: Potente entrada en boca con jugosos taninos. Redondo y equilibrado con un marcado y prolongado final.

Dominio de Conte 90 Pt
2005 · 16,45 €
Uvas: Graciano, Tempranillo.
Gastronomía: Platos de caza, embutidos.
Aspecto: Oscuro vestido de gran intensidad.
Aroma: Complejo a frutas del bosque y especias con fondos minerales.
Boca: Equilibrado y expresivo con un marcado final.

Loriñon 90 Pt
Reserva 2005 · 11,3 €
Uvas: Garnacha, Graciano, Tempranillo, Mazuelo.
Gastronomía: Ternera en su jugo, solomillo a la pimienta.

Aspecto: Intenso vestido rojo granate, ribeteado en tejas.
Aroma: Potente en nariz con fondos balsámicos y especiados.
Boca: Redondo en boca, estructurado y largo.

Loriñon 91 Pt
Gran Reserva 2004 · 16,6 €
Uvas: Garnacha, Graciano, Tempranillo, Mazuelo.
Gastronomía: Lentejas con verduras, carnes asadas.
Aspecto: Vestido rojo granate luminoso, ribeteado en ocres.
Aroma: A fruta roja madura, bayas y fondos especiados y torrefactos.
Boca: Paso de boca sabroso y expresivo con un elegante y cálido final de gran persistencia.

Pagos del Camino 91 Pt
2005 · 22,3 €
Uvas: 100% Garnacha.
Gastronomía: Pavo asado, huevos revueltos.
Aspecto: Intenso color caoba de gran luminosidad.
Aroma: Franco con destacadas notas frutales y fondos especiados y dejos a vainillas.
Boca: Redondo en boca, equilibrado con recuerdos frutales y largo en el postgusto.

Bodegas Castillo de Mendoza

castillodemendoza@gmail.com
www.castillodemendoza.com

Castillo de Mendoza 90 Pt
2006 · 9 €
Uvas: 100% Tempranillo.
Gastronomía: Ternera estofada, carnes en adobo.
Aspecto: Vestido en color granate oscuro, ribeteado en ocres.
Aroma: Potente a compotas, bayas y dejos a vainillas.
Boca: Equilibrado, con un marcado y persistente postgusto.

Evento 91 Pt
De Castillo de Mendoza 2008 · 18 €
Uvas: 100% Tempranillo.
Gastronomía: Platos de caza, aves, ibéricos.
Aspecto: Vestido rojo granate bien cubierto.
Aroma: Complejo a fruta roja, cacaos y mermeladas.
Boca: Estructurado en su entrada en boca, retrogusto orgulloso.

Bodegas Cerrolaza

info@bodegascerrolaza.com
www.bodegascerrolaza.com

Aticus 91 Pt
Vendimia Seleccionada 2004 · 19 €
Uvas: 100% Tempranillo.
Gastronomía: Platos de caza, ibéricos.
Aspecto: Vestido granate oscuro ribeteado en ocres.
Aroma: Complejo, a fruta roja madura, bayas, balsámicos y fondos confitados.
Boca: Buena entrada en boca, sabroso y persistente.

Aticus 90 Pt
Reserva 2004 · 15 €
Uvas: 100% Tempranillo.
Gastronomía: Platos de caza, estofados, guisos, quesos curados.
Aspecto: Rojo granate muy oscuro con ribetes ocres.
Aroma: Potente, a fruta roja madura, compotas, con fondos balsámicos y finas notas a vainillas.
Boca: Estructurado en boca. Persistente.

Bodegas Corral

info@donjacobo.es
www.donjacobo.es

Altos de Corral Single Estate 91 Pt
2002 · 25,55 €
Uvas: 100% Tempranillo.
Gastronomía: Embutidos, carnes rojas, aves.
Aspecto: Rojo cereza con destellos yodados.
Aroma: A fruta roja madura, mermeladas y fondos a toffe.
Boca: Redondo en su entrada, equilibrado, untuoso y persistente.

Don Jacobo 90 Pt
Gran Reserva 1995 · 17,9 €
Uvas: 15% Garnacha, 85% Tempranillo.
Gastronomía: Carnes rojas, platos de caza.
Aspecto: Luminoso vestido rojo granate oscuro, ribeteado en ocres.
Aroma: A confituras, minerales y fina madera.
Boca: Estructurado, equilibrado, sabroso y largo.

Don Jacobo 90 Pt
2004 · 10,55 €
Uvas: 3% Garnacha, 95% Tempranillo, 2% Mazuelo.
Gastronomía: Platos de caza, quesos curados.
Aspecto: Rojo granate intenso ribeteado en teja.
Aroma: A fruta negra madura, bayas, especias y torrefactos.
Boca: Untuoso, redondo y persistente.

Bodegas Darien

info@darien.es
www.darien.es

Darien 90 Pt
Reserva 2005 · 11 €
Uvas: 8% Graciano, 85% Tempranillo, 7% Mazuelo.
Gastronomía: Atún en papillote, criadillas salteadas.
Aspecto: Vestido en rojo granate ribeteado en tejas.
Aroma: Franco, a fruta madura, sotobosque y fondos balsámicos.
Boca: Equilibrado, estructurado y persistente.

Darien Selección 91 Pt
2003 · 15 €
Uvas: 68% Tempranillo, 32% Mazuelo.
Gastronomía: Escalopes encebollados, croquetas.
Aspecto: Vestido granate oscuro, ribeteado en ocres.
Aroma: Frutal y especiado con marcados fondos balsámicos.
Boca: Equilibrado, sabroso, estructurado y persistente.

Delius 91 Pt
Reserva Especial 2004 · 39 €
Uvas: 20% Graciano, 80% Tempranillo.
Gastronomía: Ternera en salsa, trucha con almendras.
Aspecto: Rojo granate muy cubierto.
Aroma: Intensamente frutal, sincero y elegante.
Boca: Redondo, sedoso y de gran persistencia.

Bodegas del Marqués de Vargas

bodega@marquesdevargas.com
www.marquesdevargas.com

Hacienda de Pradolagar 94 Pt
2005 · 87 €
Uvas: 10% Garnacha, 40% Tempranillo, 10% Mazuelo, 40% Otras.
Gastronomía: Guisos y carnes rojas.
Aspecto: Sobrio vestido en tonos burdeos de amplia expresión.
Aroma: En nariz, potentes aromas a fruta roja madura, ahumados y finas notas confitadas sobre fondos tostados.
Boca: Redondo, untuoso y sabroso con un persistente final.

Marqués de Vargas 92 Pt
Reserva 2005 · 16 €
Uvas: 5% Garnacha, 75% Tempranillo, 10% Mazuelo, 10% Otras.
Gastronomía: Guisos de carne, estofados.
Aspecto: Bonito color rojo burdeos de elegante caída.
Aroma: Potente, frutal, envuelto en notas de cueros y especias.
Boca: Cálido y carnoso en el paso de boca. Persistente postgusto.

Marqués de Vargas Reserva Privada 93 Pt
2005 · 33 €
Uvas: 10% Garnacha, 60% Tempranillo, 10% Mazuelo, 20% Otras.
Gastronomía: Caza y estofados.

Aspecto: Luminoso vestido granate con irisaciones teja.
Aroma: Muy intenso y expresivo, fruta madura, ahumados, especias.
Boca: Cálido paso de boca. Sincero y prolongado.

Bodegas Dinastía Vivanco

infobodega@dinastiavivanco.es
www.dinastiavivanco.es

Colección Vivanco 4 Varietales 91 Pt
Vino de Autor 2007 · 35 €
Uvas: 10% Garnacha, 15% Graciano, 70% Tempranillo, 5% Mazuelo.
Gastronomía: Parrilladas, embutidos.
Aspecto: Rojo granate luminoso, ribeteado en tejas.
Aroma: Intenso, potente con fondos balsámicos y a especias.
Boca: Sabroso en su entrada y persistente en el postgusto.

Colección Vivanco Parcela de Mazuelo 90 Pt
Vino de Autor 2007 · 37 €
Uvas: 100% Mazuelo.
Gastronomía: Quesos curados, ibéricos.
Aspecto: Luminoso vestido rojo granate, ribeteado en tejas.
Aroma: Complejo, a fruta roja, especias y chocolates.
Boca: Elegante en boca, potente y persistente.

Colección Vivanco
Parcelas de Garnacha 91 Pt
Vino de Autor 2007 · 37 €
Uvas: 100% Garnacha.
Gastronomía: Platos de aves, sopas.
Aspecto: Bonito vestido rojo granate de gran luminosidad.
Aroma: Intensamente varietal, potente y complejo.
Boca: Estructurado, redondo y equilibrado. De gran persistencia.

Colección Vivanco
Parcelas de Graciano 93 Pt
Vino de Autor 2006 · 45 €
Uvas: 100% Graciano.
Gastronomía: Carnes rojas, parrilladas, estofados.
Aspecto: Rojo granate ribeteado en yodados de elegante caída.
Aroma: Intenso, sincero, franco y potente.
Boca: Gran boca, sabroso, estructurado y redondo, con un marcado y persistente final.

Bodegas Escudero

bodega@bodegasescudero.com
www.bodegasescudero.com

Arvum 93 Pt
Tinto de Autor 2005 · 40 €
Uvas: Graciano, Tempranillo, Otras.
Gastronomía: Carnes asadas, sopas, parrilladas.
Aspecto: Elegante vestido granate oscuro, ribeteado en tejas de gran luminosidad.
Aroma: Potente, complejo, a minerales, flores y torrefactos y cacaos.
Boca: Amplio, orgulloso, untuoso. Vino largo de grato recuerdo.

Vidau 92 Pt
Tinto de Autor 2005 · 38 €
Uvas: 25% Garnacha, 75% Tempranillo.
Gastronomía: Aves, quesos, guisos.
Aspecto: Cubierto en rojo granate, ribeteado en tejas.
Aroma: Potente, a fruta negra, confituras, bayas y fondos balsámicos y torrefactos.
Boca: Estructurado en boca. Equilibrado y persistente final.

Bodegas Franco-Españolas

francoespanolas@francoespanolas.com
www.francoespanolas.com

Barbaro 91 Pt
2005 · 22 €
Uvas: Garnacha, Tempranillo, Mazuelo.
Gastronomía: Huevos revueltos, solomillo encebollado.
Aspecto: Granate cubierto, ribeteado en tejas.
Aroma: Potente en nariz, intensamente frutal con fondos a vainillas y canelas.
Boca: Estructurado, sedoso y persistente.

Barón d'Anglade 93 Pt
2005 · 30,18 €
Uvas: Graciano, Tempranillo, Mazuelo.
Gastronomía: Asados, carnes rojas.
Aspecto: Vestido sobrio rojo granate intenso, ribeteado en tejas.
Aroma: Complejo, a frutas negras, chocolates, torrefactos y fondos especiados y balsámicos.
Boca: Amplio, cálido y perfecto equilibrio. Postgusto largo y persistente.

Excelso 95 Pt
Gran Reserva 1982 · 55,84 €
Uvas: Graciano, Tempranillo, Mazuelo.
Gastronomía: Carnes rojas, asados.
Aspecto: Sobrio vestido granate intenso muy cubierto, ribeteado en ocres.
Aroma: Complejo, franco a frutos negros maduros, especias y fondos a torrefactos y a cacaos y tabacos.
Boca: Sabroso, untuoso, redondo y persistente.

Rioja Bordón 92 Pt
Gran Reserva 2003 · 19,61 €
Uvas: Garnacha, Graciano, Tempranillo, Mazuelo.
Gastronomía: Legumbres, cordero asado.
Aspecto: Vestido en tonos granates caobas, muy cubierto con reflejos yodados.
Aroma: Complejo, a frutas maduras, especias, cueros y balsámicos.
Boca: Estructurada y equilibrada. Sabroso, redondo, untuoso y final persistente y largo.

Viña Soledad Teté de Cuvée 90 Pt
Reserva · 11,3 €
Uvas: Malvasía, Viura, Garnacha Blanca.
Gastronomía: Pescados al horno.
Aspecto: Vestido amarillo intenso con reflejos de oro viejo.
Aroma: A flores silvestres con fondos herbáceos y cítricos.
Boca: Sabroso, orgulloso y fresco. Postgusto persistente y grato.

Bodegas Lan

info@bodegaslan.com
www.bodegaslan.com

Culmen 93 Pt
Reserva 2005 · 45 €
Uvas: 15% Graciano, 85% Tempranillo, Mazuelo.
Gastronomía: Platos de ave, carnes asadas o al horno.
Aspecto: Bonito vestido picota madura, brillante de gran intensidad y elegante caída.
Aroma: Potente en nariz, franco, intenso y complejo, a frutos rojos, frutas del bosque, especias y fondos confitados.
Boca: Excelente paso de boca, amplio, orgulloso, equilibrado, redondo. Postgusto persistente, sabroso y largo.

Lan Edición Limitada 92 Pt
2006 · 28 €
Uvas: 5% Graciano, 85% Tempranillo 10% Mazuelo
Gastronomía: Asados, embutidos.
Aspecto: Elegante vestido rojo brillante de gran intensidad y bonita caída.
Aroma: Potente, de gran franqueza e intensidad, a fruta roja algo madura, bayas, sotobosque y especias.
Boca: Carnoso en boca, equilibrado, untuoso. Recuerdos frutales y final orgulloso y persistente.

Lan Gran Reserva 90 Pt
2003 · 15 €
Uvas: 5% Garnacha, 85% Tempranillo, 10% Mazuelo.
Gastronomía: Guisos de caza, asados.
Aspecto: Bonito vestido cereza intenso y brillante, ribeteado en ocre.

Aroma: Franco, sincero y complejo, a fruta negra, confituras, especias y fondos minerales.
Boca: Gran equilibrio en boca, sabroso, redondo. Postgusto largo y persistente.

Viña Lanciano **91** Pt
Reserva 2005 · 14 €
Uvas: 80% Tempranillo, 20% Mazuelo.
Gastronomía: Legumbres, carnes rojas.
Aspecto: Color rojo picota brillante con ribetes violáceos.
Aroma: De buena franqueza, a fruta roja madura, cueros y balsámicos.
Boca: Expresivo, carnoso y sincero. Final persistente.

Bodegas Marqués de Murrieta

comunicacion@marquesdemurrieta.com
www.marquesdemurrieta.com

Capellania **93** Pt
2005 · 17,5 €
Uvas: 100% Viura.
Gastronomía: Salmón marinado, arroz a banda.
Aspecto: Vestido amarillo dorado de gran luminosidad y limpidez.
Aroma: Intenso y franco, herbáceo y floral con recuerdos a tostados.
Boca: Elegante entrada en boca, carnoso con recuerdos a frutas exóticas.

Castillo de Ygay **94** Pt
2001 · 38 €
Uvas: 2% Garnacha, 93% Tempranillo, 5% Mazuelo.
Gastronomía: Legumbres y estofados.
Aspecto: Elegante vestido granate con ribetes yodados.
Aroma: Potente y complejo, a fruta roja madura, balsámicos, cueros y fondos a nobles maderas.
Boca: Estructurado, sedoso y redondo. Orgulloso y pulido postgusto.

Dalmau **96** Pt
2007 · 90 €
Uvas: 6% Cabernet Sauvignon, 3% Graciano, 91% Tempranillo.
Gastronomía: Solomillo encebollado, pavo asado.
Aspecto: Brillante vestido rojo granate muy cubierto, de gran luminosidad y elegante caída.
Aroma: Potente e intenso, complejo y bien ensamblado. Intensamente frutal con fondos a cueros, confituras y vainillas.
Boca: Excelente paso de boca, sabroso, estructurado y equilibrado. Final muy persistente.

Marqués de Murrieta **93** Pt
2005 · 17,5 €
Uvas: 13% Garnacha, 84% Tempranillo, 3% Mazuelo.
Gastronomía: Caldereta de cordero, corzo en salsa de grosellas.
Aspecto: Rojo granate muy cubierto, ribeteado en tonos caobas.
Aroma: Franco, a confituras, torrefactos, cueros, especias y maderas exóticas.
Boca: Untuoso, carnoso y equilibrado. Largo y persistente.

Bodegas Montecillo

carolina.cerrato@osborne.es
www.osborne.es

Montecillo 130 Aniversario **93** Pt
Edición Limitada 1994 · 32 €
Uvas: 100% Tempranillo.
Gastronomía: Rabo de toro, ternera mechada.
Aspecto: Elegante vestido en tonos granate muy cubierto con dejos yodados.
Aroma: Confituras, mermeladas y tonos especiados y de madera muy bien integrada.
Boca: De gran complejidad y estructura. Postgusto grato, persistente y largo.

Montecillo Gran Reserva **92** Pt
2003 · 16 €
Uvas: 10% Graciano, 90% Tempranillo.
Gastronomía: Legumbres, carnes guisadas.
Aspecto: Vestido rojo granate cubierto e intenso, ribeteado en ocres.
Aroma: Potente, franco, frutal con tonos tostados y fondos confitados y torrefactos.
Boca: Equilibrado y estructurado. Sabroso y persistente final.

Viña Monty **90** Pt
2005 · 14 €
Uvas: 10% Graciano, 90% Tempranillo.
Gastronomía: Estofados, guisos.
Aspecto: Vestido granate oscuro de gran intensidad.
Aroma: De buena franqueza, complejo a fruta roja, bayas y especias.
Boca: Estructurado en boca, equilibrado, persistente y sabroso.

Bodegas Olarra

bodegasolarra@bodegasolarra.es
www.bodegasolarra.es

Summa **90** Pt
Reserva 2004 · 20 €
Uvas: 10% Graciano, 75% Tempranillo, 15% Mazuelo.
Gastronomía: Estofados, carnes asadas.
Aspecto: Vestido rojo granate ribeteado en tejas.
Aroma: Complejo, franco, a fruta roja, especias y balsámicos.
Boca: Sabroso en boca. Persistente y largo final.

Bodegas Ondarre

bodegasondarre@bodegasondarre.es
www.bodegasondarre.es

Mayor de Ondarre **90** Pt
2004 · 15 €
Uvas: Tempranillo, Mazuelo.
Gastronomía: Platos de caza, estofados.
Aspecto: Rojo granate intenso, ribeteado en ocres.
Aroma: Sincero y franco, a fruta madura, confituras y fondos especiados y torrefactos.
Boca: Potente, equilibrado y untuoso. Buen final.

Bodegas Palacios Remondo, S.A.

info@palaciosremondo.com

La Montesa **91** Pt
2007 · 12,3 €
Uvas: 60% Garnacha, 35% Tempranillo, 5% Mazuelo.
Gastronomía: Platos de caza, asados.
Aspecto: Vestido rojo granate cubierto y limpio.
Aroma: A frutas del bosque, bayas, especias y fondos florales.
Boca: Estructurado, untuoso y redondo. Persistente y largo.

Placet **92** Pt
Valtomelloso 2009 · 20 €
Uvas: 100% Viura.
Gastronomía: Entrantes, pescados al horno.
Aspecto: Amarillo dorado muy luminoso.
Aroma: A fruta blanca, flores silvestres, manzanillas y hierba fresca.
Boca: Vino sedoso con recuerdos florales y gran postgusto.

Propiedad **92** Pt
Viñas Tradicionales 2008 · 21,5 €
Uvas: 65% Garnacha, 35% Tempranillo.
Gastronomía: Sopas, embutidos, quesos.
Aspecto: Rojo granate muy cubierto, ribeteado en caobas.
Aroma: Complejo, a fruta negra, confituras y especias.
Boca: Redondo, estructurado, equilibrado y persistente.

Bodegas Ramírez

rampiscina@knet.es
www.ramirezdelapiscina.com

Ramírez de la Piscina Selección **90** Pt
2002 · 10,6 €
Uvas: 100% Tempranillo.
Gastronomía: Ternera en su jugo, solomillo a las finas hierbas.
Aspecto: Granate vivo ribeteado en yodo.

Aroma: Intenso y franco, a frutas del bosque y confituras.
Boca: Equilibrado y redondo en su paso de boca. De buena persistencia.

Santa Maria de la Piscina **90** Pt
Gran Reserva 2001 · 13,6 €
Uvas: 100% Tempranillo.
Gastronomía: Huevos revueltos, barbacoas.
Aspecto: Oscuro vestido granate muy cubierto.
Aroma: Potente en nariz, a fruta macerada, incienso y torrefactos.
Boca: Estructurado en su paso de boca, redondo y untuoso.

Bodegas Ramón Bilbao

info@bodegasramonbilbao.es
www.bodegasramonbilbao.es

Mirto de Ramón Bilbao **93** Pt
Genérico 2006 · 35 €
Uvas: 100% Tempranillo.
Gastronomía: Parrilladas, asados.
Aspecto: Vestido cereza brillante de elegante caída.
Aroma: Potente, a frutas del bosque, confituras, bayas y cacaos.
Boca: Redondo, estructurado y untuoso. Postgusto persistente.

Ramón Bilbao **90** Pt
Crianza Edición Limitada 2007 · 11,95 €
Uvas: 100% Tempranillo.
Gastronomía: Verduras, platos de caza menor.
Aspecto: Vestido en rojo granate intenso cubierto.
Aroma: Intenso y potente, a frutas del bosque, balsámicos y especias.
Boca: Sabroso paso de boca, untuoso. Final persistente y largo.

Ramón Bilbao **90** Pt
Reserva 2005 · 11,69 €
Uvas: 5% Graciano, 90% Tempranillo, 5% Mazuelo.
Gastronomía: Estofados, carnes al horno.
Aspecto: Vestido en rojo burdeos con dejos atejados de buena evolución.
Aroma: Potente y sincero. A fruta madura, tostados, canelas y balsámicos.
Boca: Orgulloso vino, untuoso, grato y largo postgusto.

Ramón Bilbao Viña Turzaballa **92** Pt
2001 · 21,15 €
Uvas: 100% Tempranillo.
Gastronomía: Carnes rojas, platos de caza mayor.
Aspecto: Elegante vestido granate oscuro con dejos yodados.
Aroma: A fruta muy madura bien ensamblados con los fondos de la noble madera.
Boca: Equilibrado, estructurado, potente en su entrada en boca con un sabroso final.

Bodegas Regalía de Ollauri

info@bodegasregalia.es
www.bodegasregalia.es

Marqués de Terán **90** Pt
Crianza 2006 · 10,5 €
Uvas: 95% Tempranillo, 5% Mazuelo.
Gastronomía: Conejo al ajillo, criadillas en salsa.
Aspecto: Rojo granate brillante.
Aroma: A fruta roja, sotobosque y especias.
Boca: Redondo, estructurado y de largo final.

Marqués de Terán **90** Pt
2004 · 14,5 €
Uvas: 5% Garnacha, 90% Tempranillo, 5% Mazuelo.
Gastronomía: Carnes rojas, guisos.
Aspecto: Vestido rojo granate cubierto, ribeteado en ocres.
Aroma: Intenso a frutos rojos, balsámicos y fondos especiados.
Boca: Untuosa entrada en boca. Persistente final.

Bodegas Riojanas

bodega@bodegasriojanas.com
www.bodegasriojanas.com

Gran Albina **93** Pt
Vino de Autor 2004 · 29,85 €
Uvas: 33% Graciano, 34% Tempranillo, 33% Mazuelo.
Gastronomía: Parrilladas, carnes rojas asadas.
Aspecto: Rojo granate intenso de elegante caída, ribeteado en ocres.
Aroma: Fruta negra madura y tonos torrefactos, ahumados y animales.
Boca: Estructurado y equilibrado. Postgusto persistente y largo.

Gran Albina Vendimia **91** Pt
Vino de Autor 2005 · 17,19 €
Uvas: 33% Graciano, 34% Tempranillo, 33% Mazuelo.
Gastronomía: Sopas, guisos.
Aspecto: Elegante y sobrio rojo granate intenso, vivo y luminoso.
Aroma: Expresivo e intensamente frutal. Fondos a canelas y cacaos.
Boca: Sabroso, untuoso, redondo y equilibrado. Marcado y largo postgusto.

Monte Real **90** Pt
2001 · 18,18 €
Uvas: 5% Graciano, 80% Tempranillo, 15% Mazuelo.
Gastronomía: Parrilladas, asados.
Aspecto: Vestido rojo granate de gran luminosidad.
Aroma: Complejo, intenso y maduro. Fondos a especias y empireumáticos.
Boca: Persistente, equilibrado y estructurado.

Viña Albina **90** Pt
Gran Reserva 2001 · 17,5 €
Uvas: 5% Graciano, 80% Tempranillo, 15% Mazuelo.
Gastronomía: Carnes rojas.
Aspecto: Vestido granate oscuro, ribeteado en ocres.
Aroma: Gran intensidad, a fruta negra madura bayas, sotobosque y animales.
Boca: Potente y untuosa entrada. Postgusto largo y grato.

Viña Albina **90** Pt
Reserva Semidulce 2001 · 7,47 €
Uvas: 10% Malvasía, 90% Viura.
Gastronomía: Entrantes, aperitivos.
Aspecto: Luminoso vestido amarillo dorado.
Aroma: Potente en nariz, dulcemente floral y escarchado.
Boca: Potente en su entrada, sabroso y dulce.

Bodegas Roda, S.A.

rodarioja@roda.es
www.roda.es

Cirsion **96** Pt
Tinto Genérico 2007 · 152 €
Uvas: 100% Tempranillo.
Gastronomía: Platos de caza, ibéricos.
Aspecto: Elegante vestido rojo granate con destellos caobas.
Aroma: De gran equilibrio y complejidad, fruta roja con tostados y tonos especiados, minerales y torrefactos.
Boca: Sabroso, equilibrado, de gran estructura y persistencia.

Roda **92** Pt
2006 · 30 €
Uvas: Garnacha, Graciano, Tempranillo.
Gastronomía: Guisos, carnes asadas.
Aspecto: Rojo burdeos ribeteado en teja.
Aroma: Potente, a fruta roja, bayas, especias, balsámicos y cacaos.
Boca: Carnoso, estructurado y equilibrado. Final prolongado.

Roda I **93** Pt
Tinto Reserva 2005 · 43 €
Uvas: 100% Tempranillo.
Gastronomía: Asados de caza mayor, carnes rojas a la parrilla.
Aspecto: Rojo granate ribeteado en luminosos tejas.
Aroma: Expresivo, potente, franco e intenso. Complejo, a frutos rojos casi confitados, fondos torrefactos y cacaos.
Boca: Amplio, equilibrado, redondo, de marcada expresión tánica y largo y persistente postgusto.

Bodegas Tobía
tobia@bodegastobia.com
www.bodegastobia.com

Alma de Tobía **92** Pt
2005 · 30 €
Uvas: 10% Garnacha, 90% Tempranillo.
Gastronomía: Legumbres, platos de caza.
Aspecto: Rojo granate intenso de gran luminosidad con destellos atejados.
Aroma: Complejo a fruta roja madura y fondos tostados y balsámicos.
Boca: Sabroso, untuoso, redondo y equilibrado.

Alma de Tobía **90** Pt
Rosado Fermentado en Barrica 2009 · 14 €
Uvas: 25% Graciano, 60% Tempranillo, 15% Otras.
Gastronomía: Ensalada, arroces.
Aspecto: Rojo frambuesa brillante y limpio.
Aroma: Intenso, a bayas y frambuesas con fondos cítricos.
Boca: Franco, amplio con un marcado final frutal.

Óscar Tobía **91** Pt
2006 · 20 €
Uvas: 10% Graciano, 90% Tempranillo.
Gastronomía: Ibéricos, platos de caza.
Aspecto: Rojo granate intenso con bonitos reflejos atejados.
Aroma: De gran complejidad, a fruta roja, bayas, sotobosque y chocolates.
Boca: Sabroso, redondo y estructurado. Prolongado y orgulloso.

Bodegas Valsacro
ventas@valsacro.com
www.valsacro.com

Valsacro **90** Pt
Tinto de Autor 2005 · 21 €
Uvas: Garnacha, Tempranillo, Mazuelo.
Gastronomía: Guisos, platos elaborados.
Aspecto: Rojo granate ribeteado en teja.
Aroma: Intenso, a fruta roja con toques de cacao y vainillas.
Boca: Sabroso en su paso de boca, estructurado y persistente.

Valsacro Dioro **92** Pt
Tinto de Autor 2005 · 32 €
Uvas: Garnacha, Tempranillo, Mazuelo.
Gastronomía: Embutidos, parrilladas.
Aspecto: Elegante vestido granate intenso de bonita caída.
Aroma: Potente, a fruta roja algo madura, bayas, sotobosque y fondos especiados.
Boca: Sabroso, untuoso y equilibrado. Largo y persistente.

Bodegas Vinícola Real
info@vinicolareal.com
www.vinicolareal.com

200 Monges **91** Pt
2004 · 26 €
Uvas: 10% Graciano, 85% Tempranillo, 5% Mazuelo.
Gastronomía: Carnes rojas a la plancha, asados.
Aspecto: Vestido granate intenso con bonitos destellos tejas.
Aroma: De buena franqueza e intensidad, complejo a especias, vainilla y fruta confitada.
Boca: Entrada en boca jugosa, sabrosa. Equilibrado, sobrio y largo postgusto.

Cueva del Monge **90** Pt
2006 · 10 €
Uvas: 100% Tempranillo.
Gastronomía: Carnes rojas, embutidos.
Aspecto: Vestido rojo intenso vivo y de bonita caída.
Aroma: Franco y sincero, a fruta roja y especias.
Boca: Buena entrada y largo final.

Bodegas y Viñedos Puente del Ea
puentedea@terra.es
www.puentedelea.com

Eridano **91** Pt
2004 · 17,5 €
Uvas: 100% Tempranillo.
Gastronomía: Carnes rojas, parrilladas.
Aspecto: Vestido rojo granate, ribeteado en ocres. Luminoso.
Aroma: Intenso y franco, muy frutal y balsámico.
Boca: Potente, untuoso y equilibrado.

Eridano **90** Pt
2006 · 11,65 €
Uvas: 100% Tempranillo.
Gastronomía: Carnes a la plancha.
Aspecto: Vestido en rojo granate intenso.
Aroma: Complejo, franco, a fruta roja y bayas.
Boca: Buena entrada en boca. Grato y largo final.

Puente del Ea **90** Pt
2008 · 15,5 €
Uvas: 100% Viura.
Gastronomía: Pescados azules, mariscadas.
Aspecto: Amarillo luminoso y limpio.
Aroma: Sincero, franco a fruta fresca. Muy herbáceo.
Boca: Buena entrada, sabroso y fresco.

Bodegas y Viñedos Alvar
alvar@bodegasalvar.com
www.bodegasalvar.com

Livius **92** Pt
Graciano - Vino de Autor 2006 · 30 €
Uvas: 100% Graciano.
Gastronomía: Carnes rojas, parrilladas.
Aspecto: Granate intenso con ribetes atejados.
Aroma: A frutos del bosque, flores, vainillas, canelas y balsámicos.
Boca: Sedoso, untuoso, estructurado, largo y persistente.

Livius Garnacha **93** Pt
Vino de Autor 2006 · 30 €
Uvas: 100% Garnacha.
Gastronomía: Carnes rojas, platos elaborados.
Aspecto: Vestido rojo granate luminoso muy bien cubierto.
Aroma: Frutal, balsámico, fresco y con fondos cítricos y minerales.
Boca: Vino largo y de matices originales. Gran estructura.

Livius Tempranillo **92** Pt
Vino de Autor 2006 · 30 €
Uvas: 100% Tempranillo.
Gastronomía: Parrillada, carnes de ave, asados.
Aspecto: Vestido rojo oscuro vivo y luminoso.
Aroma: A fruta roja, empireumáticos y fondos torrefactos y confitados.
Boca: Orgulloso, sabroso, con recuerdos a mermeladas y gran persistencia.

Castillo de Cuzcurrita
info@castillodecuzcurrita.com
www.castillodecuzcurrita.com

Cerrado del Castillo **92** Pt
Genérico 2005 · 32,5 €
Uvas: 100% Tempranillo.
Gastronomía: Solomillo a la pimienta, entrecot.
Aspecto: Vestido rojo granate, ribeteado en tejas.
Aroma: Intenso y complejo, a fruta negra, incienso y fondos a vainillas.
Boca: Potente en el ataque. Sabroso, untuoso y persistente.

Señorío de Cuzcurrita **91** Pt
Genérico 2006 · 18,5 €
Uvas: 100% Tempranillo.
Gastronomía: Atún a la plancha, conejo al ajillo.
Aspecto: Vivo vestido rojo granate bien cubierto.
Aroma: Potente en nariz, afrutado, balsámico y mineral.
Boca: Redondo, amplio y estructurado.

Castillo de Sajazarra
bodega@castillo-de-sajazarra.com
www.castillo-de-sajazarra.com

Castillo de Sajazarra **90** Pt
Reserva 2005 · 10 €
Uvas: Garnacha, Graciano, Tempranillo, Mazuelo.
Gastronomía: Asados de carnes rojas, parrilladas.

Aspecto: Luminoso e intenso vestido de color granate.
Aroma: Potente, a fruta madura y tonos minerales, tostados y balsámicos.
Boca: Redondo, sabroso. Postgusto persistente.

Digma 92 Pt
Vino de Autor 2005 · 28 €
Uvas: 100% Tempranillo.
Gastronomía: Carnes de caza, embutidos.
Aspecto: Vestido rojo granate intenso y brillante, ribeteado en tejas.
Aroma: A fruta roja con toques de confituras, cacaos y torrefactos.
Boca: Estructurado, expresivo y largo.

Compañía Vinícola del Norte de España (C.V.N.E.)

marketing@cvne.com
www.cvne.com

Cune 90 Pt
2006 · 10,25 €
Uvas: 5% Garnacha, 5% Graciano, 80% Tempranillo, 10% Mazuelo.
Gastronomía: Parrilladas, carnes blancas.
Aspecto: Rojo granate ribeteado en tejas.
Aroma: A frutos del bosque con fondos balsámicos, especiados y animales.
Boca: Estructurado. Buen y largo final.

Imperial 93 Pt
2000 · 26,75 €
Uvas: 10% Graciano, 85% Tempranillo, 5% Mazuelo.
Gastronomía: Caza y guisos de carne.
Aspecto: Vestido granate oscuro, salpicado en ocres.
Aroma: Complejo, intenso, a frutas rojas maduras con recuerdos a confituras y mermeladas.
Boca: Elegante entrada en boca, estructurado, amplio y largo.

Imperial 92 Pt
2005 · 21,1 €
Uvas: 10% Graciano, 85% Tempranillo, 5% Mazuelo.
Gastronomía: Carnes a la plancha, embutidos.
Aspecto: Vestido rojo granate, ribeteado en tejas.
Aroma: Maduro, de notas muy afrutadas, confituras y torrefactos.
Boca: Equilibrado, redondo y persistente.

Real de Asua 95 Pt
Genérico 2005 · 49,95 €
Uvas: 100% Tempranillo.
Gastronomía: Asados de caza mayor, estofados.
Aspecto: Elegante vestido caoba oscuro, salpicado en granate.
Aroma: Potente, franco, complejo, a fruta roja, balsámicos, especias y fondos animales.
Boca: Redondo, equilibrado, sabroso, amplio, orgulloso y persistente.

Conde del Donadío de Casasola

bodegas@bodegascondedeldonadio.com
www.bodegascondedeldonadio.com

Conde del Donadío de Casasola 90 Pt
2005 · 6 €
Gastronomía: Guisos, estofados.
Aspecto: Rojo luminoso ribeteado en tejas.
Aroma: De gran franqueza, a frutas del bosque, especias y minerales.
Boca: Sabroso y equilibrado. Postgusto largo y persistente.

Conde del Donadío de Casasola 91 Pt
2001 · 10 €
Gastronomía: Asados, carnes rojas.
Aspecto: Vestido rojo granate oscuro de gran intensidad.
Aroma: Potente, a fruta muy madura, especias y balsámicos.
Boca: Persistente, untuoso, redondo y equilibrado.

Finca Allende, S.L.

info@finca-allende.com
www.finca-allende.com

Allende 91 Pt
2007 · 16 €
Uvas: 100% Tempranillo.
Gastronomía: Guisos riojanos, embutidos.
Aspecto: Rojo burdeos con ribetes caobas, bien cubierto.
Aroma: Complejo a frutos negros y fondos balsámicos y especiados.
Boca: Potente entrada, untuoso y equilibrado. Persistente.

Allende 93 Pt
Blanco Fermentado en Barrica 2008 · 16 €
Uvas: 20% Malvasía, 80% Viura.
Gastronomía: Aperitivos, mariscos.
Aspecto: Amarillo dorado, intenso y limpio.
Aroma: Complejo y franco, a fruta blanca, hierba fresca y manzanillas.
Boca: Estructurado, elegante y firme. Fresco final.

Aurus 95 Pt
2007 · 150 €
Uvas: 15% Graciano, 85% Tempranillo.
Gastronomía: Platos de caza, aves.
Aspecto: Elegante y cubierto vestido rojo granate de gran luminosidad.
Aroma: Complejo, potente. Intensamente afrutado con fondos balsámicos sobre finos tostados y torrefactos.
Boca: Untuoso, redondo, equilibrado, de gran estructura con un solemne final.

Calvario 94 Pt
2007 · 90 €
Uvas: 8% Garnacha, 2% Graciano, 90% Tempranillo.
Gastronomía: Guisos riojanos, carnes rojas.
Aspecto: Rojo granate cubierto con ribetes violáceos.
Aroma: Gran complejidad. Tonos de fruta madura, especias, cueros y cacaos.
Boca: Redondo y estructurado. Elegante y largo postgusto. Vino de gran carácter.

Mártires 93 Pt
2009 · 90 €
Uvas: 100% Viura.
Gastronomía: Carnes blancas, pescados.
Aspecto: Vivo vestido amarillo intenso con destellos dorados.
Aroma: De gran frescura, fruta blanca, hierba fresca y notas balsámicas.
Boca: Vino especial de gran intensidad y elegantes recuerdos.

Finca Nueva

info@fincanueva.com
www.fincanueva.com

Finca Nueva 90 Pt
2004 · 14 €
Uvas: 100% Tempranillo.
Gastronomía: Caldereta de cordero, ternera estofada.
Aspecto: Rojo granate cubierto con ribetes yodados.
Aroma: Potente en nariz, complejo, a fruta muy madura y fondos balsámicos, a vainilla y chocolates.
Boca: Sabroso y equilibrado, de buen final.

Finca Nueva 91 Pt
Fermentado en Barrica 2009 · 9 €
Uvas: 100% Viura.
Gastronomía: Salmón marinado, besugo al horno, mariscos.
Aspecto: Vestido amarillo dorado intenso de gran luminosidad.
Aroma: Fruta fresca, cítricos y ciertos fondos exóticos y tostados.
Boca: Untuoso, fresco y persistente. Recuerdos herbáceos.

Finca Valpiedra, S.L.

info@bujanda.com
www.familiamartinezbujanda.com

Cantos de Valpiedra 90 Pt
Tinto Genérico 2007 · 12 €
Uvas: 100% Tempranillo.
Gastronomía: Asados, ibéricos.
Aspecto: Vivo color rojo burdeos de gran luminosidad.

Aroma: Complejo, a frutos negros en confitura y fondos a canelas.
Boca: Estructurado, redondo y con persistente final.

Finca Valpiedra 91 Pt
Tinto Reserva 2006 · 23 €
Uvas: 3% Graciano, 94% Tempranillo, 3% Otras.
Gastronomía: Guisos, legumbres.
Aspecto: Bonito vestido en rojo granate con ribetes atejados.
Aroma: A frutas rojas maduras, confituras y sotobosque.
Boca: Orgulloso y largo final de boca.

Hacienda de Susar Marqués de la Concordia

iruiz@haciendas-espana.com
www.haciendas-espana.com

Hacienda de Susar 91 Pt
Vino de Guarda 2005 · 25 €
Uvas: 100% Tempranillo.
Gastronomía: Cordero asado, pavo al horno.
Aspecto: Cubierto vestido rojo granate, ribeteado en tejas.
Aroma: Potente y complejo, a fruta madura, chocolates y especias.
Boca: Buena entrada en boca, redondo, untuoso y persistente.

Hermanos Peciña

comercial@bodegashermanospecina.com
www.bodegashermanospecina.com

Chobeo de Peciña 92 Pt
Vino de Autor 2005 · 20 €
Uvas: 100% Tempranillo.
Gastronomía: Patatas colorás, rabo de toro.
Aspecto: Vestido rojo granate cubierto ribeteado en tejas.
Aroma: Potente en nariz, complejo con recuerdos a vainilla, canela y chocolates.
Boca: Vino de gran estructura. Equilibrado, largo y persistente.

Peciña 92 Pt
Vendimia Seleccionada 2001 · 17,5 €
Uvas: 2% Garnacha, 3% Graciano, 95% Tempranillo.
Gastronomía: Cordero asado, caldereta.
Aspecto: Sobrio vestido granate luminoso, ribeteado en ocres.
Aroma: A fruta roja madura, empireumáticos, torrefactos y ligeras notas animales.
Boca: Estructurado, sabroso y persistente.

Señorío de Peciña 91 Pt
Gran Reserva 2001 · 17,5 €
Uvas: 2% Garnacha, 3% Graciano, 95% Tempranillo.
Gastronomía: Perdiz escabechada, ternera mechada.
Aspecto: Luminoso vestido granate muy cubierto.
Aroma: Potente, a confituras, vainillas y balsámicos.
Boca: Untuoso en su entrada y persistente en su final.

La Rioja Alta, S.A.

riojalta@riojalta.com
www.riojalta.com

Gran Reserva 890 93 Pt
1995 · 62 €
Uvas: 3% Graciano, 96% Tempranillo, 1% Mazuelo.
Gastronomía: Carnes rojas, legumbres.
Aspecto: Rojo granate intenso y oscuro, con ribetes yodados.
Aroma: Potente e intenso, a frutas maduras, especias y balsámicos.
Boca: Vino equilibrado, sabroso, untuoso y persistente.

Gran Reserva 904 91 Pt
1998 · 27 €
Uvas: 10% Graciano, 90% Tempranillo.
Gastronomía: Ibéricos, carne roja, estofados.
Aspecto: Vestido en color granate oscuro, ribeteado en yodo.
Aroma: Complejo, franco, a cueros, frutas del bosque y fondos especiados.
Boca: Sobria y serena entrada en boca, cálido y redondo. Marcado final.

Viña Arana 90 Pt
Tinto Reserva 2004 · 14 €
Uvas: 95% Tempranillo, 5% Mazuelo.
Gastronomía: Platos de caza, cordero al horno.
Aspecto: Bonito vestido ribeteado en tejas.
Aroma: Gratos aromas de fruta roja madura, cueros, especias y ahumados.
Boca: Buen paso de boca, sobrio, carnoso.

Viña Ardanza 90 Pt
2001 · 18 €
Uvas: 20% Garnacha, 80% Tempranillo.
Gastronomía: Carnes rojas, ibéricos.
Aspecto: Vestido de color rojo granate con ribetes yodados.
Aroma: A fruta muy madura, especiado con fondos tostados y cacaos.
Boca: Intenso, sabroso y estructurado. De buena expresión tánica.

Marqués de Cáceres

dc@marquesdecaceres.com
www.marquesdecaceres.com

Gaudium Gran Vino 95 Pt
2004 · 42 €
Uvas: 5% Graciano, 95% Tempranillo.
Gastronomía: Carnes rojas, platos de caza.
Aspecto: Vestido rojo granate, ribeteado en tejas muy cubierto.
Aroma: Profundo, franco, complejo, a fruta roja madura, confituras, especias, fondos tostados y recuerdos minerales.
Boca: Orgulloso, untuoso, sabroso y de largo y marcado recuerdo.

Marqués de Cáceres 90 Pt
2009 · 4,2 €
Uvas: 100% Viura.
Gastronomía: Rollitos de pescado, lubina a la espalda.
Aspecto: Vestido en amarillo brillante.
Aroma: Complejo, a finas hierbas, cítricos y flores blancas.
Boca: Fresco, floral y limpio.

Marqués de Cáceres 90 Pt
2009 · 4,8 €
Uvas: 20% Garnacha, 80% Tempranillo.
Gastronomía: Ensaladas de pasta, carnes blancas.
Aspecto: Vestido en rojo fresa suave y limpio.
Aroma: De gran frescura, a grosella, pétalos de rosa, frutos del bosque.
Boca: Equilibrado, fino, goloso, redondo y graso.

Marqués de Cáceres 91 Pt
Gran Reserva 2001 · 20,9 €
Uvas: 7% Garnacha, 8% Graciano, 85% Tempranillo.
Gastronomía: Platos de caza, legumbres.
Aspecto: Rojo granate oscuro, ribeteados en ocres de gran luminosidad.
Aroma: Elegante y complejo aroma a frutos negros, vainilla, chocolates y canela.
Boca: Gran cuerpo, equilibrado y de prolongado postgusto.

Marqués de Cáceres 90 Pt
2007 · 7 €
Uvas: 8% Garnacha, 7% Graciano, 85% Tempranillo.
Gastronomía: Frituras, verduras a la parrilla.
Aspecto: Luminoso vestido rubí-burdeos con ribetes teja.
Aroma: Potente, a frutas rojas y vainillas.
Boca: Amplio, jugoso, limpio. Estructurado y prolongado final.

Marqués de Cáceres 91 Pt
2004 · 13 €
Uvas: 8% Garnacha, 7% Graciano, 85% Tempranillo.
Gastronomía: Guisos riojanos, carnes rojas.
Aspecto: Color rubí intenso y bien cubierto.

Aroma: Intensamente frutal, tostado y confitado.
Boca: Estructurado, expresivo y de gran persistencia.

Marqués de Cáceres Fermentado en Barrica 2009 · 7 € — **90** Pt
Uvas: Malvasía, Viura.
Gastronomía: Pescados, mariscos, aperitivos.
Aspecto: Amarillo pajizo oscuro con destellos nacarados.
Aroma: Fruta blanca, cítricos y recuerdos herbáceos con toques de vainilla.
Boca: Seco, profundo, de jugosos taninos y fresco postgusto.

Mc 2008 · 27 € — **93** Pt
Uvas: 100% Tempranillo.
Gastronomía: Ibéricos, carnes asadas.
Aspecto: Vestido rojo granate oscuro con reflejos teja y bonita caída.
Aroma: A frutos negros salvajes y tonos a vainilla, canela.
Boca: Carnoso, equilibrado. Paso de boca untuoso y persistente.

Satinela Semi-dulce 2009 · 4,5 € — **90** Pt
Uvas: Malvasía, Viura.
Gastronomía: Foie-gras, aperitivos.
Aspecto: Amarillo pajizo con reflejos dorados.
Aroma: A frutas exóticas, mermeladas y fondos a manzana.
Boca: Untuoso y aterciopelado. Recuerdos confitados.

Marqués de Campo Nuble

camponuble@camponuble.com
www.camponuble.com

Conde de Romanones Reserva 2007 · 19,3 € — **91** Pt
Uvas: 100% Tempranillo.
Gastronomía: Pollo asado, perdiz escabechada.
Aspecto: Rojo granate cubierto de gran luminosidad.
Aroma: Intensamente afrutado con dejos de sotobosque y vainilla.
Boca: Sabroso, redondo y equilibrado. Buen final.

Marqués de Campo Nuble Reserva 2006 · 14,3 € — **90** Pt
Uvas: 100% Tempranillo.
Gastronomía: Carnes adobadas, pavo estofado.
Aspecto: Cubierto vestido granate luminoso.
Aroma: Franco, especiado, balsámico y ahumado.
Boca: Estructurado paso de boca. Persistente.

Muga

info@bodegasmuga.com
www.bodegasmuga.com

Aro 2006 — **96** Pt
Uvas: 30% Graciano, 70% Tempranillo.
Gastronomía: Carnes rojas asadas, embutidos, legumbres.
Aspecto: Elegante vestido granate muy intenso y cubierto.
Aroma: Intenso y complejo, a frutos de bayas rojas, confituras, tostados, canela y especias.
Boca: Equilibrado, potente, elegante, sabroso y persistente.

Muga Selección Especial 2004 · 24 € — **91** Pt
Uvas: 20% Garnacha, 70% Tempranillo, 10% Mazuelo.
Gastronomía: Asados, patatas colorás, ibéricos.
Aspecto: Vestido granate cubierto e intenso con ribetes teja.
Aroma: Complejo, a fruta roja madura, especias, cueros y chocolates.
Boca: Estructurado, redondo y equilibrado. Largo y persistente postgusto.

Muga 2009 · 8,5 € — **91** Pt
Uvas: 10% Malvasía, 90% Viura.
Gastronomía: Arroces, pastas.
Aspecto: Amarillo brillante pajizo de gran luminosidad.
Aroma: Franco y fresco, fruta madura (melocotones, manzana, cítricos).
Boca: De buen paso de boca, frutoso y sabroso.

Muga Crianza 2006 · 13,5 € — **91** Pt
Uvas: 20% Garnacha, 5% Graciano, 70% Tempranillo, 5% Mazuelo.
Gastronomía: Guisos, legumbres, embutidos.
Aspecto: Vestido en tonos rojo intenso.
Aroma: De buena intensidad, afrutado, con dejos tostados y a vainillas.
Boca: Elegante en boca. Amplio y persistente postgusto.

Prado Enea 2001 · 35 € — **93** Pt
Uvas: 10% Garnacha, 5% Graciano, 80% Tempranillo, 5% Mazuelo.
Gastronomía: Parrilladas, legumbres, carnes rojas.
Aspecto: Elegante vestido rojo granate con ribetes yodados muy cubierto.
Aroma: A fruta confitada, tostados y torrefactos con notas a noble madera.
Boca: Sabroso, untuoso y redondo. Largo y persistente postgusto.

Torre Muga 2006 — **94** Pt
Uvas: 10% Graciano, 75% Tempranillo, 15% Mazuelo.
Gastronomía: Platos de caza, ibéricos, guisos.
Aspecto: Elegante vestido rojo granate bien cubierto.
Aroma: Complejo, intensamente frutal con fondos especiados, balsámicos y a cueros y vainilla.
Boca: Expresivo en boca, untuoso, equilibrado. Postgusto largo y persistente.

Pagos del Rey

rioja@pagosdelrey.com
www.pagosdelrey.com

Arnegui Rosado 2009 — **90** Pt
Uvas: 100% Garnacha.
Gastronomía: Arroz a banda, ensalada de pasta.
Aspecto: Frambuesa brillante y limpio.
Aroma: Intensamente afrutado, con recuerdos a flores y monte.
Boca: De gran estructura, fresco y persistente.

Castillo de Albai Crianza 2007 · 4,4 € — **92** Pt
Uvas: 100% Tempranillo.
Gastronomía: Parrilladas de verduras, cordero asado.
Aspecto: Rojo granate intenso, ribeteado en tejas de gran luminosidad.
Aroma: Complejo, a fruta negra madura, confituras, canela y tostados.
Boca: Untuoso, redondo y estructurado.

Castillo de Albai 2005 · 5,75 € — **92** Pt
Uvas: 100% Tempranillo.
Gastronomía: Corzo en salsa de grosellas, ternera estofada.
Aspecto: Luminoso vestido rojo cereza muy cubierto, ribeteado en ocres.
Aroma: Potente e intenso, a confituras, mermeladas, tabacos y vainilla.
Boca: Sincero y largo. Gran persistencia con recuerdos confitados.

Paternina

paternina@paternina.com
www.paternina.com

Clos Paternina 2005 · 17,68 € — **91** Pt
Uvas: Tempranillo, Mazuelo, Otras.
Gastronomía: Platos de caza mayor, legumbres.
Aspecto: Rojo granate cubierto, ribeteado en tejas.
Aroma: Potente, complejo a fruta roja madura, bayas y fondos a finas maderas y torrefactos.
Boca: Gran estructura, untuoso y de gran persistencia.

Conde de Los Andes **92** Pt
2003 · 19,76 €
Uvas: Tempranillo, Mazuelo.
Gastronomía: Carnes rojas, asados.
Aspecto: Intenso vestido granate, ribeteado en yodados muy cubierto.
Aroma: Franco, a mermeladas, fruta madura y balsámicos.
Boca: Redondo, expresivo, untuoso y equilibrado. Gran y persistente final.

Conde de Los Andes **90** Pt
Reserva 2005 · 10,92 €
Uvas: Graciano, Tempranillo, Mazuelo.
Gastronomía: Caza, guisos riojanos.
Aspecto: Cubierto vestido granate, ribeteado en tejas.
Aroma: A fruta madura, destacando los tonos tostados y minerales con dejos a cacaos.
Boca: Estructurado y equilibrado. Grato y persistente postgusto.

Graciela **90** Pt
Semi-dulce 2005 · 7,48 €
Uvas: Malvasía, Viura.
Gastronomía: Postres.
Aspecto: Amarillo brillante con reflejos dorados.
Aroma: Complejo, a confituras, orejones y finas maderas.
Boca: Buena entrada en boca, amplia. Postgusto largo y orgulloso.

R. López de Heredia Viña Tondonia, S.A.

bodega@lopezdeheredia.com
www.tondonia.com

Bosconia **91** Pt
2002 · 17 €
Uvas: 15% Garnacha, 3% Graciano, 80% Tempranillo, 2% Mazuelo.
Gastronomía: Rabo de toro, cordero asado.
Aspecto: Rojo granate intenso, ribeteado en yodados.
Aroma: De buena franqueza, a fruta roja madura, pimienta, tostados y balsámicos.
Boca: Buen equilibrio y sobriedad. Final largo y persistente.

Viña Bosconia **93** Pt
1991 · 53 €
Uvas: 15% Garnacha, 3% Graciano, 80% Tempranillo, 2% Mazuelo.
Gastronomía: Platos de caza, estofados.
Aspecto: Color granate oscuro, ribeteado muy cubierto en bonitos ocres.
Aroma: Potente y sincero, a frutas confitadas, cueros y bayas.
Boca: Redondo en boca con una marcada expresión frutal y gran untuosidad.

Viña Gravonia **90** Pt
2000 · 13 €
Uvas: 100% Viura.
Gastronomía: Merluza en salsa, lubina al horno.
Aspecto: Vestido amarillo oscuro con luminosos reflejos en oro viejo.
Aroma: Frutas blancas y tonos de frutos secos y especias.
Boca: Buena expresión, grato y sabroso postgusto.

Viña Tondonia **91** Pt
2001 · 20 €
Uvas: 15% Garnacha, 10% Graciano, 75% Tempranillo, 5% Mazuelo.
Gastronomía: Cordero al horno, pavo asado.
Aspecto: Vestido rojo granate cubierto, ribeteados en ocres.
Aroma: Complejo, a fruta roja madura, confituras, especias, vainilla y cueros.
Boca: Amplio, sabroso, untuoso y redondo. Postgusto largo.

Viña Tondonia **93** Pt
1991 · 53 €
Uvas: 15% Garnacha, 5% Graciano, 75% Tempranillo, 5% Mazuelo.
Gastronomía: Cordero asado, solomillo a las finas hierbas.
Aspecto: Vestido en granate ribeteado en ocres muy cubierto.
Aroma: Intenso, franco a cueros, fruta madura, cuero, especias y tabaco.
Boca: Potente, untuoso, equilibrado. Largo y elegante final.

Viña Tondonia **93** Pt
1987 · 53 €
Uvas: 15% Malvasía, 85% Viura.
Gastronomía: Parrilladas de pescado, mariscos.
Aspecto: Elegante vestido amarillo dorado oscuro intenso.
Aroma: Complejo y franco, a hierbas del monte, fruta escarchada e incienso.
Boca: Sincero, carnoso, potente. Sabroso y persistente postgusto.

Viña Tondonia **90** Pt
Gran Reserva 1998 · 13 €
Uvas: 60% Garnacha, 5% Tempranillo, 10% Viura.
Gastronomía: Carne estofada, huevos escalfados.
Aspecto: Rojo grosella oscuro.
Aroma: Complejo, a fruta escarchada, cueros y especias con fondos a fina madera.
Boca: Potente y especiado con gratos recuerdos.

Señorío de San Vicente (Grupo Eguren)

info@eguren.com
www.eguren.com

San Vicente **92** Pt
Genérico 2007
Uvas: 100% Tempranillo.
Gastronomía: Carnes rojas, platos de caza.
Aspecto: Vestido color rojo granate cubierto, ribeteado en caoba.
Aroma: Complejo, a fruta roja madura, especias, madera y tonos de café y cacaos.
Boca: Sabroso, estructurado y orgulloso. Persistente y largo, de gratos recuerdos.

Sierra Cantabria (Grupo Eguren)

info@eguren.com
www.eguren.com

Amancio **96** Pt
Genérico 2007 · 72 €
Uvas: 100% Tempranillo.
Gastronomía: Corzo en salsa, estofados.
Aspecto: Elegante vestido granate muy cubierto.
Aroma: Profundo, complejo, a fruta negra, bayas, especias y fondos tostados y a cueros y vainilla.
Boca: Potente, estructurado, redondo, equilibrado, untuoso y persistente.

Finca el Bosque **96** Pt
Genérico 2008 · 72 €
Uvas: 100% Tempranillo.
Gastronomía: Carnes rojas, embutidos, fiambres.
Aspecto: Vestido rojo granate, ribeteado en caoba.
Aroma: Potente, intenso, franco, a fruta roja, tostados, balsámicos, confituras y fondos especiados.
Boca: Elegante, equilibrado, untuoso, redondo y persistente.

Sierra Cantabria **93** Pt
Gran Reserva 2004 · 22 €
Uvas: 3% Graciano, 97% Tempranillo.
Gastronomía: Solomillo encebollado, ternera estofada.
Aspecto: Rojo granate muy cubierto, ribeteado en teja.
Aroma: Complejo, a fruta roja madura, confituras, balsámicos y especias.
Boca: Potente, estructurado, redondo y largo.

Sierra Cantabria **91** Pt
Reserva 2005 · 14 €
Uvas: 100% Tempranillo.
Gastronomía: Carnes rojas, quesos curados.
Aspecto: Rojo cereza ribeteado en teja de gran intensidad.
Aroma: Potente, a fruta negra con fondos a minerales y vainillas.
Boca: Sabroso, untuoso, estructurado y largo.

Sierra Cantabria Cuvée 2006 · 16 € — 91 Pt
Uvas: 100% Tempranillo.
Gastronomía: Solomillo a la pimienta, platos de caza.
Aspecto: Rojo granate ribeteado en tejas.
Aroma: A frutas del bosque, bayas y torrefactos con dejos a vainilla.
Boca: Potente, redondo, orgulloso y persistente.

Sierra Cantabria Colección Privada 2008 · 23,6 € — 93 Pt
Uvas: 100% Tempranillo.
Gastronomía: Carnes rojas asadas, ternera mechada.
Aspecto: Cubierto vestido granate, ribeteado en caobas.
Aroma: Potente y complejo, a frutas rojas, sotobosque, balsámicos y especias.
Boca: Sabroso, redondo, orgulloso y de gran persistencia.

Sierra Cantabria Organza 2009 · 13,5 € — 92 Pt
Uvas: 24% Malvasía, 55% Viura, 21% Garnacha Blanca.
Gastronomía: Dorada al horno, merluza a la romana.
Aspecto: Bonito vestido amarillo pajizo de gran limpieza.
Aroma: Intensamente herbáceo y especiado de recuerdos frutales.
Boca: De gran estructura y frescura. Sedoso y largo.

Tarón

info@bodegastaron.com
www.bodegastaron.com

Tarón 2004 · 9,6 € — 90 Pt
Uvas: 5% Graciano, 85% Tempranillo, 10% Mazuelo.
Gastronomía: Costillas adobadas, caldereta de cordero.
Aspecto: Rojo granate cubierto, ribeteado en ocres.
Aroma: De buena intensidad, a fruta madura, confituras y balsámicos.
Boca: Estructurado, largo y orgulloso.

Tierra Antigua

info@tierrantigua.com

Ethos Vino de Pago 2005 · 75 € — 93 Pt
Uvas: 100% Tempranillo.
Gastronomía: Carnes rojas, asados.
Aspecto: Elegante vestido cereza intenso de bonita caída y gran luminosidad, adornado con destellos granates.
Aroma: Excelente franqueza, complejo a café, tostados, vainilla y confitados.
Boca: Redonda, equilibrada, sabrosa y carnosa. Postgusto largo y persistente.

Tierra Antigua 2004 · 24 € — 90 Pt
Uvas: 5% Garnacha, 10% Graciano, 85% Tempranillo.
Gastronomía: Legumbres, platos de caza.
Aspecto: Solemne vestido granate cubierto con ribetes atejados.
Aroma: Franco e intenso, a fruta negra madura y tostados. Fondos torrefactos y balsámicos.
Boca: Potente paso de boca. Elegante, untuoso. Largo y persistente final.

Valsanzo Selección

valsanzo@valsanzo.com
www.valsanzo.com

Lacrimus 2006 · 11,48 € — 90 Pt
Uvas: 100% Tempranillo.
Gastronomía: Parrillada de verduras, tortilla española.
Aspecto: Vestido rojo granate intenso y luminoso, bien cubierto.
Aroma: De buena intensidad a fruta roja, frutos del bosque, confituras y fondos especiados.
Boca: Potente entrada en boca, expresivo. Buen final.

Vinos de Benjamín Romeo

info@bodegacontador.com
www.bodegacontador.com

Contador 2008 — 99 Pt
Uvas: Garnacha, Graciano, Tempranillo.
Gastronomía: Carnes en barbacoa, ternera en salsa.
Aspecto: Rojo granate cubierto e intenso, ribeteado en teja.
Aroma: Potente, complejo, a fruta negra, confituras, minerales y fondos a torrefactos y tostados.
Boca: Carnoso, equilibrado. Postgusto de gran complejidad y persistencia. Vino de una gran elegancia.

La Cueva del Contador 2008 — 95 Pt
Uvas: 2% Graciano, 100% Tempranillo.
Gastronomía: Asado de verduras, pollo con pimientos, solomillo.
Aspecto: Rojo granate intenso, de gran luminosidad y elegancia.
Aroma: Complejo y franco con destacados aromas frutales y recuerdos a flores y bayas.
Boca: Potente, fresco, redondo, sabroso y equilibrado.

La Viña de Andrés Romeo 2008 — 96 Pt
Uvas: 100% Tempranillo.
Gastronomía: Conejo al ajillo, casquería, carnes rojas.
Aspecto: Rojo granate intenso de bonita caída.
Aroma: Gran potencia en nariz, complejo a fruta roja, cacaos y fondos especiados y a vainilla.
Boca: Vino untuoso, muy bien estructurado, con un postgusto muy largo y gran persistencia.

Predicador 2009 — 92 Pt
Uvas: Malvasía, Viura, Garnacha Blanca.
Gastronomía: Aperitivos, platos de pescado elaborados.
Aspecto: Amarillo dorado de gran luminosidad.
Aroma: Potente, fresco y floral con fondos a hierba fresca.
Boca: Amplio en boca, estructurado y equilibrado. Gran final.

Predicador 2008 — 91 Pt
Uvas: Garnacha, Tempranillo, Viura.
Gastronomía: Criadillas en salsa, brochetas de pollo, croquetas.
Aspecto: Rojo granate cubierto, ribeteado en tejas.
Aroma: Potente, complejo, frutal con notas especiadas y torrefactas .
Boca: Vino sabroso, jugoso, equilibrado, de gran persistencia.

Que Bonito Cacareaba 2008 — 92 Pt
Uvas: Malvasía, Viura, Garnacha Blanca.
Gastronomía: Pescados azules, mariscos.
Aspecto: Limpio vestido amarillo dorado de gran intensidad.
Aroma: Herbáceo con fondos cítricos.
Boca: Fresco en su entrada, estructurado, equilibrado y armonioso.

Vino de la Tierra Valles de Sadacia

Son vinos que se caracterizan por un gran potencial aromático.

Comunidad Valenciana

La Comunidad Valenciana tiene tres Denominaciones de Origen: **D.O. Alicante**, dividida en dos subzonas (Alicante y Marina) **D.O. Utiel-Requena**, de veranos muy calurosos e inviernos muy fríos que dejan notar sus efectos y **D.O. Valencia**, dividida en cuatro subzonas (Alto Turia, Valentino, Clariano y Moscatel de Valencia) y un Vino de La Tierra: Castelló. La diversidad de suelos y climas, permite una interesante variedad de vinos, que hace frecuente la división de las Denominaciones de Origen en Subzonas.

Los 10 Mejores Vinos

Quincha Corral — 95 Puntos

Tinto de Crianza 2007 Bodega: BODEGA MUSTIGUILLO, S.A.
Vino de la Tierra El Terrazo. Página 160

Finca el Terrazo — 94 Puntos

Tinto de Crianza 2007 Bodega: BODEGA MUSTIGUILLO, S.A.
Vino de la Tierra El Terrazo. Página 160

Beryna — 93 Puntos

Tinto de Crianza 2007 Bodega: BODEGAS BERNABE NAVARRO
D.O: Alicante. Página 157

Beryna Selección — 93 Puntos

Tinto de Crianza 2005 Bodega: BODEGAS BERNABE NAVARRO
D.O: Alicante. Página 157

Casta Diva Cosecha Miel — 93 Puntos

Dulce 2008 Bodega: GUTIÉRREZ DE LA VEGA
D.O: Alicante. Página 158

Casta Diva Fondillón — 93 Puntos

Dulce 1987 Bodega: GUTIÉRREZ DE LA VEGA
D.O: Alicante. Página 158

Enrique Mendoza Reserva Santa Rosa — 93 Puntos

Tinto de Reserva y Gran Reserva 2005 Bodega: ENRIQUE MENDOZA
D.O: Alicante. Página 157

Estrecho — 93 Puntos

Tinto de Crianza 2006 Bodega: ENRIQUE MENDOZA
D.O: Alicante. Página 157

Maduresa — 93 Puntos

Tinto de Reserva y Gran Reserva 2006 Bodega: CELLER DEL ROURE
D.O: Valencia. Página 159

Salinas 1237 — 93 Puntos

Tinto de Crianza 2006 Bodega: SIERRA SALINAS, S.L.
D.O: Alicante. Página 157

Denominación de Origen Alicante

En esta zona predomina la uva tinta Monastrell. Otras variedades que se suelen dar son: Garnacha Tinta y Tintorera, Tempranillo, Bobal, Cabernet Sauvignon, Merlot, Syrah y Pinot Noir. Las variedades blancas autorizadas son: Moscatel de Alejandría, Merseguera, Macabeo, Verdil, Airén, Platán Fina, Chardonnay y Sauvignon Blanc.

Consejo Regulador
965 984 478 - crdo.alicante@crdo-alicante.org

Bocopa
info@bocopa.com
www.bocopa.com

Marina Alta 90 Pt
Blanco Joven 2009 · 5,5 €
Uvas: 100% Moscatel de Alejandría.
Gastronomía: Mariscos, ensaladas frescas, arroces caldosos.
Aspecto: Color amarillo pálido con matices verdosos. Limpio y brillante.
Aroma: Limpios y francos. Muy varietal y fresco.
Boca: Equilibrado, fresco y alegre. Agradable postgusto.

Bodegas Bernabé Navarro
info@bodegasbernabenavarro.com
www.bodegasbernabenavarro.com

Beryna 93 Pt
2007 · 7,25 €
Uvas: 60% Monastrell, 40% Otras.
Gastronomía: Carnes asadas y a la brasa.
Aspecto: Se viste en rojo burdeos luminoso y límpido.
Aroma: Frutales con elegantes con matices conjuntados (flores, especias, tostados).
Boca: En boca equilibrado, complejo, taninos maduros, sabroso, potente final.

Beryna Selección 93 Pt
2005 · 18,65 €
Uvas: 10% Cabernet Sauvignon, 50% Monastrell, 40% Tempranillo.
Gastronomía: Guisos de carne condimentados, quesos curados.
Aspecto: Atractivo vestido color rojo granate. Limpio y luminoso.
Aroma: Potente, frutos negros confitados, notas especiadas y de torrefactos. Tostados de la madera muy bien integrados.
Boca: Carnoso, sabroso, graso, equilibrado, taninos dulces y bien fundidos. Atractivo postgusto.

Bodegas Sierra Salinas, S.L.
office@sierrasalinas.com
www.sierrasalinas.com

Mira Salinas 91 Pt
Tinto Crianza 2006 · 20 €
Uvas: 33% Cabernet Sauvignon, 10% Garnacha, 57% Monastrell.
Gastronomía: Carnes rojas, asados y parrilladas.
Aspecto: Vestido de color burdeos-granate brillante.
Aroma: Intenso a frutas rojas ligeramente maduras y especias con originales notas de hierbas de montebajo.
Boca: Buena entrada en boca, carnoso, de buena expresión tánica. Largo final.

Salinas 1237 93 Pt
2006 · 55 €
Uvas: 37% Cabernet Sauvignon, 47% Garnacha, 16% Monastrell.
Gastronomía: Estofados, legumbres, asados, caza de pelo y pluma, carne a la parrilla y bacalao. Quesos ahumados y aromáticos.
Aspecto: De bonito color rojo burdeos-granate, brillante y limpio.
Aroma: Limpios, netos, francos donde destaca las frutas rojas confitadas, junto a agradables toques balsámicos y fondo especiado.
Boca: Entrada potente, sabroso, taninos algo rugosos y grasos. Largo postgusto.

Bodegas y Viñedos el Sequé
elseque@artadi.com

El Sequé 92 Pt
2008 · 20 €
Uvas: 100% Monastrell.
Gastronomía: Asados, carnes con arroz, embutidos ibéricos.
Aspecto: Vestido en solemne color burdeos-granate, muy limpio y brillante.
Aroma: Limpios, netos y complejos, intensamente afrutado, elegantes notas especiadas y dejos balsámicos.
Boca: En boca es potente, taninos bien integrados y sabrosos, equilibrado, con un buen paso por boca y final largo y persistente.

Enrique Mendoza
bodegas-mendoza@bodegasmendoza.com
www.bodegasmendoza.com

Enrique Mendoza 91 Pt
Syrah 2007 · 13 €
Uvas: 100% Syrah.
Gastronomía: Carnes con verduras.
Aspecto: Color rojo granate. Limpio y brillante.
Aroma: Potente y concentrado. Especias, balsámicos, minerales. Flor y fruta roja.
Boca: Sabroso, carnoso, potente, taninos bien integrados. Postgusto largo.

Enrique Mendoza Cabernet Sauvignon Shiraz 92 Pt
Tinto Reserva 2005 · 13 €
Uvas: 70% Cabernet Sauvignon, 30% Syrah.
Gastronomía: Faisán a las uvas. Borrajas con guisantes. Quesos curados.
Aspecto: Color granate. Limpio y brillante.
Aroma: Elegantes y complejos.
Boca: En boca es sabroso, elegante, amplio y largo postgusto.

Enrique Mendoza Reserva Santa Rosa 93 Pt
Tinto Reserva 2005 · 21 €
Uvas: 70% Cabernet Sauvignon, 15% Merlot, 15% Syrah.
Gastronomía: Carnes especiadas asadas a la parrilla, chuletillas de cordero. Quesos curados. Caza mayor.
Aspecto: Color rojo granate. Limpio y brillante.
Aroma: Limpios, netos, francos y complejos. Tostados, fruta madura, toque de chocolate.
Boca: Carnoso y jugoso. Taninos limpios. Largo postgusto.

Estrecho 93 Pt
2006 · 21 €
Uvas: 100% Monastrell.
Gastronomía: Pollo guisado, estofado de ciervo, delicias de bonito.
Aspecto: Color rojo granate. Limpio y brillante.
Aroma: Intensos. Notas vegetales, chocolate amargo, buena fruta madura.
Boca: Elegante, amplio, carnoso, taninos dulces bien integrados. Postgusto largo.

Gutiérrez de la Vega
info@castadiva.es
www.castadiva.es

Casta Diva Cosecha Miel 93 Pt
2008 · 15 €
Uvas: 100% Moscatel de Alejandría.
Gastronomía: Postres. Quesos azules y curados. Patés.
Aspecto: Color topacio. Limpio y brillante.
Aroma: Limpios, netos, francos a frutas sobremaduras, almendras tostadas y dejo de moscatel, rosas y miel salvaje.
Boca: En boca es dulce, carnoso, amplio, generoso, untuoso y limpio. Buen postgusto.

Casta Diva Fondillón 93 Pt
1987 · 100 €
Uvas: 100% Monastrell.
Gastronomía: Postres.
Aspecto: Color rubí con borde caoba.
Aroma: Limpios, embaucadores, francos, intensos, expresivos y complejos.
Boca: Carnoso, sabroso, complejo y tierno. Elegante postgusto.

Casta Diva Fondillón 92 Pt
Tinto Dulce 2000 · 60 €
Uvas: 100% Monastrell.
Gastronomía: Postres.
Aspecto: Color rojo granate.
Aroma: Potente, expresivo, amplio.
Boca: Sabroso, amplio, denso. Gran postgusto.

Casta Diva Reserva Real 92 Pt
Blanco Dulce Reserva 2002 · 38 €
Uvas: 100% Moscatel de Alejandría.
Gastronomía: Todo tipo de postres.
Aspecto: Color amarillo sostenido. Limpio y brillante.
Aroma: Complejos, intensos. Frutas blancas escarchadas. Toque de miel.
Boca: Amplio, estructurado, equilibrado y sedoso. Elegante postgusto.

Vins del Comtat
info@vinsdelcomtat.com
www.vinsdelcomtat.com

Cristal.Li 90 Pt
2009 · 8,5 €
Uvas: 100% Moscatel de Alejandría.
Gastronomía: Quesos azules, foie, postres, almendras tostadas y caramelizadas.
Aspecto: Color amarillo sostenido.
Aroma: Franco e intenso. Complejo y muy varietal.
Boca: Amplio y estructurado. Sabroso, elegante y persistente final.

Montcabrer 90 Pt
Tinto Reserva 2005 · 24 €
Uvas: 100% Cabernet Sauvignon.
Gastronomía: Guisos de carne con verduritas a la plancha.
Aspecto: Color rojo granate. Limpio y brillante.
Aroma: Intenso y complejo. Frutoso, balsámico y especiado.
Boca: Sabroso, equilibrado, tánico. Buen postgusto.

Denominación de Origen Utiel-Requena

Enclavada en una pequeña meseta situada en el interior de la provincia de Valencia, su clima es mediterráneo. Las uvas que más se cultivan son las tintas: Bobal, Tempranillo, Garnacha, Cabernet Sauvignon y Merlot. Las blancas son: Macabeo, Merseguera, Chardonnay y Planta Nova.

Consejo Regulador
962 171 062 - info@utielrequena.org

Bodegas Covilor (Coop.Virgen de Loreto)
laboratorio@bodegascovilor.com
www.bodegascovilor.com

Alto Cuevas 90 Pt
2009 · 2,8 €
Uvas: 100% Macabeo.
Gastronomía: Aperitivos, pescados azules.
Aspecto: Amarillo verdoso. Limpio y brillante.
Aroma: Limpio, neto, franco. Muy frutal.
Boca: Alegre, fresco, sincero. Buen postgusto.

Bodegas Vegalfaro
info@vegalfaro.com
www.vegalfaro.com

Pago de Los Balagueses 90 Pt
2007 · 11,5 €
Uvas: 100% Syrah.
Gastronomía: Embutidos Ibéricos, quesos curados.
Aspecto: Color rojo burdeos cubierto. Limpio y brillante.
Aroma: Complejo, intenso, fruta roja madura, notas ahumadas y especiadas.
Boca: Sabroso, equilibrado, carnoso, tánico, denso. Agradable y largo postgusto.

Cherubino Valsangiacomo, S.A.
carlos.valsangiacomo@cherubino.es
www.cherubino.es

Marqués de Caro 92 Pt
2009 · 3,5 €
Uvas: 100% Bobal.
Gastronomía: Pasta y arroces.
Aspecto: Vestido grosella. Limpio y brillante.
Aroma: Limpio, fresco, alegre, afrutado con un ligero dejo floral.
Boca: Tierno, sencillo, alegre y fresco en boca. Largo postgusto.

Chozas Carrascal
chozas@chozascarrascal.es
www.chozascarrascal.es

Chozas Carrascal 90 Pt
El Cabernet de Familia 2007 · 18 €
Uvas: 100% Cabernet Franc.
Gastronomía: Menestra de verduras, Pasta a la jardinera, Arroz a banda
Aspecto: Rojo burdeos. Limpio y brillante.
Aroma: Elegante y complejo. Frutas negras, toque mineral y balsámico.
Boca: Expresivo, carnoso, sabroso. Elegante postgusto

Dominio de la Vega
info@dominiodelavega.com
www.dominiodelavega.com

Arte Mayor 90 Pt
III · 22 €
Uvas: 100% Bobal.
Gastronomía: Pollo con pimentón, cabecitas de cordero, conejo con caracoles.
Aspecto: Color rojo burdeos muy cubierto.
Aroma: Complejos. Fruta roja confitada, frutos negros, plantas aromáticas, monte bajo, minerales y balsámicos.
Boca: Con cuerpo, potente, taninos bien integrados. Agradable postgusto.

Emilio Clemente
info@eclemente.com
www.eclemente.com

Excelencia de Emilio Clemente 90 Pt
2006 · 30 €
Uvas: Cabernet Sauvignon, Merlot, Tempranillo.

Gastronomía: Embutidos, quesos curados.
Aspecto: Color rojo burdeos-granate. Limpio y brillante.
Aroma: Limpio, franco, complejo, fruta madura con notas especiadas (vainilla) y cremosas del roble, torrefactos.
Boca: Estructurado, carnoso, sabroso, equilibrado. Agradable postgusto.

Florante 90 Pt
2007 · 8 €
Uvas: Chardonnay, Tardana, Sauvignon Blanc.
Gastronomía: Pescados y crustáceos.
Aspecto: Amarillo dorado sostenido. Limpio y brillante.
Aroma: Original. Fruta blanca madura, agradables notas de la madera y toque especiado.
Boca: Equilibrado, elegante, sutil. Persisitente y agradable final.

Murviedro

murviedro@murviedro.es
www.murviedro.es

Corolilla 90 Pt
Tinto Crianza 2007 · 9,95 €
Uvas: 100% Bobal.
Gastronomía: Carnes guisadas, brochetas de carne roja.
Aspecto: Vestido en color burdeos-granate.
Aroma: Afrutados bien conjugados con toques de chocolate negro amargo, toffes y especias.
Boca: Denso, carnoso, seco y con una buena expresión tánica. Agradable postgusto.

Pago de Tharsys, S.L.

pagodetharsys@pagodetharsys.com
www.pagodetharsys.com

Pago de Tharsys 90 Pt
Vendimia Nocturna 2009 · 11,85 €
Uvas: 80% Albariño, 20% Godello.
Gastronomía: Pescados blancos y azules, ensaladas y mariscos.
Aspecto: Color amarillo pálido.
Aroma: Potente aroma a flores y frutas blancas. Muy joven. Agradable toque cítrico.
Boca: Seco, sabroso, fresco y alegre. Agradable postgusto.

Pago de Tharsys 90 Pt
2005 · 12 €
Uvas: 100% Merlot.
Gastronomía: Carnes de caza mayor y menor. Quesos curados.
Aspecto: Color rojo burdeos-granate.
Aroma: Limpio, neto, franco con aromas empireumatico, mineral y especiado junto con un agradable toque animal.
Boca: Carnoso, sabroso, tanino bien integrado. Buen final.

Vera de Estenas Viñedos y Bodegas

estenas@estenas.es
www.estenas.es

Casa Don Ángel 90 Pt
2006 · 14 €
Uvas: 100% Bobal.
Gastronomía: Cangrejos de rio guisados, albóndigas de arroz y bacalao.
Aspecto: Color rojo granate bien cubierto.
Aroma: A fruta negra confitada, torrefactos, especias y balsámicos.
Boca: Sabroso, goloso, maduro. Agradable postgusto.

Vicente Gandía Pla, S.A.

info@vicentegandia.com
www.vicentegandia.com

Vicente Gandía Generación 1 91 Pt
2006 · 25 €
Uvas: Bobal, Cabernet Sauvignon, Syrah.
Gastronomía: Judías blancas con liebre, muslos de pavo guisados, truchas al horno.
Aspecto: Color granate. Limpio y brillante.
Aroma: Francos e intensos. Frutas rojas, elegantes tostados y especias, con un ligero toque mineral.
Boca: Amplio, carnoso, taninos bien integrados. Final largo.

Denominación de Origen Valencia

Abarca cuatro zonas: Alto Turia, Valentino, Moscatel de Valencia y Clariano El clima es claramente mediterráneo con inviernos suaves, primaveras lluviosas y veranos calurosos. Los suelos son muy variados, siendo en unas zonas abruptos y con pendientes y en otros llanos y profundos.

Consejo Regulador
963 910 096 - info@vinovalencia.org

Bodegas Vegalfaro

info@vegalfaro.com
www.vegalfaro.com

Pasamonte 91 Pt
2006 · 10 €
Uvas: 100% Garnacha.
Gastronomía: Carnes asadas y a la brasa. Quesos curados. Pollo en pepitoria. All y pebre.
Aspecto: Se viste en rojo burdeos luminoso y límpido.
Aroma: Frutales, especias, torrefactos y balsámicos, todos ellos bien conjuntados.
Boca: En boca equilibrado, goloso, sabroso, potente final. Taninos redondos y bien integrados.

Celler del Roure

info@cellerdelroure.es

Les Alcusses 91 Pt
2007 · 9,5 €
Uvas: 20% Cabernet Sauvignon, 30% Merlot, 40% Monastrell, 10% Syrah.
Gastronomía: Caza menor, embutidos ibéricos, quesos semi-curados.
Aspecto: Color burdeos. Limpio y brillante.
Aroma: Atractiva y compleja nariz. Notas balsámicas y especiadas. Fruta madura, ebanistería y fondo de sotobosque.
Boca: Sabroso, cálido, redondo y tanino bien integrado y maduro. Postgusto elegante.

Maduresa 93 Pt
Tintos Reserva 2006 · 16 €
Uvas: 25% Cabernet Sauvignon, 10% Merlot, 15% Monastrell, 10% Petit Verdot, 15% Syrah, 25% Mando.
Gastronomía: Carnes guisadas con arroz, parrilladas de carne con verduras, legumbres. Foie.
Aspecto: Color granate. Limpio y brillante.
Aroma: Plenos, francos e intensos. Frutos macuros, finas notas especiadas. Fondo mineral.
Boca: Potente, expresivo y sabroso, buen recorrido y estructura. Elegante postgusto.

Cherubino Valsangiacomo, S.A.

carlos.valsangiacomo@cherubino.es
www.cherubino.es

Marqués de Caro Blanco 90 Pt
2009 · 3,5 €
Uvas: Moscatel, Meseguera.
Gastronomía: Pescados a la cazuela. Arroces.
Aspecto: Color amarillo brillante. Limpio.

Aroma: Nariz limpio, neta, franca y expresiva. Fruta y flor blanca.
Boca: Amplio, fresco, sabroso. Alegre postgusto.

Heretat de Taverners, S.L.

info@heretatdetaverners.com
www.heretatdetaverners.com

Heretat de Taverners 91 Pt
Tinto Reserva 2006 · 11,5 €
Uvas: 100% Graciano.
Gastronomía: Asados, carnes estofadas con arroz.
Aspecto: Color burdeos-granate. Limpio y brillante.
Aroma: Nariz compleja. Frutos rojos maduros, tonos vegetales, cueros y regaliz.
Boca: En boca es seco, sabroso, con una equilibrada acidez y un tanino bien integrado. Agradable postgusto.

Mallaura 90 Pt
Tinto Reserva 2006 · 9 €
Uvas: Cabernet Sauvignon, Garnacha, Monastrell, Tempranillo.
Gastronomía: Carnes rojas guisadas con verduras.
Aspecto: Color rojo granate. Limpio y brillante.
Aroma: Intenso y neto. Aromas a especias, frutas maduras y buena madera.
Boca: Carnosa, equilibrado, de buena expresión tánica. Agradable final.

Sin denominación de origen Vino de Mesa

Viñedos y Bodegas Heretat de Cesilia

enoturismo@heretatdecesilia.com
www.heretatdecesilia.com

Heretat de Cesilia 90 Pt
2005 · 11 €
Uvas: 50% Cabernet Sauvignon, 20% Petit Verdot, 30% Syrah.
Gastronomía: Carnes, embutidos, quesos.
Aspecto: Color rojo granate.
Aroma: Intenso, complejo. Frutos rojos maduros, balsámicos, tostados y ahumados.
Boca: Equilibrado, sabroso, carnoso. Agradable postgusto.

Vinos de la Tierra de Castelló

Se trata de una nueva IGP aprobada mediante Orden de 21/12/2001 y modificada por Orden de 6/05/2002, denominada inicialmente como "Vins de la Terra de Castelló" y finalmente como "Vinos de la Tierra de Castelló".

Masía de la Hoya Vinícola

masiadelahoya@masiadelahoya.com
www.masiadelahoya.com

Masía de la Hoya 90 Pt
Orero Selección 2006 · 8,85 €
Uvas: Merlot, Tempranillo.
Gastronomía: Asados, embutidos, quesos curados y pates.
Aspecto: Color rojo burdeos-granate. Limpio y brillante.
Aroma: Complejo y potente, frutas rojas en confitura, notas de especias y torrefactos.
Boca: Estructurado, bien armado, lleno, pleno. Invita a beberse. Buen postgusto.

Viñedos y Bodegas Mayo García, S.L.

mail@mayocasanova.com
www.mayocasanova.com

Magnanimvs 90 Pt
Serie Oro 2007 · 20 €
Uvas: Cabernet Sauvignon, Merlot, Syrah.
Gastronomía: Cordero asado, quesos curados.
Aspecto: Color rojo burdeos-granate.
Aroma: Franco y neto. Frutas maduras, tostados de la madera, especiado y toque mineral.
Boca: Sabroso, estructurado. Taninos bien fundidos. Postgusto agradable.

Vinos de la Tierra El Terrazo

Orden del 23 de septiembre de 2003, publicada en el B.O.C.V. con carácter retroactivo desde el año 2001.

Bodega Mustiguillo, S.A.

r.soto@bodegamustiguillo.com
www.bodegamustiguillo.com

Finca el Terrazo 94 Pt
2007 · 25 €
Uvas: 85% Bobal, 15% Tempranillo.
Gastronomía: Quesos semicurados, ibéricos.
Aspecto: Color rojo burdeos.
Aroma: Intensa nariz, fruta negra madura, notas a regaliz y chocolate amargo, fondo a tostados de una buena madera.
Boca: Amplio, sabroso, taninos bien integrados. Postgusto elegante.

Quincha Corral 95 Pt
2007 · 50 €
Uvas: 100% Bobal.
Gastronomía: Carnes guisadas.
Aspecto: Color rojo granate.
Aroma: Elegante y compleja nariz. Fruta negra y roja, notas especiadas y minerales.
Boca: Potente, amplio, estructurado, redondo. Elegante final.

3

Índices

Edita
Repsol, S.A.

Realización
Real Academia de Gastronomía

Diseño
Estudio Manuel Estrada

Maquetación y Producción
Central de Producción, S.A.

Impresión
Dédalo Offset, S.L.

ISBN
978-84-87980-30-5

Depósito Legal
M-43195-2010

Rutas

Guía de Rutas con Denominación de Origen

El rico patrimonio gastronómico de nuestro país y la excelente acogida que ha tenido la **Guía de Rutas con Denominación de Origen** nos permite presentar, por tercer año consecutivo, una nueva edición de esta Guía que, junto a la de Mapas, se consolida como el complemento perfecto para planificar viajes y escapadas.

Proponemos 34 rutas inéditas, dos por Comunidad Autónoma, que giran en torno a alimentos reconocidos con garantía de calidad. Estas rutas son un viaje a través de los sentidos donde el producto seleccionado nos servirá de pretexto para disfrutar del camino, conocer pequeños pueblos, sus paisajes y sus gentes. Porque en esta Guía el objetivo no es simplemente el destino, sino el recorrido por los rincones de España que guardan los sabores más genuinos.

La **Guía de Rutas con Denominación de Origen** cuenta con asesores de máximo prestigio: la **Real Academia de Gastronomía**, que refleja cada año con su trabajo la excepcional riqueza y variedad de productos de calidad que ofrece nuestra geografía y, por otra parte, la **Fundación Española de la Nutrición**, que ha elaborado y avala la información nutricional relativa a cada alimento.

El contenido editorial y gráfico ha corrido a cargo de destacados profesionales del periodismo turístico de todas las regiones españolas, conocedores de cerca de las tierras, gentes y valores culturales de las rutas propuestas.

La **Guía de Rutas**, asímismo, ha contado con el inestimable apoyo y la permanente colaboración de los **Consejos Reguladores** y las **Consejerías de Turismo**, **Agricultura y Pesca** de las Comunidades Autónomas, a quienes queremos mostrar nuestro agradecimiento, ya que son ellos quienes proporcionan toda la información necesaria para la realización de las rutas y fundamentan las razones por las que cada uno de los productos es merecedor de su distintivo de calidad. Esta garantía se sustenta principalmente en las certificaciones **Denominación de Origen (D.O.)**, **Denominación de Origen Protegida (D.O.P.) e Indicación Geográfica Protegida (I.G.P.)**, pero también certificaciones de prestigio en el ámbito internacional, nacional y regional.

Para facilitar la planificación del recorrido, cada reportaje se completa con una sección en la que se incluye el mapa detallado de la ruta, la distancia del itinerario propuesto y la referencia a la información turística, de hoteles y restaurantes de la **GUÍA REPSOL 2011**. Además, en **guiarepsol.com** es posible ampliar todos esos datos y consultar las 68 rutas publicadas en ediciones anteriores, de manera que se puede disfrutar de 102 rutas alrededor de toda España.

REPSOL, a través de la **Guía de Rutas con Denominación de Origen**, quiere rendir homenaje a quienes celosamente guardan esta formidable herencia gastronómico-cultural y les invita a recorrer y disfrutar estos caminos que, seguro, dejarán un recuerdo imborrable en el paladar.

Índice

Guía Repsol

Completa tu ruta

- **Longitud del itinerario propuesto:** 94,8 km aprox.
- **Mapa completo de la zona:** pág. 64 D-2
- **Información turística, restaurantes y hoteles:** pág. 63
- **Otras rutas sobre esta Comunidad en *guiarepsol.com:***
  Ruta del Aceite Sierra de Cazorla
  Ruta del Aceite de Oliva Virgen Extra Priego de Córdoba
  Ruta de la Caballa de Andalucía
  Ruta de la Chirimoya de la Costa Tropical Granada-Málaga

El sabor de los **valles de Córdoba**

Jamón de Los Pedroches

Recorremos esta provincia de oeste a este hasta las estribaciones de Sierra Morena disfrutando de su naturaleza y catando sus sabores ibéricos.

Sobre la gigantesca y profunda masa rocosa de granito que se extiende desde Salamanca hasta Jaén, se apoyan más de 36.000 km² de la dehesa más extensa y mejor conservada de Europa. Sus encinas milenarias, robles y alcornoques la convierten en uno de los más bellos paraísos naturales de la Península Ibérica. Esta ruta la cruza de oeste a este siguiendo la producción más emblemática de la comarca de Los Pedroches: el cerdo ibérico y su jamón.

Los romanos llamaron a estas tierras Valle de los Minerales, y los árabes, Valle de las Bellctas

Entre el Guadiana y el Guadalquivir

Comenzamos el recorrido en el pueblo de **Hinojosa del Duque**. Su iglesia de San Juan Bautista es conocida como "la Catedral de la Sierra". Este Monumento Histórico Artístico es uno de los ejemplos más destacados del Renacimiento andaluz y, sin duda, el mejor de la característica arquitectura del granito del Valle de Los Pedroches. Llamado Valle de los Minerales por los romanos y Valle de las Bellotas por los árabes, se trata de una amplia llanura que se extiende a ambos lados de las riberas del Guadiana y del Guadalquivir al norte de la provincia de Córdoba. Al suroeste del casco urbano, por la CO-8406 dirección Valsequillo, se

Rincón del Jamón de Los Pedroches

Los cerdos forman parte de la ancestral cultura ganadera de la comarca andaluza de Los Pedroches, que ha caracterizado la actividad económica de la zona desde tiempos inmemoriales.
Gestionado en régimen extensivo, el denominado cerdo ibérico de bellota deambula libre por las extensas dehesas de encinas, quejigos y alcornoques alimentándose de bellotas y pastos naturales en los meses anteriores a su sacrificio.
Cuanto más alto es el porcentaje de bellotas que consume el animal, mayor es la calidad del jamón que proporciona.
Entra en montanera con una edad mínima de 10 meses para engordar al menos hasta los 51,75 kg.
Los jamones de este cerdo ibérico son de una gran calidad, tienen un aroma inconfundible, y un sabor delicado.
Su color característico varía del rosa al rojo púrpura brillante, con infiltración de grasa blanco-rosácea o amarillenta. También destacan las paletas del cerdo ibérico de Los Pedroches.

www.jamondolospedroches.es

El cerdo ibérico alimentado con bellotas contiene proteínas de elevado valor biológico y un alto porcentaje de ácidos grasos monoinsaturados, destacando el ácido oleico, que ejerce efectos beneficiosos para la salud. Además, contiene vitaminas como la tiamina y los equivalentes de niacina, y minerales, entre ellos el hierro hemo de fácil absorción.
Fundación Española de la Nutrición

Los Pedroches
DENOMINACIÓN DE ORIGEN

Denominación de Origen (D.O.)

Casa con flores de Los Pedroches.

encuentra el Parque de la Fuente de la Zarza, de 315 ha de extensión, junto a la ermita de la Virgen de la Antigua. Allí, un observatorio permite la contemplación del espectáculo que ofrecen las miles de grullas, que aprovechan el encinar, los pastizales, los riachuelos y los pequeños embalses de la zona para pasar el invierno.
De vuelta a Hinojosa del Duque, podemos visitar su museo etnológico -cuyas salas también acogen interesantes exposiciones de escultura, fotografía y pintura- y reponer fuerzas con alguno de los platos tradicionales de la localidad; y en verano, a principios de agosto, disfrutar entre los puestos del mercado medieval La Finojosa, que cada año atrae a miles de visitantes.

Veredas y vías pecuarias

Por la A-422 salimos con destino a la capital de la comarca, Pozoblanco. Pero antes, a medio camino, paramos en **Alcaracejos**. Aquí, en la oficina de información de la Mancomunidad de Municipios Los Pedroches, los senderistas pueden encontrar abundante oferta de veredas y vías pecuarias por las

Sorpresa

Cerca de Cardeña, un antiguo depósito situado en un cerro ha sido reconvertido en mirador astronómico. Allí se puede contemplar el cielo nocturno, especialmente la lluvia de estrellas a principios de agosto, uno de los atractivos de Los Pedroches. Cuenta con un telescopio solar, por lo que no es necesario esperar a la noche para observar el firmamento.

Ejemplar de cerdo ibérico.

que adentrarse en las profundidades de la dehesa de Córdoba. Destaca la Cañada Real de la Mesta, un recorrido de unos 20 km que se puede realizar a pie, en bicicleta o a caballo y que proporciona la posibilidad de cruzarse con nutrias, chorlitos, grullas y avutardas, entre otros representantes de la abundante fauna local.

También hay rutas senderistas que parten desde **Pozoblanco**, sede de las principales industrias agroganaderas de la zona. En esta localidad, repleta de interesantes edificios religiosos y civiles, destaca la parroquia de Santa Catalina, que comenzó a erigirse en el siglo XVI, y su imponente torre campanario, levantada 300 años más tarde. Junto a ella, en la misma plaza, merece la pena visitar el claustro del antiguo hospital de Jesús Nazareno. Y entre sus típicas viviendas con dinteles de granito destaca la Casa de la Viga, junto a la plaza del Pozo Viejo. Considerada la construcción más antigua de la ciudad, totalmente restaurada, permite apreciar la arquitectura típica de la zona y sus tradicionales formas de vida, ya que alberga el Museo de Artes y Costumbres. En la planta alta acoge otro espacio expositivo, esta vez dedicado a uno de los hijos más ilustres de Pozoblanco: Marcos Redondo (1893-1976), considerado como el mejor barítono de zarzuela en España.

Otros de sus edificios singulares son su plaza de toros y el viejo silo transformado en un moderno teatro. En las afueras de la población se encuentra la moderna Ciudad del Ocio, un enclave turístico-deportivo municipal que cuenta con club de golf, club hípico y clubes de pesca y caza deportiva. Desde ellos se pueden emprender estimulantes excursiones.

Desde tiempos inmemoriales, los cérdos ibéricos de Los Pedroches pastan libres por la dehesa

Fiestas

Muchos pueblos de la comarca, como Hinojosa del Duque, se llenan de hogueras la noche del 1 de febrero. En torno a ellas los vecinos cantan viejas canciones mientras prueban los primeros productos de la matanza anual del cerdo ibérico. Ese mismo mes, Pozoblanco celebra la popular romería de la Virgen de Luna. Su Semana Santa así como la de Hinojosa están declaradas Fiestas de Interés Turístico Nacional. Con la primavera cada municipio celebra su propia romería y, en verano, sus fiestas patronales.

Encina de la dehesa de Córdoba.

Azuel es un enclave ideal para practicar el deporte de la pesca

Seguimos el recorrido por la A-423 camino de **Villanueva de Córdoba**. La torre de San Miguel Arcángel, terminada de construir en 1785, nos marca el camino y descuella en el centro del entramado urbano, salpicado de otros edificios religiosos, como las ermitas de San Sebastián o de la Virgen de la Luna, ambas del siglo XVI. Dejamos atrás las largas rectas, ya que el terreno se empina en suaves colinas según nos acercamos a las faldas de Sierra Morena. Con gran tradición en el arte de curar el jamón ibérico y fabricar navajas artesanales -conocidas como *jarotas*-, cualquiera de los caminos que salen de Villanueva permite disfrutar de un bonito paseo por la dehesa, que alimenta una abundante cabaña ganadera de vacas, ovejas y, sobre todo, cerdos ibéricos.

A partir de aquí, siguiendo la ruta, nos dirigimos hacia el norte hasta alcanzar la pequeña población de **Conquista** por la carretera CO-6103, adentrándonos en las estribaciones de Sierra Morena. Situado al

En Los Pedroches se trabaja el repujado de cuero.

Secadero de jamones en Pozoblanco.

borde del antiguo Camino de la Plata, es un pueblo de casas blancas que disfruta del sosiego que le da su aislamiento. Rodeado de una dehesa que ya se convierte en monte, su gastronomía se basa en lo más abundante de la zona, las carnes de cacería: venado, liebre y perdiz.

Salimos hacia Cardeña por la A-3200, camino del cruce con la N-420. Allí, en el borde mismo del Parque Natural de la Sierra de Cardeña y Montoro, se encuentra la pequeña aldea de **Azuel**. Sus vecinos, que se precian de pescar barbos a mano levantando las piedras bajo las que se esconden, nos señalan, si somos aficionados, los mejores parajes para disfrutar del tranquilo deporte de la pesca.

Paisajes de bosque mediterráneo

Girando hacia el sur por la N-420 que une Córdoba con Ciudad Real y Toledo, nos encaminamos, siguiendo las huellas del cerdo ibérico de Los Pedroches, a la moderna población de **Cardeña**, enclavada en pleno Parque Natural. Está rodeada por los bellísimos paisajes de bosque mediterráneo del río Yeguas, plagados de rutas de alto interés botánico y faunístico. Otra opción al final de esta ruta es visitar el impresionante Parque Natural de la Sierra de Cardeña y Montoro. Las cuestas de este último pueblo, emplazado sobre un meandro del río Guadalquivir, ponen a prueba las piernas del viajero, pero el paseo por sus calles y callejuelas le regalará a buen seguro un recuerdo imborrable. ■

Visita obligada

El Parque Natural Sierra de Cardeña y Montoro, se extiende al noreste de la provincia de Córdoba, en la parte central de Sierra Morena. Aquí, el río Yeguas ha ido formando un valle boscoso poblado de una variadísima fauna. Sus paisajes están repletos de especies en peligro de extinción como el lince ibérico, el lobo, la nutria, el meloncillo, la jineta y el gato montés. Sus evoluciones son observadas desde el aire por el águila imperial, el águila calzada, el alimoche y los buitres negros y leonados.

Caldos aromáticos **universales**

Jerez, Xérès, Sherry y Manzanilla de Sanlúcar de Barrameda

Las tierras de la margen izquierda del Guadalquivir dan a los Vinos de Jerez unas cualidades exclusivas reconocidas mundialmente.

Carrera de caballlos en la playa Bajo de Guía de Sanlúcar de Barrameda.

Nueve municipios, ocho de Cádiz y uno de Sevilla, únicos proveedores de uva para los Vinos de Jerez

Desde el cerro del viejo castillo de la localidad sevillana de **Lebrija** se divisa uno de los más ricos paisajes agrícolas del Bajo Guadalquivir. Es el único municipio sevillano que puede aportar uvas con las que se elaboran los vinos de las Denominaciones de Origen del Marco de Jerez. Los demás municipios, hasta ocho, son gaditanos. Sin embargo, estos caldos sólo pueden criarse en bodegas de Jerez de la Frontera, El Puerto de Santa María y Sanlúcar de Barrameda. La ruta se inicia, precisamente, en Lebrija, una localidad de sencilla arquitectura popular con fachadas pintadas de cal blanca y patios adornados de flores. Sus calles están salpicadas de casas señoriales y notables edificios públicos y religiosos.

Guía Repsol

Completa tu ruta

- **Longitud del itinerario propuesto:** 74,6 km aprox.
- **Mapa completo de la zona:** pág. 76 C-2
- **Información turística, restaurantes y hoteles:** págs. 99 y 164
- **Otras rutas sobre esta Comunidad en** ***guiarepsol.com:***

  Ruta del Aceite Sierra de Cazorla
  Ruta del Aceite de Oliva Virgen Extra Priego de Córdoba
  Ruta de la Caballa de Andalucía
  Ruta de la Chirimoya de la Costa Tropical Granada-Málaga

Detalle del castillo de San Marcos, en El Puerto de Santa María.

Sanlúcar muestra en sus palacios y edificios religiosos la riqueza que le han dado la crianza y el comercio de vinos

Por la A-471, cruzando la campiña y con el cauce del Guadalquivir y el Parque Nacional de Doñana a nuestra derecha, llegamos a **Trebujena**. Los espectaculares atardeceres de las marismas de este encantador municipio agrícola de ricos mostos y famosas angulas y camarones, fueron inmortalizados por Steven Spielberg en la película *El Imperio del Sol*. Aquí podemos optar por dos recorridos para continuar la ruta hasta **Sanlúcar**: Seguir directamente por la A-471 o adentrarnos por la SE-698, la SE-9013 y la CA-9027 en la belleza de la marisma para disfrutar de su rica avifauna cruzando los pinares de Doñana y llegando a la capital de la manzanilla por su playa de Bonanza.

Siglos de riqueza

Sanlúcar, una villa andaluza de casas con patio, ha sido favorecida durante siglos por la riqueza del comercio y de sus bodegas. Esto se observa en sus palacios civiles y edificios religiosos como el castillo de Santiago, el palacio de los Duques de Medina Sidonia, la iglesia de Nuestra Señora de la O y el convento de Santo Domingo. Si se visita en agosto, no hay que perderse sus vistosas carreras de caballos por la playa; y durante todo el año se puede disfrutar de su rica gastronomía, de pescado y marisco regado con la manzanilla de sus

Cata de Vino de Jerez.

Visita obligada

No hay que perderse la travesía de la Bahía de Cádiz a bordo del Vaporcito del Puerto, que permite pasar el día recorriendo Cádiz y regresar al atardecer a El Puerto de Santa María, con el sol poniéndose tras la silueta de la capital.

bodegas en Bajo de Guía. Esta playa que acoge el antiguo barrio de pescadores, está hoy repleta de restaurantes. Desde ella, un barco permite cruzar el Guadalquivir para visitar Doñana.
Desde allí, la A-2001 nos lleva a otro paraíso gastronómico, la llamada Ribera del Marisco, en pleno casco histórico de **El Puerto de Santa María**. Es la ciudad de los cien palacios, que huele a mar y al vino que se cría en sus bodegas. Esta antigua localidad cuyo castillo fue construido por Alfonso X, se ha convertido en residencia de verano para miles de españoles que llenan de vida sus calles de casas encaladas.
La N-IV, nos lleva después a la capital de la comarca, **Jerez**, fin de la ruta. Sus bodegas se combinan con la cría del caballo y el toro de lidia para dar personalidad a esta ciudad cuna del flamenco. La bulería nació en sus barrios de Santiago y San Miguel. Las calles, callejas y plazas de su extenso casco antiguo esconden joyas como el antiguo Cabildo, una decena de palacios e iglesias como la catedral o la de Santiago. ■

Fiestas

Los Carnavales de febrero con sus chirigotas son tradicionales en toda la zona. La Feria de Jerez y la de El Puerto, entre abril y mayo, inician la temporada de casetas y sevillanas, que se prolonga hasta el verano. También en mayo se celebra en Lebrija la Caracolá Lebrijana, su festival flamenco, que es seguido la noche de San Juan, el 24 de Junio, por Los Juás: muñecos hechos con trapos viejos que representan personajes famosos y son quemados en hogueras.

Rincón del Jerez, Xérès, Sherry y Manzanilla de Sanlúcar de Barrameda

Con 300 días de sol al año, inviernos suaves y calurosos veranos, viento de Levante y de Poniente, tierras calizas y lluvias en invierno y primavera, los Vinos del Marco de Jerez consiguen cualidades únicas y fama mundial. El 80% de los viñedos están calificados como Jerez superior. La D.O. ampara tres tipos de vino: generosos, generosos de licor y dulces naturales. Los primeros son el fino, el amontillado, el oloroso y el palo cortado; los segundos, *cream*, *pale cream*, *dry* y *medium*. Los pedro ximénez y el moscatel son los dulces naturales. Entre los generosos está también la manzanilla que adquiere características diferentes debido al microclima de las bodegas de Sanlúcar, únicas en las que puede envejecer.

www.sherry.org

El valor calórico de los vinos de Jerez depende de su grado alcohólico (del 15 al 22 % vol.) y de sus azúcares. Además contiene ácidos orgánicos, sales minerales, vitaminas y sustancias antioxidantes. Su consumo moderado en personas adultas sanas puede prevenir enfermedades cardiovasculares y ciertos tipos de cáncer.
Fundación Española de la Nutrición

JEREZ XERES SHERRY
MANZANILLA
DENOMINACIONES DE ORIGEN

Denominación de Origen (D.O.)

Olivos y parajes con **carácter propio**

Aceite del Bajo Aragón

La comarca de Matarraña, enmarcada en un paisaje accidentado, es pródiga en poblaciones llenas de historia y casas porticadas de piedra. En medio, sus olivares y los vestigios de la cultura ibérica.

Aceitunas con las que se elabora el Aceite del Bajo Aragón.

Los farallones rocosos de los Puertos de Beceite enmarcan un paisaje cuajado de olivos -materia prima del excelente aceite aragonés- y de pueblos de piedra cargados de historia. Estamos en el Matarraña, la tierra más mediterránea de Aragón. El punto de salida y llegada de nuestra ruta se sitúa en **Calaceite**, una localidad de la provincia de Teruel que marca la pauta con su casco urbano reclinado en un cerro, su monumental ayuntamiento, sus peculiares arcos de acceso y sus casas porticadas de piedra sillar, con airosos aleros y grandes balcones. No hay que perderse la plaza de España ni su iglesia barroca. Conviene también subir al cerro de San Antonio, donde se asientan los restos de un poblado ibérico.

Siguiendo el recorrido tomamos luego la A-1413 dirección **Cretas**, que repite a una escala más pequeña el esquema constructivo de Calaceite, con el aliciente añadido de sus numerosos pasadizos. **Valderrobres**, 5 km más al sur, siguiendo la A-1413 y la A-231, aparece en el paisaje con el perfil inconfundible que le dan su puente sobre el río Matarraña, la iglesia gótica de Santa María la Mayor y el castillo del mismo estilo. En este punto es preciso tomar la A-2412 para acercarse a **Beceite** que, con sus estrechas y rústicas callejuelas, sirve de entrada al enclave natural de El Parrizal, un desfiladero practicable a pie que se adentra en los Puertos de Beceite,

Olivos de tres variedades dan fragancia, color y sabor al paisaje

Guía Repsol

Completa tu ruta

- **Longitud del itinerario propuesto:** 83,8 km. aprox.
- **Mapa completo de la zona:** pág. 34 A-4
- **Información turística, hoteles y restaurantes:** pág. 44
- **Otras rutas sobre esta Comunidad en *guiarepsol.com:***
  Ruta de la Cebolla Dulce de Fuentes de Ebro
  Ruta del Jamón de Teruel
  Ruta del Melocotón de Calanda
  Ruta del Ternasco de Aragón

Rincón del Aceite del Bajo Aragón

La Denominación incluye 77 municipios del nordeste de Teruel y el sureste de Zaragoza. Son 37.000 ha de olivos en su mayor parte concentradas en explotaciones familiares de menos de 20 ha. En ellas se producen los tres tipos de aceitunas que, una vez molidas y batidas, generan el Aceite de Oliva Virgen Extra del Bajo Aragón: las variedades *empeltre*, en una proporción nunca inferior al 80% y las *arbequina* y *royal*, que no pueden superar el 20%. Se elabora en las almazaras de la Denominación de Origen, que destilan un zumo de aceite de aspecto limpio, color amarillo con matices que van del dorado al oro viejo y un sabor suave que recuerda la fragancia del olivo.

www.aceitedelbajoaragon.es

Este aceite tiene una elevada proporción de ácidos grasos monoinsaturados, pocos saturados y poliinsaturados. Es muy beneficioso para regular el colesterol, ayudando a aumentar el "bueno" (HDL) y a bajar el "malo" (LDL). Contiene vitamina E, antioxidante que previene el daño causado por los llamados radicales libres en los tejidos.
Fundación Española de la Nutrición

ACEITE del BAJO ARAGÓN
CONSEJO · REGULADOR · DE · LA DENOMINACIÓN · DE · ORIGEN

Denominación de Origen Protegida (D.O.P.)

Visita obligada

La subsede del Parque Paleontológico de Dinópolis, Inhóspitak, (foto) situada en Peñarroya de Tastavins, exhibe una imponente reproducción en tamaño natural del Tastavisauro, el dinosaurio más completo de España, así como restos de este animal prehistórico. El Parque cuenta con grandes areneros en los que los niños pueden excavar en busca de fósiles y dispone de zonas de descanso para las familias.

arriscado refugio de carlistas en el siglo XIX. De vuelta a Valderrobres, por la A-1414 llegamos a **Fuentespalda**, una villa fortificada sobre la que se eleva la Torreta. En sus proximidades se halla la masía Torre del Visco, un exclusivo hotel acondicionado en un edificio del siglo XV.
Más allá, **Peñarroya de Tastavins** ofrece una interesante arquitectura popular a la sombra de las impresionantes Peñas de Masmut. Poco antes de entrar al pueblo pasamos junto al santuario de la Virgen de la Fuente. La parte más antigua conserva una techumbre mudéjar que tiene como motivo principal la Cruz de la Orden de Calatrava, encomienda que desempeñó un importante papel en la zona a raíz de la reconquista cristiana.
En **Monroyo**, de calles empedradas, empalmamos con la N-232 para pasar ante la ermita de la Consolación, del siglo XVIII, con un bello cimborrio. Aquí empieza el camino de retorno, que deja a la izquierda, en **Belmonte de San José**, otra joya natural: el Barranc Fondo.

De Ráfales a La Fresneda

La ruta enfila ahora la sinuosa carretera local TE-V-3005, que baja a **Ráfales**, con su correspondiente plaza porticada y el didáctico hotel Molí de l'Hereu, montado en torno a dos molinos aceiteros. Más adelante, una caminata a pie nos acerca a El Salt, una cascada donde el río Tastavins salva un desnivel de 20 m.
Por La Portellada se accede a la TE-22, que conduce

Calle de la localidad turolense de Calaceite.

a **La Fresneda**, con los soportales de rigor, un consistorio monumental y un convento reconvertido en hotel con encanto. Seguimos por la TE-V-3001 a **Torre del Compte**, cuya antigua estación de ferrocarril ha sido transformada en un curiosísimo hotel, La Parada del Compte, último alto en el camino antes de regresar entre olivos a Calaceite por la N-420. ■

Los pueblos de la zona del Matarraña conservan su encanto rural y sus soportales

Fiestas

En todos los pueblos de la comarca del Matarraña se encienden hogueras en la festividad de San Antonio Abad, el 17 de enero. Las celebraciones giran en torno a la figura de los *diablets*, jóvenes que se disfrazan con telas de saco y persiguen a los niños con una vara de mimbre. Es tradición también tocar bombos y tambores (foto) en los días de la Semana Santa.

Vides al abrigo **de los Pirineos**

Vino Somontano

A la vera de las montañas de Huesca surge esta comarca de huertas y viñedos cuyas variedades producen fragantes tintos, blancos y rosados.

Uvas con las que se elabora el Vino Somontano.

La vid se cultiva en esta fértil comarca oscense desde hace varios siglos

El Somontano, en la provincia de Huesca, es una tierra de transición entre las cumbres del Pirineo y los cada vez menos áridos Monegros. Está recorrida por el río Vero, que en su curso superior forma espectaculares cañones y barrancos y, a medida que va bajando a la llanura, se amansa y discurre entre huertas y viñedos.

Barbastro, su capital, se ha convertido en cabecera de una de las D. O. vinícolas más pujantes de España. Y es aquí donde empezamos el recorrido, en el conjunto de San Julián y Santa Lucía, un antiguo hospital y una iglesia gótica que acogen el Espacio del Vino y el Centro de Interpretación del Somontano. Desde este punto se va al centro para visitar la catedral del siglo XVI, antes de

Guía Repsol

Completa tu ruta

- **Longitud del itinerario propuesto:** 81 km aprox.
- **Mapa completo de la zona:** pág. 24 A-2
- **Información turística, restaurantes y hoteles:** págs. 24 y 86
- **Otras rutas sobre esta Comunidad en** ***guiarepsol.com:***
  Ruta del Melocotón de Calanda
  Ruta del Ternasco de Aragón
  Ruta de la Cebolla Dulce de Fuentes de Ebro
  Ruta del Jamón de Teruel

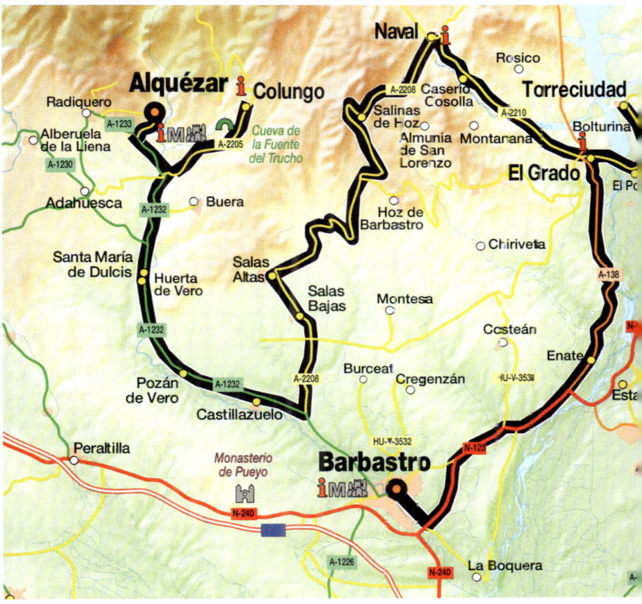

La gran colegiata y el castillo almenado dominan el pueblo de Alquézar.

encaminarse a la plaza del Mercado, un rectángulo porticado con edificios históricos y de estilo popular. Por la cercana calle Argensola se enfila hacia el tramo urbano del río Vero.

Por la ribera del río Vero

El empinado pueblo de Naval surge en un paisaje cada vez más agreste

Desde Barbastro, nos dirigimos a **El Grado** por la N-123 y la A-138. En este pueblo se toma un desvío para llegar al santuario de Torreciudad, construido en 1975, cuya silueta destaca en el paisaje montañoso reflejada en las aguas del pantano. Acabada la visita, volvemos a El Grado y tomamos la A-2210 dirección **Naval**. En un entorno agreste surge este empinado pueblo, un alto obligado por sus salinas medievales, reconvertidas en balneario, y su tradición alfarera todavía viva.

Desde allí continuamos por la A-2208 hasta la ribera del Vero entre encinas, almendros, olivos y plantaciones de viñas. En el cruce con la A-1232 giramos hacia Alquézar, cuyo caserío ocre aparece al poco rato en el horizonte, bajo la colegiata de Santa María la Mayor y un tramo de murallas almenadas. Pero antes de finalizar la ruta conviene ir a **Colungo** por la A-2205, que nace a la altura del puente de la Albarda, una obra de ingeniería

Fiestas

La primera semana de agosto se celebra en Barbastro el Festival del Vino Somontano en torno a los caldos, el aceite y la gastronomía de la zona. El 8 de septiembre tiene lugar en El Grado la fiesta en honor de la Virgen de El Viñero.

Descenso de cañones y cascadas en la sierra de Guara.

del siglo XIV. En esta localidad hay que visitar el Centro de Arte Rupestre, que explica el contenido de los refugios prehistóricos existentes en las cercanías. Otra opción, compatible con la anterior, es bajar al puente del Diablo tras una caminata de 15 minutos. Regresamos al puente de la Albarda hacia **Alquézar**, unos pocos km más adelante, con sus calles empedradas llenas de rústico encanto que conducen a la colegiata. Alquézar se eleva sobre profundos desfiladeros, no lejos de la sierra de Guara, meta internacional de los aficionados al barranquismo. ■

Sorpresa

La comarca del Somontano está plagada de refugios prehistóricos: alrededor de 70 de diferentes épocas salpican las sierras que delimitan la zona por el norte. El Centro de Interpretación del Arte Rupestre, en Colungo, permite realizar un viaje audiovisual a los lugares más representativos de ese pasado remoto. Ofrece además una recreación de la cueva del Trucho y las réplicas de un poblado, un dolmen y varios túmulos funerarios.

Rincón del Vino Somontano

La Denominación de Origen Somontano es joven -su creación se aprobó en 1984-, pero el viñedo se cultiva en esta comarca oscense situada al pie de los Pirineos desde hace siglos. Con todo, el espectacular despegue de los vinos de Barbastro, capital de la comarca se ha producido durante estas dos últimas décadas, que han supuesto la aparición de nuevas marcas y bodegas, la aclimatación de cepas foráneas y la implantación de avanzados métodos de elaboración. Hoy la zona de producción abarca 4.704 ha, en las que trabajan medio millar de viticultores que venden sus cosechas a 34 bodegas, de las que el año pasado salieron casi 12 millones de botellas.

El Somontano es un vino de reconocida calidad por las más prestigiosas guías, buena graduación, afrutado y con una adecuada acidez. Además de los tintos de las variedades *cabernet-sauvignon*, *tempranillo* y *merlot*, que son los más típicos de la zona se elaboran excelentes blancos *chardonnay*, *gewürztraminer* y *macabeo*, así como delicados rosados.

www.dosomontano.com

El vino está englobado dentro de los alimentos característicos de la dieta mediterránea. Contiene agua, alcohol, azucares, ácidos orgánicos, sales minerales y algunas vitaminas del grupo B. Su valor calórico depende fundamentalmente del grado alcohólico (entre 10 y 14% vol.) y de su contenido en azúcares.

Fundación Española de la Nutrición

SOMONTANO

Denominación de Origen (D.O.)

Dulzura **asturiana**

Carbayón de Oviedo

Un pastel elaborado en 1924 para la Feria Internacional de Muestras de Gijón motiva un recorrido por la capital del Principado y sus alrededores, llevándonos hasta el Parque Natural de Las Ubiñas-La Mesa.

Estatua de La Regenta, en el centro de Oviedo, junto a la catedral.

Más de 100 estatuas de personajes populares e ilustres salpican las calles de Oviedo

La remodelación que ha sufrido **Oviedo** en los últimos años ha convertido una capital con un rico patrimonio histórico en una ciudad dinámica y cómoda. Fachadas llenas de color alegran el centro y más de cien estatuas de personajes famosos creadas por artistas de renombre como Botero o Úrculo sorprenden a vecinos y visitantes. Woody Allen, esculpido a tamaño natural, comparte protagonismo con La Regenta, el Vendedor de Pescado, el Violinista o la Vaca Biológica.
Casi todo el casco antiguo es peatonal. En una de sus calles, la de Jovellanos, encontramos la legendaria pastelería Camilo de Blas donde en 1923 se elaboró por primera vez el dulce bautizado como Carbayón, nombre genérico que se da en Asturias a un gran roble.
El centro tiene un tamaño ideal para recorrerlo sin prisa, empezando por la imponente catedral gótica de San Salvador, erigida a finales del siglo XIII. En su interior está la Cámara Santa, que guarda el tesoro de las reliquias asturianas. En la misma plaza de la catedral

Guía Repsol

Completa tu ruta

- **Longitud del itinerario propuesto:** 74,3 km aprox.
- **Mapa completo de la zona:** pág. 3 E-3
- **Información turística, hoteles y restaurantes:** págs. 148 y 162
- **Otras rutas sobre esta Comunidad en *guiarepsol.com:***
  Ruta de la Faba Asturiana
  Ruta del Queso Cabrales
  Ruta de la Sidra de Asturias
  Ruta de la Ternera Asturiana

Señal que advierte de la cercanía de osos en una carretera asturiana.

hay edificios notables como la capilla de Balesquida, la casa de los Llanes o el palacio de Valdecarzana-Heredia. Si tomamos la calle de Santa Ana encontraremos el Museo de Bellas Artes. Cerca se alza el convento de San Pelayo y la bulliciosa calle Gascona, llena de sidrerías. Otros lugares emblemáticos son el Ayuntamiento, la Plaza de la Constitución, el Real Hospicio -actual hotel Reconquista-, el señorial Teatro Campoamor y el parque de San Francisco, con sus frondosos árboles centenarios junto a la calle Uría, motor comercial de la ciudad.

De Las Caldas a la Senda del Oso

Dejamos Oviedo por la calle Fuertes Acevedo, antesala de la carretera N-634 que seguiremos hasta el desvío de la AS-228. Aquí merece la pena acercarse hasta Las Caldas, centro termal de gran solera.
De vuelta a la AS-228, la seguimos hasta **Trubia**, población situada en la confluencia de los ríos Trubia y Nalón que alberga la antigua Fábrica de Armas fundada a finales del siglo XVIII.
Una vez pasado el puente, tomamos la AS-228, que corre paralela a la Senda del Oso. Esta ruta, hoy vía verde para ciclistas, discurre sobre el trazado del antiguo ferrocarril construido en el siglo XIX para transportar carbón desde los pozos mineros hasta Trubia. A lo largo del recorrido por un fantástico paisaje encontramos la iglesia de San Adriano de Tuñón, que conserva las pinturas mozárabes más antiguas conocidas y el Centro del Oso en **Villanueva**. Desde aquí parte un desvío hacia el Desfiladero de las Xanas, espectacular cañón de 2 km de longitud.
Más adelante siguiendo la AS-228 llegamos a **Teverga** donde destaca el palacio barroco de los González

La Senda del Oso se ha convertido en una vía verde para ciclistas

Visita obligada

El conjunto prerrománico de Oviedo, del siglo IX, declarado Patrimonio de la Humanidad, es el emblema de un estilo arquitectónico innovador en su tiempo que influyó en todo el románico peninsular. Los principales monumentos son el templo de San Julián de los Prados, también llamado Santullano, justo a las afueras de la capital; las iglesias de San Miguel de Lillo (foto) y Santa María del Naranco, situadas en la ladera del monte Naranco, a 3 km del centro, y la fuente de Foncalada, en la calle del mismo nombre, cuya construcción está basada en las obras civiles romanas.

Fachadas coloristas alegran el centro histórico de Oviedo.

Tuñón, el Torreón de Proaza y el Parque de la Prehistoria. Enclavado este último en el Parque Natural de Las Ubiñas-La Mesa, exhibe lo más significativo del Paleolítico Superior, una reproducción del techo central de Altamira y grabados de cuevas asturianas como las de Camarín de la Peña en Candamo y las de Tito Bustillo en Ribadesella. Pasando el desfiladero de Sampedro, justo al lado de la carretera se encuentra la Cueva Huerta, impresionante cavidad kárstica con 14 km de galerias. Coronamos la ruta en el **Puerto de Ventana**, el paso de carretera más elevado entre Asturias y la Meseta. Ofrece una vista sensacional del macizo de las Ubiñas y de las tierras leonesas de Babia con la sierra de La Filera al fondo. ■

Fiestas

Oviedo celebra las fiestas de San Mateo el 21 de septiembre. En ellas tiene lugar el Día de América en Asturias y una comida campera en el Campo de San Francisco. En Proaza, el último fin de semana de octubre se celebra el Mercado de la Alcordanza, un muestrario de artesanía y productos locales, en paralelo a las Jornadas Gastronómicas de la Seronda. En Teverga hay importantes fiestas ganaderas entre las que destaca La Feirona, el 21 de noviembre.

Rincón del Carbayón de Oviedo

La historia de este dulce va unida a la de la confitería Camilo de Blas, fundada en 1914 en un edificio modernista de la calle Jovellanos. Su hijo y sucesor José de Blas encargó en 1923 a su maestro obrador José Gutiérrez un pastel especial que representara a Oviedo en la I Feria Internacional de Muestras de Gijón de 1924. El resultado fue el Carbayón, llamado así por ser el gentilicio popular de los ovetenses, en recuerdo de un gran roble -carbayón- que fue durante siglos símbolo de la ciudad.
Se trata de un exquisito dulce elaborado a partir de una base de hojaldre rellena de una masa cremosa de almendra molida con clara de huevo, coñac, canela y limón, bañado en yema de huevo y azúcar. Hoy es patrimonio de la repostería asturiana y se elabora artesanalmente en numerosas pastelerías de todo el Principado.

www.productosdeasturias.com

Al ser un dulce con base de frutos secos, aporta gran cantidad de proteínas vegetales -junto con las animales del huevo- y grasas poliinsaturadas. El contenido en fibra de la almendra destaca sobre el resto de frutos secos, por lo que tiene un efecto especialmente positivo para el tránsito intestinal. El aporte de hidratos de carbono proviene del hojaldre y la harina.
Fundación Española de la Nutrición

En el corazón **ganadero de Asturias**

Chosco de Tineo

Las tierras y montañas donde se produce este singular embutido conservan intacta su riqueza natural y han sido atravesadas durante siglos por los peregrinos compostelanos.

En primavera, los pescadores compiten para capturar el *campanu*, primer salmón de la temporada

El interior del Occidente asturiano es una de las zonas menos visitadas y más interesantes del Principado. Es el corazón ganadero de Asturias donde se elabora el llamado Chosco de Tineo, un embutido exclusivo de estas tierras.
Empezamos la ruta en **Cornellana**, situada en la confluencia de los ríos Nonaya y Narcea. Si pasamos por aquí en primavera, abierta la veda del salmón, podremos ver a los pescadores desde el puente sobre el Narcea intentando cobrar el *campanu*, primer ejemplar que se captura en los ríos cantábricos cada año.
La joya del pueblo es el monasterio de San Salvador que conjuga diferentes estilos arquitectónicos. Por la puerta de la Osa se accede al albergue de peregrinos. Y es que por Cornellana pasa el Camino de Santiago del Norte que lleva a Compostela por el Cantábrico. Si lo seguimos llegamos a **Salas**, localidad a cuyo centro se accede

Losa de Salas, con la cruz y la leyenda de la antigua monarquía asturiana.

Guía Repsol

Completa tu ruta

- **Longitud del itinerario propuesto:** 90 km aprox.
- **Mapa completo de la zona:** pág. 3 C-3
- **Información turística, restaurantes y hoteles:** pág. 179
- **Otras rutas sobre esta Comunidad en *guiarepsol.com:***
  Ruta de la Faba Asturiana
  Ruta de la Sidra de Asturias
  Ruta del Queso Cabrales
  Ruta de la Ternera Asturiana

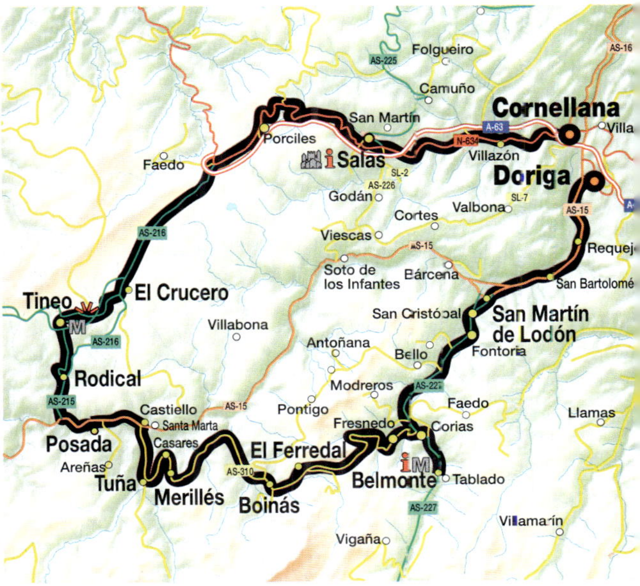

Monasterio de Santa María la Real de Obona, en Tineo.

El árbol milenario Tejo de San Martín tiene 16 metros de altura y 7 de diámetro

por la popular recta de Salas, uno de los pocos tramos lineales de la geografía astur. En su bien conservado casco histórico sobresalen la colegiata de Santa María la Mayor del siglo XIV, con el mausoleo del inquisidor Valdés Salas, la Torre de los Valdés, unida al palacio de Valdés Salas por un puente y casonas como el palacio de la Condesa de Casares. Merece la pena visitar el cementerio para admirar el Tejo de San Martín, un árbol milenario de 16 m de altura, 12 de envergadura y casi 7 de perímetro, declarado Monumento Natural.

La naturaleza, protagonista

Retomamos la N-634 hasta el puerto de La Espina donde cogemos la AS-216 dirección **Tineo**. Prados y bosques se alternan en el paisaje de este concejo que mantiene intacta su riqueza natural. Merece la pena parar en El Crucero para contemplar una extensa panorámica del centro-occidente de la región. Tineo, de alargado trazado en cuesta, mezcla casas señoriales blasonadas con arquitectura popular en galerías, corredores, hórreos, cuadras y pajares. Hay que contemplar el palacio de Merás, el Ayuntamiento, el Museo de Arte Sacro y el palacio de los García de Tineo, de estilo gótico-renacentista restaurado y convertido en Casa de Cultura.
Dejamos Tineo por la AS-215 que pasa por **Rodical** hasta encontrarnos con la AS-15, carretera que corre paralela al río Narcea. La tomamos hacia la izquierda hasta el cruce con la AS-310, que nos lleva a **Tuña** y **Merillés**. Aquí conviene pararse para hacer una pequeña ruta a pie de 2,5 km hasta el dolmen de Merillés, uno de los monumentos

Sorpresa

El palacio de Doriga, en la aldea del mismo nombre del concejo de Salas, es una muestra de edificación defensivo-residencial. Empezó siendo en el siglo XIV una torre medieval a la que se le añadieron varias construcciones a partir del siglo XVII. Destaca su gran patio con un corredor abierto en el piso principal. Fue adquirido en el siglo XIX por un indiano que hizo fortuna con el tabaco. Está declarado Bien de Interés Cultural.

Fiestas

Las de San Roque, en agosto, son las fiestas grandes de Tineo, declaradas de Interés Turístico Regional. En Cornellana por San Juan, el 23 de junio, se celebra la tradicional Foguera en el Campillo, acompañada de una *espicha* -apertura de un barril nuevo de sidra- en el claustro del monasterio, a la que los vecinos llevan abundantes viandas para compartir con todos los asistentes. En Salas destacan las fiestas de abril, con exposición y concursos de caballos, y la del Bollo, a partir del 15 de agosto.

megalíticos más destacados del Principado de Asturias, datado hacia el año 3.500 a. C.
Después la AS-310 asciende por la ladera de la sierra de la Cabra en un entorno natural con magníficas vistas sobre el Narcea, que en un largo trecho se convierte en el embalse de Calabazos. Hay que pasar pequeños pueblos como **Boinás** o **El Ferredal** enclavados en una zona de antiguas minas de oro, y el puerto de Las Estacas. Y allí pararse a contemplar el panorama natural con el imponente Pico l'Orru, antes de bajar por la otra ladera ya en el concejo de **Belmonte**.
Al alcanzar la carretera AS-227 merece la pena acercarse a la interesante fragua romana de El Machuco. Finalmente tomamos la AS-227 hacia **Puente de San Martín**, donde enlaza con la AS-15, que seguimos hasta coger el desvío a **Doriga**, fin de esta ruta asturiana llena de encantos naturales y de atractivos y sosegados pueblos. ■

Una muestra de la artesanía asturiana.

Rincón del Chosco de Tineo

Este embutido está elaborado con cortes selectos de carne de lomo y lengua de cerdo adobados con sal, pimentón y ajo. Presenta, una vez ahumado, un aspecto redondeado debido a la forma de la tripa que lo envuelve, y tiene un color rojizo. Su textura es jugosa y su sabor característico, por ser tratado al menos ocho días con humo de leña seca de árboles autóctonos como el roble, el abedul, el haya o el castaño.
Se elabora en el occidente astur, en los concejos de Tineo, Allande, Belmonte de Miranda, Cangas del Narcea, Salas, Somiedo, Valdés y Villayón. Se puede tomar frío, como un embutido, o caliente, cocido y acompañado de patatas, aceite de oliva y pimentón, al estilo del lacón gallego.
Se vende crudo o cocido en piezas enteras de 500 gr a 2 kg de peso.

www.productosdeasturias.com

Los ingredientes que lo componen, carne de cerdo y lengua, aportan a este producto cárnico proteínas y minerales como el hierro hemo y el zinc. También destacan otros como magnesio, fósforo, potasio y selenio. En el caso de las vitaminas, constituye fundamentalmente una buena fuente de tiamina.
Fundación Española de la Nutrición

Indicación Geográfica Protegida (I.G.P.)

Acrobacias nocturnas con fuego en una playa de Ibiza.

Tan cálido como **el fuego**

Licor de Hierbas Ibicencas

Partiendo de la capital recorremos los pueblos y paisajes de la isla siguiendo el aroma de las esencias vegetales que dan origen a este licor autóctono.

Guía Repsol

Completa tu ruta

- **Longitud del itinerario propuesto:** 101 km aprox.
- **Mapa completo de la zona:** pág. 68 E-3
- **Información turística, restaurantes y hoteles:** págs. 253 y 254
- **Otras rutas sobre esta Comunidad en *guiarepsol.com:***
  Ruta de la Ensaimada de Mallorca
  Ruta del Oli de Mallorca
  Ruta del Queso Mahón-Menorca
  Ruta de la Sobrasada de Mallorca

En verano, la más grande de las Pitiusas rebosa vida y alegría

Esta isla pequeña en aspecto, pero grande en rincones y escenarios, resulta muy fácil de recorrer y continuamente logra sorprendernos.
La posibilidad de improvisar numerosas rutas y excursiones resulta la mejor manera de adentrarse en su típica orografía mediterránea. De sus plantas, hijas de la tierra y el sol, se elabora el reconfortante Licor de Hierbas Ibicencas un sabor del paisaje y excusa para muchas incursiones.
Todas las carreteras parten o llegan a la capital, **Ibiza**, también llamada Vila. Su antiguo puerto es vitalista y nocturno. El histórico y espectacular entramado urbano monumental, declarado Patrimonio de la Humanidad, es Dalt Vila, una gran acrópolis con murallas renacentistas. Allí se encuentran el Museo Arqueológico, el Diocesano el de Arte Contemporáneo, la iglesia de Santo Domingo del siglo XVI y la catedral con su campanario del siglo XIII.
Desde la ronda de circunvalación de la ciudad se sale por la carretera PM-V-810-1 para llegar a **Santa Eulària des Riu**. El paisaje se vuelve insular, verde y terroso, moteado por cientos de casas

Rincón del Licor de Hierbas Ibicencas

Se trata de una bebida anisada hecha con variedades de la flora ibicenca: hinojo, hojas y piel de limón y naranja, tomillo, romero, espliego, ruda, eucalipto, hierba luisa o verbena de Indias, manzanilla, enebro, orégano, menta, salvia... Antes cada familia elaboraba su propia receta con hierbas maceradas en garrafas o botellas e infusionadas en un jugo intenso o *suc*.
A partir del siglo XIX surgieron industrias elaboradoras. Las hierbas ibicencas tienen una graduación alcohólica de entre 24 y 38°; azúcar, que no supera los 250 g por l, y un color entre topacio o ámbar y verde.

www.illesbalearsqualitat.cat

Es una bebida espirituosa anisada que contiene numerosos compuestos volátiles de plantas como hinojo, hierba luisa, eucalipto, manzanilla, además de hojas y cortezas de naranja y de limón. Su valor calórico procede del alcohol (7 kcal. por g) -de 24 a 38 % vol.- y los azúcares (4 kcal. por g), no más de 250 g por l.
Fundación Española de la Nutrición

Denominación Geográfica Protegida (D. G. P.)

Visita obligada

Sant Llorenç de Balàfia es el testimonio de cómo los antiguos poblados payeses se protegían de los piratas: se trata de un conjunto de casas con torres defensivas marcadas con cruces blancas y brochazos de cal como código protector. Balàfia está en la carretera C-733 entre Santa Eulària y Sant Joan de Labritja.

rurales, algunas antiguas, minúsculas y blancas, encaladas para rebotar el calor del sol.
Santa Eulària, por contra, resulta turística y clásica. Destaca su iglesia fortificada del siglo XVI, el Museo Etnológico de las Pitiusas, el Museo Barrau y el Museo de Artes Tradicionales en Can Ros des Puig.

Aguas para el sol y el baño

Desde Santa Eulària, un desvío hacia el interior insular por la C-733 nos acerca a hasta **Sant Joan de Labritja** y desde allí por la PM-811 llegamos a las calas de Sant Vicent y Xarraca, espléndidas con sus aguas limpias aptas para el sol y el baño. Cerca se encuentra la cueva-santuario Es Culleram, donde se han encontrado más de 600 pequeñas figuras que representaban a Tanit, diosa de la fertilidad de Cartago. Se trata de una importante colección de arte púnico de los siglos II y III a.C. También es espectacular la costa de Portinatx, a la que se accede volviendo a Sant Joan de Labritja y tomando la C-733. De vuelta a Sant Joan se puede ir por una carretera bien indicada que sale de la C-733 a **Sant Miquel de Balansant**. Desde aquí se accede al Port de Sant Miquel, escenario marino donde se puede practicar el buceo y la navegación a vela. Ésta es la zona más alejada del bullicio, con rasgos del ritmo lento pero duro de la actividad payesa.
Desde Sant Miquel se accede al centro de la isla por la PM-804. Nos encontramos con **Santa Gertrudis de Fruitera**, que sintetiza en sus calles la sociedad autóctona y turística en armonía.

Playa de Cala Xarraca cerca de Sant Joan de Labritja.

Una vía secundaria que nos lleva a la C-731 para visitar **Sant Antoni de Portmany**, foco de atracción de turistas y jóvenes que por las noches se lanzan a las calles y a las barras libres. La puesta del sol con música es una invitación internacional a la felicidad. En los alrededores podemos visitar el Acuarium de Cap Blanch, la capilla-cueva de Santa Inés y las pinturas rupestres de Ses Fontanelles.
Por la PM-803 rastreamos cientos de Ibizas posibles. Camino de **Sant Josep de Sa Talaia** podemos contemplar el mágico islote de Es Vedrà, cerca de Cala d'Hort, y áreas residenciales en medio del paisaje mediterráneo. Ya llegando a la capital, cerca del aeropuerto, encontramos el Parque Natural de Ses Salines, con sus inacabables playas, otro paraíso para los bañistas. ■

Unas 600 figuras de Tanit, diosa de la fertilidad de Cartago, fueron encontradas en la cueva Es Culleram

Fiestas

Cada día del verano hay una fiesta en Ibiza: donde se pone el sol, en las playas o en las discotecas. En las fiestas patronales de Sant Joan, Sant Josep, Sant Antoni o Santa Eulària tienen lugar bailes folklóricos y verbenas populares. En la capital, la primera semana de agosto se celebra la festividad más importante de la isla en honor de la Virgen de las Nieves (foto).

Reserva de **tradiciones**

Vino de la D.O. Binissalem

Recorremos una comarca situada en el corazón de Mallorca y presidida por la sierra de Tramuntana. Sus pueblos nos guían por unas tierras con una tradición vitivinícola palpable, antigua y arraigada.

La artesanía popular y la cultura vitivinícola son señas de identidad del centro mallorquín

El paisaje de viñedos se extiende por toda Mallorca, pero es determinante en la comarca de la D.O. Binissalem, que ha hecho de las viñas y del vino su identidad. Saliendo desde Palma hacia el corazón de la isla por la autopista Ma-13 se llega a **Santa Maria del Camí**, primer enclave vinícola, donde conviven modernidad y tradición. Tiendas y cafés rodean el recio convento de los Mínimos, un espacio privado, pero accesible. En el casco urbano y las afueras se pueden visitar bodegas al salir por la comarcal Ma-13A que llega a **Consell**, cercana villa de arquitectura popular donde los domingos se celebra un bazar muy concurrido, L'Encant. Por esa misma carretera, que corre paralela a la autopista Ma-13, se llega a **Binissalem**, cuna y corazón de la viticultura de Baleares, con el pionero lagar de José Luis Ferrer en la entrada de la población. Dos de los caserones de piedra, bellos y rotundos, son centros culturales que albergan

Siurells, silbatos típicos mallorquines.

Guía Repsol

Completa tu ruta

- **Longitud del itinerario propuesto:** 79,7 km aprox.
- **Mapa completo de la zona:** pág. 52 C-2
- **Información turística, restaurantes y hoteles:** págs. 246 y 248
- **Otras rutas sobre esta Comunidad en *guiarepsol.com:***
  Ruta de la Ensaimada de Mallorca
  Ruta del Oli de Mallorca
  Ruta del Queso Mahón-Menorca
  Ruta de la Sobrasada de Mallorca

Rincón del Vino de la D.O. Binissalem

Estos caldos acreditaron su fama entre los tintos aromáticos y corpulentos -llamados *negros*-, aunque también se producen excelentes blancos y rosados. Las cosechas de uvas de variedades autóctonas *manto negro* y *callet* para el tinto y *moll* o *prensal blanc* para el blanco, arraigan en la tierra roja y se mezclan en los caldos de otras variedades nuevas, como *cabernet sauvignon, merlot y shiraz.* Decenas de etiquetas de bodegas tradicionales y de nuevo cuño, la mayoría de tamaño medio, han prosperado en la zona. La tradición vinícola estuvo presente desde la época romana hasta la epidemia de la filoxera de finales del siglo XIX. Los viejos *cellers* o lagares confirman que la comarca permanece ligada al vino desde siempre. En la web se puede descargar la guía de la ruta del vino de la D.O. Binissalem.

www.binissalemdo.com

El vino está compuesto por agua, alcohol, azúcares, ácidos orgánicos, sales minerales, vitaminas y sustancias antioxidantes como flavonoides, resveratrol y taninos, más abundantes en las variedades tintas que en las blancas.
Su consumo moderado puede ser beneficioso en la prevención de enfermedades cardiovasculares y ciertos tipos de cáncer.
Fundación Española de la Nutrición

Binissalem Mallorca
DENOMINACIÓ D'ORIGEN

Denominación de Origen (D.O.)

bodegas antiguas. En la casa-museo Llorenç Villalonga se puede visitar el *celler* (lagar) del siglo XVII que contiene la exposición *El Vinyet: antologia de literatura i vinya a la comarca de la D.O. Binissalem*.También merece la pena dar un paseo por la plaza de la iglesia.
La autopista Ma-13 y la carretera Ma-13A, que recorren la isla de norte a sur, nos llevan a **Inca**. Aquí podemos visitar la iglesia de Santa María la Mayor, el claustro de Santo Domingo y el convento de San Bartolomé para luego disfrutar de la exquisita comida popular en algun *celler*. Esta localidad destaca por su industria del calzado y marroquinería; muchas fábricas tienen sus propias tiendas y *outlets*. No hay que marcharse de Inca sin saborear las *quelys,* galletas saladas que resultan deliciosas con sobrasada de Mallorca, aceite de la D.O. Mallorca y un trago lento de vino de la D.O. Binissalem.

Por campos y huertos

Siguiendo la autopista MA-13, llegamos a **Alcúdia** y **Pollença** (a esta última tras desviarnos a la izquierda un trecho por la Ma-2200) y a las bahías que les dan nombre. Antes atravesamos los campos y huertos que rodean **Sa Pobla**, centro gastronómico de platillos picantes y sabrosos.
En Alcúdia es recomendable contemplar la muralla medieval, pasear por el centro y hacer una visita a la magnífica ciudad romana de Pollentia, fundada en el año 123 a. C. En el recorrido se pueden ver los restos de calles, casas y el foro. Los amantes de las caminatas o la ornitología encontrarán un excelente destino en las cercanías siguiendo la carretera Ma-12. Se trata del Parque Natural de s'Albufera, la zona húmeda más importante de Mallorca, que abarca 2.000 hectáreas y linda con un kilométrico arenal.
Podemos regresar a Palma de Mallorca por carreteras interiores como la Ma-3431, Ma-3432, Ma-4342 y Ma-3512, lo que nos brindará la ocasión de pasar por **Muro** y **Sineu**. En este último pueblo contemplaremos los evocadores vestigios de un

Sorpresa

El reino independiente de Mallorca contó con una gran fuerza marítima y comercial, que duró desde 1276 hasta 1349. Como prueba de aquel poderío, su primer rey, Jaime II de Mallorca, mandó construir un palacio en Sineu, en el lugar que ocupaba un edificio musulmán. Posteriormente, en el siglo XVI, se convirtió en convento de clausura. Aunque más tarde fue reformado, merece la pena visitar los vestigios aún visibles de la fortificación medieval, que se erigen junto a una iglesia de estilo barroco. Y, de paso, adquirir unos dulces conventuales en la plaza.

Molino de viento cerca de Pont d'Inca.

palacio medieval. Tras los campos ondulados, las viñas reaparecen al dirigirnos por la Ma-3141 y Ma-3140 al pequeño pueblo de **Sencelles** o, cogiendo la Ma-3020, a **Biniali**, donde se elaboran vinos con la D.O. de la variedad *manto negro*. Entre muchas viñas, por la Ma-3020, llegamos a **Sa Cabeneta** (Marratxí) que ha conservado su tradición alfarera. Campos de almendros y urbanizaciones residenciales se alternan en el entorno de esta ciudad dormitorio hasta que divisamos la capital mallorquina, que se acerca poderosa por la llanura. ■

Fiestas

El *Dijous Bo* (Jueves Bueno), al término de la Feria de Otoño, es la fiesta más destacada de Inca. Se celebra el tercer jueves de noviembre. En Binissalem (foto) destaca la Festa des Vermar (fiesta de la Vendimia) que tiene lugar la última semana de septiembre. En Santa María del Camí se celebra la Festa des Vi Novell (vino Joven) el último sábado de noviembre. Las dos celebraciones más importantes de Alcudia son la de Sant Jaume (25 de julio) y la de Sant Esteve (26 de diciembre). En Sa Pobla, por Sant Antoni, el 16 y 17 de enero, salen cabezudos.

Cultivos ancestrales **al pie del volcán**

Papas Antiguas de Canarias

En esta ruta rastreamos las viejas tradiciones agrícolas tinerfeñas entre localidades llenas de sabor y escarpados paisajes. Siempre a la sombra del Teide.

Detalle del auditorio de Santa Cruz de Tenerife, diseñado por Santiago Calatrava.

En un extraordinario paraje natural de la isla de Tenerife se encuentra **Fasnia**, el pueblo donde iniciamos la ruta. Sus habitantes levantaron y siguen levantando muros para crear bancales en los que todavía hoy se cultivan las llamadas Papas Antiguas de Canarias, traídas de Perú y de otros países de Sudamérica.

La primera referencia sobre su implantación en Tenerife data de 1816, cuando en un libro sobre lecciones de agricultura se lee lo siguiente: "Hay de ellas muchas variedades: tempranas y tardías; de flor blanca rosada, cenicienta o azul... de figura redonda, larga, ovalada..." Las tierras volcánicas de Fasnia descienden hacia el mar en acantilados y barrancos, como el de la Hondura y el de Hergues, donde se han encontrado momias guanches. En la zona alta del municipio podemos visitar

La modernidad asoma entre los cultivos tradicionales y los parajes volcánicos

Guía Repsol

Completa tu ruta

- **Longitud del itinerario propuesto:** 108,7 km aprox.
- **Mapa completo de la zona:** pág. 81 E-2
- **Información turística, restaurantes y hoteles:** pág. 268
- **Otras rutas sobre esta Comunidad en *guiarepsol.com:***
  Ruta del Queso de Guía
  Ruta del Vino de Lanzarote
  Ruta del Queso Majorero
  Ruta del Vino Ycoden Daute Isora

Dos ciclistas, con la silueta del Teide al fondo.

Sorpresa

En Puerto de la Cruz, en la finca La Gañanía -edificio donde antiguamente se guardaban los animales- se ha restaurado un espacio para levantar un templo gastronómico dedicado a las papas antiguas de Canarias. Ellas son las protagonistas del menú, desde los entrantes hasta al postre.

Es aconsejable recorrer con calma el casco antiguo de La Orotava

Vivienda tradicional de La Orotava.

las casas y cuevas de Chifira; aquí, los mayores aún recuerdan los tiempos en los que subían "a hacer la Mudá", desplazamientos en grupo para preparar la tierra o sembrar las papas. El mirador de Fasnia, donde se encuentra la ermita de la Virgen de los Dolores, ofrece vistas impresionantes.

Ahora nos dirigimos por la TF-28 a **Güimar**, ya en la comarca de Agache, que concentra importantes áreas de cultivo de papas en El Escobonal y Lomo de Mena. El principal atractivo de Güimar es su entorno natural. Surcado de quebradas y hendiduras, la escarpada costa está rota por la bajada de los barrancos al mar. Entre sus espacios protegidos se encuentra el Preparque Natural del Teide, el Parque Natural de la Corona Forestal y el espacio natural costero de Malpaís de Güimar. También es imprescindible visitar el Parque Etnográfico de Las Pirámides, donde se alzan cinco construcciones escalonadas de origen incierto.

Devoción por la Candelaria

Desde Güimar por la TF-525 llegamos a **Arafo**, conocido como "el pueblo de la música". A la entrada de la villa encontramos un mercado popular, punto de encuentro donde se venden productos de la zona. Tras dar un paseo por la plaza Capilla del Señor Pino, un rincón lleno de encanto, dejamos atrás **La Hidalga** por la TF-28 para llegar a **Candelaria**; allí se alza la basílica de la Virgen de la Candelaria, patrona de Canarias. Está situada frente al mar, cerca del lugar donde, según la tradición, se apareció la Virgen a los guanches. Este templo es el centro de peregrinación religiosa del archipiélago: en torno a la imagen mariana se fueron uniendo las culturas guanche y castellana.

La ruta continúa hacia el norte, por la TF-1. Luego tenemos dos opciones: enfilar la TF-4 hasta Santa Cruz de Tenerife, -reconocible desde la distancia por la espectacular estructura de su Auditorio- o tomar la TF-2, carretera que nos conduce a la preciosa **San Cristóbal de La Laguna**. Declarada Patrimonio de la Humanidad, La Laguna gira en torno a su prestigiosa universidad. En el centro histórico, que conserva su

diseño del siglo XV, destacan la catedral de Nuestra Señora de los Remedios, el convento de San Agustín y el Real Santuario del Cristo de La Laguna.
Seguimos desde La Laguna hasta **La Esperanza** tomando la TF-5 y desviándonos luego por la TF-24. En sus alrededores predomina el cultivo de las papas antiguas. Desde allí, por la TF-226 y luego la TF-228, alcanzamos **Tacoronte**, donde hay que prestar atención al edificio de la Alhóndiga y visitar el mercado del agricultor más antiguo de Tenerife. Antes, en **Agua García**, conviene hacer una parada en una reserva de bosque de laurisilva. Por la autovía TF-5 llegamos a **La Matanza de Acentejo**, con otro mercado del agricultor. En el centro de esta localidad, cuyo nombre procede de la batalla en la que los guanches derrotaron a los castellanos en mayo de 1494, perduran ejemplos de arquitectura tradicional. Siguiendo la TF-217 o la TF-5 nos espera La Victoria de **Acentejo**. En este caso, el topónimo se debe a la victoria de los castellanos sobre los guanches en diciembre de 1494.
El itineraro continúa en **La Orotava**, una villa que conserva intacto su magnífico centro histórico. Hay que recorrerlo con sosiego para contemplar las casas señoriales, la iglesia de la Concepción del siglo XVIII o el Museo de Artesanía Hispanoamericana. Conviene visitar algunos antiguos molinos de agua. En su municipio se encuentra el Parque Nacional del Teide, que con sus 3.718 metros es la montaña más alta de España.
Despedimos la ruta en **Realejo Alto**, cuya riqueza natural es una de las mejor conservadas de Canarias. La imponente estampa del Teide nos acompañará en el recuerdo. ■

Fiestas

A finales de mayo o principios de junio, el jueves del Corpus Christi, las calles y plazas más importantes de La Orotava se tapizan con espectaculares alfombras de flores y arenas naturales del Teide con motivos religiosos. Otra celebración fundamental en la ruta es la fiesta de la patrona de Tenerife y de Canarias, la Virgen de Candelaria. A su basílica acuden los peregrinos masivamente el 2 de febrero y el 15 de agosto. Por último, Santa Cruz de Tenerife se viste de colores (foto) para celebrar sus Fiestas de Mayo con romerías, música y gastronomía.

Rincón de las Papas Antiguas de Canarias

Son conocidas como de color o bonitas y hay unas 100 variedades, aunque las mas importantes son las siguientes: *negra o yema de huevo y colorada de Baga;* al grupo de las bonitas pertenecen las variedades *blanca, colorada, llagada, negra y ojo de perdiz;* el grupo de las pelucas lo forman la *rosada*, la *blanca* y la *negra* y otras variedades son la *torrenta*, la *azucena blanca*, la *azucena negra* y la *borralla*. De origen sudamericano llegaron a Canarias en los siglos XVI y XVII. Hoy reciben reconocimiento gastronómico general. Se puede seguir su trayectoria histórica en la exposición permanente del Centro de Conservación de la Biodiversidad Agrícola de Tenerife, en la Finca La Baranda, del Sauzal. Está situada junto a la Casa del Vino y de la Miel.

www.papasantiguasdecanarias.org

El agua constituye en torno al 72-80% del peso total de la papa, seguido de los hidratos de carbono (16-20%). La fibra representa el 1-2% y se encuentra preferentemente en la piel. Dentro de las vitaminas del complejo B que contiene, destacan la tiamina y la niacina. En cuanto a los minerales, el más importante es el potasio.
Fundación Española de la Nutrición

Denominación de Origen Protegida (D.O.P.)

La vegetación echa raíces en el suelo formado por la lava de antiguas erupciones.

La isla de los **tres colores**

Vino de El Hierro

Este pequeño territorio insular concentra una sorprendente paleta de paisajes: la oscura roca volcánica, el azul del siempre cercano Atlántico y el verde de los bosques y viñedos.

Guía Repsol

Completa tu ruta

- **Longitud del itinerario propuesto:** 72,2 km aprox.
- **Mapa completo de la zona:** pág. 82 B-4
- **Información turística, restaurantes y hoteles:** pág. 270
- **Otras rutas sobre esta Comunidad en *guiarepsol.com*:**
  Ruta del Queso de Guía
  Ruta del Vino de Lanzarote
  Ruta del Queso Majorero
  Ruta del Vino Ycoden Daute Isora

Hoy, el vino herreño forma parte de los caldos seleccionados por los sumilleres

Después del paso obligado por **Valverde**, capital de la isla más joven y occidental de las Canarias iniciamos la ruta del vino de El Hierro en **Echedo**, localidad enclavada en medio de una zona agrícola donde predomina el cultivo de la vid. Probablemente plantó la primera cepa un inglés llamado Juan Hill, allá por el siglo XVI, del que el prestigioso periodista y escritor herreño José Padrón Machín afirma que debería ser considerado uno de los personajes más interesantes de la historia de la isla. Entre otras razones, porque hoy el vino herreño forma parte de los caldos seleccionados por los sumilleres. La tradición familiar de cultivar la viña todavía se mantiene aquí con mimo, y no hay tasca donde la consumición más solicitada no sea un cuartito de "vino de pata", como lo llama la población local.
En Echedo también empezamos a paladear la variedad de escenarios naturales que acogen los apenas 270 km² de El Hierro: desde los 1.500 metros de altitud del Pico Malpaso hasta el siempre cercano océano, sin olvidar sus fondos marinos, paraísos del buceo y de la pesca subacuática, y los sobrecogedores acantilados.

Rincón del Vino de El Hierro

El cultivo de la vid forma parte del acervo cultural de El Hierro. La propiedad de los cultivos está dividida en pequeñas parcelas, de manera que casi todos los herreños poseen algún terreno para obtener su propio caldo. Las distintas variedades de uva, sobre todo las antiguas cepas como el *baboso negro*, el *verijadiego*, el *negromuelle* o la más extendida, el *listán blanco*, se han adaptado al suelo volcánico y las condiciones ambientales. Las viñas de la zona de El Golfo presentan una orientación al norte, tanto en su zona baja, como en la media y la alta. En el área de El Pinar, las vides están a mayor altitud, con una orientación sureste, sometida a la acción de los vientos.

www.elhierro.tv/crdo

Todos los vinos de la D.O. tienen en común su contenido en agua, alcohol, azúcares, ácidos orgánicos, sales minerales, vitaminas y antioxidantes (taninos, flavonoides, resveratrol...), más abundantes en los tintos que en los blancos. Un consumo moderado en personas adultas sanas es cardiosaludable y característico de la Dieta Mediterránea.
Fundación Española de la Nutrición

CONSEJO REGULADOR DENOMINACIÓN DE ORIGEN
EL HIERRO

Denominación de Origen (D. O.)

La mirada se deleita con el contraste entre las formaciones de lava y las verdes masas arbóreas de pino canario, las sabinas o los bosques de laurisilva, una joya botánica del Terciario. Más de la mitad del territorio herreño tiene algún tipo de protección medioambiental.
Tras contemplar las casas tradicionales de piedra volcánica de Echedo, rodeadas de parras, descendemos por una carretera en zigzag hasta **Charco Manso**. Esta espectacular piscina natural está rodeada de rocas de ceniza negra y roja, cubiertas a su vez por un manto de plantas autóctonas de color amarillo intenso.

Con vistas a la bahía

De vuelta a Echedo, la ruta prosigue por la HI-5 hasta **Frontera**, verdadera capital del vino herreño. En el camino es obligado detenerse en el Mirador de la Peña, donde el artista lanzaroteño César Manrique fusionó la tradición y la arquitectura moderna. Desde aquí se contempla uno de los paisajes más impresionantes del recorrido: la bahía de El Golfo y el valle del mismo nombre, un anfiteatro natural de unos 25 km de longitud, cuyas paredes -forradas de bosque verde- caen mirando al mar desde una altura de 1.200 m.

Sorpresa

El Faro de Orchilla, en el sur de El Hierro, es la zona más occidental de España. Contemplar el paisaje de este enclave quizás explica la creencia del mundo antiguo de considerar este punto el fin del mundo: en el siglo II de nuestra era, Ptolomeo lo definió como el Meridiano Cero. Sus puestas de sol, con el océano a nuestros pies, son verdaderamente mágicas. Junto al faro se practica el buceo. La foto muestra el cráter de un volcán submarino.

Arco de La Tosca, formación volcánica próxima a la Punta de Orchilla.

Siguiendo hacia Frontera por la HI-5 pasamos un túnel para llegar a **Las Puntas**. Según el Guinness de los récords, este pueblo cuenta con el hotel más pequeño del mundo, el Punta Grande, emplazado frente a los Roques de Salmor. Por la misma carretera descubrimos el Lagartorio, nombre del Centro de Reproducción y Cría en cautividad del lagarto gigante de El Hierro, especie endémica en peligro de extinción. Ya en Frontera, merece la pena visitar la iglesia de la Candelaria, que tiene su campanario encima de un promontorio de ceniza roja en cuya ladera sur crecen las viñas. En una ermita de Frontera se encuentra la imagen de la Virgen de Los Reyes, patrona de la isla.

El pueblo más joven

La HI-1, en dirección a la cumbre del Malpaso, nos conduce hasta el Mirador del Golfo. Nos encontramos en la vertiente este de la isla, donde enlazamos con la HI-40. Nuestro próximo destino es el municipio más joven de España, **El Pinar de El Hierro**, constituido como tal en 2007. En esta zona, de tierras más áridas que las que hemos recorrido anteriormente, podemos contemplar los viñedos desde el mirador de la montaña de Tanajara, que da nombre a uno de los vinos locales más selectos. Desde aquí bajamos a la costa por la HI-4 y la HI-410 para disfrutar del atardecer en la **Cala de Tacorón**, otro de los lugares donde se entiende por qué esta isla con forma de estrella fue declarada Reserva de la Biosfera. ■

Fiestas

La principal fiesta de la isla es la Bajada de La Virgen de Los Reyes, una romería de 42 km que se inicia en la ermita de La Dehesa hasta Valverde. Se celebra cada cuatro años el primer sábado de julio; durante un mes la patrona de la isla une a todos los herreños. El 10 y 15 de agosto, en Frontera, se celebran las festividades de San Lorenzo y de La Candelaria, respectivamente, con competiciones de lucha canaria (foto).

Ciervo de la cueva de las Chimeneas, en Puente Viesgo.

Arte rupestre **entre praderas**

Queso Nata de Cantabria

Este paseo nos lleva de la mano de la pintura prehistórica a los valles pasiegos por la antigua ruta que unía Cantabria con las tierras altas burgalesas.

Guía Repsol

Completa tu ruta

- **Longitud del itinerario propuesto:** 136,4 km aprox.
- **Mapa completo de la zona:** pág. 5 A-3
- **Información turística, restaurantes y hoteles:** pág. 163
- **Otras rutas sobre esta Comunidad en** ***guiarepsol.com:***
  Ruta de la Carne de Cantabria
  Ruta del Sobao Pasiego
  Ruta del Queso Picón Bejes-Tresviso
  Ruta de los Quesucos de Liébana

En el corazón del Valle del Asón, rodeada de altivos macizos de roca caliza, se encuentra la localidad de **Ramales de la Victoria**, inicio de este recorrido por las tierras y paisajes del Queso Nata de Cantabria.

La capital de este valle, antiguamente una de las rutas de comunicación de Cantabria con la meseta castellana, recoge en sus calles las contradicciones de una zona que pelea por conservar sus tradiciones sin renunciar al crecimiento y al progreso.

La primera visita nos conduce a las Cuevas de Covalanas, situadas a unos 3 km de Ramales por la N-629 dirección Burgos. De reducidas dimensiones, fueron utilizadas como refugio durante al menos 45.000 años y redescubiertas en 1903. Covalanas alberga una colección de pinturas rupestres que rivalizan en importancia y calidad con las de Altamira. El acceso, por un escarpado sendero del monte Pando, añade un aliciente al recorrido, ya que permite contemplar en todo su esplendor el magnífico Valle del Asón, con sus verdes prados y bosques.

Volviendo sobre nuestros pasos, abandonamos Ramales por la CA-261 y, atravesando los encantadores pueblos de Valle, Lastras y Ruesga, llegamos a **Arredondo**. Justo a la entrada de la

Las Cuevas de Covalanas rivalizan en importancia con Altamira

Rincón del Queso Nata de Cantabria

Reconocido desde 1985 como Denominación de Origen Protegida, el Queso Nata se elabora exclusivamente con leche de vacas de raza *frisona*. Después de coagulada y desuerada la leche, el queso se moldea y se sala por inmersión en salmuera durante un máximo de 24 horas para madurarlo posteriormente durante unos siete días, al tiempo que se voltea y limpia. El resultado es un queso graso -madurado, tierno o semicurado- de forma paralelepípeda o cilíndrica, de caras lisas y planas, con un peso que varía entre los 400 y los 2.800 g. Su zona de producción abarca toda la Comunidad, a excepción de las zonas de Urdón, Cervera Tresviso y Bejes. La primera noticia de este alimento se remonta al año 962 y está recogida en el Cartulario de Santo Toribio de Liébana.

www.alimentosdecantabria.com

Es un alimento muy nutritivo gracias a su contenido en proteínas, lípidos (mín. 45%), minerales (fósforo y calcio) y vitaminas (A y D). Su valor nutricional está muy relacionado con su contenido en agua, ya que los nutrientes aumentan en proporción directa con la pérdida de ésta a medida que el queso va curándose.

Fundación Española de la Nutrición

Denominación de Origen Protegida (D.O.P.)

localidad, tomamos el desvío a la izquierda, por la CA-265, hasta llegar al nacimiento del río Asón, enclavado en el Parque Natural de los Collados del Asón. Ahí nos espera la espectacular cascada de Cailagua, deslumbrante en días de lluvia o en primavera, tras el deshielo, cuando el agua pulverizada cae por las paredes calizas formando arcoiris con los rayos de sol. En Arredondo destaca la iglesia de San Pelayo, de estilo neoclásico y su torre-faro separada del cuerpo principal. El viajero interesado en la geología hará bien en fijarse en los carteles que jalonan el valle, señalando las diferentes oquedades de la red de Cuevas del Alto Asón, una extensa trama con centenares de cavidades de gran interés, accesibles gran parte de ellas con guías especializados. Esta zona ofrece variadas alternativas para los amantes de la escalada o el senderismo.

Liérganes, un pueblo singular

Continuamos la ruta, siempre por la carretera CA-261, ascendiendo al Alto de Alisas, de 674 m de altitud, frontera natural entre el Valle del Asón y los valles pasiegos.

Al llegar a **La Cavada** no hay que perderse la Portalada de Carlos III, construida en 1784, puerta de entrada a las fundiciones reales donde se fabricaban piezas de artillería. En este punto nuestro itinerario se desvía por la CA-162 hasta llegar a **Liérganes**, joya de la arquitectura montañesa y una de los pueblos más interesantes de la ruta. Su centro histórico, enteramente levantado en piedra, resulta tan acogedor como inolvidable. Es un conjunto urbano de gran armonía, en el que iconos arquitectónicos, como el palacio de La Rañada, situado a la salida del pueblo, conviven con casas tradicionales, sin rango nobiliario, pero de igual belleza. Liérganes alberga además el Ecomuseo-Fluviarum, que hace un recorrido por la riqueza natural de la zona.

Desde esta población, siguiendo por la CA-142, llegamos a **Pámanes**, y tras la parada en el Museo de Arte Contemporáneo, tomamos la N-634 hasta llegar a **Sarón** donde giramos para encaminarnos por la

Juego de bolos tradicional de Cantabria.

Casas en el valle del Pas.

CA-142 hacia el interior de los valles pasiegos. Después de pasar por **Selaya**, se abre un desvío por la CA-624 rumbo al pequeño pueblo de **Pisueña**, enclavado entre robledales, hayedos, y bosques de ribera que invitan al paseo.
Pero el auténtico corazón de los valles pasiegos se encuentra, de nuevo siguiendo la CA-142, en **Vega de Pas**. Verdadera capital tradicional de la tierra pasiega, conserva todavía el espíritu campesino de sus orígenes. Pequeño, silencioso y disperso, situado al final del valle, Vega de Pas es un perfecto ejemplo de lo que fueron estos territorios singulares hace no tanto tiempo: un lugar de orografía compleja donde el hombre tuvo que modelar con paciencia la naturaleza hasta poder convivir con ella; así lo testimonia el Museo de las Villas Pasiegas, situado en

En el Valle del Pas, el hombre modeló con paciencia la naturaleza

Sorpresa

El Museo de Arte Contemporáneo de Pámames ocupa el palacio barroco de Elsedo, edificado por Francisco de Hermosa en el siglo XVIII, y constituye una de las más gratas visitas de esta ruta. La colección privada que allí se expone es una selecta inmersión en la historia del arte contemporáneo español, desde Picasso a Chillida, pasando por Viola, Miró, la pintora cántabra María Blanchard, Pablo Serrano y otros grandes artistas. También hay que prestar atención a los detalles arquitectónicos del palacio, sobre todo a la capilla y a la torre octogonal.

Visita obligada

Las Cuevas del monte del Castillo, en Puente Viesgo, constituyen una de las más sobresalientes muestras del arte rupestre conservado en Cantabria y forman parte con todo merecimiento del Patrimonio de la Humanidad "Cueva de Altamira y arte rupestre paleolítico del norte de España". Entre el conjunto de cuevas destacan la de las Chimeneas, la Pasiega, las Monedas y la Flecha.
Situado a pocos minutos del pueblo, la elevación caliza del monte ofrece un ameno paseo por su interior para contemplar más de 275 dibujos y grabados, que atestiguan los primeros momentos de la presencia del *Homo sapiens* en Europa (hace entre 38.000 y 12.000 años).
El visitante puede observar formas geométricas, caballos, bisontes, uros, ciervos, cabras y un mamut. El sendero del Pico Castillo, al pie de las cuevas, se ha convertido en una alternativa senderista por un antiguo camino minero también de gran interés.

Fiestas

El 15 de agosto se celebra en Selaya la Fiesta de la Virgen de Valvanuz, patrona de los pasiegos, que acuden con trajes típicos a sacar la imagen en procesión.
El 20 de enero tiene lugar la popular Fiesta de la Perola, en Vargas, Puente Viesgo, durante la cual la junta vecinal ofrece comida a todos los visitantes que se acerquen al pueblo. Viene de la tradición antigua seguida por los vecinos de dar de comer a los pobres y mendigos de la zona.

una antigua ermita del siglo XVIII que reconstruye con precisión la historia y la cultura de estas tierras. En Vega de Pas es imprescindible probar los sobaos y la quesada, afamados dulces de la región.
Muy cerca, por la carretera CA-631, nos encontramos con los restos abandonados de una estación de tren y el conjunto de túneles conocidos como Túnel de La Engaña, vestigios de una gran obra de ingeniería civil iniciada en 1941 que estaba destinada a unir por ferrocarril Cantabria con la ciudad de Burgos, y que nunca se llegó a terminar. Merece la pena recorrer los 7 km de La Engaña, el mayor de los cinco túneles que forman el conjunto.
Dejando Vega por la carretera CA-263, enlazando después con la N-623, llegamos a **Puente Viesgo**, un encantador núcleo urbano surgido en torno a un balneario, hoy convertido en hotel. Para quienes quieran pasear, junto al centro termal, el ayuntamiento y la iglesia parroquial arranca una ruta que sigue las antiguas vías del ferrocarril. En esta localidad se encuentra el monte Castillo que en su interior alberga un conjunto de destacadas cuevas con pinturas rupestres. De nuevo por la N-623 llegamos a la localidad de Castañeda, donde nos espera la sólida colegiata de Santa Cruz, construida

Paisaje de Vega de Pas.

en el siglo X y de proporciones inusuales en el románico español. En el pueblo destaca también la Hostería de Castañeda, una antigua casona montañesa hoy convertida en agradable y arbolado restaurante, un lugar perfecto para finalizar el recorrido. ■

Casonas y cercas de piedra tachonan el paisaje interior de Cantabria

Balneario de Puente Viesgo.

Huertas jugosas **y señorío urbano**

Tomate de Cantabria

La elegante Santander, con sus magníficos paseos y palacios, sorprende en sus alrededores con un rosario de playas espectaculares, verdes huertos y prados.

No hay que perderse el tapeo por las calles de la capital ni las cercanas dunas de Liencres

Antes de iniciar esta ruta en torno al sabroso Tomate de Cantabria, es imprescindible dar un paseo por **Santander**, la elegante capital de la Comunidad. Esta ciudad de aires serenos, vio arder casi por completo su casco antiguo en 1941. Combina su arquitectura señorial con la placidez de la bahía, sus espléndidas playas y su activismo cultural. La playa del Sardinero invita al baño y el magnífico Paseo de Pereda, junto al mar, al descanso y el relax. La oferta de ocio va desde el magnífico Parque de la Magdalena, donde el rey Alfonso XIII mandó construir el palacio del mismo nombre, al imponente Palacio de Festivales. No hay que perderse una ruta urbana de tapeo por sus calles. El recorrido que proponemos rodea la ciudad alternando paisajes de interior y zonas urbanas cercanas a Santander, recorriendo carreteras comarcales. Comenzamos en la costa este de la bahía, en el Parque Natural de las Dunas de **Liencres**, paraíso de surferos que abarrotan la playa

Las fértiles tierras cántabras producen tomates de óptima calidad.

Guía Repsol

Completa tu ruta

- **Longitud del itinerario propuesto:** 63,7 km aprox.
- **Mapa completo de la zona:** pág. 5 B-3
- **Información turística, restaurantes y hoteles:** pág. 190
- **Otras rutas sobre esta Comunidad en** *guiarepsol.com:*
  Ruta de la Carne de Cantabria
  Ruta del Sobao Pasiego
  Ruta del Queso Picón Bejes-Tresviso
  Ruta de los Quesucos de Liébana

Rincón del Tomate de Cantabria

Aunque la marca de Calidad Controlada Tomate de Cantabria abarca toda la Comunidad, el área de producción mayoritaria se extiende de manera longitudinal a través de la zona costera de la región y en los alrededores de la capital. Son frutos redondos y lisos y su color oscila entre el anaranjado y el rojo. En cuanto al sabor, se distinguen por el equilibrio entre acidez y azúcares. Cultivados exclusivamente en invernadero, la marca admite las siguientes variedades: *jack*, que monopoliza el 90% de la producción, *sinatra*, *comanche*, *caramba* y *coloso*, y exige una categoría comercial extra o primera según las normas de calidad del tomate. De los diez productores acogidos a la marca de calidad, ocho comercializan sus productos en cooperativa. Su producción supera los 325.000 kg.

www.alimentosdecantabria.com

Su valor calórico es bajo, 19 kcal. por 100 g. Tiene vitamina A, -carotenos-, C y E, y minerales como el potasio. Los tomates son ricos en licopenos, un carotenoide responsable del color rojo con alto poder antioxidante relacionado con un menor riesgo de cáncer y enfermedades cardiovasculares. Asimismo, aportan luteína y zeaxantina, buenas para la vista.
Fundación Española de la Nutrición

Calidad Controlada (C. C.)

de Canavalle, en la que es bienvenido cualquier amante del sol y el mar.
El Parque de las Dunas de Liencres se encuentra en la desembocadura del río Pas y su gran estrella es la espectacular playa de Valdearenas, de casi 3 km de longitud, que protege un rico sistema de dunas. Tomando la CA-231 llegamos a Liencres, un pueblo costero residencial, donde se esconde la playa de Somocuevas, que merece la pena disfrutar por su belleza; enclavada y protegida por una gran barrera de rocas, es un remanso de paz en un mar agitado. Algo más adelante en dirección a Santander, en el barrio de Soto de la Marina, encontramos la también sosegada playa de Covachos, con su peculiar lengua arenosa que enlaza la costa con la isla de Castro. Desde allí, tomando la A-67 para incorporarnos luego a la N-623 y desviarnos más adelante por la CA-240, seguimos rumbo a **Escobedo**, donde se encuentra la cueva de El Pendo. Es una de las menos visitadas por lo complicado de su acceso, de toda la cornisa cantábrica y, sin embargo, resulta extraordinaria por su monumental vestíbulo y su colección de bellas pinturas rojas descubiertas en 1997. Un recorrido por esta cavidad silenciosa causa una grata impresión.

Caballos sobre la playa

Volviendo por la N-623, enlazamos con la N-635 hasta el pueblo de **Heras**, donde tomaremos la CA-145 y luego la CA-141 y la CA-421 hasta **Agüero**, un pequeño pueblo declarado Bien de Interés Cultural por su conjunto de casona, iglesia y un peculiar castillo-torre de forma cuadrada.

Visita obligada

En un recorrido por Cantabria no debe faltar Cabárceno. Esta antigua explotación minera a cielo abierto de 750 ha, a sólo 17 km de Santander, ha sido convertida en parque zoológico-natural. Su orografía ofrece condiciones inigualables de semilibertad para animales de los cinco continentes. Bisontes, elefantes, hienas, hipopótamos, leones, jirafas, cebras (foto), tigres y rinocerontes habitan un espacio que combina el estudio, la conservación, la divulgación y el entretenimiento para toda la familia.

El Palacio de la Magdalena, inaugurado en 1911.

De ahí, por la CA-146 enlazamos con la costera CA-141 que nos llevará primero a **Somo**, con su espectacular playa de 2 km de longitud donde cada mes de agosto tiene lugar el célebre Derby de Loredo, una carrera de caballos purasangre convertida ya en un clásico. Las vistas que Somo ofrece de la bahía de Santander, con el palacio de la Universidad Menéndez Pelayo en primer plano, son imborrables. Quien quiera conocer la capital, no tiene mas que tomar las lanchas que realizan el trayecto Somo-Santander. Siguiendo por la CA-141, y desviándonos a la izquierda por la S-430, llegaremos a **Langre**, donde encontramos las dos playas del mismo nombre, Langre I y Langre II, una extensa, otra minúscula, ambas situadas bajo enormes acantilados desde los que disfrutar la puesta de sol. También en Langre, junto a la carretera, encontraremos una animada pista de bolo cántabro, muy concurrida por jóvenes y mayores, que disfrutan con gran pericia de este tradicional deporte cántabro. ■

Fiestas

En la localidad de Piélagos se conserva todavía una fiesta milenaria: Las Marzas. Se celebra el último día de febrero o el primero de marzo. Grupos de jóvenes salen en comitiva, provistos de palos, cestas y sacos, y recorren las casas de los vecinos pidiendo aguinaldos a cambio de canciones.

Dos aficionados al *surf* en la playa de Liencres.

Sombra del Caballero de La Mancha en El Toboso, cerca de Campo de Criptana.

A la sombra del **caballero universal**

Queso Manchego

El paisaje, la arquitectura popular y la gastronomía se conjugan para brindar los sabores más intensos del territorio mitificado por las páginas de *El Quijote*.

Guía Repsol

Completa tu ruta

- **Longitud del itinerario propuesto:** 297 km aprox.
- **Mapa completo de la zona:** pág. 50 A-1
- **Información turística, restaurantes y hoteles:** págs. 67 y 220
- **Otras rutas sobre esta Comunidad en *guiarepsol.com:***
  Ruta del Ajo Morado de Las Pedroñeras
  Ruta del Azafrán de La Mancha
  Ruta de la Berenjena de Almagro
  Ruta de la Miel de la Alcarria

Los pueblos que se dedican a la producción del queso manchego comprenden una zona de 34.000 km^2. Está ubicada en el corazón de Castilla La-Mancha, pero su médula es el oriente de Ciudad Real y el occidente de Albacete. O sea, lo que entendemos por La Mancha en sentido estricto. Por eso, nada mejor que comenzar la ruta en **Campo de Criptana** y sus emblemáticos molinos de viento, símbolo de estas tierras que evocan las andanzas de Don Quijote y Sancho Panza.

En Campo de Criptana hay también un soberbio pósito (almacén de trigo) comunal con portada de fino arco de medio punto, adornado con cruces de Santiago. Hoy es Museo Municipal y está dedicado a diversas actividades culturales. Allí se puede tomar la comarcal CM-3150, que pronto desemboca en la CM-42 o autovía de los Viñedos. Su nombre nos pone sobre la pista del paisaje que vamos a recorrer: un mar de vides. Así llegamos a **Tomelloso**, localidad industrial donde merece la pena visitar el museo de Antonio López Torres, tío del célebre Antonio López y también pintor. Si el viajero siente nostalgia cervantina, debe acercarse a **Argamasilla de Alba**, que está a un tiro de piedra. En este pueblo,

Si el viajero tiene nostalgia cervantina, debe acercarse a Argamasilla de Alba

Rincón del Queso Manchego

Este producto ligeramente ácido, fuerte y sabroso se elabora con la leche de ovejas de raza manchega alimentadas con gramíneas y leguminosas, procedentes de ganaderías registradas en la Denominación, que abarca las provincias de Albacete, Ciudad Real, Cuenca y Toledo. El queso debe tener un período de maduración mínimo de 30 días, o de 60 para quesos de mayor formato. Su aspecto exterior es entramado y en las caras planas presenta líneas que dividen la superficie en cuatro. Según su curación, el color va del marfil al pardo. La corteza puede estar recubierta de sustancias transparentes inocuas. Adherida a la etiqueta comercial va una contraetiqueta distintiva del Consejo Regulador de la D. O. Queso Manchego, con su logotipo, numerada y seriada para garantizar que la pieza superó el control de calidad.

www.quesomanchego.es

Este queso contiene proteínas de calidad, calcio, fósforo y vitaminas A, D y niacina. Su composición varía según el grado de maduración: los tiernos tienen menos proteínas, grasa, vitaminas y minerales que los maduros. Una ración de Manchego fresco de 40 g aporta casi el 25% de la ingesta recomendada diaria de calcio, mientras que uno curado aportaría el 60 %.
Fundación Española de la Nutrición

QUESO MANCHEGO
Consejo Regulador de la Denominación de Origen

Denominación de Origen Protegida (D.O.P.)

la tradición sitúa el lugar de cuyo nombre no desea acordarse Miguel de Cervantes en la primera página de *El Quijote*, quizá porque en la Casa de Medrano fue encarcelado el escritor. El curioso puede visitar el sótano o cueva que habría hecho las veces de prisión. En el voluminoso patio de este edificio manchego del siglo XVII también se ha habilitado un auditorio que acoge cada mes de agosto un festival de teatro. Otros lugares interesantes del pueblo son la iglesia de San Juan Bautista, de estilo gótico renacentista, o la galería Gregorio Prieto, con cuadros de este artista nacido en Valdepeñas.

La plaza de San Carlos del Valle

Por la CM-3115 podemos acercarnos al pantano de Peñarroya, cabecera norte de las Lagunas de Ruidera. Luego volvemos y tomamos la CM-3109 para descender a **La Solana**, que exhibe las casas palacio de la Encomienda y de don Diego, así como una interesante iglesia parroquial. Como todas las de esta zona, es renacentista sobre un trazado anterior gótico, con acabados barrocos.
Después es imprescindible seguir el viaje hasta **San Carlos del Valle**, por la CR-644, para ver su insólita plaza Mayor, con doble balconada en voladizo.
Desde San Carlos pasamos por El Pozo de la Serna y tomamos la CM-412 hasta Villanueva de los Infantes, a la que regresaremos más adelante.
Es la capital de los Campos de Montiel, inmensa y sobrecogedora llanura donde don Quijote de la Mancha, lanza en mano, se enfrentó a las ovejas tomándolas por un ejército.
Volvemos sobre nuestros pasos a Tomelloso para emprender la segunda parte de esta ruta.
La comarcal CR-1225 nos conduce hasta **Ossa de Montiel**, ya en la provincia de Albacete, por el costado oriental de las Lagunas de Ruidera.
Lo mejor de este tramo es la travesía sobre un interminable carrascal, donde salen a nuestro encuentro liebres y perdices. Ossa es un pueblo

Aperos en la venta de Don Quijote, en Puerto Lápice.

Proceso de elaboración del Queso Manchego.

recoleto y silencioso, desparramado sobre una cuesta. Aquí se vende buen queso, pero es conocido mundialmente porque en su término se halla la Cueva de Montesinos, donde don Quijote tuvo aquel fabuloso encuentro con Merlín y la flor de la caballería. De su castillo, sólo queda un torreón y un rollo de ajusticiar.
Desde Ossa, proseguimos hacia el sur por la CR-640, también conocida como carretera de Montiel. Desde un recodo podremos contemplar la Laguna Blanca, la más meridional de las que componen el humedal inmenso de Ruidera.
Una vez llegados a Villahermosa empalmaremos con la CM-412. En apenas unos km, esta carretera nos pondrá a las puertas de la capital de estos parajes: **Villanueva de los Infantes**. Aquí conviene hacer una parada prolongada. Es una ciudad de

Camino de Ossa de Montiel, liebres y perdices salen a nuestro encuentro

Fiestas

Aparte de los Carnavales (foto) y la Semana Santa, que se celebran a lo grande en las localidades de la ruta, las fiestas más conocidas tienen lugar en Campo de Criptana, del 23 al 28 de agosto, para honrar al Cristo de Villanos. La Feria de Tomelloso es a finales de agosto; Argamasilla inaugura la suya el primer sábado de septiembre y Valdepeñas festeja la Feria del Vino del 1 al 8 de ese mismo mes.

La primera página de *El Quijote*.

abolengo, plagada de casas señoriales. Destaca su plaza Mayor, una de las más espectaculares de Castilla-La Mancha. Sobrios edificios sostenidos sobre finos soportales de arco de medio punto la flanquean por todos sus lados excepto por uno, ocupado por la iglesia de San Andrés Apóstol. Merece la pena visitar el palacio de la Revuelta y el convento de Santo Domingo, donde murió el escritor Francisco de Quevedo el 8 de septiembre de 1645.

En Ossa está la Cueva de Montesinos donde don Quijote se encontró con Merlín

La capital del vino

Proseguiremos la ruta por la CM-412, pero ahora nuestro destino es **Valdepeñas**. Esta ciudad eminentemente vinatera se articula alrededor de la iglesia de Nuestra Señora de la Asunción, edificada

Sorpresa

Las paranzas o apriscos de los pastores (foto), diseminadas entre Campo de Criptana y Ossa de Montiel, presentan formas circulares con techo de teja parda, construidas sobre mampostería o sobre cal y canto. Son edificaciones insólitas que nos evocan épocas prerromanas, y algunas han sido compradas por artistas para su recreo e inspiración.

Molino de Campo de Criptana.

sobre una antigua fortaleza. Declarada monumento nacional, en ella encontramos desde gótico primitivo del siglo XIII hasta el llamado estilo Cisneros en sus sucesivas reformas y adaptaciones. Otros edificios notables son el convento de los Trinitarios, del siglo XVI, y varias casas señoriales de la misma época. Entre ellas destacan la que sirve como sede de la Fundación y Museo de Gregorio Prieto, la que alberga el Museo Municipal y la de la familia Vasco, en la calle Real.
Saliendo de Valdepeñas, tomamos la A-4, que nos llevará al final de nuestro recorrido, **Santa Cruz de Mudela**, donde el queso manchego y la propia Mancha encuentran su linde meridional. Merece la pena visitar la capilla de San José, de estilo gótico, y la iglesia de la Asunción, del siglo XVI.
Es recomendable acercarse a **Las Virtudes**, pedanía con ermita y una célebre plaza de toros cuadrada. También se puede seguir más al sur hasta **Viso del Marqués**, donde hay que visitar el palacio del Marqués de Santa Cruz, actual archivo de la Armada y magnífico exponente de la arquitectura renacentista en estos pagos. O ascender por la CM-4111 hasta **Calzada de Calatrava**, donde podremos admirar el monumental castillo de Salvatierra. Pero aquí comienzan otras tierras, más secas, de un color más duro: las de la Orden de Calatrava. Y ese es otro capítulo en el libro inagotable de La Mancha. ■

Visita obligada

Hay que ver de cerca los molinos de viento de Campo de Criptana, símbolos de La Mancha y posible inspiración para el más famoso episodio de *El Quijote*. Los tres más antiguos son el Burleta, el Infanta y el Sardinero, fechados entre 1550 y 1555. Se dividen en tres niveles, el superior para la maquinaria y los dos restantes para almacenamiento y ensacado de la harina. El molino El Culebro acoge el Museo de Sara Montiel.

Armadura medieval toledana.

Una delicia **monumental**

Mazapán de Toledo

Desde Escalona a Consuegra visitamos pueblos e imponentes castillos con parada obligatoria en la deslumbrante capital castellano-manchega, abrazada por el Tajo.

Guía Repsol

Completa tu ruta

- **Longitud del itinerario propuesto:** 114,8 km aprox.
- **Mapa completo de la zona:** pág. 48 D-2
- **Información turística, restaurantes y hoteles:** págs. 209 y 214
- **Otras rutas sobre esta Comunidad en *guiarepsol.com:***
  Ruta del Ajo Morado de Las Pedroñeras
  Ruta del Azafrán de La Mancha
  Ruta de la Berenjena de Almagro
  Ruta de la Miel de la Alcarria

La fiesta tradicional del Mazapán de Toledo es el 1 de noviembre

A partir del día 1 de noviembre, festividad de Todos los Santos, no hay pastelería u obrador en Toledo y su provincia que no ofrezca mazapán; esa es la fecha tradicional de este dulce que da nombre a nuestra ruta y que hoy encontramos cualquier día del año.
Para comenzar el itinerario, tomamos la vieja calzada romana, hoy llamada carretera N-403 y que, por momentos, se ensancha y recibe el nombre de A-40 o autovía de Castilla-La Mancha. Partimos del lugar situado más al norte de la provincia toledana, **Escalona**. Su castillo-palacio se alza sobre el río Alberche como guardián de este tranquilo pueblecito, que está protegido por una muralla de más de 1 km. Fue el rey Alfonso VI el primero en fortificarlo para frenar la embestida de los almohades.
Dejamos atrás Escalona y, ya en la N-403, rodeamos **Maqueda** para contemplar sobre un altozano su soberbia fortaleza con cuatro torres almenadas.
En esta localidad encontramos monumentos de indudable interés como la puerta califal, varias iglesias bien conservadas y la Torre de la Vela.
A partir de aquí, la N-403 nos guía hasta **Torrijos**, ciudad que conserva el palacio del rey Don Pedro, hoy sede del Ayuntamiento. A la salida de la villa,

Rincón del Mazapán de Toledo

El Mazapán de Toledo es la masa resultante de la mezcla de almendras crudas, peladas y molidas, con azúcares naturales. Su presentación se obtiene mediante un proceso de batido manual o mecánico, seguido de un horneado. Para que el producto se considere Mazapán de Toledo, las almendras deben suponer, al menos, la mitad del peso total. Además, los frutos utilizados han de ser de la variedad dulce, y el producto elaborado debe contener al menos un 25% de grasas. Entre las numerosas variedades están las figuritas; las marquesas -batidas con huevo y harina-; los pasteles yema; los pasteles gloria -con batata confitada- o las anguilas, que se decoran con clara y frutas confitadas.

www.turismocastillalamancha.com

El mazapán tiene un valor energético de 70 kcal. por unidad de 15 g. Es rico en hidratos de carbono, provenientes del azúcar, y en lípidos insaturados procedentes de las almendras, beneficiosos para la salud cardiovascular. Además, contiene vitamina E que actúa como eficaz antioxidante protegiendo los tejidos.

Fundación Española de la Nutrición

Indicación Geográfica Protegida (I.G.P.)

siempre dirección Toledo, nos detenemos a admirar la majestuosa fortaleza de Barcience. En su torre del homenaje está tallado el león de los Silva, antiguos señores de esta llanura.

Desfile de monumentos

La A-40 nos conduce hasta **Toledo**. Una vez en la capital castellano-manchega, atravesamos el barrio Vistahermosa en dirección a la glorieta de la Reconquista. Si nos desviamos a la derecha, por el paseo del Cristo de la Vega, cruzamos el puente y rodeamos la ciudad entre sus cigarrales para observar los famosos puentes de San Martín y Alcántara, así como el resto del centro histórico en todo su esplendor. Esta circunvalación nos devolverá a la célebre Puerta de la Bisagra, aunque aconsejamos virar de nuevo hacia la derecha, pegados a la muralla, por el paseo de Recaredo, y dejar el automóvil en la Puerta del Cambrón. Traspasado este antiguo acceso, nos bastará subir a pie por cualquiera de las costanillas para pisar la calle Reyes Católicos, que luego se transforma en el paseo del Tránsito. A un lado y a otro surgen monumentos que espolean nuestra imaginación: San Juan de los Reyes, las sinagogas del Tránsito y Santa María la Blanca, el Museo de Victorio Macho, y por un callejón, la Casa de El Greco, que es el antiguo palacio de Samuel Leví. Si ascendemos a la iglesia de Santo Tomé, veremos el espectacular *Entierro del Conde de Orgaz*, obra maestra de El Greco. Tras la visita, enfilamos la calle del Ángel y nos situamos en el meollo de la ciudad,

Fiestas

Es muy solemne la procesión del Corpus en Toledo, día grande de la ciudad, que se engalana para la ocasión con flores y tapices. Escalona celebra sus fiestas patronales la última o la penúltima semana de agosto. En Orgaz se honra al Cristo del Olvido, del 24 al 27 de agosto, y a la virgen, el 8 de septiembre. Consuegra organiza una batalla medieval los días 14, 15 y 16 de agosto. La última semana de octubre tiene lugar aquí la fiesta de la Rosa del Azafrán, en la que sus habitantes lucen trajes tradicionales (foto).

Perspectiva de Toledo desde la margen izquierda del Tajo.

junto a la catedral. Por todas las calles asoman comercios de aceros, damasquinados y joyerías, pero si continuamos hasta la plaza del Zocodover, disfrutaremos, entre cafés, de algunas pastelerías tradicionales.

Podemos retomar la ruta por el paseo de Recaredo hasta la Puerta de la Bisagra y, pasado el puente de Azarquiel, tomar la N-401 hasta **Sonseca**, cuyos mazapanes casi gozan de tanto renombre como los de la capital. A Sonseca debe accederse por su entrada norte: de inmediato el viajero encontrará fábricas de dulces de afamadas marcas que venden sus productos a los turistas.

Nuestro próximo destino, siempre por la N-401, es **Orgaz**. Da gusto recorrer este pueblo limpio y de calles empedradas, entre casas con vanos de cantería, todas de dos alturas. Lo primero que llama la atención es su castillo, a la entrada, pero cuenta con otros sitios de interés: las dos puertas de la antigua muralla, el puente romano de los Cinco Ojos, la imponente iglesia -atribuida a Churriguera-, la Plaza Mayor, el hospital de San Lázaro y el viejo Pósito comunal.

Culminamos la ruta del mazapán en **Consuegra**, fin de la llanada de Toledo y comienzo de La Mancha, como señalan sus molinos de viento encaramados en el Cerro Calderito, al pie del castillo de la Muela. Para llegar hay que tomar desde Orgaz la carretera CM-410 y luego la autovía CM-42. La vieja ciudad recibe al visitante con solemnes palacios renacentistas y conventos, que fueron priorato de los caballeros de San Juan y de la Orden de Malta. En la Plaza Mayor, adornada de balconadas castellanas, podemos recapitular, mazapán en mano, sobre los más dulces momentos del viaje. ■

Un paseo alrededor de la capital manchega ofrece perspectivas inolvidables

Sorpresa

Muchos viajeros que visitan por primera vez Toledo se quedan asombrados ante la bella arquitectura de las sinagogas de Santa María la Blanca y la del Tránsito; en esta última se encuentra el Museo Sefardí. Para otros, quizá, sea una sorpresa divertida recorrer los variados mercadillos que un día a la semana convocan a los vecinos en cada pueblo de la ruta.

Acueducto romano de Segovia.

Festín de historia **en tierras castellanas**

Chorizo de Cantimpalos

Centrada en la ciudad de Segovia y en el cercano pueblo que da nombre a este singular embutido, esta ruta recorre las históricas tierras altas de Castilla.

Guía Repsol

Completa tu ruta

- **Longitud del itinerario propuesto:** 58,3 km aprox.
- **Mapa completo de la zona:** pág. 30 F-3
- **Información turística, restaurantes y hoteles:** pág. 195
- **Otras rutas sobre esta Comunidad en** ***guiarepsol.com*****:**
  Ruta de la Alubia de la Bañeza-León
  Ruta de la Cecina de León
  Ruta del Jamón de Guijuelo
  Ruta de la Lenteja de La Armuña

Cantimpalos es un pueblo famoso por ser la cuna de uno de los embutidos más conocidos de nuestro país, el chorizo que lleva su nombre. Aquí comenzamos la ruta que, con la vertiente norte de la sierra de Guadarrama como escenario omnipresente, nos hará disfrutar de las tierras altas de Castilla.

Cantimpalos está situado a 20 km al norte de Segovia y en su núcleo urbano encontramos la iglesia de la Inmaculada Concepción, obra del gótico tardío, con un singular retablo mayor de estilo barroco y columnas salomónicas. A la entrada del pueblo se encuentra la ermita del Cristo de las Cinco Llagas. Existen varias zonas y paisajes naturales de interés, sobre todo en primavera: la Laguna, la Alameda y la zona conocida como las "Jarviveras", en el monte de Cantimpalos.

Dejamos este pueblo por la SG-V-2115 dirección a **Pinillos de Polendos**, donde tomamos la CL-603 y posteriormente la CL-601 dirección **Segovia**. Nada más pasar La Lastrilla, aparece el perfil de la capital de la provincia en el horizonte. Hay un mirador en el que es aconsejable detenerse para observar la cara norte de la ciudad amurallada. Es una vista impresionante con la catedral y el alcázar como protagonistas. Segovia fue declarada Patrimonio de la Humanidad en 1985.

Cantimpalos está rodeado de parajes naturales de gran interés

Rincón del Chorizo de Cantimpalos

Es un embutido elaborado a partir de carnes frescas de cerdo a las que se añaden sal y pimentón como ingredientes básicos y a las que también se puede incorporar ajo y orégano, sometidas a un proceso de secado y maduración.
La masa será homogénea, compacta y exenta de trozos de grasa de más de 0,5 cm de diámetro. Según los chacineros segovianos "para hacer un buen embutido es preciso someter tanto a las carnes como a los diversos condimentos a varias operaciones manuales, físicas y biológicas". Se podrá presentar entero, troceado o loncheado. Al corte presentará un color rojo intenso punteado en blanco rojizo debido a la presencia de trozos de grasa pigmentados. El aroma interno integra diferentes componentes, resultado del proceso de maduración de las carnes, y del aroma de las especias autorizadas añadidas, sin que predomine ninguno.

www.chorizodecantimpalos.com

Es un alimento energético que aporta proteínas de buena calidad y grasa de tipo insaturada, principalmente ácido oleico, característico del aceite de oliva. Es fuente natural de hierro hemo y de zinc, ambos fácilmente utilizables por el organismo al ser de origen animal. Además, el pimentón añadido ejerce una función antioxidante para el organismo.
Fundación Española de la Nutrición

Indicación Geográfica Protegida (I.G.P.)

Fiestas

El último fin de semana de abril se celebra en Cantimpalos la Feria del Chorizo y el domingo más próximo al 5 de febrero tiene lugar la fiesta de Santa Águeda de Zamarramala. Sus protagonistas son las mujeres casadas y viudas, entre las que se eligen dos alcaldesas. Según la leyenda, en 1.227, cuando los tercios segovianos reconquistaron el Alcázar, las mujeres entraron en la fortaleza formando una rueda de baile; ante la hermosura y gracejo de las bailarinas, los guardias abandonaron sus puestos y perdieron la plaza.

Proponemos un paseo de ida y vuelta por la arteria principal de su zona antigua, la calle Real, desde la plaza del Azoguejo, a los pies del espectacular acueducto romano, hasta la Plaza Mayor, donde se yergue la imponente catedral del gótico tardío, obra de Gil de Ontañón. A mitad de camino, la plaza de Juan Bravo, salva su desnivel con una escalera en torno a la cual de distribuyen edificaciones de la Edad Media -iglesia de San Martín- y del Renacimiento -la Casa de Juan Bravo-, que conforman un entorno de una belleza singular. Ciudad turística por excelencia, en cualquiera de sus restaurantes es posible degustar los productos de la zona, con el cordero y el cochinillo como manjares imprescindibles. Retomamos el camino por la N-110 dirección Ávila.
El primer pueblo que encontramos es **Madrona**, donde existió un poblado visigodo y en el que destaca su iglesia parroquial de la Virgen de la Cerca, uno de los mejores ejemplos del románico segoviano.

Del palacio de Riofrío a Villacastín

Desde aquí accedemos a los bosques y al Palacio Real de Riofrío por la SG-P-7211. Desandamos luego el camino para retomar la N-110 y, dejando atrás pueblos con nombres sugerentes como **Fuentemilanos**, **Zarzuela del Monte** e **Ituero** y **Lama**, divisamos **Villacastín**, final

Botella de vidrio de La Granja, Segovia.

Globos aerostáticos sobrevolando el Alcázar de Segovia.

de nuestra ruta. Este lugar estratégico entre Segovia, Ávila y Madrid destaca por albergar la gran iglesia de San Sebastián, Patrimonio Histórico Nacional, de un estilo gótico herreriano que recuerda a El Escorial. Pasear por su entorno urbano nos permite contemplar el palacio de los Madrazo, el de los Condes de Alba Real -en la plaza de los Caños- o los Lavaderos de lana de Perella, también conocidos como Las Balsas, una agradable sorpresa al final de nuestro recorrido. ■

El Alcázar junto al Acueducto romano es uno de los símbolos de Segovia

Sorpresa

Se trata de las pinturas murales del ábside de la iglesia de San Justo, del siglo XII, en Segovia El Pantocrátor preside la composición, rodeado por los 24 ancianos del Apocalipsis. Dispuestos en parejas, aparecen tocando diferentes instrumentos musicales o muestran vasijas. En el cilindro del ábside se representa el Calvario de la Virgen y el Descendimiento de Cristo. Las escenas narrativas se caracterizan por su dinamismo. En las pinturas, al temple, dominan los tonos ocres y pardos.

La suavidad **de la meseta**

Mantequilla de Soria

Desde las Tierras Altas hasta la llamada Soria Verde, este itinerario recorre la provincia, con parada en la capital, deteniéndose también en los pueblos donde se fabrica este manjar.

Guía Repsol

Completa tu ruta

- **Longitud del itinerario propuesto:** 106,5 km aprox.
- **Mapa completo de la zona:** pág. 22 B-4
- **Información turística, restaurantes y hoteles:** pág. 202
- **Otras rutas sobre esta Comunidad en** ***guiarepsol.com:***
  Ruta de la Alubia de La Bañeza-León
  Ruta de la Cecina de León
  Ruta del Jamón de Guijuelo
  Ruta de la Lenteja de La Armuña

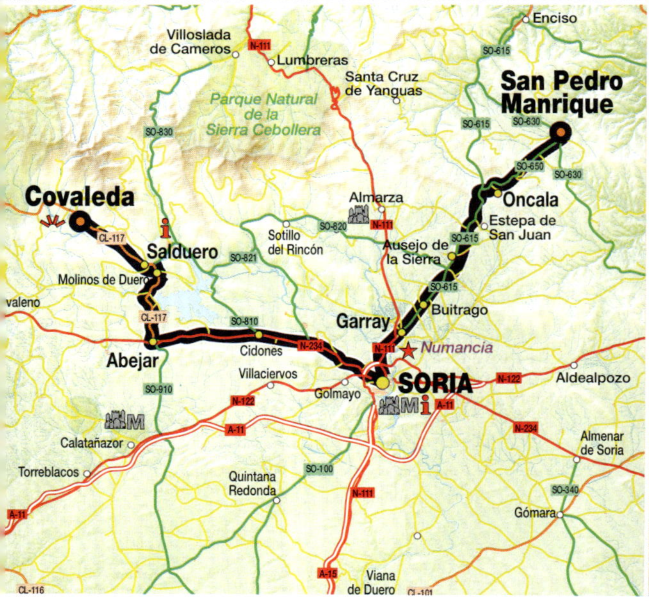

Por estos parajes transcurre desde hace siglos la trashumancia

Una gran parte de la provincia soriana está vinculada a la elaboración de la mantequilla. Esta ruta es buena prueba de ello, ya que recorre los pueblos donde se fabrica, se detiene en la capital y finaliza en la denominada Soria Verde, donde pasta el ganado.

Iniciamos el recorrido en **San Pedro Manrique**, la villa más notable de las llamadas Tierras Altas. Su principal vía de acceso desde la capital es la N-111 hasta Garray, desde donde tomamos la CL-115 para llegar a Oncala y de allí continuamos por la carretera local SO-650.

El pueblo de San Pedro Manrique conserva casas tradicionales sorianas de los siglos XVI y XVII que conforman un pintoresco entramado de calles estrechas y empinadas. Conviene destacar su castillo, declarado Bien de Interés Cultural, así como

Paisaje del campo soriano.

Claustro del monasterio de San Juan de Duero, cerca de Soria.

San Pedro Manrique conserva un pintoresco entramado de calles y casonas

la iglesia de San Martín de Tours, donde es posible contemplar un calvario gótico del siglo XII muy bien conservado, y la ermita de la Virgen de la Peña; a sus pies se celebra cada noche de San Juan el rito del Paso del Fuego.

Tomamos de nuevo la SO-650 con destino a **Oncala**. Desde la primavera hasta el otoño el paisaje que recorremos aparece salpicado de rebaños de ovejas merinas. Su encuentro nos prepara para la visita al Museo Pastoril, en el que se pueden apreciar las tradiciones asociadas a la trashumancia. Este desplazamiento anual del ganado desde las zonas altas destinadas a pastos de verano a las zonas bajas se ha practicado durante siglos en estas tierras. Un viaje figurado nos lleva por la Cañada Real Soriana Oriental hasta el valle de Alcudia (Ciudad Real), mostrando las costumbres, los útiles y los parajes a lo largo de 700 km por el centro de la Península. El museo también enseña cómo era la vida de las mujeres que quedaban en el pueblo durante el duro invierno -a menudo rodeado por la nieve, pues se encuentra situado a 1.300 m de altitud-, y los cambios que la actividad ganadera produjo en el paisaje local. En Oncala hay que visitar también la iglesia de San Millán, que alberga una

Visita obligada

En Garray, se encuentran los restos de la ciudad de Numancia. El primer asentamiento del Cerro de la Muela se remonta a la Edad de Bronce; más tarde, en la Edad de Hierro, llega hasta allí la cultura castrense y en el siglo IV a. C. se asientan los celtíberos, que fueron derrotados en el siglo II a. C. por los romanos después de una prolongada y heroica resistencia. Numancia ha sido declarada Bien de Interés Cultural. Los objetos recuperados en las sucesivas excavaciones realizadas se exponen en el Museo Numantino de Soria y en las salas del Aula Paleontológica del propio yacimiento.

Mantequilla y buñuelos.

Sorpresa

En esta provincia se encuentra el Punto de Nieve de Santa Inés. Situado en la Sierra de Urbión, al lado de la Laguna Negra, entre los pueblos de Vinuesa y Montenegro de Cameros, se trata de un entorno natural donde es posible practicar deportes de invierno. La estación cuenta con dos remontes, una pista de esquí de 16 km, otra de perros con trineo de 12 km y también una de motos de nieve de 18 km. Cuenta, asimismo, con una pista de iniciación y otra de *snowboard*.

colección de tapices bordados en la Fábrica Real de Bruselas, tejidos sobre cartones dibujados por Rubens y que, en origen, estaban destinados al convento madrileño de las Descalzas Reales.
Por la carretera local SO-615 nos dirigimos después a la capital, dejando a nuestro paso Estepa de San Juan y **Garray**; este último pueblo merece una parada, pues allí, en el Cerro de la Muela, se encuentra Numancia, asentamiento de varias culturas, especialmente la celtíbera y la romana, desde el siglo II a. C. al V.

Animación capitalina

La capital, **Soria**, es rica en paseos y monumentos. Es conveniente perderse por su bien conservado casco histórico, entre el bullicio capitalino y los numerosos monumentos históricos que nos salen al paso. La calle Collado y la Plaza Mayor están dentro de una zona peatonal con comercios, bares típicos y pastelerías de escaparates tentadores, en los que la Mantequilla de Soria es protagonista.
La iglesia de Santo Domingo, construida en el siglo XII y declarada Monumento Histórico-Artístico, es una joya del románico castellano. Tanto su torre como su fachada son espectaculares.

Placa con un poema de Antonio Machado, en Soria.

Rincón de la Mantequilla de Soria

Esta Denominación certifica la mantequilla obtenida de la nata de leche de vaca de las razas *frisona*, *pardo-alpina* o de sus cruces, procedentes de explotaciones lecheras de la provincia de Soria, en especial del valle de Tera. Abarca tres variedades: natural, salada y dulce. La primera se distingue por su color marfil pajizo y sabor ligeramente ácido, con aroma a nata fresca. La salada presenta un aspecto ligeramente granuloso. La dulce, producida por los obradores de pastelería a base de la natural, se presenta en una caja y con formato de manga pastelera. Presenta un color hueso uniforme, salvo un adorno anaranjado o rosáceo. Su aspecto al corte es tipo espuma ligeramente abierta pero compacta, con oquedades irregulares de tamaño entre azúcar y grano de arroz. Su aroma recuerda al azúcar caramelizado.

www.mantequilladesoria.com

Es un producto energético, que consumido con moderación puede formar parte de una dieta saludable. Es fuente importante de vitaminas A y D. La mantequilla dulce tiene un valor calórico algo menor que la natural o la salada, al contener menos grasa. Las personas que lleven una dieta controlada en sodio deben moderar especialmente el consumo de la salada.
Fundación Española de la Nutrición

mantequilla de Soria
DENOMINACIÓN DE ORIGEN PROTEGIDA

Denominación de Origen Protegida (D.O.P.)

Detalle de la iglesia de Santo Domingo de Soria.

Otra visita recomendable es la concatedral de San Pedro de Soria. De origen románico, fue posteriormente monasterio agustino, convirtiéndose, tras la reforma que siguió a su hundimiento, en un templo gótico renacentista donde destaca el retablo mayor y el claustro. Antes de abandonar la capital, ya en el ecuador de la ruta, conviene hacer una parada en el parque Alameda de Cervantes, popularmente conocido como La Dehesa, un pulmón verde en cuyos árboles de gran tamaño viven numerosas ardillas. No hay que perderse, en las afueras de la ciudad, la visita al monasterio románico de San Juan de Duero, joya arquitectónica del siglo XIII famosa por los arcos de su claustro. Perteneció a la orden militar medieval de los Hospitalarios de San Juan de Jerusalén.

El mar de agua dulce de Soria

Tras el descanso, la N-234 dirección Burgos nos acercará a nuestro siguiente destino: **Abejar**. Al abrigo de una loma que templa su clima, el pueblo está rodeado por impresionantes paisajes naturales -con bosques de pino albar, robledales y sabinares, hayedos, acebales- y por el pantano de la Cuerda del Pozo, conocido como el "mar de agua dulce" de Soria. Aparte de su entorno natural, tiene interés la ermita de la Virgen del Camino del siglo XVII, edificio de una sola nave con capilla mayor cubierta con bóvedas en forma de media luna. Continuamos la ruta por la CL-117 entre paisajes naturales de gran valor ecológico y olor a pino, para llegar a nuestra última parada, **Covaleda**. Su término municipal se extiende entre las estribaciones de la sierra de Urbión y las de la sierra de Resomo en la denominada Soria Verde. La propuesta turística

Laguna Negra, al pie de los Picos de Urbión.

de la zona está relacionada con varios rincones naturales, entre los que destacan el Raso de la Nava, el puente de Santo Domingo, la Piedra Andadera, la Mina del Médico o el puente de Soria, declarado Bien de Interés Cultural. Este último está situado a 2 km del casco urbano, sobre el río Duero, en una zona de gran valor paisajístico. También es impresionante, en el término de **Vinuesa**, la Laguna Negra. De origen glacial, está encajada entre laderas graníticas en plena sierra de Urbión y destaca por sus frías aguas, incluso en pleno verano. ■

Fiestas

La fiesta más destacada de la ruta es la del Paso del Fuego de San Pedro Manrique, declarada de Interés Turístico Nacional. Se trata de un ritual iniciático en el que los vecinos del pueblo participan generación tras generación. Quien logra superar la pirobacia -atravesar solo o con alguien a cuestas las brasas encendidas- se garantiza la vida eterna. Se celebra la noche del 23 de junio a los pies de la ermita de la Virgen de la Peña, concentrando a lugareños y turistas atraídos por un espectáculo en torno a una hoguera que convertirá mil kg de leña de roble en una alfombra roja de fuego (foto).

Avistadero de pájaros en la playa de la Marquesa.

Inmensos arrozales **y playas tranquilas**

Arroz del Delta del Ebro

El segundo humedal de la Península Ibérica compagina su papel de centro ornitológico con el cultivo de arroz de calidad, con nombre propio.

Guía Repsol

Completa tu ruta

- **Longitud del itinerario propuesto:** 60,3 km aprox.
- **Mapa completo de la zona:** pág. 43 D-1
- **Información turística, restaurantes y hoteles:** pág. 69
- **Otras rutas sobre esta Comunidad en** ***guiarepsol.com:***
  Ruta de los Calçots de Valls
  Ruta del Cava
  Ruta de la Poma de Girona
  Ruta del Salchichón de Vic

Entramos en los arrozales del Delta del Ebro, tierra encharcada y fecunda, por el puerto pesquero y deportivo de **Sant Carles de la Ràpita**. Nada más salir del puerto, sin perder de vista el mar y las mejilloneras de la bahía dels Alfacs, un cartel anuncia los límites del Parque Natural del Delta del Ebro, una llanura aluvial de 330 kms^2. Sobre el mapa, muestra el aspecto de un triángulo de unos 30 km de largo por unos 25 de ancho, en forma de flecha y partido en dos por el río. Lo cierran los arenales del Fangar al norte y La Banya al sur, formados por sedimentos arrastrados por las corrientes marinas. La mitad del Delta que queda al norte del río pertenece a la comarca del Baix Ebre, mientras que el delta del sur, forma parte del Montsià.

Toda el área conforma un ecosistema en la desembocadura del río modelado por el hombre y que ha variado su morfología a lo largo de los siglos, circunstancia que no le resta la vital importancia de ser el segundo humedal de la península tras Doñana, dedicado casi por entero al cultivo del arroz. También resulta un territorio

El ecosistema del Delta es también muy atractivo para el turismo

Perspectiva de los arrozales del Delta.

atractivo para los turistas que disfrutan con los paseos en bicicleta, con sus playas de arena prácticamente desiertas y con el avistamiento de numerosas especies de aves.

No siempre hubo aquí arrozales. Muchos estanques de estas marismas silvestres se convirtieron primero en salinas o en prados de pasto antes que en campos de cereal. El cultivo del arroz es relativamente reciente. A finales del siglo XIX entró en funcionamiento el canal de la derecha del río y a principios del XX, el de la margen izquierda. El sistema de regadío obró el milagro. Hoy, todo el ciclo del arroz pinta el amplio paisaje del Delta. A partir de los canales, por una intrincada red de acequias principales y secundarias, se anegan los campos a mediados de abril, justo antes de la siembra. Cuando el grano está maduro, en septiembre, se siega mecánicamente; se obtienen unos 7.000 kg de arroz por ha. Con la quema de los rastrojos culmina la temporada y a principios de febrero los campos se secan para realizar de nuevo con el tractor las labores preparatorias del cultivo. El Delta ofrece entonces su cara parda.

Por pueblos, playas y lagunas

Poble Nou del Delta es el primer pueblo que sale al paso en esta ruta y al que llegamos desde Sant Carles por una carretera que corre paralela al mar. Es una pedanía de **Amposta** y fue construido en 1955 por el entonces Instituto Nacional de Colonización para transformar agrícolamente este territorio. Está formado por un conjunto de casas blancas en torno a una iglesia; algunas de ellas dedicadas al turismo rural. A un km escaso siguiendo las indicaciones llegamos a la Casa de Fusta, a la que se accede desde una de las típicas barracas del Delta, hoy Centro de Interpretación del Parque Natural. Desde un mirador de madera comprobamos que estamos junto a una de las lagunas del Delta: l'Encanyissada. De casi 1.200 ha, es un excelente punto de observación de aves como el ánade real, la garza imperial, la focha, el somormujo, el

Sorpresa

"En estas tierras, el que no se hacía una barraca, se hacía dos". Este antiguo dicho se refiere a las barracas de paja, cañas y barro -construcciones típicas del Delta- donde se guardaban aperos de labranza y enseres para la pesca y la caza. Algunas se han recuperado como Centro de Interpretación del Parque, vivienda privada e incluso alojamiento rural.

Poble Nou, en el Delta del Ebro.

cormorán, el flamenco o el martinete. En esta zona de la desembocadura del Ebro se han contabilizado hasta 200 especies de aves migratorias. Más de la mitad nidifican. Para muchas de ellas es también un cuartel invernal. Así que no está de más utilizar los prismáticos y los miradores repartidos por el parque para observar sus movimientos. Las mejores horas son el amanecer y el atardecer.
De vuelta en Poble Nou, seguimos hasta la playa dels Eucaliptus. En todo el parque, la circulación de vehículos sólo está permitida en carreteras y pistas autorizadas, así que conviene seguir las indicaciones para no encallar con las ruedas en la arena.
Antes de llegar a la urbanización y playa dels Eucaliptus encontramos, a la derecha, la barrera y la playa del Trabucador, una lengua de arena de unos 5 km que enlaza con la Punta de la Banya, la reserva

Hasta 200 especies de aves usan este enclave como lugar de paso, refugio invernal o para nidificar

Visita obligada

La Casa de Fusta es un refugio desmontable que tres señores acomodados de Barcelona compraron en 1926 en Canadá y trasladaron hasta el Delta por 350.000 pesetas de la época. Decidieron fundar una sociedad de caza atraídos por la gran cantidad de aves acuáticas que había en la zona. Es de madera y se restauró en 1999. Actualmente acoge un Centro de Interpretación en el que se explica la formación del Delta, el desarrollo del cultivo del arroz y el valor medioambiental de este importante ecosistema.

Rincón del Arroz del Delta del Ebro

Este arroz con Denominación de Origen Protegida se elabora y se envasa en el Delta. Es un producto cooperativo en el que se usan solo técnicas de agricultura controlada que priorizan los métodos ecológicamente más seguros para la alimentación y respetuosos con el medio ambiente. Se cultivan las variedades *bahía*, *tebre*, *sénia*, *fonsa*, *bomba* y *montsianell*. En el mercado se presenta envasado en los siguientes formatos: *extra*, *largo*, *integral*, *vaporizado*, *bomba* (de escasa producción pero gran calidad) *risotto*, *basmati* y *baby*. Tiene gran capacidad de absorción de sabores. Su contenido en almidón es uno de sus rasgos más distintivos. Su sabor aromático caracteriza los platos tan propios del Delta como la paella.

www.do-deltadelebre.com

Los hidratos de carbono complejos deben ser la base de nuestra dieta y el arroz los contiene en un 86 % de su composición. Constituye una buena fuente de proteínas vegetales y apenas contiene grasa. Proporciona minerales como el fósforo y el selenio y vitaminas como la niacina y la B6. El aporte de 70 g es de 266 kcal., el 5 % de las necesidades energéticas medias de un adulto.
Fundación Española de la Nutrición

DENOMINACIÓ D'ORIGEN PROTEGIDA · ARRÒS DEL DELTA DE L'EBRE

Denominación de Origen Protegida (D.O.P.)

Plantas de arroz.

natural más extensa del Delta. A la izquierda de la carretera está la laguna de la Tancada.
Tomamos luego la TV-3405 dando la espalda al mar y al inicio, a la derecha, merece la pena detenerse en la Reserva Natural de Riet Vell para ver una barraca blanca restaurada que sirve de aula de naturaleza. Unos metros más allá encontramos un observatorio de aves y unas cuantas parcelas experimentales de cultivo ecológico.

El otro lado del río Ebro

De vuelta a la carretera llegamos, por la TV-3404, a **Sant Jaume d'Enveja** y ahí nos encontramos con el artífice natural de este paisaje: el río Ebro, el más caudaloso de la Península Ibérica. Un nuevo puente nos pasa al otro lado del cauce fluvial, a **Deltebre**; hasta la inauguración del puente se utilizaban los transbordadores. Si el tiempo nos lo permite, en Deltebre se encuentra el Ecomuseu que merece una

Fiestas

La Feria del Arroz y del Comercio de l'Aldea, cerca de Amposta, se celebra a mediados de abril. En junio tiene lugar en Sant Carles de la Ràpita la fiesta Tasta Mar, una celebración gastronómica con los productos de la bahía dels Alfacs. También en junio tienen lugar las fiestas de la plantada del arroz en los pueblos de Deltebre y Sant Jaume d'Enveja. En agosto coinciden las fiestas mayores de l'Aldea, Deltebre y Amposta.

Amanecer en la playa dels Eucaliptus.

visita. También salen de aquí los cruceros turísticos que bajan, río abajo, hasta su desembocadura, pasando frente a la isla de Buda. Otra alternativa es acercarnos a un curioso molino de arroz de madera, conocido como el Molí de Rafelet.

Desde Deltebre salimos por la carretera TV-3451 y, a la derecha, vemos unas cuantas barracas tradicionales destinadas al turismo rural. Finalmente ponemos rumbo hacia la playa de la Marquesa. Aquí dejamos el coche e iniciamos un paseo por la magnífica playa, ya al atardecer, hasta la punta del Fangar, entre dunas de arena -protegidas por tratarse de una importante zona de nidificación-. La vista del extenso arenal con el faro distante resulta uno de los más bellos paisajes de Cataluña. ■

La playa de la Marquesa es uno de los arenales aptos para el baño o para caminar entre dunas

En primavera y otoño coincide la migración de aves y el cultivo del arroz.

Aguas que **dan fruto**

Pera de Lleida

Recorremos los llanos y extensos campos de perales y manzanos regados por el Canal d'Urgell haciendo dos interesantes paradas: Lleida y Mollerussa.

La Catedral Vieja de Lleida corona el recinto amurallado más grande de Europa

La atalaya perfecta. El mejor mirador de la ciudad de **Lleida**. Eso es la Catedral Vieja (Seu Vella), con su claustro y su majestuoso campanario, una clase completa de arte románico y gótico. Está situada dentro del perímetro amurallado más grande de Europa, junto a la antigua fortaleza árabe de La Suda. Desde allí, en primavera, cuando los perales, siguiendo su ciclo vital, florecen, se ven los campos que rodean la ciudad pintados de blanco.

Es aquí donde iniciamos esta ruta que discurre principalmente por la comarca del Pla d'Urgell, aunque la zona de producción de la D.O.P.

Pera de Lleida se extiende también por las comarcas del Segrià, la Noguera, Les Garrigues y l'Urgell.

En Lleida, antes de coger el coche, es imprescindible visitar el Palau de la Paeria, una de las joyas del románico civil más importantes de Cataluña. Sede del Ayuntamiento, en su interior se pueden ver restos monumentales datados desde el siglo V a. C. hasta el siglo XVIII de nuestra era, el archivo municipal y el Salón del Retablo. Después, podemos salir a la plaza de Sant Joan, presidida por la iglesia del mismo nombre, en cuyo campanario anidan todo el año las cigüeñas. En la calle Mayor está la oficina de turismo. Desde aquí salen varios itinerarios para recorrer esta gran desconocida que es Lleida.

Corazón de la
Pera de Lleida.

Guía Repsol

Completa tu ruta

- **Longitud del itinerario propuesto:** 41,7 km aprox.
- **Mapa completo de la zona:** pág. 24 D-4
- **Información turística, restaurantes y hoteles:** pág. 108
- **Otras rutas sobre esta Comunidad en *guiarepsol.com***
  Ruta de los Calçots de Valls
  Ruta del Cava
  Ruta de la Poma de Girona
  Ruta del Salchichón de Vic

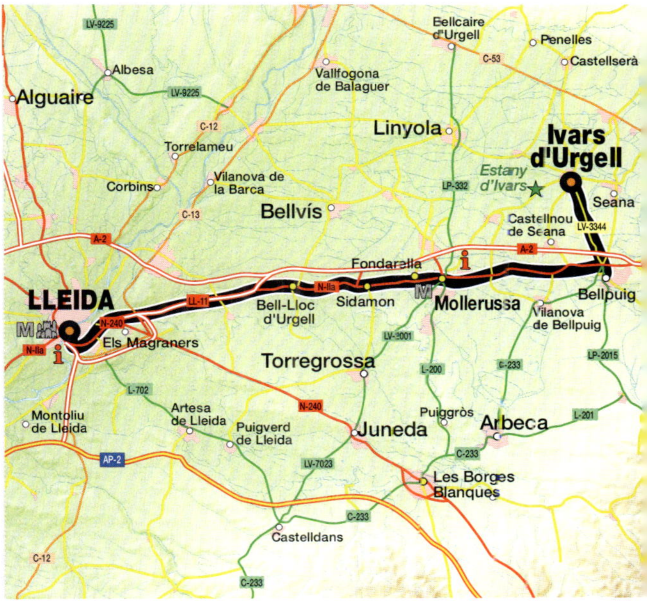

Sorpresa

El Salt del Durán es un paseo tradicional para los habitantes de Mollerussa. Bordea la tercera acequia principal del Canal d'Urgell. El camino transcurre bajo la sombra de los plataneros; es muy llano y atraviesa campos de frutales. La salida se hace por el camino de Belianes y a 4 km encontramos el impresionante salto de agua del Durán. Al lado hay una fuente de agua fresca y una caseta de control de riego. Antiguamente, la caída de agua se aprovechaba para producir electricidad.

El Canal d'Urgell ha transformado radicalmente el paisaje interior de la provincia de Lleida

Uno de ellos se detiene frente a varios edificios modernistas. Otra de las joyas de la ciudad está junto al río Segre: La Llotja, actual Palacio de Congresos de Lleida.
Continuando el recorrido salimos de Lleida por la A-2 o la N-2 dirección **Mollerussa**. A la derecha y a la izquierda nos acompañarán por la extensa llanura campos de perales, manzanos y algunos cultivos de cereal. Los perales están dispuestos en hileras y son regados por goteo con agua llegada del Pirineo gracias al Canal d'Urgel. Para entender el paisaje del interior de la provincia de Lleida y su transformación relativamente reciente en un inmenso campo de frutales hay que hablar del Canal d'Urgell. Y para conocer su historia, entrar en la Casa del Canal, en Mollerussa. En este bello edificio de 1867, restaurado recientemente, tiene su sede también la Comunidad de Regantes.
En el Centro de Interpretación, una visita guiada de una hora explica cómo se construyó esta obra de ingeniería hidráulica de 144 km de longitud que ha transformado, desde mediados del siglo XIX, una tierras resecas y yermas en fértiles campos productivos.

Por el humedal de Ivars i Vila-Sana

De Mollerussa seguimos por la A-2 o la N-2, desviándonos luego por la LV-3344 hasta la localidad de **Ivars d'Urgell**, para encontrar otro paisaje que ha transformado el agua: el lago de Ivars i Vila-Sana. Este humedal, que se alimenta del canal, estuvo desecado muchos años, hasta su reciente recuperación. En la actualidad acoge más de 200 especies de aves diferentes. Tiene una extensión de

Busto en piedra de San Pedro en la catedral de Lleida.

Rafting en aguas del río Noguera Pallaresa, Lleida.

126 ha y un perímetro de casi 6 km; la profundidad de sus aguas no llega en ningún caso a los 4 m. Una ruta llana y bien señalizada de unos 3 km, caminando o en bicicleta, permite conocer y disfrutar del humedal. Alrededor del lago se han colocado dos observatorios para el avistamiento de aves, además de una torre elevada. En la caseta de información se pueden alquilar prismáticos y se organizan paseos en barca. Terminamos la ruta a pocos km de aquí, ya en la comarca de la Noguera. Podemos despedirnos brindando con los vinos de la D.O. Costers del Segre, los del **Castell del Remei**, en una zona en la que los frutales dejan paso al viñedo. ■

Fiestas

Del 7 al 11 de mayo se celebran en Lleida las fiestas en honor a San Anastasio y, a finales de ese mes, el singular Aplec del Cargol, una cita internacional para los amantes de los caracoles (foto). En septiembre tiene lugar la Feria Agraria de San Miguel. Mollerussa celebra su Fiesta Mayor en honor de San Isidro el tercer fin de semana de mayo.

Rincón de la Pera de Lleida

Esta fruta, con D.O.P. desde 2008, incluye tres variedades *limonera,* de color verde amarillento, su carne es granulosa al paladar; *blanquilla,* de color verde agrisado, muy jugosa y suave al paladar, mientras que la *conference* es verde y con rugosidades de color marrón, de carne blanquecina y jugosa. Estas variedades, conocidas como las "tres reinas", deben cumplir, al comercializarse, una serie de requisitos, como un calibre mínimo de 60 mm. Los perales se encuentran en una zona donde los inviernos son muy fríos, con nieblas persistentes, y los veranos muy calurosos y secos, condiciones que contribuyen a la producción de una pera de gran calidad. El Consejo Regulador agrupa a 750 productores, que cultivan unas 1.650 ha, y garantiza el cultivo, manipulación y calidad de la pera.

www.peradelleida.es

Una pera de tamaño medio sólo contiene unas 100 kcal., en gran parte por su alta proporción de agua. Su aporte de fibra, concretamente de lignina, mejora el tránsito intestinal. Además destaca por su moderado contenido en folatos y vitaminas C y A. También es fuente de diversos flavonoides, antioxidantes con propiedades beneficiosas.

Fundación Española de la Nutrición

pera de lleida

Denominación de Origen Protegida (D.O.P.)

Sobre los vestigios **del pasado romano**

Cordero de Extremadura

Las comarcas de Tierra de Barros y Campiña Sur conforman el hábitat de esta zona ganadera, a la que llegamos desde Mérida, la capital extremeña.

El Museo Nacional de Arte Romano es el guardián del legado monumental de la capital extremeña

La herencia monumental de la antigua capital de la provincia romana de *Augusta Emerita*, la actual ciudad de **Mérida**, es la excusa perfecta para que empecemos aquí este recorrido. Desde Mérida nos acercaremos luego a las tierras extremeñas de las comarcas de Tierra de Campos y Campiña Sur donde se crían los mejores corderos de la región. Los amantes de la Historia encontrarán numerosas razones para admirar las impresionantes huellas del período romano de la ciudad que se extiende entre los años 25 a. C. y el 476 d. C. Esta es la razón por la que fue declarada, en 1993, Patrimonio de la Humanidad por la Unesco.
Diseminados por todo el trazado urbano surgen el teatro, el anfiteatro, el acueducto, el foro, el templo de Diana, el circo y el puente sobre el río Guadiana. La reconstrucción y divulgación de todo este legado corresponde al Museo Nacional de Arte Romano, ubicado en un interesante edificio del arquitecto

Cabeza de caballlo de bronce del Museo Nacional de Arte Romano de Mérida

uía Repsol

Completa tu ruta

- **Longitud del itinerario propuesto:** 147,8 km aprox.
- **Mapa completo de la zona:** pág. 43 D-1
- **Información turística, hoteles y restaurantes:** págs. 132 y 239
- **Otras rutas sobre esta Comunidad en *guiarepsol.com:***
  Ruta de la Cereza del Jerte
  Ruta del Jamón de la Dehesa de Extremadura
  Ruta del Pimentón de la Vera
  Ruta del Queso de La Serena

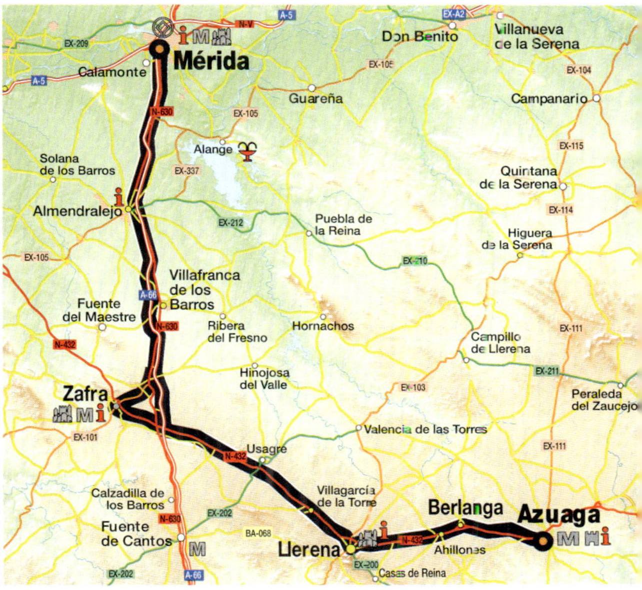

Fiestas

El Festival de Teatro Clásico de Mérida, de relevancia internacional y con más de 78 años de vida, reúne cada verano a miles de espectadores. Las ferias también son habituales en la zona. Mérida celebra el 12 de octubre la Feria Chica, mientras que Zafra, por San Miguel, a mediados de octubre, organiza una cita ganadera internacional. El 1 y 2 de febrero tiene lugar en Almendralejo la fiesta de Las Candelas. En ellas se queman las *Pantarujas* o *Peleles* que representan el mal.

Entre vides y olivos aparece Zafra, monumental y ganadera

Rafael Moneo. Aunque no es de la misma época, sino más tardía, del período musulmán, no podemos abandonar Mérida sin visitar la Alcazaba, uno de los secretos mejor guardados de la ciudad. Partiendo de la capital extremeña seguimos la ruta por la A-66 hasta las comarcas de Tierra de Barros y Campiña Sur donde se encuentran las explotaciones ovinas que conforman el hábitat y las condiciones de cría y alimentación del Cordero de Extremadura, garantizadas por la I.G.P.

En el camino, que coincide con la Ruta de la Plata, nos salen al paso las tierras donde pacen los corderos, salpicadas de campos de cultivo y plantaciones de olivos y viñedos. En medio de estos paisajes encontramos **Almendralejo** y **Villafranca de los Barros**. La primera es un enclave económico importante de Extremadura, centrando su actividad en el vino y en el aceite. Entre sus monumentos religiosos destacan los conventos de Ntra. Sra. del Amparo, del siglo XVI, y el de San Antonio, del XVII. Villafranca, con una gran actividad comercial, cuenta con importantes cooperativas vinícolas destacando también la producción de aceite.

Por las monumentales Zafra y Llerena

Siguiendo la ruta llegamos a **Zafra**. Ciudad monumental, su pasado y su presente se mezclan en sus animadas calles y plazas, especialmente en las populares Plaza Grande y Plaza Chica. En uno de sus pilares hay una vara de medir, usada antiguamente por los comerciantes. Entre sus monumentos destacan el palacio de los Duques de Feria, del siglo XV -actual Parador Nacional-, la iglesia gótica de la Candelaria y el Museo-Convento de Santa Clara. Desde allí, por la N-432 llegamos a **Llerena** que nos recibe con un perfil de torres solapadas y una sucesión de campanarios y templos

Puente sobre el Guadiana del arquitecto Santiago Calatrava.

Interior del Museo Romano de Mérida.

llenos de arte. Es el caso de la Iglesia de Ntra. Sra. de la Granada, que alberga obras de Zurbarán -el pintor nació cerca de allí, en Fuente de Cantos-, o la Torre de la iglesia Mayor. Por su patrimonio histórico y artístico, el pueblo es apodado la *Pequeña Atenas de Extremadura*. Un desvío hacia **Casas de Reina** nos ofrece el espectáculo del Teatro Romano de Regina. Volviendo a la N-432, pasamos por **Berlanga**, que alberga el Parque-Reserva Natural de Los Quinientos. Aquí se preservan, junto a pinos y eucaliptos, una serie de árboles y plantas autóctonas donde anidan milanos, búhos y águilas. Más adelante llegamos a **Azuaga**, que se viste de casas encaladas y que ofrece la tranquilidad necesaria para repasar las imágenes que se nos han grabado en la retina durante la ruta. ■

Sorpresa

En medio de la campiña extremeña, muy cerca de los pueblos de Llerena y de Casas de Reina se encuentra el Teatro Romano de Regina. Fue construido en el siglo I d. C. siendo emperador Claudio Nerón. Se integra dentro del yacimiento de la antigua ciudad romana de Regina Turdulorum, parcialmente excavado. Abre de martes a domingo hasta las 16.45 horas. La visita completa dura unas dos horas.

Rincón del Cordero de Extremadura

La singularidad de la Indicación Geográfica Protegida (I.G.P.) Corderex se basa en el hábitat de la dehesa donde crecen las crías y la raza autóctona de la que proceden: *merina*.
Los corderos deben alimentarse de leche materna durante sus primeros 45 días de vida hasta alcanzar un peso mínimo de 12 k, pudiendo complementarse su alimentación con piensos concentrados autorizados. Después, una vez destetados, los ejemplares seleccionados tienen que permanecer estabulados al menos 30 días antes de su sacrificio, separados del resto de animales. Durante este tiempo se alimentan con cereal concentrado hasta alcanzar entre 22 y 28 k de peso, sin superar nunca los 80 días de edad. Su carne tiene la textura, ternura, jugosidad y aroma garantizados.

www.corderex.com

Se trata de una carne con proteínas de alta calidad. Su grasa es de tipo saturada y monoinsaturada en proporciones similares. Constituye una fuente de vitaminas -tiamina, riboflavina, niacina, B_6 y B_{12}-, y minerales como hierro hemo y zinc de alta biodisponibilidad.
Se recomienda consumir ejemplares jóvenes, ya que su grasa está más localizada y se retira fácilmente.
Fundación Española de la Nutrición

Consejo Regulador Indicación Geográfica Protegida Corderex Cordero de Extremadura

Indicación Geográfica Protegida (I.C.P.)

El esplendor **de la Historia**

Torta del Casar

De la monumentalidad de Cáceres viajamos a Montánchez, un auténtico pueblo de sierra. Es la ruta que planteamos en torno a un queso verdaderamente singular.

Guía Repsol

Completa tu ruta

- **Longitud del itinerario propuesto:** 141,5 km aprox.
- **Mapa completo de la zona:** pág. 46 E-4
- **Información turística, hoteles y restaurantes:** pág. 43
- **Otras rutas sobre esta Comunidad en** ***guiarepsol.com:***
  Ruta de la Cereza del Jerte
  Ruta del Jamón de la Dehesa de Extremadura
  Ruta del Pimentón de la Vera
  Ruta del Queso de La Serena

El centro histórico de Cáceres muestra el contraste entre el glorioso pasado y la vanguardia artística actual

El núcleo urbano histórico-monumental de **Cáceres**, declarado en 1986 Patrimonio de la Humanidad, permite a esta ciudad presumir de ser la más hermosa de Extremadura. Aquí comenzamos la ruta de la Torta del Casar, un singular y exquisito queso extremeño.
Nuestro recorrido empieza en la Plaza Mayor, donde se encuentra la torre Bujaco: de estructura árabe, construida sobre sillares romanos, desde ella se contempla el espectacular casco antiguo. La catedral de Santa María, del siglo XV, es la más imponente de todas las construcciones religiosas; destaca entre grandes palacios, casas señoriales, torres defensivas y preciosos arcos, como el de la Estrella.
Pasear por sus calles nos permite disfrutar también de rincones urbanos, como las plazuelas y el Barrio Judío, así como descubrir el dinamismo de proyectos artísticos que consolidan el atractivo turístico de Cáceres, como el nuevo Centro de Artes Visuales Helga de Alvear.
Las comarcas de Llanos de Cáceres, Sierra de Fuentes y

Colonia de cigüeñas sobre unas formaciones rocosas en la provincia de Cáceres.

Estación de autobuses de Casar de Cáceres.

Montánchez son las tierras donde se elabora la Torta del Casar. La primera parada de la ruta, a 11 km de Cáceres por la N-630 dirección Plasencia-Salamanca, es **Casar de Cáceres**, cuna del producto *atortao* al que presta el nombre. El azar quiso que los antiguos pastores descubrieran que aquellos quesos que al hacerse quedaban semilíquidos y diferentes eran capaces de hacer las delicias de la mesa.

En el Museo del Queso

Esto lo comprobamos en el Museo del Queso de la localidad, ubicado en la calle Barrionuevo Bajo. Aprovecha sus espacios para contar, no sólo el proceso artesanal de producción del queso, sino también la vida cotidiana de las familias del lugar. Antes de abandonar Casar de Cáceres, conviene que veamos su moderna estación de autobuses, apodada la *Patata frita*.
Seguimos el camino por la N-521 dirección Portugal hasta **Malpartida de Cáceres**. En este pueblo se complementa el arte con la naturaleza desde que, en los años 80, el artista alemán Wolf Vostell instaló en un lavadero de lana del siglo XVIII un museo dedicado al movimiento *fluxus-happening*. Esta actividad artística consiste en la organización de actos provocadores y espectáculos espontáneos. El museo Vostell Malpartida está situado en el paraje natural de Los Barruecos, Zona Especial de Protección de Aves.
Continuando la ruta volvemos a Cáceres por la N-521 y desde allí por la EX-206 nos dirigimos a **Miajadas** siguiendo la llamada Carretera de las Torres, que atraviesa **Torreorgaz**, **Torrequemada** y **Torremocha**. Llegamos luego a **Almoharín**, otro de los grandes

Rincón de la Torta del Casar

El proceso de elaboración de la Torta del Casar, un queso cremoso de sabor intenso y ligeramente amargo, debido a que en su fabricación se utiliza cuajo vegetal, comienza con el ordeño dos veces al día de leche procedente de ovejas de las razas *merina y entrefina*.
Continúa añadiéndose a la leche el cuajo natural que se obtiene de la maceración en agua de de la flor del cardo *Cynara Cardunculus*. Este queso se elabora con leche cruda y sin pasteurizar, es decir, sin tratamiento térmico para que conserve todas sus propiedades. Las condiciones de temperatura y humedad son controladas meticulosamente durante la fase de maduración, que se extiende a lo largo de dos meses, y en la que los quesos son volteados cada día. Es entonces cuando adquieren su cremosidad.

www.tortadelcasar.org

Elaborada a partir de leche de oveja, la Torta del Casar es un producto con un alto contenido energético, además de una buena fuente de proteína de alta calidad biológica. Al ser un derivado lácteo, destacan en su composición minerales como el calcio, magnesio, fósforo y, en menor proporción, hierro y zinc. Además, este queso es rico en vitaminas A y D.
Fundación Española de la Nutrición

Torta del Casar
Denominación de Origen Protegida

Denominación de Origen Protegida (D.O.P.)

Visita obligada

El Centro de Artes Visuales Helga de Alvear se encuentra en la rehabilitada Casa Grande del centro histórico de Cáceres. Su colección es una de las más importantes muestras privadas de arte moderno y consta de más de dos mil obras. Permite recorrer las tendencias artísticas del último medio siglo.

Perspectiva del casco antiguo de Cáceres.

centros de producción y exportación de la Torta del Casar. Aquí podemos visitar el Centro de Interpretación de este producto que es a la vez fábrica y museo. La CCV-117 nos lleva finalmente desde Almoharín a **Montánchez**. Al paisaje característico extremeño, plagado de olivos y encinas, se suman aquí campos de higueras cuyos frutos se destinan a otra delicia gastronómica de la zona: los bombones de higo. Montánchez es un pueblo de sierra, con casas bajas, calles laberínticas y empedradas. Son famosos sus jamones y embutidos, pero también su castillo, una fortaleza árabe construida durante el siglo XII desde la que se domina toda la comarca. Las vistas panorámicas desde allí son un buen final de ruta. ■

El paisaje en torno a Montánchez está plagado de olivos, encinas e higueras

Fiestas

La Semana Santa de Cáceres es Fiesta de Interés Turístico Nacional por la brillantez y delicadeza de los pasos y el entorno en el que se celebran las procesiones (foto).
Por toda la zona se celebran fiestas curiosas como La Pedida de la Patatera, en Malpartida de Plasencia, que se celebra el Martes de Carnaval. En Almoharín, se celebre el Día de la Maza dedicado a San Antonio.

Para endulzar **el camino**

Tarta de Santiago

El recorrido propuesto sigue en parte el Camino de Santiago que pasa por Arzúa y atraviesa los municipios de Melide y Portomarín. La Tarta está siempre presente.

Guía Repsol

Completa tu ruta

- **Longitud del itinerario propuesto:** 94 km aprox.
- **Mapa completo de la zona:** pág. 8 B-2
- **Información turística, hoteles y restaurantes:** pág. 191
- **Otras rutas sobre esta Comunidad en *guiarepsol.com:***
  Ruta del Lacón Gallego
  Ruta del Mejillón de Galicia
  Ruta de la Patata de Galicia
  Ruta del Pimiento de Herbón

La Cruz de la Orden de Santiago da identidad a este tradicional dulce de almendra

Un recorrido que implique la visita a los pueblos donde se elabora la Tarta de Santiago nos permite conocer media Galicia. De una manera dulce, nunca mejor dicho, puesto que se trata de un producto tradicional gallego con la Cruz de la Orden de Santiago bien visible, dándole identidad.
Antes de partir, hay que explorar las calles empedradas de **Santiago de Compostela**, centro espiritual, administrativo y monumental de Galicia. Resulta imposible resumir en pocas líneas todos los puntos de interés de la ciudad, pero si el viajero dispone de poco tiempo puede muy bien gastarlo en la plaza del Obradoiro: en este magnífico espacio se alzan el palacio de Rajoy, el palacio de Gelmírez, el colegio de San Jerónimo, el Hostal de los Reyes Católicos y, por supuesto, la catedral, destino final de los peregrinos jacobeos. Tres calles, las rúas

Cayados con la Concha de Santiago, símbolo del Camino.

Botafumeiro de la catedral de Santiago.

Nova, do Franco y do Vilar, guían nuestros pasos por los rincones más tradicionales y animados del casco antiguo compostelano. La lluvia, visitante habitual de la ciudad, añade encanto al paseo.
Empezamos la ruta propiamente dicha pasando por Lavacolla y descendiendo por la N-547 hacia **O Pedrouzo**, sede del municipio de O Pino.
Una vez dejado atrás Pedrouzo, una conducción sosegada nos permite contemplar paisajes en los que dominan las arboledas y las explotaciones ganaderas. **Arzúa**, muy conocida por su queso, es nuestra siguiente parada. Allí encontramos un pequeño y concurrido parque, justo en el centro, vecino de la iglesia parroquial y de otra mucho más pequeña, la de A Madalena, fundada en el siglo XIV, que hoy ha sido habilitada como centro de exposiciones culturales; anteriormente formó parte de un hospital de peregrinos. Y es que Arzúa se encuentra en el Camino de Santiago, el llamado Camino Francés, el más concurrido, que cruza la localidad por una calle empedrada.
Continuando por la N-547, a menos de cinco minutos encontramos a la derecha un desvío a **Ribadiso**. Conduce a una extensa área de descanso a orillas del río Iso, que incluye un concurrido albergue formado por edificios medievales rehabilitados.

Por la villa de Melide y su entorno

De vuelta a la N-547 llegamos a **Boente**, donde destaca su iglesia, cercana a otra, interesante desde el punto de vista arquitectónico: la del pueblo de **Vitiriz**. Es la antesala de una localidad cargada de arte: **Melide**. El Camino Francés atraviesa este pueblo por seis parroquias, haciendo el siguiente recorrido: de Santa María do Leboreiro a San Xoán de Furelos; de San Pedro de Melide a Santa María

Sorpresa

Un espacio natural poco conocido pero que no deja indiferente a nadie es el entorno del río Loio. Sólo exige el esfuerzo de caminar lo que uno desee. Si el deseo es grande, necesitaremos dos horas, aunque es posible admirar la zona disponiendo de sólo 15 ó 20 minutos. Desde el centro de salud de Paradela (a un cuarto de hora de Portomarín hacia Sarria) arranca una pista que, unos cientos de metros más abajo, muere en el río Loio y deja paso a un sendero. Este atraviesa puentes de madera, molinos restaurados, una frondosa vegetación y una señalización que impide perderse. Los que decidan continuar tendrán la oportunidad de admirar al final las ruinas de un monasterio.

Imagen del Apóstol en la catedral compostelana.

de Melide y de San Mamede do Barreiro a San Vicenzo de Vitiriz.
En las afueras, no hay que dejar de ver la iglesia románica de Santa María de Melide, con magníficas pinturas del siglo XVI en el ábside, y la de San Roque, justo al lado contrario de la villa. A su entrada se encuentra uno de los *cruceiros* más antiguos de Galicia, de estilo gótico.
El origen de Melide es un castro o aldea prehistórica levantada hace 2.000 años en el otero que domina la villa. En él llama la atención la austera iglesia del Sancti Spíritu, vecina de un edificio noble reconvertido en Ayuntamiento. Ambos están cerca de lo que fue durante la Edad Media hospital de peregrinos, ahora un museo moderno con objetos encontrados en la zona que descubren el alma celta de la Terra de Melide. En el centro del pueblo encontramos, en la pétrea Praza do Convento, la Obra Pía de Santo Antón, del siglo XVII, y la Casa del Ayuntamiento, antiguo pazo de la misma época. Si hacemos la visita en verano, vale la pena acercarse hasta el área recreativa de Furelos, con playa fluvial e instalaciones para pasar un rato agradable a la sombra de los árboles.

Melide unía el Camino Francés con el de la Costa Cantábrica que entraba por Ribadeo

Credencial o carnet de peregrino.

Fiestas

No hay una Fiesta de la Tarta de Santiago pero sí muchos festejos en los que es protagonista. Es el caso de la *Festa do Ramallo* en Portomarín, en julio, o de la del Aguardiente, en marzo.

Rincón de la Tarta de Santiago

Sus orígenes son inciertos puesto que la almendra era escasa en el Medievo, al menos en Galicia. Está documentado que en 1577 existía un dulce llamado *torta real*, muy similar a la actual Tarta de Santiago. Se conservan recetas de 1838. La inclusión de la Cruz de Santiago en la superficie del producto es de bien entrado el siglo XX; una pastelería compostelana fue la pionera en colocarla. Protegida por la I.G.P. desde 2010, su fama se ha expandido gracias a las oleadas de peregrinos que se acercan a Santiago. El reglamento de la I. G. P. especifica que en su composición se utilizarán almendras -al menos el 33% del peso total-, azúcar refinado -también un 33% como mínimo- y huevo, 25% como mínimo. Además se utiliza azúcar glaseado para adornar la tarta y se puede aderezar el producto con pequeñas cantidades de vino dulce, brandy, orujo y otras bebidas espirituosas.

www.alimentosdegalicia.org

Es un postre energético y muy nutritivo. Su ingrediente principal, la almendra, aporta ácidos grasos insaturados de tipo omega-6, importantes para la salud cardiovascular. Es rica en proteínas y en fibra, que ayudan a mejorar el tránsito intestinal. Este postre también aporta calcio, fósforo y magnesio, niacina y vitamina E, de acción antioxidante.

Fundación Española de la Nutrición

TARTA DE SANTIAGO indicación xeográfica protexida

Indicación Geográfca Protegida (I.G.P.)

Por la carretera N-547 llegamos a **Palas de Rei**, donde finalizaba la duodécima etapa del Camino Francés a su paso por la provincia de Lugo, según el *Codex Calixtinus,* un manuscrito iluminado del siglo XII que está considerado por algunos expertos la primera guía de viajes del mundo. Esta comarca -que inmortalizó la escritora gallega Emilia Pardo Bazán en su novela *Los Pazos de Ulloa*- está formada por los municipios de Palas, Monterroso y Antas de Ulla. A un par de km de Palas de Rei surge un desvío a la derecha por el que cruzamos pequeñas aldeas, admirando monumentos como la preciosa iglesia de Ligonde y un no menos estupendo *cruceiro*. Por este desvío se llega a la LU-633 que nos conduce a **Portomarín**. El enclave medieval se identificaba por su puente sobre el río Miño -*Pons Minea*- citado también por el *Codex Calixtinus*, hasta que quedó anegado por un embalse. La villa requiere un tranquilo paseo para disfrutarla como lo que es: una de las capitales del aguardiente de Galicia. Allí se creó la Serenísima Orden de la Alquitara, nombre que recibe el alambique donde se destila. De eso se habla tanto en la *pousada* -antiguo alojamiento- como en los pequeños bares del pueblo.

Un alto en el pantano

Portomarín se encontraba a un lado del río Miño, padre de los ríos gallegos. Un embalse, construido en 1963, hizo que el pueblo se reubicara en lo alto del monte de Cristo. El pantano de Belesar se sitúa, así, en la encrucijada intemporal entre El Camino de Santiago y el río más largo de Galicia.

Escalera del Museo del Pobo Galego, en Santiago.

Patio de la Universidad de Santiago.

Las ruinas del viejo pueblo emergen ahora como fantasmas sobre el agua en los años de sequía, embadurnadas por el lodo. Pero la nueva localidad, una cuadrícula de blancas edificaciones en cuyo centro se levanta la antigua ermita románica de San Juan -hoy consagrada a San Nicolás-, espera como antes al peregrino, mirándose en las aguas oscuras del río. Si cruzamos el embalse por el llamado Puente Nuevo y ascendemos con calma hasta la plaza mayor se aprecia con plenitud la meticulosidad con la que se realizó el reacomodo de las iglesias y casonas como los pazos del conde de la Maza y el de los Pimenteles. También fueron trasladados los restos de un templo románico, el de San Pedro, por cuyo arrabal entraban los antiguos peregrinos al burgo medieval. ■

La construcción de un embalse obligó al traslado del pueblo de Portomarín

Mojón del Camino Jacobeo.

Una estampa **omnipresente**

Ternera Gallega

Estas reses forman parte del paisaje, lo mismo que el verde, y su presencia es habitual en toda Galicia. En la zona occidental de Lugo, la naturaleza conforma su hábitat característico.

Vaca y ternero de raza *rubia gallega*, en O Cádavo.

Esta ruta recorre algunas de las tierras de mayor importancia en la I.G.P. Ternera Gallega, que se produce en toda Galicia. La iniciamos en **Lugo**, ciudad romana por excelencia con su muralla de casi 3 km de perímetro, declarada Patrimonio de la Humanidad por la Unesco. Desde allí enfilamos la LU-106 hasta la localidad de **Castroverde** que todavía mantiene en pie un notable ejemplar de torre medieval con una pequeña cerca; a la salida, un pequeño desvío lleva al conjunto arquitectónico de Vilabade, en el que sobresale un pazo y una espectacular iglesia en una placita encantadora. Por ahí pasan los peregrinos, puesto que lo atraviesa el primitivo Camino de Santiago, un primer itinerario documentado que en el siglo IX recorrió Alfonso II el Casto desde Oviedo. Todo ha sido llano hasta ahora en nuestro recorrido. Aquí comienza un ascenso suave que lleva a **O Cádavo** y que continúa hasta llegar A Fonsagrada,

La muralla romana de Lugo tiene un perímetro de casi 3 km

Guía Repsol

Completa tu ruta

- **Longitud del itinerario propuesto:** 144,4 km aprox.
- **Mapa completo de la zona:** pág. 8 C-1
- **Información turística, hoteles y restaurantes:** pág. 113
- **Otras rutas sobre esta Comunidad en *guiarepsol.com:***
  Ruta del Lacón Gallego
  Ruta del Mejillón de Galicia
  Ruta de la Patata de Galicia
  Ruta del Pimiento de Herbón

Rincón de la Ternera Gallega

La Ternera Gallega es un producto de prestigio en una tierra en la que desde hace casi cuatro milenios se produce ganado vacuno. Fue una de las primeras carnes españolas de esta clase en conseguir la I.G.P. Esta Indicación protege la carne de terneros nacidos, criados y sacrificados en Galicia, procedentes de razas autóctonas -*rubia gallega* y *morenas del noroeste*- y sus cruces. La alimentación se basa principalmente en la leche materna y forrajes y concentrados procedentes de vegetales exentos de subproductos animales. El sacrificio se realiza antes de que el animal cumpla 10 meses. La carne tiene un color que va del rosa claro al rojo suave, con grasa de color blanco nacarado. Presenta un músculo de grano fino y consistencia firme. Su textura es suave, tiene un intenso y agradable sabor, con una extraordinaria terneza y jugosidad.

www.terneragallega.com

Fuente de proteína de alta calidad biológica, es una de las carnes con mayor contenido en hierro y zinc de fácil absorción por el organismo. También es un producto alimenticio en el que destacan las vitaminas del grupo B. Dependiendo de la zona de la canal podemos encontrar partes más magras o más grasas, que se deben alternar para llevar una dieta saludable.
Fundación Española de la Nutrición

Indicación Geográfica Protegida (I.G.P.)

Fiestas

En A Pobra de San Xiao, del ayuntamiento de Láncara, se celebra el 1 de mayo una fiesta de la Ternera Gallega; en ella se realiza una exposición de ganado y una comida de exaltación del producto. Otros ayuntamientos como Paradela y Becerreá también organizan eventos relacionados con la Ternera Gallega, celebrando exposiciones de ganado y degustaciones populares. Las localidades de Melide y Castro Caldelas tienen asímismo sus ferias de ganado.

el ayuntamiento de mayor producción de Ternera Gallega. Los paisajes resultan inigualables, con hórreos de base cuadrada -influencia asturiana- y la esplendorosa sierra de Os Ancares de telón de fondo. Al llegar a **Montouto** es recomendable caminar unos diez minutos para visitar el Hospital de Montouto. Se trata de un albergue de peregrinos medieval, hoy sin uso pero rehabilitado, con un dolmen excavado en su parte posterior y una *mámoa* o enterramiento neolítico en la entrada.

En la Fuente Santa de A Fonsagrada

A Fonsagrada es la siguiente parada, después de haber pasado por **Padrón**, con su sencillo y bien cuidado templo parroquial. En esta localidad hay que destacar dos puntos de gran interés. Uno de ellos es el

El río Sarria recorre un frondoso paraje.

Hórreo en Samos (Lugo).

museo etnográfico, a la entrada, y el otro es la Fuente Santa, a la salida. Esta es la fuente donde se dice que se apareció la Virgen y se generó el topónimo de la localidad. El pueblo más importante de esta zona era **A Pobra de Burón**, un enclave situado a 3 km que se alza en el fondo del valle. Allí encontramos una torre, de base medieval y dos templos, todo muy cerca de un castro celta sin excavar.

En A Fonsagrada recomendamos dar marcha atrás para regresar a O Cádavo y coger la LU-710, que recorre espléndidos paisajes naturales, hasta **Baralla**, cuya feria tuvo una gran renombre. El escritor Torrente Ballester recuperó, modificándole y dándole proyección, el topónimo Castroforte de Baralla. Aquí hay que cruzar la autovía y la N-VI para internarse en la LU 621 y admirar un precioso valle atravesado por el río Neira. Y así, por una carretera sinuosa, se alcanza **Láncara**, un municipio ganadero cuya mayor curiosidad histórica es que de allí era natural un emigrante gallego que se fue a Cuba; su hijo se llama Fidel Castro. Se conserva la casa natal, al lado de un pazo accesible al público.

La LU 621 va a dar a **A Pobra de San Xiao**. Se puede ir hasta allí o girar hacia el norte por la C-546 para regresar a Lugo en 20 minutos. Otra opción es elegir el sur y detenerse en **Sarria**, con granjas ganaderas cuya modernidad deja atrás el mito de la Galicia vetusta. De su patrimonio queda patente el convento de la Merced, el torreón medieval y la calle del Porvir, donde se alinean numerosas tiendas de antigüedades. Es el final de esta ruta por las verdes tierras gallegas. ■

En Samos no hay que perderse el monasterio medieval y su claustro

Visita obligada

Samos, una pequeña localidad situada al oeste de Sarria, está presidida por un monumental monasterio medieval, el de Samos. Visitarlo es posible gracias a la cordialidad de la comunidad religiosa, que también regenta un albergue de peregrinos. Su claustro de las Nereidas es todo un descubrimiento. Cerca del cenobio se yergue la ermita del Ciprés, un pequeño templo prerrománico cuyos orígenes se remontan al siglo IX.

Pieza de cerámica de Sargadelos.

Hayedo de Montejo de la Sierra.

Vida rural a dos **pasos de Madrid**

Judiones de la Sierra Norte de Madrid

A menos de 100 km de la capital, los pueblos de la llamada sierra norte de la Comunidad de Madrid, en las estribaciones del macizo de Somosierra, conservan todo su encanto rústico.

Guía Repsol

Completa tu ruta

- **Longitud del itinerario propuesto:** 42 km aprox.
- **Mapa completo de la zona:** pág. 31 C-3
- **Información turística, hoteles y restaurantes:** pág. 156
- **Otras rutas sobre esta Comunidad en** ***guiarepsol.com:***
  Ruta de las Aceitunas de Campo Real
  Ruta del Anís de Chinchón
  Ruta de la Carne de la Sierra de Guadarrama
  Ruta de los Espárragos y Fresas de Aranjuez

Cercada por el río Lozoya en tres de sus flancos, la villa madrileña de **Buitrago de Lozoya** mira desafiante a las sierras que la circundan: Somosierra, Guadarrama y del Rincón. Las aguas del Lozoya conforman un espectacular foso natural a los pies del único recinto amurallado de la Comunidad de Madrid que todavía se conserva íntegro. Es una fortificación que data del siglo XI, aunque su esplendor llegó a partir del siglo XIV, cuando la localidad fue entregada por Enrique II a la estirpe de los Mendoza. Al sureste del recinto amurallado, la familia construyó el castillo que todavía mantiene el halo aristócrático que le otorgaron ilustres habitantes como don Íñigo López de Mendoza o la reina Juana de Portugal.
El paseo por Buitrago no debe restringirse a los vestigios de su señorial pasado; es obligada también una visita al Museo Picasso. En él se muestran las obras que atesoró durante 26 años Eugenio Arias, barbero y amigo íntimo del pintor, quien le legó no sólo cuadros sino también objetos cotidianos.
La ruta prosigue hacia el norte del valle del Lozoya, por la A-1, autovía que abandonaremos en la salida 85 para tomar la M-141 que nos lleva hasta **Horcajo de la Sierra**, una pequeña localidad ubicada en las estribaciones meridionales del macizo de Somosierra. Con apenas 200 habitantes, la villa se convierte en el vestíbulo de otra serranía, la del Rincón, que

Las murallas de Buitrago, del siglo XI, se conservan íntegras

Sierra de La Cabrera, camino de Buitrago de Lozoya.

Estas tierras agrestes mantienen toda su frescura rural

se abre tras Horcajo como un espectacular secreto de la Comunidad de Madrid.
Es un territorio agreste y escarpado, en cuyas laderas montañosas se integran cinco localidades que mantienen todavía su frescura rural: Horcajuelo, Montejo de la Sierra, La Hiruela, Prádena del Rincón y Puebla de la Sierra.

Cuidada arquitectura rural

Los pinares y robledales enmarcan la carretera M-137 por la que continuamos hasta encontrarnos con la primera localidad de la Sierra del Rincón, **Horcajuelo**, cuya perfecta arquitectura rural no deja de sorprender. Sus habitantes han recuperado las construcciones tradicionales con paredes de pizarra, cubiertas de teja árabe y ventanas pequeñas, por lo que las calles de Horcajuelo se convierten en un encantador escenario rústico por el que pasear. A escasos 2 km se nos presenta **Montejo**, el núcleo más poblado de la zona. Cuenta también con una cuidada arquitectura rural,

Escalada en la Sierra Norte de Madrid.

Visita Obligada

Los vecinos de Montejo llevan cuidando con esmero su hayedo desde el siglo XV. En 1460 compraron a un caballero de Sepúlveda este monte de hayas que crece junto al Jarama. Con sus 122 ha, es el único de este tipo en la Comunidad de Madrid, por lo que despierta un gran interés entre los viajeros. Para visitarlo es necesario solicitar un permiso con antelación.

Fiestas

Entre el 13 y el 15 de septiembre, Buitrago celebra la festividad del Santo Cristo de los Esclavos y Nuestra Señora de la Soledad, unos días en los que los actos religiosos se combinan con celebraciones tradicionales, como ferias, desfiles y juegos medievales (foto), así como pases de comparsas de dulzaineros.

pero de lo que realmente se enorgullece Montejo es de sus sabrosos judiones, cuyo espectacular tamaño impresiona. Más allá del placer gastronómico, el pueblo nos ofrece un gran atractivo natural: el Hayedo de Montejo.

Antes de tomar el camino de regreso a Buitrago, la carretera M-137 serpentea para llevarnos hasta el pueblo más oriental de la serranía del Rincón, **La Hiruela**. El agua es la protagonista de esta zona, donde el Jarama fluye noble bajo un espectacular molino harinero, ya en desuso. Regresamos sobre nuestros pasos para tomar la M-130 que nos llevará de regreso a Buitrago, pasando por nuestro último destino, **Prádena del Rincón**, en cuyas cuidadas calles ha quedado marcada la impronta ganadera. Abrevaderos, tinadas, casas de esquileo y un espectacular potro de herrar recuerdan la importancia de la transhumancia en Prádena, donde antaño, el día de Todos los Santos se agrupaba a todos los animales de la Sierra para llevarlos a pasar el invierno en Extremadura. Nosotros continuamos por la M-137 que nos llevará de vuelta hasta a Buitrago, contemplando antes de llegar al pueblo el embalse de Río Sequillo. ■

Rincón de los Judiones de la Sierra Norte

Descendiente del judión segoviano de La Granja, esta legumbre blanca y de gran tamaño con forma de riñón tiene su propia personalidad en la Sierra Norte de Madrid, donde se cultivan en terrazas protegidas del frío, situadas a unos 1.000 m de altitud, con aguas de alta calidad. Según el Instituto para la Investigación y Desarrollo Rural, Agrario y Alimentario (IMIDRA) hay 48 variedades locales de judías, recolectadas siempre a mano. En la actualidad, sólo se siembran en 42 ha, la mayor parte para autoconsumo. Los judiones que se cosechan en la llamada Sierra Pobre, especialmente en las cercanías de Montejo, tienen una vaina de unos 11,5 cm de longitud y, además, en la mitad de los casos presentan una media de cinco semillas por vaina. "Con quince judiones tienes el plato", reza un dicho popular del propio Montejo, donde estas alubias se cocinan acompañadas por mollejas o por carne de secreto ibérico. También es típico comerlas con chorizo, tocino y morcilla. Al gusto son tersas, muy jugosas y finas.

www.alimentosdemadrid.org

Es fuente de proteínas de origen vegetal, hidratos de carbono complejos y fibra. Como alimento tiene un contenido muy bajo en grasa y destaca su concentración de minerales, sobre todo calcio, hierro, magnesio, potasio, zinc y fósforo. Al combinar su proteína con la de los cereales se obtiene una de mejor calidad, comparable a las de las carnes, con un alto valor biológico.

Fundación Española de la Nutrición

Producto Autóctono

Viñedos que **dejan marca**

Vinos de Madrid

El agua y el vino comparten protagonismo en los municipios de la Sierra Oeste madrileña, desde Chapinería hasta Aldea del Fresno.

El agua nos lleva a apreciar en todo su esplendor la Sierra Oeste de Madrid, donde ríos, lagunas, pantanos y arroyos han cincelado un paisaje de montañas, pendientes graníticas y valles entre los que se ubican 19 localidades conocidas como los "pueblos del agua". En sus campiñas, como contraste, se elaboran los caldos con Denominación de Origen Vinos de Madrid, objeto de nuestra ruta por estas tierras.
Las sierras de Guadarrama y Gredos enmarcan los ríos Cofio, Perales y Alberche, que en su camino fluvial preparan la tierra para el cultivo de vides y la producción de vino que, tal y como escribió Ortega y Gasset, *"da brillantez a las campiñas, exalta los corazones, enciende las pupilas y enseña a los pies la danza"*.
Iniciamos la ruta en el pueblo de **Chapinería**, nombre que procede de los chapines, calzado utilizado por las mujeres españolas durante el Siglo de Oro. Con estos zapatos debieron

Las vides se cultivan en las cuencas de los ríos Cofio, Perales y Alberche

Guía Repsol

Completa tu ruta

- **Longitud del itinerario propuesto:** 59,8 km aprox.
- **Mapa completo de la zona:** pág. 39 E-3
- **Información turística, hoteles y restaurantes:** pág. 182
- **Otras rutas sobre esta Comunidad en *guiarepsol.com*:**
  Ruta de las Aceitunas de Campo Real
  Ruta del Anís de Chinchón
  Ruta de la Carne de la Sierra de Guadarrama
  Ruta de los Espárragos y Fresas de Aranjuez

Rincón de los Vinos de Madrid

La principal zona de producción de los caldos madrileños es la Sierra Oeste, aunque la Denominación también abarca otras dos subzonas: los municipios de Navalcarnero y Arganda.
Hay constancia de la presencia de viñedos en tierras madrileñas desde el siglo XIII, aunque parece factible que se cosechara vino en esta área desde tiempos del imperio romano.
Hoy, las vides ocupan más de 1,5 millones de ha que luego son recolectadas y distribuidas por bodegas situadas en los pueblos de San Martín de Valdeiglesias, Cadalso de los Vidrios, Cenicientos, Villa del Prado y Pelayos de la Presa.
En el año 1990, el Ministerio de Agricultura aprobó la Denominación de Origen Vinos de Madrid, con lo que Madrid pasó a convertirse en la única capital de un país que otorga su nombre a una Denominación.

www.vinosdemadrid.es

El vino es una bebida muy compleja que contiene agua, alcohol, minerales, azúcares, ácidos orgánicos y antioxidantes.
Su valor energético depende de su grado alcohólico y de la cantidad de azúcar que contenga.
Su consumo moderado se relaciona con la prevención de enfermedades degenerativas, cardiovasculares y de ciertos tipos de cáncer.
Fundación Española de la Nutrición

vinos de madrid
Denominación de Origen (D.O.)

Fiestas

Cada 5 de abril, los vecinos de San Martín de Valdeiglesias participan en la romería de la Virgen de la Nueva, una fiesta que se celebra desde 1498. La romería transcurre entre la iglesia parroquial y la ermita de la Virgen, en el pantano de San Juan.

pasear las sucesivas marquesas de Villanueva que habitaron el Palacio de la Sagra. Hoy, el edificio -con portada de estilo renacentista- alberga diversas estancias municipales.
Si proseguimos por la carretera M-501 hacia el embalse de San Juan, atravesamos **Navas del Rey**, en cuyos alrededores todavía se aprecian vestigios del castillo de caza del rey Enrique IV. Mientras comenzamos a vislumbrar ya algunos viñedos alcanzamos el término municipal de **Pelayos de la Presa**, donde se ubica el único embalse de la Comunidad de Madrid en el que está permitido el baño. Cada verano, miles de madrileños se acercan hasta San Juan, donde la oferta de ocio y de recreo es realmente variada: velero, piragua, barco a motor o buceo.

En el Museo del Vino de Madrid

Pelayos comparte estas aguas con su vecino **San Martín de Valdeiglesias**, que, con sus casi 8.000 habitantes, ejerce la capitalidad de la Sierra Oeste.
Si el frescor del agua nos ha acercado hasta San Martín, el caldo de Baco es el que cobra aquí su máxima importancia gracias al Museo del Vino de Madrid, instalado en el castillo de la Coracera, en pleno centro urbano.
Al salir de San Martín de Valdeiglesias tomamos la N-542 que, perfilando los límites de la Comunidad nos lleva hasta **Cadalso de los Vidrios** por una ruta salpicada de viñedos a ambos lados de la carretera.
A Don Álvaro de Luna le debemos la construcción del Palacio de Villena que, junto a sus bellos jardines,

Surfistas en el pantano de San Juan.

Paisaje de Cadalso de los Vidrios.

se ubica en el centro de Cadalso. Las crónicas locales narran con orgullo cómo la villa acogió los festejos de la proclamación de Isabel la Católica como reina de Castilla, en los cercanos Toros de Guisando (Ávila).
La ruta se interna de nuevo hacia el interior de la Comunidad para llegar a **Villa del Prado** que acoge una de las iglesias más interesantes de la Sierra Oeste, la de Santiago Apóstol, con un pulido estilo gótico y reformada en varias ocasiones.
Y si el agua motivó nuestro punto de partida, con ella llegamos por la M-507 al final del recorrido, **Aldea del Fresno**, donde desemboca el río Alberche. Su singular comportamiento da lugar a extensas llanuras fluviales en sus márgenes que han sido rebautizadas como la Playa de Madrid. Efectivamente, la arena de las riberas convierte este lugar en un perfecto enclave donde disfrutar de un buen chapuzón y unos rayos de sol, sin necesidad de salir de los límites de la Comunidad. ■

En Cadalso de los Vidrios se festejó la proclamación de Isabel la Católica como reina de Castilla

Visita obligada

En pleno casco urbano de San Martín de Valdeiglesias se erige el castillo de la Coracera, (foto) cuya construcción, en el siglo XV, se atribuye al Condestable de Juan II, Don Álvaro de Luna.
Restaurada durante los últimos años, esta fortaleza ha pasado a albergar en la actualidad el Museo del Vino de Madrid, con exposiciones temáticas y una innovadora bodega con impresionantes botelleros a escala humana. En este espectacular escenario, los aficionados al vino pueden realizar una cata de los caldos madrileños.

Tesoros **refrescantes**

Agua Mineral Fuentedueñas

La señorial Mula es el plato fuerte de este viaje por una comarca salpicada de recuerdos históricos y manantiales de los que brota el agua más pura.

En el área geográfica del río Mula los matices verdosos de la fértil huerta contrastan con la aridez de las montañas, algunas de ellas coronadas por castillos que rememoran el esplendor del Medievo. Dentro de esta comarca, alimentada por embalses y cauces de agua, encontramos el manantial de Fuentedueñas, en el término municipal de Mula.
Iniciamos la ruta en **Campos del Río**, donde llegamos tras abandonar la autovía C-415 por la salida B-11. Una sucesión de curvas nos lleva hasta este sosegado e interesante pueblo. Lo identifican dos hitos monumentales: la Torre del Reloj, edificio del siglo XIX que fue cárcel, y la iglesia de San Juan Bautista, obra de Roque López, discípulo del escultor Salzillo.
Además, en su casco antiguo encontramos casas que exhiben escudos nobiliarios y hornacinas con imágenes de santos. Vale la pena pasear con tranquilidad por la calle Virgen del Rosario,

En Murcia, el verdor de la huerta se contrapone a la aridez de las montañas

uía Repsol

Completa tu ruta

- **Longitud del itinerario propuesto:** 21,3 km aprox.
- **Mapa completo de la zona:** pág. 67 B-3
- **Información turística, hoteles y restaurantes:** pág. 137
- **Otras rutas sobre esta Comunidad en *guiarepsol.com*:**
  Ruta del Arroz de Calasparra
  Ruta del Melón de Torre-Pacheco
  Ruta del Pimentón de Murcia
  Ruta del Vino de Jumilla

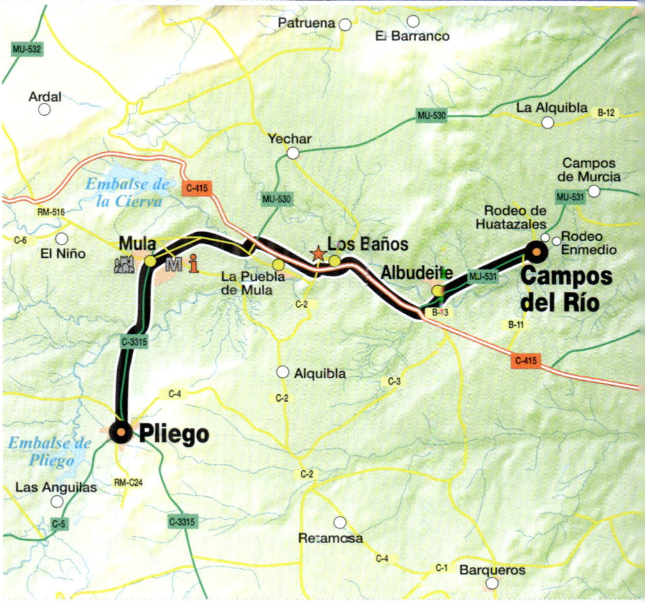

Rincón del Agua Mineral Fuentedueñas

El Agua Mineral Fuentedueñas emerge del manantial de su mismo nombre, ubicado en el Parque Regional de la Sierra de Espuña.
Su singularidad se debe a la constancia del caudal, su composición físico-química, así como su temperatura constante durante todo el año: 13 grados centígrados.
El acuífero, situado a más de 900 mts. de altitud, suministra un agua de calidad excelente debido a su baja mineralización y pureza. Digestiva y diurética, es envasada tal y como surge de la montaña para que llegue al consumidor con todas sus propiedades. Presenta un aforo medio anual de 3 l por segundo, aunque en invierno y primavera se suele multiplicar. Sus cualidades, sin ningún tipo de alteración, se mantienen en cualquier periodo del año.

www.fuenteduenas.com

Al ser un componente esencial para la vida, el agua se puede considerar un nutriente. En nuestro cuerpo, todas las reacciones químicas tienen lugar en un medio acuoso. Si bien sus requerimientos dependen de factores como la edad, el sexo, el estado fisiológico o la dieta, se recomienda un consumo medio de 2 a 2,5 l al día, lo que equivale a unos ocho vasos.
Fundación Española de la Nutrición

Calidad Agroalimentaria
CONTROL REGIÓN DE MURCIA

Garantía de Calidad Agroalimentaria (G. C. A.)

Monumento al Tamborista, en Mula.

donde se levantan viviendas señoriales de principios del siglo XX con grandes ventanales, protegidos por bellos enrejados de forja. Desde la plaza de la iglesia se accede a un gran mirador que nos permite contemplar campos de albaricoqueros, naranjos y limoneros. La avenida de la Paz de Campos del Río conecta con la MU-531, por la que alcanzamos **Albudeite**. Situado entre ramblas y barrancos, este pequeño núcleo rural fue un importante enclave en la época musulmana, como recuerda su castillo. En la plaza de España se levanta la iglesia de los Remedios, construida en el siglo XVI sobre la antigua mezquita. Antes de abandonar Albudeite es muy recomendable visitar el entorno de la cercana noria de Maciajan.
Las influencias de las culturas íbera, romana, musulmana y cristiana han otorgado a **Mula**, la próxima etapa de nuestro itinerario, un lugar de privilegio dentro de la Región de Murcia. De camino a este pueblo por la autovía C-415 conviene detenerse en sus famosos baños, conjunto de casas donde pueden tomarse aguas termales. Tras la relajante

Fiestas

El Martes Santo es una jornada especial en Mula. A las 12 de la noche, miles de personas con túnicas negras dan inicio a la Noche de los Tambores, declarada de Interés Turístico Nacional. El estruendo se prolonga hasta las 4 de la tarde del Miércoles Santo. El Domingo de Ramos en Albudeite se nombra un alcalde para los solteros y otro para los casados; la fiesta termina con la quema de un muñeco de Judas.

Paisaje y pueblo de Mula.

pausa, emprendemos la marcha hacia Mula, declarada Conjunto Histórico-Artístico Nacional en 1981. La plaza del Ayuntamiento acoge la Casa Consistorial, del siglo XVII, la Torre del Reloj y el Casino, antiguo edificio donde se almacenaba el trigo. Desde aquí parte un entramado de calles estrechas donde conviven pared con pared edificios de distintos siglos, como la iglesia de Santo Domingo, el Real Monasterio de la Encarnación o el antiguo convento e iglesia de San Francisco, actual sede del museo de Artistas Murcianos del siglo XX. En lo alto, el imponente castillo de los Vélez, construido por la familia Fajardo en el siglo XVI, ofrece una visión de conjunto de la población y de su huerta.

Vestigios que recuerdan el pasado

Concluimos nuestra ruta en **Pliego**, pueblo enclavado a los pies de sierra de Espuña comunicado por la carretera C-3315. En el casco antiguo hay que prestar atención a la iglesia de Santiago, la Torre del Reloj, la ermita de Nuestra Señora de los Remedios y la Fuente de los Caños, de la que brota un manantial. Cerca, en el poblado de La Mota, encontramos el primer asentamiento árabe del municipio. Su castillo aún conserva parte de la torre principal y la antemuralla, estampa que de nuevo nos retrotrae al pasado de unas tierras con raíces profundas en la historia. ■

Visita obligada

El yacimiento romano de Los Villaricos, asentamiento probablemente fundado en el siglo I de nuestra era, se abrió hace unos meses como un museo al aire libre. Se han acondicionado para la visita distintas instalaciones y dependencias como los baños -de los pocos que se conservan en España-, la almazara o la residencia principal de la villa, con estancias pavimentadas de mosaicos y habitaciones.

Parajes naturales **de buena crianza**

Chato Murciano

Esta ruta nos adentra en algunos de los rincones con más historia de la Murcia interior, donde se crían los magníficos ejemplares de este cerdo autóctono.

Monumento a los Caballos del Vino, en Caravaca de la Cruz.

Esta ruta recorre las tierras donde se cría en cerdo autóctono llamado Chato Murciano hasta hace poco una raza en peligro de extinción. Iniciamos el recorrido en **Bullas**, un pueblo con marchamo vinatero y agrícola. En la plaza de España, un arco medieval nos sitúa en la antigua entrada al castillo, del que se conservan restos en la calle Peseta y en el interior de viviendas. Durante el paseo debemos reparar en algunos puntos de interés: la iglesia del Rosario, de finales del siglo XVII, la Casa de la Cultura, un hermoso palacete de estilo modernista, y la Casa-Museo de Don Pepe Marsilla, donde se recrea el modo de vida de las clases pudientes a principios del siglo XX. En el entorno natural de Bullas destaca el barranco de la Regidora, uno de los parajes con más encanto de la región. El valle del Aceniche y el cauce del río Mula, con varios saltos de agua, tampoco dejan indiferente al viajero.

El barranco de la Regidora es uno de los paisajes con más encanto de Murcia

Guía Repsol

Completa tu ruta

- **Longitud del itinerario propuesto:** 33 km aprox.
- **Mapa completo de la zona:** pág. 66 F-3
- **Información turística, hoteles y restaurantes:** pág. 51
- **Otras rutas sobre esta Comunidad en *guiarepsol.com*:**
  Ruta del Arroz de Calasparra
  Ruta del Melón de Torre-Pacheco
  Ruta del Pimentón de Murcia
  Ruta del Vino de Jumilla

Desde Bullas, la carretera C-415 nos lleva hasta **Cehegín**. Los yacimientos de esta localidad evidencian el asentamiento de culturas prehistóricas desde hace 4.500 años. El enclave más conocido es Begastri, donde los arqueólogos han desenterrado restos íberos, romanos y visigodos.

Callejeo monumental por Cehegín

Por la Cuesta del Parador y la calle López Chicheri accedemos a la parte más vieja y señorial de Cehegín. Aquí nos topamos con el palacio de Jaspe, hoy sede del Ayuntamiento. Las siguientes paradas son el Hospital de la Real Piedad, el Casino y la Casa del Duque de Ahumada, con una espectacular escalera rematada por un torreón. A un paso, la plaza del Castillo aparece flanqueada por la iglesia de Santa María Magdalena y los restos de las murallas almohades del siglo XII. Al mismo espacio urbano se asoma el Museo Arqueológico, acondicionado en el palacio de los Fajardo y la Casa del Concejo.
De nuevo enfilamos la C-415 para entrar en **Caravaca de la Cruz**, una de las cinco ciudades santas del catolicismo. El centro espiritual y monumental de la villa es la basílica-santuario de la Santísima y Vera Cruz, en la que se veneran dos astillas de *lignum crucis* donde habría sido crucificado Jesucristo. En torno a la basílica se agrupa el resto de Caravaca, con ermitas, iglesias y conventos. De su arquitectura civil cabe destacar un edificio barroco llamado Templete o Bañadero y los restos del recinto amurallado.

Rincón del Chato Murciano

Los ejemplares de la raza *chato murciano* poseen una carne de sabor similar a la del cerdo ibérico. Esta especie porcina se desarrolló entre finales del siglo XIX y principios del XX a partir de ganado perteneciente al tronco ibérico de la raza *gabana*, cruzado con variedades de origen asiático y centroeuropeo.
Este cerdo se distingue por tener una cabeza pequeña y ancha, orejas cortas y un morro grueso y fuerte. Se alimenta de un pienso elaborado con cereales y productos de la huerta. En la actualidad, casi una veintena de granjas repartidas por la Región de Murcia trabajan con el objetivo de preservar esta raza, legítima heredera de la cultura campesina local. Su carne, gracias a la adecuada proporción de magra y grasa, es excelente para elaborar embutidos y jamones olorosos, grasos y sabrosos de primera calidad.

www.futural.es/chatomurciano

Esta carne es fuente de proteínas de alto valor biológico, grasa, minerales y vitaminas del grupo B. El contenido en grasa será diferente según la parte elegida del animal, pudiendo oscilar en más de 20 g por 100 g de alimento. En relación a la calidad de dicha sección, su contenido de ácidos grasos monoinsaturados es muy elevado.
Fundación Española de la Nutrición

Calidad Agroalimentaria
CONTROL REGIÓN DE MURCIA

Garantía de Calidad Agroalimentaria (G.C.A.)

Fiestas

Del 11 al 17 de julio, Moratalla celebra sus fiestas en honor al Cristo del Rayo. Durante siete días sus calles se convierten en un circuito emocionante por el que los mozos corren entre toros y vacas. El ganado llega campo a través, en compañía del cabestraje, caballistas y jóvenes a pie. Entre el 1 y 5 de mayo, Caravaca de la Cruz celebra su fiestas patronales. El día 2 desfilan y son enjaezados los llamados Caballos del Vino (foto).

Castillo de Moratalla.

A **Moratalla**, última parada de la ruta, llegamos también por la C-415. Uno de sus edificios más llamativos es el convento de San Francisco, con su portada barroca. Luego, tras pasear por sus callejuelas y plazas, todo a la sombra de su imponente castillo, podemos visitar la ermita de Santa Ana. En la cercana sierra de Benamor encontramos el santuario Casa de Cristo, del siglo XV, donde abre sus puertas el Centro de Interpretación del Arte Rupestre.
Se puede acceder a esta zona por el puente de Jesucristo, construido en 1562. El puente de Hellín, de la misma época, nos conduce al paraje de Las Cañadas, broche paisajístico a esta incursión por las agrestes y nobles tierras del oeste murciano. ■

A los amantes de los castillos les espera una joya de la arquitectura medieval en Moratalla

Detalle de una aldaba en Caravaca de la Cruz.

Visita obligada

Los amantes de los castillos encontrarán en Moratalla un ejemplo perfecto de la arquitectura medieval defensiva. Levantada en el siglo IX sobre restos neolíticos e ibéricos, desempeñó un importante papel en la defensa del Al-Andalus. Impresiona especialmente la torre del Homenaje, construida por los Caballeros de la Orden de Santiago en el siglo XV.

Cultivos ribereños y **recios horizontes**

Espárrago de Navarra

En las orillas del Ega y del Ebro, donde crecieron espléndidas ciudades, hoy se cultivan con mimo algunas de las maravillas gastronómicas de la Comunidad Foral.

El espárrago blanco, joya de la huerta y la gastronomía navarras.

El flujo de peregrinos convirtió Estella en una ciudad cosmopolita y monumental

Hace mil años, el Camino de Santiago abrió la compuerta de Europa; por Navarra corrió un caudaloso flujo de peregrinos, nuevos saberes y nuevas artes. Esta riada fertilizó un pequeño enclave de campesinos agazapado entre peñas, a orillas del río Ega, hasta que allí mismo brotó una gran población cosmopolita, comerciante y monumental: **Estella**, punto de partida de nuestro itinerario.
Hoy, el tránsito jacobeo sigue revitalizando la ciudad. Es una etapa anhelada por peregrinos y turistas por su sabor medieval y una gastronomía que incorpora, entre otros exquisitos ingredientes, sus espárragos suaves y sabrosos, también nutridos desde hace siglos por las aguas del Ega y del Ebro.
Seguimos aguas abajo hacia **Allo**, por la NA-122. Ahora nos recibe un suave oleaje de colinas, tapizadas por trigales, viñedos, olivares y esparragales, delineados por hileras de pinos y cipreses. Es un paisaje modelado con mimo por la

Guía Repsol

Completa tu ruta

- **Longitud del itinerario propuesto:** 93,2 km aprox.
- **Mapa completo de la zona:** pág. 12 D-3
- **Información turística, hoteles y restaurantes:** pág. 75
- **Otras rutas sobre esta Comunidad en *guiarepsol.com*:**
  Ruta de la Alcachofa de Tudela
  Ruta del Pacharán Navarro
  Ruta del Pimiento de Piquillo de Lodosa
  Ruta del Queso Roncal

Rincón del Espárrago de Navarra

La pureza de las aguas, el frescor de las noches y el mimo de los agricultores convierten los tallos de la planta *Asparagus officinalis* en exquisitos espárragos con Indicación Geográfica Protegida, que también incluye zonas de las comunidades de La Rioja y Aragón.
Son frutos muy delicados: blancos, suaves, sin apenas fibras, de un gusto muy sabroso. Los espárragos en conserva constituyen un ingrediente fundamental en las famosas menestras de la región. Últimamente se extiende la costumbre de consumirlos en fresco durante la época de recolección, entre abril y junio, para apreciar más su sabor: cocidos y escurridos en el momento, templados y con un chorrito de aceite de oliva. También se aprovecha el líquido de la cocción para elaborar caldos, sopas y arroces.

www.reynogourmet.com

Los espárragos presentan alto contenido en agua y bajo en energía. Son una buena fuente de fibra y vitaminas C y E. En lo que se refiere a los minerales, cabe destacar su aporte de hierro, potasio y fósforo. Se les atribuye un efecto diurético, por lo que su consumo puede resultar beneficioso en personas que padezcan retención de líquidos.
Fundación Española de la Nutrición

Indicación Geográfica Protegida (I.G.P.)

Valle del río Ega.

mano humana desde hace 2.000 años, cuando los viticultores de la villa romana de Aurelianum -origen del pueblo Arellano- recolectaban la uva, envejecían el vino con humo y lo guardaban en tinajas.

Pueblos en lo alto de los barrancos

El Ega se abre paso hacia el sur tajando mesetas de yeso y arcilla, barrancos en cuyo filo se elevan pueblos vertiginosos como **Lerín** o **Cárcar**. Éste último tuvo que trepar a las alturas para sobrevivir tras ser invadido y destruido primero por los árabes y después por los castellanos. Merece la pena pedalear o caminar por las rutas señalizadas de los pinares de Lerín, a 15 km del pueblo, a lo largo del sendero fluvial de Cárcar -10 km de recorrido hasta llegar al pie de los acantilados y bosquetes de la ribera del Ega–, o por los rasos de Cárcar, un territorio estepario que acoge especies raras como la llamativa avutarda y que ofrece vistas panorámicas sobre la vega.
Los últimos meandros del Ega riegan una fértil llanura de campos de verduras, hortalizas y frutales

Sorpresa

Desde Arguedas, a unos 20 km de Tudela, nos adentramos en el paisaje erosionado del Parque Natural de las Bardenas Reales, con chimeneas de arcilla, como el Cabezo de Castildetierra, y las mesetas agrietadas de Piskerra o Rallón. Se puede hacer un recorrido circular de 30 km por pistas de tierra, aptas para coches.

Plaza de los Fueros de Estella.

que después ribetean la vega del Ebro. Desde Cárcar, siguiendo la NA-134, pasamos por **San Adrián**, **Azagra**, **Milagro** y **Cadreita**, donde se alzan las grandes fábricas de conservas de espárragos y otros productos de la huerta. Luego atravesamos **Valtierra** y **Arguedas**. Nos detenemos en tres lugares singulares: el espectacular Parque Natural de las Bardenas Reales, cuya visita es imprescindible, las cuevas de Valtierra, habitadas hasta los años 60 y que en la actualidad han sido rehabilitadas y convertidas en hoteles, y el parque Senda Viva de Arguedas, con recorridos para contemplar más de 50 especies de animales en semilibertad, como tigres, canguros y suricatas, entre otros.

Sin abandonar la NA-134, la ruta culmina en **Tudela**, ciudad donde convivieron judíos, cristianos y musulmanes. De la época islámica guarda la devoción por el arte del riego y la agricultura. Por eso, además de visitar el casco viejo, la catedral y la iglesia románica de la Magdalena, conviene darse una vuelta por las tierras de cultivo de La Mejana, a orillas del Ebro. En mayo se organizan visitas guiadas y los hortelanos revelan los secretos de las alcachofas, los tomates, las borrajas, los cogollos y, cómo no, los espárragos sembrados en esta rica huerta de ribera. ■

En Tudela, la capital de las verduras, convivieron cristianos, judíos y musulmanes

Fiestas

En Tudela, las degustaciones, rutas y concursos de las Jornadas de Exaltación de la Verdura se concentran a finales de abril y principios de mayo. Por Semana Santa, se celebran desde el siglo XIV las ceremonias del Volatín, el zarandeo del Judas y la Bajada del Ángel, en la que un niño suspendido de una cuerda atraviesa la plaza por los aires representando la Resurrección.

Fortalezas y bodegas **con mucha solera**

Vinos de Navarra

La arraigada tradición vitivinícola imprime su personalidad a unos paisajes sobrevolados por historias y leyendas del antiguo reino de Navarra.

Pintura medieval del Museo del Vino de Navarra, en Olite.

A los soberanos del antiguo reino de Navarra les preocupaban las guerras con sus vecinos, las tiranteces con los nobles, las alianzas matrimoniales, pero también, y mucho, el vino. En las entrañas del Palacio Viejo de **Olite** podemos visitar la bodega abovedada del siglo XIII, construida por la dinastía de los Teobaldos, que llegaron desde su tierra francesa de Champagne con nuevas variedades de uva y técnicas para mejorar un cultivo que ya se practicaba desde tiempos romanos. Los monarcas navarros, propietarios de los mejores viñedos, se esmeraban en ofrecer los caldos más selectos en los banquetes de la corte.

Estos exquisitos Teobaldos dan nombre a la plaza que se abre en el cogollo de la ciudad, a la que se asoman casi todas sus señas de identidad monumentales: el Palacio Viejo, hoy acondicionado como Parador de Turismo; la iglesia gótica de Santa María, escenario de bodas reales y juramentos

Los monarcas ofrecían los caldos más selectos en los banquetes de la corte

Guía Repsol

Completa tu ruta

- **Longitud del itinerario propuesto:** 49,7 km aprox.
- **Mapa completo de la zona:** pág. 12 E-4.
- **Información turística, hoteles en y restaurantes:** pág. 143
- **Otras rutas sobre esta Comunidad en** ***guiarepsol.com:***
  Ruta de la Alcachofa de Tudela
  Ruta del Pacharán Navarro
  Ruta del Pimiento del Piquillo de Lodosa
  Ruta del Queso Roncal

Rincón de los Vinos de Navarra

Navarra es un escaparate de vinos. En pocos km se suceden áreas de clima atlántico, continental y mediterráneo; riberas fluviales, laderas serranas y llanuras extensas. Todo ello en condiciones muy variadas de lluvia, sol y viento. Además se cultivan tanto uvas importadas -*chardonnay, cabernet sauvignon* y *merlot*- como tradicionales -*tempranillo*, *viura* y *garnacha*-, esta última, la gran protagonista de la zona. La combinación de tantos factores produce una gama con cabida para los vinos rosados -afrutados y frescos-, los tintos de crianza y reserva, los blancos de *chardonnay,* y los dulces y moscateles de sobremesa. Hay definidas cinco áreas de producción: Baja Montaña, Valdizarbe, Tierra Estella, Ribera Alta y Ribera Baja.

www.navarrawine.com

Dentro de esta D. O. encontramos blancos, rosados, tintos, dulces, y generosos o de licor, con una composición compleja y que proporcionan al organismo sustancias antioxidantes.
Su consumo moderado es habitual en la dieta mediterránea, que numerosos estudios, desde los años 50, relacionan con la reducción de las enfermedades cardiovasculares.
Fundación Española de la Nutrición

VINOS D.O.
NAVARRA

Denominación de Origen (D.O.)

Visita obligada

Los interesados por la cultura enológica tienen una cita ineludible en el Museo del Vino de Navarra, en Olite. Allí podrán repasar la historia de su elaboración y consumo, contemplar una extensa colección de botellas, ahondar en los secretos de la vendimia y apreciar las cualidades de esta prestigiosa y popular bebida con los cinco sentidos.

de fueros, cuya portada relata la venida de Cristo enmarcada con hojas de vid; la torre del Chapitel, antiguo portal de las murallas romanas y medievales, y el Museo del Vino de Navarra.

Una sierra domesticada por el hombre

A dos pasos queda el Palacio Nuevo, un castillo gótico que traza en el cielo de Olite una figura de muros escalonados, almenas, galerías y un bosque de torres coronadas por conos de pizarra. Esta delicia arquitectónica se convirtió en vivienda permanente de los monarcas navarros y sede de una lujosa vida cortesana. Entre las ceremonias habituales figuraban las peregrinaciones al templo de Santa María de Ujué, un pueblo-fortaleza encaramado en la sierra, al que nos podemos acercar siguiendo las huellas de los reyes.
Salimos de Olite por la carretera NA-5300, que nos lleva hasta **San Martín de Unx**, pueblo de viñedos y bodegas. Un pequeño descubrimiento: la fascinante cripta románica de la iglesia de San Martín. Después tomamos la carretera NA-5310, serpenteando por una sierra parda que los vecinos han aterrazado a conciencia para cultivar viñedos, cereal y olivos.
En lo alto de la montaña nos aguarda un viaje al pasado: **Ujué**, pueblo que nació como atalaya militar hace doce siglos. Iñigo Arista, primer rey de Pamplona, levantó en estas alturas un castillo para frenar los avances musulmanes. El oportuno

Viñedos navarros de la variedad *chardonnay*.

Palacio Nuevo de Olite.

milagro de la paloma, que según la leyenda guió a un pastor hasta una imagen de la Virgen, ayudó a que los vecinos de la zona subieran a poblar este enclave estratégico, fronterizo y sagrado. Durante el paseo, el visitante puede llegar a imaginar que el pueblo quedó petrificado en la Edad Media. Las casonas, de color almendrado, se aprietan en un núcleo de piedra por el que discurren sinuosas callejuelas. La Plaza Mayor está flanqueada por casas nobles que se van apiñando hacia lo alto, hasta la gran torre almenada que remata la iglesia románica de Santa María, un templo-castillo ceñido por una muralla y unas preciosas galerías góticas. Alberga una imagen forrada de plata de la Virgen de Ujué y una arqueta con el corazón del rey Carlos II. Desde el paseo de ronda podemos asomarnos a la inmensa llanura ocre de la Ribera navarra y al cercano valle del río Aragón, por donde prosigue nuestro itinerario. De nuevo en ruta por la NA-5311, dejamos atrás **Murillo el Fruto**, pasamos por **Santacara**, donde quedan las ruinas del castillo destruido tras la invasión castellana de 1512, y tomamos la NA-5330 hacia la laguna de Pitillas. Antes de volver a Olite, merece la pena pasear por las orillas de este edén para las aves, un sosiego digno de reyes. ■

El palacio de Olite fue vivienda permanente de los reyes navarros

Fiestas

El último fin de semana de agosto o el primero de septiembre, Olite celebra la Fiesta de la Vendimia, (foto) con pisado de uvas, degustaciones y jornadas gastronómicas. En agosto también se organiza una feria medieval. El domingo posterior a San Marcos, el 25 de abril, los romeros peregrinan desde varios pueblos de la zona hasta Ujué, vestidos con túnicas negras, el rostro tapado y cargando cadenas y grandes cruces.

Un recorrido con **mucha miga**

Huevo de Caserío Vasco

El interior de Euskadi es tierra de caseríos, espiritualidad cuajada en iglesias de piedra y madera y, sobre todo, de placeres culinarios elaborados con los mejores productos naturales.

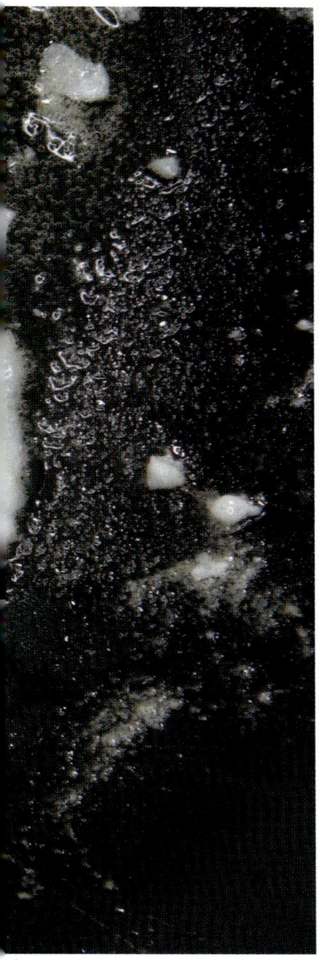

Guía Repsol

Completa tu ruta

- **Longitud del itinerario propuesto:** 80 km aprox.
- **Mapa completo de la zona:** pág. 12 C-1
- **Información turística, restaurantes y hoteles:** págs. 146 y 242
- **Otras rutas sobre esta Comunidad en** ***guiarepsol.com:***
  Ruta de la Carne de Vacuno Euskal Okela
  Ruta del Queso Idiazabal
  Ruta del Txakoli de Getaria
  Ruta del Vino de La Rioja Alavesa

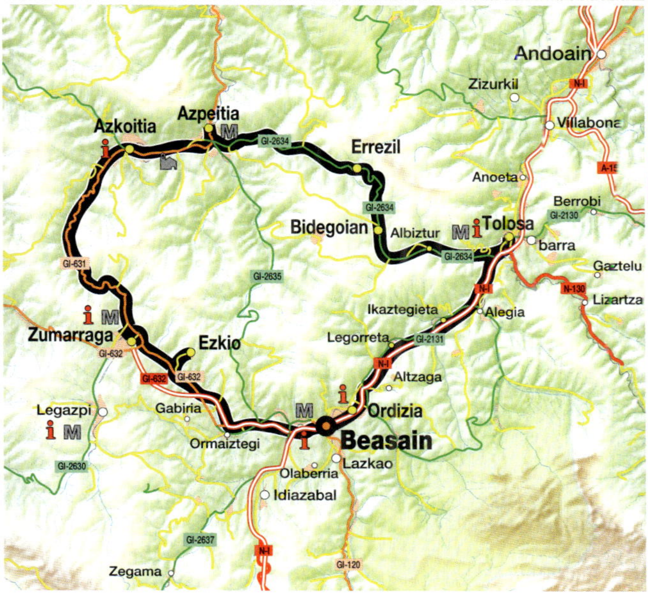

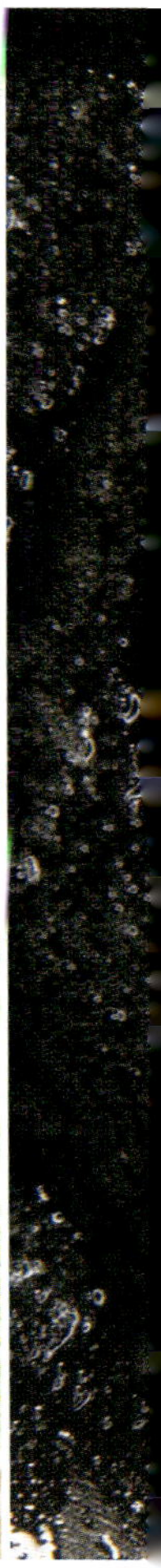

La Guipúzcoa industrializada conserva con mimo la vida tradicional y el buen comer

Al margen de las granjas de producción industrial y las gallinas apelotonadas, el selecto Huevo de Caserío Vasco es el resultado de una manera antigua, minuciosa y natural de hacer las cosas. Del mismo modo, en esta ruta descubriremos que en el interior tan industrializado de Guipúzcoa se conservan con mimo los rescoldos de una vida tradicional que aún moldea el carácter del territorio: los caseríos, las ermitas, los mercados, el juego de la pelota... y el buen comer.

El primer ejemplo lo tenemos en **Beasain**, un pueblo que vive de las fundiciones, la fabricación de maquinaria y la construcción de trenes, pero también alberga el conjunto medieval de Igartza, un palacio del siglo XVI con ermita, ferrería, molino, casa del zapatero, del herrero, etc. Y muy cerca, si salimos por la GI-632 hacia Zumarraga y tomamos el desvío a Ezkio-Itsaso, podremos hacer una visita al caserío Igartubeiti, que se mantiene congelado en el tiempo, convertido en museo para mostrar cómo vivían los campesinos –*baserritarras*– de hace 400 años: la bodega, la cuadra, la cocina con sus utensilios, las habitaciones con sus muebles, el desván y sobre todo el gran lagar, en el que aún se sigue produciendo

Rincón del Huevo de Caserío Vasco

Ante la expansión de las granjas industriales, algunos campesinos vascos mantuvieron la crianza tradicional de gallinas de la raza *Gallus gallus*. Estas corretean al aire libre, entre praderas y frutales, alimentadas principalmente con maíz -constituye más de un 50% de su dieta-, y pasan las noches en recintos cómodos y sanos. Con estos métodos y con los controles pertinentes, desde la puesta al etiquetado, el sello Eusko Label certifica la calidad superior del Huevo de Caserío Vasco-Euskal Baserriko Arrautza. Son huevos de categoría A, de al menos 53 g de peso, morenos, frescos y sanos, que se venden precintados con la citada etiqueta. Según el reglamento, se producen, como mínimo, una semana después de la salida de las gallinas a la pradera. Cada vez son más apreciados por los consumidores.

www.euskolabel.net

El huevo es un alimento de gran riqueza nutricional, ya que excepto hidratos de carbono, fibra, vitamina C y carotenos, aporta todos los demás nutrientes. Se puede resaltar su contenido de proteínas, de alto valor biológico y fácil digestión, minerales como el hierro, yodo, fósforo y selenio, y vitaminas como la B2, B12, equivalentes de niacina, ácido fólico, A, E y D.

Fundación Española de la Nutrición

EUSKO LABEL

Euskal Baserriko Arrautza

Huevo de Caserío Vasco

Eusko Label

Visita obligada

La basílica barroca de Loyola, rematada por una gran cúpula, se construyó como un relicario monumental para envolver en su interior la casa torre en la que nació San Ignacio, fundador de la Compañía de Jesús. Además de la basílica y la casa, se pueden visitar el Museo Sacro y el cercano caserío Errekarte, típica construcción rural guipuzcoana.

sidra de la misma manera que hace medio milenio. Al lado, un Centro de Interpretación explica la vida en los caseríos, que durante mil años fueron la célula primordial económica y familiar de la sociedad vasca.

En la catedral de las ermitas vascas

De esa vieja espiritualidad cuajada en piedra y madera tenemos un ejemplo soberbio en **Zumarraga**, nuestra próxima parada: el templo de La Antigua, al que llaman "catedral de las ermitas vascas", un edificio románico de transición al gótico. La maravilla está dentro: una cubierta de artesonado de roble, construida por carpinteros de ribera que recuerda al casco de un barco vuelto del revés, en el que aparecen tallados motivos vascos ancestrales, como soles, ruedas, cruces gamadas y dragones.
Pasando de la arquitectura religiosa popular a la más solemne, la GI-631 nos lleva por **Azkoitia** al Santuario de Loyola, un Vaticano vasco dedicado a San Ignacio. Desde **Azpeitia**, donde también podemos visitar el Museo del Ferrocarril y viajar en una locomotora de vapor, tomamos la GI-2634 para serpentear por el corazón rural de Guipúzcoa, por laderas, campos y huertas, entre caseríos dispersos que parecen dados de piedra sobre un tapete vegetal. Pasamos bajo el lomo calizo del Ernio, el monte que se alza erizado de cruces, territorio de pastores que anteayer aún vivían casi como en el Neolítico. Desde **Errezil** o **Bidegoian**, podemos caminar en menos de dos horas hasta la cumbre, fantástico mirador sobre toda Guipúzcoa. Bajamos a **Tolosa** y antes de cerrar el bucle en

Partido de pelota vasca.

Santuario de Loyola.

Beasain por la N-I entramos en **Ordizia**, donde merece la pena visitar D'elikatuz, un Centro de Interpretación centrado en la gastronomía. Porque las cosas del comer son algo muy serio en esta comarca: existen cofradías de la alubia y de la morcilla, ferias de la chuleta, museos de repostería y mercados como el de Ordizia, que todos los miércoles desde hace quinientos años -y los viernes desde hace poco- exhibe los mejores productos de la tierra, cultivados con el mimo de siempre. ■

La arquitectura religiosa popular convive con la solemnidad barroca de Loyola

Fiestas

Ordizia celebra en septiembre las Euskal Jaiak, con la feria de ganado y el famoso concurso de quesos (foto). También es multitudinaria la feria de Santa Lucía, el 13 de diciembre en Zumarraga. Azpeitia toca la tamborrada de San Sebastián el 20 de enero y Tolosa explota con sus bulliciosos carnavales.

Viaje a las raíces **de Euskadi**

Pimiento de Gernika

Partiendo del Árbol de Gernika, corazón de las esencias vascas, recorremos los pueblos, montes y bosques que le circundan, su ría y la costa de Vizcaya.

Árboles pintados por Agustín Ibarrola en Oma.

El pimiento, llegado de América, se ha adaptado al clima y a las tierras vascas

Un refrán bilingüe dice *Lunes guerniqués, kolperik ez*: "en el lunes guerniqués, no se da ni golpe". Ese día es día de mercado y de mucho más: antaño los campesinos se acercaban a **Gernika**, compraban y vendían, cerraban tratos, compartían noticias, aprovechaban para comer en los restaurantes y remataban la jornada viendo partidos de cesta punta en el frontón. La vida en este pueblo donde iniciamos el recorrido ha cambiado, pero se mantienen las tradiciones de los lunes bulliciosos y del cultivo del pimiento que, llegado de América, se ha adaptado perfectamente a estas tierras. En esta localidad se guarda la tradición vasca: alberga la Casa de Juntas y el Árbol de Gernika, el roble bajo el que se redactaban las leyes y los monarcas juraban los fueros. Aquí se guardan las viejas normas y la gran historia: el Museo de

Guía Repsol

Completa tu ruta

- **Longitud del itinerario propuesto:** 117 km aprox.
- **Mapa completo de la zona:** pág. 6 A-3
- **Información turística, restaurantes y hoteles:** pág. 82
- **Otras rutas sobre esta Comunidad en *guiarepsol.com:***
  Ruta de la Carne de Vacuno Euskal Okela
  Ruta del Queso Idiazabal
  Ruta del Txakoli de Getaria
  Ruta del Vino de La Rioja Alavesa

Mural que reproduce el *Guernica* de Picasso.

El paisaje de la ría de Urdaibai cambia cuatro veces al día siguiendo las mareas

la Paz, que conmemora el bombardeo de 1937, el Museo de Euskal Herria, etnográfico, y el Parque de los Pueblos de Europa, pero también los placeres pequeños de la vida cotidiana.
Desde aquí, continuando la ruta, recorremos la ría de Urdaibai, Reserva de la Biosfera, un juego de aguas dulces y saladas, islas y marismas, arenales y acantilados. El paisaje se transforma cuatro veces al día, al ritmo de las mareas: cuando el océano se retira, emergen las grandes extensiones de arenas doradas y los nutritivos limos de las marismas.
Es el paraíso de garzas, cormoranes, patos y otras aves acuáticas. La carretera BI-2238 nos lleva primero a **Kortezubi**, donde se puede hacer una visita virtual a la cueva de Santimamiñe y sus pinturas prehistóricas, y una visita real a las pinturas modernas que engalanan el bosque encantado de Oma. Después llegamos a **Gautegiz-Arteaga** donde merece la pena visitar el castillo neogótico de Arteaga, un capricho de la emperatriz Eugenia de Montijo. Paseamos entre los viejos caseríos de la ribera, que hace siglos colonizaron las marismas con muros de tierra, y admiramos el molino de mareas de Portu Errota. Luego tomamos la BI-3234 para avanzar por la margen derecha y ver la playa

Fiestas

En Gernika, el último lunes de octubre hay una feria agrícola plagada de eventos. Bermeo festeja el 22 de julio la Magdalena, romería marítima hasta Elantxobe. El Dantzari Eguna, fiesta anual de estos populares bailarines vascos (en la foto), se celebra cada año en una localidad.

La playa de Mundaka, cita mundial de surfistas.

de dunas de Laida, en la bocana de la ría; la isla de Izaro, antigua sede de un convento de franciscanos que fueron atacados por piratas; y la playa exterior de Laga, uno de los santuarios del *surf* vasco, al pie del acantilado de Ogoño. Seguimos a **Ibarrangelu** y nos desviamos a **Elantxobe**, un pueblo que parece a punto de caer al mar: lo fundaron unos pescadores en el siglo XVI que preferían un amarre seguro antes que un terreno cómodo para las casas.

Mundaka, cita del *surf* mundial

De vuelta a Gernika, recorremos la margen izquierda por la BI-2235. Los mejores puntos para asomarse a la ría son **Sukarrieta**, donde se encuentran la playa de San Antonio y el islote con jardín botánico de Txatxarramendi, y **Mundaka**, cita mundial para surferos, gracias a su prodigiosa ola izquierda. Luego alcanzamos **Bermeo**, que en tiempos medievales fue Cabeza de Vizcaya y puerto principal, con una gran flota pesquera, galeones cargados de mercancías, astilleros y factorías para salar pescado. Hoy conserva la memoria en el Museo del Pescador, en la torre Ercilla y en la réplica de un barco ballenero que se puede visitar. Serpenteamos más allá del cabo Matxitxako y la isla de Gaztelugatxe siguiendo la BI-3101 hasta llegar a **Bakio**, un pueblo cuajado de palacetes de los primeros veraneantes aristocráticos, que hoy se sube a la ola del turismo de playa y *surf*. ■

Sorpresa

Desde el cementerio de Elantxobe, un paseo de media hora sube a la atalaya ballenera de Ogoño, el mayor acantilado vasco. Colgados a 275 m sobre el mar, contemplamos la bocana de la ría de Urdaibai, la isla de Izaro y la playa de Laga. Desde el barrio de Akorda (Ibarrangelu) otro sendero lleva a San Pedro de Atxarre, una ermita que se alza 310 m sobre la ría.

Rincón del Pimiento de Gernika

El pimiento vino de América ligeramente picante, se fue adaptando al clima y a la tierra y así fue ampliando la gama de sabores. En Vizcaya y Guipúzcoa derivó en una versión propia y reducida que hasta hace años apenas se conocía fuera de estos territorios y ahora es codiciada por los mejores restaurantes: el Pimiento de Gernika. Los Gernikako Piperra (en euskera) son pequeños, estrechos, alargados, puntiagudos, de un verde oscuro y una carne fina y sabrosa. La temporada se extiende de mayo a octubre, cuando se recolectan casi a diario. Se venden en bandejas de dos docenas con el símbolo y una etiqueta numerada de control Eusko Label, y recientemente se les ha reconocido la D.O.P. Se comen de un bocado, fritos, en verdaderas explosiones de sabor.

www.euskolabel.net

Los pimientos son una fuente de vitamina C. Concretamente, 100 g aportan casi el doble de las ingestas diarias recomendadas, aunque cocinados pierden parte de esta vitamina por ser termolábil. También cabe resaltar su contenido en minerales como el potasio y, en menor proporción, el hierro. Por otro lado, su contenido energético es muy bajo, por el agua que incluyen.
Fundación Española de la Nutrición

EUSKO LABEL
Gernikako Piperra
Pimiento de Gernika

Denominación de Origen Protegida (D.O.P.)

Setas de La Rioja.

Joyas que crecen **bajo la tierra**

Champiñón y Setas de La Rioja

Pueblos, huertas y viñedos se suceden en esta ruta, en cuyo cielo se recorta la silueta de las cigüeñas. Bajo este mundo, en cuevas y bodegas, crecen los hongos riojanos.

Guía Repsol

Completa tu ruta

- **Longitud del itinerario propuesto:** 62,8 km aprox.
- **Mapa completo de la zona:** pág. 22 C-1
- **Información turística, restaurantes y hoteles:** pág. 17
- **Otras rutas sobre esta Comunidad en *guiarepsol.com:***
  Ruta del Chorizo Riojano
  Ruta de la Coliflor de Calahorra
  Ruta de las Peras del Rincón del Soto
  Ruta del Vino de La Rioja

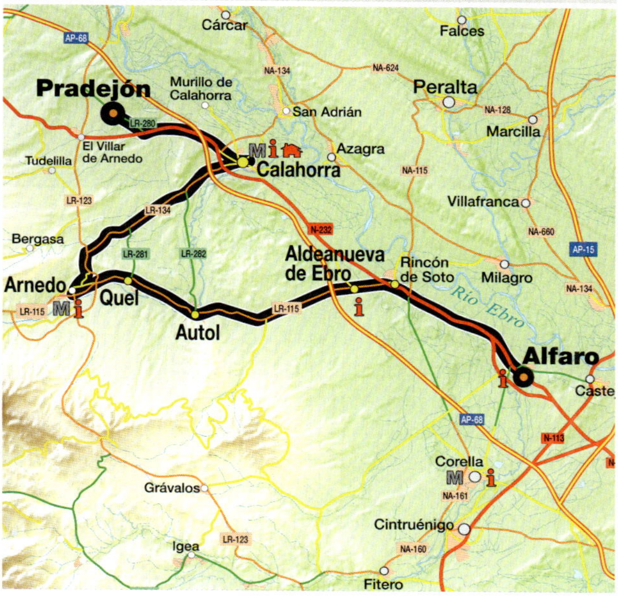

Como otros municipios de La Rioja Baja, el diseño urbano de **Pradejón**, pueblo donde iniciamos este recorrido, se muestra como un conglomerado de calles atravesadas por la carretera. Su atractivo reside en una sólida actividad productora de champiñón y setas. Su cultivo ha generado también una diversidad de culturas y nacionalidades gracias a la inmigración llegada durante años al calor de la potente industria agroalimentaria que se asienta en la zona.
El origen y la historia de este pueblo, sin embargo, se remonta a las antiguas estancias cada vez más prolongadas de los pastores en los cerros de la localidad, a orillas del Ebro.
El recorrido continúa tomando la LR-280 hasta el cruce que conduce a la N-232. Apenas 10 km más adelante llegamos a **Calahorra**. Es la segunda gran urbe de La Rioja por número de habitantes y peso económico. La parada obligada lleva hasta la catedral de Santa María-El Salvador, con su extraordinaria torre y un tan rico como valioso bagaje religioso-artístico gótico, plateresco y renacentista. No puede el viajero abandonar esta ciudad sin recorrer su Judería y las calles del centro, impregnadas de su pasado romano, patente por ejemplo, en los restos del circo y de la muralla.

Las calles de Calahorra evocan su pasado romano y judío

Rincón del Champiñón y Setas de La Rioja

La marca Champiñon y Setas de La Rioja ampara a todos los productos de este sector cultivados en La Rioja de las especies *pleurotus, lentinus, lepista, pholiota y palammulina.* Bien frescos o en conserva, cabe la posibilidad de que se comercialicen enteras, laminadas o troceadas. En el caso del producto en conserva, se elabora al natural, cocido en su jugo, al aceite -tratado previamente con vinagre y envasado con aceite vegetal- o sazonado con especias. Las setas y champiñones riojanos se caracterizan principalmente por su textura y sabor naturales, lo que confirma el cuidado exigido en su producción, y el riguroso tratamiento en el caso de las conservas. Estas setas se comercializan con una etiqueta específica con la inscripción "Champiñón y Setas de La Rioja".

www.lariojacalidad.org

Los champiñones y las setas tienen un bajo contenido energético debido a la elevada proporción de agua en su composición. Son fuente de minerales como hierro, potasio, fósforo y selenio y vitaminas como tiamina, riboflavina, niacina y E. Por otro lado, su consumo también proporciona una importante cantidad de fibra.
Fundación Española de la Nutrición

Marca de Garantía (M.G.)

Paisaje cerca del río Cidacos, en Autol.

Tampoco se puede ir sin degustar sus atractivos culinarios, elaborados con unas verduras de las que Calahorra ha hecho un referente en la mesa y en la cultura local pues hasta cuenta con un museo dedicado exclusivamente a ellas.
Desde allí, la ruta nos lleva a **Arnedo** por la LR-134, disfrutando de un paisaje cambiante ya que en esta zona empieza a extenderse el cultivo del viñedo. Conocido internacionalmente por la producción de calzado, Arnedo guarda también interesantes vestigios de un pasado que mezcla referencias medievales, musulmanas, góticas y barrocas. Las ruinas de su castillo árabe se elevan en un imponente cerro cercano a la localidad. A 3 km de Arnedo, junto al río Cidacos, se encuentra el monasterio cisterciense de Vico que merece una visita.

Formaciones rocosas en Autol

La salida por la LR-115 nos lleva hasta las proximidades de **Quel**, donde podemos ir antes de llegar a **Autol**, dominada por los restos de un antiguo castillo de posible origen romano o árabe reconstruido a finales del siglo XVII. Como el resto de pueblos de la zona, se nota la presencia de fábricas de calzado y agroalimentarias. En Autol encontramos

Visita obligada

La Plaza de España de Alfaro se abre al visitante sobre unas escalinatas en forma de concha. En lo alto, no hay que perderse la fastuosa colegiata de San Miguel, obra de referencia del barroco riojano de finales del siglo XVII. Su fachada enladrillada, con torres de más de 50 m alberga también una colonia de cigüeñas de gran tamaño, cuyos nidos y sobrevuelos son una de las señas de identidad de la comunidad alfareña.

Campos sembrados de La Rioja.

una de las formaciones rocosas más llamativas y singulares de La Rioja conocida como El Picuezo y La Picueza. Comparte protagonismo con las huertas de las riberas del río Cidacos.

Siguiendo la LR-115, después de pasar el cruce con la AP-68, la ruta llega hasta **Aldeanueva de Ebro**, municipio en el que se asientan algunas de las cooperativas vitivinícolas más importantes de la Denominación de Origen Calificada Rioja y donde la vid está siempre presente. La principal referencia urbanística de Aldeanueva es la iglesia parroquial de San Bartolomé y su torre de ladrillo. Sus calles y plazas están salpicadas con obras escultóricas del artista local Miguel Angel Sainz.

La ruta finaliza en **Alfaro**. Los atractivos que ofrece son muchos, aunque destaca la Plaza de España donde se levanta la colegiata de San Miguel. Además de otras iglesias y palacios interesantes, cerca de la localidad se encuentra la Reserva Natural de los Sotos del Ebro, una zona de gran valor ecológico y a la vez un relajante fin de ruta. ■

Las industrias agroalimentarias y del calzado son la principal fuente de riqueza de la zona

Escultura frente al palacio de la Baronesa, en Arnedo.

Fiestas

Uno de los hitos de Calahorra es la celebración de las fiestas patronales, del 25 al 31 de agosto, en honor a San Emeterio y San Celedonio. En Alfaro, la fiesta mayor honra a San Roque y San Ezequiel. Comienza el 14 de agosto con un una comida en el campo. El 26 de septiembre, Arnedo honra a San Cosme y San Damián.

En busca de los **pastos serranos**

Queso Camerano

Desde Logroño el paisaje rural adquiere tintes abruptos hasta que el viajero alcanza la sierra de Cameros, con sus pueblos de calles empedradas y alegres.

Guía Repsol

Completa tu ruta

- **Longitud del itinerario propuesto:** 86 km aprox.
- **Mapa completo de la zona:** pág. 22 B-4
- **Información turística, hoteles y restaurantes:** pág. 110
- **Otras rutas sobre esta Comunidad en *guiarepsol.com*:**
  Ruta del Chorizo Riojano
  Ruta de la Coliflor de Calahorra
  Ruta de las Peras del Rincón del Soto
  Ruta del Vino de La Rioja

Antes de abandonar **Logroño** para iniciar la ruta que nos llevará a la sierra de Cameros cuna del Queso Camerano, es recomendable invertir unas horas recorriendo sus animadas calles. Un paseo por la de Portales sirve para tomar el pulso de esta ciudad, que gravita entre el carácter añejo y la vanguardia de sus nuevas infraestructuras. El río Ebro abraza con mimo la parte antigua de la capital riojana, que tiene en la concatedral de la Redonda, construida entre los siglos XV y XVIII, o la plaza de Abastos sus principales señas de identidad. La calle Laurel y las aledañas San Juan y San Agustín se imponen como referentes del gusto por la buena cocina, los productos tradicionales y, por supuesto, el vino de Rioja, imprescindible en el ritual del tapeo.

El Ebro abraza con mimo el corazón de la capital riojana

Detalle de la arquitectura popular de Soto en Cameros.

Rincón del Queso Camerano

Destacado como el primero de su categoría en lograr la Denominación de Origen Protegida, el Queso Camerano está elaborado con leche de cabra y se presenta en cuatro variedades: fresco, tierno, semicurado y curado. Se puede distinguir a simple vista por la llamada *cilla*, marcas dejadas por el molde de mimbre que se usa en su fabricación.
Dicha elaboración tiene como preámbulo la estricta alimentación del ganado utilizado para la extracción de la leche.
Es obligatorio respetar prácticas tradicionales, como el aprovechamiento directo de los pastos y los subproductos agrícolas de la zona de producción. A partir de ahí, cada pieza de este queso se obtiene siguiendo un proceso homogéneo de filtrado de la leche, refrigeración y pasteurización que cumple el patrón, heredado de las formas de hacer tradicionales propias de la sierra riojana desde el siglo XI.

www.quesocamerano.com

Su composición nutricional varía según el grado de maduración. Así, los quesos tiernos tienen menor cantidad de energía, proteínas y grasa debido a su mayor proporción de agua. Igualmente, el contenido en micronutrientes será superior en los productos más maduros.
En general, el queso de cabra es fuente de proteínas de alta calidad, calcio, fósforo y magnesio.
Fundación Española de la Nutrición

QUESO CAMERANO DENOMINACIÓN DE ORIGEN PROTEGIDA

Denominación de Origen Protegida (D.O.P.)

Sorpresa

Ubicado en una hondonada del monte Laturce, entre las localidades de Clavijo y Leza, se encuentran las ruinas del monasterio de San Prudencio, que en origen fue una primitiva iglesia cisterciense del siglo XII. Castigado por el abandono y la exposición a los elementos, el lugar se presta como punto de partida de una excursión por un paraje agreste y evocador, a la espera de mejores tiempos.

La actividad económica de Logroño se concentra en el Polígono Industrial El Sequero, en la cercana localidad de **Agoncillo**, donde también hay lugar para el arte contemporáneo, como comprobamos visitando la colección privada del Museo Würth, que acoge obras de artistas españoles y alemanes bajo una espectacular cubierta de vidrio.
Saciado el apetito cultural y gastronómico, enfilamos la LR-250 y ya no la abandonamos hasta alcanzar el destino final de la ruta siguiendo el curso del río Leza que conforma el Cameros Viejo. Para tomar la LR-250, basta con dirigir la brújula hacia la salida sureste de Logroño. Una vez circunvalado **Villamediana**, el itinerario es recto y firme hasta **Ribafrecha**. Los campos de cultivo acompañan en todo momento este tramo, que ofrece una poderosa panorámica con el castillo de Clavijo al fondo. Traspasado este punto, el paisaje cambia de modo radical. Lo hace de una manera tan abrupta como los perfiles del cañón del río Leza, que corre paralelo a la carretera. Los extensos terrenos de labranza se vuelven parcelas donde crecen nogales y viñas, olivos y maleza. El camino comienza a enredarse en curvas; al final de cada una de ellas siempre asoma una sorpresa.

San Prudencio: regreso al pasado

La más inmediata, a escasos 20 km del punto de partida, es la señal que dirige la mirada hacia el monte Laturce y las ruinas del monasterio de San Prudencio, vestigio del pasado floreciente de una zona que ahora se esfuerza en recuperarlo. Apenas unos metros más adelante, la senda

Interior del Museo Würth, junto al pueblo de Agoncillo.

Panorámica de viñedos y cultivos del valle de Leza.

comienza a empinarse; a la izquierda está la posibilidad de tomar la LR-462 para llegar a **Leza de Río Leza**. No hace falta tomar el desvío, ya que desde la carretera principal tenemos acceso a un buen punto de observación desde donde contemplar este encantador pueblecito, que data del año 950. La vista también abarca una descomunal cantera que rasga parte del cañón y que constituye una importante fuente de ingresos para los habitantes del entorno. Ahora, el trazado sigue un dibujo serpenteante. El cuentakilómetros avanza lento, obligando a atender a la conducción, mientras las paredes de la montaña adquieren un color rojizo. El tono de la naturaleza se torna aún más salvaje cuando en el cielo se recortan las siluetas de algunos buitres. Dos km después, en el cruce hacia **Trevijano**, donde llegamos por la LR-462, un monolito sirve como referencia del mirador del cañón del río Leza.

Volvemos a la carretera para llegar hasta **Soto en Cameros**, el primero de los grandes ejemplos de

En otoño, el color de los viñedos enciende los paisajes

Castillo de Clavijo.

Fiestas

El primer fin de semana de agosto se celebra la Fiesta del Camero Viejo rotatoriamente en alguna de las localidades de la comarca. Es una buena ocasión para conocer las tradiciones, la gastronomía y los bailes populares de la zona.
El tercer domingo de junio tiene lugar en San Román de Cameros la festividad de San Sebastián. A finales de junio, Soto en Cameros homenajea a la trufa con degustaciones y mini-talleres.
Las principales festividades de Logroño tienen lugar en torno al día 11 de junio (San Bernabé) y el 21 de septiembre (San Mateo). Por Corpus Christi, la calle Portales se alfombra de flores (foto).

La estampa del castillo de Clavijo se sobrepone al panorama del valle de Leza

arquitectura serrana y uno de los núcleos vitales gracias a su apreciada industria del mazapán y una abundante ganadería. Buena prueba de ello son la gran cantidad de vacas y caballos que encontramos a ambos lados de la LR-250, donde los límites del campo y el asfalto se confunden. La ruta sigue hasta el enlace de la LR-461, y brinda la opción de subir 7 km hasta **Luezas**, uno de esos numerosos pueblos marcados por la emigración y abandonados durante décadas. Hoy, como otros, revive gracias a la rehabilitación llevada a cabo por los descendientes de sus antiguos pobladores.

En el epicentro del valle

Más allá, sin abandonar la carretera principal, aparece **Terroba**. El pueblo ofrece una buena cantidad de servicios, patrimonio cultural y recursos gracias a la presa que toma el nombre de la localidad y que avanza ganando espacio a la rocosa orografía. Sin salir de este municipio, también merece la pena acercarse a contemplar las icnitas o huellas de dinosaurio que se han conservado en los yacimientos de La Ilaga y Camino a Treguajantes. Están datadas en el Cretácico Inferior, hace entre 150 y 100 millones de años.
A partir de aquí, el camino se amansa y el paisaje pierde aspereza. El río se empareja con la orilla y, si el día es luminoso, todo refulge hasta alcanzar **San Román de Cameros**.
Nos encontramos en el auténtico epicentro del valle, donde manda el recio empedrado de sus calles y sus casonas blasonadas. Vale la pena buscar la iglesia de la Asunción, del siglo XVII y deliciosos recodos como el que acoge las antiguas escuelas

Murallones de piedra escoltan el paso del río Leza.

o el monumento al emigrante. Un ecomuseo habilitado en el antiguo molino del pueblo nos permite conocer a través de tres salas cómo se molía antiguamente el trigo y los usos tradicionales del agua. En invierno se pone en funcionamiento. Después de sobrepasar **Cabezón**, la carretera engarza un puñado de pueblos que desembocan en **Laguna de Cameros**.

Desde aquí podemos regresar a Logroño volviendo sobre nuestros pasos o continuar por la LR-461 hasta que se encuentra con la N-111. Por esta carretera bajamos el valle del Iregua, atravesando el Cameros Nuevo, para pasar por Torrecilla en Cameros antes de llegar a la capital riojana. ■

Pavimento con rueda de molino, en Villanueva de Cameros.

Visita obligada

A escasos 2 km de Soto se halla el mirador del Leza. El enclave es la atalaya perfecta para contemplar en toda su amplitud el cañón que forma el río y el rico ecosistema de la zona, con el roble y los cuervos como protagonistas principales. El área recreativa que hay allí instalada proporciona también información sobre rutas y caminos rurales para los amantes de la naturaleza.

Vitalidad **mediterránea**

Cítricos Valencianos

El aroma de la flor de azahar está omnipresente en la Plana Baixa de Castellón. Como complemento, sus costas ofrecen un escenario perfecto para descansar y disfrutar del mar.

Guía Repsol

Completa tu ruta

- **Longitud del itinerario propuesto:** 58,8 km aprox.
- **Mapa completo de la zona:** pág. 51 D-1
- **Información turística, restaurantes y hoteles:** pág. 229
- **Otras rutas sobre esta Comunidad en** ***guiarepsol.com:***
  Ruta del Arroz de Valencia
  Ruta de la Chufa de Valencia
  Ruta del Langostino de Vinarós
  Ruta del Turrón de Jijona y Alicante

El inicio de la ruta, que nos lleva a Onda, está lleno de huertos de naranjos

El viaje empapado de aroma de azahar por la comarca de la Plana Baixa de Castellón, plagada de patios y campos de naranjos y limoneros, comienza a los pies de la Sierra d'Espadà, en la localidad de **Onda**. Es un privilegio caminar por su castillo y el centro, declarados Conjunto Histórico-Artístico y Bien de Interés Cultural en 1967. La fortaleza alberga un museo arqueológico y data del periodo califal. Durante la época de los Almohades fue la mayor ciudad septentrional de Sarq Al-Andalus. Posteriormente, se convirtió en un lugar estratégico codiciado en contiendas bélicas. A partir del castillo surje un trazado de angostas y laberínticas calles que rememoran su pasado islámico. Merece la pena perdernos por los rincones de la plaza del Almudín, la iglesia de Santa Margarita, el portal de Sant Pere y el barrio de la Morería.
El siglo XVIII relanzó la economía ondense con la expansión de los talleres de loza, antecedente directo de las factorías cerámicas que hoy crecen en sus polígonos industriales. Para comprender la trayectoria

Naranjas valencianas.

Rincón de los Cítricos Valencianos

El suave clima de la Comunidad Valenciana ayuda a que los cítricos que se producen en las tres provincias tengan una calidad reconocida en el mercado. El Consejo Regulador de la marca I.G.P. Cítricos Valencianos, que incluye naranjas, limones, mandarinas y pomelos, se encarga de certificar unos determinados requisitos de calidad y trazabilidad en cuanto al proceso que va desde los cuidados del campo hasta su empaquetado para la venta.
En líneas generales, para ser incluidas en la I.G.P., las frutas tienen que ser de las categorías Extra y Primera y cumplir rigurosos criterios de madurez, cantidad de zumo y calibre.
Originarios de Asia, los cítricos y sus técnicas de cultivo fueron introducidos en España por los árabes, quienes utilizaban estos árboles en un principio como mero ornamento en calles, jardines y patios de mezquitas. La superficie cultivada amparada por la I.G.P. es de 8.000 ha que producen 14 millones de kg. En toda la Comunidad se cultivan 180.000 ha que producen 3.500 millones de kg.

www.citricosvalencianos.com

Los cítricos poseen escaso valor calórico, pero un interesante contenido de nutrientes. Son fuente de vitaminas, como A, ácido fólico o C, y su consumo nos puede ayudar a alcanzar las recomendaciones de fibra. En la composición de estos frutos también encontramos flavonoides, ácidos orgánicos que pueden tener efectos positivos sobre nuestra salud.
Fundación Española de la Nutrición

Consejo Regulador
Cítricos Valencianos

Indicación Geográfica Protegida (I.G.P.)

Falla valenciana ardiendo.

Fiestas

En Burriana son relevantes -al igual que en numerosas poblaciones de la Comunidad Valenciana- las Fallas (foto). Tienen lugar entre los días 15 y 19 de marzo. Las fiestas patronales de la Virgen de la Misericordia se celebran en torno al 8 de septiembre, organizándose desde espectáculos musicales a batallas de flores y concursos de paellas.

de estas fábricas es indispensable visitar el Museo del Azulejo Manolo Safont, que repasa la evolución del sector desde sus primeras muestras romanas hasta la actualidad. Además de las colecciones cerámicas, guarda objetos etnológicos, archivos documentales y piezas de artistas como Salvador Dalí o Francisco Dasí. Entre los parajes naturales más destacables de Onda destaca el Montí, un cerro en el que se encuentra la ermita de Santa Bárbara. Desde este punto, divisamos una amplia huerta de naranjos con el mar Mediterráneo como telón de fondo.
En dirección este, la carretera CV-20 conecta Onda con **Vila-Real**. Junto al campo de fútbol de El Madrigal, una fuente rinde homenaje al labrador local. Desde allí accedemos hasta el Termet, un entorno de pinos a orillas del río Mijares presidido por la ermita de la Virgen de Gracia. La vegetación se torna espesa en el paseo Botánico Calduch, donde seguimos el curso de la acequia Mayor para paladear el paisaje.

La cuna de la naranja

Continuando el recorrido, la CV-185 nos lleva hasta la capital de la Plana Baixa, **Burriana**, también conocida como la cuna de la naranja. Es recomendable aparcar el coche y acudir al Mercado Central que luce unas vidrieras de ramos de naranjas en su fachada. El edifico modernista es uno de los ejemplos arquitectónicos que se construyó en la población hace casi un siglo, coincidiendo con el auge del comercio

Kitesurf en la costa castellonense.

y la exportación de los cítricos. Desde el mercado parte la calle de la Tanda, una arteria comercial con tiendas de ropa, joyerías, zapaterías y pastelerías que se extiende hasta la Plaza Mayor, donde se ubica la iglesia del Salvador, muy cerca del Museo de la Naranja.

Burriana se vuelca al mar. Prueba de ello es la importancia que tienen las actividades náuticas. Vela, remo y piragüismo cuentan con larga tradición en el Club Náutico y la Escuela del Mar. La costa burrianense ha acogido competiciones de alto nivel como la Copa de España de Windsurf y el Open Nacional de Motos Acuáticas.

Cuando llega la hora del baño, una opción son las limpias aguas de la playa del L´Arenal. En el tramo más septentrional de la avenida de la Mediterránea se esconden la Torre del Mar y el estuario del Clot de la Mare de Déu, en el que aflora el río Ana, formando un cañón de aguas cristalinas. Según cuenta una leyenda local, en este estanque de carrizos y juncos fue hallada por dos pastores la imagen de la Virgen de la Misericordia, del siglo XIV, insertada dentro de una campana que repicaba desde el agua. La actual es una réplica.

Rumbo al sur por la CV-18, la vista se serena ante los extensos campos de naranjos que jalonan el recorrido de nuestra ruta hasta **Nules**, villa que cultiva una variedad de cítricos propia: la dulce Clemenules.

Burriana conjuga su secular culto a la naranja con los deportes naúticos en sus playas

Azulejos valencianos.

Capilla de la Sagrada Familia en la Vall d'Uixó.

Sorpresa

El Festival Internacional de Teatro de Calle de Vila-Real tiene lugar a principios de mayo. Durante tres días, la vía pública es el escenario de espectáculos dirigidos a todos los públicos. El programa combina humor, cabaret, poesía, música, juegos y fantasía. Los puntos neurálgicos del festival son la plaza de la Villa, la Plaza Mayor, el parque de la Glorieta, la calle Bayarri y la plaza de San Pascual.

Anexa a la playa, la albufera Estany sirve de residencia para aves acuáticas como el zampullín chico, la garza real y el ánade azulón. Del municipio nos llama la atención el recinto amurallado de **Mascarell**, declarado Conjunto Histórico-Artístico en 1995. Su área fortificada de planta cuadrangular la convierte en la única población amurallada de la Comunidad y en un tesoro patrimonial digno de ser conservado.

Pinturas rupestres en Vall d'Uixó

En un giro hacia el interior por la A-7, **la Vall d'Uixó** es la siguiente parada de esta ruta. Allí, es posible adentrarnos en el río subterráneo y navegable de las Cuevas de San José para observar las singulares formaciones de calcita. La entrada se realiza siempre con visita guiada y en barca. Sólo así tendremos acceso a las fantásticas pinturas rupestres plasmadas sobre las paredes de la gruta, que han sido declaradas Patrimonio de la Humanidad por la Unesco junto al resto de representaciones del arte primitivo que han sido descubiertas en todo el arco mediterráneo de la Península Ibérica.

Flor de azahar.

Amanecer en la costa castellonense.

De vuelta a la costa por la CS-22, **Moncofa** se nos presenta como un paraíso de playas transparentes y piedras de canto rodado. En una de ellas, la de Beniesma, se pueden ver los restos de una Torre Vigía construida antes de la expulsión de los moriscos. También destaca en la población la ermita Santa María Magdalena. **Xilxes** y **Almenara** son otros pueblos costeros cercanos que posibilitan el reposo al son de las olas. El primero cuenta con un paseo marítimo que se extiende a lo largo de 1.500 m con zonas ajardinadas y una pasarela que se adentra en el mar. También hay opciones para la práctica del *windsurf*, el buceo o el voley playa.
La contemplación del mar cierra la ruta por la Plana Baixa de Castellón, una tierra sembrada de naranjos que se reflejan en el Mediterráneo. Dos tesoros para saborear plenamente. ■

La ruta culmina en las plácidas playas de Xilxes y Almenara

Visita Obligada

El Museo de la Naranja de Burriana muestra en sus diferentes salas la historia y las tradiciones relacionadas con este cítrico.
También repasa la evolución del cultivo, el transporte, el comercio, la industria y hasta la publicidad de la naranja en la Comunidad Valenciana desde finales del siglo XVIII hasta la actualidad. Dispone de un interesante archivo de fotografías y curiosas etiquetas antiguas de varias marcas naranjeras.

Paisajes de la **Valencia interior**

Embutido de Requena

Montañas, campos de viñedos y almendros, y los parques de Chera-Sot de Chera y de las Hoces del Cabriel jalonan esta ruta en torno a Requena y sus sabrosos productos cárnicos.

Guía Repsol

Completa tu ruta

- **Longitud del itinerario propuesto:** 145 km aprox.
- **Mapa completo de la zona:** pág. 50 F-4
- **Información turística, restaurantes y hoteles:** pág. 168
- **Otras rutas sobre esta Comunidad en *guiarepsol.com:***
  Ruta del Arroz de Valencia
  Ruta de la Chufa de Valencia
  Ruta del Langostino de Vinaròs
  Ruta del Turrón de Jijona y Alicante

La fortaleza almorávide de Chera, del siglo XII, se alza a 850 metros de altura

Abruptas e imponentes montañas nos dan la bienvenida al inicio de esta ruta que recorre la zona donde se elaboran los sabrosos embutidos de Requena. Empezamos el viaje en **Chera**, un enclave geográfico diseñado por fallas que rompen la corteza terrestre en agrestes bloques. Desde la avenida Pantano de Buseo se accede al embalse del mismo nombre a través de una pista forestal. Campos de olivos y romero preceden a un área recreativa. Aquí se respira un aire limpio, filtrado por un generoso bosque de ribera.

En la salida hacia Requena hay un desvío que va al Chorrero y al castillo de Chera. Tras atravesar plantaciones de almendros se siente la humedad de la cascada del Chorrero, en cuya pendiente se encuentran las cuevas de La Garita. El castillo, una fortaleza almorávide del siglo XII, se alza a 850 m de altura. Las vistas desde este lugar son excepcionales. Esta zona, llena de barrancos, cavidades y fuentes,

Noria para la extracción de agua del río Cabriel.

Rincón del Embutido de Requena

El proceso de producción artesanal de los Embutidos de Requena, favorecido por los inviernos fríos y secos de la zona, se realiza mediante una cuidada selección de carne del cerdo -siempre de hembra o de macho castrado-, especias y las tripas naturales. La Indicación Geográfica Protegida ampara los siguientes productos: longaniza, chorizo, güeña, sobrasada, salchichón, perro y morcilla, cuya elaboración se limita al término municipal de Requena. Se pueden encontrar carnicerías asociadas al Consejo Regulador tanto en la citada localidad como en sus pedanías de El Pontón, Campo Arcís y Los Pedrones. A mediados de febrero se celebra la Muestra del Embutido Artesano y de Calidad, organizada por el Ayuntamiento en colaboración con el órgano rector de la I.G.P. Embutido de Requena, declarada de Interés Turístico Autonómico en diciembre de 2009.

www.embutidoderequena.es

Destaca su proteína de buena calidad y la grasa de tipo insaturada, la cual predomina en el cerdo. La carne empleada en los embutidos será más o menos grasa según se utilice una parte u otra del animal. Además, se puede considerar una buena fuente de minerales, como el hierro hemo y el zinc de fácil absorción, además de magnesio, fósforo, potasio y selenio.
Fundación Española de la Nutrición

EMBUTIDO DE REQUENA

Indicación Geográfica Protegida (I.G.P.)

Cascada del Chorrero en las Cuevas de La Garita, Chera.

fue declarada en 2007 Parque Natural de Chera-Sot de Chera. Los paleontólogos han descubierto aquí restos de dinosaurios herbívoros de más de 80 millones de años. Estos y otros fósiles se exhiben en el Museo de Chera, situado junto al Ayuntamiento.
Seguimos luego por la CV-395, cruzando el río Reatillo, que nos lleva a **Requena,** cuya actividad económica gira en torno al vino y los embutidos. Viñedos y tierras rojas saludan al viajero antes de llegar. Es imprescindible dar un paseo por el recinto medieval del barrio de La Villa, donde se encuentran los principales monumentos religiosos y civiles de la localidad, entre ellos la iglesia de Santa María, la Alcazaba y el Palacio del Cid, actualmente Museo del Vino. Tomando luego la N-330 dirección sur hasta la CV-442 y siguiendo ésta llegamos a **Casas del Río**, donde encontramos una noria del siglo XVII. De allí parte un itinerario por el Parque Natural de las Hoces del Cabriel, ideal para recorrer a pie o en bicicleta.

Sorpresa

Las Cuevas de Requena son un entramado de 22 cavidades subterráneas, construidas en época musulmana, que recorren el subsuelo de la plaza Albornoz. Allí se ven bodegas, almacenes de trigo y un pozo. Fueron descubiertas hace cuarenta años.

Pórtico de la iglesia de Santa María de Requena.

Volviendo a la N-330, el puerto de la Chirrichana antecede a **Cofrentes**. Aquí podemos disfrutar de una espléndida ruta fluvial en barco por el río Júcar hasta **Cortes de Pallás**. El siguiente alto en el camino es la estación termal Hervideros de Cofrentes. Es el momento del relax y del descanso. Para los aventureros existe una alternativa: el descenso en canoa por aguas bravas en Casas de Basta. El final del trayecto, de nuevo por la N-330, es **Jalance** que nos ofrece la posibilidad de deambular entre los muros de su castillo medieval y conocer los secretos de la Cueva de Don Juan, repleta de caprichosas estalactitas y estalagmitas. Es el colofón de un viaje cargado de sabor y naturaleza. ■

El Gran Premio de la Comunidad Valenciana de Cheste clausura cada año el Mundial de Motociclismo

Fiestas

La Fiesta de la Vendimia de Requena tiene lugar a finales de agosto en honor a la Virgen de los Dolores. En el circuito Ricardo Tormo de Cheste se celebra en otoño el Gran Premio de la Comunidad Valenciana (foto), final del Mundial de Motociclismo. Es la gran fiesta internacional de las motos y una cita obligada para los aficionados.

Con estos 34 itinerarios, ya son 102 las Rutas con Denominación de Origen propuestas por Repsol. Todas ellas están disponibles en **guiarepsol.com**, donde también puedes encontrar información adicional de estos recorridos.

Selección de Productos con origen

En tu estación
de servicio Repsol
encontrarás productos
con garantía de
calidad, llegados
directamente desde el
campo o el fabricante

Selección de Productos con origen

Repsol cuenta con casi 4.000 estaciones de servicio en España. A través de esta amplia red, ofrece a sus clientes productos de calidad reconocida de cada uno de los rincones de la geografía nacional. Esta cercanía a los lugares de origen garantiza su frescura y el mejor precio.

Todos estos productos están disponibles en la **Selección de Productos con Origen,** dentro de las tiendas de las estaciones de servicio Repsol.

En ellas, el viajero, además de repostar, tiene a su alcance todo lo que puede necesitar para un viaje confortable: bar, cafetería, restaurante, lavado de coches, taller, tienda...

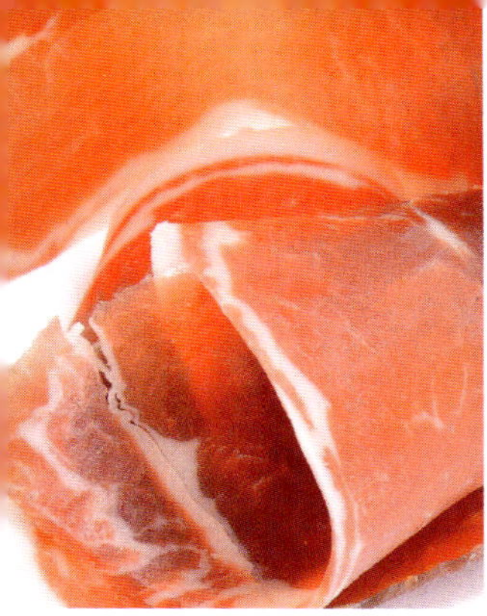

Estaciones de servicio Repsol: todo lo que necesitas para un buen viaje

Selección Guía Repsol

Repsol, con más de 30 años de experiencia gastronómica, ha preparado una amplia selección de productos con garantía de calidad, de venta en sus estaciones de servicio: aceites, vinos, quesos, frutas, hortalizas, legumbres, jamones, embutidos, etc. Se trata de productos que forman parte de la dieta mediterránea, por lo que son muy beneficiosos para la salud.

En **repsol.com** puedes consultar este amplio catálogo de productos disponibles en cada momento en la **Selección de Productos con Origen** de las tiendas.

También puedes visitar una de las tiendas y conocer con más detalle todo lo que te ofrecen y, gracias al localizador de estaciones de servicio, consultar la más cercana.

Todo en **guiarepsol.com**

Elaborados con mimo siguiendo arraigadas tradiciones

Saludables porque forman parte de la dieta mediterránea

Calidad garantizada y reconocido prestigio

Frescos y en las mejores condiciones

Productos españoles con Denominación de Origen y otras Garantías de Calidad

Listado de productos españoles con Denominación de Origen Protegida (D.O.P.), Indicación Geográfica Protegida (I.G.P.), Denominación de Origen (D.O.), Denominación de Calidad (D.C.) y Denominación Específica (D.E.), ordenados alfabéticamente por Comunidades Autonómas. Se incluyen también productos avalados con otras certificaciones de calidad.
En guiarepsol.com, accesible desde www.guiarepsol.com y www.repsol.com se ofrece información ampliada de cada uno de los productos incluidos en este listado.

Andalucía

D.O.P. Aceituna Aloreña de Málaga *www.alorenademalaga.com*
I.G.P. Alfajor de Medina Sidonia *www.turismomedinasidonia.com*
D.O.P. Antequera (aceite) *www.doantequera.org*
D.O.P. Baena (aceite) *www.dobaena.com*
I.G. Brandy de Jerez *www.brandydejerez.es*
I.G.P. Caballa de Andalucía y Melva de Andalucía *www.caballaymelvadeandalucia.com*
D.O.P. Campiñas de Jaén (aceite) *www.campinasdejaen.es*
I.G.P. Carne de Ávila (pluricomunitaria) *www.carnedeavila.org*
D.O.P. Chirimoya de la Costa Tropical de Granada-Málaga *www.crchirimoya.org*
D.O. Condado de Huelva (vino) *www.condadodehuelva.es*
I.G.P. Espárragos de Huétor-Tájar *www.esparragodehuetortajar.com*
D.O.P. Estepa (aceite) *www.doestepa.es*
D.O.P. Jamón de Guijuelo (pluricomunitaria) *www.i-guijuelo.com*
D.O.P. Jamón de Huelva (pluricomunitaria) *www.jamondehuelva.com*
I.G.P. Jamón de Trévelez *www.interjamon.com*
D.O. Jerez, Xérès, Sherry y Manzanilla de Sanlúcar de Barrameda *www.sherry.org*
D.O. Los Pedroches (jamón) *www.jamondolospedroches.es*
D.O. Lucena (aceite) *www.juntadeandalucia.es*
D.O. Málaga (vino) www.vinomalaga.com
D.O. Manzanilla de Sanlúcar de Barrameda *www.sherry.org*
D.O.P. Miel de Granada *www.mieldegranada.com*
D.O.P. Montes de Granada (aceite) *www.domontesdegranada.com*
D.O. Montilla-Moriles (vino) *www.vinodemontillamoriles.com*
D.O.P. Pasas de Málaga *www.vinomalaga.com*
D.O.P. Poniente de Granada (aceite) *www.doponientedegranada.com*
D.O.P. Priego de Córdoba (aceite) *www.priegodecordoba.org*
D.O.P. Sierra de Cádiz (aceite) *www.dosierradecadiz.com*
D.O.P. Sierra de Cazorla (aceite) *www.desierracazorla.es*
D.O.P. Sierra de Mágina (aceite) *www.sierramagina.org*
D.O.P. Sierra de Segura (aceite) *www.dosierradesegura.com*
D.O. Sierras de Málaga (vino) *www.vinomalaga.com*
D.E. Tomate La Cañada-Níjar *www.tomatemediterraneo.com*
D.O. Vinagre de Jerez *www.vinagredejerez.org*
D.O. Vinagre de Montilla-Moriles *www.vinodemontillamoriles.com*
D.O. Vinagre del Condado de Huelva *www.condadodehuelva.es*

Otras Denominaciones

Otros productos han alcanzado la mención especial Vino de la Tierra, como los del Altiplano de Sierra Nevada, Bailén, Cádiz, Córdoba, Cumbres de Guadalfeo, Desierto de Almería, Laderas del Genil, Laujar-Alpujarra, Los Palacios, Norte de Almería, Ribera del Andarax, Sierra Norte de Sevilla, Sierra Sur de Jaén, Sierras de Las Estancias y Los Filabres, y Villaviciosa de Córdoba. Además, han sido distinguidos con la categoría de Vinos de Calidad (V.C.) los de Granada y Lebrija, y están pendientes de su registro en la Comunidad Europea las D.O.P. Aceite Montoro-Adamuz y los Mantecados de Estepa y Cordero de las Sierras de Segura y La Sagra (pluricomunitaria).

Aragón

D.O.P. Aceite del Bajo Aragón *www.aceitedelbajoaragon.es*
D.O. Calatayud (vino) *www.docalatayud.com*
D.O. Campo de Borja (vino) *www.docampodeborja.com*
D.O. Cariñena (vino) *www.docarinena.com*
I.G.P. Carne de Ávila (pluricomunitaria) *www.carnedeavila.org*
D.O. Cava (pluricomunitaria) *www.crcava.es*
I.G.P. Espárrago de Navarra (pluricomunitaria) *www.icannavarra.com*
D.O.P. Jamón de Teruel *www.jamondeteruel.com*
D.O.P. Melocotón de Calanda *www.melocotondecalanda.com*
D.O. Somontano (vino) *www.dosomontano.com*
I.G.P. Ternasco de Aragón *www.ternascodearagon.es*

Otras Denominaciones
La Comunidad Autónoma de Aragón otorga reconocimientos de calidad alimentaria a otros productos de la tierra como es el caso de la Cebolla de Fuentes de Ebro. También destacan los Vinos de la Tierra de Aragón, del Bajo Aragón, de la Ribera del Gállego-Cinco Villas, de la Ribera de Jiloca, de Valdejalón o del Valle de Cinca.

Principado de Asturias

D.O.P. Afuega'l Pitu (queso) *www.doafuegalpitu.com*
D.O.P. Cabrales (queso) *www.fundacioncabrales.com*
I.G.P. Cangas (vino) *www.vinotierracangas.com*
I.G.P. Chosco de Tineo *www.productosdeasturias.com*
I.G.P. Faba Asturiana *www.faba-asturiana.org*
D.O.P. Gamoneu (queso) *www.quesogamonedo.com*
D.O.P. Queso Casín *www.saboresmitologicos.es*
D.O.P. Sidra de Asturias *www.sidradeasturias.es*
I.G.P. Ternera Asturiana *www.terneraasturiana.org*

Otras Denominaciones
El Principado de Asturias destaca otros productos, como el Queso Los Beyos, los Carbayones, los Bollus Preñaus (bollo con chorizo en su interior) y el Tocino de Cielo de Grado.

Baleares

D.O.P. Oli de Mallorca (aceite) *www.illesbalearsqualitat.cat*
D.O. Binissalem-Mallorca (vino) *www.binissalemdo.com*
I.G.P. Ensaimada de Mallorca *www.ensaimadademallorca.com*
D.O.P. Mahón-Menorca (queso) *www.quesomahonmenorca.com*
D.O. Pla i Llevant (vino) *www.plaillevantmallorca.es*
I.G.P. Sobrasada de Mallorca *www.sobrasadademallorca.org*

Otras Denominaciones
Hay productos que han merecido el reconocimiento de calidad, como la Ginebra de Menorca, el Queso de Mallorca, el Palo de Mallorca (elaborado con quina, genciana y azúcar), las Hierbas Ibicencas y las de Mallorca, o los Vinos de la Tierra de Formentera, de Ibiza, de las Illes Balears, de la Isla de Menorca, de Mallorca y de la Serra de Tramuntana-Costa Nord.

Canarias

D.O. Abona (vino) *www.vinoscanarios.org*
D.O. El Hierro (vino) *www.elhierro.tv/crdo*
D.O. Gran Canaria (vino) *www.vinoscanarios.org*
D.O. La Gomera (vino) *www.vinoscanarios.org*
D.O. La Palma (vino) *www.malvasiadelapalma.com*
D.O. Lanzarote (vino) *www.dolanzarote.com*
D.O.P. Queso Flor de Guía y Queso de Guía *www.santamariadeguia.es*
D.O.P. Queso Majorero *www.quesomajorero.es*
D.O.P. Queso Palmero *www.quesopalmero.es*
D.O. Tacoronte- Acentejo (vino) *www.tacovin.com*
D.O. Valle de Güimar (vino) *www.vinosvalleguimar.com*
D.O. Valle de la Orotava (vino) *www.dovalleorotava.com*
D.O. Ycoden-Daute-Isora (vino) *www.ycoden.com*

Otras Denominaciones
Hay otras certificaciones de calidad: el Gofio Canario (harina de cereales tostados), las Papas Antiguas de Canarias o el Ronmiel (ron, aguardiente de melaza de caña y miel).

Cantabria

I.G.P. Carne de Cantabria *www.alimentosdecantabria.com*
D.O.P. Picón Bejes-Tresviso *www.quesopicon.es*
D.O.P. Queso Nata de Cantabria *www.alimentosdecantabria.com*
D.O.P. Quesucos de Liébana *www.alimentosdecantabria.com*
I.G.P. Sobao Pasiego *www.sobaopasiego.com*

Otras Denominaciones
La Comunidad Autónoma de Cantabria certifica otros productos de alta calidad, como los Vinos de la Tierra de la Costa de Cantabria y de Liébana. Al sello de Calidad Controlada se acogen productos como la Patata, la Miel, el Tomate y el Puerro.

Castilla-La Mancha

D.O.P. Aceite Campo de Calatrava *www.campodecalatrava.com*
D.O.P. Aceite Campo de Montiel *www.doaceitecampodemontiel.com*
D.O.P. Aceite de la Alcarria *www.aceitedelaalcarria.es*
D.O.P. Aceite Montes de Alcaraz *www.turismocastillalamancha.com*
D.O.P. Aceite Montes de Toledo *www.domontesdetoledo.com*
I.G.P. Ajo Morado de Las Pedroñeras *www.ajomorado.com*
D.O. Almansa (vino) *www.turismocastillalamancha.com*
D.O.P. Azafrán de La Mancha *www.doazafrandelamancha.com*
I.G.P. Berenjena de Almagro *www.berenjenas.castillalamancha.es*
D.O.P. Calasparra (arroz) (pluricomunitaria) *www.docalasparra.es*
I.G.P. Carne de Ávila (pluricomunitaria) *www.carnedeavila.org*
I.G.P. Cordero Manchego *www.corderomanchego.org*
D.O.P. Jamón de Guijuelo (pluricomunitaria) *www.i-guijuelo.com*
D.O. Jumilla (vino) (pluricomunitaria) *www.vinosdejumilla.org*
D.O. La Mancha (vino) *www.lamanchado.es*
D.O. Manchuela (vino) *www.do-manchuela.com*
I.G.P. Mazapán de Toledo *www.turismocastillalamancha.com*
D.O. Méntrida (vino) *www.domentrida.es*
D.O.P. Miel de la Alcarria *www.mieldelaalcarria.org*
D.O. Mondéjar (vino) *www.mondejar.es*
I.G.P. Pan de Cruz de Ciudad Real *www.turismocastillalamancha.com*
D.O.P. Queso Manchego *www.quesomanchego.es*
D.O. Ribera del Júcar (vino) *www.vinosriberadeljucar.com*
D.O. Uclés (vino) *www.vinosdeucles.com*
D.O. Valdepeñas (vino) *www.dovaldepenas.es*
I.G.P. Vino de la Tierra Viñedos de España *www.tierradevinedos.org*
D. O. Vinos de Pago *www.turismocastillalamancha.com*
I.G.P. Vinos de la Tierra de Castilla *www.tierradevinedos.org*

Otras Denominaciones
Castilla-La Mancha pone E.T.G. (Especialidad Tradicional Garantizada) al Jamón Serrano. Destacan los Vinos de la Tierra de Gálvez, de Pozohondo o de la Sierra de Alcaraz, así como la agricultura ecológica. Además, están pendientes de su registro en la Comunidad Europea las I.G.P. Cordero de las Sierras de Segura y la Sagra (pluricomunitaria) y Melón de La Mancha.

Castilla y León

I.G.P. Alubia de La Bañeza-León *www.alubiadelabanezaleon.es*
D.O. Arlanza (vino) *www.arlanza.org*
D.O. Arribes (vino) *www.vinoarribesduero.com*
D.O. Bierzo (vino) *www.crdobierzo.es*
I.G.P. Botillo del Bierzo *www.botillodelbierzo.es*
I.G.P. Carne de Ávila (pluricomunitaria) *www.carnedeavila.org*
I.G.P. Carne de Morucha de Salamanca *www.carnedemoruchadesalamanca.org*
I.G.P. Cecina de León *www.cecinadeleon.org*
I.G.P. Chorizo de Cantimpalos *www.chorizodecantimpalos.com*
D.O. Cigales (vino) *www.do-cigales.es*
I.G.P. Garbanzo de Fuentesauco *www.legumbresdecalidad.com*
D.O.P. Jamón de Guijuelo (pluricomunitaria) *www.i-guijuelo.com*
I.G.P. Judías de El Barco de Ávila *www.judiasdelbarco.es*
I.G.P. Lechazo de Castilla y León *www.mapa.es/es/alimentacion/alimentacion.htm*
I.G.P. Lenteja de la Armuña *www.legumbresdecalidad.com*
I.G.P. Lenteja Pardina de Tierra de Campos *www.lentejapardinatierradecampos.es*
I.G.P. Mantecadas de Astorga *www.mantecadasdeastorga.es*
D.O.P. Mantequilla de Soria *www.mantequilladesoria.com*
D.O.P. Manzana Reineta del Bierzo *www.manzanareinetadelbierzo.es*
I.G.P. Pimiento Asado del Bierzo *www.pimientoasadodelbierzo.org*
I.G.P. Queso de Valdeón *www.quesospicosdeeuropa.com*
D.O.P. Queso Zamorano *www.quesozamorano.com*
D.O. Ribera del Duero (vino) *www.riberadelduero.es*
D.O. Rueda (vino) *www.dorueda.com*
D.O. Tierra de León (vino) *www.dotierradeleon.es*
D.O. Tierra del Vino de Zamora *www.tierradelvino.net*
D.O. Toro (vino) *www.dotoro.es*

Otras Denominaciones
La Junta de Castilla y León protege otros productos de calidad, como el Vino de Valtientas, el Vino de la Tierra de Castilla y León y los Vinos de Valles de Benavente. Tienen Marca de Calidad, el Cochinillo, la Ternera de Aliste, la Charra, la Carne de Cervera, el Hornazo, los Ibéricos de Salamanca, el Farinato, el Queso Arribes de Salamanca, la Lechuga de Medina, la Pera de Salamanca, la Castaña del Bierzo, la Harina Zamorana, el Pan de Valladolid y los Quesos de la región del Duero. Por otra parte, está pendiente de su registro en la Comunidad Europea la I.G.P. Pimiento de Fresno-Benavente.

Cataluña

D.O. Alella (vino) *www.doalella.com*
D.O. Arroz del Delta del Ebro *www.do-deltadelebre.com*
D.O.P. Avellana de Reus *www.avellanadereus.cat*
I.G.P. Calçot de Valls *www.versionoriginal.cat*
D.O. Catalunya (vino) *www.do-catalunya.com*
D.O. Cava (pluricomunitaria) *www.crcava.es*
I.G.P. Clementinas de las Tierras del Ebro *www.gastroteca.cat*
D.O. Conca de Barberà (vino) *www.doconcadebarbera.com*
D.O. Costers del Segre (vino) *www.costersdelsegre.es*
D.O. Empordà (vino) *www.doemporda.com*
D.O.P. Mantequilla de l'Alt Urgell y la Cerdanya *www.cadi.es*
D.O.P. Mongeta Ganxet Vallès-Maresme (judía) *www.versionoriginal.cat*
D.O. Montsant (vino) *www.domontsant.com*
D.O.P. Oli del Baix Ebre-Montsià (aceite) *www.acobem.com*
D.O.P. Oli de l'Empordà (aceite) *www.gastroteca.cat*
D.O.P. Oli de Terra Alta (aceite) *www.dopoliterraalta.com*
D.O.P. Oli Les Garrigues (aceite) *www.olidoplesgarrigues.com*
I.G.P. Poma de Girona (manzana) *www.pomadegirona.cat*
I.G.P. Patates de Prades *www.gastroteca.cat*
D.O. Penedès (vino) *www.dopenedes.es*
D.O.P. Pera de Lleida *www.peradelleida.es*
D.O. Pla de Bages (vino) *www.dopladebages.com*
I.G.P. Pollo y Capón del Prat *www.gastroteca.cat*
D.O. Priorat (vino) *www.dopriorat.com*
D.O.P. Queso de l'Alt Urgell y la Cerdanya *www.cadi.es*
I.G.P. Salchichón de Vic *www.salchichonvic.com*
D.O.P. Siurana (aceite) *www.siurana.info*
D.O. Tarragona (vino) *www.doterraalta.com*
I.G.P. Ternera de los Pirineos Catalanes *www.gastroteca.cat*
D.O. Terra Alta (vino) *www.doterraalta.com*
I.G.P. Turrón de Agramunt *www.lleidatur.com*

Otras Denominaciones
En Cataluña existen otros productos con otros certificados de calidad, como la bebida espirituosa Ratafía.

Extremadura

D.O.P. Aceite de Monterrubio *www.aceitemonterrubiodop.es*
I.G.P. Carne de Ávila (pluricomunitaria) *www.carnedeavila.org*
D.O. Cava (pluricomunitaria) *www.crcava.es*
D.O.P. Cereza del Jerte *www.cerezadeljerte.org*
I.G.P. Cordero de Extremadura *www.corderex.com*
D.O.P. Dehesa de Extremadura (jamón) *www.dehesa-extremadura.com*
D.O.P. Gata-Hurdes (aceite) *www.gata-hurdes.com*
D.O.P. Jamón de Guijuelo (pluricomunitaria) *www.i-guijuelo.com*
D.O.P Jamón de Huelva (pluricomunitaria) *www.jamondehuelva.com*
D.O.P. Pimentón de La Vera www.pimentonvera-origen.com
D.O.P. Queso de La Serena www.quesoserena.com
D.O.P. Queso Ibores *www.quesoibores.org*
D.O. Ribera del Guadiana (vino) *www.riberadelguadiana.eu*
I.G.P. Ternera de Extremadura *www.terneradeextremadura.org*
D.O.P. Torta del Casar *www.tortadelcasar.org*
D.O.P. Miel Villuercas-Ibores *www.domielvilluercasibores.com*

Otras Denominaciones
La Comunidad de Extremadura protege también otros productos como es el caso del Vino de la Tierra de Extremadura.

Galicia

D.O.P. Arzúa-Ulloa (queso) *www.mapa.es/es/alimentacion*
I.G.P. Castaña de Galicia *www.mapa.es/es/alimentacion*
D.O.P. Cebreiro (queso) *www.cebreiro.es*
I.G.P. Faba Lourenzá *www.mapa.es/es/alimentacion*
I.G.P. Grelos de Galicia *www.mapa.es/es/alimentacion*
I.G.P. Lacón Gallego *www.crlacongallego.com*
D.O.P. Mejillón de Galicia *www.mexillondegalicia.org*
I.G.P. Miel de Galicia *www.mieldegalicia.org*
D.O. Monterrei (vino) *www.domonterrei.com*
I.G.P. Pan de Cea *www.pandecea.org*
I.G.P. Patata de Galicia *www.todopatatas.com*
I.G.P. Pimiento de Arnoia *www.mapa.es/es/alimentacion*
D.O.P. Pimento de Herbón *www.mapa.es/es/alimentacion*
I.G.P. Pimiento de Oímbra *www.mapa.es/es/alimentacion*
I.G.P. Pimiento de O Couto *www.mapa.es/es/alimentacion*
D.O.P. Queso Tetilla *www.queixotetilla.org*
D.O. Rias Baixas (vino) *www.doriasbaixas.com*
D.O. Ribeira Sacra (vino) *www.ribeirasacra.org*
D.O. Ribeiro (vino) *www.ribeiro.es*
D.O.P. San Simón da Costa (queso) *www.sansimondacosta.com*
I.G.P. Tarta de Santiago *www.mapa.es/es/alimentacion*
I.G.P. Ternera Gallega *www.terneragallega.com*
D.O. Valdeorras (vino) *www.dovaldeorras.com*

Otras Denominaciones
La Comunidad Autónoma de Galicia apoya otros productos de calidad como el Aguardiente de Hierbas, el Licor de Café, el Licor de Hierbas o el Orujo, Destacan también los Vinos de la Tierra de Barbanza e Iria, Betanzos y Valle del Miño-Ourense.

Comunidad de Madrid

I.G.P. Carne de Ávila (pluricomunitaria) *www.carnedeavila.org*
I.G.P. Carne de la Sierra de Guadarrama *www.carneguadarrama.com*
D.O.P. Vinos de Madrid *www.vinosdemadrid.es*

Otras Denominaciones
La Comunidad de Madrid protege otros productos de Alta Calidad Gastronómica: los Quesos de Oveja y de Cabra de Madrid, las Fresas y Espárragos de Aranjuez, los Melones de Villaconejos, la Miel de la Sierra, los Ajos y el Anís de Chinchón, los Judiones de la Sierra Norte, y una gran diversidad de productos ecológicos.

Región de Murcia

D.O. Bullas (vino) *www.vinosdebullas.es*
D.O.P. Calasparra (arroz) (pluricomunitaria) *www.docalasparra.com*
D.O. Jumilla (vino) (pluricomunitaria) *www.vinosdejumilla.org*
I.G.P. Melón de Torre-Pacheco *www.regmurcia.com*
D.O.P. Pera de Jumilla *www.peradejumilla.com*
D.O.P. Pimentón de Murcia *www.pimentondemurcia.org*
D.O.P. Queso de Murcia *www.quesosdemurcia.com*
D.O.P. Queso de Murcia al vino *www.quesosdemurcia.com*
D.O.P. Uvas de Espuña *www.sierraespuna.com*
D.O. Yecla (vino) *www.yeclavino.com*

Otras Denominaciones
En Murcia hay otros productos protegidos con distintos certificados de calidad como son los Vinos de la Tierra de Abanilla, de Campo de Cartagena o de Murcia; y la G.C.A. (Garantía de Calidad Agroalimentaria) avala el Aceite de Oliva Virgen Extra, el Agua Mineral Fuentedueñas, el Cerdo Chato Murciano o el Cordero Segureño. Además, está pendiente de su registro en la Comunidad Europea la I. G. P. Cordero de las Sierras de Segura y la Sagra (pluricomunitaria).

Navarra

D.O.P. Aceite de Navarra www.aceitenavarra.es
I.G.P. Alcachofa de Tudela *www.denominacionesnavarra.com*
D.O. Cava (pluricomunitaria) *www.crcava.es*
I.G.P. Cordero de Navarra *www.denominacionesnavarra.com*
I.G.P. Espárrago de Navarra (pluricomunitaria) *www.reynogourmet.com*
D.O.P. Idiazabal (queso) (pluricomunitaria) *www.quesoidiazabal.com*
D.O. Navarra (vino) *www.vinonavarra.com*
D.E. Pacharán Navarro *www.pacharannavarro.org*
D.O.P. Pimiento del Piquillo de Lodosa *www.piquillodelodosa.com*
D.O. Ca Rioja (pluricomunitaria) *www.riojawine.com*
D.O.P. Roncal (queso) *www.denominacionesnavarra.com*
I.G.P. Ternera de Navarra *www.terneradenavarra.com*

Otras Denominaciones
La Comunidad Foral de Navarra protege con sello de calidad los Vinos D.O.P Pago de Arinzano, Pago de Otazu y Prado de Irache, y los Vinos de la Tierra 3 Riberas, además de alimentos artesanos, de producción ecológica o integrada.

País Vasco

I.G.P. Carne de Vacuno del País Vasco Euskal Okela *www.euskolabel.net*
D.O. Cava (pluricomunitaria) *www.crcava.es*
D.O.P. Idiazabal (queso) (pluricomunitaria) *www.quesoidiazabal.com*
D.O.P. Pimiento de Gernika *www.euskolabel.net*
D.O. Ca Rioja (pluricomunitaria) *www.riojawine.com*
D.O. Txakoli de Álava *www.txakolidealava.com*
D.O. Txakoli de Bizkaia *www.bizkaikotxakolina.org*
D.O. Txakoli de Getaria *www.getariakotxakolina.org*

Otras Denominaciones
Además, gozan de la etiqueta de calidad Eusko Label otros alimentos como el Pollo de Caserío Vasco, el Cordero Lechal, la Miel o los Huevos de Caserío, entre otros productos.

La Rioja

D.O.P. Aceite de La Rioja *www.oleorioja.com*
I.G.P. Carne de Ávila (pluricomunitaria) *www.carnedeavila.org*
D.O. Cava (pluricomunitaria) *www.crcava.es*
I.G.P. Coliflor de Calahorra *www.coliflordecalahorra.com*
I.G.P. Chorizo Riojano *www.lariojacalidad.org*
I.G.P. Espárrago de Navarra (pluricomunitaria) *www.icannavarra.com*
D.O.P. Peras de Rincón de Soto *www.perasderincondesoto.com*
I.G.P. Pimiento Riojano *www.lariojacalidad.org*
D.O.P. Queso Camerano *www.lariojacalidad.org*
D.O. Ca Rioja (pluricomunitaria) *www.riojawine.com*
I.G. Vino de la Tierra Valles de Sadacia *www.vallesdesadacia.com*

Otras Denominaciones
La Comunidad de La Rioja protege, bajo el sello Registrado y Certificado (R.C.), el Champiñón y Setas de La Rioja, la Nuez de Pedroso, conservas vegetales, productos deshidratados y congelados, cárnicos elaborados, productos de pesca y semiconserva de anchoas en aceite, platos preparados tradicionales, Mazapán de Soto, fardelejos, caramelos, galletas, quesos, miel, vinagres, pacharán, aguardientes, licores y otras bebidas alcohólicas, agua mineral natural y café. Con el sello E.T.G. (Especialidad Tradicional Garantizada), el Jamón Serrano Riojano.

Comunidad Valenciana

D.O. Aceite de la Comunitat Valenciana *www.mapa.es/es/alimentacion*
D.O.P. Alcachofa de Benicarló *www.alcachofabenicarlo.com*
D.O. Alicante (vino) *www.crdo-alicante.org*
D.E. Anís Paloma Monforte del Cid *www.licoresdealicante.com*
D.E. Aperitivo Café de Alcoy *www.licoresdealicante.com*
D.O.P. Arroz de Valencia *www.arrozdevalencia.org*
D.E. Cantueso Alicantino (licor) *www.licoresdealicante.com*
D.O. Cava (pluricomunitaria) *www.crcava.es*
I.G.P. Cerezas de la Montaña de Alicante *www.cerezas.org*
D.O.P. Chufa de Valencia *www.chufadevalencia.org*
I.G.P. Cítricos Valencianos *www.citricosvalencianos.com*
I.G.P. Embutido de Requena *www.embutidoderequena.es*
D.E. Herbero de la Sierra de Mariola (licor) *www.licoresdealicante.com*
I.G.P. Jijona *www.jijona.com*
D.O.P. Kaki Ribera del Xúquer *www.kakifruit.com*
D.O.P. Nísperos Callosa d'En Sarriá *www.nispero.com*
I.G.P. Turrón de Alicante *www.jijona.com*
D.O. Utiel-Requena (vino) *www.utielrequena.org*
D.O.P. Uva de Mesa Embolsada del Vinalopó *www.uva-vinalopo.org*
D.O. Valencia (vino) *www.vinovalencia.org*

Otras Denominaciones

La Comunidad Valenciana protege a los Vinos de la Tierra de El Terrerazo y de Castelló, la Miel y la Mermelada, además de otros productos de agricultura ecológica.

La información de los productos en torno a los que discurre el trazado de las rutas, así como los logotipos de cada uno de ellos, han sido proporcionados por los Consejos Reguladores y las diferentes Consejerías de las Comunidades Autónomas.

Los comentarios nutricionales que se dan de cada uno de los productos en el Rincón han sido realizados por la Fundación Española de la Nutrición. Autores: José Manuel Ávila Torres, Susana del Pozo de la Calle, Emma Ruiz Moreno, Teresa Valero Gaspar y Gregorio Varela Moreiras.

FEN
FUNDACIÓN ESPAÑOLA DE LA NUTRICIÓN
Miembro español de «The European Nutrition Foundation Network»

Edita
Repsol YPF, S. A.

Realización
GyJ España S. L., S. en C.

Diseño, maquetación y producción
Estudio Manuel Estrada
GyJ España S. L., S. en C.

Impresión
Dédalo Offset S.L.

ISBN
978-84-87980-30-5

Depósito legal
M-43195-2010

Las páginas indicadas en la información práctica de "Completa tu ruta" en cada una de las rutas pueden variar en las ediciones posteriores de la GUÍA REPSOL.